Datenschutzrecht

dtv

Schnellübersicht

Abgabenordnung (AO) (Auszug) 37
Artikel 10-Gesetz (G 10) 17
Betriebsverfassungsgesetz (BetrVG) (Auszug) 23
Bundesbeamtengesetz (BBG) (Auszug) 22
Bundesdatenschutzgesetz (BDSG) 6
Datenschutz-Grundverordnung (VO (EU) 2016/679) 1
Datenschutzrichtlinie für elektronische Kommunikation (RL 2002/58/EG) 3
Durchführungsbeschluss (EU) 2021/914 über Standardvertragsklauseln für die Übermittlung personenbezogener Daten an Drittländer 38
Europäische Datenschutzkonvention (Konvention Nr. 108 des Europarats) 5
Fluggastdatengesetz (FlugDaG) 18
Geschäftsgeheimnis-Schutzgesetz (GeschGehG) (Auszug) 13
Grundgesetz (GG) (Auszug) 16
Grundrechtecharta (GRCh) 4
Handelsgesetzbuch (HGB) (Auszug) 36
Informationsfreiheitsgesetz (IFG) 7
JI-Richtlinie (RL (EU) 2016/680) 2
Kunsturhebergesetz (KUG) (Auszug) 14
Sozialgesetzbuch
– Allgemeiner Teil (SGB I) (Auszug) 24
– Grundsicherung für Arbeitsuchende (SGB II) (Auszug) 25
– Arbeitsförderung (SGB III) (Auszug) 26
– Sozialversicherung (SGB IV) (Auszug) 27
– Gesetzliche Krankenversicherung (SGB V) (Auszug) 28
– Gesetzliche Rentenversicherung (SGB VI) (Auszug) 29
– Gesetzliche Unfallversicherung (SGB VII) (Auszug) 30
– Kinder- und Jugendhilfe (SGB VIII) (Auszug) 31
– Rehabilitation und Teilhabe behinderter Menschen (SGB IX) (Auszug) 32
– Sozialverwaltungsverfahren und Sozialdatenschutz (SGB X) (Auszug) 33
– Soziale Pflegeversicherung (SGB XI) (Auszug) 34
– Sozialhilfe (SGB XII) (Auszug) 35
Strafgesetzbuch (StGB) (Auszug) 21
Strafprozessordnung (StPO) (Auszug) 20
Telekommunikationsgesetz (TKG) (Auszug) 10
Telekommunikations-Überwachungsverordnung (TKÜV) 11
Telekommunikation-Telemedien-Datenschutz-Gesetz (TTDSG) 8
Telemediengesetz (TMG) 9
Unlauterer Wettbewerb-Gesetz (UWG) (Auszug) 12
Unterlassungsklagengesetz (UKlaG) (Auszug) 15
Verwaltungsverfahrensgesetz (VwVfG) (Auszug) 19

Datenschutzrecht

Datenschutz-Grundverordnung
JI-Richtlinie
Bundesdatenschutzgesetz
Informationsfreiheitsgesetz
Grundrechtecharta · Grundgesetz (Auszug)
Europäische Datenschutzkonvention
Strafprozessordnung (Auszug) · Strafgesetzbuch (Auszug)
Telekommunikation-Telemedien-Datenschutz-Gesetz
Telemediengesetz · Telekommunikationsgesetz (Auszug)
Bundesbeamtengesetz (Auszug)
Betriebsverfassungsgesetz (Auszug)
Standardvertragsklauseln für die Übermittlung
personenbezogener Daten in Drittländer

Textausgabe mit ausführlichem Sachverzeichnis
und einer Einführung von

Prof. Dr. Marcus Helfrich, Rechtsanwalt, München

14. Auflage
Stand: 15. März 2022

dtv

www.dtv.de
www.beck.de

Sonderausgabe
dtv Verlagsgesellschaft mbH & Co. KG,
Tumblingerstraße 21, 80337 München
© 2022. Redaktionelle Verantwortung: Verlag C. H. Beck oHG
Gesamtherstellung: Druckerei C. H. Beck, Nördlingen
(Adresse der Druckerei: Wilhelmstraße 9, 80801 München)
Umschlaggestaltung auf der Grundlage
der Gestaltung von Celestino Piatti

chbeck.de/nachhaltig

ISBN 978-3-423-53136-8 (dtv)
ISBN 978-3-406-78691-4 (C. H. Beck)

Inhaltsverzeichnis

Abkürzungsverzeichnis VII
Einführung XI

Erster Teil. Europäische Regelungen

1. Verordnung (EU) 2016/679 des Europäischen Parlaments und des Rates vom 27. April 2016 zum Schutz natürlicher Personen bei der Verarbeitung personenbezogener Daten, zum freien Datenverkehr und zur Aufhebung der Richtlinie 95/46/EG (Datenschutz-Grundverordnung) 1
2. Richtlinie (EU) 2016/680 des Europäischen Parlaments und des Rates vom 27. April 2016 zum Schutz natürlicher Personen bei der Verarbeitung personenbezogener Daten durch die zuständigen Behörden zum Zwecke der Verhütung, Ermittlung, Aufdeckung oder Verfolgung von Straftaten oder der Strafvollstreckung sowie zum freien Datenverkehr und zur Aufhebung des Rahmenbeschlusses 2008/977/JI des Rates (JI-Richtlinie) 131
3. Richtlinie 2002/58/EG des Europäischen Parlaments und des Rates vom 12. Juli 2002 über die Verarbeitung personenbezogener Daten und den Schutz der Privatsphäre in der elektronischen Kommunikation (Datenschutzrichtlinie für elektronische Kommunikation) 196
4. Charta der Grundrechte der Europäischen Union 219
5. Übereinkommen zum Schutz der Menschen bei der automatischen Verarbeitung personenbezogener Daten (Konvention Nr. 108 des Europarats).. 253

Zweiter Teil. Nationales Recht

6. Bundesdatenschutzgesetz (BDSG) 263
7. Gesetz zur Regelung des Zugangs zu Informationen des Bundes (Informationsfreiheitsgesetz – IFG) 320
8. Telekommunikation-Telemedien-Datenschutz-Gesetz (TTDSG) .. 325
9. Telemediengesetz (TMG) 355
10. Telekommunikationsgesetz (TKG) (Auszug) 369
11. Telekommunikations-Überwachungsverordnung (TKÜV) 428
12. Gesetz gegen den unlauteren Wettbewerb (UWG) (Auszug) 457
13. Gesetz zum Schutz von Geschäftsgeheimnissen (GeschGehG) 459
14. Gesetz betreffend das Urheberrecht an Werken der bildenden Künste und der Photographie (Kunsturhebergesetz – KUG) (Auszug) 468
15. Gesetz über Unterlassungsklagen bei Verbraucherrechts- und anderen Verstößen (Unterlassungsklagengesetz – UKlaG) (Auszug) 469

Inhalt

16. Grundgesetz (GG) (Auszug) 473
17. Gesetz zur Beschränkung des Brief-, Post- und Fernmeldegeheimnisses (Artikel 10-Gesetz – G 10) 475
18. Gesetz über die Verarbeitung von Fluggastdaten zur Umsetzung der Richtlinie (EU) 2016/681 (Fluggastdatengesetz – FlugDaG) 496
19. Verwaltungsverfahrensgesetz (VwVfG) (Auszug) 507
20. Strafprozeßordnung (StPO) (Auszug) 512
21. Strafgesetzbuch (StGB) (Auszug) 557
22. Bundesbeamtengesetz (BBG) (Auszug) 568
23. Betriebsverfassungsgesetz (BetrVG) (Auszug) 575
24. Sozialgesetzbuch (SGB) Erstes Buch – Allgemeiner Teil (SGB I) (Auszug) 585
25. Sozialgesetzbuch (SGB) Zweites Buch – Grundsicherung für Arbeitsuchende (SGB II) (Auszug) 591
26. Sozialgesetzbuch (SGB) Drittes Buch – Arbeitsförderung (SGB III) (Auszug) 598
27. Viertes Buch Sozialgesetzbuch – Gemeinsame Vorschriften für die Sozialversicherung – (SGB IV) (Auszug) 604
28. Sozialgesetzbuch (SGB) Fünftes Buch – Gesetzliche Krankenversicherung (SGB V) (Auszug) 615
29. Sozialgesetzbuch (SGB) Sechstes Buch – Gesetzliche Rentenversicherung (SGB VI) (Auszug) 783
30. Siebtes Buch Sozialgesetzbuch – Gesetzliche Unfallversicherung (SGB VII) (Auszug) 795
31. Sozialgesetzbuch (SGB) Achtes Buch – Kinder- und Jugendhilfe (SGB VIII) (Auszug) 803
32. Sozialgesetzbuch (SGB) Neuntes Buch – Rehabilitation und Teilhabe von Menschen mit Behinderung (SGB IX) (Auszug) 807
33. Zehntes Buch Sozialgesetzbuch – Sozialverwaltungsverfahren und Sozialdatenschutz – (SGB X) (Auszug) 808
34. Sozialgesetzbuch (SGB) Elftes Buch – Soziale Pflegeversicherung (SGB XI) (Auszug) 836
35. Sozialgesetzbuch (SGB) Zwölftes Buch – Sozialhilfe (SGB XII) (Auszug) 844
36. Handelsgesetzbuch (HGB) (Auszug) 848
37. Abgabenordnung (AO) (Auszug) 849

Dritter Teil. Materialien und Empfehlungen für die Praxis

38. Durchführungsbeschluss (EU) 2021/914 der Kommission vom 4. Juni 2021 über Standardvertragsklauseln für die Übermittlung personenbezogener Daten an Drittländer gemäß der Verordnung (EU) 2016/679 des Europäischen Parlaments und des Rates 852

Sachverzeichnis 897

Abkürzungsverzeichnis

a. A.	anderer Ansicht
a. a. O.	am angegebenen Ort
Abs.	Absatz
aF	alte Fassung
AG	Amtsgericht
AGG	Allgemeines Gleichbehandlungsgesetz
Anm.	Anmerkung
AO	Abgabenordnung
ArbG	Arbeitsgericht
ArbGG	Arbeitsgerichtsgesetz
Art.	Artikel
AuslG	Ausländergesetz
BAG	Bundesarbeitsgericht
BAT	Bundesangestelltentarifvertrag
BayDSG	Bayerisches Datenschutzgesetz
BayObLG	Bayerisches Oberstes Landesgericht
BBankG	Bundesbankgesetz
BBauG	Bundesbaugesetz
BBG	Bundesbeamtengesetz
BCR	Binding Corporate Rules
BdgDSG	Brandenburgisches Datenschutzgesetz
Bd.	Band
BDO	Bundesdisziplinarordnung
BDSG	Bundesdatenschutzgesetz
BeamtStG	Beamtenstatusgesetz
BetrVG	Betriebsverfassungsgesetz
BfDI	Bundesbeauftragte oder Bundesbeauftragter für den Datenschutz und die Informationsfreiheit
BFH	Bundesfinanzhof
BGB	Bürgerliches Gesetzbuch
BGBl.	Bundesgesetzblatt
BGH	Bundesgerichtshof
BGSG	Bundesgrenzschutzgesetz
BHO	Bundeshaushaltsordnung
BKA	Bundeskriminalamt
BKAG	Gesetz über die Einrichtung eines Bundeskriminalpolizeiamtes
BlnDSB	Berliner Datenschutzbeauftragter
BlnDSG	Berliner Datenschutzgesetz
BMI	Bundesminister ium des Innern
BMinG	Bundesministergesetz
BNDG	Gesetz über den Bundesnachrichtendienst
BPersVG	Bundespersonalvertretungsgesetz
BPolG	Bundespolizeigesetz
BR-Drs.	Bundesrats-Drucksache

Abkürzungsverzeichnis

BrDSG	Bremisches Datenschutzgesetz
BStatG	Gesetz über die Statistik für Bundeszwecke
BT-Drs.	Bundestags-Drucksache
BVerfG	Bundesverfassungsgericht
BVerfSchG	Bundesverfassungsschutzgesetz
BVerwG	Bundesverwaltungsgericht
BZRG	Bundeszentralregistergesetz
bzw.	beziehungsweise
CR	Computer und Recht (Zeitschrift)
d. h.	das heißt
ders.	derselbe
DIHT	Deutscher Industrie- und Handelskammertag
DS-GVO	Datenschutz-Grundverordnung
DSG	Datenschutzgesetz
DSG-LSA	Datenschutzgesetz Sachsen-Anhalt
DSG-MV	Landesdatenschutzgesetz Mecklenburg-Vorpommern
DSG NW	Datenschutzgesetz Nordrhein-Westfalen
E	Entwurf
EDV	Elektronische Datenverarbeitung
EG	Europäische Gemeinschaft
EK-DSRL	Datenschutzrichtlinie für elektronische Kommunikation (RL 2002/58/EG)
E-Mail	Electronic Mail
Erl.	Erläuterung
etc.	und so weiter
EU	Europäische Union
EU-DatSchRL	EU-Datenschutzrichtlinie (RL 95/46/EG)
EuGH	Europäischer Gerichtshof
evtl.	eventuell
EWR	Europäischer Wirtschaftsraum
ff.	fortfolgend
Fn.	Fußnote
GDD	Gesellschaft für Datenschutz und Datensicherung e. V.
gem.	gemäß
GeschGehG	Geschäftsgeheimnis-Schutzgesetz
GG	Grundgesetz für die Bundesrepublik Deutschland
ggf.	gegebenenfalls
GMBl.	Gemeinsames Ministerialblatt
GVBl.	Gesetz- und Verordnungsblatt
HDSG	Hessisches Landesdatenschutzgesetz
HmbDSG	Landesdatenschutzgesetz Hamburg
h. M.	herrschende Meinung
Hess. DSB	Hessischer Datenschutzbeauftragter
HGB	Handelsgesetzbuch

Abkürzungsverzeichnis

Hrsg.	Herausgeber
Hs.	Halbsatz
i. d. F.	in der Fassung
i. d. R.	in der Regel
IFG	Informationsfreiheitsgesetz
i. G.	im Gegensatz
i. S. d.	im Sinne des
i. V. m.	in Verbindung mit
IuKDG	Informations- und Kommunikationsdienstegesetz
JMStV	Jugendmedienschutz-Staatsvertrag
JuSchG	Jugendschutzgesetz
KG	Kammergericht Berlin
KpS-Richtlinien	Richtlinien für die Führung Kriminalpolizeilicher Sammlungen
KUG	Kunsturhebergesetz
KWG	Gesetz über das Kreditwesen
LDSG	Landesdatenschutzgesetz
LDSG-BW	Landesdatenschutzgesetz Baden-Württemberg
LDSG-SH	Landesdatenschutzgesetz Schleswig-Holstein
LDSG-RPf	Landesdatenschutzgesetz Rheinland-Pfalz
LG	Landgericht
Ls.	Leitsatz
m. w. N.	mit weiteren Nachweisen
MADG	Gesetz über den militärischen Abschirmdienst
MDStV	Mediendienstestaatsvertrag
MRRG	Melderechtsrahmengesetz
MMR	MultiMedia und Recht (Zeitschrift)
MiStra	Anordnung über Mitteilungen in Strafsachen
MStV	Medienstaatsvertrag
NDSG	Niedersächsisches Landesdatenschutzgesetz
nF	neue Fassung
NJW	Neue Juristische Wochenschrift (Zeitschrift)
Nr.	Nummer
Nrn.	Nummern
NVwZ	Neue Zeitschrift für Verwaltungsrecht (Zeitschrift)
o. g.	oben genannt
OECD	Organization for Economic Cooperation and Development (Organisation für wirtschaftliche Zusammenarbeit und Entwicklung)
OLG	Oberlandesgericht
OVG	Oberverwaltungsgericht
OWiG	Ordnungswidrigkeitengesetz
PAG	Polizeiaufgabengesetz
PC	Personalcomputer

Abkürzungsverzeichnis

PDSG	Patientendaten-Schutz-Gesetz
PIN	Persönliche Identifikationsnummer
PR	Personalrat
PStG	Personenstandsgesetz
Rn.	Randnummer
RDV	Recht der Datenverarbeitung (Zeitschrift)
RStV	Rundfunkstaatsvertrag
S.	Seite
s.	siehe
SächsDSG	Sächsisches Datenschutzgesetz
Schufa	Schutzgemeinschaft für allgemeine Kreditsicherung
SDSG	Saarländisches Datenschutzgesetz
SGB	Sozialgesetzbuch
sog.	sogenannt
StAnz.	Staatsanzeiger
StGB	Strafgesetzbuch
str.	strittig
SÜG	Sicherheitsüberprüfungsgesetz
StUG	Stasiunterlagengesetz
TB	Tätigkeitsbericht
TDDSG	Teledienstedatenschutzgesetz
TDG	Teledienstegesetz
TDSV	Telekommunikations-Datenschutzverordnung
TKG	Telekommunikationsgesetz
ThürDSG	Thüringer Datenschutzgesetz
TMG	Telemediengesetz
TTDSG	Telekommunikation-Telemedien-Datenschutz-Gesetz
u. a.	unter anderem
UKlaG	Unterlassungsklagengesetz
u. U.	unter Umständen
UWG	Gesetz gegen den unlauteren Wettbewerb
VerfGH	Verfassungsgerichtshof
VG	Verwaltungsgericht
VGH	Verwaltungsgerichtshof
vgl.	vergleiche
VwGO	Verwaltungsgerichtsordnung
VwVfG	Verwaltungsverfahrensgesetz
WP	Working Party
WWW	World Wide Web
z. B.	zum Beispiel
ZD	Zeitschrift für Datenschutz (Zeitschrift)
ZEWIS	Zentrales Verkehrsinformationssystem
Ziff.	Ziffer
ZPO	Zivilprozessordnung
ZRP	Zeitschrift für Rechtspolitik (Zeitschrift)

Einführung

von Prof. Dr. Marcus Helfrich, Rechtsanwalt, München

In der Netzgesellschaft hinterlassen wir Datenspuren. Betreiber sozialer Netzwerke bündeln die Einträge eines Mitglieds zu einem multimedialen Lebenslauf, Lieferanten entwickeln durch Empfehlungsalgorithmen Nutzerprofile ihrer Kunden, Marketingkonzepte stellen auf datenbasierte Verhaltensprognosen ab, in der Arbeitswelt bilden Unternehmen durch Monitoring-Systeme Kommunikationsmuster ihrer Mitarbeiter ab oder streben nach einer Optimierung von Geschäftsprozessen durch eine möglichst lückenlose Protokollierung des Arbeitsverhaltens. Schließlich wird allenthalben eine verheißungsvolle Zukunft mit Smart Home, autonomem Fahren oder auch der künftigen Produktion von Gütern im Rahmen der Industrie 4.0 gezeichnet. Staatliche Stellen sammeln Daten für die Strafverfolgung und ringen im Bemühen um die effektive Prävention terroristischer Bedrohungen sowie der wirksamen Verfolgung nationaler oder internationaler Kriminalität um die hierzu nötigen Informationen. Pandemische Gefährdungslagen lassen das Bedürfnis nach einer umfassenden Verarbeitung von Gesundheitsdaten sichtbar werden. In dieser vernetzten digitalen Gesellschaft hat das Datenschutzrecht die Aufgabe, das Recht auf informationelle Selbstbestimmung zu schützen und zugleich einen wirksamen Ausgleich zwischen miteinander streitenden Interessen und anderen grundrechtlich geschützten Positionen zu schaffen. Datenschutzrecht ist ein komplexes Recht, das ursprünglich aus dem nationalen Verfassungsrecht abgeleitet wurde und inzwischen durch die Datenschutz-Grundverordnung (DS-GVO) auf einer europaweit harmonisierten Grundlage beruht. Stand im Zuge der EG-Datenschutzrichtlinie des Jahres 1995 noch das Bemühen im Vordergrund, unter Beachtung des Subsidiaritätsprinzips auf nationaler Ebene ein möglichst harmonisiertes Datenschutzniveau zu schaffen, stiftet die Datenschutz-Grundverordnung mit ihrer Wirksamkeit seit dem 25. Mai 2018 ein einheitliches Datenschutzrecht[1] innerhalb der gesamten Europäischen Union (I.). In der Zukunft wird der Datenschutz in der wachsenden Netzgesellschaft mit mobiler Kommunikation, der Cloud gespeicherten Daten sowie dem „Internet der Dinge" (IoT) seine Aufgabe und Wirkung finden müssen (VI.).

I. Datenschutz zwischen Europarecht und nationalem Recht

Die Verarbeitung personenbezogener Daten bildet eine der wesentlichen Säulen der Informationsgesellschaft und der in ihr erfolgreichen digitalen Wirtschaft. IT-Verarbeitungen sind nicht mehr nur lokal vorstellbar. Von der Erhebung personenbezogener Daten bis hin zur Verarbeitung und deren Speicherung in transnationalen oder internationalen Cloud-Lösungen finden IT-Prozesse im grenzüberschreitenden Kontext statt. Gleichzeitig bildet das jeweilige nationale Recht stets den Anknüpfungspunkt für die datenschutzrechtliche Ausgestaltung der IT-Prozesse. Der Europarat erkannte 1981 die grundrechtli-

---

[1] Siehe Erwägungsgrund 3 DS-GVO.

Einführung

che Bedeutung des Schutzes des Persönlichkeitsrechts für den Einzelnen und verankerte im „Übereinkommen zum Schutz des Menschen bei der automatischen Verarbeitung personenbezogener Daten (Konvention Nr. 108)" (**Nr. 5**) eine Verpflichtung der Unterzeichnerstaaten zu Schutz des Persönlichkeitsrechts im Zusammenhang mit der Verarbeitung personenbezogener Daten. Die Konvention stellt einen wichtigen Baustein der europäischen Datenschutzhistorie dar. Am 18. Mai 2018 legte das Ministerkomitee des Europarats eine modernisierte Fassung der Konvention vor („Konvention 108+"),[1] die jedoch bislang für die Bundesrepublik Deutschland noch nicht in Kraft getreten ist. Vom Abdruck in der vorliegenden Textsammlung wird deshalb einstweilen abgesehen.

Auf der Ebene der Europäischen Gemeinschaft verfolgte die EG-Datenschutzrichtlinie (RL 95/46/EG)[2] des Jahres 1995 das Ziel, die in den Mitgliedstaaten bestehende Rechtslage in Bezug auf den Schutz der personenbezogenen Daten zu harmonisieren und so innerhalb der Europäischen Gemeinschaft ein gemeinsames Datenschutzniveau zu bilden. Die Richtlinie wurde in den Mitgliedstaaten der EG umgesetzt. Allerdings führte dies nicht zu der angestrebten einheitlichen Handhabung des Datenschutzes. So waren die festzustellenden Unterschiede beim Schutz der Rechte und Grundfreiheiten von Personen im Zusammenhang mit der Verarbeitung personenbezogener Daten für die Kommission Anlass, im Januar 2012 den Entwurf einer Datenschutz-Grundverordnung[3] dem ordentlichen Gesetzgebungsverfahren nach Art. 294 AEUV zuzuführen. Nach intensiven und teilweise langwierigen Beratungen und Verhandlungen, sowohl im Rahmen des Europaparlaments als auch des Rates der Europäischen Union, verständigten sich die im Gesetzgebungsverfahren beteiligten Organe im Rahmen des sog. „Trilogs" am 15. Dezember 2015 auf eine gemeinsame Entwurfsfassung der Datenschutz-Grundverordnung (DS-GVO). Diese wurde am 27. April 2016 verabschiedet und am 4. Mai 2016 im Amtsblatt der EU veröffentlicht (**Nr. 1**).[4] Zeitgleich wurde im Rahmen des verabschiedeten Datenschutzpakets die Richtlinie (EU) 2016/680 (**Nr. 2**) verabschiedet und veröffentlicht, mit der vor allen Dingen die datenschutzrechtlichen Rahmenbedingungen für die Strafverfolgung und -vollstreckung innerhalb der EU-Mitgliedstaaten harmonisiert werden sollen.[5]

Die DS-GVO ist seit dem 25. Mai 2018 in allen Mitgliedstaaten der Europäischen Union einheitlich zu beachten. Zeitgleich trat in der Bundesrepublik Deutschland ein grundlegend reformiertes Bundesdatenschutzgesetz (BDSG) (**Nr. 6**) in Kraft, mit dem der nationale Gesetzgeber sich um die Ausgestaltung

---

[1] Modernised Convention for the Protection of Individuals with Regard to the Processing of Personal Data, CM/Inf(2018)15-final v. 18.5.2018.

[2] RL 95/46/EG des Europäischen Parlaments und des Rates vom 24. Oktober 1995 zum Schutz natürlicher Personen bei der Verarbeitung personenbezogener Daten und zum freien Datenverkehr, ABl. EG L 281, S. 31.

[3] Entwurf einer Verordnung des Europäischen Parlaments und des Rates zum Schutz natürlicher Personen bei der Verarbeitung personenbezogener Daten und zum freien Datenverkehr, KOM/2012/011 endg. v. 25.1.2012.

[4] Verordnung (EU) 2016/679 des Europäischen Parlaments und des Rates vom 27. April 2016 zum Schutz natürlicher Personen bei der Verarbeitung personenbezogener Daten, zum freien Datenverkehr und zur Aufhebung der Richtlinie 95/46/EG (Datenschutz-Grundverordnung), ABl. EU L 119, S. 1 v. 4.5.2016.

[5] Richtlinie (EU) 2016/680 des Europäischen Parlaments und des Rates vom 27. April 2016 zum Schutz natürlicher Personen bei der Verarbeitung personenbezogener Daten durch die zuständigen Behörden zum Zwecke der Verhütung, Ermittlung, Aufdeckung oder Verfolgung von Straftaten oder der Strafvollstreckung sowie zum freien Datenverkehr und zur Aufhebung des Rahmenbeschlusses 2008/977/JI des Rates, ABl. EU L 119, S. 89 v. 4.5.2016.

Einführung

verbliebener oder eingeräumter datenschutzrechtlicher Regelungskompetenzen bemüht.

Als „Grundverordnung"[1]) sieht die DS-GVO zwar einerseits allgemeine und grundlegende Regeln zur Verarbeitung[2]) personenbezogener Daten vor. Andererseits enthält die Verordnung eine Vielzahl an Klauseln,[3]) die den Mitgliedstaaten gestatten, ergänzende bzw. spezifischere Vorschriften des Schutzes personenbezogener Daten entweder aufrecht zu erhalten oder zu schaffen. Wie *Selmayr*[4]) zutreffend betont, handelt es sich bei diesen Regelungen streng genommen nicht um „Öffnungsklauseln", sondern um Spezifizierungsklauseln, da dem nationalen Gesetzgeber nur in dem durch die Verordnung vorgegebenen Rahmen der Erlass spezifizierender Vorschriften gestattet ist.

Der Bundesgesetzgeber sah sich in der Pflicht, über die unionsrechtlich geforderte Umsetzung der Richtlinie (EU) 2016/680 **(Nr. 2)** hinaus auch von der aus seiner Sicht eingeräumten rechtsgestaltenden Befugnis aufgrund zahlreicher als „Öffnungsklauseln" wahrgenommenen Regelungen der DS-GVO Gebrauch zu machen. Dies geschah trotz erheblicher europarechtlicher Bedenken[5]) mit der Verabschiedung des (Ersten) Datenschutz-Anpassungs- und -Umsetzungsgesetzes EU (DSAnpUG-EU). Das in dem Artikelgesetz enthaltene BDSG ist als **Nr. 6** in diesen Textband aufgenommen.

Mit dem „Zweiten Gesetz zur Anpassung des Datenschutzrechts an die Verordnung (EU) 2016/679 und zur Umsetzung der Richtlinie (EU) 2016/680 (Zweites Datenschutz-Anpassungs- und Umsetzungsgesetz EU – 2. DSAnpUG-EU)"[6]) vom 20. November 2019 hat der Bundesgesetzgeber in mehr als 150 Einzelgesetzen überwiegend[7]) redaktionelle Anpassungen vorgenommen. Im Rahmen dieses Gesetzgebungsvorhabens wurde die in § 38 Abs. 1 BDSG zuvor enthaltene Schwelle für die Benennung eines Datenschutzbeauftragten von zehn auf zwanzig Mitarbeiter angehoben.[8])

In welchem Umfang die Bestimmungen des BDSG neben der DS-GVO europarechtlich Bestand haben werden, bleibt ausdrücklich abzuwarten.[9]) Die im Gesetzgebungsverfahren zum 1. DSAnpUG-EU geäußerte Kritik verweist sowohl darauf, dass der Bundesgesetzgeber teilweise in Verkennung der Bedeutung der Spezifizierungsklauseln über den Regelungsrahmen der DS-GVO hinausgeht als auch in anderer Hinsicht unter Verletzung des unionsrechtlichen Verbotes den Wortlaut und Regelungsgehalt der Verordnung im nationalen Recht wiederholt.

In jedem Fall bedürfen auch die bestehenden nationalen Datenschutzvorschriften vor dem Hintergrund des höherrangigen Europarechts jedenfalls der europarechtsfreundlichen Auslegung.[10])

---

[1]) Zum Begriff der „Grundverordnung" *Selmayr/Ehmann* in: Ehmann/Selmayr, Datenschutz-Grundverordnung, 2. Aufl. 2018, Einführung Rn. 82.
[2]) Zum umfassenden Begriff der „Verarbeitung" vgl. Art. 4 Nr. 2 DS-GVO.
[3]) Vgl. beispielsweise Art. 6 Abs. 2 DS-GVO oder auch Art. 88 Abs. 1 DS-GVO.
[4]) Vgl. *Selmayr/Ehmann* in: Ehmann/Selmayr, Datenschutz-Grundverordnung, 2. Aufl. 2018, Einführung Rn. 82 ff.
[5]) *Jensen*, ZD-Aktuell 2017, 05596; *Ehmann*, ZD-Aktuell 2016, 04216; *Johannes*, ZD-Aktuell 2016, 05322; *Helfrich*, ZD 2017, 97; *Franck*, ZD 2018, 345.
[6]) BGBl. I 1626 vom 25.11.2019.
[7]) Zu den einzelnen Änderungen und deren Begründung vgl. BR-Drs. 430/18 vom 7.9.2018 S. 2 ff.
[8]) Hierzu *Helfrich* in: Sydow, Bundesdatenschutzgesetz, 2020, § 38 Rn. 40.
[9]) Siehe hierzu *Franck*, ZD 2018, 345.
[10]) Die vorliegende Textsammlung nimmt auf diese Parallelität der datenschutzrechtlichen Regelungsebenen insoweit Rücksicht, als der DS-GVO wegen ihres Vorrangs in der Gliederungssystematik

Einführung

Die DS-GVO bringt einen teilweise erheblichen Änderungs- oder Anpassungsbedarf mit sich: Die für die Verarbeitung verantwortlichen müssen ihre Verfahren und Abläufe so gestalten, dass eine möglichst hohe Datenschutzfreundlichkeit gewährleistet ist („Privacy by Design" sowie „Privacy by Default"),[1] dem Betroffenen werden unter dem Schlagwort des „Rechts auf Vergessenwerden" ausgeprägtere Löschungs-[2] und Berichtigungsansprüche[3] gewährt sowie ein neuer Anspruch auf „Datenportabilität" formuliert,[4] mit dem langfristig die Häufigkeit von Neuerhebungen personenbezogener Daten reduziert werden soll. Die für die Verarbeitung verantwortlichen Unternehmen müssen ihrerseits Instrumente und Verfahren entwickeln, die eine Datenschutz-Folgenabschätzung[5] ermöglichen. Neben diesen Instrumenten und Ansprüchen enthält die DS-GVO eine Reihe von vertrauten Strukturen, wie beispielsweise den Grundsatz des Verbots mit Erlaubnisvorbehalt,[6] und eine Vielzahl an Präzisierungen bisheriger datenschutzrechtlicher Prinzipien[7], die durchaus eine Überprüfung bestehender datenschutzrechtlicher Strukturen in Unternehmen auf ihre künftige Vereinbarkeit mit den Anforderungen der DS-GVO rechtfertigen.[8] Auch den Aufgabenbereich des Datenschutzbeauftragten ändert sich unter der DS-GVO, da die Verordnung dem betrieblichen Datenschutzbeauftragten eine stärkere Rolle[9] zuweist und diese nicht zuletzt auch im Zusammenhang mit der Einrichtung eines effektiven Systems der Datenschutz-Folgenabschätzung[10] sowie der Implementierung eines effektiven Datenschutz-Managementsystems an Bedeutung gewinnt.

Schließlich ist auf die mit der DS-GVO deutlich verschärften Bußgeldtatbestände des Art. 83 DS-GVO hinzuweisen, mit denen die Einhaltung des Datenschutzes noch stärker in den Fokus der Unternehmensführung und letztlich auch der Compliance rückt.

II. Die grundrechtliche Verankerung des Datenschutzrechts im nationalen und europäischen Recht

Personenbezogene Daten werden nach dem Volkszählungsurteil des Bundesverfassungsgerichts durch das Recht auf informationelle Selbstbestimmung verfassungsrechtlich geschützt: die Befugnis, über die Preisgabe und Verwendung der eigenen persönlichen Daten zu bestimmen.[11] Das Recht auf informationelle Selbstbestimmung ist dabei keine „Erfindung" des Bundesverfassungsge-

---

der erste Rang eingeräumt wird, während die bisherige nationale Rechtslage strukturell unverändert (weiter) neben dem neu gefassten BDSG abgebildet bleibt.

[1] Vgl. Art. 25 DS-GVO.
[2] Vgl. Art. 17 DS-GVO.
[3] Vgl. Art. 16 DS-GVO.
[4] Vgl. Art. 20 DS-GVO.
[5] Art. 35 DS-GVO.
[6] Art. 6 DS-GVO.
[7] Siehe hierzu insbesondere die in Art. 5 Abs. 1 DS-GVO enthaltenen Grundsätze für die Verarbeitung personenbezogener Daten, deren Einhaltung von den Bußgeldtatbeständen des Art. 83 DS-GVO umfasst ist.
[8] Eine solche Überprüfung und Dokumentation der Einhaltung der Grundsätze nach Art. 5 Abs. 1 DS-GVO ist nicht zuletzt durch die in Art. 5 Abs. 2 DS-GVO fixierte Rechenschaftspflicht geboten.
[9] Siehe hierzu Art. 38 und 39 DS-GVO.
[10] Siehe hierzu Art. 35 DS-GVO.
[11] *BVerfGE* 65, 1 (41 ff.).

Einführung

richts, sondern vielmehr eine „Konkretisierung" dessen, was bereits verfassungsrechtlich im allgemeinen Persönlichkeitsrecht verankert ist.[1] Das Bundesverfassungsgericht verdeutlicht im Volkszählungsurteil, dass es das informationelle Selbstbestimmungsrecht nicht in einer sphärenbezogenen Weise interpretiert, sondern dass dieses Recht vor Gefahren schützt, die sich aus der Zusammenfügung mit anderen Datensammlungen zu einem mehr oder weniger vollständigen Persönlichkeitsbild ergeben, dessen Richtigkeit und Verwendung der Betroffene nur unzureichend kontrollieren kann.[2] Damit entfaltet das Recht auf informationelle Selbstbestimmung einen flexiblen, gegenüber technischen und gesellschaftlichen Entwicklungen reagiblen und an der konkreten Gefährdungssituation ausgerichteten Gewährleistungsgehalt.[3] Als absolutes Nutzungs- und Verfügungsrecht analog dem Eigentum ist das informationelle Selbstbestimmungsrecht jedoch nicht anerkannt.[4] Die Konstruktion als absolutes Nutzungs- und Verfügungsrecht gilt als nicht angemessen, da der Betroffene kein Herrschaftsrecht über Informationen beanspruchen kann, die erst der Verwender aus einem Bestand von Daten konstruiert hat.[5] Schutzwürdig ist aber sein Recht, die Verwendung seiner persönlichen Daten durch Dritte kennen und kontrollieren zu können.[6] Das Bundesverfassungsgericht findet im Jahr 1983 hierfür noch deutliche Worte: „Mit dem Recht auf informationelle Selbstbestimmung wären eine Gesellschaftsordnung und eine diese ermöglichende Rechtsordnung nicht vereinbar, in der Bürger nicht mehr wissen können, wer was wann und bei welcher Gelegenheit über sie weiß."[7]

Dies gilt besonders dann, wenn diese Verwendung sich für ihn selbst als folgenreich erweist. Denn nicht allein Art und Umfang der erhobenen Daten sind grundrechtsrelevant, vielmehr kommt es auch auf die denkbaren Verwendungen und das jeweilige Missbrauchspotential an.[8]

Eine erweiternde Interpretation hat das informationelle Selbstbestimmungsrecht durch das Urteil des Bundesverfassungsgerichts vom 2. März 2006 und den Beschluss vom 4. April 2006 erhalten. Mit dem Urteil des Zweiten Senats vom 2. März 2006[9] wurde die Grenze zwischen Fernmeldegeheimnis des Art. 10 GG und dem informationellen Selbstbestimmungsrecht nach Art. 1 Abs. 2 i. V. m. Art. 2 Abs. 1 GG gezogen. Der Schutz des Fernmeldegeheimnisses gilt nur für die telekommunikative Übermittlungsphase. Die auf Telekommunikationsendgeräten gespeicherten Daten werden hingegen durch das informationelle Selbstbestimmungsrecht geschützt. Nach diesem Schutzrecht ist den staatlichen Sicherheitsbehörden der Zugriff auf mobile Speichermedien verwehrt, wenn die dort gespeicherten Daten auf andere Weise schon verfügbar waren und der Eingriff damit nicht mehr für die Rechtssicherung notwendig war. Mit Beschluss vom 4. April 2006[10] zur Rasterfahndung hat der Erste Senat

---

[1] Vgl. instruktiv *Di Fabio*, Grundrechtsgeltung in digitalen Systemen, 2016, S. 45 f.
[2] *BVerfGE* 65, 1 (42).
[3] Auf die Gefährdungsabhängigkeit stellt *Trute*, Verfassungsrechtliche Grundlagen, in: Roßnagel, Handbuch Datenschutzrecht, 2003, S. 156 ff., Rn. 14, ab.
[4] So aber *Ladeur*, DuD 2000, 12 (18).
[5] *Trute*, Verfassungsrechtliche Grundlagen, in: Roßnagel, Handbuch Datenschutzrecht, 2003, S. 156 ff., Rn. 21.
[6] *Trute*, Verfassungsrechtliche Grundlagen, in: Roßnagel, Handbuch Datenschutzrecht, 2003, S. 156 ff., Rn. 19.
[7] *BVerfGE* 65, 1 = NJW 1984, 419 (422).
[8] Vgl. *BVerfGE* 65, 1 (46).
[9] MMR 2006, 217.
[10] MMR 2006, 531.

Einführung

des Bundesverfassungsgerichts eine Grenze für die polizeiliche Rasterfahndung gezogen.[1]

Nach Ansicht des Gerichts ist ein derart intensiver Grundrechtseingriff nur verhältnismäßig, wenn die Anforderungen an die Wahrscheinlichkeit des Gefahreneintritts und die Nähe des Betroffenen zur Bedrohung eingegrenzt werden. Der Grundsatz der Verhältnismäßigkeit verlangt, dass die Einbußen an grundrechtlich geschützter Freiheit nicht in unangemessenem Verhältnis zu den Gemeinwohlzwecken stehen, denen die Grundrechtsbeschränkung dient. Die Maßnahme der Rasterfahndung zur Aufdeckung sog. „Schläfer" ist nur dann mit dem Grundrecht auf informationelle Selbstbestimmung vereinbar, wenn eine „konkrete" und somit durch hinreichende Tatsachen zu belegende Gefahr für hochrangige Rechtsgüter, wie den Bestand oder die Sicherheit des Bundes oder eines Landes oder für Leib, Leben oder Freiheit einer Person gegeben ist. Das Vorliegen einer allgemeinen Bedrohungslage, etwa bei Vorliegen von vagen Vermutungen ohne greifbaren auf den Einzelfall bezogenen Anlass, ist hingegen nicht ausreichend.

Das Bundesverfassungsgericht hat mit seinem Urteil vom 27. Februar 2008 (1 BvR 370/07)[2] die rechtlichen Grenzen für heimliche Online-Durchsuchungen von Computern aufgezeigt.[3] Danach umfasst das allgemeine Persönlichkeitsrecht nach Art. 2 Abs. 1 i. V. m. Art. 1 Abs. 1 GG das „Grundrecht auf Gewährleistung der Vertraulichkeit und Integrität informationstechnischer Systeme". Diese neu interpretierte Ausprägung des allgemeinen Persönlichkeitsrechts soll vor Eingriffen in informationstechnische Systeme schützen, soweit der Schutz nicht durch andere Grundrechte, wie Art. 10, 13 GG und das Recht auf informationelle Selbstbestimmung gewährleistet ist. Das Grundrecht soll das Persönlichkeitsrecht vor den Gefahren schützen, die durch den Zugriff staatlicher Stellen auf vernetzte Systeme, wie PCs, Notebooks und Mobiltelefone, bestehen und deren Daten ein Bild über die Persönlichkeit des Nutzers bilden können. Es bleibt abzuwarten, ob dieses Grundrecht über die Rechtsfigur der mittelbaren Drittwirkung in den Privatrechtsbereich ausstrahlen wird wie auf die Überwachung von IT-Systemen, die Unternehmen ihren Mitarbeitern zur Verfügung stellen. Hierfür ist die Überwachung des E-Mail-Accounts, der auch für private Zwecke genutzt wird, ein Beispiel.

Das Bundesverfassungsgericht hatte in einer viel beachteten Entscheidung zu prüfen, ob die Umsetzung der Richtlinie 2006/24/EG vom 15. März 2006 über die Vorratsspeicherung von Daten, die bei der Bereitstellung öffentlich zugänglicher elektronischer Kommunikationsdienste oder öffentlicher Kommunikationsnetze erzeugt oder verarbeitet werden,[4] in das nationale Recht mit den verfassungsrechtlichen Vorgaben des Grundgesetzes vereinbar ist. Während der Europäische Gerichtshof zunächst noch in seiner Entscheidung vom 10. Februar 2009 (Rs. C-301/06) feststellte, dass die Richtlinie zu Recht auf der Grundlage des EG-Vertrages erlassen sei,[5] setzte sich das Bundesverfassungsgericht materiellrechtlich mit der Umsetzung der EG-Richtlinie über Vor-

---

[1] Vgl. BVerfG, ZD 2013, 328 m. Anm. Petri. Zur Konsequenz dieser Entscheidung für die Antiterrordatei Kirchberg, CR 2007, 10 (14); Petri, ZD 2013, 3; ders., ZD 2014, 599; Rasterfahndung wegen Kinderpornographie soll den Anforderungen dieser Entscheidung entsprechen, da nur nach Straftätern gefahndet wird; hierzu FAZ v. 11. Januar 2007, S. 7 und 9.
[2] MMR 2008, 315 m. Anm. Bär = NJW 2008, 822.
[3] Siehe hierzu Hornung, CR 2008, 299; Stögmüller, CR 2008, 435.
[4] ABl. EG L 105, S. 54.
[5] EuGH, Urt. v. 10.2.2009, Rs. C-301/06, MMR 2009, 244.

Einführung

ratsdatenspeicherung auseinander und kam zu dem Ergebnis, dass eine sechsmonatige anlasslose Speicherung von Telekommunikations-Verkehrsdaten mit Art. 10 GG schlechthin nicht vereinbar sei und es auf einen etwaigen Vorrang der EG-Richtlinie nicht ankomme.[1] Der EuGH selbst befand in seinem Urteil vom 8. April 2010, dass die Richtlinie mit dem geltenden EU-Recht nicht vereinbar sei, da der Eingriff in die nach Art. 7 und 8 Grundrechtecharta geschützten Rechte nicht verhältnismäßig sei.[2] Damit stellt der EuGH klar, dass auch das legislative Handeln der Organe der Europäischen Union an den in der Charta der Grundrechte der Europäischen Union verankerten Grundrechte, zu denen ausdrücklich auch der Datenschutz zu rechnen ist, gemessen werden muss.[3]

Mit Beschluss vom 28. Oktober 2014 legte der BGH[4] dem EuGH im Rahmen eines Vorabentscheidungsverfahrens nach Art. 267 AEUV die Frage vor, ob Art. 2 Buchst. a) der EG-Datenschutzrichtlinie (RL 95/46/EG) so auszulegen ist, dass eine IP-Adresse bereits dann als personenbezogenes Datum anzusehen ist, wenn ein Dritter über das zur Identifizierung der betroffenen Person erforderliche Zusatzwissen verfügt. Die Entscheidung des EuGH[5] stellt darauf ab, dass bei einer dynamischen IP-Adresse dann von einem personenbezogenen Datum auszugehen ist, wenn der Verantwortliche über rechtliche Mittel verfügt, die es ihm erlauben, die betreffende Person anhand der Zusatzinformationen, über die der Internetzugangsanbieter dieser Person verfügt, bestimmen zu lassen. Mit der Entscheidung wird Rechtssicherheit für die Nutzung des Internets sowie der cloud-basierten Dienste geschaffen. Die Entscheidung behält auch für die Anwendung der DS-GVO ihre Bedeutung, da aus ihr deutlich wird, dass die Beurteilung der Frage, ob personenbezogene Daten i. S. d. Art. 4 Nr. 1 DS-GVO im konkreten Fall vorliegen, stets aus der Perspektive dessen vorzunehmen ist, der mit diesem Datum eine Verarbeitung i. S. d. Art. 4 Nr. 2 DS-GVO beabsichtigt.

Im europäischen Recht ist der Schutz des allgemeinen Persönlichkeitsrechts spätestens mit der Richtlinie 95/46/EG vom 24. Oktober 1995 (EG-Datenschutzrichtlinie) verankert. Während der EuGH zunächst zur Begründung des Datenschutzrechts auf allgemeine Rechtsgrundsätze zurückgreifen musste,[6] ist der Schutz personenbezogener Daten seit dem Inkrafttreten des Vertrags von Lissabon im Dezember 2009 im Primärrecht (EU-Verfassungsrecht) verankert. Art. 16 AEUV ist die Grundlage des heutigen europäischen Datenschutzrechts ebenso wie Art. 7 GRCh (Achtung des Privat- und Familienlebens) sowie Art. 8 GRCh (Schutz personenbezogener Daten).[7]

---

[1] *BVerfG*, Urt. v. 2.3.2010 – 1 BvR 256/08, 1 BvR 263/08, 1 BvR 586/08, MMR 2010, 356.
[2] *EuGH*, Urt. v. 8.4.2014, Rs. C-203/12, C-594/12 (Digital Rights Ireland Ltd.), ZD 2014, 296 m. Anm. *Petri*.
[3] ABl. EG C 364, S. 1 v. 18.12.2000.
[4] *BGH*, Beschl. v. 28.10.2014 – VI ZR 135/13, GRUR 2015, 192.
[5] *EuGH*, GRUR Int. 2016, 1169 (Breyer) = NJW 2016, 3579 m. Anm. *Mantz/Spittka* = MMR 2016, 842 m. Anm. *Moos/Rothkegel* = ZD 2017, 24 m. Anm. *Kühling/Klar*.
[6] *EuGH*, Urt. v. 17.6.2014, verb. Rs. C-141/12 u. C-372/12 (Y. S. u. M. S./Minister voor Immigratie), EuR 2015, 89 m. Anm. *Gundel*.
[7] Siehe hierzu auch *Selmayr/Ehmann* in: Ehmann/Selmayr, Datenschutz-Grundverordnung, 2. Aufl. 2018, Einführung Rn. 1 ff.

Einführung

III. Das Verhältnis des europäischen zum nationalen Datenschutzrecht

1. Europäische Richtlinie, Datenschutz-Grundverordnung und BDSG

Der Ministerrat und das Europäische Parlament verabschiedeten am 24. Oktober 1995 eine allgemeine Datenschutzrichtlinie, die in nationales Recht umgesetzt wurde.[1] Die mit der EG-Datenschutzrichtlinie bezweckte Harmonisierung des Datenschutzrechts in der Europäischen Union war bereits durch das „Übereinkommen zum Schutz des Menschen bei der automatischen Verarbeitung personenbezogener Daten" (Europäische Datenschutzkonvention) vom 28. Januar 1981[2] (**Nr. 5**) vorgezeichnet. Die Konvention verpflichtete die Unterzeichnerstaaten, die niedergelegten Grundsätze als gemeinsames datenschutzrechtliches Minimum zu verwirklichen. Eine Pflicht der Mitgliedstaaten zur Umsetzung in nationales Recht war hiermit jedoch nicht verbunden. Eine solche Verpflichtung ist erst mit der allgemeinen Datenschutzrichtlinie des Jahres 1995 entstanden.

Der von der EU-Kommission am 25. Januar 2012 vorgelegte Entwurf einer Datenschutz-Grundverordnung sowie einer Richtlinie für die polizeiliche und justizielle Informationsverarbeitung[3] wurde als „Datenschutzpaket" im Gesetzgebungsverfahren nach Art. 294 AEUV intensiv und kontrovers diskutiert und erlebte mehrere teilweise tiefgreifenden Änderungen. Die schließlich verabschiedete DS-GVO spiegelt den politischen Kompromiss wider, der zwischen Kommission, Parlament und Rat gefunden wurde. Am 28. April 2016 wurde das Datenschutzpaket verabschiedet. Die DS-GVO trat am 25. Mai 2016 in Kraft und entfaltete ihre Wirksamkeit nach Art. 99 Abs. 2 DS-GVO am 25. Mai 2018.

a) Rechtsangleichung im Binnenmarkt

Die datenschutzrechtlichen Regelungen in Europa spiegeln die schrittweise Rechtsangleichung im Binnenmarkt und veranschaulichen zugleich das Verhältnis zwischen Europäischer Union einerseits und den Mitgliedstaaten andererseits. Während als Rechtsgrundlage für die Datenschutz-Richtlinie des Jahres 1995 die Notwendigkeit der Rechtsangleichung im Binnenmarkt (Art. 100a EGV) erachtet wurde, bildet vor allen Dingen Art. 16 AEUV, der ein eigenständiges Recht „jeder Person (...) auf Schutz der sie betreffenden personenbezogenen Daten" enthält, die Rechtsgrundlage zur Verabschiedung der DS-GVO. Darüber hinaus kann die DS-GVO auf Art. 8 Abs. 1 der Charta der Grundrechte der EU gestützt werden.[4] Nach dem Subsidiaritätsprinzip (Art. 5 Abs. 1 Satz 2 EUV) wird die EU nur dann tätig,[5] sofern und soweit ein Ziel besser auf der Gemeinschaftsebene als auf derjenigen der einzelnen Mitglied-

---

[1] *Ehmann/Helfrich*, EG-Datenschutzrichtlinie, Kurzkommentar, 1999.
[2] Hierzu näher *Burkert* in: Roßnagel, Handbuch Datenschutzrecht, 2.3 Internationale Grundlagen, Rn. 35.
[3] KOM(2012) 10 endg. v. 15.1.2012.
[4] Charta der Grundrechte der Europäischen Union vom 14.12.2007, ABl. Nr. C 303, S. 1.
[5] Die Tätigkeit der EU im Rahmen des Subsidiaritätsprinzips erfolgt über Art. 5 Abs. 1, 3 EUV hinaus auf der Grundlage des Protokolls über die Anwendung der Grundsätze der Subsidiarität und der Verhältnismäßigkeit vom 13.12.2007, ABl. Nr. C 306, S. 150.

Einführung

staaten erreicht werden kann.[1] Aus ökonomischer Sicht erfordert der Warenverkehr oder die Anbahnung und Abwicklung von Dienstleistungen eine europäische Regelung für die Verarbeitung personenbezogener Daten, da die Übermittlung personenbezogener Daten wesentlicher Bestandteil des Geschäftsverkehrs ist.

Datenschutz ist zugleich auch die Gewährleistung eines elementaren Menschenrechts. Der Gerichtshof hat das in Art. 8 der Europäischen Menschenrechtskonvention (EMRK) verankerte Recht auf Achtung des Privatlebens in seiner Entscheidung vom 5. Oktober 1994 als „ein von der Gemeinschaftsordnung geschütztes Grundrecht" bezeichnet und damit auch den Wert des Grundrechts auf Privatheit/Datenschutz für die Gemeinschaftsordnung betont. Zweck der RL 95/46/EG war es,[2] ein möglichst hohes und gleichwertiges Datenschutzniveau für den Binnenmarkt herzustellen. Diesem Ziel ist auch die DS-GVO verpflichtet. Sie nimmt in Erwägungsgrund 3 auf die RL 95/46/EG Bezug und betont die Gewährleistung eines hohen Datenschutzniveaus vor dem Hintergrund eines deutlich angestiegenen grenzüberschreitenden Datenverkehrs sowie der raschen technologischen Entwicklung und der mit der Globalisierung verbundenen datenschutzrechtlichen Herausforderungen.

Sowohl die Richtlinie als auch die DS-GVO regeln die manuelle und die automatisierte bzw. teilweise automatisierte Verarbeitung personenbezogener Daten in Dateien[3] bzw. Dateisystemen[4]. Die Definitionen, was unter „Datei" sowie „Dateisystem" zu verstehen ist, gehen weiter als jene des BDSG und erfassen „jede strukturierte Sammlung personenbezogener Daten, die nach bestimmten Kriterien zugänglich sind, unabhängig davon, ob diese Sammlung zentral, dezentralisiert oder nach funktionalen oder geographischen Gesichtspunkten geordnet geführt wird".[5]

Die DS-GVO[6] sieht unabhängige[7] Kontrollinstanzen (Aufsichtsbehörden) vor, die eine Regelkontrolle[8] vornehmen müssen.

Den Verantwortlichen für die Datenverarbeitung gab die RL 95/46/EG noch ein Wahlrecht zwischen der generellen Meldepflicht automatisierter Datenverarbeitung an ein öffentliches Register und der Bestellung eines betrieblichen/behördlichen Beauftragten für den Datenschutz.[9] Die DS-GVO kennt keine allgemeine Meldepflicht des Verantwortlichen[10] gegenüber einer Aufsichtsbehörde. Eine spezielle Meldepflicht sieht die DS-GVO allerdings für den Fall der Verletzung des Datenschutzes vor (Art. 33 DS-GVO). Die Einführung eines obligatorischen betrieblichen Datenschutzbeauftragten war im Rahmen der Verhandlungen über die DS-GVO zunächst noch umstritten. Während der Entwurf der Kommission vorsah, dass die Verantwortlichen für die Datenverarbeitung zur Bestellung eine betrieblichen Datenschutzbeauftragten verpflichtet werden sollten und sich das Europaparlament dieser Auffassung grundsätzlich

---

[1] Art. 5 Abs. 3 EUV.
[2] Erwägungsgrund 10 RL 95/46/EG.
[3] Art. 2 lit. c RL 95/46/EG.
[4] Art. 4 Nr. 6 DS-GVO.
[5] Art. 2 lit. c RL 95/46/EG sowie Art. 4 Nr. 6 DS-GVO; hierzu *Brühann* in: Roßnagel, Handbuch Datenschutzrecht, 2.4 Europarechtliche Grundlagen, Rn. 17–56.
[6] Art. 51 ff. DS-GVO.
[7] Art. 52 Abs. 1 DS-GVO.
[8] Art. 57 DS-GVO legt einen umfangreichen Katalog an Aufgaben fest, die durch die Aufsichtsbehörden wahrzunehmen sind.
[9] Art. 18 RL 95/46/EG.
[10] Art. 4 Nr. 7 DS-GVO.

Einführung

anschloss, konnte sich der Rat auf eine solche Bestellungspflicht nicht einigen und sah vor, dass die Frage der obligatorischen Bestellung eines Datenschutzbeauftragten in der Regelungskompetenz der Mitgliedstaaten verbleiben solle. Die DS-GVO sieht nun europaweit die Benennung eines Datenschutzbeauftragten vor, wenn bestimmte eng umschriebene Bedingungen vorliegen.[1] Darüber hinaus überlässt die DS-GVO es den Mitgliedstaaten, weitere Bedingungen vorzusehen, unter denen ein Datenschutzbeauftragter zu benennen ist.[2] Von dieser Regelungsbefugnis hat der Bundesgesetzgeber Gebrauch gemacht und mit § 38 Abs. 1 BDSG eine Verpflichtung zur Benennung eines Datenschutzbeauftragten vorgesehen, sofern zwanzig oder mehr Personen ständig mit der Verarbeitung personenbezogener Daten beschäftigt sind, eine Datenschutz-Folgenabschätzung vorzunehmen ist oder Daten geschäftsmäßig zum Zweck der Übermittlung, der anonymisierten Übermittlung oder für Zwecke der Markt- oder Meinungsforschung verarbeitet werden.

Mit der Einrichtung eines Europäischen Datenschutzausschusses[3] nach Art. 68 DS-GVO ist die bislang unter der RL 95/46/EG eingerichtete Gruppe nach Art. 29 abgelöst. Dieser Ausschuss ist mit eigener Rechtspersönlichkeit ausgestattet,[4] übt seine Funktion unabhängig aus und findet seine Aufgabe in der Sicherstellung der einheitlichen Anwendung der DS-GVO.[5] Er füllt diese Aufgabe unabhängig von den durch die nationalen Aufsichtsbehörden wahrgenommenen Funktionen aus. Wie bereits im Fall der Gruppe nach Art. 29[6] nimmt auch der Europäische Datenschutzausschuss eine wichtige Rolle bei der Entwicklung von Leitlinien, Empfehlungen oder ähnlichen Verfahren ein, die für die Datenschutzpraxis von Bedeutung sind.

b) Marktortprinzip, Anwendbarkeit des europäischen Datenschutzrechts und grenzüberschreitender Datenaustausch

Der Ort der Niederlassung wird von der DS-GVO[7] als Anknüpfungspunkt für die Anwendbarkeit des europäischen Datenschutzrechts bestimmt.[8] Die jeweiligen Datenschutzbestimmungen greifen also dort, wo die datenverarbeitende Stelle ihren Sitz hat. Das mit der DS-GVO in das Datenschutzrecht integrierte Marktortprinzip[9] führt dazu, dass auch dann die Bestimmungen der Verordnung zu beachten sind, wenn der Verarbeiter zwar seine Niederlassung nicht in der Union hat, er aber gegenüber der betroffenen Person in der Union Waren oder Dienstleistungen anbietet (Art. 3 Abs. 2 lit. a DS-GVO). Entspre-

---

[1] Art. 37 Abs. 1 lit. b und c DS-GVO.
[2] Art. 37 Abs. 4 DS-GVO.
[3] Vgl. https://edpb.europa.eu.
[4] Art. 68 Abs. 1 DS-GVO.
[5] Der Europäische Datenschutzausschuss informiert sowohl über die von ihm ausgeübten Tätigkeiten als auch über wichtige datenschutzrechtliche Entwicklungen unter https://edpb.europa.eu.
[6] Die Dokumente der Artikel-29-Datenschutzgruppe sind über einen Webserver der Europäischen Kommission zugänglich unter https://ec.europa.eu/info/law/law-topic/data-protection_de.
[7] Art. 3 Abs. 1 DS-GVO.
[8] Mit der DS-GVO wird dieses Prinzip in Art. 5 Abs. 2 DS-GVO um das Marktortprinzip ergänzt. Demzufolge findet die Verordnung auch dann Anwendung, wenn diese durch einen nicht in der Union niedergelassenen Verantwortlichen oder Auftragsverarbeiter erfolgt und die Datenverarbeitung im Zusammenhang damit steht, der betroffenen Person „in der Union Waren oder Dienstleistungen anzubieten" oder „das Verhalten Betroffener Personen zu beobachten, soweit ihr Verhalten in der Union erfolgt".
[9] Hierzu eingehend *Selmayr/Ehmann* in: Ehmann/Selmayr, Datenschutz-Grundverordnung, 2. Aufl. 2018, Einführung Rn. 23 ff.; *Zerdick* in: Ehmann/Selmayr, a. a. O., Art. 3 DS-GVO Rn. 2 ff.

Einführung

chendes gilt, wenn der nicht in der EU niedergelassene Verantwortliche oder Auftragsverarbeiter das Verhalten betroffener Personen beobachtet, soweit dieses Verhalten in der Union erfolgt. Damit fallen regelmäßig Tracking, Profiling oder auch Methoden der Verhaltensanalyse von Betroffenen auch dann in den Anwendungsbereich der DS-GVO, wenn der betreffende Anbieter nicht in der EU ansässig ist.

Der Datenexport in Drittstaaten ist nur im Rahmen der durch die europäischen Datenschutzbestimmungen vorgegebenen Grenzen zulässig. Das europäische Datenschutzrecht erlaubt den Datentransfer grundsätzlich nur dann, wenn im Land des Datenempfängers ein angemessenes Datenschutzniveau vorliegt.[1] Alternativ kann in Ausnahmefällen der Transfer vertraglich zwischen Datenübermittler, Betroffenem und Datenempfänger vereinbart werden (Vertragslösung), wenn auf diese Weise die datenschutzrechtlichen Interessen des Betroffenen durch die Übernahme geeigneter Garantien[2] sichergestellt werden. Für die Beurteilung des Schutzniveaus in der Gemeinschaft und in Drittstaaten spielte die Artikel-29-Datenschutzgruppe bislang eine wichtige Rolle. Sie nahm hierzu auf Anfrage gegenüber der Kommission Stellung, hat aber auch die Möglichkeit von sich aus präventiv Empfehlungen abzugeben.[3] Diese Funktion hat nun der Europäische Datenschutzausschuss nach Art. 68 DS-GVO übernommen. Die während der Geltungsdauer der RL 95/46/EG durch die Kommission gemäß Art. 25 Abs. 6 RL 95/46/EG getroffenen Feststellungen zu einem angemessenen Schutzniveau in bestimmten Drittländern bleiben auch nach dem Wirksamwerden der DS-GVO und der Ablösung der RL 95/46/EG nach Art. 45 Abs. 9 DS-GVO so lange in Kraft, bis sie durch einen nach Art. 45 Abs. 3 oder 5 DS-GVO erlassenen neuen Beschluss der Kommission geändert, ersetzt oder aufgehoben werden. Die von der Kommission auf der Grundlage von Art. 26 Abs. 4 RL 95/46/EG verabschiedeten Standardvertragsklauseln aus den Jahren 2001 und 2010 wurden mit dem Durchführungsbeschluss (EU) 2021/914 vom 4. Juni 2021 ersetzt (**Nr. 38**). In der Vergangenheit vereinbarte Standardvertragsklauseln sind bis 27. Dezember 2022 durch die nunmehr veröffentlichten Standardvertragsklauseln 2021 zu ersetzen.

Mit dem „Privacy Shield"-Abkommen[4] bestand eine Nachfolgeregelung zu „Safe Harbor", die mit der Entscheidung des EuGH[5] nicht mehr als Grundlage für den Datenexport an in den USA ansässige Unternehmen dienen kann. Laufende Verhandlungen zwischen den USA und der EU über ein Nachfolgeabkommen erweisen sich als schwierig.[6]

---

[1] Art. 45 Abs. 1 DS-GVO. Vgl. hierzu die wegweisende Rechtsprechung des *EuGH*, Urt. v. 16.7.2020 – C-311/18 (Schrems II), NJW 2020, 2613 = MMR 2020, 597 m. Anm. *Hoeren* = ZD 2020, 511 m. Anm. *Moos/Rothkegel*; *Schwartmann/Burkhardt*, ZD 2021, 235; *Paal/Kukmar*, MMR 2020, 733; siehe zum Problemkreis des Datenverkehrs mit dem Vereinigten Königreich nach dem Brexit *Brauneck*, RDi 2021, 425.

[2] Art. 46 DS-GVO.

[3] *Brühann* in: Roßnagel, Handbuch Datenschutzrecht, 2.4 Europarechtliche Grundlagen, Rn. 50–55.

[4] Siehe Durchführungsbeschluss (EU) 2016/1250 der Kommission vom 12. Juli 2016 gemäß der Richtlinie 95/46/EG des Europäischen Parlaments und des Rates über die Angemessenheit des vom EU-US-Datenschutzschild gebotenen Schutzes, ABl. EU L 207 v. 1.8.2016, S. 1.

[5] Vgl. *EuGH*, Urt. v. 16.7.2020 – C-311/18 (Schrems II), NJW 2020, 2613 = MMR 2020, 597 m. Anm. *Hoeren* = ZD 2020, 511 m. Anm. *Moos/Rothkegel* sowie bereits zuvor zur Kritik am Privacy Shield-Abkommen *Molnár-Gábor/Kaffenberger*, ZD 2017, 18; *Filip*, ZD-Aktuell 2016, 05108; *Weichert*, ZD 2016, 209. Allgemein zur Problematik des Datenverkehrs mit in den USA ansässigen Stellen *Spies* in: Forgó/Helfrich/Schneider, Betrieblicher Datenschutz, 2. Aufl., V.2. Rn. 9 ff.

[6] Vgl. hierzu *Spies*, ZD 2021, 478.

Einführung

Das frühere BDSG wurde seit seinem Bestehen wiederholt Novellen unterzogen, die teilweise der technischen Entwicklung, ganz überwiegend jedoch der Umsetzung europäischer Richtlinienvorgaben geschuldet waren. Das BDSG hat darüber hinaus als Umsetzung der europäischen Vorgaben auch die durch die Europäische Grundrechtecharta geprägte Vorstellung vom Schutz des allgemeinen Persönlichkeitsrechts zu beachten. Diese Orientierung an der in der Europäischen Grundrechtecharta sowie der in Art. 16 EUV enthaltenen Gewährleistung des Rechts auf Schutz der personenbezogenen Daten in Europa wird das nationale Recht in verstärktem Maße nach dem Wirksamwerden der DS-GVO berücksichtigen müssen. Die DS-GVO entfaltet nach Art. 288 Abs. 2 AEUV allgemeine und unmittelbare Wirkung in den Mitgliedstaaten der EU. Sie verdrängt in der Praxis deshalb wegen des ihr innewohnenden Anwendungsvorrangs entgegenstehendes nationales Recht.[1]

2. Die Datenschutz-Grundverordnung

a) Rechtsnatur der DS-GVO

Bei der Datenschutz-Grundverordnung handelt es sich um eine europäische Verordnung nach Art. 288 Abs. 2 AEUV. Diese ist nach dem Wortlaut des AEUV unmittelbar anwendbar und bedarf ihrerseits keiner Umsetzung in den Mitgliedstaaten. Sie entspricht deshalb in ihrer Wirkung dem innerstaatlichen Gesetz.

Demgegenüber wäre eine Richtlinie nach Art. 288 Abs. 3 AEUV nur an die Mitgliedstaaten gerichtet und bezüglich der Ziele, wie sie in der Richtlinie verankert sind, für die Mitgliedstaaten bindend. Die Richtlinie bedarf deshalb der Umsetzung durch die Mitgliedstaaten, um gegenüber den EU-Bürgern Wirkung entfalten zu können.

Die Mitgliedstaaten haben im Rahmen der DS-GVO nur dort eine Möglichkeit, gesetzgeberisch tätig zu werden, wo dies die Verordnung selbst vorsieht. Entgegen der teilweise geäußerten Auffassung,[2] es gebe in der DS-GVO zahlreiche „Öffnungsklauseln", trifft dies nicht zu. Bereits der Wortlaut der DS-GVO zeigt klar und deutlich, dass die Mitgliedstaaten nur das Recht zur „Spezifizierung" der in der Verordnung enthaltenen Vorschriften haben.[3]

Es handelt sich also um Spezifizierungsklauseln.

Die Mitgliedstaaten können die in der Verordnung jeweils enthaltene Regelung genauer und auf einen Sachverhalt hin präzisieren. Dies gilt nicht generell sondern nur an jenen Stellen, an denen die Verordnung dies ausdrücklich zulässt.[4]

b) Verhältnis von DS-GVO zu BDSG

Die DS-GVO stellt die datenschutzrechtliche Grundlage für sämtliche Vorschriften dar, die den Schutz personenbezogener Daten bezwecken.[5] Sie enthält deshalb beispielsweise Rechtsgrundlagen für die Verarbeitung (z.B. Einwilli-

---

[1] Vgl. statt vieler *Grabitz/Hilf/Nettesheim*, Das Recht der Europäischen Union, 74. EL September 2021, Art. 1 AEUV Rn. 79–81.
[2] Siehe hierzu *Heberlein* in: Ehmann/Selmayr, Datenschutz-Grundverordnung, 2. Aufl. 2018, Art. 6 Rn. 6.
[3] Vgl. beispielsweise Art. 6 Abs. 2, Art. 6 Abs. 3 Satz 3, Art. 23 Abs. 2, Art. 88 Abs. 1 DS-GVO.
[4] Vgl. *Heberlein* in: Ehmann/Selmayr, Datenschutz-Grundverordnung, 2. Aufl. 2018, Art. 6 Rn. 6.
[5] Art. 1 DS-GVO.

Einführung

gung)[1] oder auch eine Vorschrift, bei der das berechtigte Interessen des Verarbeiters[2] als Grundlage für die Verarbeitung herangezogen werden kann, wenn dies nach der Güterabwägung gegenüber dem Interesse des Betroffenen schwerer wiegt. Die DS-GVO enthält ferner zahlreiche Vorschriften, die sich sowohl mit der Art und Weise der Verarbeitung als auch der auf Seiten des Verantwortlichen oder des Auftragsverarbeiters vorzunehmenden Maßnahmen auseinandersetzen. In diesem Zusammenhang soll lediglich auf die Datenschutz-Folgenabschätzung[3] oder die Verpflichtung zur Erfüllung von Auskunftsansprüchen[4] sowie die Löschungsverpflichtung[5] hingewiesen werden.

Die Verordnung selbst enthält an einigen Stellen Spezifizierungsklauseln, mit denen die Mitgliedstaaten ermächtigt werden, speziellere Regelungen zur Ausformung der in der Verordnung enthaltenen Verpflichtungen zu erlassen. Dies gilt beispielsweise im Rahmen des Art. 88 DS-GVO für den Beschäftigtendatenschutz.

Zur Klärung des Verhältnisses zwischen DS-GVO und der nationalen Vorschrift, wie sie beispielsweise in BDSG enthalten sein könnte, ist die Rechtsprechung des Europäischen Gerichtshofs (EuGH)[6] zu beachten. Der EuGH hat mehrfach entschieden, dass eine schlichte Wiederholung europarechtlicher Vorschriften im nationalen Recht grundsätzlich nicht zulässig ist.[7] Eine Wiederholung ist nach der Auffassung des EuGH in engen Grenzen nur dort zulässig, wo sie dem Ziel folgt, eine europarechtliche Vorschrift verständlicher zu machen. Grundsätzlich ist allerdings das „Wiederholungsverbot" durch den nationalen Gesetzgeber zu beachten und damit eine inhaltliche Wiederholung europarechtlicher Vorschriften folglich auf nationaler Ebene nicht gestattet. Ebenfalls ist nicht zulässig, dass der nationale Gesetzgeber mit eigenen Vorschriften den Geltungsbereich des Datenschutzrechts anders bestimmt, als dies mit der DS-GVO der Fall ist. Gänzlich unzulässig wäre die Regelung datenschutzrechtlicher Sachverhalte, die außerhalb der DS-GVO angesiedelt sind. Die europäische Datenschutz-Grundverordnung soll als umfassende Grundlage[8] den Schutz personenbezogener Daten regeln.

Die Gesetzgebung der Europäischen Union auf dem Gebiet des Datenschutzrechts beruht auf der in Art. 16 Abs. 2 AEUV verankerten Gesetzgebungskompetenz. Dabei handelt es sich um eine „geteilte Zuständigkeit" nach Art. 2 Abs. 2 AEUV i. V. m. Art. 4 Abs. 2 Buchst. j AEUV. Nach Art. 2 Abs. 2 Satz 2 AEUV nehmen die Mitgliedstaaten im Rahmen der geteilten Zuständigkeit ihre Kompetenz wahr, sofern und soweit die Union ihre Zuständigkeit nicht ausgeübt hat.

Eine Regelungskompetenz der Mitgliedstaaten außerhalb der Vorschriften, wie sie in der DS-GVO angesiedelt sind, sieht die Verordnung nicht vor. Dies lässt sich bereits aus dem Wortlaut der Spezifizierungsklauseln ableiten, die klar

---

[1] Art. 6 Abs. 1 lit. a DS-GVO.
[2] Art. 6 Abs. 1 lit. f DS-GVO.
[3] Art. 35 DS-GVO.
[4] Art. 15 DS-GVO.
[5] Art. 17 DS-GVO.
[6] *Sydow*, DS-GVO, 2. Aufl., Einleitung, Rn. 37 f.; *EuGH*, Urt. v. 28.3.1985 – C 272/83, ECLI:EU:C:1985:147 Rn. 26 f. –Kommission/Italien; *EuGH*, Urt. v. 22.5.1975 – C-34/73, ECLI:EU:C:1973:101 = Slg. 1973, 981 = BeckEuRS 1973, 33732 = BeckRS 2004, 70873 Rn. 10 – Variola.
[8] Vgl. hierzu *Selmayr/Ehmann* in: Ehmann/Selmayr, Datenschutz-Grundverordnung, 2. Aufl. 2018, Einführung Rn. 82 ff.
[7] *Calliess/Kahl* in: Calliess/Ruffert, EUV/AEUV, 6. Aufl. 2022, Art. 4 EUV, Rn. 165.

Einführung

nur davon sprechen, dass genauere Regelungen getroffen werden können. Dies schließt davon abweichende Regelungen aus, die ihrerseits im Konflikt zu der DS-GVO stehen könnten.

Es ist deshalb davon auszugehen, dass im Zweifel die DS-GVO anzuwenden ist. Nationale Regelungen können nur dann angewendet werden, wenn sie im Rahmen der europarechtlichen Zulässigkeit unter Beachtung der Spezifizierungsklauseln geschaffen wurden. Eine eigenständige Regelungskompetenz besteht auf nationaler Ebene nicht.

Nach der ständigen Rechtsprechung des Europäischen Gerichtshofs genießt das europäische Recht gegenüber dem nationalen Recht, sog. „Anwendungsvorrang"[1]. Im Rahmen der Gesetzgebungskompetenz der Europäischen Union geschaffenes Recht verdrängt nicht automatisch das bestehende nationale Recht in dem Sinne, dass das nationale Recht ungültig würde. Dies wäre allenfalls der Fall, wenn von einen sog. „Geltungsvorrang" ausgegangen werden könnte.

Dies ist jedoch nach der Auffassung des EuGH[2] nicht der Fall, da die europäische Gesetzgebungskompetenz sich nicht auf die Aufhebung nationalen Rechts, das stets in der Gesetzgebungskompetenz der Mitgliedstaaten verbleibt, erstreckt und der Europäische Gerichtshof nicht zur Intervention[3] in die Rechtsprechung der Mitgliedstaaten befugt ist.

In der Praxis bringt dies die Schwierigkeit mit sich, dass im Einzelfall sowohl eine europarechtliche Vorschrift besteht als auch eine nationale Bestimmung den Anspruch formal erhebt, beachtet zu werden.

Der Rechtsanwender muss deshalb kritisch prüfen, ob das geltende nationale Recht gänzlich oder in Teilen gegen europäische Rechtsvorschriften verstößt. Ist dies der Fall, so ist der europäischen Vorschrift in der Anwendung der Vorrang zu gewähren.

c) Rechenschaftspflicht

Die DS-GVO enthält in Art. 5 Abs. 1 die Grundsätze der Datenverarbeitung. Über diese Grundsätze und deren Einhaltung muss der Verantwortliche nach Art. 5 Abs. 2 DS-GVO Rechenschaft ablegen (Accountability). Bei den Grundsätzen der Datenverarbeitung nach Art. 5 Abs. 1 DS-GVO handelt es sich um:

- Rechtmäßigkeit der Verarbeitung
- Verarbeitung nach Treu und Glauben
- Transparenz der Verarbeitung
- Zweckbindung der Verarbeitung
- Datenminimierung
- Richtigkeit
- Speicherbegrenzung
- Integrität
- Vertraulichkeit.

Über diese in der DS-GVO genannten Grundsätze der Datenverarbeitung muss der Verantwortliche im Rahmen seiner Rechenschaftspflicht den Nach-

---

[1] *EuGH*, Urt. v. 28.3.1985 – Rs. 273/82, Slg. 1984, 483, Rn. 6; *Sydow*, Europäische Datenschutzgrundverordnung, 2. Aufl. 2018, Einleitung, Rn. 36.
[2] Ebenda.
[3] Vgl. beispielsweise Art. 6 Abs. 2, Art. 6 Abs. 3 Satz 3, Art. 23 Abs. 2, Art. 88 Abs. 1 DS-GVO.

Einführung

weis erbringen, dass diese eingehalten werden. Kann dieser Nachweis nicht erbracht werden, droht ein Bußgeld nach Art. 83 Abs. 5 DS-GVO, das bis zu 20 Millionen Euro oder im Falle eines Unternehmens 4 Prozent seines Weltjahresumsatzes des vorausgegangenen Geschäftsjahres betragen kann, je nachdem, welcher der Beträge höher ist.

Eine genaue Auseinandersetzung mit diesen Prinzipien ist folglich zur Vermeidung des Bußgeldes dringend geboten. Der Gesetzgeber macht mit den in Art. 5 Abs. 1 DS-GVO enthaltenen Grundsätzen deutlich, dass derjenige, der personenbezogenen Daten verarbeitet, in besonders sorgsamer Weise mit den Daten umzugehen und den mit der Verarbeitung verbundenen Risiken Rechnung zu tragen hat.

d) Rechtmäßigkeit der Verarbeitung

Die Frage, unter welchen Voraussetzungen personenbezogene Daten verarbeitet werden dürfen, ist in Art. 6 Abs. 1 DS-GVO abschließend geregelt. Mit der Struktur des Art. 6 Abs. 1 DS-GVO trifft die europäische Datenschutzgesetzgebung eine einheitliche Bestimmung, unter welchen Voraussetzungen die Verarbeitung rechtmäßig ist. Art. 6 Abs. 1 DS-GVO verkörpert das bereits im bisherigen nationalen Recht enthaltene „Verbot mit Erlaubnisvorbehalt". Demnach ist die Verarbeitung nur rechtmäßig, wenn eine der in Art. 6 Abs. 1 Buchst. a bis f DS-GVO genannten Bedingungen erfüllt ist. Die sind im Einzelnen:

(i) Die betroffene Person hat ihre Einwilligung zu der Verarbeitung der sie betreffenden personenbezogenen Daten für einen oder mehrere bestimmte Zwecke gegeben.

(ii) Die Verarbeitung ist für die Erfüllung eines Vertrags erforderlich, dessen Vertragspartei die betroffene Person ist. Ebenso ist die Verarbeitung rechtmäßig, wenn sie zur Durchführung vorvertraglicher Maßnahmen erforderlich ist, die auf Anfrage des Betroffenen erfolgen.

(iii) Die Verarbeitung ist zur Erfüllung einer rechtlichen Verpflichtung erforderlich, der der Verantwortliche unterliegt. Bei dieser rechtlichen Verpflichtung handelt es sich nicht um vertragliche Verpflichtungen, die sich aus dem Verhältnis zweier Parteien ergeben und die jeweilige Vertragspartei zu erfüllen hat. Der Gesetzgeber DS-GVO geht hier davon aus, dass es sich um rechtliche Verpflichtungen handelt, die durch Normen eines Gesetzgebers (formelle oder materielle Gesetze) resultieren.[1]

(iv) Die Verarbeitung ist erforderlich, um lebenswichtige Interessen der betroffenen Person oder einer anderen natürlichen Person zu schützen.

(v) Die Verarbeitung ist für die Wahrnehmung einer Aufgabe erforderlich, die im öffentlichen Interesse liegt. Ebenso ist die Verarbeitung rechtmäßig, wenn sie in Ausübung einer öffentlichen Gewalt erforderlich ist, die dem Verantwortlichen, beispielsweise im Rahmen der Funktion als beliehener Unternehmer, übertragen wurde.

(vi) Die Verarbeitung ist zur Wahrnehmung der berechtigten Interessen des Verantwortlichen oder eines Dritten erforderlich, sofern nicht Interessen oder Grundrechte und Grundfreiheiten der betroffenen Person die den Schutz bezugsbezogener Daten bezwecken, überwiegen.[2] Dies gilt insbesondere auch dann, wenn es sich bei der betroffenen Person um ein Kind handelt.

---

[1] *Heberlein* in: Ehmann/Selmayr, Datenschutz-Grundverordnung, 2. Aufl., Art. 6 Rn. 15 ff.
[2] Siehe zur Güterabwägung insbesondere Erwägungsgrund 47 DS-GVO.

Einführung

Im Zusammenhang mit der Rechtmäßigkeit der Verarbeitung ist in Art. 6 Abs. 2 DS-GVO eine der bereits genannten Spezifizierungsklauseln vorzufinden. Der europäische Gesetzgeber gestattet es den Mitgliedstaaten, spezifische Bestimmungen „zur Anpassung der Anwendung der Vorschriften dieser Verordnung" beizubehalten oder einzuführen. Diese Befugnis ist allerdings nur auf die in Art. 6 Abs. 1 Buchst. c und e DS-GVO enthaltenen Tatbestände beschränkt.

Dies bedeutet, dass der nationale Gesetzgeber spezifischere Regelungen aufstellen kann, die eine Verpflichtung zur Datenverarbeitung mit sich bringen. Dies ist beispielsweise dort erfolgt, wo handelsrechtliche Aufbewahrungspflichten eine Speicherung der Daten erfordern. Die insoweit einschlägige Vorschrift des Handelsgesetzbuches (HGB) wurde deshalb als **Nr. 36** in diese Textsammlung aufgenommen. Ebenso ist an sozialversicherungsrechtliche Regelungen oder steuerrechtliche Regelungen **(Nr. 37)** zu denken, die eine Datenverarbeitung als Pflicht beinhalten. Die Verabschiedung eines Patientendatenschutzgesetzes ist ebenso als aktuelles Beispiel zu nennen, das im Rahmen des Fünften Buches des Sozialgesetzbuches (SGB V) zu weitreichenden Änderungen geführt hat **(Nr. 28)**.

Soweit ein Mitgliedstaat Aufgaben wahrnimmt, die im öffentlichen Interesse liegen oder eine Ausübung öffentlicher Gewalt darstellen, lässt Art. 6 Abs. 2 DS-GVO dem Mitgliedstaat die Möglichkeit, die hierzu erforderlichen spezifischen Vorschriften zu erlassen. Entscheidend ist allerdings, dass diese im Rahmen der Spezifizierungsklauseln erlassenen Vorschriften tatsächlich die Anforderungen der DS-GVO präzisierend bestimmen und dem Zweck folgen, eine rechtmäßige und nach Treu und Glauben erfolgende Verarbeitung zu gewährleisten. Für sog. „besondere Verarbeitungssituationen" sieht bereits die DS-GVO Spezifizierungsklauseln in den Art. 85 bis 91 DS-GVO vor. Hierunter sind beispielsweise auch der Beschäftigtendatenschutz oder die Regelungen zur Verarbeitung personenbezogener Daten im Zusammenhang mit der Meinungsäußerung und Informationsfreiheit zu rechnen.

e) Einwilligung

Im Rahmen des Art. 6 Abs. 1 Buchst. a DS-GVO kommt der Einwilligung als eigenständigem Erlaubnistatbestand eine besondere Bedeutung zu.[1] Art. 4 Nr. 11 DS-GVO definiert die Einwilligung als jede freiwillig für den bestimmten Fall und in informierter Weise sowie unmissverständlich abgegebene Willensbekundung.[2] Diese kann in Form einer Erklärung oder sonstigen eindeutigen bestätigenden Handlung (schlüssiges Verhalten) abgegeben werden. Ausschlaggebend ist allerdings, dass die betroffene Person mit dieser Erklärung zu verstehen gibt, dass sie mit der Verarbeitung der sie betreffenden personenbezogenen Daten einverstanden ist. Der Europäische Gerichtshof hat in einer weitreichend beachteten Entscheidung vom 1. Oktober 2019 deutlich gemacht, dass die Vorbelegung eines Ankreuzkästchens, das der Internetnutzer nicht abwählt, den Anforderungen an eine eindeutige bestätigende Handlung nicht genügt.[3]

---

[1] Siehe hierzu die EDPB-Leitlinien 05/2020 zur Einwilligung gemäß Verordnung 2016/679, Version 1.1, angenommen am 4.5.2020.

[2] Siehe hierzu die Entscheidung des EuGH zu den Anforderungen an eine wirksame Einwilligung i. S. d. Art. 4 Nr. 11 DS-GVO, *EuGH*, Urt. v. 1.10.2019 – C-673/17 (Planet49), MMR 2019, 732 m. Anm. *Moos/Rothkegel* = ZD 2019, 556 m. Anm. *Hanloser*.

[3] Ebenda.

Einführung

Die Einwilligung ist also eine Erklärung, die einen klaren unmissverständlichen Erklärungswillen beinhaltet, der sich auf die Verarbeitung der betreffenden Daten bezieht. Die Einwilligung ist eine „informierte Einwilligung", da sich bereits denklogisch eine Einwilligung nur auf jene Sachverhalte erstrecken kann, über die der Erklärende ein Bewusstsein hat entwickeln können.

Der Verantwortliche hat nach Art. 7 DS-GVO die Beweislast zu tragen, dass die erklärte Einwilligung den gesetzlichen Anforderungen genügt. Ebenso ist nach Art. 7 Abs. 2 DS-GVO das Ersuchen um Einwilligung in „verständlicher und leicht zugänglicher Form" sowie in einer „klaren und einfachen Sprache" so abzufassen, dass es von anderen Sachverhalten klar zu unterscheiden ist. Die DS-GVO gibt folglich einen Gestaltungsrahmen vor, der bei der Ausgestaltung des Einwilligungsprozesses zu beachten ist. Werden Teile der Einwilligungserklärung auf unklarer Basis abgegeben, sind sie nicht verbindlich, da sie als Verstoß gegen die Verordnung zu werten sind.

Der Betroffene hat jederzeit das Recht, seine Einwilligung zu widerrufen. Der Widerruf der Einwilligungserklärung bezieht sich allerdings nur auf die künftige Rechtmäßigkeit der Verarbeitung. Beruht eine in der Vergangenheit erfolgte Verarbeitung auf einer wirksamen Einwilligung, ist diese vom Widerruf nicht erfasst. Der Widerruf entfaltet nur Wirkung für die Zukunft. Der Betroffene muss vor der Abgabe seiner Einwilligungserklärung von seinem Widerrufsrecht in Kenntnis gesetzt werden. Ebenso ist der Widerruf der Einwilligung so einfach auszugestalten, wie dies für die Erteilung der Einwilligungserklärung vorgesehen ist.

Art. 7 Abs. 4 DS-GVO sieht schließlich ein Koppelungsverbot vor, wonach die Einwilligung, um noch als „freiwillige Einwilligung" klassifiziert werden zu können, nicht an die Erbringung einer anderen Leistung gekoppelt werden darf.

Art. 8 DS-GVO fixiert besondere Anforderungen für die Einwilligung, wie sie durch einen Minderjährigen erklärt werden. Die Gesetzesbestimmung sieht vor, dass ein Kind, das sein sechzehntes Lebensjahr noch nicht vollendet hat, nicht wirksam selbst einwilligen kann. Die Einwilligung ist nur rechtmäßig, sofern diese durch den „Träger der elterlichen Verantwortung" erklärt oder die Einwilligungserklärung mit dessen Zustimmung abgegeben wurde.

Mit der Einwilligung ist ein besonderes Haftungsrisiko verbunden: Art. 7 Abs. 1 DS-GVO legt dem Verantwortlichen die Beweislast auf. Art. 83 Abs. 5 Buchst. a DS-GVO sieht ein Bußgeld von bis zu 4 Prozent des Weltjahresumsatzes vor, sofern die Wirksamkeit der Einwilligung nicht gegeben ist.

Das Gesetz macht deutlich, dass die Einwilligung sich auf einen konkreten Verarbeitungszweck bezieht. Die Informationen, die der Verantwortliche dem Betroffenen im Rahmen des Einwilligungsprozesses zur Verfügung stellen muss, haben deshalb die Verarbeitungszwecke klar und hinreichend präzise zu umfassen.

Schließlich ist die Einwilligungserklärung zu dokumentieren und dafür zu sorgen, dass sowohl der Informationsfluss als auch Art und Umfang der Einwilligung hinreichend nachgewiesen werden können, um die Anforderungen des Art. 7 Abs. 1 DS-GVO zu erfüllen.

f) Rechte des Betroffenen – Pflichten des Verantwortlichen

Den Rechten des Betroffenen entsprechen regelmäßig auch korrespondierenden Pflichten des Verantwortlichen. An vorderster Stelle ist das aus Art. 12

Einführung

DS-GVO abzuleitende Transparenzgebot zu nennen, da dort dem Verantwortlichen die Verpflichtung auferlegt wird, geeignete Maßnahmen zu treffen, um dem Betroffenen die Ausübung seiner Rechte zu ermöglichen.

Informationspflicht. Art. 12 DS-GVO beinhaltet über Art. 13 DS-GVO hinausgehende Informationspflichten, die der Verantwortliche zu erbringen hat. Art. 13 und 14 DS-GVO unterscheiden danach, ob die Erhebung personenbezogener Daten beim Betroffenen selbst oder indirekt erfolgt. In beiden Fallkonstellationen sind dem Betroffenen gesetzlich verankerte Informationen „entweder bei der Erhebung" oder innerhalb einer angemessenen kurzen Frist nach der Erhebung (längstens innerhalb eines Monats gemäß Art. 14 Abs. 3 Buchst. a DS-GVO) zu unterbreiten.

Auskunftsanspruch. Art. 15 DS-GVO sieht ein Auskunftsrecht der betroffenen Person vor. Dabei hat der Betroffene einen Anspruch darauf, dass ihm die Verarbeitungszwecke sowie die Kategorien der personenbezogenen Daten, die verarbeitet werden, mitgeteilt werden. Gleichfalls erstreckt sich das Auskunftsrecht auf die etwaigen Empfänger von Daten und auf die Frage, ob diese Empfänger möglicherweise in Drittländern ansässig sind.

Ebenso ist das Auskunftsrecht auf die Dauer der Verarbeitung (Speicherfristen, Löschungsbedingungen) zu erstrecken. Auf das Recht des Betroffen, die Berichtigung der Daten oder Löschung zu verlangen, ist in diesem Zusammenhang ebenfalls hinzuweisen.

Eine besondere Verpflichtung besteht dahingehend, dem Betroffenen eine Information über das Bestehen eines Beschwerderechts bei der Aufsichtsbehörde zu erteilen. Dies kann beispielsweise dadurch erfolgen, dass vorsorglich im Rahmen eines Impressums auf die entsprechende Aufsichtsbehörde hingewiesen wird.

Werden personenbezogene Daten indirekt, das heißt nicht bei der betroffenen Person selbst, erhoben, so erstreckt sich die Auskunftsverpflichtung auch auf die Herkunft der Daten. Ebenso muss die Auskunft das Bestehen einer automatisierten Entscheidungsfindung, sofern diese stattfindet, umfassen.

Problematisch ist die Verpflichtung nach Art. 15 Abs. 3 DS-GVO, eine Kopie „der personenbezogenen Daten, die Gegenstand der Verarbeitung sind", dem Betroffenen zur Verfügung zu stellen.[1] Diese Kopie ist unentgeltlich zur Verfügung zu stellen. Eine Bearbeitungsgebühr kann nur dann verlangt werden, wenn es sich um eine wiederholte Anforderung einer Datenkopie handelt.

Das Recht auf Erhalt einer Kopie gemäß Art. 15 Abs. 2 DS-GVO ist allerdings durch die Rechte und Freiheiten anderer Personen beschränkt (Art. 15 Abs. 4 DS-GVO).

Recht auf Vergessenwerden (Löschung). Die DS-GVO sieht in Art. 17 ein Recht auf Löschung vor. Landläufig wird dies als „Recht auf Vergessenwerden" bezeichnet. Die Tatbestandsvoraussetzungen für die Geltendmachung des Löschungsanspruchs sind in Art. 17 DS-GVO abschließend geregelt. Grundsätzlich kann davon ausgegangen werden, dass so lange nicht gelöscht werden muss, als im Rahmen des Art. 6 Abs. 1 DS-GVO der Verantwortliche eine Rechtsgrundlage für die weitere Verarbeitung bzw. Speicherung der Daten für sich in Anspruch nehmen kann.

---

[1] Siehe hierzu die Entscheidung des *BAG* zum Umfang des Auskunftsanspruchs eines ausgeschiedenen Mitarbeiters gegen den ehemaligen Arbeitgeber, *BAG*, Urt. v. 27.4.2021 – 2 AZR 342/20 sowie zum Auskunftsanspruch des Betriebsrats, *BAG*, Beschl. v. 9.4.2019 – 1 ABR 51/17, ZD 2020, 46 m. Anm. *Tiedemann*.

Einführung

Datenportabilität. Art. 20 DS-GVO sieht ein Recht auf Datenübertragbarkeit (Portabilität) vor. Dabei ist zu beachten, dass der Anspruch auf Erhalt der Daten in einem strukturierten, gängigen und maschinenlesbaren Format auf jene Daten beschränkt ist, die die betroffene Person dem Verarbeiter bereitgestellt hat. Denkbar wäre dies beispielsweise im Verhältnis des Versicherungsnehmers zur Versicherungsgesellschaft, bei Nutzerdaten, die bei Geschäftsmodellen der Software as a Service (SaaS) anfallen oder beispielsweise bei Exportfunktionen proprietärer datenverarbeitender Systeme.

g) Datenschutzmanagementsystem

Art. 25 DS-GVO enthält die Verpflichtung des Verantwortlichen, seine Verarbeitungen nach den Grundprinzipien der „Privacy by Design" sowie der „Privacy by Default" auszurichten. Der Verantwortliche wird nach Art. 24 DS-GVO verpflichtet, präventive Maßnahmen zu ergreifen, die im Wesentlichen in der Vornahme geeigneter technischer und organisatorischer Maßnahmen liegen. Er hat dabei das Risiko zu berücksichtigen, das von der Art, dem Umfang, der Umstände sowie der Zwecke der Datenverarbeitung ausgeht und bei der Beurteilung des Risikos die Eintrittswahrscheinlichkeit sowie die Schwere eines Eingriffs in das Persönlichkeitsrecht zu berücksichtigen.

Die in Art. 24 und Art. 25 DS-GVO enthaltenen Grundsätze werden in den nachfolgenden Bestimmungen, insbesondere der Verpflichtung zur Aufstellung eines Verzeichnisses von Verarbeitungstätigkeiten (Art. 30 DS-GVO), der Sicherstellung der Sicherheit der Verarbeitung (auf Art. 32 DS-GVO) sowie der Vornahme der Datenschutz-Folgenabschätzung (Art. 35 DS-GVO) konkretisiert. Insgesamt ergeben diese Verpflichtungen im Zusammenhang mit der Pflicht zur Benennung eines Datenschutzbeauftragten ein Datenschutzmanagement-System, zu dessen Errichtung und Unterhaltung der Verantwortliche verpflichtet ist.

Entscheidend ist in diesem Zusammenhang, dass vor dem Hintergrund der Rechenschaftspflicht, wie sie in Art. 5 Abs. 2 DS-GVO verankert ist, der Verantwortliche den Nachweis über die Einhaltung der DS-GVO sowie die Überprüfung und Aktualisierung der von ihm ergriffenen Maßnahmen sicherzustellen hat.

h) Datenschutz-Folgenabschätzung

Art. 35 DS-GVO enthält die Verpflichtung zur Datenschutz-Folgenabschätzung. Diese ist nach Art. 35 Abs. 1 DS-GVO vorzunehmen, wenn eine Form der Verarbeitung, insbesondere bei Verwendung „neuer Technologien" aufgrund der Art, des Umfangs, der Umstände und der Zwecke der Verarbeitung voraussichtlichen zu einem hohen Risiko für die Beeinträchtigung der Rechte und Freiheiten natürlicher Personen führt.

Bedeutsam ist in diesem Zusammenhang, dass Art. 35 Abs. 1 DS-GVO mit dem Begriff „neue Technologien" auf eine allgemeine Betrachtung des Stands der Technik abstellt und nicht als Bezugsgröße den bisherigen Technologieeinsatz im Unternehmen selbst ansieht.[1] Wird also im Unternehmen des Verarbei-

---

[1] Vgl. hierzu *Baumgartner* in: Ehmann/Selmayr, Datenschutz-Grundverordnung, 2. Aufl. 2018, Art. 35 Rn. 23 mit Verweis auf Erwägungsgrund 91; *Sassenberg/Schwendemann* in: Sydow, DS-GVO, 2. Aufl., Art. 35 Rn. 10.

Einführung

ters eine neue Technologie eingeführt, mit der sich die Risiken für die Verarbeitung personenbezogener Daten verändern, ist grundsätzlich eine Datenschutz-Folgenabschätzung, jedenfalls in ihren ersten Stufen, durchzuführen. Ziel ist dabei feststellen, ob ein hohes Risiko mit diesen Technologien verknüpft ist.

Auf den ersten Blick scheint die Vorschrift nur darauf abzustellen, dass ein hohes Risiko besteht und legt die Vermutung nahe, eine Datenschutz-Folgenabschätzung sei in allen anderen Fällen nicht durchzuführen. Diese Einschätzung ist jedoch bei genauer Betrachtung nicht zutreffend. Eine Folgenabschätzung ist jedenfalls insoweit durchzuführen, als überhaupt festgestellt werden muss, ob ein hohes Risiko für die Verarbeitung besteht. Sollte ein solches hohes Risiko bejaht werden, muss im Anschluss an die Folgenabschätzung danach gesucht werden, mit welchen Eindämmungsmaßnahmen das hohe Risiko reduziert werden kann.

In diesem Zusammenhang ist darauf hinzuweisen, dass in einem Fall, in dem ein hohes Risiko nicht eingedämmt werden kann, die Verarbeitung nicht schlechterdings verboten ist. Vielmehr hat der Verantwortliche nach Art. 36 DS-GVO die Aufsichtsbehörde zu konsultieren, um gemeinsam mit dieser nach möglichen Eindämmungsmaßnahmen zu suchen.

Die Datenschutz-Folgenabschätzung nach Art. 35 DS-GVO ist in vier Schritten durchzuführen.

(1) Zunächst ist eine systematische Beschreibung der Verarbeitungsvorgänge vorzunehmen (Art. 35 Abs. 7 Buchst. a DS-GVO). Diese systematische Beschreibung kann durchaus auf der Grundlage des nach Art. 30 DS-GVO zu erstellenden Verzeichnisses von Verarbeitungstätigkeiten vorgenommen werden. Gleichwohl bietet die DS-GVO die Möglichkeit, im Hinblick auf die Detailliertheit der Folgenabschätzung einen anderen Betrachtungsansatz zu wählen, als dies nach Art. 30 DS-GVO für das Verzeichnis der Verarbeitungstätigkeiten der Fall ist. Art. 35 Abs. 7 Buchst. a DS-GVO stellt auf die „geplanten Verarbeitungsvorgänge" ab. Nach der Legaldefinition der Verarbeitung, wie sie in Art. 4 Nr. 2 DS-GVO vorzufinden ist, stellt eine Verarbeitung auch „Vorgangsreihen" dar, die im Zusammenhang mit personenbezogenen Daten vorgenommen werden. Art. 35 DS-GVO lässt folglich durchaus zu, dass Geschäftsprozesse als Vorgangsreihen definiert werden, die sodann als Geschäftsprozesse selbst Gegenstand der Folgenabschätzung sind. Damit setzt die Datenschutz-Folgenabschätzung nicht alleine an einer juristischen Betrachtung der Verarbeitungsvorgänge an. Eine betriebswirtschaftlich differenzierte Analyse der Unternehmensabläufe gestattet hier eine ökonomische und effiziente Durchführung der Folgenabschätzung. Abstrakte Empfehlungen sind hier allerdings kaum möglich, da die Identifikation und Beschreibung von Geschäftsprozessen sowohl von den Geschäftsmodellen selbst als auch den Strukturen im Unternehmen abhängen.

(2) An die systematische Beschreibung schließt sich die Bewertung der Notwendigkeit und Verhältnismäßigkeit in Bezug auf den Verarbeitungszweck an. Diese Stufe setzt sich mit der Rechtsgrundlage der Verarbeitung auseinander, wie sie in Art. 6 Abs. 1 DS-GVO enthalten ist. Bereits der Wortlaut der Bestimmung in Art. 35 Abs. 7 Buchst. b DS-GVO zeigt, dass eine Verhältnismäßigkeitsprüfung stattzufinden hat. Diese erfolgt nicht nur im Fall des Art. 6 Abs. 1 Buchst. f DS-GVO sondern auch in jenen Fällen, in denen beispielsweise aufgrund einer Einwilligung in Art. 6 Abs. 1 Buchst. a DS-GVO eine Verarbeitung erfolgen kann. Auch in diesem Fall ist der Verantwortliche nicht

Einführung

schlechterdings berechtigt, jede Art der Verarbeitung durchzuführen. Er hat vielmehr eine Verhältnismäßigkeitsprüfung vorzunehmen und jenes Mittel zur Verarbeitung zu wählen, das den geringsten Eingriff in die Persönlichkeitsrechte mit sich bringt.

(3) In der dritten Stufe der Folgenabschätzung erfolgt die eigentliche Risikobewertung für die Rechte und Freiheiten des Betroffenen. An dieser Risikoabschätzung, deren Verpflichtung auf der Ebene der Geschäftsleitung (Gesamtverantwortung nach Art. 35 Abs. 1 Satz 1 DS-GVO) liegt, nimmt die gesamte der Geschäftsleitung unterstellte Struktur des Unternehmens teil, da im Rahmen der Definition der Geschäftsprozesse die jeweiligen beteiligten Abteilungen einzubeziehen sind. Daneben ist der Datenschutzbeauftragte auf Anforderung der Geschäftsleitung nach Art. 35 Abs. 2 DS-GVO beratend hinzuzuziehen. Dies empfiehlt sich insbesondere im Hinblick auf die Prüfung der Verhältnismäßigkeit sowie die Durchführung der eigentlichen Risikofolgenabschätzung.

Diese Stufe setzt die Identifikation unternehmensspezifischer oder verarbeitungsspezifischer Bedrohungsszenarien voraus. Hier ist von Bedeutung, dass der Verantwortliche sich im Detail mit den möglichen Bedrohungsszenarien auseinandersetzt. Dies können sowohl Szenarien sein, wie sie sich aus einschlägigen ISO-Normen zur Datensicherheit ergeben. Daneben sind jedoch auch Bedrohungsszenarien vorstellbar und zu berücksichtigen, wie sie sich aus organisatorischen Risiken oder solchen des Geschäftsmodells ableiten lassen. Diese Bedrohungsszenarien sind im Rahmen einer Balanced-Score-Card aufzunehmen, um schließlich hieraus abgebildet eine Risikoeinschätzung vorzunehmen. Die Risikoeinschätzung ist an den Datenschutzzielen der Verfügbarkeit, Integrität und Vertraulichkeit zu orientieren. Diese Datenschutzziele ergeben sich sowohl aus Art. 5 Abs. 1 Buchst. f DS-GVO als auch aus Art. 32 Abs. 1 Buchst. b DS-GVO. Berücksichtigt man im Rahmen der Balanced-Score-Card die mögliche Auswirkung etwaiger Risikosituationen als auch jeweilige Eintrittswahrscheinlichkeit, ergeben sich im Hinblick auf die Datenschutzziele Wertepaare, die in einer Tabelle nach Risikoklassen abgebildet werden können.

(4) Ergibt diese Risikobewertung ein voraussichtlich hohes Risiko, so fordert Art. 35 Abs. 7 Buchst. d DS-GVO die Identifikation etwaiger Abhilfemaßnahmen, mit denen die Risiken so reduziert werden können, dass jedenfalls kein hohes Risiko vorliegt.

Sowohl die Risikofolgenabschätzung als auch die jeweiligen Abhilfemaßnahmen sind so zu dokumentieren, dass die Datenschutz-Folgenabschätzung und die hierauf gebildeten Maßnahmen der Aufsichtsbehörde vorgelegt werden können. Die Datenschutz-Folgenabschätzung ist kein einmaliger Vorgang. Die DS-GVO fordert in Art. 35 Abs. 11 eine Überprüfung der Wirksamkeit der Maßnahmen sowie dahingehend, ob die Verarbeitung auch tatsächlich gemäß der erfolgten Risikoabschätzung durchgeführt wird. Eine neuerliche Überprüfung ist jedenfalls dann erforderlich, wenn mit den Verarbeitungsvorgängen Änderungen verbunden sind, die sich auf das analysierte Risiko auswirken.

i) Datenschutzbeauftragter

Art. 37 DS-GVO verlangt die Benennung eines Datenschutzbeauftragten,[1] wenn die Verarbeitung einer Behörde oder öffentlichen Stelle durchgeführt

---

[1] Siehe zu den Voraussetzungen der Benennung eines Datenschutzbeauftragten sowie dessen Stellung und Aufgaben die Kommentierung bei *Helfrich* in: Sydow, DS-GVO, 2. Aufl., Art. 37 ff.

Einführung

wird (Art. 37 Abs. 1 Buchst. a DS-GVO) oder die Kerntätigkeit des Verantwortlichen oder des Auftragsverarbeiters in der Durchführung von Verarbeitungsvorgängen besteht, welche aufgrund ihrer Art, ihres Umfangs oder ihrer Zwecke eine umfangreiche regelmäßige und systematische Überwachung von betroffenen Personen erforderlich machen (Art. 37 Abs. 1 Buchst. b DS-GVO) der die Kerntätigkeit des Verantwortlichen oder des Auftragsverarbeiters in der umfangreichen Verarbeitung besonderer Kategorien von Daten gemäß Art. 9 oder Art. 10 DS-GVO besteht (Art. 37 Abs. 1 Buchst. c DS-GVO).

In diesen genannten Fällen besteht eine Benennungspflicht. Diese Pflicht knüpft nach der DS-GVO nur an diesen drei Fallgruppen an. Auf die Frage, wie viele Personen mit der Datenverarbeitung befasst sind oder inwieweit sich diese auswirkt, ist für die Pflicht nach der DS-GVO ohne Belang.

Zusätzlich zu der in Art. 37 Abs. 1 DS-GVO verankerten Benennungspflicht sieht § 38 BDSG vor, dass ein Datenschutzbeauftragter dann zu benennen ist, wenn mindestens zwanzig Personen ständig mit der automatisierten Verarbeitung beschäftigt sind. Ebenso ist ein Datenschutzbeauftragter zu benennen, wenn es sich um eine Verarbeitung handelt, die der Datenschutz-Folgenabschätzung nach Art. 35 DS-GVO bedarf oder wenn geschäftsmäßig Daten verarbeitet werden oder dies zum Zweck der Übermittlung oder für die Markt- oder Meinungsforschung erfolgt.

Art. 37 Abs. 5 DS-GVO verlangt von dem Datenschutzbeauftragten, dass er beruflich hierzu qualifiziert ist und über ein entsprechendes Fachwissen verfügt. Sowohl die berufliche Qualifikation und als auch das hinreichende Fachwissen sind Benennungsvoraussetzungen für den Datenschutzbeauftragten.

Beide Qualifikationen müssen auf dem Gebiet des Datenschutzrechts sowie der Datenschutzpraxis bestehen und so ausgestaltet sein, dass der Datenschutzbeauftragte seine Pflichten aus Art. 39 DS-GVO erfüllen kann. Diese Pflichten liegen unter anderem in der Beratung des Verantwortlichen und der Beschäftigten. Sodann hat der nach Art. 39 Abs. 1 Buchst. b DS-GVO die Einhaltung der Verordnung und anderer Datenschutzvorschriften zu überwachen. Er bedarf deshalb neben des technischen Sachverstandes auch eingehender rechtlicher Kenntnisse.

Schließlich muss der Datenschutzbeauftragte nach Art. 39 Abs. 1 Buchst. d DS-GVO den Verantwortlichen im Zusammenhang der Datenschutz-Folgenabschätzung beraten. Wie bereits oben ausgeführt, kann sich diese Beratungsfunktion nicht nur auf die juristische oder technische Beratung beschränken. Der Datenschutzbeauftragte müsste jedenfalls auch in der Lage sein, Geschäftsprozesse so zu definieren oder zu modellieren, dass diese zum Gegenstand der Datenschutz-Folgenabschätzung gemacht werden können.

Über diese Pflichten hinaus sieht Art. 39 Abs. 1 Buchst. d und e DS-GVO vor, dass der Datenschutzbeauftragte als Ansprechpartner für die Aufsichtsbehörde zur Verfügung steht und für diese eine Anlaufstelle darstellt.

Die Stellung des Datenschutzbeauftragten ist in Art. 38 DS-GVO geregelt. Er ist frühzeitig in alle mit dem Schutz personenbezogener Daten zusammenhängenden Fragen einzubinden. Er hat, damit er seine Funktion ausüben kann, einen Anspruch auf Unterstützung sowie Zurverfügungstellung der erforderlichen Ressourcen. Zu diesen gehört auch ein Anspruch auf Zugang zu den personenbezogenen Daten und den entsprechenden Verarbeitungsvorgängen. Der Datenschutzbeauftragte ist eine Stabsstelle. Er berichtet unmittelbar an die oberste Managementebene (Art. 38 Abs. 3 Satz 3 DS-GVO).

Einführung

Sein Fachwissen muss der Datenschutzbeauftragte laufend erhalten und aktualisieren. Sein Anspruch auf Unterstützung durch die verantwortliche Stelle erstreckt sich deshalb auch auf seine Fort- und Weiterbildung.

Der Datenschutzbeauftragte ist weisungsfrei und in seiner Funktion unabhängig. Er ist deshalb vor der Abberufung geschützt und ist in seiner Funktion nicht zu benachteiligen. § 38 Abs. 2 BDSG i. V. m. § 6 Abs. 4 BDSG schützt den Datenschutzbeauftragten zudem vor einer Kündigung.

j) Internationaler Datenschutz

Die Übermittlung personenbezogener Daten innerhalb der Europäischen Union unterliegt den Regelungen der DS-GVO. Für diese Form der Datentransaktionen ist deshalb keine besondere über die DS-GVO hinausgehende Rechtslage zu beachten. Anders verhält es sich, wenn Daten in Drittländer exportiert werden.

Ein Datenexport stellt einen Verarbeitungsvorgang dar. Er ist deshalb nur dann rechtmäßig, wenn einer der Erlaubnistatbestände des Art. 6 Abs. 1 DS-GVO vorliegt. Zusätzlich zu den Rechtmäßigkeitsvoraussetzungen des Art. 6 Abs. 1 DS-GVO ist ein Datenexport nur möglich, wenn entweder ein Angemessenheitsbeschluss nach Art. 45 DS-GVO, geeignete Garantie nach Art. 46 DS-GVO oder Binding Corporate Rules (verbindliche interne Datenschutzvorschriften) nach Art. 47 DS-GVO vorliegen.

Art. 49 DS-GVO lässt unter sehr engen Voraussetzungen Ausnahmen von den drei Erlaubnistatbeständen (Angemessenheitsbeschluss, geeignete Garantien, Binding Corporate Rules) zu. Hierzu zählen beispielsweise die Einwilligung des Betroffenen oder die Erfüllung einer vertraglichen Verpflichtung zwischen dem Betroffenen und dem Verantwortlichen.

Die in Art. 46 DS-GVO genannten geeigneten Garantien dürften in der Datenschutzpraxis eine besondere Bedeutung erhalten. Solche geeigneten Garantien bedürfen grundsätzlich der Genehmigung der Aufsichtsbehörde. Allerdings sind Situationen in der DS-GVO geregelt, in denen auch ohne gesonderte Genehmigung der Aufsichtsbehörden solche Garantien als Grundlage für den Datenexport bzw. Datenverarbeitung im Drittland gemacht werden können. Zu diesen genehmigungsfreien Garantien gehören neben den rechtlich bindenden durchsetzbaren Dokumenten zwischen Behörden auch Binding Corporate Rules nach Art. 47 DS-GVO. Diese sind allerdings, wenn man Art. 47 DS-GVO einer genaueren Analyse unterzieht, ebenfalls auf der Grundlage einer Genehmigung durch die Aufsichtsbehörde gebildet.

In der Praxis bedeutsam dürften neben Zertifizierungen nach Art. 42 DS-GVO vor allen Dingen sog. EU-Standardvertragsklauseln **(Nr. 38)** oder von Aufsichtsbehörden angenommene Standarddatenschutzklauseln gehören.

Neben den Standardvertragsklauseln sind genehmigte Verhaltensregeln (Codes of Conduct) nach Art. 40 DS-GVO eine geeignete Grundlage, um beispielsweise im Rahmen einer internationalen Unternehmensgruppe zwischen den Gesellschaften Daten austauschen zu können. Die Artikel-29-Datenschutzgruppe hat Gestaltungshilfen veröffentlicht, die es Unternehmen ermöglichen sollen, ungeachtet der nach wie vor bestehenden unterschiedlichen Gesetzeslage in den Mitgliedstaaten der Europäischen Union sowie im Verhältnis zu Unternehmen in Drittstaaten verbindliche unternehmensinterne Datenschutzrege-

Einführung

lungen zu schaffen.[1] Damit wird im Sinne des „Selbstdatenschutzes" sowohl den unternehmensspezifischen Besonderheiten als auch der Vorstellung des Datenschutzes als qualitatives Merkmal des verarbeitenden Unternehmens Rechnung getragen.

k) Auftragsverarbeitung

Begriff des Auftragsverarbeiters. Auftragsdatenverarbeitung liegt nach Art. 4 Nr. 8 DS-GVO dann vor, wenn eine natürliche oder juristische Person, Behörde, Einrichtung oder andere Stelle im Auftrag des Verantwortlichen Daten verarbeitet.[2] Der Auftragsdatenverarbeiter ist deshalb nicht gleichzusetzen mit dem Verantwortlichen selbst. Nach Art. 4 Nr. 7 DS-GVO ist dann von einem Verantwortlichen auszugehen, wenn dieser „alleine oder gemeinsam mit anderen über die Zwecke und Mittel der Verarbeitung" entscheidet.

Der Auftragsverarbeiter ist also jener, der nicht über Zwecke bzw. Mittel der Auftragsverarbeitung entscheidet. Nach dem Working Paper 169 (WP 169)[3] der Artikel-29-Datenschutzgruppe ist dann davon auszugehen, dass kein Verantwortlicher vorliegt, wenn weder rechtlich noch tatsächlich Einfluss auf die Entscheidung, zu welchen Zwecken oder auf welcher Weise personenbezogene Daten verarbeitet werden, Einfluss genommen werden kann. Trifft eine Stelle alleine oder gemeinsam mit anderen allerdings eine Entscheidung über die Zwecke der Verarbeitung, ist diese stets als Verantwortlicher anzusehen.

Nach der Auffassung der Artikel-29-Datenschutzgruppe kann die Entscheidung über die Mittel durchaus auf den Auftragsverarbeiter delegiert werden. Dies bedeutet, dass ein Auftragsverarbeiter im Rahmen seines Auftrags zwar nicht darüber entscheiden kann, zu welchem Zweck die Verarbeitung erfolgt. Er könnte allerdings durchaus selbst darüber entscheiden, welche technischen Mittel eingesetzt werden, um diese Zwecke zu erreichen.

Zulässigkeit der Auftragsverarbeitung. Die DS-GVO enthält in Art. 28 und 29 Bedingungen, unter denen Auftragsverarbeitung zulässig ist. Art. 28 DS-GVO ist keine eigenständige Rechtsgrundlage, die neben Art. 6 Abs. 1 DS-GVO herangezogen werden könnte. Die Einbeziehung eines Auftragsverarbeiters ist nur im Rahmen des Art. 6 Abs. 1 DS-GVO möglich. Jedenfalls einer der dort genannten Tatbestände für eine rechtmäßige Verarbeitung personenbezogener Daten muss erfüllt sein, damit die Übermittlung personenbezogener Daten durch den Verantwortlichen an den Auftragsverarbeiter und die Verarbeitung durch den Auftragsverarbeiter rechtmäßig sind.

Zwischen Verantwortlichem und Auftragsverarbeiter ist ein Vertrag über die Verarbeitung zu schließen. Dieser muss jedenfalls die in Art. 28 Abs. 3 DS-GVO genannten inhaltlichen Kriterien erfüllen. Der Vertrag ist schriftlich abzufassen. Dies kann allerdings auch „in einem elektronischen Format" erfolgen (Art. 28 Abs. 9 DS-GVO).

---

[1] Die archivierten Arbeitspapiere der Artikel-29-Datenschutzgruppe sind unter https://ec.europa.eu/newsroom/article29/items/itemType/1358 abrufbar.

[2] Siehe zur Abgrenzung zwischen Verantwortlichem und Auftragsverarbeiter die EDBP Guidelines 07/2020 on the concepts of controller and processor in the GDPR, Version 2.0, vom 7.7.2021, abrufbar unter https://edpb.europa.eu/system/files/2021-07/eppb_guidelines_202007_controllerprocessor_final_en.pdf.

[3] Abrufbar unter: https://ec.europa.eu/justice/article-29/documentation/opinion-recommendation/files/2010/wp169_de.pdf.

Einführung

l) Gemeinsame Verantwortung

Legen zwei oder mehr Verantwortliche die Zwecke oder Mittel der Verarbeitung fest, so liegt keine Auftragsverarbeitung vor. Sie sind vielmehr gemeinsam Verantwortliche.[1] Die DS-GVO erlaubt eine solche Form der Zusammenarbeit in der Verarbeitung.

Beide Verantwortliche legen in einer speziellen Vereinbarung fest, wer von ihnen welche Verpflichtungen aus der DS-GVO erfüllt und diese insbesondere gegenüber dem Betroffenen wahrnimmt. So ist in einer solchen Vereinbarung insbesondere zu regeln, wer die Informationspflichten nach Art. 13 und 14 DS-GVO erfüllt.

m) Beschäftigtendatenschutz

Die DS-GVO sieht in Art. 88 vor, dass die Mitgliedstaaten von der Möglichkeit Gebrauch machen können, den Schutz der personenbezogenen Daten im Beschäftigungsverhältnis spezifisch zu regeln. Die Verordnung lässt dabei offen, ob diese Regelungen durch gesetzliche Bestimmungen oder durch Vereinbarungen der Tarifparteien erfolgen. Im Ergebnis ist deshalb auf der nationalen Ebene sowohl eine gesetzliche Ausgestaltung des Beschäftigtendatenschutzes als auch die Regelung des Datenschutzes im Rahmen von Betriebsvereinbarungen möglich.

Der Bundesgesetzgeber hat von dieser Möglichkeit jedenfalls teilweise Gebrauch gemacht. Mit § 26 BDSG ist eine Spezialvorschrift auf nationaler Ebene geschaffen worden, die sich mit der Wahrung des Datenschutzes im Beschäftigungsverhältnis befasst.

Demzufolge ist die Verarbeitung personenbezogener Daten zulässig, wenn dies für die Entscheidung über die Begründung eines Beschäftigungsverhältnisses oder nach der Begründung für dessen Durchführung oder Beendigung erforderlich ist. Ebenso ist die Verarbeitung personenbezogener Daten zulässig, wenn dies zur Ausübung oder Erfüllung gesetzlicher Pflichten oder eines Tarifvertrags, einer Dienst- oder Betriebsvereinbarung erforderlich ist.

Soll die Verarbeitung personenbezogener Daten im Beschäftigungsverhältnis auf eine Einwilligung gestützt werden, sind die strengen Anforderungen des § 26 Abs. 2 BDSG zu beachten und Wert darauf zu legen, dass die Freiwilligkeit der Einwilligung tatsächlich gegeben ist.

Die DS-GVO ihrerseits enthält in Art. 88 Abs. 2 spezifische Anforderungen an die inhaltliche Ausgestaltung von Betriebsvereinbarungen, die sich auch mit der Verarbeitung personenbezogener Daten befassen.

3. Das Bundesdatenschutzgesetz

Der Deutsche Bundestag verabschiedete am 27. April 2017 das Gesetz zur Anpassung des Datenschutzrechts an die Verordnung (EU) 2016/679 und zur Umsetzung der Richtlinie (EU) 2016/680 (Datenschutz-Anpassungs- und -umsetzungsgesetz EU – DSAnpUG-EU). Der Bundesrat stimmte dem Gesetz am 12. Mai 2017 zu.[2] Mit dem Gesetz erfolgt eine Neufassung des BDSG

---

[1] Vgl. zur Verantwortlichkeit sowie deren Reichweite *EuGH*, Urt. v. 5.6.2018 – C-210/16 (Fanpage), ZD 2018, 357 m. Anm. *Marosi/Schulz* = MMR 2018, 591 m. Anm. *Moos/Rothkegel* sowie *EuGH*, Urt. v. 29.7.2019 – C-40/17 (FashionID), MMR 2019, 579 m. Anm. *Moos/Rothkegel*.
[2] BR-Drs. 332/17.

Einführung

(**Nr. 6**), die insgesamt aus vier Teilen besteht. Mit dem 2. Datenschutz-Anpassungs- und -Umsetzungsgesetz EU – DSAnpUG-EU[1]) nahm der Bundesgesetzgeber im Jahr 2019 weitere Änderungen im BDSG vor, die vor allen Dingen die Benennungsschwelle des § 38 Abs. 1 Satz 1 BDSG für den Datenschutzbeauftragten betraf. Während zuvor diese Schwelle bei zehn Mitarbeitern lag, wurde diese auf zwanzig Mitarbeiter angehoben. An der allgemeinen Verpflichtung des Verantwortlichen zur Wahrung des Datenschutzes wurde durch diese gesetzgeberische Maßnahme nichts geändert.

Das BDSG enthält nun zunächst in den §§ 3 bis 21 gemeinsame Bestimmungen, die sowohl für öffentliche als auch nichtöffentliche Stellen gelten. In §§ 3 und 4 BDSG werden allgemeine Rechtsgrundlagen für die Datenverarbeitung durch öffentliche Stellen und für die Videoüberwachung geschaffen. Der Datenschutzbeauftragte öffentlicher Stellen wird in §§ 5 bis 7 BDSG verankert. Im Zuge der DS-GVO haben die Aufsichtsbehörden geänderte Aufgaben wahrzunehmen. Die Struktur der Aufsichtsbehörden sowie deren Aufgaben und Befugnisse werden folglich in §§ 8 bis 16 BDSG gesetzlich fixiert. Die Festlegung der deutschen Vertretung im Europäischen Datenschutzausschuss (§§ 17 bis 19 BDSG) sowie die Ausgestaltung der Rechtsbehelfe (§§ 20 und 21 BDSG) schließen den ersten Teil des BDSG ab.

Mit dem zweiten Teil des BDSG strebt der Gesetzgeber die Ausgestaltung der DS-GVO an.[2]) Mit § 22 BDSG wird eine Rechtsgrundlage für die Verarbeitung besonderer Kategorien personenbezogener Daten geschaffen.[3]) Die Zulässigkeitsvoraussetzungen für die Verarbeitungen zu anderen Zwecken durch öffentliche Stellen sowie durch nichtöffentliche Stellen und der Datenübermittlungen durch öffentliche Stellen werden in §§ 23 bis 25 BDSG gesetzlich verankert. Unter der Kapitelüberschrift der „Besonderen Verarbeitungssituationen" nimmt der Gesetzgeber Regelungen vor, die im Vorfeld des Gesetzgebungsvorhabens bereits Gegenstand intensiver Kritik waren: Beschäftigtendatenschutz (§ 26 BDSG),[4]) Wissenschaftsprivileg (§ 27 BDSG),[5]) Datenverarbeitung zu Archivzwecken (§ 28 BDSG),[6]) Datenschutz bei Verbraucherkrediten (§ 30 BDSG) sowie dem Schutz des Wirtschaftsverkehrs bei Scoring und Bonitätsauskünften (§ 31 BDSG). Die Rechte des Betroffenen werden in §§ 32 bis 37 BDSG gefasst. Problematisch dürfte in diesem Zusammenhang sein, dass die Rechte des Betroffenen bereits im Rahmen der DS-GVO umfassend in Art. 12 bis 22 DS-GVO geregelt sind und lediglich im Rahmen des Art. 23 DS-GVO den Mitgliedstaaten in engen Grenzen die Möglichkeit zur Beschränkung der Betroffenenrechte eröffnet ist.[7]) Inwieweit die nunmehr im BDSG enthaltenen Vorschriften europarechtlichen Bestand haben werden, bleibt abzuwarten. In der Praxis wird wohl zunächst die DS-GVO heranzuziehen sein. Für die An-

---

[1]) BGBl. I 1626 vom 25.11.2019.

[2]) In diesem Zusammenhang sei auf die bereits an früherer Stelle erwähnten europarechtlichen Bedenken verwiesen.

[3]) Siehe hierzu allerdings Art. 9 DS-GVO sowie *Schiff* in: Ehmann/Selmayr, Datenschutz-Grundverordnung, 2. Aufl. 2018, Art. 9 Rn. 64.

[4]) Siehe hierzu Art. 88 DS-GVO sowie *Selk* in: Ehmann/Selmayr, Datenschutz-Grundverordnung, 2. Aufl. 2018, Art. 88 Rn. 69 ff.

[5]) Siehe hierzu auch Art. 89 DS-GVO sowie *Raum* in: Ehmann/Selmayr, Datenschutz-Grundverordnung, 2. Aufl. 2018, Art. 89 Rn. 52.

[6]) Ebenda.

[7]) Vgl. hierzu *Bertermann* in: Ehmann/Selmayr, Datenschutz-Grundverordnung, 2. Aufl. 2018, Art. 23 Rn. 3 ff.

Einführung

wendung der Vorschriften des BDSG bleibt nur in den in der DS-GVO gesetzten eng umgrenzten Fällen Raum. Ergänzend zu den in der DS-GVO enthaltenen Bußgeldtatbeständen stellen §§ 41 und 43 BDSG zusätzliche Bußgeldtatbestände auf.

In seinem dritten Teil setzt das 1. DSAnpUG-EU die Vorgaben der Richtlinie EU 2016/680 um. Diese Vorschriften gelten für die Verarbeitung personenbezogener Daten durch die für die Verhütung, Ermittlung, Aufdeckung, Verfolgung oder Ahndung von Straftaten oder Ordnungswidrigkeiten zuständigen öffentlichen Stellen. Neben den Regelungen zu den Rechtsgrundlagen der Verarbeitung, der Zweckbindung und der -änderung (§§ 47 bis 51 BDSG) werden die Betroffenenrechte mit den Regelungen der §§ 55 bis 61 BDSG ausgeformt. Der für die Verarbeitung Verantwortliche muss im Rahmen der Richtlinienumsetzung besondere Pflichten erfüllen. Diese beziehen sich sowohl auf die Situation der Auftragsdatenverarbeitung (§ 62 BDSG), der Datensicherheit und der Meldung von Datenschutzverletzungen (§§ 64 bis 66 BDSG), der Datenschutz-Folgenabschätzung, des Verarbeitungsverzeichnisses und der Protokollierung (§§ 67 bis 79 und 76 BDSG) als auch auf die Berichtigungs- und Löschungspflichten nach § 75 BDSG.

Im vierten Teil der BDSG-Novelle 2017 wendet sich der Gesetzgeber Datenverarbeitungen zu, die weder von der DS-GVO noch von der Richtlinie (EU) 2016/680 erfasst werden. Der Wortlaut des § 85 BDSG macht bereits deutlich, dass es sich hierbei um Ausnahmesituationen handelt, die v. a. auf Situationen der Verteidigung, der Erfüllung über- oder zwischenstaatlicher Verpflichtungen auf dem Gebiet der Krisenbewältigung oder Konfliktverhinderung oder für humanitäre Maßnahmen erforderlich sind.

IV. Das Telemediengesetz

Das Telemediengesetz **(Nr. 9)** hat eine lange Geschichte. Im Jahre 1997 wurden mit dem Informations- und Kommunikationsdienstegesetz (IuKDG) rechtliche Rahmenbedingungen für die neuen Dienste in der Informationsgesellschaft, die Teledienste, geschaffen. Durch das Teledienstegesetz (TDG) entstanden Regeln für die Zulassungsfreiheit, die Informationspflichten und die Verantwortlichkeit für Inhalte. Die datenschutzrechtlichen Pflichten dieser Dienste wurden mit dem Teledienstedatenschutzgesetz (TDDSG) geregelt. Mit der europäischen „Richtlinie über den elektronischen Geschäftsverkehr" traten neue Regeln in Kraft, die in Deutschland mit dem „Elektronischen-Geschäftsverkehr-Gesetz" (EGG) im TDG umgesetzt wurden. Zugleich erfolgte eine Novellierung des TDDSG auf Grund der Erfahrungen und Entwicklungen seit Inkrafttreten des IuKDG. Bund und Länder hatten sich Ende 2004 auf weitere Schritte verständigt, die Medienordnung zu entwickeln und am 19. April 2005 den „Entwurf eines Gesetzes zur Vereinheitlichung von Vorschriften über bestimmte elektronische Informations- und Kommunikationsdienste (Elektronischer-Geschäftsverkehr-Vereinheitlichungsgesetz – ElGVG)" vorgelegt. Das Bundeskabinett beschloss am 16. Juni 2006 den Entwurf für dieses Gesetz. Am 18. Januar 2007 ist das Gesetz in dritter Lesung vom Bundestag verabschiedet worden. Es trat mit Wirkung zum 1. März 2007 in Kraft. Mit Art. 1 dieses Gesetzes wurden die rechtlichen Anforderungen für Tele- und Mediendienste in einem Telemediengesetz (TMG) zusammengefasst. Für das Thema des Datenschutzes sind der Geltungsbereich des Gesetzes (1.), das Anbieter-Nutzerver-

Einführung

hältnis (2.), der Gesetzes- und Einwilligungsvorbehalt (3.), die organisatorischen Pflichten des Diensteanbieters (4.), der Schutz der Bestands- (5.) und der Nutzungsdaten (6.) relevant. Mit dem am 19. November 2020 verabschiedeten jüngsten Änderungsgesetz, das am 27. November 2020 in Kraft trat, wurden vor allem Regelungen für audiovisuelle Mediendienste auf Abruf und Videosharingdienste geschaffen. Die Änderungen betreffen die im TMG bislang enthaltenen bereichsspezifischen Datenschutzvorschriften nur indirekt.

Die jüngste Novelle des TMG erfolgte mit dem Gesetz über den Datenschutz und den Schutz der Privatsphäre in der Telekommunikation und bei Telemedien (Telekommunikation-Telemedien-Datenschutz-Gesetz – TTDSG) (**Nr. 8**) vom 23. Juni 2021, in Kraft getreten am 1. Dezember 2021. Mit dem TTDSG werden die zunächst im TMG enthaltenen datenschutzrechtlichen Regelungen in ein eigenständiges Gesetz ausgegliedert, das neben datenschutzrechtlichen Aspekten der Telemedien auch datenschutzrechtliche Vorschriften der Telekommunikation umfasst. Das TTDSG dient ausdrücklich der Umsetzung der Richtlinie 2002/58/EG und übernimmt in enger Anlehnung an den Wortlaut der Richtlinie in § 25 TTDSG die Regelungen zur Rechtmäßigkeit der Verarbeitung personenbezogener Daten.

Der EU-Gesetzgeber sah sich bei der Beratung und Verabschiedung der DS-GVO vor das Problem gestellt, dass für den speziellen Sektor der elektronischen Kommunikation mit der Richtlinie 2002/58/EG (ePrivacy-Richtlinie)[1] ein Regelungswerk bestand, das den Mitgliedstaaten aufgab, bereichsspezifische Datenschutzregelungen zu schaffen. Erwägungsgrund 173 der DS-GVO zeigt deutlich, dass dieser Regelungsbereich von der DS-GVO nicht erfasst und zugleich dem EU-Gesetzgeber die Aufgabe auferlegt werden sollte, eine Überarbeitung der ePrivacy-Richtlinie vorzunehmen. Diese Bemühungen sind bislang noch nicht abgeschlossen. Unter dem 10. Januar 2017 legte die EU-Kommission einen Vorschlag für eine Verordnung des Europäischen Parlaments und des Rates über die Achtung des Privatlebens und den Schutz personenbezogener Daten in der elektronischen Kommunikation und zur Aufhebung der Richtlinie 2002/58/EG (Verordnung über Privatsphäre und elektronische Kommunikation) vor.[2] Das Europaparlament hat diesen Vorschlag beraten und empfohlen, im Rahmen des ordentlichen Gesetzgebungsverfahrens in den Trilog zwischen Kommission, Parlament und Rat einzutreten, um eine beschlussfähige Fassung des Verordnungsentwurfs beraten zu können. Dieser Prozess konnte nach langjährigen und intensiven Beratungen auf der Ebene der Mitgliedstaaten abgeschlossen werden. Am 10. Februar 2021 legte der Rat seinen Standpunkt zur geplanten ePrivacy-VO vor.[3] Bis zur Verabschiedung und dem Inkrafttreten einer ePrivacy-Verordnung gilt die bisherige Rechtslage in Gestalt der Datenschutzrichtlinie für elektronische Kommunikation (**Nr. 3**) weiter.

---

[1] Richtlinie 2002/58/EG des Europäischen Parlaments und des Rates vom 12. Juli 2002 über die Verarbeitung personenbezogener Daten und den Schutz der Privatsphäre in der elektronischen Kommunikation, ABl. EG 2002 L 201, S. 37.

[2] EU-Kommission, Vorschlag für eine Verordnung des Europäischen Parlaments und des Rates über die Achtung des Privatlebens und den Schutz personenbezogener Daten in der elektronischen Kommunikation und zur Aufhebung der Richtlinie 2002/58/EG (Verordnung über Privatsphäre und elektronische Kommunikation) vom 10.1.2017, COM(2017) 10 final.

[3] Proposal for a Regulation of the European Parliament and of the Council concerning the respect for private life and the protection of personal data in electronic communications and repealing Directive 2002/58/EC (Regulation on Privacy and Electronic Communications) – Mandate for negotiations with EP, 2017/0003(COD) v. 10.2.2021.

Einführung

Soweit in der Vergangenheit die Richtlinienvorgaben durch nationale Bestimmungen umgesetzt wurden, bleiben diese auch weiterhin anwendbar. Dies gilt ebenfalls für das neu geschaffene TTDSG (**Nr. 8**).

Zwar ist die ePrivacy-Verordnung als spezifische Regelung zur DS-GVO beabsichtigt, dies führt allerdings nicht dazu, dass im Bereich der elektronischen Kommunikation keine gesetzlichen Regelungen bestehen würden.

Mit Art. 95 DS-GVO wird deutlich gemacht, dass die DS-GVO den Verarbeitern dann keine zusätzlichen Pflichten auferlegt, wenn sie bereits bereichsspezifischen Vorschriften der elektronischen Kommunikation genügen müssen und soweit diese mit der DS-GVO vereinbar[1] sind.

Im Ergebnis bedeutet dies, dass künftig die Bestimmungen der DS-GVO auch für den Bereich der elektronischen Kommunikation relevant sind: Die bisher auf nationaler Ebene in Umsetzung der ePrivacy-Richtlinie geschaffenen Bestimmungen gelten weiter. Liegt keine richtlinienkonforme Umsetzung der Richtlinie 2002/58/EG vor, ist die DS-GVO zu beachten.[2]

Das Gesetz gilt nach § 1 Abs. 1 Satz 1 TMG für alle elektronischen Informations- und Kommunikationsdienste, soweit sie nicht Telekommunikationsdienste nach § 3 Nr. 61 TKG, telekommunikationsgestützte Dienste nach § 3 Nr. 63 TKG oder Rundfunk i. S. v. § 2 RStV sind.

Die zuvor in § 2 TDG und MDStV enthaltenen Regelbeispiele wurden zwar in die Regelung des TMG nicht aufgenommen, sind nach der Gesetzesbegründung aber weiterhin charakteristisch für Telemediendienste, wie

– Online-Angebote von Waren/Dienstleistungen mit unmittelbarer Bestellmöglichkeit,

– Video auf Abruf, soweit es sich nicht nach Form und Inhalt um einen Fernsehdienst handelt,

– Online-Dienste, die Instrumente zur Datensuche, zum Zugang zu Daten oder zur Datenabfrage bereitstellen,

– die kommerzielle Verbreitung von Informationen über Waren/Dienstleistungsangebote mit elektronischer Post.[3]

Mit der Umsetzung der Richtlinie (EU) 2018/1808 vom 14. November 2018 und der dieser vorausgehenden Richtlinie 2010/13/EU (Richtlinie über audio-visuelle Mediendienste – AVMD-Richtlinie) wurde der Anwendungsbereich des Telemedienrechts auch auf diese Art der Mediendienste erstreckt und das Gesetz um spezifische Regelungen, insbesondere auch auf dem Gebiet der Informationspflichten und des Umgangs mit Nutzerbeschwerden ergänzt.

Eine komplizierte Stellung zwischen TMG und TKG haben Telekommunikationsdienste, die neben der Übertragungsdienstleistung noch eine inhaltliche Dienstleistung anbieten, wie den Internetzugang und die E-Mail-Übertragung. Sie gelten wegen der Übertragungsdienstleistung als Telekommunikationsdienste und wegen der inhaltlichen Dienstleistung als Telemediendienste. Für sie gelten die Regeln des TMG zum Herkunftslandprinzip, zur Zugangsfreiheit und zur Haftungsprivilegierung. Der Datenschutz regelt sich nach dem TTDSG. Die bislang im TKG enthaltenen datenschutzrechtlichen Regelungen

---

[1] Art. 95 DS-GVO spricht davon, dass diese „dasselbe Ziel" verfolgen.
[2] Vgl. zu dem komplexen Problem des Verhältnisses zwischen DS-GVO und den Bestimmungen der elektronischen Kommunikation *Klabunde/Selmayr* in: Ehmann/Selmayr, Datenschutz-Grundverordnung, 2. Aufl. 2018, Art. 95 Rn. 1 ff.
[3] BT-Drs. 16/3078, S. 13.

Einführung

zum Fernmeldegeheimnis, Bestands- und Verkehrsdaten sowie zu den Zugriffsrechten der Sicherheitsbehörden auf Telekommunikationsdaten wurden aus dem TKG ausgegliedert und in §§ 3 ff. TTDSG normiert.

V. Telekommunikation-Telemedien-Datenschutz-Gesetz (TTDSG)

Mit dem am 23. Juni 2021 verabschiedeten TTDSG (**Nr. 8**) setzt der Bundesgesetzgeber die Vorgaben der Richtlinie 2002/58/EG in nationales Recht um. Das Gesetz umfasst sowohl datenschutzrechtliche Regelungen des Telekommunikationsrechts als auch des Telemedienrechts.

Mit der Schaffung des TTDSG soll nicht zuletzt eine mit Inkrafttreten der DS-GVO intensiv geführte Diskussion um die Anwendbarkeit der DS-GVO auf den Einsatz von Cookies oder ähnlichen Techniken beendet und wieder Rechtssicherheit hergestellt werden.

Für das Telemedienrecht hatten die Datenschutzaufsichtsbehörden des Bundes und der Länder (DSK) die Rechtsauffassung entwickelt, dass die datenschutzrechtlichen Regelungen der bisherigen §§ 11 ff. TMG a. F. in der Anwendung hinter die Vorschriften der DS-GVO zurückzutreten haben. Dies hatte Auswirkungen auf den Einsatz und die Nutzung spezifischer Web-Technologien. Die Datenschutzkonferenz der Aufsichtsbehörden vertrat deshalb die Auffassung, dass die §§ 12, 13 und 15 TMG a. F. bei der Beurteilung der Rechtmäßigkeit der Reichweitenmessung (z. B. Cookies) und des Einsatzes von Tracking-Mechanismen, die das Verhalten von betroffenen Personen im Internet nachvollziehbar machen, nicht mehr angewendet werden können.[1] Als Rechtsgrundlage für die Verarbeitung personenbezogener Daten konnte somit nur Art. 6 Abs. 1 DS-GVO[2] herangezogen werden.

Dem Rechtsanwender blieb vor dem Hintergrund der geäußerten Auffassung der Aufsichtsbehörden nur die risikobezogene Abwägung, ob die Regelungen des TMG a. F. wie in der Vergangenheit auch angewendet werden sollten oder ob nicht vielmehr wegen des europarechtlich wohl geltenden Anwendungsvorrangs der DS-GVO die datenschutzrechtliche Gestaltung von Webseiten und der Einsatz spezifischer Tools (Cookies oder einschlägige Tracking- und Analysetools) an den Kriterien der DS-GVO gemessen werden müssten.

Mit der nun geschaffenen Regelung des § 25 Abs. 1 und Abs. 2 Nr. 2 TTDSG wird Rechtssicherheit insoweit geschaffen, als die grundsätzliche Einwilligungsbedürftigkeit des Einsatzes von Cookies oder vergleichbaren Techniken normiert wird. Für den Begriff der Einwilligung wird ausdrücklich auf die Begriffsbestimmung der DS-GVO Bezug genommen. Von der Einwilligungsbedürftigkeit ausgenommen sind nur solche Vorgänge, bei der die Speicherung

---

[1] Datenschutzkonferenz (DSK), Positionsbestimmung der Konferenz der unabhängigen Datenschutzbehörden des Bundes und der Länder: Zur Anwendbarkeit des TMG für nicht-öffentliche Stellen ab dem 25. Mai 2018, Düsseldorf, 26.4.2018 sowie die Orientierungshilfe der Aufsichtsbehörden für Anbieter von Telemedien vom 29.3.2019 der Datenschutzkonferenz, abzurufen unter https://www.datenschutzkonferenz-online.de/media/oh/20190405_oh_tmg.pdf; vgl. hierzu auch *Gierschmann*, ZD 2018, 297; *Breyer*, ZD 2018, 302.

[2] Dort vor allen Dingen die Tatbestände des Art. 6 Abs. 1 Buchst. a DS-GVO (Einwilligung), Art. 6 Abs. 1 Buchst. b DS-GVO (Erfüllung einer vertraglichen Verpflichtung gegenüber dem Betroffenen) sowie Art. 6 Abs. 1 Buchst. f DS-GVO (Vorliegen eines berechtigten Interesses, das nach einer Güterabwägung schwerer wiegt, als das Interesse des Betroffenen daran, dass die Verarbeitung unterbleibt).

Einführung

von Informationen in der Endeinrichtung des Endnutzers oder der Zugriff auf bereits in der Endeinrichtung gespeicherte Informationen unbedingt erforderlich ist, damit der Anbieter eines Telemediendienstes einen vom Nutzer ausdrücklich gewünschten Telemediendienst zur Verfügung stellen kann (§ 25 Abs. 2 Nr. 2 TTDSG).

Das TTDSG enthält in § 19 TTDSG die Verpflichtung, durch technische und organisatorische Vorkehrungen sicherzustellen, dass die Nutzung des Dienstes jederzeit beendet werden kann und die Inanspruchnahme von Telemedien gegen Kenntnisnahme Dritter geschützt ist. Ebenso muss die Nutzung der Telemedien sowie deren Bezahlung auf anonyme oder pseudonyme Weise ermöglicht werden, soweit dies technisch möglich und zumutbar ist.

Mit § 20 TTDSG wird darauf abgestellt, dass personenbezogene Daten, die von Minderjährigen erhoben wurden, nicht für kommerzielle Zwecke verwendet werden dürfen.

Einen besonderen Schwerpunkt bildet die regulative Auseinandersetzung mit Bestandsdaten sowie dem Verfahren, das bei der Geltendmachung von Auskunftsbegehren hinsichtlich dieser Daten einzuhalten ist (§§ 21 f. TTDSG). Die Auskunft über Passwörter und andere Zugangsdaten sowie über Nutzungsdaten finden in §§ 23 und 24 TTDSG eigenständige Berücksichtigung.

Mit den datenschutzrechtlichen Regelungen, wie sie im TTDSG vorzufinden sind, strebt der Bundesgesetzgeber keine umfassende und abschließende Regelung an. Die gesetzgeberische Normierung wurde erforderlich, da bislang die Verabschiedung einer ePrivacy-Verordnung noch nicht erfolgen konnte. So bleiben die Regelungen des TTDSG vor dem Hintergrund der sich dynamisch entwickelnden Entwicklung der Telemedien wohl unvollständig.

VI. Weitere datenschutzrechtliche Regeln

Das Grundgesetz **(Nr. 16)** gewährt Datenschutz durch das aus Art. 1 und 2 GG abgeleitete informationelle Selbstbestimmungsrecht und das Fernmeldegeheimnis des Art. 10 GG. Dies strahlt auf das Gesetz zu Art. 10 GG **(Nr. 17),** auf Regeln des Strafgesetzbuches **(Nr. 21)** und der Strafprozessordnung **(Nr. 20)** aus. Im öffentlichen Dienst besteht Datenschutz durch das Beamtenstatusgesetz[1] und das Bundesbeamtengesetz **(Nr. 22),** im Arbeitsrecht durch das Betriebsverfassungsgesetz **(Nr. 23).** Sozialdatenschutz ist ein aufgefächertes Thema: Datenschutz besteht für die Fälle der Arbeitssuche, der Sozialversicherung, der Krankenversicherung, der Rentenversicherung, der Unfallversicherung, der Jugendhilfe, der Rehabilitation, des Sozialverwaltungsverfahrens, der Sozialpflegeversicherung und der Sozialhilfe **(Nr. 24–35).** Für den Datenschutz im Wirtschaftsverkehr hat die EU-Kommission Standardvertragsklauseln für die Übermittlung personenbezogener Daten in Drittländer entwickelt **(Nr. 38).** In das Aufgabengebiet des Datenschutzbeauftragten des Bundes fällt das Informationsfreiheitsgesetz **(Nr. 7).** Dieses Gesetz gibt jedem gegenüber den Behörden des Bundes einen Anspruch auf Zugang zu amtlichen Informationen. Der Anspruch ist durch umfangreiche Ausnahmen gekennzeichnet, wie mögliche nachteilige Auswirkungen auf internationale Beziehungen und die Gefährdung der öffentlichen Sicherheit.

---

[1] Vom Abdruck wurde abgesehen.

Einführung

Im Zusammenhang mit der Wirksamkeit der DS-GVO traten vermehrt Unsicherheiten und Zweifel auf, ob und inwieweit durch die europarechtliche Regelung bestehende nationale Vorschriften zum Schutz der Persönlichkeitsrechte verdrängt werden. So musste die Frage geklärt werden, ob und in wieweit die Vorschriften der DS-GVO für Fotografen vordringlich zu beachten sind. Das OLG Köln setzte sich in einem Beschluss vom 18.6.2018 mit dieser Abgrenzungsfrage auseinander und betonte, dass die insoweit einschlägige Vorschrift des § 23 KUG von der DS-GVO nicht verdrängt werde.[1] Da die Diskussion um die Reichweite des Art. 85 DS-GVO wohl mit dieser Entscheidung noch nicht abgeschlossen sein dürfte, wurde das KUG (**Nr. 14**) mit einem Auszug in diese Textsammlung aufgenommen.

Die Nutzung personenbezogener Daten zu werblichen Zwecken muss mit dem Wirksamwerden der DS-GVO den darin fixierten gesetzlichen Vorgaben folgen. Wie bereits die ersten Wochen nach dem 25.5.2018 zeigten, warfen die Anforderungen an die Rechtmäßigkeit einer Verarbeitung allerdings nicht nur Fragen des Art. 6 Abs. 1 DS-GVO auf. Die werbliche Nutzung personenbezogener Daten hat ebenso den Anforderungen des Wettbewerbsrechts und insbesondere § 7 UWG zu folgen. Um dem praktischen Bedürfnis der regelungstechnischen Abgrenzung beider Rechtsgebiete Rechnung tragen zu können, wurde das UWG mit einem Auszug ebenfalls in diese Textsammlung aufgenommen (**Nr. 12**).

Zwar handelt es sich bei den Regelungen des Gesetzes zum Schutz von Geschäftsgeheimnissen (GeschGehG) (**Nr. 13**) streng genommen nicht um datenschutzrechtliche Vorschriften. Der Anwendungsbereich überschneidet sich jedoch in bestimmten Sachverhalten durchaus mit demjenigen der DS-GVO. Das GeschGehG wurde im Interesse einer Abgrenzung in der datenschutzrechtlichen Praxis in die Textsammlung ebenfalls aufgenommen.

Schließlich ist auf das Unterlassungsklagengesetz (UKlaG) (**Nr. 15**) hinzuweisen, das unter bestimmten Voraussetzungen auch auf datenschutzrechtliche Verletzungshandlungen anwendbar ist.

Die im Rahmen der Erfüllung von Löschungspflichten aus Art. 17 DS-GVO zu beachtenden handels- oder steuerrechtlichen Aufbewahrungspflichten führten zu einer Aufnahme der insoweit einschlägigen Vorschriften des HGB (**Nr. 36**) und der AO (**Nr. 37**).

VII. Ausblick

Cloud, Social Media, mobile Kommunikation sowie eMobility, Smart Home oder auch Smart City sind die Merkmale einer ständig wachsenden Netzgesellschaft. Nutzer jeder Art, von Großunternehmen bis zu Einzelnutzern speichern ihre Daten in der Cloud und rufen sie mit mobilen Kommunikationsmitteln von beliebigen Orten wieder ab. Social-Media-Dienste werden genutzt, um Daten an einen stetig wachsenden Kreis von Freunden zu verteilen. Diese Entwicklung ist eine Herausforderung für den Datenschutz.[2] Die Internationalisierung der Datenspeicherung und der Kommunikation macht die Wirkung national begrenzter Datenschutzgesetzgebung fragwürdig. Der Zuspruch, den Social-Media-Dienste finden, die Daten verteilen, berührt die Idee des Datenschutzes in seiner Grundlage. Ebenso stellt der mögliche Missbrauch personen-

---

[1] *OLG Köln*, ZD 2018, 434 m. Anm. *Hoeren*.
[2] Hierzu *Forgó* in: Forgó/Helfrich/Schneider, Betrieblicher Datenschutz, I. 2.

Einführung

bezogener Daten zu Zwecken der Beeinflussung von Wählerverhalten, wie dies im Fall Facebook/Cambridge Analytica[1] vermutet wird, den Datenschutz vor neue Herausforderungen, die weit über den Schutz des Einzelnen hinausgehen und das gesellschaftliche Verständnis des Datenumgangs berühren.

In diese Bewährungsphase des Datenschutzes fällt die Verabschiedung der Datenschutz-Grundverordnung (**Nr. 1**) sowie der JI-Richtlinie (**Nr. 2**). Mit der Verordnung wird für sämtliche Mitgliedstaaten ein einheitlicher datenschutzrechtlicher Rahmen geschaffen. Anders als bei Richtlinien haben die Mitgliedstaaten bei Verordnungen keinen Handlungsspielraum. Verordnungen haben nach Art. 288 Abs. 2 AEUV unmittelbare Wirkung und bedürfen deshalb keines nationalen Umsetzungsakts. Dies hat erhebliche Rechtsfolgen für die Mitgliedstaaten. Soweit die EU-Verordnung datenschutzrechtliche Sachverhalte regelt, besteht kein Raum mehr für ein entsprechendes deutsches Datenschutzrecht. Es gilt direkt die Grundverordnung, für deren Auslegung der EuGH im Vorabentscheidungsverfahren (Art. 267 Abs. 1 Buchst. b AEUV) zuständig ist. Die Verordnung enthält eine Vielzahl an Klauseln, die den Mitgliedstaaten die Aufrechterhaltung oder die Schaffung spezifischerer Datenschutzregelungen gestatten, um so die in der Grundverordnung festgelegten datenschutzrechtlichen Rahmenbedingungen zu spezifizieren. Vor diesem Hintergrund stehen vielfältige gesetzgeberische Herausforderungen auf Bundes- oder auch auf Landesebene bevor, da der Gesetzgeber das nationale Datenschutzrecht verordnungskonform um- und auszugestalten hat.[2]

Die Verordnung macht in vielerlei Hinsicht eine Anpassung bestehender Prozesse auf Seiten der mit der Verarbeitung personenbezogener Daten befassten Unternehmen erforderlich. Die Umsetzung der Anforderungen der DS-GVO kann dabei durchaus nicht aufgeschoben werden. Bußgelder können ab Inkrafttreten der DS-GVO bis zu 4 Prozent des Weltumsatzes eines Unternehmens betragen. Gleichzeitig verschärfen sich die Haftungsszenarien für die Unternehmensleitung.[3]

Eine Analyse der DS-GVO zeigt, dass unabhängig von den zu erwartenden Anpassungen des nationalen Rechts bereits kurzfristig auf folgenden Gebieten Gestaltungsbedarf besteht:

– Anpassung der Anforderungen an eine datenschutzrechtlich wirksame Einwilligung an die technische Entwicklung,
– umfassende Informations- und Dokumentationspflichten, um eine Transparenz der Verarbeitungsverfahren herzustellen,
– erweiterte Auskunfts- und Betroffenenrechte,
– Anpassung bestehender Speicher- und Löschkonzepte zur Erfüllung des „Rechts auf Vergessenwerden",
– Erfüllung des Anspruchs auf Datenportabilität,
– Einführung eines Systems der Datenschutz-Folgenabschätzung (Risikoanalyse),
– Erweiterung der Haftung bei Auftragsdatenverarbeitung,

---

[1] *Selmayr*, ZD 2018, 197.
[2] Vgl. hierzu die Webseiten der Datenaufsichtsbehörden der Länder sowie der Datenschutzkonferenz. Hier finden sich eine Vielzahl von konkreten Handlungsempfehlungen. Auf den Internetauftritt der DSK unter www.datenschutz-konferenz.de wird ausdrücklich hingewiesen. Dort sind neben Kurzpapieren vor allen Dingen Orientierungshilfen zu finden, die für die datenschutzrechtliche Praxis von außerordentlich großer Bedeutung sind und laufend aktualisiert werden.
[3] Eine eindrückliche Dokumentation der in Anwendung der DS-GVO in den EU-Mitgliedstaaten ausgelösten Bußgeldverfahren ist unter www.enforcementtracker.com zu finden.

Einführung

- mögliche Neuinterpretation des Beschäftigtendatenschutzes vor dem Hintergrund der DS-GVO,
- Annäherung des Datenschutzes an die Compliance im Unternehmen, indem der Aspekt der Prävention betont wird,
- Stärkung des betrieblichen Datenschutzbeauftragten, in dem diesem eine explizite Überwachungspflicht auferlegt und das Unternehmen verpflichtet wird, ihn so früh wie möglich in Geschäftsprozesse einzubeziehen.

Für die Erfüllung der datenschutzrechtlichen Anforderungen der DS-GVO bestehen neben dem in Art. 83 DS-GVO angelegten Bußgeldrisiko gewichtige kaufmännische Gründe: Die Rechtsprechung hat in der jüngsten Vergangenheit wiederholt die Verletzung datenschutzrechtlicher Vorschriften als wettbewerbswidriges Verhalten gewertet und hieran Unterlassungsansprüche geknüpft.[1] Damit wird die Einhaltung datenschutzrechtlicher Vorschriften nicht zuletzt im Wettbewerb konkurrierender Unternehmen zu einem Faktor des kaufmännischen Erfolges: Wird die Nutzung eines Datenbestandes beispielsweise deshalb untersagt, weil die Datenportabilität nicht sichergestellt werden kann, droht dem Unternehmen, das sein Vertriebskonzept auf personenbezogenen Daten gründet, ein erheblicher Schaden, der neben dem Reputationsschaden nur langsam wieder kompensiert werden kann. Ob die Anwendung wettbewerbsrechtlicher Vorschriften auf Datenschutzverstöße nach dem Inkrafttreten der DS-GVO in Betracht kommen kann, ist umstritten. Die wohl herrschende Meinung geht davon aus, dass die DS-GVO die Verfolgung von Verletzungshandlungen abschließend regelt und folglich für die Anwendung wettbewerbsrechtlicher Regelungen kein Raum verbleibt.[2]

Sofern ein datenschutzrechtlicher Sachverhalt grenzüberschreitende und damit europäische Wirkung entfaltet, hat das nationale Gericht den ihm unterbreiteten Sachverhalt im Hinblick auf die Auslegung der DS-GVO dem EuGH vorzulegen. Dieser prüft dann nicht zuletzt auch vor dem Hintergrund der Europäischen Grundrechtecharta sowie des im AEUV enthaltenen Primärrechts die betreffende Vorschrift der Verordnung auf ihre grundrechtliche Ausgestaltung. Nationales Datenschutzrecht sowie die hierzu ergangene Rechtsprechung des BVerfG werden nicht per se obsolet, auch wenn dies im Rahmen der Diskussion um die Ausgestaltung der DS-GVO vereinzelt befürchtet wurde. Soweit die Grundverordnung durch nationales Recht ausgestaltet wird bzw. das europäische Recht nicht einschlägig ist oder auch im öffentlichen Bereich nach wie vor der nationale Gesetzgeber originär kompetent ist, sind die bestehenden Entscheidungen des Bundesverfassungsgerichts heranzuziehen. Ein ausgesprochenes Ziel der DS-GVO ist die Anpassung des Datenschutzrechts an die technischen Innovationen, die mit dem Internet seit Verabschiedung der DS-RL im Jahre 1995 eingetreten sind.

Im Ergebnis befindet sich das Datenschutzrecht in einer Umbruchphase. Es wird sich in den nächsten Jahren zeigen, in wieweit die Idee des Datenschutzes den neuen Formen der Kommunikation, die durch Mobilität der Nutzer und

---

[1] *LG Düsseldorf*, ZD 2016, 231; *OLG Karlsruhe*, ZD 2012, 432; *LG Würzburg*, ZD 2019, 38 m. Anm. *Schlüter*; a. A. *OLG München*, MMR 2012, 317 m. Anm. *Schröder; OLG Düsseldorf*, MMR 2017, 254 m. Anm. *Meyer; LG Berlin*, MMR 2018, 328 m. Anm. *Heldt*. Kritisch zum wettbewerbsrechtlichen Unterlassungsanspruch bei Datenschutzverletzungen *Baumgartner/Sitte*, ZD 2018, 555; *Wolf*, ZD 2018, 248; *Ohly*, GRUR 2019, 686.

[2] Vgl. *Ohly*, GRUR 2019, 686; *Köhler* in: Köhler/Bornkamm, UWG, 38. Aufl. 2020, § 3a Rn. 1.40a, der sich insbesondere auch mit der jüngeren Rechtsprechung des EuGH in diesem Zusammenhang auseinander setzt.

Einführung

Internationalisierung der Anbieter gekennzeichnet ist, sowie der immer intensiveren Integration und Vernetzung der Lebens- und Wirtschaftsbereiche so Rechnung tragen kann, dass ein Ausgleich zwischen dem Schutz des Persönlichkeitsrechts des Einzelnen und den wirtschaftlichen Interessen der Unternehmen sowie der gesellschaftlichen Entwicklung erzielt werden kann.

VII. Synopse der Erwägungsgründe und Artikel der DS-GVO

Die DS-GVO ist nach Art. 288 Abs. 2 AEUV in allen ihren Teilen verbindlich. Die Erwägungsgründe gehören jedoch nicht zum verfügenden Teil der Verordnung und sind als solche nicht rechtsverbindlich.[1] Den Erwägungsgründen kommt allerdings für die Auslegung[2] der Verordnung eine zentrale Bedeutung zu, da sie oftmals Ausdruck des politischen Kompromisses sind, wie er im Gesetzgebungsverfahren sowohl im Rahmen der parlamentarischen als auch der Behandlung im Rat letztlich zum verabschiedeten Rechtsakt führte.[3] Um die Arbeit mit der DS-GVO in der Praxis für die Rezeption der Erwägungsgründe zu öffnen, sind den Bestimmungen der DS-GVO die einzelnen Erwägungsgründe wie folgt zuzuordnen:

Bestimmungen der VO (EU) 2016/679	Erwägungsgründe zu VO (EU) 2016/679
Kapitel I Allgemeine Bestimmungen	EG 1–37
Artikel 1	EG 1–13
Artikel 2	EG 14–21
Artikel 3	EG 22–25
Artikel 4	EG 26–37
Kapitel II Grundsätze	EG 38–57
Artikel 5	EG 39
Artikel 6	EG 32, 40–50, 55, 56
Artikel 7	EG 32, 33, 42, 43
Artikel 8	EG 38
Artikel 9	EG 51–56
Artikel 10	
Artikel 11	EG 57
Kapitel III Rechte der betroffenen Person	EG 58–73
Abschnitt 1 Transparenz und Modalitäten	
Artikel 12	EG 58, 59

---

[1] So mit eingehendem Nachweis auf die Rechtsprechung des EuGH *Selmayr/Ehmann* in: Ehmann/Selmayr, Datenschutz-Grundverordnung, 2. Aufl. 2018, Einführung Rn. 97.

[2] Zu der Bedeutung der außerhalb des Rechtsakts stehenden Dokumente für die Auslegung nahm der EuGH in seiner Entscheidung vom 26.2.1991, in welcher er verlangt, dass die Quelle in der fraglichen Bestimmung des Rechtsaktes ihren Ausdruck gefunden hat. *EuGH*, Urt. v. 26.2.1991 – C-292/89 (The Queen/Immigration Appeal Tribunal, ex parte Antonissen), BeckEuRS 1991, 176674 = BeckRS 2004, 76058, Rn. 18.

[3] *Selmayr/Ehmann* in: Ehmann/Selmayr, Datenschutz-Grundverordnung, 2. Aufl. 2018, Einführung Rn. 97.

Einführung

Bestimmungen der VO (EU) 2016/679	Erwägungsgründe zu VO (EU) 2016/679
Abschnitt 2 Informationspflicht und Recht auf Auskunft zu personenbezogenen Daten	
Artikel 13	EG 60–62
Artikel 14	EG 61, 62
Artikel 15	EG 63, 64
Abschnitt 3 Berichtigung und Löschung	
Artikel 16	EG 65
Artikel 17	EG 65
Artikel 18	EG 67
Artikel 19	
Artikel 20	EG 68
Abschnitt 4 Widerspruchsrecht und automatisierte Entscheidungsfindung im Einzelfall	
Artikel 21	EG 69, 70
Artikel 22	EG 71, 72
Abschnitt 5 Beschränkungen	
Artikel 23	EG 73
Kapitel IV Verantwortlicher und Auftragsverarbeiter	EG 74–100
Abschnitt 1 Allgemeine Pflichten	
Artikel 24	EG 74–77
Artikel 25	EG 78
Artikel 26	EG 79
Artikel 27	EG 80
Artikel 28	EG 81
Artikel 29	
Artikel 30	EG 82
Artikel 31	
Abschnitt 2 Sicherheit personenbezogener Daten	
Artikel 32	EG 83
Artikel 33	EG 85, 87, 88
Artikel 34	EG 86
Abschnitt 3 Datenschutz-Folgenabschätzung und vorherige Konsultation	
Artikel 35	EG 84, 89–93
Artikel 36	EG 94–96
Abschnitt 4 Datenschutzbeauftragter	
Artikel 37	EG 97
Artikel 38	
Artikel 39	
Abschnitt 5 Verhaltensregeln und Zertifizierung	

Einführung

Bestimmungen der VO (EU) 2016/679	Erwägungsgründe zu VO (EU) 2016/679
Artikel 40	EG 98, 99
Artikel 41	
Artikel 42	EG 100
Artikel 43	
Kapitel V Übermittlungen personenbezogener Daten an Drittländer oder an internationale Organisationen	EG 101–116
Artikel 44	
Artikel 45	EG 101–107
Artikel 46	EG 108, 109
Artikel 47	EG 110
Artikel 48	EG 115
Artikel 49	EG 111–114
Artikel 50	EG 116
Kapitel VI Unabhängige Aufsichtsbehörden	EG 117–129
Abschnitt 1 Unabhängigkeit	
Artikel 51	EG 117, 119
Artikel 52	EG 118, 120
Artikel 53	EG 121
Artikel 54	
Abschnitt 1 Zuständigkeit, Aufgaben und Befugnisse	
Artikel 55	EG 122, 123
Artikel 56	EG 124–128
Artikel 57	EG 123, 132
Artikel 58	EG 129
Artikel 59	
Kapitel VII Zusammenarbeit und Kohärenz	EG 130–140
Abschnitt 1 Zusammenarbeit	
Artikel 60	EG 130, 131
Artikel 61	EG 133
Artikel 62	EG 133, 134
Abschnitt 2 Kohärenz	
Artikel 63	EG 135, 136
Artikel 64	EG 136
Artikel 65	
Artikel 66	EG 137, 138
Artikel 67	
Abschnitt 3 Europäischer Datenschutzausschuss	
Artikel 68	EG 139
Artikel 69	
Artikel 70	

Einführung

Bestimmungen der VO (EU) 2016/679	Erwägungsgründe zu VO (EU) 2016/679
Artikel 71	
Artikel 72	
Artikel 73	
Artikel 74	
Artikel 75	EG 140
Artikel 76	
Kapitel VIII Rechtsbehelfe, Haftung, Sanktionen	EG 141–152
Artikel 77	EG 141, 142
Artikel 78	EG 143, 144
Artikel 79	EG 145
Artikel 80	EG 142
Artikel 81	EG 144, 145
Artikel 82	EG 146, 147
Artikel 83	EG 148, 150, 151
Artikel 84	EG 149, 152
Kapitel IX Vorschriften für besondere Verarbeitungssituationen	EG 153–165
Artikel 85	EG 153–165
Artikel 86	EG 154
Artikel 87	
Artikel 88	EG 155
Artikel 89	EG 156–163
Artikel 90	EG 164
Artikel 91	EG 165
Kapitel X Delegierte Rechtsakte und Durchführungsrechtsakte	EG 166–170
Artikel 92	EG 166–169
Artikel 93	EG 170
Kapitel XI Schlussbestimmungen	EG 171–173
Artikel 94	EG 171–173
Artikel 95	EG 173
Artikel 96	
Artikel 97	
Artikel 98	
Artikel 99	EG 171

VIII. Synopse der Artikel der DS-GVO und des BDSG

Der Bundesgesetzgeber hat von der Möglichkeit Gebrauch gemacht, mit spezifizierenden Regelungen Gestaltungsspielräume auszuschöpfen, die von der

Einführung

DS-GVO eingeräumt werden. Im Einzelfall kann deshalb für die Rechtsanwendung eine Gegenüberstellung jener Vorschriften des BDSG hilfreich sein, die direkt oder indirekt auf die DS-GVO Bezug nehmen. Mit der nachstehenden Synopse soll diesem Informationsbedürfnis Rechnung getragen werden. Gleichzeitig ist darauf hinzuweisen, dass durchaus im Einzelfall der europarechtliche Anwendungsvorrang der DS-GVO auch dann zu beachten sein kann, wenn auf nationaler Ebene eine Vorschrift besteht, die mit Regelungen der DS-GVO korrespondiert und die Berufung des nationalen Gesetzgebers auf eine Spezifizierungsklausel jedenfalls fraglich ist.[1]

Bestimmungen der VO (EU) 2016/679	Bestimmungen des BDSG
Kapitel I Allgemeine Bestimmungen	
Artikel 1	
Artikel 2	§ 1 Anwendungsbereich des Gesetzes
Artikel 3	§ 1 Abs. 4 Anwendungsbereich des Gesetzes
Artikel 4	§ 2 Begriffsbestimmungen
	§ 26 Abs. 8 Datenverarbeitung für Zwecke des Beschäftigungsverhältnisses
Kapitel II Grundsätze	
Artikel 5	
Artikel 6	§ 3 Verarbeitung personenbezogener Daten durch öffentliche Stellen
	§ 4 Videoüberwachung öffentlich zugänglicher Räume
	§ 23 Verarbeitung zu anderen Zwecken durch öffentliche Stellen
	§ 24 Verarbeitung zu anderen Zwecken durch nichtöffentliche Stellen
	§ 25 Datenübermittlungen durch öffentliche Stellen
Artikel 7	
Artikel 8	
Artikel 9	§ 22 Verarbeitung besonderer Kategorien personenbezogener Daten
	§ 24 Verarbeitung zu anderen Zwecken durch nichtöffentliche Stellen

---

[1] Siehe hierzu *Franck*, ZD 2018, 345.

Einführung

Bestimmungen der VO (EU) 2016/679	Bestimmungen des BDSG
	§ 27 Datenverarbeitung zu wissenschaftlichen oder historischen Forschungszwecken und zu statischen Zwecken
	§ 28 Datenverarbeitung zu im öffentlichen Interesse liegenden Archivzwecken
Artikel 10	
Artikel 11	
Kapitel III Rechte der betroffenen Person	
Abschnitt 1 Transparenz und Modalitäten	
Artikel 12	
Abschnitt 2 Informationspflicht und Recht auf Auskunft zu personenbezogenen Daten	
Artikel 13	§ 29 Abs. 2 Rechte der betroffenen Person und aufsichtsbehördliche Befugnisse im Fall von Geheimhaltungspflichten
	§ 32 Informationspflicht bei Erhebung von personenbezogenen Daten bei der betroffenen Person
Artikel 14	§ 29 Abs. 1 Satz 1 Rechte der betroffenen Person und aufsichtsbehördliche Befugnisse im Fall von Geheimhaltungspflichten
	§ 32 Informationspflicht bei Erhebung von personenbezogenen Daten bei der betroffenen Person
Artikel 15	§ 29 Abs. 1 Satz 2 Rechte der betroffenen Person und aufsichtsbehördliche Befugnisse im Fall von Geheimhaltungspflichten
	§ 30 Verbraucherkredite
	§ 34 Auskunftsrecht der betroffenen Person

Einführung

Bestimmungen der VO (EU) 2016/679	Bestimmungen des BDSG
Abschnitt 3 Berichtigung und Löschung	
Artikel 16	
Artikel 17	§ 35 Abs. 1 und 3 Recht auf Löschung
Artikel 18	§ 35 Abs. 2 Recht auf Löschung
Artikel 19	
Artikel 20	
Abschnitt 4 Widerspruchsrecht und automatisierte Entscheidungsfindung im Einzelfall	
Artikel 21	§ 36 Widerspruchsrecht
Artikel 22	§ 31 Schutz des Wirtschaftsverkehrs bei Scoring und Bonitätsauskünften
	§ 37 Automatisierte Entscheidungen im Einzelfall einschließlich Profiling
Abschnitt 5 Beschränkungen	
Artikel 23	
Kapitel IV Verantwortlicher und Auftragsverarbeiter	
Abschnitt 1 Allgemeine Pflichten	
Artikel 24	
Artikel 25	
Artikel 26	
Artikel 27	
Artikel 28	
Artikel 29	
Artikel 30	
Artikel 31	
Abschnitt 2 Sicherheit personenbezogener Daten	
Artikel 32	
Artikel 33	
Artikel 34	§ 29 Abs. 1 Satz 3 und 4 Rechte der betroffenen Person und aufsichtsbehördliche Befugnisse im Fall von Geheimhaltungspflichten
Abschnitt 3 Datenschutz-Folgenabschätzung und vorherige Konsultation	
Artikel 35	
Artikel 36	
Abschnitt 4 Datenschutzbeauftragter	
Artikel 37	§ 5 Benennung

Einführung

Bestimmungen der VO (EU) 2016/679	Bestimmungen des BDSG
	§ 38 Abs. 1 Datenschutzbeauftragte nichtöffentlicher Stellen
Artikel 38	§ 6 Stellung
	§ 38 Abs. 2 Datenschutzbeauftragte nichtöffentlicher Stellen
Artikel 39	§ 7 Aufgaben
Abschnitt 5 Verhaltensregeln und Zertifizierung	
Artikel 40	
Artikel 41	
Artikel 42	
Artikel 43	§ 39 Akkreditierung
Kapitel V Übermittlungen personenbezogener Daten an Drittländer oder an internationale Organisationen	
Artikel 44	
Artikel 45	
Artikel 46	
Artikel 47	
Artikel 48	
Artikel 49	
Artikel 50	
Kapitel VI Unabhängige Aufsichtsbehörden	
Abschnitt 1 Unabhängigkeit	
Artikel 51	§ 8 Errichtung
	§ 9 Zuständigkeit
	§ 17 Vertretung im Europäischen Datenschutzausschuss, zentrale Anlaufstelle
	§ 18 Verfahren der Zusammenarbeit der Aufsichtsbehörden des Bundes und der Länder
	§ 40 Aufsichtsbehörden der Länder
Artikel 52	§ 10 Unabhängigkeit
	§ 13 Rechte und Pflichten
Artikel 53	§ 11 Abs. 1 und 2 Ernennung und Amtszeit
Artikel 54	§ 8 Errichtung
	§ 11 Ernennung und Amtszeit
	§ 12 Amtsverhältnis

Einführung

Bestimmungen der VO (EU) 2016/679	Bestimmungen des BDSG
	§ 13 Rechte und Pflichten
Abschnitt 2 Zuständigkeit, Aufgaben und Befugnisse	
Artikel 55	§ 9 Zuständigkeit
Artikel 56	§ 19 Zuständigkeiten
Artikel 57	§ 14 Aufgaben
Artikel 58	§ 16 Befugnisse
	§ 21 Antrag der Aufsichtsbehörde auf gerichtliche Entscheidung bei angenommener Rechtswidrigkeit eines Beschlusses der Europäischen Kommission
Artikel 59	§ 15 Tätigkeitsbericht
Kapitel VII Zusammenarbeit und Kohärenz	
Abschnitt 1 Zusammenarbeit	
Artikel 60	
Artikel 61	
Artikel 62	
Abschnitt 2 Kohärenz	
Artikel 63	
Artikel 64	
Artikel 65	
Artikel 66	
Artikel 67	
Abschnitt 3 Europäischer Datenschutzausschuss	
Artikel 68	§ 17 Vertretung im Europäischen Datenschutzausschuss, zentrale Anlaufstelle
Artikel 69	
Artikel 70	
Artikel 71	
Artikel 72	
Artikel 73	
Artikel 74	
Artikel 75	
Artikel 76	
Kapitel VIII Rechtsbehelfe, Haftung und Sanktionen	
Artikel 77	
Artikel 78	§ 20 Gerichtlicher Rechtsschutz
Artikel 79	§ 44 Klagen gegen den Verantwortlichen oder Auftragsverarbeiter

Einführung

Bestimmungen der VO (EU) 2016/679	Bestimmungen des BDSG
Artikel 80	
Artikel 81	
Artikel 82	
Artikel 83	§ 41 Anwendung der Vorschriften über das Bußgeld- und Strafverfahren
	§ 43 Bußgeldvorschriften
Artikel 84	§ 42 Strafvorschriften
Kapitel IX Vorschriften für besondere Verarbeitungssituationen	
Artikel 85	
Artikel 86	
Artikel 87	
Artikel 88	§ 26 Datenverarbeitung für Zwecke des Beschäftigungsverhältnisses
Artikel 89	§ 27 Datenverarbeitung zu wissenschaftlichen oder historischen Forschungszwecken und zu statistischen Zwecken
	§ 28 Datenverarbeitung zu im öffentlichen Interesse liegenden Archivzwecken
Artikel 90	
Artikel 91	
Kapitel X Delegierte Rechtsakte und Durchführungsrechtsakte	
Artikel 92	
Artikel 93	
Kapitel XI Schlussbestimmungen	
Artikel 94	
Artikel 95	
Artikel 96	
Artikel 97	
Artikel 98	
Artikel 99	

Erster Teil. Europäische Regelungen

1. Verordnung (EU) 2016/679 des Europäischen Parlaments und des Rates vom 27. April 2016 zum Schutz natürlicher Personen bei der Verarbeitung personenbezogener Daten, zum freien Datenverkehr und zur Aufhebung der Richtlinie 95/46/EG (Datenschutz-Grundverordnung)

(Text von Bedeutung für den EWR)

(ABl. L 119 S. 1, ber. ABl. L 314 S. 72, 2018 ABl. L 127 S. 2 und 2021 ABl. L 74 S. 35)

Celex-Nr. 3 2016 R 0679

Nichtamtliche Inhaltsübersicht
Kapitel I. Allgemeine Bestimmungen

Art. 1 Gegenstand und Ziele
Art. 2 Sachlicher Anwendungsbereich
Art. 3 Räumlicher Anwendungsbereich
Art. 4 Begriffsbestimmungen

Kapitel II. Grundsätze

Art. 5 Grundsätze für die Verarbeitung personenbezogener Daten
Art. 6 Rechtmäßigkeit der Verarbeitung
Art. 7 Bedingungen für die Einwilligung
Art. 8 Bedingungen für die Einwilligung eines Kindes in Bezug auf Dienste der Informationsgesellschaft
Art. 9 Verarbeitung besonderer Kategorien personenbezogener Daten
Art. 10 Verarbeitung von personenbezogenen Daten über strafrechtliche Verurteilungen und Straftaten
Art. 11 Verarbeitung, für die eine Identifizierung der betroffenen Person nicht erforderlich ist

Kapitel III. Rechte der betroffenen Person
Abschnitt 1. Transparenz und Modalitäten

Art. 12 Transparente Information, Kommunikation und Modalitäten für die Ausübung der Rechte der betroffenen Person

Abschnitt 2. Informationspflicht und Recht auf Auskunft zu personenbezogenen Daten

Art. 13 Informationspflicht bei Erhebung von personenbezogenen Daten bei der betroffenen Person
Art. 14 Informationspflicht, wenn die personenbezogenen Daten nicht bei der betroffenen Person erhoben wurden
Art. 15 Auskunftsrecht der betroffenen Person

Abschnitt 3. Berichtigung und Löschung

Art. 16 Recht auf Berichtigung
Art. 17 Recht auf Löschung („Recht auf Vergessenwerden")
Art. 18 Recht auf Einschränkung der Verarbeitung
Art. 19 Mitteilungspflicht im Zusammenhang mit der Berichtigung oder Löschung personenbezogener Daten oder der Einschränkung der Verarbeitung
Art. 20 Recht auf Datenübertragbarkeit

Abschnitt 4. Widerspruchsrecht und automatisierte Entscheidungsfindung im Einzelfall

Art. 21 Widerspruchsrecht
Art. 22 Automatisierte Entscheidungen im Einzelfall einschließlich Profiling

Abschnitt 5. Beschränkungen

Art. 23 Beschränkungen

1 DS-GVO

Kapitel IV. Verantwortlicher und Auftragsverarbeiter
Abschnitt 1. Allgemeine Pflichten

Art. 24 Verantwortung des für die Verarbeitung Verantwortlichen
Art. 25 Datenschutz durch Technikgestaltung und durch datenschutzfreundliche Voreinstellungen
Art. 26 Gemeinsam Verantwortliche
Art. 27 Vertreter von nicht in der Union niedergelassenen Verantwortlichen oder Auftragsverarbeitern
Art. 28 Auftragsverarbeiter
Art. 29 Verarbeitung unter der Aufsicht des Verantwortlichen oder des Auftragsverarbeiters
Art. 30 Verzeichnis von Verarbeitungstätigkeiten
Art. 31 Zusammenarbeit mit der Aufsichtsbehörde

Abschnitt 2. Sicherheit personenbezogener Daten

Art. 32 Sicherheit der Verarbeitung
Art. 33 Meldung von Verletzungen des Schutzes personenbezogener Daten an die Aufsichtsbehörde
Art. 34 Benachrichtigung der von einer Verletzung des Schutzes personenbezogener Daten betroffenen Person

Abschnitt 3. Datenschutz-Folgenabschätzung und vorherige Konsultation

Art. 35 Datenschutz-Folgenabschätzung
Art. 36 Vorherige Konsultation

Abschnitt 4. Datenschutzbeauftragter

Art. 37 Benennung eines Datenschutzbeauftragten
Art. 38 Stellung des Datenschutzbeauftragten
Art. 39 Aufgaben des Datenschutzbeauftragten

Abschnitt 5. Verhaltensregeln und Zertifizierung

Art. 40 Verhaltensregeln
Art. 41 Überwachung der genehmigten Verhaltensregeln
Art. 42 Zertifizierung
Art. 43 Zertifizierungsstellen

Kapitel V. Übermittlungen personenbezogener Daten an Drittländer oder an internationale Organisationen

Art. 44 Allgemeine Grundsätze der Datenübermittlung
Art. 45 Datenübermittlung auf der Grundlage eines Angemessenheitsbeschlusses
Art. 46 Datenübermittlung vorbehaltlich geeigneter Garantien
Art. 47 Verbindliche interne Datenschutzvorschriften
Art. 48 Nach dem Unionsrecht nicht zulässige Übermittlung oder Offenlegung
Art. 49 Ausnahmen für bestimmte Fälle
Art. 50 Internationale Zusammenarbeit zum Schutz personenbezogener Daten

Kapitel VI. Unabhängige Aufsichtsbehörden
Abschnitt 1. Unabhängigkeit

Art. 51 Aufsichtsbehörde
Art. 52 Unabhängigkeit
Art. 53 Allgemeine Bedingungen für die Mitglieder der Aufsichtsbehörde
Art. 54 Errichtung der Aufsichtsbehörde

Abschnitt 2. Zuständigkeit, Aufgaben und Befugnisse

Art. 55 Zuständigkeit
Art. 56 Zuständigkeit der federführenden Aufsichtsbehörde
Art. 57 Aufgaben
Art. 58 Befugnisse
Art. 59 Tätigkeitsbericht

Kapitel VII. Zusammenarbeit und Kohärenz
Abschnitt 1. Zusammenarbeit

Art. 60 Zusammenarbeit zwischen der federführenden Aufsichtsbehörde und den anderen betroffenen Aufsichtsbehörden
Art. 61 Gegenseitige Amtshilfe
Art. 62 Gemeinsame Maßnahmen der Aufsichtsbehörden

Datenschutz-Grundverordnung

Abschnitt 2. Kohärenz
- Art. 63 Kohärenzverfahren
- Art. 64 Stellungnahme des Ausschusses
- Art. 65 Streitbeilegung durch den Ausschuss
- Art. 66 Dringlichkeitsverfahren
- Art. 67 Informationsaustausch

Abschnitt 3. Europäischer Datenschutzausschuss
- Art. 68 Europäischer Datenschutzausschuss
- Art. 69 Unabhängigkeit
- Art. 70 Aufgaben des Ausschusses
- Art. 71 Berichterstattung
- Art. 72 Verfahrensweise
- Art. 73 Vorsitz
- Art. 74 Aufgaben des Vorsitzes
- Art. 75 Sekretariat
- Art. 76 Vertraulichkeit

Kapitel VIII. Rechtsbehelfe, Haftung und Sanktionen
- Art. 77 Recht auf Beschwerde bei einer Aufsichtsbehörde
- Art. 78 Recht auf wirksamen gerichtlichen Rechtsbehelf gegen eine Aufsichtsbehörde
- Art. 79 Recht auf wirksamen gerichtlichen Rechtsbehelf gegen Verantwortliche oder Auftragsverarbeiter
- Art. 80 Vertretung von betroffenen Personen
- Art. 81 Aussetzung des Verfahrens
- Art. 82 Haftung und Recht auf Schadenersatz
- Art. 83 Allgemeine Bedingungen für die Verhängung von Geldbußen
- Art. 84 Sanktionen

Kapitel IX. Vorschriften für besondere Verarbeitungssituationen
- Art. 85 Verarbeitung und Freiheit der Meinungsäußerung und Informationsfreiheit
- Art. 86 Verarbeitung und Zugang der Öffentlichkeit zu amtlichen Dokumenten
- Art. 87 Verarbeitung der nationalen Kennziffer
- Art. 88 Datenverarbeitung im Beschäftigungskontext
- Art. 89 Garantien und Ausnahmen in Bezug auf die Verarbeitung zu im öffentlichen Interesse liegenden Archivzwecken, zu wissenschaftlichen oder historischen Forschungszwecken und zu statistischen Zwecken
- Art. 90 Geheimhaltungspflichten
- Art. 91 Bestehende Datenschutzvorschriften von Kirchen und religiösen Vereinigungen oder Gemeinschaften

Kapitel X. Delegierte Rechtsakte und Durchführungsrechtsakte
- Art. 92 Ausübung der Befugnisübertragung
- Art. 93 Ausschussverfahren

Kapitel XI. Schlussbestimmungen
- Art. 94 Aufhebung der Richtlinie 95/46/EG
- Art. 95 Verhältnis zur Richtlinie 2002/58/EG
- Art. 96 Verhältnis zu bereits geschlossenen Übereinkünften
- Art. 97 Berichte der Kommission
- Art. 98 Überprüfung anderer Rechtsakte der Union zum Datenschutz
- Art. 99 Inkrafttreten und Anwendung

DAS EUROPÄISCHE PARLAMENT UND DER RAT DER EUROPÄISCHEN UNION –

gestützt auf den Vertrag über die Arbeitsweise der Europäischen Union, insbesondere auf Artikel 16,

auf Vorschlag der Europäischen Kommission,

nach Zuleitung des Entwurfs des Gesetzgebungsakts an die nationalen Parlamente,

nach Stellungnahme des Europäischen Wirtschafts- und Sozialausschusses[1],
nach Stellungnahme des Ausschusses der Regionen[2],
gemäß dem ordentlichen Gesetzgebungsverfahren[3],
in Erwägung nachstehender Gründe:

(1) Der Schutz natürlicher Personen bei der Verarbeitung personenbezogener Daten ist ein Grundrecht. Gemäß Artikel 8 Absatz 1 der Charta der Grundrechte der Europäischen Union[4] (im Folgenden „Charta") sowie Artikel 16 Absatz 1 des Vertrags über die Arbeitsweise der Europäischen Union (AEUV) hat jede Person das Recht auf Schutz der sie betreffenden personenbezogenen Daten.

(2) Die Grundsätze und Vorschriften zum Schutz natürlicher Personen bei der Verarbeitung ihrer personenbezogenen Daten sollten gewährleisten, dass ihre Grundrechte und Grundfreiheiten und insbesondere ihr Recht auf Schutz personenbezogener Daten ungeachtet ihrer Staatsangehörigkeit oder ihres Aufenthaltsorts gewahrt bleiben. Diese Verordnung soll zur Vollendung eines Raums der Freiheit, der Sicherheit und des Rechts und einer Wirtschaftsunion, zum wirtschaftlichen und sozialen Fortschritt, zur Stärkung und zum Zusammenwachsen der Volkswirtschaften innerhalb des Binnenmarkts sowie zum Wohlergehen natürlicher Personen beitragen.

(3) Zweck der Richtlinie 95/46/EG des Europäischen Parlaments und des Rates[5] ist die Harmonisierung der Vorschriften zum Schutz der Grundrechte und Grundfreiheiten natürlicher Personen bei der Datenverarbeitung sowie die Gewährleistung des freien Verkehrs personenbezogener Daten zwischen den Mitgliedstaaten.

(4) Die Verarbeitung personenbezogener Daten sollte im Dienste der Menschheit stehen. Das Recht auf Schutz der personenbezogenen Daten ist kein uneingeschränktes Recht; es muss im Hinblick auf seine gesellschaftliche Funktion gesehen und unter Wahrung des Verhältnismäßigkeitsprinzips gegen andere Grundrechte abgewogen werden. Diese Verordnung steht im Einklang mit allen Grundrechten und achtet alle Freiheiten und Grundsätze, die mit der Charta anerkannt wurden und in den Europäischen Verträgen verankert sind, insbesondere Achtung des Privat- und Familienlebens, der Wohnung und der Kommunikation, Schutz personenbezogener Daten, Gedanken-, Gewissens- und Religionsfreiheit, Freiheit der Meinungsäußerung und Informationsfreiheit, unternehmerische Freiheit, Recht auf einen wirksamen Rechtsbehelf und ein faires Verfahren und Vielfalt der Kulturen, Religionen und Sprachen.

(5) Die wirtschaftliche und soziale Integration als Folge eines funktionierenden Binnenmarkts hat zu einem deutlichen Anstieg des grenzüberschrei-

---

[1] **Amtl. Anm.:** ABl. C 229 vom 31.7.2012, S. 90.
[2] **Amtl. Anm.:** ABl. C 391 vom 18.12.2012, S. 127.
[3] **Amtl. Anm.:** Standpunkt des Europäischen Parlaments vom 12. März 2014 (noch nicht im Amtsblatt veröffentlicht) und Standpunkt des Rates in erster Lesung vom 8. April 2016 (noch nicht im Amtsblatt veröffentlicht). Standpunkt des Europäischen Parlaments vom 14. April 2016.
[4] Nr. 4.
[5] **Amtl. Anm.:** Richtlinie 95/46/EG des Europäischen Parlaments und des Rates vom 24. Oktober 1995 zum Schutz natürlicher Personen bei der Verarbeitung personenbezogener Daten und zum freien Datenverkehr (ABl. L 281 vom 23.11.1995, S. 31).

tenden Verkehrs personenbezogener Daten geführt. Der unionsweite Austausch personenbezogener Daten zwischen öffentlichen und privaten Akteuren einschließlich natürlichen Personen, Vereinigungen und Unternehmen hat zugenommen. Das Unionsrecht verpflichtet die Verwaltungen der Mitgliedstaaten, zusammenzuarbeiten und personenbezogene Daten auszutauschen, damit sie ihren Pflichten nachkommen oder für eine Behörde eines anderen Mitgliedstaats Aufgaben durchführen können.

(6) Rasche technologische Entwicklungen und die Globalisierung haben den Datenschutz vor neue Herausforderungen gestellt. Das Ausmaß der Erhebung und des Austauschs personenbezogener Daten hat eindrucksvoll zugenommen. Die Technik macht es möglich, dass private Unternehmen und Behörden im Rahmen ihrer Tätigkeiten in einem noch nie dagewesenen Umfang auf personenbezogene Daten zurückgreifen. Zunehmend machen auch natürliche Personen Informationen öffentlich weltweit zugänglich. Die Technik hat das wirtschaftliche und gesellschaftliche Leben verändert und dürfte den Verkehr personenbezogener Daten innerhalb der Union sowie die Datenübermittlung an Drittländer und internationale Organisationen noch weiter erleichtern, wobei ein hohes Datenschutzniveau zu gewährleisten ist.

(7) Diese Entwicklungen erfordern einen soliden, kohärenteren und klar durchsetzbaren Rechtsrahmen im Bereich des Datenschutzes in der Union, da es von großer Wichtigkeit ist, eine Vertrauensbasis zu schaffen, die die digitale Wirtschaft dringend benötigt, um im Binnenmarkt weiter wachsen zu können. Natürliche Personen sollten die Kontrolle über ihre eigenen Daten besitzen. Natürliche Personen, Wirtschaft und Staat sollten in rechtlicher und praktischer Hinsicht über mehr Sicherheit verfügen.

(8) Wenn in dieser Verordnung Präzisierungen oder Einschränkungen ihrer Vorschriften durch das Recht der Mitgliedstaaten vorgesehen sind, können die Mitgliedstaaten Teile dieser Verordnung in ihr nationales Recht aufnehmen, soweit dies erforderlich ist, um die Kohärenz zu wahren und die nationalen Rechtsvorschriften für die Personen, für die sie gelten, verständlicher zu machen.

(9) Die Ziele und Grundsätze der Richtlinie 95/46/EG besitzen nach wie vor Gültigkeit, doch hat die Richtlinie nicht verhindern können, dass der Datenschutz in der Union unterschiedlich gehandhabt wird, Rechtsunsicherheit besteht oder in der Öffentlichkeit die Meinung weit verbreitet ist, dass erhebliche Risiken für den Schutz natürlicher Personen bestehen, insbesondere im Zusammenhang mit der Benutzung des Internets. Unterschiede beim Schutzniveau für die Rechte und Freiheiten von natürlichen Personen im Zusammenhang mit der Verarbeitung personenbezogener Daten in den Mitgliedstaaten, vor allem beim Recht auf Schutz dieser Daten, können den unionsweiten freien Verkehr solcher Daten behindern. Diese Unterschiede im Schutzniveau können daher ein Hemmnis für die unionsweite Ausübung von Wirtschaftstätigkeiten darstellen, den Wettbewerb verzerren und die Behörden an der Erfüllung der ihnen nach dem Unionsrecht obliegenden Pflichten hindern. Sie erklären sich aus den Unterschieden bei der Umsetzung und Anwendung der Richtlinie 95/46/EG.

(10) Um ein gleichmäßiges und hohes Datenschutzniveau für natürliche Personen zu gewährleisten und die Hemmnisse für den Verkehr personenbezogener Daten in der Union zu beseitigen, sollte das Schutzniveau für die Rechte und Freiheiten von natürlichen Personen bei der Verarbeitung dieser Daten in allen Mitgliedstaaten gleichwertig sein. Die Vorschriften zum Schutz der Grundrechte und Grundfreiheiten von natürlichen Personen bei der Verarbeitung personenbezogener Daten sollten unionsweit gleichmäßig und einheitlich angewandt werden. Hinsichtlich der Verarbeitung personenbezogener Daten zur Erfüllung einer rechtlichen Verpflichtung oder zur Wahrnehmung einer Aufgabe, die im öffentlichen Interesse liegt oder in Ausübung öffentlicher Gewalt erfolgt, die dem Verantwortlichen übertragen wurde, sollten die Mitgliedstaaten die Möglichkeit haben, nationale Bestimmungen, mit denen die Anwendung der Vorschriften dieser Verordnung genauer festgelegt wird, beizubehalten oder einzuführen. In Verbindung mit den allgemeinen und horizontalen Rechtsvorschriften über den Datenschutz zur Umsetzung der Richtlinie 95/46/EG gibt es in den Mitgliedstaaten mehrere sektorspezifische Rechtsvorschriften in Bereichen, die spezifischere Bestimmungen erfordern. Diese Verordnung bietet den Mitgliedstaaten zudem einen Spielraum für die Spezifizierung ihrer Vorschriften, auch für die Verarbeitung besonderer Kategorien von personenbezogenen Daten (im Folgenden „sensible Daten"). Diesbezüglich schließt diese Verordnung nicht Rechtsvorschriften der Mitgliedstaaten aus, in denen die Umstände besonderer Verarbeitungssituationen festgelegt werden, einschließlich einer genaueren Bestimmung der Voraussetzungen, unter denen die Verarbeitung personenbezogener Daten rechtmäßig ist.

(11) Ein unionsweiter wirksamer Schutz personenbezogener Daten erfordert die Stärkung und präzise Festlegung der Rechte der betroffenen Personen sowie eine Verschärfung der Verpflichtungen für diejenigen, die personenbezogene Daten verarbeiten und darüber entscheiden, ebenso wie – in den Mitgliedstaaten – gleiche Befugnisse bei der Überwachung und Gewährleistung der Einhaltung der Vorschriften zum Schutz personenbezogener Daten sowie gleiche Sanktionen im Falle ihrer Verletzung.

(12) Artikel 16 Absatz 2 AEUV ermächtigt das Europäische Parlament und den Rat, Vorschriften über den Schutz natürlicher Personen bei der Verarbeitung personenbezogener Daten und zum freien Verkehr solcher Daten zu erlassen.

(13) Damit in der Union ein gleichmäßiges Datenschutzniveau für natürliche Personen gewährleistet ist und Unterschiede, die den freien Verkehr personenbezogener Daten im Binnenmarkt behindern könnten, beseitigt werden, ist eine Verordnung erforderlich, die für die Wirtschaftsteilnehmer einschließlich Kleinstunternehmen sowie kleiner und mittlerer Unternehmen Rechtssicherheit und Transparenz schafft, natürliche Personen in allen Mitgliedstaaten mit demselben Niveau an durchsetzbaren Rechten ausstattet, dieselben Pflichten und Zuständigkeiten für die Verantwortlichen und Auftragsverarbeiter vorsieht und eine gleichmäßige Kontrolle der Verarbeitung personenbezogener Daten und gleichwertige Sanktionen in allen Mitgliedstaaten sowie eine wirksame Zusammenarbeit zwischen den Aufsichtsbehörden der einzelnen Mitgliedstaaten gewährleistet. Das reibungslose Funktionieren des Binnenmarkts erfor-

dert, dass der freie Verkehr personenbezogener Daten in der Union nicht aus Gründen des Schutzes natürlicher Personen bei der Verarbeitung personenbezogener Daten eingeschränkt oder verboten wird. Um der besonderen Situation der Kleinstunternehmen sowie der kleinen und mittleren Unternehmen Rechnung zu tragen, enthält diese Verordnung eine abweichende Regelung hinsichtlich des Führens eines Verzeichnisses für Einrichtungen, die weniger als 250 Mitarbeiter beschäftigen. Außerdem werden die Organe und Einrichtungen der Union sowie die Mitgliedstaaten und deren Aufsichtsbehörden dazu angehalten, bei der Anwendung dieser Verordnung die besonderen Bedürfnisse von Kleinstunternehmen sowie von kleinen und mittleren Unternehmen zu berücksichtigen. Für die Definition des Begriffs „Kleinstunternehmen sowie kleine und mittlere Unternehmen" sollte Artikel 2 des Anhangs zur Empfehlung 2003/361/EG der Kommission[1] maßgebend sein.

(14) Der durch diese Verordnung gewährte Schutz sollte für die Verarbeitung der personenbezogenen Daten natürlicher Personen ungeachtet ihrer Staatsangehörigkeit oder ihres Aufenthaltsorts gelten. Diese Verordnung gilt nicht für die Verarbeitung personenbezogener Daten juristischer Personen und insbesondere als juristische Person gegründeter Unternehmen, einschließlich Name, Rechtsform oder Kontaktdaten der juristischen Person.

(15) Um ein ernsthaftes Risiko einer Umgehung der Vorschriften zu vermeiden, sollte der Schutz natürlicher Personen technologieneutral sein und nicht von den verwendeten Techniken abhängen. Der Schutz natürlicher Personen sollte für die automatisierte Verarbeitung personenbezogener Daten ebenso gelten wie für die manuelle Verarbeitung von personenbezogenen Daten, wenn die personenbezogenen Daten in einem Dateisystem gespeichert sind oder gespeichert werden sollen. Akten oder Aktensammlungen sowie ihre Deckblätter, die nicht nach bestimmten Kriterien geordnet sind, sollten nicht in den Anwendungsbereich dieser Verordnung fallen.

(16) Diese Verordnung gilt nicht für Fragen des Schutzes von Grundrechten und Grundfreiheiten und des freien Verkehrs personenbezogener Daten im Zusammenhang mit Tätigkeiten, die nicht in den Anwendungsbereich des Unionsrechts fallen, wie etwa die nationale Sicherheit betreffende Tätigkeiten. Diese Verordnung gilt nicht für die von den Mitgliedstaaten im Rahmen der Gemeinsamen Außen- und Sicherheitspolitik der Union durchgeführte Verarbeitung personenbezogener Daten.

(17) Die Verordnung (EG) Nr. 45/2001 des Europäischen Parlaments und des Rates[2] gilt für die Verarbeitung personenbezogener Daten durch die Organe, Einrichtungen, Ämter und Agenturen der Union. Die Verordnung (EG) Nr. 45/2001 und sonstige Rechtsakte der Union, die diese Verarbeitung personenbezogener Daten regeln, sollten an die Grundsätze

---

[1] **Amtl. Anm.:** Empfehlung der Kommission vom 6. Mai 2003 betreffend die Definition der Kleinstunternehmen sowie der kleinen und mittleren Unternehmen (C (2003) 1422) (ABl. L 124 vom 20.5.2003, S. 36).
[2] **Amtl. Anm.:** Verordnung (EG) Nr. 45/2001 des Europäischen Parlaments und des Rates vom 18. Dezember 2000 zum Schutz natürlicher Personen bei der Verarbeitung personenbezogener Daten durch die Organe und Einrichtungen der Gemeinschaft und zum freien Datenverkehr (ABl. L 8 vom 12.1.2001, S. 1).

und Vorschriften der vorliegenden Verordnung angepasst und im Lichte der vorliegenden Verordnung angewandt werden. Um einen soliden und kohärenten Rechtsrahmen im Bereich des Datenschutzes in der Union zu gewährleisten, sollten die erforderlichen Anpassungen der Verordnung (EG) Nr. 45/2001 im Anschluss an den Erlass der vorliegenden Verordnung vorgenommen werden, damit sie gleichzeitig mit der vorliegenden Verordnung angewandt werden können.

(18) Diese Verordnung gilt nicht für die Verarbeitung von personenbezogenen Daten, die von einer natürlichen Person zur Ausübung ausschließlich persönlicher oder familiärer Tätigkeiten und somit ohne Bezug zu einer beruflichen oder wirtschaftlichen Tätigkeit vorgenommen wird. Als persönliche oder familiäre Tätigkeiten könnte auch das Führen eines Schriftverkehrs oder von Anschriftenverzeichnissen oder die Nutzung sozialer Netze und Online-Tätigkeiten im Rahmen solcher Tätigkeiten gelten. Diese Verordnung gilt jedoch für die Verantwortlichen oder Auftragsverarbeiter, die die Instrumente für die Verarbeitung personenbezogener Daten für solche persönlichen oder familiären Tätigkeiten bereitstellen.

(19) Der Schutz natürlicher Personen bei der Verarbeitung personenbezogener Daten durch die zuständigen Behörden zum Zwecke der Verhütung, Ermittlung, Aufdeckung oder Verfolgung von Straftaten oder der Strafvollstreckung, einschließlich des Schutzes vor und der Abwehr von Gefahren für die öffentliche Sicherheit, sowie der freie Verkehr dieser Daten sind in einem eigenen Unionsrechtsakt geregelt. Deshalb sollte diese Verordnung auf Verarbeitungtätigkeiten dieser Art keine Anwendung finden. Personenbezogene Daten, die von Behörden nach dieser Verordnung verarbeitet werden, sollten jedoch, wenn sie zu den vorstehenden Zwecken verwendet werden, einem spezifischeren Unionsrechtsakt, nämlich der Richtlinie (EU) 2016/680[1] des Europäischen Parlaments und des Rates[2] unterliegen. Die Mitgliedstaaten können die zuständigen Behörden im Sinne der Richtlinie (EU) 2016/680[1] mit Aufgaben betrauen, die nicht zwangsläufig für die Zwecke der Verhütung, Ermittlung, Aufdeckung oder Verfolgung von Straftaten oder der Strafvollstreckung, einschließlich des Schutzes vor und der Abwehr von Gefahren für die öffentliche Sicherheit, ausgeführt werden, so dass die Verarbeitung von personenbezogenen Daten für diese anderen Zwecke insoweit in den Anwendungsbereich dieser Verordnung fällt,
als sie in den Anwendungsbereich des Unionsrechts fällt. In Bezug auf die Verarbeitung personenbezogener Daten durch diese Behörden für Zwecke, die in den Anwendungsbereich dieser Verordnung fallen, sollten die Mitgliedstaaten spezifischere Bestimmungen beibehalten oder einführen können, um die Anwendung der Vorschriften dieser Verordnung anzupassen. In den betreffenden Bestimmungen können die Auflagen für die Verarbeitung personenbezogener Daten durch diese zuständigen Behörden für jene anderen Zwecke präziser festgelegt werden, wobei der

---

[1] Nr. 2.
[2] **Amtl. Anm.:** Richtlinie (EU) 2016/680 des Europäischen Parlaments und des Rates vom 27. April 2016 zum Schutz natürlicher Personen bei der Verarbeitung personenbezogener Daten durch die zuständigen Behörden zum Zwecke der Verhütung, Aufdeckung, Untersuchung oder Verfolgung von Straftaten oder der Strafvollstreckung sowie zum freien Datenverkehr und zur Aufhebung des Rahmenbeschlusses 2000/383/JI des Rates (siehe Seite 89 dieses Amtsblatts).

Datenschutz-Grundverordnung **DS-GVO 1**

verfassungsmäßigen, organisatorischen und administrativen Struktur des betreffenden Mitgliedstaats Rechnung zu tragen ist. Soweit diese Verordnung für die Verarbeitung personenbezogener Daten durch private Stellen gilt, sollte sie vorsehen, dass die Mitgliedstaaten einige Pflichten und Rechte unter bestimmten Voraussetzungen mittels Rechtsvorschriften beschränken können, wenn diese Beschränkung in einer demokratischen Gesellschaft eine notwendige und verhältnismäßige Maßnahme zum Schutz bestimmter wichtiger Interessen darstellt, wozu auch die öffentliche Sicherheit und die Verhütung, Ermittlung, Aufdeckung und Verfolgung von Straftaten oder die Strafvollstreckung zählen, einschließlich des Schutzes vor und der Abwehr von Gefahren für die öffentliche Sicherheit. Dies ist beispielsweise im Rahmen der Bekämpfung der Geldwäsche oder der Arbeit kriminaltechnischer Labors von Bedeutung.

(20) Diese Verordnung gilt zwar unter anderem für die Tätigkeiten der Gerichte und anderer Justizbehörden, doch könnte im Unionsrecht oder im Recht der Mitgliedstaaten festgelegt werden, wie die Verarbeitungsvorgänge und Verarbeitungsverfahren bei der Verarbeitung personenbezogener Daten durch Gerichte und andere Justizbehörden im Einzelnen auszusehen haben. Damit die Unabhängigkeit der Justiz bei der Ausübung ihrer gerichtlichen Aufgaben einschließlich ihrer Beschlussfassung unangetastet bleibt, sollten die Aufsichtsbehörden nicht für die Verarbeitung personenbezogener Daten durch Gerichte im Rahmen ihrer justiziellen Tätigkeit zuständig sein. Mit der Aufsicht über diese Datenverarbeitungsvorgänge sollten besondere Stellen im Justizsystem des Mitgliedstaats betraut werden können, die insbesondere die Einhaltung der Vorschriften dieser Verordnung sicherstellen, Richter und Staatsanwälte besser für ihre Pflichten aus dieser Verordnung sensibilisieren und Beschwerden in Bezug auf derartige Datenverarbeitungsvorgänge bearbeiten sollten.

(21) Die vorliegende Verordnung berührt nicht die Anwendung der Richtlinie 2000/31/EG des Europäischen Parlaments und des Rates[1] und insbesondere die Vorschriften der Artikel 12 bis 15 jener Richtlinie zur Verantwortlichkeit von Anbietern reiner Vermittlungsdienste. Die genannte Richtlinie soll dazu beitragen, dass der Binnenmarkt einwandfrei funktioniert, indem sie den freien Verkehr von Diensten der Informationsgesellschaft zwischen den Mitgliedstaaten sicherstellt.

(22) Jede Verarbeitung personenbezogener Daten im Rahmen der Tätigkeiten einer Niederlassung eines Verantwortlichen oder eines Auftragsverarbeiters in der Union sollte gemäß dieser Verordnung erfolgen, gleich, ob die Verarbeitung in oder außerhalb der Union stattfindet. Eine Niederlassung setzt die effektive und tatsächliche Ausübung einer Tätigkeit durch eine feste Einrichtung voraus. Die Rechtsform einer solchen Einrichtung, gleich, ob es sich um eine Zweigstelle oder eine Tochtergesellschaft mit eigener Rechtspersönlichkeit handelt, ist dabei nicht ausschlaggebend.

(23) Damit einer natürlichen Person der gemäß dieser Verordnung gewährleistete Schutz nicht vorenthalten wird, sollte die Verarbeitung personen-

---

[1] **Amtl. Anm.:** Richtlinie 2000/31/EG des Europäischen Parlaments und des Rates vom 8. Juni 2000 über bestimmte rechtliche Aspekte der Dienste der Informationsgesellschaft, insbesondere des elektronischen Geschäftsverkehrs, im Binnenmarkt („Richtlinie über den elektronischen Geschäftsverkehr") (ABl. L 178 vom 17.7.2000, S. 1).

bezogener Daten von betroffenen Personen, die sich in der Union befinden, durch einen nicht in der Union niedergelassenen Verantwortlichen oder Auftragsverarbeiter dieser Verordnung unterliegen, wenn die Verarbeitung dazu dient, diesen betroffenen Personen gegen Entgelt oder unentgeltlich Waren oder Dienstleistungen anzubieten. Um festzustellen, ob dieser Verantwortliche oder Auftragsverarbeiter betroffenen Personen, die sich in der Union befinden, Waren oder Dienstleistungen anbietet, sollte festgestellt werden, ob der Verantwortliche oder Auftragsverarbeiter offensichtlich beabsichtigt, betroffen Personen in einem oder mehreren Mitgliedstaaten der Union Dienstleistungen anzubieten. Während die bloße Zugänglichkeit der Website des Verantwortlichen, des Auftragsverarbeiters oder eines Vermittlers in der Union, einer E-Mail-Adresse oder anderer Kontaktdaten oder die Verwendung einer Sprache, die in dem Drittland, in dem der Verantwortliche niedergelassen ist, allgemein gebräuchlich ist, hierfür kein ausreichender Anhaltspunkt ist, können andere Faktoren wie die Verwendung einer Sprache oder Währung, die in einem oder mehreren Mitgliedstaaten gebräuchlich ist, in Verbindung mit der Möglichkeit, Waren und Dienstleistungen in dieser anderen Sprache zu bestellen, oder die Erwähnung von Kunden oder Nutzern, die sich in der Union befinden, darauf hindeuten, dass der Verantwortliche beabsichtigt, den Personen in der Union Waren oder Dienstleistungen anzubieten.

(24) Die Verarbeitung personenbezogener Daten von betroffenen Personen, die sich in der Union befinden, durch einen nicht in der Union niedergelassenen Verantwortlichen oder Auftragsverarbeiter sollte auch dann dieser Verordnung unterliegen, wenn sie dazu dient, das Verhalten dieser betroffenen Personen zu beobachten, soweit ihr Verhalten in der Union erfolgt. Ob eine Verarbeitungstätigkeit der Beobachtung des Verhaltens von betroffenen Personen gilt, sollte daran festgemacht werden, ob ihre Internetaktivitäten nachvollzogen werden, einschließlich der möglichen nachfolgenden Verwendung von Techniken zur Verarbeitung personenbezogener Daten, durch die von einer natürlichen Person ein Profil erstellt wird, das insbesondere die Grundlage für sie betreffende Entscheidungen bildet oder anhand dessen ihre persönlichen Vorlieben, Verhaltensweisen oder Gepflogenheiten analysiert oder vorausgesagt werden sollen.

(25) Ist nach Völkerrecht das Recht eines Mitgliedstaats anwendbar, z.B. in einer diplomatischen oder konsularischen Vertretung eines Mitgliedstaats, so sollte die Verordnung auch auf einen nicht in der Union niedergelassenen Verantwortlichen Anwendung finden.

(26) Die Grundsätze des Datenschutzes sollten für alle Informationen gelten, die sich auf eine identifizierte oder identifizierbare natürliche Person beziehen. Einer Pseudonymisierung unterzogene personenbezogene Daten, die durch Heranziehung zusätzlicher Informationen einer natürlichen Person zugeordnet werden könnten, sollten als Informationen über eine identifizierbare natürliche Person betrachtet werden. Um festzustellen, ob eine natürliche Person identifizierbar ist, sollten alle Mittel berücksichtigt werden, die von dem Verantwortlichen oder einer anderen Person nach allgemeinem Ermessen wahrscheinlich genutzt werden, um die natürliche Person direkt oder indirekt zu identifizieren, wie beispielsweise das Aussondern. Bei der Feststellung, ob Mittel nach allgemeinem

Ermessen wahrscheinlich zur Identifizierung der natürlichen Person genutzt werden, sollten alle objektiven Faktoren, wie die Kosten der Identifizierung und der dafür erforderliche Zeitaufwand, herangezogen werden, wobei die zum Zeitpunkt der Verarbeitung verfügbare Technologie und technologische Entwicklungen zu berücksichtigen sind. Die Grundsätze des Datenschutzes sollten daher nicht für anonyme Informationen gelten, d.h. für Informationen, die sich nicht auf eine identifizierte oder identifizierbare natürliche Person beziehen, oder personenbezogene Daten, die in einer Weise anonymisiert worden sind, dass die betroffene Person nicht oder nicht mehr identifiziert werden kann. Diese Verordnung betrifft somit nicht die Verarbeitung solcher anonymer Daten, auch für statistische oder für Forschungszwecke.

(27) Diese Verordnung gilt nicht für die personenbezogenen Daten Verstorbener. Die Mitgliedstaaten können Vorschriften für die Verarbeitung der personenbezogenen Daten Verstorbener vorsehen.

(28) Die Anwendung der Pseudonymisierung auf personenbezogene Daten kann die Risiken für die betroffenen Personen senken und die Verantwortlichen und die Auftragsverarbeiter bei der Einhaltung ihrer Datenschutzpflichten unterstützen. Durch die ausdrückliche Einführung der „Pseudonymisierung" in dieser Verordnung ist nicht beabsichtigt, andere Datenschutzmaßnahmen auszuschließen.

(29) Um Anreize für die Anwendung der Pseudonymisierung bei der Verarbeitung personenbezogener Daten zu schaffen, sollten Pseudonymisierungsmaßnahmen, die jedoch eine allgemeine Analyse zulassen, bei demselben Verantwortlichen möglich sein, wenn dieser die erforderlichen technischen und organisatorischen Maßnahmen getroffen hat, um – für die jeweilige Verarbeitung – die Umsetzung dieser Verordnung zu gewährleisten, wobei sicherzustellen ist, dass zusätzliche Informationen, mit denen die personenbezogenen Daten einer speziellen betroffenen Person zugeordnet werden können, gesondert aufbewahrt werden. Der für die Verarbeitung der personenbezogenen Daten Verantwortliche,[1] sollte die befugten Personen bei diesem Verantwortlichen angeben.

(30) Natürlichen Personen werden unter Umständen Online-Kennungen wie IP-Adressen und Cookie-Kennungen, die sein Gerät oder Software-Anwendungen und -Tools oder Protokolle liefern, oder sonstige Kennungen wie Funkfrequenzkennzeichnungen zugeordnet. Dies kann Spuren hinterlassen, die insbesondere in Kombination mit eindeutigen Kennungen und anderen beim Server eingehenden Informationen dazu benutzt werden können, um Profile der natürlichen Personen zu erstellen und sie zu identifizieren.

(31) Behörden, gegenüber denen personenbezogene Daten aufgrund einer rechtlichen Verpflichtung für die Ausübung ihres offiziellen Auftrags offengelegt werden, wie Steuer- und Zollbehörden, Finanzermittlungsstellen, unabhängige Verwaltungsbehörden oder Finanzmarktbehörden, die für die Regulierung und Aufsicht von Wertpapiermärkten zuständig sind, sollten nicht als Empfänger gelten, wenn sie personenbezogene Daten erhalten, die für die Durchführung – gemäß dem Unionsrecht oder dem Recht der Mitgliedstaaten – eines einzelnen Untersuchungs-

---

[1] Zeichensetzung amtlich.

auftrags im Interesse der Allgemeinheit erforderlich sind. Anträge auf Offenlegung, die von Behörden ausgehen, sollten immer schriftlich erfolgen, mit Gründen versehen sein und gelegentlichen Charakter haben, und sie sollten nicht vollständige Dateisysteme betreffen oder zur Verknüpfung von Dateisystemen führen. Die Verarbeitung personenbezogener Daten durch die genannten Behörden sollte den für die Zwecke der Verarbeitung geltenden Datenschutzvorschriften entsprechen.

(32) Die Einwilligung sollte durch eine eindeutige bestätigende Handlung erfolgen, mit der freiwillig, für den konkreten Fall, in informierter Weise und unmissverständlich bekundet wird, dass die betroffene Person mit der Verarbeitung der sie betreffenden personenbezogenen Daten einverstanden ist, etwa in Form einer schriftlichen Erklärung, die auch elektronisch erfolgen kann, oder einer mündlichen Erklärung. Dies könnte etwa durch Anklicken eines Kästchens beim Besuch einer Internetseite, durch die Auswahl technischer Einstellungen für Dienste der Informationsgesellschaft oder durch eine andere Erklärung oder Verhaltensweise geschehen, mit der die betroffene Person in dem jeweiligen Kontext eindeutig ihr Einverständnis mit der beabsichtigten Verarbeitung ihrer personenbezogenen Daten signalisiert. Stillschweigen, bereits angekreuzte Kästchen oder Untätigkeit der betroffenen Person sollten daher keine Einwilligung darstellen. Die Einwilligung sollte sich auf alle zu demselben Zweck oder denselben Zwecken vorgenommenen Verarbeitungsvorgänge beziehen. Wenn die Verarbeitung mehreren Zwecken dient, sollte für alle diese Verarbeitungszwecke eine Einwilligung gegeben werden. Wird die betroffene Person auf elektronischem Weg zur Einwilligung aufgefordert, so muss die Aufforderung in klarer und knapper Form und ohne unnötige Unterbrechung des Dienstes, für den die Einwilligung gegeben wird, erfolgen.

(33) Oftmals kann der Zweck der Verarbeitung personenbezogener Daten für Zwecke der wissenschaftlichen Forschung zum Zeitpunkt der Erhebung der personenbezogenen Daten nicht vollständig angegeben werden. Daher sollte es betroffenen Personen erlaubt sein, ihre Einwilligung für bestimmte Bereiche wissenschaftlicher Forschung zu geben, wenn dies unter Einhaltung der anerkannten ethischen Standards der wissenschaftlichen Forschung geschieht. Die betroffenen Personen sollten Gelegenheit erhalten, ihre Einwilligung nur für bestimme Forschungsbereiche oder Teile von Forschungsprojekten in dem vom verfolgten Zweck zugelassenen Maße zu erteilen.

(34) Genetische Daten sollten als personenbezogene Daten über die ererbten oder erworbenen genetischen Eigenschaften einer natürlichen Person definiert werden, die aus der Analyse einer biologischen Probe der betreffenden natürlichen Person, insbesondere durch eine *Chromosomen*[1], Desoxyribonukleinsäure (DNS)- oder Ribonukleinsäure (RNS)-Analyse oder der Analyse eines anderen Elements, durch die gleichwertige Informationen erlangt werden können, gewonnen werden.

(35) Zu den personenbezogenen Gesundheitsdaten sollten alle Daten zählen, die sich auf den Gesundheitszustand einer betroffenen Person beziehen und aus denen Informationen über den früheren, gegenwärtigen und

---

[1] Richtig wohl: „Chromosomen-Analyse".

künftigen körperlichen oder geistigen Gesundheitszustand der betroffenen Person hervorgehen. Dazu gehören auch Informationen über die natürliche Person, die im Zuge der Anmeldung für sowie der Erbringung von Gesundheitsdienstleistungen im Sinne der Richtlinie 2011/24/EU des Europäischen Parlaments und des Rates[1] für die natürliche Person erhoben werden, Nummern, Symbole oder Kennzeichen, die einer natürlichen Person zugeteilt wurden, um diese natürliche Person für gesundheitliche Zwecke eindeutig zu identifizieren, Informationen, die von der Prüfung oder Untersuchung eines Körperteils oder einer körpereigenen Substanz, auch aus genetischen Daten und biologischen Proben, abgeleitet wurden, und Informationen etwa über Krankheiten, Behinderungen, Krankheitsrisiken, Vorerkrankungen, klinische Behandlungen oder den physiologischen oder biomedizinischen Zustand der betroffenen Person unabhängig von der Herkunft der Daten, ob sie nun von einem Arzt oder sonstigem Angehörigen eines Gesundheitsberufes, einem Krankenhaus, einem Medizinprodukt oder einem In-Vitro-Diagnostikum stammen.

(36) Die Hauptniederlassung des Verantwortlichen in der Union sollte der Ort seiner Hauptverwaltung in der Union sein, es sei denn, dass Entscheidungen über die Zwecke und Mittel der Verarbeitung personenbezogener Daten in einer anderen Niederlassung des Verantwortlichen in der Union getroffen werden; in diesem Fall sollte die letztgenannte als Hauptniederlassung gelten. Zur Bestimmung der Hauptniederlassung eines Verantwortlichen in der Union sollten objektive Kriterien herangezogen werden; ein Kriterium sollte dabei die effektive und tatsächliche Ausübung von Managementtätigkeiten durch eine feste Einrichtung sein, in deren Rahmen die Grundsatzentscheidungen zur Festlegung der Zwecke und Mittel der Verarbeitung getroffen werden. Dabei sollte nicht ausschlaggebend sein, ob die Verarbeitung der personenbezogenen Daten tatsächlich an diesem Ort ausgeführt wird. Das Vorhandensein und die Verwendung technischer Mittel und Verfahren zur Verarbeitung personenbezogener Daten oder Verarbeitungstätigkeiten begründen an sich noch keine Hauptniederlassung und sind daher kein ausschlaggebender Faktor für das Bestehen einer Hauptniederlassung. Die Hauptniederlassung des Auftragsverarbeiters sollte der Ort sein, an dem der Auftragsverarbeiter seine Hauptverwaltung in der Union hat, oder – wenn er keine Hauptverwaltung in der Union hat – der Ort, an dem die wesentlichen Verarbeitungstätigkeiten in der Union stattfinden. Sind sowohl der Verantwortliche als auch der Auftragsverarbeiter betroffen, so sollte die Aufsichtsbehörde des Mitgliedstaats, in dem der Verantwortliche seine Hauptniederlassung hat, die zuständige federführende Aufsichtsbehörde bleiben, doch sollte die Aufsichtsbehörde des Auftragsverarbeiters als betroffene Aufsichtsbehörde betrachtet werden und diese Aufsichtsbehörde sollte sich an dem in dieser Verordnung vorgesehenen Verfahren der Zusammenarbeit beteiligen. Auf jeden Fall sollten die Aufsichtsbehörden des Mitgliedstaats oder der Mitgliedstaaten, in dem bzw. denen der Auftragsverarbeiter eine oder mehrere Niederlassungen hat, nicht als betrof-

---

[1] **Amtl. Anm.**: Richtlinie 2011/24/EU des Europäischen Parlaments und des Rates vom 9. März 2011 über die Ausübung der Patientenrechte in der grenzüberschreitenden Gesundheitsversorgung (ABl. L 88 vom 4.4.2011, S. 45).

fene Aufsichtsbehörden betrachtet werden, wenn sich der Beschlussentwurf nur auf den Verantwortlichen bezieht. Wird die Verarbeitung durch eine Unternehmensgruppe vorgenommen, so sollte die Hauptniederlassung des herrschenden Unternehmens als Hauptniederlassung der Unternehmensgruppe gelten, es sei denn, die Zwecke und Mittel der Verarbeitung werden von einem anderen Unternehmen festgelegt.

(37) Eine Unternehmensgruppe sollte aus einem herrschenden Unternehmen und den von diesem abhängigen Unternehmen bestehen, wobei das herrschende Unternehmen dasjenige sein sollte, das zum Beispiel aufgrund der Eigentumsverhältnisse, der finanziellen Beteiligung oder der für das Unternehmen geltenden Vorschriften oder der Befugnis, Datenschutzvorschriften umsetzen zu lassen, einen beherrschenden Einfluss auf die übrigen Unternehmen ausüben kann. Ein Unternehmen, das die Verarbeitung personenbezogener Daten in ihm angeschlossenen Unternehmen kontrolliert, sollte zusammen mit diesen als eine „Unternehmensgruppe" betrachtet werden.

(38) Kinder verdienen bei ihren personenbezogenen Daten besonderen Schutz, da Kinder sich der betreffenden Risiken, Folgen und Garantien und ihrer Rechte bei der Verarbeitung personenbezogener Daten möglicherweise weniger bewusst sind. Ein solcher besonderer Schutz sollte insbesondere die Verwendung personenbezogener Daten von Kindern für Werbezwecke oder für die Erstellung von Persönlichkeits- oder Nutzerprofilen und die Erhebung von personenbezogenen Daten von Kindern bei der Nutzung von Diensten, die Kindern direkt angeboten werden, betreffen. Die Einwilligung des Trägers der elterlichen Verantwortung sollte im Zusammenhang mit Präventions- oder Beratungsdiensten, die unmittelbar einem Kind angeboten werden, nicht erforderlich sein.

(39) Jede Verarbeitung personenbezogener Daten sollte rechtmäßig und nach Treu und Glauben erfolgen. Für natürliche Personen sollte Transparenz dahingehend bestehen, dass sie betreffende personenbezogene Daten erhoben, verwendet, eingesehen oder anderweitig verarbeitet werden und in welchem Umfang die personenbezogenen Daten verarbeitet werden und künftig noch verarbeitet werden. Der Grundsatz der Transparenz setzt voraus, dass alle Informationen und Mitteilungen zur Verarbeitung dieser personenbezogenen Daten leicht zugänglich und verständlich und in klarer und einfacher Sprache abgefasst sind. Dieser Grundsatz betrifft insbesondere die Informationen über die Identität des Verantwortlichen und die Zwecke der Verarbeitung und sonstige Informationen, die eine faire und transparente Verarbeitung im Hinblick auf die betroffenen natürlichen Personen gewährleisten, sowie deren Recht, eine Bestätigung und Auskunft darüber zu erhalten, welche sie betreffende personenbezogene Daten verarbeitet werden. Natürliche Personen sollten über die Risiken, Vorschriften, Garantien und Rechte im Zusammenhang mit der Verarbeitung personenbezogener Daten informiert und darüber aufgeklärt werden, wie sie ihre diesbezüglichen Rechte geltend machen können. Insbesondere sollten die bestimmten Zwecke, zu denen die personenbezogenen Daten verarbeitet werden, eindeutig und rechtmäßig sein und zum Zeitpunkt der Erhebung der personenbezogenen Daten feststehen. Die personenbezogenen Daten sollten für die Zwecke, zu denen sie verarbeitet werden, angemessen und erheblich sowie auf das für

die Zwecke ihrer Verarbeitung notwendige Maß beschränkt sein. Dies erfordert insbesondere, dass die Speicherfrist für personenbezogene Daten auf das unbedingt erforderliche Mindestmaß beschränkt bleibt. Personenbezogene Daten sollten nur verarbeitet werden dürfen, wenn der Zweck der Verarbeitung nicht in zumutbarer Weise durch andere Mittel erreicht werden kann. Um sicherzustellen, dass die personenbezogenen Daten nicht länger als nötig gespeichert werden, sollte der Verantwortliche Fristen für ihre Löschung oder regelmäßige Überprüfung vorsehen. Es sollten alle vertretbaren Schritte unternommen werden, damit unrichtige personenbezogene Daten gelöscht oder berichtigt werden. Personenbezogene Daten sollten so verarbeitet werden, dass ihre Sicherheit und Vertraulichkeit hinreichend gewährleistet ist, wozu auch gehört, dass Unbefugte keinen Zugang zu den Daten haben und weder die Daten noch die Geräte, mit denen diese verarbeitet werden, benutzen können.

(40) Damit die Verarbeitung rechtmäßig ist, müssen personenbezogene Daten mit Einwilligung der betroffenen Person oder auf einer sonstigen zulässigen Rechtsgrundlage verarbeitet werden, die sich aus dieser Verordnung oder – wann immer in dieser Verordnung darauf Bezug genommen wird – aus dem sonstigen Unionsrecht oder dem Recht der Mitgliedstaaten ergibt, so unter anderem auf der Grundlage, dass sie zur Erfüllung der rechtlichen Verpflichtung, der der Verantwortliche unterliegt, oder zur Erfüllung eines Vertrags, dessen Vertragspartei die betroffene Person ist, oder für die Durchführung vorvertraglicher Maßnahmen, die auf Anfrage der betroffenen Person erfolgen, erforderlich ist.

(41) Wenn in dieser Verordnung auf eine Rechtsgrundlage oder eine Gesetzgebungsmaßnahme Bezug genommen wird, erfordert dies nicht notwendigerweise einen von einem Parlament angenommenen Gesetzgebungsakt; davon unberührt bleiben Anforderungen gemäß der Verfassungsordnung des betreffenden Mitgliedstaats. Die entsprechende Rechtsgrundlage oder Gesetzgebungsmaßnahme sollte jedoch klar und präzise sein und ihre Anwendung sollte für die Rechtsunterworfenen gemäß der Rechtsprechung des Gerichtshofs der Europäischen Union (im Folgenden „Gerichtshof") und des Europäischen Gerichtshofs für Menschenrechte vorhersehbar sein.

(42) Erfolgt die Verarbeitung mit Einwilligung der betroffenen Person, sollte der Verantwortliche nachweisen können, dass die betroffene Person ihre Einwilligung zu dem Verarbeitungsvorgang gegeben hat. Insbesondere bei Abgabe einer schriftlichen Erklärung in anderer Sache sollten Garantien sicherstellen, dass die betroffene Person weiß, dass und in welchem Umfang sie ihre Einwilligung erteilt. Gemäß der Richtlinie 93/13/EWG des Rates[1] sollte eine vom Verantwortlichen vorformulierte Einwilligungserklärung in verständlicher und leicht zugänglicher Form in einer klaren und einfachen Sprache zur Verfügung gestellt werden, und sie sollte keine missbräuchlichen Klauseln beinhalten. Damit sie in Kenntnis der Sachlage ihre Einwilligung geben kann, sollte die betroffene Person mindestens wissen, wer der Verantwortliche ist und für welche Zwecke ihre personenbezogenen Daten verarbeitet werden sollen. Es sollte nur

---

[1] **Amtl. Anm.:** Richtlinie 93/13/EWG des Rates vom 5. April 1993 über missbräuchliche Klauseln in Verbraucherverträgen (ABl. L 95 vom 21.4.1993, S. 29).

dann davon ausgegangen werden, dass sie ihre Einwilligung freiwillig gegeben hat, wenn sie eine echte oder freie Wahl hat und somit in der Lage ist, die Einwilligung zu verweigern oder zurückzuziehen, ohne Nachteile zu erleiden.

(43) Um sicherzustellen, dass die Einwilligung freiwillig erfolgt ist, sollte diese in besonderen Fällen, wenn zwischen der betroffenen Person und dem Verantwortlichen ein klares Ungleichgewicht besteht, insbesondere wenn es sich bei dem Verantwortlichen um eine Behörde handelt, und es deshalb in Anbetracht aller Umstände in dem speziellen Fall unwahrscheinlich ist, dass die Einwilligung freiwillig gegeben wurde, keine gültige Rechtsgrundlage liefern. Die Einwilligung gilt nicht als freiwillig erteilt, wenn zu verschiedenen Verarbeitungsvorgängen von personenbezogenen Daten nicht gesondert eine Einwilligung erteilt werden kann, obwohl dies im Einzelfall angebracht ist, oder wenn die Erfüllung eines Vertrags, einschließlich der Erbringung einer Dienstleistung, von der Einwilligung abhängig ist, obwohl diese Einwilligung für die Erfüllung nicht erforderlich ist.

(44) Die Verarbeitung von Daten sollte als rechtmäßig gelten, wenn sie für die Erfüllung oder den geplanten Abschluss eines Vertrags erforderlich ist.

(45) Erfolgt die Verarbeitung durch den Verantwortlichen aufgrund einer ihm obliegenden rechtlichen Verpflichtung oder ist die Verarbeitung zur Wahrnehmung einer Aufgabe im öffentlichen Interesse oder in Ausübung öffentlicher Gewalt erforderlich, muss hierfür eine Grundlage im Unionsrecht oder im Recht eines Mitgliedstaats bestehen. Mit dieser Verordnung wird nicht für jede einzelne Verarbeitung ein spezifisches Gesetz verlangt. Ein Gesetz als Grundlage für mehrere Verarbeitungsvorgänge kann ausreichend sein, wenn die Verarbeitung aufgrund einer dem Verantwortlichen obliegenden rechtlichen Verpflichtung erfolgt oder wenn die Verarbeitung zur Wahrnehmung einer Aufgabe im öffentlichen Interesse oder in Ausübung öffentlicher Gewalt erforderlich ist. Desgleichen sollte im Unionsrecht oder im Recht der Mitgliedstaaten geregelt werden, für welche Zwecke die Daten verarbeitet werden dürfen. Ferner könnten in diesem Recht die allgemeinen Bedingungen dieser Verordnung zur Regelung der Rechtmäßigkeit der Verarbeitung personenbezogener Daten präzisiert und es könnte darin festgelegt werden, wie der Verantwortliche zu bestimmen ist, welche Art von personenbezogenen Daten verarbeitet werden, welche Personen betroffen sind, welchen Einrichtungen die personenbezogenen Daten offengelegt, für welche Zwecke und wie lange sie gespeichert werden dürfen und welche anderen Maßnahmen ergriffen werden, um zu gewährleisten, dass die Verarbeitung rechtmäßig und nach Treu und Glauben erfolgt. Desgleichen sollte im Unionsrecht oder im Recht der Mitgliedstaaten geregelt werden, ob es sich bei dem Verantwortlichen, der eine Aufgabe wahrnimmt, die im öffentlichen Interesse liegt oder in Ausübung öffentlicher Gewalt erfolgt, um eine Behörde oder um eine andere unter das öffentliche Recht fallende natürliche oder juristische Person, sofern dies durch das öffentliche Interesse einschließlich gesundheitlicher Zwecke, wie die öffentliche Gesundheit oder die soziale Sicherheit oder die Verwaltung von Leistungen der Gesundheitsfürsorge, gerechtfertigt ist, eine natürliche oder juristische Person des Privatrechts, wie beispielsweise eine Berufsvereinigung, handeln sollte.

(46) Die Verarbeitung personenbezogener Daten sollte ebenfalls als rechtmäßig angesehen werden, wenn sie erforderlich ist, um ein lebenswichtiges Interesse der betroffenen Person oder einer anderen natürlichen Person zu schützen. Personenbezogene Daten sollten grundsätzlich nur dann aufgrund eines lebenswichtigen Interesses einer anderen natürlichen Person verarbeitet werden, wenn die Verarbeitung offensichtlich nicht auf eine andere Rechtsgrundlage gestützt werden kann. Einige Arten der Verarbeitung können sowohl wichtigen Gründen des öffentlichen Interesses als auch lebenswichtigen Interessen der betroffenen Person dienen; so kann beispielsweise die Verarbeitung für humanitäre Zwecke einschließlich der Überwachung von Epidemien und deren Ausbreitung oder in humanitären Notfällen insbesondere bei Naturkatastrophen oder vom Menschen verursachten Katastrophen erforderlich sein.

(47) Die Rechtmäßigkeit der Verarbeitung kann durch die berechtigten Interessen eines Verantwortlichen, auch eines Verantwortlichen, dem die personenbezogenen Daten offengelegt werden dürfen, oder eines Dritten begründet sein, sofern die Interessen oder die Grundrechte und Grundfreiheiten der betroffenen Person nicht überwiegen; dabei sind die vernünftigen Erwartungen der betroffenen Personen, die auf ihrer Beziehung zu dem Verantwortlichen beruhen, zu berücksichtigen. Ein berechtigtes Interesse könnte beispielsweise vorliegen, wenn eine maßgebliche und angemessene Beziehung zwischen der betroffenen Person und dem Verantwortlichen besteht, z.B. wenn die betroffene Person ein Kunde des Verantwortlichen ist oder in seinen Diensten steht. Auf jeden Fall wäre das Bestehen eines berechtigten Interesses besonders sorgfältig abzuwägen, wobei auch zu prüfen ist, ob eine betroffene Person zum Zeitpunkt der Erhebung der personenbezogenen Daten und angesichts der Umstände, unter denen sie erfolgt, vernünftigerweise absehen kann, dass möglicherweise eine Verarbeitung für diesen Zweck erfolgen wird. Insbesondere dann, wenn personenbezogene Daten in Situationen verarbeitet werden, in denen eine betroffene Person vernünftigerweise nicht mit einer weiteren Verarbeitung rechnen muss, könnten die Interessen und Grundrechte der betroffenen Person das Interesse des Verantwortlichen überwiegen. Da es dem Gesetzgeber obliegt, per Rechtsvorschrift die Rechtsgrundlage für die Verarbeitung personenbezogener Daten durch die Behörden zu schaffen, sollte diese Rechtsgrundlage nicht für Verarbeitungen durch Behörden gelten, die diese in Erfüllung ihrer Aufgaben vornehmen. Die Verarbeitung personenbezogener Daten im für die Verhinderung von Betrug unbedingt erforderlichen Umfang stellt ebenfalls ein berechtigtes Interesse des jeweiligen Verantwortlichen dar. Die Verarbeitung personenbezogener Daten zum Zwecke der Direktwerbung kann als eine einem berechtigten Interesse dienende Verarbeitung betrachtet werden.

(48) Verantwortliche, die Teil einer Unternehmensgruppe oder einer Gruppe von Einrichtungen sind, die einer zentralen Stelle zugeordnet sind können ein berechtigtes Interesse haben, personenbezogene Daten innerhalb der Unternehmensgruppe für interne Verwaltungszwecke, einschließlich der Verarbeitung personenbezogener Daten von Kunden und Beschäftigten, zu übermitteln. Die Grundprinzipien für die Übermittlung per-

sonenbezogener Daten innerhalb von Unternehmensgruppen an ein Unternehmen in einem Drittland bleiben unberührt.

(49) Die Verarbeitung von personenbezogenen Daten durch Behörden, Computer-Notdienste (Computer Emergency Response Teams – CERT, beziehungsweise Computer Security Incident Response Teams – CSIRT), Betreiber von elektronischen Kommunikationsnetzen und -diensten sowie durch Anbieter von Sicherheitstechnologien und -diensten stellt in dem Maße ein berechtigtes Interesse des jeweiligen Verantwortlichen dar, wie dies für die Gewährleistung der Netz- und Informationssicherheit unbedingt notwendig und verhältnismäßig ist, d.h. soweit dadurch die Fähigkeit eines Netzes oder Informationssystems gewährleistet wird, mit einem vorgegebenen Grad der Zuverlässigkeit Störungen oder widerrechtliche oder mutwillige Eingriffe abzuwehren, die die Verfügbarkeit, Authentizität, Vollständigkeit und Vertraulichkeit von gespeicherten oder übermittelten personenbezogenen Daten sowie die Sicherheit damit zusammenhängender Dienste, die über diese Netze oder Informationssysteme angeboten werden bzw. zugänglich sind, beeinträchtigen. Ein solches berechtigtes Interesse könnte beispielsweise darin bestehen, den Zugang Unbefugter zu elektronischen Kommunikationsnetzen und die Verbreitung schädlicher Programmcodes zu verhindern sowie Angriffe in Form der gezielten Überlastung von Servern („Denial of service"-Angriffe) und Schädigungen von Computer- und elektronischen Kommunikationssystemen abzuwehren.

(50) Die Verarbeitung personenbezogener Daten für andere Zwecke als die, für die die personenbezogenen Daten ursprünglich erhoben wurden, sollte nur zulässig sein, wenn die Verarbeitung mit den Zwecken, für die die personenbezogenen Daten ursprünglich erhoben wurden, vereinbar ist. In diesem Fall ist keine andere gesonderte Rechtsgrundlage erforderlich als diejenige für die Erhebung der personenbezogenen Daten. Ist die Verarbeitung für die Wahrnehmung einer Aufgabe erforderlich, die im öffentlichen Interesse liegt oder in Ausübung öffentlicher Gewalt erfolgt, die dem Verantwortlichen übertragen wurde, so können im Unionsrecht oder im Recht der Mitgliedstaaten die Aufgaben und Zwecke bestimmt und konkretisiert werden, für die eine Weiterverarbeitung als vereinbar und rechtmäßig erachtet wird. Die Weiterverarbeitung für im öffentlichen Interesse liegende Archivzwecke, für wissenschaftliche oder historische Forschungszwecke oder für statistische Zwecke sollte als vereinbarer und rechtmäßiger Verarbeitungsvorgang gelten. Die im Unionsrecht oder im Recht der Mitgliedstaaten vorgesehene Rechtsgrundlage für die Verarbeitung personenbezogener Daten kann auch als Rechtsgrundlage für eine Weiterverarbeitung dienen. Um festzustellen, ob ein Zweck der Weiterverarbeitung mit dem Zweck, für den die personenbezogenen Daten ursprünglich erhoben wurden, vereinbar ist, sollte der Verantwortliche nach Einhaltung aller Anforderungen für die Rechtmäßigkeit der ursprünglichen Verarbeitung unter anderem prüfen, ob ein Zusammenhang zwischen den Zwecken, für die die personenbezogenen Daten erhoben wurden, und den Zwecken der beabsichtigten Weiterverarbeitung besteht, in welchem Kontext die Daten erhoben wurden, insbesondere die vernünftigen Erwartungen der betroffenen Personen, die auf ihrer Beziehung zu dem Verantwortlichen beruhen, in Bezug auf die

Datenschutz-Grundverordnung **DS-GVO 1**

weitere Verwendung dieser Daten, um welche Art von personenbezogenen Daten es sich handelt, welche Folgen die beabsichtigte Weiterverarbeitung für die betroffenen Personen hat und ob sowohl beim ursprünglichen als auch beim beabsichtigten Weiterverarbeitungsvorgang geeignete Garantien bestehen.

Hat die betroffene Person ihre Einwilligung erteilt oder beruht die Verarbeitung auf Unionsrecht oder dem Recht der Mitgliedstaaten, was in einer demokratischen Gesellschaft eine notwendige und verhältnismäßige Maßnahme zum Schutz insbesondere wichtiger Ziele des allgemeinen öffentlichen Interesses darstellt, so sollte der Verantwortliche die personenbezogenen Daten ungeachtet der Vereinbarkeit der Zwecke weiterverarbeiten dürfen. In jedem Fall sollte gewährleistet sein, dass die in dieser Verordnung niedergelegten Grundsätze angewandt werden und insbesondere die betroffene Person über diese anderen Zwecke und über ihre Rechte einschließlich des Widerspruchsrechts unterrichtet wird. Der Hinweis des Verantwortlichen auf mögliche Straftaten oder Bedrohungen der öffentlichen Sicherheit und die Übermittlung der maßgeblichen personenbezogenen Daten in Einzelfällen oder in mehreren Fällen, die im Zusammenhang mit derselben Straftat oder derselben Bedrohung der öffentlichen Sicherheit stehen, an eine zuständige Behörde sollten als berechtigtes Interesse des Verantwortlichen gelten. Eine derartige Übermittlung personenbezogener Daten im berechtigten Interesse des Verantwortlichen oder deren Weiterverarbeitung sollte jedoch unzulässig sein, wenn die Verarbeitung mit einer rechtlichen, beruflichen oder sonstigen verbindlichen Pflicht zur Geheimhaltung unvereinbar ist.

(51) Personenbezogene Daten, die ihrem Wesen nach hinsichtlich der Grundrechte und Grundfreiheiten besonders sensibel sind, verdienen einen besonderen Schutz, da im Zusammenhang mit ihrer Verarbeitung erhebliche Risiken für die Grundrechte und Grundfreiheiten auftreten können. Diese personenbezogenen Daten sollten personenbezogene Daten umfassen, aus denen die rassische oder ethnische Herkunft hervorgeht, wobei die Verwendung des Begriffs „rassische Herkunft" in dieser Verordnung nicht bedeutet, dass die Union Theorien, mit denen versucht wird, die Existenz verschiedener menschlicher Rassen zu belegen, gutheißt. Die Verarbeitung von Lichtbildern sollte nicht grundsätzlich als Verarbeitung besonderer Kategorien von personenbezogenen Daten angesehen werden, da Lichtbilder nur dann von der Definition des Begriffs „biometrische Daten" erfasst werden, wenn sie mit speziellen technischen Mitteln verarbeitet werden, die die eindeutige Identifizierung oder Authentifizierung einer natürlichen Person ermöglichen. Derartige personenbezogene Daten sollten nicht verarbeitet werden, es sei denn, die Verarbeitung ist in den in dieser Verordnung dargelegten besonderen Fällen zulässig, wobei zu berücksichtigen ist, dass im Recht der Mitgliedstaaten besondere Datenschutzbestimmungen festgelegt sein können, um die Anwendung der Bestimmungen dieser Verordnung anzupassen, damit die Einhaltung einer rechtlichen Verpflichtung oder die Wahrnehmung einer Aufgabe im öffentlichen Interesse oder die Ausübung öffentlicher Gewalt, die dem Verantwortlichen übertragen wurde, möglich ist. Zusätzlich zu den speziellen Anforderungen an eine derartige Verarbeitung sollten die allgemeinen Grundsätze und andere Bestimmungen dieser Verordnung, ins-

besondere hinsichtlich der Bedingungen für eine rechtmäßige Verarbeitung, gelten. Ausnahmen von dem allgemeinen Verbot der Verarbeitung dieser besonderen Kategorien personenbezogener Daten sollten ausdrücklich vorgesehen werden, unter anderem bei ausdrücklicher Einwilligung der betroffenen Person oder bei bestimmten Notwendigkeiten, insbesondere wenn die Verarbeitung im Rahmen rechtmäßiger Tätigkeiten bestimmter Vereinigungen oder Stiftungen vorgenommen wird, die sich für die Ausübung von Grundfreiheiten einsetzen.

(52) Ausnahmen vom Verbot der Verarbeitung besonderer Kategorien von personenbezogenen Daten sollten auch erlaubt sein, wenn sie im Unionsrecht oder dem Recht der Mitgliedstaaten vorgesehen sind, und – vorbehaltlich angemessener Garantien zum Schutz der personenbezogenen Daten und anderer Grundrechte – wenn dies durch das öffentliche Interesse gerechtfertigt ist, insbesondere für die Verarbeitung von personenbezogenen Daten auf dem Gebiet des Arbeitsrechts und des Rechts der sozialen Sicherheit einschließlich Renten und zwecks Sicherstellung und Überwachung der Gesundheit und Gesundheitswarnungen, Prävention oder Kontrolle ansteckender Krankheiten und anderer schwerwiegender Gesundheitsgefahren. Eine solche Ausnahme kann zu gesundheitlichen Zwecken gemacht werden, wie der Gewährleistung der öffentlichen Gesundheit und der Verwaltung von Leistungen der Gesundheitsversorgung, insbesondere wenn dadurch die Qualität und Wirtschaftlichkeit der Verfahren zur Abrechnung von Leistungen in den sozialen Krankenversicherungssystemen sichergestellt werden soll, oder wenn die Verarbeitung im öffentlichen Interesse liegenden Archivzwecken, wissenschaftlichen oder historischen Forschungszwecken oder statistischen Zwecken dient. Die Verarbeitung solcher personenbezogener Daten sollte zudem ausnahmsweise erlaubt sein, wenn sie erforderlich ist, um rechtliche Ansprüche, sei es in einem Gerichtsverfahren oder in einem Verwaltungsverfahren oder einem außergerichtlichen Verfahren, geltend zu machen, auszuüben oder zu verteidigen.

(53) Besondere Kategorien personenbezogener Daten, die *eines höheren Schutzes*[1] verdienen, sollten nur dann für gesundheitsbezogene Zwecke verarbeitet werden, wenn dies für das Erreichen dieser Zwecke im Interesse einzelner natürlicher Personen und der Gesellschaft insgesamt erforderlich ist, insbesondere im Zusammenhang mit der Verwaltung der Dienste und Systeme des Gesundheits- oder Sozialbereichs, einschließlich der Verarbeitung dieser Daten durch die Verwaltung und die zentralen nationalen Gesundheitsbehörden zwecks Qualitätskontrolle, Verwaltungsinformationen und der allgemeinen nationalen und lokalen Überwachung des Gesundheitssystems oder des Sozialsystems und zwecks Gewährleistung der Kontinuität der Gesundheits- und Sozialfürsorge und der grenzüberschreitenden Gesundheitsversorgung oder Sicherstellung und Überwachung der Gesundheit und Gesundheitswarnungen oder für im öffentlichen Interesse liegende Archivzwecke, zu wissenschaftlichen oder historischen Forschungszwecken oder statistischen Zwecken, die auf Rechtsvorschriften der Union oder der Mitgliedstaaten beruhen, die einem im öffentlichen Interesse liegenden Ziel dienen müssen, sowie für

---

[1] Richtig wohl: „einen höheren Schutz".

Studien, die im öffentlichen Interesse im Bereich der öffentlichen Gesundheit durchgeführt werden. Diese Verordnung sollte daher harmonisierte Bedingungen für die Verarbeitung besonderer Kategorien personenbezogener Gesundheitsdaten im Hinblick auf bestimmte Erfordernisse harmonisieren, insbesondere wenn die Verarbeitung dieser Daten für gesundheitsbezogene Zwecke von Personen durchgeführt wird, die gemäß einer rechtlichen Verpflichtung dem Berufsgeheimnis unterliegen. Im Recht der Union oder der Mitgliedstaaten sollten besondere und angemessene Maßnahmen zum Schutz der Grundrechte und der personenbezogenen Daten natürlicher Personen vorgesehen werden. Den Mitgliedstaaten sollte gestattet werden, weitere Bedingungen einschließlich Beschränkungen – in Bezug auf die Verarbeitung von genetischen Daten, biometrischen Daten oder Gesundheitsdaten beizubehalten oder einzuführen. Dies sollte jedoch den freien Verkehr personenbezogener Daten innerhalb der Union nicht beeinträchtigen, falls die betreffenden Bedingungen für die grenzüberschreitende Verarbeitung solcher Daten gelten.

(54) Aus Gründen des öffentlichen Interesses in Bereichen der öffentlichen Gesundheit kann es notwendig sein, besondere Kategorien personenbezogener Daten auch ohne Einwilligung der betroffenen Person zu verarbeiten. Diese Verarbeitung sollte angemessenen und besonderen Maßnahmen zum Schutz der Rechte und Freiheiten natürlicher Personen unterliegen. In diesem Zusammenhang sollte der Begriff „öffentliche Gesundheit" im Sinne der Verordnung (EG) Nr. 1338/2008 des Europäischen Parlaments und des Rates[1] ausgelegt werden und alle Elemente im Zusammenhang mit der Gesundheit wie den Gesundheitszustand einschließlich Morbidität und Behinderung, die sich auf diesen Gesundheitszustand auswirkenden Determinanten, den Bedarf an Gesundheitsversorgung, die der Gesundheitsversorgung zugewiesenen Mittel, die Bereitstellung von Gesundheitsversorgungsleistungen und den allgemeinen Zugang zu diesen Leistungen sowie die entsprechenden Ausgaben und die Finanzierung und schließlich die Ursachen der Mortalität einschließen. Eine solche Verarbeitung von Gesundheitsdaten aus Gründen des öffentlichen Interesses darf nicht dazu führen, dass Dritte, unter anderem Arbeitgeber oder Versicherungs- und Finanzunternehmen, solche *personenbezogene*[2] Daten zu anderen Zwecken verarbeiten.

(55) Auch die Verarbeitung personenbezogener Daten durch staatliche Stellen zu verfassungsrechtlich oder völkerrechtlich verankerten Zielen von staatlich anerkannten Religionsgemeinschaften erfolgt aus Gründen des öffentlichen Interesses.

(56) Wenn es in einem Mitgliedstaat das Funktionieren des demokratischen Systems erfordert, dass die politischen Parteien im Zusammenhang mit Wahlen personenbezogene Daten über die politische Einstellung von Personen sammeln, kann die Verarbeitung derartiger Daten aus Gründen

---

[1] **Amtl. Anm.:** Verordnung (EG) Nr. 1338/2008 des Europäischen Parlaments und des Rates vom 16. Dezember 2008 zu Gemeinschaftsstatistiken über öffentliche Gesundheit und über Gesundheitsschutz und Sicherheit am Arbeitsplatz (ABl. L 354 vom 31.12.2008, S. 70).
[2] Richtig wohl: „personenbezogenen".

des öffentlichen Interesses zugelassen werden, sofern geeignete Garantien vorgesehen werden.

(57) Kann der Verantwortliche anhand der von ihm verarbeiteten personenbezogenen Daten eine natürliche Person nicht identifizieren, so sollte er nicht verpflichtet sein, zur bloßen Einhaltung einer Vorschrift dieser Verordnung zusätzliche Daten einzuholen, um die betroffene Person zu identifizieren. Allerdings sollte er sich nicht weigern, zusätzliche Informationen entgegenzunehmen, die von der betroffenen Person beigebracht werden, um ihre Rechte geltend zu machen. Die Identifizierung sollte die digitale Identifizierung einer betroffenen Person beispielsweise durch Authentifizierungsverfahren etwa mit denselben Berechtigungsnachweisen, wie sie die betroffene Person verwendet, um sich bei dem von dem Verantwortlichen bereitgestellten Online-Dienst anzumelden – einschließen.

(58) Der Grundsatz der Transparenz setzt voraus, dass eine für die Öffentlichkeit oder die betroffene Person bestimmte Information präzise, leicht zugänglich und verständlich sowie in klarer und einfacher Sprache abgefasst ist und gegebenenfalls zusätzlich visuelle Elemente verwendet werden. Diese Information könnte in elektronischer Form bereitgestellt werden, beispielsweise auf einer Website, wenn sie für die Öffentlichkeit bestimmt ist. Dies gilt insbesondere für Situationen, wo die große Zahl der Beteiligten und die Komplexität der dazu benötigten Technik es der betroffenen Person schwer machen, zu erkennen und nachzuvollziehen, ob, von wem und zu welchem Zweck sie betreffende personenbezogene Daten erfasst werden, wie etwa bei der Werbung im Internet. Wenn sich die Verarbeitung an Kinder richtet, sollten aufgrund der besonderen Schutzwürdigkeit von Kindern Informationen und Hinweise in einer dergestalt klaren und einfachen Sprache erfolgen, dass ein Kind sie verstehen kann.

(59) Es sollten Modalitäten festgelegt werden, die einer betroffenen Person die Ausübung der Rechte, die ihr nach dieser Verordnung zustehen, erleichtern, darunter auch Mechanismen, die dafür sorgen, dass sie unentgeltlich insbesondere Zugang zu personenbezogenen Daten und deren Berichtigung oder Löschung beantragen und gegebenenfalls erhalten oder von ihrem Widerspruchsrecht Gebrauch machen kann. So sollte der Verantwortliche auch dafür sorgen, dass Anträge elektronisch gestellt werden können, insbesondere wenn die personenbezogenen Daten elektronisch verarbeitet werden. Der Verantwortliche sollte verpflichtet werden, den Antrag der betroffenen Person unverzüglich, spätestens aber innerhalb eines Monats zu beantworten und gegebenenfalls zu begründen, warum er den Antrag ablehnt.

(60) Die Grundsätze einer fairen und transparenten Verarbeitung machen es erforderlich, dass die betroffene Person über die Existenz des Verarbeitungsvorgangs und seine Zwecke unterrichtet wird. Der Verantwortliche sollte der betroffenen Person alle weiteren Informationen zur Verfügung stellen, die unter Berücksichtigung der besonderen Umstände und Rahmenbedingungen, unter denen die personenbezogenen Daten verarbeitet werden, notwendig sind, um eine faire und transparente Verarbeitung zu gewährleisten. Darüber hinaus sollte er die betroffene Person darauf hinweisen, dass Profiling stattfindet und welche Folgen dies hat. Werden die

personenbezogenen Daten bei der betroffenen Person erhoben, so sollte dieser darüber hinaus mitgeteilt werden, ob sie verpflichtet ist, die personenbezogenen Daten bereitzustellen, und welche Folgen eine Zurückhaltung der Daten nach sich ziehen würde. Die betreffenden Informationen können in Kombination mit standardisierten Bildsymbolen bereitgestellt werden, um in leicht wahrnehmbarer, verständlicher und klar nachvollziehbarer Form einen aussagekräftigen Überblick über die beabsichtigte Verarbeitung zu vermitteln. Werden die Bildsymbole in elektronischer Form dargestellt, so sollten sie maschinenlesbar sein.

(61) Dass sie betreffende personenbezogene Daten verarbeitet werden, sollte der betroffenen Person zum Zeitpunkt der Erhebung mitgeteilt werden oder, falls die Daten nicht von ihr, sondern aus einer anderen Quelle erlangt werden, innerhalb einer angemessenen Frist, die sich nach dem konkreten Einzelfall richtet. Wenn die personenbezogenen Daten rechtmäßig einem anderen Empfänger offengelegt werden dürfen, sollte die betroffene Person bei der erstmaligen Offenlegung der personenbezogenen Daten für diesen Empfänger darüber aufgeklärt werden. Beabsichtigt der Verantwortliche, die personenbezogenen Daten für einen anderen Zweck zu verarbeiten als den, für den die Daten erhoben wurden, so sollte er der betroffenen Person vor dieser Weiterverarbeitung Informationen über diesen anderen Zweck und andere erforderliche Informationen zur Verfügung stellen. Konnte der betroffenen Person nicht mitgeteilt werden, woher die personenbezogenen Daten stammen, weil verschiedene Quellen benutzt wurden, so sollte die Unterrichtung allgemein gehalten werden.

(62) Die Pflicht, Informationen zur Verfügung zu stellen, erübrigt sich jedoch, wenn die betroffene Person die Information bereits hat, wenn die Speicherung oder Offenlegung der personenbezogenen Daten ausdrücklich durch Rechtsvorschriften geregelt ist oder wenn sich die Unterrichtung der betroffenen Person als unmöglich erweist oder mit unverhältnismäßig hohem Aufwand verbunden ist. Letzteres könnte insbesondere bei Verarbeitungen für im öffentlichen Interesse liegende Archivzwecke, zu wissenschaftlichen oder historischen Forschungszwecken oder zu statistischen Zwecken der Fall sein. Als Anhaltspunkte sollten dabei die Zahl der betroffenen Personen, das Alter der Daten oder etwaige geeignete Garantien in Betracht gezogen werden.

(63) Eine betroffene Person sollte ein Auskunftsrecht hinsichtlich der sie betreffenden personenbezogenen Daten, die erhoben worden sind, besitzen und dieses Recht problemlos und in angemessenen Abständen wahrnehmen können, um sich der Verarbeitung bewusst zu sein und deren Rechtmäßigkeit überprüfen zu können. Dies schließt das Recht betroffene Personen auf Auskunft über ihre eigenen gesundheitsbezogenen Daten ein, etwa Daten in ihren Patientenakten, die Informationen wie beispielsweise Diagnosen, Untersuchungsergebnisse, Befunde der behandelnden Ärzte und Angaben zu Behandlungen oder Eingriffen enthalten. Jede betroffene Person sollte daher ein Anrecht darauf haben zu wissen und zu erfahren, insbesondere zu welchen Zwecken die personenbezogenen Daten verarbeitet werden und, wenn möglich, wie lange sie gespeichert werden, wer die Empfänger der personenbezogenen Daten sind, nach welcher Logik die automatische Verarbeitung personenbezogener Daten

erfolgt und welche Folgen eine solche Verarbeitung haben kann, zumindest in Fällen, in denen die Verarbeitung auf Profiling beruht. Nach Möglichkeit sollte der Verantwortliche den Fernzugang zu einem sicheren System bereitstellen können, der der betroffenen Person direkten Zugang zu ihren personenbezogenen Daten ermöglichen würde. Dieses Recht sollte die Rechte und Freiheiten anderer Personen, etwa Geschäftsgeheimnisse oder Rechte des geistigen Eigentums und insbesondere das Urheberrecht an Software, nicht beeinträchtigen. Dies darf jedoch nicht dazu führen, dass der betroffenen Person jegliche Auskunft verweigert wird. Verarbeitet der Verantwortliche eine große Menge von Informationen über die betroffene Person, so sollte er verlangen können, dass die betroffene Person präzisiert, auf welche Information oder welche Verarbeitungsvorgänge sich ihr Auskunftsersuchen bezieht, bevor er ihr Auskunft erteilt.

(64) Der Verantwortliche sollte alle vertretbaren Mittel nutzen, um die Identität einer Auskunft suchenden betroffenen Person zu überprüfen, insbesondere im Rahmen von Online-Diensten und im Fall von Online-Kennungen. Ein Verantwortlicher sollte personenbezogene Daten nicht allein zu dem Zweck speichern, auf mögliche Auskunftsersuchen reagieren zu können.

(65) Eine betroffene Person sollte ein Recht auf Berichtigung der sie betreffenden personenbezogenen Daten besitzen sowie ein „Recht auf Vergessenwerden", wenn die Speicherung ihrer Daten gegen diese Verordnung oder gegen das Unionsrecht oder das Recht der Mitgliedstaaten, dem der Verantwortliche unterliegt, verstößt. Insbesondere sollten betroffene Personen Anspruch darauf haben, dass ihre personenbezogenen Daten gelöscht und nicht mehr verarbeitet werden, wenn die personenbezogenen Daten hinsichtlich der Zwecke, für die sie erhoben bzw. anderweitig verarbeitet wurden, nicht mehr benötigt werden, wenn die betroffenen Personen ihre Einwilligung in die Verarbeitung widerrufen oder Widerspruch gegen die Verarbeitung der sie betreffenden personenbezogenen Daten eingelegt haben oder wenn die Verarbeitung ihrer personenbezogenen Daten aus anderen Gründen gegen diese Verordnung verstößt. Dieses Recht ist insbesondere wichtig in Fällen, in denen die betroffene Person ihre Einwilligung noch im Kindesalter gegeben hat und insofern die mit der Verarbeitung verbundenen Gefahren nicht in vollem Umfang absehen konnte und die personenbezogenen Daten – insbesondere die im Internet gespeicherten – später löschen möchte. Die betroffene Person sollte dieses Recht auch dann ausüben können, wenn sie kein Kind mehr ist. Die weitere Speicherung der personenbezogenen Daten sollte jedoch rechtmäßig sein, wenn dies für die Ausübung des Rechts auf freie Meinungsäußerung und Information, zur Erfüllung einer rechtlichen Verpflichtung, für die Wahrnehmung einer Aufgabe, die im öffentlichen Interesse liegt oder in Ausübung öffentlicher Gewalt erfolgt, die dem Verantwortlichen übertragen wurde, aus Gründen des öffentlichen Interesses im Bereich der öffentlichen Gesundheit, für im öffentlichen Interesse liegende Archivzwecke, zu wissenschaftlichen oder historischen Forschungszwecken oder zu statistischen Zwecken oder zur Geltendmachung, Ausübung oder Verteidigung von Rechtsansprüchen erforderlich ist.

(66) Um dem „Recht auf Vergessenwerden" im Netz mehr Geltung zu verschaffen, sollte das Recht auf Löschung ausgeweitet werden, indem ein Verantwortlicher, der die personenbezogenen Daten öffentlich gemacht hat, verpflichtet wird, den Verantwortlichen, die diese personenbezogenen Daten verarbeiten, mitzuteilen, alle Links zu diesen personenbezogenen Daten oder Kopien oder Replikationen der personenbezogenen Daten zu löschen. Dabei sollte der Verantwortliche, unter Berücksichtigung der verfügbaren Technologien und der ihm zur Verfügung stehenden Mittel, angemessene Maßnahmen – auch technischer Art – treffen, um die Verantwortlichen, die diese personenbezogenen Daten verarbeiten, über den Antrag der betroffenen Person zu informieren.

(67) Methoden zur Beschränkung der Verarbeitung personenbezogener Daten könnten unter anderem darin bestehen, dass ausgewählte personenbezogenen Daten vorübergehend auf ein anderes Verarbeitungssystem übertragen werden, dass sie für Nutzer gesperrt werden oder dass *veröffentliche*[1] Daten vorübergehend von einer Website entfernt werden. In automatisierten Dateisystemen sollte die Einschränkung der Verarbeitung grundsätzlich durch technische Mittel so erfolgen, dass die personenbezogenen Daten in keiner Weise weiterverarbeitet werden und nicht verändert werden können. Auf die Tatsache, dass die Verarbeitung der personenbezogenen Daten beschränkt wurde, sollte in dem System unmissverständlich hingewiesen werden.

(68) Um im Fall der Verarbeitung personenbezogener Daten mit automatischen Mitteln eine bessere Kontrolle über die eigenen Daten zu haben, sollte die betroffene Person außerdem berechtigt sein, die sie betreffenden personenbezogenen Daten, die sie einem Verantwortlichen bereitgestellt hat, in einem strukturierten, gängigen, maschinenlesbaren und interoperablen Format zu erhalten und sie einem anderen Verantwortlichen zu übermitteln. Die Verantwortlichen sollten dazu aufgefordert werden, interoperable Formate zu entwickeln, die die Datenübertragbarkeit ermöglichen. Dieses Recht sollte dann gelten, wenn die betroffene Person die personenbezogenen Daten mit ihrer Einwilligung zur Verfügung gestellt hat oder die Verarbeitung zur Erfüllung eines Vertrags erforderlich ist. Es sollte nicht gelten, wenn die Verarbeitung auf einer anderen Rechtsgrundlage als ihrer Einwilligung oder eines Vertrags erfolgt. Dieses Recht sollte naturgemäß nicht gegen Verantwortliche ausgeübt werden, die personenbezogenen Daten in Erfüllung ihrer öffentlichen Aufgaben verarbeiten. Es sollte daher nicht gelten, wenn die Verarbeitung der personenbezogenen Daten zur Erfüllung einer rechtlichen Verpflichtung, der der Verantwortliche unterliegt, oder für die Wahrnehmung einer ihm übertragenen Aufgabe, die im öffentlichen Interesse liegt oder in Ausübung einer ihm übertragenen öffentlichen Gewalt erfolgt, erforderlich ist. Das Recht der betroffenen Person, sie betreffende personenbezogene Daten zu übermitteln oder zu empfangen, sollte für den Verantwortlichen nicht die Pflicht begründen, technisch kompatible Datenverarbeitungssysteme zu übernehmen oder beizubehalten. Ist im Fall eines bestimmten Satzes personenbezogener Daten mehr als eine betroffene Person tangiert, so sollte das Recht auf Empfang der Daten die Grundrechte und Grund-

---

[1] Richtig wohl: „veröffentlichte".

freiheiten anderer betroffener Personen nach dieser Verordnung unberührt lassen. Dieses Recht sollte zudem das Recht der betroffenen Person auf Löschung ihrer personenbezogenen Daten und die Beschränkungen dieses Rechts gemäß dieser Verordnung nicht berühren und insbesondere nicht bedeuten, dass die Daten, die sich auf die betroffene Person beziehen und von ihr zur Erfüllung eines Vertrags zur Verfügung gestellt worden sind, gelöscht werden, soweit und solange diese personenbezogenen Daten für die Erfüllung des Vertrags notwendig sind. Soweit technisch machbar, sollte die betroffene Person das Recht haben, zu erwirken, dass die personenbezogenen Daten direkt von einem Verantwortlichen einem anderen Verantwortlichen übermittelt werden.

(69) Dürfen die personenbezogenen Daten möglicherweise rechtmäßig verarbeitet werden, weil die Verarbeitung für die Wahrnehmung einer Aufgabe, die im öffentlichen Interesse liegt oder in Ausübung öffentlicher Gewalt – die dem Verantwortlichen übertragen wurde, – oder aufgrund des berechtigten Interesses des Verantwortlichen oder eines Dritten erforderlich ist, sollte jede betroffene Person trotzdem das Recht haben, Widerspruch gegen die Verarbeitung der sich aus ihrer besonderen Situation ergebenden personenbezogenen Daten einzulegen. Der für die Verarbeitung Verantwortliche sollte darlegen müssen, dass seine zwingenden berechtigten Interessen Vorrang vor den Interessen oder Grundrechten und Grundfreiheiten der betroffenen Person haben.

(70) Werden personenbezogene Daten verarbeitet, um Direktwerbung zu betreiben, so sollte die betroffene Person jederzeit unentgeltlich insoweit Widerspruch gegen eine solche – ursprüngliche oder spätere – Verarbeitung einschließlich des Profilings einlegen können, als sie mit dieser Direktwerbung zusammenhängt. Die betroffene Person sollte ausdrücklich auf dieses Recht hingewiesen werden; dieser Hinweis sollte in einer verständlichen und von anderen Informationen getrennten Form erfolgen.

(71) Die betroffene Person sollte das Recht haben, keiner Entscheidung – was eine Maßnahme einschließen kann – zur Bewertung von sie betreffenden persönlichen Aspekten unterworfen zu werden, die ausschließlich auf einer automatisierten Verarbeitung beruht und die rechtliche Wirkung für die betroffene Person entfaltet oder sie in ähnlicher Weise erheblich beeinträchtigt, wie die automatische Ablehnung eines Online-Kreditantrags oder Online-Einstellungsverfahren ohne jegliches menschliche Eingreifen. Zu einer derartigen Verarbeitung zählt auch das „Profiling", das in jeglicher Form automatisierter Verarbeitung personenbezogener Daten unter Bewertung der persönlichen Aspekte in Bezug auf eine natürliche Person besteht, insbesondere zur Analyse oder Prognose von Aspekten bezüglich Arbeitsleistung, wirtschaftliche Lage, Gesundheit, persönliche Vorlieben oder Interessen, Zuverlässigkeit oder Verhalten, Aufenthaltsort oder Ortswechsel der betroffenen Person, soweit dies rechtliche Wirkung für die betroffene Person entfaltet oder sie in ähnlicher Weise erheblich beeinträchtigt. Eine auf einer derartigen Verarbeitung, einschließlich des Profilings, beruhende Entscheidungsfindung sollte allerdings erlaubt sein, wenn dies nach dem Unionsrecht oder dem Recht der Mitgliedstaaten, dem der für die Verarbeitung Verantwortliche unterliegt, ausdrücklich zulässig ist, auch um im Einklang mit den Vor-

schriften, Standards und Empfehlungen der Institutionen der Union oder der nationalen Aufsichtsgremien Betrug und Steuerhinterziehung zu überwachen und zu verhindern und die Sicherheit und Zuverlässigkeit eines von dem Verantwortlichen bereitgestellten Dienstes zu gewährleisten, oder wenn dies für den Abschluss oder die Erfüllung eines Vertrags zwischen der betroffenen Person und einem Verantwortlichen erforderlich ist oder wenn die betroffene Person ihre ausdrückliche Einwilligung hierzu erteilt hat. In jedem Fall sollte eine solche Verarbeitung mit angemessenen Garantien verbunden sein, einschließlich der spezifischen Unterrichtung der betroffenen Person und des Anspruchs auf direktes Eingreifen einer Person, auf Darlegung des eigenen Standpunkts, auf Erläuterung der nach einer entsprechenden Bewertung getroffenen Entscheidung sowie des Rechts auf Anfechtung der Entscheidung. Diese Maßnahme sollte kein Kind betreffen.

Um unter Berücksichtigung der besonderen Umstände und Rahmenbedingungen, unter denen die personenbezogenen Daten verarbeitet werden, der betroffenen Person gegenüber eine faire und transparente Verarbeitung zu gewährleisten, sollte der für die Verarbeitung Verantwortliche geeignete mathematische oder statistische Verfahren für das Profiling verwenden, technische und organisatorische Maßnahmen treffen, mit denen in geeigneter Weise insbesondere sichergestellt wird, dass Faktoren, die zu unrichtigen personenbezogenen Daten führen, korrigiert werden und das Risiko von Fehlern minimiert wird, und personenbezogene Daten in einer Weise sichern, dass den potenziellen Bedrohungen für die Interessen und Rechte der betroffenen Person Rechnung getragen wird und unter anderem verhindern, dass es gegenüber natürlichen Personen aufgrund von Rasse, ethnischer Herkunft, politischer Meinung, Religion oder Weltanschauung, Gewerkschaftszugehörigkeit, genetischer Anlagen oder Gesundheitszustand sowie sexueller Orientierung zu diskriminierenden Wirkungen oder zu einer Verarbeitung kommt, die eine solche Wirkung hat.

Automatisierte Entscheidungsfindung und Profiling auf der Grundlage besonderer Kategorien von personenbezogenen Daten sollten nur unter bestimmten Bedingungen erlaubt sein.

(72) Das Profiling unterliegt den Vorschriften dieser Verordnung für die Verarbeitung personenbezogener Daten, wie etwa die Rechtsgrundlage für die Verarbeitung oder die Datenschutzgrundsätze. Der durch diese Verordnung eingerichtete Europäische Datenschutzausschuss (im Folgenden „Ausschuss") sollte,[1] diesbezüglich Leitlinien herausgeben können.

(73) Im Recht der Union oder der Mitgliedstaaten können Beschränkungen hinsichtlich bestimmter Grundsätze und hinsichtlich des Rechts auf Unterrichtung, Auskunft zu und Berichtigung oder Löschung personenbezogener Daten, des Rechts auf Datenübertragbarkeit und Widerspruch, Entscheidungen, die auf der Erstellung von Profilen beruhen, sowie Mitteilungen über eine Verletzung des Schutzes personenbezogener Daten an eine betroffene Person und bestimmten damit zusammenhängenden Pflichten der Verantwortlichen vorgesehen werden, soweit dies in einer demokratischen Gesellschaft notwendig und verhältnismäßig ist, um die

---

[1] Zeichensetzung amtlich.

öffentliche Sicherheit aufrechtzuerhalten, wozu unter anderem der Schutz von Menschenleben insbesondere bei Naturkatastrophen oder vom Menschen verursachten Katastrophen, die Verhütung, Aufdeckung und Verfolgung von Straftaten oder die Strafvollstreckung – was auch den Schutz vor und die Abwehr von Gefahren für die öffentliche Sicherheit einschließt – oder die Verhütung, Aufdeckung und Verfolgung von Verstößen gegen Berufsstandsregeln bei reglementierten Berufen, das Führen öffentlicher Register aus Gründen des allgemeinen öffentlichen Interesses sowie die Weiterverarbeitung von archivierten personenbezogenen Daten zur Bereitstellung spezifischer Informationen im Zusammenhang mit dem politischen Verhalten unter ehemaligen totalitären Regimen gehört, und zum Schutz sonstiger wichtiger Ziele des allgemeinen öffentlichen Interesses der Union oder eines Mitgliedstaats, etwa wichtige wirtschaftliche oder finanzielle Interessen, oder die betroffene Person und die Rechte und Freiheiten anderer Personen, einschließlich in den Bereichen soziale Sicherheit, öffentliche Gesundheit und humanitäre Hilfe, zu schützen. Diese Beschränkungen sollten mit der Charta und mit der Europäischen Konvention zum Schutz der Menschenrechte und Grundfreiheiten im Einklang stehen.

(74) Die Verantwortung und Haftung des Verantwortlichen für jedwede Verarbeitung personenbezogener Daten, die durch ihn oder in seinem Namen erfolgt, sollte geregelt werden. Insbesondere sollte der Verantwortliche geeignete und wirksame Maßnahmen treffen müssen und nachweisen können, dass die Verarbeitungstätigkeiten im Einklang mit dieser Verordnung stehen und die Maßnahmen auch wirksam sind. Dabei sollte er die Art, den Umfang, die Umstände und die Zwecke der Verarbeitung und das Risiko für die Rechte und Freiheiten natürlicher Personen berücksichtigen.

(75) Die Risiken für die Rechte und Freiheiten natürlicher Personen – mit unterschiedlicher Eintrittswahrscheinlichkeit und Schwere – können aus einer Verarbeitung personenbezogener Daten hervorgehen, die zu einem physischen, materiellen oder immateriellen Schaden führen könnte, insbesondere wenn die Verarbeitung zu einer Diskriminierung, einem Identitätsdiebstahl oder -betrug, einem finanziellen Verlust, einer Rufschädigung, einem Verlust der Vertraulichkeit von dem Berufsgeheimnis unterliegenden personenbezogenen Daten, der unbefugten Aufhebung der Pseudonymisierung oder anderen erheblichen wirtschaftlichen oder gesellschaftlichen Nachteilen führen kann, wenn die betroffenen Personen um ihre Rechte und Freiheiten gebracht oder daran gehindert werden, die sie betreffenden personenbezogenen Daten zu kontrollieren, wenn personenbezogene Daten, aus denen die rassische oder ethnische Herkunft, politische Meinungen, religiöse oder weltanschauliche Überzeugungen oder die Zugehörigkeit zu einer Gewerkschaft hervorgehen, und genetische Daten, Gesundheitsdaten oder das Sexualleben oder strafrechtliche Verurteilungen und Straftaten oder damit zusammenhängende Sicherungsmaßregeln betreffende Daten verarbeitet werden, wenn persönliche Aspekte bewertet werden, insbesondere wenn Aspekte, die die Arbeitsleistung, wirtschaftliche Lage, Gesundheit, persönliche Vorlieben oder Interessen, die Zuverlässigkeit oder das Verhalten, den Aufenthaltsort oder Ortswechsel betreffen, analysiert oder prognostiziert werden, um

persönliche Profile zu erstellen oder zu nutzen, wenn personenbezogene Daten schutzbedürftiger natürlicher Personen, insbesondere Daten von Kindern, verarbeitet werden oder wenn die Verarbeitung eine große Menge personenbezogener Daten und eine große Anzahl von betroffenen Personen betrifft.

(76) Eintrittswahrscheinlichkeit und Schwere des Risikos für die Rechte und Freiheiten der betroffenen Person sollten in Bezug auf die Art, den Umfang, die Umstände und die Zwecke der Verarbeitung bestimmt werden. Das Risiko sollte anhand einer objektiven Bewertung beurteilt werden, bei der festgestellt wird, ob die Datenverarbeitung ein Risiko oder ein hohes Risiko birgt.

(77) Anleitungen, wie der Verantwortliche oder Auftragsverarbeiter geeignete Maßnahmen durchzuführen hat und wie die Einhaltung der Anforderungen nachzuweisen ist, insbesondere was die Ermittlung des mit der Verarbeitung verbundenen Risikos, dessen Abschätzung in Bezug auf Ursache, Art, Eintrittswahrscheinlichkeit und Schwere und die Festlegung bewährter Verfahren für dessen Eindämmung betrifft, könnten insbesondere in Form von genehmigten Verhaltensregeln, genehmigten Zertifizierungsverfahren, Leitlinien des Ausschusses oder Hinweisen eines Datenschutzbeauftragten gegeben werden. Der Ausschuss kann ferner Leitlinien für Verarbeitungsvorgänge ausgeben, bei denen davon auszugehen ist, dass sie kein hohes Risiko für die Rechte und Freiheiten natürlicher Personen mit sich bringen, und angeben, welche Abhilfemaßnahmen in diesen Fällen ausreichend sein können.

(78) Zum Schutz der in Bezug auf die Verarbeitung personenbezogener Daten bestehenden Rechte und Freiheiten natürlicher Personen ist es erforderlich, dass geeignete technische und organisatorische Maßnahmen getroffen werden, damit die Anforderungen dieser Verordnung erfüllt werden. Um die Einhaltung dieser Verordnung nachweisen zu können, sollte der Verantwortliche interne Strategien festlegen und Maßnahmen ergreifen, die insbesondere den Grundsätzen des Datenschutzes durch Technik (data protection by design) und durch datenschutzfreundliche Voreinstellungen (data protection by default) Genüge tun. Solche Maßnahmen könnten unter anderem darin bestehen, dass die Verarbeitung personenbezogener Daten minimiert wird, personenbezogene Daten so schnell wie möglich pseudonymisiert werden, Transparenz in Bezug auf die Funktionen und die Verarbeitung personenbezogener Daten hergestellt wird, der betroffenen Person ermöglicht wird, die Verarbeitung personenbezogener Daten zu überwachen, und der Verantwortliche in die Lage versetzt wird, Sicherheitsfunktionen zu schaffen und zu verbessern. In Bezug auf Entwicklung, Gestaltung, Auswahl und Nutzung von Anwendungen, Diensten und Produkten, die entweder auf der Verarbeitung von personenbezogenen Daten beruhen oder zur Erfüllung ihrer Aufgaben personenbezogene Daten verarbeiten, sollten die Hersteller der Produkte, Dienste und Anwendungen ermutigt werden, das Recht auf Datenschutz bei der Entwicklung und Gestaltung der Produkte, Dienste und Anwendungen zu berücksichtigen und unter gebührender Berücksichtigung des Stands der Technik sicherzustellen, dass die Verantwortlichen und die Verarbeiter in der Lage sind, ihren Datenschutzpflichten nachzukommen. Den Grundsätzen des Datenschutzes durch Technik und durch datenschutz-

freundliche Voreinstellungen sollte auch bei öffentlichen Ausschreibungen Rechnung getragen werden.

(79) Zum Schutz der Rechte und Freiheiten der betroffenen Personen sowie bezüglich der Verantwortung und Haftung der Verantwortlichen und der Auftragsverarbeiter bedarf es – auch mit Blick auf die Überwachungs- und sonstigen Maßnahmen von Aufsichtsbehörden – einer klaren Zuteilung der Verantwortlichkeiten durch diese Verordnung, einschließlich der Fälle, in denen ein Verantwortlicher die Verarbeitungszwecke und -mittel gemeinsam mit anderen Verantwortlichen festlegt oder ein Verarbeitungsvorgang im Auftrag eines Verantwortlichen durchgeführt wird.

(80) Jeder Verantwortliche oder Auftragsverarbeiter ohne Niederlassung in der Union, dessen Verarbeitungstätigkeiten sich auf betroffene Personen beziehen, die sich in der Union aufhalten, und dazu dienen, diesen Personen in der Union Waren oder Dienstleistungen anzubieten – unabhängig davon, ob von der betroffenen Person eine Zahlung verlangt wird – oder deren Verhalten, soweit dieses innerhalb der Union erfolgt, zu beobachten, sollte einen Vertreter benennen müssen, es sei denn, die Verarbeitung erfolgt gelegentlich, schließt nicht die umfangreiche Verarbeitung besonderer Kategorien personenbezogener Daten oder die Verarbeitung von personenbezogenen Daten über strafrechtliche Verurteilungen und Straftaten ein und bringt unter Berücksichtigung ihrer Art, ihrer Umstände, ihres Umfangs und ihrer Zwecke wahrscheinlich kein Risiko für die Rechte und Freiheiten natürlicher Personen mit sich oder bei dem Verantwortlichen handelt es sich um eine Behörde oder öffentliche Stelle. Der Vertreter sollte im Namen des Verantwortlichen oder des Auftragsverarbeiters tätig werden und den Aufsichtsbehörden als Anlaufstelle dienen. Der Verantwortliche oder der Auftragsverarbeiter sollte den Vertreter ausdrücklich bestellen und schriftlich beauftragen, in Bezug auf die ihm nach dieser Verordnung obliegenden Verpflichtungen an seiner Stelle zu handeln. Die Benennung eines solchen Vertreters berührt nicht die Verantwortung oder Haftung des Verantwortlichen oder des Auftragsverarbeiters nach Maßgabe dieser Verordnung. Ein solcher Vertreter sollte seine Aufgaben entsprechend dem Mandat des Verantwortlichen oder Auftragsverarbeiters ausführen und insbesondere mit den zuständigen Aufsichtsbehörden in Bezug auf Maßnahmen, die die Einhaltung dieser Verordnung sicherstellen sollen, zusammenarbeiten. Bei Verstößen des Verantwortlichen oder Auftragsverarbeiters sollte der bestellte Vertreter Durchsetzungsverfahren unterworfen werden.

(81) Damit die Anforderungen dieser Verordnung in Bezug auf die vom Auftragsverarbeiter im Namen des Verantwortlichen vorzunehmende Verarbeitung eingehalten werden, sollte ein Verantwortlicher, der einen Auftragsverarbeiter mit Verarbeitungstätigkeiten betrauen will, nur Auftragsverarbeiter heranziehen, die – insbesondere im Hinblick auf Fachwissen, Zuverlässigkeit und Ressourcen – hinreichende Garantien dafür bieten, dass technische und organisatorische Maßnahmen – auch für die Sicherheit der Verarbeitung – getroffen werden, die den Anforderungen dieser Verordnung genügen. Die Einhaltung genehmigter Verhaltensregeln oder eines genehmigten Zertifizierungsverfahrens durch einen Auftragsverarbeiter kann als Faktor herangezogen werden, um die Erfüllung der Pflichten des Verantwortlichen nachzuweisen. Die Durchfüh-

Datenschutz-Grundverordnung **DS-GVO 1**

rung einer Verarbeitung durch einen Auftragsverarbeiter sollte auf Grundlage eines Vertrags oder eines anderen Rechtsinstruments nach dem Recht der Union oder der Mitgliedstaaten erfolgen, der bzw. das den Auftragsverarbeiter an den Verantwortlichen bindet und in dem Gegenstand und Dauer der Verarbeitung, Art und Zwecke der Verarbeitung, die Art der personenbezogenen Daten und die Kategorien von betroffenen Personen festgelegt sind, wobei die besonderen Aufgaben und Pflichten des Auftragsverarbeiters bei der geplanten Verarbeitung und das Risiko für die Rechte und Freiheiten der betroffenen Person zu berücksichtigen sind. Der Verantwortliche und der Auftragsverarbeiter können entscheiden, ob sie einen individuellen Vertrag oder Standardvertragsklauseln verwenden, die entweder unmittelbar von der Kommission erlassen oder aber nach dem Kohärenzverfahren von einer Aufsichtsbehörde angenommen und dann von der Kommission erlassen wurden. Nach Beendigung der Verarbeitung im Namen des Verantwortlichen sollte der Auftragsverarbeiter die personenbezogenen Daten nach Wahl des Verantwortlichen entweder zurückgeben oder löschen, sofern nicht nach dem Recht der Union oder der Mitgliedstaaten, dem der Auftragsverarbeiter unterliegt, eine Verpflichtung zur Speicherung der personenbezogenen Daten besteht.

(82) Zum Nachweis der Einhaltung dieser Verordnung sollte der Verantwortliche oder der Auftragsverarbeiter ein Verzeichnis der Verarbeitungtätigkeiten, die seiner Zuständigkeit unterliegen, führen. Jeder Verantwortliche und jeder Auftragsverarbeiter sollte verpflichtet sein, mit der Aufsichtsbehörde zusammenzuarbeiten und dieser auf Anfrage das entsprechende Verzeichnis vorzulegen, damit die betreffenden Verarbeitungsvorgänge anhand dieser Verzeichnisse kontrolliert werden können.

(83) Zur Aufrechterhaltung der Sicherheit und zur Vorbeugung gegen eine gegen diese Verordnung verstoßende Verarbeitung sollte der Verantwortliche oder der Auftragsverarbeiter die mit der Verarbeitung verbundenen Risiken ermitteln und Maßnahmen zu ihrer Eindämmung, wie etwa eine Verschlüsselung, treffen. Diese Maßnahmen sollten unter Berücksichtigung des Stands der Technik und der Implementierungskosten ein Schutzniveau – auch hinsichtlich der Vertraulichkeit – gewährleisten, das den von der Verarbeitung ausgehenden Risiken und der Art der zu schützenden personenbezogenen Daten angemessen ist. Bei der Bewertung der Datensicherheitsrisiken sollten die mit der Verarbeitung personenbezogener Daten verbundenen Risiken berücksichtigt werden, wie etwa – ob unbeabsichtigt oder unrechtmäßig – Vernichtung, Verlust, Veränderung oder unbefugte Offenlegung von – oder unbefugter Zugang zu personenbezogenen Daten, die übermittelt, gespeichert oder auf sonstige Weise verarbeitet wurden, insbesondere wenn dies zu einem physischen, materiellen oder immateriellen Schaden führen könnte.

(84) Damit diese Verordnung in Fällen, in denen die Verarbeitungsvorgänge wahrscheinlich ein hohes Risiko für die Rechte und Freiheiten natürlicher Personen mit sich bringen, besser eingehalten wird, sollte der Verantwortliche für die Durchführung einer Datenschutz-Folgenabschätzung, mit der insbesondere die Ursache, Art, Besonderheit und Schwere dieses Risikos evaluiert werden, verantwortlich sein. Die Ergebnisse der

Abschätzung sollten berücksichtigt werden, wenn darüber entschieden wird, welche geeigneten Maßnahmen ergriffen werden müssen, um nachzuweisen, dass die Verarbeitung der personenbezogenen Daten mit dieser Verordnung in Einklang steht. Geht aus einer Datenschutz-Folgenabschätzung hervor, dass Verarbeitungsvorgänge ein hohes Risiko bergen, das der Verantwortliche nicht durch geeignete Maßnahmen in Bezug auf verfügbare Technik und Implementierungskosten eindämmen kann, so sollte die Aufsichtsbehörde vor der Verarbeitung konsultiert werden.

(85) Eine Verletzung des Schutzes personenbezogener Daten kann – wenn nicht rechtzeitig und angemessen reagiert wird – einen physischen, materiellen oder immateriellen Schaden für natürliche Personen nach sich ziehen, wie etwa Verlust der Kontrolle über ihre personenbezogenen Daten oder Einschränkung ihrer Rechte, Diskriminierung, Identitätsdiebstahl oder -betrug, finanzielle Verluste, unbefugte Aufhebung der Pseudonymisierung, Rufschädigung, Verlust der Vertraulichkeit von dem Berufsgeheimnis unterliegenden Daten oder andere erhebliche wirtschaftliche oder gesellschaftliche Nachteile für die betroffene natürliche Person. Deshalb sollte der Verantwortliche, sobald ihm eine Verletzung des Schutzes personenbezogener Daten bekannt wird, die Aufsichtsbehörde von der Verletzung des Schutzes personenbezogener Daten unverzüglich und, falls möglich, binnen höchstens 72 Stunden, nachdem ihm die Verletzung bekannt wurde, unterrichten, es sei denn, der Verantwortliche kann im Einklang mit dem Grundsatz der Rechenschaftspflicht nachweisen, dass die Verletzung des Schutzes personenbezogener Daten voraussichtlich nicht zu einem Risiko für die persönlichen Rechte und Freiheiten natürlicher Personen führt. Falls diese Benachrichtigung nicht binnen 72 Stunden erfolgen kann, sollten in ihr die Gründe für die Verzögerung angegeben werden müssen, und die Informationen können schrittweise ohne unangemessene weitere Verzögerung bereitgestellt werden.

(86) Der für die Verarbeitung Verantwortliche sollte die betroffene Person unverzüglich von der Verletzung des Schutzes personenbezogener Daten benachrichtigen, wenn diese Verletzung des Schutzes personenbezogener Daten voraussichtlich zu einem hohen Risiko für die persönlichen Rechte und Freiheiten natürlicher Personen führt, damit diese die erforderlichen Vorkehrungen treffen können. Die Benachrichtigung sollte eine Beschreibung der Art der Verletzung des Schutzes personenbezogener Daten sowie an die betroffene natürliche Person gerichtete Empfehlungen zur Minderung etwaiger nachteiliger Auswirkungen dieser Verletzung enthalten. Solche Benachrichtigungen der betroffenen Person sollten stets so rasch wie nach allgemeinem Ermessen möglich, in enger Absprache mit der Aufsichtsbehörde und nach Maßgabe der von dieser oder von anderen zuständigen Behörden wie beispielsweise Strafverfolgungsbehörden erteilten Weisungen erfolgen. Um beispielsweise das Risiko eines unmittelbaren Schadens mindern zu können, müssten betroffene Personen sofort benachrichtigt werden, wohingegen eine längere Benachrichtigungsfrist gerechtfertigt sein kann, wenn es darum geht, geeignete Maßnahmen gegen fortlaufende oder vergleichbare Verletzungen des Schutzes personenbezogener Daten zu treffen.

Datenschutz-Grundverordnung **DS-GVO 1**

(87) Es sollte festgestellt werden, ob alle geeigneten technischen Schutz- sowie organisatorischen Maßnahmen getroffen wurden, um sofort feststellen zu können, ob eine Verletzung des Schutzes personenbezogener Daten aufgetreten ist, und um die Aufsichtsbehörde und die betroffene Person umgehend unterrichten zu können. Bei der Feststellung, ob die Meldung unverzüglich erfolgt ist, sollten die Art und Schwere der Verletzung des Schutzes personenbezogener Daten sowie deren Folgen und nachteilige Auswirkungen für die betroffene Person berücksichtigt werden. Die entsprechende Meldung kann zu einem Tätigwerden der Aufsichtsbehörde im Einklang mit ihren in dieser Verordnung festgelegten Aufgaben und Befugnissen führen.

(88) Bei der detaillierten Regelung des Formats und der Verfahren für die Meldung von Verletzungen des Schutzes personenbezogener Daten sollten die Umstände der Verletzung hinreichend berücksichtigt werden, beispielsweise ob personenbezogene Daten durch geeignete technische Sicherheitsvorkehrungen geschützt waren, die die Wahrscheinlichkeit eines Identitätsbetrugs oder anderer Formen des Datenmissbrauchs wirksam verringern. Überdies sollten solche Regeln und Verfahren den berechtigten Interessen der Strafverfolgungsbehörden in Fällen Rechnung tragen, in denen die Untersuchung der Umstände einer Verletzung des Schutzes personenbezogener Daten durch eine frühzeitige Offenlegung in unnötiger Weise behindert würde.

(89) Gemäß der Richtlinie 95/46/EG waren Verarbeitungen personenbezogener Daten bei den Aufsichtsbehörden generell meldepflichtig. Diese Meldepflicht ist mit einem bürokratischen und finanziellen Aufwand verbunden und hat dennoch nicht in allen Fällen zu einem besseren Schutz personenbezogener Daten geführt. Diese unterschiedslosen allgemeinen Meldepflichten sollten daher abgeschafft und durch wirksame Verfahren und Mechanismen ersetzt werden, die sich stattdessen vorrangig mit denjenigen Arten von Verarbeitungsvorgängen befassen, die aufgrund ihrer Art, ihres Umfangs, ihrer Umstände und ihrer Zwecke wahrscheinlich ein hohes Risiko für die Rechte und Freiheiten natürlicher Personen mit sich bringen. Zu solchen Arten von Verarbeitungsvorgängen gehören insbesondere solche, bei denen neue Technologien eingesetzt werden oder die neuartig sind und bei denen der Verantwortliche noch keine Datenschutz-Folgenabschätzung durchgeführt hat bzw. bei denen aufgrund der seit der ursprünglichen Verarbeitung vergangenen Zeit eine Datenschutz-Folgenabschätzung notwendig geworden ist.

(90) In derartigen Fällen sollte der Verantwortliche vor der Verarbeitung eine Datenschutz-Folgenabschätzung durchführen, mit der die spezifische Eintrittswahrscheinlichkeit und die Schwere dieses hohen Risikos unter Berücksichtigung der Art, des Umfangs, der Umstände und der Zwecke der Verarbeitung und der Ursachen des Risikos bewertet werden. Diese Folgenabschätzung sollte sich insbesondere mit den Maßnahmen, Garantien und Verfahren befassen, durch die dieses Risiko eingedämmt, der Schutz personenbezogener Daten sichergestellt und die Einhaltung der Bestimmungen dieser Verordnung nachgewiesen werden soll.

(91) Dies sollte insbesondere für umfangreiche Verarbeitungsvorgänge gelten, die dazu dienen, große Mengen personenbezogener Daten auf regionaler, nationaler oder supranationaler Ebene zu verarbeiten, eine große Zahl

von Personen betreffen könnten und – beispielsweise aufgrund ihrer Sensibilität – wahrscheinlich ein hohes Risiko mit sich bringen und bei denen entsprechend dem jeweils aktuellen Stand der Technik in großem Umfang eine neue Technologie eingesetzt wird, sowie für andere Verarbeitungsvorgänge, die ein hohes Risiko für die Rechte und Freiheiten der betroffenen Personen mit sich bringen, insbesondere dann, wenn diese Verarbeitungsvorgänge den betroffenen Personen die Ausübung ihrer Rechte erschweren. Eine Datenschutz-Folgenabschätzung sollte auch durchgeführt werden, wenn die personenbezogenen Daten für das Treffen von Entscheidungen in Bezug auf bestimmte natürliche Personen im Anschluss an eine systematische und eingehende Bewertung persönlicher Aspekte natürlicher Personen auf der Grundlage eines Profilings dieser Daten oder im Anschluss an die Verarbeitung besonderer Kategorien von personenbezogenen Daten, biometrischen Daten oder von Daten über strafrechtliche Verurteilungen und Straftaten sowie damit zusammenhängende Sicherungsmaßregeln verarbeitet werden. Gleichermaßen erforderlich ist eine Datenschutz-Folgenabschätzung für die weiträumige Überwachung öffentlich zugänglicher Bereiche, insbesondere mittels optoelektronischer Vorrichtungen, oder für alle anderen Vorgänge, bei denen nach Auffassung der zuständigen Aufsichtsbehörde die Verarbeitung wahrscheinlich ein hohes Risiko für die Rechte und Freiheiten der betroffenen Personen mit sich bringt, insbesondere weil sie die betroffenen Personen an der Ausübung eines Rechts oder der Nutzung einer Dienstleistung bzw. Durchführung eines Vertrags hindern oder weil sie systematisch in großem Umfang erfolgen. Die Verarbeitung personenbezogener Daten sollte nicht als umfangreich gelten, wenn die Verarbeitung personenbezogene Daten von Patienten oder Mandanten betrifft und durch einen einzelnen Arzt, sonstigen Angehörigen eines Gesundheitsberufes oder Rechtsanwalt erfolgt. In diesen Fällen sollte eine Datenschutz-Folgenabschätzung nicht zwingend vorgeschrieben sein.

(92) Unter bestimmten Umständen kann es vernünftig und unter ökonomischen Gesichtspunkten zweckmäßig sein, eine Datenschutz-Folgenabschätzung nicht lediglich auf ein bestimmtes Projekt zu beziehen, sondern sie thematisch breiter anzulegen – beispielsweise wenn Behörden oder öffentliche Stellen eine gemeinsame Anwendung oder Verarbeitungsplattform schaffen möchten oder wenn mehrere Verantwortliche eine gemeinsame Anwendung oder Verarbeitungsumgebung für einen gesamten Wirtschaftssektor, für ein bestimmtes Marktsegment oder für eine weit verbreitete horizontale Tätigkeit einführen möchten.

(93) Anlässlich des Erlasses des Gesetzes des Mitgliedstaats, auf dessen Grundlage die Behörde oder öffentliche Stelle ihre Aufgaben wahrnimmt und das den fraglichen Verarbeitungsvorgang oder die fraglichen Arten von Verarbeitungsvorgängen regelt, können die Mitgliedstaaten es für erforderlich erachten, solche Folgeabschätzungen vor den Verarbeitungsvorgängen durchzuführen.

(94) Geht aus einer Datenschutz-Folgenabschätzung hervor, dass die Verarbeitung bei Fehlen von Garantien, Sicherheitsvorkehrungen und Mechanismen zur Minderung des Risikos ein hohes Risiko für die Rechte und Freiheiten natürlicher Personen mit sich bringen würde, und ist der Verantwortliche der Auffassung, dass das Risiko nicht durch in Bezug auf

verfügbare Technologien und Implementierungskosten vertretbare Mittel eingedämmt werden kann, so sollte die Aufsichtsbehörde vor Beginn der Verarbeitungtätigkeiten konsultiert werden. Ein solches hohes Risiko ist wahrscheinlich mit bestimmten Arten der Verarbeitung und dem Umfang und der Häufigkeit der Verarbeitung verbunden, die für natürliche Personen auch eine Schädigung oder eine Beeinträchtigung der persönlichen Rechte und Freiheiten mit sich bringen können. Die Aufsichtsbehörde sollte das Beratungsersuchen innerhalb einer bestimmten Frist beantworten. Allerdings kann sie, auch wenn sie nicht innerhalb dieser Frist reagiert hat, entsprechend ihren in dieser Verordnung festgelegten Aufgaben und Befugnissen eingreifen, was die Befugnis einschließt, Verarbeitungsvorgänge zu untersagen. Im Rahmen dieses Konsultationsprozesses kann das Ergebnis einer im Hinblick auf die betreffende Verarbeitung personenbezogener Daten durchgeführten Datenschutz-Folgenabschätzung der Aufsichtsbehörde unterbreitet werden; dies gilt insbesondere für die zur Eindämmung des Risikos für die Rechte und Freiheiten natürlicher Personen geplanten Maßnahmen.

(95) Der Auftragsverarbeiter sollte erforderlichenfalls den Verantwortlichen auf Anfrage bei der Gewährleistung der Einhaltung der sich aus der Durchführung der Datenschutz-Folgenabschätzung und der vorherigen Konsultation der Aufsichtsbehörde ergebenden Auflagen unterstützen.

(96) Eine Konsultation der Aufsichtsbehörde sollte auch während der Ausarbeitung von Gesetzes- oder Regelungsvorschriften, in denen eine Verarbeitung personenbezogener Daten vorgesehen ist, erfolgen, um die Vereinbarkeit der geplanten Verarbeitung mit dieser Verordnung sicherzustellen und insbesondere das mit ihr für die betroffene Person verbundene Risiko einzudämmen.

(97) In Fällen, in denen die Verarbeitung durch eine Behörde – mit Ausnahmen von Gerichten oder unabhängigen Justizbehörden, die im Rahmen ihrer justiziellen Tätigkeit handeln –, im privaten Sektor durch einen Verantwortlichen erfolgt, dessen Kerntätigkeit in Verarbeitungsvorgängen besteht, die eine regelmäßige und systematische Überwachung der betroffenen Personen in großem Umfang erfordern, oder wenn die Kerntätigkeit des Verantwortlichen oder des Auftragsverarbeiters in der umfangreichen Verarbeitung besonderer Kategorien von personenbezogenen Daten oder von Daten über strafrechtliche Verurteilungen und Straftaten besteht, sollte der Verantwortliche oder der Auftragsverarbeiter bei der Überwachung der internen Einhaltung der Bestimmungen dieser Verordnung von einer weiteren Person, die über Fachwissen auf dem Gebiet des Datenschutzrechts und der Datenschutzverfahren verfügt, unterstützt werden. Im privaten Sektor bezieht sich die Kerntätigkeit eines Verantwortlichen auf seine Haupttätigkeiten und nicht auf die Verarbeitung personenbezogener Daten als Nebentätigkeit. Das erforderliche Niveau des Fachwissens sollte sich insbesondere nach den durchgeführten Datenverarbeitungsvorgängen und dem erforderlichen Schutz für die von dem Verantwortlichen oder dem Auftragsverarbeiter verarbeiteten personenbezogenen Daten richten. Derartige Datenschutzbeauftragte sollten unabhängig davon, ob es sich bei ihnen um Beschäftigte des Verantwortlichen handelt oder nicht, ihre Pflichten und Aufgaben in vollständiger Unabhängigkeit ausüben können.

1 DS-GVO Datenschutz-Grundverordnung

(98) Verbände oder andere Vereinigungen, die bestimmte Kategorien von Verantwortlichen oder Auftragsverarbeitern vertreten, sollten ermutigt werden, in den Grenzen dieser Verordnung Verhaltensregeln auszuarbeiten, um eine wirksame Anwendung dieser Verordnung zu erleichtern, wobei den Besonderheiten der in bestimmten Sektoren erfolgenden Verarbeitungen und den besonderen Bedürfnissen der Kleinstunternehmen sowie der kleinen und mittleren Unternehmen Rechnung zu tragen ist. Insbesondere könnten in diesen Verhaltensregeln – unter Berücksichtigung des mit der Verarbeitung wahrscheinlich einhergehenden Risikos für die Rechte und Freiheiten natürlicher Personen – die Pflichten der Verantwortlichen und der Auftragsverarbeiter bestimmt werden.

(99) Bei der Ausarbeitung oder bei der Änderung oder Erweiterung solcher Verhaltensregeln sollten Verbände und/oder andere Vereinigungen, die bestimmte Kategorien von Verantwortlichen oder Auftragsverarbeitern vertreten, die maßgeblichen Interessenträger, möglichst auch die betroffenen Personen, konsultieren und die Eingaben und Stellungnahmen, die sie dabei erhalten, berücksichtigen.

(100) Um die Transparenz zu erhöhen und die Einhaltung dieser Verordnung zu verbessern, sollte angeregt werden, dass Zertifizierungsverfahren sowie Datenschutzsiegel und -prüfzeichen eingeführt werden, die den betroffenen Personen einen raschen Überblick über das Datenschutzniveau einschlägiger Produkte und Dienstleistungen ermöglichen.

(101) Der Fluss personenbezogener Daten aus Drittländern und internationalen Organisationen und in Drittländer und internationale Organisationen ist für die Ausweitung des internationalen Handels und der internationalen Zusammenarbeit notwendig. Durch die Zunahme dieser Datenströme sind neue Herausforderungen und Anforderungen in Bezug auf den Schutz personenbezogener Daten entstanden. Das durch diese Verordnung unionsweit gewährleistete Schutzniveau für natürliche Personen sollte jedoch bei der Übermittlung personenbezogener Daten aus der Union an Verantwortliche, Auftragsverarbeiter oder andere Empfänger in Drittländern oder an internationale Organisationen nicht untergraben werden, und zwar auch dann nicht, wenn aus einem Drittland oder von einer internationalen Organisation personenbezogene Daten an Verantwortliche oder Auftragsverarbeiter in demselben oder einem anderen Drittland oder an dieselbe oder eine andere internationale Organisation weiterübermittelt werden. In jedem Fall sind derartige Datenübermittlungen an Drittländer und internationale Organisationen nur unter strikter Einhaltung dieser Verordnung zulässig. Eine Datenübermittlung könnte nur stattfinden, wenn die in dieser Verordnung festgelegten Bedingungen zur Übermittlung personenbezogener Daten an Drittländer oder internationale Organisationen vorbehaltlich der übrigen Bestimmungen dieser Verordnung von dem Verantwortlichen oder dem Auftragsverarbeiter erfüllt werden.

(102) Internationale Abkommen zwischen der Union und Drittländern über die Übermittlung von personenbezogenen Daten einschließlich geeigneter Garantien für die betroffenen Personen werden von dieser Verordnung nicht berührt. Die Mitgliedstaaten können völkerrechtliche Übereinkünfte schließen, die die Übermittlung personenbezogener Daten an Drittländer oder internationale Organisationen beinhalten, sofern sich

diese Übereinkünfte weder auf diese Verordnung noch auf andere Bestimmungen des Unionsrechts auswirken und ein angemessenes Schutzniveau für die Grundrechte der betroffenen Personen umfassen.

(103) Die Kommission darf mit Wirkung für die gesamte Union beschließen, dass ein bestimmtes Drittland, ein Gebiet oder ein bestimmter Sektor eines Drittlands oder eine internationale Organisation ein angemessenes Datenschutzniveau bietet, und auf diese Weise in Bezug auf das Drittland oder die internationale Organisation, das bzw. die für fähig gehalten wird, ein solches Schutzniveau zu bieten, in der gesamten Union Rechtssicherheit schaffen und eine einheitliche Rechtsanwendung sicherstellen. In derartigen Fällen dürfen personenbezogene Daten ohne weitere Genehmigung an dieses Land oder diese internationale Organisation übermittelt werden. Die Kommission kann, nach Abgabe einer ausführlichen Erklärung, in der dem Drittland oder der internationalen Organisation eine Begründung gegeben wird, auch entscheiden, eine solche Feststellung zu widerrufen.

(104) In Übereinstimmung mit den Grundwerten der Union, zu denen insbesondere der Schutz der Menschenrechte zählt, sollte die Kommission bei der Bewertung des Drittlands oder eines Gebiets oder eines bestimmten Sektors eines Drittlands berücksichtigen, inwieweit dort die Rechtsstaatlichkeit gewahrt ist, der Rechtsweg gewährleistet ist und die internationalen Menschenrechtsnormen und -Standards eingehalten werden und welche allgemeinen und sektorspezifischen Vorschriften, wozu auch die Vorschriften über die öffentliche Sicherheit, die Landesverteidigung und die nationale Sicherheit sowie die öffentliche Ordnung und das Strafrecht zählen, dort gelten. Die Annahme eines Angemessenheitsbeschlusses in Bezug auf ein Gebiet oder einen bestimmten Sektor eines Drittlands sollte unter Berücksichtigung eindeutiger und objektiver Kriterien wie bestimmter Verarbeitungsvorgänge und des Anwendungsbereichs anwendbarer Rechtsnormen und geltender Rechtsvorschriften in dem Drittland erfolgen. Das Drittland sollte Garantien für ein angemessenes Schutzniveau bieten, das dem innerhalb der Union gewährleisteten Schutzniveau der Sache nach gleichwertig ist, insbesondere in Fällen, in denen personenbezogene Daten in einem oder mehreren spezifischen Sektoren verarbeitet werden. Das Drittland sollte insbesondere eine wirksame unabhängige Überwachung des Datenschutzes gewährleisten und Mechanismen für eine Zusammenarbeit mit den Datenschutzbehörden der Mitgliedstaaten vorsehen, und den betroffenen Personen sollten wirksame und durchsetzbare Rechte sowie wirksame verwaltungsrechtliche und gerichtliche Rechtsbehelfe eingeräumt werden.

(105) Die Kommission sollte neben den internationalen Verpflichtungen, die das Drittland oder die internationale Organisation eingegangen ist, die Verpflichtungen, die sich aus der Teilnahme des Drittlands oder der internationalen Organisation an multilateralen oder regionalen Systemen insbesondere im Hinblick auf den Schutz personenbezogener Daten ergeben, sowie die Umsetzung dieser Verpflichtungen berücksichtigen. Insbesondere sollte der Beitritt des Drittlands zum Übereinkommen des Europarates vom 28. Januar 1981 zum Schutz des Menschen bei der automatischen Verarbeitung personenbezogener Daten und dem dazugehörigen Zusatzprotokoll berücksichtigt werden. Die Kommission sollte

den Ausschuss konsultieren, wenn sie das Schutzniveau in Drittländern oder internationalen Organisationen bewertet.

(106) Die Kommission sollte die Wirkungsweise von Feststellungen zum Schutzniveau in einem Drittland, einem Gebiet oder einem bestimmten Sektor eines Drittlands oder einer internationalen Organisation überwachen; sie sollte auch die Wirkungsweise der Feststellungen, die auf der Grundlage des Artikels 25 Absatz 6 oder des Artikels 26 Absatz 4 der Richtlinie 95/46/EG erlassen werden, überwachen. In ihren Angemessenheitsbeschlüssen sollte die Kommission einen Mechanismus für die regelmäßige Überprüfung von deren Wirkungsweise vorsehen. Diese regelmäßige Überprüfung sollte in Konsultation mit dem betreffenden Drittland oder der betreffenden internationalen Organisation erfolgen und allen maßgeblichen Entwicklungen in dem Drittland oder der internationalen Organisation Rechnung tragen. Für die Zwecke der Überwachung und der Durchführung der regelmäßigen Überprüfungen sollte die Kommission die Standpunkte und Feststellungen des Europäischen Parlaments und des Rates sowie der anderen einschlägigen Stellen und Quellen berücksichtigen. Die Kommission sollte innerhalb einer angemessenen Frist die Wirkungsweise der letztgenannten Beschlüsse bewerten und dem durch diese Verordnung eingesetzten Ausschuss im Sinne der Verordnung (EU) Nr. 182/2011 des Europäischen Parlaments und des Rates[1] sowie dem Europäischen Parlament und dem Rat über alle maßgeblichen Feststellungen Bericht erstatten.

(107) Die Kommission kann feststellen, dass ein Drittland, ein Gebiet oder ein bestimmter Sektor eines Drittlands oder eine internationale Organisation kein angemessenes Datenschutzniveau mehr bietet. Die Übermittlung personenbezogener Daten an dieses Drittland oder an diese internationale Organisation sollte daraufhin verboten werden, es sei denn, die Anforderungen dieser Verordnung in Bezug auf die Datenübermittlung vorbehaltlich geeigneter Garantien, einschließlich verbindlicher interner Datenschutzvorschriften und auf Ausnahmen für bestimmte Fälle werden erfüllt. In diesem Falle sollten Konsultationen zwischen der Kommission und den betreffenden Drittländern oder internationalen Organisationen vorgesehen werden. Die Kommission sollte dem Drittland oder der internationalen Organisation frühzeitig die Gründe mitteilen und Konsultationen aufnehmen, um Abhilfe für die Situation zu schaffen.

(108) Bei Fehlen eines Angemessenheitsbeschlusses sollte der Verantwortliche oder der Auftragsverarbeiter als Ausgleich für den in einem Drittland bestehenden Mangel an Datenschutz geeignete Garantien für den Schutz der betroffenen Person vorsehen. Diese geeigneten Garantien können darin bestehen, dass auf verbindliche interne Datenschutzvorschriften, von der Kommission oder von einer Aufsichtsbehörde angenommene Standarddatenschutzklauseln oder von einer Aufsichtsbehörde genehmigte Vertragsklauseln zurückgegriffen wird. Diese Garantien sollten sicherstellen, dass die Datenschutzvorschriften und die Rechte der betroffenen

---

[1] **Amtl. Anm.:** Verordnung (EU) Nr. 182/2011 des Europäischen Parlaments und des Rates vom 16. Februar 2011 zur Festlegung der allgemeinen Regeln und Grundsätze, nach denen die Mitgliedstaaten die Wahrnehmung der Durchführungsbefugnisse durch die Kommission kontrollieren (ABl. L 55 vom 28.2.2011, S. 13).

Personen auf eine der Verarbeitung innerhalb der Union angemessene Art und Weise beachtet werden; dies gilt auch hinsichtlich der Verfügbarkeit von durchsetzbaren Rechten der betroffenen Person und von wirksamen Rechtsbehelfen einschließlich des Rechts auf wirksame verwaltungsrechtliche oder gerichtliche Rechtsbehelfe sowie des Rechts auf Geltendmachung von Schadenersatzansprüchen in der Union oder in einem Drittland. Sie sollten sich insbesondere auf die Einhaltung der allgemeinen Grundsätze für die Verarbeitung personenbezogener Daten, die Grundsätze des Datenschutzes durch Technik und durch datenschutzfreundliche Voreinstellungen beziehen. Datenübermittlungen dürfen auch von Behörden oder öffentlichen Stellen an Behörden oder öffentliche Stellen in Drittländern oder an internationale Organisationen mit entsprechenden Pflichten oder Aufgaben vorgenommen werden, auch auf der Grundlage von Bestimmungen, die in Verwaltungsvereinbarungen – wie beispielsweise einer gemeinsamen Absichtserklärung –, mit denen den betroffenen Personen durchsetzbare und wirksame Rechte eingeräumt werden, aufzunehmen sind. Die Genehmigung der zuständigen Aufsichtsbehörde sollte erlangt werden, wenn die Garantien in nicht rechtsverbindlichen Verwaltungsvereinbarungen vorgesehen sind.

(109) Die dem Verantwortlichen oder dem Auftragsverarbeiter offenstehende Möglichkeit, auf die von der Kommission oder einer Aufsichtsbehörde festgelegten Standard-Datenschutzklauseln zurückzugreifen, sollte den Verantwortlichen oder den Auftragsverarbeiter weder daran hindern, die Standard-Datenschutzklauseln auch in umfangreicheren Verträgen, wie zum Beispiel Verträgen zwischen dem Auftragsverarbeiter und einem anderen Auftragsverarbeiter, zu verwenden, noch ihn daran hindern, ihnen weitere Klauseln oder zusätzliche Garantien hinzuzufügen, solange diese weder mittelbar noch unmittelbar im Widerspruch zu von der Kommission oder einer Aufsichtsbehörde erlassenen Standard-Datenschutzklauseln stehen oder die Grundrechte und Grundfreiheiten der betroffenen Personen beschneiden. Die Verantwortlichen und die Auftragsverarbeiter sollten ermutigt werden, mit vertraglichen Verpflichtungen, die die Standard-Schutzklauseln ergänzen, zusätzliche Garantien zu bieten.

(110) Jede Unternehmensgruppe oder jede Gruppe von Unternehmen, die eine gemeinsame Wirtschaftstätigkeit ausüben, sollte für ihre internationalen Datenübermittlungen aus der Union an Organisationen derselben Unternehmensgruppe oder derselben Gruppe von Unternehmen, die eine gemeinsame Wirtschaftstätigkeit ausüben, genehmigte verbindliche interne Datenschutzvorschriften anwenden dürfen, sofern diese sämtliche Grundprinzipien und durchsetzbaren Rechte enthalten, die geeignete Garantien für die Übermittlungen beziehungsweise Kategorien von Übermittlungen personenbezogener Daten bieten.

(111) Datenübermittlungen sollten unter bestimmten Voraussetzungen zulässig sein, nämlich wenn die betroffene Person ihre ausdrückliche Einwilligung erteilt hat, wenn die Übermittlung gelegentlich erfolgt und im Rahmen eines Vertrags oder zur Geltendmachung von Rechtsansprüchen, sei es vor Gericht oder auf dem Verwaltungswege oder in außergerichtlichen Verfahren, wozu auch Verfahren vor Regulierungsbehörden zählen, erforderlich ist. Die Übermittlung sollte zudem möglich sein, wenn sie zur

Wahrung eines im Unionsrecht oder im Recht eines Mitgliedstaats festgelegten wichtigen öffentlichen Interesses erforderlich ist oder wenn sie aus einem durch Rechtsvorschriften vorgesehenen Register erfolgt, das von der Öffentlichkeit oder Personen mit berechtigtem Interesse eingesehen werden kann. In letzterem Fall sollte sich eine solche Übermittlung nicht auf die Gesamtheit oder ganze Kategorien der im Register enthaltenen personenbezogenen Daten erstrecken dürfen. Ist das betreffende Register zur Einsichtnahme durch Personen mit berechtigtem Interesse bestimmt, sollte die Übermittlung nur auf Anfrage dieser Personen oder nur dann erfolgen, wenn diese Personen die Adressaten der Übermittlung sind, wobei den Interessen und Grundrechten der betroffenen Person in vollem Umfang Rechnung zu tragen ist.

(112) Diese Ausnahmen sollten insbesondere für Datenübermittlungen gelten, die aus wichtigen Gründen des öffentlichen Interesses erforderlich sind, beispielsweise für den internationalen Datenaustausch zwischen Wettbewerbs-, Steuer- oder Zollbehörden, zwischen Finanzaufsichtsbehörden oder zwischen für Angelegenheiten der sozialen Sicherheit oder für die öffentliche Gesundheit zuständigen Diensten, beispielsweise im Falle der Umgebungsuntersuchung bei ansteckenden Krankheiten oder zur Verringerung und/oder Beseitigung des Dopings im Sport. Die Übermittlung personenbezogener Daten sollte ebenfalls als rechtmäßig angesehen werden, wenn sie erforderlich ist, um ein Interesse, das für die lebenswichtigen Interessen – einschließlich der körperlichen Unversehrtheit oder des Lebens – der betroffenen Person oder einer anderen Person wesentlich ist, zu schützen und die betroffene Person außerstande ist, ihre Einwilligung zu geben. Liegt kein Angemessenheitsbeschluss vor, so können im Unionsrecht oder im Recht der Mitgliedstaaten aus wichtigen Gründen des öffentlichen Interesses ausdrücklich Beschränkungen der Übermittlung bestimmter Kategorien von Daten an Drittländer oder internationale Organisationen vorgesehen werden. Die Mitgliedstaaten sollten solche Bestimmungen der Kommission mitteilen. Jede Übermittlung personenbezogener Daten einer betroffenen Person, die aus physischen oder rechtlichen Gründen außerstande ist, ihre Einwilligung zu erteilen, an eine internationale humanitäre Organisation, die erfolgt, um eine nach den Genfer Konventionen obliegende Aufgabe auszuführen oder um dem in bewaffneten Konflikten anwendbaren humanitären Völkerrecht nachzukommen, könnte als aus einem wichtigen Grund im öffentlichen Interesse notwendig oder als im lebenswichtigen Interesse der betroffenen Person liegend erachtet werden.

(113) Übermittlungen, die als nicht wiederholt erfolgend gelten können und nur eine begrenzte Zahl von betroffenen Personen betreffen, könnten auch zur Wahrung der zwingenden berechtigten Interessen des Verantwortlichen möglich sein, sofern die Interessen oder Rechte und Freiheiten der betroffenen Person nicht überwiegen und der Verantwortliche sämtliche Umstände der Datenübermittlung geprüft hat. Der Verantwortliche sollte insbesondere die Art der personenbezogenen Daten, den Zweck und die Dauer der vorgesehenen Verarbeitung, die Situation im Herkunftsland, in dem betreffenden Drittland und im Endbestimmungsland berücksichtigen und angemessene Garantien zum Schutz der Grundrechte und Grundfreiheiten natürlicher Personen in Bezug auf die Ver-

arbeitung ihrer personenbezogener Daten vorsehen. Diese Übermittlungen sollten nur in den verbleibenden Fällen möglich sein, in denen keiner der anderen Gründe für die Übermittlung anwendbar ist. Bei wissenschaftlichen oder historischen Forschungszwecken oder bei statistischen Zwecken sollten die legitimen gesellschaftlichen Erwartungen in Bezug auf einen Wissenszuwachs berücksichtigt werden. Der Verantwortliche sollte die Aufsichtsbehörde und die betroffene Person von der Übermittlung in Kenntnis setzen.

(114) In allen Fällen, in denen kein Kommissionsbeschluss zur Angemessenheit des in einem Drittland bestehenden Datenschutzniveaus vorliegt, sollte der Verantwortliche oder der Auftragsverarbeiter auf Lösungen zurückgreifen, mit denen den betroffenen Personen durchsetzbare und wirksame Rechte in Bezug auf die Verarbeitung ihrer personenbezogenen Daten in der Union nach der Übermittlung dieser Daten eingeräumt werden, damit sie weiterhin die Grundrechte und Garantien genießen können.

(115) Manche Drittländer erlassen Gesetze, Vorschriften und sonstige Rechtsakte, die vorgeben, die Verarbeitungstätigkeiten natürlicher und juristischer Personen, die der Rechtsprechung der Mitgliedstaaten unterliegen, unmittelbar zu regeln. Dies kann Urteile von Gerichten und Entscheidungen von Verwaltungsbehörden in Drittländern umfassen, mit denen von einem Verantwortlichen oder einem Auftragsverarbeiter die Übermittlung oder Offenlegung personenbezogener Daten verlangt wird und die nicht auf eine in Kraft befindliche internationale Übereinkunft wie etwa ein Rechtshilfeabkommen zwischen dem ersuchenden Drittland und der Union oder einem Mitgliedstaat gestützt sind. Die Anwendung dieser Gesetze, Verordnungen und sonstigen Rechtsakte außerhalb des Hoheitsgebiets der betreffenden Drittländer kann gegen internationales Recht verstoßen und dem durch diese Verordnung in der Union gewährleisteten Schutz natürlicher Personen zuwiderlaufen. Datenübermittlungen sollten daher nur zulässig sein, wenn die Bedingungen dieser Verordnung für Datenübermittlungen an Drittländer eingehalten werden. Dies kann unter anderem der Fall sein, wenn die Offenlegung aus einem wichtigen öffentlichen Interesse erforderlich ist, das im Unionsrecht oder im Recht des Mitgliedstaats, dem der Verantwortliche unterliegt, anerkannt ist.

(116) Wenn personenbezogene Daten in ein anderes Land außerhalb der Union übermittelt werden, besteht eine erhöhte Gefahr, dass natürliche Personen ihre Datenschutzrechte nicht wahrnehmen können und sich insbesondere gegen die unrechtmäßige Nutzung oder Offenlegung dieser Informationen zu schützen. Ebenso kann es vorkommen, dass Aufsichtsbehörden Beschwerden nicht nachgehen oder Untersuchungen nicht durchführen können, die einen Bezug zu Tätigkeiten außerhalb der Grenzen ihres Mitgliedstaats haben. Ihre Bemühungen um grenzüberschreitende Zusammenarbeit können auch durch unzureichende Präventiv- und Abhilfebefugnisse, widersprüchliche Rechtsordnungen und praktische Hindernisse wie Ressourcenknappheit behindert werden. Die Zusammenarbeit zwischen den Datenschutzaufsichtsbehörden muss daher gefördert werden, damit sie Informationen austauschen und mit den Aufsichtsbehörden in anderen Ländern Untersuchungen durchführen können. Um Mechanismen der internationalen Zusammenarbeit zu ent-

wickeln, die die internationale Amtshilfe bei der Durchsetzung von Rechtsvorschriften zum Schutz personenbezogener Daten erleichtern und sicherstellen, sollten die Kommission und die Aufsichtsbehörden Informationen austauschen und bei Tätigkeiten, die mit der Ausübung ihrer Befugnisse in Zusammenhang stehen, mit den zuständigen Behörden der Drittländer nach dem Grundsatz der Gegenseitigkeit und gemäß dieser Verordnung zusammenarbeiten.

(117) Die Errichtung von Aufsichtsbehörden in den Mitgliedstaaten, die befugt sind, ihre Aufgaben und Befugnisse völlig unabhängig wahrzunehmen, ist ein wesentlicher Bestandteil des Schutzes natürlicher Personen bei der Verarbeitung personenbezogener Daten. Die Mitgliedstaaten sollten mehr als eine Aufsichtsbehörde errichten können, wenn dies ihrer verfassungsmäßigen, organisatorischen und administrativen Struktur entspricht.

(118) Die Tatsache, dass die Aufsichtsbehörden unabhängig sind, sollte nicht bedeuten, dass sie hinsichtlich ihrer Ausgaben keinem Kontroll- oder Überwachungsmechanismus unterworfen werden bzw. sie keiner gerichtlichen Überprüfung unterzogen werden können.

(119) Errichtet ein Mitgliedstaat mehrere Aufsichtsbehörden, so sollte er mittels Rechtsvorschriften sicherstellen, dass diese Aufsichtsbehörden am Kohärenzverfahren wirksam beteiligt werden. Insbesondere sollte dieser Mitgliedstaat eine Aufsichtsbehörde bestimmen, die als zentrale Anlaufstelle für eine wirksame Beteiligung dieser Behörden an dem Verfahren fungiert und eine rasche und reibungslose Zusammenarbeit mit anderen Aufsichtsbehörden, dem Ausschuss und der Kommission gewährleistet.

(120) Jede Aufsichtsbehörde sollte mit Finanzmitteln, Personal, Räumlichkeiten und einer Infrastruktur ausgestattet werden, wie sie für die wirksame Wahrnehmung ihrer Aufgaben, einschließlich derer im Zusammenhang mit der Amtshilfe und Zusammenarbeit mit anderen Aufsichtsbehörden in der gesamten Union, notwendig sind. Jede Aufsichtsbehörde sollte über einen eigenen, öffentlichen, jährlichen Haushaltsplan verfügen, der Teil des gesamten Staatshaushalts oder nationalen Haushalts sein kann.

(121) Die allgemeinen Anforderungen an das Mitglied oder die Mitglieder der Aufsichtsbehörde sollten durch Rechtsvorschriften von jedem Mitgliedstaat geregelt werden und insbesondere vorsehen, dass diese Mitglieder im Wege eines transparenten Verfahrens entweder – auf Vorschlag der Regierung, eines Mitglieds der Regierung, des Parlaments oder einer Parlamentskammer – vom Parlament, der Regierung oder dem Staatsoberhaupt des Mitgliedstaats oder von einer unabhängigen Stelle ernannt werden, die nach dem Recht des Mitgliedstaats mit der Ernennung betraut wird. Um die Unabhängigkeit der Aufsichtsbehörde zu gewährleisten, sollten ihre Mitglieder ihr Amt integer ausüben, von allen mit den Aufgaben ihres Amts nicht zu vereinbarenden Handlungen absehen und während ihrer Amtszeit keine andere mit ihrem Amt nicht zu vereinbarende entgeltliche oder unentgeltliche Tätigkeit ausüben. Die Aufsichtsbehörde sollte über eigenes Personal verfügen, das sie selbst oder eine nach dem Recht des Mitgliedstaats eingerichtete unabhängige Stelle auswählt und das ausschließlich der Leitung des Mitglieds oder der Mitglieder der Aufsichtsbehörde unterstehen sollte.

(122) Jede Aufsichtsbehörde sollte dafür zuständig sein, im Hoheitsgebiet ihres Mitgliedstaats die Befugnisse auszuüben und die Aufgaben zu erfüllen, die

ihr mit dieser Verordnung übertragen wurden. Dies sollte insbesondere für Folgendes gelten: die Verarbeitung im Rahmen der Tätigkeiten einer Niederlassung des Verantwortlichen oder Auftragsverarbeiters im Hoheitsgebiet ihres Mitgliedstaats, die Verarbeitung personenbezogener Daten durch Behörden oder private Stellen, die im öffentlichen Interesse handeln, Verarbeitungstätigkeiten, die Auswirkungen auf betroffene Personen in ihrem Hoheitsgebiet haben, oder Verarbeitungstätigkeiten eines Verantwortlichen oder Auftragsverarbeiters ohne Niederlassung in der Union, sofern sie auf betroffene Personen mit Wohnsitz in ihrem Hoheitsgebiet ausgerichtet sind. Dies sollte auch die Bearbeitung von Beschwerden einer betroffenen Person, die Durchführung von Untersuchungen über die Anwendung dieser Verordnung sowie die Förderung der Information der Öffentlichkeit über Risiken, Vorschriften, Garantien und Rechte im Zusammenhang mit der Verarbeitung personenbezogener Daten einschließen.

(123) Die Aufsichtsbehörden sollten die Anwendung der Bestimmungen dieser Verordnung überwachen und zu ihrer einheitlichen Anwendung in der gesamten Union beitragen, um natürliche Personen im Hinblick auf die Verarbeitung ihrer Daten zu schützen und den freien Verkehr personenbezogener Daten im Binnenmarkt zu erleichtern. Zu diesem Zweck sollten die Aufsichtsbehörden untereinander und mit der Kommission zusammenarbeiten, ohne dass eine Vereinbarung zwischen den Mitgliedstaaten über die Leistung von Amtshilfe oder über eine derartige Zusammenarbeit erforderlich wäre.

(124) Findet die Verarbeitung personenbezogener Daten im Zusammenhang mit der Tätigkeit einer Niederlassung eines Verantwortlichen oder eines Auftragsverarbeiters in der Union statt und hat der Verantwortliche oder der Auftragsverarbeiter Niederlassungen in mehr als einem Mitgliedstaat oder hat die Verarbeitungstätigkeit im Zusammenhang mit der Tätigkeit einer einzigen Niederlassung eines Verantwortlichen oder Auftragsverarbeiters in der Union erhebliche Auswirkungen auf betroffene Personen in mehr als einem Mitgliedstaat bzw. wird sie voraussichtlich solche Auswirkungen haben, so sollte die Aufsichtsbehörde für die Hauptniederlassung des Verantwortlichen oder Auftragsverarbeiters oder für die einzige Niederlassung des Verantwortlichen oder Auftragsverarbeiters als federführende Behörde fungieren. Sie sollte mit den anderen Behörden zusammenarbeiten, die betroffen sind, weil der Verantwortliche oder Auftragsverarbeiter eine Niederlassung im Hoheitsgebiet ihres Mitgliedstaats hat, weil die Verarbeitung erhebliche Auswirkungen auf betroffene Personen mit Wohnsitz in ihrem Hoheitsgebiet hat oder weil bei ihnen eine Beschwerde eingelegt wurde. Auch wenn eine betroffene Person ohne Wohnsitz in dem betreffenden Mitgliedstaat eine Beschwerde eingelegt hat, sollte die Aufsichtsbehörde, bei der Beschwerde eingelegt wurde, auch eine betroffene Aufsichtsbehörde sein. Der Ausschuss sollte – im Rahmen seiner Aufgaben in Bezug auf die Herausgabe von Leitlinien zu allen Fragen im Zusammenhang mit der Anwendung dieser Verordnung – insbesondere Leitlinien zu den Kriterien ausgeben können, die bei der Feststellung zu berücksichtigen sind, ob die fragliche Verarbeitung erhebliche Auswirkungen auf betroffene Personen in mehr als

einem Mitgliedstaat hat und was einen maßgeblichen und begründeten Einspruch darstellt.

(125) Die federführende Behörde sollte berechtigt sein, verbindliche Beschlüsse über Maßnahmen zu erlassen, mit denen die ihr gemäß dieser Verordnung übertragenen Befugnisse ausgeübt werden. In ihrer Eigenschaft als federführende Behörde sollte diese Aufsichtsbehörde für die enge Einbindung und Koordinierung der betroffenen Aufsichtsbehörden im Entscheidungsprozess sorgen. Wird beschlossen, die Beschwerde der betroffenen Person vollständig oder teilweise abzuweisen, so sollte dieser Beschluss von der Aufsichtsbehörde angenommen werden, bei der die Beschwerde eingelegt wurde.

(126) Der Beschluss sollte von der federführenden Aufsichtsbehörde und den betroffenen Aufsichtsbehörden gemeinsam vereinbart werden und an die Hauptniederlassung oder die einzige Niederlassung des Verantwortlichen oder Auftragsverarbeiters gerichtet sein und für den Verantwortlichen und den Auftragsverarbeiter verbindlich sein. Der Verantwortliche oder Auftragsverarbeiter sollte die erforderlichen Maßnahmen treffen, um die Einhaltung dieser Verordnung und die Umsetzung des Beschlusses zu gewährleisten, der der Hauptniederlassung des Verantwortlichen oder Auftragsverarbeiters im Hinblick auf die Verarbeitungstätigkeiten in der Union von der federführenden Aufsichtsbehörde mitgeteilt wurde.

(127) Jede Aufsichtsbehörde, die nicht als federführende Aufsichtsbehörde fungiert, sollte in örtlichen Fällen zuständig sein, wenn der Verantwortliche oder Auftragsverarbeiter Niederlassungen in mehr als einem Mitgliedstaat hat, der Gegenstand der spezifischen Verarbeitung aber nur die Verarbeitungstätigkeiten in einem einzigen Mitgliedstaat und nur betroffene Personen in diesem einen Mitgliedstaat betrifft, beispielsweise wenn es um die Verarbeitung von personenbezogenen Daten von Arbeitnehmern im spezifischen Beschäftigungskontext eines Mitgliedstaats geht. In solchen Fällen sollte die Aufsichtsbehörde unverzüglich die federführende Aufsichtsbehörde über diese Angelegenheit unterrichten. Nach ihrer Unterrichtung sollte die federführende Aufsichtsbehörde entscheiden, ob sie den Fall nach den Bestimmungen zur Zusammenarbeit zwischen der federführenden Aufsichtsbehörde und anderen betroffenen Aufsichtsbehörden gemäß der Vorschrift zur Zusammenarbeit zwischen der federführenden Aufsichtsbehörde und anderen betroffenen Aufsichtsbehörden (im Folgenden „Verfahren der Zusammenarbeit und Kohärenz") regelt oder ob die Aufsichtsbehörde, die sie unterrichtet hat, den Fall auf örtlicher Ebene regeln sollte. Dabei sollte die federführende Aufsichtsbehörde berücksichtigen, ob der Verantwortliche oder der Auftragsverarbeiter in dem Mitgliedstaat, dessen Aufsichtsbehörde sie unterrichtet hat, eine Niederlassung hat, damit Beschlüsse gegenüber dem Verantwortlichen oder dem Auftragsverarbeiter wirksam durchgesetzt werden. Entscheidet die federführende Aufsichtsbehörde, den Fall selbst zu regeln, sollte die Aufsichtsbehörde, die sie unterrichtet hat, die Möglichkeit haben, einen Beschlussentwurf vorzulegen, dem die federführende Aufsichtsbehörde bei der Ausarbeitung ihres Beschlussentwurfs im Rahmen dieses Verfahrens der Zusammenarbeit und Kohärenz weitestgehend Rechnung tragen sollte.

Datenschutz-Grundverordnung **DS-GVO 1**

(128) Die Vorschriften über die federführende Behörde und das Verfahren der Zusammenarbeit und Kohärenz sollten keine Anwendung finden, wenn die Verarbeitung durch Behörden oder private Stellen im öffentlichen Interesse erfolgt. In diesen Fällen sollte die Aufsichtsbehörde des Mitgliedstaats, in dem die Behörde oder private Einrichtung ihren Sitz hat, die einzige Aufsichtsbehörde sein, die dafür zuständig ist, die Befugnisse auszuüben, die ihr mit dieser Verordnung übertragen wurden.

(129) Um die einheitliche Überwachung und Durchsetzung dieser Verordnung in der gesamten Union sicherzustellen, sollten die Aufsichtsbehörden in jedem Mitgliedstaat dieselben Aufgaben und wirksamen Befugnisse haben, darunter, insbesondere im Fall von Beschwerden natürlicher Personen, Untersuchungsbefugnisse, Abhilfebefugnisse und Sanktionsbefugnisse und Genehmigungsbefugnisse und beratende Befugnisse, sowie – unbeschadet der Befugnisse der Strafverfolgungsbehörden nach dem Recht der Mitgliedstaaten – die Befugnis, Verstöße gegen diese Verordnung den Justizbehörden zur Kenntnis zu bringen und Gerichtsverfahren anzustrengen. Dazu sollte auch die Befugnis zählen, eine vorübergehende oder endgültige Beschränkung der Verarbeitung, einschließlich eines Verbots, zu verhängen. Die Mitgliedstaaten können andere Aufgaben im Zusammenhang mit dem Schutz personenbezogener Daten im Rahmen dieser Verordnung festlegen. Die Befugnisse der Aufsichtsbehörden sollten in Übereinstimmung mit den geeigneten Verfahrensgarantien nach dem Unionsrecht und dem Recht der Mitgliedstaaten unparteiisch, gerecht und innerhalb einer angemessenen Frist ausgeübt werden. Insbesondere sollte jede Maßnahme im Hinblick auf die Gewährleistung der Einhaltung dieser Verordnung geeignet, erforderlich und verhältnismäßig sein, wobei die Umstände des jeweiligen Einzelfalls zu berücksichtigen sind, das Recht einer jeden Person, gehört zu werden, bevor eine individuelle Maßnahme getroffen wird, die nachteilige Auswirkungen auf diese Person hätte, zu achten ist und überflüssige Kosten und übermäßige Unannehmlichkeiten für die Betroffenen zu vermeiden sind. Untersuchungsbefugnisse im Hinblick auf den Zugang zu Räumlichkeiten sollten im Einklang mit besonderen Anforderungen im Verfahrensrecht der Mitgliedstaaten ausgeübt werden, wie etwa dem Erfordernis einer vorherigen richterlichen Genehmigung. Jede rechtsverbindliche Maßnahme der Aufsichtsbehörde sollte schriftlich erlassen werden und sie sollte klar und eindeutig sein; die Aufsichtsbehörde, die die Maßnahme erlassen hat, und das Datum, an dem die Maßnahme erlassen wurde, sollten angegeben werden und die Maßnahme sollte vom Leiter oder von einem von ihm bevollmächtigten Mitglied der Aufsichtsbehörde unterschrieben sein und eine Begründung für die Maßnahme sowie einen Hinweis auf das Recht auf einen wirksamen Rechtsbehelf enthalten. Dies sollte zusätzliche Anforderungen nach dem Verfahrensrecht der Mitgliedstaaten nicht ausschließen. Der Erlass eines rechtsverbindlichen Beschlusses setzt voraus, dass er in dem Mitgliedstaat der Aufsichtsbehörde, die den Beschluss erlassen hat, gerichtlich überprüft werden kann.

(130) Ist die Aufsichtsbehörde, bei der die Beschwerde eingereicht wurde, nicht die federführende Aufsichtsbehörde, so sollte die federführende Aufsichtsbehörde gemäß den Bestimmungen dieser Verordnung über Zusammenarbeit und Kohärenz eng mit der Aufsichtsbehörde zusammenarbeiten,

bei der die Beschwerde eingereicht wurde. In solchen Fällen sollte die federführende Aufsichtsbehörde bei Maßnahmen, die rechtliche Wirkungen entfalten sollen, unter anderem bei der Verhängung von Geldbußen, den Standpunkt der Aufsichtsbehörde, bei der die Beschwerde eingereicht wurde und die weiterhin befugt sein sollte, in Abstimmung mit der zuständigen Aufsichtsbehörde Untersuchungen im Hoheitsgebiet ihres eigenen Mitgliedstaats durchzuführen, weitestgehend berücksichtigen.

(131) Wenn eine andere Aufsichtsbehörde als federführende Aufsichtsbehörde für die Verarbeitungstätigkeiten des Verantwortlichen oder des Auftragsverarbeiters fungieren sollte, der konkrete Gegenstand einer Beschwerde oder der mögliche Verstoß jedoch nur die Verarbeitungstätigkeiten des Verantwortlichen oder des Auftragsverarbeiters in dem Mitgliedstaat betrifft, in dem die Beschwerde eingereicht wurde oder der mögliche Verstoß aufgedeckt wurde, und die Angelegenheit keine erheblichen Auswirkungen auf betroffene Personen in anderen Mitgliedstaaten hat oder haben dürfte, sollte die Aufsichtsbehörde, bei der eine Beschwerde eingereicht wurde oder die Situationen, die mögliche Verstöße gegen diese Verordnung darstellen, aufgedeckt hat bzw. auf andere Weise darüber informiert wurde, versuchen, eine gütliche Einigung mit dem Verantwortlichen zu erzielen; falls sich dies als nicht erfolgreich erweist, sollte sie die gesamte Bandbreite ihrer Befugnisse wahrnehmen. Dies sollte auch Folgendes umfassen: die spezifische Verarbeitung im Hoheitsgebiet des Mitgliedstaats der Aufsichtsbehörde oder im Hinblick auf betroffene Personen im Hoheitsgebiet dieses Mitgliedstaats; die Verarbeitung im Rahmen eines Angebots von Waren oder Dienstleistungen, das speziell auf betroffene Personen im Hoheitsgebiet des Mitgliedstaats der Aufsichtsbehörde ausgerichtet ist; oder eine Verarbeitung, die unter Berücksichtigung der einschlägigen rechtlichen Verpflichtungen nach dem Recht der Mitgliedstaaten bewertet werden muss.

(132) Auf die Öffentlichkeit ausgerichtete Sensibilisierungsmaßnahmen der Aufsichtsbehörden sollten spezifische Maßnahmen einschließen, die sich an die Verantwortlichen und die Auftragsverarbeiter, einschließlich Kleinstunternehmen sowie kleiner und mittlerer Unternehmen, und an natürliche Personen, insbesondere im Bildungsbereich, richten.

(133) Die Aufsichtsbehörden sollten sich gegenseitig bei der Erfüllung ihrer Aufgaben unterstützen und Amtshilfe leisten, damit eine einheitliche Anwendung und Durchsetzung dieser Verordnung im Binnenmarkt gewährleistet ist. Eine Aufsichtsbehörde, die um Amtshilfe ersucht hat, kann eine einstweilige Maßnahme erlassen, wenn sie nicht binnen eines Monats nach Eingang des Amtshilfeersuchens bei der ersuchten Aufsichtsbehörde eine Antwort von dieser erhalten hat.

(134) Jede Aufsichtsbehörde sollte gegebenenfalls an gemeinsamen Maßnahmen von anderen Aufsichtsbehörden teilnehmen. Die ersuchte Aufsichtsbehörde sollte auf das Ersuchen binnen einer bestimmten Frist antworten müssen.

(135) Um die einheitliche Anwendung dieser Verordnung in der gesamten Union sicherzustellen, sollte ein Verfahren zur Gewährleistung einer einheitlichen Rechtsanwendung (Kohärenzverfahren) für die Zusammenarbeit zwischen den Aufsichtsbehörden eingeführt werden. Dieses Verfahren sollte insbesondere dann angewendet werden, wenn eine Auf-

sichtsbehörde beabsichtigt, eine Maßnahme zu erlassen, die rechtliche Wirkungen in Bezug auf Verarbeitungsvorgänge entfalten soll, die für eine bedeutende Zahl betroffener Personen in mehreren Mitgliedstaaten erhebliche Auswirkungen haben. Ferner sollte es zur Anwendung kommen, wenn eine betroffene Aufsichtsbehörde oder die Kommission beantragt, dass die Angelegenheit im Rahmen des Kohärenzverfahrens behandelt wird. Dieses Verfahren sollte andere Maßnahmen, die die Kommission möglicherweise in Ausübung ihrer Befugnisse nach den Verträgen trifft, unberührt lassen.

(136) Bei Anwendung des Kohärenzverfahrens sollte der Ausschuss, falls von der Mehrheit seiner Mitglieder so entschieden wird oder falls eine andere betroffene Aufsichtsbehörde oder die Kommission darum ersuchen, binnen einer festgelegten Frist eine Stellungnahme abgeben. Dem Ausschuss sollte auch die Befugnis übertragen werden, bei Streitigkeiten zwischen Aufsichtsbehörden rechtsverbindliche Beschlüsse zu erlassen. Zu diesem Zweck sollte er in klar bestimmten Fällen, in denen die Aufsichtsbehörden insbesondere im Rahmen des Verfahrens der Zusammenarbeit zwischen der federführenden Aufsichtsbehörde und den betroffenen Aufsichtsbehörden widersprüchliche Standpunkte zu dem Sachverhalt, vor allem in der Frage, ob ein Verstoß gegen diese Verordnung vorliegt, vertreten, grundsätzlich mit einer Mehrheit von zwei Dritteln seiner Mitglieder rechtsverbindliche Beschlüsse erlassen.

(137) Es kann dringender Handlungsbedarf zum Schutz der Rechte und Freiheiten von betroffenen Personen bestehen, insbesondere wenn eine erhebliche Behinderung der Durchsetzung des Rechts einer betroffenen Person droht. Eine Aufsichtsbehörde sollte daher hinreichend begründete einstweilige Maßnahmen in ihrem Hoheitsgebiet mit einer festgelegten Geltungsdauer von höchstens drei Monaten erlassen können.

(138) Die Anwendung dieses Verfahrens sollte in den Fällen, in denen sie verbindlich vorgeschrieben ist, eine Bedingung für die Rechtmäßigkeit einer Maßnahme einer Aufsichtsbehörde sein, die rechtliche Wirkungen entfalten soll. In anderen Fällen von grenzüberschreitender Relevanz sollte das Verfahren der Zusammenarbeit zwischen der federführenden Aufsichtsbehörde und den betroffenen Aufsichtsbehörden zur Anwendung gelangen, und die betroffenen Aufsichtsbehörden können auf bilateraler oder multilateraler Ebene Amtshilfe leisten und gemeinsame Maßnahmen durchführen, ohne auf das Kohärenzverfahren zurückzugreifen.

(139) Zur Förderung der einheitlichen Anwendung dieser Verordnung sollte der Ausschuss als unabhängige Einrichtung der Union eingesetzt werden. Damit der Ausschuss seine Ziele erreichen kann, sollte er Rechtspersönlichkeit besitzen. Der Ausschuss sollte von seinem Vorsitz vertreten werden. Er sollte die mit der Richtlinie 95/46/EG eingesetzte Arbeitsgruppe für den Schutz der Rechte von Personen bei der Verarbeitung personenbezogener Daten ersetzen. Er sollte aus dem Leiter einer Aufsichtsbehörde jedes Mitgliedstaats und dem Europäischen Datenschutzbeauftragten oder deren jeweiligen Vertretern gebildet werden. An den Beratungen des Ausschusses sollte die Kommission ohne Stimmrecht teilnehmen und der Europäische Datenschutzbeauftragte sollte spezifische Stimmrechte haben. Der Ausschuss sollte zur einheitlichen Anwendung der Verordnung in der gesamten Union beitragen, die Kommission insbesondere im

Hinblick auf das Schutzniveau in Drittländern oder internationalen Organisationen beraten und die Zusammenarbeit der Aufsichtsbehörden in der Union fördern. Der Ausschuss sollte bei der Erfüllung seiner Aufgaben unabhängig handeln.

(140) Der Ausschuss sollte von einem Sekretariat unterstützt werden, das von dem Europäischen Datenschutzbeauftragten bereitgestellt wird. Das Personal des Europäischen Datenschutzbeauftragten, das an der Wahrnehmung der dem Ausschuss gemäß dieser Verordnung übertragenen Aufgaben beteiligt ist, sollte diese Aufgaben ausschließlich gemäß den Anweisungen des Vorsitzes des Ausschusses durchführen und diesem Bericht erstatten.

(141) Jede betroffene Person sollte das Recht haben, bei einer einzigen Aufsichtsbehörde insbesondere in dem Mitgliedstaat ihres gewöhnlichen Aufenthalts eine Beschwerde einzureichen und gemäß Artikel 47 der Charta[1] einen wirksamen gerichtlichen Rechtsbehelf einzulegen, wenn sie sich in ihren Rechten gemäß dieser Verordnung verletzt sieht oder wenn die Aufsichtsbehörde auf eine Beschwerde hin nicht tätig wird, eine Beschwerde teilweise oder ganz abweist oder ablehnt oder nicht tätig wird, obwohl dies zum Schutz der Rechte der betroffenen Person notwendig ist. Die auf eine Beschwerde folgende Untersuchung sollte vorbehaltlich gerichtlicher Überprüfung so weit gehen, wie dies im Einzelfall angemessen ist. Die Aufsichtsbehörde sollte die betroffene Person innerhalb eines angemessenen Zeitraums über den Fortgang und die Ergebnisse der Beschwerde unterrichten. Sollten weitere Untersuchungen oder die Abstimmung mit einer anderen Aufsichtsbehörde erforderlich sein, sollte die betroffene Person über den Zwischenstand informiert werden. Jede Aufsichtsbehörde sollte Maßnahmen zur Erleichterung der Einreichung von Beschwerden treffen, wie etwa die Bereitstellung eines Beschwerdeformulars, das auch elektronisch ausgefüllt werden kann, ohne dass andere Kommunikationsmittel ausgeschlossen werden.

(142) Betroffene Personen, die sich in ihren Rechten gemäß dieser Verordnung verletzt sehen, sollten das Recht haben, nach dem Recht eines Mitgliedstaats gegründete Einrichtungen, Organisationen oder Verbände ohne Gewinnerzielungsabsicht, deren satzungsmäßige Ziele im öffentlichen Interesse liegen und die im Bereich des Schutzes personenbezogener Daten tätig sind, zu beauftragen, in ihrem Namen Beschwerde bei einer Aufsichtsbehörde oder einen gerichtlichen Rechtsbehelf einzulegen oder das Recht auf Schadensersatz in Anspruch zu nehmen, sofern dieses im Recht der Mitgliedstaaten vorgesehen ist. Die Mitgliedstaaten können vorsehen, dass diese Einrichtungen, Organisationen oder Verbände das Recht haben, unabhängig vom Auftrag einer betroffenen Person in dem betreffenden Mitgliedstaat eine eigene Beschwerde einzulegen, und das Recht auf einen wirksamen gerichtlichen Rechtsbehelf haben sollten, wenn sie Grund zu der Annahme haben, dass die Rechte der betroffenen Person infolge einer nicht im Einklang mit dieser Verordnung stehenden Verarbeitung verletzt worden sind. Diesen Einrichtungen, Organisationen oder Verbänden kann unabhängig vom Auftrag einer betroffenen Person

---

[1] Nr. 4.

Datenschutz-Grundverordnung **DS-GVO 1**

nicht gestattet werden, im Namen einer betroffenen Person Schadenersatz zu verlangen.

(143) Jede natürliche oder juristische Person hat das Recht, unter den in Artikel 263 AEUV genannten Voraussetzungen beim Gerichtshof eine Klage auf Nichtigerklärung eines Beschlusses des Ausschusses zu erheben. Als Adressaten solcher Beschlüsse müssen die betroffenen Aufsichtsbehörden, die diese Beschlüsse anfechten möchten, binnen zwei Monaten nach deren Übermittlung gemäß Artikel 263 AEUV Klage erheben. Sofern Beschlüsse des Ausschusses einen Verantwortlichen, einen Auftragsverarbeiter oder den Beschwerdeführer unmittelbar und individuell betreffen, so können diese Personen binnen zwei Monaten nach Veröffentlichung der betreffenden Beschlüsse auf der Website des Ausschusses im Einklang mit Artikel 263 AEUV eine Klage auf Nichtigerklärung erheben. Unbeschadet dieses Rechts nach Artikel 263 AEUV sollte jede natürliche oder juristische Person das Recht auf einen wirksamen gerichtlichen Rechtsbehelf bei dem zuständigen einzelstaatlichen Gericht gegen einen Beschluss einer Aufsichtsbehörde haben, der gegenüber dieser Person Rechtswirkungen entfaltet. Ein derartiger Beschluss betrifft insbesondere die Ausübung von Untersuchungs-, Abhilfe- und Genehmigungsbefugnissen durch die Aufsichtsbehörde oder die Ablehnung oder Abweisung von Beschwerden. Das Recht auf einen wirksamen gerichtlichen Rechtsbehelf umfasst jedoch nicht rechtlich nicht bindende Maßnahmen der Aufsichtsbehörden wie von ihr abgegebene Stellungnahmen oder Empfehlungen. Verfahren gegen eine Aufsichtsbehörde sollten bei den Gerichten des Mitgliedstaats angestrengt werden, in dem die Aufsichtsbehörde ihren Sitz hat, und sollten im Einklang mit dem Verfahrensrecht dieses Mitgliedstaats durchgeführt werden. Diese Gerichte sollten eine uneingeschränkte Zuständigkeit besitzen, was die Zuständigkeit, sämtliche für den bei ihnen anhängigen Rechtsstreit maßgebliche Sach- und Rechtsfragen zu prüfen, einschließt. Wurde eine Beschwerde von einer Aufsichtsbehörde abgelehnt oder abgewiesen, kann der Beschwerdeführer Klage bei den Gerichten desselben Mitgliedstaats erheben.

Im Zusammenhang mit gerichtlichen Rechtsbehelfen in Bezug auf die Anwendung dieser Verordnung können einzelstaatliche Gerichte, die eine Entscheidung über diese Frage für erforderlich halten, um ihr Urteil erlassen zu können, bzw. müssen einzelstaatliche Gerichte in den Fällen nach Artikel 267 AEUV den Gerichtshof um eine Vorabentscheidung zur Auslegung des Unionsrechts – das auch diese Verordnung einschließt – ersuchen. Wird darüber hinaus der Beschluss einer Aufsichtsbehörde zur Umsetzung eines Beschlusses des Ausschusses vor einem einzelstaatlichen Gericht angefochten und wird die Gültigkeit des Beschlusses des Ausschusses in Frage gestellt, so hat dieses einzelstaatliche Gericht nicht die Befugnis, den Beschluss des Ausschusses für nichtig zu erklären, sondern es muss im Einklang mit Artikel 267 AEUV in der Auslegung des Gerichtshofs den Gerichtshof mit der Frage der Gültigkeit befassen, wenn es den Beschluss für nichtig hält. Allerdings darf ein einzelstaatliches Gericht den Gerichtshof nicht auf Anfrage einer natürlichen oder juristischen Person mit Fragen der Gültigkeit des Beschlusses des Ausschusses befassen, wenn diese Person Gelegenheit hatte, eine Klage auf Nichtigerklärung dieses Beschlusses zu erheben – insbesondere wenn sie unmittelbar und individuell von dem Beschluss betroffen war –, diese Gelegenheit jedoch nicht innerhalb der Frist gemäß Artikel 263 AEUV genutzt hat.

(144) Hat ein mit einem Verfahren gegen die Entscheidung einer Aufsichtsbehörde befasstes Gericht Anlass zu der Vermutung, dass ein dieselbe Verarbeitung betreffendes Verfahren – etwa zu demselben Gegenstand in Bezug auf die Verarbeitung durch denselben Verantwortlichen oder Auftragsverarbeiter oder wegen desselben Anspruchs – vor einem zuständigen Gericht in einem anderen Mitgliedstaat anhängig ist, so sollte es mit diesem Gericht Kontakt aufnehmen, um sich zu vergewissern, dass ein solches verwandtes Verfahren existiert. Sind verwandte Verfahren vor einem Gericht in einem anderen Mitgliedstaat anhängig, so kann jedes später angerufene Gericht das Verfahren aussetzen oder sich auf Anfrage einer Partei auch zugunsten des zuerst angerufenen Gerichts für unzuständig erklären, wenn dieses später angerufene Gericht für die betreffenden Verfahren zuständig ist und die Verbindung von solchen verwandten Verfahren nach seinem Recht zulässig ist. Verfahren gelten als miteinander verwandt, wenn zwischen ihnen eine so enge Beziehung gegeben ist, dass eine gemeinsame Verhandlung und Entscheidung geboten erscheint, um zu vermeiden, dass in getrennten Verfahren einander widersprechende Entscheidungen ergehen.

(145) Bei Verfahren gegen Verantwortliche oder Auftragsverarbeiter sollte es dem Kläger überlassen bleiben, ob er die Gerichte des Mitgliedstaats anruft, in dem der Verantwortliche oder der Auftragsverarbeiter eine Niederlassung hat, oder des Mitgliedstaats, in dem die betroffene Person wohnt; dies gilt nicht, wenn es sich bei dem Verantwortlichen um eine Behörde eines Mitgliedstaats handelt, die in Ausübung ihrer hoheitlichen Befugnisse tätig geworden ist.

(146) Der Verantwortliche oder der Auftragsverarbeiter sollte Schäden, die einer Person aufgrund einer Verarbeitung entstehen, die mit dieser Verordnung nicht im Einklang steht, ersetzen. Der Verantwortliche oder der Auftragsverarbeiter sollte von seiner Haftung befreit werden, wenn er nachweist, dass er in keiner Weise für den Schaden verantwortlich ist. Der Begriff des Schadens sollte im Lichte der Rechtsprechung des Gerichtshofs weit auf eine Art und Weise ausgelegt werden, die den Zielen dieser Verordnung in vollem Umfang entspricht. Dies gilt unbeschadet von Schadenersatzforderungen aufgrund von Verstößen gegen andere Vorschriften des Unionsrechts oder des Rechts der Mitgliedstaaten. Zu einer Verarbeitung, die mit der vorliegenden Verordnung nicht im Einklang steht, zählt auch eine Verarbeitung, die nicht mit den nach Maßgabe der vorliegenden Verordnung erlassenen delegierten Rechtsakten und Durchführungsrechtsakten und Rechtsvorschriften der Mitgliedstaaten zur Präzisierung von Bestimmungen der vorliegenden Verordnung im Einklang steht. Die betroffenen Personen sollten einen vollständigen und wirksamen Schadenersatz für den erlittenen Schaden erhalten. Sind Verantwortliche oder Auftragsverarbeiter an derselben Verarbeitung beteiligt, so sollte jeder Verantwortliche oder Auftragsverarbeiter für den gesamten Schaden haftbar gemacht werden. Werden sie jedoch nach Maßgabe des Rechts der Mitgliedstaaten zu demselben Verfahren hinzugezogen, so können sie im Verhältnis zu der Verantwortung anteilmäßig haftbar

gemacht werden, die jeder Verantwortliche oder Auftragsverarbeiter für den durch die Verarbeitung entstandenen Schaden zu tragen hat, sofern sichergestellt ist, dass die betroffene Person einen vollständigen und wirksamen Schadenersatz für den erlittenen Schaden erhält. Jeder Verantwortliche oder Auftragsverarbeiter, der den vollen Schadenersatz geleistet hat, kann anschließend ein Rückgriffsverfahren gegen andere an derselben Verarbeitung beteiligte Verantwortliche oder Auftragsverarbeiter anstrengen.

(147) Soweit in dieser Verordnung spezifische Vorschriften über die Gerichtsbarkeit – insbesondere in Bezug auf Verfahren im Hinblick auf einen gerichtlichen Rechtsbehelf einschließlich Schadenersatz gegen einen Verantwortlichen oder Auftragsverarbeiter – enthalten sind, sollten die allgemeinen Vorschriften über die Gerichtsbarkeit, wie sie etwa in der Verordnung (EU) Nr. 1215/2012 des Europäischen Parlaments und des Rates[1] enthalten sind, der Anwendung dieser spezifischen Vorschriften nicht entgegenstehen.

(148) Im Interesse einer konsequenteren Durchsetzung der Vorschriften dieser Verordnung sollten bei Verstößen gegen diese Verordnung zusätzlich zu den geeigneten Maßnahmen, die die Aufsichtsbehörde gemäß dieser Verordnung verhängt, oder an Stelle solcher Maßnahmen Sanktionen einschließlich Geldbußen verhängt werden. Im Falle eines geringfügigeren Verstoßes oder falls voraussichtlich zu verhängende Geldbuße eine unverhältnismäßige Belastung für eine natürliche Person bewirken würde, kann anstelle einer Geldbuße eine Verwarnung erteilt werden. Folgendem sollte auch gebührend Rechnung getragen werden: der Art, Schwere und Dauer des Verstoßes, dem vorsätzlichen Charakter des Verstoßes, den Maßnahmen zur Minderung des entstandenen Schadens, dem Grad der Verantwortlichkeit oder jeglichem früheren Verstoß, der Art und Weise, wie der Verstoß der Aufsichtsbehörde bekannt wurde, der Einhaltung der gegen den Verantwortlichen oder Auftragsverarbeiter angeordneten Maßnahmen, der Einhaltung von Verhaltensregeln und jedem anderen erschwerenden oder mildernden Umstand. Für die Verhängung von Sanktionen einschließlich Geldbußen sollte es angemessene Verfahrensgarantien geben, die den allgemeinen Grundsätzen des Unionsrechts und der Charta, einschließlich des Rechts auf wirksamen Rechtsschutz und ein faires Verfahren, entsprechen.

(149) Die Mitgliedstaaten sollten die strafrechtlichen Sanktionen für Verstöße gegen diese Verordnung, auch für Verstöße gegen auf der Grundlage und in den Grenzen dieser Verordnung erlassene nationale Vorschriften, festlegen können. Diese strafrechtlichen Sanktionen können auch die Einziehung der durch die Verstöße gegen diese Verordnung erzielten Gewinne ermöglichen. Die Verhängung von strafrechtlichen Sanktionen für Verstöße gegen solche nationalen Vorschriften und von verwaltungsrechtlichen Sanktionen sollte jedoch nicht zu einer Verletzung des Grundsatzes „ne bis in idem", wie er vom Gerichtshof ausgelegt worden ist, führen.

---

[1] **Amtl. Anm.:** Verordnung (EU) Nr. 1215/2012 des Europäischen Parlaments und des Rates vom 12. Dezember 2012 über die gerichtliche Zuständigkeit und die Anerkennung und Vollstreckung von Entscheidungen in Zivil- und Handelssachen (ABl. L 351 vom 20.12.2012, S. 1).

(150) Um die verwaltungsrechtlichen Sanktionen bei Verstößen gegen diese Verordnung zu vereinheitlichen und ihnen mehr Wirkung zu verleihen, sollte jede Aufsichtsbehörde befugt sein, Geldbußen zu verhängen. In dieser Verordnung sollten die Verstöße sowie die Obergrenze der entsprechenden Geldbußen und die Kriterien für ihre Festsetzung genannt werden, wobei diese Geldbußen von der zuständigen Aufsichtsbehörde in jedem Einzelfall unter Berücksichtigung aller besonderen Umstände und insbesondere der Art, Schwere und Dauer des Verstoßes und seiner Folgen sowie der Maßnahmen, die ergriffen worden sind, um die Einhaltung der aus dieser Verordnung erwachsenden Verpflichtungen zu gewährleisten und die Folgen des Verstoßes abzuwenden oder abzumildern, festzusetzen sind. Werden Geldbußen Unternehmen auferlegt, sollte zu diesem Zweck der Begriff „Unternehmen" im Sinne der Artikel 101 und 102 AEUV verstanden werden. Werden Geldbußen Personen auferlegt, bei denen es sich nicht um Unternehmen handelt, so sollte die Aufsichtsbehörde bei der Erwägung des angemessenen Betrags für die Geldbuße dem allgemeinen Einkommensniveau in dem betreffenden Mitgliedstaat und der wirtschaftlichen Lage der Personen Rechnung tragen. Das Kohärenzverfahren kann auch genutzt werden, um eine kohärente Anwendung von Geldbußen zu fördern. Die Mitgliedstaaten sollten bestimmen können, ob und inwieweit gegen Behörden Geldbußen verhängt werden können. Auch wenn die Aufsichtsbehörden bereits Geldbußen verhängt oder eine Verwarnung erteilt haben, können sie ihre anderen Befugnisse ausüben oder andere Sanktionen nach Maßgabe dieser Verordnung verhängen.

(151) Nach den Rechtsordnungen Dänemarks und Estlands sind die in dieser Verordnung vorgesehenen Geldbußen nicht zulässig. Die Vorschriften über die Geldbußen können so angewandt werden, dass die Geldbuße in Dänemark durch die zuständigen nationalen Gerichte als Strafe und in Estland durch die Aufsichtsbehörde im Rahmen eines Verfahrens bei Vergehen verhängt wird, sofern eine solche Anwendung der Vorschriften in diesen Mitgliedstaaten die gleiche Wirkung wie die von den Aufsichtsbehörden verhängten Geldbußen hat. Daher sollten die zuständigen nationalen Gerichte die Empfehlung der Aufsichtsbehörde, die die Geldbuße in die Wege geleitet hat, berücksichtigen. In *jeden*[1] Fall sollten die verhängten Geldbußen wirksam, verhältnismäßig und abschreckend sein.

(152) Soweit diese Verordnung verwaltungsrechtliche Sanktionen nicht harmonisiert oder wenn es in anderen Fällen – beispielsweise bei schweren Verstößen gegen diese Verordnung – erforderlich ist, sollten die Mitgliedstaaten eine Regelung anwenden, die wirksame, verhältnismäßige und abschreckende Sanktionen vorsieht. Es sollte im Recht der Mitgliedstaaten geregelt werden, ob diese Sanktionen strafrechtlicher oder verwaltungsrechtlicher Art sind.

(153) Im Recht der Mitgliedstaaten sollten die Vorschriften über die freie Meinungsäußerung und Informationsfreiheit, auch von Journalisten, Wissenschaftlern, Künstlern und/oder Schriftstellern, mit dem Recht auf Schutz der personenbezogenen Daten gemäß dieser Verordnung in Einklang gebracht werden. Für die Verarbeitung personenbezogener Daten

---

[1] Richtig wohl: „jedem".

ausschließlich zu journalistischen Zwecken oder zu wissenschaftlichen, künstlerischen oder literarischen Zwecken sollten Abweichungen und Ausnahmen von bestimmten Vorschriften dieser Verordnung gelten, wenn dies erforderlich ist, um das Recht auf Schutz der personenbezogenen Daten mit dem Recht auf Freiheit der Meinungsäußerung und Informationsfreiheit, wie es in Artikel 11 der Charta[1]) garantiert ist, in Einklang zu bringen. Dies sollte insbesondere für die Verarbeitung personenbezogener Daten im audiovisuellen Bereich sowie in Nachrichten- und Pressearchiven gelten. Die Mitgliedstaaten sollten daher Gesetzgebungsmaßnahmen zur Regelung der Abweichungen und Ausnahmen erlassen, die zum Zwecke der Abwägung zwischen diesen Grundrechten notwendig sind. Die Mitgliedstaaten sollten solche Abweichungen und Ausnahmen in Bezug auf die allgemeinen Grundsätze, die Rechte der betroffenen Person, den Verantwortlichen und den Auftragsverarbeiter, die Übermittlung von personenbezogenen Daten an Drittländer oder an internationale Organisationen, die unabhängigen Aufsichtsbehörden, die Zusammenarbeit und Kohärenz und besondere Datenverarbeitungssituationen erlassen. Sollten diese Abweichungen oder Ausnahmen von Mitgliedstaat zu Mitgliedstaat unterschiedlich sein, sollte das Recht des Mitgliedstaats angewendet werden, dem der Verantwortliche unterliegt. Um der Bedeutung des Rechts auf freie Meinungsäußerung in einer demokratischen Gesellschaft Rechnung zu tragen, müssen Begriffe wie Journalismus, die sich auf diese Freiheit beziehen, weit ausgelegt werden.

(154) Diese Verordnung ermöglicht es, dass bei ihrer Anwendung der Grundsatz des Zugangs der Öffentlichkeit zu amtlichen Dokumenten berücksichtigt wird. Der Zugang der Öffentlichkeit zu amtlichen Dokumenten kann als öffentliches Interesse betrachtet werden. Personenbezogene Daten in Dokumenten, die sich im Besitz einer Behörde oder einer öffentlichen Stelle befinden, sollten von dieser Behörde oder Stelle öffentlich offengelegt werden können, sofern dies im Unionsrecht oder im Recht der Mitgliedstaaten, denen sie unterliegt, vorgesehen ist. Diese Rechtsvorschriften sollten den Zugang der Öffentlichkeit zu amtlichen Dokumenten und die Weiterverwendung von Informationen des öffentlichen Sektors mit dem Recht auf Schutz personenbezogener Daten in Einklang bringen und können daher die notwendige Übereinstimmung mit dem Recht auf Schutz personenbezogener Daten gemäß dieser Verordnung regeln. Die Bezugnahme auf Behörden und öffentliche Stellen sollte in diesem Kontext sämtliche Behörden oder sonstigen Stellen beinhalten, die vom Recht des jeweiligen Mitgliedstaats über den Zugang der Öffentlichkeit zu Dokumenten erfasst werden. Die Richtlinie 2003/98/EG des Europäischen Parlaments und des Rates[2]) lässt das Schutzniveau für natürliche Personen in Bezug auf die Verarbeitung personenbezogener Daten gemäß den Bestimmungen des Unionsrechts und des Rechts der Mitgliedstaaten unberührt und beeinträchtigt diesen in keiner Weise, und sie bewirkt insbesondere keine Änderung der in dieser Verordnung dargelegten Rechte und Pflichten. Insbesondere sollte die genannte Richtlinie

---

[1]) Nr. 4.
[2]) **Amtl. Anm.:** Richtlinie 2003/98/EG des Europäischen Parlaments und des Rates vom 17. November 2003 über die Weiterverwendung von Informationen des öffentlichen Sektors (ABl. L 345 vom 31.12.2003, S. 90).

nicht für Dokumente gelten, die nach den Zugangsregelungen der Mitgliedstaaten aus Gründen des Schutzes personenbezogener Daten nicht oder nur eingeschränkt zugänglich sind, oder für Teile von Dokumenten, die nach diesen Regelungen zugänglich sind, wenn sie personenbezogene Daten enthalten, bei denen Rechtsvorschriften vorsehen, dass ihre Weiterverwendung nicht mit dem Recht über den Schutz natürlicher Personen in Bezug auf die Verarbeitung personenbezogener Daten vereinbar ist.

(155) Im Recht der Mitgliedstaaten oder in Kollektivvereinbarungen (einschließlich „Betriebsvereinbarungen") können spezifische Vorschriften für die Verarbeitung personenbezogener Beschäftigtendaten im Beschäftigungskontext vorgesehen werden, und zwar insbesondere Vorschriften über die Bedingungen, unter denen personenbezogene Daten im Beschäftigungskontext auf der Grundlage der Einwilligung des Beschäftigten verarbeitet werden dürfen, über die Verarbeitung dieser Daten für Zwecke der Einstellung, der Erfüllung des Arbeitsvertrags einschließlich der Erfüllung von durch Rechtsvorschriften oder durch Kollektivvereinbarungen festgelegten Pflichten, des Managements, der Planung und der Organisation der Arbeit, der Gleichheit und Diversität am Arbeitsplatz, der Gesundheit und Sicherheit am Arbeitsplatz sowie für Zwecke der Inanspruchnahme der mit der Beschäftigung zusammenhängenden individuellen oder kollektiven Rechte und Leistungen und für Zwecke der Beendigung des Beschäftigungsverhältnisses.

(156) Die Verarbeitung personenbezogener Daten für im öffentlichen Interesse liegende Archivzwecke, zu wissenschaftlichen oder historischen Forschungszwecken oder zu statistischen Zwecken sollte geeigneten Garantien für die Rechte und Freiheiten der betroffenen Person gemäß dieser Verordnung unterliegen. Mit diesen Garantien sollte sichergestellt werden, dass technische und organisatorische Maßnahmen bestehen, mit denen insbesondere der Grundsatz der Datenminimierung gewährleistet wird. Die Weiterverarbeitung personenbezogener Daten zu im öffentlichen Interesse liegende Archivzwecken, zu wissenschaftlichen oder historischen Forschungszwecken oder zu statistischen Zwecken erfolgt erst dann, wenn der Verantwortliche geprüft hat, ob es möglich ist, diese Zwecke durch die Verarbeitung von personenbezogenen Daten, bei der die Identifizierung von betroffenen Personen nicht oder nicht mehr möglich ist, zu erfüllen, sofern geeignete Garantien bestehen (wie z.B. die Pseudonymisierung von personenbezogenen Daten). Die Mitgliedstaaten sollten geeignete Garantien in Bezug auf die Verarbeitung personenbezogener Daten für im öffentlichen Interesse liegende Archivzwecke, zu wissenschaftlichen oder historischen Forschungszwecken oder zu statistischen Zwecken vorsehen. Es sollte den Mitgliedstaaten erlaubt sein, unter bestimmten Bedingungen und vorbehaltlich geeigneter Garantien für die betroffenen Personen Präzisierungen und Ausnahmen in Bezug auf die Informationsanforderungen sowie der Rechte auf Berichtigung, Löschung, Vergessenwerden, zur Einschränkung der Verarbeitung, auf Datenübertragbarkeit sowie auf Widerspruch bei der Verarbeitung personenbezogener Daten zu im öffentlichen Interesse liegende Archivzwecken, zu wissenschaftlichen oder historischen Forschungszwecken oder zu statistischen Zwecken vorzusehen. Im Rahmen der betreffenden Be-

dingungen und Garantien können spezifische Verfahren für die Ausübung dieser Rechte durch die betroffenen Personen vorgesehen sein – sofern dies angesichts der mit der spezifischen Verarbeitung verfolgten Zwecke angemessen ist – sowie technische und organisatorische Maßnahmen zur Minimierung der Verarbeitung personenbezogener Daten im Hinblick auf die Grundsätze der Verhältnismäßigkeit und der Notwendigkeit. Die Verarbeitung personenbezogener Daten zu wissenschaftlichen Zwecken sollte auch anderen einschlägigen Rechtsvorschriften, beispielsweise für klinische Prüfungen, genügen.

(157) Durch die Verknüpfung von Informationen aus Registern können Forscher neue Erkenntnisse von großem Wert in Bezug auf weit verbreiteten Krankheiten wie Herz-Kreislauferkrankungen, Krebs und Depression erhalten. Durch die Verwendung von Registern können bessere Forschungsergebnisse erzielt werden, da sie auf einen größeren Bevölkerungsanteil gestützt sind. Im Bereich der Sozialwissenschaften ermöglicht die Forschung anhand von Registern es den Forschern, entscheidende Erkenntnisse über den langfristigen Zusammenhang einer Reihe sozialer Umstände zu erlangen, wie Arbeitslosigkeit und Bildung mit anderen Lebensumständen. Durch Register erhaltene Forschungsergebnisse bieten solide, hochwertige Erkenntnisse, die die Basis für die Erarbeitung und Umsetzung wissensgestützter politischer Maßnahmen darstellen, die Lebensqualität zahlreicher Menschen verbessern und die Effizienz der Sozialdienste verbessern können. Zur Erleichterung der wissenschaftlichen Forschung können daher personenbezogene Daten zu wissenschaftlichen Forschungszwecken verarbeitet werden, wobei sie angemessenen Bedingungen und Garantien unterliegen, die im Unionsrecht oder im Recht der Mitgliedstaaten festgelegt sind.

(158) Diese Verordnung sollte auch für die Verarbeitung personenbezogener Daten zu Archivzwecken gelten, wobei darauf hinzuweisen ist, dass die Verordnung nicht für verstorbene Personen gelten sollte. Behörden oder öffentliche oder private Stellen, die Aufzeichnungen von öffentlichem Interesse führen, sollten gemäß dem Unionsrecht oder dem Recht der Mitgliedstaaten rechtlich verpflichtet sein, Aufzeichnungen von bleibendem Wert für das allgemeine öffentliche Interesse zu erwerben, zu erhalten, zu bewerten, aufzubereiten, zu beschreiben, mitzuteilen, zu fördern, zu verbreiten sowie Zugang dazu bereitzustellen. Es sollte den Mitgliedstaaten ferner erlaubt sein vorzusehen, dass personenbezogene Daten zu Archivzwecken weiterverarbeitet werden, beispielsweise im Hinblick auf die Bereitstellung spezifischer Informationen im Zusammenhang mit dem politischen Verhalten unter ehemaligen totalitären Regimen, Völkermord, Verbrechen gegen die Menschlichkeit, insbesondere dem Holocaust, und Kriegsverbrechen.

(159) Diese Verordnung sollte auch für die Verarbeitung personenbezogener Daten zu wissenschaftlichen Forschungszwecken gelten. Die Verarbeitung personenbezogener Daten zu wissenschaftlichen Forschungszwecken im Sinne dieser Verordnung sollte weit ausgelegt werden und die Verarbeitung für beispielsweise die technologische Entwicklung und die Demonstration, die Grundlagenforschung, die angewandte Forschung und die privat finanzierte Forschung einschließen. Darüber hinaus sollte sie dem in Artikel 179 Absatz 1 AEUV festgeschriebenen Ziel, einen europäi-

schen Raum der Forschung zu schaffen, Rechnung tragen. Die wissenschaftlichen Forschungszwecke sollten auch Studien umfassen, die im öffentlichen Interesse im Bereich der öffentlichen Gesundheit durchgeführt werden. Um den Besonderheiten der Verarbeitung personenbezogener Daten zu wissenschaftlichen Forschungszwecken zu genügen, sollten spezifische Bedingungen insbesondere hinsichtlich der Veröffentlichung oder sonstigen Offenlegung personenbezogener Daten im Kontext wissenschaftlicher Zwecke gelten. Geben die Ergebnisse wissenschaftlicher Forschung insbesondere im Gesundheitsbereich Anlass zu weiteren Maßnahmen im Interesse der betroffenen Person, sollten die allgemeinen Vorschriften dieser Verordnung für diese Maßnahmen gelten.

(160) Diese Verordnung sollte auch für die Verarbeitung personenbezogener Daten zu historischen Forschungszwecken gelten. Dazu sollte auch historische Forschung und Forschung im Bereich der Genealogie zählen, wobei darauf hinzuweisen ist, dass diese Verordnung nicht für verstorbene Personen gelten sollte.

(161) Für die Zwecke der Einwilligung in die Teilnahme an wissenschaftlichen Forschungstätigkeiten im Rahmen klinischer Prüfungen sollten die einschlägigen Bestimmungen der Verordnung (EU) Nr. 536/2014 des Europäischen Parlaments und des Rates[1]) gelten.

(162) Diese Verordnung sollte auch für die Verarbeitung personenbezogener Daten zu statistischen Zwecken gelten. Das Unionsrecht oder das Recht der Mitgliedstaaten sollte in den Grenzen dieser Verordnung den statistischen Inhalt, die Zugangskontrolle, die Spezifikationen für die Verarbeitung personenbezogener Daten zu statistischen Zwecken und geeignete Maßnahmen zur Sicherung der Rechte und Freiheiten der betroffenen Personen und zur Sicherstellung der statistischen Geheimhaltung bestimmen. Unter dem Begriff „statistische Zwecke" ist jeder für die Durchführung statistischer Untersuchungen und die Erstellung statistischer Ergebnisse erforderliche Vorgang der Erhebung und Verarbeitung personenbezogener Daten zu verstehen. Diese statistischen Ergebnisse können für verschiedene Zwecke, so auch für wissenschaftliche Forschungszwecke, weiterverwendet werden. Im Zusammenhang mit den statistischen Zwecken wird vorausgesetzt, dass die Ergebnisse der Verarbeitung zu statistischen Zwecken keine personenbezogenen Daten, sondern aggregierte Daten sind und diese Ergebnisse oder personenbezogenen Daten nicht für Maßnahmen oder Entscheidungen gegenüber einzelnen natürlichen Personen verwendet werden.

(163) Die vertraulichen Informationen, die die statistischen Behörden der Union und der Mitgliedstaaten zur Erstellung der amtlichen europäischen und der amtlichen nationalen Statistiken erheben, sollten geschützt werden. Die europäischen Statistiken sollten im Einklang mit den in Artikel 338 Absatz 2 AEUV dargelegten statistischen Grundsätzen entwickelt, erstellt und verbreitet werden, wobei die nationalen Statistiken auch mit dem Recht der Mitgliedstaaten übereinstimmen müssen. Die Verordnung

---

[1]) **Amtl. Anm.:** Verordnung (EU) Nr. 536/2014 des Europäischen Parlaments und des Rates vom 16. April 2014 über klinische Prüfungen mit Humanarzneimitteln und zur Aufhebung der Richtlinie 2001/20/EG Text von Bedeutung für den EWR (ABl. L 158 vom 27.5.2014, S. 1).

(EG) Nr. 223/2009 des Europäischen Parlaments und des Rates[1] enthält genauere Bestimmungen zur Vertraulichkeit europäischer Statistiken.

(164) Hinsichtlich der Befugnisse der Aufsichtsbehörden, von dem Verantwortlichen oder vom Auftragsverarbeiter Zugang zu personenbezogenen Daten oder zu seinen Räumlichkeiten zu erlangen, können die Mitgliedstaaten in den Grenzen dieser Verordnung den Schutz des Berufsgeheimnisses oder anderer gleichwertiger Geheimhaltungspflichten durch Rechtsvorschriften regeln, soweit dies notwendig ist, um das Recht auf Schutz der personenbezogenen Daten mit einer Pflicht zur Wahrung des Berufsgeheimnisses in Einklang zu bringen. Dies berührt nicht die bestehenden Verpflichtungen der Mitgliedstaaten zum Erlass von Vorschriften über das Berufsgeheimnis, wenn dies aufgrund des Unionsrechts erforderlich ist.

(165) Im Einklang mit Artikel 17 AEUV achtet diese Verordnung den Status, den Kirchen und religiöse Vereinigungen oder Gemeinschaften in den Mitgliedstaaten nach deren bestehenden verfassungsrechtlichen Vorschriften genießen, und beeinträchtigt ihn nicht.

(166) Um die Zielvorgaben dieser Verordnung zu erfüllen, d.h. die Grundrechte und Grundfreiheiten natürlicher Personen und insbesondere ihr Recht auf Schutz ihrer personenbezogenen Daten zu schützen und den freien Verkehr personenbezogener Daten innerhalb der Union zu gewährleisten, sollte der Kommission die Befugnis übertragen werden, gemäß Artikel 290 AEUV Rechtsakte zu erlassen. Delegierte Rechtsakte sollten insbesondere in Bezug auf die für Zertifizierungsverfahren geltenden Kriterien und Anforderungen, die durch standardisierte Bildsymbole darzustellenden Informationen und die Verfahren für die Bereitstellung dieser Bildsymbole erlassen werden. Es ist von besonderer Bedeutung, dass die Kommission im Zuge ihrer Vorbereitungsarbeit angemessene Konsultationen, auch auf der Ebene von Sachverständigen, durchführt. Bei der Vorbereitung und Ausarbeitung delegierter Rechtsakte sollte die Kommission gewährleisten, dass die einschlägigen Dokumente dem Europäischen Parlament und dem Rat gleichzeitig, rechtzeitig und auf angemessene Weise übermittelt werden.

(167) Zur Gewährleistung einheitlicher Bedingungen für die Durchführung dieser Verordnung sollten der Kommission Durchführungsbefugnisse übertragen werden, wenn dies in dieser Verordnung vorgesehen ist. Diese Befugnisse sollten nach Maßgabe der Verordnung (EU) Nr. 182/2011 des Europäischen Parlaments und des Rates ausgeübt werden. In diesem Zusammenhang sollte die Kommission besondere Maßnahmen für Kleinstunternehmen sowie kleine und mittlere Unternehmen erwägen.

(168) Für den Erlass von Durchführungsrechtsakten bezüglich Standardvertragsklauseln für Verträge zwischen Verantwortlichen und Auftragsverarbeitern sowie zwischen Auftragsverarbeitern; Verhaltensregeln; tech-

---

[1] **Amtl. Anm.:** Verordnung (EG) Nr. 223/2009 des Europäischen Parlaments und des Rates vom 11. März 2009 über europäische Statistiken und zur Aufhebung der Verordnung (EG, Euratom) Nr. 1101/2008 des Europäischen Parlaments und des Rates über die Übermittlung von unter die Geheimhaltungspflicht fallenden Informationen an das Statistische Amt der Europäischen Gemeinschaften, der Verordnung (EG) Nr. 322/97 des Rates über die Gemeinschaftsstatistiken und des Beschlusses 89/382/EWG, Euratom des Rates zur Einsetzung eines Ausschusses für das Statistische Programm der Europäischen Gemeinschaften (ABl. L 87 vom 31.3.2009, S. 164).

nische Standards und Verfahren für die Zertifizierung; Anforderungen an die Angemessenheit des Datenschutzniveaus in einem Drittland, einem Gebiet oder bestimmten Sektor dieses Drittlands oder in einer internationalen Organisation; Standardschutzklauseln; Formate und Verfahren für den Informationsaustausch zwischen Verantwortlichen, Auftragsverarbeitern und Aufsichtsbehörden im Hinblick auf verbindliche interne Datenschutzvorschriften; Amtshilfe; sowie Vorkehrungen für den elektronischen Informationsaustausch zwischen Aufsichtsbehörden und zwischen Aufsichtsbehörden und dem Ausschuss sollte das Prüfverfahren angewandt werden.

(169) Die Kommission sollte sofort geltende Durchführungsrechtsakte erlassen, wenn anhand vorliegender Beweise festgestellt wird, dass ein Drittland, ein Gebiet oder ein bestimmter Sektor in diesem Drittland oder eine internationale Organisation kein angemessenes Schutzniveau gewährleistet, und dies aus Gründen äußerster Dringlichkeit erforderlich ist.

(170) Da das Ziel dieser Verordnung, nämlich die Gewährleistung eines gleichwertigen Datenschutzniveaus für natürliche Personen und des freien Verkehrs personenbezogener Daten in der Union, von den Mitgliedstaaten nicht ausreichend verwirklicht werden kann, sondern vielmehr wegen des Umfangs oder der Wirkungen der Maßnahme auf Unionsebene besser zu verwirklichen ist, kann die Union im Einklang mit dem in Artikel 5 des Vertrags über die Europäische Union (EUV) verankerten Subsidiaritätsprinzip tätig werden. Entsprechend dem in demselben Artikel genannten Grundsatz der Verhältnismäßigkeit geht diese Verordnung nicht über das für die Verwirklichung dieses Ziels erforderliche Maß hinaus.

(171) Die Richtlinie 95/46/EG sollte durch diese Verordnung aufgehoben werden. Verarbeitungen, die zum Zeitpunkt der Anwendung dieser Verordnung bereits begonnen haben, sollten innerhalb von zwei Jahren nach dem Inkrafttreten dieser Verordnung mit ihr in Einklang gebracht werden. Beruhen die Verarbeitungen auf einer Einwilligung gemäß der Richtlinie 95/46/EG, so ist es nicht erforderlich, dass die betroffene Person erneut ihre Einwilligung dazu erteilt, wenn die Art der bereits erteilten Einwilligung den Bedingungen dieser Verordnung entspricht, so dass der Verantwortliche die Verarbeitung nach dem Zeitpunkt der Anwendung der vorliegenden Verordnung fortsetzen kann. Auf der Richtlinie 95/46/EG beruhende Entscheidungen bzw. Beschlüsse der Kommission und Genehmigungen der Aufsichtsbehörden bleiben in Kraft, bis sie geändert, ersetzt oder aufgehoben werden.

(172) Der Europäische Datenschutzbeauftragte wurde gemäß Artikel 28 Absatz 2 der Verordnung (EG) Nr. 45/2001 konsultiert und hat am 7. März 2012[1)] eine Stellungnahme abgegeben.

(173) Diese Verordnung sollte auf alle Fragen des Schutzes der Grundrechte und Grundfreiheiten bei der Verarbeitung personenbezogener Daten Anwendung finden, die nicht den in der Richtlinie 2002/58/EG[2)] des

---

[1)] **Amtl. Anm.:** ABl. C 192 vom 30.6.2012, S. 7.
[2)] Nr. 3.

Europäischen Parlaments und des Rates[1] bestimmte Pflichten, die dasselbe Ziel verfolgen, unterliegen, einschließlich der Pflichten des Verantwortlichen und der Rechte natürlicher Personen. Um das Verhältnis zwischen der vorliegenden Verordnung und der Richtlinie 2002/58/EG[2] klarzustellen, sollte die Richtlinie entsprechend geändert werden. Sobald diese Verordnung angenommen ist, sollte die Richtlinie 2002/58/EG[2] einer Überprüfung unterzogen werden, um insbesondere die Kohärenz mit dieser Verordnung zu gewährleisten –

HABEN FOLGENDE VERORDNUNG ERLASSEN:

Kapitel I. Allgemeine Bestimmungen

Art. 1 Gegenstand und Ziele. (1) Diese Verordnung enthält Vorschriften zum Schutz natürlicher Personen bei der Verarbeitung personenbezogener Daten und zum freien Verkehr solcher Daten.

(2) Diese Verordnung schützt die Grundrechte und Grundfreiheiten natürlicher Personen und insbesondere deren Recht auf Schutz personenbezogener Daten.

(3) Der freie Verkehr personenbezogener Daten in der Union darf aus Gründen des Schutzes natürlicher Personen bei der Verarbeitung personenbezogener Daten weder eingeschränkt noch verboten werden.

Art. 2 Sachlicher Anwendungsbereich. (1) Diese Verordnung gilt für die ganz oder teilweise automatisierte Verarbeitung personenbezogener Daten sowie für die nichtautomatisierte Verarbeitung personenbezogener Daten, die in einem Dateisystem gespeichert sind oder gespeichert werden sollen.

(2) Diese Verordnung findet keine Anwendung auf die Verarbeitung personenbezogener Daten

a) im Rahmen einer Tätigkeit, die nicht in den Anwendungsbereich des Unionsrechts fällt,

b) durch die Mitgliedstaaten im Rahmen von Tätigkeiten, die in den Anwendungsbereich von Titel V Kapitel 2 EUV fallen,

c) durch natürliche Personen zur Ausübung ausschließlich persönlicher oder familiärer Tätigkeiten,

d) durch die zuständigen Behörden zum Zwecke der Verhütung, Ermittlung, Aufdeckung oder Verfolgung von Straftaten oder der Strafvollstreckung, einschließlich des Schutzes vor und der Abwehr von Gefahren für die öffentliche Sicherheit.

(3) [1] Für die Verarbeitung personenbezogener Daten durch die Organe, Einrichtungen, Ämter und Agenturen der Union gilt die Verordnung (EG) Nr. 45/2001. [2] Die Verordnung (EG) Nr. 45/2001 und sonstige Rechtsakte der Union, die diese Verarbeitung personenbezogener Daten regeln, werden im

---

[1] **Amtl. Anm.:** Richtlinie 2002/58/EG des Europäischen Parlaments und des Rates vom 12. Juli 2002 über die Verarbeitung personenbezogener Daten und den Schutz der Privatsphäre in der elektronischen Kommunikation (Datenschutzrichtlinie für elektronische Kommunikation) (ABl. L 201 vom 31.7.2002, S. 37).
[2] Nr. 3.

Einklang mit Artikel 98 an die Grundsätze und Vorschriften der vorliegenden Verordnung angepasst.

(4) Die vorliegende Verordnung lässt die Anwendung der Richtlinie 2000/31/EG und speziell die Vorschriften der Artikel 12 bis 15 dieser Richtlinie zur Verantwortlichkeit der Vermittler unberührt.

Art. 3 Räumlicher Anwendungsbereich. (1) Diese Verordnung findet Anwendung auf die Verarbeitung personenbezogener Daten, soweit diese im Rahmen der Tätigkeiten einer Niederlassung eines Verantwortlichen oder eines Auftragsverarbeiters in der Union erfolgt, unabhängig davon, ob die Verarbeitung in der Union stattfindet.

(2) Diese Verordnung findet Anwendung auf die Verarbeitung personenbezogener Daten von betroffenen Personen, die sich in der Union befinden, durch einen nicht in der Union niedergelassenen Verantwortlichen oder Auftragsverarbeiter, wenn die Datenverarbeitung im Zusammenhang damit steht

a) betroffenen Personen in der Union Waren oder Dienstleistungen anzubieten, unabhängig davon, ob von diesen betroffenen Personen eine Zahlung zu leisten ist;

b) das Verhalten betroffener Personen zu beobachten, soweit ihr Verhalten in der Union erfolgt.

(3) Diese Verordnung findet Anwendung auf die Verarbeitung personenbezogener Daten durch einen nicht in der Union niedergelassenen Verantwortlichen an einem Ort, der aufgrund Völkerrechts dem Recht eines Mitgliedstaats unterliegt.

Art. 4 Begriffsbestimmungen. Im Sinne dieser Verordnung bezeichnet der Ausdruck:

1. „personenbezogene Daten" alle Informationen, die sich auf eine identifizierte oder identifizierbare natürliche Person (im Folgenden „betroffene Person") beziehen; als identifizierbar wird eine natürliche Person angesehen, die direkt oder indirekt, insbesondere mittels Zuordnung zu einer Kennung wie einem Namen, zu einer Kennnummer, zu Standortdaten, zu einer Online-Kennung oder zu einem oder mehreren besonderen Merkmalen, die Ausdruck der physischen, physiologischen, genetischen, psychischen, wirtschaftlichen, kulturellen oder sozialen Identität dieser natürlichen Person sind, identifiziert werden kann;

2. „Verarbeitung" jeden mit oder ohne Hilfe automatisierter Verfahren ausgeführten Vorgang oder jede solche Vorgangsreihe im Zusammenhang mit personenbezogenen Daten wie das Erheben, das Erfassen, die Organisation, das Ordnen, die Speicherung, die Anpassung oder Veränderung, das Auslesen, das Abfragen, die Verwendung, die Offenlegung durch Übermittlung, Verbreitung oder eine andere Form der Bereitstellung, den Abgleich oder die Verknüpfung, die Einschränkung, das Löschen oder die Vernichtung;

3. „Einschränkung der Verarbeitung" die Markierung gespeicherter personenbezogener Daten mit dem Ziel, ihre künftige Verarbeitung einzuschränken;

4. „Profiling" jede Art der automatisierten Verarbeitung personenbezogener Daten, die darin besteht, dass diese personenbezogenen Daten verwendet werden, um bestimmte persönliche Aspekte, die sich auf eine natürliche

Person beziehen, zu bewerten, insbesondere um Aspekte bezüglich Arbeitsleistung, wirtschaftliche Lage, Gesundheit, persönliche Vorlieben, Interessen, Zuverlässigkeit, Verhalten, Aufenthaltsort oder Ortswechsel dieser natürlichen Person zu analysieren oder vorherzusagen;

5. „Pseudonymisierung" die Verarbeitung personenbezogener Daten in einer Weise, dass die personenbezogenen Daten ohne Hinzuziehung zusätzlicher Informationen nicht mehr einer spezifischen betroffenen Person zugeordnet werden können, sofern diese zusätzlichen Informationen gesondert aufbewahrt werden und technischen und organisatorischen Maßnahmen unterliegen, die gewährleisten, dass die personenbezogenen Daten nicht einer identifizierten oder identifizierbaren natürlichen Person zugewiesen werden;

6. „Dateisystem" jede strukturierte Sammlung personenbezogener Daten, die nach bestimmten Kriterien zugänglich sind, unabhängig davon, ob diese Sammlung zentral, dezentral oder nach funktionalen oder geografischen Gesichtspunkten geordnet geführt wird;

7. „Verantwortlicher" die natürliche oder juristische Person, Behörde, Einrichtung oder andere Stelle, die allein oder gemeinsam mit anderen über die Zwecke und Mittel der Verarbeitung von personenbezogenen Daten entscheidet; sind die Zwecke und Mittel dieser Verarbeitung durch das Unionsrecht oder das Recht der Mitgliedstaaten vorgegeben, so kann der Verantwortliche beziehungsweise können die bestimmten Kriterien seiner Benennung nach dem Unionsrecht oder dem Recht der Mitgliedstaaten vorgesehen werden;

8. „Auftragsverarbeiter" eine natürliche oder juristische Person, Behörde, Einrichtung oder andere Stelle, die personenbezogene Daten im Auftrag des Verantwortlichen verarbeitet;

9. „Empfänger" eine natürliche oder juristische Person, Behörde, Einrichtung oder andere Stelle, der personenbezogene Daten offengelegt werden, unabhängig davon, ob es sich bei ihr um einen Dritten handelt oder nicht. Behörden, die im Rahmen eines bestimmten Untersuchungsauftrags nach dem Unionsrecht oder dem Recht der Mitgliedstaaten möglicherweise personenbezogene Daten erhalten, gelten jedoch nicht als Empfänger; die Verarbeitung dieser Daten durch die genannten Behörden erfolgt im Einklang mit den geltenden Datenschutzvorschriften gemäß den Zwecken der Verarbeitung;

10. „Dritter" eine natürliche oder juristische Person, Behörde, Einrichtung oder andere Stelle, außer der betroffenen Person, dem Verantwortlichen, dem Auftragsverarbeiter und den Personen, die unter der unmittelbaren Verantwortung des Verantwortlichen oder des Auftragsverarbeiters befugt sind, die personenbezogenen Daten zu verarbeiten;

11. „Einwilligung" der betroffenen Person jede freiwillig für den bestimmten Fall, in informierter Weise und unmissverständlich abgegebene Willensbekundung in Form einer Erklärung oder einer sonstigen eindeutigen bestätigenden Handlung, mit der die betroffene Person zu verstehen gibt, dass sie mit der Verarbeitung der sie betreffenden personenbezogenen Daten einverstanden ist;

12. „Verletzung des Schutzes personenbezogener Daten" eine Verletzung der Sicherheit, die, ob unbeabsichtigt oder unrechtmäßig, zur Vernichtung, zum Verlust, zur Veränderung, oder zur unbefugten Offenlegung von beziehungsweise zum unbefugten Zugang zu personenbezogenen Daten führt, die übermittelt, gespeichert oder auf sonstige Weise verarbeitet wurden;

13. „genetische Daten" personenbezogene Daten zu den ererbten oder erworbenen genetischen Eigenschaften einer natürlichen Person, die eindeutige Informationen über die Physiologie oder die Gesundheit dieser natürlichen Person liefern und insbesondere aus der Analyse einer biologischen Probe der betreffenden natürlichen Person gewonnen wurden;

14. „biometrische Daten" mit speziellen technischen Verfahren gewonnene personenbezogene Daten zu den physischen, physiologischen oder verhaltenstypischen Merkmalen einer natürlichen Person, die die eindeutige Identifizierung dieser natürlichen Person ermöglichen oder bestätigen, wie Gesichtsbilder oder daktyloskopische Daten;

15. „Gesundheitsdaten" personenbezogene Daten, die sich auf die körperliche oder geistige Gesundheit einer natürlichen Person, einschließlich der Erbringung von Gesundheitsdienstleistungen, beziehen und aus denen Informationen über deren Gesundheitszustand hervorgehen;

16. „Hauptniederlassung"
    a) im Falle eines Verantwortlichen mit Niederlassungen in mehr als einem Mitgliedstaat den Ort seiner Hauptverwaltung in der Union, es sei denn, die Entscheidungen hinsichtlich der Zwecke und Mittel der Verarbeitung personenbezogener Daten werden in einer anderen Niederlassung des Verantwortlichen in der Union getroffen und diese Niederlassung ist befugt, diese Entscheidungen umsetzen zu lassen; in diesem Fall gilt die Niederlassung, die derartige Entscheidungen trifft, als Hauptniederlassung;
    b) im Falle eines Auftragsverarbeiters mit Niederlassungen in mehr als einem Mitgliedstaat den Ort seiner Hauptverwaltung in der Union oder, sofern der Auftragsverarbeiter keine Hauptverwaltung in der Union hat, die Niederlassung des Auftragsverarbeiters in der Union, in der die Verarbeitungstätigkeiten im Rahmen der Tätigkeiten einer Niederlassung eines Auftragsverarbeiters hauptsächlich stattfinden, soweit der Auftragsverarbeiter spezifischen Pflichten aus dieser Verordnung unterliegt;

17. „Vertreter" eine in der Union niedergelassene natürliche oder juristische Person, die von dem Verantwortlichen oder Auftragsverarbeiter schriftlich gemäß Artikel 27 bestellt wurde und den Verantwortlichen oder Auftragsverarbeiter in Bezug auf die ihnen jeweils nach dieser Verordnung obliegenden Pflichten vertritt;

18. „Unternehmen" eine natürliche oder juristische Person, die eine wirtschaftliche Tätigkeit ausübt, unabhängig von ihrer Rechtsform, einschließlich Personengesellschaften oder Vereinigungen, die regelmäßig einer wirtschaftlichen Tätigkeit nachgehen;

19. „Unternehmensgruppe" eine Gruppe, die aus einem herrschenden Unternehmen und den von diesem abhängigen Unternehmen besteht;

20. „verbindliche interne Datenschutzvorschriften" Maßnahmen zum Schutz personenbezogener Daten, zu deren Einhaltung sich ein im Hoheitsgebiet

eines Mitgliedstaats niedergelassener Verantwortlicher oder Auftragsverarbeiter verpflichtet im Hinblick auf Datenübermittlungen oder eine Kategorie von Datenübermittlungen personenbezogener Daten an einen Verantwortlichen oder Auftragsverarbeiter derselben Unternehmensgruppe oder derselben Gruppe von Unternehmen, die eine gemeinsame Wirtschaftstätigkeit ausüben, in einem oder mehreren Drittländern;

21. „Aufsichtsbehörde" eine von einem Mitgliedstaat gemäß Artikel 51 eingerichtete unabhängige staatliche Stelle;

22. „betroffene Aufsichtsbehörde" eine Aufsichtsbehörde, die von der Verarbeitung personenbezogener Daten betroffen ist, weil

    a) der Verantwortliche oder der Auftragsverarbeiter im Hoheitsgebiet des Mitgliedstaats dieser Aufsichtsbehörde niedergelassen ist,

    b) diese Verarbeitung erhebliche Auswirkungen auf betroffene Personen mit Wohnsitz im Mitgliedstaat dieser Aufsichtsbehörde hat oder haben kann oder

    c) eine Beschwerde bei dieser Aufsichtsbehörde eingereicht wurde;

23. „grenzüberschreitende Verarbeitung" entweder

    a) eine Verarbeitung personenbezogener Daten, die im Rahmen der Tätigkeiten von Niederlassungen eines Verantwortlichen oder eines Auftragsverarbeiters in der Union in mehr als einem Mitgliedstaat erfolgt, wenn der Verantwortliche oder Auftragsverarbeiter in mehr als einem Mitgliedstaat niedergelassen ist, oder

    b) eine Verarbeitung personenbezogener Daten, die im Rahmen der Tätigkeiten einer einzelnen Niederlassung eines Verantwortlichen oder eines Auftragsverarbeiters in der Union erfolgt, die jedoch erhebliche Auswirkungen auf betroffene Personen in mehr als einem Mitgliedstaat hat oder haben kann;

24. „maßgeblicher und begründeter Einspruch" einen Einspruch gegen einen Beschlussentwurf im Hinblick darauf, ob ein Verstoß gegen diese Verordnung vorliegt oder ob beabsichtigte Maßnahmen gegen den Verantwortlichen oder den Auftragsverarbeiter im Einklang mit dieser Verordnung steht, wobei aus diesem Einspruch die Tragweite der Risiken klar hervorgeht, die von dem Beschlussentwurf in Bezug auf die Grundrechte und Grundfreiheiten der betroffenen Personen und gegebenenfalls den freien Verkehr personenbezogener Daten in der Union ausgehen;

25. „Dienst der Informationsgesellschaft" eine Dienstleistung im Sinne des Artikels 1 Nummer 1 Buchstabe b der Richtlinie (EU) 2015/1535 des Europäischen Parlaments und des Rates[1)];

26. „internationale Organisation" eine völkerrechtliche Organisation und ihre nachgeordneten Stellen oder jede sonstige Einrichtung, die durch eine zwischen zwei oder mehr Ländern geschlossene Übereinkunft oder auf der Grundlage einer solchen Übereinkunft geschaffen wurde.

[1)] **Amtl. Anm.:** Richtlinie (EU) 2015/1535 des Europäischen Parlaments und des Rates vom 9. September 2015 über ein Informationsverfahren auf dem Gebiet der technischen Vorschriften und der Vorschriften für die Dienste der Informationsgesellschaft (ABl. L 241 vom 17.9.2015, S. 1).

Kapitel II. Grundsätze

Art. 5 Grundsätze für die Verarbeitung personenbezogener Daten.
(1) Personenbezogene Daten müssen
a) auf rechtmäßige Weise, nach Treu und Glauben und in einer für die betroffene Person nachvollziehbaren Weise verarbeitet werden („Rechtmäßigkeit, Verarbeitung nach Treu und Glauben, Transparenz");
b) für festgelegte, eindeutige und legitime Zwecke erhoben werden und dürfen nicht in einer mit diesen Zwecken nicht zu vereinbarenden Weise weiterverarbeitet werden; eine Weiterverarbeitung für im öffentlichen Interesse liegende Archivzwecke, für wissenschaftliche oder historische Forschungszwecke oder für statistische Zwecke gilt gemäß Artikel 89 Absatz 1 nicht als unvereinbar mit den ursprünglichen Zwecken („Zweckbindung");
c) dem Zweck angemessen und erheblich sowie auf das für die Zwecke der Verarbeitung notwendige Maß beschränkt sein („Datenminimierung");
d) sachlich richtig und erforderlichenfalls auf dem neuesten Stand sein; es sind alle angemessenen Maßnahmen zu treffen, damit personenbezogene Daten, die im Hinblick auf die Zwecke ihrer Verarbeitung unrichtig sind, unverzüglich gelöscht oder berichtigt werden („Richtigkeit");
e) in einer Form gespeichert werden, die die Identifizierung der betroffenen Personen nur so lange ermöglicht, wie es für die Zwecke, für die sie verarbeitet werden, erforderlich ist; personenbezogene Daten dürfen länger gespeichert werden, soweit die personenbezogenen Daten vorbehaltlich der Durchführung geeigneter technischer und organisatorischer Maßnahmen, die von dieser Verordnung zum Schutz der Rechte und Freiheiten der betroffenen Person gefordert werden, ausschließlich für im öffentlichen Interesse liegende Archivzwecke oder für wissenschaftliche und historische Forschungszwecke oder für statistische Zwecke gemäß Artikel 89 Absatz 1 verarbeitet werden („Speicherbegrenzung");
f) in einer Weise verarbeitet werden, die eine angemessene Sicherheit der personenbezogenen Daten gewährleistet, einschließlich Schutz vor unbefugter oder unrechtmäßiger Verarbeitung und vor unbeabsichtigtem Verlust, unbeabsichtigter Zerstörung oder unbeabsichtigter Schädigung durch geeignete technische und organisatorische Maßnahmen („Integrität und Vertraulichkeit");[1]

(2) Der Verantwortliche ist für die Einhaltung des Absatzes 1 verantwortlich und muss dessen Einhaltung nachweisen können („Rechenschaftspflicht").

Art. 6 Rechtmäßigkeit der Verarbeitung. (1) *[1]* Die Verarbeitung ist nur rechtmäßig, wenn mindestens eine der nachstehenden Bedingungen erfüllt ist:
a) Die betroffene Person hat ihre Einwilligung zu der Verarbeitung der sie betreffenden personenbezogenen Daten für einen oder mehrere bestimmte Zwecke gegeben;
b) die Verarbeitung ist für die Erfüllung eines Vertrags, dessen Vertragspartei die betroffene Person ist, oder zur Durchführung vorvertraglicher Maßnahmen erforderlich, die auf Anfrage der betroffenen Person erfolgen;

---

[1] Zeichensetzung amtlich.

c) die Verarbeitung ist zur Erfüllung einer rechtlichen Verpflichtung erforderlich, der der Verantwortliche unterliegt;

d) die Verarbeitung ist erforderlich, um lebenswichtige Interessen der betroffenen Person oder einer anderen natürlichen Person zu schützen;

e) die Verarbeitung ist für die Wahrnehmung einer Aufgabe erforderlich, die im öffentlichen Interesse liegt oder in Ausübung öffentlicher Gewalt erfolgt, die dem Verantwortlichen übertragen wurde;

f) die Verarbeitung ist zur Wahrung der berechtigten Interessen des Verantwortlichen oder eines Dritten erforderlich, sofern nicht die Interessen oder Grundrechte und Grundfreiheiten der betroffenen Person, die den Schutz personenbezogener Daten erfordern, überwiegen, insbesondere dann, wenn es sich bei der betroffenen Person um ein Kind handelt.

[2] Unterabsatz 1 Buchstabe f gilt nicht für die von Behörden in Erfüllung ihrer Aufgaben vorgenommene Verarbeitung.

(2) Die Mitgliedstaaten können spezifischere Bestimmungen zur Anpassung der Anwendung der Vorschriften dieser Verordnung in Bezug auf die Verarbeitung zur Erfüllung von Absatz 1 Buchstaben c und e beibehalten oder einführen, indem sie spezifische Anforderungen für die Verarbeitung sowie sonstige Maßnahmen präziser bestimmen, um eine rechtmäßig und nach Treu und Glauben erfolgende Verarbeitung zu gewährleisten, einschließlich für andere besondere Verarbeitungssituationen gemäß Kapitel IX.

(3) ¹Die Rechtsgrundlage für die Verarbeitungen gemäß Absatz 1 Buchstaben c und e wird festgelegt durch

a) Unionsrecht oder

b) das Recht der Mitgliedstaaten, dem der Verantwortliche unterliegt.

²Der Zweck der Verarbeitung muss in dieser Rechtsgrundlage festgelegt oder hinsichtlich der Verarbeitung gemäß Absatz 1 Buchstabe e für die Erfüllung einer Aufgabe erforderlich sein, die im öffentlichen Interesse liegt oder in Ausübung öffentlicher Gewalt erfolgt, die dem Verantwortlichen übertragen wurde. ³Diese Rechtsgrundlage kann spezifische Bestimmungen zur Anpassung der Anwendung der Vorschriften dieser Verordnung enthalten, unter anderem Bestimmungen darüber, welche allgemeinen Bedingungen für die Regelung der Rechtmäßigkeit der Verarbeitung durch den Verantwortlichen gelten, welche Arten von Daten verarbeitet werden, welche Personen betroffen sind, an welche Einrichtungen und für welche Zwecke die personenbezogenen Daten offengelegt werden dürfen, welcher Zweckbindung sie unterliegen, wie lange sie gespeichert werden dürfen und welche Verarbeitungsvorgänge und -verfahren angewandt werden dürfen, einschließlich Maßnahmen zur Gewährleistung einer rechtmäßig und nach Treu und Glauben erfolgenden Verarbeitung, wie solche für sonstige besondere Verarbeitungssituationen gemäß Kapitel IX. ⁴Das Unionsrecht oder das Recht der Mitgliedstaaten müssen ein im öffentlichen Interesse liegendes Ziel verfolgen und in einem angemessenen Verhältnis zu dem verfolgten legitimen Zweck stehen.

(4) Beruht die Verarbeitung zu einem anderen Zweck als zu demjenigen, zu dem die personenbezogenen Daten erhoben wurden, nicht auf der Einwilligung der betroffenen Person oder auf einer Rechtsvorschrift der Union oder der Mitgliedstaaten, die in einer demokratischen Gesellschaft eine notwendige und verhältnismäßige Maßnahme zum Schutz der in Artikel 23 Absatz 1

genannten Ziele darstellt, so berücksichtigt der Verantwortliche – um festzustellen, ob die Verarbeitung zu einem anderen Zweck mit demjenigen, zu dem die personenbezogenen Daten ursprünglich erhoben wurden, vereinbar ist – unter anderem

a) jede Verbindung zwischen den Zwecken, für die die personenbezogenen Daten erhoben wurden, und den Zwecken der beabsichtigten Weiterverarbeitung,

b) den Zusammenhang, in dem die personenbezogenen Daten erhoben wurden, insbesondere hinsichtlich des Verhältnisses zwischen den betroffenen Personen und dem Verantwortlichen,

c) die Art der personenbezogenen Daten, insbesondere ob besondere Kategorien personenbezogener Daten gemäß Artikel 9 verarbeitet werden oder ob personenbezogene Daten über strafrechtliche Verurteilungen und Straftaten gemäß Artikel 10 verarbeitet werden,

d) die möglichen Folgen der beabsichtigten Weiterverarbeitung für die betroffenen Personen,

e) das Vorhandensein geeigneter Garantien, wozu Verschlüsselung oder Pseudonymisierung gehören kann.

Art. 7 Bedingungen für die Einwilligung. (1) Beruht die Verarbeitung auf einer Einwilligung, muss der Verantwortliche nachweisen können, dass die betroffene Person in die Verarbeitung ihrer personenbezogenen Daten eingewilligt hat.

(2) [1] Erfolgt die Einwilligung der betroffenen Person durch eine schriftliche Erklärung, die noch andere Sachverhalte betrifft, so muss das Ersuchen um Einwilligung in verständlicher und leicht zugänglicher Form in einer klaren und einfachen Sprache so erfolgen, dass es von den anderen Sachverhalten klar zu unterscheiden ist. [2] Teile der Erklärung sind dann nicht verbindlich, wenn sie einen Verstoß gegen diese Verordnung darstellen.

(3) [1] Die betroffene Person hat das Recht, ihre Einwilligung jederzeit zu widerrufen. [2] Durch den Widerruf der Einwilligung wird die Rechtmäßigkeit der aufgrund der Einwilligung bis zum Widerruf erfolgten Verarbeitung nicht berührt. [3] Die betroffene Person wird vor Abgabe der Einwilligung hiervon in Kenntnis gesetzt. [4] Der Widerruf der Einwilligung muss so einfach wie die Erteilung der Einwilligung sein.

(4) Bei der Beurteilung, ob die Einwilligung freiwillig erteilt wurde, muss dem Umstand in größtmöglichem Umfang Rechnung getragen werden, ob unter anderem die Erfüllung eines Vertrags, einschließlich der Erbringung einer Dienstleistung, von der Einwilligung zu einer Verarbeitung von personenbezogenen Daten abhängig ist, die für die Erfüllung des Vertrags nicht erforderlich sind.

Art. 8 Bedingungen für die Einwilligung eines Kindes in Bezug auf Dienste der Informationsgesellschaft. (1) *[1]* [1] Gilt Artikel 6 Absatz 1 Buchstabe a bei einem Angebot von Diensten der Informationsgesellschaft, das einem Kind direkt gemacht wird, so ist die Verarbeitung der personenbezogenen Daten des Kindes rechtmäßig, wenn das Kind das sechzehnte Lebensjahr vollendet hat. [2] Hat das Kind noch nicht das sechzehnte Lebensjahr vollendet, so ist diese Verarbeitung nur rechtmäßig, sofern und soweit diese Einwilligung durch den Träger der elterlichen Verantwortung für das Kind oder mit dessen Zustimmung erteilt wird.

[2] Die Mitgliedstaaten können durch Rechtsvorschriften zu diesen Zwecken eine niedrigere Altersgrenze vorsehen, die jedoch nicht unter dem vollendeten dreizehnten Lebensjahr liegen darf.

(2) Der Verantwortliche unternimmt unter Berücksichtigung der verfügbaren Technik angemessene Anstrengungen, um sich in solchen Fällen zu vergewissern, dass die Einwilligung durch den Träger der elterlichen Verantwortung für das Kind oder mit dessen Zustimmung erteilt wurde.

(3) Absatz 1 lässt das allgemeine Vertragsrecht der Mitgliedstaaten, wie etwa die Vorschriften zur Gültigkeit, zum Zustandekommen oder zu den Rechtsfolgen eines Vertrags in Bezug auf ein Kind, unberührt.

Art. 9 Verarbeitung besonderer Kategorien personenbezogener Daten. (1) Die Verarbeitung personenbezogener Daten, aus denen die rassische und ethnische Herkunft, politische Meinungen, religiöse oder weltanschauliche Überzeugungen oder die Gewerkschaftszugehörigkeit hervorgehen, sowie die Verarbeitung von genetischen Daten, biometrischen Daten zur eindeutigen Identifizierung einer natürlichen Person, Gesundheitsdaten oder Daten zum Sexualleben oder der sexuellen Orientierung einer natürlichen Person ist untersagt.

(2) Absatz 1 gilt nicht in folgenden Fällen:

a) Die betroffene Person hat in die Verarbeitung der genannten personenbezogenen Daten für einen oder mehrere festgelegte Zwecke ausdrücklich eingewilligt, es sei denn, nach Unionsrecht oder dem Recht der Mitgliedstaaten kann das Verbot nach Absatz 1 durch die Einwilligung der betroffenen Person nicht aufgehoben werden,

b) die Verarbeitung ist erforderlich, damit der Verantwortliche oder die betroffene Person die ihm bzw. ihr aus dem Arbeitsrecht und dem Recht der sozialen Sicherheit und des Sozialschutzes erwachsenden Rechte ausüben und seinen bzw. ihren diesbezüglichen Pflichten nachkommen kann, soweit dies nach Unionsrecht oder dem Recht der Mitgliedstaaten oder einer Kollektivvereinbarung nach dem Recht der Mitgliedstaaten, das geeignete Garantien für die Grundrechte und die Interessen der betroffenen Person vorsieht, zulässig ist,

c) die Verarbeitung ist zum Schutz lebenswichtiger Interessen der betroffenen Person oder einer anderen natürlichen Person erforderlich und die betroffene Person ist aus körperlichen oder rechtlichen Gründen außerstande, ihre Einwilligung zu geben,

d) die Verarbeitung erfolgt auf der Grundlage geeigneter Garantien durch eine politisch, weltanschaulich, religiös oder gewerkschaftlich ausgerichtete Stiftung, Vereinigung oder sonstige Organisation ohne Gewinnerzielungsabsicht im Rahmen ihrer rechtmäßigen Tätigkeiten und unter der Voraussetzung, dass sich die Verarbeitung ausschließlich auf die Mitglieder oder ehemalige Mitglieder der Organisation oder auf Personen, die im Zusammenhang mit deren Tätigkeitszweck regelmäßige Kontakte mit ihr unterhalten, bezieht und die personenbezogenen Daten nicht ohne Einwilligung der betroffenen Personen nach außen offengelegt werden,

e) die Verarbeitung bezieht sich auf personenbezogene Daten, die die betroffene Person offensichtlich öffentlich gemacht hat,

f) die Verarbeitung ist zur Geltendmachung, Ausübung oder Verteidigung von Rechtsansprüchen oder bei Handlungen der Gerichte im Rahmen ihrer justiziellen Tätigkeit erforderlich,

g) die Verarbeitung ist auf der Grundlage des Unionsrechts oder des Rechts eines Mitgliedstaats, das in angemessenem Verhältnis zu dem verfolgten Ziel steht, den Wesensgehalt des Rechts auf Datenschutz wahrt und angemessene und spezifische Maßnahmen zur Wahrung der Grundrechte und Interessen der betroffenen Person vorsieht, aus Gründen eines erheblichen öffentlichen Interesses erforderlich,

h) die Verarbeitung ist für Zwecke der Gesundheitsvorsorge oder der Arbeitsmedizin, für die Beurteilung der Arbeitsfähigkeit des Beschäftigten, für die medizinische Diagnostik, die Versorgung oder Behandlung im Gesundheits- oder Sozialbereich oder für die Verwaltung von Systemen und Diensten im Gesundheits- oder Sozialbereich auf der Grundlage des Unionsrechts oder des Rechts eines Mitgliedstaats oder aufgrund eines Vertrags mit einem Angehörigen eines Gesundheitsberufs und vorbehaltlich der in Absatz 3 genannten Bedingungen und Garantien erforderlich,

i) die Verarbeitung ist aus Gründen des öffentlichen Interesses im Bereich der öffentlichen Gesundheit, wie dem Schutz vor schwerwiegenden grenzüberschreitenden Gesundheitsgefahren oder zur Gewährleistung hoher Qualitäts- und Sicherheitsstandards bei der Gesundheitsversorgung und bei Arzneimitteln und Medizinprodukten, auf der Grundlage des Unionsrechts oder des Rechts eines Mitgliedstaats, das angemessene und spezifische Maßnahmen zur Wahrung der Rechte und Freiheiten der betroffenen Person, insbesondere des Berufsgeheimnisses, vorsieht, erforderlich, oder

j) die Verarbeitung ist auf der Grundlage des Unionsrechts oder des Rechts eines Mitgliedstaats, das in angemessenem Verhältnis zu dem verfolgten Ziel steht, den Wesensgehalt des Rechts auf Datenschutz wahrt und angemessene und spezifische Maßnahmen zur Wahrung der Grundrechte und Interessen der betroffenen Person vorsieht, für im öffentlichen Interesse liegende Archivzwecke, für wissenschaftliche oder historische Forschungszwecke oder für statistische Zwecke gemäß Artikel 89 Absatz 1 erforderlich.

(3) Die in Absatz 1 genannten personenbezogenen Daten dürfen zu den in Absatz 2 Buchstabe h genannten Zwecken verarbeitet werden, wenn diese Daten von Fachpersonal oder unter dessen Verantwortung verarbeitet werden und dieses Fachpersonal nach dem Unionsrecht oder dem Recht eines Mitgliedstaats oder den Vorschriften nationaler zuständiger Stellen dem Berufsgeheimnis unterliegt, oder wenn die Verarbeitung durch eine andere Person erfolgt, die ebenfalls nach dem Unionsrecht oder dem Recht eines Mitgliedstaats oder den Vorschriften nationaler zuständiger Stellen einer Geheimhaltungspflicht unterliegt.

(4) Die Mitgliedstaaten können zusätzliche Bedingungen, einschließlich Beschränkungen, einführen oder aufrechterhalten, soweit die Verarbeitung von genetischen, biometrischen oder Gesundheitsdaten betroffen ist.

Art. 10 Verarbeitung von personenbezogenen Daten über strafrechtliche Verurteilungen und Straftaten. ¹Die Verarbeitung personenbezogener Daten über strafrechtliche Verurteilungen und Straftaten oder damit zusammenhängende Sicherungsmaßregeln aufgrund von Artikel 6 Absatz 1 darf nur unter behördlicher Aufsicht vorgenommen werden oder wenn dies nach dem Unionsrecht oder dem Recht der Mitgliedstaaten, das geeignete Garantien für die Rechte und Freiheiten der betroffenen Personen vorsieht, zulässig ist. ²Ein umfassendes Register der strafrechtlichen Verurteilungen darf nur unter behördlicher Aufsicht geführt werden.

Art. 11 Verarbeitung, für die eine Identifizierung der betroffenen Person nicht erforderlich ist. (1) Ist für die Zwecke, für die ein Verantwortlicher personenbezogene Daten verarbeitet, die Identifizierung der betroffenen Person durch den Verantwortlichen nicht oder nicht mehr erforderlich, so ist dieser nicht verpflichtet, zur bloßen Einhaltung dieser Verordnung zusätzliche Informationen aufzubewahren, einzuholen oder zu verarbeiten, um die betroffene Person zu identifizieren.

(2) ¹Kann der Verantwortliche in Fällen gemäß Absatz 1 des vorliegenden Artikels nachweisen, dass er nicht in der Lage ist, die betroffene Person zu identifizieren, so unterrichtet er die betroffene Person hierüber, sofern möglich. ²In diesen Fällen finden die Artikel 15 bis 20 keine Anwendung, es sei denn, die betroffene Person stellt zur Ausübung ihrer in diesen Artikeln niedergelegten Rechte zusätzliche Informationen bereit, die ihre Identifizierung ermöglichen.

Kapitel III. Rechte der betroffenen Person

Abschnitt 1. Transparenz und Modalitäten

Art. 12 Transparente Information, Kommunikation und Modalitäten für die Ausübung der Rechte der betroffenen Person. (1) ¹Der Verantwortliche trifft geeignete Maßnahmen, um der betroffenen Person alle Informationen gemäß den Artikeln 13 und 14 und alle Mitteilungen gemäß den Artikeln 15 bis 22 und Artikel 34, die sich auf die Verarbeitung beziehen, in präziser, transparenter, verständlicher und leicht zugänglicher Form in einer klaren und einfachen Sprache zu übermitteln; dies gilt insbesondere für Informationen, die sich speziell an Kinder richten. ²Die Übermittlung der Informationen erfolgt schriftlich oder in anderer Form, gegebenenfalls auch elektronisch. ³Falls von der betroffenen Person verlangt, kann die Information mündlich erteilt werden, sofern die Identität der betroffenen Person in anderer Form nachgewiesen wurde.

(2) ¹Der Verantwortliche erleichtert der betroffenen Person die Ausübung ihrer Rechte gemäß den Artikeln 15 bis 22. ²In den in Artikel 11 Absatz 2 genannten Fällen darf sich der Verantwortliche nur dann weigern, aufgrund des Antrags der betroffenen Person auf Wahrnehmung ihrer Rechte gemäß den Artikeln 15 bis 22 tätig zu werden, wenn er glaubhaft macht, dass er nicht in der Lage ist, die betroffene Person zu identifizieren.

(3) ¹Der Verantwortliche stellt der betroffenen Person Informationen über die auf Antrag gemäß den Artikeln 15 bis 22 ergriffenen Maßnahmen unverzüglich, in jedem Fall aber innerhalb eines Monats nach Eingang des Antrags zur Verfügung. ²Diese Frist kann um weitere zwei Monate verlängert werden,

wenn dies unter Berücksichtigung der Komplexität und der Anzahl von Anträgen erforderlich ist. ³ Der Verantwortliche unterrichtet die betroffene Person innerhalb eines Monats nach Eingang des Antrags über eine Fristverlängerung, zusammen mit den Gründen für die Verzögerung. ⁴ Stellt die betroffene Person den Antrag elektronisch, so ist sie nach Möglichkeit auf elektronischem Weg zu unterrichten, sofern sie nichts anderes angibt.

(4) Wird der Verantwortliche auf den Antrag der betroffenen Person hin nicht tätig, so unterrichtet er die betroffene Person ohne Verzögerung, spätestens aber innerhalb eines Monats nach Eingang des Antrags über die Gründe hierfür und über die Möglichkeit, bei einer Aufsichtsbehörde Beschwerde einzulegen oder einen gerichtlichen Rechtsbehelf einzulegen.

(5) ¹ Informationen gemäß den Artikeln 13 und 14 sowie alle Mitteilungen und Maßnahmen gemäß den Artikeln 15 bis 22 und Artikel 34 werden unentgeltlich zur Verfügung gestellt. ² Bei offenkundig unbegründeten oder – insbesondere im Fall von häufiger Wiederholung – exzessiven Anträgen einer betroffenen Person kann der Verantwortliche entweder

a) ein angemessenes Entgelt verlangen, bei dem die Verwaltungskosten für die Unterrichtung oder die Mitteilung oder die Durchführung der beantragten Maßnahme berücksichtigt werden, oder

b) sich weigern, aufgrund des Antrags tätig zu werden.

³ Der Verantwortliche hat den Nachweis für den offenkundig unbegründeten oder exzessiven Charakter des Antrags zu erbringen.

(6) Hat der Verantwortliche begründete Zweifel an der Identität der natürlichen Person, die den Antrag gemäß den Artikeln 15 bis 21 stellt, so kann er unbeschadet des Artikels 11 zusätzliche Informationen anfordern, die zur Bestätigung der Identität der betroffenen Person erforderlich sind.

(7) ¹ Die Informationen, die den betroffenen Personen gemäß den Artikeln 13 und 14 bereitzustellen sind, können in Kombination mit standardisierten Bildsymbolen bereitgestellt werden, um in leicht wahrnehmbarer, verständlicher und klar nachvollziehbarer Form einen aussagekräftigen Überblick über die beabsichtigte Verarbeitung zu vermitteln. ² Werden die Bildsymbole in elektronischer Form dargestellt, müssen sie maschinenlesbar sein.

(8) Der Kommission wird die Befugnis übertragen, gemäß Artikel 92 delegierte Rechtsakte zur Bestimmung der Informationen, die durch Bildsymbole darzustellen sind, und der Verfahren für die Bereitstellung standardisierter Bildsymbole zu erlassen.

Abschnitt 2. Informationspflicht und Recht auf Auskunft zu personenbezogenen Daten

Art. 13 Informationspflicht bei Erhebung von personenbezogenen Daten bei der betroffenen Person. (1) Werden personenbezogene Daten bei der betroffenen Person erhoben, so teilt der Verantwortliche der betroffenen Person zum Zeitpunkt der Erhebung dieser Daten Folgendes mit:

a) den Namen und die Kontaktdaten des Verantwortlichen sowie gegebenenfalls seines Vertreters;

b) gegebenenfalls die Kontaktdaten des Datenschutzbeauftragten;

c) die Zwecke, für die die personenbezogenen Daten verarbeitet werden sollen, sowie die Rechtsgrundlage für die Verarbeitung;

d) wenn die Verarbeitung auf Artikel 6 Absatz 1 Buchstabe f beruht, die berechtigten Interessen, die von dem Verantwortlichen oder einem Dritten verfolgt werden;

e) gegebenenfalls die Empfänger oder Kategorien von Empfängern der personenbezogenen Daten und

f) gegebenenfalls die Absicht des Verantwortlichen, die personenbezogenen Daten an ein Drittland oder eine internationale Organisation zu übermitteln, sowie das Vorhandensein oder das Fehlen eines Angemessenheitsbeschlusses der Kommission oder im Falle von Übermittlungen gemäß Artikel 46 oder Artikel 47 oder Artikel 49 Absatz 1 Unterabsatz 2 einen Verweis auf die geeigneten oder angemessenen Garantien und die Möglichkeit, wie eine Kopie von ihnen zu erhalten ist, oder wo sie verfügbar sind.

(2) Zusätzlich zu den Informationen gemäß Absatz 1 stellt der Verantwortliche der betroffenen Person zum Zeitpunkt der Erhebung dieser Daten folgende weitere Informationen zur Verfügung, die notwendig sind, um eine faire und transparente Verarbeitung zu gewährleisten:

a) die Dauer, für die die personenbezogenen Daten gespeichert werden oder, falls dies nicht möglich ist, die Kriterien für die Festlegung dieser Dauer;

b) das Bestehen eines Rechts auf Auskunft seitens des Verantwortlichen über die betreffenden personenbezogenen Daten sowie auf Berichtigung oder Löschung oder auf Einschränkung der Verarbeitung oder eines Widerspruchsrechts gegen die Verarbeitung sowie des Rechts auf Datenübertragbarkeit;

c) wenn die Verarbeitung auf Artikel 6 Absatz 1 Buchstabe a oder Artikel 9 Absatz 2 Buchstabe a beruht, das Bestehen eines Rechts, die Einwilligung jederzeit zu widerrufen, ohne dass die Rechtmäßigkeit der aufgrund der Einwilligung bis zum Widerruf erfolgten Verarbeitung berührt wird;

d) das Bestehen eines Beschwerderechts bei einer Aufsichtsbehörde;

e) ob die Bereitstellung der personenbezogenen Daten gesetzlich oder vertraglich vorgeschrieben oder für einen Vertragsabschluss erforderlich ist, ob die betroffene Person verpflichtet ist, die personenbezogenen Daten bereitzustellen, und welche *mögliche*[1] Folgen die Nichtbereitstellung hätte und

f) das Bestehen einer automatisierten Entscheidungsfindung einschließlich Profiling gemäß Artikel 22 Absätze 1 und 4 und – zumindest in diesen Fällen – aussagekräftige Informationen über die involvierte Logik sowie die Tragweite und die angestrebten Auswirkungen einer derartigen Verarbeitung für die betroffene Person.

(3) Beabsichtigt der Verantwortliche, die personenbezogenen Daten für einen anderen Zweck weiterzuverarbeiten als den, für den die personenbezogenen Daten erhoben wurden, so stellt er der betroffenen Person vor dieser Weiterverarbeitung Informationen über diesen anderen Zweck und alle anderen maßgeblichen Informationen gemäß Absatz 2 zur Verfügung.

(4) Die Absätze 1, 2 und 3 finden keine Anwendung, wenn und soweit die betroffene Person bereits über die Informationen verfügt.

---

[1] Richtig wohl: „möglichen".

Art. 14 Informationspflicht, wenn die personenbezogenen Daten nicht bei der betroffenen Person erhoben wurden. (1) Werden personenbezogene Daten nicht bei der betroffenen Person erhoben, so teilt der Verantwortliche der betroffenen Person Folgendes mit:

a) den Namen und die Kontaktdaten des Verantwortlichen sowie gegebenenfalls seines Vertreters;

b) zusätzlich die Kontaktdaten des Datenschutzbeauftragten;

c) die Zwecke, für die die personenbezogenen Daten verarbeitet werden sollen, sowie die Rechtsgrundlage für die Verarbeitung;

d) die Kategorien personenbezogener Daten, die verarbeitet werden;

e) gegebenenfalls die Empfänger oder Kategorien von Empfängern der personenbezogenen Daten;

f) gegebenenfalls die Absicht des Verantwortlichen, die personenbezogenen Daten an einen Empfänger in einem Drittland oder einer internationalen Organisation zu übermitteln, sowie das Vorhandensein oder das Fehlen eines Angemessenheitsbeschlusses der Kommission oder im Falle von Übermittlungen gemäß Artikel 46 oder Artikel 47 oder Artikel 49 Absatz 1 Unterabsatz 2 einen Verweis auf die geeigneten oder angemessenen Garantien und die Möglichkeit, eine Kopie von ihnen zu erhalten, oder wo sie verfügbar sind.

(2) Zusätzlich zu den Informationen gemäß Absatz 1 stellt der Verantwortliche der betroffenen Person die folgenden Informationen zur Verfügung, die erforderlich sind, um der betroffenen Person gegenüber eine faire und transparente Verarbeitung zu gewährleisten:

a) die Dauer, für die die personenbezogenen Daten gespeichert werden oder, falls dies nicht möglich ist, die Kriterien für die Festlegung dieser Dauer;

b) wenn die Verarbeitung auf Artikel 6 Absatz 1 Buchstabe f beruht, die berechtigten Interessen, die von dem Verantwortlichen oder einem Dritten verfolgt werden;

c) das Bestehen eines Rechts auf Auskunft seitens des Verantwortlichen über die betreffenden personenbezogenen Daten sowie auf Berichtigung oder Löschung oder auf Einschränkung der Verarbeitung und eines Widerspruchsrechts gegen die Verarbeitung sowie des Rechts auf Datenübertragbarkeit;

d) wenn die Verarbeitung auf Artikel 6 Absatz 1 Buchstabe a oder Artikel 9 Absatz 2 Buchstabe a beruht, das Bestehen eines Rechts, die Einwilligung jederzeit zu widerrufen, ohne dass die Rechtmäßigkeit der aufgrund der Einwilligung bis zum Widerruf erfolgten Verarbeitung berührt wird;

e) das Bestehen eines Beschwerderechts bei einer Aufsichtsbehörde;

f) aus welcher Quelle die personenbezogenen Daten stammen und gegebenenfalls ob sie aus öffentlich zugänglichen Quellen stammen;

g) das Bestehen einer automatisierten Entscheidungsfindung einschließlich Profiling gemäß Artikel 22 Absätze 1 und 4 und – zumindest in diesen Fällen – aussagekräftige Informationen über die involvierte Logik sowie die Tragweite und die angestrebten Auswirkungen einer derartigen Verarbeitung für die betroffene Person.

(3) Der Verantwortliche erteilt die Informationen gemäß den Absätzen 1 und 2

a) unter Berücksichtigung der spezifischen Umstände der Verarbeitung der personenbezogenen Daten innerhalb einer angemessenen Frist nach Erlangung der personenbezogenen Daten, längstens jedoch innerhalb eines Monats,

b) falls die personenbezogenen Daten zur Kommunikation mit der betroffenen Person verwendet werden sollen, spätestens zum Zeitpunkt der ersten Mitteilung an sie, oder,

c) falls die Offenlegung an einen anderen Empfänger beabsichtigt ist, spätestens zum Zeitpunkt der ersten Offenlegung.

(4) Beabsichtigt der Verantwortliche, die personenbezogenen Daten für einen anderen Zweck weiterzuverarbeiten als den, für den die personenbezogenen Daten erlangt wurden, so stellt er der betroffenen Person vor dieser Weiterverarbeitung Informationen über diesen anderen Zweck und alle anderen maßgeblichen Informationen gemäß Absatz 2 zur Verfügung.

(5) Die Absätze 1 bis 4 finden keine Anwendung, wenn und soweit

a) die betroffene Person bereits über die Informationen verfügt,

b) die Erteilung dieser Informationen sich als unmöglich erweist oder einen unverhältnismäßigen Aufwand erfordern würde; dies gilt insbesondere für die Verarbeitung für im öffentlichen Interesse liegende Archivzwecke, für wissenschaftliche oder historische Forschungszwecke oder für statistische Zwecke vorbehaltlich der in Artikel 89 Absatz 1 genannten Bedingungen und Garantien oder soweit die in Absatz 1 des vorliegenden Artikels genannte Pflicht voraussichtlich die Verwirklichung der Ziele dieser Verarbeitung unmöglich macht oder ernsthaft beeinträchtigt. In diesen Fällen ergreift der Verantwortliche geeignete Maßnahmen zum Schutz der Rechte und Freiheiten sowie der berechtigten Interessen der betroffenen Person, einschließlich der Bereitstellung dieser Informationen für die Öffentlichkeit,

c) die Erlangung oder Offenlegung durch Rechtsvorschriften der Union oder der Mitgliedstaaten, denen der Verantwortliche unterliegt und die geeignete Maßnahmen zum Schutz der berechtigten Interessen der betroffenen Person vorsehen, ausdrücklich geregelt ist oder

d) die personenbezogenen Daten gemäß dem Unionsrecht oder dem Recht der Mitgliedstaaten dem Berufsgeheimnis, einschließlich einer satzungsmäßigen Geheimhaltungspflicht, unterliegen und daher vertraulich behandelt werden müssen.

Art. 15 Auskunftsrecht der betroffenen Person. (1) Die betroffene Person hat das Recht, von dem Verantwortlichen eine Bestätigung darüber zu verlangen, ob sie betreffende personenbezogene Daten verarbeitet werden; ist dies der Fall, so hat sie ein Recht auf Auskunft über diese personenbezogenen Daten und auf folgende Informationen:

a) die Verarbeitungszwecke;

b) die Kategorien personenbezogener Daten, die verarbeitet werden;

c) die Empfänger oder Kategorien von Empfängern, gegenüber denen die personenbezogenen Daten offengelegt worden sind oder noch offengelegt werden, insbesondere bei Empfängern in Drittländern oder bei internationalen Organisationen;

d) falls möglich die geplante Dauer, für die die personenbezogenen Daten gespeichert werden, oder, falls dies nicht möglich ist, die Kriterien für die Festlegung dieser Dauer;
e) das Bestehen eines Rechts auf Berichtigung oder Löschung der sie betreffenden personenbezogenen Daten oder auf Einschränkung der Verarbeitung durch den Verantwortlichen oder eines Widerspruchsrechts gegen diese Verarbeitung;
f) das Bestehen eines Beschwerderechts bei einer Aufsichtsbehörde;
g) wenn die personenbezogenen Daten nicht bei der betroffenen Person erhoben werden, alle verfügbaren Informationen über die Herkunft der Daten;
h) das Bestehen einer automatisierten Entscheidungsfindung einschließlich Profiling gemäß Artikel 22 Absätze 1 und 4 und – zumindest in diesen Fällen – aussagekräftige Informationen über die involvierte Logik sowie die Tragweite und die angestrebten Auswirkungen einer derartigen Verarbeitung für die betroffene Person.

(2) Werden personenbezogene Daten an ein Drittland oder an eine internationale Organisation übermittelt, so hat die betroffene Person das Recht, über die geeigneten Garantien gemäß Artikel 46 im Zusammenhang mit der Übermittlung unterrichtet zu werden.

(3) [1]Der Verantwortliche stellt eine Kopie der personenbezogenen Daten, die Gegenstand der Verarbeitung sind, zur Verfügung. [2]Für alle weiteren Kopien, die die betroffene Person beantragt, kann der Verantwortliche ein angemessenes Entgelt auf der Grundlage der Verwaltungskosten verlangen. [3]Stellt die betroffene Person den Antrag elektronisch, so sind die Informationen in einem gängigen elektronischen Format zur Verfügung zu stellen, sofern sie nichts anderes angibt.

(4) Das Recht auf Erhalt einer Kopie gemäß Absatz 3 darf die Rechte und Freiheiten anderer Personen nicht beeinträchtigen.

Abschnitt 3. Berichtigung und Löschung

Art. 16 Recht auf Berichtigung. [1]Die betroffene Person hat das Recht, von dem Verantwortlichen unverzüglich die Berichtigung sie betreffender unrichtiger personenbezogener Daten zu verlangen. [2]Unter Berücksichtigung der Zwecke der Verarbeitung hat die betroffene Person das Recht, die Vervollständigung unvollständiger personenbezogener Daten – auch mittels einer ergänzenden Erklärung – zu verlangen.

Art. 17 Recht auf Löschung („Recht auf Vergessenwerden") (1) Die betroffene Person hat das Recht, von dem Verantwortlichen zu verlangen, dass sie betreffende personenbezogene Daten unverzüglich gelöscht werden, und der Verantwortliche ist verpflichtet, personenbezogene Daten unverzüglich zu löschen, sofern einer der folgenden Gründe zutrifft:
a) Die personenbezogenen Daten sind für die Zwecke, für die sie erhoben oder auf sonstige Weise verarbeitet wurden, nicht mehr notwendig.
b) Die betroffene Person widerruft ihre Einwilligung, auf die sich die Verarbeitung gemäß Artikel 6 Absatz 1 Buchstabe a oder Artikel 9 Absatz 2 Buchstabe a stützte, und es fehlt an einer anderweitigen Rechtsgrundlage für die Verarbeitung.

c) Die betroffene Person legt gemäß Artikel 21 Absatz 1 Widerspruch gegen die Verarbeitung ein und es liegen keine vorrangigen berechtigten Gründe für die Verarbeitung vor, oder die betroffene Person legt gemäß Artikel 21 Absatz 2 Widerspruch gegen die Verarbeitung ein.

d) Die personenbezogenen Daten wurden unrechtmäßig verarbeitet.

e) Die Löschung der personenbezogenen Daten ist zur Erfüllung einer rechtlichen Verpflichtung nach dem Unionsrecht oder dem Recht der Mitgliedstaaten erforderlich, dem der Verantwortliche unterliegt.

f) Die personenbezogenen Daten wurden in Bezug auf angebotene Dienste der Informationsgesellschaft gemäß Artikel 8 Absatz 1 erhoben.

(2) Hat der Verantwortliche die personenbezogenen Daten öffentlich gemacht und ist er gemäß Absatz 1 zu deren Löschung verpflichtet, so trifft er unter Berücksichtigung der verfügbaren Technologie und der Implementierungskosten angemessene Maßnahmen, auch technischer Art, um für die Datenverarbeitung Verantwortliche, die die personenbezogenen Daten verarbeiten, darüber zu informieren, dass eine betroffene Person von ihnen die Löschung aller Links zu diesen personenbezogenen Daten oder von Kopien oder Replikationen dieser personenbezogenen Daten verlangt hat.

(3) Die Absätze 1 und 2 gelten nicht, soweit die Verarbeitung erforderlich ist

a) zur Ausübung des Rechts auf freie Meinungsäußerung und Information;

b) zur Erfüllung einer rechtlichen Verpflichtung, die die Verarbeitung nach dem Recht der Union oder der Mitgliedstaaten, dem der Verantwortliche unterliegt, erfordert, oder zur Wahrnehmung einer Aufgabe, die im öffentlichen Interesse liegt oder in Ausübung öffentlicher Gewalt erfolgt, die dem Verantwortlichen übertragen wurde;

c) aus Gründen des öffentlichen Interesses im Bereich der öffentlichen Gesundheit gemäß Artikel 9 Absatz 2 Buchstaben h und i sowie Artikel 9 Absatz 3;

d) für im öffentlichen Interesse liegende Archivzwecke, wissenschaftliche oder historische Forschungszwecke oder für statistische Zwecke gemäß Artikel 89 Absatz 1, soweit das in Absatz 1 genannte Recht voraussichtlich die Verwirklichung der Ziele dieser Verarbeitung unmöglich macht oder ernsthaft beeinträchtigt, oder

e) zur Geltendmachung, Ausübung oder Verteidigung von Rechtsansprüchen.

Art. 18 Recht auf Einschränkung der Verarbeitung. (1) Die betroffene Person hat das Recht, von dem Verantwortlichen die Einschränkung der Verarbeitung zu verlangen, wenn eine der folgenden Voraussetzungen gegeben ist:

a) die Richtigkeit der personenbezogenen Daten von der betroffenen Person bestritten wird, und zwar für eine Dauer, die es dem Verantwortlichen ermöglicht, die Richtigkeit der personenbezogenen Daten zu überprüfen,

b) die Verarbeitung unrechtmäßig ist und die betroffene Person die Löschung der personenbezogenen Daten ablehnt und stattdessen die Einschränkung der Nutzung der personenbezogenen Daten verlangt;[1]

c) der Verantwortliche die personenbezogenen Daten für die Zwecke der Verarbeitung nicht länger benötigt, die betroffene Person sie jedoch zur Gel-

---

[1] Zeichensetzung amtlich.

tendmachung, Ausübung oder Verteidigung von Rechtsansprüchen benötigt, oder

d) die betroffene Person Widerspruch gegen die Verarbeitung gemäß Artikel 21 Absatz 1 eingelegt hat, solange noch nicht feststeht, ob die berechtigten Gründe des Verantwortlichen gegenüber denen der betroffenen Person überwiegen.

(2) Wurde die Verarbeitung gemäß Absatz 1 eingeschränkt, so dürfen diese personenbezogenen Daten – von ihrer Speicherung abgesehen – nur mit Einwilligung der betroffenen Person oder zur Geltendmachung, Ausübung oder Verteidigung von Rechtsansprüchen oder zum Schutz der Rechte einer anderen natürlichen oder juristischen Person oder aus Gründen eines wichtigen öffentlichen Interesses der Union oder eines Mitgliedstaats verarbeitet werden.

(3) Eine betroffene Person, die eine Einschränkung der Verarbeitung gemäß Absatz 1 erwirkt hat, wird von dem Verantwortlichen unterrichtet, bevor die Einschränkung aufgehoben wird.

Art. 19 Mitteilungspflicht im Zusammenhang mit der Berichtigung oder Löschung personenbezogener Daten oder der Einschränkung der Verarbeitung. [1]Der Verantwortliche teilt allen Empfängern, denen personenbezogenen Daten offengelegt wurden, jede Berichtigung oder Löschung der personenbezogenen Daten oder eine Einschränkung der Verarbeitung nach Artikel 16, Artikel 17 Absatz 1 und Artikel 18 mit, es sei denn, dies erweist sich als unmöglich oder ist mit einem unverhältnismäßigen Aufwand verbunden.
[2]Der Verantwortliche unterrichtet die betroffene Person über diese Empfänger, wenn die betroffene Person dies verlangt.

Art. 20 Recht auf Datenübertragbarkeit. (1) Die betroffene Person hat das Recht, die sie betreffenden personenbezogenen Daten, die sie einem Verantwortlichen bereitgestellt hat, in einem strukturierten, gängigen und maschinenlesbaren Format zu erhalten, und sie hat das Recht, diese Daten einem anderen Verantwortlichen ohne Behinderung durch den Verantwortlichen, dem die personenbezogenen Daten bereitgestellt wurden, zu übermitteln, sofern

a) die Verarbeitung auf einer Einwilligung gemäß Artikel 6 Absatz 1 Buchstabe a oder Artikel 9 Absatz 2 Buchstabe a oder auf einem Vertrag gemäß Artikel 6 Absatz 1 Buchstabe b beruht und

b) die Verarbeitung mithilfe automatisierter Verfahren erfolgt.

(2) Bei der Ausübung ihres Rechts auf Datenübertragbarkeit gemäß Absatz 1 hat die betroffene Person das Recht, zu erwirken, dass die personenbezogenen Daten direkt von einem Verantwortlichen einem anderen Verantwortlichen übermittelt werden, soweit dies technisch machbar ist.

(3) [1]Die Ausübung des Rechts nach Absatz 1 des vorliegenden Artikels lässt Artikel 17 unberührt. [2]Dieses Recht gilt nicht für eine Verarbeitung, die für die Wahrnehmung einer Aufgabe erforderlich ist, die im öffentlichen Interesse liegt oder in Ausübung öffentlicher Gewalt erfolgt, die dem Verantwortlichen übertragen wurde.

(4) Das Recht gemäß Absatz 1 darf die Rechte und Freiheiten anderer Personen nicht beeinträchtigen.

Abschnitt 4. Widerspruchsrecht und automatisierte Entscheidungsfindung im Einzelfall

Art. 21 Widerspruchsrecht. (1) ¹Die betroffene Person hat das Recht, aus Gründen, die sich aus ihrer besonderen Situation ergeben, jederzeit gegen die Verarbeitung sie betreffender personenbezogener Daten, die aufgrund von Artikel 6 Absatz 1 Buchstaben e oder f erfolgt, Widerspruch einzulegen; dies gilt auch für ein auf diese Bestimmungen gestütztes Profiling. ²Der Verantwortliche verarbeitet die personenbezogenen Daten nicht mehr, es sei denn, er kann zwingende schutzwürdige Gründe für die Verarbeitung nachweisen, die Interessen, Rechte und Freiheiten der betroffenen Person überwiegen, oder die Verarbeitung dient der Geltendmachung, Ausübung oder Verteidigung von Rechtsansprüchen.

(2) Werden personenbezogene Daten verarbeitet, um Direktwerbung zu betreiben, so hat die betroffene Person das Recht, jederzeit Widerspruch gegen die Verarbeitung sie betreffender personenbezogener Daten zum Zwecke derartiger Werbung einzulegen; dies gilt auch für das Profiling, soweit es mit solcher Direktwerbung in Verbindung steht.

(3) Widerspricht die betroffene Person der Verarbeitung für Zwecke der Direktwerbung, so werden die personenbezogenen Daten nicht mehr für diese Zwecke verarbeitet.

(4) Die betroffene Person muss spätestens zum Zeitpunkt der ersten Kommunikation mit ihr ausdrücklich auf das in den Absätzen 1 und 2 genannte Recht hingewiesen werden; dieser Hinweis hat in einer verständlichen und von anderen Informationen getrennten Form zu erfolgen.

(5) Im Zusammenhang mit der Nutzung von Diensten der Informationsgesellschaft kann die betroffene Person ungeachtet der Richtlinie 2002/58/EG ihr Widerspruchsrecht mittels automatisierter Verfahren ausüben, bei denen technische Spezifikationen verwendet werden.

(6) Die betroffene Person hat das Recht, aus Gründen, die sich aus ihrer besonderen Situation ergeben, gegen die sie betreffende Verarbeitung sie betreffender personenbezogener Daten, die zu wissenschaftlichen oder historischen Forschungszwecken oder zu statistischen Zwecken gemäß Artikel 89 Absatz 1 erfolgt, Widerspruch einzulegen, es sei denn, die Verarbeitung ist zur Erfüllung einer im öffentlichen Interesse liegenden Aufgabe erforderlich.

Art. 22 Automatisierte Entscheidungen im Einzelfall einschließlich Profiling. (1) Die betroffene Person hat das Recht, nicht einer ausschließlich auf einer automatisierten Verarbeitung – einschließlich Profiling – beruhenden Entscheidung unterworfen zu werden, die ihr gegenüber rechtliche Wirkung entfaltet oder sie in ähnlicher Weise erheblich beeinträchtigt.

(2) Absatz 1 gilt nicht, wenn die Entscheidung

a) für den Abschluss oder die Erfüllung eines Vertrags zwischen der betroffenen Person und dem Verantwortlichen erforderlich ist,

b) aufgrund von Rechtsvorschriften der Union oder der Mitgliedstaaten, denen der Verantwortliche unterliegt, zulässig ist und diese Rechtsvorschriften angemessene Maßnahmen zur Wahrung der Rechte und Freiheiten sowie der berechtigten Interessen der betroffenen Person enthalten oder

c) mit ausdrücklicher Einwilligung der betroffenen Person erfolgt.

(3) In den in Absatz 2 Buchstaben a und c genannten Fällen trifft der Verantwortliche angemessene Maßnahmen, um die Rechte und Freiheiten sowie die berechtigten Interessen der betroffenen Person zu wahren, wozu mindestens das Recht auf Erwirkung des Eingreifens einer Person seitens des Verantwortlichen, auf Darlegung des eigenen Standpunkts und auf Anfechtung der Entscheidung gehört.

(4) Entscheidungen nach Absatz 2 dürfen nicht auf besonderen Kategorien personenbezogener Daten nach Artikel 9 Absatz 1 beruhen, sofern nicht Artikel 9 Absatz 2 Buchstabe a oder g gilt und angemessene Maßnahmen zum Schutz der Rechte und Freiheiten sowie der berechtigten Interessen der betroffenen Person getroffen wurden.

Abschnitt 5. Beschränkungen

Art. 23 Beschränkungen. (1) Durch Rechtsvorschriften der Union oder der Mitgliedstaaten, denen der Verantwortliche oder der Auftragsverarbeiter unterliegt, können die Pflichten und Rechte gemäß den Artikeln 12 bis 22 und Artikel 34 sowie Artikel 5, insofern dessen Bestimmungen den in den Artikeln 12 bis 22 vorgesehenen Rechten und Pflichten entsprechen, im Wege von Gesetzgebungsmaßnahmen beschränkt werden, sofern eine solche Beschränkung den Wesensgehalt der Grundrechte und Grundfreiheiten achtet und in einer demokratischen Gesellschaft eine notwendige und verhältnismäßige Maßnahme darstellt, die Folgendes sicherstellt:

a) die nationale Sicherheit;

b) die Landesverteidigung;

c) die öffentliche Sicherheit;

d) die Verhütung, Ermittlung, Aufdeckung oder Verfolgung von Straftaten oder die Strafvollstreckung, einschließlich des Schutzes vor und der Abwehr von Gefahren für die öffentliche Sicherheit;

e) den Schutz sonstiger wichtiger Ziele des allgemeinen öffentlichen Interesses der Union oder eines Mitgliedstaats, insbesondere eines wichtigen wirtschaftlichen oder finanziellen Interesses der Union oder eines Mitgliedstaats, etwa im Währungs-, Haushalts- und Steuerbereich sowie im Bereich der öffentlichen Gesundheit und der sozialen Sicherheit;

f) den Schutz der Unabhängigkeit der Justiz und den Schutz von Gerichtsverfahren;

g) die Verhütung, Aufdeckung, Ermittlung und Verfolgung von Verstößen gegen die berufsständischen Regeln reglementierter Berufe;

h) Kontroll-, Überwachungs- und Ordnungsfunktionen, die dauernd oder zeitweise mit der Ausübung öffentlicher Gewalt für die unter den Buchstaben a bis e und g genannten Zwecke verbunden sind;

i) den Schutz der betroffenen Person oder der Rechte und Freiheiten anderer Personen;

j) die Durchsetzung zivilrechtlicher Ansprüche.

(2) Jede Gesetzgebungsmaßnahme im Sinne des Absatzes 1 muss insbesondere gegebenenfalls spezifische Vorschriften enthalten zumindest in Bezug auf

a) die Zwecke der Verarbeitung oder die Verarbeitungskategorien,

b) die Kategorien personenbezogener Daten,

c) den Umfang der vorgenommenen Beschränkungen,
d) die Garantien gegen Missbrauch oder unrechtmäßigen Zugang oder unrechtmäßige Übermittlung;
e) die Angaben zu dem Verantwortlichen oder den Kategorien von Verantwortlichen,
f) die jeweiligen Speicherfristen sowie die geltenden Garantien unter Berücksichtigung von Art, Umfang und Zwecken der Verarbeitung oder der Verarbeitungskategorien,
g) die Risiken für die Rechte und Freiheiten der betroffenen Personen und
h) das Recht der betroffenen Personen auf Unterrichtung über die Beschränkung, sofern dies nicht dem Zweck der Beschränkung abträglich ist.

Kapitel IV. Verantwortlicher und Auftragsverarbeiter
Abschnitt 1. Allgemeine Pflichten
Art. 24 Verantwortung des für die Verarbeitung Verantwortlichen.

(1) [1] Der Verantwortliche setzt unter Berücksichtigung der Art, des Umfangs, der Umstände und der Zwecke der Verarbeitung sowie der unterschiedlichen Eintrittswahrscheinlichkeit und Schwere der Risiken für die Rechte und Freiheiten natürlicher Personen geeignete technische und organisatorische Maßnahmen um, um sicherzustellen und den Nachweis dafür erbringen zu können, dass die Verarbeitung gemäß dieser Verordnung erfolgt. [2] Diese Maßnahmen werden erforderlichenfalls überprüft und aktualisiert.

(2) Sofern dies in einem angemessenen Verhältnis zu den Verarbeitungstätigkeiten steht, müssen die Maßnahmen gemäß Absatz 1 die Anwendung geeigneter Datenschutzvorkehrungen durch den Verantwortlichen umfassen.

(3) Die Einhaltung der genehmigten Verhaltensregeln gemäß Artikel 40 oder eines genehmigten Zertifizierungsverfahrens gemäß Artikel 42 kann als Gesichtspunkt herangezogen werden, um die Erfüllung der Pflichten des Verantwortlichen nachzuweisen.

Art. 25 Datenschutz durch Technikgestaltung und durch datenschutzfreundliche Voreinstellungen.

(1) Unter Berücksichtigung des Stands der Technik, der Implementierungskosten und der Art, des Umfangs, der Umstände und der Zwecke der Verarbeitung sowie der unterschiedlichen Eintrittswahrscheinlichkeit und Schwere der mit der Verarbeitung verbundenen Risiken für die Rechte und Freiheiten natürlicher Personen trifft der Verantwortliche sowohl zum Zeitpunkt der Festlegung der Mittel für die Verarbeitung als auch zum Zeitpunkt der eigentlichen Verarbeitung geeignete technische und organisatorische Maßnahmen – wie z.B. Pseudonymisierung –, die dafür ausgelegt sind, die Datenschutzgrundsätze wie etwa Datenminimierung wirksam umzusetzen und die notwendigen Garantien in die Verarbeitung aufzunehmen, um den Anforderungen dieser Verordnung zu genügen und die Rechte der betroffenen Personen zu schützen.

(2) [1] Der Verantwortliche trifft geeignete technische und organisatorische Maßnahmen, die sicherstellen, dass durch Voreinstellung nur personenbezogene Daten, deren Verarbeitung für den jeweiligen bestimmten Verarbeitungszweck erforderlich ist, verarbeitet werden. [2] Diese Verpflichtung gilt für die Menge der erhobenen personenbezogenen Daten, den Umfang ihrer Verarbei-

tung, ihre Speicherfrist und ihre Zugänglichkeit. ³Solche Maßnahmen müssen insbesondere sicherstellen, dass personenbezogene Daten durch Voreinstellungen nicht ohne Eingreifen der Person einer unbestimmten Zahl von natürlichen Personen zugänglich gemacht werden.

(3) Ein genehmigtes Zertifizierungsverfahren gemäß Artikel 42 kann als Faktor herangezogen werden, um die Erfüllung der in den Absätzen 1 und 2 des vorliegenden Artikels genannten Anforderungen nachzuweisen.

Art. 26 Gemeinsam Verantwortliche. (1) ¹Legen zwei oder mehr Verantwortliche gemeinsam die Zwecke der und die Mittel zur Verarbeitung fest, so sind sie gemeinsam Verantwortliche. ²Sie legen in einer Vereinbarung in transparenter Form fest, wer von ihnen welche Verpflichtung gemäß dieser Verordnung erfüllt, insbesondere was die Wahrnehmung der Rechte der betroffenen Person angeht, und wer welchen Informationspflichten gemäß den Artikeln 13 und 14 nachkommt, sofern und soweit die jeweiligen Aufgaben der Verantwortlichen nicht durch Rechtsvorschriften der Union oder der Mitgliedstaaten, denen die Verantwortlichen unterliegen, festgelegt sind. ³In der Vereinbarung kann eine Anlaufstelle für die betroffenen Personen angegeben werden.

(2) ¹Die Vereinbarung gemäß Absatz 1 muss die jeweiligen tatsächlichen Funktionen und Beziehungen der gemeinsam Verantwortlichen gegenüber betroffenen Personen gebührend widerspiegeln. ²Das wesentliche der Vereinbarung wird der betroffenen Person zur Verfügung gestellt.

(3) Ungeachtet der Einzelheiten der Vereinbarung gemäß Absatz 1 kann die betroffene Person ihre Rechte im Rahmen dieser Verordnung bei und gegenüber jedem einzelnen der Verantwortlichen geltend machen.

Art. 27 Vertreter von nicht in der Union niedergelassenen Verantwortlichen oder Auftragsverarbeitern. (1) In den Fällen gemäß Artikel 3 Absatz 2 benennt der Verantwortliche oder der Auftragsverarbeiter schriftlich einen Vertreter in der Union.

(2) Die Pflicht gemäß Absatz 1 des vorliegenden Artikels gilt nicht für

a) eine Verarbeitung, die gelegentlich erfolgt, nicht die umfangreiche Verarbeitung besonderer Datenkategorien im Sinne des Artikels 9 Absatz 1 oder die umfangreiche Verarbeitung von personenbezogenen Daten über strafrechtliche Verurteilungen und Straftaten im Sinne des Artikels 10 einschließt und unter Berücksichtigung der Art, der Umstände, des Umfangs und der Zwecke der Verarbeitung voraussichtlich nicht zu einem Risiko für die Rechte und Freiheiten natürlicher Personen führt, oder

b) Behörden oder öffentliche Stellen.

(3) Der Vertreter muss in einem der Mitgliedstaaten niedergelassen sein, in denen die betroffenen Personen, deren personenbezogene Daten im Zusammenhang mit den ihnen angebotenen Waren oder Dienstleistungen verarbeitet werden oder deren Verhalten beobachtet wird, sich befinden.

(4) Der Vertreter wird durch den Verantwortlichen oder den Auftragsverarbeiter beauftragt, zusätzlich zu diesem oder an seiner Stelle insbesondere für Aufsichtsbehörden und betroffene Personen bei sämtlichen Fragen im Zusammenhang mit der Verarbeitung zur Gewährleistung der Einhaltung dieser Verordnung als Anlaufstelle zu dienen.

(5) Die Benennung eines Vertreters durch den Verantwortlichen oder den Auftragsverarbeiter erfolgt unbeschadet etwaiger rechtlicher Schritte gegen den Verantwortlichen oder den Auftragsverarbeiter selbst.

Art. 28 Auftragsverarbeiter. (1) Erfolgt eine Verarbeitung im Auftrag eines Verantwortlichen, so arbeitet dieser nur mit Auftragsverarbeitern, die hinreichend Garantien dafür bieten, dass geeignete technische und organisatorische Maßnahmen so durchgeführt werden, dass die Verarbeitung im Einklang mit den Anforderungen dieser Verordnung erfolgt und den Schutz der Rechte der betroffenen Person gewährleistet.

(2) [1] Der Auftragsverarbeiter nimmt keinen weiteren Auftragsverarbeiter ohne vorherige gesonderte oder allgemeine schriftliche Genehmigung des Verantwortlichen in Anspruch. [2] Im Fall einer allgemeinen schriftlichen Genehmigung informiert der Auftragsverarbeiter den Verantwortlichen immer über jede beabsichtigte Änderung in Bezug auf die Hinzuziehung oder die Ersetzung anderer Auftragsverarbeiter, wodurch der Verantwortliche die Möglichkeit erhält, gegen derartige Änderungen Einspruch zu erheben.

(3) [1] [1] Die Verarbeitung durch einen Auftragsverarbeiter erfolgt auf der Grundlage eines Vertrags oder eines anderen Rechtsinstruments nach dem Unionsrecht oder dem Recht der Mitgliedstaaten, der bzw. das den Auftragsverarbeiter in Bezug auf den Verantwortlichen bindet und in dem Gegenstand und Dauer der Verarbeitung, Art und Zweck der Verarbeitung, die Art der personenbezogenen Daten, die Kategorien betroffener Personen und die Pflichten und Rechte des Verantwortlichen festgelegt sind. [2] Dieser Vertrag bzw. dieses andere Rechtsinstrument sieht insbesondere vor, dass der Auftragsverarbeiter

a) die personenbezogenen Daten nur auf dokumentierte Weisung des Verantwortlichen – auch in Bezug auf die Übermittlung personenbezogener Daten an ein Drittland oder eine internationale Organisation – verarbeitet, sofern er nicht durch das Recht der Union oder der Mitgliedstaaten, dem der Auftragsverarbeiter unterliegt, hierzu verpflichtet ist; in einem solchen Fall teilt der Auftragsverarbeiter dem Verantwortlichen diese rechtlichen Anforderungen vor der Verarbeitung mit, sofern das betreffende Recht eine solche Mitteilung nicht wegen eines wichtigen öffentlichen Interesses verbietet;
b) gewährleistet, dass sich die zur Verarbeitung der personenbezogenen Daten befugten Personen zur Vertraulichkeit verpflichtet haben oder einer angemessenen gesetzlichen Verschwiegenheitspflicht unterliegen;
c) alle gemäß Artikel 32 erforderlichen Maßnahmen ergreift;
d) die in den Absätzen 2 und 4 genannten Bedingungen für die Inanspruchnahme der Dienste eines weiteren Auftragsverarbeiters einhält;
e) angesichts der Art der Verarbeitung den Verantwortlichen nach Möglichkeit mit geeigneten technischen und organisatorischen Maßnahmen dabei unterstützt, seiner Pflicht zur Beantwortung von Anträgen auf Wahrnehmung der in Kapitel III genannten Rechte der betroffenen Person nachzukommen;
f) unter Berücksichtigung der Art der Verarbeitung und der ihm zur Verfügung stehenden Informationen den Verantwortlichen bei der Einhaltung der in den Artikeln 32 bis 36 genannten Pflichten unterstützt;
g) nach Abschluss der Erbringung der Verarbeitungsleistungen alle personenbezogenen Daten nach Wahl des Verantwortlichen entweder löscht oder zu-

rückgibt und die vorhandenen Kopien löscht, sofern nicht nach dem Unionsrecht oder dem Recht der Mitgliedstaaten eine Verpflichtung zur Speicherung der personenbezogenen Daten besteht;

h) dem Verantwortlichen alle erforderlichen Informationen zum Nachweis der Einhaltung der in diesem Artikel niedergelegten Pflichten zur Verfügung stellt und Überprüfungen – einschließlich Inspektionen –, die vom Verantwortlichen oder einem anderen von diesem beauftragten Prüfer durchgeführt werden, ermöglicht und dazu beiträgt.

[2] Mit Blick auf Unterabsatz 1 Buchstabe h informiert der Auftragsverarbeiter den Verantwortlichen unverzüglich, falls er der Auffassung ist, dass eine Weisung gegen diese Verordnung oder gegen andere Datenschutzbestimmungen der Union oder der Mitgliedstaaten verstößt.

(4) ¹Nimmt der Auftragsverarbeiter die Dienste eines weiteren Auftragsverarbeiters in Anspruch, um bestimmte Verarbeitungstätigkeiten im Namen des Verantwortlichen auszuführen, so werden diesem weiteren Auftragsverarbeiter im Wege eines Vertrags oder eines anderen Rechtsinstruments nach dem Unionsrecht oder dem Recht des betreffenden Mitgliedstaats dieselben Datenschutzpflichten auferlegt, die in dem Vertrag oder anderen Rechtsinstrument zwischen dem Verantwortlichen und dem Auftragsverarbeiter gemäß Absatz 3 festgelegt sind, wobei insbesondere hinreichende Garantien dafür geboten werden muss, dass die geeigneten technischen und organisatorischen Maßnahmen so durchgeführt werden, dass die Verarbeitung entsprechend den Anforderungen dieser Verordnung erfolgt. ²Kommt der weitere Auftragsverarbeiter seinen Datenschutzpflichten nicht nach, so haftet der erste Auftragsverarbeiter gegenüber dem Verantwortlichen für die Einhaltung der Pflichten jenes anderen Auftragsverarbeiters.

(5) Die Einhaltung genehmigter Verhaltensregeln gemäß Artikel 40 oder eines genehmigten Zertifizierungsverfahrens gemäß Artikel 42 durch einen Auftragsverarbeiter kann als Faktor herangezogen werden, um hinreichende Garantien im Sinne der Absätze 1 und 4 des vorliegenden Artikels nachzuweisen.

(6) Unbeschadet eines individuellen Vertrags zwischen dem Verantwortlichen und dem Auftragsverarbeiter kann der Vertrag oder das andere Rechtsinstrument im Sinne der Absätze 3 und 4 des vorliegenden Artikels ganz oder teilweise auf den in den Absätzen 7 und 8 des vorliegenden Artikels genannten Standardvertragsklauseln beruhen, auch wenn diese Bestandteil einer dem Verantwortlichen oder dem Auftragsverarbeiter gemäß den Artikeln 42 und 43 erteilten Zertifizierung sind.

(7) Die Kommission kann im Einklang mit dem Prüfverfahren gemäß Artikel 93 Absatz 2 Standardvertragsklauseln zur Regelung der in den Absätzen 3 und 4 des vorliegenden Artikels genannten Fragen festlegen.

(8) Eine Aufsichtsbehörde kann im Einklang mit dem Kohärenzverfahren gemäß Artikel 63 Standardvertragsklauseln zur Regelung der in den Absätzen 3 und 4 des vorliegenden Artikels genannten Fragen festlegen.

(9) Der Vertrag oder das andere Rechtsinstrument im Sinne der Absätze 3 und 4 ist schriftlich abzufassen, was auch in einem elektronischen Format erfolgen kann.

(10) Unbeschadet der Artikel 82, 83 und 84 gilt ein Auftragsverarbeiter, der unter Verstoß gegen diese Verordnung die Zwecke und Mittel der Verarbeitung bestimmt, in Bezug auf diese Verarbeitung als Verantwortlicher.

Art. 29 Verarbeitung unter der Aufsicht des Verantwortlichen oder des Auftragsverarbeiters. Der Auftragsverarbeiter und jede dem Verantwortlichen oder dem Auftragsverarbeiter unterstellte Person, die Zugang zu personenbezogenen Daten hat, dürfen diese Daten ausschließlich auf Weisung des Verantwortlichen verarbeiten, es sei denn, dass sie nach dem Unionsrecht oder dem Recht der Mitgliedstaaten zur Verarbeitung verpflichtet sind.

Art. 30 Verzeichnis von Verarbeitungstätigkeiten. (1) [1] Jeder Verantwortliche und gegebenenfalls sein Vertreter führen ein Verzeichnis aller Verarbeitungstätigkeiten, die ihrer Zuständigkeit unterliegen. [2] Dieses Verzeichnis enthält sämtliche folgenden Angaben:

a) den Namen und die Kontaktdaten des Verantwortlichen und gegebenenfalls des gemeinsam mit ihm Verantwortlichen, des Vertreters des Verantwortlichen sowie eines etwaigen Datenschutzbeauftragten;

b) die Zwecke der Verarbeitung;

c) eine Beschreibung der Kategorien betroffener Personen und der Kategorien personenbezogener Daten;

d) die Kategorien von Empfängern, gegenüber denen die personenbezogenen Daten offengelegt worden sind oder noch offengelegt werden, einschließlich Empfänger in Drittländern oder internationalen Organisationen;

e) gegebenenfalls Übermittlungen von personenbezogenen Daten an ein Drittland oder an eine internationale Organisation, einschließlich der Angabe des betreffenden Drittlands oder der betreffenden internationalen Organisation, sowie bei den in Artikel 49 Absatz 1 Unterabsatz 2 genannten Datenübermittlungen die Dokumentierung geeigneter Garantien;

f) wenn möglich, die vorgesehenen Fristen für die Löschung der verschiedenen Datenkategorien;

g) wenn möglich, eine allgemeine Beschreibung der technischen und organisatorischen Maßnahmen gemäß Artikel 32 Absatz 1.

(2) Jeder Auftragsverarbeiter und gegebenenfalls sein Vertreter führen ein Verzeichnis zu allen Kategorien von im Auftrag eines Verantwortlichen durchgeführten Tätigkeiten der Verarbeitung, das Folgendes enthält:

a) den Namen und die Kontaktdaten des Auftragsverarbeiters oder der Auftragsverarbeiter und jedes Verantwortlichen, in dessen Auftrag der Auftragsverarbeiter tätig ist, sowie gegebenenfalls des Vertreters des Verantwortlichen oder des Auftragsverarbeiters und eines etwaigen Datenschutzbeauftragten;

b) die Kategorien von Verarbeitungen, die im Auftrag jedes Verantwortlichen durchgeführt werden;

c) gegebenenfalls Übermittlungen von personenbezogenen Daten an ein Drittland oder an eine internationale Organisation, einschließlich der Angabe des betreffenden Drittlands oder der betreffenden internationalen Organisation, sowie bei den in Artikel 49 Absatz 1 Unterabsatz 2 genannten Datenübermittlungen die Dokumentierung geeigneter Garantien;

d) wenn möglich, eine allgemeine Beschreibung der technischen und organisatorischen Maßnahmen gemäß Artikel 32 Absatz 1.

(3) Das in den Absätzen 1 und 2 genannte Verzeichnis ist schriftlich zu führen, was auch in einem elektronischen Format erfolgen kann.

(4) Der Verantwortliche oder der Auftragsverarbeiter sowie gegebenenfalls der Vertreter des Verantwortlichen oder des Auftragsverarbeiters stellen der Aufsichtsbehörde das Verzeichnis auf Anfrage zur Verfügung.

(5) Die in den Absätzen 1 und 2 genannten Pflichten gelten nicht für Unternehmen oder Einrichtungen, die weniger als 250 Mitarbeiter beschäftigen, es sei denn, die von ihnen vorgenommene Verarbeitung birgt ein Risiko für die Rechte und Freiheiten der betroffenen Personen, die Verarbeitung erfolgt nicht nur gelegentlich oder es erfolgt eine Verarbeitung besonderer Datenkategorien gemäß Artikel 9 Absatz 1 bzw. die Verarbeitung von personenbezogenen Daten über strafrechtliche Verurteilungen und Straftaten im Sinne des Artikels 10.

Art. 31 Zusammenarbeit mit der Aufsichtsbehörde. Der Verantwortliche und der Auftragsverarbeiter und gegebenenfalls deren Vertreter arbeiten auf Anfrage mit der Aufsichtsbehörde bei der Erfüllung ihrer Aufgaben zusammen.

Abschnitt 2. Sicherheit personenbezogener Daten

Art. 32 Sicherheit der Verarbeitung. (1) Unter Berücksichtigung des Stands der Technik, der Implementierungskosten und der Art, des Umfangs, der Umstände und der Zwecke der Verarbeitung sowie der unterschiedlichen Eintrittswahrscheinlichkeit und Schwere des Risikos für die Rechte und Freiheiten natürlicher Personen treffen der Verantwortliche und der Auftragsverarbeiter geeignete technische und organisatorische Maßnahmen, um ein dem Risiko angemessenes Schutzniveau zu gewährleisten; diese Maßnahmen schließen gegebenenfalls unter anderem Folgendes ein:

a) die Pseudonymisierung und Verschlüsselung personenbezogener Daten;
b) die Fähigkeit, die Vertraulichkeit, Integrität, Verfügbarkeit und Belastbarkeit der Systeme und Dienste im Zusammenhang mit der Verarbeitung auf Dauer sicherzustellen;
c) die Fähigkeit, die Verfügbarkeit der personenbezogenen Daten und den Zugang zu ihnen bei einem physischen oder technischen Zwischenfall rasch wiederherzustellen;
d) ein Verfahren zur regelmäßigen Überprüfung, Bewertung und Evaluierung der Wirksamkeit der technischen und organisatorischen Maßnahmen zur Gewährleistung der Sicherheit der Verarbeitung.

(2) Bei der Beurteilung des angemessenen Schutzniveaus sind insbesondere die Risiken zu berücksichtigen, die mit der Verarbeitung verbunden sind, insbesondere durch – ob unbeabsichtigt oder unrechtmäßig – Vernichtung, Verlust, Veränderung oder unbefugte Offenlegung von beziehungsweise unbefugten Zugang zu personenbezogenen Daten, die übermittelt, gespeichert oder auf andere Weise verarbeitet wurden.

(3) Die Einhaltung genehmigter Verhaltensregeln gemäß Artikel 40 oder eines genehmigten Zertifizierungsverfahrens gemäß Artikel 42 kann als Faktor herangezogen werden, um die Erfüllung der in Absatz 1 des vorliegenden Artikels genannten Anforderungen nachzuweisen.

(4) Der Verantwortliche und der Auftragsverarbeiter unternehmen Schritte, um sicherzustellen, dass ihnen unterstellte natürliche Personen, die Zugang zu personenbezogenen Daten haben, diese nur auf Anweisung des Verantwortlichen verarbeiten, es sei denn, sie sind nach dem Recht der Union oder der Mitgliedstaaten zur Verarbeitung verpflichtet.

Art. 33 Meldung von Verletzungen des Schutzes personenbezogener Daten an die Aufsichtsbehörde. (1) [1] Im Falle einer Verletzung des Schutzes personenbezogener Daten meldet der Verantwortliche unverzüglich und möglichst binnen 72 Stunden, nachdem ihm die Verletzung bekannt wurde, diese der gemäß Artikel 55 zuständigen Aufsichtsbehörde, es sei denn, dass die Verletzung des Schutzes personenbezogener Daten voraussichtlich nicht zu einem Risiko für die Rechte und Freiheiten natürlicher Personen führt. [2] Erfolgt die Meldung an die Aufsichtsbehörde nicht binnen 72 Stunden, so ist ihr eine Begründung für die Verzögerung beizufügen.

(2) Wenn dem Auftragsverarbeiter eine Verletzung des Schutzes personenbezogener Daten bekannt wird, meldet er diese dem Verantwortlichen unverzüglich.

(3) Die Meldung gemäß Absatz 1 enthält zumindest folgende Informationen:

a) eine Beschreibung der Art der Verletzung des Schutzes personenbezogener Daten, soweit möglich mit Angabe der Kategorien und der ungefähren Zahl der betroffenen Personen, der betroffenen Kategorien und der ungefähren Zahl der betroffenen personenbezogenen Datensätze;

b) den Namen und die Kontaktdaten des Datenschutzbeauftragten oder einer sonstigen Anlaufstelle für weitere Informationen;

c) eine Beschreibung der wahrscheinlichen Folgen der Verletzung des Schutzes personenbezogener Daten;

d) eine Beschreibung der von dem Verantwortlichen ergriffenen oder vorgeschlagenen Maßnahmen zur Behebung der Verletzung des Schutzes personenbezogener Daten und gegebenenfalls Maßnahmen zur Abmilderung ihrer möglichen nachteiligen Auswirkungen.

(4) Wenn und soweit die Informationen nicht zur gleichen Zeit bereitgestellt werden können, kann der Verantwortliche diese Informationen ohne unangemessene weitere Verzögerung schrittweise zur Verfügung stellen.

(5) [1] Der Verantwortliche dokumentiert Verletzungen des Schutzes personenbezogener Daten einschließlich aller im Zusammenhang mit der Verletzung des Schutzes personenbezogener Daten stehenden Fakten, ihrer Auswirkungen und der ergriffenen Abhilfemaßnahmen. [2] Diese Dokumentation muss der Aufsichtsbehörde die Überprüfung der Einhaltung der Bestimmungen dieses Artikels ermöglichen.

Art. 34 Benachrichtigung der von einer Verletzung des Schutzes personenbezogener Daten betroffenen Person. (1) Hat die Verletzung des Schutzes personenbezogener Daten voraussichtlich ein hohes Risiko für die persönlichen Rechte und Freiheiten natürlicher Personen zur Folge, so benachrichtigt der Verantwortliche die betroffene Person unverzüglich von der Verletzung.

(2) Die in Absatz 1 genannte Benachrichtigung der betroffenen Person beschreibt in klarer und einfacher Sprache die Art der Verletzung des Schutzes personenbezogener Daten und enthält zumindest die in Artikel 33 Absatz 3 Buchstaben b, c und d genannten Informationen und Maßnahmen.

(3) Die Benachrichtigung der betroffenen Person gemäß Absatz 1 ist nicht erforderlich, wenn eine der folgenden Bedingungen erfüllt ist:

a) der Verantwortliche hat geeignete technische und organisatorische Sicherheitsvorkehrungen getroffen und diese Vorkehrungen wurden auf die von der Verletzung betroffenen personenbezogenen Daten angewandt, insbesondere solche, durch die die personenbezogenen Daten für alle Personen, die nicht zum Zugang zu den personenbezogenen Daten befugt sind, unzugänglich gemacht werden, etwa durch Verschlüsselung;

b) der Verantwortliche hat durch nachfolgende Maßnahmen sichergestellt, dass das hohe Risiko für die Rechte und Freiheiten der betroffenen Personen gemäß Absatz 1 aller Wahrscheinlichkeit nach nicht mehr besteht;

c) die Benachrichtigung wäre mit einem unverhältnismäßigen Aufwand verbunden. In diesem Fall hat stattdessen eine öffentliche Bekanntmachung oder eine ähnliche Maßnahme zu erfolgen, durch die die betroffenen Personen vergleichbar wirksam informiert werden.

(4) Wenn der Verantwortliche die betroffene Person nicht bereits über die Verletzung des Schutzes personenbezogener Daten benachrichtigt hat, kann die Aufsichtsbehörde unter Berücksichtigung der Wahrscheinlichkeit, mit der die Verletzung des Schutzes personenbezogener Daten zu einem hohen Risiko führt, von dem Verantwortlichen verlangen, dies nachzuholen, oder sie kann mit einem Beschluss feststellen, dass bestimmte der in Absatz 3 genannten Voraussetzungen erfüllt sind.

Abschnitt 3. Datenschutz-Folgenabschätzung und vorherige Konsultation

Art. 35 Datenschutz-Folgenabschätzung. (1) [1]Hat eine Form der Verarbeitung, insbesondere bei Verwendung neuer Technologien, aufgrund der Art, des Umfangs, der Umstände und der Zwecke der Verarbeitung voraussichtlich ein hohes Risiko für die Rechte und Freiheiten natürlicher Personen zur Folge, so führt der Verantwortliche vorab eine Abschätzung der Folgen der vorgesehenen Verarbeitungsvorgänge für den Schutz personenbezogener Daten durch. [2]Für die Untersuchung mehrerer ähnlicher Verarbeitungsvorgänge mit ähnlich hohen Risiken kann eine einzige Abschätzung vorgenommen werden.

(2) Der Verantwortliche holt bei der Durchführung einer Datenschutz-Folgenabschätzung den Rat des Datenschutzbeauftragten, sofern ein solcher benannt wurde, ein.

(3) Eine Datenschutz-Folgenabschätzung gemäß Absatz 1 ist insbesondere in folgenden Fällen erforderlich:

a) systematische und umfassende Bewertung persönlicher Aspekte natürlicher Personen, die sich auf automatisierte Verarbeitung einschließlich Profiling gründet und die ihrerseits als Grundlage für Entscheidungen dient, die Rechtswirkung gegenüber natürlichen Personen entfalten oder diese in ähnlich erheblicher Weise beeinträchtigen;

b) umfangreiche Verarbeitung besonderer Kategorien von personenbezogenen Daten gemäß Artikel 9 Absatz 1 oder von personenbezogenen Daten über strafrechtliche Verurteilungen und Straftaten gemäß Artikel 10 oder
c) systematische umfangreiche Überwachung öffentlich zugänglicher Bereiche.

(4) ¹Die Aufsichtsbehörde erstellt eine Liste der Verarbeitungsvorgänge, für die gemäß Absatz 1 eine Datenschutz-Folgenabschätzung durchzuführen ist, und veröffentlicht diese. ²Die Aufsichtsbehörde übermittelt diese Listen dem in Artikel 68 genannten Ausschuss.

(5) ¹Die Aufsichtsbehörde kann des Weiteren eine Liste der Arten von Verarbeitungsvorgängen erstellen und veröffentlichen, für die keine Datenschutz-Folgenabschätzung erforderlich ist. ²Die Aufsichtsbehörde übermittelt diese Listen dem Ausschuss.

(6) Vor Festlegung der in den Absätzen 4 und 5 genannten Listen wendet die zuständige Aufsichtsbehörde das Kohärenzverfahren gemäß Artikel 63 an, wenn solche Listen Verarbeitungstätigkeiten umfassen, die mit dem Angebot von Waren oder Dienstleistungen für betroffene Personen oder der Beobachtung des Verhaltens dieser Personen in mehreren Mitgliedstaaten im Zusammenhang stehen oder die den freien Verkehr personenbezogener Daten innerhalb der Union erheblich beeinträchtigen könnten.

(7) Die Folgenabschätzung enthält zumindest Folgendes:
a) eine systematische Beschreibung der geplanten Verarbeitungsvorgänge und der Zwecke der Verarbeitung, gegebenenfalls einschließlich der von dem Verantwortlichen verfolgten berechtigten Interessen;
b) eine Bewertung der Notwendigkeit und Verhältnismäßigkeit der Verarbeitungsvorgänge in Bezug auf den Zweck;
c) eine Bewertung der Risiken für die Rechte und Freiheiten der betroffenen Personen gemäß Absatz 1 und
d) die zur Bewältigung der Risiken geplanten Abhilfemaßnahmen, einschließlich Garantien, Sicherheitsvorkehrungen und Verfahren, durch die der Schutz personenbezogener Daten sichergestellt und der Nachweis dafür erbracht wird, dass diese Verordnung eingehalten wird, wobei den Rechten und berechtigten Interessen der betroffenen Personen und sonstiger Betroffener Rechnung getragen wird.

(8) Die Einhaltung genehmigter Verhaltensregeln gemäß Artikel 40 durch die zuständigen Verantwortlichen oder die zuständigen Auftragsverarbeiter ist bei der Beurteilung der Auswirkungen der von diesen durchgeführten Verarbeitungsvorgänge, insbesondere für die Zwecke einer Datenschutz-Folgenabschätzung, gebührend zu berücksichtigen.

(9) Der Verantwortliche holt gegebenenfalls den Standpunkt der betroffenen Personen oder ihrer Vertreter zu der beabsichtigten Verarbeitung unbeschadet des Schutzes gewerblicher oder öffentlicher Interessen oder der Sicherheit der Verarbeitungsvorgänge ein.

(10) Falls die Verarbeitung gemäß Artikel 6 Absatz 1 Buchstabe c oder e auf einer Rechtsgrundlage im Unionsrecht oder im Recht des Mitgliedstaats, dem der Verantwortliche unterliegt, beruht und falls diese Rechtsvorschriften den konkreten Verarbeitungsvorgang oder die konkreten Verarbeitungsvorgänge regeln und bereits im Rahmen der allgemeinen Folgenabschätzung im Zusammenhang mit dem Erlass dieser Rechtsgrundlage eine Datenschutz-Folgen-

abschätzung erfolgte, gelten die Absätze 1 bis 7 nur, wenn es nach dem Ermessen der Mitgliedstaaten erforderlich ist, vor den betreffenden Verarbeitungstätigkeiten eine solche Folgenabschätzung durchzuführen.

(11) Erforderlichenfalls führt der Verantwortliche eine Überprüfung durch, um zu bewerten, ob die Verarbeitung gemäß der Datenschutz-Folgenabschätzung durchgeführt wird; dies gilt zumindest, wenn hinsichtlich des mit den Verarbeitungsvorgängen verbundenen Risikos Änderungen eingetreten sind.

Art. 36 Vorherige Konsultation. (1) Der Verantwortliche konsultiert vor der Verarbeitung die Aufsichtsbehörde, wenn aus einer Datenschutz-Folgenabschätzung gemäß Artikel 35 hervorgeht, dass die Verarbeitung ein hohes Risiko zur Folge hätte, sofern der Verantwortliche keine Maßnahmen zur Eindämmung des Risikos trifft.

(2) ¹Falls die Aufsichtsbehörde der Auffassung ist, dass die geplante Verarbeitung gemäß Absatz 1 nicht im Einklang mit dieser Verordnung stünde, insbesondere weil der Verantwortliche das Risiko nicht ausreichend ermittelt oder nicht ausreichend eingedämmt hat, unterbreitet sie dem Verantwortlichen und gegebenenfalls dem Auftragsverarbeiter innerhalb eines Zeitraums von bis zu acht Wochen nach Erhalt des Ersuchens um Konsultation entsprechende schriftliche Empfehlungen und kann ihre in Artikel 58 genannten Befugnisse ausüben. ²Diese Frist kann unter Berücksichtigung der Komplexität der geplanten Verarbeitung um sechs Wochen verlängert werden. ³Die Aufsichtsbehörde unterrichtet den Verantwortlichen oder gegebenenfalls den Auftragsverarbeiter über eine solche Fristverlängerung innerhalb eines Monats nach Eingang des Antrags auf Konsultation zusammen mit den Gründen für die Verzögerung. ⁴Diese Fristen können ausgesetzt werden, bis die Aufsichtsbehörde die für die Zwecke der Konsultation angeforderten Informationen erhalten hat.

(3) Der Verantwortliche stellt der Aufsichtsbehörde bei einer Konsultation gemäß Absatz 1 folgende Informationen zur Verfügung:

a) gegebenenfalls Angaben zu den jeweiligen Zuständigkeiten des Verantwortlichen, der gemeinsam Verantwortlichen und der an der Verarbeitung beteiligten Auftragsverarbeiter, insbesondere bei einer Verarbeitung innerhalb einer Gruppe von Unternehmen;

b) die Zwecke und die Mittel der beabsichtigten Verarbeitung;

c) die zum Schutz der Rechte und Freiheiten der betroffenen Personen gemäß dieser Verordnung vorgesehenen Maßnahmen und Garantien;

d) gegebenenfalls die Kontaktdaten des Datenschutzbeauftragten;

e) die Datenschutz-Folgenabschätzung gemäß Artikel 35 und

f) alle sonstigen von der Aufsichtsbehörde angeforderten Informationen.

(4) Die Mitgliedstaaten konsultieren die Aufsichtsbehörde bei der Ausarbeitung eines Vorschlags für von einem nationalen Parlament zu erlassende Gesetzgebungsmaßnahmen oder von auf solchen Gesetzgebungsmaßnahmen basierenden Regelungsmaßnahmen, die die Verarbeitung betreffen.

(5) Ungeachtet des Absatzes 1 können Verantwortliche durch das Recht der Mitgliedstaaten verpflichtet werden, bei der Verarbeitung zur Erfüllung einer im öffentlichen Interesse liegenden Aufgabe, einschließlich der Verarbeitung zu Zwecken der sozialen Sicherheit und der öffentlichen Gesundheit, die Aufsichtsbehörde zu konsultieren und deren vorherige Genehmigung einzuholen.

Abschnitt 4. Datenschutzbeauftragter

Art. 37 Benennung eines Datenschutzbeauftragten. (1) Der Verantwortliche und der Auftragsverarbeiter benennen auf jeden Fall einen Datenschutzbeauftragten, wenn

a) die Verarbeitung von einer Behörde oder öffentlichen Stelle durchgeführt wird, mit Ausnahme von Gerichten, soweit sie im Rahmen ihrer justiziellen Tätigkeit handeln,

b) die Kerntätigkeit des Verantwortlichen oder des Auftragsverarbeiters in der Durchführung von Verarbeitungsvorgängen besteht, welche aufgrund ihrer Art, ihres Umfangs und/oder ihrer Zwecke eine umfangreiche regelmäßige und systematische Überwachung von betroffenen Personen erforderlich machen, oder

c) die Kerntätigkeit des Verantwortlichen oder des Auftragsverarbeiters in der umfangreichen Verarbeitung besonderer Kategorien von Daten gemäß Artikel 9 oder von personenbezogenen Daten über strafrechtliche Verurteilungen und Straftaten gemäß Artikel 10 besteht.

(2) Eine Unternehmensgruppe darf einen gemeinsamen Datenschutzbeauftragten ernennen, sofern von jeder Niederlassung aus der Datenschutzbeauftragte leicht erreicht werden kann.

(3) Falls es sich bei dem Verantwortlichen oder dem Auftragsverarbeiter um eine Behörde oder öffentliche Stelle handelt, kann für mehrere solcher Behörden oder Stellen unter Berücksichtigung ihrer Organisationsstruktur und ihrer Größe ein gemeinsamer Datenschutzbeauftragter benannt werden.

(4) [1]In anderen als den in Absatz 1 genannten Fällen können der Verantwortliche oder der Auftragsverarbeiter oder Verbände und andere Vereinigungen, die Kategorien von Verantwortlichen oder Auftragsverarbeitern vertreten, einen Datenschutzbeauftragten benennen; falls dies nach dem Recht der Union oder der Mitgliedstaaten vorgeschrieben ist, müssen sie einen solchen benennen. [2]Der Datenschutzbeauftragte kann für derartige Verbände und andere Vereinigungen, die Verantwortliche oder Auftragsverarbeiter vertreten, handeln.

(5) Der Datenschutzbeauftragte wird auf der Grundlage seiner beruflichen Qualifikation und insbesondere des Fachwissens benannt, das er auf dem Gebiet des Datenschutzrechts und der Datenschutzpraxis besitzt, sowie auf der Grundlage seiner Fähigkeit zur Erfüllung der in Artikel 39 genannten Aufgaben.

(6) Der Datenschutzbeauftragte kann Beschäftigter des Verantwortlichen oder des Auftragsverarbeiters sein oder seine Aufgaben auf der Grundlage eines Dienstleistungsvertrags erfüllen.

(7) Der Verantwortliche oder der Auftragsverarbeiter veröffentlicht die Kontaktdaten des Datenschutzbeauftragten und teilt diese Daten der Aufsichtsbehörde mit.

Art. 38 Stellung des Datenschutzbeauftragten. (1) Der Verantwortliche und der Auftragsverarbeiter stellen sicher, dass der Datenschutzbeauftragte ordnungsgemäß und frühzeitig in alle mit dem Schutz personenbezogener Daten zusammenhängenden Fragen eingebunden wird.

(2) Der Verantwortliche und der Auftragsverarbeiter unterstützen den Datenschutzbeauftragten bei der Erfüllung seiner Aufgaben gemäß Artikel 39, indem sie die für die Erfüllung dieser Aufgaben erforderlichen Ressourcen und den Zugang zu personenbezogenen Daten und Verarbeitungsvorgängen sowie die zur Erhaltung seines Fachwissens erforderlichen Ressourcen zur Verfügung stellen.

(3) [1] Der Verantwortliche und der Auftragsverarbeiter stellen sicher, dass der Datenschutzbeauftragte bei der Erfüllung seiner Aufgaben keine Anweisungen bezüglich der Ausübung dieser Aufgaben erhält. [2] Der Datenschutzbeauftragte darf von dem Verantwortlichen oder dem Auftragsverarbeiter wegen der Erfüllung seiner Aufgaben nicht abberufen oder benachteiligt werden. [3] Der Datenschutzbeauftragte berichtet unmittelbar der höchsten Managementebene des Verantwortlichen oder des Auftragsverarbeiters.

(4) Betroffene Personen können den Datenschutzbeauftragten zu allen mit der Verarbeitung ihrer personenbezogenen Daten und mit der Wahrnehmung ihrer Rechte gemäß dieser Verordnung im Zusammenhang stehenden Fragen zu Rate ziehen.

(5) Der Datenschutzbeauftragte ist nach dem Recht der Union oder der Mitgliedstaaten bei der Erfüllung seiner Aufgaben an die Wahrung der Geheimhaltung oder der Vertraulichkeit gebunden.

(6) [1] Der Datenschutzbeauftragte kann andere Aufgaben und Pflichten wahrnehmen. [2] Der Verantwortliche oder der Auftragsverarbeiter stellt sicher, dass derartige Aufgaben und Pflichten nicht zu einem Interessenkonflikt führen.

Art. 39 Aufgaben des Datenschutzbeauftragten.

(1) Dem Datenschutzbeauftragten obliegen zumindest folgende Aufgaben:

a) Unterrichtung und Beratung des Verantwortlichen oder des Auftragsverarbeiters und der Beschäftigten, die Verarbeitungen durchführen, hinsichtlich ihrer Pflichten nach dieser Verordnung sowie nach sonstigen Datenschutzvorschriften der Union bzw. der Mitgliedstaaten;

b) Überwachung der Einhaltung dieser Verordnung, anderer Datenschutzvorschriften der Union bzw. der Mitgliedstaaten sowie der Strategien des Verantwortlichen oder des Auftragsverarbeiters für den Schutz personenbezogener Daten einschließlich der Zuweisung von Zuständigkeiten, der Sensibilisierung und Schulung der an den Verarbeitungsvorgängen beteiligten Mitarbeiter und der diesbezüglichen Überprüfungen;

c) Beratung – auf Anfrage – im Zusammenhang mit der Datenschutz-Folgenabschätzung und Überwachung ihrer Durchführung gemäß Artikel 35;

d) Zusammenarbeit mit der Aufsichtsbehörde;

e) Tätigkeit als Anlaufstelle für die Aufsichtsbehörde in mit der Verarbeitung zusammenhängenden Fragen, einschließlich der vorherigen Konsultation gemäß Artikel 36, und gegebenenfalls Beratung zu allen sonstigen Fragen.

(2) Der Datenschutzbeauftragte trägt bei der Erfüllung seiner Aufgaben dem mit den Verarbeitungsvorgängen verbundenen Risiko gebührend Rechnung, wobei er die Art, den Umfang, die Umstände und die Zwecke der Verarbeitung berücksichtigt.

Abschnitt 5. Verhaltensregeln und Zertifizierung

Art. 40 Verhaltensregeln. (1) Die Mitgliedstaaten, die Aufsichtsbehörden, der Ausschuss und die Kommission fördern die Ausarbeitung von Verhaltensregeln, die nach Maßgabe der Besonderheiten der einzelnen Verarbeitungsbereiche und der besonderen Bedürfnisse von Kleinstunternehmen sowie kleinen und mittleren Unternehmen zur ordnungsgemäßen Anwendung dieser Verordnung beitragen sollen.

(2) Verbände und andere Vereinigungen, die Kategorien von Verantwortlichen oder Auftragsverarbeitern vertreten, können Verhaltensregeln ausarbeiten oder ändern oder erweitern, mit denen die Anwendung dieser Verordnung beispielsweise zu dem Folgenden präzisiert wird:

a) faire und transparente Verarbeitung;

b) die berechtigten Interessen des Verantwortlichen in bestimmten Zusammenhängen;

c) Erhebung personenbezogener Daten;

d) Pseudonymisierung personenbezogener Daten;

e) Unterrichtung der Öffentlichkeit und der betroffenen Personen;

f) Ausübung der Rechte betroffener Personen;

g) Unterrichtung und Schutz von Kindern und Art und Weise, in der die Einwilligung des Trägers der elterlichen Verantwortung für das Kind einzuholen ist;

h) die Maßnahmen und Verfahren gemäß den Artikeln 24 und 25 und die Maßnahmen für die Sicherheit der Verarbeitung gemäß Artikel 32;

i) die Meldung von Verletzungen des Schutzes personenbezogener Daten an Aufsichtsbehörden und die Benachrichtigung der betroffenen Person von solchen Verletzungen des Schutzes personenbezogener Daten;

j) die Übermittlung personenbezogener Daten an Drittländer oder an internationale Organisationen oder

k) außergerichtliche Verfahren und sonstige Streitbeilegungsverfahren zur Beilegung von Streitigkeiten zwischen Verantwortlichen und betroffenen Personen im Zusammenhang mit der Verarbeitung, unbeschadet der Rechte betroffener Personen gemäß den Artikeln 77 und 79.

(3) [1] Zusätzlich zur Einhaltung durch die unter diese Verordnung fallenden Verantwortlichen oder Auftragsverarbeiter können Verhaltensregeln, die gemäß Absatz 5 des vorliegenden Artikels genehmigt wurden und gemäß Absatz 9 des vorliegenden Artikels allgemeine Gültigkeit besitzen, auch von Verantwortlichen oder Auftragsverarbeitern, die gemäß Artikel 3 nicht unter diese Verordnung fallen, eingehalten werden, um geeignete Garantien im Rahmen der Übermittlung personenbezogener Daten an Drittländer oder internationale Organisationen nach Maßgabe des Artikels 46 Absatz 2 Buchstabe e zu bieten. [2] Diese Verantwortlichen oder Auftragsverarbeiter gehen mittels vertraglicher oder sonstiger rechtlich bindender Instrumente die verbindliche und durchsetzbare Verpflichtung ein, die geeigneten Garantien anzuwenden, auch im Hinblick auf die Rechte der betroffenen Personen.

(4) Die Verhaltensregeln gemäß Absatz 2 des vorliegenden Artikels müssen Verfahren vorsehen, die es der in Artikel 41 Absatz 1 genannten Stelle ermöglichen, die obligatorische Überwachung der Einhaltung ihrer Bestimmungen durch die Verantwortlichen oder die Auftragsverarbeiter, die sich zur Anwen-

dung der Verhaltensregeln verpflichten, vorzunehmen, unbeschadet der Aufgaben und Befugnisse der Aufsichtsbehörde, die nach Artikel 55 oder 56 zuständig ist.

(5) ¹Verbände und andere Vereinigungen gemäß Absatz 2 des vorliegenden Artikels, die beabsichtigen, Verhaltensregeln auszuarbeiten oder bestehende Verhaltensregeln zu ändern oder zu erweitern, legen den Entwurf der Verhaltensregeln bzw. den Entwurf zu deren Änderung oder Erweiterung der Aufsichtsbehörde vor, die nach Artikel 55 zuständig ist. ²Die Aufsichtsbehörde gibt eine Stellungnahme darüber ab, ob der Entwurf der Verhaltensregeln bzw. der Entwurf zu deren Änderung oder Erweiterung mit dieser Verordnung vereinbar ist und genehmigt diesen Entwurf der Verhaltensregeln bzw. den Entwurf zu deren Änderung oder Erweiterung, wenn sie der Auffassung ist, dass er ausreichende geeignete Garantien bietet.

(6) Wird durch die Stellungnahme nach Absatz 5 der Entwurf der Verhaltensregeln bzw. der Entwurf zu deren Änderung oder Erweiterung genehmigt und beziehen sich die betreffenden Verhaltensregeln nicht auf Verarbeitungstätigkeiten in mehreren Mitgliedstaaten, so nimmt die Aufsichtsbehörde die Verhaltensregeln in ein Verzeichnis auf und veröffentlicht sie.

(7) Bezieht sich der Entwurf der Verhaltensregeln auf Verarbeitungstätigkeiten in mehreren Mitgliedstaaten, so legt die nach Artikel 55 zuständige Aufsichtsbehörde – bevor sie den Entwurf der Verhaltensregeln bzw. den Entwurf zu deren Änderung oder Erweiterung genehmigt – ihn nach dem Verfahren gemäß Artikel 63 dem Ausschuss vor, der zu der Frage Stellung nimmt, ob der Entwurf der Verhaltensregeln bzw. der Entwurf zu deren Änderung oder Erweiterung mit dieser Verordnung vereinbar ist oder – im Fall nach Absatz 3 dieses Artikels – geeignete Garantien vorsieht.

(8) Wird durch die Stellungnahme nach Absatz 7 bestätigt, dass der Entwurf der Verhaltensregeln bzw. der Entwurf zu deren Änderung oder Erweiterung mit dieser Verordnung vereinbar ist oder – im Fall nach Absatz 3 – geeignete Garantien vorsieht, so übermittelt der Ausschuss seine Stellungnahme der Kommission.

(9) ¹Die Kommission kann im Wege von Durchführungsrechtsakten beschließen, dass die ihr gemäß Absatz 8 übermittelten genehmigten Verhaltensregeln bzw. deren genehmigte Änderung oder Erweiterung allgemeine Gültigkeit in der Union besitzen. ²Diese Durchführungsrechtsakte werden gemäß dem Prüfverfahren nach Artikel 93 Absatz 2 erlassen.

(10) Die Kommission trägt dafür Sorge, dass die genehmigten Verhaltensregeln, denen gemäß Absatz 9 allgemeine Gültigkeit zuerkannt wurde, in geeigneter Weise veröffentlicht werden.

(11) Der Ausschuss nimmt alle genehmigten Verhaltensregeln bzw. deren genehmigte Änderungen oder Erweiterungen in ein Register auf und veröffentlicht sie in geeigneter Weise.

Art. 41 Überwachung der genehmigten Verhaltensregeln.

(1) Unbeschadet der Aufgaben und Befugnisse der zuständigen Aufsichtsbehörde gemäß den Artikeln 57 und 58 kann die Überwachung der Einhaltung von Verhaltensregeln gemäß Artikel 40 von einer Stelle durchgeführt werden, die über das geeignete Fachwissen hinsichtlich des Gegenstands der Verhaltensregeln verfügt

und die von der zuständigen Aufsichtsbehörde zu diesem Zweck akkreditiert wurde.

(2) Eine Stelle gemäß Absatz 1 kann zum Zwecke der Überwachung der Einhaltung von Verhaltensregeln akkreditiert werden, wenn sie

a) ihre Unabhängigkeit und ihr Fachwissen hinsichtlich des Gegenstands der Verhaltensregeln zur Zufriedenheit der zuständigen Aufsichtsbehörde nachgewiesen hat;

b) Verfahren festgelegt hat, die es ihr ermöglichen, zu bewerten, ob Verantwortliche und Auftragsverarbeiter die Verhaltensregeln anwenden können, die Einhaltung der Verhaltensregeln durch die Verantwortlichen und Auftragsverarbeiter zu überwachen und die Anwendung der Verhaltensregeln regelmäßig zu überprüfen;

c) Verfahren und Strukturen festgelegt hat, mit denen sie Beschwerden über Verletzungen der Verhaltensregeln oder über die Art und Weise, in der die Verhaltensregeln von dem Verantwortlichen oder dem Auftragsverarbeiter angewendet werden oder wurden, nachgeht und diese Verfahren und Strukturen für betroffene Personen und die Öffentlichkeit transparent macht, und

d) zur Zufriedenheit der zuständigen Aufsichtsbehörde nachgewiesen hat, dass ihre Aufgaben und Pflichten nicht zu einem Interessenkonflikt führen.

(3) Die zuständige Aufsichtsbehörde übermittelt den Entwurf der Anforderungen an die Akkreditierung einer Stelle nach Absatz 1 gemäß dem Kohärenzverfahren nach Artikel 63 an den Ausschuss.

(4) [1] Unbeschadet der Aufgaben und Befugnisse der zuständigen Aufsichtsbehörde und der Bestimmungen des Kapitels VIII ergreift eine Stelle gemäß Absatz 1 vorbehaltlich geeigneter Garantien im Falle einer Verletzung der Verhaltensregeln durch einen Verantwortlichen oder einen Auftragsverarbeiter geeignete Maßnahmen, einschließlich eines vorläufigen oder endgültigen Ausschlusses des Verantwortlichen oder des Auftragsverarbeiters von den Verhaltensregeln. [2] Sie unterrichtet die zuständige Aufsichtsbehörde über solche Maßnahmen und deren Begründung.

(5) Die zuständige Aufsichtsbehörde widerruft die Akkreditierung einer Stelle gemäß Absatz 1, wenn die Anforderungen an ihre Akkreditierung nicht oder nicht mehr erfüllt sind oder wenn die Stelle Maßnahmen ergreift, die nicht mit dieser Verordnung vereinbar sind.

(6) Dieser Artikel gilt nicht für die Verarbeitung durch Behörden oder öffentliche Stellen.

Art. 42 Zertifizierung. (1) [1] Die Mitgliedstaaten, die Aufsichtsbehörden, der Ausschuss und die Kommission fördern insbesondere auf Unionsebene die Einführung von datenschutzspezifischen Zertifizierungsverfahren sowie von Datenschutzsiegeln und -prüfzeichen, die dazu dienen, nachzuweisen, dass diese Verordnung bei Verarbeitungsvorgängen von Verantwortlichen oder Auftragsverarbeitern eingehalten wird. [2] Den besonderen Bedürfnissen von Kleinstunternehmen sowie kleinen und mittleren Unternehmen wird Rechnung getragen.

(2) [1] Zusätzlich zur Einhaltung durch die unter diese Verordnung fallenden Verantwortlichen oder Auftragsverarbeiter können auch datenschutzspezifische Zertifizierungsverfahren, Siegel oder Prüfzeichen, die gemäß Absatz 5 des vorliegenden Artikels genehmigt worden sind, vorgesehen werden, um nach-

zuweisen, dass die Verantwortlichen oder Auftragsverarbeiter, die gemäß Artikel 3 nicht unter diese Verordnung fallen, im Rahmen der Übermittlung personenbezogener Daten an Drittländer oder internationale Organisationen nach Maßgabe von Artikel 46 Absatz 2 Buchstabe f geeignete Garantien bieten. [2] Diese Verantwortlichen oder Auftragsverarbeiter gehen mittels vertraglicher oder sonstiger rechtlich bindender Instrumente die verbindliche und durchsetzbare Verpflichtung ein, diese geeigneten Garantien anzuwenden, auch im Hinblick auf die Rechte der betroffenen Personen.

(3) Die Zertifizierung muss freiwillig und über ein transparentes Verfahren zugänglich sein.

(4) Eine Zertifizierung gemäß diesem Artikel mindert nicht die Verantwortung des Verantwortlichen oder des Auftragsverarbeiters für die Einhaltung dieser Verordnung und berührt nicht die Aufgaben und Befugnisse der Aufsichtsbehörden, die gemäß Artikel 55 oder 56 zuständig sind.

(5) [1] Eine Zertifizierung nach diesem Artikel wird durch die Zertifizierungsstellen nach Artikel 43 oder durch die zuständige Aufsichtsbehörde anhand von dieser zuständigen Aufsichtsbehörde gemäß Artikel 58 Absatz 3 oder – gemäß Artikel 63 – durch den Ausschuss genehmigten Kriterien erteilt. [2] Werden die Kriterien vom Ausschuss genehmigt, kann dies zu einer gemeinsamen Zertifizierung, dem Europäischen Datenschutzsiegel, führen.

(6) Der Verantwortliche oder der Auftragsverarbeiter, der die von ihm durchgeführte Verarbeitung dem Zertifizierungsverfahren unterwirft, stellt der Zertifizierungsstelle nach Artikel 43 oder gegebenenfalls der zuständigen Aufsichtsbehörde alle für die Durchführung des Zertifizierungsverfahrens erforderlichen Informationen zur Verfügung und gewährt ihr den in diesem Zusammenhang erforderlichen Zugang zu seinen Verarbeitungstätigkeiten.

(7) [1] Die Zertifizierung wird einem Verantwortlichen oder einem Auftragsverarbeiter für eine Höchstdauer von drei Jahren erteilt und kann unter denselben Bedingungen verlängert werden, sofern die einschlägigen Kriterien weiterhin erfüllt werden. [2] Die Zertifizierung wird gegebenenfalls durch die Zertifizierungsstellen nach Artikel 43 oder durch die zuständige Aufsichtsbehörde widerrufen, wenn die Kriterien für die Zertifizierung nicht oder nicht mehr erfüllt werden.

(8) Der Ausschuss nimmt alle Zertifizierungsverfahren und Datenschutzsiegel und -prüfzeichen in ein Register auf und veröffentlicht sie in geeigneter Weise.

Art. 43 Zertifizierungsstellen. (1) [1] Unbeschadet der Aufgaben und Befugnisse der zuständigen Aufsichtsbehörde gemäß den Artikeln 57 und 58 erteilen oder verlängern Zertifizierungsstellen, die über das geeignete Fachwissen hinsichtlich des Datenschutzes verfügen, nach Unterrichtung der Aufsichtsbehörde – damit diese erforderlichenfalls von ihren Befugnissen gemäß Artikel 58 Absatz 2 Buchstabe h Gebrauch machen kann – die Zertifizierung. [2] Die Mitgliedstaaten stellen sicher, dass diese Zertifizierungsstellen von einer oder beiden der folgenden Stellen akkreditiert werden:

a) der gemäß Artikel 55 oder 56 zuständigen Aufsichtsbehörde;

b) der nationalen Akkreditierungsstelle, die gemäß der Verordnung (EG) Nr. 765/2008 des Europäischen Parlaments und des Rates[1] im Einklang mit EN-ISO/IEC 17065/2012 und mit den zusätzlichen von der gemäß Artikel 55 oder 56 zuständigen Aufsichtsbehörde festgelegten Anforderungen benannt wurde.

(2) Zertifizierungsstellen nach Absatz 1 dürfen nur dann gemäß dem genannten Absatz akkreditiert werden, wenn sie

a) ihre Unabhängigkeit und ihr Fachwissen hinsichtlich des Gegenstands der Zertifizierung zur Zufriedenheit der zuständigen Aufsichtsbehörde nachgewiesen haben;

b) sich verpflichtet haben, die Kriterien nach Artikel 42 Absatz 5, die von der gemäß Artikel 55 oder 56 zuständigen Aufsichtsbehörde oder – gemäß Artikel 63 – von dem Ausschuss genehmigt wurden, einzuhalten;

c) Verfahren für die Erteilung, die regelmäßige Überprüfung und den Widerruf der Datenschutzzertifizierung sowie der Datenschutzsiegel und -prüfzeichen festgelegt haben;

d) Verfahren und Strukturen festgelegt haben, mit denen sie Beschwerden über Verletzungen der Zertifizierung oder die Art und Weise, in der die Zertifizierung von dem Verantwortlichen oder dem Auftragsverarbeiter umgesetzt wird oder wurde, nachgehen und diese Verfahren und Strukturen für betroffene Personen und die Öffentlichkeit transparent machen, und

e) zur Zufriedenheit der zuständigen Aufsichtsbehörde nachgewiesen haben, dass ihre Aufgaben und Pflichten nicht zu einem Interessenkonflikt führen.

(3) ¹Die Akkreditierung von Zertifizierungsstellen nach den Absätzen 1 und 2 erfolgt anhand der Anforderungen, die von der gemäß Artikel 55 oder 56 zuständigen Aufsichtsbehörde oder – gemäß Artikel 63 – von dem Ausschuss genehmigt wurden. ²Im Fall einer Akkreditierung nach Absatz 1 Buchstabe b des vorliegenden Artikels ergänzen diese Anforderungen diejenigen, die in der Verordnung (EG) Nr. 765/2008 und in den technischen Vorschriften, in denen die Methoden und Verfahren der Zertifizierungsstellen beschrieben werden, vorgesehen sind.

(4) ¹Die Zertifizierungsstellen nach Absatz 1 sind unbeschadet der Verantwortung, die der Verantwortliche oder der Auftragsverarbeiter für die Einhaltung dieser Verordnung hat, für die angemessene Bewertung, die der Zertifizierung oder dem Widerruf einer Zertifizierung zugrunde liegt, verantwortlich. ²Die Akkreditierung wird für eine Höchstdauer von fünf Jahren erteilt und kann unter denselben Bedingungen verlängert werden, sofern die Zertifizierungsstelle die Anforderungen dieses Artikels erfüllt.

(5) Die Zertifizierungsstellen nach Absatz 1 teilen den zuständigen Aufsichtsbehörden die Gründe für die Erteilung oder den Widerruf der beantragten Zertifizierung mit.

---

[1] **Amtl. Anm.:** Verordnung (EG) Nr. 765/2008 des Europäischen Parlaments und des Rates vom 9. Juli 2008 über die Vorschriften für die Akkreditierung und Marktüberwachung im Zusammenhang mit der Vermarktung von Produkten und zur Aufhebung der Verordnung (EWG) Nr. 339/93 des Rates (ABl. L 218 vom 13.8.2008, S. 30).

(6) ¹Die Anforderungen nach Absatz 3 des vorliegenden Artikels und die Kriterien nach Artikel 42 Absatz 5 werden von der Aufsichtsbehörde in leicht zugänglicher Form veröffentlicht. ²Die Aufsichtsbehörden übermitteln diese Anforderungen und Kriterien auch dem Ausschuss.

(7) Unbeschadet des Kapitels VIII widerruft die zuständige Aufsichtsbehörde oder die nationale Akkreditierungsstelle die Akkreditierung einer Zertifizierungsstelle nach Absatz 1, wenn die Voraussetzungen für die Akkreditierung nicht oder nicht mehr erfüllt sind oder wenn eine Zertifizierungsstelle Maßnahmen ergreift, die nicht mit dieser Verordnung vereinbar sind.

(8) Der Kommission wird die Befugnis übertragen, gemäß Artikel 92 delegierte Rechtsakte zu erlassen, um die Anforderungen festzulegen, die für die in Artikel 42 Absatz 1 genannten datenschutzspezifischen Zertifizierungsverfahren zu berücksichtigen sind.

(9) ¹Die Kommission kann Durchführungsrechtsakte erlassen, mit denen technische Standards für Zertifizierungsverfahren und Datenschutzsiegel und -prüfzeichen sowie Mechanismen zur Förderung und Anerkennung dieser Zertifizierungsverfahren und Datenschutzsiegel und -prüfzeichen festgelegt werden. ²Diese Durchführungsrechtsakte werden gemäß dem in Artikel 93 Absatz 2 genannten Prüfverfahren erlassen.

Kapitel V. Übermittlungen personenbezogener Daten an Drittländer oder an internationale Organisationen

Art. 44 Allgemeine Grundsätze der Datenübermittlung. ¹Jedwede Übermittlung personenbezogener Daten, die bereits verarbeitet werden oder nach ihrer Übermittlung an ein Drittland oder eine internationale Organisation verarbeitet werden sollen, ist nur zulässig, wenn der Verantwortliche und der Auftragsverarbeiter die in diesem Kapitel niedergelegten Bedingungen einhalten und auch die sonstigen Bestimmungen dieser Verordnung eingehalten werden; dies gilt auch für die etwaige Weiterübermittlung personenbezogener Daten aus dem betreffenden Drittland oder der betreffenden internationalen Organisation an ein anderes Drittland oder eine andere internationale Organisation. ²Alle Bestimmungen dieses Kapitels sind anzuwenden, um sicherzustellen, dass das durch diese Verordnung gewährleistete Schutzniveau für natürliche Personen nicht untergraben wird.

Art. 45 Datenübermittlung auf der Grundlage eines Angemessenheitsbeschlusses. (1) ¹Eine Übermittlung personenbezogener Daten an ein Drittland oder eine internationale Organisation darf vorgenommen werden, wenn die Kommission beschlossen hat, dass das betreffende Drittland, ein Gebiet oder ein oder mehrere spezifische Sektoren in diesem Drittland oder die betreffende internationale Organisation ein angemessenes Schutzniveau bietet. ²Eine solche Datenübermittlung bedarf keiner besonderen Genehmigung.

(2) Bei der Prüfung der Angemessenheit des gebotenen Schutzniveaus berücksichtigt die Kommission insbesondere das Folgende:

a) die Rechtsstaatlichkeit, die Achtung der Menschenrechte und Grundfreiheiten, die in dem betreffenden Land bzw. bei der betreffenden internationalen Organisation geltenden einschlägigen Rechtsvorschriften sowohl allgemeiner als auch sektoraler Art – auch in Bezug auf öffentliche Sicherheit, Verteidigung, nationale Sicherheit und Strafrecht sowie Zugang der Behörden zu personenbezogenen Daten – sowie die Anwendung dieser Rechtsvorschriften, Datenschutzvorschriften, Berufsregeln und Sicherheitsvorschriften einschließlich der Vorschriften für die Weiterübermittlung personenbezogener Daten an ein anderes Drittland bzw. eine andere internationale Organisation, die Rechtsprechung sowie wirksame und durchsetzbare Rechte der betroffenen Person und wirksame verwaltungsrechtliche und gerichtliche Rechtsbehelfe für betroffene Personen, deren personenbezogene Daten übermittelt werden,

b) die Existenz und die wirksame Funktionsweise einer oder mehrerer unabhängiger Aufsichtsbehörden in dem betreffenden Drittland oder denen eine internationale Organisation unterstellt und die für die Einhaltung und Durchsetzung der Datenschutzvorschriften, einschließlich angemessener Durchsetzungsbefugnisse, für die Unterstützung und Beratung der betroffenen Personen bei der Ausübung ihrer Rechte und für die Zusammenarbeit mit den Aufsichtsbehörden der Mitgliedstaaten zuständig sind, und

c) die von dem betreffenden Drittland bzw. der betreffenden internationalen Organisation eingegangenen internationalen Verpflichtungen oder andere Verpflichtungen, die sich aus rechtsverbindlichen Übereinkünften oder Instrumenten sowie aus der Teilnahme des Drittlands oder der internationalen Organisation an multilateralen oder regionalen Systemen insbesondere in Bezug auf den Schutz personenbezogener Daten ergeben.

(3) [1] Nach der Beurteilung der Angemessenheit des Schutzniveaus kann die Kommission im Wege eines Durchführungsrechtsaktes beschließen, dass ein Drittland, ein Gebiet oder ein oder mehrere spezifische Sektoren in einem Drittland oder eine internationale Organisation ein angemessenes Schutzniveau im Sinne des Absatzes 2 des vorliegenden Artikels bieten. [2] In dem Durchführungsrechtsakt ist ein Mechanismus für eine regelmäßige Überprüfung, die mindestens alle vier Jahre erfolgt, vorzusehen, bei der allen maßgeblichen Entwicklungen in dem Drittland oder bei der internationalen Organisation Rechnung getragen wird. [3] Im Durchführungsrechtsakt werden der territoriale und der sektorale Anwendungsbereich sowie gegebenenfalls die in Absatz 2 Buchstabe b des vorliegenden Artikels genannte Aufsichtsbehörde bzw. genannten Aufsichtsbehörden angegeben. [4] Der Durchführungsrechtsakt wird gemäß dem in Artikel 93 Absatz 2 genannten Prüfverfahren erlassen.

(4) Die Kommission überwacht fortlaufend die Entwicklungen in Drittländern und bei internationalen Organisationen, die die Wirkungsweise der nach Absatz 3 des vorliegenden Artikels erlassenen Beschlüsse und der nach Artikel 25 Absatz 6 der Richtlinie 95/46/EG erlassenen Feststellungen beeinträchtigen könnten.

(5) [1] [1] Die Kommission widerruft, ändert oder setzt die in Absatz 3 des vorliegenden Artikels genannten Beschlüsse im Wege von Durchführungsrechtsakten aus, soweit dies nötig ist und ohne rückwirkende Kraft, soweit entsprechende Informationen – insbesondere im Anschluss an die in Absatz 3 des vorliegenden Artikels genannte Überprüfung – dahingehend vorliegen, dass ein Drittland, ein Gebiet oder ein oder mehrere spezifischer Sektor in einem Drittland oder eine internationale Organisation kein angemessenes Schutzniveau im Sinne des Absatzes 2 des vorliegenden Artikels mehr gewährleistet.

² Diese Durchführungsrechtsakte werden gemäß dem Prüfverfahren nach Artikel 93 Absatz 2 erlassen.

[2] In hinreichend begründeten Fällen äußerster Dringlichkeit erlässt die Kommission gemäß dem in Artikel 93 Absatz 3 genannten Verfahren sofort geltende Durchführungsrechtsakte.

(6) Die Kommission nimmt Beratungen mit dem betreffenden Drittland bzw. der betreffenden internationalen Organisation auf, um Abhilfe für die Situation zu schaffen, die zu dem gemäß Absatz 5 erlassenen Beschluss geführt hat.

(7) Übermittlungen personenbezogener Daten an das betreffende Drittland, das Gebiet oder einen oder mehrere spezifische Sektoren in diesem Drittland oder an die betreffende internationale Organisation gemäß den Artikeln 46 bis 49 werden durch einen Beschluss nach Absatz 5 des vorliegenden Artikels nicht berührt.

(8) Die Kommission veröffentlicht im *Amtsblatt der Europäischen Union* und auf ihrer Website eine Liste aller Drittländer beziehungsweise Gebiete und spezifischen Sektoren in einem Drittland und aller internationalen Organisationen, für die sie durch Beschluss festgestellt hat, dass sie ein angemessenes Schutzniveau gewährleisten bzw. nicht mehr gewährleisten.

(9) Von der Kommission auf der Grundlage von Artikel 25 Absatz 6 der Richtlinie 95/46/EG erlassene Feststellungen bleiben so lange in Kraft, bis sie durch einen nach dem Prüfverfahren gemäß den Absätzen 3 oder 5 des vorliegenden Artikels erlassenen Beschluss der Kommission geändert, ersetzt oder aufgehoben werden.

Art. 46 Datenübermittlung vorbehaltlich geeigneter Garantien.

(1) Falls kein Beschluss nach Artikel 45 Absatz 3 vorliegt, darf ein Verantwortlicher oder ein Auftragsverarbeiter personenbezogene Daten an ein Drittland oder eine internationale Organisation nur übermitteln, sofern der Verantwortliche oder der Auftragsverarbeiter geeignete Garantien vorgesehen hat und sofern den betroffenen Personen durchsetzbare Rechte und wirksame Rechtsbehelfe zur Verfügung stehen.

(2) Die in Absatz 1 genannten geeigneten Garantien können, ohne dass hierzu eine besondere Genehmigung einer Aufsichtsbehörde erforderlich wäre, bestehen in

a) einem rechtlich bindenden und durchsetzbaren Dokument zwischen den Behörden oder öffentlichen Stellen,
b) verbindlichen internen Datenschutzvorschriften gemäß Artikel 47,
c)[1] Standarddatenschutzklauseln, die von der Kommission gemäß dem Prüfverfahren nach Artikel 93 Absatz 2 erlassen werden,
d) von einer Aufsichtsbehörde angenommenen Standarddatenschutzklauseln, die von der Kommission gemäß dem Prüfverfahren nach Artikel 93 Absatz 2 genehmigt wurden,
e) genehmigten Verhaltensregeln gemäß Artikel 40 zusammen mit rechtsverbindlichen und durchsetzbaren Verpflichtungen des Verantwortlichen oder

---

[1] Siehe hierzu ua:

B (EU) 2021/914 über Standardvertragsklauseln für die Übermittlung personenbezogener Daten an Drittländer (Nr. **38**).

Datenschutz-Grundverordnung **Art. 47 DS-GVO 1**

des Auftragsverarbeiters in dem Drittland zur Anwendung der geeigneten Garantien, einschließlich in Bezug auf die Rechte der betroffenen Personen, oder

f) einem genehmigten Zertifizierungsmechanismus gemäß Artikel 42 zusammen mit rechtsverbindlichen und durchsetzbaren Verpflichtungen des Verantwortlichen oder des Auftragsverarbeiters in dem Drittland zur Anwendung der geeigneten Garantien, einschließlich in Bezug auf die Rechte der betroffenen Personen.

(3) Vorbehaltlich der Genehmigung durch die zuständige Aufsichtsbehörde können die geeigneten Garantien gemäß Absatz 1 auch insbesondere bestehen in

a) Vertragsklauseln, die zwischen dem Verantwortlichen oder dem Auftragsverarbeiter und dem Verantwortlichen, dem Auftragsverarbeiter oder dem Empfänger der personenbezogenen Daten im Drittland oder der internationalen Organisation vereinbart wurden, oder

b) Bestimmungen, die in Verwaltungsvereinbarungen zwischen Behörden oder öffentlichen Stellen aufzunehmen sind und durchsetzbare und wirksame Rechte für die betroffenen Personen einschließen.

(4) Die Aufsichtsbehörde wendet das Kohärenzverfahren nach Artikel 63 an, wenn ein Fall gemäß Absatz 3 des vorliegenden Artikels vorliegt.

(5) [1] Von einem Mitgliedstaat oder einer Aufsichtsbehörde auf der Grundlage von Artikel 26 Absatz 2 der Richtlinie 95/46/EG erteilte Genehmigungen bleiben so lange gültig, bis sie erforderlichenfalls von dieser Aufsichtsbehörde geändert, ersetzt oder aufgehoben werden. [2] Von der Kommission auf der Grundlage von Artikel 26 Absatz 4 der Richtlinie 95/46/EG erlassene Feststellungen bleiben so lange in Kraft, bis sie erforderlichenfalls mit einem nach Absatz 2 des vorliegenden Artikels erlassenen Beschluss der Kommission geändert, ersetzt oder aufgehoben werden.

Art. 47 Verbindliche interne Datenschutzvorschriften.

(1) Die zuständige Aufsichtsbehörde genehmigt gemäß dem Kohärenzverfahren nach Artikel 63 verbindliche interne Datenschutzvorschriften, sofern diese

a) rechtlich bindend sind, für alle betreffenden Mitglieder der Unternehmensgruppe oder einer Gruppe von Unternehmen, die eine gemeinsame Wirtschaftstätigkeit ausüben, gelten und von diesen Mitgliedern durchgesetzt werden, und dies auch für ihre Beschäftigten gilt,

b) den betroffenen Personen ausdrücklich durchsetzbare Rechte in Bezug auf die Verarbeitung ihrer personenbezogenen Daten übertragen und

c) die in Absatz 2 festgelegten Anforderungen erfüllen.

(2) Die verbindlichen internen Datenschutzvorschriften nach Absatz 1 enthalten mindestens folgende Angaben:

a) Struktur und Kontaktdaten der Unternehmensgruppe oder Gruppe von Unternehmen, die eine gemeinsame Wirtschaftstätigkeit ausüben, und jedes ihrer Mitglieder;

b) die betreffenden Datenübermittlungen oder Reihen von Datenübermittlungen einschließlich der betreffenden Arten personenbezogener Daten, Art und Zweck der Datenverarbeitung, Art der betroffenen Personen und das betreffende Drittland beziehungsweise die betreffenden Drittländer;

c) interne und externe Rechtsverbindlichkeit der betreffenden internen Datenschutzvorschriften;

d) die Anwendung der allgemeinen Datenschutzgrundsätze, insbesondere Zweckbindung, Datenminimierung, begrenzte Speicherfristen, Datenqualität, Datenschutz durch Technikgestaltung und durch datenschutzfreundliche Voreinstellungen, Rechtsgrundlage für die Verarbeitung, Verarbeitung besonderer Kategorien von personenbezogenen Daten, Maßnahmen zur Sicherstellung der Datensicherheit und Anforderungen für die Weiterübermittlung an nicht an diese internen Datenschutzvorschriften gebundene Stellen;

e) die Rechte der betroffenen Personen in Bezug auf die Verarbeitung und die diesen offenstehenden Mittel zur Wahrnehmung dieser Rechte einschließlich des Rechts, nicht einer ausschließlich auf einer automatisierten Verarbeitung – einschließlich Profiling – beruhenden Entscheidung nach Artikel 22 unterworfen zu werden sowie des in Artikel 79 niedergelegten Rechts auf Beschwerde bei der zuständigen Aufsichtsbehörde beziehungsweise auf Einlegung eines Rechtsbehelfs bei den zuständigen Gerichten der Mitgliedstaaten und im Falle einer Verletzung der verbindlichen internen Datenschutzvorschriften Wiedergutmachung und gegebenenfalls Schadenersatz zu erhalten;

f) die von dem in einem Mitgliedstaat niedergelassenen Verantwortlichen oder Auftragsverarbeiter übernommene Haftung für etwaige Verstöße eines nicht in der Union niedergelassenen betreffenden Mitglieds der Unternehmensgruppe gegen die verbindlichen internen Datenschutzvorschriften; der Verantwortliche oder der Auftragsverarbeiter ist nur dann teilweise oder vollständig von dieser Haftung befreit, wenn er nachweist, dass der Umstand, durch den der Schaden eingetreten ist, dem betreffenden Mitglied nicht zur Last gelegt werden kann;

g) die Art und Weise, wie die betroffenen Personen über die Bestimmungen der Artikel 13 und 14 hinaus über die verbindlichen internen Datenschutzvorschriften und insbesondere über die unter den Buchstaben d, e und f dieses Absatzes genannten Aspekte informiert werden;

h) die Aufgaben jedes gemäß Artikel 37 benannten Datenschutzbeauftragten oder jeder anderen Person oder Einrichtung, die mit der Überwachung der Einhaltung der verbindlichen internen Datenschutzvorschriften in der Unternehmensgruppe oder Gruppe von Unternehmen, die eine gemeinsame Wirtschaftstätigkeit ausüben, sowie mit der Überwachung der Schulungsmaßnahmen und dem Umgang mit Beschwerden befasst ist;

i) die Beschwerdeverfahren;

j) die innerhalb der Unternehmensgruppe oder Gruppe von Unternehmen, die eine gemeinsame Wirtschaftstätigkeit ausüben, bestehenden Verfahren zur Überprüfung der Einhaltung der verbindlichen internen Datenschutzvorschriften. Derartige Verfahren beinhalten Datenschutzüberprüfungen und Verfahren zur Gewährleistung von Abhilfemaßnahmen zum Schutz der Rechte der betroffenen Person. Die Ergebnisse derartiger Überprüfungen sollten der in Buchstabe h genannten Person oder Einrichtung sowie dem Verwaltungsrat des herrschenden Unternehmens einer Unternehmensgruppe oder der Gruppe von Unternehmen, die eine gemeinsame Wirtschaftstätigkeit ausüben, mitgeteilt werden und sollten der zuständigen Aufsichtsbehörde auf Anfrage zur Verfügung gestellt werden;

k) die Verfahren für die Meldung und Erfassung von Änderungen der Vorschriften und ihre Meldung an die Aufsichtsbehörde;
l) die Verfahren für die Zusammenarbeit mit der Aufsichtsbehörde, die die Befolgung der Vorschriften durch sämtliche Mitglieder der Unternehmensgruppe oder Gruppe von Unternehmen, die eine gemeinsame Wirtschaftstätigkeit ausüben, gewährleisten, insbesondere durch Offenlegung der Ergebnisse von Überprüfungen der unter Buchstabe j genannten Maßnahmen gegenüber der Aufsichtsbehörde;
m) die Meldeverfahren zur Unterrichtung der zuständigen Aufsichtsbehörde über jegliche für ein Mitglied der Unternehmensgruppe oder Gruppe von Unternehmen, die eine gemeinsame Wirtschaftstätigkeit ausüben, in einem Drittland geltenden rechtlichen Bestimmungen, die sich nachteilig auf die Garantien auswirken könnten, die die verbindlichen internen Datenschutzvorschriften bieten, und
n) geeignete Datenschutzschulungen für Personal mit ständigem oder regelmäßigem Zugang zu personenbezogenen Daten.

(3) [1] Die Kommission kann das Format und die Verfahren für den Informationsaustausch über verbindliche interne Datenschutzvorschriften im Sinne des vorliegenden Artikels zwischen Verantwortlichen, Auftragsverarbeitern und Aufsichtsbehörden festlegen. [2] Diese Durchführungsrechtsakte werden gemäß dem Prüfverfahren nach Artikel 93 Absatz 2 erlassen.

Art. 48 Nach dem Unionsrecht nicht zulässige Übermittlung oder Offenlegung. Jegliches Urteil eines Gerichts eines Drittlands und jegliche Entscheidung einer Verwaltungsbehörde eines Drittlands, mit denen von einem Verantwortlichen oder einem Auftragsverarbeiter die Übermittlung oder Offenlegung personenbezogener Daten verlangt wird, dürfen unbeschadet anderer Gründe für die Übermittlung gemäß diesem Kapitel jedenfalls nur dann anerkannt oder vollstreckbar werden, wenn sie auf eine in Kraft befindliche internationale Übereinkunft wie etwa ein Rechtshilfeabkommen zwischen dem ersuchenden Drittland und der Union oder einem Mitgliedstaat gestützt sind.

Art. 49 Ausnahmen für bestimmte Fälle. (1) [1] Falls weder ein Angemessenheitsbeschluss nach Artikel 45 Absatz 3 vorliegt noch geeignete Garantien nach Artikel 46, einschließlich verbindlicher interner Datenschutzvorschriften, bestehen, ist eine Übermittlung oder eine Reihe von Übermittlungen personenbezogener Daten an ein Drittland oder an eine internationale Organisation nur unter einer der folgenden Bedingungen zulässig:
a) die betroffene Person hat in die vorgeschlagene Datenübermittlung ausdrücklich eingewilligt, nachdem sie über die für sie bestehenden möglichen Risiken derartiger Datenübermittlungen ohne Vorliegen eines Angemessenheitsbeschlusses und ohne geeignete Garantien unterrichtet wurde,
b) die Übermittlung ist für die Erfüllung eines Vertrags zwischen der betroffenen Person und dem Verantwortlichen oder zur Durchführung von vorvertraglichen Maßnahmen auf Antrag der betroffenen Person erforderlich,
c) die Übermittlung ist zum Abschluss oder zur Erfüllung eines im Interesse der betroffenen Person von dem Verantwortlichen mit einer anderen natürlichen oder juristischen Person geschlossenen Vertrags erforderlich,

d) die Übermittlung ist aus wichtigen Gründen des öffentlichen Interesses notwendig,
e) die Übermittlung ist zur Geltendmachung, Ausübung oder Verteidigung von Rechtsansprüchen erforderlich,
f) die Übermittlung ist zum Schutz lebenswichtiger Interessen der betroffenen Person oder anderer Personen erforderlich, sofern die betroffene Person aus physischen oder rechtlichen Gründen außerstande ist, ihre Einwilligung zu geben,
g) die Übermittlung erfolgt aus einem Register, das gemäß dem Recht der Union oder der Mitgliedstaaten zur Information der Öffentlichkeit bestimmt ist und entweder der gesamten Öffentlichkeit oder allen Personen, die ein berechtigtes Interesse nachweisen können, zur Einsichtnahme offensteht, aber nur soweit die im Recht der Union oder der Mitgliedstaaten festgelegten Voraussetzungen für die Einsichtnahme im Einzelfall gegeben sind.

[2] ¹Falls die Übermittlung nicht auf eine Bestimmung der Artikel 45 oder 46 – einschließlich der verbindlichen internen Datenschutzvorschriften – gestützt werden könnte und keine der Ausnahmen für einen bestimmten Fall gemäß dem ersten Unterabsatz anwendbar ist, darf die Übermittlung an ein Drittland oder eine internationale Organisation nur dann erfolgen, wenn die Übermittlung nicht wiederholt erfolgt, nur eine begrenzte Zahl von betroffenen Personen betrifft, für die Wahrung der zwingenden berechtigten Interessen des Verantwortlichen erforderlich ist, sofern die Interessen oder die Rechte und Freiheiten der betroffenen Person nicht überwiegen, und der Verantwortliche alle Umstände der Datenübermittlung beurteilt und auf der Grundlage dieser Beurteilung geeignete Garantien in Bezug auf den Schutz personenbezogener Daten vorgesehen hat. ²Der Verantwortliche setzt die Aufsichtsbehörde von der Übermittlung in Kenntnis. ³Der Verantwortliche unterrichtet die betroffene Person über die Übermittlung und seine zwingenden berechtigten Interessen; dies erfolgt zusätzlich zu den der betroffenen Person nach den Artikeln 13 und 14 mitgeteilten Informationen.

(2) ¹Datenübermittlungen gemäß Absatz 1 Unterabsatz 1 Buchstabe g dürfen nicht die Gesamtheit oder ganze Kategorien der im Register enthaltenen personenbezogenen Daten umfassen. ²Wenn das Register der Einsichtnahme durch Personen mit berechtigtem Interesse dient, darf die Übermittlung nur auf Anfrage dieser Personen oder nur dann erfolgen, wenn diese Personen die Adressaten der Übermittlung sind.

(3) Absatz 1 Unterabsatz 1 Buchstaben a, b und c und sowie Absatz 1 Unterabsatz 2 gelten nicht für Tätigkeiten, die Behörden in Ausübung ihrer hoheitlichen Befugnisse durchführen.

(4) Das öffentliche Interesse im Sinne des Absatzes 1 Unterabsatz 1 Buchstabe d muss im Unionsrecht oder im Recht des Mitgliedstaats, dem der Verantwortliche unterliegt, anerkannt sein.

(5) ¹Liegt kein Angemessenheitsbeschluss vor, so können im Unionsrecht oder im Recht der Mitgliedstaaten aus wichtigen Gründen des öffentlichen Interesses ausdrücklich Beschränkungen der Übermittlung bestimmter Kategorien von personenbezogenen Daten an Drittländer oder internationale Organisationen vorgesehen werden. ²Die Mitgliedstaaten teilen der Kommission derartige Bestimmungen mit.

(6) Der Verantwortliche oder der Auftragsverarbeiter erfasst die von ihm vorgenommene Beurteilung sowie die angemessenen Garantien im Sinne des Absatzes 1 Unterabsatz 2 des vorliegenden Artikels in der Dokumentation gemäß Artikel 30.

Art. 50 Internationale Zusammenarbeit zum Schutz personenbezogener Daten. In Bezug auf Drittländer und internationale Organisationen treffen die Kommission und die Aufsichtsbehörden geeignete Maßnahmen zur

a) Entwicklung von Mechanismen der internationalen Zusammenarbeit, durch die die wirksame Durchsetzung von Rechtsvorschriften zum Schutz personenbezogener Daten erleichtert wird,

b) gegenseitigen Leistung internationaler Amtshilfe bei der Durchsetzung von Rechtsvorschriften zum Schutz personenbezogener Daten, unter anderem durch Meldungen, Beschwerdeverweisungen, Amtshilfe bei Untersuchungen und Informationsaustausch, sofern geeignete Garantien für den Schutz personenbezogener Daten und anderer Grundrechte und Grundfreiheiten bestehen,

c) Einbindung maßgeblicher Interessenträger in Diskussionen und Tätigkeiten, die zum Ausbau der internationalen Zusammenarbeit bei der Durchsetzung von Rechtsvorschriften zum Schutz personenbezogener Daten dienen,

d) Förderung des Austauschs und der Dokumentation von Rechtsvorschriften und Praktiken zum Schutz personenbezogener Daten einschließlich Zuständigkeitskonflikten mit Drittländern.

Kapitel VI. Unabhängige Aufsichtsbehörden

Abschnitt 1. Unabhängigkeit

Art. 51 Aufsichtsbehörde. (1) Jeder Mitgliedstaat sieht vor, dass eine oder mehrere unabhängige Behörden für die Überwachung der Anwendung dieser Verordnung zuständig sind, damit die Grundrechte und Grundfreiheiten natürlicher Personen bei der Verarbeitung geschützt werden und der freie Verkehr personenbezogener Daten in der Union erleichtert wird (im Folgenden „Aufsichtsbehörde").

(2) [1]Jede Aufsichtsbehörde leistet einen Beitrag zur einheitlichen Anwendung dieser Verordnung in der gesamten Union. [2]Zu diesem Zweck arbeiten die Aufsichtsbehörden untereinander sowie mit der Kommission gemäß Kapitel VII zusammen.

(3) Gibt es in einem Mitgliedstaat mehr als eine Aufsichtsbehörde, so bestimmt dieser Mitgliedstaat die Aufsichtsbehörde, die diese Behörden im Ausschuss vertritt, und führt ein Verfahren ein, mit dem sichergestellt wird, dass die anderen Behörden die Regeln für das Kohärenzverfahren nach Artikel 63 einhalten.

(4) Jeder Mitgliedstaat teilt der Kommission bis spätestens 25. Mai 2018 die Rechtsvorschriften, die er aufgrund dieses Kapitels erlässt, sowie unverzüglich alle folgenden Änderungen dieser Vorschriften mit.

Art. 52 Unabhängigkeit. (1) Jede Aufsichtsbehörde handelt bei der Erfüllung ihrer Aufgaben und bei der Ausübung ihrer Befugnisse gemäß dieser Verordnung völlig unabhängig.

(2) Das Mitglied oder die Mitglieder jeder Aufsichtsbehörde unterliegen bei der Erfüllung ihrer Aufgaben und der Ausübung ihrer Befugnisse gemäß dieser Verordnung weder direkter noch indirekter Beeinflussung von außen und ersuchen weder um Weisung noch nehmen sie Weisungen entgegen.

(3) Das Mitglied oder die Mitglieder der Aufsichtsbehörde sehen von allen mit den Aufgaben ihres Amtes nicht zu vereinbarenden Handlungen ab und üben während ihrer Amtszeit keine andere mit ihrem Amt nicht zu vereinbarende entgeltliche oder unentgeltliche Tätigkeit aus.

(4) Jeder Mitgliedstaat stellt sicher, dass jede Aufsichtsbehörde mit den personellen, technischen und finanziellen Ressourcen, Räumlichkeiten und Infrastrukturen ausgestattet wird, die sie benötigt, um ihre Aufgaben und Befugnisse auch im Rahmen der Amtshilfe, Zusammenarbeit und Mitwirkung im Ausschuss effektiv wahrnehmen zu können.

(5) Jeder Mitgliedstaat stellt sicher, dass jede Aufsichtsbehörde ihr eigenes Personal auswählt und hat, das ausschließlich der Leitung des Mitglieds oder der Mitglieder der betreffenden Aufsichtsbehörde untersteht.

(6) Jeder Mitgliedstaat stellt sicher, dass jede Aufsichtsbehörde einer Finanzkontrolle unterliegt, die ihre Unabhängigkeit nicht beeinträchtigt und dass sie über eigene, öffentliche, jährliche Haushaltspläne verfügt, die Teil des gesamten Staatshaushalts oder nationalen Haushalts sein können.

Art. 53 Allgemeine Bedingungen für die Mitglieder der Aufsichtsbehörde. (1) Die Mitgliedstaaten sehen vor, dass jedes Mitglied ihrer Aufsichtsbehörden im Wege eines transparenten Verfahrens ernannt wird, und zwar

– vom Parlament,

– von der Regierung,

– vom Staatsoberhaupt oder

– von einer unabhängigen Stelle, die nach dem Recht des Mitgliedstaats mit der Ernennung betraut wird.

(2) Jedes Mitglied muss über die für die Erfüllung seiner Aufgaben und Ausübung seiner Befugnisse erforderliche Qualifikation, Erfahrung und Sachkunde insbesondere im Bereich des Schutzes personenbezogener Daten verfügen.

(3) Das Amt eines Mitglieds endet mit Ablauf der Amtszeit, mit seinem Rücktritt oder verpflichtender Versetzung in den Ruhestand gemäß dem Recht des betroffenen Mitgliedstaats.

(4) Ein Mitglied wird seines Amtes nur enthoben, wenn es eine schwere Verfehlung begangen hat oder die Voraussetzungen für die Wahrnehmung seiner Aufgaben nicht mehr erfüllt.

Art. 54 Errichtung der Aufsichtsbehörde. (1) Jeder Mitgliedstaat sieht durch Rechtsvorschriften Folgendes vor:

a) die Errichtung jeder Aufsichtsbehörde;

b) die erforderlichen Qualifikationen und sonstigen Voraussetzungen für die Ernennung zum Mitglied jeder Aufsichtsbehörde;

c) die Vorschriften und Verfahren für die Ernennung des Mitglieds oder der Mitglieder jeder Aufsichtsbehörde;

d) die Amtszeit des Mitglieds oder der Mitglieder jeder Aufsichtsbehörde von mindestens vier Jahren; dies gilt nicht für die erste Amtszeit *nach*[1]) 24. Mai 2016, die für einen Teil der Mitglieder kürzer sein kann, wenn eine zeitlich versetzte Ernennung zur Wahrung der Unabhängigkeit der Aufsichtsbehörde notwendig ist;

e) die Frage, ob und – wenn ja – wie oft das Mitglied oder die Mitglieder jeder Aufsichtsbehörde wiederernannt werden können;

f) die Bedingungen im Hinblick auf die Pflichten des Mitglieds oder der Mitglieder und der Bediensteten jeder Aufsichtsbehörde, die Verbote von Handlungen, beruflichen Tätigkeiten und Vergütungen während und nach der Amtszeit, die mit diesen Pflichten unvereinbar sind, und die Regeln für die Beendigung des Beschäftigungsverhältnisses.

(2) [1] Das Mitglied oder die Mitglieder und die Bediensteten jeder Aufsichtsbehörde sind gemäß dem Unionsrecht oder dem Recht der Mitgliedstaaten sowohl während ihrer Amts- beziehungsweise Dienstzeit als auch nach deren Beendigung verpflichtet, über alle vertraulichen Informationen, die ihnen bei der Wahrnehmung ihrer Aufgaben oder der Ausübung ihrer Befugnisse bekannt geworden sind, Verschwiegenheit zu wahren. [2] Während dieser Amtsbeziehungsweise Dienstzeit gilt diese Verschwiegenheitspflicht insbesondere für die von natürlichen Personen gemeldeten Verstößen gegen diese Verordnung.

Abschnitt 2. Zuständigkeit, Aufgaben und Befugnisse

Art. 55 Zuständigkeit. (1) Jede Aufsichtsbehörde ist für die Erfüllung der Aufgaben und die Ausübung der Befugnisse, die ihr mit dieser Verordnung übertragen wurden, im Hoheitsgebiet ihres eigenen Mitgliedstaats zuständig.

(2) [1] Erfolgt die Verarbeitung durch Behörden oder private Stellen auf der Grundlage von Artikel 6 Absatz 1 Buchstabe c oder e, so ist die Aufsichtsbehörde des betroffenen Mitgliedstaats zuständig. [2] In diesem Fall findet Artikel 56 keine Anwendung.

(3) Die Aufsichtsbehörden sind nicht zuständig für die Aufsicht über die von Gerichten im Rahmen ihrer justiziellen Tätigkeit vorgenommenen Verarbeitungen.

Art. 56 Zuständigkeit der federführenden Aufsichtsbehörde. (1) Unbeschadet des Artikels 55 ist die Aufsichtsbehörde der Hauptniederlassung oder der einzigen Niederlassung des Verantwortlichen oder des Auftragsverarbeiters gemäß dem Verfahren nach Artikel 60 die zuständige federführende Aufsichtsbehörde für die von diesem Verantwortlichen oder diesem Auftragsverarbeiter durchgeführte grenzüberschreitende Verarbeitung.

(2) Abweichend von Absatz 1 ist jede Aufsichtsbehörde dafür zuständig, sich mit einer bei ihr eingereichten Beschwerde oder einem etwaigen Verstoß gegen diese Verordnung zu befassen, wenn der Gegenstand nur mit einer Niederlassung in ihrem Mitgliedstaat zusammenhängt oder betroffene Personen nur ihres Mitgliedstaats erheblich beeinträchtigt.

(3) [1] In den in Absatz 2 des vorliegenden Artikels genannten Fällen unterrichtet die Aufsichtsbehörde unverzüglich die federführende Aufsichtsbehörde über diese Angelegenheit. [2] Innerhalb einer Frist von drei Wochen nach der

---

[1]) Richtig wohl: „nach dem".

Unterrichtung entscheidet die federführende Aufsichtsbehörde, ob sie sich mit dem Fall gemäß dem Verfahren nach Artikel 60 befasst oder nicht, wobei sie berücksichtigt, ob der Verantwortliche oder der Auftragsverarbeiter in dem Mitgliedstaat, dessen Aufsichtsbehörde sie unterrichtet hat, eine Niederlassung hat oder nicht.

(4) ¹Entscheidet die federführende Aufsichtsbehörde, sich mit dem Fall zu befassen, so findet das Verfahren nach Artikel 60 Anwendung. ²Die Aufsichtsbehörde, die die federführende Aufsichtsbehörde unterrichtet hat, kann dieser einen Beschlussentwurf vorlegen. ³Die federführende Aufsichtsbehörde trägt diesem Entwurf bei der Ausarbeitung des Beschlussentwurfs nach Artikel 60 Absatz 3 weitestgehend Rechnung.

(5) Entscheidet die federführende Aufsichtsbehörde, sich mit dem Fall nicht selbst zu befassen, so befasst die Aufsichtsbehörde, die die federführende Aufsichtsbehörde unterrichtet hat, sich mit dem Fall gemäß den Artikeln 61 und 62.

(6) Die federführende Aufsichtsbehörde ist der einzige Ansprechpartner der Verantwortlichen oder der Auftragsverarbeiter für Fragen der von diesem Verantwortlichen oder diesem Auftragsverarbeiter durchgeführten grenzüberschreitenden Verarbeitung.

Art. 57 Aufgaben. (1) Unbeschadet anderer in dieser Verordnung dargelegter Aufgaben muss jede Aufsichtsbehörde in ihrem Hoheitsgebiet

a) die Anwendung dieser Verordnung überwachen und durchsetzen;

b) die Öffentlichkeit für die Risiken, Vorschriften, Garantien und Rechte im Zusammenhang mit der Verarbeitung sensibilisieren und sie darüber aufklären. Besondere Beachtung finden dabei spezifische Maßnahmen für Kinder;

c) im Einklang mit dem Recht des Mitgliedsstaats das nationale Parlament, die Regierung und andere Einrichtungen und Gremien über legislative und administrative Maßnahmen zum Schutz der Rechte und Freiheiten natürlicher Personen in Bezug auf die Verarbeitung beraten;

d) die Verantwortlichen und die Auftragsverarbeiter für die ihnen aus dieser Verordnung entstehenden Pflichten sensibilisieren;

e) auf Anfrage jeder betroffenen Person Informationen über die Ausübung ihrer Rechte aufgrund dieser Verordnung zur Verfügung stellen und gegebenenfalls zu diesem Zweck mit den Aufsichtsbehörden in anderen Mitgliedstaaten zusammenarbeiten;

f) sich mit Beschwerden einer betroffenen Person oder Beschwerden einer Stelle, einer Organisation oder eines Verbandes gemäß Artikel 80 befassen, den Gegenstand der Beschwerde in angemessenem Umfang untersuchen und den Beschwerdeführer innerhalb einer angemessenen Frist über den Fortgang und das Ergebnis der Untersuchung unterrichten, insbesondere, wenn eine weitere Untersuchung oder Koordinierung mit einer anderen Aufsichtsbehörde notwendig ist;

g) mit anderen Aufsichtsbehörden zusammenarbeiten, auch durch Informationsaustausch, und ihnen Amtshilfe leisten, um die einheitliche Anwendung und Durchsetzung dieser Verordnung zu gewährleisten;

h) Untersuchungen über die Anwendung dieser Verordnung durchführen, auch auf der Grundlage von Informationen einer anderen Aufsichtsbehörde oder einer anderen Behörde;

i) maßgebliche Entwicklungen verfolgen, soweit sie sich auf den Schutz personenbezogener Daten auswirken, insbesondere die Entwicklung der Informations- und Kommunikationstechnologie und der Geschäftspraktiken;

j) Standardvertragsklauseln im Sinne des Artikels 28 Absatz 8 und des Artikels 46 Absatz 2 Buchstabe d festlegen;

k) eine Liste der Verarbeitungsarten erstellen und führen, für die gemäß Artikel 35 Absatz 4 eine Datenschutz-Folgenabschätzung durchzuführen ist;

l) Beratung in Bezug auf die in Artikel 36 Absatz 2 genannten Verarbeitungsvorgänge leisten;

m) die Ausarbeitung von Verhaltensregeln gemäß Artikel 40 Absatz 1 fördern und zu diesen Verhaltensregeln, die ausreichende Garantien im Sinne des Artikels 40 Absatz 5 bieten müssen, Stellungnahmen abgeben und sie billigen;

n) die Einführung von Datenschutzzertifizierungsmechanismen und von Datenschutzsiegeln und -prüfzeichen nach Artikel 42 Absatz 1 anregen und Zertifizierungskriterien nach Artikel 42 Absatz 5 billigen;

o) gegebenenfalls die nach Artikel 42 Absatz 7 erteilten Zertifizierungen regelmäßig überprüfen;

p) die Anforderungen an die Akkreditierung einer Stelle für die Überwachung der Einhaltung der Verhaltensregeln gemäß Artikel 41 und einer Zertifizierungsstelle gemäß Artikel 43 abfassen und veröffentlichen;

q) die Akkreditierung einer Stelle für die Überwachung der Einhaltung der Verhaltensregeln gemäß Artikel 41 und einer Zertifizierungsstelle gemäß Artikel 43 vornehmen;

r) Vertragsklauseln und Bestimmungen im Sinne des Artikels 46 Absatz 3 genehmigen;

s) verbindliche interne Vorschriften gemäß Artikel 47 genehmigen;

t) Beiträge zur Tätigkeit des Ausschusses leisten;

u) interne Verzeichnisse über Verstöße gegen diese Verordnung und gemäß Artikel 58 Absatz 2 ergriffene Maßnahmen und

v) jede sonstige Aufgabe im Zusammenhang mit dem Schutz personenbezogener Daten erfüllen.

(2) Jede Aufsichtsbehörde erleichtert das Einreichen von in Absatz 1 Buchstabe f genannten Beschwerden durch Maßnahmen wie etwa die Bereitstellung eines Beschwerdeformulars, das auch elektronisch ausgefüllt werden kann, ohne dass andere Kommunikationsmittel ausgeschlossen werden.

(3) Die Erfüllung der Aufgaben jeder Aufsichtsbehörde ist für die betroffene Person und gegebenenfalls für den Datenschutzbeauftragten unentgeltlich.

(4) [1] Bei offenkundig unbegründeten oder – insbesondere im Fall von häufiger Wiederholung – exzessiven Anfragen kann die Aufsichtsbehörde eine angemessene Gebühr auf der Grundlage der Verwaltungskosten verlangen oder sich weigern, aufgrund der Anfrage tätig zu werden. [2] In diesem Fall trägt die Aufsichtsbehörde die Beweislast für den offenkundig unbegründeten oder exzessiven Charakter der Anfrage.

Art. 58 Befugnisse. (1) Jede Aufsichtsbehörde verfügt über sämtliche folgenden Untersuchungsbefugnisse, die es ihr gestatten,

a) den Verantwortlichen, den Auftragsverarbeiter und gegebenenfalls den Vertreter des Verantwortlichen oder des Auftragsverarbeiters anzuweisen, alle Informationen bereitzustellen, die für die Erfüllung ihrer Aufgaben erforderlich sind,

b) Untersuchungen in Form von Datenschutzüberprüfungen durchzuführen,

c) eine Überprüfung der nach Artikel 42 Absatz 7 erteilten Zertifizierungen durchzuführen,

d) den Verantwortlichen oder den Auftragsverarbeiter auf einen vermeintlichen Verstoß gegen diese Verordnung hinzuweisen,

e) von dem Verantwortlichen und dem Auftragsverarbeiter Zugang zu allen personenbezogenen Daten und Informationen, die zur Erfüllung ihrer Aufgaben notwendig sind, zu erhalten,

f) gemäß dem Verfahrensrecht der Union oder dem Verfahrensrecht des Mitgliedstaats Zugang zu den Räumlichkeiten, einschließlich aller Datenverarbeitungsanlagen und -geräte, des Verantwortlichen und des Auftragsverarbeiters zu erhalten.

(2) Jede Aufsichtsbehörde verfügt über sämtliche folgenden Abhilfebefugnisse, die es ihr gestatten,

a) einen Verantwortlichen oder einen Auftragsverarbeiter zu warnen, dass beabsichtigte Verarbeitungsvorgänge voraussichtlich gegen diese Verordnung verstoßen,

b) einen Verantwortlichen oder einen Auftragsverarbeiter zu verwarnen, wenn er mit Verarbeitungsvorgängen gegen diese Verordnung verstoßen hat,

c) den Verantwortlichen oder den Auftragsverarbeiter anzuweisen, den Anträgen der betroffenen Person auf Ausübung der ihr nach dieser Verordnung zustehenden Rechte zu entsprechen,

d) den Verantwortlichen oder den Auftragsverarbeiter anzuweisen, Verarbeitungsvorgänge gegebenenfalls auf bestimmte Weise und innerhalb eines bestimmten Zeitraums in Einklang mit dieser Verordnung zu bringen,

e) den Verantwortlichen anzuweisen, die von einer Verletzung des Schutzes personenbezogener Daten betroffene Person entsprechend zu benachrichtigen,

f) eine vorübergehende oder endgültige Beschränkung der Verarbeitung, einschließlich eines Verbots, zu verhängen,

g) die Berichtigung oder Löschung von personenbezogenen Daten oder die Einschränkung der Verarbeitung gemäß den Artikeln 16, 17 und 18 und die Unterrichtung der Empfänger, an die diese personenbezogenen Daten gemäß Artikel 17 Absatz 2 und Artikel 19 offengelegt wurden, über solche Maßnahmen anzuordnen,

h) eine Zertifizierung zu widerrufen oder die Zertifizierungsstelle anzuweisen, eine gemäß den *Artikel*[1] 42 und 43 erteilte Zertifizierung zu widerrufen, oder die Zertifizierungsstelle anzuweisen, keine Zertifizierung zu erteilen, wenn die Voraussetzungen für die Zertifizierung nicht oder nicht mehr erfüllt werden,

---

[1] Richtig wohl: „Artikeln".

i) eine Geldbuße gemäß Artikel 83 zu verhängen, zusätzlich zu oder anstelle von in diesem Absatz genannten Maßnahmen, je nach den Umständen des Einzelfalls,
j) die Aussetzung der Übermittlung von Daten an einen Empfänger in einem Drittland oder an eine internationale Organisation anzuordnen.

(3) Jede Aufsichtsbehörde verfügt über sämtliche folgenden Genehmigungsbefugnisse und beratenden Befugnisse, die es ihr gestatten,
a) gemäß dem Verfahren der vorherigen Konsultation nach Artikel 36 den Verantwortlichen zu beraten,
b) zu allen Fragen, die im Zusammenhang mit dem Schutz personenbezogener Daten stehen, von sich aus oder auf Anfrage Stellungnahmen an das nationale Parlament, die Regierung des Mitgliedstaats oder im Einklang mit dem Recht des Mitgliedstaats an sonstige Einrichtungen und Stellen sowie an die Öffentlichkeit zu richten,
c) die Verarbeitung gemäß Artikel 36 Absatz 5 zu genehmigen, falls im Recht des Mitgliedstaats eine derartige vorherige Genehmigung verlangt wird,
d) eine Stellungnahme abzugeben und Entwürfe von Verhaltensregeln gemäß Artikel 40 Absatz 5 zu billigen,
e) Zertifizierungsstellen gemäß Artikel 43 zu akkreditieren,
f) im Einklang mit Artikel 42 Absatz 5 Zertifizierungen zu erteilen und Kriterien für die Zertifizierung zu billigen,
g) Standarddatenschutzklauseln nach Artikel 28 Absatz 8 und Artikel 46 Absatz 2 Buchstabe d festzulegen,
h) Vertragsklauseln gemäß Artikel 46 Absatz 3 Buchstabe a zu genehmigen,
i) Verwaltungsvereinbarungen gemäß Artikel 46 Absatz 3 Buchstabe b zu genehmigen[1)]
j) verbindliche interne Vorschriften gemäß Artikel 47 zu genehmigen.

(4) Die Ausübung der der Aufsichtsbehörde gemäß diesem Artikel übertragenen Befugnisse erfolgt vorbehaltlich geeigneter Garantien einschließlich wirksamer gerichtlicher Rechtsbehelfe und ordnungsgemäßer Verfahren gemäß dem Unionsrecht und dem Recht des Mitgliedstaats im Einklang mit der Charta.

(5) Jeder Mitgliedstaat sieht durch Rechtsvorschriften vor, dass seine Aufsichtsbehörde befugt ist, Verstöße gegen diese Verordnung den Justizbehörden zur Kenntnis zu bringen und gegebenenfalls die Einleitung eines gerichtlichen Verfahrens zu betreiben oder sich sonst daran zu beteiligen, um die Bestimmungen dieser Verordnung durchzusetzen.

(6) [1]Jeder Mitgliedstaat kann durch Rechtsvorschriften vorsehen, dass seine Aufsichtsbehörde neben den in den Absätzen 1, 2 und 3 aufgeführten Befugnissen über zusätzliche Befugnisse verfügt. [2]Die Ausübung dieser Befugnisse darf nicht die effektive Durchführung des Kapitels VII beeinträchtigen.

Art. 59 Tätigkeitsbericht. [1]Jede Aufsichtsbehörde erstellt einen Jahresbericht über ihre Tätigkeit, der eine Liste der Arten der gemeldeten Verstöße und der Arten der getroffenen Maßnahmen nach Artikel 58 Absatz 2 enthalten kann. [2]Diese Berichte werden dem nationalen Parlament, der Regierung und

---

[1)] Fehlende Zeichensetzung amtlich.

anderen nach dem Recht der Mitgliedstaaten bestimmten Behörden übermittelt. ³Sie werden der Öffentlichkeit, der Kommission und dem Ausschuss zugänglich gemacht.

Kapitel VII. Zusammenarbeit und Kohärenz
Abschnitt 1. Zusammenarbeit

Art. 60 Zusammenarbeit zwischen der federführenden Aufsichtsbehörde und den anderen betroffenen Aufsichtsbehörden. (1) ¹Die federführende Aufsichtsbehörde arbeitet mit den anderen betroffenen Aufsichtsbehörden im Einklang mit diesem Artikel zusammen und bemüht sich dabei, einen Konsens zu erzielen. ²Die federführende Aufsichtsbehörde und die betroffenen Aufsichtsbehörden tauschen untereinander alle zweckdienlichen Informationen aus.

(2) Die federführende Aufsichtsbehörde kann jederzeit andere betroffene Aufsichtsbehörden um Amtshilfe gemäß Artikel 61 ersuchen und gemeinsame Maßnahmen gemäß Artikel 62 durchführen, insbesondere zur Durchführung von Untersuchungen oder zur Überwachung der Umsetzung einer Maßnahme in Bezug auf einen Verantwortlichen oder einen Auftragsverarbeiter, der in einem anderen Mitgliedstaat niedergelassen ist.

(3) ¹Die federführende Aufsichtsbehörde übermittelt den anderen betroffenen Aufsichtsbehörden unverzüglich die zweckdienlichen Informationen zu der Angelegenheit. ²Sie legt den anderen betroffenen Aufsichtsbehörden unverzüglich einen Beschlussentwurf zur Stellungnahme vor und trägt deren Standpunkten gebührend Rechnung.

(4) Legt eine der anderen betroffenen Aufsichtsbehörden innerhalb von vier Wochen, nachdem sie gemäß Absatz 3 des vorliegenden Artikels konsultiert wurde, gegen diesen Beschlussentwurf einen maßgeblichen und begründeten Einspruch ein und schließt sich die federführende Aufsichtsbehörde dem maßgeblichen und begründeten Einspruch nicht an oder ist der Ansicht, dass der Einspruch nicht maßgeblich oder nicht begründet ist, so leitet die federführende Aufsichtsbehörde das Kohärenzverfahren gemäß Artikel 63 für die Angelegenheit ein.

(5) ¹Beabsichtigt die federführende Aufsichtsbehörde, sich dem maßgeblichen und begründeten Einspruch anzuschließen, so legt sie den anderen betroffenen Aufsichtsbehörden einen überarbeiteten Beschlussentwurf zur Stellungnahme vor. ²Der überarbeitete Beschlussentwurf wird innerhalb von zwei Wochen dem Verfahren nach Absatz 4 unterzogen.

(6) Legt keine der anderen betroffenen Aufsichtsbehörden Einspruch gegen den Beschlussentwurf ein, der von der federführenden Aufsichtsbehörde innerhalb der in den Absätzen 4 und 5 festgelegten Frist vorgelegt wurde, so gelten die federführende Aufsichtsbehörde und die betroffenen Aufsichtsbehörden als mit dem Beschlussentwurf einverstanden und sind an ihn gebunden.

(7) ¹Die federführende Aufsichtsbehörde erlässt den Beschluss und teilt ihn der Hauptniederlassung oder der einzigen Niederlassung des Verantwortlichen oder gegebenenfalls des Auftragsverarbeiters mit und setzt die anderen betroffenen Aufsichtsbehörden und den Ausschuss von dem betreffenden Beschluss einschließlich einer Zusammenfassung der maßgeblichen Fakten und Gründe

in Kenntnis. ²Die Aufsichtsbehörde, bei der eine Beschwerde eingereicht worden ist, unterrichtet den Beschwerdeführer über den Beschluss.

(8) Wird eine Beschwerde abgelehnt oder abgewiesen, so erlässt die Aufsichtsbehörde, bei der die Beschwerde eingereicht wurde, abweichend von Absatz 7 den Beschluss, teilt ihn dem Beschwerdeführer mit und setzt den Verantwortlichen in Kenntnis.

(9) ¹Sind sich die federführende Aufsichtsbehörde und die betreffenden Aufsichtsbehörden darüber einig, Teile der Beschwerde abzulehnen oder abzuweisen und bezüglich anderer Teile dieser Beschwerde tätig zu werden, so wird in dieser Angelegenheit für jeden dieser Teile ein eigener Beschluss erlassen. ²Die federführende Aufsichtsbehörde erlässt den Beschluss für den Teil, der das Tätigwerden in Bezug auf den Verantwortlichen betrifft, teilt ihn der Hauptniederlassung oder einzigen Niederlassung des Verantwortlichen oder des Auftragsverarbeiters im Hoheitsgebiet ihres Mitgliedstaats mit und setzt den Beschwerdeführer hiervon in Kenntnis, während die für den Beschwerdeführer zuständige Aufsichtsbehörde den Beschluss für den Teil erlässt, der die Ablehnung oder Abweisung dieser Beschwerde betrifft, und ihn diesem Beschwerdeführer mitteilt und den Verantwortlichen oder den Auftragsverarbeiter hiervon in Kenntnis setzt.

(10) ¹Nach der Unterrichtung über den Beschluss der federführenden Aufsichtsbehörde gemäß den Absätzen 7 und 9 ergreift der Verantwortliche oder der Auftragsverarbeiter die erforderlichen Maßnahmen, um die Verarbeitungstätigkeiten all seiner Niederlassungen in der Union mit dem Beschluss in Einklang zu bringen. ²Der Verantwortliche oder der Auftragsverarbeiter teilt der federführenden Aufsichtsbehörde die Maßnahmen mit, die zur Einhaltung des Beschlusses ergriffen wurden; diese wiederum unterrichtet die anderen betroffenen Aufsichtsbehörden.

(11) Hat – in Ausnahmefällen – eine betroffene Aufsichtsbehörde Grund zu der Annahme, dass zum Schutz der Interessen betroffener Personen dringender Handlungsbedarf besteht, so kommt das Dringlichkeitsverfahren nach Artikel 66 zur Anwendung.

(12) Die federführende Aufsichtsbehörde und die anderen betroffenen Aufsichtsbehörden übermitteln einander die nach diesem Artikel geforderten Informationen auf elektronischem Wege unter Verwendung eines standardisierten Formats.

Art. 61 Gegenseitige Amtshilfe. (1) ¹Die Aufsichtsbehörden übermitteln einander maßgebliche Informationen und gewähren einander Amtshilfe, um diese Verordnung einheitlich durchzuführen und anzuwenden, und treffen Vorkehrungen für eine wirksame Zusammenarbeit. ²Die Amtshilfe bezieht sich insbesondere auf Auskunftsersuchen und aufsichtsbezogene Maßnahmen, beispielsweise Ersuchen um vorherige Genehmigungen und eine vorherige Konsultation, um Vornahme von Nachprüfungen und Untersuchungen.

(2) ¹Jede Aufsichtsbehörde ergreift alle geeigneten Maßnahmen, um einem Ersuchen einer anderen Aufsichtsbehörde unverzüglich und spätestens innerhalb eines Monats nach Eingang des Ersuchens nachzukommen. ²Dazu kann insbesondere auch die Übermittlung maßgeblicher Informationen über die Durchführung einer Untersuchung gehören.

(3) ¹Amtshilfeersuchen enthalten alle erforderlichen Informationen, einschließlich Zweck und Begründung des Ersuchens. ²Die übermittelten Informationen werden ausschließlich für den Zweck verwendet, für den sie angefordert wurden.

(4) Die ersuchte Aufsichtsbehörde lehnt das Ersuchen nur ab, wenn

a) sie für den Gegenstand des Ersuchens oder für die Maßnahmen, die sie durchführen soll, nicht zuständig ist oder

b) ein Eingehen auf das Ersuchen gegen diese Verordnung verstoßen würde oder gegen das Unionsrecht oder das Recht der Mitgliedstaaten, dem die Aufsichtsbehörde, bei der das Ersuchen eingeht, unterliegt.

(5) ¹Die ersuchte Aufsichtsbehörde informiert die ersuchende Aufsichtsbehörde über die Ergebnisse oder gegebenenfalls über den Fortgang der Maßnahmen, die getroffen wurden, um dem Ersuchen nachzukommen. ²Die ersuchte Aufsichtsbehörde erläutert gemäß Absatz 4 die Gründe für die Ablehnung des Ersuchens.

(6) Die ersuchten Aufsichtsbehörden übermitteln die Informationen, um die von einer anderen Aufsichtsbehörde ersucht wurde, in der Regel auf elektronischem Wege unter Verwendung eines standardisierten Formats.

(7) ¹Ersuchte Aufsichtsbehörden verlangen für Maßnahmen, die sie aufgrund eines Amtshilfeersuchens getroffen haben, keine Gebühren. ²Die Aufsichtsbehörden können untereinander Regeln vereinbaren, um einander in Ausnahmefällen besondere aufgrund der Amtshilfe entstandene Ausgaben zu erstatten.

(8) ¹Erteilt eine ersuchte Aufsichtsbehörde nicht binnen eines Monats nach Eingang des Ersuchens einer anderen Aufsichtsbehörde die Informationen gemäß Absatz 5, so kann die ersuchende Aufsichtsbehörde eine einstweilige Maßnahme im Hoheitsgebiet ihres Mitgliedstaats gemäß Artikel 55 Absatz 1 ergreifen. ²In diesem Fall wird von einem dringenden Handlungsbedarf gemäß Artikel 66 Absatz 1 ausgegangen, der einen im Dringlichkeitsverfahren angenommenen verbindlichen Beschluss des Ausschuss gemäß Artikel 66 Absatz 2 erforderlich macht.

(9) ¹Die Kommission kann im Wege von Durchführungsrechtsakten Form und Verfahren der Amtshilfe nach diesem Artikel und die Ausgestaltung des elektronischen Informationsaustauschs zwischen den Aufsichtsbehörden sowie zwischen den Aufsichtsbehörden und dem Ausschuss, insbesondere das in Absatz 6 des vorliegenden Artikels genannte standardisierte Format, festlegen. ²Diese Durchführungsrechtsakte werden gemäß dem in Artikel 93 Absatz 2 genannten Prüfverfahren erlassen.

Art. 62 Gemeinsame Maßnahmen der Aufsichtsbehörden. (1) Die Aufsichtsbehörden führen gegebenenfalls gemeinsame Maßnahmen einschließlich gemeinsamer Untersuchungen und gemeinsamer Durchsetzungsmaßnahmen durch, an denen Mitglieder oder Bedienstete der Aufsichtsbehörden anderer Mitgliedstaaten teilnehmen.

(2) ¹Verfügt der Verantwortliche oder der Auftragsverarbeiter über Niederlassungen in mehreren Mitgliedstaaten oder werden die Verarbeitungsvorgänge voraussichtlich auf eine bedeutende Zahl betroffener Personen in mehr als einem Mitgliedstaat erhebliche Auswirkungen haben, ist die Aufsichtsbehörde jedes dieser Mitgliedstaaten berechtigt, an den gemeinsamen Maßnahmen teil-

zunehmen. ²Die gemäß Artikel 56 Absatz 1 oder Absatz 4 zuständige Aufsichtsbehörde lädt die Aufsichtsbehörde jedes dieser Mitgliedstaaten zur Teilnahme an den gemeinsamen Maßnahmen ein und antwortet unverzüglich auf das Ersuchen einer Aufsichtsbehörde um Teilnahme.

(3) ¹Eine Aufsichtsbehörde kann gemäß dem Recht des Mitgliedstaats und mit Genehmigung der unterstützenden Aufsichtsbehörde den an den gemeinsamen Maßnahmen beteiligten Mitgliedern oder Bediensteten der unterstützenden Aufsichtsbehörde Befugnisse einschließlich Untersuchungsbefugnisse übertragen oder, soweit dies nach dem Recht des Mitgliedstaats der einladenden Aufsichtsbehörde zulässig ist, den Mitgliedern oder Bediensteten der unterstützenden Aufsichtsbehörde gestatten, ihre Untersuchungsbefugnisse nach dem Recht des Mitgliedstaats der unterstützenden Aufsichtsbehörde auszuüben. ²Diese Untersuchungsbefugnisse können nur unter der Leitung und in Gegenwart der Mitglieder oder Bediensteten der einladenden Aufsichtsbehörde ausgeübt werden. ³Die Mitglieder oder Bediensteten der unterstützenden Aufsichtsbehörde unterliegen dem Recht des Mitgliedstaats der einladenden Aufsichtsbehörde.

(4) Sind gemäß Absatz 1 Bedienstete einer unterstützenden Aufsichtsbehörde in einem anderen Mitgliedstaat im Einsatz, so übernimmt der Mitgliedstaat der einladenden Aufsichtsbehörde nach Maßgabe des Rechts des Mitgliedstaats, in dessen Hoheitsgebiet der Einsatz erfolgt, die Verantwortung für ihr Handeln, einschließlich der Haftung für alle von ihnen bei ihrem Einsatz verursachten Schäden.

(5) ¹Der Mitgliedstaat, in dessen Hoheitsgebiet der Schaden verursacht wurde, ersetzt diesen Schaden so, wie er ihn ersetzen müsste, wenn seine eigenen Bediensteten ihn verursacht hätten. ²Der Mitgliedstaat der unterstützenden Aufsichtsbehörde, deren Bedienstete im Hoheitsgebiet eines anderen Mitgliedstaats einer Person Schaden zugefügt haben, erstattet diesem anderen Mitgliedstaat den Gesamtbetrag des Schadenersatzes, den dieser an die Berechtigten geleistet hat.

(6) Unbeschadet der Ausübung seiner Rechte gegenüber Dritten und mit Ausnahme des Absatzes 5 verzichtet jeder Mitgliedstaat in dem Fall des Absatzes 1 darauf, den in Absatz 4 genannten Betrag des erlittenen Schadens anderen Mitgliedstaaten gegenüber geltend zu machen.

(7) ¹Ist eine gemeinsame Maßnahme geplant und kommt eine Aufsichtsbehörde binnen eines Monats nicht der Verpflichtung nach Absatz 2 Satz 2 des vorliegenden Artikels nach, so können die anderen Aufsichtsbehörden eine einstweilige Maßnahme im Hoheitsgebiet ihres Mitgliedstaats gemäß Artikel 55 ergreifen. ²In diesem Fall wird von einem dringenden Handlungsbedarf gemäß Artikel 66 Absatz 1 ausgegangen, der eine im Dringlichkeitsverfahren angenommene Stellungnahme oder einen im Dringlichkeitsverfahren angenommenen verbindlichen Beschluss des Ausschusses gemäß Artikel 66 Absatz 2 erforderlich macht.

Abschnitt 2. Kohärenz

Art. 63 Kohärenzverfahren. Um zur einheitlichen Anwendung dieser Verordnung in der gesamten Union beizutragen, arbeiten die Aufsichtsbehörden im Rahmen des in diesem Abschnitt beschriebenen Kohärenzverfahrens untereinander und gegebenenfalls mit der Kommission zusammen.

Art. 64 Stellungnahme des Ausschusses. (1) ¹Der Ausschuss gibt eine Stellungnahme ab, wenn die zuständige Aufsichtsbehörde beabsichtigt, eine der nachstehenden Maßnahmen zu erlassen. ²Zu diesem Zweck übermittelt die zuständige Aufsichtsbehörde dem Ausschuss den Entwurf des Beschlusses, wenn dieser

a) der Annahme einer Liste der Verarbeitungsvorgänge dient, die der Anforderung einer Datenschutz-Folgenabschätzung gemäß Artikel 35 Absatz 4 unterliegen,

b) eine Angelegenheit gemäß Artikel 40 Absatz 7 und damit die Frage betrifft, ob ein Entwurf von Verhaltensregeln oder eine Änderung oder Ergänzung von Verhaltensregeln mit dieser Verordnung in Einklang steht,

c) der Billigung der Anforderungen an die Akkreditierung einer Stelle nach Artikel 41 Absatz 3, einer Zertifizierungsstelle nach Artikel 43 Absatz 3 oder der Kriterien für die Zertifizierung gemäß Artikel 42 Absatz 5 dient,

d) der Festlegung von Standard-Datenschutzklauseln gemäß Artikel 46 Absatz 2 Buchstabe d und Artikel 28 Absatz 8 dient,

e) der Genehmigung von Vertragsklauseln gemäß Artikels 46 Absatz 3 Buchstabe a dient, oder

f) der Annahme verbindlicher interner Vorschriften im Sinne von Artikel 47 dient.

(2) Jede Aufsichtsbehörde, der Vorsitz des Ausschuss oder die Kommission können beantragen, dass eine Angelegenheit mit allgemeiner Geltung oder mit Auswirkungen in mehr als einem Mitgliedstaat vom Ausschuss geprüft wird, um eine Stellungnahme zu erhalten, insbesondere wenn eine zuständige Aufsichtsbehörde den Verpflichtungen zur Amtshilfe gemäß Artikel 61 oder zu gemeinsamen Maßnahmen gemäß Artikel 62 nicht nachkommt.

(3) ¹In den in den Absätzen 1 und 2 genannten Fällen gibt der Ausschuss eine Stellungnahme zu der Angelegenheit ab, die ihm vorgelegt wurde, sofern er nicht bereits eine Stellungnahme zu derselben Angelegenheit abgegeben hat. ²Diese Stellungnahme wird binnen acht Wochen mit der einfachen Mehrheit der Mitglieder des Ausschusses angenommen. ³Diese Frist kann unter Berücksichtigung der Komplexität der Angelegenheit um weitere sechs Wochen verlängert werden. ⁴Was den in Absatz 1 genannten Beschlussentwurf angeht, der gemäß Absatz 5 den Mitgliedern des Ausschusses übermittelt wird, so wird angenommen, dass ein Mitglied, das innerhalb einer vom Vorsitz angegebenen angemessenen Frist keine Einwände erhoben hat, dem Beschlussentwurf zustimmt.

(4) Die Aufsichtsbehörden und die Kommission übermitteln unverzüglich dem Ausschuss auf elektronischem Wege unter Verwendung eines standardisierten Formats alle zweckdienlichen Informationen, einschließlich – je nach Fall – einer kurzen Darstellung des Sachverhalts, des Beschlussentwurfs, der Gründe, warum eine solche Maßnahme ergriffen werden muss, und der Standpunkte anderer betroffener Aufsichtsbehörden.

(5) Der Vorsitz des Ausschusses unterrichtet unverzüglich auf elektronischem Wege

a) unter Verwendung eines standardisierten Formats die Mitglieder des Ausschusses und die Kommission über alle zweckdienlichen Informationen, die

ihm zugegangen sind. Soweit erforderlich stellt das Sekretariat des Ausschusses Übersetzungen der zweckdienlichen Informationen zur Verfügung und
b) je nach Fall die in den Absätzen 1 und 2 genannte Aufsichtsbehörde und die Kommission über die Stellungnahme und veröffentlicht sie.

(6) Die in Absatz 1 genannte zuständige Aufsichtsbehörde nimmt den in Absatz 1 genannten Beschlussentwurf nicht vor Ablauf der in Absatz 3 genannten Frist an.

(7) Die in Absatz 1 genannte zuständige Aufsichtsbehörde trägt der Stellungnahme des Ausschusses weitestgehend Rechnung und teilt dessen Vorsitz binnen zwei Wochen nach Eingang der Stellungnahme auf elektronischem Wege unter Verwendung eines standardisierten Formats mit, ob sie den Beschlussentwurf beibehalten oder ändern wird; gegebenenfalls übermittelt sie den geänderten Beschlussentwurf.

(8) Teilt die in Absatz 1 genannte zuständige Aufsichtsbehörde dem Vorsitz des Ausschusses innerhalb der Frist nach Absatz 7 des vorliegenden Artikels unter Angabe der maßgeblichen Gründe mit, dass sie beabsichtigt, der Stellungnahme des Ausschusses insgesamt oder teilweise nicht zu folgen, so gilt Artikel 65 Absatz 1.

Art. 65 Streitbeilegung durch den Ausschuss. (1) Um die ordnungsgemäße und einheitliche Anwendung dieser Verordnung in Einzelfällen sicherzustellen, erlässt der Ausschuss in den folgenden Fällen einen verbindlichen Beschluss:
a) wenn eine betroffene Aufsichtsbehörde in einem Fall nach Artikel 60 Absatz 4 einen maßgeblichen und begründeten Einspruch gegen einen Beschlussentwurf der federführenden Aufsichtsbehörde eingelegt hat und sich die federführende Aufsichtsbehörde dem Einspruch nicht angeschlossen hat oder den Einspruch als nicht maßgeblich oder nicht begründet abgelehnt hat. Der verbindliche Beschluss betrifft alle Angelegenheiten, die Gegenstand des maßgeblichen und begründeten Einspruchs sind, insbesondere die Frage, ob ein Verstoß gegen diese Verordnung vorliegt;
b) wenn es widersprüchliche Standpunkte dazu gibt, welche der betroffenen Aufsichtsbehörden für die Hauptniederlassung zuständig ist,
c) wenn eine zuständige Aufsichtsbehörde in den in Artikel 64 Absatz 1 genannten Fällen keine Stellungnahme des Ausschusses einholt oder der Stellungnahme des Ausschusses gemäß Artikel 64 nicht folgt. In diesem Fall kann jede betroffene Aufsichtsbehörde oder die Kommission die Angelegenheit dem Ausschuss vorlegen.

(2) [1] Der in Absatz 1 genannte Beschluss wird innerhalb eines Monats nach der Befassung mit der Angelegenheit mit einer Mehrheit von zwei Dritteln der Mitglieder des Ausschusses angenommen. [2] Diese Frist kann wegen der Komplexität der Angelegenheit um einen weiteren Monat verlängert werden. [3] Der in Absatz 1 genannte Beschluss wird begründet und an die federführende Aufsichtsbehörde und alle betroffenen Aufsichtsbehörden übermittelt und ist für diese verbindlich.

(3) [1] War der Ausschuss nicht in der Lage, innerhalb der in Absatz 2 genannten Fristen einen Beschluss anzunehmen, so nimmt er seinen Beschluss innerhalb von zwei Wochen nach Ablauf des in Absatz 2 genannten zweiten Monats mit einfacher Mehrheit der Mitglieder des Ausschusses an. [2] Bei Stimmen-

gleichheit zwischen den Mitgliedern des Ausschusses gibt die Stimme des Vorsitzes den Ausschlag.

(4) Die betroffenen Aufsichtsbehörden nehmen vor Ablauf der in den Absätzen 2 und 3 genannten Fristen keinen Beschluss über die dem Ausschuss vorgelegte Angelegenheit an.

(5) [1] Der Vorsitz des Ausschusses unterrichtet die betroffenen Aufsichtsbehörden unverzüglich über den in Absatz 1 genannten Beschluss. [2] Er setzt die Kommission hiervon in Kenntnis. [3] Der Beschluss wird unverzüglich auf der Website des Ausschusses veröffentlicht, nachdem die Aufsichtsbehörde den in Absatz 6 genannten endgültigen Beschluss mitgeteilt hat.

(6) [1] Die federführende Aufsichtsbehörde oder gegebenenfalls die Aufsichtsbehörde, bei der die Beschwerde eingereicht wurde, trifft den endgültigen Beschluss auf der Grundlage des in Absatz 1 des vorliegenden Artikels genannten Beschlusses unverzüglich und spätestens einen Monat, nachdem der Europäische Datenschutzausschuss seinen Beschluss mitgeteilt hat. [2] Die federführende Aufsichtsbehörde oder gegebenenfalls die Aufsichtsbehörde, bei der die Beschwerde eingereicht wurde, setzt den Ausschuss von dem Zeitpunkt, zu dem ihr endgültiger Beschluss dem Verantwortlichen oder dem Auftragsverarbeiter bzw. der betroffenen Person mitgeteilt wird, in Kenntnis. [3] Der endgültige Beschluss der betroffenen Aufsichtsbehörden wird gemäß Artikel 60 Absätze 7, 8 und 9 angenommen. [4] Im endgültigen Beschluss wird auf den in Absatz 1 genannten Beschluss verwiesen und festgelegt, dass der in Absatz 1 des vorliegenden Artikels genannte Beschluss gemäß Absatz 5 auf der Website des Ausschusses veröffentlicht wird. [5] Dem endgültigen Beschluss wird der in Absatz 1 des vorliegenden Artikels genannte Beschluss beigefügt.

Art. 66 Dringlichkeitsverfahren. (1) [1] Unter außergewöhnlichen Umständen kann eine betroffene Aufsichtsbehörde abweichend vom Kohärenzverfahren nach Artikel 63, 64 und 65 oder dem Verfahren nach Artikel 60 sofort einstweilige Maßnahmen mit festgelegter Geltungsdauer von höchstens drei Monaten treffen, die in ihrem Hoheitsgebiet rechtliche Wirkung entfalten sollen, wenn sie zu der Auffassung gelangt, dass dringender Handlungsbedarf besteht, um Rechte und Freiheiten von betroffenen Personen zu schützen. [2] Die Aufsichtsbehörde setzt die anderen betroffenen Aufsichtsbehörden, den Ausschuss und die Kommission unverzüglich von diesen Maßnahmen und den Gründen für deren Erlass in Kenntnis.

(2) Hat eine Aufsichtsbehörde eine Maßnahme nach Absatz 1 ergriffen und ist sie der Auffassung, dass dringend endgültige Maßnahmen erlassen werden müssen, kann sie unter Angabe von Gründen im Dringlichkeitsverfahren um eine Stellungnahme oder einen verbindlichen Beschluss des Ausschusses ersuchen.

(3) Jede Aufsichtsbehörde kann unter Angabe von Gründen, auch für den dringenden Handlungsbedarf, im Dringlichkeitsverfahren um eine Stellungnahme oder gegebenenfalls einen verbindlichen Beschluss des Ausschusses ersuchen, wenn eine zuständige Aufsichtsbehörde trotz dringenden Handlungsbedarfs keine geeignete Maßnahme getroffen hat, um die Rechte und Freiheiten von betroffenen Personen zu schützen.

(4) Abweichend von Artikel 64 Absatz 3 und Artikel 65 Absatz 2 wird eine Stellungnahme oder ein verbindlicher Beschluss im Dringlichkeitsverfahren

nach den Absätzen 2 und 3 binnen zwei Wochen mit einfacher Mehrheit der Mitglieder des Ausschusses angenommen.

Art. 67 Informationsaustausch. *[1]* Die Kommission kann Durchführungsrechtsakte von allgemeiner Tragweite zur Festlegung der Ausgestaltung des elektronischen Informationsaustauschs zwischen den Aufsichtsbehörden sowie zwischen den Aufsichtsbehörden und dem Ausschuss, insbesondere des standardisierten Formats nach Artikel 64, erlassen.

[2] Diese Durchführungsrechtsakte werden gemäß dem Prüfverfahren nach Artikel 93 Absatz 2 erlassen.

Abschnitt 3. Europäischer Datenschutzausschuss

Art. 68 Europäischer Datenschutzausschuss. (1) Der Europäische Datenschutzausschuss (im Folgenden „Ausschuss") wird als Einrichtung der Union mit eigener Rechtspersönlichkeit eingerichtet.

(2) Der Ausschuss wird von seinem Vorsitz vertreten.

(3) Der Ausschuss besteht aus dem Leiter einer Aufsichtsbehörde jedes Mitgliedstaats und dem Europäischen Datenschutzbeauftragten oder ihren jeweiligen Vertretern.

(4) Ist in einem Mitgliedstaat mehr als eine Aufsichtsbehörde für die Überwachung der Anwendung der nach Maßgabe dieser Verordnung erlassenen Vorschriften zuständig, so wird im Einklang mit den Rechtsvorschriften dieses Mitgliedstaats ein gemeinsamer Vertreter benannt.

(5) [1] Die Kommission ist berechtigt, ohne Stimmrecht an den Tätigkeiten und Sitzungen des Ausschusses teilzunehmen. [2] Die Kommission benennt einen Vertreter. [3] Der Vorsitz des Ausschusses unterrichtet die Kommission über die Tätigkeiten des Ausschusses.

(6) In den in Artikel 65 genannten Fällen ist der Europäische Datenschutzbeauftragte nur bei Beschlüssen stimmberechtigt, die Grundsätze und Vorschriften betreffen, die für die Organe, Einrichtungen, Ämter und Agenturen der Union gelten und inhaltlich den Grundsätzen und Vorschriften dieser Verordnung entsprechen.

Art. 69 Unabhängigkeit. (1) Der Ausschuss handelt bei der Erfüllung seiner Aufgaben oder in Ausübung seiner Befugnisse gemäß den Artikeln 70 und 71 unabhängig.

(2) Unbeschadet der Ersuchen der Kommission gemäß Artikel 70 Absätze 1 und 2 ersucht der Ausschuss bei der Erfüllung seiner Aufgaben oder in Ausübung seiner Befugnisse weder um Weisung noch nimmt er Weisungen entgegen.

Art. 70 Aufgaben des Ausschusses. (1) [1] Der Ausschuss stellt die einheitliche Anwendung dieser Verordnung sicher. [2] Hierzu nimmt der Ausschuss von sich aus oder gegebenenfalls auf Ersuchen der Kommission insbesondere folgende Tätigkeiten wahr:
a) Überwachung und Sicherstellung der ordnungsgemäßen Anwendung dieser Verordnung in den in den Artikeln 64 und 65 genannten Fällen unbeschadet der Aufgaben der nationalen Aufsichtsbehörden;

b) Beratung der Kommission in allen Fragen, die im Zusammenhang mit dem Schutz personenbezogener Daten in der Union stehen, einschließlich etwaiger Vorschläge zur Änderung dieser Verordnung;

c) Beratung der Kommission über das Format und die Verfahren für den Austausch von Informationen zwischen den Verantwortlichen, den Auftragsverarbeitern und den Aufsichtsbehörden in Bezug auf verbindliche interne Datenschutzvorschriften;

d) Bereitstellung von Leitlinien, Empfehlungen und bewährten Verfahren zu Verfahren für die Löschung gemäß Artikel 17 Absatz 2 von Links zu personenbezogenen Daten oder Kopien oder Replikationen dieser Daten aus öffentlich zugänglichen Kommunikationsdiensten;

e) Prüfung – von sich aus, auf Antrag eines seiner Mitglieder oder auf Ersuchen der Kommission – von die Anwendung dieser Verordnung betreffenden Fragen und Bereitstellung von Leitlinien, Empfehlungen und bewährten Verfahren zwecks Sicherstellung einer einheitlichen Anwendung dieser Verordnung;

f) Bereitstellung von Leitlinien, Empfehlungen und bewährten Verfahren gemäß Buchstabe e des vorliegenden Absatzes zur näheren Bestimmung der Kriterien und Bedingungen für die auf Profiling beruhenden Entscheidungen gemäß Artikel 22 Absatz 2;

g) Bereitstellung von Leitlinien, Empfehlungen und bewährten Verfahren gemäß Buchstabe e des vorliegenden Absatzes für die Feststellung von Verletzungen des Schutzes personenbezogener Daten und die Festlegung der Unverzüglichkeit im Sinne des Artikels 33 Absätze 1 und 2, und zu den spezifischen Umständen, unter denen der Verantwortliche oder der Auftragsverarbeiter die Verletzung des Schutzes personenbezogener Daten zu melden hat;

h) Bereitstellung von Leitlinien, Empfehlungen und bewährten Verfahren gemäß Buchstabe e des vorliegenden Absatzes zu den Umständen, unter denen eine Verletzung des Schutzes personenbezogener Daten voraussichtlich ein hohes Risiko für die Rechte und Freiheiten natürlicher Personen im Sinne des Artikels 34 Absatz 1 zur Folge hat;

i) Bereitstellung von Leitlinien, Empfehlungen und bewährten Verfahren gemäß Buchstabe e des vorliegenden Absatzes zur näheren Bestimmung der in Artikel 47 aufgeführten Kriterien und Anforderungen für die Übermittlungen personenbezogener Daten, die auf verbindlichen internen Datenschutzvorschriften von Verantwortlichen oder Auftragsverarbeitern beruhen, und der dort aufgeführten weiteren erforderlichen Anforderungen zum Schutz personenbezogener Daten der betroffenen Personen;

j) Bereitstellung von Leitlinien, Empfehlungen und bewährten Verfahren gemäß Buchstabe e des vorliegenden Absatzes zur näheren Bestimmung der Kriterien und Bedingungen für die Übermittlungen personenbezogener Daten gemäß Artikel 49 Absatz 1;

k) Ausarbeitung von Leitlinien für die Aufsichtsbehörden in Bezug auf die Anwendung von Maßnahmen nach Artikel 58 Absätze 1, 2 und 3 und die Festsetzung von Geldbußen gemäß Artikel 83;

l) Überprüfung der praktischen Anwendung der Leitlinien, Empfehlungen und bewährten Verfahren;

m) Bereitstellung von Leitlinien, Empfehlungen und bewährten Verfahren gemäß Buchstabe e des vorliegenden Absatzes zur Festlegung gemeinsamer Verfahren für die von natürlichen Personen vorgenommene Meldung von Verstößen gegen diese Verordnung gemäß Artikel 54 Absatz 2;

n) Förderung der Ausarbeitung von Verhaltensregeln und der Einrichtung von datenschutzspezifischen Zertifizierungsverfahren sowie Datenschutzsiegeln und -prüfzeichen gemäß den Artikeln 40 und 42;

o) Genehmigung der Zertifizierungskriterien gemäß Artikel 42 Absatz 5 und Führung eines öffentlichen Registers der Zertifizierungsverfahren sowie von Datenschutzsiegeln und -prüfzeichen gemäß Artikel 42 Absatz 8 und der in Drittländern niedergelassenen zertifizierten Verantwortlichen oder Auftragsverarbeiter gemäß Artikel 42 Absatz 7;

p) Genehmigung der in Artikel 43 Absatz 3 genannten Anforderungen im Hinblick auf die Akkreditierung von Zertifizierungsstellen gemäß Artikel 43;

q) Abgabe einer Stellungnahme für die Kommission zu den Zertifizierungsanforderungen gemäß Artikel 43 Absatz 8;

r) Abgabe einer Stellungnahme für die Kommission zu den Bildsymbolen gemäß Artikel 12 Absatz 7;

s) Abgabe einer Stellungnahme für die Kommission zur Beurteilung der Angemessenheit des in einem Drittland oder einer internationalen Organisation gebotenen Schutzniveaus einschließlich zur Beurteilung der Frage, ob das Drittland, das Gebiet, ein oder mehrere spezifische Sektoren in diesem Drittland oder eine internationale Organisation kein angemessenes Schutzniveau mehr gewährleistet. Zu diesem Zweck gibt die Kommission dem Ausschuss alle erforderlichen Unterlagen, darunter den Schriftwechsel mit der Regierung des Drittlands, dem Gebiet oder spezifischen Sektor oder der internationalen Organisation;

t) Abgabe von Stellungnahmen im Kohärenzverfahren gemäß Artikel 64 Absatz 1 zu Beschlussentwürfen von Aufsichtsbehörden, zu Angelegenheiten, die nach Artikel 64 Absatz 2 vorgelegt wurden und um Erlass verbindlicher Beschlüsse gemäß Artikel 65, einschließlich der in Artikel 66 genannten Fälle;

u) Förderung der Zusammenarbeit und eines wirksamen bilateralen und multilateralen Austauschs von Informationen und bewährten Verfahren zwischen den Aufsichtsbehörden;

v) Förderung von Schulungsprogrammen und Erleichterung des Personalaustausches zwischen Aufsichtsbehörden sowie gegebenenfalls mit Aufsichtsbehörden von Drittländern oder mit internationalen Organisationen;

w) Förderung des Austausches von Fachwissen und von Dokumentationen über Datenschutzvorschriften und -praxis mit Datenschutzaufsichtsbehörden in aller Welt;

x) Abgabe von Stellungnahmen zu den auf Unionsebene erarbeiteten Verhaltensregeln gemäß Artikel 40 Absatz 9 und

y) Führung eines öffentlich zugänglichen elektronischen Registers der Beschlüsse der Aufsichtsbehörden und Gerichte in Bezug auf Fragen, die im Rahmen des Kohärenzverfahrens behandelt wurden.

(2) Die Kommission kann, wenn sie den Ausschuss um Rat ersucht, unter Berücksichtigung der Dringlichkeit des Sachverhalts eine Frist angeben.

(3) Der Ausschuss leitet seine Stellungnahmen, Leitlinien, Empfehlungen und bewährten Verfahren an die Kommission und an den in Artikel 93 genannten Ausschuss weiter und veröffentlicht sie.

(4) ¹Der Ausschuss konsultiert gegebenenfalls interessierte Kreise und gibt ihnen Gelegenheit, innerhalb einer angemessenen Frist Stellung zu nehmen. ²Unbeschadet des Artikels 76 macht der Ausschuss die Ergebnisse der Konsultation der Öffentlichkeit zugänglich.

Art. 71 Berichterstattung. (1) ¹Der Ausschuss erstellt einen Jahresbericht über den Schutz natürlicher Personen bei der Verarbeitung in der Union und gegebenenfalls in Drittländern und internationalen Organisationen. ²Der Bericht wird veröffentlicht und dem Europäischen Parlament, dem Rat und der Kommission übermittelt.

(2) Der Jahresbericht enthält eine Überprüfung der praktischen Anwendung der in Artikel 70 Absatz 1 Buchstabe l genannten Leitlinien, Empfehlungen und bewährten Verfahren sowie der in Artikel 65 genannten verbindlichen Beschlüsse.

Art. 72 Verfahrensweise. (1) Sofern in dieser Verordnung nichts anderes bestimmt ist, fasst der Ausschuss seine Beschlüsse mit einfacher Mehrheit seiner Mitglieder.

(2) Der Ausschuss gibt sich mit einer Mehrheit von zwei Dritteln seiner Mitglieder eine Geschäftsordnung und legt seine Arbeitsweise fest.

Art. 73 Vorsitz. (1) Der Ausschuss wählt aus dem Kreis seiner Mitglieder mit einfacher Mehrheit einen Vorsitzenden und zwei stellvertretende Vorsitzende.

(2) Die Amtszeit des Vorsitzenden und seiner beiden Stellvertreter beträgt fünf Jahre; ihre einmalige Wiederwahl ist zulässig.

Art. 74 Aufgaben des Vorsitzes. (1) Der Vorsitz hat folgende Aufgaben:

a) Einberufung der Sitzungen des Ausschusses und Erstellung der Tagesordnungen,
b) Übermittlung der Beschlüsse des Ausschusses nach Artikel 65 an die federführende Aufsichtsbehörde und die betroffenen Aufsichtsbehörden,
c) Sicherstellung einer rechtzeitigen Ausführung der Aufgaben des Ausschusses, insbesondere der Aufgaben im Zusammenhang mit dem Kohärenzverfahren nach Artikel 63.

(2) Der Ausschuss legt die Aufteilung der Aufgaben zwischen dem Vorsitzenden und dessen Stellvertretern in seiner Geschäftsordnung fest.

Art. 75 Sekretariat. (1) Der Ausschuss wird von einem Sekretariat unterstützt, das von dem Europäischen Datenschutzbeauftragten bereitgestellt wird.

(2) Das Sekretariat führt seine Aufgaben ausschließlich auf Anweisung des Vorsitzes des Ausschusses aus.

(3) Das Personal des Europäischen Datenschutzbeauftragten, das an der Wahrnehmung der dem Ausschuss gemäß dieser Verordnung übertragenen

Aufgaben beteiligt ist, unterliegt anderen Berichtspflichten als das Personal, das an der Wahrnehmung der dem Europäischen Datenschutzbeauftragten übertragenen Aufgaben beteiligt ist.

(4) Soweit angebracht, erstellen und veröffentlichen der Ausschuss und der Europäische Datenschutzbeauftragte eine Vereinbarung zur Anwendung des vorliegenden Artikels, in der die Bedingungen ihrer Zusammenarbeit festgelegt sind und die für das Personal des Europäischen Datenschutzbeauftragten gilt, das an der Wahrnehmung der dem Ausschuss gemäß dieser Verordnung übertragenen Aufgaben beteiligt ist.

(5) Das Sekretariat leistet dem Ausschuss analytische, administrative und logistische Unterstützung.

(6) Das Sekretariat ist insbesondere verantwortlich für

a) das Tagesgeschäft des Ausschusses,
b) die Kommunikation zwischen den Mitgliedern des Ausschusses, seinem Vorsitz und der Kommission,
c) die Kommunikation mit anderen Organen und mit der Öffentlichkeit,
d) den Rückgriff auf elektronische Mittel für die interne und die externe Kommunikation,
e) die Übersetzung sachdienlicher Informationen,
f) die Vor- und Nachbereitung der Sitzungen des Ausschusses,
g) die Vorbereitung, Abfassung und Veröffentlichung von Stellungnahmen, von Beschlüssen über die Beilegung von Streitigkeiten zwischen Aufsichtsbehörden und von sonstigen vom Ausschuss angenommenen Dokumenten.

Art. 76 Vertraulichkeit. (1) Die Beratungen des Ausschusses sind gemäß seiner Geschäftsordnung vertraulich, wenn der Ausschuss dies für erforderlich hält.

(2) Der Zugang zu Dokumenten, die Mitgliedern des Ausschusses, Sachverständigen und Vertretern von Dritten vorgelegt werden, wird durch die Verordnung (EG) Nr. 1049/2001 des Europäischen Parlaments und des Rates[1] geregelt.

Kapitel VIII. Rechtsbehelfe, Haftung und Sanktionen

Art. 77 Recht auf Beschwerde bei einer Aufsichtsbehörde. (1) Jede betroffene Person hat unbeschadet eines anderweitigen verwaltungsrechtlichen oder gerichtlichen Rechtsbehelfs das Recht auf Beschwerde bei einer Aufsichtsbehörde, insbesondere in dem Mitgliedstaat ihres gewöhnlichen Aufenthaltsorts, ihres Arbeitsplatzes oder des Orts des mutmaßlichen Verstoßes, wenn die betroffene Person der Ansicht ist, dass die Verarbeitung der sie betreffenden personenbezogenen Daten gegen diese Verordnung verstößt.

(2) Die Aufsichtsbehörde, bei der die Beschwerde eingereicht wurde, unterrichtet den Beschwerdeführer über den Stand und die Ergebnisse der Beschwerde einschließlich der Möglichkeit eines gerichtlichen Rechtsbehelfs nach Artikel 78.

---

[1] **Amtl. Anm.:** Verordnung (EG) Nr. 1049/2001 des Europäischen Parlaments und des Rates vom 30. Mai 2001 über den Zugang der Öffentlichkeit zu Dokumenten des Europäischen Parlaments, des Rates und der Kommission (ABl. L 145 vom 31.5.2001, S. 43).

Art. 78 Recht auf wirksamen gerichtlichen Rechtsbehelf gegen eine Aufsichtsbehörde. (1) Jede natürliche oder juristische Person hat unbeschadet eines anderweitigen verwaltungsrechtlichen oder außergerichtlichen Rechtsbehelfs das Recht auf einen wirksamen gerichtlichen Rechtsbehelf gegen einen sie betreffenden rechtsverbindlichen Beschluss einer Aufsichtsbehörde.

(2) Jede betroffene Person hat unbeschadet eines anderweitigen verwaltungsrechtlichen oder außergerichtlichen Rechtsbehelfs das Recht auf einen wirksamen gerichtlichen Rechtsbehelf, wenn die nach den Artikeln 55 und 56 zuständige Aufsichtsbehörde sich nicht mit einer Beschwerde befasst oder die betroffene Person nicht innerhalb von drei Monaten über den Stand oder das Ergebnis der gemäß Artikel 77 erhobenen Beschwerde in Kenntnis gesetzt hat.

(3) Für Verfahren gegen eine Aufsichtsbehörde sind die Gerichte des Mitgliedstaats zuständig, in dem die Aufsichtsbehörde ihren Sitz hat.

(4) Kommt es zu einem Verfahren gegen den Beschluss einer Aufsichtsbehörde, dem eine Stellungnahme oder ein Beschluss des Ausschusses im Rahmen des Kohärenzverfahrens vorangegangen ist, so leitet die Aufsichtsbehörde diese Stellungnahme oder diesen Beschluss dem Gericht zu.

Art. 79 Recht auf wirksamen gerichtlichen Rechtsbehelf gegen Verantwortliche oder Auftragsverarbeiter. (1) Jede betroffene Person hat unbeschadet eines verfügbaren verwaltungsrechtlichen oder außergerichtlichen Rechtsbehelfs einschließlich des Rechts auf Beschwerde bei einer Aufsichtsbehörde gemäß Artikel 77 das Recht auf einen wirksamen gerichtlichen Rechtsbehelf, wenn sie der Ansicht ist, dass die ihr aufgrund dieser Verordnung zustehenden Rechte infolge einer nicht im Einklang mit dieser Verordnung stehenden Verarbeitung ihrer personenbezogenen Daten verletzt wurden.

(2) [1] Für Klagen gegen einen Verantwortlichen oder gegen einen Auftragsverarbeiter sind die Gerichte des Mitgliedstaats zuständig, in dem der Verantwortliche oder der Auftragsverarbeiter eine Niederlassung hat. [2] Wahlweise können solche Klagen auch bei den Gerichten des Mitgliedstaats erhoben werden, in dem die betroffene Person ihren gewöhnlichen Aufenthaltsort hat, es sei denn, es handelt sich bei dem Verantwortlichen oder dem Auftragsverarbeiter um eine Behörde eines Mitgliedstaats, die in Ausübung ihrer hoheitlichen Befugnisse tätig geworden ist.

Art. 80 Vertretung von betroffenen Personen. (1) Die betroffene Person hat das Recht, eine Einrichtung, Organisationen oder Vereinigung ohne Gewinnerzielungsabsicht, die ordnungsgemäß nach dem Recht eines Mitgliedstaats gegründet ist, deren satzungsmäßige Ziele im öffentlichem Interesse liegen und die im Bereich des Schutzes der Rechte und Freiheiten von betroffenen Personen in Bezug auf den Schutz ihrer personenbezogenen Daten tätig ist, zu beauftragen, in ihrem Namen eine Beschwerde einzureichen, in ihrem Namen die in den Artikeln 77, 78 und 79 genannten Rechte wahrzunehmen und das Recht auf Schadensersatz gemäß Artikel 82 in Anspruch zu nehmen, sofern dieses im Recht der Mitgliedstaaten vorgesehen ist.

(2) Die Mitgliedstaaten können vorsehen, dass jede der in Absatz 1 des vorliegenden Artikels genannten Einrichtungen, Organisationen oder Vereinigungen unabhängig von einem Auftrag der betroffenen Person in diesem Mitgliedstaat das Recht hat, bei der gemäß Artikel 77 zuständigen Aufsichtsbehörde eine Beschwerde einzulegen und die in den Artikeln 78 und 79 aufgeführten

Rechte in Anspruch zu nehmen, wenn ihres Erachtens die Rechte einer betroffenen Person gemäß dieser Verordnung infolge einer Verarbeitung verletzt worden sind.

Art. 81 Aussetzung des Verfahrens. (1) Erhält ein zuständiges Gericht in einem Mitgliedstaat Kenntnis von einem Verfahren zu demselben Gegenstand in Bezug auf die Verarbeitung durch denselben Verantwortlichen oder Auftragsverarbeiter, das vor einem Gericht in einem anderen Mitgliedstaat anhängig ist, so nimmt es mit diesem Gericht Kontakt auf, um sich zu vergewissern, dass ein solches Verfahren existiert.

(2) Ist ein Verfahren zu demselben Gegenstand in Bezug auf die Verarbeitung durch denselben Verantwortlichen oder Auftragsverarbeiter vor einem Gericht in einem anderen Mitgliedstaat anhängig, so kann jedes später angerufene zuständige Gericht das bei ihm anhängige Verfahren aussetzen.

(3) Sind diese Verfahren in erster Instanz anhängig, so kann sich jedes später angerufene Gericht auf Antrag einer Partei auch für unzuständig erklären, wenn das zuerst angerufene Gericht für die betreffenden Klagen zuständig ist und die Verbindung der Klagen nach seinem Recht zulässig ist.

Art. 82 Haftung und Recht auf Schadenersatz. (1) Jede Person, der wegen eines Verstoßes gegen diese Verordnung ein materieller oder immaterieller Schaden entstanden ist, hat Anspruch auf Schadenersatz gegen den Verantwortlichen oder gegen den Auftragsverarbeiter.

(2) [1]Jeder an einer Verarbeitung beteiligte Verantwortliche haftet für den Schaden, der durch eine nicht dieser Verordnung entsprechende Verarbeitung verursacht wurde. [2]Ein Auftragsverarbeiter haftet für den durch eine Verarbeitung verursachten Schaden nur dann, wenn er seinen speziell den Auftragsverarbeitern auferlegten Pflichten aus dieser Verordnung nicht nachgekommen ist oder unter Nichtbeachtung der rechtmäßig erteilten Anweisungen des für die Datenverarbeitung Verantwortlichen oder gegen diese Anweisungen gehandelt hat.

(3) Der Verantwortliche oder der Auftragsverarbeiter wird von der Haftung gemäß Absatz 2 befreit, wenn er nachweist, dass er in keinerlei Hinsicht für den Umstand, durch den der Schaden eingetreten ist, verantwortlich ist.

(4) Ist mehr als ein Verantwortlicher oder mehr als ein Auftragsverarbeiter bzw. sowohl ein Verantwortlicher als auch ein Auftragsverarbeiter an derselben Verarbeitung beteiligt und sind sie gemäß den Absätzen 2 und 3 für einen durch die Verarbeitung verursachten Schaden verantwortlich, so haftet jeder Verantwortliche oder jeder Auftragsverarbeiter für den gesamten Schaden, damit ein wirksamer Schadensersatz für die betroffene Person sichergestellt ist.

(5) Hat ein Verantwortlicher oder Auftragsverarbeiter gemäß Absatz 4 vollständigen Schadenersatz für den erlittenen Schaden gezahlt, so ist dieser Verantwortliche oder Auftragsverarbeiter berechtigt, von den übrigen an derselben Verarbeitung beteiligten für die Datenverarbeitung Verantwortlichen oder Auftragsverarbeitern den Teil des Schadenersatzes zurückzufordern, der unter den in Absatz 2 festgelegten Bedingungen ihrem Anteil an der Verantwortung für den Schaden entspricht.

(6) Mit Gerichtsverfahren zur Inanspruchnahme des Rechts auf Schadenersatz sind die Gerichte zu befassen, die nach den in Artikel 79 Absatz 2 genannten Rechtsvorschriften des Mitgliedstaats zuständig sind.

Art. 83 Allgemeine Bedingungen für die Verhängung von Geldbußen.

(1) Jede Aufsichtsbehörde stellt sicher, dass die Verhängung von Geldbußen gemäß diesem Artikel für Verstöße gegen diese Verordnung gemäß den Absätzen 4, 5 und 6 in jedem Einzelfall wirksam, verhältnismäßig und abschreckend ist.

(2) [1] Geldbußen werden je nach den Umständen des Einzelfalls zusätzlich zu oder anstelle von Maßnahmen nach Artikel 58 Absatz 2 Buchstaben a bis h und j verhängt. [2] Bei der Entscheidung über die Verhängung einer Geldbuße und über deren Betrag wird in jedem Einzelfall Folgendes gebührend berücksichtigt:

a) Art, Schwere und Dauer des Verstoßes unter Berücksichtigung der Art, des Umfangs oder des Zwecks der betreffenden Verarbeitung sowie der Zahl der von der Verarbeitung betroffenen Personen und des Ausmaßes des von ihnen erlittenen Schadens;

b) Vorsätzlichkeit oder Fahrlässigkeit des Verstoßes;

c) jegliche von dem Verantwortlichen oder dem Auftragsverarbeiter getroffenen Maßnahmen zur Minderung des den betroffenen Personen entstandenen Schadens;

d) Grad der Verantwortung des Verantwortlichen oder des Auftragsverarbeiters unter Berücksichtigung der von ihnen gemäß den Artikeln 25 und 32 getroffenen technischen und organisatorischen Maßnahmen;

e) etwaige einschlägige frühere Verstöße des Verantwortlichen oder des Auftragsverarbeiters;

f) Umfang der Zusammenarbeit mit der Aufsichtsbehörde, um dem Verstoß abzuhelfen und seine möglichen nachteiligen Auswirkungen zu mindern;

g) Kategorien personenbezogener Daten, die von dem Verstoß betroffen sind;

h) Art und Weise, wie der Verstoß der Aufsichtsbehörde bekannt wurde, insbesondere ob und gegebenenfalls in welchem Umfang der Verantwortliche oder der Auftragsverarbeiter den Verstoß mitgeteilt hat;

i) Einhaltung der nach Artikel 58 Absatz 2 früher gegen den für den betreffenden Verantwortlichen oder Auftragsverarbeiter in Bezug auf denselben Gegenstand angeordneten Maßnahmen, wenn solche Maßnahmen angeordnet wurden;

j) Einhaltung von genehmigten Verhaltensregeln nach Artikel 40 oder genehmigten Zertifizierungsverfahren nach Artikel 42 und

k) jegliche anderen erschwerenden oder mildernden Umstände im jeweiligen Fall, wie unmittelbar oder mittelbar durch den Verstoß erlangte finanzielle Vorteile oder vermiedene Verluste.

(3) Verstößt ein Verantwortlicher oder ein Auftragsverarbeiter bei gleichen oder miteinander verbundenen Verarbeitungsvorgängen vorsätzlich oder fahrlässig gegen mehrere Bestimmungen dieser Verordnung, so übersteigt der Gesamtbetrag der Geldbuße nicht den Betrag für den schwerwiegendsten Verstoß.

(4) Bei Verstößen gegen die folgenden Bestimmungen werden im Einklang mit Absatz 2 Geldbußen von bis zu 10 000 000 EUR oder im Fall eines Unternehmens von bis zu 2 % seines gesamten weltweit erzielten Jahresumsatzes des vorangegangenen Geschäftsjahrs verhängt, je nachdem, welcher der Beträge höher ist:

a) die Pflichten der Verantwortlichen und der Auftragsverarbeiter gemäß den Artikeln 8, 11, 25 bis 39, 42 und 43;

b) die Pflichten der Zertifizierungsstelle gemäß den Artikeln 42 und 43;

c) die Pflichten der Überwachungsstelle gemäß Artikel 41 Absatz 4.

(5) Bei Verstößen gegen die folgenden Bestimmungen werden im Einklang mit Absatz 2 Geldbußen von bis zu 20 000 000 EUR oder im Fall eines Unternehmens von bis zu 4 % seines gesamten weltweit erzielten Jahresumsatzes des vorangegangenen Geschäftsjahrs verhängt, je nachdem, welcher der Beträge höher ist:

a) die Grundsätze für die Verarbeitung, einschließlich der Bedingungen für die Einwilligung, gemäß den Artikeln 5, 6, 7 und 9;

b) die Rechte der betroffenen Person gemäß den Artikeln 12 bis 22;

c) die Übermittlung personenbezogener Daten an einen Empfänger in einem Drittland oder an eine internationale Organisation gemäß den Artikeln 44 bis 49;

d) alle Pflichten gemäß den Rechtsvorschriften der Mitgliedstaaten, die im Rahmen des Kapitels IX erlassen wurden;

e) Nichtbefolgung einer Anweisung oder einer vorübergehenden oder endgültigen Beschränkung oder Aussetzung der Datenübermittlung durch die Aufsichtsbehörde gemäß Artikel 58 Absatz 2 oder Nichtgewährung des Zugangs unter Verstoß gegen Artikel 58 Absatz 1.

(6) Bei Nichtbefolgung einer Anweisung der Aufsichtsbehörde gemäß Artikel 58 Absatz 2 werden im Einklang mit Absatz 2 des vorliegenden Artikels Geldbußen von bis zu 20 000 000 EUR oder im Fall eines Unternehmens von bis zu 4 % seines gesamten weltweit erzielten Jahresumsatzes des vorangegangenen Geschäftsjahrs verhängt, je nachdem, welcher der Beträge höher ist.

(7) Unbeschadet der Abhilfebefugnisse der Aufsichtsbehörden gemäß Artikel 58 Absatz 2 kann jeder Mitgliedstaat Vorschriften dafür festlegen, ob und in welchem Umfang gegen Behörden und öffentliche Stellen, die in dem betreffenden Mitgliedstaat niedergelassen sind, Geldbußen verhängt werden können.

(8) Die Ausübung der eigenen Befugnisse durch eine Aufsichtsbehörde gemäß diesem Artikel muss angemessenen Verfahrensgarantien gemäß dem Unionsrecht und dem Recht der Mitgliedstaaten, einschließlich wirksamer gerichtlicher Rechtsbehelfe und ordnungsgemäßer Verfahren, unterliegen.

(9) [1] Sieht die Rechtsordnung eines Mitgliedstaats keine Geldbußen vor, kann dieser Artikel so angewandt werden, dass die Geldbuße von der zuständigen Aufsichtsbehörde in die Wege geleitet und von den zuständigen nationalen Gerichten verhängt wird, wobei sicherzustellen ist, dass diese Rechtsbehelfe wirksam sind und die gleiche Wirkung wie die von Aufsichtsbehörden verhängten Geldbußen haben. [2] In jedem Fall müssen die verhängten Geldbußen wirksam, verhältnismäßig und abschreckend sein. [3] Die betreffenden Mitgliedstaaten teilen der Kommission bis zum 25. Mai 2018 die Rechtsvorschriften mit, die sie aufgrund dieses Absatzes erlassen, sowie unverzüglich alle späteren Änderungsgesetze oder Änderungen dieser Vorschriften.

Art. 84 Sanktionen. (1) [1] Die Mitgliedstaaten legen die Vorschriften über andere Sanktionen für Verstöße gegen diese Verordnung – insbesondere für Verstöße, die keiner Geldbuße gemäß Artikel 83 unterliegen – fest und treffen alle zu deren Anwendung erforderlichen Maßnahmen. ²Diese Sanktionen müssen wirksam, verhältnismäßig und abschreckend sein.

(2) Jeder Mitgliedstaat teilt der Kommission bis zum 25. Mai 2018 die Rechtsvorschriften, die er aufgrund von Absatz 1 erlässt, sowie unverzüglich alle späteren Änderungen dieser Vorschriften mit.

Kapitel IX. Vorschriften für besondere Verarbeitungssituationen

Art. 85 Verarbeitung und Freiheit der Meinungsäußerung und Informationsfreiheit. (1) Die Mitgliedstaaten bringen durch Rechtsvorschriften das Recht auf den Schutz personenbezogener Daten gemäß dieser Verordnung mit dem Recht auf freie Meinungsäußerung und Informationsfreiheit, einschließlich der Verarbeitung zu journalistischen Zwecken und zu wissenschaftlichen, künstlerischen oder literarischen Zwecken, in Einklang.

(2) Für die Verarbeitung, die zu journalistischen Zwecken oder zu wissenschaftlichen, künstlerischen oder literarischen Zwecken erfolgt, sehen die Mitgliedstaaten Abweichungen oder Ausnahmen von Kapitel II (Grundsätze), Kapitel III (Rechte der betroffenen Person), Kapitel IV (Verantwortlicher und Auftragsverarbeiter), Kapitel V (Übermittlung personenbezogener Daten an Drittländer oder an internationale Organisationen), Kapitel VI (Unabhängige Aufsichtsbehörden), Kapitel VII (Zusammenarbeit und Kohärenz) und Kapitel IX (Vorschriften für besondere Verarbeitungssituationen) vor, wenn dies erforderlich ist, um das Recht auf Schutz der personenbezogenen Daten mit der Freiheit der Meinungsäußerung und der Informationsfreiheit in Einklang zu bringen.

(3) Jeder Mitgliedstaat teilt der Kommission die Rechtsvorschriften, die er aufgrund von Absatz 2 erlassen hat, sowie unverzüglich alle späteren Änderungsgesetze oder Änderungen dieser Vorschriften mit.

Art. 86 Verarbeitung und Zugang der Öffentlichkeit zu amtlichen Dokumenten. Personenbezogene Daten in amtlichen Dokumenten, die sich im Besitz einer Behörde oder einer öffentlichen Einrichtung oder einer privaten Einrichtung zur Erfüllung einer im öffentlichen Interesse liegenden Aufgabe befinden, können von der Behörde oder der Einrichtung gemäß dem Unionsrecht oder dem Recht des Mitgliedstaats, dem die Behörde oder Einrichtung unterliegt, offengelegt werden, um den Zugang der Öffentlichkeit zu amtlichen Dokumenten mit dem Recht auf Schutz personenbezogener Daten gemäß dieser Verordnung in Einklang zu bringen.

Art. 87 Verarbeitung der nationalen Kennziffer. ¹Die Mitgliedstaaten können näher bestimmen, unter welchen spezifischen Bedingungen eine nationale Kennziffer oder andere Kennzeichen von allgemeiner Bedeutung Gegenstand einer Verarbeitung sein dürfen. ²In diesem Fall darf die nationale Kennziffer oder das andere Kennzeichen von allgemeiner Bedeutung nur unter Wahrung geeigneter Garantien für die Rechte und Freiheiten der betroffenen Person gemäß dieser Verordnung verwendet werden.

Art. 88 Datenverarbeitung im Beschäftigungskontext. (1) Die Mitgliedstaaten können durch Rechtsvorschriften oder durch Kollektivvereinbarungen spezifischere Vorschriften zur Gewährleistung des Schutzes der Rechte und Freiheiten hinsichtlich der Verarbeitung personenbezogener Beschäftigtendaten im Beschäftigungskontext, insbesondere für Zwecke der Einstellung, der Erfüllung des Arbeitsvertrags einschließlich der Erfüllung von durch Rechtsvorschriften oder durch Kollektivvereinbarungen festgelegten Pflichten, des Managements, der Planung und der Organisation der Arbeit, der Gleichheit und Diversität am Arbeitsplatz, der Gesundheit und Sicherheit am Arbeitsplatz, des Schutzes des Eigentums der Arbeitgeber oder der Kunden sowie für Zwecke der Inanspruchnahme der mit der Beschäftigung zusammenhängenden individuellen oder kollektiven Rechte und Leistungen und für Zwecke der Beendigung des Beschäftigungsverhältnisses vorsehen.

(2) Diese Vorschriften umfassen geeignete und besondere Maßnahmen zur Wahrung der menschlichen Würde, der berechtigten Interessen und der Grundrechte der betroffenen Person, insbesondere im Hinblick auf die Transparenz der Verarbeitung, die Übermittlung personenbezogener Daten innerhalb einer Unternehmensgruppe oder einer Gruppe von Unternehmen, die eine gemeinsame Wirtschaftstätigkeit ausüben, und die Überwachungssysteme am Arbeitsplatz.

(3) Jeder Mitgliedstaat teilt der Kommission bis zum 25. Mai 2018 die Rechtsvorschriften, die er aufgrund von Absatz 1 erlässt, sowie unverzüglich alle späteren Änderungen dieser Vorschriften mit.

Art. 89 Garantien und Ausnahmen in Bezug auf die Verarbeitung zu im öffentlichen Interesse liegenden Archivzwecken, zu wissenschaftlichen oder historischen Forschungszwecken und zu statistischen Zwecken. (1) ¹Die Verarbeitung zu im öffentlichen Interesse liegenden Archivzwecken, zu wissenschaftlichen oder historischen Forschungszwecken oder zu statistischen Zwecken unterliegt geeigneten Garantien für die Rechte und Freiheiten der betroffenen Person gemäß dieser Verordnung. ²Mit diesen Garantien wird sichergestellt, dass technische und organisatorische Maßnahmen bestehen, mit denen insbesondere die Achtung des Grundsatzes der Datenminimierung gewährleistet wird. ³Zu diesen Maßnahmen kann die Pseudonymisierung gehören, sofern es möglich ist, diese Zwecke auf diese Weise zu erfüllen. ⁴In allen Fällen, in denen diese Zwecke durch die Weiterverarbeitung, bei der die Identifizierung von betroffenen Personen nicht oder nicht mehr möglich ist, erfüllt werden können, werden diese Zwecke auf diese Weise erfüllt.

(2) Werden personenbezogene Daten zu wissenschaftlichen oder historischen Forschungszwecken oder zu statistischen Zwecken verarbeitet, können vorbehaltlich der Bedingungen und Garantien gemäß Absatz 1 des vorliegenden Artikels im Unionsrecht oder im Recht der Mitgliedstaaten insoweit Ausnahmen von den Rechten gemäß der Artikel 15, 16, 18 und 21 vorgesehen werden, als diese Rechte voraussichtlich die Verwirklichung der spezifischen Zwecke unmöglich machen oder ernsthaft beeinträchtigen und solche Ausnahmen für die Erfüllung dieser Zwecke notwendig sind.

(3) Werden personenbezogene Daten für im öffentlichen Interesse liegende Archivzwecke verarbeitet, können vorbehaltlich der Bedingungen und Garantien gemäß Absatz 1 des vorliegenden Artikels im Unionsrecht oder im Recht der Mitgliedstaaten insoweit Ausnahmen von den Rechten gemäß der Artikel 15, 16, 18, 19, 20 und 21 vorgesehen werden, als diese Rechte voraussichtlich die Verwirklichung der spezifischen Zwecke unmöglich machen oder

ernsthaft beeinträchtigen und solche Ausnahmen für die Erfüllung dieser Zwecke notwendig sind.

(4) Dient die in den Absätzen 2 und 3 genannte Verarbeitung gleichzeitig einem anderen Zweck, gelten die Ausnahmen nur für die Verarbeitung zu den in diesen Absätzen genannten Zwecken.

Art. 90 Geheimhaltungspflichten. (1) [1]Die Mitgliedstaaten können die Befugnisse der Aufsichtsbehörden im Sinne des Artikels 58 Absatz 1 Buchstaben e und f gegenüber den Verantwortlichen oder den Auftragsverarbeitern, die nach Unionsrecht oder dem Recht der Mitgliedstaaten oder nach einer von den zuständigen nationalen Stellen erlassenen Verpflichtung dem Berufsgeheimnis oder einer gleichwertigen Geheimhaltungspflicht unterliegen, regeln, soweit dies notwendig und verhältnismäßig ist, um das Recht auf Schutz der personenbezogenen Daten mit der Pflicht zur Geheimhaltung in Einklang zu bringen. [2]Diese Vorschriften gelten nur in Bezug auf personenbezogene Daten, die der Verantwortliche oder der Auftragsverarbeiter bei einer Tätigkeit erlangt oder erhoben hat, die einer solchen Geheimhaltungspflicht unterliegt.

(2) Jeder Mitgliedstaat teilt der Kommission bis zum 25. Mai 2018 die Vorschriften mit, die er aufgrund von Absatz 1 erlässt, und setzt sie unverzüglich von allen weiteren Änderungen dieser Vorschriften in Kenntnis.

Art. 91 Bestehende Datenschutzvorschriften von Kirchen und religiösen Vereinigungen oder Gemeinschaften. (1) Wendet eine Kirche oder eine religiöse Vereinigung oder Gemeinschaft in einem Mitgliedstaat zum Zeitpunkt des Inkrafttretens dieser Verordnung umfassende Regeln zum Schutz natürlicher Personen bei der Verarbeitung an, so dürfen diese Regeln weiter angewandt werden, sofern sie mit dieser Verordnung in Einklang gebracht werden.

(2) Kirchen und religiöse Vereinigungen oder Gemeinschaften, die gemäß Absatz 1 umfassende Datenschutzregeln anwenden, unterliegen der Aufsicht durch eine unabhängige Aufsichtsbehörde, die spezifischer Art sein kann, sofern sie die in Kapitel VI niedergelegten Bedingungen erfüllt.

Kapitel X. Delegierte Rechtsakte und Durchführungsrechtsakte

Art. 92 Ausübung der Befugnisübertragung. (1) Die Befugnis zum Erlass delegierter Rechtsakte wird der Kommission unter den in diesem Artikel festgelegten Bedingungen übertragen.

(2) Die Befugnis zum Erlass delegierter Rechtsakte gemäß Artikel 12 Absatz 8 und Artikel 43 Absatz 8 wird der Kommission auf unbestimmte Zeit ab dem 24. Mai 2016 übertragen.

(3) [1]Die Befugnisübertragung gemäß Artikel 12 Absatz 8 und Artikel 43 Absatz 8 kann vom Europäischen Parlament oder vom Rat jederzeit widerrufen werden. [2]Der Beschluss über den Widerruf beendet die Übertragung der in diesem Beschluss angegebenen Befugnis. [3]Er wird am Tag nach seiner Veröffentlichung im Amtsblatt der Europäischen Union oder zu einem im Beschluss über den Widerruf angegebenen späteren Zeitpunkt wirksam. [4]Die Gültigkeit von delegierten Rechtsakten, die bereits in Kraft sind, wird von dem Beschluss über den Widerruf nicht berührt.

(4) Sobald die Kommission einen delegierten Rechtsakt erlässt, übermittelt sie ihn gleichzeitig dem Europäischen Parlament und dem Rat.

(5) [1] Ein delegierter Rechtsakt, der gemäß Artikel 12 Absatz 8 und Artikel 43 Absatz 8 erlassen wurde, tritt nur in Kraft, wenn weder das Europäische Parlament noch der Rat innerhalb einer Frist von drei Monaten nach Übermittlung dieses Rechtsakts an das Europäische Parlament und den Rat Einwände erhoben haben oder wenn vor Ablauf dieser Frist das Europäische Parlament und der Rat beide der Kommission mitgeteilt haben, dass sie keine Einwände erheben werden. [2] Auf Veranlassung des Europäischen Parlaments oder des Rates wird diese Frist um drei Monate verlängert.

Art. 93 Ausschussverfahren. (1) [1] Die Kommission wird von einem Ausschuss unterstützt. [2] Dieser Ausschuss ist ein Ausschuss im Sinne der Verordnung (EU) Nr. 182/2011.

(2) Wird auf diesen Absatz Bezug genommen, so gilt Artikel 5 der Verordnung (EU) Nr. 182/2011.

(3) Wird auf diesen Absatz Bezug genommen, so gilt Artikel 8 der Verordnung (EU) Nr. 182/2011 in Verbindung mit deren Artikel 5.

Kapitel XI. Schlussbestimmungen

Art. 94 Aufhebung der Richtlinie 95/46/EG. (1) Die Richtlinie 95/46/EG wird mit Wirkung vom 25. Mai 2018 aufgehoben.

(2) [1] Verweise auf die aufgehobene Richtlinie gelten als Verweise auf die vorliegende Verordnung. [2] Verweise auf die durch Artikel 29 der Richtlinie 95/46/EG eingesetzte Gruppe für den Schutz von Personen bei der Verarbeitung personenbezogener Daten gelten als Verweise auf den kraft dieser Verordnung errichteten Europäischen Datenschutzausschuss.

Art. 95 Verhältnis zur Richtlinie 2002/58/EG. Diese Verordnung erlegt natürlichen oder juristischen Personen in Bezug auf die Verarbeitung in Verbindung mit der Bereitstellung öffentlich zugänglicher elektronischer Kommunikationsdienste in öffentlichen Kommunikationsnetzen in der Union keine zusätzlichen Pflichten auf, soweit sie besonderen in der Richtlinie 2002/58/EG[1)] festgelegten Pflichten unterliegen, die dasselbe Ziel verfolgen.

Art. 96 Verhältnis zu bereits geschlossenen Übereinkünften. Internationale Übereinkünfte, die die Übermittlung personenbezogener Daten an Drittländer oder internationale Organisationen mit sich bringen, die von den Mitgliedstaaten vor dem 24. Mai 2016 abgeschlossen wurden und die im Einklang mit dem vor diesem Tag geltenden Unionsrecht stehen, bleiben in Kraft, bis sie geändert, ersetzt oder gekündigt werden.

Art. 97 Berichte der Kommission. (1) [1] Bis zum 25. Mai 2020 und danach alle vier Jahre legt die Kommission dem Europäischen Parlament und dem Rat einen Bericht über die Bewertung und Überprüfung dieser Verordnung vor. [2] Die Berichte werden öffentlich gemacht.

[1)] Nr. 3.

(2) Im Rahmen der Bewertungen und Überprüfungen nach Absatz 1 prüft die Kommission insbesondere die Anwendung und die Wirkungsweise

a) des Kapitels V über die Übermittlung personenbezogener Daten an Drittländer oder an internationale Organisationen insbesondere im Hinblick auf die gemäß Artikel 45 Absatz 3 der vorliegenden Verordnung erlassenen Beschlüsse sowie die gemäß Artikel 25 Absatz 6 der Richtlinie 95/46/EG erlassenen Feststellungen,

b) des Kapitels VII über Zusammenarbeit und Kohärenz.

(3) Für den in Absatz 1 genannten Zweck kann die Kommission Informationen von den Mitgliedstaaten und den Aufsichtsbehörden anfordern.

(4) Bei den in den Absätzen 1 und 2 genannten Bewertungen und Überprüfungen berücksichtigt die Kommission die Standpunkte und Feststellungen des Europäischen Parlaments, des Rates und anderer einschlägiger Stellen oder Quellen.

(5) Die Kommission legt erforderlichenfalls geeignete Vorschläge zur Änderung dieser Verordnung vor und berücksichtigt dabei insbesondere die Entwicklungen in der Informationstechnologie und die Fortschritte in der Informationsgesellschaft.

Art. 98 Überprüfung anderer Rechtsakte der Union zum Datenschutz. ^{1}Die Kommission legt gegebenenfalls Gesetzgebungsvorschläge zur Änderung anderer Rechtsakte der Union zum Schutz personenbezogener Daten vor, damit ein einheitlicher und kohärenter Schutz natürlicher Personen bei der Verarbeitung sichergestellt wird. ^{2}Dies betrifft insbesondere die Vorschriften zum Schutz natürlicher Personen bei der Verarbeitung solcher Daten durch die Organe, Einrichtungen, Ämter und Agenturen der Union und zum freien Verkehr solcher Daten.

Art. 99 Inkrafttreten und Anwendung. (1) Diese Verordnung tritt am zwanzigsten Tag nach ihrer Veröffentlichung[1]) im Amtsblatt der Europäischen Union in Kraft.

(2) Sie gilt ab dem 25. Mai 2018.

Diese Verordnung ist in allen ihren Teilen verbindlich und gilt unmittelbar in jedem Mitgliedstaat.

---

[1]) Veröffentlicht am 4.5.2016.

2. Richtlinie (EU) 2016/680 des Europäischen Parlaments und des Rates vom 27. April 2016 zum Schutz natürlicher Personen bei der Verarbeitung personenbezogener Daten durch die zuständigen Behörden zum Zwecke der Verhütung, Ermittlung, Aufdeckung oder Verfolgung von Straftaten oder der Strafvollstreckung sowie zum freien Datenverkehr und zur Aufhebung des Rahmenbeschlusses 2008/977/JI des Rates

(ABl. L 119 S. 89, ber. 2018 ABl. L 127 S. 9 und 2021 ABl. L 74 S. 36)

Celex-Nr. 3 2016 L 0680

Nichtamtliche Inhaltsübersicht

Kapitel I. Allgemeine Bestimmungen

Art. 1	Gegenstand und Ziele
Art. 2	Anwendungsbereich
Art. 3	Begriffsbestimmungen

Kapitel II. Grundsätze

Art. 4	Grundsätze in Bezug auf die Verarbeitung personenbezogener Daten
Art. 5	Fristen für die Speicherung und Überprüfung
Art. 6	Unterscheidung verschiedener Kategorien betroffener Personen
Art. 7	Unterscheidung zwischen personenbezogenen Daten und Überprüfung der Qualität der personenbezogenen Daten
Art. 8	Rechtmäßigkeit der Verarbeitung
Art. 9	Besondere Verarbeitungsbedingungen
Art. 10	Verarbeitung besonderer Kategorien personenbezogener Daten
Art. 11	Automatisierte Entscheidungsfindung im Einzelfall

Kapitel III. Rechte der betroffenen Person

Art. 12	Mitteilungen und Modalitäten für die Ausübung der Rechte der betroffenen Person
Art. 13	Der betroffenen Person zur Verfügung zu stellende oder zu erteilende Informationen
Art. 14	Auskunftsrecht der betroffenen Person
Art. 15	Einschränkung des Auskunftsrechts
Art. 16	Recht auf Berichtigung oder Löschung personenbezogener Daten und Einschränkung der Verarbeitung
Art. 17	Ausübung von Rechten durch die betroffene Person und Prüfung durch die Aufsichtsbehörde
Art. 18	Rechte der betroffenen Person in strafrechtlichen Ermittlungen und in Strafverfahren

Kapitel IV. Verantwortlicher und Auftragsverarbeiter

Abschnitt 1. Allgemeine Pflichten

Art. 19	Pflichten des Verantwortlichen
Art. 20	Datenschutz durch Technikgestaltung und datenschutzfreundliche Voreinstellungen
Art. 21	Gemeinsam Verantwortliche
Art. 22	Auftragsverarbeiter
Art. 23	Verarbeitung unter der Aufsicht des Verantwortlichen oder des Auftragsverarbeiters
Art. 24	Verzeichnis von Verarbeitungstätigkeiten
Art. 25	Protokollierung
Art. 26	Zusammenarbeit mit der Aufsichtsbehörde
Art. 27	Datenschutz-Folgenabschätzung
Art. 28	Vorherige Konsultation der Aufsichtsbehörde

Abschnitt 2. Sicherheit personenbezogener Daten

Art. 29	Sicherheit der Verarbeitung
Art. 30	Meldung von Verletzungen des Schutzes personenbezogener Daten an die Aufsichtsbehörde

Art. 31 Benachrichtigung der von einer Verletzung des Schutzes personenbezogener Daten betroffenen Person

Abschnitt 3. Datenschutzbeauftragter

Art. 32 Benennung eines Datenschutzbeauftragten
Art. 33 Stellung des Datenschutzbeauftragten
Art. 34 Aufgaben des Datenschutzbeauftragten

Kapitel V. Übermittlung personenbezogener Daten an Drittländer oder internationale Organisationen

Art. 35 Allgemeine Grundsätze für die Übermittlung personenbezogener Daten
Art. 36 Datenübermittlung auf der Grundlage eines Angemessenheitsbeschlusses
Art. 37 Datenübermittlung vorbehaltlich geeigneter Garantien
Art. 38 Ausnahmen für bestimmte Fälle
Art. 39 Übermittlung personenbezogener Daten an in Drittländern niedergelassene Empfänger
Art. 40 Internationale Zusammenarbeit zum Schutz personenbezogener Daten

Kapitel VI. Unabhänge Aufsichtsbehörden

Abschnitt 1. Unabhängigkeit

Art. 41 Aufsichtsbehörde
Art. 42 Unabhängigkeit
Art. 43 Allgemeine Bedingungen für die Mitglieder der Aufsichtsbehörde
Art. 44 Errichtung der Aufsichtsbehörde

Abschnitt 2. Zuständigkeit, Aufgaben und Befugnisse

Art. 45 Zuständigkeit
Art. 46 Aufgaben
Art. 47 Befugnisse
Art. 48 Meldung von Verstößen
Art. 49 Tätigkeitsbericht

Kapitel VII. Zusammenarbeit

Art. 50 Gegenseitige Amtshilfe
Art. 51 Aufgaben des Ausschusses

Kapitel VIII. Rechtsbehelfe, Haftung und Sanktionen

Art. 52 Recht auf Beschwerde bei einer Aufsichtsbehörde
Art. 53 Recht auf wirksamen gerichtlichen Rechtsbehelf gegen eine Aufsichtsbehörde
Art. 54 Recht auf wirksamen gerichtlichen Rechtsbehelf gegen Verantwortliche oder Auftragsverarbeiter
Art. 55 Vertretung von betroffenen Personen
Art. 56 Recht auf Schadenersatz
Art. 57 Sanktionen

Kapitel IX. Durchführungsrechtsakte

Art. 58 Ausschussverfahren

Kapitel X. Schlussbestimmungen

Art. 59 Aufhebung des Rahmenbeschlusses 2008/977/JI
Art. 60 Bestehende Unionsrechtsakte
Art. 61 Verhältnis zu bereits geschlossenen internationalen Übereinkünften im Bereich der justiziellen Zusammenarbeit in Strafsachen und der polizeilichen Zusammenarbeit
Art. 62 Berichte der Kommission
Art. 63 Umsetzung
Art. 64 Inkrafttreten
Art. 65 Adressaten

DAS EUROPÄISCHE PARLAMENT UND DER RAT DER EUROPÄISCHEN UNION –

gestützt auf den Vertrag über die Arbeitsweise der Europäischen Union, insbesondere auf Artikel 16 Absatz 2,

auf Vorschlag der Europäischen Kommission,

nach Zuleitung des Entwurfs des Gesetzgebungsakts an die nationalen Parlamente,
nach Stellungnahme des Ausschusses der Regionen[1],
gemäß dem ordentlichen Gesetzgebungsverfahren,[2]
in Erwägung nachstehender Gründe:

(1) Der Schutz natürlicher Personen bei der Verarbeitung personenbezogener Daten ist ein Grundrecht. Gemäß Artikel 8 Absatz 1 der Charta der Grundrechte der Europäischen Union[3] (im Folgenden „Charta") sowie Artikel 16 Absatz 1 des Vertrags über die Arbeitsweise der Europäischen Union (AEUV) hat jede Person das Recht auf Schutz der sie betreffenden personenbezogenen Daten.

(2) Die Grundsätze und Vorschriften zum Schutz natürlicher Personen bei der Verarbeitung ihrer personenbezogenen Daten sollten gewährleisten, dass ihre Grundrechte und Grundfreiheiten und insbesondere ihr Recht auf Schutz personenbezogener Daten ungeachtet ihrer Staatsangehörigkeit oder ihres Aufenthaltsorts gewahrt bleiben. Diese Richtlinie soll zur Vollendung eines Raums der Freiheit, der Sicherheit und des Rechts beitragen.

(3) Rasche technologische Entwicklungen und die Globalisierung haben den Datenschutz vor neue Herausforderungen gestellt. Das Ausmaß der Erhebung und des Austauschs personenbezogener Daten hat eindrucksvoll zugenommen. Die Technik macht es möglich, dass für die Ausübung von Tätigkeiten wie die Verhütung, Ermittlung, Aufdeckung oder Verfolgung von Straftaten oder die Strafvollstreckung in einem noch nie dagewesenen Umfang personenbezogene Daten verarbeitet werden können.

(4) Der freie Verkehr personenbezogener Daten zwischen den zuständigen Behörden zum Zwecke der Verhütung, Ermittlung, Aufdeckung oder Verfolgung von Straftaten oder der Strafvollstreckung, einschließlich des Schutzes vor und der Abwehr von Gefahren für die öffentliche Sicherheit innerhalb der Union und die Übermittlung solcher personenbezogener Daten an Drittländer und internationale Organisationen, sollte erleichtert und dabei gleichzeitig ein hohes Schutzniveau für personenbezogene Daten gewährleistet werden. Angesichts dieser Entwicklungen bedarf es des Aufbaus eines soliden und kohärenteren Rechtsrahmens für den Schutz personenbezogener Daten in der Union, die konsequent durchgesetzt werden.

(5) Die Richtlinie 95/46/EG des Europäischen Parlaments und des Rates[4] gilt für jegliche Verarbeitung personenbezogener Daten in den Mitgliedstaaten sowohl im öffentlichen als auch im privaten Bereich. Ausgenommen ist jedoch die Verarbeitung personenbezogener Daten, die für die Ausübung von Tätigkeiten erfolgt, die nicht in den Anwendungsbereich

---

[1] **Amtl. Anm.:** ABl. C 391, 18.12.2012, S. 127.
[2] **Amtl. Anm.:** Standpunkt des Europäischen Parlamentes vom 12. März 2014 (noch nicht im Amtsblatt veröffentlicht) und Standpunkt des Rates in erster Lesung vom 8. April 2016 (noch nicht im Amtsblatt veröffentlicht). Standpunkt des Europäischen Parlamentes vom 14. April 2016.
[3] Nr. 4.
[4] **Amtl. Anm.:** Richtlinie 95/46/EG des Europäischen Parlaments und des Rates vom 24. Oktober 1995 zum Schutz natürlicher Personen bei der Verarbeitung personenbezogener Daten und zum freien Datenverkehr (ABl. L 281 vom 23.11.1995, S. 31).

des Gemeinschaftsrechts fallen, beispielsweise im Bereich der justiziellen Zusammenarbeit in Strafsachen und der polizeilichen Zusammenarbeit.

(6) Für den Bereich der justiziellen Zusammenarbeit in Strafsachen und der polizeilichen Zusammenarbeit gilt der Rahmenbeschluss 2008/977/JI des Rates[1]. Der Anwendungsbereich dieses Rahmenbeschlusses beschränkt sich auf die Verarbeitung personenbezogener Daten, die zwischen Mitgliedstaaten weitergegeben oder bereitgestellt werden.

(7) Für den Zweck der wirksamen justiziellen Zusammenarbeit in Strafsachen und der polizeilichen Zusammenarbeit ist es entscheidend, ein einheitliches und hohes Schutzniveau für die personenbezogenen Daten natürlicher Personen zu gewährleisten und den Austausch personenbezogener Daten zwischen den zuständigen Behörden der Mitgliedstaaten zu erleichtern. Im Hinblick darauf sollte dafür gesorgt werden, dass die Rechte und Freiheiten natürlicher Personen bei der Verarbeitung personenbezogener Daten durch zuständige Behörden zum Zwecke der Verhütung, Ermittlung, Aufdeckung oder Verfolgung von Straftaten oder der Strafvollstreckung, einschließlich des Schutzes vor und der Abwehr von Gefahren für die öffentliche Sicherheit, in allen Mitgliedstaaten gleichwertig geschützt werden. Ein unionsweiter wirksamer Schutz personenbezogener Daten erfordert die Stärkung der Rechte der betroffenen Personen und eine Verschärfung der Verpflichtungen für diejenigen, die personenbezogene Daten verarbeiten, und auch gleichwertige Befugnisse der Mitgliedstaaten bei der Überwachung und Gewährleistung der Einhaltung der Vorschriften zum Schutz personenbezogener Daten.

(8) Artikel 16 Absatz 2 AEUV ermächtigt das Europäische Parlament und den Rat, Vorschriften über den Schutz natürlicher Personen bei der Verarbeitung personenbezogener Daten und zum freien Verkehr personenbezogener Daten zu erlassen.

(9) Auf dieser Grundlage sind in der Verordnung (EU) 2016/679[2] des Europäischen Parlaments und des Rates[3] allgemeine Bestimmungen für den Schutz natürlicher Personen bei der Verarbeitung personenbezogener Daten und zum freien Verkehr personenbezogener Daten in der Union niedergelegt.

(10) In der Erklärung Nr. 21 zum Schutz personenbezogener Daten im Bereich der justiziellen Zusammenarbeit in Strafsachen und der polizeilichen Zusammenarbeit im Anhang zur Schlussakte der Regierungskonferenz, die den Vertrag von Lissabon annahm, erkannte die Regierungskonferenz an, dass es sich aufgrund der Besonderheiten dieser Bereiche als erforderlich erweisen könnte, auf Artikel 16 AEUV gestützte spezifische Vorschriften über den Schutz personenbezogener Daten und den freien Verkehr personenbezogener Daten im Bereich der justiziellen Zu-

---

[1] **Amtl. Anm.:** Rahmenbeschluss 2008/977/JI des Rates vom 27. November 2008 über den Schutz personenbezogener Daten, die im Rahmen der polizeilichen und justiziellen Zusammenarbeit in Strafsachen verarbeitet werden (ABl. L 350 vom 30.12.2008, S. 60).
[2] Nr. 1.
[3] **Amtl. Anm.:** Verordnung (EU) 2016/679 des Europäischen Parlaments und des Rates vom 27. April 2016 zum Schutz natürlicher Personen bei der Verarbeitung personenbezogener Daten und zum freien Datenverkehr und zur Ersetzung von Richtlinie 95/46/EC (Datenschutz-Grundverordnung) (Siehe Seite 1 dieses Amtsblatts).

sammenarbeit in Strafsachen und der polizeilichen Zusammenarbeit zu erlassen.

(11) Daher sollte diesen Bereichen durch eine Richtlinie Rechnung getragen werden, die spezifische Vorschriften zum Schutz natürlicher Personen bei der Verarbeitung personenbezogener Daten durch die zuständigen Behörden zum Zwecke der Verhütung, Ermittlung, Aufdeckung oder Verfolgung von Straftaten oder der Strafvollstreckung, einschließlich des Schutzes vor und der Abwehr von Gefahren für die öffentliche Sicherheit, enthält, wobei den Besonderheiten dieser Tätigkeiten Rechnung getragen wird. Diese zuständigen Behörden können nicht nur staatliche Stellen wie die Justizbehörden, die Polizei oder andere Strafverfolgungsbehörden einschließen, sondern auch alle anderen Stellen oder Einrichtungen, denen durch das Recht der Mitgliedstaaten die Ausübung öffentlicher Gewalt und hoheitlicher Befugnisse für die Zwecke dieser Richtlinie übertragen wurde. Wenn solche Stellen oder Einrichtungen jedoch personenbezogene Daten zu anderen Zwecken als denen dieser Richtlinie verarbeiten, gilt die Verordnung (EU) 2016/679[1]. Daher gilt die Verordnung (EU) 2016/679[1] in Fällen, in denen eine Stelle oder Einrichtung personenbezogene Daten zu anderen Zwecken erhebt und diese personenbezogenen Daten zur Erfüllung einer rechtlichen Verpflichtung, der sie unterliegt, weiterverarbeitet. Zum Beispiel speichern Finanzinstitute zum Zwecke der Ermittlung, Aufdeckung oder Verfolgung von Straftaten bestimmte personenbezogene Daten, die sie verarbeiten, und stellen sie nur den zuständigen nationalen Behörden in bestimmten Fällen und in Einklang mit dem Recht der Mitgliedstaaten zur Verfügung. Eine Stelle oder Einrichtung, die personenbezogene Daten im Rahmen des Anwendungsbereichs dieser Richtlinie für solche Behörden verarbeitet, sollte auf Grundlage eines Vertrags oder eines anderen Rechtsinstruments und durch die für Auftragsverarbeiter nach dieser Richtlinie geltenden Bestimmungen gebunden sein, wobei die Anwendung der Verordnung (EU) 2016/679[1] in Bezug auf die Verarbeitung personenbezogener Daten, die der Auftragsverarbeiter außerhalb des Anwendungsbereichs dieser Richtlinie durchführt, unberührt bleibt.

(12) Die Tätigkeiten der Polizei oder anderer Strafverfolgungsbehörden sind hauptsächlich auf die Verhütung, Ermittlung, Aufdeckung oder Verfolgung von Straftaten ausgerichtet, dazu zählen auch polizeiliche Tätigkeiten in Fällen, in denen nicht von vornherein bekannt ist, ob es sich um Straftaten handelt oder nicht. Solche Tätigkeiten können ferner die Ausübung hoheitlicher Gewalt durch Ergreifung von Zwangsmitteln umfassen, wie polizeiliche Tätigkeiten bei Demonstrationen, großen Sportveranstaltungen und Ausschreitungen. Sie umfassen auch die Aufrechterhaltung der öffentlichen Ordnung als Aufgabe, die der Polizei oder anderen Strafverfolgungsbehörden übertragen wurde, soweit dies zum Zweck des Schutzes vor und der Abwehr von Bedrohungen der öffentlichen Sicherheit und Bedrohungen für durch Rechtsvorschriften geschützte grundlegende Interessen der Gesellschaft, die zu einer Straftat führen können, erforderlich ist. Die Mitgliedstaaten können die zuständigen Behörden mit anderen Aufgaben betrauen, die nicht zwangsläufig für die Zwecke

---

[1] Nr. 1.

der Verhütung, Ermittlung, Aufdeckung oder Verfolgung von Straftaten, einschließlich des Schutzes vor und der Abwehr von Gefahren für die öffentliche Sicherheit, ausgeführt werden, so dass die Verarbeitung von personenbezogenen Daten für diese anderen Zwecke insoweit in den Anwendungsbereich der Verordnung (EU) 2016/679[1]) fällt, als sie in den Anwendungsbereich des Unionsrechts fällt.

(13) Eine Straftat im Sinne dieser Richtlinie sollte ein eigenständiger Begriff des Unionsrechts in der Auslegung durch den Gerichtshof der Europäischen Union (im Folgenden „Gerichtshof") sein.

(14) Da diese Richtlinie nicht für die Verarbeitung personenbezogener Daten gelten sollte, die im Rahmen einer nicht unter das Unionsrecht fallenden Tätigkeit erfolgt, sollten die nationale Sicherheit betreffende Tätigkeiten, Tätigkeiten von Agenturen oder Stellen, die mit Fragen der nationalen Sicherheit befasst sind, und die Verarbeitung personenbezogener Daten, die von den Mitgliedstaaten bei Tätigkeiten vorgenommen wird, die in den Anwendungsbereich des Titels V Kapitel 2 des Vertrags über die Europäische Union (EUV) fallen, nicht als Tätigkeiten betrachtet werden, die in den Anwendungsbereich dieser Richtlinie fallen.

(15) Um zu gewährleisten, dass natürliche Personen in der Union auf der Grundlage unionsweit durchsetzbarer Rechte das gleiche Maß an Schutz genießen und Unterschiede, die den Austausch personenbezogener Daten zwischen den zuständigen Behörden behindern könnten, beseitigt werden, sollte diese Richtlinie harmonisierte Vorschriften für den Schutz und den freien Verkehr personenbezogener Daten festlegen, die zum Zwecke der Verhütung, Ermittlung, Aufdeckung oder Verfolgung von Straftaten oder der Strafvollstreckung, einschließlich des Schutzes vor und der Abwehr von Gefahren für die öffentliche Sicherheit, verarbeitet werden. Die Angleichung der Rechtsvorschriften der Mitgliedstaaten sollte nicht zu einer Lockerung des Schutzes personenbezogener Daten in diesen Ländern führen, sondern vielmehr auf ein hohes Schutzniveau in der gesamten Union abstellen. Die Mitgliedstaaten sollten nicht daran gehindert werden, zum Schutz der Rechte und Freiheiten der betroffenen Person bei der Verarbeitung personenbezogener Daten durch die zuständigen Behörden Garantien festzulegen, die strenger sind als die Garantien dieser Richtlinie.

(16) Diese Richtlinie berührt nicht den Grundsatz des Zugangs der Öffentlichkeit zu amtlichen Dokumenten. Gemäß der Verordnung (EU) 2016/679[1]) können personenbezogene Daten in amtlichen Dokumenten, die sich im Besitz einer öffentlichen Behörde oder einer öffentlichen oder privaten Einrichtung zur Erfüllung einer im öffentlichen Interesse liegenden Aufgabe befinden, von der Behörde oder der Einrichtung gemäß dem Unionsrecht oder dem Recht des Mitgliedstaats, dem die öffentliche Behörde oder Einrichtung unterliegt, offengelegt werden, um den Zugang der Öffentlichkeit zu amtlichen Dokumenten mit dem Recht auf Schutz personenbezogener Daten in Einklang zu bringen.

(17) Der durch diese Richtlinie gewährte Schutz sollte für die Verarbeitung der personenbezogenen Daten natürlicher Personen ungeachtet ihrer Staatsangehörigkeit oder ihres Aufenthaltsorts gelten.

---

[1]) Nr. 1.

(18) Um ein ernsthaftes Risiko einer Umgehung der Vorschriften zu vermeiden, sollte der Schutz natürlicher Personen technologieneutral sein und nicht von den verwendeten Techniken abhängen. Er sollte für die automatisierte Verarbeitung personenbezogener Daten ebenso gelten wie für die manuelle Verarbeitung, wenn die personenbezogenen Daten in einem Dateisystem gespeichert sind oder gespeichert werden sollen. Akten oder Aktensammlungen sowie ihre Deckblätter, die nicht nach bestimmten Kriterien geordnet sind, sollten nicht in den Anwendungsbereich der Richtlinie fallen.

(19) Die Verordnung (EG) Nr. 45/2001 des Europäischen Parlaments und des Rates[1] gilt für die Verarbeitung personenbezogener Daten durch die Organe, Einrichtungen, Ämter und Agenturen der Union. Die Verordnung (EG) Nr. 45/2001 und sonstige Rechtsakte der Union, die diese Verarbeitung personenbezogener Daten regeln, sollten an die Grundsätze und Vorschriften gemäß der Verordnung (EU) 2016/679[2] angepasst werden.

(20) Diese Richtlinie hindert die Mitgliedstaaten nicht daran, in den nationalen Vorschriften für Strafverfahren Verarbeitungsvorgänge und Verarbeitungsverfahren bei der Verarbeitung personenbezogener Daten durch Gerichte und andere Justizbehörden festzulegen, insbesondere in Bezug auf personenbezogene Daten in einer gerichtlichen Entscheidung oder in Dokumenten betreffend Strafverfahren.

(21) Die Grundsätze des Datenschutzes sollten für alle Informationen gelten, die sich auf eine identifizierte oder identifizierbare natürliche Person beziehen. Um festzustellen, ob eine natürliche Person identifizierbar ist, sollten alle Mittel berücksichtigt werden, die von dem Verantwortlichen oder einer anderen Person nach allgemeinem Ermessen wahrscheinlich genutzt werden, um die natürliche Person direkt oder indirekt zu identifizieren, wie beispielsweise das Aussondern. Bei der Feststellung, ob Mittel nach allgemeinem Ermessen wahrscheinlich zur Identifizierung der natürlichen Person genutzt werden, sollten alle objektiven Faktoren, wie die Kosten der Identifizierung und der dafür erforderliche Zeitaufwand, herangezogen werden, wobei die zum Zeitpunkt der Verarbeitung verfügbare Technologie und technologischen Entwicklungen zu berücksichtigen sind. Die Grundsätze des Datenschutzes sollten daher nicht für anonyme Informationen gelten, d.h. für Informationen, die sich nicht auf eine identifizierte oder identifizierbare natürliche Person beziehen, oder personenbezogene Daten, die in einer Weise anonymisiert worden sind, dass die betroffene Person nicht mehr identifiziert werden kann.

(22) Behörden, gegenüber denen personenbezogene Daten aufgrund einer rechtlichen Verpflichtung für die Ausübung ihres offiziellen Auftrags offengelegt werden, wie Steuer- und Zollbehörden, Finanzermittlungsstellen, unabhängige Verwaltungsbehörden oder Finanzmarktbehörden, die für die Regulierung und Aufsicht von Wertpapiermärkten zuständig

---

[1] **Amtl. Anm.:** Verordnung (EG) Nr. 45/2001 des Europäischen Parlaments und des Rates vom 18. Dezember 2000 zum Schutz natürlicher Personen bei der Verarbeitung personenbezogener Daten durch die Organe und Einrichtungen der Gemeinschaft und zum freien Datenverkehr (ABl. L 8 vom 12.1.2001, S. 1).
[2] Nr. 1.

sind, sollten nicht als Empfänger gelten, wenn sie personenbezogene Daten erhalten, die für die Durchführung – gemäß dem Unionsrecht oder dem Recht der Mitgliedstaaten – eines einzelnen Untersuchungsauftrags im Interesse der Allgemeinheit erforderlich sind. Anträge auf Offenlegung, die von Behörden ausgehen, sollten immer schriftlich erfolgen, mit Gründen versehen sein und gelegentlichen Charakter haben, und sie sollten nicht vollständige Dateisysteme betreffen oder zur Verknüpfung von Dateisystemen führen. Die Verarbeitung personenbezogener Daten durch die genannten Behörden sollte für die Zwecke der Verarbeitung geltenden Datenschutzvorschriften entsprechen.

(23) Genetische Daten sollten als personenbezogene Daten über die ererbten oder erworbenen genetischen Eigenschaften einer natürlichen Person definiert werden, die eindeutige Informationen über die Physiologie oder die Gesundheit dieser natürlichen Person liefern und die aus der Analyse einer biologischen Probe der betreffenden natürlichen Person, insbesondere durch eine Chromosomen-, Desoxyribonukleinsäure (DNS)- oder Ribonukleinsäure (RNS)-Analyse oder der Analyse eines anderen Elements, durch die gleichwertige Informationen erlangt werden können, gewonnen werden. Angesichts der Komplexität und Sensibilität genetischer Informationen besteht ein hohes Missbrauchs- und Wiederverwendungsrisiko für unterschiedliche Zwecke durch den Verantwortlichen. Jede Diskriminierung aufgrund genetischer Merkmale sollte grundsätzlich verboten sein.

(24) Zu den personenbezogenen Gesundheitsdaten sollten alle Daten zählen, die sich auf den Gesundheitszustand einer betroffenen Person beziehen und aus denen Informationen über den früheren, gegenwärtigen und künftigen körperlichen oder geistigen Gesundheitszustand der betroffenen Person hervorgehen. Dazu gehören auch Informationen über die natürliche Person, die im Zuge der Vormerkung zur Erbringung und der Erbringung von Gesundheitsdienstleistungen im Sinne der Richtlinie 2011/24/EU des Europäischen Parlaments und des Rates[1] erhoben werden, Nummern, Symbole oder Kennzeichen, die einer natürlichen Person zugeteilt wurden, um diese für gesundheitliche Zwecke eindeutig zu identifizieren, Informationen, die von der Prüfung oder Untersuchung eines Körperteils oder einer körpereigenen Substanz, einschließlich genetischer Daten und biologischer Proben, abgeleitet wurden, sowie Informationen etwa über Krankheiten, Behinderungen, Krankheitsrisiken, Vorerkrankungen, klinische Behandlungen oder den physiologischen oder biomedizinischen Zustand der betroffenen Person unabhängig von der Herkunft der Daten, ob sie nun von einem Arzt oder sonstigem Angehörigen eines Gesundheitsberufes, einem Krankenhaus, einem Medizinprodukt oder einem In-Vitro-Diagnostikum stammen.

(25) Alle Mitgliedstaaten sind Mitglied der Internationalen Kriminalpolizeilichen Organisation (Interpol). Interpol erhält, speichert und übermittelt für die Erfüllung ihres Auftrags personenbezogene Daten, um die zuständigen Behörden dabei zu unterstützen, internationale Kriminalität zu

---

[1] **Amtl. Anm.:** Richtlinie 2011/24/EU des Europäischen Parlaments und des Rates vom 9. März 2011 über die Ausübung der Patientenrechte in der grenzüberschreitenden Gesundheitsversorgung (ABl. L 88 vom 4.4.2011, S. 45).

verhüten und zu bekämpfen. Daher sollte die Zusammenarbeit zwischen der Union und Interpol gestärkt werden, indem ein effizienter Austausch personenbezogener Daten gefördert und zugleich die Achtung der Grundrechte und Grundfreiheiten hinsichtlich der automatischen Verarbeitung personenbezogener Daten gewährleistet wird. Wenn personenbezogene Daten aus der Union an Interpol und die Staaten, die Mitglieder zu Interpol abgestellt haben, übermittelt werden, sollte diese Richtlinie, insbesondere die Bestimmungen über grenzüberschreitende Datenübermittlungen, zur Anwendung kommen. Diese Richtlinie sollte die spezifischen Vorschriften unberührt lassen, die im Gemeinsamen Standpunkt 2005/69/JI des Rates[1]) und im Beschluss 2007/533/JI des Rates[2]) festgelegt sind.

(26) Jede Verarbeitung personenbezogener Daten muss auf rechtmäßige Weise, nach dem Grundsatz von Treu und Glauben und in einer für die betroffenen natürlichen Personen nachvollziehbaren Weise erfolgen, und die Daten dürfen nur für bestimmte, durch Rechtsvorschriften geregelte Zwecke verarbeitet werden. Dies steht an sich der Durchführung von Maßnahmen wie verdeckten Ermittlungen oder Videoüberwachung durch die Strafverfolgungsbehörden nicht entgegen. Diese Maßnahmen können zwecks Verhütung, Ermittlung, Aufdeckung oder Verfolgung von Straftaten oder zur Strafvollstreckung, einschließlich des Schutzes vor und der Abwehr von Gefahren für die öffentliche Sicherheit, getroffen werden, sofern sie durch Rechtsvorschriften geregelt sind und eine erforderliche und verhältnismäßige Maßnahme in einer demokratischen Gesellschaft darstellen, bei der die berechtigten Interessen der betroffenen natürlichen Person gebührend berücksichtigt werden. Der Datenschutzgrundsatz der Verarbeitung nach Treu und Glauben ist ein anderes Konzept als das Recht auf ein faires Verfahren im Sinne des Artikels 47 der Charta[3]) und des Artikels 6 der Europäischen Konvention zum Schutze der Menschenrechte und Grundfreiheiten (EMRK). Natürliche Personen sollten über die Risiken, Vorschriften, Garantien und Rechte im Zusammenhang mit der Verarbeitung ihrer personenbezogenen Daten informiert und darüber aufgeklärt werden, wie sie ihre diesbezüglichen Rechte geltend machen können. Insbesondere sollten die bestimmten Zwecke, zu denen die personenbezogene Daten verarbeitet werden, eindeutig und rechtmäßig sein und zum Zeitpunkt deren Erhebung feststehen. Die personenbezogenen Daten sollten für die Zwecke, zu denen sie verarbeitet werden, angemessen und erheblich sein. Es sollte insbesondere sichergestellt werden, dass nicht übermäßige personenbezogene Daten erhoben werden und sie nicht länger aufbewahrt werden, als dies für den Zweck, zu dem sie verarbeitet werden, erforderlich ist. Personenbezogene Daten sollten nur verarbeitet werden dürfen, wenn der Zweck der Verarbeitung nicht in zumutbarer Weise durch andere Mittel erreicht werden kann. Um sicherzustellen, dass die Daten nicht länger als nötig gespeichert

---

[1]) **Amtl. Anm.:** Gemeinsamer Standpunkt 2005/69/JI des Rates vom 24. Januar 2005 zum Austausch bestimmter Daten mit Interpol (ABl. L 27 vom 29.1.2005, S. 61).
[2]) **Amtl. Anm.:** Beschluss 2007/533/JI des Rates vom 12. Juni 2007 über die Einrichtung, den Betrieb und die Nutzung des Schengener Informationssystems der zweiten Generation (SIS II) (ABl. L 205 vom 7.8.2007, S. 63).
[3]) Nr. 4.

werden, sollte der Verantwortliche Fristen für ihre Löschung oder regelmäßige Überprüfung vorsehen. Die Mitgliedstaaten sollten geeignete Garantien für den Fall festlegen, dass personenbezogene Daten für die Archivierung im öffentlichen Interesse und die wissenschaftliche, statistische oder historische Verwendung für längere Zeiträume gespeichert werden.

(27) Zur Verhütung, Ermittlung und Verfolgung von Straftaten müssen die zuständigen Behörden personenbezogene Daten, die im Zusammenhang mit der Verhütung, Ermittlung, Aufdeckung oder Verfolgung einer bestimmten Straftat erhoben wurden, auch in einem anderen Kontext verarbeiten können, um sich ein Bild von den kriminellen Handlungen machen und Verbindungen zwischen verschiedenen aufgedeckten Straftaten herstellen zu können.

(28) Um stets eine sichere Verarbeitung zu gewährleisten und Verarbeitungen, die gegen diese Richtlinie verstoßen, zu verhindern, sollten personenbezogene Daten so verarbeitet werden, dass ein Maß an Sicherheit und Vertraulichkeit gegeben ist, wozu auch gehört, dass Unbefugte keinen Zugang zu den Daten haben und weder die Daten noch die Geräte, mit denen diese verarbeitet werden, benutzen können, und dass die Verarbeitung den Stand der verfügbaren Technik, die Kosten für ihre Einführung im Verhältnis zu den von der Verarbeitung ausgehenden Risiken und die Art der zu schützenden personenbezogenen Daten berücksichtigt.

(29) Personenbezogene Daten sollten für festgelegte, eindeutige und rechtmäßige Zwecke innerhalb des Anwendungsbereichs dieser Richtlinie erhoben und nicht zu Zwecken verarbeitet werden, die nicht mit den Zwecken der Verhütung, Ermittlung, Aufdeckung oder Verfolgung von Straftaten oder der Strafvollstreckung, einschließlich des Schutzes vor und der Abwehr von Gefahren für die öffentliche Sicherheit, zu vereinbaren sind. Werden personenbezogene Daten von demselben oder einem anderen Verantwortlichen für einen anderen in den Anwendungsbereich dieser Richtlinie fallenden Zweck als den, für den sie erhoben wurden, verarbeitet, so sollte diese Verarbeitung erlaubt sein, unter der Bedingung, dass diese Verarbeitung nach den geltenden Rechtsvorschriften zulässig ist und dass sie für diesen anderen Zweck erforderlich und verhältnismäßig ist.

(30) Der Grundsatz der sachlichen Richtigkeit der Daten sollte unter Berücksichtigung von Art und Zweck der jeweiligen Verarbeitung angewandt werden. Aussagen, die personenbezogene Daten enthalten, basieren gerade in Gerichtsverfahren auf der subjektiven Wahrnehmung von natürlichen Personen und sind nicht immer nachprüfbar. Infolgedessen sollte sich der Grundsatz der sachlichen Richtigkeit nicht auf die Richtigkeit einer Aussage beziehen, sondern lediglich auf die Tatsache, dass eine bestimmte Aussage gemacht worden ist.

(31) Bei der Verarbeitung personenbezogener Daten im Rahmen der justiziellen Zusammenarbeit in Strafsachen und der polizeilichen Zusammenarbeit geht es naturgemäß um betroffene Personen verschiedener Kategorien. Daher sollte gegebenenfalls und so weit wie möglich klar zwischen den personenbezogenen Daten der einzelnen Kategorien betroffener Personen unterschieden werden wie Verdächtige, verurteilte Straftäter, Opfer und andere Parteien, beispielsweise Zeugen, Personen, die über einschlä-

gige Informationen verfügen, oder Personen, die mit Verdächtigen oder verurteilten Straftätern in Kontakt oder in Verbindung stehen. Dies sollte nicht der Anwendung des Rechts auf die Unschuldsvermutung, wie es in der Charta und in der EMRK gewährleistet ist, in der Auslegung durch die Rechtsprechung des Gerichtshofs bzw. des Europäischen Gerichtshofs für Menschenrechte entgegenstehen.

(32) Die zuständigen Behörden sollten dafür sorgen, dass personenbezogene Daten, die unrichtig, unvollständig oder nicht mehr aktuell sind, nicht übermittelt oder bereitgestellt werden. Um den Schutz natürlicher Personen, die Richtigkeit, die Vollständigkeit oder den Aktualitätsgrad sowie die Zuverlässigkeit der übermittelten oder bereitgestellten personenbezogenen Daten zu gewährleisten, sollten die zuständigen Behörden möglichst bei allen Übermittlungen personenbezogener Daten die erforderlichen Informationen beifügen.

(33) Wenn in dieser Richtlinie auf Recht der Mitgliedstaaten, eine Rechtsgrundlage oder eine Gesetzgebungsmaßnahme Bezug genommen wird, erfordert dies nicht notwendigerweise einen von einem Parlament angenommenen Gesetzgebungsakt, wobei Anforderungen gemäß der Verfassungsordnung des betreffenden Mitgliedstaats unberührt bleiben. Recht der Mitgliedstaaten, Rechtsgrundlagen oder Gesetzgebungsmaßnahmen sollten jedoch klar und präzise sein und ihre Anwendung sollte für diejenigen, die ihnen unterliegen, vorhersehbar sein, wie in der Rechtsprechung des Gerichtshofs und des Europäischen Gerichtshofs für Menschenrechte gefordert. Im Recht der Mitgliedstaaten, das die Verarbeitung personenbezogener Daten innerhalb des Anwendungsbereichs dieser Richtlinie regelt, sollten zumindest die Ziele, die zu verarbeitenden personenbezogenen Daten, die Zwecke der Verarbeitung sowie Verfahren zur Wahrung von Integrität und Vertraulichkeit der personenbezogenen Daten und Verfahren für ihre Vernichtung angegeben werden, um hinreichende Garantien gegen die Gefahr des Missbrauchs und der Willkür zu bieten.

(34) Die Verarbeitung personenbezogener Daten durch die zuständigen Behörden zum Zwecke der Verhütung, Ermittlung, Aufdeckung oder Verfolgung von Straftaten oder zur Strafvollstreckung, einschließlich des Schutzes vor und der Abwehr von Gefahren für die öffentliche Sicherheit, sollte jeden mit Hilfe automatisierter Verfahren oder auf anderem Wege ausgeführten Vorgang oder jede solche Vorgangsreihe im Zusammenhang mit personenbezogenen Daten wie das Erheben, das Erfassen, die Organisation, das Ordnen, die Speicherung, die Anpassung oder Veränderung, das Auslesen, das Abfragen, die Verwendung, den Abgleich oder die Verknüpfung, die Einschränkung der Verarbeitung, das Löschen oder die Vernichtung abdecken. Insbesondere sollte diese Richtlinie Anwendung finden, wenn personenbezogene Daten für die Zwecke dieser Richtlinie an einen Empfänger übermittelt werden, der nicht dieser Richtlinie unterliegt. Unter einem solchen Empfänger sollte eine natürliche oder juristische Person, Behörde, Einrichtung oder jede andere Stelle zu verstehen sein, gegenüber der personenbezogene Daten von der zuständigen Behörde rechtmäßig offengelegt werden. Wurden personenbezogene Daten ursprünglich von einer zuständigen Behörde für einen der Zwecke dieser Richtlinie erhoben, so sollte die Verordnung (EU)

2016/679[1]) für die Verarbeitung dieser Daten für andere Zwecke als diejenigen dieser Richtlinie gelten, wenn eine solche Verarbeitung nach dem Unionsrecht oder dem Recht der Mitgliedstaaten zulässig ist. Insbesondere sollte die Verordnung (EU) 2016/679[1]) für die Übermittlung personenbezogener Daten für Zwecke gelten, die außerhalb des Anwendungsbereichs dieser Richtlinie liegen. Für die Verarbeitung personenbezogener Daten durch einen Empfänger, der keine zuständige Behörde im Sinne dieser Richtlinie ist oder nicht als solche handelt und gegenüber dem personenbezogene Daten von einer zuständigen Behörde rechtmäßig offengelegt werden, sollte die Verordnung (EU) 2016/679[1]) gelten. Bei der Umsetzung dieser Richtlinie sollten die Mitgliedstaaten außerdem, die Anwendung der Vorschriften der Verordnung (EU) 2016/679[1]) – vorbehaltlich der darin genannten Bedingungen – genauer regeln können.

(35) Die Verarbeitung personenbezogener Daten im Rahmen dieser Richtlinie sollte nur dann als rechtmäßig gelten, wenn sie zur Wahrnehmung einer Aufgabe erforderlich ist, die eine zuständige Behörde im öffentlichen Interesse auf Grundlage des Unionsrechts oder des Rechts der Mitgliedstaaten zum Zwecke der Verhütung, Ermittlung, Aufdeckung oder Verfolgung von Straftaten oder der Strafvollstreckung, einschließlich des Schutzes vor und der Abwehr von Gefahren für die öffentliche Sicherheit, ausführt. Diese Tätigkeiten sollten sich auf die Wahrung lebenswichtiger Interessen der betroffenen Person erstrecken. Bei der Wahrnehmung der ihnen als gesetzlich begründeter Institution übertragenen Aufgaben, Straftaten zu verhüten, zu ermitteln, aufzudecken und zu verfolgen, können die zuständigen Behörden natürliche Personen auffordern oder anweisen, ihren Anordnungen nachzukommen. In einem solchen Fall sollte die Einwilligung der betroffenen Person im Sinne der Verordnung (EU) 2016/679[1]) keine rechtliche Grundlage für die Verarbeitung personenbezogener Daten durch die zuständigen Behörden darstellen. Wird die betroffene Person aufgefordert, einer rechtlichen Verpflichtung nachzukommen, so hat sie keine echte Wahlfreiheit, weshalb ihre Reaktion nicht als freiwillig abgegebene Willensbekundung betrachtet werden kann. Dies sollte die Mitgliedstaaten nicht daran hindern, durch Rechtsvorschriften vorzusehen, dass die betroffene Person der Verarbeitung ihrer personenbezogenen Daten für die Zwecke dieser Richtlinie zustimmen kann, beispielsweise im Falle von DNA-Tests in strafrechtlichen Ermittlungen oder zur Überwachung ihres Aufenthaltsorts mittels elektronischer Fußfessel zur Strafvollstreckung.

(36) Die Mitgliedstaaten sollten vorsehen, dass immer dann, wenn nach dem Unionsrecht oder dem Recht der Mitgliedstaaten, dem die übermittelnde zuständige Behörde unterliegt, für die Verarbeitung von personenbezogenen Daten unter bestimmten Umständen besondere Bedingungen, etwa zur Verwendung von Bearbeitungscodes, gelten, die übermittelnde zuständige Behörde den Empfänger der personenbezogenen Daten auf diese Bedingungen und die Verpflichtung sie einzuhalten hinweisen sollte. Hierzu könnte beispielsweise das Verbot, personenbezogene Daten an andere weiter zu übermitteln, oder das Verbot, sie für andere Zwecke, als

---

[1]) Nr. 1.

die Zwecke zu denen sie an den Empfänger übermittelt wurden, zu verwenden, oder das Verbot, die betroffene Person im Falle der Einschränkung des Rechts auf Unterrichtung ohne vorheriger Genehmigung der übermittelnden zuständigen Behörde zu informieren, zählen. Diese Pflichten gelten auch für Übermittlungen durch die übermittelnde zuständige Behörde an Empfänger in Drittländern oder an internationale Organisationen. Die Mitgliedstaaten sollten sicherstellen, dass die übermittelnde zuständige Behörde auf Empfänger in anderen Mitgliedstaaten oder nach Titel V Kapitel 4 und 5 AEUV errichtete Einrichtungen und sonstige Stellen nur solche Bedingungen anwendet, die auch für entsprechende Datenübermittlungen innerhalb ihres eigenen Mitgliedstaats gelten.

(37) Personenbezogene Daten, die ihrem Wesen nach hinsichtlich der Grundrechte und Grundfreiheiten besonders sensibel sind, verdienen einen besonderen Schutz, da im Zusammenhang mit ihrer Verarbeitung erhebliche Risiken für die Grundrechte und Grundfreiheiten auftreten können. Diese personenbezogenen Daten sollten personenbezogene Daten umfassen, aus denen die rassische oder ethnische Herkunft hervorgeht, wobei die Verwendung des Begriffs „rassische Herkunft" in dieser Richtlinie nicht bedeutet, dass die Union Theorien, mit denen versucht wird, die Existenz verschiedener menschlicher Rassen zu belegen, gutheißt. Solche personenbezogenen Daten sollten nur dann verarbeitet werden, wenn die Verarbeitung vorbehaltlich geeigneter Garantien für die durch Rechtsvorschriften festgelegten Rechte und Freiheiten der betroffenen Person erfolgt und in durch Rechtsvorschriften geregelten Fällen erlaubt ist oder anderenfalls zur Wahrung lebenswichtiger Interessen der betroffenen Person oder einer anderen Person erforderlich ist oder aber sich auf Daten bezieht, die die betroffene Person offensichtlich öffentlich gemacht hat. Zu den geeigneten Garantien für die Rechte und Freiheiten der betroffenen Person kann beispielsweise zählen, dass diese Daten nur in Verbindung mit anderen Daten über die betroffene natürliche Person erhoben werden dürfen, die erhobenen Daten hinreichend gesichert werden müssen, der Zugang der Mitarbeiter der zuständigen Behörde zu den Daten strenger geregelt und die Übermittlung dieser Daten verboten wird. Die Verarbeitung solcher Daten sollte ebenfalls durch Rechtsvorschriften erlaubt sein, wenn die betroffene Person der Datenverarbeitung, die besonders stark in ihre Privatsphäre eingreift, ausdrücklich zugestimmt hat. Die Einwilligung der betroffenen Person allein sollte jedoch noch keine rechtliche Grundlage für die Verarbeitung solch sensibler personenbezogener Daten durch die zuständigen Behörden liefern.

(38) Die betroffene Person sollte das Recht haben, keiner Entscheidung zur Bewertung von sie betreffenden persönlichen Aspekten unterworfen zu werden, die ausschließlich auf einer automatisierten Verarbeitung beruht und die nachteilige rechtliche Wirkung für sie entfaltet oder sie in erheblichem Maße beeinträchtigt. In jedem Fall sollte eine solche Verarbeitung mit geeigneten Garantien verbunden sein, einschließlich der spezifischen Unterrichtung der betroffenen Person und des Rechts, das Eingreifen einer Person zu erwirken, insbesondere auf Darlegung des eigenen Standpunkts, auf Erläuterung der nach einer entsprechenden Bewertung getroffenen Entscheidung oder auf Anfechtung der Entschei-

dung. Ein Profiling, das zur Folge hat, dass natürliche Personen aufgrund von personenbezogenen Daten diskriminiert werden, die ihrem Wesen nach hinsichtlich der Grundrechte und Grundfreiheiten besonders sensibel sind, sollte gemäß den Bestimmungen der Artikel 21 und 52 der Charta[1) verboten werden.

(39) Damit die betroffene Person ihre Rechte wahrnehmen kann, sollten alle Informationen für sie leicht zugänglich auch auf der Website des Verantwortlichen – und verständlich, also in klarer und einfacher Sprache abgefasst sein. Diese Informationen sollten an die Bedürfnisse von schutzbedürftigen Personen, wie etwa Kindern, angepasst werden.

(40) Es sollten Modalitäten festgelegt werden, die einer betroffenen Person die Ausübung ihrer Rechte aufgrund der nach dieser Richtlinie erlassenen Vorschriften erleichtern, darunter auch Mechanismen, die dafür sorgen, dass sie unentgeltlich insbesondere Zugang zu personenbezogenen Daten und deren Berichtigung oder Löschung beantragen und gegebenenfalls erhalten oder von ihrem Widerspruchsrecht Gebrauch machen kann. Der Verantwortliche sollte verpflichtet werden, den Antrag der betroffenen Person unverzüglich zu beantworten, es sei denn, er wendet Einschränkungen in Bezug auf die Rechte der betroffenen Person gemäß dieser Richtlinie an. Bei offenkundig unbegründeten oder exzessiven Anträgen, zum Beispiel wenn die betroffene Person ungebührlich und wiederholt Informationen verlangt oder wenn die betroffene Person ihr Recht auf Unterrichtung missbraucht, beispielsweise indem sie in ihrem Antrag falsche oder irreführende Angaben macht, sollte der Verantwortliche, eine angemessene Gebühr erheben können oder sich weigern können, aufgrund des Antrags tätig zu werden.

(41) Fordert der Verantwortliche zusätzliche Informationen an, die zur Bestätigung der Identität der betroffenen Person erforderlich sind, so sollten diese Informationen nur für diesen konkreten Zweck verarbeitet werden und nicht länger gespeichert werden, als es für diesen Zweck notwendig ist.

(42) Der betroffenen Person sollten zumindest folgende Informationen zur Verfügung gestellt werden: die Identität des Verantwortlichen, die Existenz des Verarbeitungsvorgangs, die Zwecke der Verarbeitung, das Beschwerderecht und das Bestehen eines Rechts auf Auskunft und Berichtigung oder Löschung personenbezogener Daten und auf Einschränkung der Verarbeitung durch den Verantwortlichen. Dies könnte auf der Website der zuständigen Behörde erfolgen. Außerdem sollte die betroffene Person in bestimmten Fällen und zur Ermöglichung der Ausübung ihrer Rechte über die Rechtsgrundlage der Verarbeitung und die Speicherfrist informiert werden, soweit diese zusätzlichen Informationen unter Berücksichtigung der spezifischen Umstände, unter denen die Daten verarbeitet werden, notwendig sind, um gegenüber der betroffenen Person eine Verarbeitung nach Treu und Glauben zu gewährleisten.

(43) Eine natürliche Person sollte ein Auskunftsrecht hinsichtlich der sie betreffenden Daten, die erhoben worden sind, besitzen und dieses Recht problemlos und in angemessenen Abständen wahrnehmen können, um sich der Verarbeitung bewusst zu sein und deren Rechtmäßigkeit über-

---

[1) Nr. 4.

prüfen zu können. Jede betroffene Person sollte daher das Recht haben, zu wissen und zu erfahren, zu welchen Zwecken die Daten verarbeitet werden, wie lange sie verarbeitet werden und wer deren Empfänger, einschließlich solcher in Drittländern, sind. Enthalten solche Mitteilungen Informationen über den Ursprung der personenbezogenen Daten, so sollten die Informationen nicht die Identität natürlicher Personen und insbesondere keine vertraulichen Quellen preisgeben. Damit diesem Recht entsprochen wird, braucht die betroffene Person lediglich im Besitz einer vollständigen Übersicht über diese Daten in verständlicher Form zu sein, d.h. in einer Form, die es ihr ermöglicht, sich dieser Daten bewusst zu werden und nachzuprüfen, ob sie richtig sind und im Einklang mit dieser Richtlinie verarbeitet werden, so dass sie die ihr durch diese Richtlinie verliehenen Rechte ausüben kann. Eine solche Übersicht könnte in Form einer Kopie der personenbezogenen Daten, die Gegenstand der Verarbeitung sind, bereitgestellt werden.

(44) Die Mitgliedstaaten sollten Gesetzgebungsmaßnahmen erlassen können, mit denen die Unterrichtung der betroffenen Person aufgeschoben, eingeschränkt oder unterlassen oder die Auskunft über ihre personenbezogenen Daten ganz oder teilweise in dem Umfang und so lange eingeschränkt wird, wie dies in einer demokratischen Gesellschaft unter gebührender Berücksichtigung der Grundrechte und der berechtigten Interessen der betroffenen natürlichen Person eine erforderliche und verhältnismäßige Maßnahme darstellt, um behördliche oder gerichtliche Untersuchungen, Ermittlungen und Verfahren nicht zu behindern, die Verhütung, Ermittlung, Aufdeckung oder Verfolgung von Straftaten oder die Strafvollstreckung nicht zu gefährden und um die öffentliche und die nationale Sicherheit oder die Rechte und Freiheiten anderer zu schützen. Der Verantwortliche sollte im Wege einer konkreten Einzelfallprüfung feststellen, ob das Auskunftsrecht teilweise oder vollständig eingeschränkt werden sollte.

(45) Eine Verweigerung oder Einschränkung der Auskunft sollte der betroffenen Person grundsätzlich unter Angabe der sachlichen oder rechtlichen Gründe hierfür schriftlich mitgeteilt werden.

(46) Jede Einschränkung der Rechte der betroffenen Person muss mit der Charta und mit der EMRK in der Auslegung durch die Rechtsprechung des Gerichtshofs bzw. des Europäischen Gerichtshofs für Menschenrechte vereinbar sein und insbesondere den Wesensgehalt dieser Rechte und Freiheiten achten.

(47) Eine natürliche Person sollte das Recht auf Berichtigung sie betreffender unrichtiger personenbezogener Daten, insbesondere bei Bezug auf Tatsachen, sowie das Recht auf Löschung besitzen, wenn die Datenverarbeitung gegen diese Richtlinie verstößt. Das Recht auf Berichtigung sollte allerdings beispielsweise nicht den Inhalt einer Zeugenaussage berühren. Eine natürliche Person sollte auch das Recht auf Einschränkung der Verarbeitung besitzen, wenn sie die Richtigkeit personenbezogener Daten bestreitet und deren Richtigkeit oder Unrichtigkeit nicht festgestellt werden kann oder wenn die personenbezogenen Daten für Beweiszwecke weiter aufbewahrt werden müssen. Insbesondere sollte statt der Löschung personenbezogener Daten die Verarbeitung eingeschränkt werden, wenn in einem konkreten Fall berechtigter Grund zu der Annahme besteht,

dass eine Löschung die berechtigten Interessen der betroffenen Person beeinträchtigen könnte. In einem solchen Fall sollten Daten mit Einschränkungsmarkierung nur zu dem Zweck verarbeitet werden, der ihrer Löschung entgegenstand. Methoden zur Einschränkung der Verarbeitung personenbezogener Daten könnten unter anderem darin bestehen, dass ausgewählte Daten, beispielsweise zu Archivierungszwecken, auf ein anderes Verarbeitungssystem übertragen oder gesperrt werden. In automatisierten Dateisystemen sollte die Einschränkung der Verarbeitung grundsätzlich durch technische Mittel erfolgen. Auf die Tatsache, dass die Verarbeitung der personenbezogenen Daten beschränkt wurde, sollte in dem System unmissverständlich hingewiesen werden. Entsprechende Berichtigungen oder Löschungen personenbezogener Daten oder Einschränkungen der Verarbeitung sollten den Empfängern, gegenüber dem die personenbezogenen Daten offengelegt wurden, und den zuständigen Behörden, von denen die unrichtigen Daten stammen, mitgeteilt werden. Der Verantwortliche sollte auch von jeglicher Weiterverbreitung dieser Daten Abstand nehmen.

(48) Verweigert ein Verantwortlicher einer betroffenen Person ihr Recht auf Unterrichtung, Auskunft, Berichtigung oder Löschung personenbezogener Daten oder Einschränkung der Verarbeitung, so sollte die betroffene Person die nationale Aufsichtsbehörde ersuchen können, die Rechtmäßigkeit der Verarbeitung zu überprüfen. Die betroffene Person sollte über dieses Recht unterrichtet werden. Handelt die Aufsichtsbehörde im Namen der betroffenen Person, so sollte sie die betroffene Person zumindest darüber informieren, dass alle erforderlichen Prüfungen oder Überprüfungen durchgeführt wurden. Die Aufsichtsbehörde sollte die betroffene Person zudem über ihr Recht auf gerichtlichen Rechtsbehelf in Kenntnis setzen.

(49) Werden personenbezogene Daten im Zusammenhang mit strafrechtlichen Ermittlungen und Gerichtsverfahren in Strafsachen verarbeitet, so sollten die Mitgliedstaaten vorsehen können, dass die Ausübung des Rechts auf Unterrichtung, Auskunft, Berichtigung oder Löschung personenbezogener Daten oder Einschränkung der Verarbeitung nach Maßgabe des einzelstaatlichen Strafverfahrensrechts erfolgt.

(50) Die Verantwortung und Haftung des Verantwortlichen für jedwede Verarbeitung personenbezogener Daten, die durch ihn oder in seinem Namen erfolgt, sollte geregelt werden. Insbesondere sollte der Verantwortliche geeignete und wirksame Maßnahmen treffen müssen und nachweisen können, dass die Verarbeitungstätigkeiten im Einklang mit dieser Richtlinie stehen. Dabei sollte er die Art, den Umfang, die Umstände und die Zwecke der Verarbeitung und das Risiko für die Rechte und Freiheiten natürlicher Personen berücksichtigen. Im Rahmen der von ihm ergriffenen Maßnahmen sollte der Verantwortliche auch spezifische Garantien für die Verarbeitung personenbezogener Daten von schutzbedürftigen natürlichen Personen, wie etwa Kindern, ausarbeiten und implementieren.

(51) Risiken für die Rechte und Freiheiten der natürlichen Personen – mit unterschiedlicher Eintrittswahrscheinlichkeit und Schwere – können aus einer Datenverarbeitung hervorgehen, die zu einem physischen, materiellen oder immateriellen Schaden führen könnte, insbesondere wenn die

Verarbeitung zu einer Diskriminierung, einem Identitätsdiebstahl oder -betrug, einem finanziellen Verlust, einer Rufschädigung, einem Verlust der Vertraulichkeit von dem Berufsgeheimnis unterliegenden Daten, der unbefugten Umkehr der Pseudonymisierung oder anderen erheblichen wirtschaftlichen oder gesellschaftlichen Nachteilen führen kann, wenn die betroffenen Personen um ihre Rechte und Freiheiten gebracht oder daran gehindert werden, die sie betreffenden personenbezogenen Daten zu kontrollieren, wenn personenbezogene Daten, aus denen die rassische oder ethnische Herkunft, politische Meinungen, die Religion oder weltanschauliche Überzeugungen oder die Zugehörigkeit zu einer Gewerkschaft hervorgehen, wenn genetische Daten oder biometrische Daten zur eindeutigen Identifizierung einer Person oder Daten über die Gesundheit oder Daten über das Sexualleben und sexuelle Orientierung oder über strafrechtliche Verurteilungen und Straftaten oder damit zusammenhängende Sicherungsmaßregeln verarbeitet werden, wenn persönliche Aspekte bewertet werden, insbesondere wenn Aspekte, die die Arbeitsleistung, wirtschaftliche Lage, Gesundheit, persönliche Vorlieben oder Interessen, die Zuverlässigkeit oder das Verhalten, den Aufenthaltsort oder Ortswechsel betreffen, analysiert und prognostiziert werden, um ein persönliches Profil zu erstellen oder zu nutzen, wenn personenbezogene Daten schutzbedürftiger natürlicher Personen, insbesondere Daten von Kindern, verarbeitet werden oder wenn die Verarbeitung eine große Menge personenbezogener Daten und eine große Anzahl von Personen betrifft.

(52) Eintrittswahrscheinlichkeit und Schwere des Risikos sollten nach der Art, dem Umfang, den Umständen und den Zwecken der Verarbeitung bestimmt werden. Das Risiko sollte anhand einer objektiven Bewertung beurteilt werden, bei der festgestellt wird, ob die Datenverarbeitung ein hohes Risiko birgt. Ein hohes Risiko ist ein besonderes Risiko der Beeinträchtigung der Rechte und Freiheiten der betroffenen Personen.

(53) Zum Schutz der in Bezug auf die Verarbeitung personenbezogener Daten bestehenden Rechte und Freiheiten natürlicher Personen ist es erforderlich, dass geeignete technische und organisatorische Maßnahmen getroffen werden, damit die Anforderungen dieser Richtlinie erfüllt werden. Die Umsetzung dieser Maßnahmen sollte nicht ausschließlich von wirtschaftlichen Erwägungen abhängig gemacht werden. Um die Einhaltung dieser Richtlinie nachweisen zu können, sollte der Verantwortliche interne Strategien festlegen und Maßnahmen ergreifen, die insbesondere den Grundsätzen des Datenschutzes durch Technikgestaltung und durch datenschutzfreundliche Voreinstellungen Genüge tun. Hat der Verantwortliche eine Datenschutz-Folgenabschätzung gemäß dieser Richtlinie vorgenommen, sollten die entsprechenden Ergebnisse bei der Entwicklung dieser Maßnahmen und Verfahren berücksichtigt werden. Die Maßnahmen könnten u.a. aus einer möglichst frühen Pseudonymisierung bestehen. Gerade durch die Pseudonymisierung für die Zwecke dieser Richtlinie könnte der freie Verkehr personenbezogener Daten im Raum der Freiheit, der Sicherheit und des Rechts erleichtert werden.

(54) Zum Schutz der Rechte und Freiheiten der betroffenen Personen sowie bezüglich der Verantwortung und Haftung der Verantwortlichen und der Auftragsverarbeiter bedarf es – auch mit Blick auf die Überwachungs-

und sonstigen Maßnahmen von Aufsichtsbehörden – einer klaren Zuteilung der Verantwortlichkeiten gemäß dieser Richtlinie, einschließlich der Fälle, in denen ein Verantwortlicher die Verarbeitungszwecke und -mittel gemeinsam mit anderen Verantwortlichen festlegt oder ein Verarbeitungsvorgang im Auftrag eines Verantwortlichen durchgeführt wird.

(55) Die Durchführung einer Verarbeitung durch einen Auftragsverarbeiter sollte auf der Grundlage eines Rechtsinstruments einschließlich eines Vertrags erfolgen, der den Auftragsverarbeiter an den Verantwortlichen bindet und in dem insbesondere vorgesehen ist, dass der Auftragsverarbeiter nur auf Weisung des Verantwortlichen handeln sollte. Der Auftragsverarbeiter sollte den Grundsatz des Datenschutzes durch Technikgestaltung und durch datenschutzfreundliche Voreinstellungen berücksichtigen.

(56) Zum Nachweis der Einhaltung dieser Richtlinie sollte der Verantwortliche oder der Auftragsverarbeiter ein Verzeichnis aller Kategorien von Tätigkeiten, die seiner Zuständigkeit unterliegen, führen. Jeder Verantwortliche und jeder Auftragsverarbeiter sollte verpflichtet sein, mit der Aufsichtsbehörde zusammenzuarbeiten und dieser auf Anfrage dieses Verzeichnis vorzulegen, damit die betreffenden Verarbeitungsvorgänge anhand dieses Verzeichnisses kontrolliert werden können. Der Verantwortliche oder der Auftragsverarbeiter, der personenbezogene Daten in nicht automatisierten Verarbeitungssystemen verarbeitet, sollte über wirksame Methoden zum Nachweis der Rechtmäßigkeit der Verarbeitung, zur Ermöglichung der Eigenüberwachung und zur Sicherstellung der Integrität und Sicherheit der Daten, wie etwa Protokolle oder andere Formen von Verzeichnissen, verfügen.

(57) In automatisierten Verarbeitungssystemen werden zumindest über folgende Verarbeitungsvorgänge Protokolle geführt: Erhebung, Veränderung, Abfrage, Offenlegung einschließlich Übermittlungen, Kombination oder Löschung. Die Identifizierung der Person, die personenbezogene Daten abgefragt oder offengelegt hat, sollte protokolliert werden und aus dieser Identifizierung *sollt*[1] sich die Begründung für die Verarbeitungsvorgänge ableiten lassen. Die Protokolle sollten ausschließlich zum Zwecke der Überprüfung der Rechtmäßigkeit der Datenverarbeitung, der Eigenüberwachung, der Sicherstellung der Integrität und Sicherheit der Daten sowie für Strafverfahren verwendet werden. Die Eigenüberwachung umfasst auch interne Disziplinarverfahren der zuständigen Behörden.

(58) Eine Datenschutz-Folgenabschätzung, die sich insbesondere mit den Maßnahmen, Garantien und Verfahren befasst, die geplant sind den Schutz personenbezogener Daten zu gewährleisten und die die Einhaltung der Bestimmungen dieser Richtlinie nachweisen sollen, sollte durch den Verantwortlichen durchgeführt werden, wenn die Verarbeitungsvorgänge aufgrund ihres Wesens, ihres Umfangs oder ihrer Zwecke voraussichtlich ein hohes Risiko für die Rechte und Freiheiten der betroffenen Personen zur Folge haben. Datenschutz-Folgenabschätzungen sollten auf maßgebliche Systeme und Verfahren im Rahmen von Verarbeitungsvorgängen abstellen, nicht jedoch auf Einzelfälle.

---

[1] Richtig wohl: „sollte".

(59) Um einen wirksamen Schutz der Rechte und Freiheiten der betroffenen Personen zu gewährleisten, sollte der Verantwortliche oder der Auftragsverarbeiter in bestimmten Fällen vor der Verarbeitung die Aufsichtsbehörde konsultieren.

(60) Zur Aufrechterhaltung der Sicherheit und zur Vorbeugung gegen eine gegen diese Richtlinie verstoßende Verarbeitung sollte der Verantwortliche oder der Auftragsverarbeiter die mit der Verarbeitung verbundenen Risiken ermitteln und Maßnahmen zu ihrer Eindämmung, wie etwa eine Verschlüsselung, treffen. Solche Maßnahmen sollten unter Berücksichtigung des Stands der Technik und der Implementierungskosten ein Schutzniveau – auch hinsichtlich der Vertraulichkeit – gewährleisten, das dem von der Verarbeitung ausgehenden Risiko und der Art der zu schützenden personenbezogenen Daten angemessen ist. Bei der Bewertung der Datensicherheitsrisiken sollten die mit der Datenverarbeitung verbundenen Risiken berücksichtigt werden, wie etwa Vernichtung, Verlust oder Veränderung, ob unbeabsichtigt oder unrechtmäßig, oder unbefugte Offenlegung von oder unbefugter Zugang zu personenbezogenen Daten, die übermittelt, gespeichert oder auf sonstige Weise verarbeitet wurden, insbesondere wenn dies zu einem physische, materiellen oder immateriellen Schaden führen könnte. Der Verantwortliche und der Auftragsverarbeiter sollten sicherstellen, dass personenbezogene Daten nicht durch Unbefugte verarbeitet werden.

(61) Eine Verletzung des Schutzes personenbezogener Daten kann – wenn nicht rechtzeitig und angemessen reagiert wird – einen physischen, materiellen oder immateriellen Schaden für natürliche Personen nach sich ziehen, wie etwa Verlust der Kontrolle über ihre personenbezogenen Daten oder Einschränkung ihrer Rechte, Diskriminierung, Identitätsdiebstahl oder -betrug, finanzielle Verluste, unbefugte Aufhebung der Pseudonymisierung, Rufschädigung, Verlust der Vertraulichkeit von dem Berufsgeheimnis unterliegenden personenbezogenen Daten oder andere erhebliche wirtschaftliche oder gesellschaftliche Nachteile für die betroffene natürliche Person. Deshalb sollte der Verantwortliche, sobald ihm eine Verletzung des Schutzes personenbezogener Daten bekannt wird, die Aufsichtsbehörde von der Verletzung des Schutzes personenbezogener Daten unverzüglich und, falls möglich, binnen höchstens 72 Stunden nachdem ihm die Verletzung bekannt wurde, unterrichten, es sei denn der Verantwortliche kann im Einklang mit dem Grundsatz der Rechenschaftspflicht nachweisen, dass die Verletzung des Schutzes personenbezogener Daten voraussichtlich nicht zu einem Risiko für die persönlichen Rechte und Freiheiten natürlicher Personen führt. Falls diese Benachrichtigung nicht binnen 72 Stunden erfolgen kann, sollten in ihr die Gründe für die Verzögerung angegeben werden müssen, und die Informationen können schrittweise ohne unangemessene weitere Verzögerung bereitgestellt werden.

(62) Natürliche Personen,[1ardından] sollten unverzüglich benachrichtigt werden, wenn die Verletzung des Schutzes personenbezogener Daten voraussichtlich zu einem hohen Risiko für die Rechte und Freiheiten natürlicher Personen führt, damit sie die erforderlichen Vorkehrungen treffen können. Die

---

[1] Zeichensetzung amtlich.

Benachrichtigung sollte eine Beschreibung der Art der Verletzung des Schutzes personenbezogener Daten sowie an die betroffene natürliche Person gerichtete Empfehlungen zur Minderung etwaiger nachteiliger Auswirkungen dieser Verletzung enthalten. Die Benachrichtigung der betroffenen Person sollte stets so rasch wie nach allgemeinem Ermessen möglich, in enger Absprache mit der Aufsichtsbehörde und nach Maßgabe der von dieser oder von anderen zuständigen Behörden erteilten Weisungen erfolgen. Um beispielsweise das Risiko eines unmittelbaren Schadens mindern zu können, müsste die betroffene Person sofort benachrichtigt werden, wohingegen eine längere Benachrichtigungsfrist gerechtfertigt sein kann, wenn es darum geht, geeignete Maßnahmen gegen fortlaufende oder ähnliche Verletzungen des Schutzes von Daten zu treffen. In Ausnahmefällen könnte die Benachrichtigung der von einer Verletzung des Schutzes personenbezogener Daten betroffenen natürlichen Person unterbleiben, wenn ein Aufschub oder eine Einschränkung dieser Benachrichtigung nicht ausreicht, um behördliche oder gerichtliche Untersuchungen, Ermittlungen und Verfahren nicht zu behindern, die Verhütung, Aufdeckung, Ermittlung oder Verfolgung von Straftaten oder die Strafvollstreckung nicht zu gefährden und um die öffentliche und die nationale Sicherheit oder die Rechte und Freiheiten anderer zu schützen.

(63) Der Verantwortliche sollte eine Person benennen, die ihn dabei unterstützt, die interne Einhaltung der nach dieser Richtlinie erlassenen Vorschriften zu überwachen, es sei denn, ein Mitgliedstaat beschließt eine Ausnahmeregelung für Gerichte und andere unabhängige Justizbehörden im Rahmen ihrer justiziellen Tätigkeit. Bei dieser Person kann es sich um ein Mitglied des vorhandenen Personals des Verantwortlichen handeln, das eine besondere Schulung auf dem Gebiet der Datenschutzvorschriften und der Datenschutzpraxis erhalten hat, um einschlägiges Fachwissen in diesem Bereich zu erwerben. Der Grad des erforderlichen Fachwissens sollte sich insbesondere nach der Art der durchgeführten Datenverarbeitung und des erforderlichen Schutzes für die von dem Verantwortlichen verarbeiteten personenbezogenen Daten richten. Die betreffende Person kann ihre Aufgabe auf Teilzeit- oder Vollzeitbasis wahrnehmen. Mehrere Verantwortliche können unter Berücksichtigung ihrer Organisationsstruktur und ihrer Größe gemeinsam einen Datenschutzbeauftragten bestellen, zum Beispiel im Falle einer gemeinsamen Nutzung von Ressourcen in zentralen Stellen. Die betreffende Person kann auch für verschiedene Positionen innerhalb der Struktur der jeweils Verantwortlichen benannt werden. Sie sollte den Verantwortlichen und die Beschäftigten, die personenbezogene Daten verarbeiten, unterstützen, indem sie diese Personen über die Einhaltung ihrer jeweiligen Datenschutzpflichten unterrichtet und berät. Diese Datenschutzbeauftragten sollten ihren Auftrag und ihre Aufgaben auf unabhängige Weise gemäß dem Recht der Mitgliedstaaten wahrnehmen können.

(64) Die Mitgliedstaaten sollten dafür sorgen, dass Daten nur dann an ein Drittland oder eine internationale Organisation übermittelt werden, wenn dies für die Verhütung, Ermittlung, Aufdeckung oder Verfolgung von Straftaten oder für die Strafvollstreckung, einschließlich des Schutzes vor und der Abwehr von Gefahren für die öffentliche Sicherheit, not-

wendig ist und es sich bei dem Verantwortlichen in dem Drittland oder in der internationalen Organisation um eine zuständige Behörde im Sinne dieser Richtlinie handelt. Eine Übermittlung sollte nur durch zuständige Behörden vorgenommen werden, die als Verantwortliche agieren, es sei denn, Auftragsverarbeiter werden ausdrücklich beauftragt, im Namen der Verantwortlichen Übermittlungen vorzunehmen. Derartige Übermittlungen können erfolgen, wenn die Kommission beschlossen hat, dass das betreffende Drittland oder die betreffende internationale Organisation ein angemessenes Schutzniveau gewährleistet, oder wenn geeignete Garantien bestehen oder wenn Ausnahmen für bestimmte Fälle gelten. Das durch diese Richtlinie unionsweit gewährleistete Schutzniveau für natürliche Personen sollte bei der Übermittlung personenbezogener Daten aus der Union an Verantwortliche, Auftragsverarbeiter oder andere Empfänger in Drittländern oder an internationale Organisationen nicht untergraben werden, und zwar auch dann nicht, wenn aus dem Drittland oder von der internationalen Organisation personenbezogene Daten an Verantwortliche oder Auftragsverarbeiter in demselben oder einem anderen Drittland oder an dieselbe oder eine andere internationale Organisation weiterübermittelt werden.

(65) Werden personenbezogene Daten von einem Mitgliedstaat an Drittländer oder internationale Organisationen übermittelt, so sollte die Übermittlung grundsätzlich erst dann erfolgen, wenn der Mitgliedstaat, von dem die Daten stammen, die Übermittlung genehmigt hat. Im Interesse einer wirksamen Zusammenarbeit bei der Verhütung, Ermittlung und Aufdeckung von Straftaten ist es erforderlich, dass im Falle einer Gefahr für die öffentliche Sicherheit eines Mitgliedstaats oder eines Drittlandes oder für die wesentlichen Interessen eines Mitgliedstaats, die so unvermittelt eintritt, dass es unmöglich ist, rechtzeitig eine vorherige Genehmigung einzuholen, die zuständige Behörde die maßgeblichen personenbezogenen Daten ohne vorherige Genehmigung an das betreffende Drittland oder die betreffende internationale Organisation übermitteln können sollte. Die Mitgliedstaaten sollten vorsehen, dass Drittländern oder internationalen Organisationen etwaige besondere Bedingungen für die Übermittlung mitgeteilt werden. Die Weiterübermittlung personenbezogener Daten sollte der vorherigen Genehmigung durch die zuständige Behörde bedürfen, die die ursprüngliche Übermittlung durchgeführt hat. Bei der Entscheidung über einen Antrag auf die Genehmigung einer Weiterübermittlung sollte die zuständige Behörde, die die ursprüngliche Übermittlung durchgeführt hat, alle maßgeblichen Faktoren gebührend berücksichtigen, einschließlich der Schwere der Straftat, der spezifischen Auflagen und des Zwecks der ursprünglichen Datenübermittlung, der Art und der Bedingungen der Strafvollstreckung sowie des Schutzniveaus für personenbezogene Daten in dem Drittland oder der internationalen Organisation, an das bzw. die personenbezogene Daten weiterübermittelt werden sollen. Die zuständige Behörde, die die ursprüngliche Übermittlung durchgeführt hat, sollte die Weiterübermittlung auch an besondere Bedingungen knüpfen können. Diese besonderen Bedingungen können zum Beispiel in Bearbeitungscodes dargelegt werden.

(66) Die Kommission sollte mit Wirkung für die gesamte Union beschließen können, dass bestimmte Drittländer, ein Gebiet oder ein oder mehrere

spezifische Sektoren in einem Drittland oder eine internationale Organisation ein angemessenes Datenschutzniveau bieten, und auf diese Weise in Bezug auf die Drittländer und internationalen Organisationen, die für fähig gehalten werden, ein solches Schutzniveau zu bieten, in der gesamten Union Rechtssicherheit schaffen und eine einheitliche Rechtsanwendung sicherstellen. In derartigen Fällen sollten personenbezogene Daten ohne besondere Genehmigung an diese Länder übermittelt werden können, es sei denn, dass ein anderer Mitgliedstaat, von dem die Daten stammen, die Übermittlung zu genehmigen hat.

(67) In Übereinstimmung mit den Grundwerten der Union, zu denen insbesondere der Schutz der Menschenrechte zählt, sollte die Kommission bei der Bewertung des Drittlandes oder eines Gebiets oder eines bestimmten Sektors in einem Drittland berücksichtigen, inwieweit in einem bestimmten Drittland die Rechtsstaatlichkeit gewahrt ist, der Rechtsweg gewährleistet ist und die internationalen Menschenrechtsnormen und -standards eingehalten werden und welche allgemeinen und sektorspezifischen Vorschriften, wozu auch die Vorschriften über die öffentliche Sicherheit, die Landesverteidigung, die nationale Sicherheit und öffentliche Ordnung sowie das Strafrecht zählen, dort gelten. Die Annahme eines Angemessenheitsbeschlusses in Bezug auf ein Gebiet oder einen bestimmten Sektor in einem Drittland sollte unter Berücksichtigung eindeutiger und objektiver Kriterien wie bestimmter Verarbeitungsvorgänge und des Anwendungsbereichs anwendbarer Rechtsnormen und geltender Rechtsvorschriften in dem Drittland erfolgen. Das Drittland sollte Garantien für ein angemessenes Schutzniveau bieten, das im Wesentlichen dem innerhalb der Union gewährleisteten Schutzniveau der Sache nach gleichwertig ist, insbesondere in Fällen, in denen Daten in einem oder mehreren spezifischen Sektoren verarbeitet werden. Das Drittland sollte insbesondere eine wirksame unabhängige Überwachung des Datenschutzes gewährleisten und Mechanismen für eine Zusammenarbeit mit den Datenschutzbehörden der Mitgliedstaaten vorsehen, und den betroffenen Personen sollten wirksame und durchsetzbare Rechte sowie wirksame behördliche und gerichtliche Rechtsbehelfe eingeräumt werden.

(68) Die Kommission sollte neben den internationalen Verpflichtungen, die das Drittland oder die internationale Organisation eingegangen ist, auch die Verpflichtungen, die sich aus der Teilnahme des Drittlandes oder der internationalen Organisation an multilateralen oder regionalen Systemen insbesondere im Hinblick auf den Schutz personenbezogener Daten ergeben, sowie die Umsetzung dieser Verpflichtungen berücksichtigen. Insbesondere sollte der Beitritt des Drittlandes zum Übereinkommen des Europarates vom 28. Januar 1981 zum Schutz des Menschen bei der automatischen Verarbeitung personenbezogener Daten und dem dazugehörigen Zusatzprotokoll berücksichtigt werden. Die Kommission sollte den durch die Verordnung (EU) 2016/679[1)] eingesetzten Europäischen Datenschutzausschuss (im Folgenden „Ausschuss") konsultieren, wenn sie das Schutzniveau in Drittländern oder internationalen Organisationen bewertet. Die Kommission sollte ferner alle maßgeblichen Angemessen-

---

[1)] Nr. 1.

heitsbeschlüsse berücksichtigen, die sie nach Artikel 45 der Verordnung (EU) 2016/679[1)] angenommen hat.

(69) Die Kommission sollte die Wirksamkeit von Feststellungen zum Schutzniveau in einem Drittland, einem Gebiet oder einem spezifischen Sektor in einem Drittland oder einer internationalen Organisation überwachen. In ihren Angemessenheitsbeschlüssen sollte die Kommission einen Mechanismus für die regelmäßige Überprüfung ihrer Wirkungsweise vorsehen. Diese regelmäßige Überprüfung sollte in Konsultation mit dem betreffenden Drittland oder der betreffenden internationalen Organisation erfolgen und allen maßgeblichen Entwicklungen in dem Drittland oder der internationalen Organisation Rechnung tragen.

(70) Die Kommission sollte auch feststellen können, dass ein Drittland, ein Gebiet oder ein spezifischer Sektor in einem Drittland oder eine internationale Organisation kein angemessenes Datenschutzniveau mehr bietet. Die Übermittlung personenbezogener Daten an dieses Drittland oder an diese internationale Organisation sollte daraufhin verboten werden, es sei denn, die Anforderungen dieser Richtlinie in Bezug auf Datenübermittlung vorbehaltlich geeigneter Garantien und Ausnahmen für bestimmte Fälle werden erfüllt. Es sollten Verfahren für Konsultationen zwischen der Kommission und den betreffenden Drittländern oder internationalen Organisationen vorgesehen werden. Die Kommission sollte dem Drittland oder der internationalen Organisation frühzeitig die Gründe mitteilen und Konsultationen aufnehmen, um Abhilfe für die Situation zu schaffen.

(71) Datenübermittlungen, die nicht auf der Grundlage eines Angemessenheitsbeschlusses erfolgen, sollten nur dann zulässig sein, wenn in einem rechtsverbindlichen Instrument geeignete Garantien festgelegt sind, die den Schutz personenbezogener Daten gewährleisten, oder wenn der Verantwortliche alle Umstände beurteilt hat, die bei der Datenübermittlung eine Rolle spielen, und auf der Grundlage dieser Beurteilung zu der Auffassung gelangt ist, dass geeignete Garantien zum Schutz personenbezogener Daten bestehen. Solche rechtsverbindlichen Instrumente könnten beispielsweise rechtsverbindliche bilaterale Abkommen sein, die von den Mitgliedstaaten geschlossen und in ihre Rechtsordnung übernommen wurden und von ihnen betroffenen Personen durchgesetzt werden können und die sicherstellen, dass die Datenschutzvorschriften und die Rechte der betroffenen Personen einschließlich ihres Rechts auf wirksame verwaltungsrechtliche und gerichtliche Rechtsbehelfe beachtet werden. Der Verantwortliche sollte Kooperationsvereinbarungen zwischen Europol oder Eurojust und Drittländern berücksichtigen können, die den Austausch personenbezogener Daten ermöglichen, wenn er alle Umstände im Zusammenhang mit der Datenübermittlung beurteilt. Der Verantwortliche sollte außerdem berücksichtigen können, dass die Übermittlung personenbezogener Daten Geheimhaltungspflichten und dem Grundsatz der Spezialität unterliegt, damit gewährleistet wird, dass die Daten nicht zu anderen Zwecken als zu den Zwecken, zu denen sie übermittelt wurden, verarbeitet werden. Darüber hinaus sollte der Verantwortliche berücksichtigen, dass die personenbezogenen Daten nicht

---

[1)] Nr. 1.

verwendet werden, um die Todesstrafe oder eine Form der grausamen und unmenschlichen Behandlung zu beantragen, zu verhängen oder zu vollstrecken. Diese Bedingungen könnten zwar als geeignete Garantien angesehen werden, die die Datenübermittlung zulassen, jedoch sollte der Verantwortliche zusätzliche Garantien verlangen können.

(72) Sind weder ein Angemessenheitsbeschluss noch geeignete Garantien vorhanden, so sollte eine Übermittlung oder eine Kategorie von Übermittlungen nur in bestimmten Fällen erfolgen können, in denen dies erforderlich ist: zur Wahrung wesentlicher Interessen der betroffenen oder einer anderen Person; zum Schutz berechtigter Interessen der betroffenen Person, wenn dies nach dem Recht des Mitgliedstaats, aus dem die personenbezogenen Daten übermittelt werden, vorgesehen ist; zur Abwehr einer unmittelbaren, ernsthaften Gefahr für die öffentliche Sicherheit eines Mitgliedstaats oder eines Drittlandes; in einem Einzelfall zum Zwecke der Verhütung, Ermittlung, Aufdeckung oder Verfolgung von Straftaten oder der Strafvollstreckung, einschließlich des Schutzes vor und der Abwehr von Gefahren für die öffentliche Sicherheit; oder in einem Einzelfall zur Geltendmachung, Ausübung oder Verteidigung von Rechtsansprüchen. Diese Ausnahmen sollten restriktiv ausgelegt werden, häufige, umfassende und strukturelle Übermittlungen personenbezogener Daten sowie Datenübermittlungen in großem Umfang ausschließen und daher auf unbedingt notwendige Daten beschränkt sein. Derartige Übermittlungen sollten dokumentiert werden, und die entsprechende Dokumentation sollte der Aufsichtsbehörde auf Anfrage zur Verfügung gestellt werden, damit diese die Rechtmäßigkeit der Übermittlung überprüfen kann.

(73) Die zuständigen Behörden der Mitgliedstaaten wenden die geltenden bilateralen oder multilateralen internationalen Übereinkünfte, die mit Drittländern auf den Gebieten der justiziellen Zusammenarbeit in Strafsachen und der polizeilichen Zusammenarbeit geschlossen wurden, für den Austausch maßgeblicher Informationen an, um ihnen zu ermöglichen, die ihnen rechtlich zugewiesenen Aufgaben wahrzunehmen. Grundsätzlich erfolgt dies über die im betreffenden Drittland für die Zwecke dieser Richtlinie zuständigen Behörden oder zumindest in Zusammenarbeit mit diesen Behörden des Drittlandes, mitunter auch dann, wenn keine bilaterale oder multilaterale internationale Übereinkunft existiert. In speziellen Einzelfällen können die regulären Verfahren, die eine Kontaktaufnahme mit dieser Behörde in dem betreffenden Drittland vorschreiben, wirkungslos oder ungeeignet sein, insbesondere weil die Übermittlung nicht rechtzeitig durchgeführt werden konnte oder weil diese Behörde in dem betreffenden Drittland die Rechtsstaatlichkeit oder die internationalen Menschenrechtsbestimmungen nicht achtet, so dass die zuständigen Behörden der Mitgliedstaaten beschließen können, die personenbezogenen Daten direkt an in Drittländern niedergelassene Empfänger zu übermitteln. Dies kann der Fall sein, wenn es dringend geboten ist, personenbezogene Daten zu übermitteln, um das Leben einer Person zu schützen, die Gefahr läuft, Opfer einer Straftat zu werden, oder um die unmittelbar bevorstehende Begehung einer Straftat, einschließlich einer terroristischen Straftat, zu verhindern. Auch wenn eine solche Übermittlung zwischen zuständigen Behörden und in Drittländern niedergelassenen

Empfängern nur in speziellen Einzelfällen erfolgen sollte, sollte diese Richtlinie die Voraussetzungen für die Regelung solcher Fälle vorsehen. Diese Bestimmungen sollten nicht als Ausnahmen von geltenden bilateralen oder multilateralen internationalen Übereinkünften auf den Gebieten der justiziellen Zusammenarbeit in Strafsachen und der polizeilichen Zusammenarbeit betrachtet werden. Diese Vorschriften sollten zusätzlich zu den sonstigen Vorschriften dieser Richtlinie gelten, insbesondere den Vorschriften über die Rechtmäßigkeit der Verarbeitung und Kapitel V.

(74) Wenn personenbezogene Daten in ein anderes Land übermittelt werden, kann dies dazu führen, dass natürliche Personen weniger Möglichkeiten haben, ihre Datenschutzrechte wahrzunehmen und sich gegen eine unrechtmäßige Nutzung oder Offenlegung dieser Daten zu schützen. Ebenso kann es vorkommen, dass Aufsichtsbehörden Beschwerden nicht nachgehen oder Untersuchungen nicht durchführen können, die einen Bezug zu Tätigkeiten außerhalb der Grenzen ihres Mitgliedstaats haben. Ihre Bemühungen um grenzübergreifende Zusammenarbeit können auch durch unzureichende Präventiv- und Abhilfebefugnisse und durch widersprüchliche Rechtsordnungen behindert werden. Die Zusammenarbeit zwischen den Datenschutzaufsichtsbehörden muss daher gefördert werden, um ihnen den Informationsaustausch mit Aufsichtsbehörden in anderen Ländern zu erleichtern.

(75) Die Einrichtung von Aufsichtsbehörden in den Mitgliedstaaten, die ihre Aufgaben völlig unabhängig erfüllen können, ist ein wesentlicher Bestandteil des Schutzes natürlicher Personen bei der Verarbeitung personenbezogener Daten. Die Aufsichtsbehörden sollten die Anwendung der nach dieser Richtlinie erlassenen Vorschriften überwachen und zu ihrer einheitlichen Anwendung in der gesamten Union beitragen, um natürliche Personen bei der Verarbeitung ihrer personenbezogenen Daten zu schützen. Zu diesem Zweck bedarf es der Zusammenarbeit der Aufsichtsbehörden untereinander und mit der Kommission.

(76) Die Mitgliedstaaten können einer bereits gemäß der Verordnung (EU) 2016/679[1] errichteten Aufsichtsbehörde die Verantwortung für die Aufgaben übertragen, die von den nach dieser Richtlinie einzurichtenden nationalen Aufsichtsbehörden auszuführen sind.

(77) Die Mitgliedstaaten sollten mehr als eine Aufsichtsbehörde einrichten können, wenn dies ihrer verfassungsmäßigen, organisatorischen und administrativen Struktur entspricht. Jede Aufsichtsbehörde sollte mit Finanzmitteln, Personal, Räumlichkeiten und einer Infrastruktur ausgestattet werden, wie sie für die wirksame Wahrnehmung ihrer Aufgaben, auch der Aufgaben im Zusammenhang mit der Amtshilfe und Zusammenarbeit mit anderen Aufsichtsbehörden in der gesamten Union, notwendig sind. Jede Aufsichtsbehörde sollte über eigene, öffentliche, jährliche Haushaltspläne verfügen, die Teil des gesamten Staatshaushalts oder nationalen Haushalts sein können.

(78) Die Aufsichtsbehörden sollten unabhängigen Kontroll- oder Überwachungsmechanismen hinsichtlich ihrer Ausgaben unterliegen, sofern diese Finanzkontrolle ihre Unabhängigkeit nicht berührt.

---

[1] Nr. 1.

(79) Die allgemeinen Anforderungen an das Mitglied oder die Mitglieder der Aufsichtsbehörde sollten durch Recht der Mitgliedstaaten geregelt werden und insbesondere vorsehen, dass diese Mitglieder entweder vom Parlament oder von der Regierung oder dem Staatsoberhaupt des betreffenden Mitgliedstaats auf Vorschlag der Regierung oder eines Regierungsmitglieds oder des Parlaments oder dessen Kammer oder von einer unabhängigen Stelle ernannt werden, die nach dem Recht des Mitgliedstaats mit der Ernennung im Wege eines transparenten Verfahrens betraut wird. Um die Unabhängigkeit der Aufsichtsbehörde zu gewährleisten, sollten ihre Mitglieder integer handeln, von allen mit den Aufgaben ihres Amts nicht zu vereinbarenden Handlungen absehen und während ihrer Amtszeit keine andere mit ihrem Amt nicht zu vereinbarende entgeltliche oder unentgeltliche Tätigkeit ausüben. Um die Unabhängigkeit der Aufsichtsbehörde zu gewährleisten, sollte ihr Personal von der Aufsichtsbehörde selbst ausgewählt werden; dabei kann eine unabhängige, nach dem Recht des Mitgliedstaats betraute Stelle eingeschaltet werden.

(80) Obgleich diese Richtlinie auch für die Tätigkeit der nationalen Gerichte und anderer Justizbehörden gilt, sollte sich die Zuständigkeit der Aufsichtsbehörden nicht auf die von Gerichten im Rahmen ihrer justiziellen Tätigkeit vorgenommenen Datenverarbeitungen erstrecken, damit die Unabhängigkeit der Richter bei der Ausübung ihrer richterlichen Aufgaben gewahrt bleibt. Diese Ausnahme sollte allerdings begrenzt werden auf justizielle Tätigkeiten in Gerichtssachen und sich nicht auf andere Tätigkeiten beziehen, mit denen Richter nach dem Recht der Mitgliedstaaten betraut werden können. Die Mitgliedstaaten sollten außerdem vorsehen können, dass sich die Zuständigkeit der Aufsichtsbehörde nicht auf die Überwachung der Verarbeitung personenbezogener Daten erstreckt, die durch andere unabhängige Justizbehörden im Rahmen ihrer justiziellen Tätigkeit, beispielsweise Staatsanwaltschaften, erfolgt. Die Einhaltung der Vorschriften dieser Richtlinie durch die Gerichte und andere unabhängige Justizbehörden unterliegt in jedem Fall stets der unabhängigen Überwachung gemäß Artikel 8 Absatz 3 der Charta[1)].

(81) Jede Aufsichtsbehörde sollte sich mit Beschwerden von betroffenen Personen befassen und die Angelegenheit untersuchen oder an die zuständige Aufsichtsbehörde übermitteln. Die auf eine Beschwerde folgende Untersuchung sollte vorbehaltlich einer gerichtlichen Überprüfung so weit gehen, wie dies im Einzelfall angemessen ist. Die Aufsichtsbehörde sollte die betroffene Person innerhalb eines angemessenen Zeitraums über den Stand und die Ergebnisse der Beschwerde unterrichten. Sollten weitere Untersuchungen oder die Abstimmung mit einer anderen Aufsichtsbehörde erforderlich sein, so sollte die betroffene Person über den Zwischenstand informiert werden.

(82) Um die wirksame, zuverlässige und einheitliche Überwachung der Einhaltung und Durchsetzung dieser Richtlinie in der gesamten Union gemäß dem AEUV in der Auslegung durch den Gerichtshof sicherzustellen, sollten die Aufsichtsbehörden in jedem Mitgliedstaat dieselben Aufgaben und wirksamen Befugnisse haben, darunter Untersuchungsbefugnisse, Abhilfebefugnisse und beratende Befugnisse, die notwendige In-

---

[1)] Nr. 4.

strumente zur Erfüllung ihrer Aufgaben darstellen. Ihre Befugnisse dürfen jedoch weder die speziellen Vorschriften für Strafverfahren, einschließlich der Ermittlung und Verfolgung von Straftaten, noch die Unabhängigkeit der Gerichte berühren. Unbeschadet der Befugnisse der Strafverfolgungsbehörden nach dem Recht der Mitgliedstaaten sollten die Aufsichtsbehörden außerdem die Befugnis haben, Verstöße gegen diese Richtlinie den Justizbehörden zur Kenntnis zu bringen oder Gerichtsverfahren anzustrengen. Die Befugnisse der Aufsichtsbehörden sollten in Übereinstimmung mit den geeigneten Verfahrensgarantien nach dem Unionsrecht und dem Recht der Mitgliedstaaten unparteiisch, gerecht und innerhalb einer angemessenen Frist ausgeübt werden. Insbesondere sollte jede Maßnahme im Hinblick auf die Gewährleistung der Einhaltung dieser Richtlinie geeignet, erforderlich und verhältnismäßig sein, wobei die Umstände des jeweiligen Einzelfalls zu berücksichtigen sind, das Recht einer jeden Person, gehört zu werden, bevor eine individuelle Maßnahme getroffen wird, die nachteilige Auswirkungen auf die betroffene Person hätte, zu achten ist und überflüssige Kosten und übermäßig Unannehmlichkeiten für sie zu vermeiden sind. Untersuchungsbefugnisse im Hinblick auf den Zugang zu Räumlichkeiten sollten im Einklang mit besonderen Anforderungen im Recht der Mitgliedstaaten ausgeübt werden, wie etwa dem Erfordernis einer vorherigen richterlichen Genehmigung. Der Erlass eines rechtsverbindlichen Beschlusses sollte in dem Mitgliedstaat der Aufsichtsbehörde, die den Beschluss erlassen hat, einer gerichtlichen Überprüfung unterliegen.

(83) Die Aufsichtsbehörden sollten sich gegenseitig bei der Erfüllung ihrer Aufgaben unterstützen und einander Amtshilfe leisten, damit eine einheitliche Anwendung und Durchsetzung der nach dieser Richtlinie erlassenen Vorschriften gewährleistet ist.

(84) Der Ausschuss sollte zur einheitlichen Anwendung dieser Richtlinie in der Union beitragen, einschließlich der Beratung der Kommission und der Förderung der Zusammenarbeit der Aufsichtsbehörden in der Union.

(85) Jede betroffene Person sollte das Recht haben, bei einer einzigen Aufsichtsbehörde eine Beschwerde einzureichen und gemäß Artikel 47 der Charta[1)] einen wirksamen gerichtlichen Rechtsbehelf einzulegen, wenn sie sich in ihren Rechten aufgrund von nach dieser Richtlinie erlassenen Vorschriften verletzt sieht oder wenn die Aufsichtsbehörde auf eine Beschwerde hin nicht tätig wird, eine Beschwerde teilweise oder ganz abweist oder ablehnt oder nicht tätig wird, obwohl dies zum Schutz der Rechte der betroffenen Person notwendig ist. Die auf eine Beschwerde folgende Untersuchung sollte vorbehaltlich gerichtlicher Überprüfung so weit gehen, wie dies im Einzelfall angemessen ist. Die zuständige Aufsichtsbehörde sollte die betroffene Person innerhalb eines angemessenen Zeitraums über den Stand und die Ergebnisse der Beschwerde unterrichten. Sollten weitere Untersuchungen oder die Abstimmung mit einer anderen Aufsichtsbehörde erforderlich sein, so sollte die betroffene Person über den Zwischenstand informiert werden. Jede Aufsichtsbehörde sollte Maßnahmen zur Erleichterung der Einreichung von Beschwerden treffen, wie etwa die Bereitstellung eines Beschwerdeformulars, das auch

---

[1)] Nr. 4.

elektronisch ausgefüllt werden kann, ohne dass andere Kommunikationsmittel ausgeschlossen werden.

(86) Jede natürliche oder juristische Person sollte das Recht auf einen wirksamen gerichtlichen Rechtsbehelf bei dem zuständigen einzelstaatlichen Gericht gegen einen Beschluss einer Aufsichtsbehörde haben, der gegenüber dieser Person Rechtswirkungen entfaltet. Ein derartiger Beschluss betrifft insbesondere die Ausübung von Untersuchungs-, Abhilfe- und Genehmigungsbefugnissen durch die Aufsichtsbehörde oder die Ablehnung oder Abweisung von Beschwerden. Dieses Recht umfasst jedoch nicht andere – rechtlich nicht bindende – Maßnahmen der Aufsichtsbehörden wie von ihr abgegebene Stellungnahmen oder Empfehlungen. Verfahren gegen eine Aufsichtsbehörde sollten bei den Gerichten des Mitgliedstaats angestrengt werden, in dem die Aufsichtsbehörde ihren Sitz hat, und sollten im Einklang mit dem Recht dieses Mitgliedstaats durchgeführt werden. Diese Gerichte sollten eine uneingeschränkte Zuständigkeit besitzen, was die Zuständigkeit, sämtliche für den anhängigen Rechtsstreit maßgeblichen Sach- und Rechtsfragen zu prüfen, einschließt.

(87) Betroffene Personen, die sich in ihren Rechten gemäß dieser Richtlinie verletzt sehen, sollten das Recht haben, Einrichtungen, die sich den Schutz der Rechte und Interessen der betroffenen Personen im Bereich des Schutzes ihrer personenbezogenen Daten zum Ziel gesetzt haben und die nach dem Recht eines Mitgliedstaats gegründet sind, zu beauftragen, in ihrem Namen eine Beschwerde bei einer Aufsichtsbehörde einzureichen und einen gerichtlichen Rechtsbehelf einzulegen. Das Recht betroffener Personen auf Vertretung sollte das Verfahrensrecht der Mitgliedstaaten unberührt lassen, nach dem eine obligatorische Vertretung betroffener Personen durch einen Rechtsanwalt im Sinne der Richtlinie 77/249/EWG des Rates[1]) vor nationalen Gerichten erforderlich sein kann.

(88) Schäden, die einer Person aufgrund einer Verarbeitung entstehen, die gegen nach dieser Richtlinie erlassene Vorschriften verstößt, sollten von dem Verantwortlichen oder einer anderen nach dem Recht der Mitgliedstaaten zuständigen Behörde ersetzt werden. Der Begriff des Schadens sollte im Lichte der Rechtsprechung des Gerichtshofs weit und auf eine Art und Weise ausgelegt werden, die den Zielen dieser Richtlinie in vollem Umfang entspricht. Dies gilt unbeschadet von Schadenersatzforderungen aufgrund von Verstößen gegen andere Vorschriften des Unionsrechts oder des Rechts der Mitgliedstaaten. Wird auf eine Verarbeitung Bezug genommen, die unrechtmäßig ist oder nicht im Einklang mit den nach dieser Richtlinie erlassenen Vorschriften steht, so gilt dies auch für Verarbeitungen, die gegen gemäß dieser Richtlinie erlassene Durchführungsrechtsakte verstoßen. Die betroffenen Personen sollten einen vollständigen und wirksamen Schadenersatz für den erlittenen Schaden erhalten.

(89) Gegen jede natürliche oder juristische – privatem oder öffentlichem Recht unterliegende – Person, die gegen diese Richtlinie verstößt, sollten

---

[1]) **Amtl. Anm.**: Richtlinie 77/249/EWG des Rates vom 22. März 1977 zur Erleichterung der tatsächlichen Ausübung des freien Dienstleistungsverkehrs der Rechtsanwälte (ABl. L 78 vom 26.3.1977, S. 17).

Sanktionen verhängt werden. Die Mitgliedstaaten sollten dafür sorgen, dass die Sanktionen wirksam, verhältnismäßig und abschreckend sind, und alle Maßnahmen zur Anwendung der Sanktionen treffen.

(90) Um einheitliche Bedingungen für die Anwendung dieser Richtlinie sicherzustellen, sollten der Kommission Durchführungsbefugnisse in Bezug auf Folgendes übertragen werden: die Angemessenheit des Datenschutzniveaus in einem Drittland, in einem Gebiet oder einer spezifischen Sektor in einem Drittland oder in einer internationalen Organisation, das Format und die Verfahren für Amtshilfe und die Vorkehrungen für den elektronischen Informationsaustausch zwischen Aufsichtsbehörden und zwischen Aufsichtsbehörden und dem Ausschuss. Diese Befugnisse sollten nach Maßgabe der Verordnung (EU) Nr. 182/2011 des Europäischen Parlaments und des Rates[1] ausgeübt werden.

(91) Durchführungsrechtsakte über die Angemessenheit des Datenschutzniveaus in einem Drittland, in einem Gebiet oder einem spezifischen Sektor in einem Drittland oder in einer internationalen Organisation, über das Format und die Verfahren für Amtshilfe und die Vorkehrungen für den elektronischen Informationsaustausch zwischen Aufsichtsbehörden und zwischen Aufsichtsbehörden und dem Ausschuss sollten im Wege des Prüfverfahrens festgelegt werden, da es sich um Rechtsakte von allgemeiner Tragweite handelt.

(92) Die Kommission sollte in hinreichend begründeten Fällen äußerster Dringlichkeit, die ein Drittland, ein Gebiet oder einen spezifischen Sektor in einem Drittland oder eine internationale Organisation betreffen, die kein angemessenes Schutzniveau mehr gewährleisten, sofort geltende Durchführungsrechtsakte erlassen.

(93) Da die Ziele dieser Richtlinie, nämlich die Grundrechte und Grundfreiheiten natürlicher Personen und insbesondere deren Recht auf Schutz ihrer personenbezogenen Daten und den ungehinderten Austausch personenbezogener Daten im Verkehr zwischen den zuständigen Behörden innerhalb der Union zu gewährleisten, von den Mitgliedstaaten nicht ausreichend verwirklicht werden können, sondern vielmehr wegen des Umfangs oder der Wirkungen der Maßnahme auf Unionsebene besser zu verwirklichen sind, kann die Union im Einklang mit dem in Artikel 5 EUV verankerten Subsidiaritätsprinzip tätig werden. Entsprechend dem in demselben Artikel genannten Grundsatz der Verhältnismäßigkeit geht diese Richtlinie nicht über das für die Verwirklichung dieser Ziele erforderliche Maß hinaus.

(94) Besondere Bestimmungen, die in vor Erlass dieser Richtlinie im Bereich der justiziellen Zusammenarbeit in Strafsachen und der polizeilichen Zusammenarbeit erlassenen Rechtsakten der Union enthalten sind, die die Verarbeitung personenbezogener Daten im Verkehr der Mitgliedstaaten untereinander sowie den Zugang der von den Mitgliedstaaten bestimmten Behörden zu den gemäß den Verträgen errichteten Informationssystemen im Anwendungsbereich dieser Richtlinie regeln, sollten

---

[1] **Amtl. Anm.:** Verordnung (EU) Nr. 182/2011 des Europäischen Parlaments und des Rates vom 16. Februar 2011 zur Festlegung der allgemeinen Regeln und Grundsätze, nach denen die Mitgliedstaaten die Wahrnehmung der Durchführungsbefugnisse durch die Kommission kontrollieren (ABl. L 55 vom 28.2.2011, S. 13).

unberührt bleiben, beispielsweise die besonderen Bestimmungen betreffend den Schutz personenbezogener Daten gemäß dem Beschluss 2008/615/JI des Rates[1] oder Artikel 23 des Übereinkommens über die Rechtshilfe in Strafsachen zwischen den Mitgliedstaaten der Europäischen Union[2]. Da Artikel 8 der Charta[3] und Artikel 16 AEUV vorschreiben, dass das Grundrecht auf Schutz personenbezogener Daten in der Union einheitlich angewendet werden sollte, sollte die Kommission das Verhältnis zwischen dieser Richtlinie und den vor ihrem Erlass angenommenen Rechtsakten, die die Verarbeitung personenbezogener Daten im Verkehr der Mitgliedstaaten untereinander oder den Zugang der von den Mitgliedstaaten bestimmten Behörden zu den gemäß den Verträgen errichteten Informationssystemen regeln, daraufhin prüfen, inwieweit die besonderen Bestimmungen dieser Rechtsakte an diese Richtlinie angepasst werden müssen. Die Kommission sollte gegebenenfalls Vorschläge zur Gewährleistung einheitlicher Rechtsvorschriften in Bezug auf die Verarbeitung personenbezogener Daten unterbreiten.

(95) Zur Gewährleistung eines umfassenden und einheitlichen Schutzes personenbezogener Daten in der Union sollten internationale Übereinkünfte, die von den Mitgliedstaaten vor Inkrafttreten dieser Richtlinie geschlossen wurden und die im Einklang mit dem maßgeblichen vor Inkrafttreten dieser Richtlinie geltenden Unionsrecht stehen, in Kraft bleiben, bis sie geändert, ersetzt oder gekündigt werden.

(96) Die Mitgliedstaaten sollten gehalten sein, diese Richtlinie innerhalb von höchstens zwei Jahren nach ihrem Inkrafttreten umzusetzen. Verarbeitungen, die zu diesem Zeitpunkt bereits begonnen haben, sollten innerhalb von zwei Jahren nach dem Inkrafttreten dieser Richtlinie mit ihr in Einklang gebracht werden. Stehen die Verarbeitungen jedoch im Einklang mit dem vor Inkrafttreten dieser Richtlinie geltenden Unionsrecht, so sollten die Anforderungen der vorliegenden Richtlinie betreffend die vorherige Konsultation der Aufsichtsbehörde nicht für Verarbeitungsvorgänge gelten, die bereits vor diesem Zeitpunkt begonnen wurden, da diese Anforderungen naturgemäß vor der Verarbeitung erfüllt sein müssen. Nehmen Mitgliedstaaten die längere Umsetzungsfrist, die sieben Jahre nach dem Inkrafttreten dieser Richtlinie endet, in Anspruch, um den Protokollierungspflichten für vor dem Inkrafttreten dieser Richtlinie eingerichtete automatisierte Verarbeitungssysteme nachzukommen, so sollte der Verantwortliche oder der Auftragsverarbeiter über wirksame Methoden zum Nachweis der Rechtmäßigkeit der Datenverarbeitung, zur Ermöglichung der Eigenüberwachung und zur Sicherstellung der Integrität und Sicherheit der Daten, wie etwa Protokolle oder andere Formen von Verzeichnissen, verfügen.

(97) Diese Richtlinie lässt die Vorschriften zur Bekämpfung des sexuellen Missbrauchs und der sexuellen Ausbeutung von Kindern sowie der Kin-

---

[1] **Amtl. Anm.:** Rahmenbeschluss 2008/615/JI des Rates vom 23. Juni 2008 zur Vertiefung der grenzüberschreitenden Zusammenarbeit, insbesondere zur Bekämpfung des Terrorismus und der grenzüberschreitenden Kriminalität (ABl. L 210 vom 6.8.2008, S. 1).

[2] **Amtl. Anm.:** Rechtsakt des Rates vom 29. Mai 2000 über die Erstellung – gemäß Artikel 34 des Vertrags über die Europäische Union – des Übereinkommens über die Rechtshilfe in Strafsachen zwischen den Mitgliedstaaten der Europäischen Union (ABl. C 197 vom 12.7.2000, S. 1).

[3] Nr. 4.

derpornografie nach Maßgabe der Richtlinie 2011/93/EU des Europäischen Parlaments und des Rates[1] unberührt.
(98) Der Rahmenbeschluss 2008/977/JI sollte daher aufgehoben werden.
(99) Nach Artikel 6a des dem EUV und dem AEUV beigefügten Protokolls Nr. 21 über die Position des Vereinigten Königreichs und Irlands hinsichtlich des Raums der Freiheit, der Sicherheit und des Rechts sind die Bestimmungen dieser Richtlinie über die Verarbeitung personenbezogener Daten durch die Mitgliedstaaten im Rahmen der Ausübung von Tätigkeiten, die in den Anwendungsbereich des Dritten Teils Titel V Kapitel 4 und 5 AEUV fallen, für das Vereinigte Königreich und Irland nicht bindend, wenn das Vereinigte Königreich und Irland nicht durch die Vorschriften gebunden sind, die Formen der justiziellen Zusammenarbeit in Strafsachen oder der polizeilichen Zusammenarbeit regeln, in deren Rahmen die auf der Grundlage des Artikels 16 AEUV festgelegten Vorschriften eingehalten werden müssen.
(100) Nach den Artikeln 2 und 2a des dem EUV und dem AEUV beigefügten Protokolls Nr. 22 über die Position Dänemarks ist Dänemark durch die Bestimmungen dieser Richtlinie, die sich auf die Verarbeitung personenbezogener Daten durch die Mitgliedstaaten im Rahmen der Ausübung von Tätigkeiten beziehen, die in den Anwendungsbereich des Dritten Teils Titel V Kapitel 4 und 5 AEUV fallen, weder gebunden noch zu ihrer Anwendung verpflichtet. Da diese Richtlinie den Schengen-Besitzstand gemäß dem Dritten Teil Titel V AEUV ergänzt, beschließt Dänemark gemäß Artikel 4 des genannten Protokolls innerhalb von sechs Monaten nach Erlass dieser Richtlinie, ob es sie in nationales Recht umsetzt.
(101) Für Island und Norwegen stellt diese Richtlinie eine Weiterentwicklung von Bestimmungen des Schengen-Besitzstands im Sinne des Übereinkommens zwischen dem Rat der Europäischen Union sowie der Republik Island und dem Königreich Norwegen über die Assoziierung der beiden letztgenannten Staaten bei der Umsetzung, Anwendung und Entwicklung des Schengen-Besitzstands dar.[2]
(102) Für die Schweiz stellt diese Richtlinie eine Weiterentwicklung von Bestimmungen des Schengen-Besitzstands im Sinne des Abkommens zwischen der Europäischen Union, der Europäischen Gemeinschaft und der Schweizerischen Eidgenossenschaft über die Assoziierung dieses Staates bei der Umsetzung, Anwendung und Entwicklung des Schengen-Besitzstands dar.[3]
(103) Für *Lichtenstein*[4] stellt diese Richtlinie eine Weiterentwicklung von Bestimmungen des Schengen-Besitzstands im Sinne des Protokolls zwischen der Europäischen Union, der Europäischen Gemeinschaft, der Schweizerischen Eidgenossenschaft und dem Fürstentum Liechtenstein über den Beitritt des Fürstentums Liechtenstein zu dem Abkommen zwischen der

---

[1] **Amtl. Anm.:** Richtlinie 2011/93/EU des Europäischen Parlaments und des Rates vom 13. Dezember 2011 zur Bekämpfung des sexuellen Missbrauchs und der sexuellen Ausbeutung von Kindern sowie der Kinderpornografie sowie zur Ersetzung des Rahmenbeschlusses 2004/68/JI des Rates (ABl. L 335 vom 17.12.2011, S. 1).
[2] **Amtl. Anm.:** ABl. L 176 vom 10.7.1999, S. 36.
[3] **Amtl. Anm.:** ABl. L 53 vom 27.2.2008, S. 52.
[4] Richtig wohl: „Liechtenstein".

Europäischen Union, der Europäischen Gemeinschaft und der Schweizerischen Eidgenossenschaft über die Assoziierung der Schweizerischen Eidgenossenschaft bei der Umsetzung, Anwendung und Entwicklung des Schengen-Besitzstands dar.[1]

(104) Diese Richtlinie steht im Einklang mit den Grundrechten und Grundsätzen, die mit der Charta[2] anerkannt wurden und im AEUV verankert sind, insbesondere mit dem Recht auf Achtung des Privat- und Familienlebens, dem Recht auf Schutz personenbezogener Daten sowie dem Recht auf einen wirksamen Rechtsbehelf und ein faires Verfahren. Die Einschränkungen dieser Rechte stehen im Einklang mit Artikel 52 Absatz 1 der Charta[2], da sie erforderlich sind, um den von der Union anerkannten dem Gemeinwohl dienenden Zielsetzungen oder den Erfordernissen des Schutzes der Rechte und der Freiheiten anderer zu entsprechen.

(105) Gemäß der Gemeinsamen Politischen Erklärung der Mitgliedstaaten und der Kommission vom 28. September 2011 zu erläuternden Dokumenten haben sich die Mitgliedstaaten verpflichtet, in begründeten Fällen zusätzlich zur Mitteilung ihrer Umsetzungsmaßnahmen ein oder mehrere Dokumente zu übermitteln, in denen der Zusammenhang zwischen den Bestandteilen einer Richtlinie und den entsprechenden Teilen einzelstaatlicher Umsetzungsmaßnahmen erläutert wird. In Bezug auf diese Richtlinie hält der Gesetzgeber die Übermittlung derartiger Dokumente für gerechtfertigt.

(106) Der Europäische Datenschutzbeauftragte wurde gemäß Artikel 28 Absatz 2 der Verordnung (EG) Nr. 45/2001 konsultiert und hat seine Stellungnahme am 7. März 2012 abgegeben[3].

(107) Diese Richtlinie sollte die Mitgliedstaaten nicht daran hindern, die Bestimmungen über die Ausübung der Rechte der betroffenen Personen auf Unterrichtung, Auskunft und Berichtigung oder Löschung personenbezogener Daten und Beschränkung der Verarbeitung im Rahmen eines Strafverfahrens sowie mögliche Beschränkungen dieser Rechte in ihr einzelstaatliches Strafverfahrensrecht umzusetzen –

HABEN FOLGENDE RICHTLINIE ERLASSEN:

Kapitel I. Allgemeine Bestimmungen

Art. 1 Gegenstand und Ziele. (1) Diese Richtlinie enthält Bestimmungen zum Schutz natürlicher Personen bei der Verarbeitung personenbezogener Daten durch die zuständigen Behörden zum Zwecke der Verhütung, Ermittlung, Aufdeckung oder Verfolgung von Straftaten oder der Strafvollstreckung, einschließlich des Schutzes vor und der Abwehr von Gefahren für die öffentliche Sicherheit.

(2) Gemäß dieser Richtlinie haben die Mitgliedstaaten

a) die Grundrechte und Grundfreiheiten natürlicher Personen, insbesondere deren Recht auf Schutz personenbezogener Daten, zu schützen und

---

[1] **Amtl. Anm.:** ABl. L 160 vom 18.6.2011, S. 21.
[2] Nr. 4.
[3] **Amtl. Anm.:** ABl. C 192, 30.6.2012, S. 7

b) sicherzustellen, dass der Austausch personenbezogener Daten zwischen den zuständigen Behörden in der Union sofern er nach dem Unionsrecht oder dem Recht der Mitgliedstaaten vorgesehen ist – nicht aus Gründen, die mit dem Schutz natürlicher Personen bei der Verarbeitung personenbezogener Daten verbunden sind, eingeschränkt oder verboten wird.

(3) Diese Richtlinie hindert die Mitgliedstaaten nicht daran, zum Schutz der Rechte und Freiheiten der betroffenen Person bei der Verarbeitung personenbezogener Daten durch die zuständigen Behörden Garantien festzulegen, die strenger sind als die Garantien dieser Richtlinie.

Art. 2 Anwendungsbereich. (1) Diese Richtlinie gilt für die Verarbeitung personenbezogener Daten durch die zuständigen Behörden zu den in Artikel 1 Absatz 1 genannten Zwecken.

(2) Diese Richtlinie gilt für die ganz oder teilweise automatisierte Verarbeitung personenbezogener Daten sowie für die nichtautomatisierte Verarbeitung personenbezogener Daten, die in einem Dateisystem gespeichert sind oder gespeichert werden sollen.

(3) Diese Richtlinie findet keine Anwendung auf die Verarbeitung personenbezogener Daten

a) im Rahmen einer Tätigkeit, die nicht in den Anwendungsbereich des Unionsrechts fällt,

b) durch die Organe, Einrichtungen, Ämter und Agenturen der Europäischen Union.

Art. 3 Begriffsbestimmungen. Im Sinne dieser Richtlinie bezeichnet der Ausdruck:

1. „personenbezogene Daten" alle Informationen, die sich auf eine identifizierte oder identifizierbare natürliche Person (im Folgenden „betroffene Person") beziehen; als identifizierbar wird eine natürliche Person angesehen, die direkt oder indirekt, insbesondere mittels Zuordnung zu einer Kennung wie einem Namen, zu einer Kennnummer, zu Standortdaten, zu einer Online-Kennung oder zu einem oder mehreren besonderen Merkmalen, die Ausdruck der physischen, physiologischen, genetischen, psychischen, wirtschaftlichen, kulturellen oder sozialen Identität dieser natürlichen Person sind, identifiziert werden kann;
2. „Verarbeitung" jeden mit oder ohne Hilfe automatisierter Verfahren ausgeführten Vorgang oder jede solche Vorgangsreihe im Zusammenhang mit personenbezogenen Daten wie das Erheben, das Erfassen, die Organisation, das Ordnen, die Speicherung, die Anpassung oder Veränderung, das Auslesen, das Abfragen, die Verwendung, die Offenlegung durch Übermittlung, Verbreitung oder eine andere Form der Bereitstellung, den Abgleich oder die Verknüpfung, die Einschränkung, das Löschen oder die Vernichtung;
3. „Einschränkung der Verarbeitung" die Markierung gespeicherter personenbezogener Daten mit dem Ziel, ihre künftige Verarbeitung einzuschränken;
4. „Profiling" jede Art der automatisierten Verarbeitung personenbezogener Daten, die darin besteht, dass diese personenbezogenen Daten verwendet werden, um bestimmte persönliche Aspekte, die sich auf eine natürliche Person beziehen, zu bewerten, insbesondere um Aspekte bezüglich Arbeits-

leistung, wirtschaftliche Lage, Gesundheit, persönliche Vorlieben, Interessen, Zuverlässigkeit, Verhalten, Aufenthaltsort oder Ortswechsel dieser natürlichen Person zu analysieren oder vorherzusagen;

5. „Pseudonymisierung" die Verarbeitung personenbezogener Daten in einer Weise, dass die personenbezogenen Daten ohne Hinzuziehung zusätzlicher Informationen nicht mehr einer spezifischen betroffenen Person zugeordnet werden können, sofern diese zusätzlichen Informationen gesondert aufbewahrt werden und technischen und organisatorischen Maßnahmen unterliegen, die gewährleisten, dass die personenbezogenen Daten nicht einer identifizierten oder identifizierbaren natürlichen Person zugewiesen werden;

6. „Dateisystem" jede strukturierte Sammlung personenbezogener Daten, die nach bestimmten Kriterien zugänglich sind, unabhängig davon, ob diese Sammlung zentral, dezentral oder nach funktionalen oder geografischen Gesichtspunkten geordnet geführt wird;

7. „zuständige Behörde"

   a) eine staatliche Stelle, die für die Verhütung, Ermittlung, Aufdeckung oder Verfolgung von Straftaten oder die Strafvollstreckung, einschließlich des Schutzes vor und der Abwehr von Gefahren für die öffentliche Sicherheit, zuständig ist, oder

   b) eine andere Stelle oder Einrichtung, der durch das Recht der Mitgliedstaaten die Ausübung öffentlicher Gewalt und hoheitlicher Befugnisse zur Verhütung, Ermittlung, Aufdeckung oder Verfolgung von Straftaten oder zur Strafvollstreckung, einschließlich des Schutzes vor und der Abwehr von Gefahren für die öffentliche Sicherheit, übertragen wurde;

8. „Verantwortlicher" die zuständige Behörde, die allein oder gemeinsam mit anderen über die Zwecke und Mittel der Verarbeitung von personenbezogenen Daten entscheidet; sind die Zwecke und Mittel dieser Verarbeitung durch das Unionsrecht oder das Recht der Mitgliedstaaten vorgegeben, so kann der Verantwortliche beziehungsweise können die bestimmten Kriterien seiner Benennung nach dem Unionsrecht oder dem Recht der Mitgliedstaaten vorgesehen werden;

9. „Auftragsverarbeiter" eine natürliche oder juristische Person, Behörde, Einrichtung oder andere Stelle, die personenbezogene Daten im Auftrag des Verantwortlichen verarbeitet;

10. „Empfänger" eine natürliche oder juristische Person, Behörde, Einrichtung oder andere Stelle, denen personenbezogene Daten offengelegt werden, unabhängig davon, ob es sich bei ihr um einen Dritten handelt oder nicht. Behörden, die im Rahmen eines bestimmten Untersuchungsauftrags nach dem Recht der Mitgliedstaaten möglicherweise personenbezogene Daten erhalten, gelten jedoch nicht als Empfänger; die Verarbeitung dieser Daten durch die genannten Behörden erfolgt im Einklang mit den geltenden Datenschutzvorschriften gemäß den Zwecken der Verarbeitung;

11. „Verletzung des Schutzes personenbezogener Daten" eine Verletzung der Sicherheit, die zur Vernichtung, zum Verlust oder zur Veränderung, ob unbeabsichtigt oder unrechtmäßig, oder zur unbefugten Offenlegung von beziehungsweise zum unbefugten Zugang zu personenbezogenen Daten führt, die übermittelt, gespeichert oder auf sonstige Weise verarbeitet wurden;

12. „genetische Daten" personenbezogene Daten zu den ererbten oder erworbenen genetischen Eigenschaften einer natürlichen Person, die eindeutige Informationen über die Physiologie oder die Gesundheit dieser natürlichen Person liefern und insbesondere aus der Analyse einer biologischen Probe der betreffenden natürlichen Person gewonnen wurden;
13. „biometrische Daten" mit speziellen technischen Verfahren gewonnene personenbezogene Daten zu den physischen, physiologischen oder verhaltenstypischen Merkmalen einer natürlichen Person, die die eindeutige Identifizierung dieser natürlichen Person ermöglichen oder bestätigen, wie Gesichtsbilder oder daktyloskopische Daten;
14. „Gesundheitsdaten" personenbezogene Daten, die sich auf die körperliche oder geistige Gesundheit einer natürlichen Person, einschließlich der Erbringung von Gesundheitsdienstleistungen, beziehen und aus denen Informationen über deren Gesundheitszustand hervorgehen;
15. „Aufsichtsbehörde" eine von einem Mitgliedstaat gemäß Artikel 41 eingerichtete unabhängige staatliche Stelle;
16. „internationale Organisation" eine völkerrechtliche Organisation und ihre nachgeordneten Stellen oder jede sonstige Einrichtung, die durch eine zwischen zwei oder mehr Ländern geschlossene Übereinkunft oder auf der Grundlage einer solchen Übereinkunft geschaffen wurde.

Kapitel II. Grundsätze

Art. 4 Grundsätze in Bezug auf die Verarbeitung personenbezogener Daten. (1) Die Mitgliedstaaten sehen vor, dass personenbezogene Daten

a) auf rechtmäßige Weise und nach Treu und Glauben verarbeitet werden,

b) für festgelegte, eindeutige und rechtmäßige Zwecke erhoben und nicht in einer mit diesen Zwecken nicht zu vereinbarenden Weise verarbeitet werden,

c) dem Verarbeitungszweck entsprechen, maßgeblich und in Bezug auf die Zwecke, für die sie verarbeitet werden, nicht übermäßig sind,

d) sachlich richtig und erforderlichenfalls auf dem neuesten Stand sind; dabei sind alle angemessenen Maßnahmen zu treffen, damit personenbezogene Daten, die im Hinblick auf die Zwecke ihrer Verarbeitung unrichtig sind, unverzüglich gelöscht oder berichtigt werden,

e) nicht länger, als es für die Zwecke, für die sie verarbeitet werden, erforderlich ist, in einer Form gespeichert werden, die die Identifizierung der betroffenen Personen ermöglicht,

f) in einer Weise verarbeitet werden, die eine angemessene Sicherheit der personenbezogenen Daten gewährleistet, einschließlich des Schutzes vor unbefugter oder unrechtmäßiger Verarbeitung und vor unbeabsichtigtem Verlust, unbeabsichtigter Zerstörung oder unbeabsichtigter Schädigung durch geeignete technische und organisatorische Maßnahmen.

(2) Eine Verarbeitung durch denselben oder einen anderen Verantwortlichen für einen anderen der in Artikel 1 Absatz 1 genannten Zwecke als den, für den die personenbezogenen Daten erhoben werden, ist erlaubt, sofern

a) der Verantwortliche nach dem Unionsrecht oder dem Recht der Mitgliedstaaten befugt ist, solche personenbezogenen Daten für diesen anderen Zweck zu verarbeiten, und

b) die Verarbeitung für diesen anderen Zweck nach dem Unionsrecht oder dem Recht der Mitgliedstaaten erforderlich und verhältnismäßig ist.

(3) Die Verarbeitung durch denselben oder einen anderen Verantwortlichen kann die Archivierung im öffentlichen Interesse und die wissenschaftliche, statistische oder historische Verwendung für die in Artikel 1 Absatz 1 genannten Zwecke umfassen, sofern geeignete Garantien für die Rechte und Freiheiten der betroffenen Personen vorhanden sind.

(4) Der Verantwortliche ist für die Einhaltung der Absätze 1, 2 und 3 verantwortlich und muss deren Einhaltung nachweisen können.

Art. 5 Fristen für die Speicherung und Überprüfung. [1]Die Mitgliedstaaten sehen vor, dass für die Löschung von personenbezogenen Daten oder eine regelmäßige Überprüfung der Notwendigkeit ihrer Speicherung angemessene Fristen vorzusehen sind. [2]Durch verfahrensrechtliche Vorkehrungen ist sicherzustellen, dass diese Fristen eingehalten werden.

Art. 6 Unterscheidung verschiedener Kategorien betroffener Personen. Die Mitgliedstaaten sehen vor, dass der Verantwortliche gegebenenfalls und so weit wie möglich zwischen den personenbezogenen Daten verschiedener Kategorien betroffener Personen klar unterscheidet, darunter:

a) Personen, gegen die ein begründeter Verdacht besteht, dass sie eine Straftat begangen haben oder in naher Zukunft begehen werden,

b) verurteilte Straftäter,

c) Opfer einer Straftat oder Personen, bei denen bestimmte Fakten darauf hindeuten, dass sie Opfer einer Straftat sein könnten, und

d) andere Parteien im Zusammenhang mit einer Straftat, wie Personen, die bei Ermittlungen in Verbindung mit der betreffenden Straftat oder beim anschließenden Strafverfahren als Zeugen in Betracht kommen, Personen, die Hinweise zur Straftat geben können, oder Personen, die mit den unter den Buchstaben a und b genannten Personen in Kontakt oder in Verbindung stehen.

Art. 7 Unterscheidung zwischen personenbezogenen Daten und Überprüfung der Qualität der personenbezogenen Daten. (1) Die Mitgliedstaaten sehen vor, dass bei personenbezogenen Daten so weit wie möglich zwischen faktenbasierten Daten und auf persönlichen Einschätzungen beruhenden Daten unterschieden wird.

(2) [1]Die Mitgliedstaaten sehen vor, dass die zuständigen Behörden alle angemessenen Maßnahmen ergreifen, um zu gewährleisten, dass personenbezogene Daten, die unrichtig, unvollständig oder nicht mehr aktuell sind, nicht übermittelt oder bereitgestellt werden. [2]Zu diesem Zweck überprüft jede zuständige Behörde, soweit durchführbar, die Qualität der personenbezogenen Daten vor ihrer Übermittlung oder Bereitstellung. [3]Bei jeder Übermittlung personenbezogener Daten werden nach Möglichkeit die erforderlichen Informationen beigefügt, die es der empfangenden zuständigen Behörde gestatten,

die Richtigkeit, die Vollständigkeit und die Zuverlässigkeit der personenbezogenen Daten sowie deren Aktualitätsgrad zu beurteilen.

(3) ¹Wird festgestellt, dass unrichtige personenbezogene Daten übermittelt worden sind oder die personenbezogenen Daten unrechtmäßig übermittelt worden sind, so ist dies dem Empfänger unverzüglich mitzuteilen. ²In diesem Fall ist gemäß Artikel 16 eine Berichtigung oder Löschung oder die Einschränkung der Verarbeitung der personenbezogenen Daten vorzunehmen.

Art. 8 Rechtmäßigkeit der Verarbeitung. (1) Die Mitgliedstaaten sehen vor, dass die Verarbeitung nur dann rechtmäßig ist, wenn und soweit diese Verarbeitung für die Erfüllung einer Aufgabe erforderlich ist, die von der zuständigen Behörde zu den in Artikel 1 Absatz 1 genannten Zwecken wahrgenommenen wird, und auf Grundlage des Unionsrechts oder des Rechts der Mitgliedstaaten erfolgt.

(2) Im Recht der Mitgliedstaaten, das die Verarbeitung innerhalb des Anwendungsbereichs dieser Richtlinie regelt, werden zumindest die Ziele der Verarbeitung, die personenbezogenen Daten, die verarbeitet werden sollen, und die Zwecke der Verarbeitung angegeben.

Art. 9 Besondere Verarbeitungsbedingungen. (1) ¹Personenbezogene Daten, die von zuständigen Behörden für die in Artikel 1 Absatz 1 genannten Zwecke erhoben werden, dürfen nicht für andere als die in Artikel 1 Absatz 1 genannten Zwecke verarbeitet werden, es sei denn, eine derartige Verarbeitung ist nach dem Unionsrecht oder dem Recht der Mitgliedstaaten zulässig. ²Wenn personenbezogene Daten für solche andere Zwecke verarbeitet werden, gilt die Verordnung (EU) 2016/679[1]), es sei denn, die Verarbeitung erfolgt im Rahmen einer Tätigkeit, die nicht in den Anwendungsbereich des Unionsrechts fällt.

(2) Sind nach dem Recht der Mitgliedstaaten zuständige Behörden mit der Wahrnehmung von Aufgaben betraut, die sich nicht mit den für die in Artikel 1 Absatz 1 genannten Zwecke wahrgenommenen Aufgaben decken, gilt die Verordnung (EU) 2016/679 für die Verarbeitung zu diesen Zwecken – wozu auch im öffentlichen Interesse liegende Archivzwecke, wissenschaftliche oder historische Forschungszwecke oder statistische Zwecke zählen –, es sei denn, die Verarbeitung erfolgt im Rahmen einer Tätigkeit, die nicht in den Anwendungsbereich des Unionsrechts fällt.

(3) Die Mitgliedstaaten sehen vor, dass immer dann, wenn nach dem Unionsrecht oder dem Recht der Mitgliedstaaten, dem die übermittelnde zuständige Behörde unterliegt, für die Verarbeitung besondere Bedingungen gelten, die übermittelnde zuständige Behörde den Empfänger der Daten darauf hinweist, dass diese Bedingungen gelten und einzuhalten sind.

(4) Die Mitgliedstaaten sehen vor, dass die übermittelnde zuständige Behörde auf Empfänger in anderen Mitgliedstaaten oder nach Titel V Kapitel 4 und 5 AEUV errichtete Einrichtungen und sonstige Stellen keine Bedingungen nach Absatz 3 anwendet, die nicht auch für entsprechende Datenübermittlungen innerhalb ihres eigenen Mitgliedstaats gelten.

---

[1]) Nr. 1.

Art. 10 Verarbeitung besonderer Kategorien personenbezogener Daten. Die Verarbeitung personenbezogener Daten, aus denen die rassische oder ethnische Herkunft, politische Meinungen, religiöse oder weltanschauliche Überzeugungen oder die Gewerkschaftszugehörigkeit hervorgehen, sowie die Verarbeitung von genetischen Daten, biometrischen Daten zur eindeutigen Identifizierung einer natürlichen Person, Gesundheitsdaten oder Daten zum Sexualleben oder der sexuellen Orientierung ist nur dann erlaubt, wenn sie unbedingt erforderlich ist und vorbehaltlich geeigneter Garantien für die Rechte und Freiheiten der betroffenen Person erfolgt und

a) wenn sie nach dem Unionsrecht oder dem Recht der Mitgliedstaaten zulässig ist,

b) der Wahrung lebenswichtiger Interessen der betroffenen oder einer anderen natürlichen Person dient oder

c) wenn sie sich auf Daten bezieht, die die betroffene Person offensichtlich öffentlich gemacht hat.

Art. 11 Automatisierte Entscheidungsfindung im Einzelfall. (1) Die Mitgliedstaaten sehen vor, dass eine ausschließlich auf einer automatischen Verarbeitung beruhende Entscheidung – einschließlich Profiling –, die eine nachteilige Rechtsfolge für die betroffene Person hat oder sie erheblich beeinträchtigt, verboten ist, es sei denn, sie ist nach dem Unionsrecht oder dem Recht der Mitgliedstaaten, dem der Verantwortliche unterliegt und das geeignete Garantien für die Rechte und Freiheiten der betroffenen Person bietet, zumindest aber das Recht auf persönliches Eingreifen seitens des Verantwortlichen, erlaubt.

(2) Entscheidungen nach Absatz 1 dieses Artikels dürfen nicht auf besonderen Kategorien personenbezogener Daten nach Artikel 10 beruhen, sofern nicht geeignete Maßnahmen zum Schutz der Rechte und Freiheiten sowie der berechtigten Interessen der betroffenen Person getroffen wurden.

(3) Profiling, das zur Folge hat, dass natürliche Personen auf Grundlage von besonderen Datenkategorien nach Artikel 10 diskriminiert werden, ist nach dem Unionsrecht verboten.

Kapitel III. Rechte der betroffenen Person

Art. 12 Mitteilungen und Modalitäten für die Ausübung der Rechte der betroffenen Person. (1) [1]Die Mitgliedstaaten sehen vor, dass der Verantwortliche alle angemessenen Maßnahmen trifft, um der betroffenen Person alle Informationen gemäß Artikel 13 sowie alle Mitteilungen gemäß den Artikeln 11, 14 bis 18 und 31, die sich auf die Verarbeitung beziehen, in präziser, verständlicher und leicht zugänglicher Form in einer klaren und einfachen Sprache zu übermitteln. [2]Die Übermittlung der Informationen erfolgt in einer beliebigen geeigneten Form, wozu auch die elektronische Übermittlung zählt. [3]Grundsätzlich übermittelt der Verantwortliche die Informationen in derselben Form, in der er den Antrag erhalten hat.

(2) Die Mitgliedstaaten sehen vor, dass der Verantwortliche die Ausübung der den betroffenen Personen gemäß den Artikeln 11 und 14 bis 18 zustehenden Rechte erleichtert.

(3) Die Mitgliedstaaten sehen vor, dass der Verantwortliche die betroffene Person unverzüglich schriftlich darüber in Kenntnis setzt, wie mit ihrem Antrag verfahren wurde.

(4) ¹Die Mitgliedstaaten sehen vor, dass die Informationen gemäß Artikel 13 und alle gemachten Mitteilungen und getroffenen Maßnahmen gemäß den Artikeln 11, 14 bis 18 und 31 unentgeltlich zur Verfügung gestellt werden. ²Bei offenkundig unbegründeten oder – insbesondere im Fall von häufiger Wiederholung – exzessiven Anträgen einer betroffenen Person kann der Verantwortliche entweder

a) eine angemessene Gebühr verlangen, bei der die Verwaltungskosten für die Unterrichtung oder die Mitteilung oder die Durchführung der beantragten Maßnahme berücksichtigt werden, oder

b) er kann sich weigern, aufgrund des Antrags tätig zu werden.

³Der Verantwortliche hat den Nachweis für den offenkundig unbegründeten oder exzessiven Charakter des Antrags zu erbringen.

(5) Hat der Verantwortliche begründete Zweifel an der Identität der natürlichen Person, die den Antrag gemäß den Artikeln 14 oder 16 stellt, so kann er zusätzliche Informationen anfordern, die zur Bestätigung der Identität der betroffenen Person erforderlich sind.

Art. 13 Der betroffenen Person zur Verfügung zu stellende oder zu erteilende Informationen. (1) Die Mitgliedstaaten sehen vor, dass der Verantwortliche der betroffenen Person zumindest die folgenden Informationen zur Verfügung stellt:

a) den Namen und die Kontaktdaten des Verantwortlichen,

b) gegebenenfalls die Kontaktdaten des Datenschutzbeauftragten,

c) die Zwecke, für die die personenbezogenen Daten verarbeitet werden,

d) das Bestehen eines Beschwerderechts bei der Aufsichtsbehörde sowie deren Kontaktdaten,

e) das Bestehen eines Rechts auf Auskunft und Berichtigung oder Löschung personenbezogener Daten und Einschränkung der Verarbeitung der personenbezogenen Daten der betroffenen Person durch den Verantwortlichen.

(2) Zusätzlich zu den in Absatz 1 genannten Informationen sehen die Mitgliedstaaten durch Rechtsvorschriften vor, dass der Verantwortliche der betroffenen Person in besonderen Fällen die folgenden zusätzlichen Informationen erteilt, um die Ausübung der Rechte der betroffenen Person zu ermöglichen:

a) die Rechtsgrundlage der Verarbeitung,

b) die Dauer, für die die personenbezogenen Daten gespeichert werden oder, falls dies nicht möglich ist, die Kriterien für die Festlegung dieser Dauer,

c) gegebenenfalls die Kategorien von Empfängern der personenbezogenen Daten, auch der Empfänger in Drittländern oder in internationalen Organisationen,

d) erforderlichenfalls weitere Informationen, insbesondere wenn die personenbezogenen Daten ohne Wissen der betroffenen Person erhoben werden.

(3) Die Mitgliedstaaten können Gesetzgebungsmaßnahmen erlassen, nach denen die Unterrichtung der betroffenen Person gemäß Absatz 2 soweit und so lange aufgeschoben, eingeschränkt oder unterlassen werden kann, wie diese

Maßnahme in einer demokratischen Gesellschaft erforderlich und verhältnismäßig ist und sofern den Grundrechten und den berechtigten Interessen der betroffenen natürlichen Person Rechnung getragen wird:

a) zur Gewährleistung, dass behördliche oder gerichtliche Untersuchungen, Ermittlungen oder Verfahren nicht behindert werden,

b) zur Gewährleistung, dass die Verhütung, Aufdeckung, Ermittlung oder Verfolgung von Straftaten oder die Strafvollstreckung nicht beeinträchtigt werden,

c) zum Schutz der öffentlichen Sicherheit,

d) zum Schutz der nationalen Sicherheit,

e) zum Schutz der Rechte und Freiheiten anderer.

(4) Die Mitgliedstaaten können Gesetzgebungsmaßnahmen zur Festlegung der Verarbeitungskategorien erlassen, für die einer der Buchstaben des Absatz 3 vollständig oder teilweise zur Anwendung kommt.

Art. 14 Auskunftsrecht der betroffenen Person. Vorbehaltlich des Artikels 15 sehen die Mitgliedstaaten vor, dass die betroffene Person das Recht hat, von dem Verantwortlichen eine Bestätigung darüber zu erhalten, ob sie betreffende personenbezogene Daten verarbeitet werden; ist dies der Fall, so hat sie das Recht, Auskunft über personenbezogene Daten und zu folgenden Informationen zu erhalten:

a) die Zwecke der Verarbeitung und deren Rechtsgrundlage,

b) die Kategorien personenbezogener Daten, die verarbeitet werden,

c) die Empfänger oder Kategorien von Empfängern, gegenüber denen die personenbezogenen Daten offengelegt worden sind, insbesondere bei Empfängern in Drittländern oder bei internationalen Organisationen,

d) falls möglich die geplante Dauer, für die die personenbezogenen Daten gespeichert werden oder, falls dies nicht möglich ist, die Kriterien für die Festlegung dieser Dauer,

e) das Bestehen eines Rechts auf Berichtigung oder Löschung personenbezogener Daten oder Einschränkung der Verarbeitung personenbezogener Daten der betroffenen Person durch den Verantwortlichen,

f) das Bestehen eines Beschwerderechts bei der Aufsichtsbehörde sowie deren Kontaktdaten,

g) Mitteilung zu den personenbezogenen Daten, die Gegenstand der Verarbeitung sind, sowie alle verfügbaren Informationen über die Herkunft der Daten.

Art. 15 Einschränkung des Auskunftsrechts. (1) Die Mitgliedstaaten können Gesetzgebungsmaßnahmen erlassen, die zu nachstehenden Zwecken das Recht der betroffenen Person auf Auskunft teilweise oder vollständig einschränken, soweit und so lange wie diese teilweise oder vollständige Einschränkung in einer demokratischen Gesellschaft erforderlich und verhältnismäßig ist und den Grundrechten und den berechtigten Interessen der betroffenen natürlichen Person Rechnung getragen wird:

a) Gewährleistung, dass behördliche oder gerichtliche Untersuchungen, Ermittlungen oder Verfahren nicht behindert werden,

b) Gewährleistung, dass die Verhütung, Aufdeckung, Ermittlung oder Verfolgung von Straftaten oder die Strafvollstreckung nicht beeinträchtigt werden,
c) Schutz der öffentlichen Sicherheit,
d) Schutz der nationalen Sicherheit,
e) Schutz der Rechte und Freiheiten anderer.

(2) Die Mitgliedstaaten können Gesetzgebungsmaßnahmen zur Festlegung der Verarbeitungskategorien erlassen, für die Absatz 1 Buchstaben a bis e vollständig oder teilweise zur Anwendung kommen.

(3) [1] Für die in den Absätzen 1 und 2 genannten Fälle sehen die Mitgliedstaaten vor, dass der Verantwortliche die betroffene Person unverzüglich schriftlich über die Verweigerung oder die Einschränkung der Auskunft und die Gründe hierfür unterrichtet. [2] Dies gilt nicht, wenn die Erteilung dieser Informationen einem der in Absatz 1 genannten Zwecke zuwiderliefe. [3] Die Mitgliedstaaten sehen vor, dass der Verantwortliche die betroffene Person über die Möglichkeit unterrichtet, bei der Aufsichtsbehörde Beschwerde einzulegen oder einen gerichtlichen Rechtsbehelf einzulegen.

(4) [1] Die Mitgliedstaaten sehen vor, dass der Verantwortliche die sachlichen oder rechtlichen Gründe für die Entscheidung dokumentiert. [2] Diese Angaben sind der Aufsichtsbehörde zur Verfügung zu stellen.

Art. 16 Recht auf Berichtigung oder Löschung personenbezogener Daten und Einschränkung der Verarbeitung. (1) [1] Die Mitgliedstaaten sehen vor, dass die betroffene Person das Recht hat, von dem Verantwortlichen unverzüglich die Berichtigung sie betreffender unrichtiger Daten zu verlangen. [2] Unter Berücksichtigung der Zwecke der Verarbeitung sehen die Mitgliedstaaten vor, dass die betroffene Person das Recht hat, die Vervollständigung unvollständiger personenbezogener Daten – auch mittels einer ergänzenden Erklärung – zu verlangen.

(2) Die Mitgliedstaaten verlangen vom Verantwortlichen, personenbezogene Daten unverzüglich zu löschen, und sehen vor, dass die betroffene Person das Recht hat, von dem Verantwortlichen die Löschung von sie betreffenden personenbezogenen Daten unverzüglich zu verlangen, wenn die Verarbeitung gegen die nach den Artikeln 4, 8 und 10 erlassenen Vorschriften verstößt oder wenn die personenbezogenen Daten zur Erfüllung einer rechtlichen Verpflichtung gelöscht werden müssen, der der Verantwortliche unterliegt.

(3) [1] Anstatt die personenbezogenen Daten zu löschen, kann der Verantwortliche deren Verarbeitung einschränken, wenn

a) die betroffene Person die Richtigkeit der personenbezogenen Daten bestreitet und die Richtigkeit oder Unrichtigkeit nicht festgestellt werden kann, oder
b) die personenbezogenen Daten für Beweiszwecke weiter aufbewahrt werden müssen.

[2] Unterliegt die Verarbeitung einer Beschränkung gemäß Unterabsatz 1 Buchstabe a, unterrichtet der Verantwortliche die betroffene Person, bevor er die Beschränkung aufhebt.

(4) [1] Die Mitgliedstaaten sehen vor, dass der Verantwortliche die betroffene Person schriftlich über eine Verweigerung der Berichtigung oder Löschung personenbezogener Daten oder Einschränkung der Verarbeitung und über die

Gründe für die Verweigerung unterrichtet. ²Die Mitgliedstaaten können Gesetzgebungsmaßnahmen erlassen, die zu nachstehenden Zwecken die Pflicht, diese Informationen zur Verfügung zu stellen, teilweise oder vollständig einschränken, soweit diese Einschränkung in einer demokratischen Gesellschaft erforderlich und verhältnismäßig ist und den Grundrechten und den berechtigten Interessen der betroffenen natürlichen Person Rechnung getragen wird:

a) Gewährleistung, dass behördliche oder gerichtliche Untersuchungen, Ermittlungen oder Verfahren nicht behindert werden,

b) Gewährleistung, dass die Verhütung, Aufdeckung, Ermittlungen oder Verfolgung von Straftaten oder die Strafvollstreckung nicht beeinträchtigt werden,

c) Schutz der öffentlichen Sicherheit,

d) Schutz der nationalen Sicherheit,

e) Schutz der Rechte und Freiheiten anderer.

³Die Mitgliedstaaten sehen vor, dass der Verantwortliche die betroffene Person über die Möglichkeit unterrichtet, bei der Aufsichtsbehörde Beschwerde einzulegen oder einen gerichtlichen Rechtsbehelf einzulegen.

(5) Die Mitgliedstaaten sehen vor, dass der Verantwortliche die Berichtigung von unrichtigen personenbezogenen Daten der zuständigen Behörde, von der die unrichtigen Daten stammen, mitteilt.

(6) Die Mitgliedstaaten sehen vor, dass in Fällen der Berichtigung, Löschung oder Einschränkung der Verarbeitung nach den Absätzen 1, 2 und 3 der Verantwortliche die Empfänger in Kenntnis setzt und dass die Empfänger die ihrer Verantwortung unterliegenden personenbezogenen Daten berichtigen, löschen oder deren Verarbeitung einschränken.

Art. 17 Ausübung von Rechten durch die betroffene Person und Prüfung durch die Aufsichtsbehörde. (1) In den in Artikel 13 Absatz 3, Artikel 15 Absatz 3 und Artikel 16 Absatz 4 genannten Fällen erlassen die Mitgliedstaaten Maßnahmen, in denen vorgesehen ist, dass die Rechte der betroffenen Person auch über die zuständige Aufsichtsbehörde ausgeübt werden können.

(2) Die Mitgliedstaaten sehen vor, dass der Verantwortliche die betroffene Person über die Möglichkeit unterrichtet, ihr Recht auf Befassung der Aufsichtsbehörde gemäß Absatz 1 auszuüben.

(3) ¹Wird das in Absatz 1 genannte Recht ausgeübt, unterrichtet die Aufsichtsbehörde die betroffene Person zumindest darüber, dass alle erforderlichen Prüfungen oder eine Überprüfung durch die Aufsichtsbehörde erfolgt sind. ²Die Aufsichtsbehörde hat zudem die betroffene Person über ihr Recht auf einen gerichtlichen Rechtsbehelf zu unterrichten.

Art. 18 Rechte der betroffenen Person in strafrechtlichen Ermittlungen und in Strafverfahren. Die Mitgliedstaaten können vorsehen, dass die Ausübung der Rechte nach den Artikeln 13, 14 und 16 im Einklang mit dem Recht der Mitgliedstaaten erfolgt, wenn es um personenbezogene Daten in einer gerichtlichen Entscheidung oder einem Dokument oder einer Verfahrensakte geht, die in strafrechtlichen Ermittlungen und in Strafverfahren verarbeitet werden.

Kapitel IV. Verantwortlicher und Auftragsverarbeiter

Abschnitt 1. Allgemeine Pflichten

Art. 19 Pflichten des Verantwortlichen. (1) ¹Die Mitgliedstaaten sehen vor, dass der Verantwortliche unter Berücksichtigung der Art, des Umfangs, der Umstände und der Zwecke der Verarbeitung sowie der unterschiedlichen Eintrittswahrscheinlichkeit und Schwere der Risiken für die Rechte und Freiheiten natürlicher Personen geeignete technische und organisatorische Maßnahmen umsetzt, um sicherzustellen und den Nachweis dafür erbringen zu können, dass die Verarbeitung in Übereinstimmung mit dieser Richtlinie erfolgt. ²Diese Maßnahmen werden erforderlichenfalls überprüft und aktualisiert.

(2) Sofern dies in einem angemessenen Verhältnis zu den Verarbeitungstätigkeiten steht, müssen die Maßnahmen gemäß Absatz 1 die Anwendung geeigneter Datenschutzvorkehrungen durch den Verantwortlichen umfassen.

Art. 20 Datenschutz durch Technikgestaltung und datenschutzfreundliche Voreinstellungen. (1) Die Mitgliedstaaten sehen vor, dass der Verantwortliche unter Berücksichtigung des Stands der Technik, der Implementierungskosten und der Art, des Umfangs, der Umstände und der Zwecke der Verarbeitung sowie der unterschiedlichen Eintrittswahrscheinlichkeit und Schwere der mit der Verarbeitung verbundenen Risiken für die Rechte und Freiheiten natürlicher Personen sowohl zum Zeitpunkt der Festlegung der Mittel für die Verarbeitung als auch zum Zeitpunkt der eigentlichen Verarbeitung geeignete technische und organisatorische Maßnahmen – wie z. B. Pseudonymisierung – trifft, die dafür ausgelegt sind, Datenschutzgrundsätze wie etwa Datenminimierung wirksam umzusetzen und die notwendigen Garantien in die Verarbeitung aufzunehmen, um den Anforderungen dieser Richtlinie zu genügen und die Rechte der betroffenen Personen zu schützen.

(2) ¹Die Mitgliedstaaten sehen vor, dass der Verantwortliche geeignete technische und organisatorische Maßnahmen trifft, die sicherstellen, dass durch Voreinstellung grundsätzlich nur personenbezogene Daten, deren Verarbeitung für den jeweiligen bestimmten Verarbeitungszweck erforderlich ist, verarbeitet werden. ²Diese Verpflichtung gilt für die Menge der erhobenen personenbezogenen Daten, den Umfang ihrer Verarbeitung, ihre Speicherfrist und ihre Zugänglichkeit. ³Solche Maßnahmen müssen insbesondere sicherstellen, dass personenbezogene Daten durch Voreinstellungen nicht ohne Eingreifen der Person einer unbestimmten Zahl von natürlichen Personen zugänglich gemacht werden.

Art. 21 Gemeinsam Verantwortliche. (1) ¹Die Mitgliedstaaten sehen vor, dass in dem Fall, dass zwei oder mehr Verantwortlichen gemeinsam die Zwecke und die Mittel zur Verarbeitung festlegen, sie gemeinsam Verantwortliche sind. ²Sie legen in einer Vereinbarung in transparenter Form ihre jeweiligen Aufgaben gemäß dieser Richtlinie fest insbesondere was die Wahrnehmung der Rechte der betroffenen Person angeht, und wer welchen Informationspflichten gemäß Artikel 13 nachkommt, sofern und soweit die jeweiligen Aufgaben der Verantwortlichen nicht durch das Unionsrecht oder das Recht der Mitgliedstaaten, denen die Verantwortlichen unterliegen, festgelegt sind. ³In der Vereinbarung wird eine Anlaufstelle für die betroffenen Personen angegeben. ⁴Die

Mitgliedstaaten können angeben, welcher der gemeinsam Verantwortlichen als zentrale Anlaufstelle für die betroffenen Personen handeln kann, wenn es um die Ausübung ihrer Rechte geht.

(2) Ungeachtet der Einzelheiten der Vereinbarung gemäß Absatz 1 können die Mitgliedstaaten vorsehen, dass die betroffene Person ihre Rechte im Rahmen der nach dieser Richtlinie erlassenen Vorschriften bei und gegenüber jedem einzelnen der Verantwortlichen geltend machen kann.

Art. 22 Auftragsverarbeiter. (1) Die Mitgliedstaaten sehen vor, dass in dem Fall, dass eine Verarbeitung im Auftrag eines Verantwortlichen erfolgt, dieser nur mit Auftragsverarbeitern arbeitet, die hinreichende Garantien dafür bieten, dass geeignete technische und organisatorische Maßnahmen so durchgeführt werden, dass die Verarbeitung im Einklang mit den Anforderungen dieser Richtlinie erfolgt und den Schutz der Rechte der betroffenen Person gewährleistet.

(2) ¹Die Mitgliedstaaten sehen vor, dass der Auftragsverarbeiter keinen weiteren Auftragsverarbeiter ohne vorherige gesonderte oder allgemeine schriftliche Genehmigung des Verantwortlichen in Anspruch nimmt. ²Im Fall einer allgemeinen schriftlichen Genehmigung unterrichtet der Auftragsverarbeiter den Verantwortlichen über jede beabsichtigte Änderung in Bezug auf die Hinzuziehung oder die Ersetzung anderer Auftragsverarbeiter, wodurch der Verantwortliche die Möglichkeit erhält, gegen derartige Änderungen Einspruch zu erheben.

(3) ¹Die Mitgliedstaaten sehen vor, dass die Verarbeitung durch einen Auftragsverarbeiter auf der Grundlage eines Vertrags oder eines anderen Rechtsinstruments nach dem Unionsrecht oder dem Recht der Mitgliedstaaten erfolgt, der bzw. das den Auftragsverarbeiter an den Verantwortlichen bindet und der den Gegenstand und Dauer der Verarbeitung, Art und Zweck der Verarbeitung, die Art der personenbezogenen Daten, die Kategorien betroffener Personen und die Pflichten und Rechte des Verantwortlichen festlegt. ²Der Vertrag oder das andere Rechtsinstrument sieht insbesondere vor, dass der Auftragsverarbeiter

a) nur auf Weisung des Verantwortlichen handelt,
b) gewährleistet, dass sich die zur Verarbeitung der personenbezogenen Daten befugten Personen zur Vertraulichkeit verpflichtet haben oder einer angemessenen gesetzlichen Verschwiegenheitspflicht unterliegen,
c) den Verantwortlichen mit geeigneten Mitteln dabei unterstützt, die Einhaltung der Bestimmungen über die Rechte der betroffenen Person zu gewährleisten,
d) alle personenbezogenen Daten nach Abschluss der Erbringung der Verarbeitungsleistungen – nach Wahl des Verantwortlichen – zurückgibt bzw. löscht und bestehende Kopien vernichtet, sofern nicht nach dem Unionsrecht oder dem Recht der Mitgliedstaaten eine Verpflichtung zur Speicherung der personenbezogenen Daten besteht,
e) dem Verantwortlichen alle erforderlichen Informationen zum Nachweis der Einhaltung der in diesem Artikel niedergelegten Pflichten zur Verfügung stellt,
f) die in den Absätzen 2 und 3 aufgeführten Bedingungen für die Inanspruchnahme der Dienste eines weiteren Auftragsverarbeiters einhält.

(4) Der Vertrag oder das andere Rechtsinstrument im Sinne von Absatz 3 ist schriftlich abzufassen, was auch in einem elektronischen Format erfolgen kann.

(5) Ein Auftragsverarbeiter, der unter Verstoß gegen diese Richtlinie die Zwecke und Mittel der Verarbeitung bestimmt, gilt in Bezug auf diese Verarbeitung als Verantwortlicher.

Art. 23 Verarbeitung unter der Aufsicht des Verantwortlichen oder des Auftragsverarbeiters. Die Mitgliedstaaten sehen vor, dass der Auftragsverarbeiter und jede dem Verantwortlichen oder dem Auftragsverarbeiter unterstellte Person, die Zugang zu personenbezogenen Daten hat, diese Daten ausschließlich auf Weisung des Verantwortlichen verarbeiten, es sei denn, dass sie nach dem Unionsrecht oder dem Recht der Mitgliedstaaten zur Verarbeitung verpflichtet sind.

Art. 24 Verzeichnis von Verarbeitungstätigkeiten. (1) [1]Die Mitgliedstaaten sehen vor, dass jeder Verantwortliche ein Verzeichnis aller Kategorien von Tätigkeiten der Verarbeitung, die seiner Zuständigkeit unterliegen, führt. [2]Dieses Verzeichnis enthält alle der folgenden Angaben:

a) den Namen und die Kontaktdaten des Verantwortlichen, gegebenenfalls des gemeinsam mit ihm Verantwortlichen und eines etwaigen Datenschutzbeauftragten,
b) die Zwecke der Verarbeitung,
c) die Kategorien von Empfängern, gegenüber denen die personenbezogenen Daten offengelegt worden sind oder noch offengelegt werden, einschließlich Empfängern in Drittländern oder internationalen Organisationen,
d) eine Beschreibung der Kategorien betroffener Personen und der Kategorien personenbezogener Daten,
e) gegebenenfalls die Verwendung von Profiling,
f) gegebenenfalls die Kategorien von Übermittlungen personenbezogener Daten an ein Drittland oder an eine internationale Organisation,
g) Angaben über die Rechtsgrundlage der Verarbeitung, einschließlich Übermittlungen, für die die personenbezogenen Daten bestimmt sind,
h) wenn möglich, die vorgesehenen Fristen für die Löschung der verschiedenen Kategorien personenbezogener Daten,
i) wenn möglich, eine allgemeine Beschreibung der technischen und organisatorischen Maßnahmen gemäß Artikel 29 Absatz 1.

(2) Die Mitgliedstaaten sehen vor, dass jeder Auftragsverarbeiter ein Verzeichnis zu allen Kategorien von im Auftrag eines Verantwortlichen durchgeführten Tätigkeiten der Verarbeitung führt, das Folgendes enthält:

a) Name und Kontaktdaten des Auftragsverarbeiters oder der Auftragsverarbeiter, jedes Verantwortlichen, in dessen Auftrag der Auftragsverarbeiter tätig ist, sowie eines etwaigen Datenschutzbeauftragten,
b) die Kategorien von Verarbeitungen, die im Auftrag jedes Verantwortlichen durchgeführt werden,
c) gegebenenfalls Übermittlungen von personenbezogenen Daten an ein Drittland oder an eine internationale Organisation, wenn vom Verantwortlichen entsprechend angewiesen, einschließlich der Identifizierung des Drittlandes oder der internationalen Organisation,

d) wenn möglich, eine allgemeine Beschreibung der technischen und organisatorischen Maßnahmen gemäß Artikel 29 Absatz 1.

(3) *[1]* Das in den Absätzen 1 und 2 genannte Verzeichnis ist schriftlich zu führen, was auch in einem elektronischen Format erfolgen kann.

[2] Der Verantwortliche und der Auftragsverarbeiter stellen der Aufsichtsbehörde das Verzeichnis auf Anfrage zur Verfügung.

Art. 25 Protokollierung. (1) ¹Die Mitgliedstaaten sehen vor, dass in automatisierten Verarbeitungssystemen zumindest die folgenden Verarbeitungsvorgänge protokolliert werden: Erhebung, Veränderung, Abfrage, Offenlegung einschließlich Übermittlung, Kombination und Löschung. ²Die Protokolle über Abfragen und Offenlegungen müssen es ermöglichen, die Begründung, das Datum und die Uhrzeit dieser Vorgänge und so weit wie möglich die Identifizierung der Person, die die personenbezogenen Daten abgefragt oder offengelegt hat, und die Identität des Empfängers solcher personenbezogenen Daten festzustellen.

(2) Die Protokolle werden ausschließlich zur Überprüfung der Rechtmäßigkeit der Datenverarbeitung, der Eigenüberwachung, der Sicherstellung der Integrität und Sicherheit der personenbezogenen Daten sowie für Strafverfahren verwendet.

(3) Der Verantwortliche sowie der Auftragsverarbeiter stellen die Protokolle der Aufsichtsbehörde auf Anforderung zur Verfügung.

Art. 26 Zusammenarbeit mit der Aufsichtsbehörde. Die Mitgliedstaaten sehen vor, dass der Verantwortliche und der Auftragsverarbeiter auf Anfrage mit der Aufsichtsbehörde bei der Erfüllung ihrer Aufgaben zusammenarbeiten.

Art. 27 Datenschutz-Folgenabschätzung. (1) Hat eine Form der Verarbeitung, insbesondere bei Verwendung neuer Technologien, aufgrund der Art, des Umfangs, der Umstände und der Zwecke der Verarbeitung voraussichtlich ein hohes Risiko für die Rechte und Freiheiten natürlicher Personen zur Folge, so sehen die Mitgliedstaaten vor, dass der Verantwortliche vorab eine Abschätzung der Folgen der vorgesehenen Verarbeitungsvorgänge für den Schutz personenbezogener Daten durchführt.

(2) Die Folgenabschätzung gemäß Absatz 1 trägt den Rechten und den berechtigten Interessen der von der Datenverarbeitung betroffenen Personen und sonstiger Betroffener Rechnung und enthält zumindest eine allgemeine Beschreibung der geplanten Verarbeitungsvorgänge und eine Bewertung der in Bezug auf die Rechte und Freiheiten der betroffenen Personen bestehenden Risiken sowie der geplanten Abhilfemaßnahmen, Garantien, Sicherheitsvorkehrungen und Verfahren, durch die der Schutz personenbezogener Daten sichergestellt und der Nachweis dafür erbracht wird, dass diese Richtlinie eingehalten wird.

Art. 28 Vorherige Konsultation der Aufsichtsbehörde. (1) Die Mitgliedstaaten sehen vor, dass der Verantwortliche oder der Auftragsverarbeiter vor der Verarbeitung personenbezogener Daten in neu anzulegenden Dateisystemen die Aufsichtsbehörde konsultiert, wenn

a) aus einer Datenschutz-Folgenabschätzung gemäß Artikel 27 hervorgeht, dass die Verarbeitung ein hohes Risiko zur Folge hätte, sofern der Verantwortliche keine Maßnahmen zur Eindämmung des Risikos trifft, oder

b) die Form der Verarbeitung, insbesondere bei Verwendung neuer Technologien, Mechanismen oder Verfahren, ein hohes Risiko für die Rechte und Freiheiten der betroffenen Personen zur Folge hat.

(2) Die Mitgliedstaaten sehen vor, dass bei der Ausarbeitung eines Vorschlags für von einem nationalen Parlament zu erlassende Gesetzgebungsmaßnahmen oder von auf solchen Gesetzgebungsmaßnahmen basierenden Regelungsmaßnahmen, die die Verarbeitung betreffen, die Aufsichtsbehörde konsultiert wird.

(3) Die Mitgliedstaaten sehen vor, dass die Aufsichtsbehörde eine Liste der Verarbeitungsvorgänge erstellen kann, die der Pflicht zur vorherigen Konsultation nach Absatz 1 unterliegen.

(4) Die Mitgliedstaaten sehen vor, dass der Verantwortliche der Aufsichtsbehörde die Datenschutz-Folgenabschätzung gemäß Artikel 27 vorlegt und ihr auf Anfrage alle sonstigen Informationen übermittelt, die sie benötigt, um die Ordnungsgemäßheit der Verarbeitung sowie insbesondere die in Bezug auf den Schutz der personenbezogenen Daten der betroffenen Person bestehenden Gefahren und die diesbezüglichen Garantien bewerten zu können.

(5) [1] Die Mitgliedstaaten sehen vor, dass die Aufsichtsbehörde, wenn sie der Auffassung ist, dass die geplante Verarbeitung gemäß Absatz 1 dieses Artikels gegen die nach dieser Richtlinie erlassenen Vorschriften verstoßen würde, insbesondere weil der Verantwortliche das Risiko nicht ausreichend ermittelt oder nicht ausreichend eingedämmt hat, dem Verantwortlichen und gegebenenfalls dem Auftragsverarbeiter innerhalb eines Zeitraums von bis zu sechs Wochen nach Erhalt des Ersuchens um Konsultation entsprechende schriftliche Empfehlungen unterbreitet und ihre in Artikel 47 genannten Befugnisse ausüben kann. [2] Diese Frist kann unter Berücksichtigung der Komplexität der geplanten Verarbeitung um einen weiteren Monat verlängert werden. [3] Die Aufsichtsbehörde unterrichtet den Verantwortlichen oder gegebenenfalls den Auftragsverarbeiter über eine solche Fristverlängerung innerhalb eines Monats nach Eingang des Antrags auf Konsultation zusammen mit den Gründen für die Verzögerung.

Abschnitt 2. Sicherheit personenbezogener Daten

Art. 29 Sicherheit der Verarbeitung. (1) Die Mitgliedstaaten sehen vor, dass der Verantwortliche und der Auftragsverarbeiter unter Berücksichtigung des Stands der Technik, der Implementierungskosten und der Art, des Umfangs, der Umstände und der Zwecke der Verarbeitung sowie der unterschiedlichen Eintrittswahrscheinlichkeit und Schwere des Risikos für die Rechte und Freiheiten natürlicher Personen geeignete technische und organisatorische Maßnahmen treffen, um dem Risiko angemessenes Schutzniveau zu gewährleisten, insbesondere im Hinblick auf die Verarbeitung besonderer Kategorien personenbezogener Daten im Sinne von Artikel 10.

(2) Die Mitgliedstaaten sehen im Hinblick auf die automatisierte Verarbeitung vor, dass der Verantwortliche oder der Auftragsverarbeiter nach einer Risikobewertung Maßnahmen ergreift, die auf Folgendes ausgelegt sind:

a) Verwehrung des Zugangs zu Verarbeitungsanlagen, mit denen die Verarbeitung durchgeführt wird, für Unbefugte (Anlagenzugangskontrolle),
b) Verhinderung des unbefugten Lesens, Kopierens, Veränderns oder Entfernens von Datenträgern (Datenträgerkontrolle),
c) Verhinderung der unbefugten Eingabe von personenbezogenen Daten sowie der unbefugten Kenntnisnahme, Veränderung und Löschung von gespeicherten personenbezogenen Daten (Speicherkontrolle),
d) Verhinderung der Nutzung automatisierter Verarbeitungssysteme durch Unbefugte mit Hilfe von Einrichtungen zur Datenübertragung (Benutzerkontrolle),
e) Gewährleistung, dass die zur Benutzung eines automatisierten Verarbeitungssystems Berechtigten ausschließlich auf die ihrer Zugriffsberechtigung unterliegenden personenbezogenen Daten Zugriff haben (Datenzugriffskontrolle),
f) Gewährleistung, dass überprüft und festgestellt werden kann, an welche Stellen personenbezogene Daten mit Hilfe von Einrichtungen zur Datenübertragung übermittelt oder zur Verfügung gestellt wurden oder werden können (Übertragungskontrolle),
g) Gewährleistung, dass nachträglich überprüft und festgestellt werden kann, welche personenbezogenen Daten zu welcher Zeit und von wem in automatisierte Verarbeitungssysteme eingegeben worden sind (Eingabekontrolle),
h) Verhinderung, dass bei der Übermittlung personenbezogener Daten sowie beim Transport von Datenträgern die Daten unbefugt gelesen, kopiert, verändert oder gelöscht werden können (Transportkontrolle),
i) Gewährleistung, dass eingesetzte Systeme im Störungsfall wiederhergestellt werden können (Wiederherstellung),
j) Gewährleistung, dass alle Funktionen des Systems zur Verfügung stehen, auftretende Fehlfunktionen gemeldet werden (Zuverlässigkeit) und gespeicherte personenbezogene Daten nicht durch Fehlfunktionen des Systems beschädigt werden können (Datenintegrität).

Art. 30 Meldung von Verletzungen des Schutzes personenbezogener Daten an die Aufsichtsbehörde.
(1) [1] Die Mitgliedstaaten sehen vor, dass im Falle einer Verletzung des Schutzes personenbezogener Daten der Verantwortliche diese unverzüglich und möglichst binnen 72 Stunden, nachdem ihm die Verletzung bekannt wurde, der Aufsichtsbehörde meldet, es sei denn, dass die Verletzung des Schutzes personenbezogener Daten voraussichtlich nicht zu einem Risiko für die Rechte und Freiheiten natürlicher Personen führt. [2] Erfolgt die Meldung an die Aufsichtsbehörde nicht binnen 72 Stunden, so ist ihr eine Begründung für die Verzögerung beizufügen.

(2) Wenn dem Auftragsverarbeiter eine Verletzung des Schutzes personenbezogener Daten bekannt wird, meldet er diese dem Verantwortlichen unverzüglich.

(3) Die Meldung gemäß Absatz 1 enthält zumindest folgende Informationen:

a) eine Beschreibung der Art der Verletzung des Schutzes personenbezogener Daten, soweit möglich mit Angabe der Kategorien und der ungefähren Zahl der betroffenen Personen, der betroffenen Kategorien personenbezogener

Daten und der ungefähren Zahl der betroffenen personenbezogenen Datensätze,

b) Name und Kontaktdaten des Datenschutzbeauftragten oder einer sonstigen Anlaufstelle für weitere Informationen,
c) eine Beschreibung der wahrscheinlichen Folgen der Verletzung des Schutzes personenbezogener Daten,
d) eine Beschreibung der von dem Verantwortlichen ergriffenen oder vorgeschlagenen Maßnahmen zur Behandlung der Verletzung des Schutzes personenbezogener Daten und gegebenenfalls der Maßnahmen zur Abmilderung ihrer möglichen nachteiligen Auswirkungen.

(4) Wenn und soweit die Informationen nicht zur gleichen Zeit bereitgestellt werden können, kann der Verantwortliche diese Informationen ohne unangemessene weitere Verzögerung schrittweise zur Verfügung stellen.

(5) [1] Die Mitgliedstaaten sehen vor, dass der Verantwortliche Verletzungen des Schutzes personenbezogener Daten nach Absatz 1 einschließlich aller im Zusammenhang mit der Verletzung des Schutzes personenbezogener Daten stehenden Fakten, ihrer Auswirkungen und der ergriffenen Abhilfemaßnahmen dokumentiert. [2] Diese Dokumentation ermöglicht der Aufsichtsbehörde die Überprüfung der Einhaltung der Bestimmungen dieses Artikels.

(6) Die Mitgliedstaaten sehen vor, dass, soweit von der Verletzung des Schutzes personenbezogener Daten personenbezogene Daten betroffen sind, die von dem oder an den Verantwortlichen eines anderen Mitgliedstaats übermittelt wurden, die in Absatz 3 genannten Informationen dem Verantwortlichen jenes Mitgliedstaats unverzüglich übermittelt werden.

Art. 31 Benachrichtigung der von einer Verletzung des Schutzes personenbezogener Daten betroffenen Person. (1) Die Mitgliedstaaten sehen vor, dass, wenn die Verletzung des Schutzes personenbezogener Daten voraussichtlich ein hohes Risiko für die Rechte und Freiheiten natürlicher Personen zur Folge hat, der Verantwortliche die betroffene Person unverzüglich von der Verletzung benachrichtigt.

(2) Die in Absatz 1 dieses Artikels genannte Benachrichtigung der betroffenen Person beschreibt in klarer und einfacher Sprache die Art der Verletzung des Schutzes personenbezogener Daten und enthält zumindest die in Artikel 30 Absatz 3 Buchstaben b, c und d genannten Informationen und Maßnahmen.

(3) Die Benachrichtigung der betroffenen Person gemäß Absatz 1 ist nicht erforderlich, wenn eine der folgenden Bedingungen erfüllt ist:

a) der Verantwortliche hat geeignete technische und organisatorische Sicherheitsvorkehrungen getroffen und diese Vorkehrungen wurden auf die von der Verletzung betroffenen personenbezogenen Daten angewandt, insbesondere solche, durch die die personenbezogenen Daten für alle Personen, die nicht zum Zugang zu den personenbezogenen Daten befugt sind, unzugänglich gemacht werden, etwa durch Verschlüsselung,
b) der Verantwortliche hat durch nachfolgende Maßnahmen sichergestellt, dass das hohe Risiko für die Rechte und Freiheiten der betroffenen Personen gemäß Absatz 1 aller Wahrscheinlichkeit nach nicht mehr besteht,
c) die Benachrichtigung wäre mit einem unverhältnismäßigen Aufwand verbunden. In diesem Fall hat stattdessen eine öffentliche Bekanntmachung oder

eine ähnliche Maßnahme zu erfolgen, durch die die betroffenen Personen vergleichbar wirksam informiert werden.

(4) Wenn der Verantwortliche die betroffene Person nicht bereits über die Verletzung des Schutzes personenbezogener Daten benachrichtigt hat, kann die Aufsichtsbehörde unter Berücksichtigung der Wahrscheinlichkeit, mit der die Verletzung des Schutzes personenbezogener Daten zu einem hohen Risiko führt, von dem Verantwortlichen verlangen, dies nachzuholen oder sie kann mit einem Beschluss feststellen, dass bestimmte der in Absatz 3 genannten Voraussetzungen erfüllt sind.

(5) Die Benachrichtigung der betroffenen Person gemäß Absatz 1 dieses Artikels kann unter zu den in Artikel 13 Absatz 3 genannten Voraussetzungen und aus den dort genannten Gründen aufgeschoben, eingeschränkt oder unterlassen werden.

Abschnitt 3. Datenschutzbeauftragter

Art. 32 Benennung eines Datenschutzbeauftragten. (1) [1] Die Mitgliedstaaten sehen vor, dass der Verantwortliche einen Datenschutzbeauftragten benennt. [2] Mitgliedstaaten können Gerichte und andere unabhängige Justizbehörden im Rahmen ihrer justiziellen Tätigkeit von dieser Pflicht befreien.

(2) Der Datenschutzbeauftragte wird auf der Grundlage seiner beruflichen Qualifikation und insbesondere des Fachwissens benannt, das er auf dem Gebiet des Datenschutzrechts und der Datenschutzpraxis besitzt, sowie auf der Grundlage seiner Fähigkeit zur Erfüllung der in Artikel 34 genannten Aufgaben.

(3) Ein Datenschutzbeauftragter kann für mehrere zuständige Behörden gemeinsam ernannt werden, wobei deren Organisationsstruktur und Größe Rechnung getragen wird.

(4) Die Mitgliedstaaten sehen vor, dass der Verantwortliche die Kontaktdaten des Datenschutzbeauftragten veröffentlicht und der Aufsichtsbehörde mitteilt.

Art. 33 Stellung des Datenschutzbeauftragten. (1) Die Mitgliedstaaten sehen vor, dass der Verantwortliche sicherstellt, dass der Datenschutzbeauftragte ordnungsgemäß und frühzeitig in alle mit dem Schutz personenbezogener Daten zusammenhängenden Fragen eingebunden wird.

(2) Der Verantwortliche unterstützt den Datenschutzbeauftragten bei der Erfüllung seiner Aufgaben gemäß Artikel 34, indem er die hierfür erforderlichen Ressourcen und den Zugang zu personenbezogenen Daten und Verarbeitungsvorgängen sowie die zur Erhaltung seines Fachwissens erforderlichen Ressourcen zur Verfügung stellt.

Art. 34 Aufgaben des Datenschutzbeauftragten. Die Mitgliedstaaten sehen vor, dass der Verantwortliche den Datenschutzbeauftragten mit zumindest folgenden Aufgaben betraut:

a) Unterrichtung und Beratung des Verantwortlichen und der Beschäftigten, die Verarbeitungen durchführen, hinsichtlich ihrer Pflichten nach dieser Richtlinie sowie anderer Datenschutzvorschriften der Union oder der Mitgliedstaaten,

b) Überwachung der Einhaltung dieser Richtlinie, anderer Datenschutzvorschriften der Union oder der Mitgliedstaaten sowie der Strategien des Verantwortlichen für den Schutz personenbezogener Daten einschließlich der

Zuweisung von Zuständigkeiten, der Sensibilisierung und Schulung der an Verarbeitungsvorgängen beteiligten Mitarbeiter und der diesbezüglichen Überprüfungen,

c) Beratung – auf Anfrage – im Zusammenhang mit der Datenschutz-Folgenabschätzung und Überwachung ihrer Durchführung gemäß Artikel 27,

d) Zusammenarbeit mit der Aufsichtsbehörde,

e) Tätigkeit als Anlaufstelle für die Aufsichtsbehörde in mit der Verarbeitung zusammenhängenden Fragen, einschließlich der vorherigen Konsultation gemäß Artikel 28, und gegebenenfalls Beratung zu allen sonstigen Fragen.

Kapitel V. Übermittlung personenbezogener Daten an Drittländer oder internationale Organisationen

Art. 35 Allgemeine Grundsätze für die Übermittlung personenbezogener Daten. (1) Die Mitgliedstaaten sehen vor, dass jedwede von einer zuständigen Behörde vorgenommene Übermittlung von personenbezogenen Daten, die bereits verarbeitet werden oder nach ihrer Übermittlung an ein Drittland oder eine internationale Organisation verarbeitet werden sollen, einschließlich der Weiterübermittlung an ein anderes Drittland oder eine andere internationale Organisation, nur unter Einhaltung der nach Maßgabe anderer Bestimmungen dieser Richtlinie erlassenen nationalen Bestimmungen, zulässig ist, wenn die in diesem Kapitel festgelegten Bedingungen eingehalten werden, nämlich

a) die Übermittlung für die in Artikel 1 Absatz 1 genannten Zwecke erforderlich ist;

b) die personenbezogenen Daten an einen Verantwortlichen in einem Drittland oder einer internationalen Organisation, die eine für die in Artikel 1 Absatz 1 genannten Zwecke zuständige Behörde ist, übermittelt werden;

c) in Fällen, in denen personenbezogene Daten aus einem anderen Mitgliedstaat übermittelt oder zur Verfügung gestellt werden, dieser Mitgliedstaat die Übermittlung zuvor in Einklang mit seinem nationalen Recht genehmigt hat;

d) die Kommission gemäß Artikel 36 einen Angemessenheitsbeschluss gefasst hat oder, wenn kein solcher Beschluss vorliegt, geeignete Garantien im Sinne des Artikels 37 erbracht wurden oder bestehen oder, wenn kein Angemessenheitsbeschluss gemäß Artikel 36 vorliegt und keine geeigneten Garantien im Sinne des Artikels 37 vorhanden sind, Ausnahmen für bestimmte Fälle gemäß Artikel 38 anwendbar sind und

e) im Fall der Weiterübermittlung an ein anderes Drittland oder eine andere internationale Organisation die zuständige Behörde, die die ursprüngliche Übermittlung durchgeführt hat, oder eine andere zuständige Behörde des gleichen Mitgliedstaats die Weiterübermittlung genehmigt nach gebührender Berücksichtigung sämtlicher maßgeblicher Faktoren, einschließlich der Schwere der Straftat, des Zwecks der ursprünglichen Übermittlung personenbezogener Daten und des Schutzniveaus für personenbezogene Daten in dem Drittland oder der internationalen Organisation, an das bzw. die personenbezogene Daten weiterübermittelt werden.

(2) ¹Die Mitgliedstaaten sehen vor, dass Übermittlungen ohne vorherige Genehmigung durch einen anderen Mitgliedstaat gemäß Absatz 1 Buchstabe c nur dann zulässig sind, wenn die Übermittlung der personenbezogenen Daten erforderlich ist, um eine unmittelbare und ernsthafte Gefahr für die öffentliche Sicherheit eines Mitgliedstaats oder eines Drittlandes oder für die wesentlichen Interessen eines Mitgliedstaats abzuwehren, und die vorherige Genehmigung nicht rechtzeitig eingeholt werden kann. ²Die Behörde, die für die Erteilung der vorherigen Genehmigung zuständig ist, wird unverzüglich unterrichtet.

(3) Sämtliche Bestimmungen dieses Kapitels werden angewendet, um sicherzustellen, dass das durch diese Richtlinie gewährleistete Schutzniveau für natürliche Personen nicht untergraben wird.

Art. 36 Datenübermittlung auf der Grundlage eines Angemessenheitsbeschlusses. (1) ¹Die Mitgliedstaaten sehen vor, dass personenbezogene Daten an ein Drittland oder eine internationale Organisation übermittelt werden dürfen, wenn die Kommission beschlossen hat, dass das betreffende Drittland, ein Gebiet oder ein oder mehrere spezifische Sektoren in diesem Drittland oder die betreffende internationale Organisation ein angemessenes Schutzniveau bietet. ²Eine solche Datenübermittlung bedarf keiner besonderen Genehmigung.

(2) Bei der Prüfung der Angemessenheit des Schutzniveaus berücksichtigt die Kommission insbesondere

a) die Rechtsstaatlichkeit, die Achtung der Menschenrechte und Grundfreiheiten, die in dem betreffenden Land bzw. der betreffenden internationalen Organisation geltenden Vorschriften sowohl allgemeiner als auch sektoraler Art, auch in Bezug auf die öffentliche Sicherheit, die Landesverteidigung, die nationale Sicherheit und das Strafrecht, und der Zugang der Behörden zu personenbezogenen Daten sowie die Durchsetzung dieser Vorschriften, Datenschutzvorschriften, Berufsregeln und Sicherheitsvorschriften einschließlich der Vorschriften für die Weiterübermittlung personenbezogener Daten an ein anderes Drittland bzw. eine andere internationale Organisation, Rechtsprechung sowie wirksame und durchsetzbare Rechte der betroffenen Person und wirksame verwaltungsrechtliche und gerichtliche Rechtsbehelfe für betroffene Personen, deren personenbezogene Daten übermittelt werden,

b) die Existenz und die wirksame Funktionsweise einer oder mehrerer unabhängiger Aufsichtsbehörden in dem betreffenden Drittland oder denen eine internationale Organisation untersteht und die für die Einhaltung und Durchsetzung der Datenschutzvorschriften, einschließlich angemessener Durchsetzungsbefugnisse, für die Unterstützung und Beratung der betroffenen Personen bei der Ausübung ihrer Rechte und für die Zusammenarbeit mit den Aufsichtsbehörden der Mitgliedstaaten zuständig sind, und

c) die von dem betreffenden Drittland bzw. der betreffenden internationalen Organisation eingegangenen internationalen Verpflichtungen oder andere Verpflichtungen, die sich aus rechtsverbindlichen Übereinkünften oder Rechtsinstrumenten sowie aus der Teilnahme des Drittlandes oder der internationalen Organisation an multilateralen oder regionalen Systemen insbesondere in Bezug auf den Schutz personenbezogener Daten ergeben.

(3) ¹Nach der Beurteilung der Angemessenheit des Schutzniveaus kann die Kommission im Wege eines Durchführungsrechtsaktes beschließen, dass ein Drittland beziehungsweise ein Gebiet oder ein oder mehrere spezifische Sektoren in einem Drittland oder eine internationale Organisation ein angemessenes Schutzniveau im Sinne des Absatzes 2 dieses Artikels bietet. ²In dem Durchführungsrechtsakt wird ein Mechanismus für die regelmäßige Überprüfung vorgesehen, die mindestens alle vier Jahre erfolgt und bei der allen maßgeblichen Entwicklungen in dem Drittland oder der internationalen Organisation Rechnung getragen wird. ³Im Durchführungsrechtsakt werden der territoriale und der sektorale Anwendungsbereich sowie gegebenenfalls die in Absatz 2 Buchstabe b dieses Artikels genannte Aufsichtsbehörde oder die dort genannten Aufsichtsbehörden angegeben. ⁴Der Durchführungsrechtsakt wird gemäß dem in Artikel 58 Absatz 2 genannten Prüfverfahren erlassen.

(4) Die Kommission überwacht fortlaufend die Entwicklungen in Drittländern und internationalen Organisationen, die die Wirkungsweise der nach Absatz 3 erlassenen Beschlüsse beeinträchtigen könnten.

(5) *[1]* ¹Die Kommission widerruft, ändert oder setzt die in Absatz 3 des vorliegenden Artikels genannten Beschlüsse im Wege von Durchführungsrechtsakten aus, soweit dies nötig ist und ohne rückwirkende Kraft, soweit entsprechende Informationen – insbesondere im Anschluss an die in Absatz 3 des vorliegenden Artikels genannte Überprüfung – dahingehend vorliegen, dass ein Drittland, ein Gebiet oder ein oder mehrere spezifische Sektoren in einem Drittland oder eine internationale Organisation kein angemessenes Schutzniveau im Sinne des Absatzes 2 des vorliegenden Artikels mehr gewährleistet. ²Diese Durchführungsrechtsakte werden gemäß dem in Artikel 58 Absatz 2 genannten Prüfverfahren oder in äußerst dringlichen Fällen gemäß dem in Artikel 58 Absatz 3 genannten Verfahren erlassen.

[2] In hinreichend begründeten Fällen äußerster Dringlichkeit erlässt die Kommission gemäß dem in Artikel 58 Absatz 3 genannten Verfahren sofort geltende Durchführungsrechtsakte.

(6) Die Kommission nimmt Beratungen mit dem betreffenden Drittland bzw. der betreffenden internationalen Organisation auf, um Abhilfe für die Situation zu schaffen, die zu dem Beschluss nach Absatz 5 geführt hat.

(7) Die Mitgliedstaaten sehen vor, dass Übermittlungen personenbezogener Daten an das betreffende Drittland, an ein Gebiet oder an ein oder mehrere spezifischen Sektoren in einem Drittland oder an die betreffende internationale Organisation gemäß den Artikeln 37 und 38 durch einen Beschluss nach Absatz 5 nicht berührt werden.

(8) Die Kommission veröffentlicht im Amtsblatt der Europäischen Union und auf ihrer Website eine Liste aller Drittländer beziehungsweise Gebiete und spezifischen Sektoren in einem Drittland und aller internationalen Organisationen, bei denen sie durch Beschluss festgestellt hat, dass diese ein beziehungsweise kein angemessenes Schutzniveau für personenbezogene Daten bieten.

Art. 37 Datenübermittlung vorbehaltlich geeigneter Garantien.

(1) Liegt kein Beschluss nach Artikel 36 Absatz 3 vor, so sehen die Mitgliedstaaten vor, dass eine Übermittlung personenbezogener Daten an ein Drittland oder eine internationale Organisation erfolgen darf, wenn

a) in einem rechtsverbindlichen Instrument geeignete Garantien für den Schutz personenbezogener Daten vorgesehen sind oder

b) der Verantwortliche alle Umstände beurteilt hat, die bei der Übermittlung personenbezogener Daten eine Rolle spielen, und zu der Auffassung gelangt ist, dass geeignete Garantien zum Schutz personenbezogener Daten bestehen.

(2) Der Verantwortliche unterrichtet die Aufsichtsbehörde über Kategorien von Übermittlungen gemäß Absatz 1 Buchstabe b.

(3) Übermittlungen gemäß Absatz 1 Buchstabe b werden dokumentiert und die Dokumentation einschließlich Datum und Zeitpunkt der Übermittlung, Informationen über die empfangende zuständige Behörde, Begründung der Übermittlung und übermittelte personenbezogenen Daten, der Aufsichtsbehörde auf Anforderung zur Verfügung gestellt.

Art. 38 Ausnahmen für bestimmte Fälle. (1) Falls weder ein Angemessenheitsbeschluss nach Artikel 36 vorliegt noch geeignete Garantien nach Artikel 37 bestehen, sehen die Mitgliedstaaten vor, dass eine Übermittlung oder eine Kategorie von Übermittlungen personenbezogener Daten an ein Drittland oder an eine internationale Organisation nur zulässig ist, wenn die Übermittlung aus einem der folgenden Gründe erforderlich ist

a) zum Schutz lebenswichtiger Interessen der betroffenen Person oder einer anderen Person,

b) zur Wahrung berechtigter Interessen der betroffenen Person, wenn dies im Recht des Mitgliedstaats, aus dem die personenbezogenen Daten übermittelt werden, vorgesehen ist,

c) zur Abwehr einer unmittelbaren und ernsthaften Gefahr für die öffentliche Sicherheit eines Mitgliedstaats oder eines Drittlandes,

d) im Einzelfall für die in Artikel 1 Absatz 1 genannten Zwecke, oder

e) im Einzelfall zur Geltendmachung, Ausübung oder Verteidigung von Rechtsansprüchen im Zusammenhang mit den in Artikel 1 Absatz 1 genannten Zwecken.

(2) Personenbezogene Daten dürfen nicht übermittelt werden, wenn die übermittelnde zuständige Behörde feststellt, dass Grundrechte und Grundfreiheiten der betroffenen Person das öffentliche Interesse an der Übermittlung im Sinne des Absatzes 1 Buchstaben d und e überwiegen.

(3) Übermittlungen gemäß Absatz 1 werden dokumentiert und die Dokumentation einschließlich Datum und Zeitpunkt der Übermittlung, Informationen über die empfangende zuständige Behörde, Begründung der Übermittlung und übermittelte personenbezogene Daten, der Aufsichtsbehörde auf Anforderung zur Verfügung gestellt.

Art. 39 Übermittlung personenbezogener Daten an in Drittländern niedergelassene Empfänger. (1) Abweichend von Artikel 35 Absatz 1 Buchstabe b und unbeschadet der in Absatz 2 dieses Artikels genannten internationalen Übereinkünfte kann das Unionsrecht oder das Recht der Mitgliedstaaten vorsehen, dass die in Artikel 3 Nummer 7 Buchstabe a genannten zuständigen Behörden im speziellen Einzelfall nur dann personenbezogene Daten direkt an in Drittländern niedergelassene Empfänger übermitteln dürfen, wenn die übrigen Bestimmungen dieser Richtlinie eingehalten werden und alle der folgende Voraussetzungen gegeben sind:

a) Die Übermittlung ist für die Ausübung einer Aufgabe der übermittelnden zuständigen Behörde gemäß dem Unionsrecht oder dem Recht der Mitgliedstaaten für die in Artikel 1 Absatz 1 genannten Zwecke unbedingt erforderlich,

b) die übermittelnde zuständige Behörde stellt fest, dass im konkreten Fall keine Grundrechte und Grundfreiheiten der betroffenen Person das öffentliche Interesse an einer Übermittlung überwiegen,

c) die übermittelnde zuständige Behörde hält die Übermittlung an eine für die in Artikel 1 Absatz 1 genannten Zwecke zuständige Behörde in dem Drittland für wirkungslos oder ungeeignet, insbesondere weil die Übermittlung nicht rechtzeitig durchgeführt werden kann,

d) die für die in Artikel 1 Absatz 1 genannten Zwecke zuständige Behörde in dem Drittland wird unverzüglich unterrichtet, es sei denn, dies ist wirkungslos oder ungeeignet, und

e) die übermittelnde zuständige Behörde teilt dem Empfänger den festgelegten Zweck oder die festgelegten Zwecke mit, für die die personenbezogenen Daten nur dann durch diesen verarbeitet werden dürfen, wenn eine derartige Verarbeitung erforderlich ist.

(2) Eine internationale Übereinkunft im Sinne des Absatzes 1 ist jede in Kraft befindliche bilaterale oder multilaterale internationale Übereinkunft zwischen Mitgliedstaaten und Drittländern im Bereich der justiziellen Zusammenarbeit in Strafsachen und der polizeilichen Zusammenarbeit.

(3) Die übermittelnde zuständige Behörde unterrichtet die Aufsichtsbehörde über die Übermittlungen gemäß diesem Artikel.

(4) Übermittlungen gemäß Absatz 1 werden dokumentiert.

Art. 40 Internationale Zusammenarbeit zum Schutz personenbezogener Daten. In Bezug auf Drittländer und internationale Organisationen treffen die Kommission und die Mitgliedstaaten geeignete Maßnahmen zur

a) Entwicklung von Mechanismen der internationalen Zusammenarbeit, durch die die wirksame Durchsetzung von Rechtsvorschriften zum Schutz personenbezogener Daten erleichtert wird,

b) gegenseitigen Leistung internationaler Amtshilfe bei der Durchsetzung von Rechtsvorschriften zum Schutz personenbezogener Daten, unter anderem durch Meldungen, Beschwerdeverweisungen, Amtshilfe bei Untersuchungen und Informationsaustausch, sofern geeignete Garantien für den Schutz personenbezogener Daten und anderer Grundrechte und Grundfreiheiten bestehen,

c) Einbindung maßgeblicher Interessenträger in Diskussionen und Tätigkeiten, die zum Ausbau der internationalen Zusammenarbeit bei der Durchsetzung von Rechtsvorschriften zum Schutz personenbezogener Daten dienen,

d) Förderung des Austausches und der Dokumentation von Rechtsvorschriften und Praktiken zum Schutz personenbezogener Daten einschließlich Zuständigkeitskonflikten mit Drittländern.

Kapitel VI. Unabhänge Aufsichtsbehörden
Abschnitt 1. Unabhängigkeit

Art. 41 Aufsichtsbehörde. (1) Jeder Mitgliedstaat sieht vor, dass eine oder mehrere unabhängige Behörden für die Überwachung der Anwendung dieser Richtlinie zuständig sind, damit die Grundrechte und Grundfreiheiten natürlicher Personen bei der Verarbeitung geschützt werden und der freie Verkehr personenbezogener Daten in der Union erleichtert wird (im Folgenden „Aufsichtsbehörde").

(2) ¹Jede Aufsichtsbehörde leistet einen Beitrag zur einheitlichen Anwendung dieser Richtlinie in der gesamten Union. ²Zu diesem Zweck bedarf es der Zusammenarbeit der Aufsichtsbehörden untereinander sowie mit der Kommission gemäß Kapitel VII.

(3) Die Mitgliedstaaten können vorsehen, dass die gemäß der Verordnung (EU) 2016/679[1)] in den Mitgliedstaaten errichtete Aufsichtsbehörde die in dieser Richtlinie genannte Aufsichtsbehörde ist und die Verantwortung für die Aufgaben der nach Absatz 1 zu errichtenden Aufsichtsbehörde übernimmt.

(4) Gibt es in einem Mitgliedstaat mehr als eine Aufsichtsbehörde, so bestimmt dieser Mitgliedstaat die Aufsichtsbehörde, die diese Behörden im in Artikel 51 genannten Ausschuss zu vertreten hat.

Art. 42 Unabhängigkeit. (1) Jeder Mitgliedstaat sieht vor, dass jede Aufsichtsbehörde bei der Erfüllung ihrer Aufgaben und der Ausübung ihrer Befugnisse gemäß dieser Richtlinie völlig unabhängig handelt.

(2) Die Mitgliedstaaten sehen vor, dass das Mitglied oder die Mitglieder ihrer Aufsichtsbehörden bei der Erfüllung ihrer Aufgaben und der Ausübung ihrer Befugnisse gemäß dieser Richtlinie weder direkter noch indirekter Beeinflussung von außen unterliegen und dass sie weder um Weisung ersuchen noch Weisungen entgegennehmen.

(3) Die Mitglieder der Aufsichtsbehörden der Mitgliedstaaten sehen von allen mit den Aufgaben ihres Amts nicht zu vereinbarenden Handlungen ab und üben während ihrer Amtszeit keine andere mit ihrem Amt nicht zu vereinbarende entgeltliche oder unentgeltliche Tätigkeit aus.

(4) Jeder Mitgliedstaat stellt sicher, dass jede Aufsichtsbehörde mit den personellen, technischen und finanziellen Ressourcen, Räumlichkeiten und Infrastrukturen ausgestattet wird, die sie benötigt, um ihre Aufgaben und Befugnisse auch im Rahmen der Amtshilfe, Zusammenarbeit und Mitwirkung im Ausschuss effektiv wahrnehmen zu können.

(5) Jeder Mitgliedstaat stellt sicher, dass jede Aufsichtsbehörde ihr eigenes Personal auswählt und hat, das ausschließlich der Leitung des Mitglieds oder der Mitglieder der betreffenden Aufsichtsbehörde untersteht.

(6) Jeder Mitgliedstaat stellt sicher, dass jede Aufsichtsbehörde einer Finanzkontrolle unterliegt, die ihre Unabhängigkeit nicht beeinträchtigt, und dass sie über eigene, öffentliche, jährliche Haushaltspläne verfügt, die Teil des gesamten Staatshaushalts oder nationalen Haushalts sein können.

[1)] Nr. 1.

Art. 43 Allgemeine Bedingungen für die Mitglieder der Aufsichtsbehörde. (1) Die Mitgliedstaaten sehen vor, dass jedes Mitglied ihrer Aufsichtsbehörden im Wege eines transparenten Verfahrens ernannt wird, und zwar

– vom Parlament;

– von der Regierung;

– vom Staatsoberhaupt oder

– von einer unabhängigen Stelle, die nach dem Recht des Mitgliedstaats mit der Ernennung betraut wird.

(2) Jedes Mitglied muss über die für die Erfüllung seiner Aufgaben und Ausübung seiner Befugnisse erforderliche Qualifikation, Erfahrung und Sachkunde insbesondere im Bereich des Schutzes personenbezogener Daten verfügen.

(3) Das Amt eines Mitglieds endet mit Ablauf der Amtszeit, mit seinem Rücktritt oder verpflichtender Versetzung in den Ruhestand gemäß dem Recht des betroffenen Mitgliedstaats.

(4) Ein Mitglied wird seines Amtes nur enthoben, wenn es eine schwere Verfehlung begangen hat oder die Voraussetzungen für die Erfüllung seiner Aufgaben nicht mehr erfüllt.

Art. 44 Errichtung der Aufsichtsbehörde. (1) Jeder Mitgliedstaat sieht durch Rechtsvorschriften Folgendes vor

a) die Errichtung jeder Aufsichtsbehörde,

b) die erforderlichen Qualifikationen und sonstigen Voraussetzungen für die Ernennung zum Mitglied jeder Aufsichtsbehörde,

c) die Vorschriften und Verfahren für die Ernennung des Mitglieds oder der Mitglieder jeder Aufsichtsbehörde,

d) die Amtszeit des Mitglieds oder der Mitglieder jeder Aufsichtsbehörde von mindestens vier Jahren, außer für die erste Amtszeit nach dem 6. Mai 2016, die für einen Teil der Mitglieder kürzer sein kann, wenn eine zeitlich versetzte Ernennung zur Wahrung der Unabhängigkeit der Aufsichtsbehörde notwendig ist,

e) die Frage, ob und – wenn ja – wie oft das Mitglied oder die Mitglieder jeder Aufsichtsbehörde wiederernannt werden können,

f) die Bedingungen im Hinblick auf die Pflichten des Mitglieds oder der Mitglieder und der Bediensteten jeder Aufsichtsbehörde, die Verbote von Handlungen, beruflichen Tätigkeiten und Vergütungen während und nach der Amtszeit, die mit diesen Pflichten unvereinbar sind, und die Regeln für die Beendigung des Beschäftigungsverhältnisses.

(2) [1]Das Mitglied oder die Mitglieder und die Bediensteten jeder Aufsichtsbehörde sind gemäß dem Unionsrecht oder dem Recht der Mitgliedstaaten sowohl während ihrer Amts- beziehungsweise Dienstzeit als auch nach deren Beendigung verpflichtet, über alle vertraulichen Informationen, die ihnen bei der Wahrnehmung ihrer Aufgaben oder der Ausübung ihrer Befugnisse bekannt geworden sind, Verschwiegenheit zu wahren. [2]Während ihrer Amts- beziehungsweise Dienstzeit gilt diese Verschwiegenheitspflicht insbesondere für die von natürlichen Personen gemeldeten Verstöße gegen diese Richtlinie.

Abschnitt 2. Zuständigkeit, Aufgaben und Befugnisse

Art. 45 Zuständigkeit. (1) Jeder Mitgliedstaat sieht vor, dass jede Aufsichtsbehörde dafür zuständig ist, im Hoheitsgebiet ihres eigenen Mitgliedstaats die ihr gemäß dieser Richtlinie zugewiesenen Aufgaben und übertragenen Befugnisse zu erfüllen bzw. auszuüben.

(2) ¹Jeder Mitgliedstaat sieht vor, dass jede Aufsichtsbehörde nicht für die Aufsicht über die von Gerichten im Rahmen ihrer justiziellen Tätigkeit vorgenommenen Verarbeitungen zuständig ist. ²Die Mitgliedstaaten können vorsehen, dass ihre Aufsichtsbehörde nicht für die Überwachung der von anderen unabhängigen Justizbehörden im Rahmen ihrer justiziellen Tätigkeit vorgenommenen Verarbeitungen zuständig ist.

Art. 46 Aufgaben. (1) Jeder Mitgliedstaat sieht vor, dass jede Aufsichtsbehörde in seinem Hoheitsgebiet

a) die Anwendung der nach dieser Richtlinie erlassenen Vorschriften sowie deren Durchführungsvorschriften überwacht und durchsetzt;

b) die Öffentlichkeit für die Risiken, Vorschriften, Garantien und Rechte im Zusammenhang mit der Verarbeitung sensibilisiert und sie darüber aufklärt;

c) im Einklang mit dem Recht der Mitgliedstaaten das nationale Parlament, die Regierung und andere Einrichtungen und Gremien über legislative und administrative Maßnahmen zum Schutz der Rechte und Freiheiten natürlicher Personen in Bezug auf die Verarbeitung berät;

d) die Verantwortlichen und die Auftragsverarbeiter für die ihnen aus dieser Richtlinie entstehenden Pflichten sensibilisiert;

e) auf Antrag jeder betroffenen Person Informationen über die Ausübung ihrer Rechte aufgrund dieser Richtlinie zur Verfügung stellt und gegebenenfalls zu diesem Zweck mit den Aufsichtsbehörden in anderen Mitgliedstaaten zusammenarbeitet;

f) sich mit Beschwerden einer betroffenen Person oder einer Stelle, einer Organisation oder eines Verbandes gemäß Artikel 55 befasst, den Gegenstand der Beschwerde in angemessenem Umfang untersucht und den Beschwerdeführer innerhalb einer angemessenen Frist über den Fortgang und das Ergebnis der Untersuchung unterrichtet, insbesondere, wenn eine weitere Untersuchung oder Koordinierung mit einer anderen Aufsichtsbehörde notwendig ist;

g) die Rechtmäßigkeit der Verarbeitung gemäß Artikel 17 überprüft und die betroffene Person innerhalb einer angemessenen Frist über das Ergebnis der Überprüfung gemäß Absatz 3 des genannten Artikels unterrichtet oder ihr die Gründe mitteilt, aus denen die Überprüfung nicht vorgenommen wurde;

h) mit anderen Aufsichtsbehörden zusammenarbeitet, auch durch Informationsaustausch, und ihnen Amtshilfe leistet, um die einheitliche Anwendung und Durchsetzung dieser Richtlinie zu gewährleisten;

i) Untersuchungen über die Anwendung dieser Richtlinie durchführt, auch auf der Grundlage von Informationen einer anderen Aufsichtsbehörde oder einer anderen Behörde;

j) maßgebliche Entwicklungen verfolgt, soweit sie sich auf den Schutz personenbezogener Daten auswirken, insbesondere die Entwicklung der Informations- und Kommunikationstechnologie;

k) Beratung in Bezug auf die in Artikel 28 genannten Verarbeitungsvorgänge leistet; und

l) Beiträge zur Tätigkeit des Ausschusses leistet.

(2) Jede Aufsichtsbehörde erleichtert das Einreichen von in Absatz 1 Buchstabe f genannten Beschwerden durch Maßnahmen wie etwa die Bereitstellung eines Beschwerdeformulars, das auch elektronisch ausgefüllt werden kann, ohne dass andere Kommunikationsmittel ausgeschlossen werden.

(3) Die Erfüllung der Aufgaben jeder Aufsichtsbehörde ist für die betroffene Person und für den Datenschutzbeauftragten unentgeltlich.

(4) [1] Bei offenkundig unbegründeten oder – besonders wegen häufiger Wiederholung – exzessiven Anträgen kann die Aufsichtsbehörde eine angemessene Gebühr auf der Grundlage ihrer Verwaltungskosten verlangen oder sich weigern, aufgrund des Antrags tätig zu werden. [2] In diesem Fall trägt die Aufsichtsbehörde die Beweislast dafür, dass der Antrag offensichtlich unbegründet oder exzessiv ist.

Art. 47 Befugnisse. (1) [1] Jeder Mitgliedstaat sieht durch Rechtsvorschriften vor, dass jede Aufsichtsbehörde über wirksame Untersuchungsbefugnisse verfügt. [2] Diese Befugnisse umfassen zumindest die Befugnis, von dem Verantwortlichen und dem Auftragsverarbeiter Zugang zu allen personenbezogenen Daten, die verarbeitet werden, und auf alle Informationen, die zur Erfüllung ihrer Aufgaben notwendig sind, zu erhalten.

(2) Jeder Mitgliedstaat sieht durch Rechtsvorschriften vor, dass jede Aufsichtsbehörde über wirksame Abhilfebefugnisse wie etwa die beispielhaft genannten folgenden verfügt, die es ihr gestatten,

a) einen Verantwortlichen oder einen Auftragsverarbeiter zu warnen, dass beabsichtigte Verarbeitungsvorgänge voraussichtlich gegen die nach dieser Richtlinie erlassenen Vorschriften verstoßen;

b) den Verantwortlichen oder den Auftragsverarbeiter anzuweisen, Verarbeitungsvorgänge, gegebenenfalls auf bestimmte Weise und innerhalb eines bestimmten Zeitraums, mit den nach dieser Richtlinie erlassenen Vorschriften in Einklang zu bringen, insbesondere durch die Anordnung der Berichtigung oder Löschung personenbezogener Daten oder Einschränkung der Verarbeitung gemäß Artikel 16;

c) eine vorübergehende oder endgültige Beschränkung der Verarbeitung, einschließlich eines Verbots, zu verhängen.

(3) Jeder Mitgliedstaat sieht durch Rechtsvorschriften vor, dass jede Aufsichtsbehörde über wirksame Beratungsbefugnisse verfügt, die es ihr gestatten, gemäß dem Verfahren der vorherigen Konsultation nach Artikel 28 den Verantwortlichen zu beraten und zu allen Fragen, die im Zusammenhang mit dem Schutz personenbezogener Daten stehen, von sich aus oder auf Antrag Stellungnahmen an ihr nationales Parlament, ihre Regierung oder im Einklang mit seinem nationalen Recht an sonstige Einrichtungen und Stellen sowie an die Öffentlichkeit zu richten.

(4) Die Ausübung der der Aufsichtsbehörde gemäß diesem Artikel übertragenen Befugnisse erfolgt vorbehaltlich geeigneter Garantien einschließlich wirksamer gerichtlicher Rechtsbehelfe und ordnungsgemäßer Verfahren gemäß

dem Unionsrecht und dem Recht des Mitgliedstaats im Einklang mit der Charta.

(5) Jeder Mitgliedstaat sieht durch Rechtsvorschriften vor, dass jede Aufsichtsbehörde befugt ist, Verstöße gegen nach dieser Richtlinie erlassene Vorschriften den Justizbehörden zur Kenntnis zu bringen und gegebenenfalls die Einleitung eines gerichtlichen Verfahrens zu betreiben oder sich sonst daran zu beteiligen, um die nach dieser Richtlinie erlassenen Vorschriften durchzusetzen.

Art. 48 Meldung von Verstößen. Die Mitgliedstaaten sehen vor, dass die zuständigen Behörden wirksame Vorkehrungen treffen, um vertrauliche Meldungen über Verstöße gegen diese Richtlinie zu fördern.

Art. 49 Tätigkeitsbericht. [1]Jede Aufsichtsbehörde erstellt einen Jahresbericht über ihre Tätigkeit, der eine Liste der Arten der gemeldeten Verstöße und der Arten der verhängten Sanktionen enthalten kann. [2]Die Berichte werden dem nationalen Parlament, der Regierung und anderen nach dem Recht der Mitgliedstaaten bestimmten Behörden übermittelt. [3]Sie werden der Öffentlichkeit, der Kommission und dem Ausschuss zugänglich gemacht.

Kapitel VII. Zusammenarbeit

Art. 50 Gegenseitige Amtshilfe. (1) [1]Jeder Mitgliedstaat sieht vor, dass seine Aufsichtsbehörden einander maßgebliche Informationen übermitteln und Amtshilfe gewähren, um diese Richtlinie einheitlich durchzuführen und anzuwenden, und treffen Vorkehrungen für eine wirksame Zusammenarbeit. [2]Die Amtshilfe bezieht sich insbesondere auf Auskunftsersuchen und aufsichtsbezogene Maßnahmen, beispielsweise Ersuchen um Konsultation oder um Vornahme von Nachprüfungen und Untersuchungen.

(2) [1]Jeder Mitgliedstaat sieht vor, dass jede Aufsichtsbehörde alle geeigneten Maßnahmen ergreift, um dem Ersuchen einer anderen Aufsichtsbehörde unverzüglich und spätestens innerhalb eines Monats nach Eingang des Ersuchens nachzukommen. [2]Dazu kann insbesondere auch die Übermittlung maßgeblicher Informationen über die Durchführung einer Untersuchung gehören.

(3) [1]Amtshilfeersuchen enthalten alle erforderlichen Informationen, einschließlich Zweck und Begründung des Ersuchens. [2]Die übermittelten Informationen werden ausschließlich für den Zweck verwendet, für den sie angefordert wurden.

(4) Die ersuchte Aufsichtsbehörde lehnt das Ersuchen nur ab, wenn

a) sie für den Gegenstand des Ersuchens oder für die Maßnahmen, die sie durchführen soll, nicht zuständig ist oder

b) ein Eingehen auf das Ersuchen gegen diese Richtlinie oder gegen das Unionsrecht verstoßen würde oder gegen das Recht des Mitgliedstaats, dem die Aufsichtsbehörde, bei der das Ersuchen eingeht, unterliegt.

(5) [1]Die ersuchte Aufsichtsbehörde informiert die ersuchende Aufsichtsbehörde über die Ergebnisse oder gegebenenfalls über den Fortgang der Maßnahmen, die getroffen wurden, um dem Ersuchen nachzukommen. [2]Die ersuchte Aufsichtsbehörde erläutert gemäß Absatz 4 die Gründe für die Ablehnung des Ersuchens.

(6) Die ersuchten Aufsichtsbehörden übermitteln die Informationen, um die von einer anderen Aufsichtsbehörde ersucht wurde, in der Regel auf elektronischem Wege unter Verwendung eines standardisierten Formats.

(7) ¹Ersuchte Aufsichtsbehörden verlangen für Maßnahmen, die sie aufgrund eines Amtshilfeersuchens getroffen haben, keine Gebühren. ²Die Aufsichtsbehörden können untereinander Regeln vereinbaren, um einander in Ausnahmefällen besondere aufgrund der Amtshilfe entstandene Ausgaben zu erstatten.

(8) ¹Die Kommission kann im Wege von Durchführungsrechtsakten Form und Verfahren der Amtshilfe nach diesem Artikel und die Ausgestaltung des elektronischen Informationsaustauschs zwischen den Aufsichtsbehörden sowie zwischen den Aufsichtsbehörden und dem Ausschuss festlegen. ²Diese Durchführungsrechtsakte werden gemäß dem in Artikel 58 Absatz 2 genannten Prüfverfahren erlassen.

Art. 51 Aufgaben des Ausschusses. (1) ¹Der mit der Verordnung (EU) 2016/679[1]) eingesetzte Europäische Ausschuss nimmt in Bezug auf Verarbeitungsvorgänge im Anwendungsbereich dieser Richtlinie folgende Aufgaben wahr:

a) Beratung der Kommission in allen Fragen, die im Zusammenhang mit dem Schutz personenbezogener Daten in der Union stehen, einschließlich etwaiger Vorschläge zur Änderung dieser Richtlinie;

b) Prüfung – von sich aus, auf Antrag eines seiner Mitglieder oder auf Ersuchen der Kommission – von die Anwendung dieser Richtlinie betreffenden Fragen und Ausarbeitung von Leitlinien, Empfehlungen und bewährten Verfahren zwecks Sicherstellung einer einheitlichen Anwendung dieser Richtlinie;

c) Ausarbeitung von Leitlinien für die Aufsichtsbehörden in Bezug auf die Anwendung von Maßnahmen nach Artikel 47 Absätze 1 und 3;

d) Ausarbeitung von Leitlinien, Empfehlungen und bewährten Verfahren gemäß Buchstabe b dieses Unterabsatzes für die Feststellung von Verletzungen des Schutzes personenbezogener Daten und die Festlegung der Unverzüglichkeit im Sinne des Artikels 30 Absätze 1 und 2 und für die konkreten Umstände, unter denen der Verantwortliche und der Auftragsverarbeiter die Verletzung des Schutzes personenbezogener Daten zu melden haben;

e) Ausarbeitung von Leitlinien, Empfehlungen und bewährten Verfahren gemäß Buchstabe b dieses Absatzes in Bezug auf die Umstände, unter denen eine Verletzung des Schutzes personenbezogener Daten voraussichtlich ein hohes Risiko für die Rechte und Freiheiten der natürlichen Personen im Sinne des Artikels 31 Absatz 1 zur Folge hat;

f) Überprüfung der praktischen Anwendung der Leitlinien, Empfehlungen und bewährten Verfahren;

g) Abgabe einer Stellungnahme gegenüber der Kommission zur Beurteilung der Angemessenheit des in einem Drittland, einem Gebiet oder einem oder mehreren spezifischen Sektoren in einem Drittland oder einer internationalen Organisation gebotenen Schutzniveaus sowie zur Beurteilung der Frage,

---

[1]) Nr. 1.

ob ein solches Drittland, das Gebiet, der spezifische Sektor oder die internationale Organisation kein angemessenes Schutzniveau mehr gewährleistet;
h) Förderung der Zusammenarbeit und eines wirksamen bilateralen und multilateralen Austauschs von Informationen und bewährten Verfahren zwischen den Aufsichtsbehörden;
i) Förderung von Schulungsprogrammen und Erleichterung des Personalaustauschs zwischen Aufsichtsbehörden sowie gegebenenfalls mit Aufsichtsbehörden von Drittländern oder mit internationalen Organisationen;
j) Förderung des Austausches von Fachwissen und von Dokumentationen über Datenschutzrecht und -praxis mit Datenschutzaufsichtsbehörden in aller Welt.

[2] In Bezug auf Unterabsatz 1 Buchstabe g stellt die Kommission dem Ausschuss alle erforderlichen Unterlagen zur Verfügung, darunter den Schriftwechsel mit der Regierung des Drittlandes, mit dem Gebiet oder spezifischen Sektor in diesem Drittland oder mit der internationalen Organisation.

(2) Die Kommission kann, wenn sie den Ausschuss um Rat ersucht, unter Berücksichtigung der Dringlichkeit des Sachverhalts eine Frist angeben.

(3) Der Ausschuss leitet seine Stellungnahmen, Leitlinien, Empfehlungen und bewährten Verfahren an die Kommission und an den in Artikel 58 Absatz 1 genannten Ausschuss weiter und veröffentlicht sie.

(4) Die Kommission setzt den Ausschuss von allen Maßnahmen in Kenntnis, die sie im Anschluss an die von ihm herausgegebenen Stellungnahmen, Leitlinien, Empfehlungen und bewährten Verfahren ergriffen hat.

Kapitel VIII. Rechtsbehelfe, Haftung und Sanktionen

Art. 52 Recht auf Beschwerde bei einer Aufsichtsbehörde. (1) Die Mitgliedstaaten sehen vor, dass jede betroffene Person unbeschadet eines anderweitigen verwaltungsrechtlichen oder gerichtlichen Rechtsbehelfs das Recht auf Beschwerde bei einer Aufsichtsbehörde hat, wenn sie der Ansicht ist, dass die Verarbeitung der sie betreffenden personenbezogenen Daten gegen die nach dieser Richtlinie erlassenen Vorschriften verstößt.

(2) [1] Die Mitgliedstaaten sehen vor, dass eine Beschwerde, die nicht bei der gemäß Artikel 45 Absatz 1 zuständigen Aufsichtsbehörde eingereicht wird, von der Aufsichtsbehörde, bei der die Beschwerde eingelegt wird, unverzüglich an die zuständige Aufsichtsbehörde übermittelt wird. [2] Die betroffene Person wird über die Übermittlung unterrichtet.

(3) Die Mitgliedstaaten sehen vor, dass die Aufsichtsbehörde, bei der die Beschwerde eingelegt wurde, auf Ersuchen der betroffenen Person weitere Unterstützung leistet.

(4) Die betroffene Person wird von der zuständigen Aufsichtsbehörde über den Stand und das Ergebnis der Beschwerde einschließlich der Möglichkeit eines gerichtlichen Rechtsbehelfs nach Artikel 53 unterrichtet.

Art. 53 Recht auf wirksamen gerichtlichen Rechtsbehelf gegen eine Aufsichtsbehörde. (1) Die Mitgliedstaaten sehen vor, dass jede natürliche oder juristische Person unbeschadet eines anderweitigen verwaltungsrechtlichen oder außergerichtlichen Rechtsbehelfs das Recht auf einen wirksamen gerichtlichen Rechtsbehelf gegen einen sie betreffenden rechtsverbindlichen Beschluss einer Aufsichtsbehörde hat.

(2) Jede betroffene Person hat unbeschadet eines anderweitigen verwaltungsrechtlichen oder außergerichtlichen Rechtbehelfs das Recht auf einen wirksamen gerichtlichen Rechtsbehelf, wenn die gemäß Artikel 45 Absatz 1 zuständige Aufsichtsbehörde sich nicht mit der Beschwerde befasst oder die betroffene Person nicht innerhalb von drei Monaten über den Stand oder das Ergebnis der gemäß Artikel 52 erhobenen Beschwerde in Kenntnis gesetzt hat.

(3) Die Mitgliedstaaten sehen vor, dass für Verfahren gegen eine Aufsichtsbehörde die Gerichte des Mitgliedstaats zuständig sind, in dem die Aufsichtsbehörde ihren Sitz hat.

Art. 54 Recht auf wirksamen gerichtlichen Rechtsbehelf gegen Verantwortliche oder Auftragsverarbeiter. Die Mitgliedstaaten sehen vor, dass jede betroffene Person unbeschadet eines verfügbaren verwaltungsrechtlichen oder außergerichtlichen Rechtsbehelfs einschließlich des Rechts auf Beschwerde bei einer Aufsichtsbehörde gemäß Artikel 52 das Recht auf einen wirksamen gerichtlichen Rechtsbehelf hat, wenn sie der Ansicht ist, dass die Rechte, die ihr aufgrund von nach dieser Richtlinie erlassenen Vorschriften zustehen, infolge einer nicht mit diesen Vorschriften im Einklang stehenden Verarbeitung ihrer personenbezogenen Daten verletzt wurden.

Art. 55 Vertretung von betroffenen Personen. Die Mitgliedstaaten sehen im Einklang mit dem Verfahrensrecht der Mitgliedstaaten vor, dass die betroffene Person das Recht hat, nach dem Recht eines Mitgliedstaats ordnungsgemäß gegründete Einrichtungen, Organisationen oder Vereinigungen ohne Gewinnerzielungsabsicht, deren satzungsmäßige Ziele im öffentlichen Interesse liegen und die im Bereich des Schutzes der Rechte und Freiheiten von betroffenen Personen in Bezug auf den Schutz ihrer personenbezogenen Daten tätig sind, zu beauftragen, in ihrem Namen eine Beschwerde einzureichen und in ihrem Namen die in den Artikeln 52, 53 und 54 genannten Rechte wahrzunehmen.

Art. 56 Recht auf Schadenersatz. Die Mitgliedstaaten sehen vor, dass jede Person, der wegen einer rechtswidrigen Verarbeitung oder einer anderen Handlung, die gegen nach Maßgabe dieser Richtlinie erlassenen nationalen Vorschriften verstößt, ein materieller oder immaterieller Schaden entstanden ist, Recht auf Schadenersatz seitens des Verantwortlichen oder jeder sonst nach dem Recht der Mitgliedstaaten zuständigen Stelle hat.

Art. 57 Sanktionen. [1] Die Mitgliedstaaten legen fest, welche Sanktionen bei einem Verstoß gegen die nach dieser Richtlinie erlassenen Vorschriften zu verhängen sind, und treffen die zu deren Anwendung erforderlichen Maßnahmen. [2] Die Sanktionen müssen wirksam, verhältnismäßig und abschreckend sein.

Kapitel IX. Durchführungsrechtsakte

Art. 58 Ausschussverfahren. (1) [1] Die Kommission wird von dem mit Artikel 93 der Verordnung (EU) 2016/679 eingesetzten Ausschuss unterstützt. [2] Dieser Ausschuss ist ein Ausschuss im Sinne der Verordnung (EU) Nr. 182/2011.

(2) Wird auf diesen Absatz Bezug genommen, so gilt Artikel 5 der Verordnung (EU) Nr. 182/2011.

(3) Wird auf diesen Absatz Bezug genommen, so gilt Artikel 8 der Verordnung (EU) Nr. 182/2011 in Verbindung mit deren Artikel 5.

Kapitel X. Schlussbestimmungen

Art. 59 Aufhebung des Rahmenbeschlusses 2008/977/JI. (1) Der Rahmenbeschluss 2008/977/JI wird mit Wirkung vom 6. Mai 2018 aufgehoben.

(2) Verweise auf den in Absatz 1 genannten aufgehobenen Beschluss gelten als Verweise auf diese Richtlinie.

Art. 60 Bestehende Unionsrechtsakte. Die besonderen Bestimmungen zum Schutz personenbezogener Daten in Unionsrechtsakten, die am oder vor dem 6. Mai 2016 im Bereich der justiziellen Zusammenarbeit in Strafsachen und der polizeilichen Zusammenarbeit erlassenen Rechtsakten der Union enthalten sind, die die Verarbeitung im Verkehr der Mitgliedstaaten untereinander sowie den Zugang der von den Mitgliedstaaten bestimmten Behörden zu den gemäß den Verträgen errichteten Informationssystemen im Anwendungsbereich dieser Richtlinie regeln, bleiben unberührt.

Art. 61 Verhältnis zu bereits geschlossenen internationalen Übereinkünften im Bereich der justiziellen Zusammenarbeit in Strafsachen und der polizeilichen Zusammenarbeit. Internationale Übereinkünfte, die die Übermittlung personenbezogener Daten an Drittländer oder internationale Organisationen mit sich bringen, die von den Mitgliedstaaten vor dem 6. Mai 2016 geschlossen wurden und die mit dem vor dem genannten Datum geltenden Unionsrecht vereinbar sind, bleiben in Kraft, bis sie geändert, ersetzt oder gekündigt werden.

Art. 62 Berichte der Kommission. (1) [1]Bis zum 6. Mai 2022 und danach alle vier Jahre legt die Kommission dem Europäischen Parlament und dem Rat einen Bericht über die Bewertung und Überprüfung dieser Richtlinie vor. [2]Die Berichte werden öffentlich gemacht.

(2) Im Rahmen der Bewertungen und Überprüfungen gemäß Absatz 1 prüft die Kommission insbesondere die Anwendung und Wirkungsweise des Kapitels V über die Übermittlung personenbezogener Daten an Drittländer oder internationale Organisationen und vor allem die Beschlüsse nach Artikel 36 Absatz 3 und Artikel 39.

(3) Für die in den Absätzen 1 und 2 genannten Zwecke kann die Kommission Informationen von den Mitgliedstaaten und den Aufsichtsbehörden anfordern.

(4) Bei den in den Absätzen 1 und 2 genannten Bewertungen und Überprüfungen berücksichtigt die Kommission die Standpunkte und Feststellungen des Europäischen Parlaments, des Rates sowie der anderen einschlägigen Stellen und Quellen.

(5) Die Kommission legt erforderlichenfalls geeignete Vorschläge zur Änderung dieser Richtlinie vor und berücksichtigt dabei insbesondere die Entwicklungen in der Informationstechnologie und die Fortschritte in der Informationsgesellschaft.

(6) Bis zum 6. Mai 2019 überprüft die Kommission andere Rechtsakte der Union über die Verarbeitung durch die zuständigen Behörden für die in Artikel 1 Absatz 1 genannten Zwecke, einschließlich der auf der Grundlage von Artikel 60 erlassenen Rechtsakte, um festzustellen, inwieweit eine Anpassung an diese Richtlinie notwendig ist, und um gegebenenfalls die erforderlichen Vorschläge zur Änderung dieser Rechtsakte zu unterbreiten, damit ein einheitliches Vorgehen beim Schutz personenbezogener Daten innerhalb des Anwendungsbereichs dieser Richtlinie gewährleistet ist.

Art. 63 Umsetzung. (1) *[1]* ¹Die Mitgliedstaaten erlassen und veröffentlichen bis zum 6. Mai 2018 die Rechts- und Verwaltungsvorschriften, die erforderlich sind, um dieser Richtlinie nachzukommen. ²Sie teilen der Kommission unverzüglich den Wortlaut dieser Vorschriften mit. ³Sie wenden diese Vorschriften ab dem 6. Mai 2018 an.

[2] ¹Bei Erlass dieser Vorschriften nehmen die Mitgliedstaaten in den Vorschriften selbst oder durch einen Hinweis bei der amtlichen Veröffentlichung auf diese Richtlinie Bezug. ²Die Mitgliedstaaten regeln die Einzelheiten der Bezugnahme.

(2) Abweichend von Absatz 1 können die Mitgliedstaaten vorsehen, dass in Ausnahmefällen, in denen dies für die vor dem 6. Mai 2016 eingerichteten automatisierten Verarbeitungssysteme mit einem unverhältnismäßigen Aufwand verbunden ist, diese bis zum 6. Mai 2023 mit Artikel 25 Absatz 1 in Einklang gebracht werden müssen.

(3) ¹Abweichend von Absätzen 1 und 2 dieses Artikels kann ein Mitgliedstaat in außergewöhnlichen Umständen ein automatisiertes Verarbeitungssystem im Sinne des Absatzes 2 dieses Artikels innerhalb einer bestimmten Frist nach Ablauf der in Absatz 2 dieses Artikels genannten Frist mit Artikel 25 Absatz 1 in Einklang bringen, wenn hierdurch sonst schwerwiegende Schwierigkeiten für den Betrieb dieses automatisierten Verarbeitungssystems entstehen würden. ²Der betreffende Mitgliedstaat begründet gegenüber der Kommission, weshalb diese schwerwiegenden Schwierigkeiten entstehen würden und die Gründe für die bestimmte Frist, innerhalb derer er das automatisierte Verarbeitungssystem mit Artikel 25 Absatz 1 in Einklang bringen wird. ³Diese Frist muss vor dem 6. Mai 2026 enden.

(4) Die Mitgliedstaaten teilen der Kommission den Wortlaut der wichtigsten nationalen Rechtsvorschriften mit, die sie auf dem unter diese Richtlinie fallenden Gebiet erlassen.

Art. 64 Inkrafttreten. Diese Richtlinie tritt am Tag nach ihrer Veröffentlichung[1] im *Amtsblatt der Europäischen Union* in Kraft.

Art. 65 Adressaten. Diese Richtlinie ist an die Mitgliedstaaten gerichtet.

---

[1] Veröffentlicht am 4.5.2016.

3. Richtlinie 2002/58/EG des Europäischen Parlaments und des Rates vom 12. Juli 2002 über die Verarbeitung personenbezogener Daten und den Schutz der Privatsphäre in der elektronischen Kommunikation (Datenschutzrichtlinie für elektronische Kommunikation)

(ABl. L 201 S. 37)

Celex-Nr. 3 2002 L 0058

zuletzt geänd. durch Art. 2 RL 2009/136/EG v. 25.11.2009 (ABl. L 337 S. 11, ber. 2013 ABl. L 241 S. 9, ber. 2017 ABl. L 162 S. 56)

Nichtamtliche Inhaltsübersicht

Art. 1 Geltungsbereich und Zielsetzung
Art. 2 Begriffsbestimmungen
Art. 3 Betroffene Dienste
Art. 4 Sicherheit der Verarbeitung
Art. 5 Vertraulichkeit der Kommunikation
Art. 6 Verkehrsdaten
Art. 7 Einzelgebührennachweis
Art. 8 Anzeige der Rufnummer des Anrufers und des Angerufenen und deren Unterdrückung
Art. 9 Andere Standortdaten als Verkehrsdaten
Art. 10 Ausnahmen
Art. 11 Automatische Anrufweiterschaltung
Art. 12 Teilnehmerverzeichnisse
Art. 13 Unerbetene Nachrichten
Art. 14 Technische Merkmale und Normung
Art. 14a Ausschussverfahren
Art. 15 Anwendung einzelner Bestimmungen der Richtlinie 95/46/EG
Art. 15a Umsetzung und Durchsetzung
Art. 16 Übergangsbestimmungen
Art. 17 Umsetzung
Art. 18 Überprüfung
Art. 19 Aufhebung
Art. 20 Inkrafttreten
Art. 21 Adressaten

DAS EUROPÄISCHE PARLAMENT UND DER RAT DER EUROPÄISCHEN UNION –

gestützt auf den Vertrag zur Gründung der Europäischen Gemeinschaft, insbesondere auf Artikel 95,

auf Vorschlag der Kommission[1],

nach Stellungnahme des Wirtschafts- und Sozialausschusses[2],

nach Anhörung des Ausschusses der Regionen,

gemäß dem Verfahren des Artikels 251 des Vertrags[3],

in Erwägung nachstehender Gründe:

---

[1] **Amtl. Anm.:** ABl. C 365 E vom 19.12.2000, S. 223.

[2] **Amtl. Anm.:** ABl. C 123 vom 25.4.2001, S. 53.

[3] **Amtl. Anm.:** Stellungnahme des Europäischen Parlaments vom 13. November 2001 (noch nicht im Amtsblatt veröffentlicht), Gemeinsamer Standpunkt des Rates vom 28. Januar 2002 (ABl. C 113 E vom 14.5.2002, S. 39) und Beschluss des Europäischen Parlaments vom 30. Mai 2002 (noch nicht im Amtsblatt veröffentlicht). Beschluss des Rates vom 25. Juni 2002.

(1) Die Richtlinie 95/46/EG des Europäischen Parlaments und des Rates vom 24. Oktober 1995 zum Schutz natürlicher Personen bei der Verarbeitung personenbezogener Daten und zum freien Datenverkehr[1] schreibt vor, dass die Mitgliedstaaten die Rechte und Freiheiten natürlicher Personen bei der Verarbeitung personenbezogener Daten und insbesondere ihr Recht auf Privatsphäre sicherstellen, um in der Gemeinschaft den freien Verkehr personenbezogener Daten zu gewährleisten.

(2) Ziel dieser Richtlinie ist die Achtung der Grundrechte; sie steht insbesondere im Einklang mit den durch die Charta der Grundrechte der Europäischen Union anerkannten Grundsätzen. Insbesondere soll mit dieser Richtlinie gewährleistet werden, dass die in den Artikeln 7 und 8 jener Charta niedergelegten Rechte uneingeschränkt geachtet werden.

(3) Die Vertraulichkeit der Kommunikation wird nach den internationalen Menschenrechtsübereinkünften, insbesondere der Europäischen Konvention zum Schutze der Menschenrechte und Grundfreiheiten, und den Verfassungen der Mitgliedstaaten garantiert.

(4) Mit der Richtlinie 97/66/EG des Europäischen Parlaments und des Rates vom 15. Dezember 1997 über die Verarbeitung personenbezogener Daten und den Schutz der Privatsphäre im Bereich der Telekommunikation[2] wurden die Grundsätze der Richtlinie 95/46/EG in spezielle Vorschriften für den Telekommunikationssektor umgesetzt. Die Richtlinie 97/66/EG muss an die Entwicklungen der Märkte und Technologien für elektronische Kommunikationsdienste angepasst werden, um den Nutzern öffentlich zugänglicher elektronischer Kommunikationsdienste unabhängig von der zugrunde liegenden Technologie den gleichen Grad des Schutzes personenbezogener Daten und der Privatsphäre zu bieten. Jene Richtlinie ist daher aufzuheben und durch die vorliegende Richtlinie zu ersetzen.

(5) Gegenwärtig werden öffentliche Kommunikationsnetze in der Gemeinschaft mit fortschrittlichen neuen Digitaltechnologien ausgestattet, die besondere Anforderungen an den Schutz personenbezogener Daten und der Privatsphäre des Nutzers mit sich bringen. Die Entwicklung der Informationsgesellschaft ist durch die Einführung neuer elektronischer Kommunikationsdienste gekennzeichnet. Der Zugang zu digitalen Mobilfunknetzen ist für breite Kreise möglich und erschwinglich geworden. Diese digitalen Netze verfügen über große Kapazitäten und Möglichkeiten zur Datenverarbeitung. Die erfolgreiche grenzüberschreitende Entwicklung dieser Dienste hängt zum Teil davon ab, inwieweit die Nutzer darauf vertrauen, dass ihre Privatsphäre unangetastet bleibt.

(6) Das Internet revolutioniert die herkömmlichen Marktstrukturen, indem es eine gemeinsame, weltweite Infrastruktur für die Bereitstellung eines breiten Spektrums elektronischer Kommunikationsdienste bietet. Öffentlich zugängliche elektronische Kommunikationsdienste über das Internet eröffnen neue Möglichkeiten für die Nutzer, bilden aber auch neue Risiken in Bezug auf ihre personenbezogenen Daten und ihre Privatsphäre.

(7) Für öffentliche Kommunikationsnetze sollten besondere rechtliche, ordnungspolitische und technische Vorschriften zum Schutz der Grundrechte und Grundfreiheiten natürlicher Personen und der berechtigten Interessen

---

[1] **Amtl. Anm.:** ABl. L 281 vom 23.11.1995, S. 31.
[2] **Amtl. Anm.:** ABl. L 24 vom 30.1.1998, S. 1.

juristischer Personen erlassen werden, insbesondere im Hinblick auf die zunehmenden Fähigkeiten zur automatischen Speicherung und Verarbeitung personenbezogener Daten über Teilnehmer und Nutzer.

(8) Die von den Mitgliedstaaten erlassenen rechtlichen, ordnungspolitischen und technischen Bestimmungen zum Schutz personenbezogener Daten, der Privatsphäre und der berechtigten Interessen juristischer Personen im Bereich der elektronischen Kommunikation sollten harmonisiert werden, um Behinderungen des Binnenmarktes der elektronischen Kommunikation nach Artikel 14 des Vertrags zu beseitigen. Die Harmonisierung sollte sich auf die Anforderungen beschränken, die notwendig sind, um zu gewährleisten, dass die Entstehung und die Weiterentwicklung neuer elektronischer Kommunikationsdienste und -netze zwischen Mitgliedstaaten nicht behindert werden.

(9) Die Mitgliedstaaten, die betroffenen Anbieter und Nutzer sowie die zuständigen Stellen der Gemeinschaft sollten bei der Einführung und Weiterentwicklung der entsprechenden Technologien zusammenarbeiten, soweit dies zur Anwendung der in dieser Richtlinie vorgesehenen Garantien erforderlich ist; als Ziele zu berücksichtigen sind dabei insbesondere die Beschränkung der Verarbeitung personenbezogener Daten auf das erforderliche Mindestmaß und die Verwendung anonymer oder pseudonymer Daten.

(10) Im Bereich der elektronischen Kommunikation gilt die Richtlinie 95/46/EG vor allem für alle Fragen des Schutzes der Grundrechte und Grundfreiheiten, die von der vorliegenden Richtlinie nicht spezifisch erfasst werden, einschließlich der Pflichten des für die Verarbeitung Verantwortlichen und der Rechte des Einzelnen. Die Richtlinie 95/46/EG gilt für nicht öffentliche Kommunikationsdienste.

(11) Wie die Richtlinie 95/46/EG gilt auch die vorliegende Richtlinie nicht für Fragen des Schutzes der Grundrechte und Grundfreiheiten in Bereichen, die nicht unter das Gemeinschaftsrecht fallen. Deshalb hat sie keine Auswirkungen auf das bestehende Gleichgewicht zwischen dem Recht des Einzelnen auf Privatsphäre und der Möglichkeit der Mitgliedstaaten, Maßnahmen nach Artikel 15 Absatz 1 dieser Richtlinie zu ergreifen, die für den Schutz der öffentlichen Sicherheit, für die Landesverteidigung, für die Sicherheit des Staates (einschließlich des wirtschaftlichen Wohls des Staates, soweit die Tätigkeiten die Sicherheit des Staates berühren) und für die Durchsetzung strafrechtlicher Bestimmungen erforderlich sind. Folglich betrifft diese Richtlinie nicht die Möglichkeit der Mitgliedstaaten zum rechtmäßigen Abfangen elektronischer Nachrichten oder zum Ergreifen anderer Maßnahmen, sofern dies erforderlich ist, um einen dieser Zwecke zu erreichen, und sofern dies im Einklang mit der Europäischen Konvention zum Schutze der Menschenrechte und Grundfreiheiten in ihrer Auslegung durch die Urteile des Europäischen Gerichtshofs für Menschenrechte erfolgt. Diese Maßnahmen müssen sowohl geeignet sein als auch in einem strikt angemessenen Verhältnis zum intendierten Zweck stehen und ferner innerhalb einer demokratischen Gesellschaft notwendig sein sowie angemessenen Garantien gemäß der Europäischen Konvention zum Schutze der Menschenrechte und Grundfreiheiten entsprechen.

(12) Bei den Teilnehmern eines öffentlich zugänglichen elektronischen Kommunikationsdienstes kann es sich um natürliche oder juristische Personen

handeln. Diese Richtlinie zielt durch Ergänzung der Richtlinie 95/46/EG darauf ab, die Grundrechte natürlicher Personen, insbesondere ihr Recht auf Privatsphäre, sowie die berechtigten Interessen juristischer Personen zu schützen. Aus dieser Richtlinie ergibt sich keine Verpflichtung der Mitgliedstaaten, die Richtlinie 95/46/EG auf den Schutz der berechtigten Interessen juristischer Personen auszudehnen, der im Rahmen der geltenden gemeinschaftlichen und einzelstaatlichen Rechtsvorschriften sichergestellt ist.

(13) Das Vertragsverhältnis zwischen einem Teilnehmer und einem Diensteanbieter kann zu einer regelmäßigen oder einmaligen Zahlung für den erbrachten oder zu erbringenden Dienst führen. Auch vorbezahlte Karten gelten als eine Form des Vertrags.

(14) Standortdaten können sich beziehen auf den Standort des Endgeräts des Nutzers nach geografischer Länge, Breite und Höhe, die Übertragungsrichtung, den Grad der Genauigkeit der Standortinformationen, die Identifizierung des Netzpunktes, an dem sich das Endgerät zu einem bestimmten Zeitpunkt befindet, und den Zeitpunkt, zu dem die Standortinformationen erfasst wurden.

(15) Eine Nachricht kann alle Informationen über Namen, Nummern oder Adressen einschließen, die der Absender einer Nachricht oder der Nutzer einer Verbindung für die Zwecke der Übermittlung der Nachricht bereitstellt. Der Begriff „Verkehrsdaten" kann alle Formen einschließen, in die diese Informationen durch das Netz, über das die Nachricht übertragen wird, für die Zwecke der Übermittlung umgewandelt werden. Verkehrsdaten können sich unter anderem auf die Leitwege, die Dauer, den Zeitpunkt oder die Datenmenge einer Nachricht, das verwendete Protokoll, den Standort des Endgeräts des Absenders oder Empfängers, das Netz, von dem die Nachricht ausgeht bzw. an das es gesendet wird, oder den Beginn, das Ende oder die Dauer einer Verbindung beziehen. Sie können auch das Format betreffen, in dem die Nachricht über das Netz weitergeleitet wird.

(16) Eine Information, die als Teil eines Rundfunkdienstes über ein öffentliches Kommunikationsnetz weitergeleitet wird, ist für einen potenziell unbegrenzten Personenkreis bestimmt und stellt keine Nachricht im Sinne dieser Richtlinie dar. Kann jedoch ein einzelner Teilnehmer oder Nutzer, der eine derartige Information erhält, beispielsweise durch einen Videoabruf-Dienst identifiziert werden, so ist die weitergeleitete Information als Nachricht im Sinne dieser Richtlinie zu verstehen.

(17) Für die Zwecke dieser Richtlinie sollte die Einwilligung des Nutzers oder Teilnehmers unabhängig davon, ob es sich um eine natürliche oder eine juristische Person handelt, dieselbe Bedeutung haben wie der in der Richtlinie 95/46/EG definierte und dort weiter präzisierte Begriff „Einwilligung der betroffenen Person". Die Einwilligung kann in jeder geeigneten Weise gegeben werden, wodurch der Wunsch des Nutzers in einer spezifischen Angabe zum Ausdruck kommt, die sachkundig und in freier Entscheidung erfolgt; hierzu zählt auch das Markieren eines Feldes auf einer Internet-Website.

(18) Dienste mit Zusatznutzen können beispielsweise die Beratung hinsichtlich der billigsten Tarifpakete, Navigationshilfen, Verkehrsinformationen, Wettervorhersage oder touristische Informationen umfassen.

(19) Die Anwendung bestimmter Anforderungen für die Anzeige des rufenden und angerufenen Anschlusses sowie für die Einschränkung dieser Anzeige und für die automatische Weiterschaltung zu Teilnehmeranschlüssen, die an analoge Vermittlungen angeschlossen sind, sollte in besonderen Fällen nicht zwingend vorgeschrieben werden, wenn sich die Anwendung als technisch nicht machbar erweist oder einen unangemessen hohen wirtschaftlichen Aufwand erfordert. Für die Beteiligten ist es wichtig, in solchen Fällen in Kenntnis gesetzt zu werden, und die Mitgliedstaaten müssen sie deshalb der Kommission anzeigen.

(20) Diensteanbieter sollen geeignete Maßnahmen ergreifen, um die Sicherheit ihrer Dienste, erforderlichenfalls zusammen mit dem Netzbetreiber, zu gewährleisten, und die Teilnehmer über alle besonderen Risiken der Verletzung der Netzsicherheit unterrichten. Solche Risiken können vor allem bei elektronischen Kommunikationsdiensten auftreten, die über ein offenes Netz wie das Internet oder den analogen Mobilfunk bereitgestellt werden. Der Diensteanbieter muss die Teilnehmer und Nutzer solcher Dienste unbedingt vollständig über die Sicherheitsrisiken aufklären, gegen die er selbst keine Abhilfe bieten kann. Diensteanbieter, die öffentlich zugängliche elektronische Kommunikationsdienste über das Internet anbieten, sollten die Nutzer und Teilnehmer über Maßnahmen zum Schutz ihrer zu übertragenden Nachrichten informieren, wie z.B. den Einsatz spezieller Software oder von Verschlüsselungstechniken. Die Anforderung, die Teilnehmer über besondere Sicherheitsrisiken aufzuklären, entbindet einen Diensteanbieter nicht von der Verpflichtung, auf eigene Kosten unverzüglich geeignete Maßnahmen zu treffen, um einem neuen, unvorhergesehenen Sicherheitsrisiko vorzubeugen und den normalen Sicherheitsstandard des Dienstes wiederherzustellen. Abgesehen von den nominellen Kosten, die dem Teilnehmer bei Erhalt oder Abruf der Information entstehen, beispielsweise durch das Laden einer elektronischen Post, sollte die Bereitstellung der Informationen über Sicherheitsrisiken für die Teilnehmer kostenfrei sein. Die Bewertung der Sicherheit erfolgt unter Berücksichtigung des Artikels 17 der Richtlinie 95/46/EG.

(21) Es sollten Maßnahmen getroffen werden, um den unerlaubten Zugang zu Nachrichten – und zwar sowohl zu ihrem Inhalt als auch zu mit ihnen verbundenen Daten – zu verhindern und so die Vertraulichkeit der mit öffentlichen Kommunikationsnetzen und öffentlich zugänglichen elektronischen Kommunikationsdiensten erfolgenden Nachrichtenübertragung zu schützen. Nach dem Recht einiger Mitgliedstaaten ist nur der absichtliche unberechtigte Zugriff auf die Kommunikation untersagt.

(22) Mit dem Verbot der Speicherung von Nachrichten und zugehörigen Verkehrsdaten durch andere Personen als die Nutzer oder ohne deren Einwilligung soll die automatische, einstweilige und vorübergehende Speicherung dieser Informationen insoweit nicht untersagt werden, als diese Speicherung einzig und allein zum Zwecke der Durchführung der Übertragung in dem elektronischen Kommunikationsnetz erfolgt und als die Information nicht länger gespeichert wird, als dies für die Übertragung und zum Zwecke der Verkehrsabwicklung erforderlich ist, und die Vertraulichkeit der Nachrichten gewahrt bleibt. Wenn dies für eine effizientere Weiterleitung einer öffentlich zugänglichen Information an andere Empfänger des Dienstes auf ihr Ersuchen hin erforderlich ist, sollte diese Richt-

linie dem nicht entgegenstehen, dass die Information länger gespeichert wird, sofern diese Information der Öffentlichkeit auf jeden Fall uneingeschränkt zugänglich wäre und Daten, die einzelne, die Information anfordernde Teilnehmer oder Nutzer betreffen, gelöscht würden.

(23) Die Vertraulichkeit von Nachrichten sollte auch im Rahmen einer rechtmäßigen Geschäftspraxis sichergestellt sein. Falls erforderlich und rechtlich zulässig, können Nachrichten zum Nachweis einer kommerziellen Transaktion aufgezeichnet werden. Diese Art der Verarbeitung fällt unter die Richtlinie 95/46/EG. Die von der Nachricht betroffenen Personen sollten vorab von der Absicht der Aufzeichnung, ihrem Zweck und der Dauer ihrer Speicherung in Kenntnis gesetzt werden. Die aufgezeichnete Nachricht sollte so schnell wie möglich und auf jeden Fall spätestens mit Ablauf der Frist gelöscht werden, innerhalb deren die Transaktion rechtmäßig angefochten werden kann.

(24) Die Endgeräte von Nutzern elektronischer Kommunikationsnetze und in diesen Geräten gespeicherte Informationen sind Teil der Privatsphäre der Nutzer, die dem Schutz aufgrund der Europäischen Konvention zum Schutze der Menschenrechte und Grundfreiheiten unterliegt. So genannte „Spyware", „Web-Bugs", „Hidden Identifiers" und ähnliche Instrumente können ohne das Wissen des Nutzers in dessen Endgerät eindringen, um Zugang zu Informationen zu erlangen, oder die Nutzeraktivität zurückzuverfolgen und können eine ernsthafte Verletzung der Privatsphäre dieser Nutzer darstellen. Die Verwendung solcher Instrumente sollte nur für rechtmäßige Zwecke mit dem Wissen der betreffenden Nutzer gestattet sein.

(25) Solche Instrumente, z.B. so genannte „Cookies", können ein legitimes und nützliches Hilfsmittel sein, um die Wirksamkeit von Website-Gestaltung und Werbung zu untersuchen und die Identität der an Online-Transaktionen beteiligten Nutzer zu überprüfen. Dienen solche Instrumente, z.B. „Cookies", einem rechtmäßigen Zweck, z.B. der Erleichterung der Bereitstellung von Diensten der Informationsgesellschaft, so sollte deren Einsatz unter der Bedingung zugelassen werden, dass die Nutzer gemäß der Richtlinie 95/46/EG klare und genaue Informationen über den Zweck von Cookies oder ähnlichen Instrumenten erhalten, d.h., der Nutzer muss wissen, dass bestimmte Informationen auf dem von ihm benutzten Endgerät platziert werden. Die Nutzer sollten die Gelegenheit haben, die Speicherung eines Cookies oder eines ähnlichen Instruments in ihrem Endgerät abzulehnen. Dies ist besonders bedeutsam, wenn auch andere Nutzer Zugang zu dem betreffenden Endgerät haben und damit auch zu dort gespeicherten Daten, die sensible Informationen privater Natur beinhalten. Die Auskunft und das Ablehnungsrecht können einmalig für die Nutzung verschiedener in dem Endgerät des Nutzers während derselben Verbindung zu installierender Instrumente angeboten werden und auch die künftige Verwendung derartiger Instrumente umfassen, die während nachfolgender Verbindungen vorgenommen werden können. Die Modalitäten für die Erteilung der Informationen oder für den Hinweis auf das Verweigerungsrecht und die Einholung der Zustimmung sollten so benutzerfreundlich wie möglich sein. Der Zugriff auf spezifische Website-Inhalte kann nach wie vor davon abhängig gemacht werden, dass ein Cookie oder ein ähnliches Instrument von einer in Kenntnis der Sachlage

gegebenen Einwilligung abhängig gemacht wird, wenn der Einsatz zu einem rechtmäßigen Zweck erfolgt.

(26) Teilnehmerdaten, die in elektronischen Kommunikationsnetzen zum Verbindungsaufbau und zur Nachrichtenübertragung verarbeitet werden, enthalten Informationen über das Privatleben natürlicher Personen und betreffen ihr Recht auf Achtung ihrer Kommunikationsfreiheit, oder sie betreffen berechtigte Interessen juristischer Personen. Diese Daten dürfen nur für einen begrenzten Zeitraum und nur insoweit gespeichert werden, wie dies für die Erbringung des Dienstes, für die Gebührenabrechnung und für Zusammenschaltungszahlungen erforderlich ist. Jede weitere Verarbeitung solcher Daten, die der Betreiber des öffentlich zugänglichen elektronischen Kommunikationsdienstes zum Zwecke der Vermarktung elektronischer Kommunikationsdienste oder für die Bereitstellung von Diensten mit Zusatznutzen vornehmen möchte, darf nur unter der Bedingung gestattet werden, dass der Teilnehmer dieser Verarbeitung auf der Grundlage genauer, vollständiger Angaben des Betreibers des öffentlich zugänglichen elektronischen Kommunikationsdienstes über die Formen der von ihm beabsichtigten weiteren Verarbeitung und über das Recht des Teilnehmers, seine Einwilligung zu dieser Verarbeitung nicht zu erteilen oder zurückzuziehen, zugestimmt hat. Verkehrsdaten, die für die Vermarktung von Kommunikationsdiensten oder für die Bereitstellung von Diensten mit Zusatznutzen verwendet wurden, sollten ferner nach der Bereitstellung des Dienstes gelöscht oder anonymisiert werden. Diensteanbieter sollen die Teilnehmer stets darüber auf dem Laufenden halten, welche Art von Daten sie verarbeiten und für welche Zwecke und wie lange das geschieht.

(27) Der genaue Zeitpunkt des Abschlusses der Übermittlung einer Nachricht, nach dem die Verkehrsdaten außer zu Fakturierungszwecken gelöscht werden sollten, kann von der Art des bereitgestellten elektronischen Kommunikationsdienstes abhängen. Bei einem Sprach-Telefonanruf beispielsweise ist die Übermittlung abgeschlossen, sobald einer der Teilnehmer die Verbindung beendet. Bei der elektronischen Post ist die Übermittlung dann abgeschlossen, wenn der Adressat die Nachricht – üblicherweise vom Server seines Diensteanbieters – abruft.

(28) Die Verpflichtung, Verkehrsdaten zu löschen oder zu anonymisieren, sobald sie für die Übertragung einer Nachricht nicht mehr benötigt werden, steht nicht im Widerspruch zu im Internet angewandten Verfahren wie dem Caching von IP-Adressen im Domain-Namen-System oder dem Caching einer IP-Adresse, die einer physischen Adresse zugeordnet ist, oder der Verwendung von Informationen über den Nutzer zum Zwecke der Kontrolle des Rechts auf Zugang zu Netzen oder Diensten.

(29) Der Diensteanbieter kann Verkehrsdaten in Bezug auf Teilnehmer und Nutzer in Einzelfällen verarbeiten, um technische Versehen oder Fehler bei der Übertragung von Nachrichten zu ermitteln. Für Fakturierungszwecke notwendige Verkehrsdaten dürfen ebenfalls vom Diensteanbieter verarbeitet werden, um Fälle von Betrug, die darin bestehen, die elektronischen Kommunikationsdienste ohne entsprechende Bezahlung nutzen, ermitteln und abstellen zu können.

(30) Die Systeme für die Bereitstellung elektronischer Kommunikationsnetze und -dienste sollten so konzipiert werden, dass so wenig personenbezogene

Daten wie möglich benötigt werden. Jedwede Tätigkeit im Zusammenhang mit der Bereitstellung elektronischer Kommunikationsdienste, die über die Übermittlung einer Nachricht und die Fakturierung dieses Vorgangs hinausgeht, sollte auf aggregierten Verkehrsdaten basieren, die nicht mit Teilnehmern oder Nutzern in Verbindung gebracht werden können. Können diese Tätigkeiten nicht auf aggregierte Daten gestützt werden, so sollten sie als Dienste mit Zusatznutzen angesehen werden, für die die Einwilligung des Teilnehmers erforderlich ist.

(31) Ob die Einwilligung in die Verarbeitung personenbezogener Daten im Hinblick auf die Erbringung eines speziellen Dienstes mit Zusatznutzen beim Nutzer oder beim Teilnehmer eingeholt werden muss, hängt von den zu verarbeitenden Daten, von der Art des zu erbringenden Dienstes und von der Frage ab, ob es technisch, verfahrenstechnisch und vertraglich möglich ist, zwischen der einen elektronischen Kommunikationsdienst in Anspruch nehmenden Einzelperson und der an diesem Dienst teilnehmenden juristischen oder natürlichen Person zu unterscheiden.

(32) Vergibt der Betreiber eines elektronischen Kommunikationsdienstes oder eines Dienstes mit Zusatznutzen die für die Bereitstellung dieser Dienste erforderliche Verarbeitung personenbezogener Daten an eine andere Stelle weiter, so sollten diese Weitervergabe und die anschließende Datenverarbeitung in vollem Umfang den Anforderungen in Bezug auf die für die Verarbeitung Verantwortlichen und die Auftragsverarbeiter im Sinne der Richtlinie 95/46/EG entsprechen. Erfordert die Bereitstellung eines Dienstes mit Zusatznutzen die Weitergabe von Verkehrsdaten oder Standortdaten von dem Betreiber eines elektronischen Kommunikationsdienstes an einen Betreiber eines Dienstes mit Zusatznutzen, so sollten die Teilnehmer oder Nutzer, auf die sich die Daten beziehen, ebenfalls in vollem Umfang über diese Weitergabe unterrichtet werden, bevor sie in die Verarbeitung der Daten einwilligen.

(33) Durch die Einführung des Einzelgebührennachweises hat der Teilnehmer mehr Möglichkeiten erhalten, die Richtigkeit der vom Diensteanbieter erhobenen Entgelte zu überprüfen, gleichzeitig kann dadurch aber eine Gefahr für die Privatsphäre der Nutzer öffentlich zugänglicher elektronischer Kommunikationsdienste entstehen. Um die Privatsphäre des Nutzers zu schützen, müssen die Mitgliedstaaten daher darauf hinwirken, dass bei den elektronischen Kommunikationsdiensten beispielsweise alternative Funktionen entwickelt werden, die den anonymen oder rein privaten Zugang zu öffentlich zugänglichen elektronischen Kommunikationsdiensten ermöglichen, beispielsweise Telefonkarten und Möglichkeiten der Zahlung per Kreditkarte. Zu dem gleichen Zweck können die Mitgliedstaaten den Anbieter auffordern, ihren Teilnehmern eine andere Art von ausführlicher Rechnung anzubieten, in der eine bestimmte Anzahl von Ziffern der Rufnummer unkenntlich gemacht ist.

(34) Im Hinblick auf die Rufnummernanzeige ist es erforderlich, das Recht des Anrufers zu wahren, die Anzeige der Rufnummer des Anschlusses, von dem aus der Anruf erfolgt, zu unterdrücken, ebenso wie das Recht des Angerufenen, Anrufe von nicht identifizierten Anschlüssen abzuweisen. Es ist gerechtfertigt, in Sonderfällen die Unterdrückung der Rufnummernanzeige aufzuheben. Bestimmte Teilnehmer, insbesondere telefonische Beratungsdienste und ähnliche Einrichtungen, haben ein Interesse daran, die

Anonymität ihrer Anrufer zu gewährleisten. Im Hinblick auf die Anzeige der Rufnummer des Angerufenen ist es erforderlich, das Recht und das berechtigte Interesse des Angerufenen zu wahren, die Anzeige der Rufnummer des Anschlusses, mit dem der Anrufer tatsächlich verbunden ist, zu unterdrücken; dies gilt besonders für den Fall weitergeschalteter Anrufe. Die Betreiber öffentlich zugänglicher elektronischer Kommunikationsdienste sollten ihre Teilnehmer über die Möglichkeit der Anzeige der Rufnummer des Anrufenden und des Angerufenen, über alle Dienste, die auf der Grundlage der Anzeige der Rufnummer des Anrufenden und des Angerufenen angeboten werden, sowie über die verfügbaren Funktionen zur Wahrung der Vertraulichkeit unterrichten. Die Teilnehmer können dann sachkundig die Funktionen auswählen, die sie zur Wahrung der Vertraulichkeit nutzen möchten. Die Funktionen zur Wahrung der Vertraulichkeit, die anschlussbezogen angeboten werden, müssen nicht unbedingt als automatischer Netzdienst zur Verfügung stehen, sondern können von dem Betreiber des öffentlich zugänglichen elektronischen Kommunikationsdienstes auf einfachen Antrag bereitgestellt werden.

(35) In digitalen Mobilfunknetzen werden Standortdaten verarbeitet, die Aufschluss über den geografischen Standort des Endgeräts des mobilen Nutzers geben, um die Nachrichtenübertragung zu ermöglichen. Solche Daten sind Verkehrsdaten, die unter Artikel 6 dieser Richtlinie fallen. Doch können digitale Mobilfunknetze zusätzlich auch in der Lage sein, Standortdaten zu verarbeiten, die genauer sind als es für die Nachrichtenübertragung erforderlich wäre und die für die Bereitstellung von Diensten mit Zusatznutzen verwendet werden, wie z.B. persönliche Verkehrsinformationen und Hilfen für den Fahrzeugführer. Die Verarbeitung solcher Daten für die Bereitstellung von Diensten mit Zusatznutzen soll nur dann gestattet werden, wenn die Teilnehmer darin eingewilligt haben. Selbst dann sollten sie die Möglichkeit haben, die Verarbeitung von Standortdaten auf einfache Weise und gebührenfrei zeitweise zu untersagen.

(36) Die Mitgliedstaaten können die Rechte der Nutzer und Teilnehmer auf Privatsphäre in Bezug auf die Rufnummernanzeige einschränken, wenn dies erforderlich ist, um belästigende Anrufe zurückzuverfolgen; in Bezug auf Rufnummernanzeige und Standortdaten kann dies geschehen, wenn es erforderlich ist, Notfalldiensten zu ermöglichen, ihre Aufgaben so effektiv wie möglich zu erfüllen. Hierzu können die Mitgliedstaaten besondere Vorschriften erlassen, um die Anbieter von elektronischen Kommunikationsdiensten zu ermächtigen, einen Zugang zur Rufnummernanzeige und zu Standortdaten ohne vorherige Einwilligung der betreffenden Nutzer oder Teilnehmer zu verschaffen.

(37) Es sollten Vorkehrungen getroffen werden, um die Teilnehmer vor eventueller Belästigung durch die automatische Weiterschaltung von Anrufen durch andere zu schützen. In derartigen Fällen muss der Teilnehmer durch einfachen Antrag beim Betreiber des öffentlich zugänglichen elektronischen Kommunikationsdienstes die Weiterschaltung von Anrufen auf sein Endgerät unterbinden können.

(38) Die Verzeichnisse der Teilnehmer elektronischer Kommunikationsdienste sind weit verbreitet und öffentlich. Das Recht auf Privatsphäre natürlicher Personen und das berechtigte Interesse juristischer Personen erfordern daher, dass die Teilnehmer bestimmen können, ob ihre persönlichen Daten

für elektronische Kommunikation RL 2002/58/EG 3

– und gegebenenfalls welche – in einem Teilnehmerverzeichnis veröffentlicht werden. Die Anbieter öffentlicher Verzeichnisse sollten die darin aufzunehmenden Teilnehmer über die Zwecke des Verzeichnisses und eine eventuelle besondere Nutzung elektronischer Fassungen solcher Verzeichnisse informieren; dabei ist insbesondere an in die Software eingebettete Suchfunktionen gedacht, etwa die umgekehrte Suche, mit deren Hilfe Nutzer des Verzeichnisses den Namen und die Anschrift eines Teilnehmers allein aufgrund dessen Telefonnummer herausfinden können.

(39) Die Verpflichtung zur Unterrichtung der Teilnehmer über den Zweck bzw. die Zwecke öffentlicher Verzeichnisse, in die ihre personenbezogenen Daten aufzunehmen sind, sollte demjenigen auferlegt werden, der die Daten für die Aufnahme erhebt. Können die Daten an einen oder mehrere Dritte weitergegeben werden, so sollte der Teilnehmer über diese Möglichkeit und über den Empfänger oder die Kategorien möglicher Empfänger unterrichtet werden. Voraussetzung für die Weitergabe sollte sein, dass die Daten nicht für andere Zwecke als diejenigen verwendet werden, für die sie erhoben wurden. Wünscht derjenige, der die Daten beim Teilnehmer erhebt, oder ein Dritter, an den die Daten weitergegeben wurden, diese Daten zu einem weiteren Zweck zu verwenden, so muss entweder der ursprüngliche Datenerheber oder der Dritte, an den die Daten weitergegeben wurden, die erneute Einwilligung des Teilnehmers einholen.

(40) Es sollten Vorkehrungen getroffen werden, um die Teilnehmer gegen die Verletzung ihrer Privatsphäre durch unerbetene Nachrichten für Zwecke der Direktwerbung, insbesondere durch automatische Anrufsysteme, Faxgeräte und elektronische Post, einschließlich SMS, zu schützen. Diese Formen von unerbetenen Werbenachrichten können zum einen relativ leicht und preiswert zu versenden sein und zum anderen eine Belastung und/oder einen Kostenaufwand für den Empfänger bedeuten. Darüber hinaus kann in einigen Fällen ihr Umfang auch Schwierigkeiten für die elektronischen Kommunikationsnetze und die Endgeräte verursachen. Bei solchen Formen unerbetener Nachrichten zum Zweck der Direktwerbung ist es gerechtfertigt, zu verlangen, die Einwilligung der Empfänger einzuholen, bevor ihnen solche Nachrichten gesandt werden. Der Binnenmarkt verlangt einen harmonisierten Ansatz, damit für die Unternehmen und die Nutzer einfache, gemeinschaftsweite Regeln gelten.

(41) Im Rahmen einer bestehenden Kundenbeziehung ist es vertretbar, die Nutzung elektronischer Kontaktinformationen zuzulassen, damit ähnliche Produkte oder Dienstleistungen angeboten werden; dies gilt jedoch nur für dasselbe Unternehmen, das auch die Kontaktinformationen gemäß der Richtlinie 95/46/EG erhalten hat. Bei der Erlangung der Kontaktinformationen sollte der Kunde über deren weitere Nutzung zum Zweck der Direktwerbung klar und eindeutig unterrichtet werden und die Möglichkeit erhalten, diese Verwendung abzulehnen. Diese Möglichkeit sollte ferner mit jeder weiteren als Direktwerbung gesendeten Nachricht gebührenfrei angeboten werden, wobei Kosten für die Übermittlung der Ablehnung nicht unter die Gebührenfreiheit fallen.

(42) Sonstige Formen der Direktwerbung, die für den Absender kostspieliger sind und für die Teilnehmer und Nutzer keine finanziellen Kosten mit sich bringen, wie Sprach-Telefonanrufe zwischen Einzelpersonen, können die

Beibehaltung eines Systems rechtfertigen, bei dem die Teilnehmer oder Nutzer die Möglichkeit erhalten, zu erklären, dass sie solche Anrufe nicht erhalten möchten. Damit das bestehende Niveau des Schutzes der Privatsphäre nicht gesenkt wird, sollten die Mitgliedstaaten jedoch einzelstaatliche Systeme beibehalten können, bei denen solche an Teilnehmer und Nutzer gerichtete Anrufe nur gestattet werden, wenn diese vorher ihre Einwilligung gegeben haben.

(43) Zur Erleichterung der wirksamen Durchsetzung der Gemeinschaftsvorschriften für unerbetene Nachrichten zum Zweck der Direktwerbung ist es notwendig, die Verwendung falscher Identitäten oder falscher Absenderadressen oder Anrufernummern beim Versand unerbetener Nachrichten zum Zweck der Direktwerbung zu untersagen.

(44) Bei einigen elektronischen Postsystemen können die Teilnehmer Absender und Betreffzeile einer elektronischen Post sehen und darüber hinaus diese Post löschen, ohne die gesamte Post oder deren Anlagen herunterladen zu müssen; dadurch lassen sich die Kosten senken, die möglicherweise mit dem Herunterladen unerwünschter elektronischer Post oder deren Anlagen verbunden sind. Diese Verfahren können in bestimmten Fällen zusätzlich zu den in dieser Richtlinie festgelegten allgemeinen Verpflichtungen von Nutzen bleiben.

(45) Diese Richtlinie berührt nicht die Vorkehrungen der Mitgliedstaaten, mit denen die legitimen Interessen juristischer Personen gegen unerbetene Direktwerbungsnachrichten geschützt werden sollen. Errichten die Mitgliedstaaten ein Register der juristischen Personen – großenteils gewerbetreibende Nutzer –, die derartige Nachrichten nicht erhalten möchten („opt-out Register"), so gilt Artikel 7 der Richtlinie 2000/31/EG des Europäischen Parlaments und des Rates vom 8. Juni 2000 über bestimmte rechtliche Aspekte der Dienste der Informationsgesellschaft, insbesondere des elektronischen Geschäftsverkehrs, im Binnenmarkt („Richtlinie über den elektronischen Geschäftsverkehr")[1] in vollem Umfang.

(46) Die Funktion für die Bereitstellung elektronischer Kommunikationsdienste kann in das Netz oder in irgendeinen Teil des Endgeräts des Nutzers, auch in die Software, eingebaut sein. Der Schutz personenbezogener Daten und der Privatsphäre des Nutzers öffentlich zugänglicher elektronischer Kommunikationsdienste sollte nicht von der Konfiguration der für die Bereitstellung des Dienstes notwendigen Komponenten oder von der Verteilung der erforderlichen Funktionen auf diese Komponenten abhängen. Die Richtlinie 95/46/EG gilt unabhängig von der verwendeten Technologie für alle Formen der Verarbeitung personenbezogener Daten. Bestehen neben allgemeinen Vorschriften für die Komponenten, die für die Bereitstellung elektronischer Kommunikationsdienste notwendig sind, auch noch spezielle Vorschriften für solche Dienste, dann erleichtert dies nicht unbedingt den technologieunabhängigen Schutz personenbezogener Daten und der Privatsphäre. Daher könnten sich Maßnahmen als notwendig erweisen, mit denen die Hersteller bestimmter Arten von Geräten, die für elektronische Kommunikationsdienste benutzt werden, verpflichtet werden, in ihren Produkten von vornherein Sicherheitsfunktionen vorzusehen, die den Schutz personenbezogener Daten und der Privatsphäre des

---

[1] **Amtl. Anm.:** ABl. L 178 vom 17.7.2000, S. 1.

Nutzers und Teilnehmers gewährleisten. Der Erlass solcher Maßnahmen in Einklang mit der Richtlinie 1999/5/EG des Europäischen Parlaments und des Rates vom 9. März 1999 über Funkanlagen und Telekommunikationsendeinrichtungen und die gegenseitige Anerkennung ihrer Konformität[1] gewährleistet, dass die aus Gründen des Datenschutzes erforderliche Einführung von technischen Merkmalen elektronischer Kommunikationsgeräte einschließlich der Software harmonisiert wird, damit sie der Verwirklichung des Binnenmarktes nicht entgegensteht.

(47) Das innerstaatliche Recht sollte Rechtsbehelfe für den Fall vorsehen, dass die Rechte der Benutzer und Teilnehmer nicht respektiert werden. Gegen jede – privatem oder öffentlichem Recht unterliegende – Person, die den nach dieser Richtlinie getroffenen einzelstaatlichen Maßnahmen zuwiderhandelt, sollten Sanktionen verhängt werden.

(48) Bei der Anwendung dieser Richtlinie ist es sinnvoll, auf die Erfahrung der gemäß Artikel 29 der Richtlinie 95/46/EG eingesetzten Datenschutzgruppe aus Vertretern der für den Schutz personenbezogener Daten zuständigen Kontrollstellen der Mitgliedstaaten zurückzugreifen.

(49) Zur leichteren Einhaltung der Vorschriften dieser Richtlinie bedarf es einer Sonderregelung für die Datenverarbeitungen, die zum Zeitpunkt des Inkrafttretens der nach dieser Richtlinie erlassenen innerstaatlichen Vorschriften bereits durchgeführt werden –

HABEN FOLGENDE RICHTLINIE ERLASSEN:

Art. 1 Geltungsbereich und Zielsetzung. (1) Diese Richtlinie sieht die Harmonisierung der Vorschriften der Mitgliedstaaten vor, die erforderlich sind, um einen gleichwertigen Schutz der Grundrechte und Grundfreiheiten, insbesondere des Rechts auf Privatsphäre und Vertraulichkeit, in Bezug auf die Verarbeitung personenbezogener Daten im Bereich der elektronischen Kommunikation sowie den freien Verkehr dieser Daten und von elektronischen Kommunikationsgeräten und -diensten in der Gemeinschaft zu gewährleisten.

(2) [1]Die Bestimmungen dieser Richtlinie stellen eine Detaillierung und Ergänzung der Richtlinie 95/46/EG im Hinblick auf die in Absatz 1 genannten Zwecke dar. [2]Darüber hinaus regeln sie den Schutz der berechtigten Interessen von Teilnehmern, bei denen es sich um juristische Personen handelt.

(3) Diese Richtlinie gilt nicht für Tätigkeiten, die nicht in den Anwendungsbereich des Vertrags zur Gründung der Europäischen Gemeinschaft fallen, beispielsweise Tätigkeiten gemäß den Titeln V und VI des Vertrags über die Europäische Union, und in keinem Fall für Tätigkeiten betreffend die öffentliche Sicherheit, die Landesverteidigung, die Sicherheit des Staates (einschließlich seines wirtschaftlichen Wohls, wenn die Tätigkeit die Sicherheit des Staates berührt) und die Tätigkeiten des Staates im strafrechtlichen Bereich.

Art. 2 Begriffsbestimmungen. *[1]* Sofern nicht anders angegeben, gelten die Begriffsbestimmungen der Richtlinie 95/46/EG und der Richtlinie 2002/21/EG des Europäischen Parlaments und des Rates vom 7. März 2002 über einen gemeinsamen Rechtsrahmen für elektronische Kommunikationsnetze und -dienste („Rahmenrichtlinie")[2] auch für diese Richtlinie.

---

[1] **Amtl. Anm.:** ABl. L 91 vom 7.4.1999, S. 10.
[2] **Amtl. Anm.:** ABl. L 108 vom 24.4.2002, S. 33.

[2] Weiterhin bezeichnet im Sinne dieser Richtlinie der Ausdruck

a) „Nutzer" eine natürliche Person, die einen öffentlich zugänglichen elektronischen Kommunikationsdienst für private oder geschäftliche Zwecke nutzt, ohne diesen Dienst notwendigerweise abonniert zu haben;
b) „Verkehrsdaten" Daten, die zum Zwecke der Weiterleitung einer Nachricht an ein elektronisches Kommunikationsnetz oder zum Zwecke der Fakturierung dieses Vorgangs verarbeitet werden;
c) „Standortdaten" Daten, die in einem elektronischen Kommunikationsnetz oder von einem elektronischen Kommunikationsdienst verarbeitet werden und die den geografischen Standort des Endgeräts eines Nutzers eines öffentlich zugänglichen elektronischen Kommunikationsdienstes angeben;
d) „Nachricht" jede Information, die zwischen einer endlichen Zahl von Beteiligten über einen öffentlich zugänglichen elektronischen Kommunikationsdienst ausgetauscht oder weitergeleitet wird. Dies schließt nicht Informationen ein, die als Teil eines Rundfunkdienstes über ein elektronisches Kommunikationsnetz an die Öffentlichkeit weitergeleitet werden, soweit die Informationen nicht mit dem identifizierbaren Teilnehmer oder Nutzer, der sie erhält, in Verbindung gebracht werden können;
e) *(aufgehoben)*
f) „Einwilligung" eines Nutzers oder Teilnehmers die Einwilligung der betroffenen Person im Sinne von Richtlinie 95/46/EG;
g) „Dienst mit Zusatznutzen" jeden Dienst, der die Bearbeitung von Verkehrsdaten oder anderen Standortdaten als Verkehrsdaten in einem Maße erfordert, das über das für die Übermittlung einer Nachricht oder die Fakturierung dieses Vorgangs erforderliche Maß hinausgeht;
h) „elektronische Post" jede über ein öffentliches Kommunikationsnetz verschickte Text-, Sprach-, Ton- oder Bildnachricht, die im Netz oder im Endgerät des Empfängers gespeichert werden kann, bis sie von diesem abgerufen wird;
i) „Verletzung des Schutzes personenbezogener Daten" eine Verletzung der Sicherheit, die auf unbeabsichtigte oder unrechtmäßige Weise zur Vernichtung, zum Verlust, zur Veränderung und zur unbefugten Weitergabe von bzw. zum unbefugten Zugang zu personenbezogenen Daten führt, die übertragen, gespeichert oder auf andere Weise im Zusammenhang mit der Bereitstellung öffentlich zugänglicher elektronischer Kommunikationsdienste in der Gemeinschaft verarbeitet werden.

Art. 3 Betroffene Dienste. Diese Richtlinie gilt für die Verarbeitung personenbezogener Daten in Verbindung mit der Bereitstellung öffentlich zugänglicher elektronischer Kommunikationsdienste in öffentlichen Kommunikationsnetzen in der Gemeinschaft, einschließlich öffentlicher Kommunikationsnetze, die Datenerfassungs- und Identifizierungsgeräte unterstützen.

Art. 4 Sicherheit der Verarbeitung. (1) ¹Der Betreiber eines öffentlich zugänglichen elektronischen Kommunikationsdienstes muss geeignete technische und organisatorische Maßnahmen ergreifen, um die Sicherheit seiner Dienste zu gewährleisten; die Netzsicherheit ist hierbei erforderlichenfalls zusammen mit dem Betreiber des öffentlichen Kommunikationsnetzes zu gewährleisten. ²Diese Maßnahmen müssen unter Berücksichtigung des Standes der Technik und der Kosten ihrer Durchführung ein Sicherheitsniveau gewährleisten, das angesichts des bestehenden Risikos angemessen ist.

(1a) *[1]* Unbeschadet der Richtlinie 95/46/EG ist durch die in Absatz 1 genannten Maßnahmen zumindest Folgendes zu erreichen:

– Sicherstellung, dass nur ermächtigte Personen für rechtlich zulässige Zwecke Zugang zu personenbezogenen Daten erhalten,

– Schutz gespeicherter oder übermittelter personenbezogener Daten vor unbeabsichtigter oder unrechtmäßiger Zerstörung, unbeabsichtigtem Verlust oder unbeabsichtigter Veränderung und unbefugter oder unrechtmäßiger Speicherung oder Verarbeitung, unbefugtem oder unberechtigtem Zugang oder unbefugter oder unrechtmäßiger Weitergabe und

– Sicherstellung der Umsetzung eines Sicherheitskonzepts für die Verarbeitung personenbezogener Daten.

[2] Die zuständigen nationalen Behörden haben die Möglichkeit, die von den Betreibern öffentlich zugänglicher elektronischer Kommunikationsdienste getroffenen Maßnahmen zu prüfen und Empfehlungen zu bewährten Verfahren im Zusammenhang mit dem mit Hilfe dieser Maßnahmen zu erreichenden Sicherheitsniveau zu abzugeben.

(2) Besteht ein besonderes Risiko der Verletzung der Netzsicherheit, muss der Betreiber eines öffentlich zugänglichen elektronischen Kommunikationsdienstes die Teilnehmer über dieses Risiko und – wenn das Risiko außerhalb des Anwendungsbereichs der vom Diensteanbieter zu treffenden Maßnahmen liegt – über mögliche Abhilfen, einschließlich der voraussichtlich entstehenden Kosten, unterrichten.

(3) *[1]* Im Fall einer Verletzung des Schutzes personenbezogener Daten benachrichtigt der Betreiber der öffentlich zugänglichen elektronischen Kommunikationsdienste unverzüglich die zuständige nationale Behörde von der Verletzung.

[2] Ist anzunehmen, dass durch die Verletzung personenbezogener Daten die personenbezogenen Daten, oder Teilnehmer oder Personen in ihrer Privatsphäre, beeinträchtigt werden, so benachrichtigt der Betreiber auch den Teilnehmer bzw. die Person unverzüglich von der Verletzung.

[3] [1]Der Anbieter braucht die betroffenen Teilnehmer oder Personen nicht von einer Verletzung des Schutzes personenbezogener Daten zu benachrichtigen, wenn er zur Zufriedenheit der zuständigen Behörde nachgewiesen hat, dass er geeignete technische Schutzmaßnahmen getroffen hat und dass diese Maßnahmen auf die von der Sicherheitsverletzung betroffenen Daten angewendet wurden. [2]Diese technischen Schutzmaßnahmen verschlüsseln die Daten für alle Personen, die nicht befugt sind, Zugang zu den Daten zu haben.

[4] Unbeschadet der Pflicht des Betreibers, den betroffenen Teilnehmer und die Person zu benachrichtigen, kann die zuständige nationale Behörde, wenn der Betreiber den Teilnehmer bzw. die Person noch nicht über die Verletzung des Schutzes personenbezogener Daten benachrichtigt hat, diesen nach Berücksichtigung der wahrscheinlichen nachteiligen Auswirkungen der Verletzung zur Benachrichtigung auffordern.

[5] [1]In der Benachrichtigung des Teilnehmers bzw. der Person werden mindestens die Art der Verletzung des Schutzes personenbezogener Daten und die Kontaktstellen, bei denen weitere Informationen erhältlich sind, genannt und

Maßnahmen zur Begrenzung der möglichen nachteiligen Auswirkungen der Verletzung des Schutzes personenbezogener Daten empfohlen. ²In der Benachrichtigung der zuständigen nationalen Behörde werden zusätzlich die Folgen der Verletzung des Schutzes personenbezogener Daten und die vom Betreiber nach der Verletzung vorgeschlagenen oder ergriffenen Maßnahmen dargelegt.

(4) *[1]* ¹Vorbehaltlich technischer Durchführungsmaßnahmen nach Absatz 5 können die zuständigen nationalen Behörden Leitlinien annehmen und gegebenenfalls Anweisungen erteilen bezüglich der Umstände, unter denen die Benachrichtigung seitens der Betreiber über eine Verletzung des Schutzes personenbezogener Daten erforderlich ist, sowie bezüglich des Formates und der Verfahrensweise für die Benachrichtigung. ²Sie müssen auch in der Lage sein zu überwachen, ob die Betreiber ihre Pflichten zur Benachrichtigung nach diesem Absatz erfüllt haben, und verhängen, falls dies nicht der Fall ist, geeignete Sanktionen.

[2] ¹Die Betreiber führen ein Verzeichnis der Verletzungen des Schutzes personenbezogener Daten, das Angaben zu den Umständen der Verletzungen, zu deren Auswirkungen und zu den ergriffenen Abhilfemaßnahmen enthält, wobei diese Angaben ausreichend sein müssen, um den zuständigen nationalen Behörden die Prüfung der Einhaltung der Bestimmungen des Absatzes 3 zu ermöglichen. ²Das Verzeichnis enthält nur die zu diesem Zweck erforderlichen Informationen.

(5) *[1]* ¹Zur Gewährleistung einer einheitlichen Anwendung der in den Absätzen 2, 3 und 4 vorgesehenen Maßnahmen kann die Kommission nach Anhörung der Europäischen Agentur für Netz- und Informationssicherheit (ENISA), der gemäß Artikel 29 der Richtlinie 95/46/EG eingesetzten Gruppe für den Schutz von Personen bei der Verarbeitung personenbezogener Daten und des Europäischen Datenschutzbeauftragten technische Durchführungsmaßnahmen in Bezug auf Umstände, Form und Verfahren der in diesem Artikel vorgeschriebenen Informationen und Benachrichtigungen erlassen. ²Beim Erlass dieser Maßnahmen bezieht die Kommission alle relevanten Interessengruppen mit ein, um sich insbesondere über die besten verfügbaren technischen und wirtschaftlichen Mittel zur Durchführung dieses Artikels zu informieren.

[2] Diese Maßnahmen zur Änderung nicht wesentlicher Bestimmungen dieser Richtlinie durch Ergänzung werden nach dem in Artikel 14a Absatz 2 genannten Regelungsverfahren mit Kontrolle erlassen.

Art. 5 Vertraulichkeit der Kommunikation. (1) ¹Die Mitgliedstaaten stellen die Vertraulichkeit der mit öffentlichen Kommunikationsnetzen und öffentlich zugänglichen Kommunikationsdiensten übertragenen Nachrichten und der damit verbundenen Verkehrsdaten durch innerstaatliche Vorschriften sicher. ²Insbesondere untersagen sie das Mithören, Abhören und Speichern sowie andere Arten des Abfangens oder Überwachens von Nachrichten und der damit verbundenen Verkehrsdaten durch andere Personen als die Nutzer, wenn keine Einwilligung der betroffenen Nutzer vorliegt, es sei denn, dass diese Personen gemäß Artikel 15 Absatz 1 gesetzlich dazu ermächtigt sind. ³Diese Bestimmung steht – unbeschadet des Grundsatzes der Vertraulichkeit – der für die Weiterleitung einer Nachricht erforderlichen technischen Speicherung nicht entgegen.

(2) Absatz 1 betrifft nicht das rechtlich zulässige Aufzeichnen von Nachrichten und der damit verbundenen Verkehrsdaten, wenn dies im Rahmen einer rechtmäßigen Geschäftspraxis zum Nachweis einer kommerziellen Transaktion oder einer sonstigen geschäftlichen Nachricht geschieht.

(3) ¹Die Mitgliedstaaten stellen sicher, dass die Speicherung von Informationen oder der Zugriff auf Informationen, die bereits im Endgerät eines Teilnehmers oder Nutzers gespeichert sind, nur gestattet ist, wenn der betreffende Teilnehmer oder Nutzer auf der Grundlage von klaren und umfassenden Informationen, die er gemäß der Richtlinie 95/46/EG u.a. über die Zwecke der Verarbeitung erhält, seine Einwilligung gegeben hat. ²Dies steht einer technischen Speicherung oder dem Zugang nicht entgegen, wenn der alleinige Zweck die Durchführung der Übertragung einer Nachricht über ein elektronisches Kommunikationsnetz ist oder wenn dies unbedingt erforderlich ist, damit der Anbieter eines Dienstes der Informationsgesellschaft, der vom Teilnehmer oder Nutzer ausdrücklich gewünscht wurde, diesen Dienst zur Verfügung stellen kann.

Art. 6 Verkehrsdaten. (1) Verkehrsdaten, die sich auf Teilnehmer und Nutzer beziehen und vom Betreiber eines öffentlichen Kommunikationsnetzes oder eines öffentlich zugänglichen Kommunikationsdienstes verarbeitet und gespeichert werden, sind unbeschadet der Absätze 2, 3 und 5 des vorliegenden Artikels und des Artikels 15 Absatz 1 zu löschen oder zu anonymisieren, sobald sie für die Übertragung einer Nachricht nicht mehr benötigt werden.

(2) ¹Verkehrsdaten, die zum Zwecke der Gebührenabrechnung und der Bezahlung von Zusammenschaltungen erforderlich sind, dürfen verarbeitet werden. ²Diese Verarbeitung ist nur bis zum Ablauf der Frist zulässig, innerhalb deren die Rechnung rechtlich angefochten oder der Anspruch auf Zahlung geltend gemacht werden kann.

(3) ¹Der Betreiber eines öffentlich zugänglichen elektronischen Kommunikationsdienstes kann die in Absatz 1 genannten Daten zum Zwecke der Vermarktung elektronischer Kommunikationsdienste oder zur Bereitstellung von Diensten mit Zusatznutzen im dazu erforderlichen Maß und innerhalb des dazu oder zur Vermarktung erforderlichen Zeitraums verarbeiten, sofern der Teilnehmer oder der Nutzer, auf den sich die Daten beziehen, zuvor seine Einwilligung gegeben hat. ²Der Nutzer oder der Teilnehmer hat die Möglichkeit, seine Einwilligung zur Verarbeitung der Verkehrsdaten jederzeit zu widerrufen.

(4) Der Diensteanbieter muss dem Teilnehmer oder Nutzer mitteilen, welche Arten von Verkehrsdaten für die in Absatz 2 genannten Zwecke verarbeitet werden und wie lange das geschieht; bei einer Verarbeitung für die in Absatz 3 genannten Zwecke muss diese Mitteilung erfolgen, bevor um Einwilligung ersucht wird.

(5) Die Verarbeitung von Verkehrsdaten gemäß den Absätzen 1, 2, 3 und 4 darf nur durch Personen erfolgen, die auf Weisung der Betreiber öffentlicher Kommunikationsnetze und öffentlich zugänglicher Kommunikationsdienste handeln und die für Gebührenabrechnungen oder Verkehrsabwicklung, Kundenanfragen, Betrugsermittlung, die Vermarktung der elektronischen Kommunikationsdienste oder für die Bereitstellung eines Dienstes mit Zusatznutzen zuständig sind; ferner ist sie auf das für diese Tätigkeiten erforderliche Maß zu beschränken.

(6) Die Absätze 1, 2, 3 und 5 gelten unbeschadet der Möglichkeit der zuständigen Gremien, in Einklang mit den geltenden Rechtsvorschriften für die Beilegung von Streitigkeiten, insbesondere Zusammenschaltungs- oder Abrechnungsstreitigkeiten, von Verkehrsdaten Kenntnis zu erhalten.

Art. 7 Einzelgebührennachweis. (1) Die Teilnehmer haben das Recht, Rechnungen ohne Einzelgebührennachweis zu erhalten.

(2) Die Mitgliedstaaten wenden innerstaatliche Vorschriften an, um das Recht der Teilnehmer, Einzelgebührennachweise zu erhalten, und das Recht anrufender Nutzer und angerufener Teilnehmer auf Vertraulichkeit miteinander in Einklang zu bringen, indem sie beispielsweise sicherstellen, dass diesen Nutzern und Teilnehmern genügend andere, den Schutz der Privatsphäre fördernde Methoden für die Kommunikation oder Zahlungen zur Verfügung stehen.

Art. 8 Anzeige der Rufnummer des Anrufers und des Angerufenen und deren Unterdrückung. (1) [1]Wird die Anzeige der Rufnummer des Anrufers angeboten, so muss der Diensteanbieter dem anrufenden Nutzer die Möglichkeit geben, die Rufnummernanzeige für jeden Anruf einzeln auf einfache Weise und gebührenfrei zu verhindern. [2]Dem anrufenden Teilnehmer muss diese Möglichkeit anschlussbezogen zur Verfügung stehen.

(2) Wird die Anzeige der Rufnummer des Anrufers angeboten, so muss der Diensteanbieter dem angerufenen Teilnehmer die Möglichkeit geben, die Anzeige der Rufnummer eingehender Anrufe auf einfache Weise und für jede vertretbare Nutzung dieser Funktion gebührenfrei zu verhindern.

(3) Wird die Anzeige der Rufnummer des Anrufers angeboten und wird die Rufnummer vor der Herstellung der Verbindung angezeigt, so muss der Diensteanbieter dem angerufenen Teilnehmer die Möglichkeit geben, eingehende Anrufe, bei denen die Rufnummernanzeige durch den anrufenden Nutzer oder Teilnehmer verhindert wurde, auf einfache Weise und gebührenfrei abzuweisen.

(4) Wird die Anzeige der Rufnummer des Angerufenen angeboten, so muss der Diensteanbieter dem angerufenen Teilnehmer die Möglichkeit geben, die Anzeige seiner Rufnummer beim anrufenden Nutzer auf einfache Weise und gebührenfrei zu verhindern.

(5) [1]Absatz 1 gilt auch für aus der Gemeinschaft kommende Anrufe in Drittländern. [2]Die Absätze 2, 3 und 4 gelten auch für aus Drittländern kommende Anrufe.

(6) Wird die Anzeige der Rufnummer des Anrufers und/oder des Angerufenen angeboten, so stellen die Mitgliedstaaten sicher, dass die Betreiber öffentlich zugänglicher elektronischer Kommunikationsdienste die Öffentlichkeit hierüber und über die in den Absätzen 1, 2, 3 und 4 beschriebenen Möglichkeiten unterrichten.

Art. 9 Andere Standortdaten als Verkehrsdaten. (1) [1]Können andere Standortdaten als Verkehrsdaten in Bezug auf die Nutzer oder Teilnehmer von öffentlichen Kommunikationsnetzen oder öffentlich zugänglichen Kommunikationsdiensten verarbeitet werden, so dürfen diese Daten nur im zur Bereitstellung von Diensten mit Zusatznutzen erforderlichen Maß und innerhalb des dafür erforderlichen Zeitraums verarbeitet werden, wenn sie anonymisiert wurden oder wenn die Nutzer oder Teilnehmer ihre Einwilligung gegeben haben. ²Der Diensteanbieter muss den Nutzern oder Teilnehmern vor Einholung ihrer Einwilligung mitteilen, welche Arten anderer Standortdaten als Verkehrsdaten verarbeitet werden, für welche Zwecke und wie lange das geschieht, und ob die Daten zum Zwecke der Bereitstellung des Dienstes mit Zusatznutzen an einen Dritten weitergegeben werden. ³Die Nutzer oder Teilnehmer können ihre Einwilligung zur Verarbeitung anderer Standortdaten als Verkehrsdaten jederzeit zurückziehen.

(2) Haben die Nutzer oder Teilnehmer ihre Einwilligung zur Verarbeitung von anderen Standortdaten als Verkehrsdaten gegeben, dann müssen sie auch weiterhin die Möglichkeit haben, die Verarbeitung solcher Daten für jede Verbindung zum Netz oder für jede Übertragung einer Nachricht auf einfache Weise und gebührenfrei zeitweise zu untersagen.

(3) Die Verarbeitung anderer Standortdaten als Verkehrsdaten gemäß den Absätzen 1 und 2 muss auf das für die Bereitstellung des Dienstes mit Zusatznutzen erforderliche Maß sowie auf Personen beschränkt werden, die im Auftrag des Betreibers des öffentlichen Kommunikationsnetzes oder öffentlich zugänglichen Kommunikationsdienstes oder des Dritten, der den Dienst mit Zusatznutzen anbietet, handeln.

Art. 10 Ausnahmen. Die Mitgliedstaaten stellen sicher, dass es transparente Verfahren gibt, nach denen der Betreiber eines öffentlichen Kommunikationsnetzes und/oder eines öffentlich zugänglichen elektronischen Kommunikationsdienstes

a) die Unterdrückung der Anzeige der Rufnummer des Anrufers vorübergehend aufheben kann, wenn ein Teilnehmer beantragt hat, dass böswillige oder belästigende Anrufe zurückverfolgt werden; in diesem Fall werden nach innerstaatlichem Recht die Daten mit der Rufnummer des anrufenden Teilnehmers vom Betreiber des öffentlichen Kommunikationsnetzes und/oder des öffentlich zugänglichen elektronischen Kommunikationsdienstes gespeichert und zur Verfügung gestellt;
b) die Unterdrückung der Anzeige der Rufnummer des Anrufers aufheben und Standortdaten trotz der vorübergehenden Untersagung oder fehlenden Einwilligung durch den Teilnehmer oder Nutzer verarbeiten kann, und zwar anschlussbezogen für Einrichtungen, die Notrufe bearbeiten und dafür von einem Mitgliedstaat anerkannt sind, einschließlich Strafverfolgungsbehörden, Ambulanzdiensten und Feuerwehren, zum Zwecke der Beantwortung dieser Anrufe.

Art. 11 Automatische Anrufweiterschaltung. Die Mitgliedstaaten stellen sicher, dass jeder Teilnehmer die Möglichkeit hat, auf einfache Weise und gebührenfrei die von einer dritten Partei veranlasste automatische Anrufweiterschaltung zum Endgerät des Teilnehmers abzustellen.

Art. 12 Teilnehmerverzeichnisse. (1) Die Mitgliedstaaten stellen sicher, dass die Teilnehmer gebührenfrei und vor Aufnahme in das Teilnehmerverzeichnis über den Zweck bzw. die Zwecke von gedruckten oder elektronischen, der Öffentlichkeit unmittelbar oder über Auskunftsdienste zugänglichen Teilnehmerverzeichnissen, in die ihre personenbezogenen Daten aufgenommen werden können, sowie über weitere Nutzungsmöglichkeiten aufgrund der in elektronischen Fassungen der Verzeichnisse eingebetteten Suchfunktionen informiert werden.

(2) ¹Die Mitgliedstaaten stellen sicher, dass die Teilnehmer Gelegenheit erhalten festzulegen, ob ihre personenbezogenen Daten – und ggf. welche – in ein öffentliches Verzeichnis aufgenommen werden, sofern diese Daten für den vom Anbieter des Verzeichnisses angegebenen Zweck relevant sind, und diese Daten prüfen, korrigieren oder löschen dürfen. ²Für die Nicht-Aufnahme in der Öffentlichkeit zugängliches Teilnehmerverzeichnis oder die Prüfung, Berichtigung oder Streichung personenbezogener Daten aus einem solchen Verzeichnis werden keine Gebühren erhoben.

(3) Die Mitgliedstaaten können verlangen, dass eine zusätzliche Einwilligung der Teilnehmer eingeholt wird, wenn ein öffentliches Verzeichnis anderen Zwecken als der Suche nach Einzelheiten betreffend die Kommunikation mit Personen anhand ihres Namens und gegebenenfalls eines Mindestbestands an anderen Kennzeichen dient.

(4) ¹Die Absätze 1 und 2 gelten für Teilnehmer, die natürliche Personen sind. ²Die Mitgliedstaaten tragen im Rahmen des Gemeinschaftsrechts und der geltenden einzelstaatlichen Rechtsvorschriften außerdem dafür Sorge, dass die berechtigten Interessen anderer Teilnehmer als natürlicher Personen in Bezug auf ihre Aufnahme in öffentliche Verzeichnisse ausreichend geschützt werden.

Art. 13 Unerbetene Nachrichten. (1) Die Verwendung von automatischen Anruf- und Kommunikationssystemen ohne menschlichen Eingriff (automatische Anrufmaschinen), Faxgeräten oder elektronischer Post für die Zwecke der Direktwerbung darf nur bei vorheriger Einwilligung der Teilnehmer oder Nutzer gestattet werden.

(2) Ungeachtet des Absatzes 1 kann eine natürliche oder juristische Person, wenn sie von ihren Kunden im Zusammenhang mit dem Verkauf eines Produkts oder einer Dienstleistung gemäß der Richtlinie 95/46/EG deren elektronische Kontaktinformationen für elektronische Post erhalten hat, diese zur Direktwerbung für eigene ähnliche Produkte oder Dienstleistungen verwenden, sofern die Kunden klar und deutlich die Möglichkeit erhalten, eine solche Nutzung ihrer elektronischen Kontaktinformationen zum Zeitpunkt ihrer Erhebung und bei jeder Übertragung gebührenfrei und problemlos abzulehnen, wenn der Kunde diese Nutzung nicht von vornherein abgelehnt hat.

(3) Die Mitgliedstaaten ergreifen geeignete Maßnahmen, um sicherzustellen, dass außer in den in den Absätzen 1 und 2 genannten Fällen unerbetene Nachrichten zum Zwecke der Direktwerbung, die entweder ohne die Einwilligung der betreffenden Teilnehmer oder Nutzer erfolgen oder an Teilnehmer oder Nutzer gerichtet sind, die keine solchen Nachrichten erhalten möchten, nicht gestattet sind; welche dieser Optionen gewählt wird, wird im innerstaatlichen Recht geregelt, wobei berücksichtigt wird, dass beide Optionen für den Teilnehmer oder Nutzer gebührenfrei sein müssen.

(4) Auf jeden Fall verboten ist die Praxis des Versendens elektronischer Nachrichten zu Zwecken der Direktwerbung, bei der die Identität des Absenders, in dessen Auftrag die Nachricht übermittelt wird, verschleiert oder verheimlicht wird, bei der gegen Artikel 6 der Richtlinie 2000/31/EG verstoßen wird oder bei der keine gültige Adresse vorhanden ist, an die der Empfänger eine Aufforderung zur Einstellung solcher Nachrichten richten kann, oder in

denen der Empfänger aufgefordert wird, Websites zu besuchen, die gegen den genannten Artikel verstoßen.

(5) [1]Die Absätze 1 und 3 gelten für Teilnehmer, die natürliche Personen sind. [2]Die Mitgliedstaaten stellen im Rahmen des Gemeinschaftsrechts und der geltenden nationalen Rechtsvorschriften außerdem sicher, dass die berechtigten Interessen anderer Teilnehmer als natürlicher Personen in Bezug auf unerbetene Nachrichten ausreichend geschützt werden.

(6) [1]Unbeschadet etwaiger Verwaltungsvorschriften, die unter anderem gemäß Artikel 15a Absatz 2 erlassen werden können, stellen die Mitgliedstaaten sicher, dass natürliche oder juristische Personen, die durch Verstöße gegen die aufgrund dieses Artikels erlassenen nationalen Vorschriften beeinträchtigt werden und somit ein berechtigtes Interesse an der Einstellung oder dem Verbot solcher Verstöße haben, einschließlich der Anbieter elektronischer Kommunikationsdienste, die ihre berechtigten Geschäftsinteressen schützen wollen, gegen solche Verstöße gerichtlich vorgehen können. [2]Die Mitgliedstaaten können auch spezifische Vorschriften über Sanktionen festlegen, die gegen Betreiber elektronischer Kommunikationsdienste zu verhängen sind, die durch Fahrlässigkeit zu Verstößen gegen die aufgrund dieses Artikels erlassenen nationalen Vorschriften beitragen.

Art. 14 Technische Merkmale und Normung. (1) Bei der Durchführung der Bestimmungen dieser Richtlinie stellen die Mitgliedstaaten vorbehaltlich der Absätze 2 und 3 sicher, dass keine zwingenden Anforderungen in Bezug auf spezifische technische Merkmale für Endgeräte oder sonstige elektronische Kommunikationsgeräte gestellt werden, die deren Inverkehrbringen und freien Vertrieb in und zwischen den Mitgliedstaaten behindern können.

(2) Soweit die Bestimmungen dieser Richtlinie nur mit Hilfe spezifischer technischer Merkmale elektronischer Kommunikationsnetze durchgeführt werden können, unterrichten die Mitgliedstaaten die Kommission darüber gemäß der Richtlinie 98/34/EG des Europäischen Parlaments und des Rates vom 22. Juni 1998 über ein Informationsverfahren auf dem Gebiet der Normen und technischen Vorschriften und der Vorschriften für die Dienste der Informationsgesellschaft[1]).

(3) Erforderlichenfalls können gemäß der Richtlinie 1999/5/EG und dem Beschluss 87/95/EWG des Rates vom 22. Dezember 1986 über die Normung auf dem Gebiet der Informationstechnik und der Telekommunikation[2]) Maßnahmen getroffen werden, um sicherzustellen, dass Endgeräte in einer Weise gebaut sind, die mit dem Recht der Nutzer auf Schutz und Kontrolle der Verwendung ihrer personenbezogenen Daten vereinbar ist.

Art. 14a Ausschussverfahren. (1) Die Kommission wird von dem durch Artikel 22 der Richtlinie 2002/21/EG (Rahmenrichtlinie) eingesetzten Kommunikationsausschuss unterstützt.

---

[1]) **Amtl. Anm.:** ABl. L 204 vom 21.7.1998, S. 37. Richtlinie geändert durch die Richtlinie 98/48/EG (ABl. L 217 vom 5.8.1998, S. 18).
[2]) **Amtl. Anm.:** ABl. L 36 vom 7.2.1987. Beschluss zuletzt geändert durch die Beitrittsakte von 1994.

(2) Wird auf diesen Absatz Bezug genommen, so gelten Artikel 5a Absätze 1 bis 4 und Artikel 7 des Beschlusses 1999/468/EG unter Beachtung von dessen Artikel 8.

(3) Wird auf diesen Absatz Bezug genommen, so gelten Artikel 5a Absätze 1, 2, 4 und 6 und Artikel 7 des Beschlusses 1999/468/EG unter Beachtung von dessen Artikel 8.

Art. 15 Anwendung einzelner Bestimmungen der Richtlinie 95/46/EG. (1) [1] Die Mitgliedstaaten können Rechtsvorschriften erlassen, die die Rechte und Pflichten gemäß Artikel 5, Artikel 6, Artikel 8 Absätze 1, 2, 3 und 4 sowie Artikel 9 dieser Richtlinie beschränken, sofern eine solche Beschränkung gemäß Artikel 13 Absatz 1 der Richtlinie 95/46/EG für die nationale Sicherheit, (d.h. die Sicherheit des Staates), die Landesverteidigung, die öffentliche Sicherheit sowie die Verhütung, Ermittlung, Feststellung und Verfolgung von Straftaten oder des unzulässigen Gebrauchs von elektronischen Kommunikationssystemen in einer demokratischen Gesellschaft notwendig, angemessen und verhältnismäßig ist. [2] Zu diesem Zweck können die Mitgliedstaaten unter anderem durch Rechtsvorschriften vorsehen, dass Daten aus den in diesem Absatz aufgeführten Gründen während einer begrenzten Zeit aufbewahrt werden. [3] Alle in diesem Absatz genannten Maßnahmen müssen den allgemeinen Grundsätzen des Gemeinschaftsrechts einschließlich den in Artikel 6 Absätze 1 und 2 des Vertrags über die Europäische Union niedergelegten Grundsätzen entsprechen.

(1a) Absatz 1 gilt nicht für Daten, für die in der Richtlinie 2006/24/EG des Europäischen Parlaments und des Rates vom 15. März 2006 über die Vorratsspeicherung von Daten, die bei der Bereitstellung öffentlich zugänglicher elektronischer Kommunikationsdienste oder öffentlicher Kommunikationsnetze erzeugt oder verarbeitet werden[1], eine Vorratsspeicherung zu den in Artikel 1 Absatz 1 der genannten Richtlinie aufgeführten Zwecken ausdrücklich vorgeschrieben ist.

(1b) [1] Die Anbieter richten nach den gemäß Absatz 1 eingeführten nationalen Vorschriften interne Verfahren zur Beantwortung von Anfragen über den Zugang zu den personenbezogenen Daten der Nutzer ein. [2] Sie stellen den zuständigen nationalen Behörden auf Anfrage Informationen über diese Verfahren, die Zahl der eingegangenen Anfragen, die vorgebrachten rechtlichen Begründungen und ihrer Antworten zur Verfügung.

(2) Die Bestimmungen des Kapitels III der Richtlinie 95/46/EG über Rechtsbehelfe, Haftung und Sanktionen gelten im Hinblick auf innerstaatliche Vorschriften, die nach der vorliegenden Richtlinie erlassen werden, und im Hinblick auf die aus dieser Richtlinie resultierenden individuellen Rechte.

(3) Die gemäß Artikel 29 der Richtlinie 95/46/EG eingesetzte Datenschutzgruppe nimmt auch die in Artikel 30 jener Richtlinie festgelegten Aufgaben im Hinblick auf die von der vorliegenden Richtlinie abgedeckten Aspekte, nämlich den Schutz der Grundrechte und der Grundfreiheiten und der berechtigten Interessen im Bereich der elektronischen Kommunikation wahr.

---

[1] **Amtl. Anm.:** ABl. L 105 vom 13.4.2006, S. 54.

Art. 15a Umsetzung und Durchsetzung. (1) [1] Die Mitgliedstaaten legen fest, welche Sanktionen, gegebenenfalls einschließlich strafrechtlicher Sanktionen, bei einem Verstoß gegen die innerstaatlichen Vorschriften zur Umsetzung dieser Richtlinie zu verhängen sind, und treffen die zu deren Durchsetzung erforderlichen Maßnahmen. [2] Die vorgesehenen Sanktionen müssen wirksam, verhältnismäßig und abschreckend sein und können für den gesamten Zeitraum einer Verletzung angewendet werden, auch wenn die Verletzung in der Folge abgestellt wurde. [3] Die Mitgliedstaaten teilen der Kommission diese Vorschriften bis zum 25. Mai 2011 mit und melden ihr unverzüglich etwaige spätere Änderungen, die diese Vorschriften betreffen.

(2) Unbeschadet etwaiger gerichtlicher Rechtsbehelfe stellen die Mitgliedstaaten sicher, dass die zuständige nationale Behörde und gegebenenfalls andere nationale Stellen befugt sind, die Einstellung der in Absatz 1 genannten Verstöße anzuordnen.

(3) Die Mitgliedstaaten stellen sicher, dass die zuständigen nationalen Regulierungsbehörden und gegebenenfalls andere nationale Stellen über die erforderlichen Untersuchungsbefugnisse und Mittel verfügen, einschließlich der Befugnis, sämtliche zweckdienliche Informationen zu erlangen, die sie benötigen, um die Einhaltung der gemäß dieser Richtlinie erlassenen innerstaatlichen Rechtsvorschriften zu überwachen und durchzusetzen.

(4) *[1]* Zur Gewährleistung einer wirksamen grenzübergreifenden Koordinierung der Durchsetzung der gemäß dieser Richtlinie erlassenen innerstaatlichen Rechtsvorschriften und zur Schaffung harmonisierter Bedingungen für die Erbringung von Diensten, mit denen ein grenzüberschreitender Datenfluss verbunden ist, können die zuständigen nationalen Regulierungsbehörden Maßnahmen erlassen.

[2] [1] Die nationalen Regulierungsbehörden übermitteln der Kommission rechtzeitig vor dem Erlass solcher Maßnahmen eine Zusammenfassung der Gründe für ein Tätigwerden, der geplanten Maßnahmen und der vorgeschlagenen Vorgehensweise. [2] Die Kommission kann hierzu nach Anhörung der ENISA und der gemäß Artikel 29 der Richtlinie 95/46/EG eingesetzten Gruppe für den Schutz von Personen bei der Verarbeitung personenbezogener Daten Kommentare oder Empfehlungen abgeben, insbesondere um sicherzustellen, dass die vorgesehenen Maßnahmen ein ordnungsmäßiges Funktionieren des Binnenmarktes nicht beeinträchtigen. [3] Die nationalen Regulierungsbehörden tragen den Kommentaren oder Empfehlungen der Kommission weitestgehend Rechnung, wenn sie die Maßnahmen beschließen.

Art. 16 Übergangsbestimmungen. (1) Artikel 12 gilt nicht für Ausgaben von Teilnehmerverzeichnissen, die vor dem Inkrafttreten der nach dieser Richtlinie erlassenen innerstaatlichen Vorschriften bereits in gedruckter oder in netzunabhängiger elektronischer Form produziert oder in Verkehr gebracht wurden.

(2) Sind die personenbezogenen Daten von Teilnehmern von Festnetz- oder Mobil-Sprachtelefondiensten in ein öffentliches Teilnehmerverzeichnis gemäß der Richtlinie 95/46/EG und gemäß Artikel 11 der Richtlinie 97/66/EG aufgenommen worden, bevor die nach der vorliegenden Richtlinie erlassenen innerstaatlichen Rechtsvorschriften in Kraft treten, so können die personenbezogenen Daten dieser Teilnehmer in der gedruckten oder elektronischen Fassung, einschließlich Fassungen mit Umkehrsuchfunktionen, in diesem öffent-

lichen Verzeichnis verbleiben, sofern die Teilnehmer nach Erhalt vollständiger Informationen über die Zwecke und Möglichkeiten gemäß Artikel 12 nicht etwas anderes wünschen.

Art. 17 Umsetzung. (1) *[1]* ¹Die Mitgliedstaaten setzen vor dem 31. Oktober 2003 die Rechtsvorschriften in Kraft, die erforderlich sind, um dieser Richtlinie nachzukommen. ²Sie setzen die Kommission unverzüglich davon in Kenntnis.

[2] ¹Wenn die Mitgliedstaaten diese Vorschriften erlassen, nehmen sie in den Vorschriften selbst oder durch einen Hinweis bei der amtlichen Veröffentlichung auf diese Richtlinie Bezug. ²Die Mitgliedstaaten regeln die Einzelheiten der Bezugnahme.

(2) Die Mitgliedstaaten teilen der Kommission den Wortlaut der innerstaatlichen Rechts-Vorschriften mit, die sie auf dem unter diese Richtlinie fallenden Gebiet erlassen, sowie aller späterer Änderungen dieser Vorschriften.

Art. 18 Überprüfung. ¹Die Kommission unterbreitet dem Europäischen Parlament und dem Rat spätestens drei Jahre nach dem in Artikel 17 Absatz 1 genannten Zeitpunkt einen Bericht über die Durchführung dieser Richtlinie und ihre Auswirkungen auf die Wirtschaftsteilnehmer und Verbraucher, insbesondere in Bezug auf die Bestimmungen über unerbetene Nachrichten, unter Berücksichtigung des internationalen Umfelds. ²Hierzu kann die Kommission von den Mitgliedstaaten Informationen einholen, die ohne unangemessene Verzögerung zu liefern sind. ³Gegebenenfalls unterbreitet die Kommission unter Berücksichtigung der Ergebnisse des genannten Berichts, etwaiger Änderungen in dem betreffenden Sektor sowie etwaiger weiterer Vorschläge, die sie zur Verbesserung der Wirksamkeit dieser Richtlinie für erforderlich hält, Vorschläge zur Änderung dieser Richtlinie.

Art. 19 Aufhebung. *[1]* Die Richtlinie 97/66/EG wird mit Wirkung ab dem in Artikel 17 Absatz 1 genannten Zeitpunkt aufgehoben.

[2] Verweisungen auf die aufgehobene Richtlinie gelten als Verweisungen auf die vorliegende Richtlinie.

Art. 20 Inkrafttreten. Diese Richtlinie tritt am Tag ihrer Veröffentlichung[1] im *Amtsblatt der Europäischen Gemeinschaften* in Kraft.

Art. 21 Adressaten. Diese Richtlinie ist an alle Mitgliedstaaten gerichtet.

---

[1] Veröffentlicht am 31.7.2002.

4. Charta der Grundrechte der Europäischen Union[1]

(2007/C 303/01)

Vom 12. Dezember 2007[2]

(ABl. 2016 C 202 S. 389)[3]

Celex-Nr. 1 2007 P/TXT

Nichtamtliche Inhaltsübersicht
Präambel

Titel I. Würde des Menschen

- Art. 1 Würde des Menschen
- Art. 2 Recht auf Leben
- Art. 3 Recht auf Unversehrtheit
- Art. 4 Verbot der Folter und unmenschlicher oder erniedrigender Strafe oder Behandlung
- Art. 5 Verbot der Sklaverei und der Zwangsarbeit

Titel II. Freiheiten

- Art. 6 Recht auf Freiheit und Sicherheit
- Art. 7 Achtung des Privat- und Familienlebens
- Art. 8 Schutz personenbezogener Daten
- Art. 9 Recht, eine Ehe einzugehen und eine Familie zu gründen
- Art. 10 Gedanken-, Gewissens- und Religionsfreiheit
- Art. 11 Freiheit der Meinungsäußerung und Informationsfreiheit
- Art. 12 Versammlungs- und Vereinigungsfreiheit
- Art. 13 Freiheit der Kunst und der Wissenschaft
- Art. 14 Recht auf Bildung
- Art. 15 Berufsfreiheit und Recht zu arbeiten
- Art. 16 Unternehmerische Freiheit
- Art. 17 Eigentumsrecht
- Art. 18 Asylrecht
- Art. 19 Schutz bei Abschiebung, Ausweisung und Auslieferung

Titel III. Gleichheit

- Art. 20 Gleichheit vor dem Gesetz
- Art. 21 Nichtdiskriminierung
- Art. 22 Vielfalt der Kulturen, Religionen und Sprachen
- Art. 23 Gleichheit von Frauen und Männern
- Art. 24 Rechte des Kindes
- Art. 25 Rechte älterer Menschen
- Art. 26 Integration von Menschen mit Behinderung

Titel IV. Solidarität

- Art. 27 Recht auf Unterrichtung und Anhörung der Arbeitnehmerinnen und Arbeitnehmer im Unternehmen
- Art. 28 Recht auf Kollektivverhandlungen und Kollektivmaßnahmen
- Art. 29 Recht auf Zugang zu einem Arbeitsvermittlungsdienst
- Art. 30 Schutz bei ungerechtfertigter Entlassung
- Art. 31 Gerechte und angemessene Arbeitsbedingungen
- Art. 32 Verbot der Kinderarbeit und Schutz der Jugendlichen am Arbeitsplatz
- Art. 33 Familien- und Berufsleben

---

[1] Die Verweise/Bezugnahmen auf Vorschriften des AEUV und/oder EUV sind gemäß Art. 5 des Vertrags von Lissabon iVm den Übereinstimmungstabellen an die neue Nummerierung angepasst worden.

[2] Der hier wiedergegebene Wortlaut übernimmt mit Anpassungen die am 7.12.2000 proklamierte Charta. Inkrafttreten am 1.12.2009, siehe die Bek. v. 13.11.2009 (BGBl. II S. 1223).

[3] Der Wortlaut dieser konsolidierten Fassung entspricht dem hier wiedergegebenen (ohne die Erläuterungen am Ende).

Art. 34 Soziale Sicherheit und soziale Unterstützung
Art. 35 Gesundheitsschutz
Art. 36 Zugang zu Dienstleistungen von allgemeinem wirtschaftlichen Interesse
Art. 37 Umweltschutz
Art. 38 Verbraucherschutz

Titel V. Bürgerrechte

Art. 39 Aktives und passives Wahlrecht bei den Wahlen zum Europäischen Parlament
Art. 40 Aktives und passives Wahlrecht bei den Kommunalwahlen
Art. 41 Recht auf eine gute Verwaltung
Art. 42 Recht auf Zugang zu Dokumenten
Art. 43 Der Europäische Bürgerbeauftragte
Art. 44 Petitionsrecht
Art. 45 Freizügigkeit und Aufenthaltsfreiheit
Art. 46 Diplomatischer und konsularischer Schutz

Titel VI. Justizielle Rechte

Art. 47 Recht auf einen wirksamen Rechtsbehelf und ein unparteiisches Gericht
Art. 48 Unschuldsvermutung und Verteidigungsrechte
Art. 49 Grundsätze der Gesetzmäßigkeit und der Verhältnismäßigkeit im Zusammenhang mit Straftaten und Strafen
Art. 50 Recht, wegen derselben Straftat nicht zweimal strafrechtlich verfolgt oder bestraft zu werden

Titel VII. Allgemeine Bestimmungen über die Auslegung und Anwendung der Charta

Art. 51 Anwendungsbereich
Art. 52 Tragweite und Auslegung der Rechte und Grundsätze
Art. 53 Schutzniveau
Art. 54 Verbot des Missbrauchs der Rechte
Erläuterungen zur Charta der Grundrechte

Präambel

Die Völker Europas sind entschlossen, auf der Grundlage gemeinsamer Werte eine friedliche Zukunft zu teilen, indem sie sich zu einer immer engeren Union verbinden.

[1] In dem Bewusstsein ihres geistig-religiösen[1]) und sittlichen Erbes gründet sich die Union auf die unteilbaren und universellen Werte der Würde des Menschen, der Freiheit, der Gleichheit und der Solidarität. [2] Sie beruht auf den Grundsätzen der Demokratie und der Rechtsstaatlichkeit. [3] Sie stellt den Menschen in den Mittelpunkt ihres Handelns, indem sie die Unionsbürgerschaft und einen Raum der Freiheit, der Sicherheit und des Rechts begründet.

[1] Die Union trägt zur Erhaltung und zur Entwicklung dieser gemeinsamen Werte unter Achtung der Vielfalt der Kulturen und Traditionen der Völker Europas sowie der nationalen Identität der Mitgliedstaaten und der Organisation ihrer staatlichen Gewalt auf nationaler, regionaler und lokaler Ebene bei. [2] Sie ist bestrebt, eine ausgewogene und nachhaltige Entwicklung zu fördern und stellt den freien Personen-, Dienstleistungs-, Waren- und Kapitalverkehr sowie die Niederlassungsfreiheit sicher.

Zu diesem Zweck ist es notwendig, angesichts der Weiterentwicklung der Gesellschaft, des sozialen Fortschritts und der wissenschaftlichen und technologi-

---

[1]) In den Fassungen fast aller anderen Amtssprachen fehlt ein ausdrücklicher Hinweis auf die Religiösität. So heißt es etwa im Englischen: „spiritual and moral heritage", im Französischen: „patrimoine spirituel et moral". Die Wendung „spiritual and moral" wurde im Übrigen bewusst aus der Präambel der Satzung des Europarates idF der Bek. v. 5.5.1949 (BGBl. 1950 S. 263), zuletzt geänd. durch Satzung v. 17.2.2016 (BGBl. II S. 292) übernommen, wo sie in der amtlichen deutschen Übersetzung mit „geistig und moralisch" wiedergegeben wird.

schen Entwicklungen den Schutz der Grundrechte zu stärken, indem sie in einer Charta sichtbarer gemacht werden.

¹Diese Charta bekräftigt unter Achtung der Zuständigkeiten und Aufgaben der Union und des Subsidiaritätsprinzips die Rechte, die sich vor allem aus den gemeinsamen Verfassungstraditionen und den gemeinsamen internationalen Verpflichtungen der Mitgliedstaaten, aus der Europäischen Konvention zum Schutz der Menschenrechte und Grundfreiheiten, aus den von der Union und dem Europarat beschlossenen Sozialchartas sowie aus der Rechtsprechung des Gerichtshofs der Europäischen Union und des Europäischen Gerichtshofs für Menschenrechte ergeben. ²In diesem Zusammenhang erfolgt die Auslegung der Charta durch die Gerichte der Union und der Mitgliedstaaten unter gebührender Berücksichtigung der Erläuterungen, die unter der Leitung des Präsidiums des Konvents zur Ausarbeitung der Charta formuliert und unter der Verantwortung des Präsidiums des Europäischen Konvents aktualisiert wurden.

Die Ausübung dieser Rechte ist mit Verantwortung und mit Pflichten sowohl gegenüber den Mitmenschen als auch gegenüber der menschlichen Gemeinschaft und den künftigen Generationen verbunden.

Daher erkennt die Union die nachstehend aufgeführten Rechte, Freiheiten und Grundsätze an.

Titel I. Würde des Menschen

Art. 1 Würde des Menschen. ¹Die Würde des Menschen ist unantastbar. ²Sie ist zu achten und zu schützen.

Art. 2 Recht auf Leben. (1) Jeder Mensch hat das Recht auf Leben.

(2) Niemand darf zur Todesstrafe verurteilt oder hingerichtet werden.

Art. 3 Recht auf Unversehrtheit. (1) Jeder Mensch hat das Recht auf körperliche und geistige Unversehrtheit.

(2) Im Rahmen der Medizin und der Biologie muss insbesondere Folgendes beachtet werden:

a) die freie Einwilligung des Betroffenen nach vorheriger Aufklärung entsprechend den gesetzlich festgelegten Einzelheiten,

b) das Verbot eugenischer Praktiken, insbesondere derjenigen, welche die Selektion von Menschen zum Ziel haben,

c) das Verbot, den menschlichen Körper und Teile davon als solche zur Erzielung von Gewinnen zu nutzen,

d) das Verbot des reproduktiven Klonens von Menschen.

Art. 4 Verbot der Folter und unmenschlicher oder erniedrigender Strafe oder Behandlung. Niemand darf der Folter oder unmenschlicher oder erniedrigender Strafe oder Behandlung unterworfen werden.

Art. 5 Verbot der Sklaverei und der Zwangsarbeit. (1) Niemand darf in Sklaverei oder Leibeigenschaft gehalten werden.

(2) Niemand darf gezwungen werden, Zwangs- oder Pflichtarbeit zu verrichten.

(3) Menschenhandel ist verboten.

Titel II. Freiheiten

Art. 6 Recht auf Freiheit und Sicherheit. Jeder Mensch hat das Recht auf Freiheit und Sicherheit.

Art. 7 Achtung des Privat- und Familienlebens. Jede Person hat das Recht auf Achtung ihres Privat- und Familienlebens, ihrer Wohnung sowie ihrer Kommunikation.

Art. 8 Schutz personenbezogener Daten. (1) Jede Person hat das Recht auf Schutz der sie betreffenden personenbezogenen Daten.

(2) ¹Diese Daten dürfen nur nach Treu und Glauben für festgelegte Zwecke und mit Einwilligung der betroffenen Person oder auf einer sonstigen gesetzlich geregelten legitimen Grundlage verarbeitet werden. ²Jede Person hat das Recht, Auskunft über die sie betreffenden erhobenen Daten zu erhalten und die Berichtigung der Daten zu erwirken.

(3) Die Einhaltung dieser Vorschriften wird von einer unabhängigen Stelle überwacht.

Art. 9 Recht, eine Ehe einzugehen und eine Familie zu gründen. Das Recht, eine Ehe einzugehen, und das Recht, eine Familie zu gründen, werden nach den einzelstaatlichen Gesetzen gewährleistet, welche die Ausübung dieser Rechte regeln.

Art. 10 Gedanken-, Gewissens- und Religionsfreiheit. (1) ¹Jede Person hat das Recht auf Gedanken-, Gewissens- und Religionsfreiheit. ²Dieses Recht umfasst die Freiheit, die Religion oder Weltanschauung zu wechseln, und die Freiheit, seine Religion oder Weltanschauung einzeln oder gemeinsam mit anderen öffentlich oder privat durch Gottesdienst, Unterricht, Bräuche und Riten zu bekennen.

(2) Das Recht auf Wehrdienstverweigerung aus Gewissensgründen wird nach den einzelstaatlichen Gesetzen anerkannt, welche die Ausübung dieses Rechts regeln.

Art. 11 Freiheit der Meinungsäußerung und Informationsfreiheit.

(1) ¹Jede Person hat das Recht auf freie Meinungsäußerung. ²Dieses Recht schließt die Meinungsfreiheit und die Freiheit ein, Informationen und Ideen ohne behördliche Eingriffe und ohne Rücksicht auf Staatsgrenzen zu empfangen und weiterzugeben.

(2) Die Freiheit der Medien und ihre Pluralität werden geachtet.

Art. 12 Versammlungs- und Vereinigungsfreiheit. (1) Jede Person hat das Recht, sich insbesondere im politischen, gewerkschaftlichen und zivilgesellschaftlichen Bereich auf allen Ebenen frei und friedlich mit anderen zu versammeln und frei mit anderen zusammenzuschließen, was das Recht jeder Person umfasst, zum Schutz ihrer Interessen Gewerkschaften zu gründen und Gewerkschaften beizutreten.

(2) Politische Parteien auf der Ebene der Union tragen dazu bei, den politischen Willen der Unionsbürgerinnen und Unionsbürger zum Ausdruck zu bringen.

Art. 13 Freiheit der Kunst und der Wissenschaft. ¹Kunst und Forschung sind frei. ²Die akademische Freiheit wird geachtet.

Art. 14 Recht auf Bildung. (1) Jede Person hat das Recht auf Bildung sowie auf Zugang zur beruflichen Ausbildung und Weiterbildung.

(2) Dieses Recht umfasst die Möglichkeit, unentgeltlich am Pflichtschulunterricht teilzunehmen.

(3) Die Freiheit zur Gründung von Lehranstalten unter Achtung der demokratischen Grundsätze sowie das Recht der Eltern, die Erziehung und den Unterricht ihrer Kinder entsprechend ihren eigenen religiösen, weltanschaulichen und erzieherischen Überzeugungen sicherzustellen, werden nach den einzelstaatlichen Gesetzen geachtet, welche ihre Ausübung regeln.

Art. 15 Berufsfreiheit und Recht zu arbeiten. (1) Jede Person hat das Recht, zu arbeiten und einen frei gewählten oder angenommenen Beruf auszuüben.

(2) Alle Unionsbürgerinnen und Unionsbürger haben die Freiheit, in jedem Mitgliedstaat Arbeit zu suchen, zu arbeiten, sich niederzulassen oder Dienstleistungen zu erbringen.

(3) Die Staatsangehörigen dritter Länder, die im Hoheitsgebiet der Mitgliedstaaten arbeiten dürfen, haben Anspruch auf Arbeitsbedingungen, die denen der Unionsbürgerinnen und Unionsbürger entsprechen.

Art. 16 Unternehmerische Freiheit. Die unternehmerische Freiheit wird nach dem Unionsrecht und den einzelstaatlichen Rechtsvorschriften und Gepflogenheiten anerkannt.

Art. 17 Eigentumsrecht. (1) ¹Jede Person hat das Recht, ihr rechtmäßig erworbenes Eigentum zu besitzen, zu nutzen, darüber zu verfügen und es zu vererben. ²Niemandem darf sein Eigentum entzogen werden, es sei denn aus Gründen des öffentlichen Interesses in den Fällen und unter den Bedingungen, die in einem Gesetz vorgesehen sind, sowie gegen eine rechtzeitige angemessene Entschädigung für den Verlust des Eigentums. ³Die Nutzung des Eigentums kann gesetzlich geregelt werden, soweit dies für das Wohl der Allgemeinheit erforderlich ist.

(2) Geistiges Eigentum wird geschützt.

Art. 18 Asylrecht. Das Recht auf Asyl wird nach Maßgabe des Genfer Abkommens vom 28. Juli 1951 und des Protokolls vom 31. Januar 1967 über die Rechtsstellung der Flüchtlinge sowie nach Maßgabe des Vertrags über die Europäische Union und des Vertrags über die Arbeitsweise der Europäischen Union (im Folgenden „die Verträge") gewährleistet.

Art. 19 Schutz bei Abschiebung, Ausweisung und Auslieferung.

(1) Kollektivausweisungen sind nicht zulässig.

(2) Niemand darf in einen Staat abgeschoben oder ausgewiesen oder an einen Staat ausgeliefert werden, in dem für sie oder ihn das ernsthafte Risiko der Todesstrafe, der Folter oder einer anderen unmenschlichen oder erniedrigenden Strafe oder Behandlung besteht.

Titel III. Gleichheit

Art. 20 Gleichheit vor dem Gesetz. Alle Personen sind vor dem Gesetz gleich.

Art. 21 Nichtdiskriminierung. (1) Diskriminierungen insbesondere wegen des Geschlechts, der Rasse, der Hautfarbe, der ethnischen oder sozialen Herkunft, der genetischen Merkmale, der Sprache, der Religion oder der Weltanschauung, der politischen oder sonstigen Anschauung, der Zugehörigkeit zu einer nationalen Minderheit, des Vermögens, der Geburt, einer Behinderung, des Alters oder der sexuellen Ausrichtung sind verboten.

(2) Unbeschadet besonderer Bestimmungen der Verträge ist in ihrem Anwendungsbereich jede Diskriminierung aus Gründen der Staatsangehörigkeit verboten.

Art. 22 Vielfalt der Kulturen, Religionen und Sprachen. Die Union achtet die Vielfalt der Kulturen, Religionen und Sprachen.

Art. 23 Gleichheit von Frauen und Männern. *[1]* Die Gleichheit von Frauen und Männern ist in allen Bereichen, einschließlich der Beschäftigung, der Arbeit und des Arbeitsentgelts, sicherzustellen.

[2] Der Grundsatz der Gleichheit steht der Beibehaltung oder der Einführung spezifischer Vergünstigungen für das unterrepräsentierte Geschlecht nicht entgegen.

Art. 24 Rechte des Kindes. (1) [1] Kinder haben Anspruch auf den Schutz und die Fürsorge, die für ihr Wohlergehen notwendig sind. [2] Sie können ihre Meinung frei äußern. [3] Ihre Meinung wird in den Angelegenheiten, die sie betreffen, in einer ihrem Alter und ihrem Reifegrad entsprechenden Weise berücksichtigt.

(2) Bei allen Kinder betreffenden Maßnahmen öffentlicher Stellen oder privater Einrichtungen muss das Wohl des Kindes eine vorrangige Erwägung sein.

(3) Jedes Kind hat Anspruch auf regelmäßige persönliche Beziehungen und direkte Kontakte zu beiden Elternteilen, es sei denn, dies steht seinem Wohl entgegen.

Art. 25 Rechte älterer Menschen. Die Union anerkennt und achtet das Recht älterer Menschen auf ein würdiges und unabhängiges Leben und auf Teilnahme am sozialen und kulturellen Leben.

Art. 26 Integration von Menschen mit Behinderung. Die Union anerkennt und achtet den Anspruch von Menschen mit Behinderung auf Maßnahmen zur Gewährleistung ihrer Eigenständigkeit, ihrer sozialen und beruflichen Eingliederung und ihrer Teilnahme am Leben der Gemeinschaft.

Titel IV. Solidarität

Art. 27 Recht auf Unterrichtung und Anhörung der Arbeitnehmerinnen und Arbeitnehmer im Unternehmen. Für die Arbeitnehmerinnen und Arbeitnehmer oder ihre Vertreter muss auf den geeigneten Ebenen eine rechtzeitige Unterrichtung und Anhörung in den Fällen und unter den Voraussetzungen gewährleistet sein, die nach dem Unionsrecht und den einzelstaatlichen Rechtsvorschriften und Gepflogenheiten vorgesehen sind.

Art. 28 Recht auf Kollektivverhandlungen und Kollektivmaßnahmen.
Die Arbeitnehmerinnen und Arbeitnehmer sowie die Arbeitgeberinnen und Arbeitgeber oder ihre jeweiligen Organisationen haben nach dem Unionsrecht und den einzelstaatlichen Rechtsvorschriften und Gepflogenheiten das Recht, Tarifverträge auf den geeigneten Ebenen auszuhandeln und zu schließen sowie bei Interessenkonflikten kollektive Maßnahmen zur Verteidigung ihrer Interessen, einschließlich Streiks, zu ergreifen.

Art. 29 Recht auf Zugang zu einem Arbeitsvermittlungsdienst. Jeder Mensch hat das Recht auf Zugang zu einem unentgeltlichen Arbeitsvermittlungsdienst.

Art. 30 Schutz bei ungerechtfertigter Entlassung. Jede Arbeitnehmerin und jeder Arbeitnehmer hat nach dem Unionsrecht und den einzelstaatlichen Rechtsvorschriften und Gepflogenheiten Anspruch auf Schutz vor ungerechtfertigter Entlassung.

Art. 31 Gerechte und angemessene Arbeitsbedingungen. (1) Jede Arbeitnehmerin und jeder Arbeitnehmer hat das Recht auf gesunde, sichere und würdige Arbeitsbedingungen.

(2) Jede Arbeitnehmerin und jeder Arbeitnehmer hat das Recht auf eine Begrenzung der Höchstarbeitszeit, auf tägliche und wöchentliche Ruhezeiten sowie auf bezahlten Jahresurlaub.

Art. 32 Verbot der Kinderarbeit und Schutz der Jugendlichen am Arbeitsplatz. *[1]* ¹Kinderarbeit ist verboten. ²Unbeschadet günstigerer Vorschriften für Jugendliche und abgesehen von begrenzten Ausnahmen darf das Mindestalter für den Eintritt in das Arbeitsleben das Alter, in dem die Schulpflicht endet, nicht unterschreiten.

[2] Zur Arbeit zugelassene Jugendliche müssen ihrem Alter angepasste Arbeitsbedingungen erhalten und vor wirtschaftlicher Ausbeutung und vor jeder Arbeit geschützt werden, die ihre Sicherheit, ihre Gesundheit, ihre körperliche, geistige, sittliche oder soziale Entwicklung beeinträchtigen oder ihre Erziehung gefährden könnte.

Art. 33 Familien- und Berufsleben. (1) Der rechtliche, wirtschaftliche und soziale Schutz der Familie wird gewährleistet.

(2) Um Familien- und Berufsleben miteinander in Einklang bringen zu können, hat jeder Mensch das Recht auf Schutz vor Entlassung aus einem mit der Mutterschaft zusammenhängenden Grund sowie den Anspruch auf einen bezahlten Mutterschaftsurlaub und auf einen Elternurlaub nach der Geburt oder Adoption eines Kindes.

Art. 34 Soziale Sicherheit und soziale Unterstützung. (1) Die Union anerkennt und achtet das Recht auf Zugang zu den Leistungen der sozialen Sicherheit und zu den sozialen Diensten, die in Fällen wie Mutterschaft, Krankheit, Arbeitsunfall, Pflegebedürftigkeit oder im Alter sowie bei Verlust des Arbeitsplatzes Schutz gewährleisten, nach Maßgabe des Unionsrechts und der einzelstaatlichen Rechtsvorschriften und Gepflogenheiten.

(2) Jeder Mensch, der in der Union seinen rechtmäßigen Wohnsitz hat und seinen Aufenthalt rechtmäßig wechselt, hat Anspruch auf die Leistungen der sozialen Sicherheit und die sozialen Vergünstigungen nach dem Unionsrecht und den einzelstaatlichen Rechtsvorschriften und Gepflogenheiten.

(3) Um die soziale Ausgrenzung und die Armut zu bekämpfen, anerkennt und achtet die Union das Recht auf eine soziale Unterstützung und eine Unterstützung für die Wohnung, die allen, die nicht über ausreichende Mittel verfügen, ein menschenwürdiges Dasein sicherstellen sollen, nach Maßgabe des Unionsrechts und der einzelstaatlichen Rechtsvorschriften und Gepflogenheiten.

Art. 35 Gesundheitsschutz. [1]Jeder Mensch hat das Recht auf Zugang zur Gesundheitsvorsorge und auf ärztliche Versorgung nach Maßgabe der einzelstaatlichen Rechtsvorschriften und Gepflogenheiten. [2]Bei der Festlegung und Durchführung der Politik und Maßnahmen der Union in allen Bereichen wird ein hohes Gesundheitsschutzniveau sichergestellt.

Art. 36 Zugang zu Dienstleistungen von allgemeinem wirtschaftlichen Interesse. Die Union anerkennt und achtet den Zugang zu Dienstleistungen von allgemeinem wirtschaftlichen Interesse, wie er durch die einzelstaatlichen Rechtsvorschriften und Gepflogenheiten im Einklang mit den Verträgen geregelt ist, um den sozialen und territorialen Zusammenhalt der Union zu fördern.

Art. 37 Umweltschutz. Ein hohes Umweltschutzniveau und die Verbesserung der Umweltqualität müssen in die Politik der Union einbezogen und nach dem Grundsatz der nachhaltigen Entwicklung sichergestellt werden.

Art. 38 Verbraucherschutz. Die Politik der Union stellt ein hohes Verbraucherschutzniveau sicher.

Titel V. Bürgerrechte

Art. 39 Aktives und passives Wahlrecht bei den Wahlen zum Europäischen Parlament. (1) Die Unionsbürgerinnen und Unionsbürger besitzen in dem Mitgliedstaat, in dem sie ihren Wohnsitz haben, das aktive und passive Wahlrecht bei den Wahlen zum Europäischen Parlament unter denselben Bedingungen wie die Angehörigen des betreffenden Mitgliedstaats.

(2) Die Mitglieder des Europäischen Parlaments werden in allgemeiner, unmittelbarer, freier und geheimer Wahl gewählt.

Art. 40 Aktives und passives Wahlrecht bei den Kommunalwahlen.

Die Unionsbürgerinnen und Unionsbürger besitzen in dem Mitgliedstaat, in dem sie ihren Wohnsitz haben, das aktive und passive Wahlrecht bei Kommunalwahlen unter denselben Bedingungen wie die Angehörigen des betreffenden Mitgliedstaats.

Art. 41 Recht auf eine gute Verwaltung. (1) Jede Person hat ein Recht darauf, dass ihre Angelegenheiten von den Organen, Einrichtungen und sonstigen Stellen der Union unparteiisch, gerecht und innerhalb einer angemessenen Frist behandelt werden.

(2) Dieses Recht umfasst insbesondere

a) das Recht jeder Person, gehört zu werden, bevor ihr gegenüber eine für sie nachteilige individuelle Maßnahme getroffen wird,
b) das Recht jeder Person auf Zugang zu den sie betreffenden Akten unter Wahrung des berechtigten Interesses der Vertraulichkeit sowie des Berufs- und Geschäftsgeheimnisses,
c) die Verpflichtung der Verwaltung, ihre Entscheidungen zu begründen.

(3) Jede Person hat Anspruch darauf, dass die Union den durch ihre Organe oder Bediensteten in Ausübung ihrer Amtstätigkeit verursachten Schaden nach den allgemeinen Rechtsgrundsätzen ersetzt, die den Rechtsordnungen der Mitgliedstaaten gemeinsam sind.

(4) Jede Person kann sich in einer der Sprachen der Verträge an die Organe der Union wenden und muss eine Antwort in derselben Sprache erhalten.

Art. 42 Recht auf Zugang zu Dokumenten. Die Unionsbürgerinnen und Unionsbürger sowie jede natürliche oder juristische Person mit Wohnsitz oder satzungsmäßigem Sitz in einem Mitgliedstaat haben das Recht auf Zugang zu den Dokumenten der Organe, Einrichtungen und sonstigen Stellen der Union, unabhängig von der Form der für diese Dokumente verwendeten Träger.

Art. 43 Der Europäische Bürgerbeauftragte. Die Unionsbürgerinnen und Unionsbürger sowie jede natürliche oder juristische Person mit Wohnsitz oder satzungsmäßigem Sitz in einem Mitgliedstaat haben das Recht, den Europäischen Bürgerbeauftragten im Falle von Missständen bei der Tätigkeit der Organe, Einrichtungen und sonstigen Stellen der Union, mit Ausnahme des Gerichtshofs der Europäischen Union in Ausübung seiner Rechtsprechungsbefugnisse, zu befassen.

Art. 44 Petitionsrecht. Die Unionsbürgerinnen und Unionsbürger sowie jede natürliche oder juristische Person mit Wohnsitz oder satzungsmäßigem Sitz in einem Mitgliedstaat haben das Recht, eine Petition an das Europäische Parlament zu richten.

Art. 45 Freizügigkeit und Aufenthaltsfreiheit. (1) Die Unionsbürgerinnen und Unionsbürger haben das Recht, sich im Hoheitsgebiet der Mitgliedstaaten frei zu bewegen und aufzuhalten.

(2) Staatsangehörigen von Drittländern, die sich rechtmäßig im Hoheitsgebiet eines Mitgliedstaats aufhalten, kann nach Maßgabe der Verträge Freizügigkeit und Aufenthaltsfreiheit gewährt werden.

Art. 46 Diplomatischer und konsularischer Schutz. Die Unionsbürgerinnen und Unionsbürger genießen im Hoheitsgebiet eines Drittlands, in dem der Mitgliedstaat, dessen Staatsangehörigkeit sie besitzen, nicht vertreten ist, den Schutz durch die diplomatischen und konsularischen Behörden eines jeden Mitgliedstaats unter denselben Bedingungen wie Staatsangehörige dieses Staates.

Titel VI. Justizielle Rechte

Art. 47 Recht auf einen wirksamen Rechtsbehelf und ein unparteiisches Gericht. *[1]* Jede Person, deren durch das Recht der Union garantierte Rechte oder Freiheiten verletzt worden sind, hat das Recht, nach Maßgabe der in diesem Artikel vorgesehenen Bedingungen bei einem Gericht einen wirksamen Rechtsbehelf einzulegen.

[2] ¹Jede Person hat ein Recht darauf, dass ihre Sache von einem unabhängigen, unparteiischen und zuvor durch Gesetz errichteten Gericht in einem fairen Verfahren, öffentlich und innerhalb angemessener Frist verhandelt wird. ²Jede Person kann sich beraten, verteidigen und vertreten lassen.

[3] Personen, die nicht über ausreichende Mittel verfügen, wird Prozesskostenhilfe bewilligt, soweit diese Hilfe erforderlich ist, um den Zugang zu den Gerichten wirksam zu gewährleisten.

Art. 48 Unschuldsvermutung und Verteidigungsrechte. (1) Jeder Angeklagte gilt bis zum rechtsförmlich erbrachten Beweis seiner Schuld als unschuldig.

(2) Jedem Angeklagten wird die Achtung der Verteidigungsrechte gewährleistet.

Art. 49 Grundsätze der Gesetzmäßigkeit und der Verhältnismäßigkeit im Zusammenhang mit Straftaten und Strafen. (1) ¹Niemand darf wegen einer Handlung oder Unterlassung verurteilt werden, die zur Zeit ihrer Begehung nach innerstaatlichem oder internationalem Recht nicht strafbar war. ²Es darf auch keine schwerere Strafe als die zur Zeit der Begehung angedrohte Strafe verhängt werden. ³Wird nach Begehung einer Straftat durch Gesetz eine mildere Strafe eingeführt, so ist diese zu verhängen.

(2) Dieser Artikel schließt nicht aus, dass eine Person wegen einer Handlung oder Unterlassung verurteilt oder bestraft wird, die zur Zeit ihrer Begehung nach den allgemeinen, von der Gesamtheit der Nationen anerkannten Grundsätzen strafbar war.

(3) Das Strafmaß darf zur Straftat nicht unverhältnismäßig sein.

Art. 50 Recht, wegen derselben Straftat nicht zweimal strafrechtlich verfolgt oder bestraft zu werden. Niemand darf wegen einer Straftat, derentwegen er bereits in der Union nach dem Gesetz rechtskräftig verurteilt oder freigesprochen worden ist, in einem Strafverfahren erneut verfolgt oder bestraft werden.

Titel VII. Allgemeine Bestimmungen über die Auslegung und Anwendung der Charta

Art. 51 Anwendungsbereich. (1) ¹Diese Charta gilt für die Organe, Einrichtungen und sonstigen Stellen der Union unter Wahrung des Subsidiaritätsprinzips und für die Mitgliedstaaten ausschließlich bei der Durchführung des Rechts der Union. ²Dementsprechend achten sie die Rechte, halten sie sich an die Grundsätze und fördern sie deren Anwendung entsprechend ihren jeweiligen Zuständigkeiten und unter Achtung der Grenzen der Zuständigkeiten, die der Union in den Verträgen übertragen werden.

(2) Diese Charta dehnt den Geltungsbereich des Unionsrechts nicht über die Zuständigkeiten der Union hinaus aus und begründet weder neue Zuständigkeiten noch neue Aufgaben für die Union, noch ändert sie die in den Verträgen festgelegten Zuständigkeiten und Aufgaben.

Art. 52 Tragweite und Auslegung der Rechte und Grundsätze. (1) [1]Jede Einschränkung der Ausübung der in dieser Charta anerkannten Rechte und Freiheiten muss gesetzlich vorgesehen sein und den Wesensgehalt dieser Rechte und Freiheiten achten. [2]Unter Wahrung des Grundsatzes der Verhältnismäßigkeit dürfen Einschränkungen nur vorgenommen werden, wenn sie erforderlich sind und den von der Union anerkannten dem Gemeinwohl dienenden Zielsetzungen oder den Erfordernissen des Schutzes der Rechte und Freiheiten anderer tatsächlich entsprechen.

(2) Die Ausübung der durch diese Charta anerkannten Rechte, die in den Verträgen geregelt sind, erfolgt im Rahmen der in den Verträgen festgelegten Bedingungen und Grenzen.

(3) [1]Soweit diese Charta Rechte enthält, die den durch die Europäische Konvention zum Schutz der Menschenrechte und Grundfreiheiten garantierten Rechten entsprechen, haben sie die gleiche Bedeutung und Tragweite, wie sie ihnen in der genannten Konvention verliehen wird. [2]Diese Bestimmung steht dem nicht entgegen, dass das Recht der Union einen weiter gehenden Schutz gewährt.

(4) Soweit in dieser Charta Grundrechte anerkannt werden, wie sie sich aus den gemeinsamen Verfassungsüberlieferungen der Mitgliedstaaten ergeben, werden sie im Einklang mit diesen Überlieferungen ausgelegt.

(5) [1]Die Bestimmungen dieser Charta, in denen Grundsätze festgelegt sind, können durch Akte der Gesetzgebung und der Ausführung der Organe, Einrichtungen und sonstigen Stellen der Union sowie durch Akte der Mitgliedstaaten zur Durchführung des Rechts der Union in Ausübung ihrer jeweiligen Zuständigkeiten umgesetzt werden. [2]Sie können vor Gericht nur bei der Auslegung dieser Akte und bei Entscheidungen über deren Rechtmäßigkeit herangezogen werden.

(6) Den einzelstaatlichen Rechtsvorschriften und Gepflogenheiten ist, wie es in dieser Charta bestimmt ist, in vollem Umfang Rechnung zu tragen.

(7) Die Erläuterungen, die als Anleitung für die Auslegung dieser Charta verfasst wurden, sind von den Gerichten der Union und der Mitgliedstaaten gebührend zu berücksichtigen.

Art. 53 Schutzniveau. Keine Bestimmung dieser Charta ist als eine Einschränkung oder Verletzung der Menschenrechte und Grundfreiheiten auszulegen, die in dem jeweiligen Anwendungsbereich durch das Recht der Union und das Völkerrecht sowie durch die internationalen Übereinkünfte, bei denen die Union oder alle Mitgliedstaaten Vertragsparteien sind, darunter insbesondere die Europäische Konvention zum Schutz der Menschenrechte und Grundfreiheiten, sowie durch die Verfassungen der Mitgliedstaaten anerkannt werden.

Art. 54 Verbot des Missbrauchs der Rechte. Keine Bestimmung dieser Charta ist so auszulegen, als begründe sie das Recht, eine Tätigkeit auszuüben oder eine Handlung vorzunehmen, die darauf abzielt, die in der Charta anerkannten Rechte und Freiheiten abzuschaffen oder sie stärker einzuschränken, als dies in der Charta vorgesehen ist.

Der vorstehende Wortlaut übernimmt mit Anpassungen die am 7. Dezember 2000 proklamierte Charta und ersetzt sie ab dem Zeitpunkt des Inkrafttretens[1] des Vertrags von Lissabon.

Geschehen zu Strassburg am zwölften Dezember zweitausendsieben.[2]

Erläuterungen[3] zur Charta der Grundrechte

Die nachstehenden Erläuterungen wurden ursprünglich unter der Verantwortung des Präsidiums des Konvents, der die Charta der Grundrechte der Europäischen Union ausgearbeitet hat, formuliert. Sie wurden unter der Verantwortung des Präsidiums des Europäischen Konvents aufgrund der von diesem Konvent vorgenommenen Anpassungen des Wortlauts der Charta (insbesondere der Artikel 51 und 52) und der Fortentwicklung des Unionsrechts aktualisiert. Diese Erläuterungen haben als solche keinen rechtlichen Status, stellen jedoch eine nützliche Interpretationshilfe dar, die dazu dient, die Bestimmungen der Charta zu verdeutlichen.

Titel I – Würde des Menschen

Erläuterung zu Artikel 1 – Würde des Menschen

Die Würde des Menschen ist nicht nur ein Grundrecht an sich, sondern bildet das eigentliche Fundament der Grundrechte. Die Allgemeine Erklärung der Menschenrechte von 1948 verankert die Menschenwürde in ihrer Präambel: „… da die Anerkennung der allen Mitgliedern der menschlichen Familie innewohnenden Würde und ihrer gleichen und unveräußerlichen Rechte die Grundlage der Freiheit, der Gerechtigkeit und des Friedens in der Welt bildet." In seinem Urteil vom 9. Oktober 2001 in der Rechtssache C-377/98, Niederlande gegen Europäisches Parlament und Rat, Slg. 2001, I-7079, Randnrn. 70-77 bestätigte der Gerichtshof, dass das Grundrecht auf Menschenwürde Teil des Unionsrechts ist.

Daraus ergibt sich insbesondere, dass keines der in dieser Charta festgelegten Rechte dazu verwendet werden darf, die Würde eines anderen Menschen zu verletzen, und dass die Würde des Menschen zum Wesensgehalt der in dieser Charta festgelegten Rechte gehört. Sie darf daher auch bei Einschränkungen eines Rechtes nicht angetastet werden.

Erläuterung zu Artikel 2 – Recht auf Leben

1. Absatz 1 dieses Artikels basiert auf Artikel 2 Absatz 1 Satz 1 der Europäischen Menschenrechtskonvention (EMRK), der wie folgt lautet:
   „1. Das Recht jedes Menschen auf Leben wird gesetzlich geschützt …".
2. Satz 2 der genannten Vorschrift, der die Todesstrafe zum Gegenstand hatte, ist durch das Inkrafttreten des Protokolls Nr. 6 zur EMRK hinfällig geworden, dessen Artikel 1 wie folgt lautet:

---

[1] Die Bundesrepublik Deutschland hat mWv 15.10.2008 durch G v. 8.1.2008 (BGBl. II S. 1038) dem Vertrag von Lissabon zugestimmt; Inkrafttreten am 1.12.2009, siehe die Bek. v. 13.11.2009 (BGBl. II S. 1223).

[2] Von der Wiedergabe der Unterschriften der Präsidenten des Europäischen Parlaments, des Rats der Europäischen Union und der Kommission der Europäischen Gemeinschaften wurde abgesehen.

[3] **Amtl. Anm.:** Anmerkung des Herausgebers: Die Verweise auf die Artikelnummerierung der Verträge wurden auf den neuesten Stand gebracht und einige Fehler wurden berichtigt.

EU-Grundrechte-Charta **Erl. GRCh 4**

„¹ Die Todesstrafe ist abgeschafft. ² Niemand darf zu dieser Strafe verurteilt oder hingerichtet werden."

Auf dieser Vorschrift beruht Artikel 2 Absatz 2 der Charta.

3. Die Bestimmungen des Artikels 2 der Charta entsprechen den Bestimmungen der genannten Artikel der EMRK und des Zusatzprotokolls. Sie haben nach Artikel 52 Absatz 3 der Charta die gleiche Bedeutung und Tragweite. So müssen die in der EMRK enthaltenen „Negativdefinitionen" auch als Teil der Charta betrachtet werden:

a) Artikel 2 Absatz 2 EMRK:
„Eine Tötung wird nicht als Verletzung dieses Artikels betrachtet, wenn sie durch eine Gewaltanwendung verursacht wird, die unbedingt erforderlich ist, um

a) jemanden gegen rechtswidrige Gewalt zu verteidigen;

b) jemanden rechtmäßig festzunehmen oder jemanden, dem die Freiheit rechtmäßig entzogen ist, an der Flucht zu hindern;

c) einen Aufruhr oder Aufstand rechtmäßig niederzuschlagen".

b) Artikel 2 des Protokolls Nr. 6 zur EMRK:
„Ein Staat kann in seinem Recht die Todesstrafe für Taten vorsehen, die in Kriegszeiten oder bei unmittelbarer Kriegsgefahr begangen werden; diese Strafe darf nur in den Fällen, die im Recht vorgesehen sind, und in Übereinstimmung mit dessen Bestimmungen angewendet werden ...".

Erläuterung zu Artikel 3 – Recht auf Unversehrtheit

1. In seinem Urteil vom 9. Oktober 2001 in der Rechtssache C-377/98, Niederlande gegen Europäisches Parlament und Rat, Slg. 2001, I-7079, Randnrn. 70, 78, 79 und 80, bestätigte der Gerichtshof, dass das Grundrecht auf Unversehrtheit Teil des Unionsrechts ist und im Bereich der Medizin und der Biologie die freie Einwilligung des Spenders und des Empfängers nach vorheriger Aufklärung umfasst.

2. Die Grundsätze des Artikels 3 der Charta sind bereits in dem im Rahmen des Europarates angenommenen Übereinkommen über Menschenrechte und Biomedizin (STE 164 und Zusatzprotokoll STE 168) enthalten. Die Charta will von diesen Bestimmungen nicht abweichen und verbietet daher lediglich das reproduktive Klonen. Die anderen Formen des Klonens werden von der Charta weder gestattet noch verboten. Sie hindert den Gesetzgeber also keineswegs daran, auch die anderen Formen des Klonens zu verbieten.

3. Durch den Hinweis auf eugenische Praktiken, insbesondere diejenigen, welche die Selektion von Menschen zum Ziel haben, soll die Möglichkeit erfasst werden, dass Selektionsprogramme organisiert und durchgeführt werden, die beispielsweise Sterilisierungskampagnen, erzwungene Schwangerschaften, die Pflicht, den Ehepartner in der gleichen Volksgruppe zu wählen, usw. umfassen; derartige Handlungen werden in dem am 17. Juli 1998 in Rom verabschiedeten Statut des Internationalen Strafgerichtshofs (siehe Artikel 7 Absatz 1 Buchstabe g) als internationale Verbrechen betrachtet.

Erläuterung zu Artikel 4 – Verbot der Folter und unmenschlicher oder erniedrigender Strafe oder Behandlung

Das Recht nach Artikel 4 entspricht dem Recht, das durch den gleich lautenden Artikel 3 EMRK garantiert ist: „Niemand darf der Folter oder unmenschlicher oder erniedrigender Strafe oder Behandlung unterworfen werden." Nach Artikel 52 Absatz 3 der Charta hat Artikel 4 also die gleiche Bedeutung und Tragweite wie Artikel 3 EMRK.

Erläuterung zu Artikel 5 – Verbot der Sklaverei und der Zwangsarbeit

1. Das Recht nach Artikel 5 Absätze 1 und 2 entspricht dem gleich lautenden Artikel 4 Absätze 1 und 2 EMRK. Nach Artikel 52 Absatz 3 der Charta hat dieses Recht also die gleiche Bedeutung und Tragweite wie Artikel 4 EMRK. Daraus folgt:

   – Eine legitime Einschränkung des Rechts nach Absatz 1 kann es nicht geben.

   – In Absatz 2 müssen in Bezug auf die Begriffe „Zwangs- oder Pflichtarbeit" die „negativen" Definitionen nach Artikel 4 Absatz 3 EMRK berücksichtigt werden:

   „Nicht als Zwangs- oder Pflichtarbeit im Sinne dieses Artikels gilt

   a) eine Arbeit, die üblicherweise von einer Person verlangt wird, der unter den Voraussetzungen des Artikels 5 die Freiheit entzogen oder die bedingt entlassen worden ist;

   b) eine Dienstleistung militärischer Art oder eine Dienstleistung, die an die Stelle des im Rahmen der Wehrpflicht zu leistenden Dienstes tritt, in Ländern, wo die Dienstverweigerung aus Gewissensgründen anerkannt ist;

   c) eine Dienstleistung, die verlangt wird, wenn Notstände oder Katastrophen das Leben oder das Wohl der Gemeinschaft bedrohen;

   d) eine Arbeit oder Dienstleistung, die zu den üblichen Bürgerpflichten gehört."

2. Absatz 3 ergibt sich unmittelbar aus der Menschenwürde und trägt neueren Entwicklungen auf dem Gebiet der organisierten Kriminalität wie der Schleuserkriminalität oder der organisierten sexuellen Ausbeutung Rechnung. Das Europol-Übereinkommen enthält im Anhang folgende Definition, die den Menschenhandel zum Zwecke der sexuellen Ausbeutung betrifft: „Menschenhandel: tatsächliche und rechtswidrige Unterwerfung einer Person unter den Willen anderer Personen mittels Gewalt, Drohung oder Täuschung oder unter Ausnutzung eines Abhängigkeitsverhältnisses insbesondere mit folgendem Ziel: Ausbeutung der Prostitution, Ausbeutung von Minderjährigen, sexuelle Gewalt gegenüber Minderjährigen oder Handel im Zusammenhang mit Kindesaussetzung." Kapitel VI des Schengener Durchführungsübereinkommens, das in den Besitzstand der Union integriert worden ist und an dem sich das Vereinigte Königreich und Irland beteiligen, enthält in Artikel 27 Absatz 1 folgende auf die Schleuseraktivitäten zielende Bestimmung: „Die Vertragsparteien verpflichten sich, angemessene Sanktionen gegen jede Person vorzusehen, die zu Erwerbszwecken einem Drittausländer hilft oder zu helfen versucht, in das Hoheitsgebiet einer der Vertragsparteien unter Verletzung ihrer Rechtsvorschriften in Bezug auf die Einreise und den Aufenthalt von Drittausländern einzureisen oder sich dort aufzuhalten." Am 19. Juli 2002 nahm der Rat einen Rahmenbeschluss zur Bekämpfung des Menschenhandels (ABl. L 203 vom 1.8.2002, S. 1) an; in Artikel 1 dieses Rahmenbeschlusses sind die Handlungen im Zusammenhang mit dem Menschenhandel zum Zwecke der Ausbeutung von Arbeitskräften oder der sexuellen Ausbeutung näher bestimmt, die die

Mitgliedstaaten aufgrund des genannten Rahmenbeschlusses unter Strafe stellen müssen.

Titel II – Freiheiten
Erläuterung zu Artikel 6 – Recht auf Freiheit und Sicherheit

Die Rechte nach Artikel 6 entsprechen den Rechten, die durch Artikel 5 EMRK garantiert sind, denen sie nach Artikel 52 Absatz 3 der Charta an Bedeutung und Tragweite gleichkommen. Die Einschränkungen, die legitim an diesen Rechten vorgenommen werden können, dürfen daher nicht über die Einschränkungen hinausgehen, die im Rahmen des wie folgt lautenden Artikels 5 EMRK zulässig sind:

„1. Jeder Mensch hat das Recht auf Freiheit und Sicherheit. Die Freiheit darf nur in den folgenden Fällen und nur auf die gesetzlich vorgeschriebene Weise entzogen werden:
   a) rechtmäßige Freiheitsentziehung nach Verurteilung durch ein zuständiges Gericht;
   b) rechtmäßige Festnahme oder Freiheitsentziehung wegen Nichtbefolgung einer rechtmäßigen gerichtlichen Anordnung oder zur Erzwingung der Erfüllung einer gesetzlichen Verpflichtung;
   c) rechtmäßige Festnahme oder Freiheitsentziehung zur Vorführung vor die zuständige Gerichtsbehörde, wenn hinreichender Verdacht besteht, dass die betreffende Person eine Straftat begangen hat, oder wenn begründeter Anlass zu der Annahme besteht, dass es notwendig ist, sie an der Begehung einer Straftat oder an der Flucht nach Begehung einer solchen zu hindern;
   d) rechtmäßige Freiheitsentziehung bei Minderjährigen zum Zweck überwachter Erziehung oder zur Vorführung vor die zuständige Behörde;
   e) rechtmäßige Freiheitsentziehung mit dem Ziel, eine Verbreitung ansteckender Krankheiten zu verhindern, sowie bei psychisch Kranken, Alkohol- oder Rauschgiftsüchtigen und Landstreichern;
   f) rechtmäßige Festnahme oder Freiheitsentziehung zur Verhinderung der unerlaubten Einreise sowie bei Personen, gegen die ein Ausweisungs- oder Auslieferungsverfahren im Gange ist.
2. Jeder festgenommenen Person muss unverzüglich in einer ihr verständlichen Sprache mitgeteilt werden, welches die Gründe für ihre Festnahme sind und welche Beschuldigungen gegen sie erhoben werden.
3. Jede Person, die nach Absatz 1 Buchstabe c von Festnahme oder Freiheitsentziehung betroffen ist, muss unverzüglich einem Richter oder einer anderen gesetzlich zur Wahrnehmung richterlicher Aufgaben ermächtigten Person vorgeführt werden; sie hat Anspruch auf ein Urteil innerhalb angemessener Frist oder auf Entlassung während des Verfahrens. Die Entlassung kann von der Leistung einer Sicherheit für das Erscheinen vor Gericht abhängig gemacht werden.
4. Jede Person, die festgenommen oder der die Freiheit entzogen ist, hat das Recht, zu beantragen, dass ein Gericht innerhalb kurzer Frist über die Rechtmäßigkeit der Freiheitsentziehung entscheidet und ihre Entlassung anordnet, wenn die Freiheitsentziehung nicht rechtmäßig ist.
5. Jede Person, die unter Verletzung dieses Artikels von Festnahme oder Freiheitsentziehung betroffen ist, hat Anspruch auf Schadensersatz."

Die Rechte nach Artikel 6 müssen insbesondere dann geachtet werden, wenn das Europäische Parlament und der Rat Gesetzgebungsakte im Bereich der justiziellen Zusammenarbeit in Strafsachen auf der Grundlage der Artikel 82, 83 und 85 des Vertrags über die Arbeitsweise der Europäischen Union, insbesondere zur Festlegung gemeinsamer Mindestvorschriften über die Tatbestandsmerkmale strafbarer Handlungen und die Strafen sowie über bestimmte Aspekte des Verfahrensrechts erlassen.

Erläuterung zu Artikel 7 – Achtung des Privat- und Familienlebens

Die Rechte nach Artikel 7 entsprechen den Rechten, die durch Artikel 8 EMRK garantiert sind. Um der technischen Entwicklung Rechnung zu tragen, wurde der Begriff „Korrespondenz" durch „Kommunikation" ersetzt.

Nach Artikel 52 Absatz 3 haben diese Rechte die gleiche Bedeutung und Tragweite wie die Rechte aus dem entsprechenden Artikel der EMRK. Ihre möglichen legitimen Einschränkungen sind daher diejenigen, die der genannte Artikel 8 gestattet:

„1. Jede Person hat das Recht auf Achtung ihres Privat- und Familienlebens, ihrer Wohnung und ihrer Korrespondenz.

2. Eine Behörde darf in die Ausübung dieses Rechts nur eingreifen, soweit der Eingriff gesetzlich vorgesehen und in einer demokratischen Gesellschaft notwendig ist für die nationale oder öffentliche Sicherheit, für das wirtschaftliche Wohl des Landes, zur Aufrechterhaltung der Ordnung, zur Verhütung von Straftaten, zum Schutz der Gesundheit oder der Moral oder zum Schutz der Rechte und Freiheiten anderer."

Erläuterung zu Artikel 8 – Schutz personenbezogener Daten

Dieser Artikel stützte sich auf Artikel 286 des Vertrags zur Gründung der Europäischen Gemeinschaft und auf die Richtlinie 95/46/EG des Europäischen Parlaments und des Rates zum Schutz natürlicher Personen bei der Verarbeitung personenbezogener Daten und zum freien Datenverkehr (ABl. L 281 vom 23.11. 1995, S. 31) sowie auf Artikel 8 EMRK und das Übereinkommen des Europarates vom 28. Januar 1981 zum Schutz des Menschen bei der automatischen Verarbeitung personenbezogener Daten[1], das von allen Mitgliedstaaten ratifiziert wurde. Artikel 286 EGV wird nunmehr durch Artikel 16 des Vertrags über die Arbeitsweise der Europäischen Union und Artikel 39 des Vertrags über die Europäische Union ersetzt. Es wird ferner auf die Verordnung (EG) Nr. 45/2001 des Europäischen Parlaments und des Rates zum Schutz natürlicher Personen bei der Verarbeitung personenbezogener Daten durch die Organe und Einrichtungen der Gemeinschaft und zum freien Datenverkehr (ABl. L 8 vom 12.1.2001 S. 1) verwiesen. Die genannte Richtlinie und Verordnung enthalten Bedingungen und Beschränkungen für die Wahrnehmung des Rechts auf den Schutz personenbezogener Daten.

Erläuterung zu Artikel 9 – Recht, eine Ehe einzugehen und eine Familie zu gründen

Dieser Artikel stützt sich auf Artikel 12 EMRK, der wie folgt lautet: „Männer und Frauen im heiratsfähigen Alter haben das Recht, nach den innerstaatlichen Gesetzen, welche die Ausübung dieses Rechts regeln, eine Ehe einzugehen und

---

[1] Nr. 5.

eine Familie zu gründen." Die Formulierung dieses Rechts wurde zeitgemäßer gestaltet, um Fälle zu erfassen, in denen nach den einzelstaatlichen Rechtsvorschriften andere Formen als die Heirat zur Gründung einer Familie anerkannt werden. Durch diesen Artikel wird es weder untersagt noch vorgeschrieben, Verbindungen von Menschen gleichen Geschlechts den Status der Ehe zu verleihen. Dieses Recht ist also dem von der EMRK vorgesehenen Recht ähnlich, es kann jedoch eine größere Tragweite haben, wenn die einzelstaatlichen Rechtsvorschriften dies vorsehen.

Erläuterung zu Artikel 10 – Gedanken-, Gewissens- und Religionsfreiheit

Das in Absatz 1 garantierte Recht entspricht dem Recht, das durch Artikel 9 EMRK garantiert ist, und hat nach Artikel 52 Absatz 3 der Charta die gleiche Bedeutung und die gleiche Tragweite wie dieses. Bei Einschränkungen muss daher Artikel 9 Absatz 2 EMRK gewahrt werden, der wie folgt lautet: „Die Freiheit, seine Religion oder Weltanschauung zu bekennen, darf nur Einschränkungen unterworfen werden, die gesetzlich vorgesehen und in einer demokratischen Gesellschaft notwendig sind für die öffentliche Sicherheit, zum Schutz der öffentlichen Ordnung, Gesundheit oder Moral oder zum Schutz der Rechte und Freiheiten anderer."

Das in Absatz 2 garantierte Recht entspricht den einzelstaatlichen Verfassungstraditionen und der Entwicklung der einzelstaatlichen Gesetzgebungen in diesem Punkt.

Erläuterung zu Artikel 11 – Freiheit der Meinungsäußerung und Informationsfreiheit

1. Artikel 11 entspricht Artikel 10 EMRK, der wie folgt lautet:

   „1. Jede Person hat das Recht auf freie Meinungsäußerung. Dieses Recht schließt die Meinungsfreiheit und die Freiheit ein, Informationen und Ideen ohne behördliche Eingriffe und ohne Rücksicht auf Staatsgrenzen zu empfangen und weiterzugeben. Dieser Artikel hindert die Staaten nicht, für Hörfunk-, Fernseh- oder Kinounternehmen eine Genehmigung vorzuschreiben.

   2. Die Ausübung dieser Freiheiten ist mit Pflichten und Verantwortung verbunden; sie kann daher Formvorschriften, Bedingungen, Einschränkungen oder Strafdrohungen unterworfen werden, die gesetzlich vorgesehen und in einer demokratischen Gesellschaft notwendig sind für die nationale Sicherheit, die territoriale Unversehrtheit oder die öffentliche Sicherheit, zur Aufrechterhaltung der Ordnung oder zur Verhütung von Straftaten, zum Schutz der Gesundheit oder der Moral, zum Schutz des guten Rufes oder der Rechte anderer, zur Verhinderung der Verbreitung vertraulicher Informationen oder zur Wahrung der Autorität und der Unparteilichkeit der Rechtsprechung."

Nach Artikel 52 Absatz 3 der Charta hat dieses Recht die gleiche Bedeutung und Tragweite wie das durch die EMRK garantierte Recht. Die möglichen Einschränkungen dieses Rechts dürfen also nicht über die in Artikel 10 Absatz 2 vorgesehenen Einschränkungen hinausgehen, allerdings unbeschadet der Beschränkungen, die die Möglichkeit der Mitgliedstaaten, Genehmigungsregelungen nach Artikel 10 Absatz 1 Satz 3 der EMRK einzuführen, durch das Wettbewerbsrecht der Union erfahren kann.

2. Absatz 2 dieses Artikels erläutert die Auswirkungen von Absatz 1 hinsichtlich der Freiheit der Medien. Er stützt sich insbesondere auf die Rechtsprechung des Gerichtshofs bezüglich des Fernsehens, insbesondere in der Rechtssache C-288/89 (Urteil vom 25. Juli 1991, Stichting Collectieve Antennevoorziening Gouda u.a.; Slg. 1991, I-4007), und auf das Protokoll über den öffentlich-rechtlichen Rundfunk in den Mitgliedstaaten, das dem EGV und nunmehr den Verträgen beigefügt ist, sowie auf die Richtlinie 89/552/EWG des Rates (siehe insbesondere Erwägungsgrund 17).

Erläuterung zu Artikel 12 – Versammlungs- und Vereinigungsfreiheit

1. Absatz 1 dieses Artikels entspricht Artikel 11 EMRK, der wie folgt lautet:
   „1. Jede Person hat das Recht, sich frei und friedlich mit anderen zu versammeln und sich frei mit anderen zusammenzuschließen; dazu gehört auch das Recht, zum Schutz seiner Interessen Gewerkschaften zu gründen und Gewerkschaften beizutreten.
   2. Die Ausübung dieser Rechte darf nur Einschränkungen unterworfen werden, die gesetzlich vorgesehen und in einer demokratischen Gesellschaft notwendig sind für die nationale oder öffentliche Sicherheit, zur Aufrechterhaltung der Ordnung oder zur Verhütung von Straftaten, zum Schutz der Gesundheit oder der Moral oder zum Schutz der Rechte und Freiheiten anderer. Dieser Artikel steht rechtmäßigen Einschränkungen der Ausübung dieser Rechte für Angehörige der Streitkräfte, der Polizei oder der Staatsverwaltung nicht entgegen.„
   Die Bestimmungen des Absatzes 1 dieses Artikels 12 haben die gleiche Bedeutung wie die Bestimmungen der EMRK; sie haben jedoch eine größere Tragweite, weil sie auf alle Ebenen, auch auf die europäische Ebene, Anwendung finden können. Nach Artikel 52 Absatz 3 der Charta dürfen die Einschränkungen dieses Rechts nicht über die Einschränkungen hinausgehen, die als mögliche rechtmäßige Einschränkungen im Sinne von Artikel 11 Absatz 2 EMRK gelten.
2. Dieses Recht stützt sich auch auf Artikel 11 der Gemeinschaftscharta der sozialen Grundrechte der Arbeitnehmer.
3. Absatz 2 dieses Artikels entspricht Artikel 10 Absatz 4 des Vertrags über die Europäische Union.

Erläuterung zu Artikel 13 – Freiheit der Kunst und der Wissenschaft

Dieses Recht leitet sich in erster Linie aus der Gedankenfreiheit und der Freiheit der Meinungsäußerung ab. Seine Ausübung erfolgt unter Wahrung von Artikel 1, und es kann den durch Artikel 10 EMRK gestatteten Einschränkungen unterworfen werden.

Erläuterung zu Artikel 14 – Recht auf Bildung

1. Dieser Artikel lehnt sich sowohl an die gemeinsamen verfassungsrechtlichen Traditionen der Mitgliedstaaten als auch an Artikel 2 des Zusatzprotokolls zur EMRK an, der folgenden Wortlaut hat:
   „Niemandem darf das Recht auf Bildung verwehrt werden. Der Staat hat bei Ausübung der von ihm auf dem Gebiete der Erziehung und des Unterrichts übernommenen Aufgaben das Recht der Eltern zu achten, die Erziehung und den Unterricht entsprechend ihren eigenen religiösen und weltanschaulichen Überzeugungen sicherzustellen."

Es wurde für zweckmäßig erachtet, diesen Artikel auf den Zugang zur beruflichen Aus- und Weiterbildung auszudehnen (siehe Nummer 15 der Gemeinschaftscharta der sozialen Grundrechte der Arbeitnehmer sowie Artikel 10 der Europäischen Sozialcharta) und den Grundsatz der Unentgeltlichkeit des Pflichtschulunterrichts einzufügen. In seiner hier vorliegenden Fassung besagt dieser Grundsatz lediglich, dass in Bezug auf den Pflichtschulunterricht jedes Kind die Möglichkeit haben muss, eine schulische Einrichtung zu besuchen, die unentgeltlichen Unterricht erteilt. Er besagt nicht, dass alle – und insbesondere auch die privaten – schulischen Einrichtungen, die den betreffenden Unterricht oder berufliche Ausbildung und Weiterbildung anbieten, dies unentgeltlich tun müssen. Ebenso wenig verbietet er, dass bestimmte besondere Unterrichtsformen entgeltlich sein können, sofern der Staat Maßnahmen zur Gewährung eines finanziellen Ausgleichs trifft. Soweit die Charta für die Union gilt, bedeutet das, dass die Union im Rahmen ihrer bildungspolitischen Maßnahmen die Unentgeltlichkeit des Pflichtunterrichts achten muss, doch es erwachsen ihr daraus selbstverständlich keine neuen Zuständigkeiten. Was das Recht der Eltern anbelangt, so ist dieses in Verbindung mit Artikel 24 auszulegen.

2. Die Freiheit zur Gründung von öffentlichen oder privaten Lehranstalten wird als einer der Aspekte der unternehmerischen Freiheit garantiert, ihre Ausübung ist jedoch durch die Achtung der demokratischen Grundsätze eingeschränkt und erfolgt entsprechend den in den einzelstaatlichen Rechtsvorschriften festgelegten Einzelheiten.

Erläuterung zu Artikel 15 – Berufsfreiheit und Recht zu arbeiten

Die in Artikel 15 Absatz 1 festgeschriebene Berufsfreiheit ist in der Rechtsprechung des Gerichtshofs anerkannt (siehe u.a. die Urteile vom 14. Mai 1974, Rechtssache 4/73, Nold, Slg. 1974, 491, Randnrn. 12-14; vom 13. Dezember 1979, Rechtssache 44/79, Hauer, Slg. 1979, 3727; vom 8. Oktober 1986, Rechtssache 234/85, Keller, Slg. 1986, 2897, Randnr. 8).

Dieser Absatz lehnt sich ferner an Artikel 1 Absatz 2 der am 18. Oktober 1961 unterzeichneten und von allen Mitgliedstaaten ratifizierten Europäischen Sozialcharta und an Nummer 4 der Gemeinschaftscharta der sozialen Grundrechte der Arbeitnehmer vom 9. Dezember 1989 an. Der Ausdruck „Arbeitsbedingungen" ist im Sinne des Artikels 156 des Vertrags über die Arbeitsweise der Europäischen Union zu verstehen.

In Absatz 2 wurden die drei Freiheiten aufgenommen, die durch die Artikel 26 und 45, 49 und 56 des Vertrags über die Arbeitsweise der Europäischen Union garantiert sind, d.h. die Freizügigkeit der Arbeitnehmer, die Niederlassungsfreiheit und der freie Dienstleistungsverkehr.

Absatz 3 stützt sich auf Artikel 153 Absatz 1 Buchstabe g des Vertrags über die Arbeitsweise der Europäischen Union sowie auf Artikel 19 Absatz 4 der am 18. Oktober 1961 unterzeichneten und von allen Mitgliedstaaten ratifizierten Europäischen Sozialcharta. Somit findet Artikel 52 Absatz 2 der Charta Anwendung. Die Frage der Anheuerung von Seeleuten, die Staatsangehörige von Drittstaaten sind, in der Besatzung von Schiffen unter der Flagge eines Mitgliedstaats der Union wird durch das Unionsrecht und die einzelstaatlichen Rechtsvorschriften und Gepflogenheiten geregelt.

Erläuterung zu Artikel 16 – Unternehmerische Freiheit

Dieser Artikel stützt sich auf die Rechtsprechung des Gerichtshofs, der die Freiheit, eine Wirtschafts- oder Geschäftstätigkeit auszuüben, (siehe die Urteile vom 14. Mai 1974, Rechtssache 4/73, Nold, Slg. 1974, 491, Randnr. 14; und vom 27. September 1979, Rechtssache 230/78, SpA Eridania und andere, Slg. 1979, 2749, Randnrn. 20 und 31) und die Vertragsfreiheit (siehe u.a. die Urteile „Sukkerfabriken Nykoebing", Rechtssache 151/78, Slg. 1979, 1, Randnr. 19; und vom 5. Oktober 1999, Rechtssache C-240/97, Spanien gegen Kommission, Slg. 1999, I-6571, Randnr. 99) anerkannt hat, sowie auf Artikel 119 Absätze 1 und 3 des Vertrags über die Arbeitsweise der Europäischen Union, in dem der freie Wettbewerb anerkannt wird. Dieses Recht wird natürlich unter Einhaltung des Unionsrechts und der einzelstaatlichen Rechtsvorschriften ausgeübt. Es kann nach Artikel 52 Absatz 1 der Charta beschränkt werden.

Erläuterung zu Artikel 17 – Eigentumsrecht

Dieser Artikel entspricht Artikel 1 des Zusatzprotokolls zur EMRK:

„*[1] Jede natürliche oder juristische Person hat das Recht auf Achtung ihres Eigentums. Niemandem darf sein Eigentum entzogen werden, es sei denn, dass das öffentliche Interesse es verlangt, und nur unter den durch Gesetz und durch die allgemeinen Grundsätze des Völkerrechts vorgesehenen Bedingungen.*

[2] Absatz 1 beeinträchtigt jedoch nicht das Recht des Staates, diejenigen Gesetze anzuwenden, die er für die Regelung der Benutzung des Eigentums im Einklang mit dem allgemeinen Interesse oder zur Sicherung der Zahlung der Steuern oder sonstigen Abgaben oder von Geldstrafen für erforderlich hält."

Es handelt sich um ein gemeinsames Grundrecht aller einzelstaatlichen Verfassungen. Es wurde mehrfach durch die Rechtsprechung des Gerichtshofs – zum ersten Mal in dem Urteil Hauer (13. Dezember 1979, Slg. 1979, 3727) – bekräftigt. Die Formulierung wurde zeitgemäßer gestaltet, doch hat dieses Recht nach Artikel 52 Absatz 3 die gleiche Bedeutung und die gleiche Tragweite wie das in der EMRK garantierte Recht, wobei nicht über die in der EMRK vorgesehenen Einschränkungen hinausgegangen werden darf.

Der Schutz des geistigen Eigentums ist zwar ein Aspekt des Eigentumsrechts, er wird jedoch aufgrund seiner zunehmenden Bedeutung und aufgrund des abgeleiteten Gemeinschaftsrechts in Absatz 2 ausdrücklich aufgeführt. Das geistige Eigentum umfasst neben dem literarischen und dem künstlerischen Eigentum unter anderem das Patent- und Markenrecht sowie die verwandten Schutzrechte. Die in Absatz 1 vorgesehenen Garantien gelten sinngemäß für das geistige Eigentum.

Erläuterung zu Artikel 18 – Asylrecht

Der Wortlaut des Artikels stützte sich auf Artikel 63 EGV, der nunmehr durch Artikel 78 des Vertrags über die Arbeitsweise der Europäischen Union ersetzt wurde und der die Union zur Einhaltung der Genfer Flüchtlingskonvention verpflichtet. Es sei auf die den Verträgen beigefügten Protokolle über das Vereinigte Königreich und Irland sowie Dänemark verwiesen, um zu bestimmen, inwieweit diese Mitgliedstaaten das diesbezügliche Unionsrecht anwenden und inwieweit dieser Artikel auf sie Anwendung findet. Dieser Artikel berücksichtigt das den Verträgen beigefügte Protokoll über die Gewährung von Asyl.

Erläuterung zu Artikel 19 – Schutz bei Abschiebung, Ausweisung und Auslieferung

Absatz 1 dieses Artikels hat hinsichtlich der Kollektivausweisungen die gleiche Bedeutung und Tragweite wie Artikel 4 des Zusatzprotokolls Nr. 4 zur EMRK. Hiermit soll gewährleistet werden, dass jeder Beschluss gesondert geprüft wird und dass nicht beschlossen werden kann, alle Menschen, die die Staatsangehörigkeit eines bestimmten Staates besitzen, mit einer einzigen Maßnahme auszuweisen (siehe auch Artikel 13 des Internationalen Pakts über bürgerliche und politische Rechte).

Mit Absatz 2 wird die einschlägige Rechtsprechung des Europäischen Gerichtshofs für Menschenrechte zu Artikel 3 EMRK (siehe Ahmed gegen Österreich, Urteil vom 17. Dezember 1996, Slg. EGMR 1996, VI-2206 und Soering, Urteil vom 7. Juli 1989) übernommen.

Titel III – Gleichheit

Erläuterung zu Artikel 20 – Gleichheit vor dem Gesetz

Dieser Artikel entspricht dem allgemeinen Rechtsprinzip, das in allen europäischen Verfassungen verankert ist und das der Gerichtshof als ein Grundprinzip des Gemeinschaftsrechts angesehen hat (Urteil vom 13. November 1984, Rechtssache 283/83, Racke, Slg. 1984, 3791, Urteil vom 17. April 1997, Rechtssache C-15/95, EARL, Slg. 1997, I-1961 und Urteil vom 13. April 2000, Rechtssache C-292/97, Karlsson, Slg. 2000, 2737).

Erläuterung zu Artikel 21 – Nichtdiskriminierung

Absatz 1 lehnt sich an Artikel 13 EGV, der nun durch Artikel 19 des Vertrags über die Arbeitsweise der Europäischen Union ersetzt wurde, und Artikel 14 EMRK sowie an Artikel 11 des Übereinkommens über Menschenrechte und Biomedizin in Bezug auf das genetische Erbe an. Soweit er mit Artikel 14 EMRK zusammenfällt, findet er nach diesem Artikel Anwendung.

Absatz 1 und Artikel 19 des Vertrags über die Arbeitsweise der Europäischen Union, der einen anderen Anwendungsbereich hat und einen anderen Zweck verfolgt, stehen nicht in Widerspruch zueinander und sind nicht unvereinbar miteinander: In Artikel 19 wird der Union die Zuständigkeit übertragen, Gesetzgebungsakte - unter anderem auch betreffend die Harmonisierung der Rechtsvorschriften der Mitgliedstaaten - zur Bekämpfung bestimmter Formen der Diskriminierung, die in diesem Artikel erschöpfend aufgezählt sind, zu erlassen. Diese Rechtsvorschriften können Maßnahmen der Behörden der Mitgliedstaaten (sowie die Beziehungen zwischen Privatpersonen) in jedem Bereich innerhalb der Grenzen der Zuständigkeiten der Union umfassen. In Absatz 1 des Artikels 21 hingegen wird weder eine Zuständigkeit zum Erlass von Antidiskriminierungsgesetzen in diesen Bereichen des Handelns von Mitgliedstaaten oder Privatpersonen geschaffen noch ein umfassendes Diskriminierungsverbot in diesen Bereichen festgelegt. Vielmehr behandelt er die Diskriminierung seitens der Organe und Einrichtungen der Union im Rahmen der Ausübung der ihr nach den Verträgen zugewiesenen Zuständigkeiten und seitens der Mitgliedstaaten im Rahmen der Umsetzung des Unionsrechts. Mit Absatz 1 wird daher weder der Umfang der nach Artikel 19 zugewiesenen Zuständigkeiten noch die Auslegung dieses Artikels geändert.

Absatz 2 entspricht Artikel 18 Absatz 1 des Vertrags über die Arbeitsweise der Europäischen Union und findet entsprechend Anwendung.

Erläuterung zu Artikel 22 – Vielfalt der Kulturen, Religionen und Sprachen

Dieser Artikel stützte sich auf Artikel 6 des Vertrags über die Europäische Union und auf Artikel 151 Absätze 1 und 4 EGV in Bezug auf die Kultur, der nunmehr durch Artikel 167 Absätze 1 und 4 des Vertrags über die Arbeitsweise der Europäischen Union ersetzt wurde. Die Achtung der kulturellen und sprachlichen Vielfalt ist nunmehr auch in Artikel 3 Absatz 3 des Vertrags über die Europäische Union verankert. Der vorliegende Artikel lehnt sich ebenfalls an die Erklärung Nr. 11 zur Schlussakte des Vertrags von Amsterdam betreffend den Status der Kirchen und weltanschauliche Gemeinschaften an, deren Inhalt nunmehr in Artikel 17 des Vertrags über die Arbeitsweise der Europäischen Union aufgenommen wurde.

Erläuterung zu Artikel 23 – Gleichheit von Frauen und Männern

Absatz 1 dieses Artikels stützte sich auf Artikel 2 und Artikel 3 Absatz 2 EGV, die nunmehr durch Artikel 3 des Vertrags über die Europäische Union und Artikel 8 des Vertrags über die Arbeitsweise der Europäischen Union ersetzt wurden und die die Union auf das Ziel der Förderung der Gleichstellung von Männern und Frauen verpflichten, sowie auf Artikel 157 Absatz 1 des Vertrags über die Arbeitsweise der Europäischen Union. Er lehnt sich an Artikel 20 der revidierten Europäischen Sozialcharta vom 3. Mai 1996 und an Nummer 16 der Gemeinschaftscharta der Arbeitnehmerrechte an.

Er stützt sich auch auf Artikel 157 Absatz 3 des Vertrags über die Arbeitsweise der Europäischen Union und auf Artikel 2 Absatz 4 der Richtlinie 76/207/EWG des Rates zur Verwirklichung des Grundsatzes der Gleichbehandlung von Männern und Frauen hinsichtlich des Zugangs zur Beschäftigung, zur Berufsbildung und zum beruflichen Aufstieg sowie in Bezug auf die Arbeitsbedingungen.

Absatz 2 übernimmt in einer kürzeren Formulierung Artikel 157 Absatz 4 des Vertrags über die Arbeitsweise der Europäischen Union, wonach der Grundsatz der Gleichbehandlung der Beibehaltung oder der Einführung spezifischer Vergünstigungen zur Erleichterung der Berufstätigkeit des unterrepräsentierten Geschlechts oder zur Verhinderung oder zum Ausgleich von Benachteiligungen in der beruflichen Laufbahn nicht entgegensteht. Nach Artikel 52 Absatz 2 ändert dieser Absatz nicht Artikel 157 Absatz 4.

Erläuterung zu Artikel 24 – Rechte des Kindes

Dieser Artikel stützt sich auf das am 20. November 1989 unterzeichnete und von allen Mitgliedstaaten ratifizierte Übereinkommen von New York über die Rechte des Kindes, insbesondere auf die Artikel 3, 9, 12 und 13 dieses Übereinkommens.

Mit Absatz 3 wird der Umstand berücksichtigt, dass als Teil der Errichtung des Raums der Freiheit, der Sicherheit und des Rechts die Gesetzgebung der Union in Bereichen des Zivilrechts mit grenzüberschreitenden Bezügen – für die in Artikel 81 des Vertrags über die Arbeitsweise der Europäischen Union die entsprechende Zuständigkeit vorgesehen ist – insbesondere auch das Umgangsrecht umfassen kann, mit dem sichergestellt wird, dass Kinder regelmäßige persönliche Beziehungen und direkte Kontakte zu beiden Elternteilen unterhalten können.

Erläuterung zu Artikel 25 – Rechte älterer Menschen

Dieser Artikel lehnt sich an Artikel 23 der revidierten Europäischen Sozialcharta und an die Artikel 24 und 25 der Gemeinschaftscharta der sozialen Grundrechte der Arbeitnehmer an. Die Teilnahme am sozialen und kulturellen Leben umfasst natürlich auch die Teilnahme am politischen Leben.

Erläuterung zu Artikel 26 – Integration von Menschen mit Behinderung

Der in diesem Artikel aufgeführte Grundsatz stützt sich auf Artikel 15 der Europäischen Sozialcharta und lehnt sich ferner an Nummer 26 der Gemeinschaftscharta der sozialen Grundrechte der Arbeitnehmer an.

Titel IV – Solidarität

Erläuterung zu Artikel 27 – Recht auf Unterrichtung und Anhörung der Arbeitnehmerinnen und Arbeitnehmer im Unternehmen

Dieser Artikel ist in der revidierten Europäischen Sozialcharta (Artikel 21) und in der Gemeinschaftscharta der sozialen Grundrechte der Arbeitnehmer (Nummern 17 und 18) enthalten. Er gilt unter den im Unionsrecht und in den Rechtsvorschriften der Mitgliedstaaten vorgesehenen Bedingungen. Die Bezugnahme auf die geeigneten Ebenen verweist auf die nach dem Unionsrecht und den einzelstaatlichen Rechtsvorschriften vorgesehenen Ebenen, was die europäische Ebene einschließen kann, wenn die Rechtsvorschriften der Union dies vorsehen. Die Union verfügt diesbezüglich über einen beachtlichen Besitzstand: die Artikel 154 und 155 des Vertrags über die Arbeitsweise der Europäischen Union, die Richtlinien 2002/14/EG (allgemeiner Rahmen für die Unterrichtung und Anhörung der Arbeitnehmer in der Europäischen Gemeinschaft), 98/59/EG (Massenentlassungen), 2001/23/EG (Übergang von Unternehmen) und 94/45/EG (Europäischer Betriebsrat).

Erläuterung zu Artikel 28 – Recht auf Kollektivverhandlungen und Kollektivmaßnahmen

Dieser Artikel stützt sich auf Artikel 6 der Europäischen Sozialcharta sowie auf die Gemeinschaftscharta der sozialen Grundrechte der Arbeitnehmer (Nummern 12 bis 14). Das Recht auf kollektive Maßnahmen wurde vom Europäischen Gerichtshof für Menschenrechte als einer der Bestandteile des gewerkschaftlichen Vereinigungsrechts anerkannt, das durch Artikel 11 EMRK festgeschrieben ist. Was die geeigneten Ebenen betrifft, auf denen die Tarifverhandlungen stattfinden können, so wird auf die Erläuterung zum vorhergehenden Artikel verwiesen. Die Modalitäten und Grenzen für die Durchführung von Kollektivmaßnahmen, darunter auch Streiks, werden durch die einzelstaatlichen Rechtsvorschriften und Gepflogenheiten geregelt; dies gilt auch für die Frage, ob diese Maßnahmen in mehreren Mitgliedstaaten parallel durchgeführt werden können.

Erläuterung zu Artikel 29 – Recht auf Zugang zu einem Arbeitsvermittlungsdienst

Dieser Artikel stützt sich auf Artikel 1 Absatz 3 der Europäischen Sozialcharta sowie auf Nummer 13 der Gemeinschaftscharta der sozialen Grundrechte der Arbeitnehmer.

Erläuterung zu Artikel 30 – Schutz bei ungerechtfertigter Entlassung

Dieser Artikel lehnt sich an Artikel 24 der revidierten Sozialcharta an. Siehe auch die Richtlinien 2001/23/EG über die Wahrung von Ansprüchen der Arbeitnehmer beim Übergang von Unternehmen und 80/987/EWG über den Schutz der Arbeitnehmer bei Zahlungsunfähigkeit des Arbeitgebers, geändert durch die Richtlinie 2002/74/EG.

Erläuterung zu Artikel 31 – Gerechte und angemessene Arbeitsbedingungen

1. Absatz 1 dieses Artikels stützt sich auf die Richtlinie 89/391/EWG über die Durchführung von Maßnahmen zur Verbesserung der Sicherheit und des Gesundheitsschutzes der Arbeitnehmer am Arbeitsplatz. Er lehnt sich ferner an Artikel 3 der Sozialcharta und Nummer 19 der Gemeinschaftscharta der Arbeitnehmerrechte sowie hinsichtlich des Rechts auf Würde am Arbeitsplatz an Artikel 26 der revidierten Sozialcharta an. Der Ausdruck „Arbeitsbedingungen" ist im Sinne des Artikels 156 des Vertrags über die Arbeitsweise der Europäischen Union zu verstehen.
2. Absatz 2 stützt sich auf die Richtlinie 93/104/EG über bestimmte Aspekte der Arbeitszeitgestaltung sowie auf Artikel 2 der Europäischen Sozialcharta und auf Nummer 8 der Gemeinschaftscharta der Arbeitnehmerrechte.

Erläuterung zu Artikel 32 – Verbot der Kinderarbeit und Schutz der Jugendlichen am Arbeitsplatz

Dieser Artikel stützt sich auf die Richtlinie 94/33/EG über den Jugendarbeitsschutz sowie auf Artikel 7 der Europäischen Sozialcharta und auf die Nummern 20 bis 23 der Gemeinschaftscharta der sozialen Grundrechte der Arbeitnehmer.

Erläuterung zu Artikel 33 – Familien- und Berufsleben

Artikel 33 Absatz 1 stützt sich auf Artikel 16 der Europäischen Sozialcharta.

Absatz 2 lehnt sich an die Richtlinie 92/85/EWG über die Durchführung von Maßnahmen zur Verbesserung der Sicherheit und des Gesundheitsschutzes von schwangeren Arbeitnehmerinnen, Wöchnerinnen und stillenden Arbeitnehmerinnen am Arbeitsplatz und an die Richtlinie 96/34/EG zu der von UNICE, CEEP und EGB geschlossenen Rahmenvereinbarung über Elternurlaub an. Er stützt sich ferner auf Artikel 8 (Mutterschutz) der Europäischen Sozialcharta und lehnt sich an Artikel 27 (Recht der Arbeitnehmer mit Familienpflichten auf Chancengleichheit und Gleichbehandlung) der revidierten Sozialcharta an. Der Begriff „Mutterschaft" deckt den Zeitraum von der Zeugung bis zum Stillen des Kindes ab.

Erläuterung zu Artikel 34 – Soziale Sicherheit und soziale Unterstützung

Der in Artikel 34 Absatz 1 aufgeführte Grundsatz stützt sich auf die Artikel 153 und 156 des Vertrags über die Arbeitsweise der Europäischen Union sowie auf Artikel 12 der Europäischen Sozialcharta und auf Nummer 10 der Gemeinschaftscharta der Arbeitnehmerrechte. Er ist von der Union zu wahren, wenn sie im Rahmen ihrer Zuständigkeiten nach den Artikeln 153 und 156 des Vertrags über die Arbeitsweise der Europäischen Union tätig wird. Durch den Hinweis auf die sozialen Dienste sollen die Fälle erfasst werden, in denen derartige Dienste eingerichtet wurden, um bestimmte Leistungen sicherzustellen; dies bedeutet aber keineswegs, dass solche Dienste eingerichtet werden müssen, wo sie nicht bestehen. Der Begriff „Mutterschaft" ist im Sinne des vorangehenden Artikels zu verstehen.

Absatz 2 stützt sich auf Artikel 12 Absatz 4 und Artikel 13 Absatz 4 der Europäischen Sozialcharta sowie auf Nummer 2 der Gemeinschaftscharta der sozialen Grundrechte der Arbeitnehmer und spiegelt die Regeln wider, die sich aus den Verordnungen (EWG) Nr. 1408/71 und (EWG) Nr. 1612/68 ergeben.

Absatz 3 lehnt sich an Artikel 13 der Europäischen Sozialcharta und die Artikel 30 und 31 der revidierten Sozialcharta sowie an Nummer 10 der Gemeinschaftscharta an. Er ist von der Union im Rahmen der Politiken zu wahren, die auf Artikel 153 des Vertrags über die Arbeitsweise der Europäischen Union beruhen.

Erläuterung zu Artikel 35 – Gesundheitsschutz

Die in diesem Artikel enthaltenen Grundsätze stützen sich auf Artikel 152 EGV, der nunmehr durch Artikel 168 des Vertrags über die Arbeitsweise der Europäischen Union ersetzt wurde, sowie auf die Artikel 11 und 13 der Europäischen Sozialcharta. Satz 2 entspricht Artikel 168 Absatz 1.

Erläuterung zu Artikel 36 – Zugang zu Dienstleistungen von allgemeinem wirtschaftlichen Interesse

Dieser Artikel steht vollauf im Einklang mit Artikel 14 des Vertrags über die Arbeitsweise der Europäischen Union und begründet kein neues Recht. Er stellt lediglich den Grundsatz auf, dass die Union den Zugang zu den Dienstleistungen von allgemeinem wirtschaftlichen Interesse nach den einzelstaatlichen Bestimmungen achtet, sofern diese mit dem Unionsrecht vereinbar sind.

Erläuterung zu Artikel 37 – Umweltschutz

Die in diesem Artikel enthaltenen Grundsätze stützten sich auf die Artikel 2, 6 und 174 EGV, die nunmehr durch Artikel 3 Absatz 3 des Vertrags über die Europäische Union sowie die Artikel 11 und 191 des Vertrags über die Arbeitsweise der Europäischen Union ersetzt wurden.

Er lehnt sich auch an die Verfassungsbestimmungen einiger Mitgliedstaaten an.

Erläuterung zu Artikel 38 – Verbraucherschutz

Der in diesem Artikel enthaltene Grundsatz stützt sich auf Artikel 169 des Vertrags über die Arbeitsweise der Europäischen Union.

Titel V – Bürgerrechte

Erläuterung zu Artikel 39 – Aktives und passives Wahlrecht bei den Wahlen zum Europäischen Parlament

Artikel 39 findet nach Artikel 52 Absatz 2 der Charta im Rahmen der in den Verträgen festgelegten Bedingungen Anwendung. Absatz 1 des Artikels 39 entspricht dem Recht, das durch Artikel 20 Absatz 2 des Vertrags über die Arbeitsweise der Europäischen Union garantiert ist (siehe auch die Rechtsgrundlage in Artikel 22 des Vertrags über die Arbeitsweise der Europäischen Union für die Festlegung der Einzelheiten für die Ausübung dieses Rechts), und Absatz 2 dieses Artikels entspricht Artikel 14 Absatz 3 des Vertrags über die Europäische Union. Artikel 39 Absatz 2 gibt die Grundprinzipien für die Durchführung von Wahlen in einem demokratischen System wieder.

Erläuterung zu Artikel 40 – Aktives und passives Wahlrecht bei den Kommunalwahlen

Dieser Artikel entspricht dem Recht, das durch Artikel 20 Absatz 2 des Vertrags über die Arbeitsweise der Europäischen Union garantiert ist (siehe auch die Rechtsgrundlage in Artikel 22 des Vertrags über die Arbeitsweise der Europäischen Union für die Festlegung der Einzelheiten für die Ausübung dieses Rechts). Nach Artikel 52 Absatz 2 findet es im Rahmen der in diesen beiden Artikeln der Verträge festgelegten Bedingungen Anwendung.

Erläuterung zu Artikel 41 – Recht auf eine gute Verwaltung

Artikel 41 ist auf das Bestehen der Union als eine Rechtsgemeinschaft gestützt, deren charakteristische Merkmale sich durch die Rechtsprechung entwickelt haben, die unter anderem eine gute Verwaltung als allgemeinen Rechtsgrundsatz festgeschrieben hat (siehe u.a. das Urteil des Gerichtshofs vom 31. März 1992 (Rechtssache C-255/90 P, Burban, Slg. 1992, I-2253) sowie die Urteile des Gerichts erster Instanz vom 18. September 1995 (Rechtssache T-167/94, Nölle, Slg. 1995, II-2589) und vom 9. Juli 1999 (Rechtssache T-231/97, New Europe Consulting und andere, Slg. 1999, II-2403). Dieses Recht in der in den ersten beiden Absätzen dargestellten Form ergibt sich aus der Rechtsprechung (Urteile des Gerichtshofs vom 15. Oktober 1987 (Rechtssache 222/86, Heylens, Slg. 1987, 4097, Randnr. 15), vom 18. Oktober 1989 (Rechtssache 374/87, Orkem, Slg. 1989, 3283) und vom 21. November 1991 (Rechtssache C-269/90, TU München, Slg. 1991, I-5469) sowie die Urteile des Gerichts erster Instanz vom 6. Dezember 1994 (Rechtssache T-450/93, Lisrestal, Slg. 1994, II-1177) und vom 18. September 1995 (Rechtssache T-167/94, Nölle, Slg. 1995, II-2589)) und - bezüglich der Pflicht zur Begründung - aus Artikel 296 des Vertrags über die Arbeitsweise der Europäischen Union, siehe ferner die Rechtsgrundlage in Artikel 298 des Vertrags über die Arbeitsweise der Europäischen Union für die Annahme gesetzlicher Bestimmungen im Interesse einer offenen, effizienten und unabhängigen europäischen Verwaltung.

In Absatz 3 ist das nunmehr durch Artikel 349 des Vertrags über die Arbeitsweise der Europäischen Union garantierte Recht aufgeführt. In Absatz 4 ist das nunmehr durch Artikel 20 Absatz 2 Buchstabe d und Artikel 25 des Vertrags über die Arbeitsweise der Europäischen Union garantierte Recht aufgeführt. Nach Artikel 52 Absatz 2 finden diese Rechte im Rahmen der in den Verträgen festgelegten Bedingungen und Grenzen Anwendung.

Das Recht auf einen wirksamen Rechtsbehelf, das hierbei eine wichtige Rolle spielt, wird durch Artikel 47 der Charta gewährleistet.

Erläuterung zu Artikel 42 – Recht auf Zugang zu Dokumenten

Das in diesem Artikel garantierte Recht wurde aus Artikel 255 EGV, auf dessen Grundlage in der Folge die Verordnung (EG) Nr. 1049/2001 angenommen wurde, übernommen. Der Europäische Konvent hat dieses Recht auf Dokumente der Organe, Einrichtungen, Ämter und Agenturen der Union im Allgemeinen ausgeweitet, ungeachtet ihrer Form (siehe Artikel 15 Absatz 3 des Vertrags über die Arbeitsweise der Europäischen Union). Nach Artikel 52 Absatz 2 der Charta wird das Recht auf Zugang zu Dokumenten im Rahmen der in Artikel 15 Absatz 3 des Vertrags über die Arbeitsweise der Europäischen Union festgelegten Bedingungen und Grenzen ausgeübt.

Erläuterung zu Artikel 43 – Der Europäische Bürgerbeauftragte

Das in diesem Artikel garantierte Recht ist das Recht, das durch die Artikel 20 und 228 des Vertrags über die Arbeitsweise der Europäischen Union garantiert ist. Nach Artikel 52 Absatz 2 findet es im Rahmen der in diesen beiden Artikeln festgelegten Bedingungen Anwendung.

Erläuterung zu Artikel 44 – Petitionsrecht

Das in diesem Artikel garantierte Recht ist das Recht, das durch die Artikel 20 und 227 des Vertrags über die Arbeitsweise der Europäischen Union garantiert ist.

Nach Artikel 52 Absatz 2 findet es im Rahmen der in diesen beiden Artikeln festgelegten Bedingungen Anwendung.

Erläuterung zu Artikel 45 – Freizügigkeit und Aufenthaltsfreiheit

Das in Absatz 1 garantierte Recht ist das Recht, das durch Artikel 20 Absatz 2 Buchstabe a des Vertrags über die Arbeitsweise der Europäischen Union garantiert ist (vgl. auch die Rechtsgrundlage in Artikel 21 und das Urteil des Gerichtshofs vom 17. September 2002, Rechtssache C-413/99, Baumbast, Slg. 2002, I-709). Nach Artikel 52 Absatz 2 findet es im Rahmen der in den Verträgen festgelegten Bedingungen und Grenzen Anwendung.

Absatz 2 erinnert an die der Union durch die Artikel 77, 78 und 79 des Vertrags über die Arbeitsweise der Europäischen Union erteilte Zuständigkeit. Daraus folgt, dass die Gewährung dieses Rechts von der Ausübung dieser Zuständigkeit durch die Organe abhängt.

Erläuterung zu Artikel 46 – Diplomatischer und konsularischer Schutz

Das in diesem Artikel garantierte Recht ist das Recht, das durch Artikel 20 des Vertrags über die Arbeitsweise der Europäischen Union garantiert ist (siehe auch die Rechtsgrundlage in Artikel 23 des Vertrags). Nach Artikel 52 Absatz 2 findet es im Rahmen der in diesen Artikeln festgelegten Bedingungen Anwendung.

Titel VI – Justizielle Rechte

Erläuterung zu Artikel 47 – Recht auf einen wirksamen Rechtsbehelf und ein unparteiisches Gericht

Absatz 1 stützt sich auf Artikel 13 EMRK:

„Jede Person, die in ihren in dieser Konvention anerkannten Rechten oder Freiheiten verletzt worden ist, hat das Recht, bei einer innerstaatlichen Instanz eine wirksame Beschwerde zu erheben, auch wenn die Verletzung von Personen begangen worden ist, die in amtlicher Eigenschaft gehandelt haben."

Im Unionsrecht wird jedoch ein umfassenderer Schutz gewährt, da ein Recht auf einen wirksamen Rechtsbehelf bei einem Gericht garantiert wird. Der Gerichtshof hat dieses Recht in seinem Urteil vom 15. Mai 1986 als allgemeinen Grundsatz des Unionsrechts festgeschrieben (Rechtssache 222/84, Johnston, Slg. 1986, 1651); siehe auch die Urteile vom 15. Oktober 1987 (Rechtssache 222/86, Heylens, Slg. 1987, 4097) und vom 3. Dezember 1992 (Rechtssache C-97/91, Borelli, Slg. 1992, I-6313). Nach Auffassung des Gerichtshofs gilt dieser allgemeine Grundsatz des Unionsrechts auch für die Mitgliedstaaten, wenn sie das Unionsrecht anwenden. Die Übernahme dieser Rechtsprechung des Gerichtshofs in die Charta zielte nicht darauf ab, das in den Verträgen vorgesehene Rechtsschutzsystem und insbesondere nicht die Bestimmungen über die Zulässigkeit direkter Klagen beim Gerichtshof der Europäischen Union zu ändern. Der Europäische Konvent hat sich mit dem System des gerichtlichen Rechtsschutzes der Union, einschließlich der Zulässigkeitsvorschriften, befasst und hat es mit einigen Änderungen, die in die Artikel 251 bis 281 des Vertrags über die Arbeitsweise der Europäischen Union und insbesondere in Artikel 263 Absatz 4 eingeflossen sind, bestätigt. Artikel 47 gilt gegenüber den Organen der Union und den Mitgliedstaaten, wenn diese das Unionsrecht anwenden, und zwar für sämtliche durch das Unionsrecht garantierte Rechte.

Absatz 2 entspricht Artikel 6 Absatz 1 EMRK, der wie folgt lautet:

„Jede Person hat ein Recht darauf, dass über Streitigkeiten in Bezug auf ihre zivilrechtlichen Ansprüche und Verpflichtungen oder über eine gegen sie erhobene strafrechtliche Anklage von einem unabhängigen und unparteiischen, auf Gesetz beruhenden Gericht in einem fairen Verfahren, öffentlich und innerhalb angemessener Frist verhandelt wird. Das Urteil muss öffentlich verkündet werden; Presse und Öffentlichkeit können jedoch während des ganzen oder eines Teiles des Verfahrens ausgeschlossen werden, wenn dies im Interesse der Moral, der öffentlichen Ordnung oder der nationalen Sicherheit in einer demokratischen Gesellschaft liegt, wenn die Interessen von Jugendlichen oder der Schutz des Privatlebens der Prozessparteien es verlangen oder – soweit das Gericht es für unbedingt erforderlich hält – wenn unter besonderen Umständen eine öffentliche Verhandlung der Interessen der Rechtspflege beeinträchtigen würde."

Im Unionsrecht gilt das Recht auf ein Gerichtsverfahren nicht nur für Streitigkeiten im Zusammenhang mit zivilrechtlichen Ansprüchen und Verpflichtungen. Dies ist eine der Folgen der Tatsache, dass die Union eine Rechtsgemeinschaft ist, wie der Gerichtshof in der Rechtssache 294/83, „Les Verts" gegen Europäisches Parlament (Urteil vom 23. April 1986, Slg. 1986, 1339) festgestellt hat. Mit Ausnahme ihres Anwendungsbereichs gelten die Garantien der EMRK jedoch in der Union entsprechend.

In Bezug auf Absatz 3 sei darauf hingewiesen, dass nach der Rechtsprechung des Europäischen Gerichtshofs für Menschenrechte eine Prozesskostenhilfe zu gewähren ist, wenn mangels einer solchen Hilfe die Einlegung eines wirksamen Rechtsbehelfs nicht gewährleistet wäre (EGMR, Urteil vom 9.10.1979, Airey, Serie A, Band 32, S. 11). Es gibt auch ein Prozesskostenhilfesystem für die beim Gerichtshof der Europäischen Union anhängigen Rechtssachen.

Erläuterung zu Artikel 48 – Unschuldsvermutung und Verteidigungsrechte

Artikel 48 entspricht Artikel 6 Absätze 2 und 3 EMRK, der wie folgt lautet:

„2. Jede Person, die einer Straftat angeklagt ist, gilt bis zum gesetzlichen Beweis ihrer Schuld als unschuldig.

3. Jede angeklagte Person hat mindestens folgende Rechte:

   a) innerhalb möglichst kurzer Frist in einer ihr verständlichen Sprache in allen Einzelheiten über Art und Grund der gegen sie erhobenen Beschuldigung unterrichtet zu werden;

   b) ausreichende Zeit und Gelegenheit zur Vorbereitung ihrer Verteidigung zu haben;

   c) sich selbst zu verteidigen, sich durch einen Verteidiger ihrer Wahl verteidigen zu lassen oder, falls ihr die Mittel zur Bezahlung fehlen, unentgeltlich den Beistand eines Verteidigers zu erhalten, wenn dies im Interesse der Rechtspflege erforderlich ist;

   d) Fragen an Belastungszeugen zu stellen oder stellen zu lassen und die Ladung und Vernehmung von Entlastungszeugen unter denselben Bedingungen zu erwirken, wie sie für Belastungszeugen gelten;

   e) unentgeltliche Unterstützung durch einen Dolmetscher zu erhalten, wenn sie die Verhandlungssprache des Gerichts nicht versteht oder spricht."

Nach Artikel 52 Absatz 3 hat dieses Recht dieselbe Bedeutung und dieselbe Tragweite wie das durch die EMRK garantierte Recht.

EU-Grundrechte-Charta **Erl. GRCh 4**

Erläuterung zu Artikel 49 – Grundsätze der Gesetzmäßigkeit und der Verhältnismäßigkeit im Zusammenhang mit Straftaten und Strafen

In diesen Artikel ist die klassische Regel des Verbots der Rückwirkung von Gesetzen und Strafen in Strafsachen aufgenommen worden. Hinzugefügt wurde die in zahlreichen Mitgliedstaaten geltende und in Artikel 15 des Internationalen Paktes über bürgerliche und politische Rechte enthaltene Regel der Rückwirkung von milderen Strafrechtsvorschriften.

Artikel 7 EMRK lautet wie folgt:

„1. Niemand darf wegen einer Handlung oder Unterlassung verurteilt werden, die zur Zeit ihrer Begehung nach innerstaatlichem oder internationalem Recht nicht strafbar war. Es darf auch keine schwerere Strafe als die zur Zeit der Begehung angedrohte Strafe verhängt werden.

2. Dieser Artikel schließt nicht aus, dass jemand wegen einer Handlung oder Unterlassung verurteilt oder bestraft wird, die zur Zeit ihrer Begehung nach den von den zivilisierten Völkern anerkannten allgemeinen Rechtsgrundsätzen strafbar war."

Es wurde lediglich in Absatz 2 das Wort „zivilisierten" gestrichen; der Sinn dieses Absatzes, der insbesondere auf die Verbrechen gegen die Menschlichkeit zielt, wird dadurch in keiner Weise verändert. Entsprechend Artikel 52 Absatz 3 hat daher das garantierte Recht dieselbe Bedeutung und dieselbe Tragweite wie das von der EMRK garantierte Recht.

In Absatz 3 wurde der allgemeine Grundsatz der Verhältnismäßigkeit von Straftat und Strafmaß aufgenommen, der durch die gemeinsamen verfassungsrechtlichen Traditionen der Mitgliedstaaten und die Rechtsprechung des Gerichtshofs der Gemeinschaften festgeschrieben worden ist.

Erläuterung zu Artikel 50 – Recht, wegen derselben Straftat nicht zweimal strafrechtlich verfolgt oder bestraft zu werden

Artikel 4 des Protokolls Nr. 7 zur EMRK lautet wie folgt:

„1. Niemand darf wegen einer Straftat, wegen der er bereits nach dem Gesetz und dem Strafverfahrensrecht eines Staates rechtskräftig verurteilt oder freigesprochen worden ist, in einem Strafverfahren desselben Staates erneut verfolgt oder bestraft werden.

2. Absatz 1 schließt die Wiederaufnahme des Verfahrens nach dem Gesetz und dem Strafverfahrensrecht des betreffenden Staates nicht aus, falls neue oder neu bekannt gewordene Tatsachen vorliegen oder das vorausgegangene Verfahren schwere, den Ausgang des Verfahrens berührende Mängel aufweist.

3. Von diesem Artikel darf nicht nach Artikel 15 der Konvention abgewichen werden."

Die Regel „ne bis in idem" wird im Unionsrecht angewandt (siehe in der umfangreichen Rechtsprechung Urteil vom 5. Mai 1966, Rechtssachen 18/65 und 35/65, Gutmann gegen Kommission, Slg. 1966, 150, und in jüngerer Zeit Urteil des Gerichts erster Instanz vom 20. April 1999, verbundene Rechtssachen T-305/94 und andere, Limburgse Vinyl Maatschappij NV gegen Kommission, Slg. 1999, II-931). Es ist darauf hinzuweisen, dass die Regel des Verbots der Doppelbestrafung sich auf gleichartige Sanktionen, in diesem Fall durch ein Strafgericht verhängte Strafen, bezieht.

Nach Artikel 50 findet die Regel „ne bis in idem" nicht nur innerhalb der Gerichtsbarkeit eines Staates, sondern auch zwischen den Gerichtsbarkeiten mehrerer Mitgliedstaaten Anwendung. Dies entspricht dem Rechtsbesitzstand der Union; siehe die Artikel 54 bis 58 des Schengener Durchführungsübereinkommens und Urteil des Gerichtshofes vom 11. Februar 2003, Rechtssache C-187/01 Gözütok (Slg. 2003, I-1345), Artikel 7 des Übereinkommens über den Schutz der finanziellen Interessen der Europäischen Gemeinschaften sowie Artikel 10 des Übereinkommens über die Bekämpfung der Bestechung. Die klar eingegrenzten Ausnahmen, in denen die Mitgliedstaaten nach diesen Übereinkommen von der Regel „ne bis in idem" abweichen können, sind von der horizontalen Klausel des Artikels 52 Absatz 1 über die Einschränkungen abgedeckt. Was die in Artikel 4 des Protokolls Nr. 7 bezeichneten Fälle betrifft, nämlich die Anwendung des Grundsatzes in ein und demselben Mitgliedstaat, so hat das garantierte Recht dieselbe Bedeutung und dieselbe Tragweite wie das entsprechende Recht der EMRK.

Titel VII – Allgemeine Bestimmungen über die Auslegung und Anwendung der Charta
Erläuterung zu Artikel 51 – Anwendungsbereich

Mit Artikel 51 soll der Anwendungsbereich der Charta festgelegt werden. Es soll klar zum Ausdruck gebracht werden, dass die Charta zuerst auf die Organe und Einrichtungen der Union Anwendung findet, und zwar unter Beachtung des Grundsatzes der Subsidiarität. Bei dieser Bestimmung hielt man sich an Artikel 6 Absatz 2 des Vertrags über die Europäische Union, wonach die Union die Grundrechte zu achten hat, wie auch an das Mandat des Europäischen Rates (Köln). Der Begriff „Organe" ist in den Verträgen festgelegt. Der Ausdruck „Einrichtungen und sonstigen Stellen" wird in den Verträgen üblicherweise als Bezeichnung für alle durch die Verträge oder durch sekundäre Rechtsakte geschaffenen Einrichtungen verwendet (siehe beispielsweise Artikel 15 oder 16 des Vertrags über die Arbeitsweise der Europäischen Union).

Was die Mitgliedstaaten betrifft, so ist der Rechtsprechung des Gerichtshofs eindeutig zu entnehmen, dass die Verpflichtung zur Einhaltung der im Rahmen der Union definierten Grundrechte für die Mitgliedstaaten nur dann gilt, wenn sie im Anwendungsbereich des Unionsrechts handeln (Urteil vom 13. Juli 1989, Rechtssache 5/88, Wachauf, Slg. 1989, 2609, Urteil vom 18. Juni 1991, Rechtssache C-260/89, ERT, Slg. 1991, I-2925, Urteil vom 18. Dezember 1997, Rechtssache C-309/96, Annibaldi, Slg. 1997, I-7493). Der Gerichtshof hat diese Rechtsprechung kürzlich wie folgt bestätigt: „Die Mitgliedstaaten müssen bei der Durchführung der gemeinschaftsrechtlichen Regelungen aber auch die Erfordernisse des Grundrechtsschutzes in der Gemeinschaftsrechtsordnung beachten." (Urteil vom 13. April 2000, Rechtssache C-292/97, Slg. 2000, I-2737, Randnr. 37). Diese in der Charta verankerte Regel gilt natürlich sowohl für die zentralen Behörden als auch für die regionalen oder lokalen Stellen sowie für die öffentlichen Einrichtungen, wenn sie das Unionsrecht anwenden.

Absatz 2, zusammen mit Absatz 1 Satz 2, bestätigt, dass die Charta nicht eine Erweiterung der Zuständigkeiten und Aufgaben bewirken darf, die der Union durch die Verträge zugewiesen sind. Es geht darum, explizit darzulegen, was sich logischerweise aus dem Subsidiaritätsprinzip und dem Umstand ergibt, dass die Union nur über die ihr eigens zugewiesenen Befugnisse verfügt. Die Grundrechte, wie sie in der Union garantiert werden, werden nur im Rahmen dieser von den Verträgen bestimmten Zuständigkeiten wirksam. Folglich kann sich für die Organe der Union nur nach Maßgabe dieser Befugnisse eine Verpflichtung nach Absatz 1 Satz 2 zur Förderung der in der Charta festgelegten Grundsätze ergeben.

Absatz 2 bestätigt auch, dass die Charta sich nicht dahin gehend auswirken darf, dass der Geltungsbereich des Unionsrechts über die in den Verträgen festgelegten Zuständigkeiten der Union hinaus ausgedehnt wird. Der Gerichtshof hat diese Regel bereits in Bezug auf die als Teil des Unionsrechts anerkannten Grundrechte aufgestellt (Urteil vom 17. Februar 1998, Rechtssache C-249/96, Grant, Slg. 1998, I-621, Randnr. 45). Im Einklang mit dieser Regel versteht es sich von selbst, dass der Verweis auf die Charta in Artikel 6 des Vertrags über die Europäische Union nicht dahin gehend verstanden werden kann, dass sie für sich genommen den als „Durchführung des Rechts der Union" betrachteten Aktionsrahmen der Mitgliedstaaten (im Sinne von Absatz 1 und der vorstehend genannten Rechtsprechung) ausdehnt.

Erläuterung zu Artikel 52 – Tragweite und Auslegung der Rechte und Grundsätze

Mit Artikel 52 sollen die Tragweite der Rechte und Grundsätze der Charta und Regeln für ihre Auslegung festgelegt werden. Absatz 1 enthält die allgemeine Einschränkungsregelung. Die verwendete Formulierung lehnt sich an die Rechtsprechung des Gerichtshofes an, die wie folgt lautet: „Nach gefestigter Rechtsprechung kann jedoch die Ausübung dieser Rechte, insbesondere im Rahmen einer gemeinsamen Marktorganisation, Beschränkungen unterworfen werden, sofern diese tatsächlich dem Gemeinwohl dienenden Zielen der Gemeinschaft entsprechen und nicht einen im Hinblick auf den verfolgten Zweck unverhältnismäßigen, nicht tragbaren Eingriff darstellen, der diese Rechte in ihrem Wesensgehalt antastet" (Urteil vom 13. April 2000, Rechtssache C-292/97, Randnr. 45). Die Bezugnahme auf das von der Union anerkannte Gemeinwohl erstreckt sich nicht nur auf die in Artikel 3 des Vertrags über die Europäische Union aufgeführten Ziele, sondern auch auf andere Interessen, die durch besondere Bestimmungen der Verträge wie Artikel 4 Absatz 1 des Vertrags über die Europäische Union, Artikel 35 Absatz 3 des Vertrags über die Arbeitsweise der Europäischen Union und die Artikel 36 und 346 dieses Vertrags geschützt werden.

Absatz 2 bezieht sich auf Rechte, die bereits ausdrücklich im Vertrag zur Gründung der Europäischen Gemeinschaft garantiert waren und in der Charta anerkannt wurden und die nun in den Verträgen zu finden sind (insbesondere die Rechte aus der Unionsbürgerschaft). Er verdeutlicht, dass diese Rechte weiterhin den Bedingungen und Grenzen unterliegen, die für das Unionsrecht, auf dem sie beruhen, gelten und die in den Verträgen festgelegt sind. Mit der Charta wird die Regelung hinsichtlich der durch den EG-Vertrag gewährten und in die Verträge übernommenen Rechte nicht geändert.

Mit Absatz 3 soll die notwendige Kohärenz zwischen der Charta und der EMRK geschaffen werden, indem die Regel aufgestellt wird, dass in dieser Charta enthaltene Rechte, die den durch die EMRK garantierten Rechten entsprechen, die gleiche Bedeutung und Tragweite, einschließlich der zugelassenen Einschränkungen, besitzen, wie sie ihnen in der EMRK verliehen werden. Daraus ergibt sich insbesondere, dass der Gesetzgeber bei der Festlegung von Einschränkungen dieser Rechte die gleichen Normen einhalten muss, die in der ausführlichen Regelung der Einschränkungen in der EMRK vorgesehen sind, die damit auch für die von diesem Absatz erfassten Rechte gelten, ohne dass dadurch die Eigenständigkeit des Unionsrechts und des Gerichtshofs der Europäischen Union berührt wird.

Die Bezugnahme auf die EMRK erstreckt sich sowohl auf die Konvention als auch auf ihre Protokolle. Die Bedeutung und Tragweite der garantierten Rechte werden nicht nur durch den Wortlaut dieser Vertragswerke, sondern auch durch die Rechtsprechung des Europäischen Gerichtshofs für Menschenrechte und durch den Gerichtshof der Europäischen Union bestimmt. Mit dem letzten Satz des Absatzes soll der Union die Möglichkeit gegeben werden, für einen weiter gehenden Schutz zu sorgen. Auf jeden Fall darf der durch die Charta gewährleistete Schutz niemals geringer als der durch die EMRK gewährte Schutz sein.

Die Charta berührt nicht die den Mitgliedstaaten offen stehende Möglichkeit, von Artikel 15 EMRK Gebrauch zu machen, der im Falle eines Krieges oder eines anderen öffentlichen Notstands, der das Leben der Nation bedroht, eine Abweichung von den in der EMRK vorgesehenen Rechten erlaubt, wenn sie nach ihren in Artikel 4 Absatz 1 des Vertrags über die Europäische Union und in den Artikeln 72 und 347 des Vertrags über die Arbeitsweise der Europäischen Union anerkannten Verantwortlichkeiten Maßnahmen im Bereich der nationalen Verteidigung im Kriegsfalle oder im Bereich der Aufrechterhaltung der öffentlichen Ordnung treffen.

Die Rechte, bei denen derzeit – ohne die Weiterentwicklung des Rechts, der Gesetzgebung und der Verträge auszuschließen – davon ausgegangen werden kann, dass sie Rechten aus der EMRK im Sinne dieses Absatzes entsprechen, sind nachstehend aufgeführt. Nicht aufgeführt sind die Rechte, die zu den Rechten aus der EMRK hinzukommen.

1. Artikel der Charta, die dieselbe Bedeutung und Tragweite wie die entsprechenden Artikel der Europäischen Menschenrechtskonvention haben:

   – Artikel 2 entspricht Artikel 2 EMRK;

   – Artikel 4 entspricht Artikel 3 EMRK;

   – Artikel 5 Absätze 1 und 2 entsprechen Artikel 4 EMRK;

   – Artikel 6 entspricht Artikel 5 EMRK;

   – Artikel 7 entspricht Artikel 8 EMRK;

   – Artikel 10 Absatz 1 entspricht Artikel 9 EMRK;

   – Artikel 11 entspricht Artikel 10 EMRK unbeschadet der Einschränkungen, mit denen das Unionsrecht das Recht der Mitgliedstaaten auf Einführung der in Artikel 10 Absatz 1 dritter Satz EMRK genannten Genehmigungsverfahren eingrenzen kann;

   – Artikel 17 entspricht Artikel 1 des Zusatzprotokolls zur EMRK;

   – Artikel 19 Absatz 1 entspricht Artikel 4 des Protokolls Nr. 4 zur EMRK;

   – Artikel 19 Absatz 2 entspricht Artikel 3 EMRK in der Auslegung durch den Europäischen Gerichtshof für Menschenrechte;

   – Artikel 48 entspricht Artikel 6 Absätze 2 und 3 EMRK;

   – Artikel 49 Absatz 1 (mit Ausnahme des letzten Satzes) und Absatz 2 entsprechen Artikel 7 EMRK.

2. Artikel, die dieselbe Bedeutung haben wie die entsprechenden Artikel der EMRK, deren Tragweite aber umfassender ist:

- Artikel 9 deckt Artikel 12 EMRK ab, aber sein Anwendungsbereich kann auf andere Formen der Eheschließung ausgedehnt werden, wenn die einzelstaatlichen Rechtsvorschriften diese vorsehen;
- Artikel 12 Absatz 1 entspricht Artikel 11 EMRK, aber sein Anwendungsbereich ist auf die Ebene der Union ausgedehnt worden;
- Artikel 14 Absatz 1 entspricht Artikel 2 des Zusatzprotokolls zur EMRK, aber sein Anwendungsbereich ist auf den Zugang zur beruflichen Ausbildung und Weiterbildung ausgedehnt worden;
- Artikel 14 Absatz 3 entspricht Artikel 2 des Zusatzprotokolls zur EMRK, was die Rechte der Eltern betrifft;
- Artikel 47 Absätze 2 und 3 entsprechen Artikel 6 Absatz 1 EMRK, aber die Beschränkung auf Streitigkeiten in Bezug auf zivilrechtliche Ansprüche und Verpflichtungen oder strafrechtliche Anklagen kommt nicht zum Tragen, wenn es um das Recht der Union und dessen Anwendung geht;
- Artikel 50 entspricht Artikel 4 des Protokolls Nr. 7 zur EMRK, aber seine Tragweite ist auf die Ebene der Europäischen Union ausgedehnt worden und er gilt zwischen den Gerichten der Mitgliedstaaten;
- schließlich können die Unionsbürgerinnen und -bürger im Anwendungsbereich des Unionsrechts wegen des Verbots jeglicher Diskriminierung aufgrund der Nationalität nicht als Ausländer angesehen werden. Die in Artikel 16 EMRK vorgesehenen Beschränkungen der Rechte ausländischer Personen finden daher in diesem Rahmen auf die Unionsbürgerinnen und -bürger keine Anwendung.

Die Auslegungsregel in Absatz 4 beruht auf dem Wortlaut des Artikels 6 Absatz 3 des Vertrags über die Europäische Union und trägt dem Ansatz des Gerichtshofs hinsichtlich der gemeinsamen Verfassungsüberlieferungen gebührend Rechnung (z.B. Urteil vom 13. Dezember 1979, Rechtssache 44/79, Hauer, Slg. 1979, 3727; Urteil vom 18. Mai 1982, Rechtssache 155/79, AM&S, Slg. 1982, 1575). Anstatt einem restriktiven Ansatz eines „kleinsten gemeinsamen Nenners" zu folgen, sind die Charta-Rechte dieser Regel zufolge so auszulegen, dass sie ein hohes Schutzniveau bieten, das dem Unionsrecht angemessen ist und mit den gemeinsamen Verfassungsüberlieferungen im Einklang steht.

In Absatz 5 wird die Unterscheidung zwischen „Rechten" und „Grundsätzen" in der Charta näher bestimmt. Dieser Unterscheidung zufolge sind subjektive Rechte zu beachten, während Grundsätze einzuhalten sind (Artikel 51 Absatz 1). Grundsätze können durch Rechtsakte oder Durchführungsvorschriften umgesetzt werden (die von der Union im Einklang mit ihren Zuständigkeiten erlassen werden, von den Mitgliedstaaten aber nur dann, wenn sie Unionsrecht umsetzen) umgesetzt werden; sie erhalten demzufolge nur dann Bedeutung für die Gerichte, wenn solche Rechtsakte ausgelegt oder überprüft werden. Sie begründen jedoch keine direkten Ansprüche auf den Erlass positiver Maßnahmen durch die Organe der Union oder die Behörden den Mitgliedstaaten; dies steht sowohl mit der Rechtsprechung des Gerichtshofs (vgl. insbesondere die Rechtsprechung über das „Vorsorgeprinzip" in Artikel 191 Absatz 2 des Vertrags über die Arbeitsweise der Europäischen Union: Urteil des Gerichts erster Instanz vom 11. September 2002, Rechtssache T-13/99, Pfizer gegen Rat, mit zahlreichen Nachweisen aus der älteren Rechtsprechung, sowie eine Reihe von Urteilen zu Artikel 33 (ex-39) über die Grundsätze des Agrarrechts, z.B. Urteil des Gerichtshof in der Rechtssache 265/85, Van den Bergh, Slg. 1987, 1155, Prüfung des Grundsatzes der

Marktstabilisierung und des Vertrauensschutzes) als auch mit dem Ansatz der Verfassungsordnungen der Mitgliedstaaten zu „Grundsätzen", insbesondere im Bereich des Sozialrechts, in Einklang. Zu den in der Charta anerkannten Grundsätzen gehören beispielsweise die Artikel 25, 26 und 37. In einigen Fällen kann ein Charta-Artikel sowohl Elemente eines Rechts als auch eines Grundsatzes enthalten, beispielsweise Artikel 23, 33 und 34.

Absatz 6 bezieht sich auf die verschiedenen Artikel in der Charta, in denen im Sinne der Subsidiarität auf die einzelstaatlichen Rechtsvorschriften und Gepflogenheiten verwiesen wird.

Erläuterung zu Artikel 53 – Schutzniveau

Der Zweck dieser Bestimmung ist die Aufrechterhaltung des durch das Recht der Union, das Recht der Mitgliedstaaten und das Völkerrecht in seinem jeweiligen Anwendungsbereich gegenwärtig gewährleisteten Schutzniveaus. Aufgrund ihrer Bedeutung findet die EMRK Erwähnung.

Erläuterung zu Artikel 54 – Verbot des Missbrauchs der Rechte

Dieser Artikel entspricht Artikel 17 EMRK:

„Diese Konvention ist nicht so auszulegen, als begründe sie für einen Staat, eine Gruppe oder eine Person das Recht, eine Tätigkeit auszuüben oder eine Handlung vorzunehmen, die darauf abzielt, die in der Konvention festgelegten Rechte und Freiheiten abzuschaffen oder sie stärker einzuschränken, als es in der Konvention vorgesehen ist."

5. Übereinkommen zum Schutz des Menschen bei der automatischen Verarbeitung personenbezogener Daten

Vom 28. Januar 1981[1]

(BGBl. 1985 II S. 538)

zuletzt geänd. durch Protokoll zur Änd. des Übereinkommens zum Schutz des Menschen bei der automatischen Verarbeitung personenbezogener Daten v. 10.10.2018[2] (BGBl. 2020 II S. 874, 875)

Nichtamtliche Inhaltsübersicht
Kapitel I. Allgemeine Bestimmungen

Art. 1 Gegenstand und Zweck
Art. 2 Begriffsbestimmungen
Art. 3 Geltungsbereich

Kapitel II. Grundsätze für den Datenschutz

Art. 4 Pflichten der Vertragsparteien
Art. 5 Qualität der Daten
Art. 6 Besondere Arten von Daten
Art. 7 Datensicherung
Art. 8 Zusätzlicher Schutz für den Betroffenen
Art. 9 Ausnahmen und Einschränkungen
Art. 11 Ausnahmen und Einschränkungen
Art. 10 Sanktionen und Rechtsmittel
Art. 11 Weitergehender Schutz

Kapitel III. Grenzüberschreitender Datenverkehr

Art. 12 Grenzüberschreitender Verkehr personenbezogener Daten und innerstaatliches Recht
Art. 14 Grenzüberschreitender Verkehr personenbezogener Daten

Kapitel IV. Gegenseitige Hilfeleistung

Art. 13 Zusammenarbeit zwischen den Vertragsparteien
Art. 14 Unterstützung von Betroffenen die im Ausland wohnen
Art. 15 Sicherheiten bei Hilfeleistung durch bezeichnete Behörden
Art. 16 Ablehnung von Ersuchen und Anträgen
Art. 17 Kosten und Verfahren

Kapitel V. Beratender Ausschuß

Art. 18 Zusammensetzung des Ausschusses
Art. 19 Aufgaben des Ausschusses
Art. 20 Verfahren

Kapitel VI. Änderungen

Art. 21 Änderungen

Kapitel VII. Schlußklauseln

Art. 22 Inkrafttreten
Art. 23 Beitritt von Nichtmitgliedstaaten
Art. 24 Räumlicher Geltungsbereich
Art. 25 Vorbehalte
Art. 26 Kündigung
Art. 27 Notifikationen

Geltungsbereich: Übereinkommen vom 28.1.1981 zum Schutz des Menschen bei der automatischen Verarbeitung personenbezogener Daten[**]

---

[1] Das Übereinkommen wurde für die Bundesrepublik Deutschland ratifiziert durch G v. 13.3.1985 (BGBl. II S. 538) und trat gem. Bek. v. 26.9.1985 (BGBl. II S. 1134) am **1.10.1985** in Kraft.
Zur Zustimmung von Nordrhein-Westfalen siehe die Bek. v. 30.4.1986 (GV. NRW. S. 352).
[2] Das Änderungsprotokoll wurde für die Bundesrepublik Deutschland veröffentlicht durch G v. 12.11.2020 (BGBl. II S. 874).

(Übersetzung)

Präambel

Die Mitgliedstaaten des Europarats, die dieses Übereinkommen unterzeichnen –

in der Erwägung, daß es das Ziel des Europarats ist, eine engere Verbindung zwischen seinen Mitgliedern herbeizuführen, die vor allem auf der Achtung des Vorranges des Rechts sowie der Menschenrechte und Grundfreiheiten beruht,

in der Erwägung, daß es das Ziel des Europarats ist, eine engere Verbindung zwischen seinen Mitgliedern herbeizuführen, die vor allem auf der Achtung des Vorranges des Rechts sowie der Menschenrechte und Grundfreiheiten beruht,

in der Erwägung, daß es angesichts des zunehmenden grenzüberschreitenden Verkehrs automatisch verarbeiteter personenbezogener Daten wünschenswert ist, den Schutz der Rechte und Grundfreiheiten jedes Menschen, vor allem das Recht auf Achtung des Persönlichkeitsbereichs, zu erweitern,

unter gleichzeitiger Bekräftigung, für eine Informationsfreiheit ohne Rücksicht auf Staatsgrenzen einzutreten,

in Anerkennung der Notwendigkeit, die grundlegenden Werte der Achtung des Persönlichkeitsbereichs und des freien Informationsaustausches zwischen den Völkern in Einklang zu bringen –

Sind wie folgt übereingekommen:

Kapitel I. Allgemeine Bestimmungen

Art. 1 Gegenstand und Zweck. Zweck dieses Übereinkommens ist es, im Hoheitsgebiet jeder Vertragspartei für jedermann ungeachtet seiner Staatsangehörigkeit oder seines Wohnorts sicherzustellen, daß seine Rechte und Grundfreiheiten, insbesondere sein Recht auf einen Persönlichkeitsbereich, bei der automatischen Verarbeitung personenbezogener Daten geschützt werden („Datenschutz").

Art. 2 Begriffsbestimmungen. In diesem Übereinkommen

a) bedeutet „personenbezogene Daten" jede Information über eine bestimmte oder bestimmbare natürliche Person („Betroffener");

b) bedeutet „automatisierte Datei/Datensammlung" jede zur automatischen Verarbeitung erfaßte Gesamtheit von Informationen;

c) umfaßt „automatische Verarbeitung" die folgenden Tätigkeiten, wenn sie ganz oder teilweise mit Hilfe automatisierter Verfahren durchgeführt werden: das Speichern von Daten, das Durchführen logischer und/oder rechnerischer Operationen mit diesen Daten, das Verändern, Löschen, Wiedergewinnen oder Bekanntgeben von Daten;

d) bedeutet „Verantwortlicher für die Datei/Datensammlung"[1] die natürliche oder juristische Person, die Behörde, die Einrichtung oder jede andere Stelle, die nach dem innerstaatlichen Recht zuständig ist, darüber zu entscheiden, welchen Zweck die automatisierte Datei/Datensammlung haben soll, welche

---

[1] **Amtl. Anm.:** Diesem Ausdruck entspricht in der Bundesrepublik Deutschland der Begriff „speichernde Stelle".

Arten personenbezogener Daten gespeichert und welche Verarbeitungsverfahren auf sie angewendet werden sollen.

Art. 3 Geltungsbereich. (1) Die Vertragsparteien verpflichten sich, dieses Übereinkommen auf automatisierte Dateien/Datensammlungen und automatische Verarbeitungen von personenbezogenen Daten im öffentlichen und privaten Bereich anzuwenden.

(2) Jeder Staat kann bei der Unterzeichnung oder bei der Hinterlegung seiner Ratifikations-, Annahme-, Genehmigungs- oder Beitrittsurkunde oder jederzeit danach durch Erklärung an den Generalsekretär des Europarates bekanntgeben,

a) daß er dieses Übereinkommen auf bestimmte Arten von automatisierten Dateien/Datensammlungen mit personenbezogenen Daten nicht anwendet und hinterlegt ein Verzeichnis dieser Arten. In das Verzeichnis darf er jedoch Arten automatisierter Dateien/Datensammlungen nicht aufnehmen, die nach seinem innerstaatlichen Recht Datenschutzvorschriften unterliegen. Er ändert dieses Verzeichnis durch eine neue Erklärung, wenn weitere Arten von automatisierten Dateien/Datensammlungen mit personenbezogenen Daten seinen innerstaatlichen Datenschutzvorschriften unterstellt werden;

b) daß er dieses Übereinkommen auch auf Informationen über Personengruppen, Vereinigungen, Stiftungen, Gesellschaften, Körperschaften oder andere Stellen anwendet, die unmittelbar oder mittelbar aus natürlichen Personen bestehen, unabhängig davon, ob diese Stellen Rechtspersönlichkeit besitzen oder nicht;

c) daß er dieses Übereinkommen auch auf Dateien/Datensammlungen mit personenbezogenen Daten anwendet, die nicht automatisch verarbeitet werden.

(3) Jeder Staat, der den Geltungsbereich dieses Übereinkommens durch eine Erklärung nach Absatz 2 Buchstabe b ober c erweitert hat, kann in dieser Erklärung bekanntgeben, daß die Erweiterung nur für bestimmte Arten von Dateien/Datensammlungen mit personenbezogenen Daten gilt; er hinterlegt ein Verzeichnis dieser Arten.

(4) Hat eine Vertragspartei bestimmte Arten von automatisierten Dateien/Datensammlungen mit personenbezogenen Daten durch eine Erklärung nach Absatz 2 Buchstabe a ausgeschlossen, so kann sie nicht verlangen, daß eine Vertragspartei, die diese Arten nicht ausgeschlossen hat, das Übereinkommen auf diese Arten anwendet.

(5) Ebenso kann eine Vertragspartei, die keine Erweiterung nach Absatz 2 Buchstabe b oder c vorgenommen hat, in diesen Punkten die Anwendung dieses Übereinkommens nicht verlangen von einer Vertragspartei, die eine solche Erweiterung vorgenommen hat.

(6) [1] Die Erklärungen nach Absatz 2 werden mit Inkrafttreten des Übereinkommens für den Staat wirksam, der sie angegeben hat, wenn sie im Zeitpunkt der Unterzeichnung oder der Hinterlegung seiner Ratifikations-, Annahme-, Genehmigungs- oder Beitrittsurkunde abgegeben worden sind, oder drei Monate nach ihrem Eingang beim Generalsekretär des Europarats, wenn sie später abgegeben worden sind. [2] Diese Erklärungen können ganz oder teilweise durch Notifikation an den Generalsekretär des Europarats zurückgenommen werden. [3] Die Zurücknahme wird drei Monate nach Eingang der Notifikation wirksam.

Kapitel II. Grundsätze für den Datenschutz

Art. 4 Pflichten der Vertragsparteien. (1) Jede Vertragspartei trifft in ihrem innerstaatlichen Recht die erforderlichen Maßnahmen, um die in diesem Kapitel aufgestellten Grundsätze für den Datenschutz zu verwirklichen.

(2) Jede Vertragspartei trifft diese Maßnahmen spätestens zu dem Zeitpunkt, zu dem dieses Übereinkommen für sie in Kraft tritt.

Art. 5 Qualität der Daten. Personenbezogene Daten, die automatisch verarbeitet werden,

a) müssen nach Treu und Glauben und auf rechtmäßige Weise beschafft sein und verarbeitet werden;

b) müssen für festgelegte und rechtmäßige Zwecke gespeichert sein und dürfen nicht so verwendet werden, daß es mit diesen Zwecken unvereinbar ist;

c) müssen den Zwecken, für die sie gespeichert sind, entsprechen, dafür erheblich sein und dürfen nicht darüber hinausgehen;

d) müssen sachlich richtig und wenn nötig auf den neuesten Stand gebracht sein;

e) müssen so aufbewahrt werden, daß der Betroffene nicht länger identifiziert werden kann, als es die Zwecke, für die sie gespeichert sind, erfordern.

Art. 6 Besondere Arten von Daten. [1] Personenbezogene Daten, welche die rassische Herkunft, politische Anschauungen oder religiöse oder andere Überzeugungen erkennen lassen, sowie personenbezogene Daten, welche die Gesundheit oder das Sexualleben betreffen, dürfen nur automatisch verarbeitet werden, wenn das innerstaatliche Recht einen geeigneten Schutz gewährleistet. [2] Dasselbe gilt für personenbezogene Daten über Strafurteile.

Art. 7 Datensicherung. Für den Schutz personenbezogener Daten, die in automatisierten Dateien/Datensammlungen gespeichert sind, werden geeignete Sicherungsmaßnahmen getroffen gegen die zufällige oder unbefugte Zerstörung, gegen zufälligen Verlust sowie unbefugten Zugang, unbefugte Veränderung oder unbefugtes Bekanntgeben.

Art. 8 Zusätzlicher Schutz für den Betroffenen. Jedermann muß die Möglichkeit haben,

a) das Vorhandensein einer automatisierten Datei/Datensammlung mit personenbezogenen Daten, ihre Hauptzwecke sowie die Bezeichnung, den gewöhnlichen Aufenthaltsort oder den Sitz des Verantwortlichen für die Datei/Datensammlung[1]) festzustellen;

b) in angemessenen Zeitabständen und ohne unzumutbare Verzögerung oder übermäßige Kosten die Bestätigung zu erhalten, ob Daten über ihn in einer automatisierten Datei/Datensammlung mit personenbezogenen Daten gespeichert sind, sowie zu erwirken, daß ihm diese Daten in verständlicher Form mitgeteilt werden;

---

[1]) **Amtl. Anm.:** Diesem Ausdruck entspricht in der Bundesrepublik Deutschland der Begriff „speichernde Stelle".

c) gegebenenfalls diese Daten berichtigen oder löschen zu lassen, wenn sie entgegen den Vorschriften des innerstaatlichen Rechts verarbeitet worden sind, welche die Grundsätze der Artikel 5 und 6 verwirklichen;
d) über ein Rechtsmittel zu verfügen, wenn seiner Forderung nach Bestätigung oder gegebenenfalls nach Mitteilung, Berichtigung oder Löschung im Sinne der Buchstaben b und c nicht entsprochen wird.

Art. 9 Ausnahmen und Einschränkungen. (1) Ausnahmen von den Artikeln 5, 6 und 8 sind nicht zulässig, abgesehen von den in diesem Artikel vorgesehenen.

(2) Eine Abweichung von den Artikeln 5, 6 und 8 ist zulässig, wenn sie durch das Recht der Vertragspartei vorgesehen und in einer demokratischen Gesellschaft eine notwendige Maßnahme ist

a) zum Schutz der Sicherheit des Staates, der öffentlichen Sicherheit sowie der Währungsinteressen des Staates oder zur Bekämpfung von Straftaten;

b) zum Schutz des Betroffenen oder der Rechte und Freiheiten Dritter.

(3) Die Ausübung der Rechte nach Artikel 8 Buchstaben b, c und d kann durch Gesetz für automatisierte Dateien/Datensammlungen mit personenbezogenen Daten eingeschränkt werden, die Zwecken der Statistik oder der wissenschaftlichen Forschung dienen, wenn offensichtlich keine Gefahr besteht, daß der Persönlichkeitsbereich der Betroffenen beeinträchtigt wird.

Art. 10 Sanktionen und Rechtsmittel. Jede Vertragspartei verpflichtet sich, geeignete Sanktionen und Rechtsmittel für Verletzungen der Vorschriften des innerstaatlichen Rechts, welche die in diesem Kapitel aufgestellten Grundsätze für den Datenschutz verwirklichen, festzulegen.

Art. 11 Weitergehender Schutz. Dieses Kapitel ist nicht so auszulegen, als ob es die Möglichkeit begrenze oder auf andere Weise beeinträchtige, daß eine Vertragspartei den Betroffenen ein größeres Maß an Schutz als das in diesem Übereinkommen vorgeschriebene gewährt.

Kapitel III. Grenzüberschreitender Datenverkehr

Art. 12 Grenzüberschreitender Verkehr personenbezogener Daten und innerstaatliches Recht. (1) Werden personenbezogene Daten, die automatisch verarbeitet werden oder für eine solche Verarbeitung beschafft worden sind, – mittels welcher Datenträger auch immer – über die Staatsgrenzen hinweg weitergegeben, so finden die folgenden Bestimmungen Anwendung.

(2) Eine Vertragspartei darf allein zum Zweck des Schutzes des Persönlichkeitsbereichs den grenzüberschreitenden Verkehr personenbezogener Daten in das Hoheitsgebiet einer anderen Vertragspartei nicht verbieten oder von einer besonderen Genehmigung abhängig machen.

(3) Jede Vertragspartei ist jedoch berechtigt, von Absatz 2 abzuweichen,

a) soweit ihr Recht für bestimmte Arten von personenbezogenen Daten oder automatisierten Dateien/Datensammlungen mit personenbezogenen Daten wegen der Beschaffenheit dieser Arten besondere Vorschriften enthält, es sei denn, die Vorschriften der anderen Vertragspartei sehen einen gleichwertigen Schutz vor;

b) um zu verhindern, daß ihr Recht dadurch umgangen wird, daß eine Weitergabe aus ihrem Hoheitsgebiet in das Hoheitsgebiet einer Nichtvertragspartei auf dem Weg über das Hoheitsgebiet einer anderen Vertragspartei erfolgt.

Kapitel IV. Gegenseitige Hilfeleistung

Art. 13 Zusammenarbeit zwischen den Vertragsparteien. (1) Die Vertragsparteien verpflichten sich, einander bei der Durchführung dieses Übereinkommens Hilfe zu leisten.

(2) Zu diesem Zweck

a) bezeichnet jede Vertragspartei eine oder mehrere Behörden und teilt deren amtliche Bezeichnung und Anschrift dem Generalsekretär des Europarats mit;

b) legt jede Vertragspartei, die mehrere Behörden bezeichnet hat, die Zuständigkeit jeder Behörde fest und gibt sie in ihrer Mitteilung nach Buchstabe a an.

(3) Eine bezeichnete Behörde einer Vertragspartei wird auf Ersuchen einer bezeichneten Behörde einer anderen Vertragspartei

a) Auskünfte über Recht und Verwaltungspraxis im Bereich des Datenschutzes erteilen;

b) in Übereinstimmung mit dem innerstaatlichen Recht und allein zum Zweck des Schutzes des Persönlichkeitsbereichs alle geeigneten Maßnahmen treffen, um Sachauskünfte über eine bestimmte automatische Verarbeitung, die in ihrem Hoheitsgebiet durchgeführt wird, zu erteilen, jedoch mit Ausnahme der dabei verarbeiteten personenbezogenen Daten.

Art. 14 Unterstützung von Betroffenen die im Ausland wohnen.

(1) Jede Vertragspartei unterstützt Personen, die im Ausland wohnen, bei der Ausübung der Rechte, die ihnen nach dem innerstaatlichen Recht zustehen, das die in Artikel 8 aufgestellten Grundsätze verwirklicht.

(2) Eine im Hoheitsgebiet einer anderen Vertragspartei wohnende Person kann ihren Antrag über die bezeichnete Behörde dieser Vertragspartei stellen.

(3) Der Antrag auf Unterstützung muß alle erforderlichen Angaben enthalten, insbesondere über

a) den Namen, die Anschrift und alle anderen für die Identifizierung des Antragstellers erheblichen Einzelheiten;

b) die automatisierte Datei/Datensammlung mit personenbezogenen Daten oder den dafür Verantwortlichen auf die sich der Antrag bezieht;

c) den Zweck des Antrags.

Art. 15 Sicherheiten bei Hilfeleistung durch bezeichnete Behörden.

(1) Hat eine bezeichnete Behörde einer Vertragspartei von einer bezeichneten Behörde einer anderen Vertragspartei Auskünfte erhalten, die einem Antrag auf Unterstützung dienen oder Antwort auf ein eigenes Ersuchen geben, so darf sie diese Auskünfte nur zu den Zwecken verwenden, die dem Antrag oder Ersuchen zugrunde liegen.

(2) Jede Vertragspartei sorgt dafür, daß die Personen, die der bezeichneten Behörde angehören oder in ihrem Namen handeln, durch entsprechende Verpflichtungen zur Geheimhaltung oder zur vertraulichen Behandlung dieser Auskünfte gebunden werden.

(3) Es ist einer bezeichneten Behörde in keinem Fall erlaubt, nach Artikel 14 Absatz 2 im Namen eines im Ausland wohnenden Betroffenen von sich aus und ohne dessen ausdrückliche Zustimmung einen Antrag auf Unterstützung zu stellen.

Art. 16 Ablehnung von Ersuchen und Anträgen. Eine bezeichnete Behörde, an die nach Artikel 13 ein Ersuchen oder nach Artikel 14 ein Antrag gerichtet wird, kann nur ablehnen, ihnen stattzugeben, wenn

a) sie mit den Befugnissen der für die Beantwortung zuständigen Behörden auf dem Gebiet des Datenschutzes nicht vereinbar sind;

b) sie den Bestimmungen dieses Übereinkommens nicht entsprechen;

c) ihre Erfüllung mit der Souveränität, der Sicherheit oder der öffentlichen Ordnung der Vertragspartei, die sie bezeichnet hat, oder mit den Rechten und Grundfreiheiten der Person, die der Gerichtsbarkeit dieser Vertragspartei unterstehen, nicht vereinbar wäre.

Art. 17 Kosten und Verfahren. (1) ¹Für Hilfe, welche die Vertragsparteien einander nach Artikel 13 leisten oder für die Unterstützung, die sie Betroffenen im Ausland nach Artikel 14 leisten, werden keine Auslagen oder Gebühren außer für Sachverständige und Dolmetscher erhoben. ²Diese Auslagen oder Gebühren werden von der Vertragspartei getragen, welche die ersuchende Behörde bezeichnet hat.

(2) Der Betroffene kann nicht verpflichtet werden, für Schritte, die im Hoheitsgebiet einer anderen Vertragspartei für ihn unternommen werden, höhere Auslagen oder Gebühren zu zahlen, als von Personen erhoben werden können, die im Hoheitsgebiet der betreffenden Vertragspartei wohnen.

(3) Die sonstigen Einzelheiten im Zusammenhang mit der Hilfeleistung oder Unterstützung, insbesondere hinsichtlich der Form und der Verfahren sowie der zu verwendenden Sprachen, werden unmittelbar zwischen den beteiligten Vertragsparteien festgelegt.

Kapitel V. Beratender Ausschuß

Art. 18 Zusammensetzung des Ausschusses. (1) Nach dem Inkrafttreten dieses Übereinkommens wird ein Beratender Ausschuß eingesetzt.

(2) ¹Jede Vertragspartei ernennt einen Vertreter und einen Stellvertreter für diesen Ausschuß. ²Jeder Mitgliedsstaat des Europarats, der nicht Vertragspartei des Übereinkommens ist, hat das Recht, sich im Ausschuß durch einen Beobachter vertreten zu lassen.

(3) Der Beratende Ausschuß kann durch einstimmigen Beschluß jeden Nichtmitgliedstaat des Europarats, der nicht Vertragspartei des Übereinkommens ist, einladen, sich durch einen Beobachter in einer seiner Sitzungen vertreten zu lassen.

Art. 19 Aufgaben des Ausschusses. Der Beratende Ausschuß

a) kann Vorschläge zur Erleichterung oder Verbesserung der Anwendung des Übereinkommens machen;

b) kann in Übereinstimmung mit Artikel 21 Änderungen dieses Übereinkommens vorschlagen;

c) nimmt zu jeder vorgeschlagenen Änderung dieses Übereinkommens Stellung, die ihm nach Artikel 21 Absatz 3 unterbreitet wird;

d) kann auf Ersuchen einer Vertragspartei zu allen Fragen im Zusammenhang mit der Anwendung dieses Übereinkommens Stellung nehmen.

Art. 20 Verfahren. (1) [1]Der Beratende Ausschuß wird vom Generalsekretär des Europarats einberufen. [2]Seine erste Sitzung findet innerhalb von zwölf Monaten nach Inkrafttreten dieses Übereinkommens statt. [3]Danach tritt er mindestens alle zwei Jahre sowie immer dann zusammen, wenn ein Drittel der Vertreter der Vertragsparteien dies verlangt.

(2) Der Beratende Ausschuß ist in einer Sitzung beschlußfähig, wenn die Mehrheit der Vertreter der Vertragsparteien anwesend ist.

(3) Im Anschluß an jede Sitzung unterbreitet der Beratende Ausschuß dem Ministerkomitee des Europarats einen Bericht über seine Arbeit und die Wirksamkeit des Übereinkommens.

(4) In Übereinstimmung mit diesem Übereinkommen gibt sich der Beratende Ausschuß eine Geschäftsordnung.

Kapitel VI. Änderungen

Art. 21 Änderungen. (1) Änderungen dieses Übereinkommens können von einer Vertragspartei, vom Ministerkomitee des Europarats oder vom Beratenden Ausschuß vorgeschlagen werden.

(2) Der Generalsekretär des Europarats teilt jeden Änderungsvorschlag den Mitgliedstaaten des Europarats sowie jedem Nichtmitgliedstaat mit, der diesem Übereinkommen beigetreten ist oder der nach Artikel 23 eingeladen worden ist, ihm beizutreten.

(3) Darüber hinaus wird jede von einer Vertragspartei oder vom Ministerkomitee vorgeschlagene Änderung dem Beratenden Ausschuß übermittelt; dieser teilt dem Ministerkomitee seine Stellungnahme zu der vorgeschlagenen Änderung mit.

(4) Das Ministerkomitee prüft die vorgeschlagene Änderung und die Stellungnahme des Beratenden Ausschusses und kann die Änderung genehmigen.

(5) Der Wortlaut einer Änderung, die das Ministerkomitee nach Absatz 4 genehmigt hat, wird den Vertragsparteien zur Annahme zugeleitet.

(6) Eine nach Absatz 4 genehmigte Änderung tritt am dreißigsten Tag nach dem Zeitpunkt in Kraft, zu dem alle Vertragsparteien dem Generalsekretär ihre Annahme mitgeteilt haben.

Kapitel VII. Schlußklauseln

Art. 22 Inkrafttreten. (1) [1] Dieses Übereinkommen liegt für die Mitgliedstaaten des Europarats zur Unterzeichnung auf. [2] Es bedarf der Ratifikation, Annahme oder Genehmigung. [3] Die Ratifikations-, Annahme- oder Genehmigungsurkunden werden beim Generalsekretär des Europarats hinterlegt.

(2) Das Übereinkommen tritt am ersten Tag des Monats in Kraft[1]), der auf einen Zeitabschnitt von drei Monaten nach dem Tag folgt, an dem fünf Mitgliedstaaten des Europarats nach Absatz 1 ihre Zustimmung ausgedrückt haben, durch das Übereinkommen gebunden zu sein.

(3) Für jeden Mitgliedstaat, der später seine Zustimmung ausdrückt, durch das Übereinkommen gebunden zu sein, tritt es am ersten Tag des Monats in Kraft, der auf einen Zeitabschnitt von drei Monaten nach Hinterlegung der Ratifikations-, Annahme- oder Genehmigungsurkunde folgt.

Art. 23 Beitritt von Nichtmitgliedstaaten. (1) Nach Inkrafttreten dieses Übereinkommens kann das Ministerkomitee des Europarats durch einen mit der in Artikel 20 Buchstabe d der Satzung vorgesehenen Mehrheit und mit einhelliger Zustimmung der Vertreter der Vertragsstaaten, die Anspruch auf einen Sitz im Komitee haben, gefaßten Beschluß jeden Nichtmitgliedstaat des Rates einladen, dem Übereinkommen beizutreten.

(2) Für jeden beitretenden Staat tritt das Übereinkommen am ersten Tag des Monats in Kraft, der auf einen Zeitabschnitt von drei Monaten nach Hinterlegung der Beitrittsurkunde beim Generalsekretär des Europarats folgt.

Art. 24 Räumlicher Geltungsbereich. (1) Jeder Staat kann bei der Unterzeichnung oder bei der Hinterlegung seiner Ratifikations-, Annahme-, Genehmigungs- oder Beitrittsurkunde einzelne oder mehrere Hoheitsgebiete bezeichnen, auf die dieses Übereinkommen Anwendung findet.

(2) [1] Jeder Staat kann jederzeit danach durch eine an den Generalsekretär des Europarats gerichtete Erklärung die Anwendung dieses Übereinkommens auf jedes weitere in der Erklärung bezeichnete Hoheitsgebiet erstrecken. [2] Das Übereinkommen tritt für dieses Hoheitsgebiet am ersten Tag des Monats in Kraft, der auf einen Zeitabschnitt von drei Monaten nach Eingang der Erklärung beim Generalsekretär folgt.

(3) [1] Jede nach den Absätzen 1 und 2 abgegebene Erklärung kann in bezug auf jedes darin bezeichnete Hoheitsgebiet durch eine an den Generalsekretär des Europarats gerichtete Notifikation zurückgenommen werden. [2] Die Zurücknahme wird am ersten Tag des Monats wirksam, der auf einen Zeitabschnitt von sechs Monaten nach Eingang der Notifikation beim Generalsekretär folgt.

Art. 25 Vorbehalte. Vorbehalte zu diesem Übereinkommen sind nicht zulässig.

---

[1]) Das Übereinkommen ist für die Bundesrepublik Deutschland **mWv 1.10.1985** in Kraft getreten; siehe hierzu die Bekanntmachung über das Inkrafttreten des Übereinkommens zum Schutz des Menschen bei der automatischen Verarbeitung personenbezogener Daten v. 26.9.1985 (BGBl. II S. 1134).

Art. 26 Kündigung. (1) Jede Vertragspartei kann dieses Übereinkommen jederzeit durch eine an den Generalsekretär des Europarats gerichtete Notifikation kündigen.

(2) Die Kündigung wird am ersten Tag des Monats wirksam, der auf einen Zeitabschnitt von sechs Monaten nach Eingang der Notifikation beim Generalsekretär folgt.

Art. 27 Notifikationen. Der Generalsekretär des Europarats notifiziert den Mitgliedstaaten des Rates und jedem Staat, der diesem Übereinkommen beigetreten ist,

a) jede Unterzeichnung;

b) jede Hinterlegung einer Ratifikations-, Annahme-, Genehmigungs- oder Beitrittsurkunde;

c) jeden Zeitpunkt des Inkrafttretens dieses Übereinkommens nach den Artikeln 22, 23 und 24;

d) jede andere Handlung, Notifikation oder Mitteilung im Zusammenhang mit diesem Übereinkommen.

Art. 28 Räumlicher Geltungsbereich *(noch nicht in Kraft)*

Art. 29 Vorbehalte *(noch nicht in Kraft)*

Art. 30 Kündigung *(noch nicht in Kraft)*

Art. 31 Notifikationen *(noch nicht in Kraft)*

Zu Urkund dessen haben die hierzu gehörig befugten Unterzeichneten dieses Übereinkommen unterschrieben.

Geschehen zu Straßburg am 28. Januar 1981 in englischer und französischer Sprache, wobei jeder Wortlaut gleichermaßen verbindlich ist, in einer Urschrift, die im Archiv des Europarats hinterlegt wird. Der Generalsekretär des Europarats übermittelt allen Mitgliedstaaten des Europarats und allen zum Beitritt zu diesem Übereinkommen eingeladenen Staaten beglaubigte Abschriften.

Zweiter Teil. Nationales Recht

6. Bundesdatenschutzgesetz (BDSG)[1)]

Vom 30. Juni 2017

(BGBl. I S. 2097)

FNA 204-4

zuletzt geänd. durch Art. 10 Telekommunikationsmodernisierungsgesetz v. 23.6.2021 (BGBl. I S. 1858)

Inhaltsübersicht
Teil 1. Gemeinsame Bestimmungen
Kapitel 1. Anwendungsbereich und Begriffsbestimmungen

- § 1 Anwendungsbereich des Gesetzes
- § 2 Begriffsbestimmungen

Kapitel 2. Rechtsgrundlagen der Verarbeitung personenbezogener Daten

- § 3 Verarbeitung personenbezogener Daten durch öffentliche Stellen
- § 4 Videoüberwachung öffentlich zugänglicher Räume

Kapitel 3. Datenschutzbeauftragte öffentlicher Stellen

- § 5 Benennung
- § 6 Stellung
- § 7 Aufgaben

Kapitel 4. Die oder der Bundesbeauftragte für den Datenschutz und die Informationsfreiheit

- § 8 Errichtung
- § 9 Zuständigkeit
- § 10 Unabhängigkeit
- § 11 Ernennung und Amtszeit
- § 12 Amtsverhältnis
- § 13 Rechte und Pflichten
- § 14 Aufgaben
- § 15 Tätigkeitsbericht
- § 16 Befugnisse

Kapitel 5. Vertretung im Europäischen Datenschutzausschuss, zentrale Anlaufstelle, Zusammenarbeit der Aufsichtsbehörden des Bundes und der Länder in Angelegenheiten der Europäischen Union

- § 17 Vertretung im Europäischen Datenschutzausschuss, zentrale Anlaufstelle
- § 18 Verfahren der Zusammenarbeit der Aufsichtsbehörden des Bundes und der Länder
- § 19 Zuständigkeiten

Kapitel 6. Rechtsbehelfe

- § 20 Gerichtlicher Rechtsschutz
- § 21 Antrag der Aufsichtsbehörde auf gerichtliche Entscheidung bei angenommener Rechtswidrigkeit eines Beschlusses der Europäischen Kommission

Teil 2. Durchführungsbestimmungen für Verarbeitungen zu Zwecken gemäß Artikel 2 der Verordnung (EU) 2016/679

Kapitel 1. Rechtsgrundlagen der Verarbeitung personenbezogener Daten

Abschnitt 1. Verarbeitung besonderer Kategorien personenbezogener Daten und Verarbeitung zu anderen Zwecken

- § 22 Verarbeitung besonderer Kategorien personenbezogener Daten
- § 23 Verarbeitung zu anderen Zwecken durch öffentliche Stellen
- § 24 Verarbeitung zu anderen Zwecken durch nichtöffentliche Stellen
- § 25 Datenübermittlungen durch öffentliche Stellen

[1)] Verkündet als Art. 1 des Datenschutz-Anpassungs- und -UmsetzungsG EU v. 30.6.2017 (BGBl. I S. 2097); Inkrafttreten gem. Art. 8 Abs. 1 dieses G am 25.5.2018.

6 BDSG

Abschnitt 2. Besondere Verarbeitungssituationen

- § 26 Datenverarbeitung für Zwecke des Beschäftigungsverhältnisses
- § 27 Datenverarbeitung zu wissenschaftlichen oder historischen Forschungszwecken und zu statistischen Zwecken
- § 28 Datenverarbeitung zu im öffentlichen Interesse liegenden Archivzwecken
- § 29 Rechte der betroffenen Person und aufsichtsbehördliche Befugnisse im Fall von Geheimhaltungspflichten
- § 30 Verbraucherkredite
- § 31 Schutz des Wirtschaftsverkehrs bei Scoring und Bonitätsauskünften

Kapitel 2. Rechte der betroffenen Person

- § 32 Informationspflicht bei Erhebung von personenbezogenen Daten bei der betroffenen Person
- § 33 Informationspflicht, wenn die personenbezogenen Daten nicht bei der betroffenen Person erhoben wurden
- § 34 Auskunftsrecht der betroffenen Person
- § 35 Recht auf Löschung
- § 36 Widerspruchsrecht
- § 37 Automatisierte Entscheidungen im Einzelfall einschließlich Profiling

Kapitel 3. Pflichten der Verantwortlichen und Auftragsverarbeiter

- § 38 Datenschutzbeauftragte nichtöffentlicher Stellen
- § 39 Akkreditierung

Kapitel 4. Aufsichtsbehörde für die Datenverarbeitung durch nichtöffentliche Stellen

- § 40 Aufsichtsbehörden der Länder

Kapitel 5. Sanktionen

- § 41 Anwendung der Vorschriften über das Bußgeld- und Strafverfahren
- § 42 Strafvorschriften
- § 43 Bußgeldvorschriften

Kapitel 6. Rechtsbehelfe

- § 44 Klagen gegen den Verantwortlichen oder Auftragsverarbeiter

Teil 3. Bestimmungen für Verarbeitungen zu Zwecken gemäß Artikel 1 Absatz 1 der Richtlinie (EU) 2016/680

Kapitel 1. Anwendungsbereich, Begriffsbestimmungen und allgemeine Grundsätze für die Verarbeitung personenbezogener Daten

- § 45 Anwendungsbereich
- § 46 Begriffsbestimmungen
- § 47 Allgemeine Grundsätze für die Verarbeitung personenbezogener Daten

Kapitel 2. Rechtsgrundlagen der Verarbeitung personenbezogener Daten

- § 48 Verarbeitung besonderer Kategorien personenbezogener Daten
- § 49 Verarbeitung zu anderen Zwecken
- § 50 Verarbeitung zu archivarischen, wissenschaftlichen und statistischen Zwecken
- § 51 Einwilligung
- § 52 Verarbeitung auf Weisung des Verantwortlichen
- § 53 Datengeheimnis
- § 54 Automatisierte Einzelentscheidung

Kapitel 3. Rechte der betroffenen Person

- § 55 Allgemeine Informationen zu Datenverarbeitungen
- § 56 Benachrichtigung betroffener Personen
- § 57 Auskunftsrecht
- § 58 Rechte auf Berichtigung und Löschung sowie Einschränkung der Verarbeitung
- § 59 Verfahren für die Ausübung der Rechte der betroffenen Person
- § 60 Anrufung der oder des Bundesbeauftragten
- § 61 Rechtsschutz gegen Entscheidungen der oder des Bundesbeauftragten oder bei deren oder dessen Untätigkeit

Kapitel 4. Pflichten der Verantwortlichen und Auftragsverarbeiter

- § 62 Auftragsverarbeitung
- § 63 Gemeinsam Verantwortliche
- § 64 Anforderungen an die Sicherheit der Datenverarbeitung

§ 65 Meldung von Verletzungen des Schutzes personenbezogener Daten an die oder den Bundesbeauftragten
§ 66 Benachrichtigung betroffener Personen bei Verletzungen des Schutzes personenbezogener Daten
§ 67 Durchführung einer Datenschutz-Folgenabschätzung
§ 68 Zusammenarbeit mit der oder dem Bundesbeauftragten
§ 69 Anhörung der oder des Bundesbeauftragten
§ 70 Verzeichnis von Verarbeitungstätigkeiten
§ 71 Datenschutz durch Technikgestaltung und datenschutzfreundliche Voreinstellungen
§ 72 Unterscheidung zwischen verschiedenen Kategorien betroffener Personen
§ 73 Unterscheidung zwischen Tatsachen und persönlichen Einschätzungen
§ 74 Verfahren bei Übermittlungen
§ 75 Berichtigung und Löschung personenbezogener Daten sowie Einschränkung der Verarbeitung
§ 76 Protokollierung
§ 77 Vertrauliche Meldung von Verstößen

Kapitel 5. Datenübermittlungen an Drittstaaten und an internationale Organisationen

§ 78 Allgemeine Voraussetzungen
§ 79 Datenübermittlung bei geeigneten Garantien
§ 80 Datenübermittlung ohne geeignete Garantien
§ 81 Sonstige Datenübermittlung an Empfänger in Drittstaaten

Kapitel 6. Zusammenarbeit der Aufsichtsbehörden

§ 82 Gegenseitige Amtshilfe

Kapitel 7. Haftung und Sanktionen

§ 83 Schadensersatz und Entschädigung
§ 84 Strafvorschriften

Teil 4. Besondere Bestimmungen für Verarbeitungen im Rahmen von nicht in die Anwendungsbereiche der Verordnung (EU) 2016/679 und der Richtlinie (EU) 2016/680 fallenden Tätigkeiten

§ 85 Verarbeitung personenbezogener Daten im Rahmen von nicht in die Anwendungsbereiche der Verordnung (EU) 2016/679 und der Richtlinie (EU) 2016/680 fallenden Tätigkeiten
§ 86 Verarbeitung personenbezogener Daten für Zwecke staatlicher Auszeichnungen und Ehrungen

Teil 1. Gemeinsame Bestimmungen

Kapitel 1. Anwendungsbereich und Begriffsbestimmungen

§ 1 Anwendungsbereich des Gesetzes. (1) [1]Dieses Gesetz gilt für die Verarbeitung personenbezogener Daten durch

1. öffentliche Stellen des Bundes,
2. öffentliche Stellen der Länder, soweit der Datenschutz nicht durch Landesgesetz geregelt ist und soweit sie
   a) Bundesrecht ausführen oder
   b) als Organe der Rechtspflege tätig werden und es sich nicht um Verwaltungsangelegenheiten handelt.

[2]Für nichtöffentliche Stellen gilt dieses Gesetz für die ganz oder teilweise automatisierte Verarbeitung personenbezogener Daten sowie die nicht automatisierte Verarbeitung personenbezogener Daten, die in einem Dateisystem gespeichert sind oder gespeichert werden sollen, es sei denn, die Verarbeitung durch natürliche Personen erfolgt zur Ausübung ausschließlich persönlicher oder familiärer Tätigkeiten.

(2) [1]Andere Rechtsvorschriften des Bundes über den Datenschutz gehen den Vorschriften dieses Gesetzes vor. [2]Regeln sie einen Sachverhalt, für den

dieses Gesetz gilt, nicht oder nicht abschließend, finden die Vorschriften dieses Gesetzes Anwendung. ³Die Verpflichtung zur Wahrung gesetzlicher Geheimhaltungspflichten oder von Berufs- oder besonderen Amtsgeheimnissen, die nicht auf gesetzlichen Vorschriften beruhen, bleibt unberührt.

(3) Die Vorschriften dieses Gesetzes gehen denen des Verwaltungsverfahrensgesetzes[1]) vor, soweit bei der Ermittlung des Sachverhalts personenbezogene Daten verarbeitet werden.

(4) ¹Dieses Gesetz findet Anwendung auf öffentliche Stellen. ²Auf nichtöffentliche Stellen findet es Anwendung, sofern

1. der Verantwortliche oder Auftragsverarbeiter personenbezogene Daten im Inland verarbeitet,
2. die Verarbeitung personenbezogener Daten im Rahmen der Tätigkeiten einer inländischen Niederlassung des Verantwortlichen oder Auftragsverarbeiters erfolgt oder
3. der Verantwortliche oder Auftragsverarbeiter zwar keine Niederlassung in einem Mitgliedstaat der Europäischen Union oder in einem anderen Vertragsstaat des Abkommens über den Europäischen Wirtschaftsraum hat, er aber in den Anwendungsbereich der Verordnung (EU) 2016/679[2]) des Europäischen Parlaments und des Rates vom 27. April 2016 zum Schutz natürlicher Personen bei der Verarbeitung personenbezogener Daten, zum freien Datenverkehr und zur Aufhebung der Richtlinie 95/46/EG (Datenschutz-Grundverordnung) (ABl. L 119 vom 4.5.2016, S. 1; L 314 vom 22.11.2016, S. 72; L 127 vom 23.5.2018, S. 2) in der jeweils geltenden Fassung fällt.

³Sofern dieses Gesetz nicht gemäß Satz 2 Anwendung findet, gelten für den Verantwortlichen oder Auftragsverarbeiter nur die §§ 8 bis 21, 39 bis 44.

(5) Die Vorschriften dieses Gesetzes finden keine Anwendung, soweit das Recht der Europäischen Union, im Besonderen die Verordnung (EU) 2016/679 in der jeweils geltenden Fassung, unmittelbar gilt.

(6) ¹Bei Verarbeitungen zu Zwecken gemäß Artikel 2 der Verordnung (EU) 2016/679 stehen die Vertragsstaaten des Abkommens über den Europäischen Wirtschaftsraum den Mitgliedstaaten der Europäischen Union gleich. ²Andere Staaten gelten insoweit als Drittstaaten.

(7) ¹Bei Verarbeitungen zu Zwecken gemäß Artikel 1 Absatz 1 der Richtlinie (EU) 2016/680[3]) des Europäischen Parlaments und des Rates vom 27. April 2016 zum Schutz natürlicher Personen bei der Verarbeitung personenbezogener Daten durch die zuständigen Behörden zum Zwecke der Verhütung, Ermittlung, Aufdeckung oder Verfolgung von Straftaten oder der Strafvollstreckung sowie zum freien Datenverkehr und zur Aufhebung des Rahmenbeschlusses 2008/977/JI des Rates (ABl. L 119 vom 4.5.2016, S. 89) stehen die bei der Umsetzung, Anwendung und Entwicklung des Schengen-Besitzstands assoziierten Staaten den Mitgliedstaaten der Europäischen Union gleich. ²Andere Staaten gelten insoweit als Drittstaaten.

(8) Für Verarbeitungen personenbezogener Daten durch öffentliche Stellen im Rahmen von nicht in die Anwendungsbereiche der Verordnung (EU)

---

[1]) Nr. **19**.
[2]) Nr. **1**.
[3]) Nr. **2**.

2016/679 und der Richtlinie (EU) 2016/680 fallenden Tätigkeiten finden die Verordnung (EU) 2016/679 und die Teile 1 und 2 dieses Gesetzes entsprechend Anwendung, soweit nicht in diesem Gesetz oder einem anderen Gesetz Abweichendes geregelt ist.

§ 2 Begriffsbestimmungen. (1) Öffentliche Stellen des Bundes sind die Behörden, die Organe der Rechtspflege und andere öffentlich-rechtlich organisierte Einrichtungen des Bundes, der bundesunmittelbaren Körperschaften, der Anstalten und Stiftungen des öffentlichen Rechts sowie deren Vereinigungen ungeachtet ihrer Rechtsform.

(2) Öffentliche Stellen der Länder sind die Behörden, die Organe der Rechtspflege und andere öffentlich-rechtlich organisierte Einrichtungen eines Landes, einer Gemeinde, eines Gemeindeverbandes oder sonstiger der Aufsicht des Landes unterstehender juristischer Personen des öffentlichen Rechts sowie deren Vereinigungen ungeachtet ihrer Rechtsform.

(3) [1] Vereinigungen des privaten Rechts von öffentlichen Stellen des Bundes und der Länder, die Aufgaben der öffentlichen Verwaltung wahrnehmen, gelten ungeachtet der Beteiligung nichtöffentlicher Stellen als öffentliche Stellen des Bundes, wenn

1. sie über den Bereich eines Landes hinaus tätig werden oder
2. dem Bund die absolute Mehrheit der Anteile gehört oder die absolute Mehrheit der Stimmen zusteht.

[2] Andernfalls gelten sie als öffentliche Stellen der Länder.

(4) [1] Nichtöffentliche Stellen sind natürliche und juristische Personen, Gesellschaften und andere Personenvereinigungen des privaten Rechts, soweit sie nicht unter die Absätze 1 bis 3 fallen. [2] Nimmt eine nichtöffentliche Stelle hoheitliche Aufgaben der öffentlichen Verwaltung wahr, ist sie insoweit öffentliche Stelle im Sinne dieses Gesetzes.

(5) [1] Öffentliche Stellen des Bundes gelten als nichtöffentliche Stellen im Sinne dieses Gesetzes, soweit sie als öffentlich-rechtliche Unternehmen am Wettbewerb teilnehmen. [2] Als nichtöffentliche Stellen im Sinne dieses Gesetzes gelten auch öffentliche Stellen der Länder, soweit sie als öffentlich-rechtliche Unternehmen am Wettbewerb teilnehmen, Bundesrecht ausführen und der Datenschutz nicht durch Landesgesetz geregelt ist.

Kapitel 2. Rechtsgrundlagen der Verarbeitung personenbezogener Daten

§ 3 Verarbeitung personenbezogener Daten durch öffentliche Stellen.

Die Verarbeitung personenbezogener Daten durch eine öffentliche Stelle ist zulässig, wenn sie zur Erfüllung der in der Zuständigkeit des Verantwortlichen liegenden Aufgabe oder in Ausübung öffentlicher Gewalt, die dem Verantwortlichen übertragen wurde, erforderlich ist.

§ 4 Videoüberwachung öffentlich zugänglicher Räume. (1) [1] Die Beobachtung öffentlich zugänglicher Räume mit optisch-elektronischen Einrichtungen (Videoüberwachung) ist nur zulässig, soweit sie

1. zur Aufgabenerfüllung öffentlicher Stellen,
2. zur Wahrnehmung des Hausrechts oder

3. zur Wahrnehmung berechtigter Interessen für konkret festgelegte Zwecke erforderlich ist und keine Anhaltspunkte bestehen, dass schutzwürdige Interessen der betroffenen Personen überwiegen. ²Bei der Videoüberwachung von

1. öffentlich zugänglichen großflächigen Anlagen, wie insbesondere Sport-, Versammlungs- und Vergnügungsstätten, Einkaufszentren oder Parkplätzen, oder

2. Fahrzeugen und öffentlich zugänglichen großflächigen Einrichtungen des öffentlichen Schienen-, Schiffs- und Busverkehrs

gilt der Schutz von Leben, Gesundheit oder Freiheit von dort aufhältigen Personen als ein besonders wichtiges Interesse.

(2) Der Umstand der Beobachtung und der Name und die Kontaktdaten des Verantwortlichen sind durch geeignete Maßnahmen zum frühestmöglichen Zeitpunkt erkennbar zu machen.

(3) ¹Die Speicherung oder Verwendung von nach Absatz 1 erhobenen Daten ist zulässig, wenn sie zum Erreichen des verfolgten Zwecks erforderlich ist und keine Anhaltspunkte bestehen, dass schutzwürdige Interessen der betroffenen Personen überwiegen. ²Absatz 1 Satz 2 gilt entsprechend. ³Für einen anderen Zweck dürfen sie nur weiterverarbeitet werden, soweit dies zur Abwehr von Gefahren für die staatliche und öffentliche Sicherheit sowie zur Verfolgung von Straftaten erforderlich ist.

(4) ¹Werden durch Videoüberwachung erhobene Daten einer bestimmten Person zugeordnet, so besteht die Pflicht zur Information der betroffenen Person über die Verarbeitung gemäß den Artikeln 13 und 14 der Verordnung (EU) 2016/679. ²§ 32 gilt entsprechend.

(5) Die Daten sind unverzüglich zu löschen, wenn sie zur Erreichung des Zwecks nicht mehr erforderlich sind oder schutzwürdige Interessen der betroffenen Personen einer weiteren Speicherung entgegenstehen.

Kapitel 3. Datenschutzbeauftragte öffentlicher Stellen

§ 5 Benennung. (1) ¹Öffentliche Stellen benennen eine Datenschutzbeauftragte oder einen Datenschutzbeauftragten. ²Dies gilt auch für öffentliche Stellen nach § 2 Absatz 5, die am Wettbewerb teilnehmen.

(2) Für mehrere öffentliche Stellen kann unter Berücksichtigung ihrer Organisationsstruktur und ihrer Größe eine gemeinsame Datenschutzbeauftragte oder ein gemeinsamer Datenschutzbeauftragter benannt werden.

(3) Die oder der Datenschutzbeauftragte wird auf der Grundlage ihrer oder seiner beruflichen Qualifikation und insbesondere ihres oder seines Fachwissens benannt, das sie oder er auf dem Gebiet des Datenschutzrechts und der Datenschutzpraxis besitzt, sowie auf der Grundlage ihrer oder seiner Fähigkeit zur Erfüllung der in § 7 genannten Aufgaben.

(4) Die oder der Datenschutzbeauftragte kann Beschäftigte oder Beschäftigter der öffentlichen Stelle sein oder ihre oder seine Aufgaben auf der Grundlage eines Dienstleistungsvertrags erfüllen.

(5) Die öffentliche Stelle veröffentlicht die Kontaktdaten der oder des Datenschutzbeauftragten und teilt diese Daten der oder dem Bundesbeauftragten für den Datenschutz und die Informationsfreiheit mit.

§ 6 Stellung. (1) Die öffentliche Stelle stellt sicher, dass die oder der Datenschutzbeauftragte ordnungsgemäß und frühzeitig in alle mit dem Schutz personenbezogener Daten zusammenhängenden Fragen eingebunden wird.

(2) Die öffentliche Stelle unterstützt die Datenschutzbeauftragte oder den Datenschutzbeauftragten bei der Erfüllung ihrer oder seiner Aufgaben gemäß § 7, indem sie die für die Erfüllung dieser Aufgaben erforderlichen Ressourcen und den Zugang zu personenbezogenen Daten und Verarbeitungsvorgängen sowie die zur Erhaltung ihres oder seines Fachwissens erforderlichen Ressourcen zur Verfügung stellt.

(3) ¹Die öffentliche Stelle stellt sicher, dass die oder der Datenschutzbeauftragte bei der Erfüllung ihrer oder seiner Aufgaben keine Anweisungen bezüglich der Ausübung dieser Aufgaben erhält. ²Die oder der Datenschutzbeauftragte berichtet unmittelbar der höchsten Leitungsebene der öffentlichen Stelle. ³Die oder der Datenschutzbeauftragte darf von der öffentlichen Stelle wegen der Erfüllung ihrer oder seiner Aufgaben nicht abberufen oder benachteiligt werden.

(4) ¹Die Abberufung der oder des Datenschutzbeauftragten ist nur in entsprechender Anwendung des § 626 des Bürgerlichen Gesetzbuchs zulässig. ²Die Kündigung des Arbeitsverhältnisses ist unzulässig, es sei denn, dass Tatsachen vorliegen, welche die öffentliche Stelle zur Kündigung aus wichtigem Grund ohne Einhaltung einer Kündigungsfrist berechtigen. ³Nach dem Ende der Tätigkeit als Datenschutzbeauftragte oder als Datenschutzbeauftragter ist die Kündigung des Arbeitsverhältnisses innerhalb eines Jahres unzulässig, es sei denn, dass die öffentliche Stelle zur Kündigung aus wichtigem Grund ohne Einhaltung einer Kündigungsfrist berechtigt ist.

(5) ¹Betroffene Personen können die Datenschutzbeauftragte oder den Datenschutzbeauftragten zu allen mit der Verarbeitung ihrer personenbezogenen Daten und mit der Wahrnehmung ihrer Rechte gemäß der Verordnung (EU) 2016/679, diesem Gesetz sowie anderen Rechtsvorschriften über den Datenschutz im Zusammenhang stehenden Fragen zu Rate ziehen. ²Die oder der Datenschutzbeauftragte ist zur Verschwiegenheit über die Identität der betroffenen Person sowie über Umstände, die Rückschlüsse auf die betroffene Person zulassen, verpflichtet, soweit sie oder er nicht davon durch die betroffene Person befreit wird.

(6) ¹Wenn die oder der Datenschutzbeauftragte bei ihrer oder seiner Tätigkeit Kenntnis von Daten erhält, für die der Leitung oder einer bei der öffentlichen Stelle beschäftigten Person aus beruflichen Gründen ein Zeugnisverweigerungsrecht zusteht, steht dieses Recht auch der oder dem Datenschutzbeauftragten und den ihr oder ihm unterstellten Beschäftigten zu. ²Über die Ausübung dieses Rechts entscheidet die Person, der das Zeugnisverweigerungsrecht aus beruflichen Gründen zusteht, es sei denn, dass diese Entscheidung in absehbarer Zeit nicht herbeigeführt werden kann. ³Soweit das Zeugnisverweigerungsrecht der oder des Datenschutzbeauftragten reicht, unterliegen ihre oder seine Akten und andere Dokumente einem Beschlagnahmeverbot.

§ 7 Aufgaben. (1) ¹Der oder dem Datenschutzbeauftragten obliegen neben den in der Verordnung (EU) 2016/679 genannten Aufgaben zumindest folgende Aufgaben:

1. Unterrichtung und Beratung der öffentlichen Stelle und der Beschäftigten, die Verarbeitungen durchführen, hinsichtlich ihrer Pflichten nach diesem Gesetz und sonstigen Vorschriften über den Datenschutz, einschließlich der zur Umsetzung der Richtlinie (EU) 2016/680[1)] erlassenen Rechtsvorschriften;
2. Überwachung der Einhaltung dieses Gesetzes und sonstiger Vorschriften über den Datenschutz, einschließlich der zur Umsetzung der Richtlinie (EU) 2016/680 erlassenen Rechtsvorschriften, sowie der Strategien der öffentlichen Stelle für den Schutz personenbezogener Daten, einschließlich der Zuweisung von Zuständigkeiten, der Sensibilisierung und der Schulung der an den Verarbeitungsvorgängen beteiligten Beschäftigten und der diesbezüglichen Überprüfungen;
3. Beratung im Zusammenhang mit der Datenschutz-Folgenabschätzung und Überwachung ihrer Durchführung gemäß § 67 dieses Gesetzes;
4. Zusammenarbeit mit der Aufsichtsbehörde;
5. Tätigkeit als Anlaufstelle für die Aufsichtsbehörde in mit der Verarbeitung zusammenhängenden Fragen, einschließlich der vorherigen Konsultation gemäß § 69 dieses Gesetzes, und gegebenenfalls Beratung zu allen sonstigen Fragen.

²Im Fall einer oder eines bei einem Gericht bestellten Datenschutzbeauftragten beziehen sich diese Aufgaben nicht auf das Handeln des Gerichts im Rahmen seiner justiziellen Tätigkeit.

(2) ¹Die oder der Datenschutzbeauftragte kann andere Aufgaben und Pflichten wahrnehmen. ²Die öffentliche Stelle stellt sicher, dass derartige Aufgaben und Pflichten nicht zu einem Interessenkonflikt führen.

(3) Die oder der Datenschutzbeauftragte trägt bei der Erfüllung ihrer oder seiner Aufgaben dem mit den Verarbeitungsvorgängen verbundenen Risiko gebührend Rechnung, wobei sie oder er die Art, den Umfang, die Umstände und die Zwecke der Verarbeitung berücksichtigt.

Kapitel 4. Die oder der Bundesbeauftragte für den Datenschutz und die Informationsfreiheit

§ 8 Errichtung. (1) ¹Die oder der Bundesbeauftragte für den Datenschutz und die Informationsfreiheit (Bundesbeauftragte) ist eine oberste Bundesbehörde. ²Der Dienstsitz ist Bonn.

(2) Die Beamtinnen und Beamten der oder des Bundesbeauftragten sind Beamtinnen und Beamte des Bundes.

(3) ¹Die oder der Bundesbeauftragte kann Aufgaben der Personalverwaltung und Personalwirtschaft auf andere Stellen des Bundes übertragen, soweit hierdurch die Unabhängigkeit der oder des Bundesbeauftragten nicht beeinträchtigt wird. ²Diesen Stellen dürfen personenbezogene Daten der Beschäftigten übermittelt werden, soweit deren Kenntnis zur Erfüllung der übertragenen Aufgaben erforderlich ist.

[1)] Nr. 2.

§ 9 Zuständigkeit.

(1) ¹Die oder der Bundesbeauftragte ist zuständig für die Aufsicht über die öffentlichen Stellen des Bundes, auch soweit sie als öffentlich-rechtliche Unternehmen am Wettbewerb teilnehmen, sowie über Unternehmen, soweit diese für die geschäftsmäßige Erbringung von Telekommunikationsdienstleistungen Daten von natürlichen oder juristischen Personen verarbeiten und sich die Zuständigkeit nicht bereits aus § 27 des Telekommunikation-Telemedien-Datenschutz-Gesetzes[1]) ergibt. ²Die Vorschriften dieses Kapitels gelten auch für Auftragsverarbeiter, soweit sie nichtöffentliche Stellen sind, bei denen dem Bund die Mehrheit der Anteile gehört oder die Mehrheit der Stimmen zusteht und der Auftraggeber eine öffentliche Stelle des Bundes ist.

(2) Die oder der Bundesbeauftragte ist nicht zuständig für die Aufsicht über die von den Bundesgerichten im Rahmen ihrer justiziellen Tätigkeit vorgenommenen Verarbeitungen.

§ 10 Unabhängigkeit.

(1) ¹Die oder der Bundesbeauftragte handelt bei der Erfüllung ihrer oder seiner Aufgaben und bei der Ausübung ihrer oder seiner Befugnisse völlig unabhängig. ²Sie oder er unterliegt weder direkter noch indirekter Beeinflussung von außen und ersucht weder um Weisung noch nimmt sie oder er Weisungen entgegen.

(2) Die oder der Bundesbeauftragte unterliegt der Rechnungsprüfung durch den Bundesrechnungshof, soweit hierdurch ihre oder seine Unabhängigkeit nicht beeinträchtigt wird.

§ 11 Ernennung und Amtszeit.

(1) ¹Der Deutsche Bundestag wählt ohne Aussprache auf Vorschlag der Bundesregierung die Bundesbeauftragte oder den Bundesbeauftragten mit mehr als der Hälfte der gesetzlichen Zahl seiner Mitglieder. ²Die oder der Gewählte ist von der Bundespräsidentin oder dem Bundespräsidenten zu ernennen. ³Die oder der Bundesbeauftragte muss bei ihrer oder seiner Wahl das 35. Lebensjahr vollendet haben. ⁴Sie oder er muss über die für die Erfüllung ihrer oder seiner Aufgaben und Ausübung ihrer oder seiner Befugnisse erforderliche Qualifikation, Erfahrung und Sachkunde insbesondere im Bereich des Schutzes personenbezogener Daten verfügen. ⁵Insbesondere muss die oder der Bundesbeauftragte über durch einschlägige Berufserfahrung erworbene Kenntnisse des Datenschutzrechts verfügen und die Befähigung zum Richteramt oder höheren Verwaltungsdienst haben.

(2) ¹Die oder der Bundesbeauftragte leistet vor der Bundespräsidentin oder dem Bundespräsidenten folgenden Eid: „Ich schwöre, dass ich meine Kraft dem Wohle des deutschen Volkes widmen, seinen Nutzen mehren, Schaden von ihm wenden, das Grundgesetz[2]) und die Gesetze des Bundes wahren und verteidigen, meine Pflichten gewissenhaft erfüllen und Gerechtigkeit gegen jedermann üben werde. So wahr mir Gott helfe." ²Der Eid kann auch ohne religiöse Beteuerung geleistet werden.

(3) ¹Die Amtszeit der oder des Bundesbeauftragten beträgt fünf Jahre. ²Einmalige Wiederwahl ist zulässig.

---

[1]) Nr. 8.
[2]) Nr. 16.

§ 12 Amtsverhältnis. (1) Die oder der Bundesbeauftragte steht nach Maßgabe dieses Gesetzes zum Bund in einem öffentlich-rechtlichen Amtsverhältnis.

(2) ¹Das Amtsverhältnis beginnt mit der Aushändigung der Ernennungsurkunde. ²Es endet mit dem Ablauf der Amtszeit oder mit dem Rücktritt. ³Die Bundespräsidentin oder der Bundespräsident enthebt auf Vorschlag der Präsidentin oder des Präsidenten des Bundestages die Bundesbeauftragte ihres oder den Bundesbeauftragten seines Amtes, wenn die oder der Bundesbeauftragte eine schwere Verfehlung begangen hat oder die Voraussetzungen für die Wahrnehmung ihrer oder seiner Aufgaben nicht mehr erfüllt. ⁴Im Fall der Beendigung des Amtsverhältnisses oder der Amtsenthebung erhält die oder der Bundesbeauftragte eine von der Bundespräsidentin oder dem Bundespräsidenten vollzogene Urkunde. ⁵Eine Amtsenthebung wird mit der Aushändigung der Urkunde wirksam. ⁶Endet das Amtsverhältnis mit Ablauf der Amtszeit, ist die oder der Bundesbeauftragte verpflichtet, auf Ersuchen der Präsidentin oder des Präsidenten des Bundestages die Geschäfte bis zur Ernennung einer Nachfolgerin oder eines Nachfolgers für die Dauer von höchstens sechs Monaten weiterzuführen.

(3) ¹Die Leitende Beamtin oder der Leitende Beamte nimmt die Rechte der oder des Bundesbeauftragten wahr, wenn die oder der Bundesbeauftragte an der Ausübung ihres oder seines Amtes verhindert ist oder wenn ihr oder sein Amtsverhältnis endet und sie oder er nicht zur Weiterführung der Geschäfte verpflichtet ist. ²§ 10 Absatz 1 ist entsprechend anzuwenden.

(4) ¹Die oder der Bundesbeauftragte erhält vom Beginn des Kalendermonats an, in dem das Amtsverhältnis beginnt, bis zum Schluss des Kalendermonats, in dem das Amtsverhältnis endet, im Fall des Absatzes 2 Satz 6 bis zum Ende des Monats, in dem die Geschäftsführung endet, Amtsbezüge in Höhe der Besoldungsgruppe B 11 sowie den Familienzuschlag entsprechend Anlage V des Bundesbesoldungsgesetzes. ²Das Bundesreisekostengesetz und das Bundesumzugskostengesetz sind entsprechend anzuwenden. ³Im Übrigen sind § 12 Absatz 6 sowie die §§ 13 bis 20 und 21a Absatz 5 des Bundesministergesetzes mit der Maßgaben anzuwenden, dass an die Stelle der vierjährigen Amtszeit in § 15 Absatz 1 des Bundesministergesetzes eine Amtszeit von fünf Jahren tritt. ⁴Abweichend von Satz 3 in Verbindung mit den §§ 15 bis 17 und 21a Absatz 5 des Bundesministergesetzes berechnet sich das Ruhegehalt der oder des Bundesbeauftragten unter Hinzurechnung der Amtszeit als ruhegehaltsfähige Dienstzeit in entsprechender Anwendung des Beamtenversorgungsgesetzes, wenn dies günstiger ist und die oder der Bundesbeauftragte sich unmittelbar vor ihrer oder seiner Wahl zur oder zum Bundesbeauftragten als Beamtin oder Beamter oder als Richterin oder Richter mindestens in dem letzten gewöhnlich vor Erreichen der Besoldungsgruppe B 11 zu durchlaufenden Amt befunden hat.

§ 13 Rechte und Pflichten. (1) ¹Die oder der Bundesbeauftragte sieht von allen mit den Aufgaben ihres oder seines Amtes nicht zu vereinbarenden Handlungen ab und übt während ihrer oder seiner Amtszeit keine andere mit ihrem oder seinem Amt nicht zu vereinbarende entgeltliche oder unentgeltliche Tätigkeit aus. ²Insbesondere darf die oder der Bundesbeauftragte neben ihrem oder seinem Amt kein anderes besoldetes Amt, kein Gewerbe und keinen Beruf ausüben und weder der Leitung oder dem Aufsichtsrat oder Verwaltungsrat eines auf Erwerb gerichteten Unternehmens noch einer Regierung oder einer gesetzgebenden Körperschaft des Bundes oder eines Landes angehören. ³Sie oder er darf nicht gegen Entgelt außergerichtliche Gutachten abgeben.

(2) ¹Die oder der Bundesbeauftragte hat der Präsidentin oder dem Präsidenten des Bundestages Mitteilung über Geschenke zu machen, die sie oder er in Bezug auf das Amt erhält. ²Die Präsidentin oder der Präsident des Bundestages entscheidet über die Verwendung der Geschenke. ³Sie oder er kann Verfahrensvorschriften erlassen.

(3) ¹Die oder der Bundesbeauftragte ist berechtigt, über Personen, die ihr oder ihm in ihrer oder seiner Eigenschaft als Bundesbeauftragte oder Bundesbeauftragter Tatsachen anvertraut haben, sowie über diese Tatsachen selbst das Zeugnis zu verweigern. ²Dies gilt auch für die Mitarbeiterinnen und Mitarbeiter der oder des Bundesbeauftragten mit der Maßgabe, dass über die Ausübung dieses Rechts die oder der Bundesbeauftragte entscheidet. ³Soweit das Zeugnisverweigerungsrecht der oder des Bundesbeauftragten reicht, darf die Vorlegung oder Auslieferung von Akten oder anderen Dokumenten von ihr oder ihm nicht gefordert werden.

(4) ¹Die oder der Bundesbeauftragte ist, auch nach Beendigung ihres oder seines Amtsverhältnisses, verpflichtet, über die ihr oder ihm amtlich bekanntgewordenen Angelegenheiten Verschwiegenheit zu bewahren. ²Dies gilt nicht für Mitteilungen im dienstlichen Verkehr oder über Tatsachen, die offenkundig sind oder ihrer Bedeutung nach keiner Geheimhaltung bedürfen. ³Die oder der Bundesbeauftragte entscheidet nach pflichtgemäßem Ermessen, ob und inwieweit sie oder er über solche Angelegenheiten vor Gericht oder außergerichtlich aussagt oder Erklärungen abgibt; wenn sie oder er nicht mehr im Amt ist, ist die Genehmigung der oder des amtierenden Bundesbeauftragten erforderlich. ⁴Unberührt bleibt die gesetzlich begründete Pflicht, Straftaten anzuzeigen und bei einer Gefährdung der freiheitlichen demokratischen Grundordnung für deren Erhaltung einzutreten. ⁵Für die Bundesbeauftragte oder den Bundesbeauftragten und ihre oder seine Mitarbeiterinnen und Mitarbeiter gelten die §§ 93, 97 und 105 Absatz 1, § 111 Absatz 5 in Verbindung mit § 105 Absatz 1 sowie § 116 Absatz 1 der Abgabenordnung[1]) nicht. ⁶Satz 5 findet keine Anwendung, soweit die Finanzbehörden die Kenntnis für die Durchführung eines Verfahrens wegen einer Steuerstraftat sowie eines damit zusammenhängenden Steuerverfahrens benötigen, an deren Verfolgung ein zwingendes öffentliches Interesse besteht, oder soweit es sich um vorsätzlich falsche Angaben der oder des Auskunftspflichtigen oder der für sie oder ihn tätigen Personen handelt. ⁷Stellt die oder der Bundesbeauftragte einen Datenschutzverstoß fest, ist sie oder er befugt, diesen anzuzeigen und die betroffene Person hierüber zu informieren.

(5) ¹Die oder der Bundesbeauftragte darf als Zeugin oder Zeuge aussagen, es sei denn, die Aussage würde

1. dem Wohl des Bundes oder eines Landes Nachteile bereiten, insbesondere Nachteile für die Sicherheit der Bundesrepublik Deutschland oder ihre Beziehungen zu anderen Staaten, oder

2. Grundrechte verletzen.

²Betrifft die Aussage laufende oder abgeschlossene Vorgänge, die dem Kernbereich exekutiver Eigenverantwortung der Bundesregierung zuzurechnen sind

---

[1]) Nr. 37.

oder sein könnten, darf die oder der Bundesbeauftragte nur im Benehmen mit der Bundesregierung aussagen. ³§ 28 des Bundesverfassungsgerichtsgesetzes bleibt unberührt.

(6) Die Absätze 3 und 4 Satz 5 bis 7 gelten entsprechend für die öffentlichen Stellen, die für die Kontrolle der Einhaltung der Vorschriften über den Datenschutz in den Ländern zuständig sind.

§ 14 Aufgaben. (1) ¹Die oder der Bundesbeauftragte hat neben den in der Verordnung (EU) 2016/679[1] genannten Aufgaben die Aufgaben,
1. die Anwendung dieses Gesetzes und sonstiger Vorschriften über den Datenschutz, einschließlich der zur Umsetzung der Richtlinie (EU) 2016/680[2] erlassenen Rechtsvorschriften, zu überwachen und durchzusetzen,
2. die Öffentlichkeit für die Risiken, Vorschriften, Garantien und Rechte im Zusammenhang mit der Verarbeitung personenbezogener Daten zu sensibilisieren und sie darüber aufzuklären, wobei spezifische Maßnahmen für Kinder besondere Beachtung finden,
3. den Deutschen Bundestag und den Bundesrat, die Bundesregierung und andere Einrichtungen und Gremien über legislative und administrative Maßnahmen zum Schutz der Rechte und Freiheiten natürlicher Personen in Bezug auf die Verarbeitung personenbezogener Daten zu beraten,
4. die Verantwortlichen und die Auftragsverarbeiter für die ihnen aus diesem Gesetz und sonstigen Vorschriften über den Datenschutz, einschließlich den zur Umsetzung der Richtlinie (EU) 2016/680 erlassenen Rechtsvorschriften, entstehenden Pflichten zu sensibilisieren,
5. auf Anfrage jeder betroffenen Person Informationen über die Ausübung ihrer Rechte aufgrund dieses Gesetzes und sonstiger Vorschriften über den Datenschutz, einschließlich der zur Umsetzung der Richtlinie (EU) 2016/680 erlassenen Rechtsvorschriften, zur Verfügung zu stellen und gegebenenfalls zu diesem Zweck mit den Aufsichtsbehörden in anderen Mitgliedstaaten zusammenzuarbeiten,
6. sich mit Beschwerden einer betroffenen Person oder Beschwerden einer Stelle, einer Organisation oder eines Verbandes gemäß Artikel 55 der Richtlinie (EU) 2016/680 zu befassen, den Gegenstand der Beschwerde in angemessenem Umfang zu untersuchen und den Beschwerdeführer innerhalb einer angemessenen Frist über den Fortgang und das Ergebnis der Untersuchung zu unterrichten, insbesondere, wenn eine weitere Untersuchung oder Koordinierung mit einer anderen Aufsichtsbehörde notwendig ist,
7. mit anderen Aufsichtsbehörden zusammenzuarbeiten, auch durch Informationsaustausch, und ihnen Amtshilfe zu leisten, um die einheitliche Anwendung und Durchsetzung dieses Gesetzes und sonstiger Vorschriften über den Datenschutz, einschließlich der zur Umsetzung der Richtlinie (EU) 2016/680 erlassenen Rechtsvorschriften, zu gewährleisten,
8. Untersuchungen über die Anwendung dieses Gesetzes und sonstiger Vorschriften über den Datenschutz, einschließlich der zur Umsetzung der Richtlinie (EU) 2016/680 erlassenen Rechtsvorschriften, durchzuführen,

---
[1] Nr. 1.
[2] Nr. 2.

auch auf der Grundlage von Informationen einer anderen Aufsichtsbehörde oder einer anderen Behörde,

9. maßgebliche Entwicklungen zu verfolgen, soweit sie sich auf den Schutz personenbezogener Daten auswirken, insbesondere die Entwicklung der Informations- und Kommunikationstechnologie und der Geschäftspraktiken,

10. Beratung in Bezug auf die in § 69 genannten Verarbeitungsvorgänge zu leisten und

11. Beiträge zur Tätigkeit des Europäischen Datenschutzausschusses zu leisten.

²Im Anwendungsbereich der Richtlinie (EU) 2016/680 nimmt die oder der Bundesbeauftragte zudem die Aufgabe nach § 60 wahr.

(2) ¹Zur Erfüllung der in Absatz 1 Satz 1 Nummer 3 genannten Aufgabe kann die oder der Bundesbeauftragte zu allen Fragen, die im Zusammenhang mit dem Schutz personenbezogener Daten stehen, von sich aus oder auf Anfrage Stellungnahmen an den Deutschen Bundestag oder einen seiner Ausschüsse, den Bundesrat, die Bundesregierung, sonstige Einrichtungen und Stellen sowie an die Öffentlichkeit richten. ²Auf Ersuchen des Deutschen Bundestages, eines seiner Ausschüsse oder der Bundesregierung geht die oder der Bundesbeauftragte ferner Hinweisen auf Angelegenheiten und Vorgänge des Datenschutzes bei den öffentlichen Stellen des Bundes nach.

(3) Die oder der Bundesbeauftragte erleichtert das Einreichen der in Absatz 1 Satz 1 Nummer 6 genannten Beschwerden durch Maßnahmen wie etwa die Bereitstellung eines Beschwerdeformulars, das auch elektronisch ausgefüllt werden kann, ohne dass andere Kommunikationsmittel ausgeschlossen werden.

(4) ¹Die Erfüllung der Aufgaben der oder des Bundesbeauftragten ist für die betroffene Person unentgeltlich. ²Bei offenkundig unbegründeten oder, insbesondere im Fall von häufiger Wiederholung, exzessiven Anfragen kann die oder der Bundesbeauftragte eine angemessene Gebühr auf der Grundlage der Verwaltungskosten verlangen oder sich weigern, aufgrund der Anfrage tätig zu werden. ³In diesem Fall trägt die oder der Bundesbeauftragte die Beweislast für den offenkundig unbegründeten oder exzessiven Charakter der Anfrage.

§ 15 Tätigkeitsbericht. ¹Die oder der Bundesbeauftragte erstellt einen Jahresbericht über ihre oder seine Tätigkeit, der eine Liste der Arten der gemeldeten Verstöße und der Arten der getroffenen Maßnahmen, einschließlich der verhängten Sanktionen und der Maßnahmen nach Artikel 58 Absatz 2 der Verordnung (EU) 2016/679[1], enthalten kann. ²Die oder der Bundesbeauftragte übermittelt den Bericht dem Deutschen Bundestag, dem Bundesrat und der Bundesregierung und macht ihn der Öffentlichkeit, der Europäischen Kommission und dem Europäischen Datenschutzausschuss zugänglich.

§ 16 Befugnisse. (1) ¹Die oder der Bundesbeauftragte nimmt im Anwendungsbereich der Verordnung (EU) 2016/679[1] die Befugnisse gemäß Artikel 58 der Verordnung (EU) 2016/679 wahr. ²Kommt die oder der Bundesbeauftragte zu dem Ergebnis, dass Verstöße gegen die Vorschriften über den Datenschutz oder sonstige Mängel bei der Verarbeitung personenbezogener Daten vorliegen, teilt sie oder er dies der zuständigen Rechts- oder Fachaufsichtsbehörde mit

---

[1] Nr. 1.

und gibt dieser vor der Ausübung der Befugnisse des Artikels 58 Absatz 2 Buchstabe b bis g, i und j der Verordnung (EU) 2016/679 gegenüber dem Verantwortlichen Gelegenheit zur Stellungnahme innerhalb einer angemessenen Frist. ³Von der Einräumung der Gelegenheit zur Stellungnahme kann abgesehen werden, wenn eine sofortige Entscheidung wegen Gefahr im Verzug oder im öffentlichen Interesse notwendig erscheint oder ihr ein zwingendes öffentliches Interesse entgegensteht. ⁴Die Stellungnahme soll auch eine Darstellung der Maßnahmen enthalten, die aufgrund der Mitteilung der oder des Bundesbeauftragten getroffen worden sind.

(2) ¹Stellt die oder der Bundesbeauftragte bei Datenverarbeitungen durch öffentliche Stellen des Bundes zu Zwecken außerhalb des Anwendungsbereichs der Verordnung (EU) 2016/679 Verstöße gegen die Vorschriften dieses Gesetzes oder gegen andere Vorschriften über den Datenschutz oder sonstige Mängel bei der Verarbeitung oder Nutzung personenbezogener Daten fest, so beanstandet sie oder er dies gegenüber der zuständigen obersten Bundesbehörde und fordert diese zur Stellungnahme innerhalb einer von ihr oder ihm zu bestimmenden Frist auf. ²Die oder der Bundesbeauftragte kann von einer Beanstandung absehen oder auf eine Stellungnahme verzichten, insbesondere wenn es sich um unerhebliche oder inzwischen beseitigte Mängel handelt. ³Die Stellungnahme soll auch eine Darstellung der Maßnahmen enthalten, die aufgrund der Beanstandung der oder des Bundesbeauftragten getroffen worden sind. ⁴Die oder der Bundesbeauftragte kann den Verantwortlichen auch davor warnen, dass beabsichtigte Verarbeitungsvorgänge voraussichtlich gegen in diesem Gesetz enthaltene und andere auf die jeweilige Datenverarbeitung anzuwendende Vorschriften über den Datenschutz verstoßen.

(3) ¹Die Befugnisse der oder des Bundesbeauftragten erstrecken sich auch auf

1. von ihrer oder seiner Aufsicht unterliegenden Stellen erlangte personenbezogene Daten über den Inhalt und die näheren Umstände des Brief-, Post- und Fernmeldeverkehrs und

2. personenbezogene Daten, die einem besonderen Amtsgeheimnis, insbesondere dem Steuergeheimnis nach § 30 der Abgabenordnung[1]), unterliegen.

²Das Grundrecht des Brief-, Post- und Fernmeldegeheimnisses des Artikels 10 des Grundgesetzes[2]) wird insoweit eingeschränkt.

(4) ¹Die öffentlichen Stellen des Bundes sind verpflichtet, der oder dem Bundesbeauftragten und ihren oder seinen Beauftragten

1. jederzeit Zugang zu den Grundstücken und Diensträumen, einschließlich aller Datenverarbeitungsanlagen und -geräte, sowie zu allen personenbezogenen Daten und Informationen, die zur Erfüllung ihrer oder seiner Aufgaben notwendig sind, zu gewähren und

2. alle Informationen, die für die Erfüllung ihrer oder seiner Aufgaben erforderlich sind, bereitzustellen.

²Für nichtöffentliche Stellen besteht die Verpflichtung des Satzes 1 Nummer 1 nur während der üblichen Betriebs- und Geschäftszeiten.

---

[1]) Nr. **37**.
[2]) Nr. **16**.

(5) ¹Die oder der Bundesbeauftragte wirkt auf die Zusammenarbeit mit den öffentlichen Stellen, die für die Kontrolle der Einhaltung der Vorschriften über den Datenschutz in den Ländern zuständig sind, sowie mit den Aufsichtsbehörden nach § 40 hin. ² § 40 Absatz 3 Satz 1 zweiter Halbsatz gilt entsprechend.

Kapitel 5. Vertretung im Europäischen Datenschutzausschuss, zentrale Anlaufstelle, Zusammenarbeit der Aufsichtsbehörden des Bundes und der Länder in Angelegenheiten der Europäischen Union

§ 17 Vertretung im Europäischen Datenschutzausschuss, zentrale Anlaufstelle. (1) ¹Gemeinsamer Vertreter im Europäischen Datenschutzausschuss und zentrale Anlaufstelle ist die oder der Bundesbeauftragte (gemeinsamer Vertreter). ²Als Stellvertreterin oder Stellvertreter des gemeinsamen Vertreters wählt der Bundesrat eine Leiterin oder einen Leiter der Aufsichtsbehörde eines Landes (Stellvertreter). ³Die Wahl erfolgt für fünf Jahre. ⁴Mit dem Ausscheiden aus dem Amt als Leiterin oder Leiter der Aufsichtsbehörde eines Landes endet zugleich die Funktion als Stellvertreter. ⁵Wiederwahl ist zulässig.

(2) Der gemeinsame Vertreter überträgt in Angelegenheiten, die die Wahrnehmung einer Aufgabe betreffen, für welche die Länder allein das Recht zur Gesetzgebung haben, oder welche die Einrichtung oder das Verfahren von Landesbehörden betreffen, dem Stellvertreter auf dessen Verlangen die Verhandlungsführung und das Stimmrecht im Europäischen Datenschutzausschuss.

§ 18 Verfahren der Zusammenarbeit der Aufsichtsbehörden des Bundes und der Länder. (1) ¹Die oder der Bundesbeauftragte und die Aufsichtsbehörden der Länder (Aufsichtsbehörden des Bundes und der Länder) arbeiten in Angelegenheiten der Europäischen Union mit dem Ziel einer einheitlichen Anwendung der Verordnung (EU) 2016/679[1)] und der Richtlinie (EU) 2016/680[2)] zusammen. ²Vor der Übermittlung eines gemeinsamen Standpunktes an die Aufsichtsbehörden der anderen Mitgliedstaaten, die Europäische Kommission oder den Europäischen Datenschutzausschuss geben sich die Aufsichtsbehörden des Bundes und der Länder frühzeitig Gelegenheit zur Stellungnahme. ³Zu diesem Zweck tauschen sie untereinander alle zweckdienlichen Informationen aus. ⁴Die Aufsichtsbehörden des Bundes und der Länder beteiligen die nach den Artikeln 85 und 91 der Verordnung (EU) 2016/679 eingerichteten spezifischen Aufsichtsbehörden, sofern diese von der Angelegenheit betroffen sind.

(2) ¹Soweit die Aufsichtsbehörden des Bundes und der Länder kein Einvernehmen über den gemeinsamen Standpunkt erzielen, legen die federführende Behörde oder in Ermangelung einer solchen der gemeinsame Vertreter und sein Stellvertreter einen Vorschlag für einen gemeinsamen Standpunkt vor. ²Einigen sich der gemeinsame Vertreter und sein Stellvertreter nicht auf einen Vorschlag für einen gemeinsamen Standpunkt, legt in Angelegenheiten, die die Wahrnehmung von Aufgaben betreffen, für welche die Länder allein das Recht der Gesetzgebung haben, oder welche die Einrichtung oder das Verfahren von Landesbehörden betreffen, der Stellvertreter den Vorschlag für einen gemeinsamen Standpunkt fest. ³In den übrigen Fällen fehlenden Einvernehmens nach Satz 2 legt der gemeinsame Vertreter den Standpunkt fest. ⁴Der nach den

---

[1)] Nr. 1.
[2)] Nr. 2.

Sätzen 1 bis 3 vorgeschlagene Standpunkt ist den Verhandlungen zu Grunde zu legen, wenn nicht die Aufsichtsbehörden von Bund und Ländern einen anderen Standpunkt mit einfacher Mehrheit beschließen. [5] Der Bund und jedes Land haben jeweils eine Stimme. [6] Enthaltungen werden nicht gezählt.

(3) [1] Der gemeinsame Vertreter und dessen Stellvertreter sind an den gemeinsamen Standpunkt nach den Absätzen 1 und 2 gebunden und legen unter Beachtung dieses Standpunktes einvernehmlich die jeweilige Verhandlungsführung fest. [2] Sollte ein Einvernehmen nicht erreicht werden, entscheidet in den in § 18 Absatz 2 Satz 2 genannten Angelegenheiten der Stellvertreter über die weitere Verhandlungsführung. [3] In den übrigen Fällen gibt die Stimme des gemeinsamen Vertreters den Ausschlag.

§ 19 Zuständigkeiten. (1) [1] Federführende Aufsichtsbehörde eines Landes im Verfahren der Zusammenarbeit und Kohärenz nach Kapitel VII der Verordnung (EU) 2016/679[1]) ist die Aufsichtsbehörde des Landes, in dem der Verantwortliche oder der Auftragsverarbeiter seine Hauptniederlassung im Sinne des Artikels 4 Nummer 16 der Verordnung (EU) 2016/679 oder seine einzige Niederlassung in der Europäischen Union im Sinne des Artikels 56 Absatz 1 der Verordnung (EU) 2016/679 hat. [2] Im Zuständigkeitsbereich der oder des Bundesbeauftragten gilt Artikel 56 Absatz 1 in Verbindung mit Artikel 4 Nummer 16 der Verordnung (EU) 2016/679 entsprechend. [3] Besteht über die Federführung kein Einvernehmen, findet für die Festlegung der federführenden Aufsichtsbehörde das Verfahren des § 18 Absatz 2 entsprechende Anwendung.

(2) [1] Die Aufsichtsbehörde, bei der eine betroffene Person Beschwerde eingereicht hat, gibt die Beschwerde an die federführende Aufsichtsbehörde nach Absatz 1, in Ermangelung einer solchen an die Aufsichtsbehörde eines Landes ab, in dem der Verantwortliche oder der Auftragsverarbeiter eine Niederlassung hat. [2] Wird eine Beschwerde bei einer sachlich unzuständigen Aufsichtsbehörde eingereicht, gibt diese, sofern eine Abgabe nach Satz 1 nicht in Betracht kommt, die Beschwerde an die Aufsichtsbehörde am Wohnsitz des Beschwerdeführers ab. [3] Die empfangende Aufsichtsbehörde gilt als die Aufsichtsbehörde nach Maßgabe des Kapitels VII der Verordnung (EU) 2016/679, bei die Beschwerde eingereicht worden ist, und kommt den Verpflichtungen aus Artikel 60 Absatz 7 bis 9 und Artikel 65 Absatz 6 der Verordnung (EU) 2016/679 nach. [4] Im Zuständigkeitsbereich der oder des Bundesbeauftragten gibt die Aufsichtsbehörde, bei der eine Beschwerde eingereicht wurde, diese, sofern eine Abgabe nach Absatz 1 nicht in Betracht kommt, an den Bundesbeauftragten oder die Bundesbeauftragte ab.

Kapitel 6. Rechtsbehelfe

§ 20 Gerichtlicher Rechtsschutz. (1) [1] Für Streitigkeiten zwischen einer natürlichen oder einer juristischen Person und einer Aufsichtsbehörde des Bundes oder eines Landes über Rechte gemäß Artikel 78 Absatz 1 und 2 der Verordnung (EU) 2016/679[1]) sowie § 61 ist der Verwaltungsrechtsweg gegeben. [2] Satz 1 gilt nicht für Bußgeldverfahren.

---

[1]) Nr. 1.

(2) Die Verwaltungsgerichtsordnung ist nach Maßgabe der Absätze 3 bis 7 anzuwenden.

(3) Für Verfahren nach Absatz 1 Satz 1 ist das Verwaltungsgericht örtlich zuständig, in dessen Bezirk die Aufsichtsbehörde ihren Sitz hat.

(4) In Verfahren nach Absatz 1 Satz 1 ist die Aufsichtsbehörde beteiligungsfähig.

(5) ¹Beteiligte eines Verfahrens nach Absatz 1 Satz 1 sind

1. die natürliche oder juristische Person als Klägerin oder Antragstellerin und
2. die Aufsichtsbehörde als Beklagte oder Antragsgegnerin.

²§ 63 Nummer 3 und 4 der Verwaltungsgerichtsordnung bleibt unberührt.

(6) Ein Vorverfahren findet nicht statt.

(7) Die Aufsichtsbehörde darf gegenüber einer Behörde oder deren Rechtsträger nicht die sofortige Vollziehung gemäß § 80 Absatz 2 Satz 1 Nummer 4 der Verwaltungsgerichtsordnung anordnen.

§ 21 Antrag der Aufsichtsbehörde auf gerichtliche Entscheidung bei angenommener Rechtswidrigkeit eines Beschlusses der Europäischen Kommission. (1) Hält eine Aufsichtsbehörde einen Angemessenheitsbeschluss der Europäischen Kommission, einen Beschluss über die Anerkennung von Standardschutzklauseln oder über die Allgemeingültigkeit von genehmigten Verhaltensregeln, auf dessen Gültigkeit es für eine Entscheidung der Aufsichtsbehörde ankommt, für rechtswidrig, so hat die Aufsichtsbehörde ihr Verfahren auszusetzen und einen Antrag auf gerichtliche Entscheidung zu stellen.

(2) ¹Für Verfahren nach Absatz 1 ist der Verwaltungsrechtsweg gegeben. ²Die Verwaltungsgerichtsordnung ist nach Maßgabe der Absätze 3 bis 6 anzuwenden.

(3) Über einen Antrag der Aufsichtsbehörde nach Absatz 1 entscheidet im ersten und letzten Rechtszug das Bundesverwaltungsgericht.

(4) ¹In Verfahren nach Absatz 1 ist die Aufsichtsbehörde beteiligungsfähig. ²An einem Verfahren nach Absatz 1 ist die Aufsichtsbehörde als Antragstellerin beteiligt; § 63 Nummer 3 und 4 der Verwaltungsgerichtsordnung bleibt unberührt. ³Das Bundesverwaltungsgericht kann der Europäischen Kommission Gelegenheit zur Äußerung binnen einer zu bestimmenden Frist geben.

(5) Ist ein Verfahren zur Überprüfung der Gültigkeit eines Beschlusses der Europäischen Kommission nach Absatz 1 bei dem Gerichtshof der Europäischen Union anhängig, so kann das Bundesverwaltungsgericht anordnen, dass die Verhandlung bis zur Erledigung des Verfahrens vor dem Gerichtshof der Europäischen Union auszusetzen sei.

(6) ¹In Verfahren nach Absatz 1 ist § 47 Absatz 5 Satz 1 und Absatz 6 der Verwaltungsgerichtsordnung entsprechend anzuwenden. ²Kommt das Bundesverwaltungsgericht zu der Überzeugung, dass der Beschluss der Europäischen Kommission nach Absatz 1 gültig ist, so stellt es dies in seiner Entscheidung fest. ³Andernfalls legt es die Frage nach der Gültigkeit des Beschlusses gemäß Artikel 267 des Vertrags über die Arbeitsweise der Europäischen Union dem Gerichtshof der Europäischen Union zur Entscheidung vor.

Teil 2. Durchführungsbestimmungen für Verarbeitungen zu Zwecken gemäß Artikel 2 der Verordnung (EU) 2016/679

Kapitel 1. Rechtsgrundlagen der Verarbeitung personenbezogener Daten

Abschnitt 1. Verarbeitung besonderer Kategorien personenbezogener Daten und Verarbeitung zu anderen Zwecken

§ 22 Verarbeitung besonderer Kategorien personenbezogener Daten.

(1) Abweichend von Artikel 9 Absatz 1 der Verordnung (EU) 2016/679[1] ist die Verarbeitung besonderer Kategorien personenbezogener Daten im Sinne des Artikels 9 Absatz 1 der Verordnung (EU) 2016/679 zulässig

1. durch öffentliche und nichtöffentliche Stellen, wenn sie

   a) erforderlich ist, um die aus dem Recht der sozialen Sicherheit und des Sozialschutzes erwachsenden Rechte auszuüben und den diesbezüglichen Pflichten nachzukommen,

   b) zum Zweck der Gesundheitsvorsorge, für die Beurteilung der Arbeitsfähigkeit des Beschäftigten, für die medizinische Diagnostik, die Versorgung oder Behandlung im Gesundheits- oder Sozialbereich oder für die Verwaltung von Systemen und Diensten im Gesundheits- und Sozialbereich oder aufgrund eines Vertrags der betroffenen Person mit einem Angehörigen eines Gesundheitsberufs erforderlich ist und diese Daten von ärztlichem Personal oder durch sonstige Personen, die einer entsprechenden Geheimhaltungspflicht unterliegen, oder unter deren Verantwortung verarbeitet werden,

   c) aus Gründen des öffentlichen Interesses im Bereich der öffentlichen Gesundheit, wie des Schutzes vor schwerwiegenden grenzüberschreitenden Gesundheitsgefahren oder zur Gewährleistung hoher Qualitäts- und Sicherheitsstandards bei der Gesundheitsversorgung und bei Arzneimitteln und Medizinprodukten erforderlich ist; ergänzend zu den in Absatz 2 genannten Maßnahmen sind insbesondere die berufsrechtlichen und strafrechtlichen Vorgaben zur Wahrung des Berufsgeheimnisses einzuhalten, oder

   d) aus Gründen eines erheblichen öffentlichen Interesses zwingend erforderlich ist,

2. durch öffentliche Stellen, wenn sie

   a) zur Abwehr einer erheblichen Gefahr für die öffentliche Sicherheit erforderlich ist,

   b) zur Abwehr erheblicher Nachteile für das Gemeinwohl oder zur Wahrung erheblicher Belange des Gemeinwohls zwingend erforderlich ist oder

   c) aus zwingenden Gründen der Verteidigung oder der Erfüllung über- oder zwischenstaatlicher Verpflichtungen einer öffentlichen Stelle des Bundes auf dem Gebiet der Krisenbewältigung oder Konfliktverhinderung oder für humanitäre Maßnahmen erforderlich ist

---

[1] Nr. 1.

und soweit die Interessen des Verantwortlichen an der Datenverarbeitung in den Fällen der Nummer 1 Buchstabe d und der Nummer 2 die Interessen der betroffenen Person überwiegen.

(2) ¹In den Fällen des Absatzes 1 sind angemessene und spezifische Maßnahmen zur Wahrung der Interessen der betroffenen Person vorzusehen. ²Unter Berücksichtigung des Stands der Technik, der Implementierungskosten und der Art, des Umfangs, der Umstände und der Zwecke der Verarbeitung sowie der unterschiedlichen Eintrittswahrscheinlichkeit und Schwere der mit der Verarbeitung verbundenen Risiken für die Rechte und Freiheiten natürlicher Personen können dazu insbesondere gehören:

1. technisch organisatorische Maßnahmen, um sicherzustellen, dass die Verarbeitung gemäß der Verordnung (EU) 2016/679 erfolgt,
2. Maßnahmen, die gewährleisten, dass nachträglich überprüft und festgestellt werden kann, ob und von wem personenbezogene Daten eingegeben, verändert oder entfernt worden sind,
3. Sensibilisierung der an Verarbeitungsvorgängen Beteiligten,
4. Benennung einer oder eines Datenschutzbeauftragten,
5. Beschränkung des Zugangs zu den personenbezogenen Daten innerhalb der verantwortlichen Stelle und von Auftragsverarbeitern,
6. Pseudonymisierung personenbezogener Daten,
7. Verschlüsselung personenbezogener Daten,
8. Sicherstellung der Fähigkeit, Vertraulichkeit, Integrität, Verfügbarkeit und Belastbarkeit der Systeme und Dienste im Zusammenhang mit der Verarbeitung personenbezogener Daten, einschließlich der Fähigkeit, die Verfügbarkeit und den Zugang bei einem physischen oder technischen Zwischenfall rasch wiederherzustellen,
9. zur Gewährleistung der Sicherheit der Verarbeitung die Einrichtung eines Verfahrens zur regelmäßigen Überprüfung, Bewertung und Evaluierung der Wirksamkeit der technischen und organisatorischen Maßnahmen oder
10. spezifische Verfahrensregelungen, die im Fall einer Übermittlung oder Verarbeitung für andere Zwecke die Einhaltung der Vorgaben dieses Gesetzes sowie der Verordnung (EU) 2016/679 sicherstellen.

§ 23 Verarbeitung zu anderen Zwecken durch öffentliche Stellen.

(1) Die Verarbeitung personenbezogener Daten zu einem anderen Zweck als zu demjenigen, zu dem die Daten erhoben wurden, durch öffentliche Stellen im Rahmen ihrer Aufgabenerfüllung ist zulässig, wenn

1. offensichtlich ist, dass sie im Interesse der betroffenen Person liegt und kein Grund zu der Annahme besteht, dass sie in Kenntnis des anderen Zwecks ihre Einwilligung verweigern würde,
2. Angaben der betroffenen Person überprüft werden müssen, weil tatsächliche Anhaltspunkte für deren Unrichtigkeit bestehen,
3. sie zur Abwehr erheblicher Nachteile für das Gemeinwohl oder einer Gefahr für die öffentliche Sicherheit, die Verteidigung oder die nationale Sicherheit, zur Wahrung erheblicher Belange des Gemeinwohls oder zur Sicherung des Steuer- und Zollaufkommens erforderlich ist,
4. sie zur Verfolgung von Straftaten oder Ordnungswidrigkeiten, zur Vollstreckung oder zum Vollzug von Strafen oder Maßnahmen im Sinne des § 11

Absatz 1 Nummer 8 des Strafgesetzbuchs[1] oder von Erziehungsmaßregeln oder Zuchtmitteln im Sinne des Jugendgerichtsgesetzes oder zur Vollstreckung von Geldbußen erforderlich ist,

5. sie zur Abwehr einer schwerwiegenden Beeinträchtigung der Rechte einer anderen Person erforderlich ist oder

6. sie der Wahrnehmung von Aufsichts- und Kontrollbefugnissen, der Rechnungsprüfung oder der Durchführung von Organisationsuntersuchungen des Verantwortlichen dient; dies gilt auch für die Verarbeitung zu Ausbildungs- und Prüfungszwecken durch den Verantwortlichen, soweit schutzwürdige Interessen der betroffenen Person dem nicht entgegenstehen.

(2) Die Verarbeitung besonderer Kategorien personenbezogener Daten im Sinne des Artikels 9 Absatz 1 der Verordnung (EU) 2016/679[2] zu einem anderen Zweck als zu demjenigen, zu dem die Daten erhoben wurden, ist zulässig, wenn die Voraussetzungen des Absatzes 1 und ein Ausnahmetatbestand nach Artikel 9 Absatz 2 der Verordnung (EU) 2016/679 oder nach § 22 vorliegen.

§ 24 Verarbeitung zu anderen Zwecken durch nichtöffentliche Stellen. (1) Die Verarbeitung personenbezogener Daten zu einem anderen Zweck als zu demjenigen, zu dem die Daten erhoben wurden, durch nichtöffentliche Stellen ist zulässig, wenn

1. sie zur Abwehr von Gefahren für die staatliche oder öffentliche Sicherheit oder zur Verfolgung von Straftaten erforderlich ist oder

2. sie zur Geltendmachung, Ausübung oder Verteidigung zivilrechtlicher Ansprüche erforderlich ist,

sofern nicht die Interessen der betroffenen Person an dem Ausschluss der Verarbeitung überwiegen.

(2) Die Verarbeitung besonderer Kategorien personenbezogener Daten im Sinne des Artikels 9 Absatz 1 der Verordnung (EU) 2016/679[2] zu einem anderen Zweck als zu demjenigen, zu dem die Daten erhoben wurden, ist zulässig, wenn die Voraussetzungen des Absatzes 1 und ein Ausnahmetatbestand nach Artikel 9 Absatz 2 der Verordnung (EU) 2016/679 oder nach § 22 vorliegen.

§ 25 Datenübermittlungen durch öffentliche Stellen. (1) ¹Die Übermittlung personenbezogener Daten durch öffentliche Stellen an öffentliche Stellen ist zulässig, wenn sie zur Erfüllung der in der Zuständigkeit der übermittelnden Stelle oder des Dritten, an den die Daten übermittelt werden, liegenden Aufgaben erforderlich ist und die Voraussetzungen vorliegen, die eine Verarbeitung nach § 23 zulassen würden. ²Der Dritte, an den die Daten übermittelt werden, darf diese nur für den Zweck verarbeiten, zu dessen Erfüllung sie ihm übermittelt werden. ³Eine Verarbeitung für andere Zwecke ist unter den Voraussetzungen des § 23 zulässig.

(2) ¹Die Übermittlung personenbezogener Daten durch öffentliche Stellen an nichtöffentliche Stellen ist zulässig, wenn

---

[1] Nr. 21.
[2] Nr. 1.

Bundesdatenschutzgesetz § 26 BDSG 6

1. sie zur Erfüllung der in der Zuständigkeit der übermittelnden Stelle liegenden Aufgaben erforderlich ist und die Voraussetzungen vorliegen, die eine Verarbeitung nach § 23 zulassen würden,
2. der Dritte, an den die Daten übermittelt werden, ein berechtigtes Interesse an der Kenntnis der zu übermittelnden Daten glaubhaft darlegt und die betroffene Person kein schutzwürdiges Interesse an dem Ausschluss der Übermittlung hat oder
3. es zur Geltendmachung, Ausübung oder Verteidigung rechtlicher Ansprüche erforderlich ist

und der Dritte sich gegenüber der übermittelnden öffentlichen Stelle verpflichtet hat, die Daten nur für den Zweck zu verarbeiten, zu dessen Erfüllung sie ihm übermittelt werden. ²Eine Verarbeitung für andere Zwecke ist zulässig, wenn eine Übermittlung nach Satz 1 zulässig wäre und die übermittelnde Stelle zugestimmt hat.

(3) Die Übermittlung besonderer Kategorien personenbezogener Daten im Sinne des Artikels 9 Absatz 1 der Verordnung (EU) 2016/679[1)] ist zulässig, wenn die Voraussetzungen des Absatzes 1 oder 2 und ein Ausnahmetatbestand nach Artikel 9 Absatz 2 der Verordnung (EU) 2016/679 oder nach § 22 vorliegen.

Abschnitt 2. Besondere Verarbeitungssituationen
§ 26 Datenverarbeitung für Zwecke des Beschäftigungsverhältnisses.

(1) ¹Personenbezogene Daten von Beschäftigten dürfen für Zwecke des Beschäftigungsverhältnisses verarbeitet werden, wenn dies für die Entscheidung über die Begründung eines Beschäftigungsverhältnisses oder nach Begründung des Beschäftigungsverhältnisses für dessen Durchführung oder Beendigung oder zur Ausübung oder Erfüllung der sich aus einem Gesetz oder einem Tarifvertrag, einer Betriebs- oder Dienstvereinbarung (Kollektivvereinbarung) ergebenden Rechte und Pflichten der Interessenvertretung der Beschäftigten erforderlich ist. ²Zur Aufdeckung von Straftaten dürfen personenbezogene Daten von Beschäftigten nur dann verarbeitet werden, wenn zu dokumentierende tatsächliche Anhaltspunkte den Verdacht begründen, dass die betroffene Person im Beschäftigungsverhältnis eine Straftat begangen hat, die Verarbeitung zur Aufdeckung erforderlich ist und das schutzwürdige Interesse der oder des Beschäftigten an dem Ausschluss der Verarbeitung nicht überwiegt, insbesondere Art und Ausmaß im Hinblick auf den Anlass nicht unverhältnismäßig sind.

(2) ¹Erfolgt die Verarbeitung personenbezogener Daten von Beschäftigten auf der Grundlage einer Einwilligung, so sind für die Beurteilung der Freiwilligkeit der Einwilligung insbesondere die im Beschäftigungsverhältnis bestehende Abhängigkeit der beschäftigten Person sowie die Umstände, unter denen die Einwilligung erteilt worden ist, zu berücksichtigen. ²Freiwilligkeit kann insbesondere vorliegen, wenn für die beschäftigte Person ein rechtlicher oder wirtschaftlicher Vorteil erreicht wird oder Arbeitgeber und beschäftigte Person gleichgelagerte Interessen verfolgen. ³Die Einwilligung hat schriftlich oder elektronisch zu erfolgen, soweit nicht wegen besonderer Umstände eine andere Form angemessen ist. ⁴Der Arbeitgeber hat die beschäftigte Person über den

---

[1)] Nr. 1.

Zweck der Datenverarbeitung und über ihr Widerrufsrecht nach Artikel 7 Absatz 3 der Verordnung (EU) 2016/679[1)] in Textform aufzuklären.

(3) ¹Abweichend von Artikel 9 Absatz 1 der Verordnung (EU) 2016/679 ist die Verarbeitung besonderer Kategorien personenbezogener Daten im Sinne des Artikels 9 Absatz 1 der Verordnung (EU) 2016/679 für Zwecke des Beschäftigungsverhältnisses zulässig, wenn sie zur Ausübung von Rechten oder zur Erfüllung rechtlicher Pflichten aus dem Arbeitsrecht, dem Recht der sozialen Sicherheit und des Sozialschutzes erforderlich ist und kein Grund zu der Annahme besteht, dass das schutzwürdige Interesse der betroffenen Person an dem Ausschluss der Verarbeitung überwiegt. ²Absatz 2 gilt auch für die Einwilligung in die Verarbeitung besonderer Kategorien personenbezogener Daten; die Einwilligung muss sich dabei ausdrücklich auf diese Daten beziehen. ³§ 22 Absatz 2 gilt entsprechend.

(4) ¹Die Verarbeitung personenbezogener Daten, einschließlich besonderer Kategorien personenbezogener Daten von Beschäftigten für Zwecke des Beschäftigungsverhältnisses, ist auf der Grundlage von Kollektivvereinbarungen zulässig. ²Dabei haben die Verhandlungspartner Artikel 88 Absatz 2 der Verordnung (EU) 2016/679 zu beachten.

(5) Der Verantwortliche muss geeignete Maßnahmen ergreifen, um sicherzustellen, dass insbesondere die in Artikel 5 der Verordnung (EU) 2016/679 dargelegten Grundsätze für die Verarbeitung personenbezogener Daten eingehalten werden.

(6) Die Beteiligungsrechte der Interessenvertretungen der Beschäftigten bleiben unberührt.

(7) Die Absätze 1 bis 6 sind auch anzuwenden, wenn personenbezogene Daten, einschließlich besonderer Kategorien personenbezogener Daten, von Beschäftigten verarbeitet werden, ohne dass sie in einem Dateisystem gespeichert sind oder gespeichert werden sollen.

(8) ¹Beschäftigte im Sinne dieses Gesetzes sind:

1. Arbeitnehmerinnen und Arbeitnehmer, einschließlich der Leiharbeitnehmerinnen und Leiharbeitnehmer im Verhältnis zum Entleiher,
2. zu ihrer Berufsbildung Beschäftigte,
3. Teilnehmerinnen und Teilnehmer an Leistungen zur Teilhabe am Arbeitsleben sowie an Abklärungen der beruflichen Eignung oder Arbeitserprobung (Rehabilitandinnen und Rehabilitanden),
4. in anerkannten Werkstätten für behinderte Menschen Beschäftigte,
5. Freiwillige, die einen Dienst nach dem Jugendfreiwilligendienstegesetz oder dem Bundesfreiwilligendienstgesetz leisten,
6. Personen, die wegen ihrer wirtschaftlichen Unselbständigkeit als arbeitnehmerähnliche Personen anzusehen sind; zu diesen gehören auch die in Heimarbeit Beschäftigten und die ihnen Gleichgestellten,
7. Beamtinnen und Beamte des Bundes, Richterinnen und Richter des Bundes, Soldatinnen und Soldaten sowie Zivildienstleistende.

²Bewerberinnen und Bewerber für ein Beschäftigungsverhältnis sowie Personen, deren Beschäftigungsverhältnis beendet ist, gelten als Beschäftigte.

[1)] Nr. 1.

§ 27 Datenverarbeitung zu wissenschaftlichen oder historischen Forschungszwecken und zu statistischen Zwecken.
(1) ¹Abweichend von Artikel 9 Absatz 1 der Verordnung (EU) 2016/679[1]) ist die Verarbeitung besonderer Kategorien personenbezogener Daten im Sinne des Artikels 9 Absatz 1 der Verordnung (EU) 2016/679 auch ohne Einwilligung für wissenschaftliche oder historische Forschungszwecke oder für statistische Zwecke zulässig, wenn die Verarbeitung zu diesen Zwecken erforderlich ist und die Interessen des Verantwortlichen an der Verarbeitung die Interessen der betroffenen Person an einem Ausschluss der Verarbeitung erheblich überwiegen. ²Der Verantwortliche sieht angemessene und spezifische Maßnahmen zur Wahrung der Interessen der betroffenen Person gemäß § 22 Absatz 2 Satz 2 vor.

(2) ¹Die in den Artikeln 15, 16, 18 und 21 der Verordnung (EU) 2016/679 vorgesehenen Rechte der betroffenen Person sind insoweit beschränkt, als diese Rechte voraussichtlich die Verwirklichung der Forschungs- oder Statistikzwecke unmöglich machen oder ernsthaft *beinträchtigen*[2]) und die Beschränkung für die Erfüllung der Forschungs- oder Statistikzwecke notwendig ist. ²Das Recht auf Auskunft gemäß Artikel 15 der Verordnung (EU) 2016/679 besteht darüber hinaus nicht, wenn die Daten für Zwecke der wissenschaftlichen Forschung erforderlich sind und die Auskunftserteilung einen unverhältnismäßigen Aufwand erfordern würde.

(3) ¹Ergänzend zu den in § 22 Absatz 2 genannten Maßnahmen sind zu wissenschaftlichen oder historischen Forschungszwecken oder zu statistischen Zwecken verarbeitete besondere Kategorien personenbezogener Daten im Sinne des Artikels 9 Absatz 1 der Verordnung (EU) 2016/679 zu anonymisieren, sobald dies nach dem Forschungs- oder Statistikzweck möglich ist, es sei denn, berechtigte Interessen der betroffenen Person stehen dem entgegen. ²Bis dahin sind die Merkmale gesondert zu speichern, mit denen Einzelangaben über persönliche oder sachliche Verhältnisse einer bestimmten oder bestimmbaren Person zugeordnet werden können. ³Sie dürfen mit den Einzelangaben nur zusammengeführt werden, soweit der Forschungs- oder Statistikzweck dies erfordert.

(4) Der Verantwortliche darf personenbezogene Daten nur veröffentlichen, wenn die betroffene Person eingewilligt hat oder dies für die Darstellung von Forschungsergebnissen über Ereignisse der Zeitgeschichte unerlässlich ist.

§ 28 Datenverarbeitung zu im öffentlichen Interesse liegenden Archivzwecken.
(1) ¹Abweichend von Artikel 9 Absatz 1 der Verordnung (EU) 2016/679[1]) ist die Verarbeitung besonderer Kategorien personenbezogener Daten im Sinne des Artikels 9 Absatz 1 der Verordnung (EU) 2016/679 zulässig, wenn sie für im öffentlichen Interesse liegende Archivzwecke erforderlich ist. ²Der Verantwortliche sieht angemessene und spezifische Maßnahmen zur Wahrung der Interessen der betroffenen Person gemäß § 22 Absatz 2 Satz 2 vor.

(2) Das Recht auf Auskunft der betroffenen Person gemäß Artikel 15 der Verordnung (EU) 2016/679 besteht nicht, wenn das Archivgut nicht durch den Namen der Person erschlossen ist oder keine Angaben gemacht werden, die das

---

[1]) Nr. 1.
[2]) Richtig wohl: „beeinträchtigen".

Auffinden des betreffenden Archivguts mit vertretbarem Verwaltungsaufwand ermöglichen.

(3) ¹Das Recht auf Berichtigung der betroffenen Person gemäß Artikel 16 der Verordnung (EU) 2016/679 besteht nicht, wenn die personenbezogenen Daten zu Archivzwecken im öffentlichen Interesse verarbeitet werden. ²Bestreitet die betroffene Person die Richtigkeit der personenbezogenen Daten, ist ihr die Möglichkeit einer Gegendarstellung einzuräumen. ³Das zuständige Archiv ist verpflichtet, die Gegendarstellung den Unterlagen hinzuzufügen.

(4) Die in Artikel 18 Absatz 1 Buchstabe a, b und d, den Artikeln 20 und 21 der Verordnung (EU) 2016/679 vorgesehenen Rechte bestehen nicht, soweit diese Rechte voraussichtlich die Verwirklichung der im öffentlichen Interesse liegenden Archivzwecke unmöglich machen oder ernsthaft beeinträchtigen und die Ausnahmen für die Erfüllung dieser Zwecke erforderlich sind.

§ 29 Rechte der betroffenen Person und aufsichtsbehördliche Befugnisse im Fall von Geheimhaltungspflichten.

(1) ¹Die Pflicht zur Information der betroffenen Person gemäß Artikel 14 Absatz 1 bis 4 der Verordnung (EU) 2016/679[1)] besteht ergänzend zu den in Artikel 14 Absatz 5 der Verordnung (EU) 2016/679 genannten Ausnahmen nicht, soweit durch ihre Erfüllung Informationen offenbart würden, die ihrem Wesen nach, insbesondere wegen der überwiegenden berechtigten Interessen eines Dritten, geheim gehalten werden müssen. ²Das Recht auf Auskunft der betroffenen Person gemäß Artikel 15 der Verordnung (EU) 2016/679 besteht nicht, soweit durch die Auskunft Informationen offenbart würden, die nach einer Rechtsvorschrift oder ihrem Wesen nach, insbesondere wegen der überwiegenden berechtigten Interessen eines Dritten, geheim gehalten werden müssen. ³Die Pflicht zur Benachrichtigung gemäß Artikel 34 der Verordnung (EU) 2016/679 besteht ergänzend zu der in Artikel 34 Absatz 3 der Verordnung (EU) 2016/679 genannten Ausnahme nicht, soweit durch die Benachrichtigung Informationen offenbart würden, die nach einer Rechtsvorschrift oder ihrem Wesen nach, insbesondere wegen der überwiegenden berechtigten Interessen eines Dritten, geheim gehalten werden müssen. ⁴Abweichend von der Ausnahme nach Satz 3 ist die betroffene Person nach Artikel 34 der Verordnung (EU) 2016/679 zu benachrichtigen, wenn die Interessen der betroffenen Person, insbesondere unter Berücksichtigung drohender Schäden, gegenüber dem Geheimhaltungsinteresse überwiegen.

(2) Werden Daten Dritter im Zuge der Aufnahme oder im Rahmen eines Mandatsverhältnisses an einen Berufsgeheimnisträger übermittelt, so besteht die Pflicht der übermittelnden Stelle zur Information der betroffenen Person gemäß Artikel 13 Absatz 3 der Verordnung (EU) 2016/679 nicht, sofern nicht das Interesse der betroffenen Person an der Informationserteilung überwiegt.

(3) ¹Gegenüber den in § 203 Absatz 1, 2a und 3 des Strafgesetzbuchs[2)] genannten Personen oder deren Auftragsverarbeitern bestehen die Untersuchungsbefugnisse der Aufsichtsbehörden gemäß Artikel 58 Absatz 1 Buchstabe e und f der Verordnung (EU) 2016/679 nicht, soweit die Inanspruchnahme der Befugnisse zu einem Verstoß gegen die Geheimhaltungspflichten dieser Personen führen würde. ²Erlangt eine Aufsichtsbehörde im Rahmen

---

[1)] Nr. 1.
[2)] Nr. 21.

Bundesdatenschutzgesetz **§§ 30, 31   BDSG 6**

einer Untersuchung Kenntnis von Daten, die einer Geheimhaltungspflicht im Sinne des Satzes 1 unterliegen, gilt die Geheimhaltungspflicht auch für die Aufsichtsbehörde.

§ 30 Verbraucherkredite. (1) Eine Stelle, die geschäftsmäßig personenbezogene Daten, die zur Bewertung der Kreditwürdigkeit von Verbrauchern genutzt werden dürfen, zum Zweck der Übermittlung erhebt, speichert oder verändert, hat Auskunftsverlangen von Darlehensgebern aus anderen Mitgliedstaaten der Europäischen Union genauso zu behandeln wie Auskunftsverlangen inländischer Darlehensgeber.

(2) [1] Wer den Abschluss eines Verbraucherdarlehensvertrags oder eines Vertrags über eine entgeltliche Finanzierungshilfe mit einem Verbraucher infolge einer Auskunft einer Stelle im Sinne des Absatzes 1 ablehnt, hat den Verbraucher unverzüglich hierüber sowie über die erhaltene Auskunft zu unterrichten. [2] Die Unterrichtung unterbleibt, soweit hierdurch die öffentliche Sicherheit oder Ordnung gefährdet würde. [3] § 37 bleibt unberührt.

§ 31 Schutz des Wirtschaftsverkehrs bei Scoring und Bonitätsauskünften. (1) Die Verwendung eines Wahrscheinlichkeitswerts über ein bestimmtes zukünftiges Verhalten einer natürlichen Person zum Zweck der Entscheidung über die Begründung, Durchführung oder Beendigung eines Vertragsverhältnisses mit dieser Person (Scoring) ist nur zulässig, wenn

1. die Vorschriften des Datenschutzrechts eingehalten wurden,
2. die zur Berechnung des Wahrscheinlichkeitswerts genutzten Daten unter Zugrundelegung eines wissenschaftlich anerkannten mathematisch-statistischen Verfahrens nachweisbar für die Berechnung der Wahrscheinlichkeit des bestimmten Verhaltens erheblich sind,
3. für die Berechnung des Wahrscheinlichkeitswerts nicht ausschließlich Anschriftendaten genutzt wurden und
4. im Fall der Nutzung von Anschriftendaten die betroffene Person vor Berechnung des Wahrscheinlichkeitswerts über die vorgesehene Nutzung dieser Daten unterrichtet worden ist; die Unterrichtung ist zu dokumentieren.

(2) [1] Die Verwendung eines von Auskunfteien ermittelten Wahrscheinlichkeitswerts über die Zahlungsfähig- und Zahlungswilligkeit einer natürlichen Person ist im Fall der Einbeziehung von Informationen über Forderungen nur zulässig, soweit die Voraussetzungen nach Absatz 1 vorliegen und nur solche Forderungen über eine geschuldete Leistung, die trotz Fälligkeit nicht erbracht worden ist, berücksichtigt werden,

1. die durch ein rechtskräftiges oder für vorläufig vollstreckbar erklärtes Urteil festgestellt worden sind oder für die ein Schuldtitel nach § 794 der Zivilprozessordnung vorliegt,
2. die nach § 178 der Insolvenzordnung festgestellt und nicht vom Schuldner im Prüfungstermin bestritten worden sind,
3. die der Schuldner ausdrücklich anerkannt hat,
4. bei denen
   a) der Schuldner nach Eintritt der Fälligkeit der Forderung mindestens zweimal schriftlich gemahnt worden ist,
   b) die erste Mahnung mindestens vier Wochen zurückliegt,

c) der Schuldner zuvor, jedoch frühestens bei der ersten Mahnung, über eine mögliche Berücksichtigung durch eine Auskunftei unterrichtet worden ist und

d) der Schuldner die Forderung nicht bestritten hat oder

5. deren zugrunde liegendes Vertragsverhältnis aufgrund von Zahlungsrückständen fristlos gekündigt werden kann und bei denen der Schuldner zuvor über eine mögliche Berücksichtigung durch eine Auskunftei unterrichtet worden ist.

²Die Zulässigkeit der Verarbeitung, einschließlich der Ermittlung von Wahrscheinlichkeitswerten, von anderen bonitätsrelevanten Daten nach allgemeinem Datenschutzrecht bleibt unberührt.

Kapitel 2. Rechte der betroffenen Person

§ 32 Informationspflicht bei Erhebung von personenbezogenen Daten bei der betroffenen Person. (1) Die Pflicht zur Information der betroffenen Person gemäß Artikel 13 Absatz 3 der Verordnung (EU) 2016/679[1]) besteht ergänzend zu der in Artikel 13 Absatz 4 der Verordnung (EU) 2016/679 genannten Ausnahme dann nicht, wenn die Erteilung der Information über die beabsichtigte Weiterverarbeitung

1. eine Weiterverarbeitung analog gespeicherter Daten betrifft, bei der sich der Verantwortliche durch die Weiterverarbeitung unmittelbar an die betroffene Person wendet, der Zweck mit dem ursprünglichen Erhebungszweck gemäß der Verordnung (EU) 2016/679 vereinbar ist, die Kommunikation mit der betroffenen Person nicht in digitaler Form erfolgt und das Interesse der betroffenen Person an der Informationserteilung nach den Umständen des Einzelfalls, insbesondere mit Blick auf den Zusammenhang, in dem die Daten erhoben wurden, als gering anzusehen ist,

2. im Fall einer öffentlichen Stelle die ordnungsgemäße Erfüllung der in der Zuständigkeit des Verantwortlichen liegenden Aufgaben im Sinne des Artikels 23 Absatz 1 Buchstabe a bis e der Verordnung (EU) 2016/679 gefährden würde und die Interessen des Verantwortlichen an der Nichterteilung der Information die Interessen der betroffenen Person überwiegen,

3. die öffentliche Sicherheit oder Ordnung gefährden oder sonst dem Wohl des Bundes oder eines Landes Nachteile bereiten würde und die Interessen des Verantwortlichen an der Nichterteilung der Information die Interessen der betroffenen Person überwiegen,

4. die Geltendmachung, Ausübung oder Verteidigung rechtlicher Ansprüche beeinträchtigen würde und die Interessen des Verantwortlichen an der Nichterteilung der Information die Interessen der betroffenen Person überwiegen oder

5. eine vertrauliche Übermittlung von Daten an öffentliche Stellen gefährden würde.

(2) ¹Unterbleibt eine Information der betroffenen Person nach Maßgabe des Absatzes 1, ergreift der Verantwortliche geeignete Maßnahmen zum Schutz der berechtigten Interessen der betroffenen Person, einschließlich der Bereitstellung der in Artikel 13 Absatz 1 und 2 der Verordnung (EU) 2016/679 genannten

---

[1]) Nr. 1.

Informationen für die Öffentlichkeit in präziser, transparenter, verständlicher und leicht zugänglicher Form in einer klaren und einfachen Sprache. ²Der Verantwortliche hält schriftlich fest, aus welchen Gründen er von einer Information abgesehen hat. ³Die Sätze 1 und 2 finden in den Fällen des Absatzes 1 Nummer 4 und 5 keine Anwendung.

(3) Unterbleibt die Benachrichtigung in den Fällen des Absatzes 1 wegen eines vorübergehenden Hinderungsgrundes, kommt der Verantwortliche der Informationspflicht unter Berücksichtigung der spezifischen Umstände der Verarbeitung innerhalb einer angemessenen Frist nach Fortfall des Hinderungsgrundes, spätestens jedoch innerhalb von zwei Wochen, nach.

§ 33 Informationspflicht, wenn die personenbezogenen Daten nicht bei der betroffenen Person erhoben wurden. (1) Die Pflicht zur Information der betroffenen Person gemäß Artikel 14 Absatz 1, 2 und 4 der Verordnung (EU) 2016/679[1] besteht ergänzend zu den in Artikel 14 Absatz 5 der Verordnung (EU) 2016/679 und der in § 29 Absatz 1 Satz 1 genannten Ausnahme nicht, wenn die Erteilung der Information

1. im Fall einer öffentlichen Stelle

   a) die ordnungsgemäße Erfüllung der in der Zuständigkeit des Verantwortlichen liegenden Aufgaben im Sinne des Artikels 23 Absatz 1 Buchstabe a bis e der Verordnung (EU) 2016/679 gefährden würde oder

   b) die öffentliche Sicherheit oder Ordnung gefährden oder sonst dem Wohl des Bundes oder eines Landes Nachteile bereiten würde

   und deswegen das Interesse der betroffenen Person an der Informationserteilung zurücktreten muss,

2. im Fall einer nichtöffentlichen Stelle

   a) die Geltendmachung, Ausübung oder Verteidigung zivilrechtlicher Ansprüche beeinträchtigen würde oder die Verarbeitung Daten aus zivilrechtlichen Verträgen beinhaltet und der Verhütung von Schäden durch Straftaten dient, sofern nicht das berechtigte Interesse der betroffenen Person an der Informationserteilung überwiegt, oder

   b) die zuständige öffentliche Stelle gegenüber dem Verantwortlichen festgestellt hat, dass das Bekanntwerden der Daten die öffentliche Sicherheit oder Ordnung gefährden oder sonst dem Wohl des Bundes oder eines Landes Nachteile bereiten würde; im Fall der Datenverarbeitung für Zwecke der Strafverfolgung bedarf es keiner Feststellung nach dem ersten Halbsatz.

(2) ¹Unterbleibt eine Information der betroffenen Person nach Maßgabe des Absatzes 1, ergreift der Verantwortliche geeignete Maßnahmen zum Schutz der berechtigten Interessen der betroffenen Person, einschließlich der Bereitstellung der in Artikel 14 Absatz 1 und 2 der Verordnung (EU) 2016/679 genannten Informationen für die Öffentlichkeit in präziser, transparenter, verständlicher und leicht zugänglicher Form in einer klaren und einfachen Sprache. ²Der Verantwortliche hält schriftlich fest, aus welchen Gründen er von einer Information abgesehen hat.

---

[1] Nr. 1.

(3) Bezieht sich die Informationserteilung auf die Übermittlung personenbezogener Daten durch öffentliche Stellen an Verfassungsschutzbehörden, den Bundesnachrichtendienst, den Militärischen Abschirmdienst und, soweit die Sicherheit des Bundes berührt wird, andere Behörden des Bundesministeriums der Verteidigung, ist sie nur mit Zustimmung dieser Stellen zulässig.

§ 34 Auskunftsrecht der betroffenen Person. (1) Das Recht auf Auskunft der betroffenen Person gemäß Artikel 15 der Verordnung (EU) 2016/679[1)] besteht ergänzend zu den in § 27 Absatz 2, § 28 Absatz 2 und § 29 Absatz 1 Satz 2 genannten Ausnahmen nicht, wenn

1. die betroffene Person nach § 33 Absatz 1 Nummer 1, 2 Buchstabe b oder Absatz 3 nicht zu informieren ist, oder

2. die Daten

   a) nur deshalb gespeichert sind, weil sie aufgrund gesetzlicher oder satzungsmäßiger Aufbewahrungsvorschriften nicht gelöscht werden dürfen, oder

   b) ausschließlich Zwecken der Datensicherung oder der Datenschutzkontrolle dienen

   und die Auskunftserteilung einen unverhältnismäßigen Aufwand erfordern würde sowie eine Verarbeitung zu anderen Zwecken durch geeignete technische und organisatorische Maßnahmen ausgeschlossen ist.

(2) ¹Die Gründe der Auskunftsverweigerung sind zu dokumentieren. ²Die Ablehnung der Auskunftserteilung ist gegenüber der betroffenen Person zu begründen, soweit nicht durch die Mitteilung der tatsächlichen und rechtlichen Gründe, auf die die Entscheidung gestützt wird, der mit der Auskunftsverweigerung verfolgte Zweck gefährdet würde. ³Die zum Zweck der Auskunftserteilung an die betroffene Person und zu deren Vorbereitung gespeicherten Daten dürfen nur für diesen Zweck sowie für Zwecke der Datenschutzkontrolle verarbeitet werden; für andere Zwecke ist die Verarbeitung nach Maßgabe des Artikels 18 der Verordnung (EU) 2016/679 einzuschränken.

(3) ¹Wird der betroffenen Person durch eine öffentliche Stelle des Bundes keine Auskunft erteilt, so ist sie auf ihr Verlangen an dem Bundesbeauftragten zu erteilen, soweit nicht die jeweils zuständige oberste Bundesbehörde im Einzelfall feststellt, dass dadurch die Sicherheit des Bundes oder eines Landes gefährdet würde. ²Die Mitteilung der oder des Bundesbeauftragten an die betroffene Person über das Ergebnis der datenschutzrechtlichen Prüfung darf keine Rückschlüsse auf den Erkenntnisstand des Verantwortlichen zulassen, sofern dieser nicht einer weitergehenden Auskunft zustimmt.

(4) Das Recht der betroffenen Person auf Auskunft über personenbezogene Daten, die durch eine öffentliche Stelle weder automatisiert verarbeitet noch nicht automatisiert verarbeitet und in einem Dateisystem gespeichert werden, besteht nur, soweit die betroffene Person Angaben macht, die das Auffinden der Daten ermöglichen, und der für die Erteilung der Auskunft erforderliche Aufwand nicht außer Verhältnis zu dem von der betroffenen Person geltend gemachten Informationsinteresse steht.

[1)] Nr. 1.

Bundesdatenschutzgesetz §§ 35–37 BDSG 6

§ 35 Recht auf Löschung. (1) ¹Ist eine Löschung im Fall nicht automatisierter Datenverarbeitung wegen der besonderen Art der Speicherung nicht oder nur mit unverhältnismäßig hohem Aufwand möglich und ist das Interesse der betroffenen Person an der Löschung als gering anzusehen, besteht das Recht der betroffenen Person auf und die Pflicht des Verantwortlichen zur Löschung personenbezogener Daten gemäß Artikel 17 Absatz 1 der Verordnung (EU) 2016/679[1]) ergänzend zu den in Artikel 17 Absatz 3 der Verordnung (EU) 2016/679 genannten Ausnahmen nicht. ²In diesem Fall tritt an die Stelle einer Löschung die Einschränkung der Verarbeitung gemäß Artikel 18 der Verordnung (EU) 2016/679. ³Die Sätze 1 und 2 finden keine Anwendung, wenn die personenbezogenen Daten unrechtmäßig verarbeitet wurden.

(2) ¹Ergänzend zu Artikel 18 Absatz 1 Buchstabe b und c der Verordnung (EU) 2016/679 gilt Absatz 1 Satz 1 und 2 entsprechend im Fall des Artikels 17 Absatz 1 Buchstabe a und d der Verordnung (EU) 2016/679, solange und soweit der Verantwortliche Grund zu der Annahme hat, dass durch eine Löschung schutzwürdige Interessen der betroffenen Person beeinträchtigt würden. ²Der Verantwortliche unterrichtet die betroffene Person über die Einschränkung der Verarbeitung, sofern sich die Unterrichtung nicht als unmöglich erweist oder einen unverhältnismäßigen Aufwand erfordern würde.

(3) Ergänzend zu Artikel 17 Absatz 3 Buchstabe b der Verordnung (EU) 2016/679 gilt Absatz 1 entsprechend im Fall des Artikels 17 Absatz 1 Buchstabe a der Verordnung (EU) 2016/679, wenn einer Löschung satzungsgemäße oder vertragliche Aufbewahrungsfristen entgegenstehen.

§ 36 Widerspruchsrecht. Das Recht auf Widerspruch gemäß Artikel 21 Absatz 1 der Verordnung (EU) 2016/679[1]) gegenüber einer öffentlichen Stelle besteht nicht, soweit an der Verarbeitung ein zwingendes öffentliches Interesse besteht, das die Interessen der betroffenen Person überwiegt, oder eine Rechtsvorschrift zur Verarbeitung verpflichtet.

§ 37 Automatisierte Entscheidungen im Einzelfall einschließlich Profiling. (1) Das Recht gemäß Artikel 22 Absatz 1 der Verordnung (EU) 2016/679[1]), keiner ausschließlich auf einer automatisierten Verarbeitung beruhenden Entscheidung unterworfen zu werden, besteht über die in Artikel 22 Absatz 2 Buchstabe a und c der Verordnung (EU) 2016/679 genannten Ausnahmen hinaus nicht, wenn die Entscheidung im Rahmen der Leistungserbringung nach einem Versicherungsvertrag ergeht und

1. dem Begehren der betroffenen Person stattgegeben wurde oder
2. die Entscheidung auf der Anwendung verbindlicher Entgeltregelungen für Heilbehandlungen beruht und der Verantwortliche für den Fall, dass dem Antrag nicht vollumfänglich stattgegeben wird, angemessene Maßnahmen zur Wahrung der berechtigten Interessen der betroffenen Person trifft, wozu mindestens das Recht auf Erwirkung des Eingreifens einer Person seitens des Verantwortlichen, auf Darlegung des eigenen Standpunktes und auf Anfechtung der Entscheidung zählt; der Verantwortliche informiert die betroffene Person über diese Rechte spätestens zum Zeitpunkt der Mitteilung, aus der sich ergibt, dass dem Antrag der betroffenen Person nicht vollumfänglich stattgegeben wird.

---

[1]) Nr. 1.

(2) ¹Entscheidungen nach Absatz 1 dürfen auf der Verarbeitung von Gesundheitsdaten im Sinne des Artikels 4 Nummer 15 der Verordnung (EU) 2016/679 beruhen. ²Der Verantwortliche sieht angemessene und spezifische Maßnahmen zur Wahrung der Interessen der betroffenen Person gemäß § 22 Absatz 2 Satz 2 vor.

Kapitel 3. Pflichten der Verantwortlichen und Auftragsverarbeiter

§ 38 Datenschutzbeauftragte nichtöffentlicher Stellen. (1) ¹Ergänzend zu Artikel 37 Absatz 1 Buchstabe b und c der Verordnung (EU) 2016/679[1]) benennen der Verantwortliche und der Auftragsverarbeiter eine Datenschutzbeauftragte oder einen Datenschutzbeauftragten, soweit sie in der Regel mindestens 20 Personen ständig mit der automatisierten Verarbeitung personenbezogener Daten beschäftigen. ²Nehmen der Verantwortliche oder der Auftragsverarbeiter Verarbeitungen vor, die einer Datenschutz-Folgenabschätzung nach Artikel 35 der Verordnung (EU) 2016/679 unterliegen, oder verarbeiten sie personenbezogene Daten geschäftsmäßig zum Zweck der Übermittlung, der anonymisierten Übermittlung oder für Zwecke der Markt- oder Meinungsforschung, haben sie unabhängig von der Anzahl der mit der Verarbeitung beschäftigten Personen eine Datenschutzbeauftragte oder einen Datenschutzbeauftragten zu benennen.

(2) § 6 Absatz 4, 5 Satz 2 und Absatz 6 finden Anwendung, § 6 Absatz 4 jedoch nur, wenn die Benennung einer oder eines Datenschutzbeauftragten verpflichtend ist.

§ 39 Akkreditierung. ¹Die Erteilung der Befugnis, als Zertifizierungsstelle gemäß Artikel 43 Absatz 1 Satz 1 der Verordnung (EU) 2016/679[1]) tätig zu werden, erfolgt durch die für die datenschutzrechtliche Aufsicht über die Zertifizierungsstelle zuständige Aufsichtsbehörde des Bundes oder der Länder auf der Grundlage einer Akkreditierung durch die Deutsche Akkreditierungsstelle. ²§ 2 Absatz 3 Satz 2, § 4 Absatz 3 und § 10 Absatz 1 Satz 1 Nummer 3 des Akkreditierungsstellengesetzes finden mit der Maßgabe Anwendung, dass der Datenschutz als ein dem Anwendungsbereich des § 1 Absatz 2 Satz 2 unterfallender Bereich gilt.

Kapitel 4. Aufsichtsbehörde für die Datenverarbeitung durch nichtöffentliche Stellen

§ 40 Aufsichtsbehörden der Länder. (1) Die nach Landesrecht zuständigen Behörden überwachen im Anwendungsbereich der Verordnung (EU) 2016/679[1]) bei den nichtöffentlichen Stellen die Anwendung der Vorschriften über den Datenschutz.

(2) ¹Hat der Verantwortliche oder Auftragsverarbeiter mehrere inländische Niederlassungen, findet für die Bestimmung der zuständigen Aufsichtsbehörde Artikel 4 Nummer 16 der Verordnung (EU) 2016/679 entsprechende Anwendung. ²Wenn sich mehrere Behörden für zuständig oder für unzuständig halten oder wenn die Zuständigkeit aus anderen Gründen zweifelhaft ist, treffen die Aufsichtsbehörden die Entscheidung gemeinsam nach Maßgabe des § 18 Ab-

---

[1]) Nr. 1.

Bundesdatenschutzgesetz § 40 BDSG 6

satz 2. ³§ 3 Absatz 3 und 4 des Verwaltungsverfahrensgesetzes[1] findet entsprechende Anwendung.

(3) ¹Die Aufsichtsbehörde darf die von ihr gespeicherten Daten nur für Zwecke der Aufsicht verarbeiten; hierbei darf sie Daten an andere Aufsichtsbehörden übermitteln. ²Eine Verarbeitung zu einem anderen Zweck ist über Artikel 6 Absatz 4 der Verordnung (EU) 2016/679 hinaus zulässig, wenn

1. offensichtlich ist, dass sie im Interesse der betroffenen Person liegt und kein Grund zu der Annahme besteht, dass sie in Kenntnis des anderen Zwecks ihre Einwilligung verweigern würde,

2. sie zur Abwehr erheblicher Nachteile für das Gemeinwohl oder einer Gefahr für die öffentliche Sicherheit oder zur Wahrung erheblicher Belange des Gemeinwohls erforderlich ist oder

3. sie zur Verfolgung von Straftaten oder Ordnungswidrigkeiten, zur Vollstreckung oder zum Vollzug von Strafen oder Maßnahmen im Sinne des § 11 Absatz 1 Nummer 8 des Strafgesetzbuchs[2] oder von Erziehungsmaßregeln oder Zuchtmitteln im Sinne des Jugendgerichtsgesetzes oder zur Vollstreckung von Geldbußen erforderlich ist.

³Stellt die Aufsichtsbehörde einen Verstoß gegen die Vorschriften über den Datenschutz fest, so ist sie befugt, die betroffenen Personen hierüber zu unterrichten, den Verstoß anderen für die Verfolgung oder Ahndung zuständigen Stellen anzuzeigen sowie bei schwerwiegenden Verstößen die Gewerbeaufsichtsbehörde zur Durchführung gewerberechtlicher Maßnahmen zu unterrichten. ⁴§ 13 Absatz 4 Satz 4 bis 7 gilt entsprechend.

(4) ¹Die der Aufsicht unterliegenden Stellen sowie die mit deren Leitung beauftragten Personen haben einer Aufsichtsbehörde auf Verlangen die für die Erfüllung ihrer Aufgaben erforderlichen Auskünfte zu erteilen. ²Der Auskunftspflichtige kann die Auskunft auf solche Fragen verweigern, deren Beantwortung ihn selbst oder einen der in § 383 Absatz 1 Nummer 1 bis 3 der Zivilprozessordnung bezeichneten Angehörigen der Gefahr strafgerichtlicher Verfolgung oder eines Verfahrens nach dem Gesetz über Ordnungswidrigkeiten aussetzen würde. ³Der Auskunftspflichtige ist darauf hinzuweisen.

(5) ¹Die von einer Aufsichtsbehörde mit der Überwachung der Einhaltung der Vorschriften über den Datenschutz beauftragten Personen sind befugt, zur Erfüllung ihrer Aufgaben Grundstücke und Geschäftsräume der Stelle zu betreten und Zugang zu allen Datenverarbeitungsanlagen und -geräten zu erhalten. ²Die Stelle ist insoweit zur Duldung verpflichtet. ³§ 16 Absatz 4 gilt entsprechend.

(6) ¹Die Aufsichtsbehörden beraten und unterstützen die Datenschutzbeauftragten mit Rücksicht auf deren typische Bedürfnisse. ²Sie können die Abberufung der oder des Datenschutzbeauftragten verlangen, wenn sie oder er die zur Erfüllung ihrer oder seiner Aufgaben erforderliche Fachkunde nicht besitzt oder im Fall des Artikels 38 Absatz 6 der Verordnung (EU) 2016/679 ein schwerwiegender Interessenkonflikt vorliegt.

(7) Die Anwendung der Gewerbeordnung bleibt unberührt.

---

[1] Nr. **19**.
[2] Nr. **21**.

Kapitel 5. Sanktionen

§ 41 Anwendung der Vorschriften über das Bußgeld- und Strafverfahren. (1) [1]Für Verstöße nach Artikel 83 Absatz 4 bis 6 der Verordnung (EU) 2016/679[1]) gelten, soweit dieses Gesetz nichts anderes bestimmt, die Vorschriften des Gesetzes über Ordnungswidrigkeiten sinngemäß. [2]Die §§ 17, 35 und 36 des Gesetzes über Ordnungswidrigkeiten finden keine Anwendung. [3]§ 68 des Gesetzes über Ordnungswidrigkeiten findet mit der Maßgabe Anwendung, dass das Landgericht entscheidet, wenn die festgesetzte Geldbuße den Betrag von einhunderttausend Euro übersteigt.

(2) [1]Für Verfahren wegen eines Verstoßes nach Artikel 83 Absatz 4 bis 6 der Verordnung (EU) 2016/679 gelten, soweit dieses Gesetz nichts anderes bestimmt, die Vorschriften des Gesetzes über Ordnungswidrigkeiten und der allgemeinen Gesetze über das Strafverfahren, namentlich der Strafprozessordnung[2]) und des Gerichtsverfassungsgesetzes, entsprechend. [2]Die §§ 56 bis 58, 87, 88, 99 und 100 des Gesetzes über Ordnungswidrigkeiten finden keine Anwendung. [3]§ 69 Absatz 4 Satz 2 des Gesetzes über Ordnungswidrigkeiten findet mit der Maßgabe Anwendung, dass die Staatsanwaltschaft das Verfahren nur mit Zustimmung der Aufsichtsbehörde, die den Bußgeldbescheid erlassen hat, einstellen kann.

§ 42 Strafvorschriften. (1) Mit Freiheitsstrafe bis zu drei Jahren oder mit Geldstrafe wird bestraft, wer wissentlich nicht allgemein zugängliche personenbezogene Daten einer großen Zahl von Personen, ohne hierzu berechtigt zu sein,

1. einem Dritten übermittelt oder

2. auf andere Art und Weise zugänglich macht

und hierbei gewerbsmäßig handelt.

(2) Mit Freiheitsstrafe bis zu zwei Jahren oder mit Geldstrafe wird bestraft, wer personenbezogene Daten, die nicht allgemein zugänglich sind,

1. ohne hierzu berechtigt zu sein, verarbeitet oder

2. durch unrichtige Angaben erschleicht

und hierbei gegen Entgelt oder in der Absicht handelt, sich oder einen anderen zu bereichern oder einen anderen zu schädigen.

(3) [1]Die Tat wird nur auf Antrag verfolgt. [2]Antragsberechtigt sind die betroffene Person, der Verantwortliche, die oder der Bundesbeauftragte und die Aufsichtsbehörde.

(4) Eine Meldung nach Artikel 33 der Verordnung (EU) 2016/679[1]) oder eine Benachrichtigung nach Artikel 34 Absatz 1 der Verordnung (EU) 2016/679 darf in einem Strafverfahren gegen den Meldepflichtigen oder Benachrichtigenden oder seine in § 52 Absatz 1 der Strafprozessordnung[2]) bezeichneten Angehörigen nur mit Zustimmung des Meldepflichtigen oder Benachrichtigenden verwendet werden.

---

[1]) Nr. 1.
[2]) Nr. 20.

§ 43 Bußgeldvorschriften. (1) Ordnungswidrig handelt, wer vorsätzlich oder fahrlässig

1. entgegen § 30 Absatz 1 ein Auskunftsverlangen nicht richtig behandelt oder
2. entgegen § 30 Absatz 2 Satz 1 einen Verbraucher nicht, nicht richtig, nicht vollständig oder nicht rechtzeitig unterrichtet.

(2) Die Ordnungswidrigkeit kann mit einer Geldbuße bis zu fünfzigtausend Euro geahndet werden.

(3) Gegen Behörden und sonstige öffentliche Stellen im Sinne des § 2 Absatz 1 werden keine Geldbußen verhängt.

(4) Eine Meldung nach Artikel 33 der Verordnung (EU) 2016/679[1] oder eine Benachrichtigung nach Artikel 34 Absatz 1 der Verordnung (EU) 2016/679 darf in einem Verfahren nach dem Gesetz über Ordnungswidrigkeiten gegen den Meldepflichtigen oder Benachrichtigenden oder seine in § 52 Absatz 1 der Strafprozessordnung[2] bezeichneten Angehörigen nur mit Zustimmung des Meldepflichtigen oder Benachrichtigenden verwendet werden.

Kapitel 6. Rechtsbehelfe

§ 44 Klagen gegen den Verantwortlichen oder Auftragsverarbeiter.

(1) [1]Klagen der betroffenen Person gegen einen Verantwortlichen oder einen Auftragsverarbeiter wegen eines Verstoßes gegen datenschutzrechtliche Bestimmungen im Anwendungsbereich der Verordnung (EU) 2016/679[1] oder der darin enthaltenen Rechte der betroffenen Person können bei dem Gericht des Ortes erhoben werden, an dem sich eine Niederlassung des Verantwortlichen oder Auftragsverarbeiters befindet. [2]Klagen nach Satz 1 können auch bei dem Gericht des Ortes erhoben werden, an dem die betroffene Person ihren gewöhnlichen Aufenthaltsort hat.

(2) Absatz 1 gilt nicht für Klagen gegen Behörden, die in Ausübung ihrer hoheitlichen Befugnisse tätig geworden sind.

(3) [1]Hat der Verantwortliche oder Auftragsverarbeiter einen Vertreter nach Artikel 27 Absatz 1 der Verordnung (EU) 2016/679 benannt, gilt dieser auch als bevollmächtigt, Zustellungen in zivilgerichtlichen Verfahren nach Absatz 1 entgegenzunehmen. [2]§ 184 der Zivilprozessordnung bleibt unberührt.

Teil 3. Bestimmungen für Verarbeitungen zu Zwecken gemäß Artikel 1 Absatz 1 der Richtlinie (EU) 2016/680

Kapitel 1. Anwendungsbereich, Begriffsbestimmungen und allgemeine Grundsätze für die Verarbeitung personenbezogener Daten

§ 45 Anwendungsbereich. [1]Die Vorschriften dieses Teils gelten für die Verarbeitung personenbezogener Daten durch die für die Verhütung, Ermittlung, Aufdeckung, Verfolgung oder Ahndung von Straftaten oder Ordnungswidrigkeiten zuständigen öffentlichen Stellen, soweit sie Daten zum Zweck der Erfüllung dieser Aufgaben verarbeiten. [2]Die öffentlichen Stellen gelten dabei als Verantwortliche. [3]Die Verhütung von Straftaten im Sinne des Satzes 1 umfasst den Schutz vor und die Abwehr von Gefahren für die öffentliche

---
[1] Nr. 1.
[2] Nr. 20.

Sicherheit. ⁴Die Sätze 1 und 2 finden zudem Anwendung auf diejenigen öffentlichen Stellen, die für die Vollstreckung von Strafen, von Maßnahmen im Sinne des § 11 Absatz 1 Nummer 8 des Strafgesetzbuchs[1]), von Erziehungsmaßregeln oder Zuchtmitteln im Sinne des Jugendgerichtsgesetzes und von Geldbußen zuständig sind. ⁵Soweit dieser Teil Vorschriften für Auftragsverarbeiter enthält, gilt er auch für diese.

§ 46 Begriffsbestimmungen. Es bezeichnen die Begriffe:

1. „personenbezogene Daten" alle Informationen, die sich auf eine identifizierte oder identifizierbare natürliche Person (betroffene Person) beziehen; als identifizierbar wird eine natürliche Person angesehen, die direkt oder indirekt, insbesondere mittels Zuordnung zu einer Kennung wie einem Namen, zu einer Kennnummer, zu Standortdaten, zu einer Online-Kennung oder zu einem oder mehreren besonderen Merkmalen, die Ausdruck der physischen, physiologischen, genetischen, psychischen, wirtschaftlichen, kulturellen oder sozialen Identität dieser Person sind, identifiziert werden kann;

2. „Verarbeitung" jeden mit oder ohne Hilfe automatisierter Verfahren ausgeführten Vorgang oder jede solche Vorgangsreihe im Zusammenhang mit personenbezogenen Daten wie das Erheben, das Erfassen, die Organisation, das Ordnen, die Speicherung, die Anpassung, die Veränderung, das Auslesen, das Abfragen, die Verwendung, die Offenlegung durch Übermittlung, Verbreitung oder eine andere Form der Bereitstellung, den Abgleich, die Verknüpfung, die Einschränkung, das Löschen oder die Vernichtung;

3. „Einschränkung der Verarbeitung" die Markierung gespeicherter personenbezogener Daten mit dem Ziel, ihre künftige Verarbeitung einzuschränken;

4. „Profiling" jede Art der automatisierten Verarbeitung personenbezogener Daten, bei der diese Daten verwendet werden, um bestimmte persönliche Aspekte, die sich auf eine natürliche Person beziehen, zu bewerten, insbesondere um Aspekte der Arbeitsleistung, der wirtschaftlichen Lage, der Gesundheit, der persönlichen Vorlieben, der Interessen, der Zuverlässigkeit, des Verhaltens, der Aufenthaltsorte oder der Ortswechsel dieser natürlichen Person zu analysieren oder vorherzusagen;

5. „Pseudonymisierung" die Verarbeitung personenbezogener Daten in einer Weise, in der die Daten ohne Hinzuziehung zusätzlicher Informationen nicht mehr einer spezifischen betroffenen Person zugeordnet werden können, sofern diese zusätzlichen Informationen gesondert aufbewahrt werden und technischen und organisatorischen Maßnahmen unterliegen, die gewährleisten, dass die Daten keiner betroffenen Person zugewiesen werden können;

6. „Dateisystem" jede strukturierte Sammlung personenbezogener Daten, die nach bestimmten Kriterien zugänglich sind, unabhängig davon, ob diese Sammlung zentral, dezentral oder nach funktionalen oder geografischen Gesichtspunkten geordnet geführt wird;

7. „Verantwortlicher" die natürliche oder juristische Person, Behörde, Einrichtung oder andere Stelle, die allein oder gemeinsam mit anderen über

---

[1]) Nr. 21.

die Zwecke und Mittel der Verarbeitung von personenbezogenen Daten entscheidet;

8. „Auftragsverarbeiter" eine natürliche oder juristische Person, Behörde, Einrichtung oder andere Stelle, die personenbezogene Daten im Auftrag des Verantwortlichen verarbeitet;

9. „Empfänger" eine natürliche oder juristische Person, Behörde, Einrichtung oder andere Stelle, der personenbezogene Daten offengelegt werden, unabhängig davon, ob es sich bei ihr um einen Dritten handelt oder nicht; Behörden, die im Rahmen eines bestimmten Untersuchungsauftrags nach dem Unionsrecht oder anderen Rechtsvorschriften personenbezogene Daten erhalten, gelten jedoch nicht als Empfänger; die Verarbeitung dieser Daten durch die genannten Behörden erfolgt im Einklang mit den geltenden Datenschutzvorschriften gemäß den Zwecken der Verarbeitung;

10. „Verletzung des Schutzes personenbezogener Daten" eine Verletzung der Sicherheit, die zur unbeabsichtigten oder unrechtmäßigen Vernichtung, zum Verlust, zur Veränderung oder zur unbefugten Offenlegung von oder zum unbefugten Zugang zu personenbezogenen Daten geführt hat, die verarbeitet wurden;

11. „genetische Daten" personenbezogene Daten zu den ererbten oder erworbenen genetischen Eigenschaften einer natürlichen Person, die eindeutige Informationen über die Physiologie oder die Gesundheit dieser Person liefern, insbesondere solche, die aus der Analyse einer biologischen Probe der Person gewonnen wurden;

12. „biometrische Daten" mit speziellen technischen Verfahren gewonnene personenbezogene Daten zu den physischen, physiologischen oder verhaltenstypischen Merkmalen einer natürlichen Person, die die eindeutige Identifizierung dieser natürlichen Person ermöglichen oder bestätigen, insbesondere Gesichtsbilder oder daktyloskopische Daten;

13. „Gesundheitsdaten" personenbezogene Daten, die sich auf die körperliche oder geistige Gesundheit einer natürlichen Person, einschließlich der Erbringung von Gesundheitsdienstleistungen, beziehen und aus denen Informationen über deren Gesundheitszustand hervorgehen;

14. „besondere Kategorien personenbezogener Daten"

    a) Daten, aus denen die rassische oder ethnische Herkunft, politische Meinungen, religiöse oder weltanschauliche Überzeugungen oder die Gewerkschaftszugehörigkeit hervorgehen,

    b) genetische Daten,

    c) biometrische Daten zur eindeutigen Identifizierung einer natürlichen Person,

    d) Gesundheitsdaten und

    e) Daten zum Sexualleben oder zur sexuellen Orientierung;

15. „Aufsichtsbehörde" eine von einem Mitgliedstaat gemäß Artikel 41 der Richtlinie (EU) 2016/680[1)] eingerichtete unabhängige staatliche Stelle;

16. „internationale Organisation" eine völkerrechtliche Organisation und ihre nachgeordneten Stellen sowie jede sonstige Einrichtung, die durch eine von

---

[1)] Nr. 2.

zwei oder mehr Staaten geschlossene Übereinkunft oder auf der Grundlage einer solchen Übereinkunft geschaffen wurde;

17. „Einwilligung" jede freiwillig für den bestimmten Fall, in informierter Weise und unmissverständlich abgegebene Willensbekundung in Form einer Erklärung oder einer sonstigen eindeutigen bestätigenden Handlung, mit der die betroffene Person zu verstehen gibt, dass sie mit der Verarbeitung der sie betreffenden personenbezogenen Daten einverstanden ist.

§ 47 Allgemeine Grundsätze für die Verarbeitung personenbezogener Daten. Personenbezogene Daten müssen

1. auf rechtmäßige Weise und nach Treu und Glauben verarbeitet werden,
2. für festgelegte, eindeutige und rechtmäßige Zwecke erhoben und nicht in einer mit diesen Zwecken nicht zu vereinbarenden Weise verarbeitet werden,
3. dem Verarbeitungszweck entsprechen, für das Erreichen des Verarbeitungszwecks erforderlich sein und ihre Verarbeitung nicht außer Verhältnis zu diesem Zweck stehen,
4. sachlich richtig und erforderlichenfalls auf dem neuesten Stand sein; dabei sind alle angemessenen Maßnahmen zu treffen, damit personenbezogene Daten, die im Hinblick auf die Zwecke ihrer Verarbeitung unrichtig sind, unverzüglich gelöscht oder berichtigt werden,
5. nicht länger als es für die Zwecke, für die sie verarbeitet werden, erforderlich ist, in einer Form gespeichert werden, die die Identifizierung der betroffenen Personen ermöglicht, und
6. in einer Weise verarbeitet werden, die eine angemessene Sicherheit der personenbezogenen Daten gewährleistet; hierzu gehört auch ein durch geeignete technische und organisatorische Maßnahmen zu gewährleistender Schutz vor unbefugter oder unrechtmäßiger Verarbeitung, unbeabsichtigtem Verlust, unbeabsichtigter Zerstörung oder unbeabsichtigter Schädigung.

Kapitel 2. Rechtsgrundlagen der Verarbeitung personenbezogener Daten

§ 48 Verarbeitung besonderer Kategorien personenbezogener Daten.

(1) Die Verarbeitung besonderer Kategorien personenbezogener Daten ist nur zulässig, wenn sie zur Aufgabenerfüllung unbedingt erforderlich ist.

(2) ¹Werden besondere Kategorien personenbezogener Daten verarbeitet, sind geeignete Garantien für die Rechtsgüter der betroffenen Personen vorzusehen. ²Geeignete Garantien können insbesondere sein

1. spezifische Anforderungen an die Datensicherheit oder die Datenschutzkontrolle,
2. die Festlegung von besonderen Aussonderungsprüffristen,
3. die Sensibilisierung der an Verarbeitungsvorgängen Beteiligten,
4. die Beschränkung des Zugangs zu den personenbezogenen Daten innerhalb der verantwortlichen Stelle,
5. die von anderen Daten getrennte Verarbeitung,
6. die Pseudonymisierung personenbezogener Daten,
7. die Verschlüsselung personenbezogener Daten oder

8. spezifische Verfahrensregelungen, die im Fall einer Übermittlung oder Verarbeitung für andere Zwecke die Rechtmäßigkeit der Verarbeitung sicherstellen.

§ 49 Verarbeitung zu anderen Zwecken. [1] Eine Verarbeitung personenbezogener Daten zu einem anderen Zweck als zu demjenigen, zu dem sie erhoben wurden, ist zulässig, wenn es sich bei dem anderen Zweck um einen der in § 45 genannten Zwecke handelt, der Verantwortliche befugt ist, Daten zu diesem Zweck zu verarbeiten, und die Verarbeitung zu diesem Zweck erforderlich und verhältnismäßig ist. [2] Die Verarbeitung personenbezogener Daten zu einem anderen, in § 45 nicht genannten Zweck ist zulässig, wenn sie in einer Rechtsvorschrift vorgesehen ist.

§ 50 Verarbeitung zu archivarischen, wissenschaftlichen und statistischen Zwecken. [1] Personenbezogene Daten dürfen im Rahmen der in § 45 genannten Zwecke in archivarischer, wissenschaftlicher oder statistischer Form verarbeitet werden, wenn hieran ein öffentliches Interesse besteht und geeignete Garantien für die Rechtsgüter der betroffenen Personen vorgesehen werden. [2] Solche Garantien können in einer so zeitnah wie möglich erfolgenden Anonymisierung der personenbezogenen Daten, in Vorkehrungen gegen ihre unbefugte Kenntnisnahme durch Dritte oder in ihrer räumlich und organisatorisch von den sonstigen Fachaufgaben getrennten Verarbeitung bestehen.

§ 51 Einwilligung. (1) Soweit die Verarbeitung personenbezogener Daten nach einer Rechtsvorschrift auf der Grundlage einer Einwilligung erfolgen kann, muss der Verantwortliche die Einwilligung der betroffenen Person nachweisen können.

(2) Erfolgt die Einwilligung der betroffenen Person durch eine schriftliche Erklärung, die noch andere Sachverhalte betrifft, muss das Ersuchen um Einwilligung in verständlicher und leicht zugänglicher Form in einer klaren und einfachen Sprache so erfolgen, dass es von den anderen Sachverhalten klar zu unterscheiden ist.

(3) [1] Die betroffene Person hat das Recht, ihre Einwilligung jederzeit zu widerrufen. [2] Durch den Widerruf der Einwilligung wird die Rechtmäßigkeit der aufgrund der Einwilligung bis zum Widerruf erfolgten Verarbeitung nicht berührt. [3] Die betroffene Person ist vor Abgabe der Einwilligung hiervon in Kenntnis zu setzen.

(4) [1] Die Einwilligung ist nur wirksam, wenn sie auf der freien Entscheidung der betroffenen Person beruht. [2] Bei der Beurteilung, ob die Einwilligung freiwillig erteilt wurde, müssen die Umstände der Erteilung berücksichtigt werden. [3] Die betroffene Person ist auf den vorgesehenen Zweck der Verarbeitung hinzuweisen. [4] Ist dies nach den Umständen des Einzelfalles erforderlich oder verlangt die betroffene Person dies, ist sie auch über die Folgen der Verweigerung der Einwilligung zu belehren.

(5) Soweit besondere Kategorien personenbezogener Daten verarbeitet werden, muss sich die Einwilligung ausdrücklich auf diese Daten beziehen.

§ 52 Verarbeitung auf Weisung des Verantwortlichen. Jede einem Verantwortlichen oder einem Auftragsverarbeiter unterstellte Person, die Zugang zu personenbezogenen Daten hat, darf diese Daten ausschließlich auf Weisung

§ 53 Datengeheimnis. ¹Mit Datenverarbeitung befasste Personen dürfen personenbezogene Daten nicht unbefugt verarbeiten (Datengeheimnis). ²Sie sind bei der Aufnahme ihrer Tätigkeit auf das Datengeheimnis zu verpflichten. ³Das Datengeheimnis besteht auch nach der Beendigung ihrer Tätigkeit fort.

§ 54 Automatisierte Einzelentscheidung. (1) Eine ausschließlich auf einer automatischen Verarbeitung beruhende Entscheidung, die mit einer nachteiligen Rechtsfolge für die betroffene Person verbunden ist oder sie erheblich beeinträchtigt, ist nur zulässig, wenn sie in einer Rechtsvorschrift vorgesehen ist.

(2) Entscheidungen nach Absatz 1 dürfen nicht auf besonderen Kategorien personenbezogener Daten beruhen, sofern nicht geeignete Maßnahmen zum Schutz der Rechtsgüter sowie der berechtigten Interessen der betroffenen Personen getroffen wurden.

(3) Profiling, das zur Folge hat, dass betroffene Personen auf der Grundlage von besonderen Kategorien personenbezogener Daten diskriminiert werden, ist verboten.

Kapitel 3. Rechte der betroffenen Person

§ 55 Allgemeine Informationen zu Datenverarbeitungen. Der Verantwortliche hat in allgemeiner Form und für jedermann zugänglich Informationen zur Verfügung zu stellen über

1. die Zwecke der von ihm vorgenommenen Verarbeitungen,
2. die im Hinblick auf die Verarbeitung ihrer personenbezogenen Daten bestehenden Rechte der betroffenen Personen auf Auskunft, Berichtigung, Löschung und Einschränkung der Verarbeitung,
3. den Namen und die Kontaktdaten des Verantwortlichen und der oder des Datenschutzbeauftragten,
4. das Recht, die Bundesbeauftragte oder den Bundesbeauftragten anzurufen, und
5. die Erreichbarkeit der oder des Bundesbeauftragten.

§ 56 Benachrichtigung betroffener Personen. (1) Ist die Benachrichtigung betroffener Personen über die Verarbeitung sie betreffender personenbezogener Daten in speziellen Rechtsvorschriften, insbesondere bei verdeckten Maßnahmen, vorgesehen oder angeordnet, so hat diese Benachrichtigung zumindest die folgenden Angaben zu enthalten:

1. die in § 55 genannten Angaben,
2. die Rechtsgrundlage der Verarbeitung,
3. die für die Daten geltende Speicherdauer oder, falls dies nicht möglich ist, die Kriterien für die Festlegung dieser Dauer,
4. gegebenenfalls die Kategorien von Empfängern der personenbezogenen Daten sowie
5. erforderlichenfalls weitere Informationen, insbesondere, wenn die personenbezogenen Daten ohne Wissen der betroffenen Person erhoben wurden.

(2) In den Fällen des Absatzes 1 kann der Verantwortliche die Benachrichtigung insoweit und solange aufschieben, einschränken oder unterlassen, wie andernfalls

1. die Erfüllung der in § 45 genannten Aufgaben,
2. die öffentliche Sicherheit oder
3. Rechtsgüter Dritter

gefährdet würden, wenn das Interesse an der Vermeidung dieser Gefahren das Informationsinteresse der betroffenen Person überwiegt.

(3) Bezieht sich die Benachrichtigung auf die Übermittlung personenbezogener Daten an Verfassungsschutzbehörden, den Bundesnachrichtendienst, den Militärischen Abschirmdienst und, soweit die Sicherheit des Bundes berührt wird, andere Behörden des Bundesministeriums der Verteidigung, ist sie nur mit Zustimmung dieser Stellen zulässig.

(4) Im Fall der Einschränkung nach Absatz 2 gilt § 57 Absatz 7 entsprechend.

§ 57 Auskunftsrecht. (1) [1]Der Verantwortliche hat betroffenen Personen auf Antrag Auskunft darüber zu erteilen, ob er sie betreffende Daten verarbeitet. [2]Betroffene Personen haben darüber hinaus das Recht, Informationen zu erhalten über

1. die personenbezogenen Daten, die Gegenstand der Verarbeitung sind, und die Kategorie, zu der sie gehören,
2. die verfügbaren Informationen über die Herkunft der Daten,
3. die Zwecke der Verarbeitung und deren Rechtsgrundlage,
4. die Empfänger oder die Kategorien von Empfängern, gegenüber denen die Daten offengelegt worden sind, insbesondere bei Empfängern in Drittstaaten oder bei internationalen Organisationen,
5. die für die Daten geltende Speicherdauer oder, falls dies nicht möglich ist, die Kriterien für die Festlegung dieser Dauer,
6. das Bestehen eines Rechts auf Berichtigung, Löschung oder Einschränkung der Verarbeitung der Daten durch den Verantwortlichen,
7. das Recht nach § 60, die Bundesbeauftragte oder den Bundesbeauftragten anzurufen, sowie
8. Angaben zur Erreichbarkeit der oder des Bundesbeauftragten.

(2) Absatz 1 gilt nicht für personenbezogene Daten, die nur deshalb verarbeitet werden, weil sie aufgrund gesetzlicher Aufbewahrungsvorschriften nicht gelöscht werden dürfen oder die ausschließlich Zwecken der Datensicherung oder der Datenschutzkontrolle dienen, wenn die Auskunftserteilung einen unverhältnismäßigen Aufwand erfordern würde und eine Verarbeitung zu anderen Zwecken durch geeignete technische und organisatorische Maßnahmen ausgeschlossen ist.

(3) Von der Auskunftserteilung ist abzusehen, wenn die betroffene Person keine Angaben macht, die das Auffinden der Daten ermöglichen, und deshalb der für die Erteilung der Auskunft erforderliche Aufwand außer Verhältnis zu dem von der betroffenen Person geltend gemachten Informationsinteresse steht.

(4) Der Verantwortliche kann unter den Voraussetzungen des § 56 Absatz 2 von der Auskunft nach Absatz 1 Satz 1 absehen oder die Auskunftserteilung nach Absatz 1 Satz 2 teilweise oder vollständig einschränken.

(5) Bezieht sich die Auskunftserteilung auf die Übermittlung personenbezogener Daten an Verfassungsschutzbehörden, den Bundesnachrichtendienst, den Militärischen Abschirmdienst und, soweit die Sicherheit des Bundes berührt wird, andere Behörden des Bundesministeriums der Verteidigung, ist sie nur mit Zustimmung dieser Stellen zulässig.

(6) [1] Der Verantwortliche hat die betroffene Person über das Absehen von oder die Einschränkung einer Auskunft unverzüglich schriftlich zu unterrichten. [2] Dies gilt nicht, wenn bereits die Erteilung dieser Informationen eine Gefährdung im Sinne des § 56 Absatz 2 mit sich bringen würde. [3] Die Unterrichtung nach Satz 1 ist zu begründen, es sei denn, dass die Mitteilung der Gründe den mit dem Absehen von oder der Einschränkung der Auskunft verfolgten Zweck gefährden würde.

(7) [1] Wird die betroffene Person nach Absatz 6 über das Absehen von oder die Einschränkung der Auskunft unterrichtet, kann sie ihr Auskunftsrecht auch über die Bundesbeauftragte oder den Bundesbeauftragten ausüben. [2] Der Verantwortliche hat die betroffene Person über diese Möglichkeit sowie darüber zu unterrichten, dass sie gemäß § 60 die Bundesbeauftragte oder den Bundesbeauftragten anrufen oder gerichtlichen Rechtsschutz suchen kann. [3] Macht die betroffene Person von ihrem Recht nach Satz 1 Gebrauch, ist die Auskunft auf ihr Verlangen der oder dem Bundesbeauftragten zu erteilen, soweit nicht die zuständige oberste Bundesbehörde im Einzelfall feststellt, dass dadurch die Sicherheit des Bundes oder eines Landes gefährdet würde. [4] Die oder der Bundesbeauftragte hat die betroffene Person zumindest darüber zu unterrichten, dass alle erforderlichen Prüfungen erfolgt sind oder eine Überprüfung durch sie stattgefunden hat. [5] Diese Mitteilung kann die Information enthalten, ob datenschutzrechtliche Verstöße festgestellt wurden. [6] Die Mitteilung der oder des Bundesbeauftragten an die betroffene Person darf keine Rückschlüsse auf den Erkenntnisstand des Verantwortlichen zulassen, sofern dieser keiner weitergehenden Auskunft zustimmt. [7] Der Verantwortliche darf die Zustimmung nur insoweit und solange verweigern, wie er nach Absatz 4 von einer Auskunft absehen oder sie einschränken könnte. [8] Die oder der Bundesbeauftragte hat zudem die betroffene Person über ihr Recht auf gerichtlichen Rechtsschutz zu unterrichten.

(8) Der Verantwortliche hat die sachlichen oder rechtlichen Gründe für die Entscheidung zu dokumentieren.

§ 58 Rechte auf Berichtigung und Löschung sowie Einschränkung der Verarbeitung.

(1) [1] Die betroffene Person hat das Recht, von dem Verantwortlichen unverzüglich die Berichtigung sie betreffender unrichtiger Daten zu verlangen. [2] Insbesondere im Fall von Aussagen oder Beurteilungen betrifft die Frage der Richtigkeit nicht den Inhalt der Aussage oder Beurteilung. [3] Wenn die Richtigkeit oder Unrichtigkeit der Daten nicht festgestellt werden kann, tritt an die Stelle der Berichtigung eine Einschränkung der Verarbeitung. [4] In diesem Fall hat der Verantwortliche die betroffene Person zu unterrichten, bevor er die Einschränkung wieder aufhebt. [5] Die betroffene Person kann zudem die Vervollständigung unvollständiger personenbezogener Daten ver-

langen, wenn dies unter Berücksichtigung der Verarbeitungszwecke angemessen ist.

(2) Die betroffene Person hat das Recht, von dem Verantwortlichen unverzüglich die Löschung sie betreffender Daten zu verlangen, wenn deren Verarbeitung unzulässig ist, deren Kenntnis für die Aufgabenerfüllung nicht mehr erforderlich ist oder diese zur Erfüllung einer rechtlichen Verpflichtung gelöscht werden müssen.

(3) [1] Anstatt die personenbezogenen Daten zu löschen, kann der Verantwortliche deren Verarbeitung einschränken, wenn

1. Grund zu der Annahme besteht, dass eine Löschung schutzwürdige Interessen einer betroffenen Person beeinträchtigen würde,
2. die Daten zu Beweiszwecken in Verfahren, die Zwecken des § 45 dienen, weiter aufbewahrt werden müssen oder
3. eine Löschung wegen der besonderen Art der Speicherung nicht oder nur mit unverhältnismäßigem Aufwand möglich ist.

[2] In ihrer Verarbeitung nach Satz 1 eingeschränkte Daten dürfen nur zu dem Zweck verarbeitet werden, der ihrer Löschung entgegenstand.

(4) Bei automatisierten Dateisystemen ist technisch sicherzustellen, dass eine Einschränkung der Verarbeitung eindeutig erkennbar ist und eine Verarbeitung für andere Zwecke nicht ohne weitere Prüfung möglich ist.

(5) [1] Hat der Verantwortliche eine Berichtigung vorgenommen, hat er einer Stelle, die ihm die personenbezogenen Daten zuvor übermittelt hat, die Berichtigung mitzuteilen. [2] In Fällen der Berichtigung, Löschung oder Einschränkung der Verarbeitung nach den Absätzen 1 bis 3 hat der Verantwortliche Empfängern, denen die Daten übermittelt wurden, diese Maßnahmen mitzuteilen. [3] Der Empfänger hat die Daten zu berichtigen, zu löschen oder ihre Verarbeitung einzuschränken.

(6) [1] Der Verantwortliche hat die betroffene Person über ein Absehen von der Berichtigung oder Löschung personenbezogener Daten oder über die an deren Stelle tretende Einschränkung der Verarbeitung schriftlich zu unterrichten. [2] Dies gilt nicht, wenn bereits die Erteilung dieser Informationen eine Gefährdung im Sinne des § 56 Absatz 2 mit sich bringen würde. [3] Die Unterrichtung nach Satz 1 ist zu begründen, es sei denn, dass die Mitteilung der Gründe den mit dem Absehen von der Unterrichtung verfolgten Zweck gefährden würde.

(7) § 57 Absatz 7 und 8 findet entsprechende Anwendung.

§ 59 Verfahren für die Ausübung der Rechte der betroffenen Person.

(1) [1] Der Verantwortliche hat mit betroffenen Personen unter Verwendung einer klaren und einfachen Sprache in präziser, verständlicher und leicht zugänglicher Form zu kommunizieren. [2] Unbeschadet besonderer Formvorschriften soll er bei der Beantwortung von Anträgen grundsätzlich die für den Antrag gewählte Form verwenden.

(2) Bei Anträgen hat der Verantwortliche die betroffene Person unbeschadet des § 57 Absatz 6 und des § 58 Absatz 6 unverzüglich schriftlich darüber in Kenntnis zu setzen, wie verfahren wurde.

(3) [1] Die Erteilung von Informationen nach § 55, die Benachrichtigungen nach den §§ 56 und 66 und die Bearbeitung von Anträgen nach den §§ 57

und 58 erfolgen unentgeltlich. ²Bei offenkundig unbegründeten oder exzessiven Anträgen nach den §§ 57 und 58 kann der Verantwortliche entweder eine angemessene Gebühr auf der Grundlage der Verwaltungskosten verlangen oder sich weigern, aufgrund des Antrags tätig zu werden. ³In diesem Fall muss der Verantwortliche den offenkundig unbegründeten oder exzessiven Charakter des Antrags belegen können.

(4) Hat der Verantwortliche begründete Zweifel an der Identität einer betroffenen Person, die einen Antrag nach den §§ 57 oder 58 gestellt hat, kann er von ihr zusätzliche Informationen anfordern, die zur Bestätigung ihrer Identität erforderlich sind.

§ 60 Anrufung der oder des Bundesbeauftragten. (1) ¹Jede betroffene Person kann sich unbeschadet anderweitiger Rechtsbehelfe mit einer Beschwerde an die Bundesbeauftragte oder den Bundesbeauftragten wenden, wenn sie der Auffassung ist, bei der Verarbeitung ihrer personenbezogenen Daten durch öffentliche Stellen zu den in § 45 genannten Zwecken in ihren Rechten verletzt worden zu sein. ²Dies gilt nicht für die Verarbeitung von personenbezogenen Daten durch Gerichte, soweit diese die Daten im Rahmen ihrer justiziellen Tätigkeit verarbeitet haben. ³Die oder der Bundesbeauftragte hat die betroffene Person über den Stand und das Ergebnis der Beschwerde zu unterrichten und sie hierbei auf die Möglichkeit gerichtlichen Rechtsschutzes nach § 61 hinzuweisen.

(2) ¹Die oder der Bundesbeauftragte hat eine bei ihr oder ihm eingelegte Beschwerde über eine Verarbeitung, die in die Zuständigkeit einer Aufsichtsbehörde in einem anderen Mitgliedstaat der Europäischen Union fällt, unverzüglich an die zuständige Aufsichtsbehörde des anderen Staates weiterzuleiten. ²Sie oder er hat in diesem Fall die betroffene Person über die Weiterleitung zu unterrichten und ihr auf deren Ersuchen weitere Unterstützung zu leisten.

§ 61 Rechtsschutz gegen Entscheidungen der oder des Bundesbeauftragten oder bei deren oder dessen Untätigkeit. (1) Jede natürliche oder juristische Person kann unbeschadet anderer Rechtsbehelfe gerichtlich gegen eine verbindliche Entscheidung der oder des Bundesbeauftragten vorgehen.

(2) Absatz 1 gilt entsprechend zugunsten betroffener Personen, wenn sich die oder der Bundesbeauftragte mit einer Beschwerde nach § 60 nicht befasst oder die betroffene Person nicht innerhalb von drei Monaten nach Einlegung der Beschwerde über den Stand oder das Ergebnis der Beschwerde in Kenntnis gesetzt hat.

Kapitel 4. Pflichten der Verantwortlichen und Auftragsverarbeiter

§ 62 Auftragsverarbeitung. (1) ¹Werden personenbezogene Daten im Auftrag eines Verantwortlichen durch andere Personen oder Stellen verarbeitet, hat der Verantwortliche für die Einhaltung der Vorschriften dieses Gesetzes und anderer Vorschriften über den Datenschutz zu sorgen. ²Die Rechte der betroffenen Personen auf Auskunft, Berichtigung, Löschung, Einschränkung der Verarbeitung und Schadensersatz sind in diesem Fall gegenüber dem Verantwortlichen geltend zu machen.

(2) Ein Verantwortlicher darf nur solche Auftragsverarbeiter mit der Verarbeitung personenbezogener Daten beauftragen, die mit geeigneten technischen und organisatorischen Maßnahmen sicherstellen, dass die Verarbeitung

im Einklang mit den gesetzlichen Anforderungen erfolgt und der Schutz der Rechte der betroffenen Personen gewährleistet wird.

(3) ¹Auftragsverarbeiter dürfen ohne vorherige schriftliche Genehmigung des Verantwortlichen keine weiteren Auftragsverarbeiter hinzuziehen. ²Hat der Verantwortliche dem Auftragsverarbeiter eine allgemeine Genehmigung zur Hinzuziehung weiterer Auftragsverarbeiter erteilt, hat der Auftragsverarbeiter den Verantwortlichen über jede beabsichtigte Hinzuziehung oder Ersetzung zu informieren. ³Der Verantwortliche kann in diesem Fall die Hinzuziehung oder Ersetzung untersagen.

(4) ¹Zieht ein Auftragsverarbeiter einen weiteren Auftragsverarbeiter hinzu, so hat er diesem dieselben Verpflichtungen aus seinem Vertrag mit dem Verantwortlichen nach Absatz 5 aufzuerlegen, die auch für ihn gelten, soweit diese Pflichten für den weiteren Auftragsverarbeiter nicht schon aufgrund anderer Vorschriften verbindlich sind. ²Erfüllt ein weiterer Auftragsverarbeiter diese Verpflichtungen nicht, so haftet der ihn beauftragende Auftragsverarbeiter gegenüber dem Verantwortlichen für die Einhaltung der Pflichten des weiteren Auftragsverarbeiters.

(5) ¹Die Verarbeitung durch einen Auftragsverarbeiter hat auf der Grundlage eines Vertrags oder eines anderen Rechtsinstruments zu erfolgen, der oder das den Auftragsverarbeiter an den Verantwortlichen bindet und der oder das den Gegenstand, die Dauer, die Art und den Zweck der Verarbeitung, die Art der personenbezogenen Daten, die Kategorien betroffener Personen und die Rechte und Pflichten des Verantwortlichen festlegt. ²Der Vertrag oder das andere Rechtsinstrument haben insbesondere vorzusehen, dass der Auftragsverarbeiter

1. nur auf dokumentierte Weisung des Verantwortlichen handelt; ist der Auftragsverarbeiter der Auffassung, dass eine Weisung rechtswidrig ist, hat er den Verantwortlichen unverzüglich zu informieren;
2. gewährleistet, dass die zur Verarbeitung der personenbezogenen Daten befugten Personen zur Vertraulichkeit verpflichtet werden, soweit sie keiner angemessenen gesetzlichen Verschwiegenheitspflicht unterliegen;
3. den Verantwortlichen mit geeigneten Mitteln dabei unterstützt, die Einhaltung der Bestimmungen über die Rechte der betroffenen Person zu gewährleisten;
4. alle personenbezogenen Daten nach Abschluss der Erbringung der Verarbeitungsleistungen nach Wahl des Verantwortlichen zurückgibt oder löscht und bestehende Kopien vernichtet, wenn nicht nach einer Rechtsvorschrift eine Verpflichtung zur Speicherung der Daten besteht;
5. dem Verantwortlichen alle erforderlichen Informationen, insbesondere die gemäß § 76 erstellten Protokolle, zum Nachweis der Einhaltung seiner Pflichten zur Verfügung stellt;
6. Überprüfungen, die von dem Verantwortlichen oder einem von diesem beauftragten Prüfer durchgeführt werden, ermöglicht und dazu beiträgt;
7. die in den Absätzen 3 und 4 aufgeführten Bedingungen für die Inanspruchnahme der Dienste eines weiteren Auftragsverarbeiters einhält;
8. alle gemäß § 64 erforderlichen Maßnahmen ergreift und
9. unter Berücksichtigung der Art der Verarbeitung und der ihm zur Verfügung stehenden Informationen den Verantwortlichen bei der Einhaltung der in den §§ 64 bis 67 und § 69 genannten Pflichten unterstützt.

(6) Der Vertrag im Sinne des Absatzes 5 ist schriftlich oder elektronisch abzufassen.

(7) Ein Auftragsverarbeiter, der die Zwecke und Mittel der Verarbeitung unter Verstoß gegen diese Vorschrift bestimmt, gilt in Bezug auf diese Verarbeitung als Verantwortlicher.

§ 63 Gemeinsam Verantwortliche. ¹Legen zwei oder mehr Verantwortliche gemeinsam die Zwecke und die Mittel der Verarbeitung fest, gelten sie als gemeinsam Verantwortliche. ²Gemeinsam Verantwortliche haben ihre jeweiligen Aufgaben und datenschutzrechtlichen Verantwortlichkeiten in transparenter Form in einer Vereinbarung festzulegen, soweit diese nicht bereits in Rechtsvorschriften festgelegt sind. ³Aus der Vereinbarung muss insbesondere hervorgehen, wer welchen Informationspflichten nachzukommen hat und wie und gegenüber wem betroffene Personen ihre Rechte wahrnehmen können. ⁴Eine entsprechende Vereinbarung hindert die betroffene Person nicht, ihre Rechte gegenüber jedem der gemeinsam Verantwortlichen geltend zu machen.

§ 64 Anforderungen an die Sicherheit der Datenverarbeitung.

(1) ¹Der Verantwortliche und der Auftragsverarbeiter haben unter Berücksichtigung des Stands der Technik, der Implementierungskosten, der Art, des Umfangs, der Umstände und der Zwecke der Verarbeitung sowie der Eintrittswahrscheinlichkeit und der Schwere der mit der Verarbeitung verbundenen Gefahren für die Rechtsgüter der betroffenen Personen die erforderlichen technischen und organisatorischen Maßnahmen zu treffen, um bei der Verarbeitung personenbezogener Daten ein dem Risiko angemessenes Schutzniveau zu gewährleisten, insbesondere im Hinblick auf die Verarbeitung besonderer Kategorien personenbezogener Daten. ²Der Verantwortliche hat hierbei die einschlägigen Technischen Richtlinien und Empfehlungen des Bundesamtes für Sicherheit in der Informationstechnik zu berücksichtigen.

(2) ¹Die in Absatz 1 genannten Maßnahmen können unter anderem die Pseudonymisierung und Verschlüsselung personenbezogener Daten umfassen, soweit solche Mittel in Anbetracht der Verarbeitungszwecke möglich sind. ²Die Maßnahmen nach Absatz 1 sollen dazu führen, dass

1. die Vertraulichkeit, Integrität, Verfügbarkeit und Belastbarkeit der Systeme und Dienste im Zusammenhang mit der Verarbeitung auf Dauer sichergestellt werden und
2. die Verfügbarkeit der personenbezogenen Daten und der Zugang zu ihnen bei einem physischen oder technischen Zwischenfall rasch wiederhergestellt werden können.

(3) ¹Im Fall einer automatisierten Verarbeitung haben der Verantwortliche und der Auftragsverarbeiter nach einer Risikobewertung Maßnahmen zu ergreifen, die Folgendes bezwecken:

1. Verwehrung des Zugangs zu Verarbeitungsanlagen, mit denen die Verarbeitung durchgeführt wird, für Unbefugte (Zugangskontrolle),
2. Verhinderung des unbefugten Lesens, Kopierens, Veränderns oder Löschens von Datenträgern (Datenträgerkontrolle),
3. Verhinderung der unbefugten Eingabe von personenbezogenen Daten sowie der unbefugten Kenntnisnahme, Veränderung und Löschung von gespeicherten personenbezogenen Daten (Speicherkontrolle),

Bundesdatenschutzgesetz **§ 65 BDSG 6**

4. Verhinderung der Nutzung automatisierter Verarbeitungssysteme mit Hilfe von Einrichtungen zur Datenübertragung durch Unbefugte (Benutzerkontrolle),
5. Gewährleistung, dass die zur Benutzung eines automatisierten Verarbeitungssystems Berechtigten ausschließlich zu den von ihrer Zugangsberechtigung umfassten personenbezogenen Daten Zugang haben (Zugriffskontrolle),
6. Gewährleistung, dass überprüft und festgestellt werden kann, an welche Stellen personenbezogene Daten mit Hilfe von Einrichtungen zur Datenübertragung übermittelt oder zur Verfügung gestellt wurden oder werden können (Übertragungskontrolle),
7. Gewährleistung, dass nachträglich überprüft und festgestellt werden kann, welche personenbezogenen Daten zu welcher Zeit und von wem in automatisierte Verarbeitungssysteme eingegeben oder verändert worden sind (Eingabekontrolle),
8. Gewährleistung, dass bei der Übermittlung personenbezogener Daten sowie beim Transport von Datenträgern die Vertraulichkeit und Integrität der Daten geschützt werden (Transportkontrolle),
9. Gewährleistung, dass eingesetzte Systeme im Störungsfall wiederhergestellt werden können (Wiederherstellbarkeit),
10. Gewährleistung, dass alle Funktionen des Systems zur Verfügung stehen und auftretende Fehlfunktionen gemeldet werden (Zuverlässigkeit),
11. Gewährleistung, dass gespeicherte personenbezogene Daten nicht durch Fehlfunktionen des Systems beschädigt werden können (Datenintegrität),
12. Gewährleistung, dass personenbezogene Daten, die im Auftrag verarbeitet werden, nur entsprechend den Weisungen des Auftraggebers verarbeitet werden können (Auftragskontrolle),
13. Gewährleistung, dass personenbezogene Daten gegen Zerstörung oder Verlust geschützt sind (Verfügbarkeitskontrolle),
14. Gewährleistung, dass zu unterschiedlichen Zwecken erhobene personenbezogene Daten getrennt verarbeitet werden können (Trennbarkeit).

²Ein Zweck nach Satz 1 Nummer 2 bis 5 kann insbesondere durch die Verwendung von dem Stand der Technik entsprechenden Verschlüsselungsverfahren erreicht werden.

§ 65 Meldung von Verletzungen des Schutzes personenbezogener Daten an die oder den Bundesbeauftragten. (1) ¹Der Verantwortliche hat eine Verletzung des Schutzes personenbezogener Daten unverzüglich und möglichst innerhalb von 72 Stunden, nachdem sie ihm bekannt geworden ist, der oder dem Bundesbeauftragten zu melden, es sei denn, dass die Verletzung voraussichtlich keine Gefahr für die Rechtsgüter natürlicher Personen mit sich gebracht hat. ²Erfolgt die Meldung an die Bundesbeauftragte oder den Bundesbeauftragten nicht innerhalb von 72 Stunden, so ist die Verzögerung zu begründen.

(2) Ein Auftragsverarbeiter hat eine Verletzung des Schutzes personenbezogener Daten unverzüglich dem Verantwortlichen zu melden.

(3) Die Meldung nach Absatz 1 hat zumindest folgende Informationen zu enthalten:

1. eine Beschreibung der Art der Verletzung des Schutzes personenbezogener Daten, die, soweit möglich, Angaben zu den Kategorien und der ungefähren Anzahl der betroffenen Personen, zu den betroffenen Kategorien personenbezogener Daten und zu der ungefähren Anzahl der betroffenen personenbezogenen Datensätze zu enthalten hat,
2. den Namen und die Kontaktdaten der oder des Datenschutzbeauftragten oder einer sonstigen Person oder Stelle, die weitere Informationen erteilen kann,
3. eine Beschreibung der wahrscheinlichen Folgen der Verletzung und
4. eine Beschreibung der von dem Verantwortlichen ergriffenen oder vorgeschlagenen Maßnahmen zur Behandlung der Verletzung und der getroffenen Maßnahmen zur Abmilderung ihrer möglichen nachteiligen Auswirkungen.

(4) Wenn die Informationen nach Absatz 3 nicht zusammen mit der Meldung übermittelt werden können, hat der Verantwortliche sie unverzüglich nachzureichen, sobald sie ihm vorliegen.

(5) [1]Der Verantwortliche hat Verletzungen des Schutzes personenbezogener Daten zu dokumentieren. [2]Die Dokumentation hat alle mit den Vorfällen zusammenhängenden Tatsachen, deren Auswirkungen und die ergriffenen Abhilfemaßnahmen zu umfassen.

(6) Soweit von einer Verletzung des Schutzes personenbezogener Daten personenbezogene Daten betroffen sind, die von einem oder an einen Verantwortlichen in einem anderen Mitgliedstaat der Europäischen Union übermittelt wurden, sind die in Absatz 3 genannten Informationen dem dortigen Verantwortlichen unverzüglich zu übermitteln.

(7) § 42 Absatz 4 findet entsprechende Anwendung.

(8) Weitere Pflichten des Verantwortlichen zu Benachrichtigungen über Verletzungen des Schutzes personenbezogener Daten bleiben unberührt.

§ 66 Benachrichtigung betroffener Personen bei Verletzungen des Schutzes personenbezogener Daten.

(1) Hat eine Verletzung des Schutzes personenbezogener Daten voraussichtlich eine erhebliche Gefahr für Rechtsgüter betroffener Personen zur Folge, so hat der Verantwortliche die betroffenen Personen unverzüglich über den Vorfall zu benachrichtigen.

(2) Die Benachrichtigung nach Absatz 1 hat in klarer und einfacher Sprache die Art der Verletzung des Schutzes personenbezogener Daten zu beschreiben und zumindest die in § 65 Absatz 3 Nummer 2 bis 4 genannten Informationen und Maßnahmen zu enthalten.

(3) Von der Benachrichtigung nach Absatz 1 kann abgesehen werden, wenn

1. der Verantwortliche geeignete technische und organisatorische Sicherheitsvorkehrungen getroffen hat und diese Vorkehrungen auf die von der Verletzung des Schutzes personenbezogener Daten betroffenen Daten angewandt wurden; dies gilt insbesondere für Vorkehrungen wie Verschlüsselungen, durch die die Daten für unbefugte Personen unzugänglich gemacht wurden;
2. der Verantwortliche durch im Anschluss an die Verletzung getroffene Maßnahmen sichergestellt hat, dass aller Wahrscheinlichkeit nach keine erhebliche Gefahr im Sinne des Absatzes 1 mehr besteht, oder

3. dies mit einem unverhältnismäßigen Aufwand verbunden wäre; in diesem Fall hat stattdessen eine öffentliche Bekanntmachung oder eine ähnliche Maßnahme zu erfolgen, durch die die betroffenen Personen vergleichbar wirksam informiert werden.

(4) [1]Wenn der Verantwortliche die betroffenen Personen über eine Verletzung des Schutzes personenbezogener Daten nicht benachrichtigt hat, kann die oder der Bundesbeauftragte förmlich feststellen, dass ihrer oder seiner Auffassung nach die in Absatz 3 genannten Voraussetzungen nicht erfüllt sind. [2]Hierbei hat sie oder er die Wahrscheinlichkeit zu berücksichtigen, dass die Verletzung eine erhebliche Gefahr im Sinne des Absatzes 1 zur Folge hat.

(5) Die Benachrichtigung der betroffenen Personen nach Absatz 1 kann unter den in § 56 Absatz 2 genannten Voraussetzungen aufgeschoben, eingeschränkt oder unterlassen werden, soweit nicht die Interessen der betroffenen Person aufgrund der von der Verletzung ausgehenden erheblichen Gefahr im Sinne des Absatzes 1 überwiegen.

(6) § 42 Absatz 4 findet entsprechende Anwendung.

§ 67 Durchführung einer Datenschutz-Folgenabschätzung. (1) Hat eine Form der Verarbeitung, insbesondere bei Verwendung neuer Technologien, aufgrund der Art, des Umfangs, der Umstände und der Zwecke der Verarbeitung voraussichtlich eine erhebliche Gefahr für die Rechtsgüter betroffener Personen zur Folge, so hat der Verantwortliche vorab eine Abschätzung der Folgen der vorgesehenen Verarbeitungsvorgänge für die betroffenen Personen durchzuführen.

(2) Für die Untersuchung mehrerer ähnlicher Verarbeitungsvorgänge mit ähnlich hohem Gefahrenpotential kann eine gemeinsame Datenschutz-Folgenabschätzung vorgenommen werden.

(3) Der Verantwortliche hat die Datenschutzbeauftragte oder den Datenschutzbeauftragten an der Durchführung der Folgenabschätzung zu beteiligen.

(4) Die Folgenabschätzung hat den Rechten der von der Verarbeitung betroffenen Personen Rechnung zu tragen und zumindest Folgendes zu enthalten:

1. eine systematische Beschreibung der geplanten Verarbeitungsvorgänge und der Zwecke der Verarbeitung,
2. eine Bewertung der Notwendigkeit und Verhältnismäßigkeit der Verarbeitungsvorgänge in Bezug auf deren Zweck,
3. eine Bewertung der Gefahren für die Rechtsgüter der betroffenen Personen und
4. die Maßnahmen, mit denen bestehenden Gefahren abgeholfen werden soll, einschließlich der Garantien, der Sicherheitsvorkehrungen und der Verfahren, durch die der Schutz personenbezogener Daten sichergestellt und die Einhaltung der gesetzlichen Vorgaben nachgewiesen werden sollen.

(5) Soweit erforderlich, hat der Verantwortliche eine Überprüfung durchzuführen, ob die Verarbeitung den Maßgaben folgt, die sich aus der Folgenabschätzung ergeben haben.

§ 68 Zusammenarbeit mit der oder dem Bundesbeauftragten. Der Verantwortliche hat mit der oder dem Bundesbeauftragten bei der Erfüllung ihrer oder seiner Aufgaben zusammenzuarbeiten.

§ 69 Anhörung der oder des Bundesbeauftragten. (1) ¹Der Verantwortliche hat vor der Inbetriebnahme von neu anzulegenden Dateisystemen die Bundesbeauftragte oder den Bundesbeauftragten anzuhören, wenn

1. aus einer Datenschutz-Folgenabschätzung nach § 67 hervorgeht, dass die Verarbeitung eine erhebliche Gefahr für die Rechtsgüter der betroffenen Personen zur Folge hätte, wenn der Verantwortliche keine Abhilfemaßnahmen treffen würde, oder

2. die Form der Verarbeitung, insbesondere bei der Verwendung neuer Technologien, Mechanismen oder Verfahren, eine erhebliche Gefahr für die Rechtsgüter der betroffenen Personen zur Folge hat.

²Die oder der Bundesbeauftragte kann eine Liste der Verarbeitungsvorgänge erstellen, die der Pflicht zur Anhörung nach Satz 1 unterliegen.

(2) ¹Der oder dem Bundesbeauftragten sind im Fall des Absatzes 1 vorzulegen:

1. die nach § 67 durchgeführte Datenschutz-Folgenabschätzung,

2. gegebenenfalls Angaben zu den jeweiligen Zuständigkeiten des Verantwortlichen, der gemeinsam Verantwortlichen und der an der Verarbeitung beteiligten Auftragsverarbeiter,

3. Angaben zu den Zwecken und Mitteln der beabsichtigten Verarbeitung,

4. Angaben zu den zum Schutz der Rechtsgüter der betroffenen Personen vorgesehenen Maßnahmen und Garantien und

5. Name und Kontaktdaten der oder des Datenschutzbeauftragten.

²Auf Anforderung sind ihr oder ihm zudem alle sonstigen Informationen zu übermitteln, die sie oder er benötigt, um die Rechtmäßigkeit der Verarbeitung sowie insbesondere die in Bezug auf den Schutz der personenbezogenen Daten der betroffenen Personen bestehenden Gefahren und die diesbezüglichen Garantien bewerten zu können.

(3) ¹Falls die oder der Bundesbeauftragte der Auffassung ist, dass die geplante Verarbeitung gegen gesetzliche Vorgaben verstoßen würde, insbesondere weil der Verantwortliche das Risiko nicht ausreichend ermittelt oder keine ausreichenden Abhilfemaßnahmen getroffen hat, kann sie oder er dem Verantwortlichen und gegebenenfalls dem Auftragsverarbeiter innerhalb eines Zeitraums von sechs Wochen nach Einleitung der Anhörung schriftliche Empfehlungen unterbreiten, welche Maßnahmen noch ergriffen werden sollten. ²Die oder der Bundesbeauftragte kann diese Frist um einen Monat verlängern, wenn die geplante Verarbeitung besonders komplex ist. ³Sie oder er hat in diesem Fall innerhalb eines Monats nach Einleitung der Anhörung den Verantwortlichen und gegebenenfalls den Auftragsverarbeiter über die Fristverlängerung zu informieren.

(4) ¹Hat die beabsichtigte Verarbeitung erhebliche Bedeutung für die Aufgabenerfüllung des Verantwortlichen und ist sie daher besonders dringlich, kann er mit der Verarbeitung nach Beginn der Anhörung, aber vor Ablauf der in Absatz 3 Satz 1 genannten Frist beginnen. ²In diesem Fall sind die Empfehlungen der oder des Bundesbeauftragten im Nachhinein zu berücksichtigen und sind die Art und Weise der Verarbeitung daraufhin gegebenenfalls anzupassen.

§ 70 Verzeichnis von Verarbeitungstätigkeiten.

(1) ¹Der Verantwortliche hat ein Verzeichnis aller Kategorien von Verarbeitungstätigkeiten zu führen, die in seine Zuständigkeit fallen. ²Dieses Verzeichnis hat die folgenden Angaben zu enthalten:

1. den Namen und die Kontaktdaten des Verantwortlichen und gegebenenfalls des gemeinsam mit ihm Verantwortlichen sowie den Namen und die Kontaktdaten der oder des Datenschutzbeauftragten,
2. die Zwecke der Verarbeitung,
3. die Kategorien von Empfängern, gegenüber denen die personenbezogenen Daten offengelegt worden sind oder noch offengelegt werden sollen,
4. eine Beschreibung der Kategorien betroffener Personen und der Kategorien personenbezogener Daten,
5. gegebenenfalls die Verwendung von Profiling,
6. gegebenenfalls die Kategorien von Übermittlungen personenbezogener Daten an Stellen in einem Drittstaat oder an eine internationale Organisation,
7. Angaben über die Rechtsgrundlage der Verarbeitung,
8. die vorgesehenen Fristen für die Löschung oder die Überprüfung der Erforderlichkeit der Speicherung der verschiedenen Kategorien personenbezogener Daten und
9. eine allgemeine Beschreibung der technischen und organisatorischen Maßnahmen gemäß § 64.

(2) Der Auftragsverarbeiter hat ein Verzeichnis aller Kategorien von Verarbeitungen zu führen, die er im Auftrag eines Verantwortlichen durchführt, das Folgendes zu enthalten hat:

1. den Namen und die Kontaktdaten des Auftragsverarbeiters, jedes Verantwortlichen, in dessen Auftrag der Auftragsverarbeiter tätig ist, sowie gegebenenfalls der oder des Datenschutzbeauftragten,
2. gegebenenfalls Übermittlungen von personenbezogenen Daten an Stellen in einem Drittstaat oder an eine internationale Organisation unter Angabe des Staates oder der Organisation und
3. eine allgemeine Beschreibung der technischen und organisatorischen Maßnahmen gemäß § 64.

(3) Die in den Absätzen 1 und 2 genannten Verzeichnisse sind schriftlich oder elektronisch zu führen.

(4) Verantwortliche und Auftragsverarbeiter haben auf Anforderung ihre Verzeichnisse der oder dem Bundesbeauftragten zur Verfügung zu stellen.

§ 71 Datenschutz durch Technikgestaltung und datenschutzfreundliche Voreinstellungen.

(1) ¹Der Verantwortliche hat sowohl zum Zeitpunkt der Festlegung der Mittel für die Verarbeitung als auch zum Zeitpunkt der Verarbeitung selbst angemessene Vorkehrungen zu treffen, die geeignet sind, die Datenschutzgrundsätze wie etwa die Datensparsamkeit wirksam umzusetzen, und die sicherstellen, dass die gesetzlichen Anforderungen eingehalten und die Rechte der betroffenen Personen geschützt werden. ²Er hat hierbei den Stand der Technik, die Implementierungskosten und die Art, den Umfang, die Umstände und die Zwecke der Verarbeitung sowie die unterschiedliche Eintrittswahrscheinlichkeit und Schwere der mit der Verarbeitung verbundenen Gefahren für die Rechtsgüter der betroffenen Personen zu berücksichtigen.

³ Insbesondere sind die Verarbeitung personenbezogener Daten und die Auswahl und Gestaltung von Datenverarbeitungssystemen an dem Ziel auszurichten, so wenig personenbezogene Daten wie möglich zu verarbeiten. ⁴ Personenbezogene Daten sind zum frühestmöglichen Zeitpunkt zu anonymisieren oder zu pseudonymisieren, soweit dies nach dem Verarbeitungszweck möglich ist.

(2) ¹ Der Verantwortliche hat geeignete technische und organisatorische Maßnahmen zu treffen, die sicherstellen, dass durch Voreinstellungen grundsätzlich nur solche personenbezogenen Daten verarbeitet werden können, deren Verarbeitung für den jeweiligen bestimmten Verarbeitungszweck erforderlich ist. ² Dies betrifft die Menge der erhobenen Daten, den Umfang ihrer Verarbeitung, ihre Speicherfrist und ihre Zugänglichkeit. ³ Die Maßnahmen müssen insbesondere gewährleisten, dass die Daten durch Voreinstellungen nicht automatisiert einer unbestimmten Anzahl von Personen zugänglich gemacht werden können.

§ 72 Unterscheidung zwischen verschiedenen Kategorien betroffener Personen.
¹ Der Verantwortliche hat bei der Verarbeitung personenbezogener Daten so weit wie möglich zwischen den verschiedenen Kategorien betroffener Personen zu unterscheiden. ² Dies betrifft insbesondere folgende Kategorien:

1. Personen, gegen die ein begründeter Verdacht besteht, dass sie eine Straftat begangen haben,
2. Personen, gegen die ein begründeter Verdacht besteht, dass sie in naher Zukunft eine Straftat begehen werden,
3. verurteilte Straftäter,
4. Opfer einer Straftat oder Personen, bei denen bestimmte Tatsachen darauf hindeuten, dass sie Opfer einer Straftat sein könnten, und
5. andere Personen wie insbesondere Zeugen, Hinweisgeber oder Personen, die mit den in den Nummern 1 bis 4 genannten Personen in Kontakt oder Verbindung stehen.

§ 73 Unterscheidung zwischen Tatsachen und persönlichen Einschätzungen.
¹ Der Verantwortliche hat bei der Verarbeitung so weit wie möglich danach zu unterscheiden, ob personenbezogene Daten auf Tatsachen oder auf persönlichen Einschätzungen beruhen. ² Zu diesem Zweck soll er, soweit dies im Rahmen der jeweiligen Verarbeitung möglich und angemessen ist, Beurteilungen, die auf persönlichen Einschätzungen beruhen, als solche kenntlich machen. ³ Es muss außerdem feststellbar sein, welche Stelle die Unterlagen führt, die der auf einer persönlichen Einschätzung beruhenden Beurteilung zugrunde liegen.

§ 74 Verfahren bei Übermittlungen.
(1) ¹ Der Verantwortliche hat angemessene Maßnahmen zu ergreifen, um zu gewährleisten, dass personenbezogene Daten, die unrichtig oder nicht mehr aktuell sind, nicht übermittelt oder sonst zur Verfügung gestellt werden. ² Zu diesem Zweck hat er, soweit dies mit angemessenem Aufwand möglich ist, die Qualität der Daten vor ihrer Übermittlung oder Bereitstellung zu überprüfen. ³ Bei jeder Übermittlung personenbezogener Daten hat er zudem, soweit dies möglich und angemessen ist, Informationen beizufügen, die es dem Empfänger gestatten, die Richtigkeit,

die Vollständigkeit und die Zuverlässigkeit der Daten sowie deren Aktualität zu beurteilen.

(2) ¹Gelten für die Verarbeitung von personenbezogenen Daten besondere Bedingungen, so hat bei Datenübermittlungen die übermittelnde Stelle den Empfänger auf diese Bedingungen und die Pflicht zu ihrer Beachtung hinzuweisen. ²Die Hinweispflicht kann dadurch erfüllt werden, dass die Daten entsprechend markiert werden.

(3) Die übermittelnde Stelle darf auf Empfänger in anderen Mitgliedstaaten der Europäischen Union und auf Einrichtungen und sonstige Stellen, die nach den Kapiteln 4 und 5 des Titels V des Dritten Teils des Vertrags über die Arbeitsweise der Europäischen Union errichtet wurden, keine Bedingungen anwenden, die nicht auch für entsprechende innerstaatliche Datenübermittlungen gelten.

§ 75 Berichtigung und Löschung personenbezogener Daten sowie Einschränkung der Verarbeitung. (1) Der Verantwortliche hat personenbezogene Daten zu berichtigen, wenn sie unrichtig sind.

(2) Der Verantwortliche hat personenbezogene Daten unverzüglich zu löschen, wenn ihre Verarbeitung unzulässig ist, sie zur Erfüllung einer rechtlichen Verpflichtung gelöscht werden müssen oder ihre Kenntnis für seine Aufgabenerfüllung nicht mehr erforderlich ist.

(3) ¹§ 58 Absatz 3 bis 5 ist entsprechend anzuwenden. ²Sind unrichtige personenbezogene Daten oder personenbezogene Daten unrechtmäßig übermittelt worden, ist auch dies dem Empfänger mitzuteilen.

(4) Unbeschadet in Rechtsvorschriften festgesetzter Höchstspeicher- oder Löschfristen hat der Verantwortliche für die Löschung von personenbezogenen Daten oder eine regelmäßige Überprüfung der Notwendigkeit ihrer Speicherung angemessene Fristen vorzusehen und durch verfahrensrechtliche Vorkehrungen sicherzustellen, dass diese Fristen eingehalten werden.

§ 76 Protokollierung. (1) In automatisierten Verarbeitungssystemen haben Verantwortliche und Auftragsverarbeiter mindestens die folgenden Verarbeitungsvorgänge zu protokollieren:

1. Erhebung,
2. Veränderung,
3. Abfrage,
4. Offenlegung einschließlich Übermittlung,
5. Kombination und
6. Löschung.

(2) Die Protokolle über Abfragen und Offenlegungen müssen es ermöglichen, die Begründung, das Datum und die Uhrzeit dieser Vorgänge und so weit wie möglich die Identität der Person, die die personenbezogenen Daten abgefragt oder offengelegt hat, und die Identität des Empfängers der Daten festzustellen.

(3) Die Protokolle dürfen ausschließlich für die Überprüfung der Rechtmäßigkeit der Datenverarbeitung durch die Datenschutzbeauftragte oder den Datenschutzbeauftragten, die Bundesbeauftragte oder den Bundesbeauftragten und die betroffene Person sowie für die Eigenüberwachung, für die Gewähr-

leistung der Integrität und Sicherheit der personenbezogenen Daten und für Strafverfahren verwendet werden.

(4) Die Protokolldaten sind am Ende des auf deren Generierung folgenden Jahres zu löschen.

(5) Der Verantwortliche und der Auftragsverarbeiter haben die Protokolle der oder dem Bundesbeauftragten auf Anforderung zur Verfügung zu stellen.

§ 77 Vertrauliche Meldung von Verstößen. Der Verantwortliche hat zu ermöglichen, dass ihm vertrauliche Meldungen über in seinem Verantwortungsbereich erfolgende Verstöße gegen Datenschutzvorschriften zugeleitet werden können.

Kapitel 5. Datenübermittlungen an Drittstaaten und an internationale Organisationen

§ 78 Allgemeine Voraussetzungen. (1) Die Übermittlung personenbezogener Daten an Stellen in Drittstaaten oder an internationale Organisationen ist bei Vorliegen der übrigen für Datenübermittlungen geltenden Voraussetzungen zulässig, wenn

1. die Stelle oder internationale Organisation für die in § 45 genannten Zwecke zuständig ist und

2. die Europäische Kommission gemäß Artikel 36 Absatz 3 der Richtlinie (EU) 2016/680[1)] einen Angemessenheitsbeschluss gefasst hat.

(2) [1]Die Übermittlung personenbezogener Daten hat trotz des Vorliegens eines Angemessenheitsbeschlusses im Sinne des Absatzes 1 Nummer 2 und des zu berücksichtigenden öffentlichen Interesses an der Datenübermittlung zu unterbleiben, wenn im Einzelfall ein datenschutzrechtlich angemessener und die elementaren Menschenrechte wahrender Umgang mit den Daten beim Empfänger nicht hinreichend gesichert ist oder sonst überwiegende schutzwürdige Interessen einer betroffenen Person entgegenstehen. [2]Bei seiner Beurteilung hat der Verantwortliche maßgeblich zu berücksichtigen, ob der Empfänger im Einzelfall einen angemessenen Schutz der übermittelten Daten garantiert.

(3) [1]Wenn personenbezogene Daten, die aus einem anderen Mitgliedstaat der Europäischen Union übermittelt oder zur Verfügung gestellt wurden, nach Absatz 1 übermittelt werden sollen, muss diese Übermittlung zuvor von der zuständigen Stelle des anderen Mitgliedstaats genehmigt werden. [2]Übermittlungen ohne vorherige Genehmigung sind nur dann zulässig, wenn die Übermittlung erforderlich ist, um eine unmittelbare und ernsthafte Gefahr für die öffentliche Sicherheit eines Staates oder für die wesentlichen Interessen eines Mitgliedstaats abzuwehren, und die vorherige Genehmigung nicht rechtzeitig eingeholt werden kann. [3]Im Fall des Satzes 2 ist die Stelle des anderen Mitgliedstaats, die für die Erteilung der Genehmigung zuständig gewesen wäre, unverzüglich über die Übermittlung zu unterrichten.

(4) [1]Der Verantwortliche, der Daten nach Absatz 1 übermittelt, hat durch geeignete Maßnahmen sicherzustellen, dass der Empfänger die übermittelten Daten nur dann an andere Drittstaaten oder andere internationale Organisatio-

---

[1)] Nr. 2.

nen weiterübermittelt, wenn der Verantwortliche diese Übermittlung zuvor genehmigt hat. ²Bei der Entscheidung über die Erteilung der Genehmigung hat der Verantwortliche alle maßgeblichen Faktoren zu berücksichtigen, insbesondere die Schwere der Straftat, den Zweck der ursprünglichen Übermittlung und das in dem Drittstaat oder der internationalen Organisation, an das oder an die die Daten weiterübermittelt werden sollen, bestehende Schutzniveau für personenbezogene Daten. ³Eine Genehmigung darf nur dann erfolgen, wenn auch eine direkte Übermittlung an den anderen Drittstaat oder die andere internationale Organisation zulässig wäre. ⁴Die Zuständigkeit für die Erteilung der Genehmigung kann auch abweichend geregelt werden.

§ 79 Datenübermittlung bei geeigneten Garantien.

(1) Liegt entgegen § 78 Absatz 1 Nummer 2 kein Beschluss nach Artikel 36 Absatz 3 der Richtlinie (EU) 2016/680[1]) vor, ist eine Übermittlung bei Vorliegen der übrigen Voraussetzungen des § 78 auch dann zulässig, wenn

1. in einem rechtsverbindlichen Instrument geeignete Garantien für den Schutz personenbezogener Daten vorgesehen sind oder

2. der Verantwortliche nach Beurteilung aller Umstände, die bei der Übermittlung eine Rolle spielen, zu der Auffassung gelangt ist, dass geeignete Garantien für den Schutz personenbezogener Daten bestehen.

(2) ¹Der Verantwortliche hat Übermittlungen nach Absatz 1 Nummer 2 zu dokumentieren. ²Die Dokumentation hat den Zeitpunkt der Übermittlung, die Identität des Empfängers, den Grund der Übermittlung und die übermittelten personenbezogenen Daten zu enthalten. ³Sie ist der oder dem Bundesbeauftragten auf Anforderung zur Verfügung zu stellen.

(3) ¹Der Verantwortliche hat die Bundesbeauftragte oder den Bundesbeauftragten zumindest jährlich über Übermittlungen zu unterrichten, die aufgrund einer Beurteilung nach Absatz 1 Nummer 2 erfolgt sind. ²In der Unterrichtung kann er die Empfänger und die Übermittlungszwecke angemessen kategorisieren.

§ 80 Datenübermittlung ohne geeignete Garantien.

(1) Liegt entgegen § 78 Absatz 1 Nummer 2 kein Beschluss nach Artikel 36 Absatz 3 der Richtlinie (EU) 2016/680[1]) vor und liegen auch keine geeigneten Garantien im Sinne des § 79 Absatz 1 vor, ist eine Übermittlung bei Vorliegen der übrigen Voraussetzungen des § 78 auch dann zulässig, wenn die Übermittlung erforderlich ist

1. zum Schutz lebenswichtiger Interessen einer natürlichen Person,

2. zur Wahrung berechtigter Interessen der betroffenen Person,

3. zur Abwehr einer gegenwärtigen und erheblichen Gefahr für die öffentliche Sicherheit eines Staates,

4. im Einzelfall für die in § 45 genannten Zwecke oder

5. im Einzelfall zur Geltendmachung, Ausübung oder Verteidigung von Rechtsansprüchen im Zusammenhang mit den in § 45 genannten Zwecken.

---

[1]) Nr. 2.

(2) Der Verantwortliche hat von einer Übermittlung nach Absatz 1 abzusehen, wenn die Grundrechte der betroffenen Person das öffentliche Interesse an der Übermittlung überwiegen.

(3) Für Übermittlungen nach Absatz 1 gilt § 79 Absatz 2 entsprechend.

§ 81 Sonstige Datenübermittlung an Empfänger in Drittstaaten.

(1) Verantwortliche können bei Vorliegen der übrigen für die Datenübermittlung in Drittstaaten geltenden Voraussetzungen im besonderen Einzelfall personenbezogene Daten unmittelbar an nicht in § 78 Absatz 1 Nummer 1 genannte Stellen in Drittstaaten übermitteln, wenn die Übermittlung für die Erfüllung ihrer Aufgaben unbedingt erforderlich ist und

1. im konkreten Fall keine Grundrechte der betroffenen Person das öffentliche Interesse an einer Übermittlung überwiegen,
2. die Übermittlung an die in § 78 Absatz 1 Nummer 1 genannten Stellen wirkungslos oder ungeeignet wäre, insbesondere weil sie nicht rechtzeitig durchgeführt werden kann, und
3. der Verantwortliche dem Empfänger die Zwecke der Verarbeitung mitteilt und ihn darauf hinweist, dass die übermittelten Daten nur in dem Umfang verarbeitet werden dürfen, in dem ihre Verarbeitung für diese Zwecke erforderlich ist.

(2) Im Fall des Absatzes 1 hat der Verantwortliche die in § 78 Absatz 1 Nummer 1 genannten Stellen unverzüglich über die Übermittlung zu unterrichten, sofern dies nicht wirkungslos oder ungeeignet ist.

(3) Für Übermittlungen nach Absatz 1 gilt § 79 Absatz 2 und 3 entsprechend.

(4) Bei Übermittlungen nach Absatz 1 hat der Verantwortliche den Empfänger zu verpflichten, die übermittelten personenbezogenen Daten ohne seine Zustimmung nur für den Zweck zu verarbeiten, für den sie übermittelt worden sind.

(5) Abkommen im Bereich der justiziellen Zusammenarbeit in Strafsachen und der polizeilichen Zusammenarbeit bleiben unberührt.

Kapitel 6. Zusammenarbeit der Aufsichtsbehörden

§ 82 Gegenseitige Amtshilfe.
(1) ¹Die oder der Bundesbeauftragte hat den Datenschutzaufsichtsbehörden in anderen Mitgliedstaaten der Europäischen Union Informationen zu übermitteln und Amtshilfe zu leisten, soweit dies für eine einheitliche Umsetzung und Anwendung der Richtlinie (EU) 2016/680[1]) erforderlich ist. ²Die Amtshilfe betrifft insbesondere Auskunftsersuchen und aufsichtsbezogene Maßnahmen, beispielsweise Ersuchen um Konsultation oder um Vornahme von Nachprüfungen und Untersuchungen.

(2) Die oder der Bundesbeauftragte hat alle geeigneten Maßnahmen zu ergreifen, um Amtshilfeersuchen unverzüglich und spätestens innerhalb eines Monats nach deren Eingang nachzukommen.

(3) Die oder der Bundesbeauftragte darf Amtshilfeersuchen nur ablehnen, wenn

---

[1]) Nr. 2.

1. sie oder er für den Gegenstand des Ersuchens oder für die Maßnahmen, die sie oder er durchführen soll, nicht zuständig ist oder
2. ein Eingehen auf das Ersuchen gegen Rechtsvorschriften verstoßen würde.

(4) [1]Die oder der Bundesbeauftragte hat die ersuchende Aufsichtsbehörde des anderen Staates über die Ergebnisse oder gegebenenfalls über den Fortgang der Maßnahmen zu informieren, die getroffen wurden, um dem Amtshilfeersuchen nachzukommen. [2]Sie oder er hat im Fall des Absatzes 3 die Gründe für die Ablehnung des Ersuchens zu erläutern.

(5) Die oder der Bundesbeauftragte hat die Informationen, um die sie oder er von der Aufsichtsbehörde des anderen Staates ersucht wurde, in der Regel elektronisch und in einem standardisierten Format zu übermitteln.

(6) Die oder der Bundesbeauftragte hat Amtshilfeersuchen kostenfrei zu erledigen, soweit sie oder er nicht im Einzelfall mit der Aufsichtsbehörde des anderen Staates die Erstattung entstandener Ausgaben vereinbart hat.

(7) [1]Ein Amtshilfeersuchen der oder des Bundesbeauftragten hat alle erforderlichen Informationen zu enthalten; hierzu gehören insbesondere der Zweck und die Begründung des Ersuchens. [2]Die auf das Ersuchen übermittelten Informationen dürfen ausschließlich zu dem Zweck verwendet werden, zu dem sie angefordert wurden.

Kapitel 7. Haftung und Sanktionen

§ 83 Schadensersatz und Entschädigung. (1) [1]Hat ein Verantwortlicher einer betroffenen Person durch eine Verarbeitung personenbezogener Daten, die nach diesem Gesetz oder nach anderen auf ihre Verarbeitung anwendbaren Vorschriften rechtswidrig war, einen Schaden zugefügt, ist er oder sein Rechtsträger der betroffenen Person zum Schadensersatz verpflichtet. [2]Die Ersatzpflicht entfällt, soweit bei einer nicht automatisierten Verarbeitung der Schaden nicht auf ein Verschulden des Verantwortlichen zurückzuführen ist.

(2) Wegen eines Schadens, der nicht Vermögensschaden ist, kann die betroffene Person eine angemessene Entschädigung in Geld verlangen.

(3) Lässt sich bei einer automatisierten Verarbeitung personenbezogener Daten nicht ermitteln, welche von mehreren beteiligten Verantwortlichen den Schaden verursacht hat, so haftet jeder Verantwortliche beziehungsweise sein Rechtsträger.

(4) Hat bei der Entstehung des Schadens ein Verschulden der betroffenen Person mitgewirkt, ist § 254 des Bürgerlichen Gesetzbuchs entsprechend anzuwenden.

(5) Auf die Verjährung finden die für unerlaubte Handlungen geltenden Verjährungsvorschriften des Bürgerlichen Gesetzbuchs entsprechende Anwendung.

§ 84 Strafvorschriften. Für Verarbeitungen personenbezogener Daten durch öffentliche Stellen im Rahmen von Tätigkeiten nach § 45 Satz 1, 3 oder 4 findet § 42 entsprechende Anwendung.

Teil 4. Besondere Bestimmungen für Verarbeitungen im Rahmen von nicht in die Anwendungsbereiche der Verordnung (EU) 2016/679 und der Richtlinie (EU) 2016/680 fallenden Tätigkeiten

§ 85 Verarbeitung personenbezogener Daten im Rahmen von nicht in die Anwendungsbereiche der Verordnung (EU) 2016/679 und der Richtlinie (EU) 2016/680 fallenden Tätigkeiten. (1) ¹Die Übermittlung personenbezogener Daten an einen Drittstaat oder an über- oder zwischenstaatliche Stellen oder internationale Organisationen im Rahmen von nicht in die Anwendungsbereiche der Verordnung (EU) 2016/679[1] und der Richtlinie (EU) 2016/680[2] fallenden Tätigkeiten ist über die bereits gemäß der Verordnung (EU) 2016/679 zulässigen Fälle hinaus auch dann zulässig, wenn sie zur Erfüllung eigener Aufgaben aus zwingenden Gründen der Verteidigung oder zur Erfüllung über- oder zwischenstaatlicher Verpflichtungen einer öffentlichen Stelle des Bundes auf dem Gebiet der Krisenbewältigung oder Konfliktverhinderung oder für humanitäre Maßnahmen erforderlich ist. ²Der Empfänger ist darauf hinzuweisen, dass die übermittelten Daten nur zu dem Zweck verwendet werden dürfen, zu dem sie übermittelt wurden.

(2) Für Verarbeitungen im Rahmen von nicht in die Anwendungsbereiche der Verordnung (EU) 2016/679 und der Richtlinie (EU) 2016/680 fallenden Tätigkeiten durch Dienststellen im Geschäftsbereich des Bundesministeriums der Verteidigung gilt § 16 Absatz 4 nicht, soweit die Bundesministerium der Verteidigung im Einzelfall feststellt, dass die Erfüllung der dort genannten Pflichten die Sicherheit des Bundes gefährden würde.

(3) ¹Für Verarbeitungen im Rahmen von nicht in die Anwendungsbereiche der Verordnung (EU) 2016/679 und der Richtlinie (EU) 2016/680 fallenden Tätigkeiten durch öffentliche Stellen des Bundes besteht keine Informationspflicht gemäß Artikel 13 Absatz 1 und 2 der Verordnung (EU) 2016/679, wenn

1. es sich um Fälle des § 32 Absatz 1 Nummer 1 bis 3 handelt oder
2. durch ihre Erfüllung Informationen offenbart würden, die nach einer Rechtsvorschrift oder ihrem Wesen nach, insbesondere wegen der überwiegenden berechtigten Interessen eines Dritten, geheim gehalten werden müssen, und deswegen das Interesse der betroffenen Person an der Erteilung der Information zurücktreten muss.

²Ist die betroffene Person in den Fällen des Satzes 1 nicht zu informieren, besteht auch kein Recht auf Auskunft. ³§ 32 Absatz 2 und § 33 Absatz 2 finden keine Anwendung.

§ 86 Verarbeitung personenbezogener Daten für Zwecke staatlicher Auszeichnungen und Ehrungen. (1) ¹Zur Vorbereitung und Durchführung staatlicher Verfahren bei Auszeichnungen und Ehrungen dürfen sowohl die zuständigen als auch andere öffentliche und nichtöffentliche Stellen die dazu erforderlichen personenbezogenen Daten, einschließlich besonderer Kategorien personenbezogener Daten im Sinne des Artikels 9 Absatz 1 der Verordnung (EU) 2016/679[1], auch ohne Kenntnis der betroffenen Person verarbeiten. ²Für nichtöffentliche Stellen gilt insoweit § 1 Absatz 8 entsprechend. ³Ei-

---
[1] Nr. 1.
[2] Nr. 2.

ne Verarbeitung der personenbezogenen Daten nach Satz 1 für andere Zwecke ist nur mit Einwilligung der betroffenen Person zulässig.

(2) Soweit eine Verarbeitung ausschließlich für die in Absatz 1 Satz 1 genannten Zwecke erfolgt, sind die Artikel 13 bis 16, 19 und 21 der Verordnung (EU) 2016/679 nicht anzuwenden.

(3) Bei der Verarbeitung besonderer Kategorien personenbezogener Daten im Sinne des Artikels 9 Absatz 1 der Verordnung (EU) 2016/679 sieht der Verantwortliche angemessene und spezifische Maßnahmen zur Wahrung der Rechte der betroffenen Person gemäß § 22 Absatz 2 vor.

7. Gesetz zur Regelung des Zugangs zu Informationen des Bundes (Informationsfreiheitsgesetz – IFG)

Vom 5. September 2005

(BGBl. I S. 2722)

FNA 201-10

zuletzt geänd. durch Art. 44 Elfte ZuständigkeitsanpassungsVO v. 19.6.2020 (BGBl. I S. 1328)

Nichtamtliche Inhaltsübersicht

§ 1	Grundsatz
§ 2	Begriffsbestimmungen
§ 3	Schutz von besonderen öffentlichen Belangen
§ 4	Schutz des behördlichen Entscheidungsprozesses
§ 5	Schutz personenbezogener Daten
§ 6	Schutz des geistigen Eigentums und von Betriebs- oder Geschäftsgeheimnissen
§ 7	Antrag und Verfahren
§ 8	Verfahren bei Beteiligung Dritter
§ 9	Ablehnung des Antrags; Rechtsweg
§ 10	Gebühren und Auslagen
§ 11	Veröffentlichungspflichten
§ 12	Bundesbeauftragter für die Informationsfreiheit
§ 13	Änderung anderer Vorschriften
§ 14	Bericht und Evaluierung
§ 15	Inkrafttreten

Der Bundestag hat das folgende Gesetz beschlossen:

§ 1 Grundsatz. (1) ¹Jeder hat nach Maßgabe dieses Gesetzes gegenüber den Behörden des Bundes einen Anspruch auf Zugang zu amtlichen Informationen. ²Für sonstige Bundesorgane und -einrichtungen gilt dieses Gesetz, soweit sie öffentlich-rechtliche Verwaltungsaufgaben wahrnehmen. ³Einer Behörde im Sinne dieser Vorschrift steht eine natürliche Person oder juristische Person des Privatrechts gleich, soweit eine Behörde sich dieser Person zur Erfüllung ihrer öffentlich-rechtlichen Aufgaben bedient.

(2) ¹Die Behörde kann Auskunft erteilen, Akteneinsicht gewähren oder Informationen in sonstiger Weise zur Verfügung stellen. ²Begehrt der Antragsteller eine bestimmte Art des Informationszugangs, so darf dieser nur aus wichtigem Grund auf andere Art gewährt werden. ³Als wichtiger Grund gilt insbesondere ein deutlich höherer Verwaltungsaufwand.

(3) Regelungen in anderen Rechtsvorschriften über den Zugang zu amtlichen Informationen gehen mit Ausnahme des § 29 des Verwaltungsverfahrensgesetzes[1)] und des § 25 des Zehnten Buches Sozialgesetzbuch[2)] vor.

§ 2 Begriffsbestimmungen. Im Sinne dieses Gesetzes ist

1. amtliche Information: jede amtlichen Zwecken dienende Aufzeichnung, unabhängig von der Art ihrer Speicherung. Entwürfe und Notizen, die nicht Bestandteil eines Vorgangs werden sollen, gehören nicht dazu;

[1)] Nr. **19**.
[2)] Nr. **33**.

2. Dritter: jeder, über den personenbezogene Daten oder sonstige Informationen vorliegen.

§ 3 Schutz von besonderen öffentlichen Belangen. Der Anspruch auf Informationszugang besteht nicht,

1. wenn das Bekanntwerden der Information nachteilige Auswirkungen haben kann auf
   a) internationale Beziehungen,
   b) militärische und sonstige sicherheitsempfindliche Belange der Bundeswehr,
   c) Belange der inneren oder äußeren Sicherheit,
   d) Kontroll- oder Aufsichtsaufgaben der Finanz-, Wettbewerbs- und Regulierungsbehörden,
   e) Angelegenheiten der externen Finanzkontrolle,
   f) Maßnahmen zum Schutz vor unerlaubtem Außenwirtschaftsverkehr,
   g) die Durchführung eines laufenden Gerichtsverfahrens, den Anspruch einer Person auf ein faires Verfahren oder die Durchführung strafrechtlicher, ordnungswidrigkeitsrechtlicher oder disziplinarischer Ermittlungen,
2. wenn das Bekanntwerden der Information die öffentliche Sicherheit gefährden kann,
3. wenn und solange
   a) die notwendige Vertraulichkeit internationaler Verhandlungen oder
   b) die Beratungen von Behörden beeinträchtigt werden,
4. wenn die Information einer durch Rechtsvorschrift oder durch die Allgemeine Verwaltungsvorschrift zum materiellen und organisatorischen Schutz von Verschlusssachen geregelten Geheimhaltungs- oder Vertraulichkeitspflicht oder einem Berufs- oder besonderen Amtsgeheimnis unterliegt,
5. hinsichtlich vorübergehend beigezogener Information einer anderen öffentlichen Stelle, die nicht Bestandteil der eigenen Vorgänge werden soll,
6. wenn das Bekanntwerden der Information geeignet wäre, fiskalische Interessen des Bundes im Wirtschaftsverkehr oder wirtschaftliche Interessen der Sozialversicherungen zu beeinträchtigen,
7. bei vertraulich erhobener oder übermittelter Information, soweit das Interesse des Dritten an einer vertraulichen Behandlung im Zeitpunkt des Antrags auf Informationszugang noch fortbesteht,
8. gegenüber den Nachrichtendiensten sowie den Behörden und sonstigen öffentlichen Stellen des Bundes, soweit sie Aufgaben im Sinne des § 10 Nr. 3 des Sicherheitsüberprüfungsgesetzes wahrnehmen.

§ 4 Schutz des behördlichen Entscheidungsprozesses. (1) [1]Der Antrag auf Informationszugang soll abgelehnt werden für Entwürfe zu Entscheidungen sowie Arbeiten und Beschlüsse zu ihrer unmittelbaren Vorbereitung, soweit und solange durch die vorzeitige Bekanntgabe der Informationen der Erfolg der Entscheidung oder bevorstehender behördlicher Maßnahmen vereitelt würde. [2]Nicht der unmittelbaren Entscheidungsvorbereitung nach Satz 1 dienen regelmäßig Ergebnisse der Beweiserhebung und Gutachten oder Stellungnahmen Dritter.

(2) Der Antragsteller soll über den Abschluss des jeweiligen Verfahrens informiert werden.

§ 5 Schutz personenbezogener Daten. (1) ¹Zugang zu personenbezogenen Daten darf nur gewährt werden, soweit das Informationsinteresse des Antragstellers das schutzwürdige Interesse des Dritten am Ausschluss des Informationszugangs überwiegt oder der Dritte eingewilligt hat. ²Besondere Kategorien personenbezogener Daten im Sinne des Artikels 9 Absatz 1 der Verordnung (EU) 2016/679[1)] des Europäischen Parlaments und des Rates vom 27. April 2016 zum Schutz natürlicher Personen bei der Verarbeitung personenbezogener Daten, zum freien Datenverkehr und zur Aufhebung der Richtlinie 95/46/EG (Datenschutz- Grundverordnung) (ABl. L 119 vom 4.5. 2016, S. 1; L 314 vom 22.11.2016, S. 72; L 127 vom 23.5.2018, S. 2) in der jeweils geltenden Fassung dürfen nur übermittelt werden, wenn der Dritte ausdrücklich eingewilligt hat.

(2) Das Informationsinteresse des Antragstellers überwiegt nicht bei Informationen aus Unterlagen, soweit sie mit dem Dienst- oder Amtsverhältnis oder einem Mandat des Dritten in Zusammenhang stehen und bei Informationen, die einem Berufs- oder Amtsgeheimnis unterliegen.

(3) Das Informationsinteresse des Antragstellers überwiegt das schutzwürdige Interesse des Dritten am Ausschluss des Informationszugangs in der Regel dann, wenn sich die Angabe auf Name, Titel, akademischen Grad, Berufs- und Funktionsbezeichnung, Büroanschrift und -telekommunikationsnummer beschränkt und der Dritte als Gutachter, Sachverständiger oder in vergleichbarer Weise eine Stellungnahme in einem Verfahren abgegeben hat.

(4) Name, Titel, akademischer Grad, Berufs- und Funktionsbezeichnung, Büroanschrift und -telekommunikationsnummer von Bearbeitern sind vom Informationszugang nicht ausgeschlossen, soweit sie Ausdruck und Folge der amtlichen Tätigkeit sind und kein Ausnahmetatbestand erfüllt ist.

§ 6 Schutz des geistigen Eigentums und von Betriebs- oder Geschäftsgeheimnissen. ¹Der Anspruch auf Informationszugang besteht nicht, soweit der Schutz geistigen Eigentums entgegensteht. ²Zugang zu Betriebs- oder Geschäftsgeheimnissen darf nur gewährt werden, soweit der Betroffene eingewilligt hat.

§ 7 Antrag und Verfahren. (1) ¹Über den Antrag auf Informationszugang entscheidet die Behörde, die zur Verfügung über die begehrten Informationen berechtigt ist. ²Im Fall des § 1 Abs. 1 Satz 3 ist der Antrag an die Behörde zu richten, die sich der natürlichen oder juristischen Person des Privatrechts zur Erfüllung ihrer öffentlich-rechtlichen Aufgaben bedient. ³Betrifft der Antrag Daten Dritter im Sinne von § 5 Abs. 1 und 2 oder § 6, muss er begründet werden. ⁴Bei gleichförmigen Anträgen von mehr als 50 Personen gelten die §§ 17 bis 19 des Verwaltungsverfahrensgesetzes[2)] entsprechend.

(2) ¹Besteht ein Anspruch auf Informationszugang zum Teil, ist dem Antrag in dem Umfang stattzugeben, in dem der Informationszugang ohne Preisgabe der geheimhaltungsbedürftigen Informationen oder ohne unverhältnismäßigen

---
[1)] Nr. **1**.
[2)] Nr. **19**.

Verwaltungsaufwand möglich ist. ²Entsprechendes gilt, wenn sich der Antragsteller in den Fällen, in denen Belange Dritter berührt sind, mit einer Unkenntlichmachung der diesbezüglichen Informationen einverstanden erklärt.

(3) ¹Auskünfte können mündlich, schriftlich oder elektronisch erteilt werden. ²Die Behörde ist nicht verpflichtet, die inhaltliche Richtigkeit der Information zu prüfen.

(4) ¹Im Fall der Einsichtnahme in amtliche Informationen kann sich der Antragsteller Notizen machen oder Ablichtungen und Ausdrucke fertigen lassen. ²§ 6 Satz 1 bleibt unberührt.

(5) ¹Die Information ist dem Antragsteller unter Berücksichtigung seiner Belange unverzüglich zugänglich zu machen. ²Der Informationszugang soll innerhalb eines Monats erfolgen. ³§ 8 bleibt unberührt.

§ 8 Verfahren bei Beteiligung Dritter. (1) Die Behörde gibt einem Dritten, dessen Belange durch den Antrag auf Informationszugang berührt sind, schriftlich Gelegenheit zur Stellungnahme innerhalb eines Monats, sofern Anhaltspunkte dafür vorliegen, dass er ein schutzwürdiges Interesse am Ausschluss des Informationszugangs haben kann.

(2) ¹Die Entscheidung nach § 7 Abs. 1 Satz 1 ergeht schriftlich und ist auch dem Dritten bekannt zu geben. ²Der Informationszugang darf erst erfolgen, wenn die Entscheidung dem Dritten gegenüber bestandskräftig ist oder die sofortige Vollziehung angeordnet worden ist und seit der Bekanntgabe der Anordnung an den Dritten zwei Wochen verstrichen sind. ³§ 9 Abs. 4 gilt entsprechend.

§ 9 Ablehnung des Antrags; Rechtsweg. (1) Die Bekanntgabe einer Entscheidung, mit der der Antrag ganz oder teilweise abgelehnt wird, hat innerhalb der Frist nach § 7 Abs. 5 Satz 2 zu erfolgen.

(2) Soweit die Behörde den Antrag ganz oder teilweise ablehnt, hat sie mitzuteilen, ob und wann der Informationszugang ganz oder teilweise zu einem späteren Zeitpunkt voraussichtlich möglich ist.

(3) Der Antrag kann abgelehnt werden, wenn der Antragsteller bereits über die begehrten Informationen verfügt oder sich diese in zumutbarer Weise aus allgemein zugänglichen Quellen beschaffen kann.

(4) ¹Gegen die ablehnende Entscheidung sind Widerspruch und Verpflichtungsklage zulässig. ²Ein Widerspruchsverfahren nach den Vorschriften des 8. Abschnitts der Verwaltungsgerichtsordnung ist auch dann durchzuführen, wenn die Entscheidung von einer obersten Bundesbehörde getroffen wurde.

§ 10 Gebühren und Auslagen. (1) ¹Für individuell zurechenbare öffentliche Leistungen nach diesem Gesetz werden Gebühren und Auslagen erhoben. ²Dies gilt nicht für die Erteilung einfacher Auskünfte.

(2) Die Gebühren sind auch unter Berücksichtigung des Verwaltungsaufwandes so zu bemessen, dass der Informationszugang nach § 1 wirksam in Anspruch genommen werden kann.

(3) ¹Das Bundesministerium des Innern, für Bau und Heimat wird ermächtigt, für individuell zurechenbare öffentliche Leistungen nach diesem Gesetz die Gebührentatbestände und Gebührensätze durch Rechtsverordnung ohne Zustimmung des Bundesrates zu bestimmen. ²§ 10 des Bundesgebührengesetzes findet keine Anwendung.

§ 11 Veröffentlichungspflichten. (1) Die Behörden sollen Verzeichnisse führen, aus denen sich die vorhandenen Informationssammlungen und -zwecke erkennen lassen.

(2) Organisations- und Aktenpläne ohne Angabe personenbezogener Daten sind nach Maßgabe dieses Gesetzes allgemein zugänglich zu machen.

(3) Die Behörden sollen die in den Absätzen 1 und 2 genannten Pläne und Verzeichnisse sowie weitere geeignete Informationen in elektronischer Form allgemein zugänglich machen.

§ 12 Bundesbeauftragter für die Informationsfreiheit. (1) Jeder kann den Bundesbeauftragten für die Informationsfreiheit anrufen, wenn er sein Recht auf Informationszugang nach diesem Gesetz als verletzt ansieht.

(2) Die Aufgabe des Bundesbeauftragten für die Informationsfreiheit wird von dem Bundesbeauftragten für den Datenschutz wahrgenommen.

(3) Die Bestimmungen des Bundesdatenschutzgesetzes in der am 24. Mai 2018 geltenden Fassung über die Kontrollaufgaben des Bundesbeauftragten für den Datenschutz (§ 24 Abs. 1 und 3 bis 5), über Beanstandungen (§ 25 Abs. 1 Satz 1 Nr. 1 und 4, Satz 2 und Abs. 2 und 3) sowie über weitere Aufgaben gemäß § 26 Abs. 1 bis 3 gelten entsprechend.

§ 13 Änderung anderer Vorschriften. *(hier nicht wiedergegeben)*

§ 14 Bericht und Evaluierung. [1]Die Bundesregierung unterrichtet den Deutschen Bundestag zwei Jahre vor Außerkrafttreten über die Anwendung dieses Gesetzes. [2]Der Deutsche Bundestag wird das Gesetz ein Jahr vor Außerkrafttreten auf wissenschaftlicher Grundlage evaluieren.

§ 15 Inkrafttreten. Dieses Gesetz tritt am 1. Januar 2006 in Kraft.

8. Gesetz über den Datenschutz und den Schutz der Privatsphäre in der Telekommunikation und bei Telemedien (Telekommunikation-Telemedien-Datenschutz-Gesetz – TTDSG)[1) 2)]

Vom 23. Juni 2021

(BGBl. I S. 1982)

FNA 204-5

zuletzt geänd. durch Art. 4 G zur Änd. des Strafgesetzbuches – Strafbarkeit des Betreibens krimineller Handelsplattformen im Internet v. 12.8.2021 (BGBl. I S. 3544)

Inhaltsübersicht

Teil 1. Allgemeine Vorschriften

§ 1	Anwendungsbereich des Gesetzes
§ 2	Begriffsbestimmungen

Teil 2. Datenschutz und Schutz der Privatsphäre in der Telekommunikation

Kapitel 1. Vertraulichkeit der Kommunikation

§ 3	Vertraulichkeit der Kommunikation – Fernmeldegeheimnis
§ 4	Rechte des Erben des Endnutzers und anderer berechtigter Personen
§ 5	Abhörverbot, Geheimhaltungspflicht der Betreiber von Funkanlagen
§ 6	Nachrichtenübermittlung mit Zwischenspeicherung
§ 7	Verlangen eines amtlichen Ausweises
§ 8	Missbrauch von Telekommunikationsanlagen

Kapitel 2. Verkehrsdaten, Standortdaten

§ 9	Verarbeitung von Verkehrsdaten
§ 10	Entgeltermittlung und Entgeltabrechnung
§ 11	Einzelverbindungsnachweis
§ 12	Störungen von Telekommunikationsanlagen und Missbrauch von Telekommunikationsdiensten
§ 13	Standortdaten

Kapitel 3. Mitteilen ankommender Verbindungen, Rufnummernanzeige und -unterdrückung, automatische Anrufweiterschaltung

§ 14	Mitteilen ankommender Verbindungen
§ 15	Rufnummernanzeige und -unterdrückung
§ 16	Automatische Anrufweiterschaltung

Kapitel 4. Endnutzerverzeichnisse, Bereitstellen von Endnutzerdaten

§ 17	Endnutzerverzeichnisse
§ 18	Bereitstellen von Endnutzerdaten

Teil 3. Telemediendatenschutz, Endeinrichtungen

Kapitel 1. Technische und organisatorische Vorkehrungen, Verarbeitung von Daten zum Zweck des Jugendschutzes und zur Auskunftserteilung

§ 19	Technische und organisatorische Vorkehrungen
§ 20	Verarbeitung personenbezogener Daten Minderjähriger
§ 21	Bestandsdaten

[1)] **Amtl. Anm.:** Dieses Gesetz dient der Umsetzung der Richtlinie 2002/58/EG des Europäischen Parlaments und des Rates vom 12. Juli 2002 über die Verarbeitung personenbezogener Daten und den Schutz der Privatsphäre in der elektronischen Kommunikation (Datenschutzrichtlinie für elektronische Kommunikation) (ABl. L 201 vom 31.7.2002, S. 37), die durch Artikel 2 der Richtlinie 2009/136/EG des Europäischen Parlaments und des Rates vom 25. November 2009 (ABl. L 337 vom 18.12.2009, S. 11) geändert worden ist.

[2)] Verkündet als Art. 1 G v. 23.6.2021 (BGBl. I S. 1982); Inkrafttreten gem. Art. 14 dieses G am 1.12.2021.

§ 22   Auskunftsverfahren bei Bestandsdaten
§ 23   Auskunftsverfahren bei Passwörtern und anderen Zugangsdaten
§ 24   Auskunftsverfahren bei Nutzungsdaten

Kapitel 2. Endeinrichtungen
§ 25   Schutz der Privatsphäre bei Endeinrichtungen
§ 26   Anerkannte Dienste zur Einwilligungsverwaltung, Endnutzereinstellungen

Teil 4. Straf- und Bußgeldvorschriften und Aufsicht
§ 27   Strafvorschriften
§ 28   Bußgeldvorschriften
§ 29   Zuständigkeit, Aufgaben und Befugnisse der oder des Bundesbeauftragten für den Datenschutz und die Informationsfreiheit
§ 30   Zuständigkeit, Aufgaben und Befugnisse der Bundesnetzagentur.

Teil 1. Allgemeine Vorschriften

§ 1 Anwendungsbereich des Gesetzes. (1) Dieses Gesetz regelt

1. das Fernmeldegeheimnis, einschließlich des Abhörverbotes und der Geheimhaltungspflicht der Betreiber von Funkanlagen,
2. besondere Vorschriften zum Schutz personenbezogener Daten bei der Nutzung von Telekommunikationsdiensten und Telemedien,
3. die Anforderungen an den Schutz der Privatsphäre im Hinblick auf die Mitteilung ankommender Verbindungen, die Rufnummernunterdrückung und -anzeige und die automatische Anrufweiterschaltung,
4. die Anforderungen an die Aufnahme in Endnutzerverzeichnisse und die Bereitstellung von Endnutzerdaten an Auskunftsdienste, Dienste zur Unterrichtung über einen individuellen Gesprächswunsch eines anderen Nutzers und Anbieter von Endnutzerverzeichnissen,
5. die von Anbietern von Telemedien zu beachtenden technischen und organisatorischen Vorkehrungen,
6. die Anforderungen an die Erteilung von Auskünften über Bestands- und Nutzungsdaten durch Anbieter von Telemedien,
7. den Schutz der Privatsphäre bei Endeinrichtungen hinsichtlich der Anforderungen an die Speicherung von Informationen in Endeinrichtungen der Endnutzer und den Zugriff auf Informationen, die bereits in Endeinrichtungen der Endnutzer gespeichert sind, und
8. die Aufsichtsbehörden und die Aufsicht im Hinblick auf den Datenschutz und den Schutz der Privatsphäre in der Telekommunikation; bei Telemedien bleiben die Aufsicht durch die nach Landesrecht zuständigen Behörden und § 40 des Bundesdatenschutzgesetzes[1)] unberührt.

(2) Dem Fernmeldegeheimnis unterliegende Einzelangaben über Verhältnisse einer bestimmten oder bestimmbaren juristischen Person oder Personengesellschaft, die mit der Fähigkeit ausgestattet ist, Rechte zu erwerben oder Verbindlichkeiten einzugehen, stehen den personenbezogenen Daten gleich.

(3) ¹Diesem Gesetz unterliegen alle Unternehmen und Personen, die im Geltungsbereich dieses Gesetzes eine Niederlassung haben oder Dienstleistungen erbringen oder daran mitwirken oder Waren auf dem Markt bereitstellen. ²§ 3 des Telemediengesetzes[2)] bleibt unberührt.

[1)] Nr. **6**.
[2)] Nr. **9**.

§ 2 Begriffsbestimmungen. (1) Die Begriffsbestimmungen des Telekommunikationsgesetzes, des Telemediengesetzes[1] und der Verordnung (EU) 2016/679[2] des Europäischen Parlaments und des Rates vom 27. April 2016 zum Schutz natürlicher Personen bei der Verarbeitung personenbezogener Daten, zum freien Datenverkehr und zur Aufhebung der Richtlinie 95/46/EG (Datenschutz-Grundverordnung) gelten auch für dieses Gesetz, soweit in Absatz 2 keine abweichende Begriffsbestimmung getroffen wird.

(2) Im Sinne dieses Gesetzes ist oder sind

1. „Anbieter von Telemedien" jede natürliche oder juristische Person, die eigene oder fremde Telemedien erbringt, an der Erbringung mitwirkt oder den Zugang zur Nutzung von eigenen oder fremden Telemedien vermittelt,

2. „Bestandsdaten" im Sinne des Teils 3 dieses Gesetzes die personenbezogenen Daten, deren Verarbeitung zum Zweck der Begründung, inhaltlichen Ausgestaltung oder Änderung eines Vertragsverhältnisses zwischen dem Anbieter von Telemedien und dem Nutzer über die Nutzung von Telemedien erforderlich ist,

3. „Nutzungsdaten" die personenbezogenen Daten eines Nutzers von Telemedien, deren Verarbeitung erforderlich ist, um die Inanspruchnahme von Telemedien zu ermöglichen und abzurechnen; dazu gehören insbesondere

   a) Merkmale zur Identifikation des Nutzers,

   b) Angaben über Beginn und Ende sowie Umfang der jeweiligen Nutzung und

   c) Angaben über die vom Nutzer in Anspruch genommenen Telemedien,

4. „Nachricht" jede Information, die zwischen einer endlichen Zahl von Beteiligten über einen Telekommunikationsdienst ausgetauscht oder weitergeleitet wird; davon ausgenommen sind Informationen, die als Teil eines Rundfunkdienstes über ein öffentliches Telekommunikationsnetz an die Öffentlichkeit weitergeleitet werden, soweit die Informationen nicht mit dem identifizierbaren Nutzer, der sie erhält, in Verbindung gebracht werden können,

5. „Dienst mit Zusatznutzen" jeder von einem Anbieter eines Telekommunikationsdienstes bereitgehaltene zusätzliche Dienst, der die Verarbeitung von Verkehrsdaten oder anderen Standortdaten als Verkehrsdaten in einem Maße erfordert, das über das für die Übermittlung einer Nachricht oder für die Entgeltabrechnung des Telekommunikationsdienstes erforderliche Maß hinausgeht,

6. „Endeinrichtung" jede direkt oder indirekt an die Schnittstelle eines öffentlichen Telekommunikationsnetzes angeschlossene Einrichtung zum Aussenden, Verarbeiten oder Empfangen von Nachrichten; sowohl bei direkten als auch bei indirekten Anschlüssen kann die Verbindung über Draht, optische Faser oder elektromagnetisch hergestellt werden; bei einem indirekten Anschluss ist zwischen der Endeinrichtung und der Schnittstelle des öffentlichen Netzes ein Gerät geschaltet.

---

[1] Nr. **9**.
[2] Nr. **1**.

Teil 2. Datenschutz und Schutz der Privatsphäre in der Telekommunikation

Kapitel 1. Vertraulichkeit der Kommunikation

§ 3 Vertraulichkeit der Kommunikation – Fernmeldegeheimnis.

(1) ¹Dem Fernmeldegeheimnis unterliegen der Inhalt der Telekommunikation und ihre näheren Umstände, insbesondere die Tatsache, ob jemand an einem Telekommunikationsvorgang beteiligt ist oder war. ²Das Fernmeldegeheimnis erstreckt sich auch auf die näheren Umstände erfolgloser Verbindungsversuche.

(2) ¹Zur Wahrung des Fernmeldegeheimnisses sind verpflichtet

1. Anbieter von öffentlich zugänglichen Telekommunikationsdiensten sowie natürliche und juristische Personen, die an der Erbringung solcher Dienste mitwirken,
2. Anbieter von ganz oder teilweise geschäftsmäßig angebotenen Telekommunikationsdiensten sowie natürliche und juristische Personen, die an der Erbringung solcher Dienste mitwirken,
3. Betreiber öffentlicher Telekommunikationsnetze und
4. Betreiber von Telekommunikationsanlagen, mit denen geschäftsmäßig Telekommunikationsdienste erbracht werden.

²Die Pflicht zur Geheimhaltung besteht auch nach dem Ende der Tätigkeit fort, durch die sie begründet worden ist.

(3) ¹Den nach Absatz 2 Satz 1 Verpflichteten ist es untersagt, sich oder anderen über das für die Erbringung der Telekommunikationsdienste oder für den Betrieb ihrer Telekommunikationsnetze oder ihrer Telekommunikationsanlagen einschließlich des Schutzes ihrer technischen Systeme erforderliche Maß hinaus Kenntnis vom Inhalt oder von den näheren Umständen der Telekommunikation zu verschaffen. ²Sie dürfen Kenntnisse über Tatsachen, die dem Fernmeldegeheimnis unterliegen, nur für den in Satz 1 genannten Zweck verwenden. ³Eine Verwendung dieser Kenntnisse für andere Zwecke, insbesondere die Weitergabe an andere, ist nur zulässig, soweit dieses Gesetz oder eine andere gesetzliche Vorschrift dies vorsieht und sich dabei ausdrücklich auf Telekommunikationsvorgänge bezieht. ⁴Die Anzeigepflicht nach § 138 des Strafgesetzbuches[1]) hat Vorrang.

(4) Befindet sich die Telekommunikationsanlage an Bord eines Wasser- oder Luftfahrzeugs, so besteht die Pflicht zur Wahrung des Fernmeldegeheimnisses nicht gegenüber der Person, die das Fahrzeug führt, und ihrer Stellvertretung.

§ 4 Rechte des Erben des Endnutzers und anderer berechtigter Personen. Das Fernmeldegeheimnis steht der Wahrnehmung von Rechten gegenüber dem Anbieter des Telekommunikationsdienstes nicht entgegen, wenn diese Rechte statt durch den betroffenen Endnutzer durch seinen Erben oder eine andere berechtigte Person, die zur Wahrnehmung der Rechte des Endnutzers befugt ist, wahrgenommen werden.

---

[1]) Nr. 21.

§ 5 Abhörverbot, Geheimhaltungspflicht der Betreiber von Funkanlagen.
(1) Mit einer Funkanlage (§ 1 Absatz 1 des Funkanlagengesetzes) dürfen nur solche Nachrichten abgehört oder in vergleichbarer Weise zur Kenntnis genommen werden, die für den Betreiber der Funkanlage, für Funkamateure im Sinne des § 2 Nummer 1 des Amateurfunkgesetzes, für die Allgemeinheit oder für einen unbestimmten Personenkreis bestimmt sind.

(2) [1] Der Inhalt anderer als in Absatz 1 genannter Nachrichten sowie die Tatsache ihres Empfangs dürfen, auch wenn der Empfang unbeabsichtigt geschieht, auch von Personen, für die eine Pflicht zur Geheimhaltung nicht schon nach § 3 besteht, anderen nicht mitgeteilt werden. [2] § 3 Absatz 4 gilt entsprechend.

(3) Das Abhören oder die in vergleichbarer Weise erfolgende Kenntnisnahme und die Weitergabe von Nachrichten aufgrund besonderer gesetzlicher Ermächtigung bleiben unberührt.

§ 6 Nachrichtenübermittlung mit Zwischenspeicherung.
(1) Nach § 3 Absatz 2 Satz 1 Nummer 1 und 2 Verpflichtete dürfen bei Diensten, für deren Durchführung eine Zwischenspeicherung erforderlich ist, Nachrichteninhalte, insbesondere Sprach-, Ton-, Text- und Grafikmitteilungen von Endnutzern, im Rahmen eines hierauf gerichteten Diensteangebots verarbeiten, wenn

1. die Verarbeitung ausschließlich in Telekommunikationsanlagen des zwischenspeichernden Anbieters erfolgt, es sei denn, die Nachrichteninhalte werden im Auftrag des Endnutzers oder durch Eingabe des Endnutzers in Telekommunikationsanlagen anderer Anbieter weitergeleitet;
2. ausschließlich der Endnutzer
   a) durch seine Eingabe Inhalt, Umfang und Art der Verarbeitung bestimmt und
   b) bestimmt, wer Nachrichteninhalte eingeben und darauf zugreifen darf, und
3. der Verpflichtete
   a) dem Endnutzer mitteilen darf, dass der Empfänger auf die Nachricht zugegriffen hat, und
   b) Nachrichteninhalte nur entsprechend dem mit dem Endnutzer geschlossenen Vertrag löschen darf.

(2) [1] Nach § 3 Absatz 2 Satz 1 Nummer 1 und 2 Verpflichtete haben die erforderlichen technischen und organisatorischen Maßnahmen zu treffen, um Fehlübermittlungen und das unbefugte Offenbaren von Nachrichteninhalten innerhalb des Unternehmens des Anbieters und an Dritte auszuschließen. [2] Erforderlich sind Maßnahmen nur, wenn ihr Aufwand in einem angemessenen Verhältnis zu dem angestrebten Schutzzweck steht. [3] Soweit es im Hinblick auf den angestrebten Schutzzweck erforderlich ist, sind die Maßnahmen dem jeweiligen Stand der Technik anzupassen.

§ 7 Verlangen eines amtlichen Ausweises.
(1) [1] Anbieter und mitwirkende Personen nach § 3 Absatz 2 Satz 1 Nummer 1 und 2 können im Zusammenhang mit dem Begründen und dem Ändern eines Vertragsverhältnisses mit einem Endnutzer über das Erbringen von Telekommunikationsdiensten die Vorlage eines amtlichen Ausweises verlangen, wenn dies zur Überprüfung der

Angaben des Endnutzers erforderlich ist. ²Die Pflicht nach § 172 des Telekommunikationsgesetzes bleibt unberührt.

(2) Um dem Verlangen nach Vorlage eines amtlichen Ausweises zu entsprechen, kann der Endnutzer den elektronischen Identitätsnachweis gemäß § 18 des Personalausweisgesetzes, gemäß § 12 des eID-Karte-Gesetzes oder gemäß § 78 Absatz 5 des Aufenthaltsgesetzes nutzen.

(3) ¹Von dem Ausweis darf eine Kopie erstellt werden. ²Die Kopie ist unverzüglich nach Feststellung der für den Vertragsabschluss erforderlichen Angaben des Endnutzers zu vernichten. ³Andere als die für den Vertragsabschluss erforderlichen Daten dürfen dabei nicht verarbeitet werden.

§ 8 Missbrauch von Telekommunikationsanlagen. (1) Es ist verboten, Telekommunikationsanlagen zu besitzen, herzustellen, auf dem Markt bereitzustellen, einzuführen oder sonst in den Geltungsbereich dieses Gesetzes zu verbringen, die ihrer Form nach einen anderen Gegenstand vortäuschen oder die mit Gegenständen des täglichen Gebrauchs verkleidet sind und aufgrund dieser Umstände oder aufgrund ihrer Funktionsweise in besonderer Weise geeignet und dazu bestimmt sind, das nicht öffentlich gesprochene Wort eines anderen von diesem unbemerkt abzuhören oder das Bild eines anderen von diesem unbemerkt aufzunehmen.

(2) Als zum unbemerkten Abhören oder Aufnehmen eines Bildes bestimmt gilt eine Telekommunikationsanlage insbesondere, wenn ihre Abhör- oder Aufnahmefunktion beim bestimmungsgemäßen Gebrauch des Gegenstandes für den Betroffenen nicht eindeutig erkennbar ist.

(3) Das Verbot, Telekommunikationsanlagen nach Absatz 1 zu besitzen, gilt nicht für denjenigen, der die tatsächliche Gewalt über eine solche Telekommunikationsanlage

1. als Organ, als Mitglied eines Organs, als gesetzlicher Vertreter oder als vertretungsberechtigter Gesellschafter eines Berechtigten nach Absatz 5 erlangt,
2. von einem anderen oder für einen anderen Berechtigten nach Absatz 5 erlangt, sofern und solange er die Weisungen des anderen Berechtigten über die Ausübung der tatsächlichen Gewalt über die Telekommunikationsanlage aufgrund eines Dienst- oder Arbeitsverhältnisses zu befolgen hat oder die tatsächliche Gewalt aufgrund gerichtlichen oder behördlichen Auftrags ausübt,
3. als Gerichtsvollzieher oder Vollzugsbeamter in einem Vollstreckungsverfahren erwirbt,
4. von einem Berechtigten nach Absatz 5 vorübergehend zum Zweck der sicheren Verwahrung oder der nicht gewerbsmäßigen Beförderung zu einem Berechtigten erlangt,
5. lediglich zur gewerbsmäßigen Beförderung oder gewerbsmäßigen Lagerung erlangt,
6. durch Fund erlangt, sofern er die Telekommunikationsanlage unverzüglich abliefert an den Verlierer, den Eigentümer, einen sonstigen Berechtigten nach Absatz 5 oder die für die Entgegennahme der Fundanzeige zuständige Stelle,
7. von Todes wegen erwirbt, sofern er die Telekommunikationsanlage unverzüglich einem Berechtigten nach Absatz 5 überlässt oder sie für dauernd unbrauchbar macht.

(4) ¹Das Verbot, Telekommunikationsanlagen nach Absatz 1 zu besitzen, gilt ferner nicht für eine Telekommunikationsanlage, die durch Entfernen eines wesentlichen Bauteils dauernd unbrauchbar gemacht worden ist, sofern derjenige, der die tatsächliche Gewalt über eine solche Telekommunikationsanlage erlangt, den Erwerb unverzüglich der Bundesnetzagentur schriftlich anzeigt. ²Die Anzeige muss folgende Angaben enthalten:

1. Name, Vornamen und Anschrift des Erwerbers,
2. die Art der Telekommunikationsanlage, deren Hersteller- oder Warenzeichen und, wenn die Telekommunikationsanlage eine Herstellungsnummer hat, auch diese,
3. die glaubhafte Darlegung, dass der Erwerber die Telekommunikationsanlage ausschließlich zu Sammlerzwecken erworben hat.

(5) ¹Die zuständigen obersten Bundes- oder Landesbehörden lassen Ausnahmen von Absatz 1 zu, wenn es im öffentlichen Interesse, insbesondere aus Gründen der öffentlichen Sicherheit oder zum Zweck der Lehre über oder der Forschung an entsprechenden Telekommunikationsanlagen erforderlich ist. ²Absatz 1 gilt ferner nicht, soweit das Bundesamt für Wirtschaft und Ausfuhrkontrolle die Ausfuhr der Telekommunikationsanlagen genehmigt hat, und nicht für technische Mittel von Behörden, die diese in den Grenzen ihrer gesetzlichen Befugnisse zur Durchführung von technischen Ermittlungsmaßnahmen einsetzen.

(6) Es ist verboten, öffentlich oder in Mitteilungen, die für einen größeren Personenkreis bestimmt sind, für Telekommunikationsanlagen mit dem Hinweis zu werben, dass sie geeignet sind, das nicht öffentlich gesprochene Wort eines anderen von diesem unbemerkt abzuhören oder das Bild eines anderen von diesem unbemerkt aufzunehmen.

Kapitel 2. Verkehrsdaten, Standortdaten

§ 9 Verarbeitung von Verkehrsdaten. (1) ¹Nach § 3 Absatz 2 Satz 1 Verpflichtete dürfen folgende Verkehrsdaten nur verarbeiten, soweit dies zum Aufbau und zur Aufrechterhaltung der Telekommunikation, zur Entgeltabrechnung oder zum Aufbau weiterer Verbindungen erforderlich ist:

1. die Nummer oder Kennung der beteiligten Anschlüsse oder der Endeinrichtung, personenbezogene Berechtigungskennungen, bei Verwendung von Kundenkarten auch die Kartennummer, bei mobilen Anschlüssen auch die Standortdaten,
2. den Beginn und das Ende der jeweiligen Verbindung nach Datum und Uhrzeit und, soweit die Entgelte davon abhängen, die übermittelten Datenmengen,
3. den vom Nutzer in Anspruch genommenen Telekommunikationsdienst,
4. die Endpunkte von festgeschalteten Verbindungen, ihren Beginn und ihr Ende nach Datum und Uhrzeit und, soweit die Entgelte davon abhängen, die übermittelten Datenmengen und
5. sonstige zum Aufbau und zur Aufrechterhaltung der Telekommunikation sowie zur Entgeltabrechnung notwendige Verkehrsdaten.

²Im Übrigen sind Verkehrsdaten von den nach § 3 Absatz 2 Satz 1 Verpflichteten nach Beendigung der Verbindung unverzüglich zu löschen. ³Eine über Satz 1 hinausgehende Verarbeitung der Verkehrsdaten ist unzulässig. ⁴Die

Pflicht zur Verarbeitung von Verkehrsdaten aufgrund von anderen Rechtsvorschriften bleibt unberührt.

(2) [1] Teilnehmerbezogene Verkehrsdaten nach Absatz 1 dürfen vom Anbieter des Telekommunikationsdienstes zum Zweck der Vermarktung von Telekommunikationsdiensten, zur bedarfsgerechten Gestaltung von Telekommunikationsdiensten oder zur Bereitstellung von Diensten mit Zusatznutzen im dazu erforderlichen Maß und im dazu erforderlichen Zeitraum nur verwendet werden, wenn der Endnutzer in diese Verwendung gemäß der Verordnung (EU) 2016/679[1]) eingewilligt hat. [2] Die Daten anderer Endnutzer sind unverzüglich zu anonymisieren. [3] Eine zielnummernbezogene Verwendung der Verkehrsdaten zu den in Satz 1 genannten Zwecken ist nur zulässig, wenn der Endnutzer gemäß der Verordnung (EU) 2016/679 informiert wurde und er eingewilligt hat. [4] Hierbei sind die Daten anderer Endnutzer unverzüglich zu anonymisieren. [5] Außerdem ist der Endnutzer darauf hinzuweisen, dass er die Einwilligung nach den Sätzen 1 und 3 jederzeit widerrufen kann.

§ 10 Entgeltermittlung und Entgeltabrechnung. (1) [1] Die Verarbeitung der Verkehrsdaten nach § 9 Absatz 1 Satz 1 durch nach § 3 Absatz 2 Satz 1 Nummer 1 und 2 Verpflichtete zur Ermittlung des Entgelts und zur Abrechnung mit den Endnutzern darf nur nach Maßgabe der Absätze 2 bis 4 erfolgen. [2] Erbringt ein Anbieter eines Telekommunikationsdienstes seine Dienste über ein öffentliches Telekommunikationsnetz eines anderen Betreibers, darf dieser Betreiber dem Anbieter des Telekommunikationsdienstes die für die Erbringung von diesen Diensten erhobenen Verkehrsdaten übermitteln. [3] Hat der Anbieter eines Telekommunikationsdienstes mit einem Dritten einen Vertrag über den Einzug des Entgelts geschlossen, so darf er dem Dritten die Verkehrsdaten nach § 9 Absatz 1 Satz 1 Nummer 1 bis 3 und 5 nur übermitteln, soweit es zum Einzug des Entgelts und der Erstellung einer detaillierten Rechnung erforderlich ist. [4] Der Dritte darf die Daten nur zu diesem Zweck verarbeiten. [5] Der Dritte ist vertraglich zur Wahrung des Fernmeldegeheimnisses und des dem Anbieter des Telekommunikationsdienstes obliegenden Datenschutzes zu verpflichten.

(2) [1] Nach § 3 Absatz 2 Satz 1 Nummer 1 und 2 Verpflichtete haben nach Beendigung der Verbindung aus den Verkehrsdaten nach § 9 Absatz 1 Satz 1 Nummer 1 bis 3 und 5 unverzüglich die für die Berechnung des Entgelts erforderlichen Daten zu ermitteln. [2] Diese Daten dürfen bis zu sechs Monate nach Versendung der Rechnung gespeichert werden. [3] Für die Abrechnung nicht erforderliche Daten sind unverzüglich zu löschen. [4] Hat der Endnutzer gegen die Höhe der in Rechnung gestellten Verbindungsentgelte vor Ablauf der Frist nach Satz 2 Einwendungen erhoben, dürfen die Daten gespeichert werden, bis die Einwendungen abschließend geklärt sind.

(3) Soweit es für die Abrechnung des Anbieters eines Telekommunikationsdienstes mit anderen Anbietern von Telekommunikationsdiensten oder mit deren Endnutzern sowie für die Abrechnung anderer Anbieter mit ihren Endnutzern erforderlich ist, dürfen der Anbieter und mitwirkende Personen nach § 3 Absatz 2 Satz 1 Nummer 1 und 2 die für die Berechnung des Entgelts erforderlichen Verkehrsdaten nach § 9 Absatz 1 Satz 1 Nummer 1 bis 3 und 5 verarbeiten.

---

[1]) Nr. 1.

(4) Ziehen der Anbieter und mitwirkende Personen nach § 3 Absatz 2 Satz 1 Nummer 1 und 2 mit der Rechnung Entgelte für Leistungen eines Dritten ein, die dieser im Zusammenhang mit der Erbringung von Telekommunikationsdiensten erbracht hat, so dürfen dem Dritten Verkehrsdaten nach § 9 Absatz 1 Satz 1 Nummer 1 bis 3 und 5 übermittelt werden, soweit diese im Einzelfall für die Durchsetzung der Forderungen des Dritten gegenüber seinem Endnutzer erforderlich sind.

§ 11 Einzelverbindungsnachweis. (1) [1] Dem Endnutzer sind die Verkehrsdaten nach § 9 Absatz 1 Satz 1 Nummer 1 bis 3 derjenigen Verbindungen, für die er entgeltpflichtig ist, durch Anbieter und mitwirkende Personen nach § 3 Absatz 2 Satz 1 Nummer 1 und 2 mitzuteilen, wenn er vor dem maßgeblichen Abrechnungszeitraum einen Einzelverbindungsnachweis verlangt hat. [2] Auf Wunsch dürfen ihm auch die Daten pauschal abgegoltener Verbindungen mitgeteilt werden. [3] Dabei entscheidet der Endnutzer, ob ihm die von ihm gewählten Rufnummern ungekürzt oder unter Kürzung um die letzten drei Ziffern mitgeteilt werden. [4] Bei einem Teilnehmeranschluss im Haushalt ist die Mitteilung nur zulässig, wenn der Anschlussinhaber in Textform erklärt hat, dass er alle zum Haushalt gehörenden Personen, die den Teilnehmeranschluss nutzen, darüber informiert hat und künftige Mitnutzer des Teilnehmeranschlusses unverzüglich darüber informieren wird, dass dem Inhaber des Teilnehmeranschlusses die Verkehrsdaten nach Satz 1 zur Erteilung des Einzelverbindungsnachweises bekannt gegeben werden.

(2) [1] Unbeschadet des Absatzes 1 dürfen dem Endnutzer die Verkehrsdaten nach Absatz 1 Satz 1 mitgeteilt werden, wenn er Einwendungen gegen die Höhe der Verbindungsentgelte erhoben hat. [2] Das gilt auch für einen Mobilfunkanschluss.

(3) [1] Bei Teilnehmeranschlüssen in Betrieben und Behörden ist die Mitteilung nur zulässig, wenn der Inhaber des Teilnehmeranschlusses in Textform erklärt hat, dass die Mitarbeiter informiert worden sind und künftige Mitarbeiter unverzüglich informiert werden und dass der Betriebsrat oder die Personalvertretung entsprechend den gesetzlichen Vorschriften beteiligt worden ist oder eine solche Beteiligung nicht erforderlich ist. [2] Soweit die öffentlich-rechtlichen Religionsgesellschaften für ihren Bereich eigene Mitarbeitervertreterregelungen erlassen haben, findet Satz 1 mit der Maßgabe Anwendung, dass an die Stelle des Betriebsrates oder der Personalvertretung die jeweilige Mitarbeitervertretung tritt.

(4) Soweit ein Anschlussinhaber zur vollständigen oder teilweisen Übernahme der Entgelte für Verbindungen verpflichtet ist, die bei seinem Anschluss ankommen, dürfen ihm in dem für ihn bestimmten Einzelverbindungsnachweis die Nummern der Anschlüsse, von denen die Anrufe ausgingen, nur unter Kürzung um die letzten drei Ziffern mitgeteilt werden.

(5) Der Einzelverbindungsnachweis nach Absatz 1 Satz 1 darf nicht Verbindungen zu Anschlüssen erkennen lassen,
1. deren Inhaber Personen, Behörden oder Organisationen in sozialen oder kirchlichen Bereichen sind, die grundsätzlich anonym bleibenden Endnutzern ganz oder überwiegend telefonische Beratung in seelischen oder sozialen Notlagen anbieten und die selbst oder deren Mitarbeiter insoweit besonderen Verpflichtungen zur Verschwiegenheit unterliegen, und

2. die die Bundesnetzagentur für Elektrizität, Gas, Telekommunikation, Post und Eisenbahnen (Bundesnetzagentur) in eine Liste aufgenommen hat.

(6) ¹Der Beratung im Sinne des Absatzes 5 Nummer 1 dienen neben den in § 203 Absatz 1 Nummer 4 und 5 des Strafgesetzbuches[1]) genannten Personengruppen insbesondere die Telefonseelsorge und die Gesundheitsberatung. ²Die Bundesnetzagentur nimmt die Inhaber der Anschlüsse auf Antrag in die Liste auf, wenn sie die Aufgabenbestimmung nach Absatz 5 Nummer 1 durch Bescheinigung einer Behörde oder Körperschaft, Anstalt oder Stiftung des öffentlichen Rechts nachgewiesen haben. ³Die Liste wird zum Abruf im automatisierten Verfahren bereitgestellt. ⁴Die Verpflichteten nach § 3 Absatz 2 Satz 1, die Einzelverbindungsnachweise erstellen, haben die Liste quartalsweise abzufragen und Änderungen unverzüglich in ihren Abrechnungsverfahren anzuwenden.

§ 12 Störungen von Telekommunikationsanlagen und Missbrauch von Telekommunikationsdiensten. (1) ¹Soweit erforderlich, dürfen Verpflichtete nach § 3 Absatz 2 Satz 1 Verkehrsdaten der Endnutzer sowie die Steuerdaten eines informationstechnischen Protokolls zur Datenübertragung, die unabhängig vom Inhalt eines Kommunikationsvorgangs übertragen oder auf den am Kommunikationsvorgang beteiligten Servern gespeichert werden und zur Gewährleistung der Kommunikation zwischen Empfänger und Sender notwendig sind, verarbeiten, um Störungen oder Fehler an Telekommunikationsanlagen zu erkennen, einzugrenzen oder zu beseitigen. ²Dies gilt auch für Störungen, die zu einer Einschränkung der Verfügbarkeit von Informations- und Telekommunikationsdiensten oder zu einem unerlaubten Zugriff auf Telekommunikations- und Datenverarbeitungssysteme der Nutzer führen können. ³Eine Verarbeitung der Verkehrsdaten und Steuerdaten zu anderen Zwecken ist unzulässig. ⁴Soweit die Verkehrsdaten nicht automatisiert erhoben und verwendet werden, muss der Datenschutzbeauftragte des Verpflichteten nach § 3 Absatz 2 Satz 1 unverzüglich über die Verfahren und Umstände der Maßnahme informiert werden. ⁵Betroffene Endnutzer sind von dem nach § 3 Absatz 2 Satz 1 Verpflichteten zu benachrichtigen, sofern sie ermittelt werden können.

(2) Die Verkehrsdaten und Steuerdaten sind unverzüglich zu löschen, sobald sie für die Beseitigung der Störung nicht mehr erforderlich sind.

(3) ¹Zur Durchführung von Umschaltungen sowie zum Erkennen und Eingrenzen von Störungen im Netz ist dem Betreiber von Telekommunikationsnetzen oder seinem Beauftragten das Aufschalten auf bestehende Verbindungen erlaubt, soweit dies betrieblich erforderlich ist. ²Eventuelle bei der Aufschaltung erstellte Aufzeichnungen sind unverzüglich zu löschen. ³Das Aufschalten muss den betroffenen Kommunikationsteilnehmern durch ein akustisches oder sonstiges Signal zeitgleich angezeigt und ausdrücklich mitgeteilt werden. ⁴Sofern dies technisch nicht möglich ist, muss der betriebliche Datenschutzbeauftragte des Betreibers des Telekommunikationsnetzes unverzüglich detailliert über die Verfahren und Umstände der Maßnahme informiert werden. ⁵Diese Informationen hat der betriebliche Datenschutzbeauftragte für zwei Jahre aufzubewahren.

(4) ¹Wenn tatsächliche Anhaltspunkte für die rechtswidrige Inanspruchnahme eines Telekommunikationsnetzes oder Telekommunikationsdienstes vorlie-

---

[1]) Nr. 21.

gen, insbesondere für eine Leistungserschleichung oder einen Betrug oder eine unzumutbare Belästigung nach § 7 des Gesetzes gegen den unlauteren Wettbewerb[1]), darf der Verpflichtete nach § 3 Absatz 2 Satz 1 zur Sicherung seines Entgeltanspruchs sowie zum Schutz der Endnutzer vor der rechtswidrigen Inanspruchnahme des Telekommunikationsdienstes oder des Telekommunikationsnetzes Verkehrsdaten verarbeiten, die erforderlich sind, um die rechtswidrige Inanspruchnahme des Telekommunikationsnetzes oder Telekommunikationsdienstes aufzudecken und zu unterbinden. ²Die Anhaltspunkte für die rechtswidrige Inanspruchnahme des Telekommunikationsnetzes oder Telekommunikationsdienstes hat der nach § 3 Absatz 2 Satz 1 Verpflichtete zu dokumentieren. ³Der nach § 3 Absatz 2 Satz 1 Verpflichtete darf aus den Verkehrsdaten nach Satz 1 einen pseudonymisierten Gesamtdatenbestand bilden, der Aufschluss über die von einzelnen Endnutzern erzielten Umsätze gibt und unter Zugrundelegung geeigneter Kriterien das Auffinden solcher Verbindungen des Netzes ermöglicht, bei denen der Verdacht einer rechtswidrigen Inanspruchnahme besteht. ⁴Die Verkehrsdaten anderer Verbindungen sind unverzüglich zu löschen. ⁵Die Aufsichtsbehörde ist über Einführung und Änderung eines Verfahrens nach Satz 1 unverzüglich in Kenntnis zu setzen.

§ 13 Standortdaten. (1) ¹Standortdaten, die in Bezug auf die Nutzer von öffentlichen Telekommunikationsnetzen oder Telekommunikationsdiensten verarbeitet werden, dürfen nur in dem zur Bereitstellung von Diensten mit Zusatznutzen erforderlichen Umfang und innerhalb des dafür erforderlichen Zeitraums verarbeitet werden, wenn sie anonymisiert wurden oder wenn der Nutzer vom Anbieter des Dienstes mit Zusatznutzen gemäß der Verordnung (EU) 2016/679[2]) informiert wurde und eingewilligt hat. ²Der Anbieter des Dienstes mit Zusatznutzen hat bei jeder Feststellung des Standortes des Mobilfunkendgerätes den Endnutzer durch eine Textmitteilung an das Endgerät, dessen Standortdaten ermittelt wurden, über die Feststellung des Standortes zu informieren. ³Dies gilt nicht, wenn der Standort nur auf dem Endgerät angezeigt wird, dessen Standortdaten ermittelt wurden. ⁴Werden die Standortdaten für einen Dienst mit Zusatznutzen verarbeitet, der die Übermittlung von Standortdaten eines Mobilfunkendgerätes an einen anderen Nutzer oder Dritte, die nicht Anbieter des Dienstes mit Zusatznutzen sind, zum Gegenstand hat, muss der Nutzer seine Einwilligung ausdrücklich, gesondert und schriftlich gegenüber dem Anbieter des Dienstes mit Zusatznutzen erteilen. ⁵In diesem Fall gilt die Verpflichtung nach Satz 2 entsprechend für den Anbieter des Dienstes mit Zusatznutzen. ⁶Der Anschlussinhaber muss weitere Nutzer seines Mobilfunkanschlusses über eine erteilte Einwilligung unterrichten.

(2) Haben die Nutzer ihre Einwilligung zur Verarbeitung von Standortdaten gegeben, müssen sie auch weiterhin die Möglichkeit haben, die Verarbeitung dieser Daten für jede Verbindung zum Netz oder für jede Übertragung einer Nachricht auf einfache Weise und unentgeltlich zeitweise zu untersagen.

(3) Bei Verbindungen zu Anschlüssen, die unter den Notrufnummern 112 oder 110 oder den Rufnummern 124 124 oder 116 117 erreicht werden, haben der Anbieter und mitwirkende Personen nach § 3 Absatz 2 Satz 1 Nummer 1

---

[1]) Nr. 12.
[2]) Nr. 1.

und 2 sicherzustellen, dass nicht im Einzelfall oder dauernd die Übermittlung von Standortdaten ausgeschlossen wird.

(4) Die Verarbeitung von Standortdaten nach den Absätzen 1 und 2 muss auf das für die Bereitstellung des Dienstes mit Zusatznutzen erforderliche Maß sowie auf Personen beschränkt werden, die im Auftrag des Betreibers des Telekommunikationsnetzes oder des Anbieters des Telekommunikationsdienstes oder des Dritten, der den Dienst mit Zusatznutzen anbietet, handeln.

Kapitel 3. Mitteilen ankommender Verbindungen, Rufnummern – anzeige und -unterdrückung, automatische Anrufweiterschaltung

§ 14 Mitteilen ankommender Verbindungen. (1) [1] Trägt ein Anschlussinhaber in einem Verfahren schlüssig vor, dass bei seinem Anschluss bedrohende oder belästigende Anrufe ankommen, hat der Anbieter des Telekommunikationsdienstes auf schriftlichen Antrag auch netzübergreifend Auskunft über die Inhaber der Anschlusskennungen zu erteilen, von denen die Verbindungen ausgehen; das Verfahren ist zu dokumentieren. [2] Die Auskunft darf sich nur auf Verbindungen und Verbindungsversuche beziehen, die nach Stellung des Antrags stattgefunden haben. [3] Der Anbieter des Telekommunikationsdienstes darf die Anschlusskennungen, Namen und Anschriften der Inhaber dieser Anschlusskennungen sowie Datum und Uhrzeit des Beginns der Verbindungen und der Verbindungsversuche verarbeiten sowie diese Daten dem betroffenen Anschlussinhaber mitteilen.

(2) Die Bekanntgabe nach Absatz 1 Satz 3 darf nur erfolgen, wenn der betroffene Anschlussinhaber des betroffenen Anschlusses zuvor die Verbindungen nach Datum, Uhrzeit oder anderen geeigneten Kriterien eingrenzt, soweit ein Missbrauch dieses Verfahrens nicht auf andere Weise ausgeschlossen werden kann.

(3) Im Fall einer netzübergreifenden Auskunft sind die an der Verbindung mitwirkenden anderen Anbieter und Betreiber nach § 3 Absatz 2 Satz 1 verpflichtet, dem Anbieter des Telekommunikationsdienstes des bedrohten oder belästigten Anschlussinhabers die erforderlichen Auskünfte zu erteilen, sofern sie über diese Daten verfügen.

(4) [1] Der Inhaber der Anschlusskennung, von der die festgestellten Verbindungen ausgegangen sind, ist darüber zu unterrichten, dass über diese Verbindungen Auskunft erteilt wurde. [2] Davon kann abgesehen werden, wenn der Antragsteller schriftlich schlüssig vorgetragen hat, dass ihm aus dieser Mitteilung wesentliche Nachteile entstehen können, und diese Nachteile bei Abwägung mit den schutzwürdigen Interessen der Anrufenden als wesentlich schwerwiegender erscheinen. [3] Erhält der Inhaber der Anschlusskennung, von der die als bedrohend oder belästigend bezeichneten Anrufe ausgegangen sind, auf andere Weise Kenntnis von der Auskunftserteilung nach Absatz 1 Satz 3, so ist er auf Verlangen über die Auskunftserteilung zu unterrichten.

(5) Die Aufsichtsbehörde ist über die Einführung und Änderungen des Verfahrens zur Einhaltung der Anforderungen der Absätze 1 bis 4 unverzüglich in Kenntnis zu setzen.

§ 15 Rufnummernanzeige und -unterdrückung. (1) [1] Bietet der Anbieter eines Sprachkommunikationsdienstes bei Anrufen die Anzeige der Rufnummer der anrufenden Endnutzer an, so müssen anrufende und angerufene

Endnutzer die Möglichkeit haben, die Rufnummernanzeige dauernd oder für jeden Anruf einzeln auf einfache Weise und unentgeltlich zu unterdrücken. ²Angerufene Endnutzer müssen die Möglichkeit haben, eingehende Anrufe, bei denen die Rufnummernanzeige durch den anrufenden Endnutzer unterdrückt wurde, auf einfache Weise und unentgeltlich abzuweisen. ³Wird die Anzeige der Rufnummer von angerufenen Endnutzern angeboten, so müssen angerufene Endnutzer die Möglichkeit haben, die Anzeige ihrer Rufnummer beim anrufenden Endnutzer auf einfache Weise und unentgeltlich zu unterdrücken. ⁴Die Anzeige von Rufnummern von anrufenden Endnutzern darf bei den Notrufnummern 112 und 110 sowie den Rufnummern 124 124 und 116 117 nicht ausgeschlossen werden.

(2) Bei Anrufen zum Zweck der Werbung dürfen anrufende Nutzer weder die Rufnummernanzeige unterdrücken noch bei dem Anbieter des Telekommunikationsdienstes veranlassen, dass diese unterdrückt wird; der anrufende Nutzer hat sicherzustellen, dass dem Angerufenen die dem anrufenden Nutzer zugeteilte Rufnummer übermittelt wird.

(3) ¹Sofern Anschlussinhaber es beantragen, müssen Anbieter von Sprachkommunikationsdiensten einen Anschluss bereitstellen, bei dem die Übermittlung der Rufnummer unentgeltlich ausgeschlossen ist. ²Auf Antrag des Anschlussinhabers sind solche Anschlüsse im Endnutzerverzeichnis (§ 17) zu kennzeichnen. ³Ist eine Kennzeichnung nach Satz 2 erfolgt, so darf an den gekennzeichneten Anschluss eine Übermittlung der Rufnummer des Anschlusses, von dem der Anruf ausgeht, erst dann erfolgen, wenn die Kennzeichnung in der aktualisierten Fassung des Endnutzerverzeichnisses nicht mehr enthalten ist.

(4) Hat der Anschlussinhaber die Eintragung in das Endnutzerverzeichnis nicht nach § 17 beantragt, unterbleibt die Anzeige seiner Rufnummer bei dem angerufenen Anschluss, es sei denn, dass der Anschlussinhaber die Übermittlung seiner Rufnummer ausdrücklich wünscht.

(5) Die Absätze 1 bis 4 gelten auch für Anrufe in das Ausland und für aus dem Ausland kommende Anrufe, soweit sie Anrufende oder Angerufene im Inland betreffen.

§ 16 Automatische Anrufweiterschaltung. Anbieter von Sprachkommunikationsdiensten sind verpflichtet, ihren Endnutzern die Möglichkeit einzuräumen, eine von einem Dritten veranlasste automatische Weiterschaltung auf das Endgerät des Endnutzers auf einfache Weise und unentgeltlich abzustellen, soweit dies technisch möglich ist.

Kapitel 4. Endnutzerverzeichnisse, Bereitstellen von Endnutzerdaten

§ 17 Endnutzerverzeichnisse. (1) ¹Anschlussinhaber können mit ihrer Rufnummer, ihrem Namen und ihrer Anschrift in gedruckte oder elektronische Endnutzerverzeichnisse, die der Öffentlichkeit unmittelbar oder über Auskunftsdienste zugänglich sind, eingetragen werden, soweit sie dies beantragen. ²Vor ihrem Antrag sind die Anschlussinhaber über weitere Nutzungsmöglichkeiten aufgrund der in elektronischen Fassungen der Verzeichnisse eingebetteten Suchfunktionen zu informieren. ³Auf Antrag können zusätzliche Angaben wie Beruf und Branche eingetragen werden. ⁴Dabei können die Antragsteller bestimmen, welche Angaben in den Verzeichnissen veröffentlicht werden sollen. ⁵Auf Verlangen des Antragstellers dürfen weitere Nutzer des

Anschlusses mit Namen und Vornamen eingetragen werden, soweit diese damit einverstanden sind. [6] Für die Einträge nach Satz 1 darf ein Entgelt nicht erhoben werden.

(2) Der Anbieter eines nummerngebundenen interpersonellen Telekommunikationsdienstes hat Anschlussinhaber bei der Begründung des Vertragsverhältnisses über die Möglichkeit zu informieren, ihre Rufnummer, ihren Namen, ihren Vornamen und ihre Anschrift in Endnutzerverzeichnisse nach Absatz 1 Satz 1 aufzunehmen.

(3) Der Anschlussinhaber kann von seinem Anbieter des nummerngebundenen interpersonellen Telekommunikationsdienstes jederzeit verlangen, dass seine Rufnummer, sein Name, sein Vorname und seine Anschrift in Auskunfts- und Verzeichnismedien unentgeltlich eingetragen, gespeichert, berichtigt oder gelöscht werden.

(4) Anbieter von Auskunfts- und Verzeichnismedien sind verpflichtet, die gemäß § 18 Absatz 1 übermittelten Daten zu veröffentlichen sowie unrichtige oder gelöschte Daten aus den Verzeichnissen zu entfernen und Berichtigungen vorzunehmen.

§ 18 Bereitstellen von Endnutzerdaten. (1) Jeder Anbieter eines nummerngebundenen interpersonellen Telekommunikationsdienstes hat unter Beachtung der anzuwendenden datenschutzrechtlichen Regelungen jedem Unternehmen Endnutzerdaten nach § 17 Absatz 1 auf Antrag zum Zweck der Bereitstellung von öffentlich zugänglichen Auskunftsdiensten, Diensten zur Unterrichtung über einen individuellen Gesprächswunsch eines anderen Nutzers oder von Endnutzerverzeichnissen bereitzustellen.

(2) [1] Für die Bereitstellung der Daten kann ein Entgelt verlangt werden. [2] Das Entgelt unterliegt in der Regel einer nachträglichen Missbrauchsprüfung durch die Bundesnetzagentur nach Maßgabe der Bestimmungen des Telekommunikationsgesetzes zur Missbrauchsprüfung von Entgelten. [3] Ein Entgelt kann nur dann der Entgeltgenehmigungspflicht nach dem Telekommunikationsgesetz unterworfen werden, wenn das Unternehmen, von dem die Endnutzerdaten bereitgestellt werden, auf dem Markt für Endnutzerdaten über eine beträchtliche Marktmacht verfügt.

(3) Die Bereitstellung der Daten nach Absatz 1 hat unverzüglich nach einem Antrag nach Absatz 1 und in nichtdiskriminierender Weise zu erfolgen.

(4) Die nach Absatz 1 bereitgestellten Daten müssen vollständig sein und inhaltlich sowie technisch so aufbereitet sein, dass sie nach dem jeweiligen Stand der Technik ohne Schwierigkeiten in ein kundenfreundlich gestaltetes Endnutzerverzeichnis oder in eine entsprechende Auskunftsdienste-Datenbank aufgenommen werden können.

Teil 3. Telemediendatenschutz, Endeinrichtungen

Kapitel 1. Technische und organisatorische Vorkehrungen, Verarbeitung von Daten zum Zweck des Jugendschutzes und zur Auskunftserteilung

§ 19 Technische und organisatorische Vorkehrungen. (1) Anbieter von Telemedien haben durch technische und organisatorische Vorkehrungen sicherzustellen, dass der Nutzer von Telemedien die Nutzung des Dienstes jederzeit beenden kann und er Telemedien gegen Kenntnisnahme Dritter geschützt in Anspruch nehmen kann.

(2) [1]Anbieter von Telemedien haben die Nutzung von Telemedien und ihre Bezahlung anonym oder unter Pseudonym zu ermöglichen, soweit dies technisch möglich und zumutbar ist. [2]Der Nutzer von Telemedien ist über diese Möglichkeit zu informieren.

(3) Die Weitervermittlung zu einem anderen Anbieter von Telemedien ist dem Nutzer anzuzeigen.

(4) [1]Anbieter von Telemedien haben, soweit dies technisch möglich und wirtschaftlich zumutbar ist, im Rahmen ihrer jeweiligen Verantwortlichkeit für geschäftsmäßig angebotene Telemedien durch technische und organisatorische Vorkehrungen sicherzustellen, dass

1. kein unerlaubter Zugriff auf die für ihre Telemedienangebote genutzten technischen Einrichtungen möglich ist und
2. diese gesichert sind gegen Störungen, auch soweit sie durch äußere Angriffe bedingt sind.

[2]Vorkehrungen nach Satz 1 müssen den Stand der Technik berücksichtigen. [3]Eine Vorkehrung nach Satz 1 ist insbesondere die Anwendung eines als sicher anerkannten Verschlüsselungsverfahrens. [4]Anordnungen des Bundesamtes für Sicherheit in der Informationstechnik nach § 7d Satz 1 BSI-Gesetz bleiben unberührt.

§ 20 Verarbeitung personenbezogener Daten Minderjähriger. Hat ein Telemedienanbieter zur Wahrung des Jugendschutzes personenbezogene Daten von Minderjährigen erhoben, etwa durch Mittel zur Altersverifikation oder andere technische Maßnahmen, oder anderweitig gewonnen, so darf er diese Daten nicht für kommerzielle Zwecke verarbeiten.

§ 21 Bestandsdaten. (1) Auf Anordnung der zuständigen Stellen dürfen Anbieter von Telemedien im Einzelfall Auskunft über Bestandsdaten erteilen, soweit dies zur Durchsetzung der Rechte am geistigen Eigentum erforderlich ist.

(2) [1]Der Anbieter von Telemedien darf darüber hinaus im Einzelfall Auskunft über bei ihm vorhandene Bestandsdaten erteilen, soweit dies zur Durchsetzung zivilrechtlicher Ansprüche wegen der Verletzung absolut geschützter Rechte aufgrund rechtswidriger Inhalte, die von § 10a Absatz 1 des Telemediengesetzes[1]) oder § 1 Absatz 3 des Netzwerkdurchsetzungsgesetzes erfasst werden, erforderlich ist. [2]In diesem Umfang ist er gegenüber dem Verletzten zur Auskunft verpflichtet.

(3) [1]Für die Erteilung der Auskunft nach Absatz 2 ist eine vorherige gerichtliche Anordnung über die Zulässigkeit der Auskunftserteilung erforderlich, die vom Verletzten zu beantragen ist. [2]Das Gericht entscheidet zugleich über die Verpflichtung zur Auskunftserteilung, sofern der Antrag nicht ausdrücklich auf die Anordnung der Zulässigkeit der Auskunftserteilung beschränkt ist. [3]Für den Erlass dieser Anordnung ist das Landgericht ohne Rücksicht auf den Streitwert zuständig. [4]Örtlich zuständig ist das Gericht, in dessen Bezirk der Verletzte seinen Wohnsitz, seinen Sitz oder eine Niederlassung hat. [5]Die Entscheidung

---

[1]) Nr. 9.

trifft die Zivilkammer. ⁶ Für das Verfahren gelten die Vorschriften des Gesetzes über das Verfahren in Familiensachen und in den Angelegenheiten der freiwilligen Gerichtsbarkeit entsprechend. ⁷ Die Kosten der richterlichen Anordnung trägt der Verletzte. ⁸ Gegen die Entscheidung des Landgerichts ist die Beschwerde statthaft.

(4) ¹ Der Anbieter von Telemedien ist als Beteiligter zu dem Verfahren nach Absatz 3 hinzuzuziehen. ² Er darf den Nutzer über die Einleitung des Verfahrens unterrichten.

§ 22 Auskunftsverfahren bei Bestandsdaten. (1) ¹ Wer geschäftsmäßig Telemediendienste erbringt, daran mitwirkt oder den Zugang zur Nutzung daran vermittelt, darf die Bestandsdaten nach Maßgabe dieser Vorschrift zur Erfüllung von Auskunftspflichten gegenüber den in Absatz 3 genannten Stellen verwenden. ² Dies gilt nicht für Passwörter oder andere Daten, mittels derer der Zugriff auf Endgeräte oder auf Speichereinrichtungen, die in diesen Endgeräten oder hiervon räumlich getrennt eingesetzt werden, geschützt wird. ³ Die in eine Auskunft aufzunehmenden Bestandsdaten dürfen auch anhand einer zu einem bestimmten Zeitpunkt zugewiesenen Internetprotokoll-Adresse bestimmt werden; hierfür dürfen Nutzungsdaten auch automatisiert ausgewertet werden. ⁴ Für die Auskunftserteilung sind sämtliche unternehmensinternen Datenquellen zu berücksichtigen.

(2) ¹ Die Auskunft darf nur erteilt werden nach Maßgabe der nachfolgenden Absätze und soweit die um die Auskunft ersuchende Stelle dies im Einzelfall unter Angabe einer gesetzlichen Bestimmung verlangt, die ihr eine Erhebung der in Absatz 1 in Bezug genommenen Daten erlaubt. ² Das Auskunftsverlangen ist schriftlich oder elektronisch zu stellen. ³ Bei Gefahr im Verzug darf die Auskunft auch erteilt werden, wenn das Verlangen in anderer Form gestellt wird. ⁴ In diesem Fall ist das Verlangen unverzüglich nachträglich schriftlich oder elektronisch zu bestätigen. ⁵ Die Verantwortung für die Zulässigkeit der Auskunft tragen die um Auskunft ersuchenden Stellen.

(3) Die Auskunft nach Absatz 1 Satz 1 darf nur erteilt werden an

1. die für die Verfolgung von Straftaten und Ordnungswidrigkeiten zuständigen Behörden, soweit zureichende tatsächliche Anhaltspunkte für eine Straftat oder Ordnungswidrigkeit, die gegenüber einer natürlichen Person mit Geldbuße im Höchstmaß von mehr als fünfzehntausend Euro bedroht ist, vorliegen und die in die Auskunft aufzunehmenden Daten erforderlich sind, um den Sachverhalt zu erforschen, den Aufenthaltsort eines Beschuldigten oder Betroffenen zu ermitteln oder eine Strafe zu vollstrecken,

2. die für die Abwehr von Gefahren für die öffentliche Sicherheit oder Ordnung zuständigen Behörden, soweit die in die Auskunft aufzunehmenden Daten im Einzelfall erforderlich sind,

   a) zur Abwehr einer Gefahr für die öffentliche Sicherheit, oder

   b) zum Schutz von Leib, Leben, Freiheit der Person, sexueller Selbstbestimmung, dem Bestand und der Sicherheit des Bundes oder eines Landes, der freiheitlich demokratischen Grundordnung, Gütern der Allgemeinheit, deren Bedrohung die Grundlagen der Existenz der Menschen berührt, sowie nicht unerheblichen Sachwerten, wenn Tatsachen den Schluss auf ein wenigstens seiner Art nach konkretisiertes sowie zeitlich absehbares

Geschehen zulassen, an dem bestimmte Personen beteiligt sein werden, oder

c) zum Schutz von Leib, Leben, Freiheit der Person, sexueller Selbstbestimmung, dem Bestand und der Sicherheit des Bundes oder eines Landes, der freiheitlich demokratischen Grundordnung sowie Gütern der Allgemeinheit, deren Bedrohung die Grundlagen der Existenz der Menschen berührt, wenn das individuelle Verhalten einer Person die konkrete Wahrscheinlichkeit begründet, dass sie in einem übersehbaren Zeitraum eine gegen ein solches Rechtsgut gerichtete Straftat begehen wird, oder

d) zur Verhütung einer Straftat von erheblicher Bedeutung, sofern Tatsachen die Annahme rechtfertigen, dass eine Person innerhalb eines übersehbaren Zeitraums auf eine ihrer Art nach konkretisierte Weise als Täter oder Teilnehmer an der Begehung einer Tat beteiligt ist, oder

e) zur Verhütung einer schweren Straftat im Sinne von § 100a Absatz 2 der Strafprozessordnung[1]), sofern das individuelle Verhalten einer Person die konkrete Wahrscheinlichkeit begründet, dass die Person innerhalb eines übersehbaren Zeitraums die Tat begehen wird,

3. das Bundeskriminalamt als Zentralstelle nach § 2 des Bundeskriminalamtgesetzes, sofern

a) zureichende tatsächliche Anhaltspunkte für eine Straftat im Sinne des § 2 Absatz 1 des Bundeskriminalamtgesetzes vorliegen und die in die Auskunft aufzunehmenden Daten erforderlich sind, um

aa) die zuständige Strafverfolgungsbehörde zu ermitteln oder

bb) ein Auskunftsersuchen einer ausländischen Strafverfolgungsbehörde im Rahmen des internationalen polizeilichen Dienstverkehrs, das nach Maßgabe der Vorschriften über die internationale Rechtshilfe in Strafsachen bearbeitet wird, zu erledigen, oder

b) die in die Auskunft aufzunehmenden Daten im Rahmen der Strafvollstreckung erforderlich sind, um ein Auskunftsersuchen einer ausländischen Strafverfolgungsbehörde im Rahmen des polizeilichen Dienstverkehrs, das nach Maßgabe der Vorschriften über die internationale Rechtshilfe in Strafsachen bearbeitet wird, zu erledigen, oder

c) die Gefahr besteht, dass eine Person an der Begehung einer Straftat im Sinne des § 2 Absatz 1 des Bundeskriminalamtgesetzes beteiligt sein wird, und die in die Auskunft aufzunehmenden Daten erforderlich sind, um

aa) die für die Verhütung der Straftat zuständige Polizeibehörde zu ermitteln oder

bb) ein Auskunftsersuchen einer ausländischen Polizeibehörde im Rahmen des polizeilichen Dienstverkehrs zur Verhütung der Straftat zu erledigen, oder

d) Tatsachen die Annahme rechtfertigen, dass eine Person innerhalb eines übersehbaren Zeitraums auf eine zumindest ihrer Art nach konkretisierte Weise an einer Straftat von erheblicher Bedeutung beteiligt sein wird und die in die Auskunft aufzunehmenden Daten erforderlich sind, um

aa) die für die Verhütung der Straftat zuständige Polizeibehörde zu ermitteln oder

---

[1]) Nr. 20.

bb) ein Auskunftsersuchen einer ausländischen Polizeibehörde im Rahmen des polizeilichen Dienstverkehrs zur Verhütung der Straftat zu erledigen, oder

e) das individuelle Verhalten einer Person die konkrete Wahrscheinlichkeit begründet, dass sie innerhalb eines übersehbaren Zeitraums eine schwere Straftat nach § 100a Absatz 2 der Strafprozessordnung begehen wird, und die in die Auskunft aufzunehmenden Daten erforderlich sind, um

aa) die für die Verhütung der Straftat zuständige Polizeibehörde zu ermitteln oder

bb) ein Auskunftsersuchen einer ausländischen Polizeibehörde im Rahmen des polizeilichen Dienstverkehrs zur Verhütung der Straftat zu erledigen,

4. das Zollkriminalamt als Zentralstelle nach § 3 des Zollfahndungsdienstgesetzes, sofern

a) im Einzelfall zureichende tatsächliche Anhaltspunkte für eine Straftat vorliegen und die in die Auskunft aufzunehmenden Daten erforderlich sind, um

aa) die zuständige Strafverfolgungsbehörde zu ermitteln oder

bb) ein Auskunftsersuchen einer ausländischen Strafverfolgungsbehörde im Rahmen des internationalen polizeilichen Dienstverkehrs, das nach Maßgabe der Vorschriften über die internationale Rechtshilfe in Strafsachen bearbeitet wird, auch im Rahmen der Strafvollstreckung, zu erledigen, oder

b) dies im Einzelfall erforderlich ist

aa) zur Abwehr einer Gefahr für die öffentliche Sicherheit, oder

bb) zum Schutz von Leib, Leben, Freiheit der Person, sexueller Selbstbestimmung, dem Bestand und der Sicherheit des Bundes oder eines Landes, der freiheitlich demokratischen Grundordnung, Gütern der Allgemeinheit, deren Bedrohung die Grundlagen der Existenz der Menschen berührt, sowie nicht unerheblichen Sachwerten, wenn Tatsachen den Schluss auf ein wenigstens seiner Art nach konkretisiertes und zeitlich absehbares Geschehen zulassen, an dem bestimmte Personen beteiligt sein werden, oder

cc) zum Schutz von Leib, Leben, Freiheit der Person, sexueller Selbstbestimmung, dem Bestand und der Sicherheit des Bundes oder eines Landes, der freiheitlich demokratischen Grundordnung sowie Gütern der Allgemeinheit, deren Bedrohung die Grundlagen der Existenz der Menschen berührt, wenn das individuelle Verhalten einer Person die konkrete Wahrscheinlichkeit begründet, dass die Gefährdung eines solchen Rechtsgutes in einem übersehbaren Zeitraum eintreten wird, oder

dd) zur Erledigung eines Auskunftsersuchens einer ausländischen Polizeibehörde im Rahmen des polizeilichen Dienstverkehrs zur Verhütung einer Straftat, oder

ee) zur Verhütung einer Straftat von erheblicher Bedeutung, sofern Tatsachen die Annahme rechtfertigen, dass eine Person innerhalb eines übersehbaren Zeitraums auf eine ihrer Art nach konkretisierte Weise als Täter oder Teilnehmer an der Begehung der Tat beteiligt ist, oder ff) zur Verhütung einer schweren Straftat nach § 100a Absatz 2 der Strafprozessordnung, sofern das individuelle Verhalten einer Person die konkrete Wahrscheinlichkeit begründet, dass die Person innerhalb eines übersehbaren Zeitraums die Tat begehen wird,

5. die Behörden der Zollverwaltung und die nach Landesrecht zuständigen Behörden, sofern im Einzelfall bei der Veröffentlichung von Angeboten oder Werbemaßnahmen ohne Angabe von Name und Anschrift tatsächliche Anhaltspunkte für Schwarzarbeit oder illegale Beschäftigung nach § 1 des Schwarzarbeitsbekämpfungsgesetzes vorliegen und die in die Auskunft aufzunehmenden Daten zur Identifizierung des Auftraggebers erforderlich sind, um Schwarzarbeit oder illegale Beschäftigung aufzudecken,

6. die Verfassungsschutzbehörden des Bundes und der Länder, soweit dies aufgrund tatsächlicher Anhaltspunkte im Einzelfall erforderlich ist zur Aufklärung bestimmter Bestrebungen oder Tätigkeiten nach

   a) § 3 Absatz 1 des Bundesverfassungsschutzgesetzes oder

   b) einem zum Verfassungsschutz (§ 1 Absatz 1 des Bundesverfassungsschutzgesetzes) landesgesetzlich begründeten Beobachtungsauftrag der Landesbehörde, insbesondere zum Schutz der verfassungsmäßigen Ordnung vor Bestrebungen und Tätigkeiten der organisierten Kriminalität,

7. den Militärischen Abschirmdienst, soweit dies aufgrund tatsächlicher Anhaltspunkte im Einzelfall zur Aufklärung bestimmter Bestrebungen oder Tätigkeiten nach § 1 Absatz 1 des MAD-Gesetzes oder zur Sicherung der Einsatzbereitschaft der Truppe oder zum Schutz der Angehörigen, der Dienststellen und Einrichtungen des Geschäftsbereichs des Bundesministeriums der Verteidigung nach § 14 Absatz 1 des MAD-Gesetzes erforderlich ist,

8. den Bundesnachrichtendienst, soweit dies erforderlich ist

   a) zur politischen Unterrichtung der Bundesregierung, wenn im Einzelfall tatsächliche Anhaltspunkte dafür vorliegen, dass durch die Auskunft Informationen über das Ausland gewonnen werden können, die von außen- und sicherheitspolitischer Bedeutung für die Bundesrepublik Deutschland sind und zu deren Aufklärung das Bundeskanzleramt den Bundesnachrichtendienst beauftragt hat, oder

   b) zur Früherkennung von aus dem Ausland drohenden Gefahren von internationaler Bedeutung, wenn im Einzelfall tatsächliche Anhaltspunkte dafür vorliegen, dass durch die Auskunft Erkenntnisse gewonnen werden können mit Bezug zu den in § 4 Absatz 3 Nummer 1 des BND-Gesetzes genannten Gefahrenbereichen oder zum Schutz der in § 4 Absatz 3 Nummer 2 und 3 des BND-Gesetzes genannten Rechtsgüter.

(4) Die Auskunft nach Absatz 1 Satz 3 darf nur erteilt werden an

1. die für die Verfolgung von Straftaten zuständigen Behörden, soweit zureichende tatsächliche Anhaltspunkte für eine Straftat vorliegen und die in die Auskunft aufzunehmenden Daten erforderlich sind, um den Sachverhalt zu erforschen, den Aufenthaltsort eines Beschuldigten zu ermitteln oder eine Strafe zu vollstrecken,

2. die für die Abwehr von Gefahren für die öffentliche Sicherheit oder Ordnung zuständigen Behörden, wenn die in die Auskunft aufzunehmenden Daten im Einzelfall erforderlich sind

a) zum Schutz von Leib, Leben, Freiheit der Person, sexueller Selbstbestimmung, dem Bestand und der Sicherheit des Bundes oder eines Landes, der freiheitlich demokratischen Grundordnung, Gütern der Allgemeinheit, deren Bedrohung die Grundlagen der Existenz der Menschen berührt, sowie nicht unerheblicher Sachwerte oder zur Verhütung einer Straftat oder

b) zum Schutz von Leib, Leben, Freiheit der Person, sexueller Selbstbestimmung, dem Bestand und der Sicherheit des Bundes oder eines Landes, der freiheitlich demokratischen Grundordnung sowie Gütern der Allgemeinheit, deren Bedrohung die Grundlagen der Existenz der Menschen berührt, sowie nicht unerheblicher Sachwerte, wenn Tatsachen den Schluss auf ein wenigstens seiner Art nach konkretisiertes sowie zeitlich absehbares Geschehen zulassen, an dem bestimmte Personen beteiligt sein werden, oder

c) zum Schutz von Leib, Leben, Freiheit der Person, sexueller Selbstbestimmung, dem Bestand und der Sicherheit des Bundes oder eines Landes, der freiheitlich demokratischen Grundordnung sowie Gütern der Allgemeinheit, deren Bedrohung die Grundlagen der Existenz der Menschen berührt, wenn das individuelle Verhalten einer Person die konkrete Wahrscheinlichkeit begründet, dass sie in einem übersehbaren Zeitraum eine gegen ein solches Rechtsgut gerichtete Straftat begehen wird, oder

d) zur Verhütung einer schweren Straftat nach § 100a Absatz 2 der Strafprozessordnung, sofern Tatsachen die Annahme rechtfertigen, dass eine Person innerhalb eines übersehbaren Zeitraums auf eine ihrer Art nach konkretisierten Weise als Täter oder Teilnehmer an der Begehung einer Tat beteiligt ist, oder

e) zur Verhütung einer schweren Straftat nach § 100a Absatz 2 der Strafprozessordnung, sofern das individuelle Verhalten einer Person die konkrete Wahrscheinlichkeit begründet, dass die Person innerhalb eines übersehbaren Zeitraums die Tat begehen wird,

3. das Bundeskriminalamt als Zentralstelle nach § 2 des Bundeskriminalamtgesetzes, sofern

a) zureichende tatsächliche Anhaltspunkte für eine Straftat im Sinne des § 2 Absatz 1 des Bundeskriminalamtgesetzes vorliegen und die in die Auskunft aufzunehmenden Daten erforderlich sind, um

  aa) die zuständige Strafverfolgungsbehörde zu ermitteln, oder

  bb) ein Auskunftsersuchen einer ausländischen Strafverfolgungsbehörde im Rahmen des internationalen polizeilichen Dienstverkehrs, das nach Maßgabe der Vorschriften über die internationale Rechtshilfe in Strafsachen bearbeitet wird, zu erledigen, oder

b) die in die Auskunft aufzunehmenden Daten im Rahmen der Strafvollstreckung erforderlich sind, um ein Auskunftsersuchen einer ausländischen Strafverfolgungsbehörde im Rahmen des polizeilichen Dienstverkehrs, das nach Maßgabe der Vorschriften über die internationale Rechtshilfe in Strafsachen bearbeitet wird, zu erledigen,

c) die Gefahr besteht, dass eine Person an der Begehung einer Straftat im Sinne des § 2 Absatz 1 des Bundeskriminalamtgesetzes beteiligt sein wird und die in die Auskunft aufzunehmenden Daten erforderlich sind, um aa) die für die Verhütung der Straftat zuständige Polizeibehörde zu ermitteln, oder

bb) ein Auskunftsersuchen einer ausländischen Polizeibehörde im Rahmen des polizeilichen Dienstverkehrs zur Verhütung der Straftat zu erledigen, oder

d) Tatsachen die Annahme rechtfertigen, dass eine Person innerhalb eines übersehbaren Zeitraums auf eine zumindest ihrer Art nach konkretisierte Weise an einer schweren Straftat nach § 100a Absatz 2 der Strafprozessordnung beteiligt sein wird, und die in die Auskunft aufzunehmenden Daten erforderlich sind, um

aa) die für die Verhütung der Straftat zuständige Polizeibehörde zu ermitteln, oder

bb) ein Auskunftsersuchen einer ausländischen Polizeibehörde im Rahmen des polizeilichen Dienstverkehrs zur Verhütung der Straftat zu erledigen, oder

e) das individuelle Verhalten einer Person die konkrete Wahrscheinlichkeit begründet, dass sie innerhalb eines übersehbaren Zeitraums eine schwere Straftat nach § 100a Absatz 2 der Strafprozessordnung begehen wird, und die in die Auskunft aufzunehmenden Daten erforderlich sind, um

aa) die für die Verhütung der Straftat zuständige Polizeibehörde zu ermitteln, oder

bb) ein Auskunftsersuchen einer ausländischen Polizeibehörde im Rahmen des polizeilichen Dienstverkehrs zur Verhütung der Straftat zu erledigen,

4. das Zollkriminalamt als Zentralstelle nach § 3 des Zollfahndungsdienstgesetzes, sofern

a) im Einzelfall zureichende tatsächliche Anhaltspunkte für eine Straftat vorliegen, und die in die Auskunft aufzunehmenden Daten erforderlich sind, um

aa) die zuständige Strafverfolgungsbehörde zu ermitteln, oder

bb) ein Auskunftsersuchen einer ausländischen Strafverfolgungsbehörde im Rahmen des internationalen polizeilichen Dienstverkehrs, das nach Maßgabe der Vorschriften über die internationale Rechtshilfe in Strafsachen bearbeitet wird, auch im Rahmen der Strafvollstreckung, zu erledigen, oder

b) dies im Einzelfall erforderlich ist

aa) zum Schutz von Leib, Leben, Freiheit der Person, sexueller Selbstbestimmung, dem Bestand und der Sicherheit des Bundes oder eines Landes, der freiheitlich demokratischen Grundordnung, Gütern der Allgemeinheit, deren Bedrohung die Grundlagen der Existenz der Menschen berührt, sowie nicht unerheblicher Sachwerte oder zur Verhütung einer Straftat, oder

bb) zum Schutz von Leib, Leben, Freiheit der Person, sexueller Selbstbestimmung, dem Bestand und der Sicherheit des Bundes oder eines Landes, der freiheitlich demokratischen Grundordnung sowie Gütern der Allgemeinheit, deren Bedrohung die Grundlagen der Existenz der Menschen berührt, wenn Tatsachen den Schluss auf ein wenigstens seiner Art nach konkretisiertes und zeitlich absehbares Geschehen zulassen, an dem bestimmte Personen beteiligt sein werden, oder

cc) zum Schutz von Leib, Leben, Freiheit der Person, sexueller Selbstbestimmung, dem Bestand und der Sicherheit des Bundes oder eines Landes, der freiheitlich demokratischen Grundordnung sowie Gütern der Allgemeinheit, deren Bedrohung die Grundlagen der Existenz der Menschen berührt, wenn das individuelle Verhalten einer Person die konkrete Wahrscheinlichkeit begründet, dass die Gefährdung eines solchen Rechtsgutes in einem übersehbaren Zeitraum eintreten wird, oder
   dd) zur Erledigung eines Auskunftsersuchens einer ausländischen Polizeibehörde im Rahmen des polizeilichen Dienstverkehrs zur Verhütung einer schweren Straftat nach § 100a Absatz 2 der Strafprozessordnung, oder
   ee) zur Verhütung einer schweren Straftat nach § 100a Absatz 2 der Strafprozessordnung, sofern Tatsachen die Annahme rechtfertigen, dass eine Person innerhalb eines übersehbaren Zeitraums auf eine ihrer Art nach konkretisierte Weise als Täter oder Teilnehmer an der Begehung der Tat beteiligt ist, oder
   ff) zur Verhütung einer schweren Straftat nach § 100a Absatz 2 der Strafprozessordnung, sofern das individuelle Verhalten einer Person die konkrete Wahrscheinlichkeit begründet, dass die Person innerhalb eines übersehbaren Zeitraums die Tat begehen wird,
5. die Behörden der Zollverwaltung und die nach Landesrecht zuständigen Behörden zur Verhütung einer Straftat nach den §§ 10, 10a oder 11 des Schwarzarbeitsbekämpfungsgesetzes oder § 266a des Strafgesetzbuches[1)],
6. die Verfassungsschutzbehörden des Bundes und der Länder, soweit dies aufgrund tatsächlicher Anhaltspunkte im Einzelfall erforderlich ist zur Aufklärung bestimmter Bestrebungen oder Tätigkeiten nach
   a) § 3 Absatz 1 des Bundesverfassungsschutzgesetzes, oder
   b) einem zum Verfassungsschutz (§ 1 Absatz 1 des Bundesverfassungsschutzgesetzes) landesgesetzlich begründeten Beobachtungsauftrag der Landesbehörde, insbesondere zum Schutz der verfassungsmäßigen Ordnung vor Bestrebungen und Tätigkeiten der organisierten Kriminalität,
7. den Militärischen Abschirmdienst, soweit dies aufgrund tatsächlicher Anhaltspunkte im Einzelfall zur Aufklärung bestimmter Bestrebungen oder Tätigkeiten nach § 1 Absatz 1 des MAD-Gesetzes oder zur Sicherung der Einsatzbereitschaft der Truppe oder zum Schutz der Angehörigen, der Dienststellen und Einrichtungen des Geschäftsbereichs des Bundesministeriums der Verteidigung nach § 14 Absatz 1 des MAD-Gesetzes erforderlich ist,
8. den Bundesnachrichtendienst, soweit dies erforderlich ist
   a) zur politischen Unterrichtung der Bundesregierung, wenn im Einzelfall tatsächliche Anhaltspunkte dafür vorliegen, dass durch die Auskunft Informationen über das Ausland gewonnen werden können, die von außen- und sicherheitspolitischer Bedeutung für die Bundesrepublik Deutschland sind und zu deren Aufklärung das Bundeskanzleramt den Bundesnachrichtendienst beauftragt hat, oder
   b) zur Früherkennung von aus dem Ausland drohenden Gefahren von internationaler Bedeutung, wenn im Einzelfall tatsächliche Anhaltspunkte dafür

---

[1)] Nr. 21.

vorliegen, dass durch die Auskunft Erkenntnisse gewonnen werden können mit Bezug zu den in § 4 Absatz 3 Nummer 1 des BND-Gesetzes genannten Gefahrenbereichen oder zum Schutz der in § 4 Absatz 3 Nummer 2 und 3 des BND-Gesetzes genannten Rechtsgüter.

(5) [1] Derjenige, der geschäftsmäßig Telemediendienste erbringt, daran mitwirkt oder den Zugang zur Nutzung daran vermittelt, hat die zu beauskunftenden Daten unverzüglich und vollständig zu übermitteln. [2] Eine Verschlüsselung der Daten bleibt unberührt. [3] Über das Auskunftsersuchen und die Auskunftserteilung haben die Verpflichteten gegenüber den Betroffenen sowie Dritten Stillschweigen zu wahren.

(6) [1] Wer geschäftsmäßig Telemediendienste erbringt oder daran mitwirkt, hat die in seinem Verantwortungsbereich für die Auskunftserteilung erforderlichen Vorkehrungen auf seine Kosten zu treffen. [2] Jedes Auskunftsverlangen ist durch eine verantwortliche Fachkraft auf Einhaltung der in Absatz 2 genannten formalen Voraussetzungen zu prüfen. [3] Die weitere Bearbeitung des Auskunftsverlangens darf erst nach einem positiven Prüfergebnis freigegeben werden.

§ 23 Auskunftsverfahren bei Passwörtern und anderen Zugangsdaten.

(1) [1] Abweichend von § 22 darf derjenige, der geschäftsmäßig Telemediendienste erbringt, daran mitwirkt oder den Zugang zur Nutzung daran vermittelt, die als Bestandsdaten erhobenen Passwörter oder andere Daten, mittels derer der Zugriff auf Endgeräte oder auf Speichereinrichtungen, die in diesen Endgeräten oder hiervon räumlich getrennt eingesetzt werden, geschützt wird, nach Maßgabe dieser Vorschrift zur Erfüllung von Auskunftspflichten gegenüber den in Absatz 2 genannten Stellen verwenden. [2] Für die Auskunftserteilung sind sämtliche unternehmensinternen Datenquellen zu berücksichtigen.

(2) [1] Die Auskunft nach Absatz 1 Satz 1 darf nur erteilt werden an

1. zur Verfolgung von Straftaten zuständige Behörden, soweit diese im Einzelfall die Übermittlung unter Angabe einer gesetzlichen Bestimmung, die ihnen eine Erhebung und Nutzung der in Absatz 1 genannten Daten zur Verfolgung besonders schwerer Straftaten nach § 100b Absatz 2 Nummer 1 Buchstabe a, c, e, f, g, h oder m, Nummer 3 Buchstabe b erste Alternative, Nummer 5, 6, 9 oder 10 der Strafprozessordnung[1]) erlauben, nach Anordnung durch ein Gericht verlangen, oder

2. für die Abwehr von Gefahren für die öffentliche Sicherheit oder Ordnung zuständige Behörden, soweit diese im Einzelfall die Übermittlung unter Angabe einer gesetzlichen Bestimmung, die ihnen eine Erhebung und Nutzung der in Absatz 1 genannten Daten zur Abwehr einer konkreten Gefahr für Leib, Leben oder Freiheit der Person, für die sexuelle Selbstbestimmung, für den Bestand des Bundes oder eines Landes, die freiheitlich demokratische Grundordnung sowie Güter der Allgemeinheit, deren Bedrohung die Grundlagen der Existenz der Menschen berührt, erlauben, nach Anordnung durch ein Gericht verlangen.

[2] An andere öffentliche und nichtöffentliche Stellen dürfen Daten nach Absatz 1 nicht übermittelt werden. [3] Die Verantwortung für die Zulässigkeit der Auskunft tragen die um Auskunft ersuchenden Stellen.

---

[1]) Nr. 20.

(3) ¹Derjenige, der geschäftsmäßig Telemediendienste erbringt, daran mitwirkt oder den Zugang zur Nutzung daran vermittelt, hat die zu beauskunftenden Daten unverzüglich und vollständig zu übermitteln. ²Eine Verschlüsselung der Daten bleibt unberührt. ³Über das Auskunftsersuchen und die Auskunftserteilung haben die Verpflichteten gegenüber den Betroffenen sowie Dritten Stillschweigen zu wahren.

(4) ¹Wer geschäftsmäßig Telemediendienste erbringt oder daran mitwirkt, hat die in seinem Verantwortungsbereich für die Auskunftserteilung erforderlichen Vorkehrungen auf seine Kosten zu treffen. ²Jedes Auskunftsverlangen ist durch eine verantwortliche Fachkraft auf Einhaltung der in Absatz 2 genannten formalen Voraussetzungen zu prüfen. ³Die weitere Bearbeitung des Auskunftsverlangens darf erst nach einem positiven Prüfergebnis freigegeben werden.

§ 24 Auskunftsverfahren bei Nutzungsdaten. (1) ¹Wer geschäftsmäßig Telemediendienste erbringt, daran mitwirkt oder den Zugang zur Nutzung daran vermittelt, darf die Nutzungsdaten nach Maßgabe dieser Vorschrift zur Erfüllung von Auskunftspflichten gegenüber den in Absatz 3 genannten Stellen verwenden. ²Für die Auskunftserteilung sind sämtliche unternehmensinternen Datenquellen zu berücksichtigen.

(2) ¹Die Auskunft darf nur erteilt werden nach Maßgabe der nachfolgenden Absätze und soweit die um die Auskunft ersuchende Stelle dies im Einzelfall unter Angabe einer gesetzlichen Bestimmung verlangt, die ihr eine Erhebung der in Absatz 1 in Bezug genommenen Daten erlaubt. ²Das Auskunftsverlangen ist schriftlich oder elektronisch zu stellen. ³Bei Gefahr im Verzug darf die Auskunft auch erteilt werden, wenn das Verlangen in anderer Form gestellt wird. ⁴In diesem Fall ist das Verlangen unverzüglich nachträglich schriftlich oder elektronisch zu bestätigen. ⁵Die Verantwortung für die Zulässigkeit der Auskunft tragen die um Auskunft ersuchenden Stellen.

(3) Die Auskunft nach Absatz 1 Satz 1 darf nur erteilt werden an

1. die für die Verfolgung von Straftaten zuständigen Behörden, soweit zureichende tatsächliche Anhaltspunkte für eine Straftat vorliegen und die zu erhebenden Daten erforderlich sind, um den Sachverhalt zu erforschen, den Aufenthaltsort eines Beschuldigten zu ermitteln,

2. die für die Abwehr von Gefahren für die öffentliche Sicherheit oder Ordnung zuständigen Behörden, soweit dies im Einzelfall erforderlich ist,

   a) zur Abwehr einer Gefahr für

      aa) die öffentliche Sicherheit, wobei die Auskunft auf Nutzungsdaten nach § 2 Absatz 2 Nummer 3 Buchstabe a beschränkt ist, oder

      bb) Leib, Leben, Freiheit der Person, die sexuelle Selbstbestimmung, den Bestand und die Sicherheit des Bundes oder eines Landes, die freiheitlich demokratische Grundordnung, Güter der Allgemeinheit, deren Bedrohung die Grundlagen der Existenz der Menschen berührt, sowie nicht unerhebliche Sachwerte, oder

   b) zum Schutz von Leib, Leben, Freiheit der Person, sexueller Selbstbestimmung, dem Bestand und der Sicherheit des Bundes oder eines Landes, der freiheitlich demokratischen Grundordnung, Gütern der Allgemeinheit, deren Bedrohung die Grundlagen der Existenz der Menschen berührt, sowie nicht unerheblichen Sachwerten, wenn Tatsachen den Schluss auf ein wenigstens seiner Art nach konkretisiertes sowie zeitlich absehbares

Geschehen zulassen, an dem bestimmte Personen beteiligt sein werden, oder

c) zum Schutz von Leib, Leben, Freiheit der Person, sexueller Selbstbestimmung, dem Bestand und der Sicherheit des Bundes oder eines Landes, der freiheitlich demokratischen Grundordnung sowie Gütern der Allgemeinheit, deren Bedrohung die Grundlagen der Existenz der Menschen berührt, wenn das individuelle Verhalten einer Person die konkrete Wahrscheinlichkeit begründet, dass sie in einem übersehbaren Zeitraum eine gegen ein solches Rechtsgut gerichtete Straftat begehen wird, oder

d) zur Verhütung einer Straftat von erheblicher Bedeutung, sofern Tatsachen die Annahme rechtfertigen, dass eine Person innerhalb eines übersehbaren Zeitraums auf eine ihrer Art nach konkretisierten Weise als Täter oder Teilnehmer an der Begehung einer Tat beteiligt ist, oder

e) zur Verhütung einer schweren Straftat nach § 100a Absatz 2 der Strafprozessordnung[1]), sofern das individuelle Verhalten einer Person die konkrete Wahrscheinlichkeit begründet, dass die Person innerhalb eines übersehbaren Zeitraums die Tat begehen wird,

3. das Bundeskriminalamt als Zentralstelle nach § 2 des Bundeskriminalamtgesetzes, sofern im Einzelfall eine erhebliche Gefahr für die öffentliche Sicherheit vorliegt oder zureichende tatsächliche Anhaltspunkte für eine Straftat im Sinne des § 2 Absatz 1 des Bundeskriminalamtgesetzes vorliegen und die Daten erforderlich sind, um die zuständige Strafverfolgungsbehörde oder zuständige Polizeibehörde zu ermitteln, wobei die Auskunft auf Nutzungsdaten nach § 2 Absatz 2 Nummer 3 Buchstabe a beschränkt ist,

4. das Zollkriminalamt, soweit dies im Einzelfall erforderlich ist zum Schutz der in § 4 Absatz 1, auch in Verbindung mit Absatz 2, des Außenwirtschaftsgesetzes genannten Rechtsgüter, wenn

a) Tatsachen den Schluss auf ein wenigstens seiner Art nach konkretisiertes sowie zeitlich absehbares Geschehen zulassen, an dem bestimmte Personen beteiligt sein werden, oder

b) das individuelle Verhalten einer Person die konkrete Wahrscheinlichkeit begründet, dass sie in einem übersehbaren Zeitraum eine gegen ein solches Rechtsgut gerichtete Straftat begehen wird,

5. die Verfassungsschutzbehörden des Bundes und der Länder, soweit dies aufgrund tatsächlicher Anhaltspunkte im Einzelfall erforderlich ist zur Aufklärung bestimmter Bestrebungen oder Tätigkeiten nach

a) § 3 Absatz 1 des Bundesverfassungsschutzgesetzes oder

b) einem zum Verfassungsschutz (§ 1 Absatz 1 des Bundesverfassungsschutzgesetzes) landesgesetzlich begründeten Beobachtungsauftrag der Landesbehörde, insbesondere zum Schutz der verfassungsmäßigen Ordnung vor Bestrebungen und Tätigkeiten der organisierten Kriminalität,

6. den Militärischen Abschirmdienst, soweit dies aufgrund tatsächlicher Anhaltspunkte im Einzelfall zur Aufklärung bestimmter Bestrebungen oder Tätigkeiten nach § 1 Absatz 1 des MAD-Gesetzes oder zur Sicherung der Einsatzbereitschaft der Truppe oder zum Schutz der Angehörigen, der Dienststellen und Einrichtungen des Geschäftsbereichs des Bundesministeriums der Verteidigung nach § 14 Absatz 1 des MAD-Gesetzes erforderlich ist,

---

[1]) Nr. 20.

7. den Bundesnachrichtendienst zur Gewinnung von Erkenntnissen über das Ausland von außen- und sicherheitspolitischer Bedeutung für die Bundesrepublik Deutschland, sofern

a) tatsächliche Anhaltspunkte dafür vorliegen, dass ein wenigstens seiner Art nach konkretisiertes sowie zeitlich absehbares Geschehen besteht, an dem bestimmte Personen beteiligt sein werden, und das

aa) einem der in § 4 Absatz 3 Nummer 1 des BND-Gesetzes genannten Gefahrenbereiche unterfällt, oder

bb) eines der in § 4 Absatz 3 Nummer 2 und 3 des BND-Gesetzes genannten Rechtsgüter beeinträchtigen wird, oder

b) eine Auskunftserteilung über bestimmte Nutzungsdaten im Sinne von § 2 Absatz 2 Nummer 3 Buchstabe a erforderlich ist, um einen Nutzer zu identifizieren, von dem ein bestimmter, dem Bundesnachrichtendienst bereits bekannter Inhalt der Nutzung des Telemediendienstes herrührt, zum Zweck

aa) der politischen Unterrichtung der Bundesregierung, wenn im Einzelfall tatsächliche Anhaltspunkte für bestimmte Vorgänge im Ausland vorliegen, die von außen- und sicherheitspolitischer Bedeutung für die Bundesrepublik Deutschland sind und zu deren Aufklärung das Bundeskanzleramt den Bundesnachrichtendienst beauftragt hat, oder

bb) der Früherkennung von aus dem Ausland drohenden Gefahren von internationaler Bedeutung, wenn im Einzelfall tatsächliche Anhaltspunkte für Vorgänge im Ausland bestehen, die einen Bezug zu den in § 4 Absatz 3 Nummer 1 des BND-Gesetzes genannten Gefahrenbereichen aufweisen oder darauf abzielen oder geeignet sind, die in § 4 Absatz 3 Nummer 2 und 3 des BND-Gesetzes genannten Rechtsgüter zu schädigen.

(4) [1] Derjenige, der geschäftsmäßig Telemediendienste erbringt, daran mitwirkt oder den Zugang zur Nutzung daran vermittelt, hat die zu beauskunftenden Daten unverzüglich und vollständig zu übermitteln. [2] Eine Verschlüsselung der Daten bleibt unberührt. [3] Über das Auskunftsersuchen und die Auskunftserteilung haben die Verpflichteten gegenüber den Betroffenen sowie Dritten Stillschweigen zu wahren.

(5) [1] Wer geschäftsmäßig Telemediendienste erbringt oder daran mitwirkt, hat die in seinem Verantwortungsbereich für die Auskunftserteilung erforderlichen Vorkehrungen auf seine Kosten zu treffen. [2] Jedes Auskunftsverlangen ist durch eine verantwortliche Fachkraft auf Einhaltung der in Absatz 2 genannten formalen Voraussetzungen zu prüfen. [3] Die weitere Bearbeitung des Auskunftsverlangens darf erst nach einem positiven Prüfergebnis freigegeben werden.

Kapitel 2. Endeinrichtungen

§ 25 Schutz der Privatsphäre bei Endeinrichtungen. (1) [1] Die Speicherung von Informationen in der Endeinrichtung des Endnutzers oder der Zugriff auf Informationen, die bereits in der Endeinrichtung gespeichert sind, sind nur zulässig, wenn der Endnutzer auf der Grundlage von klaren und umfassenden Informationen eingewilligt hat. [2] Die Information des Endnutzers und die Einwilligung haben gemäß der Verordnung (EU) 2016/679[1)] zu erfolgen.

(2) Die Einwilligung nach Absatz 1 ist nicht erforderlich,

1. wenn der alleinige Zweck der Speicherung von Informationen in der Endeinrichtung des Endnutzers oder der alleinige Zweck des Zugriffs auf bereits in der Endeinrichtung des Endnutzers gespeicherte Informationen die Durchführung der Übertragung einer Nachricht über ein öffentliches Telekommunikationsnetz ist oder
2. wenn die Speicherung von Informationen in der Endeinrichtung des Endnutzers oder der Zugriff auf bereits in der Endeinrichtung des Endnutzers gespeicherte Informationen unbedingt erforderlich ist, damit der Anbieter eines Telemediendienstes einen vom Nutzer ausdrücklich gewünschten Telemediendienst zur Verfügung stellen kann.

§ 26 Anerkannte Dienste zur Einwilligungsverwaltung, Endnutzereinstellungen. (1) Dienste zur Verwaltung von nach § 25 Absatz 1 erteilten Einwilligungen, die

1. nutzerfreundliche und wettbewerbskonforme Verfahren und technische Anwendungen zur Einholung und Verwaltung der Einwilligung haben,
2. kein wirtschaftliches Eigeninteresse an der Erteilung der Einwilligung und an den verwalteten Daten haben und unabhängig von Unternehmen sind, die ein solches Interesse haben können,
3. die personenbezogenen Daten und die Informationen über die Einwilligungsentscheidungen für keine anderen Zwecke als die Einwilligungsverwaltung verarbeiten und
4. ein Sicherheitskonzept vorlegen, das eine Bewertung der Qualität und Zuverlässigkeit des Dienstes und der technischen Anwendungen ermöglicht und aus dem sich ergibt, dass der Dienst sowohl technisch als auch organisatorisch die rechtlichen Anforderungen an den Datenschutz und die Datensicherheit, die sich insbesondere aus der Verordnung (EU) 2016/679[1)] ergeben, erfüllt,

können von einer unabhängigen Stelle nach Maßgabe der Rechtsverordnung nach Absatz 2 anerkannt werden.

(2) Die Bundesregierung bestimmt durch Rechtsverordnung mit Zustimmung des Bundestages und des Bundesrates die Anforderungen

1. an das nutzerfreundliche und wettbewerbskonforme Verfahren und technische Anwendungen nach Absatz 1 Nummer 1 und
2. an das Verfahren der Anerkennung, insbesondere
   a) den erforderlichen Inhalt des Antrags auf Anerkennung,
   b) den Inhalt des Sicherheitskonzepts nach Absatz 1 Nummer 4 und
   c) die für die Anerkennung zuständige unabhängige Stelle, und
3. die technischen und organisatorischen Maßnahmen, dass
   a) Software zum Abrufen und Darstellen von Informationen aus dem Internet,

---

[1)] Nr. 1.

8 TTDSG §§ 27, 28 Telekommunikation-Telemedien-Datenschutz-Gesetz

aa) Einstellungen der Endnutzer hinsichtlich der Einwilligung nach § 25 Absatz 1 befolgt und

bb) die Einbindung von anerkannten Diensten zur Einwilligungsverwaltung berücksichtigt und

b) Anbieter von Telemedien bei der Verwaltung der von Endnutzern erteilten Einwilligung die Einbindung von anerkannten Diensten zur Einwilligungsverwaltung und Einstellungen durch die Endnutzer berücksichtigen.

(3) Die Bundesregierung bewertet innerhalb von zwei Jahren nach Inkrafttreten einer Rechtsverordnung nach Absatz 1 die Wirksamkeit der getroffenen Maßnahmen im Hinblick auf die Errichtung nutzerfreundlicher und wettbewerbskonformer Einwilligungsverfahren und legt dazu einen Bericht an den Bundestag und den Bundesrat vor.

Teil 4. Straf- und Bußgeldvorschriften und Aufsicht

§ 27 Strafvorschriften. (1) Mit Freiheitsstrafe bis zu zwei Jahren oder mit Geldstrafe wird bestraft, wer

1. entgegen § 5 Absatz 1 eine Nachricht abhört oder in vergleichbarer Weise zur Kenntnis nimmt,
2. entgegen § 5 Absatz 2 Satz 1 eine Mitteilung macht oder
3. entgegen § 8 Absatz 1 eine dort genannte Telekommunikationsanlage herstellt oder auf dem Markt bereitstellt.

(2) Handelt der Täter in den Fällen des Absatzes 1 Nummer 3 fahrlässig, so ist die Strafe Freiheitsstrafe bis zu einem Jahr oder Geldstrafe.

§ 28 Bußgeldvorschriften. (1) Ordnungswidrig handelt, wer vorsätzlich oder fahrlässig

1. entgegen § 8 Absatz 6 für eine Telekommunikationsanlage wirbt,
2. entgegen § 9 Absatz 1 Satz 1 oder Absatz 2 Satz 1 Verkehrsdaten verarbeitet,
3. entgegen § 10 Absatz 2 Satz 3 dort genannte Daten nicht oder nicht rechtzeitig löscht,
4. entgegen § 12 Absatz 1 Satz 3 Verkehrsdaten verarbeitet,
5. entgegen § 12 Absatz 2 Verkehrsdaten nicht oder nicht rechtzeitig löscht,
6. entgegen § 12 Absatz 3 Satz 2 eine dort genannte Aufzeichnung nicht oder nicht rechtzeitig löscht,
7. entgegen § 12 Absatz 4 Satz 5 oder § 14 Absatz 5 die Aufsichtsbehörde nicht oder nicht rechtzeitig in Kenntnis setzt,
8. entgegen § 13 Absatz 1 Satz 2 den Endnutzer nicht, nicht richtig oder nicht rechtzeitig informiert,
9. entgegen § 15 Absatz 2 erster Halbsatz die Rufnummernanzeige unterdrückt oder veranlasst, dass diese unterdrückt wird,
10. entgegen § 19 Absatz 1 nicht sicherstellt, dass der Nutzer einen dort genannten Dienst beenden oder in Anspruch nehmen kann,
11. entgegen § 20 personenbezogene Daten verarbeitet,

12. entgegen § 22 Absatz 5 Satz 1, § 23 Absatz 3 Satz 1 oder § 24 Absatz 4 Satz 1 die dort genannten Daten nicht, nicht richtig, nicht vollständig oder nicht rechtzeitig übermittelt oder
13. entgegen § 25 Absatz 1 Satz 1 eine Information speichert oder auf eine Information zugreift.

(2) Die Ordnungswidrigkeit kann in den Fällen des Absatzes 1 Nummer 2, 3, 9, 11, 12 und 13 mit einer Geldbuße bis zu dreihunderttausend Euro, in den Fällen des Absatzes 1 Nummer 4 und 5 mit einer Geldbuße bis zu hunderttausend Euro, in den Fällen des Absatzes 1 Nummer 8 mit einer Geldbuße bis zu fünfzigtausend Euro und in den übrigen Fällen mit einer Geldbuße bis zu zehntausend Euro geahndet werden.

(3) Verwaltungsbehörde im Sinne des § 36 Absatz 1 Nummer 1 des Gesetzes über Ordnungswidrigkeiten ist
1. die Bundesnetzagentur in den Fällen des Absatzes 1 Nummer 1 und 9,
2. der Bundesbeauftragte oder die Bundesbeauftragte für den Datenschutz und die Informationsfreiheit in den Fällen des Absatzes 1 Nummer 2 bis 8 und im Fall des Absatzes 1 Nummer 13, soweit die Speicherung von oder der Zugriff auf Informationen durch Anbieter von Telekommunikationsdiensten oder durch Bundesbehörden erfolgt.

(4) Gegen Behörden und sonstige öffentliche Stellen im Sinne des § 2 Absatz 1 oder Absatz 2 des Bundesdatenschutzgesetzes[1] werden keine Geldbußen verhängt.

§ 29 Zuständigkeit, Aufgaben und Befugnisse der oder des Bundesbeauftragten für den Datenschutz und die Informationsfreiheit.
(1) Soweit für die geschäftsmäßige Erbringung von Telekommunikationsdiensten Daten von natürlichen oder juristischen Personen verarbeitet werden, ist der oder die Bundesbeauftragte für den Datenschutz und die Informationsfreiheit die zuständige Aufsichtsbehörde.

(2) Erfolgt die Speicherung von Informationen in der Endeinrichtung des Endnutzers oder der Zugriff auf Informationen, die bereits in der Endeinrichtung gespeichert sind, durch Anbieter von Telekommunikationsdiensten oder durch öffentliche Stellen des Bundes, ist der oder die Bundesbeauftragte für den Datenschutz und die Informationsfreiheit zuständige Aufsichtsbehörde für die Einhaltung des § 24.

(3) Im Hinblick auf die Befugnisse des oder der Bundesbeauftragten für den Datenschutz und die Informationsfreiheit im Rahmen seiner oder ihrer Aufsichtstätigkeit über die Einhaltung der Bestimmungen nach diesem Gesetz findet Artikel 58 der Verordnung (EU) 2016/679[2] entsprechende Anwendung.

(4) Das Fernmeldegeheimnis des Artikels 10 des Grundgesetzes[3] wird eingeschränkt, soweit die Wahrnehmung der Befugnisse nach Absatz 3 dies erfordert.

§ 30 Zuständigkeit, Aufgaben und Befugnisse der Bundesnetzagentur. (1) Die Bundesnetzagentur ist zuständige Aufsichtsbehörde für die Einhaltung der Vorschriften in Teil 2, soweit nicht gemäß § 27 die Zuständigkeit

---
[1] Nr. 6.
[2] Nr. 1.
[3] Nr. 16.

des oder der Bundesbeauftragten für den Datenschutz und die Informationsfreiheit gegeben ist.

(2) ¹Die Bundesnetzagentur kann Anordnungen und andere Maßnahmen treffen, um die Einhaltung der Vorschriften des Teils 2 sicherzustellen. ²Der nach den Vorschriften des Teils 2 Verpflichtete muss auf Anforderung der Bundesnetzagentur die hierzu erforderlichen Auskünfte erteilen. ³Die Bundesnetzagentur ist zur Überprüfung der Einhaltung der Verpflichtungen befugt, die Geschäfts- und Betriebsräume während der üblichen Betriebs- oder Geschäftszeiten zu betreten und zu besichtigen.

(3) Über die Befugnis zu Anordnungen nach Absatz 2 hinaus kann die Bundesnetzagentur bei Nichterfüllung von Verpflichtungen des Teils 2 den Betrieb von betroffenen Telekommunikationsanlagen oder das Erbringen des betreffenden Telekommunikationsdienstes ganz oder teilweise untersagen, wenn mildere Eingriffe zur Durchsetzung rechtmäßigen Verhaltens nicht ausreichen.

(4) Zur Durchsetzung von Maßnahmen und Anordnungen nach den Absätzen 2 und 3 kann nach Maßgabe des Verwaltungsvollstreckungsgesetzes ein Zwangsgeld bis zu 1 Million Euro festgesetzt werden.

(5) Das Fernmeldegeheimnis des Artikels 10 des Grundgesetzes[1]) wird eingeschränkt, soweit die Wahrnehmung der Befugnisse nach Absatz 2 Satz 1 und 3 dies erfordert.

---

[1]) Nr. **16**.

9. Telemediengesetz (TMG)[1)]

Vom 26. Februar 2007
(BGBl. I S. 179)
FNA 772-4

zuletzt geänd. durch Art. 3 G zur Änd. des Strafgesetzbuches – Strafbarkeit des Betreibens krimineller Handelsplattformen im Internet v. 12.8.2021 (BGBl. I S. 3544)

Inhaltsübersicht

Abschnitt 1. Allgemeine Bestimmungen

§ 1	Anwendungsbereich
§ 2	Begriffsbestimmungen
§ 2a	Europäisches Sitzland
§ 2b	Listen der audiovisuellen Mediendiensteanbieter und Videosharingplattform-Anbieter
§ 2c	Auskunftsverlangen der zuständigen Behörde
§ 3	Herkunftslandprinzip

Abschnitt 2. Zulassungsfreiheit, Informationspflichten

§ 4	Zulassungsfreiheit
§ 5	Allgemeine Informationspflichten
§ 6	Besondere Pflichten bei kommerziellen Kommunikationen

Abschnitt 3. Verantwortlichkeit

§ 7	Allgemeine Grundsätze
§ 8	Durchleitung von Informationen
§ 9	Zwischenspeicherung zur beschleunigten Übermittlung von Informationen
§ 10	Speicherung von Informationen

Abschnitt 4. Melde- und Abhilfeverfahren der Videosharingplattform-Anbieter

§ 10a	Verfahren zur Meldung von Nutzerbeschwerden
§ 10b	Verfahren zur Abhilfe von Nutzerbeschwerden
§ 10c	Allgemeine Geschäftsbedingungen

Abschnitt 5. Bußgeldvorschriften

§ 11	Bußgeldvorschriften

Abschnitt 1. Allgemeine Bestimmungen

§ 1 Anwendungsbereich. (1) ¹Dieses Gesetz gilt für alle elektronischen Informations- und Kommunikationsdienste, soweit sie nicht Telekommunikationsdienste nach § 3 Nummer 61 des Telekommunikationsgesetzes, telekommunikationsgestützte Dienste nach § 3 Nummer 63 des Telekommunikationsgesetzes oder Rundfunk nach § 2 des Rundfunkstaatsvertrages sind (Telemedien). ²Dieses Gesetz gilt für alle Anbieter einschließlich der öffentlichen Stellen unabhängig davon, ob für die Nutzung ein Entgelt erhoben wird.

(2) Dieses Gesetz gilt nicht für den Bereich der Besteuerung.

(3) Das Telekommunikationsgesetz und die Pressegesetze bleiben unberührt.

(4) Die an die Inhalte von Telemedien zu richtenden besonderen Anforderungen ergeben sich aus dem Staatsvertrag für Rundfunk und Telemedien (Rundfunkstaatsvertrag).

(5) Dieses Gesetz trifft weder Regelungen im Bereich des internationalen Privatrechts noch regelt es die Zuständigkeit der Gerichte.

[1)] Verkündet als Art. 1 Elektronischer-Geschäftsverkehr-VereinheitlichungsG v. 26.2.2007 (BGBl. I S. 179); Inkrafttreten gem. Art. 5 Satz 1 dieses G am 1.3.2007.

(6) Die besonderen Bestimmungen dieses Gesetzes für audiovisuelle Mediendienste gelten nicht für Dienste, die
1. ausschließlich zum Empfang in Drittstaaten bestimmt sind und
2. weder unmittelbar noch mittelbar von der Allgemeinheit mit handelsüblichen Verbraucherendgeräten in einem Mitgliedstaat empfangen werden.

§ 2 Begriffsbestimmungen. [1] Im Sinne dieses Gesetzes
1. ist Diensteanbieter jede natürliche oder juristische Person, die eigene oder fremde Telemedien zur Nutzung bereithält oder den Zugang zur Nutzung vermittelt,
2. ist niedergelassener Diensteanbieter jeder Anbieter, der mittels einer festen Einrichtung auf unbestimmte Zeit Telemedien geschäftsmäßig anbietet oder erbringt; der Standort der technischen Einrichtung allein begründet keine Niederlassung des Anbieters,
2a. ist drahtloses lokales Netzwerk ein Drahtloszugangssystem mit geringer Leistung und geringer Reichweite sowie mit geringem Störungsrisiko für weitere, von anderen Nutzern in unmittelbarer Nähe installierte Systeme dieser Art, welches nicht exklusive Grundfrequenzen nutzt,
3. ist Nutzer jede natürliche oder juristische Person, die Telemedien nutzt, insbesondere um Informationen zu erlangen oder zugänglich zu machen,
4. sind Verteildienste Telemedien, die im Wege einer Übertragung von Daten ohne individuelle Anforderung gleichzeitig für eine unbegrenzte Anzahl von Nutzern erbracht werden,
5. ist kommerzielle Kommunikation jede Form der Kommunikation, die der unmittelbaren oder mittelbaren Förderung des Absatzes von Waren, Dienstleistungen oder des Erscheinungsbilds eines Unternehmens, einer sonstigen Organisation oder einer natürlichen Person dient, die eine Tätigkeit im Handel, Gewerbe oder Handwerk oder einen freien Beruf ausübt; die Übermittlung der folgenden Angaben stellt als solche keine Form der kommerziellen Kommunikation dar:
    a) Angaben, die unmittelbaren Zugang zur Tätigkeit des Unternehmens oder der Organisation oder Person ermöglichen, wie insbesondere ein Domain-Name oder eine Adresse der elektronischen Post,
    b) Angaben in Bezug auf Waren und Dienstleistungen oder das Erscheinungsbild eines Unternehmens, einer Organisation oder Person, die unabhängig und insbesondere ohne finanzielle Gegenleistung gemacht werden; dies umfasst auch solche unabhängig und insbesondere ohne finanzielle Gegenleistung oder sonstige Vorteile von natürlichen Personen gemachten Angaben, die eine unmittelbare Verbindung zu einem Nutzerkonto von weiteren natürlichen Personen bei Diensteanbietern ermöglichen,
6. sind audiovisuelle Mediendienste
    a) audiovisuelle Mediendienste auf Abruf und
    b) die audiovisuelle kommerzielle Kommunikation,
7. ist audiovisueller Mediendiensteanbieter ein Anbieter von audiovisuellen Mediendiensten,
8. sind audiovisuelle Mediendienste auf Abruf nichtlineare audiovisuelle Mediendienste, bei denen der Hauptzweck des Dienstes oder eines trennbaren

Teils des Dienstes darin besteht, unter der redaktionellen Verantwortung eines audiovisuellen Mediendiensteanbieters der Allgemeinheit Sendungen zur Information, Unterhaltung oder Bildung zum individuellen Abruf zu einem vom Nutzer gewählten Zeitpunkt bereitzustellen,

9. ist audiovisuelle kommerzielle Kommunikation jede Form der Kommunikation mit Bildern mit oder ohne Ton, die einer Sendung oder einem nutzergenerierten Video gegen Entgelt oder gegen eine ähnliche Gegenleistung oder als Eigenwerbung beigefügt oder darin enthalten ist, wenn die Kommunikation der unmittelbaren oder mittelbaren Förderung des Absatzes von Waren und Dienstleistungen oder der Förderung des Erscheinungsbilds natürlicher oder juristischer Personen, die einer wirtschaftlichen Tätigkeit nachgehen, dient, einschließlich Sponsoring und Produktplatzierung,

10. sind Videosharingplattform-Dienste
    a) Telemedien, bei denen der Hauptzweck oder eine wesentliche Funktion darin besteht, Sendungen oder nutzergenerierte Videos, für die der Diensteanbieter keine redaktionelle Verantwortung trägt, der Allgemeinheit bereitzustellen, wobei der Diensteanbieter die Organisation der Sendungen und der nutzergenerierten Videos, auch mit automatischen Mitteln, bestimmt,
    b) trennbare Teile von Telemedien, wenn für den trennbaren Teil der in Buchstabe a genannte Hauptzweck vorliegt,

11. ist Videosharingplattform-Anbieter ein Diensteanbieter, der Videosharingplattform-Dienste betreibt,

12. ist redaktionelle Verantwortung die Ausübung einer wirksamen Kontrolle hinsichtlich der Zusammenstellung der Sendungen und ihrer Bereitstellung mittels eines Katalogs,

13. ist Sendung eine Abfolge von bewegten Bildern mit oder ohne Ton, die unabhängig von ihrer Länge Einzelbestandteil eines von einem Diensteanbieter erstellten Sendeplans oder Katalogs ist,

14. ist nutzergeneriertes Video eine von einem Nutzer erstellte Abfolge von bewegten Bildern mit oder ohne Ton, die unabhängig von ihrer Länge einen Einzelbestandteil darstellt und die von diesem oder einem anderen Nutzer auf einen Videosharingplattform-Dienst hochgeladen wird,

15. ist Mitgliedstaat jeder Mitgliedstaat der Europäischen Union und jeder andere Vertragsstaat des Abkommens über den Europäischen Wirtschaftsraum, für den die Richtlinie 2010/13/EU des Europäischen Parlaments und des Rates vom 10. März 2010 zur Koordinierung bestimmter Rechts- und Verwaltungsvorschriften der Mitgliedstaaten über die Bereitstellung audiovisueller Mediendienste (Richtlinie über audiovisuelle Mediendienste) (ABl. L 95 vom 15.4.2010, S. 1; L 263 vom 6.10.2010, S. 15), die durch die Richtlinie (EU) 2018/1808 (ABl. L 303 vom 28.11.2018, S. 69) geändert worden ist, gilt,

16. ist Drittstaat jeder Staat, der nicht Mitgliedstaat ist,

17. ist Mutterunternehmen ein Unternehmen, das ein oder mehrere Tochterunternehmen kontrolliert,

18. ist Tochterunternehmen ein Unternehmen, das unmittelbar oder mittelbar von einem Mutterunternehmen kontrolliert wird,

19. ist Gruppe die Gesamtheit von Mutterunternehmen, allen seinen Tochterunternehmen und allen anderen mit dem Mutterunternehmen und seinen Tochterunternehmen wirtschaftlich und rechtlich verbundenen Unternehmen.

[2] Einer juristischen Person steht eine Personengesellschaft gleich, die mit der Fähigkeit ausgestattet ist, Rechte zu erwerben und Verbindlichkeiten einzugehen.

§ 2a Europäisches Sitzland. (1) Sitzland des Diensteanbieters im Sinne dieses Gesetzes ist der Mitgliedstaat, in dessen Hoheitsgebiet der Diensteanbieter niedergelassen ist.

(2) [1] Abweichend von Absatz 1 gilt bei audiovisuellen Mediendiensten ein Mitgliedstaat als Sitzland des Diensteanbieters, in dem die Hauptverwaltung des Diensteanbieters liegt und die redaktionellen Entscheidungen über den audiovisuellen Mediendienst getroffen werden. [2] Werden die redaktionellen Entscheidungen über den audiovisuellen Mediendienst in einem anderen Mitgliedstaat als dem Sitz der Hauptverwaltung getroffen, so gilt als Sitzland des Diensteanbieters

1. derjenige dieser beiden Mitgliedstaaten, in dem ein erheblicher Teil des Personals des Diensteanbieters, das mit der Durchführung der programmbezogenen Tätigkeiten des audiovisuellen Mediendienstes betraut ist, tätig ist,
2. der Mitgliedstaat, in dem die Hauptverwaltung des Diensteanbieters liegt, wenn ein erheblicher Teil des Personals des audiovisuellen Mediendiensteanbieters, das mit der Ausübung der sendungsbezogenen Tätigkeiten betraut ist, in jedem dieser Mitgliedstaaten tätig ist oder
3. der Mitgliedstaat, in dem der Diensteanbieter zuerst mit seiner Tätigkeit nach Maßgabe des Rechts dieses Mitgliedstaats begonnen hat, sofern eine dauerhafte und tatsächliche Verbindung mit der Wirtschaft dieses Mitgliedstaats fortbesteht, wenn ein erheblicher Teil des Personals des audiovisuellen Mediendiensteanbieters, das mit der Ausübung der sendungsbezogenen Tätigkeiten betraut ist, in keinem dieser Mitgliedstaaten tätig ist.

[3] Werden die redaktionellen Entscheidungen über den audiovisuellen Mediendienst in einem Drittstaat getroffen, gilt der Mitgliedstaat als Sitzland, in dem die Hauptverwaltung des Diensteanbieters liegt. [4] Liegt die Hauptverwaltung des Diensteanbieters in einem Drittstaat und werden die redaktionellen Entscheidungen über den audiovisuellen Mediendienst in einem Mitgliedstaat getroffen, gilt der Mitgliedstaat als Sitzland, in dem ein erheblicher Teil des mit der Bereitstellung des audiovisuellen Mediendienstes betrauten Personals tätig ist.

(3) [1] Für audiovisuelle Mediendiensteanbieter, die nicht bereits aufgrund ihrer Niederlassung der Rechtshoheit eines Mitgliedstaats unterliegen, gilt ein Mitgliedstaat als Sitzland, wenn sie

1. eine in diesem Mitgliedstaat gelegene Satelliten-Bodenstation für die Aufwärtsstrecke nutzen oder
2. zwar keine in diesem Mitgliedstaat gelegene Satelliten-Bodenstation für die Aufwärtsstrecke, aber eine diesem Mitgliedstaat zugewiesene Übertragungskapazität eines Satelliten nutzen.

Telemediengesetz § 2b TMG 9

² Liegt keines dieser beiden Kriterien vor, gilt der Mitgliedstaat auch als Sitzland für einen audiovisuellen Diensteanbieter, in dem dieser gemäß den Artikeln 49 bis 55 des Vertrages über die Arbeitsweise der Europäischen Union niedergelassen ist.

(4) Ist ein Videosharingplattform-Anbieter nicht im Hoheitsgebiet eines Mitgliedstaats niedergelassen, so gilt derjenige Mitgliedstaat abweichend von Absatz 1 als Sitzland, in dessen Hoheitsgebiet

1. ein Mutterunternehmen oder ein Tochterunternehmen des Videosharingplattform-Anbieters oder
2. ein anderes Unternehmen einer Gruppe, von welcher der Videosharingplattform-Anbieter ein Teil ist,

niedergelassen ist.

(5) Sind in den Fällen des Absatzes 4 das Mutterunternehmen, das Tochterunternehmen oder die anderen Unternehmen der Gruppe jeweils in verschiedenen Mitgliedstaaten niedergelassen, so gilt der Videosharingplattform-Anbieter als in dem Mitgliedstaat niedergelassen,

1. in dem sein Mutterunternehmen niedergelassen ist oder
2. mangels einer solchen Niederlassung in dem sein Tochterunternehmen niedergelassen ist, oder
3. mangels einer solchen Niederlassung in dem das oder die anderen Unternehmen der Gruppe niedergelassen ist oder sind.

(6) Gibt es mehrere Tochterunternehmen und ist jedes dieser Tochterunternehmen in einem anderen Mitgliedstaat niedergelassen, so gilt der Videosharingplattform-Anbieter als in dem Mitgliedstaat niedergelassen, in dem eines der Tochterunternehmen zuerst seine Tätigkeit aufgenommen hat, sofern eine dauerhafte und tatsächliche Verbindung mit der Wirtschaft dieses Mitgliedstaats besteht.

(7) Gibt es mehrere andere Unternehmen, die Teil der Gruppe sind und von denen jedes in einem anderen Mitgliedstaat niedergelassen ist, so gilt der Videosharingplattform-Anbieter als in dem Mitgliedstaat niedergelassen, in dem eines dieser Unternehmen zuerst seine Tätigkeit aufgenommen hat, sofern eine dauerhafte und tatsächliche Verbindung mit der Wirtschaft dieses Mitgliedstaats besteht.

(8) Treten zwischen der zuständigen Behörde und einer Behörde eines anderen Mitgliedstaats Meinungsverschiedenheiten darüber auf, welcher Mitgliedstaat Sitzland des Diensteanbieters nach den Absätzen 2 bis 7 ist oder als solcher gilt, so bringt die zuständige Behörde dies der Europäischen Kommission unverzüglich zur Kenntnis.

§ 2b Listen der audiovisuellen Mediendiensteanbieter und Videosharingplattform-Anbieter. (1) ¹ Die zuständige Behörde erstellt jeweils eine Liste der audiovisuellen Mediendiensteanbieter und der Videosharingplattform-Anbieter, deren Sitzland Deutschland ist oder für die Deutschland als Sitzland gilt. ² In der Liste sind zu jedem audiovisuellen Mediendiensteanbieter und Videosharingplattform-Anbieter die maßgeblichen Kriterien nach § 2a Absatz 2 bis 7 anzugeben.

(2) Die zuständige Behörde übermittelt die Listen der audiovisuellen Mediendiensteanbieter und Videosharingplattform-Anbieter und alle Aktualisie-

rungen dieser Listen der für Kultur und Medien zuständigen obersten Bundesbehörde.

(3) Die für Kultur und Medien zuständige oberste Bundesbehörde leitet die ihr übermittelten Listen der audiovisuellen Mediendiensteanbieter und Videosharingplattform-Anbieter und alle Aktualisierungen dieser Listen an die Europäische Kommission weiter.

§ 2c Auskunftsverlangen der zuständigen Behörde. (1) Audiovisuelle Mediendiensteanbieter und Videosharingplattform-Anbieter sind verpflichtet, der zuständigen Behörde auf Verlangen Auskünfte über die in § 2a Absatz 2 bis 7 genannten Kriterien zu erteilen, soweit dies für die Erfüllung der Aufgaben nach § 2b Absatz 1 Satz 2 und Absatz 2 erforderlich ist.

(2) [1] Der Auskunftspflichtige kann die Auskunft auf solche Fragen verweigern, deren Beantwortung ihn selbst oder einen der in § 383 Absatz 1 Nummer 1 bis 3 der Zivilprozessordnung bezeichneten Angehörigen der Gefahr der Verfolgung wegen einer Straftat oder Ordnungswidrigkeit aussetzen würde. [2] Er ist über sein Recht zur Auskunftsverweigerung zu belehren. [3] Die Tatsache, auf die der Auskunftspflichtige die Verweigerung der Auskunft nach Satz 1 stützt, ist auf Verlangen glaubhaft zu machen. [4] Es genügt die eidliche Versicherung des Auskunftspflichtigen.

§ 3 Herkunftslandprinzip. (1) In Deutschland nach § 2a niedergelassene Diensteanbieter und ihre Telemedien unterliegen den Anforderungen des deutschen Rechts auch dann, wenn die Telemedien innerhalb des Geltungsbereichs der Richtlinie 2000/31/EG des Europäischen Parlaments und des Rates vom 8. Juni 2000 über bestimmte rechtliche Aspekte der Dienste der Informationsgesellschaft, insbesondere des elektronischen Geschäftsverkehrs, im Binnenmarkt (Richtlinie über den elektronischen Geschäftsverkehr) (ABl. L 178 vom 17.7.2000, S. 1) und der Richtlinie 2010/13/EU in einem anderen Mitgliedstaat geschäftsmäßig angeboten oder verbreitet werden.

(2) Der freie Dienstleistungsverkehr von Telemedien, die innerhalb des Geltungsbereichs der Richtlinie 2000/31/EG und der Richtlinie 2010/13/EU in Deutschland von Diensteanbietern, die in einem anderen Mitgliedstaat niedergelassen sind, geschäftsmäßig angeboten oder verbreitet werden, wird vorbehaltlich der Absätze 5 und 6 nicht eingeschränkt.

(3) Von den Absätzen 1 und 2 bleiben unberührt

1. die Freiheit der Rechtswahl,
2. die Vorschriften für vertragliche Schuldverhältnisse in Bezug auf Verbraucherverträge,
3. gesetzliche Vorschriften über die Form des Erwerbs von Grundstücken und grundstücksgleichen Rechten sowie der Begründung, Übertragung, Änderung oder Aufhebung von dinglichen Rechten an Grundstücken und grundstücksgleichen Rechten,
4. das für den Schutz personenbezogener Daten geltende Recht.

(4) Die Absätze 1 und 2 gelten nicht für

1. die Tätigkeit von Notaren sowie von Angehörigen anderer Berufe, soweit diese ebenfalls hoheitlich tätig sind,
2. die Vertretung von Mandanten und die Wahrnehmung ihrer Interessen vor Gericht,
3. die Zulässigkeit nicht angeforderter kommerzieller Kommunikationen durch elektronische Post,
4. Gewinnspiele mit einem einen Geldwert darstellenden Einsatz bei Glücksspielen, einschließlich Lotterien und Wetten,
5. die Anforderungen an Verteildienste,
6. das Urheberrecht, verwandte Schutzrechte, Rechte im Sinne der Richtlinie 87/54/EWG des Rates vom 16. Dezember 1986 über den Rechtsschutz der Topographien von Halbleitererzeugnissen (ABl. EG Nr. L 24 S. 36) und der Richtlinie 96/9/EG des Europäischen Parlaments und des Rates vom 11. März 1996 über den rechtlichen Schutz von Datenbanken (ABl. EG Nr. L 77 S. 20) sowie für gewerbliche Schutzrechte,
7. die Ausgabe elektronischen Geldes durch Institute, die gemäß Artikel 8 Abs. 1 der Richtlinie 2000/46/EG des Europäischen Parlaments und des Rates vom 18. September 2000 über die Aufnahme, Ausübung und Beaufsichtigung der Tätigkeit von E-Geld-Instituten (ABl. EG Nr. L 275 S. 39) von der Anwendung einiger oder aller Vorschriften dieser Richtlinie und von der Anwendung der Richtlinie 2000/12/EG des Europäischen Parlaments und des Rates vom 20. März 2000 über die Aufnahme und Ausübung der Tätigkeit der Kreditinstitute (ABl. EG Nr. L 126 S. 1) freigestellt sind,
8. Vereinbarungen oder Verhaltensweisen, die dem Kartellrecht unterliegen,
9. Bereiche, die erfasst sind von den §§ 39, 57 bis 59, 61 bis 65, 146, 241 bis 243b, 305 und 306 des Versicherungsaufsichtsgesetzes vom 1. April 2015 (BGBl. I S. 434), das zuletzt durch Artikel 6 des Gesetzes vom 19. März 2020 (BGBl. I S. 529) geändert worden ist, und von der Versicherungsberichterstattungs-Verordnung vom 19. Juli 2017 (BGBl. I S. 2858), die durch Artikel 7 des Gesetzes vom 17. August 2017 (BGBl. I S. 3214) geändert worden ist, für die Regelungen über das auf Versicherungsverträge anwendbare Recht sowie für Pflichtversicherungen.

(5) ¹Das Angebot und die Verbreitung von Telemedien, bei denen es sich nicht um audiovisuelle Mediendienste handelt, durch einen Diensteanbieter, der in einem anderen Mitgliedstaat niedergelassen ist, unterliegen den Einschränkungen des deutschen Rechts, soweit

1. dies dem Schutz folgender Schutzziele vor Beeinträchtigungen oder ernsthaften und schwerwiegenden Gefahren dient:

   a) der öffentlichen Sicherheit und Ordnung, insbesondere

      aa) im Hinblick auf die Verhütung, Ermittlung, Aufklärung, Verfolgung und Vollstreckung

         aaa) von Straftaten und Ordnungswidrigkeiten, einschließlich des Jugendschutzes und der Bekämpfung der Verunglimpfung aus Gründen der Rasse, des Geschlechts, des Glaubens oder der Nationalität,

         bbb) von Verletzungen der Menschenwürde einzelner Personen oder bb) im Hinblick auf die Wahrung nationaler Sicherheits- und Verteidigungsinteressen,

b) der öffentlichen Gesundheit oder

c) der Interessen der Verbraucher und der Interessen der Anleger und

2. die Maßnahmen, die auf der Grundlage des deutschen Rechts in Betracht kommen, in einem angemessenen Verhältnis zu diesen Schutzzielen stehen.

²Maßnahmen nach Satz 1 Nummer 2 sind nur zulässig, wenn die gemäß Artikel 3 Absatz 4 Buchstabe b und Absatz 5 der Richtlinie 2000/31/EG erforderlichen Verfahren eingehalten werden; davon unberührt bleiben gerichtliche Verfahren einschließlich etwaiger Vorverfahren und die Verfolgung von Straftaten einschließlich der Strafvollstreckung und von Ordnungswidrigkeiten.

(6) ¹Der freie Empfang und die Weiterverbreitung von audiovisuellen Mediendiensten aus anderen Mitgliedstaaten darf abweichend von Absatz 2 vorübergehend beeinträchtigt werden, wenn diese audiovisuellen Mediendienste

1. in offensichtlicher, ernster und schwerwiegender Weise Folgendes enthalten:

a) eine Aufstachelung zu Gewalt oder Hass gegen eine Gruppe von Personen oder gegen ein Mitglied einer Gruppe von Personen aus einem der in Artikel 21 der Charta der Grundrechte der Europäischen Union[1]) (ABl. C 364 vom 18.12.2000, S. 1) genannten Gründe,

b) eine öffentliche Aufforderung zur Begehung einer terroristischen Straftat gemäß Artikel 5 der Richtlinie (EU) 2017/541 des Europäischen Parlaments und des Rates vom 15. März 2017 zur Terrorismusbekämpfung und zur Ersetzung des Rahmenbeschlusses 2002/475/JI des Rates und zur Änderung des Beschlusses 2005/671/JI des Rates (ABl. L 88 vom 31.3. 2017, S. 6),

c) einen Verstoß gegen die Vorgaben zum Schutz von Minderjährigen nach Artikel 6a Absatz 1 der Richtlinie 2010/13/EU oder

2. eine Beeinträchtigung oder eine ernsthafte und schwerwiegende Gefahr der Beeinträchtigung darstellen für

a) die öffentliche Gesundheit,

b) die öffentliche Sicherheit oder

c) die Wahrung nationaler Sicherheits- und Verteidigungsinteressen.

²Maßnahmen nach Satz 1 sind nur zulässig, wenn die Voraussetzungen des Artikels 3 Absatz 2 bis 5 der Richtlinie 2010/13/EU erfüllt sind.

Abschnitt 2. Zulassungsfreiheit, Informationspflichten

§ 4 Zulassungsfreiheit. Telemedien sind im Rahmen der Gesetze zulassungs- und anmeldefrei.

§ 5 Allgemeine Informationspflichten. (1) Diensteanbieter haben für geschäftsmäßige, in der Regel gegen Entgelt angebotene Telemedien folgende Informationen leicht erkennbar, unmittelbar erreichbar und ständig verfügbar zu halten:

---

[1]) Nr. 4.

Telemediengesetz § 6 TMG 9

1. den Namen und die Anschrift, unter der sie niedergelassen sind, bei juristischen Personen zusätzlich die Rechtsform, den Vertretungsberechtigten und, sofern Angaben über das Kapital der Gesellschaft gemacht werden, das Stamm- oder Grundkapital sowie, wenn nicht alle in Geld zu leistenden Einlagen eingezahlt sind, der Gesamtbetrag der ausstehenden Einlagen,
2. Angaben, die eine schnelle elektronische Kontaktaufnahme und unmittelbare Kommunikation mit ihnen ermöglichen, einschließlich der Adresse der elektronischen Post,
3. soweit der Dienst im Rahmen einer Tätigkeit angeboten oder erbracht wird, die der behördlichen Zulassung bedarf, Angaben zur zuständigen Aufsichtsbehörde,
4. das Handelsregister, Vereinsregister, Partnerschaftsregister oder Genossenschaftsregister, in das sie eingetragen sind, und die entsprechende Registernummer,
5. soweit der Dienst in Ausübung eines Berufs im Sinne von Artikel 1 Buchstabe d der Richtlinie 89/48/EWG des Rates vom 21. Dezember 1988 über eine allgemeine Regelung zur Anerkennung der Hochschuldiplome, die eine mindestens dreijährige Berufsausbildung abschließen (ABl. EG Nr. L 19 S. 16), oder im Sinne von Artikel 1 Buchstabe f der Richtlinie 92/51/EWG des Rates vom 18. Juni 1992 über eine zweite allgemeine Regelung zur Anerkennung beruflicher Befähigungsnachweise in Ergänzung zur Richtlinie 89/48/EWG (ABl. EG Nr. L 209 S. 25, 1995 Nr. L 17 S. 20), zuletzt geändert durch die Richtlinie 97/38/EG der Kommission vom 20. Juni 1997 (ABl. EG Nr. L 184 S. 31), angeboten oder erbracht wird, Angaben über

   a) die Kammer, welcher die Diensteanbieter angehören,
   b) die gesetzliche Berufsbezeichnung und den Staat, in dem die Berufsbezeichnung verliehen worden ist,
   c) die Bezeichnung der berufsrechtlichen Regelungen und dazu, wie diese zugänglich sind,

6. in Fällen, in denen sie eine Umsatzsteueridentifikationsnummer nach § 27a des Umsatzsteuergesetzes oder eine Wirtschafts-Identifikationsnummer nach § 139c der Abgabenordnung besitzen, die Angabe dieser Nummer,
7. bei Aktiengesellschaften, Kommanditgesellschaften auf Aktien und Gesellschaften mit beschränkter Haftung, die sich in Abwicklung oder Liquidation befinden, die Angabe hierüber,
8. bei audiovisuellen Mediendiensteanbietern die Angabe

   a) des Mitgliedstaats, der für sie Sitzland ist oder als Sitzland gilt sowie
   b) der zuständigen Regulierungs- und Aufsichtsbehörden.

(2) Weitergehende Informationspflichten nach anderen Rechtsvorschriften bleiben unberührt.

§ 6 Besondere Pflichten bei kommerziellen Kommunikationen.

(1) Diensteanbieter haben bei kommerziellen Kommunikationen, die Telemedien oder Bestandteile von Telemedien sind, mindestens die folgenden Voraussetzungen zu beachten:

1. Kommerzielle Kommunikationen müssen klar als solche zu erkennen sein.
2. Die natürliche oder juristische Person, in deren Auftrag kommerzielle Kommunikationen erfolgen, muss klar identifizierbar sein.
3. Angebote zur Verkaufsförderung wie Preisnachlässe, Zugaben und Geschenke müssen klar als solche erkennbar sein, und die Bedingungen für ihre Inanspruchnahme müssen leicht zugänglich sein sowie klar und unzweideutig angegeben werden.
4. Preisausschreiben oder Gewinnspiele mit Werbecharakter müssen klar als solche erkennbar und die Teilnahmebedingungen leicht zugänglich sein sowie klar und unzweideutig angegeben werden.

(2) [1] Werden kommerzielle Kommunikationen per elektronischer Post versandt, darf in der Kopf- und Betreffzeile weder der Absender noch der kommerzielle Charakter der Nachricht verschleiert oder verheimlicht werden. [2] Ein Verschleiern oder Verheimlichen liegt dann vor, wenn die Kopf- und Betreffzeile absichtlich so gestaltet sind, dass der Empfänger vor Einsichtnahme in den Inhalt der Kommunikation keine oder irreführende Informationen über die tatsächliche Identität des Absenders oder den kommerziellen Charakter der Nachricht erhält.

(3) Videosharingplattform-Anbieter müssen eine Funktion bereitstellen, mit der Nutzer, die nutzergenerierte Videos hochladen, erklären können, ob diese Videos audiovisuelle kommerzielle Kommunikation enthalten.

(4) Videosharingplattform-Anbieter sind verpflichtet, audiovisuelle kommerzielle Kommunikation, die Nutzer auf den Videosharingplattform-Dienst hochgeladen haben, als solche zu kennzeichnen, soweit sie nach Absatz 3 oder anderweitig Kenntnis von dieser erlangt haben.

(5) Die Vorschriften des Gesetzes gegen den unlauteren Wettbewerb bleiben unberührt.

Abschnitt 3. Verantwortlichkeit

§ 7 Allgemeine Grundsätze. (1) Diensteanbieter sind für eigene Informationen, die sie zur Nutzung bereithalten, nach den allgemeinen Gesetzen verantwortlich.

(2) Diensteanbieter im Sinne der §§ 8 bis 10 sind nicht verpflichtet, die von ihnen übermittelten oder gespeicherten Informationen zu überwachen oder nach Umständen zu forschen, die auf eine rechtswidrige Tätigkeit hinweisen.

(3) [1] Verpflichtungen zur Entfernung von Informationen oder zur Sperrung der Nutzung von Informationen nach den allgemeinen Gesetzen aufgrund von gerichtlichen oder behördlichen Anordnungen bleiben auch im Falle der Nichtverantwortlichkeit des Diensteanbieters nach den §§ 8 bis 10 unberührt. [2] Das Fernmeldegeheimnis nach § 3 des Telekommunikation-Telemedien-Datenschutz-Gesetzes[1]) ist zu wahren.

(4) [1] Wurde ein Telemediendienst von einem Nutzer in Anspruch genommen, um das Recht am geistigen Eigentum eines anderen zu verletzen und besteht für den Inhaber dieses Rechts keine andere Möglichkeit, der Verletzung seines Rechts abzuhelfen, so kann der Inhaber des Rechts von dem betroffenen

---

[1]) Nr. 8.

Diensteanbieter nach § 8 Absatz 3 die Sperrung der Nutzung von Informationen verlangen, um die Wiederholung der Rechtsverletzung zu verhindern. ²Die Sperrung muss zumutbar und verhältnismäßig sein. ³Ein Anspruch gegen den Diensteanbieter auf Erstattung der vor- und außergerichtlichen Kosten für die Geltendmachung und Durchsetzung des Anspruchs nach Satz 1 besteht außer in den Fällen des § 8 Absatz 1 Satz 3 nicht.

§ 8 Durchleitung von Informationen. (1) ¹Diensteanbieter sind für fremde Informationen, die sie in einem Kommunikationsnetz übermitteln oder zu denen sie den Zugang zur Nutzung vermitteln, nicht verantwortlich, sofern sie

1. die Übermittlung nicht veranlasst,

2. den Adressaten der übermittelten Informationen nicht ausgewählt und

3. die übermittelten Informationen nicht ausgewählt oder verändert haben.

²Sofern diese Diensteanbieter nicht verantwortlich sind, können sie insbesondere nicht wegen einer rechtswidrigen Handlung eines Nutzers auf Schadensersatz oder Beseitigung oder Unterlassung einer Rechtsverletzung in Anspruch genommen werden; dasselbe gilt hinsichtlich aller Kosten für die Geltendmachung und Durchsetzung dieser Ansprüche. ³Die Sätze 1 und 2 finden keine Anwendung, wenn der Diensteanbieter absichtlich mit einem Nutzer seines Dienstes zusammenarbeitet, um rechtswidrige Handlungen zu begehen.

(2) Die Übermittlung von Informationen nach Absatz 1 und die Vermittlung des Zugangs zu ihnen umfasst auch die automatische kurzzeitige Zwischenspeicherung dieser Informationen, soweit dies nur zur Durchführung der Übermittlung im Kommunikationsnetz geschieht und die Informationen nicht länger gespeichert werden, als für die Übermittlung üblicherweise erforderlich ist.

(3) Die Absätze 1 und 2 gelten auch für Diensteanbieter nach Absatz 1, die Nutzern einen Internetzugang über ein drahtloses lokales Netzwerk zur Verfügung stellen.

(4) ¹Diensteanbieter nach § 8 Absatz 3 dürfen von einer Behörde nicht verpflichtet werden,

1. vor Gewährung des Zugangs

   a) die persönlichen Daten von Nutzern zu erheben und zu speichern (Registrierung)
   oder

   b) die Eingabe eines Passworts zu verlangen
   oder

2. das Anbieten des Dienstes dauerhaft einzustellen.

²Davon unberührt bleibt, wenn ein Diensteanbieter auf freiwilliger Basis die Nutzer identifiziert, eine Passworteingabe verlangt oder andere freiwillige Maßnahmen ergreift.

§ 9 Zwischenspeicherung zur beschleunigten Übermittlung von Informationen. ¹Diensteanbieter sind für eine automatische, zeitlich begrenzte Zwischenspeicherung, die allein dem Zweck dient, die Übermittlung fremder Informationen an andere Nutzer auf deren Anfrage effizienter zu gestalten, nicht verantwortlich, sofern sie

1. die Informationen nicht verändern,
2. die Bedingungen für den Zugang zu den Informationen beachten,
3. die Regeln für die Aktualisierung der Informationen, die in weithin anerkannten und verwendeten Industriestandards festgelegt sind, beachten,
4. die erlaubte Anwendung von Technologien zur Sammlung von Daten über die Nutzung der Informationen, die in weithin anerkannten und verwendeten Industriestandards festgelegt sind, nicht beeinträchtigen und
5. unverzüglich handeln, um im Sinne dieser Vorschrift gespeicherte Informationen zu entfernen oder den Zugang zu ihnen zu sperren, sobald sie Kenntnis davon erhalten haben, dass die Informationen am ursprünglichen Ausgangsort der Übertragung aus dem Netz entfernt wurden oder der Zugang zu ihnen gesperrt wurde oder ein Gericht oder eine Verwaltungsbehörde die Entfernung oder Sperrung angeordnet hat.

[2] § 8 Abs. 1 Satz 2 gilt entsprechend.

§ 10 Speicherung von Informationen. [1] Diensteanbieter sind für fremde Informationen, die sie für einen Nutzer speichern, nicht verantwortlich, sofern

1. sie keine Kenntnis von der rechtswidrigen Handlung oder der Information haben und ihnen im Falle von Schadensersatzansprüchen auch keine Tatsachen oder Umstände bekannt sind, aus denen die rechtswidrige Handlung oder die Information offensichtlich wird, oder
2. sie unverzüglich tätig geworden sind, um die Information zu entfernen oder den Zugang zu ihr zu sperren, sobald sie diese Kenntnis erlangt haben.

[2] Satz 1 findet keine Anwendung, wenn der Nutzer dem Diensteanbieter untersteht oder von ihm beaufsichtigt wird.

Abschnitt 4. Melde- und Abhilfeverfahren der Videosharingplattform-Anbieter

§ 10a Verfahren zur Meldung von Nutzerbeschwerden. (1) Wenn eine Rechtsvorschrift des Bundes oder der Länder auf diese Vorschrift Bezug nimmt und soweit sich eine entsprechende Verpflichtung nicht bereits aus dem Netzwerkdurchsetzungsgesetz vom 1. September 2017 (BGBl. I S. 3352), das zuletzt durch Artikel 274 der Verordnung vom 19. Juni 2020 (BGBl. I S. 1328) geändert worden ist, in der jeweils geltenden Fassung ergibt, sind Videosharingplattform-Anbieter verpflichtet, ein Verfahren vorzuhalten, mit dem die Nutzer Beschwerden (Nutzerbeschwerden) über rechtswidrige audiovisuelle Inhalte, die auf dem Videosharingplattform-Dienst des Videosharingplattform-Anbieters bereitgestellt werden, elektronisch melden können.

(2) Das Meldeverfahren muss

1. bei der Wahrnehmung des Inhalts leicht erkennbar und bedienbar, unmittelbar erreichbar und ständig verfügbar sein,
2. dem Beschwerdeführer die Möglichkeit geben, die Nutzerbeschwerde näher zu begründen und
3. gewährleisten, dass der Videosharingplattform-Anbieter Nutzerbeschwerden unverzüglich zur Kenntnis nehmen und prüfen kann.

Telemediengesetz § 10b TMG

§ 10b Verfahren zur Abhilfe von Nutzerbeschwerden. ¹Wenn eine Rechtsvorschrift des Bundes oder der Länder auf diese Vorschrift Bezug nimmt und soweit sich eine entsprechende Verpflichtung nicht bereits aus dem Netzwerkdurchsetzungsgesetz ergibt, müssen Videosharingplattform-Anbieter ein wirksames und transparentes Verfahren nach Satz 2 zur Prüfung und Abhilfe der nach § 10a Absatz 1 gemeldeten Nutzerbeschwerden vorhalten. ²Das Verfahren muss gewährleisten, dass der Videosharingplattform-Anbieter

1. unverzüglich nach Eingang der Nutzerbeschwerde prüft, ob ein rechtswidriger Inhalt vorliegt,
2. unverzüglich nach Eingang der Nutzerbeschwerde einen rechtswidrigen Inhalt entfernt oder den Zugang zu diesem Inhalt sperrt,
3. im Falle der Entfernung eines rechtswidrigen Inhalts den Inhalt zu Beweiszwecken sichert und für die Dauer von zehn Wochen speichert,
4. den Beschwerdeführer und den Nutzer, für den der beanstandete Inhalt gespeichert wurde, unverzüglich über seine Entscheidung informiert und diese begründet,
5. den Beschwerdeführer und den Nutzer, für den der beanstandete Inhalt gespeichert wurde, über die Möglichkeit der Teilnahme an einem unparteiischen Schlichtungsverfahren informiert,
6. dem Beschwerdeführer und dem Nutzer, für den der beanstandete Inhalt gespeichert wurde, die Gelegenheit gibt, unter Angabe von Gründen eine Überprüfung der ursprünglichen Entscheidung zu verlangen, wenn der Antrag auf Überprüfung (Gegenvorstellung) innerhalb von zwei Wochen nach Information über die Entscheidung gestellt wird,
7. darauf hinweist, dass der Inhalt einer Stellungnahme des Nutzers, für den der beanstandete Inhalt gespeichert wurde, an den Beschwerdeführer sowie der Inhalt einer Stellungnahme des Beschwerdeführers an den Nutzer, für den der beanstandete Inhalt gespeichert wurde, weitergegeben werden kann,
8. im Falle einer Gegenvorstellung des Beschwerdeführers den Nutzer, für den der beanstandete Inhalt gespeichert wurde, und im Falle einer Gegenvorstellung des Nutzers, für den der beanstandete Inhalt gespeichert wurde, den Beschwerdeführer im Falle der Abhilfe über den Inhalt der Gegenvorstellung unverzüglich informiert und ihm Gelegenheit zur Stellungnahme innerhalb einer angemessenen Frist gibt,
9. seine ursprüngliche Entscheidung unverzüglich einer Überprüfung unterzieht, das Ergebnis dem Beschwerdeführer und dem Nutzer, für den der beanstandete Inhalt gespeichert wurde, unverzüglich übermittelt und einzelfallbezogen begründet,
10. sicherstellt, dass eine Offenlegung der Identität des Beschwerdeführers und des Nutzers, für den der beanstandete Inhalt gespeichert wurde, nicht erfolgt und
11. jede Beschwerde, das Ergebnis ihrer Prüfung, die zu ihrer Abhilfe getroffene Maßnahme sowie jede verlangte Überprüfung der Entscheidung und deren Ergebnis dokumentiert.

§ 10c Allgemeine Geschäftsbedingungen. (1) Videosharingplattform-Anbieter sind verpflichtet, mit ihren Nutzern wirksam zu vereinbaren, dass diesen die Verbreitung unzulässiger audiovisueller kommerzieller Kommunikation verboten ist.

(2) Unzulässige audiovisuelle kommerzielle Kommunikation im Sinne dieser Vorschrift ist audiovisuelle kommerzielle Kommunikation, die gegen folgende Vorschriften verstößt:

1. § 20 des Tabakerzeugnisgesetzes vom 4. April 2016 (BGBl. I S. 569), das zuletzt durch Artikel 96 der Verordnung vom 19. Juni 2020 (BGBl. I S. 1328) geändert worden ist, oder

2. § 10 des Heilmittelwerbegesetzes in der Fassung der Bekanntmachung vom 19. Oktober 1994 (BGBl. I S. 3068), das zuletzt durch Artikel 6 des Gesetzes vom 28. April 2020 (BGBl. I S. 960) geändert worden ist.

Abschnitt 5. Bußgeldvorschriften

§ 11 Bußgeldvorschriften. (1) Ordnungswidrig handelt, wer absichtlich entgegen § 6 Abs. 2 Satz 1 den Absender oder den kommerziellen Charakter der Nachricht verschleiert oder verheimlicht.

(2) Ordnungswidrig handelt, wer vorsätzlich oder fahrlässig

1. entgegen § 2c Absatz 1 eine Auskunft nicht, nicht richtig, nicht vollständig oder nicht rechtzeitig erteilt,

2. entgegen § 5 Abs. 1 eine Information nicht, nicht richtig oder nicht vollständig verfügbar hält oder

3. entgegen § 10a Absatz 1 oder § 10b Satz 1 ein dort genanntes Verfahren nicht, nicht richtig oder nicht vollständig vorhält.

(3) Die Ordnungswidrigkeit kann mit einer Geldbuße bis zu fünfzigtausend Euro geahndet werden.

10. Telekommunikationsgesetz (TKG)[1]

Vom 23. Juni 2021
(BGBl. I S. 1858)

FNA 900-17

zuletzt geänd. durch Art. 8 Aufbauhilfegesetz 2021 v. 10.9.2021 (BGBl. I S. 4147)

– Auszug –

Teil 3. Kundenschutz

§ 51 Nichtdiskriminierung, Berücksichtigung der Interessen von Endnutzern mit Behinderungen. (1) Betreiber öffentlicher Telekommunikationsnetze und Anbieter öffentlich zugänglicher Telekommunikationsdienste dürfen gegenüber Endnutzern keine unterschiedlichen Anforderungen oder allgemeinen Bedingungen für den Zugang zu den Netzen oder Diensten oder für deren Nutzung anwenden, die auf der Staatsangehörigkeit, auf dem Wohnsitz oder auf dem Ort der Niederlassung des Endnutzers beruhen, es sei denn, diese unterschiedliche Behandlung ist objektiv gerechtfertigt.

(2) [1]Die Interessen von Endnutzern mit Behinderungen sind von den Anbietern öffentlich zugänglicher Telekommunikationsdienste bei der Planung und Erbringung der Dienste zu berücksichtigen. [2]Es ist ein Zugang zu ermöglichen, der dem Zugang gleichwertig ist, über den die Mehrheit der Endnutzer verfügt. [3]Der Zugang zu den Telekommunikationsdiensten muss Endnutzern mit Behinderungen jederzeit zur Verfügung stehen. [4]Gleiches gilt für die Auswahl an Unternehmen und Diensten.

(3) [1]Nach Anhörung der betroffenen Verbände und der Unternehmen stellt die Bundesnetzagentur den Bedarf nach Absatz 2 fest, der sich aus den Bedürfnissen von Endnutzern mit Behinderungen ergibt. [2]Zur Sicherstellung des Dienstes sowie der Dienstemerkmale ist die Bundesnetzagentur befugt, den Unternehmen Verpflichtungen aufzuerlegen. [3]Die Bundesnetzagentur kann von solchen Verpflichtungen absehen, wenn eine Anhörung der betroffenen Kreise ergibt, dass diese Dienstemerkmale oder vergleichbare Dienste als weithin verfügbar erachtet werden.

(4) [1]Die Anbieter von Sprachkommunikationsdiensten stellen jederzeit verfügbare Vermittlungsdienste für gehörlose und hörgeschädigte Endnutzer zu einem erschwinglichen Preis unter Berücksichtigung ihrer besonderen Bedürfnisse bereit. [2]Die Bundesnetzagentur ermittelt den Bedarf für diese Vermittlungsdienste unter Beteiligung der betroffenen Verbände und der Unternehmen. [3]Soweit Unternehmen keinen bedarfsgerechten Vermittlungsdienst bereitstellen, beauftragt die Bundesnetzagentur einen Leistungserbringer mit der Bereitstellung eines Vermittlungsdienstes zu einem erschwinglichen Preis. [4]Dabei kann sie eine Grenze vorsehen, bis zu welcher die Nutzung des Vermittlungsdienstes für die Nutzer kostenfrei ist. [5]Die mit dieser Bereitstellung nicht durch die vom Nutzer zu zahlenden Entgelte gedeckten Kosten tragen die Unternehmen, die keinen bedarfsgerechten Vermittlungsdienst bereitstellen.

---

[1] Verkündet als Art. 1 G v. 23.6.2021 (BGBl. I S. 1858); Inkrafttreten gem. Art. 61 Abs. 1 dieses G am 1.12.2021.

⁶Der jeweils von einem Unternehmen zu tragende Anteil an diesen Kosten bemisst sich nach dem Verhältnis des Anteils der vom jeweiligen Unternehmen erbrachten abgehenden Verbindungen zum Gesamtvolumen der von allen zahlungspflichtigen Unternehmen erbrachten abgehenden Verbindungen und wird von der Bundesnetzagentur festgesetzt. ⁷Die Zahlungspflicht entfällt für Unternehmen, die weniger als 0,5 Prozent des Gesamtvolumens der abgehenden Verbindungen erbracht haben; der auf diese Unternehmen entfallende Teil der Kosten wird von den übrigen Unternehmen nach Maßgabe des Satzes 6 getragen. ⁸Die Bundesnetzagentur legt die Einzelheiten des Verfahrens der Entgeltermittlung und Kostentragung fest.

§ 52 Transparenz, Veröffentlichung von Informationen und Dienstemerkmalen zur Kostenkontrolle; Rechtsverordnung. (1) ¹Anbieter von Internetzugangsdiensten und öffentlich zugänglichen interpersonellen Telekommunikationsdiensten, die die Erbringung der Dienste von ihren Geschäftsbedingungen abhängig machen, sind verpflichtet, aktuelle Informationen zu veröffentlichen über

1. geltende Preise und Tarife,
2. die Vertragslaufzeit und die bei vorzeitiger Vertragskündigung anfallenden Entgelte sowie Rechte bezüglich der Kündigung von Angebotspaketen oder Teilen davon,
3. Standardbedingungen für den Zugang zu den von ihnen für Endnutzer und Verbraucher bereitgestellten Diensten und deren Nutzung,
4. die Dienstequalität einschließlich eines Angebots zur Überprüfbarkeit der Datenübertragungsrate,
5. Einzelheiten über speziell für Nutzer mit Behinderungen bestimmte Produkte und Dienste und
6. die tatsächliche, standortbezogene Mobilfunknetzabdeckung, einschließlich einer Kartendarstellung zur aktuellen Netzabdeckung.

²Artikel 4 Absatz 1 der Verordnung (EU) 2015/2120 bleibt hiervon unberührt.

(2) Im Rahmen des Absatzes 1 Satz 1 Nummer 3 sind Anbieter von Internetzugangsdiensten und öffentlich zugänglichen interpersonellen Telekommunikationsdiensten verpflichtet, Folgendes zu veröffentlichen:

1. Kontaktangaben des Unternehmens,
2. den Umfang der angebotenen Dienste und Hauptmerkmale jedes bereitgestellten Dienstes einschließlich etwaiger Mindestniveaus der Dienstequalität sowie etwaig auferlegter Nutzungsbeschränkungen für bereitgestellte Telekommunikationsendeinrichtungen,
3. Tarife der angebotenen Dienste mit Angaben zu dem in bestimmten Tarifen enthaltenen Kommunikationsvolumen und den geltenden Tarifen für zusätzliche Kommunikationseinheiten, Nummern oder Dienste, für die besondere Preisbedingungen gelten, Zugangsentgelte, Wartungsentgelte, Nutzungsentgelte jeder Art, besondere sowie zielgruppenspezifische Tarife und Zusatzentgelte sowie Kosten für Endgeräte,
4. ihre Allgemeinen Geschäftsbedingungen und die von ihnen angebotenen Vertragslaufzeiten, die Voraussetzungen für einen Anbieterwechsel nach § 59, Kündigungsbedingungen sowie Verfahren im Zusammenhang mit der Übertragung von Rufnummern oder anderen Kennungen,

5. allgemeine und anbieterbezogene Informationen über die Verfahren zur Streitbeilegung und

6. Informationen über grundlegende Rechte der Endnutzer von Internetzugangsdiensten oder öffentlich zugänglichen interpersonellen Telekommunikationsdiensten, insbesondere

   a) zu Einzelverbindungsnachweisen,

   b) zu beschränkten und für den Endnutzer kostenlosen Sperren abgehender Verbindungen oder von Kurzwahl-Datendiensten oder, soweit technisch möglich, anderen Arten ähnlicher Anwendungen,

   c) zur Nutzung öffentlicher Telekommunikationsnetze gegen Vorauszahlung,

   d) zur Verteilung der Kosten für einen Netzanschluss auf einen längeren Zeitraum,

   e) zu den Folgen von Zahlungsverzug für mögliche Sperren,

   f) zu den Dienstemerkmalen Tonwahl- und Mehrfrequenzwahlverfahren und Anzeige der Rufnummer des Anrufers und

   g) zur Tarifberatung.

(3) ¹Die Informationen sind klar, verständlich und leicht zugänglich in maschinenlesbarer Weise und in einem für Endnutzer mit Behinderungen barrierefreien Format bereitzustellen. ²Die Bundesnetzagentur stellt sicher, dass die Anbieter diese Informationen veröffentlichen und regelmäßig auf den neuesten Stand bringen.

(4) Das Bundesministerium für Wirtschaft und Energie wird ermächtigt, im Einvernehmen mit dem Bundesministerium des Innern, für Bau und Heimat, dem Bundesministerium der Justiz und für Verbraucherschutz sowie dem Bundesministerium für Verkehr und digitale Infrastruktur durch Rechtsverordnung mit Zustimmung des Bundestages Rahmenvorschriften zur Förderung der Transparenz sowie zur Veröffentlichung von Informationen und zusätzlichen Dienstemerkmalen zur Kostenkontrolle auf dem Telekommunikationsmarkt zu erlassen.

(5) ¹In der Rechtsverordnung nach Absatz 4 können hinsichtlich Ort und Form der gemäß den Absätzen 2 und 3 zu veröffentlichenden Informationen konkretisierende Anforderungen festgelegt werden. ²In der Rechtsverordnung nach Absatz 4 können Anbieter von Internetzugangsdiensten und öffentlich zugänglichen interpersonellen Telekommunikationsdiensten sowie Betreiber öffentlicher Telekommunikationsnetze verpflichtet werden, Einrichtungen anzubieten, um die Kosten von Sprachkommunikationsdiensten, von Internetzugangsdiensten oder von nummerngebundenen interpersonellen Telekommunikationsdiensten im Falle des Artikels 115 der Richtlinie (EU) 2018/1972 zu kontrollieren. ³Die Einrichtung umfasst auch unentgeltliche Warnhinweise für die Verbraucher im Falle eines anormalen oder übermäßigen Verbrauchsverhaltens.

(6) ¹Das Bundesministerium für Wirtschaft und Energie kann im Einvernehmen mit dem Bundesministerium für Verkehr und digitale Infrastruktur die Ermächtigung nach Absatz 4 durch Rechtsverordnung auf die Bundesnetzagentur übertragen. ²Eine Rechtsverordnung der Bundesnetzagentur bedarf des Einvernehmens mit dem Bundesministerium für Wirtschaft und Energie, dem Bundesministerium des Innern, für Bau und Heimat, dem Bundesministe-

rium der Justiz und für Verbraucherschutz, dem Bundesministerium für Verkehr und digitale Infrastruktur und dem Bundestag.

(7) ¹Die Bundesnetzagentur kann selbst oder über Dritte jegliche Information veröffentlichen, die für Endnutzer Bedeutung haben kann. ²Die Bundesnetzagentur kann zur Förderung der Transparenz sowie zur Bereitstellung von Informationen und zusätzlichen Dienstemerkmalen zur Kostenkontrolle nach Absatz 4 interaktive Führer oder ähnliche Techniken selbst oder über Dritte bereitstellen, wenn diese auf dem Markt nicht kostenlos oder zu einem angemessenen Preis zur Verfügung stehen. ³Zur Bereitstellung nach Satz 3 ist die Nutzung der von Betreibern öffentlicher Telekommunikationsnetze und von Anbietern von Internetzugangsdiensten und öffentlich zugänglichen interpersonellen Telekommunikationsdiensten veröffentlichten Informationen für die Bundesnetzagentur oder für Dritte kostenlos.

§ 53 Unabhängige Vergleichsinstrumente. (1) Die Bundesnetzagentur stellt sicher, dass Verbraucher kostenlosen Zugang zu mindestens einem unabhängigen Vergleichsinstrument haben, mit dem diese verschiedene Internetzugangsdienste und öffentlich zugängliche nummerngebundene interpersonelle Telekommunikationsdienste vergleichen und beurteilen können in Bezug auf

1. die Preise und Tarife der für wiederkehrende oder verbrauchsbasierte direkte Geldzahlungen erbrachten Dienste und
2. die Dienstequalität, falls eine Mindestdienstequalität angeboten wird oder das Unternehmen verpflichtet ist, solche Informationen zu veröffentlichen.

(2) ¹Das Vergleichsinstrument nach Absatz 1 muss

1. unabhängig von den Anbietern der Dienste betrieben werden und damit sicherstellen, dass die Anbieter bei den Suchergebnissen gleichbehandelt werden;
2. die Inhaber und Betreiber des Vergleichsinstruments eindeutig offenlegen;
3. klare und objektive Kriterien enthalten, auf die sich der Vergleich stützt;
4. eine leicht verständliche und eindeutige Sprache verwenden;
5. korrekte und aktualisierte Informationen bereitstellen und den Zeitpunkt der letzten Aktualisierung angeben;
6. allen Anbietern von Internetzugangsdiensten und öffentlich zugänglichen interpersonellen Telekommunikationsdiensten offenstehen, eine breite Palette an Angeboten umfassen, die einen wesentlichen Teil des Marktes abdecken, sowie eine eindeutige diesbezügliche Erklärung ausgeben, bevor die Ergebnisse angezeigt werden, falls die angebotenen Informationen keine vollständige Marktübersicht darstellen;
7. ein wirksames Verfahren für die Meldung falscher Informationen vorsehen;
8. Preise, Tarife und Dienstequalität zwischen Angeboten vergleichbar machen, die Verbrauchern zur Verfügung stehen.

²Die Bundesnetzagentur kann sicherstellen, dass das Vergleichsinstrument nach Absatz 1 Nummer 1 auch öffentlich zugängliche nummernunabhängige interpersonelle Telekommunikationsdienste umfasst.

(3) ¹Vergleichsinstrumente, die den Anforderungen nach Absatz 2 entsprechen, werden auf Antrag des Anbieters des Vergleichsinstruments von der Bundesnetzagentur zertifiziert. ²Die Bundesnetzagentur kann einen Dritten mit der Zertifizierung beauftragen. ³Falls derartige Vergleichsinstrumente im

Markt nicht angeboten werden, schreibt die Bundesnetzagentur die Leistung aus.

(4) [1]Dritte dürfen die Informationen, die von Anbietern von Internetzugangsdiensten oder öffentlich zugänglichen interpersonellen Telekommunikationsdiensten veröffentlicht werden, zur Bereitstellung unabhängiger Vergleichsinstrumente nutzen. [2]Die Anbieter müssen eine kostenlose Nutzung in offenen Datenformaten ermöglichen.

§ 54 Vertragsschluss und Vertragszusammenfassung. (1) Bevor ein Verbraucher seine Vertragserklärung abgibt, hat der Anbieter anderer öffentlich zugänglicher Telekommunikationsdienste als für die Bereitstellung von Diensten der Maschine-Maschine-Kommunikation genutzte Übertragungsdienste dem Verbraucher die in Artikel 246 oder Artikel 246a § 1 des Einführungsgesetzes zum Bürgerlichen Gesetzbuche und die in § 55 aufgeführten Informationen zu erteilen, soweit diese einen von ihm zu erbringenden Dienst betreffen.

(2) [1]Die Informationen nach Absatz 1 sind dem Verbraucher in klarer und verständlicher Weise und auf einem dauerhaften Datenträger zur Verfügung zu stellen. [2]Ist die Zurverfügungstellung auf einem dauerhaften Datenträger nicht möglich, sind sie in einem vom Anbieter bereitgestellten, leicht herunterladbaren Dokument zu erteilen. [3]Die Informationen sind auf Anfrage in einem Format bereitzustellen, das für Endnutzer mit Behinderungen zugänglich ist. [4]Der Verbraucher ist durch den Anbieter ausdrücklich auf die Verfügbarkeit der bereitgestellten Informationen sowie darauf hinzuweisen, dass er über die Informationen zum Zweck der Dokumentation, der künftigen Bezugnahme und der unveränderten Wiedergabe nur verfügen kann, wenn er diese herunterlädt.

(3) [1]Bevor ein Verbraucher seine Vertragserklärung abgibt, stellt der Anbieter dem Verbraucher eine klare und leicht lesbare Vertragszusammenfassung unter Verwendung des Musters in der Durchführungsverordnung (EU) 2019/2243 der Kommission vom 17. Dezember 2019 zur Festlegung eines Musters für die Vertragszusammenfassung, das von den Anbietern öffentlich zugänglicher elektronischer Kommunikationsdienste gemäß der Richtlinie (EU) 2018/1972 des Europäischen Parlaments und des Rates zu verwenden ist (ABl. L 336 vom 30.12.2019, S. 274), kostenlos zur Verfügung. [2]Die Vertragszusammenfassung muss die Hauptelemente der Informationspflichten darlegen und umfasst mindestens folgende Informationen:

1. Name, Anschrift und Kontaktangaben des Anbieters sowie Kontaktangaben für Beschwerden, falls diese sich von ersteren unterscheiden,

2. die wesentlichen Merkmale der einzelnen zu erbringenden Dienste,

3. die jeweiligen Preise für die Aktivierung der Telekommunikationsdienste und alle wiederkehrenden oder verbrauchsabhängigen Entgelte, wenn die Dienste gegen direkte Geldzahlung erbracht werden,

4. die Laufzeit des Vertrages und die Bedingungen für seine Verlängerung und Kündigung,

5. die Nutzbarkeit der Produkte und Dienste für Endnutzer mit Behinderungen und

6. im Hinblick auf Internetzugangsdienste auch eine Zusammenfassung der gemäß Artikel 4 Absatz 1 Buchstabe d und e der Verordnung (EU) 2015/2120 erforderlichen Informationen.

[3]Ist es aus objektiven technischen Gründen nicht möglich, die Vertragszusammenfassung vor Abgabe der Vertragserklärung des Verbrauchers zur Verfügung zu stellen, so muss sie dem Verbraucher unverzüglich nach Vertragsschluss zur Verfügung gestellt werden. [4]Die Wirksamkeit des Vertrages hängt davon ab, dass der Verbraucher nach Erhalt der Vertragszusammenfassung den Vertrag in Textform genehmigt. [5]Genehmigt der Verbraucher den Vertrag nicht, so steht dem Anbieter, wenn er gegenüber dem Verbraucher in Erwartung der Genehmigung den Telekommunikationsdienst erbracht hat, kein Anspruch auf Wertersatz zu.

(4) Die in den Absätzen 1 und 3 genannten Informationen werden Inhalt des Vertrages, es sei denn, die Vertragsparteien haben ausdrücklich etwas anderes vereinbart.

§ 55 Informationsanforderungen für Verträge. (1) Bevor ein Verbraucher seine Vertragserklärung abgibt, hat der Anbieter anderer öffentlich zugänglicher Telekommunikationsdienste als für die Bereitstellung von Diensten der Maschine-Maschine-Kommunikation genutzter Übermittlungsdienste dem Verbraucher folgende Informationen umfassend, klar und leicht zugänglich zur Verfügung zu stellen:

1. die gemäß Anhang VIII Teil A der Richtlinie (EU) 2018/1972 zu erteilenden Informationen und
2. Informationen über die Entschädigung der Endnutzer durch ihre Anbieter für den Fall, dass diese die Verpflichtungen zum Anbieterwechsel oder bei einer Rufnummernmitnahme nicht einhalten oder Kundendienst- und Installationstermine versäumen.

(2) Bevor ein Verbraucher seine Vertragserklärung abgibt, stellen Anbieter von Internetzugangsdiensten und öffentlich zugänglichen interpersonellen Telekommunikationsdiensten zusätzlich zu den Informationen nach Absatz 1 die Informationen nach Anhang VIII Teil B der Richtlinie (EU) 2018/1972 zur Verfügung.

(3) Betreiber öffentlicher Telekommunikationsnetze sind dazu verpflichtet, Anbietern öffentlich zugänglicher Telekommunikationsdienste die für die Erfüllung der Informationspflichten benötigten Informationen zur Verfügung zu stellen, wenn ausschließlich die Betreiber über diese Informationen verfügen.

(4) [1]Die Bundesnetzagentur kann nach Beteiligung der betroffenen Verbände und der Unternehmen festlegen, welche Mindestangaben nach den Absätzen 1 und 2 erforderlich sind. [2]Hierzu kann die Bundesnetzagentur die Anbieter öffentlich zugänglicher Telekommunikationsdienste, die nicht nur Übertragungsdienste für Dienste der Maschine-Maschine-Kommunikation bereitstellen, oder die Betreiber öffentlicher Telekommunikationsnetze verpflichten, Daten zum tatsächlichen Mindestniveau der Dienstequalität zu erheben, eigene Messungen durchzuführen oder Hilfsmittel zu entwickeln, die es dem Endnutzer ermöglichen, eigenständige Messungen durchzuführen. [3]Die Bundesnetzagentur veröffentlicht jährlich auf ihrer Internetseite einen Bericht über ihre Erhebungen und Erkenntnisse, in dem insbesondere dargestellt wird, inwiefern

Telekommunikationsgesetz **§ 56 TKG 10**

1. die Anbieter von Internetzugangsdiensten die Informationen zur Verfügung stellen, die nach Absatz 2 und nach Artikel 4 Absatz 1 der Verordnung (EU) 2015/2120 erforderlich sind,
2. erhebliche, kontinuierliche oder regelmäßig wiederkehrende Abweichungen zwischen der nach Satz 2 gemessenen Dienstequalität und den nach Artikel 4 Absatz 1 Unterabsatz 1 Buchstabe d der Verordnung (EU) 2015/2120 im Vertrag enthaltenen Angaben festgestellt wurden und
3. Anforderungen und Maßnahmen nach Artikel 5 Absatz 1 Unterabsatz 1 Satz 2 der Verordnung (EU) 2015/2120 notwendig und wirksam sind.

§ 56 Vertragslaufzeit, Kündigung nach stillschweigender Vertragsverlängerung. (1) ¹Die anfängliche Laufzeit eines Vertrages zwischen einem Verbraucher und einem Anbieter öffentlich zugänglicher Telekommunikationsdienste, der nicht nur nummernunabhängige interpersonelle Telekommunikationsdienste oder Übertragungsdienste für die Bereitstellung von Diensten der Maschine-Maschine-Kommunikation zum Gegenstand hat, darf 24 Monate nicht überschreiten. ²Anbieter sind vor Vertragsschluss verpflichtet, einem Verbraucher einen Vertrag mit einer anfänglichen Laufzeit von höchstens zwölf Monaten anzubieten.

(2) Absatz 1 ist nicht anzuwenden für Verträge, die nur die Herstellung einer physischen Verbindung zum Gegenstand haben, ohne dabei Endgeräte oder Dienste zu umfassen, auch wenn mit dem Verbraucher vereinbart wird, dass er die vereinbarte Vergütung über einen Zeitraum in Raten zahlen kann, der 24 Monate übersteigt.

(3) ¹Ist in einem Vertrag zwischen einem Endnutzer und einem Anbieter öffentlich zugänglicher Telekommunikationsdienste, der nicht nur nummernunabhängige interpersonelle Telekommunikationsdienste oder Übertragungsdienste für die Bereitstellung von Diensten der Maschine-Maschine-Kommunikation zum Gegenstand hat, vorgesehen, dass er sich nach Ablauf der anfänglichen Vertragslaufzeit stillschweigend verlängert, wenn der Endnutzer den Vertrag nicht rechtzeitig kündigt, kann der Endnutzer einen solchen Vertrag nach Ablauf der anfänglichen Vertragslaufzeit jederzeit unter Einhaltung einer Kündigungsfrist von einem Monat kündigen. ²Der Anbieter muss den Endnutzer rechtzeitig vor einer Verlängerung des Vertrages auf einem dauerhaften Datenträger hinweisen auf

1. die stillschweigende Verlängerung des Vertrages,
2. die Möglichkeit, die Verlängerung des Vertrages durch seine rechtzeitige Kündigung zu verhindern, und
3. das Recht, einen verlängerten Vertrag nach Satz 1 zu kündigen.

(4) ¹Durch eine Kündigung aufgrund des Absatzes 3 Satz 1 dürfen einem Endnutzer keine Kosten entstehen. ²Wenn ein Endnutzer berechtigt ist, einen Vertrag vor dem Ende der vereinbarten Laufzeit zu kündigen, darf von ihm über einen Wertersatz für einbehaltene Endgeräte hinaus keine Entschädigung verlangt werden. ³Der Wertersatz darf weder höher sein als der zum Zeitpunkt des Vertragsschlusses vereinbarte zeitanteilige Wert der Geräte noch als die Restentgelte, die noch für den Dienst angefallen wären, wenn dieser nicht vorzeitig gekündigt worden wäre. ⁴Spätestens mit Zahlung des Wertersatzes muss der Anbieter alle einschränkenden Bedingungen für die Nutzung dieser Endgeräte in anderen Telekommunikationsnetzen kostenlos aufheben.

(5) ¹Anbieter eines Internetzugangsdienstes stellen unentgeltlich sicher, dass Endnutzer während eines angemessenen Zeitraums nach Beendigung des Vertrages mit dem Anbieter des Internetzugangsdienstes weiterhin Zugang zu E-Mails haben, die unter der Mail-Domain des Anbieters bereitgestellt wurden, und dass Endnutzer diese E-Mails an eine vom Endnutzer festgelegte andere E-Mail-Adresse weiterleiten können. ²Die Bundesnetzagentur kann den angemessenen Zeitraum nach Satz 1 festlegen.

§ 57 Vertragsänderung, Minderung und außerordentliche Kündigung.

(1) ¹Hat ein Anbieter öffentlich zugänglicher Telekommunikationsdienste sich durch Allgemeine Geschäftsbedingungen vorbehalten, einen Vertrag einseitig zu ändern und ändert er die Vertragsbedingungen einseitig, kann der Endnutzer den Vertrag ohne Einhaltung einer Kündigungsfrist und ohne Kosten kündigen, es sei denn, die Änderungen sind

1. ausschließlich zum Vorteil des Endnutzers,
2. rein administrativer Art und haben keine negativen Auswirkungen auf den Endnutzer oder
3. unmittelbar durch Unionsrecht oder innerstaatlich geltendes Recht vorgeschrieben.

²Die Kündigung kann innerhalb von drei Monaten ab dem Zeitpunkt erklärt werden, in dem die Unterrichtung des Anbieters über die Vertragsänderung, die den Anforderungen des Absatzes 2 Satz 1 entspricht, dem Endnutzer zugeht. ³Der Vertrag kann durch die Kündigung frühestens zu dem Zeitpunkt beendet werden, zu dem die Vertragsänderung wirksam werden soll. ⁴Die Sätze 1 bis 3 sind nicht anzuwenden auf Verträge, die nur nummernunabhängige interpersonelle Telekommunikationsdienste zum Gegenstand haben.

(2) ¹Anbieter öffentlich zugänglicher Telekommunikationsdienste müssen Endnutzer mindestens einen Monat, höchstens zwei Monate, bevor eine Vertragsänderung nach Absatz 1 Satz 1 wirksam werden soll, klar und verständlich auf einem dauerhaften Datenträger über Folgendes unterrichten:

1. den Inhalt und den Zeitpunkt der Vertragsänderung und
2. ein bestehendes Kündigungsrecht des Endnutzers nach Absatz 1 Satz 1 bis 3.

²Die Bundesnetzagentur kann das Format für die Unterrichtung über Vertragsänderungen und zum Kündigungsrecht nach Absatz 1 Satz 1 bis 3 festlegen.

(3) ¹Anbieter beraten die Endnutzer hinsichtlich des für den jeweiligen Endnutzer besten Tarifs in Bezug auf ihre Dienste. ²Sie berücksichtigen hierbei insbesondere den Umfang der vom Endnutzer aktuell vertraglich vereinbarten Dienste, insbesondere in Bezug auf das enthaltene Datenvolumen. ³Anbieter erteilen Endnutzern Informationen über den hiernach ermittelten besten Tarif mindestens einmal pro Jahr.

(4) ¹Im Falle von

1. erheblichen, kontinuierlichen oder regelmäßig wiederkehrenden Abweichungen bei der Geschwindigkeit oder bei anderen Dienstequalitätsparametern zwischen der tatsächlichen Leistung des Internetzugangsdienstes und der vom Anbieter der Internetzugangsdienste gemäß Artikel 4 Absatz 1 Buchstabe a bis d der Verordnung (EU) 2015/2120 angegebenen Leistung, die durch einen von der Bundesnetzagentur bereitgestellten oder von ihr

oder einem von ihr beauftragten Dritten zertifizierten Überwachungsmechanismus ermittelt wurden, oder

2. anhaltenden oder häufig auftretenden erheblichen Abweichungen zwischen der tatsächlichen und der im Vertrag angegebenen Leistung eines Telekommunikationsdienstes mit Ausnahme eines Internetzugangsdienstes,

ist der Verbraucher unbeschadet sonstiger Rechtsbehelfe berechtigt, das vertraglich vereinbarte Entgelt zu mindern oder den Vertrag außerordentlich ohne Einhaltung einer Kündigungsfrist zu kündigen. ²Bei der Minderung ist das vertraglich vereinbarte Entgelt in dem Verhältnis herabzusetzen, in welchem die tatsächliche Leistung von der vertraglich vereinbarten Leistung abweicht. ³Ist der Eintritt der Voraussetzungen von Satz 1 Nummer 1 oder 2 unstreitig oder vom Verbraucher nachgewiesen worden, besteht das Recht des Verbrauchers zur Minderung so lange fort, bis der Anbieter den Nachweis erbringt, dass er die vertraglich vereinbarte Leistung ordnungsgemäß erbringt. ⁴Im Falle des vollständigen Ausfalls eines Dienstes ist eine erhaltene Entschädigung nach § 58 Absatz 3 auf die Minderung anzurechnen. ⁵Für eine Kündigung nach Satz 1 ist § 314 Absatz 2 des Bürgerlichen Gesetzbuchs entsprechend anzuwenden. ⁶Für die Entschädigung des Anbieters im Falle einer Kündigung nach Satz 1 gilt § 56 Absatz 4 Satz 2 bis 4 entsprechend.

(5) Die Bundesnetzagentur kann die unbestimmten Begriffe der erheblichen, kontinuierlichen oder regelmäßig wiederkehrenden Abweichung bei der Geschwindigkeit nach Absatz 4 Satz 1 Nummer 1 sowie der anhaltenden oder häufig auftretenden erheblichen Abweichungen nach Absatz 4 Satz 1 Nummer 2 nach Anhörung der betroffenen Kreise durch Allgemeinverfügung konkretisieren.

§ 58 Entstörung. (1) ¹Der Verbraucher kann von einem Anbieter eines öffentlich zugänglichen Telekommunikationsdienstes verlangen, dass dieser eine Störung unverzüglich und unentgeltlich beseitigt, es sei denn, der Verbraucher hat die Störung selbst zu vertreten. ²Satz 1 gilt nicht für nummernunabhängige interpersonelle Telekommunikationsdienste oder die Bereitstellung von Übertragungsdiensten für Dienste der Maschine-Maschine-Kommunikation. ³Der Verbraucher hat bei der Entstörung eine Mitwirkungspflicht.

(2) ¹Der Anbieter hat den Eingang einer Störungsmeldung sowie die Vereinbarung von Kundendienst- und Installationsterminen jeweils unverzüglich gegenüber dem Verbraucher zu dokumentieren. ²Wenn der Anbieter die Störung nicht innerhalb eines Kalendertages nach Eingang der Störungsmeldung beseitigen kann, ist er verpflichtet, den Verbraucher spätestens innerhalb des Folgetages darüber zu informieren, welche Maßnahmen er eingeleitet hat und wann die Störung voraussichtlich behoben sein wird.

(3) ¹Wird die Störung nicht innerhalb von zwei Kalendertagen nach Eingang der Störungsmeldung beseitigt, kann der Verbraucher ab dem Folgetag für jeden Tag des vollständigen Ausfalls des Dienstes eine Entschädigung verlangen, es sei denn, der Verbraucher hat die Störung oder ihr Fortdauern zu vertreten, oder die vollständige Unterbrechung des Dienstes beruht auf gesetzlich festgelegten Maßnahmen nach diesem Gesetz, der Verordnung (EU) 2015/2120, sicherheitsbehördlichen Anordnungen oder höherer Gewalt. ²Die Höhe der Entschädigung beträgt am dritten und vierten Tag 5 Euro oder 10 Prozent und ab dem fünften Tag 10 Euro oder 20 Prozent der vertraglich vereinbarten Monatsentgelte bei Verträgen mit gleichbleibendem monatlichem Entgelt, je

nachdem, welcher Betrag höher ist. ³Soweit der Verbraucher wegen der Störung eine Minderung nach § 57 Absatz 4 geltend macht, ist diese Minderung auf eine nach diesem Absatz zu zahlende Entschädigung anzurechnen. ⁴Das Recht des Verbrauchers, einen über die Entschädigung nach diesem Absatz hinausgehenden Schadensersatz zu verlangen, bleibt unberührt. ⁵Die Entschädigung ist auf einen solchen Schadensersatz anzurechnen; ein solcher Schadensersatz ist auf die Entschädigung anzurechnen.

(4) ¹Wird ein vereinbarter Kundendienst- oder Installationstermin vom Anbieter versäumt, kann der Verbraucher für jeden versäumten Termin eine Entschädigung in Höhe von 10 Euro oder 20 Prozent des vertraglich vereinbarten Monatsentgeltes bei Verträgen mit gleichbleibendem monatlichem Entgelt, je nachdem welcher Betrag höher ist, verlangen, es sei denn, der Verbraucher hat das Versäumnis des Termins zu vertreten. ²Absatz 3 Satz 4 und 5 gilt entsprechend.

(5) ¹Die Bundesnetzagentur kann weitere Einzelheiten der Entstörung durch Festlegung regeln. ²Dabei kann sie insbesondere auch weitere Fristen, Dokumentations- und Informationsanforderungen zum Beginn und Ablauf des Entstörungsverfahrens sowie Anforderungen an die Vereinbarung und Dokumentation von Kundendienst- und Installationsterminen festlegen.

§ 59 Anbieterwechsel und Rufnummernmitnahme.
(1) ¹Anbieterwechsel und Rufnummernmitnahme erfolgen unter Leitung des aufnehmenden Anbieters. ²Anbieter von Internetzugangsdiensten und öffentlich zugänglichen nummerngebundenen interpersonellen Telekommunikationsdiensten erteilen Endnutzern vor und während des Anbieterwechsels ausreichende Informationen. ³Der aufnehmende und der abgebende Anbieter sowie die Betreiber öffentlicher Telekommunikationsnetze sind dabei zur Zusammenarbeit verpflichtet. ⁴Sie sorgen dafür, dass es keine Unterbrechung des Dienstes gibt, sie verzögern oder missbrauchen den Wechsel oder die Rufnummernmitnahme nicht und führen diese nicht ohne vertragliche Vereinbarung des Endnutzers mit dem aufnehmenden Anbieter durch.

(2) ¹Die Anbieter müssen bei einem Anbieterwechsel sicherstellen, dass die Leistung des abgebenden Anbieters gegenüber dem Endnutzer nicht unterbrochen wird, bevor die vertraglichen und technischen Voraussetzungen für einen Anbieterwechsel vorliegen, es sei denn, der Endnutzer verlangt dies. ²Der aufnehmende Anbieter stellt sicher, dass die Aktivierung des Telekommunikationsdienstes am mit dem Endnutzer ausdrücklich vereinbarten Tag unverzüglich erfolgt. ³Bei einem Anbieterwechsel darf der Dienst des Endnutzers nicht länger als einen Arbeitstag unterbrochen werden. ⁴Schlägt der Wechsel innerhalb dieser Frist fehl, gilt Satz 2 entsprechend.

(3) ¹Der abgebende Anbieter hat ab Vertragsende bis zum Ende der Leistungspflicht nach Absatz 2 Satz 2 gegenüber dem Endnutzer einen Anspruch auf Entgeltzahlung. ²Die Höhe des Entgelts richtet sich nach den ursprünglich vereinbarten Vertragsbedingungen mit der Maßgabe, dass sich die vereinbarten Anschlussentgelte nach Vertragsende um 50 Prozent reduzieren, es sei denn, der abgebende Anbieter weist nach, dass der Endnutzer die Verzögerung des Anbieterwechsels zu vertreten hat. ³Der abgebende Anbieter hat im Falle des Absatzes 2 Satz 1 gegenüber dem Endnutzer eine taggenaue Abrechnung vorzunehmen. ⁴Der Anspruch des aufnehmenden Anbieters auf Entgeltzahlung

gegenüber dem Endnutzer entsteht nicht vor erfolgreichem Abschluss des Anbieterwechsels.

(4) ¹Wird der Dienst des Endnutzers bei einem Anbieterwechsel länger als einen Arbeitstag unterbrochen, kann der Endnutzer vom abgebenden Anbieter für jeden weiteren Arbeitstag der Unterbrechung eine Entschädigung in Höhe von 10 Euro oder 20 Prozent des vertraglich vereinbarten Monatsentgeltes bei Verträgen mit gleichbleibendem monatlichem Entgelt, je nachdem welcher Betrag höher ist, verlangen, es sei denn, der Endnutzer hat die Verzögerung zu vertreten. ²Wird ein vereinbarter Kundendienst- oder Installationstermin vom abgebenden oder aufnehmenden Anbieter versäumt, kann der Endnutzer von dem jeweiligen Anbieter für jeden versäumten Termin eine Entschädigung in Höhe von 10 Euro oder 20 Prozent des vertraglich vereinbarten Monatsentgeltes bei Verträgen mit gleichbleibendem monatlichem Entgelt, je nachdem welcher Betrag höher ist, verlangen, es sei denn, der Endnutzer hat das Versäumnis des Termins zu vertreten. ³Auf eine nach diesem Absatz geschuldete Entschädigung ist § 58 Absatz 3 Satz 4 und 5 entsprechend anwendbar.

(5) ¹Anbieter öffentlich zugänglicher nummerngebundener interpersoneller Telekommunikationsdienste müssen sicherstellen, dass Endnutzer auf Antrag die ihnen zugeteilte Rufnummer beibehalten können (Rufnummernmitnahme). ²Ist für die Rufnummernmitnahme eine Portierung notwendig, können Rufnummern unabhängig von dem Anbieter, der den Dienst erbringt, wie folgt portiert werden:

1. im Falle geografisch gebundener Rufnummern an einem bestimmten Standort und

2. im Falle nicht geografisch gebundener Rufnummern an jedem Standort.

³Die Sätze 1 und 2 gelten nur innerhalb der Nummernbereiche oder Nummernteilbereiche, die für einen bestimmten Dienst festgelegt wurden. ⁴Insbesondere ist die Portierung von Rufnummern für Sprachkommunikationsdienste an festen Standorten zu solchen ohne festen Standort und umgekehrt unzulässig.

(6) ¹Anbieter öffentlich zugänglicher nummerngebundener interpersoneller Telekommunikationsdienste stellen sicher, dass Endnutzer, die einen Vertrag kündigen, die Rufnummernmitnahme nach Absatz 5 bis zu einem Monat nach Vertragsende beantragen können. ²Die Mitnahme der Rufnummer und deren technische Aktivierung erfolgen an dem mit dem Endnutzer vereinbarten Tag, spätestens innerhalb des folgenden Arbeitstages. ³Erfolgen die Mitnahme der Rufnummer und deren technische Aktivierung nicht spätestens innerhalb des folgenden Arbeitstages, kann der Endnutzer von dem Anbieter, der die Verzögerung zu vertreten hat, eine Entschädigung in Höhe von 10 Euro für jeden Tag der Verzögerung verlangen; § 58 Absatz 3 Satz 4 und 5 ist entsprechend anwendbar. ⁴Für die Anbieter öffentlich zugänglicher Mobilfunkdienste gilt Satz 1 mit der Maßgabe, dass der Endnutzer jederzeit die Mitnahme der ihm zugeteilten Rufnummer verlangen kann. ⁵Der bestehende Vertrag zwischen dem Endnutzer und dem Anbieter öffentlich zugänglicher Mobilfunkdienste bleibt davon unberührt. ⁶Auf Verlangen hat der abgebende Anbieter dem Endnutzer eine neue Rufnummer zuzuteilen.

(7) ¹Die Bundesnetzagentur stellt sicher, dass die Preise, die im Zusammenhang mit der Rufnummernportierung und dem Anbieterwechsel zwischen Anbietern berechnet werden, die einmalig entstehenden Kosten nicht über-

schreiten. ²Etwaige Entgelte unterliegen einer nachträglichen Regulierung. ³Für die Regulierung der Entgelte gilt § 46 entsprechend. ⁴Die Bundesnetzagentur stellt ferner sicher, dass Endnutzern für die Rufnummernmitnahme keine direkten Entgelte berechnet werden.

(8) ¹Die Bundesnetzagentur kann unter Berücksichtigung des Vertragsrechts, der technischen Machbarkeit und der Notwendigkeit, den Endnutzern die Kontinuität der Dienstleistung zu gewährleisten, weitere Einzelheiten für den Anbieterwechsel und die Rufnummernmitnahme festlegen. ²Dazu gehört auch, falls technisch machbar, eine Auflage, die Anlage des Anbieterprofils des aufnehmenden Anbieters auf der SIM-Karte über Luftschnittstellen durchzuführen, sofern der Endnutzer nichts anderes beantragt. ³Für Endnutzer, die keine Verbraucher sind und mit denen der Anbieter von öffentlich zugänglichen Telekommunikationsdiensten eine Individualvereinbarung getroffen hat, kann die Bundesnetzagentur von den Absätzen 1 und 2 abweichende Regelungen treffen.

§ 60 Umzug. (1) ¹Wenn ein Verbraucher seinen Wohnsitz wechselt und seine Verträge weiterführen möchte, ist der Anbieter von öffentlich zugänglichen Telekommunikationsdiensten verpflichtet, die vertraglich geschuldete Leistung an dem neuen Wohnsitz des Verbrauchers ohne Änderung der vereinbarten Vertragslaufzeit und der sonstigen Vertragsinhalte zu erbringen, soweit er diese dort anbietet. ²Der Anbieter kann ein angemessenes Entgelt für den durch den Umzug entstandenen Aufwand verlangen, das jedoch nicht höher sein darf als das für die Schaltung eines Neuanschlusses vorgesehene Entgelt.

(2) ¹Wird die vertraglich geschuldete Leistung am neuen Wohnsitz nicht angeboten, kann der Verbraucher den Vertrag unter Einhaltung einer Kündigungsfrist von einem Monat kündigen. ²Die Kündigung kann mit Wirkung zum Zeitpunkt des Auszugs oder mit Wirkung zu einem späteren Zeitpunkt erklärt werden.

(3) ¹Anbieter von öffentlich zugänglichen Telekommunikationsdiensten sowie Betreiber öffentlicher Telekommunikationsnetze arbeiten zusammen, um sicherzustellen, dass die Aktivierung des Telekommunikationsdienstes am neuen Wohnsitz zu dem mit dem Verbraucher ausdrücklich vereinbarten Tag erfolgt. ²§ 58 Absatz 3 und § 59 Absatz 4 gelten entsprechend.

(4) Die Bundesnetzagentur kann unter Berücksichtigung des Vertragsrechts, der technischen Machbarkeit und der Notwendigkeit, den Endnutzern die Kontinuität der Dienstleistung zu gewährleisten, die Einzelheiten des Verfahrens für den Umzug festlegen.

§ 61 Selektive Sperre zum Schutz vor Kosten, Sperre bei Zahlungsverzug. (1) ¹Endnutzer können von dem Anbieter von Sprachkommunikationsdiensten, von dem Anbieter von Internetzugangsdiensten und von dem Anbieter des Anschlusses an das öffentliche Telekommunikationsnetz verlangen, dass die Nutzung ihres Netzzugangs für bestimmte Rufnummernbereiche im Sinne von § 3 Nummer 50 sowie für Kurzwahldienste unentgeltlich netzseitig gesperrt wird, soweit dies technisch möglich ist. ²Die Freischaltung der gesperrten Rufnummernbereiche und der Kurzwahldienste kann kostenpflichtig sein.

Telekommunikationsgesetz **§ 62 TKG 10**

(2) Endnutzer können von dem Anbieter öffentlich zugänglicher Mobilfunkdienste und von dem Anbieter des Anschlusses an das öffentliche Mobilfunknetz verlangen, dass die Identifizierung ihres Mobilfunkanschlusses zur Inanspruchnahme und Abrechnung einer neben der Verbindung erbrachten Leistung unentgeltlich netzseitig gesperrt wird.

(3) [1]Anbieter von Sprachkommunikationsdiensten und Anbieter von Internetzugangsdiensten dürfen zu erbringende Leistungen für einen Verbraucher unbeschadet anderer gesetzlicher Vorschriften nur nach Maßgabe der nachfolgenden Absätze ganz oder teilweise mittels einer Sperre verweigern. [2]§ 164 Absatz 1 bleibt unberührt.

(4) [1]Wegen Zahlungsverzugs des Verbrauchers darf der Anbieter eine Sperre durchführen, wenn der Verbraucher bei wiederholter Nichtzahlung und nach Abzug etwaiger Anzahlungen mit Zahlungsverpflichtungen von mindestens 100 Euro in Verzug ist. [2]Der Anbieter muss die Sperre mindestens zwei Wochen zuvor schriftlich androhen und dabei auf die Möglichkeit des Verbrauchers, Rechtsschutz vor den Gerichten zu suchen, hinweisen. [3]Bei der Berechnung der Höhe des Betrags nach Satz 1 bleiben nicht titulierte Forderungen, die der Verbraucher form- und fristgerecht und schlüssig begründet beanstandet hat, außer Betracht. [4]Ebenso bleiben nicht titulierte bestrittene Forderungen Dritter außer Betracht. [5]Dies gilt auch dann, wenn diese Forderungen abgetreten worden sind.

(5) Der Anbieter darf eine Sperre durchführen, wenn der begründete Verdacht besteht, dass der Anschluss des Endnutzers missbräuchlich benutzt oder von Dritten manipuliert wird.

(6) [1]Die Sperre ist auf die vom Zahlungsverzug oder Missbrauch betroffenen Leistungen zu beschränken. [2]Im Falle strittiger hoher Rechnungen für Mehrwertdienste muss dem Verbraucher weiterhin Zugang zu einem Mindestangebot an Sprachkommunikations- und Breitbandinternetzugangsdiensten gewährt werden. [3]Sofern der Zahlungsverzug einen Dienst betrifft, der Teil eines Angebotspakets ist, kann der Anbieter nur den betroffenen Bestandteil des Angebotspakets sperren. [4]Eine auch ankommende Sprachkommunikation erfassende Vollsperrung darf frühestens eine Woche nach Sperrung abgehender Sprachkommunikation erfolgen.

(7) Die Sperre darf nur aufrechterhalten werden, solange der Grund für die Sperre fortbesteht.

§ 62 Rechnungsinhalte, Teilzahlungen. (1) Rechnungen an Endnutzer müssen Folgendes enthalten:

1. die konkrete Bezeichnung der in Rechnung gestellten Leistungen,
2. den Namen und die ladungsfähige Anschrift des rechnungsstellenden Anbieters,
3. bei einem rechnungsstellenden Anbieter mit Sitz im Ausland zusätzlich die ladungsfähige Anschrift eines allgemeinen Zustellungsbevollmächtigten im Inland, und
4. eine nationale Ortsnetzrufnummer oder eine kostenfreie Kundendiensttelefonnummer, E-Mail-Adresse und Internetseite des rechnungsstellenden Anbieters.

(2) ¹ Sofern Fremdforderungen oder abgetretene Forderungen Dritter (Drittanbieter) mit ausgewiesen werden, müssen Rechnungen an Endnutzer zusätzlich folgende Angaben enthalten:

1. den Namen und die ladungsfähige Anschriften des Drittanbieters,
2. eine nationale Ortsnetzrufnummer oder eine kostenfreie Kundendiensttelefonnummer, des Drittanbieters,
3. den Hinweis auf eine Internetseite mit den folgenden leicht auffindbaren Informationen des Drittanbieters:
   a) E-Mailadresse,
   b) ladungsfähige Anschrift des Drittanbieters,
   c) bei einem Drittanbieter mit Sitz im Ausland zusätzlich die ladungsfähige Anschrift eines allgemeinen Zustellungsbevollmächtigten im Inland.

² § 65 bleibt unberührt. ³ Zahlt der Endnutzer den Gesamtbetrag der Rechnung an den rechnungsstellenden Anbieter, so befreit ihn diese Zahlung von der Zahlungsverpflichtung auch gegenüber dem Drittanbieter.

(3) Hat der Endnutzer vor oder bei der Zahlung nichts anderes bestimmt, so sind Teilzahlungen an den rechnungsstellenden Anbieter auf die in der Rechnung ausgewiesenen Forderungen nach ihrem Anteil an der Gesamtforderung der Rechnung zu verrechnen.

(4) Das rechnungsstellende Unternehmen muss den Rechnungsempfänger in der Rechnung darauf hinweisen, dass dieser berechtigt ist, begründete Einwendungen gegen einzelne in der Rechnung gestellte Forderungen zu erheben.

(5) ¹ Die Bundesnetzagentur legt nach Anhörung der betroffenen Unternehmen, Fachkreise und Verbraucherverbände Verfahren fest, die die Anbieter öffentlich zugänglicher Mobilfunkdienste und die Anbieter des Anschlusses an das öffentliche Mobilfunknetz anwenden müssen, um die Identifizierung eines Mobilfunkanschlusses zur Inanspruchnahme und Abrechnung einer neben der Verbindung erbrachten Leistung zu nutzen. ² Diese Verfahren sollen den Endnutzer wirksam davor schützen, dass eine neben der Verbindung erbrachte Leistung gegen seinen Willen in Anspruch genommen und abgerechnet wird. ³ Die Bundesnetzagentur veröffentlicht die Verfahren und überprüft sie in regelmäßigen Abständen auf ihre Wirksamkeit.

§ 63 Verbindungspreisberechnung. (1) Bei der Abrechnung sind Anbieter öffentlich zugänglicher nummerngebundener interpersoneller Telekommunikationsdienste und Anbieter von Internetzugangsdiensten verpflichtet,

1. die Dauer und den Zeitpunkt zeitabhängig tarifierter Verbindungen von nummerngebundenen interpersonellen Telekommunikationsdiensten und Internetzugangsdiensten unter regelmäßiger Abgleichung mit einem amtlichen Zeitnormal zu ermitteln,
2. die für die Tarifierung relevanten Entfernungszonen zu ermitteln,
3. die übertragene Datenmenge bei volumenabhängig tarifierten Verbindungen von nummerngebundenen interpersonellen Telekommunikationsdiensten und Internetzugangsdiensten nach einem nach Absatz 3 vorgegebenen Verfahren zu ermitteln und
4. die Systeme, Verfahren und technischen Einrichtungen, mit denen auf der Grundlage der ermittelten Verbindungsdaten die Entgeltforderungen berech-

net werden, einer regelmäßigen Kontrolle auf Abrechnungsgenauigkeit und Übereinstimmung mit den vertraglich vereinbarten Entgelten zu unterziehen.

(2) ¹Die Voraussetzungen nach Absatz 1 Nummer 1 bis 3 sowie die Abrechnungsgenauigkeit und Entgeltrichtigkeit der Datenverarbeitungseinrichtungen nach Absatz 1 Nummer 4 sind durch ein Qualitätssicherungssystem sicherzustellen oder einmal jährlich durch öffentlich bestellte und vereidigte Sachverständige oder vergleichbare Stellen überprüfen zu lassen. ²Zum Nachweis der Einhaltung dieser Bestimmung ist der Bundesnetzagentur die Prüfbescheinigung einer akkreditierten Zertifizierungsstelle für Qualitätssicherungssysteme oder das Prüfergebnis eines öffentlich bestellten und vereidigten Sachverständigen vorzulegen.

(3) Die Bundesnetzagentur legt im Benehmen mit dem Bundesamt für Sicherheit in der Informationstechnik Anforderungen an die Systeme und Verfahren zur Ermittlung des Entgelts volumenabhängig tarifierter Verbindungen nach Absatz 1 Nummer 2 bis 4 nach Anhörung der betroffenen Unternehmen, Fachkreise und Verbraucherverbände fest.

§ 64 Vorausbezahlung. (1) Verbraucher müssen die Möglichkeit haben, auf Vorauszahlungsbasis Zugang zum öffentlichen Telekommunikationsnetz zu erhalten und Sprachkommunikationsdienste, Internetzugangsdienste oder öffentlich zugängliche nummerngebundene interpersonelle Telekommunikationsdienste in Anspruch nehmen zu können.

(2) Für den Fall, dass eine Leistung nach Absatz 1 nicht angeboten wird, schreibt die Bundesnetzagentur die Leistung aus.

(3) Die Einzelheiten kann die Bundesnetzagentur festlegen.

(4) Bei vorausbezahlten Diensten erstattet der bisherige Anbieter dem Verbraucher auf Anfrage bei Beendigung des Vertrages das Restguthaben.

§ 65 Anspruch auf Einzelverbindungsnachweis. (1) ¹Der Endnutzer kann von dem Anbieter öffentlich zugänglicher nummerngebundener interpersoneller Telekommunikationsdienste und von dem Anbieter von Internetzugangsdiensten jederzeit mit Wirkung für die Zukunft eine nach Einzelverbindungen aufgeschlüsselte Rechnung (Einzelverbindungsnachweis) verlangen, die zumindest die Angaben enthält, die für eine Nachprüfung der Teilbeträge der Rechnung erforderlich sind. ²Dies gilt nicht, soweit technische Hindernisse der Erteilung von Einzelverbindungsnachweisen entgegenstehen oder wegen der Art des Rechtsgeschäfts eine Rechnung grundsätzlich nicht erteilt wird. ³Die Rechtsvorschriften zum Schutz personenbezogener Daten bleiben unberührt.

(2) ¹Die Einzelheiten darüber, welche Angaben in der Regel für einen Einzelverbindungsnachweis erforderlich und in welcher Form diese Angaben jeweils mindestens zu erteilen sind, kann die Bundesnetzagentur durch Verfügung festlegen. ²Der Endnutzer kann einen auf diese Festlegungen beschränkten Einzelverbindungsnachweis verlangen, für den kein Entgelt erhoben werden darf.

§ 66 Angebotspakete. (1) Wenn ein Dienstpaket oder ein Dienst- und Endgerätepaket, das Verbrauchern angeboten wird, mindestens einen Internetzugangsdienst oder einen öffentlich zugänglichen nummerngebundenen interpersonellen Telekommunikationsdienst umfasst (Paketvertrag), gelten die §§ 52 und 54 Absatz 3, §§ 56, 57 und 59 Absatz 1 für alle Elemente des Pakets einschließlich derjenigen Bestandteile, die ansonsten nicht unter jene Bestimmungen fallen.

(2) Wenn ein Bestandteil des Pakets nach Absatz 1 bei Nichteinhaltung der Vertragsbestimmungen oder nicht erfolgter Bereitstellung vor dem Ende der vereinbarten Vertragslaufzeit kündbar ist, kann der Verbraucher anstelle der Kündigung des einzelnen Vertragsbestandteils den Vertrag im Hinblick auf alle Bestandteile des Pakets kündigen.

(3) [1] Durch eine etwaige Bestellung von zusätzlichen Diensten oder Endgeräten, die von demselben Anbieter von Internetzugangsdiensten oder öffentlich zugänglichen nummerngebundenen interpersonellen Telekommunikationsdiensten bereitgestellt oder vertrieben werden, darf die ursprüngliche Laufzeit des Vertrags, in dessen Leistungsumfang die betreffenden Dienste oder Endgeräte aufgenommen werden, nicht verlängert werden. [2] Dies gilt nicht, wenn der Verbraucher der Verlängerung bei der Bestellung der zusätzlichen Dienste oder Endgeräte ausdrücklich zustimmt.

§ 67 Beanstandungen. (1) [1] Anbieter öffentlich zugänglicher Telekommunikationsdienste, bei denen es sich weder um nummernunabhängige interpersonelle Telekommunikationsdienste noch um für die Bereitstellung von Diensten für die Maschine-Maschine-Kommunikation genutzte Übertragungsdienste handelt, sind verpflichtet, Informationen zu den von ihnen bereitgestellten Beschwerdeverfahren in einem Format zu veröffentlichen, das für Endnutzer mit Behinderungen zugänglich ist. [2] Die Anbieter müssen insbesondere informieren über die durchschnittliche Dauer der Bearbeitung von Beschwerden der Endnutzer sowie die durchschnittliche Dauer der Bearbeitung von Beschwerden zu den Themen Qualität der Dienstleistungen, Vertragsdurchführung und Abrechnung. [3] Die Anbieter müssen klarstellen, wie die Endnutzer Zugang zu diesen Verfahren haben. [4] Die Verfahren müssen den Interessen von Endnutzern mit Behinderungen Rechnung tragen, indem sie in einem barrierefreien Format erfolgen.

(2) [1] Endnutzer können eine erteilte Abrechnung nach Zugang oder eine Abbuchung vorausbezahlten Guthabens innerhalb einer Frist von acht Wochen beanstanden. [2] Im Falle der Beanstandung hat der Anbieter dem Endnutzer das Verbindungsaufkommen als Entgeltnachweis nach den einzelnen Verbindungsdaten aufzuschlüsseln und eine technische Prüfung durchzuführen, es sei denn, die Beanstandung ist nachweislich nicht auf einen technischen Mangel zurückzuführen. [3] Bei der Aufschlüsselung des Verbindungsaufkommens hat der Anbieter die datenschutzrechtlichen Belange etwaiger weiterer Nutzer des Anschlusses zu wahren.

(3) [1] Der Endnutzer kann innerhalb der Beanstandungsfrist verlangen, dass ihm der Entgeltnachweis und die Ergebnisse der technischen Prüfung vorgelegt werden. [2] Erfolgt die Vorlage nicht binnen acht Wochen nach einer Beanstandung, erlöschen bis dahin entstandene Ansprüche aus Verzug. [3] Die mit der Abrechnung geltend gemachte Forderung wird mit der verlangten Vorlage fällig. [4] Die Bundesnetzagentur veröffentlicht, welche Verfahren zur Durchführung der technischen Prüfung geeignet sind.

(4) [1] Soweit aus technischen Gründen keine Verkehrsdaten gespeichert oder für den Fall, dass keine Beanstandungen erhoben wurden, gespeicherte Daten

Telekommunikationsgesetz **§ 68 TKG 10**

nach Verstreichen der in Absatz 2 Satz 1 geregelten oder mit dem Anbieter vereinbarten Frist oder aufgrund rechtlicher Verpflichtungen gelöscht worden sind, trifft den Anbieter weder eine Nachweispflicht für die erbrachten Verbindungsleistungen noch die Auskunftspflicht nach Absatz 2 für die Einzelverbindungen. ²Satz 1 gilt entsprechend, soweit der Endnutzer nach einem deutlich erkennbaren Hinweis auf die Folgen nach Satz 1 verlangt hat, dass Verkehrsdaten gelöscht oder nicht gespeichert werden.

(5) ¹Dem Anbieter öffentlich zugänglicher Telekommunikationsdienste obliegt der Nachweis, dass er den Telekommunikationsdienst oder den Zugang zum Telekommunikationsnetz bis zu dem Übergabepunkt, an dem dem Endnutzer der Netzzugang bereitgestellt wird, technisch fehlerfrei erbracht hat. ²Ergibt die technische Prüfung nach Absatz 2 Mängel, die sich auf die Berechnung des beanstandeten Entgelts zu Lasten des Endnutzers ausgewirkt haben können, oder wird die technische Prüfung später als zwei Monate nach der Beanstandung durch den Endnutzer abgeschlossen, wird widerleglich vermutet, dass das in Rechnung gestellte Verbindungsaufkommen des jeweiligen Anbieters öffentlich zugänglicher Telekommunikationsdienste unrichtig ermittelt ist.

(6) ¹Soweit der Endnutzer nachweist, dass ihm die Inanspruchnahme von Leistungen des Anbieters nicht zugerechnet werden kann, hat der Anbieter keinen Anspruch auf Entgelt gegen den Endnutzer. ²Der Anspruch entfällt auch, soweit Tatsachen die Annahme rechtfertigen, dass Dritte durch unbefugte Veränderungen an öffentlichen Telekommunikationsnetzen das in Rechnung gestellte Verbindungsentgelt beeinflusst haben.

§ 68 Schlichtung. (1) Ein Endnutzer kann bei der Schlichtungsstelle Telekommunikation der Bundesnetzagentur durch einen Antrag ein Schlichtungsverfahren einleiten, wenn es zwischen ihm und einem Betreiber öffentlicher Telekommunikationsnetze oder einem Anbieter öffentlich zugänglicher Telekommunikationsdienste zum Streit über einen Sachverhalt kommt, der mit den folgenden Regelungen zusammenhängt:

1. die §§ 51, 52, 54 bis 67 oder den aufgrund dieser Regelungen getroffenen Festlegungen sowie § 156 oder einer Rechtsverordnung nach § 52 Absatz 4,
2. der Verordnung (EU) Nr. 531/2012 des Europäischen Parlaments und des Rates vom 13. Juni 2012 über das Roaming in öffentlichen Mobilfunknetzen in der Union (Neufassung) (ABl. L 172 vom 30.6.2012, S. 10), die zuletzt durch die Verordnung (EU) 2017/920 (ABl. L 147 vom 9.6.2017, S. 1) geändert worden ist, oder
3. Artikel 4 Absatz 1, 2 und 4 und Artikel 5a der Verordnung (EU) 2015/2120.

(2) Das Schlichtungsverfahren endet, wenn

1. der Schlichtungsantrag zurückgenommen wird,
2. Endnutzer und Betreiber oder Anbieter sich geeinigt und dies der Bundesnetzagentur mitgeteilt haben,
3. Endnutzer und Betreiber oder Anbieter übereinstimmend erklären, dass sich der Streit erledigt hat,
4. die Schlichtungsstelle Telekommunikation der Bundesnetzagentur dem Endnutzer und dem Betreiber oder Anbieter mitteilt, dass eine Einigung im Schlichtungsverfahren nicht erreicht werden konnte, oder
5. die Schlichtungsstelle Telekommunikation der Bundesnetzagentur feststellt, dass Belange nach Absatz 1 nicht mehr berührt sind.

(3) ¹Die Bundesnetzagentur regelt die weiteren Einzelheiten über das Schlichtungsverfahren in einer Schlichtungsordnung, die sie veröffentlicht. ²Die Schlichtungsstelle Telekommunikation der Bundesnetzagentur muss die Anforderungen nach dem Verbraucherstreitbeilegungsgesetz vom 19. Februar 2016 (BGBl. I S. 254), das durch Artikel 2 Absatz 3 des Gesetzes vom 25. Juni 2020 (BGBl. I S. 1474) geändert worden ist, erfüllen. ³Das Bundesministerium für Wirtschaft und Energie übermittelt der Zentralen Anlaufstelle für Verbraucherschlichtung die Mitteilung nach § 32 Absatz 3 und 4 des Verbraucherstreitbeilegungsgesetzes.

§ 69 Abwehr- und Schadensersatzansprüche. (1) ¹Ein Anbieter von öffentlich zugänglichen Telekommunikationsdiensten, der gegen dieses Gesetz, eine aufgrund dieses Gesetzes erlassene Rechtsverordnung, eine aufgrund dieses Gesetzes in einer Zuteilung auferlegte Verpflichtung oder eine Verfügung der Bundesnetzagentur verstößt, ist dem Betroffenen zur Unterlassung verpflichtet. ²Der Unterlassungsanspruch besteht bereits dann, wenn eine Zuwiderhandlung droht. ³Betroffen ist, wer als Endnutzer oder Wettbewerber durch den Verstoß beeinträchtigt ist. ⁴Fällt dem Anbieter Vorsatz oder Fahrlässigkeit zur Last, ist er einem Endnutzer oder einem Wettbewerber auch zum Ersatz des Schadens verpflichtet, der ihm aus dem Verstoß entstanden ist. ⁵Geldschulden nach Satz 4 hat der Anbieter ab Eintritt des Schadens zu verzinsen. ⁶Die §§ 288 und 289 Satz 1 des Bürgerlichen Gesetzbuchs sind entsprechend anwendbar.

(2) Soweit ein Anbieter aufgrund einer Vorschrift dieses Teils dem Endnutzer eine Entschädigung zu leisten hat oder dem Endnutzer oder einem Wettbewerber nach den allgemeinen Vorschriften zum Schadensersatz verpflichtet ist, ist diese Entschädigung oder dieser Schadensersatz auf einen Schadensersatz nach Absatz 1 anzurechnen; ein Schadensersatz nach Absatz 1 ist auf die Entschädigung oder einen Schadensersatz nach den allgemeinen Vorschriften anzurechnen.

§ 70 Haftungsbegrenzung. ¹Soweit eine Verpflichtung des Anbieters von öffentlich zugänglichen Telekommunikationsdiensten zum Ersatz eines Vermögensschadens oder zur Zahlung einer Entschädigung gegenüber einem Endnutzer besteht, ist die Haftung auf 12 500 Euro je Endnutzer begrenzt. ²Besteht die Schadensersatz- oder Entschädigungspflicht des Anbieters wegen desselben Ereignisses gegenüber mehreren Endnutzern, ist die Haftung auf insgesamt 30 Millionen Euro begrenzt. ³Übersteigt die Schadensersatz- oder Entschädigungspflicht gegenüber mehreren Anspruchsberechtigten auf Grund desselben Ereignisses die Höchstgrenze nach Satz 2, wird der Schadensersatz oder die Entschädigung in dem Verhältnis gekürzt, in dem die Summe aller Schadensersatz- oder Entschädigungsansprüche zur Höchstgrenze steht. ⁴Die Haftungsbegrenzung nach den Sätzen 1 bis 3 gilt nicht, wenn die Schadensersatz- oder Entschädigungspflicht durch ein vorsätzliches oder grob fahrlässiges Verhalten des Anbieters herbeigeführt wurde, sowie für Ansprüche auf Ersatz des Schadens, der durch den Verzug der Zahlung von Schadensersatz oder einer Entschädigung entsteht. ⁵Abweichend von den Sätzen 1 bis 3 kann die Höhe der Haftung gegenüber Endnutzern, die keine Verbraucher sind, durch einzelvertragliche Vereinbarung geregelt werden.

Telekommunikationsgesetz §§ 71, 72 TKG 10

§ 71 Abweichende Vereinbarungen und Geltungsbereich Kundenschutz. (1) Von den Vorschriften dieses Teils oder der aufgrund dieses Teils erlassenen Rechtsverordnungen darf, soweit nicht ein anderes bestimmt ist, nicht zum Nachteil des Endnutzers abgewichen werden.

(2) ¹Wer im Rahmen eines Miet- oder Pachtvertrages oder im Zusammenhang mit einem Miet- oder Pachtvertrag Telekommunikationsdienste zur Verfügung stellt, vereinbart, anbietet oder dem Verbraucher im Rahmen des Miet- oder Pachtvertrages oder im Zusammenhang mit einem Miet- oder Pachtvertrag Kosten für solche Dienste in Rechnung stellt, hat sicherzustellen, dass die Vorschriften dieses Teils gegenüber dem Verbraucher eingehalten werden. ²Diese Pflicht zur Sicherstellung gilt nur, wenn es sich weder um nummernunabhängige interpersonelle Telekommunikationsdienste noch um für die Bereitstellung von Diensten der Maschine-Maschine-Kommunikation genutzte Übertragungsdienste handelt. ³Verbraucher können entsprechend § 56 Absatz 3 gegenüber ihrem Vermieter oder Verpächter die Beendigung der Inanspruchnahme von Telekommunikationsdiensten im Rahmen des Miet- oder Pachtverhältnisses erklären, wenn das Miet- oder Pachtverhältnis bereits 24 Monate oder länger besteht.

(3) § 52 Absatz 1 bis 3, § 54 Absatz 1 und 4, die §§ 55, 56 Absatz 1, die §§ 58, 60, 61, 66 und 71 Absatz 2 sind auch auf Kleinstunternehmen oder kleine Unternehmen sowie Organisationen ohne Gewinnerzielungsabsicht anzuwenden, es sei denn, diese haben ausdrücklich dem Verzicht der Anwendung dieser Bestimmungen zugestimmt.

(4) ¹Mit Ausnahme der §§ 51, 68, 69 und 70 finden die Regelungen dieses Teils keine Anwendung auf Kleinstunternehmen, wenn sie nur nummernunabhängige interpersonelle Telekommunikationsdienste erbringen. ²Kleinstunternehmen nach Satz 1 müssen Endnutzer vor Vertragsschluss darüber informieren, dass die §§ 52 bis 67 auf den Vertrag nicht anzuwenden sind.

§ 72 Glasfaserbereitstellungsentgelt. (1) ¹Der Betreiber eines öffentlichen Telekommunikationsnetzes kann auf Grundlage einer vertraglichen Vereinbarung mit dem Eigentümer des Grundstücks von diesem ein Bereitstellungsentgelt nach Maßgabe der folgenden Absätze erheben, wenn der Betreiber

1. das Gebäude mit Gestattung des Eigentümers des Grundstücks erstmalig mit einer Netzinfrastruktur ausstattet, die vollständig aus Glasfaserkomponenten besteht,
2. die Netzinfrastruktur nach Nummer 1 an ein öffentliches Netz mit sehr hoher Kapazität anschließt, und
3. für den mit dem Eigentümer des Grundstücks vereinbarten Bereitstellungszeitraum die Betriebsbereitschaft der Netzinfrastruktur nach Nummer 1 und des Anschlusses an das öffentliche Netz mit sehr hoher Kapazität nach Nummer 2 gewährleistet.

²Dem Eigentümer eines Grundstücks steht der Inhaber eines grundstücksgleichen Rechts gleich.

(2) ¹Das Bereitstellungsentgelt darf im Erhebungszeitraum, der mit Errichtung der Netzinfrastruktur innerhalb des Gebäudes (Absatz 1 Nummer 1) beginnt, in wiederkehrenden Zeitabschnitten erhoben werden. ²Das Bereitstellungsentgelt darf im Jahr höchstens 60 Euro und in der Summe (Gesamtkosten) höchstens 540 Euro je Wohneinheit betragen. ³Es darf höchstens für

die Dauer von bis zu fünf Jahren erhoben werden; ist dieser Zeitraum zur Refinanzierung der Gesamtkosten nicht ausreichend, kann er auf höchstens neun Jahre verlängert werden. ⁴Überschreiten die Gesamtkosten 300 Euro (aufwändige Maßnahme), hat der Betreiber nach Absatz 1 die Gründe hierfür darzulegen.

(3) ¹Bei der Festsetzung des Bereitstellungsentgelts dürfen die auf die Jahre des Erhebungszeitraums gleichmäßig verteilten tatsächlichen Kosten zuzüglich einer angemessenen Verzinsung des eingesetzten Kapitals berücksichtigt werden, die für die Errichtung der Netzinfrastruktur innerhalb des Gebäudes (Absatz 1 Nummer 1) entstanden sind; dies sind die Kosten für die Errichtung der passiven Netzinfrastruktur und der Glasfaserkabel im Gebäude. ²Kosten, die von einem Dritten übernommen oder die mit Zuschüssen aus öffentlichen Haushalten gedeckt werden, sind von den Kosten nach Satz 1 abzuziehen.

(4) In jeder Rechnung des Betreibers nach Absatz 1 an den Eigentümer des Grundstücks sind auszuweisen

1. die Höhe des Bereitstellungsentgelts für den Abrechnungszeitraum,
2. Beginn und Ende des Erhebungszeitraums,
3. die Gesamtkosten,
4. bei aufwändigen Maßnahmen gemäß Absatz 2 Satz 4 die Darlegung der Gründe sowie
5. bei Errichtung der Netzinfrastruktur innerhalb des Gebäudes (Absatz 1 Nummer 1) vor dem 1. Dezember 2021
   a) deren Errichtungsdatum,
   b) die Laufzeit des anlässlich der Errichtung abgeschlossenen Gestattungsvertrages und
   c) der Zeitpunkt, ab dem das Bereitstellungsentgelt erstmals erhoben worden ist.

(5) Nach Ablauf des Bereitstellungszeitraums ist der Eigentümer des Grundstücks verpflichtet, die Betriebsbereitschaft der Netzinfrastruktur innerhalb des Gebäudes (Absatz 1 Nummer 1) zu gewährleisten.

(6) ¹Der Betreiber nach Absatz 1 hat Anbietern von öffentlich zugänglichen Telekommunikationsdiensten zum Zwecke der Versorgung von Endnutzern dauerhaft auf Antrag Zugang zur passiven Netzinfrastruktur sowie den Glasfaserkabeln am Hausübergabepunkt zu transparenten und diskriminierungsfreien Bedingungen und unentgeltlich zu gewähren. ²Die Pflicht nach Satz 1 trifft nach Ende des Bereitstellungszeitraums den Eigentümer des Grundstücks.

(7) ¹Die vorgenannten Regelungen gelten für Glasfaserinfrastrukturen, die spätestens am 31. Dezember 2027 errichtet worden sind. ²Ein Bereitstellungsentgelt kann auch für Infrastrukturen erhoben werden, die im Zeitraum vom 1. Januar 2015 bis zum 1. Dezember 2021 errichtet wurden, wenn

1. die Voraussetzungen der vorigen Absätze eingehalten sind und
2. der Eigentümer des Grundstücks und der Betreiber nach Absatz 1 anlässlich der erstmaligen Errichtung der Netzinfrastruktur einen Gestattungsvertrag geschlossen haben, der nach der vertraglichen Vereinbarung frühestens am 1. Juli 2024 endet.

Telekommunikationsgesetz § 164 TKG 10

³ In diesem Fall ist das Bereitstellungsentgelt in dem Verhältnis zu kürzen, das dem Verhältnis von verstrichener Zeit seit Errichtung der Infrastruktur zu der vereinbarten Laufzeit des Gestattungsvertrags nach Nummer 2 entspricht.

Teil 10. Öffentliche Sicherheit und Notfallvorsorge
Abschnitt 1. Öffentliche Sicherheit

§ 164 Notruf. (1) ¹ Wer öffentlich zugängliche nummerngebundene interpersonelle Telekommunikationsdienste für das Führen von ausgehenden Gesprächen zu einer oder mehreren Nummern des nationalen oder internationalen Nummernplans erbringt, hat Vorkehrungen zu treffen, damit Endnutzern unentgeltliche Verbindungen möglich sind, die entweder durch die Wahl der europaeinheitlichen Notrufnummer 112 oder der zusätzlichen nationalen Notrufnummer 110 oder durch das Aussenden entsprechender Signalisierungen eingeleitet werden (Notrufverbindungen). ² Wer derartige öffentlich zugängliche nummerngebundene interpersonelle Telekommunikationsdienste erbringt, den Zugang zu solchen Diensten ermöglicht oder Telekommunikationsnetze betreibt, die für diese Dienste einschließlich der Durchleitung von Anrufen genutzt werden, hat sicherzustellen oder im notwendigen Umfang daran mitzuwirken, dass Notrufverbindungen jederzeit unverzüglich zu der örtlich zuständigen Notrufabfragestelle hergestellt werden. ³ Die nach den Sätzen 1 und 2 Verpflichteten haben sicherzustellen, dass der Notrufabfragestelle auch Folgendes mit der Notrufverbindung übermittelt wird:

1. die Rufnummer des Anschlusses, von dem die Notrufverbindung ausgeht, und

2. die Daten, die zur Ermittlung des Standortes erforderlich sind, von dem die Notrufverbindung ausgeht.

⁴ Notrufverbindungen sind vorrangig vor anderen Verbindungen herzustellen; sie stehen vorrangigen Verbindungen nach § 186 Absatz 2 Satz 1 gleich. ⁵ Daten, die nach Maßgabe der Rechtsverordnung nach Absatz 5 zur Verfolgung von Missbrauch des Notrufs erforderlich sind, dürfen auch verzögert an die Notrufabfragestelle übermittelt werden. ⁶ Die Übermittlung der Daten nach den Sätzen 3 und 5 erfolgt unentgeltlich. ⁷ Die für Notrufverbindungen entstehenden Kosten trägt jeder Anbieter eines Telekommunikationsdienstes selbst; die Entgeltlichkeit von Vorleistungen bleibt unberührt.

(2) Im Hinblick auf Notrufverbindungen, die unter Verwendung eines Telefaxgerätes eingeleitet werden, gilt Absatz 1 entsprechend.

(3) ¹ Zur Gewährleistung einer gleichwertigen Notrufkommunikation von Menschen mit Behinderungen ist sicherzustellen, dass bei Nutzung eines Vermittlungsdienstes nach § 51 Absatz 4 unentgeltliche Notrufverbindungen möglich sind. ² Soweit technisch möglich, gelten die Anforderungen des Absatzes 1 Satz 3 und 6 entsprechend.

(4) ¹ Anbieter nummernunabhängiger interpersoneller Telekommunikationsdienste, die eine direkte Kommunikation zu der örtlich zuständigen Notrufabfragestelle ermöglichen, haben sicherzustellen, dass die zur Ermittlung des Standortes erforderlichen Daten übermittelt werden. ² Die für diese Notrufverbindungen entstehenden Kosten trägt jeder Anbieter eines Telekommunikationsdienstes selbst; die Entgeltlichkeit von Vorleistungen bleibt unberührt.

(5) ¹Das Bundesministerium für Wirtschaft und Energie wird ermächtigt, im Einvernehmen mit dem Bundesministerium des Innern, für Bau und Heimat, dem Bundesministerium für Verkehr und digitale Infrastruktur und dem Bundesministerium für Arbeit und Soziales durch Rechtsverordnung mit Zustimmung des Bundesrates Regelungen zu treffen

1. zu den Grundsätzen der Festlegung von Einzugsgebieten von Notrufabfragestellen und deren Unterteilungen durch die für den Notruf zuständigen Landes- und Kommunalbehörden sowie zu den Grundsätzen des Abstimmungsverfahrens zwischen diesen Behörden und den betroffenen Netzbetreibern, soweit diese Grundsätze für die Herstellung von Notrufverbindungen erforderlich sind,

2. zur Herstellung von Notrufverbindungen zur jeweils örtlich zuständigen Notrufabfragestelle oder Ersatznotrufabfragestelle,

3. zum Umfang der für Notrufverbindungen zu erbringenden Leistungsmerkmale, einschließlich

    a) der Übermittlung der Daten nach Absatz 1 Satz 3 und

    b) zulässiger Abweichungen hinsichtlich der nach Absatz 1 Satz 3 Nummer 1 zu übermittelnden Daten in unausweichlichen technisch bedingten Sonderfällen,

4. zur Bereitstellung und Übermittlung von Daten, die geeignet sind, der Notrufabfragestelle die Verfolgung von Missbrauch des Notrufs zu ermöglichen,

5. zum Herstellen von Notrufverbindungen mittels automatischer Verfahren,

6. zur Sicherstellung der Gleichwertigkeit der Notrufkommunikation für Menschen mit Behinderungen und

7. zu den Aufgaben der Bundesnetzagentur auf den in den Nummern 1 bis 6 aufgeführten Gebieten, insbesondere im Hinblick auf die Festlegung von Kriterien für die Genauigkeit und Zuverlässigkeit der Daten, die zur Ermittlung des Standortes erforderlich sind, von dem die Notrufverbindung ausgeht.

²Landesrechtliche Regelungen über Notrufabfragestellen, die nicht Verpflichtungen im Sinne der Absätze 1 bis 4 betreffen, bleiben von den Vorschriften dieses Absatzes unberührt.

(6) ¹Die technischen Einzelheiten zu den in Absatz 5 Satz 1 Nummer 1 bis 6 aufgeführten Regelungsgegenständen, insbesondere die Kriterien für die Genauigkeit und Zuverlässigkeit der Angaben zu dem Standort, von dem die Notrufverbindung ausgeht, legt die Bundesnetzagentur in einer Technischen Richtlinie fest; dabei berücksichtigt sie die Vorschriften der Rechtsverordnung nach Absatz 5. ²Die Bundesnetzagentur erstellt die Technische Richtlinie unter Beteiligung

1. der Verbände der durch die Absätze 1 bis 4 betroffenen Anbieter von Telekommunikationsdiensten und Betreiber von Telekommunikationsnetzen,

2. der vom Bundesministerium des Innern, für Bau und Heimat benannten Vertreter der Betreiber von Notrufabfragestellen und

3. der Hersteller der in den Telekommunikationsnetzen und Notrufabfragestellen eingesetzten technischen Einrichtungen.

Telekommunikationsgesetz § 164a TKG 10

³ Bei den Festlegungen in der Technischen Richtlinie sind internationale Standards zu berücksichtigen; Abweichungen von den Standards sind zu begründen. ⁴ Die Verpflichteten nach den Absätzen 1 bis 4 haben die Anforderungen der Technischen Richtlinie spätestens ein Jahr nach deren Bekanntmachung zu erfüllen, sofern in der Technischen Richtlinie für bestimmte Verpflichtungen kein längerer Übergangszeitraum festgelegt ist. ⁵ Nach dieser Technischen Richtlinie gestaltete mängelfreie technische Einrichtungen müssen im Falle einer Änderung der Technischen Richtlinie spätestens drei Jahre nach deren Inkrafttreten die geänderten Anforderungen erfüllen.

§ 164a Öffentliche Warnungen. (1) Betreiber öffentlicher Mobilfunknetze haben

1. technische Einrichtungen für Warnungen vor drohenden oder sich ausbreitenden größeren Notfällen und Katastrophen vorzuhalten, die

   a) über das zentrale Warnsystem des Bundes von den Gefahrenabwehrbehörden sowie Behörden des Zivil- und Katastrophenschutzes ausgelöst und

   b) an empfangsbereite Mobilfunkendgeräte, die sich in dem von der auslösenden Behörde bestimmten geografischen Gebiet befinden, ausgesendet werden können und

2. durch organisatorische Vorkehrungen die Möglichkeit der jederzeitigen unverzüglichen Aussendung von Warnungen nach Nummer 1 sicherzustellen.

(2) Betreiber öffentlicher Mobilfunknetze haben Warnungen nach Absatz 1 an alle Mobilfunkendgeräte in dem von der auslösenden Behörde bestimmten geografischen Gebiet auszusenden.

(3) Anbieter öffentlich zugänglicher mobiler nummerngebundener interpersoneller Telekommunikationsdienste

1. wirken im notwendigen Umfang daran mit, dass Warnungen nach Absatz 1 jederzeit und unverzüglich zu den Endnutzern in dem bestimmten geografischen Gebiet ausgesendet werden können und

2. informieren ihre Endnutzer über die Voraussetzungen für den Empfang von Warnungen nach Absatz 1.

(4) Das Bundesministerium für Wirtschaft und Energie wird ermächtigt, im Einvernehmen mit dem Bundesministerium des Innern, für Bau und Heimat und dem Bundesministerium für Verkehr und digitale Infrastruktur durch Rechtsverordnung mit Zustimmung des Bundesrates Regelungen zu treffen

1. über die grundlegenden technischen Anforderungen für die Aussendung von Warnungen im öffentlichen Mobilfunknetz, einschließlich der zu beachtenden Sicherheitsanforderungen,

2. über die organisatorischen Rahmenbedingungen für die Aussendung von Warnungen, einschließlich Erreichbarkeits- und Reaktionszeiten,

3. zum Umfang der bei der Aussendung von Warnungen zu erbringenden Leistungsmerkmale, einschließlich der dabei verarbeiteten Daten,

4. zur Konkretisierung der Verpflichtungen für Anbieter nach Absatz 3 und

5. zu den Aufgaben der Bundesnetzagentur hinsichtlich der in den Nummern 1 bis 4 aufgeführten Gebiete.

(5) ¹ Die technischen Einzelheiten zu den in Absatz 4 Nummer 1 bis 4 aufgeführten Regelungsgegenständen legt die Bundesnetzagentur in einer

Technischen Richtlinie fest; dabei berücksichtigt sie die Vorschriften der Rechtsverordnung nach Absatz 4. ²Die Bundesnetzagentur erstellt die Technische Richtlinie unter Beteiligung

1. der Verbände

   a) der durch die Absätze 1 und 2 verpflichteten Betreiber öffentlicher Mobilfunknetze,

   b) der durch Absatz 3 verpflichteten Anbieter öffentlich zugänglicher mobiler nummerngebundener interpersoneller Telekommunikationsdienste,

   c) der Hersteller der in den Mobilfunknetzen eingesetzten technischen Einrichtungen und

   d) der Hersteller der Mobilfunkendgeräte,

2. des Bundesamtes für Bevölkerungsschutz und Katastrophenhilfe,

3. der vom Bundesamt für Bevölkerungsschutz und Katastrophenhilfe benannten Vertreter der in Absatz 1 Nummer 1 Buchstabe a genannten Behörden und

4. des Bundesamtes für Sicherheit in der Informationstechnik hinsichtlich der technischen Anforderungen in Absatz 4 Nummer 1.

³Bei den Festlegungen in der Technischen Richtlinie sind internationale Standards zu berücksichtigen; Abweichungen von den Standards sind zu begründen. ⁴Die nach den Absätzen 1 bis 3 Verpflichteten haben die Anforderungen der Technischen Richtlinie spätestens ein Jahr nach deren Bekanntmachung zu erfüllen, sofern in der Technischen Richtlinie für bestimmte Verpflichtungen kein anderer Übergangszeitraum festgelegt ist.

(6) ¹Notwendige Aufwendungen, die den Betreibern öffentlicher Mobilfunknetze durch die Umsetzung der Anforderungen aus Absatz 1 entstehen, sind auf Antrag zu ersetzen. ²Für die Bemessung des Aufwendungsersatzes sind die tatsächlich entstandenen Kosten der Verpflichteten maßgebend. ³Über die Anträge auf Aufwendungsersatz entscheidet die Bundesnetzagentur. ⁴Die durch die Aussendung der Warnungen nach Absatz 2 entstehenden Kosten trägt jeder Betreiber selbst. ⁵Die für das Versenden von Informationen anfallenden Kosten nach Absatz 3 trägt jeder Anbieter selbst.

§ 165 Technische und organisatorische Schutzmaßnahmen. (1) ¹Wer Telekommunikationsdienste erbringt oder daran mitwirkt, hat angemessene technische Vorkehrungen und sonstige Maßnahmen zu treffen

1. zum Schutz des Fernmeldegeheimnisses und

2. gegen die Verletzung des Schutzes personenbezogener Daten.

²Dabei ist der Stand der Technik zu berücksichtigen.

(2) ¹Wer ein öffentliches Telekommunikationsnetz betreibt oder öffentlich zugängliche Telekommunikationsdienste erbringt, hat bei den hierfür betriebenen Telekommunikations- und Datenverarbeitungssystemen angemessene technische und organisatorische Vorkehrungen und sonstige Maßnahmen zu treffen

1. zum Schutz gegen Störungen, die zu erheblichen Beeinträchtigungen von Telekommunikationsnetzen und -diensten führen, auch, sofern diese Störungen durch äußere Angriffe und Einwirkungen von Katastrophen bedingt sein können, und

2. zur Beherrschung der Risiken für die Sicherheit von Telekommunikationsnetzen und -diensten.

²Insbesondere sind Maßnahmen, einschließlich gegebenenfalls Maßnahmen in Form von Verschlüsselung, zu treffen, um Telekommunikations- und Datenverarbeitungssysteme gegen unerlaubte Zugriffe zu sichern und Auswirkungen von Sicherheitsverletzungen für Nutzer, andere Telekommunikationsnetze und Dienste so gering wie möglich zu halten. ³Bei diesen Maßnahmen ist der Stand der Technik zu berücksichtigen.

(3) ¹Als eine angemessene Maßnahme im Sinne des Absatzes 2 können Betreiber öffentlicher Telekommunikationsnetze und Anbieter öffentlich zugänglicher Telekommunikationsdienste Systeme zur Angriffserkennung im Sinne des § 2 Absatz 9b des BSI-Gesetzes einsetzen. ²Betreiber öffentlicher Telekommunikationsnetze und Anbieter öffentlich zugänglicher Telekommunikationsdienste mit erhöhtem Gefährdungspotenzial haben entsprechende Systeme zur Angriffserkennung einzusetzen. ³Die eingesetzten Systeme zur Angriffserkennung müssen in der Lage sein, durch kontinuierliche und automatische Erfassung und Auswertung Gefahren oder Bedrohungen zu erkennen. ⁴Sie sollen zudem in der Lage sein, erkannte Gefahren oder Bedrohungen abzuwenden und für eingetretene Störungen geeignete Beseitigungsmaßnahmen vorsehen. ⁵Weitere Einzelheiten kann die Bundesnetzagentur im Katalog von Sicherheitsanforderungen nach § 167 festlegen.

(4) Kritische Komponenten im Sinne von § 2 Absatz 13 des BSI-Gesetzes dürfen von einem Betreiber öffentlicher Telekommunikationsnetze mit erhöhtem Gefährdungspotenzial nur eingesetzt werden, wenn sie vor dem erstmaligen Einsatz von einer anerkannten Zertifizierungsstelle überprüft und zertifiziert wurden.

(5) Wer ein öffentliches Telekommunikationsnetz betreibt, hat Maßnahmen zu treffen, um den ordnungsgemäßen Betrieb seiner Netze zu gewährleisten und dadurch die fortlaufende Verfügbarkeit der über diese Netze erbrachten Dienste sicherzustellen.

(6) ¹Technische Vorkehrungen und sonstige Schutzmaßnahmen sind angemessen, wenn der dafür erforderliche technische und wirtschaftliche Aufwand nicht außer Verhältnis zur Bedeutung der zu schützenden Telekommunikationsnetze oder -dienste steht. ²§ 62 Absatz 1 des Bundesdatenschutzgesetzes[1]) gilt entsprechend.

(7) Bei gemeinsamer Nutzung eines Standortes oder technischer Einrichtungen hat jeder Beteiligte die Verpflichtungen nach den Absätzen 1 bis 5 zu erfüllen, soweit bestimmte Verpflichtungen nicht einem bestimmten Beteiligten zugeordnet werden können.

(8) Im Falle des Eintritts eines Sicherheitsvorfalls oder der Feststellung einer erheblichen Gefahr kann die Bundesnetzagentur Maßnahmen zur Behebung des Sicherheitsvorfalls oder zur Abwendung der Gefahr und deren Umsetzungsfristen anordnen.

(9) ¹Die Bundesnetzagentur kann anordnen, dass sich die Betreiber öffentlicher Telekommunikationsnetze oder die Anbieter öffentlich zugänglicher Telekommunikationsdienste einer Überprüfung durch eine qualifizierte unabhängige Stelle oder eine zuständige nationale Behörde unterziehen, in der

---

[1]) Nr. 6.

festgestellt wird, ob die Anforderungen nach den Absätzen 1 bis 7 erfüllt sind. ²Unbeschadet von Satz 1 haben sich Betreiber öffentlicher Telekommunikationsnetze mit erhöhtem Gefährdungspotenzial alle zwei Jahre einer Überprüfung durch eine qualifizierte unabhängige Stelle oder eine zuständige nationale Behörde zu unterziehen, in der festgestellt wird, ob die Anforderungen nach den Absätzen 1 bis 7 erfüllt sind. ³Die Bundesnetzagentur legt den Zeitpunkt der erstmaligen Überprüfung fest. ⁴Der nach den Sätzen 1 und 2 Verpflichtete hat eine Kopie des Überprüfungsberichts unverzüglich an die Bundesnetzagentur und an das Bundesamt für Sicherheit in der Informationstechnik, sofern dieses die Überprüfung nicht vorgenommen hat, zu übermitteln. ⁵Er trägt die Kosten dieser Überprüfung. ⁶Die Bewertung der Überprüfung sowie eine diesbezügliche Feststellung von Sicherheitsmängeln im Sicherheitskonzept nach § 166 erfolgt durch die Bundesnetzagentur im Einvernehmen mit dem Bundesamt für Sicherheit in der Informationstechnik.

(10) Über aufgedeckte Mängel bei der Erfüllung der Sicherheitsanforderungen in der Informationstechnik sowie die in diesem Zusammenhang von der Bundesnetzagentur geforderten Abhilfemaßnahmen unterrichtet die Bundesnetzagentur unverzüglich das Bundesamt für Sicherheit in der Informationstechnik.

(11) ¹Die Bundesnetzagentur kann zur Unterstützung ein Computer-Notfallteam gemäß Artikel 9 der Richtlinie (EU) 2016/1148 des Europäischen Parlaments und des Rates vom 6. Juli 2016 über Maßnahmen zur Gewährleistung eines hohen gemeinsamen Sicherheitsniveaus von Netz- und Informationssystemen in der Union (ABl. L 194 vom 19.7.2016, S. 1; L 33 vom 7.2. 2018, S. 5) im Rahmen der zugewiesenen Aufgaben in Anspruch nehmen. ²Die Bundesnetzagentur kann ferner das Bundesamt für Sicherheit in der Informationstechnik, die zuständigen nationalen Strafverfolgungsbehörden und die Bundesbeauftragte oder den Bundesbeauftragten für den Datenschutz und die Informationsfreiheit konsultieren.

§ 166 Sicherheitsbeauftragter und Sicherheitskonzept. (1) Wer ein öffentliches Telekommunikationsnetz betreibt oder öffentlich zugängliche Telekommunikationsdienste erbringt, hat

1. einen Sicherheitsbeauftragten zu bestimmen,

2. einen in der Europäischen Union ansässigen Ansprechpartner zu benennen und

3. ein Sicherheitskonzept zu erstellen, aus dem hervorgeht,

   a) welches öffentliche Telekommunikationsnetz betrieben wird und welche öffentlich zugänglichen Telekommunikationsdienste erbracht werden,

   b) von welchen Gefährdungen auszugehen ist und

   c) welche technischen Vorkehrungen oder sonstigen Schutzmaßnahmen zur Erfüllung der durch die Vorgaben des Katalogs von Sicherheitsanforderungen nach § 167 konkretisierten Verpflichtungen aus § 165 Absatz 1 bis 7 getroffen oder geplant sind; sofern der Katalog lediglich Sicherheitsziele vorgibt, ist darzulegen, dass mit den ergriffenen Maßnahmen das jeweilige Sicherheitsziel vollumfänglich erreicht wird.

(2) ¹Wer ein öffentliches Telekommunikationsnetz betreibt, hat der Bundesnetzagentur das Sicherheitskonzept unverzüglich nach der Aufnahme des Netzbetriebs vorzulegen. ²Wer öffentlich zugängliche Telekommunikationsdienste

erbringt, kann von der Bundesnetzagentur verpflichtet werden, das Sicherheitskonzept vorzulegen.

(3) Mit dem Sicherheitskonzept ist eine Erklärung vorzulegen, dass die in dem Sicherheitskonzept aufgezeigten technischen Vorkehrungen und sonstigen Schutzmaßnahmen umgesetzt sind oder unverzüglich umgesetzt werden.

(4) ¹Stellt die Bundesnetzagentur im Sicherheitskonzept oder bei dessen Umsetzung Sicherheitsmängel fest, so kann sie die unverzügliche Beseitigung dieser Mängel verlangen. ²Sofern sich die dem Sicherheitskonzept zugrunde liegenden Gegebenheiten ändern, hat der nach Absatz 2 Verpflichtete das Sicherheitskonzept unverzüglich nach der Änderung anzupassen und der Bundesnetzagentur unverzüglich nach erfolgter Anpassung unter Hinweis auf die Änderungen erneut vorzulegen.

(5) ¹Die Bundesnetzagentur überprüft regelmäßig die Umsetzung des Sicherheitskonzepts. ²Die Überprüfung soll mindestens alle zwei Jahre erfolgen.

§ 167 Katalog von Sicherheitsanforderungen. (1) ¹Die Bundesnetzagentur legt im Einvernehmen mit dem Bundesamt für Sicherheit in der Informationstechnik und der oder dem Bundesbeauftragten für den Datenschutz und die Informationsfreiheit durch Allgemeinverfügung in einem Katalog von Sicherheitsanforderungen für das Betreiben von Telekommunikations- und Datenverarbeitungssystemen sowie für die Verarbeitung personenbezogener Daten fest:

1. Einzelheiten der nach § 165 Absatz 1 bis 7 zu treffenden technischen Vorkehrungen und sonstigen Maßnahmen unter Beachtung der verschiedenen Gefährdungspotenziale der öffentlichen Telekommunikationsnetze und öffentlich zugänglichen Telekommunikationsdienste,
2. welche Funktionen kritische Funktionen im Sinne von § 2 Absatz 13 Satz 1 Nummer 3 Buchstabe b des BSI-Gesetzes sind, die von kritischen Komponenten im Sinne von § 2 Absatz 13 des BSI-Gesetzes realisiert werden, und
3. wer als Betreiber öffentlicher Telekommunikationsnetze und als Anbieter öffentlich zugänglicher Telekommunikationsdienste mit erhöhtem Gefährdungspotenzial einzustufen ist.

²Der Katalog von Sicherheitsanforderungen nach Satz 1 kann auch Anforderungen zur Offenlegung und Interoperabilität von Schnittstellen von Netzkomponenten einschließlich einzuhaltender technischer Standards enthalten. ³Die Bundesnetzagentur gibt den Herstellern, den Verbänden der Betreiber öffentlicher Telekommunikationsnetze und den Verbänden der Anbieter öffentlich zugänglicher Telekommunikationsdienste Gelegenheit zur Stellungnahme.

(2) Die Verpflichteten haben die Vorgaben des Katalogs spätestens ein Jahr nach dessen Inkrafttreten zu erfüllen, es sei denn, in dem Katalog ist eine davon abweichende Umsetzungsfrist festgelegt worden.

§ 168 Mitteilung eines Sicherheitsvorfalls. (1) ¹Wer ein öffentliches Telekommunikationsnetz betreibt oder öffentlich zugängliche Telekommunikationsdienste erbringt, hat der Bundesnetzagentur und dem Bundesamt für Sicherheit in der Informationstechnik einen Sicherheitsvorfall mit beträchtlichen Auswirkungen auf den Betrieb der Netze oder die Erbringung der Dienste unverzüglich mitzuteilen. ²§ 42 Absatz 4 und § 43 Absatz 4 des Bundesdatenschutzgesetzes[1]) gelten entsprechend.

(2) Das Ausmaß der Auswirkungen eines Sicherheitsvorfalls ist – sofern verfügbar – insbesondere anhand folgender Kriterien zu bewerten:

1. die Zahl der von dem Sicherheitsvorfall betroffenen Nutzer,
2. die Dauer des Sicherheitsvorfalls,
3. die geographische Ausdehnung des von dem Sicherheitsvorfall betroffenen Gebiets,
4. das Ausmaß der Beeinträchtigung des Telekommunikationsnetzes oder des Dienstes,
5. das Ausmaß der Auswirkungen auf wirtschaftliche und gesellschaftliche Tätigkeiten.

(3) Die Mitteilung nach Absatz 1 Satz 1 muss die folgenden Angaben enthalten:

1. Angaben zu dem Sicherheitsvorfall,
2. Angaben zu den Kriterien nach Absatz 2,
3. Angaben zu den betroffenen Systemen sowie
4. Angaben zu der vermuteten oder tatsächlichen Ursache.

(4) ¹Die Bundesnetzagentur legt Einzelheiten des Mitteilungsverfahrens fest. ²Die Bundesnetzagentur kann einen detaillierten Bericht über den Sicherheitsvorfall und die ergriffenen Abhilfemaßnahmen verlangen.

(5) ¹Erforderlichenfalls unterrichtet die Bundesnetzagentur die nationalen Regulierungsbehörden der anderen Mitgliedstaaten der Europäischen Union und die Agentur der Europäischen Union für Cybersicherheit über den Sicherheitsvorfall. ²Die Bundesnetzagentur kann die Öffentlichkeit unterrichten oder die nach Absatz 1 Satz 1 Verpflichteten zu dieser Unterrichtung verpflichten, wenn sie zu dem Schluss gelangt, dass die Bekanntgabe des Sicherheitsvorfalls im öffentlichen Interesse liegt.

(6) ¹Im Falle einer besonderen und erheblichen Gefahr eines Sicherheitsvorfalls informieren die nach Absatz 1 Satz 1 Verpflichteten die von dieser Gefahr potenziell betroffenen Nutzer über alle möglichen Schutz- oder Abhilfemaßnahmen, die von den Nutzern ergriffen werden können sowie gegebenenfalls auch über die Gefahr selbst. ²§ 8e des BSI-Gesetzes gilt entsprechend.

(7) Die Bundesnetzagentur legt der Kommission, der Agentur der Europäischen Union für Cybersicherheit und dem Bundesamt für Sicherheit in der Informationstechnik einmal pro Jahr einen zusammenfassenden Bericht über die eingegangenen Meldungen und die ergriffenen Abhilfemaßnahmen vor.

§ 169 Daten- und Informationssicherheit. (1) ¹Wer öffentlich zugängliche Telekommunikationsdienste erbringt, hat im Falle einer Verletzung des Schutzes personenbezogener Daten unverzüglich die Bundesnetzagentur und die Bundesbeauftragte oder den Bundesbeauftragten für den Datenschutz und die Informationsfreiheit von der Verletzung zu benachrichtigen. ²Ist anzunehmen, dass durch die Verletzung des Schutzes personenbezogener Daten End-

---

[1]) Nr. 6.

nutzer oder andere Personen schwerwiegend in ihren Rechten oder schutzwürdigen Interessen beeinträchtigt werden, hat der Anbieter des Telekommunikationsdienstes zusätzlich die Betroffenen unverzüglich von dieser Verletzung zu benachrichtigen. ³ In Fällen, in denen in dem Sicherheitskonzept nachgewiesen wurde, dass die von der Verletzung betroffenen personenbezogenen Daten durch geeignete technische Vorkehrungen gesichert, insbesondere unter Anwendung eines als sicher anerkannten Verschlüsselungsverfahrens gespeichert wurden, ist eine Benachrichtigung nicht erforderlich. ⁴ Unabhängig von Satz 3 kann die Bundesnetzagentur den Anbieter des Telekommunikationsdienstes unter Berücksichtigung der wahrscheinlichen nachteiligen Auswirkungen der Verletzung des Schutzes personenbezogener Daten zu einer Benachrichtigung der Betroffenen verpflichten. ⁵ Im Übrigen gelten § 42 Absatz 4 und § 43 Absatz 4 des Bundesdatenschutzgesetzes[1]) entsprechend.

(2) ¹ Die Benachrichtigung nach Absatz 1 Satz 1 und 2 muss mindestens enthalten:

1. die Art der Verletzung des Schutzes personenbezogener Daten,
2. Angaben zu den Kontaktstellen, bei denen weitere Informationen erhältlich sind, und
3. Empfehlungen zu Maßnahmen, die mögliche nachteilige Auswirkungen der Verletzung des Schutzes personenbezogener Daten begrenzen.

² In der Benachrichtigung an die Bundesnetzagentur und die Bundesbeauftragte oder den Bundesbeauftragten für den Datenschutz und die Informationsfreiheit hat der Anbieter des Telekommunikationsdienstes zusätzlich die Folgen der Verletzung des Schutzes personenbezogener Daten und die beabsichtigten oder ergriffenen Maßnahmen darzulegen.

(3) ¹ Die Anbieter der Telekommunikationsdienste haben ein Verzeichnis der Verletzungen des Schutzes personenbezogener Daten zu führen, das Angaben zu Folgendem enthält:

1. den Umständen der Verletzungen,
2. den Auswirkungen der Verletzungen und
3. den ergriffenen Abhilfemaßnahmen.

² Diese Angaben müssen ausreichend sein, um der Bundesnetzagentur und der oder dem Bundesbeauftragten für den Datenschutz und die Informationsfreiheit die Prüfung zu ermöglichen, ob die Absätze 1 und 2 eingehalten wurden. ³ Das Verzeichnis enthält nur die zu diesem Zweck erforderlichen Informationen und muss nicht Verletzungen berücksichtigen, die mehr als fünf Jahre zurückliegen.

(4) ¹ Werden dem Anbieter des Telekommunikationsdienstes nach Absatz 1 Satz 1 Störungen bekannt, die von Datenverarbeitungssystemen der Nutzer ausgehen, so hat er die Nutzer, soweit ihm diese bereits bekannt sind, unverzüglich darüber zu benachrichtigen. ² Soweit technisch möglich und zumutbar, hat er die Nutzer auf angemessene, wirksame und zugängliche technische Mittel hinzuweisen, mit denen sie diese Störungen erkennen und beseitigen können. ³ Der Anbieter des Telekommunikationsdienstes darf die Teile des Datenverkehrs von und zu einem Nutzer, von denen eine Störung ausgeht,

---

[1]) Nr. 6.

umleiten, soweit dies erforderlich ist, um den Nutzer über die Störungen benachrichtigen zu können.

(5) ¹ Wird der Anbieter des Telekommunikationsdienstes nach Absatz 1 Satz 1 vom Bundesamt für Sicherheit in der Informationstechnik über konkrete erhebliche Gefahren informiert, die von Datenverarbeitungssystemen der Nutzer ausgehen oder diese betreffen, so hat er die betroffenen Nutzer, soweit ihm diese bekannt sind, unverzüglich darüber zu benachrichtigen. ² Soweit technisch möglich und zumutbar, hat er die Nutzer auf angemessene, wirksame und zugängliche technische Mittel hinzuweisen, mit denen sie diese Gefahren erkennen und ihnen vorbeugen können. ³ Werden dem Anbieter des Telekommunikationsdienstes nach Absatz 1 Satz 1 Gefahren bekannt, die von Datenverarbeitungssystemen der Nutzer ausgehen oder diese betreffen, so kann er die Nutzer, soweit ihm diese bekannt sind, darüber benachrichtigen. ⁴ Soweit technisch möglich und zumutbar, kann er die Nutzer auf angemessene, wirksame und zugängliche technische Mittel hinweisen, mit denen sie diese Gefahren erkennen und ihnen vorbeugen können.

(6) Der Anbieter des Telekommunikationsdienstes darf im Falle einer Störung die Nutzung des Telekommunikationsdienstes bis zur Beendigung der Störung einschränken, umleiten oder unterbinden, soweit dies erforderlich ist, um die Beeinträchtigung der Telekommunikations- und Datenverarbeitungssysteme des Anbieters des Telekommunikationsdienstes, eines Nutzers im Sinne des Absatzes 4 oder anderer Nutzer zu beseitigen oder zu verhindern und der Nutzer die Störung nicht unverzüglich selbst beseitigt oder zu erwarten ist, dass der Nutzer die Störung selbst nicht unverzüglich beseitigt.

(7) Der Anbieter des Telekommunikationsdienstes darf den Datenverkehr von und zu Störungsquellen einschränken, umleiten oder unterbinden, soweit dies zur Vermeidung von Störungen in den Telekommunikations- und Datenverarbeitungssystemen der Nutzer erforderlich ist.

(8) Vorbehaltlich technischer Durchführungsmaßnahmen der Kommission nach Artikel 4 Absatz 5 der Richtlinie 2002/58/EG[1]) des Europäischen Parlaments und des Rates vom 12. Juli 2002 über die Verarbeitung personenbezogener Daten und den Schutz der Privatsphäre in der elektronischen Kommunikation (Datenschutzrichtlinie für elektronische Kommunikation) (ABl. L 201 vom 31.7.2002, S. 37; L 241 vom 10.9.2013, S. 9; L 162 vom 23.6.2017, S. 56), die zuletzt durch die Richtlinie 2009/136/EG (ABl. L 337 vom 18.12.2009, S. 11) geändert worden ist, kann die Bundesnetzagentur Leitlinien vorgeben bezüglich des Formats, der Verfahrensweise und der Umstände, unter denen eine Benachrichtigung über eine Verletzung des Schutzes personenbezogener Daten erforderlich ist.

§ 170 **Umsetzung von Überwachungsmaßnahmen, Erteilung von Auskünften.** (1) Wer eine Telekommunikationsanlage betreibt, mit der öffentlich zugängliche Telekommunikationsdienste erbracht werden, hat

1. ab dem Zeitpunkt der Betriebsaufnahme auf eigene Kosten technische Einrichtungen zur Umsetzung gesetzlich vorgesehener Maßnahmen zur Überwachung der Telekommunikation vorzuhalten und organisatorische Vorkehrungen für deren unverzügliche Umsetzung zu treffen,

---

[1]) Nr. 3.

2. in Fällen, in denen die Überwachbarkeit nur durch das Zusammenwirken von zwei oder mehreren Telekommunikationsanlagen eines oder mehrerer Betreiber sichergestellt werden kann, ab dem Zeitpunkt der Betriebsaufnahme die dazu erforderlichen automatischen Steuerungsmöglichkeiten zur Erfassung und Ausleitung der zu überwachenden Telekommunikation in seiner Telekommunikationsanlage bereitzustellen sowie eine derartige Steuerung zu ermöglichen,

3. der Bundesnetzagentur unverzüglich nach der Betriebsaufnahme

   a) mitzuteilen, dass er die Vorkehrungen nach Nummer 1 getroffen hat, sowie

   b) einen Zustellungsbevollmächtigten im Inland zu benennen, bei dem die Zustellung für ihn bestimmter Anordnungen zur Überwachung der Telekommunikation sowie damit zusammenhängender Verfügungen und Schriftstücke bewirkt werden kann,

4. der Bundesnetzagentur den unentgeltlichen Nachweis zu erbringen, dass seine technischen Einrichtungen und organisatorischen Vorkehrungen nach Nummer 1 mit den Vorschriften der Rechtsverordnung nach Absatz 5 und der Technischen Richtlinie nach Absatz 6 übereinstimmen; dazu hat er unverzüglich, spätestens einen Monat nach Betriebsaufnahme,

   a) der Bundesnetzagentur die Unterlagen zu übersenden, die dort für die Vorbereitung der im Rahmen des Nachweises von der Bundesnetzagentur durchzuführenden Prüfungen erforderlich sind, und

   b) mit der Bundesnetzagentur einen Prüftermin für die Erbringung dieses Nachweises zu vereinbaren;

   bei den für den Nachweis erforderlichen Prüfungen hat er die Bundesnetzagentur zu unterstützen,

5. der Bundesnetzagentur auf deren besondere Aufforderung insbesondere zur Beseitigung von Fehlfunktionen eine erneute unentgeltliche Prüfung seiner technischen und organisatorischen Vorkehrungen zu gestatten sowie

6. die Aufstellung und den Betrieb von technischen Mitteln der zur Überwachung der Telekommunikation berechtigten Stellen für die Durchführung von Maßnahmen nach den §§ 3, 5 und 8 des Artikel 10-Gesetzes[1]) oder nach den §§ 19, 24, 26, 32 und 33 des BND-Gesetzes in seinen Räumen zu dulden und Bediensteten der für diese Maßnahmen zuständigen Stelle sowie bei Maßnahmen nach den §§ 3, 5 und 8 des Artikel 10-Gesetzes den Mitgliedern und Mitarbeitern der G 10-Kommission (§ 1 Absatz 2 des Artikel 10-Gesetzes) Zugang zu diesen technischen Mitteln zur Erfüllung ihrer gesetzlichen Aufgaben zu gewähren.

(2) Wer öffentlich zugängliche Telekommunikationsdienste erbringt und sich hierfür eines Betreibers einer Telekommunikationsanlage bedient, hat

1. sich bei der Auswahl des Betreibers der dafür genutzten Telekommunikationsanlage zu vergewissern, dass dieser Anordnungen zur Überwachung der Telekommunikation unverzüglich nach Maßgabe des Absatzes 1 sowie der Rechtsverordnung nach Absatz 5 und der Technischen Richtlinie nach Absatz 6 umsetzen kann, und

---

[1]) Nr. 17.

2. der Bundesnetzagentur unverzüglich nach Aufnahme seines Dienstes mitzuteilen,

a) welche Telekommunikationsdienste er erbringt,

b) durch wen Überwachungsanordnungen, die seine Nutzer betreffen, umgesetzt werden und

c) an welche im Inland gelegene Stelle die Zustellung von Anordnungen zur Überwachung der Telekommunikation sowie damit zusammenhängender Verfügungen und Schriftstücke bewirkt werden kann.

(3) [1] Änderungen der den Mitteilungen nach Absatz 1 Nummer 3 Buchstabe b und Absatz 2 Nummer 2 zugrunde liegenden Daten sind der Bundesnetzagentur unverzüglich mitzuteilen. [2] In Fällen, in denen noch keine Vorschriften nach Absatz 6 vorhanden sind, hat der Verpflichtete die technischen Einrichtungen nach Absatz 1 Nummer 1 und 2 in Absprache mit der Bundesnetzagentur zu gestalten, die entsprechende Festlegungen im Benehmen mit den berechtigten Stellen trifft.

(4) [1] Die Absätze 1 bis 3 gelten nicht, soweit die Rechtsverordnung nach Absatz 5 Ausnahmen für die Telekommunikationsanlage vorsieht. [2] § 100a Absatz 4 Satz 1 der Strafprozessordnung[1]), § 2 Absatz 1a Satz 1 Nummer 1 bis 3 des Artikel 10-Gesetzes, § 51 Absatz 6 Satz 1 des Bundeskriminalamtgesetzes, § 25 Absatz 1 Satz 1 des BND-Gesetzes sowie entsprechende landesgesetzliche Regelungen zur polizeilich-präventiven Telekommunikationsüberwachung bleiben unberührt.

(5) Die Bundesregierung wird ermächtigt, durch Rechtsverordnung mit Zustimmung des Bundesrates

1. Regelungen zu treffen

a) über die grundlegenden technischen Anforderungen und die organisatorischen Eckpunkte für die Umsetzung von Überwachungsmaßnahmen und die Erteilung von Auskünften einschließlich der Umsetzung von Überwachungsmaßnahmen und der Erteilung von Auskünften durch einen von dem Verpflichteten beauftragten Erfüllungsgehilfen und der Speicherung von Anordnungsdaten sowie zu den Mitwirkungspflichten bei technischen Ermittlungsmaßnahmen bei Mobilfunkendgeräten nach § 171,

b) über den Regelungsrahmen für die Technische Richtlinie nach Absatz 6,

c) für den Nachweis nach Absatz 1 Nummer 4,

d) für die erneute Prüfung nach Absatz 1 Nummer 5,

e) für die nähere Ausgestaltung der Duldungsverpflichtung nach Absatz 1 Nummer 6 und

f) für die nähere Ausgestaltung der Sicherstellungspflichten nach Absatz 11 sowie

2. zu bestimmen,

a) in welchen Fällen und unter welchen Bedingungen vorübergehend auf die Einhaltung bestimmter technischer Vorgaben verzichtet werden kann,

b) dass die Bundesnetzagentur aus technischen Gründen Ausnahmen von der Erfüllung einzelner technischer Anforderungen zulassen kann und

---

[1]) Nr. 20.

Telekommunikationsgesetz **§ 170 TKG 10**

c) bei welchen Telekommunikationsanlagen und damit erbrachten Telekommunikationsdiensten aus grundlegenden technischen Erwägungen oder aus Gründen der Verhältnismäßigkeit abweichend von Absatz 1 Nummer 1 keine technischen Einrichtungen vorgehalten und keine organisatorischen Vorkehrungen getroffen werden müssen.

(6) ¹Die Bundesnetzagentur legt technische Einzelheiten zur Umsetzung von Maßnahmen zur Überwachung der Telekommunikation, insbesondere technische Einzelheiten, die zur Sicherstellung einer vollständigen Erfassung der zu überwachenden Telekommunikation und zur Auskunftserteilung sowie zur Gestaltung des Übergabepunktes zu den berechtigten Stellen und zur Speicherung der Anordnungsdaten sowie zu den Mitwirkungspflichten bei technischen Ermittlungsmaßnahmen bei Mobilfunkendgeräten nach § 171 erforderlich sind, in einer mit den berechtigten Stellen und unter Beteiligung der Verbände und der Hersteller zu erstellenden Technischen Richtlinie fest. ²Dabei sind internationale technische Standards zu berücksichtigen; Abweichungen von den Standards sind zu begründen.

(7) ¹Wer technische Einrichtungen zur Umsetzung von Überwachungsmaßnahmen herstellt oder vertreibt, kann von der Bundesnetzagentur verlangen, dass sie diese Einrichtungen im Rahmen einer Typmusterprüfung im Zusammenwirken mit bestimmten Telekommunikationsanlagen daraufhin prüft, ob die rechtlichen und technischen Vorschriften der Rechtsverordnung nach Absatz 5 und der Technischen Richtlinie nach Absatz 6 erfüllt werden. ²Die Bundesnetzagentur kann nach pflichtgemäßem Ermessen vorübergehend Abweichungen von den technischen Vorgaben zulassen, sofern die Umsetzung von Überwachungsmaßnahmen grundsätzlich sichergestellt ist und sich ein nur unwesentlicher Anpassungsbedarf bei den Einrichtungen der berechtigten Stellen ergibt. ³Die Bundesnetzagentur hat dem Hersteller oder Vertreiber das Prüfergebnis schriftlich mitzuteilen. ⁴Die Prüfergebnisse werden von der Bundesnetzagentur bei dem Nachweis der Übereinstimmung der technischen Einrichtungen mit den anzuwendenden technischen Vorschriften beachtet, den der Verpflichtete nach Absatz 1 Nummer 4 zu erbringen hat. ⁵Die vom Bundesministerium für Wirtschaft und Energie vor Inkrafttreten dieser Vorschrift ausgesprochenen Zustimmungen zu den von Herstellern vorgestellten Rahmenkonzepten gelten als Mitteilungen im Sinne des Satzes 3.

(8) ¹Wer nach Absatz 1 oder 2 in Verbindung mit der Rechtsverordnung nach Absatz 5 und der Technischen Richtlinie nach Absatz 6 verpflichtet ist, Vorkehrungen zu treffen, hat die Anforderungen spätestens ein Jahr, nachdem sie für ihn Geltung erlangen, zu erfüllen, sofern dort nicht für bestimmte Verpflichtungen ein längerer Zeitraum festgelegt ist. ²Nach dieser Richtlinie gestaltete mängelfreie technische Einrichtungen für bereits vom Verpflichteten angebotene Telekommunikationsdienste müssen im Falle einer Änderung der Richtlinie spätestens drei Jahre nach deren Inkrafttreten die geänderten Anforderungen erfüllen. ³Stellt sich bei dem Nachweis nach Absatz 1 Nummer 4 oder einer erneuten Prüfung nach Absatz 1 Nummer 5 ein Mangel bei den von dem Verpflichteten getroffenen technischen oder organisatorischen Vorkehrungen heraus, hat er diesen Mangel nach Vorgaben der Bundesnetzagentur in angemessener Frist zu beseitigen; stellt sich im Betrieb, insbesondere anlässlich durchzuführender Überwachungsmaßnahmen, ein Mangel heraus, hat er diesen unverzüglich zu beseitigen. ⁴Sofern für die technische Einrichtung eine Typmusterprüfung nach Absatz 7 durchgeführt worden ist und dabei Fristen für die

Beseitigung von Mängeln festgelegt worden sind, hat die Bundesnetzagentur diese Fristen bei ihren Vorgaben zur Mängelbeseitigung nach Satz 3 zu berücksichtigen.

(9) ¹Jeder Betreiber einer Telekommunikationsanlage, der anderen im Rahmen seines Angebots für die Öffentlichkeit Netzabschlusspunkte seiner Telekommunikationsanlage überlässt, ist verpflichtet, den gesetzlich zur Überwachung der Telekommunikation berechtigten Stellen auf deren Anforderung Netzabschlusspunkte für die Übertragung der im Rahmen einer Überwachungsmaßnahme anfallenden Informationen unverzüglich und vorrangig bereitzustellen. ²Die technische Ausgestaltung derartiger Netzabschlusspunkte kann in einer Rechtsverordnung nach Absatz 5 geregelt werden. ³Für die Bereitstellung und Nutzung gelten mit Ausnahme besonderer Tarife oder Zuschläge für vorrangige oder vorzeitige Bereitstellung oder Entstörung die jeweils für die Allgemeinheit anzuwendenden Tarife. ⁴Besonders vertraglich vereinbarte Rabatte bleiben von Satz 3 unberührt.

(10) ¹Telekommunikationsanlagen, die von den gesetzlich berechtigten Stellen betrieben werden und mittels derer in das Fernmeldegeheimnis oder in den Netzbetrieb eingegriffen werden soll, sind im Einvernehmen mit der Bundesnetzagentur technisch zu gestalten. ²Die Bundesnetzagentur hat sich gegenüber der berechtigten Stelle zu der technischen Gestaltung innerhalb angemessener Frist zu äußern.

(11) Betreiber von öffentlichen Mobilfunknetzen, die Nutzer eines Betreibers von öffentlichen Mobilfunknetzen in der Europäischen Union nach Absprache anschließen und zu dessen Telekommunikationsanlage vermitteln, haben bei der durch sie bereitzustellenden Überwachungskopie sicherzustellen, dass eine durch den ausländischen Betreiber netzseitig aufgebrachte Verschlüsselung zu dessen Nutzern aufgehoben wird, soweit hierfür internationale technische Standards zur Verfügung stehen, die in der Technischen Richtlinie nach Absatz 6 beschrieben werden.

§ 171 Mitwirkung bei technischen Ermittlungsmaßnahmen bei Mobilfunkendgeräten.

¹Jeder Betreiber eines öffentlichen Mobilfunknetzes hat den berechtigten Stellen nach § 100i Absatz 1 der Strafprozessordnung[1], § 53 des Bundekriminalamtsgesetzes, § 9 Absatz 4 des Bundesverfassungsschutzgesetzes, auch in Verbindung mit § 5 des MAD-Gesetzes und § 5 des BND-Gesetzes, oder nach Landesrecht nach Maßgabe der Rechtsverordnung nach § 170 Absatz 5 und der Technischen Richtlinie nach § 170 Absatz 6 ohne dass dies dem Endnutzer bekannt wird,

1. den Einsatz von technischen Mitteln der berechtigten Stellen in seinem Mobilfunknetz zu ermöglichen, die der Ermittlung folgender Informationen von Mobilfunkendgeräten dienen:

    a) des Standortes,

    b) der Gerätenummer,

    c) der Kennung zur Identifizierung des Anschlusses und

    d) der temporären oder dauerhaften Kennungen, die Mobilfunkendgeräten in seinem Mobilfunknetz zugewiesen sind,
    sowie

---

[1] Nr. 20.

Telekommunikationsgesetz § 172 TKG 10

2. eine automatisierte Auskunft über die temporär und dauerhaft in seinem Mobilfunknetz zugewiesenen Kennungen unverzüglich zu erteilen.

²§ 170 Absatz 10 gilt entsprechend. ³Verpflichtungen nach Maßgabe des § 170 bleiben unberührt. ⁴Die Benachrichtigung des Endnutzers erfolgt ausschließlich durch die für die Maßnahme zuständige Behörde nach den jeweils geltenden Vorschriften.

§ 172 Daten für Auskunftsersuchen der Sicherheitsbehörden.

(1) ¹Wer nummerngebundene interpersonelle Telekommunikationsdienste, Internetzugangsdienste oder Dienste, die ganz oder überwiegend in der Übertragung von Signalen bestehen, erbringt und dabei Rufnummern oder andere Anschlusskennungen vergibt oder Telekommunikationsanschlüsse für von anderen vergebene Rufnummern oder andere Anschlusskennungen bereitstellt, hat für die Auskunftsverfahren nach den §§ 173 und 174 vor der Freischaltung folgende Daten zu erheben und unverzüglich zu speichern, auch, soweit diese Daten für betriebliche Zwecke nicht erforderlich sind:

1. die Rufnummern,

2. andere von ihm vergebene Anschlusskennungen,

3. den Namen und die Anschrift des Anschlussinhabers,

4. bei natürlichen Personen deren Geburtsdatum,

5. bei Festnetzanschlüssen die Anschrift des Anschlusses,

6. in Fällen, in denen neben einem Mobilfunkanschluss auch ein Mobilfunkendgerät überlassen wird, die Gerätenummer dieses Gerätes sowie

7. das Datum der Vergabe der Rufnummer und, soweit abweichend, das Datum des Vertragsbeginns.

²Das Datum der Beendigung der Zuordnung der Rufnummer und, sofern davon abweichend, das Datum des Vertragsendes sind bei Bekanntwerden ebenfalls zu speichern. ³Die Sätze 1 und 2 gelten auch, sofern die Daten nicht in Endnutzerverzeichnisse eingetragen werden. ⁴Für das Auskunftsverfahren nach § 174 ist die Form der Datenspeicherung freigestellt.

(2) ¹Anbieter von im Voraus bezahlten Mobilfunkdiensten haben die Richtigkeit der nach Absatz 1 Satz 1 Nummer 3 und 4 erhobenen Daten, sofern die Daten in vorgelegten Dokumenten oder eingesehenen Registern oder Verzeichnissen enthalten sind, vor der Freischaltung zu überprüfen durch

1. Vorlage eines Ausweises im Sinne des § 2 Absatz 1 des Personalausweisgesetzes,

2. Vorlage eines Passes im Sinne des § 1 Absatz 2 des Passgesetzes,

3. Vorlage eines sonstigen gültigen amtlichen Ausweises, der ein Lichtbild des Inhabers enthält und mit dem die Pass- und Ausweispflicht im Inland erfüllt wird, wozu insbesondere auch ein nach ausländerrechtlichen Bestimmungen anerkannter oder zugelassener Pass, Personalausweis oder Pass- oder Ausweisersatz zählt,

4. Vorlage eines Aufenthaltstitels,

5. Vorlage eines Ankunftsnachweises nach § 63a Absatz 1 des Asylgesetzes oder einer Bescheinigung über die Aufenthaltsgestattung nach § 63 Absatz 1 des Asylgesetzes,

6. Vorlage einer Bescheinigung über die Aussetzung der Abschiebung nach § 60a Absatz 4 des Aufenthaltsgesetzes oder

7. Vorlage eines Auszugs aus dem Handels- oder Genossenschaftsregister oder einem vergleichbaren amtlichen Register oder Verzeichnis, der Gründungsdokumente oder gleichwertiger beweiskräftiger Dokumente oder durch Einsichtnahme in diese Register oder Verzeichnisse und Abgleich mit den darin enthaltenen Daten, sofern es sich bei dem Anschlussinhaber um eine juristische Person oder Personengesellschaft handelt.

²Dazu darf ihnen abweichend von § 20 Absatz 2 Satz 2 des Personalausweisgesetzes und § 18 Absatz 3 Satz 2 des Passgesetzes ein Vertriebspartner eine elektronische Kopie des Personalausweises oder Reisepasses übersenden. ³Die Überprüfung kann auch durch andere geeignete Verfahren erfolgen; die Bundesnetzagentur legt nach Anhörung der betroffenen Kreise fest, welche anderen Verfahren zur Überprüfung geeignet sind, wobei jeweils zum Zweck der Identifikation vor Freischaltung der vertraglich vereinbarten Mobilfunkdienstleistung ein Dokument im Sinne des Satzes 1 genutzt werden muss. ⁴Verpflichtete haben vor Nutzung anderer geeigneter Verfahren die Feststellung der Übereinstimmung eines Verfahrens mit der Festlegung der Bundesnetzagentur durch eine Konformitätsbewertungsstelle im Sinne der Begriffsbestimmung in Artikel 2 Nummer 13 der Verordnung (EG) Nr. 765/2008 des Europäischen Parlaments und des Rates vom 9. Juli 2008 über die Vorschriften für die Akkreditierung und Marktüberwachung im Zusammenhang mit der Vermarktung von Produkten und zur Aufhebung der Verordnung (EWG) Nr. 339/93 des Rates (ABl. L 218 vom 13.8.2008, S. 30) nachzuweisen, die gemäß jener Verordnung als zur Durchführung der Konformitätsbewertung von anderen geeigneten Verfahren nach Satz 3 akkreditiert worden ist. ⁵Die Feststellung darf bei Nutzung des Verfahrens nicht älter als 24 Monate sein. ⁶Bei der Überprüfung ist die Art des eingesetzten Verfahrens zu speichern; bei Überprüfung mittels eines Dokumentes im Sinne des Satzes 1 Nummer 1 bis 6 sind ferner Angaben zu Art, Nummer und ausstellender Stelle zu speichern. ⁷Für die Identifizierung anhand eines elektronischen Identitätsnachweises nach § 18 des Personalausweisgesetzes, nach § 12 des eID-Karte-Gesetzes oder nach § 78 Absatz 5 des Aufenthaltsgesetzes gilt § 8 Absatz 2 Satz 5 des Geldwäschegesetzes entsprechend.

(3) Die Verpflichtung zur unverzüglichen Speicherung nach Absatz 1 Satz 1 gilt hinsichtlich der Daten nach Absatz 1 Satz 1 Nummer 1, 3, 4 und 7 entsprechend für denjenigen, der nummernunabhängige interpersonelle Telekommunikationsdienste erbringt und dabei Daten nach Absatz 1 Satz 1 Nummer 1, 3, 4 und 7 erhebt, wobei an die Stelle der Daten nach Absatz 1 Satz 1 Nummer 1 die entsprechenden Kennungen des Dienstes und an die Stelle des Anschlussinhabers nach Absatz 1 Satz 1 Nummer 3 der Nutzer des Dienstes tritt.

(4) Wird dem Verpflichteten nach den Absätzen 1 bis 3 eine Änderung bekannt, hat er die Daten unverzüglich zu berichtigen.

(5) ¹Bedient sich ein Verpflichteter nach den Absätzen 1 bis 3 zur Erhebung der Daten nach Absatz 1 Satz 1 und 2 und Absatz 3 oder Überprüfung der Daten nach Absatz 2 eines Dritten, bleibt er für die Erfüllung der Pflichten nach den Absätzen 1 bis 3 verantwortlich. ²Es ist dem Dritten verboten, unrichtige Daten zu verwenden oder zu verarbeiten. ³Werden dem Dritten im

Rahmen des üblichen Geschäftsablaufs Änderungen der Daten nach Absatz 1 Satz 1 und 2 und Absatz 3 bekannt, hat er diese dem Anbieter des Telekommunikationsdienstes unverzüglich zu übermitteln.

(6) Die Daten nach den Absätzen 1 bis 3 sind mit Ablauf des auf die Beendigung des Vertragsverhältnisses folgenden Kalenderjahres zu löschen.

(7) Eine Entschädigung für die Datenerhebung und -speicherung wird nicht gewährt.

§ 173 Automatisiertes Auskunftsverfahren. (1) [1] Wer nummerngebundene interpersonelle Telekommunikationsdienste oder Dienste, die ganz oder überwiegend in der Übertragung von Signalen bestehen, erbringt und dabei Rufnummern vergibt, hat die nach § 172 Absatz 1, 2 und 4 erhobenen Daten unverzüglich in Kundendateien zu speichern, in die auch Rufnummern und Rufnummernkontingente, die zur weiteren Vermarktung oder sonstigen Nutzung an andere Anbieter von Telekommunikationsdiensten vergeben werden, sowie bei portierten Rufnummern die aktuelle Portierungskennung aufzunehmen sind. [2] Der Verpflichtete kann auch eine andere Stelle nach Maßgabe des Artikels 28 der Verordnung (EU) 2016/679 des[1]) Europäischen Parlaments und des Rates vom 27. April 2016 zum Schutz natürlicher Personen bei der Verarbeitung personenbezogener Daten, zum freien Datenverkehr und zur Aufhebung der Richtlinie 95/46/EG (Datenschutz-Grundverordnung) (ABl. L 119 vom 4.5.2016, S. 1; L 314 vom 22.11.2016, S. 72; L 127 vom 23.5.2018, S. 2) beauftragen, die Kundendateien zu führen. [3] Für die Berichtigung und Löschung der in den Kundendateien gespeicherten Daten gilt § 172 Absatz 4 und 6 entsprechend. [4] In Fällen portierter Rufnummern sind die Rufnummer und die zugehörige Portierungskennung erst nach Ablauf des Jahres zu löschen, das dem Zeitpunkt folgt, zu dem die Rufnummer wieder an den Netzbetreiber zurückgegeben wurde, dem sie ursprünglich zugeteilt worden war.

(2) [1] Der Verpflichtete hat zu gewährleisten, dass

1. die Bundesnetzagentur jederzeit Daten aus den Kundendateien automatisch im Inland abrufen kann,
2. der Abruf von Daten unter Verwendung unvollständiger Abfragedaten oder die Suche mittels einer Ähnlichenfunktion erfolgen kann.

[2] Der Verpflichtete und sein Beauftragter haben durch technische und organisatorische Maßnahmen sicherzustellen, dass ihnen die abgerufenen Daten nicht zur Kenntnis gelangen können.

(3) [1] Die Bundesnetzagentur darf Daten aus den Kundendateien nur abrufen, soweit die Kenntnis der Daten erforderlich ist

1. für die Verfolgung von Ordnungswidrigkeiten oder Verstößen nach diesem Gesetz oder nach dem Gesetz gegen den unlauteren Wettbewerb,
2. für die Erledigung von Auskunftsersuchen der in Absatz 4 genannten Stellen.

[2] Die ersuchende Stelle prüft unverzüglich, inwieweit sie die als Antwort übermittelten Daten benötigt; nicht benötigte Daten löscht sie unverzüglich; dies gilt auch für die Bundesnetzagentur für den Abruf von Daten nach Satz 1 Nummer 1.

---

[1]) Nr. 1.

(4) Auskünfte aus den Kundendateien nach Absatz 1 werden den folgenden Stellen nach Absatz 7 jederzeit erteilt, soweit die Auskünfte zur Erfüllung ihrer gesetzlichen Aufgaben erforderlich sind und die Ersuchen an die Bundesnetzagentur im automatisierten Auskunftsverfahren vorgelegt werden:

1. den Gerichten und Strafverfolgungsbehörden,
2. den Polizeivollzugsbehörden des Bundes und der Länder für Zwecke der Gefahrenabwehr,
3. dem Zollkriminalamt und den Zollfahndungsämtern für Zwecke eines Strafverfahrens sowie dem Zollkriminalamt zur Vorbereitung und Durchführung von Maßnahmen nach § 72 des Zollfahndungsdienstgesetzes,
4. den Verfassungsschutzbehörden des Bundes und der Länder, dem Militärischen Abschirmdienst, dem Bundesnachrichtendienst,
5. den Notrufabfragestellen nach § 164 sowie der Abfragestelle für die Rufnummer 124 124,
6. der Bundesanstalt für Finanzdienstleistungsaufsicht,
7. den Behörden der Zollverwaltung für die in § 2 Absatz 1 des Schwarzarbeitsbekämpfungsgesetzes genannten Zwecke über zentrale Abfragestellen,
8. den nach Landesrecht für die Verfolgung und Ahndung von Ordnungswidrigkeiten zuständigen Behörden für die in § 2 Absatz 3 des Schwarzarbeitsbekämpfungsgesetzes genannten Zwecke über zentrale Abfragestellen sowie
9. den für die Verfolgung und Ahndung von Ordnungswidrigkeiten nach § 81 Absatz 1 bis 3 des Gesetzes gegen Wettbewerbsbeschränkungen zuständigen Kartellbehörden.

(5) [1]Das Bundesministerium für Wirtschaft und Energie wird ermächtigt, im Einvernehmen mit dem Bundeskanzleramt, dem Bundesministerium des Innern, für Bau und Heimat, dem Bundesministerium der Justiz und für Verbraucherschutz, dem Bundesministerium der Finanzen, dem Bundesministerium für Verkehr und digitale Infrastruktur sowie dem Bundesministerium der Verteidigung eine Rechtsverordnung mit Zustimmung des Bundesrates zu erlassen, in der Folgendes geregelt wird:

1. die wesentlichen Anforderungen an die technischen Verfahren

    a) zur Übermittlung der Ersuchen an die Bundesnetzagentur,

    b) zur Abfrage der Daten durch die Bundesnetzagentur bei den Verpflichteten und deren Antwort an die Bundesnetzagentur einschließlich der für die Abfrage zu verwendenden Datenarten und

    c) zur Übermittlung der Ergebnisse des Abrufs von der Bundesnetzagentur an die ersuchenden Stellen,

2. die zu beachtenden Sicherheitsanforderungen,
3. für Auskünfte und Abrufe mit unvollständigen Abfragedaten und für die Suche mittels einer Ähnlichenfunktion

    a) die Mindestanforderungen an den Umfang der einzugebenden Daten zur möglichst genauen Bestimmung der gesuchten Person,

    b) die Zeichen, die in Ersuchen verwendet werden dürfen,

    c) Anforderungen an den Einsatz sprachwissenschaftlicher Verfahren, die gewährleisten, dass unterschiedliche Schreibweisen eines Personen-, Straßen- oder Ortsnamens sowie Abweichungen, die sich aus der Vertauschung, Auslassung oder Hinzufügung von Namensbestandteilen ergeben, in die Suche und das Suchergebnis einbezogen werden,

d) die zulässige Menge der an die Bundesnetzagentur zu übermittelnden Antwortdatensätze sowie

4. wer abweichend von Absatz 1 Satz 1 aus Gründen der Verhältnismäßigkeit keine Kundendateien für das automatisierte Auskunftsverfahren vorhalten muss; in diesen Fällen gilt § 172 Absatz 1 Satz 4 entsprechend.

²Im Übrigen können in der Rechtsverordnung auch Einschränkungen der Abfragemöglichkeit für die in Absatz 4 Nummer 5 bis 9 genannten Stellen auf den für diese Stellen erforderlichen Umfang geregelt werden.

(6) ¹Die technischen Einzelheiten des automatisierten Auskunftsverfahrens legt die Bundesnetzagentur unter Beteiligung der betroffenen Verbände und der berechtigten Stellen in einer Technischen Richtlinie fest, die bei Bedarf an den Stand der Technik anzupassen ist. ²Die Verpflichteten nach den Absätzen 1 und 2 und die berechtigten Stellen haben die Anforderungen der Technischen Richtlinie spätestens ein Jahr nach deren Inkrafttreten zu erfüllen, es sei denn, in der Technischen Richtlinie ist eine davon abweichende Umsetzungsfrist festgelegt worden. ³Nach dieser Richtlinie gestaltete mängelfreie technische Einrichtungen müssen im Falle einer Änderung der Technischen Richtlinie spätestens drei Jahre nach deren Inkrafttreten die geänderten Anforderungen erfüllen.

(7) ¹Auf Ersuchen der in Absatz 4 genannten Stellen hat die Bundesnetzagentur die entsprechenden Datensätze aus den Kundendateien nach Absatz 1 abzurufen und als Ergebnis an die ersuchende Stelle zu übermitteln. ²Sie prüft die Zulässigkeit der Übermittlung nur, soweit hierzu ein besonderer Anlass besteht. ³Die Verantwortung für die Zulässigkeit der Übermittlung tragen

1. in den Fällen des Absatzes 3 Satz 1 Nummer 1 die Bundesnetzagentur und

2. in den Fällen des Absatzes 3 Satz 1 Nummer 2 die in Absatz 4 genannten Stellen.

(8) ¹Die Bundesnetzagentur protokolliert für Zwecke der Datenschutzkontrolle durch die jeweils zuständige Stelle bei jedem Abruf

1. den Zeitpunkt,

2. die bei der Durchführung des Abrufs verwendeten Daten,

3. die abgerufenen Daten,

4. ein die abrufende Person eindeutig bezeichnendes Datum sowie

5. die ersuchende Stelle, deren Aktenzeichen und ein die ersuchende Person eindeutig bezeichnendes Datum.

²Eine Verwendung der Protokolldaten für andere Zwecke ist unzulässig. ³Die Protokolldaten sind nach einem Jahr zu löschen.

(9) ¹Der Verpflichtete nach den Absätzen 1 und 2 hat alle technischen Vorkehrungen in seinem Verantwortungsbereich auf seine Kosten zu treffen, die für die Erteilung der Auskünfte nach dieser Vorschrift erforderlich sind. ²Dazu gehören auch die Anschaffung der zur Sicherstellung der Vertraulichkeit und des Schutzes vor unberechtigten Zugriffen erforderlichen Geräte, die Einrichtung eines geeigneten Telekommunikationsanschlusses sowie die laufende Bereitstellung dieser Vorkehrungen nach Maßgaben der Rechtsverordnung nach Absatz 5 und der Technischen Richtlinie nach Absatz 6. ³Eine Ent-

schädigung für im automatisierten Auskunftsverfahren erteilte Auskünfte wird den Verpflichteten nicht gewährt.

§ 174 Manuelles Auskunftsverfahren. (1) [1]Wer Telekommunikationsdienste erbringt oder daran mitwirkt, darf von ihm erhobene Bestandsdaten sowie die nach § 172 erhobenen Daten nach Maßgabe dieser Vorschrift zur Erfüllung von Auskunftspflichten gegenüber den in Absatz 3 genannten Stellen verwenden. [2]Dies gilt auch für Daten, mittels derer der Zugriff auf Endgeräte oder auf Speichereinrichtungen, die in diesen Endgeräten oder hiervon räumlich getrennt eingesetzt werden, geschützt wird. [3]Die in eine Auskunft aufzunehmenden Daten dürfen auch anhand einer zu einem bestimmten Zeitpunkt zugewiesenen Internetprotokoll-Adresse bestimmt werden; hierfür dürfen Verkehrsdaten auch automatisiert ausgewertet werden. [4]Für die Auskunftserteilung nach Satz 3 sind sämtliche unternehmensinternen Datenquellen zu berücksichtigen. [5]Der Verpflichtete hat die in seinem Verantwortungsbereich für die Auskunftserteilung erforderlichen Vorkehrungen auf eigene Kosten zu treffen.

(2) [1]Die Auskunft darf nur erteilt werden nach Maßgabe der nachfolgenden Absätze und soweit die um die Auskunft ersuchende Stelle dies im Einzelfall unter Angabe einer gesetzlichen Bestimmung verlangt, die ihr eine Erhebung der in Absatz 1 in Bezug genommenen Daten erlaubt. [2]Das Auskunftsverlangen ist schriftlich oder elektronisch zu stellen. [3]Bei Gefahr im Verzug darf die Auskunft auch erteilt werden, wenn das Verlangen in anderer Form gestellt wird. [4]In diesem Falle ist das Verlangen unverzüglich nachträglich schriftlich oder elektronisch zu bestätigen. [5]Die Verantwortung für die Zulässigkeit der Auskunft tragen die um Auskunft ersuchenden Stellen.

(3) Die Auskunft nach Absatz 1 Satz 1 darf nur erteilt werden

1. an die für die Verfolgung von Straftaten und Ordnungswidrigkeiten zuständigen Behörden, soweit zureichende tatsächliche Anhaltspunkte für eine Straftat oder Ordnungswidrigkeit vorliegen und die in die Auskunft aufzunehmenden Daten erforderlich sind, um den Sachverhalt zu erforschen, den Aufenthaltsort eines Beschuldigten oder Betroffenen zu ermitteln oder eine Strafe zu vollstrecken,

2. an die für die Abwehr von Gefahren für die öffentliche Sicherheit oder Ordnung zuständigen Behörden, wenn die in die Auskunft aufzunehmenden Daten im Einzelfall erforderlich sind

   a) zur Abwehr einer Gefahr für die öffentliche Sicherheit oder

   b) zum Schutz von Leib, Leben, Freiheit der Person, sexueller Selbstbestimmung, dem Bestand und der Sicherheit des Bundes oder eines Landes, der freiheitlich demokratischen Grundordnung, Gütern der Allgemeinheit, deren Bedrohung die Grundlagen der Existenz der Menschen berührt sowie nicht unerheblichen Sachwerten, wenn Tatsachen den Schluss auf ein wenigstens seiner Art nach konkretisiertes sowie zeitlich absehbares Geschehen zulassen, an dem bestimmte Personen beteiligt sein werden, oder

   c) zum Schutz von Leib, Leben, Freiheit der Person, sexueller Selbstbestimmung, dem Bestand und der Sicherheit des Bundes oder eines Landes, der freiheitlich demokratischen Grundordnung sowie Gütern der Allgemeinheit, deren Bedrohung die Grundlagen der Existenz der Menschen berührt, wenn das individuelle Verhalten einer Person die konkrete Wahrscheinlichkeit begründet, dass sie in einem übersehbaren Zeitraum eine gegen ein solches Rechtsgut gerichtete Straftat begehen wird, oder

d) zur Verhütung einer Straftat von erheblicher Bedeutung, sofern Tatsachen die Annahme rechtfertigen, dass eine Person innerhalb eines übersehbaren Zeitraums auf eine ihrer Art nach konkretisierte Weise als Täter oder Teilnehmer an der Begehung einer Tat beteiligt ist, oder

e) zur Verhütung einer schweren Straftat nach § 100a Absatz 2 der Strafprozessordnung[1], sofern das individuelle Verhalten einer Person die konkrete Wahrscheinlichkeit begründet, dass die Person innerhalb eines übersehbaren Zeitraums die Tat begehen wird,

3. an das Bundeskriminalamt als Zentralstelle nach § 2 des Bundeskriminalamtgesetzes,

a) sofern zureichende tatsächliche Anhaltspunkte für eine Straftat im Sinne des § 2 Absatz 1 des Bundeskriminalamtgesetzes vorliegen und die in die Auskunft aufzunehmenden Daten erforderlich sind,

   aa) um die zuständige Strafverfolgungsbehörde zu ermitteln, oder

   bb) um ein Auskunftsersuchen einer ausländischen Strafverfolgungsbehörde im Rahmen des internationalen polizeilichen Dienstverkehrs, das nach Maßgabe der Vorschriften über die internationale Rechtshilfe in Strafsachen bearbeitet wird, zu erledigen, oder

b) sofern die in die Auskunft aufzunehmenden Daten im Rahmen der Strafvollstreckung erforderlich sind, um ein Auskunftsersuchen einer ausländischen Strafverfolgungsbehörde im Rahmen des polizeilichen Dienstverkehrs, das nach Maßgabe der Vorschriften über die internationale Rechtshilfe in Strafsachen bearbeitet wird, zu erledigen, oder

c) sofern die Gefahr besteht, dass eine Person an der Begehung einer Straftat im Sinne des § 2 Absatz 1 des Bundeskriminalamtgesetzes beteiligt sein wird und die in die Auskunft aufzunehmenden Daten erforderlich sind,

   aa) um die für die Verhütung der Straftat zuständige Polizeibehörde zu ermitteln, oder

   bb) um ein Auskunftsersuchen einer ausländischen Polizeibehörde im Rahmen des polizeilichen Dienstverkehrs zur Verhütung der Straftat zu erledigen, oder

d) sofern Tatsachen die Annahme rechtfertigen, dass eine Person innerhalb eines übersehbaren Zeitraums auf eine zumindest ihrer Art nach konkretisierte Weise an einer Straftat von erheblicher Bedeutung beteiligt sein wird und die in die Auskunft aufzunehmenden Daten erforderlich sind,

   aa) um die für die Verhütung der Straftat zuständige Polizeibehörde zu ermitteln oder

   bb) um ein Auskunftsersuchen einer ausländischen Polizeibehörde im Rahmen des polizeilichen Dienstverkehrs zur Verhütung der Straftat zu erledigen oder

e) sofern das individuelle Verhalten einer Person die konkrete Wahrscheinlichkeit begründet, dass sie innerhalb eines übersehbaren Zeitraums eine schwere Straftat nach § 100a Absatz 2 der Strafprozessordnung[1] begehen wird und die in die Auskunft aufzunehmenden Daten erforderlich sind,

---

[1] Nr. 20.

10 TKG § 174

aa) um die für die Verhütung der Straftat zuständige Polizeibehörde zu ermitteln oder

bb) um ein Auskunftsersuchen einer ausländischen Polizeibehörde im Rahmen des polizeilichen Dienstverkehrs zur Verhütung der Straftat zu erledigen,

4. an das Zollkriminalamt als Zentralstelle nach § 3 des Zollfahndungsdienstgesetzes,

a) sofern zureichende tatsächliche Anhaltspunkte für eine Straftat vorliegen und die in die Auskunft aufzunehmenden Daten erforderlich sind, um

aa) die zuständige Strafverfolgungsbehörde zu ermitteln, oder

bb) ein Auskunftsersuchen einer ausländischen Strafverfolgungsbehörde im Rahmen des internationalen polizeilichen Dienstverkehrs, das nach Maßgabe der Vorschriften über die internationale Rechtshilfe in Strafsachen bearbeitet wird, auch im Rahmen der Strafvollstreckung, zu erledigen, oder

b) sofern dies im Einzelfall erforderlich ist

aa) zur Abwehr einer Gefahr für die öffentliche Sicherheit,

bb) zum Schutz von Leib, Leben, Freiheit der Person, sexueller Selbstbestimmung, dem Bestand und der Sicherheit des Bundes oder eines Landes, der freiheitlich demokratischen Grundordnung, Gütern der Allgemeinheit, deren Bedrohung die Grundlagen der Existenz der Menschen berührt, sowie nicht unerheblichen Sachwerten, wenn Tatsachen den Schluss auf ein wenigstens seiner Art nach konkretisiertes und zeitlich absehbares Geschehen zulassen, an dem bestimmte Personen beteiligt sein werden, oder

cc) zum Schutz von Leib, Leben, Freiheit der Person, sexueller Selbstbestimmung, dem Bestand und der Sicherheit des Bundes oder eines Landes, der freiheitlich demokratischen Grundordnung sowie Gütern der Allgemeinheit, deren Bedrohung die Grundlagen der Existenz der Menschen berührt, wenn das individuelle Verhalten einer Person die konkrete Wahrscheinlichkeit begründet, dass die Gefährdung eines solchen Rechtsgutes in einem übersehbaren Zeitraum eintreten wird, oder

dd) zur Erledigung eines Auskunftsersuchens einer ausländischen Polizeibehörde im Rahmen des polizeilichen Dienstverkehrs zur Verhütung einer Straftat oder

ee) zur Verhütung einer Straftat von erheblicher Bedeutung, sofern Tatsachen die Annahme rechtfertigen, dass eine Person innerhalb eines übersehbaren Zeitraums auf eine ihrer Art nach konkretisierte Weise als Täter oder Teilnehmer an der Begehung der Tat beteiligt ist, oder

ff) zur Verhütung einer schweren Straftat nach § 100a Absatz 2 der Strafprozessordnung[1]), sofern das individuelle Verhalten einer Person die konkrete Wahrscheinlichkeit begründet, dass die Person innerhalb eines übersehbaren Zeitraums die Tat begehen wird,

---

[1]) Nr. **20**.

5. an die Verfassungsschutzbehörden des Bundes und der Länder, soweit dies aufgrund tatsächlicher Anhaltspunkte im Einzelfall erforderlich ist zur Aufklärung bestimmter Bestrebungen oder Tätigkeiten nach
   a) § 3 Absatz 1 des Bundesverfassungsschutzgesetzes oder
   b) einem zum Verfassungsschutz (§ 1 Absatz 1 des Bundesverfassungsschutzgesetzes) landesgesetzlich begründeten Beobachtungsauftrag der Landesbehörde, insbesondere zum Schutz der verfassungsmäßigen Ordnung vor Bestrebungen und Tätigkeiten der organisierten Kriminalität,
6. an den Militärischen Abschirmdienst, soweit dies aufgrund tatsächlicher Anhaltspunkte im Einzelfall zur Aufklärung bestimmter Bestrebungen oder Tätigkeiten nach § 1 Absatz 1 des MAD-Gesetzes oder zur Sicherung der Einsatzbereitschaft der Truppe oder zum Schutz der Angehörigen, der Dienststellen oder Einrichtungen des Geschäftsbereichs des Bundesministeriums der Verteidigung nach § 14 Absatz 1 des MAD-Gesetzes erforderlich ist,
7. an den Bundesnachrichtendienst, soweit dies erforderlich ist
   a) zur politischen Unterrichtung der Bundesregierung, wenn im Einzelfall tatsächliche Anhaltspunkte dafür vorliegen, dass durch die Auskunft Informationen über das Ausland gewonnen werden können, die von außen- und sicherheitspolitischer Bedeutung für die Bundesrepublik Deutschland sind und zu deren Aufklärung das Bundeskanzleramt den Bundesnachrichtendienst beauftragt hat, oder
   b) zur Früherkennung von aus dem Ausland drohenden Gefahren von internationaler Bedeutung, wenn im Einzelfall tatsächliche Anhaltspunkte dafür vorliegen, dass durch die Auskunft Erkenntnisse gewonnen werden können mit Bezug zu den in § 4 Absatz 3 Nummer 1 des BND-Gesetzes genannten Gefahrenbereichen oder zum Schutz der in § 4 Absatz 3 Nummer 2 und 3 des BND-Gesetzes genannten Rechtsgütern,
8. an das Bundesamt für Sicherheit in der Informationstechnik zum Schutz der Versorgung der Bevölkerung in den Bereichen des § 2 Absatz 10 Satz 1 Nummer 1 des BSI-Gesetzes oder der öffentlichen Sicherheit, um damit eine Beeinträchtigung der Sicherheit oder Funktionsfähigkeit informationstechnischer Systeme einer Kritischen Infrastruktur oder eines Unternehmens im besonderen öffentlichen Interesse abzuwenden, wenn Tatsachen den Schluss auf ein wenigstens seiner Art nach konkretisiertes und zeitlich absehbares Geschehen zulassen, das auf die informationstechnischen Systeme bestimmbarer Infrastrukturen oder Unternehmen abzielen wird, und die in die Auskunft aufzunehmenden Daten im Einzelfall erforderlich ist, um den Betreiber der betroffenen Kritischen Infrastruktur oder das betroffene Unternehmen im besonderen öffentlichen Interesse vor dieser Beeinträchtigung zu warnen, über diese zu informieren oder bei deren Beseitigung zu beraten oder zu unterstützen.

(4) ¹Die Auskunft nach Absatz 1 Satz 2 darf nur unter den Voraussetzungen des Absatzes 3 und nur dann erteilt werden, wenn die Auskunft verlangende Stelle auch zur Nutzung der zu beauskunftenden Daten im Einzelfall berechtigt ist. ²Die Verantwortung für die Berechtigung zur Nutzung der zu beauskunftenden Daten tragen die um Auskunft ersuchenden Stellen.

(5) Die Auskunft nach Absatz 1 Satz 3 darf nur erteilt werden an

1. die für die Verfolgung von Straftaten zuständigen Behörden, soweit zureichende tatsächliche Anhaltspunkte für eine Straftat vorliegen und die in die

Auskunft aufzunehmenden Daten erforderlich sind, um den Sachverhalt zu erforschen, den Aufenthaltsort eines Beschuldigten zu ermitteln oder eine Strafe zu vollstrecken,

2. die für die Abwehr von Gefahren für die öffentliche Sicherheit oder Ordnung zuständigen Behörden, wenn die in die Auskunft aufzunehmenden Daten im Einzelfall erforderlich sind

   a) zum Schutz von Leib, Leben, Freiheit der Person, sexueller Selbstbestimmung, dem Bestand und der Sicherheit des Bundes oder eines Landes, der freiheitlich demokratischen Grundordnung, Gütern der Allgemeinheit, deren Bedrohung die Grundlagen der Existenz der Menschen berührt, sowie nicht unerheblicher Sachwerte oder zur Verhütung einer Straftat oder

   b) zum Schutz von Leib, Leben, Freiheit der Person, sexueller Selbstbestimmung, dem Bestand und der Sicherheit des Bundes oder eines Landes, der freiheitlich demokratischen Grundordnung sowie Gütern der Allgemeinheit, deren Bedrohung die Grundlagen der Existenz der Menschen berührt, wenn Tatsachen den Schluss auf ein wenigstens seiner Art nach konkretisiertes sowie zeitlich absehbares Geschehen zulassen, an dem bestimmte Personen beteiligt sein werden, oder

   c) zum Schutz von Leib, Leben, Freiheit der Person, sexueller Selbstbestimmung, dem Bestand und der Sicherheit des Bundes oder eines Landes, der freiheitlich demokratischen Grundordnung sowie Gütern der Allgemeinheit, deren Bedrohung die Grundlagen der Existenz der Menschen berührt, wenn das individuelle Verhalten einer Person die konkrete Wahrscheinlichkeit begründet, dass sie in einem übersehbaren Zeitraum eine gegen ein solches Rechtsgut gerichtete Straftat begehen wird, oder

   d) zur Verhütung einer schweren Straftat nach § 100a Absatz 2 der Strafprozessordnung[1], sofern Tatsachen die Annahme rechtfertigen, dass eine Person innerhalb eines übersehbaren Zeitraums auf eine ihrer Art nach konkretisierten Weise als Täter oder Teilnehmer an der Begehung einer Tat beteiligt ist, oder

   e) zur Verhütung einer schweren Straftat nach § 100a Absatz 2 der Strafprozessordnung[1], sofern das individuelle Verhalten einer Person die konkrete Wahrscheinlichkeit begründet, dass die Person innerhalb eines übersehbaren Zeitraums die Tat begehen wird,

3. das Bundeskriminalamt als Zentralstelle nach § 2 des Bundeskriminalamtgesetzes, sofern

   a) zureichende tatsächliche Anhaltspunkte für eine Straftat im Sinne des § 2 Absatz 1 des Bundeskriminalamtgesetzes vorliegen und die in die Auskunft aufzunehmenden Daten erforderlich sind, um

      aa) die zuständige Strafverfolgungsbehörde zu ermitteln, oder

      bb) ein Auskunftsersuchen einer ausländischen Strafverfolgungsbehörde im Rahmen des internationalen polizeilichen Dienstverkehrs, das nach Maßgabe der Vorschriften über die internationale Rechtshilfe in Strafsachen bearbeitet wird, zu erledigen, oder

   b) die in die Auskunft aufzunehmenden Daten im Rahmen der Strafvollstreckung erforderlich sind, um ein Auskunftsersuchen einer ausländischen

---

[1] Nr. 20.

Strafverfolgungsbehörde im Rahmen des polizeilichen Dienstverkehrs, das nach Maßgabe der Vorschriften über die internationale Rechtshilfe in Strafsachen bearbeitet wird, zu erledigen,

c) die Gefahr besteht, dass eine Person an der Begehung einer Straftat im Sinne des § 2 Absatz 1 des Bundeskriminalamtgesetzes beteiligt sein wird und die in die Auskunft aufzunehmenden Daten erforderlich sind, um

aa) die für die Verhütung der Straftat zuständigen Polizeibehörde zu ermitteln, oder

bb) ein Auskunftsersuchen einer ausländischen Polizeibehörde im Rahmen des polizeilichen Dienstverkehrs zur Verhütung der Straftat zu erledigen, oder

d) Tatsachen die Annahme rechtfertigen, dass eine Person innerhalb eines übersehbaren Zeitraums auf eine zumindest ihrer Art nach konkretisierte Weise an einer schweren Straftat nach § 100a Absatz 2 der Strafprozessordnung[1] beteiligt sein wird und die in die Auskunft aufzunehmenden Daten erforderlich sind, um

aa) die für die Verhütung der Straftat zuständige Polizeibehörde zu ermitteln, oder

bb) ein Auskunftsersuchen einer ausländischen Polizeibehörde im Rahmen des polizeilichen Dienstverkehrs zur Verhütung der Straftat zu erledigen, oder

e) das individuelle Verhalten einer Person die konkrete Wahrscheinlichkeit begründet, dass sie innerhalb eines übersehbaren Zeitraums eine schwere Straftat nach § 100a Absatz 2 der Strafprozessordnung[1] begehen wird, und die in die Auskunft aufzunehmenden Daten erforderlich sind, um

aa) die für die Verhütung der Straftat zuständige Polizeibehörde zu ermitteln, oder

bb) ein Auskunftsersuchen einer ausländischen Polizeibehörde im Rahmen des polizeilichen Dienstverkehrs zur Verhütung der Straftat zu erledigen,

4. das Zollkriminalamt als Zentralstelle nach § 3 des Zollfahndungsdienstgesetzes, sofern

a) im Einzelfall zureichende tatsächliche Anhaltspunkte für eine Straftat vorliegen und die in die Auskunft aufzunehmenden Daten erforderlich sind, um

aa) die zuständige Strafverfolgungsbehörde zu ermitteln, oder

bb) ein Auskunftsersuchen einer ausländischen Strafverfolgungsbehörde im Rahmen des internationalen polizeilichen Dienstverkehrs, das nach Maßgabe der Vorschriften über die internationale Rechtshilfe in Strafsachen bearbeitet wird, auch im Rahmen der Strafvollstreckung, zu erledigen, oder

b) dies im Einzelfall erforderlich ist

aa) zum Schutz von Leib, Leben, Freiheit der Person, sexueller Selbstbestimmung, dem Bestand und der Sicherheit des Bundes oder eines Landes, der freiheitlich demokratischen Grundordnung, Gütern der Allgemeinheit, deren Bedrohung die Grundlagen der Existenz der

---

[1] Nr. 20.

Menschen berührt, sowie nicht unerheblicher Sachwerte oder zur Verhütung einer Straftat, oder

bb) zum Schutz von Leib, Leben, Freiheit der Person, sexueller Selbstbestimmung, dem Bestand und der Sicherheit des Bundes oder eines Landes, der freiheitlich demokratischen Grundordnung sowie Gütern der Allgemeinheit, deren Bedrohung die Grundlagen der Existenz der Menschen berührt, wenn Tatsachen den Schluss auf ein wenigstens seiner Art nach konkretisiertes und zeitlich absehbares Geschehen zulassen, an dem bestimmte Personen beteiligt sein werden, oder

cc) zum Schutz von Leib, Leben, Freiheit der Person, sexueller Selbstbestimmung, dem Bestand und der Sicherheit des Bundes oder eines Landes, der freiheitlich demokratischen Grundordnung sowie Gütern der Allgemeinheit, deren Bedrohung die Grundlagen der Existenz der Menschen berührt, wenn das individuelle Verhalten einer Person die konkrete Wahrscheinlichkeit begründet, dass die Gefährdung eines solchen Rechtsgutes in einem übersehbaren Zeitraum eintreten wird, oder

dd) zur Erledigung eines Auskunftsersuchens einer ausländischen Polizeibehörde im Rahmen des polizeilichen Dienstverkehrs zur Verhütung einer schweren Straftat nach § 100a Absatz 2 der Strafprozessordnung[1]), oder

ee) zur Verhütung einer schweren Straftat nach § 100a Absatz 2 der Strafprozessordnung[1]), sofern Tatsachen die Annahme rechtfertigen, dass eine Person innerhalb eines übersehbaren Zeitraums auf eine ihrer Art nach konkretisierte Weise als Täter oder Teilnehmer an der Begehung der Tat beteiligt ist, oder

ff) zur Verhütung einer schweren Straftat nach § 100a Absatz 2 der Strafprozessordnung[1]), sofern das individuelle Verhalten einer Person, die konkrete Wahrscheinlichkeit begründet, dass die Person innerhalb eines übersehbaren Zeitraums die Tat begehen wird,

5. die Verfassungsschutzbehörden des Bundes und der Länder, soweit dies aufgrund tatsächlicher Anhaltspunkte im Einzelfall erforderlich ist zur Aufklärung bestimmter Bestrebungen oder Tätigkeiten nach

a) § 3 Absatz 1 des Bundesverfassungsschutzgesetzes oder

b) einem zum Verfassungsschutz (§ 1 Absatz 1 des Bundesverfassungsschutzgesetzes) landesgesetzlich begründeten Beobachtungsauftrag der Landesbehörde, insbesondere zum Schutz der verfassungsmäßigen Ordnung vor Bestrebungen und Tätigkeiten der organisierten Kriminalität,

6. den Militärischen Abschirmdienst, soweit dies aufgrund tatsächlicher Anhaltspunkte im Einzelfall zur Aufklärung bestimmter Bestrebungen oder Tätigkeiten nach § 1 Absatz 1 des MAD-Gesetzes oder zur Sicherung der Einsatzbereitschaft der Truppe oder zum Schutz der Angehörigen, der Dienststellen und Einrichtungen des Geschäftsbereichs des Bundesministeriums der Verteidigung nach § 14 Absatz 1 des MAD-Gesetzes erforderlich ist,

7. den Bundesnachrichtendienst, soweit dies erforderlich ist

a) zur politischen Unterrichtung der Bundesregierung, wenn im Einzelfall tatsächliche Anhaltspunkte dafür vorliegen, dass durch die Auskunft Infor-

---

[1]) Nr. 20.

mationen über das Ausland gewonnen werden können, die von außen- und sicherheitspolitischer Bedeutung für die Bundesrepublik Deutschland sind und zu deren Aufklärung das Bundeskanzleramt den Bundesnachrichtendienst beauftragt hat, oder

b) zur Früherkennung von aus dem Ausland drohenden Gefahren von internationaler Bedeutung, wenn im Einzelfall tatsächliche Anhaltspunkte dafür vorliegen, dass durch die Auskunft Erkenntnisse gewonnen werden können mit Bezug zu den in § 4 Absatz 3 Nummer 1 des BND-Gesetzes genannten Gefahrenbereichen oder zum Schutz der in § 4 Absatz 3 Nummer 2 und 3 des BND-Gesetzes genannten Rechtsgüter,

8. an das Bundesamt für Sicherheit in der Informationstechnik zum Schutz der Versorgung der Bevölkerung in den Bereichen des § 2 Absatz 10 Satz 1 Nummer 1 des BSI-Gesetzes oder der öffentlichen Sicherheit, um damit eine Beeinträchtigung der Sicherheit oder Funktionsfähigkeit informationstechnischer Systeme einer Kritischen Infrastruktur oder eines Unternehmens im besonderen öffentlichen Interesse abzuwenden, wenn Tatsachen den Schluss auf ein wenigstens seiner Art nach konkretisiertes und zeitlich absehbares Geschehen zulassen, das auf die informationstechnischen Systeme bestimmbarer Infrastrukturen oder Unternehmen abzielen wird, und die in die Auskunft aufzunehmenden Daten im Einzelfall erforderlich sind, um den Betreiber der betroffenen Kritischen Infrastruktur oder das betroffene Unternehmen im besonderen öffentlichen Interesse vor dieser Beeinträchtigung zu warnen, über diese zu informieren oder bei deren Beseitigung zu beraten oder zu unterstützen.

(6) ¹Derjenige, der geschäftsmäßig Telekommunikationsdienste erbringt oder daran mitwirkt, hat die zu beauskunftenden Daten unverzüglich und vollständig zu übermitteln. ²Über das Auskunftsersuchen und die Auskunftserteilung haben die Verpflichteten gegenüber den Betroffenen sowie Dritten Stillschweigen zu wahren.

(7) ¹Wer öffentlich zugängliche Telekommunikationsdienste erbringt, hat für die Entgegennahme der Auskunftsverlangen sowie für die Erteilung der zugehörigen Auskünfte gesicherte elektronische Schnittstellen nach Maßgabe der Verordnung nach § 170 Absatz 5 und der Technischen Richtlinie nach § 170 Absatz 6 bereitzuhalten, durch die auch die gegen die Kenntnisnahme der Daten durch Unbefugte gesicherte Übertragung gewährleistet ist. ²Dabei haben Verpflichtete mit 100 000 oder mehr Vertragspartnern die Schnittstelle sowie das E-Mail-basierte Übermittlungsverfahren nach der Technischen Richtlinie nach § 170 Absatz 6 bereitzuhalten. ³Verpflichtete mit weniger als 100 000 Vertragspartnern müssen nur das E-Mail-basierte Übermittlungsverfahren bereithalten. ⁴Darüber hinaus gelten für die Entgegennahme der Auskunftsverlangen sowie für die Übermittlung der zugehörigen Auskünfte § 31 Absatz 2 Satz 2 bis 4 und Absatz 6 und 7, § 34 Absatz 1 Satz 1 und 3 und Absatz 2 sowie § 35 der Verordnung nach § 170 Absatz 5 entsprechend. ⁵Die Verpflichteten haben dafür Sorge zu tragen, dass jedes Auskunftsverlangen durch eine verantwortliche Fachkraft auf Einhaltung der in Absatz 2 genannten formalen Voraussetzungen geprüft und die weitere Bearbeitung des Verlangens erst nach einem positiven Prüfergebnis freigegeben wird. ⁶Die Prüfung und Freigabe durch eine verantwortliche Fachkraft nach Satz 5 kann unterbleiben, sofern durch die technische Ausgestaltung der elektronischen Schnittstelle die

Einhaltung der in Absatz 2 genannten formalen Voraussetzungen automatisch überprüft werden kann.

§ 175 Verpflichtete; Entschädigung. (1) [1]Die Verpflichtungen zur Speicherung von Verkehrsdaten, zur Verwendung der Daten und zur Datensicherheit nach den §§ 176 bis 181 beziehen sich auf Anbieter öffentlich zugänglicher Telekommunikationsdienste für Endnutzer, bei denen es sich nicht um nummernunabhängige interpersonelle Telekommunikationsdienste handelt. [2]Ein Anbieter nach Satz 1, der nicht alle der nach Maßgabe der §§ 176 bis 181 zu speichernden Daten selbst erzeugt oder verarbeitet, hat

1. sicherzustellen, dass die nicht von ihm selbst bei der Erbringung seines Dienstes erzeugten oder verarbeiteten Daten gemäß § 176 Absatz 1 gespeichert werden, und

2. der Bundesnetzagentur auf deren Verlangen unverzüglich mitzuteilen, wer diese Daten speichert.

(2) [1]Für notwendige Aufwendungen, die den Verpflichteten durch die Umsetzung der Vorgaben aus den §§ 176, 178 bis 181 entstehen, ist eine angemessene Entschädigung zu zahlen, soweit dies zur Abwendung oder zum Ausgleich unbilliger Härten geboten erscheint. [2]Für die Bemessung der Entschädigung sind die tatsächlich entstandenen Kosten maßgebend. [3]Über Anträge auf Entschädigung entscheidet die Bundesnetzagentur.

§ 176 Pflichten zur Speicherung von Verkehrsdaten. (1) Die in § 175 Absatz 1 Genannten sind verpflichtet, Daten wie folgt im Inland zu speichern:

1. Daten nach den Absätzen 2 und 3 für zehn Wochen,
2. Standortdaten nach Absatz 4 für vier Wochen.

(2) [1]Die Anbieter von Sprachkommunikationsdiensten speichern

1. die Rufnummer oder eine andere Kennung des anrufenden und des angerufenen Anschlusses sowie bei Um- oder Weiterschaltungen jedes weiteren beteiligten Anschlusses,

2. Datum und Uhrzeit von Beginn und Ende der Verbindung unter Angabe der zugrunde liegenden Zeitzone,

3. Angaben zu dem genutzten Dienst, wenn im Rahmen des Sprachkommunikationsdienstes unterschiedliche Dienste genutzt werden können,

4. im Falle mobiler Sprachkommunikationsdienste ferner

    a) die internationale Kennung mobiler Endnutzer für den anrufenden und den angerufenen Anschluss,

    b) die internationale Kennung des anrufenden und des angerufenen Endgerätes,

    c) Datum und Uhrzeit der ersten Aktivierung des Dienstes unter Angabe der zugrunde liegenden Zeitzone, wenn Dienste im Voraus bezahlt wurden,

5. im Falle von Internet-Sprachkommunikationsdiensten auch die Internetprotokoll-Adressen des anrufenden und des angerufenen Anschlusses und zugewiesene Benutzerkennungen.

² Satz 1 gilt entsprechend

1. bei der Übermittlung einer Kurz-, Multimedia- oder ähnlichen Nachricht; hierbei treten an die Stelle der Angaben nach Satz 1 Nummer 2 die Zeitpunkte der Versendung und des Empfangs der Nachricht;
2. für unbeantwortete oder wegen eines Eingriffs des Netzwerkmanagements erfolglose Anrufe, soweit der Anbieter öffentlich zugänglicher Sprachkommunikationsdienste die in Satz 1 genannten Verkehrsdaten für die in § 9 des Telekommunikation-Telemedien-Datenschutz-Gesetzes genannten Zwecke speichert oder protokolliert.

(3) Die Anbieter öffentlich zugänglicher Internetzugangsdienste speichern

1. die dem Endnutzer für eine Internetnutzung zugewiesene Internetprotokoll-Adresse,
2. eine eindeutige Kennung des Anschlusses, über den die Internetnutzung erfolgt, sowie eine zugewiesene Benutzerkennung,
3. Datum und Uhrzeit von Beginn und Ende der Internetnutzung unter der zugewiesenen Internetprotokoll-Adresse unter Angabe der zugrunde liegenden Zeitzone.

(4) ¹ Im Falle der Nutzung mobiler Sprachkommunikationsdienste sind die Bezeichnungen der Funkzellen zu speichern, die durch den anrufenden und den angerufenen Anschluss bei Beginn der Verbindung genutzt wurden. ² Bei öffentlich zugänglichen Internetzugangsdiensten ist im Falle der mobilen Nutzung die Bezeichnung der bei Beginn der Internetverbindung genutzten Funkzelle zu speichern. ³ Zusätzlich sind die Daten vorzuhalten, aus denen sich die geografische Lage und die Hauptstrahlrichtungen der die jeweilige Funkzelle versorgenden Funkantennen ergeben.

(5) Der Inhalt der Kommunikation, Daten über aufgerufene Internetseiten und Daten von Diensten der elektronischen Post dürfen aufgrund dieser Vorschrift nicht gespeichert werden.

(6) ¹ Daten, die den in § 11 Absatz 5 des Telekommunikation-Telemedien-Datenschutz-Gesetzes[1]) genannten Verbindungen zugrunde liegen, dürfen aufgrund dieser Vorschrift nicht gespeichert werden. ² Dies gilt entsprechend für Telefonverbindungen, die von den in § 11 Absatz 5 des Telekommunikation-Telemedien-Datenschutz-Gesetzes genannten Stellen ausgehen. ³ § 11 Absatz 6 des Telekommunikation-Telemedien-Datenschutz-Gesetzes gilt entsprechend.

(7) Die Speicherung der Daten hat so zu erfolgen, dass Auskunftsersuchen der berechtigten Stellen unverzüglich beantwortet werden können.

(8) Der nach § 175 Absatz 1 Verpflichtete hat die aufgrund des Absatzes 1 gespeicherten Daten unverzüglich, spätestens jedoch binnen einer Woche nach Ablauf der Speicherfristen nach Absatz 1, irreversibel zu löschen oder die irreversible Löschung sicherzustellen.

§ 177 Verwendung der Daten. (1) Die aufgrund des § 176 gespeicherten Daten dürfen

1. an eine Strafverfolgungsbehörde übermittelt werden, soweit diese die Übermittlung unter Berufung auf eine gesetzliche Bestimmung, die ihr eine

---

[1]) Nr. 8.

Erhebung der in § 176 genannten Daten zur Verfolgung besonders schwerer Straftaten erlaubt, verlangt;
2. an eine Gefahrenabwehrbehörde der Länder übermittelt werden, soweit diese die Übermittlung unter Berufung auf eine gesetzliche Bestimmung, die ihr eine Erhebung der in § 176 genannten Daten zur Abwehr einer konkreten Gefahr für Leib, Leben oder Freiheit einer Person oder für den Bestand des Bundes oder eines Landes erlaubt, verlangt;
3. durch den Anbieter öffentlich zugänglicher Telekommunikationsdienste für eine Auskunft nach § 174 Absatz 1 Satz 3 verwendet werden.

(2) Für andere Zwecke als die in Absatz 1 genannten dürfen die aufgrund des § 176 gespeicherten Daten von den nach § 175 Absatz 1 Verpflichteten nicht verwendet werden.

(3) ¹Die Übermittlung der Daten erfolgt nach Maßgabe der Rechtsverordnung nach § 170 Absatz 5 und der Technischen Richtlinie nach § 170 Absatz 6. ²Die Daten sind so zu kennzeichnen, dass erkennbar ist, dass es sich um Daten handelt, die nach § 176 gespeichert waren. ³Nach Übermittlung an eine andere Stelle ist die Kennzeichnung durch diese aufrechtzuerhalten.

§ 178 Gewährleistung der Sicherheit der Daten. ¹Der nach § 175 Absatz 1 Verpflichtete hat sicherzustellen, dass die aufgrund der Speicherpflicht nach § 176 Absatz 1 gespeicherten Daten durch technische und organisatorische Maßnahmen nach dem Stand der Technik gegen unbefugte Kenntnisnahme und Verwendung geschützt werden. ²Die Maßnahmen umfassen insbesondere

1. den Einsatz eines besonders sicheren Verschlüsselungsverfahrens,
2. die Speicherung in gesonderten, von den für die üblichen betrieblichen Aufgaben getrennten Speichereinrichtungen,
3. die Speicherung mit einem hohen Schutz vor dem Zugriff aus dem Internet auf vom Internet entkoppelten Datenverarbeitungssystemen,
4. die Beschränkung des Zutritts zu den Datenverarbeitungsanlagen auf Personen, die durch den Verpflichteten besonders ermächtigt sind, und
5. die notwendige Mitwirkung von mindestens zwei Personen beim Zugriff auf die Daten, die dazu durch den Verpflichteten besonders ermächtigt worden sind.

§ 179 Protokollierung. (1) ¹Der nach § 175 Absatz 1 Verpflichtete hat sicherzustellen, dass für Zwecke der Datenschutzkontrolle jeder Zugriff, insbesondere das Lesen, Kopieren, Ändern, Löschen und Sperren der aufgrund der Speicherpflicht nach § 176 Absatz 1 gespeicherten Daten protokolliert wird. ²Zu protokollieren sind

1. der Zeitpunkt des Zugriffs,
2. die auf die Daten zugreifenden Personen,
3. Zweck und Art des Zugriffs.

(2) Für andere Zwecke als die der Datenschutzkontrolle dürfen die Protokolldaten nicht verwendet werden.

(3) Der nach § 175 Absatz 1 Verpflichtete hat sicherzustellen, dass die Protokolldaten nach einem Jahr gelöscht werden.

Telekommunikationsgesetz §§ 180–182 TKG 10

§ 180 Anforderungskatalog. (1) ¹Bei der Umsetzung der Verpflichtungen gemäß den §§ 176 bis 179 ist ein besonders hoher Standard der Datensicherheit und Datenqualität zu gewährleisten. ²Die Einhaltung dieses Standards wird vermutet, wenn alle Anforderungen des Katalogs der technischen Vorkehrungen und sonstigen Maßnahmen erfüllt werden, den die Bundesnetzagentur im Benehmen mit dem Bundesamt für Sicherheit in der Informationstechnik und der oder dem Bundesbeauftragten für den Datenschutz und die Informationsfreiheit erstellt.

(2) ¹Die Bundesnetzagentur überprüft fortlaufend die im Katalog nach Absatz 1 Satz 2 enthaltenen Anforderungen; hierbei berücksichtigt sie den Stand der Technik und der Fachdiskussion. ²Stellt die Bundesnetzagentur Änderungsbedarf fest, ist der Katalog im Benehmen mit dem Bundesamt für Sicherheit in der Informationstechnik und der oder dem Bundesbeauftragten für den Datenschutz und die Informationsfreiheit unverzüglich anzupassen.

(3) ¹§ 167 Absatz 1 Satz 3 gilt entsprechend. ²Der Anforderungskatalog wird von der Bundesnetzagentur veröffentlicht. ³§ 165 Absatz 9 Satz 1 und 5 gilt mit der Maßgabe, dass an die Stelle der Anforderungen nach § 165 Absatz 1 bis 7 die Anforderungen nach Absatz 1 Satz 1, § 176 Absatz 7 und 8, § 178 und § 179 Absatz 1 und 3 treten.

§ 181 Sicherheitskonzept. ¹Der nach § 175 Absatz 1 Verpflichtete hat in das Sicherheitskonzept nach § 166 zusätzlich aufzunehmen,

1. welche Systeme zur Erfüllung der Verpflichtungen aus den §§ 176 bis 179 betrieben werden,
2. von welchen Gefährdungen für diese Systeme auszugehen ist und
3. welche technischen Vorkehrungen oder sonstigen Maßnahmen getroffen oder geplant sind, um diesen Gefährdungen entgegenzuwirken und die Verpflichtungen aus den §§ 176 bis 179 zu erfüllen.

²Der nach § 175 Absatz 1 Verpflichtete hat der Bundesnetzagentur das Sicherheitskonzept unverzüglich nach dem Beginn der Speicherung nach § 176 und unverzüglich bei jeder Änderung des Konzepts vorzulegen. ³Bleibt das Sicherheitskonzept unverändert, hat der nach § 175 Absatz 1 Verpflichtete dies gegenüber der Bundesnetzagentur im Abstand von jeweils zwei Jahren schriftlich zu erklären.

§ 182 Auskunftsersuchen des Bundesnachrichtendienstes. (1) ¹Betreiber öffentlicher Telekommunikationsnetze haben dem Bundesministerium für Wirtschaft und Energie auf Anfrage entgeltfrei Auskünfte über die Strukturen der Telekommunikationsnetze sowie bevorstehende Änderungen zu erteilen. ²Einzelne Telekommunikationsvorgänge und Bestandsdaten von Endnutzern dürfen nicht Gegenstand einer Auskunft nach dieser Vorschrift sein.

(2) ¹Anfragen nach Absatz 1 sind nur zulässig, wenn ein entsprechendes Ersuchen des Bundesnachrichtendienstes vorliegt und soweit die Auskunft zur Erfüllung der Aufgaben nach den §§ 5 und 8 des Artikel 10-Gesetzes[1]) oder den §§ 19, 24, 26, 32 und 33 des BND-Gesetzes erforderlich ist. ²Die Verwendung einer nach dieser Vorschrift erlangten Auskunft zu anderen Zwecken ist ausgeschlossen.

---

[1]) Nr. 17.

§ 183 Kontrolle und Durchsetzung von Verpflichtungen. (1) ¹Die Bundesnetzagentur kann Anordnungen und andere Maßnahmen treffen, um die Einhaltung der Vorschriften des Abschnitts 1 sowie der aufgrund dieses Abschnitts ergangenen Rechtsverordnungen und Allgemeinverfügungen, insbesondere der jeweils anzuwendenden Technischen Richtlinien, sicherzustellen. ²Der nach den Vorschriften des Abschnitts 1 Verpflichtete muss auf Anforderung der Bundesnetzagentur die hierzu erforderlichen Auskünfte erteilen. ³Die Bundesnetzagentur ist zur Überprüfung der Einhaltung der Verpflichtungen befugt, die Geschäfts- und Betriebsräume während der üblichen Betriebs- oder Geschäftszeiten zu betreten und zu besichtigen. ⁴Die Befugnisse der Bundesnetzagentur nach Teil 11 Abschnitt 2 bleiben unberührt.

(2) ¹Die Bundesnetzagentur kann bei konkreten Anhaltspunkten für Verstöße gegen die Verpflichtungen aus § 172 den Inhalt von Kundendateien nach § 173 Absatz 1 Satz 1 überprüfen und dazu auch personenbezogene Daten verarbeiten. ²Die Speicherdauer der personenbezogenen Daten ist auf das erforderliche Maß zu beschränken.

(3) Bei wiederholten Verstößen gegen § 172 Absatz 1 bis 6, § 173 Absatz 1, 2, 6 Satz 2, Absatz 9 Satz 1 und 2 oder § 174 Absatz 1 Satz 5 und Absatz 6 kann die Tätigkeit des Verpflichteten durch Anordnung der Bundesnetzagentur dahingehend eingeschränkt werden, dass zur Erfüllung der sich aus diesen Vorschriften ergebenden Verpflichtungen nur durch Vertragsablauf oder Kündigung verändert werden darf.

(4) Über die Befugnis zu Anordnungen nach Absatz 3 hinaus kann die Bundesnetzagentur bei Nichterfüllung von Verpflichtungen dieses Abschnitts den Betrieb der betreffenden Telekommunikationsanlage oder das Erbringen des betreffenden Telekommunikationsdienstes ganz oder teilweise untersagen, wenn mildere Eingriffe zur Durchsetzung rechtmäßigen Verhaltens nicht ausreichen.

(5) Zur Durchsetzung von Maßnahmen nach den Absätzen 1 bis 4 kann nach Maßgabe des Verwaltungsvollstreckungsgesetzes ein Zwangsgeld bis zu einer Million Euro festgesetzt werden.

(6) Das Fernmeldegeheimnis des Artikels 10 des Grundgesetzes[1)] wird nach Maßgabe des Absatzes 1 eingeschränkt.

Teil 13. Bußgeldvorschriften

§ 228 Bußgeldvorschriften. (1) Ordnungswidrig handelt, wer vorsätzlich oder leichtfertig einer vollziehbaren Anordnung nach § 203 Absatz 4 Satz 1 Nummer 2 zuwiderhandelt.

(2) Ordnungswidrig handelt, wer vorsätzlich oder fahrlässig

1. entgegen § 4 eine Information nicht, nicht richtig, nicht vollständig oder nicht rechtzeitig zur Verfügung stellt,
2. entgegen § 5 Absatz 1 eine Meldung nicht, nicht richtig, nicht vollständig, nicht in der vorgeschriebenen Weise oder nicht rechtzeitig macht,
3. einer vollziehbaren Anordnung nach

[1)] Nr. 16.

Telekommunikationsgesetz **§ 228 · TKG 10**

    a) § 19 Absatz 1 Satz 1 in Verbindung mit § 18 Absatz 1 Satz 1 zweiter Halbsatz Nummer 2 oder 3, § 25 Absatz 1, 2 oder 3 Satz 1, § 29 Absatz 4 Satz 2, § 38 Absatz 4 Satz 1 oder 2, § 44 Absatz 3 Satz 2, auch in Verbindung mit § 46 Absatz 6, § 46 Absatz 5, § 47 Absatz 1 Satz 1, § 49 Absatz 2 erster Halbsatz, § 50 Absatz 4 Satz 1, § 161 Absatz 2 Satz 1 oder Absatz 3 Satz 1 oder § 188 Absatz 1,

    b) § 47 Absatz 3, § 104 oder § 203 Absatz 2 Satz 1 Nummer 1 oder Satz 3 oder

    c) § 58 Absatz 5 Satz 2, § 123 Absatz 1, 2 Satz 1 oder 2, Absatz 3 Satz 1, Absatz 4 oder 5, § 149 Absatz 2 Satz 1 oder § 166 Absatz 2 Satz 2 oder Absatz 4 Satz 1

    zuwiderhandelt,

4. entgegen

    a) § 34 Absatz 1,

    b) § 45 Absatz 1 oder § 76 Absatz 2 Nummer 4 oder

    c) § 111 Absatz 1 Nummer 1

    eine Anzeige nicht oder nicht rechtzeitig erstattet,

5. ohne Genehmigung nach § 38 Absatz 1 Satz 1 ein Entgelt erhebt,

6. einer Rechtsverordnung nach § 52 Absatz 4 oder § 108 Absatz 6 Satz 1 oder einer vollziehbaren Anordnung aufgrund einer solchen Rechtsverordnung zuwiderhandelt, soweit die Rechtsverordnung für einen bestimmten Tatbestand auf diese Bußgeldvorschrift verweist,

7. entgegen § 54 Absatz 3 Satz 1, auch in Verbindung mit § 54 Absatz 3 Satz 3, eine Vertragszusammenfassung nicht oder nicht rechtzeitig zur Verfügung stellt,

8. entgegen § 55 Absatz 1 eine Information nicht, nicht richtig, nicht vollständig oder nicht rechtzeitig zur Verfügung stellt,

9. entgegen § 57 Absatz 2 Satz 1 den Endnutzer nicht oder nicht rechtzeitig unterrichtet,

10. entgegen § 58 Absatz 2 Satz 1 eine Dokumentation nicht oder nicht rechtzeitig erstellt,

11. entgegen § 59 Absatz 2 Satz 1 nicht sicherstellt, dass die Leistung beim Anbieterwechsel gegenüber dem Endnutzer nicht unterbrochen wird,

12. entgegen § 59 Absatz 2 Satz 3 den Telekommunikationsdienst unterbricht,

13. entgegen § 61 Absatz 3 Satz 1 eine Leistung ganz oder teilweise verweigert,

14. entgegen § 73 Absatz 3 Satz 1 den Anschluss einer Telekommunikationsendeinrichtung verweigert,

15. entgegen § 73 Absatz 3 Satz 3 die Zugangsdaten oder eine Information nicht, nicht richtig, nicht vollständig, nicht in der vorgeschriebenen Weise oder nicht rechtzeitig zur Verfügung stellt,

16. entgegen § 74 Absatz 5 eine Leistung anbietet,

17. ohne Frequenzzuteilung nach § 91 Absatz 1 Satz 1 eine Frequenz nutzt,

18. ohne Übertragung nach § 95 Absatz 2 Satz 1 ein deutsches Orbit- oder Frequenznutzungsrecht ausübt,

19. einer vollziehbaren Auflage nach § 99 Absatz 3 Satz 1 Nummer 1 zuwiderhandelt,

20. entgegen § 109 Absatz 1 Satz 1 oder 2, Absatz 2 Satz 1 oder Absatz 3 eine Angabe nicht, nicht richtig oder nicht vollständig macht,
21. entgegen § 109 Absatz 2 Satz 3 die Preisangabe zeitlich kürzer anzeigt,
22. entgegen § 110 Absatz 1, auch in Verbindung mit § 110 Absatz 2 Satz 1 oder 2, Absatz 3 Satz 1 oder Absatz 4 Satz 1 oder 2, einen dort genannten Preis nicht, nicht richtig, nicht vollständig oder nicht rechtzeitig ansagt,
23. entgegen § 112 Absatz 1, 2, 4 oder 5 Satz 1 einen Preis erhebt,
24. entgegen § 113 Absatz 1 Satz 1, auch in Verbindung mit § 113 Absatz 1 Satz 2, eine Verbindung nicht oder nicht rechtzeitig trennt,
25. entgegen § 114 Absatz 1 oder 3 Satz 2 einen dort genannten Dialer einsetzt,
26. entgegen § 115 Absatz 1 eine Warteschleife einsetzt,
27. entgegen § 115 Absatz 2 Satz 1 nicht sicherstellt, dass der Anrufende informiert wird,
28. entgegen § 119 Absatz 1 Satz 2 einen R-Gesprächsdienst anbietet,
29. entgegen § 120 Absatz 1 Satz 1, auch in Verbindung mit § 120 Absatz 5 Satz 1, nicht sicherstellt, dass eine vollständige Rufnummer übermittelt und gekennzeichnet wird,
30. entgegen § 120 Absatz 1 Satz 3, auch in Verbindung mit § 120 Absatz 5 Satz 1, oder entgegen § 120 Absatz 2 Satz 1 oder 3 eine dort genannte Rufnummer aufsetzt oder übermittelt,
31. entgegen § 120 Absatz 1 Satz 4, auch in Verbindung mit § 120 Absatz 5 Satz 1, eine übermittelte Rufnummer verändert,
32. entgegen § 120 Absatz 3 Satz 1 nicht sicherstellt, dass eine dort genannte Rufnummer nicht als Rufnummer des Anrufers übermittelt oder angezeigt wird,
33. entgegen § 120 Absatz 4 Satz 1 nicht sicherstellt, dass eine dort genannte Rufnummer nur in den dort genannten Fällen angezeigt wird,
34. entgegen § 120 Absatz 4 Satz 2 erster Halbsatz nicht sicherstellt, dass der Eintrittsweg gekennzeichnet wird,
35. entgegen § 164 Absatz 1 Satz 2, auch in Verbindung mit § 164 Absatz 2 oder einer Rechtsverordnung nach § 164 Absatz 5 Satz 1 Nummer 2, nicht sicherstellt, dass eine Notrufverbindung hergestellt wird,
36. entgegen § 164 Absatz 1 Satz 3, auch in Verbindung mit § 164 Absatz 2 oder einer Rechtsverordnung nach § 164 Absatz 5 Satz 1 Nummer 3, oder entgegen § 164 Absatz 4 Satz 1 nicht sicherstellt, dass die Rufnummer oder die dort genannten Daten übermittelt werden,
37. entgegen § 164 Absatz 3 Satz 1, auch in Verbindung mit einer Rechtsverordnung nach § 164 Absatz 5 Nummer 6, nicht sicherstellt, dass eine dort genannte Notrufverbindung möglich ist,
37a. entgegen § 164a Absatz 1 Nummer 1, auch in Verbindung mit einer Rechtsverordnung nach § 164a Absatz 4 Nummer 1, 2 oder 3, eine dort genannte Einrichtung nicht oder nicht richtig vorhält,
37b. entgegen § 164a Absatz 1 Nummer 2, auch in Verbindung mit einer Rechtsverordnung nach § 164a Absatz 4 Nummer 1, 2 oder 3, eine dort genannte Aussendung nicht sicherstellt,

Telekommunikationsgesetz §228 TKG 10

37c. einer vollziehbaren Anordnung nach § 164a Absatz 2, auch in Verbindung mit einer Rechtsverordnung nach § 164a Absatz 4 Nummer 1, 2 oder 3, zuwiderhandelt,
38. entgegen § 166 Absatz 2 Satz 1 oder Absatz 4 Satz 2 oder § 181 Satz 2 ein Sicherheitskonzept nicht, nicht richtig, nicht vollständig oder nicht rechtzeitig vorlegt,
39. entgegen § 168 Absatz 1 Satz 1, § 170 Absatz 1 Nummer 3 Buchstabe a, Absatz 2 Nummer 2 oder Absatz 3 Satz 1 oder § 175 Absatz 1 Satz 2 Nummer 2 eine Mitteilung nicht, nicht richtig, nicht vollständig oder nicht rechtzeitig macht,
40. entgegen § 169 Absatz 1 Satz 1 oder 2 oder Absatz 5 Satz 1 eine Benachrichtigung nicht, nicht richtig, nicht vollständig oder nicht rechtzeitig vornimmt,
41. entgegen § 169 Absatz 3 Satz 1 das dort genannte Verzeichnis nicht, nicht richtig oder nicht vollständig führt,
42. entgegen § 170 Absatz 1 Satz 1 Nummer 1 in Verbindung mit einer Rechtsverordnung nach § 170 Absatz 5 Nummer 1 Buchstabe a eine technische Einrichtung nicht vorhält oder eine organisatorische Vorkehrung nicht trifft,
43. entgegen § 170 Absatz 1 Satz 1 Nummer 2 in Verbindung mit einer Rechtsverordnung nach § 170 Absatz 5 Nummer 1 Buchstabe a eine Steuerungsmöglichkeit nicht oder nicht rechtzeitig bereitstellt oder eine Steuerung nicht oder nicht rechtzeitig ermöglicht,
44. entgegen § 170 Absatz 1 Satz 1 Nummer 3 Buchstabe b einen Zustellungsbevollmächtigten im Inland nicht oder nicht rechtzeitig benennt,
45. entgegen § 170 Absatz 1 Satz 1 Nummer 5 eine Prüfung nicht gestattet,
46. entgegen § 170 Absatz 1 Satz 1 Nummer 6 die Aufstellung oder den Betrieb eines dort genannten technischen Mittels nicht duldet oder den Zugang zu einem solchen technischen Mittel nicht gewährt,
47. entgegen § 170 Absatz 8 Satz 3 einen Mangel nicht oder nicht rechtzeitig beseitigt,
48. entgegen § 170 Absatz 9 Satz 1 einen Netzabschlusspunkt nicht, nicht in der vorgeschriebenen Weise oder nicht rechtzeitig bereitstellt,
49. entgegen § 172 Absatz 1 Satz 1, auch in Verbindung mit § 172 Absatz 3, oder entgegen § 172 Absatz 4 dort genannte Daten nicht, nicht richtig, nicht vollständig oder nicht rechtzeitig erhebt, nicht, nicht richtig, nicht vollständig oder nicht rechtzeitig speichert oder nicht, nicht richtig, nicht vollständig oder nicht rechtzeitig berichtigt,
50. entgegen § 172 Absatz 2 Satz 1 die Richtigkeit der Daten nicht, nicht richtig, nicht vollständig oder nicht rechtzeitig überprüft,
51. entgegen § 172 Absatz 5 Satz 2 unrichtige Daten verwendet oder verarbeitet,
52. entgegen § 172 Absatz 5 Satz 3 eine Änderung nicht, nicht richtig, nicht vollständig oder nicht rechtzeitig übermittelt,
53. entgegen § 172 Absatz 6 Daten nicht oder nicht rechtzeitig löscht,
54. entgegen § 173 Absatz 2 Satz 1 Nummer 1 nicht gewährleistet, dass die Bundesnetzagentur jederzeit und automatisiert Daten aus den Kundendateien abrufen kann,

55. entgegen § 173 Absatz 2 Satz 2 nicht sicherstellt, dass ihm die abgerufenen Daten nicht zur Kenntnis gelangen können,
56. entgegen § 174 Absatz 6 Satz 2 Stillschweigen nicht wahrt,
57. entgegen § 176 Absatz 8 Daten nicht oder nicht rechtzeitig löscht oder die Löschung nicht sicherstellt,
58. entgegen § 177 Absatz 2 oder § 179 Absatz 2 dort genannte Daten für andere als die dort genannten Zwecke verwendet,
59. entgegen § 178 Satz 1 nicht sicherstellt, dass Daten geschützt werden,
60. entgegen § 179 Absatz 1 Satz 1 nicht sicherstellt, dass jeder Zugriff protokolliert wird,
61. entgegen § 182 Absatz 1 Satz 1, § 183 Absatz 1 Satz 2 oder § 190 Absatz 1 Satz 2 eine Auskunft nicht, nicht richtig, nicht vollständig oder nicht rechtzeitig erteilt,
62. entgegen § 185 Absatz 1 einen Telekommunikationsdienst, den Netzbetrieb oder eine Dienstleistung nicht aufrechterhält,
63. entgegen § 186 Absatz 1 einen Anschluss oder einen Übertragungsweg nicht oder nicht rechtzeitig bereitstellt oder nicht oder nicht rechtzeitig entstört oder eine Datenübertragungsrate nicht oder nicht rechtzeitig erweitert,
64. entgegen § 187 Absatz 2 Satz 1 eine Vorkehrung nicht oder nicht rechtzeitig trifft,
65. entgegen § 187 Absatz 2 Satz 2 eine Vorkehrung nicht oder nicht rechtzeitig aufhebt,
66. entgegen § 187 Absatz 2 Satz 3 eine Information nicht, nicht richtig oder nicht rechtzeitig gibt,
67. entgegen § 190 Absatz 1 Satz 5 eine Überprüfung nicht duldet oder
68. entgegen § 203 Absatz 1 Satz 1 eine Information nicht, nicht richtig, nicht vollständig oder nicht rechtzeitig zur Verfügung stellt.

(3) Ordnungswidrig handelt, wer gegen die Verordnung (EU) Nr. 531/2012 des Europäischen Parlaments und des Rates vom 13. Juni 2012 über das Roaming in öffentlichen Mobilfunknetzen in der Union (ABl. L 172 vom 30.6.2012, S. 10), die zuletzt durch die Verordnung (EU) 2017/920 (ABl. L 147 vom 9.6.2017, S. 1) geändert worden ist, verstößt, indem er vorsätzlich oder fahrlässig

1. entgegen Artikel 3 Absatz 5 Satz 2 einen Entwurf nicht oder nicht rechtzeitig vorlegt,
2. entgegen Artikel 5 Absatz 1 Satz 2 einem dort genannten Antrag nicht oder nicht unverzüglich nach Zugang des Antrags nachkommt,
3. entgegen Artikel 6a ein dort genanntes Entgelt berechnet,
4. entgegen Artikel 6e Absatz 1 Unterabsatz 2 Satz 1 einen Aufschlag erhebt,
5. entgegen Artikel 6e Absatz 1 Unterabsatz 3 Satz 1 oder 3 ein Entgelt nicht richtig abrechnet,
6. entgegen Artikel 6e Absatz 1 Unterabsatz 3 Satz 2 eine andere Mindestabrechnungsdauer zugrunde legt,
7. entgegen Artikel 11 ein technisches Merkmal verändert,

8. entgegen Artikel 14 Absatz 1 Unterabsatz 1 eine dort genannte Preisinformation nicht, nicht richtig, nicht vollständig, nicht in der vorgeschriebenen Weise oder nicht rechtzeitig bereitstellt,
9. entgegen Artikel 15 Absatz 2a Satz 1 in Verbindung mit Satz 2 eine Mitteilung nicht oder nicht rechtzeitig versendet,
10. entgegen Artikel 15 Absatz 3 Unterabsatz 6 Satz 1 nicht sicherstellt, dass eine dort genannte Meldung übermittelt wird,
11. entgegen Artikel 15 Absatz 3 Unterabsatz 7 Satz 3 die Erbringung oder Inrechnungstellung eines dort genannten Dienstes nicht oder nicht rechtzeitig einstellt,
12. entgegen Artikel 15 Absatz 3 Unterabsatz 8 eine dort genannte Änderung nicht oder nicht rechtzeitig vornimmt oder
13. entgegen Artikel 16 Absatz 4 Satz 2 eine Information nicht, nicht richtig, nicht vollständig oder nicht rechtzeitig übermittelt.

(4) Ordnungswidrig handelt, wer gegen die Verordnung (EU) 2015/2120 des Europäischen Parlaments und des Rates vom 25. November 2015 über Maßnahmen zum Zugang zum offenen Internet und zu Endkundenentgelten für regulierte intra-EU-Kommunikation sowie zur Änderung der Richtlinie 2002/22/EG und der Verordnung (EU) Nr. 531/2012 (ABl. L 310 vom 26.11. 2015, S. 1), die zuletzt durch die Verordnung (EU) 2018/1971 (ABl. L 321 vom 17.12.2018, S. 1) geändert worden ist, verstößt, indem er vorsätzlich oder fahrlässig

1. entgegen Artikel 3 Absatz 2 als Anbieter von Internetzugangsdiensten eine Vereinbarung trifft oder eine Geschäftspraxis anwendet,
2. entgegen Artikel 3 Absatz 3 Unterabsatz 3 erster Halbsatz eine dort genannte Verkehrsmanagementmaßnahme anwendet,
3. entgegen Artikel 4 Absatz 1 Unterabsatz 1 Satz 1 nicht sicherstellt, dass ein dort genannter Vertrag die dort genannten Angaben enthält,
4. einer vollziehbaren Anordnung nach Artikel 5 Absatz 1 Unterabsatz 1 Satz 2 zuwiderhandelt,
5. entgegen Artikel 5 Absatz 2 eine dort genannte Information nicht, nicht richtig, nicht vollständig oder nicht rechtzeitig vorlegt oder nicht, nicht richtig, nicht vollständig oder nicht rechtzeitig übermittelt,
6. entgegen Artikel 5a Absatz 2 Satz 2 einen Verbraucher nicht, nicht richtig, nicht vollständig oder nicht rechtzeitig unterrichtet oder
7. entgegen Artikel 5a Absatz 5 Satz 1, auch in Verbindung mit Satz 3, als Anbieter regulierter intra-EU-Kommunikation eine dort genannte Obergrenze nicht, nicht richtig oder nicht rechtzeitig festlegt.

(5) Ordnungswidrig handelt, wer als Anbieter regulierter intra-EU-Kommunikation nach Artikel 2 Absatz 2 Nummer 3 der Verordnung (EU) 2015/2120 vorsätzlich oder fahrlässig

1. gegenüber einem Verbraucher einen Endkundenpreis berechnet, der den in Artikel 5a Absatz 1 der Verordnung (EU) 2015/2120 genannten Endkundenpreis überschreitet,
2. nicht sicherstellt, dass ein in Artikel 5a Absatz 3 der Verordnung (EU) 2015/2120 genannter Tarifwechsel durchgeführt wird, oder

3. nicht sicherstellt, dass ein Verbraucher gemäß Artikel 5a Absatz 4 der Verordnung (EU) 2015/2120 aus einem oder in einen dort genannten Tarif kostenfrei wechseln kann.

(6) Ordnungswidrig handelt, wer gegen die Verordnung (EU) 2018/302 des Europäischen Parlaments und des Rates vom 28. Februar 2018 über Maßnahmen gegen ungerechtfertigtes Geoblocking und andere Formen der Diskriminierung aufgrund der Staatsangehörigkeit, des Wohnsitzes oder des Ortes der Niederlassung des Kunden innerhalb des Binnenmarkts und zur Änderung der Verordnungen (EG) Nr. 2006/2004 und (EU) 2017/2394 sowie der Richtlinie 2009/22/EG (ABl. L 60I vom 2.3.2018, S. 1) verstößt, indem er vorsätzlich oder fahrlässig

1. entgegen Artikel 3 Absatz 1 einen Zugang zur Online-Benutzeroberfläche sperrt oder beschränkt,
2. entgegen Artikel 3 Absatz 2 Unterabsatz 1 einen Kunden zu einer dort genannten Version der Online-Benutzeroberfläche weiterleitet,
3. entgegen Artikel 4 Absatz 1 unterschiedliche Allgemeine Geschäftsbedingungen anwendet oder
4. entgegen Artikel 5 Absatz 1 unterschiedliche Bedingungen für einen Zahlungsvorgang anwendet.

(7) Die Ordnungswidrigkeit kann geahndet werden

1. in den Fällen des
   a) Absatzes 2 Nummer 19,
   b) Absatzes 3 Nummer 3 und 4 und des Absatzes 5 Nummer 1 und
   c) Absatzes 4 Nummer 1, 2 und 4
   mit einer Geldbuße bis zu einer Million Euro,
2. in den Fällen des Absatzes 2 Nummer 3 Buchstabe a, Nummer 4 Buchstabe a, Nummer 17, 42, 43, 47, 54 und 57 bis 59 mit einer Geldbuße bis zu fünfhunderttausend Euro,
3. in den Fällen des Absatzes 2 Nummer 10, 37 bis 38, 46, 49, 50, 53 und 60 und des Absatzes 6 mit einer Geldbuße von bis zu dreihunderttausend Euro,
4. in den Fällen des Absatzes 2 Nummer 3 Buchstabe c, Nummer 6 bis 8, 14 bis 16, 20 bis 36, 40, 61, 63 bis 66 und 68, des Absatzes 3 Nummer 1, 2 und 8, des Absatzes 4 Nummer 3 und 6 und des Absatzes 5 Nummer 2 und 3 mit einer Geldbuße bis zu einhunderttausend Euro,
5. in den Fällen des Absatzes 2 Nummer 11, 18 und 56 mit einer Geldbuße bis zu fünfzigtausend Euro und
6. in den übrigen Fällen der Absätze 1 bis 4 mit einer Geldbuße bis zu zehntausend Euro.

(8) [1]Bei einer juristischen Person oder Personenvereinigung mit einem durchschnittlichen Jahresumsatz von mehr als

1. 50 Millionen Euro kann abweichend von Absatz 7 Nummer 1 Buchstabe a in Verbindung mit § 30 Absatz 2 Satz 2 des Gesetzes über Ordnungswidrigkeiten eine Ordnungswidrigkeit nach Absatz 2 Nummer 19 in Verbindung mit § 30 Absatz 1 des Gesetzes über Ordnungswidrigkeiten mit einer Geldbuße bis zu 2 Prozent,
2. 100 Millionen Euro kann abweichend von Absatz 7 Nummer 1 Buchstabe c in Verbindung mit § 30 Absatz 2 Satz 2 des Gesetzes über Ordnungswidrig-

keiten eine Ordnungswidrigkeit nach Absatz 4 Nummer 1, 2 oder 4, jeweils in Verbindung mit § 30 Absatz 1 des Gesetzes über Ordnungswidrigkeiten, mit einer Geldbuße bis zu 1 Prozent

des durchschnittlichen Jahresumsatzes geahndet werden, der von der juristischen Person oder Personenvereinigung weltweit in den letzten drei Geschäftsjahren erzielt wurde, die der Behördenentscheidung vorausgehen. ²In den durchschnittlichen Jahresumsatz nach Satz 1 sind die durchschnittlichen Jahresumsätze aller Unternehmen einzubeziehen, die mit der juristischen Person oder Personenvereinigung nach § 3 Nummer 69 verbunden oder zusammengeschlossen sind. ³Der durchschnittliche Jahresumsatz kann geschätzt werden.

(9) Verwaltungsbehörde im Sinne des § 36 Absatz 1 Nummer 1 des Gesetzes über Ordnungswidrigkeiten ist die Bundesnetzagentur.

(10) ¹Die Bundesnetzagentur ist zuständige Vollstreckungsbehörde für das Verfahren wegen der Festsetzung einer Geldbuße. ²Die Vollstreckung der im gerichtlichen Ordnungswidrigkeitenverfahren verhängten Geldbuße und des Geldbetrages, dessen Einziehung nach § 29a des Gesetzes über Ordnungswidrigkeiten angeordnet wurde, erfolgt durch die Bundesnetzagentur als Vollstreckungsbehörde aufgrund einer von dem Urkundsbeamten der Geschäftsstelle des Gerichts zu erteilenden, mit der Bescheinigung der Vollstreckbarkeit versehenen beglaubigten Abschrift der Urteilsformel entsprechend den Vorschriften über die Vollstreckung von Bußgeldbescheiden. ³Die Geldbußen und die Geldbeträge, deren Einziehung nach § 29a des Gesetzes über Ordnungswidrigkeiten angeordnet wurde, fließen der Bundeskasse zu, die auch die der Staatskasse auferlegten Kosten trägt.

11. Verordnung über die technische und organisatorische Umsetzung von Maßnahmen zur Überwachung der Telekommunikation (Telekommunikations-Überwachungsverordnung – TKÜV)[1]

In der Fassung der Bekanntmachung vom 11. Juli 2017[2]

(BGBl. I S. 2316)

FNA 900-15-3

zuletzt geänd. durch Art. 6 Abs. 3 Verfassungsschutzrechts-AnpassungsG v. 5.7.2021 (BGBl. I S. 2274)

Nichtamtliche Inhaltsübersicht

Teil 1. Allgemeine Vorschriften

§ 1 Gegenstand der Verordnung
§ 2 Begriffsbestimmungen

Teil 2. Maßnahmen nach § 100a Absatz 1 Satz 1 der Strafprozessordnung, § 3 des Artikel 10-Gesetzes, den §§ 23a bis 23c und 23e des Zollfahndungsdienstgesetzes, § 51 Absatz 1 des Bundeskriminalamtgesetzes oder nach Landesrecht

Abschnitt 1. Kreis der Verpflichteten, Grundsätze

§ 3 Kreis der Verpflichteten
§ 4 Grenzen des Anwendungsbereichs
§ 5 Grundsätze

Abschnitt 2. Technische Anforderungen

§ 6 Grundlegende Anforderungen an die technischen Einrichtungen
§ 7 Bereitzustellende Daten
§ 8 Übergabepunkt
§ 9 Übermittlung der Überwachungskopie
§ 10 Zeitweilige Übermittlungshindernisse
§ 11 (weggefallen)

Abschnitt 3. Organisatorische Anforderungen, Schutzanforderungen

§ 12 Entgegennahme der Anordnung, Rückfragen
§ 13 Störung und Unterbrechung
§ 14 Schutzanforderungen
§ 15 Verschwiegenheit
§ 16 Protokollierung
§ 17 Prüfung und Löschung der Protokolldaten, Vernichtung von Unterlagen

Abschnitt 4. Verfahren zum Nachweis nach § 110 Absatz 1 Satz 1 Nummer 3 des Telekommunikationsgesetzes

§ 18 (weggefallen)
§ 19 Nachweis
§ 20 Änderungen der Telekommunikationsanlage oder der Überwachungseinrichtung

Abschnitt 5. Abweichungen

§ 21 (weggefallen)
§ 22 Abweichungen, Feldversuche, Probebetriebe

---

[1] **Amtl. Anm.:** Notifiziert gemäß der Richtlinie (EU) 2015/1535 des Europäischen Parlaments und des Rates vom 9. September 2015 über ein Informationsverfahren auf dem Gebiet der technischen Vorschriften und der Vorschriften für die Dienste der Informationsgesellschaft (ABl. L 241 vom 17.9.2015, S. 1).
[2] Neubekanntmachung der TKÜV v. 3.11.2005 (BGBl. I S. 3136) in der ab 21.7.2017 geltenden Fassung. Die VO wurde in ihrer ursprünglichen Fassung von der Bundesregierung auf Grund von § 110 Abs. 2, 6 Satz 2 und Abs. 8 Satz 2 TKG v. 22.6.2004 (BGBl. I S. 1190) erlassen.

Abschnitt 6. Sonstige Vorschriften

§ 23 Probeweise Anwendung der Überwachungsfunktionen
§ 24 Anforderungen an Aufzeichnungsanschlüsse
§ 25 (weggefallen)

Teil 3. Maßnahmen nach den §§ 5 und 8 des Artikel 10-Gesetzes und den §§ 6, 12 und 14 des BND-Gesetzes

§ 26 Kreis der Verpflichteten
§ 27 Grundsätze, technische und organisatorische Umsetzung von Anordnungen, Verschwiegenheit
§ 28 Verfahren
§ 29 Bereitstellung von Übertragungswegen zum Bundesnachrichtendienst

Teil 4. Vorkehrungen für die Erteilung von Auskünften über Verkehrsdaten

§ 30 Kreis der Verpflichteten
§ 31 Grundsätze
§ 32 Auskünfte über zurückliegende Verkehrsdaten, zukünftige Verkehrsdaten, Verkehrsdaten in Echtzeit
§ 33 Verschwiegenheit
§ 34 Nachweis, probeweise Anwendungen
§ 35 Protokollierung

Teil 5. Ergänzende technische Festlegungen, Übergangsvorschriften, Schlussbestimmungen

§ 36 Technische Richtlinie
§ 37 Übergangsvorschrift

Teil 1. Allgemeine Vorschriften

§ 1 Gegenstand der Verordnung. Diese Verordnung regelt

1. die grundlegenden Anforderungen an die Gestaltung der technischen Einrichtungen, die für die Umsetzung der
   a) in § 100a Absatz 1 Satz 1 der Strafprozessordnung[1)],
   b) in den §§ 3, 5 und 8 des Artikel 10-Gesetzes[2)],
   c) in § 72 Absatz 1, 2 und 4 des Zollfahndungsdienstgesetzes,
   d) in § 51 des Bundeskriminalamtgesetzes,
   e) in den §§ 19, 24 und 26 des BND-Gesetzes sowie
   f) im Landesrecht
   vorgesehenen Maßnahmen zur Überwachung der Telekommunikation erforderlich sind, sowie organisatorische Eckpunkte für die Umsetzung derartiger Maßnahmen mittels dieser Einrichtungen,
2. den Rahmen für die Technische Richtlinie nach § 170 Absatz 6 des Telekommunikationsgesetzes,
3. das Verfahren für den Nachweis nach § 170 Absatz 1 Satz 1 Nummer 4 und 5 des Telekommunikationsgesetzes,
4. die Ausgestaltung der Verpflichtungen zur Duldung der Aufstellung von technischen Einrichtungen für Maßnahmen der strategischen Kontrolle nach § 5 oder § 8 des Artikel 10-Gesetzes oder nach den §§ 19, 24 oder 26 des BND-Gesetzes sowie des Zugangs zu diesen Einrichtungen,
5. bei welchen Telekommunikationsanlagen dauerhaft oder vorübergehend keine technischen Einrichtungen zur Umsetzung von Anordnungen zur Über-

---
[1)] Nr. **20**.
[2)] Nr. **17**.

wachung der Telekommunikation vorgehalten oder keine organisatorischen Vorkehrungen getroffen werden müssen,
6. welche Ausnahmen von der Erfüllung einzelner technischer Anforderungen die Bundesnetzagentur zulassen kann,
7. die Anforderungen an die Aufzeichnungsanschlüsse, an die die Aufzeichnungs- und Auswertungseinrichtungen angeschlossen werden, sowie
8. die Anforderungen an das Übermittlungsverfahren und das Datenformat für Auskunftsersuchen über Verkehrsdaten und der zugehörigen Ergebnisse.

§ 2 Begriffsbestimmungen. Im Sinne dieser Verordnung ist
1. Anordnung
   a) im Sinne der Teile 2 und 3 die Anordnung zur Überwachung der Telekommunikation nach § 100e der Strafprozessordnung[1], § 10 des Artikel 10-Gesetzes[2], § 74 des Zollfahndungsdienstgesetzes, § 51 des Bundeskriminalamtgesetzes, § 25 Absatz 1 Satz 1 des BND-Gesetzes oder nach Landesrecht oder
   b) im Sinne des Teils 4 die Anordnung zur Erteilung von Auskünften über Verkehrsdaten nach § 100g in Verbindung mit § 101a Absatz 1 der Strafprozessordnung[1], § 8a Absatz 1 Satz 1 Nummer 4 des Bundesverfassungsschutzgesetzes, auch in Verbindung mit § 4a des MAD-Gesetzes oder § 3 des BND-Gesetzes, § 52 des Bundeskriminalamtgesetzes, § 77 des Zollfahndungsdienstgesetzes oder nach Landesrecht;
2. Aufzeichnungsanschluss
   der Telekommunikationsanschluss einer berechtigten Stelle, an den deren Aufzeichnungs- und Auswertungseinrichtungen angeschlossen werden (Netzabschlusspunkt im Sinne von § 170 Absatz 9 des Telekommunikationsgesetzes);
2a. Aufzeichnungs- und Auswertungseinrichtung
   die technische Einrichtung einer berechtigten Stelle, die an Aufzeichnungsanschlüsse angeschlossen wird und der Aufzeichnung, technischen Aufbereitung und Auswertung der Überwachungskopie dient;
3. berechtigte Stelle
   a) im Sinne der Teile 2 und 3 die nach § 100a Absatz 4 Satz 1 der Strafprozessordnung[1], § 1 Absatz 1 Nummer 1 des Artikel 10-Gesetzes, § 72 Absatz 1 des Zollfahndungsdienstgesetzes, § 51 Absatz 6 Satz 1 des Bundeskriminalamtgesetzes, den §§ 19, 24 oder 26 des BND-Gesetzes oder nach Landesrecht auf Grund der jeweiligen Anordnung zur Überwachung und Aufzeichnung der Telekommunikation berechtigte Stelle und
   b) im Sinne des Teils 4 die Stelle,
      aa) die nach § 101a Absatz 1 in Verbindung mit § 100a Absatz 4 Satz 1 der Strafprozessordnung[1], § 8a Absatz 1 Satz 1 Nummer 4 des Bundesverfassungsschutzgesetzes, auch in Verbindung mit § 4a des MAD-Gesetzes oder § 3 des BND-Gesetzes, § 52 des Bundeskriminalamtgesetzes, § 77 des Zollfahndungsdienstgesetzes oder nach Landesrecht auf Grund der jeweiligen Anordnung berechtigt ist, Aus-

---

[1] Nr. **20**.
[2] Nr. **17**.

kunftsverlangen über nach den §§ 9 und 12 des Telekommunikation-Telemedien-Datenschutz-Gesetzes[1)] erhobene Verkehrsdaten zu stellen, oder

bb) der nach § 177 Absatz 1 Nummer 1 oder 2 des Telekommunikationsgesetzes Auskünfte über nach § 176 des Telekommunikationsgesetzes gespeicherte Verkehrsdaten erteilt werden dürfen;

4. Betreiber einer Telekommunikationsanlage
das Unternehmen, das die tatsächliche Kontrolle über die Funktionen einer Telekommunikationsanlage ausübt;

5. (weggefallen)

6. Endgerät
die technische Einrichtung, mittels derer ein Nutzer einen Telekommunikationsanschluss zur Abwicklung seiner Telekommunikation nutzt;

7. Pufferung
die kurzzeitige Zwischenspeicherung von Informationen zur Vermeidung von Informationsverlusten während systembedingter Wartezeiten;

8. Referenznummer
die von der berechtigten Stelle vorgegebene eindeutige, auch nichtnumerische Bezeichnung der Überwachungsmaßnahme oder des Auskunftsverlangens, die auch die Bezeichnung der berechtigten Stelle enthält;

9. Speichereinrichtung
eine netzseitige Einrichtung zur Speicherung von Telekommunikation, die einem Nutzer zugeordnet ist;

10. Telekommunikationsanschluss
der durch eine Rufnummer oder andere Adressierungsangabe eindeutig bezeichnete Zugang zu einer Telekommunikationsanlage, der es einem Nutzer ermöglicht, Telekommunikationsdienste zu nutzen;

11. Übergabepunkt
der Punkt der technischen Einrichtungen des Verpflichteten, an dem er die Überwachungskopie bereitstellt; der Übergabepunkt kann als systeminterner Übergabepunkt gestaltet sein, der am Ort der Telekommunikationsanlage nicht physikalisch dargestellt ist;

12. Übertragungsweg, der dem unmittelbaren nutzerbezogenen Zugang zum Internet dient
die Verbindung zwischen dem Endgerät eines Internet-Nutzers und dem Netzknoten, der den Koppelpunkt zum Internet enthält, soweit nicht die Vermittlungsfunktion eines Netzknotens genutzt wird, der dem Zugang zum Sprachkommunikationsdienst dient;

13. Überwachungseinrichtung
die für die technische Umsetzung von Anordnungen erforderlichen technischen Einrichtungen des Betreibers einer Telekommunikationsanlage einschließlich der zugehörigen Programme und Daten;

14. Überwachungskopie
das vom Verpflichteten auf Grund einer Anordnung auszuleitende und an die Aufzeichnungs- und Auswertungseinrichtung zu übermittelnde Doppel der zu überwachenden Telekommunikation;

[1)] Nr. **8**.

15. Überwachungsmaßnahme
eine Maßnahme zur Überwachung der Telekommunikation nach § 100a Absatz 1 Satz 1 der Strafprozessordnung[1]), den §§ 3, 5 oder 8 des Artikel 10-Gesetzes, § 72 Absatz 1, 2 und 4 des Zollfahndungsdienstgesetzes, § 51 Absatz 1 des Bundeskriminalamtgesetzes, den §§ 19, 24 oder 26 des BND-Gesetzes oder nach Landesrecht;

16. Verpflichteter
wer nach dieser Verordnung technische oder organisatorische Vorkehrungen zur Umsetzung von Anordnungen zu treffen hat;

17. zu überwachende Kennung
   a) das technische Merkmal, durch das die zu überwachende Telekommunikation in der Telekommunikationsanlage des Verpflichteten gekennzeichnet ist,

   b) im Falle von Übertragungswegen, die dem unmittelbaren nutzerbezogenen Zugang zum Internet dienen, oder im Falle des § 5 oder des § 8 des Artikel 10-Gesetzes die Bezeichnung des Übertragungswegs, oder

   c) im Falle der §§ 19, 24 oder 26 des BND-Gesetzes die Bezeichnung des Telekommunikationsnetzes einschließlich der für die Umsetzung der Anordnung erforderlichen, in der Technischen Richtlinie nach § 170 Absatz 6 des Telekommunikationsgesetzes festgelegten technischen Parameter;

18. Zuordnungsnummer
das vom Verpflichteten zu vergebende eindeutige, auch nichtnumerische Zuordnungsmerkmal, auf Grund dessen Teile der Überwachungskopie und die zugehörigen Daten einander zweifelsfrei zugeordnet werden können.

Teil 2. Maßnahmen nach § 100a Absatz 1 Satz 1 der Strafprozessordnung[1]), § 3 des Artikel 10-Gesetzes, § 72 Absatz 1, 2 und 4 des Zollfahndungsdienstgesetzes, § 51 Absatz 1 des Bundeskriminalamtgesetzes oder nach Landesrecht

Abschnitt 1. Kreis der Verpflichteten, Grundsätze

§ 3 Kreis der Verpflichteten. (1) ¹Die Vorschriften dieses Teils gelten für die Betreiber von Telekommunikationsanlagen, mit denen öffentlich zugängliche Telekommunikationsdienste erbracht werden. ²Werden mit einer Telekommunikationsanlage sowohl öffentlich zugängliche Telekommunikationsdienste als auch andere Telekommunikationsdienste erbracht, gelten die Vorschriften nur für den Teil der Telekommunikationsanlage, der der Erbringung von öffentlich zugänglichen Telekommunikationsdiensten dient.

(2) ¹Für Telekommunikationsanlagen im Sinne von Absatz 1 müssen keine Vorkehrungen getroffen werden, soweit

1. es sich um ein Telekommunikationsnetz handelt, das Telekommunikationsnetze miteinander verbindet und keine Telekommunikationsanschlüsse aufweist,

2. sie Netzknoten sind, die der Zusammenschaltung mit dem Internet dienen,

---

[1]) Nr. 20.

3. sie aus Übertragungswegen gebildet werden, es sei denn, dass diese dem unmittelbaren nutzerbezogenen Zugang zum Internet dienen,
4. sie ausschließlich der Verteilung von Rundfunk oder anderen für die Öffentlichkeit bestimmten Diensten, dem Abruf von allgemein zugänglichen Informationen oder der Übermittlung von Messwerten, nicht individualisierten Daten, Notrufen oder Informationen für die Sicherheit und Leichtigkeit des See- oder Luftverkehrs dienen,
5. an sie nicht mehr als 10 000 Nutzer angeschlossen sind oder
6. mit ihnen ausschließlich nummernunabhängige interpersonelle Telekommunikationsdienste oder ausschließlich nichtkennungsbezogene Internetzugangsdienste über ein drahtloses lokales Netzwerk erbracht werden und an sie nicht mehr als 100 000 Nutzer angeschlossen sind.

²Satz 1 Nummer 1 und 5 gilt nicht für Netzknoten, die der Vermittlung eines öffentlich zugänglichen Sprachkommunikationsdienstes ins Ausland dienen. ³Satz 1 Nummer 1 und 2 gilt nicht im Hinblick auf Vorkehrungen zur Erfüllung der Verpflichtung aus .§ 170 Absatz 1 Satz 1 Nummer 2 des Telekommunikationsgesetzes

(3) § 100a Absatz 4 Satz 1 der Strafprozessordnung[1], § 2 Absatz 1a Satz 1 Nummer 1 bis 3 Artikel 10-Gesetzes[2], § 72 Absatz 7 des Zollfahndungsdienstgesetzes, § 51 Absatz 6 Satz 1 des Bundeskriminalamtgesetzes sowie die Vorschriften des Landesrechts über Maßnahmen zur Überwachung der Telekommunikation bleiben von den Absätzen 1 und 2 unberührt.

§ 4 Grenzen des Anwendungsbereichs. (1) Telekommunikation, bei der die Telekommunikationsanlage im Rahmen der üblichen Betriebsverfahren erkennt, dass sich das Endgerät, das die zu überwachende Kennung nutzt, im Ausland befindet, ist nicht zu erfassen, es sei denn, die zu überwachende Telekommunikation

1. wird an einen im Inland gelegenen Telekommunikationsanschluss gerichtet,
2. geht von einem im Inland gelegenen Telekommunikationsanschluss aus oder
3. wird an eine im Inland befindliche Speichereinrichtung um- oder weitergeleitet.

(2) ¹Die Telekommunikation ist jedoch in den Fällen zu erfassen, in denen sie

1. von einem den berechtigten Stellen nicht bekannten Telekommunikationsanschluss im Inland herrührt und für eine in der Anordnung angegebene ausländische Rufnummer bestimmt ist oder
2. von einem in der Anordnung angegebenen Telekommunikationsanschluss im Ausland herrührt und für eine den berechtigten Stellen nicht bekannte Rufnummer im Inland bestimmt ist.

²Die technische Umsetzung derartiger Anordnungen ist vom Verpflichteten in Abstimmung mit der Bundesnetzagentur zu regeln, wobei hinsichtlich der Gestaltung der Überwachungseinrichtung, des Übergabepunktes und der zu treffenden organisatorischen Vorkehrungen von § 5 Absatz 1 Nummer 1, § 6 Absatz 3 und 4, § 7 Absatz 1 Satz 1 Nummer 2, 4 und 7 und Absatz 2 bis 4

---
[1] Nr. **20**.
[2] Nr. **17**.

abgewichen werden kann. ³ § 22 ist im Rahmen von Überwachungsmaßnahmen nach Satz 1 nicht anzuwenden.

§ 5 Grundsätze. (1) Die zu überwachende Telekommunikation umfasst bei Überwachungsmaßnahmen nach § 100a Absatz 1 Satz 1 der Strafprozessordnung[1]), dem § 3 des Artikel 10-Gesetzes[2]), dem § 72 Absatz 1, 2 und 4 des Zollfahndungsdienstgesetzes, § 51 Absatz 1 des Bundeskriminalamtgesetzes oder nach Landesrecht die Telekommunikation, die

1. von der zu überwachenden Kennung ausgeht,
2. für die zu überwachende Kennung bestimmt ist,
3. in eine Speichereinrichtung, die der zu überwachenden Kennung zugeordnet ist, eingestellt oder aus dieser abgerufen wird oder
4. (weggefallen)
5. zu einer der zu überwachenden Kennung aktuell zugeordneten anderen Zieladresse um- oder weitergeleitet wird,

und besteht aus dem Inhalt und den Daten über die näheren Umstände der Telekommunikation.

(2) ¹ Zur technischen Umsetzung einer Anordnung hat der Verpflichtete der berechtigten Stelle am Übergabepunkt eine vollständige Kopie der durch die zu überwachende Kennung bezeichneten Telekommunikation bereitzustellen, die über seine Telekommunikationsanlage abgewickelt wird. ² Dabei hat er sicherzustellen, dass die bereitgestellten Daten ausschließlich die durch die Anordnung bezeichnete Telekommunikation enthalten. ³ Bei Zusammenschaltungen mit Telekommunikationsnetzen anderer Betreiber hat er sicherzustellen, dass die Daten nach § 7 Absatz 1 Satz 1 Nummer 3 im Rahmen der technischen Möglichkeiten übergeben werden. ⁴ Satz 1 gilt nicht für Telekommunikation, die in rundfunkähnlicher Weise für alle Nutzer gleichermaßen und unverändert übermittelt und vom Verpflichteten selbst eingespeist wird.

(3) ¹ Der Verpflichtete hat sicherzustellen, dass er die Umsetzung einer Anordnung eigenverantwortlich vornehmen kann. ² In diesem Rahmen ist die Wahrnehmung der im Überwachungsfall erforderlichen Tätigkeiten durch einen Erfüllungsgehilfen zulässig, der jedoch nicht der berechtigten Stelle angehören darf.

(4) ¹ Der Verpflichtete hat sicherzustellen, dass die technische Umsetzung einer Anordnung weder von den an der Telekommunikation Beteiligten noch von Dritten feststellbar ist. ² Insbesondere dürfen die Betriebsmöglichkeiten des Telekommunikationsanschlusses, der durch die zu überwachende Kennung genutzt wird, durch die technische Umsetzung einer Anordnung nicht verändert werden.

(5) ¹ Der Verpflichtete hat der berechtigten Stelle unmittelbar nach Abschluss der für die technische Umsetzung einer Anordnung erforderlichen Tätigkeiten den tatsächlichen Einrichtungszeitpunkt sowie die tatsächlich betroffene Kennung mitzuteilen. ² Dies gilt entsprechend für die Übermittlung einer Information zum Zeitpunkt der Beendigung einer Überwachungsmaßnahme.

(6) Der Verpflichtete hat Engpässe, die bei gleichzeitiger Durchführung mehrerer Überwachungsmaßnahmen auftreten, unverzüglich zu beseitigen.

---

[1]) Nr. **20**.
[2]) Nr. **17**.

Abschnitt 2. Technische Anforderungen
§ 6 Grundlegende Anforderungen an die technischen Einrichtungen.

(1) Der Verpflichtete hat seine Überwachungseinrichtungen so zu gestalten, dass er eine Anordnung unverzüglich umsetzen kann; dies gilt für eine von der berechtigten Stelle verlangte vorfristige Abschaltung einer Überwachungsmaßnahme entsprechend.

(2) Der Verpflichtete hat sicherzustellen, dass die Verfügbarkeit seiner Überwachungseinrichtungen der Verfügbarkeit seiner Telekommunikationsanlage entspricht, soweit dies mit vertretbarem Aufwand realisierbar ist.

(3) ^{1} Der Verpflichtete hat seine Überwachungseinrichtungen so zu gestalten, dass er die Überwachung neben der in seiner Telekommunikationsanlage verwendeten Ursprungs- oder Zieladresse auf Grund jeder in der Technischen Richtlinie nach § 36 bereichsspezifisch festgelegten Kennungsart ermöglichen kann, die er für die technische Abwicklung der Telekommunikation in seiner Telekommunikationsanlage erhebt. ^{2} Soweit die zu überwachende Kennung des Telekommunikationsanschlusses in Fällen abgehender Telekommunikation durch die Telekommunikationsanlage des Verpflichteten nicht ausgewertet wird, hat der Verpflichtete die Überwachungskopie nach Maßgabe der Technischen Richtlinie auf der Basis der zugehörigen Benutzerkennung bereitzustellen.

(4) Der Verpflichtete muss sicherstellen, dass er die Überwachung derselben zu überwachenden Kennung gleichzeitig für mehr als eine berechtigte Stelle ermöglichen kann.

§ 7 Bereitzustellende Daten.
(1) ^{1} Der Verpflichtete hat der berechtigten Stelle als Teil der Überwachungskopie auch die folgenden bei ihm vorhandenen Daten bereitzustellen, auch wenn die Übermittlung von Telekommunikationsinhalten nicht zustande kommt:

1. die zu überwachende Kennung;
2. in Fällen, in denen die Telekommunikation von der zu überwachenden Kennung ausgeht,
   a) die jeweils gewählte Rufnummer oder andere Adressierungsangabe, auch wenn diese bei vorzeitiger Beendigung eines im Telekommunikationsnetz begonnenen Telekommunikationsversuches unvollständig bleibt und
   b) sofern die zu überwachende Telekommunikation an ein anderes als das von dem Nutzer der zu überwachenden Kennung gewählte Ziel um- oder weitergeleitet wird, auch die Rufnummer oder andere Adressierungsangabe des Um- oder Weiterleitungsziels, bei mehrfach gestaffelten Um- oder Weiterleitungen die Rufnummern oder anderen Adressierungsangaben der einzelnen Um- oder Weiterleitungsziele;
3. in Fällen, in denen die zu überwachende Kennung Ziel der Telekommunikation ist, die Rufnummer oder andere Adressierungsangabe, von der die zu überwachende Telekommunikation ausgeht, auch wenn die Telekommunikation an eine andere, der zu überwachenden Kennung aktuell zugeordnete Zieladresse um- oder weitergeleitet wird oder das Ziel eine der zu überwachenden Kennung zugeordnete Speichereinrichtung ist;
4. in Fällen, in denen die zu überwachende Kennung zeitweise einem beliebigen Telekommunikationsanschluss zugeordnet ist, auch die diesem Anschluss fest zugeordnete Rufnummer oder andere Adressierungsangabe;

5. in Fällen, in denen der Nutzer für eine bestimmte Telekommunikation ein Dienstmerkmal in Anspruch nimmt, die Angabe dieses Dienstmerkmals einschließlich dessen Kenngrößen, soweit diese Angaben in dem Netzknoten vorhanden sind, in dem die Anordnung umgesetzt wird;
6. Angaben über die technische Ursache für die Beendigung der zu überwachenden Telekommunikation oder für das Nichtzustandekommen einer von der zu überwachenden Kennung veranlassten Telekommunikation, soweit diese Angaben in dem Netzknoten vorhanden sind, in dem die Anordnung umgesetzt wird;
7. bei einer zu überwachenden Kennung, deren Nutzung nicht ortsgebunden ist, Angaben zum Standort des Endgerätes mit der größtmöglichen Genauigkeit, die in dem das Endgerät versorgenden Netz für diesen Standort üblicherweise zur Verfügung steht; zur Umsetzung von Anordnungen, durch die Angaben zum Standort des empfangsbereiten, der zu überwachenden Kennung zugeordneten Endgerätes verlangt werden, hat der Verpflichtete seine Überwachungseinrichtungen so zu gestalten, dass sie diese Angaben automatisch erfassen und an die berechtigte Stelle weiterleiten;
8. Angaben zur Zeit (auf der Grundlage der amtlichen Zeit), zu der die zu überwachende Telekommunikation stattgefunden hat,
   a) in Fällen, in denen die zu überwachende Telekommunikation über physikalische oder logische Kanäle übermittelt wird (verbindungsorientierte Telekommunikation), mindestens zwei der folgenden Angaben:
      aa) Datum und Uhrzeit des Beginns der Telekommunikation oder des Telekommunikationsversuchs,
      bb) Datum und Uhrzeit des Endes der Telekommunikation,
      cc) Dauer der Telekommunikation,
   b) in Fällen, in denen die zu überwachende Telekommunikation nicht über physikalische oder logische Kanäle übermittelt wird (verbindungslose Telekommunikation), die Zeitpunkte mit Datum und Uhrzeit, zu denen die einzelnen Bestandteile der zu überwachenden Telekommunikation an die zu überwachende Kennung oder von der zu überwachenden Kennung gesendet werden;
9. die der Telekommunikationsanlage des Verpflichteten bekannten öffentlichen Internetprotokoll-Adressen der beteiligten Nutzer;
10. die der Telekommunikationsanlage des Verpflichteten bekannten Kodierungen, die bei der Übermittlung der überwachten Telekommunikation verwendet werden.

²Daten zur Anzeige des Entgelts, das für die von der zu überwachenden Kennung geführte Telekommunikation anfällt, sind nicht an die berechtigte Stelle zu übermitteln, auch wenn diese Daten an das von der zu überwachenden Kennung genutzte Endgerät übermittelt werden. ³Auf die wiederholte Übermittlung von Ansagen oder vergleichbaren Daten kann verzichtet werden, solange diese Daten unverändert bleiben.

(2) ¹Der Verpflichtete hat jede bereitgestellte Überwachungskopie und die Daten nach Absatz 1 Satz 1 durch die von der berechtigten Stelle vorgegebene Referenznummer der jeweiligen Überwachungsmaßnahme zu bezeichnen.
²Der Verpflichtete hat jeden Teil der Überwachungskopie und die zugehörigen

Daten nach Absatz 1 Satz 1 zusätzlich durch eine Zuordnungsnummer zu kennzeichnen.

(3) In Fällen, in denen die Überwachungseinrichtungen so gestaltet sind, dass die Kopie des Inhalts der zu überwachenden Telekommunikation getrennt von den durch die Referenznummer gekennzeichneten Daten nach Absatz 1 Satz 1 bereitgestellt werden, sind der berechtigten Stelle ausschließlich diese Daten zu übermitteln, sofern dies im Einzelfall in der Anordnung ausdrücklich bestimmt wird.

(4) Die Absätze 1 bis 3 gelten auch für die Überwachung der Telekommunikation,

1. solange die zu überwachende Kennung an einer Telekommunikation mit mehr als einer Gegenstelle beteiligt ist,
2. wenn unter der zu überwachenden Kennung gleichzeitig mehrere Telekommunikationen stattfinden.

(5) ¹Die Anforderungen nach den Absätzen 1 bis 4 gelten unabhängig von der der jeweiligen Telekommunikationsanlage zu Grunde liegenden Technologie. ²Die Gestaltung hat der Verpflichtete entsprechend seiner Telekommunikationsanlage festzulegen.

§ 8 Übergabepunkt. (1) Der Verpflichtete hat seine Überwachungseinrichtungen so zu gestalten, dass die Überwachungskopie an einem Übergabepunkt bereitgestellt wird, der den Vorschriften dieser Verordnung und den Vorgaben der Technischen Richtlinie nach § 36 entspricht.

(2) ¹Der Verpflichtete hat den Übergabepunkt so zu gestalten, dass

1. dieser ausschließlich von dem Verpflichteten oder seinem Erfüllungsgehilfen gesteuert werden kann; in Fällen, in denen der Übergabepunkt mittels Fernzugriffs gesteuert werden soll, muss sichergestellt sein, dass der Fernzugriff ausschließlich über die Überwachungseinrichtungen des Verpflichteten erfolgen kann;
2. an diesem ausschließlich die Überwachungskopie bereitgestellt wird;
3. der berechtigten Stelle die Überwachungskopie grundsätzlich in dem Format bereitgestellt wird, in dem dem Verpflichteten die zu überwachende Telekommunikation vorliegt; Absatz 3 Satz 1 und 2 bleibt unberührt;
4. die Qualität der an dem Übergabepunkt bereitgestellten Überwachungskopie grundsätzlich nicht schlechter ist als die der zu überwachenden Telekommunikation;
5. die Überwachungskopie so bereitgestellt wird, dass der Telekommunikationsinhalt grundsätzlich getrennt nach Sende- und Empfangsrichtung des Endgerätes, das für die durch die zu überwachende Kennung bezeichnete Telekommunikation genutzt wird, an die Aufzeichnungsanschlüsse übermittelt wird; dies gilt auch, wenn die zu überwachende Kennung an einer Telekommunikation mit mehr als einer Gegenstelle beteiligt ist;
6. die Zugänge zu dem Telekommunikationsnetz, das für die Übermittlung der Überwachungskopie benutzt wird, Bestandteile des Übergabepunktes sind und
7. hinsichtlich der Fähigkeit zur Übermittlung der Überwachungskopie folgende Anforderungen erfüllt werden:

a) die Übermittlung der Überwachungskopie an die Aufzeichnungsanschlüsse erfolgt grundsätzlich über geeignete öffentliche Telekommunikationsnetze oder über genormte, allgemein verfügbare Übertragungswege und Übertragungsprotokolle,

b) die Übermittlung der Überwachungskopie an die Aufzeichnungsanschlüsse wird ausschließlich von den Überwachungseinrichtungen jeweils unmittelbar nach dem Erkennen einer zu überwachenden Telekommunikation eingeleitet und

c) die Schutzanforderungen gemäß § 14 Absatz 2 werden unterstützt.

²Wird in begründeten Ausnahmefällen bei bestimmten Telekommunikationsanlagen von dem Grundsatz nach Satz 1 Nummer 3 abgewichen, hat der Verpflichtete dies in den bei der Bundesnetzagentur nach § 19 Absatz 2 einzureichenden Unterlagen darzulegen; die Bundesnetzagentur entscheidet abschließend, ob und für welchen Zeitraum Abweichungen geduldet werden. ³Auf die Richtungstrennung nach Satz 1 Nummer 5 kann in Fällen verzichtet werden, in denen es sich bei der zu überwachenden Telekommunikation um einseitig gerichtete Telekommunikation oder um nicht vollduplexfähige Telekommunikation handelt.

(3) ¹Wenn der Verpflichtete die ihm zur Übermittlung anvertraute Telekommunikation netzseitig durch technische Maßnahmen gegen unbefugte Kenntnisnahme schützt oder er bei der Erzeugung oder dem Austausch von Schlüsseln mitwirkt und ihm dadurch die Entschlüsselung der Telekommunikation möglich ist, hat er die für diese Telekommunikation angewendeten Schutzvorkehrungen bei der an dem Übergabepunkt bereitzustellenden Überwachungskopie aufzuheben. ²Satz 1 gilt entsprechend bei der Anwendung von Komprimierungsverfahren. ³§ 14 Absatz 2 bleibt unberührt.

§ 9 Übermittlung der Überwachungskopie. (1) ¹Die Übermittlung der Überwachungskopie einschließlich der Daten nach § 7 Absatz 1 Satz 1 sowie der Referenznummern und Zuordnungsnummern nach § 7 Absatz 2 vom Übergabepunkt an die berechtigte Stelle soll über öffentliche Telekommunikationsnetze erfolgen. ²Dem Verpflichteten werden hierzu von der berechtigten Stelle für jede zu überwachende Kennung die Aufzeichnungsanschlüsse benannt, an die die Überwachungskopie zu übermitteln ist und die so gestaltet sind, dass sie Überwachungskopien mehrerer gleichzeitig stattfindender zu überwachender Telekommunikationen einer zu überwachenden Kennung entgegennehmen können. ³Die Rufnummern oder anderen Adressierungsangaben der Aufzeichnungsanschlüsse können voneinander abweichen, wenn die Kopie der zu überwachenden Telekommunikationsinhalte und die zugehörigen Daten nach § 7 Absatz 1 Satz 1 einschließlich der Referenznummern und Zuordnungsnummern nach § 7 Absatz 2 über voneinander getrennte Wege oder über Netze mit unterschiedlicher Technologie übermittelt werden. ⁴Die Inanspruchnahme der öffentlichen Telekommunikationsnetze für die Übermittlung der Überwachungskopie ist auf die hierfür erforderliche Zeitdauer zu begrenzen.

(2) (weggefallen)

(3) Maßnahmen zum Schutz der zu übermittelnden Überwachungskopie richten sich nach § 14.

§ 10 Zeitweilige Übermittlungshindernisse.

¹Der Verpflichtete hat seine Überwachungseinrichtungen so zu gestalten, dass die Daten nach § 7 Absatz 1 Satz 1 einschließlich der Referenznummern und Zuordnungsnummern nach § 7 Absatz 2 in Fällen, in denen die Übermittlung der Überwachungskopie an den Aufzeichnungsanschluss ausnahmsweise nicht möglich ist, unverzüglich nachträglich übermittelt werden. ²Eine Verhinderung oder Verzögerung der zu überwachenden Telekommunikation oder eine Speicherung des Inhalts der Überwachungskopie aus diesen Gründen ist nicht zulässig. ³Eine für den ungestörten Funktionsablauf aus technischen, insbesondere übermittlungstechnischen Gründen erforderliche Pufferung der Überwachungskopie bleibt von Satz 2 unberührt.

§ 11 (weggefallen)

Abschnitt 3. Organisatorische Anforderungen, Schutzanforderungen

§ 12 Entgegennahme der Anordnung, Rückfragen.

(1) ¹Der Verpflichtete hat sicherzustellen, dass er jederzeit telefonisch über das Vorliegen einer Anordnung und die Dringlichkeit ihrer Umsetzung benachrichtigt werden kann. ²Der Verpflichtete hat sicherzustellen, dass er eine Anordnung innerhalb seiner üblichen Geschäftszeiten jederzeit entgegennehmen kann. ³Außerhalb seiner üblichen Geschäftszeiten muss er eine unverzügliche Entgegennahme der Anordnung sicherstellen, spätestens jedoch nach sechs Stunden nach der Benachrichtigung. ⁴Soweit in der Anordnung eine kürzere Zeitspanne festgelegt ist, sind die dazu erforderlichen Schritte mit der berechtigten Stelle im Einzelfall abzustimmen. ⁵Für die Benachrichtigung und für die Entgegennahme der Anordnung hat der Verpflichtete der Bundesnetzagentur eine im Inland gelegene Stelle sowie deren übliche Geschäftszeiten anzugeben; Änderungen sind unverzüglich mitzuteilen. ⁶Die Stelle des Verpflichteten muss für die berechtigten Stellen zu dem gewöhnlichen Entgelt für eine einfache Telekommunikationsverbindung erreichbar sein.

(2) ¹Der Verpflichtete hat die zur Umsetzung einer Anordnung erforderlichen Schritte auch auf Grund einer ihm auf gesichertem elektronischem Weg oder vorab per Telefax übermittelten Kopie der Anordnung einzuleiten. ²Eine auf Grund eines Telefax eingeleitete Überwachungsmaßnahme hat der Verpflichtete wieder abzuschalten, sofern ihm das Original oder eine beglaubigte Abschrift der Anordnung nicht binnen einer Woche nach Übermittlung der Kopie vorgelegt wird. ³Bei Übermittlung der Anordnung auf gesichertem elektronischen Weg hat der Verpflichtete sicherzustellen, dass

1. die Anordnung und die zugehörigen Daten in seinem Verantwortungsbereich nicht verändert und
2. die für die technische Umsetzung erforderlichen Arbeitsschritte in keinem Fall ohne Mitwirkung seines Personals eingeleitet

werden können.

(3) ¹Der Verpflichtete hat sicherzustellen, dass er telefonische Rückfragen der berechtigten Stellen zur technischen Umsetzung einzelner noch nicht abgeschlossener Überwachungsmaßnahmen jederzeit durch sachkundiges Personal entgegennehmen kann. ²Ist eine sofortige Klärung nicht möglich, hat der Verpflichtete den Sachverhalt während der üblichen Geschäftszeiten unverzüglich, außerhalb der üblichen Geschäftszeiten innerhalb von sechs Stunden, einer

Klärung zuzuführen und die anfragende Stelle über den Sachstand der Klärung zu benachrichtigen. ³ Andere Rechtsvorschriften, nach denen die berechtigten Stellen im Einzelfall eine frühere Beantwortung ihrer Rückfragen fordern können, bleiben unberührt. ⁴ Für die Angabe und Erreichbarkeit der die Rückfragen entgegennehmenden Stelle des Verpflichteten gilt Absatz 1 Satz 5 entsprechend.

§ 13 Störung und Unterbrechung. ¹ Während einer Überwachungsmaßnahme hat der Verpflichtete die betroffenen berechtigten Stellen unverzüglich über Störungen seiner Überwachungseinrichtungen und Unterbrechungen einer Überwachungsmaßnahme zu verständigen. ² Dabei sind anzugeben:

1. die Art der Störung oder der Grund der Unterbrechung und deren Auswirkungen auf die laufenden Überwachungsmaßnahmen sowie

2. der Beginn und die voraussichtliche Dauer der Störung oder Unterbrechung.

³ Nach Behebung der Störung oder Beendigung der Unterbrechung sind die betroffenen berechtigten Stellen unverzüglich über den Zeitpunkt zu verständigen, ab dem die Überwachungseinrichtungen wieder ordnungsgemäß zur Verfügung stehen. ⁴ Der Verpflichtete hat seine Überwachungseinrichtungen unverzüglich und vorrangig vor Telekommunikationsanschlüssen anderer Nutzer zu entstören. ⁵ In Mobilfunknetzen sind die Angaben über Störungen, die sich nur in regional begrenzten Bereichen des Netzes auswirken, nur auf Nachfrage der berechtigten Stelle zu machen.

§ 14 Schutzanforderungen. (1) Der Verpflichtete hat die von ihm zu treffenden Vorkehrungen zur technischen und organisatorischen Umsetzung von Anordnungen, insbesondere die technischen Einrichtungen zur Steuerung der Überwachungsfunktionen und des Übergabepunktes nach § 8 einschließlich der zwischen diesen befindlichen Übertragungsstrecken, nach dem Stand der Technik gegen unbefugte Inanspruchnahme zu schützen; die technischen Einrichtungen zur Steuerung der Überwachungsfunktionen und des Übergabepunktes nach § 8 sind im Inland zu betreiben.

(2) ¹ Die Überwachungskopie ist durch angemessene Verfahren gegen eine Kenntnisnahme durch unbefugte Dritte zu schützen. ² Für die Übermittlung der Überwachungskopie an die Aufzeichnungsanschlüsse, die durch angemessene technische Maßnahmen vor einer unbefugten Belegung geschützt sind, sind Verfahren anzuwenden, die einen angemessenen Schutz vor einer Übermittlung an Nichtberechtigte gewährleisten. ³ Die zur Erreichung der Ziele nach den Sätzen 1 und 2 erforderlichen Verfahren sind in der Technischen Richtlinie nach § 36 festzulegen. ⁴ Sollen die Schutzziele nach Satz 2 im Rahmen einer Geschlossenen Benutzergruppe erreicht werden, darf hierfür ausschließlich eine eigens für diesen Zweck eingerichtete Geschlossene Benutzergruppe genutzt werden, die durch die Bundesnetzagentur verwaltet wird. ⁵ Die Schutzanforderung nach Satz 1 gilt bei der Übermittlung der Überwachungskopie an die Aufzeichnungsanschlüsse über festgeschaltete Übertragungswege oder über Telekommunikationsnetze mit leitungsvermittelnder Technik auf Grund der diesen Übertragungsmedien zu Grunde liegenden Gestaltungsgrundsätze als erfüllt. ⁶ In den übrigen Fällen sind die zur Erfüllung dieser Schutzanforderung erforderlichen technischen Schutzvorkehrungen auf der Seite der Telekommunikationsanlage des Verpflichteten Bestandteil der Überwachungseinrich-

tungen und auf der Seite der berechtigten Stelle Bestandteil der Aufzeichnungs- und Auswertungseinrichtungen.

(3) [1] Im Übrigen erfolgt die Umsetzung von Anordnungen unter Beachtung der beim Betreiben von Telekommunikationsanlagen oder Erbringen von Telekommunikationsdiensten üblichen Sorgfalt. [2] Dies gilt insbesondere hinsichtlich der Sicherheit und Verfügbarkeit zentralisierter oder teilzentralisierter Einrichtungen, sofern Überwachungsmaßnahmen mittels solcher Einrichtungen eingerichtet und verwaltet werden. [3] Die Verpflichteten haben dafür zu sorgen, dass die mit der Umsetzung von Überwachungsmaßnahmen betrauten Personen die damit zusammenhängenden Tätigkeiten nur in sich beim Verpflichteten oder dessen Erfüllungsgehilfen befindlichen Räumen ausführen, in denen Unbefugte keine Kenntnis von der Anordnung oder den darauf beruhenden Tätigkeiten erhalten können. [4] Satz 3 gilt nicht für die Entgegennahme der Benachrichtigung über das Vorliegen einer Anordnung gemäß § 12 Absatz 1 Satz 1. [5] Der Verpflichtete hat die Anordnungsdaten, die bei der technischen Umsetzung einer Anordnung aus technischen Gründen in einer Telekommunikationsanlage gespeichert oder hinterlegt werden müssen, nach Vorgaben des Telekommunikationsgesetzes sowie der Technischen Richtlinie nach § 170 Absatz 6 des Telekommunikationsgesetzes gegen unbefugte Kenntnisnahme zu schützen.

§ 15 Verschwiegenheit. (1) Der Verpflichtete darf Informationen über die Art und Weise, wie Anordnungen in seiner Telekommunikationsanlage umgesetzt werden, Unbefugten nicht zugänglich machen.

(2) [1] Der Verpflichtete hat den Schutz der im Zusammenhang mit Überwachungsmaßnahmen stehenden Informationen sicherzustellen. [2] Dies gilt insbesondere hinsichtlich unbefugter Kenntnisnahme von Informationen über zu überwachende Kennungen und die Anzahl gegenwärtig oder in der Vergangenheit überwachter Kennungen sowie die Zeiträume, in denen Überwachungsmaßnahmen durchgeführt worden sind. [3] Für unternehmensinterne Prüfungen, die in keinem unmittelbaren Zusammenhang mit der Umsetzung von Anordnungen stehen, darf jedoch die Anzahl der in einem zurückliegenden Zeitraum betroffenen zu überwachenden Kennungen mitgeteilt werden, sofern sichergestellt ist, dass keine Rückschlüsse auf die betroffenen Kennungen oder auf die die Überwachung durchführenden Stellen möglich sind.

(3) In Fällen, in denen dem Verpflichteten bekannt wird oder er einen begründeten Verdacht hat, dass ein Unbefugter entgegen Absatz 2 Kenntnis von einer Überwachungsmaßnahme erlangt hat, hat der Verpflichtete die betroffene berechtigte Stelle und die Bundesnetzagentur unverzüglich und umfassend über das Vorkommnis zu informieren.

§ 16 Protokollierung. (1) [1] Der Verpflichtete hat sicherzustellen, dass jede Anwendung seiner Überwachungseinrichtungen, die als integraler Bestandteil der Telekommunikationsanlage gestaltet sind, bei der Eingabe der für die technische Umsetzung erforderlichen Daten automatisch lückenlos protokolliert wird. [2] Unter Satz 1 fallen auch Anwendungen für unternehmensinterne Testzwecke, für Zwecke des Nachweises (§ 19 Absatz 5), für Prüfungen im Falle von Änderungen der Telekommunikationsanlage oder nachträglich festgestellten Mängeln (§ 20) und für probeweise Anwendungen der Überwachungsfunktionen (§ 23) sowie solche Anwendungen, die durch fehlerhafte oder missbräuchliche Eingabe, Bedienung oder Schaltung verursacht wurden. [3]Es sind zu protokollieren:

1. die Referenznummer oder eine unternehmensinterne Bezeichnung der Überwachungsmaßnahme,
2. die tatsächlich eingegebene Kennung, auf Grund derer die Überwachungseinrichtungen die Überwachungskopie bereitstellen,
3. die Zeitpunkte (Datum und Uhrzeit auf der Grundlage der amtlichen Zeit), zwischen denen die Überwachungseinrichtungen die Telekommunikation in Bezug auf die Kennung nach Nummer 2 erfassen,
4. die Rufnummer oder andere Adressierungsangabe des Anschlusses, an den die Überwachungskopie übermittelt wird,
5. ein Merkmal zur Erkennbarkeit der Person, die die Daten nach den Nummern 1 bis 4 eingibt,
6. Datum und Uhrzeit der Eingabe.

[4]Die Angaben nach Satz 3 Nummer 5 dürfen ausschließlich bei auf tatsächlichen Anhaltspunkten beruhenden Untersuchungen zur Aufklärung von Missbrauchs- oder Fehlerfällen verwendet werden.

(2) Der Verpflichtete hat sicherzustellen, dass durch die technische Gestaltung der Zugriffsrechte und Löschfunktionen folgende Anforderungen eingehalten werden:

1. das Personal, das mit der technischen Umsetzung von Anordnungen betraut ist, darf keinen Zugriff auf die Protokolldaten, die Löschfunktionen und die Funktionen zur Erteilung von Zugriffsrechten haben;
2. die Funktionen zur Löschung von Protokolldaten dürfen ausschließlich dem für die Prüfung dieser Daten verantwortlichen Personal des Verpflichteten verfügbar sein;
3. jede Nutzung der Löschfunktionen nach Nummer 2 ist unter Angabe des Zeitpunktes und eines Merkmals zur Erkennbarkeit der die Funktion jeweils nutzenden Person in einem Datensatz zu protokollieren, der frühestens nach zwei Jahren gelöscht oder überschrieben werden darf;
4. die Berechtigungen zum Zugriff auf die Funktionen von Datenverarbeitungsanlagen oder auf die Datenbestände, die für die Prüfung der Protokolldaten oder die Erteilung von Zugriffsrechten erforderlich sind, dürfen nicht ohne Nachweis eingerichtet, geändert oder gelöscht werden können; jede Erteilung, Änderung oder Aufhebung einer Berechtigung ist einschließlich ihres Zeitpunktes bis zum Ende des zweiten auf die Erteilung, Änderung oder Aufhebung folgenden Kalenderjahres so zu dokumentieren, dass die Daten, einschließlich aller bestehenden Berechtigungen, im Rahmen der üblichen Geschäftszeiten jederzeit für Prüfungen abrufbar sind.

§ 17 Prüfung und Löschung der Protokolldaten, Vernichtung von Unterlagen. (1) [1]Der Verpflichtete hat einen angemessenen Anteil der für die Aktivierung, Änderung oder Abschaltung der Überwachungsfunktionalität nach § 16 protokollierten Eingaben auf Übereinstimmung mit den ihm vorliegenden Unterlagen zu prüfen. [2]Die Prüfung hat mindestens quartalsweise zu erfolgen, die unternehmensinterne Festlegung kürzerer Prüfzeiträume ist zulässig. [3]Die Überprüfung muss sich auf mindestens 20 vom Hundert der im Prüfzeitraum angeordneten Überwachungsmaßnahmen beziehen, jedoch nicht mehr als 200 Maßnahmen je Kalendervierteljahr umfassen. ⁴Darüber hinaus sind die Protokolldaten in allen Fällen zu prüfen,

1. die in § 23 genannt sind, oder
2. in denen Tatsachen den Verdacht einer Unregelmäßigkeit begründen.

⁵In den geheimschutzbetreuten Unternehmen obliegen die Aufgaben nach den Sätzen 1 und 4 dem Sicherheitsbevollmächtigten. ⁶Das mit der Prüfung betraute Personal kann zur Klärung von Zweifelsfällen das mit der technischen Umsetzung der Anordnungen betraute Personal hinzuziehen. ⁷Der Verpflichtete hat die Ergebnisse der Prüfungen schriftlich festzuhalten. ⁸Sind keine Beanstandungen aufgetreten, darf in den Prüfergebnissen die nach § 16 Absatz 1 Satz 3 Nummer 2 protokollierte Kennung nicht mehr vermerkt sein und kann auf die übrigen Angaben gemäß § 16 Absatz 1 Satz 3 verzichtet werden. ⁹Der Verpflichtete hat der Bundesnetzagentur spätestens zum Ende eines jeden Kalendervierteljahres eine Kopie der Prüfergebnisse zu übersenden. ¹⁰Die Bundesnetzagentur bewahrt diese Unterlagen bis zum Ende des folgenden Kalenderjahres auf; sie kann sie bei der Einsichtnahme nach Absatz 4 verwenden.

(2) ¹Der Verpflichtete hat die Protokolldaten vorbehaltlich Satz 2 und Absatz 3 Satz 6 nach Ablauf von zwölf Monaten nach Versendung der Prüfergebnisse an die Bundesnetzagentur unverzüglich zu löschen und die entsprechenden Anordnungen und alle zugehörigen Unterlagen einschließlich der für die jeweilige Überwachungsmaßnahme angefertigten unternehmensinternen Hilfsmittel zu vernichten, es sei denn, dass die Überwachungsmaßnahme zu diesem Zeitpunkt noch nicht beendet ist. ²Andere Rechtsvorschriften, die eine über Satz 1 hinausgehende Aufbewahrungszeit für Unterlagen vorschreiben, bleiben unberührt; dies gilt entsprechend auch für unternehmensinterne Vorgaben zur Aufbewahrung von Abrechnungsunterlagen.

(3) ¹Bei Beanstandungen, insbesondere auf Grund unzulässiger Eingaben oder unzureichender Angaben, hat der Verpflichtete unverzüglich eine Untersuchung der Angelegenheit einzuleiten und die Bundesnetzagentur unter Angabe der wesentlichen Einzelheiten schriftlich darüber zu unterrichten. ²Steht die Beanstandung im Zusammenhang mit einer Überwachungsmaßnahme, hat der Verpflichtete zusätzlich unverzüglich die betroffene berechtigte Stelle zu informieren. ³Die Pflicht zur Untersuchung und Unterrichtung nach den Sätzen 1 und 2 besteht auch für Fälle, in denen der Verpflichtete unabhängig von der Prüfung der Protokolldaten Kenntnis über einen zu beanstandenden Sachverhalt erhält. ⁴Das Ergebnis der Untersuchung ist schriftlich festzuhalten. ⁵Der Verpflichtete hat eine Kopie des Untersuchungsergebnisses an die Bundesnetzagentur zu übersenden, die sie bis zum Ende des folgenden Kalenderjahres aufbewahrt. ⁶Für die Löschung der beanstandeten Protokolldaten und die Vernichtung der zugehörigen Unterlagen nach Abschluss der gemäß Satz 1 oder Satz 3 durchzuführenden Untersuchungen gilt Absatz 2 vorbehaltlich anderer Rechtsvorschriften entsprechend mit der Maßgabe, dass an die Stelle des dort genannten Zeitpunktes der Dezember des Kalenderjahres tritt, das auf den Abschluss der Untersuchung folgt.

(4) ¹Die Bundesnetzagentur ist befugt, Einsicht in die Protokolldaten, Anordnungen und die zugehörigen Unterlagen sowie in die Datensätze nach § 16 Absatz 2 Nummer 3 und 4 zu nehmen. ²Die Befugnisse der für die Kontrolle der Einhaltung der Vorschriften über den Schutz personenbezogener Daten

zuständigen Behörden werden durch die Absätze 1 bis 3 nicht berührt. [3] Für die gemäß § 16 erstellten Protokolldaten muss für die Kontrollen nach den Sätzen 1 und 2 die Möglichkeit bestehen, diese sowohl nach ihrer Entstehungszeit als auch nach den betroffenen Kennungen sortiert auszugeben.

Abschnitt 4. Verfahren zum Nachweis nach § 170 Absatz 1 Satz 1 Nummer 4 des Telekommunikationsgesetzes

§ 18 (weggefallen)

§ 19 Nachweis. (1) [1] Für den nach § 170 Absatz 1 Satz 1 Nummer 4 des Telekommunikationsgesetzes zu erbringenden Nachweis der Übereinstimmung der von dem Verpflichteten getroffenen Vorkehrungen mit den Vorschriften dieser Verordnung und der Technischen Richtlinie (§ 36) hat der Verpflichtete der Bundesnetzagentur die zur Prüfung erforderlichen Unterlagen einzureichen und ihr die erforderlichen Prüfungen der Überwachungseinrichtungen und der organisatorischen Vorkehrungen vor Ort zu ermöglichen. [2] Den Nachweis für baugleiche Einrichtungen hat der Verpflichtete nur einmal zu erbringen; die Bundesnetzagentur kann jedoch in begründeten Fällen einen weiteren Nachweis an einer baugleichen Einrichtung verlangen.

(2) [1] Die von dem Verpflichteten vorzulegenden Unterlagen, zu deren Form die Bundesnetzagentur Vorgaben machen kann, müssen die zur Beurteilung des Sachverhalts erforderlichen Angaben enthalten. [2] Dazu gehören insbesondere Angaben zu Name und Sitz des Verpflichteten sowie die Namen der Personen, die für die Vorhaltung der Überwachungseinrichtungen verantwortlich sind, sowie Beschreibungen über:

1. die technische Gestaltung der Telekommunikationsanlage einschließlich der mit ihr erbrachten oder geplanten Telekommunikationsdienste und der zugehörigen Dienstmerkmale,
2. die Arten der Kennungen, die bei den erbrachten oder geplanten Telekommunikationsdiensten ausgewertet werden können,
3. die Überwachungseinrichtungen, insbesondere hinsichtlich der Anforderungen nach § 7 Absatz 1 bis 4 sowie § 10,
4. den Übergabepunkt gemäß § 8 und die Bereitstellung der Überwachungskopie gemäß § 9 sowie
5. die technischen Einrichtungen und die organisatorischen Vorkehrungen zur Umsetzung der §§ 4, 5, 6, 12 und 13 Satz 4, des § 14 Absatz 1, 2 Satz 1 bis 4 und Absatz 3 sowie der §§ 16 und 17 Absatz 1 Satz 1 bis 4 sowie
6. die technische Gestaltung des Zusammenwirkens der Überwachungseinrichtungen mit den Telekommunikationsanlagen anderer Betreiber.

[3] Unterlagen, die Geschäfts- oder Betriebsgeheimnisse enthalten, sind entsprechend zu kennzeichnen. [4] Soweit für die Überwachungseinrichtungen auf Antrag des Herstellers oder Vertreibers dieser Einrichtungen eine Typmusterprüfung nach § 170 Absatz 7 des Telekommunikationsgesetzes durchgeführt wurde, kann der Verpflichtete zur Vereinfachung auf die Ergebnisse dieser Typmusterprüfung verweisen.

(3) [1] Die Bundesnetzagentur bestätigt dem Verpflichteten den Eingang der Unterlagen. [2] Sie prüft die Unterlagen darauf, ob die Überwachungseinrichtungen und die organisatorischen Vorkehrungen den Anforderungen der §§ 4, 5, 6

und 7 Absatz 1 bis 4, der §§ 8 bis 10, 12 und 13 Satz 4, des § 14 Absatz 1, 2 Satz 1 bis 4 und Absatz 3, der §§ 16 und 17 Absatz 1 Satz 1 bis 4 sowie den Anforderungen der Technischen Richtlinie nach § 36 entsprechen; dabei berücksichtigt sie die Zulässigkeit von älteren technischen Vorschriften nach § 36 Satz 4 und von Abweichungen gemäß § 22. [3] Nach Prüfung der schriftlichen Unterlagen vereinbart die Bundesnetzagentur mit dem Verpflichteten einen Termin für eine technische Prüfung der Überwachungseinrichtung und eine Prüfung der organisatorischen Vorkehrungen.

(4) [1] Die Bundesnetzagentur stellt die prüffähigen Unterlagen unverzüglich dem Generalbundesanwalt beim Bundesgerichtshof, dem Zollkriminalamt, dem Bundesamt für Verfassungsschutz als Koordinierungsstelle für die Nachrichtendienste und dem Bundeskriminalamt als Zentralstelle zur Stellungnahme innerhalb einer gesetzten angemessenen Frist zur Verfügung. [2] Die rechtzeitig eingegangenen Stellungnahmen hat die Bundesnetzagentur bei ihrer Entscheidung über die vorübergehende Duldung von Abweichungen mit zu berücksichtigen.

(5) [1] Die Bundesnetzagentur kann von dem Verpflichteten verlangen, dass er unentgeltlich

1. ihren Bediensteten die Durchführung der erforderlichen Prüfungen bezüglich der Einhaltung der in Absatz 3 genannten Anforderungen ermöglicht,
2. bei Prüfungen nach Nummer 1 im erforderlichen Umfang mitwirkt und
3. die für die Prüfungen nach Nummer 1 erforderlichen Telekommunikationsanschlüsse seiner Telekommunikationsanlage sowie die notwendigen Endgeräte bereitstellt und die für die Prüfung notwendige Telekommunikation an geeignete Testanschlüsse übermittelt.

[2] Für die Zwecke der Prüfung der Protokolldaten nach § 17 bestätigt die Bundesnetzagentur dem Verpflichteten den Zeitraum der Prüfung, die Kennungen der für die Prüfung verwendeten Telekommunikationsanschlüsse sowie die Rufnummern oder anderen Adressierungsangaben der Anschlüsse, an die die Kopie der Telekommunikation übermittelt wurde. [3] Die Bundesnetzagentur kann zu den Prüfungen nach Satz 1 auch Vertreter der in Absatz 4 genannten Stellen hinzuziehen. [4] Für Prüfungen, die die Bundesnetzagentur nach § 170 Absatz 1 Satz 1 Nummer 5 des Telekommunikationsgesetzes zur Beseitigung von Fehlfunktionen durchführt, gelten die Sätze 1 bis 3 entsprechend.

(6) [1] Entsprechen die von dem Verpflichteten vorgehaltenen Überwachungseinrichtungen und die von ihm getroffenen organisatorischen Vorkehrungen den Vorschriften dieser Verordnung und der Technischen Richtlinie nach § 36, erteilt die Bundesnetzagentur dem Verpflichteten innerhalb von vier Wochen nach Abschluss der Prüfungen nach Absatz 5 einen entsprechenden Nachweisbescheid. [2] Weichen die vorgehaltenen Überwachungseinrichtungen oder die getroffenen organisatorischen Vorkehrungen von den Vorschriften ab, hat die Bundesnetzagentur dem Verpflichteten aufzuerlegen, die Abweichung innerhalb einer angemessenen Frist zu beseitigen. [3] Eine dauerhafte Abweichung kann nur geduldet werden, wenn zu erwarten ist, dass die Durchführung von Überwachungsmaßnahmen nicht beeinträchtigt wird und keine Änderungen bei den Aufzeichnungs- und Auswertungseinrichtungen erforderlich sind; in diesem Fall sind die geduldeten Abweichungen im Nachweisbescheid zu bezeichnen. [4] Bei Abweichungen, die eine Verletzung des Fernmeldegeheimnisses oder wesentliche Mängel bei der Überwachung zur Folge haben, hat die

Bundesnetzagentur in dem Nachweisbescheid darzustellen, dass der Nachweis für diejenigen Dienste oder Dienstmerkmale nicht erbracht ist, bei denen sich diese Abweichungen auswirken.

(7) Gehen die Unterlagen nach Absatz 2 erst so spät bei der Bundesnetzagentur ein, dass von ihr angeforderte Ergänzungen nicht mehr fristgerecht erfolgen können, soll sie vor Einleiten von Zwangsmitteln nach § 183 Absatz 4 oder 5 des Telekommunikationsgesetzes eine Nachbesserungsfrist einräumen, die einen Monat nicht übersteigen darf.

(8) Im Falle der Fortschreibung der Unterlagen, insbesondere im Zusammenhang mit Änderungen wie nach § 20, hat der Verpflichtete der Bundesnetzagentur entsprechend geänderte Unterlagen zusammen mit einer Liste der jeweils insgesamt gültigen Dokumente vorzulegen; die Absätze 1 bis 7 gelten entsprechend.

§ 20 Änderungen der Telekommunikationsanlage oder der Überwachungseinrichtung. [1] § 19 gilt entsprechend bei jeder Änderung der Telekommunikationsanlage, eines mittels dieser Telekommunikationsanlage angebotenen Telekommunikationsdienstes oder der Überwachungseinrichtung, sofern diese Änderung Einfluss auf die Überwachungsfunktionen hat. [2] Änderungen, die Auswirkungen auf die Aufzeichnungs- oder Auswertungseinrichtungen haben, dürfen erst nach Abstimmung mit der Bundesnetzagentur vorgenommen werden.

Abschnitt 5. Abweichungen

§ 21 (weggefallen)

§ 22 Abweichungen, Feldversuche, Probebetriebe. (1) [1] Die Bundesnetzagentur kann im Rahmen des Nachweises nach § 19 im Benehmen mit den in § 19 Absatz 4 genannten Stellen auf Antrag des Verpflichteten bei einzelnen Telekommunikationsanlagen hinsichtlich der Gestaltung der Überwachungseinrichtungen Abweichungen von einzelnen Anforderungen der Technischen Richtlinie nach § 36 dulden, sofern

1. die Überwachbarkeit sichergestellt ist und die Durchführung von Überwachungsmaßnahmen nicht grundlegend beeinträchtigt wird und

2. ein hierdurch bedingter Änderungsbedarf bei den Aufzeichnungs- und Auswertungseinrichtungen nicht unverhältnismäßig hoch ist.

[2] Der Verpflichtete hat der Bundesnetzagentur die Gründe für Abweichungen nach Satz 1, die genaue Beschreibung des Übergabepunktes mit Hinweisen auf die Abweichungen von den Vorschriften sowie die Folgen dieser Abweichungen mitzuteilen. [3] Die Bundesnetzagentur ist unbeschadet möglicher Schutzrechtsvermerke des Verpflichteten befugt, Mitteilungen nach Satz 2 an die in § 19 Absatz 4 genannten Stellen zu übermitteln, damit die vorhandenen Aufzeichnungs- und Auswertungseinrichtungen gegebenenfalls angepasst werden können. [4] Der Nachweisbescheid kann mit Auflagen verbunden werden. [5] In der Technischen Richtlinie nach § 36 können für bestimmte Telekommunikationsanlagen oder Telekommunikationsdienste technische Voraussetzungen festgelegt werden, bei deren Einhaltung Abweichungen allgemein zulässig sind.

Telekommunikations-Überwachungsverordnung § 23 TKÜV 11

(2) ¹Die Bundesnetzagentur kann für die Überwachungseinrichtungen in Teilen von Telekommunikationsanlagen, die Versuchs- oder Probezwecken oder im Rahmen von Feldversuchen der Ermittlung der Funktionsfähigkeit der Telekommunikationsanlage unter tatsächlichen Betriebsbedingungen oder der bedarfsgerechten Ausgestaltung von am Telekommunikationsmarkt nachgefragten Telekommunikationsdiensten dienen, den Nachweis im Hinblick auf den befristet betriebenen Teil der Telekommunikationsanlage oder den befristet oder einem begrenzten Nutzerkreis angebotenen Telekommunikationsdienst nach einem vereinfachten Verfahren annehmen; Wiederholungen sind zulässig. ²Sie kann dabei nach pflichtgemäßem Ermessen im Einzelfall vorübergehend auf die Einhaltung einzelner technischer Vorschriften dieser Verordnung oder einzelner Anforderungen der Technischen Richtlinie nach § 36 verzichten, sofern

1. der Versuchs- oder Probebetrieb oder der Feldversuch des Teils der Telekommunikationsanlage für nicht länger als zwölf Monate vorgesehen ist,
2. nicht mehr als 10 000 Nutzer oder sonstige Nutzungsberechtigte, die nicht zu dem Personal des Verpflichteten zählen, in den Versuchs- oder Probebetrieb oder in den Feldversuch einbezogen werden und
3. sichergestellt ist, dass eine Überwachung der Telekommunikation möglich ist.

³Absatz 1 Satz 2 bis 4 gilt entsprechend.

Abschnitt 6. Sonstige Vorschriften

§ 23 Probeweise Anwendung der Überwachungsfunktionen. (1) ¹Die probeweise Anwendung der Überwachungsfunktionen ist auf das unabdingbare Maß zu begrenzen und nur zulässig

1. zur Durchführung des Nachweises nach § 19 oder einer insbesondere zur Beseitigung von Fehlfunktionen von der Bundesnetzagentur verlangten Prüfung nach § 170 Absatz 1 Nummer 5 des Telekommunikationsgesetzes,
2. zur Funktionsprüfung der Überwachungseinrichtungen durch den Betreiber oder zur Schulung von Personal des Verpflichteten unter Verwendung von ausschließlich zu diesem Zweck eingerichteten Anschlüssen oder
3. zur Funktionsprüfung der Aufzeichnungs- und Auswertungseinrichtungen; Aus- oder Fortbildungsmaßnahmen der berechtigten Stellen stehen solchen Funktionsprüfungen gleich.

²Für eine insbesondere zur Beseitigung von Fehlfunktionen von der Bundesnetzagentur verlangte Prüfung nach § 170 Absatz 1 Nummer 5 des Telekommunikationsgesetzes kann sie vom Verpflichteten auch verlangen, dass für automatisch durchzuführende Prüfungen gleichzeitig mehrere Testanschlüsse und Endgeräte bereitgestellt werden sowie eine von der Bundesnetzagentur bereitgestellte Anwendung auf diesen Endgeräten installiert wird. ³Bei der probeweisen Anwendung ist sicherzustellen, dass die Anschlüsse, auf die die Überwachungsfunktionen angewendet werden, ausschließlich zu Prüfzwecken genutzt werden und die Personen, die für die probeweise erzeugte Telekommunikation verantwortlich sind, diese ohne Beteiligung Dritter durchführen. ⁴Der Zeitraum der probeweisen Anwendung nach Satz 1 Nummer 3 darf sechs Monate nicht überschreiten; Verlängerungen sind zulässig. ⁵Der Verpflichtete hat der Bundesnetzagentur die von ihm für die Fälle nach Satz 1 Nummer 2

vorgesehenen Anschlüsse vor der erstmaligen Durchführung von Funktionsprüfungen seiner Überwachungseinrichtungen schriftlich anzuzeigen. [6] Die Bundesnetzagentur führt über diese Anschlüsse eine Liste und bestätigt dem Verpflichteten den Eintrag der von ihm benannten Anschlüsse. [7] Nach Eingang dieser Bestätigung kann der Verpflichtete Funktionsprüfungen unter ausschließlicher Einbeziehung dieser Anschlüsse jederzeit eigenverantwortlich nach Bedarf durchführen. [8] In den Fällen des Satzes 1 Nummer 3 bedarf die probeweise Anwendung der vorherigen Anmeldung durch die berechtigte Stelle bei der Bundesnetzagentur. [9] In der Anmeldung sind der Grund für die probeweise Anwendung, der Zeitraum der Erprobung, die Kennungen, die bei der Erprobung an Stelle einer zu überwachenden Kennung verwendet werden, sowie die Rufnummern oder anderen Adressierungsangaben der Anschlüsse anzugeben, an die die Kopie der Telekommunikation übermittelt wird. [10] Die Bundesnetzagentur bestätigt die Anmeldung mit den in Satz 8 genannten Angaben schriftlich oder durch eine gesicherte elektronische Übermittlung sowohl der berechtigten Stelle als auch dem Verpflichteten. [11] In Fällen einer dringenden Störungsbeseitigung ist eine nachträgliche Anzeige oder Anmeldung zulässig. [12] Für die Behandlung der Bestätigung beim Verpflichteten gilt § 17 entsprechend. [13] Form und Übermittlungsverfahren für die Anzeige, die Anmeldung und die Bestätigung sowie Vorgaben für die in diesen Fällen zu verwendende Referenznummer können in der Technischen Richtlinie nach § 36 festgelegt werden.

(2) Zur Durchführung der in Absatz 1 Satz 1 Nummer 3 genannten Aufgaben hat der Verpflichtete der berechtigten Stelle auf Verlangen Telekommunikationsanschlüsse seiner Telekommunikationsanlage zu den üblichen Geschäftsbedingungen an den von dieser benannten Orten einzurichten und zu überlassen und Telekommunikationsdienste bereitzustellen sowie die Überwachungsfunktion bei diesen Anschlüssen nach den zeitlichen Vorgaben der berechtigten Stelle einzurichten.

§ 24 Anforderungen an Aufzeichnungsanschlüsse. (1) [1] Der nach § 170 Absatz 9 des Telekommunikationsgesetzes verpflichtete Betreiber hat der berechtigten Stelle auf Antrag die von ihr benötigten Aufzeichnungsanschlüsse unverzüglich und in dringenden Fällen vorrangig bereitzustellen. [2] Zur Sicherstellung der Erreichbarkeit dieser Anschlüsse und zum Schutz vor falschen Übermittlungen sind geeignete technische Maßnahmen gemäß § 14 Absatz 2 vorzusehen.

(2) Der nach § 170 Absatz 9 des Telekommunikationsgesetzes verpflichtete Betreiber hat im Störungsfall die unverzügliche und vorrangige Entstörung der Anschlüsse nach Absatz 1 sicherzustellen.

§ 25 (weggefallen)

Teil 3. Maßnahmen nach den §§ 5 und 8 des Artikel 10-Gesetzes und den §§ 19, 24 und 26 des BND-Gesetzes

§ 26 Kreis der Verpflichteten. (1) Die Vorschriften dieses Teils gelten für Betreiber von Telekommunikationsanlagen, die

1. der Bereitstellung von internationalen leitungsgebundenen Telekommunikationsbeziehungen dienen, soweit eine gebündelte Übertragung erfolgt oder

Telekommunikations-Überwachungsverordnung §27 TKÜV 11

2. der Bereitstellung von internationalen Telekommunikationsbeziehungen dienen, über die Telekommunikation von Ausländern im Ausland erfolgt und für öffentlich zugängliche Telekommunikationsdienste genutzt werden.

(2) ¹Die Bundesnetzagentur kann im Einvernehmen mit dem Bundesnachrichtendienst Betreiber nach Absatz 1 auf deren Antrag für einen bestimmten Zeitraum, der drei Jahre nicht übersteigen darf, von den Verpflichtungen befreien, die sich aus den §§ 27 und 28 ergeben; wiederholte Befreiungen sind zulässig. ²Für die rechtzeitige Antragstellung gilt die in § 170 Absatz 1 Nummer 4 zweiter Halbsatz des Telekommunikationsgesetzes genannte Frist entsprechend. ³Anträge auf eine wiederholte Befreiung kann der Verpflichtete frühestens drei Monate und spätestens sechs Wochen vor Ablauf der laufenden Frist stellen. ⁴Die Bundesnetzagentur soll über die Anträge innerhalb von sechs Wochen entscheiden. ⁵Im Falle einer Beendigung der Befreiung hat der Verpflichtete die nach den §§ 27 und 28 erforderlichen technischen und organisatorischen Vorkehrungen innerhalb von sechs Monaten nach Ablauf der bisherigen Befreiungsfrist zu treffen.

§ 27 Grundsätze, technische und organisatorische Umsetzung von Anordnungen, Verschwiegenheit. (1) ¹Die zu überwachende Telekommunikation umfasst bei Überwachungsmaßnahmen nach § 5 oder § 8 des Artikel 10-Gesetzes[1] die Telekommunikation, die auf dem in der Anordnung bezeichneten Übertragungsweg übertragen wird, einschließlich der auf diesem Übertragungsweg übermittelten, für den Auf- oder Abbau von Telekommunikationsverbindungen notwendigen vermittlungstechnischen Steuerzeichen und bei Überwachungsmaßnahmen nach den §§ 19, 24 oder 26 des BND-Gesetzes die Telekommunikation, die in der Anordnung nach § 25 Absatz 1 Satz 1 des BND-Gesetzes bezeichnet wird, einschließlich der in dieser Telekommunikation übermittelten, für den Auf- oder Abbau von Telekommunikationsverbindungen notwendigen vermittlungstechnischen Steuerzeichen. ²§ 5 gilt mit Ausnahme von seinem Absatz 1, 2 Satz 3 und Absatz 4 Satz 2 entsprechend.

(2) Der Verpflichtete hat dem Bundesnachrichtendienst an einem Übergabepunkt im Inland eine vollständige Kopie der Telekommunikation bereitzustellen, die über die in der Anordnung bezeichneten Übertragungswege oder Telekommunikationsnetze übertragen wird.

(3) Der Verpflichtete hat in seinen Räumen die Aufstellung und den Betrieb von Geräten des Bundesnachrichtendienstes zu dulden, die nur von hierzu besonders ermächtigten Bediensteten des Bundesnachrichtendienstes eingestellt und gewartet werden dürfen und die folgende Anforderungen erfüllen:

1. die nach Absatz 2 bereitgestellte Kopie wird bei Überwachungsmaßnahmen nach den §§ 5 oder 8 des Artikel 10-Gesetzes in der Weise bearbeitet, dass die Festlegung nach § 10 Absatz 4 Satz 3 des Artikel 10-Gesetzes eingehalten und die danach verbleibende Kopie an den Bundesnachrichtendienst nur insoweit übermittelt wird, als sie Telekommunikation mit dem in der Anordnung nach § 10 Absatz 4 Satz 2 des Artikel 10-Gesetzes bezeichneten Gebiet enthält; im Übrigen wird die Kopie gelöscht;
2. ein unbefugter Fernzugriff auf die Geräte ist ausgeschlossen;

---

[1] Nr. 17.

11 TKÜV § 27 Telekommunikations-Überwachungsverordnung

3. die Geräte verfügen über eine dem Stand der Technik entsprechende Zugriffskontrolle und über eine automatische lückenlose Protokollierung aller Zugriffe;
4. die Einhaltung der Anforderungen nach den Nummern 1 bis 3 ist durch das Bundesamt für Sicherheit in der Informationstechnik zertifiziert.

(4) ¹Der Verpflichtete hat während seiner üblichen Geschäftszeiten folgenden Personen nach Anmeldung Zutritt zu den in Absatz 3 bezeichneten Geräten zu gewähren:
1. den Bediensteten des Bundesnachrichtendienstes zur Einstellung und Wartung der Geräte,
2. bei Überwachungsmaßnahmen nach den §§ 5 oder 8 des Artikel 10-Gesetzes zusätzlich den Mitgliedern und Mitarbeitern der G 10-Kommission (§ 1 Absatz 2 des Artikel 10-Gesetzes) zur Kontrolle der Geräte und ihrer Datenverarbeitungsprogramme sowie der Protokolle nach Absatz 3 Nummer 3.

²Der Verpflichtete hat sicherzustellen, dass eine unbeaufsichtigte Tätigkeit der nach Satz 1 Zutrittsberechtigten auf die in Absatz 3 bezeichneten Geräte begrenzt bleibt.

(5) Im Einzelfall erforderlich werdende ergänzende Einzelheiten hinsichtlich der Aufstellung der in Absatz 3 bezeichneten Geräte und des Zugangs zu diesen Geräten sind in einer Vereinbarung zwischen dem Verpflichteten und dem Bundesnachrichtendienst zu regeln.

(6) Der Verpflichtete hat seine Überwachungseinrichtungen so zu gestalten und die organisatorischen Vorkehrungen so zu treffen, dass er eine Anordnung unverzüglich umsetzen kann.

(7) ¹Für die Gestaltung des Übergabepunktes gilt § 8 Absatz 2 Satz 1 Nummer 1 bis 4 entsprechend. ²Technische Einzelheiten zum Übergabepunkt können in der Technischen Richtlinie nach § 36 festgelegt werden, sie können jedoch auch in Abstimmung mit der Bundesnetzagentur und den betroffenen Interessenvertretern festgelegt werden.

(8) ¹Für die Entstörung und Störungsmeldung, für die Schutzanforderungen, für die Pflicht zur Verschwiegenheit, für die Entgegennahme der Information über das Vorliegen einer Anordnung und die Entgegennahme einer Anordnung sowie für Rückfragen gelten § 12 Absatz 1 Satz 5 und Absatz 3, §§ 13, 14 Absatz 1 und 3 sowie § 15 entsprechend mit der von § 12 Absatz 1 Satz 1 bis 3 und Absatz 3 Satz 1 abweichenden Maßgabe, dass der Verpflichtete innerhalb seiner üblichen Geschäftszeiten jederzeit über das Vorliegen einer Anordnung und die Dringlichkeit ihrer Umsetzung benachrichtigt werden kann, er eine Anordnung entgegennehmen und Rückfragen zu einzelnen noch nicht abgeschlossenen Überwachungsmaßnahmen entgegennehmen kann. ²Für Funktionsprüfungen der Aufzeichnungs- und Auswertungseinrichtungen des Bundesnachrichtendienstes gilt § 23 Absatz 1 Satz 1 Nummer 3 entsprechend; für derartige Funktionsprüfungen ist abweichend von § 23 Absatz 1 Satz 8 bis 13 für Maßnahmen nach den §§ 5 oder 8 des Artikel 10-Gesetzes eine Anordnung nach den §§ 5 oder 8 des Artikel 10-Gesetzes und für Maßnahmen nach den §§ 19, 24 oder 26 des BND-Gesetzes eine Anordnung nach § 25 Absatz 1 Satz 1 des BND-Gesetzes erforderlich.

Telekommunikations-Überwachungsverordnung §§ 28–31 TKÜV 11

§ 28 Verfahren. (1) Sofern der Verpflichtete für die technische Umsetzung von Anordnungen nach § 5 oder § 8 des Artikel 10-Gesetzes[1)] oder Anordnungen für Maßnahmen nach den §§ 19, 24 oder 26 des BND-Gesetzes technische Einrichtungen oder Funktionen verwendet, die durch Eingaben in Steuerungssysteme bedient werden, die von diesen Einrichtungen abgesetzt sind, gelten die §§ 16 und 17 entsprechend.

(2) (weggefallen)

(3) Für den Nachweis der Übereinstimmung der getroffenen Vorkehrungen mit den Bestimmungen dieser Verordnung und der Technischen Richtlinie gilt § 19 entsprechend mit folgenden Maßgaben:

1. An die Stelle der in § 19 Absatz 4 genannten Stellen tritt der Bundesnachrichtendienst.
2. An die Stelle der in § 19 Absatz 5 geforderten Prüfungen tritt eine Prüfung entsprechend § 27 Absatz 2 und 6 bis 8.

(4) Für nachträgliche Änderungen an der Telekommunikationsanlage des Verpflichteten oder an den Überwachungseinrichtungen gilt § 20 entsprechend.

§ 29 Bereitstellung von Übertragungswegen zum Bundesnachrichtendienst. Für die Bereitstellung der Übertragungswege, die zur Übermittlung der gemäß § 27 Absatz 3 Nummer 1 aufbereiteten Kopie an den Bundesnachrichtendienst erforderlich sind, gilt § 24 Absatz 1 Satz 1 und Absatz 2 entsprechend.

Teil 4. Vorkehrungen für die Erteilung von Auskünften über Verkehrsdaten

§ 30 Kreis der Verpflichteten. [1]Die Vorschriften dieses Teils gelten für

1. die Betreiber von Telekommunikationsanlagen, mit denen öffentlich zugängliche Telekommunikationsdienste erbracht werden, sowie
2. die Anbieter von öffentlich zugänglichen Telekommunikationsdiensten

in dem Umfang, in dem diese ihre Dienste für Endnutzer erbringen. [2]§ 170 Absatz 2 des Telekommunikationsgesetzes gilt entsprechend für die nach Satz 1 Verpflichteten, die nur Teile von Telekommunikationsanlagen nach Satz 1 Nummer 1 betreiben oder die öffentlich zugängliche Telekommunikationsdienste erbringen, ohne hierfür Telekommunikationsanlagen zu betreiben.

§ 31 Grundsätze. (1) [1]Die nach § 30 Verpflichteten haben Auskunftsverlangen in einem digitalen Format zu beantworten. [2]Die Anforderungen nach § 14 Absatz 1 und 3 gelten entsprechend.

(2) [1]Die nach § 30 Verpflichteten haben sicherzustellen, dass sie Anordnungen zur Auskunftserteilung jederzeit elektronisch entgegennehmen sowie die zugehörigen Auskünfte auf gleichem Weg erteilen können; dabei haben diejenigen Verpflichteten, die zur Bereithaltung der Schnittstelle nach § 174 Absatz 7 Satz 2 erste Alternative des Telekommunikationsgesetzes verpflichtet sind, diese Schnittstelle auch für die Entgegennahme der Anordnungen zur Auskunftserteilung und für die Übermittlung der zugehörigen Auskünfte zu verwenden

---

[1)] Nr. 17.

und Verpflichtete, die nicht zur Bereithaltung dieser Schnittstelle verpflichtet sind, mindestens das E-Mail-basierte Übermittlungsverfahren nach § 174 Absatz 7 Satz 3 bereitzuhalten. ²Die nach § 30 Verpflichteten haben technisch sicherzustellen, dass sowohl die Anordnung als auch die Auskünfte bei der Übermittlung gegen Veränderungen und unbefugte Kenntnisnahme durch Dritte geschützt sind. ³Die dafür zu beachtenden technischen Einzelheiten einschließlich der zugehörigen Formate und der zu verwendenden Verschlüsselungsverfahren für die Übermittlung der Anordnung und der Auskünfte legt die Bundesnetzagentur in der Technischen Richtlinie nach § 170 Absatz 6 des Telekommunikationsgesetzes fest. ⁴Eine Übermittlung der Anordnung oder der Auskünfte per Telefax ist unzulässig. ⁵Für die Benachrichtigung über das Vorliegen einer Anordnung und die Dringlichkeit ihrer Umsetzung, für die Entgegennahme der Anordnung, für den sicheren Umgang mit der Anordnung und deren Umsetzung, für den Schutz der für die Erteilung von Auskünften erforderlichen Funktionen und der dafür vorzuhaltenden technischen Einrichtungen sowie für Rückfragen zu erteilten Auskünften gilt im Übrigen § 12 Absatz 1 Satz 2 und 5, Absatz 2 sowie Absatz 3 entsprechend. ⁶Für Rückfragen zu erteilten Auskünften gilt dies mit der Maßgabe, dass der Verpflichtete Rückfragen nur innerhalb seiner üblichen Geschäftszeiten durch sachkundiges Personal zu beantworten braucht.

(3) ¹Die nach § 30 Verpflichteten haben die technischen und organisatorischen Vorkehrungen so zu treffen, dass sie Auskunftsverlangen zu ihnen vorliegenden Verkehrsdaten unverzüglich beantworten können (§ 100a Absatz 4 Satz 1 der Strafprozessordnung[1])); dies gilt auch, wenn für die Auskünfte über gespeicherte Verkehrsdaten zu Verbindungen, die zu einer bestimmten Zieladresse oder von einer bekannten Rufnummer zu unbekannten Zieladressen hergestellt wurden, die Suche in allen Datensätzen der abgehenden oder ankommenden Verbindungen eines Betreibers erforderlich ist (Zielwahlsuche). ²Für Fälle der Zielwahlsuche gilt abweichend von Absatz 2 Satz 5 auch § 12 Absatz 1 Satz 1 und 3 entsprechend. ³In der Technischen Richtlinie nach § 170 Absatz 6 des Telekommunikationsgesetzes können in Abhängigkeit von der jeweiligen Netzstruktur und der in dem Netz eingesetzten Technologie angemessene Zeitspannen festgelegt werden, die zwischen der Erhebung der Verkehrsdaten in den Netzelementen und deren Verfügbarkeit für den Abruf höchstens vergehen dürfen.

(4) Die nach § 30 Verpflichteten haben sicherzustellen, dass die Verfügbarkeit ihrer für die Auskunftserteilung erforderlichen technischen Einrichtungen der Verfügbarkeit ihrer Telekommunikationsanlagen entspricht.

(5) ¹Betreiber nach § 30 Satz 1 Nummer 1, mit deren Telekommunikationsanlagen Telekommunikationsdienste für nicht mehr als 100 000 Endnutzer erbracht werden und Anbieter nach § 30 Satz 1 Nummer 2, die ihre Dienste für nicht mehr als 100 000 Endnutzer erbringen, brauchen die Vorkehrungen nach den Absätzen 3 und 4 nicht zu treffen; sie dürfen der Verpflichtung nach Absatz 2 Satz 1 in der Weise nachkommen, dass sie erst nach Benachrichtigung durch die berechtigte Stelle über das Vorliegen einer Anordnung innerhalb ihrer üblichen Geschäftszeiten unverzüglich die Anordnung entgegennehmen und die zugehörigen Auskünfte erteilen. ²Verpflichtungen nach § 101a Absatz 1 der Strafprozessordnung[1]) oder nach den anderen in § 2 Nummer 1 Buchstabe

---

[1]) Nr. 20.

Telekommunikations-Überwachungsverordnung § 32 TKÜV 11

b genannten Vorschriften zur Erteilung von Auskünften über Verkehrsdaten bleiben unberührt.

(6) Für das Treffen der Vorkehrungen nach diesem Teil, die Umsetzung einer Anordnung zur Erteilung von Auskünften über Verkehrsdaten sowie für die Wahrnehmung dieser Aufgaben durch einen Erfüllungsgehilfen gilt § 5 Absatz 3 entsprechend.

(7) Das Übermittlungsverfahren nach Absatz 2 und die dafür vorgehaltenen technischen Einrichtungen dürfen auch genutzt werden für die Übermittlung von:

1. Anordnungen zur Überwachung der Telekommunikation,
2. Auskunftsverlangen zu Bestandsdaten nach § 174 des Telekommunikationsgesetzes,
3. Auskunftsverlangen zu Standortangaben sowie
4. Antworten zu den Auskunftsverlangen nach den Nummern 2 und 3.

§ 32 Auskünfte über zurückliegende Verkehrsdaten, zukünftige Verkehrsdaten, Verkehrsdaten in Echtzeit. (1) [1]Die nach § 30 Verpflichteten haben Auskünfte auf Grundlage der nach den Vorschriften des Telekommunikationsgesetzes gespeicherten und zum Zeitpunkt der Auskunftserteilung vorhandenen Daten zu erteilen. [2]Dabei haben sie stets alle dem Auskunftsverlangen zuzuordnenden Datensätze bereitzustellen, die ihnen zum Zeitpunkt der Auskunftserteilung vorliegen. [3]Datensätze, die erst nach einer technisch bedingten Wartezeit zur Verfügung stehen und einem bereits beauskunfteten Auskunftsverlangen zuzuordnen sind, sind unverzüglich nachträglich zu übermitteln. [4]Die berechtigte Stelle kann bereits bei der erstmaligen Übermittlung des Auskunftsverlangens Anforderungen zur nachträglichen Übermittlung von Datensätzen nach Satz 3 festlegen. [5]Macht sie von dieser Möglichkeit Gebrauch, sind diese Anforderungen maßgeblich für die nachträgliche Übermittlung nach Satz 3. [6]Die berechtigte Stelle kann im Einzelfall auch auf die nachträgliche Übermittlung verzichten.

(2) [1]In Fällen von Anordnungen zur Erteilung von Auskünften über Verkehrsdaten, die erst nach dem Zeitpunkt der Ausstellung der Anordnung anfallen (zukünftige Verkehrsdaten), haben die nach § 30 Verpflichteten der jeweiligen berechtigten Stelle zu jeder sich auf diese Anordnung stützenden Anforderung Auskünfte über die der Anordnung zuzuordnenden Datensätze zu erteilen, die ihnen zum Zeitpunkt der Auskunftserteilung vorliegen; dabei können sich in jeder aktuellen Auskunftserteilung auch Datensätze befinden, die zu vorhergehenden Anforderungen bereits mitgeteilt wurden. [2]Die Häufigkeit und der Zeitabstand der jeweiligen Anforderungen liegt im ausschließlichen Ermessen der berechtigten Stelle. [3]Im Rahmen von Anordnungen zur Erteilung von Auskünften über zukünftige Verkehrsdaten können auch Auskünfte über Verkehrsdaten verlangt werden, die nach den Vorschriften des Telekommunikationsgesetzes nicht gespeichert, aber im Rahmen des Telekommunikationsvorganges erhoben werden; besondere Vorkehrungen zur Erteilung von derartigen Auskünften müssen jedoch nicht getroffen werden.

(3) [1]Für die Umsetzung von Auskunftsverlangen über Verkehrsdaten in Echtzeit brauchen nur diejenigen Verpflichteten nach § 30 Vorkehrungen zu treffen, die auch nach § 3 verpflichtet sind, technische Vorkehrungen für die Umsetzung von Überwachungsmaßnahmen vorzuhalten. [2]Für die Umsetzung

derartiger Auskunftsverlangen gilt abweichend von § 31 Absatz 2 Satz 5 auch § 12 Absatz 1 Satz 1 und 3 entsprechend. ³Die nach Satz 1 Verpflichteten können zur Umsetzung derartiger Auskunftsverlangen ihre technischen Einrichtungen zur Umsetzung von Überwachungsmaßnahmen oder Einrichtungen, die in Bezug auf die bereitzustellenden Daten nach § 7 gleichwertig sind, mit der Maßgabe nutzen, dass

1. die an die auskunftsberechtigte Stelle übermittelten Daten keine Nachrichteninhalte enthalten,
2. Standortdaten auch für lediglich empfangsbereite Endgeräte erhoben und an die auskunftsberechtigte Stelle übermittelt werden und
3. die Übermittlung von Standortdaten nach Nummer 2 derart eingeschränkt werden kann, dass sie für die Strafverfolgungsbehörden nur nach Maßgabe des § 100g Absatz 1 der Strafprozessordnung[1] oder für eine andere auskunftsberechtigte Stelle nur nach Maßgabe der für diese Stelle geltenden gesetzlichen Vorschriften erfolgt.

(4) § 6 Absatz 4 gilt entsprechend; in Fällen von zeitweiligen Übermittlungshindernissen, Störungen und Unterbrechungen gelten die §§ 10 und 13 entsprechend.

§ 33 Verschwiegenheit. Für die im Zusammenhang mit Auskunftsverlangen und den dazu erteilten Auskünften zu wahrende Verschwiegenheit gilt § 15 entsprechend.

§ 34 Nachweis, probeweise Anwendungen. (1) ¹Für den Nachweis der Übereinstimmung der getroffenen Vorkehrungen mit den Bestimmungen dieser Verordnung und der Technischen Richtlinie nach § 170 Absatz 6 des Telekommunikationsgesetzes gilt § 19 entsprechend. ²Außerdem sind in den Unterlagen nach § 19 Absatz 2 auch die gespeicherten Datenarten, die jeweilige Speicherungsdauer und der voraussichtliche Zeitverzug zwischen Erhebung und Verfügbarkeit für deren Abruf zu nennen. ³Bei nachträglichen Änderungen an den für die Auskunftserteilung vorgehaltenen technischen Einrichtungen gilt § 20 entsprechend.

(2) Für probeweise Anwendungen der technischen Einrichtungen der Verpflichteten nach den §§ 30, 31 und 32 gilt § 23 entsprechend.

§ 35 Protokollierung. ¹Der Verpflichtete hat sicherzustellen, dass die Zugriffe auf seine für die Erteilung von Auskünften vorgehaltenen technischen Einrichtungen automatisch lückenlos protokolliert werden. ²Dies gilt unabhängig davon, ob die Zugriffe darauf abzielen, Verkehrsdaten zugänglich zu machen, die nach den Vorschriften des Telekommunikationsgesetzes gespeichert wurden, oder Verkehrsdatenübermittlungen in Echtzeit einzurichten. ³Zu protokollieren sind:

1. die Referenznummer des Auskunftsverlangens, der probeweisen Anwendung nach § 34 Absatz 2 oder einer sonstigen Nutzung der technischen Einrichtungen,
2. die tatsächlich eingegebene Kennung, auf Grund derer die Verkehrsdatensätze ermittelt werden,

---

[1] Nr. **20**.

3. die weiteren für die Suche verwendeten Daten einschließlich der Zeitpunkte (Datum und Uhrzeit auf der Grundlage der amtlichen Zeit), zwischen denen die Verkehrsdatensätze in Bezug auf die Kennung nach Nummer 2 erfasst werden,
4. die Angabe der Rechtsvorschrift (§§ 9 oder § 12 des Telekommunikation-Telemedien-Datenschutz-Gesetzes[1]) oder § 176 des Telekommunikationsgesetzes), auf deren Grundlage die beauskunfteten Verkehrsdaten gespeichert wurden,
5. die Adressierungsangabe des Anschlusses, an den die ermittelten Verkehrsdatensätze übermittelt werden,
6. ein Merkmal zur Erkennbarkeit der Personen, die die Daten nach den Nummern 1 bis 5 auf Seiten des Verpflichteten eingeben,
7. Datum und Uhrzeit der Eingabe.

[4]Die ermittelten Verkehrsdaten dürfen nicht protokolliert werden. [5]Satz 1 gilt nicht für betrieblich erforderliche Zugriffe auf Daten, die nach den §§ 9 oder 12 des Telekommunikation-Telemedien-Datenschutz-Gesetzes gespeichert werden. [6]Die Angaben nach Satz 3 Nummer 6 dürfen ausschließlich bei auf tatsächlichen Anhaltspunkten beruhenden Untersuchungen zur Aufklärung von Missbrauchs- oder Fehlerfällen verwendet werden. [7]Im Übrigen gelten für die Protokollierung sowie für die Prüfung und Löschung der dafür erzeugten Protokolldaten § 16 Absatz 2 und § 17 entsprechend mit der Maßgabe, dass abweichend von § 17 Absatz 1 Satz 3 fünf vom Hundert der gestellten Auskunftsverlangen einer Prüfung zu unterziehen sind.

Teil 5. Ergänzende technische Festlegungen, Übergangsvorschriften, Schlussbestimmungen

§ 36 Technische Richtlinie. [1]Die technischen Einzelheiten zu § 2 Nummer 8 und 17 Buchstabe c, § 4 Absatz 1 und 2, § 5 Absatz 1, 2, 4 Satz 1, Absatz 5 und 6, § 6 Absatz 3, § 7 Absatz 1, 2 und 4, § 8 Absatz 2, § 9 Absatz 1, § 10 Satz 1 und 3, § 12 Absatz 2 Satz 1 und 3, § 14 Absatz 1 und 2 Satz 1, 2, 4 und 5 sowie Absatz 3 Satz 2, § 22 Absatz 1 Satz 5, § 23 Absatz 1 Satz 9 und 12, die erforderlichen technischen Eigenschaften der Aufzeichnungsanschlüsse nach § 24 Absatz 1 Satz 2 sowie die Einzelheiten zur Übermittlung von Auskunftsverlangen und zugehörigen Auskünften nach den §§ 31, 32 und 34 und deren technische Formate werden von der Bundesnetzagentur unter Beteiligung der Verbände der Verpflichteten, der berechtigten Stellen sowie der Hersteller der Überwachungseinrichtungen und der Aufzeichnungs- und Auswertungseinrichtungen in einer Technischen Richtlinie festgelegt. [2]Sofern erforderlich, können in der Technischen Richtlinie auch Einzelheiten nach § 27 Absatz 7 Satz 2 und zu § 170 Absatz 1 Nummer 2 des Telekommunikationsgesetzes, soweit sie für das Zusammenwirken von Telekommunikationsanlagen, die von verschiedenen Verpflichteten betrieben werden, notwendig sind, unter Beteiligung der betroffenen Interessenvertreter festgelegt werden. [3]Die Technische Richtlinie wird im gleichen Verfahren an den jeweiligen Stand der Technik angepasst. [4]In der Technischen Richtlinie ist zudem festzulegen, bis zu welchem Zeitpunkt bisherige technische Vorschriften noch angewendet werden

---

[1]) Nr. 8.

dürfen. ⁵Die Bundesnetzagentur informiert auf ihrer Internetseite über die anwendbaren Ausgabestände der internationalen technischen Standards, auf die in der Technischen Richtlinie Bezug genommen wird. ⁶In der Technischen Richtlinie sind auch die Arten der Kennungen festzulegen, für die bei bestimmten Arten von Telekommunikationsanlagen neben den dort verwendeten Ziel- und Ursprungsadressen auf Grund der die Überwachung der Telekommunikation regelnden Gesetze zusätzliche Vorkehrungen für die technische Umsetzung von Anordnungen zu treffen sind. ⁷In Fällen, in denen neue technische Entwicklungen nicht in der Technischen Richtlinie berücksichtigt sind, hat der Verpflichtete die Gestaltung seiner Überwachungseinrichtungen mit der Bundesnetzagentur abzustimmen.

§ 37 Übergangsvorschrift. Für Überwachungseinrichtungen, für die bereits eine Genehmigung nach § 19 der Telekommunikations-Überwachungsverordnung vom 22. Januar 2002 (BGBl. I S. 458), zuletzt geändert durch Artikel 3 Absatz 18 des Gesetzes vom 7. Juli 2005 (BGBl. I S. 1970), oder das Einvernehmen nach § 16 der Fernmeldeverkehr-Überwachungs-Verordnung vom 18. Mai 1995 (BGBl. I S. 722), geändert durch Artikel 4 des Gesetzes vom 26. Juni 2001 (BGBl. I S. 1254), erteilt wurde, ist kein Nachweis nach § 19 erforderlich, sofern die Auflagen aus der Genehmigung erfüllt werden; § 170 Absatz 8 des Telekommunikationsgesetzes bleibt unberührt.

12. Gesetz gegen den unlauteren Wettbewerb (UWG)[1) 2)]

in der Fassung der Bekanntmachung vom 3. März 2010[3)]

(BGBl. I S. 254)

FNA 43-7

zuletzt geänd. durch Art. 1 G zur Stärkung des Verbraucherschutzes im Wettbewerbs- und Gewerberecht v. 10.8.2021 (BGBl. I S. 3504)

– Auszug –

Kapitel 1. Allgemeine Bestimmungen

§ 7 Unzumutbare Belästigungen. (1) [1]Eine geschäftliche Handlung, durch die ein Marktteilnehmer in unzumutbarer Weise belästigt wird, ist unzulässig. [2]Dies gilt insbesondere für Werbung, obwohl erkennbar ist, dass der angesprochene Marktteilnehmer diese Werbung nicht wünscht.

(2) Eine unzumutbare Belästigung ist stets anzunehmen

[Nr. 1 bis 27.5.2022:]
1. bei Werbung unter Verwendung eines in den Nummern 2 und 3 nicht aufgeführten, für den Fernabsatz geeigneten Mittels der kommerziellen Kommunikation, durch die ein Verbraucher hartnäckig angesprochen wird, obwohl er dies erkennbar nicht wünscht;
2. *[ab 28.5.2022: 1.]* bei Werbung mit einem Telefonanruf gegenüber einem Verbraucher ohne dessen vorherige ausdrückliche Einwilligung oder gegenüber einem sonstigen Marktteilnehmer ohne dessen zumindest mutmaßliche Einwilligung,
3. *[ab 28.5.2022: 2.]* bei Werbung unter Verwendung einer automatischen Anrufmaschine, eines Faxgerätes oder elektronischer Post, ohne dass eine vorherige ausdrückliche Einwilligung des Adressaten vorliegt, oder

---

[1)] **Amtl. Anm.:** Dieses Gesetz dient der Umsetzung der Richtlinie 2005/29/EG des Europäischen Parlaments und des Rates vom 11. Mai 2005 über unlautere Geschäftspraktiken von Unternehmen gegenüber Verbrauchern im Binnenmarkt und zur Änderung der Richtlinie 84/450/EWG des Rates, der Richtlinien 97/7/EG, 98/27/EG und 2002/65/EG des Europäischen Parlaments und des Rates sowie der Verordnung (EG) Nr. 2006/2004 des Europäischen Parlaments und des Rates (ABl. L 149 vom 11.6.2005, S. 22; berichtigt im ABl. L 253 vom 25.9.2009, S. 18) sowie der Richtlinie 2006/114/EG des Europäischen Parlaments und des Rates vom 12. Dezember 2006 über irreführende und vergleichende Werbung (kodifizierte Fassung) (ABl. L 376 vom 27.12.2006, S. 21). Es dient ferner der Umsetzung von Artikel 13 der Richtlinie 2002/58/EG *[Nr. 3]* des Europäischen Parlaments und des Rates vom 12. Juli 2002 über die Verarbeitung personenbezogener Daten und den Schutz der Privatsphäre in der elektronischen Kommunikation (ABl. L 201 vom 31.7.2002, S. 37), der zuletzt durch Artikel 2 Nummer 7 der Richtlinie 2009/136/EG (ABl. L 337 vom 18.12.2009, S. 11) geändert worden ist.

Die Verpflichtungen aus der Richtlinie 98/34/EG des Europäischen Parlaments und des Rates vom 22. Juni 1998 über ein Informationsverfahren auf dem Gebiet der Normen und technischen Vorschriften und der Vorschriften für die Dienste der Informationsgesellschaft (ABl. L 204 vom 21.7.1998, S. 37), die zuletzt durch die Richtlinie 2006/96/EG (ABl. L 363 vom 20.12.2006, S. 81) geändert worden ist, sind beachtet worden.

[2)] Die Änderungen durch G v. 10.8.2021 (BGBl. I S. 3504) treten erst **mWv 28.5.2022** in Kraft und sind im Text noch nicht berücksichtigt.

[3)] Neubekanntmachung des UWG v. 3.7.2004 (BGBl. I S. 1414) in der ab 4.8.2009 geltenden Fassung.

4. *[ab 28.5.2022: 3.]* bei Werbung mit einer Nachricht,
  a) bei der die Identität des Absenders, in dessen Auftrag die Nachricht übermittelt wird, verschleiert oder verheimlicht wird oder
  b) bei der gegen § 6 Absatz 1 des Telemediengesetzes[1]) verstoßen wird oder in der der Empfänger aufgefordert wird, eine Website aufzurufen, die gegen diese Vorschrift verstößt, oder
  c) bei der keine gültige Adresse vorhanden ist, an die der Empfänger eine Aufforderung zur Einstellung solcher Nachrichten richten kann, ohne dass hierfür andere als die Übermittlungskosten nach den Basistarifen entstehen.

(3) Abweichend von Absatz 2 *[bis 27.5.2022:* Nummer 3*][ab 28.5.2022: Nummer 2]* ist eine unzumutbare Belästigung bei einer Werbung unter Verwendung elektronischer Post nicht anzunehmen, wenn

1. ein Unternehmer im Zusammenhang mit dem Verkauf einer Ware oder Dienstleistung von dem Kunden dessen elektronische Postadresse erhalten hat,
2. der Unternehmer die Adresse zur Direktwerbung für eigene ähnliche Waren oder Dienstleistungen verwendet,
3. der Kunde der Verwendung nicht widersprochen hat und
4. der Kunde bei Erhebung der Adresse und bei jeder Verwendung klar und deutlich darauf hingewiesen wird, dass er der Verwendung jederzeit widersprechen kann, ohne dass hierfür andere als die Übermittlungskosten nach den Basistarifen entstehen.

§ 7a Einwilligung in Telefonwerbung. (1) Wer mit einem Telefonanruf gegenüber einem Verbraucher wirbt, hat dessen vorherige ausdrückliche Einwilligung in die Telefonwerbung zum Zeitpunkt der Erteilung in angemessener Form zu dokumentieren und gemäß Absatz 2 Satz 1 aufzubewahren.

(2) [1]Die werbenden Unternehmen müssen den Nachweis nach Absatz 1 ab Erteilung der Einwilligung sowie nach jeder Verwendung der Einwilligung fünf Jahre aufbewahren. [2]Die werbenden Unternehmen haben der nach § 20 Absatz 3 zuständigen Verwaltungsbehörde den Nachweis nach Absatz 1 auf Verlangen unverzüglich vorzulegen.

---

[1]) Nr. **9**.

13. Gesetz zum Schutz von Geschäftsgeheimnissen (GeschGehG)[1)]

Vom 18. April 2019

(BGBl. I S. 466)

FNA 427-1

Inhaltsübersicht

Abschnitt 1. Allgemeines

§ 1	Anwendungsbereich
§ 2	Begriffsbestimmungen
§ 3	Erlaubte Handlungen
§ 4	Handlungsverbote
§ 5	Ausnahmen

Abschnitt 2. Ansprüche bei Rechtsverletzungen

§ 6	Beseitigung und Unterlassung
§ 7	Vernichtung; Herausgabe; Rückruf; Entfernung und Rücknahme vom Markt
§ 8	Auskunft über rechtsverletzende Produkte; Schadensersatz bei Verletzung der Auskunftspflicht
§ 9	Anspruchsausschluss bei Unverhältnismäßigkeit
§ 10	Haftung des Rechtsverletzers
§ 11	Abfindung in Geld
§ 12	Haftung des Inhabers eines Unternehmens
§ 13	Herausgabeanspruch nach Eintritt der Verjährung
§ 14	Missbrauchsverbot

Abschnitt 3. Verfahren in Geschäftsgeheimnisstreitsachen

§ 15	Sachliche und örtliche Zuständigkeit; Verordnungsermächtigung
§ 16	Geheimhaltung
§ 17	Ordnungsmittel
§ 18	Geheimhaltung nach Abschluss des Verfahrens
§ 19	Weitere gerichtliche Beschränkungen
§ 20	Verfahren bei Maßnahmen nach den §§ 16 bis 19
§ 21	Bekanntmachung des Urteils
§ 22	Streitwertbegünstigung

Abschnitt 4. Strafvorschriften

§ 23	Verletzung von Geschäftsgeheimnissen

Abschnitt 1. Allgemeines

§ 1 Anwendungsbereich. (1) Dieses Gesetz dient dem Schutz von Geschäftsgeheimnissen vor unerlaubter Erlangung, Nutzung und Offenlegung.

(2) Öffentlich-rechtliche Vorschriften zur Geheimhaltung, Erlangung, Nutzung oder Offenlegung von Geschäftsgeheimnissen gehen vor.

(3) Es bleiben unberührt:

1. der berufs- und strafrechtliche Schutz von Geschäftsgeheimnissen, deren unbefugte Offenbarung von § 203 des Strafgesetzbuches[2)] erfasst wird,

---

[1)] Verkündet als Art. 1 G v. 18.4.2019 (BGBl. I S. 466); Inkrafttreten gem. Art. 6 dieses G am 26.4.2019.

Amtl. Anm. zum ArtikelG: Artikel 1 dieses Gesetzes dient der Umsetzung der Richtlinie (EU) 2016/943 des Europäischen Parlaments und des Rates vom 8. Juni 2016 über den Schutz vertraulichen Knowhows und vertraulicher Geschäftsinformationen (Geschäftsgeheimnisse) vor rechtswidrigem Erwerb sowie rechtswidriger Nutzung und Offenlegung (ABl. L 157 vom 15.6.2016, S. 1).

2. die Ausübung des Rechts der freien Meinungsäußerung und der Informationsfreiheit nach der Charta der Grundrechte der Europäischen Union[1]) (ABl. C 202 vom 7.6.2016, S. 389), einschließlich der Achtung der Freiheit und der Pluralität der Medien,
3. die Autonomie der Sozialpartner und ihr Recht, Kollektivverträge nach den bestehenden europäischen und nationalen Vorschriften abzuschließen,
4. die Rechte und Pflichten aus dem Arbeitsverhältnis und die Rechte der Arbeitnehmervertretungen.

§ 2 Begriffsbestimmungen. Im Sinne dieses Gesetzes ist

1. Geschäftsgeheimnis
eine Information
   a) die weder insgesamt noch in der genauen Anordnung und Zusammensetzung ihrer Bestandteile den Personen in den Kreisen, die üblicherweise mit dieser Art von Informationen umgehen, allgemein bekannt oder ohne Weiteres zugänglich ist und daher von wirtschaftlichem Wert ist und
   b) die Gegenstand von den Umständen nach angemessenen Geheimhaltungsmaßnahmen durch ihren rechtmäßigen Inhaber ist und
   c) bei der ein berechtigtes Interesse an der Geheimhaltung besteht;
2. Inhaber eines Geschäftsgeheimnisses
jede natürliche oder juristische Person, die die rechtmäßige Kontrolle über ein Geschäftsgeheimnis hat;
3. Rechtsverletzer
jede natürliche oder juristische Person, die entgegen § 4 ein Geschäftsgeheimnis rechtswidrig erlangt, nutzt oder offenlegt; Rechtsverletzer ist nicht, wer sich auf eine Ausnahme nach § 5 berufen kann;
4. rechtsverletzendes Produkt
ein Produkt, dessen Konzeption, Merkmale, Funktionsweise, Herstellungsprozess oder Marketing in erheblichem Umfang auf einem rechtswidrig erlangten, genutzten oder offengelegten Geschäftsgeheimnis beruht.

§ 3 Erlaubte Handlungen. (1) Ein Geschäftsgeheimnis darf insbesondere erlangt werden durch

1. eine eigenständige Entdeckung oder Schöpfung;
2. ein Beobachten, Untersuchen, Rückbauen oder Testen eines Produkts oder Gegenstands, das oder der
   a) öffentlich verfügbar gemacht wurde oder
   b) sich im rechtmäßigen Besitz des Beobachtenden, Untersuchenden, Rückbauenden oder Testenden befindet und dieser keiner Pflicht zur Beschränkung der Erlangung des Geschäftsgeheimnisses unterliegt;
3. ein Ausüben von Informations- und Anhörungsrechten der Arbeitnehmer oder Mitwirkungs- und Mitbestimmungsrechte der Arbeitnehmervertretung.

(2) Ein Geschäftsgeheimnis darf erlangt, genutzt oder offengelegt werden, wenn dies durch Gesetz, aufgrund eines Gesetzes oder durch Rechtsgeschäft gestattet ist.

---

[2]) Nr. 21.
[1]) Nr. 4.

§ 4 Handlungsverbote. (1) Ein Geschäftsgeheimnis darf nicht erlangt werden durch

1. unbefugten Zugang zu, unbefugte Aneignung oder unbefugtes Kopieren von Dokumenten, Gegenständen, Materialien, Stoffen oder elektronischen Dateien, die der rechtmäßigen Kontrolle des Inhabers des Geschäftsgeheimnisses unterliegen und die das Geschäftsgeheimnis enthalten oder aus denen sich das Geschäftsgeheimnis ableiten lässt, oder
2. jedes sonstige Verhalten, das unter den jeweiligen Umständen nicht dem Grundsatz von Treu und Glauben unter Berücksichtigung der anständigen Marktgepflogenheit entspricht.

(2) Ein Geschäftsgeheimnis darf nicht nutzen oder offenlegen, wer

1. das Geschäftsgeheimnis durch eine eigene Handlung nach Absatz 1
   a) Nummer 1 oder
   b) Nummer 2
   erlangt hat,
2. gegen eine Verpflichtung zur Beschränkung der Nutzung des Geschäftsgeheimnisses verstößt oder
3. gegen eine Verpflichtung verstößt, das Geschäftsgeheimnis nicht offenzulegen.

(3) [1]Ein Geschäftsgeheimnis darf nicht erlangen, nutzen oder offenlegen, wer das Geschäftsgeheimnis über eine andere Person erlangt hat und zum Zeitpunkt der Erlangung, Nutzung oder Offenlegung weiß oder wissen müsste, dass diese das Geschäftsgeheimnis entgegen Absatz 2 genutzt oder offengelegt hat. [2]Das gilt insbesondere, wenn die Nutzung in der Herstellung, dem Anbieten, dem Inverkehrbringen oder der Einfuhr, der Ausfuhr oder der Lagerung für diese Zwecke von rechtsverletzenden Produkten besteht.

§ 5 Ausnahmen. Die Erlangung, die Nutzung oder die Offenlegung eines Geschäftsgeheimnisses fällt nicht unter die Verbote des § 4, wenn dies zum Schutz eines berechtigten Interesses erfolgt, insbesondere

1. zur Ausübung des Rechts der freien Meinungsäußerung und der Informationsfreiheit, einschließlich der Achtung der Freiheit und der Pluralität der Medien;
2. zur Aufdeckung einer rechtswidrigen Handlung oder eines beruflichen oder sonstigen Fehlverhaltens, wenn die Erlangung, Nutzung oder Offenlegung geeignet ist, das allgemeine öffentliche Interesse zu schützen;
3. im Rahmen der Offenlegung durch Arbeitnehmer gegenüber der Arbeitnehmervertretung, wenn dies erforderlich ist, damit die Arbeitnehmervertretung ihre Aufgaben erfüllen kann.

Abschnitt 2. Ansprüche bei Rechtsverletzungen

§ 6 Beseitigung und Unterlassung. [1]Der Inhaber des Geschäftsgeheimnisses kann den Rechtsverletzer auf Beseitigung der Beeinträchtigung und bei Wiederholungsgefahr auch auf Unterlassung in Anspruch nehmen. [2]Der Anspruch auf Unterlassung besteht auch dann, wenn eine Rechtsverletzung erstmalig droht.

§ 7 Vernichtung; Herausgabe; Rückruf; Entfernung und Rücknahme vom Markt. Der Inhaber des Geschäftsgeheimnisses kann den Rechtsverletzer auch in Anspruch nehmen auf

1. Vernichtung oder Herausgabe der im Besitz oder Eigentum des Rechtsverletzers stehenden Dokumente, Gegenstände, Materialien, Stoffe oder elektronischen Dateien, die das Geschäftsgeheimnis enthalten oder verkörpern,
2. Rückruf des rechtsverletzenden Produkts,
3. dauerhafte Entfernung der rechtsverletzenden Produkte aus den Vertriebswegen,
4. Vernichtung der rechtsverletzenden Produkte oder
5. Rücknahme der rechtsverletzenden Produkte vom Markt, wenn der Schutz des Geschäftsgeheimnisses hierdurch nicht beeinträchtigt wird.

§ 8 Auskunft über rechtsverletzende Produkte; Schadensersatz bei Verletzung der Auskunftspflicht. (1) Der Inhaber des Geschäftsgeheimnisses kann vom Rechtsverletzer Auskunft über Folgendes verlangen:
1. Name und Anschrift der Hersteller, Lieferanten und anderer Vorbesitzer der rechtsverletzenden Produkte sowie der gewerblichen Abnehmer und Verkaufsstellen, für die sie bestimmt waren,
2. die Menge der hergestellten, bestellten, ausgelieferten oder erhaltenen rechtsverletzenden Produkte sowie über die Kaufpreise,
3. diejenigen im Besitz oder Eigentum des Rechtsverletzers stehenden Dokumente, Gegenstände, Materialien, Stoffe oder elektronischen Dateien, die das Geschäftsgeheimnis enthalten oder verkörpern, und
4. die Person, von der sie das Geschäftsgeheimnis erlangt haben und der gegenüber sie es offenbart haben.

(2) Erteilt der Rechtsverletzer vorsätzlich oder grob fahrlässig die Auskunft nicht, verspätet, falsch oder unvollständig, ist er dem Inhaber des Geschäftsgeheimnisses zum Ersatz des daraus entstehenden Schadens verpflichtet.

§ 9 Anspruchsausschluss bei Unverhältnismäßigkeit. Die Ansprüche nach den §§ 6 bis 8 Absatz 1 sind ausgeschlossen, wenn die Erfüllung im Einzelfall unverhältnismäßig wäre, unter Berücksichtigung insbesondere
1. des Wertes oder eines anderen spezifischen Merkmals des Geschäftsgeheimnisses,
2. der getroffenen Geheimhaltungsmaßnahmen,
3. des Verhaltens des Rechtsverletzers bei Erlangung, Nutzung oder Offenlegung des Geschäftsgeheimnisses,
4. der Folgen der rechtswidrigen Nutzung oder Offenlegung des Geschäftsgeheimnisses,
5. der berechtigten Interessen des Inhabers des Geschäftsgeheimnisses und des Rechtsverletzers sowie der Auswirkungen, die die Erfüllung der Ansprüche für beide haben könnte,
6. der berechtigten Interessen Dritter oder
7. des öffentlichen Interesses.

§ 10 Haftung des Rechtsverletzers. (1) [1]Ein Rechtsverletzer, der vorsätzlich oder fahrlässig handelt, ist dem Inhaber des Geschäftsgeheimnisses zum Ersatz des daraus entstehenden Schadens verpflichtet. [2]§ 619a des Bürgerlichen Gesetzbuchs bleibt unberührt.

(2) ¹Bei der Bemessung des Schadensersatzes kann auch der Gewinn, den der Rechtsverletzer durch die Verletzung des Rechts erzielt hat, berücksichtigt werden. ²Der Schadensersatzanspruch kann auch auf der Grundlage des Betrages bestimmt werden, den der Rechtsverletzer als angemessene Vergütung hätte entrichten müssen, wenn er die Zustimmung zur Erlangung, Nutzung oder Offenlegung des Geschäftsgeheimnisses eingeholt hätte.

(3) Der Inhaber des Geschäftsgeheimnisses kann auch wegen des Schadens, der nicht Vermögensschaden ist, von dem Rechtsverletzer eine Entschädigung in Geld verlangen, soweit dies der Billigkeit entspricht.

§ 11 Abfindung in Geld. (1) Ein Rechtsverletzer, der weder vorsätzlich noch fahrlässig gehandelt hat, kann zur Abwendung der Ansprüche nach den §§ 6 oder 7 den Inhaber des Geschäftsgeheimnisses in Geld abfinden, wenn dem Rechtsverletzer durch die Erfüllung der Ansprüche ein unverhältnismäßig großer Nachteil entstehen würde und wenn die Abfindung in Geld als angemessen erscheint.

(2) ¹Die Höhe der Abfindung in Geld bemisst sich nach der Vergütung, die im Falle einer vertraglichen Einräumung des Nutzungsrechts angemessen wäre. ²Sie darf den Betrag nicht übersteigen, der einer Vergütung im Sinne von Satz 1 für die Länge des Zeitraums entspricht, in dem dem Inhaber des Geschäftsgeheimnisses ein Unterlassungsanspruch zusteht.

§ 12 Haftung des Inhabers eines Unternehmens. ¹Ist der Rechtsverletzer Beschäftigter oder Beauftragter eines Unternehmens, so hat der Inhaber des Geschäftsgeheimnisses die Ansprüche nach den §§ 6 bis 8 auch gegen den Inhaber des Unternehmens. ²Für den Anspruch nach § 8 Absatz 2 gilt dies nur, wenn der Inhaber des Unternehmens vorsätzlich oder grob fahrlässig die Auskunft nicht, verspätet, falsch oder unvollständig erteilt hat.

§ 13 Herausgabeanspruch nach Eintritt der Verjährung. ¹Hat der Rechtsverletzer ein Geschäftsgeheimnis vorsätzlich oder fahrlässig erlangt, offengelegt oder genutzt und durch diese Verletzung eines Geschäftsgeheimnisses auf Kosten des Inhabers des Geschäftsgeheimnisses etwas erlangt, so ist er auch nach Eintritt der Verjährung des Schadensersatzanspruchs nach § 10 zur Herausgabe nach den Vorschriften des Bürgerlichen Gesetzbuchs über die Herausgabe einer ungerechtfertigten Bereicherung verpflichtet. ²Dieser Anspruch verjährt sechs Jahre nach seiner Entstehung.

§ 14 Missbrauchsverbot. ¹Die Geltendmachung der Ansprüche nach diesem Gesetz ist unzulässig, wenn sie unter Berücksichtigung der gesamten Umstände missbräuchlich ist. ²Bei missbräuchlicher Geltendmachung kann der Anspruchsgegner Ersatz der für seine Rechtsverteidigung erforderlichen Aufwendungen verlangen. ³Weitergehende Ersatzansprüche bleiben unberührt.

Abschnitt 3. Verfahren in Geschäftsgeheimnisstreitsachen

§ 15 Sachliche und örtliche Zuständigkeit; Verordnungsermächtigung.

(1) Für Klagen vor den ordentlichen Gerichten, durch die Ansprüche nach diesem Gesetz geltend gemacht werden, sind die Landgerichte ohne Rücksicht auf den Streitwert ausschließlich zuständig.

(2) ¹Für Klagen nach Absatz 1 ist das Gericht ausschließlich zuständig, in dessen Bezirk der Beklagte seinen allgemeinen Gerichtsstand hat. ²Hat der Be-

klagte im Inland keinen allgemeinen Gerichtsstand, ist nur das Gericht zuständig, in dessen Bezirk die Handlung begangen worden ist.

(3) ¹Die Landesregierungen werden ermächtigt, durch Rechtsverordnung einem Landgericht die Klagen nach Absatz 1 der Bezirke mehrerer Landgerichte zuzuweisen. ²Die Landesregierungen können diese Ermächtigung durch Rechtsverordnung auf die Landesjustizverwaltungen übertragen. ³Die Länder können außerdem durch Vereinbarung die den Gerichten eines Landes obliegenden Klagen nach Absatz 1 insgesamt oder teilweise dem zuständigen Gericht eines anderen Landes übertragen.

§ 16 Geheimhaltung. (1) Bei Klagen, durch die Ansprüche nach diesem Gesetz geltend gemacht werden (Geschäftsgeheimnisstreitsachen) kann das Gericht der Hauptsache auf Antrag einer Partei streitgegenständliche Informationen ganz oder teilweise als geheimhaltungsbedürftig einstufen, wenn diese ein Geschäftsgeheimnis sein können.

(2) Die Parteien, ihre Prozessvertreter, Zeugen, Sachverständige, sonstige Vertreter und alle sonstigen Personen, die an Geschäftsgeheimnisstreitsachen beteiligt sind oder die Zugang zu Dokumenten eines solchen Verfahrens haben, müssen als geheimhaltungsbedürftig eingestufte Informationen vertraulich behandeln und dürfen diese außerhalb eines gerichtlichen Verfahrens nicht nutzen oder offenlegen, es sei denn, dass sie von diesen außerhalb des Verfahrens Kenntnis erlangt haben.

(3) Wenn das Gericht eine Entscheidung nach Absatz 1 trifft, darf Dritten, die ein Recht auf Akteneinsicht haben, nur ein Akteninhalt zur Verfügung gestellt werden, in dem die Geschäftsgeheimnisse enthaltenden Ausführungen unkenntlich gemacht wurden.

§ 17 Ordnungsmittel. ¹Das Gericht der Hauptsache kann auf Antrag einer Partei bei Zuwiderhandlungen gegen die Verpflichtungen nach § 16 Absatz 2 ein Ordnungsgeld bis zu 100 000 Euro oder Ordnungshaft bis zu sechs Monaten festsetzen und sofort vollstrecken. ²Bei der Festsetzung von Ordnungsgeld ist zugleich für den Fall, dass dieses nicht beigetrieben werden kann, zu bestimmen, in welchem Maße Ordnungshaft an seine Stelle tritt. ³Die Beschwerde gegen ein nach Satz 1 verhängtes Ordnungsmittel entfaltet aufschiebende Wirkung.

§ 18 Geheimhaltung nach Abschluss des Verfahrens. ¹Die Verpflichtungen nach § 16 Absatz 2 bestehen auch nach Abschluss des gerichtlichen Verfahrens fort. ²Dies gilt nicht, wenn das Gericht der Hauptsache das Vorliegen des streitgegenständlichen Geschäftsgeheimnisses durch rechtskräftiges Urteil verneint hat oder sobald die streitgegenständlichen Informationen für Personen in den Kreisen, die üblicherweise mit solchen Informationen umgehen, bekannt oder ohne Weiteres zugänglich werden.

§ 19 Weitere gerichtliche Beschränkungen. (1) ¹Zusätzlich zu § 16 Absatz 1 beschränkt das Gericht der Hauptsache zur Wahrung von Geschäftsgeheimnissen auf Antrag einer Partei den Zugang ganz oder teilweise auf eine bestimmte Anzahl von zuverlässigen Personen

1. zu von den Parteien oder Dritten eingereichten oder vorgelegten Dokumenten, die Geschäftsgeheimnisse enthalten können, oder

2. zur mündlichen Verhandlung, bei der Geschäftsgeheimnisse offengelegt werden könnten, und zu der Aufzeichnung oder dem Protokoll der mündlichen Verhandlung.

[2] Dies gilt nur, soweit nach Abwägung aller Umstände das Geheimhaltungsinteresse das Recht der Beteiligten auf rechtliches Gehör auch unter Beachtung ihres Rechts auf effektiven Rechtsschutz und ein faires Verfahren übersteigt. [3] Es ist jeweils mindestens einer natürlichen Person jeder Partei und ihren Prozessvertretern oder sonstigen Vertretern Zugang zu gewähren. [4] Im Übrigen bestimmt das Gericht nach freiem Ermessen, welche Anordnungen zur Erreichung des Zwecks erforderlich sind.

(2) Wenn das Gericht Beschränkungen nach Absatz 1 Satz 1 trifft,

1. kann die Öffentlichkeit auf Antrag von der mündlichen Verhandlung ausgeschlossen werden und
2. gilt § 16 Absatz 3 für nicht zugelassene Personen.

(3) Die §§ 16 bis 19 Absatz 1 und 2 gelten entsprechend im Verfahren der Zwangsvollstreckung, wenn das Gericht der Hauptsache Informationen nach § 16 Absatz 1 als geheimhaltungsbedürftig eingestuft oder zusätzliche Beschränkungen nach Absatz 1 Satz 1 getroffen hat.

§ 20 Verfahren bei Maßnahmen nach den §§ 16 bis 19. (1) Das Gericht der Hauptsache kann eine Beschränkung nach § 16 Absatz 1 und § 19 Absatz 1 ab Anhängigkeit des Rechtsstreits anordnen.

(2) [1] Die andere Partei ist spätestens nach Anordnung der Maßnahme vom Gericht zu hören. [2] Das Gericht kann die Maßnahmen nach Anhörung der Parteien aufheben oder abändern.

(3) Die den Antrag nach § 16 Absatz 1 oder § 19 Absatz 1 stellende Partei muss glaubhaft machen, dass es sich bei der streitgegenständlichen Information um ein Geschäftsgeheimnis handelt.

(4) [1] Werden mit dem Antrag oder nach einer Anordnung nach § 16 Absatz 1 oder einer Anordnung nach § 19 Absatz 1 Satz 1 Nummer 1 Schriftstücke und sonstige Unterlagen eingereicht oder vorgelegt, muss die den Antrag stellende Partei diejenigen Ausführungen kennzeichnen, die nach ihrem Vorbringen Geschäftsgeheimnisse enthalten. [2] Im Fall des § 19 Absatz 1 Satz 1 Nummer 1 muss sie zusätzlich eine Fassung ohne Preisgabe von Geschäftsgeheimnissen vorlegen, die eingesehen werden kann. [3] Wird keine solche um die Geschäftsgeheimnisse reduzierte Fassung vorgelegt, kann das Gericht von der Zustimmung zur Einsichtnahme ausgehen, es sei denn, ihm sind besondere Umstände bekannt, die eine solche Vermutung nicht rechtfertigen.

(5) [1] Das Gericht entscheidet über den Antrag durch Beschluss. [2] Gibt es dem Antrag statt, hat es die Beteiligten auf die Wirkung der Anordnung nach § 16 Absatz 2 und § 18 und Folgen der Zuwiderhandlung nach § 17 hinzuweisen. [3] Beabsichtigt das Gericht die Zurückweisung des Antrags, hat es die den Antrag stellende Partei darauf und auf die Gründe hierfür hinzuweisen und ihr binnen einer zu bestimmenden Frist Gelegenheit zur Stellungnahme zu geben. [4] Die Einstufung als geheimhaltungsbedürftig nach § 16 Absatz 1 und die Anordnung der Beschränkung nach § 19 Absatz 1 können nur gemeinsam mit dem Rechtsmittel in der Hauptsache angefochten werden. [5] Im Übrigen findet die sofortige Beschwerde statt.

(6) Gericht der Hauptsache im Sinne dieses Abschnitts ist

1. das Gericht des ersten Rechtszuges oder
2. das Berufungsgericht, wenn die Hauptsache in der Berufungsinstanz anhängig ist.

§ 21 Bekanntmachung des Urteils. (1) ¹Der obsiegenden Partei einer Geschäftsgeheimnisstreitsache kann auf Antrag in der Urteilsformel die Befugnis zugesprochen werden, das Urteil oder Informationen über das Urteil auf Kosten der unterliegenden Partei öffentlich bekannt zu machen, wenn die obsiegende Partei hierfür ein berechtigtes Interesse darlegt. ²Form und Umfang der öffentlichen Bekanntmachung werden unter Berücksichtigung der berechtigten Interessen der im Urteil genannten Personen in der Urteilsformel bestimmt.

(2) Bei den Entscheidungen über die öffentliche Bekanntmachung nach Absatz 1 Satz 1 ist insbesondere zu berücksichtigen:

1. der Wert des Geschäftsgeheimnisses,
2. das Verhalten des Rechtsverletzers bei Erlangung, Nutzung oder Offenlegung des Geschäftsgeheimnisses,
3. die Folgen der rechtswidrigen Nutzung oder Offenlegung des Geschäftsgeheimnisses und
4. die Wahrscheinlichkeit einer weiteren rechtswidrigen Nutzung oder Offenlegung des Geschäftsgeheimnisses durch den Rechtsverletzer.

(3) Das Urteil darf erst nach Rechtskraft bekannt gemacht werden, es sei denn, das Gericht bestimmt etwas anderes.

§ 22 Streitwertbegünstigung. (1) Macht bei Geschäftsgeheimnisstreitsachen eine Partei glaubhaft, dass die Belastung mit den Prozesskosten nach dem vollen Streitwert ihre wirtschaftliche Lage erheblich gefährden würde, so kann das Gericht auf ihren Antrag anordnen, dass die Verpflichtung dieser Partei zur Zahlung von Gerichtskosten sich nach dem ihrer Wirtschaftslage angepassten Teil des Streitwerts bemisst.

(2) Die Anordnung nach Absatz 1 bewirkt auch, dass

1. die begünstigte Partei die Gebühren ihres Rechtsanwalts ebenfalls nur nach diesem Teil des Streitwerts zu entrichten hat,
2. die begünstigte Partei, soweit ihr Kosten des Rechtsstreits auferlegt werden oder soweit sie diese übernimmt, die von dem Gegner entrichteten Gerichtsgebühren und die Gebühren seines Rechtsanwalts nur nach diesem Teil des Streitwerts zu erstatten hat und
3. der Rechtsanwalt der begünstigten Partei seine Gebühren von dem Gegner nach dem für diesen geltenden Streitwert beitreiben kann, soweit die außergerichtlichen Kosten dem Gegner auferlegt oder von ihm übernommen werden.

(3) ¹Der Antrag nach Absatz 1 ist vor der Verhandlung zur Hauptsache zu stellen. ²Danach ist er nur zulässig, wenn der angenommene oder festgesetzte Streitwert durch das Gericht heraufgesetzt wird. ³Der Antrag kann vor der Geschäftsstelle des Gerichts zur Niederschrift erklärt werden. ⁴Vor der Entscheidung über den Antrag ist der Gegner zu hören.

Abschnitt 4. Strafvorschriften

§ 23 Verletzung von Geschäftsgeheimnissen. (1) Mit Freiheitsstrafe bis zu drei Jahren oder mit Geldstrafe wird bestraft, wer zur Förderung des eigenen oder fremden Wettbewerbs, aus Eigennutz, zugunsten eines Dritten oder in der Absicht, dem Inhaber eines Unternehmens Schaden zuzufügen,

1. entgegen § 4 Absatz 1 Nummer 1 ein Geschäftsgeheimnis erlangt,
2. entgegen § 4 Absatz 2 Nummer 1 Buchstabe a ein Geschäftsgeheimnis nutzt oder offenlegt oder
3. entgegen § 4 Absatz 2 Nummer 3 als eine bei einem Unternehmen beschäftigte Person ein Geschäftsgeheimnis, das ihr im Rahmen des Beschäftigungsverhältnisses anvertraut worden oder zugänglich geworden ist, während der Geltungsdauer des Beschäftigungsverhältnisses offenlegt.

(2) Ebenso wird bestraft, wer zur Förderung des eigenen oder fremden Wettbewerbs, aus Eigennutz, zugunsten eines Dritten oder in der Absicht, dem Inhaber eines Unternehmens Schaden zuzufügen, ein Geschäftsgeheimnis nutzt oder offenlegt, das er durch eine fremde Handlung nach Absatz 1 Nummer 2 oder Nummer 3 erlangt hat.

(3) Mit Freiheitsstrafe bis zu zwei Jahren oder mit Geldstrafe wird bestraft, wer zur Förderung des eigenen oder fremden Wettbewerbs oder aus Eigennutz entgegen § 4 Absatz 2 Nummer 2 oder Nummer 3 ein Geschäftsgeheimnis, das eine ihm im geschäftlichen Verkehr anvertraute geheime Vorlage oder Vorschrift technischer Art ist, nutzt oder offenlegt.

(4) Mit Freiheitsstrafe bis zu fünf Jahren oder mit Geldstrafe wird bestraft, wer

1. in den Fällen des Absatzes 1 oder des Absatzes 2 gewerbsmäßig handelt,
2. in den Fällen des Absatzes 1 Nummer 2 oder Nummer 3 oder des Absatzes 2 bei der Offenlegung weiß, dass das Geschäftsgeheimnis im Ausland genutzt werden soll, oder
3. in den Fällen des Absatzes 1 Nummer 2 oder des Absatzes 2 das Geschäftsgeheimnis im Ausland nutzt.

(5) Der Versuch ist strafbar.

(6) Beihilfehandlungen einer in § 53 Absatz 1 Satz 1 Nummer 5 der Strafprozessordnung genannten Person sind nicht rechtswidrig, wenn sie sich auf die Entgegennahme, Auswertung oder Veröffentlichung des Geschäftsgeheimnisses beschränken.

(7) ¹§ 5 Nummer 7 des Strafgesetzbuches gilt entsprechend. ²Die §§ 30 und 31 des Strafgesetzbuches gelten entsprechend, wenn der Täter zur Förderung des eigenen oder fremden Wettbewerbs oder aus Eigennutz handelt.

(8) Die Tat wird nur auf Antrag verfolgt, es sei denn, dass die Strafverfolgungsbehörde wegen des besonderen öffentlichen Interesses an der Strafverfolgung ein Einschreiten von Amts wegen für geboten hält.

14. Gesetz betreffend das Urheberrecht an Werken der bildenden Künste und der Photographie[1)]

Vom 9. Januar 1907

(RGBl. S. 7)

BGBl. III/FNA 440-3

zuletzt geänd. durch Art. 3 § 31 Gesetz zur Beendigung der Diskriminierung gleichgeschlechtlicher Gemeinschaften: Lebenspartnerschaften v. 16.2.2001 (BGBl. I S. 266)

– Auszug –

§ 22 [Recht am eigenen Bilde] [1]Bildnisse dürfen nur mit Einwilligung des Abgebildeten verbreitet oder öffentlich zur Schau gestellt werden. [2]Die Einwilligung gilt im Zweifel als erteilt, wenn der Abgebildete dafür, daß er sich abbilden ließ, eine Entlohnung erhielt. [3]Nach dem Tode des Abgebildeten bedarf es bis zum Ablaufe von 10 Jahren der Einwilligung der Angehörigen des Abgebildeten. [4]Angehörige im Sinne dieses Gesetzes sind der überlebende Ehegatte oder Lebenspartner und die Kinder des Abgebildeten und, wenn weder ein Ehegatte oder Lebenspartner noch Kinder vorhanden sind, die Eltern des Abgebildeten.

§ 23 [Ausnahmen zu § 22] (1) Ohne die nach § 22 erforderliche Einwilligung dürfen verbreitet und zur Schau gestellt werden:

1. Bildnisse aus dem Bereiche der Zeitgeschichte;
2. Bilder, auf denen die Personen nur als Beiwerk neben einer Landschaft oder sonstigen Örtlichkeit erscheinen;
3. Bilder von Versammlungen, Aufzügen und ähnlichen Vorgängen, an denen die dargestellten Personen teilgenommen haben;
4. Bildnisse, die nicht auf Bestellung angefertigt sind, sofern die Verbreitung oder Schaustellung einem höheren Interesse der Kunst dient.

(2) Die Befugnis erstreckt sich jedoch nicht auf eine Verbreitung und Schaustellung, durch die ein berechtigtes Interesse des Abgebildeten oder, falls dieser verstorben ist, seiner Angehörigen verletzt wird.

[1)] Das Gesetz wurde durch § 141 Nr. 5 Urheberrechtsgesetz vom 9.9.1965 (BGBl. I S. 1273) mit Wirkung vom 1.1.1966 aufgehoben, soweit es nicht den Schutz von Bildnissen betrifft. Nachstehend werden deshalb nur noch die Vorschriften zum Schutz von Bildnissen wiedergegeben.

15. Gesetz über Unterlassungsklagen bei Verbraucherrechts- und anderen Verstößen (Unterlassungsklagengesetz – UKlaG)

In der Fassung der Bekanntmachung vom 27. August 2002[1)]

(BGBl. I S. 3422, ber. S. 4346)

FNA 402-37

zuletzt geänd. durch Art. 3 G zur Umsetzung der RL über bestimmte vertragsrechtliche Aspekte der Bereitstellung digitaler Inhalte und digitaler Dienstleistungen v. 25.6.2021 (BGBl. I S. 2123)

– Auszug –

Abschnitt 1. Ansprüche bei Verbraucherrechts- und anderen Verstößen

§ 2 Ansprüche bei verbraucherschutzgesetzwidrigen Praktiken.

(1) [1]Wer in anderer Weise als durch Verwendung oder Empfehlung von Allgemeinen Geschäftsbedingungen Vorschriften zuwiderhandelt, die dem Schutz der Verbraucher dienen (Verbraucherschutzgesetze), kann im Interesse des Verbraucherschutzes auf Unterlassung und Beseitigung in Anspruch genommen werden. [2]Werden die Zuwiderhandlungen in einem Unternehmen von einem Mitarbeiter oder Beauftragten begangen, so ist der Unterlassungsanspruch oder der Beseitigungsanspruch auch gegen den Inhaber des Unternehmens begründet. [3]Bei Zuwiderhandlungen gegen die in Absatz 2 Satz 1 Nummer 11 genannten Vorschriften richtet sich der Beseitigungsanspruch nach den entsprechenden datenschutzrechtlichen Vorschriften.

(2) [1]Verbraucherschutzgesetze im Sinne dieser Vorschrift sind insbesondere
1. die Vorschriften des Bürgerlichen Rechts, die für
   a) außerhalb von Geschäftsräumen geschlossene Verträge,
   b) Fernabsatzverträge,
   c) Verbraucherverträge über digitale Produkte,
   d) Verbrauchsgüterkäufe,
   e) Teilzeit-Wohnrechteverträge, Verträge über langfristige Urlaubsprodukte sowie Vermittlungsverträge und Tauschsystemverträge,
   f) Verbraucherdarlehensverträge, Finanzierungshilfen und Ratenlieferungsverträge,
   g) Bauverträge,
   h) Pauschalreiseverträge, die Reisevermittlung und die Vermittlung verbundener Reiseleistungen,
   i) Darlehensvermittlungsverträge sowie
   j) Zahlungsdiensteverträge

   zwischen einem Unternehmer und einem Verbraucher gelten,

[1)] Neubekanntmachung des UKlaG v. 26.11.2001 (BGBl. I S. 3138, 3173) in der ab 21.8.2002 geltenden Fassung.

2. die Vorschriften zur Umsetzung der Artikel 5, 10 und 11 der Richtlinie 2000/31/EG des Europäischen Parlaments und des Rates vom 8. Juni 2000 über bestimmte rechtliche Aspekte der Dienste der Informationsgesellschaft, insbesondere des elektronischen Geschäftsverkehrs, im Binnenmarkt („Richtlinie über den elektronischen Geschäftsverkehr", ABl. EG Nr. L 178 S. 1),
3. das Fernunterrichtsschutzgesetz,
4. die Vorschriften zur Umsetzung der Artikel 19 bis 26 der Richtlinie 2010/13/EU des Europäischen Parlaments und des Rates vom 10. März 2010 zur Koordinierung bestimmter Rechts- und Verwaltungsvorschriften der Mitgliedstaaten über die Bereitstellung audiovisueller Mediendienste (ABl. L 95 vom 15.4.2010, S. 1),
5. die entsprechenden Vorschriften des Arzneimittelgesetzes sowie Artikel 1 §§ 3 bis 13 des Gesetzes über die Werbung auf dem Gebiete des Heilwesens,
6. § 126 des Investmentgesetzes oder § 305 des Kapitalanlagegesetzbuchs,
7. die Vorschriften des Abschnitts 11 des Wertpapierhandelsgesetzes, die das Verhältnis zwischen einem Wertpapierdienstleistungsunternehmen und einem Kunden regeln,
8. das Rechtsdienstleistungsgesetz,
9. die §§ 59 und 60 Absatz 1, die §§ 78, 79 Absatz 2 und 3 sowie § 80 des Erneuerbare-Energien-Gesetzes,
10. das Wohn- und Betreuungsvertragsgesetz,
11. die Vorschriften, welche die Zulässigkeit regeln
    a) der Erhebung personenbezogener Daten eines Verbrauchers durch einen Unternehmer oder
    b) der Verarbeitung oder der Nutzung personenbezogener Daten, die über einen Verbraucher erhoben wurden, durch einen Unternehmer,
    wenn die Daten zu Zwecken der Werbung, der Markt- und Meinungsforschung, des Betreibens einer Auskunftei, des Erstellens von Persönlichkeits- und Nutzungsprofilen, des Adresshandels, des sonstigen Datenhandels oder zu vergleichbaren kommerziellen Zwecken erhoben, verarbeitet oder genutzt werden,
12. § 2 Absatz 2 sowie die §§ 36 und 37 des Verbraucherstreitbeilegungsgesetzes vom 19. Februar 2016 (BGBl. I S. 254) und Artikel 14 Absatz 1 und 2 der Verordnung (EU) Nr. 524/2013 des Europäischen Parlaments und des Rates vom 21. Mai 2013 über die Online-Beilegung verbraucherrechtlicher Streitigkeiten und zur Änderung der Verordnung (EG) Nr. 2006/2004 und der Richtlinie 2009/22/EG (ABl. L 165 vom 18.6. 2013, S. 1),
13. die Vorschriften des Zahlungskontengesetzes, die das Verhältnis zwischen einem Zahlungsdienstleister und einem Verbraucher regeln, und
14. die Vorschriften des Telekommunikationsgesetzes, die das Verhältnis zwischen Anbietern von öffentlich zugänglichen Telekommunikationsdiensten und Verbrauchern regeln.

[2]Eine Datenerhebung, Datenverarbeitung oder Datennutzung zu einem vergleichbaren kommerziellen Zweck im Sinne des Satzes 1 Nummer 11 liegt insbesondere nicht vor, wenn personenbezogene Daten eines Verbrauchers

von einem Unternehmer ausschließlich für die Begründung, Durchführung oder Beendigung eines rechtsgeschäftlichen oder rechtsgeschäftsähnlichen Schuldverhältnisses mit dem Verbraucher erhoben, verarbeitet oder genutzt werden.

Abschnitt 2. Verfahrensvorschriften

Unterabschnitt 3. Besondere Vorschriften für Klagen nach § 2

§ 12 Einigungsstelle. Für Klagen nach § 2 gelten § 15 des Gesetzes gegen den unlauteren Wettbewerb und die darin enthaltene Verordnungsermächtigung entsprechend.

§ 12a Anhörung der Datenschutzbehörden in Verfahren über Ansprüche nach § 2. [1]Das Gericht hat vor einer Entscheidung in einem Verfahren über einen Anspruch nach § 2, das eine Zuwiderhandlung gegen ein Verbraucherschutzgesetz nach § 2 Absatz 2 Satz 1 Nummer 11 zum Gegenstand hat, die zuständige inländische Datenschutzbehörde zu hören. [2]Satz 1 ist nicht anzuwenden, wenn über einen Antrag auf Erlass einer einstweiligen Verfügung ohne mündliche Verhandlung entschieden wird.

Abschnitt 3. Auskunft zur Durchsetzung von Ansprüchen

§ 13 Auskunftsanspruch der anspruchsberechtigten Stellen. (1) Wer geschäftsmäßig Post-, Telekommunikations- oder Telemediendienste erbringt oder an der Erbringung solcher Dienste mitwirkt, hat anspruchsberechtigten Stellen nach § 3 Absatz 1 Satz 1 auf deren Verlangen den Namen und die zustellfähige Anschrift eines an Post-, Telekommunikations- oder Telemediendiensten Beteiligten mitzuteilen, wenn diese Stellen schriftlich versichern, dass sie die Angaben zur Durchsetzung ihrer Ansprüche nach den §§ 1 bis 2a oder nach § 4e benötigen und nicht anderweitig beschaffen können.

(2) [1]Der Anspruch besteht nur, soweit die Auskunft ausschließlich anhand der bei dem Auskunftspflichtigen vorhandenen Bestandsdaten erteilt werden kann. [2]Die Auskunft darf nicht deshalb verweigert werden, weil der Beteiligte, dessen Angaben mitgeteilt werden sollen, in die Übermittlung nicht einwilligt.

(3) [1]Der Auskunftspflichtige kann von dem Auskunftsberechtigten einen angemessenen Ausgleich für die Erteilung der Auskunft verlangen. [2]Der Auskunftsberechtigte kann von dem Beteiligten, dessen Angaben mitgeteilt worden sind, Erstattung des gezahlten Ausgleichs verlangen, wenn er gegen diesen Beteiligten einen Anspruch nach den §§ 1 bis 2a oder nach § 4e hat.

§ 13a Auskunftsanspruch sonstiger Betroffener. Wer von einem anderen Unterlassung der Lieferung unbestellter Sachen, der Erbringung unbestellter sonstiger Leistungen oder der Zusendung oder sonstiger Übermittlung unverlangter Werbung verlangen kann, hat die Ansprüche gemäß § 13 mit der Maßgabe, dass an die Stelle eines Anspruchs nach den §§ 1 bis 2a oder nach § 4e sein Anspruch auf Unterlassung nach allgemeinen Vorschriften tritt.

Abschnitt 7. Überleitungsvorschriften

§ 17 Überleitungsvorschriften zu dem Gesetz zur Stärkung des fairen Wettbewerbs. (1) Abweichend von § 4a Absatz 1 Nummer 1 sind die Eintragungsvoraussetzungen bei qualifizierten Einrichtungen, die vor dem 2. Dezember 2020 in die Liste nach § 4 eingetragen wurden und die am 2. Dezember 2020 schon länger als zwei Jahre in der Liste nach § 4 eingetragen sind, vom Bundesamt für Justiz im Zeitraum vom 2. Dezember 2020 bis zum 31. Dezember 2021 zu überprüfen.

(2) Die Berichtspflichten nach § 4b Absatz 1 sind erstmals für das Kalenderjahr 2021 zu erfüllen.

16. Grundgesetz für die Bundesrepublik Deutschland
Vom 23. Mai 1949
(BGBl. S. 1)
BGBl. III/FNA 100-1
zuletzt geänd. durch Art. 1 und 2 ÄndG (Art. 104a, 143h) v. 29.9.2020 (BGBl. I S. 2048)

– Auszug –

I. Die Grundrechte

Art. 1 [Schutz der Menschenwürde, Menschenrechte, Grundrechtsbindung] (1) ¹Die Würde des Menschen ist unantastbar. ²Sie zu achten und zu schützen ist Verpflichtung aller staatlichen Gewalt.

(2) Das Deutsche Volk bekennt sich darum zu unverletzlichen und unveräußerlichen Menschenrechten als Grundlage jeder menschlichen Gemeinschaft, des Friedens und der Gerechtigkeit in der Welt.

(3) Die nachfolgenden Grundrechte binden Gesetzgebung, vollziehende Gewalt und Rechtsprechung als unmittelbar geltendes Recht.

Art. 2 [Freie Entfaltung der Persönlichkeit, Recht auf Leben, körperliche Unversehrtheit, Freiheit der Person] (1) Jeder hat das Recht auf die freie Entfaltung seiner Persönlichkeit, soweit er nicht die Rechte anderer verletzt und nicht gegen die verfassungsmäßige Ordnung oder das Sittengesetz verstößt.

(2) ¹Jeder hat das Recht auf Leben und körperliche Unversehrtheit. ²Die Freiheit der Person ist unverletzlich. ³In diese Rechte darf nur auf Grund eines Gesetzes eingegriffen werden.

Art. 3 [Gleichheit vor dem Gesetz] (1) Alle Menschen sind vor dem Gesetz gleich.

(2) ¹Männer und Frauen sind gleichberechtigt. ²Der Staat fördert die tatsächliche Durchsetzung der Gleichberechtigung von Frauen und Männern und wirkt auf die Beseitigung bestehender Nachteile hin.

(3) ¹Niemand darf wegen seines Geschlechtes, seiner Abstammung, seiner Rasse, seiner Sprache, seiner Heimat und Herkunft, seines Glaubens, seiner religiösen oder politischen Anschauungen benachteiligt oder bevorzugt werden. ²Niemand darf wegen seiner Behinderung benachteiligt werden.

Art. 5 [Recht der freien Meinungsäußerung, Medienfreiheit, Kunst- und Wissenschaftsfreiheit] (1) ¹Jeder hat das Recht, seine Meinung in Wort, Schrift und Bild frei zu äußern und zu verbreiten und sich aus allgemein zugänglichen Quellen ungehindert zu unterrichten. ²Die Pressefreiheit und die Freiheit der Berichterstattung durch Rundfunk und Film werden gewährleistet. ³Eine Zensur findet nicht statt.

(2) Diese Rechte finden ihre Schranken in den Vorschriften der allgemeinen Gesetze, den gesetzlichen Bestimmungen zum Schutze der Jugend und in dem Recht der persönlichen Ehre.

(3) ¹Kunst und Wissenschaft, Forschung und Lehre sind frei. ²Die Freiheit der Lehre entbindet nicht von der Treue zur Verfassung.

Art. 10 [Brief-, Post- und Fernmeldegeheimnis] (1) Das Briefgeheimnis sowie das Post- und Fernmeldegeheimnis sind unverletzlich.

(2) [1] Beschränkungen dürfen nur auf Grund eines Gesetzes angeordnet werden. [2] Dient die Beschränkung dem Schutze der freiheitlichen demokratischen Grundordnung oder des Bestandes oder der Sicherung des Bundes oder eines Landes, so kann das Gesetz bestimmen, daß sie dem Betroffenen nicht mitgeteilt wird und daß an die Stelle des Rechtsweges die Nachprüfung durch von der Volksvertretung bestellte Organe und Hilfsorgane tritt.

Art. 13 [Unverletzlichkeit der Wohnung] (1) Die Wohnung ist unverletzlich.

(2) Durchsuchungen dürfen nur durch den Richter, bei Gefahr im Verzuge auch durch die in den Gesetzen vorgesehenen anderen Organe angeordnet und nur in der dort vorgeschriebenen Form durchgeführt werden.

(3) [1] Begründen bestimmte Tatsachen den Verdacht, daß jemand eine durch Gesetz einzeln bestimmte besonders schwere Straftat begangen hat, so dürfen zur Verfolgung der Tat auf Grund richterlicher Anordnung technische Mittel zur akustischen Überwachung von Wohnungen, in denen der Beschuldigte sich vermutlich aufhält, eingesetzt werden, wenn die Erforschung des Sachverhalts auf andere Weise unverhältnismäßig erschwert oder aussichtslos wäre. [2] Die Maßnahme ist zu befristen. [3] Die Anordnung erfolgt durch einen mit drei Richtern besetzten Spruchkörper. [4] Bei Gefahr im Verzuge kann sie auch durch einen einzelnen Richter getroffen werden.

(4) [1] Zur Abwehr dringender Gefahren für die öffentliche Sicherheit, insbesondere einer gemeinen Gefahr oder einer Lebensgefahr, dürfen technische Mittel zur Überwachung von Wohnungen nur auf Grund richterlicher Anordnung eingesetzt werden. [2] Bei Gefahr im Verzuge kann die Maßnahme auch durch eine andere gesetzlich bestimmte Stelle angeordnet werden; eine richterliche Entscheidung ist unverzüglich nachzuholen.

(5) [1] Sind technische Mittel ausschließlich zum Schutze der bei einem Einsatz in Wohnungen tätigen Personen vorgesehen, kann die Maßnahme durch eine gesetzlich bestimmte Stelle angeordnet werden. [2] Eine anderweitige Verwertung der hierbei erlangten Erkenntnisse ist nur zum Zwecke der Strafverfolgung oder der Gefahrenabwehr und nur zulässig, wenn zuvor die Rechtmäßigkeit der Maßnahme richterlich festgestellt ist; bei Gefahr im Verzuge ist die richterliche Entscheidung unverzüglich nachzuholen.

(6) [1] Die Bundesregierung unterrichtet den Bundestag jährlich über den nach Absatz 3 sowie über den im Zuständigkeitsbereich des Bundes nach Absatz 4 und, soweit richterlich überprüfungsbedürftig, nach Absatz 5 erfolgten Einsatz technischer Mittel. [2] Ein vom Bundestag gewähltes Gremium übt auf der Grundlage dieses Berichts die parlamentarische Kontrolle aus. [3] Die Länder gewährleisten eine gleichwertige parlamentarische Kontrolle.

(7) Eingriffe und Beschränkungen dürfen im übrigen nur zur Abwehr einer gemeinen Gefahr oder einer Lebensgefahr für einzelne Personen, auf Grund eines Gesetzes auch zur Verhütung dringender Gefahren für die öffentliche Sicherheit und Ordnung, insbesondere zur Behebung der Raumnot, zur Bekämpfung von Seuchengefahr oder zum Schutze gefährdeter Jugendlicher vorgenommen werden.

17. Gesetz zur Beschränkung des Brief-, Post- und Fernmeldegeheimnisses (Artikel 10-Gesetz – G 10)[1)]

Vom 26. Juni 2001

(BGBl. I S. 1254, ber. S. 2298, 2017 S. 154)

FNA 190-4

zuletzt geänd. durch Art. 5, Art. 6 Abs. 4 Verfassungsschutzrechts-AnpassungsG v. 5.7.2021 (BGBl. I S. 2274)

Nichtamtliche Inhaltsübersicht

Abschnitt 1. Allgemeine Bestimmungen

§ 1	Gegenstand des Gesetzes
§ 2	Pflichten der Anbieter von Post- und Telekommunikationsdiensten; Verordnungsermächtigung

Abschnitt 2. Beschränkungen in Einzelfällen

§ 3	Voraussetzungen
§ 4	Prüf-, Kennzeichnungs- und Löschungspflichten, Übermittlungen, Zweckbindung
§ 4a	Weiterverarbeitung von Verkehrsdaten durch den Bundesnachrichtendienst

Abschnitt 3. Strategische Beschränkungen

§ 5	Voraussetzungen
§ 6	Prüf-, Kennzeichnungs- und Löschungspflichten, Zweckbindung
§ 7	Übermittlungen durch den Bundesnachrichtendienst
§ 8	Gefahr für Leib oder Leben einer Person im Ausland

Abschnitt 4. Verfahren

§ 9	Antrag
§ 10	Anordnung
§ 11	Durchführung
§ 12	Mitteilungen an Betroffene
§ 13	Rechtsweg

Abschnitt 5. Kontrolle

§ 14	Parlamentarisches Kontrollgremium
§ 15	G 10-Kommission
§ 15a	Eilanordnung
§ 16	Parlamentarische Kontrolle in den Ländern

Abschnitt 6. Straf- und Bußgeldvorschriften

§ 17	Mitteilungsverbote
§ 18	Straftaten
§ 19	Ordnungswidrigkeiten

Abschnitt 7. Schlussvorschriften

§ 20	Entschädigung
§ 21	Einschränkung von Grundrechten
§ 22	Übergangsregelung

[1)] Verkündet als Art. 1 Artikel 10-NeuregelungsG v. 26.6.2001 (BGBl. I S. 1254, ber. S. 2298, 2017 S. 154); Inkrafttreten gem. Art. 5 Satz 1 dieses G am 29.6.2001.

Der Bundestag hat das folgende Gesetz beschlossen:

Abschnitt 1. Allgemeine Bestimmungen

§ 1 Gegenstand des Gesetzes. (1) Es sind

1. die Verfassungsschutzbehörden des Bundes und der Länder, der Militärische Abschirmdienst und der Bundesnachrichtendienst zur Abwehr von drohenden Gefahren für die freiheitliche demokratische Grundordnung oder den Bestand oder die Sicherheit des Bundes oder eines Landes einschließlich der Sicherheit der in der Bundesrepublik Deutschland stationierten Truppen der nichtdeutschen Vertragsstaaten des Nordatlantikvertrages,
2. der Bundesnachrichtendienst im Rahmen seiner Aufgaben nach § 1 Abs. 2 des BND-Gesetzes auch zu den in § 5 Abs. 1 Satz 3 Nr. 2 bis 8 und § 8 Abs. 1 Satz 1 bestimmten Zwecken

berechtigt, die Telekommunikation zu überwachen und aufzuzeichnen, in den Fällen der Nummer 1 auch die dem Brief- oder Postgeheimnis unterliegenden Sendungen zu öffnen und einzusehen.

(2) Soweit Maßnahmen nach Absatz 1 von Behörden des Bundes durchgeführt werden, unterliegen sie der Kontrolle durch das Parlamentarische Kontrollgremium und durch eine besondere Kommission (G 10-Kommission).

§ 2 Pflichten der Anbieter von Post- und Telekommunikationsdiensten; Verordnungsermächtigung. (1) [1] Wer geschäftsmäßig Postdienste erbringt oder an der Erbringung solcher Dienste mitwirkt, hat der berechtigten Stelle auf Anordnung Auskunft über die näheren Umstände des Postverkehrs zu erteilen und Sendungen, die ihm zum Einsammeln, Weiterleiten oder Ausliefern anvertraut sind, auszuhändigen. [2] Der nach Satz 1 Verpflichtete hat der berechtigten Stelle auf Verlangen die zur Vorbereitung einer Anordnung erforderlichen Auskünfte zu Postfächern zu erteilen, ohne dass es hierzu einer gesonderten Anordnung bedarf.

(1a) [1] Wer geschäftsmäßig Telekommunikationsdienste erbringt oder an der Erbringung solcher Dienste mitwirkt, hat der berechtigten Stelle auf Anordnung

1. Auskunft über die näheren Umstände der nach Wirksamwerden der Anordnung durchgeführten Telekommunikation zu erteilen,
2. Inhalte, die ihm zur Übermittlung auf dem Telekommunikationsweg anvertraut sind, auszuleiten,
3. die Überwachung und Aufzeichnung der Telekommunikation zu ermöglichen, auch durch Zugangsgewährung zu seinen Einrichtungen während seiner üblichen Geschäftszeiten, sowie
4. die Einbringung von technischen Mitteln zur Durchführung einer Maßnahme nach § 11 Absatz 1a durch Unterstützung bei der Umleitung von Telekommunikation durch die berechtigte Stelle zu ermöglichen
   a) durch Mitteilung der zur Erbringung in den umgeleiteten Datenstrom erforderlichen Informationen über die Strukturen der von ihm betriebenen Telekommunikationsnetze und Telekommunikationsanlagen sowie die von ihm erbrachten Telekommunikationsdienste;
   b) durch sonstige Unterstützung bei der Umleitung einschließlich der Gewährung des Zugangs zu seinen Einrichtungen während seiner üblichen

Geschäftszeiten sowie der Ermöglichung der Aufstellung und des Betriebs von Geräten für die Durchführung der Maßnahme.

²Das Nähere zur technischen und organisatorischen Umsetzung der Mitwirkungspflichten nach Satz 1 Nummer 1 bis 3 bestimmt sich nach § 170 des Telekommunikationsgesetzes[1)] und der dazu erlassenen Rechtsverordnung. ³In den Fällen des Satzes 1 Nummer 1 bleiben § 8a Absatz 1 Satz 1 Nummer 4 des Bundesverfassungsschutzgesetzes, § 4a des MAD-Gesetzes und § 3 des BND-Gesetzes unberührt. ⁴Satz 1 Nummer 4 Buchstabe b gilt nur für denjenigen, der eine Telekommunikationsanlage betreibt, mit der öffentlich zugängliche Internetzugangsdienste oder öffentlich zugängliche Dienste, die ganz oder überwiegend in der Übertragung von Signalen bestehen, erbracht werden.

(1b) Das Bundesministerium des Innern, für Bau und Heimat wird ermächtigt, durch Rechtsverordnung im Einvernehmen mit dem Bundeskanzleramt, dem Bundesministerium für Wirtschaft und Energie, dem Bundesministerium für Verkehr und digitale Infrastruktur, dem Bundesministerium der Justiz und für Verbraucherschutz und dem Bundesministerium der Verteidigung mit Zustimmung des Bundesrates das Nähere zur technischen und organisatorischen Umsetzung der Mitwirkungspflichten nach Absatz 1a Satz 1 Nummer 4 zu bestimmen.

(2) ¹Der nach Absatz 1 oder Absatz 1a Verpflichtete hat vor Durchführung einer beabsichtigten Beschränkungsmaßnahme unverzüglich die Personen, die mit der Durchführung der Maßnahme betraut werden sollen,

1. auszuwählen,
2. einer einfachen Sicherheitsüberprüfung unterziehen zu lassen und
3. über Mitteilungsverbote nach § 17 sowie die Strafbarkeit eines Verstoßes nach § 18 zu belehren; die Belehrung ist aktenkundig zu machen.

²Mit der Durchführung einer Beschränkungsmaßnahme dürfen nur Personen betraut werden, die nach Maßgabe des Satzes 1 überprüft und belehrt worden sind. ³Nach Zustimmung des Bundesministeriums des Innern, für Bau und Heimat, bei Beschränkungsmaßnahmen einer Landesbehörde des zuständigen Landesministeriums, kann der Behördenleiter der berechtigten Stelle oder dessen Stellvertreter die nach Absatz 1 oder Absatz 1a Verpflichteten schriftlich auffordern, die Beschränkungsmaßnahme bereits vor Abschluss der Sicherheitsüberprüfung durchzuführen. ⁴Der nach Absatz 1 oder Absatz 1a Verpflichtete hat sicherzustellen, dass die Geheimschutzmaßnahmen zum Schutz als VS-NUR FÜR DEN DIENSTGEBRAUCH eingestufter Informationen gemäß der nach § 35 Absatz 1 des Sicherheitsüberprüfungsgesetzes zu erlassenden allgemeinen Verwaltungsvorschrift zum materiellen Geheimschutz in der jeweils geltenden Fassung getroffen werden.

(3) ¹Die Sicherheitsüberprüfung nach Absatz 2 Satz 1 Nr. 2 ist entsprechend dem Sicherheitsüberprüfungsgesetz durchzuführen. ²Für Beschränkungsmaßnahmen einer Landesbehörde gilt dies nicht, soweit Rechtsvorschriften des Landes vergleichbare Bestimmungen enthalten; in diesem Fall sind die Rechtsvorschriften des Landes entsprechend anzuwenden. ³Zuständig ist bei Beschränkungsmaßnahmen von Bundesbehörden das Bundesministerium des Innern, für Bau und Heimat; im Übrigen sind die nach Landesrecht bestimmten

---

[1)] Nr. 10.

Behörden zuständig. ⁴Soll mit der Durchführung einer Beschränkungsmaßnahme eine Person betraut werden, für die innerhalb der letzten fünf Jahre bereits eine gleich- oder höherwertige Sicherheitsüberprüfung nach Bundes- oder Landesrecht durchgeführt worden ist, soll von einer erneuten Sicherheitsüberprüfung abgesehen werden.

Abschnitt 2. Beschränkungen in Einzelfällen

§ 3 Voraussetzungen. (1) ¹Beschränkungen nach § 1 Abs. 1 Nr. 1 dürfen unter den dort bezeichneten Voraussetzungen angeordnet werden, wenn tatsächliche Anhaltspunkte für den Verdacht bestehen, dass jemand

1. Straftaten des Friedensverrats oder des Hochverrats (§§ 80a bis 83 des Strafgesetzbuches),
2. Straftaten der Gefährdung des demokratischen Rechtsstaates (§§ 84 bis 86, 87 bis 89b, 89c Absatz 1 bis 4 des Strafgesetzbuches, § 20 Abs. 1 Nr. 1 bis 4 des Vereinsgesetzes),
3. Straftaten des Landesverrats und der Gefährdung der äußeren Sicherheit (§§ 94 bis 96, 97a bis 100a des Strafgesetzbuches),
4. Straftaten gegen die Landesverteidigung (§§ 109e bis 109g des Strafgesetzbuches),
5. Straftaten gegen die Sicherheit der in der Bundesrepublik Deutschland stationierten Truppen der nichtdeutschen Vertragsstaaten des Nordatlantikvertrages (§§ 87, 89, 94 bis 96, 98 bis 100, 109e bis 109g des Strafgesetzbuches in Verbindung mit § 1 des NATO-Truppen-Schutzgesetzes),
6. Straftaten nach
   a) den §§ 129a bis 130 des Strafgesetzbuches sowie
   b) den §§ 211, 212, 239a, 239b, 306 bis 306c, 308 Abs. 1 bis 3, § 315 Abs. 3, § 316b Abs. 3 und § 316c Abs. 1 und 3 des Strafgesetzbuches, soweit diese sich gegen die freiheitliche demokratische Grundordnung, den Bestand oder die Sicherheit des Bundes oder eines Landes richten,
7. Straftaten nach § 95 Abs. 1 Nr. 8 des Aufenthaltsgesetzes,
8. Straftaten nach den §§ 202a, 202b und 303a, 303b des Strafgesetzbuches[1], soweit sich die Straftat gegen die innere oder äußere Sicherheit der Bundesrepublik Deutschland, insbesondere gegen sicherheitsempfindliche Stellen von lebenswichtigen Einrichtungen richtet, oder
9. Straftaten nach § 13 des Völkerstrafgesetzbuches

plant, begeht oder begangen hat. ²Gleiches gilt, wenn tatsächliche Anhaltspunkte für den Verdacht bestehen, dass jemand Mitglied einer Vereinigung ist, deren Zwecke oder deren Tätigkeit darauf gerichtet sind, Straftaten zu begehen, die gegen die freiheitliche demokratische Grundordnung, den Bestand oder die Sicherheit des Bundes oder eines Landes gerichtet sind.

(1a) Beschränkungen nach § 1 Abs. 1 Nr. 1 dürfen unter den dort bezeichneten Voraussetzungen für den Bundesnachrichtendienst auch für Telekommunikationsanschlüsse, die sich an Bord deutscher Schiffe außerhalb deutscher Hoheitsgewässer befinden, angeordnet werden, wenn tatsächliche Anhalts-

---

[1] Nr. 21.

punkte bestehen, dass jemand eine der in § 72 Absatz 1 und 3 des Zollfahndungsdienstgesetzes genannten Straftaten plant, begeht oder begangen hat.

(2) ¹Die Anordnung ist nur zulässig, wenn die Erforschung des Sachverhalts auf andere Weise aussichtslos oder wesentlich erschwert wäre. ²Sie darf sich nur gegen den Verdächtigen oder gegen Personen richten, von denen auf Grund bestimmter Tatsachen anzunehmen ist, dass sie für den Verdächtigen bestimmte oder von ihm herrührende Mitteilungen entgegennehmen oder weitergeben oder dass der Verdächtige ihren Anschluss benutzt. ³Maßnahmen, die sich auf Sendungen beziehen, sind nur hinsichtlich solcher Sendungen zulässig, bei denen Tatsachen die Annahme rechtfertigen, dass sie von dem, gegen den sich die Anordnung richtet, herrühren oder für ihn bestimmt sind. ⁴Abgeordnetenpost von Mitgliedern des Deutschen Bundestages und der Parlamente der Länder darf nicht in eine Maßnahme einbezogen werden, die sich gegen einen Dritten richtet.

§ 3a Schutz des Kernbereichs privater Lebensgestaltung. (1) ¹Beschränkungen nach § 1 Abs. 1 Nr. 1 sind unzulässig, soweit tatsächliche Anhaltspunkte für die Annahme vorliegen, dass durch sie allein Erkenntnisse aus dem Kernbereich privater Lebensgestaltung erfasst würden. ²Soweit im Rahmen von Beschränkungen nach § 1 Abs. 1 Nr. 1 neben einer automatischen Aufzeichnung eine unmittelbare Kenntnisnahme erfolgt, ist die Maßnahme unverzüglich zu unterbrechen, soweit sich während der Überwachung tatsächliche Anhaltspunkte dafür ergeben, dass Inhalte, die dem Kernbereich privater Lebensgestaltung zuzurechnen sind, erfasst werden. ³Bestehen insoweit Zweifel, darf nur eine automatische Aufzeichnung fortgesetzt werden. ⁴Automatische Aufzeichnungen nach Satz 3 sind unverzüglich einem bestimmten Mitglied der G10-Kommission oder seinem Stellvertreter zur Entscheidung über die Verwertbarkeit oder Löschung der Daten vorzulegen. ⁵Das Nähere regelt die Geschäftsordnung. ⁶Die Entscheidung des Mitglieds der Kommission, dass eine Verwertung erfolgen darf, ist unverzüglich durch die Kommission zu bestätigen. ⁷Ist die Maßnahme nach Satz 2 unterbrochen worden, so darf sie für den Fall, dass sie nach Satz 1 unzulässig ist, fortgeführt werden. ⁸Erkenntnisse aus dem Kernbereich privater Lebensgestaltung, die durch eine Beschränkung nach § 1 Abs. 1 Nr. 1 erlangt worden sind, dürfen nicht verwertet werden. ⁹Aufzeichnungen hierüber sind unverzüglich zu löschen. ¹⁰Die Tatsachen der Erfassung der Daten und der Löschung sind zu dokumentieren. ¹¹Die Dokumentation darf ausschließlich für Zwecke der Datenschutzkontrolle verwendet werden. ¹²Sie ist sechs Monate nach der Mitteilung nach § 12 Absatz 1 Satz 1 oder der Feststellung nach § 12 Absatz 1 Satz 5 zu löschen.

(2) ¹Bei Gefahr im Verzug können Aufzeichnungen nach Absatz 1 Satz 3 unter Aufsicht eines Bediensteten, der die Befähigung zum Richteramt hat, gesichtet werden. ²Der Bedienstete entscheidet im Benehmen mit dem nach § 5 des Bundesdatenschutzgesetzes[1)] oder entsprechenden landesrechtlichen Vorschriften benannten Datenschutzbeauftragten oder einem von diesem beauftragten Beschäftigten, für den § 6 Absatz 3 des Bundesdatenschutzgesetzes insoweit entsprechend gilt, über eine vorläufige Nutzung.

[1)] Nr. 6.

§ 3b Schutz zeugnisverweigerungsberechtigter Personen. (1) ¹Maßnahmen nach § 1 Abs. 1 Nr. 1, die sich gegen eine in § 53 Absatz 1 Satz 1 Nummer 1, 2, 3 oder Nummer 4 der Strafprozessordnung genannte Person, im Falle von § 53 Absatz 1 Satz 1 Nummer 3 der Strafprozessordnung beschränkt auf Rechtsanwälte und Kammerrechtsbeistände, richten und voraussichtlich Erkenntnisse erbringen würden, über die diese Person das Zeugnis verweigern dürfte, sind unzulässig. ²Dennoch erlangte Erkenntnisse dürfen nicht verwertet werden. ³Aufzeichnungen hierüber sind unverzüglich zu löschen. ⁴Die Tatsache ihrer Erlangung und Löschung ist zu dokumentieren. ⁵Die Sätze 2 bis 3 gelten entsprechend, wenn durch eine Maßnahme, die sich nicht gegen eine in Satz 1 genannte Person richtet, von einer dort genannten Person Erkenntnisse erlangt werden, über die sie das Zeugnis verweigern dürfte.

(2) ¹Soweit durch eine Beschränkung eine in § 53 Abs. 1 Satz 1 Nr. 3 bis 3b oder Nr. 5 der Strafprozessordnung genannte Person, im Falle von § 53 Absatz 1 Satz 1 Nummer 3 der Strafprozessordnung mit Ausnahme von Rechtsanwälten und Kammerrechtsbeiständen, betroffen wäre und dadurch voraussichtlich Erkenntnisse erlangt würden, über die diese Person das Zeugnis verweigern dürfte, ist dies im Rahmen der Prüfung der Verhältnismäßigkeit unter Würdigung des öffentlichen Interesses an den von dieser Person wahrgenommenen Aufgaben und des Interesses an der Geheimhaltung der dieser Person anvertrauten oder bekannt gewordenen Tatsachen besonders zu berücksichtigen. ²Soweit hiernach geboten, ist die Maßnahme zu unterlassen oder, soweit dies nach der Art der Maßnahme möglich ist, zu beschränken.

(3) Die Absätze 1 und 2 gelten entsprechend, soweit die in § 53a der Strafprozessordnung Genannten das Zeugnis verweigern dürften.

(4) Die Absätze 1 bis 3 gelten nicht, sofern die zeugnisverweigerungsberechtigte Person Verdächtiger im Sinne des § 3 Abs. 2 Satz 2 ist oder tatsächliche Anhaltspunkte den Verdacht begründen, dass sie dessen in § 3 Abs. 1 bezeichnete Bestrebungen durch Entgegennahme oder Weitergabe von Mitteilungen bewusst unterstützt.

§ 4 Prüf-, Kennzeichnungs- und Löschungspflichten, Übermittlungen, Zweckbindung. (1) ¹Die erhebende Stelle prüft unverzüglich und sodann in Abständen von höchstens sechs Monaten, ob die erhobenen personenbezogenen Daten im Rahmen ihrer Aufgaben allein oder zusammen mit bereits vorliegenden Daten für die in § 1 Abs. 1 Nr. 1 bestimmten Zwecke erforderlich sind. ²Soweit die Daten für diese Zwecke nicht erforderlich sind und nicht für eine Übermittlung an andere Stellen benötigt werden, sind sie unverzüglich unter Aufsicht eines Bediensteten, der die Befähigung zum Richteramt hat, zu löschen. ³Die Löschung ist zu protokollieren. ⁴Die Protokolldaten dürfen ausschließlich zur Durchführung der Datenschutzkontrolle verwendet werden. ⁵Die Protokolldaten sind am Ende des Kalenderjahres, das dem Jahr der Protokollierung folgt, zu löschen. ⁶Die Löschung der Daten unterbleibt, soweit die Daten für eine Mitteilung nach § 12 Abs. 1 oder für eine gerichtliche Nachprüfung der Rechtmäßigkeit der Beschränkungsmaßnahme von Bedeutung sein können. ⁷In diesem Fall ist die Verarbeitung der Daten einzuschränken; sie dürfen nur zu diesen Zwecken verwendet werden.

(2) ¹Die verbleibenden Daten sind zu kennzeichnen. ²Nach einer Übermittlung ist die Kennzeichnung durch den Empfänger aufrechtzuerhalten. ³Die

Daten dürfen nur zu den in § 1 Abs. 1 Nr. 1 und den in Absatz 4 genannten Zwecken verwendet werden.

(3) ¹Der Behördenleiter oder sein Stellvertreter kann anordnen, dass bei der Übermittlung auf die Kennzeichnung verzichtet wird, wenn dies unerlässlich ist, um die Geheimhaltung einer Beschränkungsmaßnahme nicht zu gefährden, und die G 10-Kommission oder, soweit es sich um die Übermittlung durch eine Landesbehörde handelt, die nach Landesrecht zuständige Stelle zugestimmt hat. ²Bei Gefahr im Verzuge kann die Anordnung bereits vor der Zustimmung getroffen werden. ³Wird die Zustimmung versagt, ist die Kennzeichnung durch den Übermittlungsempfänger unverzüglich nachzuholen; die übermittelnde Behörde hat ihn hiervon zu unterrichten.

(4) ¹Die Daten dürfen an andere als die nach § 1 Absatz 1 Nummer 1 berechtigten Stellen nur übermittelt werden

1. zur Verhinderung oder Aufklärung von Straftaten, wenn
   a) tatsächliche Anhaltspunkte für den Verdacht bestehen, dass jemand eine der in § 3 Abs. 1 und 1a genannten Straftaten plant oder begeht,
   b) bestimmte Tatsachen den Verdacht begründen, dass jemand eine sonstige in § 7 Abs. 4 Satz 1 genannte Straftat plant oder begeht,
2. zur Verfolgung von Straftaten, wenn bestimmte Tatsachen den Verdacht begründen, dass jemand eine in Nummer 1 bezeichnete Straftat begeht oder begangen hat, oder
3. zur Vorbereitung und Durchführung eines Verfahrens nach Artikel 21 Abs. 2 Satz 2 des Grundgesetzes oder einer Maßnahme nach § 3 Abs. 1 Satz 1 des Vereinsgesetzes,

soweit sie zur Erfüllung der Aufgaben des Empfängers erforderlich sind. ²Bei der Übermittlung an ausländische öffentliche Stellen sowie an über- und zwischenstaatliche Stellen ist daneben § 19 Absatz 3 Satz 2 und 4 des Bundesverfassungsschutzgesetzes anzuwenden.

(5) ¹Sind mit personenbezogenen Daten, die übermittelt werden dürfen, weitere Daten des Betroffenen oder eines Dritten in Akten so verbunden, dass eine Trennung nicht oder nur mit unvertretbarem Aufwand möglich ist, ist die Übermittlung auch dieser Daten zulässig; eine Verwendung dieser Daten ist unzulässig. ²Über die Übermittlung entscheidet ein Bediensteter der übermittelnden Stelle, der die Befähigung zum Richteramt hat. ³Die Übermittlung ist zu protokollieren.

(6) ¹Der Empfänger darf die übermittelten Daten nur für die Zwecke verwenden, zu deren Erfüllung sie ihm übermittelt worden sind. ²Er prüft unverzüglich und sodann in Abständen von höchstens sechs Monaten, ob die übermittelten Daten für diese Zwecke erforderlich sind. ³Absatz 1 Satz 2 und 3 gilt entsprechend. ⁴Der Empfänger unterrichtet die übermittelnde Stelle unverzüglich über die erfolgte Löschung.

§ 4a Weiterverarbeitung von Verkehrsdaten durch den Bundesnachrichtendienst. (1) Der Bundesnachrichtendienst darf erhobene Verkehrsdaten, bei denen für einen Teilnehmer der Kommunikation eine Beschränkung nach § 3 angeordnet ist, zur Erfüllung seiner Aufgaben auch weiterverarbeiten, um

1. Personen zu erkennen, die einen Deutschlandbezug aufweisen und über die Informationen erlangt werden können, die für die Aufgabenerfüllung des Bundesnachrichtendienstes relevant sind, oder

2. geeignete Übertragungswege im Sinne des § 10 Absatz 4 Satz 2 zu bestimmen.

(2) ¹Spätestens drei Monate nach ihrer Erhebung sind die nach Absatz 1 gespeicherten Verkehrsdaten daraufhin zu prüfen, ob die weitere Speicherung zur Erfüllung der Aufgaben des Bundesnachrichtendienstes erforderlich ist. ²Spätestens sechs Monate nach ihrer Erhebung sind diese Daten zu löschen, es sei denn, es wurde im Einzelfall festgestellt, dass eine weitere Speicherung für die Zwecke des Absatzes 1 erforderlich ist. ³Ist im Einzelfall festgestellt worden, dass eine weitere Speicherung für die Zwecke nach Absatz 1 erforderlich ist, prüft der Bundesnachrichtendienst sodann regelmäßig in Abständen von höchstens sechs Monaten, ob die weitere Speicherung der Verkehrsdaten für diese Zwecke erforderlich ist.

(3) ¹Die Erfüllung der in den Absätzen 1 und 2 genannten Voraussetzungen wird regelmäßig stichprobenartig durch eine hierzu beauftragte Bedienstete oder einen hierzu beauftragten Bediensteten des Bundesnachrichtendienstes, die oder der die Befähigung zum Richteramt hat, überprüft. ²Soweit die Überprüfung eine unzulässige Verarbeitung ergibt, sind die Daten unverzüglich unter Aufsicht einer Bediensteten oder eines Bediensteten des Bundesnachrichtendienstes, die oder der die Befähigung zum Richteramt hat, zu löschen. ³§ 4 Absatz 1 Satz 3 bis 5 gilt entsprechend.

Abschnitt 3. Strategische Beschränkungen

§ 5 Voraussetzungen. (1) ¹Auf Antrag des Bundesnachrichtendienstes dürfen Beschränkungen nach § 1 für internationale Telekommunikationsbeziehungen, soweit eine gebündelte Übertragung erfolgt, angeordnet werden. ²Die jeweiligen Telekommunikationsbeziehungen werden von dem nach § 10 Abs. 1 zuständigen Bundesministerium mit Zustimmung des Parlamentarischen Kontrollgremiums bestimmt. ³Beschränkungen nach Satz 1 sind nur zulässig zur Sammlung von Informationen über Sachverhalte, deren Kenntnis notwendig ist, um die Gefahr

1. eines bewaffneten Angriffs auf die Bundesrepublik Deutschland,
2. der Begehung internationaler terroristischer Anschläge mit unmittelbarem Bezug zur Bundesrepublik Deutschland,
3. der internationalen Verbreitung von Kriegswaffen im Sinne des Gesetzes über die Kontrolle von Kriegswaffen sowie des unerlaubten Außenwirtschaftsverkehrs mit Waren, Datenverarbeitungsprogrammen und Technologien in Fällen von erheblicher Bedeutung,
4. der unbefugten gewerbs- oder bandenmäßig organisierten Verbringung von Betäubungsmitteln in das Gebiet der Europäischen Union in Fällen von erheblicher Bedeutung mit Bezug zur Bundesrepublik Deutschland,
5. der Beeinträchtigung der Geldwertstabilität im Euro-Währungsraum durch im Ausland begangene Geldfälschungen,
6. der international organisierten Geldwäsche in Fällen von erheblicher Bedeutung,
7. des gewerbs- oder bandenmäßig organisierten Einschleusens von ausländischen Personen in das Gebiet der Europäischen Union in Fällen von erheblicher Bedeutung mit Bezug zur Bundesrepublik Deutschland
    a) bei unmittelbarem Bezug zu den Gefahrenbereichen nach Nr. 1 bis 3 oder

b) in Fällen, in denen eine erhebliche Anzahl geschleuster Personen betroffen ist, insbesondere wenn durch die Art der Schleusung von einer Gefahr für ihr Leib oder Leben auszugehen ist, oder

c) in Fällen von unmittelbarer oder mittelbarer Unterstützung oder Duldung durch ausländische öffentliche Stellen oder

8. des internationalen kriminellen, terroristischen oder staatlichen Angriffs mittels Schadprogrammen oder vergleichbaren schädlich wirkenden informationstechnischen Mitteln auf die Vertraulichkeit, Integrität oder Verfügbarkeit von IT-Systemen in Fällen von erheblicher Bedeutung mit Bezug zur Bundesrepublik Deutschland

rechtzeitig zu erkennen und einer solchen Gefahr zu begegnen. ⁴In den Fällen von Satz 3 Nr. 1 dürfen Beschränkungen auch für Postverkehrsbeziehungen angeordnet werden; Satz 2 gilt entsprechend.

(2) ¹Bei Beschränkungen von Telekommunikationsbeziehungen darf der Bundesnachrichtendienst nur Suchbegriffe verwenden, die zur Aufklärung von Sachverhalten über den in der Anordnung bezeichneten Gefahrenbereich bestimmt und geeignet sind. ²Es dürfen keine Suchbegriffe verwendet werden, die

1. Identifizierungsmerkmale enthalten, die zu einer gezielten Erfassung bestimmter Telekommunikationsanschlüsse führen, oder

2. den Kernbereich der privaten Lebensgestaltung betreffen.

³Dies gilt nicht für Telekommunikationsanschlüsse im Ausland, sofern ausgeschlossen werden kann, dass Anschlüsse, deren Inhaber oder regelmäßige Nutzer deutsche Staatsangehörige sind, gezielt erfasst werden. ⁴Die Durchführung ist zu protokollieren. ⁵Die Protokolldaten dürfen ausschließlich zu Zwecken der Datenschutzkontrolle verwendet werden. ⁶Sie sind am Ende des Kalenderjahres, das dem Jahr der Protokollierung folgt, zu löschen.

§ 5a Schutz des Kernbereichs privater Lebensgestaltung.

¹Durch Beschränkungen nach § 1 Abs. 1 Nr. 2 dürfen keine Kommunikationsinhalte aus dem Kernbereich privater Lebensgestaltung erfasst werden. ²Sind durch eine Beschränkung nach § 1 Abs. 1 Nr. 2 Kommunikationsinhalte aus dem Kernbereich privater Lebensgestaltung erfasst worden, dürfen diese nicht verwertet werden. ³Sie sind unverzüglich unter Aufsicht eines Bediensteten, der die Befähigung zum Richteramt hat, zu löschen. ⁴§ 3a Absatz 1 Satz 2 bis 7 und Absatz 2 gilt entsprechend. ⁵Die Tatsache der Erfassung der Daten und ihrer Löschung ist zu protokollieren. ⁶Die Protokolldaten dürfen ausschließlich zum Zwecke der Durchführung der Datenschutzkontrolle verwendet werden. ⁷Sie sind sechs Monate nach der Mitteilung oder der Feststellung nach § 12 Absatz 2 zu löschen.

§ 6 Prüf-, Kennzeichnungs- und Löschungspflichten, Zweckbindung.

(1) ¹Der Bundesnachrichtendienst prüft unverzüglich und sodann in Abständen von höchstens sechs Monaten, ob die erhobenen personenbezogenen Daten im Rahmen seiner Aufgaben allein oder zusammen mit bereits vorliegenden Daten für die in § 5 Abs. 1 Satz 3 bestimmten Zwecke erforderlich sind. ²Soweit die Daten für diese Zwecke nicht erforderlich sind und nicht für eine Übermittlung an andere Stellen benötigt werden, sind sie unverzüglich unter Aufsicht eines Bediensteten, der die Befähigung zum Richteramt hat, zu

löschen. ³Die Löschung ist zu protokollieren. ⁴Die Protokolldaten dürfen ausschließlich zur Durchführung von Kontrollen der Datenverarbeitung, einschließlich der Datenschutzkontrolle, verwendet werden. ⁵Die Protokolldaten sind am Ende des Kalenderjahres zu löschen, das dem Jahr der Protokollierung folgt. ⁶Außer in den Fällen der erstmaligen Prüfung nach Satz 1 unterbleibt die Löschung, soweit die Daten für eine Mitteilung nach § 12 Abs. 2 oder für eine gerichtliche Nachprüfung der Rechtmäßigkeit der Beschränkungsmaßnahme von Bedeutung sein können. ⁷In diesem Fall ist die Verarbeitung der Daten einzuschränken; sie dürfen nur zu diesen Zwecken verwendet werden.

(2) ¹Die verbleibenden Daten sind zu kennzeichnen. ²Nach einer Übermittlung ist die Kennzeichnung durch den Empfänger aufrechtzuerhalten. ³Die Daten dürfen nur zu den in § 5 Abs. 1 Satz 3 genannten Zwecken und für Übermittlungen nach § 7 Abs. 1 bis 4a und § 7a verwendet werden.

(3) ¹Auf Antrag des Bundesnachrichtendienstes dürfen zur Prüfung der Relevanz erfasster Telekommunikationsverkehre auf Anordnung des nach § 10 Abs. 1 zuständigen Bundesministeriums die erhobenen Daten in einem automatisierten Verfahren mit bereits vorliegenden Rufnummern oder anderen Kennungen bestimmter Telekommunikationsanschlüsse abgeglichen werden, bei denen tatsächliche Anhaltspunkte dafür bestehen, dass sie in einem Zusammenhang mit dem Gefahrenbereich stehen, für den die Überwachungsmaßnahme angeordnet wurde. ²Zu diesem Abgleich darf der Bundesnachrichtendienst auch Rufnummern oder andere Kennungen bestimmter Telekommunikationsanschlüsse im Inland verwenden. ³Die zu diesem Abgleich genutzten Daten dürfen nicht als Suchbegriffe im Sinne des § 5 Abs. 2 Satz 1 verwendet werden. ⁴Der Abgleich und die Gründe für die Verwendung der für den Abgleich genutzten Daten sind zu protokollieren. ⁵Die Protokolldaten dürfen ausschließlich zur Durchführung von Kontrollen der Datenverarbeitung, einschließlich der Datenschutzkontrolle, verwendet werden. ⁶Sie sind am Ende des Kalenderjahres, das dem Jahr der Protokollierung folgt, zu vernichten.

(4) ¹Unabhängig von Absatz 1 Satz 1 und 2 darf der Bundesnachrichtendienst auf den nach § 5 Absatz 1 in Verbindung mit § 10 Absatz 4 Satz 2 angeordneten Übertragungswegen zur Erfüllung seiner Aufgaben Verkehrsdaten erheben und unter den Voraussetzungen des Satzes 3 weiterverarbeiten, sofern diejenigen Verkehrsdaten, die eine Identifizierung von deutschen Staatsangehörigen, von inländischen juristischen Personen oder von sich im Bundesgebiet aufhaltenden Personen ermöglichen, im Falle ihrer Erhebung unverzüglich automatisiert unkenntlich gemacht werden. ²Die automatisierte Unkenntlichmachung ist so durchzuführen, dass

1. die Eindeutigkeit der Daten erhalten bleibt und
2. eine rückwirkende Identifizierung der in Satz 1 genannten Personen unmöglich oder nur mit unvertretbar hohem Aufwand möglich ist.

³Der Bundesnachrichtendienst darf Verkehrsdaten, die nach den Sätzen 1 und 2 unkenntlich gemacht wurden, zur Erfüllung seiner Aufgaben weiterverarbeiten, um

1. Personen außerhalb des in Satz 1 genannten Personenkreises zu erkennen, die einen Deutschlandbezug aufweisen und über die Informationen erlangt werden können, die für die Aufgabenerfüllung des Bundesnachrichtendienstes relevant sind, sowie

2. geeignete Übertragungswege im Sinne des § 10 Absatz 4 Satz 2 zu bestimmen.

⁴Die in Satz 1 genannten Verkehrsdaten sind spätestens sechs Monate nach ihrer Erhebung zu löschen, es sei denn, es wurde im Einzelfall festgestellt, dass eine weitere Speicherung für die Zwecke nach Satz 3 erforderlich ist. ⁵Ist im Einzelfall festgestellt worden, dass eine weitere Speicherung für die Zwecke nach Satz 3 erforderlich ist, prüft der Bundesnachrichtendienst bei der Einzelfallbearbeitung und nach festgesetzten Fristen, spätestens nach zehn Jahren, ob die unkenntlich gemachten Verkehrsdaten weiterhin für diese Zwecke erforderlich sind.

(5) ¹Unabhängig von Absatz 1 Satz 1 und 2 darf der Bundesnachrichtendienst erhobene Verkehrsdaten, die auf der Grundlage eines Suchbegriffs nach § 5 Absatz 2 erfasst worden sind, zur Erfüllung seiner Aufgaben weiterverarbeiten, um

1. Personen zu erkennen, die einen Deutschlandbezug aufweisen und über die Informationen erlangt werden können, die für die Aufgabenerfüllung des Bundesnachrichtendienstes relevant sind, sowie
2. geeignete Übertragungswege im Sinne des § 10 Absatz 4 Satz 2 zu identifizieren.

²Wird bei der Weiterverarbeitung nach Satz 1 erkannt, dass eine darüber hinausgehende Weiterverarbeitung der Verkehrsdaten durch den Bundesnachrichtendienst erforderlich ist, um Straftaten im Sinne des § 3 Absatz 1 oder Gefahren im Sinne des § 5 Absatz 1 Satz 3 oder des § 8 Absatz 1 zu erkennen und einer solchen Gefahr zu begegnen, darf der Bundesnachrichtendienst diese Daten auch zu diesen Zwecken weiterverarbeiten. ³Spätestens drei Monate nach ihrer Erhebung sind die in den Sätzen 1 und 2 genannten Verkehrsdaten daraufhin zu prüfen, ob die weitere Speicherung zur Erfüllung der Aufgaben des Bundesnachrichtendienstes erforderlich ist. ⁴Spätestens sechs Monate nach ihrer Erhebung sind die in den Sätzen 1 und 2 genannten Daten zu löschen, es sei denn, es wurde im Einzelfall festgestellt, dass eine weitere Speicherung für die Zwecke nach den Sätzen 1 und 2 erforderlich ist. ⁵Ist im Einzelfall festgestellt worden, dass eine weitere Speicherung für die Zwecke nach den Sätzen 1 und 2 erforderlich ist, prüft der Bundesnachrichtendienst sodann regelmäßig in Abständen von höchstens sechs Monaten, ob die weitere Speicherung der Verkehrsdaten für diese Zwecke nach den Sätzen 1 und 2 erforderlich ist.

(6) ¹Die Erfüllung der in Absatz 5 genannten Voraussetzungen wird regelmäßig stichprobenartig durch eine hierzu beauftragte Bedienstete oder einen hierzu beauftragten Bediensteten des Bundesnachrichtendienstes, die oder der die Befähigung zum Richteramt hat, überprüft. ²Soweit die Überprüfung eine unzulässige Verarbeitung ergibt, sind die Daten unverzüglich unter Aufsicht einer Bediensteten oder eines Bediensteten des Bundesnachrichtendienstes, die oder der die Befähigung zum Richteramt hat, zu löschen. ³Absatz 1 Satz 3 bis 5 gilt entsprechend.

§ 7 Übermittlungen durch den Bundesnachrichtendienst. (1) Durch Beschränkungen nach § 5 erhobene personenbezogene Daten dürfen nach § 65 Absatz 1 des BND-Gesetzes zur Unterrichtung über die in § 5 Abs. 1 Satz 3 genannten Gefahren übermittelt werden.

17 G 10 § 7

(2) Durch Beschränkungen nach § 5 erhobene personenbezogene Daten dürfen an die Verfassungsschutzbehörden des Bundes und der Länder sowie an den Militärischen Abschirmdienst übermittelt werden, wenn

1. tatsächliche Anhaltspunkte dafür bestehen, dass die Daten erforderlich sind zur Sammlung und Auswertung von Informationen über Bestrebungen in der Bundesrepublik Deutschland, die durch Anwendung von Gewalt oder darauf gerichtete Vorbereitungshandlungen gegen die in § 3 Abs. 1 Nr. 1, 3 und 4 des Bundesverfassungsschutzgesetzes genannten Schutzgüter gerichtet sind,

2. bestimmte Tatsachen den Verdacht sicherheitsgefährdender oder geheimdienstlicher Tätigkeiten für eine fremde Macht begründen oder

3. im Falle des § 5 Absatz 1 Satz 1 in Verbindung mit Satz 3 Nummer 8 tatsächliche Anhaltspunkte dafür bestehen, dass die Angriffe von Bestrebungen oder Tätigkeiten nach § 3 Absatz 1 des Bundesverfassungsschutzgesetzes ausgehen.

(3) Durch Beschränkungen nach § 5 Abs. 1 Satz 1 in Verbindung mit Satz 3 Nr. 3 erhobene personenbezogene Daten dürfen an das Bundesamt für Wirtschaft und Ausfuhrkontrolle (BAFA) übermittelt werden, wenn tatsächliche Anhaltspunkte dafür bestehen, dass die Kenntnis dieser Daten erforderlich ist

1. zur Aufklärung von Teilnehmern am Außenwirtschaftsverkehr über Umstände, die für die Einhaltung von Beschränkungen des Außenwirtschaftsverkehrs von Bedeutung sind, oder

2. im Rahmen eines Verfahrens zur Erteilung einer ausfuhrrechtlichen Genehmigung oder zur Unterrichtung von Teilnehmern am Außenwirtschaftsverkehr, soweit hierdurch eine Genehmigungspflicht für die Ausfuhr von Gütern begründet wird.

(4) ¹Durch Beschränkungen nach § 5 erhobene personenbezogene Daten dürfen zur Verhinderung von Straftaten an die mit polizeilichen Aufgaben betrauten Behörden übermittelt werden, wenn

1. tatsächliche Anhaltspunkte für den Verdacht bestehen, dass jemand

   a) Straftaten nach den §§ 89a, 89b, 89c Absatz 1 bis 4 oder § 129a, auch in Verbindung mit § 129b Abs. 1, sowie den §§ 146, 151 bis 152a oder § 261 des Strafgesetzbuches,

   b) vorsätzliche Straftaten nach den §§ 17 und 18 des Außenwirtschaftsgesetzes, §§ 19 bis 21 oder § 22a Abs. 1 Nr. 4, 5 und 7 des Gesetzes über die Kontrolle von Kriegswaffen oder

   c) Straftaten nach § 29a Abs. 1 Nr. 2, § 30 Abs. 1 Nr. 1, 4 oder § 30a des Betäubungsmittelgesetzes

   plant oder begeht oder

2. bestimmte Tatsachen den Verdacht begründen, dass jemand eine der in § 3 Absatz 1 Satz 1 Nummer 1, 2, 5, 7 und 9, Satz 2 oder Absatz 1a dieses Gesetzes oder eine sonstige der in § 100a Absatz 2 der Strafprozessordnung[1]) genannten Straftaten plant oder begeht.

---

[1]) Nr. 20.

²Die Daten dürfen zur Verfolgung von Straftaten an die zuständigen Behörden übermittelt werden, wenn bestimmte Tatsachen den Verdacht begründen, dass jemand eine in Satz 1 bezeichnete Straftat begeht oder begangen hat.

(4a) Durch Beschränkungen nach § 5 Absatz 1 Satz 1 in Verbindung mit Satz 3 Nummer 8 erhobene personenbezogene Daten dürfen an das Bundesamt für Sicherheit in der Informationstechnik übermittelt werden, wenn tatsächliche Anhaltspunkte dafür bestehen, dass die Daten erforderlich sind zur Abwehr von Gefahren für die Sicherheit der Informationstechnik des Bundes oder zur Sammlung und Auswertung von Informationen über Sicherheitsrisiken auch für andere Stellen und Dritte.

(5) ¹Die Übermittlung ist nur zulässig, soweit sie zur Erfüllung der Aufgaben des Empfängers erforderlich ist. ²Sind mit personenbezogenen Daten, die übermittelt werden dürfen, weitere Daten des Betroffenen oder eines Dritten in Akten so verbunden, dass eine Trennung nicht oder nur mit unvertretbarem Aufwand möglich ist, ist die Übermittlung auch dieser Daten zulässig; eine Verwendung dieser Daten ist unzulässig. ³Über die Übermittlung entscheidet ein Bediensteter des Bundesnachrichtendienstes, der die Befähigung zum Richteramt hat. ⁴Die Übermittlung ist zu protokollieren.

(6) ¹Der Empfänger darf die Daten nur für die Zwecke verwenden, zu deren Erfüllung sie ihm übermittelt worden sind. ²Er prüft unverzüglich und sodann in Abständen von höchstens sechs Monaten, ob die übermittelten Daten für diese Zwecke erforderlich sind. ³§ 4 Abs. 6 Satz 4 und § 6 Abs. 1 Satz 2 und 3 gelten entsprechend.

§ 7a Übermittlungen durch den Bundesnachrichtendienst an ausländische öffentliche Stellen. (1) ¹Der Bundesnachrichtendienst darf durch Beschränkungen nach § 5 Abs. 1 Satz 3 Nr. 2, 3, 7 und 8 erhobene personenbezogene Daten an die mit nachrichtendienstlichen Aufgaben betrauten ausländischen öffentlichen Stellen übermitteln, soweit

1. die Übermittlung zur Wahrung außen- oder sicherheitspolitischer Belange der Bundesrepublik Deutschland oder erheblicher Sicherheitsinteressen des ausländischen Staates erforderlich ist,
2. überwiegende schutzwürdige Interessen des Betroffenen nicht entgegenstehen, insbesondere in dem ausländischen Staat ein angemessenes Datenschutzniveau gewährleistet ist sowie davon auszugehen ist, dass die Verwendung der Daten durch den Empfänger in Einklang mit grundlegenden rechtsstaatlichen Prinzipien erfolgt, und
3. das Prinzip der Gegenseitigkeit gewahrt ist.

²Die Übermittlung bedarf der Zustimmung des Bundeskanzleramtes.

(2) Der Bundesnachrichtendienst darf unter den Voraussetzungen des Absatzes 1 durch Beschränkungen nach § 5 Abs. 1 Satz 3 Nr. 2, 3, 7 und 8 erhobene personenbezogene Daten ferner im Rahmen von Artikel 3 des Zusatzabkommens zu dem Abkommen zwischen den Parteien des Nordatlantikvertrages über die Rechtsstellung ihrer Truppen hinsichtlich der in der Bundesrepublik Deutschland stationierten ausländischen Truppen vom 3. August 1959 (BGBl. 1961 II S. 1183, 1218) an Dienststellen der Stationierungsstreitkräfte übermitteln, soweit dies zur Erfüllung der in deren Zuständigkeit liegenden Aufgaben erforderlich ist.

(3) ¹Über die Übermittlung entscheidet ein Bediensteter des Bundesnachrichtendienstes, der die Befähigung zum Richteramt hat. ²Die Übermittlung ist zu protokollieren. ³Der Bundesnachrichtendienst führt einen Nachweis über den Zweck, die Veranlassung, die Aktenfundstelle und die Empfänger der Übermittlungen nach Absatz 1 und 2. ⁴Die Nachweise sind gesondert aufzubewahren, gegen unberechtigten Zugriff zu sichern und am Ende des Kalenderjahres, das dem Jahr ihrer Erstellung folgt, zu vernichten.

(4) Der Empfänger ist zu verpflichten,

1. die übermittelten Daten nur zu dem Zweck zu verwenden, zu dem sie ihm übermittelt wurden,
2. eine angebrachte Kennzeichnung beizubehalten und
3. dem Bundesnachrichtendienst auf Ersuchen Auskunft über die Verwendung zu erteilen.

(5) Das zuständige Bundesministerium unterrichtet monatlich die G10-Kommission über Übermittlungen nach Absatz 1 und 2.

(6) Das Parlamentarische Kontrollgremium ist in Abständen von höchstens sechs Monaten über die vorgenommenen Übermittlungen nach Absatz 1 und 2 zu unterrichten.

§ 8 Gefahr für Leib oder Leben einer Person im Ausland. (1) Auf Antrag des Bundesnachrichtendienstes dürfen Beschränkungen nach § 1 für internationale Telekommunikationsbeziehungen im Sinne des § 5 Abs. 1 Satz 1 angeordnet werden, wenn dies erforderlich ist, um eine im Einzelfall bestehende Gefahr für Leib oder Leben einer Person im Ausland rechtzeitig zu erkennen oder ihr zu begegnen und dadurch Belange der Bundesrepublik Deutschland unmittelbar in besonderer Weise berührt sind.

(2) ¹Die jeweiligen Telekommunikationsbeziehungen werden von dem nach § 10 Abs. 1 zuständigen Bundesministerium mit Zustimmung des Parlamentarischen Kontrollgremiums bestimmt. ²Die Zustimmung bedarf der Mehrheit von zwei Dritteln seiner Mitglieder. ³Die Bestimmung tritt spätestens nach zwei Monaten außer Kraft. ⁴Eine erneute Bestimmung ist zulässig, soweit ihre Voraussetzungen fortbestehen.

(3) ¹Die Anordnung ist nur zulässig, wenn die Erforschung des Sachverhalts auf andere Weise aussichtslos oder wesentlich erschwert wäre. ²Der Bundesnachrichtendienst darf nur Suchbegriffe verwenden, die zur Erlangung von Informationen über die in der Anordnung bezeichnete Gefahr bestimmt und geeignet sind. ³§ 5 Abs. 2 Satz 2 bis 6 gilt entsprechend. ⁴Ist die Überwachungsmaßnahme erforderlich, um einer im Einzelfall bestehenden Gefahr für Leib oder Leben einer Person zu begegnen, dürfen die Suchbegriffe auch Identifizierungsmerkmale enthalten, die zu einer gezielten Erfassung der Rufnummer oder einer anderen Kennung des Telekommunikationsanschlusses dieser Person im Ausland führen.

(4) ¹Der Bundesnachrichtendienst prüft unverzüglich und sodann in Abständen von höchstens sechs Monaten, ob die erhobenen personenbezogenen Daten im Rahmen seiner Aufgaben allein oder zusammen mit bereits vorliegenden Daten zu dem in Absatz 1 bestimmten Zweck erforderlich sind. ²Soweit die Daten für diesen Zweck nicht erforderlich sind, sind sie unverzüglich unter Aufsicht eines Bediensteten, der die Befähigung zum Richteramt hat, zu löschen. ³Die Löschung ist zu protokollieren. ⁴§ 6 Absatz 1 Satz 4 und 5,

Absatz 2 Satz 1 und 2 und Absatz 5 und 6 gilt entsprechend mit der Maßgabe, dass die Weiterverarbeitung nach § 6 Absatz 5 Satz 2 nur zur Erkennung und Begegnung von Gefahren im Sinne des § 8 Absatz 1 zulässig ist. [5] Die Daten dürfen nur zu den in den Absätzen 1, 5 und 6 genannten Zwecken verwendet werden.

(5) Die erhobenen personenbezogenen Daten dürfen nach § 65 Absatz 1 des BND-Gesetzes zur Unterrichtung über die in Absatz 1 genannte Gefahr übermittelt werden.

(6) [1] Die erhobenen personenbezogenen Daten dürfen zur Verhinderung von Straftaten an die zuständigen Behörden übermittelt werden, wenn tatsächliche Anhaltspunkte den Verdacht begründen, dass jemand eine Straftat plant oder begeht, die geeignet ist, zu der Entstehung oder Aufrechterhaltung der in Absatz 1 bezeichneten Gefahr beizutragen. [2] Die Daten dürfen zur Verfolgung von Straftaten an die zuständigen Behörden übermittelt werden, wenn bestimmte Tatsachen den Verdacht begründen, dass jemand eine in Satz 1 bezeichnete Straftat begeht oder begangen hat. [3] § 7 Abs. 5 und 6 sowie § 7a Abs. 1 und 3 bis 6 gelten entsprechend.

Abschnitt 4. Verfahren

§ 9 Antrag. (1) Beschränkungsmaßnahmen nach diesem Gesetz dürfen nur auf Antrag angeordnet werden.

(2) Antragsberechtigt sind im Rahmen ihres Geschäftsbereichs

1. das Bundesamt für Verfassungsschutz,
2. die Verfassungsschutzbehörden der Länder,
3. der Militärische Abschirmdienst und
4. der Bundesnachrichtendienst

durch den Behördenleiter oder seinen Stellvertreter.

(3) [1] Der Antrag ist schriftlich zu stellen und zu begründen. [2] Er muss alle für die Anordnung erforderlichen Angaben enthalten; im Falle der Durchführung nach § 11 Absatz 1a auch eine möglichst genaue Bezeichnung des informationstechnischen Systems, in das zur Datenerhebung eingegriffen werden soll. [3] In den Fällen der §§ 3 und 8 hat der Antragsteller darzulegen, dass die Erforschung des Sachverhalts auf andere Weise aussichtslos oder wesentlich erschwert wäre.

§ 10 Anordnung. (1) Zuständig für die Anordnung von Beschränkungsmaßnahmen ist bei Anträgen der Verfassungsschutzbehörden der Länder die zuständige oberste Landesbehörde, im Übrigen das Bundesministerium des Innern, für Bau und Heimat.

(2) [1] Die Anordnung ergeht schriftlich. [2] In ihr sind der Grund der Anordnung und die zur Überwachung berechtigte Stelle anzugeben sowie Art, Umfang und Dauer der Beschränkungsmaßnahme zu bestimmen.

(3) [1] In den Fällen des § 3 muss die Anordnung denjenigen bezeichnen, gegen den sich die Beschränkungsmaßnahme richtet. [2] Bei einer Überwachung der Telekommunikation ist auch die Rufnummer oder eine andere Kennung des Telekommunikationsanschlusses oder die Kennung des Endgerätes, wenn diese allein diesem Endgerät zuzuordnen ist, anzugeben.

(4) ¹In den Fällen der §§ 5 und 8 sind die Suchbegriffe in der Anordnung zu benennen. ²Ferner sind das Gebiet, über das Informationen gesammelt werden sollen, und die Übertragungswege, die der Beschränkung unterliegen, zu bezeichnen. ³Weiterhin ist festzulegen, welcher Anteil der auf diesen Übertragungswegen zur Verfügung stehenden Übertragungskapazität überwacht werden darf. ⁴In den Fällen des § 5 darf dieser Anteil höchstens 20 vom Hundert betragen.

(5) ¹In den Fällen der §§ 3 und 5 ist die Anordnung auf höchstens drei Monate zu befristen. ²Verlängerungen um jeweils nicht mehr als drei weitere Monate sind auf Antrag zulässig, soweit die Voraussetzungen der Anordnung fortbestehen.

(6) ¹Die Anordnung ist dem nach § 2 Absatz 1 Satz 1 oder Absatz 1a Verpflichteten insoweit mitzuteilen, als dies erforderlich ist, um ihm die Erfüllung seiner Verpflichtungen zu ermöglichen. ²Die Mitteilung entfällt, wenn die Anordnung ohne seine Mitwirkung ausgeführt werden kann.

(7) ¹Das Bundesamt für Verfassungsschutz unterrichtet die jeweilige Landesbehörde für Verfassungsschutz über die in deren Bereich getroffenen Beschränkungsanordnungen. ²Die Landesbehörden für Verfassungsschutz teilen dem Bundesamt für Verfassungsschutz die in ihrem Bereich getroffenen Beschränkungsanordnungen mit.

§ 11 Durchführung. (1) Die aus der Anordnung sich ergebenden Beschränkungsmaßnahmen sind unter Verantwortung der Behörde, auf deren Antrag die Anordnung ergangen ist, und unter Aufsicht eines Bediensteten vorzunehmen, der die Befähigung zum Richteramt hat.

(1a) ¹Die Überwachung und Aufzeichnung der laufenden Telekommunikation, die nach dem Zeitpunkt der Anordnung übertragen worden ist, darf auch in der Art und Weise erfolgen, dass in ein von dem Betroffenen genutztes informationstechnisches System eingegriffen wird, wenn dies notwendig ist, um die Überwachung und Aufzeichnung insbesondere in unverschlüsselter Form zu ermöglichen. ²Auf dem informationstechnischen System des Betroffenen ab dem Zeitpunkt der Anordnung gespeicherte Inhalte und Umstände der Kommunikation dürfen überwacht und aufgezeichnet werden, wenn sie auch während des laufenden Übertragungsvorgangs im öffentlichen Telekommunikationsnetz in verschlüsselter Form hätten überwacht und aufgezeichnet werden können. ³Bei den Maßnahmen nach den Sätzen 1 und 2 ist technisch sicherzustellen, dass

1. ausschließlich überwacht und aufgezeichnet werden können:
   a) die laufende Kommunikation (Satz 1) und
   b) Inhalte und Umstände der Kommunikation, die auch während des laufenden Kommunikationsvorgangs ab dem Zeitpunkt der Anordnung im öffentlichen Telekommunikationsnetz hätten überwacht und aufgezeichnet werden können (Satz 2),
2. an dem informationstechnischen System nur Veränderungen vorgenommen werden, die für die Datenerhebung unerlässlich sind,
3. die vorgenommenen Veränderungen bei Beendigung der Maßnahme, soweit technisch möglich, automatisiert rückgängig gemacht werden.

⁴Das eingesetzte Mittel ist nach dem Stand der Technik gegen unbefugte Nutzung zu schützen. ⁵Kopierte Daten sind nach dem Stand der Technik gegen

Veränderung, unbefugte Löschung und unbefugte Kenntnisnahme zu schützen.
⁶Bei jedem Einsatz sind zu protokollieren:

1. die Bezeichnung des technischen Mittels und der Zeitpunkt seines Einsatzes,
2. die Angaben zur Identifizierung des informationstechnischen Systems und die daran vorgenommenen nicht nur flüchtigen Veränderungen,
3. die Angaben, die die Feststellung der erhobenen Daten ermöglichen, und
4. die Organisationseinheit, die die Maßnahme durchführt.

(1b) ¹Werden nach der Anordnung weitere Kennungen von Telekommunikationsanschlüssen der Person, gegen die sich die Anordnung richtet, bekannt, darf die Durchführung der Beschränkungsmaßnahme auch auf diese Kennungen erstreckt werden. ²Satz 1 findet keine Anwendung auf weitere Kennungen von Telekommunikationsanschlüssen von Personen, gegen die sich die Anordnung richtet, weil auf Grund bestimmter Tatsachen anzunehmen ist, dass der Verdächtige ihren Anschluss benutzt (§ 3 Absatz 2 Satz 2 Variante 3).

(2) ¹Die Maßnahmen sind unverzüglich zu beenden, wenn sie nicht mehr erforderlich sind oder die Voraussetzungen der Anordnung nicht mehr vorliegen. ²Die Beendigung ist der Stelle, die die Anordnung getroffen hat, und dem nach § 2 Absatz 1 Satz 1 oder Absatz 1a Verpflichteten, dem die Anordnung mitgeteilt worden ist, anzuzeigen. ³Die Anzeige an den Verpflichteten entfällt, wenn die Anordnung ohne seine Mitwirkung ausgeführt wurde.

(3) ¹Postsendungen, die zur Öffnung und Einsichtnahme ausgehändigt worden sind, sind dem Postverkehr unverzüglich wieder zuzuführen. ²Telegramme dürfen dem Postverkehr nicht entzogen werden. ³Der zur Einsichtnahme berechtigten Stelle ist eine Abschrift des Telegramms zu übergeben.

§ 12 Mitteilungen an Betroffene. (1) ¹Beschränkungsmaßnahmen nach § 3 sind dem Betroffenen nach ihrer Einstellung mitzuteilen. ²Die Mitteilung unterbleibt, solange eine Gefährdung des Zwecks der Beschränkung nicht ausgeschlossen werden kann oder solange der Eintritt übergreifender Nachteile für das Wohl des Bundes oder eines Landes absehbar ist. ³Erfolgt die nach Satz 2 zurückgestellte Mitteilung nicht binnen zwölf Monaten nach Beendigung der Maßnahme, bedarf die weitere Zurückstellung der Zustimmung der G10-Kommission. ⁴Die G10-Kommission bestimmt die Dauer der weiteren Zurückstellung. ⁵Einer Mitteilung bedarf es nicht, wenn die G10-Kommission einstimmig festgestellt hat, dass

1. eine der Voraussetzungen in Satz 2 auch nach fünf Jahren nach Beendigung der Maßnahme noch vorliegt,
2. sie mit an Sicherheit grenzender Wahrscheinlichkeit auch in Zukunft vorliegt und
3. die Voraussetzungen für eine Löschung sowohl bei der erhebenden Stelle als auch beim Empfänger vorliegen.

(2) ¹Absatz 1 gilt entsprechend für Beschränkungsmaßnahmen nach den §§ 5 und 8, sofern die personenbezogenen Daten nicht unverzüglich gelöscht wurden. ²Die Frist von fünf Jahren beginnt mit der Erhebung der personenbezogenen Daten.

(3) ¹Die Mitteilung obliegt der Behörde, auf deren Antrag die Anordnung ergangen ist. ²Wurden personenbezogene Daten übermittelt, erfolgt die Mitteilung im Benehmen mit dem Empfänger.

§ 13 Rechtsweg. Gegen die Anordnung von Beschränkungsmaßnahmen nach den §§ 3 und 5 Abs. 1 Satz 3 Nr. 1 und ihren Vollzug ist der Rechtsweg vor der Mitteilung an den Betroffenen nicht zulässig.

Abschnitt 5. Kontrolle

§ 14 Parlamentarisches Kontrollgremium. (1) ¹Das nach § 10 Abs. 1 für die Anordnung von Beschränkungsmaßnahmen zuständige Bundesministerium unterrichtet in Abständen von höchstens sechs Monaten das Parlamentarische Kontrollgremium über die Durchführung dieses Gesetzes. ²Dabei ist gesondert auf Anordnungen einzugehen, die nach § 11 Absatz 1a durchgeführt werden. ³Das Gremium erstattet dem Deutschen Bundestag jährlich einen Bericht über Durchführung sowie Art und Umfang der Maßnahmen nach den §§ 3, 5, 7a und 8; dabei sind die Grundsätze des § 10 Absatz 1 des Kontrollgremiumgesetzes zu beachten.

(2) ¹Bei Gefahr im Verzug kann das zuständige Bundesministerium die Bestimmungen nach den §§ 5 und 8 vorläufig treffen und das Parlamentarische Kontrollgremium durch seinen Vorsitzenden und dessen Stellvertreter vorläufig zustimmen. ²Die Zustimmung des Parlamentarischen Kontrollgremiums ist unverzüglich einzuholen. ³Die Bestimmung tritt außer Kraft, wenn die vorläufige Zustimmung nicht binnen drei Werktagen und die Zustimmung nicht binnen zwei Wochen erfolgt.

§ 15 G 10-Kommission. (1) ¹Die G 10-Kommission besteht aus dem Vorsitzenden und vier Beisitzern sowie fünf stellvertretenden Mitgliedern, die an den Sitzungen mit Rede- und Fragerecht teilnehmen können. ²Mindestens drei Mitglieder und drei stellvertretende Mitglieder müssen die Befähigung zum Richteramt besitzen. ³Die Mitglieder der G 10-Kommission sind in ihrer Amtsführung unabhängig und Weisungen nicht unterworfen. ⁴Sie nehmen ein öffentliches Ehrenamt wahr und werden von dem Parlamentarischen Kontrollgremium nach Anhörung der Bundesregierung für die Dauer einer Wahlperiode des Deutschen Bundestages mit der Maßgabe bestellt, dass ihre Amtszeit erst mit der Neubestimmung der Mitglieder der Kommission endet. ⁵Die oder der Ständige Bevollmächtigte des Parlamentarischen Kontrollgremiums nimmt regelmäßig an den Sitzungen der G 10-Kommission teil.

(2) ¹Die Beratungen der G 10-Kommission sind geheim. ²Die Mitglieder der Kommission sind zur Geheimhaltung der Angelegenheiten verpflichtet, die ihnen bei ihrer Tätigkeit in der Kommission bekannt geworden sind. ³Dies gilt auch für die Zeit nach ihrem Ausscheiden aus der Kommission.

(3) ¹Der G 10-Kommission ist die für die Erfüllung ihrer Aufgaben notwendige Personal- und Sachausstattung zur Verfügung zu stellen; sie ist im Einzelplan des Deutschen Bundestages gesondert im Kapitel für die parlamentarische Kontrolle der Nachrichtendienste auszuweisen. ²Der Kommission sind Mitarbeiter mit technischem Sachverstand zur Verfügung zu stellen.

(4) ¹Die G 10-Kommission tritt mindestens einmal im Monat zusammen. ²Sie gibt sich eine Geschäftsordnung, die der Zustimmung des Parlamentarischen Kontrollgremiums bedarf. ³Vor der Zustimmung ist die Bundesregierung zu hören.

(5) ¹Die G 10-Kommission entscheidet von Amts wegen oder auf Grund von Beschwerden über die Zulässigkeit und Notwendigkeit von Beschrän-

kungsmaßnahmen. ²Die Kontrollbefugnis der Kommission erstreckt sich auf die gesamte Verarbeitung der nach diesem Gesetz erlangten personenbezogenen Daten durch Nachrichtendienste des Bundes einschließlich der Entscheidung über die Mitteilung an Betroffene. ³Der Kommission und ihren Mitarbeitern ist dabei insbesondere

1. Auskunft zu ihren Fragen zu erteilen,
2. Einsicht in alle Unterlagen, insbesondere in die gespeicherten Daten und in die Datenverarbeitungsprogramme, zu gewähren, die im Zusammenhang mit der Beschränkungsmaßnahme stehen, und
3. jederzeit Zutritt in alle Diensträume zu gewähren.

⁴Nummer 2 schließt ein, während einer Kontrolle beim Nachrichtendienst des Bundes dort Daten aus automatisierten Dateien selbst abrufen zu können. ⁵Die Kommission kann dem Bundesbeauftragten für den Datenschutz Gelegenheit zur Stellungnahme in Fragen des Datenschutzes geben.

(6) ¹Das zuständige Bundesministerium holt die Zustimmung der G 10-Kommission zu den von ihm angeordneten Beschränkungsmaßnahmen ein. ²Die Anordnung darf erst vollzogen werden, wenn die G 10-Kommission der angeordneten Beschränkungsmaßnahme nach Prüfung der Zulässigkeit und Notwendigkeit zugestimmt hat. ³Stimmt die G 10-Kommission der angeordneten Beschränkungsmaßnahme nicht zu, hat das zuständige Bundesministerium die Anordnung unverzüglich aufzuheben.

(7) ¹Das zuständige Bundesministerium unterrichtet monatlich die G 10-Kommission über Mitteilungen von Bundesbehörden nach § 12 Abs. 1 und 2 oder über die Gründe, die einer Mitteilung entgegenstehen. ²Hält die Kommission eine Mitteilung für geboten, ist diese unverzüglich vorzunehmen. ³ § 12 Abs. 3 Satz 2 bleibt unberührt, soweit das Benehmen einer Landesbehörde erforderlich ist.

(8) Die G 10-Kommission und das Parlamentarische Kontrollgremium tauschen sich regelmäßig unter Wahrung der jeweils geltenden Geheimhaltungsvorschriften über allgemeine Angelegenheiten ihrer Kontrolltätigkeit aus.

§ 15a Eilanordnung. (1) Das zuständige Bundesministerium kann bei Gefahr im Verzug in der Anordnung bestimmen, dass die Beschränkungsmaßnahme abweichend von § 15 Absatz 6 Satz 2 auch bereits vor der Zustimmung der G 10-Kommission vollzogen werden darf (Eilanordnung).

(2) ¹Wird die Eilanordnung nicht innerhalb von drei Werktagen vom Vorsitzenden der G 10-Kommission, von seinem Stellvertreter oder einem vom Vorsitzenden dazu bestimmten Mitglied bestätigt, so ist unverzüglich

1. der Vollzug der Eilanordnung auszusetzen und
2. die Eilanordnung durch das zuständige Bundesministerium aufzuheben.

²Die mit der Beschränkungsmaßnahme erhobenen Daten sind zudem unverzüglich unter Aufsicht eines Beamten, der die Befähigung zum Richteramt hat, zu löschen; § 4 Absatz 1 Satz 3 bis 7 gilt entsprechend. ³Eine Bestätigung der Eilanordnung kann unter Auflagen erfolgen.

(3) ¹Wird die Eilanordnung bestätigt, so hat die G 10-Kommission die Zulässigkeit und die Notwendigkeit der durch die Eilanordnung angeordneten Beschränkungsmaßnahme unverzüglich zu prüfen. ²Erteilt die G 10-Kommission nach Prüfung der Zulässigkeit und Notwendigkeit ihre Zustimmung nicht,

so ist die Beschränkungsmaßnahme vom zuständigen Bundesministerium unverzüglich aufzuheben und die mit der Beschränkungsmaßnahme erhobenen Daten sind unverzüglich unter Aufsicht eines Beamten, der die Befähigung zum Richteramt hat, zu löschen; § 4 Absatz 1 Satz 3 bis 7 gilt entsprechend.

(4) ¹Bei Gefahr im Verzug ist am Tag der Beantragung der Anordnung der Beschränkungsmaßnahme bereits vor der Anordnung durch das zuständige Bundesministerium eine automatische Aufzeichnung der zu überwachenden Telekommunikation durch die den Antrag stellende Behörde zulässig. ²Diese Aufzeichnung darf von der antragstellenden Behörde weiterverarbeitet werden, wenn eine Eilanordnung des zuständigen Bundesministeriums innerhalb von 24 Stunden nach Beantragung erfolgt. ³Anderenfalls ist die technische Aufzeichnung unverzüglich automatisiert zu löschen; § 4 Absatz 1 Satz 3 bis 7 gilt entsprechend.

§ 16 Parlamentarische Kontrolle in den Ländern. ¹Durch den Landesgesetzgeber wird die parlamentarische Kontrolle der nach § 10 Abs. 1 für die Anordnung von Beschränkungsmaßnahmen zuständigen obersten Landesbehörden und die Überprüfung der von ihnen angeordneten Beschränkungsmaßnahmen geregelt. ²Personenbezogene Daten dürfen nur dann an Landesbehörden übermittelt werden, wenn die Kontrolle ihrer Verarbeitung durch den Landesgesetzgeber geregelt ist.

Abschnitt 6. Straf- und Bußgeldvorschriften

§ 17 Mitteilungsverbote. (1) Wird die Telekommunikation nach diesem Gesetz oder nach den §§ 100a, 100e der Strafprozessordnung[1] überwacht, darf diese Tatsache von Personen, die Telekommunikationsdienste erbringen oder an der Erbringung solcher Dienste mitwirken, anderen nicht mitgeteilt werden.

(2) Wird die Aushändigung von Sendungen nach § 2 Absatz 1 Satz 1 angeordnet, darf diese Tatsache von Personen, die zur Aushändigung verpflichtet oder mit der Sendungsübermittlung betraut sind oder hieran mitwirken, anderen nicht mitgeteilt werden.

(3) Erfolgt ein Auskunftsersuchen oder eine Auskunftserteilung nach § 2 Absatz 1 oder Absatz 1a Satz 1, darf diese Tatsache oder der Inhalt des Ersuchens oder der erteilten Auskunft von Personen, die zur Beantwortung verpflichtet oder mit der Beantwortung betraut sind oder hieran mitwirken, anderen nicht mitgeteilt werden.

§ 18 Straftaten. Mit Freiheitsstrafe bis zu zwei Jahren oder mit Geldstrafe wird bestraft, wer entgegen § 17 eine Mitteilung macht.

§ 19 Ordnungswidrigkeiten. (1) Ordnungswidrig handelt, wer
1. einer vollziehbaren Anordnung nach § 2 Abs. 1 Satz 1 oder Absatz 1a Satz 1 zuwiderhandelt,
2. entgegen § 2 Abs. 2 Satz 2 eine Person betraut oder
3. entgegen § 2 Abs. 2 Satz 3 nicht sicherstellt, dass eine Geheimschutzmaßnahme getroffen wird.

---

[1] Nr. 20.

(2) Die Ordnungswidrigkeit kann mit einer Geldbuße bis zu fünfzehntausend Euro geahndet werden.

(3) Bußgeldbehörde im Sinne des § 36 Abs. 1 Nr. 1 des Gesetzes über Ordnungswidrigkeiten ist die nach § 10 Abs. 1 zuständige Stelle.

Abschnitt 7. Schlussvorschriften

§ 20 Entschädigung. ¹Die nach § 1 Abs. 1 berechtigten Stellen haben für die Leistungen nach § 2 Absatz 1 und 1a eine Entschädigung zu gewähren, deren Umfang sich nach § 23 des Justizvergütungs- und -entschädigungsgesetzes bemisst. ²In den Fällen der §§ 5 und 8 ist eine Entschädigung zu vereinbaren, deren Höhe sich an den nachgewiesenen tatsächlichen Kosten orientiert.

§ 21 Einschränkung von Grundrechten. Das Grundrecht des Brief-, Post- und Fernmeldegeheimnisses (Artikel 10 des Grundgesetzes[1]) wird durch dieses Gesetz eingeschränkt.

§ 22 Übergangsregelung. Bis zur Neubestellung der G 10-Kommission nach § 15 Absatz 1 Satz 4 ist

1. § 15 Absatz 1 Satz 1 und 2 und Absatz 6 in der bis zum 8. Juli 2021 geltenden Fassung weiter anzuwenden,
2. § 15a nicht anzuwenden.

---

[1] Nr. 16.

18. Gesetz über die Verarbeitung von Fluggastdaten zur Umsetzung der Richtlinie (EU) 2016/681 (Fluggastdatengesetz – FlugDaG)[1)][2)]

Vom 6. Juni 2017
(BGBl. I S. 1484)

FNA 2190-4

geänd. durch Art. 2 G zur Umsetzung der RL (EU) 2016/681 v. 6.6.2017 (BGBl. I S. 1484)

Abschnitt 1. Fluggastdatenzentralstelle und Zweck des Fluggastdaten-Informationssystems

§ 1 Fluggastdatenzentralstelle und Zweck des Fluggastdaten-Informationssystems. (1) ¹Das Bundeskriminalamt ist nationale zentrale Stelle für die Verarbeitung von Fluggastdaten (Fluggastdatenzentralstelle). ²Die Fluggastdatenzentralstelle unterhält ein Fluggastdaten-Informationssystem nach Maßgabe dieses Gesetzes.

(2) Das Fluggastdaten-Informationssystem dient der Verhütung und Verfolgung von terroristischen Straftaten und schwerer Kriminalität.

(3) Das Bundesverwaltungsamt verarbeitet Fluggastdaten im Auftrag und nach Weisung der Fluggastdatenzentralstelle.

Abschnitt 2. Übermittlung von Fluggastdaten an die Fluggastdatenzentralstelle

§ 2 Datenübermittlung durch Luftfahrtunternehmen. (1) Luftfahrtunternehmen übermitteln nach Maßgabe des Absatzes 3 im Rahmen ihrer Geschäftstätigkeit erhobene Fluggastdaten von Fluggästen, einschließlich von Transfer- und Transitfluggästen, die von ihnen in einem Luftfahrzeug befördert werden oder befördert werden sollen, an die Fluggastdatenzentralstelle.

(2) Fluggastdaten sind folgende Daten:

1. Familienname, Geburtsname, Vornamen und Doktorgrad des Fluggastes,
2. Angaben zum Fluggastdaten-Buchungscode,
3. Datum der Buchung und der Flugscheinausstellung,
4. planmäßiges Abflugdatum oder planmäßige Abflugdaten,
5. Anschrift und Kontaktangaben, einschließlich Telefonnummer und E-Mail-Adresse,
6. Flugscheindaten, einschließlich Flugscheinnummer, Ausstellungsdatum, einfacher Flug und automatische Tarifanzeige,
7. vollständige Gepäckangaben,

[1)] **Amtl. Anm.:** Dieses Gesetz dient der Umsetzung der Richtlinie (EU) 2016/681 des Europäischen Parlaments und des Rates vom 27. April 2016 über die Verwendung von Fluggastdatensätzen (PNR-Daten) zur Verhütung, Aufdeckung, Ermittlung und Verfolgung von terroristischen Straftaten und schwerer Kriminalität (ABl. L 119 vom 4.5.2016, S. 132).

[2)] Verkündet als Art. 1 G v. 6.6.2017 (BGBl. I S. 1484); Inkrafttreten überwiegend am 10.6.2017, mit Ausnahme der §§ 7–10 und § 18, die am 25.5.2018 in Kraft treten.

8. etwaige erhobene erweiterte Fluggastdaten (Advance Passenger Information-Daten), einschließlich Art, Nummer, Ausstellungsland und Ablaufdatum von Identitätsdokumenten, Staatsangehörigkeit, Familienname, Vornamen, Geschlecht, Geburtsdatum, Luftfahrtunternehmen, Flugnummer, Tag des Abflugs und der Ankunft, Flughafen des Abflugs und der Ankunft, Uhrzeit des Abflugs und der Ankunft,
9. sonstige Namensangaben,
10. alle Arten von Zahlungsinformationen, einschließlich der Rechnungsanschrift,
11. gesamter Reiseverlauf für bestimmte Fluggastdaten,
12. Angaben zum Vielflieger-Eintrag,
13. Angaben zum Reisebüro und zur Sachbearbeiterin oder zum Sachbearbeiter,
14. Reisestatus des Fluggastes mit Angaben über Reisebestätigungen, Eincheckstatus, nicht angetretene Flüge und Fluggäste mit Flugschein aber ohne Reservierung,
15. Angaben über gesplittete und geteilte Fluggastdaten,
16. allgemeine Hinweise, einschließlich aller verfügbaren Angaben zu unbegleiteten Minderjährigen unter 18 Jahren, wie beispielsweise Namensangaben, Geschlecht, Alter und Sprachen der oder des Minderjährigen, Namensangaben und Kontaktdaten der Begleitperson beim Abflug und Angabe, in welcher Beziehung diese Person zu der oder dem Minderjährigen steht, Namensangaben und Kontaktdaten der abholenden Person und Angabe, in welcher Beziehung diese Person zu der oder dem Minderjährigen steht, begleitende Flughafenmitarbeiterin oder begleitender Flughafenmitarbeiter bei Abflug und Ankunft,
17. Sitzplatznummer und sonstige Sitzplatzinformationen,
18. Angaben zum Code-Sharing,
19. Anzahl und Namensangaben von Mitreisenden im Rahmen der Fluggastdaten und
20. alle vormaligen Änderungen der unter den Nummern 1 bis 19 aufgeführten Fluggastdaten.

(3) Fluggastdaten sind für alle Flüge des Linien-, Charter- und Taxiverkehrs zu übermitteln, die nicht militärischen Zwecken dienen und die

1. von der Bundesrepublik Deutschland aus starten und in einem anderen Staat landen oder
2. von einem anderen Staat aus starten und in der Bundesrepublik Deutschland landen oder zwischenlanden.

(4) Bei Flügen mit Code-Sharing zwischen mehreren Luftfahrtunternehmen übermittelt dasjenige Luftfahrtunternehmen, das den Flug durchführt, die Fluggastdaten aller Fluggäste des Fluges an die Fluggastdatenzentralstelle.

(5) [1]Die Luftfahrtunternehmen haben die Fluggastdaten der Fluggastdatenzentralstelle nach Absatz 7 Satz 1 zu folgenden Zeitpunkten zu übermitteln:

1. 48 bis 24 Stunden vor der planmäßigen Abflugzeit und
2. unmittelbar nachdem sich die Fluggäste vor dem Start an Bord des Luftfahrzeuges begeben haben und sobald keine Fluggäste mehr an Bord kommen oder von Bord gehen können.

²Sind zu einem Fluggast im Zeitpunkt der Übermittlung nach Satz 1 Nummer 1 keine Fluggastdaten vorhanden, so hat das Luftfahrtunternehmen die Fluggastdaten dieses Fluggastes der Fluggastdatenzentralstelle spätestens zwei Stunden vor der geplanten Abflugzeit nachzumelden, sofern diese Daten dem Luftfahrtunternehmen bis zu diesem Zeitpunkt vorliegen; Satz 1 Nummer 2 bleibt unberührt. ³Die Übermittlung der Daten nach Satz 1 Nummer 2 kann auf eine Aktualisierung der übermittelten Daten nach Satz 1 Nummer 1 beschränkt werden.

(6) ¹Zusätzlich zu den in Absatz 5 genannten Zeitpunkten sind in Einzelfällen die Fluggastdaten auf Anforderung der Fluggastdatenzentralstelle unverzüglich zu übermitteln, wenn tatsächliche Anhaltspunkte dafür vorliegen, dass die Begehung einer Straftat nach § 4 Absatz 1 unmittelbar bevorsteht und dies zur Erfüllung der in § 6 Absatz 1 Satz 1 und Absatz 2 Satz 1 genannten Aufgaben erforderlich ist. ²Satz 1 gilt bei Ersuchen nach § 7 Absatz 3 Satz 1 Nummer 3 entsprechend.

(7) ¹Die Fluggastdaten werden elektronisch übermittelt. ²Bei der Übermittlung zu verwenden sind die gemeinsamen Protokolle und die unterstützten Datenformate, die jeweils festgelegt worden sind durch Durchführungsrechtsakte der Europäischen Kommission nach Artikel 16 Absatz 3 der Richtlinie (EU) 2016/681 des Europäischen Parlaments und des Rates vom 27. April 2016 über die Verwendung von Fluggastdatensätzen (PNR-Daten) zur Verhütung, Aufdeckung, Ermittlung und Verfolgung von terroristischen Straftaten und schwerer Kriminalität (ABl. L 119 vom 4.5.2016, S. 132). ³Die Luftfahrtunternehmen teilen der Fluggastdatenzentralstelle mit, welches konkrete Protokoll und Datenformat bei der Übermittlung der Fluggastdaten verwendet wird. ⁴Bei technischen Störungen erfolgt die Übermittlung der Fluggastdaten in Abstimmung mit der Fluggastdatenzentralstelle ausnahmsweise auf andere geeignete Weise, die ein angemessenes Datensicherheitsniveau gewährleistet.

§ 3 Datenübermittlung der durch andere Unternehmen erhobenen Fluggastdaten. Für den Fall, dass andere Unternehmen, die an der Reservierung oder Buchung von Flügen oder an der Ausstellung von Flugscheinen beteiligt sind, im Rahmen ihrer Geschäftstätigkeit Fluggastdaten an Luftfahrtunternehmen übermitteln, gilt Folgendes:

1. die Luftfahrtunternehmen haben diese Fluggastdaten unbeschadet des § 2 Absatz 1 zu den in § 2 Absatz 5 Satz 1 und 2 genannten Zeitpunkten an die Fluggastdatenzentralstelle zu übermitteln;
2. die anderen Unternehmen haben die Fluggastdaten so rechtzeitig an das jeweilige Luftfahrtunternehmen zu übermitteln, dass eine Weiterleitung der Daten durch das Luftfahrtunternehmen zu den in § 2 Absatz 5 Satz 1 und 2 genannten Zeitpunkten an die Fluggastdatenzentralstelle erfolgen kann.

Abschnitt 3. Verarbeitung von Fluggastdaten durch die Fluggastdatenzentralstelle

§ 4 Voraussetzungen für die Datenverarbeitung. (1) Die Fluggastdatenzentralstelle verarbeitet die von den Luftfahrtunternehmen übermittelten Fluggastdaten und gleicht sie mit Datenbeständen und Mustern nach Maßgabe der Absätze 2 und 5 ab, um Personen zu identifizieren, bei denen tatsächliche

Anhaltspunkte dafür vorliegen, dass sie eine der folgenden Straftaten begangen haben oder innerhalb eines übersehbaren Zeitraumes begehen werden:

1. eine Straftat nach § 129a, auch in Verbindung mit § 129b, des Strafgesetzbuchs,
2. eine in § 129a Absatz 1 Nummer 1 und 2, Absatz 2 Nummer 1 bis 5 des Strafgesetzbuchs bezeichnete Straftat, wenn diese bestimmt ist, die Bevölkerung auf erhebliche Weise einzuschüchtern, eine Behörde oder eine internationale Organisation rechtswidrig mit Gewalt oder durch Drohung mit Gewalt zu nötigen oder die politischen, verfassungsrechtlichen, wirtschaftlichen oder sozialen Grundstrukturen eines Staates oder einer internationalen Organisation zu beseitigen oder erheblich zu beeinträchtigen und durch die Art ihrer Begehung oder ihre Auswirkungen einen Staat oder eine internationale Organisation erheblich schädigen kann,
3. eine Straftat, die darauf gerichtet ist, eine der in Nummer 2 bezeichneten Straftaten anzudrohen,
4. eine Straftat nach den §§ 89a bis 89c und 91 des Strafgesetzbuchs,
5. eine Straftat im unmittelbaren Zusammenhang mit terroristischen Aktivitäten nach Artikel 3 Absatz 2 des Rahmenbeschlusses 2002/475/JI des Rates vom 13. Juni 2002 zur Terrorismusbekämpfung (ABl. L 164 vom 22.6.2002, S. 3), der zuletzt durch Artikel 1 Nummer 1 des Rahmenbeschlusses 2008/919/JI (ABl. L 330 vom 9.12.2008, S. 21) geändert worden ist, oder
6. eine Straftat, die einer in Anhang II zur Richtlinie (EU) 2016/681 aufgeführten strafbaren Handlung entspricht und die mit einer Freiheitsstrafe im Höchstmaß von mindestens drei Jahren bedroht ist.

(2) [1]Ein automatisierter Abgleich von Fluggastdaten durch die Fluggastdatenzentralstelle ist vor der Ankunft eines Luftfahrzeuges auf einem Flughafen in der Bundesrepublik Deutschland oder vor dem Abflug eines Luftfahrzeuges von einem Flughafen der Bundesrepublik Deutschland zulässig

1. mit Datenbeständen, die der Fahndung oder Ausschreibung von Personen oder Sachen dienen und
2. mit Mustern

(vorzeitiger Abgleich). [2]Treffer, die aus einem vorzeitigen Abgleich resultieren, werden von der Fluggastdatenzentralstelle individuell überprüft.

(3) [1]Die Muster für den Abgleich nach Absatz 2 Satz 1 Nummer 2 werden von der Fluggastdatenzentralstelle unter Einbeziehung der oder des Datenschutzbeauftragten der Fluggastdatenzentralstelle erstellt und in Zusammenarbeit mit den in § 6 Absatz 1 Satz 1 und Absatz 2 Satz 1 genannten Behörden sowie mit der oder dem Datenschutzbeauftragten der Fluggastdatenzentralstelle regelmäßig, mindestens alle sechs Monate, überprüft. [2]Die Muster enthalten verdachtsbegründende und verdachtsentlastende Prüfungsmerkmale. [3]Verdachtsbegründende Prüfungsmerkmale beruhen auf den Tatsachen zu bestimmten Straftaten, die den in § 6 Absatz 1 Satz 1 oder Absatz 2 Satz 1 genannten Behörden vorliegen. [4]Sie müssen geeignet sein, Personen zu identifizieren, die für die Verhütung oder Verfolgung der in Absatz 1 genannten Straftaten bedeutsame Prüfungsmerkmale erfüllen. [5]Verdachtsentlastende Prüfungsmerkmale dienen dazu, Personen, die unter verdachtsbegründende Prüfungsmerkmale fallen, als Nichtverdächtige auszuschließen. [6]Bei den Mustern sind verdachtsbegründende Prüfungsmerkmale mit verdachtsentlastenden Prüfungs-

merkmalen so zu kombinieren, dass die Zahl der unter ein Muster fallenden Personen möglichst gering ist. ⁷Angaben zur rassischen oder ethnischen Herkunft, zu den politischen Meinungen, zu den religiösen oder weltanschaulichen Überzeugungen, zur Mitgliedschaft in einer Gewerkschaft, zum Gesundheitszustand, zum Sexualleben oder zur sexuellen Orientierung einer Person dürfen nicht Gegenstand eines Prüfungsmerkmals sein. ⁸Die oder der Bundesbeauftragte für den Datenschutz und die Informationsfreiheit kontrolliert die Erstellung und Anwendung der Muster mindestens alle zwei Jahre. ⁹Sie oder er erstattet der Bundesregierung alle zwei Jahre Bericht.

(4) Die Fluggastdatenzentralstelle kann Fluggastdaten analysieren, um Muster für den vorzeitigen Abgleich zu erstellen oder zu aktualisieren.

(5) ¹Die Fluggastdatenzentralstelle kann im Einzelfall auf ein begründetes Ersuchen einer in § 6 Absatz 1 Satz 1 genannten zuständigen Behörde die von der ersuchenden Behörde übermittelten Daten in besonderen Fällen mit den im Fluggastdaten-Informationssystem gespeicherten Daten zu den in § 1 Absatz 2 genannten Zwecken abgleichen. ²Satz 1 gilt mit Blick auf die in § 6 Absatz 2 Satz 1 genannten Behörden entsprechend mit der Maßgabe, dass der Abgleich zum Zweck der Erfüllung von deren Aufgaben im Zusammenhang mit Straftaten nach Absatz 1 erfolgen kann.

§ 5 Depersonalisierung von Daten. (1) Nach Ablauf von sechs Monaten ab Übermittlung der Fluggastdaten an die Fluggastdatenzentralstelle werden die Fluggastdaten durch Unkenntlichmachung der folgenden Datenelemente, mit denen die Identität einer Person nach § 2 Absatz 1 festgestellt werden könnte, von der Fluggastdatenzentralstelle depersonalisiert:

1. Namensangaben nach § 2 Absatz 2 Nummer 1 und 9 sowie die Anzahl und die Namensangaben der erfassten Mitreisenden nach § 2 Absatz 2 Nummer 19,
2. Anschrift und Kontaktangaben nach § 2 Absatz 2 Nummer 5,
3. alle Arten von Zahlungsinformationen, einschließlich der Rechnungsanschrift, nach § 2 Absatz 2 Nummer 10, die zur Feststellung der Identität des Fluggastes oder anderer Personen beitragen könnten,
4. Angaben zum Vielflieger-Eintrag nach § 2 Absatz 2 Nummer 12,
5. allgemeine Hinweise nach § 2 Absatz 2 Nummer 16, die zur Feststellung der Identität des Fluggastes beitragen könnten und
6. Daten nach § 2 Absatz 2 Nummer 8.

(2) ¹Die Aufhebung der Depersonalisierung von Fluggastdaten durch die Fluggastdatenzentralstelle ist nur zulässig, wenn die Aufhebung

1. im Fall eines Abgleichs nach § 4 Absatz 5 Satz 1 zur Verhütung oder Verfolgung von Straftaten nach § 4 Absatz 1 erforderlich ist und
2. auf Antrag der Leitung der Fluggastdatenzentralstelle oder deren Vertretung gerichtlich genehmigt worden ist.

²Bei Gefahr im Verzug kann die Präsidentin oder der Präsident des Bundeskriminalamtes oder ihre oder seine Vertretung die Genehmigung erteilen. ³Die gerichtliche Entscheidung ist unverzüglich nachzuholen. ⁴Die Sätze 1 bis 3 gelten mit Blick auf die in § 6 Absatz 2 Satz 1 genannten Behörden entsprechend mit der Maßgabe, dass die Aufhebung im Fall eines Abgleichs nach

§ 4 Absatz 5 Satz 2 zur Erfüllung von deren Aufgaben im Zusammenhang mit Straftaten nach § 4 Absatz 1 erforderlich ist.

Abschnitt 4. Übermittlung von Fluggastdaten durch die Fluggastdatenzentralstelle

§ 6 Datenübermittlung an die zuständigen Behörden im Inland.

(1) ¹Soweit dies zur Erfüllung von deren Aufgaben zur Verhütung oder Verfolgung von Straftaten nach § 4 Absatz 1 erforderlich ist, kann die Fluggastdatenzentralstelle die aus einem Abgleich nach § 4 Absatz 2 oder Absatz 5 resultierenden Fluggastdaten und die Ergebnisse der Verarbeitung dieser Daten zur weiteren Überprüfung oder zur Veranlassung geeigneter Maßnahmen übermitteln an

1. das Bundeskriminalamt,
2. die Landeskriminalämter,
3. die Zollverwaltung sowie
4. die Bundespolizei.

²Die Übermittlung von Daten, die aus einem Abgleich nach § 4 Absatz 5 resultieren, an eine andere als an die ersuchende Behörde erfolgt nur im Einvernehmen mit der ersuchenden Behörde.

(2) ¹Soweit dies zur Erfüllung von deren Aufgaben im Zusammenhang mit Straftaten nach § 4 Absatz 1 erforderlich ist, kann die Fluggastdatenzentralstelle die aus einem Abgleich nach § 4 Absatz 2 oder Absatz 5 resultierenden Fluggastdaten und die Ergebnisse der Verarbeitung dieser Daten zudem übermitteln an

1. das Bundesamt für Verfassungsschutz und die Verfassungsschutzbehörden der Länder,
2. den Militärischen Abschirmdienst sowie
3. den Bundesnachrichtendienst.

²Absatz 1 Satz 2 gilt entsprechend.

(3) Die in Absatz 1 Satz 1 und Absatz 2 Satz 1 genannten Behörden dürfen die übermittelten Daten nur zu den Zwecken, zu denen sie ihnen übermittelt worden sind, verarbeiten.

(4) Die in Absatz 1 Satz 1 genannten Behörden können, soweit sie Aufgaben der Strafverfolgung wahrnehmen, die übermittelten Daten zu anderen Zwecken verarbeiten, wenn Erkenntnisse, auch unter Einbezug weiterer Informationen, den Verdacht einer bestimmten anderen Straftat begründen.

§ 7[1] Datenaustausch zwischen den Mitgliedstaaten der Europäischen Union. (1) Der Fluggastdatenzentralstelle obliegt der Austausch von Fluggastdaten und von Ergebnissen der Verarbeitung dieser Daten mit den Fluggastdatenzentralstellen anderer Mitgliedstaaten der Europäischen Union (Mitgliedstaaten).

---

[1] Inkrafttreten gem. Art. 3 Abs. 2 G v. 6.6.2017 (BGBl. I S. 1484) am 25.5.2018.

(2) ¹Die Fluggastdatenzentralstelle kann die Fluggastdatenzentralstelle eines anderen Mitgliedstaates aufgrund eines begründeten Ersuchens einer in § 6 Absatz 1 Satz 1 genannten Behörde ersuchen um

1. Übermittlung von Fluggastdaten und von Ergebnissen der Verarbeitung dieser Daten, soweit dies zur Verhütung oder Verfolgung von Straftaten nach § 4 Absatz 1 erforderlich ist, oder

2. Anforderung von Fluggastdaten bei Luftfahrtunternehmen und Übermittlung dieser Daten, soweit dies zur Verhütung einer unmittelbar bevorstehenden Straftat nach § 4 Absatz 1 erforderlich ist.

²Ein begründetes Ersuchen nach Satz 1 Nummer 1 kann bei Gefahr im Verzug auch durch eine Behörde nach § 6 Absatz 1 Satz 1 gestellt werden. ³Die Fluggastdatenzentralstelle ist nachrichtlich zu beteiligen. ⁴Die Sätze 1 bis 3 gelten mit Blick auf die in § 6 Absatz 2 Satz 1 genannten Behörden entsprechend mit der Maßgabe, dass

1. die Übermittlung zur Erfüllung von deren Aufgaben im Zusammenhang mit Straftaten nach § 4 Absatz 1 erforderlich ist und

2. im Fall des Satzes 1 Nummer 2 die Begehung einer Straftat nach § 4 Absatz 1 unmittelbar bevorsteht.

(3) ¹Die Fluggastdatenzentralstelle kann Fluggastdaten und die Ergebnisse der Verarbeitung dieser Daten an die Fluggastdatenzentralstellen anderer Mitgliedstaaten übermitteln, wenn

1. sich durch einen Abgleich nach § 4 Absatz 2 oder Absatz 5 oder durch eine Analyse von Fluggastdaten nach § 4 Absatz 4 herausstellt, dass die Daten zur Erfüllung der Aufgaben von Behörden anderer Mitgliedstaaten zur Verhütung oder Verfolgung von terroristischen Straftaten oder schwerer Kriminalität erforderlich sind,

2. ein Ersuchen der Fluggastdatenzentralstelle eines anderen Mitgliedstaates vorliegt, aus dem sich tatsächliche Anhaltspunkte dafür ergeben, dass die Übermittlung zur Verhütung oder Verfolgung von terroristischen Straftaten oder schwerer Kriminalität erforderlich ist, oder

3. ein Ersuchen der Fluggastdatenzentralstelle eines anderen Mitgliedstaates vorliegt, das auf Anforderung von Fluggastdaten bei Luftfahrtunternehmen und Übermittlung dieser Daten gerichtet ist und sich aus dem Ersuchen tatsächliche Anhaltspunkte dafür ergeben, dass die Übermittlung der Daten zur Verhütung einer unmittelbar bevorstehenden terroristischen Straftat oder einer unmittelbar bevorstehenden Straftat der schweren Kriminalität erforderlich ist.

²Die Übermittlung von Daten nach Satz 1 Nummer 1, die aus einem Abgleich nach § 4 Absatz 5 resultieren, erfolgt nur im Einvernehmen mit der um den Abgleich ersuchenden Behörde. ³In den Fällen des Satzes 1 Nummer 2 kann bei Gefahr im Verzug das Ersuchen auch durch eine zuständige Behörde eines anderen Mitgliedstaates gestellt werden, sofern sie nach Artikel 7 Absatz 3 der Richtlinie (EU) 2016/681 gegenüber der Europäischen Kommission benannt worden ist und diese Mitteilung durch die Europäische Kommission im Amtsblatt der Europäischen Union veröffentlicht wurde. ⁴Bei der Übermittlung von Daten aufgrund eines Ersuchens nach Satz 1 Nummer 2 gilt § 5 Absatz 2 entsprechend.

(4) ¹Die Fluggastdatenzentralstelle kann Fluggastdaten und die Ergebnisse der Verarbeitung dieser Daten, die ihr von den Fluggastdatenzentralstellen anderer Mitgliedstaaten übermittelt werden, verarbeiten und an die in § 6 Absatz 1 Satz 1 genannten Behörden übermitteln, wenn

1. sich nach einer individuellen Überprüfung herausstellt, dass die Daten zur Erfüllung der Aufgaben dieser Behörden zur Verhütung oder Verfolgung von Straftaten nach § 4 Absatz 1 erforderlich sind oder
2. die Daten mittels eines begründeten Ersuchens nach Absatz 2 Satz 1 oder Satz 2 angefordert wurden und zur Erfüllung der Aufgaben dieser Behörden erforderlich sind.

²Die Übermittlung von Daten nach Satz 1 Nummer 2 an eine andere als an die ersuchende Behörde erfolgt nur im Einvernehmen mit der ersuchenden Behörde. ³Die Sätze 1 und 2 gelten mit Blick auf die in § 6 Absatz 2 Satz 1 genannten Behörden entsprechend mit der Maßgabe, dass die Übermittlung der Daten zur Erfüllung von deren Aufgaben im Zusammenhang mit Straftaten nach § 4 Absatz 1 erforderlich ist.

(5) Die Vorschriften über die internationale Rechtshilfe in strafrechtlichen Angelegenheiten bleiben unberührt.

§ 8[1]) Teilnahme an gemeinsamen Verfahren der Zusammenarbeit.

¹Die Fluggastdatenzentralstelle kann an gemeinsamen Verfahren der systematischen Zusammenarbeit mit anderen Fluggastdatenzentralstellen der Mitgliedstaaten der Europäischen Union zur Verhütung und Verfolgung von terroristischen Straftaten und schwerer Kriminalität nach Maßgabe dieses Gesetzes teilnehmen. ²§ 7 bleibt unberührt.

§ 9[1]) Datenübermittlung an Europol.
¹Die Fluggastdatenzentralstelle kann Fluggastdaten und die Ergebnisse der Verarbeitung dieser Daten an Europol übermitteln, wenn ein Ersuchen von Europol vorliegt, aus dem sich tatsächliche Anhaltspunkte dafür ergeben, dass die Übermittlung zur Verhütung oder Verfolgung von terroristischen Straftaten oder schwerer Kriminalität durch Europol erforderlich ist. ²§ 5 Absatz 2 gilt entsprechend.

§ 10[1]) Datenübermittlung an Drittstaaten.
(1) ¹Unter Beachtung der §§ 78 bis 80 des Bundesdatenschutzgesetzes[2]) kann die Fluggastdatenzentralstelle Fluggastdaten und die Ergebnisse der Verarbeitung dieser Daten im Einzelfall auf Ersuchen an die Behörden von Staaten, die nicht Mitgliedstaaten der Europäischen Union sind (Drittstaaten) übermitteln, wenn

1. diese Behörden für die Verhütung oder Verfolgung von terroristischen Straftaten oder schwerer Kriminalität zuständig sind und die Datenübermittlung zu diesem Zweck erforderlich ist und
2. sich diese Behörden verpflichten, die Daten nur dann an die Behörden eines anderen Drittstaates zu übermitteln, wenn dies zur Verhütung oder Verfolgung von terroristischen Straftaten oder schwerer Kriminalität erforderlich ist, und vor der Weiterübermittlung die Einwilligung der Fluggastdatenzentralstelle eingeholt wird.

---

[1]) Inkrafttreten gem. Art. 3 Abs. 2 G v. 6.6.2017 (BGBl. I S. 1484) am 25.5.2018.
[2]) Nr. **6**.

² § 5 Absatz 2 gilt entsprechend. ³ Die Vorschriften über die internationale Rechtshilfe in strafrechtlichen Angelegenheiten bleiben unberührt.

(2) ¹ Die Fluggastdatenzentralstelle kann die Fluggastdaten eines anderen Mitgliedstaates unter den Voraussetzungen des Absatzes 1 an die Behörden von Drittstaaten übermitteln, wenn die Fluggastdatenzentralstelle dieses Mitgliedstaates in die Übermittlung einwilligt. ² Liegt keine Einwilligung vor, ist die Übermittlung nur dann zulässig, wenn

1. die Übermittlung erforderlich ist, um eine gegenwärtige Gefahr durch terroristische Straftaten oder schwere Kriminalität in einem Mitgliedstaat oder einem Drittstaat abzuwehren und
2. die Einwilligung nicht rechtzeitig eingeholt werden kann.

³ Die für die Einwilligung nach Satz 2 zuständige Fluggastdatenzentralstelle ist unverzüglich zu unterrichten.

(3) ¹ Die Fluggastdatenzentralstelle unterrichtet die Datenschutzbeauftragte oder den Datenschutzbeauftragten der Fluggastdatenzentralstelle über jede Datenübermittlung nach den Absätzen 1 und 2. ² Die Datenübermittlung nach Absatz 2 Satz 2 ist nachträglich durch die Datenschutzbeauftragte oder den Datenschutzbeauftragten der Fluggastdatenzentralstelle zu überprüfen.

Abschnitt 5. Datenschutzrechtliche Bestimmungen

§ 11 Nationale Kontrollstelle. Die Aufgaben der nationalen Kontrollstelle für den Datenschutz nimmt die oder der Bundesbeauftragte für den Datenschutz und die Informationsfreiheit wahr.

§ 12 Die oder der Datenschutzbeauftragte der Fluggastdatenzentralstelle. (1) Die Aufgaben der oder des Datenschutzbeauftragten der Fluggastdatenzentralstelle nimmt die oder der Datenschutzbeauftragte des Bundeskriminalamtes wahr.

(2) Die oder der Datenschutzbeauftragte der Fluggastdatenzentralstelle kann eine Angelegenheit an die nationale Kontrollstelle verweisen, wenn sie oder er eine Verarbeitung von Fluggastdaten für rechtswidrig hält.

§ 13 Löschung von Daten. (1) ¹ Fluggastdaten sind nach Ablauf von fünf Jahren ab ihrer Übermittlung an die Fluggastdatenzentralstelle durch die Fluggastdatenzentralstelle aus dem Fluggastdaten-Informationssystem zu löschen. ² Die Löschung von Fluggastdaten, die den in § 6 Absatz 1 Satz 1 oder Absatz 2 Satz 1 genannten Behörden übermittelt wurden, richtet sich nach den jeweiligen für diese Behörden geltenden Vorschriften.

(2) Daten, die der Fluggastdatenzentralstelle von den Luftfahrtunternehmen übermittelt wurden und die nicht Fluggastdaten nach § 2 Absatz 2 sind, werden unverzüglich nach ihrem Eingang bei der Fluggastdatenzentralstelle durch die Fluggastdatenzentralstelle gelöscht.

(3) Fluggastdaten nach § 2 Absatz 2, die Angaben zur rassischen oder ethnischen Herkunft, zu den politischen Meinungen, zu den religiösen oder weltanschaulichen Überzeugungen, zur Mitgliedschaft in einer Gewerkschaft, zum Gesundheitszustand, zum Sexualleben oder zur sexuellen Orientierung einer Person beinhalten, werden unverzüglich nach ihrem Eingang bei der Fluggastdatenzentralstelle durch die Fluggastdatenzentralstelle gelöscht.

(4) ¹Die Ergebnisse der Verarbeitung von Fluggastdaten sind durch die Fluggastdatenzentralstelle zu löschen, sobald sie nicht mehr erforderlich sind, um die in § 6 Absatz 1 Satz 1 oder Absatz 2 Satz 1 genannten Behörden, die Fluggastdatenzentralstellen anderer Mitgliedstaaten, Europol oder die Behörden von Drittstaaten zu informieren. ²Verarbeitungsergebnisse, die aus Analysen von Fluggastdaten resultieren, sind von der Fluggastdatenzentralstelle zu löschen, sobald sie nicht mehr für die Erstellung oder Aktualisierung von Mustern für den vorzeitigen Abgleich oder zur Information der Fluggastdatenzentralstellen anderer Mitgliedstaaten benötigt werden. ³Die Löschung von Ergebnissen der Verarbeitung von Fluggastdaten, die den in § 6 Absatz 1 Satz 1 oder Absatz 2 Satz 1 genannten Behörden übermittelt wurden, richtet sich nach den jeweiligen für diese Behörden geltenden Vorschriften.

(5) Ergibt die individuelle Überprüfung nach § 4 Absatz 2 Satz 2 nach einem vorzeitigen Abgleich, dass kein Treffer vorliegt, so ist dieses Ergebnis spätestens dann zu löschen, wenn die dazugehörigen Daten nach Absatz 1 Satz 1 gelöscht werden.

§ 14 Protokollierung. (1) § 76 des Bundesdatenschutzgesetzes[1]) gilt mit der Maßgabe, dass die Protokolle der oder dem Datenschutzbeauftragten der Fluggastdatenzentralstelle oder der nationalen Kontrollstelle in elektronisch auswertbarer Form für die Überprüfung der Rechtmäßigkeit der Datenverarbeitung zur Verfügung stehen.

(2) Abweichend von § 76 Absatz 3 des Bundesdatenschutzgesetzes dürfen die Protokolle ausschließlich für die Überprüfung der Rechtmäßigkeit der Datenverarbeitung durch die Datenschutzbeauftragte oder den Datenschutzbeauftragten der Fluggastdatenzentralstelle sowie die nationale Kontrollstelle sowie für die Eigenüberwachung, für die Gewährleistung der Integrität und Sicherheit der personenbezogenen Daten und für Audits verwendet werden.

(3) Die Protokolldaten sind fünf Jahre lang aufzubewahren und anschließend zu löschen.

§ 15 Dokumentationspflicht. (1) Die Fluggastdatenzentralstelle dokumentiert alle Verarbeitungssysteme und Verarbeitungsverfahren, die in ihre Zuständigkeit fallen.

(2) Die Dokumentation enthält zumindest folgende Angaben:
1. den Namen und die Kontaktdaten der Fluggastdatenzentralstelle und der Mitarbeiterinnen und Mitarbeiter der Fluggastdatenzentralstelle, die mit der Verarbeitung der Fluggastdaten beauftragt sind, und die verschiedenen Ebenen der Zugangsberechtigungen,
2. die Ersuchen von
   a) in § 6 Absatz 1 Satz 1 und Absatz 2 Satz 1 genannten Behörden,
   b) nach Artikel 7 Absatz 3 der Richtlinie (EU) 2016/681 benannten Behörden anderer Mitgliedstaaten,
   c) Fluggastdatenzentralstellen anderer Mitgliedstaaten und
   d) Europol sowie
3. die Ersuchen von Behörden von Drittstaaten und jede Übermittlung von Fluggastdaten an Behörden von Drittstaaten.

---

[1]) Nr. 6.

(3) Die Fluggastdatenzentralstelle stellt der nationalen Kontrollstelle auf Anfrage alle verfügbaren Dokumentationen zur Verfügung.

Abschnitt 6. Geltung des Bundeskriminalamtgesetzes

§ 16 Geltung des Bundeskriminalamtgesetzes. Das Bundeskriminalamtgesetz findet entsprechende Anwendung, soweit in diesem Gesetz keine spezielleren Regelungen enthalten sind.

Abschnitt 7. Schlussvorschriften

§ 17 Gerichtliche Zuständigkeit, Verfahren. ¹Für gerichtliche Entscheidungen nach diesem Gesetz ist das Amtsgericht zuständig, in dessen Bezirk das Bundeskriminalamt seinen Sitz hat. ²Für das Verfahren gelten die Bestimmungen des Gesetzes über das Verfahren in Familiensachen und in den Angelegenheiten der freiwilligen Gerichtsbarkeit entsprechend.

§ 18[1] Bußgeldvorschriften. (1) Ordnungswidrig handelt, wer vorsätzlich oder fahrlässig

1. entgegen § 2 Absatz 5 Satz 1 in Verbindung mit Absatz 2 Nummer 1 bis 8 dort genannte Fluggastdaten nicht, nicht in der vorgeschriebenen Weise oder nicht rechtzeitig übermittelt oder
2. entgegen § 2 Absatz 5 Satz 2 erster Halbsatz in Verbindung mit Absatz 2 Nummer 1 bis 8 dort genannte Fluggastdaten nicht, nicht in der vorgeschriebenen Weise oder nicht rechtzeitig nachmeldet.

(2) Die Ordnungswidrigkeit kann mit einer Geldbuße bis zu fünfzigtausend Euro geahndet werden.

(3) Verwaltungsbehörde im Sinne des § 36 Absatz 1 Nummer 1 des Gesetzes über Ordnungswidrigkeiten ist das Bundesverwaltungsamt.

---

[1] Inkrafttreten gem. Art. 3 Abs. 2 G v. 6.6.2017 (BGBl. I S. 1484) am 25.5.2018.

19. Verwaltungsverfahrensgesetz (VwVfG)

In der Fassung der Bekanntmachung vom 23. Januar 2003[1]
(BGBl. I S. 102)

FNA 201-6

zuletzt geänd. durch Art. 24 Abs. 3 G zur Modernisierung des notariellen Berufsrechts und zur Änd. weiterer Vorschriften v. 25.6.2021 (BGBl. I S. 2154)

– Auszug –

Teil I. Anwendungsbereich, örtliche Zuständigkeit, elektronische Kommunikation, Amtshilfe, europäische Verwaltungszusammenarbeit

Abschnitt 1. Anwendungsbereich, örtliche Zuständigkeit, elektronische Kommunikation

§ 1 Anwendungsbereich. (1) Dieses Gesetz gilt für die öffentlich-rechtliche Verwaltungstätigkeit der Behörden

1. des Bundes, der bundesunmittelbaren Körperschaften, Anstalten und Stiftungen des öffentlichen Rechts,
2. der Länder, der Gemeinden und Gemeindeverbände, der sonstigen der Aufsicht des Landes unterstehenden juristischen Personen des öffentlichen Rechts, wenn sie Bundesrecht im Auftrag des Bundes ausführen,

soweit nicht Rechtsvorschriften des Bundes inhaltsgleiche oder entgegenstehende Bestimmungen enthalten.

(2) ¹Dieses Gesetz gilt auch für die öffentlich-rechtliche Verwaltungstätigkeit der in Absatz 1 Nr. 2 bezeichneten Behörden, wenn die Länder Bundesrecht, das Gegenstände der ausschließlichen oder konkurrierenden Gesetzgebung des Bundes betrifft, als eigene Angelegenheit ausführen, soweit nicht Rechtsvorschriften des Bundes inhaltsgleiche oder entgegenstehende Bestimmungen enthalten. ²Für die Ausführung von Bundesgesetzen, die nach Inkrafttreten dieses Gesetzes erlassen werden, gilt dies nur, soweit die Bundesgesetze mit Zustimmung des Bundesrates dieses Gesetz für anwendbar erklären.

(3) Für die Ausführung von Bundesrecht durch die Länder gilt dieses Gesetz nicht, soweit die öffentlich-rechtliche Verwaltungstätigkeit der Behörden landesrechtlich durch ein Verwaltungsverfahrensgesetz geregelt ist.

(4) Behörde im Sinne dieses Gesetzes ist jede Stelle, die Aufgaben der öffentlichen Verwaltung wahrnimmt.

§ 2 Ausnahmen vom Anwendungsbereich. (1) Dieses Gesetz gilt nicht für die Tätigkeit der Kirchen, der Religionsgesellschaften und Weltanschauungsgemeinschaften sowie ihrer Verbände und Einrichtungen.

(2) Dieses Gesetz gilt ferner nicht für

1. Verfahren der Bundes- oder Landesfinanzbehörden nach der Abgabenordnung,

---

[1] Neubekanntmachung des VwVfG idF der Bek. v. 21.9.1998 (BGBl. I S. 3050) in der ab 1.2.2003 geltenden Fassung.

2. die Strafverfolgung, die Verfolgung und Ahndung von Ordnungswidrigkeiten, die Rechtshilfe für das Ausland in Straf- und Zivilsachen und, unbeschadet des § 80 Abs. 4, für Maßnahmen des Richterdienstrechts,
3. Verfahren vor dem Deutschen Patent- und Markenamt und den bei diesem errichteten Schiedsstellen,
4. Verfahren nach dem Sozialgesetzbuch,
5. das Recht des Lastenausgleichs,
6. das Recht der Wiedergutmachung.

(3) Für die Tätigkeit
1. der Gerichtsverwaltungen und der Behörden der Justizverwaltung einschließlich der ihrer Aufsicht unterliegenden Körperschaften des öffentlichen Rechts gilt dieses Gesetz nur, soweit die Tätigkeit der Nachprüfung durch die Gerichte der Verwaltungsgerichtsbarkeit oder durch die in verwaltungsrechtlichen Anwalts-, Patentanwalts- und Notarsachen zuständigen Gerichte unterliegt;
2. der Behörden bei Leistungs-, Eignungs- und ähnlichen Prüfungen von Personen gelten nur die §§ 3a bis 13, 20 bis 27, 29 bis 38, 40 bis 52, 79, 80 und 96;
3. der Vertretungen des Bundes im Ausland gilt dieses Gesetz nicht.

Abschnitt 2. Amtshilfe

§ 4 Amtshilfepflicht. (1) Jede Behörde leistet anderen Behörden auf Ersuchen ergänzende Hilfe (Amtshilfe).

(2) Amtshilfe liegt nicht vor, wenn
1. Behörden einander innerhalb eines bestehenden Weisungsverhältnisses Hilfe leisten;
2. die Hilfeleistung in Handlungen besteht, die der ersuchten Behörde als eigene Aufgabe obliegen.

§ 5 Voraussetzungen und Grenzen der Amtshilfe. (1) Eine Behörde kann um Amtshilfe insbesondere dann ersuchen, wenn sie
1. aus rechtlichen Gründen die Amtshandlung nicht selbst vornehmen kann;
2. aus tatsächlichen Gründen, besonders weil die zur Vornahme der Amtshandlung erforderlichen Dienstkräfte oder Einrichtungen fehlen, die Amtshandlung nicht selbst vornehmen kann;
3. zur Durchführung ihrer Aufgaben auf die Kenntnis von Tatsachen angewiesen ist, die ihr unbekannt sind und die sie selbst nicht ermitteln kann;
4. zur Durchführung ihrer Aufgaben Urkunden oder sonstige Beweismittel benötigt, die sich im Besitz der ersuchten Behörde befinden;
5. die Amtshandlung nur mit wesentlich größerem Aufwand vornehmen könnte als die ersuchte Behörde.

(2) [1] Die ersuchte Behörde darf Hilfe nicht leisten, wenn
1. sie hierzu aus rechtlichen Gründen nicht in der Lage ist;
2. durch die Hilfeleistung dem Wohl des Bundes oder eines Landes erhebliche Nachteile bereitet würden.

² Die ersuchte Behörde ist insbesondere zur Vorlage von Urkunden oder Akten sowie zur Erteilung von Auskünften nicht verpflichtet, wenn die Vorgänge nach einem Gesetz oder ihrem Wesen nach geheim gehalten werden müssen.

(3) Die ersuchte Behörde braucht Hilfe nicht zu leisten, wenn

1. eine andere Behörde die Hilfe wesentlich einfacher oder mit wesentlich geringerem Aufwand leisten kann;
2. sie die Hilfe nur mit unverhältnismäßig großem Aufwand leisten könnte;
3. sie unter Berücksichtigung der Aufgaben der ersuchenden Behörde durch die Hilfeleistung die Erfüllung ihrer eigenen Aufgaben ernstlich gefährden würde.

(4) Die ersuchte Behörde darf die Hilfe nicht deshalb verweigern, weil sie das Ersuchen aus anderen als den in Absatz 3 genannten Gründen oder weil sie die mit der Amtshilfe zu verwirklichende Maßnahme für unzweckmäßig hält.

(5) ¹ Hält die ersuchte Behörde sich zur Hilfe nicht für verpflichtet, so teilt sie der ersuchenden Behörde ihre Auffassung mit. ² Besteht diese auf der Amtshilfe, so entscheidet über die Verpflichtung zur Amtshilfe die gemeinsame fachlich zuständige Aufsichtsbehörde oder, sofern eine solche nicht besteht, die für die ersuchte Behörde fachlich zuständige Aufsichtsbehörde.

§ 7 Durchführung der Amtshilfe. (1) Die Zulässigkeit der Maßnahme, die durch die Amtshilfe verwirklicht werden soll, richtet sich nach dem für die ersuchende Behörde, die Durchführung der Amtshilfe nach dem für die ersuchte Behörde geltenden Recht.

(2) ¹ Die ersuchende Behörde trägt gegenüber der ersuchten Behörde die Verantwortung für die Rechtmäßigkeit der zu treffenden Maßnahme. ² Die ersuchte Behörde ist für die Durchführung der Amtshilfe verantwortlich.

Teil II. Allgemeine Vorschriften über das Verwaltungsverfahren

Abschnitt 1. Verfahrensgrundsätze

§ 9 Begriff des Verwaltungsverfahrens. Das Verwaltungsverfahren im Sinne dieses Gesetzes ist die nach außen wirkende Tätigkeit der Behörden, die auf die Prüfung der Voraussetzungen, die Vorbereitung und den Erlass eines Verwaltungsaktes oder auf den Abschluss eines öffentlich-rechtlichen Vertrags gerichtet ist; es schließt den Erlass des Verwaltungsaktes oder den Abschluss des öffentlich-rechtlichen Vertrags ein.

§ 13 Beteiligte. (1) Beteiligte sind

1. Antragsteller und Antragsgegner,
2. diejenigen, an die die Behörde den Verwaltungsakt richten will oder gerichtet hat,
3. diejenigen, mit denen die Behörde einen öffentlich-rechtlichen Vertrag schließen will oder geschlossen hat,
4. diejenigen, die nach Absatz 2 von der Behörde zu dem Verfahren hinzugezogen worden sind.

(2) ¹ Die Behörde kann von Amts wegen oder auf Antrag diejenigen, deren rechtliche Interessen durch den Ausgang des Verfahrens berührt werden können, als Beteiligte hinzuziehen. ² Hat der Ausgang des Verfahrens rechtsgestal-

tende Wirkung für einen Dritten, so ist dieser auf Antrag als Beteiligter zu dem Verfahren hinzuzuziehen; soweit er der Behörde bekannt ist, hat diese ihn von der Einleitung des Verfahrens zu benachrichtigen.

(3) Wer anzuhören ist, ohne dass die Voraussetzungen des Absatzes 1 vorliegen, wird dadurch nicht Beteiligter.

§ 24 Untersuchungsgrundsatz. (1) [1]Die Behörde ermittelt den Sachverhalt von Amts wegen. [2]Sie bestimmt Art und Umfang der Ermittlungen; an das Vorbringen und an die Beweisanträge der Beteiligten ist sie nicht gebunden. [3]Setzt die Behörde automatische Einrichtungen zum Erlass von Verwaltungsakten ein, muss sie für den Einzelfall bedeutsame tatsächliche Angaben des Beteiligten berücksichtigen, die im automatischen Verfahren nicht ermittelt würden.

(2) Die Behörde hat alle für den Einzelfall bedeutsamen, auch die für die Beteiligten günstigen Umstände zu berücksichtigen.

(3) Die Behörde darf die Entgegennahme von Erklärungen oder Anträgen, die in ihren Zuständigkeitsbereich fallen, nicht deshalb verweigern, weil sie die Erklärung oder den Antrag in der Sache für unzulässig oder unbegründet hält.

§ 25 Beratung, Auskunft, frühe Öffentlichkeitsbeteiligung. (1) [1]Die Behörde soll die Abgabe von Erklärungen, die Stellung von Anträgen oder die Berichtigung von Erklärungen oder Anträgen anregen, wenn diese offensichtlich nur versehentlich oder aus Unkenntnis unterblieben oder unrichtig abgegeben oder gestellt worden sind. [2]Sie erteilt, soweit erforderlich, Auskunft über die den Beteiligten im Verwaltungsverfahren zustehenden Rechte und die ihnen obliegenden Pflichten.

(2) [1]Die Behörde erörtert, soweit erforderlich, bereits vor Stellung eines Antrags mit dem zukünftigen Antragsteller, welche Nachweise und Unterlagen von ihm zu erbringen sind und in welcher Weise das Verfahren beschleunigt werden kann. [2]Soweit es der Verfahrensbeschleunigung dient, soll sie dem Antragsteller nach Eingang des Antrags unverzüglich Auskunft über die voraussichtliche Verfahrensdauer und die Vollständigkeit der Antragsunterlagen geben.

(3) [1]Die Behörde wirkt darauf hin, dass der Träger bei der Planung von Vorhaben, die nicht nur unwesentliche Auswirkungen auf die Belange einer größeren Zahl von Dritten haben können, die betroffene Öffentlichkeit frühzeitig über die Ziele des Vorhabens, die Mittel, es zu verwirklichen, und die voraussichtlichen Auswirkungen des Vorhabens unterrichtet (frühe Öffentlichkeitsbeteiligung). [2]Die frühe Öffentlichkeitsbeteiligung soll möglichst bereits vor Stellung eines Antrags stattfinden. [3]Der betroffenen Öffentlichkeit soll Gelegenheit zur Äußerung und zur Erörterung gegeben werden. [4]Das Ergebnis der vor Antragstellung durchgeführten frühen Öffentlichkeitsbeteiligung soll der betroffenen Öffentlichkeit und der Behörde spätestens mit der Antragstellung, im Übrigen unverzüglich mitgeteilt werden. [5]Satz 1 gilt nicht, soweit die betroffene Öffentlichkeit bereits nach anderen Rechtsvorschriften vor der Antragstellung zu beteiligen ist. [6]Beteiligungsrechte nach anderen Rechtsvorschriften bleiben unberührt.

Verwaltungsverfahrensgesetz §§ 26, 28, 30 VwVfG 19

§ 26 Beweismittel. (1) ¹Die Behörde bedient sich der Beweismittel, die sie nach pflichtgemäßem Ermessen zur Ermittlung des Sachverhalts für erforderlich hält. ²Sie kann insbesondere

1. Auskünfte jeder Art einholen,
2. Beteiligte anhören, Zeugen und Sachverständige vernehmen oder die schriftliche oder elektronische Äußerung von Beteiligten, Sachverständigen und Zeugen einholen,
3. Urkunden und Akten beiziehen,
4. den Augenschein einnehmen.

(2) ¹Die Beteiligten sollen bei der Ermittlung des Sachverhalts mitwirken. ²Sie sollen insbesondere ihnen bekannte Tatsachen und Beweismittel angeben. ³Eine weitergehende Pflicht, bei der Ermittlung des Sachverhalts mitzuwirken, insbesondere eine Pflicht zum persönlichen Erscheinen oder zur Aussage, besteht nur, soweit sie durch Rechtsvorschrift besonders vorgesehen ist.

(3) ¹Für Zeugen und Sachverständige besteht eine Pflicht zur Aussage oder zur Erstattung von Gutachten, wenn sie durch Rechtsvorschrift vorgesehen ist. ²Falls die Behörde Zeugen und Sachverständige herangezogen hat, erhalten sie auf Antrag in entsprechender Anwendung des Justizvergütungs- und -entschädigungsgesetzes eine Entschädigung oder Vergütung.

§ 28 Anhörung Beteiligter. (1) Bevor ein Verwaltungsakt erlassen wird, der in Rechte eines Beteiligten eingreift, ist diesem Gelegenheit zu geben, sich zu den für die Entscheidung erheblichen Tatsachen zu äußern.

(2) Von der Anhörung kann abgesehen werden, wenn sie nach den Umständen des Einzelfalls nicht geboten ist, insbesondere wenn

1. eine sofortige Entscheidung wegen Gefahr im Verzug oder im öffentlichen Interesse notwendig erscheint;
2. durch die Anhörung die Einhaltung einer für die Entscheidung maßgeblichen Frist in Frage gestellt würde;
3. von den tatsächlichen Angaben eines Beteiligten, die dieser in einem Antrag oder einer Erklärung gemacht hat, nicht zu seinen Ungunsten abgewichen werden soll;
4. die Behörde eine Allgemeinverfügung oder gleichartige Verwaltungsakte in größerer Zahl oder Verwaltungsakte mit Hilfe automatischer Einrichtungen erlassen will;
5. Maßnahmen in der Verwaltungsvollstreckung getroffen werden sollen.

(3) Eine Anhörung unterbleibt, wenn ihr ein zwingendes öffentliches Interesse entgegensteht.

§ 30 Geheimhaltung. Die Beteiligten haben Anspruch darauf, dass ihre Geheimnisse, insbesondere die zum persönlichen Lebensbereich gehörenden Geheimnisse sowie die Betriebs- und Geschäftsgeheimnisse, von der Behörde nicht unbefugt offenbart werden.

20. Strafprozeßordnung (StPO)

In der Fassung der Bekanntmachung vom 7. April 1987[1)]
(BGBl. I S. 1074, ber. S. 1319)

FNA 312-2

zuletzt geänd. durch Art. 1 G zur Herstellung materieller Gerechtigkeit v. 21.12.2021 (BGBl. I S. 5252)

– Auszug –

Erstes Buch. Allgemeine Vorschriften

Siebter Abschnitt. Sachverständige und Augenschein

§ 81f Verfahren bei der molekulargenetischen Untersuchung.
(1) [1]Untersuchungen nach § 81e Abs. 1 dürfen ohne schriftliche Einwilligung der betroffenen Person nur durch das Gericht, bei Gefahr im Verzug auch durch die Staatsanwaltschaft und ihre Ermittlungspersonen (§ 152 des Gerichtsverfassungsgesetzes) angeordnet werden. [2]Die einwilligende Person ist darüber zu belehren, für welchen Zweck die zu erhebenden Daten verwendet werden.

(2) [1]Mit der Untersuchung nach § 81e sind in der schriftlichen Anordnung Sachverständige zu beauftragen, die öffentlich bestellt oder nach dem Verpflichtungsgesetz verpflichtet oder Amtsträger sind, die der ermittlungsführenden Behörde nicht angehören oder einer Organisationseinheit dieser Behörde angehören, die von der ermittlungsführenden Dienststelle organisatorisch und sachlich getrennt ist. [2]Diese haben durch technische und organisatorische Maßnahmen zu gewährleisten, daß unzulässige molekulargenetische Untersuchungen und unbefugte Kenntnisnahme Dritter ausgeschlossen sind. [3]Dem Sachverständigen ist das Untersuchungsmaterial ohne Mitteilung des Namens, der Anschrift und des Geburtstages und -monats der betroffenen Person zu übergeben. [4]Ist der Sachverständige eine nichtöffentliche Stelle, finden die Vorschriften der Verordnung (EU) 2016/679[2)] des Europäischen Parlaments und des Rates vom 27. April 2016 zum Schutz natürlicher Personen bei der Verarbeitung personenbezogener Daten, zum freien Datenverkehr und zur Aufhebung der Richtlinie 95/46/EG (Datenschutz-Grundverordnung) (ABl. L 119 vom 4.5.2016, S. 1; L 314 vom 22.11.2016, S. 72; L 127 vom 23.5.2018, S. 2) und des Bundesdatenschutzgesetzes[3)] auch dann Anwendung, wenn die personenbezogenen Daten nicht automatisiert verarbeitet und die Daten nicht in einem Dateisystem gespeichert sind oder gespeichert werden sollen.

§ 81g DNA-Identitätsfeststellung. (1) [1]Ist der Beschuldigte einer Straftat von erheblicher Bedeutung oder einer Straftat gegen die sexuelle Selbstbestimmung verdächtig, dürfen ihm zur Identitätsfeststellung in künftigen Strafverfahren Körperzellen entnommen und zur Feststellung des DNA-Identifizie-

---

[1)] Neubekanntmachung der StPO idF der Bek. v. 7.1.1975 (BGBl. I S. 129, 650) in der seit 1.4.1987 geltenden Fassung.
[2)] Nr. **1**.
[3)] Nr. **6**.

Strafprozessordnung § 81g StPO 20

rungsmusters sowie des Geschlechts molekulargenetisch untersucht werden, wenn wegen der Art oder Ausführung der Tat, der Persönlichkeit des Beschuldigten oder sonstiger Erkenntnisse Grund zu der Annahme besteht, dass gegen ihn künftig Strafverfahren wegen einer Straftat von erheblicher Bedeutung zu führen sind. ²Die wiederholte Begehung sonstiger Straftaten kann im Unrechtsgehalt einer Straftat von erheblicher Bedeutung gleichstehen.

(2) ¹Die entnommenen Körperzellen dürfen nur für die in Absatz 1 genannte molekulargenetische Untersuchung verwendet werden; sie sind unverzüglich zu vernichten, sobald sie hierfür nicht mehr erforderlich sind. ²Bei der Untersuchung dürfen andere Feststellungen als diejenigen, die zur Ermittlung des DNA-Identifizierungsmusters sowie des Geschlechts erforderlich sind, nicht getroffen werden; hierauf gerichtete Untersuchungen sind unzulässig.

(3) ¹Die Entnahme der Körperzellen darf ohne schriftliche Einwilligung des Beschuldigten nur durch das Gericht, bei Gefahr im Verzug auch durch die Staatsanwaltschaft und ihre Ermittlungspersonen (§ 152 des Gerichtsverfassungsgesetzes) angeordnet werden. ²Die molekulargenetische Untersuchung der Körperzellen darf ohne schriftliche Einwilligung des Beschuldigten nur durch das Gericht angeordnet werden. ³Die einwilligende Person ist darüber zu belehren, für welchen Zweck die zu erhebenden Daten verwendet werden. ⁴§ 81f Abs. 2 gilt entsprechend. ⁵In der schriftlichen Begründung des Gerichts sind einzelfallbezogen darzulegen

1. die für die Beurteilung der Erheblichkeit der Straftat bestimmenden Tatsachen,

2. die Erkenntnisse, auf Grund derer Grund zu der Annahme besteht, dass gegen den Beschuldigten künftig Strafverfahren zu führen sein werden, sowie

3. die Abwägung der jeweils maßgeblichen Umstände.

(4) Die Absätze 1 bis 3 gelten entsprechend, wenn die betroffene Person wegen der Tat rechtskräftig verurteilt oder nur wegen

1. erwiesener oder nicht auszuschließender Schuldunfähigkeit,

2. auf Geisteskrankheit beruhender Verhandlungsunfähigkeit oder

3. fehlender oder nicht auszuschließender fehlender Verantwortlichkeit (§ 3 des Jugendgerichtsgesetzes)

nicht verurteilt worden ist und die entsprechende Eintragung im Bundeszentralregister oder Erziehungsregister noch nicht getilgt ist.

(5) ¹Die erhobenen Daten dürfen beim Bundeskriminalamt gespeichert und nach Maßgabe des Bundeskriminalamtgesetzes verwendet werden. ²Das Gleiche gilt

1. unter den in Absatz 1 genannten Voraussetzungen für die nach § 81e Abs. 1 erhobenen Daten eines Beschuldigten sowie

2. für die nach § 81e Abs. 2 Satz 1 erhobenen Daten.

³Die Daten dürfen nur für Zwecke eines Strafverfahrens, der Gefahrenabwehr und der internationalen Rechtshilfe hierfür übermittelt werden. ⁴Im Fall des Satzes 2 Nr. 1 ist der Beschuldigte unverzüglich von der Speicherung zu benachrichtigen und darauf hinzuweisen, dass er die gerichtliche Entscheidung beantragen kann.

§ 81h DNA-Reihenuntersuchung. (1) Begründen bestimmte Tatsachen den Verdacht, dass ein Verbrechen gegen das Leben, die körperliche Unversehrtheit, die persönliche Freiheit oder die sexuelle Selbstbestimmung begangen worden ist, dürfen Personen, die bestimmte, auf den Täter vermutlich zutreffende Prüfungsmerkmale erfüllen, mit ihrer schriftlichen Einwilligung

1. Körperzellen entnommen,
2. diese zur Feststellung des DNA-Identifizierungsmusters und des Geschlechts molekulargenetisch untersucht und
3. die festgestellten DNA-Identifizierungsmuster mit den DNA-Identifizierungsmustern von Spurenmaterial automatisiert abgeglichen werden,

soweit dies zur Feststellung erforderlich ist, ob das Spurenmaterial von diesen Personen oder von ihren Verwandten in gerader Linie oder in der Seitenlinie bis zum dritten Grad stammt, und die Maßnahme insbesondere im Hinblick auf die Anzahl der von ihr betroffenen Personen nicht außer Verhältnis zur Schwere der Tat steht.

(2) [1] Eine Maßnahme nach Absatz 1 bedarf der gerichtlichen Anordnung. [2] Diese ergeht schriftlich. [3] Sie muss die betroffenen Personen anhand bestimmter Prüfungsmerkmale bezeichnen und ist zu begründen. [4] Einer vorherigen Anhörung der betroffenen Personen bedarf es nicht. [5] Die Entscheidung, mit der die Maßnahme angeordnet wird, ist nicht anfechtbar.

(3) [1] Für die Durchführung der Maßnahme gilt § 81f Absatz 2 entsprechend. [2] Die entnommenen Körperzellen sind unverzüglich zu vernichten, sobald sie für die Untersuchung nach Absatz 1 nicht mehr benötigt werden. [3] Soweit die Aufzeichnungen über die durch die Maßnahme festgestellten DNA-Identifizierungsmuster zur Erforschung des Sachverhalts nicht mehr erforderlich sind, sind sie unverzüglich zu löschen. [4] Die Vernichtung und die Löschung sind zu dokumentieren.

(4) [1] Die betroffenen Personen sind schriftlich darüber zu belehren, dass die Maßnahme nur mit ihrer Einwilligung durchgeführt werden darf. [2] Vor Erteilung der Einwilligung sind sie schriftlich auch darauf hinzuweisen, dass

1. die entnommenen Körperzellen ausschließlich zur Feststellung des DNA-Identifizierungsmusters, der Abstammung und des Geschlechts untersucht werden und dass sie unverzüglich vernichtet werden, sobald sie hierfür nicht mehr erforderlich sind,
2. das Untersuchungsergebnis mit den DNA-Identifizierungsmustern von Spurenmaterial automatisiert daraufhin abgeglichen wird, ob das Spurenmaterial von ihnen oder von ihren Verwandten in gerader Linie oder in der Seitenlinie bis zum dritten Grad stammt,
3. das Ergebnis des Abgleichs zu Lasten der betroffenen Person oder mit ihr in gerader Linie oder in der Seitenlinie bis zum dritten Grad verwandter Personen verwertet werden darf und
4. die festgestellten DNA-Identifizierungsmuster nicht zur Identitätsfeststellung in künftigen Strafverfahren beim Bundeskriminalamt gespeichert werden.

Strafprozessordnung §§ 94, 97 StPO 20

Achter Abschnitt. Ermittlungsmaßnahmen

§ 94 Sicherstellung und Beschlagnahme von Gegenständen zu Beweiszwecken. (1) Gegenstände, die als Beweismittel für die Untersuchung von Bedeutung sein können, sind in Verwahrung zu nehmen oder in anderer Weise sicherzustellen.

(2) Befinden sich die Gegenstände in dem Gewahrsam einer Person und werden sie nicht freiwillig herausgegeben, so bedarf es der Beschlagnahme.

(3) Die Absätze 1 und 2 gelten auch für Führerscheine, die der Einziehung unterliegen.

(4) Die Herausgabe beweglicher Sachen richtet sich nach den §§ 111n und 111o.

§ 97 Beschlagnahmeverbot. (1) Der Beschlagnahme unterliegen nicht
1. schriftliche Mitteilungen zwischen dem Beschuldigten und den Personen, die nach § 52 oder § 53 Abs. 1 Satz 1 Nr. 1 bis 3b das Zeugnis verweigern dürfen;
2. Aufzeichnungen, welche die in § 53 Abs. 1 Satz 1 Nr. 1 bis 3b Genannten über die ihnen vom Beschuldigten anvertrauten Mitteilungen oder über andere Umstände gemacht haben, auf die sich das Zeugnisverweigerungsrecht erstreckt;
3. andere Gegenstände einschließlich der ärztlichen Untersuchungsbefunde, auf die sich das Zeugnisverweigerungsrecht der in § 53 Abs. 1 Satz 1 Nr. 1 bis 3b Genannten erstreckt.

(2) [1]Diese Beschränkungen gelten nur, wenn die Gegenstände im Gewahrsam der zur Verweigerung des Zeugnisses Berechtigten sind, es sei denn, es handelt sich um eine elektronische Gesundheitskarte im Sinne des § 291a des Fünften Buches Sozialgesetzbuch[1]). [2]Die Beschränkungen der Beschlagnahme gelten nicht, wenn bestimmte Tatsachen den Verdacht begründen, dass die zeugnisverweigerungsberechtigte Person an der Tat oder an einer Datenhehlerei, Begünstigung, Strafvereitelung oder Hehlerei beteiligt ist, oder wenn es sich um Gegenstände handelt, die durch eine Straftat hervorgebracht oder zur Begehung einer Straftat gebraucht oder bestimmt sind oder die aus einer Straftat herrühren.

(3) Die Absätze 1 und 2 sind entsprechend anzuwenden, soweit die Personen, die nach § 53a Absatz 1 Satz 1 an der beruflichen Tätigkeit der in § 53 Absatz 1 Satz 1 Nummer 1 bis 3b genannten Personen mitwirken, das Zeugnis verweigern dürfen.

(4) [1]Soweit das Zeugnisverweigerungsrecht der in § 53 Abs. 1 Satz 1 Nr. 4 genannten Personen reicht, ist die Beschlagnahme von Gegenständen unzulässig. [2]Dieser Beschlagnahmeschutz erstreckt sich auch auf Gegenstände, die von den in § 53 Abs. 1 Satz 1 Nr. 4 genannten Personen den an ihrer Berufstätigkeit nach § 53a Absatz 1 Satz 1 mitwirkenden Personen anvertraut sind. [3]Satz 1 gilt entsprechend, soweit die Personen, die nach § 53a Absatz 1 Satz 1 an der beruflichen Tätigkeit der in § 53 Absatz 1 Satz 1 Nummer 4 genannten Personen mitwirken, das Zeugnis verweigern dürften.

---

[1]) Nr. 28.

(5) ¹Soweit das Zeugnisverweigerungsrecht der in § 53 Abs. 1 Satz 1 Nr. 5 genannten Personen reicht, ist die Beschlagnahme von Verkörperungen eines Inhalts (§ 11 Absatz 3 des Strafgesetzbuches), die sich im Gewahrsam dieser Personen oder der Redaktion, des Verlages, der Druckerei oder der Rundfunkanstalt befinden, unzulässig. ²Absatz 2 Satz 2 und § 160a Abs. 4 Satz 2 gelten entsprechend, die Beteiligungsregelung in Absatz 2 Satz 2 jedoch nur dann, wenn die bestimmten Tatsachen einen dringenden Verdacht der Beteiligung begründen; die Beschlagnahme ist jedoch auch in diesen Fällen nur zulässig, wenn sie unter Berücksichtigung der Grundrechte aus Artikel 5 Abs. 1 Satz 2 des Grundgesetzes¹⁾ nicht außer Verhältnis zur Bedeutung der Sache steht und die Erforschung des Sachverhaltes oder die Ermittlung des Aufenthaltsortes des Täters auf andere Weise aussichtslos oder wesentlich erschwert wäre.

§ 98 Verfahren bei der Beschlagnahme. (1) ¹Beschlagnahmen dürfen nur durch das Gericht, bei Gefahr im Verzug auch durch die Staatsanwaltschaft und ihre Ermittlungspersonen (§ 152 des Gerichtsverfassungsgesetzes) angeordnet werden. ²Die Beschlagnahme nach § 97 Abs. 5 Satz 2 in den Räumen einer Redaktion, eines Verlages, einer Druckerei oder einer Rundfunkanstalt darf nur durch das Gericht angeordnet werden.

(2) ¹Der Beamte, der einen Gegenstand ohne gerichtliche Anordnung beschlagnahmt hat, soll binnen drei Tagen die gerichtliche Bestätigung beantragen, wenn bei der Beschlagnahme weder der davon Betroffene noch ein erwachsener Angehöriger anwesend war oder wenn der Betroffene und im Falle seiner Abwesenheit ein erwachsener Angehöriger des Betroffenen gegen die Beschlagnahme ausdrücklichen Widerspruch erhoben hat. ²Der Betroffene kann jederzeit die gerichtliche Entscheidung beantragen. ³Die Zuständigkeit des Gerichts bestimmt sich nach § 162. ⁴Der Betroffene kann den Antrag auch bei dem Amtsgericht einreichen, in dessen Bezirk die Beschlagnahme stattgefunden hat; dieses leitet den Antrag dem zuständigen Gericht zu. ⁵Der Betroffene ist über seine Rechte zu belehren.

(3) Ist nach erhobener öffentlicher Klage die Beschlagnahme durch die Staatsanwaltschaft oder eine ihrer Ermittlungspersonen erfolgt, so ist binnen drei Tagen dem Gericht von der Beschlagnahme Anzeige zu machen; die beschlagnahmten Gegenstände sind ihm zur Verfügung zu stellen.

(4) ¹Wird eine Beschlagnahme in einem Dienstgebäude oder einer nicht allgemein zugänglichen Einrichtung oder Anlage der Bundeswehr erforderlich, so wird die vorgesetzte Dienststelle der Bundeswehr um ihre Durchführung ersucht. ²Die ersuchende Stelle ist zur Mitwirkung berechtigt. ³Des Ersuchens bedarf es nicht, wenn die Beschlagnahme in Räumen vorzunehmen ist, die ausschließlich von anderen Personen als Soldaten bewohnt werden.

§ 98a Rasterfahndung. (1) ¹Liegen zureichende tatsächliche Anhaltspunkte dafür vor, daß eine Straftat von erheblicher Bedeutung

1. auf dem Gebiet des unerlaubten Betäubungsmittel- oder Waffenverkehrs, der Geld- oder Wertzeichenfälschung,
2. auf dem Gebiet des Staatsschutzes (§§ 74a, 120 des Gerichtsverfassungsgesetzes),
3. auf dem Gebiet der gemeingefährlichen Straftaten,

---

¹⁾ Nr. **16**.

4. gegen Leib oder Leben, die sexuelle Selbstbestimmung oder die persönliche Freiheit,
5. gewerbs- oder gewohnheitsmäßig oder
6. von einem Bandenmitglied oder in anderer Weise organisiert

begangen worden ist, so dürfen, unbeschadet §§ 94, 110, 161, personenbezogene Daten von Personen, die bestimmte, auf den Täter vermutlich zutreffende Prüfungsmerkmale erfüllen, mit anderen Daten maschinell abgeglichen werden, um Nichtverdächtige auszuschließen oder Personen festzustellen, die weitere für die Ermittlungen bedeutsame Prüfungsmerkmale erfüllen. ²Die Maßnahme darf nur angeordnet werden, wenn die Erforschung des Sachverhalts oder die Ermittlung des Aufenthaltsortes des Täters auf andere Weise erheblich weniger erfolgversprechend oder wesentlich erschwert wäre.

(2) Zu dem in Absatz 1 bezeichneten Zweck hat die speichernde Stelle die für den Abgleich erforderlichen Daten aus den Datenbeständen auszusondern und den Strafverfolgungsbehörden zu übermitteln.

(3) ¹Soweit die zu übermittelnden Daten von anderen Daten nur mit unverhältnismäßigem Aufwand getrennt werden können, sind auf Anordnung auch die anderen Daten zu übermitteln. ²Ihre Nutzung ist nicht zulässig.

(4) Auf Anforderung der Staatsanwaltschaft hat die speichernde Stelle die Stelle, die den Abgleich durchführt, zu unterstützen.

(5) § 95 Abs. 2 gilt entsprechend.

§ 98b Verfahren bei der Rasterfahndung. (1) ¹Der Abgleich und die Übermittlung der Daten dürfen nur durch das Gericht, bei Gefahr im Verzug auch durch die Staatsanwaltschaft angeordnet werden. ²Hat die Staatsanwaltschaft die Anordnung getroffen, so beantragt sie unverzüglich die gerichtliche Bestätigung. ³Die Anordnung tritt außer Kraft, wenn sie nicht binnen drei Werktagen vom Gericht bestätigt wird. ⁴Die Anordnung ergeht schriftlich. ⁵Sie muß den zur Übermittlung Verpflichteten bezeichnen und ist auf die Daten und Prüfungsmerkmale zu beschränken, die für den Einzelfall benötigt werden. ⁶Die Übermittlung von Daten, deren Verwendung besondere bundesgesetzliche oder entsprechende landesgesetzliche Verwendungsregelungen entgegenstehen, darf nicht angeordnet werden. ⁷Die §§ 96, 97, 98 Abs. 1 Satz 2 gelten entsprechend.

(2) Ordnungs- und Zwangsmittel (§ 95 Abs. 2) dürfen nur durch das Gericht, bei Gefahr im Verzug auch durch die Staatsanwaltschaft angeordnet werden; die Festsetzung von Haft bleibt dem Gericht vorbehalten.

(3) ¹Sind die Daten auf Datenträgern übermittelt worden, so sind diese nach Beendigung des Abgleichs unverzüglich zurückzugeben. ²Personenbezogene Daten, die auf andere Datenträger übertragen wurden, sind unverzüglich zu löschen, sobald sie für das Strafverfahren nicht mehr benötigt werden.

(4) Nach Beendigung einer Maßnahme nach § 98a ist die Stelle zu unterrichten, die für die Kontrolle der Einhaltung der Vorschriften über den Datenschutz bei öffentlichen Stellen zuständig ist.

§ 98c Maschineller Abgleich mit vorhandenen Daten. ¹Zur Aufklärung einer Straftat oder zur Ermittlung des Aufenthaltsortes einer Person, nach der für Zwecke eines Strafverfahrens gefahndet wird, dürfen personenbezogene Daten aus einem Strafverfahren mit anderen zur Strafverfolgung oder Strafvollstreckung oder zur Gefahrenabwehr gespeicherten Daten maschinell abgeglichen werden. ²Entgegenstehende besondere bundesgesetzliche oder entsprechende landesgesetzliche Verwendungsregelungen bleiben unberührt.

§ 99 Postbeschlagnahme und Auskunftsverlangen. (1) ¹Zulässig ist die Beschlagnahme der an den Beschuldigten gerichteten Postsendungen und Telegramme, die sich im Gewahrsam von Personen oder Unternehmen befinden, die geschäftsmäßig Post- oder Telekommunikationsdienste erbringen oder daran mitwirken. ²Ebenso ist eine Beschlagnahme von Postsendungen und Telegrammen zulässig, bei denen aus vorliegenden Tatsachen zu schließen ist, daß sie von dem Beschuldigten herrühren oder für ihn bestimmt sind und daß ihr Inhalt für die Untersuchung Bedeutung hat.

(2) ¹Unter den Voraussetzungen des Absatzes 1 ist es auch zulässig, von Personen oder Unternehmen, die geschäftsmäßig Postdienste erbringen oder daran mitwirken, Auskunft über Postsendungen zu verlangen, die an den Beschuldigten gerichtet sind, von ihm herrühren oder für ihn bestimmt sind. ²Die Auskunft umfasst ausschließlich die aufgrund von Rechtsvorschriften außerhalb des Strafrechts erhobenen Daten, sofern sie Folgendes betreffen:

1. Namen und Anschriften von Absendern, Empfängern und, soweit abweichend, von denjenigen Personen, welche die jeweilige Postsendung eingeliefert oder entgegengenommen haben,
2. Art des in Anspruch genommenen Postdienstes,
3. Maße und Gewicht der jeweiligen Postsendung,
4. die vom Postdienstleister zugeteilte Sendungsnummer der jeweiligen Postsendung sowie, sofern der Empfänger eine Abholstation mit Selbstbedienungs-Schließfächern nutzt, dessen persönliche Postnummer,
5. Zeit- und Ortsangaben zum jeweiligen Postsendungsverlauf sowie
6. Bildaufnahmen von der Postsendung, die zu Zwecken der Erbringung der Postdienstleistung erstellt wurden.

³Auskunft über den Inhalt der Postsendung darf darüber hinaus nur verlangt werden, wenn die in Satz 1 bezeichneten Personen oder Unternehmen davon auf rechtmäßige Weise Kenntnis erlangt haben. ⁴Auskunft nach den Sätzen 2 und 3 müssen sie auch über solche Postsendungen erteilen, die sich noch nicht oder nicht mehr in ihrem Gewahrsam befinden.

§ 100 Verfahren bei der Postbeschlagnahme und Auskunftsverlangen.

(1) Zur Anordnung der Maßnahmen nach § 99 ist nur das Gericht, bei Gefahr im Verzug auch die Staatsanwaltschaft befugt.

(2) Anordnungen der Staatsanwaltschaft nach Absatz 1 treten, auch wenn sie eine Auslieferung nach § 99 Absatz 1 oder eine Auskunftserteilung nach § 99 Absatz 2 noch nicht zur Folge gehabt haben, außer Kraft, wenn sie nicht binnen drei Werktagen gerichtlich bestätigt werden.

(3) ¹Die Öffnung der ausgelieferten Postsendungen steht dem Gericht zu. ²Es kann diese Befugnis der Staatsanwaltschaft übertragen, soweit dies erforderlich ist, um den Untersuchungserfolg nicht durch Verzögerung zu gefährden. ³Die Übertragung ist nicht anfechtbar; sie kann jederzeit widerrufen werden. ⁴Solange eine Anordnung nach Satz 2 nicht ergangen ist, legt die Staatsanwaltschaft die ihr ausgelieferten Postsendungen sofort, und zwar verschlossene Postsendungen ungeöffnet, dem Gericht vor.

(4) [1]Über eine von der Staatsanwaltschaft verfügte Maßnahme nach § 99 entscheidet das nach § 98 zuständige Gericht. [2]Über die Öffnung einer ausgelieferten Postsendung entscheidet das Gericht, das die Beschlagnahme angeordnet oder bestätigt hat.

(5) [1]Postsendungen, deren Öffnung nicht angeordnet worden ist, sind unverzüglich an den vorgesehenen Empfänger weiterzuleiten. [2]Dasselbe gilt, soweit nach der Öffnung die Zurückbehaltung nicht erforderlich ist.

(6) Der Teil einer zurückbehaltenen Postsendung, dessen Vorenthaltung nicht mit Rücksicht auf die Untersuchung geboten erscheint, ist dem vorgesehenen Empfänger abschriftlich mitzuteilen.

§ 100a Telekommunikationsüberwachung. (1) [1]Auch ohne Wissen der Betroffenen darf die Telekommunikation überwacht und aufgezeichnet werden, wenn

1. bestimmte Tatsachen den Verdacht begründen, dass jemand als Täter oder Teilnehmer eine in Absatz 2 bezeichnete schwere Straftat begangen, in Fällen, in denen der Versuch strafbar ist, zu begehen versucht, oder durch eine Straftat vorbereitet hat,
2. die Tat auch im Einzelfall schwer wiegt und
3. die Erforschung des Sachverhalts oder die Ermittlung des Aufenthaltsortes des Beschuldigten auf andere Weise wesentlich erschwert oder aussichtslos wäre.

[2]Die Überwachung und Aufzeichnung der Telekommunikation darf auch in der Weise erfolgen, dass mit technischen Mitteln in von dem Betroffenen genutzte informationstechnische Systeme eingegriffen wird, wenn dies notwendig ist, um die Überwachung und Aufzeichnung insbesondere in unverschlüsselter Form zu ermöglichen. [3]Auf dem informationstechnischen System des Betroffenen gespeicherte Inhalte und Umstände der Kommunikation dürfen überwacht und aufgezeichnet werden, wenn sie auch während des laufenden Übertragungsvorgangs im öffentlichen Telekommunikationsnetz in verschlüsselter Form hätten überwacht und aufgezeichnet werden können.

(2) Schwere Straftaten im Sinne des Absatzes 1 Nr. 1 sind:

1. aus dem Strafgesetzbuch:
   a) Straftaten des Friedensverrats, des Hochverrats und der Gefährdung des demokratischen Rechtsstaates sowie des Landesverrats und der Gefährdung der äußeren Sicherheit nach den §§ 80a bis 82, 84 bis 86, 87 bis 89a, 89c Absatz 1 bis 4, 94 bis 100a,
   b) Bestechlichkeit und Bestechung von Mandatsträgern nach § 108e,
   c) Straftaten gegen die Landesverteidigung nach den §§ 109d bis 109h,
   d) Straftaten gegen die öffentliche Ordnung nach § 127 Absatz 3 und 4 sowie den §§ 129 bis 130,
   e) Geld- und Wertzeichenfälschung nach den §§ 146 und 151, jeweils auch in Verbindung mit § 152, sowie nach § 152a Abs. 3 und § 152b Abs. 1 bis 4,
   f) Straftaten gegen die sexuelle Selbstbestimmung in den Fällen der §§ 176, 176c, 176d und, unter den in § 177 Absatz 6 Satz 2 Nummer 2 genannten Voraussetzungen, des § 177,

g) Verbreitung, Erwerb und Besitz kinder- und jugendpornographischer Inhalte nach § 184b, § 184c Absatz 2,

h) Mord und Totschlag nach den §§ 211 und 212,

i) Straftaten gegen die persönliche Freiheit nach den §§ 232, 232a Absatz 1 bis 5, den §§ 232b, 233 Absatz 2, den §§ 233a, 234, 234a, 239a und 239b,

j) Bandendiebstahl nach § 244 Abs. 1 Nr. 2, Wohnungseinbruchdiebstahl nach § 244 Absatz 4 und schwerer Bandendiebstahl nach § 244a,

k) Straftaten des Raubes und der Erpressung nach den §§ 249 bis 255,

l) gewerbsmäßige Hehlerei, Bandenhehlerei und gewerbsmäßige Bandenhehlerei nach den §§ 260 und 260a,

m) Geldwäsche nach § 261, wenn die Vortat eine der in den Nummern 1 bis 11 genannten schweren Straftaten ist,

n) Betrug und Computerbetrug unter den in § 263 Abs. 3 Satz 2 genannten Voraussetzungen und im Falle des § 263 Abs. 5, jeweils auch in Verbindung mit § 263a Abs. 2,

o) Subventionsbetrug unter den in § 264 Abs. 2 Satz 2 genannten Voraussetzungen und im Falle des § 264 Abs. 3 in Verbindung mit § 263 Abs. 5,

p) Sportwettbetrug und Manipulation von berufssportlichen Wettbewerben unter den in § 265e Satz 2 genannten Voraussetzungen,

q) Vorenthalten und Veruntreuen von Arbeitsentgelt unter den in § 266a Absatz 4 Satz 2 Nummer 4 genannten Voraussetzungen,

r) Straftaten der Urkundenfälschung unter den in § 267 Abs. 3 Satz 2 genannten Voraussetzungen und im Fall des § 267 Abs. 4, jeweils auch in Verbindung mit § 268 Abs. 5 oder § 269 Abs. 3, sowie nach § 275 Abs. 2 und § 276 Abs. 2,

s) Bankrott unter den in § 283a Satz 2 genannten Voraussetzungen,

t) Straftaten gegen den Wettbewerb nach § 298 und, unter den in § 300 Satz 2 genannten Voraussetzungen, nach § 299,

u) gemeingefährliche Straftaten in den Fällen der §§ 306 bis 306c, 307 Abs. 1 bis 3, des § 308 Abs. 1 bis 3, des § 309 Abs. 1 bis 4, des § 310 Abs. 1, der §§ 313, 314, 315 Abs. 3, des § 315b Abs. 3 sowie der §§ 316a und 316c,

v) Bestechlichkeit und Bestechung nach den §§ 332 und 334,

2. aus der Abgabenordnung:

a) Steuerhinterziehung unter den in § 370 Absatz 3 Satz 2 Nummer 1 genannten Voraussetzungen, sofern der Täter als Mitglied einer Bande, die sich zur fortgesetzten Begehung von Taten nach § 370 Absatz 1 verbunden hat, handelt, oder unter den in § 370 Absatz 3 Satz 2 Nummer 5 genannten Voraussetzungen,

b) gewerbsmäßiger, gewaltsamer und bandenmäßiger Schmuggel nach § 373,

c) Steuerhehlerei im Falle des § 374 Abs. 2,

3. aus dem Anti-Doping-Gesetz:
Straftaten nach § 4 Absatz 4 Nummer 2 Buchstabe b,

4. aus dem Asylgesetz:
   a) Verleitung zur missbräuchlichen Asylantragstellung nach § 84 Abs. 3,
   b) gewerbs- und bandenmäßige Verleitung zur missbräuchlichen Asylantragstellung nach § 84a,
5. aus dem Aufenthaltsgesetz:
   a) Einschleusen von Ausländern nach § 96 Abs. 2,
   b) Einschleusen mit Todesfolge und gewerbs- und bandenmäßiges Einschleusen nach § 97,
5a. aus dem Ausgangsstoffgesetz:
   Straftaten nach § 13 Absatz 3,
6. aus dem Außenwirtschaftsgesetz:
   vorsätzliche Straftaten nach den §§ 17 und 18 des Außenwirtschaftsgesetzes,
7. aus dem Betäubungsmittelgesetz:
   a) Straftaten nach einer in § 29 Abs. 3 Satz 2 Nr. 1 in Bezug genommenen Vorschrift unter den dort genannten Voraussetzungen,
   b) Straftaten nach den §§ 29a, 30 Abs. 1 Nr. 1, 2 und 4 sowie den §§ 30a und 30b,
8. aus dem Grundstoffüberwachungsgesetz:
   Straftaten nach § 19 Abs. 1 unter den in § 19 Abs. 3 Satz 2 genannten Voraussetzungen,
9. aus dem Gesetz über die Kontrolle von Kriegswaffen:
   a) Straftaten nach § 19 Abs. 1 bis 3 und § 20 Abs. 1 und 2 sowie § 20a Abs. 1 bis 3, jeweils auch in Verbindung mit § 21,
   b) Straftaten nach § 22a Abs. 1 bis 3,
9a. aus dem Neue-psychoaktive-Stoffe-Gesetz:
   Straftaten nach § 4 Absatz 3 Nummer 1 Buchstabe a,
10. aus dem Völkerstrafgesetzbuch:
    a) Völkermord nach § 6,
    b) Verbrechen gegen die Menschlichkeit nach § 7,
    c) Kriegsverbrechen nach den §§ 8 bis 12,
    d) Verbrechen der Aggression nach § 13,
11. aus dem Waffengesetz:
    a) Straftaten nach § 51 Abs. 1 bis 3,
    b) Straftaten nach § 52 Abs. 1 Nr. 1 und 2 Buchstabe c und d sowie Abs. 5 und 6.

(3) Die Anordnung darf sich nur gegen den Beschuldigten oder gegen Personen richten, von denen auf Grund bestimmter Tatsachen anzunehmen ist, dass sie für den Beschuldigten bestimmte oder von ihm herrührende Mitteilungen entgegennehmen oder weitergeben oder dass der Beschuldigte ihren Anschluss oder ihr informationstechnisches System benutzt.

(4) [1] Auf Grund der Anordnung einer Überwachung und Aufzeichnung der Telekommunikation hat jeder, der Telekommunikationsdienste erbringt oder daran mitwirkt, dem Gericht, der Staatsanwaltschaft und ihren im Polizeidienst tätigen Ermittlungspersonen (§ 152 des Gerichtsverfassungsgesetzes) diese Maßnahmen zu ermöglichen und die erforderlichen Auskünfte unverzüglich zu erteilen. [2] Ob und in welchem Umfang hierfür Vorkehrungen zu treffen sind,

bestimmt sich nach dem Telekommunikationsgesetz und der Telekommunikations-Überwachungsverordnung[1]. ³ § 95 Absatz 2 gilt entsprechend.

(5) ¹Bei Maßnahmen nach Absatz 1 Satz 2 und 3 ist technisch sicherzustellen, dass

1. ausschließlich überwacht und aufgezeichnet werden können:
   a) die laufende Telekommunikation (Absatz 1 Satz 2), oder
   b) Inhalte und Umstände der Kommunikation, die ab dem Zeitpunkt der Anordnung nach § 100e Absatz 1 auch während des laufenden Übertragungsvorgangs im öffentlichen Telekommunikationsnetz hätten überwacht und aufgezeichnet werden können (Absatz 1 Satz 3),
2. an dem informationstechnischen System nur Veränderungen vorgenommen werden, die für die Datenerhebung unerlässlich sind, und
3. die vorgenommenen Veränderungen bei Beendigung der Maßnahme, soweit technisch möglich, automatisiert rückgängig gemacht werden.

²Das eingesetzte Mittel ist nach dem Stand der Technik gegen unbefugte Nutzung zu schützen. ³Kopierte Daten sind nach dem Stand der Technik gegen Veränderung, unbefugte Löschung und unbefugte Kenntnisnahme zu schützen.

(6) Bei jedem Einsatz des technischen Mittels sind zu protokollieren

1. die Bezeichnung des technischen Mittels und der Zeitpunkt seines Einsatzes,
2. die Angaben zur Identifizierung des informationstechnischen Systems und die daran vorgenommenen nicht nur flüchtigen Veränderungen,
3. die Angaben, die die Feststellung der erhobenen Daten ermöglichen, und
4. die Organisationseinheit, die die Maßnahme durchführt.

§ 100b Online-Durchsuchung. (1) Auch ohne Wissen des Betroffenen darf mit technischen Mitteln in ein von dem Betroffenen genutztes informationstechnisches System eingegriffen und dürfen Daten daraus erhoben werden (Online-Durchsuchung), wenn

1. bestimmte Tatsachen den Verdacht begründen, dass jemand als Täter oder Teilnehmer eine in Absatz 2 bezeichnete besonders schwere Straftat begangen oder in Fällen, in denen der Versuch strafbar ist, zu begehen versucht hat,
2. die Tat auch im Einzelfall besonders schwer wiegt und
3. die Erforschung des Sachverhalts oder die Ermittlung des Aufenthaltsortes des Beschuldigten auf andere Weise wesentlich erschwert oder aussichtslos wäre.

(2) Besonders schwere Straftaten im Sinne des Absatzes 1 Nummer 1 sind:

1. aus dem Strafgesetzbuch:
   a) Straftaten des Hochverrats und der Gefährdung des demokratischen Rechtsstaates sowie des Landesverrats und der Gefährdung der äußeren Sicherheit nach den §§ 81, 82, 89a, 89c Absatz 1 bis 4, nach den §§ 94, 95 Absatz 3 und § 96 Absatz 1, jeweils auch in Verbindung mit § 97b, sowie nach den §§ 97a, 98 Absatz 1 Satz 2, § 99 Absatz 2 und den §§ 100, 100a Absatz 4,

---

[1] Nr. 11.

b) Betreiben krimineller Handelsplattformen im Internet in den Fällen des § 127 Absatz 3 und 4, sofern der Zweck der Handelsplattform im Internet darauf ausgerichtet ist, in den Buchstaben a und c bis o sowie in den Nummern 2 bis 10 genannte besonders schwere Straftaten zu ermöglichen oder zu fördern,

c) Bildung krimineller Vereinigungen nach § 129 Absatz 1 in Verbindung mit Absatz 5 Satz 3 und Bildung terroristischer Vereinigungen nach § 129a Absatz 1, 2, 4, 5 Satz 1 erste Alternative, jeweils auch in Verbindung mit § 129b Absatz 1,

d) Geld- und Wertzeichenfälschung nach den §§ 146 und 151, jeweils auch in Verbindung mit § 152, sowie nach § 152a Absatz 3 und § 152b Absatz 1 bis 4,

e) Straftaten gegen die sexuelle Selbstbestimmung in den Fällen des § 176 Absatz 1 und der §§ 176c, 176d und, unter den in § 177 Absatz 6 Satz 2 Nummer 2 genannten Voraussetzungen, des § 177,

f) Verbreitung, Erwerb und Besitz kinderpornografischer Inhalte in den Fällen des § 184b Absatz 1 Satz 1 und Absatz 2,

g) Mord und Totschlag nach den §§ 211, 212,

h) Straftaten gegen die persönliche Freiheit in den Fällen des § 232 Absatz 2 und 3, des § 232a Absatz 1, 3, 4 und 5 zweiter Halbsatz, des § 232b Absatz 1 und 3 sowie Absatz 4, dieser in Verbindung mit § 232a Absatz 4 und 5 zweiter Halbsatz, des § 233 Absatz 2, des § 233a Absatz 1, 3 und 4 zweiter Halbsatz, der §§ 234 und 234a Absatz 1 und 2 sowie der §§ 239a und 239b,

i) Bandendiebstahl nach § 244 Absatz 1 Nummer 2 und schwerer Bandendiebstahl nach § 244a,

j) schwerer Raub und Raub mit Todesfolge nach § 250 Absatz 1 oder Absatz 2, § 251,

k) räuberische Erpressung nach § 255 und besonders schwerer Fall einer Erpressung nach § 253 unter den in § 253 Absatz 4 Satz 2 genannten Voraussetzungen,

l) gewerbsmäßige Hehlerei, Bandenhehlerei und gewerbsmäßige Bandenhehlerei nach den §§ 260, 260a,

m) besonders schwerer Fall der Geldwäsche nach § 261 unter den in § 261 Absatz 5 Satz 2 genannten Voraussetzungen, wenn die Vortat eine der in den Nummern 1 bis 7 genannten besonders schweren Straftaten ist,

n) Computerbetrug in den Fällen des § 263a Absatz 2 in Verbindung mit § 263 Absatz 5,

o) besonders schwerer Fall der Bestechlichkeit und Bestechung nach § 335 Absatz 1 unter den in § 335 Absatz 2 Nummer 1 bis 3 genannten Voraussetzungen,

2. aus dem Asylgesetz:

a) Verleitung zur missbräuchlichen Asylantragstellung nach § 84 Absatz 3,

b) gewerbs- und bandenmäßige Verleitung zur missbräuchlichen Asylantragstellung nach § 84a Absatz 1,

3. aus dem Aufenthaltsgesetz:

a) Einschleusen von Ausländern nach § 96 Absatz 2,

b) Einschleusen mit Todesfolge oder gewerbs- und bandenmäßiges Einschleusen nach § 97,
4. aus dem Außenwirtschaftsgesetz:
   a) Straftaten nach § 17 Absatz 1, 2 und 3, jeweils auch in Verbindung mit Absatz 6 oder 7,
   b) Straftaten nach § 18 Absatz 7 und 8, jeweils auch in Verbindung mit Absatz 10,
5. aus dem Betäubungsmittelgesetz:
   a) besonders schwerer Fall einer Straftat nach § 29 Absatz 1 Satz 1 Nummer 1, 5, 6, 10, 11 oder 13, Absatz 3 unter der in § 29 Absatz 3 Satz 2 Nummer 1 genannten Voraussetzung,
   b) eine Straftat nach den §§ 29a, 30 Absatz 1 Nummer 1, 2, 4, § 30a,
6. aus dem Gesetz über die Kontrolle von Kriegswaffen:
   a) eine Straftat nach § 19 Absatz 2 oder § 20 Absatz 1, jeweils auch in Verbindung mit § 21,
   b) besonders schwerer Fall einer Straftat nach § 22a Absatz 1 in Verbindung mit Absatz 2,
7. aus dem Grundstoffüberwachungsgesetz:
   Straftaten nach § 19 Absatz 3,
8. aus dem Neue-psychoaktive-Stoffe-Gesetz:
   Straftaten nach § 4 Absatz 3 Nummer 1,
9. aus dem Völkerstrafgesetzbuch:
   a) Völkermord nach § 6,
   b) Verbrechen gegen die Menschlichkeit nach § 7,
   c) Kriegsverbrechen nach den §§ 8 bis 12,
   d) Verbrechen der Aggression nach § 13,
10. aus dem Waffengesetz:
    a) besonders schwerer Fall einer Straftat nach § 51 Absatz 1 in Verbindung mit Absatz 2,
    b) besonders schwerer Fall einer Straftat nach § 52 Absatz 1 Nummer 1 in Verbindung mit Absatz 5.

(3) [1]Die Maßnahme darf sich nur gegen den Beschuldigten richten. [2]Ein Eingriff in informationstechnische Systeme anderer Personen ist nur zulässig, wenn auf Grund bestimmter Tatsachen anzunehmen ist, dass

1. der in der Anordnung nach § 100e Absatz 3 bezeichnete Beschuldigte informationstechnische Systeme der anderen Person benutzt, und
2. die Durchführung des Eingriffs in informationstechnische Systeme des Beschuldigten allein nicht zur Erforschung des Sachverhalts oder zur Ermittlung des Aufenthaltsortes eines Mitbeschuldigten führen wird.

[3]Die Maßnahme darf auch durchgeführt werden, wenn andere Personen unvermeidbar betroffen werden.

(4) § 100a Absatz 5 und 6 gilt mit Ausnahme von Absatz 5 Satz 1 Nummer 1 entsprechend.

§ 100c Akustische Wohnraumüberwachung. (1) Auch ohne Wissen der Betroffenen darf das in einer Wohnung nichtöffentlich gesprochene Wort mit technischen Mitteln abgehört und aufgezeichnet werden, wenn

1. bestimmte Tatsachen den Verdacht begründen, dass jemand als Täter oder Teilnehmer eine in § 100b Absatz 2 bezeichnete besonders schwere Straftat begangen oder in Fällen, in denen der Versuch strafbar ist, zu begehen versucht hat,
2. die Tat auch im Einzelfall besonders schwer wiegt,
3. auf Grund tatsächlicher Anhaltspunkte anzunehmen ist, dass durch die Überwachung Äußerungen des Beschuldigten erfasst werden, die für die Erforschung des Sachverhalts oder die Ermittlung des Aufenthaltsortes eines Mitbeschuldigten von Bedeutung sind, und
4. die Erforschung des Sachverhalts oder die Ermittlung des Aufenthaltsortes eines Mitbeschuldigten auf andere Weise unverhältnismäßig erschwert oder aussichtslos wäre.

(2) [1] Die Maßnahme darf sich nur gegen den Beschuldigten richten und nur in Wohnungen des Beschuldigten durchgeführt werden. [2] In Wohnungen anderer Personen ist die Maßnahme nur zulässig, wenn auf Grund bestimmter Tatsachen anzunehmen ist, dass

1. der in der Anordnung nach § 100e Absatz 3 bezeichnete Beschuldigte sich dort aufhält und
2. die Maßnahme in Wohnungen des Beschuldigten allein nicht zur Erforschung des Sachverhalts oder zur Ermittlung des Aufenthaltsortes eines Mitbeschuldigten führen wird.

[3] Die Maßnahme darf auch durchgeführt werden, wenn andere Personen unvermeidbar betroffen werden.

§ 100d Kernbereich privater Lebensgestaltung; Zeugnisverweigerungsberechtigte.

(1) Liegen tatsächliche Anhaltspunkte für die Annahme vor, dass durch eine Maßnahme nach den §§ 100a bis 100c allein Erkenntnisse aus dem Kernbereich privater Lebensgestaltung erlangt werden, ist die Maßnahme unzulässig.

(2) [1] Erkenntnisse aus dem Kernbereich privater Lebensgestaltung, die durch eine Maßnahme nach den §§ 100a bis 100c erlangt wurden, dürfen nicht verwertet werden. [2] Aufzeichnungen über solche Erkenntnisse sind unverzüglich zu löschen. [3] Die Tatsache ihrer Erlangung und Löschung ist zu dokumentieren.

(3) [1] Bei Maßnahmen nach § 100b ist, soweit möglich, technisch sicherzustellen, dass Daten, die den Kernbereich privater Lebensgestaltung betreffen, nicht erhoben werden. [2] Erkenntnisse, die durch Maßnahmen nach § 100b erlangt wurden und den Kernbereich privater Lebensgestaltung betreffen, sind unverzüglich zu löschen oder von der Staatsanwaltschaft dem anordnenden Gericht zur Entscheidung über die Verwertbarkeit und Löschung der Daten vorzulegen. [3] Die Entscheidung des Gerichts über die Verwertbarkeit ist für das weitere Verfahren bindend.

(4) [1] Maßnahmen nach § 100c dürfen nur angeordnet werden, soweit auf Grund tatsächlicher Anhaltspunkte anzunehmen ist, dass durch die Überwachung Äußerungen, die dem Kernbereich privater Lebensgestaltung zuzurechnen sind, nicht erfasst werden. [2] Das Abhören und Aufzeichnen ist unverzüglich zu unterbrechen, wenn sich während der Überwachung Anhaltspunkte dafür ergeben, dass Äußerungen, die dem Kernbereich privater Lebens-

gestaltung zuzurechnen sind, erfasst werden. ³ Ist eine Maßnahme unterbrochen worden, so darf sie unter den in Satz 1 genannten Voraussetzungen fortgeführt werden. ⁴ Im Zweifel hat die Staatsanwaltschaft über die Unterbrechung oder Fortführung der Maßnahme unverzüglich eine Entscheidung des Gerichts herbeizuführen; § 100e Absatz 5 gilt entsprechend. ⁵ Auch soweit für bereits erlangte Erkenntnisse ein Verwertungsverbot nach Absatz 2 in Betracht kommt, hat die Staatsanwaltschaft unverzüglich eine Entscheidung des Gerichts herbeizuführen. ⁶ Absatz 3 Satz 3 gilt entsprechend.

(5) ¹ In den Fällen des § 53 sind Maßnahmen nach den §§ 100b und 100c unzulässig; ergibt sich während oder nach Durchführung der Maßnahme, dass ein Fall des § 53 vorliegt, gilt Absatz 2 entsprechend. ² In den Fällen der §§ 52 und 53a dürfen aus Maßnahmen nach den §§ 100b und 100c gewonnene Erkenntnisse nur verwertet werden, wenn dies unter Berücksichtigung der Bedeutung des zugrunde liegenden Vertrauensverhältnisses nicht außer Verhältnis zum Interesse an der Erforschung des Sachverhalts oder der Ermittlung des Aufenthaltsortes eines Beschuldigten steht. ³ § 160a Absatz 4 gilt entsprechend.

§ 100e Verfahren bei Maßnahmen nach den §§ 100a bis 100c.

(1) ¹ Maßnahmen nach § 100a dürfen nur auf Antrag der Staatsanwaltschaft durch das Gericht angeordnet werden. ² Bei Gefahr im Verzug kann die Anordnung auch durch die Staatsanwaltschaft getroffen werden. ³ Soweit die Anordnung der Staatsanwaltschaft nicht binnen drei Werktagen von dem Gericht bestätigt wird, tritt sie außer Kraft. ⁴ Die Anordnung ist auf höchstens drei Monate zu befristen. ⁵ Eine Verlängerung um jeweils nicht mehr als drei Monate ist zulässig, soweit die Voraussetzungen der Anordnung unter Berücksichtigung der gewonnenen Ermittlungsergebnisse fortbestehen.

(2) ¹ Maßnahmen nach den §§ 100b und 100c dürfen nur auf Antrag der Staatsanwaltschaft durch die in § 74a Absatz 4 des Gerichtsverfassungsgesetzes genannte Kammer des Landgerichts angeordnet werden, in dessen Bezirk die Staatsanwaltschaft ihren Sitz hat. ² Bei Gefahr im Verzug kann diese Anordnung auch durch den Vorsitzenden getroffen werden. ³ Dessen Anordnung tritt außer Kraft, wenn sie nicht binnen drei Werktagen von der Strafkammer bestätigt wird. ⁴ Die Anordnung ist auf höchstens einen Monat zu befristen. ⁵ Eine Verlängerung um jeweils nicht mehr als einen Monat ist zulässig, soweit die Voraussetzungen unter Berücksichtigung der gewonnenen Ermittlungsergebnisse fortbestehen. ⁶ Ist die Dauer der Anordnung auf insgesamt sechs Monate verlängert worden, so entscheidet über weitere Verlängerungen das Oberlandesgericht.

(3) ¹ Die Anordnung ergeht schriftlich. ² In ihrer Entscheidungsformel sind anzugeben:

1. soweit möglich, der Name und die Anschrift des Betroffenen, gegen den sich die Maßnahme richtet,
2. der Tatvorwurf, auf Grund dessen die Maßnahme angeordnet wird,
3. Art, Umfang, Dauer und Endzeitpunkt der Maßnahme,
4. die Art der durch die Maßnahme zu erhebenden Informationen und ihre Bedeutung für das Verfahren,
5. bei Maßnahmen nach § 100a die Rufnummer oder eine andere Kennung des zu überwachenden Anschlusses oder des Endgerätes, sofern sich nicht aus

bestimmten Tatsachen ergibt, dass diese zugleich einem anderen Endgerät zugeordnet ist; im Fall des § 100a Absatz 1 Satz 2 und 3 eine möglichst genaue Bezeichnung des informationstechnischen Systems, in das eingegriffen werden soll,

6. bei Maßnahmen nach § 100b eine möglichst genaue Bezeichnung des informationstechnischen Systems, aus dem Daten erhoben werden sollen,
7. bei Maßnahmen nach § 100c die zu überwachende Wohnung oder die zu überwachenden Wohnräume.

(4) ¹In der Begründung der Anordnung oder Verlängerung von Maßnahmen nach den §§ 100a bis 100c sind deren Voraussetzungen und die wesentlichen Abwägungsgesichtspunkte darzulegen. ²Insbesondere sind einzelfallbezogen anzugeben:

1. die bestimmten Tatsachen, die den Verdacht begründen,
2. die wesentlichen Erwägungen zur Erforderlichkeit und Verhältnismäßigkeit der Maßnahme,
3. bei Maßnahmen nach § 100c die tatsächlichen Anhaltspunkte im Sinne des § 100d Absatz 4 Satz 1.

(5) ¹Liegen die Voraussetzungen der Anordnung nicht mehr vor, so sind die auf Grund der Anordnung ergriffenen Maßnahmen unverzüglich zu beenden. ²Das anordnende Gericht ist nach Beendigung der Maßnahme über deren Ergebnisse zu unterrichten. ³Bei Maßnahmen nach den §§ 100b und 100c ist das anordnende Gericht auch über den Verlauf zu unterrichten. ⁴Liegen die Voraussetzungen der Anordnung nicht mehr vor, so hat das Gericht den Abbruch der Maßnahme anzuordnen, sofern der Abbruch nicht bereits durch die Staatsanwaltschaft veranlasst wurde. ⁵Die Anordnung des Abbruchs einer Maßnahme nach den §§ 100b und 100c kann auch durch den Vorsitzenden erfolgen.

(6) Die durch Maßnahmen nach den §§ 100b und 100c erlangten und verwertbaren personenbezogenen Daten dürfen für andere Zwecke nach folgenden Maßgaben verwendet werden:

1. Die Daten dürfen in anderen Strafverfahren ohne Einwilligung der insoweit überwachten Personen nur zur Aufklärung einer Straftat, auf Grund derer Maßnahmen nach § 100b oder § 100c angeordnet werden könnten, oder zur Ermittlung des Aufenthalts der einer solchen Straftat beschuldigten Person verwendet werden.
2. ¹Die Verwendung der Daten, auch solcher nach § 100d Absatz 5 Satz 1 zweiter Halbsatz, zu Zwecken der Gefahrenabwehr ist nur zur Abwehr einer im Einzelfall bestehenden Lebensgefahr oder einer dringenden Gefahr für Leib oder Freiheit einer Person, für die Sicherheit oder den Bestand des Staates oder für Gegenstände von bedeutendem Wert, die der Versorgung der Bevölkerung dienen, von kulturell herausragendem Wert oder in § 305 des Strafgesetzbuches genannt sind, zulässig. ²Die Daten dürfen auch zur Abwehr einer im Einzelfall bestehenden dringenden Gefahr für sonstige bedeutende Vermögenswerte verwendet werden. ³Sind die Daten zur Abwehr der Gefahr oder für eine vorgerichtliche oder gerichtliche Überprüfung der zur Gefahrenabwehr getroffenen Maßnahmen nicht mehr erforderlich, so sind Aufzeichnungen über diese Daten von der für die Gefahrenabwehr zuständigen Stelle unverzüglich zu löschen. ⁴Die Löschung ist aktenkundig

zu machen. ⁵Soweit die Löschung lediglich für eine etwaige vorgerichtliche oder gerichtliche Überprüfung zurückgestellt ist, dürfen die Daten nur für diesen Zweck verwendet werden; für eine Verwendung zu anderen Zwecken sind sie zu sperren.

3. Sind verwertbare personenbezogene Daten durch eine entsprechende polizeirechtliche Maßnahme erlangt worden, dürfen sie in einem Strafverfahren ohne Einwilligung der insoweit überwachten Personen nur zur Aufklärung einer Straftat, auf Grund derer die Maßnahmen nach § 100b oder § 100c angeordnet werden könnten, oder zur Ermittlung des Aufenthalts der einer solchen Straftat beschuldigten Person verwendet werden.

§ 100f Akustische Überwachung außerhalb von Wohnraum. (1) Auch ohne Wissen der betroffenen Personen darf außerhalb von Wohnungen das nichtöffentlich gesprochene Wort mit technischen Mitteln abgehört und aufgezeichnet werden, wenn bestimmte Tatsachen den Verdacht begründen, dass jemand als Täter oder Teilnehmer eine in § 100a Abs. 2 bezeichnete, auch im Einzelfall schwerwiegende Straftat begangen oder in Fällen, in denen der Versuch strafbar ist, zu begehen versucht hat, und die Erforschung des Sachverhalts oder die Ermittlung des Aufenthaltsortes eines Beschuldigten auf andere Weise aussichtslos oder wesentlich erschwert wäre.

(2) ¹Die Maßnahme darf sich nur gegen einen Beschuldigten richten. ²Gegen andere Personen darf die Maßnahme nur angeordnet werden, wenn auf Grund bestimmter Tatsachen anzunehmen ist, dass sie mit einem Beschuldigten in Verbindung stehen oder eine solche Verbindung hergestellt wird, die Maßnahme zur Erforschung des Sachverhalts oder zur Ermittlung des Aufenthaltsortes eines Beschuldigten führen wird und dies auf andere Weise aussichtslos oder wesentlich erschwert wäre.

(3) Die Maßnahme darf auch durchgeführt werden, wenn Dritte unvermeidbar betroffen werden.

(4) § 100d Absatz 1 und 2 sowie § 100e Absatz 1, 3, 5 Satz 1 gelten entsprechend.

§ 100g Erhebung von Verkehrsdaten. (1) ¹Begründen bestimmte Tatsachen den Verdacht, dass jemand als Täter oder Teilnehmer

1. eine Straftat von auch im Einzelfall erheblicher Bedeutung, insbesondere eine in § 100a Absatz 2 bezeichnete Straftat, begangen hat, in Fällen, in denen der Versuch strafbar ist, zu begehen versucht hat oder durch eine Straftat vorbereitet hat oder

2. eine Straftat mittels Telekommunikation begangen hat,

so dürfen Verkehrsdaten (§§ 9 und 12 des Telekommunikation-Telemedien-Datenschutz-Gesetzes[1]) und § 2a Absatz 1 des Gesetzes über die Errichtung einer Bundesanstalt für den Digitalfunk der Behörden und Organisationen mit Sicherheitsaufgaben) erhoben werden, soweit dies für die Erforschung des Sachverhalts erforderlich ist und die Erhebung der Daten in einem angemessenen Verhältnis zur Bedeutung der Sache steht. ²Im Fall des Satzes 1 Nummer 2 ist die Maßnahme nur zulässig, wenn die Erforschung des Sachverhalts auf andere Weise aussichtslos wäre. ³Die Erhebung gespeicherter (retrograder)

---

[1] Nr. **8**.

Strafprozessordnung § 100g StPO 20

Standortdaten ist nach diesem Absatz nur unter den Voraussetzungen des Absatzes 2 zulässig. ⁴Im Übrigen ist die Erhebung von Standortdaten nur für künftig anfallende Verkehrsdaten oder in Echtzeit und nur im Fall des Satzes 1 Nummer 1 zulässig, soweit sie für die Erforschung des Sachverhalts oder die Ermittlung des Aufenthaltsortes des Beschuldigten erforderlich ist.

(2) ¹Begründen bestimmte Tatsachen den Verdacht, dass jemand als Täter oder Teilnehmer eine der in Satz 2 bezeichneten besonders schweren Straftaten begangen hat oder in Fällen, in denen der Versuch strafbar ist, eine solche Straftat zu begehen versucht hat, und wiegt die Tat auch im Einzelfall besonders schwer, dürfen die nach § 176 des Telekommunikationsgesetzes[1]) gespeicherten Verkehrsdaten erhoben werden, soweit die Erforschung des Sachverhalts oder die Ermittlung des Aufenthaltsortes des Beschuldigten auf andere Weise wesentlich erschwert oder aussichtslos wäre und die Erhebung der Daten in einem angemessenen Verhältnis zur Bedeutung der Sache steht. ²Besonders schwere Straftaten im Sinne des Satzes 1 sind:

1. aus dem Strafgesetzbuch:

   a) Straftaten des Hochverrats und der Gefährdung des demokratischen Rechtsstaates sowie des Landesverrats und der Gefährdung der äußeren Sicherheit nach den §§ 81, 82, 89a, nach den §§ 94, 95 Absatz 3 und § 96 Absatz 1, jeweils auch in Verbindung mit § 97b, sowie nach den §§ 97a, 98 Absatz 1 Satz 2, § 99 Absatz 2 und den §§ 100, 100a Absatz 4,

   b) besonders schwerer Fall des Landfriedensbruchs nach § 125a sowie Betreiben krimineller Handelsplattformen im Internet in den Fällen des § 127 Absatz 3 und 4,

   c) Bildung krimineller Vereinigungen nach § 129 Absatz 1 in Verbindung mit Absatz 5 Satz 3 sowie Bildung terroristischer Vereinigungen nach § 129a Absatz 1, 2, 4, 5 Satz 1 erste Alternative, jeweils auch in Verbindung mit § 129b Absatz 1,

   d) Straftaten gegen die sexuelle Selbstbestimmung in den Fällen der §§ 176, 176c, 176d und, unter den in § 177 Absatz 6 Satz 2 Nummer 2 genannten Voraussetzungen, des § 177,

   e) Verbreitung, Erwerb und Besitz kinder- und jugendpornographischer Inhalte in den Fällen des § 184b Absatz 1 Satz 1, Absatz 2 und 3 sowie des § 184c Absatz 2,

   f) Mord und Totschlag nach den §§ 211 und 212,

   g) Straftaten gegen die persönliche Freiheit in den Fällen der §§ 234, 234a Absatz 1, 2, §§ 239a, 239b und Zwangsprostitution und Zwangsarbeit nach § 232a Absatz 3, 4 oder 5 zweiter Halbsatz, § 232b Absatz 3 oder 4 in Verbindung mit § 232a Absatz 4 oder 5 zweiter Halbsatz und Ausbeutung unter Ausnutzung einer Freiheitsberaubung nach § 233a Absatz 3 oder 4 zweiter Halbsatz,

   h) Einbruchdiebstahl in eine dauerhaft genutzte Privatwohnung nach § 244 Absatz 4, schwerer Bandendiebstahl nach § 244a Absatz 1, schwerer Raub nach § 250 Absatz 1 oder Absatz 2, Raub mit Todesfolge nach § 251, räuberische Erpressung nach § 255 und besonders schwerer Fall einer Erpressung nach § 253 unter den in § 253 Absatz 4 Satz 2 genannten Voraussetzungen, gewerbsmäßige Bandenhehlerei nach § 260a Absatz 1,

---

[1]) Nr. 10.

besonders schwerer Fall der Geldwäsche nach § 261 unter den in § 261 Absatz 5 Satz 2 genannten Voraussetzungen, wenn die Vortat eine der in den Nummern 1 bis 8 genannten besonders schweren Straftaten ist,

i) gemeingefährliche Straftaten in den Fällen der §§ 306 bis 306c, 307 Absatz 1 bis 3, des § 308 Absatz 1 bis 3, des § 309 Absatz 1 bis 4, des § 310 Absatz 1, der §§ 313, 314, 315 Absatz 3, des § 315b Absatz 3 sowie der §§ 316a und 316c,

2. aus dem Aufenthaltsgesetz:

a) Einschleusen von Ausländern nach § 96 Absatz 2,

b) Einschleusen mit Todesfolge oder gewerbs- und bandenmäßiges Einschleusen nach § 97,

3. aus dem Außenwirtschaftsgesetz:
Straftaten nach § 17 Absatz 1 bis 3 und § 18 Absatz 7 und 8,

4. aus dem Betäubungsmittelgesetz:

a) besonders schwerer Fall einer Straftat nach § 29 Absatz 1 Satz 1 Nummer 1, 5, 6, 10, 11 oder 13, Absatz 3 unter der in § 29 Absatz 3 Satz 2 Nummer 1 genannten Voraussetzung,

b) eine Straftat nach den §§ 29a, 30 Absatz 1 Nummer 1, 2, 4, § 30a,

5. aus dem Grundstoffüberwachungsgesetz:
eine Straftat nach § 19 Absatz 1 unter den in § 19 Absatz 3 Satz 2 genannten Voraussetzungen,

6. aus dem Gesetz über die Kontrolle von Kriegswaffen:

a) eine Straftat nach § 19 Absatz 2 oder § 20 Absatz 1, jeweils auch in Verbindung mit § 21,

b) besonders schwerer Fall einer Straftat nach § 22a Absatz 1 in Verbindung mit Absatz 2,

7. aus dem Völkerstrafgesetzbuch:

a) Völkermord nach § 6,

b) Verbrechen gegen die Menschlichkeit nach § 7,

c) Kriegsverbrechen nach den §§ 8 bis 12,

d) Verbrechen der Aggression nach § 13,

8. aus dem Waffengesetz:

a) besonders schwerer Fall einer Straftat nach § 51 Absatz 1 in Verbindung mit Absatz 2,

b) besonders schwerer Fall einer Straftat nach § 52 Absatz 1 Nummer 1 in Verbindung mit Absatz 5.

(3) [1]Die Erhebung aller in einer Funkzelle angefallenen Verkehrsdaten (Funkzellenabfrage) ist nur zulässig,

1. wenn die Voraussetzungen des Absatzes 1 Satz 1 Nummer 1 erfüllt sind,

2. soweit die Erhebung der Daten in einem angemessenen Verhältnis zur Bedeutung der Sache steht und

3. soweit die Erforschung des Sachverhalts oder die Ermittlung des Aufenthaltsortes des Beschuldigten auf andere Weise aussichtslos oder wesentlich erschwert wäre.

Strafprozessordnung §§ 100h, 100i StPO 20

²Auf nach § 176 des Telekommunikationsgesetzes¹⁾ gespeicherte Verkehrsdaten darf für eine Funkzellenabfrage nur unter den Voraussetzungen des Absatzes 2 zurückgegriffen werden.

(4) ¹Die Erhebung von Verkehrsdaten nach Absatz 2, auch in Verbindung mit Absatz 3 Satz 2, die sich gegen eine der in § 53 Absatz 1 Satz 1 Nummer 1 bis 5 genannten Personen richtet und die voraussichtlich Erkenntnisse erbringen würde, über die diese das Zeugnis verweigern dürfte, ist unzulässig. ²Dennoch erlangte Erkenntnisse dürfen nicht verwendet werden. ³Aufzeichnungen hierüber sind unverzüglich zu löschen. ⁴Die Tatsache ihrer Erlangung und der Löschung der Aufzeichnungen ist aktenkundig zu machen. ⁵Die Sätze 2 bis 4 gelten entsprechend, wenn durch eine Ermittlungsmaßnahme, die sich nicht gegen eine in § 53 Absatz 1 Satz 1 Nummer 1 bis 5 genannte Person richtet, von dieser Person Erkenntnisse erlangt werden, über die sie das Zeugnis verweigern dürfte. ⁶§ 160a Absatz 3 und 4 gilt entsprechend.

(5) Erfolgt die Erhebung von Verkehrsdaten nicht beim Erbringer von Telekommunikationsdiensten, bestimmt sie sich nach Abschluss des Kommunikationsvorgangs nach den allgemeinen Vorschriften.

§ 100h Weitere Maßnahmen außerhalb von Wohnraum. (1) ¹Auch ohne Wissen der betroffenen Personen dürfen außerhalb von Wohnungen

1. Bildaufnahmen hergestellt werden,
2. sonstige besondere für Observationszwecke bestimmte technische Mittel verwendet werden,

wenn die Erforschung des Sachverhalts oder die Ermittlung des Aufenthaltsortes eines Beschuldigten auf andere Weise weniger erfolgversprechend oder erschwert wäre. ²Eine Maßnahme nach Satz 1 Nr. 2 ist nur zulässig, wenn Gegenstand der Untersuchung eine Straftat von erheblicher Bedeutung ist.

(2) ¹Die Maßnahmen dürfen sich nur gegen einen Beschuldigten richten. ²Gegen andere Personen sind

1. Maßnahmen nach Absatz 1 Nr. 1 nur zulässig, wenn die Erforschung des Sachverhalts oder die Ermittlung des Aufenthaltsortes eines Beschuldigten auf andere Weise erheblich weniger erfolgversprechend oder wesentlich erschwert wäre,
2. Maßnahmen nach Absatz 1 Nr. 2 nur zulässig, wenn auf Grund bestimmter Tatsachen anzunehmen ist, dass sie mit einem Beschuldigten in Verbindung stehen oder eine solche Verbindung hergestellt wird, die Maßnahme zur Erforschung des Sachverhalts oder zur Ermittlung des Aufenthaltsortes eines Beschuldigten führen wird und dies auf andere Weise aussichtslos oder wesentlich erschwert wäre.

(3) Die Maßnahmen dürfen auch durchgeführt werden, wenn Dritte unvermeidbar mitbetroffen werden.

(4) § 100d Absatz 1 und 2 gilt entsprechend.

§ 100i Technische Ermittlungsmaßnahmen bei Mobilfunkendgeräten. (1) Begründen bestimmte Tatsachen den Verdacht, dass jemand als Täter oder Teilnehmer eine Straftat von auch im Einzelfall erheblicher Bedeutung, insbesondere eine in § 100a Abs. 2 bezeichnete Straftat, begangen hat, in

---

¹⁾ Nr. 10.

Fällen, in denen der Versuch strafbar ist, zu begehen versucht hat oder durch eine Straftat vorbereitet hat, so dürfen durch technische Mittel

1. die Gerätenummer eines Mobilfunkendgerätes und die Kartennummer der darin verwendeten Karte sowie
2. der Standort eines Mobilfunkendgerätes

ermittelt werden, soweit dies für die Erforschung des Sachverhalts oder die Ermittlung des Aufenthaltsortes des Beschuldigten erforderlich ist.

(2) [1] Personenbezogene Daten Dritter dürfen anlässlich solcher Maßnahmen nur erhoben werden, wenn dies aus technischen Gründen zur Erreichung des Zwecks nach Absatz 1 unvermeidbar ist. [2] Über den Datenabgleich zur Ermittlung der gesuchten Geräte- und Kartennummer hinaus dürfen sie nicht verwendet werden und sind nach Beendigung der Maßnahme unverzüglich zu löschen.

(3) [1] § 100a Abs. 3 und § 100e Absatz 1 Satz 1 bis 3, Absatz 3 Satz 1 und Absatz 5 Satz 1 gelten entsprechend. [2] Die Anordnung ist auf höchstens sechs Monate zu befristen. [3] Eine Verlängerung um jeweils nicht mehr als sechs weitere Monate ist zulässig, soweit die in Absatz 1 bezeichneten Voraussetzungen fortbestehen.

§ 100j Bestandsdatenauskunft. (1) [1] Soweit dies für die Erforschung des Sachverhalts oder die Ermittlung des Aufenthaltsortes eines Beschuldigten erforderlich ist, darf Auskunft verlangt werden

1. über Bestandsdaten gemäß § 3 Nummer 6 des Telekommunikationsgesetzes und über die nach § 172 des Telekommunikationsgesetzes[1]) erhobenen Daten (§ 174 Absatz 1 Satz 1 des Telekommunikationsgesetzes[1])) von demjenigen, der geschäftsmäßig Telekommunikationsdienste erbringt oder daran mitwirkt, und
2. über Bestandsdaten gemäß § 2 Absatz 2 Nummer 2 des Telekommunikation-Telemedien-Datenschutz-Gesetzes[2]) (§ 22 Absatz 1 Satz 1 des Telekommunikation-Telemedien-Datenschutz-Gesetzes) von demjenigen, der geschäftsmäßig eigene oder fremde Telemedien zur Nutzung bereithält oder den Zugang zur Nutzung vermittelt.

[2] Bezieht sich das Auskunftsverlangen nach Satz 1 Nummer 1 auf Daten, mittels derer der Zugriff auf Endgeräte oder auf Speichereinrichtungen, die in diesen Endgeräten oder hiervon räumlich getrennt eingesetzt werden, geschützt wird (§ 174 Absatz 1 Satz 2 des Telekommunikationsgesetzes[1])), darf die Auskunft nur verlangt werden, wenn die gesetzlichen Voraussetzungen für die Nutzung der Daten vorliegen. [3] Bezieht sich das Auskunftsverlangen nach Satz 1 Nummer 2 auf als Bestandsdaten erhobene Passwörter oder andere Daten, mittels derer der Zugriff auf Endgeräte oder auf Speichereinrichtungen, die in diesen Endgeräten oder hiervon räumlich getrennt eingesetzt werden, geschützt wird (§ 23 des Telekommunikation-Telemedien-Datenschutz-Gesetzes), darf die Auskunft nur verlangt werden, wenn die gesetzlichen Voraussetzungen für ihre Nutzung zur Verfolgung einer besonders schweren Straftat nach § 100b Absatz 2 Nummer 1 Buchstabe a, c, e, f, g, h oder m, Nummer 3 Buchstabe b erste Alternative oder Nummer 5, 6, 9 oder 10 vorliegen.

---

[1]) Nr. **10**.
[2]) Nr. **8**.

Strafprozessordnung § 101 StPO 20

(2) ¹Die Auskunft nach Absatz 1 darf auch anhand einer zu einem bestimmten Zeitpunkt zugewiesenen Internetprotokoll-Adresse verlangt werden (§ 174 Absatz 1 Satz 3, § 177 Absatz 1 Nummer 3 des Telekommunikationsgesetzes[1]) und § 22 Absatz 1 Satz 3 und 4 des Telekommunikation-Telemedien-Datenschutz-Gesetzes). ²Das Vorliegen der Voraussetzungen für ein Auskunftsverlangen nach Satz 1 ist aktenkundig zu machen.

(3) ¹Auskunftsverlangen nach Absatz 1 Satz 2 und 3 dürfen nur auf Antrag der Staatsanwaltschaft durch das Gericht angeordnet werden. ²Im Fall von Auskunftsverlangen nach Absatz 1 Satz 2 kann die Anordnung bei Gefahr im Verzug auch durch die Staatsanwaltschaft oder ihre Ermittlungspersonen (§ 152 des Gerichtsverfassungsgesetzes) getroffen werden. ³In diesem Fall ist die gerichtliche Entscheidung unverzüglich nachzuholen. ⁴Die Sätze 1 bis 3 finden bei Auskunftsverlangen nach Absatz 1 Satz 2 keine Anwendung, wenn die betroffene Person vom Auskunftsverlangen bereits Kenntnis hat oder haben muss oder wenn die Nutzung der Daten bereits durch eine gerichtliche Entscheidung gestattet wird. ⁵Das Vorliegen der Voraussetzungen nach Satz 4 ist aktenkundig zu machen.

(4) ¹Die betroffene Person ist in den Fällen des Absatzes 1 Satz 2 und 3 und des Absatzes 2 über die Beauskunftung zu benachrichtigen. ²Die Benachrichtigung erfolgt, soweit und sobald hierdurch der Zweck der Auskunft nicht vereitelt wird. ³Sie unterbleibt, wenn ihr überwiegende schutzwürdige Belange Dritter oder der betroffenen Person selbst entgegenstehen. ⁴Wird die Benachrichtigung nach Satz 2 zurückgestellt oder nach Satz 3 von ihr abgesehen, sind die Gründe aktenkundig zu machen.

(5) ¹Auf Grund eines Auskunftsverlangens nach Absatz 1 oder 2 hat derjenige, der geschäftsmäßig Telekommunikationsdienste oder Telemediendienste erbringt oder daran mitwirkt, die zur Auskunftserteilung erforderlichen Daten unverzüglich zu übermitteln. ²§ 95 Absatz 2 gilt entsprechend.

§ 101 Verfahrensregelungen bei verdeckten Maßnahmen. (1) Für Maßnahmen nach den §§ 98a, 99, 100a bis 100f, 100h, 100i, 110a, 163d bis 163g gelten, soweit nichts anderes bestimmt ist, die nachstehenden Regelungen.

(2) ¹Entscheidungen und sonstige Unterlagen über Maßnahmen nach den §§ 100b, 100c, 100f, 100h Abs. 1 Nr. 2 und § 110a werden bei der Staatsanwaltschaft verwahrt. ²Zu den Akten sind sie erst zu nehmen, wenn die Voraussetzungen für eine Benachrichtigung nach Absatz 5 erfüllt sind.

(3) ¹Personenbezogene Daten, die durch Maßnahmen nach Absatz 1 erhoben wurden, sind entsprechend zu kennzeichnen. ²Nach einer Übermittlung an eine andere Stelle ist die Kennzeichnung durch diese aufrechtzuerhalten.

(4) ¹Von den in Absatz 1 genannten Maßnahmen sind im Falle

1. des § 98a die betroffenen Personen, gegen die nach Auswertung der Daten weitere Ermittlungen geführt wurden,
2. des § 99 der Absender und der Adressat der Postsendung,
3. des § 100a die Beteiligten der überwachten Telekommunikation,
4. des § 100b die Zielperson sowie die erheblich mitbetroffenen Personen,

---
[1] Nr. 10.

5. des § 100c
   a) der Beschuldigte, gegen den sich die Maßnahme richtete,
   b) sonstige überwachte Personen,
   c) Personen, die die überwachte Wohnung zur Zeit der Durchführung der Maßnahme innehatten oder bewohnten,
6. des § 100f die Zielperson sowie die erheblich mitbetroffenen Personen,
7. des § 100h Abs. 1 die Zielperson sowie die erheblich mitbetroffenen Personen,
8. des § 100i die Zielperson,
9. des § 110a
   a) die Zielperson,
   b) die erheblich mitbetroffenen Personen,
   c) die Personen, deren nicht allgemein zugängliche Wohnung der Verdeckte Ermittler betreten hat,
10. des § 163d die betroffenen Personen, gegen die nach Auswertung der Daten weitere Ermittlungen geführt wurden,
11. des § 163e die Zielperson und die Person, deren personenbezogene Daten gemeldet worden sind,
12. des § 163f die Zielperson sowie die erheblich mitbetroffenen Personen,
13. des § 163g die Zielperson

zu benachrichtigen. ²Dabei ist auf die Möglichkeit nachträglichen Rechtsschutzes nach Absatz 7 und die dafür vorgesehene Frist hinzuweisen. ³Die Benachrichtigung unterbleibt, wenn ihr überwiegende schutzwürdige Belange einer betroffenen Person entgegenstehen. ⁴Zudem kann die Benachrichtigung einer in Satz 1 Nummer 2 und 3 bezeichneten Person, gegen die sich die Maßnahme nicht gerichtet hat, unterbleiben, wenn diese von der Maßnahme nur unerheblich betroffen wurde und anzunehmen ist, dass sie kein Interesse an einer Benachrichtigung hat. ⁵Nachforschungen zur Feststellung der Identität einer in Satz 1 bezeichneten Person sind nur vorzunehmen, wenn dies unter Berücksichtigung der Eingriffsintensität der Maßnahme gegenüber dieser Person, des Aufwands für die Feststellung ihrer Identität sowie der daraus für diese oder andere Personen folgenden Beeinträchtigungen geboten ist.

(5) ¹Die Benachrichtigung erfolgt, sobald dies ohne Gefährdung des Untersuchungszwecks, des Lebens, der körperlichen Unversehrtheit und der persönlichen Freiheit einer Person und von bedeutenden Vermögenswerten, im Fall des § 110a auch der Möglichkeit der weiteren Verwendung des Verdeckten Ermittlers möglich ist. ²Wird die Benachrichtigung nach Satz 1 zurückgestellt, sind die Gründe aktenkundig zu machen.

(6) ¹Erfolgt die nach Absatz 5 zurückgestellte Benachrichtigung nicht binnen zwölf Monaten nach Beendigung der Maßnahme, bedürfen weitere Zurückstellungen der gerichtlichen Zustimmung. ²Das Gericht bestimmt die Dauer weiterer Zurückstellungen. ³Es kann dem endgültigen Absehen von der Benachrichtigung zustimmen, wenn die Voraussetzungen für eine Benachrichtigung mit an Sicherheit grenzender Wahrscheinlichkeit auch in Zukunft nicht eintreten werden. ⁴Sind mehrere Maßnahmen in einem engen zeitlichen Zusammenhang durchgeführt worden, so beginnt die in Satz 1 genannte Frist mit der Beendigung der letzten Maßnahme. ⁵Bei Maßnahmen nach den §§ 100b und 100c beträgt die in Satz 1 genannte Frist sechs Monate.

Strafprozessordnung § 101a StPO 20

(7) ¹ Gerichtliche Entscheidungen nach Absatz 6 trifft das für die Anordnung der Maßnahme zuständige Gericht, im Übrigen das Gericht am Sitz der zuständigen Staatsanwaltschaft. ² Die in Absatz 4 Satz 1 genannten Personen können bei dem nach Satz 1 zuständigen Gericht auch nach Beendigung der Maßnahme bis zu zwei Wochen nach ihrer Benachrichtigung die Überprüfung der Rechtmäßigkeit der Maßnahme sowie der Art und Weise ihres Vollzugs beantragen. ³ Gegen die Entscheidung ist die sofortige Beschwerde statthaft. ⁴ Ist die öffentliche Klage erhoben und der Angeklagte benachrichtigt worden, entscheidet über den Antrag das mit der Sache befasste Gericht in der das Verfahren abschließenden Entscheidung.

(8) ¹ Sind die durch die Maßnahme erlangten personenbezogenen Daten zur Strafverfolgung und für eine etwaige gerichtliche Überprüfung der Maßnahme nicht mehr erforderlich, so sind sie unverzüglich zu löschen. ² Die Löschung ist aktenkundig zu machen. ³ Soweit die Löschung lediglich für eine etwaige gerichtliche Überprüfung der Maßnahme zurückgestellt ist, dürfen die Daten ohne Einwilligung der betroffenen Personen nur zu diesem Zweck verwendet werden; ihre Verarbeitung ist entsprechend einzuschränken.

§ 101a Gerichtliche Entscheidung; Datenkennzeichnung und -auswertung; Benachrichtigungspflichten bei Verkehrs- und Nutzungsdaten. (1) ¹ Bei Erhebungen von Verkehrsdaten nach § 100g gelten § 100a Absatz 3 und 4 und § 100e entsprechend mit der Maßgabe, dass

1. in der Entscheidungsformel nach § 100e Absatz 3 Satz 2 auch die zu übermittelnden Daten und der Zeitraum, für den sie übermittelt werden sollen, eindeutig anzugeben sind,
2. der nach § 100a Absatz 4 Satz 1 zur Auskunft Verpflichtete auch mitzuteilen hat, welche der von ihm übermittelten Daten nach § 176 des Telekommunikationsgesetzes[1]) gespeichert wurden.

² In den Fällen des § 100g Absatz 2, auch in Verbindung mit § 100g Absatz 3 Satz 2, findet abweichend von Satz 1 § 100e Absatz 1 Satz 2 keine Anwendung. ³ Bei Funkzellenabfragen nach § 100g Absatz 3 genügt abweichend von § 100e Absatz 3 Satz 2 Nummer 5 eine räumlich und zeitlich eng begrenzte und hinreichend bestimmte Bezeichnung der Telekommunikation.

(1a) Bei der Erhebung und Beauskunftung von Nutzungsdaten eines Telemediendienstes nach § 100k gilt § 100a Absatz 3 und 4, bei der Erhebung von Nutzungsdaten nach § 100k Absatz 1 und 2 zudem § 100e Absatz 1 und 3 bis 5 entsprechend mit der Maßgabe, dass in der Entscheidungsformel nach § 100e Absatz 3 Satz 2 an die Stelle der Rufnummer (§ 100e Absatz 3 Satz 2 Nummer 5), soweit möglich eine eindeutige Kennung des Nutzerkontos des Betroffenen, ansonsten eine möglichst genaue Bezeichnung des Telemediendienstes tritt, auf den sich das Auskunftsverlangen bezieht.

(2) Wird eine Maßnahme nach § 100g oder § 100k Absatz 1 oder Absatz 2 angeordnet oder verlängert, sind in der Begründung einzelfallbezogen insbesondere die wesentlichen Erwägungen zur Erforderlichkeit und Angemessenheit der Maßnahme, auch hinsichtlich des Umfangs der zu erhebenden Daten und des Zeitraums, für den sie erhoben werden sollen, darzulegen.

---

¹⁾ Nr. 10.

(3) ¹Personenbezogene Daten, die durch Maßnahmen nach § 100g oder § 100k Absatz 1 oder Absatz 2 erhoben wurden, sind entsprechend zu kennzeichnen und unverzüglich auszuwerten. ²Bei der Kennzeichnung ist erkennbar zu machen, ob es sich um Daten handelt, die nach § 176 des Telekommunikationsgesetzes[1]) gespeichert waren. ³Nach einer Übermittlung an eine andere Stelle ist die Kennzeichnung durch diese aufrechtzuerhalten. ⁴Für die Löschung personenbezogener Daten gilt § 101 Absatz 8 entsprechend.

(4) ¹Verwertbare personenbezogene Daten, die durch Maßnahmen nach § 100g Absatz 2, auch in Verbindung mit § 100g Absatz 1 Satz 3 oder Absatz 3 Satz 2, erhoben wurden, dürfen ohne Einwilligung der Beteiligten der betroffenen Telekommunikation nur für folgende andere Zwecke und nur nach folgenden Maßgaben verwendet werden:

1. in anderen Strafverfahren zur Aufklärung einer Straftat, auf Grund derer eine Maßnahme nach § 100g Absatz 2, auch in Verbindung mit § 100g Absatz 1 Satz 3 oder Absatz 3 Satz 2, angeordnet werden könnte, oder zur Ermittlung des Aufenthalts der einer solchen Straftat beschuldigten Person,
2. Übermittlung zu Zwecken der Abwehr von konkreten Gefahren für Leib, Leben oder Freiheit einer Person oder für den Bestand des Bundes oder eines Landes (§ 177 Absatz 1 Nummer 2 des Telekommunikationsgesetzes[1])).

²Die Stelle, die die Daten weiterleitet, macht die Weiterleitung und deren Zweck aktenkundig. ³Sind die Daten nach Satz 1 Nummer 2 nicht mehr zur Abwehr der Gefahr oder nicht mehr für eine vorgerichtliche oder gerichtliche Überprüfung der zur Gefahrenabwehr getroffenen Maßnahmen erforderlich, so sind Aufzeichnungen über diese Daten von der für die Gefahrenabwehr zuständigen Stelle unverzüglich zu löschen. ⁴Die Löschung ist aktenkundig zu machen. ⁵Soweit die Löschung lediglich für eine etwaige vorgerichtliche oder gerichtliche Überprüfung zurückgestellt ist, dürfen die Daten nur für diesen Zweck verwendet werden; für eine Verwendung zu anderen Zwecken sind sie zu sperren.

(5) Sind verwertbare personenbezogene Daten, die nach § 176 des Telekommunikationsgesetzes[1]) gespeichert waren, durch eine entsprechende polizeirechtliche Maßnahme erlangt worden, dürfen sie in einem Strafverfahren ohne Einwilligung der Beteiligten der betroffenen Telekommunikation nur zur Aufklärung einer Straftat, auf Grund derer eine Maßnahme nach § 100g Absatz 2, auch in Verbindung mit Absatz 3 Satz 2, angeordnet werden könnte, oder zur Ermittlung des Aufenthalts der einer solchen Straftat beschuldigten Person verwendet werden.

(6) ¹Die Beteiligten der betroffenen Telekommunikation und die betroffenen Nutzer des Telemediendienstes sind von der Erhebung der Verkehrsdaten nach § 100g oder der Nutzungsdaten nach § 100k Absatz 1 und 2 zu benachrichtigen. ²§ 101 Absatz 4 Satz 2 bis 5 und Absatz 5 bis 7 gilt entsprechend mit der Maßgabe, dass

1. das Unterbleiben der Benachrichtigung nach § 101 Absatz 4 Satz 3 der Anordnung des zuständigen Gerichts bedarf;
2. abweichend von § 101 Absatz 6 Satz 1 die Zurückstellung der Benachrichtigung nach § 101 Absatz 5 Satz 1 stets der Anordnung des zuständigen

---

[1]) Nr. **10**.

Gerichts bedarf und eine erstmalige Zurückstellung auf höchstens zwölf Monate zu befristen ist.

(7) ¹Die betroffene Person ist in den Fällen des § 100k Absatz 3 über die Beauskunftung zu benachrichtigen. ²Die Benachrichtigung erfolgt, soweit und sobald hierdurch der Zweck der Beauskunftung nicht vereitelt wird. ³Sie unterbleibt, wenn ihr überwiegende schutzwürdige Belange Dritter oder der betroffenen Person selbst entgegenstehen. ⁴Wird die Benachrichtigung nach Satz 2 zurückgestellt oder nach Satz 3 von ihr abgesehen, sind die Gründe aktenkundig zu machen.

§ 101b Statistische Erfassung; Berichtspflichten. (1) ¹Die Länder und der Generalbundesanwalt berichten dem Bundesamt für Justiz kalenderjährlich jeweils bis zum 30. Juni des dem Berichtsjahr folgenden Jahres über in ihrem Zuständigkeitsbereich angeordnete Maßnahmen nach den §§ 100a, 100b, 100c, 100g und 100k Absatz 1 und 2. ²Das Bundesamt für Justiz erstellt eine Übersicht zu den im Berichtsjahr bundesweit angeordneten Maßnahmen und veröffentlicht diese im Internet. ³Über die im jeweils vorangegangenen Kalenderjahr nach § 100c angeordneten Maßnahmen berichtet die Bundesregierung dem Deutschen Bundestag vor der Veröffentlichung im Internet.

(2) In den Übersichten über Maßnahmen nach § 100a sind anzugeben:
1. die Anzahl der Verfahren, in denen Maßnahmen nach § 100a Absatz 1 angeordnet worden sind;
2. die Anzahl der Überwachungsanordnungen nach § 100a Absatz 1, unterschieden nach Erst- und Verlängerungsanordnungen;
3. die jeweils zugrunde liegende Anlassstraftat nach der Unterteilung in § 100a Absatz 2;
4. die Anzahl der Verfahren, in denen ein Eingriff in ein von dem Betroffenen genutztes informationstechnisches System nach § 100a Absatz 1 Satz 2 und 3
   a) im richterlichen Beschluss angeordnet wurde und
   b) tatsächlich durchgeführt wurde.

(3) In den Übersichten über Maßnahmen nach § 100b sind anzugeben:
1. die Anzahl der Verfahren, in denen Maßnahmen nach § 100b Absatz 1 angeordnet worden sind;
2. die Anzahl der Überwachungsanordnungen nach § 100b Absatz 1, unterschieden nach Erst- und Verlängerungsanordnungen;
3. die jeweils zugrunde liegende Anlassstraftat nach Maßgabe der Unterteilung in § 100b Absatz 2;
4. die Anzahl der Verfahren, in denen ein Eingriff in ein vom Betroffenen genutztes informationstechnisches System tatsächlich durchgeführt wurde.

(4) In den Berichten über Maßnahmen nach § 100c sind anzugeben:
1. die Anzahl der Verfahren, in denen Maßnahmen nach § 100c Absatz 1 angeordnet worden sind;
2. die jeweils zugrunde liegende Anlassstraftat nach Maßgabe der Unterteilung in § 100b Absatz 2;
3. ob das Verfahren einen Bezug zur Verfolgung organisierter Kriminalität aufweist;

4. die Anzahl der überwachten Objekte je Verfahren nach Privatwohnungen und sonstigen Wohnungen sowie nach Wohnungen des Beschuldigten und Wohnungen dritter Personen;

5. die Anzahl der überwachten Personen je Verfahren nach Beschuldigten und nichtbeschuldigten Personen;

6. die Dauer der einzelnen Überwachung nach Dauer der Anordnung, Dauer der Verlängerung und Abhördauer;

7. wie häufig eine Maßnahme nach § 100d Absatz 4, § 100e Absatz 5 unterbrochen oder abgebrochen worden ist;

8. ob eine Benachrichtigung der betroffenen Personen (§ 101 Absatz 4 bis 6) erfolgt ist oder aus welchen Gründen von einer Benachrichtigung abgesehen worden ist;

9. ob die Überwachung Ergebnisse erbracht hat, die für das Verfahren relevant sind oder voraussichtlich relevant sein werden;

10. ob die Überwachung Ergebnisse erbracht hat, die für andere Strafverfahren relevant sind oder voraussichtlich relevant sein werden;

11. wenn die Überwachung keine relevanten Ergebnisse erbracht hat: die Gründe hierfür, differenziert nach technischen Gründen und sonstigen Gründen;

12. die Kosten der Maßnahme, differenziert nach Kosten für Übersetzungsdienste und sonstigen Kosten.

(5) In den Übersichten über Maßnahmen nach § 100g sind anzugeben:

1. unterschieden nach Maßnahmen nach § 100g Absatz 1, 2 und 3
   a) die Anzahl der Verfahren, in denen diese Maßnahmen durchgeführt wurden;
   b) die Anzahl der Erstanordnungen, mit denen diese Maßnahmen angeordnet wurden;
   c) die Anzahl der Verlängerungsanordnungen, mit denen diese Maßnahmen angeordnet wurden;

2. untergliedert nach der Anzahl der zurückliegenden Wochen, für die die Erhebung von Verkehrsdaten angeordnet wurde, jeweils bemessen ab dem Zeitpunkt der Anordnung
   a) die Anzahl der Anordnungen nach § 100g Absatz 1;
   b) die Anzahl der Anordnungen nach § 100g Absatz 2;
   c) die Anzahl der Anordnungen nach § 100g Absatz 3;
   d) die Anzahl der Anordnungen, die teilweise ergebnislos geblieben sind, weil die abgefragten Daten teilweise nicht verfügbar waren;
   e) die Anzahl der Anordnungen, die ergebnislos geblieben sind, weil keine Daten verfügbar waren.

(6) In den Übersichten über Maßnahmen nach § 100k sind jeweils unterschieden nach Maßnahmen nach den Absätzen 1 und 2 anzugeben:

1. die Anzahl der Verfahren, in denen Maßnahmen angeordnet worden sind;

2. die Anzahl der Anordnungen, unterschieden nach Erst- und Verlängerungsanordnungen;

Strafprozessordnung §§ 110, 110a StPO 20

3. untergliedert nach der Anzahl der zurückliegenden Wochen, für die die Erhebung von Nutzungsdaten angeordnet wurde, jeweils bemessen ab dem Zeitpunkt der Anordnung
   a) die Anzahl der Anordnungen, die teilweise ergebnislos geblieben sind, weil die abgefragten Daten teilweise nicht verfügbar waren;
   b) die Anzahl der Anordnungen, die ergebnislos geblieben sind, weil keine Daten verfügbar waren.

§ 110 Durchsicht von Papieren und elektronischen Speichermedien.

(1) Die Durchsicht der Papiere des von der Durchsuchung Betroffenen steht der Staatsanwaltschaft und auf deren Anordnung ihren Ermittlungspersonen (§ 152 des Gerichtsverfassungsgesetzes) zu.

(2) ¹Im Übrigen sind Beamte zur Durchsicht der aufgefundenen Papiere nur dann befugt, wenn der Inhaber die Durchsicht genehmigt. ²Andernfalls haben sie die Papiere, deren Durchsicht sie für geboten erachten, in einem Umschlag, der in Gegenwart des Inhabers mit dem Amtssiegel zu verschließen ist, an die Staatsanwaltschaft abzuliefern.

(3) ¹Nach Maßgabe der Absätze 1 und 2 ist auch die Durchsicht von elektronischen Speichermedien bei dem von der Durchsuchung Betroffenen zulässig. ²Diese Durchsicht darf auch auf hiervon räumlich getrennte Speichermedien erstreckt werden, soweit auf sie von dem elektronischen Speichermedium aus zugegriffen werden kann, wenn andernfalls der Verlust der gesuchten Daten zu befürchten ist. ³Daten, die für die Untersuchung von Bedeutung sein können, dürfen gesichert werden.

(4) Werden Papiere zur Durchsicht mitgenommen oder Daten vorläufig gesichert, gelten die §§ 95a und 98 Absatz 2 entsprechend.

§ 110a Verdeckter Ermittler. (1) ¹Verdeckte Ermittler dürfen zur Aufklärung von Straftaten eingesetzt werden, wenn zureichende tatsächliche Anhaltspunkte dafür vorliegen, daß eine Straftat von erheblicher Bedeutung

1. auf dem Gebiet des unerlaubten Betäubungsmittel- oder Waffenverkehrs, der Geld- oder Wertzeichenfälschung,
2. auf dem Gebiet des Staatsschutzes (§§ 74a, 120 des Gerichtsverfassungsgesetzes),
3. gewerbs- oder gewohnheitsmäßig oder
4. von einem Bandenmitglied oder in anderer Weise organisiert

begangen worden ist. ²Zur Aufklärung von Verbrechen dürfen Verdeckte Ermittler auch eingesetzt werden, soweit auf Grund bestimmter Tatsachen die Gefahr der Wiederholung besteht. ³Der Einsatz ist nur zulässig, soweit die Aufklärung auf andere Weise aussichtslos oder wesentlich erschwert wäre. ⁴Zur Aufklärung von Verbrechen dürfen Verdeckte Ermittler außerdem eingesetzt werden, wenn die besondere Bedeutung der Tat den Einsatz gebietet und andere Maßnahmen aussichtslos wären. ⁵§ 100d Absatz 1 und 2 gilt entsprechend.

(2) ¹Verdeckte Ermittler sind Beamte des Polizeidienstes, die unter einer ihnen verliehenen, auf Dauer angelegten, veränderten Identität (Legende) ermitteln. ²Sie dürfen unter der Legende am Rechtsverkehr teilnehmen.

(3) Soweit es für den Aufbau oder die Aufrechterhaltung der Legende unerläßlich ist, dürfen entsprechende Urkunden hergestellt, verändert und gebraucht werden.

§ 110b Verfahren beim Einsatz eines Verdeckten Ermittlers. (1) [1]Der Einsatz eines Verdeckten Ermittlers ist erst nach Zustimmung der Staatsanwaltschaft zulässig. [2]Besteht Gefahr im Verzug und kann die Entscheidung der Staatsanwaltschaft nicht rechtzeitig eingeholt werden, so ist sie unverzüglich herbeizuführen; die Maßnahme ist zu beenden, wenn nicht die Staatsanwaltschaft binnen drei Werktagen zustimmt. [3]Die Zustimmung ist schriftlich zu erteilen und zu befristen. [4]Eine Verlängerung ist zulässig, solange die Voraussetzungen für den Einsatz fortbestehen.

(2) [1]Einsätze,

1. die sich gegen einen bestimmten Beschuldigten richten oder
2. bei denen der Verdeckte Ermittler eine Wohnung betritt, die nicht allgemein zugänglich ist,

bedürfen der Zustimmung des Gerichts. [2]Bei Gefahr im Verzug genügt die Zustimmung der Staatsanwaltschaft. [3]Kann die Entscheidung der Staatsanwaltschaft nicht rechtzeitig eingeholt werden, so ist sie unverzüglich herbeizuführen. [4]Die Maßnahme ist zu beenden, wenn nicht das Gericht binnen drei Werktagen zustimmt. [5]Absatz 1 Satz 3 und 4 gilt entsprechend.

(3) [1]Die Identität des Verdeckten Ermittlers kann auch nach Beendigung des Einsatzes geheimgehalten werden. [2]Die Staatsanwaltschaft und das Gericht, die für die Entscheidung über die Zustimmung zu dem Einsatz zuständig sind, können verlangen, daß die Identität ihnen gegenüber offenbart wird. [3]Im übrigen ist in einem Strafverfahren die Geheimhaltung der Identität nach Maßgabe des § 96 zulässig, insbesondere dann, wenn Anlaß zu der Besorgnis besteht, daß die Offenbarung Leben, Leib oder Freiheit des Verdeckten Ermittlers oder einer anderen Person oder die Möglichkeit der weiteren Verwendung des Verdeckten Ermittlers gefährden würde.

§ 110c Befugnisse des Verdeckten Ermittlers. [1]Verdeckte Ermittler dürfen unter Verwendung ihrer Legende eine Wohnung mit dem Einverständnis des Berechtigten betreten. [2]Das Einverständnis darf nicht durch ein über die Nutzung der Legende hinausgehendes Vortäuschen eines Zutrittsrechts herbeigeführt werden. [3]Im übrigen richten sich die Befugnisse des Verdeckten Ermittlers nach diesem Gesetz und anderen Rechtsvorschriften.

§ 110d Besonderes Verfahren bei Einsätzen zur Ermittlung von Straftaten nach den §§ 176e und 184b des Strafgesetzbuches. [1]Einsätze, bei denen entsprechend § 176e Absatz 5 oder § 184b Absatz 6 des Strafgesetzbuches Handlungen im Sinne des § 176e Absatz 1 oder *§ 184 Absatz 1 Nummer 1, 2 und 4*[1)] des Strafgesetzbuches vorgenommen werden, bedürfen der Zustimmung des Gerichts. [2]In dem Antrag ist darzulegen, dass die handelnden Polizeibeamten auf den Einsatz umfassend vorbereitet wurden. [3]Bei Gefahr im Verzug genügt die Zustimmung der Staatsanwaltschaft. [4]Die Maßnahme ist zu beenden, wenn nicht das Gericht binnen drei Werktagen zustimmt. [5]Die

---

[1)] Richtig wohl: „§ 184b Absatz 1 Satz 1 Nummer 1, 2 und 4 und Satz 2", vgl. die Überschrift des § 110d StPO und die amtl. Begründung in BT-Drs. 19/31115 S. 16.

Strafprozessordnung §§ 110e, 161, 163d **StPO 20**

Zustimmung ist schriftlich zu erteilen und zu befristen. [6] Eine Verlängerung ist zulässig, solange die Voraussetzungen für den Einsatz fortbestehen.

§ 110e *(aufgehoben)*

Zweites Buch. Verfahren im ersten Rechtszug
Zweiter Abschnitt. Vorbereitung der öffentlichen Klage
§ 161 Allgemeine Ermittlungsbefugnis der Staatsanwaltschaft.

(1) [1] Zu dem in § 160 Abs. 1 bis 3 bezeichneten Zweck ist die Staatsanwaltschaft befugt, von allen Behörden Auskunft zu verlangen und Ermittlungen jeder Art entweder selbst vorzunehmen oder durch die Behörden und Beamten des Polizeidienstes vornehmen zu lassen, soweit nicht andere gesetzliche Vorschriften ihre Befugnisse besonders regeln. [2] Die Behörden und Beamten des Polizeidienstes sind verpflichtet, dem Ersuchen oder Auftrag der Staatsanwaltschaft zu genügen, und in diesem Falle befugt, von allen Behörden Auskunft zu verlangen.

(2) Soweit in diesem Gesetz die Löschung personenbezogener Daten ausdrücklich angeordnet wird, ist § 58 Absatz 3 des Bundesdatenschutzgesetzes[1]) nicht anzuwenden.

(3) [1] Ist eine Maßnahme nach diesem Gesetz nur bei Verdacht bestimmter Straftaten zulässig, so dürfen die auf Grund einer entsprechenden Maßnahme nach anderen Gesetzen erlangten personenbezogenen Daten ohne Einwilligung der von der Maßnahme betroffenen Personen zu Beweiszwecken im Strafverfahren nur zur Aufklärung solcher Straftaten verwendet werden, zu deren Aufklärung eine solche Maßnahme nach diesem Gesetz hätte angeordnet werden dürfen. [2] § 100e Absatz 6 Nummer 3 bleibt unberührt.

(4) In oder aus einer Wohnung erlangte personenbezogene Daten aus einem Einsatz technischer Mittel zur Eigensicherung im Zuge nicht offener Ermittlungen auf polizeirechtlicher Grundlage dürfen unter Beachtung des Grundsatzes der Verhältnismäßigkeit zu Beweiszwecken nur verwendet werden (Artikel 13 Abs. 5 des Grundgesetzes[2])), wenn das Amtsgericht (§ 162 Abs. 1), in dessen Bezirk die anordnende Stelle ihren Sitz hat, die Rechtmäßigkeit der Maßnahme festgestellt hat; bei Gefahr im Verzug ist die richterliche Entscheidung unverzüglich nachzuholen.

§ 163d Speicherung und Abgleich von Daten aus Kontrollen.

(1) [1] Begründen bestimmte Tatsachen den Verdacht, daß

1. eine der in § 111 bezeichneten Straftaten

oder

2. eine der in § 100a Abs. 2 Nr. 6 bis 9 und 11 bezeichneten Straftaten

begangen worden ist, so dürfen die anläßlich einer grenzpolizeilichen Kontrolle, im Falle der Nummer 1 auch die bei einer Personenkontrolle nach § 111 anfallenden Daten über die Identität von Personen sowie Umstände, die für die Aufklärung der Straftat oder für die Ergreifung des Täters von Bedeutung sein können, in einem Dateisystem gespeichert werden, wenn Tatsachen die An-

---

[1]) Nr. 6.
[2]) Nr. 16.

nahme rechtfertigen, daß die Auswertung der Daten zur Ergreifung des Täters oder zur Aufklärung der Straftat führen kann und die Maßnahme nicht außer Verhältnis zur Bedeutung der Sache steht. ²Dies gilt auch, wenn im Falle des Satzes 1 Pässe und Personalausweise automatisch gelesen werden. ³Die Übermittlung der Daten ist nur an Strafverfolgungsbehörden zulässig.

(2) ¹Maßnahmen der in Absatz 1 bezeichneten Art dürfen nur durch den Richter, bei Gefahr im Verzug auch durch die Staatsanwaltschaft und ihre Ermittlungspersonen (§ 152 des Gerichtsverfassungsgesetzes) angeordnet werden. ²Hat die Staatsanwaltschaft oder eine ihrer Ermittlungspersonen die Anordnung getroffen, so beantragt die Staatsanwaltschaft unverzüglich die richterliche Bestätigung der Anordnung. ³§ 100e Absatz 1 Satz 3 gilt entsprechend.

(3) ¹Die Anordnung ergeht schriftlich. ²Sie muß die Personen, deren Daten gespeichert werden sollen, nach bestimmten Merkmalen oder Eigenschaften so genau bezeichnen, wie dies nach der zur Zeit der Anordnung vorhandenen Kenntnis von dem oder den Tatverdächtigen möglich ist. ³Art und Dauer der Maßnahmen sind festzulegen. ⁴Die Anordnung ist räumlich zu begrenzen und auf höchstens drei Monate zu befristen. ⁵Eine einmalige Verlängerung um nicht mehr als drei weitere Monate ist zulässig, soweit die in Absatz 1 bezeichneten Voraussetzungen fortbestehen.

(4) ¹Liegen die Voraussetzungen für den Erlaß der Anordnung nicht mehr vor oder ist der Zweck der sich aus der Anordnung ergebenden Maßnahmen erreicht, so sind diese unverzüglich zu beenden. ²Die durch die Maßnahmen erlangten personenbezogenen Daten sind unverzüglich zu löschen, sobald sie für das Strafverfahren nicht oder nicht mehr benötigt werden; eine Speicherung, die die Laufzeit der Maßnahmen (Absatz 3) um mehr als drei Monate überschreitet, ist unzulässig. ³Über die Löschung ist die Staatsanwaltschaft zu unterrichten.

§ 163g Automatische Kennzeichenerfassung. (1) ¹Örtlich begrenzt dürfen im öffentlichen Verkehrsraum ohne das Wissen der betroffenen Personen Kennzeichen von Kraftfahrzeugen sowie Ort, Datum, Uhrzeit und Fahrtrichtung durch den Einsatz technischer Mittel automatisch erhoben werden, wenn zureichende tatsächliche Anhaltspunkte dafür vorliegen, dass eine Straftat von erheblicher Bedeutung begangen worden ist, und die Annahme gerechtfertigt ist, dass diese Maßnahme zur Ermittlung der Identität oder des Aufenthaltsorts des Beschuldigten führen kann. ²Die automatische Datenerhebung darf nur vorübergehend und nicht flächendeckend erfolgen.

(2) ¹Die nach Absatz 1 erhobenen Kennzeichen von Kraftfahrzeugen dürfen automatisch abgeglichen werden mit Kennzeichen von Kraftfahrzeugen,

1. die auf den Beschuldigten zugelassen sind oder von ihm genutzt werden oder
2. die auf andere Personen als den Beschuldigten zugelassen sind oder von ihnen genutzt werden, wenn aufgrund bestimmter Tatsachen anzunehmen ist, dass sie mit dem Beschuldigten in Verbindung stehen oder eine solche Verbindung hergestellt wird, und die Ermittlung des Aufenthaltsortes des Beschuldigten auf andere Weise erheblich weniger erfolgversprechend oder wesentlich erschwert wäre.

²Der automatische Abgleich hat unverzüglich nach der automatischen Datenerhebung nach Absatz 1 zu erfolgen. ³Im Trefferfall ist unverzüglich die Übereinstimmung zwischen den nach Absatz 1 erhobenen Kennzeichen und den in

Satz 1 bezeichneten weiteren Kennzeichen manuell zu überprüfen. ⁴ Wenn kein Treffer vorliegt oder die manuelle Überprüfung den Treffer nicht bestätigt, sind die nach Absatz 1 erhobenen Daten sofort und spurenlos zu löschen.

(3) ¹Die Anordnung der Maßnahmen nach den Absätzen 1 und 2 ergeht schriftlich durch die Staatsanwaltschaft. ²Sie muss das Vorliegen der Voraussetzungen der Maßnahmen darlegen und diejenigen Kennzeichen, mit denen die automatisch erhobenen Daten nach Absatz 2 Satz 1 abgeglichen werden sollen, genau bezeichnen. ³Die örtliche Begrenzung im öffentlichen Verkehrsraum (Absatz 1 Satz 1) ist zu benennen und die Anordnung ist zu befristen. ⁴Bei Gefahr im Verzug darf die Anordnung auch mündlich und durch die Ermittlungspersonen der Staatsanwaltschaft (§ 152 des Gerichtsverfassungsgesetzes) ergehen; in diesem Fall sind die schriftlichen Darlegungen nach den Sätzen 2 und 3 binnen drei Tagen vom Anordnenden nachzuholen.

(4) Liegen die Voraussetzungen der Anordnung nicht mehr vor oder ist der Zweck der Maßnahmen erreicht, sind diese unverzüglich zu beenden.

Achtes Buch. Schutz und Verwendung von Daten

Erster Abschnitt. Erteilung von Auskünften und Akteneinsicht, sonstige Verwendung von Daten für verfahrensübergreifende Zwecke

§ 474 Auskünfte und Akteneinsicht für Justizbehörden und andere öffentliche Stellen. (1) Gerichte, Staatsanwaltschaften und andere Justizbehörden erhalten Akteneinsicht, wenn dies für Zwecke der Rechtspflege erforderlich ist.

(2) ¹Im Übrigen sind Auskünfte aus Akten an öffentliche Stellen zulässig, soweit

1. die Auskünfte zur Feststellung, Durchsetzung oder zur Abwehr von Rechtsansprüchen im Zusammenhang mit der Straftat erforderlich sind,
2. diesen Stellen in sonstigen Fällen auf Grund einer besonderen Vorschrift von Amts wegen personenbezogene Daten aus Strafverfahren übermittelt werden dürfen oder soweit nach einer Übermittlung von Amts wegen die Übermittlung weiterer personenbezogener Daten zur Aufgabenerfüllung erforderlich ist oder
3. die Auskünfte zur Vorbereitung von Maßnahmen erforderlich sind, nach deren Erlass auf Grund einer besonderen Vorschrift von Amts wegen personenbezogene Daten aus Strafverfahren an diese Stellen übermittelt werden dürfen.

²Die Erteilung von Auskünften an die Nachrichtendienste richtet sich nach § 18 des Bundesverfassungsschutzgesetzes, § 12 des Sicherheitsüberprüfungsgesetzes, § 10 des MAD-Gesetzes und § 10 des BND-Gesetzes sowie den entsprechenden landesrechtlichen Vorschriften.

(3) Unter den Voraussetzungen des Absatzes 2 kann Akteneinsicht gewährt werden, wenn die Erteilung von Auskünften einen unverhältnismäßigen Aufwand erfordern würde oder die Akteneinsicht begehrende Stelle unter Angabe von Gründen erklärt, dass die Erteilung einer Auskunft zur Erfüllung ihrer Aufgabe nicht ausreichen würde.

(4) Unter den Voraussetzungen der Absätze 1 oder 3 können amtlich verwahrte Beweisstücke besichtigt werden.

(5) Akten, die noch in Papierform vorliegen, können in den Fällen der Absätze 1 und 3 zur Einsichtnahme übersandt werden.

(6) Landesgesetzliche Regelungen, die parlamentarischen Ausschüssen ein Recht auf Akteneinsicht einräumen, bleiben unberührt.

§ 475 Auskünfte und Akteneinsicht für Privatpersonen und sonstige Stellen. (1) [1] Für eine Privatperson und für sonstige Stellen kann unbeschadet des § 57 des Bundesdatenschutzgesetzes[1]) ein Rechtsanwalt Auskünfte aus Akten erhalten, die dem Gericht vorliegen oder diesem im Falle der Erhebung der öffentlichen Klage vorzulegen wären, soweit er hierfür ein berechtigtes Interesse darlegt. [2] Auskünfte sind zu versagen, wenn der hiervon Betroffene ein schutzwürdiges Interesse an der Versagung hat.

(2) Unter den Voraussetzungen des Absatzes 1 kann Akteneinsicht gewährt werden, wenn die Erteilung von Auskünften einen unverhältnismäßigen Aufwand erfordern oder nach Darlegung dessen, der Akteneinsicht begehrt, zur Wahrnehmung des berechtigten Interesses nicht ausreichen würde.

(3) Unter den Voraussetzungen des Absatzes 2 können amtlich verwahrte Beweisstücke besichtigt werden.

(4) Unter den Voraussetzungen des Absatzes 1 können auch Privatpersonen und sonstigen Stellen Auskünfte aus den Akten erteilt werden.

§ 476 Auskünfte und Akteneinsicht zu Forschungszwecken. (1) [1] Die Übermittlung personenbezogener Daten in Akten an Hochschulen, andere Einrichtungen, die wissenschaftliche Forschung betreiben, und öffentliche Stellen ist zulässig, soweit

1. dies für die Durchführung bestimmter wissenschaftlicher Forschungsarbeiten erforderlich ist,
2. eine Nutzung anonymisierter Daten zu diesem Zweck nicht möglich oder die Anonymisierung mit einem unverhältnismäßigen Aufwand verbunden ist und
3. das öffentliche Interesse an der Forschungsarbeit das schutzwürdige Interesse des Betroffenen an dem Ausschluss der Übermittlung erheblich überwiegt.

[2] Bei der Abwägung nach Satz 1 Nr. 3 ist im Rahmen des öffentlichen Interesses das wissenschaftliche Interesse an dem Forschungsvorhaben besonders zu berücksichtigen.

(2) [1] Die Übermittlung der Daten erfolgt durch Erteilung von Auskünften, wenn hierdurch der Zweck der Forschungsarbeit erreicht werden kann und die Erteilung keinen unverhältnismäßigen Aufwand erfordert. [2] Andernfalls kann auch Akteneinsicht gewährt werden. [3] Die Akten, die in Papierform vorliegen, können zur Einsichtnahme übersandt werden.

(3) [1] Personenbezogene Daten werden nur an solche Personen übermittelt, die Amtsträger oder für den öffentlichen Dienst besonders Verpflichtete sind oder die zur Geheimhaltung verpflichtet worden sind. [2] § 1 Abs. 2, 3 und 4 Nr. 2 des Verpflichtungsgesetzes findet auf die Verpflichtung zur Geheimhaltung entsprechende Anwendung.

---

[1]) Nr. 6.

(4) ¹Die personenbezogenen Daten dürfen nur für die Forschungsarbeit verwendet werden, für die sie übermittelt worden sind. ²Die Verwendung für andere Forschungsarbeiten oder die Weitergabe richtet sich nach den Absätzen 1 bis 3 und bedarf der Zustimmung der Stelle, die die Übermittlung der Daten angeordnet hat.

(5) ¹Die Daten sind gegen unbefugte Kenntnisnahme durch Dritte zu schützen. ²Die wissenschaftliche Forschung betreibende Stelle hat dafür zu sorgen, dass die Verwendung der personenbezogenen Daten räumlich und organisatorisch getrennt von der Erfüllung solcher Verwaltungsaufgaben oder Geschäftszwecke erfolgt, für die diese Daten gleichfalls von Bedeutung sein können.

(6) ¹Sobald der Forschungszweck es erlaubt, sind die personenbezogenen Daten zu anonymisieren. ²Solange dies noch nicht möglich ist, sind die Merkmale gesondert aufzubewahren, mit denen Einzelangaben über persönliche oder sachliche Verhältnisse einer bestimmten oder bestimmbaren Person zugeordnet werden können. ³Sie dürfen mit den Einzelangaben nur zusammengeführt werden, soweit der Forschungszweck dies erfordert.

(7) ¹Wer nach den Absätzen 1 bis 3 personenbezogene Daten erhalten hat, darf diese nur veröffentlichen, wenn dies für die Darstellung von Forschungsergebnissen über Ereignisse der Zeitgeschichte unerlässlich ist. ²Die Veröffentlichung bedarf der Zustimmung der Stelle, die die Daten übermittelt hat.

(8) Ist der Empfänger eine nichtöffentliche Stelle, finden die Vorschriften der Verordnung (EU) 2016/679[1]) und des Bundesdatenschutzgesetzes[2]) auch dann Anwendung, wenn die personenbezogenen Daten nicht automatisiert verarbeitet werden und nicht in einem Dateisystem gespeichert sind oder gespeichert werden.

§ 477 Datenübermittlung von Amts wegen. (1) Von Amts wegen dürfen personenbezogene Daten aus Strafverfahren Strafverfolgungsbehörden und Strafgerichten für Zwecke der Strafverfolgung sowie den zuständigen Behörden und Gerichten für Zwecke der Verfolgung von Ordnungswidrigkeiten übermittelt werden, soweit diese Daten aus der Sicht der übermittelnden Stelle hierfür erforderlich sind.

(2) Eine von Amts wegen erfolgende Übermittlung personenbezogener Daten aus Strafverfahren ist auch zulässig, wenn die Kenntnis der Daten aus der Sicht der übermittelnden Stelle erforderlich ist für

1. die Vollstreckung von Strafen oder von Maßnahmen im Sinne des § 11 Absatz 1 Nummer 8 des Strafgesetzbuches oder für die Vollstreckung oder Durchführung von Erziehungsmaßregeln oder von Zuchtmitteln im Sinne des Jugendgerichtsgesetzes,
2. den Vollzug von freiheitsentziehenden Maßnahmen oder
3. Entscheidungen in Strafsachen, insbesondere über die Strafaussetzung zur Bewährung oder deren Widerruf, oder in Bußgeld- oder Gnadensachen.

§ 478 Form der Datenübermittlung. Auskünfte nach den §§ 474 bis 476 und Datenübermittlungen von Amts wegen nach § 477 können auch durch Überlassung von Kopien aus den Akten erfolgen.

---

[1]) Nr. 1.
[2]) Nr. 6.

§ 479 Übermittlungsverbote und Verwendungsbeschränkungen.

(1) Auskünfte nach den §§ 474 bis 476 und Datenübermittlungen von Amts wegen nach § 477 sind zu versagen, wenn ihnen Zwecke des Strafverfahrens, auch die Gefährdung des Untersuchungszwecks in einem anderen Strafverfahren, oder besondere bundesgesetzliche oder landesgesetzliche Verwendungsregelungen entgegenstehen.

(2) ¹Ist eine Maßnahme nach diesem Gesetz nur bei Verdacht bestimmter Straftaten zulässig, so gilt für die Verwendung der auf Grund einer solchen Maßnahme erlangten Daten in anderen Strafverfahren § 161 Absatz 3 entsprechend. ²Darüber hinaus dürfen verwertbare personenbezogene Daten, die durch eine Maßnahme der nach Satz 1 bezeichneten Art erlangt worden sind, ohne Einwilligung der von der Maßnahme betroffenen Personen nur verwendet werden

1. zu Zwecken der Gefahrenabwehr, soweit sie dafür durch eine entsprechende Maßnahme nach den für die zuständige Stelle geltenden Gesetzen erhoben werden könnten,
2. zur Abwehr einer Gefahr für Leib, Leben oder Freiheit einer Person oder für die Sicherheit oder den Bestand des Bundes oder eines Landes oder für bedeutende Vermögenswerte, wenn sich aus den Daten im Einzelfall jeweils konkrete Ansätze zur Abwehr einer solchen Gefahr erkennen lassen,
3. für Zwecke, für die eine Übermittlung nach § 18 des Bundesverfassungsschutzgesetzes zulässig ist, sowie
4. nach Maßgabe des § 476.

³§ 100i Absatz 2 Satz 2 und § 108 Absatz 2 und 3 bleiben unberührt.

(3) Wenn in den Fällen der §§ 474 bis 476

1. der Angeklagte freigesprochen, die Eröffnung des Hauptverfahrens abgelehnt oder das Verfahren eingestellt wurde oder
2. die Verurteilung nicht in ein Führungszeugnis für Behörden aufgenommen wird und seit der Rechtskraft der Entscheidung mehr als zwei Jahre verstrichen sind,

dürfen Auskünfte aus den Akten und Akteneinsicht an nichtöffentliche Stellen nur gewährt werden, wenn ein rechtliches Interesse an der Kenntnis der Information glaubhaft gemacht ist und der frühere Beschuldigte kein schutzwürdiges Interesse an der Versagung hat.

(4) ¹Die Verantwortung für die Zulässigkeit der Übermittlung trägt die übermittelnde Stelle. ²Abweichend hiervon trägt in den Fällen der §§ 474 bis 476 der Empfänger die Verantwortung für die Zulässigkeit der Übermittlung, sofern dieser eine öffentliche Stelle oder ein Rechtsanwalt ist. ³Die übermittelnde Stelle prüft in diesem Falle nur, ob das Übermittlungsersuchen im Rahmen der Aufgaben des Empfängers liegt, es sei denn, dass ein besonderer Anlass zu einer weitergehenden Prüfung der Zulässigkeit der Übermittlung vorliegt.

(5) § 32f Absatz 5 Satz 2 und 3 gilt mit folgenden Maßgaben entsprechend:

1. Eine Verwendung der nach den §§ 474 und 475 erlangten personenbezogenen Daten für andere Zwecke ist zulässig, wenn dafür Auskunft oder Akteneinsicht gewährt werden dürfte und im Falle des § 475 die Stelle, die Auskunft oder Akteneinsicht gewährt hat, zustimmt;

2. eine Verwendung der nach § 477 erlangten personenbezogenen Daten für andere Zwecke ist zulässig, wenn dafür eine Übermittlung nach § 477 erfolgen dürfte.

§ 480 Entscheidung über die Datenübermittlung. (1) [1] Über die Übermittlungen nach den §§ 474 bis 477 entscheidet im vorbereitenden Verfahren und nach rechtskräftigem Abschluss des Verfahrens die Staatsanwaltschaft, im Übrigen der Vorsitzende des mit der Sache befassten Gerichts. [2] Die Staatsanwaltschaft ist auch nach Erhebung der öffentlichen Klage befugt, personenbezogene Daten zu übermitteln. [3] Die Staatsanwaltschaft kann die Behörden des Polizeidienstes, die die Ermittlungen geführt haben oder führen, ermächtigen, in den Fällen des § 475 Akteneinsicht und Auskünfte zu erteilen. [4] Gegen deren Entscheidung kann die Entscheidung der Staatsanwaltschaft eingeholt werden. [5] Die Übermittlung personenbezogener Daten zwischen Behörden des Polizeidienstes oder eine entsprechende Akteneinsicht ist ohne Entscheidung nach Satz 1 zulässig, sofern keine Zweifel an der Zulässigkeit der Übermittlung oder der Akteneinsicht bestehen.

(2) [1] Aus beigezogenen Akten, die nicht Aktenbestandteil sind, dürfen Übermittlungen nur mit Zustimmung der Stelle erfolgen, um deren Akten es sich handelt; Gleiches gilt für die Akteneinsicht. [2] In den Fällen der §§ 474 bis 476 sind Auskünfte und Akteneinsicht nur zulässig, wenn der Antragsteller die Zustimmung nachweist.

(3) [1] In den Fällen des § 475 kann gegen die Entscheidung der Staatsanwaltschaft nach Absatz 1 gerichtliche Entscheidung durch das nach § 162 zuständige Gericht beantragt werden. [2] Die §§ 297 bis 300, 302, 306 bis 309, 311a und 473a gelten entsprechend. [3] Die Entscheidung des Gerichts ist unanfechtbar, solange die Ermittlungen noch nicht abgeschlossen sind. [4] Diese Entscheidungen werden nicht mit Gründen versehen, soweit durch deren Offenlegung der Untersuchungszweck gefährdet werden könnte.

(4) Die übermittelnde Stelle hat die Übermittlung und deren Zweck aktenkundig zu machen.

§ 481 Verwendung personenbezogener Daten für polizeiliche Zwecke. (1) [1] Die Polizeibehörden dürfen nach Maßgabe der Polizeigesetze personenbezogene Daten aus Strafverfahren verwenden. [2] Zu den dort genannten Zwecken dürfen Strafverfolgungsbehörden und Gerichte an Polizeibehörden personenbezogene Daten aus Strafverfahren übermitteln oder Akteneinsicht gewähren. [3] Mitteilungen nach Satz 2 können auch durch Bewährungshelfer und Führungsaufsichtsstellen erfolgen, wenn dies zur Abwehr einer Gefahr für ein bedeutendes Rechtsgut erforderlich und eine rechtzeitige Übermittlung durch die in Satz 2 genannten Stellen nicht gewährleistet ist. [4] Die Sätze 1 und 2 gelten nicht in den Fällen, in denen die Polizei ausschließlich zum Schutz privater Rechte tätig wird.

(2) Die Verwendung ist unzulässig, soweit besondere bundesgesetzliche oder entsprechende landesgesetzliche Verwendungsregelungen entgegenstehen.

(3) Hat die Polizeibehörde Zweifel, ob eine Verwendung personenbezogener Daten nach dieser Bestimmung zulässig ist, gilt § 480 Absatz 1 Satz 1 und 2 entsprechend.

§ 482 Mitteilung des Aktenzeichens und des Verfahrensausgangs an die Polizei.
(1) Die Staatsanwaltschaft teilt der Polizeibehörde, die mit der Angelegenheit befasst war, ihr Aktenzeichen mit.

(2) ¹Sie unterrichtet die Polizeibehörde in den Fällen des Absatzes 1 über den Ausgang des Verfahrens durch Mitteilung der Entscheidungsformel, der entscheidenden Stelle sowie des Datums und der Art der Entscheidung. ²Die Übersendung der Mitteilung zum Bundeszentralregister ist zulässig, im Falle des Erforderns auch des Urteils oder einer mit Gründen versehenen Einstellungsentscheidung.

(3) In Verfahren gegen Unbekannt sowie bei Verkehrsstrafsachen, soweit sie nicht unter die §§ 142, 315 bis 315c des Strafgesetzbuches fallen, wird der Ausgang des Verfahrens nach Absatz 2 von Amts wegen nicht mitgeteilt.

(4) Wird ein Urteil übersandt, das angefochten worden ist, so ist anzugeben, wer Rechtsmittel eingelegt hat.

Zweiter Abschnitt. Regelungen über die Datenverarbeitung

§ 483 Datenverarbeitung für Zwecke des Strafverfahrens.
(1) ¹Gerichte, Strafverfolgungsbehörden einschließlich Vollstreckungsbehörden, Bewährungshelfer, Aufsichtsstellen bei Führungsaufsicht und die Gerichtshilfe dürfen personenbezogene Daten in Dateisystemen verarbeiten, soweit dies für Zwecke des Strafverfahrens erforderlich ist. ²Die Polizei darf unter der Voraussetzung des Satzes 1 personenbezogene Daten auch in einem Informationssystem verarbeiten, welches nach Maßgabe eines anderen Gesetzes errichtet ist. ³Für dieses Informationssystem wird mindestens festgelegt:

1. die Kennzeichnung der personenbezogenen Daten durch die Bezeichnung
   a) des Verfahrens, in dem die Daten erhoben wurden,
   b) der Maßnahme, wegen der die Daten erhoben wurden, sowie der Rechtsgrundlage der Erhebung und
   c) der Straftat, zu deren Aufklärung die Daten erhoben wurden,
2. die Zugriffsberechtigungen,
3. die Fristen zur Prüfung, ob gespeicherte Daten zu löschen sind sowie die Speicherungsdauer der Daten.

(2) Die Daten dürfen auch für andere Strafverfahren, die internationale Rechtshilfe in Strafsachen und Gnadensachen genutzt werden.

(3) Erfolgt in einem Dateisystem der Polizei die Speicherung zusammen mit Daten, deren Speicherung sich nach den Polizeigesetzen richtet, so ist für die Verarbeitung personenbezogener Daten und die Rechte der Betroffenen das für die speichernde Stelle geltende Recht maßgeblich.

§ 484 Datenverarbeitung für Zwecke künftiger Strafverfahren; Verordnungsermächtigung.
(1) Strafverfolgungsbehörden dürfen für Zwecke künftiger Strafverfahren

1. die Personendaten des Beschuldigten und, soweit erforderlich, andere zur Identifizierung geeignete Merkmale,
2. die zuständige Stelle und das Aktenzeichen,
3. die nähere Bezeichnung der Straftaten, insbesondere die Tatzeiten, die Tatorte und die Höhe etwaiger Schäden,

Strafprozessordnung §§ 485–487 StPO 20

4. die Tatvorwürfe durch Angabe der gesetzlichen Vorschriften,
5. die Einleitung des Verfahrens sowie die Verfahrenserledigungen bei der Staatsanwaltschaft und bei Gericht nebst Angabe der gesetzlichen Vorschriften

in Dateisystemen verarbeiten.

(2) ¹Weitere personenbezogene Daten von Beschuldigten und Tatbeteiligten dürfen sie in Dateisystemen nur verarbeiten, soweit dies erforderlich ist, weil wegen der Art oder Ausführung der Tat, der Persönlichkeit des Beschuldigten oder Tatbeteiligten oder sonstiger Erkenntnisse Grund zu der Annahme besteht, dass weitere Strafverfahren gegen den Beschuldigten zu führen sind. ²Wird der Beschuldigte rechtskräftig freigesprochen, die Eröffnung des Hauptverfahrens gegen ihn unanfechtbar abgelehnt oder das Verfahren nicht nur vorläufig eingestellt, so ist die Verarbeitung nach Satz 1 unzulässig, wenn sich aus den Gründen der Entscheidung ergibt, dass die betroffene Person die Tat nicht oder nicht rechtswidrig begangen hat.

(3) ¹Das Bundesministerium der Justiz und für Verbraucherschutz und die Landesregierungen bestimmen für ihren jeweiligen Geschäftsbereich durch Rechtsverordnung das Nähere über die Art der Daten, die nach Absatz 2 für Zwecke künftiger Strafverfahren gespeichert werden dürfen. ²Dies gilt nicht für Daten in Dateisystemen, die nur vorübergehend vorgehalten und innerhalb von drei Monaten nach ihrer Erstellung gelöscht werden. ³Die Landesregierungen können die Ermächtigung durch Rechtsverordnung auf die zuständigen Landesministerien übertragen.

(4) Die Verarbeitung personenbezogener Daten, die für Zwecke künftiger Strafverfahren von der Polizei gespeichert sind oder werden, richtet sich, ausgenommen die Verarbeitung für Zwecke eines Strafverfahrens, nach den Polizeigesetzen.

§ 485 Datenverarbeitung für Zwecke der Vorgangsverwaltung. ¹Gerichte, Strafverfolgungsbehörden einschließlich Vollstreckungsbehörden, Bewährungshelfer, Aufsichtsstellen bei Führungsaufsicht und die Gerichtshilfe dürfen personenbezogene Daten in Dateisystemen verarbeiten, soweit dies für Zwecke der Vorgangsverwaltung erforderlich ist. ²Eine Nutzung für die in § 483 bezeichneten Zwecke ist zulässig. ³Eine Nutzung für die in § 484 bezeichneten Zwecke ist zulässig, soweit die Speicherung auch nach dieser Vorschrift zulässig wäre. ⁴§ 483 Absatz 1 Satz 2 und Absatz 3 ist entsprechend anwendbar.

§ 486 Gemeinsame Dateisysteme. ¹Die personenbezogenen Daten können für die in den §§ 483 bis 485 genannten Stellen in gemeinsamen Dateisystemen gespeichert werden. ²Dies gilt für Fälle des § 483 Absatz 1 Satz 2, auch in Verbindung mit § 485 Satz 4, entsprechend.

§ 487 Übermittlung gespeicherter Daten; Auskunft. (1) ¹Die nach den §§ 483 bis 485 gespeicherten Daten dürfen den zuständigen Stellen übermittelt werden, soweit dies für die in diesen Vorschriften genannten Zwecke, für Zwecke eines Gnadenverfahrens, des Vollzugs von freiheitsentziehenden Maßnahmen oder der internationalen Rechtshilfe in Strafsachen erforderlich ist. ²§ 479 Absatz 1 und 2 und § 485 Satz 3 gelten entsprechend. ³Bewährungshelfer und Führungsaufsichtsstellen dürfen personenbezogene Daten von Verurteilten, die unter Aufsicht gestellt sind, an die Einrichtungen des Justiz- und Maßregelvollzugs übermitteln, wenn diese Daten für den Vollzug der Freiheitsentziehung, insbesondere zur Förderung der Vollzugs- und Behandlungsplanung oder der Entlassungsvorbereitung, erforderlich sind; das Gleiche gilt für Mitteilungen an Vollstreckungsbehörden, soweit diese Daten für die in § 477 Absatz 2 Nummer 1 oder 3 genannten Zwecke erforderlich sind.

(2) [1] Außerdem kann, unbeschadet des § 57 des Bundesdatenschutzgesetzes[1]), Auskunft erteilt werden, soweit nach den Vorschriften dieses Gesetzes Akteneinsicht oder Auskunft aus den Akten gewährt werden könnte. [2] Entsprechendes gilt für Mitteilungen nach den §§ 477 und 481 Absatz 1 Satz 2 sowie für andere besondere gesetzliche Bestimmungen, die die Übermittlung personenbezogener Daten aus Strafverfahren anordnen oder erlauben.

(3) [1] Die Verantwortung für die Zulässigkeit der Übermittlung trägt die übermittelnde Stelle. [2] Erfolgt die Übermittlung auf Ersuchen des Empfängers, trägt dieser die Verantwortung. [3] In diesem Falle prüft die übermittelnde Stelle nur, ob das Übermittlungsersuchen im Rahmen der Aufgaben des Empfängers liegt, es sei denn, dass besonderer Anlass zu einer weitergehenden Prüfung der Zulässigkeit der Übermittlung besteht.

(4) [1] Die nach den §§ 483 bis 485 gespeicherten Daten dürfen auch für wissenschaftliche Zwecke übermittelt werden. [2] § 476 gilt entsprechend.

(5) Besondere gesetzliche Bestimmungen, die die Übermittlung von Daten aus einem Strafverfahren anordnen oder erlauben, bleiben unberührt.

(6) [1] Die Daten dürfen nur zu dem Zweck verwendet werden, für den sie übermittelt worden sind. [2] Eine Verwendung für andere Zwecke ist zulässig, soweit die Daten auch dafür hätten übermittelt werden dürfen.

§ 488 Automatisierte Verfahren für Datenübermittlungen. (1) [1] Die Einrichtung eines automatisierten Abrufverfahrens oder eines automatisierten Anfrage- und Auskunftsverfahrens ist für Übermittlungen nach § 487 Abs. 1 zwischen den in § 483 Abs. 1 genannten Stellen zulässig, soweit diese Form der Datenübermittlung unter Berücksichtigung der schutzwürdigen Interessen der betroffenen Personen wegen der Vielzahl der Übermittlungen oder wegen ihrer besonderen Eilbedürftigkeit angemessen ist. [2] Die beteiligten Stellen haben zu gewährleisten, dass dem jeweiligen Stand der Technik entsprechende Maßnahmen zur Sicherstellung von Datenschutz und Datensicherheit getroffen werden, die insbesondere die Vertraulichkeit und Unversehrtheit der Daten gewährleisten; im Falle der Nutzung allgemein zugänglicher Netze sind dem jeweiligen Stand der Technik entsprechende Verschlüsselungsverfahren anzuwenden.

(2) [1] Bei der Festlegung zur Einrichtung eines automatisierten Abrufverfahrens haben die beteiligten Stellen zu gewährleisten, dass die Zulässigkeit des Abrufverfahrens kontrolliert werden kann. [2] Hierzu haben sie Folgendes schriftlich festzulegen:

1. den Anlass und den Zweck des Abrufverfahrens,
2. die Dritten, an die übermittelt wird,
3. die Art der zu übermittelnden Daten und

---

[1]) Nr. 6.

4. die nach § 64 des Bundesdatenschutzgesetzes[1)] erforderlichen technischen und organisatorischen Maßnahmen.

³Die Festlegung bedarf der Zustimmung der für die speichernde und die abrufende Stelle jeweils zuständigen Bundes- und Landesministerien. ⁴Die speichernde Stelle übersendet die Festlegungen der Stelle, die für die Kontrolle der Einhaltung der Vorschriften über den Datenschutz bei öffentlichen Stellen zuständig ist.

(3) ¹Die Verantwortung für die Zulässigkeit des einzelnen Abrufs trägt der Empfänger. ²Die speichernde Stelle prüft die Zulässigkeit der Abrufe nur, wenn dazu Anlass besteht. ³Die speichernde Stelle hat zu gewährleisten, dass die Übermittlung personenbezogener Daten festgestellt und überprüft werden kann. ⁴Im Rahmen der Protokollierung nach § 76 des Bundesdatenschutzgesetzes hat sie ergänzend zu den dort in Absatz 2 aufgeführten Daten die abgerufenen Daten, die Kennung der abrufenden Stelle und das Aktenzeichen des Empfängers zu protokollieren. ⁵Die Protokolldaten sind nach zwölf Monaten zu löschen.

(4) Die Absätze 2 und 3 gelten für das automatisierte Anfrage- und Auskunftsverfahren entsprechend.

§ 489 Löschung und Einschränkung der Verarbeitung von Daten.

(1) Zu löschen sind, unbeschadet der anderen, in § 75 Absatz 2 des Bundesdatenschutzgesetzes[1)] genannten Gründe für die Pflicht zur Löschung,

1. die nach § 483 gespeicherten Daten mit der Erledigung des Verfahrens, soweit ihre Speicherung nicht nach den §§ 484 und 485 zulässig ist,
2. die nach § 484 gespeicherten Daten, soweit die dortigen Voraussetzungen nicht mehr vorliegen und ihre Speicherung nicht nach § 485 zulässig ist, und
3. die nach § 485 gespeicherten Daten, sobald ihre Speicherung zur Vorgangsverwaltung nicht mehr erforderlich ist.

(2) ¹Als Erledigung des Verfahrens gilt die Erledigung bei der Staatsanwaltschaft oder, sofern die öffentliche Klage erhoben wurde, bei Gericht. ²Ist eine Strafe oder eine sonstige Sanktion angeordnet worden, so ist der Abschluss der Vollstreckung oder der Erlass maßgeblich. ³Wird das Verfahren eingestellt und hindert die Einstellung die Wiederaufnahme der Verfolgung nicht, so ist das Verfahren mit Eintritt der Verjährung als erledigt anzusehen.

(3) ¹Der Verantwortliche prüft nach festgesetzten Fristen, ob gespeicherte Daten zu löschen sind. ²Die Frist zur Überprüfung der Notwendigkeit der Speicherung nach § 75 Absatz 4 des Bundesdatenschutzgesetzes beträgt für die nach § 484 gespeicherten Daten

1. bei Beschuldigten, die zur Tatzeit das achtzehnte Lebensjahr vollendet hatten, zehn Jahre,
2. bei Jugendlichen fünf Jahre,
3. in den Fällen des rechtskräftigen Freispruchs, der unanfechtbaren Ablehnung der Eröffnung des Hauptverfahrens und der nicht nur vorläufigen Verfahrenseinstellung drei Jahre,
4. bei nach § 484 Absatz 1 gespeicherten Daten zu Personen, die zur Tatzeit nicht strafmündig waren, zwei Jahre.

[1)] Nr. 6.

(4) Der Verantwortliche kann in der Errichtungsanordnung nach § 490 kürzere Prüffristen festlegen.

(5) Die Fristen nach Absatz 3 beginnen mit dem Tag, an dem das letzte Ereignis eingetreten ist, das zur Speicherung der Daten geführt hat, jedoch nicht vor

1. Entlassung der betroffenen Person aus einer Justizvollzugsanstalt oder
2. Beendigung einer mit Freiheitsentziehung verbundenen Maßregel der Besserung und Sicherung.

(6) [1] § 58 Absatz 3 Satz 1 Nummer 1 und 3 des Bundesdatenschutzgesetzes gilt für die Löschung nach Absatz 1 entsprechend. [2] Darüber hinaus ist an Stelle der Löschung personenbezogener Daten deren Verarbeitung einzuschränken, soweit die Daten für laufende Forschungsarbeiten benötigt werden. [3] Die Verarbeitung personenbezogener Daten ist ferner einzuschränken, soweit sie nur zu Zwecken der Datensicherung oder der Datenschutzkontrolle gespeichert sind. [4] Daten, deren Verarbeitung nach den Sätzen 1 oder 2 eingeschränkt ist, dürfen nur zu dem Zweck verwendet werden, für den ihre Löschung unterblieben ist. [5] Sie dürfen auch verwendet werden, soweit dies zur Behebung einer bestehenden Beweisnot unerlässlich ist.

(7) Anstelle der Löschung der Daten sind die Datenträger an ein Staatsarchiv abzugeben, soweit besondere archivrechtliche Regelungen dies vorsehen.

§ 490 Errichtungsanordnung für automatisierte Dateisysteme. [1] Der Verantwortliche legt für jedes automatisierte Dateisystem in einer Errichtungsanordnung mindestens fest:

1. die Bezeichnung des Dateisystems,
2. die Rechtsgrundlage und den Zweck des Dateisystems,
3. den Personenkreis, über den Daten in dem Dateisystem verarbeitet werden,
4. die Art der zu verarbeitenden Daten,
5. die Anlieferung oder Eingabe der zu verarbeitenden Daten,
6. die Voraussetzungen, unter denen in dem Dateisystem verarbeitete Daten an welche Empfänger und in welchem Verfahren übermittelt werden,
7. Prüffristen und Speicherungsdauer.

[2] Dies gilt nicht für Dateisysteme, die nur vorübergehend vorgehalten und innerhalb von drei Monaten nach ihrer Erstellung gelöscht werden, und Informationssysteme gemäß § 483 Absatz 1 Satz 2.

§ 491 Auskunft an betroffene Personen. (1) [1] Ist die betroffene Person bei einem gemeinsamen Dateisystem nicht in der Lage, den Verantwortlichen festzustellen, so kann sie sich zum Zweck der Auskunft nach § 57 des Bundesdatenschutzgesetzes[1]) an jede beteiligte speicherungsberechtigte Stelle wenden. [2] Über die Erteilung einer Auskunft entscheidet die ersuchte speicherungsberechtigte Stelle im Einvernehmen mit dem Verantwortlichen.

(2) Für den Auskunftsanspruch betroffener Personen gilt § 57 des Bundesdatenschutzgesetzes.

---

[1]) Nr. 6.

Dritter Abschnitt. Länderübergreifendes staatsanwaltschaftliches Verfahrensregister

§ 492 Zentrales staatsanwaltschaftliches Verfahrensregister. (1) Das Bundesamt für Justiz (Registerbehörde) führt ein zentrales staatsanwaltschaftliches Verfahrensregister.

(2) ¹In das Register sind
1. die Personendaten des Beschuldigten und, soweit erforderlich, andere zur Identifizierung geeignete Merkmale,
2. die zuständige Stelle und das Aktenzeichen,
3. die nähere Bezeichnung der Straftaten, insbesondere die Tatzeiten, die Tatorte und die Höhe etwaiger Schäden,
4. die Tatvorwürfe durch Angabe der gesetzlichen Vorschriften,
5. die Einleitung des Verfahrens sowie die Verfahrenserledigungen bei der Staatsanwaltschaft und bei Gericht nebst Angabe der gesetzlichen Vorschriften

einzutragen. ²Die Daten dürfen nur für Strafverfahren gespeichert und verändert werden.

(3) ¹Die Staatsanwaltschaften teilen die einzutragenden Daten der Registerbehörde zu dem in Absatz 2 Satz 2 genannten Zweck mit. ²Auskünfte aus dem Verfahrensregister dürfen nur Strafverfolgungsbehörden für Zwecke eines Strafverfahrens erteilt werden. ³Dem Bundeskriminalamt dürfen Auskünfte auch erteilt werden, soweit dies im Einzelfall zur Erfüllung seiner Aufgaben nach § 5 Absatz 1, § 6 Absatz 1 oder § 7 Absatz 1 und 2 des Bundeskriminalamtgesetzes erforderlich ist. ⁴§ 5 Abs. 5 Satz 1 Nr. 2 des Waffengesetzes, § 8a Absatz 5 Satz 1 Nummer 2 des Sprengstoffgesetzes, § 7 Absatz 3 Satz 1 Nummer 3 des Luftsicherheitsgesetzes, § 12 Absatz 1 Nummer 2 des Sicherheitsüberprüfungsgesetzes und § 31 Absatz 4a Satz 1 des Geldwäschegesetzes bleiben unberührt; die Auskunft über die Eintragung wird insoweit im Einvernehmen mit der Staatsanwaltschaft, die die personenbezogenen Daten zur Eintragung in das Verfahrensregister mitgeteilt hat, erteilt, wenn hiervon eine Gefährdung des Untersuchungszwecks nicht zu besorgen ist.

(4) ¹Die in Absatz 2 Satz 1 Nummer 1 und 2 und, wenn dies erforderlich ist, Nummer 3 und 4 genannten Daten dürfen nach Maßgabe des § 18 Abs. 3 des Bundesverfassungsschutzgesetzes, auch in Verbindung mit § 10 Abs. 2 des Gesetzes über den Militärischen Abschirmdienst und § 10 Absatz 3 des BND-Gesetzes, auf Ersuchen auch an die Verfassungsschutzbehörden des Bundes und der Länder, den Militärischen Abschirmdienst und den Bundesnachrichtendienst übermittelt werden. ²§ 18 Abs. 5 Satz 2 des Bundesverfassungsschutzgesetzes gilt entsprechend.

(4a) ¹Kann die Registerbehörde eine Mitteilung oder ein Ersuchen einem Datensatz nicht eindeutig zuordnen, übermittelt sie an die ersuchende Stelle zur Identitätsfeststellung Datensätze zu Personen mit ähnlichen Personalien. ²Nach erfolgter Identifizierung hat die ersuchende Stelle alle Daten, die sich nicht auf die betroffene Person beziehen, unverzüglich zu löschen. ³Ist eine Identifizierung nicht möglich, sind alle übermittelten Daten zu löschen. ⁴In der Rechtsverordnung nach § 494 Abs. 4 ist die Anzahl der Datensätze, die auf Grund eines Abrufs übermittelt werden dürfen, auf das für eine Identifizierung notwendige Maß zu begrenzen.

(5) ¹Die Verantwortung für die Zulässigkeit der Übermittlung trägt der Empfänger. ²Die Registerbehörde prüft die Zulässigkeit der Übermittlung nur, wenn besonderer Anlaß hierzu besteht.

(6) Die Daten dürfen unbeschadet des Absatzes 3 Satz 3 und 4 sowie des Absatzes 4 nur in Strafverfahren verwendet werden.

§ 493 Automatisiertes Verfahren für Datenübermittlungen. (1) ¹Die Übermittlung der Daten erfolgt im Wege eines automatisierten Abrufverfahrens oder eines automatisierten Anfrage- und Auskunftsverfahrens, im Falle einer Störung der Datenfernübertragung oder bei außergewöhnlicher Dringlichkeit telefonisch oder durch Telefax. ²Die beteiligten Stellen haben zu gewährleisten, dass dem jeweiligen Stand der Technik entsprechende Maßnahmen zur Sicherstellung von Datenschutz und Datensicherheit getroffen werden, die insbesondere die Vertraulichkeit und Unversehrtheit der Daten gewährleisten; im Falle der Nutzung allgemein zugänglicher Netze sind dem jeweiligen Stand der Technik entsprechende Verschlüsselungsverfahren anzuwenden.

(2) ¹Bei der Festlegung zur Einrichtung eines automatisierten Abrufverfahrens gilt § 488 Absatz 2 Satz 1 und 2 entsprechend. ²Die Registerbehörde übersendet die Festlegungen dem Bundesbeauftragten für den Datenschutz.

(3) ¹Die Verantwortung für die Zulässigkeit der einzelnen automatisierten Abrufs trägt der Empfänger. ²Die Registerbehörde prüft die Zulässigkeit der Abrufe nur, wenn dazu Anlaß besteht. ³Im Rahmen der Protokollierung nach § 76 des Bundesdatenschutzgesetzes[1)] hat sie ergänzend zu den dort in Absatz 2 aufgeführten Daten die abgerufenen Daten, die Kennung der abrufenden Stelle und das Aktenzeichen des Empfängers zu protokollieren. ⁴Die Protokolldaten sind nach sechs Monaten zu löschen.

(4) Die Absätze 2 und 3 gelten für das automatisierte Anfrage- und Auskunftsverfahren entsprechend.

§ 494 Berichtigung, Löschung und Einschränkung der Verarbeitung von Daten; Verordnungsermächtigung. (1) In den Fällen des § 58 Absatz 1 und des § 75 Absatz 1 des Bundesdatenschutzgesetzes[1)] teilt der Verantwortliche insbesondere der Registerbehörde die Unrichtigkeit unverzüglich mit; der Verantwortliche trägt die Verantwortung für die Richtigkeit und Aktualität der Daten.

(2) ¹Die Daten sind zu löschen, sobald sich aus dem Bundeszentralregister ergibt, dass in dem Strafverfahren, aus dem die Daten übermittelt worden sind, eine nach § 20 des Bundeszentralregistergesetzes mitteilungspflichtige gerichtliche Entscheidung oder Verfügung der Strafverfolgungsbehörde ergangen ist. ²Wird der Beschuldigte rechtskräftig freigesprochen, die Eröffnung des Hauptverfahrens gegen ihn unanfechtbar abgelehnt oder das Verfahren nicht nur vorläufig eingestellt, so sind die Daten zwei Jahre nach der Erledigung des Verfahrens zu löschen, es sei denn, vor Eintritt der Löschungsfrist wird ein weiteres Verfahren zur Eintragung in das Verfahrensregister mitgeteilt. ³In diesem Fall bleiben die Daten gespeichert, bis für alle Eintragungen die Löschungsvoraussetzungen vorliegen. ⁴Die Staatsanwaltschaft teilt der Registerbehörde unverzüglich den Eintritt der Löschungsvoraussetzungen oder den Beginn der Löschungsfrist nach Satz 2 mit.

[1)] Nr. 6.

Strafprozessordnung   §§ 495–497   StPO 20

(3) § 489 Absatz 7 gilt entsprechend.

(4) Das Bundesministerium der Justiz und für Verbraucherschutz bestimmt durch Rechtsverordnung mit Zustimmung des Bundesrates die näheren Einzelheiten, insbesondere

1. die Art der zu verarbeitenden Daten,
2. die Anlieferung der zu verarbeitenden Daten,
3. die Voraussetzungen, unter denen in dem Dateisystem verarbeitete Daten an welche Empfänger und in welchem Verfahren übermittelt werden,
4. die Einrichtung eines automatisierten Abrufverfahrens,
5. die nach den §§ 64, 71 und 72 des Bundesdatenschutzgesetzes erforderlichen technischen und organisatorischen Maßnahmen.

§ 495 Auskunft an betroffene Personen. [1]Der betroffenen Person ist entsprechend § 57 des Bundesdatenschutzgesetzes[1]) Auskunft aus dem Verfahrensregister zu erteilen; § 491 Absatz 2 gilt entsprechend. [2]Über die Erteilung einer Auskunft entscheidet die Registerbehörde im Einvernehmen mit der Staatsanwaltschaft, die die personenbezogenen Daten zur Eintragung in das Verfahrensregister mitgeteilt hat. [3]Soweit eine Auskunft aus dem Verfahrensregister an eine öffentliche Stelle erteilt wurde und die betroffene Person von dieser Stelle Auskunft über die so erhobenen Daten begehrt, entscheidet hierüber diese Stelle im Einvernehmen mit der Staatsanwaltschaft, die die personenbezogenen Daten zur Eintragung in das Verfahrensregister mitgeteilt hat.

Vierter Abschnitt. Schutz personenbezogener Daten in einer elektronischen Akte; Verwendung personenbezogener Daten aus elektronischen Akten

§ 496 Verwendung personenbezogener Daten in einer elektronischen Akte. (1) Das Verarbeiten und Nutzen personenbezogener Daten in einer elektronischen Akte oder in elektronischen Aktenkopien ist zulässig, soweit dies für die Zwecke des Strafverfahrens erforderlich ist.

(2) Dabei sind

1. die organisatorischen und technischen Maßnahmen zu treffen, die erforderlich sind, um den besonderen Anforderungen des Datenschutzes und der Datensicherheit gerecht zu werden, und
2. die Grundsätze einer ordnungsgemäßen Datenverarbeitung einzuhalten, insbesondere die Daten ständig verfügbar zu halten und Vorkehrungen gegen einen Datenverlust zu treffen.

(3) Elektronische Akten und elektronische Aktenkopien sind keine Dateisysteme im Sinne des Zweiten Abschnitts.

§ 497 Datenverarbeitung im Auftrag. (1) Mit der dauerhaften rechtsverbindlichen Speicherung elektronischer Akten dürfen nichtöffentliche Stellen nur dann beauftragt werden, wenn eine öffentliche Stelle den Zutritt und den Zugang zu den Datenverarbeitungsanlagen, in denen die elektronischen Akten rechtsverbindlich gespeichert werden, tatsächlich und ausschließlich kontrolliert.

---

[1]) Nr. 6.

(2) ¹Eine Begründung von Unterauftragsverhältnissen durch nichtöffentliche Stellen im Rahmen des dauerhaften rechtsverbindlichen Speicherns der elektronischen Akte ist zulässig, wenn der Auftraggeber im Einzelfall zuvor eingewilligt hat. ²Die Einwilligung darf nur erteilt werden, wenn der Zutritt und der Zugang zu den Datenverarbeitungsanlagen in dem Unterauftragsverhältnis entsprechend Absatz 1 vertraglich geregelt sind.

(3) ¹Eine Pfändung von Einrichtungen, in denen eine nichtöffentliche Stelle im Auftrag einer öffentlichen Stelle Daten verarbeitet, ist unzulässig. ²Eine Beschlagnahme solcher Einrichtungen setzt voraus, dass die öffentliche Stelle im Einzelfall eingewilligt hat.

§ 498 Verwendung personenbezogener Daten aus elektronischen Akten.

(1) Das Verarbeiten und Nutzen personenbezogener Daten aus elektronischen Akten oder elektronischen Aktenkopien ist zulässig, soweit eine Rechtsvorschrift die Verwendung personenbezogener Daten aus einem Strafverfahren erlaubt oder anordnet.

(2) Der maschinelle Abgleich personenbezogener Daten mit elektronischen Akten oder elektronischen Aktenkopien gemäß § 98c ist unzulässig, es sei denn, er erfolgt mit einzelnen, zuvor individualisierten Akten oder Aktenkopien.

§ 499 Löschung elektronischer Aktenkopien.

Elektronische Aktenkopien sind unverzüglich zu löschen, wenn sie nicht mehr erforderlich sind.

Fünfter Abschnitt. Anwendbarkeit des Bundesdatenschutzgesetzes

§ 500 Entsprechende Anwendung.

(1) Soweit öffentliche Stellen der Länder im Anwendungsbereich dieses Gesetzes personenbezogene Daten verarbeiten, ist Teil 3 des Bundesdatenschutzgesetzes[1] entsprechend anzuwenden.

(2) Absatz 1 gilt

1. nur, soweit nicht in diesem Gesetz etwas anderes bestimmt ist, und
2. nur mit der Maßgabe, dass die Landesbeauftragte oder der Landesbeauftragte an die Stelle der oder des Bundesbeauftragten tritt.

---

[1] Nr. 6.

21. Strafgesetzbuch (StGB)

In der Fassung der Bekanntmachung vom 13. November 1998[1])
(BGBl. I S. 3322)

FNA 450-2

zuletzt geänd. durch Art. 2 G zur Änd. des InfektionsschutzG und weiterer Gesetze anlässlich der Aufhebung der Feststellung der epidemischen Lage von nationaler Tragweite v. 22.11.2021 (BGBl. I S. 4906)

– Auszug –

Besonderer Teil

Siebenter Abschnitt. Straftaten gegen die öffentliche Ordnung

§ 126a Gefährdendes Verbreiten personenbezogener Daten. (1) Wer öffentlich, in einer Versammlung oder durch Verbreiten eines Inhalts (§ 11 Absatz 3) personenbezogene Daten einer anderen Person in einer Art und Weise verbreitet, die geeignet und nach den Umständen bestimmt ist, diese Person oder eine ihr nahestehende Person der Gefahr

1. eines gegen sie gerichteten Verbrechens oder
2. einer gegen sie gerichteten sonstigen rechtswidrigen Tat gegen die sexuelle Selbstbestimmung, die körperliche Unversehrtheit, die persönliche Freiheit oder gegen eine Sache von bedeutendem Wert

auszusetzen, wird mit Freiheitsstrafe bis zu zwei Jahren oder mit Geldstrafe bestraft.

(2) Handelt es sich um nicht allgemein zugängliche Daten, so ist die Strafe Freiheitsstrafe bis zu drei Jahren oder Geldstrafe.

(3) § 86 Absatz 4 gilt entsprechend.

§ 127 Betreiben krimineller Handelsplattformen im Internet.

(1) ¹Wer eine Handelsplattform im Internet betreibt, deren Zweck darauf ausgerichtet ist, die Begehung von rechtswidrigen Taten zu ermöglichen oder zu fördern, wird mit Freiheitsstrafe bis zu fünf Jahren oder mit Geldstrafe bestraft, wenn die Tat nicht in anderen Vorschriften mit schwererer Strafe bedroht ist. ²Rechtswidrige Taten im Sinne des Satzes 1 sind

1. Verbrechen,
2. Vergehen nach
   a) den §§ 86, 86a, 91, 130, 147 und 148 Absatz 1 Nummer 3, den §§ 149, 152a und 176a Absatz 2, § 176b Absatz 2, § 180 Absatz 2, § 184b Absatz 1 Satz 2, § 184c Absatz 1, § 184l Absatz 1 und 3, den §§ 202a, 202b, 202c, 202d, 232 und 232a Absatz 1, 2, 5 und 6, nach § 232b Absatz 1, 2 und 4 in Verbindung mit § 232a Absatz 5, nach den §§ 233, 233a, 236, 259 und 260, nach § 261 Absatz 1 und 2 unter den in § 261 Absatz 5 Satz 2 genannten Voraussetzungen sowie nach den §§ 263, 263a, 267, 269, 275, 276, 303a und 303b,

---

[1]) Neubekanntmachung des StGB idF der Bek. v. 10.3.1987 (BGBl. I S. 945, 1160) in der seit 1.1.1999 geltenden Fassung.

b) § 4 Absatz 1 bis 3 des Anti-Doping-Gesetzes,

c) § 29 Absatz 1 Satz 1 Nummer 1, auch in Verbindung mit Absatz 6, sowie Absatz 2 und 3 des Betäubungsmittelgesetzes,

d) § 19 Absatz 1 bis 3 des Grundstoffüberwachungsgesetzes,

e) § 4 Absatz 1 und 2 des Neue-psychoaktive-Stoffe-Gesetzes,

f) § 95 Absatz 1 bis 3 des Arzneimittelgesetzes,

g) § 52 Absatz 1 Nummer 1 und 2 Buchstabe b und c, Absatz 2 und 3 Nummer 1 und 7 sowie Absatz 5 und 6 des Waffengesetzes,

h) § 40 Absatz 1 bis 3 des Sprengstoffgesetzes,

i) § 13 des Ausgangsstoffgesetzes,

j) § 83 Absatz 1 Nummer 4 und 5 sowie Absatz 4 des Kulturgutschutzgesetzes,

k) den §§ 143, 143a und 144 des Markengesetzes sowie

l) den §§ 51 und 65 des Designgesetzes.

(2) Handelsplattform im Internet im Sinne dieser Vorschrift ist jede virtuelle Infrastruktur im frei zugänglichen wie im durch technische Vorkehrungen zugangsbeschränkten Bereich des Internets, die Gelegenheit bietet, Menschen, Waren, Dienstleistungen oder Inhalte (§ 11 Absatz 3) anzubieten oder auszutauschen.

(3) Mit Freiheitsstrafe von sechs Monaten bis zu zehn Jahren wird bestraft, wer im Fall des Absatzes 1 gewerbsmäßig oder als Mitglied einer Bande handelt, die sich zur fortgesetzten Begehung solcher Taten verbunden hat.

(4) Mit Freiheitsstrafe von einem Jahr bis zu zehn Jahren wird bestraft, wer bei der Begehung einer Tat nach Absatz 1 beabsichtigt oder weiß, dass die Handelsplattform im Internet den Zweck hat, Verbrechen zu ermöglichen oder zu fördern.

Dreizehnter Abschnitt. Straftaten gegen die sexuelle Selbstbestimmung

§ 184k Verletzung des Intimbereichs durch Bildaufnahmen. (1) Mit Freiheitsstrafe bis zu zwei Jahren oder mit Geldstrafe wird bestraft, wer

1. absichtlich oder wissentlich von den Genitalien, dem Gesäß, der weiblichen Brust oder der diese Körperteile bedeckenden Unterwäsche einer anderen Person unbefugt eine Bildaufnahme herstellt oder überträgt, soweit diese Bereiche gegen Anblick geschützt sind,
2. eine durch eine Tat nach Nummer 1 hergestellte Bildaufnahme gebraucht oder einer dritten Person zugänglich macht oder
3. eine befugt hergestellte Bildaufnahme der in der Nummer 1 bezeichneten Art wissentlich unbefugt einer dritten Person zugänglich macht.

(2) Die Tat wird nur auf Antrag verfolgt, es sei denn, dass die Strafverfolgungsbehörde wegen des besonderen öffentlichen Interesses an der Strafverfolgung ein Einschreiten von Amts wegen für geboten hält.

(3) Absatz 1 gilt nicht für Handlungen, die in Wahrnehmung überwiegender berechtigter Interessen erfolgen, namentlich der Kunst oder der Wissenschaft, der Forschung oder der Lehre, der Berichterstattung über Vorgänge des Zeitgeschehens oder der Geschichte oder ähnlichen Zwecken dienen.

(4) ¹Die Bildträger sowie Bildaufnahmegeräte oder andere technische Mittel, die der Täter oder Teilnehmer verwendet hat, können eingezogen werden. ² § 74a ist anzuwenden.

Fünfzehnter Abschnitt. Verletzung des persönlichen Lebens- und Geheimbereichs

§ 201 Verletzung der Vertraulichkeit des Wortes. (1) Mit Freiheitsstrafe bis zu drei Jahren oder mit Geldstrafe wird bestraft, wer unbefugt

1. das nichtöffentlich gesprochene Wort eines anderen auf einen Tonträger aufnimmt oder
2. eine so hergestellte Aufnahme gebraucht oder einem Dritten zugänglich macht.

(2) ¹ Ebenso wird bestraft, wer unbefugt

1. das nicht zu seiner Kenntnis bestimmte nichtöffentlich gesprochene Wort eines anderen mit einem Abhörgerät abhört oder
2. das nach Absatz 1 Nr. 1 aufgenommene oder nach Absatz 2 Nr. 1 abgehörte nichtöffentlich gesprochene Wort eines anderen im Wortlaut oder seinem wesentlichen Inhalt nach öffentlich mitteilt.

²Die Tat nach Satz 1 Nr. 2 ist nur strafbar, wenn die öffentliche Mitteilung geeignet ist, berechtigte Interessen eines anderen zu beeinträchtigen. ³Sie ist nicht rechtswidrig, wenn die öffentliche Mitteilung zur Wahrnehmung überragender öffentlicher Interessen gemacht wird.

(3) Mit Freiheitsstrafe bis zu fünf Jahren oder mit Geldstrafe wird bestraft, wer als Amtsträger oder als für den öffentlichen Dienst besonders Verpflichteter die Vertraulichkeit des Wortes verletzt (Absätze 1 und 2).

(4) Der Versuch ist strafbar.

(5) ¹Die Tonträger und Abhörgeräte, die der Täter oder Teilnehmer verwendet hat, können eingezogen werden. ² § 74a ist anzuwenden.

§ 201a Verletzung des höchstpersönlichen Lebensbereichs und von Persönlichkeitsrechten durch Bildaufnahmen. (1) Mit Freiheitsstrafe bis zu zwei Jahren oder mit Geldstrafe wird bestraft, wer

1. von einer anderen Person, die sich in einer Wohnung oder einem gegen Einblick besonders geschützten Raum befindet, unbefugt eine Bildaufnahme herstellt oder überträgt und dadurch den höchstpersönlichen Lebensbereich der abgebildeten Person verletzt,
2. eine Bildaufnahme, die die Hilflosigkeit einer anderen Person zur Schau stellt, unbefugt herstellt oder überträgt und dadurch den höchstpersönlichen Lebensbereich der abgebildeten Person verletzt,
3. eine Bildaufnahme, die in grob anstößiger Weise eine verstorbene Person zur Schau stellt, unbefugt herstellt oder überträgt,
4. eine durch eine Tat nach den Nummern 1 bis 3 hergestellte Bildaufnahme gebraucht oder einer dritten Person zugänglich macht oder
5. eine befugt hergestellte Bildaufnahme der in den Nummern 1 bis 3 bezeichneten Art wissentlich unbefugt einer dritten Person zugänglich macht und in den Fällen der Nummern 1 und 2 dadurch den höchstpersönlichen Lebensbereich der abgebildeten Person verletzt.

(2) ¹Ebenso wird bestraft, wer unbefugt von einer anderen Person eine Bildaufnahme, die geeignet ist, dem Ansehen der abgebildeten Person erheblich zu schaden, einer dritten Person zugänglich macht. ²Dies gilt unter den gleichen Voraussetzungen auch für eine Bildaufnahme von einer verstorbenen Person.

(3) Mit Freiheitsstrafe bis zu zwei Jahren oder mit Geldstrafe wird bestraft, wer eine Bildaufnahme, die die Nacktheit einer anderen Person unter achtzehn Jahren zum Gegenstand hat,

1. herstellt oder anbietet, um sie einer dritten Person gegen Entgelt zu verschaffen, oder
2. sich oder einer dritten Person gegen Entgelt verschafft.

(4) Absatz 1 Nummer 2 und 3, auch in Verbindung mit Absatz 1 Nummer 4 oder 5, Absatz 2 und 3 gelten nicht für Handlungen, die in Wahrnehmung überwiegender berechtigter Interessen erfolgen, namentlich der Kunst oder der Wissenschaft, der Forschung oder der Lehre, der Berichterstattung über Vorgänge des Zeitgeschehens oder der Geschichte oder ähnlichen Zwecken dienen.

(5) ¹Die Bildträger sowie Bildaufnahmegeräte oder andere technische Mittel, die der Täter oder Teilnehmer verwendet hat, können eingezogen werden. ²§ 74a ist anzuwenden.

§ 202 Verletzung des Briefgeheimnisses. (1) Wer unbefugt

1. einen verschlossenen Brief oder ein anderes verschlossenes Schriftstück, die nicht zu seiner Kenntnis bestimmt sind, öffnet oder
2. sich vom Inhalt eines solchen Schriftstücks ohne Öffnung des Verschlusses unter Anwendung technischer Mittel Kenntnis verschafft,

wird mit Freiheitsstrafe bis zu einem Jahr oder mit Geldstrafe bestraft, wenn die Tat nicht in § 206 mit Strafe bedroht ist.

(2) Ebenso wird bestraft, wer sich unbefugt vom Inhalt eines Schriftstücks, das nicht zu seiner Kenntnis bestimmt und durch ein verschlossenes Behältnis gegen Kenntnisnahme besonders gesichert ist, Kenntnis verschafft, nachdem er dazu das Behältnis geöffnet hat.

(3) Einem Schriftstück im Sinne der Absätze 1 und 2 steht eine Abbildung gleich.

§ 202a Ausspähen von Daten. (1) Wer unbefugt sich oder einem anderen Zugang zu Daten, die nicht für ihn bestimmt und die gegen unberechtigten Zugang besonders gesichert sind, unter Überwindung der Zugangssicherung verschafft, wird mit Freiheitsstrafe bis zu drei Jahren oder mit Geldstrafe bestraft.

(2) Daten im Sinne des Absatzes 1 sind nur solche, die elektronisch, magnetisch oder sonst nicht unmittelbar wahrnehmbar gespeichert sind oder übermittelt werden.

§ 202b Abfangen von Daten. Wer unbefugt sich oder einem anderen unter Anwendung von technischen Mitteln nicht für ihn bestimmte Daten (§ 202a Abs. 2) aus einer nichtöffentlichen Datenübermittlung oder aus der elektromagnetischen Abstrahlung einer Datenverarbeitungsanlage verschafft, wird mit Freiheitsstrafe bis zu zwei Jahren oder mit Geldstrafe bestraft, wenn die Tat nicht in anderen Vorschriften mit schwererer Strafe bedroht ist.

§ 202c Vorbereiten des Ausspähens und Abfangens von Daten.

(1) Wer eine Straftat nach § 202a oder § 202b vorbereitet, indem er
1. Passwörter oder sonstige Sicherungscodes, die den Zugang zu Daten (§ 202a Abs. 2) ermöglichen, oder
2. Computerprogramme, deren Zweck die Begehung einer solchen Tat ist,

herstellt, sich oder einem anderen verschafft, verkauft, einem anderen überlässt, verbreitet oder sonst zugänglich macht, wird mit Freiheitsstrafe bis zu zwei Jahren oder mit Geldstrafe bestraft.

(2) § 149 Abs. 2 und 3 gilt entsprechend.

§ 202d Datenhehlerei.

(1) Wer Daten (§ 202a Absatz 2), die nicht allgemein zugänglich sind und die ein anderer durch eine rechtswidrige Tat erlangt hat, sich oder einem anderen verschafft, einem anderen überlässt, verbreitet oder sonst zugänglich macht, um sich oder einen Dritten zu bereichern oder einen anderen zu schädigen, wird mit Freiheitsstrafe bis zu drei Jahren oder mit Geldstrafe bestraft.

(2) Die Strafe darf nicht schwerer sein als die für die Vortat angedrohte Strafe.

(3) ¹Absatz 1 gilt nicht für Handlungen, die ausschließlich der Erfüllung rechtmäßiger dienstlicher oder beruflicher Pflichten dienen. ²Dazu gehören insbesondere
1. solche Handlungen von Amtsträgern oder deren Beauftragten, mit denen Daten ausschließlich der Verwertung in einem Besteuerungsverfahren, einem Strafverfahren oder einem Ordnungswidrigkeitenverfahren zugeführt werden sollen, sowie
2. solche beruflichen Handlungen der in § 53 Absatz 1 Satz 1 Nummer 5 der Strafprozessordnung genannten Personen, mit denen Daten entgegengenommen, ausgewertet oder veröffentlicht werden.

§ 203 Verletzung von Privatgeheimnissen.

(1) Wer unbefugt ein fremdes Geheimnis, namentlich ein zum persönlichen Lebensbereich gehörendes Geheimnis oder ein Betriebs- oder Geschäftsgeheimnis, offenbart, das ihm als
1. Arzt, Zahnarzt, Tierarzt, Apotheker oder Angehörigen eines anderen Heilberufs, der für die Berufsausübung oder die Führung der Berufsbezeichnung eine staatlich geregelte Ausbildung erfordert,
2. Berufspsychologen mit staatlich anerkannter wissenschaftlicher Abschlußprüfung,

[Nr. 3 bis 31.7.2022:]
3. Rechtsanwalt, Kammerrechtsbeistand, Patentanwalt, Notar, Verteidiger in einem gesetzlich geordneten Verfahren, Wirtschaftsprüfer, vereidigtem Buchprüfer, Steuerberater, Steuerbevollmächtigten oder Organ oder Mitglied eines Organs einer Rechtsanwalts-, Patentanwalts-, Wirtschaftsprüfungs-, Buchprüfungs- oder Steuerberatungsgesellschaft,

[Nr. 3 ab 1.8.2022:]
3. *Rechtsanwalt, Kammerrechtsbeistand, Patentanwalt, Notar, Verteidiger in einem gesetzlich geordneten Verfahren, Wirtschaftsprüfer, vereidigtem Buchprüfer, Steuerberater, Steuerbevollmächtigten,*

21 StGB § 203

[Nr. 3a ab 1.8.2022:]

3a. Organ oder Mitglied eines Organs einer Wirtschaftsprüfungs-, Buchprüfungs- oder einer Berufsausübungsgesellschaft von Steuerberatern und Steuerbevollmächtigten, einer Berufsausübungsgesellschaft von Rechtsanwälten oder europäischen niedergelassenen Rechtsanwälten oder einer Berufsausübungsgesellschaft von Patentanwälten oder niedergelassenen europäischen Patentanwälten im Zusammenhang mit der Beratung und Vertretung der Wirtschaftsprüfungs-, Buchprüfungs- oder Berufsausübungsgesellschaft im Bereich der Wirtschaftsprüfung, Buchprüfung oder Hilfeleistung in Steuersachen oder ihrer rechtsanwaltlichen oder patentanwaltlichen Tätigkeit,

4. Ehe-, Familien-, Erziehungs- oder Jugendberater sowie Berater für Suchtfragen in einer Beratungsstelle, die von einer Behörde oder Körperschaft, Anstalt oder Stiftung des öffentlichen Rechts anerkannt ist,
5. Mitglied oder Beauftragten einer anerkannten Beratungsstelle nach den §§ 3 und 8 des Schwangerschaftskonfliktgesetzes,
6. staatlich anerkanntem Sozialarbeiter oder staatlich anerkanntem Sozialpädagogen oder
7. Angehörigen eines Unternehmens der privaten Kranken-, Unfall- oder Lebensversicherung oder einer privatärztlichen, steuerberaterlichen oder anwaltlichen Verrechnungsstelle

anvertraut worden oder sonst bekanntgeworden ist, wird mit Freiheitsstrafe bis zu einem Jahr oder mit Geldstrafe bestraft.

(2) ¹Ebenso wird bestraft, wer unbefugt ein fremdes Geheimnis, namentlich ein zum persönlichen Lebensbereich gehörendes Geheimnis oder ein Betriebs- oder Geschäftsgeheimnis, offenbart, das ihm als

1. Amtsträger oder Europäischer Amtsträger,
2. für den öffentlichen Dienst besonders Verpflichteten,
3. Person, die Aufgaben oder Befugnisse nach dem Personalvertretungsrecht wahrnimmt,
4. Mitglied eines für ein Gesetzgebungsorgan des Bundes oder eines Landes tätigen Untersuchungsausschusses, sonstigen Ausschusses oder Rates, das nicht selbst Mitglied des Gesetzgebungsorgans ist, oder als Hilfskraft eines solchen Ausschusses oder Rates,
5. öffentlich bestelltem Sachverständigen, der auf die gewissenhafte Erfüllung seiner Obliegenheiten auf Grund eines Gesetzes förmlich verpflichtet worden ist, oder
6. Person, die auf die gewissenhafte Erfüllung ihrer Geheimhaltungspflicht bei der Durchführung wissenschaftlicher Forschungsvorhaben auf Grund eines Gesetzes förmlich verpflichtet worden ist,

anvertraut worden oder sonst bekanntgeworden ist. ²Einem Geheimnis im Sinne des Satzes 1 stehen Einzelangaben über persönliche oder sachliche Verhältnisse eines anderen gleich, die für Aufgaben der öffentlichen Verwaltung erfaßt worden sind; Satz 1 ist jedoch nicht anzuwenden, soweit solche Einzelangaben anderen Behörden oder sonstigen Stellen für Aufgaben der öffentlichen Verwaltung bekanntgegeben werden und das Gesetz dies nicht untersagt.

(3) ¹Kein Offenbaren im Sinne dieser Vorschrift liegt vor, wenn die in den Absätzen 1 und 2 genannten Personen Geheimnisse den bei ihnen berufsmäßig tätigen Gehilfen oder den bei ihnen zur Vorbereitung auf den Beruf tätigen Personen zugänglich machen. ²Die in den Absätzen 1 und 2 Genannten dürfen

fremde Geheimnisse gegenüber sonstigen Personen offenbaren, die an ihrer beruflichen oder dienstlichen Tätigkeit mitwirken, soweit dies für die Inanspruchnahme der Tätigkeit der sonstigen mitwirkenden Personen erforderlich ist; das Gleiche gilt für sonstige mitwirkende Personen, wenn diese sich weiterer Personen bedienen, die an der beruflichen oder dienstlichen Tätigkeit der in den Absätzen 1 und 2 Genannten mitwirken.

(4) ¹Mit Freiheitsstrafe bis zu einem Jahr oder mit Geldstrafe wird bestraft, wer unbefugt ein fremdes Geheimnis offenbart, das ihm bei der Ausübung oder bei Gelegenheit seiner Tätigkeit als mitwirkende Person oder als bei den in den Absätzen 1 und 2 genannten Personen tätiger Datenschutzbeauftragter bekannt geworden ist. ²Ebenso wird bestraft, wer

1. als in den Absätzen 1 und 2 genannte Person nicht dafür Sorge getragen hat, dass eine sonstige mitwirkende Person, die unbefugt ein fremdes, ihr bei der Ausübung oder bei Gelegenheit ihrer Tätigkeit bekannt gewordenes Geheimnis offenbart, zur Geheimhaltung verpflichtet wurde; dies gilt nicht für sonstige mitwirkende Personen, die selbst eine in den Absätzen 1 oder 2 genannte Person sind,

2. als im Absatz 3 genannte mitwirkende Person sich einer weiteren mitwirkenden Person, die unbefugt ein fremdes, ihr bei der Ausübung oder bei Gelegenheit ihrer Tätigkeit bekannt gewordenes Geheimnis offenbart, bedient und nicht dafür Sorge getragen hat, dass diese zur Geheimhaltung verpflichtet wurde; dies gilt nicht für sonstige mitwirkende Personen, die selbst eine in den Absätzen 1 oder 2 genannte Person sind, oder

3. nach dem Tod der nach Satz 1 oder nach den Absätzen 1 oder 2 verpflichteten Person ein fremdes Geheimnis unbefugt offenbart, das er von dem Verstorbenen erfahren oder aus dessen Nachlass erlangt hat.

(5) Die Absätze 1 bis 4 sind auch anzuwenden, wenn der Täter das fremde Geheimnis nach dem Tod des Betroffenen unbefugt offenbart.

(6) Handelt der Täter gegen Entgelt oder in der Absicht, sich oder einen anderen zu bereichern oder einen anderen zu schädigen, so ist die Strafe Freiheitsstrafe bis zu zwei Jahren oder Geldstrafe.

§ 204 Verwertung fremder Geheimnisse. (1) Wer unbefugt ein fremdes Geheimnis, namentlich ein Betriebs- oder Geschäftsgeheimnis, zu dessen Geheimhaltung er nach § 203 verpflichtet ist, verwertet, wird mit Freiheitsstrafe bis zu zwei Jahren oder mit Geldstrafe bestraft.

(2) § 203 Absatz 5 gilt entsprechend.

§ 205 Strafantrag. (1) ¹In den Fällen des § 201 Abs. 1 und 2 und der §§ 202, 203 und 204 wird die Tat nur auf Antrag verfolgt. ²Dies gilt auch in den Fällen der §§ 201a, 202a, 202b und 202d, es sei denn, dass die Strafverfolgungsbehörde wegen des besonderen öffentlichen Interesses an der Strafverfolgung ein Einschreiten von Amts wegen für geboten hält.

(2) ¹Stirbt der Verletzte, so geht das Antragsrecht nach § 77 Abs. 2 auf die Angehörigen über; dies gilt nicht in den Fällen der §§ 202a, 202b und 202d. ²Gehört das Geheimnis nicht zum persönlichen Lebensbereich des Verletzten, so geht das Antragsrecht bei Straftaten nach den §§ 203 und 204 auf die Erben über. ³Offenbart oder verwertet der Täter in den Fällen der §§ 203 und 204 das Geheimnis nach dem Tod des Betroffenen, so gelten die Sätze 1 und 2

sinngemäß. ⁴ In den Fällen des § 201a Absatz 1 Nummer 3 und Absatz 2 Satz 2 steht das Antragsrecht den in § 77 Absatz 2 bezeichneten Angehörigen zu.

§ 206 Verletzung des Post- oder Fernmeldegeheimnisses. (1) Wer unbefugt einer anderen Person eine Mitteilung über Tatsachen, die dem Post- oder Fernmeldegeheimnis unterliegen und die ihm als Inhaber oder Beschäftigtem eines Unternehmens bekanntgeworden sind, das geschäftsmäßig Post- oder Telekommunikationsdienste erbringt, wird mit Freiheitsstrafe bis zu fünf Jahren oder mit Geldstrafe bestraft.

(2) Ebenso wird bestraft, wer als Inhaber oder Beschäftigter eines in Absatz 1 bezeichneten Unternehmens unbefugt

1. eine Sendung, die einem solchen Unternehmen zur Übermittlung anvertraut worden ist und verschlossen ist, öffnet oder sich von ihrem Inhalt ohne Öffnung des Verschlusses unter Anwendung technischer Mittel Kenntnis verschafft,
2. eine einem solchen Unternehmen zur Übermittlung anvertraute Sendung unterdrückt oder
3. eine der in Absatz 1 oder in Nummer 1 oder 2 bezeichneten Handlungen gestattet oder fördert.

(3) Die Absätze 1 und 2 gelten auch für Personen, die

1. Aufgaben der Aufsicht über ein in Absatz 1 bezeichnetes Unternehmen wahrnehmen,
2. von einem solchen Unternehmen oder mit dessen Ermächtigung mit dem Erbringen von Post- oder Telekommunikationsdiensten betraut sind oder
3. mit der Herstellung einer dem Betrieb eines solchen Unternehmens dienenden Anlage oder mit Arbeiten daran betraut sind.

(4) Wer unbefugt einer anderen Person eine Mitteilung über Tatsachen macht, die ihm als außerhalb des Post- oder Telekommunikationsbereichs tätigem Amtsträger auf Grund eines befugten oder unbefugten Eingriffs in das Post- oder Fernmeldegeheimnis bekanntgeworden sind, wird mit Freiheitsstrafe bis zu zwei Jahren oder mit Geldstrafe bestraft.

(5) ¹ Dem Postgeheimnis unterliegen die näheren Umstände des Postverkehrs bestimmter Personen sowie der Inhalt von Postsendungen. ² Dem Fernmeldegeheimnis unterliegen der Inhalt der Telekommunikation und ihre näheren Umstände, insbesondere die Tatsache, ob jemand an einem Telekommunikationsvorgang beteiligt ist oder war. ³ Das Fernmeldegeheimnis erstreckt sich auch auf die näheren Umstände erfolgloser Verbindungsversuche.

Siebenundzwanzigster Abschnitt. Sachbeschädigung

§ 303a Datenveränderung. (1) Wer rechtswidrig Daten (§ 202a Abs. 2) löscht, unterdrückt, unbrauchbar macht oder verändert, wird mit Freiheitsstrafe bis zu zwei Jahren oder mit Geldstrafe bestraft.

(2) Der Versuch ist strafbar.

(3) Für die Vorbereitung einer Straftat nach Absatz 1 gilt § 202c entsprechend.

Dreißigster Abschnitt. Straftaten im Amt

§ 353a Vertrauensbruch im auswärtigen Dienst. (1) Wer bei der Vertretung der Bundesrepublik Deutschland gegenüber einer fremden Regierung, einer Staatengemeinschaft oder einer zwischenstaatlichen Einrichtung einer amtlichen Anweisung zuwiderhandelt oder in der Absicht, die Bundesregierung irrezuleiten, unwahre Berichte tatsächlicher Art erstattet, wird mit Freiheitsstrafe bis zu fünf Jahren oder mit Geldstrafe bestraft.

(2) Die Tat wird nur mit Ermächtigung der Bundesregierung verfolgt.

§ 353b Verletzung des Dienstgeheimnisses und einer besonderen Geheimhaltungspflicht. (1) ¹Wer ein Geheimnis, das ihm als

1. Amtsträger,
2. für den öffentlichen Dienst besonders Verpflichteten,
3. Person, die Aufgaben oder Befugnisse nach dem Personalvertretungsrecht wahrnimmt oder
4. Europäischer Amtsträger,

anvertraut worden oder sonst bekanntgeworden ist, unbefugt offenbart und dadurch wichtige öffentliche Interessen gefährdet, wird mit Freiheitsstrafe bis zu fünf Jahren oder mit Geldstrafe bestraft. ²Hat der Täter durch die Tat fahrlässig wichtige öffentliche Interessen gefährdet, so wird er mit Freiheitsstrafe bis zu einem Jahr oder mit Geldstrafe bestraft.

(2) Wer, abgesehen von den Fällen des Absatzes 1, unbefugt einen Gegenstand oder eine Nachricht, zu deren Geheimhaltung er

1. auf Grund des Beschlusses eines Gesetzgebungsorgans des Bundes oder eines Landes oder eines seiner Ausschüsse verpflichtet ist oder
2. von einer anderen amtlichen Stelle unter Hinweis auf die Strafbarkeit der Verletzung der Geheimhaltungspflicht förmlich verpflichtet worden ist,

an einen anderen gelangen läßt oder öffentlich bekanntmacht und dadurch wichtige öffentliche Interessen gefährdet, wird mit Freiheitsstrafe bis zu drei Jahren oder mit Geldstrafe bestraft.

(3) Der Versuch ist strafbar.

(3a) Beihilfehandlungen einer in § 53 Absatz 1 Satz 1 Nummer 5 der Strafprozessordnung genannten Person sind nicht rechtswidrig, wenn sie sich auf die Entgegennahme, Auswertung oder Veröffentlichung des Geheimnisses oder des Gegenstandes oder der Nachricht, zu deren Geheimhaltung eine besondere Verpflichtung besteht, beschränken.

(4) ¹Die Tat wird nur mit Ermächtigung verfolgt. ²Die Ermächtigung wird erteilt

1. von dem Präsidenten des Gesetzgebungsorgans
   a) in den Fällen des Absatzes 1, wenn dem Täter das Geheimnis während seiner Tätigkeit bei einem oder für ein Gesetzgebungsorgan des Bundes oder eines Landes bekanntgeworden ist,
   b) in den Fällen des Absatzes 2 Nr. 1;
2. von der obersten Bundesbehörde
   a) in den Fällen des Absatzes 1, wenn dem Täter das Geheimnis während seiner Tätigkeit sonst bei einer oder für eine Behörde oder bei einer

anderen amtlichen Stelle des Bundes oder für eine solche Stelle bekanntgeworden ist,

b) in den Fällen des Absatzes 2 Nr. 2, wenn der Täter von einer amtlichen Stelle des Bundes verpflichtet worden ist;

3. von der Bundesregierung in den Fällen des Absatzes 1 Satz 1 Nummer 4, wenn dem Täter das Geheimnis während seiner Tätigkeit bei einer Dienststelle der Europäischen Union bekannt geworden ist;

4. von der obersten Landesbehörde in allen übrigen Fällen der Absätze 1 und 2 Nr. 2.

³ In den Fällen des Satzes 2 Nummer 3 wird die Tat nur verfolgt, wenn zudem ein Strafverlangen der Dienststelle vorliegt.

§ 353c (weggefallen)

§ 353d Verbotene Mitteilungen über Gerichtsverhandlungen.

Mit Freiheitsstrafe bis zu einem Jahr oder mit Geldstrafe wird bestraft, wer

1. entgegen einem gesetzlichen Verbot über eine Gerichtsverhandlung, bei der die Öffentlichkeit ausgeschlossen war, oder über den Inhalt eines die Sache betreffenden amtlichen Dokuments öffentlich eine Mitteilung macht,

2. entgegen einer vom Gericht auf Grund eines Gesetzes auferlegten Schweigepflicht Tatsachen unbefugt offenbart, die durch eine nichtöffentliche Gerichtsverhandlung oder durch ein die Sache betreffendes amtliches Dokument zu seiner Kenntnis gelangt sind, oder

3. die Anklageschrift oder andere amtliche Dokumente eines Strafverfahrens, eines Bußgeldverfahrens oder eines Disziplinarverfahrens, ganz oder in wesentlichen Teilen, im Wortlaut öffentlich mitteilt, bevor sie in öffentlicher Verhandlung erörtert worden sind oder das Verfahren abgeschlossen ist.

§ 354 (weggefallen)

§ 355 Verletzung des Steuergeheimnisses. (1) ¹ Wer unbefugt

1. personenbezogene Daten eines anderen, die ihm als Amtsträger

a) in einem Verwaltungsverfahren, einem Rechnungsprüfungsverfahren oder einem gerichtlichen Verfahren in Steuersachen,

b) in einem Strafverfahren wegen einer Steuerstraftat oder in einem Bußgeldverfahren wegen einer Steuerordnungswidrigkeit,

c) im Rahmen einer Weiterverarbeitung nach § 29c Absatz 1 Satz 1 Nummer 4, 5 oder 6 der Abgabenordnung oder aus anderem dienstlichen Anlass, insbesondere durch Mitteilung einer Finanzbehörde oder durch die gesetzlich vorgeschriebene Vorlage eines Steuerbescheids oder einer Bescheinigung über die bei der Besteuerung getroffenen Feststellungen

bekannt geworden sind, oder

2. ein fremdes Betriebs- oder Geschäftsgeheimnis, das ihm als Amtsträger in einem der in Nummer 1 genannten Verfahren bekannt geworden ist,

offenbart oder verwertet, wird mit Freiheitsstrafe bis zu zwei Jahren oder mit Geldstrafe bestraft. ² Personenbezogene Daten eines anderen oder fremde Betriebs- oder Geschäftsgeheimnisse sind dem Täter auch dann als Amtsträger in einem in Satz 1 Nummer 1 genannten Verfahren bekannt geworden, wenn sie sich aus Daten ergeben, zu denen er Zugang hatte und die er unbefugt abgerufen hat. ³Informationen, die sich auf identifizierte oder identifizierbare verstorbene natürliche Personen oder Körperschaften, rechtsfähige oder nicht rechtsfähige Personenvereinigungen oder Vermögensmassen beziehen, stehen personenbezogenen Daten eines anderen gleich.

(2) Den Amtsträgern im Sinne des Absatzes 1 stehen gleich

1. die für den öffentlichen Dienst besonders Verpflichteten,
2. amtlich zugezogene Sachverständige und
3. die Träger von Ämtern der Kirchen und anderen Religionsgesellschaften des öffentlichen Rechts.

(3) ¹Die Tat wird nur auf Antrag des Dienstvorgesetzten oder des Verletzten verfolgt. ²Bei Taten amtlich zugezogener Sachverständiger ist der Leiter der Behörde, deren Verfahren betroffen ist, neben dem Verletzten antragsberechtigt.

§ 356 Parteiverrat. (1) Ein Anwalt oder ein anderer Rechtsbeistand, welcher bei den ihm in dieser Eigenschaft anvertrauten Angelegenheiten in derselben Rechtssache beiden Parteien durch Rat oder Beistand pflichtwidrig dient, wird mit Freiheitsstrafe von drei Monaten bis zu fünf Jahren bestraft.

(2) Handelt derselbe im Einverständnis mit der Gegenpartei zum Nachteil seiner Partei, so tritt Freiheitsstrafe von einem Jahr bis zu fünf Jahren ein.

22. Bundesbeamtengesetz (BBG)[1)]

Vom 5. Februar 2009
(BGBl. I S. 160)

FNA 2030-2-30

zuletzt geänd. durch Art. 1 G zur Regelung des Erscheinungsbilds von Beamtinnen und Beamten sowie zur Änd. weiterer dienstrechtl. Vorschriften v. 28.6.2021 (BGBl. I S. 2250)

– Auszug –

Abschnitt 6. Rechtliche Stellung im Beamtenverhältnis

Unterabschnitt 4. Personalaktenrecht

§ 106 Personalakte. (1) [1]Für jede Beamtin und jeden Beamten ist eine Personalakte zu führen. [2]Sie ist vertraulich zu behandeln und durch technische und organisatorische Maßnahmen nach den Artikeln 24, 25 und 32 der Verordnung (EU) 2016/679[2)] des Europäischen Parlaments und des Rates vom 27. April 2016 zum Schutz natürlicher Personen bei der Verarbeitung personenbezogener Daten, zum freien Datenverkehr und zur Aufhebung der Richtlinie 95/46/EG (Datenschutz-Grundverordnung) (ABl. L 119 vom 4.5. 2016, S. 1; L 314 vom 22.11.2016, S. 72; L 127 vom 23.5.2018, S. 2) in der jeweils geltenden Fassung vor unbefugter Einsichtnahme zu schützen. [3]Die Akte kann in Teilen oder vollständig automatisiert geführt werden. [4]Zur Personalakte gehören alle Unterlagen, die die Beamtin oder den Beamten betreffen, soweit sie mit ihrem oder seinem Dienstverhältnis in einem unmittelbaren inneren Zusammenhang stehen (Personalaktendaten). [5]Andere Unterlagen dürfen in die Personalakte nicht aufgenommen werden. [6]Nicht Bestandteil der Personalakte sind Unterlagen, die besonderen, von der Person und dem Dienstverhältnis sachlich zu trennenden Zwecken dienen, insbesondere Prüfungs-, Sicherheits- und Kindergeldakten. [7]Kindergeldakten können mit Besoldungs- und Versorgungsakten verbunden geführt werden, wenn diese von der übrigen Personalakte getrennt sind und von einer von der Personalverwaltung getrennten Organisationseinheit bearbeitet werden.

(2) [1]Die Personalakte kann nach sachlichen Gesichtspunkten in Grundakte und Teilakten gegliedert werden. [2]Teilakten können bei der für den betreffenden Aufgabenbereich zuständigen Behörde geführt werden. [3]Nebenakten (Unterlagen, die sich auch in der Grundakte oder in Teilakten befinden) dürfen nur geführt werden, wenn die personalverwaltende Behörde nicht zugleich Beschäftigungsbehörde ist oder wenn mehrere personalverwaltende Behörden für die Beamtin oder den Beamten zuständig sind; sie dürfen nur solche Unterlagen enthalten, deren Kenntnis zur rechtmäßigen Aufgabenerledigung der betreffenden Behörde erforderlich ist. [4]In die Grundakte ist ein vollständiges Verzeichnis aller Teil- und Nebenakten aufzunehmen. [5]Wird die Personalakte weder vollständig in Schriftform noch vollständig elektronisch geführt, so muss sich aus

---

[1)] Verkündet als Art. 1 DienstrechtsneuordnungsG v. 5.2.2009 (BGBl. I S. 160); Inkrafttreten gem. Art. 17 Abs. 11 dieses G am 12.2.2009.
[2)] Nr. 1.

dem Verzeichnis nach Satz 4 ergeben, welche Teile der Personalakte in welcher Form geführt werden.

(3) Personalaktendaten dürfen ohne Einwilligung der Beamtin oder des Beamten nur für Zwecke der Personalverwaltung oder der Personalwirtschaft verarbeitet werden.

(4) Der Dienstherr darf personenbezogene Daten über Bewerberinnen, Bewerber, Beamtinnen und Beamte sowie über ehemalige Beamtinnen und ehemalige Beamte nur erheben, soweit dies zur Begründung, Durchführung, Beendigung oder Abwicklung des Dienstverhältnisses oder zur Durchführung organisatorischer, personeller oder sozialer Maßnahmen, insbesondere zu Zwecken der Personalplanung oder des Personaleinsatzes, erforderlich ist oder eine Rechtsvorschrift dies erlaubt.

§ 107 Zugang zur Personalakte. (1) [1] Zugang zur Personalakte dürfen nur Beschäftigte haben, die im Rahmen der Personalverwaltung mit der Bearbeitung von Personalangelegenheiten beauftragt sind, und nur soweit dies zu Zwecken der Personalverwaltung oder der Personalwirtschaft erforderlich ist. [2] Zugang zu Personalaktendaten darf auch Beschäftigten, die Aufgaben des ärztlichen Dienstes wahrnehmen, gewährt werden, soweit die Kenntnis der Daten zur Erfüllung ihrer Aufgabe erforderlich ist. [3] Zugang zu entscheidungsrelevanten Teilen der Personalakte haben auch Gleichstellungsbeauftragte, soweit dies zur Wahrnehmung ihrer Aufgaben erforderlich ist.

(2) [1] Den mit Angelegenheiten der Innenrevision beauftragten Beschäftigten ist Einsicht in die Personalakte zu gewähren, soweit sie die zur Erfüllung ihrer Aufgaben erforderlichen Erkenntnisse nicht durch eine in sonstiger Weise erteilte Auskunft aus der Personalakte gewinnen können. [2] Jede Einsichtnahme nach Satz 1 ist zu dokumentieren.

§ 108 Beihilfeakte. (1) [1] Unterlagen über Beihilfen sind als Teilakte zu führen. [2] Diese ist von der übrigen Personalakte getrennt aufzubewahren. [3] Sie soll in einer von der übrigen Personalverwaltung getrennten Organisationseinheit bearbeitet werden. [4] Zugang sollen nur Beschäftigte dieser Organisationseinheit haben.

(2) [1] Personenbezogene Daten dürfen ohne Einwilligung für Beihilfezwecke verarbeitet werden, soweit die Daten für diese Zwecke erforderlich sind; Näheres regelt die Rechtsverordnung nach § 80 Absatz 6. [2] Für andere Zwecke dürfen personenbezogene Daten aus der Beihilfeakte verarbeitet werden, wenn sie erforderlich sind

1. für die Einleitung oder Durchführung eines behördlichen oder gerichtlichen Verfahrens, das im Zusammenhang mit einem Beihilfeantrag steht, oder
2. zur Abwehr erheblicher Nachteile für das Gemeinwohl, zur Abwehr einer sonst unmittelbar drohenden Gefahr für die öffentliche Sicherheit oder zur Abwehr einer schwerwiegenden Beeinträchtigung der Rechte einer anderen Person.

(3) Die Absätze 1 und 2 gelten entsprechend für Unterlagen über Heilfürsorge und Heilverfahren.

(4) [1] Personenbezogene Daten aus der Beihilfeakte dürfen ohne Einwilligung genutzt oder an eine andere Behörde übermittelt werden, soweit sie für die Festsetzung und Berechnung der Besoldung oder Versorgung oder für die

Prüfung der Kindergeldberechtigung erforderlich sind. ²Dies gilt auch für Daten aus der Besoldungsakte und der Versorgungsakte, soweit sie für die Festsetzung und Berechnung der Beihilfe erforderlich sind.

(5) ¹Die Beihilfebearbeitung sowie die Führung der Beihilfeakte können mit Zustimmung der obersten Dienstbehörde auf eine andere Stelle des Bundes übertragen werden. ²Dieser Stelle dürfen personenbezogene Daten, einschließlich Gesundheitsangaben, übermittelt werden, soweit deren Kenntnis für die Beihilfebearbeitung erforderlich ist. ³Die Absätze 1 bis 3 sind für diese Stelle anzuwenden.

§ 109 Anhörung. ¹Beamtinnen und Beamte sind zu Beschwerden, Behauptungen und Bewertungen, die für sie ungünstig sind oder ihnen nachteilig werden können, vor deren Aufnahme in die Personalakte zu hören, soweit die Anhörung nicht nach anderen Rechtsvorschriften erfolgt. ²Ihre Äußerungen sind zur Personalakte zu nehmen.

§ 110 Auskunft. (1) ¹Das Recht der Beamtin oder des Beamten auf Auskunft gemäß Artikel 15 der Verordnung (EU) 2016/679[1)] umfasst auch das Recht auf Einsicht in die vollständige Personalakte. ²Dies gilt auch nach Beendigung des Beamtenverhältnisses. ³Soweit keine dienstlichen Gründe entgegenstehen, werden Kopien oder Ausdrucke aus der Personalakte angefertigt. ⁴Der Beamtin oder dem Beamten ist auf Verlangen ein Ausdruck der Personalaktendaten zu überlassen, die zu ihrer oder seiner Person automatisiert gespeichert sind.

(2) ¹Die Beamtin oder der Beamte hat ein Recht auf Auskunft auch über personenbezogene Daten über sie oder ihn, die in anderen Akten enthalten sind und für ihr oder sein Dienstverhältnis verarbeitet werden, soweit gesetzlich nichts anderes bestimmt ist. ²Das Recht auf Auskunft umfasst auch das Recht auf Einsicht in die Akten. ³Keine Einsicht wird gewährt, soweit die anderen Akten personenbezogene Daten Dritter oder geheimhaltungsbedürftige nicht personenbezogene Daten enthalten, die mit den Daten der Beamtin oder des Beamten derart verbunden sind, dass eine Trennung nicht oder nur mit unverhältnismäßig großem Aufwand möglich ist. ⁴Nicht der Auskunft unterliegen Sicherheitsakten.

(3) ¹Bevollmächtigten der Beamtin oder des Beamten ist Auskunft aus der Personalakte zu erteilen, soweit dienstliche Gründe nicht entgegenstehen. ²Das Recht auf Auskunft umfasst auch das Recht auf Einsicht in die vollständige Personalakte. ³Entsprechendes gilt für Hinterbliebene der Beamtin oder des Beamten und für Bevollmächtigte der Hinterbliebenen, wenn ein berechtigtes Interesse glaubhaft gemacht wird.

(4) Für Fälle der Einsichtnahme bestimmt die aktenführende Behörde, wo die Einsicht gewährt wird.

§ 111 Übermittlung von Personalaktendaten und Auskünfte an Dritte. (1) ¹Ohne Einwilligung der Beamtin oder des Beamten ist es zulässig, die Personalakte der obersten Dienstbehörde oder einer im Rahmen der Dienstaufsicht weisungsbefugten Behörde zu übermitteln, soweit dies für Zwecke der Personalverwaltung oder Personalwirtschaft erforderlich ist. ²Das Gleiche gilt

---

[1)] Nr. 1.

für Behörden desselben Geschäftsbereichs, soweit die Übermittlung zur Vorbereitung oder Durchführung einer Personalentscheidung notwendig ist, sowie für Behörden eines anderen Geschäftsbereichs desselben Dienstherrn, soweit diese an einer Personalentscheidung mitzuwirken haben. ³Einer Ärztin oder einem Arzt, die oder der im Auftrag der personalverwaltenden Behörde ein medizinisches Gutachten erstellt, darf die Personalakte ebenfalls ohne Einwilligung übermittelt werden. ⁴Für Auskünfte aus der Personalakte gelten die Sätze 1 bis 3 entsprechend. ⁵Soweit eine Auskunft ausreicht, ist von einer Übermittlung abzusehen.

(2) ¹Auskünfte an Dritte dürfen ohne Einwilligung der Beamtin oder des Beamten erteilt werden, wenn dies zwingend erforderlich ist

1. für die Abwehr einer erheblichen Beeinträchtigung des Gemeinwohls oder
2. für den Schutz berechtigter, höherrangiger Interessen der oder des Dritten.

²In diesen Fällen wird keine Akteneinsicht gewährt. ³Inhalt und Empfängerin oder Empfänger der Auskunft sind der Beamtin oder dem Beamten schriftlich mitzuteilen.

§ 111a Verarbeitung von Personalaktendaten im Auftrag. (1) ¹Die Erteilung eines Auftrags zur Verarbeitung von Personalaktendaten einschließlich der Inanspruchnahme einer weiteren Auftragsverarbeiterin oder eines weiteren Auftragsverarbeiters im Sinne des Artikels 28 der Verordnung (EU) 2016/679[1]) ist nur zulässig, wenn

1. die dort genannten Voraussetzungen vorliegen und
2. die oberste Dienstbehörde der Auftragserteilung zugestimmt hat.

²Die personalverwaltende Behörde hat die Einhaltung der beamten- und datenschutzrechtlichen Vorschriften durch die Auftragsverarbeiterin oder den Auftragsverarbeiter regelmäßig zu kontrollieren.

(2) Eine nichtöffentliche Stelle darf nur beauftragt werden, wenn

1. bei der personalverwaltenden Behörde sonst Störungen im Geschäftsablauf auftreten können oder die Auftragsverarbeiterin oder der Auftragsverarbeiter die übertragenen Aufgaben erheblich kostengünstiger erledigen kann und
2. die bei der Auftragsverarbeiterin oder dem Auftragsverarbeiter zur Verarbeitung der Personalaktendaten befugten Personen besonders auf den Schutz der Personalaktendaten verpflichtet sind.

§ 111b Aufgabenübertragung. (1) ¹Soweit gesetzlich nichts anderes bestimmt ist, darf die personalverwaltende Behörde mit Zustimmung der obersten Bundesbehörde Aufgaben, die ihr gegenüber Bewerberinnen und Bewerbern, Beamtinnen und Beamten sowie gegenüber ehemaligen Beamtinnen und Beamten obliegen, auf eine andere öffentliche Stelle im Sinne des § 2 Absatz 1 und 3 des Bundesdatenschutzgesetzes[2]) übertragen. ² Die oberste Bundesbehörde kann die Zuständigkeit für die Entscheidung über die Zustimmung auf die oberste Dienstbehörde übertragen.

(2) Soweit es zur Erfüllung der übertragenen Aufgaben erforderlich ist, darf die personalverwaltende Stelle der Stelle, der sie Aufgaben übertragen hat,

---

[1]) Nr. 1.
[2]) Nr. 6.

1. personenbezogene Daten von Bewerberinnen und Bewerbern sowie Personalaktendaten von Beamtinnen und Beamten und ehemaligen Beamtinnen und Beamten übermitteln und
2. die Führung der Personalakte übertragen.

(3) ¹Auf Vereinigungen des privaten Rechts von öffentlichen Stellen des Bundes dürfen Aufgaben nur mit Zustimmung der obersten Dienstbehörde und nur dann übertragen werden, wenn die Vereinigungen die Voraussetzungen des § 2 Absatz 3 Satz 1 des Bundesdatenschutzgesetzes erfüllen. ²§ 2 Absatz 5 des Bundesdatenschutzgesetzes gilt insoweit nicht.

§ 112 Entfernung von Unterlagen. (1) ¹Unterlagen über Beschwerden, Behauptungen und Bewertungen, auf die § 16 Abs. 3 und 4 Satz 1 des Bundesdisziplinargesetzes nicht anzuwenden ist, sind,
1. falls sie sich als unbegründet oder falsch erwiesen haben, mit Zustimmung der Beamtin oder des Beamten unverzüglich aus der Personalakte zu entfernen und zu vernichten,
2. falls sie für die Beamtin oder den Beamten ungünstig sind oder ihr oder ihm nachteilig werden können, auf Antrag nach zwei Jahren zu entfernen und zu vernichten; dies gilt nicht für dienstliche Beurteilungen.

²Die Frist nach Satz 1 Nr. 2 wird durch erneute Sachverhalte im Sinne dieser Vorschrift oder durch die Einleitung eines Straf- oder Disziplinarverfahrens unterbrochen. ³Stellt sich der erneute Vorwurf als unbegründet oder falsch heraus, gilt die Frist als nicht unterbrochen.

(2) ¹Mitteilungen in Strafsachen, soweit sie nicht Bestandteil einer Disziplinarakte sind, sowie Auskünfte aus dem Bundeszentralregister sind mit Zustimmung der Beamtin oder des Beamten nach zwei Jahren zu entfernen und zu vernichten. ²Absatz 1 Satz 2 und 3 gilt entsprechend.

§ 113 Aufbewahrungsfrist. (1) ¹Personalakten sind nach ihrem Abschluss von der personalaktenführenden Behörde fünf Jahre aufzubewahren. ²Personalakten sind abgeschlossen,
1. wenn die Beamtin oder der Beamte ohne Versorgungsansprüche aus dem öffentlichen Dienst ausgeschieden ist, mit Ablauf des Jahres des Erreichens der Regelaltersgrenze, in den Fällen des § 41 oder des § 10 des Bundesdisziplinargesetzes jedoch erst, wenn mögliche Versorgungsempfängerinnen und Versorgungsempfänger nicht mehr vorhanden sind,
2. wenn die Beamtin oder der Beamte ohne versorgungsberechtigte oder altersgeldberechtigte Hinterbliebene verstorben ist, mit Ablauf des Todesjahres oder,
3. wenn nach dem Tod der Beamtin oder des Beamten versorgungsberechtigte oder altersgeldberechtigte Hinterbliebene vorhanden sind, mit Ablauf des Jahres, in dem die letzte Versorgungsverpflichtung entfallen ist.

³Kann der nach Satz 2 Nr. 2 und 3 maßgebliche Zeitpunkt nicht festgestellt werden, ist § 11 Absatz 2 Satz 2 und 3 des Bundesarchivgesetzes entsprechend anzuwenden.

(2) ¹Unterlagen über Beihilfen, Heilfürsorge, Heilverfahren, Unterstützungen, Erkrankungen, Umzugs- und Reisekosten sind fünf Jahre, Unterlagen über Erholungsurlaub sind drei Jahre nach Ablauf des Jahres aufzubewahren, in

dem die Bearbeitung des einzelnen Vorgangs abgeschlossen wurde. ²Für zahlungsbegründende Unterlagen nach Satz 1 beträgt die Aufbewahrungsfrist sechs Jahre. ³Unterlagen, aus denen die Art einer Erkrankung ersichtlich ist, sind unverzüglich zurückzugeben oder zu vernichten, wenn sie für den Zweck, zu dem sie vorgelegt worden sind, nicht mehr benötigt werden. ⁴Als Zweck, zu dem die Unterlagen vorgelegt worden sind, gelten auch Verfahren, mit denen Rabatte oder Erstattungen geltend gemacht werden.

(3) ¹Versorgungsakten und Altersgeldakten sind zehn Jahre nach Ablauf des Jahres aufzubewahren, in dem die letzte Versorgungszahlung oder Altersgeld- oder Hinterbliebenenaltersgeldzahlung geleistet worden ist. ²Besteht die Möglichkeit eines Wiederauflebens des Anspruchs, sind die Akten 30 Jahre aufzubewahren.

(4) Die Personalakten sind nach Ablauf der Aufbewahrungsfrist zu vernichten, sofern sie nicht nach den §§ 5 bis 7 des Bundesarchivgesetzes vom Bundesarchiv oder einem Landesarchiv übernommen werden.

§ 114 Automatisierte Verarbeitung von Personalaktendaten. (1) ¹Personalaktendaten dürfen nur für Zwecke der Personalverwaltung oder der Personalwirtschaft automatisiert verarbeitet werden. ²Ihre Übermittlung ist nur nach Maßgabe des § 111 zulässig. ³Ein automatisierter Datenabruf durch andere Behörden ist unzulässig, soweit durch besondere Rechtsvorschrift nichts anderes bestimmt ist.

(2) Personalaktendaten im Sinne des § 108 dürfen nur im Rahmen ihrer Zweckbestimmung und nur von den übrigen Personaldateien technisch und organisatorisch getrennt automatisiert verarbeitet werden.

(3) Von den Unterlagen über medizinische oder psychologische Untersuchungen und Tests dürfen im Rahmen der Personalverwaltung nur die Ergebnisse automatisiert verarbeitet werden, soweit sie die Eignung betreffen und ihre Verwendung dem Schutz der Beamtin oder des Beamten dient.

(4) Beamtenrechtliche Entscheidungen dürfen nicht ausschließlich auf eine automatisierte Verarbeitung personenbezogener Daten gestützt werden, die der Bewertung einzelner Persönlichkeitsmerkmale dienen.

(5) ¹Bei erstmaliger Speicherung ist der Beamtin oder dem Beamten die Art der zu ihrer oder seiner Person nach Absatz 1 gespeicherten Daten mitzuteilen, bei wesentlichen Änderungen sind sie zu benachrichtigen. ²Ferner sind die Verarbeitungs- und Nutzungsformen automatisierter Personalverwaltungsverfahren zu dokumentieren und einschließlich des jeweiligen Verwendungszweckes sowie der regelmäßigen Empfänger und des Inhalts automatisierter Datenübermittlung allgemein bekannt zu geben.

§ 115 Übermittlungen in Strafverfahren. (1) ¹Das Gericht, die Strafverfolgungs- oder die Strafvollstreckungsbehörde hat in Strafverfahren gegen Beamtinnen und Beamte zur Sicherstellung der erforderlichen dienstrechtlichen Maßnahmen im Fall der Erhebung der öffentlichen Klage

1. die Anklageschrift oder eine an ihre Stelle tretende Antragsschrift,
2. den Antrag auf Erlass eines Strafbefehls und
3. die einen Rechtszug abschließende Entscheidung mit Begründung

zu übermitteln. ²Ist gegen die Entscheidung ein Rechtsmittel eingelegt worden, ist die Entscheidung unter Hinweis auf das eingelegte Rechtsmittel zu übermitteln. ³Der Erlass und der Vollzug eines Haftbefehls oder eines Unterbringungsbefehls sind mitzuteilen.

(2) In Verfahren wegen fahrlässig begangener Straftaten werden die in Absatz 1 Satz 1 bestimmten Übermittlungen nur vorgenommen, wenn

1. es sich um schwere Verstöße handelt, namentlich Vergehen der Trunkenheit im Straßenverkehr oder der fahrlässigen Tötung, oder
2. in sonstigen Fällen die Kenntnis der Daten aufgrund der Umstände des Einzelfalls erforderlich ist, um zu prüfen, ob dienstrechtliche Maßnahmen zu ergreifen sind.

(3) ¹Entscheidungen über Verfahrenseinstellungen, die nicht bereits nach Absatz 1 oder 2 zu übermitteln sind, sollen übermittelt werden, wenn die in Absatz 2 Nr. 2 genannten Voraussetzungen erfüllt sind. ²Dabei ist zu berücksichtigen, wie gesichert die Erkenntnisse sind, die der zu übermittelnden Entscheidung zugrunde liegen.

(4) ¹Sonstige Tatsachen, die in einem Strafverfahren bekannt werden, dürfen mitgeteilt werden, wenn ihre Kenntnis aufgrund besonderer Umstände des Einzelfalls für dienstrechtliche Maßnahmen gegen eine Beamtin oder einen Beamten erforderlich ist und soweit nicht für die übermittelnde Stelle erkennbar ist, dass schutzwürdige Interessen der Beamtin oder des Beamten an dem Ausschluss der Übermittlung überwiegen. ²Erforderlich ist die Kenntnis der Daten auch dann, wenn diese Anlass zur Prüfung bieten, ob dienstrechtliche Maßnahmen zu ergreifen sind. ³Absatz 3 Satz 2 ist entsprechend anzuwenden.

(5) Nach den Absätzen 1 bis 4 übermittelte Daten dürfen auch für die Wahrnehmung der Aufgaben nach dem Sicherheitsüberprüfungsgesetz oder einem entsprechenden Gesetz verwendet werden.

(6) ¹Übermittlungen nach den Absätzen 1 bis 3 sind auch zulässig, soweit sie Daten betreffen, die dem Steuergeheimnis (§ 30 der Abgabenordnung) unterliegen. ²Übermittlungen nach Absatz 4 sind unter den Voraussetzungen des § 30 Abs. 4 Nr. 5 der Abgabenordnung zulässig.

(7) Mitteilungen sind an die zuständigen Dienstvorgesetzten oder deren Vertretung im Amt zu richten und als „Vertrauliche Personalsache" zu kennzeichnen.

23. Betriebsverfassungsgesetz

In der Fassung der Bekanntmachung vom 25. September 2001[1]
(BGBl. I S. 2518)

FNA 801-7

zuletzt geänd. durch Art. 5 G zur Stärkung der Impfprävention gegen COVID-19 und zur Änd. weiterer Vorschriften im Zusammenhang mit der COVID-19-Pandemie v. 10.12.2021 (BGBl. I S. 5162)

– Auszug –

Vierter Teil. Mitwirkung und Mitbestimmung der Arbeitnehmer

Erster Abschnitt. Allgemeines

§ 79 Geheimhaltungspflicht. (1) ¹Die Mitglieder und Ersatzmitglieder des Betriebsrats sind verpflichtet, Betriebs- oder Geschäftsgeheimnisse, die ihnen wegen ihrer Zugehörigkeit zum Betriebsrat bekannt geworden und vom Arbeitgeber ausdrücklich als geheimhaltungsbedürftig bezeichnet worden sind, nicht zu offenbaren und nicht zu verwerten. ²Dies gilt auch nach dem Ausscheiden aus dem Betriebsrat. ³Die Verpflichtung gilt nicht gegenüber Mitgliedern des Betriebsrats. ⁴Sie gilt ferner nicht gegenüber dem Gesamtbetriebsrat, dem Konzernbetriebsrat, der Bordvertretung, dem Seebetriebsrat und den Arbeitnehmervertretern im Aufsichtsrat sowie im Verfahren vor der Einigungsstelle, der tariflichen Schlichtungsstelle (§ 76 Abs. 8) oder einer betrieblichen Beschwerdestelle (§ 86).

(2) Absatz 1 gilt sinngemäß für die Mitglieder und Ersatzmitglieder des Gesamtbetriebsrats, des Konzernbetriebsrats, der Jugend- und Auszubildendenvertretung, der Gesamt-Jugend- und Auszubildendenvertretung, der Konzern-Jugend- und Auszubildendenvertretung, des Wirtschaftsausschusses, der Bordvertretung, des Seebetriebsrats, der gemäß § 3 Abs. 1 gebildeten Vertretungen der Arbeitnehmer, der Einigungsstelle, der tariflichen Schlichtungsstelle (§ 76 Abs. 8) und einer betrieblichen Beschwerdestelle (§ 86) sowie für die Vertreter von Gewerkschaften oder von Arbeitgebervereinigungen.

§ 79a Datenschutz. ¹Bei der Verarbeitung personenbezogener Daten hat der Betriebsrat die Vorschriften über den Datenschutz einzuhalten. ²Soweit der Betriebsrat zur Erfüllung der in seiner Zuständigkeit liegenden Aufgaben personenbezogene Daten verarbeitet, ist der Arbeitgeber der für die Verarbeitung Verantwortliche im Sinne der datenschutzrechtlichen Vorschriften. ³Arbeitgeber und Betriebsrat unterstützen sich gegenseitig bei der Einhaltung der datenschutzrechtlichen Vorschriften. ⁴Die oder der Datenschutzbeauftragte ist gegenüber dem Arbeitgeber zur Verschwiegenheit verpflichtet über Informationen, die Rückschlüsse auf den Meinungsbildungsprozess des Betriebsrats zulassen. ⁵§ 6 Absatz 5 Satz 2, § 38 Absatz 2 des Bundesdatenschutzgesetzes[2] gelten auch im Hinblick auf das Verhältnis der oder des Datenschutzbeauftragten zum Arbeitgeber.

---

[1] Neubekanntmachung des BetrVG idF der Bek. v. 23.12.1988 (BGBl. 1989 I S. 1, ber. S. 902) in der ab 28. Juli 2001 geltenden Fassung.
[2] Nr. **6**.

§ 80 Allgemeine Aufgaben. (1) Der Betriebsrat hat folgende allgemeine Aufgaben:

1. darüber zu wachen, dass die zugunsten der Arbeitnehmer geltenden Gesetze, Verordnungen, Unfallverhütungsvorschriften, Tarifverträge und Betriebsvereinbarungen durchgeführt werden;
2. Maßnahmen, die dem Betrieb und der Belegschaft dienen, beim Arbeitgeber zu beantragen;
2a. die Durchsetzung der tatsächlichen Gleichstellung von Frauen und Männern, insbesondere bei der Einstellung, Beschäftigung, Aus-, Fort- und Weiterbildung und dem beruflichen Aufstieg, zu fördern;
2b. die Vereinbarkeit von Familie und Erwerbstätigkeit zu fördern;
3. Anregungen von Arbeitnehmern und der Jugend- und Auszubildendenvertretung entgegenzunehmen und, falls sie berechtigt erscheinen, durch Verhandlungen mit dem Arbeitgeber auf eine Erledigung hinzuwirken; er hat die betreffenden Arbeitnehmer über den Stand und das Ergebnis der Verhandlungen zu unterrichten;
4. die Eingliederung schwerbehinderter Menschen einschließlich der Förderung des Abschlusses von Inklusionsvereinbarungen nach § 166 des Neunten Buches Sozialgesetzbuch und sonstiger besonders schutzbedürftiger Personen zu fördern;
5. die Wahl einer Jugend- und Auszubildendenvertretung vorzubereiten und durchzuführen und mit dieser zur Förderung der Belange der in § 60 Abs. 1 genannten Arbeitnehmer eng zusammenzuarbeiten; er kann von der Jugend- und Auszubildendenvertretung Vorschläge und Stellungnahmen anfordern;
6. die Beschäftigung älterer Arbeitnehmer im Betrieb zu fördern;
7. die Integration ausländischer Arbeitnehmer im Betrieb und das Verständnis zwischen ihnen und den deutschen Arbeitnehmern zu fördern sowie Maßnahmen zur Bekämpfung von Rassismus und Fremdenfeindlichkeit im Betrieb zu beantragen;
8. die Beschäftigung im Betrieb zu fördern und zu sichern;
9. Maßnahmen des Arbeitsschutzes und des betrieblichen Umweltschutzes zu fördern.

(2) [1] Zur Durchführung seiner Aufgaben nach diesem Gesetz ist der Betriebsrat rechtzeitig und umfassend vom Arbeitgeber zu unterrichten; die Unterrichtung erstreckt sich auch auf die Beschäftigung von Personen, die nicht in einem Arbeitsverhältnis zum Arbeitgeber stehen, und umfasst insbesondere den zeitlichen Umfang des Einsatzes, den Einsatzort und die Arbeitsaufgaben dieser Personen. [2] Dem Betriebsrat sind auf Verlangen jederzeit die zur Durchführung seiner Aufgaben erforderlichen Unterlagen zur Verfügung zu stellen; in diesem Rahmen ist der Betriebsausschuss oder ein nach § 28 gebildeter Ausschuss berechtigt, in die Listen über die Bruttolöhne und -gehälter Einblick zu nehmen. [3] Zu den erforderlichen Unterlagen gehören auch die Verträge, die der Beschäftigung der in Satz 1 genannten Personen zugrunde liegen. [4] Soweit es zur ordnungsgemäßen Erfüllung der Aufgaben des Betriebsrats erforderlich ist, hat der Arbeitgeber ihm sachkundige Arbeitnehmer als Auskunftspersonen zur Verfügung zu stellen; er hat hierbei die Vorschläge des Betriebsrats zu berücksichtigen, soweit betriebliche Notwendigkeiten nicht entgegenstehen.

(3) ¹Der Betriebsrat kann bei der Durchführung seiner Aufgaben nach näherer Vereinbarung mit dem Arbeitgeber Sachverständige hinzuziehen, soweit dies zur ordnungsgemäßen Erfüllung seiner Aufgaben erforderlich ist. ²Muss der Betriebsrat zur Durchführung seiner Aufgaben die Einführung oder Anwendung von Künstlicher Intelligenz beurteilen, gilt insoweit die Hinzuziehung eines Sachverständigen als erforderlich. ³Gleiches gilt, wenn sich Arbeitgeber und Betriebsrat auf einen ständigen Sachverständigen in Angelegenheiten nach Satz 2 einigen.

(4) Für die Geheimhaltungspflicht der Auskunftspersonen und der Sachverständigen gilt § 79 entsprechend.

Zweiter Abschnitt. Mitwirkungs- und Beschwerderecht des Arbeitnehmers

§ 81 Unterrichtungs- und Erörterungspflicht des Arbeitgebers.

(1) ¹Der Arbeitgeber hat den Arbeitnehmer über dessen Aufgabe und Verantwortung sowie über die Art seiner Tätigkeit und ihre Einordnung in den Arbeitsablauf des Betriebs zu unterrichten. ²Er hat den Arbeitnehmer vor Beginn der Beschäftigung über die Unfall- und Gesundheitsgefahren, denen dieser bei der Beschäftigung ausgesetzt ist, sowie über die Maßnahmen und Einrichtungen zur Abwendung dieser Gefahren und die nach § 10 Abs. 2 des Arbeitsschutzgesetzes getroffenen Maßnahmen zu belehren.

(2) ¹Über Veränderungen in seinem Arbeitsbereich ist der Arbeitnehmer rechtzeitig zu unterrichten. ²Absatz 1 gilt entsprechend.

(3) In Betrieben, in denen kein Betriebsrat besteht, hat der Arbeitgeber die Arbeitnehmer zu allen Maßnahmen zu hören, die Auswirkungen auf Sicherheit und Gesundheit der Arbeitnehmer haben können.

(4) ¹Der Arbeitgeber hat den Arbeitnehmer über die aufgrund einer Planung von technischen Anlagen, von Arbeitsverfahren und Arbeitsabläufen oder der Arbeitsplätze vorgesehenen Maßnahmen und ihre Auswirkungen auf seinen Arbeitsplatz, die Arbeitsumgebung sowie auf Inhalt und Art seiner Tätigkeit zu unterrichten. ²Sobald feststeht, dass sich die Tätigkeit des Arbeitnehmers ändern wird und seine beruflichen Kenntnisse und Fähigkeiten zur Erfüllung seiner Aufgaben nicht ausreichen, hat der Arbeitgeber mit dem Arbeitnehmer zu erörtern, wie dessen berufliche Kenntnisse und Fähigkeiten im Rahmen der betrieblichen Möglichkeiten den künftigen Anforderungen angepasst werden können. ³Der Arbeitnehmer kann bei der Erörterung ein Mitglied des Betriebsrats hinzuziehen.

§ 82 Anhörungs- und Erörterungsrecht des Arbeitnehmers. (1) ¹Der Arbeitnehmer hat das Recht, in betrieblichen Angelegenheiten, die seine Person betreffen, von den nach Maßgabe des organisatorischen Aufbaus des Betriebs hierfür zuständigen Personen gehört zu werden. ²Er ist berechtigt, zu Maßnahmen des Arbeitgebers, die ihn betreffen, Stellung zu nehmen sowie Vorschläge für die Gestaltung des Arbeitsplatzes und des Arbeitsablaufs zu machen.

(2) ¹Der Arbeitnehmer kann verlangen, dass ihm die Berechnung und Zusammensetzung seines Arbeitsentgelts erläutert und dass mit ihm die Beurteilung seiner Leistungen sowie die Möglichkeiten seiner beruflichen Entwicklung im Betrieb erörtert werden. ²Er kann ein Mitglied des Betriebsrats hinzuziehen. ³Das Mitglied des Betriebsrats hat über den Inhalt dieser Verhandlungen Still-

schweigen zu bewahren, soweit es vom Arbeitnehmer im Einzelfall nicht von dieser Verpflichtung entbunden wird.

§ 83 Einsicht in die Personalakten. (1) ¹Der Arbeitnehmer hat das Recht, in die über ihn geführten Personalakten Einsicht zu nehmen. ²Er kann hierzu ein Mitglied des Betriebsrats hinzuziehen. ³Das Mitglied des Betriebsrats hat über den Inhalt der Personalakte Stillschweigen zu bewahren, soweit es vom Arbeitnehmer im Einzelfall nicht von dieser Verpflichtung entbunden wird.

(2) Erklärungen des Arbeitnehmers zum Inhalt der Personalakte sind dieser auf sein Verlangen beizufügen.

§ 84 Beschwerderecht. (1) ¹Jeder Arbeitnehmer hat das Recht, sich bei den zuständigen Stellen des Betriebs zu beschweren, wenn er sich vom Arbeitgeber oder von Arbeitnehmern des Betriebs benachteiligt oder ungerecht behandelt oder in sonstiger Weise beeinträchtigt fühlt. ²Er kann ein Mitglied des Betriebsrats zur Unterstützung oder Vermittlung hinzuziehen.

(2) Der Arbeitgeber hat den Arbeitnehmer über die Behandlung der Beschwerde zu bescheiden und, soweit er die Beschwerde für berechtigt erachtet, ihr abzuhelfen.

(3) Wegen der Erhebung einer Beschwerde dürfen dem Arbeitnehmer keine Nachteile entstehen.

§ 85 Behandlung von Beschwerden durch den Betriebsrat. (1) Der Betriebsrat hat Beschwerden von Arbeitnehmern entgegenzunehmen und, falls er sie für berechtigt erachtet, beim Arbeitgeber auf Abhilfe hinzuwirken.

(2) ¹Bestehen zwischen Betriebsrat und Arbeitgeber Meinungsverschiedenheiten über die Berechtigung der Beschwerde, so kann der Betriebsrat die Einigungsstelle anrufen. ²Der Spruch der Einigungsstelle ersetzt die Einigung zwischen Arbeitgeber und Betriebsrat. ³Dies gilt nicht, soweit Gegenstand der Beschwerde ein Rechtsanspruch ist.

(3) ¹Der Arbeitgeber hat den Betriebsrat über die Behandlung der Beschwerde zu unterrichten. ² § 84 Abs. 2 bleibt unberührt.

§ 86 Ergänzende Vereinbarungen. ¹Durch Tarifvertrag oder Betriebsvereinbarung können die Einzelheiten des Beschwerdeverfahrens geregelt werden. ²Hierbei kann bestimmt werden, dass in den Fällen des § 85 Abs. 2 an die Stelle der Einigungsstelle eine betriebliche Beschwerdestelle tritt.

§ 86a Vorschlagsrecht der Arbeitnehmer. ¹Jeder Arbeitnehmer hat das Recht, dem Betriebsrat Themen zur Beratung vorzuschlagen. ²Wird ein Vorschlag von mindestens 5 vom Hundert der Arbeitnehmer des Betriebs unterstützt, hat der Betriebsrat diesen innerhalb von zwei Monaten auf die Tagesordnung einer Betriebsratssitzung zu setzen.

Dritter Abschnitt. Soziale Angelegenheiten

§ 87 Mitbestimmungsrechte. (1) Der Betriebsrat hat, soweit eine gesetzliche oder tarifliche Regelung nicht besteht, in folgenden Angelegenheiten mitzubestimmen:

1. Fragen der Ordnung des Betriebs und des Verhaltens der Arbeitnehmer im Betrieb;

2. Beginn und Ende der täglichen Arbeitszeit einschließlich der Pausen sowie Verteilung der Arbeitszeit auf die einzelnen Wochentage;
3. vorübergehende Verkürzung oder Verlängerung der betriebsüblichen Arbeitszeit;
4. Zeit, Ort und Art der Auszahlung der Arbeitsentgelte;
5. Aufstellung allgemeiner Urlaubsgrundsätze und des Urlaubsplans sowie die Festsetzung der zeitlichen Lage des Urlaubs für einzelne Arbeitnehmer, wenn zwischen dem Arbeitgeber und den beteiligten Arbeitnehmern kein Einverständnis erzielt wird;
6. Einführung und Anwendung von technischen Einrichtungen, die dazu bestimmt sind, das Verhalten oder die Leistung der Arbeitnehmer zu überwachen;
7. Regelungen über die Verhütung von Arbeitsunfällen und Berufskrankheiten sowie über den Gesundheitsschutz im Rahmen der gesetzlichen Vorschriften oder der Unfallverhütungsvorschriften;
8. Form, Ausgestaltung und Verwaltung von Sozialeinrichtungen, deren Wirkungsbereich auf den Betrieb, das Unternehmen oder den Konzern beschränkt ist;
9. Zuweisung und Kündigung von Wohnräumen, die den Arbeitnehmern mit Rücksicht auf das Bestehen eines Arbeitsverhältnisses vermietet werden, sowie die allgemeine Festlegung der Nutzungsbedingungen;
10. Fragen der betrieblichen Lohngestaltung, insbesondere die Aufstellung von Entlohnungsgrundsätzen und die Einführung und Anwendung von neuen Entlohnungsmethoden sowie deren Änderung;
11. Festsetzung der Akkord- und Prämiensätze und vergleichbarer leistungsbezogener Entgelte, einschließlich der Geldfaktoren;
12. Grundsätze über das betriebliche Vorschlagswesen;
13. Grundsätze über die Durchführung von Gruppenarbeit; Gruppenarbeit im Sinne dieser Vorschrift liegt vor, wenn im Rahmen des betrieblichen Arbeitsablaufs eine Gruppe von Arbeitnehmern eine ihr übertragene Gesamtaufgabe im Wesentlichen eigenverantwortlich erledigt;
14. Ausgestaltung von mobiler Arbeit, die mittels Informations- und Kommunikationstechnik erbracht wird.

(2) ¹Kommt eine Einigung über eine Angelegenheit nach Absatz 1 nicht zustande, so entscheidet die Einigungsstelle. ²Der Spruch der Einigungsstelle ersetzt die Einigung zwischen Arbeitgeber und Betriebsrat.

§ 88 Freiwillige Betriebsvereinbarungen. Durch Betriebsvereinbarung können insbesondere geregelt werden
1. zusätzliche Maßnahmen zur Verhütung von Arbeitsunfällen und Gesundheitsschädigungen;
1a. Maßnahmen des betrieblichen Umweltschutzes;
2. die Errichtung von Sozialeinrichtungen, deren Wirkungsbereich auf den Betrieb, das Unternehmen oder den Konzern beschränkt ist;
3. Maßnahmen zur Förderung der Vermögensbildung;
4. Maßnahmen zur Integration ausländischer Arbeitnehmer sowie zur Bekämpfung von Rassismus und Fremdenfeindlichkeit im Betrieb;
5. Maßnahmen zur Eingliederung schwerbehinderter Menschen.

§ 89 Arbeits- und betrieblicher Umweltschutz. (1) ¹Der Betriebsrat hat sich dafür einzusetzen, dass die Vorschriften über den Arbeitsschutz und die Unfallverhütung im Betrieb sowie über den betrieblichen Umweltschutz durchgeführt werden. ²Er hat bei der Bekämpfung von Unfall- und Gesundheitsgefahren die für den Arbeitsschutz zuständigen Behörden, die Träger der gesetzlichen Unfallversicherung und die sonstigen in Betracht kommenden Stellen durch Anregung, Beratung und Auskunft zu unterstützen.

(2) ¹Der Arbeitgeber und die in Absatz 1 Satz 2 genannten Stellen sind verpflichtet, den Betriebsrat oder die von ihm bestimmten Mitglieder des Betriebsrats bei allen im Zusammenhang mit dem Arbeitsschutz oder der Unfallverhütung stehenden Besichtigungen und Fragen und bei Unfalluntersuchungen hinzuzuziehen. ²Der Arbeitgeber hat den Betriebsrat auch bei allen im Zusammenhang mit dem betrieblichen Umweltschutz stehenden Besichtigungen und Fragen hinzuzuziehen und ihm unverzüglich die den Arbeitsschutz, die Unfallverhütung und den betrieblichen Umweltschutz betreffenden Auflagen und Anordnungen der zuständigen Stellen mitzuteilen.

(3) Als betrieblicher Umweltschutz im Sinne dieses Gesetzes sind alle personellen und organisatorischen Maßnahmen sowie alle die betrieblichen Bauten, Räume, technische Anlagen, Arbeitsverfahren, Arbeitsabläufe und Arbeitsplätze betreffenden Maßnahmen zu verstehen, die dem Umweltschutz dienen.

(4) An Besprechungen des Arbeitgebers mit den Sicherheitsbeauftragten im Rahmen des § 22 Abs. 2 des Siebten Buches Sozialgesetzbuch nehmen vom Betriebsrat beauftragte Betriebsratsmitglieder teil.

(5) Der Betriebsrat erhält vom Arbeitgeber die Niederschriften über Untersuchungen, Besichtigungen und Besprechungen, zu denen er nach den Absätzen 2 und 4 hinzuzuziehen ist.

(6) Der Arbeitgeber hat dem Betriebsrat eine Durchschrift der nach § 193 Abs. 5 des Siebten Buches Sozialgesetzbuch vom Betriebsrat zu unterschreibenden Unfallanzeige auszuhändigen.

Vierter Abschnitt. Gestaltung von Arbeitsplatz, Arbeitsablauf und Arbeitsumgebung

§ 90 Unterrichtungs- und Beratungsrechte. (1) Der Arbeitgeber hat den Betriebsrat über die Planung

1. von Neu-, Um- und Erweiterungsbauten von Fabrikations-, Verwaltungs- und sonstigen betrieblichen Räumen,
2. von technischen Anlagen,
3. von Arbeitsverfahren und Arbeitsabläufen einschließlich des Einsatzes von Künstlicher Intelligenz oder
4. der Arbeitsplätze

rechtzeitig unter Vorlage der erforderlichen Unterlagen zu unterrichten.

(2) ¹Der Arbeitgeber hat mit dem Betriebsrat die vorgesehenen Maßnahmen und ihre Auswirkungen auf die Arbeitnehmer, insbesondere auf die Art ihrer Arbeit sowie die sich daraus ergebenden Anforderungen an die Arbeitnehmer so rechtzeitig zu beraten, dass Vorschläge und Bedenken des Betriebsrats bei der Planung berücksichtigt werden können. ²Arbeitgeber und Betriebsrat sollen dabei auch die gesicherten arbeitswissenschaftlichen Erkenntnisse über die menschengerechte Gestaltung der Arbeit berücksichtigen.

§ 91 Mitbestimmungsrecht. [1] Werden die Arbeitnehmer durch Änderungen der Arbeitsplätze, des Arbeitsablaufs oder der Arbeitsumgebung, die den gesicherten arbeitswissenschaftlichen Erkenntnissen über die menschengerechte Gestaltung der Arbeit offensichtlich widersprechen, in besonderer Weise belastet, so kann der Betriebsrat angemessene Maßnahmen zur Abwendung, Milderung oder zum Ausgleich der Belastung verlangen. [2] Kommt eine Einigung nicht zustande, so entscheidet die Einigungsstelle. [3] Der Spruch der Einigungsstelle ersetzt die Einigung zwischen Arbeitgeber und Betriebsrat.

Fünfter Abschnitt. Personelle Angelegenheiten
Erster Unterabschnitt. Allgemeine personelle Angelegenheiten

§ 92 Personalplanung. (1) [1] Der Arbeitgeber hat den Betriebsrat über die Personalplanung, insbesondere über den gegenwärtigen und künftigen Personalbedarf sowie über die sich daraus ergebenden personellen Maßnahmen einschließlich der geplanten Beschäftigung von Personen, die nicht in einem Arbeitsverhältnis zum Arbeitgeber stehen, und Maßnahmen der Berufsbildung an Hand von Unterlagen rechtzeitig und umfassend zu unterrichten. [2] Er hat mit dem Betriebsrat über Art und Umfang der erforderlichen Maßnahmen und über die Vermeidung von Härten zu beraten.

(2) Der Betriebsrat kann dem Arbeitgeber Vorschläge für die Einführung einer Personalplanung und ihre Durchführung machen.

(3) [1] Die Absätze 1 und 2 gelten entsprechend für Maßnahmen im Sinne des § 80 Abs. 1 Nr. 2a und 2b, insbesondere für die Aufstellung und Durchführung von Maßnahmen zur Förderung der Gleichstellung von Frauen und Männern. [2] Gleiches gilt für die Eingliederung schwerbehinderter Menschen nach § 80 Absatz 1 Nummer 4.

§ 92a Beschäftigungssicherung. (1) [1] Der Betriebsrat kann dem Arbeitgeber Vorschläge zur Sicherung und Förderung der Beschäftigung machen. [2] Diese können insbesondere eine flexible Gestaltung der Arbeitszeit, die Förderung von Teilzeitarbeit und Altersteilzeit, neue Formen der Arbeitsorganisation, Änderungen der Arbeitsverfahren und Arbeitsabläufe, die Qualifizierung der Arbeitnehmer, Alternativen zur Ausgliederung von Arbeit oder ihrer Vergabe an andere Unternehmen sowie zum Produktions- und Investitionsprogramm zum Gegenstand haben.

(2) [1] Der Arbeitgeber hat die Vorschläge mit dem Betriebsrat zu beraten. [2] Hält der Arbeitgeber die Vorschläge des Betriebsrats für ungeeignet, hat er dies zu begründen; in Betrieben mit mehr als 100 Arbeitnehmern erfolgt die Begründung schriftlich. [3] Zu den Beratungen kann der Arbeitgeber oder der Betriebsrat einen Vertreter der Bundesagentur für Arbeit hinzuziehen.

§ 93 Ausschreibung von Arbeitsplätzen. Der Betriebsrat kann verlangen, dass Arbeitsplätze, die besetzt werden sollen, allgemein oder für bestimmte Arten von Tätigkeiten vor ihrer Besetzung innerhalb des Betriebs ausgeschrieben werden.

§ 94 Personalfragebogen, Beurteilungsgrundsätze. (1) [1] Personalfragebogen bedürfen der Zustimmung des Betriebsrats. [2] Kommt eine Einigung über ihren Inhalt nicht zustande, so entscheidet die Einigungsstelle. [3] Der Spruch der Einigungsstelle ersetzt die Einigung zwischen Arbeitgeber und Betriebsrat.

(2) Absatz 1 gilt entsprechend für persönliche Angaben in schriftlichen Arbeitsverträgen, die allgemein für den Betrieb verwendet werden sollen, sowie für die Aufstellung allgemeiner Beurteilungsgrundsätze.

§ 95 Auswahlrichtlinien. (1) [1] Richtlinien über die personelle Auswahl bei Einstellungen, Versetzungen, Umgruppierungen und Kündigungen bedürfen der Zustimmung des Betriebsrats. [2] Kommt eine Einigung über die Richtlinien oder ihren Inhalt nicht zustande, so entscheidet auf Antrag des Arbeitgebers die Einigungsstelle. [3] Der Spruch der Einigungsstelle ersetzt die Einigung zwischen Arbeitgeber und Betriebsrat.

(2) [1] In Betrieben mit mehr als 500 Arbeitnehmern kann der Betriebsrat die Aufstellung von Richtlinien über die bei Maßnahmen des Absatzes 1 Satz 1 zu beachtenden fachlichen und persönlichen Voraussetzungen und sozialen Gesichtspunkte verlangen. [2] Kommt eine Einigung über die Richtlinien oder ihren Inhalt nicht zustande, so entscheidet die Einigungsstelle. [3] Der Spruch der Einigungsstelle ersetzt die Einigung zwischen Arbeitgeber und Betriebsrat.

(2a) Die Absätze 1 und 2 finden auch dann Anwendung, wenn bei der Aufstellung der Richtlinien nach diesen Absätzen Künstliche Intelligenz zum Einsatz kommt.

(3) [1] Versetzung im Sinne dieses Gesetzes ist die Zuweisung eines anderen Arbeitsbereichs, die voraussichtlich die Dauer von einem Monat überschreitet, oder die mit einer erheblichen Änderung der Umstände verbunden ist, unter denen die Arbeit zu leisten ist. [2] Werden Arbeitnehmer nach der Eigenart ihres Arbeitsverhältnisses üblicherweise nicht ständig an einem bestimmten Arbeitsplatz beschäftigt, so gilt die Bestimmung des jeweiligen Arbeitsplatzes nicht als Versetzung.

Zweiter Unterabschnitt. Berufsbildung

§ 96 Förderung der Berufsbildung. (1) [1] Arbeitgeber und Betriebsrat haben im Rahmen der betrieblichen Personalplanung und in Zusammenarbeit mit den für die Berufsbildung und den für die Förderung der Berufsbildung zuständigen Stellen die Berufsbildung der Arbeitnehmer zu fördern. [2] Der Arbeitgeber hat auf Verlangen des Betriebsrats den Berufsbildungsbedarf zu ermitteln und mit ihm Fragen der Berufsbildung der Arbeitnehmer des Betriebs zu beraten. [3] Hierzu kann der Betriebsrat Vorschläge machen.

(1a) [1] Kommt im Rahmen der Beratung nach Absatz 1 eine Einigung über Maßnahmen der Berufsbildung nicht zustande, können der Arbeitgeber oder der Betriebsrat die Einigungsstelle um Vermittlung anrufen. [2] Die Einigungsstelle hat eine Einigung der Parteien zu versuchen.

(2) [1] Arbeitgeber und Betriebsrat haben darauf zu achten, dass unter Berücksichtigung der betrieblichen Notwendigkeiten den Arbeitnehmern die Teilnahme an betrieblichen oder außerbetrieblichen Maßnahmen der Berufsbildung ermöglicht wird. [2] Sie haben dabei auch die Belange älterer Arbeitnehmer, Teilzeitbeschäftigter und von Arbeitnehmern mit Familienpflichten zu berücksichtigen.

§ 97 Einrichtungen und Maßnahmen der Berufsbildung. (1) Der Arbeitgeber hat mit dem Betriebsrat über die Errichtung und Ausstattung betrieblicher Einrichtungen zur Berufsbildung, die Einführung betrieblicher Berufsbildungsmaßnahmen und die Teilnahme an außerbetrieblichen Berufsbildungsmaßnahmen zu beraten.

(2) ¹Hat der Arbeitgeber Maßnahmen geplant oder durchgeführt, die dazu führen, dass sich die Tätigkeit der betroffenen Arbeitnehmer ändert und ihre beruflichen Kenntnisse und Fähigkeiten zur Erfüllung ihrer Aufgaben nicht mehr ausreichen, so hat der Betriebsrat bei der Einführung von Maßnahmen der betrieblichen Berufsbildung mitzubestimmen. ²Kommt eine Einigung nicht zustande, so entscheidet die Einigungsstelle. ³Der Spruch der Einigungsstelle ersetzt die Einigung zwischen Arbeitgeber und Betriebsrat.

§ 98 Durchführung betrieblicher Bildungsmaßnahmen. (1) Der Betriebsrat hat bei der Durchführung von Maßnahmen der betrieblichen Berufsbildung mitzubestimmen.

(2) Der Betriebsrat kann der Bestellung einer mit der Durchführung der betrieblichen Berufsbildung beauftragten Person widersprechen oder ihre Abberufung verlangen, wenn diese die persönliche oder fachliche, insbesondere die berufs- und arbeitspädagogische Eignung im Sinne des Berufsbildungsgesetzes nicht besitzt oder ihre Aufgaben vernachlässigt.

(3) Führt der Arbeitgeber betriebliche Maßnahmen der Berufsbildung durch oder stellt er für außerbetriebliche Maßnahmen der Berufsbildung Arbeitnehmer frei oder trägt er die durch die Teilnahme von Arbeitnehmern an solchen Maßnahmen entstehenden Kosten ganz oder teilweise, so kann der Betriebsrat Vorschläge für die Teilnahme von Arbeitnehmern oder Gruppen von Arbeitnehmern des Betriebs an diesen Maßnahmen der beruflichen Bildung machen.

(4) ¹Kommt im Fall des Absatzes 1 oder über die nach Absatz 3 vom Betriebsrat vorgeschlagenen Teilnehmer eine Einigung nicht zustande, so entscheidet die Einigungsstelle. ²Der Spruch der Einigungsstelle ersetzt die Einigung zwischen Arbeitgeber und Betriebsrat.

(5) ¹Kommt im Fall des Absatzes 2 eine Einigung nicht zustande, so kann der Betriebsrat beim Arbeitsgericht beantragen, dem Arbeitgeber aufzugeben, die Bestellung zu unterlassen oder die Abberufung durchzuführen. ²Führt der Arbeitgeber die Bestellung einer rechtskräftigen gerichtlichen Entscheidung zuwider durch, so ist er auf Antrag des Betriebsrats vom Arbeitsgericht wegen der Bestellung nach vorheriger Androhung zu einem Ordnungsgeld zu verurteilen; das Höchstmaß des Ordnungsgeldes beträgt 10 000 Euro. ³Führt der Arbeitgeber die Abberufung einer rechtskräftigen gerichtlichen Entscheidung zuwider nicht durch, so ist auf Antrag des Betriebsrats vom Arbeitsgericht zu erkennen, dass der Arbeitgeber zur Abberufung durch Zwangsgeld anzuhalten sei; das Höchstmaß des Zwangsgeldes beträgt für jeden Tag der Zuwiderhandlung 250 Euro. ⁴Die Vorschriften des Berufsbildungsgesetzes über die Ordnung der Berufsbildung bleiben unberührt.

(6) Die Absätze 1 bis 5 gelten entsprechend, wenn der Arbeitgeber sonstige Bildungsmaßnahmen im Betrieb durchführt.

Dritter Unterabschnitt. Personelle Einzelmaßnahmen

§ 99 Mitbestimmung bei personellen Einzelmaßnahmen. (1) ¹In Unternehmen mit in der Regel mehr als zwanzig wahlberechtigten Arbeitnehmern hat der Arbeitgeber den Betriebsrat vor jeder Einstellung, Eingruppierung, Umgruppierung und Versetzung zu unterrichten, ihm die erforderlichen Bewerbungsunterlagen vorzulegen und Auskunft über die Person der Beteiligten zu geben; er hat dem Betriebsrat unter Vorlage der erforderlichen Unterlagen Auskunft über die Auswirkungen der geplanten Maßnahme zu geben und die Zustimmung des Betriebsrats zu der geplanten Maßnahme einzuholen. ²Bei Einstellungen und Versetzungen hat der Arbeitgeber insbesondere den in Aussicht genommenen Arbeitsplatz und die vorgesehene Eingruppierung mitzuteilen. ³Die Mitglieder des Betriebsrats sind verpflichtet, über die ihnen im Rahmen der personellen Maßnahmen nach den Sätzen 1 und 2 bekannt gewordenen persönlichen Verhältnisse und Angelegenheiten der Arbeitnehmer, die ihrer Bedeutung oder ihrem Inhalt nach einer vertraulichen Behandlung bedürfen, Stillschweigen zu bewahren; § 79 Abs. 1 Satz 2 bis 4 gilt entsprechend.

(2) Der Betriebsrat kann die Zustimmung verweigern, wenn

1. die personelle Maßnahme gegen ein Gesetz, eine Verordnung, eine Unfallverhütungsvorschrift oder gegen eine Bestimmung in einem Tarifvertrag oder in einer Betriebsvereinbarung oder gegen eine gerichtliche Entscheidung oder eine behördliche Anordnung verstoßen würde,

2. die personelle Maßnahme gegen eine Richtlinie nach § 95 verstoßen würde,

3. die durch Tatsachen begründete Besorgnis besteht, dass infolge der personellen Maßnahme im Betrieb beschäftigte Arbeitnehmer gekündigt werden oder sonstige Nachteile erleiden, ohne dass dies aus betrieblichen oder persönlichen Gründen gerechtfertigt ist; als Nachteil gilt bei unbefristeter Einstellung auch die Nichtberücksichtigung eines gleich geeigneten befristet Beschäftigten,

4. der betroffene Arbeitnehmer durch die personelle Maßnahme benachteiligt wird, ohne dass dies aus betrieblichen oder in der Person des Arbeitnehmers liegenden Gründen gerechtfertigt ist,

5. eine nach § 93 erforderliche Ausschreibung im Betrieb unterblieben ist oder

6. die durch Tatsachen begründete Besorgnis besteht, dass der für die personelle Maßnahme in Aussicht genommene Bewerber oder Arbeitnehmer den Betriebsfrieden durch gesetzwidriges Verhalten oder durch grobe Verletzung der in § 75 Abs. 1 enthaltenen Grundsätze, insbesondere durch rassistische oder fremdenfeindliche Betätigung, stören werde.

(3) ¹Verweigert der Betriebsrat seine Zustimmung, so hat er dies unter Angabe von Gründen innerhalb einer Woche nach Unterrichtung durch den Arbeitgeber diesem schriftlich mitzuteilen. ²Teilt der Betriebsrat dem Arbeitgeber die Verweigerung seiner Zustimmung nicht innerhalb der Frist schriftlich mit, so gilt die Zustimmung als erteilt.

(4) Verweigert der Betriebsrat seine Zustimmung, so kann der Arbeitgeber beim Arbeitsgericht beantragen, die Zustimmung zu ersetzen.

24. Sozialgesetzbuch (SGB)
Erstes Buch (I)
Allgemeiner Teil[1]
Vom 11. Dezember 1975
(BGBl. I S. 3015)

FNA 860-1

zuletzt geänd. durch Art. 32 G über die Entschädigung der Soldatinnen und Soldaten und zur Neuordnung des Soldatenversorgungsrechts v. 20.8.2021 (BGBl. I S. 3932)

– Auszug –

Zweiter Abschnitt. Einweisungsvorschriften
Erster Titel. Allgemeines über Sozialleistungen und Leistungsträger

§ 15 Auskunft. (1) Die nach Landesrecht zuständigen Stellen, die Träger der gesetzlichen Krankenversicherung und der sozialen Pflegeversicherung sind verpflichtet, über alle sozialen Angelegenheiten nach diesem Gesetzbuch Auskünfte zu erteilen.

(2) Die Auskunftspflicht erstreckt sich auf die Benennung der für die Sozialleistungen zuständigen Leistungsträger sowie auf alle Sach- und Rechtsfragen, die für die Auskunftsuchenden von Bedeutung sein können und zu deren Beantwortung die Auskunftsstelle imstande ist.

(3) Die Auskunftsstellen sind verpflichtet, untereinander und mit den anderen Leistungsträgern mit dem Ziel zusammenzuarbeiten, eine möglichst umfassende Auskunftserteilung durch eine Stelle sicherzustellen.

(4) Die Träger der gesetzlichen Rentenversicherung sollen über Möglichkeiten zum Aufbau einer staatlich geförderten zusätzlichen Altersvorsorge produkt- und anbieterneutral Auskünfte erteilen.

Dritter Abschnitt. Gemeinsame Vorschriften für alle Sozialleistungsbereiche dieses Gesetzbuchs
Erster Titel. Allgemeine Grundsätze

§ 35 Sozialgeheimnis. (1) ¹Jeder hat Anspruch darauf, dass die ihn betreffenden Sozialdaten (§ 67 Absatz 2 Zehntes Buch[2]) von den Leistungsträgern nicht unbefugt verarbeitet werden (Sozialgeheimnis). ²Die Wahrung des Sozialgeheimnisses umfasst die Verpflichtung, auch innerhalb des Leistungsträgers sicherzustellen, dass die Sozialdaten nur Befugten zugänglich sind oder nur an diese weitergegeben werden. ³Sozialdaten der Beschäftigten und ihrer Angehörigen dürfen Personen, die Personalentscheidungen treffen oder daran mitwirken können, weder zugänglich sein noch von Zugriffsberechtigten weitergegeben werden. ⁴Der Anspruch richtet sich auch gegen die Verbände der

---

[1]) Verkündet als Art. I Sozialgesetzbuch (SGB) – Allgemeiner Teil – v. 11.12.1975 (BGBl. I S. 3015); Inkrafttreten gem. Art. II § 23 Abs. 1 Satz 1 dieses G am 1.1.1976 mit Ausnahme des § 44, der gem. Art. II § 23 Abs. 2 Satz 1 am 1.1.1978 in Kraft getreten ist.
[2]) Nr. 33.

Leistungsträger, die Arbeitsgemeinschaften der Leistungsträger und ihrer Verbände, die Datenstelle der Rentenversicherung, die in diesem Gesetzbuch genannten öffentlich-rechtlichen Vereinigungen, Integrationsfachdienste, die Künstlersozialkasse, die Deutsche Post AG, soweit sie mit der Berechnung oder Auszahlung von Sozialleistungen betraut ist, die Behörden der Zollverwaltung, soweit sie Aufgaben nach § 2 des Schwarzarbeitsbekämpfungsgesetzes und § 66 des Zehnten Buches durchführen, die Versicherungsämter und Gemeindebehörden sowie die anerkannten Adoptionsvermittlungsstellen (§ 2 Absatz 3 des Adoptionsvermittlungsgesetzes), soweit sie Aufgaben nach diesem Gesetzbuch wahrnehmen, und die Stellen, die Aufgaben nach § 67c Absatz 3 des Zehnten Buches[1] wahrnehmen. ⁵Die Beschäftigten haben auch nach Beendigung ihrer Tätigkeit bei den genannten Stellen das Sozialgeheimnis zu wahren.

(2) ¹Die Vorschriften des Zweiten Kapitels des Zehnten Buches und der übrigen Bücher des Sozialgesetzbuches regeln die Verarbeitung von Sozialdaten abschließend, soweit nicht die Verordnung (EU) 2016/679[2] des Europäischen Parlaments und des Rates vom 27. April 2016 zum Schutz natürlicher Personen bei der Verarbeitung personenbezogener Daten, zum freien Datenverkehr und zur Aufhebung der Richtlinie 95/46/EG (Datenschutz-Grundverordnung) (ABl. L 119 vom 4.5.2016, S. 1; L 314 vom 22.11.2016, S. 72; L 127 vom 23.5.2018, S. 2) in der jeweils geltenden Fassung unmittelbar gilt. ²Für die Verarbeitungen von Sozialdaten im Rahmen von nicht in den Anwendungsbereich der Verordnung (EU) 2016/679 fallenden Tätigkeiten finden die Verordnung (EU) 2016/679 und dieses Gesetz entsprechende Anwendung, soweit nicht in diesem oder einem anderen Gesetz Abweichendes geregelt ist.

(2a) Die Verpflichtung zur Wahrung gesetzlicher Geheimhaltungspflichten oder von Berufs- oder besonderen Amtsgeheimnissen, die nicht auf gesetzlichen Vorschriften beruhen, bleibt unberührt.

(3) Soweit eine Übermittlung von Sozialdaten nicht zulässig ist, besteht keine Auskunftspflicht, keine Zeugnispflicht und keine Pflicht zur Vorlegung oder Auslieferung von Schriftstücken, nicht automatisierten Dateisystemen und automatisiert verarbeiteten Sozialdaten.

(4) Betriebs- und Geschäftsgeheimnisse stehen Sozialdaten gleich.

(5) ¹Sozialdaten Verstorbener dürfen nach Maßgabe des Zweiten Kapitels des Zehnten Buches verarbeitet werden. ²Sie dürfen außerdem verarbeitet werden, wenn schutzwürdige Interessen des Verstorbenen oder seiner Angehörigen dadurch nicht beeinträchtigt werden können.

(6) ¹Die Absätze 1 bis 5 finden neben den in Absatz 1 genannten Stellen auch Anwendung auf solche Verantwortliche oder deren Auftragsverarbeiter,

1. die Sozialdaten im Inland verarbeiten, sofern die Verarbeitung nicht im Rahmen einer Niederlassung in einem anderen Mitgliedstaat der Europäischen Union oder in einem anderen Vertragsstaat des Abkommens über den Europäischen Wirtschaftsraum erfolgt, oder

2. die Sozialdaten im Rahmen der Tätigkeiten einer inländischen Niederlassung verarbeiten.

---

[1] Nr. 33.
[2] Nr. 1.

² Sofern die Absätze 1 bis 5 nicht gemäß Satz 1 anzuwenden sind, gelten für den Verantwortlichen oder dessen Auftragsverarbeiter nur die §§ 81 bis 81c des Zehnten Buches[1]).

(7) ¹ Bei der Verarbeitung zu Zwecken gemäß Artikel 2 der Verordnung (EU) 2016/679 stehen die Vertragsstaaten des Abkommens über den Europäischen Wirtschaftsraum und die Schweiz den Mitgliedstaaten der Europäischen Union gleich. ² Andere Staaten gelten insoweit als Drittstaaten.

§ 36a Elektronische Kommunikation. (1) Die Übermittlung elektronischer Dokumente ist zulässig, soweit der Empfänger hierfür einen Zugang eröffnet.

(2) ¹ Eine durch Rechtsvorschrift angeordnete Schriftform kann, soweit nicht durch Rechtsvorschrift etwas anderes bestimmt ist, durch die elektronische Form ersetzt werden. ² Der elektronischen Form genügt ein elektronisches Dokument, das mit einer qualifizierten elektronischen Signatur versehen ist. ³ Die Signierung mit einem Pseudonym, das die Identifizierung der Person des Signaturschlüsselinhabers nicht unmittelbar durch die Behörde ermöglicht, ist nicht zulässig. ⁴ Die Schriftform kann auch ersetzt werden

1. durch unmittelbare Abgabe der Erklärung in einem elektronischen Formular, das von der Behörde in einem Eingabegerät oder über öffentlich zugängliche Netze zur Verfügung gestellt wird;
2. bei Anträgen und Anzeigen durch Versendung eines elektronischen Dokuments an die Behörde mit der Versandart nach § 5 Absatz 5 des De-Mail-Gesetzes;
3. bei elektronischen Verwaltungsakten oder sonstigen elektronischen Dokumenten der Behörden durch Versendung einer De-Mail-Nachricht nach § 5 Absatz 5 des De-Mail-Gesetzes, bei der die Bestätigung des akkreditierten Diensteanbieters die erlassende Behörde als Nutzer des De-Mail-Kontos erkennen lässt;
4. durch sonstige sichere Verfahren, die durch Rechtsverordnung der Bundesregierung mit Zustimmung des Bundesrates festgelegt werden, welche den Datenübermittler (Absender der Daten) authentifizieren und die Integrität des elektronisch übermittelten Datensatzes sowie die Barrierefreiheit gewährleisten; der IT-Planungsrat gibt Empfehlungen zu geeigneten Verfahren ab.

⁵ In den Fällen des Satzes 4 Nummer 1 muss bei einer Eingabe über öffentlich zugängliche Netze ein elektronischer Identitätsnachweis nach § 18 des Personalausweisgesetzes, nach § 12 des eID-Karte-Gesetzes oder nach § 78 Absatz 5 des Aufenthaltsgesetzes erfolgen; in der Kommunikation zwischen dem Versicherten und seiner Krankenkasse kann die Identität auch mit der elektronischen Gesundheitskarte nach § 291a des Fünften Buches[2]) oder mit der digitalen Identität nach § 291 Absatz 8 des Fünften Buches[2]) elektronisch nachgewiesen werden.

(2a) ¹ Ist durch Rechtsvorschrift die Verwendung eines bestimmten Formulars vorgeschrieben, das ein Unterschriftsfeld vorsieht, wird allein dadurch nicht die Anordnung der Schriftform bewirkt. ² Bei einer für die elektronische Ver-

---
[1]) Nr. 33.
[2]) Nr. 28.

sendung an die Behörde bestimmten Fassung des Formulars entfällt das Unterschriftsfeld.

(3) ¹Ist ein der Behörde übermitteltes elektronisches Dokument für sie zur Bearbeitung nicht geeignet, teilt sie dies dem Absender unter Angabe der für sie geltenden technischen Rahmenbedingungen unverzüglich mit. ²Macht ein Empfänger geltend, er könne das von der Behörde übermittelte elektronische Dokument nicht bearbeiten, übermittelt sie es ihm erneut in einem geeigneten elektronischen Format oder als Schriftstück.

(4) ¹Die Träger der Sozialversicherung einschließlich der Bundesagentur für Arbeit, ihre Verbände und Arbeitsgemeinschaften verwenden unter Beachtung der Grundsätze der Wirtschaftlichkeit und Sparsamkeit im jeweiligen Sozialleistungsbereich Vertrauensdienste, die eine gemeinsame und bundeseinheitliche Kommunikation und Übermittlung der Daten und die Überprüfbarkeit der qualifizierten elektronischen Signatur auf Dauer sicherstellen. ²Diese Träger sollen über ihren jeweiligen Bereich hinaus Vertrauensdienste im Sinne des Satzes 1 verwenden. ³Die Sätze 1 und 2 gelten entsprechend für die Leistungserbringer nach dem Fünften und dem Elften Buch und die von ihnen gebildeten Organisationen.

§ 37 Vorbehalt abweichender Regelungen. ¹Das Erste und Zehnte Buch gelten für alle Sozialleistungsbereiche dieses Gesetzbuchs, soweit sich aus den übrigen Büchern nichts Abweichendes ergibt; § 68 bleibt unberührt. ²Der Vorbehalt gilt nicht für die §§ 1 bis 17 und 31 bis 36. ³Das Zweite Kapitel des Zehnten Buches geht dessen Erstem Kapitel vor, soweit sich die Ermittlung des Sachverhaltes auf Sozialdaten erstreckt.

Dritter Titel. Mitwirkung des Leistungsberechtigten

§ 60 Angabe von Tatsachen. (1) ¹Wer Sozialleistungen beantragt oder erhält, hat

1. alle Tatsachen anzugeben, die für die Leistung erheblich sind, und auf Verlangen des zuständigen Leistungsträgers der Erteilung der erforderlichen Auskünfte durch Dritte zuzustimmen,
2. Änderungen in den Verhältnissen, die für die Leistung erheblich sind oder über die im Zusammenhang mit der Leistung Erklärungen abgegeben worden sind, unverzüglich mitzuteilen,
3. Beweismittel zu bezeichnen und auf Verlangen des zuständigen Leistungsträgers Beweisurkunden vorzulegen oder ihrer Vorlage zuzustimmen.

²Satz 1 gilt entsprechend für denjenigen, der Leistungen zu erstatten hat.

(2) Soweit für die in Absatz 1 Satz 1 Nr. 1 und 2 genannten Angaben Vordrucke vorgesehen sind, sollen diese benutzt werden.

§ 61 Persönliches Erscheinen. Wer Sozialleistungen beantragt oder erhält, soll auf Verlangen des zuständigen Leistungsträgers zur mündlichen Erörterung des Antrags oder zur Vornahme anderer für die Entscheidung über die Leistung notwendiger Maßnahmen persönlich erscheinen.

§ 62 Untersuchungen. Wer Sozialleistungen beantragt oder erhält, soll sich auf Verlangen des zuständigen Leistungsträgers ärztlichen und psychologischen Untersuchungsmaßnahmen unterziehen, soweit diese für die Entscheidung über die Leistung erforderlich sind.

§ 63 Heilbehandlung. Wer wegen Krankheit oder Behinderung Sozialleistungen beantragt oder erhält, soll sich auf Verlangen des zuständigen Leistungsträgers einer Heilbehandlung unterziehen, wenn zu erwarten ist, daß sie eine Besserung seines Gesundheitszustands herbeiführen oder eine Verschlechterung verhindern wird.

§ 64 Leistungen zur Teilhabe am Arbeitsleben. Wer wegen Minderung der Erwerbsfähigkeit, anerkannten Schädigungsfolgen oder wegen Arbeitslosigkeit Sozialleistungen beantragt oder erhält, soll auf Verlangen des zuständigen Leistungsträgers an Leistungen zur Teilhabe am Arbeitsleben teilnehmen, wenn bei angemessener Berücksichtigung seiner beruflichen Neigung und seiner Leistungsfähigkeit zu erwarten ist, daß sie seine Erwerbs- oder Vermittlungsfähigkeit auf Dauer fördern oder erhalten werden.

§ 65 Grenzen der Mitwirkung. (1) Die Mitwirkungspflichten nach den §§ 60 bis 64 bestehen nicht, soweit

1. ihre Erfüllung nicht in einem angemessenen Verhältnis zu der in Anspruch genommenen Sozialleistung oder ihrer Erstattung steht oder
2. ihre Erfüllung dem Betroffenen aus einem wichtigen Grund nicht zugemutet werden kann oder
3. der Leistungsträger sich durch einen geringeren Aufwand als der Antragsteller oder Leistungsberechtigte die erforderlichen Kenntnisse selbst beschaffen kann.

(2) Behandlungen und Untersuchungen,

1. bei denen im Einzelfall ein Schaden für Leben oder Gesundheit nicht mit hoher Wahrscheinlichkeit ausgeschlossen werden kann,
2. die mit erheblichen Schmerzen verbunden sind oder
3. die einen erheblichen Eingriff in die körperliche Unversehrtheit bedeuten,

können abgelehnt werden.

(3) Angaben, die dem Antragsteller, dem Leistungsberechtigten oder ihnen nahestehende Personen (§ 383 Abs. 1 Nr. 1 bis 3 der Zivilprozeßordnung) die Gefahr zuziehen würde, wegen einer Straftat oder einer Ordnungswidrigkeit verfolgt zu werden, können verweigert werden.

§ 65a Aufwendungsersatz. (1) [1]Wer einem Verlangen des zuständigen Leistungsträgers nach den §§ 61 oder 62 nachkommt, kann auf Antrag Ersatz seiner notwendigen Auslagen und seines Verdienstausfalles in angemessenem Umfang erhalten. [2]Bei einem Verlangen des zuständigen Leistungsträgers nach § 61 sollen Aufwendungen nur in Härtefällen ersetzt werden.

(2) Absatz 1 gilt auch, wenn der zuständige Leistungsträger ein persönliches Erscheinen oder eine Untersuchung nachträglich als notwendig anerkennt.

§ 66 Folgen fehlender Mitwirkung. (1) [1]Kommt derjenige, der eine Sozialleistung beantragt oder erhält, seinen Mitwirkungspflichten nach den §§ 60 bis 62, 65 nicht nach und wird hierdurch die Aufklärung des Sachverhalts

erheblich erschwert, kann der Leistungsträger ohne weitere Ermittlungen die Leistung bis zur Nachholung der Mitwirkung ganz oder teilweise versagen oder entziehen, soweit die Voraussetzungen der Leistung nicht nachgewiesen sind.
[2] Dies gilt entsprechend, wenn der Antragsteller oder Leistungsberechtigte in anderer Weise absichtlich die Aufklärung des Sachverhalts erheblich erschwert.

(2) Kommt derjenige, der eine Sozialleistung wegen Pflegebedürftigkeit, wegen Arbeitsunfähigkeit, wegen Gefährdung oder Minderung der Erwerbsfähigkeit, anerkannten Schädigungsfolgen oder wegen Arbeitslosigkeit beantragt oder erhält, seinen Mitwirkungspflichten nach den §§ 62 bis 65 nicht nach und ist unter Würdigung aller Umstände mit Wahrscheinlichkeit anzunehmen, daß deshalb die Fähigkeit zur selbständigen Lebensführung, die Arbeits-, Erwerbs- oder Vermittlungsfähigkeit beeinträchtigt oder nicht verbessert wird, kann der Leistungsträger die Leistung bis zur Nachholung der Mitwirkung ganz oder teilweise versagen oder entziehen.

(3) Sozialleistungen dürfen wegen fehlender Mitwirkung nur versagt oder entzogen werden, nachdem der Leistungsberechtigte auf diese Folge schriftlich hingewiesen worden ist und seiner Mitwirkungspflicht nicht innerhalb einer ihm gesetzten angemessenen Frist nachgekommen ist.

§ 67 Nachholung der Mitwirkung. Wird die Mitwirkung nachgeholt und liegen die Leistungsvoraussetzungen vor, kann der Leistungsträger Sozialleistungen, die er nach § 66 versagt oder entzogen hat, nachträglich ganz oder teilweise erbringen.

25. Sozialgesetzbuch (SGB) Zweites Buch (II) – Grundsicherung für Arbeitsuchende –

In der Fassung der Bekanntmachung vom 13. Mai 2011[1)]
(BGBl. I S. 850, ber. S. 2094)

FNA 860-2

zuletzt geänd. durch Art. 3 G zur Änd. des InfektionsschutzG und weiterer Gesetze anlässlich der Aufhebung der Feststellung der epidemischen Lage von nationaler Tragweite v. 22.11.2021 (BGBl. I S. 4906)

– Auszug –

Kapitel 3. Leistungen

Abschnitt 2. Leistungen zur Sicherung des Lebensunterhalts

Unterabschnitt 2. Arbeitslosengeld II und Sozialgeld

§ 22c Datenerhebung, -auswertung und -überprüfung. (1) [1]Zur Bestimmung der angemessenen Aufwendungen für Unterkunft und Heizung sollen die Kreise und kreisfreien Städte insbesondere

1. Mietspiegel, qualifizierte Mietspiegel und Mietdatenbanken und
2. geeignete eigene statistische Datenerhebungen und -auswertungen oder Erhebungen Dritter

einzeln oder kombiniert berücksichtigen. [2]Hilfsweise können auch die monatlichen Höchstbeträge nach § 12 Absatz 1 des Wohngeldgesetzes berücksichtigt werden. [3]In die Auswertung sollen sowohl Neuvertrags- als auch Bestandsmieten einfließen. [4]Die Methodik der Datenerhebung und -auswertung ist in der Begründung der Satzung darzulegen.

(2) Die Kreise und kreisfreien Städte müssen die durch Satzung bestimmten Werte für die Unterkunft mindestens alle zwei Jahre und die durch Satzung bestimmten Werte für die Heizung mindestens jährlich überprüfen und gegebenenfalls neu festsetzen.

Kapitel 6. Datenverarbeitung und datenschutzrechtliche Verantwortung

§ 50 Datenübermittlung. (1) [1]Die Bundesagentur, die kommunalen Träger, die zugelassenen kommunalen Träger, gemeinsame Einrichtungen, die für die Bekämpfung von Leistungsmissbrauch und illegaler Beschäftigung zuständigen Stellen und mit der Wahrnehmung von Aufgaben beauftragte Dritte sollen sich gegenseitig Sozialdaten übermitteln, soweit dies zur Erfüllung ihrer Aufgaben nach diesem Buch oder dem Dritten Buch erforderlich ist. [2]Hat die Agentur für Arbeit oder ein zugelassener kommunaler Träger eine externe Gutachterin oder einen externen Gutachter beauftragt, eine

---

[1)] Neubekanntmachung des SGB II v. 24.12.2003 (BGBl. I S. 2954) in der ab 1.4.2011 geltenden Fassung.

ärztliche oder psychologische Untersuchung oder Begutachtung durchzuführen, ist die Übermittlung von Daten an die Agentur für Arbeit oder den zugelassenen kommunalen Träger durch die externe Gutachterin oder den externen Gutachter zulässig, soweit dies zur Erfüllung des Auftrages erforderlich ist.

(2) Die gemeinsame Einrichtung ist Verantwortliche für die Verarbeitung von Sozialdaten nach § 67 Absatz 4 des Zehnten Buches[1] sowie Stelle im Sinne des § 35 Absatz 1 des Ersten Buches[2].

(3) [1] Die gemeinsame Einrichtung nutzt zur Erfüllung ihrer Aufgaben durch die Bundesagentur zentral verwaltete Verfahren der Informationstechnik. [2] Sie ist verpflichtet, auf einen auf dieser Grundlage erstellten gemeinsamen zentralen Datenbestand zuzugreifen. [3] Verantwortliche für die zentral verwalteten Verfahren der Informationstechnik nach § 67 Absatz 4 des Zehnten Buches[1] ist die Bundesagentur.

(4) [1] Eine Verarbeitung von Sozialdaten durch die gemeinsame Einrichtung ist nur unter den Voraussetzungen der Verordnung (EU) 2016/679[3] des Europäischen Parlaments und des Rates vom 27. April 2016 zum Schutz natürlicher Personen bei der Verarbeitung personenbezogener Daten, zum freien Datenverkehr und zur Aufhebung der Richtlinie 95/46/EG (Datenschutz-Grundverordnung) (ABl. L 119 vom 4.5.2016, S. 1; L 314 vom 22.11.2016, S. 72; L 127 vom 23.5.2018, S. 2) in der jeweils geltenden Fassung sowie des Zweiten Kapitels des Zehnten Buches und der übrigen Bücher des Sozialgesetzbuches zulässig. [2] Der Anspruch auf Zugang zu amtlichen Informationen gegenüber der gemeinsamen Einrichtung richtet sich nach dem Informationsfreiheitsgesetz des Bundes. [3] Die Datenschutzkontrolle und die Kontrolle der Einhaltung der Vorschriften über die Informationsfreiheit bei der gemeinsamen Einrichtung sowie für die zentralen Verfahren der Informationstechnik obliegen nach § 9 Abs. 1 Satz 1 des Bundesdatenschutzgesetzes[4] der oder dem Bundesbeauftragten für den Datenschutz und die Informationsfreiheit.

§ 50a Speicherung, Veränderung, Nutzung, Übermittlung, Einschränkung der Verarbeitung oder Löschung von Daten für die Ausbildungsvermittlung. [1] Gemeinsame Einrichtungen und zugelassene kommunale Träger dürfen die ihnen nach § 282b Absatz 4 des Dritten Buches[5] von der Bundesagentur übermittelten Daten über eintragungsfähige oder eingetragene Ausbildungsverhältnisse ausschließlich speichern, verändern, nutzen, übermitteln oder in der Verarbeitung einschränken zur Verbesserung der

1. Ausbildungsvermittlung,
2. Zuverlässigkeit und Aktualität der Ausbildungsvermittlungsstatistik oder
3. Feststellung von Angebot und Nachfrage auf dem Ausbildungsmarkt.

[2] Die zu diesen Zwecken übermittelten Daten sind spätestens zum Ende des Kalenderjahres zu löschen.

---

[1] Nr. 33.
[2] Nr. 24.
[3] Nr. 1.
[4] Nr. 6.
[5] Nr. 26.

§ 51 Verarbeitung von Sozialdaten durch nicht-öffentliche Stellen.

Die Träger der Leistungen nach diesem Buch dürfen abweichend von § 80 Absatz 3 des Zehnten Buches[1]) zur Erfüllung ihrer Aufgaben nach diesem Buch einschließlich der Erbringung von Leistungen zur Eingliederung in Arbeit und Bekämpfung von Leistungsmissbrauch nicht-öffentliche Stellen mit der Verarbeitung von Sozialdaten beauftragen.

§ 51a Kundennummer.

[1]Jeder Person, die Leistungen nach diesem Gesetz bezieht, wird einmalig eine eindeutige, von der Bundesagentur oder im Auftrag der Bundesagentur von den zugelassenen kommunalen Trägern vergebene Kundennummer zugeteilt. [2]Die Kundennummer ist vom Träger der Grundsicherung für Arbeitsuchende als Identifikationsmerkmal zu nutzen und dient ausschließlich diesem Zweck sowie den Zwecken nach § 51b Absatz 3. [3]Soweit vorhanden, ist die schon beim Vorbezug von Leistungen nach dem Dritten Buch vergebene Kundennummer der Bundesagentur zu verwenden. [4]Die Kundennummer bleibt der jeweiligen Person auch zugeordnet, wenn sie den Träger wechselt. [5]Bei erneuter Leistung nach längerer Zeit ohne Inanspruchnahme von Leistungen nach diesem Buch oder nach dem Dritten Buch wird eine neue Kundennummer vergeben. [6]Diese Regelungen gelten entsprechend auch für Bedarfsgemeinschaften. [7]Als Bedarfsgemeinschaft im Sinne dieser Vorschrift gelten auch ein oder mehrere Kinder eines Haushalts, die nach § 7 Absatz 2 Satz 3 Leistungen erhalten. [8]Bei der Übermittlung der Daten verwenden die Träger eine eindeutige, von der Bundesagentur vergebene Trägernummer.

§ 51b Verarbeitung von Daten durch die Träger der Grundsicherung für Arbeitsuchende.

(1) [1]Die zuständigen Träger der Grundsicherung für Arbeitsuchende erheben laufend die für die Durchführung der Grundsicherung für Arbeitsuchende erforderlichen Daten. [2]Das Bundesministerium für Arbeit und Soziales wird ermächtigt, durch Rechtsverordnung mit Zustimmung des Bundesrates die nach Satz 1 zu erhebenden Daten, die zur Nutzung für die in Absatz 3 genannten Zwecke erforderlich sind, einschließlich des Verfahrens zu deren Weiterentwicklung festzulegen.

(2) Die kommunalen Träger und die zugelassenen kommunalen Träger übermitteln der Bundesagentur die Daten nach Absatz 1 unter Angabe eines eindeutigen Identifikationsmerkmals, personenbezogene Datensätze unter Angabe der Kundennummer sowie der Nummer der Bedarfsgemeinschaft nach § 51a.

(3) Die nach den Absätzen 1 und 2 erhobenen und an die Bundesagentur übermittelten Daten dürfen nur – unbeschadet auf sonstiger gesetzlicher Grundlagen bestehender Mitteilungspflichten – für folgende Zwecke gespeichert, verändert, genutzt, übermittelt, in der Verarbeitung eingeschränkt oder gelöscht werden:

1. die zukünftige Gewährung von Leistungen nach diesem und dem Dritten Buch an die von den Erhebungen betroffenen Personen,
2. Überprüfungen der Träger der Grundsicherung für Arbeitsuchende auf korrekte und wirtschaftliche Leistungserbringung,

---

[1]) Nr. 33.

3. die Erstellung von Statistiken, Kennzahlen für die Zwecke nach § 48a Absatz 2 und § 48b Absatz 5, Eingliederungsbilanzen und Controllingberichten durch die Bundesagentur, der laufenden Berichterstattung und der Wirkungsforschung nach den §§ 53 bis 55,
4. die Durchführung des automatisierten Datenabgleichs nach § 52,
5. die Bekämpfung von Leistungsmissbrauch.

(4) ¹Die Bundesagentur regelt im Benehmen mit den kommunalen Spitzenverbänden auf Bundesebene den genauen Umfang der nach den Absätzen 1 und 2 zu übermittelnden Informationen, einschließlich einer Inventurmeldung, sowie die Fristen für deren Übermittlung. ²Sie regelt ebenso die zu verwendenden Systematiken, die Art der Übermittlung der Datensätze einschließlich der Datenformate sowie Aufbau, Vergabe, Verwendung und Löschungsfristen von Kunden- und Bedarfsgemeinschaftsnummern nach § 51a.

§ 51c (weggefallen)

§ 52 Automatisierter Datenabgleich.

(1) ¹Die Bundesagentur und die zugelassenen kommunalen Träger überprüfen Personen, die Leistungen nach diesem Buch beziehen, zum 1. Januar, 1. April, 1. Juli und 1. Oktober im Wege des automatisierten Datenabgleichs daraufhin,

1. ob und in welcher Höhe und für welche Zeiträume von ihnen Leistungen der Träger der gesetzlichen Unfall- oder Rentenversicherung bezogen werden oder wurden,
2. ob und in welchem Umfang Zeiten des Leistungsbezuges nach diesem Buch mit Zeiten einer Versicherungspflicht oder Zeiten einer geringfügigen Beschäftigung zusammentreffen,
3. ob und welche Daten nach § 45d Absatz 1 und § 45e des Einkommensteuergesetzes an das Bundeszentralamt für Steuern übermittelt worden sind,
4. ob und in welcher Höhe ein Kapital nach § 12 Absatz 2 Satz 1 Nummer 2 nicht mehr dem Zweck einer geförderten zusätzlichen Altersvorsorge im Sinne des § 10a oder des Abschnitts XI des Einkommensteuergesetzes dient,
5. ob und in welcher Höhe und für welche Zeiträume von ihnen Leistungen der Bundesagentur als Träger der Arbeitsförderung nach dem Dritten Buch bezogen werden oder wurden,
6. ob und in welcher Höhe und für welche Zeiträume von ihnen Leistungen anderer Träger der Grundsicherung für Arbeitsuchende bezogen werden oder wurden.

²Satz 1 gilt entsprechend für nicht leistungsberechtigte Personen, die mit Personen, die Leistungen nach diesem Buch beziehen, in einer Bedarfsgemeinschaft leben. ³Abweichend von Satz 1 können die dort genannten Träger die Überprüfung nach Satz 1 Nummer 2 zum ersten jedes Kalendermonats durchführen.

(2) Zur Durchführung des automatisierten Datenabgleichs dürfen die Träger der Leistungen nach diesem Buch die folgenden Daten einer Person, die Leistungen nach diesem Buch bezieht, an die in Absatz 1 genannten Stellen übermitteln:

1. Name und Vorname,
2. Geburtsdatum und -ort,
3. Anschrift,
4. Versicherungsnummer.

(2a) ¹Die Datenstelle der Rentenversicherung darf als Vermittlungsstelle die nach den Absätzen 1 und 2 übermittelten Daten speichern und nutzen, soweit dies für die Datenabgleiche nach den Absätzen 1 und 2 erforderlich ist. ²Sie darf die Daten der Stammsatzdatei (§ 150 des Sechsten Buches¹⁾) und des bei ihr für die Prüfung bei den Arbeitgebern geführten Dateisystems (§ 28p Absatz 8 Satz 2 des Vierten Buches) nutzen, soweit die Daten für die Datenabgleiche erforderlich sind. ³Die nach Satz 1 bei der Datenstelle der Rentenversicherung gespeicherten Daten sind unverzüglich nach Abschluss des Datenabgleichs zu löschen.

(3) ¹Die den in Absatz 1 genannten Stellen überlassenen Daten und Datenträger sind nach Durchführung des Abgleichs unverzüglich zurückzugeben, zu löschen oder zu vernichten. ²Die Träger der Leistungen nach diesem Buch dürfen die ihnen übermittelten Daten nur zur Überprüfung nach Absatz 1 nutzen. ³Die übermittelten Daten der Personen, bei denen die Überprüfung zu keinen abweichenden Feststellungen führt, sind unverzüglich zu löschen.

(4) Das Bundesministerium für Arbeit und Soziales wird ermächtigt, durch Rechtsverordnung das Nähere über das Verfahren des automatisierten Datenabgleichs und die Kosten des Verfahrens zu regeln; dabei ist vorzusehen, dass die Übermittlung an die Auskunftsstellen durch eine zentrale Vermittlungsstelle (Kopfstelle) zu erfolgen hat, deren Zuständigkeitsbereich zumindest das Gebiet eines Bundeslandes umfasst.

§ 52a Überprüfung von Daten. (1) Die Agentur für Arbeit darf bei Personen, die Leistungen nach diesem Buch beantragt haben, beziehen oder bezogen haben, Auskunft einholen

1. über die in § 39 Absatz 1 Nummer 5 und 11 des Straßenverkehrsgesetzes angeführten Daten über ein Fahrzeug, für das die Person als Halter eingetragen ist, bei dem Zentralen Fahrzeugregister;
2. aus dem Melderegister nach den §§ 34 und 38 bis 41 des Bundesmeldegesetzes und dem Ausländerzentralregister,

soweit dies zur Bekämpfung von Leistungsmissbrauch erforderlich ist.

(2) ¹Die Agentur für Arbeit darf Daten von Personen, die Leistungen nach diesem Buch beantragt haben, beziehen oder bezogen haben und die Wohngeld beantragt haben, beziehen oder bezogen haben, an die nach dem Wohngeldgesetz zuständige Behörde übermitteln, soweit dies zur Feststellung der Voraussetzungen des Ausschlusses vom Wohngeld (§§ 7 und 8 Absatz 1 des Wohngeldgesetzes) erforderlich ist. ²Die Übermittlung der in § 52 Absatz 2 Nummer 1 bis 3 genannten Daten ist zulässig. ³Die in Absatz 1 genannten Behörden führen die Überprüfung durch und teilen das Ergebnis der Überprüfungen der Agentur für Arbeit unverzüglich mit. ⁴Die in Absatz 1 und Satz 1 genannten Behörden haben die ihnen übermittelten Daten nach Abschluss der Überprüfung unverzüglich zu löschen.

---

¹⁾ Nr. 29.

Kapitel 7. Statistik und Forschung

§ 53 Statistik und Übermittlung statistischer Daten. (1) ¹Die Bundesagentur erstellt aus den bei der Durchführung der Grundsicherung für Arbeitsuchende von ihr nach § 51b erhaltenen und den ihr von den kommunalen Trägern und den zugelassenen kommunalen Trägern nach § 51b übermittelten Daten Statistiken. ²Sie übernimmt die laufende Berichterstattung und bezieht die Leistungen nach diesem Buch in die Arbeitsmarkt- und Berufsforschung ein.

(2) Das Bundesministerium für Arbeit und Soziales kann Art und Umfang sowie Tatbestände und Merkmale der Statistiken und der Berichterstattung näher bestimmen.

(3) ¹Die Bundesagentur legt die Statistiken nach Absatz 1 dem Bundesministerium für Arbeit und Soziales vor und veröffentlicht sie in geeigneter Form. ²Sie gewährleistet, dass auch kurzfristigem Informationsbedarf des Bundesministeriums für Arbeit und Soziales entsprochen werden kann.

(4) Die Bundesagentur stellt den statistischen Stellen der Kreise und kreisfreien Städte die für Zwecke der Planungsunterstützung und für die Sozialberichterstattung erforderlichen Daten und Tabellen der Arbeitsmarkt- und Grundsicherungsstatistik zur Verfügung.

(5) ¹Die Bundesagentur kann dem Statistischen Bundesamt und den statistischen Ämtern der Länder für Zwecke der Planungsunterstützung und für die Sozialberichterstattung für ihren Zuständigkeitsbereich Daten und Tabellen der Arbeitsmarkt- und Grundsicherungsstatistik zur Verfügung stellen. ²Sie ist berechtigt, dem Statistischen Bundesamt und den statistischen Ämtern der Länder für ergänzende Auswertungen anonymisierte und pseudonymisierte Einzeldaten zu übermitteln. ³Bei der Übermittlung von pseudonymisierten Einzeldaten sind die Namen durch jeweils neu zu generierende Pseudonyme zu ersetzen. ⁴Nicht pseudonymisierte Anschriften dürfen nur zum Zwecke der Zuordnung zu statistischen Blöcken übermittelt werden.

(6) ¹Die Bundesagentur ist berechtigt, für ausschließlich statistische Zwecke den zur Durchführung statistischer Aufgaben zuständigen Stellen der Gemeinden und Gemeindeverbände für ihren Zuständigkeitsbereich Daten und Tabellen der Arbeitsmarkt- und Grundsicherungsstatistik sowie anonymisierte und pseudonymisierte Einzeldaten zu übermitteln, soweit die Voraussetzungen nach § 16 Absatz 5 Satz 2 des Bundesstatistikgesetzes gegeben sind. ²Bei der Übermittlung von pseudonymisierten Einzeldaten sind die Namen durch jeweils neu zu generierende Pseudonyme zu ersetzen. ³Dabei dürfen nur Angaben zu kleinräumigen Gebietseinheiten, nicht aber die genauen Anschriften übermittelt werden.

(7) ¹Die §§ 280 und 281 des Dritten Buches gelten entsprechend. ²§ 282a des Dritten Buches[1]) gilt mit der Maßgabe, dass Daten und Tabellen der Arbeitsmarkt- und Grundsicherungsstatistik auch den zur Durchführung statistischer Aufgaben zuständigen Stellen der Kreise und kreisfreien Städte sowie der Gemeinden und Gemeindeverbänden übermittelt werden dürfen, soweit die Voraussetzungen nach § 16 Absatz 5 Satz 2 des Bundesstatistikgesetzes gegeben sind.

---

[1]) Nr. **26**.

Kapitel 9. Straf- und Bußgeldvorschriften

§§ 63a, 63b *(aufgehoben)*

26. Sozialgesetzbuch (SGB) Drittes Buch (III) – Arbeitsförderung –[1)]

Vom 24. März 1997

(BGBl. I S. 594)

FNA 860-3

zuletzt geänd. durch Art. 12a G zur Stärkung der Impfprävention gegen COVID-19 und zur Änd. weiterer Vorschriften im Zusammenhang mit der COVID-19-Pandemie v. 10.12.2021 (BGBl. I S. 5162)

– Auszug –

Drittes Kapitel. Aktive Arbeitsförderung

Erster Abschnitt. Beratung und Vermittlung

Erster Unterabschnitt. Beratung

§ 31a Informationen an junge Menschen ohne Anschlussperspektive; erforderliche Datenerhebung und Datenübermittlung. (1) [1]Die Agentur für Arbeit hat junge Menschen, die nach ihrer Kenntnis bei Beendigung der Schule oder einer vergleichbaren Ersatzmaßnahme keine konkrete berufliche Anschlussperspektive haben, zu kontaktieren und über Angebote der Berufsberatung und Berufsorientierung zu informieren, soweit diese noch nicht genutzt werden. [2]Zu diesem Zweck erhebt die Agentur für Arbeit folgende Daten, soweit sie ihr von den Ländern übermittelt werden:

1. Name,
2. Vorname,
3. Geburtsdatum,
4. Geschlecht,
5. Wohnanschrift,
6. voraussichtlich beendete Schulform oder Ersatzmaßnahme,
7. erreichter Abschluss.

(2) [1]Nimmt der junge Mensch nach einer Kontaktaufnahme nach Absatz 1 das Angebot der Agentur für Arbeit nicht in Anspruch, hat die Agentur für Arbeit den nach Landesrecht bestimmten Stellen des Landes, in dem der junge Mensch seinen Wohnsitz hat, die Sozialdaten zu übermitteln, die erforderlich

---

[1)] Verkündet als Art. 1 G v. 24.3.1997 (BGBl. I S. 594); Inkrafttreten gem. Art. 83 dieses G am 1.1. 1998, mit Ausnahme der in Abs. 2 und 5 dieses Artikels genannten Abweichungen.

„(2) Vorschriften, die zum Erlaß von Rechtsverordnungen und Anordnungen sowie zur Genehmigung von Anordnungen ermächtigen, treten am Tage nach der Verkündung dieses Gesetzes in Kraft.

(5) Die Vorschriften des Dritten Buches Sozialgesetzbuch (Artikel 1) über
1. das Insolvenzgeld und mit Bezug auf das Insolvenzgeld, hier Artikel 1 § 3 Abs. 1 Nr. 10, Abs. 4, § 116 Nr. 5, §§ 183 bis 189, §§ 208, 314, 316, 320 Abs. 2, § 321 Nr. 1, 2 und 4, § 324 Abs. 3, § 327 Abs. 1 und 3, § 404 Abs. 2 Nr. 1, 19 und 20, Abs. 3, § 430 Abs. 5,
2. die Umlage für das Insolvenzgeld und mit Bezug auf die Umlage für das Insolvenzgeld, hier Artikel 1 §§ 358 bis 362, § 402 Abs. 1 Nr. 10

sowie Artikel 4 Nr. 7, Artikel 37 und Artikel 38 treten am 1. Januar 1999 in Kraft."

sind, damit das Land dem jungen Menschen weitere Angebote unterbreiten kann. ²Erforderlich sind folgende Daten:

1. Name,
2. Vorname,
3. Geburtsdatum,
4. Wohnanschrift, falls sich diese gegenüber der vom Land übermittelten Anschrift geändert hat.

³Eine Datenübermittlung darf nur erfolgen, wenn die jeweiligen landesrechtlichen Regelungen die Erhebung der Daten erlauben. ⁴Die Daten werden nicht an die jeweiligen Stellen der Länder übermittelt, wenn der junge Mensch der Übermittlung widerspricht. ⁵Auf sein Widerspruchsrecht ist er hinzuweisen.

(3) Die Agentur für Arbeit hat die personenbezogenen Daten zu löschen, sobald sie für die Kontaktaufnahme nach Absatz 1 und die Übermittlung nach Absatz 2 nicht mehr erforderlich sind, spätestens jedoch sechs Monate nach Erhebung.

Viertes Kapitel. Arbeitslosengeld und Insolvenzgeld

Zweiter Abschnitt. Insolvenzgeld

§ 172 Datenaustausch und Datenübermittlung. (1) ¹Ist der insolvente Arbeitgeber auch in einem anderen Mitgliedstaat der Europäischen Union tätig, teilt die Bundesagentur dem zuständigen ausländischen Träger von Leistungen bei Zahlungsunfähigkeit des Arbeitgebers das Insolvenzereignis und die im Zusammenhang mit der Erbringung von Insolvenzgeld getroffenen Entscheidungen mit, soweit dies für die Aufgabenwahrnehmung dieses ausländischen Trägers erforderlich ist. ²Übermittelt ein ausländischer Träger der Bundesagentur entsprechende Daten, darf sie diese Daten zwecks Zahlung von Insolvenzgeld nutzen.

(2) Die Bundesagentur ist berechtigt, Daten über gezahltes Insolvenzgeld für jede Empfängerin und jeden Empfänger durch Datenfernübertragung an die in § 32b Absatz 3 des Einkommensteuergesetzes bezeichnete Übermittlungsstelle der Finanzverwaltung zu übermitteln.

Siebtes Kapitel. Weitere Aufgaben der Bundesagentur

Erster Abschnitt. Statistiken, Arbeitsmarkt- und Berufsforschung, Berichterstattung

§ 282a Übermittlung von Daten. (1) ¹Die Bundesagentur ist berechtigt, dem Statistischen Bundesamt und den statistischen Ämtern der Länder Tabellen mit statistischen Ergebnissen zu übermitteln, soweit dies für Zwecke eines Zensus erforderlich ist. ²Diese Ergebnisse können auch Einzelfälle ausweisen.

(2) ¹Die Bundesagentur ist berechtigt, dem Statistischen Bundesamt und den statistischen Ämtern der Länder anonymisierte Einzeldaten zu sozialversicherungspflichtig Beschäftigten zu übermitteln, soweit diese Daten dort für die Erstellung der Erwerbstätigenstatistiken erforderlich sind. ²Die in Satz 1 genannten Daten dürfen den Statistischen Ämtern des Bundes und der Länder auch übermittelt werden, wenn sie für Zwecke des Verdienststatistikgesetzes

oder für Statistiken über die Gesundheitsversorgung nach dem Anhang II der Verordnung (EG) Nr. 1338/2008 des Europäischen Parlaments und des Rates vom 16. Dezember 2008 zu Gemeinschaftsstatistiken über öffentliche Gesundheit und über Gesundheitsschutz und Sicherheit am Arbeitsplatz (ABl. L 354 vom 31.12.2008, S. 70) erforderlich sind.

(2a) [1] Die Bundesagentur ist berechtigt, dem Statistischen Bundesamt die in § 3 des Verwaltungsdatenverwendungsgesetzes bezeichneten Daten für die in § 1 desselben Gesetzes genannten Zwecke zu übermitteln. [2] Satz 1 gilt auch für Daten, die nach Maßgabe einer Rechtsverordnung im Sinne des § 5 des Verwaltungsdatenverwendungsgesetzes zu übermitteln sind.

(2b) [1] Die Bundesagentur darf dem Statistischen Bundesamt und den statistischen Ämtern der Länder nach Gemeinden Tabellen mit statistischen Ergebnissen über die Zahl der sozialversicherungspflichtig Beschäftigten und die sozialversicherungspflichtigen Entgelte – jeweils ohne Beschäftigte von Gebietskörperschaften und Sozialversicherungen sowie deren Einrichtungen – übermitteln, soweit diese zur Festsetzung des Verteilungsschlüssels für den Gemeindeanteil am Aufkommen der Umsatzsteuer nach § 5a des Gemeindefinanzreformgesetzes erforderlich sind. [2] Diese Ergebnisse können auch Einzelfälle ausweisen. [3] Das Statistische Bundesamt und die statistischen Ämter der Länder dürfen die in Satz 1 genannten Angaben dem Bundesministerium der Finanzen sowie den zuständigen obersten Landesbehörden übermitteln, soweit die Angaben für die Festsetzung des Verteilungsschlüssels nach § 5a des Gemeindefinanzreformgesetzes erforderlich sind. [4] Die Angaben dürfen nur auf Ersuchen übermittelt und nur für die in den Sätzen 1 und 2 genannten Zwecke gespeichert, verändert, genutzt, übermittelt oder in der Verarbeitung eingeschränkt werden. [5] Sie sind vier Jahre nach Festsetzung des Verteilungsschlüssels zu löschen. [6] Werden innerhalb dieser Frist Einwendungen gegen die Berechnung des Verteilungsschlüssels erhoben, dürfen die Angaben bis zur abschließenden Klärung der Einwendungen aufbewahrt werden, soweit sie für die Klärung erforderlich sind.

(3) [1] Das Statistische Bundesamt und die statistischen Ämter der Länder sind berechtigt, der zur Durchführung ausschließlich statistischer Aufgaben zuständigen Stelle der Bundesagentur nach Gemeinden Tabellen mit statistischen Ergebnissen über Selbständige, mithelfende Familienangehörige, Beamtinnen und Beamte sowie geringfügig Beschäftigte zu übermitteln, soweit sie für die Berechnung von Arbeitslosenquoten im Rahmen der Arbeitsmarktstatistik erforderlich sind. [2] Diese Ergebnisse können auch Einzelfälle ausweisen. [3] Diese übermittelten Angaben dürfen ausschließlich für statistische Zwecke verarbeitet werden.

(4) Für die Speicherung und für die Nutzung gegenüber den gesetzgebenden Körperschaften und für Zwecke der Planung, jedoch nicht für die Regelung von Einzelfällen, dürfen den obersten Bundes- oder Landesbehörden von der Bundesagentur Tabellen mit statistischen Ergebnissen übermittelt werden, auch soweit Tabellenfelder nur einen einzigen Fall ausweisen.

(5) Bedarf die Übermittlung einer Datenaufbereitung in erheblichem Umfang, ist über die Daten- oder Tabellenübermittlung eine schriftliche Vereinbarung zu schließen, die eine Regelung zur Erstattung der durch die Aufbereitung entstehenden Kosten vorsehen kann.

3. Buch. Arbeitsförderung §§ 282b, 394 SGB III

§ 282b Speicherung, Veränderung, Nutzung, Übermittlung, Einschränkung der Verarbeitung oder Löschung von Daten für die Ausbildungsvermittlung durch die Bundesagentur. (1) Die Bundesagentur darf die ihr von den Auskunftsstellen übermittelten Daten über eintragungsfähige oder eingetragene Ausbildungsverhältnisse vorbehaltlich des Absatzes 4 ausschließlich speichern, verändern, nutzen, übermitteln oder in der Verarbeitung einschränken zur Verbesserung der

1. Ausbildungsvermittlung,
2. Zuverlässigkeit und Aktualität der Ausbildungsvermittlungsstatistik oder
3. Feststellung von Angebot und Nachfrage auf dem Ausbildungsmarkt.

(2) Auskunftsstellen sind die nach dem Berufsbildungsgesetz zuständigen Stellen.

(3) Die Bundesagentur hat die ihr zu den Zwecken des Absatzes 1 übermittelten Daten und Datenträger spätestens zum Ende des Kalenderjahres zu löschen.

(4) Die Bundesagentur übermittelt die ihr von den Auskunftsstellen übermittelten Daten zu den in Absatz 1 genannten Zwecken an die für den Wohnort der oder des Auszubildenden zuständige gemeinsame Einrichtung nach § 44b des Zweiten Buches oder an den für den Wohnort der oder des Auszubildenden zuständigen zugelassenen kommunalen Träger nach § 6a des Zweiten Buches.

Elftes Kapitel. Organisation und Datenschutz
Fünfter Abschnitt. Datenschutz

§ 394 Verarbeitung von Sozialdaten durch die Bundesagentur.

(1) [1]Die Bundesagentur darf Sozialdaten nur verarbeiten, soweit dies zur Erfüllung ihrer gesetzlich vorgeschriebenen oder zugelassenen Aufgaben erforderlich ist. [2]Ihre Aufgaben nach diesem Buch sind

1. die Feststellung eines Versicherungspflichtverhältnisses einschließlich einer Versicherungsfreiheit,
2. die Erbringung von Leistungen der Arbeitsförderung,
3. die Erstellung von Statistiken, Arbeitsmarkt- und Berufsforschung, Berichterstattung,
4. die Überwachung der Beratung und Vermittlung durch Dritte,
5. die Zustimmung zur Zulassung der Beschäftigung nach dem Aufenthaltsgesetz, die Zustimmung zur Anwerbung aus dem Ausland sowie die Erteilung einer Arbeitsgenehmigung-EU,
6. die Bekämpfung von Leistungsmissbrauch und illegaler Beschäftigung,
7. die Unterrichtung der zuständigen Behörden über Anhaltspunkte von Schwarzarbeit, Nichtentrichtung von Sozialversicherungsbeiträgen oder Steuern und Verstößen gegen das Aufenthaltsgesetz,
8. die Überwachung der Melde-, Anzeige-, Bescheinigungs- und sonstiger Pflichten nach dem Achten Kapitel sowie die Erteilung von Auskünften,
9. der Nachweis von Beiträgen sowie die Erhebung von Umlagen für die ergänzenden Leistungen nach § 102 und das Insolvenzgeld,
10. die Durchführung von Erstattungs- und Ersatzansprüchen.

(2) Eine Verarbeitung für andere als die in Absatz 1 genannten Zwecke ist nur zulässig, soweit dies durch Rechtsvorschriften des Sozialgesetzbuches angeordnet oder erlaubt ist.

§ 395 Datenübermittlung an Dritte; Verarbeitung von Sozialdaten durch nicht-öffentliche Stellen. (1) Die Bundesagentur darf Dritten, die mit der Erfüllung von Aufgaben nach diesem Buch beauftragt sind, Sozialdaten übermitteln, soweit dies zur Erfüllung dieser Aufgaben erforderlich ist.

(2) Die Bundesagentur darf abweichend von § 80 Absatz 3 des Zehnten Buches[1]) zur Erfüllung ihrer Aufgaben nach diesem Buch nicht-öffentliche Stellen mit der Verarbeitung von Sozialdaten beauftragen.

§ 396 Kennzeichnungs- und Maßregelungsverbot. [1]Die Bundesagentur und von ihr beauftragte Dritte dürfen Berechtigte und Arbeitgeber bei der Speicherung oder Übermittlung von Daten nicht in einer aus dem Wortlaut nicht verständlichen oder in einer Weise kennzeichnen, die nicht zur Erfüllung ihrer Aufgaben erforderlich ist. [2]Die Bundesagentur darf an einer Maßregelung von Berechtigten oder an entsprechenden Maßnahmen gegen Arbeitgeber nicht mitwirken.

§ 397 Automatisierter Datenabgleich. (1) [1]Soweit für die Erbringung oder die Erstattung von Leistungen nach diesem Buch erforderlich, darf die Bundesagentur Angaben zu Personen, die Leistungen nach diesem Buch beantragt haben, beziehen oder innerhalb der letzten neun Monate bezogen haben, regelmäßig automatisiert mit den folgenden nach § 36 Absatz 3 der Datenerfassungs- und Übermittlungsverordnung von der Datenstelle der Rentenversicherung übermittelten Daten abgleichen:

1. Versicherungsnummer (§ 28a Absatz 3 Satz 1 Nummer 1 des Vierten Buches),
2. Betriebsnummer des Arbeitgebers (§ 28a Absatz 3 Satz 1 Nummer 6 des Vierten Buches),
3. zuständige Einzugsstelle (§ 28a Absatz 3 Satz 1 Nummer 8 des Vierten Buches),
4. Beschäftigungsbeginn (§ 28a Absatz 3 Satz 2 Nummer 1 Buchstabe b des Vierten Buches),
5. Beschäftigungszeitraum (§ 28a Absatz 3 Satz 2 Nummer 2 Buchstabe d des Vierten Buches),
6. Personengruppenschlüssel, Beitragsgruppenschlüssel und Abgabegründe für die Meldungen (§ 28b Absatz 1 Satz 1 Nummer 1 des Vierten Buches),
7. Stornokennzeichen (§ 14 Absatz 1 der Datenerfassungs- und Übermittlungsverordnung).

[2]Satz 1 gilt auch für geringfügig Beschäftigte. [3]Bei Beschäftigten, für die Meldungen im Rahmen des Haushaltsscheckverfahrens (§ 28a Absatz 7 des Vierten Buches) erstattet werden, dürfen die nach § 28a Absatz 8 Nummer 1, 2 und 4 Buchstabe a und d des Vierten Buches übermittelten Daten abgeglichen werden. [4]Die abzugleichenden Daten dürfen von der Bundesagentur, bezogen auf einzelne Beschäftigungsverhältnisse, zusammengeführt werden. [5]Dabei

---

[1]) Nr. 33.

können die nach § 36 Absatz 3 der Datenerfassungs- und Übermittlungsverordnung übermittelten Daten, insbesondere auch das in der Rentenversicherung oder nach dem Recht der Arbeitsförderung beitragspflichtige Arbeitsentgelt in Euro (§ 28a Absatz 3 Satz 2 Nummer 2 Buchstabe b des Vierten Buches) genutzt werden.

(2) ¹Nach Durchführung des Abgleichs hat die Bundesagentur die Daten, die für die in Absatz 1 genannten Zwecke nicht erforderlich sind, unverzüglich zu löschen. ²Die übrigen Daten dürfen nur für die in Absatz 1 genannten Zwecke und für die Verfolgung von Straftaten und Ordnungswidrigkeiten, die im Zusammenhang mit der Beantragung oder dem Bezug von Leistungen stehen, gespeichert, verändert, genutzt, übermittelt oder in der Verarbeitung eingeschränkt werden.

§ 398 Datenübermittlung durch beauftragte Dritte. Hat die Bundesagentur eine externe Gutachterin oder einen externen Gutachter beauftragt, eine ärztliche oder psychologische Untersuchung oder Begutachtung durchzuführen, ist die Übermittlung von Daten an die Bundesagentur durch die externe Gutachterin oder den externen Gutachter zulässig, soweit dies zur Erfüllung des Auftrages erforderlich ist.

27. Viertes Buch Sozialgesetzbuch
– Gemeinsame Vorschriften für die Sozialversicherung –
(SGB IV)

In der Fassung der Bekanntmachung vom 12. November 2009[1])
(BGBl. I S. 3710, ber. S. 3973 und BGBl. 2011 I S. 363)

FNA 860-4-1

zuletzt geänd. durch Art. 13 G zur Stärkung der Impfprävention gegen COVID-19 und zur Änd. weiterer Vorschriften im Zusammenhang mit der COVID-19-Pandemie v. 10.12.2021 (BGBl. I S. 5162)

– Auszug –

Erster Abschnitt. Grundsätze und Begriffsbestimmungen
Fünfter Titel. Verarbeitung der Versicherungsnummer

§ 18f Zulässigkeit der Verarbeitung. (1) ¹Die Sozialversicherungsträger, ihre Verbände, ihre Arbeitsgemeinschaften, die Bundesagentur für Arbeit, die Deutsche Post AG, soweit sie mit der Berechnung oder Auszahlung von Sozialleistungen betraut ist, die Versorgungsträger nach § 8 Absatz 4 des Gesetzes zur Überführung der Ansprüche und Anwartschaften aus Zusatz- und Sonderversorgungssystemen des Beitrittsgebiets und die Künstlersozialkasse dürfen die Versicherungsnummer nur verarbeiten, soweit dies zur personenbezogenen Zuordnung der Daten für die Erfüllung einer gesetzlichen Aufgabe nach diesem Gesetzbuch erforderlich ist; die Deutsche Rentenversicherung Bund darf die Versicherungsnummer auch zur Erfüllung ihrer Aufgaben im Rahmen der Förderung der zusätzlichen kapitalgedeckten Altersvorsorge nach § 91 des Einkommensteuergesetzes verarbeiten. ²Aufgaben nach diesem Gesetzbuch sind auch diejenigen auf Grund von über- und zwischenstaatlichem Recht im Bereich der sozialen Sicherheit. ³Bei Untersuchungen für Zwecke der Prävention, der Rehabilitation und der Forschung, die dem Ziel dienen, gesundheitlichen Schäden bei Versicherten vorzubeugen oder diese zu beheben, und für entsprechende Dateisysteme darf die Versicherungsnummer nur verarbeitet werden, soweit ein einheitliches Ordnungsmerkmal zur personenbezogenen Zuordnung der Daten bei langfristigen Beobachtungen erforderlich ist und der Aufbau eines besonderen Ordnungsmerkmals mit erheblichem organisatorischem Aufwand verbunden wäre oder mehrere der in Satz 1 genannten Stellen beteiligt sind, die nicht über ein einheitliches Ordnungsmerkmal verfügen. ⁴Die Versicherungsnummer darf nach Maßgabe von Satz 3 von überbetrieblichen arbeitsmedizinischen Diensten nach § 24 des Siebten Buches, auch soweit sie das Arbeitssicherheitsgesetz anwenden, verarbeitet werden.

(2) ¹Die anderen in § 35 des Ersten Buches[2]) genannten Stellen dürfen die Versicherungsnummer nur verarbeiten, soweit im Einzelfall oder in festgelegten Verfahren eine Übermittlung von Daten gegenüber den in Absatz 1 genannten Stellen oder ihren Aufsichtsbehörden, auch unter Einschaltung von Vermitt-

---

[1]) Neubekanntmachung des SGB IV idF der Bek. v. 23.1.2006 (BGBl. I S. 86) in der ab 1.9.2009 geltenden Fassung.
[2]) Nr. **24**.

4. Buch. Sozialversicherung § 18g SGB IV 27

lungsstellen, für die Erfüllung einer gesetzlichen Aufgabe nach diesem Gesetzbuch erforderlich ist. ²Satz 1 gilt für die in § 69 Absatz 2 des Zehnten Buches[1]) genannten Stellen für die Erfüllung ihrer dort genannten Aufgaben entsprechend.

(2a) Die Statistischen Ämter des Bundes und der Länder dürfen die Versicherungsnummer nur verarbeiten, soweit dies im Einzelfall für die Erfüllung einer gesetzlichen Aufgabe zur Erhebung statistischer Daten erforderlich ist.

(2b) Das Bundesamt für Strahlenschutz darf die Versicherungsnummer verarbeiten, soweit dies erforderlich ist, um für Zwecke des Strahlenschutzregisters eine persönliche Kennnummer zu erzeugen, die es ermöglicht, Daten zur Exposition durch ionisierende Strahlung dauerhaft und eindeutig Personen zuzuordnen.

(3) ¹Andere Behörden, Gerichte, Arbeitgeber oder Dritte dürfen die Versicherungsnummer nur verarbeiten, soweit dies für die Erfüllung einer gesetzlichen Aufgabe der in Absatz 1 genannten Stellen erforderlich ist

1. bei Mitteilungen, für die die Verarbeitung von Versicherungsnummern in Rechtsvorschriften vorgeschrieben ist,
2. im Rahmen der Beitragszahlung oder
3. bei der Leistungserbringung einschließlich Abrechnung und Erstattung.

²Ist anderen Behörden, Gerichten, Arbeitgebern oder Dritten die Versicherungsnummer vom Versicherten oder seinen Hinterbliebenen oder nach dem Zweiten Kapitel des Zehnten Buches befugt übermittelt worden, darf die Versicherungsnummer, soweit die Übermittlung von Daten gegenüber den in Absatz 1 und den in § 69 Absatz 2 des Zehnten Buches[1]) genannten Stellen erforderlich ist, gespeichert, verändert, genutzt, übermittelt oder in der Verarbeitung eingeschränkt werden.

(4) Die Versicherungsnummer darf auch bei der Verarbeitung von Sozialdaten im Auftrag gemäß § 80 des Zehnten Buches[1]) genutzt werden.

(5) Die in Absatz 2 bis 3 genannten Stellen dürfen die Versicherungsnummer nicht verarbeiten, um ihre Dateisysteme danach zu ordnen oder für den Zugriff zu erschließen.

§ 18g Angabe der Versicherungsnummer. ¹Vertragsbestimmungen, durch die der *einzelne*[2]) zur Angabe der Versicherungsnummer für eine nicht nach § 18f zugelassene Verarbeitung verpflichtet werden soll, sind unwirksam. ²Eine befugte Übermittlung der Versicherungsnummer begründet kein Recht, die Versicherungsnummer in anderen als den in § 18f genannten Fällen zu speichern.

---

[1]) Nr. 33.
[2]) Richtig wohl: „Einzelne".

Dritter Abschnitt. Meldepflichten des Arbeitgebers, Gesamtsozialversicherungsbeitrag

Dritter Titel. Auskunfts- und Vorlagepflicht, Prüfung, Schadensersatzpflicht und Verzinsung

§ 28o Auskunfts- und Vorlagepflicht des Beschäftigten. (1) Der Beschäftigte hat dem Arbeitgeber die zur Durchführung des Meldeverfahrens und der Beitragszahlung erforderlichen Angaben zu machen und, soweit erforderlich, Unterlagen vorzulegen; dies gilt bei mehreren Beschäftigungen sowie bei Bezug weiterer in der gesetzlichen Krankenversicherung beitragspflichtiger Einnahmen gegenüber allen beteiligten Arbeitgebern.

(2) [1]Der Beschäftigte hat auf Verlangen den zuständigen Versicherungsträgern unverzüglich Auskunft über die Art und Dauer seiner Beschäftigungen, die hierbei erzielten Arbeitsentgelte, seine Arbeitgeber und die für die Erhebung von Beiträgen notwendigen Tatsachen zu erteilen und alle für die Prüfung der Meldungen und der Beitragszahlung erforderlichen Unterlagen vorzulegen. [2]Satz 1 gilt für den Hausgewerbetreibenden, soweit er den Gesamtsozialversicherungsbeitrag zahlt, entsprechend.

Sechster Abschnitt. Verarbeitung von elektronischen Daten in der Sozialversicherung

Erster Titel. Übermittlung von Daten zur und innerhalb der Sozialversicherung

§ 95 Gemeinsame Grundsätze Technik. (1) [1]Der Spitzenverband Bund der Krankenkassen, die Deutsche Rentenversicherung Bund, die Deutsche Rentenversicherung Knappschaft-Bahn-See, die Bundesagentur für Arbeit und die Deutsche Gesetzliche Unfallversicherung e.V. vereinbaren in Gemeinsamen Grundsätzen die Standards für die elektronische Datenübermittlung mit der oder innerhalb der Sozialversicherung, insbesondere zur Verschlüsselung der Daten, zur Übertragungstechnik, zur Kennzeichnung bei Weiterleitung von Meldungen durch ein Referenzdatum und zu den jeweiligen Schnittstellen. [2]Kommen hierbei Verfahren für die Verschlüsselung oder Signatur zum Einsatz, sind diese nach dem Stand der Technik umzusetzen. [3]Der Stand der Technik ist den Technischen Richtlinien des Bundesamtes für Sicherheit in der Informationstechnik zu entnehmen. [4]Soweit Standards vereinbart werden, von denen die landwirtschaftliche Sozialversicherung oder die berufsständische Versorgung betroffen ist, sind deren Spitzenorganisationen zu beteiligen. [5]Die Gemeinsamen Grundsätze bedürfen der Genehmigung des Bundesministeriums für Arbeit und Soziales, das vorher das Bundesministerium für Gesundheit und, soweit die Meldeverfahren der Arbeitgeber betroffen sind, die Bundesvereinigung der Deutschen Arbeitgeberverbände anzuhören hat.

(2) [1]Alle Datenfelder sind eindeutig zu beschreiben. [2]Sie sind in allen Verfahren, für die Grundsätze oder Gemeinsame Grundsätze nach diesem Buch und für das Aufwendungsausgleichsgesetz gelten, verbindlich in der jeweils aktuellen Beschreibung zu verwenden. [3]Zur Sicherung der einheitlichen Verwendung hält der Spitzenverband Bund der Krankenkassen eine Datenbankanwendung vor, in der alle Datenfelder beschrieben sowie ihre Verwendung in

Datensätzen und Datenbausteinen sowohl in historisierter als auch in aktueller Form gespeichert sind und von den an den Meldeverfahren nach diesem Buch Beteiligten automatisiert abgerufen werden können. [4]Das Nähere zur Darstellung, zur Aktualisierung und zum Abrufverfahren der Daten regeln die in Absatz 1 Satz 1 genannten Organisationen der Sozialversicherung in Gemeinsamen Grundsätzen; § 28b Absatz 3 gilt entsprechend. [5]Die Grundsätze bedürfen der Genehmigung des Bundesministeriums für Arbeit und Soziales.

§ 95a Ausfüllhilfe zum elektronischen Datenaustausch mit Sozialversicherungsträgern. (1) [1]Zum elektronischen Datenaustausch nach diesem Buch und dem Aufwendungsausgleichsgesetz insbesondere für Meldungen, Beitragsnachweise, Bescheinigungen und Anträge, stellen die Sozialversicherungsträger den Arbeitgebern und Selbständigen eine allgemein zugängliche elektronisch gestützte systemgeprüfte Ausfüllhilfe zur Verfügung. [2]Die Ausfüllhilfe führt keine Berechnungen zur Ermittlung der erforderlichen Angaben durch. [3]Die systemgeprüfte Ausfüllhilfe übermittelt die Daten von den Arbeitgebern sowie an die Arbeitgeber durch gesicherte und verschlüsselte Datenübertragung; dies gilt entsprechend für Selbständige.

(2) Arbeitgeber und deren Beauftragte müssen sich vor der Nutzung der Ausfüllhilfe unter Nachweis ihrer Betriebs- oder Absendernummer bei der Stelle nach Absatz 6 Satz 1 registrieren.

(3) [1]Für die Wiederverwendung erfasster Daten können registrierte Arbeitgeber und Selbständige Unternehmens-, Personal- und Meldedaten in einem Online-Datenspeicher abspeichern. [2]Der Online-Datenspeicher hält die Daten für die Betriebsprüfung nach § 28p für einen Zeitraum von maximal fünf Jahren vor. [3]Der Zugriff auf diese Daten ist durch Authentifizierungsprogramme abzusichern. [4]Die Ausfüllhilfe unterstützt in Verbindung mit dem Online-Datenspeicher Verfahren der Sozialversicherung, in denen auf Grund einer Ermächtigung nach diesem Gesetzbuch Daten in elektronischer Form angefordert werden.

(4) [1]Die Sozialversicherungsträger sind jeweils für die Erarbeitung und die inhaltlich richtige Darstellung und Verarbeitung der von ihnen zu verantwortenden Fachverfahren in der Ausfüllhilfe und des Online-Datenspeichers zuständig. [2]Weitere Verfahrensbeteiligte und andere Verwerter können für gesetzliche Zwecke die Ausfüllhilfe und den Online-Datenspeicher nutzen; dies ist jeweils durch eine Vereinbarung mit der Stelle nach Absatz 6 Satz 1 zu regeln, die insbesondere die anteilige Kostentragung festlegt.

(5) Das Nähere über den Aufbau, die Nutzung und die unterstützten Fachverfahren sowie die Identifizierung von Selbständigen in den Verfahren regeln die Verfahrensbeteiligten in Gemeinsamen Grundsätzen, die vom Bundesministerium für Arbeit und Soziales im Einvernehmen mit dem Bundesministerium für Gesundheit zu genehmigen sind.

(6) [1]Zur Durchführung der Aufgaben nach den Absätzen 1 bis 4 wird der Spitzenverband Bund der Krankenkassen eine elektronische Ausfüllhilfe anbieten. [2]Er kann die Durchführung dieser Aufgabe an eine geeignete Arbeitsgemeinschaft der gesetzlichen Krankenkassen nach § 94 Absatz 1a Satz 1 des Zehnten Buches oder nach § 219 des Fünften Buches übertragen. [3]Die Nutzer der Ausfüllhilfe können in angemessenem Umfang an den Kosten der Datenübermittlung beteiligt werden.

(7) ¹Die Sozialversicherungsträger tragen die Investitionskosten der Ausfüllhilfe und des Online-Datenspeichers gemeinsam. ²Von diesen Kosten übernehmen

1. 60 Prozent der Spitzenverband Bund der Krankenkassen, der auch für die Pflegekassen handelt,
2. 30 Prozent die Deutsche Rentenversicherung und
3. 10 Prozent die Deutsche Gesetzliche Unfallversicherung e.V.

³Die Aufteilung der Kosten innerhalb der gesetzlichen Krankenversicherung und der sozialen Pflegeversicherung, der gesetzlichen Rentenversicherung und der gesetzlichen Unfallversicherung regeln die Träger in ihrem jeweiligen Bereich im Rahmen ihrer Selbstverwaltung.

§ 95b Systemprüfung. (1) ¹Meldepflichtige haben Meldungen und Beitragsnachweise durch Datenübertragung aus systemgeprüften Programmen oder systemgeprüften elektronischen Ausfüllhilfen zu erstatten. ²Dies gilt auch für Anträge und Bescheinigungen, soweit dies nach diesem Gesetzbuch oder dem Aufwendungsausgleichsgesetz geregelt ist.

(2) ¹Eine Systemprüfung ist für Programme und elektronische Ausfüllhilfen, die für den Datenaustausch zwischen Meldepflichtigen und den Sozialversicherungsträgern und weiteren annehmenden Stellen nach Absatz 1 eingesetzt werden, durchzuführen. ²Die Systemprüfung umfasst die Beratung sowie die fachliche und technische Prüfung der Anwendungssoftware für die Erfassung, Prüfung, Verwaltung, Berechnung und Verarbeitung sowie Übermittlung, Annahme oder den Abruf der erforderlichen Daten. ³Entgeltabrechnungsprogramme haben die Berechnungen und die Erzeugung von Daten sowie deren Prüfung maschinell durchzuführen; Ausfüllhilfen unterstützen die manuellen Berechnungen durch die elektronische Übermittlung und Speicherung der Daten. ⁴Ist die Anwendungssoftware auf unterschiedliche informationstechnische Systeme verteilt, ist sicherzustellen, dass sie als geschlossene Software-Anwendung anhand einer eindeutig identifizierbaren Version in der jeweils gültigen Fassung gekennzeichnet ist.

(3) Kein Bestandteil der Systemprüfung sind die zur informationstechnischen Infrastruktur eines Meldepflichtigen gehörende Hardware, die Betriebssysteme sowie die interne Kommunikationssoftware.

(4) Die Systemprüfung wird durch den Spitzenverband Bund der Krankenkassen mit Beteiligung der Träger der Rentenversicherung, der Träger der Unfallversicherung und der Bundesagentur für Arbeit im Auftrag aller Spitzenorganisationen der Sozialversicherungsträger und der Arbeitsgemeinschaft berufsständischer Versorgungseinrichtungen e.V. durchgeführt.

§ 95c Datenaustausch zwischen den Sozialversicherungsträgern.

(1) Haben Sozialversicherungsträger zur Erfüllung einer gesetzlichen Aufgabe nach diesem Gesetzbuch Daten an einen Sozialversicherungsträger, das Bundesamt für Soziale Sicherung als Träger des Gesundheitsfonds oder eine Aufsichtsbehörde zu übermitteln, soll dies durch Datenübertragung geschehen; § 95 gilt.

(2) Abweichend von Absatz 1 hat die Übermittlung durch Datenübertragung zu erfolgen, wenn

1. dies in einer anderen Vorschrift dieses Gesetzbuches vorgeschrieben ist,

2. die Künstlersozialkasse für die nach dem Künstlersozialversicherungsgesetz krankenversicherungspflichtigen Mitglieder monatlich die für den Nachweis der Beitragspflicht notwendigen Angaben, insbesondere die Versicherungsnummer, den Namen und Vornamen, den beitragspflichtigen Zeitraum, die Höhe des der Beitragspflicht zu Grunde liegenden Arbeitseinkommens, ein Kennzeichen über die Ruhensanordnung gemäß § 16 Absatz 2 des Künstlersozialversicherungsgesetzes und den Verweis auf die Versicherungspflicht in der Rentenversicherung des Versicherten, an die zuständige Krankenkasse meldet oder die Krankenkassen der Künstlersozialkasse die zur Feststellung der Versicherungspflicht nach dem Künstlersozialversicherungsgesetz notwendigen Angaben, insbesondere über eine bestehende Arbeitsunfähigkeit, eine bestehende Vorrangversicherung, die Gewährung einer Rente, das Ende der Mitgliedschaft und den Bezug einer Entgeltersatzleistung, durch Datenübertragung mitteilen; die Einzelheiten des Verfahrens wie den Aufbau des Datensatzes regeln die Künstlersozialkasse und der Spitzenverband Bund der Krankenkassen in Gemeinsamen Grundsätzen entsprechend § 28b Absatz 1, oder
3. Sozialversicherungsträger Daten an einen anderen Sozialversicherungsträger oder an das Bundesamt für Soziale Sicherung als Träger des Gesundheitsfonds zur Erfüllung von Aufgaben nach diesem Buch weiterleiten.

Zweiter Titel. Verarbeitung der Daten der Arbeitgeber durch die Sozialversicherungsträger

§ 96 Kommunikationsserver. (1) [1] Zur Bündelung der Datenübermittlung vom Arbeitgeber an die Sozialversicherungsträger und andere öffentliche Stellen nach diesem Gesetzbuch und dem Aufwendungsausgleichsgesetz sowie des zugehörigen Rückmeldeverfahrens betreiben die gesetzliche Krankenversicherung und die Datenstelle der Rentenversicherung jeweils einen Kommunikationsserver. [2] Eingehende Meldungen der Arbeitgeber sind unverzüglich an die zuständige Annahmestelle weiterzuleiten. [3] Der technische Eingang der Meldung ist zu quittieren.

(2) [1] Der Meldepflichtige hat Meldungen der Sozialversicherungsträger oder anderer öffentlicher Stellen nach diesem Gesetzbuch mindestens einmal wöchentlich von den Kommunikationsservern elektronisch abzurufen, zu speichern und zu nutzen. [2] Der verwertbare Empfang ist durch den Meldepflichtigen zu quittieren. [3] Mit der Annahme der Quittung durch den Kommunikationsserver gelten die Meldungen als dem Meldepflichtigen zugegangen. [4] 30 Tage nach Eingang der Quittung sind diese Meldungen durch den Sozialversicherungsträger oder die andere öffentliche Stelle zu löschen. [5] Erfolgt keine Quittierung, werden Meldungen 30 Tage nach der Bereitstellung zum Abruf gelöscht. [6] Satz 1 gilt nicht für Arbeitgeber, die Meldungen nach § 28a Absatz 6a und 7 abgeben. [7] Diese erhalten die Meldungen von den Sozialversicherungsträgern in schriftlicher Form übermittelt. [8] Das Nähere zum Abrufverfahren wird in Gemeinsamen Grundsätzen entsprechend § 28b Absatz 1 Satz 1 Nummer 3 geregelt.

§ 97 Annahmestellen. (1) [1] Zur Annahme der Daten vom oder zur Meldung zum Arbeitgeber, zu ihrer technischen Prüfung und zur Weiterleitung innerhalb eines Sozialversicherungszweiges oder an andere Sozialversicherungsträger oder öffentliche Stellen werden Annahmestellen errichtet. [2] Annahme-

stellen errichten die Krankenkassen. ³Eine Annahmestelle errichten darüber hinaus:
1. die Sozialversicherung für Landwirtschaft, Forsten und Gartenbau,
2. die Träger der Rentenversicherung bei der Datenstelle der Rentenversicherung,
3. die Deutsche Rentenversicherung Knappschaft-Bahn-See,
4. die Bundesagentur für Arbeit,
5. die Unfallversicherungsträger bei der Deutschen Gesetzlichen Unfallversicherung e.V.,
6. die berufsständischen Versorgungseinrichtungen bei der Arbeitsgemeinschaft berufsständischer Versorgungseinrichtungen e.V.

(2) Abweichend von Absatz 1 kann ein Sozialversicherungsträger durch schriftliche Vereinbarung einen anderen Sozialversicherungsträger mit dem Betrieb der Annahmestelle beauftragen.

(3) ¹Die erstannehmende Annahmestelle hat nach der Entschlüsselung der Daten und der technischen Prüfung die technisch fehlerfreien Daten innerhalb eines Arbeitstages an den Adressaten der Datenübermittlung weiterzuleiten. ²Die meldende Stelle erhält mit der Weiterleitung eine Weiterleitungsbestätigung; die Meldungen gelten damit als dem Adressaten zugegangen.

(4) ¹Technisch fehlerhafte Meldungen sind innerhalb eines Arbeitstages mit einer Fehlermeldung durch Datenübertragung zurückzuweisen. ²Zur Verbesserung der Qualität der Meldungen richten die Krankenkassen ein Qualitätsmanagement ein, das zur Beseitigung festgestellter technischer Mängel in der Software der meldenden Krankenkasse oder der Annahmestelle in einer Frist von 30 Tagen verpflichtet. ³Rückweisungen seitens der Meldepflichtigen sind nur durch die jeweils aktuell gültigen Kernprüfprogramme zulässig, die in der Abrechnungssoftware installiert sind. ⁴Das Nähere zum Verfahren regeln Grundsätze des Spitzenverbandes Bund der Krankenkassen. ⁵Die Grundsätze bedürfen der Genehmigung des Bundesministeriums für Arbeit und Soziales im Einvernehmen mit dem Bundesministerium für Gesundheit; die Bundesvereinigung der Deutschen Arbeitgeberverbände ist vorher anzuhören.

(5) ¹Die Annahmestelle darf die Meldungen unter Beachtung der Datensicherheit und Datenvollständigkeit in ein anderes technisches Format umwandeln, wenn dies für die weitere Verarbeitung der Meldungen beim Adressaten der Daten notwendig oder wirtschaftlicher ist. ²Die Meldungen sind ohne inhaltliche Veränderungen in verschlüsselter Form oder über eine gesicherte Leitung an den Adressaten weiterzuleiten. ³Der Adressat der Meldungen hat diese elektronisch anzunehmen und zu verarbeiten.

§ 98 Weiterleitung der Daten durch die Einzugsstellen. (1) ¹Die Einzugsstellen nehmen, soweit durch dieses Gesetzbuch nichts anderes bestimmt ist, die für die gesetzliche Kranken-, Pflege- und Rentenversicherung sowie nach dem Recht der Arbeitsförderung zu übermittelnden Daten von der erstannehmenden Annahmestelle entgegen. ²Dies gilt auch für die Daten nach § 196 Absatz 2 Satz 3 des Sechsten Buches[1]. ³Die Einzugsstellen haben dafür zu sorgen, dass die Meldungen rechtzeitig erstattet werden, die erforderlichen Daten vollständig und richtig enthalten sind und innerhalb von drei Arbeits-

---

[1] Nr. 29.

tagen an die Adressaten der Meldeinhalte weitergeleitet werden. [4]Die Einzugsstellen können die Weiterleitung der Daten an andere Sozialversicherungsträger oder andere öffentliche Stellen an eine Annahmestelle übertragen.

(2) [1]Die Einzugsstelle unterzieht die Meldungen nach § 28a einer automatisierten inhaltlichen Prüfung im Abgleich mit ihren Bestandsdaten (Bestandsprüfung). [2]Stellt sie in einer Meldung einen Fehler fest, hat sie die festgestellten Abweichungen mit dem Meldepflichtigen aufzuklären. [3]Wird in der Folge der Inhalt der Meldung durch die Einzugsstelle verändert, hat sie die Veränderung dem Meldepflichtigen durch Datenübertragung unverzüglich zu melden; § 28a Absatz 1 Satz 2 und § 96 Absatz 2 Satz 6 und 7 gelten entsprechend.

Dritter Titel. Übermittlung von Daten im Lohnnachweisverfahren der Unfallversicherung

§ 99 Übermittlung von Daten durch den Unternehmer im Lohnnachweisverfahren. (1) [1]Hat ein Unternehmer nach § 165 Absatz 1 Satz 1 des Siebten Buches für das Kalenderjahr, in dem Beitragspflicht bestand, einen Lohnnachweis zu erstellen, hat er diesen bis zum 16. Februar des Folgejahres durch elektronische Datenübertragung an den zuständigen Unfallversicherungsträger zu übermitteln. [2]Die Übermittlung hat aus einem systemgeprüften Entgeltabrechnungsprogramm oder einer systemgeprüften Ausfüllhilfe nach § 28a Absatz 1 Satz 2 und 3 zu erfolgen. [3]Die Sätze 1 und 2 gelten nicht für Unternehmer, deren Beiträge für ihre Beschäftigten auf der Basis von Einwohnerzahlen nach § 185 Absatz 4 Satz 1 des Siebten Buches erhoben werden, sowie für private Haushalte nach § 129 Absatz 1 Nummer 2 des Siebten Buches.

(2) [1]Der Unternehmer übermittelt die Meldungen nach Absatz 1 an die Annahmestelle der Unfallversicherungsträger. [2]Übermittelt ein Unternehmer Meldungen für mehrere meldende Stellen oder gesondert für verschiedene Gruppen von Versicherten, hat er diese Meldungen jeweils gesondert als Teillohnnachweis zu erstatten.

(3) [1]Sind Korrekturen der gemeldeten Daten notwendig, hat der Unternehmer die fehlerhafte Meldung unverzüglich zu stornieren und die Meldung erneut zu erstatten. [2]Werden fehlerhafte Meldungen zurückgewiesen, sind unverzüglich berichtigte Meldungen erneut zu erstatten.

(4) [1]Abweichend von Absatz 3 ist eine Meldung nach Absatz 1 bei Insolvenz, Einstellung oder Überweisung des Unternehmens, bei Unternehmerwechsel, bei der Beendigung aller Beschäftigungsverhältnisse oder anderen Sachverhalten, die zu einem Wegfall der der Abrechnung durchführenden Stelle führen, mit der nächsten Entgeltabrechnung, spätestens innerhalb von sechs Wochen, abzugeben. [2]Das Nähere regeln die Gemeinsamen Grundsätze nach § 103.

§ 100 Inhalt des elektronischen Lohnnachweises. (1) Die Meldung des elektronischen Lohnnachweises enthält insbesondere folgende Angaben:
[Nr. 1 bis 31.12.2022:]
1. die Mitgliedsnummer des Unternehmers;
[Nr. 1 ab 1.1.2023:]
1. die Unternehmernummer nach § 136a des Siebten Buches;
2. die Betriebsnummer der die Abrechnung durchführenden Stelle;

3. die Betriebsnummer des zuständigen Unfallversicherungsträgers;
4. das in der Unfallversicherung beitragspflichtige Arbeitsentgelt, die geleisteten Arbeitsstunden und die Anzahl der zu meldenden Versicherten, bezogen auf die anzuwendenden Gefahrtarifstellen.

(2) Absatz 1 gilt für die Erstellung von Teillohnnachweisen nach § 99 Absatz 2 entsprechend.

(3) Das Nähere zum Verfahren, zu den Datensätzen und zu weiteren zu übermittelnden Angaben, insbesondere der zu verwendenden Schlüsselzahlen, regeln die Gemeinsamen Grundsätze nach § 103.

§ 101 Stammdatendatei. (1) Die Deutsche Gesetzliche Unfallversicherung e.V. errichtet eine Stammdatendatei, in der der zuständige Unfallversicherungsträger, *[bis 31.12.2022: die Mitgliedsnummer des Unternehmers][ab 1.1.2023: die Unternehmernummer nach § 136a des Siebten Buches]*, die anzuwendenden Gefahrtarifstellen, die dazugehörigen Betriebsnummern der die Abrechnung durchführenden Stellen und gegebenenfalls weitere erforderliche Identifikationsmerkmale gespeichert sind.

(2) ¹Die Unfallversicherungsträger melden alle notwendigen Daten zur Errichtung einer Stammdatendatei an die Deutsche Gesetzliche Unfallversicherung e.V., Änderungen der Daten sind unverzüglich zu melden. ²Die Unfallversicherungsträger dürfen die zur Erledigung ihrer gesetzlichen Aufgaben notwendigen Daten aus der Stammdatendatei abrufen, speichern, verändern und nutzen.

(3) Die Deutsche Rentenversicherung Bund, die Datenstelle der Rentenversicherung und die Deutsche Rentenversicherung Knappschaft-Bahn-See dürfen zur Erfüllung der gesetzlichen Aufgaben nach diesem Buch die Daten der Stammdatendatei abrufen speichern, verändern und nutzen.

(4) Die Unternehmer haben zur Durchführung der Meldungen nach § 28a Absatz 2a und § 99 einen automatisierten Abgleich mit den Daten der Stammdatendatei durchzuführen.

(5) Das Nähere zum Aufbau und zum Abrufverfahren, insbesondere zu den Datensätzen, wird in den Gemeinsamen Grundsätzen nach § 103 geregelt.

§ 102 Annahme, Prüfung und Weiterleitung der Daten zum Lohnnachweisverfahren. (1) ¹Für die Annahme, Prüfung und Weiterleitung der Meldung nach § 99 gilt für die Annahmestelle der Unfallversicherungsträger § 97 Absatz 3 bis 5 entsprechend. ²Die Deutsche Gesetzliche Unfallversicherung e.V. erstellt Kernprüfprogramme zur Sicherung der Qualität der Meldungen im elektronischen Lohnnachweisverfahren der gesetzlichen Unfallversicherung; die Erfüllung der Aufgaben der Kernprüfprogramme ist Bestandteil der Systemprüfung von Entgeltprogrammen für Arbeitgeber.

(2) ¹Die Annahmestelle leitet die Meldung nach § 99 an die Deutsche Gesetzliche Unfallversicherung e.V. innerhalb eines Arbeitstages weiter. ²Die Deutsche Gesetzliche Unfallversicherung e.V. prüft diese Meldungen gegen ihre Informationen im Stammdatendienst und leitet fehlerfreie Meldungen an den zuständigen Unfallversicherungsträger innerhalb eines Arbeitstages weiter.

(3) Das Nähere zum Verfahren regeln die Gemeinsamen Grundsätze nach § 103.

§ 103 Gemeinsame Grundsätze zur Datenübermittlung an die Unfallversicherung. ¹Die Deutsche Rentenversicherung Bund, die Deutsche Gesetzliche Unfallversicherung e.V. und der Spitzenverband Bund der Krankenkassen bestimmen in Gemeinsamen Grundsätzen bundeseinheitlich das Nähere zu den Verfahren nach den §§ 99, 100, 101 und 102. ²Die Grundsätze bedürfen der Genehmigung des Bundesministeriums für Arbeit und Soziales, das vorher die Bundesvereinigung der Deutschen Arbeitgeberverbände anzuhören hat.

Neunter Abschnitt. Aufbewahrung von Unterlagen

§ 110a Aufbewahrungspflicht. (1) Die Behörde bewahrt Unterlagen, die für ihre öffentlich-rechtliche Verwaltungstätigkeit, insbesondere für die Durchführung eines Verwaltungsverfahrens oder für die Feststellung einer Leistung, erforderlich sind, nach den Grundsätzen ordnungsmäßiger Aufbewahrung auf.

(2) ¹Die Behörde kann an Stelle der schriftlichen Unterlagen diese als Wiedergabe auf einem Bildträger oder auf anderen dauerhaften Datenträgern aufbewahren, soweit dies unter Beachtung der Grundsätze der Wirtschaftlichkeit und Sparsamkeit den Grundsätzen ordnungsmäßiger Aufbewahrung entspricht. ²Nach den Grundsätzen ordnungsmäßiger Aufbewahrung von auf Datenträgern aufbewahrten Unterlagen ist insbesondere sicherzustellen, dass

1. die Wiedergabe auf einem Bildträger oder die Daten auf einem anderen dauerhaften Datenträger
    a) mit der diesen zugrunde gelegten schriftlichen Unterlage bildlich und inhaltlich vollständig übereinstimmen, wenn sie lesbar gemacht werden,
    b) während der Dauer der Aufbewahrungsfrist jederzeit verfügbar sind und unverzüglich bildlich und inhaltlich unverändert lesbar gemacht werden können,
2. die Ausdrucke oder sonstigen Reproduktionen mit der schriftlichen Unterlage bildlich und inhaltlich übereinstimmen und
3. als Unterlage für die Herstellung der Wiedergabe nur dann der Abdruck einer Unterlage verwendet werden darf, wenn die dem Abdruck zugrunde liegende Unterlage bei der Behörde nicht mehr vorhanden ist.

³Die Sätze 1 und 2 gelten auch für die Aufbewahrung von Unterlagen, die nur mit Hilfe einer Datenverarbeitungsanlage erstellt worden sind, mit der Maßgabe, dass eine bildliche Übereinstimmung der Wiedergabe auf dem dauerhaften Datenträger mit der erstmals erstellten Unterlage nicht sichergestellt sein muss.

(3) ¹Können aufzubewahrende Unterlagen nur in der Form einer Wiedergabe auf einem Bildträger oder als Daten auf anderen dauerhaften Datenträgern vorgelegt werden, sind, soweit die Akteneinsicht zu gestatten ist, bei der Behörde auf ihre Kosten diejenigen Hilfsmittel zur Verfügung zu stellen, die erforderlich sind, die Unterlagen lesbar zu machen. ²Soweit erforderlich, ist die Behörde verpflichtet, die Unterlagen ganz oder teilweise auszudrucken oder ohne Hilfsmittel lesbare Reproduktionen beizubringen; die Behörde kann Ersatz ihrer Aufwendungen in angemessenem Umfang verlangen.

(4) Absatz 2 gilt nicht für Unterlagen, die als Wiedergabe auf einem Bildträger aufbewahrt werden, wenn diese Wiedergabe vor dem 1. Februar 2003 durchgeführt wird.

§ 110b Rückgabe, Vernichtung und Archivierung von Unterlagen.

(1) ¹Unterlagen, die für eine öffentlich-rechtliche Verwaltungstätigkeit einer Behörde nicht mehr erforderlich sind, können nach den Absätzen 2 und 3 zurückgegeben oder vernichtet werden. ²Die Anbietungs- und Übergabepflichten nach den Vorschriften des Bundesarchivgesetzes und der entsprechenden gesetzlichen Vorschriften der Länder bleiben unberührt. ³Satz 1 gilt insbesondere für

1. Unterlagen, deren Aufbewahrungsfristen abgelaufen sind,
2. Unterlagen, die nach Maßgabe des § 110a Absatz 2 als Wiedergabe auf einem maschinell verwertbaren dauerhaften Datenträger aufbewahrt werden und
3. der Behörde vom Betroffenen oder von Dritten zur Verfügung gestellte Unterlagen.

(2) Unterlagen, die einem Träger der gesetzlichen Rentenversicherung von Versicherten, Antragstellern oder von anderen Stellen zur Verfügung gestellt worden sind, sind diesen zurückzugeben, soweit sie nicht als Ablichtung oder Abschrift dem Träger auf Anforderung von den genannten Stellen zur Verfügung gestellt worden sind; werden die Unterlagen anderen Stellen zur Verfügung gestellt, sind sie von diesen Stellen auf Anforderung zurückzugeben.

(3) Die übrigen Unterlagen im Sinne von Absatz 1 werden vernichtet, soweit kein Grund zu der Annahme besteht, dass durch die Vernichtung schutzwürdige Interessen des Betroffenen beeinträchtigt werden.

§ 110c Verwaltungsvereinbarungen, Verordnungsermächtigung.

(1) ¹Die Spitzenverbände der Träger der Sozialversicherung und die Bundesagentur für Arbeit vereinbaren gemeinsam unter besonderer Berücksichtigung der schutzwürdigen Interessen der Betroffenen das Nähere zu den Grundsätzen ordnungsmäßiger Aufbewahrung im Sinne des § 110a, den Voraussetzungen der Rückgabe und Vernichtung von Unterlagen sowie die Aufbewahrungsfristen für Unterlagen. ²Dies gilt entsprechend für die ergänzenden Vorschriften des E-Government-Gesetzes. ³Die Vereinbarung kann auf bestimmte Sozialleistungsbereiche beschränkt werden; sie ist von den beteiligten Spitzenverbänden abzuschließen. ⁴Die Vereinbarungen bedürfen der Genehmigung der beteiligten Bundesministerien.

(2) Soweit Vereinbarungen nicht getroffen sind, wird die Bundesregierung ermächtigt, durch Rechtsverordnung mit Zustimmung des Bundesrates unter besonderer Berücksichtigung der schutzwürdigen Interessen der Betroffenen

1. das Nähere zu bestimmen über
    a) die Grundsätze ordnungsmäßiger Aufbewahrung im Sinne des § 110a,
    b) die Rückgabe und Vernichtung von Unterlagen,
2. für bestimmte Unterlagen allgemeine Aufbewahrungsfristen festzulegen.

§ 110d *(aufgehoben)*

28. Sozialgesetzbuch (SGB)
Fünftes Buch (V)
– Gesetzliche Krankenversicherung –[1)]

Vom 20. Dezember 1988

(BGBl. I S. 2477)

FNA 860-5

zuletzt geänd. durch Art. 14 G zur Stärkung der Impfprävention gegen COVID-19 und zur Änd. weiterer Vorschriften im Zusammenhang mit der COVID-19-Pandemie v. 10.12.2021 (BGBl. I S. 5162)

– Auszug –

Drittes Kapitel. Leistungen der Krankenversicherung

Zweiter Abschnitt. Gemeinsame Vorschriften

§ 15 Ärztliche Behandlung, elektronische Gesundheitskarte. (1) [1]Ärztliche oder zahnärztliche Behandlung wird von Ärzten oder Zahnärzten erbracht, soweit nicht in Modellvorhaben nach § 63 Abs. 3c etwas anderes bestimmt ist. [2]Sind Hilfeleistungen anderer Personen erforderlich, dürfen sie nur erbracht werden, wenn sie vom Arzt (Zahnarzt) angeordnet und von ihm verantwortet werden.

(2) [1]Versicherte, die ärztliche, zahnärztliche oder psychotherapeutische Behandlung in Anspruch nehmen, haben dem Arzt, Zahnarzt oder Psychotherapeuten vor Beginn der Behandlung ihre elektronische Gesundheitskarte zum Nachweis der Berechtigung zur Inanspruchnahme von Leistungen auszuhändigen. [2]Ab dem 1. Januar 2024 kann der Versicherte den Nachweis nach Satz 1 auch durch eine digitale Identität nach § 291 Absatz 8 erbringen.

(3) [1]Für die Inanspruchnahme anderer Leistungen stellt die Krankenkasse den Versicherten Berechtigungsscheine aus, soweit es zweckmäßig ist. [2]Der Berechtigungsschein ist vor der Inanspruchnahme der Leistung dem Leistungserbringer auszuhändigen.

(4) [1]In den Berechtigungsscheinen sind die Angaben nach § 291a Absatz 2 Nummer 1 bis 9 und 11, bei befristeter Gültigkeit das Datum des Fristablaufs, aufzunehmen. [2]Weitere Angaben dürfen nicht aufgenommen werden.

(5) In dringenden Fällen kann die elektronische Gesundheitskarte oder der Berechtigungsschein nachgereicht werden.

(6) [1]Jeder Versicherte erhält die elektronische Gesundheitskarte bei der erstmaligen Ausgabe und bei Beginn der Versicherung bei einer Krankenkasse sowie bei jeder weiteren, nicht vom Versicherten verschuldeten erneuten Ausgabe gebührenfrei. [2]Die Krankenkassen haben einem Missbrauch der Karten durch geeignete Maßnahmen entgegenzuwirken. [3]Muß die Karte auf Grund von vom Versicherten verschuldeten Gründen neu ausgestellt werden, kann eine Gebühr von 5 Euro erhoben werden; diese Gebühr ist auch von den nach

---

[1)] Verkündet als Art. 1 Gesetz zur Strukturreform im Gesundheitswesen (Gesundheits-Reformgesetz – GRG) v. 20.12.1988 (BGBl. I S. 2477); Inkrafttreten gem. Art. 79 Abs. 1 dieses G am 1.1.1989, mit Ausnahme der in Abs. 2 bis 5 dieses Artikels genannten Abweichungen.

§ 10 Versicherten zu zahlen. ⁴Satz 3 gilt entsprechend, wenn die Karte aus vom Versicherten verschuldeten Gründen nicht ausgestellt werden kann und von der Krankenkasse eine zur Überbrückung von Übergangszeiten befristete Ersatzbescheinigung zum Nachweis der Berechtigung zur Inanspruchnahme von Leistungen ausgestellt wird. ⁵Die wiederholte Ausstellung einer Bescheinigung nach Satz 4 kommt nur in Betracht, wenn der Versicherte bei der Ausstellung der elektronischen Gesundheitskarte mitwirkt; hierauf ist der Versicherte bei der erstmaligen Ausstellung einer Ersatzbescheinigung hinzuweisen. ⁶Die Krankenkasse kann die Aushändigung der elektronischen Gesundheitskarte vom Vorliegen der Meldung nach § 10 Abs. 6 abhängig machen.

Fünfter Abschnitt. Leistungen bei Krankheit
Erster Titel. Krankenbehandlung

§ 31a Medikationsplan. (1) ¹Versicherte, die gleichzeitig mindestens drei verordnete Arzneimittel anwenden, haben Anspruch auf Erstellung und Aushändigung eines Medikationsplans in Papierform sowie auf Erstellung eines elektronischen Medikationsplans nach § 334 Absatz 1 Satz 2 Nummer 4 durch einen an der vertragsärztlichen Versorgung teilnehmenden Arzt. ²Das Nähere zu den Voraussetzungen des Anspruchs nach Satz 1 vereinbaren die Kassenärztliche Bundesvereinigung und der Spitzenverband Bund der Krankenkassen als Bestandteil der Bundesmantelverträge. ³Jeder an der vertragsärztlichen Versorgung teilnehmende Arzt ist verpflichtet, bei der Verordnung eines Arzneimittels den Versicherten, der einen Anspruch nach Satz 1 hat, über diesen Anspruch zu informieren.

(2) ¹In dem Medikationsplan sind mit Anwendungshinweisen zu dokumentieren

1. alle Arzneimittel, die dem Versicherten verordnet worden sind,
2. Arzneimittel, die der Versicherte ohne Verschreibung anwendet, sowie
3. Hinweise auf Medizinprodukte, soweit sie für die Medikation nach den Nummern 1 und 2 relevant sind.

²Den besonderen Belangen der blinden und sehbehinderten Patienten ist bei der Erläuterung der Inhalte des Medikationsplans Rechnung zu tragen.

(3) ¹Der Arzt nach Absatz 1 Satz 1 hat den Medikationsplan zu aktualisieren, sobald er die Medikation ändert oder er Kenntnis davon erlangt, dass eine anderweitige Änderung der Medikation eingetreten ist. ²Auf Wunsch des Versicherten hat die Apotheke bei Abgabe eines Arzneimittels eine insoweit erforderliche Aktualisierung des Medikationsplans vorzunehmen. ³Ab dem 1. Januar 2019 besteht der Anspruch auf Aktualisierung über den Anspruch nach Satz 1 hinaus gegenüber jedem an der vertragsärztlichen Versorgung teilnehmenden Arzt sowie nach Satz 2 gegenüber der abgebenden Apotheke, wenn der Versicherte gegenüber dem Arzt oder der abgebenden Apotheke den Zugriff auf den elektronischen Medikationsplan nach § 334 Absatz 1 Satz 2 Nummer 4 erlaubt. ⁴Hierzu haben Apotheken sich bis zum 30. September 2020 an die Telematikinfrastruktur nach § 291a Absatz 7 Satz 1 anzuschließen. ⁵Die Aktualisierungen nach Satz 3 sind im elektronischen Medikationsplan nach § 334 Absatz 1 Satz 2 Nummer 4 zu speichern, sofern der Versicherte dies wünscht.

(3a) ¹Bei der Angabe von Fertigarzneimitteln sind im Medikationsplan neben der Arzneimittelbezeichnung insbesondere auch die Wirkstoffbezeichnung, die Darreichungsform und die Wirkstärke des Arzneimittels anzugeben. ²Hierfür sind einheitliche Bezeichnungen zu verwenden, die in der Referenzdatenbank nach § 31b zur Verfügung gestellt werden.

(4) ¹Inhalt, Struktur und die näheren Vorgaben zur Erstellung und Aktualisierung des Medikationsplans sowie ein Verfahren zu seiner Fortschreibung vereinbaren die Kassenärztliche Bundesvereinigung, die Bundesärztekammer und die für die Wahrnehmung der wirtschaftlichen Interessen gebildete maßgebliche Spitzenorganisation der Apotheker auf Bundesebene im Benehmen mit dem Spitzenverband Bund der Krankenkassen und der Deutschen Krankenhausgesellschaft. ²Den auf Bundesebene für die Wahrnehmung der Interessen der Patienten und der Selbsthilfe chronisch kranker und behinderter Menschen maßgeblichen Organisationen ist Gelegenheit zur Stellungnahme zu geben.

(5) Von den Regelungen dieser Vorschrift bleiben regionale Modellvorhaben nach § 63 unberührt.

§ 39 Krankenhausbehandlung. (1) ¹Die Krankenhausbehandlung wird vollstationär, stationsäquivalent, teilstationär, vor- und nachstationär sowie ambulant erbracht; sie umfasst auch Untersuchungs- und Behandlungsmethoden, zu denen der Gemeinsame Bundesausschuss bisher keine Entscheidung nach § 137c Absatz 1 getroffen hat und die das Potential einer erforderlichen Behandlungsalternative bieten. ²Versicherte haben Anspruch auf vollstationäre oder stationsäquivalente Behandlung durch ein nach § 108 zugelassenes Krankenhaus, wenn die Aufnahme oder die Behandlung im häuslichen Umfeld nach Prüfung durch das Krankenhaus erforderlich ist, weil das Behandlungsziel nicht durch teilstationäre, vor- und nachstationäre oder ambulante Behandlung einschließlich häuslicher Krankenpflege erreicht werden kann. ³Die Krankenhausbehandlung umfaßt im Rahmen des Versorgungsauftrags des Krankenhauses alle Leistungen, die im Einzelfall nach Art und Schwere der Krankheit für die medizinische Versorgung der Versicherten im Krankenhaus notwendig sind, insbesondere ärztliche Behandlung (§ 28 Abs. 1), Krankenpflege, Versorgung mit Arznei-, Heil- und Hilfsmitteln, Unterkunft und Verpflegung; die akutstationäre Behandlung umfasst auch die im Einzelfall erforderlichen und zum frühestmöglichen Zeitpunkt einsetzenden Leistungen zur Frührehabilitation. ⁴Die stationsäquivalente Behandlung umfasst eine psychiatrische Behandlung im häuslichen Umfeld durch mobile ärztlich geleitete multiprofessionelle Behandlungsteams. ⁵Sie entspricht hinsichtlich der Inhalte sowie der Flexibilität und Komplexität der Behandlung einer vollstationären Behandlung. ⁶Zur Krankenhausbehandlung gehört auch eine qualifizierte ärztliche Einschätzung des Beatmungsstatus im Laufe der Behandlung und vor der Verlegung oder Entlassung von Beatmungspatienten.

(1a) ¹Die Krankenhausbehandlung umfasst ein Entlassmanagement zur Unterstützung einer sektorenübergreifenden Versorgung der Versicherten beim Übergang in die Versorgung nach Krankenhausbehandlung. ²§ 11 Absatz 4 Satz 4 gilt. ³Das Krankenhaus kann mit Leistungserbringern nach § 95 Absatz 1 Satz 1 vereinbaren, dass diese Aufgaben des Entlassmanagements wahrnehmen. ⁴§ 11 des Apothekengesetzes bleibt unberührt. ⁵Der Versicherte hat gegenüber der Krankenkasse einen Anspruch auf Unterstützung des Entlassmanagements nach Satz 1; soweit Hilfen durch die Pflegeversicherung in Betracht kommen, kooperieren Kranken- und Pflegekassen miteinander. ⁶Das Entlassmanagement umfasst alle Leistungen, die für die Versorgung nach Krankenhausbehandlung erforderlich sind, insbesondere die Leistungen nach den §§ 37b, 38, 39c sowie alle dafür erforderlichen Leistungen nach dem Elften Buch. ⁷Das Entlassmanagement umfasst auch die Verordnung einer erforderlichen Anschlussversorgung durch Krankenhausbehandlung in einem anderen Krankenhaus. ⁸Soweit dies für die Versorgung des Versicherten unmittelbar nach der Entlassung erforderlich ist, können die Krankenhäuser Leistungen nach § 33a und die in § 92 Absatz 1 Satz 2 Nummer 6 und 12 genannten Leistungen verordnen und die Arbeitsunfähigkeit feststellen; hierfür gelten die Bestimmungen über die vertragsärztliche Versorgung mit der Maßgabe, dass bis zur Verwendung der Arztnummer nach § 293 Absatz 7 Satz 3 Nummer 1 eine im Rahmenvertrag nach Satz 9 erster Halbsatz zu vereinbarende alternative Kennzeichnung zu verwenden ist. ⁹Bei der Verordnung von Arzneimitteln können Krankenhäuser eine Packung mit dem kleinsten Packungsgrößenkennzeichen gemäß der Packungsgrößenverordnung verordnen; im Übrigen können die in § 92 Absatz 1 Satz 2 Nummer 6 genannten Leistungen für die Versorgung in einem Zeitraum von bis zu sieben Tagen verordnet und die Arbeitsunfähigkeit festgestellt werden (§ 92 Absatz 1 Satz 2 Nummer 7). ¹⁰Der Gemeinsame Bundesausschuss bestimmt in den Richtlinien nach § 92 Absatz 1 Satz 2 Nummer 6, 7 und 12 die weitere Ausgestaltung des Verordnungsrechts nach Satz 7. ¹¹Die weiteren Einzelheiten zu den Sätzen 1 bis 8, insbesondere zur Zusammenarbeit der Leistungserbringer mit den Krankenkassen, regeln der Spitzenverband Bund der Krankenkassen auch als Spitzenverband Bund der Pflegekassen, die Kassenärztliche Bundesvereinigung und die Deutsche Krankenhausgesellschaft unter Berücksichtigung der Richtlinien des Gemeinsamen Bundesausschusses in einem Rahmenvertrag. ¹²Wird der Rahmenvertrag ganz oder teilweise beendet und kommt bis zum Ablauf des Vertrages kein neuer Rahmenvertrag zustande, entscheidet das sektorenübergreifende Schiedsgremium auf Bundesebene gemäß § 89a. ¹³Vor Abschluss des Rahmenvertrages ist der für die Wahrnehmung der wirtschaftlichen Interessen gebildeten maßgeblichen Spitzenorganisation der Apotheker sowie den Vereinigungen der Träger der Pflegeeinrichtungen auf Bundesebene Gelegenheit zur Stellungnahme zu geben. ¹⁴Das Entlassmanagement und eine dazu erforderliche Verarbeitung personenbezogener Daten dürfen nur mit Einwilligung und nach vorheriger Information des Versicherten erfolgen. ¹⁵Die Information sowie die Einwilligung müssen schriftlich oder elektronisch erfolgen.

(2) Wählen Versicherte ohne zwingenden Grund ein anderes als ein in der ärztlichen Einweisung genanntes Krankenhaus, können ihnen die Mehrkosten ganz oder teilweise auferlegt werden.

(3) ¹Die Landesverbände der Krankenkassen, die Ersatzkassen und die Deutsche Rentenversicherung Knappschaft-Bahn-See gemeinsam erstellen unter Mitwirkung der Landeskrankenhausgesellschaft und der Kassenärztlichen Vereinigung ein Verzeichnis der Leistungen und Entgelte für die Krankenhausbehandlung in den zugelassenen Krankenhäusern im Land oder in einer Region und passen es der Entwicklung an (Verzeichnis stationärer Leistungen und Entgelte). ²Dabei sind die Entgelte so zusammenzustellen, daß sie miteinander verglichen werden können. ³Die Krankenkassen haben darauf hinzuwirken,

daß Vertragsärzte und Versicherte das Verzeichnis bei der Verordnung und Inanspruchnahme von Krankenhausbehandlung beachten.

(4) ¹Versicherte, die das achtzehnte Lebensjahr vollendet haben, zahlen vom Beginn der vollstationären Krankenhausbehandlung an innerhalb eines Kalenderjahres für längstens 28 Tage den sich nach § 61 Satz 2 ergebenden Betrag je Kalendertag an das Krankenhaus. ²Die innerhalb des Kalenderjahres bereits an einen Träger der gesetzlichen Rentenversicherung geleistete Zahlung nach § 32 Abs. 1 Satz 2 des Sechsten Buches sowie die nach § 40 Abs. 6 Satz 1 geleistete Zahlung sind auf die Zahlung nach Satz 1 anzurechnen.

§ 39b Hospiz- und Palliativberatung durch die Krankenkassen.

(1) ¹Versicherte haben Anspruch auf individuelle Beratung und Hilfestellung durch die Krankenkasse zu den Leistungen der Hospiz- und Palliativversorgung. ²Der Anspruch umfasst auch die Erstellung einer Übersicht der Ansprechpartner der regional verfügbaren Beratungs- und Versorgungsangebote. ³Die Krankenkasse leistet bei Bedarf Hilfestellung bei der Kontaktaufnahme und Leistungsinanspruchnahme. ⁴Die Beratung soll mit der Pflegeberatung nach § 7a des Elften Buches und anderen bereits in Anspruch genommenen Beratungsangeboten abgestimmt werden. ⁵Auf Verlangen des Versicherten sind Angehörige und andere Vertrauenspersonen an der Beratung zu beteiligen. ⁶Im Auftrag des Versicherten informiert die Krankenkasse die Leistungserbringer und Einrichtungen, die an der Versorgung des Versicherten mitwirken, über die wesentlichen Beratungsinhalte und Hilfestellungen oder händigt dem Versicherten zu diesem Zweck ein entsprechendes Begleitschreiben aus. ⁷Maßnahmen nach dieser Vorschrift und die dazu erforderliche Verarbeitung personenbezogener Daten dürfen nur mit schriftlicher oder elektronischer Einwilligung und nach vorheriger schriftlicher oder elektronischer Information des Versicherten erfolgen. ⁸Die Krankenkassen dürfen ihre Aufgaben nach dieser Vorschrift an andere Krankenkassen, deren Verbände oder Arbeitsgemeinschaften übertragen.

(2) ¹Die Krankenkasse informiert ihre Versicherten in allgemeiner Form über die Möglichkeiten persönlicher Vorsorge für die letzte Lebensphase, insbesondere zu Patientenverfügung, Vorsorgevollmacht und Betreuungsverfügung. ²Der Spitzenverband Bund der Krankenkassen regelt für seine Mitglieder das Nähere zu Form und Inhalt der Informationen und berücksichtigt dabei das Informationsmaterial und die Formulierungshilfen anderer öffentlicher Stellen.

Zehnter Abschnitt. Weiterentwicklung der Versorgung

§ 65c Klinische Krebsregister. (1) ¹Zur Verbesserung der Qualität der onkologischen Versorgung führen die Länder klinische Krebsregister. ²Die klinischen Krebsregister haben insbesondere folgende Aufgaben:

1. die personenbezogene Erfassung der Daten aller in einem regional festgelegten Einzugsgebiet stationär und ambulant versorgten Patientinnen und Patienten über das Auftreten, die Behandlung und den Verlauf von bösartigen Neubildungen einschließlich ihrer Frühstadien sowie von gutartigen Tumoren des zentralen Nervensystems nach Kapitel II der Internationalen statistischen Klassifikation der Krankheiten und verwandter Gesundheits-

probleme (ICD) mit Ausnahme der Daten von Erkrankungsfällen, die an das Deutsche Kinderkrebsregister zu melden sind,

2. die Auswertung der erfassten klinischen Daten und die Rückmeldung der Auswertungsergebnisse an die einzelnen Leistungserbringer sowie die Durchführung von Analysen zum Verlauf der Erkrankungen, zum Krebsgeschehen und zum Versorgungsgeschehen,
3. den Datenaustausch mit anderen regionalen klinischen Krebsregistern bei solchen Patientinnen und Patienten, bei denen Hauptwohnsitz und Behandlungsort in verschiedenen Einzugsgebieten liegen, sowie mit Auswertungsstellen der klinischen Krebsregistrierung auf Landesebene,
4. die Förderung der interdisziplinären, direkt patientenbezogenen Zusammenarbeit bei der Krebsbehandlung,
5. die Beteiligung an der einrichtungs- und sektorenübergreifenden Qualitätssicherung des Gemeinsamen Bundesausschusses nach § 136 Absatz 1 Satz 1 Nummer 1 in Verbindung mit § 135a Absatz 2 Nummer 1,
6. die Zusammenarbeit mit zertifizierten Zentren und weiteren Leistungserbringern in der Onkologie,
7. die Erfassung von Daten für die epidemiologischen Krebsregister,
8. die Übermittlung von Daten an das Zentrum für Krebsregisterdaten beim Robert Koch-Institut nach Maßgabe des Bundeskrebsregisterdatengesetzes,
9. die Mitwirkung an dem Datenabgleich nach § 25a Absatz 1 Satz 2 Nummer 4 in Verbindung mit Satz 3,
10. die Bereitstellung notwendiger Daten zur Herstellung von Versorgungstransparenz und zu Zwecken der Versorgungsforschung und der wissenschaftlichen Forschung[1]
11. die gemeinsame Erarbeitung und Vorlage eines Konzepts für Datenabgleiche zur Feststellung vergleichbarer Erkrankungsfälle auf Anfrage eines behandelnden Arztes und für die Rückmeldung an diesen; die gemeinsame Erarbeitung und Vorlage dieses Konzepts beim Bundesministerium für Gesundheit hat bis zum 31. Dezember 2023 unter Beteiligung der Arbeitsgemeinschaft Deutscher Tumorzentren, der Deutschen Krebsgesellschaft, der Kassenärztlichen Bundesvereinigung, der Deutschen Krankenhausgesellschaft sowie von Vertretern der Patientenorganisationen, die in der Verordnung nach § 140g genannt oder nach der Verordnung anerkannt sind, zu erfolgen,
12. die gemeinsame Erarbeitung und Vorlage eines Konzepts zur systematischen Erfassung von Spät- und Langzeitfolgen von Krebserkrankungen und zur Integration der Daten zu Spät- und Langzeitfolgen in die Krebsregistrierung; die gemeinsame Erarbeitung und Vorlage dieses Konzepts beim Bundesministerium für Gesundheit hat bis zum 31. Dezember 2024 unter Beteiligung der Arbeitsgemeinschaft Deutscher Tumorzentren, der Gesellschaft der epidemiologischen Krebsregister in Deutschland, der Gesellschaft für Telematik und von Vertretern der Patientenorganisationen, die in der Verordnung nach § 140g genannt oder nach der Verordnung anerkannt sind, zu erfolgen.

---

[1] Amtl. ohne Satzzeichen.

³ Die klinische Krebsregistrierung erfolgt auf der Grundlage des einheitlichen onkologischen Basisdatensatzes der Arbeitsgemeinschaft Deutscher Tumorzentren und der Gesellschaft der epidemiologischen Krebsregister in Deutschland zur Basisdokumentation für Tumorkranke und aller ihn ergänzenden Module flächendeckend sowie möglichst vollzählig und vollständig. ⁴ Die Daten sind jährlich landesbezogen auszuwerten. ⁵ Eine flächendeckende klinische Krebsregistrierung kann auch länderübergreifend erfolgen. ⁶ Die für die Einrichtung und den Betrieb der klinischen Krebsregister nach Satz 2 notwendigen Bestimmungen einschließlich datenschutzrechtlicher Regelungen bleiben, soweit nichts anderes bestimmt ist, dem Landesrecht vorbehalten.

(1a) ¹ Die Arbeitsgemeinschaft Deutscher Tumorzentren und die Gesellschaft der epidemiologischen Krebsregister in Deutschland stellen gemeinsam mit den Krebsregistern sicher, dass der einheitliche onkologische Basisdatensatz nach Absatz 1 Satz 3 im Benehmen mit den weiteren in Absatz 3 Satz 1 genannten Organisationen, dem Spitzenverband Bund der Krankenkassen sowie den für die Wahrnehmung der Interessen der Industrie maßgeblichen Bundesverbänden aus dem Bereich der Informationstechnologie im Gesundheitswesen regelmäßig aktualisiert und um Angaben erweitert wird, die von den klinischen Krebsregistern erhoben werden können, um sie den Zentren der Onkologie für deren Zertifizierung zur Verfügung zu stellen. ² Auf der Grundlage des einheitlichen onkologischen Basisdatensatzes nach Absatz 1 Satz 3 treffen die Krebsregister erstmals zum 31. Dezember 2021 im Benehmen mit der Kassenärztlichen Bundesvereinigung, der Deutschen Krankenhausgesellschaft und den für die Wahrnehmung der Interessen der Industrie maßgeblichen Bundesverbänden aus dem Bereich der Informationstechnologie im Gesundheitswesen die notwendigen Festlegungen zur technischen, semantischen, syntaktischen und organisatorischen Interoperabilität dieses Basisdatensatzes. ³ Der einheitliche onkologische Basisdatensatz und die Festlegungen nach Satz 2 haben grundsätzlich international anerkannten, offenen Standards zu entsprechen. ⁴ Abweichungen von den international anerkannten, offenen Standards sind zu begründen und transparent und nachvollziehbar zu veröffentlichen. ⁵ Die Festlegungen nach Satz 2 sind in das Interoperabilitätsverzeichnis nach § 384 aufzunehmen.

(2) ¹ Die Krankenkassen fördern den Betrieb klinischer Krebsregister nach Absatz 1 Satz 2, indem sie eine Pauschale nach Absatz 4 Satz 2, 3, 5, 6 und 9 zahlen. ² Der Spitzenverband Bund der Krankenkassen legt einheitliche Voraussetzungen für diese Förderung im Einvernehmen mit zwei von der Gesundheitsministerkonferenz der Länder zu bestimmenden Vertreterinnen oder Vertretern fest. ³ Er hat in den Fördervoraussetzungen insbesondere Folgendes festzulegen:

1. die sachgerechte Organisation und Ausstattung der klinischen Krebsregister,

2. die Nutzung eines einheitlichen Datenformates und entsprechender Schnittstellen zur Annahme, Verarbeitung und Weiterleitung der Daten; ab dem Jahr 2024 die Nutzung des einheitlichen Datenformates und entsprechender Schnittstellen nach Maßgabe der Festlegungen nach Absatz 1a Satz 2,

3. die Mindestanforderungen an den Grad der Erfassung und an die Vollständigkeit der verschiedenen Datenkategorien nach Absatz 1 Satz 2 Nummer 1 sowie über notwendige Verfahren zur Datenvalidierung,

4. ein einheitliches Verfahren zur Rückmeldung der Auswertungsergebnisse an die Leistungserbringer,
5. die notwendigen Verfahren zur Qualitätsverbesserung der Krebsbehandlung,
6. die erforderlichen Instrumente zur Unterstützung der interdisziplinären Zusammenarbeit nach Absatz 1 Satz 2 Nummer 4,
7. die Kriterien, Inhalte und Indikatoren für eine landesbezogene Auswertung, die eine länderübergreifende Vergleichbarkeit garantieren,
8. die Modalitäten für die Abrechnung der klinischen Krebsregister mit den Krankenkassen.

[4] Soweit ein Einvernehmen über die Fördervoraussetzungen nach Satz 2 nicht erzielt werden kann, können die Länder gemeinsam ihren Vorschlag oder kann der Spitzenverband Bund der Krankenkassen seinen Vorschlag zu den Fördervoraussetzungen dem Bundesministerium für Gesundheit vorlegen, das in diesem Fall die entsprechenden Fördervoraussetzungen festlegen kann.

(3) [1] Bei der Festlegung der Fördervoraussetzungen hat der Spitzenverband Bund der Krankenkassen folgende Organisationen und Personen zu beteiligen:
1. die Kassenärztlichen Bundesvereinigungen,
2. die Deutsche Krankenhausgesellschaft,
3. den Gemeinsamen Bundesausschuss,
4. die Deutsche Krebsgesellschaft,
5. die Deutsche Krebshilfe,
6. die Arbeitsgemeinschaft Deutscher Tumorzentren,
7. die Gesellschaft der epidemiologischen Krebsregister in Deutschland,
8. die Bundesärztekammer,
9. die Arbeitsgemeinschaft der Wissenschaftlichen Medizinischen Fachgesellschaften sowie
10. die für die Wahrnehmung der Interessen der Patientinnen und Patienten und der Selbsthilfe chronisch kranker und behinderter Menschen maßgeblichen Organisationen.

[2] Der Verband der Privaten Krankenversicherung ist an der Erarbeitung der Fördervoraussetzungen zu beteiligen, wenn die privaten Krankenversicherungsunternehmen den Betrieb der klinischen Krebsregister fördern, indem sie die Pauschale nach Absatz 4 Satz 2, 3, 5, 6 und 9 für Meldungen in Bezug auf privat krankenversicherte Personen zahlen. [3] Gleiches gilt für die Träger der Kosten in Krankheits-, Pflege- und Geburtsfällen nach beamtenrechtlichen Vorschriften, wenn sie für Meldungen in Bezug auf die nach diesen Vorschriften berechtigten Personen einen Teil der fallbezogenen Krebsregisterpauschale nach Absatz 4 Satz 2, 3, 5, 6 und 9 zahlen.

(4) [1] Auf Antrag eines klinischen Krebsregisters oder dessen Trägers stellen die Landesverbände der Krankenkassen und die Ersatzkassen gemeinsam und einheitlich mit Wirkung für ihre Mitgliedkassen fest, dass
1. das klinische Krebsregister die Fördervoraussetzungen nach Absatz 2 Satz 2 und 3 erfüllt und
2. in dem Land, in dem das klinische Krebsregister seinen Sitz hat, eine flächendeckende klinische Krebsregistrierung und eine Zusammenarbeit mit den epidemiologischen Krebsregistern gewährleistet sind.

²Weist ein klinisches Krebsregister auf Grund der Feststellungen nach Satz 1 nach, dass die Fördervoraussetzungen erfüllt sind, so zahlt die Krankenkasse an dieses Register oder dessen Träger einmalig für jede erstmals in diesem Register verarbeitete Meldung zur Neuerkrankung an einem Tumor nach Absatz 1 Satz 2 Nummer 1 eine fallbezogene Krebsregisterpauschale im Jahr 2021 in Höhe von 141,73 Euro. ³Ab dem Jahr 2023 wird bei einer Meldung von nicht-melanotischen Hautkrebsarten und ihrer Frühstadien die Pauschale nach Satz 2 nur gezahlt, wenn es sich um eine Meldung von prognostisch ungünstigen nicht-melanotischen Hautkrebsarten und ihrer Frühstadien handelt und die vollständige Erfassung dieser Hautkrebsarten durch die Krebsregister nach Landesrecht vorgesehen ist. ⁴Die Festlegung, welche Fälle der nicht-melanotischen Hautkrebsarten und ihrer Frühstadien als prognostisch ungünstig einzustufen sind, trifft der Spitzenverband Bund der Krankenkassen im Einvernehmen mit zwei Vertretern der klinischen Krebsregister sowie mit der Deutschen Krebsgesellschaft. ⁵In jedem Folgejahr erhöht sich die fallbezogene Krebsregisterpauschale nach Satz 2 jährlich entsprechend der prozentualen Veränderung der monatlichen Bezugsgröße nach § 18 Absatz 1 des Vierten Buches. ⁶Auf Antrag der Landesverbände der Krankenkassen und Ersatzkassen oder des Landes haben die Landesverbände der Krankenkassen und die Ersatzkassen gemeinsam und einheitlich mit Wirkung für ihre Mitgliedskassen eine von Satz 5 oder Satz 9 abweichende Höhe der fallbezogenen Krebsregisterpauschale mit dem Land zu vereinbaren, wenn dies auf Grund regionaler Besonderheiten erforderlich ist, um eine Förderung der erforderlichen Betriebskosten in Höhe von 90 Prozent zu gewährleisten. ⁷Zum Zweck der Prüfung der Höhe der fallbezogenen Krebsregisterpauschale nach Satz 6 übermitteln die betroffenen Krebsregister auf Anforderung anonymisierte Angaben, die zur Ermittlung der Betriebskosten und der Fallzahlen erforderlich sind, an die Landesverbände der Krankenkassen und die Ersatzkassen sowie im Falle des Absatzes 3 Satz 2 an den jeweiligen Landesausschuss des Verbandes der Privaten Krankenversicherung. ⁸Im Falle des Absatzes 3 Satz 2 tritt der jeweilige Landesausschuss des Verbandes der Privaten Krankenversicherung bei der Vereinbarung nach Satz 6 an die Seite der Landesverbände der Krankenkassen und der Ersatzkassen. ⁹Der Spitzenverband Bund der Krankenkassen passt die Pauschale nach Satz 5 an, wenn die Anpassung erforderlich ist, um 90 Prozent der durchschnittlichen Betriebskosten der nach Absatz 2 Satz 1 geförderten klinischen Krebsregister abzudecken. ¹⁰Die Überprüfung der Pauschale nach Satz 9 erfolgt nach Ablauf des Jahres 2021 und danach alle fünf Jahre. ¹¹Der Spitzenverband Bund der Krankenkassen legt die Höhe der Pauschale nach Satz 9 im Einvernehmen mit zwei von der Gesundheitsministerkonferenz der Länder zu bestimmenden Vertreterinnen oder Vertretern fest. ¹²Sofern ein Einvernehmen über die Höhe der Pauschale nach Satz 9 nicht erzielt wird, legt das Bundesministerium für Gesundheit auf Vorschlag des Spitzenverbandes Bund der Krankenkassen oder der Länder die Höhe der Pauschale fest. ¹³Zum Zweck der Überprüfung der Höhe der fallbezogenen Krebsregisterpauschale nach Satz 9 übermitteln die Krebsregister auf Anforderung bis spätestens zum 31. Juli des Folgejahres des jeweiligen Bezugsjahres der Prüfung anonymisierte Angaben, die zur Ermittlung der Betriebskosten und der Fallzahlen erforderlich sind, an den Spitzenverband Bund der Krankenkassen sowie im Falle des Absatzes 3 Satz 2 an den Verband der Privaten Krankenversicherung.

28 SGB V § 65c

(5) ¹Mit Ablauf des Jahres 2020 haben die klinischen Krebsregister die Fördervoraussetzungen nach Absatz 2 Satz 2 und 3 zu erfüllen. ²Nachdem die Landesverbände der Krankenkassen und die Ersatzkassen die Erfüllung der Fördervoraussetzungen nach Absatz 2 Satz 2 und 3 erstmals nach Absatz 4 Satz 1 Nummer 1 festgestellt haben, teilt das klinische Krebsregister den Landesverbänden der Krankenkassen und den Ersatzkassen jährlich jeweils zum 31. Dezember schriftlich oder elektronisch mit, ob es die Fördervoraussetzungen weiter erfüllt. ³Kann das klinische Krebsregister einzelne Fördervoraussetzungen vorübergehend nicht erfüllen, unterrichtet es die Landesverbände der Krankenkassen und Ersatzkassen unverzüglich und weist die Erfüllung dieser Fördervoraussetzungen innerhalb eines Jahres nach der Unterrichtung nach. ⁴Die Landesverbände der Krankenkassen und die Ersatzkassen können eine Prüfung durchführen, ob ein klinisches Krebsregister die Fördervoraussetzungen nach Absatz 2 Satz 2 und 3 erfüllt, insbesondere, wenn das klinische Krebsregister seinen Mitteilungspflichten nach den Sätzen 2 und 3 nicht nachkommt. ⁵Das klinische Krebsregister ist verpflichtet, sich durch Erbringung der erforderlichen Nachweise an dieser Prüfung zu beteiligen. ⁶Ergibt die Prüfung nach Satz 4, dass das klinische Krebsregister einzelne Fördervoraussetzungen vorübergehend nicht erfüllt, wird das klinische Krebsregister von den Landesverbänden der Krankenkassen und der Ersatzkassen hiervon unterrichtet. ⁷Das klinische Krebsregister hat die Erfüllung dieser Fördervoraussetzungen innerhalb eines Jahres nach der Unterrichtung nach Satz 6 nachzuweisen. ⁸Im Fall von Satz 2, Satz 3 oder den Sätzen 6 und 7 zahlt die Krankenkasse die Pauschale nach Absatz 4 Satz 2, 3, 5, 6 und 9 weiter. ⁹Im Fall des Absatzes 3 Satz 2 informieren die Landesverbände der Krankenkassen und Ersatzkassen den jeweiligen Landesausschuss des Verbands der Privaten Krankenversicherung über die klinischen Krebsregister, die nach Satz 3 oder Satz 6 einzelne Fördervoraussetzungen vorübergehend nicht erfüllen. ¹⁰Werden die Fördervoraussetzungen durch das jeweilige klinische Krebsregister auch ein Jahr nach der Unterrichtung nach Satz 3 oder Satz 6 nicht vollständig erfüllt, entfällt die Förderung.

(5a) ¹Erfüllt ein Krebsregister mit Ablauf des Jahres 2020 die Fördervoraussetzungen nach Absatz 2 Satz 2 und 3 nicht, zahlt die Krankenkasse für die Jahre 2021, 2022 und 2023 an dieses Krebsregister folgenden Anteil der Pauschale nach Absatz 4 Satz 2, 3, 5, 6 und 9:

1. 85 Prozent der Pauschale, wenn nach Absatz 4 Satz 1 Nummer 1 festgestellt wird, dass das Krebsregister mindestens 95 Prozent der Fördervoraussetzungen nach Absatz 2 Satz 2 und 3 erfüllt und

2. 70 Prozent der Pauschale, wenn nach Absatz 4 Satz 1 Nummer 1 festgestellt wird, dass das Krebsregister mindestens 85 Prozent der Fördervoraussetzungen nach Absatz 2 Satz 2 und 3 erfüllt.

²Abweichend von Absatz 5 Satz 10 gilt Satz 1 entsprechend, wenn ein Krebsregister ein Jahr nach einer Unterrichtung nach Absatz 5 Satz 3 oder Satz 6 in den Jahren 2022 und 2023 mindestens 95 Prozent oder 85 Prozent der Fördervoraussetzungen nach Absatz 2 Satz 2 und 3 erfüllt.

(6) ¹Für jede landesrechtlich vorgesehene Meldung der zu übermittelnden klinischen Daten an ein klinisches Krebsregister nach Absatz 1, ist den Leistungserbringern vom jeweiligen klinischen Krebsregister eine Meldevergütung zu zahlen, wenn die zu übermittelnden Daten vollständig gemeldet wurden.

² Satz 1 gilt auch für Meldungen, die prognostisch ungünstige nicht-melanotische Hautkrebsarten und ihre Frühstadien betreffen. ³ Die Krankenkasse des gemeldeten Versicherten hat dem klinischen Krebsregister die nach Satz 1 entstandenen Kosten zu erstatten. ⁴ Die Höhe der einzelnen Meldevergütungen vereinbart der Spitzenverband Bund der Krankenkassen mit der Deutschen Krankenhausgesellschaft und den Kassenärztlichen Bundesvereinigungen. ⁵ Die Vereinbarungspartner nach Satz 4 überprüfen in regelmäßigen Abständen die Angemessenheit der Höhe der einzelnen Meldevergütungen und passen diese an, wenn sie nicht mehr angemessen sind. ⁶ Wenn die privaten Krankenversicherungsunternehmen den klinischen Krebsregistern die Kosten für Vergütungen von Meldungen von Daten privat krankenversicherter Personen erstatten, tritt der Verband der Privaten Krankenversicherung bei der Vereinbarung nach Satz 4 an die Seite des Spitzenverbandes Bund der Krankenkassen. ⁷ Gleiches gilt für die Träger der Kosten in Krankheits-, Pflege- und Geburtsfällen nach beamtenrechtlichen Vorschriften, wenn sie den klinischen Krebsregistern einen Teil der Kosten für Vergütungen von Meldungen von Daten der nach diesen Vorschriften berechtigten Personen erstatten. ⁸ Wird eine Vereinbarung nach Satz 4 ganz oder teilweise beendet und kommt bis zum Ablauf der Vereinbarungszeit keine neue Vereinbarung zustande, entscheidet das sektorenübergreifende Schiedsgremium auf Bundesebene gemäß § 89a.

(7) ¹ Klinische Krebsregister und Auswertungsstellen der klinischen Krebsregistrierung auf Landesebene arbeiten mit dem Gemeinsamen Bundesausschuss bei der Qualitätssicherung der onkologischen Versorgung zusammen. ² Der Gemeinsame Bundesausschuss lässt notwendige bundesweite Auswertungen der klinischen Krebsregisterdaten durchführen. ³ Hierfür übermitteln die Auswertungsstellen der klinischen Krebsregistrierung auf Landesebene dem Gemeinsamen Bundesausschuss oder dem nach Satz 4 benannten Empfänger auf Anforderung die erforderlichen Daten in anonymisierter Form. ⁴ Der Gemeinsame Bundesausschuss bestimmt durch Beschluss die von den Auswertungsstellen der klinischen Krebsregistrierung auf Landesebene zu übermittelnden Daten, den Empfänger dieser Daten sowie Inhalte und Kriterien für Auswertungen nach Satz 2; § 92 Absatz 7e gilt entsprechend. ⁵ Bei der Erarbeitung und Festlegung von Kriterien und Inhalten der bundesweiten Auswertungen nach Satz 2 ist der Deutschen Krebsgesellschaft, der Deutschen Krebshilfe und der Arbeitsgemeinschaft Deutscher Tumorzentren Gelegenheit zum Einbringen von Vorschlägen zu geben.

(8) ¹ Bei Maßnahmen der einrichtungs- und sektorenübergreifenden Qualitätssicherung nach § 135a Absatz 2 Nummer 1 in Verbindung mit § 136 Absatz 1 Satz 1 Nummer 1 in der onkologischen Versorgung soll der Gemeinsame Bundesausschuss die klinischen Krebsregister unter Einhaltung der Vorgaben des § 299 bei der Aufgabenerfüllung einbeziehen. ² Soweit den klinischen Krebsregistern Aufgaben nach Satz 1 übertragen werden, sind sie an Richtlinien nach § 92 Absatz 1 Nummer 13 gebunden.

(9) ¹ Der Gemeinsame Bundesausschuss gleicht regelmäßig die Dokumentationsanforderungen, die für die Zulassung von strukturierten Behandlungsprogrammen für Brustkrebs nach § 137f Absatz 2 Satz 2 Nummer 5 geregelt sind, an den einheitlichen onkologischen Basisdatensatz der Arbeitsgemeinschaft Deutscher Tumorzentren und der Gesellschaft der epidemiologischen Krebsregister in Deutschland zur Basisdokumentation für Tumorkranke und ihn ergänzende Module an. ² Leistungserbringer, die an einem nach § 137g Absatz 1

zugelassenen, strukturierten Behandlungsprogramm für Brustkrebs in koordinierender Funktion teilnehmen, können die in dem Programm für die Annahme der Dokumentationsdaten nach § 137f Absatz 2 Satz 2 Nummer 5 zuständige Stelle mit der Meldung der entsprechenden Daten an das klinische Krebsregister beauftragen, wenn die Versicherte nach umfassender Information hierin schriftlich oder elektronisch eingewilligt hat. ³Macht der Leistungserbringer von der Möglichkeit nach Satz 2 Gebrauch, erhält er insoweit keine Meldevergütungen nach Absatz 6.

(10) ¹Der Spitzenverband Bund der Krankenkassen und die für die klinischen Krebsregister zuständigen obersten Landesbehörden veranlassen im Benehmen mit dem Bundesministerium für Gesundheit eine wissenschaftliche Evaluation zur Umsetzung der klinischen Krebsregistrierung. ²Im Rahmen der Evaluation sind insbesondere folgende Aspekte zu untersuchen:

1. der Beitrag der klinischen Krebsregister zur Sicherung der Qualität und Weiterentwicklung der onkologischen Versorgung, die Zusammenarbeit mit den zertifizierten Zentren und weiteren Leistungserbringern in der Onkologie sowie ihr Beitrag zur Verbesserung des Zusammenwirkens von Versorgung und Forschung,
2. der Stand der Vereinheitlichung der klinischen Krebsregistrierung und
3. die Eignung der nach Absatz 2 Satz 2 und 3 festgelegten Fördervoraussetzungen für die Feststellung der Funktionsfähigkeit der klinischen Krebsregister.

³Ein Bericht über die Ergebnisse der Evaluation ist bis zum 30. Juni 2026 zu veröffentlichen. ⁴Die Kosten der wissenschaftlichen Evaluation tragen je zur Hälfte die Länder gemeinsam und der Spitzenverband Bund der Krankenkassen.

§ 67 Elektronische Kommunikation. (1) Zur Verbesserung der Qualität und Wirtschaftlichkeit der Versorgung soll die Kommunikation sowie der Daten- und Informationsfluss unter den Leistungserbringern, zwischen den Krankenkassen und Leistungserbringern sowie im Verhältnis von Krankenkassen und Leistungserbringern zu den Versicherten durch vernetzte digitale Anwendungen und Dienste ausgebaut werden, insbesondere zur

1. elektronischen und maschinell verwertbaren Übermittlung von Befunden, Diagnosen, Therapieempfehlungen, Behandlungsberichten und Unterlagen in Genehmigungsverfahren,
2. Förderung der aktiven und informierten Mitwirkung der Versicherten am Behandlungs- und Rehabilitationsprozess sowie
3. Unterstützung der Versicherten bei einer gesundheitsbewussten Lebensführung.

(2) Die Krankenkassen und Leistungserbringer sowie ihre Verbände sollen den Übergang zur elektronischen Kommunikation nach Absatz 1 finanziell unterstützen.

(3) ¹Krankenkassen und ihre Verbände dürfen im Rahmen von Pilotprojekten für die Dauer von bis zu zwei Jahren, längstens bis zu dem in Satz 4 genannten Zeitpunkt, Verfahren zur elektronischen Übermittlung von Verordnungen und zur Abrechnung von Leistungen nach § 33a erproben, bei denen eine Übermittlung von Verordnungen in Textform erfolgt. ²Die Pilotvorhaben

müssen den Anforderungen der Richtlinie nach § 217f Absatz 4b entsprechen.
³ Im Rahmen der Verfahren nach Satz 1 darf nicht in die ärztliche Therapiefreiheit eingegriffen oder die Wahlfreiheit der Versicherten beschränkt werden.
⁴ Für die elektronische Übermittlung von Verordnungen von Leistungen nach § 33a sind ausschließlich geeignete Dienste der Telematikinfrastruktur zu verwenden, sobald diese zur Verfügung stehen.

Viertes Kapitel. Beziehungen der Krankenkassen zu den Leistungserbringern

Zweiter Abschnitt. Beziehungen zu Ärzten, Zahnärzten und Psychotherapeuten

Erster Titel. Sicherstellung der vertragsärztlichen und vertragszahnärztlichen Versorgung

§ 73 Kassenärztliche Versorgung, Verordnungsermächtigung.

(1) ¹ Die vertragsärztliche Versorgung gliedert sich in die hausärztliche und die fachärztliche Versorgung. ² Die hausärztliche Versorgung beinhaltet insbesondere

1. die allgemeine und fortgesetzte ärztliche Betreuung eines Patienten in Diagnostik und Therapie bei Kenntnis seines häuslichen und familiären Umfeldes; Behandlungsmethoden, Arznei- und Heilmittel der besonderen Therapierichtungen sind nicht ausgeschlossen,
2. die Koordination diagnostischer, therapeutischer und pflegerischer Maßnahmen einschließlich der Vermittlung eines aus medizinischen Gründen dringend erforderlichen Behandlungstermins bei einem an der fachärztlichen Versorgung teilnehmenden Leistungserbringer,
3. die Dokumentation, insbesondere Zusammenführung, Bewertung und Aufbewahrung der wesentlichen Behandlungsdaten, Befunde und Berichte aus der ambulanten und stationären Versorgung,
4. die Einleitung oder Durchführung präventiver und rehabilitativer Maßnahmen sowie die Integration nichtärztlicher Hilfen und flankierender Dienste in die Behandlungsmaßnahmen.

(1a) ¹ An der hausärztlichen Versorgung nehmen

1. Allgemeinärzte,
2. Kinder- und Jugendärzte,
3. Internisten ohne Schwerpunktbezeichnung, die die Teilnahme an der hausärztlichen Versorgung gewählt haben,
4. Ärzte, die nach § 95a Abs. 4 und 5 Satz 1 in das Arztregister eingetragen sind und
5. Ärzte, die am 31. Dezember 2000 an der hausärztlichen Versorgung teilgenommen haben,

teil (Hausärzte). ² Die übrigen Fachärzte nehmen an der fachärztlichen Versorgung teil. ³ Der Zulassungsausschuss kann für Kinder- und Jugendärzte und Internisten ohne Schwerpunktbezeichnung eine von Satz 1 abweichende befristete Regelung treffen, wenn eine bedarfsgerechte Versorgung nicht gewährleistet ist. ⁴ Hat der Landesausschuss der Ärzte und Krankenkassen für die Arztgruppe der Hausärzte, der Kinder- und Jugendärzte oder der Fachinternisten eine Feststellung nach § 100 Absatz 1 Satz 1 getroffen, fasst der Zulassungsausschuss innerhalb von sechs Monaten den Beschluss, ob eine Regelung nach Satz 3 getroffen wird. ⁵Kinder- und Jugendärzte mit Schwerpunktbezeichnung können auch an der fachärztlichen Versorgung teilnehmen. ⁶Der Zulassungsausschuss kann Allgemeinärzten und Ärzten ohne Gebietsbezeichnung, die im Wesentlichen spezielle Leistungen erbringen, auf deren Antrag die Genehmigung zur ausschließlichen Teilnahme an der fachärztlichen Versorgung erteilen.

(1b) ¹Die einen Versicherten behandelnden Leistungserbringer sind verpflichtet, den Versicherten nach dem von ihm gewählten Hausarzt zu fragen; sie sind verpflichtet, die den Versicherten betreffenden Behandlungsdaten und Befunde mit dessen Zustimmung zum Zwecke der bei dem Hausarzt durchzuführenden Dokumentation und der weiteren Behandlung zu übermitteln. ²Der Hausarzt ist mit Zustimmung des Versicherten verpflichtet, die für die Behandlung erforderlichen Daten und Befunde an die den Versicherten behandelnden Leistungserbringer zu übermitteln. ³Bei einem Hausarztwechsel ist der bisherige Hausarzt mit Zustimmung des Versicherten verpflichtet, dem neuen Hausarzt die bei ihm über den Versicherten gespeicherten Unterlagen vollständig zu übermitteln.

(1c) *(aufgehoben)*

(2) ¹Die vertragsärztliche Versorgung umfaßt die

1. ärztliche Behandlung,
2. zahnärztliche Behandlung und kieferorthopädische Behandlung nach Maßgabe des § 28 Abs. 2,
2a. Versorgung mit Zahnersatz einschließlich Zahnkronen und Suprakonstruktionen, soweit sie § 56 Abs. 2 entspricht,
3. Maßnahmen zur Früherkennung von Krankheiten,
4. ärztliche Betreuung bei Schwangerschaft und Mutterschaft,
5. Verordnung von Leistungen zur medizinischen Rehabilitation,
6. Anordnung der Hilfeleistung anderer Personen,
7. Verordnung von Arznei-, Verband-, Heil- und Hilfsmitteln, Krankentransporten sowie Krankenhausbehandlung oder Behandlung in Vorsorge- oder Rehabilitationseinrichtungen,
7a. Verordnung von digitalen Gesundheitsanwendungen,
8. Verordnung häuslicher Krankenpflege und außerklinischer Intensivpflege,
9. Ausstellung von Bescheinigungen und Erstellung von Berichten, die die Krankenkassen oder der Medizinische Dienst (§ 275) zur Durchführung ihrer gesetzlichen Aufgaben oder die die Versicherten für den Anspruch auf Fortzahlung des Arbeitsentgelts benötigen; die Bescheinigung über eine Arbeitsunfähigkeit ist auch auszustellen, wenn die Arbeitsunfähigkeitsdaten nach § 295 Absatz 1 Satz 1 Nummer 1 übermittelt werden,
10. medizinische Maßnahmen zur Herbeiführung einer Schwangerschaft nach § 27a Abs. 1,
11. ärztlichen Maßnahmen nach den §§ 24a und 24b,
12. Verordnung von Soziotherapie,
13. Zweitmeinung nach § 27b,
14. Verordnung von spezialisierter ambulanter Palliativversorgung nach § 37b.

² Satz 1 Nummer 2 bis 4, 6, 10, 11 und 14 gilt nicht für Psychotherapeuten; Satz 1 Nummer 9 gilt nicht für Psychotherapeuten, soweit sich diese Regelung auf die Feststellung und die Bescheinigung von Arbeitsunfähigkeit bezieht. ³ Satz 1 Nummer 5 gilt für Psychotherapeuten in Bezug auf die Verordnung von Leistungen zur psychotherapeutischen Rehabilitation. ⁴ Satz 1 Nummer 7 gilt für Psychotherapeuten in Bezug auf die Verordnung von Ergotherapie, Krankentransporten sowie Krankenhausbehandlung. ⁵ Satz 1 Nummer 8 gilt für Psychotherapeuten in Bezug auf die Verordnung von Leistungen der psychiatrischen häuslichen Krankenpflege. ⁶ Das Nähere zu den Verordnungen durch Psychotherapeuten bestimmt der Gemeinsame Bundesausschuss in seinen Richtlinien nach § 92 Absatz 1 Satz 2 Nummer 6, 8 und 12.

(3) In den Gesamtverträgen ist zu vereinbaren, inwieweit Maßnahmen zur Vorsorge und Rehabilitation, soweit sie nicht zur kassenärztlichen Versorgung nach Absatz 2 gehören, Gegenstand der kassenärztlichen Versorgung sind.

(4) ¹ Krankenhausbehandlung darf nur verordnet werden, wenn eine ambulante Versorgung des Versicherten zur Erzielung des Heil- oder Linderungserfolgs nicht ausreicht. ² Die Notwendigkeit der Krankenhausbehandlung ist bei der Verordnung zu begründen. ³ In der Verordnung von Krankenhausbehandlung sind in den geeigneten Fällen auch die beiden nächsterreichbaren, für die vorgesehene Krankenhausbehandlung geeigneten Krankenhäuser anzugeben. ⁴ Das Verzeichnis nach § 39 Abs. 3 ist zu berücksichtigen.

(5) ¹ Der an der kassenärztlichen Versorgung teilnehmende Arzt und die ermächtigte Einrichtung sollen bei der Verordnung von Arzneimitteln die Preisvergleichsliste nach § 92 Abs. 2 beachten. ² Sie können auf dem Verordnungsblatt oder in dem elektronischen Verordnungsdatensatz ausschließen, dass die Apotheken ein preisgünstigeres wirkstoffgleiches Arzneimittel anstelle des verordneten Mittels abgeben. ³ Verordnet der Arzt ein Arzneimittel, dessen Preis den Festbetrag nach § 35 überschreitet, hat der Arzt den Versicherten über die sich aus seiner Verordnung ergebende Pflicht zur Übernahme der Mehrkosten hinzuweisen.

(6) Zur kassenärztlichen Versorgung gehören Maßnahmen zur Früherkennung von Krankheiten nicht, wenn sie im Rahmen der Krankenhausbehandlung oder der stationären Entbindung durchgeführt werden, es sei denn, die ärztlichen Leistungen werden von einem Belegarzt erbracht.

(7) ¹ Es ist Vertragsärzten nicht gestattet, für die Zuweisung von Versicherten oder für die Vergabe und Dokumentation von Diagnosen ein Entgelt oder sonstige wirtschaftliche Vorteile sich versprechen oder sich gewähren zu lassen oder selbst zu versprechen oder zu gewähren. ² § 128 Absatz 2 Satz 3 gilt entsprechend.

(8) ¹ Zur Sicherung der wirtschaftlichen Verordnungsweise haben die Kassenärztlichen Vereinigungen und die Kassenärztlichen Bundesvereinigungen sowie die Krankenkassen und ihre Verbände die Vertragsärzte auch vergleichend über preisgünstige verordnungsfähige Leistungen und Bezugsquellen, einschließlich der jeweiligen Preise und Entgelte zu informieren sowie nach dem allgemeinen anerkannten Stand der medizinischen Erkenntnisse Hinweise zu Indikation und therapeutischen Nutzen zu geben. ² Die Informationen und Hinweise für die Verordnung von Arznei-, Verband- und Heilmitteln erfolgen insbesondere auf der Grundlage der Hinweise nach § 92 Abs. 2 Satz 3, der Rahmenvorgaben nach § 84 Abs. 7 Satz 1 und der getroffenen Arzneimittelver-

einbarungen nach § 84 Abs. 1. ³ In den Informationen und Hinweisen sind Handelsbezeichnung, Indikationen und Preise sowie weitere für die Verordnung von Arzneimitteln bedeutsame Angaben insbesondere auf Grund der Richtlinien nach § 92 Abs. 1 Satz 2 Nr. 6 in einer Weise anzugeben, die unmittelbar einen Vergleich ermöglichen; dafür können Arzneimittel ausgewählt werden, die einen maßgeblichen Anteil an der Versorgung der Versicherten im Indikationsgebiet haben. ⁴ Die Kosten der Arzneimittel je Tagesdosis sind nach den Angaben der anatomisch-therapeutisch-chemischen Klassifikation anzugeben. ⁵ Es gilt die vom Bundesinstitut für Arzneimittel und Medizinprodukte im Auftrage des Bundesministeriums für Gesundheit herausgegebene Klassifikation in der jeweils gültigen Fassung. ⁶ Die Übersicht ist für einen Stichtag zu erstellen und in geeigneten Zeitabständen, im Regelfall jährlich, zu aktualisieren.

(9) ¹ Vertragsärzte dürfen für die Verordnung von Arzneimitteln, von Verbandmitteln, von digitalen Gesundheitsanwendungen und von Produkten, die gemäß den Richtlinien nach § 92 Absatz 1 Satz 2 Nummer 6 zu Lasten der gesetzlichen Krankenversicherung verordnet werden können, nur solche elektronischen Programme nutzen, die mindestens folgende Inhalte mit dem jeweils aktuellen Stand enthalten:

1. die Informationen nach Absatz 8 Satz 2 und 3,

2. die Informationen über das Vorliegen von Rabattverträgen nach § 130a Absatz 8,

3. die Informationen nach § 131 Absatz 4 Satz 2,

4. die zur Erstellung und Aktualisierung des Medikationsplans nach § 31a und des elektronischen Medikationsplans nach § 334 Absatz 1 Satz 2 Nummer 4 notwendigen Funktionen und Informationen,

5. die Informationen nach § 35a Absatz 3a Satz 1 und

6. ab dem 1. Juli 2023 das Schulungsmaterial nach § 34 Absatz 1f Satz 2 des Arzneimittelgesetzes und die Informationen nach § 34 Absatz 1h Satz 3 des Arzneimittelgesetzes, auch in Verbindung mit § 39 Absatz 2e des Arzneimittelgesetzes oder § 39d Absatz 6 des Arzneimittelgesetzes

und die von der Kassenärztlichen Bundesvereinigung für die vertragsärztliche Versorgung zugelassen sind. ² Das Bundesministerium für Gesundheit wird ermächtigt, durch Rechtsverordnung ohne Zustimmung des Bundesrates das Nähere insbesondere zu den Mindestanforderungen der Informationen nach Satz 1 Nummer 5 zu regeln. ³ Es kann in der Rechtsverordnung auch das Nähere zu den weiteren Anforderungen nach Satz 1 regeln. ⁴ Es kann dabei Vorgaben zur Abbildung der für die vertragsärztliche Versorgung geltenden Regelungen zur Zweckmäßigkeit und Wirtschaftlichkeit der Verordnung von Arzneimitteln im Vergleich zu anderen Therapiemöglichkeiten machen. ⁵ Es kann auch Vorgaben zu semantischen und technischen Voraussetzungen zur Interoperabilität machen. ⁶ Weitere Einzelheiten sind in den Verträgen nach § 82 Absatz 1 zu vereinbaren. ⁷ Die Vereinbarungen in den Verträgen nach § 82 Absatz 1 sind innerhalb von drei Monaten nach dem erstmaligen Inkrafttreten der Rechtsverordnung nach den Sätzen 2 bis 4 sowie nach dem jeweiligen Inkrafttreten einer Änderung der Rechtsverordnung anzupassen. ⁸ Sie sind davon unabhängig in regelmäßigen Abständen zu überprüfen und bei Bedarf anzupassen. ⁹ Auf die Verordnung von digitalen Gesundheitsanwendungen nach § 33a findet Satz 1 vor dem 1. Januar 2023 keine Anwendung.

(10) ¹Für die Verordnung von Heilmitteln dürfen Vertragsärzte ab dem 1. Januar 2017 nur solche elektronischen Programme nutzen, die die Informationen der Richtlinien nach § 92 Absatz 1 Satz 2 Nummer 6 in Verbindung mit § 92 Absatz 6 und über besondere Verordnungsbedarfe nach § 106b Absatz 2 Satz 4 sowie die sich aus den Verträgen nach § 125a ergebenden Besonderheiten enthalten und die von der Kassenärztlichen Bundesvereinigung für die vertragsärztliche Versorgung zugelassen sind. ²Das Nähere ist in den Verträgen nach § 82 Absatz 1 zu vereinbaren.

(11) ¹Stellt ein Vertragsarzt bei einem Versicherten eine Diagnose nach § 125a und die Indikation für ein Heilmittel, sind Auswahl und Dauer der Therapie sowie die Frequenz der Behandlungseinheiten vom Heilmittelerbringer festzulegen. ²In medizinisch begründeten Fällen kann der Vertragsarzt auch bei Vorliegen einer Diagnose nach § 125a selbst über die Auswahl und Dauer der Therapie sowie die Frequenz der Behandlungseinheiten entscheiden. ³Die Vertragsärzte sollen zum Beginn des auf den rechtskräftigen Abschluss des Vertrages nach § 125a folgenden Quartals, frühestens jedoch nach sechs Wochen, nach den Regelungen dieses Absatzes verordnen.

§ 75b Richtlinie zur IT-Sicherheit in der vertragsärztlichen und vertragszahnärztlichen Versorgung. (1) ¹Die Kassenärztlichen Bundesvereinigungen legen bis zum 30. Juni 2020 in einer Richtlinie die Anforderungen zur Gewährleistung der IT-Sicherheit in der vertragsärztlichen und vertragszahnärztlichen Versorgung fest. ²Die Richtlinie umfasst auch Anforderungen an die sichere Installation und Wartung von Komponenten und Diensten der Telematikinfrastruktur, die in der vertragsärztlichen und vertragszahnärztlichen Versorgung genutzt werden.

(2) Die in der Richtlinie festzulegenden Anforderungen müssen geeignet sein, abgestuft im Verhältnis zum Gefährdungspotential und dem Schutzbedarf der verarbeiteten Informationen, Störungen der informationstechnischen Systeme, Komponenten oder Prozesse der vertragsärztlichen Leistungserbringer in Bezug auf Verfügbarkeit, Integrität und Vertraulichkeit sowie der weiteren Sicherheitsziele zu vermeiden.

(3) ¹Die in der Richtlinie festzulegenden Anforderungen müssen dem Stand der Technik entsprechen und sind jährlich an den Stand der Technik und an das Gefährdungspotential anzupassen. ²Die in der Richtlinie festzulegenden Anforderungen sowie deren Anpassungen erfolgen im Einvernehmen mit dem Bundesamt für Sicherheit in der Informationstechnik sowie im Benehmen mit dem oder der Bundesbeauftragten für den Datenschutz und die Informationsfreiheit, der Bundesärztekammer, der Bundeszahnärztekammer, der Deutschen Krankenhausgesellschaft und den für die Wahrnehmung der Interessen der Industrie maßgeblichen Bundesverbänden aus dem Bereich der Informationstechnologie im Gesundheitswesen. ³Die Anforderungen nach Absatz 1 Satz 2 legen die Kassenärztlichen Bundesvereinigungen zusätzlich im Benehmen mit der Gesellschaft für Telematik fest.

(4) ¹Die Richtlinie ist für die an der vertragsärztlichen und vertragszahnärztlichen Versorgung teilnehmenden Leistungserbringer verbindlich. ²Die Richtlinie ist nicht anzuwenden für die vertragsärztliche und vertragszahnärztliche Versorgung im Krankenhaus, soweit dort bereits angemessene Vorkehrungen getroffen werden. ³Angemessene Vorkehrungen im Sinne von Satz 2 gelten als getroffen, wenn die organisatorischen und technischen Vorkehrungen nach

§ 8a Absatz 1 des BSI-Gesetzes oder entsprechende branchenspezifische Sicherheitsstandards umgesetzt wurden.

(5) ¹Die Kassenärztlichen Bundesvereinigungen müssen ab dem 30. Juni 2020 die Mitarbeiterinnen und Mitarbeiter der Anbieter im Einvernehmen mit dem Bundesamt für Sicherheit in der Informationstechnik auf deren Antrag zertifizieren, wenn diese Personen über die notwendige Eignung verfügen, um die an der vertragsärztlichen und vertragszahnärztlichen Versorgung teilnehmenden Leistungserbringer bei der Umsetzung der Richtlinie sowie deren Anpassungen zu unterstützen. ²Die Vorgaben für die Zertifizierung werden von den Kassenärztlichen Bundesvereinigungen im Einvernehmen mit dem Bundesamt für Sicherheit in der Informationstechnik sowie im Benehmen mit den für die Wahrnehmung der Interessen der Industrie maßgeblichen Bundesverbänden aus dem Bereich der Informationstechnologie im Gesundheitswesen bis zum 31. März 2020 erstellt. ³In Bezug auf die Anforderungen nach Absatz 1 Satz 2 legen die Kassenärztlichen Bundesvereinigungen die Vorgaben für die Zertifizierung der Mitarbeiterinnen und Mitarbeiter der Anbieter nach Satz 1 im Benehmen mit der Gesellschaft für Telematik fest.

§ 75c IT-Sicherheit in Krankenhäusern. (1) ¹Ab dem 1. Januar 2022 sind Krankenhäuser verpflichtet, nach dem Stand der Technik angemessene organisatorische und technische Vorkehrungen zur Vermeidung von Störungen der Verfügbarkeit, Integrität und Vertraulichkeit sowie der weiteren Sicherheitsziele ihrer informationstechnischen Systeme, Komponenten oder Prozesse zu treffen, die für die Funktionsfähigkeit des jeweiligen Krankenhauses und die Sicherheit der verarbeiteten Patienteninformationen maßgeblich sind. ²Organisatorische und technische Vorkehrungen sind angemessen, wenn der dafür erforderliche Aufwand nicht außer Verhältnis zu den Folgen eines Ausfalls oder einer Beeinträchtigung des Krankenhauses oder der Sicherheit der verarbeiteten Patienteninformationen steht. ³Die informationstechnischen Systeme sind spätestens alle zwei Jahre an den aktuellen Stand der Technik anzupassen.

(2) Die Krankenhäuser können die Verpflichtungen nach Absatz 1 insbesondere erfüllen, indem sie einen branchenspezifischen Sicherheitsstandard für die informationstechnische Sicherheit der Gesundheitsversorgung im Krankenhaus in der jeweils gültigen Fassung anwenden, dessen Eignung vom Bundesamt für Sicherheit in der Informationstechnik nach § 8a Absatz 2 des BSI-Gesetzes festgestellt wurde.

(3) Die Verpflichtung nach Absatz 1 gilt für alle Krankenhäuser, soweit sie nicht ohnehin als Betreiber Kritischer Infrastrukturen gemäß § 8a des BSI-Gesetzes angemessene technische Vorkehrungen zu treffen haben.

Zweiter Titel. Kassenärztliche und Kassenzahnärztliche Vereinigungen

§ 77a Dienstleistungsgesellschaften. (1) Die Kassenärztlichen Vereinigungen und die Kassenärztlichen Bundesvereinigungen können zur Erfüllung der in Absatz 2 aufgeführten Aufgaben Gesellschaften gründen.

(2) Gesellschaften nach Absatz 1 können gegenüber vertragsärztlichen Leistungserbringern folgende Aufgaben erfüllen:
1. Beratung beim Abschluss von Verträgen, die die Versorgung von Versicherten mit Leistungen der gesetzlichen Krankenversicherung betreffen,

2. Beratung in Fragen der Datenverarbeitung, der Datensicherung und des Datenschutzes,
3. Beratung in allgemeinen wirtschaftlichen Fragen, die die Vertragsarzttätigkeit betreffen,
4. Vertragsabwicklung für Vertragspartner von Verträgen, die die Versorgung von Versicherten mit Leistungen der gesetzlichen Krankenversicherung betreffen,
5. Übernahme von Verwaltungsaufgaben für Praxisnetze.

(3) [1] Gesellschaften nach Absatz 1 dürfen nur gegen Kostenersatz tätig werden. [2] Eine Finanzierung aus Mitteln der Kassenärztlichen Vereinigungen oder Kassenärztlichen Bundesvereinigungen ist ausgeschlossen.

§ 81a Stellen zur Bekämpfung von Fehlverhalten im Gesundheitswesen. (1) [1] Die Kassenärztlichen Vereinigungen und die Kassenärztlichen Bundesvereinigungen richten organisatorische Einheiten ein, die Fällen und Sachverhalten nachzugehen haben, die auf Unregelmäßigkeiten oder auf rechtswidrige oder zweckwidrige Nutzung von Finanzmitteln im Zusammenhang mit den Aufgaben der jeweiligen Kassenärztlichen Vereinigung oder Kassenärztlichen Bundesvereinigung hindeuten. [2] Sie nehmen Kontrollbefugnisse nach § 67c Abs. 3 des Zehnten Buches[1]) wahr.

(2) [1] Jede Person kann sich in den Angelegenheiten des Absatzes 1 an die Kassenärztlichen Vereinigungen und Kassenärztlichen Bundesvereinigungen wenden. [2] Die Einrichtungen nach Absatz 1 gehen den Hinweisen nach, wenn sie auf Grund der einzelnen Angaben oder der Gesamtumstände glaubhaft erscheinen.

(3) [1] Die Kassenärztlichen Vereinigungen und die Kassenärztlichen Bundesvereinigungen haben zur Erfüllung der Aufgaben nach Absatz 1 untereinander und mit den Krankenkassen und ihren Verbänden zusammenzuarbeiten. [2] Die Kassenärztlichen Bundesvereinigungen organisieren für ihren Bereich einen regelmäßigen Erfahrungsaustausch mit Einrichtungen nach Absatz 1 Satz 1, an dem die Vertreter der Einrichtungen nach § 197a Absatz 1 Satz 1, der berufsständischen Kammern und der Staatsanwaltschaft in geeigneter Form zu beteiligen sind. [3] Über die Ergebnisse des Erfahrungsaustausches sind die Aufsichtsbehörden zu informieren.

(3a) [1] Die Einrichtungen nach Absatz 1 dürfen personenbezogene Daten, die von ihnen zur Erfüllung ihrer Aufgaben nach Absatz 1 erhoben oder an sie übermittelt wurden, untereinander und an Einrichtungen nach § 197a Absatz 1 übermitteln, soweit dies für die Feststellung und Bekämpfung von Fehlverhalten im Gesundheitswesen beim Empfänger erforderlich ist. [2] Der Empfänger darf diese nur zu dem Zweck verarbeiten, zu dem sie ihm übermittelt worden sind.

(3b) [1] Die Einrichtungen nach Absatz 1 dürfen personenbezogene Daten an die folgenden Stellen übermitteln, soweit dies für die Verhinderung oder Aufdeckung von Fehlverhalten im Gesundheitswesen im Zuständigkeitsbereich der jeweiligen Stelle erforderlich ist:
1. die Zulassungsausschüsse nach § 96,
2. die Stellen, die für die Abrechnungsprüfung nach § 106d zuständig sind,

---

[1]) Nr. 33.

3. die Stellen, die für die Überwachung der Erfüllung der den Vertragsärzten obliegenden Pflichten nach § 75 Absatz 2 Satz 2 zuständig sind, und
4. die Behörden und berufsständischen Kammern, die für Entscheidungen über die Erteilung, die Rücknahme, den Widerruf oder die Anordnung des Ruhens der Approbation, der Erlaubnis zur vorübergehenden oder der partiellen Berufsausübung oder für berufsrechtliche Verfahren zuständig sind.

²Die nach Satz 1 übermittelten Daten dürfen von dem jeweiligen Empfänger nur zu dem Zweck verarbeitet werden, zu dem sie ihm übermittelt worden sind.

(4) Die Kassenärztlichen Vereinigungen und die Kassenärztlichen Bundesvereinigungen sollen die Staatsanwaltschaft unverzüglich unterrichten, wenn die Prüfung ergibt, dass ein Anfangsverdacht auf strafbare Handlungen mit nicht nur geringfügiger Bedeutung für die gesetzliche Krankenversicherung bestehen könnte.

(5) ¹Der Vorstand hat der Vertreterversammlung im Abstand von zwei Jahren über die Arbeit und Ergebnisse der organisatorischen Einheiten nach Absatz 1 zu berichten. ²In den Berichten sind zusammengefasst auch die Anzahl der Mitglieder der Kassenärztlichen Vereinigung, bei denen es im Berichtszeitraum Hinweise auf Pflichtverletzungen gegeben hat, die Anzahl der nachgewiesenen Pflichtverletzungen, die Art und Schwere der Pflichtverletzung und die dagegen getroffenen Maßnahmen, einschließlich der Maßnahmen nach § 81 Absatz 5, sowie der verhinderte und der entstandene Schaden zu nennen; wiederholt aufgetretene Fälle sowie sonstige geeignete Fälle sind als anonymisierte Fallbeispiele zu beschreiben. ³Die Berichte sind der zuständigen Aufsichtsbehörde zuzuleiten; die Berichte der Kassenärztlichen Vereinigungen sind auch den Kassenärztlichen Bundesvereinigungen zuzuleiten.

(6) ¹Die Kassenärztlichen Bundesvereinigungen treffen bis zum 1. Januar 2017 nähere Bestimmungen über

1. die einheitliche Organisation der Einrichtungen nach Absatz 1 Satz 1 bei ihren Mitgliedern,
2. die Ausübung der Kontrollen nach Absatz 1 Satz 2,
3. die Prüfung der Hinweise nach Absatz 2,
4. die Zusammenarbeit nach Absatz 3,
5. die Unterrichtung nach Absatz 4 und
6. die Berichte nach Absatz 5.

²Die Bestimmungen nach Satz 1 sind dem Bundesministerium für Gesundheit vorzulegen. ³Die Kassenärztlichen Bundesvereinigungen führen die Berichte nach Absatz 5, die ihnen von ihren Mitgliedern zuzuleiten sind, zusammen, gleichen die Ergebnisse mit dem Spitzenverband Bund der Krankenkassen ab und veröffentlichen ihre eigenen Berichte im Internet.

Dritter Titel. Verträge auf Bundes- und Landesebene
§ 86a Verwendung von Überweisungen in elektronischer Form.

¹Die Kassenärztlichen Bundesvereinigungen vereinbaren mit dem Spitzenverband Bund der Krankenkassen als Bestandteil der Bundesmantelverträge bis zum 31. Juli 2021 die notwendigen Regelungen zur barrierefreien Verwendung von Überweisungen in elektronischer Form. ²In den Vereinbarungen ist fest-

zulegen, dass die Dienste der Telematikinfrastruktur für die Übermittlung der elektronischen Überweisung zu verwenden sind, sobald diese zur Verfügung stehen.

Siebtes Kapitel. Verbände der Krankenkassen

§ 219b Datenaustausch im automatisierten Verfahren zwischen den Trägern der sozialen Sicherheit und der Deutschen Verbindungsstelle Krankenversicherung – Ausland. ¹Der Datenaustausch der Krankenkassen und der anderen Träger der sozialen Sicherheit mit dem Spitzenverband Bund der Krankenkassen, Deutsche Verbindungsstelle Krankenversicherung – Ausland, erfolgt im automatisierten Verfahren, soweit hierfür strukturierte Dokumente zur Verfügung stehen, die von der bei der Kommission der Europäischen Union eingesetzten Verwaltungskommission für die Koordinierung der Systeme der sozialen Sicherheit festgelegt worden sind. ²Der Austausch weiterer Daten zwischen den in Satz 1 genannten Stellen im automatisierten Verfahren zur Erfüllung der in § 219a genannten Aufgaben erfolgt nach Gemeinsamen Verfahrensgrundsätzen, die vom Spitzenverband Bund der Krankenkassen, der Deutschen Rentenversicherung Bund und der Deutschen Gesetzlichen Unfallversicherung e.V. bestimmt werden.

§ 219c *(aufgehoben)*

Achtes Kapitel. Finanzierung

Vierter Abschnitt. Finanzausgleiche und Zuweisungen aus dem Gesundheitsfonds

§ 267 Datenverarbeitung für die Durchführung und Weiterentwicklung des Risikostrukturausgleichs. (1) ¹Für die Durchführung und Weiterentwicklung des Risikostrukturausgleichs übermitteln die Krankenkassen für jedes Jahr bis zum 15. August des jeweiligen Folgejahres je Versicherten

1. die Versichertentage
   a) mit den Risikomerkmalen nach § 266 Absatz 2 mit Ausnahme der Morbidität und der regionalen Merkmale,
   b) mit Wohnsitz oder gewöhnlichem Aufenthalt außerhalb des Gebietes der Bundesrepublik Deutschland einschließlich des Länderkennzeichens,
   c) mit Wahl der Kostenerstattung für den Bereich der ärztlichen Versorgung, differenziert nach § 13 Absatz 2 und § 53 Absatz 4,
2. den amtlichen Gemeindeschlüssel des Wohnorts,
3. die Leistungsausgaben in der Gliederung und nach den Bestimmungen des Kontenrahmens,
4. die bei Krankenhausentlassung maßgeblichen Haupt- und Nebendiagnosen nach § 301 Absatz 1 Satz 1 Nummer 7 in der Verschlüsselung nach § 301 Absatz 2 Satz 1,
5. die Diagnosen nach § 295 Absatz 1 Satz 1 Nummer 2 sowie die Angaben nach § 295 Absatz 1 Satz 4, bei der Abrechnung von Leistungen im Rahmen von Verträgen nach den §§ 73b und 140a einschließlich der Vertragsnummer nach § 293a Absatz 1 Satz 4,

6. die Arzneimittelkennzeichen nach § 300 Absatz 3 Satz 1 einschließlich der vereinbarten Sonderkennzeichen sowie jeweils die Anzahl der Verordnungen,
7. die Angabe über die Durchführung von extrakorporalen Blutreinigungsverfahren

nach Maßgabe dieser Vorschrift an das Bundesamt für Soziale Sicherung. ²Eine unmittelbare oder mittelbare Einwirkung der Krankenkassen auf den Inhalt der Leistungsdaten nach den §§ 294 bis 303 und die Art und Weise der Aufzeichnung insbesondere unter Verstoß gegen § 71 Absatz 6 Satz 9, § 73b Absatz 5 Satz 7, § 83 Satz 4, § 140a Absatz 2 Satz 7 und § 303 Absatz 4 ist unzulässig, soweit sie in diesem Buch nicht vorgeschrieben oder zugelassen ist.

(2) Für die Weiterentwicklung des Risikostrukturausgleichs übermitteln die Krankenkassen für jedes Jahr bis zum 15. August des jeweiligen Folgejahres je Versicherten die Versichertentage mit Bezug einer Erwerbsminderungsrente an das Bundesamt für Soziale Sicherung.

(3) ¹Die Krankenkassen übermitteln die Daten nach Absatz 1 Satz 1 und Absatz 2 in pseudonymisierter und maschinenlesbarer Form über den Spitzenverband Bund der Krankenkassen an das Bundesamt für Soziale Sicherung. ²Der Schlüssel für die Herstellung des Pseudonyms ist vom Beauftragten für den Datenschutz der Krankenkasse aufzubewahren und darf anderen Personen nicht zugänglich gemacht werden. ³Die Herstellung des Versichertenbezugs ist bei den Daten nach Absatz 1 Satz 1 zulässig, soweit dies für die Klärung doppelter Versicherungsverhältnisse oder für die Prüfung der Richtigkeit der Daten erforderlich ist. ⁴Über die Pseudonymisierung in der Krankenkasse und über jede Herstellung des Versichertenbezugs ist ein Protokoll anzufertigen, das bei dem Beauftragten für den Datenschutz der Krankenkasse aufzubewahren ist.

(4) ¹Das Bundesministerium für Gesundheit bestimmt in der Rechtsverordnung nach § 266 Absatz 8 Satz 1 das Nähere zu den Fristen der Datenübermittlung und zum Verfahren der Verarbeitung der nach Absatz 1 Satz 1 und Absatz 2 zu übermittelnden Daten. ²Der Spitzenverband Bund der Krankenkassen bestimmt im Einvernehmen mit dem Bundesamt für Soziale Sicherung das Nähere zum Verfahren nach Absatz 3 Satz 1.

(5) Die Kosten für die Datenübermittlung nach dieser Vorschrift werden von den betroffenen Krankenkassen getragen.

(6) ¹Zur Weiterentwicklung des Risikostrukturausgleichs analysiert das Bundesamt für Soziale Sicherung den Zusammenhang zwischen den Leistungsausgaben eines Versicherten in den vorangegangenen drei Jahren und den Leistungsausgaben eines Versicherten im Ausgleichsjahr 2019. ²Hierfür übermitteln die Krankenkassen bis zum 15. August 2020 für die Berichtsjahre 2016 bis 2018 die Daten nach § 7 Absatz 1 Satz 1 Nummer 7 der Risikostruktur-Ausgleichsverordnung an das Bundesamt für Soziale Sicherung; Absatz 3 gilt entsprechend. ³Das Nähere über das Verfahren der Datenmeldung bestimmt der Spitzenverband Bund der Krankenkassen im Einvernehmen mit dem Bundesamt für Soziale Sicherung in der Bestimmung nach Absatz 4 Satz 2. ⁴Das Ergebnis der Untersuchung nach Satz 1 ist dem Bundesministerium für Gesundheit spätestens mit Übergabe des ersten Gutachtens nach § 266 Absatz 10 vorzulegen.

(7) Die Absätze 1 bis 6 gelten nicht für die landwirtschaftliche Krankenkasse.

5. Buch. Gesetzliche Krankenversicherung § 273 SGB V 28

§ 273 Sicherung der Datengrundlagen für den Risikostrukturausgleich. (1) ¹Das Bundesamt für Soziale Sicherung prüft im Rahmen der Durchführung des Risikostrukturausgleichs nach Maßgabe der Absätze 2 bis 7 die Datenmeldungen der Krankenkassen nach § 267 Absatz 1 Satz 1 auf ihre Rechtmäßigkeit. ²§ 266 Absatz 8 Satz 1 Nummer 9 und § 274 bleiben unberührt.

(2) ¹Das Bundesamt für Soziale Sicherung prüft die Daten nach § 267 Absatz 1 Satz 1 Nummer 5 auf auffällige Steigerungen im Hinblick auf die Häufigkeit und Schwere der übermittelten Diagnosen, die nicht auf demografische Veränderungen des Versichertenbestandes zurückzuführen sind. ²Die übrigen Daten nach § 267 Absatz 1 Satz 1 kann das Bundesamt für Soziale Sicherung einer Prüfung zur Feststellung einer Auffälligkeit unterziehen. ³Das Nähere, insbesondere einen Schwellenwert für die Feststellung einer Auffälligkeit, bestimmt das Bundesamt für Soziale Sicherung im Benehmen mit dem Spitzenverband Bund der Krankenkassen.

(3) ¹Das Bundesamt für Soziale Sicherung prüft bei nach Absatz 2 auffälligen Krankenkassen, ob die Auffälligkeit für die betroffene Krankenkasse zu erheblich erhöhten Zuweisungen aus dem Gesundheitsfonds nach § 266 Absatz 1 Satz 1 geführt haben kann. ²§ 18 Absatz 1 Satz 4 der Risikostruktur-Ausgleichsverordnung bleibt dabei außer Betracht. ³Das Bundesamt für Soziale Sicherung teilt eine Feststellung nach Satz 1 der betroffenen Krankenkasse mit. ⁴Absatz 2 Satz 3 gilt entsprechend.

(4) ¹Die Krankenkasse hat innerhalb von drei Monaten ab Eingang der Mitteilung nach Absatz 3 Satz 3 Tatsachen darzulegen, die die Auffälligkeit begründen. ²Erfolgt keine ausreichende Darlegung nach Satz 1, wird ein Verstoß gegen die Vorgabe des § 267 Absatz 1 Satz 2 vermutet. ³Macht die Krankenkasse als Grund für die Auffälligkeit einen tatsächlichen Anstieg der Morbidität ihrer Versicherten geltend, muss sie einen aus den Leistungsdaten nach den §§ 294 bis 303 ersichtlichen entsprechenden Anstieg der erbrachten Leistungen darlegen. ⁴Legt die Krankenkasse zur Begründung der Auffälligkeit einen Versorgungsvertrag vor, prüft das Bundesamt für Soziale Sicherung die Rechtmäßigkeit dieses Vertrages hinsichtlich der Vorgabe des § 267 Absatz 1 Satz 2.

(5) ¹Das Bundesamt für Soziale Sicherung kann auch dann eine Einzelfallprüfung durchführen, wenn bestimmte Tatsachen den Verdacht begründen, dass eine Krankenkasse eine rechtswidrige Datenmeldung abgegeben hat. ²Die Krankenkasse hat dem Bundesamt für Soziale Sicherung auf dessen Verlangen innerhalb von drei Monaten alle Angaben zu machen, derer es zur Überprüfung des Sachverhalts bedarf. ³Kommt die Krankenkasse einem zumutbaren Verlangen des Bundesamts für Soziale Sicherung nicht, nur teilweise oder nicht in der verlangten Aufbereitung nach, wird ein Verstoß gegen die Vorgabe des § 267 Absatz 1 Satz 2 vermutet. ⁴Eine Prüfung der Leistungserbringer, insbesondere im Hinblick auf Diagnosedaten, ist ausgeschlossen. ⁵Absatz 4 Satz 4 gilt entsprechend.

(6) ¹Stellt das Bundesamt für Soziale Sicherung als Ergebnis der Prüfung nach Absatz 4 oder Absatz 5 einen Rechtsverstoß fest, ermittelt es einen Korrekturbetrag, um den die Zuweisungen nach § 266 Absatz 3 für die betroffene Krankenkasse zu kürzen sind. ²§ 18 Absatz 1 Satz 4 der Risikostruktur-Ausgleichsverordnung bleibt dabei außer Betracht. ³Das Nähere über die Ermittlung des Korrekturbetrags bestimmt das Bundesministerium für

Gesundheit in der Rechtsverordnung nach § 266 Absatz 8 Satz 1. ⁴Klagen bei Streitigkeiten nach dieser Vorschrift haben keine aufschiebende Wirkung.

(7) ¹Das Bundesamt für Soziale Sicherung führt die Prüfungen nach den Absätzen 2 bis 5 ab dem Berichtsjahr 2013 durch. ²Im Rahmen der Prüfung nach Absatz 4 oder Absatz 5 kann sich die Krankenkasse nicht darauf berufen, dass die zuständige Aufsichtsbehörde den Vertrag nicht innerhalb der Frist gemäß § 71 Absatz 4 Satz 2, § 71 Absatz 4 Satz 3 in der bis zum 22. Juli 2015 geltenden Fassung oder § 73b Absatz 9 Satz 2 in der bis zum 22. Juli 2015 geltenden Fassung beanstandet hat. ³Satz 1 gilt nicht für abgeschlossene Einzelfallprüfungen nach § 273 Absatz 3 Satz 1 und 2 in der bis zum 31. März 2020 geltenden Fassung; für die Ermittlung des Korrekturbetrags gilt Absatz 6.

Neuntes Kapitel. Medizinischer Dienst

Erster Abschnitt. Aufgaben

§ 277 Mitteilungspflichten. (1) ¹Der Medizinische Dienst hat der Krankenkasse das Ergebnis der Begutachtung und die wesentlichen Gründe für dieses Ergebnis mitzuteilen. ²Der Medizinische Dienst ist befugt und in dem Fall, dass das Ergebnis seiner Begutachtung von der Verordnung, der Einordnung der erbrachten Leistung als Leistung der gesetzlichen Krankenversicherung oder der Abrechnung der Leistung mit der Krankenkasse durch den Leistungserbringer abweicht, verpflichtet, diesem Leistungserbringer das Ergebnis seiner Begutachtung mitzuteilen; dies gilt bei Prüfungen nach § 275 Absatz 3 Satz 1 Nummer 4 nur, wenn die betroffenen Versicherten in die Übermittlung an den Leistungserbringer eingewilligt haben. ³Fordern Leistungserbringer nach der Mitteilung nach Satz 2 erster Halbsatz mit Einwilligung der Versicherten die wesentlichen Gründe für das Ergebnis der Begutachtung durch den Medizinischen Dienst an, ist der Medizinische Dienst zur Übermittlung dieser Gründe verpflichtet. ⁴Bei Prüfungen nach § 275c gilt Satz 2 erster Halbsatz auch für die wesentlichen Gründe für das Ergebnis der Begutachtung, soweit diese keine zusätzlichen, vom Medizinischen Dienst erhobenen versichertenbezogenen Daten enthalten. ⁵Der Medizinische Dienst hat den Versicherten die sie betreffenden Gutachten nach § 275 Absatz 3 Satz 1 Nummer 4 schriftlich oder elektronisch vollständig zu übermitteln. ⁶Nach Abschluss der Kontrollen nach § 275a hat der Medizinische Dienst die Kontrollergebnisse dem geprüften Krankenhaus und dem jeweiligen Auftraggeber mitzuteilen. ⁷Soweit in der Richtlinie nach § 137 Absatz 3 Fälle festgelegt sind, in denen Dritte wegen erheblicher Verstöße gegen Qualitätsanforderungen unverzüglich einrichtungsbezogen über das Kontrollergebnis zu informieren sind, hat der Medizinische Dienst sein Kontrollergebnis unverzüglich an die in dieser Richtlinie abschließend benannten Dritten zu übermitteln. ⁸Soweit erforderlich und in der Richtlinie des Gemeinsamen Bundesausschusses nach § 137 Absatz 3 vorgesehen, dürfen diese Mitteilungen auch personenbezogene Angaben enthalten; in der Mitteilung an den Auftraggeber und den Dritten sind personenbezogene Daten zu anonymisieren.

(2) ¹Die Krankenkasse hat, solange ein Anspruch auf Fortzahlung des Arbeitsentgelts besteht, dem Arbeitgeber und dem Versicherten das Ergebnis des Gutachtens des Medizinischen Dienstes über die Arbeitsunfähigkeit mitzuteilen, wenn das Gutachten mit der Bescheinigung des Kassenarztes im Ergebnis

nicht übereinstimmt. ²Die Mitteilung darf keine Angaben über die Krankheit des Versicherten enthalten.

Zehntes Kapitel. Versicherungs- und Leistungsdaten, Datenschutz, Datentransparenz
Erster Abschnitt. Informationsgrundlagen
Erster Titel. Grundsätze der Datenverarbeitung

§ 284 Sozialdaten bei den Krankenkassen. (1) ¹Die Krankenkassen dürfen Sozialdaten für Zwecke der Krankenversicherung nur erheben und speichern, soweit diese für

1. die Feststellung des Versicherungsverhältnisses und der Mitgliedschaft, einschließlich der für die Anbahnung eines Versicherungsverhältnisses erforderlichen Daten,
2. die Ausstellung des Berechtigungsscheines und der elektronischen Gesundheitskarte,
3. die Feststellung der Beitragspflicht und der Beiträge, deren Tragung und Zahlung,
4. die Prüfung der Leistungspflicht und der Erbringung von Leistungen an Versicherte einschließlich der Voraussetzungen von Leistungsbeschränkungen, die Bestimmung des Zuzahlungsstatus und die Durchführung der Verfahren bei Kostenerstattung, Beitragsrückzahlung und der Ermittlung der Belastungsgrenze,
5. die Unterstützung der Versicherten bei Behandlungsfehlern,
6. die Übernahme der Behandlungskosten in den Fällen des § 264,
7. die Beteiligung des Medizinischen Dienstes oder das Gutachterverfahren nach § 87 Absatz 1c,
8. die Abrechnung mit den Leistungserbringern, einschließlich der Prüfung der Rechtmäßigkeit und Plausibilität der Abrechnung,
9. die Überwachung der Wirtschaftlichkeit der Leistungserbringung,
10. die Abrechnung mit anderen Leistungsträgern,
11. die Durchführung von Erstattungs- und Ersatzansprüchen,
12. die Vorbereitung, Vereinbarung und Durchführung von von ihnen zu schließenden Vergütungsverträgen,
13. die Vorbereitung und Durchführung von Modellvorhaben, die Durchführung des Versorgungsmanagements nach § 11 Abs. 4, die Durchführung von Verträgen zur hausarztzentrierten Versorgung, zu besonderen Versorgungsformen und zur ambulanten Erbringung hochspezialisierter Leistungen, einschließlich der Durchführung von Wirtschaftlichkeitsprüfungen und Qualitätsprüfungen,
14. die Durchführung des Risikostrukturausgleichs nach den §§ 266 und 267 sowie zur Gewinnung von Versicherten für die Programme nach § 137g und zur Vorbereitung und Durchführung dieser Programme,
15. die Durchführung des Entlassmanagements nach § 39 Absatz 1a,
16. die Auswahl von Versicherten für Maßnahmen nach § 44 Absatz 4 Satz 1 und nach § 39b sowie zu deren Durchführung,

17. die Überwachung der Einhaltung der vertraglichen und gesetzlichen Pflichten der Leistungserbringer von Hilfsmitteln nach § 127 Absatz 7,
18. die Erfüllung der Aufgaben der Krankenkassen als Rehabilitationsträger nach dem Neunten Buch,
19. die Vorbereitung von Versorgungsinnovationen, die Information der Versicherten und die Unterbreitung von Angeboten nach § 68b Absatz 1 und 2 sowie
20. die administrative Zurverfügungstellung der elektronischen Patientenakte sowie für das Angebot zusätzlicher Anwendungen im Sinne des § 345 Absatz 1 Satz 1

erforderlich sind. ²Versichertenbezogene Angaben über ärztliche Leistungen dürfen auch auf maschinell verwertbaren Datenträgern gespeichert werden, soweit dies für die in Satz 1 Nr. 4, 8, 9, 10, 11, 12, 13, 14 und § 305 Absatz 1 bezeichneten Zwecke erforderlich ist. ³Versichertenbezogene Angaben über ärztlich verordnete Leistungen dürfen auf maschinell verwertbaren Datenträgern gespeichert werden, soweit dies für die in Satz 1 Nr. 4, 8, 9, 10, 11, 12, 13, 14 und § 305 Abs. 1 bezeichneten Zwecke erforderlich ist. ⁴Im Übrigen gelten für die Datenerhebung und -speicherung die Vorschriften des Ersten und Zehnten Buches.

(2) Im Rahmen der Überwachung der Wirtschaftlichkeit der vertragsärztlichen Versorgung dürfen versichertenbezogene Leistungs- und Gesundheitsdaten auf maschinell verwertbaren Datenträgern nur gespeichert werden, soweit dies für Stichprobenprüfungen nach § 106a Absatz 1 Satz 1 oder § 106b Absatz 1 Satz 1 erforderlich ist.

(3) ¹Die rechtmäßig erhobenen und gespeicherten versichertenbezogenen Daten dürfen nur für die Zwecke der Aufgaben nach Absatz 1 in dem jeweils erforderlichen Umfang verarbeitet werden, für andere Zwecke, soweit dies durch Rechtsvorschriften des Sozialgesetzbuchs angeordnet oder erlaubt ist. ²Die Daten, die nach § 295 Abs. 1b Satz 1 an die Krankenkasse übermittelt werden, dürfen nur zu Zwecken nach Absatz 1 Satz 1 Nr. 4, 8, 9, 10, 11, 12, 13, 14, 19 und § 305 Abs. 1 versichertenbezogen verarbeitet werden und nur, soweit dies für diese Zwecke erforderlich ist; für die Verarbeitung dieser Daten zu anderen Zwecken ist der Versichertenbezug vorher zu löschen.

(4) ¹Zur Gewinnung von Mitgliedern dürfen die Krankenkassen Daten verarbeiten, wenn die Daten allgemein zugänglich sind, es sei denn, dass das schutzwürdige Interesse der betroffenen Person an dem Ausschluss der Verarbeitung überwiegt. ²Ein Abgleich der erhobenen Daten mit den Angaben nach § 291 Absatz 2 Nummer 2 bis 5 ist zulässig. ³Im Übrigen gelten für die Datenverarbeitung die Vorschriften des Ersten und Zehnten Buches.

§ 285 Personenbezogene Daten bei den Kassenärztlichen Vereinigungen. (1) Die Kassenärztlichen Vereinigungen dürfen Einzelangaben über die persönlichen und sachlichen Verhältnisse der Ärzte nur erheben und speichern, soweit dies zur Erfüllung der folgenden Aufgaben erforderlich ist:
1. Führung des Arztregisters (§ 95),
2. Sicherstellung und Vergütung der vertragsärztlichen Versorgung einschließlich der Überprüfung der Zulässigkeit und Richtigkeit der Abrechnung,
3. Vergütung der ambulanten Krankenhausleistungen (§ 120),
4. Vergütung der belegärztlichen Leistungen (§ 121),

5. Buch. Gesetzliche Krankenversicherung § 285 SGB V 28

5. Durchführung von Wirtschaftlichkeitsprüfungen (§ 106 bis § 106c),
6. Durchführung von Qualitätsprüfungen (§ 135b).

(2) Einzelangaben über die persönlichen und sachlichen Verhältnisse der Versicherten dürfen die Kassenärztlichen Vereinigungen nur erheben und speichern, soweit dies zur Erfüllung der in Absatz 1 Nr. 2, 5, 6 sowie den §§ 106d und 305 genannten Aufgaben erforderlich ist.

(3) [1]Die rechtmäßig erhobenen und gespeicherten Sozialdaten dürfen nur für die Zwecke der Aufgaben nach Absatz 1 in dem jeweils erforderlichen Umfang verarbeitet werden, für andere Zwecke, soweit dies durch Rechtsvorschriften des Sozialgesetzbuchs oder nach § 13 Absatz 5 des Infektionsschutzgesetzes angeordnet oder erlaubt ist. [2]Die nach Absatz 1 Nr. 6 rechtmäßig erhobenen und gespeicherten Daten dürfen den ärztlichen und zahnärztlichen Stellen nach § 128 Absatz 1 der Strahlenschutzverordnung übermittelt werden, soweit dies für die Durchführung von Qualitätsprüfungen erforderlich ist. [3]Die beteiligten Kassenärztlichen Vereinigungen dürfen die nach Absatz 1 und 2 rechtmäßig erhobenen und gespeicherten Sozialdaten der für die überörtliche Berufsausübungsgemeinschaft zuständigen Kassenärztlichen Vereinigung übermitteln, soweit dies zur Erfüllung der in Absatz 1 Nr. 1, 2, 4, 5 und 6 genannten Aufgaben erforderlich ist. [4]Sie dürfen die nach den Absätzen 1 und 2 rechtmäßig erhobenen Sozialdaten der nach § 24 Abs. 3 Satz 3 der Zulassungsverordnung für Vertragsärzte und § 24 Abs. 3 Satz 3 der Zulassungsverordnung für Vertragszahnärzte ermächtigten Vertragsärzte und Vertragszahnärzte auf Anforderung auch untereinander übermitteln, soweit dies zur Erfüllung der in Absatz 1 Nr. 2 genannten Aufgaben erforderlich ist. [5]Die zuständige Kassenärztliche und die zuständige Kassenzahnärztliche Vereinigung dürfen die nach Absatz 1 und 2 rechtmäßig erhobenen und gespeicherten Sozialdaten der Leistungserbringer, die vertragsärztliche und vertragszahnärztliche Leistungen erbringen, auf Anforderung untereinander übermitteln, soweit dies zur Erfüllung der in Absatz 1 Nr. 2 sowie in § 106a genannten Aufgaben erforderlich ist. [6]Sie dürfen rechtmäßig erhobene und gespeicherte Sozialdaten auf Anforderung auch untereinander übermitteln, soweit dies zur Erfüllung der in § 32 Abs. 1 der Zulassungsverordnung für Vertragsärzte und § 32 Abs. 1 der Zulassungsverordnung für Vertragszahnärzte genannten Aufgaben erforderlich ist. [7]Die Kassenärztlichen Vereinigungen dürfen rechtmäßig erhobene und gespeicherte Sozialdaten auch untereinander übermitteln, soweit dies im Rahmen eines Auftrags nach § 77 Absatz 6 Satz 2 dieses Buches in Verbindung mit § 88 des Zehnten Buches erforderlich ist. [8]Versichertenbezogene Daten sind vor ihrer Übermittlung zu pseudonymisieren.

(3a) [1]Die Kassenärztlichen Vereinigungen sind befugt, personenbezogene Daten der Ärzte, von denen sie bei Erfüllung ihrer Aufgaben nach Absatz 1 Kenntnis erlangt haben, und soweit diese

1. für Entscheidungen über die Rücknahme, den Widerruf oder die Anordnung des Ruhens der Approbation oder
2. für berufsrechtliche Verfahren

erheblich sind, den hierfür zuständigen Behörden und Heilberufskammern zu übermitteln. [2]Die Kassenärztlichen Vereinigungen sind befugt, auf Anforderung der zuständigen Heilberufskammer personenbezogene Angaben der Ärzte nach § 293 Absatz 4 Satz 2 Nummer 2 bis 12 an die jeweils zuständige Heilberufskammer für die Prüfung der Erfüllung der berufsrechtlich vorgegebenen Verpflichtung zur Meldung der ärztlichen Berufstätigkeit zu übermitteln.

(4) Soweit sich die Vorschriften dieses Kapitels auf Ärzte und Kassenärztliche Vereinigungen beziehen, gelten sie entsprechend für Psychotherapeuten, Zahnärzte und Kassenzahnärztliche Vereinigungen.

§ 286 Datenübersicht. Die Krankenkassen und die Kassenärztlichen Vereinigungen regeln in Dienstanweisungen das Nähere insbesondere über

1. die zulässigen Verfahren der Verarbeitung der Daten,
2. Art, Form, Inhalt und Kontrolle der einzugebenden und der auszugebenden Daten,
3. die Abgrenzung der Verantwortungsbereiche bei der Datenverarbeitung,
4. die weiteren zur Gewährleistung von Datenschutz und Datensicherheit zu treffenden Maßnahmen.

§ 287 Forschungsvorhaben. (1) Die Krankenkassen und die Kassenärztlichen Vereinigungen dürfen mit Erlaubnis der Aufsichtsbehörde die Datenbestände leistungserbringer- oder fallbeziehbar für zeitlich befristete und im Umfang begrenzte Forschungsvorhaben, insbesondere zur Gewinnung epidemiologischer Erkenntnisse, von Erkenntnissen über Zusammenhänge zwischen Erkrankungen und Arbeitsbedingungen oder von Erkenntnissen über örtliche Krankheitsschwerpunkte, selbst auswerten oder über die sich aus § 304 ergebenden Fristen hinaus aufbewahren.

(2) Sozialdaten sind zu anonymisieren.

§ 287a Federführende Datenschutzaufsicht in der Versorgungs- und Gesundheitsforschung. [1]Bei länderübergreifenden Vorhaben der Versorgungs- und Gesundheitsforschung, an denen nicht-öffentliche Stellen oder öffentliche Stellen des Bundes oder der Länder aus zwei oder mehr Ländern als Verantwortliche beteiligt sind, findet § 27 des Bundesdatenschutzgesetzes[1)] Anwendung. [2]Die beteiligten Verantwortlichen benennen einen Hauptverantwortlichen und melden diesen der für die Hauptniederlassung des Hauptverantwortlichen zuständigen Aufsichtsbehörde. [3]Die Artikel 56 und 60 der Verordnung (EU) 2016/679[2)] sind entsprechend anzuwenden.

Zweiter Titel. Informationsgrundlagen der Krankenkassen

§ 288 Versichertenverzeichnis. [1]Die Krankenkasse hat ein Versichertenverzeichnis zu führen. [2]Das Versichertenverzeichnis hat alle Angaben zu enthalten, die zur Feststellung der Versicherungspflicht oder -berechtigung, zur Bemessung und Einziehung der Beiträge, soweit nach der Art der Versicherung notwendig, sowie zur Feststellung des Leistungsanspruchs einschließlich der Versicherung nach § 10 erforderlich sind.

§ 289 Nachweispflicht bei Familienversicherung. [1]Für die Eintragung in das Versichertenverzeichnis hat die Krankenkasse die Versicherung nach § 10 bei deren Beginn festzustellen. [2]Sie kann die dazu erforderlichen Daten vom Angehörigen oder mit dessen Zustimmung vom Mitglied erheben. [3]Der Fort-

---
[1)] Nr. 6.
[2)] Nr. 1.

bestand der Voraussetzungen der Versicherung nach § 10 ist auf Verlangen der Krankenkasse nachzuweisen.

§ 290 Krankenversichertennummer. (1) ¹Die Krankenkasse verwendet für jeden Versicherten eine Krankenversichertennummer. ²Die Krankenversichertennummer besteht aus einem unveränderbaren Teil zur Identifikation des Versicherten und einem veränderbaren Teil, der bundeseinheitliche Angaben zur Kassenzugehörigkeit enthält und aus dem bei Vergabe der Nummer an Versicherte nach § 10 sicherzustellen ist, dass der Bezug zu dem Angehörigen, der Mitglied ist, hergestellt werden kann. ³Der Aufbau und das Verfahren der Vergabe der Krankenversichertennummer haben den Richtlinien nach Absatz 2 zu entsprechen. ⁴Die Rentenversicherungsnummer darf nicht als Krankenversichertennummer verwendet werden. ⁵Eine Verwendung der Rentenversicherungsnummer zur Bildung der Krankenversichertennummer entsprechend den Richtlinien nach Absatz 2 ist zulässig, wenn nach dem Stand von Wissenschaft und Technik sichergestellt ist, dass nach Vergabe der Krankenversichertennummer weder aus der Krankenversichertennummer auf die Rentenversicherungsnummer noch aus der Rentenversicherungsnummer auf die Krankenversichertennummer zurückgeschlossen werden kann; dieses Erfordernis gilt auch in Bezug auf die vergebende Stelle. ⁶Die Prüfung einer Mehrfachvergabe der Krankenversichertennummer durch die Vertrauensstelle bleibt davon unberührt. ⁷Wird die Rentenversicherungsnummer zur Bildung der Krankenversichertennummer verwendet, ist für Personen, denen eine Krankenversichertennummer zugewiesen werden muss und die noch keine Rentenversicherungsnummer erhalten haben, eine Rentenversicherungsnummer zu vergeben.

(2) ¹Der Spitzenverband Bund der Krankenkassen hat den Aufbau und das Verfahren der Vergabe der Krankenversichertennummer durch Richtlinien zu regeln. ²Die Krankenversichertennummer ist von einer von den Krankenkassen und ihren Verbänden räumlich, organisatorisch und personell getrennten Vertrauensstelle zu vergeben. ³Die im Zusammenhang mit der Einrichtung und dem Betrieb der Vertrauensstelle anfallenden Verwaltungskosten werden vom Spitzenverband Bund der Krankenkassen finanziert. ⁴Die Vertrauensstelle gilt als öffentliche Stelle und unterliegt dem Sozialgeheimnis nach § 35 des Ersten Buches[1]. ⁵Sie untersteht der Rechtsaufsicht des Bundesministeriums für Gesundheit. ⁶§ 274 Abs. 1 Satz 2 gilt entsprechend. ⁷Die Richtlinien sind dem Bundesministerium für Gesundheit vorzulegen. ⁸Es kann sie innerhalb von zwei Monaten beanstanden. ⁹Kommen die Richtlinien nicht innerhalb der gesetzten Frist zu Stande oder werden die Beanstandungen nicht innerhalb der vom Bundesministerium für Gesundheit gesetzten Frist behoben, kann das Bundesministerium für Gesundheit die Richtlinien erlassen.

(3) ¹Die Vertrauensstelle nach Absatz 2 Satz 2 führt ein Verzeichnis der Krankenversichertennummern. ²Das Verzeichnis enthält für jeden Versicherten den unveränderbaren und den veränderbaren Teil der Krankenversichertennummer sowie die erforderlichen Angaben, um zu gewährleisten, dass der unveränderbare Teil der Krankenversichertennummer nicht mehrfach vergeben wird. ³Der Spitzenverband Bund der Krankenkassen legt das Nähere zu dem Verzeichnis im Einvernehmen mit der oder dem Bundesbeauftragten für den Datenschutz und die Informationsfreiheit in den Richtlinien nach Absatz 2

---

[1] Nr. 24.

Satz 1 fest, insbesondere ein Verfahren des Datenabgleichs zur Gewährleistung eines tagesaktuellen Standes des Verzeichnisses. ⁴Das Verzeichnis darf ausschließlich zum Ausschluss und zur Korrektur von Mehrfachvergaben derselben Krankenversichertennummer verwendet werden.

§ 291 Elektronische Gesundheitskarte. (1) Die Krankenkasse stellt für jeden Versicherten eine elektronische Gesundheitskarte aus.

(2) Die elektronische Gesundheitskarte muss technisch geeignet sein,

1. Authentifizierung, Verschlüsselung und elektronische Signatur barrierefrei zu ermöglichen,
2. die Anwendungen der Telematikinfrastruktur nach § 334 Absatz 1 zu unterstützen und
3. sofern sie vor dem 1. Januar 2023 ausgestellt wird, die Speicherung von Daten nach § 291a, und, wenn sie nach diesem Zeitpunkt ausgestellt wird, die Speicherung von Daten nach § 291a Absatz 2 Nummer 1 bis 3 und 6 zu ermöglichen; zusätzlich müssen vor dem 1. Juli 2024 ausgegebene elektronische Gesundheitskarten die Speicherung von Daten nach § 334 Absatz 1 Satz 2 Nummer 2 bis 5 in Verbindung mit § 358 Absatz 4 ermöglichen.

(3) ¹Elektronische Gesundheitskarten, die die Krankenkassen nach dem 30. November 2019 ausgeben, müssen mit einer kontaktlosen Schnittstelle ausgestattet sein. ²Die Krankenkassen sind verpflichtet, Versicherten auf deren Verlangen unverzüglich eine elektronische Gesundheitskarte mit kontaktloser Schnittstelle zur Verfügung zu stellen.

(4) ¹Die elektronische Gesundheitskarte gilt nur für die Dauer der Mitgliedschaft bei der ausstellenden Krankenkasse und ist nicht übertragbar. ²Die Krankenkasse kann die Gültigkeit der Karte befristen.

(5) Spätestens bei der Versendung der elektronischen Gesundheitskarte an den Versicherten hat die Krankenkasse den Versicherten umfassend und in allgemein verständlicher, barrierefreier Form zu informieren über die Funktionsweise der elektronischen Gesundheitskarte und die Art der personenbezogenen Daten, die nach § 291a auf der elektronischen Gesundheitskarte oder durch sie zu verarbeiten sind.

(6) ¹Die Krankenkasse hat bei der Ausstellung der elektronischen Gesundheitskarte die in der Richtlinie gemäß § 217f Absatz 4b vorgesehenen Maßnahmen und Vorgaben zum Schutz von Sozialdaten der Versicherten vor unbefugter Kenntnisnahme umzusetzen. ²Die Krankenkasse kann zum Zwecke des in der Richtlinie zum 1. Januar 2021 vorzusehenden Abgleichs der Versichertenanschrift mit den Daten aus dem Melderegister vor dem Versand der elektronischen Gesundheitskarte und deren persönlicher Identifikationsnummer (PIN) an den Versicherten die Daten nach § 34 Absatz 1 Satz 1 Nummer 1 bis 6 und 10 des Bundesmeldegesetzes aus dem Melderegister abrufen.

(7) Spätestens ab dem 1. Januar 2022 stellen die Krankenkassen den Versicherten gemäß den Festlegungen der Gesellschaft für Telematik ein technisches Verfahren barrierefrei zur Verfügung, welches die Anforderungen nach § 336 Absatz 4 erfüllt.

(8) ¹Spätestens ab dem 1. Januar 2023 stellen die Krankenkassen den Versicherten ergänzend zur elektronischen Gesundheitskarte auf Verlangen eine sichere digitale Identität für das Gesundheitswesen barrierefrei zur Verfügung, die die Vorgaben nach Absatz 2 Nummer 1 und 2 erfüllt und die Bereitstellung

von Daten nach § 291a Absatz 2 und 3 durch die Krankenkassen ermöglicht. ²Ab dem 1. Januar 2024 dient die digitale Identität nach Satz 1 in gleicher Weise wie die elektronische Gesundheitskarte zur Authentisierung des Versicherten im Gesundheitswesen und als Versicherungsnachweis nach § 291a Absatz 1. ³Die Gesellschaft für Telematik legt die Anforderungen an die Sicherheit und Interoperabilität der digitalen Identitäten fest. ⁴Die Festlegung der Anforderungen an die Sicherheit und den Datenschutz erfolgt dabei im Einvernehmen mit dem Bundesamt für Sicherheit in der Informationstechnik und der oder dem Bundesbeauftragen für den Datenschutz und die Informationsfreiheit auf Basis der jeweils gültigen Technischen Richtlinien des Bundesamts für Sicherheit in der Informationstechnik und unter Berücksichtigung der notwendigen Vertrauensniveaus der unterstützten Anwendungen. ⁵Eine digitale Identität kann über verschiedene Ausprägungen mit verschiedenen Sicherheits- und Vertrauensniveaus verfügen. ⁶Das Sicherheits- und Vertrauensniveau der Ausprägung einer digitalen Identität muss mindestens dem Schutzbedarf der Anwendung entsprechen, bei der diese eingesetzt wird. ⁷Spätestens ab dem 1. Juli 2022 stellen die Krankenkassen zur Nutzung berechtigten Dritten Verfahren zur Erprobung der Integration der sicheren digitalen Identität nach Satz 1 zur Verfügung.

§ 291a Elektronische Gesundheitskarte als Versicherungsnachweis und Mittel zur Abrechnung. (1) ¹Die elektronische Gesundheitskarte dient mit den in den Absätzen 2 bis 5 genannten Angaben dem Nachweis der Berechtigung zur Inanspruchnahme von Leistungen im Rahmen der vertragsärztlichen Versorgung (Versicherungsnachweis) sowie der Abrechnung mit den Leistungserbringern. ²Bei der Inanspruchnahme einer ärztlichen Behandlung bestätigt der Versicherte auf dem Abrechnungsschein des Arztes das Bestehen der Mitgliedschaft bei der Krankenkasse durch seine Unterschrift. ³Ab dem 1. Januar 2024 kann der Versicherungsnachweis auch durch eine digitale Identität nach § 291 Absatz 8 erbracht werden.

(2) Die folgenden Daten müssen auf der elektronischen Gesundheitskarte gespeichert sein:
1. die Bezeichnung der ausstellenden Krankenkasse, einschließlich eines Kennzeichens für die Kassenärztliche Vereinigung, in deren Bezirk der Versicherte seinen Wohnsitz hat,
2. der Familienname und der Vorname des Versicherten,
3. das Geburtsdatum des Versicherten,
4. das Geschlecht des Versicherten,
5. die Anschrift des Versicherten,
6. die Krankenversichertennummer des Versicherten,
7. der Versichertenstatus, für die Personengruppen nach § 264 Absatz 2 der Status der auftragsweisen Betreuung,
8. der Zuzahlungsstatus des Versicherten,
9. der Tag des Beginns des Versicherungsschutzes,
10. bei befristeter Gültigkeit der elektronischen Gesundheitskarte das Datum des Fristablaufs,
11. bei Vereinbarungen nach § 264 Absatz 1 Satz 3 zweiter Halbsatz die Angabe, dass es sich um einen Empfänger von Gesundheitsleistungen nach den §§ 4 und 6 des Asylbewerberleistungsgesetzes handelt.

(3) Über die Daten nach Absatz 2 hinaus kann die elektronische Gesundheitskarte auch folgende Daten enthalten:
1. Angaben zu Wahltarifen nach § 53,
2. Angaben zu zusätzlichen Vertragsverhältnissen,
3. in den Fällen des § 16 Absatz 1 Satz 1 Nummer 2 bis 4 und Absatz 3a Angaben zum Ruhen des Anspruchs auf Leistungen,
4. weitere Angaben, soweit die Verarbeitung dieser Daten zur Erfüllung von Aufgaben erforderlich ist, die den Krankenkassen gesetzlich zugewiesen sind sowie
5. Angaben für den Nachweis der Berechtigung zur Inanspruchnahme von Leistungen in einem anderen Mitgliedstaat der Europäischen Union, einem anderen Vertragsstaat des Abkommens über den Europäischen Wirtschaftsraum oder in der Schweiz.

(4) [1] Die Angaben nach den Absätzen 2 und 3 Nummer 1 bis 4 sind auf der elektronischen Gesundheitskarte in einer Form zu speichern, die geeignet ist für eine maschinelle Übertragung auf die für die vertragsärztliche Versorgung vorgesehenen Abrechnungsunterlagen und Vordrucke nach § 295 Absatz 3 Nummer 1 und 2. [2] Ab dem 1. Januar 2023 müssen die Angaben nach Satz 1 zusätzlich zur Speicherung auf der elektronischen Gesundheitskarte auch bei der Krankenkasse zum elektronischen Abruf zur Verfügung stehen.

(5) [1] Die elektronische Gesundheitskarte ist mit einem Lichtbild des Versicherten zu versehen. [2] Versicherte, die jünger als 15 Jahre sind sowie Versicherte, deren Mitwirkung bei der Erstellung des Lichtbildes nicht möglich ist, erhalten eine elektronische Gesundheitskarte ohne Lichtbild.

(6) [1] Die Krankenkassen dürfen das Lichtbild für die Dauer des Versicherungsverhältnisses des Versicherten, jedoch längstens für zehn Jahre, für Ersatz- und Folgeausstellungen der elektronischen Gesundheitskarte speichern. [2] Nach dem Ende des Versicherungsverhältnisses hat die bisherige Krankenkasse das Lichtbild unverzüglich, spätestens aber nach drei Monaten, zu löschen.

(7) Die elektronische Gesundheitskarte ist von dem Versicherten zu unterschreiben.

§ 291b Verfahren zur Nutzung der elektronischen Gesundheitskarte als Versicherungsnachweis. (1) [1] Die Krankenkassen haben Dienste zur Verfügung zu stellen, mit denen die an der vertragsärztlichen Versorgung teilnehmenden Leistungserbringer und Einrichtungen die Gültigkeit und die Aktualität der Angaben nach § 291a Absatz 2 und 3 bei den Krankenkassen online überprüfen und diese Angaben aktualisieren können. [2] Bis zum 31. Dezember 2022 haben die Krankenkassen auch Dienste zur Verfügung zu stellen, mit denen die an der vertragsärztlichen Versorgung teilnehmenden Leistungserbringer und Einrichtungen die Angaben nach § 291a Absatz 2 und 3 auch online auf der elektronischen Gesundheitskarte aktualisieren können.

(2) [1] Die an der vertragsärztlichen Versorgung teilnehmenden Leistungserbringer haben bei der erstmaligen Inanspruchnahme ihrer Leistungen durch einen Versicherten im Quartal die Leistungspflicht der Krankenkasse durch die Nutzung der Dienste nach Absatz 1 zu prüfen. [2] Bis zum 31. Dezember 2022 ermöglichen sie dazu den Abgleich der auf der elektronischen Gesundheitskarte gespeicherten Daten nach § 291a Absatz 2 und 3 mit den bei der Krankenkasse vorliegenden aktuellen Daten und die Aktualisierung der auf der elektronischen

Gesundheitskarte gespeicherten Daten; ab dem 1. Januar 2023 erfolgt die Prüfung nach Satz 1 durch einen elektronischen Abruf der bei der Krankenkasse vorliegenden Daten nach § 291a Absatz 2 und 3. ³Die Tatsache, dass die Prüfung durchgeführt worden ist, haben die an der vertragsärztlichen Versorgung teilnehmenden Leistungserbringer bei einer Prüfung vor dem 1. Januar 2023 auf der elektronischen Gesundheitskarte, bei einer Prüfung ab dem 1. Januar 2023 in ihren informationstechnischen Systemen, die zur Verarbeitung von personenbezogenen Patientendaten eingesetzt werden, zu speichern. ⁴Die technischen Einzelheiten zur Durchführung der Prüfung nach den Sätzen 1 bis 3 sind in den Vereinbarungen nach § 295 Absatz 3 zu regeln.

(3) ¹Die Mitteilung der durchgeführten Prüfung nach Absatz 2 erfolgt als Bestandteil der an die Kassenärztlichen Vereinigungen zu übermittelnden Abrechnungsunterlagen nach § 295. ²Einrichtungen, die an der vertragsärztlichen Versorgung teilnehmen und die vertragsärztlichen Leistungen direkt mit den Krankenkassen abrechnen, teilen den Krankenkassen die Durchführung der Prüfung nach Absatz 2 bei der Übermittlung der Abrechnungsunterlagen mit.

(4) ¹An der vertragsärztlichen Versorgung teilnehmende Leistungserbringer, die Versicherte ohne persönlichen Kontakt behandeln oder die ohne persönlichen Kontakt in die Behandlung des Versicherten einbezogen sind, sind von der Pflicht zur Durchführung der Prüfung nach Absatz 2 ausgenommen. ²Die an der vertragsärztlichen Versorgung teilnehmenden Leistungserbringer nach Satz 1 haben sich bis zum 30. Juni 2020 an die Telematikinfrastruktur nach § 306 anzuschließen und über die für die Prüfung nach Absatz 2 erforderliche Ausstattung zu verfügen, es sei denn, sie sind hierzu bereits als an der vertragsärztlichen Versorgung teilnehmende Leistungserbringer nach Absatz 2 Satz 1 verpflichtet.

(5) ¹Den an der vertragsärztlichen Versorgung teilnehmenden Leistungserbringern, die ab dem 1. Januar 2019 ihrer Pflicht zur Prüfung nach Absatz 2 nicht nachkommen, ist die Vergütung vertragsärztlicher Leistungen pauschal um 1 Prozent zu kürzen; an der vertragsärztlichen Versorgung teilnehmenden Leistungserbringern, die ihrer Pflicht zur Prüfung nach Absatz 2 ab dem 1. März 2020 nicht nachkommen, ist die Vergütung vertragsärztlicher Leistungen pauschal um 2,5 Prozent zu kürzen. ²Die Vergütung ist so lange zu kürzen, bis sich der betroffene an der vertragsärztlichen Versorgung teilnehmende Leistungserbringer an die Telematikinfrastruktur angeschlossen hat und über die für die Prüfung nach Absatz 2 erforderliche Ausstattung verfügt. ³Die zur Teilnahme an der vertragsärztlichen Versorgung ermächtigten Ärzte, die in einem Krankenhaus tätig sind, sowie die zur Teilnahme an der vertragsärztlichen Versorgung ermächtigten Krankenhäuser sowie die nach § 75 Absatz 1b Satz 3 auf Grund einer Kooperationsvereinbarung mit der Kassenärztlichen Vereinigung in den Notdienst einbezogenen zugelassenen Krankenhäuser sind von der Kürzung der Vergütung vertragsärztlicher Leistungen bis zum 31. Dezember 2021 ausgenommen.

(6) Das Nähere zur bundesweiten Verwendung der elektronischen Gesundheitskarte als Versicherungsnachweis vereinbaren die Vertragspartner im Rahmen der Verträge nach § 87 Absatz 1.

(7) Das Bundesministerium für Gesundheit kann die in den Absätzen 1 und 2 sowie in § 291 Absatz 2 Nummer 3 und Absatz 8 genannten Fristen durch Rechtsverordnung ohne Zustimmung des Bundesrates verlängern.

§ 291c Einzug, Sperrung oder weitere Nutzung der elektronischen Gesundheitskarte nach Krankenkassenwechsel; Austausch der elektronischen Gesundheitskarte.

(1) Bei Beendigung des Versicherungsschutzes oder bei einem Krankenkassenwechsel ist die elektronische Gesundheitskarte von der Krankenkasse, die diese elektronische Gesundheitskarte ausgestellt hat, einzuziehen oder zu sperren und nach dem Stand der Technik zu vernichten.

(2) Wird die elektronische Gesundheitskarte eines Versicherten eingezogen, gesperrt oder im Rahmen eines bestehenden Versicherungsverhältnisses ausgetauscht, so hat die Krankenkasse sicherzustellen, dass der Versicherte weiterhin auf die Daten in den Anwendungen nach § 334 Absatz 1 Nummer 1 und 6 zugreifen und diese Daten verarbeiten kann.

(3) Vor dem Einzug der elektronischen Gesundheitskarte und vor dem Austausch der elektronischen Gesundheitskarte im Rahmen eines bestehenden Versicherungsverhältnisses hat die einziehende Krankenkasse über Möglichkeiten zur Löschung der Daten nach § 334 Absatz 1 Satz 2 Nummer 2 bis 5 auf der elektronischen Gesundheitskarte zu informieren.

§§ 291d–291h *(aufgehoben)*

§ 292 Angaben über Leistungsvoraussetzungen.
[1] Die Krankenkasse hat Angaben über Leistungen, die zur Prüfung der Voraussetzungen späterer Leistungsgewährung erforderlich sind, aufzuzeichnen. [2] Hierzu gehören insbesondere Angaben zur Feststellung der Voraussetzungen von Leistungsansprüchen bei Krankenhausbehandlung, medizinischen Leistungen zur Gesundheitsvorsorge und Rehabilitation sowie zur Feststellung der Voraussetzungen der Kostenerstattung und zur Leistung von Zuschüssen. [3] Im Falle der Arbeitsunfähigkeit sind auch die Diagnosen aufzuzeichnen.

§ 293 Kennzeichen für Leistungsträger und Leistungserbringer.

(1) [1] Die Krankenkassen verwenden im Schriftverkehr, einschließlich des Einsatzes elektronischer Datenübertragung oder maschinell verwertbarer Datenträger, beim Datenaustausch, für Maßnahmen zur Qualitätssicherung und für Abrechnungszwecke mit den anderen Trägern der Sozialversicherung, der Bundesagentur für Arbeit und den Versorgungsverwaltungen der Länder sowie mit ihren Vertragspartnern einschließlich deren Mitgliedern bundeseinheitliche Kennzeichen. [2] Der Spitzenverband Bund der Krankenkassen, die Spitzenorganisationen der anderen Träger der Sozialversicherung, die Postbeamtenkrankenkasse, die Bundesagentur für Arbeit und die Versorgungsverwaltungen der Länder bilden für die Vergabe der Kennzeichen nach Satz 1 eine Arbeitsgemeinschaft.

(2) Die Mitglieder der Arbeitsgemeinschaft nach Absatz 1 Satz 2 gemeinsam vereinbaren mit den Spitzenorganisationen der Leistungserbringer einheitlich Art und Aufbau der Kennzeichen und das Verfahren der Vergabe und ihre Verwendung.

(3) Kommt eine Vereinbarung nach Absatz 2 nicht oder nicht innerhalb einer vom Bundesministerium für Gesundheit gesetzten Frist zustande, kann dieses im Einvernehmen mit dem Bundesministerium für Arbeit und Soziales nach Anhörung der Beteiligten das Nähere über Regelungen über Art und Aufbau der Kennzeichen und das Verfahren der Vergabe und ihre Verwendung durch Rechtsverordnung mit Zustimmung des Bundesrates bestimmen.

5. Buch. Gesetzliche Krankenversicherung § 293 SGB V 28

(4) [1]Die Kassenärztliche und die Kassenzahnärztliche Bundesvereinigung führen jeweils ein bundesweites Verzeichnis der an der vertragsärztlichen Versorgung teilnehmenden Ärzte und Zahnärzte sowie Einrichtungen. [2]Das Verzeichnis enthält folgende Angaben:
1. Arzt- oder Zahnarztnummer (unverschlüsselt),
2. Hausarzt- oder Facharztkennung,
3. Teilnahmestatus,
4. Geschlecht des Arztes oder Zahnarztes,
5. Titel des Arztes oder Zahnarztes,
6. Name des Arztes oder Zahnarztes,
7. Vorname des Arztes oder Zahnarztes,
8. Geburtsdatum des Arztes oder Zahnarztes,
9. Straße der Arzt- oder Zahnarztpraxis oder der Einrichtung,
10. Hausnummer der Arzt- oder Zahnarztpraxis oder der Einrichtung,
11. Postleitzahl der Arzt- oder Zahnarztpraxis oder der Einrichtung,
12. Ort der Arzt- oder Zahnarztpraxis oder der Einrichtung,
13. Beginn der Gültigkeit der Arzt- oder Zahnarztnummer und
14. Ende der Gültigkeit der Arzt- oder Zahnarztnummer.
[3]Das Verzeichnis ist in monatlichen oder kürzeren Abständen zu aktualisieren. [4]Die Arzt- und Zahnarztnummer ist so zu gestalten, dass sie ohne zusätzliche Daten über den Arzt oder Zahnarzt nicht einem bestimmten Arzt oder Zahnarzt zugeordnet werden kann; dabei ist zu gewährleisten, dass die Arzt- und Zahnarztnummer eine Identifikation des Arztes oder Zahnarztes auch für die Krankenkassen und ihre Verbände für die gesamte Dauer der vertragsärztlichen oder vertragszahnärztlichen Tätigkeit ermöglicht. [5]Die Kassenärztliche Bundesvereinigung und die Kassenzahnärztliche Bundesvereinigung stellen sicher, dass das Verzeichnis die Arzt- und Zahnarztnummern enthält, welche Vertragsärzte und -zahnärzte im Rahmen der Abrechnung ihrer erbrachten und verordneten Leistungen mit den Krankenkassen nach den Vorschriften des Zweiten Abschnitts verwenden. [6]Die Kassenärztliche Bundesvereinigung und die Kassenzahnärztliche Bundesvereinigung stellen dem Spitzenverband Bund der Krankenkassen das Verzeichnis bis zum 31. März 2004 im Wege elektronischer Datenübertragung oder maschinell verwertbar auf Datenträgern zur Verfügung; Änderungen des Verzeichnisses sind dem Spitzenverband Bund der Krankenkassen in monatlichen oder kürzeren Abständen unentgeltlich zu übermitteln. [7]Der Spitzenverband Bund der Krankenkassen stellt seinen Mitgliedsverbänden und den Krankenkassen das Verzeichnis zur Erfüllung ihrer Aufgaben, insbesondere im Bereich der Gewährleistung der Qualität und der Wirtschaftlichkeit der Versorgung sowie der Aufbereitung der dafür erforderlichen Datengrundlagen, zur Verfügung; für andere Zwecke darf der Spitzenverband Bund der Krankenkassen die in dem Verzeichnis enthaltenen Angaben nicht verarbeiten.

(4a) [1]Die Kassenärztliche und die Kassenzahnärztliche Bundesvereinigung übermitteln dem Statistischen Bundesamt für die Erhebung nach dem Gesetz über Kostenstrukturstatistik in der jeweils geltenden Fassung bei Arzt- und Zahnarztpraxen sowie Praxen von Psychotherapeuten auf Anforderung jährlich die in Absatz 4 Satz 2 Nummer 1 bis 3, 5 bis 7 sowie 9 bis 12 genannten Daten. [2]Die in Satz 1 genannten Daten sind innerhalb von 30 Arbeitstagen zu übermitteln. ³Die Übermittlung der Daten an das Statistische Bundesamt erfolgt nach den vom Statistischen Bundesamt angebotenen sicheren elektronischen Verfahren. ⁴Die übermittelten Daten dürfen auch verwendet werden zur Pflege und Führung des Statistikregisters nach § 13 des Bundesstatistikgesetzes (BGBl. I S. 2394), das zuletzt durch Artikel 6 des Gesetzes vom 10. Juli 2020 (BGBl. I S. 1648) geändert worden ist.

(5) ¹Die für die Wahrnehmung der wirtschaftlichen Interessen gebildete maßgebliche Spitzenorganisation der Apotheker führt ein bundeseinheitliches Verzeichnis über die Apotheken und stellt dieses dem Spitzenverband Bund der Krankenkassen und der Gesellschaft für Telematik im Wege elektronischer Datenübertragung oder maschinell verwertbar auf Datenträgern unentgeltlich zur Verfügung. ²Änderungen des Verzeichnisses sind dem Spitzenverband Bund der Krankenkassen und der Gesellschaft für Telematik in monatlichen oder kürzeren Abständen unentgeltlich zu übermitteln. ³Das Verzeichnis enthält den Namen des Apothekers, die Anschrift und das Kennzeichen der Apotheke; es ist in monatlichen oder kürzeren Abständen zu aktualisieren. ⁴Die für die Wahrnehmung der wirtschaftlichen Interessen gebildete maßgebliche Spitzenorganisation der Apotheker stellt das Verzeichnis und die Änderungen nach Satz 2 auch der nach § 2 Satz 1 des Gesetzes über Rabatte für Arzneimittel gebildeten zentralen Stelle im Wege elektronischer Datenübertragung oder maschinell verwertbar auf Datenträgern zur Verfügung; die zentrale Stelle hat die Übermittlungskosten zu tragen. ⁵Der Spitzenverband Bund der Krankenkassen stellt seinen Mitgliedsverbänden und den Krankenkassen das Verzeichnis zur Erfüllung ihrer Aufgaben im Zusammenhang mit der Abrechnung der Apotheken, der in den §§ 129 und 300 getroffenen Regelungen sowie der damit verbundenen Datenaufbereitungen zur Verfügung; für andere Zwecke darf der Spitzenverband Bund der Krankenkassen die in dem Verzeichnis enthaltenen Angaben nicht verarbeiten. ⁶Die zentrale Stelle darf das Verzeichnis an die Träger der Kosten in Krankheits-, Pflege- und Geburtsfällen nach beamtenrechtlichen Vorschriften, die Unternehmen der privaten Krankenversicherung sowie die sonstigen Träger von Kosten in Krankheitsfällen übermitteln. ⁷Die in dem Verzeichnis enthaltenen Angaben dürfen nur für die in § 2 des Gesetzes über Rabatte für Arzneimittel genannten Zwecke verarbeitet werden. ⁸Die Gesellschaft für Telematik darf die in dem Verzeichnis enthaltenen Angaben nur zum Zweck der Ausgabe von Komponenten zur Authentifizierung von Leistungserbringerinstitutionen nach § 340 Absatz 4 verarbeiten. ⁹Apotheken nach Satz 1 sind verpflichtet, die für das Verzeichnis erforderlichen Auskünfte zu erteilen. ¹⁰Weitere Anbieter von Arzneimitteln sind gegenüber dem Spitzenverband Bund der Krankenkassen entsprechend auskunftspflichtig.

(6) ¹Der Spitzenverband Bund der Krankenkassen und die Deutsche Krankenhausgesellschaft führen auf der Grundlage der Vereinbarung nach § 2a Absatz 1 Satz 1 des Krankenhausfinanzierungsgesetzes ein bundesweites Verzeichnis der Standorte der nach § 108 zugelassenen Krankenhäuser und ihrer Ambulanzen. ²Sie können das Institut für das Entgeltsystem im Krankenhaus mit der Aufgabe nach Satz 1 beauftragen. ³In diesem Fall sind die notwendigen Aufwendungen des Instituts aus dem Zuschlag nach § 17b Absatz 5 Satz 1 Nummer 1 des Krankenhausfinanzierungsgesetzes zu finanzieren. ⁴Die zugelassenen Krankenhäuser sind verpflichtet, der das Verzeichnis führenden Stelle auf Anforderung die für den Aufbau und die Durchführung des Verzeichnisses erforderlichen Daten sowie Veränderungen dieser Daten auch ohne Anforde-

rung zu übermitteln. ⁵Das Verzeichnis ist in nach Satz 10 Nummer 3 zu vereinbarenden Abständen zeitnah zu aktualisieren und im Internet zu veröffentlichen. ⁶Die Krankenhäuser verwenden die im Verzeichnis enthaltenen Kennzeichen zu Abrechnungszwecken, für Datenübermittlungen an die Datenstelle nach § 21 Absatz 1 des Krankenhausentgeltgesetzes sowie zur Erfüllung der Anforderungen der Richtlinien und Beschlüsse zur Qualitätssicherung des Gemeinsamen Bundesausschusses. ⁷Die Kostenträger nutzen das Verzeichnis zur Erfüllung ihrer Aufgaben insbesondere im Zusammenhang mit der Abrechnung von Leistungen sowie mit Anforderungen der Richtlinien und Beschlüsse des Gemeinsamen Bundesausschusses zur Qualitätssicherung. ⁸Der Gemeinsame Bundesausschuss nutzt das Verzeichnis, sofern dies zur Erfüllung der ihm nach diesem Gesetzbuch übertragenen Aufgaben insbesondere im Rahmen der Qualitätssicherung erforderlich ist. ⁹Das Bundeskartellamt erhält die Daten des Verzeichnisses von der das Verzeichnis führenden Stelle im Wege elektronischer Datenübertragung oder maschinell verwertbar auf Datenträgern zur Erfüllung seiner Aufgaben nach dem Gesetz gegen Wettbewerbsbeschränkungen. ¹⁰Die Deutsche Krankenhausgesellschaft und der Spitzenverband Bund der Krankenkassen vereinbaren bis zum 30. Juni 2017 das Nähere zu dem Verzeichnis nach Satz 1, insbesondere

1. die Art und den Aufbau des Verzeichnisses,
2. die Art und den Aufbau der im Verzeichnis enthaltenen Kennzeichen sowie die Voraussetzungen und das Verfahren für die Vergabe der Kennzeichen,
3. die geeigneten Abstände einer zeitnahen Aktualisierung und das Verfahren der kontinuierlichen Fortschreibung,
4. die sächlichen und personellen Voraussetzungen für die Verwendung der Kennzeichen sowie die sonstigen Anforderungen an die Verwendung der Kennzeichen und
5. die Finanzierung der Aufwände, die durch die Führung und die Aktualisierungen des Verzeichnisses entstehen.

¹¹§ 2a Absatz 2 des Krankenhausfinanzierungsgesetzes gilt entsprechend für die Auftragserteilung nach Satz 2 und die Vereinbarung nach Satz 10.

(7) ¹Der Spitzenverband Bund der Krankenkassen und die Deutsche Krankenhausgesellschaft führen ein bundesweites Verzeichnis aller in den nach § 108 zugelassenen Krankenhäusern und ihren Ambulanzen tätigen Ärzte. ²Sie können einen Dritten mit der Aufgabe nach Satz 1 beauftragen; für eine das Verzeichnis führende Stelle, die nicht zu den in § 35 des Ersten Buches[1] genannten Stellen gehört, gilt § 35 des Ersten Buches[1] entsprechend. ³Das Verzeichnis enthält für alle Ärzte nach Satz 1 folgende Angaben:

1. Arztnummer (unverschlüsselt),
2. Angaben des Arztes nach Absatz 4 Satz 2 Nummer 4 bis 8,
3. Datum des Staatsexamens,
4. Datum der Approbation,
5. Datum der Promotion,
6. Datum der Facharztanerkennung und Fachgebiet,
7. Kennzeichen im Verzeichnis nach Absatz 6 des Krankenhauses, in dem der Arzt beschäftigt ist,

---

[1] Nr. 24.

8. Datum des Beginns der Tätigkeit des Arztes im Krankenhaus und
9. Datum des Endes der Tätigkeit des Arztes im Krankenhaus.

⁴Die Arztnummer nach Satz 3 Nummer 1 folgt in ihrer Struktur der Arztnummer nach Absatz 4 Satz 2 Nummer 1. ⁵Die zugelassenen Krankenhäuser sind verpflichtet, der das Verzeichnis führenden Stelle auf Anforderung die für den Aufbau und die Durchführung des Verzeichnisses erforderlichen Daten sowie Veränderungen dieser Daten auch ohne Anforderung zu übermitteln. ⁶Die Kosten zur Führung des Verzeichnisses tragen der Spitzenverband Bund der Krankenkassen und die Deutsche Krankenhausgesellschaft je zur Hälfte. ⁷Wird das Institut für das Entgeltsystem im Krankenhaus mit der Führung des Verzeichnisses beauftragt, sind die notwendigen Aufwendungen des Instituts aus dem Zuschlag nach § 17b Absatz 5 Satz 1 Nummer 1 des Krankenhausfinanzierungsgesetzes zu finanzieren. ⁸Der Spitzenverband Bund der Krankenkassen stellt seinen Mitgliedern das Verzeichnis zur Erfüllung ihrer gesetzlichen Aufgaben zur Verfügung; für andere Zwecke darf der Spitzenverband Bund der Krankenkassen die in dem Verzeichnis enthaltenen Angaben nicht verarbeiten. ⁹Die Krankenhäuser und die Krankenkassen verarbeiten die im Verzeichnis enthaltenen Angaben spätestens zum 1. Januar 2019 in den gesetzlich bestimmten Fällen. ¹⁰Der Spitzenverband Bund der Krankenkassen und die Deutsche Krankenhausgesellschaft vereinbaren im Einvernehmen mit der Kassenärztlichen Bundesvereinigung bis zum 31. Dezember 2017 das Nähere zu dem Verzeichnis nach Satz 1, insbesondere

1. die Art und den Aufbau des Verzeichnisses,
2. die Art, den Abgleich und den Aufbau der im Verzeichnis enthaltenen Angaben sowie die Voraussetzungen und das Verfahren für die Vergabe der Angaben nach Satz 3 Nummer 1 sowie der Verarbeitung der Angaben nach Satz 3 Nummer 2 bis 9,
3. die geeigneten Abstände einer zeitnahen Aktualisierung und das Verfahren der kontinuierlichen Fortschreibung sowie das Verfahren zur Löschung von Einträgen und
4. die sächlichen und personellen Voraussetzungen für die Verarbeitung der Angaben sowie die sonstigen Anforderungen an die Verarbeitung der Angaben.

¹¹Die Vereinbarung nach Satz 10 ist für den Spitzenverband Bund der Krankenkassen, die Deutsche Krankenhausgesellschaft, die Kassenärztliche Bundesvereinigung sowie deren jeweiligen Mitglieder und für die Leistungserbringer verbindlich. ¹²Kommt eine Vereinbarung nach Satz 10 ganz oder teilweise nicht zustande, entscheidet auf Antrag einer Vertragspartei das sektorenübergreifende Schiedsgremium auf Bundesebene gemäß § 89a.

(8) ¹Das Bundesinstitut für Arzneimittel und Medizinprodukte errichtet bis zum 31. Dezember 2021 im Benehmen mit dem Spitzenverband Bund der Krankenkassen, dem Spitzenverband Bund der Pflegekassen und den für die Wahrnehmung der Interessen der Träger von ambulanten Pflegediensten und Betreuungsdiensten nach § 71 Absatz 1a des Elften Buches maßgeblichen Vereinigungen auf Bundesebene ein bundesweites Verzeichnis

1. der ambulanten Leistungserbringer, mit denen die Krankenkassen Verträge nach § 132a Absatz 4 Satz 1 abgeschlossen haben, oder bei denen es sich um

zugelassene Pflegeeinrichtungen im Sinne des § 72 Absatz 1 Satz 1 des Elften Buches handelt,

2. der Personen, die durch die in Nummer 1 genannten Leistungserbringer beschäftigt sind und häusliche Krankenpflege nach § 37, außerklinische Intensivpflege nach § 37c oder Leistungen der häuslichen Pflegehilfe im Sinne des § 36 Absatz 1 des Elften Buches erbringen, sowie

3. der Pflegekräfte, mit denen die Pflegekassen Verträge nach § 77 Absatz 1 des Elften Buches abgeschlossen haben.

²Das Bundesinstitut für Arzneimittel und Medizinprodukte legt hierbei für jede in das Verzeichnis aufzunehmende Person nach Satz 1 Nummer 2 und Pflegekraft nach Satz 1 Nummer 3 eine Beschäftigtennummer fest. ³Die Beschäftigtennummer folgt in ihrer Struktur der Arztnummer nach Absatz 4 Satz 2 Nummer 1. ⁴Das Verzeichnis nach Satz 1 enthält für die Personen nach Satz 1 Nummer 2 und für die Pflegekräfte nach Satz 1 Nummer 3 folgende Angaben:

1. die Beschäftigtennummer (unverschlüsselt),
2. den Vornamen und den Namen,
3. das Geburtsdatum,
4. die Bezeichnung der abgeschlossenen Berufsausbildungen und das Datum des jeweiligen Abschlusses sowie
5. die Bezeichnung abgeschlossener Zusatzqualifikationen und das Datum des jeweiligen Abschlusses.

⁵Für die Personen nach Satz 1 Nummer 2 enthält das Verzeichnis zusätzlich zu den Angaben nach Satz 4

1. das Kennzeichen des Arbeitgebers oder des Trägers des Leistungserbringers nach Satz 1 Nummer 1,
2. das Kennzeichen des Leistungserbringers nach Satz 1 Nummer 1, in dem die Person beschäftigt ist, oder, wenn ein solches nicht vorhanden ist, ersatzweise die Anschrift des Leistungserbringers, bei dem die Person beschäftigt ist, und
3. den Beginn und das Ende der Tätigkeit beim Leistungserbringer nach Nummer 2.

⁶Für die Pflegekräfte nach Satz 1 Nummer 3 enthält das Verzeichnis zusätzlich zu den Angaben nach Satz 4

1. die Anschrift der Pflegekraft und
2. den Beginn und das Ende des mit der Pflegekasse geschlossenen Vertrages.

⁷Die Leistungserbringer, mit denen die Krankenkassen Verträge nach § 132a Absatz 4 Satz 1 oder die Landesverbände der Krankenkassen und die Ersatzkassen Verträge nach § 132l Absatz 5 abgeschlossen haben oder bei denen es sich um zugelassene Pflegeeinrichtungen im Sinne des § 72 Absatz 1 Satz 1 des Elften Buches handelt, und die Pflegekräfte nach Satz 1 Nummer 3 sind verpflichtet, dem Bundesinstitut für Arzneimittel und Medizinprodukte ab dem 1. August 2022 die Angaben nach Satz 4 Nummer 2 bis 5 und den Sätzen 5 und 6 zu übermitteln sowie unverzüglich jede Veränderung dieser Angaben mitzuteilen. ⁸Die Kosten für die Führung des Verzeichnisses trägt der Spitzenverband Bund der Krankenkassen. ⁹Das Bundesinstitut für Arzneimittel und Medizinprodukte stellt den Kranken- und Pflegekassen die zur Erfüllung ihrer gesetzlichen Aufgaben nach diesem und nach dem Elften Buch erforderlichen Angaben aus dem Verzeichnis zur Verfügung; für andere Zwecke dürfen die

Angaben nicht verwendet werden. [10] Das Bundesinstitut für Arzneimittel und Medizinprodukte stellt den in Satz 7 genannten Leistungserbringern und den Pflegekräften nach Satz 1 Nummer 3 die Beschäftigtennummer zur Verfügung. [11] Die Beschäftigtennummer ist spätestens ab dem 1. Januar 2023 für die Abrechnung der von der Person nach Satz 1 Nummer 2 oder der Pflegekraft nach Satz 1 Nummer 3 erbrachten Leistungen zu verwenden.

§ 293a Transparenzstelle für Verträge über eine hausarztzentrierte Versorgung und über eine besondere Versorgung. (1) [1] Das Bundesamt für Soziale Sicherung richtet eine bundesweite Transparenzstelle für Verträge nach den §§ 73b und 140a einschließlich der Verträge, die nach den §§ 73a, 73c und 140a in der am 22. Juli 2015 geltenden Fassung geschlossen wurden, (Vertragstransparenzstelle) ein. [2] Die Vertragstransparenzstelle dient dem Zweck der Sicherung der Datengrundlagen für den Risikostrukturausgleich nach § 273 und der Information der Öffentlichkeit. [3] Die Vertragstransparenzstelle führt ein Verzeichnis, das zu den Verträgen nach Satz 1 insbesondere Angaben enthält über

1. die Vertragsform,
2. die vertragschließende Krankenkasse,
3. bei einem Vertrag nach § 140a die Art der vertragschließenden Leistungserbringer,
4. den Tag des Vertragsbeginns,
5. soweit erfolgt, den Tag der Wirksamkeit von Vertragsänderungen,
6. den Tag des Vertragsendes,
7. den räumlichen Geltungsbereich des Vertrages,
8. soweit vorhanden, die dem Vertrag als Einschlusskriterien zugrunde liegenden Diagnosen und
9. die Vertragsnummer nach Satz 4.

[4] Jeder Vertrag ist durch die Vertragstransparenzstelle mit einer Vertragsnummer zu kennzeichnen. [5] Das Verzeichnis nach Satz 3 ist vierteljährlich zu aktualisieren und in der jeweiligen aktuellen Fassung im Internet zu veröffentlichen.

(2) [1] Die erstmalige Veröffentlichung des Verzeichnisses umfasst mindestens die Angaben nach Absatz 1 Satz 3 Nummer 1, 2 und 9 und erfolgt bis spätestens zum 30. September 2020. [2] Die Veröffentlichung des Verzeichnisses mit sämtlichen Angaben nach Absatz 1 Satz 3 erfolgt bis spätestens zum 30. September 2021.

(3) [1] Die Vertragstransparenzstelle bestimmt erstmalig bis zum 31. Juli 2020 das Nähere zu dem Verzeichnis nach Absatz 1 Satz 3 in Verbindung mit Absatz 2 Satz 1, insbesondere

1. Art und Aufbau des Verzeichnisses,
2. das Verfahren für die Eintragung der Verträge in das Verzeichnis,
3. Art und Aufbau der im Verzeichnis enthaltenen Vertragsnummer und
4. das Verfahren für die Vergabe der Vertragsnummer.

[2] Bei der Bestimmung nach Satz 1 Nummer 3 und 4 sollen bereits bestehende Vertragskennzeichen berücksichtigt werden. [3] Die Vertragstransparenzstelle bestimmt das Nähere zu dem Verzeichnis nach Absatz 1 Satz 3 in Verbindung mit

Absatz 2 Satz 2 bis zum 31. März 2021. ⁴Satz 1 Nummer 1 und 2 gilt entsprechend.

(4) ¹Die Krankenkassen sind verpflichtet, der Vertragstransparenzstelle auf Anforderung spätestens bis zum 31. August 2020 die für die erstmalige Veröffentlichung des Verzeichnisses erforderlichen Angaben nach Absatz 2 Satz 1 zu übermitteln. ²Veränderungen der Angaben nach Absatz 2 Satz 1 und die Angaben zu nach der erstmaligen Übermittlung vereinbarten Verträgen sind von den Krankenkassen ohne Anforderung zu übermitteln.

(5) ¹Die Krankenkassen sind verpflichtet, der Vertragstransparenzstelle auf Anforderung spätestens bis zum 30. Juni 2021 die für die Veröffentlichung des Verzeichnisses nach Absatz 2 Satz 2 erforderlichen Angaben zu übermitteln. ²Veränderungen der Angaben und die Angaben zu nach der erstmaligen Übermittlung vereinbarten Verträgen sind von den Krankenkassen ohne Anforderung zu übermitteln.

(6) Innerhalb von drei Monaten nach Bekanntgabe der Vertragsnummer nach Absatz 1 Satz 4 schaffen die Vertragspartner die Voraussetzungen für die softwaretechnische Umsetzung der ärztlichen Übermittlungspflicht nach § 295 Absatz 1b Satz 1 und 8.

(7) Die dem Bundesamt für Soziale Sicherung bei der Verwaltung der Vertragstransparenzstelle entstehenden Ausgaben werden aus den Einnahmen des Gesundheitsfonds gedeckt.

Zweiter Abschnitt. Übermittlung und Aufbereitung von Leistungsdaten, Datentransparenz

Erster Titel. Übermittlung von Leistungsdaten

§ 294 Pflichten der Leistungserbringer. Die an der vertragsärztlichen Versorgung teilnehmenden Ärzte und die übrigen Leistungserbringer sind verpflichtet, die für die Erfüllung der Aufgaben der Krankenkassen sowie der Kassenärztlichen Vereinigungen notwendigen Angaben, die aus der Erbringung, der Verordnung sowie der Abgabe von Versicherungsleistungen entstehen, aufzuzeichnen und gemäß den nachstehenden Vorschriften den Krankenkassen, den Kassenärztlichen Vereinigungen oder den mit der Datenverarbeitung beauftragten Stellen mitzuteilen.

§ 294a Mitteilung von Krankheitsursachen und drittverursachten Gesundheitsschäden. (1) ¹Liegen Anhaltspunkte dafür vor, dass eine Krankheit eine Berufskrankheit im Sinne der gesetzlichen Unfallversicherung oder deren Spätfolgen oder die Folge oder Spätfolge eines Arbeitsunfalls, eines sonstigen Unfalls, einer Körperverletzung, einer Schädigung im Sinne des Bundesversorgungsgesetzes oder eines Impfschadens im Sinne des Infektionsschutzgesetzes ist oder liegen Hinweise auf drittverursachte Gesundheitsschäden vor, sind die an der vertragsärztlichen Versorgung teilnehmenden Ärzte und Einrichtungen sowie die Krankenhäuser nach § 108 verpflichtet, die erforderlichen Daten, einschließlich der Angaben über Ursachen und den möglichen Verursacher, den Krankenkassen mitzuteilen. ²Bei Hinweisen auf drittverursachte Gesundheitsschäden, die Folge einer Misshandlung, eines sexuellen Missbrauchs, eines sexuellen Übergriffs, einer sexuellen Nötigung, einer Vergewaltigung oder einer Vernachlässigung von Kindern und Jugendlichen sein können, besteht keine Mitteilungspflicht nach Satz 1. ³Bei Hinweisen auf drittverursachte

Gesundheitsschäden, die Folge einer Misshandlung, eines sexuellen Missbrauchs, eines sexuellen Übergriffs, einer sexuellen Nötigung oder einer Vergewaltigung einer oder eines volljährigen Versicherten sein können, besteht die Mitteilungspflicht nach Satz 1 nur dann, wenn die oder der Versicherte in die Mitteilung ausdrücklich eingewilligt hat.

(2) [1]Liegen Anhaltspunkte für ein Vorliegen der Voraussetzungen des § 52 Abs. 2 vor, sind die an der vertragsärztlichen Versorgung teilnehmenden Ärzte und Einrichtungen sowie die Krankenhäuser nach § 108 verpflichtet, den Krankenkassen die erforderlichen Daten mitzuteilen. [2]Die Versicherten sind über den Grund der Meldung nach Satz 1 und die gemeldeten Daten zu informieren.

§ 295 Übermittlungspflichten und Abrechnung bei ärztlichen Leistungen.

(1) [1]Die an der vertragsärztlichen Versorgung teilnehmenden Ärzte und Einrichtungen sind verpflichtet,

1. die von ihnen festgestellten Arbeitsunfähigkeitsdaten,
2. in den Abrechnungsunterlagen für die vertragsärztlichen Leistungen die von ihnen erbrachten Leistungen einschließlich des Tages und, soweit für die Überprüfung der Zulässigkeit und Richtigkeit der Abrechnung erforderlich, der Uhrzeit der Behandlung, bei ärztlicher Behandlung mit Diagnosen, bei zahnärztlicher Behandlung mit Zahnbezug und Befunden,
3. in den Abrechnungsunterlagen sowie auf den Vordrucken für die vertragsärztliche Versorgung ihre Arztnummer, in Überweisungsfällen die Arztnummer des überweisenden Arztes und bei der Abrechnung von Leistungen nach § 73 Absatz 1 Satz 2 Nummer 2 die Arztnummer des Arztes, bei dem der Termin vermittelt wurde, sowie die Angaben nach § 291a Absatz 2 Nummer 1 bis 10 maschinenlesbar

aufzuzeichnen und zu übermitteln. [2]Die Diagnosen nach Satz 1 Nr. 1 und 2 sind nach der Internationalen Klassifikation der Krankheiten in der jeweiligen vom Bundesinstitut für Arzneimittel und Medizinprodukte im Auftrag des Bundesministeriums für Gesundheit herausgegebenen deutschen Fassung zu verschlüsseln. [3]Das Bundesministerium für Gesundheit kann das Bundesinstitut für Arzneimittel und Medizinprodukte beauftragen, den in Satz 2 genannten Schlüssel um Zusatzkennzeichen zur Gewährleistung der für die Erfüllung der Aufgaben der Krankenkassen notwendigen Aussagefähigkeit des Schlüssels zu ergänzen. [4]Von Vertragsärzten durchgeführte Operationen und sonstige Prozeduren sind nach dem vom Bundesinstitut für Arzneimittel und Medizinprodukte im Auftrag des Bundesministeriums für Gesundheit herausgegebenen Schlüssel zu verschlüsseln. [5]In dem Schlüssel nach Satz 4 können durch das Bundesinstitut für Arzneimittel und Medizinprodukte auch Voraussetzungen für die Abrechnung der Operationen und sonstigen Prozeduren festgelegt werden. [6]Das Bundesministerium für Gesundheit gibt den Zeitpunkt des Inkrafttretens der jeweiligen Fassung des Diagnosenschlüssels nach Satz 2 sowie des Prozedurenschlüssels nach Satz 4 im Bundesanzeiger bekannt. [7]Von dem in Satz 6 genannten Zeitpunkt an sind der Diagnoseschlüssel nach Satz 2 sowie der Operationen- und Prozedurenschlüssel nach Satz 4 verbindlich und für die Abrechnung der erbrachten Leistungen zu verwenden. [8]Das Bundesinstitut für Arzneimittel und Medizinprodukte kann bei Auslegungsfragen zu den Diagnosenschlüsseln nach Satz 2 und den Prozedurenschlüsseln nach Satz 4 Klarstellungen und Änderungen mit Wirkung auch für die Vergangenheit vornehmen, soweit diese nicht zu erweiterten Anforderungen an die Verschlüsselung erbrachter Leistungen führen. [9] Für das Verfahren der Festlegung des Diagnoseschlüssels nach Satz 2 sowie des Operationen- und Prozedurenschlüssels nach Satz 4 gibt sich das Bundesinstitut für Arzneimittel und Medizinprodukte eine Verfahrensordnung, die der Genehmigung des Bundesministeriums für Gesundheit bedarf und die auf der Internetseite des Bundesinstituts für Arzneimittel und Medizinprodukte zu veröffentlichen ist. [10] Die Angaben nach Satz 1 Nummer 1 sind unter Angabe der Diagnosen sowie unter Nutzung des sicheren Übermittlungsverfahrens nach § 311 Absatz 6 über die Telematikinfrastruktur unmittelbar elektronisch an die Krankenkasse zu übermitteln; dies gilt nicht für Vorsorge- und Rehabilitationseinrichtungen, die nicht an die Telematikinfrastruktur angeschlossen sind.

(1a) Für die Erfüllung der Aufgaben nach § 106d sind die an der vertragsärztlichen Versorgung teilnehmenden Ärzte verpflichtet und befugt, auf Verlangen der Kassenärztlichen Vereinigungen die für die Prüfung erforderlichen Befunde vorzulegen.

(1b) [1] Ärzte, Einrichtungen und medizinische Versorgungszentren, die ohne Beteiligung der Kassenärztlichen Vereinigungen mit den Krankenkassen oder ihren Verbänden Verträge über Modellvorhaben nach § 64e, zu besonderen Versorgungsformen (§ 140a) oder zur Versorgung nach den §§ 73b, 132e oder 132f abgeschlossen haben, psychiatrische Institutsambulanzen sowie Leistungserbringer, die gemäß § 116b Abs. 2 an der ambulanten spezialfachärztlichen Versorgung teilnehmen, übermitteln die in Absatz 1 genannten Angaben, bei Krankenhäusern einschließlich ihres Institutionskennzeichens, an die jeweiligen Krankenkassen im Wege elektronischer Datenübertragung oder maschinell verwertbar auf Datenträgern; vertragsärztliche Leistungserbringer können in den Fällen des § 116b die Angaben über die Kassenärztliche Vereinigung übermitteln. [2] Das Nähere regelt der Spitzenverband Bund der Krankenkassen mit Ausnahme der Datenübermittlung der Leistungserbringer, die gemäß § 116b Absatz 2 an der ambulanten spezialärztlichen Versorgung teilnehmen, sowie der psychiatrischen Institutsambulanzen. [3] Die psychiatrischen Institutsambulanzen übermitteln die Angaben nach Satz 1 zusätzlich an die Datenstelle nach § 21 Absatz 1 Satz 1 des Krankenhausentgeltgesetzes. [4] Die Selbstverwaltungspartner nach § 17b Absatz 2 des Krankenhausfinanzierungsgesetzes vereinbaren für die Dokumentation der Leistungen der psychiatrischen Institutsambulanzen nach Satz 1 sowie für die Durchführung der vom Gemeinsamen Bundesausschuss nach § 101 Absatz 1 Satz 1 Nummer 2b zu beschließenden Bestimmungen bis spätestens zum 1. Januar 2018 einen bundeseinheitlichen Katalog, der nach Art und Umfang der Leistung sowie der zur Leistungserbringung eingesetzten personellen Kapazitäten getrennt nach Berufsgruppen und Fachgebieten differenziert, sowie das Nähere zur Datenübermittlung nach Satz 3; für die Umsetzung des Prüfauftrags nach § 17d Absatz 1 Satz 3 des Krankenhausfinanzierungsgesetzes vereinbaren sie dabei auch, ob und wie der Prüfauftrag auf der Grundlage der Daten einer Vollerhebung oder einer repräsentativen Stichprobe der Leistungen psychiatrischer Institutsambulanzen sachgerecht zu erfüllen ist. [5] § 21 Absatz 4, Absatz 5 Satz 1 und 2 sowie Absatz 6 des Krankenhausentgeltgesetzes ist für die Vereinbarung zur Datenübermittlung entsprechend anzuwenden. [6] Für die Vereinbarung einer bundeseinheitlichen Dokumentation der Leistungen der psychiatrischen Institutsambulanzen gilt § 21 Absatz 4 und 6 des Krankenhausentgeltgesetzes entsprechend mit der Maßgabe, dass die

Schiedsstelle innerhalb von sechs Wochen entscheidet. [7] Die Schiedsstelle entscheidet innerhalb von sechs Wochen auf Antrag einer Vertragspartei auch über die Tatbestände nach Satz 4 zweiter Halbsatz, zu denen keine Einigung zustande gekommen ist. [8] In Fällen der Verträge nach den §§ 73b und 140a sind als zusätzliche Angabe je Diagnose auch die Vertragsnummern nach § 293a Absatz 1 Satz 4 zu übermitteln; Satz 1 gilt entsprechend.

(2) [1] Für die Abrechnung der Vergütung übermitteln die Kassenärztlichen Vereinigungen im Wege elektronischer Datenübertragung oder maschinell verwertbar auf Datenträgern den Krankenkassen für jedes Quartal für jeden Behandlungsfall folgende Daten:

1. Angaben nach § 291a Absatz 2 Nummer 1, 6 und 7,
2. Arzt- oder Zahnarztnummer, in Überweisungsfällen die Arzt- oder Zahnarztnummer des überweisenden Arztes und bei der Abrechnung von Leistungen nach § 73 Absatz 1 Satz 2 Nummer 2 die Arztnummer des Arztes, bei dem der Termin vermittelt wurde,
3. Art der Inanspruchnahme,
4. Art der Behandlung,
5. Tag und, soweit für die Überprüfung der Zulässigkeit und Richtigkeit der Abrechnung erforderlich, die Uhrzeit der Behandlung,
6. abgerechnete Gebührenpositionen mit den Schlüsseln nach Absatz 1 Satz 5, bei zahnärztlicher Behandlung mit Zahnbezug und Befunden,
7. Kosten der Behandlung,
8. den Nachweis über die Erfüllung der Meldepflicht nach § 36 des Implantateregistergesetzes,
9. bei der Abrechnung von Leistungen im Rahmen von Verträgen nach den §§ 73b und 140a, an denen eine Kassenärztliche Vereinigung beteiligt ist, je Diagnose die Angabe der jeweiligen Vertragsnummer nach § 293a Absatz 1 Satz 4.

[2] Die Kassenärztlichen Vereinigungen übermitteln für die Durchführung der Programme nach § 137g die in den Richtlinien des Gemeinsamen Bundesausschusses nach § 137f festgelegten Angaben versichertenbezogen an die Krankenkassen, soweit sie an der Durchführung dieser Programme beteiligt sind. [3] Die Kassenärztlichen Vereinigungen übermitteln den Krankenkassen die Angaben nach Satz 1 für Versicherte, die an den Programmen nach § 137f teilnehmen, versichertenbezogen. [4] § 137f Abs. 3 Satz 2 bleibt unberührt.

(2a) Die an der vertragsärztlichen Versorgung teilnehmenden Ärzte und Einrichtungen sowie Leistungserbringer, die ohne Beteiligung der Kassenärztlichen Vereinigungen mit den Krankenkassen oder ihren Verbänden Verträge zu besonderen Versorgungsformen (§ 140a) oder zur Versorgung nach § 73b abgeschlossen haben, sowie Leistungserbringer, die gemäß § 116b Abs. 2 an der ambulanten spezialfachärztlichen Versorgung teilnehmen, sind verpflichtet, die Angaben gemäß § 292 aufzuzeichnen und den Krankenkassen zu übermitteln; vertragsärztliche Leistungserbringer können in den Fällen des § 116b die Angaben über die Kassenärztliche Vereinigung übermitteln.

(3) [1] Die Vertragsparteien der Verträge nach § 82 Abs. 1 und § 87 Abs. 1 vereinbaren als Bestandteil dieser Verträge das Nähere über

1. Form und Inhalt der Abrechnungsunterlagen für die vertragsärztlichen Leistungen,

2. Form und Inhalt der im Rahmen der vertragsärztlichen Versorgung erforderlichen Vordrucke,
3. die Erfüllung der Pflichten der Vertragsärzte nach Absatz 1,
4. die Erfüllung der Pflichten der Kassenärztlichen Vereinigungen nach Absatz 2, insbesondere auch Form, Frist und Umfang der Übermittlung der Abrechnungsunterlagen an die Krankenkassen oder deren Verbände,
5. Einzelheiten der Datenübermittlung einschließlich einer einheitlichen Datensatzstruktur und der Aufbereitung von Abrechnungsunterlagen nach den §§ 296 und 297.

²Die Vertragsparteien nach Satz 1 vereinbaren bis zum 30. September 2021 eine Verkürzung der Frist der Übermittlung der Abrechnungsunterlagen nach Satz 1 Nummer 4.

(4) ¹Die an der vertragsärztlichen Versorgung teilnehmenden Ärzte, Einrichtungen und medizinischen Versorgungszentren haben die für die Abrechnung der Leistungen notwendigen Angaben der Kassenärztlichen Vereinigung im Wege elektronischer Datenübertragung, die unter Anwendung des sicheren Übermittlungsverfahrens nach § 311 Absatz 6 über die Telematikinfrastruktur erfolgen kann, oder maschinell verwertbar auf Datenträgern zu übermitteln. ²Das Nähere regelt die Kassenärztliche Bundesvereinigung. ³Dies umfasst im Benehmen mit dem Spitzenverband Bund der Krankenkassen, der Deutschen Krankenhausgesellschaft und dem Bundesinstitut für Arzneimittel und Medizinprodukte für die Abrechnung und Vergütung der vertragsärztlichen Leistungen die Vorgabe von verbindlichen Regelungen zur Vergabe und Übermittlung der Schlüssel nach Absatz 1 Satz 6 sowie von Prüfmaßstäben erstmals bis zum 30. Juni 2020 mit Wirkung zum 1. Januar 2022. ⁴Die Regelungen und die Prüfmaßstäbe nach Satz 3 sind danach jährlich zu aktualisieren; die Kassenärztliche Bundesvereinigung hat gegenüber den nach Satz 3 zu Beteiligenden das Verfahren nachvollziehbar und transparent zu begründen, Anforderungen für die Zertifizierung von Software, Softwareteilen und Komponenten nach Satz 6 darzulegen und die Erläuterungen auf ihrer Internetseite zu veröffentlichen. ⁵Die Regelungen und die Prüfmaßstäbe nach Satz 3 gelten auch für Leistungserbringer nach § 27b Absatz 3, den §§ 73b, 76 Absatz 1a, den §§ 116, 116a, 116b Absatz 2, den §§ 117 bis 119, 119c, 120 Absatz 1a, den §§ 121a, 137f und 140a sowie für die Leistungserbringung nach § 115b. ⁶Die Regelungen und die Prüfmaßstäbe nach Satz 3 sind auch Gegenstand der durch die Kassenärztliche Bundesvereinigung durchzuführenden Zertifizierung von Software, Softwareteilen und Komponenten, soweit diese außerhalb der vertragsärztlichen Versorgung zur Anwendung kommen sollen; das Zertifizierungsverfahren hat zudem die Einhaltung der ärztlichen Pflicht zur Übermittlung der Vertragsnummer nach Absatz 1b Satz 8 in Verträgen nach den §§ 73b und 140a zu gewährleisten. ⁷Die Vorgabe von verbindlichen Regelungen zur Vergabe und Übermittlung der Schlüssel sowie von Prüfmaßstäben nach Satz 3 und die jährliche Aktualisierung nach Satz 4 sind im Einvernehmen mit der Deutschen Krankenhausgesellschaft zu beschließen, sofern Schlüssel nach Absatz 1 Satz 6 wesentlich von Leistungserbringern nach Satz 5, mit Ausnahme von Leistungserbringern nach den §§ 73b und 140a, vergeben werden.

§ 295a Abrechnung der im Rahmen von Verträgen nach § 73b, § 132e, § 132f und § 140a sowie vom Krankenhaus im Notfall erbrachten Leistungen. (1) ¹Für die Abrechnung der im Rahmen von Verträgen nach den §§ 73b, 132e, 132f und 140a erbrachten Leistungen sind die an diesen Versorgungsformen teilnehmenden Leistungserbringer befugt, die nach den Vorschriften dieses Kapitels erforderlichen Angaben an den Vertragspartner auf Leistungserbringerseite als Verantwortlichen oder an eine nach Absatz 2 beauftragte andere Stelle zu übermitteln; für den Vertragspartner auf Leistungserbringerseite gilt § 35 des Ersten Buches[1]) entsprechend. ²Voraussetzung ist, dass der Versicherte vor Abgabe der Teilnahmeerklärung an der Versorgungsform umfassend über die vorgesehene Datenübermittlung informiert worden ist und mit der Einwilligung in die Teilnahme zugleich in die damit verbundene Datenübermittlung schriftlich oder elektronisch eingewilligt hat. ³Der Vertragspartner auf Leistungserbringerseite oder die beauftragte andere Stelle dürfen die übermittelten Daten nur zu Abrechnungszwecken verarbeiten; sie übermitteln die Daten im Wege elektronischer Datenübertragung oder maschinell verwertbar auf Datenträgern an den jeweiligen Vertragspartner auf Krankenkassenseite.

(2) ¹Der Vertragspartner auf Leistungserbringerseite darf eine andere Stelle mit der Verarbeitung der für die Abrechnung der in Absatz 1 genannten Leistungen erforderlichen personenbezogenen Daten beauftragen; die Vorschriften des Fünften Abschnitts bleiben unberührt. ² § 80 des Zehnten Buches[2]) ist anzuwenden mit der weiteren Maßgabe, dass Unterauftragsverhältnisse ausgeschlossen sind. ³Für Auftraggeber und Auftragsverarbeiter, die nicht zu den in § 35 des Ersten Buches[1]) genannten Stellen gehören, gilt diese Vorschrift entsprechend; sie haben insbesondere die technischen und organisatorischen Maßnahmen nach den Artikeln 24, 25 und 32 der Verordnung (EU) 2016/679[3]) zu treffen.

(3) ¹Für die Abrechnung von im Notfall erbrachten ambulanten ärztlichen Leistungen darf das Krankenhaus eine andere Stelle mit der Verarbeitung der erforderlichen personenbezogenen Daten beauftragen, sofern der Versicherte schriftlich oder elektronisch in die Datenübermittlung eingewilligt hat; § 334 bleibt unberührt. ²Der Auftragsverarbeiter darf diese Daten nur zu Abrechnungszwecken verarbeiten. ³Absatz 2 Satz 2 und 3 gilt entsprechend.

§ 296 Datenübermittlung für Wirtschaftlichkeitsprüfungen. (1) ¹Für die arztbezogenen Prüfungen nach § 106 übermitteln die Kassenärztlichen Vereinigungen im Wege elektronischer Datenübertragung oder maschinell verwertbar auf Datenträgern den Prüfungsstellen nach § 106c aus den Abrechnungsunterlagen der Vertragsärzte für jedes Quartal folgende Daten:

1. Arztnummer, einschließlich von Angaben nach § 293 Abs. 4 Satz 1 Nr. 2, 3, 6, 7 und 9 bis 14 und Angaben zu Schwerpunkt- und Zusatzbezeichnungen sowie zusätzlichen Abrechnungsgenehmigungen,

2. Kassennummer,

3. die abgerechneten Behandlungsfälle sowie deren Anzahl, getrennt nach Mitgliedern und Rentnern sowie deren Angehörigen,

4. die Überweisungsfälle sowie die Notarzt- und Vertreterfälle sowie deren Anzahl, jeweils in der Aufschlüsselung nach Nummer 3,

---

[1]) Nr. 24.
[2]) Nr. 33.
[3]) Nr. 1.

5. Buch. Gesetzliche Krankenversicherung § 297 SGB V 28

5. durchschnittliche Anzahl der Fälle der vergleichbaren Fachgruppe in der Gliederung nach den Nummern 3 und 4,
6. Häufigkeit der abgerechneten Gebührenposition unter Angabe des entsprechenden Fachgruppendurchschnitts,
7. in Überweisungsfällen die Arztnummer des überweisenden Arztes.

[2] Soweit es zur Durchführung der in den Vereinbarungen nach § 106b Absatz 1 Satz 1 vorgesehenen Wirtschaftlichkeitsprüfungen erforderlich ist, sind die Daten nach Satz 1 Nummer 3 jeweils unter Angabe der nach § 295 Absatz 1 Satz 2 verschlüsselten Diagnose zu übermitteln.

(2) [1] Für die arztbezogenen Prüfungen nach § 106 übermitteln die Krankenkassen im Wege elektronischer Datenübertragung oder maschinell verwertbar auf Datenträgern den Prüfungsstellen nach § 106c über die von allen Vertragsärzten verordneten Leistungen (Arznei-, Verband-, Heil- und Hilfsmittel sowie Krankenhausbehandlungen) für jedes Quartal folgende Daten:
1. Arztnummer des verordnenden Arztes,
2. Kassennummer,
3. Art, Menge und Kosten verordneter Arznei-, Verband-, Heil- und Hilfsmittel, getrennt nach Mitgliedern und Rentnern sowie deren Angehörigen, oder bei Arzneimitteln einschließlich des Kennzeichens nach § 300 Abs. 3 Nr. 1,
4. Häufigkeit von Krankenhauseinweisungen sowie Dauer der Krankenhausbehandlung.

[2] Soweit es zur Durchführung der in den Vereinbarungen nach § 106b Absatz 1 Satz 1 vorgesehenen Wirtschaftlichkeitsprüfungen erforderlich ist, sind der Prüfungsstelle auf Anforderung auch die Versichertennummern arztbezogen zu übermitteln.

(3) [1] Die Kassenärztliche Bundesvereinigung und der Spitzenverband Bund der Krankenkassen bestimmen im Vertrag nach § 295 Abs. 3 Nr. 5 Näheres über die nach Absatz 2 Nr. 3 anzugebenden Arten und Gruppen von Arznei-, Verband- und Heilmitteln. [2] Sie können auch vereinbaren, dass jedes einzelne Mittel oder dessen Kennzeichen angegeben wird. [3] Zu vereinbaren ist ferner Näheres zu den Fristen der Datenübermittlungen nach den Absätzen 1 und 2 sowie zu den Folgen der Nichteinhaltung dieser Fristen.

(4) Soweit es zur Durchführung der in den Vereinbarungen nach § 106b Absatz 1 Satz 1 vorgesehenen Wirtschaftlichkeitsprüfungen erforderlich ist, sind die an der vertragsärztlichen Versorgung teilnehmenden Ärzte und Einrichtungen verpflichtet und befugt, auf Verlangen der Prüfungsstelle nach § 106c die für die Prüfung erforderlichen Befunde vorzulegen.

§ 297 Weitere Regelungen zur Datenübermittlung für Wirtschaftlichkeitsprüfungen. (1) Die Kassenärztlichen Vereinigungen übermitteln im Wege der elektronischen Datenübertragung oder maschinell verwertbar auf Datenträgern den Prüfungsstellen nach § 106c aus den Abrechnungsunterlagen der in die Prüfung einbezogenen Vertragsärzte folgende Daten:
1. Arztnummer,
2. Kassennummer,
3. Krankenversichertennummer,

4. abgerechnete Gebührenpositionen je Behandlungsfall einschließlich des Tages der Behandlung, bei ärztlicher Behandlung mit der nach dem in § 295 Abs. 1 Satz 2 genannten Schlüssel verschlüsselten Diagnose, bei zahnärztlicher Behandlung mit Zahnbezug und Befunden, bei Überweisungen mit dem Auftrag des überweisenden Arztes.

(2) ¹Soweit es zur Durchführung der in den Vereinbarungen nach § 106b Absatz 1 Satz 1 vorgesehenen Wirtschaftlichkeitsprüfungen erforderlich ist, übermitteln die Krankenkassen im Wege der elektronischen Datenübertragung oder maschinell verwertbar auf Datenträgern den Prüfungsstellen nach § 106c die Daten über die von den in die Prüfung einbezogenen Vertragsärzten verordneten Leistungen unter Angabe der Arztnummer, der Kassennummer und der Krankenversichertennummer. ²Die Daten über die verordneten Arzneimittel enthalten zusätzlich jeweils das Kennzeichen nach § 300 Absatz 3 Satz 1. ³Die Daten über die Verordnungen von Krankenhausbehandlungen enthalten zusätzlich jeweils die gemäß § 301 übermittelten Angaben über den Tag und den Grund der Aufnahme, die Einweisungsdiagnose, die Aufnahmediagnose, die Art der durchgeführten Operationen und sonstigen Prozeduren sowie die Dauer der Krankenhausbehandlung.

§ 298 Übermittlung versichertenbezogener Daten. Im Rahmen eines Prüfverfahrens ist die versichertenbezogene Übermittlung von Angaben über ärztliche oder ärztlich verordnete Leistungen zulässig, soweit die Wirtschaftlichkeit oder Qualität der ärztlichen Behandlungs- oder Verordnungsweise im Einzelfall zu beurteilen ist.

§ 299 Datenverarbeitung für Zwecke der Qualitätssicherung.
(1) ¹Die an der vertragsärztlichen Versorgung teilnehmenden Ärzte, zugelassenen Krankenhäuser und übrigen Leistungserbringer gemäß § 135a Absatz 2 sowie die nach Satz 2 festgelegten Empfänger der Daten sind befugt und verpflichtet, personen- oder einrichtungsbezogene Daten der Versicherten und der Leistungserbringer für Zwecke der Qualitätssicherung nach § 135a Absatz 2, § 135b Absatz 2 oder § 137a Absatz 3 zu verarbeiten, soweit dies erforderlich und in Richtlinien und Beschlüssen des Gemeinsamen Bundesausschusses nach § 27b Absatz 2, § 135b Absatz 2, § 136 Absatz 1 Satz 1, den §§ 136b, 136c Absatz 1 und 2 sowie in Vereinbarungen nach § 137d vorgesehen ist. ²In den Richtlinien, Beschlüssen und Vereinbarungen nach Satz 1 sind diejenigen Daten, die von den Leistungserbringern zu verarbeiten sind, sowie deren Empfänger festzulegen und die Erforderlichkeit darzulegen. ³Der Gemeinsame Bundesausschuss hat bei der Festlegung der Daten nach Satz 2 in Abhängigkeit von der jeweiligen Maßnahme der Qualitätssicherung insbesondere diejenigen Daten zu bestimmen, die für die Ermittlung der Qualität von Diagnostik oder Behandlung mit Hilfe geeigneter Qualitätsindikatoren, für die Erfassung möglicher Begleiterkrankungen und Komplikationen, für die Feststellung der Sterblichkeit sowie für eine geeignete Validierung oder Risikoadjustierung bei der Auswertung der Daten medizinisch oder methodisch notwendig sind. ⁴Die Richtlinien und Beschlüsse sowie Vereinbarungen nach Satz 1 haben darüber hinaus sicherzustellen, dass

1. in der Regel die Datenerhebung auf eine Stichprobe der betroffenen Patienten begrenzt wird und die versichertenbezogenen Daten pseudonymisiert werden,

2. die Auswertung der Daten, soweit sie nicht im Rahmen der Qualitätsprüfungen durch die Kassenärztlichen Vereinigungen erfolgt, von einer unabhängigen Stelle vorgenommen wird und
3. eine qualifizierte Information der betroffenen Patienten in geeigneter Weise stattfindet.

[5] Abweichend von Satz 4 Nummer 1 können die Richtlinien, Beschlüsse und Vereinbarungen

1. auch eine Vollerhebung der Daten aller betroffenen Patienten vorsehen, sofern dies aus gewichtigen medizinisch fachlichen oder gewichtigen methodischen Gründen, die als Bestandteil der Richtlinien, Beschlüsse und Vereinbarungen dargelegt werden müssen, erforderlich ist;
2. auch vorsehen, dass von einer Pseudonymisierung der versichertenbezogenen Daten abgesehen werden kann, wenn für die Qualitätssicherung die Überprüfung der ärztlichen Behandlungsdokumentation fachlich oder methodisch erforderlich ist und

    a) die technische Beschaffenheit des die versichertenbezogenen Daten speichernden Datenträgers eine Pseudonymisierung nicht zulässt und die Anfertigung einer Kopie des speichernden Datenträgers, um auf dieser die versichertenbezogenen Daten zu pseudonymisieren, mit für die Qualitätssicherung nicht hinnehmbaren Qualitätsverlusten verbunden wäre oder

    b) die Richtigkeit der Behandlungsdokumentation Gegenstand der Qualitätsprüfung nach § 135b Absatz 2 ist;

    die Gründe sind in den Richtlinien, Beschlüssen und Vereinbarungen darzulegen.

[6] Auch Auswahl, Umfang und Verfahren der Stichprobe sind in den Richtlinien und Beschlüssen sowie den Vereinbarungen nach Satz 1 festzulegen und von den an der vertragsärztlichen Versorgung teilnehmenden Ärzten und den übrigen Leistungserbringern zu erheben und zu übermitteln. [7] Es ist auszuschließen, dass die Krankenkassen, Kassenärztlichen Vereinigungen oder deren jeweilige Verbände Kenntnis von Daten erlangen, die über den Umfang der ihnen nach den §§ 295, 300, 301, 301a und 302 zu übermittelnden Daten hinausgeht; dies gilt nicht für die Kassenärztlichen Vereinigungen in Bezug auf die für die Durchführung der Qualitätsprüfung nach § 135b Absatz 2 sowie die für die Durchführung der Aufgaben einer Datenannahmestelle oder für Einrichtungsbefragungen zur Qualitätssicherung aus Richtlinien nach § 136 Absatz 1 Satz 1 erforderlichen Daten. [8] Eine über die in den Richtlinien nach § 136 Absatz 1 Satz 1 festgelegten Zwecke hinausgehende Verarbeitung dieser Daten, insbesondere eine Zusammenführung mit anderen Daten, ist unzulässig. [9] Aufgaben zur Qualitätssicherung sind von den Kassenärztlichen Vereinigungen räumlich und personell getrennt von ihren anderen Aufgaben wahrzunehmen. [10] Abweichend von Satz 4 Nummer 1 zweiter Halbsatz können die Richtlinien und Beschlüsse des Gemeinsamen Bundesausschusses nach § 135b Absatz 2, § 136 Absatz 1 Satz 1 und § 136b und die Vereinbarungen nach § 137d vorsehen, dass den Leistungserbringern nach Satz 1 die Daten der von ihnen behandelten Versicherten versichertenbezogen für Zwecke der Qualitätssicherung im erforderlichen Umfang übermittelt werden. [11] Die Leistungserbringer dürfen diese versichertenbezogenen Daten mit den Daten, die bei ihnen zu den Versicherten bereits vorliegen, zusammenführen und für die in den Richtlinien, Beschlüssen oder Vereinbarungen nach Satz 1 festgelegten Zwecke verarbeiten.

28 SGB V § 299

(1a) ¹Die Krankenkassen sind befugt und verpflichtet, nach § 284 Absatz 1 erhobene und gespeicherte Sozialdaten für Zwecke der Qualitätssicherung nach § 135a Absatz 2, § 135b Absatz 2 oder § 137a Absatz 3 zu verarbeiten, soweit dies erforderlich und in Richtlinien und Beschlüssen des Gemeinsamen Bundesausschusses nach § 27b Absatz 2, § 135b Absatz 2, § 136 Absatz 1 Satz 1, den §§ 136b, 136c Absatz 1 und 2, § 137 Absatz 3 und § 137b Absatz 1 sowie in Vereinbarungen nach § 137d vorgesehen ist. ²In den Richtlinien, Beschlüssen und Vereinbarungen nach Satz 1 sind diejenigen Daten, die von den Krankenkassen für Zwecke der Qualitätssicherung zu verarbeiten sind, sowie deren Empfänger festzulegen und die Erforderlichkeit darzulegen. ³Absatz 1 Satz 3 bis 7 gilt entsprechend.

(2) ¹Das Verfahren zur Pseudonymisierung der Daten wird durch die an der vertragsärztlichen Versorgung teilnehmenden Ärzte und übrigen Leistungserbringer gemäß § 135a Absatz 2 angewendet. ²Es ist in den Richtlinien und Beschlüssen sowie den Vereinbarungen nach Absatz 1 Satz 1 unter Berücksichtigung der Empfehlungen des Bundesamtes für Sicherheit in der Informationstechnik festzulegen. ³Das Verfahren zur Pseudonymisierung der Daten kann in den Richtlinien, Beschlüssen und Vereinbarungen auch auf eine von den Krankenkassen, Kassenärztlichen Vereinigungen oder deren jeweiligen Verbänden räumlich, organisatorisch und personell getrennte Stelle übertragen werden, wenn das Verfahren für die in Satz 1 genannten Leistungserbringer einen unverhältnismäßig hohen Aufwand bedeuten würde; für Verfahren zur Qualitätsprüfung nach § 135b Absatz 2 kann dies auch eine gesonderte Stelle bei den Kassenärztlichen Vereinigungen sein. ⁴Die Gründe für die Übertragung sind in den Richtlinien, Beschlüssen und Vereinbarungen darzulegen. ⁵Bei einer Vollerhebung nach Absatz 1 Satz 5 hat die Pseudonymisierung durch eine von den Krankenkassen, Kassenärztlichen Vereinigungen oder deren jeweiligen Verbänden räumlich organisatorisch und personell getrennten Vertrauensstelle zu erfolgen.

(2a) ¹Enthalten die für Zwecke des Absatz 1 Satz 1 verarbeiteten Daten noch keine den Anforderungen des § 290 Absatz 1 Satz 2 entsprechende Krankenversichertennummer und ist in Richtlinien des Gemeinsamen Bundesausschusses vorgesehen, dass die Pseudonymisierung auf der Grundlage der Krankenversichertennummer nach § 290 Absatz 1 Satz 2 erfolgen soll, kann der Gemeinsame Bundesausschuss in den Richtlinien ein Übergangsverfahren regeln, das einen Abgleich der für einen Versicherten vorhandenen Krankenversichertennummern ermöglicht. ²In diesem Fall hat er in den Richtlinien eine von den Krankenkassen und ihren Verbänden räumlich, organisatorisch und personell getrennte eigenständige Vertrauensstelle zu bestimmen, die dem Sozialgeheimnis nach § 35 Absatz 1 des Ersten Buches[1]) unterliegt, an die die Krankenkassen für die in das Qualitätssicherungsverfahren einbezogenen Versicherten die vorhandenen Krankenversichertennummern übermitteln. ³Weitere Daten dürfen nicht übermittelt werden. ⁴Der Gemeinsame Bundesausschuss hat in den Richtlinien die Dauer der Übergangsregelung und den Zeitpunkt der Löschung der Daten bei der Stelle nach Satz 2 festzulegen.

(3) ¹Zur Auswertung der für Zwecke der Qualitätssicherung nach § 135a Abs. 2 erhobenen Daten bestimmen in den Fällen des § 136 Absatz 1 Satz 1 und § 136b der Gemeinsame Bundesausschuss und im Falle des § 137d die

---

[1]) Nr. 24.

Vereinbarungspartner eine unabhängige Stelle. ²Diese darf Auswertungen nur für Qualitätssicherungsverfahren mit zuvor in den Richtlinien, Beschlüssen oder Vereinbarungen festgelegten Auswertungszielen durchführen. ³Daten, die für Zwecke der Qualitätssicherung nach § 135a Abs. 2 für ein Qualitätssicherungsverfahren verarbeitet werden, dürfen nicht mit für andere Zwecke als die Qualitätssicherung erhobenen Datenbeständen zusammengeführt und ausgewertet werden. ⁴Für die unabhängige Stelle gilt § 35 Absatz 1 des Ersten Buches[1]) entsprechend.

(4) ¹Der Gemeinsame Bundesausschuss kann zur Durchführung von Patientenbefragungen für Zwecke der Qualitätssicherung in den Richtlinien und Beschlüssen nach den §§ 136 bis 136b eine zentrale Stelle (Versendestelle) bestimmen, die die Auswahl der zu befragenden Versicherten und die Versendung der Fragebögen übernimmt. ²In diesem Fall regelt er in den Richtlinien oder Beschlüssen die Einzelheiten des Verfahrens; insbesondere legt er die Auswahlkriterien fest und bestimmt, wer welche Daten an die Versendestelle zu übermitteln hat. ³Dabei kann er auch die Übermittlung nicht pseudonymisierter personenbezogener Daten der Versicherten und nicht pseudonymisierter personen- oder einrichtungsbezogener Daten der Leistungserbringer vorsehen, soweit dies für die Auswahl der Versicherten oder die Versendung der Fragebögen erforderlich ist. ⁴Der Rücklauf der ausgefüllten Fragebögen darf nicht über die Versendestelle erfolgen. ⁵Die Versendestelle muss von den Krankenkassen und ihren Verbänden, den Kassenärztlichen Vereinigungen und ihren Verbänden, der Vertrauensstelle nach Absatz 2 Satz 5, dem Institut nach § 137a und sonstigen nach Absatz 1 Satz 2 festgelegten Datenempfängern räumlich, organisatorisch und personell getrennt sein. ⁶Die Versendestelle darf über die Daten nach Satz 2 hinaus weitere Behandlungs-, Leistungs- oder Sozialdaten von Versicherten auf Grund anderer Vorschriften nur verarbeiten, sofern diese Datenverarbeitung organisatorisch, personell und räumlich von der Datenverarbeitung für den Zweck der Versendestelle nach Satz 1 getrennt ist und nicht zum Zweck der Qualitätssicherung in den Richtlinien und Beschlüssen nach den §§ 136 bis 136b erfolgt. ⁷Die Versendestelle hat die ihr übermittelten Identifikationsmerkmale der Versicherten in gleicher Weise geheim zu halten wie derjenige, von dem sie sie erhalten hat; sie darf diese Daten anderen Personen oder Stellen nicht zugänglich machen. ⁸Die an der vertragsärztlichen Versorgung teilnehmenden Ärzte, zugelassenen Krankenhäuser und übrigen Leistungserbringer gemäß § 135a Absatz 2 sowie die Krankenkassen sind befugt und verpflichtet, die vom Gemeinsamen Bundesausschuss nach Satz 2 festgelegten Daten an die Stelle nach Satz 1 zu übermitteln. ⁹Die Daten nach Satz 8 sind von der Versendestelle spätestens sechs Monate nach Versendung der Fragebögen zu löschen, es sei denn, dass es aus methodischen Gründen der Befragung erforderlich ist, bestimmte Daten länger zu verarbeiten. ¹⁰Dann sind diese Daten spätestens 24 Monate nach Versendung der Fragebögen zu löschen. ¹¹Der Gemeinsame Bundesausschuss kann Patientenbefragungen auch in digitaler Form vorsehen; die Sätze 1 bis 10 gelten entsprechend.

(5) ¹Der Gemeinsame Bundesausschuss ist befugt und berechtigt, abweichend von Absatz 3 Satz 3 transplantationsmedizinische Qualitätssicherungsdaten, die aufgrund der Richtlinien nach § 136 Absatz 1 Satz 1 Nummer 1 erhoben

---

[1]) Nr. 24.

werden, nach § 15e des Transplantationsgesetzes an die Transplantationsregisterstelle zu übermitteln sowie von der Transplantationsregisterstelle nach § 15f des Transplantationsgesetzes übermittelte Daten für die Weiterentwicklung von Richtlinien und Beschlüssen zur Qualitätssicherung transplantationsmedizinischer Leistungen nach den §§ 136 bis 136c zu verarbeiten.

(6) Der Gemeinsame Bundesausschuss ist befugt und berechtigt, abweichend von Absatz 3 Satz 3 die Daten, die ihm von der Registerstelle des Implantateregisters Deutschland nach § 29 Absatz 1 Nummer 4 des Implantateregistergesetzes übermittelt werden, für die Umsetzung und Weiterentwicklung von Richtlinien und Beschlüssen zur Qualitätssicherung implantationsmedizinischer Leistungen nach den §§ 136 bis 136c zu verarbeiten.

§ 300 Abrechnung der Apotheken und weiterer Stellen. (1) [1] Die Apotheken und weitere Anbieter von Arzneimitteln sind verpflichtet, unabhängig von der Höhe der Zuzahlung (oder dem Eigenanteil),

1. bei Abgabe von Fertigarzneimitteln für Versicherte das nach Absatz 3 Nr. 1 zu verwendende Kennzeichen maschinenlesbar auf das für die vertragsärztliche Versorgung verbindliche Verordnungsblatt oder in den elektronischen Verordnungsdatensatz zu übertragen,
2. die Verordnungsblätter oder die elektronischen Verordnungsdatensätze an die Krankenkassen weiterzuleiten und diesen die nach Maßgabe der nach Absatz 3 Nr. 2 getroffenen Vereinbarungen erforderlichen Abrechnungsdaten zu übermitteln.

[2] Satz 1 gilt auch für Apotheken und weitere Anbieter, die sonstige Leistungen nach § 31 sowie Impfstoffe nach § 20i Absatz 1 und 2 abrechnen, im Rahmen der jeweils vereinbarten Abrechnungsverfahren.

(2) [1] Die Apotheken und weitere Anbieter von Leistungen nach § 31 können zur Erfüllung ihrer Verpflichtungen nach Absatz 1 Rechenzentren in Anspruch nehmen; die Anbieter von Leistungen nach dem vorstehenden Halbsatz haben vereinnahmte Gelder, soweit diese zur Weiterleitung an Dritte bestimmt sind, unverzüglich auf ein offenes Treuhandkonto zugunsten des Dritten einzuzahlen. [2] Die Rechenzentren dürfen die ihnen nach Satz 1 erster Halbsatz übermittelten Daten für im Sozialgesetzbuch bestimmte Zwecke und nur in einer auf diese Zwecke ausgerichteten Weise verarbeiten, soweit sie dazu von einer berechtigten Stelle beauftragt worden sind; anonymisierte Daten dürfen auch für andere Zwecke verarbeitet werden. [3] Die Rechenzentren übermitteln die Daten nach Absatz 1 auf Anforderung den Kassenärztlichen Vereinigungen, soweit diese Daten zur Erfüllung ihrer Aufgaben nach § 73 Abs. 8, den §§ 84 und 305a erforderlich sind, sowie dem Bundesministerium für Gesundheit oder einer von ihm benannten Stelle im Wege elektronischer Datenübertragung oder maschinell verwertbar auf Datenträgern. [4] Dem Bundesministerium für Gesundheit oder der von ihm benannten Stelle sind die Daten nicht arzt- und nicht versichertenbezogen zu übermitteln. [5] Vor der Verarbeitung der Daten durch die Kassenärztlichen Vereinigungen ist der Versichertenbezug durch eine von der jeweiligen Kassenärztlichen Vereinigung räumlich, organisatorisch und personell getrennten Stelle zu pseudonymisieren. [6] Für die Datenübermittlung an die Kassenärztlichen Vereinigungen erhalten die Rechenzentren einen dem Arbeitsaufwand entsprechenden Aufwandsersatz. [7] Der Arbeitsaufwand für die

Datenübermittlung ist auf Nachfrage der Kassenärztlichen Vereinigungen diesen in geeigneter Form nachzuweisen.

(3) ¹Der Spitzenverband Bund der Krankenkassen und die für die Wahrnehmung der wirtschaftlichen Interessen gebildete maßgebliche Spitzenorganisation der Apotheker regeln in einer Arzneimittelabrechnungsvereinbarung das Nähere insbesondere über

1. die Verwendung eines bundeseinheitlichen Kennzeichens für das verordnete Fertigarzneimittel als Schlüssel zu Handelsname, Hersteller, Darreichungsform, Wirkstoffstärke und Packungsgröße des Arzneimittels,
2. die Einzelheiten der Übertragung des Kennzeichens und der Abrechnung, die Voraussetzungen und Einzelheiten der Übermittlung der Abrechnungsdaten im Wege elektronischer Datenübertragung oder maschinell verwertbar auf Datenträgern sowie die Weiterleitung der Verordnungsblätter an die Krankenkassen, spätestens zum 1. Januar 2006 auch die Übermittlung des elektronischen Verordnungsdatensatzes,
3. die Übermittlung des Apothekenverzeichnisses nach § 293 Abs. 5,
4. die Verwendung von Verordnungen in elektronischer Form für die Arzneimittelabrechnung bis zum 31. März 2020,
5. die Verwendung eines gesonderten bundeseinheitlichen Kennzeichens für Arzneimittel, die auf Grund einer Ersatzverordnung im Fall des § 31 Absatz 3 Satz 7 an Versicherte abgegeben werden.

²Bei der nach Absatz 1 Satz 1 Nummer 2 genannten Datenübermittlung sind das bundeseinheitliche Kennzeichen der Fertigarzneimittel in parenteralen Zubereitungen sowie die enthaltenen Mengeneinheiten von Fertigarzneimitteln zu übermitteln. ³Satz 2 gilt auch für Fertigarzneimittel, aus denen wirtschaftliche Einzelmengen nach § 129 Absatz 1 Satz 1 Nummer 3 abgegeben werden. ⁴Für Fertigarzneimittel in parenteralen Zubereitungen sind zusätzlich die mit dem pharmazeutischen Unternehmer vereinbarten Preise ohne Mehrwertsteuer zu übermitteln. ⁵Besteht eine parenterale Zubereitung aus mehr als drei Fertigarzneimitteln, können die Vertragsparteien nach Satz 1 vereinbaren, Angaben für Fertigarzneimittel von der Übermittlung nach den Sätzen 1 und 2 auszunehmen, wenn eine Übermittlung unverhältnismäßig aufwändig wäre.

(4) Kommt eine Vereinbarung nach Absatz 3 nicht oder nicht innerhalb einer vom Bundesministerium für Gesundheit gesetzten Frist zustande, wird ihr Inhalt durch die Schiedsstelle nach § 129 Abs. 8 festgesetzt.

§ 301 Krankenhäuser und Rehabilitationseinrichtungen. (1) ¹Die nach § 108 zugelassenen Krankenhäuser oder ihre Krankenhausträger sind verpflichtet, den Krankenkassen bei Krankenhausbehandlung folgende Angaben im Wege elektronischer Datenübertragung oder maschinell verwertbar auf Datenträgern zu übermitteln:

1. die Angaben nach § 291a Absatz 2 Nummer 1 bis 10 sowie das krankenhausinterne Kennzeichen des Versicherten,
2. das Institutionskennzeichen der Krankenkasse und des Krankenhauses sowie ab dem 1. Januar 2020 dessen Kennzeichen nach § 293 Absatz 6,
3. den Tag, die Uhrzeit und den Grund der Aufnahme sowie die Einweisungsdiagnose, die Aufnahmediagnose, bei einer Änderung der Aufnahmediagnose die nachfolgenden Diagnosen, die voraussichtliche Dauer der Kran-

kenhausbehandlung sowie, falls diese überschritten wird, auf Verlangen der Krankenkasse die medizinische Begründung, bei Kleinkindern bis zu einem Jahr das Aufnahmegewicht,
4. bei ärztlicher Verordnung von Krankenhausbehandlung die Arztnummer des einweisenden Arztes, bei Verlegung das Institutionskennzeichen des veranlassenden Krankenhauses, bei Notfallaufnahme die die Aufnahme veranlassende Stelle,
5. die Bezeichnung der aufnehmenden Fachabteilung, bei Verlegung die der weiterbehandelnden Fachabteilungen,
6. Datum und Art der im oder vom jeweiligen Krankenhaus durchgeführten Operationen und sonstigen Prozeduren,
7. den Tag, die Uhrzeit und den Grund der Entlassung oder der Verlegung, bei externer Verlegung das Institutionskennzeichen der aufnehmenden Institution, bei Entlassung oder Verlegung die für die Krankenhausbehandlung maßgebliche Hauptdiagnose und die Nebendiagnosen,
8. Aussagen zur Arbeitsfähigkeit und Vorschläge zur erforderlichen weiteren Behandlung für Zwecke des Entlassmanagements nach § 39 Absatz 1a mit Angabe geeigneter Einrichtungen und bei der Verlegung von Versicherten, die beatmet werden, die Angabe der aufnehmenden Einrichtung sowie bei der Entlassung von Versicherten, die beatmet werden, die Angabe, ob eine weitere Beatmung geplant ist,
9. die nach den §§ 115a und 115b sowie nach dem Krankenhausentgeltgesetz und der Bundespflegesatzverordnung berechneten Entgelte,
10. den Nachweis über die Erfüllung der Meldepflicht nach § 36 des Implantateregistergesetzes.

[2] Die Übermittlung der medizinischen Begründung von Verlängerungen der Verweildauer nach Satz 1 Nr. 3 sowie der Angaben nach Satz 1 Nr. 8 ist auch in nicht maschinenlesbarer Form zulässig.

(2) [1] Die Diagnosen nach Absatz 1 Satz 1 Nr. 3 und 7 sind nach der Internationalen Klassifikation der Krankheiten in der jeweiligen vom Bundesinstitut für Arzneimittel und Medizinprodukte im Auftrag des Bundesministeriums für Gesundheit herausgegebenen deutschen Fassung zu verschlüsseln. [2] Die Operationen und sonstigen Prozeduren nach Absatz 1 Satz 1 Nr. 6 sind nach dem vom Bundesinstitut für Arzneimittel und Medizinprodukte im Auftrag des Bundesministeriums für Gesundheit herausgegebenen Schlüssel zu verschlüsseln; der Schlüssel hat die sonstigen Prozeduren zu umfassen, die nach § 17b und § 17d des Krankenhausfinanzierungsgesetzes abgerechnet werden können. [3] In dem Operationen- und Prozedurenschlüssel nach Satz 2 können durch das Bundesinstitut für Arzneimittel und Medizinprodukte auch Voraussetzungen für die Abrechnung der Operationen und sonstigen Prozeduren festgelegt werden. [4] Das Bundesministerium für Gesundheit gibt den Zeitpunkt der Inkraftsetzung der jeweiligen Fassung des Diagnosenschlüssels nach Satz 1 sowie des Prozedurenschlüssels nach Satz 2 im Bundesanzeiger bekannt; es kann das Bundesinstitut für Arzneimittel und Medizinprodukte beauftragen, den in Satz 1 genannten Schlüssel um Zusatzkennzeichen zur Gewährleistung der für die Erfüllung der Aufgaben der Krankenkassen notwendigen Aussagefähigkeit des Schlüssels sowie um Zusatzangaben für seltene Erkrankungen zu ergänzen. [5] Von dem in Satz 4 genannten Zeitpunkt an sind der Diagnoseschlüssel nach Satz 1 sowie der Operationen- und Prozedurenschlüssel nach Satz 2 verbindlich

und für die Abrechnung der erbrachten Leistungen zu verwenden. ⁶Das Bundesinstitut für Arzneimittel und Medizinprodukte kann bei Auslegungsfragen zu den Diagnosenschlüsseln nach Satz 1 und den Prozedurenschlüsseln nach Satz 2 Klarstellungen und Änderungen mit Wirkung auch für die Vergangenheit vornehmen, soweit diese nicht zu erweiterten Anforderungen an die Verschlüsselung erbrachter Leistungen führen. ⁷Für das Verfahren der Festlegung des Diagnoseschlüssels nach Satz 1 sowie des Operationen- und Prozedurenschlüssels nach Satz 2 gibt sich das Bundesinstitut für Arzneimittel und Medizinprodukte eine Verfahrensordnung, die der Genehmigung des Bundesministeriums für Gesundheit bedarf und die auf der Internetseite des Bundesinstituts für Arzneimittel und Medizinprodukte zu veröffentlichen ist.

(2a) ¹Die Krankenkassen haben den nach § 108 zugelassenen Krankenhäusern einen bestehenden Pflegegrad gemäß § 15 des Elften Buches eines Patienten oder einer Patientin unverzüglich zu übermitteln, sobald ihnen das Krankenhaus anzeigt, dass es den Patienten oder die Patientin zur Behandlung aufgenommen hat. ²Während des Krankenhausaufenthaltes eines Patienten oder einer Patientin haben die Krankenkassen dem Krankenhaus Änderungen eines bestehenden Pflegegrades des Patienten oder der Patientin sowie beantragte Einstufungen in einen Pflegegrad durch einen Patienten oder eine Patientin zu übermitteln. ³Die Übermittlung nach den Sätzen 1 und 2 hat im Wege elektronischer Datenübertragung zu erfolgen.

(3) Das Nähere über Form und Inhalt der erforderlichen Vordrucke, die Zeitabstände für die Übermittlung der Angaben nach Absatz 1 und das Verfahren der Abrechnung sowie ein Verfahren zur Übermittlung eines Antrages auf Anschlussrehabilitation durch das Krankenhaus auf Wunsch und mit Einwilligung der Versicherten, jeweils im Wege elektronischer Datenübertragung oder maschinell verwertbar auf Datenträgern sowie das Nähere zum Verfahren und zu den Zeitabständen der Übermittlung im Wege elektronischer Datenübertragungen nach Absatz 2a vereinbart der Spitzenverband Bund der Krankenkassen mit der Deutschen Krankenhausgesellschaft oder den Bundesverbänden der Krankenhausträger gemeinsam.

(4) ¹Vorsorge- oder Rehabilitationseinrichtungen, für die ein Versorgungsvertrag nach § 111 oder § 111c besteht, sind verpflichtet, den Krankenkassen bei stationärer oder ambulanter Behandlung folgende Angaben im Wege elektronischer Datenübertragung oder maschinell verwertbar auf Datenträgern zu übermitteln:

1. die Angaben nach § 291a Absatz 2 Nummer 1 bis 10 sowie das interne Kennzeichen der Einrichtung für den Versicherten,
2. das Institutionskennzeichen der Vorsorge- oder Rehabilitationseinrichtung und der Krankenkasse,
3. den Tag der Aufnahme, die Einweisungsdiagnose, die Aufnahmediagnose, die voraussichtliche Dauer der Behandlung sowie, falls diese überschritten wird, auf Verlangen der Krankenkasse die medizinische Begründung,
4. bei ärztlicher Verordnung von Vorsorge- oder Rehabilitationsmaßnahmen die Arztnummer des einweisenden Arztes,
5. den Tag, die Uhrzeit und den Grund der Entlassung oder der externen Verlegung sowie die Entlassungs- oder Verlegungsdiagnose; bei externer Verlegung das Institutionskennzeichen der aufnehmenden Institution,

6. Angaben über die durchgeführten Vorsorge- und Rehabilitationsmaßnahmen sowie Vorschläge für die Art der weiteren Behandlung mit Angabe geeigneter Einrichtungen,
7. die berechneten Entgelte.

²Die Übermittlung der medizinischen Begründung von Verlängerungen der Verweildauer nach Satz 1 Nr. 3 sowie Angaben nach Satz 1 Nr. 6 ist auch in nicht maschinenlesbarer Form zulässig. ³Für die Angabe der Diagnosen nach Satz 1 Nr. 3 und 5 gilt Absatz 2 entsprechend. ⁴Absatz 3 gilt entsprechend.

(4a) ¹Einrichtungen, die Leistungen nach § 15 des Sechsten Buches und nach § 33 des Siebten Buches erbringen, sind auf Anforderung der zuständigen Krankenkasse verpflichtet, dieser bei Erwerbstätigen mit einem Anspruch auf Krankengeld nach § 44 für die Erfüllung der gesetzlichen Aufgaben der Krankenkassen, die im Zusammenhang mit der Bestimmung der Dauer des Krankengeldanspruchs und der Mitteilung an den Arbeitgeber über die auf den Entgeltfortzahlungsanspruch des Versicherten anrechenbaren Zeiten stehen, sowie zur Zuständigkeitsabgrenzung bei stufenweiser Wiedereingliederung in das Erwerbsleben nach den §§ 44, 71 Absatz 5 des Neunten Buches und § 74 folgende Angaben zu übermitteln:

1. die Angaben nach § 291a Absatz 2 Nummer 2 bis 6,
2. das Institutionskennzeichen der Einrichtung,
3. den Tag der Aufnahme, den Tag und den Grund der Entlassung oder der externen Verlegung sowie die Entlassungs- oder Verlegungsdiagnose,
4. Aussagen zur Arbeitsfähigkeit,
5. die zur Zuständigkeitsabgrenzung bei stufenweiser Wiedereingliederung in das Erwerbsleben nach den §§ 44, 71 Absatz 5 des Neunten Buches sowie nach § 74 erforderlichen Angaben.

²Die Übermittlung erfolgt im Wege elektronischer Datenübertragung oder maschinell verwertbar auf Datenträgern. ³Für die Angabe der Diagnosen nach Satz 1 Nummer 3 gilt Absatz 2 entsprechend. ⁴Das Nähere über Form und Inhalt der erforderlichen Vordrucke, die Zeitabstände für die Übermittlung der Angaben nach Satz 1 und das Verfahren der Übermittlung vereinbart der Spitzenverband Bund der Krankenkassen gemeinsam mit den für die Wahrnehmung der Interessen der Rehabilitationseinrichtungen nach dem Sozialgesetzbuch maßgeblichen Bundesverbänden.

(5) ¹Die ermächtigten Krankenhausärzte sind verpflichtet, dem Krankenhausträger im Rahmen des Verfahrens nach § 120 Abs. 1 Satz 3 die für die Abrechnung der vertragsärztlichen Leistungen erforderlichen Unterlagen zu übermitteln; § 295 gilt entsprechend. ²Der Krankenhausträger hat den Kassenärztlichen Vereinigungen die Abrechnungsunterlagen zum Zweck der Abrechnung vorzulegen.

§ 301a Abrechnung der Hebammen und der von ihnen geleiteten Einrichtungen.
(1) ¹Freiberuflich tätige Hebammen und von Hebammen geleitete Einrichtungen sind verpflichtet, den Krankenkassen folgende Angaben im Wege elektronischer Datenübertragung oder maschinell verwertbar auf Datenträgern zu übermitteln:

1. die Angaben nach § 291a Absatz 2 Nummer 1 bis 3, 5 und 6,
2. die erbrachten Leistungen mit dem Tag der Leistungserbringung,

3. die Zeit und die Dauer der erbrachten Leistungen, soweit dies für die Höhe der Vergütung von Bedeutung ist,
4. bei der Abrechnung von Wegegeld Datum, Zeit und Ort der Leistungserbringung sowie die zurückgelegte Entfernung,
5. bei der Abrechnung von Auslagen die Art der Auslage und, soweit Auslagen für Arzneimittel abgerechnet werden, eine Auflistung der einzelnen Arzneimittel,
6. das Kennzeichen nach § 293; rechnet die Hebamme ihre Leistungen über eine zentrale Stelle ab, so ist in der Abrechnung neben dem Kennzeichen der abrechnenden Stelle das Kennzeichen der Hebamme anzugeben.

[2]Ist eine ärztliche Anordnung für die Abrechnung der Leistung vorgeschrieben, ist diese der Rechnung beizufügen.

(2) § 302 Abs. 2 Satz 1 bis 3 und Abs. 3 gilt entsprechend.

§ 302 Abrechnung der sonstigen Leistungserbringer. (1) [1]Die Leistungserbringer im Bereich der Heil- und Hilfsmittel sowie der digitalen Gesundheitsanwendungen und die weiteren Leistungserbringer sind verpflichtet, den Krankenkassen im Wege elektronischer Datenübertragung oder maschinell verwertbar auf Datenträgern die von ihnen erbrachten Leistungen nach Art, Menge und Preis zu bezeichnen und den Tag der Leistungserbringung sowie die Arztnummer des verordnenden Arztes, die Verordnung des Arztes mit der Diagnose und den erforderlichen Angaben über den Befund und die Angaben nach § 291a Absatz 2 Nummer 1 bis 10 anzugeben; bei der Abrechnung über die Abgabe von Hilfsmitteln sind dabei die Bezeichnungen des Hilfsmittelverzeichnisses nach § 139 zu verwenden und die Höhe der mit dem Versicherten abgerechneten Mehrkosten nach § 33 Absatz 1 Satz 9 anzugeben. [2]Bei der Abrechnung von Leistungen der häuslichen Krankenpflege nach § 37 sowie der außerklinischen Intensivpflege nach § 37c ist zusätzlich zu den Angaben nach Satz 1 die Zeit der Leistungserbringung und nach § 293 Absatz 8 Satz 11 spätestens ab dem 1. Januar 2023 die Beschäftigtennummer der Person, die die Leistung erbracht hat, anzugeben.

(2) [1]Das Nähere über Form und Inhalt des Abrechnungsverfahrens bestimmt der Spitzenverband Bund der Krankenkassen in Richtlinien, die in den Leistungs- oder Lieferverträgen zu beachten sind. [2]Die Leistungserbringer nach Absatz 1 können zur Erfüllung ihrer Verpflichtungen Rechenzentren in Anspruch nehmen. [3]Die Rechenzentren dürfen die ihnen hierzu übermittelten Daten für im Sozialgesetzbuch bestimmte Zwecke und nur in einer auf diese Zwecke ausgerichteten Weise verarbeiten, soweit sie dazu von einer berechtigten Stelle beauftragt worden sind; anonymisierte Daten dürfen auch für andere Zwecke verarbeitet werden. [4]Die Rechenzentren dürfen die Daten nach Absatz 1 den Kassenärztlichen Vereinigungen übermitteln, soweit diese Daten zur Erfüllung ihrer Aufgaben nach § 73 Absatz 8 und § 84 erforderlich sind. [5]Soweit die Daten nach Absatz 1 für die Aufgabenerfüllung nach § 305a erforderlich sind, haben die Rechenzentren den Kassenärztlichen Vereinigungen diese Daten auf Anforderung im Wege elektronischer Datenübertragung oder maschinell verwertbar auf Datenträgern zu übermitteln. [6]§ 300 Absatz 2 Satz 5 bis 7 gilt entsprechend. [7]Im Rahmen der Abrechnung von Leistungen der häuslichen Krankenpflege nach § 37 sowie der außerklinischen Intensivpflege nach § 37c sind vorbehaltlich des Satzes 8 von den Krankenkassen und den

Leistungserbringern ab dem 1. März 2021 ausschließlich elektronische Verfahren zur Übermittlung von Abrechnungsunterlagen einschließlich des Leistungsnachweises zu nutzen, wenn der Leistungserbringer

1. an die Telematikinfrastruktur angebunden ist,
2. ein von der Gesellschaft für Telematik nach § 311 Absatz 6 zugelassenes Verfahren zur Übermittlung der Daten nutzt und
3. der Krankenkasse die für die elektronische Abrechnung erforderlichen Angaben übermittelt hat.

[8] Die Verpflichtung nach Satz 7 besteht nach Ablauf von drei Monaten, nachdem der Leistungserbringer die für die elektronische Übermittlung von Abrechnungsunterlagen erforderlichen Angaben an die Krankenkasse übermittelt hat.

(3) Die Richtlinien haben auch die Voraussetzungen und das Verfahren bei Teilnahme an einer Abrechnung im Wege elektronischer Datenübertragung oder maschinell verwertbar auf Datenträgern sowie bis zum 31. Dezember 2020 das Verfahren bei der Verwendung von Verordnungen in elektronischer Form zu regeln.

(4) Soweit der Spitzenverband Bund der Krankenkassen und die für die Wahrnehmung der Interessen der Leistungserbringer maßgeblichen Spitzenorganisationen auf Bundesebene in Rahmenempfehlungen oder in den Verträgen nach § 125 Regelungen zur Abrechnung der Leistungen getroffen haben, die von den Richtlinien nach den Absätzen 2 und 3 abweichen, sind die Rahmenempfehlungen oder die Verträge nach § 125 maßgeblich; dies gilt nicht für Abrechnungen nach Absatz 2 Satz 7 und 8.

(5) [1] Der Spitzenverband Bund der Krankenkassen veröffentlicht erstmals bis zum 30. Juni 2018 und danach jährlich einen nach Produktgruppen differenzierten Bericht über die Entwicklung der Mehrkostenvereinbarungen für Versorgungen mit Hilfsmittelleistungen. [2] Der Bericht informiert ohne Versicherten- oder Einrichtungsbezug insbesondere über die Zahl der abgeschlossenen Mehrkostenvereinbarungen und die durchschnittliche Höhe der mit ihnen verbundenen Aufzahlungen der Versicherten. [3] Der Spitzenverband Bund der Krankenkassen bestimmt zu diesem Zweck die von seinen Mitgliedern zu übermittelnden statistischen Informationen sowie Art und Umfang der Übermittlung.

(6) [1] Sind im Rahmen der Abrechnung nach Absatz 1 Auszahlungen für Lieferungen und Dienstleistungen durch Rechnungen des Leistungserbringers als zahlungsbegründende Unterlage zu belegen, darf die Rechnung des Leistungserbringers durch eine von den Krankenkassen ausgestellte Rechnung (Gutschrift) ersetzt werden, wenn dies zuvor zwischen dem Leistungserbringer und der Krankenkasse vereinbart wurde. [2] Die Krankenkassen sind verpflichtet, dem Leistungserbringer die Gutschrift schriftlich oder elektronisch zur Prüfung zu übermitteln. [3] Widerspricht der Leistungserbringer der von der Krankenkasse übermittelten Gutschrift, verliert diese ihre Wirkung als zahlungsbegründende Unterlage. [4] Das Nähere zu dem Verfahren nach den Sätzen 1 bis 3 einschließlich einer zeitlichen Begrenzung des Widerspruchsrechts der Leistungserbringer regelt der Spitzenverband Bund der Krankenkassen in seinen Richtlinien nach Absatz 2 Satz 1.

§ 303 Ergänzende Regelungen. (1) Die Landesverbände der Krankenkassen und die Verbände der Ersatzkassen können mit den Leistungserbringern oder ihren Verbänden vereinbaren, daß

1. der Umfang der zu übermittelnden Abrechnungsbelege eingeschränkt,
2. bei der Abrechnung von Leistungen von einzelnen Angaben ganz oder teilweise abgesehen

wird, wenn dadurch eine ordnungsgemäße Abrechnung und die Erfüllung der gesetzlichen Aufgaben der Krankenkassen nicht gefährdet werden.

(2) [1] Die Krankenkassen können zur Vorbereitung und Kontrolle der Umsetzung der Vereinbarungen nach § 84, zur Vorbereitung der Prüfungen nach § 112 Absatz 2 Satz 1 Nummer 2 und § 113 sowie zur Vorbereitung der Unterrichtung der Versicherten nach § 305 Arbeitsgemeinschaften nach § 219 mit der Verarbeitung von Ausnahme des Erhebens von dafür erforderlichen Daten beauftragen. [2] Die den Arbeitsgemeinschaften übermittelten versichertenbezogenen Daten sind vor der Übermittlung zu anonymisieren. [3] Die Identifikation des Versicherten durch die Krankenkasse ist dabei zu ermöglichen; sie ist zulässig, soweit sie für die in Satz 1 genannten Zwecke erforderlich ist. [4] § 286 gilt entsprechend.

(3) [1] Werden die den Krankenkassen nach § 291a Absatz 2 Nummer 1 bis 10, § 295 Abs. 1 und 2, § 300 Abs. 1, § 301 Absatz 1 und 4, §§ 301a und 302 Abs. 1 zu übermittelnden Daten nicht im Wege elektronischer Datenübertragung oder maschinell verwertbar auf Datenträgern übermittelt, haben die Krankenkassen die Daten nachzuerfassen. [2] Erfolgt die nicht maschinell verwertbare Datenübermittlung aus Gründen, die der Leistungserbringer zu vertreten hat, haben die Krankenkassen die mit der Nacherfassung verbundenen Kosten den betroffenen Leistungserbringern durch eine pauschale Rechnungskürzung in Höhe von bis zu 5 vom Hundert des Rechnungsbetrages in Rechnung zu stellen. [3] Für die Angabe der Diagnosen nach § 295 Abs. 1 gilt Satz 1 ab dem Zeitpunkt der Inkraftsetzung der überarbeiteten Zehnten Fassung des Schlüssels gemäß § 295 Abs. 1 Satz 3.

(4) [1] Sofern Datenübermittlungen zu Diagnosen nach den §§ 295 und 295a fehlerhaft oder unvollständig sind, ist eine erneute Übermittlung in korrigierter oder ergänzter Form nur im Falle technischer Übermittlungs- oder formaler Datenfehler zulässig. [2] Eine nachträgliche Änderung oder Ergänzung von Diagnosedaten insbesondere auch auf Grund von Prüfungen gemäß den §§ 106 bis 106c, Unterrichtungen nach § 106d Absatz 3 Satz 2 und Anträgen nach § 106d Absatz 4 ist unzulässig. [3] Das Nähere regeln die Vertragspartner nach § 82 Absatz 1 Satz 1.

Zweiter Titel. Datentransparenz

§ 303a Wahrnehmung der Aufgaben der Datentransparenz; Verordnungsermächtigung. (1) [1] Die Aufgaben der Datentransparenz werden von öffentlichen Stellen des Bundes als Vertrauensstelle nach § 303c und als Forschungsdatenzentrum nach § 303d sowie vom Spitzenverband Bund der Krankenkassen als Datensammelstelle wahrgenommen. [2] Das Bundesministerium für Gesundheit bestimmt im Benehmen mit dem Bundesministerium für Bildung und Forschung durch Rechtsverordnung ohne Zustimmung des Bundesrates zur Wahrnehmung der Aufgaben der Datentransparenz eine öffentliche Stelle des Bundes als Vertrauensstelle nach § 303c und eine öffentliche Stelle des Bundes als Forschungsdatenzentrum nach § 303d.

(2) ¹Die Vertrauensstelle und das Forschungsdatenzentrum sind räumlich, organisatorisch und personell eigenständig zu führen. ²Sie unterliegen dem Sozialgeheimnis nach § 35 des Ersten Buches[1]) und unterstehen der Rechtsaufsicht des Bundesministeriums für Gesundheit.

(3) Die Kosten, die den öffentlichen Stellen nach Absatz 1 durch die Wahrnehmung der Aufgaben der Datentransparenz entstehen, tragen die Krankenkassen nach der Zahl ihrer Mitglieder.

(4) In der Rechtsverordnung nach Absatz 1 Satz 2 ist auch das Nähere zu regeln

1. zu spezifischen Festlegungen zu Art und Umfang der nach § 303b Absatz 1 Satz 1 zu übermittelnden Daten und zu den Fristen der Datenübermittlung nach § 303b Absatz 1 Satz 1,
2. zur Datenverarbeitung durch den Spitzenverband Bund der Krankenkassen nach § 303b Absatz 2 und 3 Satz 1 und 2,
3. zum Verfahren der Pseudonymisierung der Versichertendaten nach § 303c Absatz 1 und 2 und zum Verfahren der Übermittlung der Pseudonyme an das Forschungsdatenzentrum nach § 303c Absatz 3 durch die Vertrauensstelle,
4. zur Wahrnehmung der Aufgaben nach § 303d Absatz 1 und § 303e einschließlich der Bereitstellung von Einzeldatensätzen nach § 303e Absatz 4 durch das Forschungsdatenzentrum,
5. zur Verkürzung der Höchstfrist für die Aufbewahrung von Einzeldatensätzen nach § 303d Absatz 3,
6. zur Evaluation und Weiterentwicklung der Datentransparenz,
7. zur Erstattung der Kosten nach Absatz 3 einschließlich der zu zahlenden Vorschüsse.

§ 303b Datenzusammenführung und -übermittlung. (1) ¹Für die in § 303e Absatz 2 genannten Zwecke übermitteln die Krankenkassen an den Spitzenverband Bund der Krankenkassen als Datensammelstelle für jeden Versicherten jeweils in Verbindung mit einem Versichertenpseudonym, das eine kassenübergreifende eindeutige Identifizierung im Berichtszeitraum erlaubt (Lieferpseudonym),

1. Angaben zu Alter, Geschlecht und Wohnort,
2. Angaben zum Versicherungsverhältnis,
3. die Kosten- und Leistungsdaten nach den §§ 295, 295a, 300, 301, 301a und 302,
4. Angaben zum Vitalstatus und zum Sterbedatum und
5. Angaben zu den abrechnenden Leistungserbringern.

²Das Nähere zur technischen Ausgestaltung der Datenübermittlung nach Satz 1 regelt der Spitzenverband Bund der Krankenkassen spätestens bis zum 31. Dezember 2021.

---

[1]) Nr. 24.

(2) Der Spitzenverband Bund der Krankenkassen führt die Daten nach Absatz 1 zusammen, prüft die Daten auf Vollständigkeit, Plausibilität und Konsistenz und klärt Auffälligkeiten jeweils mit der die Daten liefernden Stelle.

(3) ¹Der Spitzenverband Bund der Krankenkassen übermittelt

1. an das Forschungsdatenzentrum nach § 303d die Daten nach Absatz 1 ohne das Lieferpseudonym, wobei jeder einem Lieferpseudonym zuzuordnende Einzeldatensatz mit einer Arbeitsnummer gekennzeichnet wird,
2. an die Vertrauensstelle nach § 303c eine Liste mit den Lieferpseudonymen einschließlich der Arbeitsnummern, die zu den nach Nummer 1 übermittelten Einzeldatensätzen für das jeweilige Lieferpseudonym gehören.

²Die Angaben zu den Leistungserbringern sind vor der Übermittlung an das Forschungsdatenzentrum zu pseudonymisieren. ³Das Nähere zur technischen Ausgestaltung der Datenübermittlung nach Satz 1 vereinbart der Spitzenverband Bund der Krankenkassen mit den nach § 303a Absatz 1 Satz 2 bestimmten Stellen spätestens bis zum 31. Dezember 2021.

(4) Der Spitzenverband Bund der Krankenkassen kann eine Arbeitsgemeinschaft nach § 219 mit der Durchführung der Aufgaben nach den Absätzen 1 bis 3 beauftragen.

§ 303c Vertrauensstelle. (1) Die Vertrauensstelle überführt die ihr nach § 303b Absatz 3 Satz 1 Nummer 2 übermittelten Lieferpseudonyme nach einem einheitlich anzuwendenden Verfahren nach Absatz 2 in periodenübergreifende Pseudonyme.

(2) ¹Die Vertrauensstelle hat im Einvernehmen mit dem Bundesamt für Sicherheit in der Informationstechnik ein schlüsselabhängiges Verfahren zur Pseudonymisierung festzulegen, das dem jeweiligen Stand der Technik und Wissenschaft entspricht. ²Das Verfahren zur Pseudonymisierung ist so zu gestalten, dass für das jeweilige Lieferpseudonym eines jeden Versicherten periodenübergreifend immer das gleiche Pseudonym erstellt wird, aus dem Pseudonym aber nicht auf das Lieferpseudonym oder die Identität des Versicherten geschlossen werden kann.

(3) ¹Die Vertrauensstelle hat die Liste der Pseudonyme dem Forschungsdatenzentrum mit den Arbeitsnummern zu übermitteln. ²Nach der Übermittlung dieser Liste an das Forschungsdatenzentrum hat sie die diesen Pseudonymen zugrunde liegenden Lieferpseudonyme und Arbeitsnummern sowie die Pseudonyme zu löschen.

§ 303d Forschungsdatenzentrum. (1) Das Forschungsdatenzentrum hat folgende Aufgaben:

1. die ihm vom Spitzenverband Bund der Krankenkassen und von der Vertrauensstelle übermittelten Daten nach § 303b Absatz 3 und § 303c Absatz 3 für die Auswertung für Zwecke nach § 303e Absatz 2 aufzubereiten,
2. Qualitätssicherungen der Daten vorzunehmen,
3. Anträge auf Datennutzung zu prüfen,
4. die beantragten Daten den Nutzungsberechtigten nach § 303e zugänglich zu machen,
5. das spezifische Reidentifikationsrisiko in Bezug auf die durch Nutzungsberechtigte nach § 303e beantragten Daten zu bewerten und unter an-

gemessener Wahrung des angestrebten wissenschaftlichen Nutzens durch geeignete Maßnahmen zu minimieren,
6. ein öffentliches Antragsregister mit Informationen zu den antragstellenden Nutzungsberechtigten, zu den Vorhaben, für die Daten beantragt wurden, und deren Ergebnissen aufzubauen und zu pflegen,
7. die Verfahren der Datentransparenz zu evaluieren und weiterzuentwickeln,
8. Nutzungsberechtigte nach § 303e Absatz 1 zu beraten,
9. Schulungsmöglichkeiten für Nutzungsberechtigte anzubieten sowie
10. die wissenschaftliche Erschließung der Daten zu fördern.

(2) ¹Das Forschungsdatenzentrum richtet im Benehmen mit dem Bundesministerium für Gesundheit und dem Bundesministerium für Bildung und Forschung einen Arbeitskreis der Nutzungsberechtigten nach § 303e Absatz 1 ein. ²Der Arbeitskreis wirkt beratend an der Ausgestaltung, Weiterentwicklung und Evaluation des Datenzugangs mit.

(3) Das Forschungsdatenzentrum hat die versichertenbezogenen Einzeldatensätze spätestens nach 30 Jahren zu löschen.

§ 303e Datenverarbeitung. (1) Das Forschungsdatenzentrum macht die ihm vom Spitzenverband Bund der Krankenkassen und von der Vertrauensstelle übermittelten Daten nach Maßgabe der Absätze 3 bis 6 folgenden Nutzungsberechtigten zugänglich, soweit diese nach Absatz 2 zur Verarbeitung der Daten berechtigt sind:

1. dem Spitzenverband Bund der Krankenkassen,
2. den Bundes- und Landesverbänden der Krankenkassen,
3. den Krankenkassen,
4. den Kassenärztlichen Bundesvereinigungen und den Kassenärztlichen Vereinigungen,
5. den für die Wahrnehmung der wirtschaftlichen Interessen gebildeten maßgeblichen Spitzenorganisationen der Leistungserbringer auf Bundesebene,
6. den Institutionen der Gesundheitsberichterstattung des Bundes und der Länder,
7. den Institutionen der Gesundheitsversorgungsforschung,
8. den Hochschulen, den nach landesrechtlichen Vorschriften anerkannten Hochschulkliniken, öffentlich geförderten außeruniversitären Forschungseinrichtungen und sonstigen Einrichtungen mit der Aufgabe unabhängiger wissenschaftlicher Forschung, sofern die Daten wissenschaftlichen Vorhaben dienen,
9. dem Gemeinsamen Bundesausschuss,
10. dem Institut für Qualität und Wirtschaftlichkeit im Gesundheitswesen,
11. dem Institut des Bewertungsausschusses,
12. der oder dem Beauftragten der Bundesregierung und der Landesregierungen für die Belange der Patientinnen und Patienten,
13. den für die Wahrnehmung der Interessen der Patientinnen und Patienten und der Selbsthilfe chronisch kranker und behinderter Menschen maßgeblichen Organisationen auf Bundesebene,
14. dem Institut für Qualitätssicherung und Transparenz im Gesundheitswesen,
15. dem Institut für das Entgeltsystem im Krankenhaus,

16. den für die gesetzliche Krankenversicherung zuständigen obersten Bundes- und Landesbehörden und deren jeweiligen nachgeordneten Bereichen sowie den übrigen obersten Bundesbehörden,
17. der Bundesärztekammer, der Bundeszahnärztekammer, der Bundespsychotherapeutenkammer sowie der Bundesapothekerkammer,
18. der Deutschen Krankenhausgesellschaft.

(2) Soweit die Datenverarbeitung jeweils für die Erfüllung von Aufgaben der nach Absatz 1 Nutzungsberechtigten erforderlich ist, dürfen die Nutzungsberechtigten Daten für folgende Zwecke verarbeiten:
1. Wahrnehmung von Steuerungsaufgaben durch die Kollektivvertragspartner,
2. Verbesserung der Qualität der Versorgung,
3. Planung von Leistungsressourcen, zum Beispiel Krankenhausplanung,
4. Forschung, insbesondere für Längsschnittanalysen über längere Zeiträume, Analysen von Behandlungsabläufen oder Analysen des Versorgungsgeschehens,
5. Unterstützung politischer Entscheidungsprozesse zur Weiterentwicklung der gesetzlichen Krankenversicherung,
6. Analyse und Entwicklung von sektorenübergreifenden Versorgungsformen sowie von Einzelverträgen der Krankenkassen,
7. Wahrnehmung von Aufgaben der Gesundheitsberichterstattung.

(3) ¹Das Forschungsdatenzentrum macht einem Nutzungsberechtigten auf Antrag Daten zugänglich, wenn die Voraussetzungen nach Absatz 2 erfüllt sind. ²In dem Antrag hat der antragstellende Nutzungsberechtigte nachvollziehbar darzulegen, dass Umfang und Struktur der beantragten Daten geeignet und erforderlich sind, um die zu untersuchende Frage zu beantworten. ³Liegen die Voraussetzungen nach Absatz 2 vor, übermittelt das Forschungsdatenzentrum dem antragstellenden Nutzungsberechtigten die entsprechend den Anforderungen des Nutzungsberechtigten ausgewählten Daten anonymisiert und aggregiert. ⁴Das Forschungsdatenzentrum kann einem Nutzungsberechtigten entsprechend seinen Anforderungen auch anonymisierte und aggregierte Daten mit kleinen Fallzahlen übermitteln, wenn der antragstellende Nutzungsberechtigte nachvollziehbar darlegt, dass ein nach Absatz 2 zulässiger Nutzungszweck, insbesondere die Durchführung eines Forschungsvorhabens, die Übermittlung dieser Daten erfordert.

(4) ¹Das Forschungsdatenzentrum kann einem Nutzungsberechtigten entsprechend seinen Anforderungen auch pseudonymisierte Einzeldatensätze bereitstellen, wenn der antragstellende Nutzungsberechtigte nachvollziehbar darlegt, dass die Nutzung der pseudonymisierten Einzeldatensätze für einen nach Absatz 2 zulässigen Nutzungszweck, insbesondere für die Durchführung eines Forschungsvorhabens, erforderlich ist. ²Das Forschungsdatenzentrum stellt einem Nutzungsberechtigten die pseudonymisierten Einzeldatensätze ohne Sichtbarmachung der Pseudonyme für die Verarbeitung unter Kontrolle des Forschungsdatenzentrums bereit, soweit
1. gewährleistet ist, dass diese Daten nur solchen Personen bereitgestellt werden, die einer Geheimhaltungspflicht nach § 203 des Strafgesetzbuches[1] unterliegen, und

---

[1] Nr. 21.

2. durch geeignete technische und organisatorische Maßnahmen sichergestellt wird, dass die Verarbeitung durch den Nutzungsberechtigten auf das erforderliche Maß beschränkt und insbesondere ein Kopieren der Daten verhindert werden kann.

³Personen, die nicht der Geheimhaltungspflicht nach § 203 des Strafgesetzbuches[1]) unterliegen, können pseudonymisierte Einzeldatensätze nach Satz 2 bereitgestellt werden, wenn sie vor dem Zugang zur Geheimhaltung verpflichtet wurden. ⁴§ 1 Absatz 2, 3 und 4 Nummer 2 des Verpflichtungsgesetzes gilt entsprechend.

(5) ¹Die Nutzungsberechtigten dürfen die nach Absatz 3 oder Absatz 4 zugänglich gemachten Daten

1. nur für die Zwecke nutzen, für die sie zugänglich gemacht werden,
2. nicht an Dritte weitergeben, es sei denn, das Forschungsdatenzentrum genehmigt auf Antrag eine Weitergabe an einen Dritten im Rahmen eines nach Absatz 2 zulässigen Nutzungszwecks.

²Die Nutzungsberechtigten haben bei der Verarbeitung der nach Absatz 3 oder Absatz 4 zugänglich gemachten Daten darauf zu achten, keinen Bezug zu Personen, Leistungserbringern oder Leistungsträgern herzustellen. ³Wird ein Bezug zu Personen, Leistungserbringern oder Leistungsträgern unbeabsichtigt hergestellt, so ist dies dem Forschungsdatenzentrum zu melden. ⁴Die Verarbeitung der bereitgestellten Daten zum Zwecke der Herstellung eines Personenbezugs, zum Zwecke der Identifizierung von Leistungserbringern oder Leistungsträgern sowie zum Zwecke der bewussten Verschaffung von Kenntnissen über fremde Betriebs- und Geschäftsgeheimnisse ist untersagt.

(6) ¹Wenn die zuständige Datenschutzaufsichtsbehörde feststellt, dass Nutzungsberechtigte die vom Forschungsdatenzentrum nach Absatz 3 oder Absatz 4 zugänglich gemachten Daten in einer Art und Weise verarbeitet haben, die nicht den geltenden datenschutzrechtlichen Vorschriften oder den Auflagen des Forschungsdatenzentrums entspricht, und wegen eines solchen Verstoßes eine Maßnahme nach Artikel 58 Absatz 2 Buchstabe b bis j der Verordnung (EU) 2016/679[2]) gegenüber dem Nutzungsberechtigten ergriffen hat, informiert sie das Forschungsdatenzentrum. ²In diesem Fall schließt das Forschungsdatenzentrum den Nutzungsberechtigten für einen Zeitraum von bis zu zwei Jahren vom Datenzugang aus.

§ 303f Gebührenregelung; Verordnungsermächtigung. (1) ¹Das Forschungsdatenzentrum erhebt von den Nutzungsberechtigten nach § 303e Absatz 1 Gebühren und Auslagen für individuell zurechenbare öffentliche Leistungen nach § 303d zur Deckung des Verwaltungsaufwandes. ²Die Gebührensätze sind so zu bemessen, dass sie den auf die Leistungen entfallenden durchschnittlichen Personal- und Sachaufwand nicht übersteigen. ³Die Krankenkassen, ihre Verbände, der Spitzenverband Bund der Krankenkassen sowie das Bundesministerium für Gesundheit als Aufsichtsbehörde sind von der Zahlung der Gebühren befreit.

(2) ¹Das Bundesministerium für Gesundheit wird ermächtigt, durch Rechtsverordnung ohne Zustimmung des Bundesrates die gebührenpflichtigen Tat-

---

[1]) Nr. 21.
[2]) Nr. 1.

5. Buch. Gesetzliche Krankenversicherung §§ 304, 305 SGB V 28

bestände zu bestimmen und dabei feste Sätze oder Rahmensätze vorzusehen sowie Regelungen über die Gebührenentstehung, die Gebührenerhebung, die Erstattung von Auslagen, den Gebührenschuldner, Gebührenbefreiungen, die Fälligkeit, die Stundung, die Niederschlagung, den Erlass, Säumniszuschläge, die Verjährung und die Erstattung zu treffen. ²Das Bundesministerium für Gesundheit kann die Ermächtigung durch Rechtsverordnung auf die öffentliche Stelle, die vom Bundesministerium für Gesundheit nach § 303a Absatz 1 als Forschungsdatenzentrum nach § 303d bestimmt ist, übertragen.

Dritter Abschnitt. Datenlöschung, Auskunftspflicht

§ 304 Aufbewahrung von Daten bei Krankenkassen, Kassenärztlichen Vereinigungen und Geschäftsstellen der Prüfungsausschüsse. (1) ¹Die für Aufgaben der gesetzlichen Krankenversicherung bei Krankenkassen, Kassenärztlichen Vereinigungen und Geschäftsstellen der Prüfungsausschüsse gespeicherten Sozialdaten sind nach folgender Maßgabe zu löschen:

1. die Daten nach den §§ 292, 295 Absatz 1a, 1b und 2 sowie Daten, die für die Prüfungsausschüsse und ihre Geschäftsstellen für die Prüfungen nach den §§ 106 bis 106c erforderlich sind, spätestens nach zehn Jahren,
2. die Daten, die auf Grund der nach § 266 Absatz 8 Satz 1 erlassenen Rechtsverordnung für die Durchführung des Risikostrukturausgleichs nach den §§ 266 und 267 erforderlich sind, spätestens nach den in der Rechtsverordnung genannten Fristen.

²Die Aufbewahrungsfristen beginnen mit dem Ende des Geschäftsjahres, in dem die Leistungen gewährt oder abgerechnet wurden. ³Die Krankenkassen können für Zwecke der Krankenversicherung Leistungsdaten länger aufbewahren, wenn sichergestellt ist, daß ein Bezug zum Arzt und Versicherten nicht mehr herstellbar ist. ⁴Die Löschfristen gelten nicht für den Nachweis über die Erfüllung der Meldepflicht nach § 36 des Implantateregistergesetzes, dessen Speicherung für die Erfüllung der Meldepflicht nach § 17 Absatz 2 des Implantateregistergesetzes erforderlich ist. ⁵Dieser Nachweis ist unverzüglich zu löschen, sobald die Registerstelle des Implantateregisters Deutschland die Krankenkasse über die Anonymisierung des Registerdatensatzes der oder des Versicherten unterrichtet hat.

(2) Im Falle des Wechsels der Krankenkasse ist die bisher zuständige Krankenkasse verpflichtet, den Nachweis über die Erfüllung der Meldepflicht nach § 36 des Implantateregistergesetzes an die neue Krankenkasse zu übermitteln sowie die für die Fortführung der Versicherung erforderlichen Angaben nach den §§ 288 und 292 der neuen Krankenkasse zu übermitteln.

(3) Für die Aufbewahrung der Kranken- und sonstigen Berechtigungsscheine für die Inanspruchnahme von Leistungen einschließlich der Verordnungsblätter für Arznei-, Verband-, Heil- und Hilfsmittel gilt § 84 Absatz 6 des Zehnten Buches[1]).

§ 305 Auskünfte an Versicherte. (1) ¹Die Krankenkassen unterrichten die Versicherten auf deren Antrag über die in Anspruch genommenen Leistungen und deren Kosten. ²Auf Verlangen der Versicherten und mit deren ausdrücklicher Einwilligung sollen die Krankenkassen an Dritte, die die Versicherten

---

[1]) Nr. 33.

benannt haben, Daten nach Satz 1 auch elektronisch übermitteln. ³Die Krankenkassen dürfen auf Verlangen und mit ausdrücklicher Einwilligung der Versicherten Daten über die von diesem Versicherten in Anspruch genommenen Leistungen an Anbieter elektronischer Patientenakten oder anderer persönlicher Gesundheitsakten zur Erfüllung ihrer Pflichten nach § 344 Absatz 1 Satz 2 und § 350 Absatz 1 übermitteln. ⁴Bei der Übermittlung an Anbieter elektronischer Patientenakten oder anderer persönlicher elektronischer Gesundheitsakten muss sichergestellt werden, dass die Daten nach Satz 1 nicht ohne ausdrückliche Einwilligung der Versicherten von Dritten eingesehen werden können. ⁵Zum Schutz vor unbefugter Kenntnisnahme der Daten der Versicherten, insbesondere zur sicheren Identifizierung des Versicherten und des Dritten nach den Sätzen 2 und 3 sowie zur sicheren Datenübertragung, ist die Richtlinie nach § 217f Absatz 4b entsprechend anzuwenden. ⁶Auf Antrag der Versicherten haben die Krankenkassen abweichend von § 303 Absatz 4 Diagnosedaten, die ihnen nach den §§ 295 und 295a übermittelt wurden und deren Unrichtigkeit durch einen ärztlichen Nachweis belegt wird, in berichtigter Form bei der Unterrichtung nach Satz 1 und bei der Übermittlung nach den Sätzen 2 und 3 zu verwenden. ⁷Den Antrag nach Satz 6 haben die Krankenkassen innerhalb von vier Wochen nach Erhalt des Antrags zu bescheiden. ⁸Die für die Unterrichtung nach Satz 1 und für die Übermittlung nach den Sätzen 2 und 3 erforderlichen Daten dürfen ausschließlich für diese Zwecke verarbeitet werden. ⁹Eine Mitteilung an die Leistungserbringer über die Unterrichtung des Versicherten und die Übermittlung der Daten ist nicht zulässig. ¹⁰Die Krankenkassen können in ihrer Satzung das Nähere über das Verfahren der Unterrichtung nach Satz 1 und über die Übermittlung nach den Sätzen 2 und 3 regeln.

(2) ¹Die an der vertragsärztlichen Versorgung teilnehmenden Ärzte, Einrichtungen und medizinischen Versorgungszentren haben die Versicherten auf Verlangen in verständlicher Form entweder schriftlich oder elektronisch, direkt im Anschluss an die Behandlung oder mindestens quartalsweise spätestens vier Wochen nach Ablauf des Quartals, in dem die Leistungen in Anspruch genommen worden sind, über die zu Lasten der Krankenkassen erbrachten Leistungen und deren vorläufige Kosten (Patientenquittung) zu unterrichten. ²Satz 1 gilt auch für die vertragszahnärztliche Versorgung. ³Der Versicherte erstattet für eine quartalsweise schriftliche Unterrichtung nach Satz 1 eine Aufwandspauschale in Höhe von 1 Euro zuzüglich Versandkosten. ⁴Das Nähere regelt die Kassenärztliche Bundesvereinigung. ⁵Die Krankenhäuser unterrichten die Versicherten auf Verlangen in verständlicher Form entweder schriftlich oder elektronisch innerhalb von vier Wochen nach Abschluss der Krankenhausbehandlung über die erbrachten Leistungen und die dafür von den Krankenkassen zu zahlenden Entgelte. ⁶Das Nähere regelt der Spitzenverband Bund der Krankenkassen und die Deutsche Krankenhausgesellschaft durch Vertrag.

(3) ¹Die Krankenkassen informieren ihre Versicherten auf Verlangen umfassend über in der gesetzlichen Krankenversicherung zugelassene Leistungserbringer einschließlich medizinische Versorgungszentren und Leistungserbringer in der besonderen Versorgung sowie über die verordnungsfähigen Leistungen und Bezugsquellen, einschließlich der Informationen nach § 73 Abs. 8, § 127 Absatz 3 und 5. ²Die Krankenkasse hat Versicherte vor deren Entscheidung über die Teilnahme an besonderen Versorgungsformen in Wahltarifen nach § 53 Abs. 3 umfassend über darin erbrachte Leistungen und die

beteiligten Leistungserbringer zu informieren. ³ § 69 Absatz 1 Satz 3 gilt entsprechend.

§ 305a Beratung der Vertragsärzte. ¹Die Kassenärztlichen Vereinigungen beraten in erforderlichen Fällen die Vertragsärzte auf der Grundlage von Übersichten über die von ihnen im Zeitraum eines Jahres oder in einem kürzeren Zeitraum erbrachten, verordneten oder veranlassten Leistungen über Fragen der Wirtschaftlichkeit. ²Ergänzend können die Vertragsärzte den Kassenärztlichen Vereinigungen die Daten über die von ihnen verordneten Leistungen nicht versichertenbezogen übermitteln, die Kassenärztlichen Vereinigungen können diese Daten für ihre Beratung des Vertragsarztes auswerten und auf der Grundlage dieser Daten erstellte vergleichende Übersichten den Vertragsärzten nicht arztbezogen zur Verfügung stellen. ³Die Vertragsärzte und die Kassenärztlichen Vereinigungen dürfen die Daten nach Satz 2 nur für im Sozialgesetzbuch bestimmte Zwecke verarbeiten. ⁴Ist gesetzlich oder durch Vereinbarung nach § 130a Abs. 8 nichts anderes bestimmt, dürfen Vertragsärzte Daten über von ihnen verordnete Arzneimittel nur solchen Stellen übermitteln, die sich verpflichten, die Daten ausschließlich als Nachweis für die in einer Kassenärztlichen Vereinigung oder einer Region mit mindestens jeweils 300 000 Einwohnern oder mit jeweils mindestens 1 300 Ärzten insgesamt in Anspruch genommenen Leistungen zu verarbeiten; eine Verarbeitung dieser Daten mit regionaler Differenzierung innerhalb einer Kassenärztlichen Vereinigung, für einzelne Vertragsärzte oder Einrichtungen sowie für einzelne Apotheken ist unzulässig. ⁵Satz 4 gilt auch für die Übermittlung von Daten über die nach diesem Buch verordnungsfähigen Arzneimittel durch Apotheken, den Großhandel, Krankenkassen sowie deren Rechenzentren. ⁶Abweichend von Satz 4 dürfen Leistungserbringer und Krankenkassen Daten über verordnete Arzneimittel in vertraglichen Versorgungsformen nach den §§ 63, 73b, 137f oder 140a nutzen.

§ 305b Veröffentlichung der Jahresrechnungsergebnisse. ¹Die Krankenkassen, mit Ausnahme der landwirtschaftlichen Krankenkasse, veröffentlichen im elektronischen Bundesanzeiger sowie auf der eigenen Internetpräsenz zum 30. November des dem Berichtsjahr folgenden Jahres die wesentlichen Ergebnisse ihrer Rechnungslegung in einer für die Versicherten verständlichen Weise. ²Die Satzung hat weitere Arten der Veröffentlichung zu regeln, die sicherstellen, dass alle Versicherten der Krankenkasse davon Kenntnis erlangen können. ³Zu veröffentlichen sind insbesondere Angaben zur Entwicklung der Zahl der Mitglieder und Versicherten, zur Höhe und Struktur der Einnahmen, zur Höhe und Struktur der Ausgaben sowie zur Vermögenssituation. ⁴Ausgaben für Prävention und Gesundheitsförderung sowie Verwaltungsausgaben sind gesondert auszuweisen. ⁵Das Nähere zu den zu veröffentlichenden Angaben wird in der Allgemeinen Verwaltungsvorschrift über das Rechnungswesen in der Sozialversicherung geregelt.

Elftes Kapitel. Telematikinfrastruktur

Erster Abschnitt. Anforderungen an die Telematikinfrastruktur

§ 306 Telematikinfrastruktur. (1) ¹Die Bundesrepublik Deutschland, vertreten durch das Bundesministerium für Gesundheit, der Spitzenverband Bund der Krankenkassen, die Kassenärztliche Bundesvereinigung, die Kassenzahnärztliche Bundesvereinigung, die Bundesärztekammer, die Bundeszahnärztekammer, die Deutsche Krankenhausgesellschaft sowie die für die Wahrnehmung der wirtschaftlichen Interessen gebildete maßgebliche Spitzenorganisation der Apotheker auf Bundesebene schaffen die Telematikinfrastruktur. ²Die Telematikinfrastruktur ist die interoperable und kompatible Informations-, Kommunikations- und Sicherheitsinfrastruktur, die der Vernetzung von Leistungserbringern, Kostenträgern, Versicherten und weiteren Akteuren des Gesundheitswesens sowie der Rehabilitation und der Pflege dient und insbesondere

1. erforderlich ist für die Nutzung der elektronischen Gesundheitskarte und der Anwendungen der Telematikinfrastruktur,

2. geeignet ist
   a) für die Nutzung weiterer Anwendungen der Telematikinfrastruktur ohne Nutzung der elektronischen Gesundheitskarte nach § 327 und
   b) für die Verwendung für Zwecke der Gesundheits- und pflegerischen Forschung.

³Die Bundesrepublik Deutschland, vertreten durch das Bundesministerium für Gesundheit, und die in Satz 1 genannten Spitzenorganisationen nehmen die Aufgabe nach Satz 1 nach Maßgabe des § 310 durch eine Gesellschaft für Telematik wahr.

(2) Die Telematikinfrastruktur umfasst

1. Eine dezentrale Infrastruktur bestehend aus Komponenten zur Authentifizierung, zur elektronischen Signatur, zur Verschlüsselung sowie Entschlüsselung und zur sicheren Verarbeitung von Daten in der zentralen Infrastruktur,

2. eine zentrale Infrastruktur bestehend aus
   a) sicheren Zugangsdiensten als Schnittstelle zur dezentralen Infrastruktur und
   b) einem gesicherten Netz einschließlich der für den Betrieb notwendigen Dienste sowie

3. eine Anwendungsinfrastruktur bestehend aus Diensten für die Anwendungen nach diesem Kapitel.

(3) Für die Verarbeitung der zu den besonderen Kategorien im Sinne von Artikel 9 der Verordnung (EU) 2016/679[1)] gehörenden personenbezogenen Daten in der Telematikinfrastruktur gilt ein dem besonderen Schutzbedarf entsprechendes hohes Schutzniveau, dem durch entsprechende technische und organisatorische Maßnahmen im Sinne des Artikels 32 der Verordnung (EU) 2016/679 Rechnung zu tragen ist.

(4) ¹Anwendungen im Sinne dieses Kapitels sind nutzerbezogene Funktionalitäten auf der Basis von nach § 325 zugelassenen Diensten und Komponenten zur Verarbeitung von Gesundheitsdaten in der Telematikinfrastruktur sowie weitere nutzerbezogene Funktionalitäten nach § 327. ²Dienste im Sinne von Satz 1 sind zentral bereitgestellte und in der Telematikinfrastruktur betriebene technische Systeme, die einzelne Funktionalitäten der Telematikinfrastruktur umsetzen. ³Komponenten sind dezentrale technische Systeme oder deren Bestandteile.

[1)] Nr. 1.

§ 307 Datenschutzrechtliche Verantwortlichkeiten. (1) ¹Die Verarbeitung personenbezogener Daten mittels der Komponenten der dezentralen Infrastruktur nach § 306 Absatz 2 Nummer 1 liegt in der Verantwortung derjenigen, die diese Komponenten für die Zwecke der Authentifizierung und elektronischen Signatur sowie zur Verschlüsselung, Entschlüsselung und sicheren Verarbeitung von Daten in der zentralen Infrastruktur nutzen, soweit sie über die Mittel der Datenverarbeitung mitentscheiden. ²Die Verantwortlichkeit nach Satz 1 erstreckt sich insbesondere auf die ordnungsgemäße Inbetriebnahme, Wartung und Verwendung der Komponenten. ³Für die Verarbeitung personenbezogener Daten mittels der Komponenten der dezentralen Infrastruktur nach § 306 Absatz 2 Nummer 1 durch Verantwortliche nach Satz 1 erfolgt in der Anlage zu diesem Gesetz eine Datenschutz-Folgenabschätzung nach Artikel 35 Absatz 10 der Verordnung (EU) 2016/679[1]. ⁴Soweit eine Datenschutz-Folgenabschätzung nach Satz 3 erfolgt, gilt für die Verantwortlichen nach Satz 1 Artikel 35 Absatz 1 bis 7 der Verordnung (EU) 2016/679 sowie § 38 Absatz 1 Satz 2 des Bundesdatenschutzgesetzes[2] nicht.

(2) ¹Der Betrieb der durch die Gesellschaft für Telematik spezifizierten und zugelassenen Zugangsdienste nach § 306 Absatz 2 Nummer 2 Buchstabe a liegt in der Verantwortung des jeweiligen Anbieters des Zugangsdienstes. ²Der Anbieter eines Zugangsdienstes darf personenbezogene Daten der Versicherten ausschließlich für Zwecke des Aufbaus und des Betriebs seines Zugangsdienstes verarbeiten. ³§ 3 des Telekommunikation-Telemedien-Datenschutz-Gesetzes[3] ist entsprechend anzuwenden.

(3) ¹Die Gesellschaft für Telematik erteilt einen Auftrag nach § 323 Absatz 2 Satz 1 zum alleinverantwortlichen Betrieb des gesicherten Netzes nach § 306 Absatz 2 Nummer 2 Buchstabe b, einschließlich der für den Betrieb notwendigen Dienste. ²Der Anbieter des gesicherten Netzes ist innerhalb des gesicherten Netzes verantwortlich für die Übertragung von personenbezogenen Daten, insbesondere von Gesundheitsdaten der Versicherten, zwischen Leistungserbringern, Kostenträgern sowie Versicherten und für die Übertragung im Rahmen der Anwendungen der elektronischen Gesundheitskarte. ³Der Anbieter des gesicherten Netzes darf die Daten ausschließlich zum Zweck der Datenübertragung verarbeiten. ⁴§ 3 des Telekommunikation-Telemedien-Datenschutz-Gesetzes ist entsprechend anzuwenden.

(4) ¹Der Betrieb der Dienste der Anwendungsinfrastruktur nach § 306 Absatz 2 Nummer 3 erfolgt durch den jeweiligen Anbieter. ²Die Anbieter sind für die Verarbeitung personenbezogener Daten, insbesondere von Gesundheitsdaten der Versicherten, zum Zweck der Nutzung des jeweiligen Dienstes der Anwendungsinfrastruktur verantwortlich.

(5) ¹Die Gesellschaft für Telematik ist Verantwortliche für die Verarbeitung personenbezogener Daten in der Telematikinfrastruktur, soweit sie im Rahmen ihrer Aufgaben nach § 311 Absatz 1 die Mittel der Datenverarbeitung bestimmt und insoweit keine Verantwortlichkeit nach den vorstehenden Absätzen begründet ist. ²Die Gesellschaft für Telematik richtet für die Betroffenen eine koordinierende Stelle ein. ³Die koordinierende Stelle erteilt den Betroffenen allgemeine Informationen zur Telematikinfrastruktur sowie Auskunft über Zu-

---

[1] Nr. **1**.
[2] Nr. **6**.
[3] Nr. **8**.

ständigkeiten innerhalb der Telematikinfrastruktur, insbesondere zur datenschutzrechtlichen Verantwortlichkeit nach dieser Vorschrift.

§ 308 Vorrang von technischen Schutzmaßnahmen. (1) ¹Die Rechte der betroffenen Person nach den Artikeln 12 bis 22 der Verordnung (EU) 2016/679[1)] sind gegenüber den Verantwortlichen nach § 307 ausgeschlossen, soweit diese Rechte von den Verantwortlichen nach § 307 und dessen Auftragsverarbeiter nicht oder nur unter Umgehung von Schutzmechanismen wie insbesondere der Verschlüsselung oder der Anonymisierung gewährleistet werden können. ²Ist es einem Verantwortlichen nach § 307 nur unter Umgehung von Schutzmechanismen wie insbesondere der Verschlüsselung oder der Anonymisierung, die eine Kenntnisnahme oder Identifizierung ausschließen, möglich, Rechte der betroffenen Person zu befriedigen, so ist der Verantwortliche nicht verpflichtet, zur bloßen Einhaltung datenschutzrechtlicher Betroffenenrechte zusätzliche Informationen aufzubewahren, einzuholen oder zu verarbeiten oder Sicherheitsvorkehrungen aufzuheben.

(2) Absatz 1 gilt nicht, wenn die Datenverarbeitung unrechtmäßig ist oder berechtigte Zweifel an der behaupteten Unmöglichkeit nach Absatz 1 bestehen.

§ 309 Protokollierung. (1) Die Verantwortlichen nach § 307 haben durch geeignete technische Maßnahmen sicherzustellen, dass für Zwecke der Datenschutzkontrolle bei Anwendungen nach den §§ 327 und 334 Absatz 1 nachträglich für den Zeitraum der regelmäßigen dreijährigen Verjährungsfrist nach § 195 des Bürgerlichen Gesetzbuchs die Zugriffe und die versuchten Zugriffe auf personenbezogene Daten der Versicherten in diesen Anwendungen überprüft werden können und festgestellt werden kann, ob, von wem und welche Daten des Versicherten in dieser Anwendung verarbeitet worden sind.

(2) Eine Verwendung der Protokolldaten nach Absatz 1 für andere als die dort genannten Zwecke ist unzulässig.

(3) Die Protokolldaten sind nach Ablauf der in Absatz 1 genannten Frist unverzüglich zu löschen.

Zweiter Abschnitt. Gesellschaft für Telematik

Erster Titel. Aufgaben, Verfassung und Finanzierung der Gesellschaft für Telematik

§ 310 Gesellschaft für Telematik. (1) Die Bundesrepublik Deutschland, vertreten durch das Bundesministerium für Gesundheit, und die in § 306 Absatz 1 Satz 1 genannten Spitzenorganisationen sind Gesellschafter der Gesellschaft für Telematik.

(2) Die Geschäftsanteile entfallen

1. zu 51 Prozent auf die Bundesrepublik Deutschland, vertreten durch das Bundesministerium für Gesundheit,
2. zu 24,5 Prozent auf den Spitzenverband Bund der Krankenkassen und
3. zu 24,5 Prozent auf die anderen in § 306 Absatz 1 Satz 1 genannten Spitzenorganisationen.

[1)] Nr. 1.

(3) ¹Die Gesellschafter können den Beitritt weiterer Spitzenorganisationen der Leistungserbringer auf Bundesebene und des Verbandes der Privaten Krankenversicherung auf deren Wunsch beschließen. ²Im Fall eines Beitritts sind die Geschäftsanteile innerhalb der Gruppen der Kostenträger und Leistungserbringer entsprechend anzupassen.

(4) Unbeschadet zwingender gesetzlicher Mehrheitserfordernisse entscheiden die Gesellschafter mit der einfachen Mehrheit der sich aus den Geschäftsanteilen ergebenden Stimmen.

§ 311 Aufgaben der Gesellschaft für Telematik. (1) Im Rahmen des Auftrags nach § 306 Absatz 1 hat die Gesellschaft für Telematik nach Maßgabe der Anforderungen gemäß § 306 Absatz 3 folgende Aufgaben:

1. zur Schaffung der Telematikinfrastruktur:
    a) Erstellung der funktionalen und technischen Vorgaben einschließlich eines Sicherheitskonzepts,
    b) Festlegung von Inhalt und Struktur der Datensätze für deren Bereitstellung und Nutzung, soweit diese Festlegung nicht nach § 355 durch die Kassenärztliche Bundesvereinigung oder die Deutsche Krankenhausgesellschaft erfolgt,
    c) Erstellung von Vorgaben für den sicheren Betrieb der Telematikinfrastruktur und Überwachung der Umsetzung dieser Vorgaben,
    d) Sicherstellung der notwendigen Test-, Bestätigungs- und Zertifizierungsmaßnahmen und
    e) Festlegung von Verfahren einschließlich der dafür erforderlichen Authentisierungsverfahren zur Verwaltung
        aa) der Zugriffsberechtigungen nach dem Fünften Abschnitt und
        bb) der Steuerung der Zugriffe auf Daten nach § 334 Absatz 1 Satz 2,
2. Aufbau der Telematikinfrastruktur und insoweit Festlegung der Rahmenbedingungen für Betriebsleistungen sowie Vergabe von Aufträgen für deren Erbringung an Anbieter von Betriebsleistungen oder Zulassung von Betriebsleistungen,
3. Betrieb des elektronischen Verzeichnisdienstes nach § 313,
4. Zulassung der Komponenten und Dienste der Telematikinfrastruktur einschließlich der Verfahren zum Zugriff auf diese Komponenten und Dienste,
5. Zulassung der sicheren Dienste für Verfahren zur Übermittlung medizinischer und pflegerischer Dokumente über die Telematikinfrastruktur,
6. Festlegung der Voraussetzungen für die Nutzung der Telematikinfrastruktur für weitere Anwendungen und für Zwecke der Gesundheitsforschung nach § 306 Absatz 1 Satz 2 Nummer 2 und Durchführung der Verfahren zur Bestätigung des Vorliegens dieser Voraussetzungen,
7. Gewährleistung einer diskriminierungsfreien Nutzung der Telematikinfrastruktur für weitere Anwendungen und für Zwecke der Gesundheitsforschung nach § 306 Absatz 1 Satz 2 Nummer 2 unter vorrangiger Berücksichtigung der elektronischen Anwendungen, die der Erfüllung von gesetzlichen Aufgaben der Kranken- und Pflegeversicherung, der Rentenversicherung und der Unfallversicherung dienen,
8. Aufbau, Pflege und Betrieb des Interoperabilitätsverzeichnisses nach § 385,

9. Koordinierung der Ausgabeprozesse der in der Telematikinfrastruktur genutzten Identifikations- und Authentifizierungsmittel, insbesondere der Karten und Ausweise gemäß den §§ 291 und 340, im Benehmen mit den Kartenherausgebern, Überwachung der Ausgabeprozesse und Vorgabe von verbindlichen Maßnahmen, die bei Sicherheitsmängeln zu ergreifen sind,

10. Entwicklung und Zurverfügungstellung der Komponenten der Telematikinfrastruktur, die den Zugriff der Versicherten auf die Anwendung zur Übermittlung ärztlicher Verordnungen nach § 334 Absatz 1 Satz 2 Nummer 6 nach Maßgabe des § 360 Absatz 5 ermöglichen, als Dienstleistungen von allgemeinem wirtschaftlichem Interesse,

11. Unterstützung des Robert Koch-Instituts bei der Entwicklung und dem Betrieb des elektronischen Melde- und Informationssystems nach § 14 des Infektionsschutzgesetzes und

12. Betrieb von Komponenten und Diensten der zentralen Infrastruktur gemäß § 306 Absatz 2 Nummer 2, die zur Gewährleistung der Sicherheit oder für die Aufrechterhaltung der Funktionsfähigkeit der Telematikinfrastruktur von wesentlicher Bedeutung sind, nach Maßgabe des § 323 Absatz 2 Satz 3.

(2) [1] Die Gesellschaft für Telematik hat Festlegungen und Maßnahmen nach Absatz 1 Nummer 1, die Fragen der Datensicherheit berühren, im Einvernehmen mit dem Bundesamt für Sicherheit in der Informationstechnik zu treffen und Festlegungen und Maßnahmen nach Absatz 1 Nummer 1, die Fragen des Datenschutzes berühren, im Einvernehmen mit der oder dem Bundesbeauftragten für den Datenschutz und die Informationsfreiheit zu treffen. [2] Bei der Gestaltung der Verfahren nach Absatz 1 Nummer 1 Buchstabe e berücksichtigt die Gesellschaft für Telematik, dass die Telematikinfrastruktur schrittweise ausgebaut wird und die Zugriffsberechtigungen künftig auf weitere Leistungserbringergruppen ausgedehnt werden können.

(3) [1] Die Gesellschaft für Telematik nimmt auf europäischer Ebene, insbesondere im Zusammenhang mit dem grenzüberschreitenden Austausch von Gesundheitsdaten, Aufgaben wahr. [2] Dabei hat sie darauf hinzuwirken, dass einerseits die auf europäischer Ebene getroffenen Festlegungen mit den Vorgaben für die Telematikinfrastruktur und ihre Anwendungen vereinbar sind und dass andererseits die Vorgaben für die Telematikinfrastruktur und ihre Anwendungen mit den europäischen Vorgaben vereinbar sind. [3] Die Gesellschaft für Telematik hat die für den grenzüberschreitenden Austausch von Gesundheitsdaten erforderlichen Festlegungen zu treffen und hierbei die auf europäischer Ebene hierzu getroffenen Festlegungen zu berücksichtigen. [4] Die Datensicherheit ist dabei nach dem Stand der Technik zu gewährleisten.

(4) [1] Bei der Wahrnehmung ihrer Aufgaben hat die Gesellschaft für Telematik die Interessen von Patienten zu wahren und die Einhaltung der Vorschriften zum Schutz personenbezogener Daten sowie zur Barrierefreiheit sicherzustellen. [2] Sie hat Aufgaben nur insoweit wahrzunehmen, als dies zur Schaffung einer interoperablen, kompatiblen und sicheren Telematikinfrastruktur erforderlich ist.

(5) [1] Mit Teilaufgaben der Gesellschaft für Telematik können einzelne Gesellschafter mit Ausnahme der Bundesrepublik Deutschland oder Dritte beauftragt werden. [2] Hierbei hat die Gesellschaft für Telematik die Interoperabilität, die Kompatibilität und das notwendige Sicherheitsniveau der Telematikinfrastruktur zu gewährleisten.

(6) ¹Die Gesellschaft für Telematik legt in Abstimmung mit dem Bundesamt für Sicherheit in der Informationstechnik und mit der oder dem Bundesbeauftragten für den Datenschutz und die Informationsfreiheit sichere Verfahren zur Übermittlung medizinischer Daten über die Telematikinfrastruktur fest. ²Die festgelegten Verfahren veröffentlicht die Gesellschaft für Telematik auf ihrer Internetseite. ³Der Anbieter eines Dienstes für ein Übermittlungsverfahren muss die Anwendung der festgelegten Verfahren gegenüber der Gesellschaft für Telematik in einem Zulassungsverfahren nachweisen. ⁴Die Kassenärztlichen Bundesvereinigungen können Anbieter eines zugelassenen Dienstes für ein sicheres Verfahren zur Übermittlung medizinischer Dokumente nach Satz 1 sein, sofern der Dienst nur Kassenärztlichen Vereinigungen sowie deren Mitgliedern zur Verfügung gestellt wird. ⁵Für das Zulassungsverfahren nach Satz 3 gilt § 325. ⁶Die für das Zulassungsverfahren erforderlichen Festlegungen hat die Gesellschaft für Telematik zu treffen und auf ihrer Internetseite zu veröffentlichen. ⁷Die Kosten, die nach diesem Absatz bei der oder dem Bundesbeauftragten für den Datenschutz und die Informationsfreiheit entstehen, sind durch die Gesellschaft für Telematik zu erstatten. ⁸Die Gesellschaft für Telematik legt die Einzelheiten der Kostenerstattung einvernehmlich mit der oder dem Bundesbeauftragten für den Datenschutz und die Informationsfreiheit fest.

(7) ¹Bei der Vergabe von Aufträgen durch die Gesellschaft für Telematik ist unterhalb der Schwellenwerte nach § 106 des Gesetzes gegen Wettbewerbsbeschränkungen die Unterschwellenvergabeordnung in der Fassung der Bekanntmachung vom 2. Februar 2017 (BAnz. AT 07.02.2017 B1; BAnz. AT 07.02.2017 B2) anzuwenden. ²Für die Verhandlungsvergabe von Leistungen gemäß § 8 Absatz 4 Nummer 17 der Unterschwellenvergabeordnung werden die Ausführungsbestimmungen vom Bundesministerium für Gesundheit festgelegt. ³Teil 4 des Gesetzes gegen Wettbewerbsbeschränkungen bleibt unberührt.

§ 312 Aufträge an die Gesellschaft für Telematik. (1) ¹Die Gesellschaft für Telematik hat im Rahmen ihrer Aufgaben nach § 311 Absatz 1 Nummer 1

1. bis zum 30. Juni 2020 die Maßnahmen durchzuführen, die erforderlich sind, damit vertragsärztliche elektronische Verordnungen für apothekenpflichtige Arzneimittel elektronisch nach § 360 Absatz 1 übermittelt werden können,

2. bis zum 30. Juni 2021 die Maßnahmen durchzuführen, die erforderlich sind, damit vertragsärztliche elektronische Verordnungen für Betäubungsmittel sowie für Arzneimittel nach § 3a Absatz 1 Satz 1 der Arzneimittelverschreibungsverordnung in elektronisch nach § 360 Absatz 1 übermittelt werden können,

3. bis zum 30. Juni 2021 die Maßnahmen durchzuführen, die erforderlich sind, damit Informationen zur vertragsärztlichen Verordnung nach den Nummern 1 oder 2 mit Informationen über das auf der Grundlage der vertragsärztlichen Verordnung nach den Nummern 1 oder 2 abgegebene Arzneimittel, dessen Chargennummer und, falls auf der Verordnung angegeben, dessen Dosierung den Versicherten elektronisch verfügbar gemacht werden können (Dispensierinformationen),

4. bis zum 1. Oktober 2021 die Maßnahmen durchzuführen, die erforderlich sind, damit sichere Übermittlungsverfahren nach § 311 Absatz 6 einen

Sofortnachrichtendienst zur Kommunikation zwischen Leistungserbringern umfassen,

5. bis zum 31. Oktober 2021 die Maßnahmen durchzuführen, die erforderlich sind, damit der elektronische Medikationsplan nach § 334 Absatz 1 Satz 2 Nummer 4 gemäß § 358 in Verbindung mit § 359 Absatz 2 ab dem 1. Juli 2023 in einer eigenständigen Anwendung innerhalb der Telematikinfrastruktur genutzt werden kann, die nicht auf der elektronischen Gesundheitskarte gespeichert wird,

6. bis zum 1. Dezember 2021 die Maßnahmen durchzuführen, die erforderlich sind, damit zugriffsberechtigte Leistungserbringer mittels der elektronischen Gesundheitskarte sowie entsprechend den Zugriffsvoraussetzungen nach § 361 Absatz 2 auf elektronische Verordnungen zugreifen können,

7. bis zum 1. Januar 2022 die Maßnahmen durchzuführen, die erforderlich sind, damit vertragsärztliche elektronische Verordnungen von digitalen Gesundheitsanwendungen durch Ärzte, Zahnärzte und Psychotherapeuten ab dem 1. Januar 2023 elektronisch nach § 360 Absatz 1 übermittelt werden können,

8. bis zum 1. April 2022 die Maßnahmen durchzuführen, die erforderlich sind, um digitale Identitäten zur Verfügung zu stellen durch
   a) die Krankenkassen für ihre Versicherten nach § 291 Absatz 8 und
   b) die Stellen nach § 340 Absatz 1 Satz 1 Nummer 1 für die zugriffsberechtigten Leistungserbringer,

9. bis zum 1. April 2022 die Maßnahmen durchzuführen, die erforderlich sind, damit der in Nummer 4 definierte Dienst auch zur Kommunikation zwischen Versicherten und Leistungserbringern beziehungsweise Versicherten und Krankenkassen genutzt werden kann,

10. bis zum 30. Juni 2022 die Maßnahmen durchzuführen, die erforderlich sind, damit Anbieter ab dem 1. Januar 2023 Komponenten und Dienste zur Verfügung stellen können, die eine sichere, wirtschaftliche, skalierbare, stationäre und mobile Zugangsmöglichkeit zur Telematikinfrastruktur ermöglichen,

11. bis zum 30. Juni 2022 die Maßnahmen durchzuführen, die erforderlich sind, damit Komponenten gemäß § 306 Absatz 2 Nummer 1, die das Lesen von in der Telematikinfrastruktur genutzten Identifikations- und Authentifizierungsmitteln, insbesondere von Karten und Ausweisen gemäß den §§ 291 und 340, ermöglichen, eine kontaktlose Schnittstelle unterstützen,".

12. bis zum 30. Juni 2022 die Maßnahmen durchzuführen, die erforderlich sind, damit vertragsärztliche elektronische Verordnungen von häuslicher Krankenpflege nach § 37 sowie außerklinischer Intensivpflege nach § 37c elektronisch nach § 360 Absatz 1 übermittelt werden können,

13. bis zum 30. Juni 2023 die Maßnahmen durchzuführen, die erforderlich sind, damit vertragsärztliche elektronische Verordnungen von Soziotherapien nach § 37a durch Ärzte und Psychotherapeuten elektronisch nach § 360 Absatz 1 übermittelt werden können,

14. bis zum 1. Juli 2023 die Maßnahmen durchzuführen, die erforderlich sind, damit der Spitzenverband Bund der Krankenkassen, Deutsche Verbindungsstelle Krankenversicherung – Ausland, seine Aufgaben nach § 219d Absatz 6 Satz 1 erfüllen und den Betrieb der nationalen eHealth-Kontaktstelle zu diesem Zeitpunkt aufnehmen kann; dazu sind im Benehmen mit dem

Spitzenverband Bund der Krankenkassen, Deutsche Verbindungsstelle Krankenversicherung – Ausland, und im Einvernehmen mit dem Bundesamt für Sicherheit in der Informationstechnik und der oder dem Bundesbeauftragten für den Datenschutz und die Informationsfreiheit insbesondere diejenigen Festlegungen zum Aufbau und Betrieb der nationalen eHealth-Kontaktstelle nach § 219d Absatz 6 Satz 1 zu treffen, die im Rahmen des grenzüberschreitenden Austauschs von Gesundheitsdaten Fragen der Datensicherheit und des Datenschutzes berühren,

15. bis zum 1. Oktober 2023 die Maßnahmen durchzuführen, die erforderlich sind, damit die sicheren Übermittlungsverfahren nach § 311 Absatz 6 auch den Austausch von medizinischen Daten in Form von Text, Dateien, Ton und Bild, auch als Konferenz mit mehr als zwei Beteiligten, ermöglichen, und

16. bis zum 1. Juli 2024 die Maßnahmen durchzuführen, die erforderlich sind, damit vertragsärztliche elektronische Verordnungen nach § 360 Absatz 7 Satz 1 ab dem 1. Juli 2026 elektronisch nach § 360 Absatz 1 übermittelt werden können.

²Bei der Durchführung der Maßnahmen nach Satz 1 berücksichtigt die Gesellschaft für Telematik, dass die Telematikinfrastruktur schrittweise ausgebaut wird und die Verfahren schrittweise auf sonstige in der ärztlichen Versorgung verordnungsfähige Leistungen und auf Verordnungen ohne direkten Kontakt zwischen den Ärzten oder den Zahnärzten und den Versicherten ausgedehnt werden sollen. ³Bei der Durchführung der Maßnahmen nach Satz 1 Nummer 2 sind darüber hinaus die Vorgaben der Betäubungsmittel-Verschreibungsverordnung und entsprechende Vorgaben des Betäubungsmittelgesetzes in der jeweils geltenden Fassung zu beachten.

(2) Die Gesellschaft für Telematik hat im Rahmen ihrer Aufgaben nach § 311 Absatz 1 Nummer 1 bis zum 15. Oktober 2020 die Voraussetzungen dafür zu schaffen, dass Pflegeeinrichtungen nach dem Elften Buch und Leistungserbringer, die Leistungen nach den §§ 24g, 37, 37b, 37c, 39a Absatz 1 und § 39c erbringen, sowie Zugriffsberechtigte nach § 352 Nummer 9 bis 18 die Telematikinfrastruktur nutzen können.

(3) Die Gesellschaft für Telematik hat im Rahmen ihrer Aufgaben nach § 311 Absatz 1 Nummer 1 die Voraussetzungen dafür zu schaffen, dass Zugriffsberechtigte nach § 359 Absatz 1 Daten nach § 334 Absatz 1 Satz 2 Nummer 4 und 5 nutzen können.

(4) Die Gesellschaft für Telematik hat im Rahmen ihrer Aufgabenzuweisung nach § 311 Absatz 1 Nummer 10 bis zum 30. Juni 2021 die entsprechenden Komponenten der Telematikinfrastruktur anzubieten.

(5) Die Gesellschaft für Telematik hat im Rahmen ihrer Aufgabenzuweisung nach § 311 Absatz 1 Nummer 1 die Maßnahmen durchzuführen, damit Überweisungen in elektronischer Form übermittelt werden können.

(6) ¹Die Gesellschaft für Telematik hat im Rahmen ihrer Aufgabenzuweisung nach § 311 Absatz 1 Nummer 1 die Maßnahmen durchzuführen, die erforderlich sind, damit das Auslesen der Protokolldaten gemäß § 309 Absatz 1 und der Daten in Anwendungen nach § 334 Absatz 1 Satz 2 Nummer 2, 3 und 6 mittels einer Benutzeroberfläche eines geeigneten Endgeräts erfolgen kann. ²Dabei ist ein technisches Verfahren vorzusehen, das zur Authentifizierung einen hohen Sicherheitsstandard gewährleistet.

(7) Bei den Maßnahmen nach Absatz 1 Satz 1 Nummer 1, 2, 12, 13 und 16 hat die Gesellschaft für Telematik auch Verfahren festzulegen oder die technischen Voraussetzungen dafür zu schaffen, dass Versicherte Daten ihrer elektronischen Verordnungen nach § 360 Absatz 2, 5, 6 oder Absatz 7 vor einer Inanspruchnahme der jeweils verordneten Leistungen, soweit erforderlich, elektronisch ihrer Krankenkasse zur Bewilligung übermitteln können.

(8) Die Gesellschaft für Telematik hat im Rahmen ihrer Aufgaben nach § 311 Absatz 1 bis zum 1. Januar 2024 die Voraussetzungen dafür zu schaffen, dass die in § 380 Absatz 2 genannten Leistungserbringer die Telematikinfrastruktur nutzen und ihre Zugriffsrechte nach § 352 Nummer 14 und 15 sowie nach § 361 Absatz 1 Satz 1 Nummer 5 ausüben können.

(9) ¹Die Gesellschaft für Telematik legt zu den Verfahren nach Absatz 1 Satz 1 Nummer 6 im Benehmen mit dem Bundesamt für Sicherheit in der Informationstechnik und der oder dem Bundesbeauftragten für den Datenschutz und die Informationsfreiheit bis zum 31. Dezember 2021 Einzelheiten zu den Bestätigungsverfahren fest und veröffentlicht diese Einzelheiten. ²Die Gesellschaft für Telematik veröffentlicht eine Liste mit den nach Absatz 1 Satz 1 Nummer 6 bestätigten Anwendungen auf ihrer Internetseite.

§ 313 Elektronischer Verzeichnisdienst der Telematikinfrastruktur.

(1) ¹Die Gesellschaft für Telematik betreibt den elektronischen Verzeichnisdienst der Telematikinfrastruktur. ²Sie kann Dritte mit dem Betrieb beauftragen. ³Der elektronische Verzeichnisdienst kann die Daten enthalten, die erforderlich sind für die Suche, Identifikation und Adressierung von

1. Leistungserbringern,
2. organisatorischen Einheiten von Leistungserbringern und
3. allen anderen angeschlossenen Nutzern von Anwendungen und Diensten der Telematikinfrastruktur.

⁴Die Daten nach Satz 3 umfassen den Namen, die Adressdaten, technische Adressierungsdaten, die eindeutige Identifikationsnummer, das Fachgebiet und den öffentlichen Teil der technischen Identität des Nutzers. ⁵Die Daten von Versicherten sind nicht Teil des Verzeichnisdienstes.

(2) ¹Für jeden Nutzer wird im Verzeichnisdienst nach Absatz 1 eine Identifikationsnummer vergeben. ²Bei der Vergabe ist sicherzustellen, dass der Bezug der Identifikationsnummer zu dem jeweiligen Nutzer nach ihrer Struktur eineindeutig hergestellt werden kann.

(3) ¹Der Verzeichnisdienst darf ausschließlich zum Zwecke der Suche, Identifikation und Adressierung der in Absatz 1 Satz 3 genannten Nutzer im Rahmen der Nutzung von Anwendungen und Diensten der Telematikinfrastruktur verwendet werden. ²Für jeden Nutzer wird im Verzeichnisdienst vermerkt, welche Anwendungen und Dienste adressiert werden können.

(4) ¹Die Gesellschaft für Telematik hat durch geeignete organisatorische Maßnahmen und nach dem aktuellen Stand der Technik sicherzustellen, dass die Verfügbarkeit, Integrität, Authentizität und Vertraulichkeit der Daten gewährleistet wird. ²Dazu legt sie die Vorgaben für die Datenübermittlung durch die in Absatz 5 Satz 1 benannten Stellen in einer verbindlichen Richtlinie fest.

(5) ¹Die Landesärztekammern, die Landeszahnärztekammern, die Kassenärztlichen Vereinigungen, die Kassenzahnärztlichen Vereinigungen, die Apo-

thekerkammern der Länder, die Psychotherapeutenkammern, die Deutsche Krankenhausgesellschaft und die von den Ländern nach § 340 sowie von der Gesellschaft für Telematik nach § 315 Absatz 1 bestimmten Stellen übermitteln fortlaufend in einem automatisierten Verfahren die bei ihnen vorliegenden, im elektronischen Verzeichnisdienst nach Absatz 1 zu speichernden aktuellen Daten der Nutzer nach Absatz 1 Satz 3 an den Verzeichnisdienst der Telematikinfrastruktur. ²Die in Satz 1 Genannten oder ein von ihnen beauftragter Dritter können oder kann der Gesellschaft für Telematik die für die Suche, Identifikation und Adressierung erforderlichen Daten über ein von ihnen für ihre Mitgliederverwaltung betriebenes standardbasiertes System zur Verwaltung von Identitäten und Zugriffsrechten zur Verfügung stellen. ³Nutzer nach Absatz 1 Satz 3, die Anwendungen und Dienste der Telematikinfrastruktur nutzen und deren Daten nach Absatz 1 Satz 3 nicht bei den in Satz 1 Genannten oder einer sie vertretenden Organisation vorliegen, übermitteln fortlaufend die aktuellen Daten nach Absatz 1 Satz 3 an die Gesellschaft für Telematik, die sie in einem automatisierten Verfahren im Verzeichnisdienst speichert. ⁴Die Verpflichtung nach den Sätzen 1 und 2 gilt ab dem 1. Dezember 2020.

(6) ¹Die örtlich zuständige Kassenärztliche Vereinigung hat die für den Anschluss an die Telematikinfrastruktur erforderlichen Identifikationsmerkmale nach Absatz 1 für Eigeneinrichtungen der Krankenkassen nach § 140 zu vergeben. ²Satz 1 gilt auch für niedergelassene Ärzte und Psychotherapeuten, die nicht bereits auf Grund anderer Vorschriften entsprechende Identifikationsmerkmale erhalten können. ³Die örtlich zuständige Ärztekammer oder die örtlich zuständige Psychotherapeutenkammer stellen der Kassenärztlichen Vereinigung die für die Wahrnehmung der Aufgaben nach den Sätzen 1 und 2 notwendigen Informationen zur Verfügung und informieren die zuständige Kassenärztliche Vereinigung unverzüglich über für die Vergabe der Arztnummer und der im Bundesmantelvertrag für Ärzte vorgesehenen Betriebsstättennummer relevante Änderungen.

§ 314 Informationspflichten der Gesellschaft für Telematik.
¹Die Gesellschaft für Telematik ist verpflichtet, auf ihrer Internetseite und in analogem Format Informationen für die Versicherten in präziser, transparenter, verständlicher, leicht zugänglicher und barrierefreier Form zur Verfügung zu stellen über

1. die Struktur und die Funktionsweise der Telematikinfrastruktur,

2. die grundlegenden Anwendungsfälle und Funktionalitäten der elektronischen Patientenakte,

3. die Rechte der Versicherten im Umgang mit Daten in der elektronischen Patientenakte,

4. den besonderen Schutz von Gesundheitsdaten nach der Verordnung (EU) 2016/679,

5. Art und Umfang der Zugriffsrechte zugriffsberechtigter Personen nach dem Vierten Abschnitt sowie die Zwecke der Verarbeitung von Daten in der elektronischen Patientenakte durch diese zugriffsberechtigten Personen,

6. die Datenverarbeitungsvorgänge bei der Übermittlung von Daten in die elektronische Patientenakte und bei der Erhebung und Verarbeitung von Daten aus der elektronischen Patientenakte durch zugriffsberechtigte Personen,

7. die Benennung der Verantwortlichen für die Daten im Hinblick auf die verschiedenen Datenverarbeitungsvorgänge,
8. die Pflichten der datenschutzrechtlich Verantwortlichen und die Rechte des Versicherten gegenüber den datenschutzrechtlich Verantwortlichen nach der Verordnung (EU) 2016/679,
9. die Maßnahmen zur Datensicherheit und
10. die Aufgaben der koordinierenden Stelle gemäß § 307 Absatz 5 Satz 2 und 3.

²Für Informationen nach Satz 1, die die elektronische Patientenakte betreffen, hat die Gesellschaft für Telematik das hierzu durch den Spitzenverband Bund der Krankenkassen im Einvernehmen mit der oder dem Bundesbeauftragten für den Datenschutz und die Informationsfreiheit nach § 343 erstellte Informationsmaterial zu nutzen.

§ 315 Verbindlichkeit der Beschlüsse der Gesellschaft für Telematik.

(1) ¹Die Beschlüsse der Gesellschaft für Telematik zu den Regelungen, dem Aufbau und dem Betrieb der Telematikinfrastruktur sind für die Leistungserbringer und die Krankenkassen sowie ihre Verbände nach diesem Buch verbindlich. ²Beschlüsse der Gesellschaft für Telematik über die Zuständigkeit für die Bereitstellung von Komponenten zur Authentifizierung von Leistungserbringerinstitutionen gelten auch für die Apothekerkammern der Länder, soweit diese Zuständigkeit nicht durch Bundes- oder Landesrecht geregelt ist.

(2) Vor der Beschlussfassung hat die Gesellschaft für Telematik der oder dem Bundesbeauftragten für den Datenschutz und die Informationsfreiheit und dem Bundesamt für Sicherheit in der Informationstechnik Gelegenheit zur Stellungnahme zu geben, sofern Belange des Datenschutzes oder der Datensicherheit berührt sind.

§ 316 Finanzierung der Gesellschaft für Telematik; Verordnungsermächtigung.
(1) ¹Zur Finanzierung der Gesellschaft für Telematik zahlt der Spitzenverband Bund der Krankenkassen an die Gesellschaft für Telematik jährlich einen Betrag in Höhe von 1,50 Euro je Mitglied der gesetzlichen Krankenversicherung. ²Das Bundesministerium für Gesundheit kann entsprechend dem Mittelbedarf der Gesellschaft für Telematik unter Beachtung des Gebotes der Wirtschaftlichkeit durch Rechtsverordnung ohne Zustimmung des Bundesrates einen von Satz 1 abweichenden Betrag je Mitglied der gesetzlichen Krankenversicherung festsetzen.

(2) Die Zahlungen nach Absatz 1 sind quartalsweise, spätestens drei Wochen vor Beginn des jeweiligen Quartals, zu leisten.

Zweiter Titel. Beirat der Gesellschaft für Telematik

§ 317 Beirat der Gesellschaft für Telematik. (1) ¹Die Gesellschaft für Telematik hat einen Beirat einzurichten. ²Der Beirat hat eine Vorsitzende oder einen Vorsitzenden. ³Der Beirat besteht aus

1. vier Vertretern der Länder,
2. vier Vertretern der Organisationen, die für die Wahrnehmung der Interessen der Patienten, der Pflegebedürftigen und der Selbsthilfe chronisch Kranker und behinderter Menschen maßgeblich sind,

3. drei Vertretern der für die Wahrnehmung der Interessen der Industrie maßgeblichen Bundesverbände aus dem Bereich der Informationstechnologie im Gesundheitswesen,
4. drei Vertretern der Wissenschaft,
5. einem Vertreter der Spitzenorganisation, die für die Wahrnehmung der Interessen der an der hausarztzentrierten Versorgung teilnehmenden Vertragsärzte maßgeblich ist,
6. einem Vertreter aus dem Bereich der Hochschulmedizin,
7. je einem Vertreter der Vereinigungen der Träger der Pflegeeinrichtungen auf Bundesebene und der Verbände der Pflegeberufe auf Bundesebene,
8. der oder dem Bundesbeauftragten für den Datenschutz und die Informationsfreiheit,
9. der oder dem Beauftragten der Bundesregierung für die Belange der Patientinnen und Patienten.

(2) ¹Die Mitglieder nach Absatz 1 Satz 3 Nummer 1 werden von den Ländern benannt. ²Die Mitglieder nach Absatz 1 Satz 3 Nummer 2 bis 5 und 7 werden von der Gesellschafterversammlung der Gesellschaft für Telematik benannt. ³Der Vertreter nach Absatz 1 Satz 3 Nummer 6 wird durch das Bundesministerium für Gesundheit im Einvernehmen mit dem Bundesministerium für Bildung und Forschung benannt.

(3) Die Gesellschafterversammlung der Gesellschaft für Telematik kann Vertreter weiterer Gruppen und Bundesbehörden sowie bis zu fünf unabhängige Experten als Mitglieder des Beirats berufen.

(4) ¹Jeweils ein Vertreter für jeden Gesellschafter sowie die Geschäftsführung der Gesellschaft für Telematik können an den Sitzungen des Beirats teilnehmen. ²Die oder der Vorsitzende des Beirats oder bei deren oder dessen Verhinderung die zur Stellvertretung berechtigte Person kann an den Gesellschafterversammlungen der Gesellschaft für Telematik teilnehmen.

(5) Der Beirat gibt sich eine Geschäftsordnung.

§ 318 Aufgaben des Beirats. (1) ¹Der Beirat hat die Gesellschaft für Telematik in fachlichen Belangen zu beraten. ²Er vertritt die Interessen der im Beirat Vertretenen gegenüber der Gesellschaft für Telematik und fördert den fachlichen Austausch zwischen der Gesellschaft für Telematik und den im Beirat Vertretenen.

(2) ¹Der Beirat ist vor der Beschlussfassung der Gesellschafterversammlung der Gesellschaft für Telematik zu Angelegenheiten von grundsätzlicher Bedeutung zu hören. ²Er kann hierzu vor der Beschlussfassung innerhalb von zwei Wochen nach Erhalt der erforderlichen Informationen und Unterlagen schriftlich Stellung nehmen. ³Auf Verlangen des Beirats ist dessen Stellungnahme auf der Internetseite der Gesellschaft für Telematik zu veröffentlichen.

(3) Der Beirat kann der Gesellschafterversammlung der Gesellschaft für Telematik Angelegenheiten von grundsätzlicher Bedeutung zur Befassung vorlegen.

(4) Zu Angelegenheiten von grundsätzlicher Bedeutung gehören insbesondere
1. Fachkonzepte zu Anwendungen der elektronischen Gesundheitskarte,
2. Planungen und Konzepte für die Erprobung und den Betrieb der Telematikinfrastruktur sowie

3. Konzepte zur Evaluation von Erprobungsphasen und Anwendungen.

(5) ¹Um dem Beirat die Wahrnehmung seiner Aufgaben nach den Absätzen 1 bis 3 zu ermöglichen, hat die Gesellschaft für Telematik dem Beirat alle hierzu erforderlichen Informationen und Unterlagen in für die Beiratsmitglieder verständlicher Form zur Verfügung zu stellen. ²Die Informationen und Unterlagen sind so rechtzeitig zur Verfügung zu stellen, dass der Beirat sich mit ihnen inhaltlich befassen und innerhalb der Frist nach Absatz 2 Satz 2 Stellung nehmen kann.

(6) ¹Die Gesellschaft für Telematik prüft die Stellungnahmen des Beirats nach den Absätzen 2 und 3 fachlich. ²Das Ergebnis der Prüfung, einschließlich Aussagen darüber, inwieweit sie die Empfehlungen des Beirats berücksichtigt, teilt sie dem Beirat schriftlich mit. ³Die Gesellschafterversammlung ist ebenfalls über das Ergebnis der Prüfung zu unterrichten.

Dritter Titel. Schlichtungsstelle der Gesellschaft für Telematik

§ 319 Schlichtungsstelle der Gesellschaft für Telematik. (1) ¹Bei der Gesellschaft für Telematik ist eine Schlichtungsstelle einzurichten. ²Die Schlichtungsstelle wird tätig, soweit dies gesetzlich bestimmt ist.

(2) Die Gesellschaft für Telematik ist verpflichtet, der Schlichtungsstelle nach deren Vorgaben unverzüglich zuzuarbeiten.

(3) Die Schlichtungsstelle gibt sich eine Geschäftsordnung.

§ 320 Zusammensetzung der Schlichtungsstelle; Finanzierung.

(1) ¹Die Schlichtungsstelle besteht aus einer oder einem unparteiischen Vorsitzenden und zwei weiteren Mitgliedern. ²Die Amtsdauer der Mitglieder der Schlichtungsstelle beträgt zwei Jahre. ³Die Wiederbenennung ist zulässig.

(2) ¹Über die unparteiische Vorsitzende oder den unparteiischen Vorsitzenden der Schlichtungsstelle sollen sich die Gesellschafter der Gesellschaft für Telematik einigen. ²Das Bundesministerium für Gesundheit kann hierfür eine angemessene Frist setzen. ³Kommt bis zum Ablauf der Frist keine Einigung zustande, benennt das Bundesministerium für Gesundheit den Vorsitzenden oder die Vorsitzende.

(3) ¹Der Spitzenverband Bund der Krankenkassen benennt einen Vertreter als Mitglied der Schlichtungsstelle. ²Die übrigen in § 306 Absatz 1 genannten Spitzenorganisationen benennen einen gemeinsamen Vertreter als Mitglied der Schlichtungsstelle.

(4) ¹Die in § 306 Absatz 1 genannten Spitzenorganisationen tragen die Kosten für die von ihnen benannten Vertreter jeweils selbst. ²Die Kosten für den Vorsitzenden sowie die sonstigen Kosten der Schlichtungsstelle werden aus den Finanzmitteln der Gesellschaft für Telematik finanziert.

§ 321 Beschlussfassung der Schlichtungsstelle. (1) ¹Jedes Mitglied der Schlichtungsstelle hat eine Stimme. ²Eine Stimmenthaltung ist nicht zulässig.

(2) Die Schlichtungsstelle entscheidet mit einfacher Stimmenmehrheit.

§ 322 Rechtsaufsicht des Bundesministeriums für Gesundheit über die Schlichtungsstelle. (1) Die Entscheidung der Schlichtungsstelle ist dem Bundesministerium für Gesundheit zur Prüfung vorzulegen.

(2) ¹Bei der Prüfung der Entscheidung hat das Bundesministerium für Gesundheit der oder dem Bundesbeauftragten für den Datenschutz und die Informationsfreiheit Gelegenheit zur Stellungnahme zu geben. ²Das Bundesministerium für Gesundheit setzt für die Stellungnahme eine angemessene Frist.

(3) ¹Das Bundesministerium für Gesundheit kann die Entscheidung, soweit sie gegen Gesetz oder sonstiges Recht verstößt, innerhalb von einem Monat beanstanden. ²Werden die Beanstandungen nicht innerhalb einer vom Bundesministerium für Gesundheit gesetzten Frist behoben, so kann das Bundesministerium für Gesundheit anstelle der Schlichtungsstelle entscheiden.

(4) Die Gesellschaft für Telematik ist verpflichtet, dem Bundesministerium für Gesundheit zur Vorbereitung seiner Entscheidung unverzüglich nach dessen Weisungen zuzuarbeiten.

(5) Die Entscheidungen nach den Absätzen 1 und 3 Satz 2 sind für die Leistungserbringer und Krankenkassen sowie für ihre Verbände nach diesem Buch verbindlich.

Dritter Abschnitt. Betrieb der Telematikinfrastruktur

§ 323 Betriebsleistungen. (1) Betriebsleistungen sind auf der Grundlage der von der Gesellschaft für Telematik nach Maßgabe des § 306 Absatz 3 festzulegenden Rahmenbedingungen zu erbringen.

(2) ¹Zur Durchführung des Betriebs der Telematikinfrastruktur vergibt die Gesellschaft für Telematik Aufträge oder erteilt in einem transparenten und diskriminierungsfreien Verfahren Zulassungen. ²Sind nach § 311 Absatz 5 einzelne Gesellschafter oder Dritte beauftragt worden, so sind die Beauftragten für die Vergabe und für die Erteilung der Zulassung zuständig; § 311 Absatz 7 gilt entsprechend. ³Bei der Vergabe von Aufträgen für den Betrieb von Komponenten und Diensten der zentralen Infrastruktur gemäß § 306 Absatz 2 Nummer 2, die zur Gewährleistung der Sicherheit oder der Aufrechterhaltung der Funktionsfähigkeit der Telematikinfrastruktur von wesentlicher Bedeutung sind, kann die Gesellschaft für Telematik festlegen, dass sie als Anbieter auftritt und einzelne Komponenten und Dienste der zentralen Infrastruktur selbst betreibt. ⁴In diesen Fällen sind die Funktionsfähigkeit und Interoperabilität der Komponenten und Dienste durch die Gesellschaft für Telematik sicherzustellen. ⁵Wenn die Gesellschaft für Telematik Komponenten und Dienste selbst betreibt, ist die Sicherheit der Komponenten und Dienste durch ein externes Sicherheitsgutachten nachzuweisen. ⁶Dabei ist nachzuweisen, dass die Verfügbarkeit, Integrität, Authentizität und Vertraulichkeit der Komponenten und Dienste sichergestellt wird. ⁷Die Festlegung der Prüfverfahren für das externe Sicherheitsgutachten erfolgt durch das Bundesamt für Sicherheit in der Informationstechnik. ⁸Die Auswahl des Sicherheitsgutachters erfolgt im Rahmen des Prüfverfahrens durch die Gesellschaft für Telematik. ⁹Das externe Sicherheitsgutachten muss dem Bundesamt für Sicherheit in der Informationstechnik zur Prüfung vorgelegt und durch dieses bestätigt werden. ¹⁰Erst mit der Bestätigung des externen Sicherheitsgutachtens durch das Bundesamt für Sicherheit in der Informationstechnik dürfen die Komponenten und Dienste durch die Gesellschaft für Telematik zur Verfügung gestellt werden.

§ 324 Zulassung von Anbietern von Betriebsleistungen. (1) [1]Anbieter von Betriebsleistungen haben einen Anspruch auf Zulassung, wenn

1. die zu verwendenden Komponenten und Dienste nach Maßgabe von § 311 Absatz 6 und § 325 zugelassen sind,
2. der Anbieter den Nachweis erbringt, dass die Verfügbarkeit und Sicherheit der Betriebsleistungen gewährleistet sind und
3. der Anbieter sich verpflichtet, die Rahmenbedingungen für Betriebsleistungen der Gesellschaft für Telematik einzuhalten.

[2]Die Zulassung kann mit Nebenbestimmungen versehen werden.

(2) Die Gesellschaft für Telematik kann die Anzahl der Zulassungen beschränken, soweit dies zur Gewährleistung von Funktionalität, Interoperabilität und des notwendigen Sicherheitsniveaus erforderlich ist.

(3) Die Gesellschaft für Telematik oder die von ihr beauftragten Organisationen veröffentlicht oder veröffentlichen

1. die fachlichen und sachlichen Voraussetzungen, die für den Nachweis nach Absatz 1 Satz 1 Nummer 2 erfüllt sein müssen sowie
2. eine Liste mit den zugelassenen Anbietern.

§ 325 Zulassung von Komponenten und Diensten der Telematikinfrastruktur. (1) Die Komponenten und Dienste der Telematikinfrastruktur bedürfen der Zulassung durch die Gesellschaft für Telematik.

(2) [1]Die Gesellschaft für Telematik lässt die Komponenten und Dienste der Telematikinfrastruktur auf Antrag der Anbieter zu, wenn die Komponenten und Dienste funktionsfähig, interoperabel und sicher sind. [2]Die Zulassung kann mit Nebenbestimmungen versehen werden.

(3) [1]Die Gesellschaft für Telematik prüft die Funktionsfähigkeit und Interoperabilität von Komponenten und Diensten der Telematikinfrastruktur auf der Grundlage der von ihr veröffentlichten Prüfkriterien. [2]Der Nachweis der Sicherheit erfolgt durch eine Sicherheitszertifizierung nach den Vorgaben des Bundesamtes für Sicherheit in der Informationstechnik. [3]Abweichend von Satz 2 kann die Gesellschaft für Telematik im Einvernehmen mit dem Bundesamt für Sicherheit in der Informationstechnik eine andere Form des Nachweises der Sicherheit festlegen, wenn eine Sicherheitszertifizierung auf Grund des geringen Gefährdungspotentials der zu prüfenden Dienste und Komponenten nicht erforderlich ist oder der hierfür erforderliche Aufwand außer Verhältnis steht und die andere Form des Nachweises die Sicherheit gleichwertig gewährleistet. [4]Die Vorgaben müssen geeignet sein, abgestuft im Verhältnis zum Gefährdungspotential Verfügbarkeit, Integrität, Authentizität und Vertraulichkeit der Dienste und Komponenten sicherzustellen. [5]Das Nähere zum Zulassungsverfahren und zu den Prüfkriterien wird von der Gesellschaft für Telematik im Benehmen mit dem Bundesamt für Sicherheit in der Informationstechnik festgelegt.

(4) [1]Die Gesellschaft für Telematik kann eine befristete Genehmigung zur Verwendung von nicht zugelassenen Komponenten und Diensten in der Telematikinfrastruktur erteilen, wenn dies zur Aufrechterhaltung der Funktionsfähigkeit, der Sicherheit der Telematikinfrastruktur oder wesentlicher Teile hiervon erforderlich ist. [2]Soweit die befristete Genehmigung der Aufrecht-

erhaltung der Sicherheit dient, ist die Genehmigung im Einvernehmen mit dem Bundesamt für Sicherheit in der Informationstechnik zu erteilen.

(5) ¹Die Gesellschaft für Telematik kann auch Hersteller und Anbieter von Komponenten und Diensten der Telematikinfrastruktur zulassen. Das Nähere zum Zulassungsverfahren und zu den Prüfkriterien für Hersteller und Anbieter legt die Gesellschaft für Telematik im Einvernehmen mit dem Bundesamt für Sicherheit in der Informationstechnik fest. ²Die Zulassung kann mit Nebenbestimmungen versehen werden.

(6) Die Gesellschaft für Telematik bestimmt im Einvernehmen mit dem Bundesamt für Sicherheit in der Informationstechnik die Komponenten und Dienste, deren Zulassung nach Absatz 2 verpflichtend auch der Zulassung der jeweiligen Hersteller oder Anbieter nach Absatz 5 bedarf.

(7) Aussagen über die Qualität der Prozesse bei der Entwicklung, dem Betrieb, der Wartung und der Pflege der Komponenten und Dienste, die aus Zulassungen von Herstellern und Anbietern nach Absatz 5 stammen, können bei Zulassungen von Komponenten und Diensten nach Absatz 2 berücksichtigt werden.

(8) Die Gesellschaft für Telematik veröffentlicht eine Liste mit den zugelassenen Komponenten und Diensten sowie mit den zugelassenen Herstellern und Anbietern von Komponenten und Diensten auf ihrer Internetseite.

§ 326 Verbot der Nutzung der Telematikinfrastruktur ohne Zulassung oder Bestätigung. Anbieter von Betriebsleistungen oder von Komponenten und Diensten der Telematikinfrastruktur müssen über die nach § 323 Absatz 2 und § 325 Absatz 1 erforderliche Zulassung oder über die nach § 327 Absatz 2 Satz 1 erforderliche Bestätigung verfügen, bevor sie die Telematikinfrastruktur nutzen.

§ 327 Weitere Anwendungen der Telematikinfrastruktur; Bestätigungsverfahren. (1) Für weitere Anwendungen ohne Nutzung der elektronischen Gesundheitskarte nach § 306 Absatz 1 Satz 2 Nummer 2 Buchstabe a darf die Telematikinfrastruktur nur verwendet werden, wenn

1. es sich um eine Anwendung des Gesundheitswesens, der Rehabilitation, der Pflege oder um eine Anwendung zum Zwecke der Gesundheits- und Pflegeforschung handelt,
2. die Wirksamkeit der Maßnahmen zur Gewährleistung von Datenschutz und Datensicherheit sowie die Verfügbarkeit und Nutzbarkeit der Telematikinfrastruktur nicht beeinträchtigt werden,
3. im Fall der Verarbeitung personenbezogener Daten die dafür geltenden Vorschriften zum Datenschutz eingehalten und die erforderlichen technischen und organisatorischen Maßnahmen entsprechend dem Stand der Technik getroffen werden, um die Anforderungen an die Sicherheit der Anwendung im Hinblick auf die Schutzbedürftigkeit der Daten zu gewährleisten und
4. bei den dafür erforderlichen technischen Systemen und Verfahren Barrierefreiheit für den Versicherten gewährleistet ist.

(2) ¹Weitere Anwendungen nach § 306 Absatz 1 Satz 2 Nummer 2 Buchstabe a bedürfen zur Nutzung der Telematikinfrastruktur der Bestätigung durch die Gesellschaft für Telematik. ²Die Gesellschaft für Telematik legt im Einvernehmen mit dem Bundesamt für Sicherheit in der Informationstechnik und

der oder dem Bundesbeauftragten für den Datenschutz und die Informationsfreiheit das Nähere zu den erforderlichen Voraussetzungen für die Nutzung der Telematikinfrastruktur fest und veröffentlicht diese Voraussetzungen auf ihrer Internetseite.

(3) [1]Die Erfüllung der Voraussetzungen muss der Anbieter einer Anwendung in einem Bestätigungsverfahren nachweisen. [2]Das Bestätigungsverfahren wird auf Antrag eines Anbieters einer Anwendung durchgeführt. [3]Die Bestätigung kann mit Nebenbestimmungen versehen werden.

(4) Die Einzelheiten des Bestätigungsverfahrens nach Absatz 2 sowie die dazu erforderlichen Prüfkriterien legt die Gesellschaft für Telematik im Benehmen mit dem Bundesamt für Sicherheit in der Informationstechnik fest und veröffentlicht sie auf ihrer Internetseite.

(5) Die Gesellschaft für Telematik veröffentlicht eine Liste mit den bestätigten Anwendungen auf ihrer Internetseite.

(6) Für Leistungserbringer in der gesetzlichen Kranken- und Pflegeversicherung, die die Telematikinfrastruktur für Anwendungen nach § 306 Absatz 1 Satz 2 Nummer 2 Buchstabe a nutzen wollen und für die noch keine sicheren Authentisierungsverfahren nach § 311 Absatz 1 Satz 1 Nummer 1 Buchstabe e festgelegt sind, legt die Gesellschaft für Telematik diese Verfahren im Einvernehmen mit dem Bundesamt für Sicherheit in der Informationstechnik fest und veröffentlicht diese auf ihrer Internetseite.

(7) [1]Die für die Wahrnehmung von Aufgaben nach Absatz 2 bei der oder dem Bundesbeauftragten für den Datenschutz und die Informationsfreiheit entstehenden Kosten sind durch die Gesellschaft für Telematik zu erstatten. [2]Die Gesellschaft für Telematik legt die Einzelheiten der Kostenerstattung im Einvernehmen mit der oder dem Bundesbeauftragten für den Datenschutz und die Informationsfreiheit fest.

(8) [1]Für die Nutzung der Telematikinfrastruktur für Anwendungen nach § 306 Absatz 1 Satz 2 Nummer 2 Buchstabe a kann die Gesellschaft für Telematik von dem jeweiligen Anbieter Entgelte verlangen. [2]Die Nutzung ist unentgeltlich, sofern die Anwendungen in diesem, im Elften Buch, oder im Implantateregistergesetz geregelt sind oder zur Erfüllung einer gesetzlichen Verpflichtung, insbesondere gesetzlicher Meldepflichten im Gesundheitswesen, oder für technische Verfahren zu telemedizinischen Konsilien nach § 367 genutzt werden. [3]Davon unberührt bleibt die Verpflichtung eines Anbieters von Anwendungen nach § 306 Absatz 1 Satz 2 Nummer 2 Buchstabe a, die Kosten für seinen Anschluss an die zentrale Telematikinfrastruktur zu tragen.

§ 328 Gebühren und Auslagen; Verordnungsermächtigung. (1) [1]Die Gesellschaft für Telematik kann für die Zulassungen und Bestätigungen nach den §§ 324, 325 und 327 Gebühren und Auslagen erheben. [2]Die Gebührensätze sind so zu bemessen, dass sie den auf die Leistungen entfallenden durchschnittlichen Personal- und Sachaufwand nicht übersteigen.

(2) Das Bundesministerium für Gesundheit wird ermächtigt, durch Rechtsverordnung ohne Zustimmung des Bundesrates die gebührenpflichtigen Tatbestände zu bestimmen und dabei feste Sätze oder Rahmensätze vorzusehen sowie Regelungen über die Gebührenentstehung, die Gebührenerhebung, die Erstattung von Auslagen, den Gebührenschuldner, Gebührenbefreiungen, die

Fälligkeit, die Stundung, die Niederschlagung, den Erlass, Säumniszuschläge, die Verjährung und die Erstattung zu treffen.

Vierter Abschnitt. Überwachung von Funktionsfähigkeit und Sicherheit

§ 329 Maßnahmen zur Abwehr von Gefahren für die Funktionsfähigkeit und Sicherheit der Telematikinfrastruktur. (1) [1] Soweit von Komponenten und Diensten eine Gefahr für die Funktionsfähigkeit oder Sicherheit der Telematikinfrastruktur ausgeht, ist die Gesellschaft für Telematik verpflichtet, unverzüglich die erforderlichen technischen und organisatorischen Maßnahmen zur Abwehr dieser Gefahr entsprechend dem Stand der Technik zu treffen. [2] Die Gesellschaft für Telematik informiert das Bundesamt für Sicherheit in der Informationstechnik unverzüglich über die Gefahr und die getroffenen Maßnahmen.

(2) [1] Anbieter von nach § 311 Absatz 6 sowie § 325 zugelassenen Komponenten oder Diensten und Anbieter von Anwendungen für nach § 327 bestätigte Anwendungen haben erhebliche Störungen der Verfügbarkeit, Integrität, Authentizität und Vertraulichkeit dieser Komponenten oder Dienste unverzüglich an die Gesellschaft für Telematik zu melden. [2] Erheblich sind Störungen, die zum Ausfall oder zur Beeinträchtigung der Sicherheit oder Funktionsfähigkeit dieser Komponenten oder Dienste oder zum Ausfall oder zur Beeinträchtigung der Sicherheit oder Funktionsfähigkeit der Telematikinfrastruktur oder wesentlicher Teile führen können oder bereits geführt haben.

(3) [1] Die Gesellschaft für Telematik kann zur Gefahrenabwehr im Einzelfall insbesondere Komponenten und Dienste für den Zugang zur Telematikinfrastruktur sperren oder den weiteren Zugang zur Telematikinfrastruktur nur unter der Bedingung gestatten, dass die von der Gesellschaft für Telematik angeordneten Maßnahmen zur Beseitigung der Gefahr umgesetzt werden. [2] Die Gesellschaft für Telematik kann Anbietern, die eine Zulassung für Komponenten oder Dienste der Telematikinfrastruktur nach § 311 Absatz 6 sowie § 325 oder eine Bestätigung nach § 327 besitzen, zur Beseitigung oder Vermeidung von Störungen nach Absatz 2 verbindliche Anweisungen erteilen.

(4) Die Gesellschaft für Telematik hat die ihr nach Absatz 2 gemeldeten Störungen sowie darüber hinausgehende bedeutende Störungen, die zu beträchtlichen Auswirkungen auf die Sicherheit oder Funktionsfähigkeit der Telematikinfrastruktur führen können oder bereits geführt haben, unverzüglich an das Bundesamt für Sicherheit in der Informationstechnik zu melden.

(5) Die Gesellschaft für Telematik hat das Bundesministerium für Gesundheit unverzüglich über Meldungen nach Absatz 4 zu informieren.

§ 330 Vermeidung von Störungen der informationstechnischen Systeme, Komponenten und Prozesse der Telematikinfrastruktur.

(1) [1] Die Gesellschaft für Telematik sowie die gemäß § 307 verantwortlichen Anbieter, die eine Zulassung für Komponenten oder Dienste nach § 311 Absatz 6 sowie § 325 oder eine Bestätigung nach § 327 besitzen, sind verpflichtet, angemessene organisatorische und technische Vorkehrungen zur Vermeidung von Störungen der Verfügbarkeit, Integrität, Authentizität und Vertraulichkeit der informationstechnischen Systeme, Komponenten oder Prozesse der Telematikinfrastruktur zu treffen und fortlaufend zu aktualisieren. [2] Dabei ist der

jeweilige Stand der Technik zu berücksichtigen. ³Organisatorische und technische Vorkehrungen sind dann angemessen, wenn der dafür erforderliche Aufwand nicht außer Verhältnis zu den Folgen eines Ausfalls oder einer Beeinträchtigung der Telematikinfrastruktur insgesamt oder von solchen Diensten der Telematikinfrastruktur steht, die durch Störungen verursacht werden können.

(2) ¹Die Gesellschaft für Telematik hat mindestens alle zwei Jahre über die Erfüllung der Anforderungen an die Vermeidung von Störungen der Verfügbarkeit, Integrität, Authentizität und Vertraulichkeit der informationstechnischen Systeme, Komponenten oder Prozesse der Telematikinfrastruktur geeignete Nachweise zu erbringen. ²Der Nachweis kann jeweils insbesondere durch Audits, Prüfungen oder Zertifizierungen erfolgen, die von geeigneten und unabhängigen externen Stellen durchgeführt werden.

(3) ¹Die Gesellschaft für Telematik informiert das Bundesministerium für Gesundheit und das Bundesamt für Sicherheit in der Informationstechnik in geeigneter Weise über erkannte Sicherheitsmängel und die Nachweise nach Absatz 2. ²Die Gesellschaft für Telematik kann von den Inhabern einer Zulassung für Komponenten oder Dienste der Telematikinfrastruktur nach § 311 Absatz 6 sowie § 325 oder Inhabern einer Bestätigung nach § 327 geeignete Nachweise zur Erfüllung ihrer Pflichten nach Absatz 1 verlangen.

(4) Die Meldepflichten nach Artikel 33 der Verordnung (EU) 2016/679[1]) bleiben unberührt.

§ 331 Maßnahmen zur Überwachung des Betriebs zur Gewährleistung der Sicherheit, Verfügbarkeit und Nutzbarkeit der Telematikinfrastruktur. (1) Die Gesellschaft für Telematik hat ab dem 1. Januar 2021 für Komponenten und Dienste der Telematikinfrastruktur sowie für Komponenten und Dienste, die die Telematikinfrastruktur nutzen, aber außerhalb der Telematikinfrastruktur betrieben werden, im Benehmen mit dem Bundesamt für Sicherheit in der Informationstechnik solche Maßnahmen zur Überwachung des Betriebs zu treffen, die erforderlich sind, um die Sicherheit, Verfügbarkeit und Nutzbarkeit der Telematikinfrastruktur zu gewährleisten.

(2) Die Gesellschaft für Telematik legt fest, welche näheren Angaben ihr die Anbieter der Komponenten und Dienste offenzulegen haben, damit die Überwachung nach Absatz 1 durchgeführt werden kann.

(3) ¹Die Verpflichtung der Gesellschaft für Telematik nach § 330 Absatz 1 Satz 1, zur Vermeidung von Störungen angemessene organisatorische und technische Vorkehrungen zu treffen, umfasst auch den Einsatz von geeigneten Systemen zur Erkennung von Störungen und Angriffen. ²Der Einsatz der Systeme erfolgt im Benehmen mit der oder dem Bundesbeauftragten für den Datenschutz und die Informationsfreiheit und dem Bundesamt für Sicherheit in der Informationstechnik.

(4) ¹Die Gesellschaft für Telematik darf die für den Einsatz der Systeme nach Absatz 3 erforderlichen Daten verarbeiten. ²Die im Rahmen des Einsatzes dieser Systeme verarbeiteten Daten sind unverzüglich zu löschen, wenn sie für die Vermeidung von Störungen nach § 330 Absatz 1 Satz 1 nicht mehr erforderlich sind, spätestens jedoch nach zehn Jahren.

---

[1]) Nr. 1.

(5) ¹Die Gesellschaft für Telematik darf, soweit es für die Durchführung der Maßnahmen nach Absatz 1 und im Rahmen der Vorkehrungen nach Absatz 3 erforderlich ist, die für den Zugriff auf Anwendungen nach § 334 Absatz 1 Satz 2 erforderlichen Komponenten zur Identifikation und Authentifizierung im Rahmen von hierzu erstellten Prüfnutzeridentitäten nutzen. ²Die Nutzung darf ausschließlich für Prüfzwecke erfolgen und die Einzelheiten sind im Einvernehmen mit dem Bundesamt für Sicherheit in der Informationstechnik und der oder dem Bundesbeauftragten für den Datenschutz und die Informationsfreiheit festzulegen. ³Es muss dabei technisch und organisatorisch gewährleistet sein, dass ein Zugriff auf personenbezogene Daten von Nutzern der Telematikinfrastruktur ausgeschlossen ist, die keine Prüfnutzeridentitäten verwenden. ⁴Die Prüfnutzeridentitäten dürfen von höchstens sieben, nach dem Sicherheitsüberprüfungsgesetz überprüften Mitarbeitern der Gesellschaft für Telematik genutzt werden. ⁵Die Zugriffe nach Satz 1 müssen protokolliert und jährlich oder auf Anforderung der oder dem Bundesbeauftragten für den Datenschutz und die Informationsfreiheit vorgelegt werden. ⁶Die Protokolldaten müssen enthalten, durch wen und zu welchem Zweck die Komponenten nach Satz 1 eingesetzt wurden und sind für drei Jahre zu speichern. ⁷Die nach Satz 1 erforderlichen Komponenten sind der Gesellschaft für Telematik auf Verlangen durch die jeweils für die Ausgabe zuständige Stelle gegen Kostenerstattung zur Verfügung zu stellen.

(6) ¹Die für die Aufgaben nach dem Zehnten und diesem Kapitel beim Bundesamt für Sicherheit in der Informationstechnik entstehenden Kosten sind diesem durch die Gesellschaft für Telematik pauschal in Höhe der Kosten für zehn Vollzeitäquivalente zu erstatten. ²Zusätzlich werden die Kosten des Bundesamts für Sicherheit in der Informationstechnik für erforderliche Unterstützungsleistungen Dritter durch die Gesellschaft für Telematik in Höhe der tatsächlich anfallenden Kosten erstattet. ³Die Gesellschaft für Telematik legt die Einzelheiten der Kostenerstattung für Unterstützungsleistungen nach Satz 2 im Einvernehmen mit dem Bundesamt für Sicherheit in der Informationstechnik fest.

§ 332 Anforderungen an die Wartung von Diensten. (1) Dienstleister, die mit der Herstellung und der Wartung des Anschlusses von informationstechnischen Systemen der Leistungserbringer an die Telematikinfrastruktur einschließlich der Wartung hierfür benötigter Komponenten sowie der Anbindung an Dienste der Telematikinfrastruktur beauftragt werden, müssen besondere Sorgfalt bei der Herstellung und Wartung des Anschlusses an die Telematikinfrastruktur walten lassen und über die notwendige Fachkunde verfügen, um die Verfügbarkeit, Integrität, Authentizität und Vertraulichkeit der informationstechnischen Systeme und Komponenten zu gewährleisten.

(2) Die Erfüllung der Anforderungen nach Absatz 1 muss den Leistungserbringern auf Verlangen auf geeignete Weise nachgewiesen werden.

(3) ¹Zur Erfüllung der Anforderungen nach Absatz 1 und des Nachweises nach Absatz 2 können die maßgeblichen Spitzenorganisationen der Leistungserbringer auf Bundesebene den von ihnen vertretenen Leistungserbringern in Abstimmung mit der Gesellschaft für Telematik Hinweise geben. ²Der Gesellschaft für Telematik obliegt hierbei die Beachtung der notwendigen sicherheitstechnischen und betrieblichen Voraussetzungen zur Wahrung der Sicherheit und Funktionsfähigkeit der Telematikinfrastruktur.

§ 333 Überprüfung durch das Bundesamt für Sicherheit in der Informationstechnik. (1) Die Gesellschaft für Telematik legt dem Bundesamt für Sicherheit in der Informationstechnik auf Verlangen die folgenden Unterlagen und Informationen unverzüglich, spätestens aber innerhalb von zwei Wochen vor:

1. die Zulassungen nach § 311 Absatz 6 sowie den §§ 324 und 325 und Bestätigungen nach § 327 einschließlich der zugrunde gelegten Dokumentation,
2. eine Aufstellung der nach den §§ 329 bis 331 getroffenen Maßnahmen einschließlich der festgestellten Sicherheitsmängel und Ergebnisse der Maßnahmen und
3. sonstige für die Bewertung der Sicherheit der Telematikinfrastruktur sowie der zugelassenen Dienste und bestätigten Anwendungen erforderliche Informationen.

(2) Ergibt die Bewertung der in Absatz 1 genannten Informationen Sicherheitsmängel, so kann das Bundesamt für Sicherheit in der Informationstechnik der Gesellschaft für Telematik verbindliche Anweisungen zur Beseitigung der festgestellten Sicherheitsmängel erteilen.

(3) Die Gesellschaft für Telematik ist befugt, Anbietern von zugelassenen Diensten und bestätigten Anwendungen nach § 311 Absatz 6 sowie nach den §§ 325 und 327 verbindliche Anweisungen zur Beseitigung der Sicherheitsmängel zu erteilen, die von der Gesellschaft für Telematik oder vom Bundesamt für Sicherheit in der Informationstechnik festgestellt wurden.

(4) Die dem Bundesamt für Sicherheit in der Informationstechnik entstandenen Kosten der Überprüfung trägt der Anbieter von zugelassenen Diensten und bestätigten Anwendungen nach § 311 Absatz 6 sowie den §§ 325 und 327, sofern das Bundesamt für Sicherheit in der Informationstechnik auf Grund von Anhaltspunkten tätig geworden ist, die berechtigte Zweifel an der Sicherheit der zugelassenen Dienste und bestätigten Anwendungen begründeten.

Fünfter Abschnitt. Anwendungen der Telematikinfrastruktur
Erster Titel. Allgemeine Vorschriften

§ 334 Anwendungen der Telematikinfrastruktur. (1) ¹Die Anwendungen der Telematikinfrastruktur dienen der Verbesserung der Wirtschaftlichkeit, der Qualität und der Transparenz der Versorgung. ²Anwendungen sind:

1. die elektronische Patientenakte nach § 341,
2. Hinweise der Versicherten auf das Vorhandensein und den Aufbewahrungsort von Erklärungen zur Organ- und Gewebespende,
3. Hinweise der Versicherten auf das Vorhandensein und den Aufbewahrungsort von Vorsorgevollmachten oder Patientenverfügungen nach *[bis 31.12. 2022:* § 1901a des Bürgerlichen Gesetzbuchs*][ab 1.1.2023: § 1827 des Bürgerlichen Gesetzbuchs]*,
4. der Medikationsplan nach § 31a einschließlich Daten zur Prüfung der Arzneimitteltherapiesicherheit (elektronischer Medikationsplan),
5. medizinische Daten, soweit sie für die Notfallversorgung erforderlich sind (elektronische Notfalldaten),

6. elektronische Verordnungen und
7. die elektronische Patientenkurzakte nach § 358.

(2) ¹Die Anwendungen nach Absatz 1 Satz 2 Nummer 1 bis 5 werden von der elektronischen Gesundheitskarte unterstützt. ²Die Anwendungen nach Absatz 1 Satz 2 Nummer 2, 3 und 5 werden ab dem 1. Juli 2023 technisch in die Anwendung nach Absatz 1 Satz 2 Nummer 7 überführt.

(3) ¹Die Gesellschaft für Telematik kann über die in Absatz 1 genannten Anwendungen hinaus bereits Festlegungen und Maßnahmen zu zusätzlichen Anwendungen der Telematikinfrastruktur treffen, die insbesondere dem weiteren Ausbau des elektronischen Austausches von Befunden, Diagnosen, Therapieempfehlungen, Behandlungsberichten, Formularen, Erklärungen und Unterlagen dienen. ²Die Zulassung gemäß § 325 Absatz 1 darf erst erfolgen, wenn die insoweit erforderlichen gesetzlichen Rahmenbedingungen, wie insbesondere die Bestimmung als Anwendung der Telematikinfrastruktur in Absatz 1 sowie die Zugriffsberechtigungen auf Daten der Anwendung, in Kraft getreten sind.

(4) ¹Beim Bundesinstitut für Arzneimittel und Medizinprodukte wird zum 1. Januar 2021 eine Meldestelle für die Nutzer von Anwendungen nach Absatz 1 eingerichtet, die versorgungsrelevante Fehlerkonstellationen bei der Nutzung dieser Anwendungen im medizinischen Versorgungsalltag in nicht personenbezogener Form erfasst und systematisch bewertet. ²Das Bundesinstitut für Arzneimittel und Medizinprodukte übermittelt seine Bewertung der Gesellschaft für Telematik, die diese bei der Weiterentwicklung der Anwendungen nach Absatz 1 zu berücksichtigen hat.

§ 335 Diskriminierungsverbot. (1) Von Versicherten darf der Zugriff auf Daten in einer Anwendung nach § 334 Absatz 1 Satz 2 nicht verlangt werden.

(2) Mit den Versicherten darf nicht vereinbart werden, den Zugriff auf Daten in einer Anwendung nach § 334 Absatz 1 Satz 2 anderen als den in den §§ 352, 356 Absatz 1, in § 357 Absatz 1, § 359 Absatz 1, § 361 Absatz 2 Satz 1 und § 363 genannten Personen oder zu anderen als den dort genannten Zwecken, einschließlich der Abrechnung der zum Zweck der Versorgung erbrachten Leistungen, zu gestatten.

(3) Die Versicherten dürfen nicht bevorzugt oder benachteiligt werden, weil sie einen Zugriff auf Daten in einer Anwendung nach § 334 Absatz 1 Satz 2 bewirkt oder verweigert haben.

§ 336 Zugriffsrechte der Versicherten. (1) ¹Jeder Versicherte ist berechtigt, auf Daten in einer Anwendung nach § 334 Absatz 1 Satz 2 Nummer 1 bis 4, 6 und 7 mittels seiner elektronischen Gesundheitskarte oder seiner digitalen Identität nach § 291 Absatz 8 barrierefrei zuzugreifen, wenn er sich für diesen Zugriff jeweils durch ein geeignetes technisches Verfahren authentifiziert hat. ²Satz 1 gilt nicht für den Zugriff auf Daten in einer Anwendung nach § 334 Absatz 1 Satz 2 Nummer 4, soweit diese auf der elektronischen Gesundheitskarte gespeichert sind.

(2) ¹Jeder Versicherte ist berechtigt, auf Daten in einer Anwendung nach § 334 Absatz 1 Satz 2 Nummer 1, 4 und 7 auch ohne den Einsatz seiner elektronischen Gesundheitskarte mittels einer Benutzeroberfläche eines geeigneten Endgeräts zuzugreifen, wenn

1. der Versicherte nach umfassender Information durch seine Krankenkasse über die Besonderheiten eines Zugriffs ohne den Einsatz der elektronischen Gesundheitskarte gegenüber seiner Krankenkasse schriftlich oder elektronisch erklärt hat, dieses Zugriffsverfahren auf Daten in einer Anwendung nach § 334 Absatz 1 Satz 2 Nummer 1, 4 und 7 nutzen zu wollen und
2. der Versicherte sich für diesen Zugriff auf Daten in einer Anwendung nach § 334 Absatz 1 Satz 2 Nummer 1, 4 und 7 jeweils durch ein geeignetes technisches Verfahren, das einen hohen Sicherheitsstandard gewährleistet, authentifiziert hat.

²Satz 1 gilt nicht für den Zugriff auf Daten in einer Anwendung nach § 334 Absatz 1 Satz 2 Nummer 4, soweit diese auf der elektronischen Gesundheitskarte gespeichert sind.

(3) Jeder Versicherte ist berechtigt, Daten in einer Anwendung nach § 334 Absatz 1 Satz 2 Nummer 4 und 5, soweit diese auf der elektronischen Gesundheitskarte gespeichert sind, bei einem Leistungserbringer einzusehen, der mittels seines elektronischen Heilberufsausweises nach Maßgabe des § 339 Absatz 3 zugreift.

(4) Jeder Versicherte ist berechtigt, auf Daten in einer Anwendung nach § 334 Absatz 1 Satz 2 Nummer 6 mittels eines geeigneten technischen Verfahrens, das zur Authentifizierung einen hohen Sicherheitsstandard gewährleistet, zuzugreifen.

(5) Der Zugriff eines Versicherten auf Daten in Anwendungen nach § 334 Absatz 1 Satz 2 Nummer 1 4, 6 und 7 durch das geeignete technische Verfahren nach Absatz 1 mittels der elektronischen Gesundheitskarte oder seiner digitalen Identität nach § 291 Absatz 8 darf erst erfolgen, wenn

1. die elektronische Gesundheitskarte des Versicherten oder deren persönliche Identifikationsnummer (PIN) mit einem sicheren Verfahren, persönlich an den Versicherten zugestellt wurde oder
2. eine Übergabe der elektronischen Gesundheitskarte oder deren PIN in einer Geschäftsstelle der Krankenkasse erfolgt ist, oder
3. eine nachträgliche, sichere Identifikation des Versicherten und seiner bereits ausgegebenen elektronischen Gesundheitskarte erfolgt ist; die nachträgliche sichere Identifikation kann mit einer digitalen Identität nach § 291 Absatz 8 Satz 1 mit einem der elektronischen Gesundheitskarte entsprechendem Vertrauensniveau erfolgen, oder
4. die elektronische Gesundheitskarte des Versicherten oder deren PIN mit einem sicheren Verfahren persönlich an den in einer Vorsorgevollmacht benannten Vertreter oder den in einer Bestellungsurkunde benannten Betreuer zugestellt wurde und diese Vorsorgevollmacht oder Bestellungsurkunde der Krankenkasse vorliegt.

(6) ¹Soweit ein technisches Verfahren unter Einsatz der digitalen Identität des Versicherten nach Absatz 1 oder ein technisches Verfahren ohne Einsatz der elektronischen Gesundheitskarte nach den Absätzen 2 und 4 für den Zugriff auf Anwendungen nach § 334 Absatz 1 Satz 2 Nummer 1, 4, 6 und 7 genutzt wird, ist eine einmalige sichere Identifikation des Versicherten notwendig, die einen hohen Sicherheitsstandard gewährleistet. ²Dafür kann eine elektronische Gesundheitskarte genutzt werden, die den Anforderungen an eine sichere Identifikation nach Absatz 5 genügt.

(7) Der Spitzenverband Bund der Krankenkassen kann im Einvernehmen mit dem Bundesamt für Sicherheit in der Informationstechnik und der oder dem Bundesbeauftragten für den Datenschutz und die Informationsfreiheit in der Richtlinie nach § 217f Absatz 4b Satz 1 abweichend von Absatz 5 zusätzliche Maßnahmen festlegen, wenn dies auf Grund des Gefährdungspotentials erforderlich ist.

§ 337 Recht der Versicherten auf Verarbeitung von Daten sowie auf Erteilung von Zugriffsberechtigungen auf Daten. (1) ¹Jeder Versicherte ist berechtigt, Daten in einer Anwendung nach § 334 Absatz 1 Satz 2 Nummer 1, 4 und 7 auszulesen und zu übermitteln sowie Daten in einer Anwendung nach § 334 Absatz 1 Satz 2 Nummer 1, soweit es sich um Daten nach § 341 Absatz 2 Nummer 3, 4 und 6 handelt, Daten in einer Anwendung nach § 334 Absatz 1 Satz 2 Nummer 7, soweit es sich um Daten nach § 334 Absatz 1 Satz 2 Nummer 2 und 3 handelt, und Daten in einer Anwendung nach § 334 Absatz 1 Satz 2 Nummer 2 und 3 zu verarbeiten. ²Satz 1 findet keine Anwendung auf Daten in einer Anwendung nach § 334 Absatz 1 Satz 2 Nummer 4, soweit diese auf der elektronischen Gesundheitskarte gespeichert sind.

(2) ¹Der Versicherte ist berechtigt, Daten in einer Anwendung nach § 334 Absatz 1 Satz 2 Nummer 1 bis 4, 6 und 7 eigenständig zu löschen. ²Satz 1 findet keine Anwendung auf Daten in einer Anwendung nach § 334 Absatz 1 Satz 2 Nummer 4, soweit diese auf der elektronischen Gesundheitskarte gespeichert sind. ³Im Übrigen müssen Daten in einer Anwendung nach § 334 Absatz 1 Satz 2 Nummer 1 bis 7 auf Verlangen der Versicherten durch die nach Maßgabe der §§ 352, 356, 357, 359 und 361 insoweit Zugriffsberechtigten gelöscht werden.

(3) Der Versicherte ist berechtigt, gemäß § 339 Zugriffsberechtigungen auf Daten in einer Anwendung nach § 334 Absatz 1 Satz 2 zu erteilen.

§ 338 Komponenten zur Wahrnehmung der Versichertenrechte .

(1) ¹Die Gesellschaft für Telematik hat spätestens bis zum 1. Januar 2022 den Versicherten eine barrierefreie Komponente zur Verfügung zu stellen, die an einem stationären Endgerät den Versicherten das Auslesen der Daten und Protokolldaten in einer Anwendung nach § 334 Absatz 1 Satz 2 Nummer 6 ermöglicht. ²Hierbei hat die Gesellschaft für Telematik technische Verfahren vorzusehen, die zur Authentifizierung einen hohen Sicherheitsstandard gewährleisten.

(2) Die Gesellschaft für Telematik kann die Krankenkassen bei der Erfüllung der Aufgaben nach § 342 Absatz 7, soweit es um die Bereitstellung von barrierefreien Komponenten für stationäre Endgeräte geht, unterstützen.

(3) ¹Die Gesellschaft für Telematik evaluiert bis zum 31. Dezember 2022, ob Bedarf für eine flächendeckende Schaffung technischer Einrichtungen durch die Krankenkassen in ihren Geschäftsstellen besteht, die das Auslesen der Protokolldaten gemäß § 309 Absatz 1 und der Daten in Anwendungen nach § 334 Absatz 1 Satz 2 Nummer 1 bis 3 und 6 sowie das Erteilen von Zugriffsberechtigungen auf Daten in einer Anwendung nach § 334 Absatz 1 Satz 2 Nummer 1 ermöglichen. ²Hierbei sind die nach § 342 Absatz 7 bestehenden Verpflichtungen der Krankenkassen zu berücksichtigen.

§ 339 Voraussetzungen für den Zugriff von Leistungserbringern und anderen zugriffsberechtigten Personen. (1) ¹Zugriffsberechtigte Leistungserbringer und andere zugriffsberechtigte Personen dürfen nach Maßgabe der §§ 352, 356, 357 und 359 auf personenbezogene Daten, insbesondere Gesundheitsdaten, der Versicherten in einer Anwendung nach § 334 Absatz 1 Satz 2 Nummer 1 bis 5 und 7 zugreifen, soweit die Versicherten hierzu ihre vorherige Einwilligung erteilt haben. ²Hierzu bedarf es einer eindeutigen bestätigenden Handlung durch technische Zugriffsfreigabe.

(2) Zugriffsberechtigte Leistungserbringer und andere zugriffsberechtigte Personen dürfen nach Maßgabe des § 361 auf personenbezogene Daten, insbesondere Gesundheitsdaten, der Versicherten in einer Anwendung nach § 334 Absatz 1 Satz 2 Nummer 6 zugreifen.

(3) ¹Auf Daten in einer Anwendung nach § 334 Absatz 1 Satz 2 Nummer 1 bis 5 und 7 dürfen zugriffsberechtigte Leistungserbringer nach den §§ 352, 356 Absatz 1, § 357 Absatz 1 und § 359 Absatz 1 mittels der elektronischen Gesundheitskarte oder der digitalen Identität der Versicherten nach § 291 Absatz 8 Satz 1 nur mit einem ihrer Berufszugehörigkeit entsprechenden elektronischen Heilberufsausweis oder mit einer digitalen Identität nach § 340 Absatz 6 in Verbindung mit einer Komponente zur Authentifizierung von Leistungserbringerinstitutionen zugreifen. ²Es ist nachprüfbar elektronisch zu protokollieren, wer auf die Daten zugegriffen hat und auf welche Daten zugegriffen wurde.

(4) ¹Abweichend von Absatz 3 dürfen zugriffsberechtigte Leistungserbringer auch ohne den Einsatz der elektronischen Gesundheitskarte durch die Versicherten auf Daten in einer Anwendung nach § 334 Absatz 1 Satz 2 Nummer 1, 4 und 7 zugreifen, wenn die Versicherten in diesen Zugriff über eine Benutzeroberfläche eines geeigneten Endgeräts im Sinne von § 336 Absatz 2 eingewilligt haben. ²Satz 1 gilt nicht für den Zugriff auf Daten in einer Anwendung nach § 334 Absatz 1 Satz 2 Nummer 4, soweit diese auf der elektronischen Gesundheitskarte gespeichert sind.

(5) ¹Die in den §§ 352, 356 Absatz 1, 357 Absatz 1 und 359 Absatz 1 genannten zugriffsberechtigten Personen, die nicht über einen elektronischen Heilberufsausweis verfügen, dürfen auf Daten in einer Anwendung nach § 334 Absatz 1 Satz 2 Nummer 1 bis 5 und 7 mittels der elektronischen Gesundheitskarte oder mit einer digitalen Identität der Versicherten nach § 291 Absatz 8 Satz 1 oder gemäß Absatz 2 nur zugreifen, wenn sie für diesen Zugriff von einer Person autorisiert werden, die über einen ihrer Berufszugehörigkeit entsprechenden elektronischen Heilberufsausweis oder eine digitale Identität nach § 340 Absatz 6 verfügt. ²Es ist nachprüfbar elektronisch zu protokollieren, wer auf welche Daten zugegriffen hat und von welcher Person die zugreifende Person für den Zugriff autorisiert wurde.

(6) Der elektronische Heilberufsausweis muss über eine Möglichkeit zur sicheren Authentifizierung und zur Erstellung qualifizierter elektronischer Signaturen verfügen.

§ 340 Ausgabe von elektronischen Heilberufs- und Berufsausweisen sowie von Komponenten zur Authentifizierung von Leistungserbringerinstitutionen. (1) ¹Die Länder bestimmen

1. die Stellen, die für die Ausgabe elektronischer Heilberufsausweise und elektronischer Berufsausweise zuständig sind und

2. die Stellen, die bestätigen, dass eine Person
   a) befugt ist,
      aa) einen der in den §§ 352, 356, 357, 359 und 361 erfassten Berufe im Geltungsbereich dieses Gesetzes auszuüben oder
      bb) die Berufsbezeichnung im Geltungsbereich dieses Gesetzes zu führen, wenn für einen der in den §§ 352, 356, 357, 359 und 361 genannten Berufe lediglich das Führen der Berufsbezeichnung geschützt ist oder
   b) zu den weiteren zugriffsberechtigten Personen nach den §§ 352, 356, 357, 359 und 361 gehört,
3. die Stellen, die für die Ausgabe der Komponenten zur Authentifizierung von Leistungserbringerinstitutionen an Angehörige der Berufsgruppen nach Nummer 2 Buchstabe a Doppelbuchstabe bb und Buchstabe b zuständig sind und
4. die Stellen, die bestätigen, dass eine Leistungserbringerinstitution berechtigt ist, eine Komponente zur Authentifizierung nach Nummer 3 zu erhalten.

²Berechtigt im Sinne von Satz 1 Nummer 4 sind Leistungserbringerinstitutionen, mit denen nach diesem Buch oder nach dem Elften Buch Verträge zur Leistungserbringung bestehen; bis die Stellen und das Verfahren eingerichtet sind, jedoch längstens bis zum 30. Juni 2022, kann der Nachweis der Berechtigung einer Leistungserbringerinstitution auch gegenüber den Stellen nach Satz 1 Nummer 3 durch Vorlage des Vertrages zur Leistungserbringung oder durch Vorlage einer Bestätigung der vertragsschließenden Kasse oder eines Landesverbandes der vertragsschließenden Kasse erbracht werden.

(2) Abweichend von einer Bestimmung durch die Länder nach Absatz 1 kann für die Betriebe der Handwerke nach den Nummern 33 bis 37 der Anlage A zur Handwerksordnung die Zuständigkeit nach Absatz 1 Satz 1 auf der Grundlage von § 91 Absatz 1 der Handwerksordnung auf die Handwerkskammern übertragen werden.

(3) ¹Die Länder können zur Wahrnehmung der Aufgaben nach Absatz 1 Satz 1 gemeinsame Stellen bestimmen. ²Die nach Absatz 1 Satz 1 Nummer 2 und 4 jeweils zuständige Stelle hat der nach Absatz 1 Satz 1 Nummer 1 und 3 zuständigen Stelle die Daten, die für die Ausgabe elektronischer Heilberufsausweise, elektronischer Berufsausweise und von Komponenten zur Authentifizierung von Leistungserbringerinstitutionen erforderlich sind, auf Anforderung zu übermitteln. ³Entfällt die Befugnis zur Ausübung des Berufs, zum Führen der Berufsbezeichnung, die Zugehörigkeit zu den in den §§ 352, 356, 357, 359 und 361 genannten Zugriffsberechtigten oder die Berechtigung zum Erhalt einer Komponente zur Authentifizierung von Leistungserbringerinstitutionen nach Absatz 1 Satz 1 Nummer 3, so hat die jeweilige Stelle nach Absatz 1 Satz 1 Nummer 2 und 4 die herausgebende Stelle darüber in Kenntnis zu setzen; die herausgebende Stelle hat unverzüglich die Sperrung der Authentifizierungsfunktion des elektronischen Heilberufs- oder Berufsausweises oder der Komponente zur Authentifizierung von Leistungserbringerinstitutionen zu veranlassen.

(4) Die Ausgabe elektronischer Heilberufs- und Berufsausweise sowie die Ausgabe von Komponenten zur Authentifizierung von Leistungserbringerinstitutionen an Leistungserbringerinstitutionen, für die weder die Länder nach Absatz 1 Satz 1 Nummer 3 eine Stelle zu bestimmen haben noch die Gesell-

schaft für Telematik eine Stelle nach § 315 Absatz 1 bestimmen kann, erfolgt durch die Gesellschaft für Telematik.

(5) Komponenten zur Authentifizierung von Leistungserbringerinstitutionen dürfen nur an Leistungserbringerinstitutionen ausgegeben werden, denen ein Leistungserbringer, der Inhaber eines elektronischen Heilberufs- oder Berufsausweises ist, zugeordnet werden kann.

(6) Spätestens ab dem 1. Januar 2024 haben die Stellen nach Absatz 1 Satz 1 Nummer 1 sowie den Absätzen 2 und 4 ergänzend zu den Heilberufs- und Berufsausweisen auf Verlangen des Leistungserbringers eine digitale Identität für das Gesundheitswesen zur Verfügung zu stellen, die nicht an eine Chipkarte gebunden ist.

(7) Spätestens ab dem 1. Januar 2024 haben die Stellen nach Absatz 1 Satz 1 Nummer 3 sowie den Absätzen 2 und 4 ergänzend zu den Komponenten zur Authentifizierung von Leistungserbringerinstitutionen auf Verlangen der Leistungserbringerinstitution eine digitale Identität für das Gesundheitswesen zur Verfügung zu stellen, die nicht an eine Chipkarte gebunden ist.

(8) [1] Die Gesellschaft für Telematik legt die jeweiligen Anforderungen an die Sicherheit und Interoperabilität der digitalen Identitäten nach den Absätzen 6 und 7 fest. [2] Die Festlegung der Anforderungen an die Sicherheit und den Datenschutz erfolgt dabei im Einvernehmen mit dem Bundesamt für Sicherheit in der Informationstechnik und der oder dem Bundesbeauftragten für den Datenschutz und die Informationsfreiheit auf Basis der jeweils gültigen Technischen Richtlinien des Bundesamts für Sicherheit in der Informationstechnik und unter Berücksichtigung der notwendigen Vertrauensniveaus der unterstützten Anwendungen. [3] Eine digitale Identität kann über verschiedene Ausprägungen mit verschiedenen Sicherheits- und Vertrauensniveaus verfügen. [4] Das Sicherheits- und Vertrauensniveau der Ausprägung einer digitalen Identität muss mindestens dem Schutzbedarf der Anwendung entsprechen, bei der diese eingesetzt wird.

Zweiter Titel. Elektronische Patientenakte

§ 341 Elektronische Patientenakte. (1) [1] Die elektronische Patientenakte ist eine versichertengeführte elektronische Akte, die den Versicherten von den Krankenkassen auf Antrag zur Verfügung gestellt wird. [2] Die Nutzung ist für die Versicherten freiwillig. [3] Mit ihr sollen den Versicherten auf Verlangen Informationen, insbesondere zu Befunden, Diagnosen, durchgeführten und geplanten Therapiemaßnahmen sowie zu Behandlungsberichten, für eine einrichtungs-, fach- und sektorenübergreifende Nutzung für Zwecke der Gesundheitsversorgung, insbesondere zur gezielten Unterstützung von Anamnese und Befunderhebung, barrierefrei elektronisch bereitgestellt werden.

(2) Es besteht die Möglichkeit zur Einstellung folgender Daten in die elektronische Patientenakte:

1. medizinische Informationen über den Versicherten für eine einrichtungsübergreifende, fachübergreifende und sektorenübergreifende Nutzung, insbesondere
   a) Daten zu Befunden, Diagnosen, durchgeführten und geplanten Therapiemaßnahmen, Früherkennungsuntersuchungen, Behandlungsberichten und sonstige untersuchungs- und behandlungsbezogene medizinische Informationen,

5. Buch. Gesetzliche Krankenversicherung § 341 SGB V 28

b) Daten des elektronischen Medikationsplans nach § 334 Absatz 1 Satz 2 Nummer 4,
c) Daten der elektronischen Notfalldaten nach § 334 Absatz 1 Satz 2 Nummer 5 und 7,
d) Daten in elektronischen Briefen zwischen den an der Versorgung der Versicherten teilnehmenden Ärzten und Einrichtungen (elektronische Arztbriefe),
2. Daten zum Nachweis der regelmäßigen Inanspruchnahme zahnärztlicher Vorsorgeuntersuchungen gemäß § 55 Absatz 1 in Verbindung mit § 92 Absatz 1 Satz 2 Nummer 2 (elektronisches Zahn-Bonusheft),
3. Daten gemäß der nach § 92 Absatz 1 Satz 2 Nummer 3 und Absatz 4 in Verbindung mit § 26 beschlossenen Richtlinie des Gemeinsamen Bundesausschusses zur Früherkennung von Krankheiten bei Kindern (elektronisches Untersuchungsheft für Kinder),
4. Daten gemäß der nach § 92 Absatz 1 Satz 2 Nummer 4 in Verbindung mit den §§ 24c bis 24f beschlossenen Richtlinie des Gemeinsamen Bundesausschusses über die ärztliche Betreuung während der Schwangerschaft und nach der Entbindung (elektronischer Mutterpass) sowie Daten, die sich aus der Versorgung der Versicherten mit Hebammenhilfe ergeben,
5. Daten der Impfdokumentation nach § 22 des Infektionsschutzgesetzes (elektronische Impfdokumentation),
6. Gesundheitsdaten, die durch den Versicherten zur Verfügung gestellt werden,
7. Daten des Versicherten aus einer von den Krankenkassen nach § 68 finanzierten elektronischen Akte des Versicherten,
8. bei den Krankenkassen gespeicherte Daten über die in Anspruch genommenen Leistungen des Versicherten,
9. Daten des Versicherten aus digitalen Gesundheitsanwendungen des Versicherten nach § 33a,
10. Daten zur pflegerischen Versorgung des Versicherten nach den §§ 24g, 37, 37b, 37c, 39a und 39c und der Haus- oder Heimpflege nach § 44 des Siebten Buches und nach dem Elften Buch,
11. Verordnungsdaten und Dispensierinformationen elektronischer Verordnungen nach § 360,
12. die nach § 73 Absatz 2 Satz 1 Nummer 9 ausgestellte Bescheinigung über eine Arbeitsunfähigkeit und
13. sonstige von den Leistungserbringern für den Versicherten bereitgestellte Daten, insbesondere Daten, die sich aus der Teilnahme des Versicherten an strukturierten Behandlungsprogrammen bei chronischen Krankheiten gemäß § 137f ergeben.

(3) Die für die elektronische Patientenakte erforderlichen Komponenten und Dienste werden auf Antrag des jeweiligen Anbieters der Komponenten und Dienste nach § 325 von der Gesellschaft für Telematik zugelassen.

(4) ¹Die Krankenkassen, die ihren Versicherten eine elektronische Patientenakte zur Verfügung stellen, sind gemäß § 307 Absatz 4 die für die Verarbeitung der Daten zum Zweck der Nutzung der elektronischen Patientenakte Verant-

wortlichen nach Artikel 4 Nummer 7 der Verordnung (EU) 2016/679[1]). ²§ 307 Absatz 1 bis 3 bleibt unberührt. ³Unbeschadet ihrer Verantwortlichkeit nach Satz 1 können die Krankenkassen mit der Zurverfügungstellung von elektronischen Patientenakten für ihre Versicherten Anbieter von elektronischen Patientenakten als Auftragsverarbeiter beauftragen.

(5) Die Telematikinfrastruktur darf nur für solche nach § 325 zugelassenen elektronischen Patientenakten verwendet werden, die von einer Krankenkasse, von Unternehmen der privaten Krankenversicherung oder von den sonstigen Einrichtungen gemäß § 362 Absatz 1 angeboten werden.

(6) ¹Die an der vertragsärztlichen Versorgung teilnehmenden Leistungserbringer haben gegenüber der jeweils zuständigen Kassenärztlichen Vereinigung oder Kassenzahnärztlichen Vereinigung nachzuweisen, dass sie über die für den Zugriff auf die elektronische Patientenakte erforderlichen Komponenten und Dienste verfügen. ²Wird der Nachweis nicht bis zum 30. Juni 2021 erbracht, ist die Vergütung vertragsärztlicher Leistungen pauschal um 1 Prozent zu kürzen; die Vergütung ist so lange zu kürzen, bis der Nachweis gegenüber der Kassenärztlichen Vereinigung erbracht ist. ³Das Bundesministerium für Gesundheit kann die Frist nach Satz 1 durch Rechtsverordnung mit Zustimmung des Bundesrates verlängern. ⁴Die Kürzungsregelung nach Satz 2 findet im Fall, dass bereits eine Kürzung der Vergütung nach § 291b Absatz 5 erfolgt, keine Anwendung.

(7) ¹Die Krankenhäuser haben sich bis zum 1. Januar 2021 mit den für den Zugriff auf die elektronische Patientenakte erforderlichen Komponenten und Diensten auszustatten und sich an die Telematikinfrastruktur nach § 306 anzuschließen. ²Soweit Krankenhäuser ihrer Verpflichtung zum Anschluss an die Telematikinfrastruktur nach Satz 1 nicht nachkommen, sind § 5 Absatz 3e Satz 1 des Krankenhausentgeltgesetzes oder § 5 Absatz 5 der Bundespflegesatzverordnung anzuwenden. ³Die Kürzungsregelung nach Satz 2 findet im Fall, dass bereits eine Kürzung der Vergütung nach § 291b Absatz 5 erfolgt, keine Anwendung.

Erster Untertitel. Angebot und Einrichtung der elektronischen Patientenakte

§ 342 Angebot und Nutzung der elektronischen Patientenakte.

(1) Die Krankenkassen sind verpflichtet, jedem Versicherten spätestens ab dem 1. Januar 2021 auf Antrag und mit Einwilligung des Versicherten eine nach § 325 Absatz 1 von der Gesellschaft für Telematik zugelassene elektronische Patientenakte zur Verfügung zu stellen, die jeweils rechtzeitig den Anforderungen gemäß Absatz 2 entspricht.

(2) Die elektronische Patientenakte muss technisch insbesondere gewährleisten, dass

1. spätestens ab dem 1. Januar 2021
    a) die Daten nach § 341 Absatz 2 Nummer 1 und 6 barrierefrei bereitgestellt werden können;
    b) die Versicherten über eine Benutzeroberfläche eines geeigneten Endgeräts ihre Rechte gemäß den §§ 336 und 337 barrierefrei wahrnehmen können;

---

[1]) Nr. 1.

c) die Versicherten über eine Benutzeroberfläche eines geeigneten Endgeräts oder mittels der dezentralen Infrastruktur der Leistungserbringer eine Einwilligung nicht nur in den Zugriff durch zugriffsberechtigte Leistungserbringer auf Daten in der elektronischen Patientenakte insgesamt, sondern auch in den Zugriff entweder ausschließlich auf Daten nach § 341 Absatz 2 Nummer 1 oder auf Daten nach § 341 Absatz 2 Nummer 6 barrierefrei erteilen können;

d) den Versicherten über die Benutzeroberfläche eines geeigneten Endgeräts die Protokolldaten gemäß § 309 Absatz 1 in präziser, transparenter, verständlicher und leicht zugänglicher Form in einer klaren und einfachen Sprache und in auswertbarer Form sowie barrierefrei bereitgestellt werden;

e) durch eine entsprechende technische Voreinstellung die Dauer der Zugriffsberechtigung durch zugriffsberechtigte Leistungserbringer standardmäßig auf eine Woche beschränkt ist;

f) die Versicherten die Dauer der Zugriffsberechtigungen auf einen Zeitraum von mindestens einem Tag bis zu höchstens 18 Monate selbst festlegen können;

g) die Versicherten bis einschließlich 31. Dezember 2021 jeweils bei ihrem Zugriff auf die elektronische Patientenakte mittels der Benutzeroberfläche eines geeigneten Endgeräts gemäß § 336 Absatz 2 vor der Speicherung eigener Dokumente in der elektronischen Patientenakte auf die fehlende Möglichkeit hingewiesen werden, die Einwilligung zum Zugriff durch zugriffsberechtigte Leistungserbringer sowohl auf spezifische Dokumente und Datensätze als auch auf Gruppen von Dokumenten und Datensätzen der elektronischen Patientenakte nach Nummer 2 Buchstabe b und c zu beschränken;

h) die Versicherten bis einschließlich 31. Dezember 2021 über eine Benutzeroberfläche eines geeigneten Endgeräts gemäß § 336 Absatz 2 vor Erteilung einer Einwilligung in den Zugriff durch zugriffsberechtigte Leistungserbringer auf die fehlende Möglichkeit hingewiesen werden, die Zugriffsberechtigung sowohl auf spezifische Dokumente und Datensätze als auch auf Gruppen von Dokumenten und Datensätzen der elektronischen Patientenakte nach Nummer 2 Buchstabe b zu beschränken und

2. zusätzlich spätestens ab dem 1. Januar 2022
   a) die Daten nach § 341 Absatz 2 Nummer 2 bis 5, 7, 8 und 11 zur Verfügung gestellt werden können;

   b) die Versicherten oder durch sie befugte Vertreter über die Benutzeroberfläche eines geeigneten Endgeräts gemäß § 336 Absatz 2 eine Einwilligung gegenüber Zugriffsberechtigten nach § 352 in den Zugriff sowohl auf spezifische Dokumente und Datensätze als auch auf Gruppen von Dokumenten und Datensätzen der elektronischen Patientenakte barrierefrei erteilen können;

   c) die Versicherten, die nicht gemäß § 336 die Benutzeroberfläche eines geeigneten Endgeräts nutzen möchten, den Zugriffsberechtigten nach § 352 mittels der dezentralen Infrastruktur der Leistungserbringer eine Einwilligung in den Zugriff mindestens auf Kategorien von Dokumenten und Datensätzen, insbesondere medizinische Fachgebietskategorien, erteilen können;

d) bei einem Wechsel der Krankenkasse die Daten nach § 341 Absatz 2 Nummer 1 bis 8, 10 bis 13 aus der bisherigen elektronischen Patientenakte in der elektronischen Patientenakte der gewählten Krankenkasse zur Verfügung gestellt werden können;

e) durch die Versicherten befugte Vertreter die Rechte gemäß Nummer 1 Buchstabe b, d und f wahrnehmen können;

f) die Versicherten die Dauer der Zugriffsberechtigungen abweichend von Nummer 1 Buchstabe f auf einen Zeitraum von mindestens einem Tag bis zu einer frei gewählten Dauer oder auch unbefristet selbst festlegen können;

g) die Versicherten jeweils bei ihrem Zugriff auf die elektronische Patientenakte mittels der Benutzeroberfläche eines geeigneten Endgeräts gemäß § 336 Absatz 2 vor dem Löschen von Daten in der elektronischen Patientenakte auf die möglichen versorgungsrelevanten Folgen hingewiesen werden und

3. zusätzlich spätestens ab dem 1. Juli 2022 die Versicherten mittels der Benutzeroberfläche eines geeigneten Endgeräts und unter Nutzung der elektronischen Gesundheitskarte oder einer digitalen Identität der Versicherten nach § 291 Absatz 8 die Abgabe, Änderung sowie den Widerruf einer elektronischen Erklärung zur Organ- und Gewebespende in dem dafür bestimmten Register vornehmen können, sobald das Register zur Verfügung steht, und

4. zusätzlich spätestens ab dem 1. Januar 2023

a) die Daten nach § 341 Absatz 2 Nummer 10, 12 und 13 zur Verfügung gestellt werden können;

b) die Versicherten oder durch sie befugte Vertreter die Daten, die in der elektronischen Patientenakte gespeichert sind, gemäß § 363 zu Forschungszwecken zur Verfügung stellen können;

c) Daten der Versicherten in digitalen Gesundheitsanwendungen nach § 33a mit Einwilligung der Versicherten vom Hersteller einer digitalen Gesundheitsanwendung nach § 33a über den Anbieter der elektronischen Patientenakte in die elektronische Patientenakte der Versicherten nach § 341 Absatz 2 Nummer 9 übermittelt und dort gespeichert werden können;

d) die Versicherten den Sofortnachrichtendienst mit Leistungserbringern und mit Krankenkassen als sicheres Übermittlungsverfahren nach § 311 Absatz 6 über die Benutzeroberfläche nach Nummer 1 Buchstabe b nutzen können;

e) die Versicherten über die Benutzeroberfläche eines geeigneten Endgeräts nach § 336 Absatz 2 auf Informationen des Nationalen Gesundheitsportals nach § 395 barrierefrei zugreifen können und

5. zusätzlich spätestens ab dem 1. Juli 2023 die Versicherten oder durch sie befugte Vertreter über die Benutzeroberfläche eines geeigneten Endgeräts nach § 336 Absatz 2 auf Daten des elektronischen Medikationsplans nach § 334 Absatz 1 Satz 2 Nummer 4, soweit diese nicht auf der elektronischen Gesundheitskarte gespeichert sind, und auf Daten der elektronischen Patientenkurzakte nach § 334 Absatz 1 Satz 2 Nummer 7 barrierefrei zugreifen und die Rechte gemäß Nummer 1 Buchstabe b, d und f in Verbindung mit Nummer 2 Buchstabe e und f wahrnehmen können.

(3) ¹Jede Krankenkasse richtet eine Ombudsstelle ein. ²Die Versicherten können sich mit ihren Anliegen im Zusammenhang mit der elektronischen

Patientenakte an die Ombudsstelle ihrer Krankenkasse wenden. ³Die Ombudsstellen beraten die Versicherten bei allen Fragen und Problemen bei der Nutzung der elektronischen Patientenakte. ⁴Sie informieren insbesondere über das Verfahren bei der Beantragung der elektronischen Patientenakte, Ansprüche der Versicherten nach diesem Titel, die Funktionsweise und die möglichen Inhalte der elektronischen Patientenakte.

(4) Die Krankenkasse hat sicherzustellen, dass die Anbieter die nach § 325 Absatz 1 zugelassenen Komponenten und Dienste der elektronischen Patientenakte laufend in der Weise weiterentwickeln, dass die elektronische Patientenakte dem jeweils aktuellen Stand der Technik und den jeweils aktuellen Festlegungen der Gesellschaft für Telematik nach § 354 entspricht.

(5) ¹Bis alle Krankenkassen ihren jeweiligen Verpflichtungen nach den Absätzen 1, 2 und 4 nachgekommen sind, prüft der Spitzenverband Bund der Krankenkassen jährlich zum Stichtag 1. Januar eines Jahres, erstmals zum 1. Januar 2021, ob die Krankenkassen ihren Versicherten eine von der Gesellschaft für Telematik zugelassene elektronische Patientenakte nach Maßgabe der Absätze 1, 2 und 4 zur Verfügung gestellt haben. ²Ist eine Krankenkasse ihrer jeweiligen Verpflichtung nach den Absätzen 1, 2 und 4 nicht nachgekommen, so stellt der Spitzenverband Bund der Krankenkassen dies durch Bescheid fest. ³In dem Bescheid ist die betroffene Krankenkasse über die Sanktionierung gemäß § 270 Absatz 3 zu informieren. ⁴Klagen gegen den Bescheid haben keine aufschiebende Wirkung. ⁵Der Spitzenverband Bund der Krankenkassen teilt dem Bundesamt für Soziale Sicherung erstmals bis zum 15. Januar 2021 mit, welche Krankenkassen ihrer Verpflichtung nach Absatz 1 nicht nachgekommen sind. ⁶Die Mitteilung nach Satz 5 erfolgt jeweils zum 15. Januar des Jahres, an dem der Spitzenverband Bund der Krankenkassen durch Bescheid festgestellt hat, dass eine Krankenkasse ihrer jeweiligen Verpflichtung nach den Absätzen 1, 2 und 4 nicht nachgekommen ist. ⁷Der Spitzenverband Bund der Krankenkassen veröffentlicht ab dem 1. Januar 2021 eine Übersicht derjenigen Krankenkassen, die ihren Versicherten eine von der Gesellschaft für Telematik zugelassene elektronische Patientenakte nach Maßgabe der Absätze 1, 2 und 4 zur Verfügung stellen, auf seiner Internetseite. ⁸Die Übersicht ist laufend zu aktualisieren.

(6) ¹Die Krankenkassen dürfen von ihnen genutzte Komponenten und Dienste der elektronischen Patientenakte Unternehmen der privaten Krankenversicherung oder den sonstigen Einrichtungen gemäß § 362 Absatz 1 zur Verfügung stellen und in deren Auftrag betreiben. ²Soweit der Betrieb der elektronischen Patientenakte für das Unternehmen der privaten Krankenversicherung oder der sonstigen Einrichtung gemäß § 362 Absatz 1 erfolgt, sind geeignete technische und organisatorische Maßnahmen zur sicheren Trennung der Datenbestände zu treffen. ³Die Entwicklungs- und Betriebskosten für die elektronische Patientenakte sind dem Unternehmen der privaten Krankenversicherung oder der sonstigen Einrichtung gemäß § 362 Absatz 1 in angemessener Höhe anteilig in Rechnung zu stellen.

(7) ¹Die Krankenkassen sind verpflichtet, spätestens bis zum 1. Januar 2022 sicherzustellen, dass Versicherte in einer Anwendung nach § 334 Absatz 1 Satz 2 Nummer 1 und zusätzlich spätestens bis zum 1. Juli 2023 in Anwendungen nach § 334 Absatz 1 Satz 2 Nummer 4 und 7 ihre Rechte gemäß § 336 Absatz 1 und 2 und § 337 Absatz 1 bis 3 sowie das Auslesen der Protokolldaten in den Anwendungen barrierefrei mittels einer Benutzeroberfläche sowohl eines ge-

eigneten mobilen Endgeräts als auch eines geeigneten stationären Endgeräts entsprechend der Anforderungen gemäß Absatz 2 wahrnehmen können. ²Dabei sind technische Verfahren vorzusehen, die zur Authentifizierung einen hohen Sicherheitsstandard gewährleisten. ³Satz 1 gilt nicht für Daten in einer Anwendung nach § 334 Absatz 1 Satz 2 Nummer 4, soweit diese auf der elektronischen Gesundheitskarte gespeichert sind.

§ 343 Informationspflichten der Krankenkassen. (1) ¹Die Krankenkassen haben den Versicherten, bevor sie ihnen gemäß § 342 Absatz 1 Satz 1 eine elektronische Patientenakte anbieten, umfassendes, geeignetes Informationsmaterial über die elektronische Patientenakte in präziser, transparenter, verständlicher und leicht zugänglicher Form in einer klaren und einfachen Sprache und barrierefrei zur Verfügung zu stellen. ²Das Informationsmaterial muss über alle relevanten Umstände der Datenverarbeitung für die Einrichtung der elektronischen Patientenakte, die Übermittlung von Daten in die elektronische Patientenakte und die Verarbeitung von Daten in der elektronischen Patientenakte durch Leistungserbringer einschließlich der damit verbundenen Datenverarbeitungsvorgänge in den verschiedenen Bestandteilen der Telematikinfrastruktur und die für die Datenverarbeitung datenschutzrechtlich Verantwortlichen informieren. ³Das Informationsmaterial enthält insbesondere Informationen über

1. den jeweiligen Anbieter der von der Krankenkasse zur Verfügung gestellten elektronischen Patientenakte,
2. die Funktionsweise der elektronischen Patientenakte, einschließlich der Art der in ihr zu verarbeitenden Daten gemäß § 341 Absatz 2,
3. die Freiwilligkeit der Einrichtung der elektronischen Patientenakte und das Recht auf jederzeitige teilweise oder vollständige Löschung,
4. das Erfordernis der vorherigen Einwilligung in die Datenverarbeitung in der elektronischen Patientenakte gegenüber Krankenkassen, Anbietern und Leistungserbringern sowie die Möglichkeit des Widerrufs der Einwilligung,
5. die für den Zweck der Einrichtung der elektronischen Patientenakte erforderliche Datenverarbeitung durch die Krankenkassen und die Anbieter gemäß § 344 Absatz 1,
6. den Anspruch gemäß § 337 auf selbständige Speicherung und Löschung von Daten in der elektronischen Patientenakte und über die Verarbeitung dieser Daten durch die Krankenkassen und Anbieter in der elektronischen Patientenakte einschließlich des Hinweises, dass die Krankenkassen keinen Zugriff auf die in der elektronischen Patientenakte gespeicherten Daten haben,
7. den Anspruch auf Übertragung von bei der Krankenkasse gespeicherten Daten in die elektronische Patientenakte nach § 350 Absatz 1 und die Verarbeitung dieser Daten durch die Krankenkassen und Anbieter in der elektronischen Patientenakte,
8. den Anspruch auf Übertragung von Behandlungsdaten in die elektronische Patientenakte durch Leistungserbringer nach den §§ 347 bis 349 und die Verarbeitung dieser Daten durch die Leistungserbringer, Krankenkassen und Anbieter in der elektronischen Patientenakte,
9. den Anspruch auf Übertragung von Daten aus elektronischen Gesundheitsakten in die elektronische Patientenakte nach § 351 und die Verarbeitung

dieser Daten durch die Krankenkassen und Anbieter in der elektronischen Patientenakte,

10. die Voraussetzungen für den Zugriff von Leistungserbringern auf Daten in der elektronischen Patientenakte nach § 352 und die Verarbeitung dieser Daten durch den Leistungserbringer,
11. die Möglichkeit, bei der Datenverarbeitung nach Nummer 10 beim Leistungserbringer durch technische Zugriffsfreigabe in die konkrete Datenverarbeitung einzuwilligen,
12. die fehlende Möglichkeit, vor dem 1. Januar 2022 die Einwilligung sowohl auf spezifische Dokumente und Datensätze als auch auf Gruppen von Dokumenten und Datensätzen der elektronischen Patientenakte nach § 342 Absatz 2 Nummer 2 Buchstabe b zu beschränken,
13. die fehlende Möglichkeit, die Einwilligung mittels der dezentralen Infrastruktur der Leistungserbringer auf spezifische Dokumente und Datensätze zu beschränken,
14. das Angebot von zusätzlichen Anwendungen nach § 345 Absatz 1 und über deren Funktionsweise einschließlich der Art der in ihr zu verarbeitenden Daten, den Speicherort und die Zugriffsrechte,
15. die sichere Nutzung von Komponenten, die den Zugriff der Versicherten auf die elektronische Patientenakte über eine Benutzeroberfläche geeigneter Endgeräte ermöglichen,
16. die Möglichkeit und die Voraussetzungen, gemäß § 363 Daten der elektronischen Patientenakte freiwillig für die in § 303e Absatz 2 Nummer 2, 4, 5 und 7 aufgeführten Forschungszwecke freizugeben,
17. die Rechte der Versicherten gegenüber der Krankenkasse als dem für die Datenverarbeitung Verantwortlichen nach Artikel 4 Nummer 7 der Verordnung (EU) 2016/679[1]),
18. die Möglichkeit, den Zugriff von Leistungserbringern nach Nummer 10 auf Daten in der elektronischen Patientenakte nach § 352 auch Ärzten, die bei einer für den Öffentlichen Gesundheitsdienst zuständigen Behörde tätig sind, und Fachärzten für Arbeitsmedizin sowie Ärzten, die über die Zusatzbezeichnung „Betriebsmedizin" verfügen, zu erteilen,
19. die Möglichkeit, ab dem 1. Januar 2022 über die Benutzeroberfläche eines geeigneten Endgeräts einem Vertreter die Befugnis zu erteilen, die Rechte des Versicherten im Rahmen der Führung seiner elektronischen Patientenakte innerhalb der erteilten Vertretungsbefugnis wahrzunehmen,
20. mögliche versorgungsrelevante Folgen, die daraus resultieren können, dass der Versicherte von seinen Rechten Gebrauch macht, sich gegen die Nutzung einer elektronischen Patientenakte zu entscheiden, Zugriffe auf Daten der elektronischen Patientenakte nicht zu erteilen oder Daten der elektronischen Patientenakte zu löschen und
21. die Möglichkeit für die Versicherten, ab dem 1. Januar 2023 Daten aus ihren digitalen Gesundheitsanwendungen nach § 33a mit ihrer Einwilligung vom Hersteller einer solchen Anwendung über den Anbieter der elektronischen Patientenakte in ihre elektronische Patientenakte zu übermitteln.

---

[1]) Nr. 1.

(2) Zur Unterstützung der Krankenkassen bei der Erfüllung ihrer Informationspflichten nach Absatz 1 hat der Spitzenverband Bund der Krankenkassen im Einvernehmen mit der oder dem Bundesbeauftragten für den Datenschutz und die Informationsfreiheit spätestens bis zum 30. November 2020 geeignetes Informationsmaterial, auch in elektronischer Form, zu erstellen und den Krankenkassen zur verbindlichen Nutzung zur Verfügung zu stellen.

§ 344 Einwilligung der Versicherten und Zulässigkeit der Datenverarbeitung durch die Krankenkassen und Anbieter der elektronischen Patientenakte. (1) [1] Hat der Versicherte nach vorheriger Information gemäß § 343 gegenüber der Krankenkasse in die Einrichtung der elektronischen Patientenakte eingewilligt, so dürfen die Krankenkasse, der Anbieter der elektronischen Patientenakte sowie der Anbieter von einzelnen Diensten und Komponenten der elektronischen Patientenakte die zum Zweck der Einrichtung erforderlichen administrativen personenbezogenen Daten verarbeiten. [2] Die Krankenkasse darf versichertenbezogene Daten über den Anbieter der elektronischen Patientenakte in die elektronische Patientenakte übermitteln.

(2) [1] Macht der Versicherte nach vorheriger Information gemäß § 343 von seinen Ansprüchen gemäß den §§ 347 bis 351 Gebrauch, dürfen auf Grund der Einwilligung des Versicherten die Krankenkassen, der Anbieter der elektronischen Patientenakte und die Anbieter von einzelnen Diensten und Komponenten der elektronischen Patientenakte die zu diesem Zweck übermittelten personenbezogenen Daten speichern. [2] Die Kenntnisnahme der Daten und der Zugriff auf die Daten nach den §§ 347 bis 351 ist nicht zulässig.

(3) Auf Verlangen des Versicherten gegenüber der Krankenkasse hat der Anbieter auf Veranlassung der Krankenkasse die elektronische Patientenakte vollständig zu löschen.

(4) Sofern es für die Durchsetzung von datenschutzrechtlichen Ansprüchen der Versicherten gegenüber den für die Verarbeitung von Daten in der elektronischen Patientenakte Verantwortlichen notwendig ist, sind die in § 352 genannten Leistungserbringer verpflichtet, die Verantwortlichen bei der Umsetzung zu unterstützen.

§ 345 Angebot und Nutzung zusätzlicher Inhalte und Anwendungen.

(1) [1] Versicherte können den Krankenkassen Daten aus der elektronischen Patientenakte zum Zweck der Nutzung zusätzlicher von den Krankenkassen angebotener Anwendungen zur Verfügung stellen. [2] Die Krankenkassen dürfen die Daten nach Satz 1 zu diesem Zweck verarbeiten, soweit die Versicherten hierzu ihre vorherige Einwilligung erteilt haben. [3] Diese zusätzlichen Anwendungen der Krankenkassen dürfen die Wirksamkeit der Maßnahmen zur Gewährleistung von Datenschutz und Datensicherheit sowie die Verfügbarkeit und Nutzbarkeit der nach § 325 zugelassenen elektronischen Patientenakte nicht beeinträchtigen. [4] Die Krankenkassen müssen die erforderlichen Maßnahmen zur Gewährleistung von Datenschutz und Datensicherheit der zusätzlichen Anwendungen ergreifen.

(2) [1] Die Zurverfügungstellung von Daten nach Absatz 1 ist nur nach Erhalt des Informationsmaterials nach § 343 Absatz 1 zulässig. [2] § 335 Absatz 3 gilt entsprechend.

Zweiter Untertitel. Nutzung der elektronischen Patientenakte durch den Versicherten

§ 346 Unterstützung bei der elektronischen Patientenakte. (1) ¹Ärzte, Zahnärzte und Psychotherapeuten, die an der vertragsärztlichen Versorgung teilnehmen oder in Einrichtungen, die an der vertragsärztlichen Versorgung teilnehmen oder in zugelassen Krankenhäusern tätig sind, haben auf der Grundlage der Informationspflichten der Krankenkassen nach § 343 die Versicherten auf deren Verlangen bei der Verarbeitung medizinischer Daten in der elektronischen Patientenakte ausschließlich im aktuellen Behandlungskontext zu unterstützen. ²Die Unterstützungsleistung nach Satz 1 umfasst die Übermittlung von medizinischen Daten in die elektronische Patientenakte und ist ausschließlich auf medizinische Daten aus der konkreten aktuellen Behandlung beschränkt. ³§ 630c Absatz 4 des Bürgerlichen Gesetzbuchs bleibt unberührt. ⁴Die in Satz 1 genannten Ärzte, Zahnärzte, Psychotherapeuten, Einrichtungen und zugelassenen Krankenhäusern können Aufgaben in diesem Zusammenhang, soweit diese übertragbar sind, auf Personen übertragen, die als berufsmäßige Gehilfen oder zur Vorbereitung auf den Beruf bei ihnen tätig sind.

(2) ¹Auf Verlangen der Versicherten haben Apotheker bei der Abgabe eines Arzneimittels die Versicherten bei der Verarbeitung arzneimittelbezogener Daten in der elektronischen Patientenakte zu unterstützen. ²Apotheker können Aufgaben in diesem Zusammenhang auf zum pharmazeutischen Personal der Apotheke gehörende Personen übertragen.

(3) ¹Ärzte, Zahnärzte und Psychotherapeuten, die an der vertragsärztlichen Versorgung teilnehmen oder in Einrichtungen, die an der vertragsärztlichen Versorgung teilnehmen oder in zugelassen Krankenhäusern tätig sind, haben auf der Grundlage der Informationspflichten der Krankenkassen nach § 343 die Versicherten auf deren Verlangen bei der erstmaligen Befüllung der elektronischen Patientenakte ausschließlich im aktuellen Behandlungskontext zu unterstützen. ²Die Unterstützungsleistung nach Satz 1 umfasst die Übermittlung von medizinischen Daten in die elektronische Patientenakte und ist ausschließlich auf medizinische Daten aus der konkreten aktuellen Behandlung beschränkt. ³Die in Satz 1 genannten Leistungserbringer können Aufgaben in diesem Zusammenhang, soweit diese übertragbar sind, auf Personen übertragen, die als berufsmäßige Gehilfen oder zur Vorbereitung auf den Beruf bei ihnen oder in an der vertragsärztlichen Versorgung teilnehmenden Einrichtungen oder in zugelassenen Krankenhäusern tätig sind.

(4) ¹Für Leistungen nach Absatz 2 zur Unterstützung der Versicherten bei der Verarbeitung arzneimittelbezogener Daten in der elektronischen Patientenakte erhalten Apotheken eine zusätzliche Vergütung. ²Das Nähere zu den Abrechnungsvoraussetzungen für Leistungen der Apotheken nach Absatz 2 vereinbaren der Spitzenverband Bund der Krankenkassen und die für die Wahrnehmung der wirtschaftlichen Interessen gebildete maßgebliche Spitzenorganisation der Apotheker auf Bundesebene mit Wirkung zum 1. Januar 2021. ³Kommt eine Vereinbarung nach Satz 2 ganz oder teilweise nicht zustande, gilt § 129 Absatz 8.

(5) Für Leistungen nach Absatz 3 erhalten die an der vertragsärztlichen Versorgung teilnehmenden Leistungserbringer sowie Krankenhäuser ab dem 1. Januar 2021 über einen Zeitraum von zwölf Monaten eine einmalige Vergütung je Erstbefüllung in Höhe von 10 Euro.

(6) ¹Die Leistungen nach Absatz 3 dürfen im Rahmen der gesetzlichen Krankenversicherung je Versichertem und elektronischer Patientenakte insgesamt nur einmal erbracht und abgerechnet werden. ²Das Nähere zu den Abrechnungsvoraussetzungen und -verfahren für Leistungen nach Absatz 3 vereinbaren der Spitzenverband Bund der Krankenkassen, die Kassenärztlichen Bundesvereinigungen sowie die Deutsche Krankenhausgesellschaft mit Wirkung zum 1. Januar 2021. ³Die Vereinbarung stellt sicher, dass nur eine einmalige Abrechnung der Vergütung für die Leistungen nach Absatz 3 möglich ist.

§ 347 Anspruch der Versicherten auf Übertragung von Behandlungsdaten in die elektronische Patientenakte durch Leistungserbringer.

(1) ¹Versicherte haben Anspruch auf Übermittlung von Daten nach § 341 Absatz 2 Nummer 1 bis 5 und 10 bis 13 in die elektronische Patientenakte und dortige Speicherung, soweit diese Daten im Rahmen der vertragsärztlichen Versorgung bei der Behandlung des Versicherten durch die an der vertragsärztlichen Versorgung teilnehmenden Leistungserbringer elektronisch verarbeitet werden und soweit andere Rechtsvorschriften nicht entgegenstehen. ²Die in § 342 Absatz 1 und 2 geregelten Fristen bleiben unberührt.

(2) Die an der vertragsärztlichen Versorgung teilnehmenden Leistungserbringer haben

1. die Versicherten im Rahmen der vertragsärztlichen Versorgung über den Anspruch nach Absatz 1 zu informieren und
2. die Daten nach Absatz 1 auf Verlangen des Versicherten in die elektronische Patientenakte nach § 341 zu übermitteln und dort zu speichern.

§ 348 Anspruch der Versicherten auf Übertragung von Behandlungsdaten in die elektronische Patientenakte durch Krankenhäuser.

(1) ¹Versicherte haben Anspruch auf Übermittlung von Daten nach § 341 Absatz 2 Nummer 1 bis 5, 10, 11 und 13 in die elektronische Patientenakte und dortige Speicherung, soweit diese Daten im Rahmen der Krankenhausbehandlung des Versicherten elektronisch erhoben wurden und soweit andere Rechtsvorschriften nicht entgegenstehen. ²Die in § 342 Absatz 1 und 2 geregelten Fristen bleiben unberührt.

(2) Die Leistungserbringer in den zugelassenen Krankenhäusern haben

1. die Versicherten über den Anspruch nach Absatz 1 zu informieren und
2. die Daten nach Absatz 1 auf Verlangen des Versicherten in die elektronische Patientenakte nach § 341 zu übermitteln und dort zu speichern.

§ 349 Anspruch der Versicherten auf Übertragung von Daten aus Anwendungen der Telematikinfrastruktur nach § 334 und von elektronischen Arztbriefen in die elektronische Patientenakte.

(1) ¹Über die in den §§ 347 und 348 geregelten Ansprüche hinaus haben Versicherte einen Anspruch auf Übermittlung von Daten in einer Anwendung nach § 334 Absatz 1 Satz 2 Nummer 2 bis 6 und von elektronischen Arztbriefen nach § 383 Absatz 2 in die elektronische Patientenakte und dortige Speicherung gegen Personen, die

1. nach § 352 zum Zugriff auf die elektronische Patientenakte berechtigt sind und

2. Daten des Versicherten in einer Anwendung nach § 334 Absatz 1 Satz 2 Nummer 2 bis 6 und § 383 verarbeiten.

²Die in § 342 Absatz 1 und 2 geregelten Fristen bleiben unberührt.

(2) Nach Absatz 1 verpflichtete Personen haben

1. die Versicherten über den Anspruch nach Absatz 1 zu informieren und
2. die verarbeiteten Daten nach Absatz 1 auf Verlangen des Versicherten in die elektronische Patientenakte nach § 341 zu übermitteln und dort zu speichern.

(3) ¹Ändern sich Daten nach § 334 Absatz 1 Satz 2 Nummer 4, 5 und 7 und werden diese Daten in der elektronischen Patientenakte verfügbar gemacht, haben Versicherte einen Anspruch auf Speicherung der geänderten Daten in der elektronischen Patientenakte. ²Der Anspruch richtet sich gegen den Leistungserbringer, der die Änderung der Daten nach § 334 Absatz 1 Satz 2 Nummer 4 , 5 oder 7 vorgenommen hat.

(4) Nach Absatz 3 verpflichtete Leistungserbringer haben

1. die Versicherten über den Anspruch nach Absatz 3 zu informieren und
2. die geänderten Daten auf Verlangen des Versicherten in die elektronische Patientenakte nach § 341 Absatz 2 Nummer 1 Buchstabe b und c einzustellen.

§ 350 Anspruch der Versicherten auf Übertragung von bei der Krankenkasse gespeicherten Daten in die elektronische Patientenakte.

(1) Versicherte haben ab dem 1. Januar 2022 einen Anspruch darauf, dass die Krankenkasse Daten des Versicherten nach § 341 Absatz 2 Nummer 8 über die bei ihr in Anspruch genommenen Leistungen über den Anbieter der elektronischen Patientenakte in die elektronische Patientenakte nach § 341 übermittelt und dort speichert.

(2) ¹Das Nähere zu Inhalt und Struktur der relevanten Datensätze haben der Spitzenverband Bund der Krankenkassen und die Kassenärztliche Bundesvereinigung im Benehmen mit der Kassenzahnärztlichen Bundesvereinigung, der Bundesärztekammer, der Bundeszahnärztekammer und der Deutschen Krankenhausgesellschaft bis zum 31. Dezember 2020 zu vereinbaren. ²Dabei ist sicherzustellen, dass in der elektronischen Patientenakte erkennbar ist, dass es sich um Daten der Krankenkassen handelt.

(3) Die Krankenkasse hat die Versicherten

1. über den Anspruch nach Absatz 1 umfassend und leicht verständlich zu informieren und
2. darüber aufzuklären, dass die Übermittlung der Daten über den Anbieter der elektronischen Patientenakte erfolgt und nur auf Antrag der Versicherten gegenüber der Krankenkasse zulässig ist.

(4) Auf Verlangen der Versicherten

1. hat die Krankenkasse Daten der Versicherten nach § 341 Absatz 2 Nummer 8 über die bei ihr in Anspruch genommenen Leistungen an den Anbieter der elektronischen Patientenakte zu übermitteln und
2. hat die Krankenkasse, abweichend von § 303 Absatz 4, Diagnosedaten, die ihr nach den §§ 295 und 295a übermittelt wurden und deren Unrichtigkeit durch einen ärztlichen Nachweis bestätigt wird, in berichtigter Form an den

28 SGB V §§ 351, 352 Sozialgesetzbuch

Anbieter der elektronischen Patientenakte bei der Übermittlung nach Nummer 1 zu verwenden und
3. hat der Anbieter die nach den Nummern 1 und 2 übermittelten Daten in der elektronischen Patientenakte nach § 341 zu speichern.

§ 351 Übertragung von Daten aus der elektronischen Gesundheitsakte und aus Anwendungen nach § 33a in die elektronische Patientenakte.

(1) Die Krankenkasse hat ab dem 1. Januar 2022 sicherzustellen, dass Daten der Versicherten nach § 341 Absatz 2 Nummer 7, die in einer von der Krankenkasse nach § 68 finanzierten elektronischen Gesundheitsakte der Versicherten gespeichert sind, auf Antrag der Versicherten vom Anbieter der elektronischen Gesundheitsakte über den Anbieter der elektronischen Patientenakte in die elektronische Patientenakte der Versicherten nach § 341 übermittelt und dort gespeichert werden.

(2) Die Krankenkasse hat ab dem 1. Januar 2023 sicherzustellen, dass Daten der Versicherten in digitalen Gesundheitsanwendungen nach § 33a mit Einwilligung der Versicherten vom Hersteller einer digitalen Gesundheitsanwendung nach § 33a über den Anbieter der elektronischen Patientenakte in die elektronische Patientenakte der Versicherten nach § 341 Absatz 2 Nummer 9 übermittelt und dort gespeichert werden können.

(3) [1]Die Ausgabe der Komponenten zur Authentifizierung der Hersteller digitaler Gesundheitsanwendungen nach § 33a erfolgt durch die Gesellschaft für Telematik. [2]Das Bundesinstitut für Arzneimittel und Medizinprodukte bestätigt, dass ein Hersteller digitaler Gesundheitsanwendungen nach § 33a berechtigt ist, eine Komponente nach Satz 1 zu erhalten.

Dritter Untertitel. Zugriff von Leistungserbringern auf Daten in der elektronischen Patientenakte

§ 352 Verarbeitung von Daten in der elektronischen Patientenakte durch Leistungserbringer und andere zugriffsberechtigte Personen.

Auf die Daten in der elektronischen Patientenakte nach § 341 Absatz 1 Satz 1 dürfen mit Einwilligung der Versicherten nach § 339 ausschließlich folgende Personen zugreifen:
1. Ärzte, die zur Versorgung der Versicherten in deren Behandlung eingebunden sind, mit einem Zugriff, der die Verarbeitung von Daten nach § 341 Absatz 2 ermöglicht, soweit dies für die Versorgung der Versicherten erforderlich ist;
2. im Rahmen der jeweiligen Zugriffsberechtigung nach Nummer 1 auch Personen,
   a) die als berufsmäßige Gehilfen oder zur Vorbereitung auf den Beruf tätig sind
      aa) bei Ärzten nach Nummer 1,
      bb) in einem Krankenhaus oder
      cc) in einer Vorsorge- oder Rehabilitationseinrichtung nach § 107 Absatz 2 oder in einer Rehabilitationseinrichtung nach § 15 Absatz 2 des Sechsten Buches oder bei einem Leistungserbringer der Heilbehandlung einschließlich medizinischer Rehabilitation nach § 26 Absatz 1 Satz 1 des Siebten Buches oder in der Haus- oder Heimpflege nach § 44 des Siebten Buches und

b) deren Zugriff im Rahmen der von ihnen zulässigerweise zu erledigenden Tätigkeiten erforderlich ist und unter Aufsicht eines Arztes erfolgt;
3. Zahnärzte, die zur Versorgung der Versicherten in deren Behandlung eingebunden sind, mit einem Zugriff, der die Verarbeitung von Daten nach § 341 Absatz 2 ermöglicht, soweit dies für die Versorgung der Versicherten erforderlich ist;
4. im Rahmen der jeweiligen Zugriffsberechtigung nach Nummer 3 auch Personen,
    a) die als berufsmäßige Gehilfen oder zur Vorbereitung auf den Beruf tätig sind
        aa) bei Zahnärzten nach Nummer 3,
        bb) in einem Krankenhaus oder
        cc) in einer Vorsorge- oder Rehabilitationseinrichtung nach § 107 Absatz 2 oder in einer Rehabilitationseinrichtung nach § 15 Absatz 2 des Sechsten Buches oder bei einem Leistungserbringer der Heilbehandlung einschließlich medizinischer Rehabilitation nach § 26 Absatz 1 Satz 1 des Siebten Buches oder in der Haus- oder Heimpflege nach § 44 des Siebten Buches und
    b) deren Zugriff im Rahmen der von ihnen zulässigerweise zu erledigenden Tätigkeiten erforderlich ist und der Zugriff unter Aufsicht eines Zahnarztes erfolgt;
5. Apotheker mit einem Zugriff, der das Auslesen, die Speicherung und die Verwendung von Daten nach § 341 Absatz 2 Nummer 1, 3 bis 11 sowie die Verarbeitung von Daten nach § 341 Absatz 2 Nummer 1 Buchstabe b und Nummer 5 und 11 ermöglicht, soweit dies für die Versorgung der Versicherten erforderlich ist;
6. im Rahmen der jeweiligen Zugriffsberechtigung nach Nummer 5 auch zum pharmazeutischen Personal der Apotheke gehörende Personen, deren Zugriff
    a) im Rahmen der von ihnen zulässigerweise zu erledigenden Tätigkeiten erforderlich ist und
    b) unter Aufsicht eines Apothekers erfolgt, soweit nach apothekenrechtlichen Vorschriften eine Beaufsichtigung der mit dem Zugriff verbundenen pharmazeutischen Tätigkeit vorgeschrieben ist;
7. Psychotherapeuten, die in die Behandlung der Versicherten eingebunden sind, mit einem Zugriff, der die Verarbeitung von Daten nach § 341 Absatz 2 ermöglicht, soweit dies für die Versorgung der Versicherten erforderlich ist;
8. im Rahmen der jeweiligen Zugriffsberechtigung nach Nummer 7 auch Personen,
    a) die als berufsmäßige Gehilfen oder zur Vorbereitung auf den Beruf tätig sind
        aa) bei Psychotherapeuten nach Nummer 7,
        bb) in einem Krankenhaus,
        cc) in einer Hochschulambulanz oder in einer Ambulanz nach § 117 Absatz 2 bis 3b oder
        dd) in einer Vorsorge- oder Rehabilitationseinrichtung nach § 107 Absatz 2 oder in einer Rehabilitationseinrichtung nach § 15 Absatz 2

des Sechsten Buches oder bei einem Leistungserbringer der Heilbehandlung einschließlich medizinischer Rehabilitation nach § 26 Absatz 1 Satz 1 des Siebten Buches oder in der Haus- oder Heimpflege nach § 44 des Siebten Buches und

b) deren Zugriff im Rahmen der von ihnen zulässigerweise zu erledigenden Tätigkeiten erforderlich ist und deren Zugriff unter Aufsicht eines Psychotherapeuten erfolgt;

9. Gesundheits- und Krankenpfleger sowie Gesundheits- und Kinderkrankenpfleger, die in die medizinische oder pflegerische Versorgung der Versicherten eingebunden sind, mit einem Zugriff, der das Auslesen, die Speicherung und die Verwendung von Daten nach § 341 Absatz 2 Nummer 1 bis 11 sowie die Verarbeitung von Daten nach § 341 Absatz 2 Nummer 10, die sich aus der pflegerischen Versorgung ergeben, ermöglicht, soweit dies für die Versorgung der Versicherten erforderlich ist;

10. Altenpfleger, die in die medizinische oder pflegerische Versorgung der Versicherten eingebunden sind, mit einem Zugriff, der das Auslesen, die Speicherung und die Verwendung von Daten nach § 341 Absatz 2 Nummer 1 bis 11 sowie die Verarbeitung von Daten nach § 341 Absatz 2 Nummer 10, die sich aus der pflegerischen Versorgung ergeben, ermöglicht, soweit dies für die Versorgung der Versicherten erforderlich ist;

11. Pflegefachfrauen und Pflegefachmänner, die in die medizinische und pflegerische Versorgung der Versicherten eingebunden sind, mit einem Zugriff, der das Auslesen, die Speicherung und die Verwendung von Daten nach § 341 Absatz 2 Nummer 1 bis 11 sowie die Verarbeitung von Daten nach § 341 Absatz 2 Nummer 10, die sich aus der pflegerischen Versorgung ergeben, ermöglicht, soweit dies für die Versorgung der Versicherten erforderlich ist;

12. im Rahmen der jeweiligen Zugriffsberechtigung nach den Nummern 9 bis 11, soweit deren Zugriff im Rahmen der von ihnen zulässigerweise zu erledigenden Tätigkeiten erforderlich ist und unter Aufsicht eines Zugriffsberechtigten nach den Nummern 9 bis 11 erfolgt,

a) Personen, die erfolgreich eine landesrechtlich geregelte Assistenz- oder Helferausbildung in der Pflege von mindestens einjähriger Dauer abgeschlossen haben,

b) Personen, die erfolgreich eine landesrechtlich geregelte Ausbildung in der Krankenpflegehilfe oder in der Altenpflegehilfe von mindestens einjähriger Dauer abgeschlossen haben,

c) Personen, denen auf der Grundlage des Krankenpflegegesetzes vom 4. Juni 1985 (BGBl. I S. 893) in der bis zum 31. Dezember 2003 geltenden Fassung eine Erlaubnis als Krankenpflegehelferin oder Krankenpflegehelfer erteilt worden ist;

13. Hebammen, die nach § 134a Absatz 2 zur Leistungserbringung zugelassen oder im Rahmen eines Anstellungsverhältnisses tätig und in die Versorgung der Versicherten eingebunden sind, mit einem Zugriff, der das Auslesen, die Speicherung und die Verwendung von Daten nach § 341 Absatz 2 Nummer 1, 3 bis 11 sowie die Verarbeitung von Daten nach § 341 Absatz 2 Nummer 3 und 4, die sich aus der Versorgung mit Hebammenhilfe ergeben, ermöglicht, soweit dies für die Versorgung des Versicherten erforderlich ist;

14. Heilmittelerbringer, die nach § 124 Absatz 1 zur Leistungserbringung zugelassen sind und die zur Versorgung des Versicherten in dessen Behandlung eingebunden sind, mit einem Zugriff, der das Auslesen, die Speicherung und die Verwendung von Daten nach § 341 Absatz 2 Nummer 1, 3, 4, 6 bis 11 sowie die Verarbeitung von Daten nach § 341 Absatz 2 Nummer 1 Buchstabe a, die sich aus der Behandlung durch den jeweiligen Heilmittelerbringer ergeben, ermöglicht, soweit dies für die Versorgung des Versicherten erforderlich ist;

15. im Rahmen der jeweiligen Zugriffsberechtigung nach Nummer 14 auch Personen,

a) die als berufsmäßige Gehilfen oder zur Vorbereitung auf den Beruf tätig sind,

aa) bei Personen nach Nummer 14 oder

bb) in einem Krankenhaus und

b) deren Zugriff im Rahmen der von ihnen zulässigerweise zu erledigenden Tätigkeiten erforderlich ist und unter Aufsicht eines Zugriffsberechtigten nach Nummer 14 erfolgt;

16. Ärzte, die bei einer für den Öffentlichen Gesundheitsdienst zuständigen Behörde tätig sind, mit einem Zugriff, der die Verarbeitung von Daten nach § 341 Absatz 2 ermöglicht, soweit diese Datenverarbeitung erforderlich ist für die Erfüllung von Aufgaben, die der für den Öffentlichen Gesundheitsdienst zuständigen Behörde zugewiesen sind;

17. im Rahmen der jeweiligen Zugriffsberechtigung nach Nummer 16 auch Personen, die bei einer für den Öffentlichen Gesundheitsdienst zuständigen Behörde tätig sind, soweit der Zugriff im Rahmen der von ihnen zulässigerweise zu erledigenden Tätigkeiten erforderlich ist und der Zugriff unter Aufsicht eines Arztes erfolgt;

18. Fachärzte für Arbeitsmedizin und Ärzte, die über die Zusatzbezeichnung „Betriebsmedizin" verfügen (Betriebsärzte), außerhalb einer Tätigkeit nach Nummer 1, mit einem Zugriff, der das Auslesen, die Speicherung und die Verwendung von Daten nach § 341 Absatz 2 sowie die Verarbeitung von Daten nach § 341 Absatz 2 Nummer 5 ermöglicht.

§ 353 Erteilung der Einwilligung. (1) ¹Die Versicherten erteilen die nach § 352 erforderliche Einwilligung in den Zugriff auf Daten der elektronischen Patientenakte nach § 341. ²Hierzu bedarf es einer eindeutigen bestätigenden Handlung durch technische Zugriffsfreigabe über die Benutzeroberfläche eines geeigneten Endgeräts.

(2) ¹Abweichend von Absatz 1 können die Versicherten die Einwilligung auch gegenüber einem nach § 352 zugriffsberechtigten Leistungserbringer unter Nutzung der dezentralen Infrastruktur der Leistungserbringer erteilen. ²Hierzu bedarf es

1. einer eindeutigen bestätigenden Handlung durch technische Zugriffsfreigabe und

2. vor der Einwilligung in einen konkreten Datenzugriff einer Information der Versicherten durch den betreffenden Leistungserbringer über die fehlende Möglichkeit der Beschränkung der Zugriffsrechte nach § 342 Absatz 2 Nummer 2 Buchstabe b und die Bedeutung der Zugriffsberechtigung auf

Kategorien von Dokumenten und Datensätzen nach § 342 Absatz 2 Nummer 2 Buchstabe c.

Vierter Untertitel. Festlegungen für technische Voraussetzungen und semantische und syntaktische Interoperabilität von Daten

§ 354 Festlegungen der Gesellschaft für Telematik für die elektronische Patientenakte. (1) Die Gesellschaft für Telematik hat jeweils nach dem Stand der Technik die erforderlichen technischen und organisatorischen Verfahren festzulegen oder technischen Voraussetzungen zu schaffen dafür, dass

1. in einer elektronischen Patientenakte Daten nach § 341 Absatz 2 barrierefrei zur Verfügung gestellt und durch die Versicherten nach den §§ 336 und 337 und die Zugriffsberechtigten nach § 352 barrierefrei verarbeitet werden können,
2. die Versicherten für die elektronische Patientenakte Daten barrierefrei zur Verfügung stellen können und diese Daten in der elektronischen Patientenakte barrierefrei verarbeitet werden können,
3. die Versicherten Daten, die in der elektronischen Patientenakte nach § 341 Absatz 2 Nummer 9 sowie nach § 345 gespeichert sind, barrierefrei elektronisch an ihre Krankenkasse übermitteln können,
4. bei der Zulassung der Komponenten und Dienste der elektronischen Patientenakte nach § 325 sichergestellt wird, dass den Versicherten von den Anbietern der elektronischen Patientenakte Dienste zur Erteilung von technischen Zugriffsfreigaben gegenüber den in § 352 genannten Leistungserbringern barrierefrei zur Verfügung gestellt werden und
5. die Möglichkeiten der Versicherten im Falle des § 342 Absatz 2 Nummer 2 Buchstabe c zur Zugriffsfreigabe unter Berücksichtigung der Verhältnismäßigkeit des dafür erforderlichen Aufwandes an die Möglichkeiten der Zugriffsfreigabe nach § 342 Absatz 2 Nummer 2 Buchstabe b angeglichen werden.

(2) Über die Festlegungen und Voraussetzungen nach Absatz 1 hinaus hat die Gesellschaft für Telematik

1. die Festlegungen dafür zu treffen, dass Daten nach § 341 Absatz 2 Nummer 2 bis 5 in der elektronischen Patientenakte verarbeitet werden können,
2. die Festlegungen dafür zu treffen, dass eine technische Zugriffsfreigabe nach § 342 Absatz 2 Nummer 2 Buchstabe b mittels der Benutzeroberfläche eines geeigneten Endgeräts auf Daten der elektronischen Patientenakte nach § 341 Absatz 2 sowohl auf spezifische Dokumente und Datensätze als auch auf Gruppen von Dokumenten und Datensätzen der elektronischen Patientenakte barrierefrei ermöglicht wird und hierbei in Abstimmung mit der Kassenärztlichen Bundesvereinigung sowie der Kassenzahnärztlichen Bundesvereinigung weitere Kategorien in der elektronischen Patientenakte festzulegen, die eine Zuordnung von Dokumenten und Datensätzen zu medizinischen Fachgebieten, die als besonders versorgungsrelevant erachtet werden, zulässt,
3. die Festlegungen dafür zu treffen, dass eine technische Zugriffsfreigabe nach § 342 Absatz 2 Nummer 2 Buchstabe c mittels der dezentralen Infrastruktur der Leistungserbringer auf Daten der elektronischen Patientenakte nach § 341 Absatz 2 mindestens auf Kategorien von Dokumenten und Datensätzen, insbesondere medizinische Fachgebietskategorien, ermöglicht wird;

in Abstimmung mit der Kassenärztlichen Bundesvereinigung sowie der Kassenzahnärztlichen Bundesvereinigung sind hierzu weitere Kategorien in der elektronischen Patientenakte festzulegen, die eine Zuordnung zu medizinischen Fachgebieten, die als besonders versorgungsrelevant erachtet werden, ermöglichen,

4. bis zum 30. Juni 2021 die Festlegungen dafür zu treffen, dass Zugriffsberechtigte nach § 352 Nummer 9 bis 18 auf Daten der elektronischen Patientenakte barrierefrei zugreifen können,

5. bis zum 30. Juni 2021 im Benehmen mit den für die Wahrnehmung der Interessen der Forschung im Gesundheitswesen maßgeblichen Bundesverbänden die Festlegungen dafür zu treffen, dass die Versicherten gemäß § 363 Daten, die in der elektronischen Patientenakte nach § 341 Absatz 2 gespeichert sind, für die Nutzung zu Forschungszwecken zur Verfügung stellen und diese übermittelt werden können,

6. bis zum 1. Januar 2022 die Festlegungen dafür zu treffen, dass Daten der Versicherten aus digitalen Gesundheitsanwendungen nach § 33a vom Hersteller der Anwendungen über den Anbieter der elektronischen Patientenakte über eine Schnittstelle, die den Anforderungen des Zwölften Kapitels genügt, in die elektronische Patientenakte übermittelt und dort verarbeitet werden können, und

7. bis zum 1. Januar 2022 die Festlegungen dafür zu treffen, dass Versicherte mittels der Benutzeroberfläche eines geeigneten Endgeräts gemäß § 336 Absatz 2 auf Informationen des Nationalen Gesundheitsportals nach § 395 barrierefrei zugreifen können und dass ihnen dabei die Informationen des Portals mit Daten, die in ihrer elektronischen Patientenakte gespeichert sind, verknüpft angeboten werden können.

(3) Die Gesellschaft für Telematik hat zu prüfen, inwieweit die Vorgaben des § 22 Absatz 3 des Infektionsschutzgesetzes in der elektronischen Patientenakte umgesetzt werden können.

§ 355 Festlegungen für die semantische und syntaktische Interoperabilität von Daten in der elektronischen Patientenakte, des elektronischen Medikationsplans, der elektronischen Notfalldaten und der elektronischen Patientenkurzakte. (1) ¹Die Kassenärztliche Bundesvereinigung trifft die notwendigen Festlegungen für die Inhalte der elektronischen Patientenakte sowie die für eine Fortschreibung der Inhalte des elektronischen Medikationsplans und der elektronischen Notfalldaten sowie die für eine Fortschreibung der elektronischen Notfalldaten und der Hinweise der Versicherten nach § 334 Absatz 1 Satz 2 Nummer 2 und 3 zu einer elektronischen Patientenkurzakte nach § 334 Absatz 1 Satz 2 Nummer 7 notwendigen Festlegungen, um deren semantische und syntaktische Interoperabilität zu gewährleisten, im Benehmen mit

1. der Gesellschaft für Telematik,

2. den übrigen Spitzenorganisationen nach § 306 Absatz 1 Satz 1,

3. den maßgeblichen, fachlich betroffenen medizinischen Fachgesellschaften,

4. der Bundespsychotherapeutenkammer,

5. den maßgeblichen Bundesverbänden der Pflege,

6. den für die Wahrnehmung der Interessen der Industrie maßgeblichen Bundesverbänden aus dem Bereich der Informationstechnologie im Gesundheitswesen,
7. den für die Wahrnehmung der Interessen der Forschung im Gesundheitswesen maßgeblichen Bundesverbänden,
8. dem Bundesinstitut für Arzneimittel und Medizinprodukte und
9. dem für die Wahrnehmung der Interessen der Unternehmen der Privaten Krankenversicherung maßgeblichen Bundesverband.

²Über die Festlegungen nach Satz 1 entscheidet für die Kassenärztliche Bundesvereinigung der Vorstand.

(2) Um einen strukturierten Prozess zu gewährleisten, erstellt die Kassenärztliche Bundesvereinigung eine Verfahrensordnung zur Herstellung des Benehmens nach Absatz 1 und stellt im Anschluss das Benehmen mit den nach Absatz 1 Satz 1 zu Beteiligenden hierzu her.

(2a) ¹Die Kassenärztliche Bundesvereinigung trifft erstmals bis zum 30. Juni 2022 die notwendigen Festlegungen für die semantische und syntaktische Interoperabilität von Daten aus digitalen Gesundheitsanwendungen der Versicherten nach § 33a, die von den Versicherten nach § 341 Absatz 2 Nummer 9 in die elektronische Patientenakte übermittelt werden. ²Die Festlegungen nach Satz 1 sind zum Ende jedes Kalenderhalbjahres fortzuschreiben.

(2b) Die Kassenärztliche Bundesvereinigung trifft bis zum 31. Dezember 2022 unter Berücksichtigung der laufenden Erkenntnisse der Modellvorhaben nach § 125 des Elften Buches die notwendigen Festlegungen für die semantische und syntaktische Interoperabilität von Daten der elektronischen Patientenakte nach § 341 Absatz 2 Nummer 10.

(2c) ¹Die Kassenärztliche Bundesvereinigung trifft erstmals bis zum 30. Juni 2022 die notwendigen Festlegungen für die semantische und syntaktische Interoperabilität von Daten, die von Hilfsmitteln oder Implantaten nach § 374a Absatz 1 in eine digitale Gesundheitsanwendung übermittelt werden. ²Die Festlegungen nach Satz 1 sind fortlaufend fortzuschreiben.

(2d) ¹Die Kassenärztliche Bundesvereinigung trifft erstmals bis zum 30. Juni 2022 die notwendigen Festlegungen für die semantische und syntaktische Interoperabilität von Daten, die im Rahmen des telemedizinischen Monitorings verarbeitet werden. ²Die Festlegungen nach Satz 1 sind fortlaufend fortzuschreiben.

(3) Bei der Fortschreibung der Vorgaben zum elektronischen Medikationsplan hat die Kassenärztliche Bundesvereinigung die Festlegungen nach § 31a Absatz 4 und § 31b Absatz 2 zu berücksichtigen und sicherzustellen, dass Daten nach § 31a Absatz 2 Satz 1 sowie Daten des elektronischen Medikationsplans nach § 334 Absatz 1 Satz 2 Nummer 4 in den von den Vertragsärzten und den Ärzten in zugelassenen Krankenhäusern zur Verordnung genutzten elektronischen Programmen und in den Programmen der Apotheken einheitlich abgebildet und zur Prüfung der Arzneimitteltherapiesicherheit genutzt werden können.

(4) Die semantischen und syntaktischen Vorgaben zu den elektronischen Notfalldaten nach § 334 Absatz 1 Satz 2 Nummer 5 und den Hinweisen der Versicherten nach § 334 Absatz 1 Satz 2 Nummer 2 und 3 sind unter Berücksichtigung der entsprechenden Festlegungen der Gesellschaft für Telematik so

fortzuschreiben, dass diese bei einer Bereitstellung in der elektronischen Patientenkurzakte nach § 334 Absatz 1 Satz 2 Nummer 7 mit internationalen Standards interoperabel sind.

(5) ¹Festlegungen nach Absatz 1 müssen, sofern sie die Fortschreibung des elektronischen Medikationsplans nach § 334 Absatz 1 Satz 2 Nummer 4 zum Gegenstand haben, im Benehmen mit der für die Wahrnehmung der wirtschaftlichen Interessen gebildeten maßgeblichen Spitzenorganisation der Apotheker auf Bundesebene, der Bundesärztekammer und der Deutschen Krankenhausgesellschaft erfolgen. ²Festlegungen nach Absatz 1 müssen, sofern sie die Fortschreibung der elektronischen Notfalldaten nach § 334 Absatz 1 Satz 2 Nummer 5 und deren Fortschreibung zu einer elektronischen Patientenkurzakte nach § 334 Absatz 1 Satz 2 Nummer 7 zum Gegenstand haben, im Benehmen mit der Bundesärztekammer und der Deutschen Krankenhausgesellschaft erfolgen. ³Festlegungen nach Absatz 1 müssen, sofern sie Daten zur pflegerischen Versorgung nach § 341 Absatz 2 Nummer 10 zum Gegenstand haben, im Benehmen mit den in Absatz 1 Satz 1 Nummer 5 genannten Organisationen erfolgen.

(6) ¹Die Kassenärztliche Bundesvereinigung hat bei ihren Festlegungen nach Absatz 1 grundsätzlich internationale Standards zu nutzen. ²Zur Gewährleistung der semantischen Interoperabilität hat die Kassenärztliche Bundesvereinigung die vom Bundesinstitut für Arzneimittel und Medizinprodukte für diese Zwecke verbindlich zur Verfügung gestellten medizinischen Klassifikationen, Terminologien und Nomenklaturen zu verwenden.

(7) Das Bundesinstitut für Arzneimittel und Medizinprodukte ergreift bis zum 1. Januar 2021 die notwendigen Maßnahmen, damit eine medizinische Terminologie und eine Nomenklatur kostenfrei für alle Nutzer zur Verfügung steht und unterhält dafür ein nationales Kompetenzzentrum für medizinische Terminologien.

(8) ¹Die Gesellschaft für Telematik kann der Kassenärztlichen Bundesvereinigung zur Erfüllung ihrer Aufgabe nach Absatz 1 entsprechend dem Projektstand zur Umsetzung und Fortschreibung der mit der elektronischen Patientenakte, dem elektronischen Medikationsplan, den elektronischen Notfalldaten sowie der elektronischen Patientenkurzakte nach § 334 Absatz 1 Satz 2 Nummer 7 vorgesehenen Inhalte angemessene Fristen setzen. ²Hält die Kassenärztliche Bundesvereinigung die jeweils gesetzte Frist nicht ein, kann die Gesellschaft für Telematik die Deutsche Krankenhausgesellschaft mit der Erstellung der jeweiligen Festlegungen nach Absatz 1 im Benehmen mit den in Absatz 1 Satz 1 genannten Organisationen beauftragen. ³Das Verfahren für das Vorgehen nach Fristablauf legt die Gesellschaft für Telematik fest.

(9) ¹Die Festlegungen, die nach Absatz 1 von der Kassenärztlichen Bundesvereinigung oder nach Absatz 8 Satz 2 von der Deutschen Krankenhausgesellschaft getroffen werden, sind für alle Gesellschafter, für die Leistungserbringer und die Krankenkassen sowie für ihre Verbände verbindlich. ²Die Festlegungen können nur durch eine alternative Entscheidung der in der Gesellschaft für Telematik vertretenen Spitzenorganisationen der Leistungserbringer nach § 306 Absatz 1 Satz 1 in gleicher Sache ersetzt werden. ³Eine Entscheidung der Spitzenorganisationen nach Satz 2 erfolgt mit der einfachen Mehrheit der sich aus deren Geschäftsanteilen ergebenden Stimmen.

(10) Die Festlegungen, die nach Absatz 1 von der Kassenärztlichen Bundesvereinigung, nach Absatz 8 Satz 2 von der Deutschen Krankenhausgesellschaft oder nach Absatz 9 Satz 2 von den in der Gesellschaft für Telematik vertretenen Spitzenorganisationen der Leistungserbringer nach § 306 Absatz 1 Satz 1 getroffen werden, sind in das Interoperabilitätsverzeichnis nach § 385 aufzunehmen.

(11) ¹Die Gesellschaft für Telematik hat der Kassenärztlichen Bundesvereinigung die Kosten zu erstatten, die ihr bei der Erfüllung ihrer Aufgaben nach Absatz 1 entstehen. ²Beauftragt die Gesellschaft für Telematik die Deutsche Krankenhausgesellschaft nach Absatz 8 Satz 2 mit der Erstellung von Festlegungen nach Absatz 1, hat die Gesellschaft für Telematik der Deutschen Krankenhausgesellschaft die Kosten zu erstatten, die ihr bei der Erfüllung ihrer Aufgaben nach Absatz 1 entstehen.

Dritter Titel. Erklärungen des Versicherten zur Organ- und Gewebespende sowie Hinweise auf deren Vorhandensein und Aufbewahrungsort

§ 356 Zugriff auf Hinweise der Versicherten auf das Vorhandensein und den Aufbewahrungsort von Erklärungen zur Organ- und Gewebespende. (1) Auf Daten zu Hinweisen des Versicherten auf das Vorhandensein und den Aufbewahrungsort von Erklärungen zur Organ- und Gewebespende in Anwendungen nach § 334 Absatz 1 Satz 2 Nummer 2 und 7 dürfen mit Einwilligung des Versicherten, die abweichend von § 339 Absatz 1 hierzu keiner eindeutigen bestätigenden Handlung durch technische Zugriffsfreigabe des Versicherten bedarf, ausschließlich folgende Personen zugreifen:

1. Ärzte, die in die Behandlung des Versicherten eingebunden sind, mit einem Zugriff, der die Verarbeitung von Daten ermöglicht, soweit dies für die Erstellung und Aktualisierung der Hinweise des Versicherten auf das Vorhandensein und den Aufbewahrungsort von Erklärungen zur Organ- und Gewebespende erforderlich ist;
2. im Rahmen der Zugriffsberechtigung nach Absatz 1 Nummer 1 Personen, die als berufsmäßige Gehilfen oder zur Vorbereitung auf den Beruf tätig sind, soweit dies im Rahmen der von ihnen zulässigerweise zu erledigenden Tätigkeiten erforderlich ist und der Zugriff unter Aufsicht einer Person nach Nummer 1 erfolgt,
a) bei Personen nach Absatz 1 Nummer 1 oder
b) in einem Krankenhaus.

(2) Der Zugriff auf Daten zu Hinweisen des Versicherten auf das Vorhandensein und den Aufbewahrungsort von Erklärungen zur Organ- und Gewebespende in Anwendungen nach § 334 Absatz 1 Satz 2 Nummer 2 und 7 ist abweichend von § 339 Absatz 1 ohne eine Einwilligung der betroffenen Person nur zulässig,

1. nachdem der Tod des Versicherten nach § 3 Absatz 1 Satz 1 Nummer 2 des Transplantationsgesetzes festgestellt wurde und
2. wenn der Zugriff zur Klärung erforderlich ist, ob die verstorbene Person in die Entnahme von Organen oder Gewebe eingewilligt hat.

(3) ¹Die Hinweise des Versicherten auf das Vorhandensein und den Aufbewahrungsort von Erklärungen zur Organ- und Gewebespende in einer Anwendung nach § 334 Absatz 1 Satz 2 Nummer 2 werden ab dem 1. Juli 2023

mit Einwilligung des Versicherten technisch in die elektronische Patientenkurzakte nach § 334 Absatz 1 Satz 2 Nummer 7 überführt. ²Ärzte, die an der vertragsärztlichen Versorgung teilnehmen oder in Einrichtungen, die an der vertragsärztlichen Versorgung teilnehmen oder in zugelassenen Krankenhäusern, Vorsorgeeinrichtungen oder Rehabilitationseinrichtungen tätig sind, haben ab diesem Zeitpunkt auf Verlangen des Versicherten und mit dessen Einwilligung die Daten, die in einer Anwendung nach § 334 Absatz 1 Satz 2 Nummer 2 auf der elektronischen Gesundheitskarte gespeichert sind, in der elektronischen Patientenkurzakte zu speichern und auf der elektronischen Gesundheitskarte zu löschen. ³Erteilt der Versicherte seine Einwilligung nach den Sätzen 1 und 2 nicht, bleiben die Daten nach § 334 Absatz 1 Satz 2 Nummer 2 mindestens bis zum 1. Juli 2024 und anschließend so lange auf der elektronischen Gesundheitskarte gespeichert, bis diese ihre Gültigkeit verliert. ⁴Die Gesellschaft für Telematik hat bis zum 31. Oktober 2021 die nach den Sätzen 1 bis 3 erforderlichen Voraussetzungen zu schaffen.

(4) Das Bundesministerium für Gesundheit kann die in Absatz 3 genannten Fristen durch Rechtsverordnung ohne Zustimmung des Bundesrates verlängern.

Vierter Titel. Hinweis des Versicherten auf das Vorhandensein und den Aufbewahrungsort von Vorsorgevollmachten oder Patientenverfügungen

§ 357 Zugriff auf Hinweise der Versicherten auf das Vorhandensein und den Aufbewahrungsort von Vorsorgevollmachten oder Patientenverfügungen. (1) Auf Daten zu Hinweisen des Versicherten auf das Vorhandensein und den Aufbewahrungsort von Vorsorgevollmachten oder Patientenverfügungen in Anwendungen nach § 334 Absatz 1 Satz 2 Nummer 3 und 7 dürfen ausschließlich folgende Personen zugreifen:

1. Ärzte und Psychotherapeuten, die in die Behandlung des Versicherten eingebunden sind, mit einem Zugriff, der die Verarbeitung von Daten ermöglicht, soweit dies für die Versorgung des Versicherten erforderlich ist,
2. im Rahmen der Zugriffsberechtigung nach Nummer 1 Personen,
   a) die als berufsmäßige Gehilfen oder zur Vorbereitung auf den Beruf tätig sind
      aa) bei Personen nach Nummer 1 oder
      bb) in einem Krankenhaus und
   b) deren Zugriff im Rahmen der von ihnen zulässigerweise zu erledigenden Tätigkeiten erforderlich ist und deren Zugriff unter Aufsicht einer Person nach Nummer 1 erfolgt,
3. Personen nach § 352 Nummer 9 bis 12, die in einer Pflegeeinrichtung, einem Hospiz oder einer Palliativeinrichtung tätig sind.

(2) ¹Der Zugriff auf Daten zu Hinweisen des Versicherten auf das Vorhandensein und den Aufbewahrungsort von Vorsorgevollmachten oder Patientenverfügungen in Anwendungen nach § 334 Absatz 1 Satz 2 Nummer 3 und 7 ist nur mit Einwilligung des Versicherten zulässig. ²Abweichend von § 339 Absatz 1 bedarf es hierzu keiner eindeutigen bestätigenden Handlung durch technische Zugriffsfreigabe des Versicherten.

(3) Der Zugriff auf Daten zu Hinweisen des Versicherten auf das Vorhandensein und den Aufbewahrungsort von Vorsorgevollmachten oder Patientenver-

fügungen in Anwendungen nach § 334 Absatz 1 Satz 2 Nummer 3 und 7 ist abweichend von § 339 Absatz 1 ohne Einwilligung des Versicherten nur zulässig, wenn eine ärztlich indizierte Maßnahme unmittelbar bevorsteht und der Versicherte nicht fähig ist, in die Maßnahme einzuwilligen.

(4) ¹Die Hinweise des Versicherten auf das Vorhandensein und den Aufbewahrungsort von Vorsorgevollmachten oder Patientenverfügungen in einer Anwendung nach § 334 Absatz 1 Satz 2 Nummer 3 werden ab dem 1. Juli 2023 mit Einwilligung des Versicherten technisch in die elektronische Patientenkurzakte nach § 334 Absatz 1 Satz 2 Nummer 7 überführt. ²Ärzte, die an der vertragsärztlichen Versorgung teilnehmen oder in Einrichtungen, die an der vertragsärztlichen Versorgung teilnehmen oder in zugelassenen Krankenhäusern, Vorsorgeeinrichtungen oder Rehabilitationseinrichtungen tätig sind, haben ab diesem Zeitpunkt auf Verlangen des Versicherten und mit dessen Einwilligung die Daten, die in einer Anwendung nach § 334 Absatz 1 Satz 2 Nummer 3 auf der elektronischen Gesundheitskarte gespeichert sind, in der elektronischen Patientenkurzakte zu speichern und auf der elektronischen Gesundheitskarte zu löschen. ³Erteilt der Versicherte seine Einwilligung nach den Sätzen 1 und 2 nicht, bleiben die Daten nach § 334 Absatz 1 Satz 2 Nummer 3 mindestens bis zum 1. Juli 2024 und anschließend so lange auf der elektronischen Gesundheitskarte gespeichert, bis diese ihre Gültigkeit verliert. ⁴Die Gesellschaft für Telematik hat bis zum 31. Oktober 2021 die nach den Sätzen 1 bis 3 erforderlichen Voraussetzungen zu schaffen.

(5) Das Bundesministerium für Gesundheit kann die in Absatz 4 genannten Fristen durch Rechtsverordnung ohne Zustimmung des Bundesrates verlängern.

Fünfter Titel. Elektronischer Medikationsplan und elektronische Notfalldaten

§ 358 Elektronische Notfalldaten, elektronische Patientenkurzakte und elektronischer Medikationsplan. (1) ¹Die elektronische Gesundheitskarte muss, sofern sie vor dem 1. Juli 2024 ausgegeben wird, geeignet sein, das Verarbeiten von medizinischen Daten, soweit sie für die Notfallversorgung erforderlich sind (elektronische Notfalldaten), zu unterstützen. ²Die elektronischen Notfalldaten und die elektronische Patientenkurzakte können Daten zu Befunden, Daten zur Medikation oder Zusatzinformationen über den Versicherten enthalten und sind für die Versicherten freiwillig.

(2) ¹Die elektronische Gesundheitskarte muss, sofern sie vor dem 1. Juli 2024 ausgegeben wird, geeignet sein, die Verarbeitung von Daten des Medikationsplans nach § 31a einschließlich der Daten zur Prüfung der Arzneimitteltherapiesicherheit zu unterstützen (elektronischer Medikationsplan). ²Der elektronische Medikationsplan ist für den Versicherten freiwillig.

(3) Versicherte haben gegenüber Ärzten, die an der vertragsärztlichen Versorgung teilnehmen oder in Einrichtungen, die an der vertragsärztlichen Versorgung teilnehmen oder in zugelassenen Krankenhäusern oder in einer Vorsorgeeinrichtung oder Vorsorgeeinrichtungen und Rehabilitationseinrichtungen tätig und in deren Behandlung eingebunden sind, einen Anspruch

1. auf die Erstellung von elektronischen Notfalldaten und die Speicherung dieser Daten auf ihrer elektronischen Gesundheitskarte oder auf die Erstellung der elektronischen Patientenkurzakte sowie

2. auf die Aktualisierung von elektronischen Notfalldaten und die Speicherung dieser Daten auf ihrer elektronischen Gesundheitskarte oder auf die Aktualisierung und Speicherung dieser Daten in der elektronischen Patientenkurzakte.

(4) Die Verarbeitung von elektronischen Notfalldaten muss auch auf der elektronischen Gesundheitskarte ohne Netzzugang möglich sein.

(5) ¹Die Krankenkassen, die ihren Versicherten elektronische Gesundheitskarten mit der Möglichkeit zur Speicherung des elektronischen Medikationsplans und der elektronischen Notfalldaten ausgeben und ihnen ab dem 1. Juli 2023 einen elektronischen Medikationsplan nach § 334 Absatz 1 Satz 2 Nummer 4 und eine elektronische Patientenkurzakte nach § 334 Absatz 1 Satz 2 Nummer 7 zur Verfügung stellen, sind die für die Verarbeitung von Daten in diesen Anwendungen Verantwortlichen nach Artikel 4 Nummer 7 der Verordnung (EU) 2016/679[1]. ²Unbeschadet ihrer Verantwortlichkeit für den elektronischen Medikationsplan und die elektronische Patientenkurzakte nach Satz 1 können die Krankenkassen Anbieter elektronischer Medikationspläne und Anbieter von elektronischen Patientenkurzakten als Auftragsverarbeiter mit der Zurverfügungstellung der elektronischen Medikationspläne und von elektronischen Patientenkurzakten für ihre Versicherten beauftragen.

(6) ¹Die elektronischen Notfalldaten werden ab dem 1. Juli 2023 mit Einwilligung des Versicherten technisch in die elektronische Patientenkurzakte nach § 334 Absatz 1 Satz 2 Nummer 7 überführt. ²Ärzte, die an der vertragsärztlichen Versorgung teilnehmen oder in Einrichtungen, die an der vertragsärztlichen Versorgung teilnehmen oder in zugelassenen Krankenhäusern, Vorsorgeeinrichtungen oder Rehabilitationseinrichtungen tätig sind, haben ab diesem Zeitpunkt auf Verlangen des Versicherten und mit dessen Einwilligung die Daten, die in den elektronischen Notfalldaten gespeichert sind, in der elektronischen Patientenkurzakte zu speichern und auf der elektronischen Gesundheitskarte zu löschen. ³Erteilt der Versicherte seine Einwilligung nach den Sätzen 1 und 2 nicht, bleiben die elektronischen Notfalldaten mindestens bis zum 1. Juli 2024 und anschließend so lange auf der elektronischen Gesundheitskarte gespeichert, bis diese ihre Gültigkeit verliert. ⁴Die Gesellschaft für Telematik hat bis zum 31. Oktober 2021 die nach den Sätzen 1 bis 3 erforderlichen Voraussetzungen zu schaffen.

(7) ¹Die elektronische Patientenkurzakte nach § 334 Absatz 1 Satz 2 Nummer 7 muss ab dem 1. Juli 2023 den grenzüberschreitenden Austausch von Gesundheitsdaten entsprechend den in § 359 Absatz 4 festgelegten Anforderungen gewährleisten. ²Die Gesellschaft für Telematik hat hierfür bis zum 1. Januar 2022 die erforderlichen Voraussetzungen zu schaffen.

(8) ¹Der elektronische Medikationsplan wird ab dem 1. Juli 2023 technisch in eine eigenständige Anwendung innerhalb der Telematikinfrastruktur überführt, die nicht mehr auf der elektronischen Gesundheitskarte gespeichert wird. ²Ärzte, die an der vertragsärztlichen Versorgung teilnehmen oder in Einrichtungen, die an der vertragsärztlichen Versorgung teilnehmen oder in zugelassenen Krankenhäusern, Vorsorgeeinrichtungen oder Rehabilitationseinrichtungen tätig sind, haben ab diesem Zeitpunkt auf Verlangen des Versicherten und mit dessen Einwilligung die Daten, die im elektronischen Medikationsplan auf

---

[1] Nr. 1.

der elektronischen Gesundheitskarte gespeichert sind, in der Anwendung nach § 334 Absatz 1 Satz 2 Nummer 4 zu speichern und den auf der elektronischen Gesundheitskarte gespeicherten Medikationsplan zu löschen. ³Erteilt der Versicherte seine Einwilligung nach den Sätzen 1 und 2 nicht, bleibt der elektronische Medikationsplan mindestens bis zum 1. Juli 2024 und anschließend so lange auf der elektronischen Gesundheitskarte gespeichert, bis diese ihre Gültigkeit verliert. ⁴Die Gesellschaft für Telematik hat bis zum 31. Oktober 2021 die nach den Sätzen 1 bis 3 erforderlichen Voraussetzungen zu schaffen.

(9) ¹Mit der Einführung der elektronischen Notfalldaten, der elektronischen Patientenkurzakte und des elektronischen Medikationsplans haben die Krankenkassen den Versicherten geeignetes Informationsmaterial in präziser, transparenter, verständlicher und leicht zugänglicher Form in einer klaren und einfachen Sprache barrierefrei zur Verfügung zu stellen. ²Dieses muss über alle relevanten Umstände der Datenverarbeitung bei der Erstellung der elektronischen Notfalldaten, der elektronischen Patientenkurzakte und des elektronischen Medikationsplans sowie bei der Speicherung von Daten in den elektronischen Notfalldaten und dem elektronischen Medikationsplan durch Leistungserbringer informieren. ³Das Material enthält insbesondere Hinweise über

1. die Funktionsweise der elektronischen Notfalldaten, der elektronischen Patientenkurzakte und des elektronischen Medikationsplans einschließlich der darin zu verarbeitenden Daten,
2. die Freiwilligkeit der Nutzung der elektronischen Notfalldaten, der elektronischen Patientenkurzakte und des elektronischen Medikationsplans und der Speicherung von Daten in diesen Anwendungen,
3. das Recht auf jederzeitige vollständige Löschung der Anwendungen und der darin gespeicherten Daten,
4. die Voraussetzungen für den Zugriff der Leistungserbringer auf die elektronischen Notfalldaten, die elektronischen Patientenkurzakte und den elektronischen Medikationsplan und die Verarbeitung dieser Daten durch die Leistungserbringer und
5. die Voraussetzungen und das Verfahren bei der Übermittlung und Nutzung von Daten aus der elektronischen Patientenkurzakte zum grenzüberschreitenden Austausch von Gesundheitsdaten über die nationale eHealth-Kontaktstelle.

(10) Zur Unterstützung der Krankenkassen bei der Erfüllung ihrer Informationspflichten nach Absatz 6 hat der Spitzenverband Bund der Krankenkassen im Einvernehmen mit der oder dem Bundesbeauftragten für den Datenschutz und die Informationsfreiheit rechtzeitig geeignetes Informationsmaterial zu erstellen und den Krankenkassen zur verbindlichen Nutzung zur Verfügung zu stellen.

(11) Das Bundesministerium für Gesundheit kann die in den Absätzen 1, 2 und 6 bis 8 sowie in § 334 Absatz 2 Satz 2 genannten Fristen durch Rechtsverordnung ohne Zustimmung des Bundesrates verlängern.

§ 359 Zugriff auf den elektronischen Medikationsplan, die elektronischen Notfalldaten und die elektronische Patientenkurzakte.

(1) Auf Daten in Anwendungen nach § 334 Absatz 1 Satz 2 Nummer 4, 5 und 7 dürfen ausschließlich folgende Personen zugreifen:

1. Ärzte sowie Zahnärzte, die in die Behandlung des Versicherten eingebunden sind, jeweils mit einem Zugriff, der die Verarbeitung von Daten nach § 334 Absatz 1 Satz 2 Nummer 4, 5 und 7 ermöglicht, soweit dies für die Versorgung der Versicherten erforderlich ist;
2. Apotheker mit einem Zugriff, der die Verarbeitung von Daten nach § 334 Absatz 1 Satz 2 Nummer 4 sowie das Auslesen, die Speicherung und die Verwendung von Daten nach § 334 Absatz 1 Satz 2 Nummer 5 und 7 ermöglicht, soweit dies für die Versorgung der Versicherten erforderlich ist;
3. Psychotherapeuten, die in die Behandlung der Versicherten eingebunden sind, mit einem Zugriff, der die Verarbeitung von Daten nach § 334 Absatz 1 Satz 2 Nummer 5 und 7 sowie das Auslesen, die Speicherung und die Verwendung von Daten nach § 334 Absatz 1 Satz 2 Nummer 4 ermöglicht, soweit dies für die Versorgung der Versicherten erforderlich ist;
4. im Rahmen der jeweiligen Zugriffsberechtigung nach den Nummern 1 und 3 auch Personen,
   a) die als berufsmäßige Gehilfen oder zur Vorbereitung auf den Beruf tätig sind
      aa) bei Personen nach Nummer 1 oder 3,
      bb) in einem Krankenhaus,
      cc) in einer Hochschulambulanz oder in einer Ambulanz nach § 117 Absatz 2 bis 3b oder
      dd) in einer Vorsorgeeinrichtung oder Rehabilitationseinrichtung nach § 107 Absatz 2 oder in einer Rehabilitationseinrichtung nach § 15 Absatz 2 des Sechsten Buches oder bei einem Leistungserbringer der Heilbehandlung einschließlich medizinischer Rehabilitation nach § 26 Absatz 1 Satz 1 des Siebten Buches oder in der Haus- oder Heimpflege nach § 44 des Siebten Buches und
   b) deren Zugriff im Rahmen der von ihnen zulässigerweise zu erledigenden Tätigkeiten erforderlich ist und deren Zugriff unter Aufsicht einer Person nach Nummer 1 oder 3 erfolgt;
5. im Rahmen der jeweiligen Zugriffsberechtigung nach Nummer 2 auch zum pharmazeutischen Personal der Apotheke gehörende Personen, deren Zugriff
   a) im Rahmen der von ihnen zulässigerweise zu erledigenden Tätigkeiten erforderlich ist und
   b) unter Aufsicht eines Apothekers erfolgt, soweit nach apothekenrechtlichen Vorschriften eine Beaufsichtigung der mit dem Zugriff verbundenen pharmazeutischen Tätigkeit vorgeschrieben ist;
6. Angehörige eines Heilberufes, der für die Berufsausübung oder die Führung der Berufsbezeichnung eine staatlich geregelte Ausbildung erfordert, und die in die medizinische oder pflegerische Versorgung des Versicherten eingebunden sind mit einem Zugriff der das Auslesen, die Speicherung und die Verwendung von Daten nach § 334 Absatz 1 Satz 2 Nummer 4, 5 und 7 ermöglicht, soweit dies für die Versorgung der Versicherten erforderlich ist;
7. im Rahmen der jeweiligen Zugriffsberechtigung nach Nummer 6 auch, soweit deren Zugriff im Rahmen der von ihnen zulässigerweise zu erledigenden Tätigkeiten erforderlich ist und unter Aufsicht eines Zugriffsberechtigten nach Nummer 6 erfolgt,

a) Personen, die erfolgreich eine landesrechtlich geregelte Assistenz- oder Helferausbildung in der Pflege von mindestens einjähriger Dauer abgeschlossen haben,

b) Personen, die erfolgreich eine landesrechtlich geregelte Ausbildung in der Krankenpflegehilfe oder in der Altenpflegehilfe von mindestens einjähriger Dauer abgeschlossen haben,

c) Personen, denen auf der Grundlage des Krankenpflegegesetzes vom 4. Juni 1985 (BGBl. I S. 893) in der bis zum 31. Dezember 2003 geltenden Fassung eine Erlaubnis als Krankenpflegehelferin oder Krankenpflegehelfer erteilt worden ist.

(2) [1] Der Zugriff auf den elektronischen Medikationsplan nach § 334 Absatz 1 Satz 2 Nummer 4 ist mit Einwilligung des Versicherten zulässig. [2] Abweichend von § 339 Absatz 1 bedarf es hierzu keiner eindeutigen bestätigenden Handlung durch technische Zugriffsfreigabe des Versicherten, wenn der Versicherte auf das Erfordernis einer technischen Zugriffsfreigabe verzichtet hat und die Zugriffsberechtigten nachprüfbar in ihrer Behandlungsdokumentation protokollieren, dass der Zugriff mit Einwilligung des Versicherten erfolgt ist.

(3) [1] Der Zugriff auf die elektronischen Notfalldaten und auf die Daten der elektronischen Patientenkurzakte nach § 334 Absatz 1 Satz 2 Nummer 5 und 7 ist abweichend von § 339 Absatz 1 zulässig

1. ohne eine Einwilligung der Versicherten, soweit es zur Versorgung der Versicherten in einem Notfall erforderlich ist, und

2. mit Einwilligung der Versicherten, die die Zugriffsberechtigten nachprüfbar in ihrer Behandlungsdokumentation zu protokollieren haben, soweit es zur Versorgung des Versicherten außerhalb eines Notfalls erforderlich ist.

[2] Im Fall des Satzes 1 Nummer 1 ist für den Zugriff auf die elektronische Patientenkurzakte der Einsatz der elektronischen Gesundheitskarte des Versicherten oder seiner digitalen Identität nach § 291 Absatz 8 erforderlich. [3] Im Fall des Satzes 1 Nummer 2 bedarf es keiner eindeutigen bestätigenden Handlung durch technische Zugriffsfreigabe des Versicherten.

(4) [1] Die Übermittlung von Daten der elektronischen Patientenkurzakte nach § 334 Absatz 1 Satz 2 Nummer 7 zum grenzüberschreitenden Austausch von Gesundheitsdaten zum Zweck der Unterstützung einer konkreten Behandlung des Versicherten an einen in einem anderen Mitgliedstaat der Europäischen Union nach dem Recht des jeweiligen Mitgliedstaats zum Zugriff auf die Daten berechtigten Leistungserbringer über die jeweiligen nationalen eHealth-Kontaktstellen bedarf der vorherigen Einwilligung durch den Versicherten in die Nutzung des Übermittlungsverfahrens. [2] Zusätzlich ist erforderlich, dass der Versicherte zum Zeitpunkt der Behandlung die Übermittlung an die nationale eHealth-Kontaktstelle des Mitgliedstaats, in dem die Behandlung stattfindet, durch eine eindeutige bestätigende Handlung technisch freigibt. [3] Abweichend von den Absätzen 1 und 3 sowie von § 339 finden für die Verarbeitung der Daten durch einen Leistungserbringer in einem anderen Mitgliedstaat der Europäischen Union die Bestimmungen des Mitgliedstaats Anwendung, in dem der Leistungserbringer seinen Sitz hat. [4] Hierbei finden die gemeinsamen europäischen Vereinbarungen zum grenzüberschreitenden Austausch von Gesundheitsdaten Berücksichtigung.

Sechster Titel. Übermittlung ärztlicher Verordnungen

§ 360 Elektronische Übermittlung und Verarbeitung vertragsärztlicher elektronischer Verordnungen. (1) Sobald die hierfür erforderlichen Dienste und Komponenten flächendeckend zur Verfügung stehen, ist für die elektronische Übermittlung und Verarbeitung vertragsärztlicher elektronischer Verordnungen von apothekenpflichtigen Arzneimitteln, einschließlich Betäubungsmitteln, sowie von sonstigen in der vertragsärztlichen Versorgung verordnungsfähigen Leistungen die Telematikinfrastruktur zu nutzen.

(2) [1] Ab dem 1. Januar 2022 sind Ärzte und Zahnärzte, die an der vertragsärztlichen Versorgung teilnehmen oder in Einrichtungen tätig sind, die an der vertragsärztlichen Versorgung teilnehmen oder die in zugelassenen Krankenhäusern, Vorsorgeeinrichtungen oder Rehabilitationseinrichtungen tätig sind, verpflichtet, Verordnungen von verschreibungspflichtigen Arzneimitteln elektronisch auszustellen und für die Übermittlung der Verordnungen von verschreibungspflichtigen Arzneimitteln Dienste und Komponenten nach Absatz 1 zu nutzen. [2] Für die elektronische Übermittlung von vertragsärztlichen Verordnungen von Betäubungsmitteln und von Arzneimitteln nach § 3a Absatz 1 Satz 1 der Arzneimittelverschreibungsverordnung gilt die Verpflichtung nach Satz 1 ab dem 1. Januar 2023. [3] Die Verpflichtungen nach den Sätzen 1 und 2 gelten nicht, wenn die elektronische Ausstellung oder Übermittlung von Verordnungen von verschreibungspflichtigen Arzneimitteln oder von Arzneimitteln nach § 3a Absatz 1 der Arzneimittelverschreibungsverordnung aus technischen Gründen im Einzelfall nicht möglich ist. [4] Die Verpflichtung nach Satz 2 in Verbindung mit Satz 1 zur elektronischen Ausstellung und Übermittlung vertragsärztlicher Verordnungen von Betäubungsmitteln gilt nicht, wenn die elektronische Ausstellung oder Übermittlung dieser Verordnungen aus technischen Gründen im Einzelfall nicht möglich ist oder wenn es sich um einen Notfall im Sinne des § 8 Absatz 6 der Betäubungsmittelverschreibungsverordnung handelt.

(3) [1] Ab dem 1. Januar 2022 sind Apotheken verpflichtet, verschreibungspflichtige Arzneimittel auf der Grundlage ärztlicher Verordnungen nach Absatz 2 unter Nutzung der Dienste und Komponenten nach Absatz 1 abzugeben. [2] Für die Abgabe von Betäubungsmitteln und von Arzneimitteln nach § 3a Absatz 1 Satz 1 der Arzneimittelverschreibungsverordnung gilt die Verpflichtung nach Satz 1 ab dem 1. Januar 2023. [3] Die Verpflichtungen nach den Sätzen 1 und 2 gelten nicht, wenn der elektronische Abruf der ärztlichen Verordnung nach Absatz 2 aus technischen Gründen im Einzelfall nicht möglich ist. [4] Die Vorschriften der Apothekenbetriebsordnung bleiben unberührt.

(4) [1] Ab dem 1. Januar 2023 sind die in Absatz 2 Satz 1 genannten Leistungserbringer sowie Psychotherapeuten, die an der vertragsärztlichen Versorgung teilnehmen oder in Einrichtungen tätig sind, die an der vertragsärztlichen Versorgung teilnehmen oder die in zugelassenen Krankenhäusern, Vorsorgeeinrichtungen oder Rehabilitationseinrichtungen tätig sind, verpflichtet, Verordnungen digitaler Gesundheitsanwendungen nach § 33a elektronisch auszustellen und für deren Übermittlung Dienste und Komponenten nach Absatz 1 zu nutzen. [2] Die Verpflichtung nach Satz 1 gilt nicht, wenn die elektronische Ausstellung oder Übermittlung von Verordnungen nach Satz 1 aus technischen Gründen im Einzelfall nicht möglich ist.

(5) ¹Ab dem 1. Juli 2024 sind die in Absatz 2 Satz 1 genannten Leistungserbringer sowie die in Absatz 4 Satz 1 genannten Psychotherapeuten verpflichtet, Verordnungen von häuslicher Krankenpflege nach § 37 sowie Verordnungen von außerklinischer Intensivpflege nach § 37c elektronisch auszustellen und für deren Übermittlung Dienste und Komponenten nach Absatz 1 zu nutzen. ²Die Verpflichtung nach Satz 1 gilt nicht, wenn die elektronische Ausstellung oder Übermittlung von Verordnungen nach Satz 1 aus technischen Gründen im Einzelfall nicht möglich ist. ³Die Erbringer von Leistungen der häuslichen Krankenpflege nach § 37 sowie der außerklinischen Intensivpflege nach § 37c sind ab dem 1. Juli 2024 verpflichtet, die Leistungen unter Nutzung der Dienste und Komponenten nach Absatz 1 auch auf der Grundlage einer elektronischen Verordnung nach Satz 1 zu erbringen. ⁴Die Verpflichtung nach Satz 3 gilt nicht, wenn der elektronische Abruf der Verordnung aus technischen Gründen im Einzelfall nicht möglich ist.

(6) ¹Ab dem 1. Juli 2025 sind die in Absatz 2 Satz 1 genannten Leistungserbringer sowie die in Absatz 4 Satz 1 genannten Psychotherapeuten verpflichtet, Verordnungen von Soziotherapie nach § 37a elektronisch auszustellen und für deren Übermittlung Dienste und Komponenten nach Absatz 1 zu nutzen. ²Die Verpflichtung nach Satz 1 gilt nicht, wenn die elektronische Ausstellung oder Übermittlung von Verordnungen nach Satz 1 aus technischen Gründen im Einzelfall nicht möglich ist. ³Die Erbringer soziotherapeutischer Leistungen nach § 37a sind ab dem 1. Juli 2025 verpflichtet, die Leistungen unter Nutzung der Dienste und Komponenten nach Absatz 1 auch auf der Grundlage einer elektronischen Verordnung nach Satz 1 zu erbringen. ⁴Die Verpflichtung nach Satz 3 gilt nicht, wenn der elektronische Abruf der Verordnung aus technischen Gründen im Einzelfall nicht möglich ist.

(7) ¹Ab dem 1. Juli 2026 sind die in Absatz 2 Satz 1 genannten Leistungserbringer sowie die in Absatz 4 Satz 1 genannten Psychotherapeuten verpflichtet, Verordnungen von Heilmitteln, Verordnungen von Hilfsmitteln, Verordnungen von Verbandmitteln nach § 31 Absatz 1 Satz 1, Verordnungen von Harn- und Blutteststreifen nach § 31 Absatz 1 Satz 1, Verordnungen von Medizinprodukten nach § 31 Absatz 1 sowie Verordnungen von bilanzierten Diäten zur enteralen Ernährung nach § 31 Absatz 5 elektronisch auszustellen und für deren Übermittlung Dienste und Komponenten nach Absatz 1 zu nutzen. ²Die Verpflichtung nach Satz 1 gilt nicht, wenn die elektronische Ausstellung oder Übermittlung von Verordnungen nach Satz 1 aus technischen Gründen im Einzelfall nicht möglich ist. ³Heil- und Hilfsmittelerbringer sowie Erbringer der weiteren in Satz 1 genannten Leistungen sind ab dem 1. Juli 2026 verpflichtet, die Leistungen unter Nutzung der Dienste und Komponenten nach Absatz 1 auch auf der Grundlage einer elektronischen Verordnung nach Satz 1 zu erbringen. ⁴Die Verpflichtung nach Satz 3 gilt nicht, wenn der elektronische Abruf der Verordnung aus technischen Gründen im Einzelfall nicht möglich ist.

(8) Um Verordnungen nach den Absätzen 5, 6 oder Absatz 7 elektronisch abrufen zu können, haben sich Erbringer von Leistungen der häuslichen Krankenpflege nach § 37 sowie der außerklinischen Intensivpflege nach § 37c bis zum 1. Januar 2024, Erbringer von Leistungen der Soziotherapie nach § 37a bis zum 1. Januar 2025, Heil- und Hilfsmittelerbringer sowie Erbringer der weiteren in Absatz 7 Satz 1 genannten Leistungen bis zum 1. Januar 2026 an die Telematikinfrastruktur nach § 306 anzuschließen.

(9) ¹Versicherte können gegenüber den in Absatz 2 Satz 1 genannten Leistungserbringern sowie den in Absatz 4 Satz 1 genannten Psychotherapeuten wählen, ob ihnen die für den Zugriff auf ihre ärztliche oder psychotherapeutische Verordnung nach den Absätzen 2 und 4 bis 7 erforderlichen Zugangsdaten barrierefrei entweder durch einen Ausdruck in Papierform oder elektronisch bereitgestellt werden sollen. ²Versicherte können den Sofortnachrichtendienst nach § 312 Absatz 1 Satz 1 Nummer 9 nutzen, um die für den Zugriff auf ihre ärztliche oder psychotherapeutische Verordnung erforderlichen Zugangsdaten in elektronischer Form zum Zweck der Einlösung der Verordnung durch einen Vertreter einem anderen Versicherten zur Verfügung zu stellen.

(10) ¹Die Gesellschaft für Telematik ist verpflichtet, die Komponenten der Telematikinfrastruktur, die den Zugriff der Versicherten auf die elektronische ärztliche Verordnung nach § 334 Absatz 1 Satz 2 Nummer 6 ermöglichen, als Dienstleistung von allgemeinem wirtschaftlichem Interesse zu entwickeln und zur Verfügung zu stellen. ²Das Bundesministerium für Gesundheit wird ermächtigt, durch Rechtsverordnung ohne Zustimmung des Bundesrates Schnittstellen in den Diensten nach Absatz 1 sowie in den Komponenten nach Satz 1 und ihre Nutzung durch Drittanbieter zu regeln. ³Die Funktionsfähigkeit und Interoperabilität der Komponenten sind durch die Gesellschaft für Telematik sicherzustellen. ⁴Die Sicherheit der Komponenten des Systems zur Übermittlung ärztlicher Verordnungen einschließlich der Zugriffsmöglichkeiten für Versicherte ist durch ein externes Sicherheitsgutachten nachzuweisen. ⁵Dabei ist abgestuft im Verhältnis zum Gefährdungspotential nachzuweisen, dass die Verfügbarkeit, Integrität, Authentizität und Vertraulichkeit der Komponente sichergestellt wird. ⁶Die Festlegung der Prüfverfahren und die Auswahl des Sicherheitsgutachters für das externe Sicherheitsgutachten erfolgt durch die Gesellschaft für Telematik im Einvernehmen mit dem Bundesamt für Sicherheit in der Informationstechnik. ⁷Das externe Sicherheitsgutachten muss dem Bundesamt für Sicherheit in der Informationstechnik zur Prüfung vorgelegt und durch dieses bestätigt werden. ⁸Erst mit der Bestätigung des externen Sicherheitsgutachtens durch das Bundesamt für Sicherheit in der Informationstechnik dürfen die Komponenten durch die Gesellschaft für Telematik zur Verfügung gestellt werden.

(11) Verordnungsdaten und Dispensierinformationen sind mit Ablauf von 100 Tagen nach Dispensierung der Verordnung zu löschen.

(12) Die Gesellschaft für Telematik ist verpflichtet,

1. bis zum 1. Januar 2022 die Voraussetzungen dafür zu schaffen, dass Versicherte über die Komponenten nach Absatz 10 Satz 1 auf Informationen des Nationalen Gesundheitsportals nach § 395 zugreifen können und dass den Versicherten die Informationen des Portals mit Daten, die in ihrer elektronischen Verordnung gespeichert sind, verknüpft angeboten werden können, und

2. bis zum 1. Januar 2024 die Voraussetzungen dafür zu schaffen, dass Versicherte über die Komponenten nach Absatz 10 Satz 1 zum Zweck des grenzüberschreitenden Austauschs von Daten der elektronischen Verordnung, nach vorheriger Einwilligung in die Nutzung des Übermittlungsverfahrens und technischer Freigabe zum Zeitpunkt der Einlösung der Verordnung bei dem nach dem Recht des jeweiligen anderen Mitgliedstaats der Europäischen Union zum Zugriff berechtigten Leistungserbringer, Daten

elektronischer Verordnungen nach Absatz 2 Satz 1 der nationalen eHealth-Kontaktstelle übermitteln können.

(13) ¹Mit Einwilligung des Versicherten können die Rechnungsdaten zu einer elektronischen Verordnung, die nicht dem Sachleistungsprinzip unterliegt, für die Dauer von maximal zehn Jahren in den Diensten der Anwendung nach § 334 Absatz 1 Satz 2 Nummer 6 gespeichert werden. ²Auf die Rechnungsdaten nach Satz 1 haben nur die Versicherten selbst Zugriff. Die Versicherten können diese Rechnungsdaten zum Zweck der Kostenerstattung mit Kostenträgern teilen.

(14) Mit Einwilligung des Versicherten können Daten zu Verordnungen nach den Absätzen 2 und 4 bis 7 sowie Dispensierinformationen nach § 312 Absatz 1 Satz 1 Nummer 3 automatisiert in der elektronischen Patientenakte gespeichert werden.

(15) Das Bundesministerium für Gesundheit kann die in den Absätzen 2 bis 8 genannten Fristen durch Rechtsverordnung ohne Zustimmung des Bundesrates verlängern.

§ 361 Zugriff auf ärztliche Verordnungen in der Telematikinfrastruktur. (1) ¹Auf Daten der Versicherten in vertragsärztlichen elektronischen Verordnungen dürfen ausschließlich folgende Personen zugreifen:

1. Ärzte, Zahnärzte sowie Psychotherapeuten, die in die Behandlung der Versicherten eingebunden sind, mit einem Zugriff, der die Verarbeitung von Daten, die von ihnen nach § 360 übermittelt wurden, ermöglicht, soweit dies für die Versorgung des Versicherten erforderlich ist;
2. im Rahmen der jeweiligen Zugriffsberechtigung nach Nummer 1 auch Personen, die als berufsmäßige Gehilfen oder zur Vorbereitung auf den Beruf tätig sind, soweit der Zugriff im Rahmen der von ihnen zulässigerweise zu erledigenden Tätigkeiten erforderlich ist und der Zugriff unter Aufsicht einer Person nach Nummer 1 erfolgt,
   a) bei Personen nach Nummer 1,
   b) in einem Krankenhaus oder
   c) in einer Vorsorgeeinrichtung oder Rehabilitationseinrichtung nach § 107 Absatz 2 oder in einer Rehabilitationseinrichtung nach § 15 Absatz 2 des Sechsten Buches oder bei einem Leistungserbringer der Heilbehandlung einschließlich medizinischer Rehabilitation nach § 26 Absatz 1 Satz 1 des Siebten Buches oder in der Haus- oder Heimpflege nach § 44 des Siebten Buches;
3. Apotheker mit einem Zugriff, der die Verarbeitung von Daten ermöglicht, soweit dies für die Versorgung des Versicherten mit verordneten Arzneimitteln erforderlich ist und ihnen die für den Zugriff erforderlichen Zugangsdaten nach § 360 Absatz 9 vorliegen;
4. im Rahmen der jeweiligen Zugriffsberechtigung nach Nummer 3 auch zum pharmazeutischen Personal der Apotheke gehörende Personen, deren Zugriff
   a) im Rahmen der von ihnen zulässigerweise zu erledigenden Tätigkeiten erforderlich ist und
   b) unter Aufsicht eines Apothekers erfolgt, soweit nach apothekenrechtlichen Vorschriften eine Beaufsichtigung der mit dem Zugriff verbundenen pharmazeutischen Tätigkeit vorgeschrieben ist;

5. sonstige Erbringer ärztlich verordneter Leistungen nach diesem Buch mit einem Zugriff, der die Verarbeitung von Daten ermöglicht, soweit dies für die Versorgung der Versicherten mit der ärztlich verordneten Leistung erforderlich ist und ihnen die für den Zugriff erforderlichen Zugangsdaten nach § 360 Absatz 9 vorliegen.

[2] Auf Dispensierinformationen nach § 360 Absatz 11 dürfen nur die Versicherten zugreifen.

(2) [1] Auf Daten der Versicherten in vertragsärztlichen elektronischen Verordnungen dürfen zugriffsberechtigte Leistungserbringer und andere zugriffsberechtigte Personen nach Absatz 1 und nach Maßgabe des § 339 Absatz 2 nur zugreifen mit

1. einem ihrer Berufszugehörigkeit entsprechenden elektronischen Heilberufsausweis in Verbindung mit einer Komponente zur Authentifizierung von Leistungserbringerinstitutionen,
2. einem ihrer Berufszugehörigkeit entsprechenden elektronischen Berufsausweis in Verbindung mit einer Komponente zur Authentifizierung von Leistungserbringerinstitutionen oder
3. einer digitalen Identität nach § 340 Absatz 6 in Verbindung mit einer Komponente zur Authentifizierung von Leistungserbringerinstitutionen.

[2] Es ist nachprüfbar elektronisch zu protokollieren, wer auf die Daten zugegriffen hat.

(3) Die in Absatz 1 genannten zugriffsberechtigten Personen, die weder über einen elektronischen Heilberufsausweis noch über einen elektronischen Berufsausweis verfügen, dürfen nach Maßgabe des Absatz 1 nur zugreifen, wenn

1. sie für diesen Zugriff von Personen autorisiert sind, die verfügen über
   a) einen ihrer Berufszugehörigkeit entsprechenden elektronischen Heilberufsausweis oder
   b) einen ihrer Berufszugehörigkeit entsprechenden elektronischen Berufsausweis und
2. nachprüfbar elektronisch protokolliert wird,
   a) wer auf die Daten zugegriffen hat und
   b) von welcher Person nach Nummer 1 die zugreifende Person autorisiert wurde.

(4) Der elektronische Heilberufsausweis und der elektronische Berufsausweis müssen über eine Möglichkeit zur sicheren Authentifizierung und zur Erstellung qualifizierter elektronischer Signaturen verfügen.

(5) [1] Die Übermittlung von Daten der elektronischen Verordnung nach § 360 Absatz 2 zum grenzüberschreitenden Austausch von Gesundheitsdaten zum Zweck der Unterstützung einer Behandlung des Versicherten an einen in einem anderen Mitgliedstaat der Europäischen Union nach dem Recht des jeweiligen Mitgliedstaats zum Zugriff auf Verordnungsdaten berechtigten Leistungserbringer über die jeweiligen nationalen eHealth-Kontaktstellen bedarf der vorherigen Einwilligung durch den Versicherten in die Nutzung des Übermittlungsverfahrens. [2] Zusätzlich ist erforderlich, dass der Versicherte zum Zeitpunkt der Einlösung der Verordnung die Übermittlung an die nationale eHealth-Kontaktstelle des Mitgliedstaats, in dem die Verordnung eingelöst wird, durch eine eindeutige bestätigende Handlung technisch freigibt. [3] Abweichend

von den Absätzen 1 bis 4 sowie von § 339 finden für die Verarbeitung der Daten durch einen Leistungserbringer in einem anderen Mitgliedstaat der Europäischen Union die Bestimmungen des Mitgliedstaats Anwendung, in dem die Verordnung eingelöst wird. ⁴Hierbei finden die gemeinsamen europäischen Vereinbarungen zum grenzüberschreitenden Austausch von Gesundheitsdaten Berücksichtigung. ⁵Der Spitzenverband Bund der Krankenkassen, Deutsche Verbindungsstelle Krankenversicherung – Ausland hat die Versicherten über die Voraussetzungen und das Verfahren bei der Übermittlung und Nutzung von Daten der elektronischen Verordnung zum grenzüberschreitenden Austausch von Gesundheitsdaten über die nationale eHealth-Kontaktstelle zu informieren.

Siebter Titel. Nutzung der Telematikinfrastruktur durch weitere Kostenträger

§ 362 Nutzung von elektronischen Gesundheitskarten oder digitalen Identitäten für Versicherte von Unternehmen der privaten Krankenversicherung, der Postbeamtenkrankenkasse, der Krankenversorgung der Bundesbahnbeamten, für Polizeivollzugsbeamte der Bundespolizei oder für Soldaten der Bundeswehr. (1) Werden von Unternehmen der privaten Krankenversicherung, der Postbeamtenkrankenkasse, der Krankenversorgung der Bundesbahnbeamten, der Bundespolizei oder von der Bundeswehr elektronische Gesundheitskarten oder digitale Identitäten für die Verarbeitung von Daten einer Anwendung nach § 334 Absatz 1 Satz 2 an ihre Versicherten, an Polizeivollzugsbeamte der Bundespolizei oder an Soldaten zur Verfügung gestellt, sind die § 291a Absatz 5 bis 7, §§ 334 bis 337, 339, 341 Absatz 1 bis 4, § 342 Absatz 2 und 3, § 343 Absatz 1, die §§ 344, 345, 352, 353, 356 bis 359 und 361 entsprechend anzuwenden.

(2) ¹Für den Einsatz elektronischer Gesundheitskarten oder digitaler Identitäten nach Absatz 1 können Unternehmen der privaten Krankenversicherung, der Postbeamtenkrankenkasse, der Krankenversorgung der Bundesbahnbeamten, die Bundespolizei oder die Bundeswehr als Versichertennummer den unveränderbaren Teil der Krankenversichertennummer nach § 290 Absatz 1 Satz 2 nutzen. ²§ 290 Absatz 1 Satz 4 bis 7 ist entsprechend anzuwenden. ³Die Vergabe der Versichertennummer erfolgt durch die Vertrauensstelle nach § 290 Absatz 2 Satz 2 und hat den Vorgaben der Richtlinien nach § 290 Absatz 2 Satz 1 für den unveränderbaren Teil der Krankenversichertennummer zu entsprechen.

(3) Die Kosten zur Bildung der Versichertennummer und, sofern die Vergabe einer Rentenversicherungsnummer erforderlich ist, zur Vergabe der Rentenversicherungsnummer tragen jeweils die Unternehmen der privaten Krankenversicherung, die Postbeamtenkrankenkasse, die Krankenversorgung der Bundesbahnbeamten, die Bundespolizei oder die Bundeswehr.

§ 362a Nutzung der elektronischen Gesundheitskarte bei Krankenbehandlung der Sozialen Entschädigung nach dem Vierzehnten Buch.
¹Wird die Telematikinfrastruktur für Anwendungen im Bereich der Krankenbehandlung der Sozialen Entschädigung nach dem Vierzehnten Buch unter Nutzung elektronischer Gesundheitskarten oder hiermit technisch kompatibler Karten zum Zweck des Nachweises der Leistungsberechtigung und der Ab-

rechnung von Leistungen in diesem Bereich verwendet, gilt § 327 entsprechend. ²§ 291a bleibt unberührt.

Achter Titel. Verfügbarkeit von Daten aus Anwendungen der Telematikinfrastruktur für Forschungszwecke

§ 363 Verarbeitung von Daten der elektronischen Patientenakte zu Forschungszwecken. (1) Versicherte können die Daten ihrer elektronischen Patientenakte freiwillig für die in § 303e Absatz 2 Nummer 2, 4, 5 und 7 aufgeführten Forschungszwecke freigeben.

(2) ¹Die Übermittlung der freigegebenen Daten nach Absatz 1 erfolgt an das Forschungsdatenzentrum nach § 303d und bedarf als Verarbeitungsbedingung einer informierten Einwilligung des Versicherten. ²Die Einwilligung erklärt der Versicherte über die Benutzeroberfläche eines geeigneten Endgeräts. ³Den Umfang der Datenfreigabe können Versicherte frei wählen und auf bestimmte Kategorien oder auf Gruppen von Dokumenten und Datensätzen oder auf spezifische Dokumente und Datensätze beschränken. ⁴Die Freigabe wird in der elektronischen Patientenakte dokumentiert.

(3) ¹Die nach § 341 Absatz 4 für die Datenverarbeitung in der elektronischen Patientenakte Verantwortlichen pseudonymisieren und verschlüsseln die mit der informierten Einwilligung nach den Absätzen 1 und 2 freigegebenen Daten, versehen diese mit einer Arbeitsnummer und übermitteln

1. an das Forschungsdatenzentrum die pseudonymisierten und verschlüsselten Daten samt Arbeitsnummer,
2. an die Vertrauensstellen nach § 303c das Lieferpseudonym zu den freigegebenen Daten und die entsprechende Arbeitsnummer.

²Die Vertrauensstelle überführt die Lieferpseudonyme in periodenübergreifende Pseudonyme und übermittelt dem Forschungsdatenzentrum die periodenübergreifenden Pseudonyme mit den dazugehörigen Arbeitsnummern. ³Mit dem periodenübergreifenden Pseudonym und der bereits übersandten Arbeitsnummer verknüpft das Forschungsdatenzentrum die freigegebenen Daten mit den im Forschungsdatenzentrum vorliegenden Daten vorheriger Übermittlungen.

(4) ¹Die an das Forschungsdatenzentrum freigegebenen Daten dürfen von diesem für die Erfüllung seiner Aufgaben verarbeitet und auf Antrag den Nutzungsberechtigten nach § 303e Absatz 1 Nummer 6, 7, 8, 10, 13, 14, 15 und 16 bereitgestellt werden. ²§ 303a Absatz 3, § 303c Absatz 1 und 2, die §§ 303d, 303e Absatz 3 bis 6 sowie § 303f gelten entsprechend.

(5) ¹Vor Erteilung der informierten Einwilligung ist der Versicherte umfassend nach Maßgabe des § 343 Absatz 1 Satz 1 über die Freiwilligkeit der Datenfreigabe, die pseudonymisierte Datenübermittlung an das Forschungsdatenzentrum, die möglichen Nutzungsberechtigten, die Zwecke, die Aufgaben des Forschungsdatenzentrums, die Arten der Datenbereitstellung an Nutzungsberechtigte, das Verbot der Re-Identifizierung von Versicherten und Leistungserbringern sowie die Widerrufsmöglichkeiten zu informieren. ²Diese Informationen sind gemäß § 343 Absatz 1 Satz 3 Nummer 16 Bestandteile des geeigneten Informationsmaterials der Krankenkassen.

(6) ¹Im Fall des Widerrufs der informierten Einwilligung nach Absatz 2 werden die entsprechenden Daten, die bereits an das Forschungsdatenzentrum

übermittelt wurden, im Forschungsdatenzentrum gelöscht. ²Das Löschverfahren erfolgt analog zur Datenübermittlung und Verknüpfung in Absatz 3. ³Die bis zum Widerruf der Einwilligung nach Absatz 2 übermittelten und für konkrete Forschungsvorhaben bereits verwendeten Daten dürfen weiterhin für diese Forschungsvorhaben verarbeitet werden. ⁴Die Rechte der betroffenen Person nach den Artikeln 17, 18 und 21 der Verordnung (EU) 2016/679[1]) sind insoweit für diese Forschungsvorhaben ausgeschlossen. ⁵Der Widerruf der Einwilligung kann ebenso wie deren Erteilung über die Benutzeroberfläche eines geeigneten Endgeräts erfolgen.

(7) Das Bundesministerium für Gesundheit wird ermächtigt, im Benehmen mit dem Bundesministerium für Bildung und Forschung ohne Zustimmung des Bundesrates durch Rechtsverordnung das Nähere zu regeln zu

1. den angemessenen und spezifischen Maßnahmen zur Wahrung der Interessen der betroffenen Person im Sinne von Artikel 9 Absatz 2 Buchstabe i und j in Verbindung mit Artikel 89 der Verordnung (EU) 2016/679,
2. den technischen und organisatorischen Einzelheiten der Datenfreigabe, der Datenübermittlung und der Pseudonymisierung nach den Absätzen 2 und 3.

(8) Unbeschadet der nach den vorstehenden Absätzen vorgesehenen Datenfreigabe an das Forschungsdatenzentrum können Versicherte die Daten ihrer elektronischen Patientenakte auch auf der alleinigen Grundlage einer informierten Einwilligung für ein bestimmtes Forschungsvorhaben oder für bestimmte Bereiche der wissenschaftlichen Forschung zur Verfügung stellen.

Sechster Abschnitt. Telemedizinische Verfahren

§ 364 Vereinbarung über technische Verfahren zur konsiliarischen Befundbeurteilung von Röntgenaufnahmen. (1) Die Kassenärztliche Bundesvereinigung vereinbart mit dem Spitzenverband Bund der Krankenkassen im Benehmen mit der Gesellschaft für Telematik die Anforderungen an die technischen Verfahren zur telemedizinischen Erbringung der konsiliarischen Befundbeurteilung von Röntgenaufnahmen in der vertragsärztlichen Versorgung, insbesondere Einzelheiten hinsichtlich der Qualität und der Sicherheit, und die Anforderungen an die technische Umsetzung.

(2) Kommt die Vereinbarung nach Absatz 1 nicht zustande, so ist auf Antrag eines der Vereinbarungspartner ein Schlichtungsverfahren nach § 370 bei der Schlichtungsstelle nach § 319 einzuleiten.

§ 365 Vereinbarung über technische Verfahren zur Videosprechstunde in der vertragsärztlichen Versorgung. (1) ¹Die Kassenärztliche Bundesvereinigung vereinbart mit dem Spitzenverband Bund der Krankenkassen im Benehmen mit der Gesellschaft für Telematik die Anforderungen an die technischen Verfahren zu Videosprechstunden, insbesondere Einzelheiten hinsichtlich der Qualität und der Sicherheit, und die Anforderungen an die technische Umsetzung. ²Die Kassenärztliche Bundesvereinigung und der Spitzenverband Bund der Krankenkassen berücksichtigen in der Vereinbarung nach Satz 1 die sich ändernden Kommunikationsbedürfnisse der Versicherten, insbesondere hinsichtlich der Nutzung digitaler Kommunikationsanwendungen auf mobilen Endgeräten. ³Bei der Fortschreibung der Vereinbarung ist vorzusehen, dass für

---
[1]) Nr. 1.

die Durchführung von Videosprechstunden Dienste der Telematikinfrastruktur genutzt werden können, sobald diese zur Verfügung stehen. [4] § 630e des Bürgerlichen Gesetzbuchs ist zu beachten.

(2) Kommt die Vereinbarung nach Absatz 1 nicht zustande, so ist auf Antrag eines der Vereinbarungspartner ein Schlichtungsverfahren nach § 370 bei der Schlichtungsstelle nach § 319 einzuleiten.

§ 366 Vereinbarung über technische Verfahren zur Videosprechstunde in der vertragszahnärztlichen Versorgung. (1) [1] Die Kassenzahnärztliche Bundesvereinigung vereinbart mit dem Spitzenverband Bund der Krankenkassen im Benehmen mit der Gesellschaft für Telematik die Anforderungen an die technischen Verfahren zu Videosprechstunden, insbesondere Einzelheiten hinsichtlich der Qualität und der Sicherheit, und die Anforderungen an die technische Umsetzung. [2] Die Kassenzahnärztliche Bundesvereinigung und der Spitzenverband Bund der Krankenkassen berücksichtigen in der Vereinbarung nach Satz 1 die sich ändernden Kommunikationsbedürfnisse der Versicherten, insbesondere hinsichtlich der Nutzung digitaler Kommunikationsanwendungen auf mobilen Endgeräten. [3] Bei der Fortschreibung der Vereinbarung ist vorzusehen, dass für die Durchführung von Videosprechstunden Dienste der Telematikinfrastruktur genutzt werden können, sobald diese zur Verfügung stehen. [4] § 630e des Bürgerlichen Gesetzbuchs ist zu beachten.

(2) Kommt die Vereinbarung nach Absatz 1 nicht zustande, so ist auf Antrag eines der Vereinbarungspartner ein Schlichtungsverfahren nach § 370 bei der Schlichtungsstelle nach § 319 einzuleiten.

§ 367 Vereinbarung über technische Verfahren zu telemedizinischen Konsilien. (1) Die Kassenärztlichen Bundesvereinigungen und die Deutsche Krankenhausgesellschaft vereinbaren bis zum 31. März 2020 mit dem Spitzenverband Bund der Krankenkassen in Abstimmung mit dem Bundesamt für Sicherheit in der Informationstechnik und der Gesellschaft für Telematik die Anforderungen an die technischen Verfahren zu telemedizinischen Konsilien, insbesondere Einzelheiten hinsichtlich der Qualität und der Sicherheit, und die Anforderungen an die technische Umsetzung.

(2) Kommt die Vereinbarung nach Absatz 1 nicht zustande, so ist auf Antrag eines der Vereinbarungspartner ein Schlichtungsverfahren nach § 370 bei der Schlichtungsstelle nach § 319 einzuleiten.

§ 367a Vereinbarung über technische Verfahren bei telemedizinischem Monitoring. (1) [1] Die Kassenärztliche Bundesvereinigung und der Spitzenverband Bund der Krankenkassen vereinbaren bis zum 31. März 2022 im Benehmen mit der oder dem Bundesbeauftragten für den Datenschutz und die Informationsfreiheit, dem Bundesamt für die Sicherheit in der Informationstechnik und der Gesellschaft für Telematik die Anforderungen an technische Verfahren zum datengestützten zeitnahen Management von Krankheiten über eine räumliche Distanz (telemedizinisches Monitoring). [2] In der Vereinbarung sind insbesondere festzulegen die

1. technischen Anforderungen an die einzusetzenden Anwendungen,
2. Vorgaben für die Interoperabilität der einzusetzenden Anwendungen,
3. Anforderungen an den Datenschutz und die Informationssicherheit sowie
4. Verwendung von Diensten und Anwendungen der Telematikinfrastruktur.

³ In der Vereinbarung nach Satz 1 ist vorzusehen, dass den Versicherten therapierelevante Daten in einem interoperablen Format nach § 355 Absatz 2d zur Verfügung gestellt werden.

(2) Kommt die Vereinbarung nach Absatz 1 nicht zustande, so ist auf Antrag eines der Vereinbarungspartner ein Schlichtungsverfahren nach § 370 bei der Schlichtungsstelle nach § 319 einzuleiten.

§ 368 Vereinbarung über ein Authentifizierungsverfahren im Rahmen der Videosprechstunde. (1) ¹ Die Kassenärztliche Bundesvereinigung und der Spitzenverband Bund der Krankenkassen vereinbaren im Benehmen mit der Gesellschaft für Telematik und dem Bundesamt für Sicherheit in der Informationstechnik ein technisches Verfahren zur Authentifizierung der Versicherten im Rahmen der Videosprechstunde in der vertragsärztlichen Versorgung. ² Zur Durchführung der Authentifizierung ist die Nutzung der Dienste und Anwendungen der Telematikinfrastruktur vorzusehen.

(2) Kommt die Vereinbarung nach Absatz 1 nicht zustande, so ist auf Antrag eines der Vereinbarungspartner ein Schlichtungsverfahren nach § 370 bei der Schlichtungsstelle nach § 319 einzuleiten.

§ 369 Prüfung der Vereinbarungen durch das Bundesministerium für Gesundheit. (1) Die Vereinbarung über die technischen Verfahren zur telemedizinischen Erbringung der konsiliarischen Befundbeurteilung nach § 364, die Vereinbarung über technische Verfahren zu Videosprechstunden nach den §§ 365 und 366 sowie die Vereinbarung über technische Verfahren zu telemedizinischen Konsilien nach § 367, die Vereinbarung über technische Verfahren bei telemedizinischem Monitoring nach § 367a und die Vereinbarung zum Authentifizierungsverfahren im Rahmen der Videosprechstunde nach § 368 sind dem Bundesministerium für Gesundheit jeweils zur Prüfung vorzulegen.

(2) ¹ Bei der Prüfung einer Vereinbarung nach Absatz 1 hat das Bundesministerium für Gesundheit der oder dem Bundesbeauftragten für den Datenschutz und die Informationsfreiheit und dem Bundesamt für Sicherheit in der Informationstechnik Gelegenheit zur Stellungnahme zu geben. ² Das Bundesministerium für Gesundheit kann für die Stellungnahme eine angemessene Frist setzen.

(3) Das Bundesministerium für Gesundheit kann die Vereinbarung innerhalb von einem Monat beanstanden.

§ 370 Entscheidung der Schlichtungsstelle. (1) Wird auf Antrag eines Vereinbarungspartners nach den §§ 364 bis 368 ein Schlichtungsverfahren bei der Schlichtungsstelle nach § 319 eingeleitet, so hat die Schlichtungsstelle innerhalb von vier Wochen nach Einleitung des Schlichtungsverfahrens einen Entscheidungsvorschlag vorzulegen.

(2) Vor ihrem Entscheidungsvorschlag hat die Schlichtungsstelle den jeweiligen Vereinbarungspartnern nach den §§ 364 bis 368 und der Gesellschaft für Telematik Gelegenheit zur Stellungnahme zu geben.

(3) Kommt innerhalb von zwei Wochen nach Vorlage des Entscheidungsvorschlags keine Entscheidung der Vereinbarungspartner nach den §§ 364 bis 368 zustande, entscheidet die Schlichtungsstelle anstelle der Vereinbarungspartner innerhalb von zwei Wochen.

(4) ¹Die Entscheidung der Schlichtungsstelle ist für die Vereinbarungspartner nach den §§ 364 bis 368 und für die Leistungserbringer und Krankenkassen sowie für ihre Verbände nach diesem Buch verbindlich. ²Die Entscheidung der Schlichtungsstelle kann nur durch eine alternative Entscheidung der Vereinbarungspartner nach Absatz 1 in gleicher Sache ersetzt werden.

§ 370a Unterstützung der Kassenärztlichen Vereinigungen bei der Vermittlung telemedizinischer Angebote durch die Kassenärztliche Bundesvereinigung, Verordnungsermächtigung. (1) ¹Im Rahmen ihrer Aufgaben nach § 75 Absatz 1a Satz 16 errichtet und betreibt die Kassenärztliche Bundesvereinigung ein Portal zur Vermittlung telemedizinischer Leistungen an Versicherte. ²Das Portal muss mit den von den Kassenärztlichen Vereinigungen nach § 75 Absatz 1a Satz 17 bereitgestellten digitalen Angeboten kompatibel sein. ³Die Kassenärztlichen Vereinigungen übermitteln der Kassenärztlichen Bundesvereinigung hierzu die nach § 75 Absatz 1a Satz 21 gemeldeten Termine.

(2) ¹Die Kassenärztliche Bundesvereinigung ermöglicht die Nutzung der in dem Portal nach Absatz 1 bereitgestellten Informationen durch Dritte. ²Hierzu veröffentlicht sie eine Schnittstelle auf Basis international anerkannter Standards und beantragt deren Aufnahme in das Interoperabilitätsverzeichnis nach § 385. ³Die Vertragsärzte können der Weitergabe ihrer Daten an Dritte nach Satz 1 widersprechen.

(3) ¹Die Kassenärztliche Bundesvereinigung regelt das Nähere zu der Nutzung der in dem Portal bereitgestellten Informationen durch Dritte in einer Verfahrensordnung. ²Die Verfahrensordnung bedarf der Genehmigung des Bundesministeriums für Gesundheit.

(4) ¹Die Nutzung der in dem Portal bereitgestellten Informationen durch Dritte ist gebührenpflichtig. ²Das Bundesministerium für Gesundheit wird ermächtigt, durch Rechtsverordnung ohne Zustimmung des Bundesrates die gebührenpflichtigen Tatbestände zu bestimmen und dabei feste Sätze oder Rahmensätze vorzusehen sowie Regelungen über die Gebührenentstehung, die Gebührenerhebung, die Erstattung von Auslagen, den Gebührenschuldner, Gebührenbefreiungen, die Fälligkeit, die Stundung, die Niederschlagung, den Erlass, Säumniszuschläge, die Verjährung und die Erstattung zu treffen. ³In der Rechtsverordnung kann eine Gebührenbefreiung der Nutzung der in dem Portal bereitgestellten Informationen durch gemeinnützige juristische Personen des Privatrechts, insbesondere medizinische Fachgesellschaften, vorgesehen werden. ⁴Das Bundesministerium für Gesundheit kann die Ermächtigung nach den Sätzen 2 und 3 durch Rechtsverordnung auf die Kassenärztliche Bundesvereinigung übertragen.

Siebter Abschnitt. Anforderungen an Schnittstellen in informationstechnischen Systemen

§ 371 Integration offener und standardisierter Schnittstellen in informationstechnische Systeme. (1) In informationstechnische Systeme in der vertragsärztlichen Versorgung, in der vertragszahnärztlichen Versorgung und in Krankenhäusern, die zur Verarbeitung von personenbezogenen Patientendaten eingesetzt werden, sind folgende offene und standardisierte Schnittstellen zu integrieren:

1. Schnittstellen zur systemneutralen Archivierung von Patientendaten sowie zur Übertragung von Patientendaten bei einem Systemwechsel,
2. Schnittstellen für elektronische Programme, die nach § 73 Absatz 9 Satz 1 für die Verordnung von Arzneimitteln zugelassen sind,
3. Schnittstellen für elektronische Programme, die auf Grund der Rechtsverordnung nach § 14 Absatz 8 Satz 1 des Infektionsschutzgesetzes zur Durchführung von Meldungen und Benachrichtigungen zugelassen sind und
4. Schnittstellen für die Anbindung vergleichbarer versorgungsorientierter informationstechnischer Systeme, insbesondere ambulante und klinische Anwendungs- und Datenbanksysteme nach diesem Buch.

(2) Absatz 1 Nummer 1 und 4 gilt entsprechend für informationstechnische Systeme, die zur Verarbeitung von personenbezogenen Daten zur pflegerischen Versorgung von Versicherten nach diesem Buch oder in einer nach § 72 Absatz 1 des Elften Buches zugelassenen Pflegeeinrichtung eingesetzt werden.

(3) Die Integration der Schnittstellen muss spätestens zwei Jahre nachdem die jeweiligen Festlegungen nach den §§ 372 und 373 erstmals in das Interoperabilitätsverzeichnis nach § 385 aufgenommen worden sind, erfolgt sein.

(4) Bei einer Fortschreibung der Schnittstellen kann in den Festlegungen nach den §§ 372 und 373 in Verbindung mit der nach § 375 zu erlassenden Rechtsverordnung eine Frist vorgegeben werden, die von der in Absatz 3 genannten Frist abweicht.

§ 372 Festlegungen zu den offenen und standardisierten Schnittstellen für informationstechnische Systeme in der vertragsärztlichen und vertragszahnärztlichen Versorgung. (1) [1] Für die in der vertragsärztlichen und vertragszahnärztlichen Versorgung eingesetzten informationstechnischen Systeme treffen die Kassenärztlichen Bundesvereinigungen im Benehmen mit der Gesellschaft für Telematik sowie mit den für die Wahrnehmung der Interessen der Industrie maßgeblichen Bundesverbänden aus dem Bereich der Informationstechnologie im Gesundheitswesen die erforderlichen Festlegungen zu den offenen und standardisierten Schnittstellen nach § 371 sowie nach Maßgabe der nach § 375 zu erlassenden Rechtsverordnung. [2] Über die Festlegungen nach Satz 1 entscheidet für die Kassenärztliche Bundesvereinigung der Vorstand. [3] Bei den Festlegungen zu den offenen und standardisierten Schnittstellen nach § 371 Absatz 1 Nummer 2 sind die Vorgaben nach § 73 Absatz 9 und der Rechtsverordnung nach § 73 Absatz 9 Satz 2 zu berücksichtigen. [4] Bei den Festlegungen zu den offenen und standardisierten Schnittstellen nach § 371 Absatz 1 Nummer 3 sind die Vorgaben der Rechtsverordnung nach § 14 Absatz 8 Satz 1 des Infektionsschutzgesetzes zu berücksichtigen; diese Festlegungen sind im Einvernehmen mit dem Robert Koch-Institut zu treffen.

(2) Die Festlegungen nach Absatz 1 sind in das Interoperabilitätsverzeichnis nach § 385 aufzunehmen.

(3) [1] Für die abrechnungsbegründende Dokumentation von vertragsärztlichen und vertragszahnärztlichen Leistungen dürfen Vertragsärzte und Vertragszahnärzte ab dem 1. Januar 2021 nur solche informationstechnischen Systeme einsetzen, die von den Kassenärztlichen Bundesvereinigungen in einem Bestätigungsverfahren nach Satz 2 bestätigt wurden. [2] Die Kassenärztlichen Bundesvereinigungen legen im Einvernehmen mit der Gesellschaft für Telematik die Vorgaben für das Bestätigungsverfahren so fest, dass im Rahmen des

Bestätigungsverfahrens sichergestellt wird, dass die vorzunehmende Integration der offenen und standardisierten Schnittstellen in das jeweilige informationstechnische System innerhalb der Frist nach § 371 Absatz 3 und nach Maßgabe des § 371 sowie nach Maßgabe der nach § 375 zu erlassenden Rechtsverordnung erfolgt ist. ³Die Kassenärztlichen Bundesvereinigungen veröffentlichen die Vorgaben zu dem Bestätigungsverfahren sowie eine Liste mit den nach Satz 1 bestätigten informationstechnischen Systemen.

§ 373 Festlegungen zu den offenen und standardisierten Schnittstellen für informationstechnische Systeme in Krankenhäusern und in der pflegerischen Versorgung; Gebühren und Auslagen; Verordnungsermächtigung. (1) ¹Für die in den Krankenhäusern eingesetzten informationstechnischen Systeme trifft die Gesellschaft für Telematik im Benehmen mit der Deutschen Krankenhausgesellschaft sowie mit den für die Wahrnehmung der Interessen der Industrie maßgeblichen Bundesverbänden aus dem Bereich der Informationstechnologie im Gesundheitswesen die erforderlichen Festlegungen zu den offenen und standardisierten Schnittstellen nach § 371 sowie nach Maßgabe der nach § 375 zu erlassenden Rechtsverordnung. ²Bei den Festlegungen zu den offenen und standardisierten Schnittstellen nach § 371 Absatz 1 Nummer 2 sind die Vorgaben nach § 73 Absatz 9 und der Rechtsverordnung nach § 73 Absatz 9 Satz 2 zu berücksichtigen. ³Bei den Festlegungen zu den offenen und standardisierten Schnittstellen nach § 371 Absatz 1 Nummer 3 sind die Vorgaben der Rechtsverordnung nach § 14 Absatz 8 Satz 1 des Infektionsschutzgesetzes zu berücksichtigen; diese Festlegungen sind im Einvernehmen mit dem Robert Koch-Institut zu treffen.

(2) Im Rahmen der Festlegungen nach Absatz 1 definiert die Deutsche Krankenhausgesellschaft auch, welche Subsysteme eines informationstechnischen Systems im Krankenhaus die Schnittstellen integrieren müssen.

(3) Für die informationstechnischen Systeme nach § 371 Absatz 2 trifft die Gesellschaft für Telematik im Benehmen mit den Vereinigungen der Träger der Pflegeeinrichtungen auf Bundesebene sowie der Verbände der Pflegeberufe auf Bundesebene sowie den für die Wahrnehmung der Interessen der Industrie maßgeblichen Bundesverbänden aus dem Bereich der Informationstechnologie im Gesundheitswesen und in der pflegerischen Versorgung die erforderlichen Festlegungen zu den offenen und standardisierten Schnittstellen nach § 371 sowie nach Maßgabe der nach § 375 zu erlassenden Rechtsverordnung.

(4) Die Festlegungen nach den Absätzen 1 bis 3 sind in das Interoperabilitätsverzeichnis nach § 385 aufzunehmen.

(5) ¹Der Einsatz von informationstechnischen Systemen nach den Absätzen 1 bis 3, die von der Gesellschaft für Telematik in einem Bestätigungsverfahren nach Satz 2 bestätigt wurden, ist wie folgt verpflichtend:

1. für Krankenhäuser ab dem 30. Juni 2021;
2. für die in § 312 Absatz 2 genannten Leistungserbringer sowie die zugelassenen Pflegeeinrichtungen im Sinne des § 72 Absatz 1 Satz 1 des Elften Buches zwei Jahre nachdem die jeweiligen Festlegungen nach den §§ 372 und 373 erstmals in das Interoperabilitätsverzeichnis nach § 385 aufgenommen worden sind.

²Die Gesellschaft für Telematik legt die Vorgaben für das Bestätigungsverfahren so fest, dass im Rahmen des Bestätigungsverfahrens sichergestellt wird, dass die

vorzunehmende Integration der offenen und standardisierten Schnittstellen in das jeweilige informationstechnische System innerhalb der Frist nach § 371 Absatz 3 und nach Maßgabe des § 371 sowie nach Maßgabe der nach § 375 zu erlassenden Rechtsverordnung erfolgt ist; sie veröffentlicht bis zum 30. April 2021 Einzelheiten zum Bestätigungsverfahren. [3] Die Gesellschaft für Telematik veröffentlicht eine Liste mit den nach Satz 1 bestätigten informationstechnischen Systemen.

(6) Abweichend von Absatz 5 ist in der vertragsärztlichen Versorgung in Krankenhäusern eine Bestätigung für eine offene und standardisierte Schnittstelle nach § 371 Absatz 1 Nummer 2 entbehrlich, wenn hierfür ein Nachweis einer Bestätigung nach § 372 Absatz 3 vorliegt.

(7) [1] Die Gesellschaft für Telematik kann für die Bestätigungen nach Absatz 5 Gebühren und Auslagen erheben. [2] Die Gebührensätze sind so zu bemessen, dass sie den auf die Leistungen entfallenden durchschnittlichen Personal- und Sachaufwand nicht übersteigen.

(8) Das Bundesministerium für Gesundheit wird ermächtigt, durch Rechtsverordnung ohne Zustimmung des Bundesrates die gebührenpflichtigen Tatbestände zu bestimmen und dabei feste Sätze oder Rahmensätze vorzusehen sowie Regelungen über die Gebührenentstehung, die Gebührenerhebung, die Erstattung von Auslagen, den Gebührenschuldner, Gebührenbefreiungen, die Fälligkeit, die Stundung, die Niederschlagung, den Erlass, Säumniszuschläge, die Verjährung und die Erstattung zu treffen.

§ 374 Abstimmung zur Festlegung sektorenübergreifender einheitlicher Vorgaben.
[1] Die Kassenärztliche Bundesvereinigung, die Kassenzahnärztliche Bundesvereinigung, die Deutsche Krankenhausgesellschaft, die Gesellschaft für Telematik und die Vereinigungen der Träger der Pflegeeinrichtungen auf Bundesebene sowie der Verbände der Pflegeberufe auf Bundesebene stimmen sich bei den Festlegungen für offene und standardisierte Schnittstellen nach den §§ 371 bis 373 mit dem Ziel ab, bei inhaltlichen Gemeinsamkeiten der Schnittstellen sektorenübergreifende einheitliche Vorgaben zu treffen. [2] Betreffen die Festlegungen nach Satz 1 pflegerelevante Inhalte, so sind die Vereinigungen der Träger der Pflegeeinrichtungen auf Bundesebene sowie der Verbände der Pflegeberufe auf Bundesebene mit einzubeziehen.

§ 374a Integration offener und standardisierter Schnittstellen in Hilfsmitteln und Implantaten.
(1) [1] Hilfsmittel oder Implantate, die zu Lasten der gesetzlichen Krankenversicherung an Versicherte abgegeben werden und die Daten über den Versicherten elektronisch über öffentlich zugängliche Netze an den Hersteller oder Dritte übertragen, müssen ab dem 1. Juli 2024 ermöglichen, dass die von dem Hilfsmittel oder dem Implantat verarbeiteten Daten auf der Grundlage einer Einwilligung des Versicherten in geeigneten interoperablen Formaten in eine in das Verzeichnis nach § 139e Absatz 1 aufgenommene digitale Gesundheitsanwendung übermittelt und dort weiterverarbeitet werden können, soweit die Daten von der digitalen Gesundheitsanwendung zum bestimmungsgemäßen Gebrauch durch denselben Versicherten benötigt werden. [2] Hierzu müssen die Hersteller der Hilfsmittel und Implantate nach Satz 1 interoperable Schnittstellen anbieten und diese für die digitalen Gesundheitsanwendungen, die in das Verzeichnis nach § 139e aufgenommen sind, öffnen. [3] Die Beeinflussung des Hilfsmittels oder des Implan-

tats durch die digitale Gesundheitsanwendung ist unzulässig und technisch auszuschließen.
⁴Als interoperable Formate gemäß Satz 1 gelten in nachfolgender Reihenfolge:
1. Festlegungen für Inhalte der elektronischen Patientenakte nach § 355,
2. empfohlene Standards und Profile im Interoperabilitätsverzeichnis nach § 385,
3. offene international anerkannte Standards oder
4. offengelegte Profile über offene international anerkannte Standards, deren Aufnahme in das Interoperabilitätsverzeichnis nach § 385 beantragt wurde.

(2) ¹Das Bundesinstitut für Arzneimittel und Medizinprodukte errichtet und veröffentlicht ein elektronisches Verzeichnis für interoperable Schnittstellen von Hilfsmitteln und Implantaten. ²Die Hersteller der Hilfsmittel und Implantate melden die von den jeweiligen Geräten verwendeten interoperablen Schnittstellen nach Absatz 1 zur Veröffentlichung in dem Verzeichnis nach Satz 1 an das Bundesinstitut für Arzneimittel und Medizinprodukte.

(3) Abweichend von Absatz 1 kann über den 1. Juli 2024 hinaus eine Versorgung mit Hilfsmitteln oder Implantaten erfolgen, welche die Anforderungen nach Absatz 1 nicht erfüllen, wenn dies aus medizinischen Gründen erforderlich ist oder die regelmäßige Versorgung der Versicherten mit Hilfsmitteln oder Implantaten andernfalls nicht gewährleistet wäre.

(4) Das Bundesinstitut für Arzneimittel und Medizinprodukte trifft im Einvernehmen mit dem Bundesamt für Sicherheit in der Informationstechnik und im Benehmen mit der oder dem Bundesbeauftragten für den Datenschutz und die Informationsfreiheit die erforderlichen technischen Festlegungen, insbesondere zur sicheren gegenseitigen Identifizierung der Produkte bei der Datenübertragung.

§ 375 Verordnungsermächtigung. (1) ¹Das Bundesministerium für Gesundheit wird ermächtigt, durch Rechtsverordnung ohne Zustimmung des Bundesrates zur Förderung der Interoperabilität zwischen informationstechnischen Systemen nähere Vorgaben für die Festlegung der offenen und standardisierten Schnittstellen für informationstechnische Systeme nach den §§ 371 bis 373 sowie von der in § 371 Absatz 3 genannten Frist abweichende verbindliche Fristen für deren Integration und Fortschreibung festzulegen; insbesondere soll es vorgeben, welche Standards, Profile und Leitfäden, die im Interoperabilitätsverzeichnis nach § 385 verzeichnet sind, bei der Festlegung der offenen und standardisierten Schnittstellen nach den §§ 371 bis 373 berücksichtigt werden müssen. ²In der Rechtsverordnung nach Satz 1 können auch Festlegungen zu offenen und standardisierten Schnittstellen für informationstechnische Systeme nach den §§ 371 bis 373 getroffen werden, die zur Meldung und Vermittlung von Videosprechstunden genutzt werden.

(2) Das Bundesministerium für Gesundheit kann in der Rechtsverordnung nach § 73 Absatz 9 Satz 2 für die Integration von Schnittstellen nach § 371 Absatz 1 Nummer 2 eine Frist festlegen, die von der in § 371 Absatz 3 genannten Frist abweicht.

(3) Das Bundesministerium für Gesundheit kann in der Rechtsverordnung nach § 14 Absatz 8 Satz 1 des Infektionsschutzgesetzes für die Integration von Schnittstellen nach § 371 Absatz 1 Nummer 3 eine Frist festlegen, die von der in § 371 Absatz 3 genannten Frist abweicht.

Achter Abschnitt. Finanzierung und Kostenerstattung

§ 376 Finanzierungsvereinbarung. [1]Nach den §§ 377 bis 382 sind Vereinbarungen zu treffen über die Erstattung

1. der erforderlichen erstmaligen Ausstattungskosten, die den Leistungserbringern in der Festlegungs-, Erprobungs- und Einführungsphase der Telematikinfrastruktur entstehen sowie
2. der erforderlichen Betriebskosten, die den Leistungserbringern im laufenden Betrieb der Telematikinfrastruktur entstehen, einschließlich der Aufteilung dieser Kosten auf die in den §§ 377, 378 und 379 genannten Leistungssektoren.

[2]Die genannten Kosten zählen nicht zu den Ausgaben nach § 4 Absatz 4 Satz 2 und 6.

§ 377 Finanzierung der den Krankenhäusern entstehenden Ausstattungs- und Betriebskosten. (1) Zum Ausgleich der in § 376 Satz 1 genannten Ausstattungs- und Betriebskosten erhalten die Krankenhäuser einen Zuschlag von den Krankenkassen (Telematikzuschlag).

(2) [1]Der Telematikzuschlag ist in der Rechnung des Krankenhauses gesondert auszuweisen. [2]Der Telematikzuschlag geht nicht in den Gesamtbetrag oder die Erlösausgleiche nach dem Krankenhausentgeltgesetz oder der Bundespflegesatzverordnung ein.

(3) [1]Das Nähere zur Höhe und Abrechnung des Telematikzuschlags regelt der Spitzenverband Bund der Krankenkassen gemeinsam mit der Deutschen Krankenhausgesellschaft in einer gesonderten Vereinbarung. [2]In der Vereinbarung ist mit Wirkung zum 1. Oktober 2020 insbesondere ein Ausgleich vorzusehen

1. für die Nutzung der elektronischen Patientenakte im Sinne des § 334 Absatz 1 Satz 2 Nummer 1 durch die Krankenhäuser und
2. für die Nutzung elektronischer vertragsärztlicher Verordnungen im Sinne des § 334 Absatz 1 Satz 2 Nummer 6 für apothekenpflichtige Arzneimittel durch die Krankenhäuser.

(4) [1]Kommt eine Vereinbarung nach Absatz 3 innerhalb einer vom Bundesministerium für Gesundheit gesetzten Frist nicht oder nicht vollständig zustande, legt die Schiedsstelle nach § 18a Absatz 6 des Krankenhausfinanzierungsgesetzes auf Antrag einer Vertragspartei oder des Bundesministeriums für Gesundheit innerhalb einer Frist von zwei Monaten den Vereinbarungsinhalt fest. [2]Die Klage gegen die Festlegung der Schiedsstelle hat keine aufschiebende Wirkung.

(5) Die Absätze 1 bis 4 gelten auch für Leistungserbringer, wenn sie Leistungen nach § 115b Absatz 2 Satz 1, § 116b Absatz 2 Satz 1 und § 120 Absatz 2 Satz 1 erbringen sowie für Notfallambulanzen in Krankenhäusern, wenn sie Leistungen für die Versorgung im Notfall erbringen.

§ 378 Finanzierung der den an der vertragsärztlichen Versorgung teilnehmenden Leistungserbringern entstehenden Ausstattungs- und Betriebskosten. (1) Zum Ausgleich der in § 376 Satz 1 genannten Ausstattungs- und Betriebskosten erhalten die an der vertragsärztlichen Versorgung teilnehmenden Leistungserbringer Erstattungen von den Krankenkassen.

(2) ¹Das Nähere zur Höhe und Abrechnung der Erstattungen vereinbaren der Spitzenverband Bund der Krankenkassen und die Kassenärztlichen Bundesvereinigungen in den Bundesmantelverträgen. ²In den Bundesmantelverträgen ist mit Wirkung zum 1. Oktober 2020 insbesondere ein Ausgleich vorzusehen

1. für die Nutzung der elektronischen Patientenakte im Sinne des § 334 Absatz 1 Satz 2 Nummer 1 durch die an der vertragsärztlichen Versorgung teilnehmenden Leistungserbringer und
2. für die Nutzung elektronischer ärztlicher Verordnungen im Sinne des § 334 Absatz 1 Satz 2 Nummer 6 für apothekenpflichtige Arzneimittel durch die an der vertragsärztlichen Versorgung teilnehmenden Leistungserbringer.

(3) ¹Kommt eine Vereinbarung nach Absatz 2 innerhalb einer vom Bundesministerium für Gesundheit gesetzten Frist nicht oder nicht vollständig zustande, legt das jeweils zuständige Schiedsamt nach § 89 Absatz 2 auf Antrag einer Vertragspartei oder des Bundesministeriums für Gesundheit innerhalb einer Frist von zwei Monaten den Vereinbarungsinhalt fest. ²Das Schiedsamt hat die für die Sozialversicherung zuständigen obersten Landesbehörden vor einer Entscheidung nach Satz 1 anzuhören. ³Die Klage gegen die Festlegung des Schiedsamtes hat keine aufschiebende Wirkung.

§ 379 Finanzierung der den Apotheken entstehenden Ausstattungs- und Betriebskosten. (1) Zum Ausgleich der in § 376 Satz 1 genannten Ausstattungs- und Betriebskosten erhalten Apotheken Erstattungen von den Krankenkassen.

(2) ¹Das Nähere zur Höhe und Abrechnung der Erstattungen vereinbaren der Spitzenverband Bund der Krankenkassen und die für die Wahrnehmung der wirtschaftlichen Interessen gebildete maßgebliche Spitzenorganisation der Apotheker auf Bundesebene bis zum 1. Oktober 2020. ²In der Vereinbarung ist insbesondere ein Ausgleich vorzusehen

1. für die Nutzung der elektronischen Patientenakte im Sinne des § 334 Absatz 1 Satz 2 Nummer 1 durch die Apotheken und
2. für die Nutzung elektronischer ärztlicher Verordnungen im Sinne des § 334 Absatz 1 Satz 2 Nummer 6 für apothekenpflichtige Arzneimittel durch die Apotheken.

(3) Die Vereinbarung hat Rechtswirkung für die Apotheken, für die der Rahmenvertrag nach § 129 Absatz 2 Rechtswirkung hat.

(4) ¹Kommt eine Vereinbarung nach Absatz 2 nicht oder nicht vollständig innerhalb der Frist nach Absatz 2 Satz 1 zustande, legt die Schiedsstelle nach § 129 Absatz 8 auf Antrag einer Vertragspartei oder des Bundesministeriums für Gesundheit innerhalb einer Frist von zwei Monaten den Vereinbarungsinhalt fest. ²Die Klage gegen die Festlegung der Schiedsstelle hat keine aufschiebende Wirkung.

§ 380 Finanzierung der den Hebammen, Physiotherapeuten und anderen Heilmittelerbringern, Hilfsmittelerbringern, zahntechnischen Laboren, Erbringern von Soziotherapie nach § 37a sowie weiteren Leistungserbringern entstehenden Ausstattungs- und Betriebskosten.
(1) Zum Ausgleich der in § 376 Satz 1 genannten Ausstattungs- und Betriebskosten erhalten Hebammen, für die gemäß § 134a Absatz 2 Satz 1 die Verträge nach § 134a Absatz 1 Rechtswirkung haben, sowie Physiotherapeuten,

die nach § 124 Absatz 1 zur Abgabe von Leistungen berechtigt sind, ab dem 1. Juli 2021 und von Hebammen geleitete Einrichtungen, für die die Verträge nach § 134a Absatz 1 Rechtswirkung haben, ab dem 1. Oktober 2021 die in der jeweils geltenden Fassung der Vereinbarung nach § 378 Absatz 2 für die an der vertragsärztlichen Versorgung teilnehmenden Leistungserbringer vereinbarten Erstattungen von den Krankenkassen.

(2) Zum Ausgleich der in § 376 Satz 1 genannten Ausstattungs- und Betriebskosten erhalten folgende Leistungserbringer die in der jeweils geltenden Fassung der Vereinbarung nach § 378 Absatz 2 für die an der vertragsärztlichen Versorgung teilnehmenden Leistungserbringer vereinbarten Erstattungen von den Krankenkassen:

1. ab dem 1. Juli 2024 die übrigen Heilmittelerbringer, die nach § 124 Absatz 1 zur Abgabe von Leistungen berechtigt sind, die Hilfsmittelerbringer, die im Besitz eines Zertifikates nach § 126 Absatz 1a Satz 2 sind, sowie die Leistungserbringer, die zur Abgabe der weiteren in § 360 Absatz 7 Satz 1 genannten Leistungen berechtigt sind,

2. ab dem 1. Juli 2024 zahntechnische Labore,

3. ab dem 1. Juli 2024 Erbringer soziotherapeutischer Leistungen nach § 37a und

4. ab dem 1. Juli 2023 Leistungserbringer, die Leistungen nach den §§ 24g, 37, 37b, 37c, 39a Absatz 1 und § 39c erbringen, sofern sie nicht zugleich Leistungserbringer nach dem Elften Buch sind.

(3) [1]Das Nähere zur Abrechnung der Erstattungen nach Absatz 1 vereinbaren bis zum 31. März 2021

1. für die Hebammen die Vertragspartner nach § 134a Absatz 1 Satz 1 und

2. für die Physiotherapeuten der Spitzenverband Bund der Krankenkassen mit den für die Wahrnehmung der wirtschaftlichen Interessen maßgeblichen Spitzenorganisationen der Physiotherapeuten auf Bundesebene.

[2]Das Nähere zur Abrechnung der Erstattung vereinbaren für die von Hebammen geleiteten Einrichtungen die Vereinbarungspartner nach § 134a Absatz 1 Satz 1 bis zum 1. Oktober 2021.

(4) Das Nähere zur Abrechnung der Erstattungen nach Absatz 2 vereinbaren

1. bis zum 1. Januar 2024 für die Heilmittelerbringer nach Absatz 2 Nummer 1 der Spitzenverband Bund der Krankenkassen mit den für die Wahrnehmung der Interessen der Heilmittelerbringer maßgeblichen Spitzenorganisationen auf Bundesebene,

2. bis zum 1. Januar 2024 für die Leistungserbringer nach Absatz 2 Nummer 1, die Hilfsmittel oder die weiteren in § 360 Absatz 7 Satz 1 genannten Mittel abgeben, die Verbände der Krankenkassen und die für die Wahrnehmung der Interessen dieser Leistungserbringer maßgeblichen Spitzenorganisationen auf Bundesebene,

3. bis zum 1. Januar 2024 für die zahntechnischen Labore nach Absatz 2 Nummer 2 der Spitzenverband Bund der Krankenkassen und der Verband Deutscher Zahntechniker-Innungen,

4. bis zum 1. Januar 2024 für die in Absatz 2 Nummer 3 genannten Leistungserbringer die Krankenkassen oder die Landesverbände der Krankenkassen mit den soziotherapeutischen Leistungserbringern nach § 132b und

5. bis zum 1. Januar 2023 für die in Absatz 2 Nummer 4 genannten Leistungserbringer der Spitzenverband Bund der Krankenkassen und die Vereinigungen der Träger der Pflegeeinrichtungen auf Bundesebene.

§ 381 Finanzierung der den Vorsorgeeinrichtungen und Rehabilitationseinrichtungen entstehenden Ausstattungs- und Betriebskosten.
(1) Zur Finanzierung der in § 376 Satz 1 genannten Ausstattungs- und Betriebskosten erhalten
1. die Einrichtungen, mit denen ein Versorgungsvertrag nach § 111 Absatz 2 Satz 1, § 111a Absatz 1 Satz 1 oder § 111c Absatz 1 besteht, ab dem 1. Januar 2021 einen Ausgleich von den Krankenkassen und
2. die Rehabilitationseinrichtungen der gesetzlichen Rentenversicherung, die Leistungen nach den §§ 15, 15a oder § 31 Absatz 1 Nummer 2 des Sechsten Buches erbringen, ab dem 1. Januar 2021 einen Ausgleich von den Trägern der gesetzlichen Rentenversicherung.

(2) ¹Das Nähere zum Ausgleich der Kosten nach Absatz 1 vereinbaren der Spitzenverband Bund der Krankenkassen, die Deutsche Rentenversicherung Bund, die für die Wahrnehmung der Interessen der Vorsorgeeinrichtungen und Rehabilitationseinrichtungen nach diesem Buch maßgeblichen Bundesverbände und die für die Wahrnehmung der Interessen der Rehabilitationseinrichtungen maßgeblichen Vereinigungen der gesetzlichen Rentenversicherung bis zum 1. Oktober 2020. ²Dabei gilt sowohl für die Rehabilitationseinrichtungen der gesetzlichen Rentenversicherung als auch für die von den Krankenkassen zu finanzierenden Einrichtungen das Verfahren zur Verhandlung und Anpassung von Vergütungssätzen.

(3) Über die Aufteilung der Kosten zwischen den Krankenkassen und den Trägern der gesetzlichen Rentenversicherung treffen der Spitzenverband Bund der Krankenkassen und die Deutsche Rentenversicherung Bund eine gesonderte Vereinbarung bis zum 1. Januar 2021.

(4) ¹Die Absätze 1 bis 3 gelten für die Landwirtschaftliche Alterskasse, die Leistungen nach § 10 Absatz 1 des Gesetzes über die Alterssicherung der Landwirte erbringt, entsprechend mit der Maßgabe, dass die Landwirtschaftliche Alterskasse den Vereinbarungen nach den Absätzen 2 und 3 nach vorheriger Verständigung mit dem Spitzenverband Bund der Krankenkassen und der Deutschen Rentenversicherung Bund beitreten kann. ²Die Einrichtungen nach Absatz 1 erhalten den Ausgleich nach Absatz 1 von der Landwirtschaftlichen Alterskasse ab dem Zeitpunkt ihres Beitritts zu den Vereinbarungen nach den Absätzen 2 und 3.

§ 382 Erstattung der dem Öffentlichen Gesundheitsdienst entstehenden Ausstattungs- und Betriebskosten. (1) Zum Ausgleich der in § 376 Satz 1 genannten Ausstattungs- und Betriebskosten erhalten die Rechtsträger der für den Öffentlichen Gesundheitsdienst zuständigen Behörden ab dem 1. Januar 2021 die in der Vereinbarung nach § 378 Absatz 2 in der jeweils geltenden Fassung für die an der vertragsärztlichen Versorgung teilnehmenden Leistungserbringer vereinbarten Erstattungen von den Krankenkassen.

(2) Das Nähere zur Abrechnung der Erstattungen vereinbart der Spitzenverband Bund der Krankenkassen mit den obersten Landesbehörden oder den von ihnen jeweils bestimmten Stellen bis zum 1. Oktober 2020.

§ 383 Erstattung der Kosten für die Übermittlung elektronischer Briefe in der vertragsärztlichen Versorgung. (1) ¹Die Erstattung nach § 378 Absatz 1 erhöht sich um eine Pauschale pro Übermittlung eines elektronischen Briefes zwischen den an der vertragsärztlichen Versorgung teilnehmenden Leistungserbringern, wenn

1. die Übermittlung durch sichere elektronische Verfahren erfolgt und dadurch der Versand durch Post-, Boten- oder Kurierdienste entfällt,
2. der an der vertragsärztlichen Versorgung teilnehmende Leistungserbringer gegenüber der Abrechnungsstelle den Nachweis einer Bestätigung nach Absatz 4 erbringt und
3. der elektronische Brief mit einer qualifizierten elektronischen Signatur versehen worden ist, die mit einem elektronischen Heilberufsausweis erzeugt wurde.

²Die Höhe der Pauschale wird durch die Vertragspartner nach § 378 Absatz 2 Satz 1 vereinbart. ³Ein sicheres elektronisches Verfahren erfordert, dass der elektronische Brief durch geeignete technische Maßnahmen entsprechend dem aktuellen Stand der Technik gegen unberechtigte Zugriffe geschützt wird. ⁴Der Wegfall des Versands durch Post-, Boten- oder Kurierdienste ist bei der Anpassung des Behandlungsbedarfes nach § 87a Absatz 4 zu berücksichtigen.

(2) Die Kassenärztliche Bundesvereinigung regelt im Benehmen mit dem Spitzenverband Bund der Krankenkassen, der Gesellschaft für Telematik und dem Bundesamt für Sicherheit in der Informationstechnik in einer Richtlinie Einzelheiten zu den Anforderungen an ein sicheres elektronisches Verfahren sowie an informationstechnische Systeme für an der vertragsärztlichen Versorgung teilnehmende Leistungserbringer sowie das Nähere

1. über Inhalt und Struktur des elektronischen Briefes,
2. zur Abrechnung der Pauschale und
3. zur Vermeidung einer nicht bedarfsgerechten Mengenausweitung.

(3) ¹In der Richtlinie ist festzulegen, dass für die Übermittlung des elektronischen Briefes die nach § 311 Absatz 6 Satz 1 festgelegten sicheren Verfahren genutzt werden, sobald diese zur Verfügung stehen. ²Die Richtlinie ist dem Bundesministerium für Gesundheit zur Prüfung vorzulegen. ³Bei der Prüfung der Richtlinie hat das Bundesministerium für Gesundheit der oder dem Bundesbeauftragten für den Datenschutz und die Informationsfreiheit und dem Bundesamt für Sicherheit in der Informationstechnik Gelegenheit zur Stellungnahme zu geben. ⁴Das Bundesministerium für Gesundheit kann für die Stellungnahme eine angemessene Frist setzen. ⁵Das Bundesministerium für Gesundheit kann die Richtlinie innerhalb von einem Monat beanstanden und eine Frist zur Behebung der Beanstandungen setzen.

(4) ¹Die Kassenärztliche Bundesvereinigung bestätigt auf Antrag eines Anbieters eines informationstechnischen Systems für an der vertragsärztlichen Versorgung teilnehmende Leistungserbringer, dass sein System die Vorgaben der Richtlinie erfüllt. ²Die Kassenärztliche Bundesvereinigung veröffentlicht eine Liste mit denjenigen informationstechnischen Systemen, für die die Anbieter eine Bestätigung nach Satz 1 erhalten haben.

(5) ¹Durch den Bewertungsausschuss nach § 87 Absatz 1 ist durch Beschluss festzulegen, dass die für die Versendung eines Telefax im einheitlichen Bewer-

tungsmaßstab für ärztliche Leistungen vereinbarte Kostenpauschale folgende Beträge nicht überschreiten darf:
1. mit Wirkung zum 31. März 2020 die Hälfte der Vergütung, die für die Versendung eines elektronischen Briefes nach Satz 1 vereinbart ist und
2. mit Wirkung zum 31. März 2021 ein Viertel der Vergütung, die für die Versendung eines elektronischen Briefes nach Satz 1 vereinbart ist.

²Abweichend von Satz 1 darf die Pauschale bis zum 30. Juni 2020 auch für den Fall vereinbart werden, dass für die Übermittlung des elektronischen Briefes ein Dienst genutzt wird, der von der Kassenärztlichen Bundesvereinigung angeboten wird.

(6) Die Absätze 1 bis 5 gelten nicht für die Vertragszahnärzte.

Zwölftes Kapitel. Förderung von offenen Standards und Schnittstellen; Nationales Gesundheitsportal

§ 384 Begriffsbestimmungen. Im Sinne dieses Buches bezeichnet der Ausdruck
1. Interoperabilität die Fähigkeit zweier oder mehrerer informationstechnischer Anwendungen,
   a) Informationen auszutauschen und diese für die korrekte Ausführung einer konkreten Funktion ohne Änderung des Inhalts der Daten zu nutzen,
   b) miteinander zu kommunizieren,
   c) bestimmungsgemäß zusammenzuarbeiten;
2. Standard diejenigen Dokumente, die dem aktuellen Stand der Technik mit Anforderungs- und Lösungsdefinitionen entsprechen, wobei der Entstehungsprozess des Dokuments bekannt und dokumentiert ist, inklusive der Prozesse der Veröffentlichung, Nutzung und Versionierung;
3. Profil diejenigen Dokumente, die aus einem oder mehreren Standards bestehen, die für eine spezifische Anwendung zusammengestellt sind; Profile enthalten den aktuellen Stand der Technik mit Anforderungs- und Lösungsdefinitionen;
4. Leitfaden diejenigen Dokumente, die mindestens eine Anforderung an die Informationsübertragung enthalten; sie erläutern oder dokumentieren die Nutzung einer oder mehrerer Standards oder Profile.

§ 385 Interoperabilitätsverzeichnis. (1) ¹Die Gesellschaft für Telematik hat ein elektronisches Interoperabilitätsverzeichnis zu pflegen und zu betreiben, in dem technische und semantische Standards, Profile und Leitfäden für informationstechnische Systeme im Gesundheitswesen aufgeführt werden. ²Das elektronische Interoperabilitätsverzeichnis umfasst auch technische und semantische Standards, Profile und Leitfäden der Pflege.

(2) Das Interoperabilitätsverzeichnis dient der Förderung der Interoperabilität zwischen informationstechnischen Systemen.

(3) Als Bestandteil des Interoperabilitätsverzeichnisses hat die Gesellschaft für Telematik ein Informationsportal nach § 392 aufzubauen.

(4) Das Interoperabilitätsverzeichnis ist für die Nutzung öffentlich zur Verfügung zu stellen.

(5) Die Gesellschaft für Telematik hat die Fachöffentlichkeit über den Stand der Pflege und der Weiterentwicklung des Interoperabilitätsverzeichnisses auf der Internetseite des Interoperabilitätsverzeichnisses zu informieren.

§ 386 Beratung durch Experten. (1) [1]Die Gesellschaft für Telematik benennt Experten, die über Fachwissen im Bereich der Gesundheitsversorgung und im Bereich der Informationstechnik und Standardisierung im Gesundheitswesen verfügen. [2]Die Experten können der Gesellschaft für Telematik für die Pflege und die Weiterentwicklung des Interoperabilitätsverzeichnisses Empfehlungen geben. [3]Die Gesellschaft für Telematik hat die Empfehlungen in ihre Entscheidungen einzubeziehen.

(2) Die Gesellschaft für Telematik wählt die zu benennenden Experten aus folgenden Gruppen aus:

1. Anwender informationstechnischer Systeme,
2. für die Wahrnehmung der Interessen der Industrie maßgebliche Bundesverbände aus dem Bereich der Informationstechnologie im Gesundheitswesen,
3. Länder,
4. fachlich betroffene Bundesbehörden,
5. fachlich betroffene nationale und internationale Standardisierungs- und Normungsorganisationen,
6. fachlich betroffene Fachgesellschaften sowie
7. Vertreter wissenschaftlicher Einrichtungen.

(3) Die Gesellschaft für Telematik erstattet den Experten die ihnen durch die Mitarbeit entstehenden Kosten.

§ 387 Aufnahme von Standards, Profilen und Leitfäden der Gesellschaft für Telematik. (1) Technische und semantische Standards, Profile und Leitfäden, die die Gesellschaft für Telematik nach den §§ 291, 291a, 312 und 334 Absatz 1 Satz 2 festgelegt hat (Interoperabilitätsfestlegungen), sind frühestmöglich in das Interoperabilitätsverzeichnis aufzunehmen, jedoch spätestens dann, wenn sie für den flächendeckenden Wirkbetrieb der Telematikinfrastruktur freigegeben sind.

(2) [1]Bevor die Gesellschaft für Telematik eine Festlegung nach Absatz 1 trifft, hat sie den Experten nach § 386 Gelegenheit zur Stellungnahme zu geben. [2]In ihren Stellungnahmen können die Experten weitere Empfehlungen zur Umsetzung und Nutzung der in das Interoperabilitätsverzeichnis aufzunehmenden Inhalte sowie zu anwendungsspezifischen Konkretisierungen und Ergänzungen abgeben. [3]Die Gesellschaft für Telematik hat die Stellungnahmen in ihre Entscheidung einzubeziehen.

(3) Die Stellungnahmen der Experten nach § 386 sind auf der Internetseite des Interoperabilitätsverzeichnisses zu veröffentlichen.

§ 388 Aufnahme von Standards, Profilen und Leitfäden für informationstechnische Systeme im Gesundheitswesen. (1) Technische und semantische Standards, Profile und Leitfäden für informationstechnische Systeme, die im Gesundheitswesen angewendet werden und die nicht von der Gesellschaft für Telematik festgelegt werden, nimmt die Gesellschaft für Telematik auf Antrag in das Interoperabilitätsverzeichnis auf.

(2) ¹Für die Aufnahme von technischen und semantischen Standards, Profilen und Leitfäden nach Absatz 1 in das Interoperabilitätsverzeichnis kann die Gesellschaft für Telematik Entgelte verlangen. ²Hierfür hat die Gesellschaft für Telematik einen Entgeltkatalog zu erstellen.

(3) Einen Antrag nach Absatz 1 können folgende Personen, Verbände, Einrichtungen und Organisationen stellen:

1. die Anwender von informationstechnischen Systemen, die im Gesundheitswesen angewendet werden,
2. die Interessenvertretungen der Anwender von informationstechnischen Systemen, die im Gesundheitswesen angewendet werden,
3. die Anbieter informationstechnischer Systeme, die im Gesundheitswesen angewendet werden,
4. wissenschaftliche Einrichtungen,
5. fachlich betroffene Fachgesellschaften sowie
6. Standardisierungs- und Normungsorganisationen.

(4) Anbieter einer elektronischen Anwendung im Gesundheitswesen nach § 306 Absatz 1 Satz 2 Nummer 2 oder einer elektronischen Anwendung, die aus Mitteln der gesetzlichen Krankenversicherung ganz oder teilweise finanziert wird, sind verpflichtet, einen Antrag nach Absatz 1 zu stellen.

(5) Vor Aufnahme in das Interoperabilitätsverzeichnis bewertet die Gesellschaft für Telematik, inwieweit die technischen und semantischen Standards, Profile und Leitfäden nach Absatz 1 den Interoperabilitätsfestlegungen nach § 387 Absatz 1 entsprechen.

(6) ¹Nach der Bewertung nach Absatz 5 gibt die Gesellschaft für Telematik den Experten nach § 386 Gelegenheit zur Stellungnahme. ²In ihren Stellungnahmen können die Experten weitere Empfehlungen zur Umsetzung und Nutzung der in das Interoperabilitätsverzeichnis aufgenommenen Inhalte sowie zu anwendungsspezifischen Konkretisierungen und Ergänzungen abgeben. ³Die Gesellschaft für Telematik hat die Stellungnahmen der Experten nach § 386 in ihre Entscheidung einzubeziehen.

(7) Die Stellungnahmen der Experten nach § 386 sowie das Ergebnis der Prüfung der Gesellschaft für Telematik sind auf der Internetseite des Interoperabilitätsverzeichnisses zu veröffentlichen.

§ 389 Empfehlung von Standards, Profilen und Leitfäden von informationstechnischen Systemen im Gesundheitswesen als Referenz.

(1) Die Gesellschaft für Telematik kann die Zusammenarbeit der Standardisierungs- und Normungsorganisationen unterstützen und in das Interoperabilitätsverzeichnis aufgenommene technische und semantische Standards, Profile und Leitfäden nach § 388 Absatz 1 als Referenz für informationstechnische Systeme im Gesundheitswesen empfehlen.

(2) ¹Vor ihrer Empfehlung hat die Gesellschaft für Telematik den Experten nach § 386 sowie bei Empfehlungen zur Datensicherheit und zum Datenschutz auch dem Bundesamt für Sicherheit in der Informationstechnik sowie der oder dem Bundesbeauftragten für den Datenschutz und die Informationsfreiheit Gelegenheit zur Stellungnahme zu geben. ²Die Gesellschaft für Telematik hat die Stellungnahmen und Vorschläge in ihre Entscheidung einzubeziehen.

(3) Die Stellungnahmen und Vorschläge der Experten nach § 386 sowie die Empfehlungen der Gesellschaft für Telematik sind auf der Internetseite des Interoperabilitätsverzeichnisses zu veröffentlichen.

§ 390 Beachtung der Festlegungen und Empfehlungen bei Finanzierung aus Mitteln der gesetzlichen Krankenversicherung. Elektronische Anwendungen im Gesundheitswesen dürfen aus Mitteln der gesetzlichen Krankenversicherung nur ganz oder teilweise finanziert werden, wenn die Anbieter der elektronischen Anwendungen die Empfehlungen und verbindlichen Festlegungen nach § 394a Absatz 1 Satz 2 Nummer 2 und Satz 3 beachten.

§ 391 Beteiligung der Fachöffentlichkeit. (1) Die Gesellschaft für Telematik hat die Fachöffentlichkeit mittels elektronischer Informationstechnologien zu beteiligen bei

1. Festlegungen nach § 387 Absatz 1,
2. Bewertungen nach § 388 Absatz 5 und
3. Empfehlungen nach § 389 Absatz 1.

(2) ¹Zur Beteiligung der Fachöffentlichkeit hat die Gesellschaft für Telematik die Entwürfe der Festlegungen nach § 387 Absatz 1, die Entwürfe der Bewertungen nach § 388 Absatz 5 und die Entwürfe der Empfehlungen nach § 389 Absatz 1 auf der Internetseite des Interoperabilitätsverzeichnisses zu veröffentlichen. ²Die Entwürfe sind mit dem Hinweis zu veröffentlichen, dass Stellungnahmen während der Veröffentlichung abgegeben werden können.

(3) Die eingegangenen Stellungnahmen hat die Gesellschaft für Telematik auf der Internetseite des Interoperabilitätsverzeichnisses zu veröffentlichen.

(4) ¹Die Gesellschaft für Telematik stellt sicher, dass die Stellungnahmen bei der weiteren Prüfung der Entwürfe angemessen berücksichtigt werden. ²Dabei berücksichtigt die Gesellschaft für Telematik insbesondere diejenigen Anforderungen an elektronische Informationstechnologien, die die Interoperabilität sowie einen standardkonformen nationalen und internationalen Austausch von Daten und Informationen betreffen.

§ 392 Informationsportal. (1) ¹Als Bestandteil des Interoperabilitätsverzeichnisses hat die Gesellschaft für Telematik ein barrierefreies Informationsportal zu pflegen und zu betreiben. ²In das Informationsportal werden auf Antrag von Projektträgern oder von Anbietern elektronischer Anwendungen insbesondere Informationen über den Inhalt, den Verwendungszweck und die Finanzierung von elektronischen Anwendungen im Gesundheitswesen, insbesondere von telemedizinischen Anwendungen, sowie von elektronischen Anwendungen in der Pflege aufgenommen.

(2) Projektträger und Anbieter einer elektronischen Anwendung, die ganz oder teilweise aus Mitteln der gesetzlichen Krankenversicherung finanziert wird, sind verpflichtet, einen Antrag auf Aufnahme der Informationen nach Absatz 1 in das Informationsportal zu stellen.

(3) Das Nähere zu den Inhalten des Informationsportals und zu den Mindestinhalten des Antrags nach Absatz 2 legt die Gesellschaft für Telematik in der Geschäfts- und Verfahrensordnung für das Interoperabilitätsverzeichnis fest.

§ 393 Geschäfts- und Verfahrensordnung für das Interoperabilitätsverzeichnis. ¹Die Gesellschaft für Telematik erstellt für das Interoperabilitätsverzeichnis eine Geschäfts- und Verfahrensordnung. ²Die Geschäfts- und Verfahrensordnung regelt das Nähere

1. zur Pflege und zum Betrieb sowie zur Nutzung des Interoperabilitätsverzeichnisses,
2. zur Benennung der Experten und zu deren Kostenerstattung nach § 386,
3. zum Verfahren der Aufnahme von Informationen nach den §§ 387 bis 389 in das Interoperabilitätsverzeichnis und
4. zum Verfahren der Aufnahme von Informationen in das Informationsportal nach § 392.

§ 394 Bericht über das Interoperabilitätsverzeichnis. (1) ¹Die Gesellschaft für Telematik legt dem Bundesministerium für Gesundheit alle zwei Jahre, erstmals zum 2. Januar 2018, einen Bericht vor. ²Der Bericht enthält

1. Informationen über den Aufbau des Interoperabilitätsverzeichnisses,
2. Anwendungserfahrungen,
3. Vorschläge zur Weiterentwicklung des Interoperabilitätsverzeichnisses,
4. eine Einschätzung zur Standardisierung im Gesundheitswesen und
5. Empfehlungen zur Harmonisierung der Standards.

(2) Das Bundesministerium für Gesundheit kann weitere Inhalte für den Bericht bestimmen.

(3) Das Bundesministerium für Gesundheit leitet den Bericht an den Deutschen Bundestag weiter.

§ 394a Verordnungsermächtigung. (1) ¹Das Bundesministerium für Gesundheit wird ermächtigt, durch Rechtsverordnung ohne Zustimmung des Bundesrates zur Förderung der Interoperabilität und von offenen Standards und Schnittstellen, die Einrichtung und Organisation einer bei der Gesellschaft für Telematik unterhaltenen Koordinierungsstelle für Interoperabilität im Gesundheitswesen sowie eines von der Koordinierungsstelle eingesetzten Expertengremiums und deren jeweils notwendige Arbeitsstrukturen zu regeln. ²Die Koordinierungsstelle und das Expertengremium haben die Aufgabe, für informationstechnische Systeme, die im Gesundheitswesen eingesetzt werden,

1. einen Bedarf an technischen, semantischen und syntaktischen Standards, Profilen und Leitfäden zu identifizieren, zu priorisieren und diese gegebenenfalls selbst zu entwickeln,
2. technische, semantische und syntaktische Standards, Profile und Leitfäden für bestimmte Bereiche oder das gesamte Gesundheitswesen zu empfehlen und
3. technische, semantische und syntaktische Standards, Profile und Leitfäden auf einer Plattform, die aus dem elektronischen Interoperabilitätsverzeichnis nach § 385 weiterzuentwickeln und zu betreiben ist, zu veröffentlichen.

³Das Bundesministerium für Gesundheit kann in der Anlage zu der Rechtsverordnung nach Satz 1 Empfehlungen nach Satz 2 Nummer 2 für bestimmte Bereiche oder das gesamte Gesundheitswesen verbindlich festlegen.

(2) In der Rechtsverordnung nach Absatz 1 Satz 1 ist das Nähere zu regeln zu

1. der Zusammensetzung der Gremien nach Absatz 1 Satz 1,
2. dem Verfahrensablauf zur Benennung von Experten sowie den fachlichen Anforderungen an die zu benennenden Experten,
3. den Abstimmungsmodalitäten, einschließlich der Beschlussfähigkeit,
4. der Einrichtung von Arbeitskreisen aus dem Kreis der Mitglieder des Expertengremiums,
5. der Aufwandsentschädigung für die Experten,
6. den Einzelheiten der Aufgabenwahrnehmung nach Absatz 1 Satz 2 sowie den hierbei anzuwendenden Verfahren,
7. den Zuständigkeiten der Koordinierungsstelle und des Expertengremiums sowie der Pflicht der Koordinierungsstelle, dem Bundesamt für Sicherheit in der Informationstechnik und der oder dem Bundesbeauftragten für den Datenschutz und die Informationsfreiheit Gelegenheit zur Stellungnahme zu geben,
8. den Fristen für einzelne Aufgaben nach Absatz 1 Satz 2,
9. dem Inhalt, Betrieb und der Pflege der Plattform nach Absatz 1 Satz 2 Nummer 3 und
10. den Berichtspflichten der Koordinierungsstelle und des Expertengremiums gegenüber dem Bundesministerium für Gesundheit sowie den Berichtsinhalten.

§ 395 Nationales Gesundheitsportal. (1) Das Bundesministerium für Gesundheit errichtet und betreibt ein elektronisches, über allgemein zugängliche Netze sowie über die Telematikinfrastruktur nach § 306 aufrufbares Informationsportal, das gesundheits- und pflegebezogene Informationen barrierefrei in allgemein verständlicher Sprache zur Verfügung stellt (Nationales Gesundheitsportal).

(2) [1] Die Kassenärztlichen Bundesvereinigungen haben die Aufgabe, auf Suchanfragen der Nutzer nach bestimmten vertragsärztlichen Leistungserbringern über das Nationale Gesundheitsportal die in Satz 3 Nummer 1 bis 6 genannten, für die Suchanfrage relevanten arztbezogenen Informationen an das Nationale Gesundheitsportal zu übermitteln. [2] Die Suchergebnisse werden im Nationalen Gesundheitsportal dargestellt. [3] Die Kassenärztlichen Vereinigungen übermitteln ihrer jeweiligen Bundesvereinigung zu diesem Zweck regelmäßig aus den rechtmäßig von ihnen erhobenen Daten folgende Angaben:
1. den Vor- und Zunamen des Arztes und dessen akademischen Grad,
2. die Adresse, Telefonnummer und E-Mail-Adresse der Praxis oder der an der Versorgung teilnehmenden Einrichtung, in der der Arzt tätig ist,
3. die Fachgebiets-, Schwerpunkt- und Zusatzbezeichnungen,
4. die Sprechstundenzeiten,
5. die Zugangsmöglichkeit von Menschen mit Behinderung (Barrierefreiheit) zu der vertragsärztlichen Praxis oder der an der vertragsärztlichen Versorgung teilnehmenden Einrichtung, in der der Arzt tätig ist, sowie
6. das Vorliegen von Abrechnungsgenehmigungen für besonders qualitätsgesicherte Leistungsbereiche in der vertragsärztlichen Versorgung.

(3) Die Übermittlungspflicht nach Absatz 2 Satz 3 gilt auch für ermächtigte Einrichtungen, jedoch mit der Maßgabe, dass die Angaben nach Absatz 2 Satz 3 Nummer 2 bis 5 ohne Arztbezug einrichtungsbezogen übermittelt werden.

5. Buch. Gesetzliche Krankenversicherung § 396 SGB V 28

(4) Das Bundesministerium für Gesundheit legt in Abstimmung mit den Kassenärztlichen Bundesvereinigungen bis zum 31. Dezember 2021 das Nähere fest
1. zur Struktur und zum Format der Daten sowie
2. zum technischen Übermittlungsverfahren.

(5) Soweit sich die Vorschriften dieses Kapitels auf Ärzte und Kassenärztliche Vereinigungen beziehen, gelten sie entsprechend für Psychotherapeuten, Zahnärzte und Kassenzahnärztliche Vereinigungen, sofern nichts Abweichendes bestimmt ist.

Dreizehntes Kapitel. Straf- und Bußgeldvorschriften

§ 396 Zusammenarbeit zur Verfolgung und Ahndung von Ordnungswidrigkeiten. ¹Zur Verfolgung und Ahndung von Ordnungswidrigkeiten arbeiten die Krankenkassen insbesondere mit der Bundesagentur für Arbeit, den Behörden der Zollverwaltung, den Rentenversicherungsträgern, den Trägern der Sozialhilfe, den in § 71 des Aufenthaltsgesetzes genannten Behörden, den Finanzbehörden, den nach Landesrecht für die Verfolgung und Ahndung von Ordnungswidrigkeiten nach dem Schwarzarbeitsbekämpfungsgesetz zuständigen Behörden, den Trägern der Unfallversicherung und den für den Arbeitsschutz zuständigen Landesbehörden zusammen, wenn sich im Einzelfall konkrete Anhaltspunkte ergeben für
1. Verstöße gegen das Schwarzarbeitsbekämpfungsgesetz,
2. eine Beschäftigung oder Tätigkeit von nichtdeutschen Arbeitnehmern ohne den erforderlichen Aufenthaltstitel nach § 4 Abs. 3 des Aufenthaltsgesetzes, eine Aufenthaltsgestattung oder eine Duldung, die zur Ausübung der Beschäftigung berechtigen, oder eine Genehmigung nach § 284 Abs. 1 des Dritten Buches,
3. Verstöße gegen die Mitwirkungspflicht nach § 60 Abs. 1 Satz 1 Nr. 2 des Ersten Buches[1)] gegenüber einer Dienststelle der Bundesagentur für Arbeit, einem Träger der gesetzlichen Unfall- oder Rentenversicherung oder einem Träger der Sozialhilfe oder gegen die Meldepflicht nach § 8a des Asylbewerberleistungsgesetzes,
4. Verstöße gegen das Arbeitnehmerüberlassungsgesetz,
5. Verstöße gegen die Vorschriften des Vierten und des Siebten Buches über die Verpflichtung zur Zahlung von Beiträgen, soweit sie im Zusammenhang mit den in den Nummern 1 bis 4 genannten Verstößen stehen,
6. Verstöße gegen Steuergesetze,
7. Verstöße gegen das Aufenthaltsgesetz.

²Sie unterrichten die für die Verfolgung und Ahndung zuständigen Behörden, die Träger der Sozialhilfe sowie die Behörden nach § 71 des Aufenthaltsgesetzes. ³Die Unterrichtung kann auch Angaben über die Tatsachen enthalten, die für die Einziehung der Beiträge zur Kranken- und Rentenversicherung erforderlich sind. ⁴Die Übermittlung von Sozialdaten, die nach den §§ 284 bis 302 sowie nach dem Elften Kapitel von Versicherten erhoben werden, ist unzulässig.

[1)] Nr. 24.

§ 397 Bußgeldvorschriften. (1) Ordnungswidrig handelt, wer
1. entgegen § 335 Absatz 1 einen Zugriff auf dort genannte Daten verlangt,
2. entgegen § 335 Absatz 2 eine Vereinbarung abschließt oder
3. entgegen § 339 Absatz 3 Satz 1 oder Absatz 5 Satz 1 oder § 361 Absatz 2 Satz 1 oder Absatz 3 Nummer 1 auf dort genannte Daten zugreift.

(2) Ordnungswidrig handelt, wer vorsätzlich oder leichtfertig
1. a) als Arbeitgeber entgegen § 204 Abs. 1 Satz 1, auch in Verbindung mit Absatz 2 Satz 1, oder
   b) entgegen § 204 Abs. 1 Satz 3, auch in Verbindung mit Absatz 2 Satz 1, oder § 205 Nr. 3 oder
   c) als für die Zahlstelle Verantwortlicher entgegen § 202 Absatz 1 Satz 1
   eine Meldung nicht, nicht richtig, nicht vollständig oder nicht rechtzeitig erstattet,
2. entgegen § 206 Abs. 1 Satz 1 eine Auskunft oder eine Änderung nicht, nicht richtig, nicht vollständig oder nicht rechtzeitig erteilt oder mitteilt oder
3. entgegen § 206 Abs. 1 Satz 2 die erforderlichen Unterlagen nicht, nicht vollständig oder nicht rechtzeitig vorlegt.

(2a) Ordnungswidrig handelt, wer vorsätzlich oder fahrlässig
1. Ohne[1] Zulassung oder Bestätigung nach § 326 die Telematikinfrastruktur nutzt,
2. entgegen § 329 Absatz 2 Satz 1 eine Meldung nicht, nicht richtig, nicht vollständig oder nicht rechtzeitig macht oder
3. einer vollziehbaren Anordnung nach § 329 Absatz 3 Satz 2 oder § 333 Absatz 3 zuwiderhandelt.

(3) Die Ordnungswidrigkeit kann in den Fällen des Absatzes 2a mit einer Geldbuße bis zu dreihunderttausend Euro, in den Fällen des Absatzes 1 mit einer Geldbuße bis zu fünfzigtausend Euro, in den übrigen Fällen mit einer Geldbuße bis zu Zweitausendfünfhundert Euro geahndet werden.

(4) Verwaltungsbehörde im Sinne des § 36 Absatz 1 Nummer 1 des Gesetzes über Ordnungswidrigkeiten ist in den Fällen des Absatzes 2a das Bundesamt für Sicherheit in der Informationstechnik.

§ 398 Strafvorschriften. (1) Mit Freiheitsstrafe bis zu drei Jahren oder mit Geldstrafe wird bestraft, wer entgegen § 160 Absatz 2 Satz 1 die Zahlungsunfähigkeit oder die Überschuldung nicht, nicht richtig oder nicht rechtzeitig anzeigt.

(2) Handelt der Täter fahrlässig, so ist die Strafe Freiheitsstrafe bis zu einem Jahr oder Geldstrafe.

§ 399 Strafvorschriften. (1) Mit Freiheitsstrafe bis zu einem Jahr oder mit Geldstrafe wird bestraft, wer
1. entgegen § 64e Absatz 11 Satz 2 Nummer 2 oder § 303e Absatz 5 Satz 1 Nummer 2, auch in Verbindung mit § 363 Absatz 4 Satz 2, Daten weitergibt,
2. entgegen § 64e Absatz 11 Satz 5 oder § 303e Absatz 5 Satz 4, auch in Verbindung mit § 363 Absatz 4 Satz 2, dort genannte Daten verarbeitet oder

---

[1] Großschreibung amtlich.

3. entgegen § 352, § 356 Absatz 1 oder 2, § 357 Absatz 1, 2 Satz 1 oder Absatz 3, § 359 Absatz 1 oder § 361 Absatz 1 auf dort genannte Daten zugreift.

(2) Handelt der Täter gegen Entgelt oder in der Absicht, sich oder einen Anderen zu bereichern oder einen Anderen zu schädigen, so ist die Strafe Freiheitsstrafe bis zu drei Jahren oder Geldstrafe.

(3) [1] Die Tat wird nur auf Antrag verfolgt. [2] Antragsberechtigt sind der Betroffene, der Bundesbeauftragte für den Datenschutz oder die zuständige Aufsichtsbehörde.

Anlage
(zu § 307 Absatz 1 Satz 3 SGB V)

Datenschutz-Folgenabschätzung

Inhaltsverzeichnis

1. Zusammenfassung
2. Datenschutz-Folgenabschätzung (§ 307 Absatz 1 Satz 3 SGB V)
  2.1. Systematische Beschreibung der Verarbeitungsvorgänge (Artikel 35 Absatz 7 Buchstabe a DSGVO[1])
    2.1.1. Kategorien von Verarbeitungsvorgängen
    2.1.2. Systematische Beschreibung
  2.2. Notwendigkeit und Verhältnismäßigkeit (Artikel 35 Absatz 7 Buchstabe b DSGVO[1])
  2.3. Risiken für die Rechte und Freiheiten der betroffenen Personen (Artikel 35 Absatz 7 Buchstabe c DSGVO[1])
  2.4. Abhilfemaßnahmen (Artikel 35 Absatz 7 Buchstabe d DSGVO[1])
  2.5. Einbeziehung betroffener Personen

1. Zusammenfassung

Diese Anlage enthält die Datenschutz-Folgenabschätzung nach Artikel 35 Absatz 10 der Verordnung (EU) 2016/679[1] (DSGVO) gemäß § 307 Absatz 1 Satz 3 des Fünften Buches Sozialgesetzbuch (SGB V).

Die Datenschutz-Folgenabschätzung dieser Anlage betrachtet ausschließlich die von der Gesellschaft für Telematik zugelassenen Komponenten der dezentralen Telematikinfrastruktur (TI) nach § 306 Absatz 2 Nummer 1 SGB V. Da diese dezentralen Komponenten jedoch nur einen Teilbereich der gesamten IT-Unterstützung beim Leistungserbringer darstellen und der Leistungserbringer regelmäßig weitere Betriebsmittel nutzen wird, hat der Leistungserbringer zu prüfen, ob nach Artikel 35 DSGVO für diese weiteren Betriebsmittel eine ergänzende Datenschutz-Folgenabschätzung durchzuführen ist.

Ergebnis der Datenschutz-Folgenabschätzung (§ 307 Absatz 1 Satz 3 SGB V):

Die korrekte Nutzung einer von der Gesellschaft für Telematik gemäß § 325 SGB V zugelassenen Komponente der dezentralen Infrastruktur der TI nach § 306 Absatz 2 Nummer 1 SGB V ist geeignet, ein Schutzniveau zu gewährleisten, das dem hohen Risiko entspricht, welches aus der Datenverarbeitung für die Rechte und Freiheiten der Betroffenen folgt, sofern die Komponenten vom Leistungserbringer gemäß Betriebshandbuch betrieben werden und der

---

[1] Nr. 1.

Leistungserbringer für seine Ablauforganisation sowie die weiteren genutzten dezentralen Betriebsmittel (z.B. IT-gestützter Arbeitsplatz, aktive Netzwerkkomponenten) die Vorschriften zum Schutz personenbezogener Daten einhält.

Die technischen Maßnahmen der Komponenten der dezentralen Infrastruktur der TI zur Gewährleistung der Datensicherheit werden gemäß § 311 Absatz 2 SGB V im Einvernehmen mit dem Bundesamt für Sicherheit in der Informationstechnik (BSI) und der oder dem Bundesbeauftragten für den Datenschutz und die Informationsfreiheit (BfDI) festgelegt und wirken den Risiken für die Rechte und Freiheiten der Betroffenen angemessen entgegen. Die korrekte Implementierung dieser Maßnahmen in den Komponenten der dezentralen Infrastruktur der Hersteller wird der Gesellschaft für Telematik im Rahmen des Zulassungsprozesses gemäß § 325 SGB V nachgewiesen.

Die in dieser Anlage betrachteten Verarbeitungsvorgänge der dezentralen Komponenten der TI entsprechen den konkreten Verarbeitungsvorgängen in den Komponenten der dezentralen TI eines Leistungserbringers. Die Komponenten der dezentralen TI stellen technisch sicher, dass Leistungserbringer mit diesen Komponenten ausschließlich die in dieser Anlage betrachteten Verarbeitungsvorgänge durchführen können. Es ist mit diesen Komponenten nicht möglich, darüber hinausgehende oder abweichende Verarbeitungsvorgänge durchzuführen. Zur Verhinderung einer negativen Beeinflussung der Verarbeitungen in den Komponenten besitzen die Komponenten geprüfte Schutzmaßnahmen. Die konkrete Einsatzumgebung der Komponenten der dezentralen TI ist spezifisch für den jeweiligen Leistungserbringer; für diese hat der Leistungserbringer daher erforderlichenfalls eine eigene ergänzende Datenschutz-Folgenabschätzung durchzuführen.

2. Datenschutz-Folgenabschätzung (§ 307 Absatz 1 Satz 3 SGB V)

Die Datenschutz-Folgenabschätzung für die Komponenten der dezentralen Infrastruktur der TI gemäß § 306 Absatz 2 Nummer 1 SGB V basiert auf den Kriterien der „Leitlinien zur Datenschutz-Folgenabschätzung (DSFA) und Beantwortung der Frage, ob eine Verarbeitung im Sinne der Verordnung 2016/679 ‚wahrscheinlich ein hohes Risiko mit sich bringt' (Artikel 29 WP 248 Rev. 1)" der Datenschutzgruppe nach Artikel 29 (nun Europäischer Datenschutzausschuss; der Europäische Datenschutzausschuss hat die mit der Datenschutz-Grundverordnung[1]) zusammenhängenden Leitlinien der Artikel-29-Datenschutzgruppe – darunter die soeben genannte – bei seiner ersten Plenarsitzung bestätigt, so dass diese fortgelten).

2.1. Systematische Beschreibung der Verarbeitungsvorgänge (Artikel 35 Absatz 7 Buchstabe a DSGVO[1]))

Mittels der Komponenten der dezentralen TI nutzen Leistungserbringer Anwendungen der TI, Dienste der zentralen TI oder der Anwendungsinfrastruktur der TI sowie über die TI erreichbare Anwendungen bzw. Dienste. Die Komponenten bieten den Leistungserbringern zudem Funktionen zur Ver- bzw. Entschlüsselung und Signatur von Daten.

Die Gesellschaft für Telematik und die Krankenkassen stellen Informationsmaterial öffentlich zur Verfügung, in dem die Funktionsweise der Anwendungen der TI erklärt wird. Zudem veröffentlicht die Gesellschaft für Telematik

---

[1]) Nr. 1.

auf ihrer Internetseite die Spezifikationen, auf deren Basis die Komponenten und Dienste der TI entwickelt und zugelassen werden müssen.

2.1.1. Kategorien von Verarbeitungsvorgängen

Die Verarbeitungsvorgänge in der dezentralen Infrastruktur lassen sich in drei Kategorien unterteilen:

Kategorie 1: (ausschließlich) Transport von Daten ohne weitere Verarbeitung

Kategorie 2: Weitere Verarbeitung (betrifft ausschließlich Verschlüsselung, Signatur, Authentifizierung)

Kategorie 3: Verarbeitungen, die über jene in den Kategorien 1 und 2 hinausgehen.

Kategorie 1: (ausschließlich) Transport von Daten ohne weitere Verarbeitung

Diese Kategorie umfasst alle Verarbeitungsvorgänge, in denen einer Komponente der dezentralen Infrastruktur personenbezogene Daten übergeben werden (z.B. vom Primärsystem) und in denen die Komponente der dezentralen Infrastruktur die übergebenen Daten unverändert an die vorgesehene Empfängerkomponente weiterleitet.

Empfängerkomponenten können Teil der zentralen TI, der Anwendungsinfrastruktur der TI oder eines an die TI angeschlossenen Netzes sein. Empfängerkomponenten können selbst Teil der dezentralen Infrastruktur sein (z.B. Kartenterminals).

Die Komponente der dezentralen Infrastruktur übernimmt für diese Verarbeitungsvorgänge lediglich eine Weiterleitungsfunktion. Eine weitere Verarbeitung der transportierten Daten erfolgt nicht.

Zu dieser Kategorie gehören insbesondere Verarbeitungsvorgänge

der weiteren Anwendungen nach § 327 SGB V,

der sicheren Übermittlungsverfahren nach § 311 Absatz 1 Nummer 5 SGB V sowie

der Anwendungen nach § 334 Absatz 1 Satz 2 Nummer 2, 6 und 7 SGB V.

Kategorie 2: Weitere Verarbeitung (Verschlüsselung, Signatur, Authentifizierung)

Zu dieser Kategorie gehören die Ver- und Entschlüsselungen sowie die Signaturoperationen, die mittels der Verschlüsselungs- und Signaturfunktionen der dezentralen Infrastruktur durchgeführt werden. Hier werden die zu verschlüsselnden bzw. zu entschlüsselnden Daten sowie die zu signierenden Daten übergeben. Es erfolgt keine über die Ver- bzw. Entschlüsselung bzw. Signatur hinausgehende Verarbeitung in den Komponenten der dezentralen Infrastruktur.

Die Funktionen zur Ver- und Entschlüsselung sowie der Signatur können durch Anwendungen der Kategorie 1 und 3 genutzt werden.

Kategorie 3: Verarbeitungen, die über jene in den Kategorien 1 und 2 hinausgehen

In diesen Verarbeitungsvorgängen werden die einer Komponente der dezentralen Infrastruktur übergebenen Daten in der dezentralen Infrastruktur anwendungsspezifisch verarbeitet, d.h. die Verarbeitung ist im Gegensatz zu den bisherigen Kategorien nicht auf den Transport, die Ver- und Entschlüsselung oder die Signatur beschränkt.

Zu dieser Kategorie gehören die Verarbeitungsvorgänge des Versichertenstammdatenmanagements nach § 291b SGB V sowie der Anwendungen nach § 334 Absatz 1 Satz 2 Nummer 1 und 3 bis 5 SGB V.

2.1.2. Systematische Beschreibung

Die systematische Beschreibung hat nach Erwägungsgrund (ErwG) 90 sowie Artikel 35 Absatz 7 Buchstabe a und Absatz 8 DSGVO[1]) sowie nach den „Leitlinien zur Datenschutz-Folgenabschätzung (DSFA) und Beantwortung der Frage, ob eine Verarbeitung im Sinne der Verordnung 2016/679 ‚wahrscheinlich ein hohes Risiko mit sich bringt' " der Artikel-29-Datenschutzgruppe (WP 248) zu enthalten:

Kriterium	Beschreibung
Art der Verarbeitung: (ErwG 90 DSGVO)	siehe Abschnitt 2.1.1
Umfang der Verarbeitung: (ErwG 90 DSGVO)	Die Komponenten der dezentralen Infrastruktur der TI verarbeiten insbesondere besondere Kategorien personenbezogener Daten gemäß Artikel 9 Absatz 1 DSGVO, nämlich Gesundheitsdaten natürlicher Personen (Versicherter) i.S.v. Artikel 4 Nummer 15 DSGVO.
	Dies sind beispielsweise elektronische Arztbriefe, medizinische Befunde und Diagnosen, der elektronische Medikationsplan nach § 31a SGB V, die elektronischen Notfalldaten, elektronische Impfdokumentation oder elektronische Verordnungen.
	Es werden zudem insbesondere Daten gemäß § 291a Absatz 2 und 3 SGB V (Versichertenstammdaten) verarbeitet.
	Zum ordnungsgemäßen Betrieb der Komponenten der dezentralen Infrastruktur der TI erfolgt eine Protokollierung innerhalb der Komponenten. Diese Protokolle enthalten keine personenbezogenen Daten gemäß Artikel 9 Absatz 1 DSGVO. Sie können personenbezogene Daten des Leistungserbringers enthalten, bei denen es sich regelmäßig nicht um besondere Kategorien personenbezogener Daten handelt.
	In den Komponenten werden die Benutzernamen der berechtigten Administratoren hinterlegt. Die Benutzernamen werden vom Leistungserbringer oder vom beauftragten Dienstleister frei gewählt. Die Benutzernamen der Administratoren können auch Pseudonyme sein, sofern die Administratoren eindeutig unterschieden werden können.
	Personenbezogene Daten von Versicherten können in Protokollen nur im Falle eines Fehlers zum Zwecke der Behebung des Fehlers temporär gespeichert werden.

---

[1]) Nr. 1.

5. Buch. Gesetzliche Krankenversicherung **Anl. SGB V 28**

Kriterium	Beschreibung
	Zum Zwecke der netztechnischen Adressierung besitzen Komponenten der dezentralen Infrastruktur IP-Adressen. Von der Verarbeitung betroffene Personen sind: – Versicherte, – Leistungserbringer sowie – ggf. Administratoren der Komponenten.
Umstände bzw. Kontext der Verarbeitung: (Artikel-29-Datenschutzgruppe, WP 248, 21)	Kategorie 1: Die Verarbeitung erfolgt im Kontext einer Anwendung bzw. der Nutzung eines Dienstes durch den Leistungserbringer, die bzw. der über die dezentrale Infrastruktur der TI technisch erreichbar ist (z.B. Nutzung einer weiteren Anwendung nach § 327 SGB V). Kategorie 2: Die Verarbeitung erfolgt im Rahmen einer vom Leistungserbringer gewünschten Ver- bzw. Entschlüsselung oder Signatur von Daten, die der Leistungserbringer auswählt. Kategorie 3: Die Verarbeitung der personenbezogenen Daten in den dezentralen Komponenten der TI erfolgt im Rahmen der Versorgung von Versicherten gemäß den im SGB V festgelegten Zwecken.
Zweck der Verarbeitung: (Artikel 35 Absatz 7 Buchstabe a DSGVO)	Kategorie 1: Der Zweck beschränkt sich auf die Weiterleitung der Daten an den korrekten Empfänger. Es erfolgt keine darüber hinausgehende Verarbeitung der Daten in den Komponenten der dezentralen Infrastruktur der TI. Kategorie 2: Zweck ist die Ver- bzw. Entschlüsselung bzw. Signatur der übergebenen Daten. Kategorie 3: Die Zwecke der Verarbeitungen sind gesetzlich im SGB V festgelegt. – Den Zweck des Versichertenstammdatenmanagements legt § 291b Absatz 1 und 2 SGB V fest. – Die Anwendungen nach § 334 Absatz 1 Satz 2 SGB V dienen gemäß § 334 Absatz 1 Satz 1 SGB V der Verbesserung der Wirtschaftlichkeit, der Qualität und der Transparenz der Versorgung. Der Zweck der einzelnen Anwendungen ist in § 334 Absatz 1 Satz 2 SGB V festgelegt und wird für einzelne Anwendungen in weiteren Paragraphen des SGB V konkretisiert (z.B. für die elektronische Patientenakte in § 341 SGB V).
Empfängerinnen und Empfänger:	Kategorie 1: Die der dezentralen Komponente übergebenen Daten werden an die gewählte Empfängerkomponente weiterge-

Kriterium	Beschreibung
(Artikel-29-Datenschutzgruppe, WP 248, 21)	leitet. Die Empfänger der Daten in den Empfängerkomponenten sind abhängig von der Anwendung bzw. dem Dienst, zu der bzw. zu dem die Empfängerkomponente gehört. Kategorie 2: Empfänger der ver- bzw. entschlüsselten bzw. signierten Daten ist der Leistungserbringer, der die Daten der Komponenten zur Ver- bzw. Entschlüsselung bzw. Signatur übergeben hat. Kategorie 3: Die in der dezentralen Komponente verarbeiteten Daten einer Anwendung können an die berechtigten Empfänger dieser Anwendung weitergeleitet werden. Die für die Anwendungen dieser Kategorie berechtigten Empfänger sind im SGB V gesetzlich festgelegt; ihnen wird durch Gesetz eine Berechtigung zum Zugriff auf die Daten der Anwendungen erteilt.
Speicherdauer: (Artikel-29-Datenschutzgruppe, WP 248, 21)	In den Komponenten der dezentralen Infrastruktur der TI werden keine personenbezogenen Daten gemäß Artikel 9 Absatz 1 DSGVO persistent gespeichert. Sie werden nur temporär für den erforderlichen Zweck verarbeitet und danach sofort gelöscht. Eine persistente Speicherung von personenbezogenen Daten kann in den Protokollen der Komponenten erfolgen. Die Protokolle mit Personenbezug werden dabei nach einem festgelegten Turnus durch die Komponente automatisch gelöscht bzw. können aktiv vom Administrator der Komponente gelöscht werden. Die nach außen sichtbaren IP-Adressen der Komponenten werden regelmäßig gewechselt.
Funktionelle Beschreibung der Verarbeitung: (Artikel 35 Absatz 7 Buchstabe a DSGVO)	Kategorie 1: Hier erfolgt nur eine Weiterleitung übergebener Daten. Es erfolgt keine weitere Verarbeitung der Daten. Kategorie 2: Es handelt sich ausschließlich um Funktionen zur Ver- und Entschlüsselung sowie Signatur. Kategorie 3: Die Funktionalität dieser Anwendungen ist gesetzlich festgelegt. Die Konkretisierung dieser Funktionen in den Komponenten erfolgt in den Spezifikationen der Gesellschaft für Telematik, die auf deren Internetseite veröffentlicht werden.
Beschreibung der Anlagen (Hard- und Software bzw.	Die Komponenten der dezentralen Infrastruktur werden von der Gesellschaft für Telematik spezifiziert. Die Spezifikationen sind von der Gesellschaft für Telematik auf ihrer Internetseite veröffentlicht. Bei der Spezifikation werden

Kriterium	Beschreibung
sonstige Infrastruktur): (Artikel-29-Datenschutzgruppe, WP 248, 21)	die technischen und organisatorischen Maßnahmen zum Schutz der verarbeiteten personenbezogenen Daten gemäß Artikel 25 und 32 DSGVO berücksichtigt.
Eingehaltene, gemäß Artikel 40 DSGVO genehmigte Verhaltensregeln: (Artikel-29-Datenschutzgruppe, WP 248, 21)	Es wurden keine Verhaltensregeln gemäß Artikel 40 DSGVO berücksichtigt.

2.2. Notwendigkeit und Verhältnismäßigkeit (Artikel 35 Absatz 7 Buchstabe b DSGVO[1]))

Im Rahmen der Bewertung der Notwendigkeit und Verhältnismäßigkeit der Verarbeitungsvorgänge müssen nach den ErwGen 90 und 96, nach Artikel 35 Absatz 7 Buchstabe b und d DSGVO sowie nach den „Leitlinien zur Datenschutz-Folgenabschätzung (DSFA) und Beantwortung der Frage, ob eine Verarbeitung im Sinne der Verordnung 2016/679 ‚wahrscheinlich ein hohes Risiko mit sich bringt' " der Artikel-29-Datenschutzgruppe (WP 248) Maßnahmen zur Einhaltung der Verordnung bestimmt werden, wobei Folgendes berücksichtigt werden muss:

Maßnahmen im Sinne der Verhältnismäßigkeit und Notwendigkeit der Verarbeitung (Artikel 5 und 6 DSGVO) sowie

Maßnahmen im Sinne der Rechte der Betroffenen (Artikel 12 bis 21, 28, 36 und Kapitel V DSGVO).

Kriterium	Beschreibung
Festgelegter Zweck: (Artikel 5 Absatz 1 Buchstabe b DSGVO)	Kategorie 1: Der Zweck ist die Weiterleitung der Daten ohne sonstige Verarbeitung der Daten. Kategorie 2: Der Zweck ist durch die Funktionen Ver- bzw. Entschlüsselung und Signatur festgelegt. Kategorie 3: Die Zwecke der Anwendungen dieser Kategorie sind gesetzlich im SGB V festgelegt.
Eindeutiger Zweck: (Artikel 5 Absatz 1 Buchstabe b DSGVO)	Die Zwecke sind eindeutig. Für die Anwendungen nach den §§ 291b, 334 und 311 SGB V sind die Zwecke im SGB V eindeutig festgelegt; eine zweckfremde Verarbeitung unterliegt den Straf- und Bußgeldvorschriften der §§ 397 und 399 SGB V.

---

[1]) Nr. 1.

Kriterium	Beschreibung
Legitimer Zweck: (Artikel 5 Absatz 1 Buchstabe b DSGVO)	Kategorie 1: Die Verarbeitung in der dezentralen Infrastruktur der TI erfolgt im Rahmen einer Anwendung, die der Leistungserbringer über die dezentrale Infrastruktur technisch erreicht. Im Rahmen der Nutzung dieser Anwendung (die selbst einem legitimen Zweck unterliegen muss) ist die Weiterleitung der Daten durch die dezentrale Infrastruktur nur ein technisches Hilfsmittel zur Nutzung der vom Leistungserbringer gewählten Anwendung und für die Nutzung der Anwendung erforderlich. Kategorie 2: Der Leistungserbringer verarbeitet die Daten für seine eigenen Zwecke. Er bestimmt den Zeitpunkt der Ver- bzw. Entschlüsselung bzw. Signatur und die Daten, die ver- bzw. entschlüsselt bzw. signiert werden sollen. Kategorie 3: Die Zwecke der Verarbeitung der Daten in den Anwendungen dieser Kategorie sind legitim, da sie der Verbesserung der Wirtschaftlichkeit, der Qualität und der Transparenz der Versorgung im deutschen Gesundheitswesen dienen.
Rechtmäßigkeit der Verarbeitung: (Artikel-29-Datenschutzgruppe, WP 248, 21 i.V.m. Artikel 6 DSGVO)	Kategorie 1: Die Rechtmäßigkeit basiert auf der Rechtmäßigkeit der Verarbeitung der Daten in der Anwendung, die der Leistungserbringer nutzt und an die die dezentrale Infrastruktur der TI die Daten technisch weiterleitet. Kategorie 2: Der Leistungserbringer verarbeitet die Daten für seine eigenen Zwecke, wobei es sich regelmäßig um Behandlungszwecke handelt, deren gesetzliche Verarbeitungsgrundlagen sich in § 22 Absatz 1 BDSG[1] bzw. – im Falle der Verarbeitung durch Krankenhäuser oder Landeseinrichtungen – in speziellen Rechtsgrundlagen finden. Der Leistungserbringer bestimmt den Zeitpunkt der Ver- bzw. Entschlüsselung bzw. Signatur und die Daten, die ver- bzw. entschlüsselt bzw. signiert werden sollen. Kategorie 3: Die Rechtmäßigkeit ergibt sich aus – Artikel 6 Absatz 1 Buchstabe c DSGVO i.V.m. § 291b SGB V beim Versichertenstammdatenmanagement bzw. – einer Einwilligung des Versicherten nach Artikel 9 Absatz 2 Buchstabe a DSGVO und § 339 SGB V bei Anwendungen nach § 334 SGB V.

---

[1] Nr. 6.

Kriterium	Beschreibung
Angemessenheit und Erheblichkeit der Verarbeitung, Beschränktheit der Verarbeitung auf das notwendige Maß: (Artikel-29-Datenschutzgruppe, WP 248, 21 i.V.m. Artikel 5 Absatz 1 Buchstabe c DSGVO)	Kategorie 1: Die Verarbeitung ist auf die Weiterleitung von Daten an die vom Leistungserbringer gewünschte Empfängerkomponente beschränkt. Eine weitere Verarbeitung der Daten erfolgt nicht. Die Weiterleitung der Daten ist notwendig, damit der Leistungserbringer die zur Empfängerkomponente gehörende Anwendung nutzen kann. Da neben der Weiterleitung keine weitere Verarbeitung der Daten in den Komponenten der dezentralen Infrastruktur erfolgt, ist die Verarbeitung mit Blick auf ihren Zweck minimal. Kategorie 2: Um Daten ver- bzw. entschlüsseln bzw. signieren zu können, müssen diese Daten verarbeitet werden. Eine darüber hinausgehende Verarbeitung der Daten erfolgt nicht, so dass die Datenverarbeitung mit Blick auf ihren Zweck minimal ist. Kategorie 3: Die Verarbeitung setzt die gesetzlichen Vorgaben des SGB V um. Es erfolgen keine Verarbeitungen, die über den gesetzlichen Zweck hinausgehen. – Der Umfang der Versichertenstammdaten ist in § 291a SGB V festgelegt. – Die in den Anwendungen nach § 334 SGB V verarbeiteten medizinischen Daten sind im SGB V abstrakt gesetzlich festgelegt. Die Konkretisierung dieser Daten erfolgt in den Spezifikationen der Gesellschaft für Telematik, die diese auf ihrer Internetseite veröffentlicht. Die Festlegungen in den Spezifikationen werden nach § 311 Absatz 2 SGB V im Einvernehmen mit dem BSI und dem BfDI getroffen. Die Protokolldaten in den Komponenten der dezentralen Infrastruktur dienen der Analyse von Fehlern und Sicherheitsvorfällen sowie der Analyse der Performanz. Die Protokolle sind für einen sicheren und ordnungsgemäßen Betrieb des Konnektors notwendig. In den Protokollen werden keine personenbezogenen Daten gemäß Artikel 9 Absatz 1 DSGVO gespeichert. Die IP-Adresse des Konnektors ist für die Kommunikation mit der zentralen TI technisch notwendig. Es wird bei jedem Neuaufbau einer Verbindung zur zentralen TI zufällig eine IP-Adresse zugewiesen.
Speicherbegrenzung: (Artikel-29-Datenschutzgruppe, WP 248, 21 i.V.m. Artikel 5	siehe Speicherdauer in Abschnitt 2.1.2

Kriterium	Beschreibung
Absatz 1 Buchstabe e DSGVO)	
Informationspflicht gegenüber Betroffenem: (Artikel-29-Datenschutzgruppe, WP 248, 21 i.V.m. Artikel 12, 13 und 14 DSGVO)	Kategorie 1: Die Verarbeitung in der dezentralen Infrastruktur der TI erfolgt im Rahmen einer Anwendung, die der Leistungserbringer über die dezentrale Infrastruktur technisch erreicht. Der Verantwortliche für die Anwendung hat die Informationspflichten gemäß DSGVO zu erfüllen. Kategorie 2: Der Leistungserbringer verarbeitet seine eigenen Daten zu eigenen Zwecken. Eine Information von betroffenen Personen ist nicht erforderlich. Kategorie 3: Der Leistungserbringer ist gemäß § 307 Absatz 1 Satz 1 SGB V Verantwortlicher für die Verarbeitung personenbezogener Daten mittels der Komponenten der dezentralen Infrastruktur und hat somit die Informationspflichten gegenüber den Betroffenen zu erfüllen. Begleitend werden Versicherten generelle Informationen zur TI zur Verfügung gestellt. Diesbezügliche gesetzliche Informationspflichten ergeben sich insbesondere aus den folgenden Normen: – § 314 SGB V verpflichtet die Gesellschaft für Telematik, auf ihrer Internetseite Informationen für die Versicherten in präziser, transparenter, verständlicher, leicht zugänglicher und barrierefreier Form zur Verfügung zu stellen. – Die §§ 291, 342, 343 und 358 SGB V verpflichten die Krankenkassen zur Information von Versicherten: Gemäß § 291 Absatz 5 SGB V informiert die Krankenkasse den Versicherten spätestens bei der Versendung der elektronischen Gesundheitskarte an diesen umfassend und in allgemein verständlicher, barrierefreier Form über die Funktionsweise der elektronischen Gesundheitskarte und über die Art der personenbezogenen Daten, die nach § 291a SGB V mittels der elektronischen Gesundheitskarte zu verarbeiten sind. Gemäß § 343 SGB V haben Krankenkassen umfassendes, geeignetes Informationsmaterial über die elektronische Patientenakte in präziser, transparenter, verständlicher und leicht zugänglicher Form in einer klaren und einfachen Sprache und barrierefrei zur Verfügung zu stellen. Zur Unterstützung der Informationspflichten der Krankenkassen nach § 343 SGB V hat der Spitzenverband Bund der Krankenkassen im Einvernehmen mit dem BfDI geeignetes Informationsmaterial, auch in elektronischer Form, zu erstellen und den Krankenkassen zur verbindlichen Nutzung zur Verfügung zu stellen.

Kriterium	Beschreibung
	Jede Krankenkasse richtet zudem nach § 342 Absatz 3 SGB V eine Ombudsstelle ein, an die sich Versicherte mit ihren Anliegen im Zusammenhang mit der elektronischen Patientenakte wenden können. Mit der Einführung der elektronischen Notfalldaten, der elektronischen Patientenkurzakte und des elektronischen Medikationsplans haben die Krankenkassen den Versicherten auch hierzu nach § 358 Absatz 8 SGB V geeignetes Informationsmaterial in präziser, transparenter, verständlicher und leicht zugänglicher Form in einer klaren und einfachen Sprache barrierefrei zur Verfügung zu stellen. Auch dieses Informationsmaterial ist gemäß § 358 Absatz 9 SGB V im Einvernehmen mit dem BfDI zu erstellen.
Auskunftsrecht der betroffenen Personen: **(Artikel-29-Datenschutzgruppe, WP 248, 21 i.V.m. Artikel 15 DSGVO)**	Diese Anlage i.V.m. den Informationen gemäß den §§ 314 und 343 SGB V gibt den Versicherten Auskunft über die in Artikel 15 DSGVO geforderten Informationen. Die Informationen nach § 314 Satz 1 Nummer 7 und 8 SGB V enthalten insbesondere die Benennung der Verantwortlichen für die Daten im Hinblick auf die verschiedenen Datenverarbeitungsvorgänge und die Pflichten der datenschutzrechtlich Verantwortlichen sowie die Rechte des Versicherten gegenüber den datenschutzrechtlich Verantwortlichen nach der DSGVO. In den Komponenten der dezentralen Infrastruktur werden zudem keine Daten von Versicherten persistent gespeichert.
Recht auf Berichtigung und Löschung: **(Artikel-29-Datenschutzgruppe, WP 248, 21 i.V.m. Artikel 16, 17 und 19)**	In den Komponenten der dezentralen Infrastruktur werden Daten von Versicherten nur temporär verarbeitet und dann sofort gelöscht. Es erfolgt keine persistente Speicherung von Daten der Versicherten.
Recht auf Datenübertragbarkeit: **(Artikel 20 DSGVO)**	Es werden in den Komponenten der dezentralen Infrastruktur keine Daten von Versicherten persistent gespeichert, so dass keine Daten übertragen werden könnten.
Auftragsverarbeiterinnen und Auftragsverarbeiter: **(Artikel 28 DSGVO)**	Der Leistungserbringer ist nach § 307 Absatz 1 Satz 1 SGB V Verantwortlicher für die Verarbeitung personenbezogener Daten mittels der Komponenten der dezentralen Infrastruktur. Falls der Leistungserbringer einen Auftragsverarbeiter mit dem Betrieb der dezentralen Komponenten der TI beauftragt, hat der Leistungserbringer die Ein-

Kriterium	Beschreibung
	haltung der Vorgaben gemäß Artikel 28 DSGVO zu gewährleisten.
Schutzmaßnahmen bei der Übermittlung in Drittländer: (Kapitel V DSGVO)	Kategorie 1: Die Verarbeitung in der dezentralen Infrastruktur der TI erfolgt im Rahmen einer Anwendung, die der Leistungserbringer über die dezentrale Infrastruktur technisch erreicht. Der Verantwortliche für die Anwendung hat bei der Übermittlung in Drittländer die Schutzmaßnahmen gemäß DSGVO zu berücksichtigen. Kategorie 2: Es erfolgt keine Übermittlung an Drittländer. Kategorie 3: Es erfolgt keine Übermittlung an Drittländer, da die Dienste innerhalb der EU bzw. des EWR betrieben werden müssen.
Vorherige Konsultation: (Artikel 36 und ErwG 96 DSGVO)	Gemäß § 311 Absatz 2 SGB V hat die Gesellschaft für Telematik die Festlegungen und Maßnahmen für die TI nach § 311 Absatz 1 Nummer 1 SGB V im Einvernehmen mit dem BSI und dem BfDI zu treffen. Dies umfasst insbesondere auch die Erstellung der funktionalen und technischen Vorgaben der Komponenten der dezentralen Infrastruktur der TI.

2.3. Risiken für die Rechte und Freiheiten der betroffenen Personen (Artikel 35 Absatz 7 Buchstabe c DSGVO[1])

Die Risiken für die Rechte und Freiheiten der betroffenen Personen sind nach ihrer Ursache, Art, Besonderheit, Schwere und Eintrittswahrscheinlichkeit zu bewerten (ErwGe 76, 77, 84 und 90 DSGVO). Nach den ErwGen 75 und 85 DSGVO sind unter anderem die potentiellen Risiken dieses Abschnitts genannt.

Risikoquellen sind

beim Leistungserbringer tätige Personen inklusive des Leistungserbringers als Verantwortlicher, die unbeabsichtigt und unbewusst den zulässigen Rahmen der Verarbeitung überschreiten könnten,

Angreifer, die bewusst aus der Umgebung des Leistungserbringers in die Verarbeitungsvorgänge der Komponenten der dezentralen TI eingreifen wollen,

Angreifer, die bewusst von außerhalb der Leistungserbringerumgebung in die Verarbeitungsvorgänge der Komponenten der dezentralen TI eingreifen wollen,

Hersteller der Komponenten der dezentralen TI sowie

technische Fehlfunktionen der Komponenten der dezentralen TI.

Da in den Komponenten der dezentralen TI besondere Kategorien personenbezogener Daten verarbeitet werden, besteht ein hohes Ausgangsrisiko für die Rechte und Freiheiten natürlicher Personen. Das hohe Ausgangsrisiko wird

---

[1] Nr. 1.

durch die Abhilfemaßnahmen in Abschnitt 2.4 auf ein angemessenes Risiko gesenkt, falls die dezentralen Komponenten vom Leistungserbringer gemäß Betriebshandbuch betrieben werden. Durch die Anwendung der in § 75b SGB V geforderten Richtlinie zur IT-Sicherheit und die Anforderungen an die Wartung von Diensten gemäß § 332 SGB V werden Risiken im Betrieb der dezentralen Komponenten der TI wesentlich gesenkt.

Da die Maßnahmen der Komponenten der dezentralen TI zur Gewährleistung der Datensicherheit in gleicher Weise auf alle in den Komponenten verarbeiteten personenbezogenen Daten wirken und nicht spezifisch für einzelne Verarbeitungsvorgänge sind, erfolgt die Bewertung der Angemessenheit der Abhilfemaßnahmen der Komponenten hinsichtlich der Daten, deren Verarbeitung die höchsten Risiken für die Betroffenen bedeutet, nach dem Maximum-Prinzip. Es handelt sich hierbei um die personenbezogenen Daten nach Artikel 9 Absatz 1 DSGVO der Versicherten. Nach diesen Daten bestimmen sich die in den Komponenten zu treffenden Abhilfemaßnahmen. Die Abhilfemaßnahmen sind dann ebenfalls angemessen für die Verarbeitung der weniger sensiblen Daten.

Die Risikobewertung orientiert sich am Standard-Datenschutzmodell (SDM) der Aufsichtsbehörden für den Datenschutz und den dort definierten Gewährleistungszielen. Die Schadens- und Eintrittswahrscheinlichkeitsstufen sowie die Risikomatrix orientieren sich am DSK-Kurzpapier Nummer 18 „Risiko für die Rechte und Freiheiten natürlicher Personen" i.V.m. der ISO/IEC 29134:2017 zum Privacy Impact Assessment. In der folgenden Tabelle werden die einzelnen Risiken identifiziert, inklusive Schadenshöhe, Schadensereignissen, betroffenen Gewährleistungszielen des Standard-Datenschutzmodells und Eintrittswahrscheinlichkeit. Die Bewertung der Eintrittswahrscheinlichkeit erfolgt unter Berücksichtigung der referenzierten Abhilfemaßnahmen, die detailliert in Abschnitt 2.4 beschrieben sind.

Schaden	Beschreibung der Schadensereignisse	Eintrittswahrscheinlichkeit (EWS) mit Abhilfemaßnahmen (Abschnitt 2.4)
Physische, materielle oder immaterielle Schäden, finanzielle Verluste, erhebliche wirtschaftliche Nachteile: (ErwG 90 i.V.m 85 DSGVO) **Schadenshöhe: groß**	Durch die unbefugte, unrechtmäßige oder zweckfremde Verarbeitung sowie eine unbefugte Offenlegung oder Änderung der in den Komponenten der dezentralen TI verarbeiteten Gesundheitsdaten der Versicherten können Versicherte große immaterielle Schäden erleiden. Bei einer unbefugten Offenlegung der Gesundheitsdaten ihrer Patienten können Leistungserbringer materielle, immaterielle, finanzielle bzw. wirtschaftliche Schäden erleiden, da Leistungserbringer dem Berufsgeheimnis mit zugehörigen	EWS: geringfügig – Minimierung der Verarbeitung personenbezogener Daten – Schnellstmögliche Pseudonymisierung – Datensicherheitsmaßnahmen

Schaden	Beschreibung der Schadensereignisse	Eintrittswahrscheinlichkeit (EWS) mit Abhilfemaßnahmen (Abschnitt 2.4)
	Straf- und Bußgeldvorschriften, insbesondere dem Straftatbestand des § 203 StGB[1], unterliegen. Zusätzlich können Geldbußen gemäß Artikel 83 DSGVO verhängt werden. Die Nutzung der Komponenten der dezentralen Infrastruktur der TI und die Anbindung an die TI dürfen nicht dazu führen, dass Leistungserbringer gegen das Berufsgeheimnis oder die Vorgaben der DSGVO verstoßen. Betroffene Gewährleistungsziele (SDM): Datenminimierung, Nichtverkettung, Vertraulichkeit, Integrität	
Verlust der Kontrolle über personenbezogene Daten: (ErwG 90 i.V.m. 85 DSGVO) Schadenshöhe: groß	Ein Angreifer (insbesondere auch der Hersteller) könnte die Komponenten der dezentralen TI manipulieren, was zu einer für den Versicherten oder den Leistungserbringer intransparenten Datenverarbeitung führen würde. Es könnte das Risiko bestehen, dass eine Verarbeitung von personenbezogenen Daten in den Komponenten der dezentralen Infrastruktur für die Versicherten im Nachhinein nicht erkannt werden kann und dass er nicht in diese Datenverarbeitung intervenieren (z.B. ihr widersprechen) kann. Betroffene Gewährleistungsziele (SDM): Transparenz, Intervenierbarkeit	EWS: geringfügig – Transparenz in Bezug auf die Funktionen und die Verarbeitung personenbezogener Daten – Überwachung der Verarbeitung personenbezogener Daten durch die betroffenen Personen – Datensicherheitsmaßnahmen
Diskriminierung, Rufschädigung, erhebliche gesellschaftliche Nachteile: (ErwG 90 i.V.m. 85 DSGVO)	Die Verarbeitung von Daten besonderer Kategorien personenbezogener Daten gemäß Artikel 9 Absatz 1 DSGVO birgt Risiken einer Diskriminierung oder Rufschädigung für Versicherte, falls Gesundheitsdaten über den Versicherten offengelegt, unbefugt	EWS: geringfügig – Minimierung der Verarbeitung personenbezogener Daten – Schnellstmögliche Pseudonymisierung

---

[1] Nr. 21.

5. Buch. Gesetzliche Krankenversicherung   **Anl. SGB V 28**

Schaden	Beschreibung der Schadensereignisse	Eintrittswahrscheinlichkeit (EWS) mit Abhilfemaßnahmen (Abschnitt 2.4)
Schadenshöhe: groß	oder unrechtmäßig verarbeitet werden. Dies kann zu erheblichen gesellschaftlichen Nachteilen für den Versicherten führen. Falls Gesundheitsdaten, die ein Leistungserbringer verarbeitet, unberechtigt offengelegt werden und der Leistungserbringer somit sein Berufsgeheimnis verletzt, kann dies zu einer Rufschädigung des Leistungserbringers führen. Betroffene Gewährleistungsziele (SDM): Datenminimierung, Nichtverkettung, Vertraulichkeit, Integrität	– Datensicherheitsmaßnahmen – Überwachung der Verarbeitung personenbezogener Daten durch die betroffenen Personen
Identitätsdiebstahl oder -betrug: (ErwG 90 i.V.m. 85 DSGVO) Schadenshöhe: groß	In den Komponenten der dezentralen Infrastruktur der TI werden kryptographische Identitäten von Versicherten und Leistungserbringern verarbeitet. Ein Missbrauch dieser Identitäten durch eine unbefugte oder unrechtmäßige Nutzung muss verhindert werden, um Schäden für den Versicherten oder Leistungserbringer abzuwehren. Hierdurch könnte z.B. unter der Identität des Versicherten oder Leistungserbringers gehandelt werden, um medizinische Daten zu lesen, zu ändern oder weiterzugeben. Betroffene Gewährleistungsziele (SDM): Datenminimierung, Nichtverkettung, Vertraulichkeit, Integrität	EWS: geringfügig – Minimierung der Verarbeitung personenbezogener Daten – Datensicherheitsmaßnahmen
Verlust der Vertraulichkeit bei Berufsgeheimnissen: (ErwG 90 i.V.m. 85 DSGVO) Schadenshöhe: groß	In den Komponenten der dezentralen Infrastruktur der TI werden Daten verarbeitet, die unter das Berufsgeheimnis fallen. Der Verlust der Vertraulichkeit dieser Daten durch eine unbefugte Offenlegung muss verhindert werden, damit Leistungserbringer ihren Geheimhaltungspflichten nachkommen können. Neben einer Rufschädi-	EWS: geringfügig – Minimierung der Verarbeitung personenbezogener Daten – Schnellstmögliche Pseudonymisierung – Datensicherheitsmaßnahmen

Schaden	Beschreibung der Schadensereignisse	Eintrittswahrscheinlichkeit (EWS) mit Abhilfemaßnahmen (Abschnitt 2.4)
	gung können den Leistungserbringer Straf- und Bußgeldvorschriften (insbesondere § 203 StGB[1])) treffen. Betroffene Gewährleistungsziele (SDM): Datenminimierung, Vertraulichkeit, Integrität	
Beeinträchtigung/ Verlust der Verfügbarkeit **Schadenshöhe: geringfügig**	Eine Beeinträchtigung bzw. der Verlust der Verfügbarkeit der Komponenten der dezentralen TI durch technische Fehlfunktionen könnte dazu führen, dass a) Dienste in der zentralen TI, der Anwendungsinfrastruktur der TI oder eines an die TI angeschlossenen Netzes oder b) lokale Funktionen (insbesondere Verschlüsselung, Signatur, Authentifizierung) vom Leistungserbringer nicht mehr genutzt werden können. Durch eine beeinträchtige Verfügbarkeit der Komponenten der dezentralen TI ergeben sich nur geringfügige Schäden für Versicherte oder Leistungserbringer, da die Verarbeitungen nicht zeitkritisch sind bzw. es Ersatzverfahren gibt. Es ist zudem nur eine Leistungserbringerumgebung betroffen. Betroffene Gewährleistungsziele (SDM): Verfügbarkeit	EWS: überschaubar Ein Ausfall einer Komponente kann nicht ausgeschlossen werden. Zusätzliche Abhilfemaßnahmen zur Verfügbarkeit der Komponenten der dezentralen TI sind aufgrund des geringen Risikos nicht erforderlich.

2.4. Abhilfemaßnahmen (Artikel 35 Absatz 7 Buchstabe d DSGVO[1]))

Gemäß Artikel 35 Absatz 7 Buchstabe d DSGVO sind zur Bewältigung der Risiken Abhilfemaßnahmen, einschließlich Garantien, Sicherheitsvorkehrungen und Verfahren, umzusetzen, durch die die Risiken für die Rechte der

---

[1]) Nr. 21.
[1]) Nr. 1.

5. Buch. Gesetzliche Krankenversicherung **Anl. SGB V 28**

Betroffenen eingedämmt werden und der Schutz personenbezogener Daten sichergestellt wird.

Als Maßnahmen, Garantien und Verfahren zur Eindämmung von Risiken werden insbesondere in den ErwGen 28, 78 und 83 DSGVO genannt:

Kriterium	Beschreibung
Minimierung der Verarbeitung personenbezogener Daten: (ErwG 78 DSGVO)	Kategorie 1: Die Verarbeitung ist mit Blick auf den Zweck der Weiterleitung von Daten minimal. Eine über den Transport hinausgehende Verarbeitung erfolgt nicht. Der Umfang der transportierten Daten ist abhängig von der über die dezentrale Infrastruktur genutzten Anwendung. Der Verantwortliche dieser Anwendung hat entsprechende Maßnahmen zur Minimierung zu ergreifen. Dies liegt jedoch nicht in der Verantwortung des Leistungserbringers als Nutzer der Anwendung. Kategorie 2: Die Verarbeitung ist minimal, da sie nur die zum Zwecke der Ver- bzw. Entschlüsselung bzw. Signatur benötigten Daten verarbeitet. Kategorie 3: Die Verarbeitung ist minimal, da in den Anwendungen dieser Kategorie ausschließlich die Daten verarbeitet werden, die zur Erfüllung des gesetzlich vorgegebenen Zweckes erforderlich sind. Zudem werden Anwendungsdaten in den Komponenten der dezentralen Infrastruktur nach der Verarbeitung sofort gelöscht und nicht persistent gespeichert. Die Spezifikationen zu diesen Anwendungen sowie Art und Umfang der verarbeiteten Daten werden im Einvernehmen mit dem BfDI erstellt und sind öffentlich für eine Prüfung verfügbar.
Schnellstmögliche Pseudonymisierung personenbezogener Daten (ErwG 28 und 78 DSGVO)	Kategorie 1: Die Daten werden unverändert weitergeleitet. Es erfolgt keine weitere Verarbeitung in den Komponenten der dezentralen Infrastruktur, d.h. auch keine Pseudonymisierung. Der Verantwortliche der Anwendung, zu der die transportierten Daten gehören, hat entsprechende Maßnahmen zur Pseudonymisierung zu ergreifen. Dies liegt jedoch nicht in der Verantwortung des Leistungserbringers als Nutzer der Anwendung. Kategorie 2: Zweck ist die Ver- bzw. Entschlüsselung bzw. Signatur der übergebenen Daten. Eine Pseudonymisierung und damit Veränderung der Daten ist nicht gewünscht. Kategorie 3: Eine Pseudonymisierung der personenbezogenen Daten in den Anwendungen dieser Kategorie erfolgt, sofern es für den gesetzlich vorgegebenen Zweck möglich ist. Bei der Gestaltung der Anwendungen werden die Artikel 25

Kriterium	Beschreibung
	und 32 DSGVO berücksichtigt. Die Spezifikationen zu diesen Anwendungen sowie Art und Umfang der verarbeiteten Daten werden im Einvernehmen mit dem BfDI erstellt und sind öffentlich für eine Prüfung verfügbar.
Transparenz in Bezug auf die Funktionen und die Verarbeitung personenbezogener Daten (ErwG 78 DSGVO):	Durch die Veröffentlichung der Spezifikationen der Komponenten der dezentralen Infrastruktur auf der Internetseite der Gesellschaft für Telematik können die Funktionen und die generelle Verarbeitung personenbezogener Daten in den Komponenten der dezentralen Infrastruktur der TI von der Öffentlichkeit kostenlos nachvollzogen werden. Experten für Datenschutz und Sicherheit können die Spezifikationen auf die Einhaltung der Vorschriften des Datenschutzes prüfen. Die Gesellschaft für Telematik und die Krankenkassen sind gemäß den §§ 314 und 343 SGB V verpflichtet, für die Versicherten in präziser, transparenter, verständlicher, leicht zugänglicher und barrierefreier Form Informationen zur TI zur Verfügung zu stellen. Hierzu gehören insbesondere auch Informationen zum Datenschutz. Zur Unterstützung der Informationspflichten der Krankenkassen nach § 343 SGB V hat der Spitzenverband Bund der Krankenkassen im Einvernehmen mit dem BfDI geeignetes Informationsmaterial, auch in elektronischer Form, zu erstellen und den Krankenkassen zur verbindlichen Nutzung zur Verfügung zu stellen.
Überwachung der Verarbeitung personenbezogener Daten durch die betroffenen Personen (ErwG 78 DSGVO)	Kategorie 1: Von den Verantwortlichen der Anwendungen, die über die Komponenten der dezentralen Infrastruktur für den Leistungserbringer erreichbar sind, sind Maßnahmen nach ErwG 78 DSGVO zu treffen. Kategorie 2: In den Komponenten der dezentralen Infrastruktur erfolgt eine Protokollierung der Nutzung der Funktionen, die eine Überwachung der Verarbeitung ermöglicht. Kategorie 3: Für die Anwendungen dieser Kategorie bestehen gesetzliche Protokollierungspflichten gemäß § 309 SGB V zum Zwecke der Datenschutzkontrolle für den Versicherten. Die Protokollierungspflichten richten sich dabei an den Verantwortlichen der Anwendung und nicht an den Leistungserbringer. Der Versicherte kann sich nach Einsicht der Protokolldaten nach § 309 SGB V im Rahmen von Artikel 15 DSGVO an den Leistungserbringer wenden, um nähere Auskünfte über die den Leistungserbringer betreffenden Protokolleinträge nach § 309 SGB V zu erhalten. Für die Auskunft kann der Leistungserbringer auch die in den

Kriterium	Beschreibung
	Komponenten der dezentralen Infrastruktur erfolgte Protokollierung nutzen.
Datensicherheitsmaßnahmen: (ErwG 78 und 83 DSGVO)	Die an der vertragsärztlichen und vertragszahnärztlichen Versorgung teilnehmenden Leistungserbringer sind verpflichtet, die Vorgaben der Richtlinie zur IT-Sicherheit gemäß § 75b SGB V zu beachten. Diese Richtlinie umfasst auch Anforderungen an die sichere Installation und Wartung von Komponenten und Diensten der TI, die in der vertragsärztlichen und vertragszahnärztlichen Versorgung genutzt werden, d.h. insbesondere auch die Komponenten der dezentralen Infrastruktur der TI. Die Anforderungen in der Richtlinie werden u.a. im Einvernehmen mit dem BSI sowie im Benehmen mit dem BfDI festgelegt.
	Wenn ein Leistungserbringer einen Dienstleister mit der Herstellung und der Wartung des Anschlusses von informationstechnischen Systemen der Leistungserbringer an die TI einschließlich der Wartung hierfür benötigter Komponenten sowie der Anbindung an Dienste der TI beauftragt, muss dieser Dienstleister gemäß § 332 SGB V besondere Sorgfalt walten lassen und über die notwendige Fachkunde verfügen. Die technischen Maßnahmen der Komponenten der dezentralen Infrastruktur der TI zur Gewährleistung der Datensicherheit hat die Gesellschaft für Telematik gemäß § 311 Absatz 2 SGB V im Einvernehmen mit dem BSI und dem BfDI zu treffen, so dass Fragen der Sicherheit und des Datenschutzes bei der Gestaltung der Komponenten berücksichtigt werden, insbesondere auch die Vorgaben der Artikel 25 und 32 DSGVO.
	Darüber hinaus erfolgt der Nachweis der vollständigen Umsetzung der technischen Maßnahmen zur Gewährleistung der Datensicherheit in einer Komponente der dezentralen Infrastruktur eines Herstellers gemäß § 325 Absatz 3 SGB V im Rahmen der Zulassung der Komponente bei der Gesellschaft für Telematik durch eine Sicherheitszertifizierung nach den Vorgaben des BSI bzw. durch eine im Einvernehmen mit dem BSI festgelegte abweichende Form des Nachweises der Sicherheit. Auch die Hersteller von Komponenten der dezentralen Infrastruktur können gemäß § 325 Absatz 5 SGB V von der Gesellschaft für Telematik zugelassen werden, um insbesondere eine ausreichende Qualität der Herstellerprozesse bei der Entwicklung, dem Betrieb, der Wartung und der Pflege der Komponenten zu gewährleisten.
	Um die Wirksamkeit der technischen Maßnahmen der Komponenten der dezentralen Infrastruktur der TI zur Gewährleistung der Datensicherheit kontinuierlich auf-

Kriterium	Beschreibung
	rechtzuerhalten, werden diese Maßnahmen kontinuierlich von der Gesellschaft für Telematik und dem BSI bewertet. Insbesondere ist die Gesellschaft für Telematik gemäß § 333 SGB V dazu verpflichtet, dem BSI auf Verlangen Unterlagen und Informationen u.a. zu den Zulassungen von Komponenten der dezentralen Infrastruktur einschließlich der zugrundeliegenden Dokumentation sowie festgestellten Sicherheitsmängeln vorzulegen. Die Gesellschaft für Telematik kann zudem für die Komponenten der dezentralen Infrastruktur gemäß § 331 Absatz 1 SGB V im Benehmen mit dem BSI solche Maßnahmen zur Überwachung des Betriebs treffen, die erforderlich sind, um die Sicherheit, Verfügbarkeit und Nutzbarkeit der TI zu gewährleisten. Soweit von den Komponenten der dezentralen Infrastruktur der TI eine Gefahr für die Funktionsfähigkeit oder Sicherheit der TI ausgeht, kann die Gesellschaft für Telematik gemäß § 329 SGB V unverzüglich die erforderlichen technischen und organisatorischen Maßnahmen treffen. Das BSI ist hierüber von der Gesellschaft für Telematik zu informieren.

Die Abhilfemaßnahmen sind für alle Risikoquellen anwendbar. Technischen Fehlfunktionen der Komponenten der dezentralen TI wird im Rahmen der Zulassung durch funktionale Tests und Sicherheitsüberprüfungen entgegengewirkt.

2.5. Einbeziehung betroffener Personen

Gemäß § 311 Absatz 2 SGB V hat die Gesellschaft für Telematik die Festlegungen und Maßnahmen nach § 311 Absatz 1 Nummer 1 SGB V im Einvernehmen mit dem BSI und dem BfDI zu treffen. Die Aufgaben der Gesellschaft für Telematik nach § 311 Absatz 1 Nummer 1 SGB V umfassen hierbei insbesondere auch die Erstellung der funktionalen und technischen Vorgaben und die Zulassung der Komponenten der dezentralen Infrastruktur der TI.

Vertreter der Leistungserbringer sind als Gesellschafter der Gesellschaft für Telematik ebenfalls in die Erstellung der Vorgaben der dezentralen Infrastruktur der TI einbezogen.

Die Spezifikationen der Komponenten der dezentralen Infrastruktur der TI werden auf der Internetseite der Gesellschaft für Telematik veröffentlicht. Dadurch wird auch die Öffentlichkeit (u.a. Experten für Sicherheit und Datenschutz sowie Landesdatenschutzbehörden) einbezogen, so dass jederzeit die Möglichkeit der Prüfung der festgelegten Maßnahmen besteht.

29. Sozialgesetzbuch (SGB) Sechstes Buch (VI) – Gesetzliche Rentenversicherung –

In der Fassung der Bekanntmachung vom 19. Februar 2002[1]
(BGBl. I S. 754, ber. S. 1404, 3384)
FNA 860-6
zuletzt geänd. durch Sozialversicherungs-RechengrößenVO 2022 v. 30.11.2021 (BGBl. I S. 5044)

– Auszug –

Drittes Kapitel. Organisation, Datenschutz und Datensicherheit
Erster Abschnitt. Organisation
Siebter Unterabschnitt. Datenstelle der Rentenversicherung

§ 145 Aufgaben der Datenstelle der Rentenversicherung. (1) ¹Die Träger der Rentenversicherung unterhalten gemeinsam eine Datenstelle, die von der Deutschen Rentenversicherung Bund verwaltet wird. ²Dabei ist sicherzustellen, dass die Datenbestände, die die Deutsche Rentenversicherung Bund als Träger der Rentenversicherung führt, und die Datenbestände der Datenstelle der Rentenversicherung dauerhaft getrennt bleiben. ³Die Träger der Rentenversicherung können die Datenstelle als Vermittlungsstelle einschalten.

(2) Die Deutsche Rentenversicherung Bund darf ein Dateisystem mit Sozialdaten, das nicht ausschließlich einer Versicherungsnummer der bei ihr Versicherten zugeordnet ist, nur bei der Datenstelle und nur dann führen, wenn die Einrichtung dieses Dateisystems gesetzlich bestimmt ist.

(3) ¹Die Deutsche Rentenversicherung Bund kann durch öffentlich-rechtlichen Vertrag die Verpflichtung eingehen, dass die Datenstelle in Versorgungsausgleichssachen die Aufgabe als Vermittlungsstelle zur Durchführung des elektronischen Rechtsverkehrs auch für andere öffentlich-rechtliche Versorgungsträger wahrnimmt. ²Diese sind verpflichtet, der Deutschen Rentenversicherung Bund den entstehenden Aufwand zu erstatten.

(4) ¹Die Datenstelle untersteht der Aufsicht des Bundesministeriums für Arbeit und Soziales, soweit ihr durch Gesetz oder auf Grund eines Gesetzes Aufgaben zugewiesen worden sind. ²Für die Aufsicht gelten die §§ 87 bis 89 des Vierten Buches entsprechend. ³Das Bundesministerium für Arbeit und Soziales kann die Aufsicht ganz oder teilweise dem Bundesamt für Soziale Sicherung übertragen.

Zweiter Abschnitt. Datenschutz und Datensicherheit

§ 147 Versicherungsnummer. (1) ¹Die Datenstelle der Rentenversicherung kann für Personen eine Versicherungsnummer vergeben, wenn dies zur personenbezogenen Zuordnung der Daten für die Erfüllung einer gesetzlichen Aufgabe nach diesem Gesetzbuch erforderlich oder dies durch Gesetz oder aufgrund eines

---

[1] Neubekanntmachung des SGB VI vom 18.12.1989 (BGBl. I S. 2261, ber. 1990 I S. 1337) in der ab 1.1.2002 geltenden Fassung.

Gesetzes bestimmt ist. ²Für die nach diesem Buche versicherten Personen hat sie eine Versicherungsnummer zu vergeben.

(2) ¹Die Versicherungsnummer einer Person setzt sich zusammen aus
1. der Bereichsnummer des zuständigen Trägers der Rentenversicherung,
2. dem Geburtsdatum,
3. dem Anfangsbuchstaben des Geburtsnamens,
4. der Seriennummer, die auch eine Aussage über das Geschlecht einer Person enthalten darf, und
5. der Prüfziffer.

²Weitere personenbezogene Merkmale darf die Versicherungsnummer nicht enthalten.

(3) Jede Person, an die eine Versicherungsnummer vergeben wird, und der für sie zuständige Träger der Rentenversicherung sind unverzüglich über die vergebene Versicherungsnummer sowie über die Zuordnung nach § 127 zu unterrichten.

§ 148 Datenverarbeitung beim Rentenversicherungsträger. (1) ¹Der Träger der Rentenversicherung darf Sozialdaten nur verarbeiten, soweit dies zur Erfüllung seiner gesetzlich zugewiesenen oder zugelassenen Aufgaben erforderlich ist. ²Aufgaben nach diesem Buche sind
1. die Feststellung eines Versicherungsverhältnisses einschließlich einer Versicherungsfreiheit oder Versicherungsbefreiung,
2. der Nachweis von rentenrechtlichen Zeiten,
3. die Festsetzung und Durchführung von Leistungen zur Teilhabe,
4. die Festsetzung, Zahlung, Anpassung, Überwachung, Einstellung oder Abrechnung von Renten und anderen Geldleistungen,
5. die Erteilung von Auskünften sowie die Führung und Klärung der Versicherungskonten,
6. der Nachweis von Beiträgen und deren Erstattung.

³Der Rentenversicherungsträger darf die Versicherungsnummer, den Familiennamen, den Geburtsnamen, die Vornamen, den Geburtsort und die Anschrift, die ihm die zentrale Stelle im Rahmen der Datenanforderung nach § 91 Abs. 1 Satz 1 des Einkommensteuergesetzes übermittelt, zur Aktualisierung der im Versicherungskonto gespeicherten Namens- und Anschriftendaten nutzen.

(2) Der Träger der Rentenversicherung darf Daten, aus denen die Art einer Erkrankung erkennbar ist, zusammen mit anderen Daten in einem gemeinsamen Dateisystem nur speichern, wenn durch technische und organisatorische Maßnahmen sichergestellt ist, dass die Daten über eine Erkrankung nur den Personen zugänglich sind, die sie zur Erfüllung ihrer Aufgaben benötigen.

(3) ¹Die Einrichtung eines automatisierten Verfahrens, das die Übermittlung von Sozialdaten aus Dateisystemen der Träger der Rentenversicherung durch Abruf ermöglicht, ist nur zwischen den Trägern der Rentenversicherung sowie mit der gesetzlichen Krankenversicherung, der landwirtschaftlichen Alterskasse, der Künstlersozialkasse, dem Bundesamt für Soziale Sicherung als Verwalter des Gesundheitsfonds, der Bundesagentur für Arbeit oder in den Fällen des § 6a des Zweiten Buches den zugelassenen kommunalen Trägern, der Deutschen Rentenversicherung Knappschaft-Bahn-See, soweit sie bei geringfügig Beschäftigten

Aufgaben nach dem Einkommensteuergesetz durchführt, der Deutschen Post AG, soweit sie mit der Berechnung oder Auszahlung von Sozialleistungen betraut ist, der Versorgungsanstalt des Bundes und der Länder, den kommunalen und kirchlichen Zusatz- und Beamtenversorgungskassen und der Hüttenknappschaftlichen Zusatzversicherung, soweit diese Daten zur Feststellung von Leistungen erforderlich sind, und den Versicherungsämtern und Gemeindebehörden, soweit sie mit der Aufnahme von Anträgen auf Leistungen aus der gesetzlichen Rentenversicherung betraut sind, zulässig; dabei dürfen auch Vermittlungsstellen eingeschaltet werden. ²Sie ist mit Leistungsträgern außerhalb des Geltungsbereichs dieses Gesetzbuchs zulässig, soweit diese Daten zur Feststellung von Leistungen nach über- und zwischenstaatlichem Recht erforderlich sind und nicht Grund zur Annahme besteht, dass dadurch schutzwürdige Belange der davon betroffenen Personen beeinträchtigt werden. ³Die Übermittlung darf auch durch Abruf im automatisierten Verfahren erfolgen, ohne dass es einer Genehmigung nach § 79 Absatz 1 des Zehnten Buches[1]) bedarf.

(4) ¹Die Träger der Rentenversicherung dürfen der Datenstelle der Rentenversicherung Sozialdaten nur übermitteln, soweit dies zur Führung eines Dateisystems oder zur Erfüllung einer anderen gesetzlich vorgeschriebenen oder zugelassenen Aufgabe erforderlich ist. ²Die Einschränkungen des Satzes 1 gelten nicht, wenn die Sozialdaten in einer anonymisierten Form übermittelt werden.

§ 149 Versicherungskonto. (1) ¹Der Träger der Rentenversicherung führt für jeden Versicherten ein Versicherungskonto, das nach der Versicherungsnummer geordnet ist. ²In dem Versicherungskonto sind die Daten, die für die Durchführung der Versicherung sowie die Feststellung und Erbringung von Leistungen einschließlich der Rentenauskunft erforderlich sind, zu speichern. ³Ein Versicherungskonto darf auch für Personen geführt werden, die nicht nach den Vorschriften dieses Buches versichert sind, soweit es für die Feststellung der Versicherungs- oder Beitragspflicht und für Prüfungen bei Arbeitgebern (§ 28p Viertes Buch) erforderlich ist.

(2) ¹Der Träger der Rentenversicherung hat darauf hinzuwirken, dass die im Versicherungskonto gespeicherten Daten vollständig und geklärt sind. ²Die Daten sollen so gespeichert werden, dass sie jederzeit abgerufen und auf maschinell verwertbaren Datenträgern oder durch Datenübertragung übermittelt werden können. ³Stellt der Träger der Rentenversicherung fest, dass für einen Beschäftigten mehrere Beschäftigungen nach § 8 Abs. 1 Nr. 1 oder § 8a des Vierten Buches gemeldet oder die Zeitgrenzen des § 8 Abs. 1 Nr. 2 des Vierten Buches überschritten sind, überprüft er unverzüglich diese Beschäftigungsverhältnisse. ⁴Stellen die Träger der Rentenversicherung fest, dass eine Beschäftigung infolge einer Zusammenrechnung versicherungspflichtig ist, sie jedoch nicht oder als versicherungsfrei gemeldet worden ist, teilen sie diese Beschäftigung mit den notwendigen Daten der Einzugsstelle mit. ⁵Satz 4 gilt entsprechend, wenn die Träger der Rentenversicherung feststellen, dass beim Zusammentreffen mehrerer Beschäftigungsverhältnisse die Voraussetzungen für die Anwendung der Vorschriften über den Übergangsbereich nicht oder nicht mehr vorliegen.

(3) Der Träger der Rentenversicherung unterrichtet die Versicherten regelmäßig über die in ihrem Versicherungskonto gespeicherten Sozialdaten, die für

---

[1]) Nr. 33.

die Feststellung der Höhe einer Rentenanwartschaft erheblich sind (Versicherungsverlauf).

(4) Versicherte sind verpflichtet, bei der Klärung des Versicherungskontos mitzuwirken, insbesondere den Versicherungsverlauf auf Richtigkeit und Vollständigkeit zu überprüfen, alle für die Kontenklärung erheblichen Tatsachen anzugeben und die notwendigen Urkunden und sonstigen Beweismittel beizubringen.

(5) [1] Hat der Versicherungsträger das Versicherungskonto geklärt oder hat der Versicherte innerhalb von sechs Kalendermonaten nach Versendung des Versicherungsverlaufs seinem Inhalt nicht widersprochen, stellt der Versicherungsträger die im Versicherungsverlauf enthaltenen und nicht bereits festgestellten Daten, die länger als sechs Kalenderjahre zurückliegen, durch Bescheid fest. [2] Bei Änderung der dem Feststellungsbescheid zugrunde liegenden Vorschriften ist der Feststellungsbescheid durch einen neuen Feststellungsbescheid oder im Rentenbescheid mit Wirkung für die Vergangenheit aufzuheben; die §§ 24 und 48 des Zehnten Buches sind nicht anzuwenden. [3] Über die Anrechnung und Bewertung der im Versicherungsverlauf enthaltenen Daten wird erst bei Feststellung einer Leistung entschieden.

§ 150 Dateisysteme bei der Datenstelle. (1) [1] Bei der Datenstelle darf eine Stammsatzdatei geführt werden, soweit dies erforderlich ist, um

1. sicherzustellen, dass eine Person nur eine Versicherungsnummer erhält und eine vergebene Versicherungsnummer nicht noch einmal für eine andere Person verwendet wird,
2. für eine Person die vergebene Versicherungsnummer festzustellen,
3. zu erkennen, welcher Träger der Rentenversicherung für die Führung eines Versicherungskontos zuständig ist oder war,
4. Daten, die aufgrund eines Gesetzes oder nach über- und zwischenstaatlichem Recht entgegenzunehmen sind, an die zuständigen Stellen weiterleiten zu können,
5. zu erkennen, bei welchen Trägern der Rentenversicherung oder welchen Leistungsträgern im Ausland weitere Daten zu einer Person gespeichert sind,
6. Mütter über die Versicherungspflicht während der Kindererziehung zu unterrichten, wenn bei Geburtsmeldungen eine Versicherungsnummer der Mutter nicht eindeutig zugeordnet werden kann,
7. das Zusammentreffen von Renten aus eigener Versicherung und Hinterbliebenenrenten und Arbeitsentgelt festzustellen, um die ordnungsgemäße Berechnung und Zahlung von Beiträgen der Rentner zur gesetzlichen Krankenversicherung überprüfen zu können,
8. es den Trägern der Rentenversicherung zu ermöglichen, überlebende Ehegatten oder Lebenspartner auf das Bestehen eines Leistungsanspruchs hinzuweisen,
9. es den Trägern der Rentenversicherung zu ermöglichen, die unrechtmäßige Erbringung von Witwenrenten und Witwerrenten sowie Erziehungsrenten nach Eheschließung oder Begründung einer Lebenspartnerschaft zu vermeiden.

[2] Weitere Sozialdaten dürfen in der Stammsatzdatei der Datenstelle nur gespeichert werden, soweit dies zur Erfüllung einer der Deutschen Rentenversicherung Bund zugewiesenen oder übertragenen Aufgabe erforderlich und dafür die Verarbeitung von Sozialdaten in einer anonymisierten Form nicht ausreichend ist.

(2) Die Stammsatzdatei darf außer den personenbezogenen Daten über das Verhältnis einer Person zur Rentenversicherung nur folgende Daten enthalten:
1. Versicherungsnummer, bei Beziehern einer Rente wegen Todes auch die Versicherungsnummer des verstorbenen Versicherten,
2. Familienname und Vornamen einschließlich des Geburtsnamens,
3. Geburtsort einschließlich des Geburtslandes,
4. Staatsangehörigkeit,
5. Tod,
6. Anschrift,
7. Betriebsnummer des Arbeitgebers,
8. Tag der Beschäftigungsaufnahme.

(3) ¹Für die Prüfung, ob eine Beschäftigung oder selbstständige Erwerbstätigkeit innerhalb des Geltungsbereichs dieses Buches die Voraussetzungen erfüllt, nach denen die deutschen Rechtsvorschriften über die soziale Sicherheit nach den Vorschriften des Titels II der Verordnung (EG) Nr. 883/2004 keine Anwendung finden, speichert die Datenstelle der Rentenversicherung folgende Daten:
1. die Daten, die in der von der Verwaltungskommission für die Koordinierung der Systeme der sozialen Sicherheit festgelegten Bescheinigung über das anzuwendende Recht oder in dem entsprechenden strukturierten Dokument des Trägers eines anderen Mitgliedstaates der Europäischen Union, eines anderen Vertragsstaates des Abkommens über den Europäischen Wirtschaftsraum oder der Schweiz enthalten sind,
2. ein Identifikationsmerkmal der Person, für die die Bescheinigung ausgestellt oder das entsprechende strukturierte Dokument erstellt wurde,
3. ein Identifikationsmerkmal des ausländischen Arbeitgebers,
4. ein Identifikationsmerkmal des inländischen Arbeitgebers,
5. die Mitteilung über eine Anfrage beim ausstellenden Träger, einer Bescheinigung nach Nummer 1 oder eines entsprechenden strukturierten Dokuments,
6. das Ergebnis der Überprüfung der Bescheinigung nach Nummer 1 oder des entsprechenden strukturierten Dokuments.

²Das Identifikationsmerkmal des Arbeitnehmers oder der Arbeitnehmerin ist die Versicherungsnummer. ³Ist eine Versicherungsnummer nicht vergeben, vergibt die Datenstelle ein neues Identifikationsmerkmal. ⁴Entsprechendes gilt für das Identifikationsmerkmal des Selbständigen. ⁵Für die Zusammensetzung dieses Identifikationsmerkmales gilt § 147 Abs. 2 entsprechend. ⁶Die Datenstelle vergibt ein Identifikationsmerkmal des ausländischen Arbeitgebers. ⁷Das Identifikationsmerkmal des Unternehmens im Inland ist die Betriebsnummer. ⁸Ist eine Betriebsnummer noch nicht vergeben, vergibt die Datenstelle ein eindeutiges Identifikationsmerkmal als vorläufige Betriebsnummer. ⁹Die Datenstelle verarbeitet die in Satz 1 genannten Daten, soweit dies für den darin genannten Prüfungszweck erforderlich ist. ¹⁰Die Datenstelle übermittelt der Urlaubs- und Lohnausgleichskasse der Bauwirtschaft die in Satz 1 genannten Daten, soweit dies für die Erfüllung einer sich aus einem Tarifvertrag ergebenden Aufgabe der Urlaubs- und Lohnausgleichskasse der Bauwirtschaft zum Zwecke der Einziehung von Beiträgen und der Gewährung von Leistungen erforderlich ist. ¹¹Die Daten sind spätestens fünf Jahre nach dem Ablauf des in der Bescheinigung oder dem entsprechenden strukturierten Dokument genannten Geltungszeitraums oder, wenn

dieser nicht genannt ist, nach Ablauf des Zeitraums auf den sich der Sachverhalt bezieht, zu löschen. [12] Das Nähere regeln die Deutsche Rentenversicherung Bund und die Spitzenverbände der gesetzlichen Unfallversicherung in gemeinsamen Grundsätzen. [13] Die gemeinsamen Grundsätze werden vom Bundesministerium für Arbeit und Soziales im Einvernehmen mit dem Bundesministerium der Finanzen genehmigt.

(4) Bei der Datenstelle darf zu den gesetzlich bestimmten Dateisystemen jeweils ein weiteres Dateisystem geführt werden, soweit dies erforderlich ist, um die Ausführung des Datenschutzes, insbesondere zur Feststellung der Benutzer der Dateisysteme, zu gewährleisten.

(5) [1] Die Einrichtung eines automatisierten Abrufverfahrens für ein Dateisystem der Datenstelle ist nur gegenüber den in § 148 Abs. 3 genannten Stellen, der Deutschen Rentenversicherung Bund, soweit sie als zentrale Stelle Aufgaben nach dem Einkommensteuergesetz durchführt, den Trägern der gesetzlichen Unfallversicherung, soweit sie prüfen, ob eine Beschäftigung den Voraussetzungen entspricht, unter denen die deutschen Rechtsvorschriften über die soziale Sicherheit keine Anwendung finden,[1)] oder für eine Beschäftigung die Meldungen nach § 110 Abs. 1a Satz 2 des Siebten Buches prüfen, ob die Meldungen nach § 28a des Vierten Buches erstattet wurden, und den Behörden der Zollverwaltung, soweit diese Aufgaben nach § 2 des Schwarzarbeitsbekämpfungsgesetzes durchführen, zulässig. [2] Die dort enthaltenen besonderen Voraussetzungen für die Deutsche Post AG, für die Versicherungsämter und Gemeindebehörden und für Leistungsträger im Ausland müssen auch bei Satz 1 erfüllt sein. [3] Die Einrichtung eines automatisierten Abrufverfahrens für ein Dateisystem der Datenstelle ist ferner gegenüber dem Bundesamt für Güterverkehr, soweit dieses Aufgaben nach § 11 Absatz 2 Nummer 3 Buchstabe a des Güterkraftverkehrsgesetzes wahrnimmt, zulässig.

§ 151 Auskünfte der Deutschen Post AG. (1) Die Deutsche Post AG darf den für Sozialleistungen zuständigen Leistungsträgern und den diesen Gleichgestellten (§ 35 Erstes Buch[2)]) sowie § 69 Absatz 2 Zehntes Buch[3)]) von den Sozialdaten, die ihr im Zusammenhang mit der Zahlung, Anpassung, Überwachung, Einstellung oder Abrechnung von Renten oder anderen Geldleistungen nach diesem Buche bekannt geworden sind und die sie nach den Vorschriften des Zweiten Kapitels des Zehnten Buches übermitteln darf, nur folgende Daten übermitteln:

1. Familienname und Vornamen einschließlich des Geburtsnamens,
2. Geburtsdatum,
3. Versicherungsnummer,
4. Daten über den Familienstand,
5. Daten über den Tod einschließlich der Daten, die sich aus den Sterbefallmitteilungen der Meldebehörden nach § 101a des Zehnten Buches[3)] ergeben,
6. Daten über das Versicherungsverhältnis,
7. Daten über die Art und Höhe der Geldleistung einschließlich der diese Leistung unmittelbar bestimmenden Daten,

---

[1)] Satzzeichen redaktionell ergänzt.
[2)] Nr. 24.
[3)] Nr. 33.

8. Daten über Beginn, Änderung und Ende der Geldleistung einschließlich der diese unmittelbar bestimmenden Daten,
9. Daten über die Zahlung einer Geldleistung,
10. Daten über Mitteilungsempfänger oder nicht nur vorübergehend Bevollmächtigte sowie über weitere Forderungsberechtigte.

(2) Die Deutsche Post AG darf dem Träger der Rentenversicherung von den Sozialdaten, die ihr im Zusammenhang mit der Zahlung, Anpassung, Überwachung, Einstellung oder Abrechnung von Sozialleistungen anderer Sozialleistungsträger sowie von anderen Geldleistungen der den Sozialleistungsträgern Gleichgestellten bekannt geworden sind, nur die Daten des Absatzes 1 übermitteln.

(3) Der Träger der Rentenversicherung darf der Deutschen Post AG die für die Anpassung von Renten oder anderen Geldleistungen erforderlichen Sozialdaten auch dann übermitteln, wenn diese die Anpassung der Renten oder anderen Geldleistungen der Rentenversicherung nicht selbst durchführt, diese Daten aber für Auskünfte nach Absatz 1 oder 2 von anderen Sozialleistungsträgern oder diesen Gleichgestellten benötigt werden.

§ 151a Antragstellung im automatisierten Verfahren beim Versicherungsamt. (1) Für die Aufnahme von Leistungsanträgen bei dem Versicherungsamt oder der Gemeindebehörde und die Übermittlung der Anträge an den Träger der Rentenversicherung kann ein automatisiertes Verfahren eingerichtet werden, das es dem Versicherungsamt oder der Gemeindebehörde ermöglicht, die für das automatisierte Verfahren erforderlichen Daten der Versicherten aus der Stammsatzdatei der Datenstelle der Rentenversicherung (§ 150 Abs. 2) und dem Versicherungskonto (§ 149 Abs. 1) abzurufen, wenn die Versicherten oder anderen Leistungsberechtigten ihren Wohnsitz oder gewöhnlichen Aufenthalt, ihren Beschäftigungsort oder Tätigkeitsort im Bezirk des Versicherungsamtes oder in der Gemeinde haben.

(2) [1]Aus der Stammsatzdatei dürfen nur die in § 150 Abs. 2 Nr. 1 bis 4 genannten Daten und die Angabe des aktuell kontoführenden Rentenversicherungsträgers abgerufen werden. [2]Aus dem Versicherungskonto dürfen nur folgende Daten abgerufen werden:

1. Datum des letzten Zuzugs aus dem Ausland unter Angabe des Staates,
2. Datum der letzten Kontoklärung,
3. Anschrift,
4. Datum des Eintritts in die Versicherung,
5. Lücken im Versicherungsverlauf, an deren Klärung der Versicherte noch nicht mitgewirkt hat,
6. Kindererziehungszeiten und Berücksichtigungszeiten,
7. Berufsausbildungszeiten,
8. Wartezeitauskunft zu der beantragten Rente einschließlich der Wartezeiterfüllung nach § 52,
9. die zuständigen Einzugsstellen mit Angabe des jeweiligen Zeitraums.

(3) [1]Die Deutsche Rentenversicherung Bund erstellt im Einvernehmen mit dem Bundesamt für Sicherheit in der Informationstechnik ein Sicherheitskonzept für die Einrichtung des automatisierten Verfahrens, das insbesondere die nach den Artikeln 24, 25 und 32 der Verordnung (EU) 2016/679 des Europäischen Par-

laments und des Rates vom 27. April 2016 zum Schutz natürlicher Personen bei der Verarbeitung personenbezogener Daten, zum freien Datenverkehr und zur Aufhebung der Richtlinie 95/46/EG (Datenschutz-Grundverordnung[1])) (ABl. L 119 vom 4.5.2016, S. 1; L 314 vom 22.11.2016, S. 72; L 127 vom 23.5.2018, S. 2) in der jeweils geltenden Fassung erforderlichen technischen und organisatorischen Maßnahmen enthalten muss. ²Wenn sicherheitserhebliche Änderungen am automatisierten Verfahren vorgenommen werden oder das Sicherheitskonzept aus einem sonstigen Grund nicht geeignet ist, die Datensicherheit zu gewährleisten, spätestens jedoch alle vier Jahre, ist das Sicherheitskonzept im Einvernehmen mit dem Bundesamt für Sicherheit in der Informationstechnik zu aktualisieren. ³Zur Herstellung des Einvernehmens prüft das Bundesamt für Sicherheit in der Informationstechnik das Sicherheitskonzept. ⁴Einrichtung des Verfahrens und die Anwendung des aktualisierten Sicherheitskonzeptes nach Satz 2 bedürfen der vorherigen Zustimmung der Aufsichtsbehörden der Stellen, die Daten nach Absatz 1 zum automatisierten Abruf bereitstellen. ⁵Die Zustimmung ist unter Vorlage des Sicherheitskonzeptes und Beifügung der Erklärung des Bundesamtes für Sicherheit in der Informationstechnik über die Herstellung des Einvernehmens zu beantragen. ⁶Die Zustimmung gilt als erteilt, wenn die Aufsichtsbehörde nicht innerhalb einer Frist von drei Monaten nach Vorlage des Antrags eine andere Entscheidung trifft. ⁷Die Aufsichtsbehörde kann den Betrieb des Verfahrens untersagen, wenn eine Aktualisierung des Sicherheitskonzeptes nach Satz 2 nicht erfolgt.

§ 151b Automatisiertes Abrufverfahren beim Zuschlag an Entgeltpunkten für langjährige Versicherung. (1) ¹Zur Ermittlung und Prüfung der Anrechnung des Einkommens nach § 97a erfolgt der dafür notwendige Datenaustausch zwischen den Trägern der Rentenversicherung und den zuständigen Finanzbehörden in einem automatisierten Abrufverfahren. ²Die Anfrage der Träger der Rentenversicherung und die Antwort der zuständigen Finanzbehörde sind nach amtlich vorgeschriebenem Datensatz durch Datenfernübertragung über die Datenstelle der Rentenversicherung und über eine Koordinierende Stelle für den Abruf steuerlicher Daten bei der Deutschen Rentenversicherung Bund zu übermitteln. ³§ 30 der Abgabenordnung steht dem Abrufverfahren nicht entgegen. ⁴§ 93c der Abgabenordnung ist für das Verfahren nicht anzuwenden.

(2) ¹Die Träger der Rentenversicherung sind berechtigt, die nach § 22a Absatz 2 des Einkommensteuergesetzes erhobenen steuerliche Identifikationsnummer nach § 139b der Abgabenordnung des Berechtigten für die Ermittlung des Einkommens nach § 97a zu nutzen. ²Das Bundeszentralamt für Steuern hat den Trägern der Rentenversicherung auf deren Anfrage die steuerliche Identifikationsnummer des Ehegatten des Berechtigten aus den nach § 39e Absatz 2 Satz 1 Nummer 2 des Einkommensteuergesetzes gespeicherten Daten sowie dessen Geburtsdatum aus den nach § 139b der Abgabenordnung gespeicherten Daten über die Koordinierende Stelle zu übermitteln; die erhobenen Daten dürfen nur für die Ermittlung des Einkommens nach § 97a genutzt werden.

(3) ¹Die Träger der Rentenversicherung erheben die nach § 97a Absatz 2 Satz 1 Nummer 1 und 2 erforderlichen und bei den Finanzbehörden vorhandenen Daten bei den zuständigen Finanzbehörden unter Angabe der steuerlichen Identifikationsnummer des Berechtigten sowie seines Ehegatten. ²Werden von der

---

[1]) Nr. 1.

zuständigen Finanzbehörde keine Daten nach § 97a Absatz 2 Satz 1 Nummer 1 und Satz 4 Nummer 1 und 3 übermittelt, können die Träger der Rentenversicherung unter Angabe der steuerlichen Identifikationsnummer des Berechtigten sowie seines Ehegatten die für die Berücksichtigung nach § 97a Absatz 2 Satz 4 erforderliche Übermittlung vorhandener Rentenbezugsmitteilungen nach § 22a Absatz 1 des Einkommensteuergesetzes bei der zentralen Stelle im Sinne des § 81 des Einkommensteuergesetzes anfordern.

(4) Für das automatisierte Abrufverfahren nach den Absätzen 1 bis 3 gilt § 79 Absatz 1, 2 bis 4 des Zehnten Buches[1]) entsprechend mit der Maßgabe, dass es einer Genehmigung nach § 79 Absatz 1 des Zehnten Buches[1]) nicht bedarf.

(5) [1] Das Bundesministerium für Arbeit und Soziales bestimmt im Einvernehmen mit dem Bundesministerium der Finanzen den Inhalt und Aufbau der für die Durchführung des automatisierten Datenabrufs zu übermittelnden Datensätze. [2] Das Bundesministerium für Arbeit und Soziales kann im Einvernehmen mit dem Bundesministerium der Finanzen durch Rechtsverordnung mit Zustimmung des Bundesrates das Nähere bestimmen, insbesondere über

1. die Einrichtung und
2. das Verfahren des automatisierten Abrufs.

§ 151c Auskunftsrechte zur Überprüfung von Einkünften aus Kapitalvermögen beim Zuschlag an Entgeltpunkten für langjährige Versicherung. (1) [1] Die Träger der Rentenversicherung können für Berechtigte, bei denen nach Prüfung des Einkommens nach § 97a ein Rentenanteil aus dem Zuschlag an Entgeltpunkten für langjährige Versicherung geleistet wird, und für deren Ehegatten im Wege des automatisierten Datenabgleichs bei einer durch Zufallsauswahl gewonnenen hinreichenden Anzahl von Fällen das Bundeszentralamt für Steuern nach § 93 Absatz 8 Satz 1 Nummer 1 Buchstabe g der Abgabenordnung ersuchen, bei Kreditinstituten die in § 93b Absatz 1 und 1a der Abgabenordnung bezeichneten Daten für den Berechtigten und dessen Ehegatten abzurufen. [2] § 93 Absatz 8a bis 10 und § 93b Absatz 2 bis 4 der Abgabenordnung gelten entsprechend. [3] Ein Abruf nach Satz 1 ist frühestens nach Ablauf der in § 97a Absatz 6 Satz 2 genannten Auskunftsfrist zulässig. [4] Die Träger der Rentenversicherung dürfen für einen Abruf nach Satz 1 Name, Vornamen, Geburtsdatum und Anschrift des Berechtigten und seines Ehegatten an das Bundeszentralamt für Steuern übermitteln. [5] Das Bundeszentralamt für Steuern darf die ihm nach Satz 4 vom Träger der Rentenversicherung übermittelten Daten nur zur Durchführung des Abrufs nach Satz 1 und zum Zweck der Datenschutzkontrolle verwenden. [6] Die Träger der Rentenversicherung dürfen die vom Bundeszentralamt für Steuern erhobenen Daten nur für die Ermittlung des Einkommens nach § 97a nutzen. [7] Für das Verfahren nach diesem Absatz gilt § 79 Absatz 1, 2 bis 4 des Zehnten Buches[1]) entsprechend mit der Maßgabe, dass es einer Genehmigung nach § 79 Absatz 1 des Zehnten Buches[1]) nicht bedarf.

(2) [1] Die Träger der Rentenversicherung sind berechtigt, bei jedem im Verfahren nach Absatz 1 Satz 1 ermittelten Kreditinstitut die Höhe aller bei ihm in dem maßgeblichen Kalenderjahr erzielten, versteuerten Einkünfte aus Kapitalvermögen nach § 20 des Einkommensteuergesetzes von Berechtigten und deren Ehegatten zu erheben, sofern deren Kenntnis für die Einkommensprüfung nach

---

[1]) Nr. 33.

§ 97a zur Gewährung eines Zuschlags an Entgeltpunkten für langjährige Versicherung erforderlich ist. ²Die Träger der Rentenversicherung dürfen hierzu Name, Vornamen, Geburtsdatum und Anschrift des Berechtigten und seines Ehegatten an das betroffene Kreditinstitut übermitteln. ³Das nach Satz 1 um Auskunft ersuchte Kreditinstitut ist verpflichtet, die ihm bekannten, in Satz 1 bezeichneten Daten an den um Auskunft ersuchenden Träger der Rentenversicherung zu übermitteln. ⁴Der Berechtigte und sein Ehegatte sind über die Durchführung der Datenerhebung und deren Ergebnis zu informieren.

§ 152 Verordnungsermächtigung. Das Bundesministerium für Arbeit und Soziales wird ermächtigt, durch Rechtsverordnung mit Zustimmung des Bundesrates

1. Personen, an die eine Versicherungsnummer zu vergeben ist,
2. den Zeitpunkt der Vergabe einer Versicherungsnummer,
3. das Nähere über die Zusammensetzung der Versicherungsnummer sowie über ihre Änderung,
4. die für die Vergabe einer Versicherungsnummer zuständigen Versicherungsträger,
5. das Nähere über Voraussetzungen, Form und Inhalt sowie Verfahren der Versendung von Versicherungsverläufen,
6. die Art und den Umfang des Datenaustausches zwischen den Trägern der Rentenversicherung sowie mit der Deutschen Post AG sowie die Führung des Versicherungskontos und die Art der Daten, die darin gespeichert werden dürfen,
7. Fristen, mit deren Ablauf Sozialdaten spätestens zu löschen sind,
8. die Behandlung von Versicherungsunterlagen einschließlich der Voraussetzungen, unter denen sie vernichtet werden können, sowie die Art, den Umfang und den Zeitpunkt ihrer Vernichtung

zu bestimmen.

Viertes Kapitel. Finanzierung
Zweiter Abschnitt. Beiträge und Verfahren
Zweiter Unterabschnitt. Verfahren
Zweiter Titel. Auskunfts- und Mitteilungspflichten

§ 196 Auskunfts- und Mitteilungspflichten. (1) ¹Versicherte oder Personen, für die eine Versicherung durchgeführt werden soll, haben, soweit sie nicht bereits nach § 280 des Vierten Buches[1] auskunftspflichtig sind, dem Träger der Rentenversicherung

1. über alle Tatsachen, die für die Feststellung der Versicherungs- und Beitragspflicht und für die Durchführung der den Trägern der Rentenversicherung übertragenen Aufgaben erforderlich sind, auf Verlangen unverzüglich Auskunft zu erteilen,
2. Änderungen in den Verhältnissen, die für die Feststellung der Versicherungs- und Beitragspflicht erheblich sind und nicht durch Dritte gemeldet werden, unverzüglich mitzuteilen.

---

[1] Nr. 27.

² Sie haben dem Träger der Rentenversicherung auf dessen Verlangen unverzüglich die Unterlagen vorzulegen, aus denen die Tatsachen oder die Änderungen in den Verhältnissen hervorgehen.

(2) ¹ Die zuständigen Meldebehörden haben der Datenstelle der Rentenversicherung zur Durchführung ihrer Aufgaben nach § 150, zur Durchführung der Versicherung wegen Kindererziehung und zur Weiterleitung der Mitteilung nach § 101a des Zehnten Buches[1]) die erstmalige Erfassung und jede Änderung des Vor- und des Familiennamens, des Geschlechts oder eines Doktorgrades, den Tag, den Monat, das Jahr und den Ort der Geburt und die Anschrift der alleinigen oder der Hauptwohnung eines Einwohners mitzuteilen. ² Bei einer Anschriftenänderung ist zusätzlich die bisherige Anschrift, im Falle einer Geburt sind zusätzlich die Daten der Mutter nach Satz 1, bei Mehrlingsgeburten zusätzlich die Zahl der geborenen Kinder und im Sterbefall zusätzlich der Sterbetag des Verstorbenen mitzuteilen. ³ Die Datenstelle der Rentenversicherung übermittelt die Daten einer erstmaligen Erfassung oder Änderung tagesgleich an die zuständige Einzugsstelle nach § 28i des Vierten Buches, soweit diese bekannt ist. ⁴ Satz 1 gilt entsprechend für Sterbefallmitteilungen für deutsche Staatsangehörige aus dem Ausland. ⁵ In diesen Fällen erfolgt die Übermittlung in elektronischer Form unmittelbar durch die zuständigen deutschen Auslandsvertretungen an die Datenstelle der Rentenversicherung. ⁶ Sind der Datenstelle der Rentenversicherung Daten von Personen übermittelt worden, die sie nicht für die Erfüllung ihrer Aufgaben nach Satz 1 benötigt, sind diese Daten von ihr unverzüglich zu löschen.

(2a) ¹ Die zuständigen Meldebehörden haben der Datenstelle der Rentenversicherung zur Wahrnehmung ihrer Aufgaben

1. nach § 150 Absatz 1 Satz 1 Nummer 8 zusätzlich zur Sterbefallmitteilung den Familiennamen oder den Lebenspartnerschaftsnamen, den Vornamen, den Tag, den Monat und das Jahr der Geburt und die Anschrift der alleinigen oder der Hauptwohnung des überlebenden Ehegatten oder Lebenspartners des Verstorbenen,

2. nach § 150 Absatz 1 Satz 1 Nummer 9 bei einer Eheschließung oder einer Begründung einer Lebenspartnerschaft eines Einwohners unverzüglich das Datum dieser Eheschließung oder dieser Begründung einer Lebenspartnerschaft

mitzuteilen. ² Die Datenstelle der Rentenversicherung hat diese Daten an den zuständigen Träger der Rentenversicherung zu übermitteln und anschließend bei sich unverzüglich zu löschen. ³ Stellt die Datenstelle der Rentenversicherung in den Fällen des Satzes 1 Nummer 2 fest, dass der Einwohner keine Witwenrente oder Witwerrente und keine Erziehungsrente bezieht, übermittelt sie die Daten nicht an den zuständigen Träger der Rentenversicherung. ⁴ Satz 1 Nummer 1 gilt entsprechend für die zuständige deutsche Auslandsvertretung, sofern diese Informationen bekannt sind.

(3) ¹ Die Handwerkskammern sind verpflichtet, der Datenstelle der Rentenversicherung unverzüglich Eintragungen, Änderungen und Löschungen in der Handwerksrolle über natürliche Personen und Gesellschafter einer Personengesellschaft zu melden. ² Von der Meldepflicht ausgenommen sind Eintragungen, Änderungen und Löschungen zu Handwerksbetrieben im Sinne der §§ 2 und 3 der Handwerksordnung sowie Betriebsfortführungen auf Grund des § 4 der

---

[1]) Nr. 33.

Handwerksordnung. ³Mit den Meldungen sind, soweit vorhanden, die folgenden Angaben zu übermitteln:

1. Familienname und Vornamen,
2. gegebenenfalls Geburtsname,
3. Geburtsdatum,
4. Staatsangehörigkeit,
5. Wohnanschrift,
6. gegebenenfalls Familienname und Vornamen des gesetzlichen Vertreters,
7. die Bezeichnung der Rechtsvorschriften, nach denen der Gewerbetreibende die Voraussetzungen für die Eintragung in die Handwerksrolle erfüllt,
8. Art und Zeitpunkt der Prüfung eines in die Handwerksrolle bereits eingetragenen Gewerbetreibenden, mittels derer die Kenntnisse und Fertigkeiten nachgewiesen wurden, die zur Ausübung des betriebenen Handwerks notwendig sind,
9. Firma und Anschrift der gewerblichen Niederlassung,
10. das zu betreibende Handwerk oder bei Ausübung mehrerer Handwerke diese Handwerke,
11. Tag der Eintragung in die Handwerksrolle oder Tag der Änderung oder Löschung der Eintragung sowie
12. bei einer Änderung oder Löschung den Grund für diese.

⁴Die Meldungen haben durch elektronische Datenübermittlung im eXTra-Standard durch das sichere Hypertext-Übertragungsprotokoll (https) zu erfolgen. ⁵Bis zum 31. Dezember 2021 können die Meldungen abweichend von Satz 2 über eine von der Datenstelle der Rentenversicherung zur Verfügung gestellte Webanwendung unter Nutzung allgemein zugänglicher Netze übermittelt werden. ⁶Die Meldungen sind für jeden Gewerbetreibenden und Gesellschafter gesondert zu erteilen. ⁷Die Datenstelle der Rentenversicherung hat die gemeldeten Daten an den zuständigen Träger der Rentenversicherung weiterzuleiten.

§ 196a *(aufgehoben)*

30. Siebtes Buch Sozialgesetzbuch
Gesetzliche Unfallversicherung[1)]

Vom 7. August 1996

(BGBl. I S. 1254)

FNA 860-7

zuletzt geänd. durch Art. 14a G zur Stärkung der Impfprävention gegen COVID-19 und zur Änd. weiterer Vorschriften im Zusammenhang mit der COVID-19-Pandemie v. 10.12.2021 (BGBl. I S. 5162)

– Auszug –

Siebtes Kapitel. Zusammenarbeit der Unfallversicherungsträger mit anderen Leistungsträgern und ihre Beziehungen zu Dritten

Zweiter Abschnitt. Beziehungen der Unfallversicherungsträger zu Dritten

§ 197 Übermittlungspflicht weiterer Behörden. (1) Die Gemeinden übermitteln abweichend von § 30 der Abgabenordnung zum Zweck der Beitragserhebung auf Anforderung Daten über Eigentums- und Besitzverhältnisse an Flächen an die landwirtschaftliche Berufsgenossenschaft, soweit die Ermittlungen von der landwirtschaftlichen Berufsgenossenschaft nur mit wesentlich größerem Aufwand vorgenommen werden können als von den Gemeinden.

(2) [1]Die Finanzbehörden übermitteln in einem automatisierten Verfahren jährlich der landwirtschaftlichen Berufsgenossenschaft die maschinell vorhandenen Feststellungen zu

1. der nutzungsartbezogenen Vergleichszahl einschließlich Einzelflächen mit Flurstückkennzeichen,
2. den Vergleichswerten sonstiger Nutzung,
3. den Zu- und Abschlägen an den Vergleichswerten,
4. dem Bestand an Vieheinheiten,
5. den Einzelertragswerten für Nebenbetriebe,
6. dem Ersatzwirtschaftswert oder zu den bei dessen Ermittlung anfallenden Berechnungsgrundlagen sowie
7. den Ertragswerten für Abbauland und Geringstland.

[2]Die landwirtschaftliche Berufsgenossenschaft, die landwirtschaftliche Krankenkasse und die landwirtschaftliche Alterskasse dürfen diese Daten nur zur Feststellung der Versicherungspflicht, der Beitragserhebung oder zur Überprüfung von Rentenansprüchen nach dem Gesetz über die Alterssicherung der Landwirte nutzen. [3]Sind übermittelte Daten für die Überprüfung nach Satz 2 nicht mehr erforderlich, sind sie unverzüglich zu löschen.

[1)] Verkündet als Art. 1 Unfallversicherungs-EinordnungsG v. 7.8.1996 (BGBl. I S. 1254, geänd. durch G v. 12.12.1996, BGBl. I S. 1859); Inkrafttreten gem. Art. 36 Satz 1 dieses G am 1.1.1997 mit Ausnahme des § 1 Nr. 1 und der §§ 14 bis 25, die gem. Art. 36 Satz 2 am 21.8.1996 in Kraft getreten sind.

(3) ¹Das Bundesministerium für Arbeit und Soziales wird ermächtigt, das Nähere über das Verfahren der automatisierten Datenübermittlung durch Rechtsverordnung im Einvernehmen mit dem Bundesministerium der Finanzen und dem Bundesministerium für Ernährung und Landwirtschaft und mit Zustimmung des Bundesrates zu regeln. ²Die Einrichtung eines automatisierten Abrufverfahrens ist ausgeschlossen.

(4) ¹Die Flurbereinigungsverwaltung und die Vermessungsverwaltung übermitteln der landwirtschaftlichen Berufsgenossenschaft und den Finanzbehörden durch ein automatisiertes Abrufverfahren die jeweils bei ihnen maschinell vorhandenen Betriebs-, Flächen-, Nutzungs-, Produktions- und Tierdaten sowie die sonstigen hierzu gespeicherten Angaben. ²Die übermittelten Daten dürfen durch die landwirtschaftliche Berufsgenossenschaft, landwirtschaftliche Krankenkasse und landwirtschaftliche Alterskasse nur zur Feststellung der Versicherungspflicht, der Beitragserhebung oder zur Überprüfung von Rentenansprüchen nach dem Gesetz über die Alterssicherung der Landwirte und durch die Finanzbehörden zur Feststellung der Steuerpflicht oder zur Steuererhebung genutzt werden. ³Sind übermittelte Daten für die Überprüfung nach Satz 2 nicht mehr erforderlich, sind sie unverzüglich zu löschen. ⁴Die Sätze 1 und 2 gelten auch für die Ämter für Landwirtschaft und Landentwicklung, für die Veterinärverwaltung sowie sonstige nach Landesrecht zuständige Stellen, soweit diese Aufgaben wahrnehmen, die denen der Ämter für Landwirtschaft und Landentwicklung oder der Veterinärverwaltung entsprechen.

Achtes Kapitel. Datenschutz

Erster Abschnitt. Grundsätze

§ 199 Verarbeitung von Daten durch die Unfallversicherungsträger.

(1) ¹Die Unfallversicherungsträger dürfen Sozialdaten nur erheben und speichern, soweit dies zur Erfüllung ihrer gesetzlich vorgeschriebenen oder zugelassenen Aufgaben erforderlich ist. ²Ihre Aufgaben sind

1. die Feststellung der Zuständigkeit und des Versicherungsstatus,
2. die Erbringung der Leistungen nach dem Dritten Kapitel einschließlich Überprüfung der Leistungsvoraussetzungen und Abrechnung der Leistungen,
3. die Berechnung, Festsetzung und Erhebung von Beitragsberechnungsgrundlagen und Beiträgen nach dem Sechsten Kapitel,
4. die Durchführung von Erstattungs- und Ersatzansprüchen,
5. die Verhütung von Versicherungsfällen, die Abwendung von arbeitsbedingten Gesundheitsgefahren sowie die Vorsorge für eine wirksame Erste Hilfe nach dem Zweiten Kapitel,
6. die Erforschung von Risiken und Gesundheitsgefahren für die Versicherten.

(2) ¹Die Sozialdaten dürfen nur für Aufgaben nach Absatz 1 in dem jeweils erforderlichen Umfang verändert, genutzt, übermittelt oder in der Verarbeitung eingeschränkt werden. ²Eine Verarbeitung für andere Zwecke ist nur zulässig, soweit dies durch Rechtsvorschriften des Sozialgesetzbuches angeordnet oder erlaubt ist.

(3) Bei der Feststellung des Versicherungsfalls soll der Unfallversicherungsträger Auskünfte über Erkrankungen und frühere Erkrankungen des Betroffe-

nen von anderen Stellen oder Personen erst einholen, wenn hinreichende Anhaltspunkte für den ursächlichen Zusammenhang zwischen der versicherten Tätigkeit und dem schädigenden Ereignis oder der schädigenden Einwirkung vorliegen.

§ 200 Einschränkung der Übermittlungsbefugnis. (1) § 76 Abs. 2 Nr. 1 des Zehnten Buches[1]) gilt mit der Maßgabe, daß der Unfallversicherungsträger auch auf ein gegenüber einem anderen Sozialleistungsträger bestehendes Widerspruchsrecht hinzuweisen hat, wenn dieser nicht selbst zu einem Hinweis nach § 76 Abs. 2 Nr. 1 des Zehnten Buches[1]) verpflichtet ist.

(2) Vor Erteilung eines Gutachtenauftrages soll der Unfallversicherungsträger dem Versicherten mehrere Gutachter zur Auswahl benennen; die betroffene Person ist außerdem auf ihr Widerspruchsrecht nach § 76 Abs. 2 des Zehnten Buches[1]) hinzuweisen und über den Zweck des Gutachtens zu informieren.

Zweiter Abschnitt. Datenverarbeitung durch Ärzte

§ 201 Erhebung, Speicherung und Übermittlung von Daten durch Ärzte und Psychotherapeuten. (1) [1]Ärzte und Zahnärzte sowie Psychotherapeuten, Psychologische Psychotherapeuten und Kinder- und Jugendlichenpsychotherapeuten, die nach einem Versicherungsfall an einer Heilbehandlung nach § 34 beteiligt sind, erheben, speichern und übermitteln an die Unfallversicherungsträger Daten über die Behandlung und den Zustand des Versicherten sowie andere personenbezogene Daten, soweit dies für Zwecke der Heilbehandlung und die Erbringung sonstiger Leistungen einschließlich Überprüfung der Leistungsvoraussetzungen und Abrechnung der Leistungen erforderlich ist. [2]Ferner erheben, speichern und übermitteln sie die Daten, die für ihre Entscheidung, eine Heilbehandlung nach § 34 durchzuführen, maßgeblich waren. [3]Für die Unterrichtung des Versicherten aufgrund seines Auskunftsrechts nach Artikel 15 der Verordnung (EU) 2016/679[2]) über die von den Ärzten und den Psychotherapeuten übermittelten Angaben zu seinen gesundheitlichen Verhältnissen gilt § 25 Absatz 2 des Zehnten Buches entsprechend.

(2) Soweit die für den medizinischen Arbeitsschutz zuständigen Stellen und die Krankenkassen Daten nach Absatz 1 zur Erfüllung ihrer Aufgaben benötigen, dürfen die Daten auch an sie übermittelt werden.

§ 202 Anzeigepflicht von Ärzten bei Berufskrankheiten. [1]Haben Ärzte oder Zahnärzte den begründeten Verdacht, daß bei Versicherten eine Berufskrankheit besteht, haben sie dies dem Unfallversicherungsträger oder der für den medizinischen Arbeitsschutz zuständigen Stelle in der für die Anzeige von Berufskrankheiten vorgeschriebenen Form (§ 193 Abs. 8) unverzüglich anzuzeigen. [2]§ 193 Abs. 7 Satz 3 und 4 gilt entsprechend.

§ 203 Auskunftspflicht von Ärzten. (1) [1]Ärzte und Zahnärzte, die nicht an einer Heilbehandlung nach § 34 beteiligt sind, sind verpflichtet, dem Unfallversicherungsträger auf Verlangen Auskunft über die Behandlung, den Zustand sowie über Erkrankungen und frühere Erkrankungen des Versicherten zu er-

---

[1]) Nr. 33.
[2]) Nr. 1.

teilen, soweit dies für die Heilbehandlung und die Erbringung sonstiger Leistungen erforderlich ist. ²Der Unfallversicherungsträger soll Auskunftsverlangen zur Feststellung des Versicherungsfalls oder auf solche Erkrankungen oder auf solche Bereiche von Erkrankungen beschränken, die mit dem Versicherungsfall in einem ursächlichen Zusammenhang stehen können. ³§ 98 Abs. 2 Satz 2 des Zehnten Buches[1]) gilt entsprechend.

(2) Für die Unterrichtung des Versicherten aufgrund seines Auskunftsrechts nach Artikel 15 der Verordnung (EU) 2016/679[2]) über die von den Ärzten und den Zahnärzten an den Unfallversicherungsträger übermittelten Angaben über gesundheitliche Verhältnisse des Versicherten gilt § 25 Absatz 2 des Zehnten Buches entsprechend.

Dritter Abschnitt. Dateisysteme

§ 204 Errichtung eines Dateisystems für mehrere Unfallversicherungsträger. (1) ¹Die Errichtung eines Dateisystems für mehrere Unfallversicherungsträger bei einem Unfallversicherungsträger oder bei einem Verband der Unfallversicherungsträger ist zulässig,

1. um Daten über Verwaltungsverfahren und Entscheidungen nach § 9 Abs. 2 zu verarbeiten und dadurch eine einheitliche Beurteilung vergleichbarer Versicherungsfälle durch die Unfallversicherungsträger zu erreichen, gezielte Maßnahmen der Prävention zu ergreifen sowie neue medizinisch-wissenschaftliche Erkenntnisse zur Fortentwicklung des Berufskrankheitenrechts, insbesondere durch eigene Forschung oder durch Mitwirkung an fremden Forschungsvorhaben, zu gewinnen,

2. um Daten in Vorsorgedateisystemen zu verarbeiten, damit Versicherten, die bestimmten arbeitsbedingten Gesundheitsgefahren ausgesetzt sind oder waren, Maßnahmen der Prävention oder zur Teilhabe angeboten sowie Erkenntnisse über arbeitsbedingte Gesundheitsgefahren und geeignete Maßnahmen der Prävention oder zur Teilhabe gewonnen werden können,

3. um Daten über Arbeits- und Wegeunfälle in einer Unfall-Dokumentation zu verarbeiten und dadurch Größenordnungen, Schwerpunkte und Entwicklungen der Unfallbelastung in einzelnen Bereichen darzustellen, damit Erkenntnisse zur Verbesserung der Prävention und der Maßnahmen zur Teilhabe gewonnen werden können,

4. um Anzeigen, Daten über Verwaltungsverfahren und Entscheidungen über Berufskrankheiten in einer Berufskrankheiten-Dokumentation zu verarbeiten und dadurch Häufigkeiten und Entwicklungen im Berufskrankheitengeschehen sowie wesentliche Einwirkungen und Erkrankungsfolgen darzustellen, damit Erkenntnisse zur Verbesserung der Prävention und der Maßnahmen zur Teilhabe gewonnen werden können,

5. um Daten über Entschädigungsfälle, in denen Leistungen zur Teilhabe erbracht werden, in einer Rehabilitations- und Teilhabe-Dokumentation zu verarbeiten und dadurch Schwerpunkte der Maßnahmen zur Teilhabe darzustellen, damit Erkenntnisse zur Verbesserung der Prävention und der Maßnahmen zur Teilhabe gewonnen werden können,

---

[1]) Nr. 33.
[2]) Nr. 1.

6. um Daten über Entschädigungsfälle, in denen Rentenleistungen oder Leistungen bei Tod erbracht werden, in einer Renten-Dokumentation zu verarbeiten und dadurch Erkenntnisse über den Rentenverlauf und zur Verbesserung der Prävention und der Maßnahmen zur Teilhabe zu gewinnen.

²In den Fällen des Satzes 1 Nr. 1 und 3 bis 6 findet § 76 des Zehnten Buches[1]) keine Anwendung.

(2) ¹Für die Dateisysteme nach Absatz 1 dürfen nach Maßgabe der Sätze 2 und 3 nur folgende Daten von Versicherten erhoben werden:
1. der zuständige Unfallversicherungsträger und die zuständige staatliche Arbeitsschutzbehörde,
2. das Aktenzeichen des Unfallversicherungsträgers,
3. Art und Hergang, Datum und Uhrzeit sowie Anzeige des Versicherungsfalls,
4. Staatsangehörigkeit und Angaben zur regionalen Zuordnung der Versicherten sowie Geburtsjahr und Geschlecht der Versicherten und der Hinterbliebenen,
5. Familienstand und Versichertenstatus der Versicherten,
6. Beruf der Versicherten, ihre Stellung im Erwerbsleben und die Art ihrer Tätigkeit,
7. Angaben zum Unternehmen einschließlich der *[bis 31.12.2022:* Mitgliedsnummer*][ab 1.1.2023: Unternehmernummer nach § 136a]*,
8. die Arbeitsanamnese und die als Ursache für eine Schädigung vermuteten Einwirkungen am Arbeitsplatz,
9. die geäußerten Beschwerden und die Diagnose,
10. Entscheidungen über Anerkennung oder Ablehnung von Versicherungsfällen und Leistungen,
11. Kosten und Verlauf von Leistungen,
12. Art, Ort, Verlauf und Ergebnis von Vorsorgemaßnahmen oder Leistungen zur Teilhabe,
13. die Rentenversicherungsnummer, Vor- und Familienname, Geburtsname, Geburtsdatum, Sterbedatum und Wohnanschrift der Versicherten sowie wesentliche Untersuchungsbefunde und die Planung zukünftiger Vorsorgemaßnahmen,
14. Entscheidungen (Nummer 10) mit ihrer Begründung einschließlich im Verwaltungs- oder Sozialgerichtsverfahren erstatteter Gutachten mit Angabe der Gutachter.

²Für die Aufnahme in Dateisysteme nach Absatz 1 Satz 1 Nr. 1 dürfen nur Daten nach Satz 1 Nr. 1 bis 4, 6 bis 10 und 14 erhoben werden. ³Für die Aufnahme in Dateisysteme nach Absatz 1 Satz 1 Nr. 3 bis 6 dürfen nur Daten nach Satz 1 Nr. 1 bis 12 erhoben werden. ⁴Die Speicherung der Sozialdaten eines Versicherten in Dateisystemen nach Absatz 1 Satz 1 Nummer 1 und 2 ist nur zulässig, wenn die betroffene Person vorher über die Art der gespeicherten Daten, die speichernde Stelle und den Zweck des Dateisystems durch den Unfallversicherungsträger schriftlich unterrichtet wird. ⁵Dabei ist auf § 83 des Zehnten Buches[1]) hinzuweisen.

---

[1]) Nr. 33.

(3) Die Errichtung eines Dateisystems für mehrere Unfallversicherungsträger bei einem Unfallversicherungsträger oder bei einem Verband der Unfallversicherungsträger ist auch zulässig, um die von den Pflegekassen und den privaten Versicherungsunternehmen nach § 44 Abs. 2 des Elften Buches zu übermittelnden Daten zu verarbeiten.

(4) ¹Die Errichtung eines Dateisystems für mehrere Unfallversicherungsträger bei einem Unfallversicherungsträger oder bei einem Verband der Unfallversicherungsträger ist auch zulässig, soweit dies erforderlich ist, um neue Erkenntnisse zur Verhütung von Versicherungsfällen oder zur Abwendung von arbeitsbedingten Gesundheitsgefahren zu gewinnen, und dieser Zweck nur durch ein gemeinsames Dateisystem für mehrere oder alle Unfallversicherungsträger erreicht werden kann. ²In dem Dateisystem nach Satz 1 dürfen personenbezogene Daten nur verarbeitet werden, soweit der Zweck des Dateisystems ohne die Verarbeitung dieser Daten nicht erreicht werden kann. ³Das Bundesministerium für Arbeit und Soziales bestimmt in einer Rechtsverordnung, die der Zustimmung des Bundesrates bedarf, die Art der zu verhütenden Versicherungsfälle und der abzuwendenden arbeitsbedingten Gesundheitsgefahren sowie die Art der Daten, die in dem Dateisystem nach Satz 1 verarbeitet werden dürfen. ⁴In dem Dateisystem nach Satz 1 dürfen Daten nach Absatz 2 Satz 1 Nr. 13 nicht gespeichert werden.

(5) ¹Die Unfallversicherungsträger dürfen Daten nach Absatz 2 an den Unfallversicherungsträger oder den Verband, der das Dateisystem führt, übermitteln. ²Die in dem Dateisystem nach Absatz 1 Satz 1 Nr. 1 oder 2 gespeicherten Daten dürfen von der dateisystemführenden Stelle an andere Unfallversicherungsträger übermittelt werden, soweit es zur Erfüllung ihrer gesetzlichen Aufgaben erforderlich ist.

(6) Der Unfallversicherungsträger oder der Verband, der das Dateisystem errichtet, hat dem oder der Bundesbeauftragten für den Datenschutz und die Informationsfreiheit oder der nach Landesrecht für die Kontrolle des Datenschutzes zuständigen Stelle rechtzeitig die Errichtung eines Dateisystems nach Absatz 1 oder 4 vorher schriftlich oder elektronisch anzuzeigen.

(7) Verantwortlicher für die Erfüllung der Informationspflicht nach Artikel 13 der Verordnung (EU) 2016/679[1)] ist der Unfallversicherungsträger, der für den Versicherten zuständig ist.

§ 205 *(aufgehoben)*

Vierter Abschnitt. Sonstige Vorschriften

§ 206 Verarbeitung von Daten für die Forschung zur Bekämpfung von Berufskrankheiten. (1) ¹Ein Arzt oder Angehöriger eines anderen Heilberufes ist befugt, für ein bestimmtes Forschungsvorhaben personenbezogene Daten den Unfallversicherungsträgern und deren Verbänden zu übermitteln, wenn die nachfolgenden Voraussetzungen erfüllt sind und die Genehmigung des Forschungsvorhabens öffentlich bekanntgegeben worden ist. ²Die Unfallversicherungsträger oder die Verbände haben den Versicherten oder den früheren Versicherten schriftlich über die übermittelten Daten und über den Zweck der Übermittlung zu unterrichten.

[1)] Nr. 1.

(2) ¹Die Unfallversicherungträger und ihre Verbände dürfen Sozialdaten von Versicherten und früheren Versicherten verarbeiten, soweit dies

1. zur Durchführung eines bestimmten Forschungsvorhabens, das die Erkennung neuer Berufskrankheiten oder die Verbesserung der Prävention oder der Maßnahmen zur Teilhabe bei Berufskrankheiten zum Ziele hat, erforderlich ist und

2. der Zweck dieses Forschungsvorhabens nicht auf andere Weise, insbesondere nicht durch Verarbeitung anonymisierter Daten, erreicht werden kann.

²Voraussetzung ist, daß die zuständige oberste Bundes oder Landesbehörde die Verarbeitung der Daten für das Forschungsvorhaben genehmigt hat. ³Erteilt die zuständige oberste Bundesbehörde die Genehmigung, sind die Bundesärztekammer und der oder die Bundesbeauftragte für den Datenschutz und die Informationsfreiheit anzuhören, in den übrigen Fällen die nach Landesrecht für die Kontrolle des Datenschutzes zuständige Stelle und die Ärztekammer des Landes.

(3) Das Forschungsvorhaben darf nur durchgeführt werden, wenn sichergestellt ist, daß keinem Beschäftigten, der an Entscheidungen über Sozialleistungen oder deren Vorbereitung beteiligt ist, die Daten, die für das Forschungsvorhaben verarbeitet werden, zugänglich sind oder von Zugriffsberechtigten weitergegeben werden.

(4) ¹Die Durchführung der Forschung ist organisatorisch und räumlich von anderen Aufgaben zu trennen. ²Die übermittelten Einzelangaben dürfen nicht mit anderen personenbezogenen Daten zusammengeführt werden. ³§ 67c Abs. 5 Satz 2 und 3 des Zehnten Buches[1)] bleibt unberührt.

(5) ¹Führen die Unfallversicherungsträger oder ihre Verbände das Forschungsvorhaben nicht selbst durch, dürfen die Daten nur anonymisiert an den für das Forschungsvorhaben Verantwortlichen übermittelt werden. ²Ist nach dem Zweck des Forschungsvorhabens zu erwarten, daß Rückfragen für einen Teil der Betroffenen erforderlich werden, sind sie an die Person zu richten, welche die Daten gemäß Absatz 1 übermittelt hat. ³Absatz 2 gilt für den für das Forschungsvorhaben Verantwortlichen entsprechend. ⁴Die Absätze 3 und 4 gelten entsprechend.

§ 207 Verarbeitung von Daten zur Verhütung von Versicherungsfällen und arbeitsbedingten Gesundheitsgefahren. (1) Die Unfallversicherungsträger und ihre Verbände dürfen

1. Daten zu Stoffen, Zubereitungen und Erzeugnissen,

2. Betriebs- und Expositionsdaten zur Gefährdungsanalyse

erheben, speichern, verändern, löschen, nutzen und untereinander übermitteln, soweit dies zur Verhütung von Versicherungsfällen und arbeitsbedingten Gesundheitsgefahren erforderlich ist.

(2) Daten nach Absatz 1 dürfen an die für den Arbeitsschutz zuständigen Landesbehörden und an die für den Vollzug des Chemikaliengesetzes sowie des Rechts der Bio- und Gentechnologie zuständigen Behörden übermittelt werden.

[1)] Nr. 33.

(3) Daten nach Absatz 1 dürfen nicht an Stellen oder Personen außerhalb der Unfallversicherungsträger und ihrer Verbände sowie der zuständigen Landesbehörden übermittelt werden, wenn der Unternehmer begründet nachweist, daß ihre Verbreitung ihm betrieblich oder geschäftlich schaden könnte, und die Daten auf Antrag des Unternehmers als vertraulich gekennzeichnet sind.

§ 208 Auskünfte der Deutschen Post AG. Soweit die Deutsche Post AG Aufgaben der Unfallversicherung wahrnimmt, gilt § 151 des Sechsten Buches[1] entsprechend.

---

[1] Nr. 29.

31. Sozialgesetzbuch (SGB) Achtes Buch (VIII) Kinder- und Jugendhilfe

In der Fassung der Bekanntmachung vom 11. September 2012[1)]

(BGBl. I S. 2022)

FNA 860-8

zuletzt geänd. durch Art. 32 G zum Ausbau des elektronischen Rechtsverkehrs mit den Gerichten und zur Änd. weiterer Vorschriften v. 5.10.2021 (BGBl. I S. 4607)

– Auszug –

Viertes Kapitel. Schutz von Sozialdaten

§ 61 Anwendungsbereich. (1) [1]Für den Schutz von Sozialdaten bei ihrer Verarbeitung in der Jugendhilfe gelten § 35 des Ersten Buches[2)], §§ 67 bis 85a des Zehnten Buches[3)] sowie die nachfolgenden Vorschriften. [2]Sie gelten für alle Stellen des Trägers der öffentlichen Jugendhilfe, soweit sie Aufgaben nach diesem Buch wahrnehmen. [3]Für die Wahrnehmung von Aufgaben nach diesem Buch durch kreisangehörige Gemeinden und Gemeindeverbände, die nicht örtliche Träger sind, gelten die Sätze 1 und 2 entsprechend.

(2) Für den Schutz von Sozialdaten bei ihrer Verarbeitung im Rahmen der Tätigkeit des Jugendamts als Amtspfleger, Amtsvormund, Beistand und Gegenvormund gilt nur § 68.

(3) Werden Einrichtungen und Dienste der Träger der freien Jugendhilfe in Anspruch genommen, so ist sicherzustellen, dass der Schutz der personenbezogenen Daten bei der Verarbeitung in entsprechender Weise gewährleistet ist.

§ 62 Datenerhebung. (1) Sozialdaten dürfen nur erhoben werden, soweit ihre Kenntnis zur Erfüllung der jeweiligen Aufgabe erforderlich ist.

(2) [1]Sozialdaten sind bei der betroffenen Person zu erheben. [2]Sie ist über die Rechtsgrundlage der Erhebung sowie die Zweckbestimmungen der Verarbeitung aufzuklären, soweit diese nicht offenkundig sind.

(3) Ohne Mitwirkung der betroffenen Person dürfen Sozialdaten nur erhoben werden, wenn

1. eine gesetzliche Bestimmung dies vorschreibt oder erlaubt oder
2. ihre Erhebung bei der betroffenen Person nicht möglich ist oder die jeweilige Aufgabe ihrer Art nach eine Erhebung bei anderen erfordert, die Kenntnis der Daten aber erforderlich ist für
   a) die Feststellung der Voraussetzungen oder für die Erfüllung einer Leistung nach diesem Buch oder

---

[1)] Neubekanntmachung des SGB VIII idF der Bek. v. 14.12.2006 (BGBl. I S. 3134) in der ab 1.1.2012 geltenden Fassung.
[2)] Nr. 24.
[3)] Nr. 33.

b) die Feststellung der Voraussetzungen für die Erstattung einer Leistung nach § 50 des Zehnten Buches oder

c) die Wahrnehmung einer Aufgabe nach den §§ 42 bis 48a und nach § 52 oder

d) die Erfüllung des Schutzauftrages bei Kindeswohlgefährdung nach § 8a oder die Gefährdungsabwendung nach § 4 des Gesetzes zur Kooperation und Information im Kinderschutz oder

3. die Erhebung bei der betroffenen Person einen unverhältnismäßigen Aufwand erfordern würde und keine Anhaltspunkte dafür bestehen, dass schutzwürdige Interessen der betroffenen Person beeinträchtigt werden oder

4. die Erhebung bei der betroffenen Person den Zugang zur Hilfe ernsthaft gefährden würde.

(4) ¹Ist die betroffene Person nicht zugleich Leistungsberechtigter oder sonst an der Leistung beteiligt, so dürfen die Daten auch beim Leistungsberechtigten oder einer anderen Person, die sonst an der Leistung beteiligt ist, erhoben werden, wenn die Kenntnis der Daten für die Gewährung einer Leistung nach diesem Buch notwendig ist. ²Satz 1 gilt bei der Erfüllung anderer Aufgaben im Sinne des § 2 Absatz 3 entsprechend.

§ 63 Datenspeicherung. (1) Sozialdaten dürfen gespeichert werden, soweit dies für die Erfüllung der jeweiligen Aufgabe erforderlich ist.

(2) ¹Daten, die zur Erfüllung unterschiedlicher Aufgaben der öffentlichen Jugendhilfe erhoben worden sind, dürfen nur zusammengeführt werden, wenn und solange dies wegen eines unmittelbaren Sachzusammenhangs erforderlich ist. ²Daten, die zu Leistungszwecken im Sinne des § 2 Absatz 2 und Daten, die für andere Aufgaben im Sinne des § 2 Absatz 3 erhoben worden sind, dürfen nur zusammengeführt werden, soweit dies zur Erfüllung der jeweiligen Aufgabe erforderlich ist.

§ 64 Datenübermittlung und -nutzung. (1) Sozialdaten dürfen zu dem Zweck übermittelt oder genutzt werden, zu dem sie erhoben worden sind.

(2) Eine Übermittlung für die Erfüllung von Aufgaben nach § 69 des Zehnten Buches[1)] ist abweichend von Absatz 1 nur zulässig, soweit dadurch der Erfolg einer zu gewährenden Leistung nicht in Frage gestellt wird.

(2a) Vor einer Übermittlung an eine Fachkraft, die nicht dem Verantwortlichen angehört, sind die Sozialdaten zu anonymisieren oder zu pseudonymisieren, soweit die Aufgabenerfüllung dies zulässt.

(2b) ¹Abweichend von Absatz 1 dürfen Sozialdaten übermittelt und genutzt werden, soweit dies für die Durchführung bestimmter wissenschaftlicher Vorhaben zur Erforschung möglicher politisch motivierter Adoptionsvermittlung in der DDR erforderlich ist, ohne dass es einer Anonymisierung oder Pseudonymisierung bedarf. ²Die personenbezogenen Daten sind zu anonymisieren, sobald dies nach dem Forschungszweck möglich ist. ³Vom Adoptionsverfahren betroffene Personen dürfen nicht kontaktiert werden.

(3) Sozialdaten dürfen beim Träger der öffentlichen Jugendhilfe zum Zwecke der Planung im Sinne des § 80 gespeichert oder genutzt werden; sie sind unverzüglich zu anonymisieren.

[1)] Nr. 33.

(4) Erhält ein Träger der öffentlichen Jugendhilfe nach Maßgabe des § 4 Absatz 3 des Gesetzes zur Kooperation und Information im Kinderschutz Informationen und Daten, soll er gegenüber der meldenden Person ausschließlich mitteilen, ob sich die von ihr mitgeteilten gewichtigen Anhaltspunkte für die Gefährdung des Wohls des Kindes oder Jugendlichen bestätigt haben und ob das Jugendamt zur Abwendung der Gefährdung tätig geworden ist und noch tätig ist.

§ 65 Besonderer Vertrauensschutz in der persönlichen und erzieherischen Hilfe. (1) [1]Sozialdaten, die dem Mitarbeiter eines Trägers der öffentlichen Jugendhilfe zum Zwecke persönlicher und erzieherischer Hilfe anvertraut worden sind, dürfen von diesem nur weitergegeben oder übermittelt werden

1. mit der Einwilligung dessen, der die Daten anvertraut hat, oder
2. dem Familiengericht zur Erfüllung der Aufgaben nach § 8a Absatz 2, wenn angesichts einer Gefährdung des Wohls eines Kindes oder eines Jugendlichen ohne diese Mitteilung eine für die Gewährung von Leistungen notwendige gerichtliche Entscheidung nicht ermöglicht werden könnte, oder
3. dem Mitarbeiter, der auf Grund eines Wechsels der Fallzuständigkeit im Jugendamt oder eines Wechsels der örtlichen Zuständigkeit für die Gewährung oder Erbringung der Leistung verantwortlich ist, wenn Anhaltspunkte für eine Gefährdung des Kindeswohls gegeben sind und die Daten für eine Abschätzung des Gefährdungsrisikos notwendig sind, oder
4. an die Fachkräfte, die zum Zwecke der Abschätzung des Gefährdungsrisikos nach § 8a hinzugezogen werden; § 64 Absatz 2a bleibt unberührt, oder
5. unter den Voraussetzungen, unter denen eine der in § 203 Absatz 1 oder 4 des Strafgesetzbuchs[1]) genannten Personen dazu befugt wäre, oder
6. wenn dies für die Durchführung bestimmter wissenschaftlicher Vorhaben zur Erforschung möglicher politisch motivierter Adoptionsvermittlung in der DDR erforderlich ist. Vom Adoptionsverfahren betroffene Personen dürfen nicht kontaktiert werden; § 64 Absatz 2b Satz 1 und 2 gilt entsprechend.

[2]Der Empfänger darf die Sozialdaten nur zu dem Zweck weitergeben oder übermitteln, zu dem er sie befugt erhalten hat.

(2) § 35 Absatz 3 des Ersten Buches[2]) gilt auch, soweit ein behördeninternes Weitergabeverbot nach Absatz 1 besteht.

§§ 66, 67 (weggefallen)

§ 68 Sozialdaten im Bereich der Beistandschaft, Amtspflegschaft und der Amtsvormundschaft. (1) [1]Der Beamte oder Angestellte, dem die Ausübung der Beistandschaft, Amtspflegschaft oder Amtsvormundschaft übertragen ist, darf Sozialdaten nur verarbeiten, soweit dies zur Erfüllung seiner Aufgaben erforderlich ist. [2]Die Nutzung dieser Sozialdaten zum Zwecke der Aufsicht, Kontrolle oder Rechnungsprüfung durch die dafür zuständigen Stellen sowie die Übermittlung an diese ist im Hinblick auf den Einzelfall zulässig. [3]Die Informationspflichten nach Artikel 13 und 14 der Verordnung (EU) 2016/679[3])

---

[1]) Nr. 21.
[2]) Nr. 24.
[3]) Nr. 1.

des Europäischen Parlaments und des Rates vom 27. April 2016 zum Schutz natürlicher Personen bei der Verarbeitung personenbezogener Daten, zum freien Datenverkehr und zur Aufhebung der Richtlinie 95/46/EG (Datenschutz-Grundverordnung) (ABl. L 119 vom 4.5.2016, S. 1; L 314 vom 22.11. 2016, S. 72; L 127 vom 23.5.2018, S. 2) in der jeweils geltenden Fassung bestehen nur, soweit die Erteilung der Informationen

1. mit der Wahrung der Interessen der minderjährigen Person vereinbar ist und
2. nicht die Erfüllung der Aufgaben gefährdet, die in der Zuständigkeit des Beistands, des Amtspflegers oder des Amtsvormundes liegen.

(2) § 84 des Zehnten Buches[1]) gilt entsprechend.

(3) ¹Das Recht auf Auskunft der betroffenen Person gemäß Artikel 15 der Verordnung (EU) 2016/679 besteht nicht, soweit die betroffene Person nach Absatz 1 Satz 3 nicht zu informieren ist oder durch die Auskunftserteilung berechtigte Interessen Dritter beeinträchtigt würden. ²Einer Person, die unter Beistandschaft, Amtspflegschaft oder Amtsvormundschaft gestanden und ihr 18. Lebensjahr noch nicht vollendet hat, kann Auskunft erteilt werden, soweit sie die erforderliche Einsichts- und Urteilsfähigkeit besitzt und die Auskunftserteilung nicht nach Satz 1 ausgeschlossen ist. ³Nach Beendigung einer Beistandschaft hat darüber hinaus der Elternteil, der die Beistandschaft beantragt hat, einen Anspruch auf Kenntnis der gespeicherten Daten, solange der junge Mensch minderjährig ist, der Elternteil antragsberechtigt ist und die Auskunftserteilung nicht nach Satz 1 ausgeschlossen ist.

(4) Personen oder Stellen, an die Sozialdaten übermittelt worden sind, dürfen diese nur zu dem Zweck speichern und nutzen, zu dem sie ihnen nach Absatz 1 befugt übermittelt worden sind.

(5) Für die Tätigkeit des Jugendamts als Gegenvormund gelten die Absätze 1 bis 4 entsprechend.

---

[1]) Nr. 33.

32. Sozialgesetzbuch
Neuntes Buch – Rehabilitation und Teilhabe von Menschen mit Behinderungen –
(Neuntes Buch Sozialgesetzbuch – SGB IX)[1]

Vom 23. Dezember 2016

(BGBl. I S. 3234)

FNA 860-9-3

zuletzt geänd. durch Art. 7c G zum Erlass eines Tierarzneimittelgesetzes und zur Anpassung arzneimittelrechtlicher und anderer Vorschriften[2] v. 27.9.2021 (BGBl. I S. 4530)

– Auszug –

Teil 3. Besondere Regelungen zur Teilhabe schwerbehinderter Menschen (Schwerbehindertenrecht)

Kapitel 10. Sonstige Vorschriften

§ 213 Geheimhaltungspflicht. (1) Die Beschäftigten der Integrationsämter, der Bundesagentur für Arbeit, der Rehabilitationsträger sowie der von diesen Stellen beauftragten Integrationsfachdienste und die Mitglieder der Ausschüsse und des Beirates für die Teilhabe von Menschen mit Behinderungen (§ 86) und ihre Stellvertreterinnen oder Stellvertreter sowie zur Durchführung ihrer Aufgaben hinzugezogene Sachverständige sind verpflichtet,

1. über ihnen wegen ihres Amtes oder Auftrages bekannt gewordene persönliche Verhältnisse und Angelegenheiten von Beschäftigten auf Arbeitsplätzen für schwerbehinderte Menschen, die ihrer Bedeutung oder ihrem Inhalt nach einer vertraulichen Behandlung bedürfen, Stillschweigen zu bewahren und

2. ihnen wegen ihres Amtes oder Auftrages bekannt gewordene und vom Arbeitgeber ausdrücklich als geheimhaltungsbedürftig bezeichnete Betriebs- oder Geschäftsgeheimnisse nicht zu offenbaren und nicht zu verwerten.

(2) ¹Diese Pflichten gelten auch nach dem Ausscheiden aus dem Amt oder nach Beendigung des Auftrages. ²Sie gelten nicht gegenüber der Bundesagentur für Arbeit, den Integrationsämtern und den Rehabilitationsträgern, soweit deren Aufgaben gegenüber schwerbehinderten Menschen es erfordern, gegenüber der Schwerbehindertenvertretung sowie gegenüber den in § 79 Absatz 1 des Betriebsverfassungsgesetzes[3] und den in den entsprechenden Vorschriften des Personalvertretungsrechts genannten Vertretungen, Personen und Stellen.

---

[1] Verkündet als Art. 1 BundesteilhabeG v. 23.12.2016 (BGBl. I S. 3234); Inkrafttreten gem. Art. 26 Abs. 1 dieses G am 1.1.2018, mit Ausnahme von Teil 2 Kapitel 1–7 (§§ 90–122) sowie Kapitel 9–11 (§§ 135–150), die gem. Abs. 4 Nr. 1 dieses G mit Ausnahme von § 94 Absatz 1 am 1.1.2020 in Kraft getreten sind.

[2] Notifiziert gemäß der Richtlinie (EU) 2015/1535 des Europäischen Parlaments und des Rates vom 9. September 2015 über ein Informationsverfahren auf dem Gebiet der technischen Vorschriften und der Vorschriften für die Dienste der Informationsgesellschaft (ABl. L 241 vom 17.9.2015, S. 1).

[3] Nr. 23.

33. Zehntes Buch Sozialgesetzbuch
– Sozialverwaltungsverfahren und Sozialdatenschutz –
(SGB X)

In der Fassung der Bekanntmachung vom 18. Januar 2001[1]

(BGBl. I S. 130)

FNA 860-10-1

zuletzt geänd. durch Art. 44 und 45 G über die Entschädigung der Soldatinnen und Soldaten und zur Neuordnung des Soldatenversorgungsrechts v. 20.8.2021 (BGBl. I S. 3932)

– Auszug –

Zweites Kapitel. Schutz der Sozialdaten

Erster Abschnitt. Begriffsbestimmungen

§ 67 Begriffsbestimmungen. (1) Die nachfolgenden Begriffsbestimmungen gelten ergänzend zu Artikel 4 der Verordnung (EU) 2016/679[2] des Europäischen Parlaments und des Rates vom 27. April 2016 zum Schutz natürlicher Personen bei der Verarbeitung personenbezogener Daten, zum freien Datenverkehr und zur Aufhebung der Richtlinie 95/46/EG (Datenschutz-Grundverordnung) (ABl. L 119 vom 4.5.2016, S. 1; L 314 vom 22.11.2016, S. 72; L 127 vom 23.5.2018, S. 2) in der jeweils geltenden Fassung.

(2) ¹Sozialdaten sind personenbezogene Daten (Artikel 4 Nummer 1 der Verordnung (EU) 2016/679), die von einer in § 35 des Ersten Buches[3] genannten Stelle im Hinblick auf ihre Aufgaben nach diesem Gesetzbuch verarbeitet werden. ²Betriebs- und Geschäftsgeheimnisse sind alle betriebs- oder geschäftsbezogenen Daten, auch von juristischen Personen, die Geheimnischarakter haben.

(3) Aufgaben nach diesem Gesetzbuch sind, soweit dieses Kapitel angewandt wird, auch

1. Aufgaben auf Grund von Verordnungen, deren Ermächtigungsgrundlage sich im Sozialgesetzbuch befindet,
2. Aufgaben auf Grund von über- und zwischenstaatlichem Recht im Bereich der sozialen Sicherheit,
3. Aufgaben auf Grund von Rechtsvorschriften, die das Erste und das Zehnte Buch für entsprechend anwendbar erklären, und
4. Aufgaben auf Grund des Arbeitssicherheitsgesetzes und Aufgaben, soweit sie den in § 35 des Ersten Buches[3] genannten Stellen durch Gesetz zugewiesen sind. § 8 Absatz 1 Satz 3 des Arbeitssicherheitsgesetzes bleibt unberührt.

(4) ¹Werden Sozialdaten von einem Leistungsträger im Sinne von § 12 des Ersten Buches verarbeitet, ist der Verantwortliche der Leistungsträger. ²Ist der Leistungsträger eine Gebietskörperschaft, so sind der Verantwortliche die Orga-

---

[1] Neubekanntmachung des SGB X v. 18.8.1980 (BGBl. I S. 1469, 2218) in der ab 1.1.2001 geltenden Fassung.
[2] Nr. 1.
[3] Nr. 24.

nisationseinheiten, die eine Aufgabe nach einem der besonderen Teile dieses Gesetzbuches funktional durchführen.

(5) Nicht-öffentliche Stellen sind natürliche und juristische Personen, Gesellschaften und andere Personenvereinigungen des privaten Rechts, soweit sie nicht unter § 81 Absatz 3 fallen.

Zweiter Abschnitt. Verarbeitung von Sozialdaten

§ 67a Erhebung von Sozialdaten. (1) ¹Die Erhebung von Sozialdaten durch die in § 35 des Ersten Buches genannten Stellen ist zulässig, wenn ihre Kenntnis zur Erfüllung einer Aufgabe der erhebenden Stelle nach diesem Gesetzbuch erforderlich ist. ²Dies gilt auch für die Erhebung der besonderen Kategorien personenbezogener Daten im Sinne des Artikels 9 Absatz 1 der Verordnung (EU) 2016/679[1]. ³§ 22 Absatz 2 des Bundesdatenschutzgesetzes gilt entsprechend.

(2) ¹Sozialdaten sind bei der betroffenen Person zu erheben. ²Ohne ihre Mitwirkung dürfen sie nur erhoben werden

1. bei den in § 35 des Ersten Buches[2] oder in § 69 Absatz 2 genannten Stellen, wenn

   a) diese zur Übermittlung der Daten an die erhebende Stelle befugt sind,

   b) die Erhebung bei der betroffenen Person einen unverhältnismäßigen Aufwand erfordern würde und

   c) keine Anhaltspunkte dafür bestehen, dass überwiegende schutzwürdige Interessen der betroffenen Person beeinträchtigt werden,

2. bei anderen Personen oder Stellen, wenn

   a) eine Rechtsvorschrift die Erhebung bei ihnen zulässt oder die Übermittlung an die erhebende Stelle ausdrücklich vorschreibt oder

   b) aa) die Aufgaben nach diesem Gesetzbuch ihrer Art nach eine Erhebung bei anderen Personen oder Stellen erforderlich machen oder

   bb) die Erhebung bei der betroffenen Person einen unverhältnismäßigen Aufwand erfordern würde

   und keine Anhaltspunkte dafür bestehen, dass überwiegende schutzwürdige Interessen der betroffenen Person beeinträchtigt werden.

§ 67b Speicherung, Veränderung, Nutzung, Übermittlung, Einschränkung der Verarbeitung und Löschung von Sozialdaten. (1) ¹Die Speicherung, Veränderung, Nutzung, Übermittlung, Einschränkung der Verarbeitung und Löschung von Sozialdaten durch die in § 35 des Ersten Buches[2] genannten Stellen ist zulässig, soweit die nachfolgenden Vorschriften oder eine andere Rechtsvorschrift in diesem Gesetzbuch es erlauben oder anordnen. ²Dies gilt auch für die besonderen Kategorien personenbezogener Daten im Sinne des Artikels 9 Absatz 1 der Verordnung (EU) 2016/679[1]. ³Die Übermittlung von biometrischen, genetischen oder Gesundheitsdaten ist abweichend von Artikel 9 Absatz 2 Buchstabe b, d bis j der Verordnung (EU) 2016/679 nur zulässig, soweit eine gesetzliche Übermittlungsbefugnis nach den §§ 68

---

[1] Nr. 1.
[2] Nr. 24.

bis 77 oder nach einer anderen Rechtsvorschrift in diesem Gesetzbuch vorliegt.
⁴ § 22 Absatz 2 des Bundesdatenschutzgesetzes gilt entsprechend.

(2) ¹Zum Nachweis im Sinne des Artikels 7 Absatz 1 der Verordnung (EU) 2016/679, dass die betroffene Person in die Verarbeitung ihrer personenbezogenen Daten eingewilligt hat, soll die Einwilligung schriftlich oder elektronisch erfolgen. ²Die Einwilligung zur Verarbeitung von genetischen, biometrischen oder Gesundheitsdaten oder Betriebs- oder Geschäftsgeheimnissen hat schriftlich oder elektronisch zu erfolgen, soweit nicht wegen besonderer Umstände eine andere Form angemessen ist. ³Wird die Einwilligung der betroffenen Person eingeholt, ist diese auf den Zweck der vorgesehenen Verarbeitung, auf die Folgen der Verweigerung der Einwilligung sowie auf die jederzeitige Widerrufsmöglichkeit gemäß Artikel 7 Absatz 3 der Verordnung (EU) 2016/679 hinzuweisen.

(3) ¹Die Einwilligung zur Verarbeitung personenbezogener Daten zu Forschungszwecken kann für ein bestimmtes Vorhaben oder für bestimmte Bereiche der wissenschaftlichen Forschung erteilt werden. ²Im Bereich der wissenschaftlichen Forschung liegt ein besonderer Umstand im Sinne des Absatzes 2 Satz 2 auch dann vor, wenn durch die Einholung einer schriftlichen oder elektronischen Einwilligung der Forschungszweck erheblich beeinträchtigt würde. ³In diesem Fall sind die Gründe, aus denen sich die erhebliche Beeinträchtigung des Forschungszweckes ergibt, schriftlich festzuhalten.

§ 67c Zweckbindung sowie Speicherung, Veränderung und Nutzung von Sozialdaten zu anderen Zwecken. (1) ¹Die Speicherung, Veränderung oder Nutzung von Sozialdaten durch die in § 35 des Ersten Buches[1)] genannten Stellen ist zulässig, wenn sie zur Erfüllung der in der Zuständigkeit des Verantwortlichen liegenden gesetzlichen Aufgaben nach diesem Gesetzbuch erforderlich ist und für die Zwecke erfolgt, für die die Daten erhoben worden sind. ²Ist keine Erhebung vorausgegangen, dürfen die Daten nur für die Zwecke geändert oder genutzt werden, für die sie gespeichert worden sind.

(2) Die nach Absatz 1 gespeicherten Daten dürfen von demselben Verantwortlichen für andere Zwecke nur gespeichert, verändert oder genutzt werden, wenn

1. die Daten für die Erfüllung von Aufgaben nach anderen Rechtsvorschriften dieses Gesetzbuches als diejenigen, für die sie erhoben wurden, erforderlich sind,

2. es zur Durchführung eines bestimmten Vorhabens der wissenschaftlichen Forschung oder Planung im Sozialleistungsbereich erforderlich ist und die Voraussetzungen des § 75 Absatz 1, 2 oder 4a Satz 1 vorliegen.

(3) ¹Eine Speicherung, Veränderung oder Nutzung von Sozialdaten ist zulässig, wenn sie für die Wahrnehmung von Aufsichts-, Kontroll- und Disziplinarbefugnissen, der Rechnungsprüfung oder der Durchführung von Organisationsuntersuchungen für den Verantwortlichen oder für die Wahrung oder Wiederherstellung der Sicherheit und Funktionsfähigkeit eines informationstechnischen Systems durch das Bundesamt für Sicherheit in der Informationstechnik erforderlich ist. ²Das gilt auch für die Veränderung oder Nutzung zu Ausbildungs- und Prüfungszwecken durch den Verantwortlichen, soweit nicht

---

[1)] Nr. 24.

überwiegende schutzwürdige Interessen der betroffenen Person entgegenstehen.

(4) Sozialdaten, die ausschließlich zu Zwecken der Datenschutzkontrolle, der Datensicherung oder zur Sicherstellung eines ordnungsgemäßen Betriebes einer Datenverarbeitungsanlage gespeichert werden, dürfen nur für diese Zwecke verändert, genutzt und in der Verarbeitung eingeschränkt werden.

(5) [1] Für Zwecke der wissenschaftlichen Forschung oder Planung im Sozialleistungsbereich erhobene oder gespeicherte Sozialdaten dürfen von den in § 35 des Ersten Buches[1)] genannten Stellen nur für ein bestimmtes Vorhaben der wissenschaftlichen Forschung im Sozialleistungsbereich oder der Planung im Sozialleistungsbereich verändert oder genutzt werden. [2] Die Sozialdaten sind zu anonymisieren, sobald dies nach dem Forschungs- oder Planungszweck möglich ist. [3] Bis dahin sind die Merkmale gesondert zu speichern, mit denen Einzelangaben über persönliche oder sachliche Verhältnisse einer bestimmten oder bestimmbaren Person zugeordnet werden können. [4] Sie dürfen mit den Einzelangaben nur zusammengeführt werden, soweit der Forschungs- oder Planungszweck dies erfordert.

§ 67d Übermittlungsgrundsätze. (1) [1] Die Verantwortung für die Zulässigkeit der Bekanntgabe von Sozialdaten durch ihre Weitergabe an einen Dritten oder durch die Einsichtnahme oder den Abruf eines Dritten von zur Einsicht oder zum Abruf bereitgehaltenen Daten trägt die übermittelnde Stelle. [2] Erfolgt die Übermittlung auf Ersuchen des Dritten, an den die Daten übermittelt werden, trägt dieser die Verantwortung für die Richtigkeit der Angaben in seinem Ersuchen.

(2) Sind mit Sozialdaten, die übermittelt werden dürfen, weitere personenbezogene Daten der betroffenen Person oder eines Dritten so verbunden, dass eine Trennung nicht oder nur mit unvertretbarem Aufwand möglich ist, so ist die Übermittlung auch dieser Daten nur zulässig, wenn schutzwürdige Interessen der betroffenen Person oder eines Dritten an deren Geheimhaltung nicht überwiegen; eine Veränderung oder Nutzung dieser Daten ist unzulässig.

(3) Die Übermittlung von Sozialdaten ist auch über Vermittlungsstellen im Rahmen einer Auftragsverarbeitung zulässig.

§ 67e Erhebung und Übermittlung zur Bekämpfung von Leistungsmissbrauch und illegaler Ausländerbeschäftigung. [1] Bei der Prüfung nach § 2 des Schwarzarbeitsbekämpfungsgesetzes oder nach § 28p des Vierten Buches darf bei der überprüften Person zusätzlich erfragt werden,
1. ob und welche Art von Sozialleistungen nach diesem Gesetzbuch oder Leistungen nach dem Asylbewerberleistungsgesetz sie bezieht und von welcher Stelle sie diese Leistungen bezieht,
2. bei welcher Krankenkasse sie versichert oder ob sie als Selbständige tätig ist,
3. ob und welche Art von Beiträgen nach diesem Gesetzbuch sie abführt und
4. ob und welche ausländischen Arbeitnehmerinnen und Arbeitnehmer sie mit einer für ihre Tätigkeit erforderlichen Genehmigung und nicht zu ungünstigeren Arbeitsbedingungen als vergleichbare deutsche Arbeitnehmerinnen und Arbeitnehmer beschäftigt.

[1)] Nr. 24.

²Zu Prüfzwecken dürfen die Antworten auf Fragen nach Satz 1 Nummer 1 an den jeweils zuständigen Leistungsträger und nach Satz 1 Nummer 2 bis 4 an die jeweils zuständige Einzugsstelle und die Bundesagentur für Arbeit übermittelt werden. ³Der Empfänger hat die Prüfung unverzüglich durchzuführen.

§ 68 Übermittlung für Aufgaben der Polizeibehörden, der Staatsanwaltschaften, Gerichte und der Behörden der Gefahrenabwehr.

(1) ¹Zur Erfüllung von Aufgaben der Polizeibehörden, der Staatsanwaltschaften und Gerichte, der Behörden der Gefahrenabwehr und der Justizvollzugsanstalten dürfen im Einzelfall auf Ersuchen Name, Vorname, Geburtsdatum, Geburtsort, derzeitige Anschrift der betroffenen Person, ihr derzeitiger oder zukünftiger Aufenthaltsort sowie Namen, Vornamen oder Firma und Anschriften ihrer derzeitigen Arbeitgeber übermittelt werden, soweit kein Grund zu der Annahme besteht, dass dadurch schutzwürdige Interessen der betroffenen Person beeinträchtigt werden, und wenn das Ersuchen nicht länger als sechs Monate zurückliegt. ²Die ersuchte Stelle ist über § 4 Absatz 3 hinaus zur Übermittlung auch dann nicht verpflichtet, wenn sich die ersuchende Stelle die Angaben auf andere Weise beschaffen kann. ³Satz 2 findet keine Anwendung, wenn das Amtshilfeersuchen zur Durchführung einer Vollstreckung nach § 66 erforderlich ist.

(1a) Zu dem in § 7 Absatz 3 des Internationalen Familienrechtsverfahrensgesetzes bezeichneten Zweck ist es zulässig, der in dieser Vorschrift bezeichneten Zentralen Behörde auf Ersuchen im Einzelfall den derzeitigen Aufenthalt der betroffenen Person zu übermitteln, soweit kein Grund zur Annahme besteht, dass dadurch schutzwürdige Interessen der betroffenen Person beeinträchtigt werden.

(2) Über das Übermittlungsersuchen entscheidet der Leiter oder die Leiterin der ersuchten Stelle, dessen oder deren allgemeiner Stellvertreter oder allgemeine Stellvertreterin oder eine besonders bevollmächtigte bedienstete Person.

(3) ¹Eine Übermittlung der in Absatz 1 Satz 1 genannten Sozialdaten, von Angaben zur Staats- und Religionsangehörigkeit, früherer Anschriften der betroffenen Personen, von Namen und Anschriften früherer Arbeitgeber der betroffenen Personen sowie von Angaben über an betroffene Personen erbrachte oder demnächst zu erbringende Geldleistungen ist zulässig, soweit sie zur Durchführung einer nach Bundes- oder Landesrecht zulässigen Rasterfahndung erforderlich ist. ²Die Verantwortung für die Zulässigkeit der Übermittlung trägt abweichend von § 67d Absatz 1 Satz 1 der Dritte, an den die Daten übermittelt werden. ³Die übermittelnde Stelle prüft nur, ob das Übermittlungsersuchen im Rahmen der Aufgaben des Dritten liegt, an den die Daten übermittelt werden, es sei denn, dass besonderer Anlass zur Prüfung der Zulässigkeit der Übermittlung besteht.

§ 69 Übermittlung für die Erfüllung sozialer Aufgaben. (1) Eine Übermittlung von Sozialdaten ist zulässig, soweit sie erforderlich ist

1. für die Erfüllung der Zwecke, für die sie erhoben worden sind, oder für die Erfüllung einer gesetzlichen Aufgabe der übermittelnden Stelle nach diesem Gesetzbuch oder einer solchen Aufgabe des Dritten, an den die Daten übermittelt werden, wenn er eine in § 35 des Ersten Buches genannte Stelle ist,

2. für die Durchführung eines mit der Erfüllung einer Aufgabe nach Nummer 1 zusammenhängenden gerichtlichen Verfahrens einschließlich eines Strafverfahrens oder
3. für die Richtigstellung unwahrer Tatsachenbehauptungen der betroffenen Person im Zusammenhang mit einem Verfahren über die Erbringung von Sozialleistungen; die Übermittlung bedarf der vorherigen Genehmigung durch die zuständige oberste Bundes- oder Landesbehörde.

(2) Für die Erfüllung einer gesetzlichen oder sich aus einem Tarifvertrag ergebenden Aufgabe sind den in § 35 des Ersten Buches[1] genannten Stellen gleichgestellt

1. die Stellen, die Leistungen nach dem Lastenausgleichsgesetz, dem Bundesentschädigungsgesetz, dem Strafrechtlichen Rehabilitierungsgesetz, dem Beruflichen Rehabilitierungsgesetz, dem Gesetz über die Entschädigung für Strafverfolgungsmaßnahmen, dem Unterhaltssicherungsgesetz, dem Beamtenversorgungsgesetz und den Vorschriften, die auf das Beamtenversorgungsgesetz verweisen, dem Soldatenversorgungsgesetz, dem Anspruchs- und Anwartschaftsüberführungsgesetz und den Vorschriften der Länder über die Gewährung von Blinden- und Pflegegeldleistungen zu erbringen haben,
2. die gemeinsamen Einrichtungen der Tarifvertragsparteien im Sinne des § 4 Absatz 2 des Tarifvertragsgesetzes, die Zusatzversorgungseinrichtungen des öffentlichen Dienstes und die öffentlich-rechtlichen Zusatzversorgungseinrichtungen,
3. die Bezügestellen des öffentlichen Dienstes, soweit sie kindergeldabhängige Leistungen des Besoldungs-, Versorgungs- und Tarifrechts unter Verwendung von personenbezogenen Kindergelddaten festzusetzen haben.

(3) Die Übermittlung von Sozialdaten durch die Bundesagentur für Arbeit an die Krankenkassen ist zulässig, soweit sie erforderlich ist, den Krankenkassen die Feststellung der Arbeitgeber zu ermöglichen, die am Ausgleich der Arbeitgeberaufwendungen nach dem Aufwendungsausgleichsgesetz teilnehmen.

(4) Die Krankenkassen sind befugt, einem Arbeitgeber mitzuteilen, ob die Fortdauer einer Arbeitsunfähigkeit oder eine erneute Arbeitsunfähigkeit eines Arbeitnehmers auf derselben Krankheit beruht; die Übermittlung von Diagnosedaten an den Arbeitgeber ist nicht zulässig.

(5) Die Übermittlung von Sozialdaten ist zulässig für die Erfüllung der gesetzlichen Aufgaben der Rechnungshöfe und der anderen Stellen, auf die § 67c Absatz 3 Satz 1 Anwendung findet.

§ 70 Übermittlung für die Durchführung des Arbeitsschutzes. Eine Übermittlung von Sozialdaten ist zulässig, soweit sie zur Erfüllung der gesetzlichen Aufgaben der für den Arbeitsschutz zuständigen staatlichen Behörden oder der Bergbehörden bei der Durchführung des Arbeitsschutzes erforderlich ist und schutzwürdige Interessen der betroffenen Person nicht beeinträchtigt werden oder das öffentliche Interesse an der Durchführung des Arbeitsschutzes das Geheimhaltungsinteresse der betroffenen Person erheblich überwiegt.

---

[1] Nr. 24.

§ 71 Übermittlung für die Erfüllung besonderer gesetzlicher Pflichten und Mitteilungsbefugnisse. (1) ¹Eine Übermittlung von Sozialdaten ist zulässig, soweit sie erforderlich ist für die Erfüllung der gesetzlichen Mitteilungspflichten

1. zur Abwendung geplanter Straftaten nach § 138 des Strafgesetzbuches,
2. zum Schutz der öffentlichen Gesundheit nach § 8 des Infektionsschutzgesetzes,
3. zur Sicherung des Steueraufkommens nach § 22a des Einkommensteuergesetzes und den §§ 93, 97, 105, 111 Absatz 1 und 5, § 116 der Abgabenordnung und § 32b Absatz 3 des Einkommensteuergesetzes, soweit diese Vorschriften unmittelbar anwendbar sind, und zur Mitteilung von Daten der ausländischen Unternehmen, die auf Grund bilateraler Regierungsvereinbarungen über die Beschäftigung von Arbeitnehmern zur Ausführung von Werkverträgen tätig werden, nach § 93a der Abgabenordnung,
4. zur Gewährung und Prüfung des Sonderausgabenabzugs nach § 10 des Einkommensteuergesetzes,
5. zur Überprüfung der Voraussetzungen für die Einziehung der Ausgleichszahlungen und für die Leistung von Wohngeld nach § 33 des Wohngeldgesetzes,
6. zur Bekämpfung von Schwarzarbeit und illegaler Beschäftigung nach dem Schwarzarbeitsbekämpfungsgesetz,
7. zur Mitteilung in das Gewerbezentralregister und das Wettbewerbsregister einzutragender Tatsachen an die Registerbehörde,
8. zur Erfüllung der Aufgaben der statistischen Ämter der Länder und des Statistischen Bundesamtes gemäß § 3 Absatz 1 des Statistikregistergesetzes zum Aufbau und zur Führung des Statistikregisters,
9. zur Aktualisierung des Betriebsregisters nach § 97 Absatz 5 des Agrarstatistikgesetzes,
10. zur Erfüllung der Aufgaben der Deutschen Rentenversicherung Bund als zentraler Stelle nach § 22a und § 91 Absatz 1 Satz 1 des Einkommensteuergesetzes,
11. zur Erfüllung der Aufgaben der Deutschen Rentenversicherung Knappschaft-Bahn-See, soweit sie bei geringfügig Beschäftigten Aufgaben nach dem Einkommensteuergesetz durchführt,
12. zur Erfüllung der Aufgaben des Statistischen Bundesamtes nach § 5a Absatz 1 in Verbindung mit Absatz 3 des Bundesstatistikgesetzes sowie nach § 7 des Registerzensuserprobungsgesetzes zum Zwecke der Entwicklung von Verfahren für die zuverlässige Zuordnung von Personendatensätzen aus ihren Datenbeständen und von Verfahren der Qualitätssicherung eines Registerzensus,
13. nach § 69a des Erneuerbare-Energien-Gesetzes zur Berechnung der Bruttowertschöpfung im Verfahren zur Begrenzung der EEG-Umlage,
14. nach § 6 Absatz 3 des Wohnungslosenberichterstattungsgesetzes für die Erhebung über wohnungslose Personen,
15. nach § 4 des Sozialdienstleister-Einsatzgesetzes für die Feststellung des nachträglichen Erstattungsanspruchs oder
16. nach § 5 Absatz 1 des Rentenübersichtsgesetzes zur Erfüllung der Aufgaben der Zentralen Stelle für die Digitale Rentenübersicht.

²Erklärungspflichten als Drittschuldner, welche das Vollstreckungsrecht vorsieht, werden durch Bestimmungen dieses Gesetzbuches nicht berührt. ³Eine Übermittlung von Sozialdaten ist zulässig, soweit sie erforderlich ist für die Erfüllung der gesetzlichen Pflichten zur Sicherung und Nutzung von Archivgut des Bundes nach § 1 Nummer 8 und 9, § 3 Absatz 4, nach den §§ 5 bis 7 sowie nach den §§ 10 bis 13 des Bundesarchivgesetzes oder nach entsprechenden gesetzlichen Vorschriften der Länder, die die Schutzfristen dieses Gesetzes nicht unterschreiten. ⁴Eine Übermittlung von Sozialdaten ist auch zulässig, soweit sie erforderlich ist, Meldebehörden nach § 6 Absatz 2 des Bundesmeldegesetzes über konkrete Anhaltspunkte für die Unrichtigkeit oder Unvollständigkeit von diesen auf Grund Melderechts übermittelter Daten zu unterrichten. ⁵Zur Überprüfung des Anspruchs auf Kindergeld ist die Übermittlung von Sozialdaten gemäß § 68 Absatz 7 des Einkommensteuergesetzes an die Familienkassen zulässig. ⁶Eine Übermittlung von Sozialdaten ist auch zulässig, soweit sie zum Schutz des Kindeswohls nach § 4 Absatz 1 und 5 des Gesetzes zur Kooperation und Information im Kinderschutz erforderlich ist.

(2) ¹Eine Übermittlung von Sozialdaten eines Ausländers ist auch zulässig, soweit sie erforderlich ist

1. im Einzelfall auf Ersuchen der mit der Ausführung des Aufenthaltsgesetzes betrauten Behörden nach § 87 Absatz 1 des Aufenthaltsgesetzes mit der Maßgabe, dass über die Angaben nach § 68 hinaus nur mitgeteilt werden können

   a) für die Entscheidung über den Aufenthalt des Ausländers oder eines Familienangehörigen des Ausländers Daten über die Gewährung oder Nichtgewährung von Leistungen, Daten über frühere und bestehende Versicherungen und das Nichtbestehen einer Versicherung,

   b) für die Entscheidung über den Aufenthalt oder über die ausländerrechtliche Zulassung oder Beschränkung einer Erwerbstätigkeit des Ausländers Daten über die Zustimmung nach § 4a Absatz 2 Satz 1, § 16a Absatz 1 Satz 1 und § 18 Absatz 2 Nummer 2 des Aufenthaltsgesetzes,

   c) für eine Entscheidung über den Aufenthalt des Ausländers Angaben darüber, ob die in § 54 Absatz 2 Nummer 4 des Aufenthaltsgesetzes bezeichneten Voraussetzungen vorliegen, und

   d) durch die Jugendämter für die Entscheidung über den weiteren Aufenthalt oder die Beendigung des Aufenthalts eines Ausländers, bei dem ein Ausweisungsgrund nach den §§ 53 bis 56 des Aufenthaltsgesetzes vorliegt, Angaben über das zu erwartende soziale Verhalten,

2. für die Erfüllung der in § 87 Absatz 2 des Aufenthaltsgesetzes bezeichneten Mitteilungspflichten,

3. für die Erfüllung der in § 99 Absatz 1 Nummer 14 Buchstabe d, f und j des Aufenthaltsgesetzes bezeichneten Mitteilungspflichten, wenn die Mitteilung die Erteilung, den Widerruf oder Beschränkungen der Zustimmung nach § 4 Absatz 2 Satz 1, § 16a Absatz 1 Satz 1 und § 18 Absatz 2 Nummer 2 des Aufenthaltsgesetzes oder eines Versicherungsschutzes oder die Gewährung von Leistungen zur Sicherung des Lebensunterhalts nach dem Zweiten Buch betrifft,

4. für die Erfüllung der in § 6 Absatz 1 Nummer 8 in Verbindung mit Absatz 2 Nummer 6 des Gesetzes über das Ausländerzentralregister bezeichneten Mitteilungspflichten,

5. für die Erfüllung der in § 32 Absatz 1 Satz 1 und 2 des Staatsangehörigkeitsgesetzes bezeichneten Mitteilungspflichten oder
6. für die Erfüllung der nach § 8 Absatz 1c des Asylgesetzes bezeichneten Mitteilungspflichten der Träger der Grundsicherung für Arbeitsuchende.

²Daten über die Gesundheit eines Ausländers dürfen nur übermittelt werden,
1. wenn der Ausländer die öffentliche Gesundheit gefährdet und besondere Schutzmaßnahmen zum Ausschluss der Gefährdung nicht möglich sind oder von dem Ausländer nicht eingehalten werden oder
2. soweit sie für die Feststellung erforderlich sind, ob die Voraussetzungen des § 54 Absatz 2 Nummer 4 des Aufenthaltsgesetzes vorliegen.

(2a) Eine Übermittlung personenbezogener Daten eines Leistungsberechtigten nach § 1 des Asylbewerberleistungsgesetzes ist zulässig, soweit sie für die Durchführung des Asylbewerberleistungsgesetzes erforderlich ist.

(3) ¹Eine Übermittlung von Sozialdaten ist *[bis 31.12.2022:* auch *]*zulässig, soweit es nach pflichtgemäßem Ermessen eines Leistungsträgers erforderlich ist, dem Betreuungsgericht die Bestellung eines Betreuers oder eine andere Maßnahme in Betreuungssachen zu ermöglichen. *[Satz 2 bis 31.12.2022:]* ² 7 des Betreuungsbehördengesetzes gilt entsprechend. *[Satz 2 ab 1.1.2023:]* ² *§ 9 des Betreuungsorganisationsgesetzes gilt entsprechend.* *[Satz 3 ab 1.1.2023:]* ³ *Eine Übermittlung von Sozialdaten ist auch zulässig, soweit sie im Einzelfall für die Erfüllung der Aufgaben der Betreuungsbehörden nach § 8 des Betreuungsorganisationsgesetzes erforderlich ist.*

(4) ¹Eine Übermittlung von Sozialdaten ist außerdem zulässig, soweit sie im Einzelfall für die rechtmäßige Erfüllung der in der Zuständigkeit der Zentralstelle für Finanztransaktionsuntersuchungen liegenden Aufgaben nach § 28 Absatz 1 Satz 2 Nummer 2 des Geldwäschegesetzes erforderlich ist. ²Die Übermittlung ist auf Angaben über Name, Vorname sowie früher geführte Namen, Geburtsdatum, Geburtsort, derzeitige und frühere Anschriften der betroffenen Person sowie Namen und Anschriften seiner derzeitigen und früheren Arbeitgeber beschränkt.

§ 72 Übermittlung für den Schutz der inneren und äußeren Sicherheit. (1) ¹Eine Übermittlung von Sozialdaten ist zulässig, soweit sie im Einzelfall für die rechtmäßige Erfüllung der in der Zuständigkeit der Behörden für Verfassungsschutz, des Bundesnachrichtendienstes, des Militärischen Abschirmdienstes und des Bundeskriminalamtes liegenden Aufgaben erforderlich ist. ²Die Übermittlung ist auf Angaben über Name und Vorname sowie früher geführte Namen, Geburtsdatum, Geburtsort, derzeitige und frühere Anschriften der betroffenen Person sowie Namen und Anschriften ihrer derzeitigen und früheren Arbeitgeber beschränkt.

(2) ¹Über die Erforderlichkeit des Übermittlungsersuchens entscheidet eine von dem Leiter oder der Leiterin der ersuchenden Stelle bestimmte beauftragte Person, die die Befähigung zum Richteramt haben soll. ²Wenn eine oberste Bundes- oder Landesbehörde für die Aufsicht über die ersuchende Stelle zuständig ist, ist sie über die gestellten Übermittlungsersuchen zu unterrichten. ³Bei der ersuchten Stelle entscheidet über das Übermittlungsersuchen der Behördenleiter oder die Behördenleiterin oder dessen oder deren allgemeiner Stellvertreter oder allgemeine Stellvertreterin.

§ 73 Übermittlung für die Durchführung eines Strafverfahrens.

(1) Eine Übermittlung von Sozialdaten ist zulässig, soweit sie zur Durchführung eines Strafverfahrens wegen eines Verbrechens oder wegen einer sonstigen Straftat von erheblicher Bedeutung erforderlich ist.

(2) Eine Übermittlung von Sozialdaten zur Durchführung eines Strafverfahrens wegen einer anderen Straftat ist zulässig, soweit die Übermittlung auf die in § 72 Absatz 1 Satz 2 genannten Angaben und die Angaben über erbrachte oder demnächst zu erbringende Geldleistungen beschränkt ist.

(3) Die Übermittlung nach den Absätzen 1 und 2 ordnet der Richter oder die Richterin an.

§ 74 Übermittlung bei Verletzung der Unterhaltspflicht und beim Versorgungsausgleich.

(1) [1] Eine Übermittlung von Sozialdaten ist zulässig, soweit sie erforderlich ist

1. für die Durchführung

   a) eines gerichtlichen Verfahrens oder eines Vollstreckungsverfahrens wegen eines gesetzlichen oder vertraglichen Unterhaltsanspruchs oder eines an seine Stelle getretenen Ersatzanspruchs oder

   b) eines Verfahrens über den Versorgungsausgleich nach § 220 des Gesetzes über das Verfahren in Familiensachen und in den Angelegenheiten der freiwilligen Gerichtsbarkeit oder

2. für die Geltendmachung

   a) eines gesetzlichen oder vertraglichen Unterhaltsanspruchs außerhalb eines Verfahrens nach Nummer 1 Buchstabe a, soweit die betroffene Person nach den Vorschriften des bürgerlichen Rechts, insbesondere nach § 1605 oder nach § 1361 Absatz 4 Satz 4, § 1580 Satz 2, § 1615a oder § 1615l Absatz 3 Satz 1 in Verbindung mit § 1605 des Bürgerlichen Gesetzbuchs, zur Auskunft verpflichtet ist, oder

   b) eines Ausgleichsanspruchs im Rahmen des Versorgungsausgleichs außerhalb eines Verfahrens nach Nummer 1 Buchstabe b, soweit die betroffene Person nach § 4 Absatz 1 des Versorgungsausgleichsgesetzes zur Auskunft verpflichtet ist, oder

3. für die Anwendung der Öffnungsklausel des § 22 Nummer 1 Satz 3 Buchstabe a Doppelbuchstabe bb Satz 2 des Einkommensteuergesetzes auf eine im Versorgungsausgleich auf die ausgleichsberechtigte Person übertragene Rentenanwartschaft, soweit die ausgleichspflichtige Person nach § 22 Nummer 1 Satz 3 Buchstabe a Doppelbuchstabe bb Satz 2 des Einkommensteuergesetzes in Verbindung mit § 4 Absatz 1 des Versorgungsausgleichsgesetzes zur Auskunft verpflichtet ist.

[2] In den Fällen des Satzes 1 Nummer 2 und 3 ist eine Übermittlung nur zulässig, wenn die auskunftspflichtige Person ihre Pflicht, nachdem sie unter Hinweis auf die in diesem Buch enthaltene Übermittlungsbefugnis der in § 35 des Ersten Buches[1)] genannten Stellen gemahnt wurde, innerhalb angemessener Frist nicht oder nicht vollständig erfüllt hat. [3] Diese Stellen dürfen die Anschrift der auskunftspflichtigen Person zum Zwecke der Mahnung übermitteln.

[1)] Nr. 24.

(2) Eine Übermittlung von Sozialdaten durch die Träger der gesetzlichen Rentenversicherung und durch die Träger der Grundsicherung für Arbeitsuchende ist auch zulässig, soweit sie für die Erfüllung der nach § 5 des Auslandsunterhaltsgesetzes der zentralen Behörde (§ 4 des Auslandsunterhaltsgesetzes) obliegenden Aufgaben und zur Erreichung der in den §§ 16 und 17 des Auslandsunterhaltsgesetzes bezeichneten Zwecke erforderlich ist.

§ 74a Übermittlung zur Durchsetzung öffentlich-rechtlicher Ansprüche und im Vollstreckungsverfahren. (1) ¹Zur Durchsetzung von öffentlich-rechtlichen Ansprüchen dürfen im Einzelfall auf Ersuchen Name, Vorname, Geburtsdatum, Geburtsort, derzeitige Anschrift der betroffenen Person, ihr derzeitiger oder zukünftiger Aufenthaltsort sowie Namen, Vornamen oder Firma und Anschriften ihrer derzeitigen Arbeitgeber übermittelt werden, soweit kein Grund zu der Annahme besteht, dass dadurch schutzwürdige Interessen der betroffenen Person beeinträchtigt werden, und wenn das Ersuchen nicht länger als sechs Monate zurückliegt. ²Die ersuchte Stelle ist über § 4 Absatz 3 hinaus zur Übermittlung auch dann nicht verpflichtet, wenn sich die ersuchende Stelle die Angaben auf andere Weise beschaffen kann. ³Satz 2 findet keine Anwendung, wenn das Amtshilfeersuchen zur Durchführung einer Vollstreckung nach § 66 erforderlich ist.

(2) ¹Zur Durchführung eines Vollstreckungsverfahrens dürfen die Träger der gesetzlichen Rentenversicherung im Einzelfall auf Ersuchen des Gerichtsvollziehers die derzeitige Anschrift der betroffenen Person, ihren derzeitigen oder zukünftigen Aufenthaltsort sowie Namen, Vornamen oder Firma und Anschriften ihrer derzeitigen Arbeitgeber übermitteln, soweit kein Grund zu der Annahme besteht, dass dadurch schutzwürdige Interessen der betroffenen Person beeinträchtigt werden, und das Ersuchen nicht länger als sechs Monate zurückliegt. ²Die Träger der gesetzlichen Rentenversicherung sind über § 4 Absatz 3 hinaus zur Übermittlung auch dann nicht verpflichtet, wenn sich die ersuchende Stelle die Angaben auf andere Weise beschaffen kann. ³Die Übermittlung ist nur zulässig, wenn

1. die Ladung zu dem Termin zur Abgabe der Vermögensauskunft an den Schuldner nicht zustellbar ist und
   a) die Anschrift, unter der die Zustellung ausgeführt werden sollte, mit der Anschrift übereinstimmt, die von einer der in § 755 Absatz 1 und 2 der Zivilprozessordnung genannten Stellen innerhalb von drei Monaten vor oder nach dem Zustellungsversuch mitgeteilt wurde, oder
   b) die Meldebehörde nach dem Zustellungsversuch die Auskunft erteilt, dass ihr keine derzeitige Anschrift des Schuldners bekannt ist, oder
   c) die Meldebehörde innerhalb von drei Monaten vor Erteilung des Vollstreckungsauftrags die Auskunft erteilt hat, dass ihr keine derzeitige Anschrift des Schuldners bekannt ist,
2. der Schuldner seiner Pflicht zur Abgabe der Vermögensauskunft in dem dem Ersuchen zugrundeliegenden Vollstreckungsverfahren nicht nachkommt,
3. bei einer Vollstreckung in die in der Vermögensauskunft aufgeführten Vermögensgegenstände eine vollständige Befriedigung des Gläubigers voraussichtlich nicht zu erwarten ist oder
4. die Anschrift oder der derzeitige oder zukünftige Aufenthaltsort des Schuldners trotz Anfrage bei der Meldebehörde nicht bekannt ist.

⁴Der Gerichtsvollzieher hat in seinem Ersuchen zu bestätigen, dass diese Voraussetzungen vorliegen. ⁵Das Ersuchen und die Auskunft sind elektronisch zu übermitteln.

[Abs. 3 ab 1.11.2022:]

(3) ¹Ersucht ein Insolvenzgericht nach § 98 Absatz 1a der Insolvenzordnung die Träger der gesetzlichen Rentenversicherung um Übermittlung des Namens und der Vornamen oder der Firma sowie der Anschrift der derzeitigen Arbeitgeber der betroffenen Person, so dürfen die Träger der gesetzlichen Rentenversicherung diese Daten vorbehaltlich der Sätze 2 bis 4 im Einzelfall übermitteln, wenn versicherungspflichtige Beschäftigungsverhältnisse der betroffenen Person vorliegen. ²Eine Übermittlung nach Satz 1 ist nur dann zulässig, wenn

1. die Ladung zu dem Termin zur Abgabe der Vermögensauskunft an den Schuldner nicht zustellbar ist und

   a) die Anschrift, unter der die Zustellung ausgeführt werden sollte, mit der Anschrift übereinstimmt, die von einer der in § 755 Absatz 1 und 2 der Zivilprozessordnung genannten Stellen innerhalb von drei Monaten vor oder nach dem Zustellungsversuch mitgeteilt wurde, oder

   b) die Meldebehörde nach dem Zustellungsversuch die Auskunft erteilt, dass ihr keine derzeitige Anschrift des Schuldners bekannt ist, oder

   c) die Meldebehörde innerhalb von drei Monaten vor Erteilung des Vollstreckungsauftrags die Auskunft erteilt hat, dass ihr keine derzeitige Anschrift des Schuldners bekannt ist;

2. der Schuldner seiner Auskunftspflicht nach § 97 der Insolvenzordnung nicht nachkommt oder

3. dies aus anderen Gründen zur Erreichung der Zwecke des Insolvenzverfahrens erforderlich erscheint.

³Die Träger der gesetzlichen Rentenversicherung sind zur Übermittlung nicht verpflichtet, wenn sich das Insolvenzgericht die Angaben auf andere Weise beschaffen kann oder wenn Grund zu der Annahme besteht, dass durch die Übermittlung schutzwürdige Interessen der betroffenen Person beeinträchtigt werden; § 4 Absatz 3 bleibt unberührt. ⁴Das Insolvenzgericht hat in seinem Ersuchen zu bestätigen, dass die Voraussetzungen des Satzes 2 vorliegen. ⁵Das Ersuchen und die Auskunft sind elektronisch zu übermitteln.

§ 75 Übermittlung von Sozialdaten für die Forschung und Planung.

(1) ¹Eine Übermittlung von Sozialdaten ist zulässig, soweit sie erforderlich ist für ein bestimmtes Vorhaben

1. der wissenschaftlichen Forschung im Sozialleistungsbereich oder der wissenschaftlichen Arbeitsmarkt- und Berufsforschung oder

2. der Planung im Sozialleistungsbereich durch eine öffentliche Stelle im Rahmen ihrer Aufgaben

und schutzwürdige Interessen der betroffenen Person nicht beeinträchtigt werden oder das öffentliche Interesse an der Forschung oder Planung das Geheimhaltungsinteresse der betroffenen Person erheblich überwiegt. ²Eine Übermittlung ohne Einwilligung der betroffenen Person ist nicht zulässig, soweit es zumutbar ist, ihre Einwilligung einzuholen. ³Angaben über den Namen und Vornamen, die Anschrift, die Telefonnummer sowie die für die Einleitung eines Vorhabens nach Satz 1 zwingend erforderlichen Strukturmerkmale der betroffenen Person können für Befragungen auch ohne Einwilligungen übermittelt werden. ⁴Der nach Absatz 4 Satz 1 zuständigen Behörde ist ein Datenschutzkonzept vorzulegen.

(2) Ergibt sich aus dem Vorhaben nach Absatz 1 Satz 1 eine Forschungsfrage, die in einem inhaltlichen Zusammenhang mit diesem steht, können hierzu auf Antrag die Frist nach Absatz 4 Satz 5 Nummer 4 zur Verarbeitung der erforderlichen Sozialdaten verlängert oder eine neue Frist festgelegt und weitere erforderliche Sozialdaten übermittelt werden.

(3) ¹Soweit nach Absatz 1 oder 2 besondere Kategorien von Daten im Sinne von Artikel 9 Absatz 1 der Verordnung (EU) 2016/679[1)] an einen Dritten übermittelt oder nach Absatz 4a von einem Dritten verarbeitet werden, sieht dieser bei der Verarbeitung angemessene und spezifische Maßnahmen zur Wahrung der Interessen der betroffenen Person gemäß § 22 Absatz 2 Satz 2 des Bundesdatenschutzgesetzes[2)] vor. ²Ergänzend zu den dort genannten Maßnahmen sind die besonderen Kategorien von Daten im Sinne des Artikels 9 Absatz 1 der Verordnung (EU) 2016/679 zu anonymisieren, sobald dies nach dem Forschungszweck möglich ist.

(4) ¹Die Übermittlung nach Absatz 1 und die weitere Verarbeitung sowie die Übermittlung nach Absatz 2 bedürfen der vorherigen Genehmigung durch die oberste Bundes- oder Landesbehörde, die für den Bereich, aus dem die Daten herrühren, zuständig ist. ²Die oberste Bundesbehörde kann das Genehmigungsverfahren bei Anträgen von Versicherungsträgern nach § 1 Absatz 1 Satz 1 des Vierten Buches oder deren Verbänden auf das Bundesversicherungsamt übertragen. ³Eine Übermittlung von Sozialdaten an eine nicht-öffentliche Stelle und eine weitere Verarbeitung durch diese nach Absatz 2 darf nur genehmigt werden, wenn sich die nicht-öffentliche Stelle gegenüber der Genehmigungsbehörde verpflichtet hat, die Daten nur für den vorgesehenen Zweck zu verarbeiten. ⁴Die Genehmigung darf im Hinblick auf die Wahrung des Sozialgeheimnisses nur versagt werden, wenn die Voraussetzungen des Absatzes 1, 2 oder 4a nicht vorliegen. ⁵Sie muss

1. den Dritten, an den die Daten übermittelt werden,
2. die Art der zu übermittelnden Sozialdaten und den Kreis der betroffenen Personen,
3. die wissenschaftliche Forschung oder die Planung, zu der die übermittelten Sozialdaten verarbeitet werden dürfen, und
4. den Tag, bis zu dem die übermittelten Sozialdaten verarbeitet werden dürfen,

genau bezeichnen und steht auch ohne besonderen Hinweis unter dem Vorbehalt der nachträglichen Aufnahme, Änderung oder Ergänzung einer Auflage. ⁶Nach Ablauf der Frist nach Satz 5 Nummer 4 können die verarbeiteten Daten bis zu zehn Jahre lang gespeichert werden, um eine Nachprüfung der Forschungsergebnisse auf der Grundlage der ursprünglichen Datenbasis sowie eine Verarbeitung für weitere Forschungsvorhaben nach Absatz 2 zu ermöglichen.

(4a) ¹Ergänzend zur Übermittlung von Sozialdaten zu einem bestimmten Forschungsvorhaben nach Absatz 1 Satz 1 kann die Verarbeitung dieser Sozialdaten auch für noch nicht bestimmte, aber inhaltlich zusammenhängende Forschungsvorhaben des gleichen Forschungsbereiches beantragt werden. ²Die

---

[1)] Nr. 1.
[2)] Nr. 6.

Genehmigung ist unter den Voraussetzungen des Absatzes 4 zu erteilen, wenn sich der Datenempfänger gegenüber der genehmigenden Stelle verpflichtet, auch bei künftigen Forschungsvorhaben im Forschungsbereich die Genehmigungsvoraussetzungen einzuhalten. ³Die nach Absatz 4 Satz 1 zuständige Behörde kann vom Antragsteller die Vorlage einer unabhängigen Begutachtung des Datenschutzkonzeptes verlangen. ⁴Der Antragsteller ist verpflichtet, der nach Absatz 4 Satz 1 zuständigen Behörde jedes innerhalb des genehmigten Forschungsbereiches vorgesehene Forschungsvorhaben vor dessen Beginn anzuzeigen und dabei die Erfüllung der Genehmigungsvoraussetzungen darzulegen. ⁵Mit dem Forschungsvorhaben darf acht Wochen nach Eingang der Anzeige bei der Genehmigungsbehörde begonnen werden, sofern nicht die Genehmigungsbehörde vor Ablauf der Frist mitteilt, dass für das angezeigte Vorhaben ein gesondertes Genehmigungsverfahren erforderlich ist.

(5) Wird die Verarbeitung von Sozialdaten nicht-öffentlichen Stellen genehmigt, hat die genehmigende Stelle durch Auflagen sicherzustellen, dass die der Genehmigung durch Absatz 1, 2 und 4a gesetzten Grenzen beachtet werden.

(6) Ist der Dritte, an den Sozialdaten übermittelt werden, eine nicht-öffentliche Stelle, unterliegt dieser der Aufsicht der gemäß § 40 Absatz 1 des Bundesdatenschutzgesetzes zuständigen Behörde.

§ 76 Einschränkung der Übermittlungsbefugnis bei besonders schutzwürdigen Sozialdaten. (1) Die Übermittlung von Sozialdaten, die einer in § 35 des Ersten Buches[1] genannten Stelle von einem Arzt oder einer Ärztin oder einer anderen in § 203 Absatz 1 und 4 des Strafgesetzbuches[2] genannten Person zugänglich gemacht worden sind, ist nur unter den Voraussetzungen zulässig, unter denen diese Person selbst übermittlungsbefugt wäre.

(2) Absatz 1 gilt nicht

1. im Rahmen des § 69 Absatz 1 Nummer 1 und 2 für Sozialdaten, die im Zusammenhang mit einer Begutachtung wegen der Erbringung von Sozialleistungen oder wegen der Ausstellung einer Bescheinigung übermittelt worden sind, es sei denn, dass die betroffene Person der Übermittlung widerspricht; die betroffene Person ist von dem Verantwortlichen zu Beginn des Verwaltungsverfahrens in allgemeiner Form schriftlich oder elektronisch auf das Widerspruchsrecht hinzuweisen,

1a. im Rahmen der Geltendmachung und Durchsetzung sowie Abwehr eines Erstattungs- oder Ersatzanspruchs,

2. im Rahmen des § 69 Absatz 4 und 5 und des § 71 Absatz 1 Satz 3,

3. im Rahmen des § 94 Absatz 2 Satz 2 des Elften Buches[3].

(3) Ein Widerspruchsrecht besteht nicht in den Fällen des § 275 Absatz 1 bis 3 und 3b, des § 275c Absatz 1 und des § 275d Absatz 1 des Fünften Buches, soweit die Daten durch Personen nach Absatz 1 übermittelt werden.

---

[1] Nr. 24.
[2] Nr. 21.
[3] Nr. 34.

§ 77 Übermittlung ins Ausland und an internationale Organisationen.

(1) ¹Die Übermittlung von Sozialdaten an Personen oder Stellen in anderen Mitgliedstaaten der Europäischen Union sowie in diesen nach § 35 Absatz 7 des Ersten Buches[1)] gleichgestellten Staaten ist zulässig, soweit

1. dies für die Erfüllung einer gesetzlichen Aufgabe der in § 35 des Ersten Buches[1)] genannten übermittelnden Stelle nach diesem Gesetzbuch oder zur Erfüllung einer solchen Aufgabe von ausländischen Stellen erforderlich ist, soweit diese Aufgaben wahrnehmen, die denen der in § 35 des Ersten Buches[1)] genannten Stellen entsprechen,
2. die Voraussetzungen des § 69 Absatz 1 Nummer 2 oder Nummer 3 oder des § 70 oder einer Übermittlungsvorschrift nach dem Dritten Buch oder dem Arbeitnehmerüberlassungsgesetz vorliegen und die Aufgaben der ausländischen Stelle den in diesen Vorschriften genannten entsprechen,
3. die Voraussetzungen des § 74 vorliegen und die gerichtlich geltend gemachten Ansprüche oder die Rechte des Empfängers den in dieser Vorschrift genannten entsprechen oder
4. die Voraussetzungen des § 73 vorliegen; für die Anordnung einer Übermittlung nach § 73 ist ein inländisches Gericht zuständig.

²Die Übermittlung von Sozialdaten unterbleibt, soweit sie zu den in Artikel 6 des Vertrages über die Europäische Union enthaltenen Grundsätzen in Widerspruch stünde.

(2) Absatz 1 gilt entsprechend für die Übermittlung an Personen oder Stellen in einem Drittstaat sowie an internationale Organisationen, wenn deren angemessenes Datenschutzniveau durch Angemessenheitsbeschluss gemäß Artikel 45 der Verordnung (EU) 2016/679[2)] festgestellt wurde.

(3) ¹Liegt kein Angemessenheitsbeschluss vor, ist eine Übermittlung von Sozialdaten an Personen oder Stellen in einem Drittstaat oder an internationale Organisationen abweichend von Artikel 46 Absatz 2 Buchstabe a und Artikel 49 Absatz 1 Unterabsatz 1 Buchstabe g der Verordnung (EU) 2016/679 unzulässig. ²Eine Übermittlung aus wichtigen Gründen des öffentlichen Interesses nach Artikel 49 Absatz 1 Unterabsatz 1 Buchstabe d und Absatz 4 der Verordnung (EU) 2016/679 liegt nur vor, wenn

1. die Übermittlung in Anwendung zwischenstaatlicher Übereinkommen auf dem Gebiet der sozialen Sicherheit erfolgt, oder
2. soweit die Voraussetzungen des § 69 Absatz 1 Nummer 1 und 2 oder des § 70 vorliegen

und soweit die betroffene Person kein schutzwürdiges Interesse an dem Ausschluss der Übermittlung hat.

(4) Die Stelle, an die die Sozialdaten übermittelt werden, ist auf den Zweck hinzuweisen, zu dessen Erfüllung die Sozialdaten übermittelt werden.

§ 78 Zweckbindung und Geheimhaltungspflicht eines Dritten, an den Daten übermittelt werden.

(1) ¹Personen oder Stellen, die nicht in § 35 des Ersten Buches[1)] genannt und denen Sozialdaten übermittelt worden sind, dürfen diese nur zu dem Zweck verarbeiten, zu dem sie ihnen befugt über-

---

[1)] Nr. 24.
[2)] Nr. 1.

mittelt worden sind. ²Eine Übermittlung von Sozialdaten nach den §§ 68 bis 77 oder nach einer anderen Rechtsvorschrift in diesem Gesetzbuch an eine nicht-öffentliche Stelle auf deren Ersuchen hin ist nur zulässig, wenn diese sich gegenüber der übermittelnden Stelle verpflichtet hat, die Daten nur für den Zweck zu verarbeiten, zu dem sie ihr übermittelt werden. ³Die Dritten haben die Daten in demselben Umfang geheim zu halten wie die in § 35 des Ersten Buches[1] genannten Stellen. ⁴Sind Sozialdaten an Gerichte oder Staatsanwaltschaften übermittelt worden, dürfen diese gerichtliche Entscheidungen, die Sozialdaten enthalten, weiter übermitteln, wenn eine in § 35 des Ersten Buches[1] genannte Stelle zur Übermittlung an den weiteren Dritten befugt wäre. ⁵Abweichend von Satz 4 ist eine Übermittlung nach § 115 des Bundesbeamtengesetzes[2] und nach Vorschriften, die auf diese Vorschrift verweisen, zulässig. ⁶Sind Sozialdaten an Polizeibehörden, Staatsanwaltschaften, Gerichte oder Behörden der Gefahrenabwehr übermittelt worden, dürfen diese die Daten unabhängig vom Zweck der Übermittlung sowohl für Zwecke der Gefahrenabwehr als auch für Zwecke der Strafverfolgung und der Strafvollstreckung speichern, verändern, nutzen, übermitteln, in der Verarbeitung einschränken oder löschen.

(2) Werden Daten an eine nicht-öffentliche Stelle übermittelt, so sind die dort beschäftigten Personen, welche diese Daten speichern, verändern, nutzen, übermitteln, in der Verarbeitung einschränken oder löschen, von dieser Stelle vor, spätestens bei der Übermittlung auf die Einhaltung der Pflichten nach Absatz 1 hinzuweisen.

(3) ¹Ergibt sich im Rahmen eines Vollstreckungsverfahrens nach § 66 die Notwendigkeit, dass eine Strafanzeige zum Schutz des Vollstreckungsbeamten erforderlich ist, so dürfen die zum Zweck der Vollstreckung übermittelten Sozialdaten auch zum Zweck der Strafverfolgung gespeichert, verändert, genutzt, übermittelt, in der Verarbeitung eingeschränkt oder gelöscht werden, soweit dies erforderlich ist. ²Das Gleiche gilt auch für die Klärung von Fragen im Rahmen eines Disziplinarverfahrens.

(4) Sind Sozialdaten an Gerichte oder Staatsanwaltschaften für die Durchführung eines Straf- oder Bußgeldverfahrens übermittelt worden, so dürfen sie nach Maßgabe der §§ 476, 487 Absatz 4 der Strafprozessordnung[3] und der §§ 49b und 49c Absatz 1 des Gesetzes über Ordnungswidrigkeiten für Zwecke der wissenschaftlichen Forschung gespeichert, verändert, genutzt, übermittelt, in der Verarbeitung eingeschränkt oder gelöscht werden.

(5) Behörden der Zollverwaltung dürfen Sozialdaten, die ihnen zum Zweck der Vollstreckung übermittelt worden sind, auch zum Zweck der Vollstreckung öffentlich-rechtlicher Ansprüche anderer Stellen als der in § 35 des Ersten Buches[1] genannten Stellen verarbeiten.

Dritter Abschnitt. Besondere Datenverarbeitungsarten

§ 79 Einrichtung automatisierter Verfahren auf Abruf. (1) ¹Die Einrichtung eines automatisierten Verfahrens, das die Übermittlung von Sozialdaten durch Abruf ermöglicht, ist zwischen den in § 35 des Ersten Buches[1]

---
[1] Nr. 24.
[2] Nr. 22.
[3] Nr. 20.

genannten Stellen sowie mit der Deutschen Rentenversicherung Bund als zentraler Stelle zur Erfüllung ihrer Aufgaben nach § 91 Absatz 1 Satz 1 des Einkommensteuergesetzes und der Deutschen Rentenversicherung Knappschaft-Bahn-See, soweit sie bei geringfügig Beschäftigten Aufgaben nach dem Einkommensteuergesetz durchführt, zulässig, soweit dieses Verfahren unter Berücksichtigung der schutzwürdigen Interessen der betroffenen Personen wegen der Vielzahl der Übermittlungen oder wegen ihrer besonderen Eilbedürftigkeit angemessen ist und wenn die jeweiligen Rechts- oder Fachaufsichtsbehörden die Teilnahme der unter ihrer Aufsicht stehenden Stellen genehmigt haben. ²Das Gleiche gilt gegenüber den in § 69 Absatz 2 und 3 genannten Stellen.

(1a) Die Einrichtung eines automatisierten Verfahrens auf Abruf für ein Dateisystem der Sozialversicherung für Landwirtschaft, Forsten und Gartenbau ist nur gegenüber den Trägern der gesetzlichen Rentenversicherung, der Deutschen Rentenversicherung Bund als zentraler Stelle zur Erfüllung ihrer Aufgaben nach § 91 Absatz 1 Satz 1 des Einkommensteuergesetzes, den Krankenkassen, der Bundesagentur für Arbeit und der Deutschen Post AG, soweit sie mit der Berechnung oder Auszahlung von Sozialleistungen betraut ist, zulässig; dabei dürfen auch Vermittlungsstellen eingeschaltet werden.

(2) ¹Die beteiligten Stellen haben zu gewährleisten, dass die Zulässigkeit des Verfahrens auf Abruf kontrolliert werden kann. ²Hierzu haben sie schriftlich oder elektronisch festzulegen:
1. Anlass und Zweck des Verfahrens auf Abruf,
2. Dritte, an die übermittelt wird,
3. Art der zu übermittelnden Daten,
4. nach Artikel 32 der Verordnung (EU) 2016/679[1] erforderliche technische und organisatorische Maßnahmen.

(3) Über die Einrichtung von Verfahren auf Abruf ist in Fällen, in denen die in § 35 des Ersten Buches[2] genannten Stellen beteiligt sind, die der Kontrolle des oder der Bundesbeauftragten für den Datenschutz und die Informationsfreiheit (Bundesbeauftragte) unterliegen, dieser oder diese, sonst die nach Landesrecht für die Kontrolle des Datenschutzes zuständige Stelle rechtzeitig vorher unter Mitteilung der Festlegungen nach Absatz 2 zu unterrichten.

(4) ¹Die Verantwortung für die Zulässigkeit des einzelnen Abrufs trägt der Dritte, an den übermittelt wird. ²Die speichernde Stelle prüft die Zulässigkeit der Abrufe nur, wenn dazu Anlass besteht. ³Sie hat mindestens bei jedem zehnten Abruf den Zeitpunkt, die abgerufenen Daten sowie Angaben zur Feststellung des Verfahrens und des für den Abruf Verantwortlichen zu protokollieren; die protokollierten Daten sind spätestens nach sechs Monaten zu löschen. ⁴Wird ein Gesamtbestand von Sozialdaten abgerufen oder übermittelt (Stapelverarbeitung), so bezieht sich die Gewährleistung der Feststellung und Überprüfung nur auf die Zulässigkeit des Abrufes oder der Übermittlung des Gesamtbestandes.

(5) Die Absätze 1 bis 4 gelten nicht für den Abruf aus Dateisystemen, die mit Einwilligung der betroffenen Personen angelegt werden und die jedermann, sei es ohne oder nach besonderer Zulassung, zur Benutzung offenstehen.

---

[1] Nr. 1.
[2] Nr. 24.

§ 80 Verarbeitung von Sozialdaten im Auftrag. (1) ¹Die Erteilung eines Auftrags im Sinne des Artikels 28 der Verordnung (EU) 2016/679[1)] zur Verarbeitung von Sozialdaten ist nur zulässig, wenn der Verantwortliche seiner Rechts- oder Fachaufsichtsbehörde rechtzeitig vor der Auftragserteilung

1. den Auftragsverarbeiter, die bei diesem vorhandenen technischen und organisatorischen Maßnahmen und ergänzenden Weisungen,
2. die Art der Daten, die im Auftrag verarbeitet werden sollen, und den Kreis der betroffenen Personen,
3. die Aufgabe, zu deren Erfüllung die Verarbeitung der Daten im Auftrag erfolgen soll, sowie
4. den Abschluss von etwaigen Unterauftragsverhältnissen

schriftlich oder elektronisch anzeigt. ²Soll eine öffentliche Stelle mit der Verarbeitung von Sozialdaten beauftragt werden, hat diese rechtzeitig vor der Auftragserteilung die beabsichtigte Beauftragung ihrer Rechts- oder Fachaufsichtsbehörde schriftlich oder elektronisch anzuzeigen.

(2) Der Auftrag zur Verarbeitung von Sozialdaten darf nur erteilt werden, wenn die Verarbeitung im Inland, in einem anderen Mitgliedstaat der Europäischen Union, in einem diesem nach § 35 Absatz 7 des Ersten Buches[2)] gleichgestellten Staat, oder, sofern ein Angemessenheitsbeschluss gemäß Artikel 45 der Verordnung (EU) 2016/679 vorliegt, in einem Drittstaat oder in einer internationalen Organisation erfolgt.

(3) ¹Die Erteilung eines Auftrags zur Verarbeitung von Sozialdaten durch nicht-öffentliche Stellen ist nur zulässig, wenn

1. beim Verantwortlichen sonst Störungen im Betriebsablauf auftreten können oder
2. die übertragenen Arbeiten beim Auftragsverarbeiter erheblich kostengünstiger besorgt werden können.

²Dies gilt nicht, wenn Dienstleister in der Informationstechnik, deren absolute Mehrheit der Anteile oder deren absolute Mehrheit der Stimmen dem Bund oder den Ländern zusteht, mit vorheriger Genehmigung der obersten Dienstbehörde des Verantwortlichen beauftragt werden.

(4) ¹Ist der Auftragsverarbeiter eine in § 35 des Ersten Buches[2)] genannte Stelle, gelten neben den §§ 85 und 85a die §§ 9, 13, 14 und 16 des Bundesdatenschutzgesetzes[3)]. ²Bei den in § 35 des Ersten Buches[2)] genannten Stellen, die nicht solche des Bundes sind, tritt anstelle des oder der Bundesbeauftragten insoweit die nach Landesrecht für die Kontrolle des Datenschutzes zuständige Stelle. ³Ist der Auftragsverarbeiter eine nicht-öffentliche Stelle, unterliegt dieser der Aufsicht der gemäß § 40 des Bundesdatenschutzgesetzes zuständigen Behörde.

(5) ¹Absatz 3 gilt nicht bei Verträgen über die Prüfung oder Wartung automatisierter Verfahren oder von Datenverarbeitungsanlagen durch andere Stellen im Auftrag, bei denen ein Zugriff auf Sozialdaten nicht ausgeschlossen werden kann. ²Die Verträge sind bei zu erwartenden oder bereits eingetretenen Stö-

---

[1)] Nr. 1.
[2)] Nr. 24.
[3)] Nr. 6.

Vierter Abschnitt. Rechte der betroffenen Person, Beauftragte für den Datenschutz und Schlussvorschriften

§ 81 Recht auf Anrufung, Beauftragte für den Datenschutz. (1) Ist eine betroffene Person der Ansicht, bei der Verarbeitung ihrer Sozialdaten in ihren Rechten verletzt worden zu sein, kann sie sich

1. an den Bundesbeauftragten oder die Bundesbeauftragte wenden, wenn sie eine Verletzung ihrer Rechte durch eine in § 35 des Ersten Buches[1)] genannte Stelle des Bundes bei der Wahrnehmung von Aufgaben nach diesem Gesetzbuch behauptet,

2. an die nach Landesrecht für die Kontrolle des Datenschutzes zuständige Stelle wenden, wenn sie die Verletzung ihrer Rechte durch eine andere in § 35 des Ersten Buches[1)] genannte Stelle bei der Wahrnehmung von Aufgaben nach diesem Gesetzbuch behauptet.

(2) [1] Bei der Wahrnehmung von Aufgaben nach diesem Gesetzbuch gelten für die in § 35 des Ersten Buches[1)] genannten Stellen die §§ 14 bis 16 des Bundesdatenschutzgesetzes[2)]. [2] Bei öffentlichen Stellen der Länder, die unter § 35 des Ersten Buches[1)] fallen, tritt an die Stelle des oder der Bundesbeauftragten die nach Landesrecht für die Kontrolle des Datenschutzes zuständige Stelle.

(3) [1] Verbände und Arbeitsgemeinschaften der in § 35 des Ersten Buches[1)] genannten Stellen oder ihrer Verbände gelten, soweit sie Aufgaben nach diesem Gesetzbuch wahrnehmen und an ihnen Stellen des Bundes beteiligt sind, unbeschadet ihrer Rechtsform als öffentliche Stellen des Bundes, wenn sie über den Bereich eines Landes hinaus tätig werden, anderenfalls als öffentliche Stellen der Länder. [2] Sonstige Einrichtungen der in § 35 des Ersten Buches[1)] genannten Stellen oder ihrer Verbände gelten als öffentliche Stellen des Bundes, wenn die absolute Mehrheit der Anteile oder der Stimmen einer oder mehrerer öffentlicher Stellen dem Bund zusteht, anderenfalls als öffentliche Stellen der Länder. [3] Die Datenstelle der Rentenversicherung nach § 145 Absatz 1 des Sechsten Buches[3)] gilt als öffentliche Stelle des Bundes.

(4) [1] Auf die in § 35 des Ersten Buches[1)] genannten Stellen, die Vermittlungsstellen nach § 67d Absatz 3 und die Auftragsverarbeiter sind die §§ 5 bis 7 des Bundesdatenschutzgesetzes entsprechend anzuwenden. [2] In räumlich getrennten Organisationseinheiten ist sicherzustellen, dass der oder die Beauftragte für den Datenschutz bei der Erfüllung seiner oder ihrer Aufgaben unterstützt wird. [3] Die Sätze 1 und 2 gelten nicht für öffentliche Stellen der Länder mit Ausnahme der Sozialversicherungsträger und ihrer Verbände. [4] Absatz 2 Satz 2 gilt entsprechend.

§ 81a Gerichtlicher Rechtsschutz. (1) [1] Für Streitigkeiten zwischen einer natürlichen oder juristischen Person und dem oder der Bundesbeauftragten oder der nach Landesrecht für die Kontrolle des Datenschutzes zuständigen

---

[1)] Nr. 24.
[2)] Nr. 6.
[3)] Nr. 29.

Stelle gemäß Artikel 78 Absatz 1 und 2 der Verordnung (EU) 2016/679[1]) aufgrund der Verarbeitung von Sozialdaten im Zusammenhang mit einer Angelegenheit nach § 51 Absatz 1 und 2 des Sozialgerichtsgesetzes ist der Rechtsweg zu den Gerichten der Sozialgerichtsbarkeit eröffnet. ²Für die übrigen Streitigkeiten gemäß Artikel 78 Absatz 1 und 2 der Verordnung (EU) 2016/679 aufgrund der Verarbeitung von Sozialdaten gilt § 20 des Bundesdatenschutzgesetzes[2]), soweit die Streitigkeiten nicht durch Bundesgesetz einer anderen Gerichtsbarkeit ausdrücklich zugewiesen sind. ³Satz 1 gilt nicht für Bußgeldverfahren.

(2) Das Sozialgerichtsgesetz ist nach Maßgabe der Absätze 3 bis 7 anzuwenden.

(3) Abweichend von den Vorschriften über die örtliche Zuständigkeit der Sozialgerichte nach § 57 des Sozialgerichtsgesetzes ist für die Verfahren nach Absatz 1 Satz 1 das Sozialgericht örtlich zuständig, in dessen Bezirk der oder die Bundesbeauftragte oder die nach Landesrecht für die Kontrolle des Datenschutzes zuständige Stelle seinen oder ihren Sitz hat, wenn eine Körperschaft oder Anstalt des öffentlichen Rechts oder in Angelegenheiten des sozialen Entschädigungsrechts oder des Schwerbehindertenrechts ein Land klagt.

(4) In den Verfahren nach Absatz 1 Satz 1 sind der oder die Bundesbeauftragte sowie die nach Landesrecht für die Kontrolle des Datenschutzes zuständige Stelle beteiligungsfähig.

(5) ¹Beteiligte eines Verfahrens nach Absatz 1 Satz 1 sind
1. die natürliche oder juristische Person als Klägerin oder Antragstellerin und
2. der oder die Bundesbeauftragte oder die nach Landesrecht für die Kontrolle des Datenschutzes zuständige Stelle als Beklagter oder Beklagte oder als Antragsgegner oder Antragsgegnerin.

²§ 69 Nummer 3 des Sozialgerichtsgesetzes bleibt unberührt.

(6) Ein Vorverfahren findet nicht statt.

(7) Der oder die Bundesbeauftragte oder die nach Landesrecht für die Kontrolle des Datenschutzes zuständige Stelle darf gegenüber einer Behörde oder deren Rechtsträger nicht die sofortige Vollziehung (§ 86a Absatz 2 Nummer 5 des Sozialgerichtsgesetzes) anordnen.

§ 81b Klagen gegen den Verantwortlichen oder Auftragsverarbeiter.

(1) Für Klagen der betroffenen Person gegen einen Verantwortlichen oder einen Auftragsverarbeiter wegen eines Verstoßes gegen datenschutzrechtliche Bestimmungen im Anwendungsbereich der Verordnung (EU) 2016/679[1]) oder der darin enthaltenen Rechte der betroffenen Person bei der Verarbeitung von Sozialdaten im Zusammenhang mit einer Angelegenheit nach § 51 Absatz 1 und 2 des Sozialgerichtsgesetzes ist der Rechtsweg zu den Gerichten der Sozialgerichtsbarkeit eröffnet.

(2) Ergänzend zu § 57 Absatz 3 des Sozialgerichtsgesetzes ist für Klagen nach Absatz 1 das Sozialgericht örtlich zuständig, in dessen Bezirk sich eine Niederlassung des Verantwortlichen oder Auftragsverarbeiters befindet.

---
[1]) Nr. 1.
[2]) Nr. 6.

(3) ¹Hat der Verantwortliche oder Auftragsverarbeiter einen Vertreter nach Artikel 27 Absatz 1 der Verordnung (EU) 2016/679 benannt, gilt dieser auch als bevollmächtigt, Zustellungen in sozialgerichtlichen Verfahren nach Absatz 1 entgegenzunehmen. ² § 63 Absatz 3 des Sozialgerichtsgesetzes bleibt unberührt.

§ 81c Antrag auf gerichtliche Entscheidung bei angenommener Europarechtswidrigkeit eines Angemessenheitsbeschlusses der Europäischen Kommission. Hält der oder die Bundesbeauftragte oder eine nach Landesrecht für die Kontrolle des Datenschutzes zuständige Stelle einen Angemessenheitsbeschluss der Europäischen Kommission, auf dessen Gültigkeit es bei der Entscheidung über die Beschwerde einer betroffenen Person hinsichtlich der Verarbeitung von Sozialdaten ankommt, für europarechtswidrig, so gilt § 21 des Bundesdatenschutzgesetzes[1].

§ 82 Informationspflichten bei der Erhebung von Sozialdaten bei der betroffenen Person. (1) Die Pflicht zur Information der betroffenen Person gemäß Artikel 13 Absatz 1 Buchstabe e der Verordnung (EU) 2016/679[2] über Kategorien von Empfängern besteht ergänzend zu der in Artikel 13 Absatz 4 der Verordnung (EU) 2016/679 genannten Ausnahme nur, soweit

1. sie nach den Umständen des Einzelfalles nicht mit der Nutzung oder der Übermittlung von Sozialdaten an diese Kategorien von Empfängern rechnen muss,
2. es sich nicht um Speicherung, Veränderung, Nutzung, Übermittlung, Einschränkung der Verarbeitung oder Löschung von Sozialdaten innerhalb einer in § 35 des Ersten Buches[3] genannten Stelle oder einer Organisationseinheit im Sinne von § 67 Absatz 4 Satz 2 handelt oder
3. es sich nicht um eine Kategorie von in § 35 des Ersten Buches[3] genannten Stellen oder von Organisationseinheiten im Sinne von § 67 Absatz 4 Satz 2 handelt, die auf Grund eines Gesetzes zur engen Zusammenarbeit verpflichtet sind.

(2) Die Pflicht zur Information der betroffenen Person gemäß Artikel 13 Absatz 3 der Verordnung (EU) 2016/679 besteht ergänzend zu der in Artikel 13 Absatz 4 der Verordnung (EU) 2016/679 genannten Ausnahme dann nicht, wenn die Erteilung der Information über die beabsichtigte Weiterverarbeitung

1. die ordnungsgemäße Erfüllung der in der Zuständigkeit des Verantwortlichen liegenden Aufgaben im Sinne des Artikels 23 Absatz 1 Buchstabe a bis e der Verordnung (EU) 2016/679 gefährden würde und die Interessen des Verantwortlichen an der Nichterteilung der Information die Interessen der betroffenen Person überwiegen,
2. die öffentliche Sicherheit oder Ordnung gefährden oder sonst dem Wohl des Bundes oder eines Landes Nachteile bereiten würde und die Interessen des Verantwortlichen an der Nichterteilung der Information die Interessen der betroffenen Person überwiegen oder
3. eine vertrauliche Übermittlung von Daten an öffentliche Stellen gefährden würde.

---

[1] Nr. **6**.
[2] Nr. **1**.
[3] Nr. **24**.

10. Buch. Verwaltungsverfahren § 82a SGB X 33

(3) ¹Unterbleibt eine Information der betroffenen Person nach Maßgabe des Absatzes 2, ergreift der Verantwortliche geeignete Maßnahmen zum Schutz der berechtigten Interessen der betroffenen Person, einschließlich der Bereitstellung der in Artikel 13 Absatz 1 und 2 der Verordnung (EU) 2016/679 genannten Informationen für die Öffentlichkeit in präziser, transparenter, verständlicher und leicht zugänglicher Form in einer klaren und einfachen Sprache. ²Der Verantwortliche hält schriftlich fest, aus welchen Gründen er von einer Information abgesehen hat. ³Die Sätze 1 und 2 finden in den Fällen des Absatzes 2 Nummer 3 keine Anwendung.

(4) Unterbleibt die Benachrichtigung in den Fällen des Absatzes 2 wegen eines vorübergehenden Hinderungsgrundes, kommt der Verantwortliche der Informationspflicht unter Berücksichtigung der spezifischen Umstände der Verarbeitung innerhalb einer angemessenen Frist nach Fortfall des Hinderungsgrundes, spätestens jedoch innerhalb von zwei Wochen, nach.

(5) Bezieht sich die Informationserteilung auf die Übermittlung von Sozialdaten durch öffentliche Stellen an die Staatsanwaltschaften und Gerichte im Bereich der Strafverfolgung, an Polizeibehörden, Verfassungsschutzbehörden, den Bundesnachrichtendienst und den Militärischen Abschirmdienst, ist sie nur mit Zustimmung dieser Stelle zulässig.

§ 82a Informationspflichten, wenn Sozialdaten nicht bei der betroffenen Person erhoben wurden. (1) Die Pflicht einer in § 35 des Ersten Buches[1]) genannten Stelle zur Information der betroffenen Person gemäß Artikel 14 Absatz 1, 2 und 4 der Verordnung (EU) 2016/679[2]) besteht ergänzend zu den in Artikel 14 Absatz 5 der Verordnung (EU) 2016/679 genannten Ausnahmen nicht,
1. soweit die Erteilung der Information
   a) die ordnungsgemäße Erfüllung der in der Zuständigkeit des Verantwortlichen liegenden Aufgaben gefährden würde oder
   b) die öffentliche Sicherheit oder Ordnung gefährden oder sonst dem Wohle des Bundes oder eines Landes Nachteile bereiten würde, oder
2. soweit die Daten oder die Tatsache ihrer Speicherung nach einer Rechtsvorschrift oder ihrem Wesen nach, insbesondere wegen der überwiegenden berechtigten Interessen eines Dritten geheim gehalten werden müssen

und deswegen das Interesse der betroffenen Person an der Informationserteilung zurücktreten muss.

(2) Werden Sozialdaten bei einer nicht-öffentlichen Stelle erhoben, so ist diese auf die Rechtsvorschrift, die zur Auskunft verpflichtet, sonst auf die Freiwilligkeit hinzuweisen.

(3) ¹Unterbleibt eine Information der betroffenen Person nach Maßgabe des Absatzes 1, ergreift der Verantwortliche geeignete Maßnahmen zum Schutz der berechtigten Interessen der betroffenen Person, einschließlich der Bereitstellung der in Artikel 14 Absatz 1 und 2 der Verordnung (EU) 2016/679 genannten Informationen für die Öffentlichkeit in präziser, transparenter, verständlicher und leicht zugänglicher Form in einer klaren und einfachen Sprache. ²Der

---

[1]) Nr. 24.
[2]) Nr. 1.

Verantwortliche hält schriftlich fest, aus welchen Gründen er von einer Information abgesehen hat.

(4) In Bezug auf die Pflicht zur Information nach Artikel 14 Absatz 1 Buchstabe e der Verordnung (EU) 2016/679 gilt § 82 Absatz 1 entsprechend.

(5) Bezieht sich die Informationserteilung auf die Übermittlung von Sozialdaten durch öffentliche Stellen an Staatsanwaltschaften und Gerichte im Bereich der Strafverfolgung, an Polizeibehörden, Verfassungsschutzbehörden, den Bundesnachrichtendienst und den Militärischen Abschirmdienst, ist sie nur mit Zustimmung dieser Stellen zulässig.

§ 83 Auskunftsrecht der betroffenen Personen. (1) Das Recht auf Auskunft der betroffenen Person gemäß Artikel 15 der Verordnung (EU) 2016/679[1] besteht nicht, soweit

1. die betroffene Person nach § 82a Absatz 1, 4 und 5 nicht zu informieren ist oder

2. die Sozialdaten

   a) nur deshalb gespeichert sind, weil sie auf Grund gesetzlicher oder satzungsmäßiger Aufbewahrungsvorschriften nicht gelöscht werden dürfen, oder

   b) ausschließlich zu Zwecken der Datensicherung oder der Datenschutzkontrolle dienen

   und die Auskunftserteilung einen unverhältnismäßigen Aufwand erfordern würde sowie eine Verarbeitung zu anderen Zwecken durch geeignete technische und organisatorische Maßnahmen ausgeschlossen ist.

(2) [1]Die betroffene Person soll in dem Antrag auf Auskunft gemäß Artikel 15 der Verordnung (EU) 2016/679 die Art der Sozialdaten, über die Auskunft erteilt werden soll, näher bezeichnen. [2]Sind die Sozialdaten nicht automatisiert oder nicht in nicht automatisierten Dateisystemen gespeichert, wird die Auskunft nur erteilt, soweit die betroffene Person Angaben macht, die das Auffinden der Daten ermöglichen, und der für die Erteilung der Auskunft erforderliche Aufwand nicht außer Verhältnis zu dem von der betroffenen Person geltend gemachten Informationsinteresse steht. [3]Soweit Artikel 15 und 12 Absatz 3 der Verordnung (EU) 2016/679 keine Regelungen enthalten, bestimmt der Verantwortliche das Verfahren, insbesondere die Form der Auskunftserteilung, nach pflichtgemäßem Ermessen. [4]§ 25 Absatz 2 gilt entsprechend.

(3) [1]Die Gründe der Auskunftsverweigerung sind zu dokumentieren. [2]Die Ablehnung der Auskunftserteilung bedarf keiner Begründung, soweit durch die Mitteilung der tatsächlichen und rechtlichen Gründe, auf die die Entscheidung gestützt wird, der mit der Auskunftsverweigerung verfolgte Zweck gefährdet würde. [3]In diesem Fall ist die betroffene Person darauf hinzuweisen, dass sie sich, wenn die in § 35 des Ersten Buches[2] genannten Stellen der Kontrolle des oder der Bundesbeauftragten unterliegen, an diesen oder diese, sonst an die nach Landesrecht für die Kontrolle des Datenschutzes zuständige Stelle wenden kann.

(4) Wird einer betroffenen Person keine Auskunft erteilt, so kann, soweit es sich um in § 35 des Ersten Buches[2] genannte Stellen handelt, die der Kontrolle

---

[1] Nr. 1.
[2] Nr. 24.

des oder der Bundesbeauftragten unterliegen, diese, sonst die nach Landesrecht für die Kontrolle des Datenschutzes zuständige Stelle, auf Verlangen der betroffenen Person prüfen, ob die Ablehnung der Auskunftserteilung rechtmäßig war.

(5) Bezieht sich die Informationserteilung auf die Übermittlung von Sozialdaten durch öffentliche Stellen an Staatsanwaltschaften und Gerichte im Bereich der Strafverfolgung, an Polizeibehörden, Verfassungsschutzbehörden, den Bundesnachrichtendienst und den Militärischen Abschirmdienst, ist sie nur mit Zustimmung dieser Stellen zulässig.

§ 83a Benachrichtigung bei einer Verletzung des Schutzes von Sozialdaten. Ergänzend zu den Meldepflichten gemäß den Artikeln 33 und 34 der Verordnung (EU) 2016/679[1] meldet die in § 35 des Ersten Buches[2] genannte Stelle die Verletzung des Schutzes von Sozialdaten auch der Rechts- oder Fachaufsichtsbehörde.

§ 84 Recht auf Berichtigung, Löschung, Einschränkung der Verarbeitung und Widerspruch. (1) ¹Ist eine Löschung von Sozialdaten im Fall nicht automatisierter Datenverarbeitung wegen der besonderen Art der Speicherung nicht oder nur mit unverhältnismäßig hohem Aufwand möglich und ist das Interesse der betroffenen Person an der Löschung als gering anzusehen, besteht das Recht der betroffenen Person auf und die Pflicht des Verantwortlichen zur Löschung von Sozialdaten gemäß Artikel 17 Absatz 1 der Verordnung (EU) 2016/679[1] ergänzend zu den in Artikel 17 Absatz 3 der Verordnung (EU) 2016/679 genannten Ausnahmen nicht. ²In diesem Fall tritt an die Stelle einer Löschung die Einschränkung der Verarbeitung gemäß Artikel 18 der Verordnung (EU) 2016/679. ³Die Sätze 1 und 2 finden keine Anwendung, wenn die Sozialdaten unrechtmäßig verarbeitet wurden.

(2) ¹Wird die Richtigkeit von Sozialdaten von der betroffenen Person bestritten und lässt sich weder die Richtigkeit noch die Unrichtigkeit der Daten feststellen, gilt ergänzend zu Artikel 18 Absatz 1 Buchstabe a der Verordnung (EU) 2016/679, dass dies keine Einschränkung der Verarbeitung bewirkt, soweit es um die Erfüllung sozialer Aufgaben geht; die ungeklärte Sachlage ist in geeigneter Weise festzuhalten. ²Die bestrittenen Daten dürfen nur mit einem Hinweis hierauf verarbeitet werden.

(3) ¹Ergänzend zu Artikel 18 Absatz 1 Buchstabe b und c der Verordnung (EU) 2016/679 gilt Absatz 1 Satz 1 und 2 entsprechend im Fall des Artikels 17 Absatz 1 Buchstabe a und d der Verordnung (EU) 2016/679, solange und soweit der Verantwortliche Grund zu der Annahme hat, dass durch eine Löschung schutzwürdige Interessen der betroffenen Person beeinträchtigt würden. ²Der Verantwortliche unterrichtet die betroffene Person über die Einschränkung der Verarbeitung, sofern sich die Unterrichtung nicht als unmöglich erweist oder einen unverhältnismäßigen Aufwand erfordern würde.

(4) Sind Sozialdaten für die Zwecke, für die sie erhoben oder auf sonstige Weise verarbeitet wurden, nicht mehr notwendig, gilt ergänzend zu Artikel 17 Absatz 3 Buchstabe b der Verordnung (EU) 2016/679 Absatz 1 entsprechend,

---

[1] Nr. 1.
[2] Nr. 24.

wenn einer Löschung satzungsmäßige oder vertragliche Aufbewahrungsfristen entgegenstehen.

(5) Das Recht auf Widerspruch gemäß Artikel 21 Absatz 1 der Verordnung (EU) 2016/679 gegenüber einer öffentlichen Stelle besteht nicht, soweit an der Verarbeitung ein zwingendes öffentliches Interesse besteht, das die Interessen der betroffenen Person überwiegt, oder eine Rechtsvorschrift zur Verarbeitung von Sozialdaten verpflichtet.

(6) § 71 Absatz 1 Satz 3 bleibt unberührt.

§ 84a *(nicht mehr belegt)*

§ 85 Strafvorschriften. (1) Für Sozialdaten gelten die Strafvorschriften des § 42 Absatz 1 und 2 des Bundesdatenschutzgesetzes[1)] entsprechend.

(2) [1]Die Tat wird nur auf Antrag verfolgt. [2]Antragsberechtigt sind die betroffene Person, der Verantwortliche, der oder die Bundesbeauftragte oder die nach Landesrecht für die Kontrolle des Datenschutzes zuständige Stelle.

(3) Eine Meldung nach § 83a oder nach Artikel 33 der Verordnung (EU) 2016/679[2)] oder eine Benachrichtigung nach Artikel 34 Absatz 1 der Verordnung (EU) 2016/679 dürfen in einem Strafverfahren gegen die melde- oder benachrichtigungspflichtige Person oder gegen einen ihrer in § 52 Absatz 1 der Strafprozessordnung bezeichneten Angehörigen nur mit Zustimmung der melde- oder benachrichtigungspflichtigen Person verwendet werden.

§ 85a Bußgeldvorschriften. (1) Für Sozialdaten gilt § 41 des Bundesdatenschutzgesetzes[1)] entsprechend.

(2) Eine Meldung nach § 83a oder nach Artikel 33 der Verordnung (EU) 2016/679[2)] oder eine Benachrichtigung nach Artikel 34 Absatz 1 der Verordnung (EU) 2016/679 dürfen in einem Verfahren nach dem Gesetz über Ordnungswidrigkeiten gegen die melde- oder benachrichtigungspflichtige Person oder einen ihrer in § 52 Absatz 1 der Strafprozessordnung bezeichneten Angehörigen nur mit Zustimmung der melde- oder benachrichtigungspflichtigen Person verwendet werden.

(3) Gegen Behörden und sonstige öffentliche Stellen werden keine Geldbußen verhängt.

Drittes Kapitel. Zusammenarbeit der Leistungsträger und ihre Beziehungen zu Dritten

Erster Abschnitt. Zusammenarbeit der Leistungsträger untereinander und mit Dritten

Dritter Titel. Zusammenarbeit der Leistungsträger mit Dritten

§ 97 Durchführung von Aufgaben durch Dritte. (1) [1]Kann ein Leistungsträger, ein Verband von Leistungsträgern oder eine Arbeitsgemeinschaft von einem Dritten Aufgaben wahrnehmen lassen, muss sichergestellt sein, dass der Dritte die Gewähr für eine sachgerechte, die Rechte und Interessen des Betroffenen wahrende Erfüllung der Aufgaben bietet. [2]Soweit Aufgaben aus

---

[1)] Nr. 6.
[2)] Nr. 1.

dem Bereich der Sozialversicherung von einem Dritten, an dem ein Leistungsträger, ein Verband oder eine Arbeitsgemeinschaft unmittelbar oder mittelbar beteiligt ist, wahrgenommen werden sollen, hat der Leistungsträger, der Verband oder die Arbeitsgemeinschaft den Dritten zu verpflichten, dem Auftraggeber auf Verlangen alle Unterlagen vorzulegen und über alle Tatsachen Auskunft zu erteilen, die zur Ausübung des Aufsichtsrechts über die Auftraggeber auf Grund pflichtgemäßer Prüfung der Aufsichtsbehörde des Auftraggebers erforderlich sind. ³Die Aufsichtsbehörde ist durch den Leistungsträger, den Verband oder die Arbeitsgemeinschaft so rechtzeitig und umfassend zu unterrichten, dass ihr vor der Aufgabenübertragung oder einer Änderung ausreichend Zeit zur Prüfung bleibt. ⁴Die Aufsichtsbehörde kann auf eine Unterrichtung verzichten. ⁵Die Sätze 3 und 4 gelten nicht für die Bundesagentur für Arbeit.

(2) § 89 Abs. 3 bis 5, § 91 Abs. 1 bis 3 sowie § 92 gelten entsprechend.

§ 98 Auskunftspflicht des Arbeitgebers. (1) ¹Soweit es in der Sozialversicherung einschließlich der Arbeitslosenversicherung im Einzelfall für die Erbringung von Sozialleistungen erforderlich ist, hat der Arbeitgeber auf Verlangen dem Leistungsträger oder der zuständigen Einzugsstelle Auskunft über die Art und Dauer der Beschäftigung, den Beschäftigungsort und das Arbeitsentgelt zu erteilen. ²Wegen der Entrichtung von Beiträgen hat der Arbeitgeber auf Verlangen über alle Tatsachen Auskunft zu erteilen, die für die Erhebung der Beiträge notwendig sind. ³Der Arbeitgeber hat auf Verlangen die Geschäftsbücher, Listen oder andere Unterlagen, aus denen die Angaben über die Beschäftigung hervorgehen, während der Betriebszeit nach seiner Wahl den in Satz 1 bezeichneten Stellen entweder in deren oder in seinen eigenen Geschäftsräumen zur Einsicht vorzulegen. ⁴Das Wahlrecht nach Satz 3 entfällt, wenn besondere Gründe eine Prüfung in den Geschäftsräumen des Arbeitgebers gerechtfertigt erscheinen lassen. ⁵Satz 4 gilt nicht gegenüber Arbeitgebern des öffentlichen Dienstes. ⁶Die Sätze 2 bis 5 gelten auch für Stellen im Sinne des § 28p Abs. 6 des Vierten Buches.

(1a) Soweit die Träger der Rentenversicherung nach § 28p des Vierten Buches prüfberechtigt sind, bestehen die Verpflichtungen nach Absatz 1 Satz 3 bis 6 gegenüber den Einzugsstellen wegen der Entrichtung des Gesamtsozialversicherungsbeitrags nicht; die Verpflichtung nach Absatz 1 Satz 2 besteht gegenüber den Einzugsstellen nur im Einzelfall.

(2) ¹Wird die Auskunft wegen der Erbringung von Sozialleistungen verlangt, gilt § 65 Abs. 1 des Ersten Buches[1]) entsprechend. ²Auskünfte auf Fragen, deren Beantwortung dem Arbeitgeber selbst oder einer ihm nahe stehenden Person (§ 383 Abs. 1 Nr. 1 bis 3 der Zivilprozessordnung) die Gefahr zuziehen würde, wegen einer Straftat oder einer Ordnungswidrigkeit verfolgt zu werden, können verweigert werden; dem Arbeitgeber stehen die in Absatz 1 Satz 6 genannten Stellen gleich.

(3) Hinsichtlich des Absatzes 1 Satz 2 und 3 sowie des Absatzes 2 stehen einem Arbeitgeber die Personen gleich, die wie ein Arbeitgeber Beiträge für eine kraft Gesetzes versicherte Person zu entrichten haben.

---

[1]) Nr. 24.

(4) Das Bundesministerium für Arbeit und Soziales kann durch Rechtsverordnung mit Zustimmung des Bundesrates das Nähere über die Durchführung der in Absatz 1 genannten Mitwirkung bestimmen.

(5) ¹Ordnungswidrig handelt, wer vorsätzlich oder leichtfertig

1. entgegen Absatz 1 Satz 1 oder
2. entgegen Absatz 1 Satz 2 oder Satz 3, jeweils auch in Verbindung mit Absatz 1 Satz 6 oder Absatz 3,

eine Auskunft nicht, nicht richtig, nicht vollständig oder nicht rechtzeitig erteilt oder eine Unterlage nicht, nicht richtig, nicht vollständig oder nicht rechtzeitig vorlegt. ²Die Ordnungswidrigkeit kann mit einer Geldbuße bis zu fünftausend Euro geahndet werden. ³Die Sätze 1 und 2 gelten nicht für die Leistungsträger, wenn sie wie ein Arbeitgeber Beiträge für eine kraft Gesetzes versicherte Person zu entrichten haben.

§ 99 Auskunftspflicht von Angehörigen, Unterhaltspflichtigen oder sonstigen Personen.
¹Ist nach dem Recht der Sozialversicherung einschließlich der Arbeitslosenversicherung oder dem sozialen Entschädigungsrecht

1. das Einkommen oder das Vermögen von Angehörigen des Leistungsempfängers oder sonstiger Personen bei einer Sozialleistung oder ihrer Erstattung zu berücksichtigen oder
2. die Sozialleistung oder ihre Erstattung von der Höhe eines Unterhaltsanspruchs abhängig, der dem Leistungsempfänger gegen einen Unterhaltspflichtigen zusteht,

gelten für diese Personen § 60 Abs. 1 Nr. 1 und 3 sowie § 65 Abs. 1 des Ersten Buches¹⁾ entsprechend. ²Das Gleiche gilt für den in Satz 1 genannten Anwendungsbereich in den Fällen, in denen Unterhaltspflichtige, Angehörige, der frühere Ehegatte, der frühere Lebenspartner oder Erben zum Ersatz der Aufwendungen des Leistungsträgers herangezogen werden. ³Auskünfte auf Fragen, deren Beantwortung einem nach Satz 1 oder Satz 2 Auskunftspflichtigen oder einer ihm nahe stehenden Person (§ 383 Abs. 1 Nr. 1 bis 3 der Zivilprozessordnung) die Gefahr zuziehen würde, wegen einer Straftat oder einer Ordnungswidrigkeit verfolgt zu werden, können verweigert werden.

§ 100 Auskunftspflicht des Arztes oder Angehörigen eines anderen Heilberufs.
(1) ¹Der Arzt oder Angehörige eines anderen Heilberufs ist verpflichtet, dem Leistungsträger im Einzelfall auf Verlangen Auskunft zu erteilen, soweit es für die Durchführung von dessen Aufgaben nach diesem Gesetzbuch erforderlich und

1. es gesetzlich zugelassen ist oder
2. der Betroffene im Einzelfall eingewilligt hat.

²Die Einwilligung soll zum Nachweis im Sinne des Artikels 7 Absatz 1 der Verordnung (EU) 2016/679²⁾, dass die betroffene Person in die Verarbeitung ihrer personenbezogenen Daten eingewilligt hat, schriftlich oder elektronisch erfolgen. ³Die Sätze 1 und 2 gelten entsprechend für Krankenhäuser sowie für Vorsorge- oder Rehabilitationseinrichtungen.

---

¹⁾ Nr. 24.
²⁾ Nr. 1.

(2) Auskünfte auf Fragen, deren Beantwortung dem Arzt, dem Angehörigen eines anderen Heilberufs oder ihnen nahe stehenden Personen (§ 383 Abs. 1 Nr. 1 bis 3 der Zivilprozessordnung) die Gefahr zuziehen würde, wegen einer Straftat oder einer Ordnungswidrigkeit verfolgt zu werden, können verweigert werden.

§ 101 Auskunftspflicht der Leistungsträger. [1]Die Leistungsträger haben auf Verlangen eines behandelnden Arztes Untersuchungsbefunde, die für die Behandlung von Bedeutung sein können, mitzuteilen, sofern der Betroffene im Einzelfall in die Mitteilung eingewilligt hat. [2]§ 100 Abs. 1 Satz 2 gilt entsprechend.

§ 101a Mitteilungen der Meldebehörden. (1) Die Datenstelle der Rentenversicherung übermittelt die Mitteilungen aller Sterbefälle und Anschriftenänderungen und jede Änderung des Vor- und des Familiennamens unter den Voraussetzungen von § 196 Absatz 2 des Sechsten Buches[1]) und bei einer Eheschließung eines Einwohners das Datum dieser Eheschließung unter den Voraussetzungen von § 196 Absatz 2a des Sechsten Buches[1]) unverzüglich an die Deutsche Post AG.

(2) Die Mitteilungen, die von der Datenstelle der Rentenversicherung an die Deutsche Post AG übermittelt werden, dürfen von der Deutschen Post AG

1. nur dazu verwendet werden, um laufende Geldleistungen der Leistungsträger, der in § 69 Abs. 2 genannten Stellen sowie ausländischer Leistungsträger mit laufenden Geldleistungen in die Bundesrepublik Deutschland einzustellen oder deren Einstellung zu veranlassen sowie um Anschriften von Empfängern laufender Geldleistungen der Leistungsträger und der in § 69 Abs. 2 genannten Stellen zu berichtigen oder deren Berichtigung zu veranlassen, und darüber hinaus

2. nur weiter übermittelt werden, um den Trägern der Unfallversicherung, der Sozialversicherung für Landwirtschaft, Forsten und Gartenbau und den in § 69 Abs. 2 genannten Zusatzversorgungseinrichtungen eine Aktualisierung ihrer Versichertenbestände oder Mitgliederbestände zu ermöglichen; dies gilt auch für die Übermittlung der Mitteilungen an berufsständische Versorgungseinrichtungen, soweit diese nach Landesrecht oder Satzungsrecht zur Erhebung dieser Daten befugt sind.

(3) Die Verwendung und Übermittlung der Mitteilungen erfolgt

1. in der allgemeinen Rentenversicherung im Rahmen des gesetzlichen Auftrags der Deutschen Post AG nach § 119 Abs. 1 Satz 1 des Sechsten Buches,

2. im Übrigen im Rahmen eines öffentlich-rechtlichen oder privatrechtlichen Vertrages der Deutschen Post AG mit den Leistungsträgern, den berufsständischen Versorgungseinrichtungen oder den in § 69 Abs. 2 genannten Stellen.

---

[1]) Nr. 29.

34. Sozialgesetzbuch (SGB)
Elftes Buch (XI)
Soziale Pflegeversicherung[1)]

Vom 26. Mai 1994

(BGBl. I S. 1014)

FNA 860-11

zuletzt geänd. durch Art. 15 G zur Stärkung der Impfprävention gegen COVID-19 und zur Änd. weiterer Vorschriften im Zusammenhang mit der COVID-19-Pandemie v. 10.12.2021 (BGBl. I S. 5162)

– Auszug –

Neuntes Kapitel. Datenschutz und Statistik
Erster Abschnitt. Informationsgrundlagen
Erster Titel. Grundsätze der Datenverarbeitung

§ 93 Anzuwendende Vorschriften. Für den Schutz personenbezogener Daten bei der Verarbeitung in der Pflegeversicherung gelten § 35 des Ersten Buches[2)], die §§ 67 bis 84 und § 85a des Zehnten Buches[3)] sowie die Vorschriften dieses Buches.

§ 94 Personenbezogene Daten bei den Pflegekassen. (1) Die Pflegekassen dürfen personenbezogene Daten für Zwecke der Pflegeversicherung nur verarbeiten, soweit dies für:

1. die Feststellung des Versicherungsverhältnisses (§§ 20 bis 26) und der Mitgliedschaft (§ 49),
2. die Feststellung der Beitragspflicht und der Beiträge, deren Tragung und Zahlung (§§ 54 bis 61),
3. die Prüfung der Leistungspflicht und die Gewährung von Leistungen an Versicherte (§§ 4, 28 und 28a) sowie die Durchführung von Erstattungs- und Ersatzansprüchen,
4. die Beteiligung des Medizinischen Dienstes (§§ 18 und 40),
5. die Abrechnung mit den Leistungserbringern und die Kostenerstattung (§§ 84 bis 91 und 105),
6. die Überwachung der Wirtschaftlichkeit, der Abrechnung und der Qualität der Leistungserbringung (§§ 79, 112, 113, 114, 114a, 115 und 117),
6a. den Abschluss und die Durchführung von Pflegesatzvereinbarungen (§§ 85, 86), Vergütungsvereinbarungen (§ 89) sowie Verträgen zur integrierten Versorgung (§ 92b),
7. die Aufklärung und Auskunft (§ 7),

[1)] Verkündet als Art. 1 Pflege-VersicherungsG v. 26.5.1994 (BGBl. I S. 1014); Inkrafttreten gem. Art. 68 Abs. 1 dieses G am 1.1.1995, mit Ausnahme der §§ 36–42, 44 und 45, die gem. Art. 68 Abs. 2 am 1.4.1995, des § 43, der gem. Art. 68 Abs. 3 am 1.7.1996, und des § 46 Abs. 1, 2, 5 und 6 sowie der §§ 47, 52, 53, 93–108, die gem. Art. 68 Abs. 4 dieses G am 1.6.1994 in Kraft getreten sind.
[2)] Nr. 24.
[3)] Nr. 33.

8. die Koordinierung pflegerischer Hilfen (§ 12), die Pflegeberatung (§ 7a), das Ausstellen von Beratungsgutscheinen (§ 7b) sowie die Wahrnehmung der Aufgaben in den Pflegestützpunkten (§ 7c),
9. die Abrechnung mit anderen Leistungsträgern,
10. statistische Zwecke (§ 109),
11. die Unterstützung der Versicherten bei der Verfolgung von Schadensersatzansprüchen (§ 115 Abs. 3 Satz 7)

erforderlich ist.

(2) [1]Die nach Absatz 1 erhobenen und gespeicherten personenbezogenen Daten dürfen für andere Zwecke nur verarbeitet werden, soweit dies durch Rechtsvorschriften des Sozialgesetzbuches angeordnet oder erlaubt ist. [2]Auf Ersuchen des Betreuungsgerichts hat die Pflegekasse diesem zu dem in § 282 Abs. 1 des Gesetzes über das Verfahren in Familiensachen und in den Angelegenheiten der freiwilligen Gerichtsbarkeit genannten Zweck das nach § 18 zur Feststellung der Pflegebedürftigkeit erstellte Gutachten einschließlich der Befunde des Medizinischen Dienstes zu übermitteln.

(3) Versicherungs- und Leistungsdaten der für Aufgaben der Pflegekasse eingesetzten Beschäftigten einschließlich der Daten ihrer mitversicherten Angehörigen dürfen Personen, die kasseninterne Personalentscheidungen treffen oder daran mitwirken können, weder zugänglich sein noch diesen Personen von Zugriffsberechtigten offenbart werden.

§ 95 Personenbezogene Daten bei den Verbänden der Pflegekassen.

(1) Die Verbände der Pflegekassen dürfen personenbezogene Daten für Zwecke der Pflegeversicherung verarbeiten, soweit diese für:
1. die Überwachung der Wirtschaftlichkeit, der Abrechnung und der Qualitätssicherung der Leistungserbringung (§§ 79, 112, 113, 114, 114a, 115 und 117),
1a. die Information über die Erbringer von Leistungen der Prävention, Teilhabe sowie von Leistungen und Hilfen zur Pflege (§ 7),
2. den Abschluss und die Durchführung von Versorgungsverträgen (§§ 72 bis 74), Pflegesatzvereinbarungen (§§ 85, 86), Vergütungsvereinbarungen (§ 89) sowie Verträgen zur integrierten Versorgung (§ 92b),
3. die Wahrnehmung der ihnen nach §§ 52 und 53 zugewiesenen Aufgaben,
4. die Unterstützung der Versicherten bei der Verfolgung von Schadensersatzansprüchen (§ 115 Abs. 3 Satz 7).[1)]

erforderlich sind.

(2) § 94 Abs. 2 und 3 gilt entsprechend.

§ 96 Gemeinsame Verarbeitung personenbezogener Daten.
(1) [1]Die Pflegekassen und die Krankenkassen dürfen erhobene personenbezogene Daten, die zur Erfüllung gesetzlicher Aufgaben jeder Stelle erforderlich sind, gemeinsam verarbeiten. [2]Insoweit findet § 76 des Zehnten Buches[2)] im Verhältnis zwischen der Pflegekasse und der Krankenkasse, bei der sie errichtet ist (§ 46), keine Anwendung.

[1)] Zeichensetzung amtlich.
[2)] Nr. 33.

(2) § 286 des Fünften Buches[1)] gilt für die Pflegekassen entsprechend.

(3) Die Absätze 1 und 2 gelten entsprechend für die Verbände der Pflege- und Krankenkassen.

§ 97 Personenbezogene Daten beim Medizinischen Dienst. (1) [1] Der Medizinische Dienst darf personenbezogene Daten für Zwecke der Pflegeversicherung nur verarbeiten, soweit dies für die Prüfungen, Beratungen und gutachtlichen Stellungnahmen nach den §§ 18, 38a, 40, 112, 113, 114, 114a, 115 und 117 erforderlich ist. [2] Nach Satz 1 erhobene Daten dürfen für andere Zwecke nur verarbeitet werden, soweit dies durch Rechtsvorschriften des Sozialgesetzbuches angeordnet oder erlaubt ist.

(2) Der Medizinische Dienst darf personenbezogene Daten, die er für die Aufgabenerfüllung nach dem Fünften oder Elften Buch verarbeitet, auch für die Aufgaben des jeweils anderen Buches verarbeiten, wenn ohne die vorhandenen Daten diese Aufgaben nicht ordnungsgemäß erfüllt werden können.

(3) [1] Die personenbezogenen Daten sind nach fünf Jahren zu löschen. [2] § 96 Abs. 2, § 98 und § 107 Abs. 1 Satz 2 und 3 und Abs. 2 gelten für den Medizinischen Dienst entsprechend. [3] Der Medizinische Dienst hat Sozialdaten zur Identifikation des Versicherten getrennt von den medizinischen Sozialdaten des Versicherten zu speichern. [4] Durch technische und organisatorische Maßnahmen ist sicherzustellen, dass die Sozialdaten nur den Personen zugänglich sind, die sie zur Erfüllung ihrer Aufgaben benötigen. [5] Der Schlüssel für die Zusammenführung der Daten ist vom Beauftragten für den Datenschutz des Medizinischen Dienstes aufzubewahren und darf anderen Personen nicht zugänglich gemacht werden. [6] Jede Zusammenführung ist zu protokollieren.

(4) Für das Akteneinsichtsrecht des Versicherten gilt § 25 des Zehnten Buches entsprechend.

§ 97a Qualitätssicherung durch Sachverständige. (1) [1] Von den Landesverbänden der Pflegekassen bestellte sonstige Sachverständige (§ 114 Abs. 1 Satz 1) sind berechtigt, für Zwecke der Qualitätssicherung und -prüfung Daten nach den §§ 112, 113, 114, 114a, 115 und 117 zu verarbeiten; sie dürfen die Daten an die Pflegekassen und deren Verbände sowie an die in den §§ 112, 114, 114a, 115 und 117 genannten Stellen übermitteln, soweit dies zur Erfüllung der gesetzlichen Aufgaben auf dem Gebiet der Qualitätssicherung und Qualitätsprüfung dieser Stellen erforderlich ist. [2] Die Daten sind vertraulich zu behandeln.

(2) § 107 gilt entsprechend.

§ 97b Personenbezogene Daten bei den nach heimrechtlichen Vorschriften zuständigen Aufsichtsbehörden und den Trägern der Sozialhilfe. Die nach heimrechtlichen Vorschriften zuständigen Aufsichtsbehörden und die zuständigen Träger der Sozialhilfe sind berechtigt, die für Zwecke der Pflegeversicherung nach den §§ 112, 113, 114, 114a, 115 und 117 erhobenen personenbezogenen Daten zu verarbeiten, soweit dies zur Erfüllung ihrer gesetzlichen Aufgaben erforderlich ist; § 107 findet entsprechende Anwendung.

[1)] Nr. 28.

§ 97c Qualitätssicherung durch den Prüfdienst des Verbandes der privaten Krankenversicherung e.V. ¹Bei Wahrnehmung der Aufgaben auf dem Gebiet der Qualitätssicherung und Qualitätsprüfung im Sinne dieses Buches durch den Prüfdienst des Verbandes der privaten Krankenversicherung e.V. gilt der Prüfdienst als Stelle im Sinne des § 35 Absatz 1 Satz 1 des Ersten Buches[1]). ²Die §§ 97 und 97a gelten entsprechend.

§ 97d Begutachtung durch unabhängige Gutachter. (1) ¹Von den Pflegekassen gemäß § 18 Absatz 1 Satz 1 beauftragte unabhängige Gutachter sind berechtigt, personenbezogene Daten des Antragstellers zu verarbeiten, soweit dies für die Zwecke der Begutachtung gemäß § 18 erforderlich ist. ²Die Daten sind vertraulich zu behandeln. ³Durch technische und organisatorische Maßnahmen ist sicherzustellen, dass die Daten nur den Personen zugänglich sind, die sie zur Erfüllung des dem Gutachter von den Pflegekassen nach § 18 Absatz 1 Satz 1 erteilten Auftrags benötigen.

(2) ¹Die unabhängigen Gutachter dürfen das Ergebnis der Prüfung zur Feststellung der Pflegebedürftigkeit sowie die Präventions- und Rehabilitationsempfehlung gemäß § 18 an die sie beauftragende Pflegekasse übermitteln, soweit dies zur Erfüllung der gesetzlichen Aufgaben der Pflegekasse erforderlich ist; § 35 des Ersten Buches[1]) gilt entsprechend. ²Dabei ist sicherzustellen, dass das Ergebnis der Prüfung zur Feststellung der Pflegebedürftigkeit sowie die Präventions- und Rehabilitationsempfehlung nur den Personen zugänglich gemacht werden, die sie zur Erfüllung ihrer Aufgaben benötigen.

(3) ¹Die personenbezogenen Daten sind nach fünf Jahren zu löschen. ²§ 107 Absatz 1 Satz 2 gilt entsprechend.

§ 98 Forschungsvorhaben. (1) Die Pflegekassen dürfen mit der Erlaubnis der Aufsichtsbehörde die Datenbestände leistungserbringer- und fallbeziehbar für zeitlich befristete und im Umfang begrenzte Forschungsvorhaben selbst auswerten und zur Durchführung eines Forschungsvorhabens über die sich aus § 107 ergebenden Fristen hinaus aufbewahren.

(2) Personenbezogene Daten sind zu anonymisieren.

Zweiter Titel. Informationsgrundlagen der Pflegekassen

§ 99 Versichertenverzeichnis. ¹Die Pflegekasse hat ein Versichertenverzeichnis zu führen. ²Sie hat in das Versichertenverzeichnis alle Angaben einzutragen, die zur Feststellung der Versicherungspflicht oder -berechtigung und des Anspruchs auf Familienversicherung, zur Bemessung und Einziehung der Beiträge sowie zur Feststellung des Leistungsanspruchs erforderlich sind.

§ 100 Nachweispflicht bei Familienversicherung. Die Pflegekasse kann die für den Nachweis einer Familienversicherung (§ 25) erforderlichen Daten vom Angehörigen oder mit dessen Zustimmung vom Mitglied erheben.

§ 101 Pflegeversichertennummer. ¹Die Pflegekasse verwendet für jeden Versicherten eine Versichertennummer, die mit der Krankenversichertennummer ganz oder teilweise übereinstimmen darf. ²Bei der Vergabe der Nummer für

---

[1]) Nr. 24.

Versicherte nach § 25 ist sicherzustellen, daß der Bezug zu dem Angehörigen, der Mitglied ist, hergestellt werden kann.

§ 102 Angaben über Leistungsvoraussetzungen. ¹Die Pflegekasse hat Angaben über Leistungen, die zur Prüfung der Voraussetzungen späterer Leistungsgewährung erforderlich sind, zu speichern. ²Hierzu gehören insbesondere Angaben zur Feststellung der Voraussetzungen von Leistungsansprüchen und zur Leistung von Zuschüssen.

§ 103 Kennzeichen für Leistungsträger und Leistungserbringer.

(1) Die Pflegekassen, die anderen Träger der Sozialversicherung und die Vertragspartner der Pflegekassen einschließlich deren Mitglieder verwenden im Schriftverkehr und für Abrechnungszwecke untereinander bundeseinheitliche Kennzeichen.

(2) § 293 Abs. 2 und 3 des Fünften Buches[1]) gilt entsprechend.

Zweiter Abschnitt. Übermittlung von Leistungsdaten, Nutzung der Telematikinfrastruktur

§ 104 Pflichten der Leistungserbringer. (1) Die Leistungserbringer sind berechtigt und verpflichtet:

1. im Falle der Überprüfung der Notwendigkeit von Pflegehilfsmitteln (§ 40 Abs. 1),
2. im Falle eines Prüfverfahrens, soweit die Wirtschaftlichkeit oder die Qualität der Leistungen im Einzelfall zu beurteilen sind (§§ 79, 112, 113, 114, 114a, 115 und 117),
2a. im Falle des Abschlusses und der Durchführung von Versorgungsverträgen (§§ 72 bis 74), Pflegesatzvereinbarungen (§§ 85, 86), Vergütungsvereinbarungen (§ 89) sowie Verträgen zur integrierten Versorgung (§ 92b),
3. im Falle der Abrechnung pflegerischer Leistungen (§ 105)

die für die Erfüllung der Aufgaben der Pflegekassen und ihrer Verbände erforderlichen Angaben zu speichern und den Pflegekassen sowie den Verbänden oder den mit der Datenverarbeitung beauftragten Stellen zu übermitteln.

(2) Soweit dies für die in Absatz 1 Nr. 2 und 2a genannten Zwecke erforderlich ist, sind die Leistungserbringer berechtigt, die personenbezogenen Daten auch an die Medizinischen Dienste und die in den §§ 112, 113, 114, 114a, 115 und 117 genannten Stellen zu übermitteln.

(3) Trägervereinigungen dürfen die ihnen nach Absatz 2 oder § 115 Absatz 1 Satz 2 übermittelten personenbezogenen Daten verarbeiten, soweit dies für ihre Beteiligung an Qualitätsprüfungen oder Maßnahmen der Qualitätssicherung nach diesem Buch erforderlich ist.

§ 105 Abrechnung pflegerischer Leistungen. (1) ¹Die an der Pflegeversorgung teilnehmenden Leistungserbringer sind verpflichtet,

1. in den Abrechnungsunterlagen die von ihnen erbrachten Leistungen nach Art, Menge und Preis einschließlich des Tages und der Zeit der Leistungserbringung aufzuzeichnen,

---

[1]) Nr. 28.

2. in den Abrechnungsunterlagen ihr Kennzeichen (§ 103), spätestens ab dem 1. Januar 2023 die Beschäftigtennummer nach § 293 Absatz 8 Satz 2 des Fünften Buches[1] der Person, die die Leistung erbracht hat, sowie die Versichertennummer des Pflegebedürftigen anzugeben,

3. bei der Abrechnung über die Abgabe von Hilfsmitteln die Bezeichnungen des Hilfsmittelverzeichnisses nach § 78 zu verwenden.

²Vom 1. Januar 1996 an sind maschinenlesbare Abrechnungsunterlagen zu verwenden.

(2) ¹Das Nähere über Form und Inhalt der Abrechnungsunterlagen sowie Einzelheiten des Datenträgeraustausches werden vom Spitzenverband Bund der Pflegekassen im Einvernehmen mit den Verbänden der Leistungserbringer festgelegt. ²Der Spitzenverband Bund der Pflegekassen und die Verbände der Leistungserbringer legen bis zum 1. Januar 2018 die Einzelheiten für eine elektronische Datenübertragung aller Angaben und Nachweise fest, die für die Abrechnung pflegerischer Leistungen in der Form elektronischer Dokumente erforderlich sind. ³Kommt eine Festlegung nach Satz 1 oder Satz 2 ganz oder teilweise nicht zustande, wird ihr Inhalt für Abrechnungen von Leistungen der häuslichen Pflegehilfe im Sinne des § 36 sowie von häuslicher Krankenpflege nach § 37 des Fünften Buches durch die Schiedsstelle nach § 132a Absatz 3 Satz 1 des Fünften Buches auf Antrag des Spitzenverbandes Bund der Pflegekassen oder der Verbände der Leistungserbringer bestimmt. ⁴Die Schiedsstelle kann auch vom Bundesministerium für Gesundheit angerufen werden. ⁵Sie bestimmt den Inhalt der Festlegung innerhalb von drei Monaten ab der Anrufung. ⁶Die Regelungen der Rahmenempfehlung nach § 132a Absatz 1 Satz 4 Nummer 6 des Fünften Buches sind bei der Bestimmung durch die Schiedsstelle zu berücksichtigen. ⁷Für die elektronische Datenübertragung elektronischer Dokumente ist neben der qualifizierten elektronischen Signatur auch ein anderes sicheres Verfahren vorzusehen, das den Absender der Daten authentifiziert und die Integrität des elektronisch übermittelten Datensatzes gewährleistet. ⁸Zur Authentifizierung des Absenders der Daten können auch der elektronische Heilberufs- oder Berufsausweis nach § 339 Absatz 3 Satz 1 des Fünften Buches[1], die elektronische Gesundheitskarte nach § 291 des Fünften Buches[1] sowie der elektronische Identitätsnachweis des Personalausweises genutzt werden; die zur Authentifizierung des Absenders der Daten erforderlichen Daten dürfen zusammen mit den übrigen übermittelten Daten gespeichert und verwendet werden. ⁹§ 302 Absatz 2 Satz 2 und 3 des Fünften Buches[1] gilt entsprechend.

(3) ¹Im Rahmen der Abrechnung pflegerischer Leistungen nach § 105 sind vorbehaltlich des Satzes 2 von den Pflegekassen und den Leistungserbringern ab dem 1. März 2021 ausschließlich elektronische Verfahren zur Übermittlung von Abrechnungsunterlagen einschließlich des Leistungsnachweises zu nutzen, wenn der Leistungserbringer

1. an die Telematikinfrastruktur angebunden ist,

2. ein von der Gesellschaft für Telematik nach § 311 Absatz 6 des Fünften Buches[1] festgelegtes Verfahren zur Übermittlung der Daten nutzt und

3. der Pflegekasse die für die elektronische Übermittlung von Abrechnungsunterlagen erforderlichen Angaben übermittelt hat.

---

[1] Nr. 28.

²Die Verpflichtung nach Satz 1 besteht nach Ablauf von drei Monaten, nachdem der Leistungserbringer die für die elektronische Übermittlung von Abrechnungsunterlagen erforderlichen Angaben an die Pflegekasse übermittelt hat.

§ 106 Abweichende Vereinbarungen. Die Landesverbände der Pflegekassen (§ 52) können mit den Leistungserbringern oder ihren Verbänden vereinbaren, daß

1. der Umfang der zu übermittelnden Abrechnungsbelege eingeschränkt,
2. bei der Abrechnung von Leistungen von einzelnen Angaben ganz oder teilweise abgesehen

wird, wenn dadurch eine ordnungsgemäße Abrechnung und die Erfüllung der gesetzlichen Aufgaben der Pflegekassen nicht gefährdet werden.

§ 106a Mitteilungspflichten. ¹Zugelassene Pflegedienste, anerkannte Beratungsstellen, beauftragte Pflegefachkräfte sowie Beratungspersonen der kommunalen Gebietskörperschaften, die Beratungseinsätze nach § 37 Absatz 3 durchführen, sind mit Einwilligung des Versicherten berechtigt und verpflichtet, die für die Erfüllung der Aufgaben der Pflegekassen, der privaten Versicherungsunternehmen sowie der Beihilfefestsetzungsstellen erforderlichen Angaben zur Qualität der Pflegesituation und zur Notwendigkeit einer Verbesserung der zuständigen Pflegekasse, dem zuständigen privaten Versicherungsunternehmen und der zuständigen Beihilfefestsetzungsstelle zu übermitteln. ²Das Formular nach § 37 Abs. 4 Satz 2 wird unter Beteiligung des Bundesbeauftragten für den Datenschutz und die Informationsfreiheit und des Bundesministeriums für Gesundheit erstellt. ³Erteilt die pflegebedürftige Person die Einwilligung nicht, ist jedoch nach Überzeugung der Beratungsperson eine weitergehende Beratung angezeigt, übermittelt die jeweilige Beratungsstelle diese Einschätzung über die Erforderlichkeit einer weitergehenden Beratung der zuständigen Pflegekasse oder dem zuständigen privaten Versicherungsunternehmen.

§ 106b Finanzierung der Einbindung der Pflegeeinrichtungen in die Telematikinfrastruktur. (1) ¹Zum Ausgleich

1. der erforderlichen erstmaligen Ausstattungskosten, die den Leistungserbringern in der Festlegungs-, Erprobungs- und Einführungsphase der Telematikinfrastruktur entstehen, sowie
2. der Kosten, die den Leistungserbringern im laufenden Betrieb der Telematikinfrastruktur entstehen,

erhalten die ambulanten und stationären Pflegeeinrichtungen ab dem 1. Juli 2020 von der Pflegeversicherung die in den Finanzierungsvereinbarungen nach § 376 Satz 1 des Fünften Buches[1] für die an der vertragsärztlichen Versorgung teilnehmenden Ärzte in der jeweils geltenden Fassung vereinbarten Erstattungen. ²Das Verfahren zur Erstattung der Kosten vereinbaren der Spitzenverband Bund der Pflegekassen und die Vereinigungen der Träger der Pflegeeinrichtungen auf Bundesebene bis zum 31. März 2020.

(2) ¹Die durch die Erstattung nach Absatz 1 entstehenden Kosten, soweit die ambulanten Pflegeeinrichtungen betroffen sind, tragen die gesetzlichen Krankenkassen und die soziale Pflegeversicherung in dem Verhältnis, das dem Verhältnis zwischen den Ausgaben der Krankenkassen für die häusliche Krankenpflege und

---

[1] Nr. 28.

den Ausgaben der sozialen Pflegeversicherung für Pflegesachleistungen im vorangegangenen Kalenderjahr entspricht. ²Zur Finanzierung der den Krankenkassen nach Satz 1 entstehenden Kosten erhebt der Spitzenverband Bund der Krankenkassen von den Krankenkassen eine Umlage gemäß dem Anteil der Versicherten der Krankenkassen an der Gesamtzahl der Versicherten aller Krankenkassen. ³Das Nähere zum Umlageverfahren und zur Zahlung an die Pflegeversicherung bestimmt der Spitzenverband Bund der Krankenkassen.

§ 106c Einbindung der Medizinischen Dienste in die Telematikinfrastruktur. Bei der Erfüllung der ihnen nach diesem Buch zugewiesenen Aufgaben haben die Medizinischen Dienste gemäß § 278 des Fünften Buches und die Pflegekassen oder die Landesverbände der Pflegekassen für die gegenseitige Übermittlung von Daten die von der Gesellschaft für Telematik nach § 311 Absatz 6 des Fünften Buches[1] festgelegten Verfahren zu verwenden, sofern der jeweilige Medizinische Dienst und die Pflegekasse oder der jeweilige Landesverband der Pflegekasse an die Telematikinfrastruktur angebunden sind.

Dritter Abschnitt. Datenlöschung, Auskunftspflicht

§ 107 Löschen von Daten. (1) ¹Für das Löschen der für Aufgaben der Pflegekassen und ihrer Verbände gespeicherten personenbezogenen Daten gilt, daß

1. die Daten nach § 102 spätestens nach Ablauf von zehn Jahren,
2. sonstige Daten aus der Abrechnung pflegerischer Leistungen (§ 105), aus Wirtschaftlichkeitsprüfungen (§ 79), aus Prüfungen zur Qualitätssicherung (§§ 112, 113, 114, 114a, 115 und 117) und aus dem Abschluss oder der Durchführung von Verträgen (§§ 72 bis 74, 85, 86 oder 89) spätestens nach zwei Jahren

zu löschen sind. ²Die Fristen beginnen mit dem Ende des Geschäftsjahres, in dem die Leistungen gewährt oder abgerechnet wurden. ³Die Pflegekassen können für Zwecke der Pflegeversicherung Leistungsdaten länger aufbewahren, wenn sichergestellt ist, daß ein Bezug zu natürlichen Personen nicht mehr herstellbar ist.

(2) Im Falle des Wechsels der Pflegekasse ist die bisher zuständige Pflegekasse verpflichtet, auf Verlangen die für die Fortführung der Versicherung erforderlichen Angaben nach den §§ 99 und 102 der neuen Pflegekasse mitzuteilen.

§ 108 Auskünfte an Versicherte. (1) ¹Die Pflegekassen unterrichten die Versicherten auf deren Antrag über die in einem Zeitraum von mindestens 18 Monaten vor Antragstellung in Anspruch genommenen Leistungen und deren Kosten. ²Eine Mitteilung an die Leistungserbringer über die Unterrichtung des Versicherten ist nicht zulässig. ³Die Pflegekassen können in ihren Satzungen das Nähere über das Verfahren der Unterrichtung regeln.

(2) ¹Die Berechtigung der Versicherten, auf die in der elektronischen Patientenakte gespeicherten Angaben über ihre pflegerische Versorgung zuzugreifen, folgt aus § 336 Absatz 2 des Fünften Buches[1]. ²§ 336 Absatz 2 Nummer 1 des Fünften Buches[1] ist entsprechend auf die Pflegekassen anzuwenden.

---

[1] Nr. 28.

35. Sozialgesetzbuch (SGB)
Zwölftes Buch (XII)
– Sozialhilfe –[1)]

Vom 27. Dezember 2003

(BGBl. I S. 3022)

FNA 860-12

zuletzt geänd. durch Art. 16 G zur Stärkung der Impfprävention gegen COVID-19 und zur Änd. weiterer Vorschriften im Zusammenhang mit der COVID-19-Pandemie v. 10.12.2021 (BGBl. I S. 5162)

– Auszug –

Vierzehntes Kapitel. Verfahrensbestimmungen

§ 117 Pflicht zur Auskunft. (1) [1]Die Unterhaltspflichtigen, ihre nicht getrennt lebenden Ehegatten oder Lebenspartner und die Kostenersatzpflichtigen haben dem Träger der Sozialhilfe über ihre Einkommens- und Vermögensverhältnisse Auskunft zu geben, soweit die Durchführung dieses Buches es erfordert. [2]Dabei haben sie die Verpflichtung, auf Verlangen des Trägers der Sozialhilfe Beweisurkunden vorzulegen oder ihrer Vorlage zuzustimmen. [3]Auskunftspflichtig nach Satz 1 und 2 sind auch Personen, von denen nach § 39 trotz Aufforderung unwiderlegt vermutet wird, dass sie Leistungen zum Lebensunterhalt an andere Mitglieder der Haushaltsgemeinschaft erbringen. [4]Die Auskunftspflicht der Finanzbehörden nach § 21 Abs. 4 des Zehnten Buches erstreckt sich auch auf diese Personen.

(2) Wer jemandem, der Leistungen nach diesem Buch beantragt hat oder bezieht, Leistungen erbringt oder erbracht hat, die geeignet sind oder waren, diese Leistungen auszuschließen oder zu mindern, hat dem Träger der Sozialhilfe auf Verlangen hierüber Auskunft zu geben, soweit es zur Durchführung der Aufgaben nach diesem Buch im Einzelfall erforderlich ist.

(3) [1]Wer jemandem, der Leistungen nach diesem Buch beantragt hat oder bezieht, zu Leistungen verpflichtet ist oder war, die geeignet sind oder waren, Leistungen auszuschließen oder zu mindern, oder für ihn Guthaben führt oder Vermögensgegenstände verwahrt, hat dem Träger der Sozialhilfe auf Verlangen hierüber sowie über damit im Zusammenhang stehendes Einkommen oder Vermögen Auskunft zu erteilen, soweit es zur Durchführung der Leistungen nach diesem Buch im Einzelfall erforderlich ist. [2]§ 21 Abs. 3 Satz 4 des Zehnten Buches gilt entsprechend.

(4) Der Arbeitgeber ist verpflichtet, dem Träger der Sozialhilfe über die Art und Dauer der Beschäftigung, die Arbeitsstätte und das Arbeitsentgelt der bei ihm beschäftigten Leistungsberechtigten, Unterhaltspflichtigen und deren nicht ge-

---

[1)] Verkündet als Art. 1 G zur Einordnung des Sozialhilferechts in das SGB v. 27.12.2003 (BGBl. I S. 3022, geänd. durch G v. 9.12.2004, BGBl. I S. 3220, und durch G v. 9.12.2004, BGBl. I S. 3305); Inkrafttreten gem. Art. 70 Abs. 1 dieses G am 1.1.2005 mit Ausnahme der §§ 40 und 133 Abs. 2, die gem. Art. 70 Abs. 2 Satz 1 am 31.12.2003, der §§ 24, 28 Abs. 2, §§ 132 und 133 Abs. 1, die gem. Art. 70 Abs. 2 Sätze 2 und 3 am 1.1.2004 sowie der §§ 57 und 61 Abs. 2 Sätze 3 und 4, die gem. Art. 70 Abs. 2 Satz 4 am 1.7.2004 in Kraft getreten sind; § 97 Abs. 3 ist gem. Art. 70 Abs. 2 Satz 5 am 1.1.2007 in Kraft getreten.

trennt lebenden Ehegatten oder Lebenspartner sowie Kostenersatzpflichtigen Auskunft zu geben, soweit die Durchführung dieses Buches es erfordert.

(5) Die nach den Absätzen 1 bis 4 zur Erteilung einer Auskunft Verpflichteten können Angaben verweigern, die ihnen oder ihnen nahe stehenden Personen (§ 383 Abs. 1 Nr. 1 bis 3 der Zivilprozessordnung) die Gefahr zuziehen würden, wegen einer Straftat oder einer Ordnungswidrigkeit verfolgt zu werden.

(6) [1] Ordnungswidrig handelt, wer vorsätzlich oder fahrlässig die Auskünfte nach den Absätzen 2, 3 Satz 1 und Absatz 4 nicht, nicht richtig, nicht vollständig oder nicht rechtzeitig erteilt. [2] Die Ordnungswidrigkeit kann mit einer Geldbuße geahndet werden.

§ 118 Überprüfung, Verwaltungshilfe. (1) [1] Die Träger der Sozialhilfe können Personen, die Leistungen nach diesem Buch beziehen, auch regelmäßig im Wege des automatisierten Datenabgleichs daraufhin überprüfen,

1. ob und in welcher Höhe und für welche Zeiträume von ihnen Leistungen der Bundesagentur für Arbeit (Auskunftsstelle) oder der Träger der gesetzlichen Unfall- oder Rentenversicherung (Auskunftsstellen) bezogen werden oder wurden,
2. ob und in welchem Umfang Zeiten des Leistungsbezuges nach diesem Buch mit Zeiten einer Versicherungspflicht oder Zeiten einer geringfügigen Beschäftigung zusammentreffen,
3. ob und welche Daten nach § 45d Abs. 1 und § 45e des Einkommensteuergesetzes dem Bundeszentralamt für Steuern (Auskunftsstelle) übermittelt worden sind,
4. ob und in welcher Höhe Altersvorsorgevermögen im Sinne des § 92 des Einkommensteuergesetzes nach § 10a oder Abschnitts XI des Einkommensteuergesetzes steuerlich gefördert wurde und
5. ob und in welcher Höhe und für welche Zeiträume von ihnen Leistungen der Eingliederungshilfe nach Teil 2 des Neunten Buches beziehen und bezogen werden oder wurden.

[2] Sie dürfen für die Überprüfung nach Satz 1 Name, Vorname (Rufname), Geburtsdatum, Geburtsort, Nationalität, Geschlecht, Anschrift und Versicherungsnummer der Personen, die Leistungen nach diesem Buch beziehen, den Auskunftsstellen übermitteln. [3] Die Auskunftsstellen führen den Abgleich mit den nach Satz 2 übermittelten Daten durch und übermitteln die Daten über Feststellungen im Sinne des Satzes 1 an die Träger der Sozialhilfe. [4] Die ihnen überlassenen Daten und Datenträger sind nach Durchführung des Abgleichs unverzüglich zurückzugeben, zu löschen oder zu vernichten. [5] Die Träger der Sozialhilfe dürfen die ihnen übermittelten Daten nur zur Überprüfung nach Satz 1 nutzen. [6] Die übermittelten Daten der Personen, bei denen die Überprüfung zu keinen abweichenden Feststellungen führt, sind unverzüglich zu löschen.

(1a) Liegt ein Vermögen vor, das nach § 90 Absatz 2 nicht einzusetzen ist, so melden die Träger der Sozialhilfe auf elektronischem Weg der Datenstelle der Rentenversicherung als Vermittlungsstelle, um eine Mitteilung zu einer schädlichen Verwendung nach § 94 Absatz 3 des Einkommensteuergesetzes zu erhalten, den erstmaligen Bezug nach dem Dritten und Vierten Kapitel sowie die Beendigung des jeweiligen Leistungsbezugs.

(2) [1] Die Träger der Sozialhilfe sind befugt, Personen, die Leistungen nach diesem Buch beziehen, auch regelmäßig im Wege des automatisierten Daten-

abgleichs daraufhin zu überprüfen, ob und in welcher Höhe und für welche Zeiträume von ihnen Leistungen nach diesem Buch durch andere Träger der Sozialhilfe bezogen werden oder wurden. ²Hierzu dürfen die erforderlichen Daten nach Absatz 1 Satz 2 anderen Trägern der Sozialhilfe oder einer zentralen Vermittlungsstelle im Sinne des § 120 Nr. 1 übermittelt werden. ³Diese führen den Abgleich der ihnen übermittelten Daten durch und leiten Feststellungen im Sinne des Satzes 1 an die übermittelnden Träger der Sozialhilfe zurück. ⁴Sind die ihnen übermittelten Daten oder Datenträger für die Überprüfung nach Satz 1 nicht mehr erforderlich, sind diese unverzüglich zurückzugeben, zu löschen oder zu vernichten. ⁵Überprüfungsverfahren nach diesem Absatz können zusammengefasst und mit Überprüfungsverfahren nach Absatz 1 verbunden werden.

(3) ¹Die Datenstelle der Rentenversicherung darf als Vermittlungsstelle für das Bundesgebiet die nach den Absätzen 1 und 2 übermittelten Daten speichern und nutzen, soweit dies für die Datenabgleiche nach den Absätzen 1, 1a und 2 erforderlich ist. ²Sie darf die Daten der Stammsatzdatei (§ 150 des Sechsten Buches[1]) und des bei ihr für die Prüfung bei den Arbeitgebern geführten Dateisystems (§ 28p Absatz 8 Satz 2 des Vierten Buches) nutzen, soweit die Daten für die Datenabgleiche erforderlich sind. ³Die nach Satz 1 bei der Datenstelle der Rentenversicherung gespeicherten Daten sind unverzüglich nach Abschluss der Datenabgleiche zu löschen.

(4) ¹Die Träger der Sozialhilfe sind befugt, zur Vermeidung rechtswidriger Inanspruchnahme von Sozialhilfe Daten von Personen, die Leistungen nach diesem Buch beziehen, bei anderen Stellen ihrer Verwaltung, bei ihren wirtschaftlichen Unternehmen und bei den Kreisen, Kreisverwaltungsbehörden und Gemeinden zu überprüfen, soweit diese für die Erfüllung dieser Aufgaben erforderlich sind. ²Sie dürfen für die Überprüfung die in Absatz 1 Satz 2 genannten Daten übermitteln. ³Die Überprüfung kann auch regelmäßig im Wege des automatisierten Datenabgleichs mit den Stellen durchgeführt werden, bei denen die in Satz 4 jeweils genannten Daten zuständigkeitshalber vorliegen. ⁴Nach Satz 1 ist die Überprüfung folgender Daten zulässig:

1. Geburtsdatum und -ort,

2. Personen- und Familienstand,

3. Wohnsitz,

4. Dauer und Kosten von Miet- oder Überlassungsverhältnissen von Wohnraum,

5. Dauer und Kosten von bezogenen Leistungen über Elektrizität, Gas, Wasser, Fernwärme oder Abfallentsorgung und

6. Eigenschaft als Kraftfahrzeughalter.

⁵Die in Satz 1 genannten Stellen sind verpflichtet, die in Satz 4 genannten Daten zu übermitteln. ⁶Sie haben die ihnen im Rahmen der Überprüfung übermittelten Daten nach Vorlage der Mitteilung unverzüglich zu löschen. ⁷Eine Übermittlung durch diese Stellen unterbleibt, soweit ihr besondere gesetzliche Verwendungsregelungen entgegenstehen.

---

[1] Nr. 29.

Fünfzehntes Kapitel. Statistik
Zweiter Abschnitt. Bundesstatistik für das Vierte Kapitel

§ 128h Datenübermittlung, Veröffentlichung. (1) ¹Die in sich schlüssigen und nach einheitlichen Standards formatierten Einzeldatensätze sind von den Auskunftspflichtigen elektronisch bis zum Ablauf von 30 Arbeitstagen nach Ende des jeweiligen Berichtsquartals nach § 128f an das Statistische Bundesamt zu übermitteln. ²Soweit die Übermittlung zwischen informationstechnischen Netzen von Bund und Ländern stattfindet, ist dafür nach § 3 des Gesetzes über die Verbindung der informationstechnischen Netze des Bundes und der Länder – Gesetz zur Ausführung von Artikel 91c Absatz 4 des Grundgesetzes – vom 10. August 2009 (BGBl. I S. 2702, 2706) das Verbindungsnetz zu nutzen. ³Die zu übermittelnden Daten sind nach dem Stand der Technik fortgeschritten zu signieren und zu verschlüsseln.

(2) Das Statistische Bundesamt übermittelt dem Bundesministerium für Arbeit und Soziales für Zwecke der Planung, jedoch nicht für die Regelung von Einzelfällen, Tabellen mit den Ergebnissen der Bundesstatistik nach § 128a, auch soweit Tabellenfelder nur einen einzigen Fall ausweisen.

(3) ¹Zur Weiterentwicklung des Systems der Grundsicherung im Alter und bei Erwerbsminderung übermittelt das Statistische Bundesamt auf Anforderung des Bundesministeriums für Arbeit und Soziales Einzelangaben aus einer Stichprobe, die vom Statistischen Bundesamt gezogen wird und nicht mehr als 10 Prozent der Grundgesamtheit der Leistungsberechtigten umfasst. ²Die zu übermittelnden Einzelangaben dienen der Entwicklung und dem Betrieb von Mikrosimulationsmodellen durch das Bundesministerium für Arbeit und Soziales und dürfen nur im hierfür erforderlichen Umfang und mittels eines sicheren Datentransfers ausschließlich an das Bundesministerium für Arbeit und Soziales übermittelt werden. ³Angaben zu den Erhebungsmerkmalen nach § 128b Nummer 2 und 4 und den Hilfsmerkmalen nach § 128e dürfen nicht übermittelt werden; Angaben zu monatlichen Durchschnittsbeträgen in den Einzelangaben werden vom Statistischen Bundesamt auf volle Euro gerundet.

(4) ¹Bei der Verarbeitung der Daten nach Absatz 3 ist das Statistikgeheimnis nach § 16 des Bundesstatistikgesetzes zu wahren. ²Dafür ist die Trennung von statistischen und nichtstatistischen Aufgaben durch Organisation und Verfahren zu gewährleisten. ³Die nach Absatz 3 übermittelten Daten dürfen nur für die Zwecke gespeichert, verändert, genutzt, übermittelt oder in der Verarbeitung eingeschränkt werden, für die sie übermittelt wurden. ⁴Eine Weitergabe von Einzelangaben aus einer Stichprobe nach Absatz 3 Satz 1 durch das Bundesministerium für Arbeit und Soziales an Dritte ist nicht zulässig. ⁵Die übermittelten Einzeldaten sind nach dem Erreichen des Zweckes zu löschen, zu dem sie übermittelt wurden.

(5) ¹Das Statistische Bundesamt übermittelt den statistischen Ämtern der Länder Tabellen mit den Ergebnissen der Bundesstatistik für die jeweiligen Länder und für die für die Ausführung des Gesetzes nach dem Vierten Kapitel zuständigen Träger. ²Das Bundesministerium für Arbeit und Soziales erhält diese Tabellen ebenfalls. ³Die statistischen Ämter der Länder erhalten zudem für ihr Land die jeweiligen Einzeldatensätze für Sonderaufbereitungen auf regionaler Ebene.

(6) Die Ergebnisse der Bundesstatistik nach diesem Abschnitt dürfen auf die einzelnen Gemeinden bezogen veröffentlicht werden.

36. Handelsgesetzbuch

Vom 10. Mai 1897

(RGBl. S. 219)

BGBl. III/FNA 4100-1

zuletzt geänd. durch Art. 51 PersonengesellschaftsrechtsmodernisierungsG (MoPeG) v. 10.8.2021 (BGBl. I S. 3436)

– Auszug –

Drittes Buch. Handelsbücher
Erster Abschnitt. Vorschriften für alle Kaufleute
Dritter Unterabschnitt. Aufbewahrung und Vorlage

§ 257 Aufbewahrung von Unterlagen. Aufbewahrungsfristen. (1) Jeder Kaufmann ist verpflichtet, die folgenden Unterlagen geordnet aufzubewahren:

1. Handelsbücher, Inventare, Eröffnungsbilanzen, Jahresabschlüsse, Einzelabschlüsse nach § 325 Abs. 2a, Lageberichte, Konzernabschlüsse, Konzernlageberichte sowie die zu ihrem Verständnis erforderlichen Arbeitsanweisungen und sonstigen Organisationsunterlagen,
2. die empfangenen Handelsbriefe,
3. Wiedergaben der abgesandten Handelsbriefe,
4. Belege für Buchungen in den von ihm nach § 238 Abs. 1 zu führenden Büchern (Buchungsbelege).

(2) Handelsbriefe sind nur Schriftstücke, die ein Handelsgeschäft betreffen.

(3) ¹Mit Ausnahme der Eröffnungsbilanzen und Abschlüsse können die in Absatz 1 aufgeführten Unterlagen auch als Wiedergabe auf einem Bildträger oder auf anderen Datenträgern aufbewahrt werden, wenn dies den Grundsätzen ordnungsmäßiger Buchführung entspricht und sichergestellt ist, daß die Wiedergabe oder die Daten

1. mit den empfangenen Handelsbriefen und den Buchungsbelegen bildlich und mit den anderen Unterlagen inhaltlich übereinstimmen, wenn sie lesbar gemacht werden,
2. während der Dauer der Aufbewahrungsfrist verfügbar sind und jederzeit innerhalb angemessener Frist lesbar gemacht werden können.

²Sind Unterlagen auf Grund des § 239 Abs. 4 Satz 1 auf Datenträgern hergestellt worden, können statt des Datenträgers die Daten auch ausgedruckt aufbewahrt werden; die ausgedruckten Unterlagen können auch nach Satz 1 aufbewahrt werden.

(4) Die in Absatz 1 Nr. 1 und 4 aufgeführten Unterlagen sind zehn Jahre, die sonstigen in Absatz 1 aufgeführten Unterlagen sechs Jahre aufzubewahren.

(5) Die Aufbewahrungsfrist beginnt mit dem Schluß des Kalenderjahrs, in dem die letzte Eintragung in das Handelsbuch gemacht, das Inventar aufgestellt, die Eröffnungsbilanz oder der Jahresabschluß festgestellt, der Einzelabschluss nach § 325 Abs. 2a oder der Konzernabschluß aufgestellt, der Handelsbrief empfangen oder abgesandt worden oder der Buchungsbeleg entstanden ist.

37. Abgabenordnung (AO)

In der Fassung der Bekanntmachung vom 1. Oktober 2002[1)]
(BGBl. I S. 3866, ber. 2003 S. 61)

FNA 610-1-3

zuletzt geänd. durch Art. 33 Gesetz zum Ausbau des elektronischen Rechtsverkehrs mit den Gerichten und zur Änderung weiterer Vorschriften v. 5.10.2021 (BGBl. I S. 4607)

– Auszug –

Vierter Teil. Durchführung der Besteuerung

Zweiter Abschnitt. Mitwirkungspflichten

1. Unterabschnitt. Führung von Büchern und Aufzeichnungen

§ 147 Ordnungsvorschriften für die Aufbewahrung von Unterlagen.

(1) Die folgenden Unterlagen sind geordnet aufzubewahren:

1. Bücher und Aufzeichnungen, Inventare, Jahresabschlüsse, Lageberichte, die Eröffnungsbilanz sowie die zu ihrem Verständnis erforderlichen Arbeitsanweisungen und sonstigen Organisationsunterlagen,
2. die empfangenen Handels- oder Geschäftsbriefe,
3. Wiedergaben der abgesandten Handels- oder Geschäftsbriefe,
4. Buchungsbelege,
4a. Unterlagen nach Artikel 15 Absatz 1 und Artikel 163 des Zollkodex der Union,
5. sonstige Unterlagen, soweit sie für die Besteuerung von Bedeutung sind.

(2) Mit Ausnahme der Jahresabschlüsse, der Eröffnungsbilanz und der Unterlagen nach Absatz 1 Nummer 4a, sofern es sich bei letztgenannten Unterlagen um amtliche Urkunden oder handschriftlich zu unterschreibende nicht förmliche Präferenznachweise handelt, können die in Absatz 1 aufgeführten Unterlagen auch als Wiedergabe auf einem Bildträger oder auf anderen Datenträgern aufbewahrt werden, wenn dies den Grundsätzen ordnungsmäßiger Buchführung entspricht und sichergestellt ist, dass die Wiedergabe oder die Daten

1. mit den empfangenen Handels- oder Geschäftsbriefen und den Buchungsbelegen bildlich und mit den anderen Unterlagen inhaltlich übereinstimmen, wenn sie lesbar gemacht werden,
2. während der Dauer der Aufbewahrungsfrist jederzeit verfügbar sind, unverzüglich lesbar gemacht und maschinell ausgewertet werden können.

(3) [1]Die in Absatz 1 Nr. 1, 4 und 4a aufgeführten Unterlagen sind zehn Jahre, die sonstigen in Absatz 1 aufgeführten Unterlagen sechs Jahre aufzubewahren, sofern nicht in anderen Steuergesetzen kürzere Aufbewahrungsfristen zugelassen sind. [2]Kürzere Aufbewahrungsfristen nach außersteuerlichen Gesetzen lassen die in Satz 1 bestimmte Frist unberührt. [3]Bei empfangenen Lieferscheinen, die keine Buchungsbelege nach Absatz 1 Nummer 4 sind, endet die

---

[1)] Neubekanntmachung der AO v. 16.3.1976 (BGBl. I S. 613, 1977 S. 269) in der ab 1.9.2002 geltenden Fassung.

Aufbewahrungsfrist mit dem Erhalt der Rechnung. ⁴Für abgesandte Lieferscheine, die keine Buchungsbelege nach Absatz 1 Nummer 4 sind, endet die Aufbewahrungsfrist mit dem Versand der Rechnung. ⁵Die Aufbewahrungsfrist läuft jedoch nicht ab, soweit und solange die Unterlagen für Steuern von Bedeutung sind, für welche die Festsetzungsfrist noch nicht abgelaufen ist; § 169 Abs. 2 Satz 2 gilt nicht.

(4) Die Aufbewahrungsfrist beginnt mit dem Schluss des Kalenderjahrs, in dem die letzte Eintragung in das Buch gemacht, das Inventar, die Eröffnungsbilanz, der Jahresabschluss oder der Lagebericht aufgestellt, der Handels- oder Geschäftsbrief empfangen oder abgesandt worden oder der Buchungsbeleg entstanden ist, ferner die Aufzeichnung vorgenommen worden ist oder die sonstigen Unterlagen entstanden sind.

(5) Wer aufzubewahrende Unterlagen in der Form einer Wiedergabe auf einem Bildträger oder auf anderen Datenträgern vorlegt, ist verpflichtet, auf seine Kosten diejenigen Hilfsmittel zur Verfügung zu stellen, die erforderlich sind, um die Unterlagen lesbar zu machen; auf Verlangen der Finanzbehörde hat er auf seine Kosten die Unterlagen unverzüglich ganz oder teilweise auszudrucken oder ohne Hilfsmittel lesbare Reproduktionen beizubringen.

(6) ¹Sind die Unterlagen nach Absatz 1 mit Hilfe eines Datenverarbeitungssystems erstellt worden, hat die Finanzbehörde im Rahmen einer Außenprüfung das Recht, Einsicht in die gespeicherten Daten zu nehmen und das Datenverarbeitungssystem zur Prüfung dieser Unterlagen zu nutzen. ²Sie kann im Rahmen einer Außenprüfung auch verlangen, dass die Daten nach ihren Vorgaben maschinell ausgewertet oder ihr die gespeicherten Unterlagen und Aufzeichnungen auf einem maschinell verwertbaren Datenträger zur Verfügung gestellt werden. ³Teilt der Steuerpflichtige der Finanzbehörde mit, dass sich seine Daten nach Absatz 1 bei einem Dritten befinden, so hat der Dritte

1. der Finanzbehörde Einsicht in die für den Steuerpflichtigen gespeicherten Daten zu gewähren oder
2. diese Daten nach den Vorgaben der Finanzbehörde maschinell auszuwerten oder
3. ihr die für den Steuerpflichtigen gespeicherten Unterlagen und Aufzeichnungen auf einem maschinell verwertbaren Datenträger zur Verfügung zu stellen.

⁴Die Kosten trägt der Steuerpflichtige. ⁵In Fällen des Satzes 3 hat der mit der Außenprüfung betraute Amtsträger den in § 3 und § 4 Nummer 1 und 2 des Steuerberatungsgesetzes bezeichneten Personen sein Erscheinen in angemessener Frist anzukündigen. ⁶Sofern noch nicht mit einer Außenprüfung begonnen wurde, ist es im Fall eines Wechsels des Datenverarbeitungssystems oder im Fall der Auslagerung von aufzeichnungs- und aufbewahrungspflichtigen Daten aus dem Produktivsystem in ein anderes Datenverarbeitungssystem ausreichend, wenn der Steuerpflichtige nach Ablauf des fünften Kalenderjahrs, das auf die Umstellung oder Auslagerung folgt, diese Daten ausschließlich auf einem maschinell lesbaren und maschinell auswertbaren Datenträger vorhält.

§ 147a Vorschriften für die Aufbewahrung von Aufzeichnungen und Unterlagen bestimmter Steuerpflichtiger. (1) ¹Steuerpflichtige, bei denen die Summe der positiven Einkünfte nach § 2 Absatz 1 Nummer 4 bis 7 des Einkommensteuergesetzes (Überschusseinkünfte) mehr als 500 000 Euro im

Kalenderjahr beträgt, haben die Aufzeichnungen und Unterlagen über die den Überschusseinkünften zu Grunde liegenden Einnahmen und Werbungskosten sechs Jahre aufzubewahren. ²Im Falle der Zusammenveranlagung sind für die Feststellung des Überschreitens des Betrags von 500 000 Euro die Summe der positiven Einkünfte nach Satz 1 eines jeden Ehegatten oder Lebenspartners maßgebend. ³Die Verpflichtung nach Satz 1 ist vom Beginn des Kalenderjahrs an zu erfüllen, das auf das Kalenderjahr folgt, in dem die Summe der positiven Einkünfte im Sinne des Satzes 1 mehr als 500 000 Euro beträgt. ⁴Die Verpflichtung nach Satz 1 endet mit Ablauf des fünften aufeinanderfolgenden Kalenderjahrs, in dem die Voraussetzungen des Satzes 1 nicht erfüllt sind. ⁵ § 147 Absatz 2, Absatz 3 Satz 3 und die Absätze 4 bis 6 gelten entsprechend. ⁶Die Sätze 1 bis 3 und 5 gelten entsprechend in den Fällen, in denen die zuständige Finanzbehörde den Steuerpflichtigen für die Zukunft zur Aufbewahrung der in Satz 1 genannten Aufzeichnungen und Unterlagen verpflichtet, weil er seinen Mitwirkungspflichten nach § 12 Absatz 3 des Gesetzes zur Abwehr von Steuervermeidung und unfairem Steuerwettbewerb nicht nachgekommen ist.

(2) ¹Steuerpflichtige, die allein oder zusammen mit nahestehenden Personen im Sinne des § 1 Absatz 2 des Außensteuergesetzes unmittelbar oder mittelbar einen beherrschenden oder bestimmenden Einfluss auf die gesellschaftsrechtlichen, finanziellen oder geschäftlichen Angelegenheiten einer Drittstaat-Gesellschaft im Sinne des § 138 Absatz 3 ausüben können, haben die Aufzeichnungen und Unterlagen über diese Beziehung und alle damit verbundenen Einnahmen und Ausgaben sechs Jahre aufzubewahren. ²Diese Aufbewahrungspflicht ist von dem Zeitpunkt an zu erfüllen, in dem der Sachverhalt erstmals verwirklicht worden ist, der den Tatbestand des Satzes 1 erfüllt. ³Absatz 1 Satz 4 sowie § 147 Absatz 2, 3 Satz 3 und Absatz 5 und 6 gelten entsprechend.

Dritter Teil. Materialien und Empfehlungen für die Praxis

38. Durchführungsbeschluss (EU) 2021/914 der Kommission vom 4. Juni 2021 über Standardvertragsklauseln für die Übermittlung personenbezogener Daten an Drittländer gemäß der Verordnung (EU) 2016/679 des Europäischen Parlaments und des Rates

(Text von Bedeutung für den EWR)

(ABl. L 199 S. 31)

Celex-Nr. 3 2021 D 0914

DIE EUROPÄISCHE KOMMISSION –

gestützt auf den Vertrag über die Arbeitsweise der Europäischen Union,

gestützt auf die Verordnung (EU) 2016/679[1] des Europäischen Parlaments und des Rates vom 27. April 2016 zum Schutz natürlicher Personen bei der Verarbeitung personenbezogener Daten, zum freien Datenverkehr und zur Aufhebung der Richtlinie 95/46/EG (Datenschutz-Grundverordnung[1])[2], insbesondere auf Artikel 28 Absatz 7 und Artikel 46 Absatz 2 Buchstabe c,

in Erwägung nachstehender Gründe:

(1) Technologische Entwicklungen erleichtern den grenzüberschreitenden Datenverkehr, der für den Ausbau der internationalen Zusammenarbeit und des internationalen Handels erforderlich ist. Gleichzeitig muss bei der Übermittlung personenbezogener Daten an Drittländer, einschließlich im Falle von Weiterübermittlungen, sichergestellt werden, dass das durch die Verordnung (EU) 2016/679[1] gewährleistete Schutzniveau für natürliche Personen nicht untergraben wird[3]. Die Bestimmungen über Datenübermittlungen in Kapitel V der Verordnung (EU) 2016/679[1] sollen den Fortbestand dieses hohen Schutzniveaus bei der Übermittlung personenbezogener Daten an ein Drittland gewährleisten[4].

(2) Gemäß Artikel 46 Absatz 1 der Verordnung (EU) 2016/679[1] darf ein Verantwortlicher oder ein Auftragsverarbeiter – wenn kein Angemessenheitsbeschluss der Kommission nach Artikel 45 Absatz 3 vorliegt – personenbezogene Daten an ein Drittland nur übermitteln, sofern er geeignete Garantien vorgesehen hat und sofern den betroffenen Personen durchsetzbare Rechte und wirksame Rechtsbehelfe zur Verfügung stehen. Solche Garantien können in Standarddatenschutzklauseln bestehen, die

---

[1] Nr. **1**.
[2] **Amtl. Anm.**: ABl. L 119 vom 4.5.2016, S. 1.
[3] **Amtl. Anm.**: Artikel 44 der Verordnung (EU) 2016/679 *[Nr. 1]*.
[4] **Amtl. Anm.**: Siehe auch das Urteil des Gerichtshofs vom 16. Juli 2020, Data Protection Commissioner/Facebook Ireland Ltd und Maximilian Schrems (im Folgenden „Schrems II"), Rechtssache C-311/18, ECLI:EU:C:2020:559, Rn. 93.

von der Kommission gemäß Artikel 46 Absatz 2 Buchstabe c erlassen werden.

(3) Die Rolle von Standardvertragsklauseln beschränkt sich auf die Gewährleistung angemessener Datenschutzgarantien für internationale Datenübermittlungen. Daher steht es dem Verantwortlichen oder dem Auftragsverarbeiter, der die personenbezogenen Daten an ein Drittland übermittelt („Datenexporteur"), und dem die personenbezogenen Daten annehmenden Verantwortlichen oder Auftragsverarbeiter („Datenimporteur") frei, diese Standardvertragsklauseln in einen umfangreicheren Vertrag aufzunehmen und weitere Klauseln oder zusätzliche Garantien hinzuzufügen, sofern diese weder unmittelbar noch mittelbar im Widerspruch zu den Standardvertragsklauseln stehen oder die Grundrechte oder Grundfreiheiten der betroffenen Personen beschneiden. Die Verantwortlichen und die Auftragsverarbeiter werden ermutigt, mittels vertraglicher Verpflichtungen, die die Standardvertragsklauseln ergänzen, zusätzliche Garantien zu bieten[1]. Der Rückgriff auf die Standardvertragsklauseln erfolgt unbeschadet der vertraglichen Pflichten des Datenexporteurs und/oder des Datenimporteurs, die Einhaltung der geltenden Vorrechte und Befreiungen zu gewährleisten.

(4) Über den Rückgriff auf Standardvertragsklauseln (mit dem Ziel, geeignete Garantien für Datenübermittlungen nach Artikel 46 Absatz 1 der Verordnung (EU) 2016/679[2] zu bieten) hinaus muss der Datenexporteur seinen allgemeinen Pflichten als Verantwortlicher oder Auftragsverarbeiter gemäß der Verordnung (EU) 2016/679[2] nachkommen. Diese Pflichten schließen die Pflicht des Verantwortlichen ein, die betroffenen Personen nach Artikel 13 Absatz 1 Buchstabe f und Artikel 14 Absatz 1 Buchstabe f Verordnung (EU) 2016/679[2] über die beabsichtigte Übermittlung personenbezogener Daten an ein Drittland zu informieren. Im Falle von Datenübermittlungen gemäß Artikel 46 der Verordnung (EU) 2016/679[2] muss diese Information einen Verweis auf die angemessenen Garantien und die Möglichkeiten, wie eine Kopie von ihnen eingeholt werden kann, oder wo sie verfügbar sind, umfassen.

(5) Die Entscheidung 2001/497/EG der Kommission[3] und der Beschluss 2010/87/EU der Kommission[4] enthalten Standardvertragsklauseln, um die Übermittlung personenbezogener Daten von einem in der Union niedergelassenen Verantwortlichen an einen Verantwortlichen oder einen Auftragsverarbeiter zu erleichtern, der in einem Drittland niedergelassen ist, das kein angemessenes Schutzniveau bietet. Diese Entscheidung und

---

[1] **Amtl. Anm.:** Erwägungsgrund 109 der Verordnung (EU) 2016/679.
[2] Nr. 1.
[3] **Amtl. Anm.:** Entscheidung 2001/497/EG der Kommission vom 15. Juni 2001 hinsichtlich Standardvertragsklauseln für die Übermittlung personenbezogener Daten in Drittländer nach der Richtlinie 95/46/EG (ABl. L 181 vom 4.7.2001, S. 19).
[4] **Amtl. Anm.:** Beschluss 2010/87/EU der Kommission vom 5. Februar 2010 über Standardvertragsklauseln für die Übermittlung personenbezogener Daten an Auftragsverarbeiter in Drittländern nach der Richtlinie 95/46/EG des Europäischen Parlaments und des Rates (ABl. L 39 vom 12.2.2010, S. 5).

dieser Beschluss beruhen auf der Richtlinie 95/46/EG des Europäischen Parlaments und des Rates[1]).

(6) Gemäß Artikel 46 Absatz 5 der Verordnung (EU) 2016/679[2]) bleiben die Entscheidung 2001/497/EG und der Beschluss 2010/87/EU so lange in Kraft, bis sie erforderlichenfalls mit einem nach Artikel 46 Absatz 2 besagter Verordnung erlassenen Beschluss der Kommission geändert, ersetzt oder aufgehoben werden. Die Standardvertragsklauseln in dieser Entscheidung bzw. in diesem Beschluss mussten im Lichte der neuen Anforderungen der Verordnung (EU) 2016/679[2]) aktualisiert werden. Darüber hinaus haben sich seit dem Erlass der genannten Entscheidung und des genannten Beschlusses wichtige Entwicklungen in der digitalen Wirtschaft vollzogen, in deren Rahmen neue und komplexere Verarbeitungsvorgänge, an denen häufig mehrere Datenimporteure und Datenexporteure beteiligt sind, lange und komplexe Verarbeitungsketten sowie geänderte Geschäftsbeziehungen allgemein Anwendung finden. Dadurch war eine Modernisierung der Standardvertragsklauseln notwendig, um diese Realitäten besser widerzuspiegeln, indem zusätzliche Verarbeitungs- und Übermittlungsszenarien erfasst werden und ein flexiblerer Ansatz möglich ist, beispielsweise in Bezug auf die Anzahl der Parteien, die dem Vertrag beitreten können.

(7) Unbeschadet der Auslegung des Begriffs der internationalen Datenübermittlung gemäß der Verordnung (EU) 2016/679[2]) können die im Anhang dieses Beschlusses aufgeführten Standardvertragsklauseln von einem Verantwortlichen oder einem Auftragsverarbeiter verwendet werden, um geeignete Garantien im Sinne des Artikels 46 Absatz 1 der Verordnung (EU) 2016/679[2]) für die Übermittlung personenbezogener Daten an einen in einem Drittland niedergelassenen Auftragsverarbeiter oder Verantwortlichen zu gewährleisten. Die Standardvertragsklauseln dürfen nur insoweit für derartige Datenübermittlungen verwendet werden, als die Verarbeitung durch den Datenimporteur nicht in den Anwendungsbereich der Verordnung (EU) 2016/679[2]) fällt. Dies schließt auch die Übermittlung personenbezogener Daten durch einen nicht in der Union niedergelassenen Verantwortlichen oder Auftragsverarbeiter ein, soweit die Verarbeitung Artikel 3 Absatz 2 der Verordnung (EU) 2016/679[2]) unterliegt, da die Datenübermittlung im Zusammenhang damit steht, betroffenen Personen in der Union Waren oder Dienstleistungen anzubieten oder das Verhalten betroffener Personen zu beobachten, soweit dieses in der Union erfolgt.

(8) Angesichts der allgemeinen Angleichung der Verordnung (EU) 2016/679[2]) und der Verordnung (EU) 2018/1725 des Europäischen Parlaments und des Rates[3]) sollte es möglich sein, die Standardvertragsklauseln auch im Zusammenhang mit einem Vertrag gemäß Artikel 29 Absatz 4 der Verordnung (EU) 2018/1725 für die Übermittlung personenbezogener Daten

---

[1]) **Amtl. Anm.:** Richtlinie 95/46/EG des Europäischen Parlaments und des Rates vom 24. Oktober 1995 zum Schutz natürlicher Personen bei der Verarbeitung personenbezogener Daten und zum freien Datenverkehr (ABl. L 281 vom 23.11.1995, S. 31).

[2]) Nr. **1**.

[3]) **Amtl. Anm.:** Verordnung (EU) 2018/1725 des Europäischen Parlaments und des Rates vom 23. Oktober 2018 zum Schutz natürlicher Personen bei der Verarbeitung personenbezogener Daten durch die Organe, Einrichtungen und sonstigen Stellen der Union, zum freien Datenverkehr und zur Aufhebung der Verordnung (EG) Nr. 45/2001 und des Beschlusses Nr. 1247/2002/EG (ABl. L 295 vom 21.11.2018, S. 39); siehe Erwägungsgrund 5.

an einen Unterauftragsverarbeiter in einem Drittland durch einen Auftragsverarbeiter zu verwenden, bei dem es sich nicht um ein Organ oder eine Einrichtung der Union handelt, der aber an die Verordnung (EU) 2016/679[1] gebunden ist und personenbezogene Daten im Auftrag eines Organs oder einer Einrichtung der Union gemäß Artikel 29 der Verordnung (EU) 2018/1725 verarbeitet. Sofern der Vertrag dieselben Datenschutzpflichten widerspiegelt, die im Vertrag oder in einem anderen Rechtsinstrument zwischen dem Verantwortlichen und dem Auftragsverarbeiter gemäß Artikel 29 Absatz 3 der Verordnung (EU) 2018/1725 festgelegt sind, insbesondere indem hinreichende Garantien für technische und organisatorische Maßnahmen geboten werden, die eine Verarbeitung im Einklang mit den Anforderungen dieser Verordnung gewährleisten, wird dadurch die Einhaltung von Artikel 29 Absatz 4 der Verordnung (EU) 2018/1725 sichergestellt. Dies ist insbesondere dann der Fall, wenn sich der Verantwortliche und der Auftragsverarbeiter auf die Standardvertragsklauseln im Durchführungsbeschluss der Kommission über Standardvertragsklauseln zwischen Verantwortlichen und Auftragsverarbeitern gemäß Artikel 28 Absatz 7 der Verordnung (EU) 2016/679 des[1] Europäischen Parlaments und des Rates und Artikel 29 Absatz 7 der Verordnung (EU) 2018/1725 des Europäischen Parlaments und des Rates[2] stützen.

(9) Umfasst die Verarbeitung Datenübermittlungen von der Verordnung (EU) 2016/679[1] unterliegenden Verantwortlichen an Auftragsverarbeiter außerhalb des räumlichen Anwendungsbereichs dieser Verordnung oder von der Verordnung (EU) 2016/679[1] unterliegenden Auftragsverarbeitern an Unterauftragsverarbeiter außerhalb des räumlichen Anwendungsbereichs dieser Verordnung, so sollten die Standardvertragsklauseln im Anhang dieses Beschlusses auch die Erfüllung der Anforderungen in Artikel 28 Absätze 3 und 4 der Verordnung (EU) 2016/679[1] ermöglichen.

(10) In den im Anhang dieses Beschlusses aufgeführten Standardvertragsklauseln werden allgemeine Klauseln mit einem modularen Ansatz kombiniert, um verschiedenen Datenübermittlungsszenarien und der Komplexität moderner Verarbeitungsketten Rechnung zu tragen. Zusätzlich zu den allgemeinen Klauseln sollten Verantwortliche und Auftragsverarbeiter das für ihre Situation geltende Modul auswählen; auf diese Weise können sie ihre Pflichten gemäß den Standardvertragsklauseln auf ihre jeweilige Rolle und jeweiligen Verantwortlichkeiten hinsichtlich der betreffenden Datenverarbeitung zuschneiden. Mehr als zwei Parteien sollten sich an die Standardvertragsklauseln halten können. Darüber hinaus sollten weitere Verantwortliche und Auftragsverarbeiter den Standardvertragsklauseln während der gesamten Laufzeit des Vertrags, der diese Klauseln als Bestandteile enthält, als Datenexporteure oder Datenimporteure beitreten dürfen.

(11) Um geeignete Garantien zu bieten, sollten die Standardvertragsklauseln gewährleisten, dass für die auf dieser Grundlage übermittelten personenbezogenen Daten ein Schutzniveau besteht, das dem in der Union garantierten Schutzniveau der Sache nach gleichwertig ist[3]. Um die Transparenz

---

[1] Nr. **1**.
[2] **Amtl. Anm.:** C(2021) 3701.
[3] **Amtl. Anm.:** Schrems II, Rn. 96 und 103. Siehe auch Verordnung (EU) 2016/679, Erwägungsgründe 108 und 114.

der Verarbeitung zu gewährleisten, sollten die betroffenen Personen eine Kopie der Standardvertragsklauseln erhalten und insbesondere über die Kategorien der verarbeiteten personenbezogenen Daten, das Recht auf Erhalt einer Kopie der Standardvertragsklauseln und jede Weiterübermittlung informiert werden. Weiterübermittlungen durch den Datenimporteur an einen Dritten in einem anderen Drittland sollten nur zulässig sein, wenn dieser Dritte den Standardvertragsklauseln beitritt oder wenn der Fortbestand des Schutzes auf andere Weise gewährleistet ist, oder in bestimmten Situationen, zum Beispiel auf der Grundlage der ausdrücklichen Zustimmung der betroffenen Person nach Inkenntnissetzung.

(12) Von einigen Ausnahmen abgesehen, insbesondere in Bezug auf bestimmte Pflichten, die ausschließlich die Beziehung zwischen dem Datenexporteur und dem Datenimporteur betreffen, sollten betroffene Personen die Standardvertragsklauseln als Drittbegünstigte geltend machen und erforderlichenfalls durchsetzen können. Daher sollten die Parteien zwar die Möglichkeit haben, das Recht eines der Mitgliedstaaten als geltendes Recht für die Standardvertragsklauseln zu wählen, doch müssen in diesem Recht Rechte als Drittbegünstigte zulässig sein. Zur Erleichterung des individuellen Rechtsbehelfs sollte der Datenimporteur durch die Standardvertragsklauseln verpflichtet werden, den betroffenen Personen eine Anlaufstelle mitzuteilen und Beschwerden oder Anträge unverzüglich zu bearbeiten. Bei Streitigkeiten zwischen dem Datenimporteur und einer betroffenen Person, die ihre Rechte als Drittbegünstigte geltend macht, sollte die betroffene Person in der Lage sein, bei der zuständigen Aufsichtsbehörde Beschwerde einzulegen oder die Streitigkeit an die zuständigen Gerichte in der EU zu verweisen.

(13) Um eine wirksame Durchsetzung zu gewährleisten, sollte sich der Datenimporteur der Zuständigkeit der betreffenden Behörde und Gerichte unterwerfen und sich zur Befolgung der verbindlichen Entscheidungen nach dem geltenden Recht des Mitgliedstaats verpflichten müssen. Insbesondere sollte sich der Datenimporteur damit einverstanden erklären, Anfragen zu beantworten, sich Prüfungen zu unterziehen und den von der Aufsichtsbehörde getroffenen Maßnahmen, darunter auch Abhilfemaßnahmen und Ausgleichsmaßnahmen, nachzukommen. Darüber hinaus sollte der Datenimporteur die Möglichkeit haben, betroffenen Personen anzubieten, sich an eine unabhängige Streitbeilegungsstelle zu wenden, ohne dass ihnen Kosten entstehen. Im Einklang mit Artikel 80 Absatz 1 der Verordnung (EU) 2016/679[1)] sollte es betroffenen Personen gestattet sein, sich bei Streitigkeiten mit dem Datenimporteur durch Vereinigungen oder andere Einrichtungen vertreten zu lassen, wenn sie dies wünschen.

(14) Die Standardvertragsklauseln sollten Vorschriften über die Haftung zwischen den Parteien und in Bezug auf betroffene Personen sowie Entschädigungsregelungen zwischen den Parteien vorsehen. Wenn der betroffenen Person infolge einer Verletzung der ihr nach den Standardvertragsklauseln zugestandenen Rechte als Drittbegünstigte ein materieller oder immaterieller Schaden entsteht, sollte sie Anspruch auf Entschädigung haben. Eine etwaige Haftung gemäß der Verordnung (EU) 2016/679[1)] sollte davon unberührt bleiben.

[1)] Nr. 1.

(15) Im Falle einer Datenübermittlung an einen Datenimporteur, der als Auftragsverarbeiter oder Unterauftragsverarbeiter fungiert, sollten gemäß Artikel 28 Absatz 3 der Verordnung (EU) 2016/679[1)] spezielle Anforderungen gelten. In den Standardvertragsklauseln sollte vorgesehen werden, den Datenimporteur dazu zu verpflichten, alle erforderlichen Informationen zum Nachweis der Einhaltung der in den Klauseln festgelegten Pflichten zur Verfügung zu stellen und dem Datenexporteur die Prüfung seiner Verarbeitungstätigkeiten zu ermöglichen und zu einer solchen Prüfung beizutragen. Im Hinblick auf die Beauftragung eines Unterauftragsverarbeiters durch den Datenimporteur gemäß Artikel 28 Absätze 2 und 4 der Verordnung (EU) 2016/679[1)] sollten in den Standardvertragsklauseln speziell das Verfahren für die allgemeine oder gesonderte Genehmigung seitens des Datenexporteurs sowie die Anforderung festgelegt werden, dass ein schriftlicher Vertrag mit dem Unterauftragsverarbeiter zu schließen ist, der das gleiche Schutzniveau wie die Klauseln gewährleistet.

(16) Es ist angebracht, in den Standardvertragsklauseln unterschiedliche Garantien vorzusehen, die den spezifischen Fall abdecken, dass ein in der Union ansässiger Auftragsverarbeiter personenbezogene Daten an seinen in einem Drittland ansässigen Verantwortlichen übermittelt, und die die begrenzten eigenständigen Pflichten der Auftragsverarbeiter gemäß der Verordnung (EU) 2016/679[1)] widerspiegeln. Insbesondere sollte der Auftragsverarbeiter gemäß den Standardvertragsklauseln verpflichtet sein, den Verantwortlichen zu informieren, wenn er dessen Anweisungen nicht befolgen kann, einschließlich in dem Fall, wenn diese Anweisungen gegen das Datenschutzrecht der Union verstoßen; außerdem sollten die Standardvertragsklauseln den Verantwortlichen verpflichten, alle Handlungen zu unterlassen, die den Auftragsverarbeiter daran hindern würden, seinen Pflichten gemäß der Verordnung (EU) 2016/679[1)] nachzukommen. Ferner sollten die Parteien durch die Klauseln verpflichtet werden, sich gegenseitig bei der Beantwortung von Anfragen und Anträgen zu unterstützen, die von betroffenen Personen gemäß den für den Datenimporteur geltenden lokalen Rechtsvorschriften oder – bei der Datenverarbeitung in der Union – gemäß der Verordnung (EU) 2016/679[1)] gestellt werden. Zusätzliche Anforderungen sollten gelten, um etwaige Auswirkungen der Rechtsvorschriften des Bestimmungsdrittlandes auf die Einhaltung der Klauseln durch den Verantwortlichen zu berücksichtigen, insbesondere in Bezug auf den Umgang mit bindenden Ersuchen von Behörden im Drittland um Offenlegung der übermittelten personenbezogenen Daten, wenn der in der Union ansässige Auftragsverarbeiter die von dem im Drittland ansässigen Verantwortlichen erhaltenen personenbezogenen Daten mit personenbezogenen Daten kombiniert, die vom Auftragsverarbeiter in der Union erhoben wurden. Dagegen sind solche Anforderungen nicht gerechtfertigt, wenn die Auslagerung lediglich die Verarbeitung und die Rückübertragung der vom Verantwortlichen erhaltenen personenbezogener Daten umfasst und der Verantwortliche in jedem Fall der Gerichtsbarkeit des betreffenden Drittlandes unterliegt und weiterhin unterliegen wird.

(17) Die Parteien sollten in der Lage sein, die Einhaltung der Standardvertragsklauseln nachzuweisen. Insbesondere sollte der Datenimporteur verpflich-

---

[1)] Nr. 1.

tet sein, geeignete Nachweise für die unter seiner Verantwortung durchgeführten Verarbeitungstätigkeiten aufzubewahren und den Datenexporteur unverzüglich in Kenntnis zu setzen, wenn er aus welchen Gründen auch immer nicht in der Lage ist, die Klauseln einzuhalten. Der Datenexporteur sollte seinerseits die Datenübermittlung aussetzen und in besonders schweren Fällen das Recht haben, den Vertrag zu kündigen, soweit es um die Verarbeitung personenbezogener Daten gemäß Standardvertragsklauseln geht, wenn der Datenimporteur gegen die Standardvertragsklauseln verstößt oder diese nicht einhalten kann. Wenn sich lokale Rechtsvorschriften auf die Einhaltung der Klauseln auswirken, sollten besondere Vorschriften gelten. Personenbezogene Daten, die vor Beendigung des Vertrags übermittelt wurden, sowie Kopien davon sollten nach Wahl des Datenexporteurs an diesen zurückgegeben oder vollständig vernichtet werden.

(18) Die Standardvertragsklauseln sollten – insbesondere im Lichte der Rechtsprechung des Gerichtshofs[1] – spezifische Garantien vorsehen, um etwaige Auswirkungen der Rechtsvorschriften des Bestimmungsdrittlandes auf die Einhaltung der Klauseln durch den Datenimporteur zu berücksichtigen, speziell in Bezug auf den Umgang mit bindenden Ersuchen von Behörden in diesem Land um Offenlegung der übermittelten personenbezogenen Daten.

(19) Die Übermittlung und Verarbeitung personenbezogener Daten im Rahmen von Standardvertragsklauseln sollten nicht erfolgen, wenn die Rechtsvorschriften und Gepflogenheiten des Bestimmungsdrittlandes den Datenimporteur an der Einhaltung der Klauseln hindern. In diesem Zusammenhang sollten Rechtsvorschriften und Gepflogenheiten, die den Wesensgehalt der Grundrechte und Grundfreiheiten achten und nicht über Maßnahmen hinausgehen, die in einer demokratischen Gesellschaft notwendig und verhältnismäßig sind, um eines der in Artikel 23 Absatz 1 der Verordnung (EU) 2016/679[2] aufgeführten Ziele sicherzustellen, nicht als im Widerspruch zu den Standardvertragsklauseln stehend betrachtet werden. Die Parteien sollten zusichern, dass sie zum Zeitpunkt der Zustimmung zu den Standardvertragsklauseln keinen Grund zu der Annahme haben, dass die für den Datenimporteur geltenden Rechtsvorschriften und Gepflogenheiten diesen Anforderungen nicht entsprechen.

(20) Die *Partien*[3] sollten insbesondere den besonderen Umständen der Übermittlung (wie Inhalt und Dauer des Vertrags, Art der zu übermittelnden Daten, Art des Empfängers, Zweck der Verarbeitung), den Rechtsvorschriften und Gepflogenheiten des Bestimmungsdrittlandes, die angesichts der Umstände der Übermittlung relevant sind, und etwaigen Garantien zur Ergänzung der Garantien gemäß den Standardvertragsklauseln (einschließlich der einschlägigen vertraglichen, technischen und organisatorischen Maßnahmen, die für die Übermittlung und die Verarbeitung der personenbezogenen Daten im Bestimmungsland gelten) Rechnung tragen. Was die Auswirkungen solcher Rechtsvorschriften und Gepflogenheiten auf die Einhaltung der Standardvertragsklauseln betrifft, so können im

---

[1] **Amtl. Anm.:** Schrems II.
[2] Nr. 1.
[3] Richtig wohl: "Parteien".

Rahmen einer Gesamtbeurteilung verschiedene Aspekte betrachtet werden, darunter zuverlässige Informationen über die Anwendung der Rechtsvorschriften in der Praxis (z.B. Rechtsprechung und Berichte unabhängiger Aufsichtsgremien), das Vorliegen oder Nichtvorliegen von Anträgen innerhalb desselben Sektors und, unter strengen Voraussetzungen, die dokumentierte praktische Erfahrung des Datenexporteurs und Datenimporteurs.

(21) Der Datenimporteur sollte den Datenexporteur darüber informieren, wenn er nach Zustimmung zu den Standardvertragsklauseln Grund zu der Annahme hat, dass er nicht in der Lage ist, die Standardvertragsklauseln einzuhalten. Erhält der Datenexporteur eine solche Mitteilung oder erhält er auf andere Weise Kenntnis davon, dass der Datenimporteur nicht mehr in der Lage ist, die Standardvertragsklauseln einzuhalten, sollte er geeignete Abhilfemaßnahmen ermitteln, erforderlichenfalls in Abstimmung mit der zuständigen Aufsichtsbehörde. Diese Maßnahmen können ergänzende Maßnahmen des Datenexporteurs und/oder des Datenimporteurs umfassen, zum Beispiel technische oder organisatorische Maßnahmen zur Gewährleistung der Sicherheit und Vertraulichkeit. Der Datenexporteur sollte verpflichtet werden, die Datenübermittlung auszusetzen, wenn er der Auffassung ist, dass keine angemessenen Garantien gewährleistet werden können, oder wenn er von der zuständigen Aufsichtsbehörde dazu angewiesen wird.

(22) Soweit möglich, sollte der Datenimporteur den Datenexporteur und die betroffene Person benachrichtigen, wenn er von einer Behörde (auch einer Justizbehörde) ein nach dem Recht des Bestimmungslandes rechtlich bindendes Ersuchen um Offenlegung personenbezogener Daten erhält, die gemäß den Standardvertragsklauseln übermittelt wurden. Gleichermaßen sollte der Datenimporteur den Datenexporteur und die betroffene Person benachrichtigen, wenn er davon Kenntnis erhält, dass eine Behörde nach dem Recht des Bestimmungsdrittlandes direkten Zugang zu diesen personenbezogenen Daten hat. Ist der Datenimporteur trotz aller Anstrengungen nicht in der Lage, den Datenexporteur und/oder die betroffene Person über spezifische Offenlegungsersuchen zu informieren, sollte er dem Datenexporteur möglichst viele sachdienliche Informationen über die eingegangenen Ersuchen zur Verfügung stellen. Darüber hinaus sollte der Datenimporteur dem Datenexporteur in regelmäßigen Abständen aggregierte Informationen bereitstellen. Der Datenimporteur sollte außerdem verpflichtet sein, alle eingegangenen Offenlegungsersuchen und die übermittelten Antworten zu dokumentieren und diese Informationen dem Datenexporteur oder der zuständigen Aufsichtsbehörde oder beiden auf Verlangen zur Verfügung zu stellen. Kommt der Datenimporteur nach einer Prüfung der Rechtmäßigkeit eines solchen Ersuchens nach den Rechtsvorschriften des Bestimmungslandes zu dem Schluss, dass hinreichende Gründe für die Annahme bestehen, dass der Antrag nach den Rechtsvorschriften des Bestimmungsdrittlandes rechtswidrig ist, sollte er das Ersuchen anfechten und gegebenenfalls die verfügbaren Rechtsmittel ausschöpfen. Ist der Datenimporteur nicht mehr in der Lage, die Standardvertragsklauseln einzuhalten, sollte er den Datenexporteur in jedem Fall entsprechend informieren, auch dann, wenn dies die Folge eines Offenlegungsersuchens ist.

(23) Da sich die Bedürfnisse der Interessenträger, die Technologie und die Verarbeitungsvorgänge ändern können, sollte die Kommission im Rahmen der nach Artikel 97 der Verordnung (EU) 2016/679[1)] erforderlichen regelmäßigen Bewertung dieser Verordnung die Funktion der Standardvertragsklauseln vor dem Hintergrund der gesammelten Erfahrungen prüfen.

(24) Die Entscheidung 2001/497/EG und der Beschluss 2010/87/EU sollten drei Monate nach Inkrafttreten des vorliegenden Beschlusses aufgehoben werden. Allerdings sollten die Datenexporteure und Datenimporteure innerhalb dieses Zeitraums die Standardvertragsklauseln der Entscheidung 2001/497/EG und des Beschlusses 2010/87/EU für die Zwecke des Artikels 46 Absatz 1 der Verordnung (EU) 2016/679[1)] weiterhin verwenden können. Für einen weiteren Zeitraum von 15 Monaten sollten sich Datenexporteure und Datenimporteure für die Zwecke des Artikels 46 Absatz 1 der Verordnung (EU) 2016/679[1)] weiterhin auf die Standardvertragsklauseln der Entscheidung 2001/497/EG und des Beschlusses 2010/87/EU stützen können, um vor dem Datum der Aufhebung dieser Entscheidung und dieses Beschlusses zwischen ihnen geschlossene Verträge zu erfüllen, sofern die Verarbeitungsvorgänge, die Gegenstand des Vertrags sind, unverändert bleiben und die Anwendung der Klauseln gewährleistet, dass die Übermittlung personenbezogener Daten geeigneten Garantien im Sinne des Artikels 46 Absatz 1 der Verordnung (EU) 2016/679[1)] unterliegt. Im Falle relevanter Vertragsänderungen sollte der Datenexporteur verpflichtet sein, sich auf einen neuen Grund für Datenübermittlungen im Rahmen des Vertrags zu stützen, insbesondere indem er die bestehenden Standardvertragsklauseln durch die im Anhang des vorliegenden Beschlusses aufgeführten Standardvertragsklauseln ersetzt. Gleiches sollte für jede Unterauftragsvergabe von Verarbeitungsvorgängen, die Gegenstand des Vertrags sind, an einen (Unter-)Auftragsverarbeiter gelten.

(25) Gemäß Artikel 42 Absätze 1 und 2 der Verordnung (EU) 2018/1725 wurden der Europäische Datenschutzbeauftragte und der Europäische Datenschutzausschuss konsultiert; diese haben am 14. Januar 2021 eine gemeinsame Stellungnahme[2)] abgegeben, die bei der Ausarbeitung des vorliegenden Beschlusses berücksichtigt wurde.

(26) Die in diesem Beschluss vorgesehenen Maßnahmen stehen im Einklang mit der Stellungnahme des gemäß Artikel 93 der Verordnung (EU) 2016/679[1)] eingesetzten Ausschusses –

HAT FOLGENDEN BESCHLUSS ERLASSEN:

Art. 1 [Standardvertragsklauseln] (1) Die im Anhang aufgeführten Standardvertragsklauseln gelten als geeignete Garantien im Sinne des Artikels 46 Absatz 1 und des Artikels 46 Absatz 2 Buchstabe c der Verordnung (EU) 2016/679[1)] für die Übermittlung von gemäß dieser Verordnung verarbeiteten personenbezogenen Daten durch einen Verantwortlichen oder einen Auftragsverarbeiter (Datenexporteur) an einen Verantwortlichen oder einen (Unter-)Auf-

---

[1)] Nr. 1.
[2)] **Amtl. Anm.:** Gemeinsame Stellungnahme 2/2021 des EDSA und des EDSB zum Durchführungsbeschluss der Europäischen Kommission über Standardvertragsklauseln für die Übermittlung personenbezogener Daten an Drittländer für die in Artikel 46 Absatz 2 Buchstabe c der Verordnung (EU) 2016/679 *[Nr. 1]* genannten Angelegenheiten.

tragsverarbeiter, dessen Verarbeitung der Daten nicht dieser Verordnung unterliegt (Datenimporteur).

(2) In den Standardvertragsklauseln sind auch die Rechte und Pflichten der Verantwortlichen und der Auftragsverarbeiter in Bezug auf die in Artikel 28 Absätze 3 und 4 der Verordnung (EU) 2016/679 genannten Fragen im Hinblick auf die Übermittlung personenbezogener Daten von einem Verantwortlichen an einen Auftragsverarbeiter oder von einem Auftragsverarbeiter an einen Unterauftragsverarbeiter festgelegt.

Art. 2 [Unterrichtung über Ausübung der Abhilfebefugnisse] Wenn die zuständigen Behörden der Mitgliedstaaten ihre Abhilfebefugnisse gemäß Artikel 58 der Verordnung (EU) 2016/679[1]) ausüben, weil in den Rechtsvorschriften oder in der Praxis des Bestimmungsdrittlands Bestimmungen gelten oder gelten werden, die den Datenimporteur daran hindern, die im Anhang aufgeführten Standardvertragsklauseln einzuhalten – was zur Aussetzung oder Untersagung von Datenübermittlungen an Drittländer führt –, so unterrichtet der betreffende Mitgliedstaat unverzüglich die Kommission, die die Informationen an die anderen Mitgliedstaaten weiterleitet.

Art. 3 [Prüfung der praktischen Anwendung] Die Kommission prüft die praktische Anwendung der im Anhang aufgeführten Standardvertragsklauseln auf der Grundlage aller verfügbaren Informationen im Rahmen der gemäß Artikel 97 der Verordnung (EU) 2016/679[1]) erforderlichen regelmäßigen Bewertung.

Art. 4 [Inkrafttreten; Außerkrafttreten] (1) Dieser Beschluss tritt am zwanzigsten Tag nach seiner Veröffentlichung[2]) im *Amtsblatt der Europäischen Union* in Kraft.

(2) Die Entscheidung 2001/497/EG wird mit Wirkung vom 27. September 2021 aufgehoben.

(3) Der Beschluss 2010/87/EU wird mit Wirkung vom 27. September 2021 aufgehoben.

(4) In Bezug auf Verträge, die vor dem 27. September 2021 auf Grundlage der Entscheidung 2001/497/EG oder des Beschlusses 2010/87/EU geschlossen wurden, wird davon ausgegangen, dass sie geeignete Garantien im Sinne des Artikels 46 Absatz 1 der Verordnung (EU) 2016/679[1]) bis zum 27. Dezember 2022 bieten, sofern die Verarbeitungsvorgänge, die Gegenstand des Vertrags sind, unverändert bleiben und die Anwendung dieser Klauseln gewährleistet, dass die Übermittlung personenbezogener Daten geeigneten Garantien unterliegt.

---

[1]) Nr. 1.
[2]) Veröffentlicht am 7.6.2021.

Anhang. Standardvertragsklauseln

Abschnitt I

Klausel 1. Zweck und Anwendungsbereich

a) Mit diesen Standardvertragsklauseln soll sichergestellt werden, dass die Anforderungen der Verordnung (EU) 2016/679[1] des Europäischen Parlaments und des Rates vom 27. April 2016 zum Schutz natürlicher Personen bei der Verarbeitung personenbezogener Daten, zum freien Datenverkehr und zur Aufhebung der Richtlinie 95/46/EG (Datenschutz-Grundverordnung)[2] bei der Übermittlung personenbezogener Daten an ein Drittland eingehalten werden.

b) Die Parteien:
   i) die in Anhang I.A aufgeführte(n) natürliche(n) oder juristische(n) Person(en), Behörde(n), Agentur(en) oder sonstige(n) Stelle(n) (im Folgenden „Einrichtung(en)"), die die personenbezogenen Daten übermittelt/n (im Folgenden jeweils „Datenexporteur"), und
   ii) die in Anhang I.A aufgeführte(n) Einrichtung(en) in einem Drittland, die die personenbezogenen Daten direkt oder indirekt über eine andere Einrichtung, die ebenfalls Partei dieser Klauseln ist, erhält/erhalten (im Folgenden jeweils „Datenimporteur"),

   haben sich mit diesen Standardvertragsklauseln (im Folgenden „Klauseln") einverstanden erklärt.

c) Diese Klauseln gelten für die Übermittlung personenbezogener Daten gemäß Anhang I.B.

d) Die Anlage zu diesen Klauseln mit den darin enthaltenen Anhängen ist Bestandteil dieser Klauseln.

Klausel 2. Wirkung und Unabänderbarkeit der Klauseln

a) Diese Klauseln enthalten geeignete Garantien, einschließlich durchsetzbarer Rechte betroffener Personen und wirksamer Rechtsbehelfe gemäß Artikel 46 Absatz 1 und Artikel 46 Absatz 2 Buchstabe c der Verordnung (EU) 2016/679[1] sowie – in Bezug auf Datenübermittlungen von Verantwortlichen an Auftragsverarbeiter und/oder von Auftragsverarbeitern an Auftragsverarbeiter – Standardvertragsklauseln gemäß Artikel 28 Absatz 7 der Verordnung (EU) 2016/679, sofern diese nicht geändert werden, mit Ausnahme der

---

[1] Nr. 1.

[2] **Amtl. Anm.:** Handelt es sich bei dem Datenexporteur um einen Auftragsverarbeiter, der der Verordnung (EU) 2016/679 unterliegt und der im Auftrag eines Organs oder einer Einrichtung der Union als Verantwortlicher handelt, so gewährleistet der Rückgriff auf diese Klauseln bei der Beauftragung eines anderen Auftragsverarbeiters (Unterauftragsverarbeitung), der nicht unter die Verordnung (EU) 2016/679 fällt, ebenfalls die Einhaltung von Artikel 29 Absatz 4 der Verordnung (EU) 2018/1725 des Europäischen Parlaments und des Rates vom 23. Oktober 2018 zum Schutz natürlicher Personen bei der Verarbeitung personenbezogener Daten durch die Organe, Einrichtungen und sonstigen Stellen der Union, zum freien Datenverkehr und zur Aufhebung der Verordnung (EG) Nr. 45/2001 und des Beschlusses Nr. 1247/2002/EG (ABl. L 295 vom 21.11.2018, S. 39), insofern als diese Klauseln und die gemäß Artikel 29 Absatz 3 der Verordnung (EU) 2018/1725 im Vertrag oder in einem anderen Rechtsinstrument zwischen dem Verantwortlichen und dem Auftragsverarbeiter festgelegten Datenschutzpflichten angeglichen sind. Dies ist insbesondere dann der Fall, wenn sich der Verantwortliche und der Auftragsverarbeiter auf die im Beschluss 2021/915 enthaltenen Standardvertragsklauseln stützen.

Auswahl des entsprechenden Moduls oder der entsprechenden Module oder der Ergänzung oder Aktualisierung von Informationen in der Anlage. Dies hindert die Parteien nicht daran, die in diesen Klauseln festgelegten Standardvertragsklauseln in einen umfangreicheren Vertrag aufzunehmen und/ oder weitere Klauseln oder zusätzliche Garantien hinzuzufügen, sofern diese weder unmittelbar noch mittelbar im Widerspruch zu diesen Klauseln stehen oder die Grundrechte oder Grundfreiheiten der betroffenen Personen beschneiden.

b) Diese Klauseln gelten unbeschadet der Verpflichtungen, denen der Datenexporteur gemäß der Verordnung (EU) 2016/679 unterliegt.

Klausel 3. Drittbegünstigte

a) Betroffene Personen können diese Klauseln als Drittbegünstigte gegenüber dem Datenexporteur und/oder dem Datenimporteur geltend machen und durchsetzen, mit folgenden Ausnahmen:
  i) Klausel 1, Klausel 2, Klausel 3, Klausel 6, Klausel 7
  ii) Klausel 8 – Modul eins: Klausel 8.5 Buchstabe e und Klausel 8.9 Buchstabe b Modul zwei: Klausel 8.1 Buchstabe b, Klausel 8.9 Buchstaben a, c, d und e Modul drei: Klausel 8.1 Buchstaben a, c und d und Klausel 8.9 Buchstaben a, c, d, e, f und g Modul vier: Klausel 8.1 Buchstabe b und Klausel 8.3 Buchstabe b
  iii) Klausel 9 – Modul zwei: Klausel 9 Buchstaben a, c, d und e Modul drei: Klausel 9 Buchstaben a, c, d und e
  iv) Klausel 12 – Modul eins: Klausel 12 Buchstaben a und d Module zwei und drei: Klausel 12 Buchstaben a, d und f
  v) Klausel 13
  vi) Klausel 15.1 Buchstaben c, d und e
  vii) Klausel 16 Buchstabe e
  viii) Klausel 18 – Module eins, zwei und drei Klausel 18 Buchstaben a und b Modul vier: Klausel 18

b) Die Rechte betroffener Personen gemäß der Verordnung (EU) 2016/679[1)] bleiben von Buchstabe a unberührt.

Klausel 4. Auslegung

a) Werden in diesen Klauseln in der Verordnung (EU) 2016/679[1)] definierte Begriffe verwendet, so haben diese Begriffe dieselbe Bedeutung wie in dieser Verordnung.

b) Diese Klauseln sind im Lichte der Bestimmungen der Verordnung (EU) 2016/679 auszulegen.

c) Diese Klauseln dürfen nicht in einer Weise ausgelegt werden, die mit den in der Verordnung (EU) 2016/679 vorgesehenen Rechten und Pflichten im Widerspruch steht.

Klausel 5. Vorrang

Im Falle eines Widerspruchs zwischen diesen Klauseln und den Bestimmungen von damit zusammenhängenden Vereinbarungen zwischen den Parteien, die zu

---

[1)] Nr. 1.

dem Zeitpunkt bestehen, zu dem diese Klauseln vereinbart oder eingegangen werden, haben diese Klauseln Vorrang.

Klausel 6. Beschreibung der Datenübermittlung(en)

Die Einzelheiten der Datenübermittlung(en), insbesondere die Kategorien der übermittelten personenbezogenen Daten und der/die Zweck(e), zu dem/denen sie übermittelt werden, sind in Anhang I.B aufgeführt.

Klausel 7. *fakultativ*
Kopplungsklausel

a) Eine Einrichtung, die nicht Partei dieser Klauseln ist, kann diesen Klauseln mit Zustimmung der Parteien jederzeit entweder als Datenexporteur oder als Datenimporteur beitreten, indem sie die Anlage ausfüllt und Anhang I.A unterzeichnet.

b) Nach Ausfüllen der Anlage und Unterzeichnung von Anhang I.A wird die beitretende Einrichtung Partei dieser Klauseln und hat die Rechte und Pflichten eines Datenexporteurs oder eines Datenimporteurs entsprechend ihrer Bezeichnung in Anhang I.A.

c) Für den Zeitraum vor ihrem Beitritt als Partei erwachsen der beitretenden Einrichtung keine Rechte oder Pflichten aus diesen Klauseln.

Abschnitt II. Pflichten der Parteien

Klausel 8. Datenschutzgarantien

Der Datenexporteur versichert, sich im Rahmen des Zumutbaren davon überzeugt zu haben, dass der Datenimporteur – durch die Umsetzung geeigneter technischer und organisatorischer Maßnahmen – in der Lage ist, seinen Pflichten aus diesen Klauseln nachzukommen.

Modul Eins: Übermittlung von Verantwortlichen an Verantwortliche

8.1. Zweckbindung

Der Datenimporteur verarbeitet die personenbezogenen Daten nur für den/die in Anhang I.B genannten spezifischen Zweck(e) der Übermittlung. Er darf die personenbezogenen Daten nur dann für einen anderen Zweck verarbeiten,

i) wenn er die vorherige Einwilligung der betroffenen Person eingeholt hat,

ii) wenn dies zur Geltendmachung, Ausübung oder Verteidigung von Rechtsansprüchen im Zusammenhang mit bestimmten Verwaltungs-, Gerichts- oder regulatorischen Verfahren erforderlich ist oder

iii) wenn dies zum Schutz lebenswichtiger Interessen der betroffenen Person oder einer anderen natürlichen Person erforderlich ist.

8.2. Transparenz

a) Damit betroffene Personen ihre Rechte gemäß Klausel 10 wirksam ausüben können, teilt der Datenimporteur ihnen entweder direkt oder über den Datenexporteur Folgendes mit:

i) seinen Namen und seine Kontaktdaten,

ii) die Kategorien der verarbeiteten personenbezogenen Daten,

iii) das Recht auf Erhalt einer Kopie dieser Klauseln,

iv) wenn er eine Weiterübermittlung der personenbezogenen Daten an Dritte beabsichtigt, den Empfänger oder die Kategorien von Empfängern (je nach Bedarf zur Bereitstellung aussagekräftiger Informationen), den Zweck und den Grund einer solchen Weiterübermittlung gemäß Klausel 8.7.

b) Buchstabe a findet keine Anwendung, wenn die betroffene Person bereits über die Informationen verfügt, einschließlich in dem Fall, wenn diese Informationen bereits vom Datenexporteur bereitgestellt wurden, oder wenn sich die Bereitstellung der Informationen als nicht möglich erweist oder einen unverhältnismäßigen Aufwand für den Datenimporteur mit sich bringen würde. Im letzteren Fall macht der Datenimporteur die Informationen, soweit möglich, öffentlich zugänglich.

c) Die Parteien stellen der betroffenen Person auf Anfrage eine Kopie dieser Klauseln, einschließlich der von ihnen ausgefüllten Anlage, unentgeltlich zur Verfügung. Soweit es zum Schutz von Geschäftsgeheimnissen oder anderen vertraulichen Informationen, einschließlich personenbezogener Daten, notwendig ist, können die Parteien Teile des Textes der Anlage vor der Weitergabe einer Kopie unkenntlich machen; sie legen jedoch eine aussagekräftige Zusammenfassung vor, wenn die betroffene Person andernfalls den Inhalt der Anlage nicht verstehen würde oder ihre Rechte nicht ausüben könnte. Auf Anfrage teilen die Parteien der betroffenen Person die Gründe für die Schwärzungen so weit wie möglich mit, ohne die geschwärzten Informationen offenzulegen.

d) Die Buchstaben a bis c gelten unbeschadet der Pflichten des Datenexporteurs gemäß den Artikeln 13 und 14 der Verordnung (EU) 2016/679[1].

8.3. Richtigkeit und Datenminimierung

a) Jede Partei stellt sicher, dass die personenbezogenen Daten sachlich richtig und erforderlichenfalls auf dem neuesten Stand sind. Der Datenimporteur trifft alle angemessenen Maßnahmen, um sicherzustellen, dass personenbezogene Daten, die im Hinblick auf den/die Zweck(e) der Verarbeitung unrichtig sind, unverzüglich gelöscht oder berichtigt werden.

b) Stellt eine der Parteien fest, dass die von ihr übermittelten oder erhaltenen personenbezogenen Daten unrichtig oder veraltet sind, unterrichtet sie unverzüglich die andere Partei.

c) Der Datenimporteur stellt sicher, dass die personenbezogenen Daten angemessen und erheblich sowie auf das für den/die Zweck(e) ihrer Verarbeitung notwendige Maß beschränkt sind.

8.4. Speicherbegrenzung

Der Datenimporteur speichert die personenbezogenen Daten nur so lange, wie es für den/die Zweck(e), für den/die sie verarbeitet werden, erforderlich ist. Er trifft geeignete technische oder organisatorische Maßnahmen, um die Einhaltung dieser Verpflichtung sicherzustellen; hierzu zählen auch die Löschung oder Anonymisierung[2] der Daten und aller Sicherungskopien am Ende der Speicherfrist.

---

[1] Nr. **1**.
[2] **Amtl. Anm.:** Die Daten müssen in einer Weise anonymisiert werden, dass eine Person im Einklang mit Erwägungsgrund 26 der Verordnung (EU) 2016/679 nicht mehr identifizierbar ist; außerdem muss dieser Vorgang unumkehrbar sein.

8.5. Sicherheit der Verarbeitung

a) Der Datenimporteur und – während der Datenübermittlung – auch der Datenexporteur treffen geeignete technische und organisatorische Maßnahmen, um die Sicherheit der personenbezogenen Daten zu gewährleisten, einschließlich des Schutzes vor einer Verletzung der Sicherheit, die, ob unbeabsichtigt oder unrechtmäßig, zur Vernichtung, zum Verlust, zur Veränderung oder zur unbefugten Offenlegung von beziehungsweise zum unbefugten Zugang zu den personenbezogenen Daten führt (im Folgenden „Verletzung des Schutzes personenbezogener Daten"). Bei der Beurteilung des angemessenen Schutzniveaus tragen sie dem Stand der Technik, den Implementierungskosten, der Art, dem Umfang, den Umständen und dem/den Zweck(en) der Verarbeitung sowie den mit der Verarbeitung verbundenen Risiken für die betroffene Person gebührend Rechnung. Die Parteien ziehen insbesondere eine Verschlüsselung oder Pseudonymisierung, auch während der Datenübermittlung, in Betracht, wenn dadurch der Verarbeitungszweck erfüllt werden kann.

b) Die Parteien haben sich auf die in Anhang II aufgeführten technischen und organisatorischen Maßnahmen geeinigt. Der Datenimporteur führt regelmäßige Kontrollen durch, um sicherzustellen, dass diese Maßnahmen weiterhin ein angemessenes Schutzniveau bieten.

c) Der Datenimporteur gewährleistet, dass sich die zur Verarbeitung der personenbezogenen Daten befugten Personen zur Vertraulichkeit verpflichtet haben oder einer angemessenen gesetzlichen Verschwiegenheitspflicht unterliegen.

d) Im Falle einer Verletzung des Schutzes personenbezogener Daten im Zusammenhang mit der Verarbeitung personenbezogener Daten durch den Datenimporteur gemäß diesen Klauseln ergreift der Datenimporteur geeignete Maßnahmen zur Behebung der Verletzung des Schutzes personenbezogener Daten und gegebenenfalls Maßnahmen zur Abmilderung ihrer möglichen nachteiligen Auswirkungen.

e) Hat die Verletzung des Schutzes personenbezogener Daten voraussichtlich ein Risiko für die persönlichen Rechte und Freiheiten natürlicher Personen zur Folge, meldet der Datenimporteur die Verletzung unverzüglich sowohl dem Datenexporteur als auch der gemäß Klausel 13 festgelegten zuständigen Aufsichtsbehörde. Diese Meldung enthält i) eine Beschreibung der Art der Verletzung (soweit möglich, mit Angabe der Kategorien und der ungefähren Zahl der betroffenen Personen und der ungefähren Zahl der betroffenen personenbezogenen Datensätze), ii) ihre wahrscheinlichen Folgen, iii) die ergriffenen oder vorgeschlagenen Maßnahmen zur Behebung der Verletzung und iv) die Kontaktdaten einer Anlaufstelle, bei der weitere Informationen eingeholt werden können. Soweit es dem Datenimporteur nicht möglich ist, alle Informationen zur gleichen Zeit bereitzustellen, kann er diese Informationen ohne unangemessene weitere Verzögerung schrittweise zur Verfügung stellen.

f) Hat die Verletzung des Schutzes personenbezogener Daten voraussichtlich ein hohes Risiko für die persönlichen Rechte und Freiheiten natürlicher Personen zur Folge, so benachrichtigt der Datenimporteur ebenfalls die jeweiligen betroffenen Personen unverzüglich von der Verletzung des Schutzes personenbezogener Daten und der Art der Verletzung, erforderlichenfalls in Zusammenarbeit mit dem Datenexporteur, unter Angabe der unter Buchstabe e Ziffern ii bis iv genannten Informationen, es sei denn, der Datenimporteur hat Maßnahmen ergriffen, um das Risiko für die Rechte oder Freiheiten natürlicher Personen erheblich zu mindern, oder die Benachrichtigung wäre mit einem unverhältnismäßigen Aufwand verbunden. Im letzteren Fall gibt der Datenimporteur stattdessen eine öffentliche Bekanntmachung heraus oder ergreift eine vergleichbare Maßnahme, um die Öffentlichkeit über die Verletzung des Schutzes personenbezogener Daten zu informieren.

g) Der Datenimporteur dokumentiert alle maßgeblichen Fakten im Zusammenhang mit der Verletzung des Schutzes personenbezogener Daten, einschließlich ihrer Auswirkungen und etwaiger ergriffener Abhilfemaßnahmen, und führt Aufzeichnungen darüber.

8.6. Sensible Daten

Sofern die Übermittlung personenbezogene Daten umfasst, aus denen die rassische oder ethnische Herkunft, politische Meinungen, religiöse oder weltanschauliche Überzeugungen oder die Gewerkschaftszugehörigkeit hervorgehen, oder die genetische Daten oder biometrische Daten zum Zweck der eindeutigen Identifizierung einer natürlichen Person, Daten über die Gesundheit, das Sexualleben oder die sexuelle Ausrichtung einer Person oder Daten über strafrechtliche Verurteilungen oder Straftaten enthalten (im Folgenden „sensible Daten"), wendet der Datenimporteur spezielle Beschränkungen und/oder zusätzliche Garantien an, die an die spezifische Art der Daten und die damit verbundenen Risiken angepasst sind. Dies kann die Beschränkung des Personals, das Zugriff auf die personenbezogenen Daten hat, zusätzliche Sicherheitsmaßnahmen (wie Pseudonymisierung) und/oder zusätzliche Beschränkungen in Bezug auf die weitere Offenlegung umfassen.

8.7. Weiterübermittlungen

Der Datenimporteur darf die personenbezogenen Daten nicht an Dritte weitergeben, die (in demselben Land wie der Datenimporteur oder in einem anderen Drittland) außerhalb der Europäischen Union[1] ansässig sind (im Folgenden „Weiterübermittlung"), es sei denn, der Dritte ist im Rahmen des betreffenden Moduls an diese Klauseln gebunden oder erklärt sich mit der Bindung daran einverstanden. Andernfalls ist eine Weiterübermittlung durch den Datenimporteur nur in folgenden Fällen zulässig:

i) Sie erfolgt an ein Land, für das ein Angemessenheitsbeschluss nach Artikel 45 der Verordnung (EU) 2016/679[2] gilt, der die Weiterübermittlung abdeckt,

ii) der Dritte gewährleistet auf andere Weise geeignete Garantien gemäß Artikel 46 oder Artikel 47 der Verordnung (EU) 2016/679 im Hinblick auf die betreffende Verarbeitung,

---

[1] **Amtl. Anm.:** Das Abkommen über den Europäischen Wirtschaftsraum (EWR-Abkommen) regelt die Einbeziehung der drei EWR-Staaten Island, Liechtenstein und Norwegen in den Binnenmarkt der Europäischen Union. Das Datenschutzrecht der Union, darunter die Verordnung (EU) 2016/679, ist in das EWR-Abkommen einbezogen und wurde in Anhang XI aufgenommen. Daher gilt eine Weitergabe durch den Datenimporteur an einen im EWR ansässigen Dritten nicht als Weiterübermittlung im Sinne dieser Klauseln.
[2] Nr. 1.

iii) der Dritte geht mit dem Datenimporteur ein bindendes Instrument ein, mit dem das gleiche Datenschutzniveau wie gemäß diesen Klauseln gewährleistet wird, und der Datenimporteur stellt dem Datenexporteur eine Kopie dieser Garantien zur Verfügung,

iv) die Weiterübermittlung ist zur Geltendmachung, Ausübung oder Verteidigung von Rechtsansprüchen im Zusammenhang mit bestimmten Verwaltungs-, Gerichts- oder regulatorischen Verfahren erforderlich,

v) die Weiterübermittlung ist erforderlich, um lebenswichtige Interessen der betroffenen Person oder einer anderen natürlichen Person zu schützen, oder

vi) – falls keine der anderen Bedingungen erfüllt ist – der Datenimporteur hat die ausdrückliche Einwilligung der betroffenen Person zu einer Weiterübermittlung in einem speziellen Fall eingeholt, nachdem er sie über den/die Zweck(e), die Identität des Empfängers und die ihr mangels geeigneter Datenschutzgarantien aus einer solchen Übermittlung möglicherweise erwachsenden Risiken informiert hat. In diesem Fall unterrichtet der Datenimporteur den Datenexporteur und übermittelt ihm auf dessen Verlangen eine Kopie der Informationen, die der betroffenen Person bereitgestellt wurden.

Jede Weiterübermittlung erfolgt unter der Bedingung, dass der Datenimporteur alle anderen Garantien gemäß diesen Klauseln, insbesondere die Zweckbindung, einhält.

8.8. Verarbeitung unter der Aufsicht des Datenimporteurs

Der Datenimporteur stellt sicher, dass jede ihm unterstellte Person, einschließlich eines Auftragsverarbeiters, diese Daten ausschließlich auf der Grundlage seiner Weisungen verarbeitet.

8.9. Dokumentation und Einhaltung der Klauseln

a) Jede Partei muss nachweisen können, dass sie ihre Pflichten gemäß diesen Klauseln erfüllt. Insbesondere führt der Datenimporteur geeignete Aufzeichnungen über die unter seiner Verantwortung durchgeführten Verarbeitungstätigkeiten.

b) Der Datenimporteur stellt der zuständigen Aufsichtsbehörde diese Aufzeichnungen auf Verlangen zur Verfügung.

Modul Zwei: Übermittlung von Verantwortlichen an Auftragsverarbeiter

8.1. Weisungen

a) Der Datenimporteur verarbeitet die personenbezogenen Daten nur auf dokumentierte Weisung des Datenexporteurs. Der Datenexporteur kann solche Weisungen während der gesamten Vertragslaufzeit erteilen.

b) Der Datenimporteur unterrichtet den Datenexporteur unverzüglich, wenn er diese Weisungen nicht befolgen kann.

8.2. Zweckbindung

Der Datenimporteur verarbeitet die personenbezogenen Daten nur für den/die in Anhang I.B genannten spezifischen Zweck(e), sofern keine weiteren Weisungen des Datenexporteurs bestehen.

8.3. Transparenz

Auf Anfrage stellt der Datenexporteur der betroffenen Person eine Kopie dieser Klauseln, einschließlich der von den Parteien ausgefüllten Anlage, unentgeltlich zur Verfügung. Soweit es zum Schutz von Geschäftsgeheimnissen oder anderen vertraulichen Informationen, einschließlich der in Anhang II beschriebenen Maßnahmen und personenbezogener Daten, notwendig ist, kann der Datenexporteur Teile des Textes der Anlage zu diesen Klauseln vor der Weitergabe einer Kopie unkenntlich machen; er legt jedoch eine aussagekräftige Zusammenfassung vor, wenn die betroffene Person andernfalls den Inhalt der Anlage nicht verstehen würde oder ihre Rechte nicht ausüben könnte. Auf Anfrage teilen die Parteien der betroffenen Person die Gründe für die Schwärzungen so weit wie möglich mit, ohne die geschwärzten Informationen offenzulegen. Diese Klausel gilt unbeschadet der Pflichten des Datenexporteurs gemäß den Artikeln 13 und 14 der Verordnung (EU) 2016/679[1].

8.4. Richtigkeit

Stellt der Datenimporteur fest, dass die erhaltenen personenbezogenen Daten unrichtig oder veraltet sind, unterrichtet er unverzüglich den Datenexporteur. In diesem Fall arbeitet der Datenimporteur mit dem Datenexporteur zusammen, um die Daten zu löschen oder zu berichtigen.

8.5. Dauer der Verarbeitung und Löschung oder Rückgabe der Daten

Die Daten werden vom Datenimporteur nur für die in Anhang I.B angegebene Dauer verarbeitet. Nach Wahl des Datenexporteurs löscht der Datenimporteur nach Beendigung der Erbringung der Datenverarbeitungsdienste alle im Auftrag des Datenexporteurs verarbeiteten personenbezogenen Daten und bescheinigt dem Datenexporteur, dass dies erfolgt ist, oder gibt dem Datenexporteur alle in seinem Auftrag verarbeiteten personenbezogenen Daten zurück und löscht bestehende Kopien. Bis zur Löschung oder Rückgabe der Daten stellt der Datenimporteur weiterhin die Einhaltung dieser Klauseln sicher. Falls für den Datenimporteur lokale Rechtsvorschriften gelten, die ihm die Rückgabe oder Löschung der personenbezogenen Daten untersagen, sichert der Datenimporteur zu, dass er die Einhaltung dieser Klauseln auch weiterhin gewährleistet und diese Daten nur in dem Umfang und so lange verarbeitet, wie dies gemäß den betreffenden lokalen Rechtsvorschriften erforderlich ist. Dies gilt unbeschadet von Klausel 14, insbesondere der Pflicht des Datenimporteurs gemäß Klausel 14 Buchstabe e, den Datenexporteur während der Vertragslaufzeit zu benachrichtigen, wenn er Grund zu der Annahme hat, dass für ihn Rechtsvorschriften oder Gepflogenheiten gelten oder gelten werden, die nicht mit den Anforderungen in Klausel 14 Buchstabe a im Einklang stehen.

8.6. Sicherheit der Verarbeitung

a) Der Datenimporteur und, während der Datenübermittlung, auch der Datenexporteur treffen geeignete technische und organisatorische Maßnahmen, um die Sicherheit der Daten zu gewährleisten, einschließlich des Schutzes vor einer Verletzung der Sicherheit, die, ob unbeabsichtigt oder unrechtmäßig, zur Vernichtung, zum Verlust, zur Veränderung oder zur unbefugten Offenlegung von beziehungsweise zum unbefugten Zugang zu diesen Daten führt (im Folgenden „Verletzung des Schutzes personenbezogener Daten").

---

[1] Nr. 1.

Bei der Beurteilung des angemessenen Schutzniveaus tragen die Parteien dem Stand der Technik, den Implementierungskosten, der Art, dem Umfang, den Umständen und dem/den Zweck(en) der Verarbeitung sowie den mit der Verarbeitung verbundenen Risiken für die betroffenen Personen gebührend Rechnung. Die Parteien ziehen insbesondere eine Verschlüsselung oder Pseudonymisierung, auch während der Datenübermittlung, in Betracht, wenn dadurch der Verarbeitungszweck erfüllt werden kann. Im Falle einer Pseudonymisierung verbleiben die zusätzlichen Informationen, mit denen die personenbezogenen Daten einer speziellen betroffenen Person zugeordnet werden können, soweit möglich, unter der ausschließlichen Kontrolle des Datenexporteurs. Zur Erfüllung seinen Pflichten gemäß diesem Absatz setzt der Datenimporteur mindestens die in Anhang II aufgeführten technischen und organisatorischen Maßnahmen um. Der Datenimporteur führt regelmäßige Kontrollen durch, um sicherzustellen, dass diese Maßnahmen weiterhin ein angemessenes Schutzniveau bieten.

b) Der Datenimporteur gewährt seinem Personal nur insoweit Zugang zu den personenbezogenen Daten, als dies für die Durchführung, Verwaltung und Überwachung des Vertrags unbedingt erforderlich ist. Er gewährleistet, dass sich die zur Verarbeitung der personenbezogenen Daten befugten Personen zur Vertraulichkeit verpflichtet haben oder einer angemessenen gesetzlichen Verschwiegenheitspflicht unterliegen.

c) Im Falle einer Verletzung des Schutzes personenbezogener Daten im Zusammenhang mit der Verarbeitung personenbezogener Daten durch den Datenimporteur gemäß diesen Klauseln ergreift der Datenimporteur geeignete Maßnahmen zur Behebung der Verletzung, darunter auch Maßnahmen zur Abmilderung ihrer nachteiligen Auswirkungen. Zudem meldet der Datenimporteur dem Datenexporteur die Verletzung unverzüglich, nachdem sie ihm bekannt wurde. Diese Meldung enthält die Kontaktdaten einer Anlaufstelle für weitere Informationen, eine Beschreibung der Art der Verletzung (soweit möglich, mit Angabe der Kategorien und der ungefähren Zahl der betroffenen Personen und der ungefähren Zahl der betroffenen personenbezogenen Datensätze), die wahrscheinlichen Folgen der Verletzung und die ergriffenen oder vorgeschlagenen Maßnahmen zur Behebung der Verletzung und gegebenenfalls Maßnahmen zur Abmilderung etwaiger nachteiliger Auswirkungen. Wenn und soweit nicht alle Informationen zur gleichen Zeit bereitgestellt werden können, enthält die ursprüngliche Meldung die zu jenem Zeitpunkt verfügbaren Informationen, und weitere Informationen werden, sobald sie verfügbar sind, anschließend ohne unangemessene Verzögerung bereitgestellt.

d) Unter Berücksichtigung der Art der Verarbeitung und der dem Datenimporteur zur Verfügung stehenden Informationen arbeitet der Datenimporteur mit dem Datenexporteur zusammen und unterstützt ihn dabei, seinen Pflichten gemäß der Verordnung (EU) 2016/679[1] nachzukommen, insbesondere die zuständige Aufsichtsbehörde und die betroffenen Personen zu benachrichtigen.

---

[1] Nr. 1.

8.7. Sensible Daten

Soweit die Übermittlung personenbezogene Daten umfasst, aus denen die rassische oder ethnische Herkunft, politische Meinungen, religiöse oder weltanschauliche Überzeugungen oder die Gewerkschaftszugehörigkeit hervorgehen, oder die genetische Daten oder biometrische Daten zum Zweck der eindeutigen Identifizierung einer natürlichen Person, Daten über die Gesundheit, das Sexualleben oder die sexuelle Ausrichtung einer Person oder Daten über strafrechtliche Verurteilungen und Straftaten enthalten (im Folgenden „sensible Daten"), wendet der Datenimporteur die in Anhang I.B beschriebenen speziellen Beschränkungen und/oder zusätzlichen Garantien an.

8.8. Weiterübermittlungen

Der Datenimporteur gibt die personenbezogenen Daten nur auf dokumentierte Weisung des Datenexporteurs an Dritte weiter. Die Daten dürfen zudem nur an Dritte weitergegeben werden, die (in demselben Land wie der Datenimporteur oder in einem anderen Drittland) außerhalb der Europäischen Union[1] ansässig sind (im Folgenden „Weiterübermittlung"), sofern der Dritte im Rahmen des betreffenden Moduls an diese Klauseln gebunden ist oder sich mit der Bindung daran einverstanden erklärt oder falls

i) die Weiterübermittlung an ein Land erfolgt, für das ein Angemessenheitsbeschluss nach Artikel 45 der Verordnung (EU) 2016/679[2]) gilt, der die Weiterübermittlung abdeckt,

ii) der Dritte auf andere Weise geeignete Garantien gemäß Artikel 46 oder Artikel 47 der Verordnung (EU) 2016/679 im Hinblick auf die betreffende Verarbeitung gewährleistet,

iii) die Weiterübermittlung zur Geltendmachung, Ausübung oder Verteidigung von Rechtsansprüchen im Zusammenhang mit bestimmten Verwaltungs-, Gerichts- oder regulatorischen Verfahren erforderlich ist oder

iv) die Weiterübermittlung erforderlich ist, um lebenswichtige Interessen der betroffenen Person oder einer anderen natürlichen Person zu schützen.

Jede Weiterübermittlung erfolgt unter der Bedingung, dass der Datenimporteur alle anderen Garantien gemäß diesen Klauseln, insbesondere die Zweckbindung, einhält.

8.9. Dokumentation und Einhaltung der Klauseln

a) Der Datenimporteur bearbeitet Anfragen des Datenexporteurs, die sich auf die Verarbeitung gemäß diesen Klauseln beziehen, umgehend und in angemessener Weise.

b) Die Parteien müssen die Einhaltung dieser Klauseln nachweisen können. Insbesondere führt der Datenimporteur geeignete Aufzeichnungen über die im Auftrag des Datenexporteurs durchgeführten Verarbeitungstätigkeiten.

---

[1] **Amtl. Anm.:** Das Abkommen über den Europäischen Wirtschaftsraum (EWR-Abkommen) regelt die Einbeziehung der drei EWR-Staaten Island, Liechtenstein und Norwegen in den Binnenmarkt der Europäischen Union. Das Datenschutzrecht der Union, darunter die Verordnung (EU) 2016/679, ist in das EWR-Abkommen einbezogen und wurde in Anhang XI aufgenommen. Daher gilt eine Weitergabe durch den Datenimporteur an einen im EWR ansässigen Dritten nicht als Weiterübermittlung im Sinne dieser Klauseln.
[2] Nr. 1.

c) Der Datenimporteur stellt dem Datenexporteur alle Informationen zur Verfügung, die erforderlich sind, um die Einhaltung der in diesen Klauseln festgelegten Pflichten nachzuweisen; auf Verlangen des Datenexporteurs ermöglicht er diesem, die unter diese Klauseln fallenden Verarbeitungstätigkeiten in angemessenen Abständen oder bei Anzeichen für eine Nichteinhaltung zu prüfen, und trägt zu einer solchen Prüfung bei. Bei der Entscheidung über eine Überprüfung oder Prüfung kann der Datenexporteur einschlägige Zertifizierungen des Datenimporteurs berücksichtigen.

d) Der Datenexporteur kann die Prüfung selbst durchführen oder einen unabhängigen Prüfer beauftragen. Die Prüfungen können Inspektionen in den Räumlichkeiten oder physischen Einrichtungen des Datenimporteurs umfassen und werden gegebenenfalls mit angemessener Vorankündigung durchgeführt.

e) Die Parteien stellen der zuständigen Aufsichtsbehörde die unter den Buchstaben b und c genannten Informationen, einschließlich der Ergebnisse von Prüfungen, auf Anfrage zur Verfügung.

Modul Drei: Übermittlung von Auftragsverarbeitern an Auftragsverarbeiter

8.1. Weisungen

a) Der Datenexporteur hat dem Datenimporteur mitgeteilt, dass er als Auftragsverarbeiter nach den Weisungen seines/seiner Verantwortlichen fungiert, und der Datenexporteur stellt dem Datenimporteur diese Weisungen vor der Verarbeitung zur Verfügung.

b) Der Datenimporteur verarbeitet die personenbezogenen Daten nur auf der Grundlage dokumentierter Weisungen des Verantwortlichen, die dem Datenimporteur vom Datenexporteur mitgeteilt wurden, sowie auf der Grundlage aller zusätzlichen dokumentierten Weisungen des Datenexporteurs. Diese zusätzlichen Weisungen dürfen nicht im Widerspruch zu den Weisungen des Verantwortlichen stehen. Der Verantwortliche oder der Datenexporteur kann während der gesamten Vertragslaufzeit weitere dokumentierte Weisungen im Hinblick auf die Datenverarbeitung erteilen.

c) Der Datenimporteur unterrichtet den Datenexporteur unverzüglich, wenn er diese Weisungen nicht befolgen kann. Ist der Datenimporteur nicht in der Lage, die Weisungen des Verantwortlichen zu befolgen, setzt der Datenexporteur den Verantwortlichen unverzüglich davon in Kenntnis.

d) Der Datenexporteur sichert zu, dass er dem Datenimporteur dieselben Datenschutzpflichten auferlegt, die im Vertrag oder in einem anderen Rechtsinstrument nach dem Unionsrecht oder dem Recht des betreffenden Mitgliedstaats zwischen dem Verantwortlichen und dem Datenexporteur festgelegt sind.[1]

8.2. Zweckbindung

Der Datenimporteur verarbeitet die personenbezogenen Daten nur für den/die in Anhang I.B genannten spezifischen Übermittlungszweck(e), sofern keine weiteren Weisungen seitens des Verantwortlichen, die dem Datenimporteur

---

[1] **Amtl. Anm.:** Siehe Artikel 28 Absatz 4 der Verordnung (EU) 2016/679 *[Nr. 1]* und, wenn es sich bei dem Verantwortlichen um ein Organ oder eine Einrichtung der Union handelt, Artikel 29 Absatz 4 der Verordnung (EU) 2018/1725.

vom Datenexporteur mitgeteilt wurden, oder seitens des Datenexporteurs bestehen.

8.3. Transparenz

Auf Anfrage stellt der Datenexporteur der betroffenen Person eine Kopie dieser Klauseln, einschließlich der von den Parteien ausgefüllten Anlage, unentgeltlich zur Verfügung. Soweit es zum Schutz von Geschäftsgeheimnissen oder anderen vertraulichen Informationen, einschließlich personenbezogener Daten, notwendig ist, kann der Datenexporteur Teile des Textes der Anlage vor der Weitergabe einer Kopie unkenntlich machen; er legt jedoch eine aussagekräftige Zusammenfassung vor, wenn die betroffene Person andernfalls den Inhalt der Anlage nicht verstehen würde oder ihre Rechte nicht ausüben könnte. Auf Anfrage teilen die Parteien der betroffenen Person die Gründe für die Schwärzungen so weit wie möglich mit, ohne die geschwärzten Informationen offenzulegen.

8.4. Richtigkeit

Stellt der Datenimporteur fest, dass die erhaltenen personenbezogenen Daten unrichtig oder veraltet sind, unterrichtet er unverzüglich den Datenexporteur. In diesem Fall arbeitet der Datenimporteur mit dem Datenexporteur zusammen, um die Daten zu berichtigen oder zu löschen.

8.5. Dauer der Verarbeitung und Löschung oder Rückgabe der Daten

Die Daten werden vom Datenimporteur nur für die in Anhang I.B angegebene Dauer verarbeitet. Nach Wahl des Datenexporteurs löscht der Datenimporteur nach Beendigung der Datenverarbeitungsdienste alle im Auftrag des Verantwortlichen verarbeiteten personenbezogenen Daten und bescheinigt dem Datenexporteur, dass dies erfolgt ist, oder gibt dem Datenexporteur alle in seinem Auftrag verarbeiteten personenbezogenen Daten zurück und löscht bestehende Kopien. Bis zur Löschung oder Rückgabe der Daten stellt der Datenimporteur weiterhin die Einhaltung dieser Klauseln sicher. Falls für den Datenimporteur lokale Rechtsvorschriften gelten, die ihm die Rückgabe oder Löschung der personenbezogenen Daten untersagen, sichert der Datenimporteur zu, dass er die Einhaltung dieser Klauseln auch weiterhin gewährleistet und diese Daten nur in dem Umfang und so lange verarbeitet, wie dies gemäß den betreffenden lokalen Rechtsvorschriften erforderlich ist. Dies gilt unbeschadet von Klausel 14, insbesondere der Pflicht des Datenimporteurs gemäß Klausel 14 Buchstabe e, den Datenexporteur während der Vertragslaufzeit zu benachrichtigen, wenn er Grund zu der Annahme hat, dass für ihn Rechtsvorschriften oder Gepflogenheiten gelten oder gelten werden, die nicht mit den Anforderungen in Klausel 14 Buchstabe a im Einklang stehen.

8.6. Sicherheit der Verarbeitung

a) Der Datenimporteur und, während der Datenübermittlung, auch der Datenexporteur treffen geeignete technische und organisatorische Maßnahmen, um die Sicherheit der Daten zu gewährleisten, einschließlich des Schutzes vor einer Verletzung der Sicherheit, die, ob unbeabsichtigt oder unrechtmäßig, zur Vernichtung, zum Verlust, zur Veränderung oder zur unbefugten Offenlegung von beziehungsweise zum unbefugten Zugang zu diesen Daten führt (im Folgenden „Verletzung des Schutzes personenbezogener Daten"). Bei der Beurteilung des angemessenen Schutzniveaus tragen sie dem Stand der Technik, den Implementierungskosten, der Art, dem Umfang, den

Umständen und dem/den Zweck(en) der Verarbeitung sowie den mit der Verarbeitung verbundenen Risiken für die betroffene Person gebührend Rechnung. Die Parteien ziehen insbesondere eine Verschlüsselung oder Pseudonymisierung, auch während der Datenübermittlung, in Betracht, wenn dadurch der Verarbeitungszweck erfüllt werden kann. Im Falle einer Pseudonymisierung verbleiben die zusätzlichen Informationen, mit denen die personenbezogenen Daten einer speziellen betroffenen Person zugeordnet werden können, soweit möglich, unter der ausschließlichen Kontrolle des Datenexporteurs oder des Verantwortlichen. Zur Erfüllung seinen Pflichten gemäß diesem Absatz setzt der Datenimporteur mindestens die in Anhang II aufgeführten technischen und organisatorischen Maßnahmen um. Der Datenimporteur führt regelmäßige Kontrollen durch, um sicherzustellen, dass diese Maßnahmen weiterhin ein angemessenes Schutzniveau bieten.

b) Der Datenimporteur gewährt seinem Personal nur insoweit Zugang zu den Daten, als dies für die Durchführung, Verwaltung und Überwachung des Vertrags unbedingt erforderlich ist. Er gewährleistet, dass sich die zur Verarbeitung der personenbezogenen Daten befugten Personen zur Vertraulichkeit verpflichtet haben oder einer angemessenen gesetzlichen Verschwiegenheitspflicht unterliegen.

c) Im Falle einer Verletzung des Schutzes personenbezogener Daten im Zusammenhang mit der Verarbeitung personenbezogener Daten durch den Datenimporteur gemäß diesen Klauseln ergreift der Datenimporteur geeignete Maßnahmen zur Behebung der Verletzung, darunter auch Maßnahmen zur Abmilderung ihrer nachteiligen Auswirkungen. Außerdem meldet der Datenimporteur die Verletzung dem Datenexporteur und, sofern angemessen und machbar, dem Verantwortlichen unverzüglich, nachdem ihm die Verletzung bekannt wurde. Diese Meldung enthält die Kontaktdaten einer Anlaufstelle für weitere Informationen, eine Beschreibung der Art der Verletzung (soweit möglich, mit Angabe der Kategorien und der ungefähren Zahl der betroffenen Personen und der ungefähren Zahl der betroffenen personenbezogenen Datensätze), die wahrscheinlichen Folgen der Verletzung und die ergriffenen oder vorgeschlagenen Maßnahmen zur Behebung der Verletzung des Schutzes der Daten, einschließlich Maßnahmen zur Abmilderung etwaiger nachteiliger Auswirkungen. Wenn und soweit nicht alle Informationen zur gleichen Zeit bereitgestellt werden können, enthält die ursprüngliche Meldung die zu jenem Zeitpunkt verfügbaren Informationen, und weitere Informationen werden, sobald sie verfügbar sind, anschließend ohne unangemessene Verzögerung bereitgestellt.

d) Unter Berücksichtigung der Art der Verarbeitung und der dem Datenimporteur zur Verfügung stehenden Informationen arbeitet der Datenimporteur mit dem Datenexporteur zusammen und unterstützt ihn dabei, seinen Pflichten gemäß der Verordnung (EU) 2016/679[1] nachzukommen, insbesondere den Verantwortlichen zu unterrichten, damit dieser wiederum die zuständige Aufsichtsbehörde und die betroffenen Personen benachrichtigen kann.

8.7. Sensible Daten

Soweit die Übermittlung personenbezogene Daten umfasst, aus denen die rassische oder ethnische Herkunft, politische Meinungen, religiöse oder welt-

---

[1] Nr. 1.

anschauliche Überzeugungen oder die Gewerkschaftszugehörigkeit hervorgehen, oder die genetische Daten oder biometrische Daten zum Zweck der eindeutigen Identifizierung einer natürlichen Person, Daten über die Gesundheit, das Sexualleben oder die sexuelle Ausrichtung einer Person oder Daten über strafrechtliche Verurteilungen und Straftaten enthalten (im Folgenden „sensible Daten"), wendet der Datenimporteur die in Anhang I.B angegebenen speziellen Beschränkungen und/oder zusätzlichen Garantien an.

8.8. Weiterübermittlungen

Der Datenimporteur gibt die personenbezogenen Daten nur auf der Grundlage dokumentierter Weisungen des Verantwortlichen, die dem Datenimporteur vom Datenexporteur mitgeteilt wurden, an Dritte weiter. Die Daten dürfen zudem nur an Dritte weitergegeben werden, die (in demselben Land wie der Datenimporteur oder in einem anderen Drittland) außerhalb der Europäischen Union[1] ansässig sind (im Folgenden „Weiterübermittlung"), sofern der Dritte im Rahmen des betreffenden Moduls an diese Klauseln gebunden ist oder sich mit der Bindung daran einverstanden erklärt oder falls

i) die Weiterübermittlung an ein Land erfolgt, für das ein Angemessenheitsbeschluss nach Artikel 45 der Verordnung (EU) 2016/679[2] gilt, der die Weiterübermittlung abdeckt,

ii) der Dritte auf andere Weise geeignete Garantien gemäß Artikel 46 oder Artikel 47 der Verordnung (EU) 2016/679 gewährleistet,

iii) die Weiterübermittlung zur Geltendmachung, Ausübung oder Verteidigung von Rechtsansprüchen im Zusammenhang mit bestimmten Verwaltungs-, Gerichts- oder regulatorischen Verfahren erforderlich ist oder

iv) die Weiterübermittlung erforderlich ist, um lebenswichtige Interessen der betroffenen Person oder einer anderen natürlichen Person zu schützen.

Jede Weiterübermittlung erfolgt unter der Bedingung, dass der Datenimporteur alle anderen Garantien gemäß diesen Klauseln, insbesondere die Zweckbindung, einhält.

8.9. Dokumentation und Einhaltung der Klauseln

a) Der Datenimporteur bearbeitet Anfragen des Datenexporteurs oder des Verantwortlichen, die sich auf die Verarbeitung gemäß diesen Klauseln beziehen, umgehend und in angemessener Weise.

b) Die Parteien müssen die Einhaltung dieser Klauseln nachweisen können. Insbesondere führt der Datenimporteur geeignete Aufzeichnungen über die im Auftrag des Verantwortlichen durchgeführten Verarbeitungstätigkeiten.

c) Der Datenimporteur stellt dem Datenexporteur alle Informationen zur Verfügung, die für den Nachweis der Einhaltung der in diesen Klauseln festgelegten Pflichten erforderlich sind, und der Datenexporteur stellt diese Informationen wiederum dem Verantwortlichen bereit.

---

[1] **Amtl. Anm.:** Das Abkommen über den Europäischen Wirtschaftsraum (EWR-Abkommen) regelt die Einbeziehung der drei EWR-Staaten Island, Liechtenstein und Norwegen in den Binnenmarkt der Europäischen Union. Das Datenschutzrecht der Union, darunter die Verordnung (EU) 2016/679, ist in das EWR-Abkommen einbezogen und wurde in Anhang XI aufgenommen. Daher gilt eine Weitergabe durch den Datenimporteur an einen im EWR ansässigen Dritten nicht als Weiterübermittlung im Sinne dieser Klauseln.

[2] Nr. 1.

d) Der Datenimporteur ermöglicht dem Datenexporteur die Prüfung der unter diese Klauseln fallenden Verarbeitungstätigkeiten in angemessenen Abständen oder bei Anzeichen für eine Nichteinhaltung und trägt zu einer solchen Prüfung bei. Gleiches gilt, wenn der Datenexporteur eine Prüfung auf Weisung des Verantwortlichen beantragt. Bei der Entscheidung über eine Prüfung kann der Datenexporteur einschlägige Zertifizierungen des Datenimporteurs berücksichtigen.

e) Wird die Prüfung auf Weisung des Verantwortlichen durchgeführt, stellt der Datenexporteur die Ergebnisse dem Verantwortlichen zur Verfügung.

f) Der Datenexporteur kann die Prüfung selbst durchführen oder einen unabhängigen Prüfer beauftragen. Die Prüfungen können Inspektionen in den Räumlichkeiten oder physischen Einrichtungen des Datenimporteurs umfassen und werden gegebenenfalls mit angemessener Vorankündigung durchgeführt.

g) Die Parteien stellen der zuständigen Aufsichtsbehörde die unter den Buchstaben b und c genannten Informationen, einschließlich der Ergebnisse von Prüfungen, auf Anfrage zur Verfügung.

Modul Vier: Übermittlung von Auftragsverarbeitern an Verantwortliche

8.1. Weisungen

a) Der Datenexporteur verarbeitet die personenbezogenen Daten nur auf dokumentierte Weisung des Datenimporteurs, der als sein Verantwortlicher fungiert.

b) Der Datenexporteur unterrichtet den Datenimporteur unverzüglich, wenn er die betreffenden Weisungen nicht befolgen kann, u.a. wenn eine solche Weisung gegen die Verordnung (EU) 2016/679[1]) oder andere Datenschutzvorschriften der Union oder eines Mitgliedstaats verstößt.

c) Der Datenimporteur sieht von jeglicher Handlung ab, die den Datenexporteur an der Erfüllung seiner Pflichten gemäß der Verordnung (EU) 2016/679 hindern würde, einschließlich im Zusammenhang mit Unterverarbeitungen oder der Zusammenarbeit mit den zuständigen Aufsichtsbehörden.

d) Nach Wahl des Datenimporteurs löscht der Datenexporteur nach Beendigung der Datenverarbeitungsdienste alle im Auftrag des Datenimporteurs verarbeiteten personenbezogenen Daten und bescheinigt dem Datenimporteur, dass dies erfolgt ist, oder gibt dem Datenimporteur alle in seinem Auftrag verarbeiteten personenbezogenen Daten zurück und löscht bestehende Kopien.

8.2. Sicherheit der Verarbeitung

a) Die Parteien treffen geeignete technische und organisatorische Maßnahmen, um die Sicherheit der personenbezogenen Daten, auch während der Übermittlung, sowie den Schutz vor einer Verletzung der Sicherheit zu gewährleisten, die, ob unbeabsichtigt oder unrechtmäßig, zum Verlust, zur Veränderung oder zur unbefugten Offenlegung von beziehungsweise zum unbefugten Zugang zu den personenbezogenen Daten führt (im Folgenden „Verletzung des Schutzes personenbezogener Daten"). Bei der

---

[1]) Nr. **1**.

Beurteilung des angemessenen Schutzniveaus tragen sie dem Stand der Technik, den Implementierungskosten, der Art der personenbezogenen Daten[1], der Art, dem Umfang, den Umständen und dem/den Zweck(en) der Verarbeitung sowie den mit der Verarbeitung verbundenen Risiken für die betroffenen Personen gebührend Rechnung und ziehen insbesondere eine Verschlüsselung oder Pseudonymisierung, auch während der Übermittlung, in Betracht, wenn dadurch der Verarbeitungszweck erfüllt werden kann.

b) Der Datenexporteur unterstützt den Datenimporteur bei der Gewährleistung einer angemessenen Sicherheit der Daten gemäß Buchstabe a. Im Falle einer Verletzung des Schutzes personenbezogener Daten im Zusammenhang mit den vom Datenexporteur gemäß diesen Klauseln verarbeiteten personenbezogenen Daten meldet der Datenexporteur dem Datenimporteur die Verletzung unverzüglich, nachdem sie ihm bekannt wurde, und unterstützt den Datenimporteur bei der Behebung der Verletzung.

c) Der Datenexporteur gewährleistet, dass sich die zur Verarbeitung der personenbezogenen Daten befugten Personen zur Vertraulichkeit verpflichtet haben oder einer angemessenen gesetzlichen Verschwiegenheitspflicht unterliegen.

8.3. Dokumentation und Einhaltung der Klauseln

a) Die Parteien müssen die Einhaltung dieser Klauseln nachweisen können.

b) Der Datenexporteur stellt dem Datenimporteur alle Informationen zur Verfügung, die für den Nachweis der Einhaltung seiner Pflichten gemäß diesen Klauseln erforderlich sind, und ermöglicht Prüfungen und trägt zu diesen bei.

Klausel 9. Einsatz von Unterauftragsverarbeitern

Modul Zwei: Übermittlung von Verantwortlichen an Auftragsverarbeiter

a) OPTION 1: VORHERIGE GESONDERTE GENEHMIGUNG. Der Datenimporteur darf keine seiner Verarbeitungstätigkeiten, die er im Auftrag des Datenexporteurs gemäß diesen Klauseln durchführt, ohne vorherige gesonderte schriftliche Genehmigung des Datenexporteurs an einen Unterauftragsverarbeiter untervergeben. Der Datenimporteur reicht den Antrag auf die gesonderte Genehmigung mindestens [Zeitraum angeben] vor der Beauftragung des Unterauftragsverarbeiters zusammen mit den Informationen ein, die der Datenexporteur benötigt, um über die Genehmigung zu entscheiden. Die Liste der vom Datenexporteur bereits genehmigten Unterauftragsverarbeiter findet sich in Anhang III. Die Parteien halten Anhang III jeweils auf dem neuesten Stand.
OPTION 2: ALLGEMEINE SCHRIFTLICHE GENEHMIGUNG. Der Datenimporteur besitzt die allgemeine Genehmigung des Datenexporteurs für die Beauftragung von Unterauftragsverarbeitern, die in einer vereinbarten

---

[1] **Amtl. Anm.:** Hierzu zählt, ob die Übermittlung und Weiterverarbeitung personenbezogene Daten umfassen, aus denen die rassische oder ethnische Herkunft, politische Meinungen, religiöse oder weltanschauliche Überzeugungen oder die Gewerkschaftszugehörigkeit hervorgehen, oder genetische Daten oder biometrische Daten zum Zweck der eindeutigen Identifizierung einer natürlichen Person, Daten über die Gesundheit, das Sexualleben oder die sexuelle Ausrichtung einer Person oder Daten über strafrechtliche Verurteilungen oder Straftaten enthalten.

Liste aufgeführt sind. Der Datenimporteur unterrichtet den Datenexporteur mindestens [Zeitraum angeben] im Voraus ausdrücklich in schriftlicher Form über alle beabsichtigten Änderungen dieser Liste durch Hinzufügen oder Ersetzen von Unterauftragsverarbeitern und räumt dem Datenexporteur damit ausreichend Zeit ein, um vor der Beauftragung des/der Unterauftragsverarbeiter/s Einwände gegen diese Änderungen erheben zu können. Der Datenimporteur stellt dem Datenexporteur die erforderlichen Informationen zur Verfügung, damit dieser sein Widerspruchsrecht ausüben kann.

b) Beauftragt der Datenimporteur einen Unterauftragsverarbeiter mit der Durchführung bestimmter Verarbeitungstätigkeiten (im Auftrag des Datenexporteurs), so muss diese Beauftragung im Wege eines schriftlichen Vertrags erfolgen, der im Wesentlichen dieselben Datenschutzpflichten vorsieht wie diejenigen, die den Datenimporteur gemäß diesen Klauseln binden, einschließlich im Hinblick auf Rechte als Drittbegünstigte für betroffene Personen.[1]) Die Parteien erklären sich damit einverstanden, dass der Datenimporteur durch Einhaltung der vorliegenden Klausel seinen Pflichten gemäß Klausel 8.8 nachkommt. Der Datenimporteur stellt sicher, dass der Unterauftragsverarbeiter die Pflichten erfüllt, denen der Datenimporteur gemäß diesen Klauseln unterliegt.

c) Der Datenimporteur stellt dem Datenexporteur auf dessen Verlangen eine Kopie einer solchen Untervergabevereinbarung und etwaiger späterer Änderungen zur Verfügung. Soweit es zum Schutz von Geschäftsgeheimnissen oder anderen vertraulichen Informationen, einschließlich personenbezogener Daten, notwendig ist, kann der Datenimporteur den Wortlaut der Vereinbarung vor der Weitergabe einer Kopie unkenntlich machen.

d) Der Datenimporteur haftet gegenüber dem Datenexporteur in vollem Umfang dafür, dass der Unterauftragsverarbeiter seinen Pflichten gemäß dem mit dem Datenimporteur geschlossenen Vertrag nachkommt. Der Datenimporteur benachrichtigt den Datenexporteur, wenn der Unterauftragsverarbeiter seinen Pflichten gemäß diesem Vertrag nicht nachkommt.

e) Der Datenimporteur vereinbart mit dem Unterauftragsverarbeiter eine Drittbegünstigtenklausel, wonach der Datenexporteur – sollte der Datenimporteur faktisch oder rechtlich nicht mehr bestehen oder zahlungsunfähig sein – das Recht hat, den Untervergabevertrag zu kündigen und den Unterauftragsverarbeiter anzuweisen, die personenbezogenen Daten zu löschen oder zurückzugeben.

Modul Drei: Übermittlung von Auftragsverarbeitern an Auftragsverarbeiter

a) OPTION 1: VORHERIGE GESONDERTE GENEHMIGUNG. Der Datenimporteur darf keine seiner Verarbeitungstätigkeiten, die er im Auftrag des Datenexporteurs gemäß diesen Klauseln durchführt, ohne vorherige gesonderte schriftliche Genehmigung des Verantwortlichen an einen Unterauftragsverarbeiter untervergeben. Der Datenimporteur reicht den Antrag auf die gesonderte Genehmigung mindestens [*Zeitraum angeben*] vor der Beauftragung des Unterauftragsverarbeiters zusammen mit den Informationen ein, die der Verantwortliche benötigt, um über die Genehmigung zu

---

[1]) **Amtl. Anm.:** Diese Anforderung ist gegebenenfalls vom Unterauftragsverarbeiter zu erfüllen, der diesen Klauseln gemäß Klausel 7 im Rahmen des betreffenden Moduls beitritt.

entscheiden. Er informiert den Datenexporteur über eine solche Beauftragung. Die Liste der vom Verantwortlichen bereits genehmigten Unterauftragsverarbeiter findet sich in Anhang III. Die Parteien halten Anhang III jeweils auf dem neuesten Stand.

OPTION 2: ALLGEMEINE SCHRIFTLICHE GENEHMIGUNG. Der Datenimporteur besitzt die allgemeine Genehmigung des Verantwortlichen für die Beauftragung von Unterauftragsverarbeitern, die in einer vereinbarten Liste aufgeführt sind. Der Datenimporteur unterrichtet den Verantwortlichen mindestens [*Zeitraum angeben*] im Voraus ausdrücklich in schriftlicher Form über alle beabsichtigten Änderungen dieser Liste durch Hinzufügen oder Ersetzen von Unterauftragsverarbeitern und räumt dem Verantwortlichen damit ausreichend Zeit ein, um vor der Beauftragung des/der Unterauftragsverarbeiter/s Einwände gegen diese Änderungen erheben zu können. Der Datenimporteur stellt dem Verantwortlichen die erforderlichen Informationen zur Verfügung, damit dieser sein Widerspruchsrecht ausüben kann. Der Datenimporteur unterrichtet den Datenexporteur über die Beauftragung des/der Unterauftragsverarbeiter/s.

b) Beauftragt der Datenimporteur einen Unterauftragsverarbeiter mit der Durchführung bestimmter Verarbeitungstätigkeiten (im Auftrag des Verantwortlichen), so muss diese Beauftragung im Wege eines schriftlichen Vertrags erfolgen, der im Wesentlichen dieselben Datenschutzpflichten vorsieht wie diejenigen, die den Datenimporteur gemäß diesen Klauseln binden, einschließlich im Hinblick auf Rechte als Drittbegünstigte für betroffene Personen.[1] Die Parteien erklären sich damit einverstanden, dass der Datenimporteur durch Einhaltung der vorliegenden Klausel seinen Pflichten gemäß Klausel 8.8 nachkommt. Der Datenimporteur stellt sicher, dass der Unterauftragsverarbeiter die Pflichten erfüllt, denen der Datenimporteur gemäß diesen Klauseln unterliegt.

c) Auf Verlangen des Datenexporteurs oder des Verantwortlichen stellt der Datenimporteur eine Kopie einer solchen Untervergabevereinbarung und etwaiger späterer Änderungen zur Verfügung. Soweit es zum Schutz von Geschäftsgeheimnissen oder anderen vertraulichen Informationen, einschließlich personenbezogener Daten, notwendig ist, kann der Datenimporteur den Wortlaut der Vereinbarung vor der Weitergabe einer Kopie unkenntlich machen.

d) Der Datenimporteur haftet gegenüber dem Datenexporteur in vollem Umfang dafür, dass der Unterauftragsverarbeiter seinen Pflichten gemäß dem mit dem Datenimporteur geschlossenen Vertrag nachkommt. Der Datenimporteur benachrichtigt den Datenexporteur, wenn der Unterauftragsverarbeiter seinen Pflichten gemäß diesem Vertrag nicht nachkommt.

e) Der Datenimporteur vereinbart mit dem Unterauftragsverarbeiter eine Drittbegünstigtenklausel, wonach der Datenexporteur – sollte der Datenimporteur faktisch oder rechtlich nicht mehr bestehen oder zahlungsunfähig sein – das Recht hat, den Untervergabevertrag zu kündigen und den Unterauftragsverarbeiter anzuweisen, die personenbezogenen Daten zu löschen oder zurückzugeben.

---

[1] **Amtl. Anm.:** Diese Anforderung ist gegebenenfalls vom Unterauftragsverarbeiter zu erfüllen, der diesen Klauseln gemäß Klausel 7 im Rahmen des betreffenden Moduls beitritt.

Klausel 10. Rechte betroffener Personen
Modul Eins: Übermittlung von Verantwortlichen an Verantwortliche

a) Der Datenimporteur bearbeitet, gegebenenfalls mit Unterstützung des Datenexporteurs, alle Anfragen und Anträge einer betroffenen Person im Zusammenhang mit der Verarbeitung ihrer personenbezogenen Daten und der Ausübung ihrer Rechte gemäß diesen Klauseln unverzüglich, spätestens jedoch innerhalb eines Monats nach Eingang der Anfrage oder des Antrags.[1] Der Datenimporteur trifft geeignete Maßnahmen, um solche Anfragen und Anträge und die Ausübung der Rechte betroffener Personen zu erleichtern. Alle Informationen, die der betroffenen Person zur Verfügung gestellt werden, müssen in verständlicher und leicht zugänglicher Form vorliegen und in einer klaren und einfachen Sprache abgefasst sein.

b) Insbesondere unternimmt der Datenimporteur auf Antrag der betroffenen Person folgende Handlungen, wobei der betroffenen Person keine Kosten entstehen:

   i) Er legt der betroffenen Person eine Bestätigung darüber vor, ob sie betreffende personenbezogene Daten verarbeitet werden, und, falls dies der Fall ist, stellt er ihr eine Kopie der sie betreffenden Daten und die in Anhang I enthaltenen Informationen zur Verfügung; er stellt, falls personenbezogene Daten weiterübermittelt wurden oder werden, Informationen über die Empfänger oder Kategorien von Empfängern (je nach Bedarf zur Bereitstellung aussagekräftiger Informationen), an die die personenbezogenen Daten weiterübermittelt wurden oder werden, sowie über den Zweck dieser Weiterübermittlung und deren Grund gemäß Klausel 8.7 bereit; er informiert die betroffene Person über ihr Recht, gemäß Klausel 12 Buchstabe c Ziffer i bei einer Aufsichtsbehörde Beschwerde einzulegen;

   ii) er berichtigt unrichtige oder unvollständige Daten über die betroffene Person;

   iii) er löscht personenbezogene Daten, die sich auf die betroffene Person beziehen, wenn diese Daten unter Verstoß gegen eine dieser Klauseln, die Rechte als Drittbegünstigte gewährleisten, verarbeitet werden oder wurden oder wenn die betroffene Person ihre Einwilligung, auf die sich die Verarbeitung stützt, widerruft.

c) Verarbeitet der Datenimporteur die personenbezogenen Daten für Zwecke der Direktwerbung, so stellt er die Verarbeitung für diese Zwecke ein, wenn die betroffene Person Widerspruch dagegen einlegt.

d) Der Datenimporteur trifft keine Entscheidung, die ausschließlich auf der automatisierten Verarbeitung der übermittelten personenbezogenen Daten beruht (im Folgenden „automatisierte Entscheidung"), welche rechtliche Wirkung für die betroffene Person entfalten oder sie in ähnlicher Weise erheblich beeinträchtigen würde, es sei denn, die betroffene Person hat hierzu ihre ausdrückliche Einwilligung gegeben oder eine solche Verarbeitung ist nach den Rechtsvorschriften des Bestimmungslandes zulässig und in

---

[1] **Amtl. Anm.:** Diese Frist kann um höchstens zwei weitere Monate verlängert werden, wenn dies unter Berücksichtigung der Komplexität und der Anzahl von Anträgen erforderlich ist. Der Datenimporteur unterrichtet die betroffene Person ordnungsgemäß und unverzüglich über eine solche Verlängerung.

Standardvertragsklauseln   B (EU) 2021/914 38

diesen sind angemessene Maßnahmen zur Wahrung der Rechte und Freiheiten sowie der berechtigten Interessen der betroffenen Person festgelegt. In diesem Fall muss der Datenimporteur, erforderlichenfalls in Zusammenarbeit mit dem Datenexporteur,

i) die betroffene Person über die geplante automatisierte Entscheidung, die angestrebten Auswirkungen und die damit verbundene Logik unterrichten und

ii) geeignete Garantien umsetzen, die mindestens bewirken, dass die betroffene Person die Entscheidung anfechten, ihren Standpunkt darlegen und eine Überprüfung durch einen Menschen erwirken kann.

e) Bei exzessiven Anträgen einer betroffenen Person – insbesondere im Fall von häufiger Wiederholung – kann der Datenimporteur entweder eine angemessene Gebühr unter Berücksichtigung der Verwaltungskosten für die Erledigung des Antrags verlangen oder sich weigern, aufgrund des Antrags tätig zu werden.

f) Der Datenimporteur kann den Antrag einer betroffenen Person ablehnen, wenn eine solche Ablehnung nach den Rechtsvorschriften des Bestimmungslandes zulässig und in einer demokratischen Gesellschaft notwendig und verhältnismäßig ist, um eines der in Artikel 23 Absatz 1 der Verordnung (EU) 2016/679[1] aufgeführten Ziele zu schützen.

g) Beabsichtigt der Datenimporteur, den Antrag einer betroffenen Person abzulehnen, so unterrichtet er die betroffene Person über die Gründe für die Ablehnung und über die Möglichkeit, Beschwerde bei der zuständigen Aufsichtsbehörde einzulegen und/oder einen gerichtlichen Rechtsbehelf einzulegen.

Modul Zwei: Übermittlung von Verantwortlichen an Auftragsverarbeiter

a) Der Datenimporteur unterrichtet den Datenexporteur unverzüglich über jeden Antrag, den er von einer betroffenen Person erhalten hat. Er beantwortet diesen Antrag nicht selbst, es sei denn, er wurde vom Datenexporteur dazu ermächtigt.

b) Der Datenimporteur unterstützt den Datenexporteur bei der Erfüllung von dessen Pflicht, Anträge betroffener Personen auf Ausübung ihrer Rechte gemäß der Verordnung (EU) 2016/679[1] zu beantworten. Zu diesem Zweck legen die Parteien in Anhang II unter Berücksichtigung der Art der Verarbeitung die geeigneten technischen und organisatorischen Maßnahmen, durch die Unterstützung geleistet wird, sowie den Anwendungsbereich und den Umfang der erforderlichen Unterstützung fest.

c) Bei der Erfüllung seiner Pflichten gemäß den Buchstaben a und b befolgt der Datenimporteur die Weisungen des Datenexporteurs.

Modul Drei: Übermittlung von Auftragsverarbeitern an Auftragsverarbeiter

a) Der Datenimporteur unterrichtet den Datenexporteur und gegebenenfalls den Verantwortlichen unverzüglich über jeden Antrag, den er von einer

---

[1] Nr. 1.

betroffenen Person erhält; er beantwortet diesen Antrag erst dann, wenn er vom Verantwortlichen dazu ermächtigt wurde.

b) Der Datenimporteur unterstützt den Verantwortlichen, gegebenenfalls in Zusammenarbeit mit dem Datenexporteur, bei der Erfüllung von dessen Pflicht, Anträge betroffener Personen auf Ausübung ihrer Rechte gemäß der Verordnung (EU) 2016/679[1] bzw. der Verordnung (EU) 2018/1725 zu beantworten. Zu diesem Zweck legen die Parteien in Anhang II unter Berücksichtigung der Art der Verarbeitung die geeigneten technischen und organisatorischen Maßnahmen, durch die Unterstützung geleistet wird, sowie den Anwendungsbereich und den Umfang der erforderlichen Unterstützung fest.

c) Bei der Erfüllung seiner Pflichten gemäß den Buchstaben a und b befolgt der Datenimporteur die Weisungen des Verantwortlichen, die ihm vom Datenexporteur übermittelt wurden.

Modul Vier: Übermittlung von Auftragsverarbeitern an Verantwortliche

Die Parteien unterstützen sich gegenseitig bei der Beantwortung von Anfragen und Anträgen, die von betroffenen Personen gemäß den für den Datenimporteur geltenden lokalen Rechtsvorschriften oder – bei der Datenverarbeitung durch den Datenexporteur in der Union – gemäß der Verordnung (EU) 2016/679[1] gestellt werden.

Klausel 11. Rechtsbehelf

a) Der Datenimporteur informiert die betroffenen Personen in transparenter und leicht zugänglicher Form mittels individueller Benachrichtigung oder auf seiner Website über eine Anlaufstelle, die befugt ist, Beschwerden zu bearbeiten. Er bearbeitet umgehend alle Beschwerden, die er von einer betroffenen Person erhält.

[OPTION: Der Datenimporteur erklärt sich damit einverstanden, dass betroffene Personen eine Beschwerde auch bei einer unabhängigen Streitbeilegungsstelle[2] einreichen können, ohne dass für die betroffene Person Kosten entstehen. Er unterrichtet die betroffenen Personen in der unter Buchstabe a beschriebenen Weise über einen solchen Rechtsbehelfsmechanismus sowie darüber, dass sie nicht verpflichtet sind, davon Gebrauch zu machen oder bei der Einlegung eines Rechtsbehelfs eine bestimmte Reihenfolge einzuhalten.]

Modul Eins: Übermittlung von Verantwortlichen an Verantwortliche

Modul Zwei: Übermittlung von Verantwortlichen an Auftragsverarbeiter

Modul Drei: Übermittlung von Auftragsverarbeitern an Auftragsverarbeiter

b) Im Falle einer Streitigkeit zwischen einer betroffenen Person und einer der Parteien bezüglich der Einhaltung dieser Klauseln bemüht sich die betreffende Partei nach besten Kräften um eine zügige gütliche Beilegung. Die

---

[1] Nr. 1.
[2] **Amtl. Anm.:** Der Datenimporteur darf eine unabhängige Streitbeilegung über eine Schiedsstelle nur dann anbieten, wenn er in einem Land niedergelassen ist, das das New Yorker Übereinkommen über die Anerkennung und Vollstreckung ausländischer Schiedssprüche ratifiziert hat.

Parteien halten einander über derartige Streitigkeiten auf dem Laufenden und bemühen sich gegebenenfalls gemeinsam um deren Beilegung.

c) Macht die betroffene Person ein Recht als Drittbegünstigte gemäß Klausel 3 geltend, erkennt der Datenimporteur die Entscheidung der betroffenen Person an,

  i) eine Beschwerde bei der Aufsichtsbehörde des Mitgliedstaats ihres gewöhnlichen Aufenthaltsorts oder ihres Arbeitsorts oder bei der zuständigen Aufsichtsbehörde gemäß Klausel 13 einzureichen,

  ii) den Streitfall an die zuständigen Gerichte im Sinne der Klausel 18 zu verweisen.

d) Die Parteien erkennen an, dass die betroffene Person von einer Einrichtung, Organisation oder Vereinigung ohne Gewinnerzielungsabsicht gemäß Artikel 80 Absatz 1 der Verordnung (EU) 2016/679[1] vertreten werden kann.

e) Der Datenimporteur unterwirft sich einem nach geltendem Unionsrecht oder dem geltenden Recht eines Mitgliedstaats verbindlichen Beschluss.

f) Der Datenimporteur erklärt sich damit einverstanden, dass die Entscheidung der betroffenen Person nicht ihre materiellen Rechte oder Verfahrensrechte berührt, Rechtsbehelfe im Einklang mit geltenden Rechtsvorschriften einzulegen.

Klausel 12. Haftung

Modul Eins: Übermittlung von Verantwortlichen an Verantwortliche

Modul Vier: Übermittlung von Auftragsverarbeitern an Verantwortliche

a) Jede Partei haftet gegenüber der/den anderen Partei(en) für Schäden, die sie der/den anderen Partei(en) durch einen Verstoß gegen diese Klauseln verursacht.

b) Jede Partei haftet gegenüber der betroffenen Person, und die betroffene Person hat Anspruch auf Schadenersatz für jeden materiellen oder immateriellen Schaden, den die Partei der betroffenen Person verursacht, indem sie deren Rechte als Drittbegünstigte gemäß diesen Klauseln verletzt. Dies gilt unbeschadet der Haftung des Datenexporteurs gemäß der Verordnung (EU) 2016/679[1].

c) Ist mehr als eine Partei für Schäden verantwortlich, die der betroffenen Person infolge eines Verstoßes gegen diese Klauseln entstanden sind, so haften alle verantwortlichen Parteien gesamtschuldnerisch, und die betroffene Person ist berechtigt, gegen jede der Parteien gerichtlich vorzugehen.

d) Die Parteien erklären sich damit einverstanden, dass eine Partei, die nach Buchstabe c haftbar gemacht wird, berechtigt ist, von der/den anderen Partei(en) den Teil des Schadenersatzes zurückzufordern, der deren Verantwortung für den Schaden entspricht.

e) Der Datenimporteur kann sich nicht auf das Verhalten eines Auftragsverarbeiters oder Unterauftragsverarbeiters berufen, um sich seiner eigenen Haftung zu entziehen.

---

[1] Nr. 1.

Modul Zwei: Übermittlung von Verantwortlichen an Auftragsverarbeiter

Modul Drei: Übermittlung von Auftragsverarbeitern an Auftragsverarbeiter

a) Jede Partei haftet gegenüber der/den anderen Partei(en) für Schäden, die sie der/den anderen Partei(en) durch einen Verstoß gegen diese Klauseln verursacht.

b) Der Datenimporteur haftet gegenüber der betroffenen Person, und die betroffene Person hat Anspruch auf Schadenersatz für jeden materiellen oder immateriellen Schaden, den der Datenimporteur oder sein Unterauftragsverarbeiter der betroffenen Person verursacht, indem er deren Rechte als Drittbegünstigte gemäß diesen Klauseln verletzt.

c) Ungeachtet von Buchstabe b haftet der Datenimporteur gegenüber der betroffenen Person, und die betroffene Person hat Anspruch auf Schadenersatz für jeden materiellen oder immateriellen Schaden, den der Datenexporteur oder der Datenimporteur (oder dessen Unterauftragsverarbeiter) der betroffenen Person verursacht, indem er oder deren Rechte als Drittbegünstigte gemäß diesen Klauseln verletzt. Dies gilt unbeschadet der Haftung des Datenexporteurs und, sofern der Datenexporteur ein im Auftrag eines Verantwortlichen handelnder Auftragsverarbeiter ist, unbeschadet der Haftung des Verantwortlichen gemäß der Verordnung (EU) 2016/679[1]) oder gegebenenfalls der Verordnung (EU) 2018/1725.

d) Die Parteien erklären sich damit einverstanden, dass der Datenexporteur, der nach Buchstabe c für durch den Datenimporteur (oder dessen Unterauftragsverarbeiter) verursachte Schäden haftet, berechtigt ist, vom Datenimporteur den Teil des Schadenersatzes zurückzufordern, der der Verantwortung des Datenimporteurs für den Schaden entspricht.

e) Ist mehr als eine Partei für Schäden verantwortlich, die der betroffenen Person infolge eines Verstoßes gegen diese Klauseln entstanden sind, so haften alle verantwortlichen Parteien gesamtschuldnerisch, und die betroffene Person ist berechtigt, gegen jede der Parteien gerichtlich vorzugehen.

f) Die Parteien erklären sich damit einverstanden, dass eine Partei, die nach Buchstabe e haftbar gemacht wird, berechtigt ist, von der/den anderen Partei(en) den Teil des Schadenersatzes zurückzufordern, der deren Verantwortung für den Schaden entspricht.

g) Der Datenimporteur kann sich nicht auf das Verhalten eines Unterauftragsverarbeiters berufen, um sich seiner eigenen Haftung *entziehen*[2]).

Klausel 13. Aufsicht

Modul Eins: Übermittlung von Verantwortlichen an Verantwortliche

Modul Zwei: Übermittlung von Verantwortlichen an Auftragsverarbeiter

Modul Drei: Übermittlung von Auftragsverarbeitern an Auftragsverarbeiter

a) [Wenn der Datenexporteur in einem EU-Mitgliedstaat niedergelassen ist:] Die Aufsichtsbehörde, die dafür verantwortlich ist, sicherzustellen, dass der

---

[1]) Nr. 1.

Standardvertragsklauseln B (EU) 2021/914 38

Datenexporteur bei Datenübermittlungen die Verordnung (EU) 2016/679[1] einhält, fungiert als zuständige Aufsichtsbehörde (entsprechend der Angabe in Anhang I.C).

[Wenn der Datenexporteur nicht in einem EU-Mitgliedstaat niedergelassen ist, aber nach Artikel 3 Absatz 2 der Verordnung (EU) 2016/679 in den räumlichen Anwendungsbereich dieser Verordnung fällt und einen Vertreter gemäß Artikel 27 Absatz 1 der Verordnung (EU) 2016/679 benannt hat:] Die Aufsichtsbehörde des Mitgliedstaats, in dem der Vertreter nach Artikel 27 Absatz 1 der Verordnung (EU) 2016/679 niedergelassen ist, fungiert als zuständige Aufsichtsbehörde (entsprechend der Angabe in Anhang I.C).

[Wenn der Datenexporteur nicht in einem EU-Mitgliedstaat niedergelassen ist, aber nach Artikel 3 Absatz 2 der Verordnung (EU) 2016/679 in den räumlichen Anwendungsbereich dieser Verordnung fällt, ohne jedoch einen Vertreter gemäß Artikel 27 Absatz 2 der Verordnung (EU) 2016/679 benennen zu müssen:] Die Aufsichtsbehörde eines der Mitgliedstaaten, in denen die betroffenen Personen niedergelassen sind, deren personenbezogene Daten gemäß diesen Klauseln im Zusammenhang mit den ihnen angebotenen Waren oder Dienstleistungen übermittelt werden oder deren Verhalten beobachtet wird, fungiert als zuständige Aufsichtsbehörde (entsprechend der Angabe in Anhang I.C).

b) Der Datenimporteur erklärt sich damit einverstanden, sich der Zuständigkeit der zuständigen Aufsichtsbehörde zu unterwerfen und bei allen Verfahren, mit denen die Einhaltung dieser Klauseln sichergestellt werden soll, mit ihr zusammenzuarbeiten. Insbesondere erklärt sich der Datenimporteur damit einverstanden, Anfragen zu beantworten, sich Prüfungen zu unterziehen und den von der Aufsichtsbehörde getroffenen Maßnahmen, darunter auch Abhilfemaßnahmen und Ausgleichsmaßnahmen, nachzukommen. Er bestätigt der Aufsichtsbehörde in schriftlicher Form, dass die erforderlichen Maßnahmen ergriffen wurden.

Abschnitt III. Lokale Rechtsvorschriften und Pflichten im Falle des Zugangs von Behörden zu den Daten

Klausel 14. Lokale Rechtsvorschriften und Gepflogenheiten, die sich auf die Einhaltung der Klauseln auswirken

Modul Eins: Übermittlung von Verantwortlichen an Verantwortliche

Modul Zwei: Übermittlung von Verantwortlichen an Auftragsverarbeiter

Modul Drei: Übermittlung von Auftragsverarbeitern an Auftragsverarbeiter

Modul Vier: Übermittlung von Auftragsverarbeitern an Verantwortliche *(wenn der in der EU ansässige Auftragsverarbeiter die von dem im Drittland ansässigen Verantwortlichen erhaltenen personenbezogenen Daten mit personenbezogenen Daten kombiniert, die vom Auftragsverarbeiter in der EU erhoben wurden)*

a) Die Parteien sichern zu, keinen Grund zu der Annahme zu haben, dass die für die Verarbeitung personenbezogener Daten durch den Datenimporteur

---

[1] Nr. 1.

geltenden Rechtsvorschriften und Gepflogenheiten im Bestimmungsdrittland, einschließlich Anforderungen zur Offenlegung personenbezogener Daten oder Maßnahmen, die öffentlichen Behörden den Zugang zu diesen Daten gestatten, den Datenimporteur an der Erfüllung seiner Pflichten gemäß diesen Klauseln hindern. Dies basiert auf dem Verständnis, dass Rechtsvorschriften und Gepflogenheiten, die den Wesensgehalt der Grundrechte und Grundfreiheiten achten und nicht über Maßnahmen hinausgehen, die in einer demokratischen Gesellschaft notwendig und verhältnismäßig sind, um eines der in Artikel 23 Absatz 1 der Verordnung (EU) 2016/679[1]) aufgeführten Ziele sicherzustellen, nicht im Widerspruch zu diesen Klauseln stehen.

b) Die Parteien erklären, dass sie hinsichtlich der Zusicherung in Buchstabe a insbesondere die folgenden Aspekte gebührend berücksichtigt haben:

  i) die besonderen Umstände der Übermittlung, einschließlich der Länge der Verarbeitungskette, der Anzahl der beteiligten Akteure und der verwendeten Übertragungskanäle, beabsichtigte Datenweiterleitungen, die Art des Empfängers, den Zweck der Verarbeitung, die Kategorien und das Format der übermittelten personenbezogenen Daten, den Wirtschaftszweig, in dem die Übertragung erfolgt, den Speicherort der übermittelten Daten,

  ii) die angesichts der besonderen Umstände der Übermittlung relevanten Rechtsvorschriften und Gepflogenheiten des Bestimmungsdrittlandes (einschließlich solcher, die die Offenlegung von Daten gegenüber Behörden vorschreiben oder den Zugang von Behörden zu diesen Daten gestatten) sowie die geltenden Beschränkungen und Garantien,[2])

  iii) alle relevanten vertraglichen, technischen oder organisatorischen Garantien, die zur Ergänzung der Garantien gemäß diesen Klauseln eingerichtet wurden, einschließlich Maßnahmen, die während der Übermittlung und bei der Verarbeitung personenbezogener Daten im Bestimmungsland angewandt werden.

c) Der Datenimporteur versichert, dass er sich im Rahmen der Beurteilung nach Buchstabe b nach besten Kräften bemüht hat, dem Datenexporteur sachdienliche Informationen zur Verfügung zu stellen, und erklärt sich damit

---

[1]) Nr. 1.

[2]) **Amtl. Anm.:** Zur Ermittlung der Auswirkungen derartiger Rechtsvorschriften und Gepflogenheiten auf die Einhaltung dieser Klauseln können in die Gesamtbeurteilung verschiedene Elemente einfließen. Diese Elemente können einschlägige und dokumentierte praktische Erfahrungen im Hinblick darauf umfassen, ob es bereits früher Ersuchen um Offenlegung seitens Behörden gab, die einen hinreichend repräsentativen Zeitrahmen abdecken, oder ob es solche Ersuchen nicht gab. Dies betrifft insbesondere interne Aufzeichnungen oder sonstige Belege, die fortlaufend mit gebührender Sorgfalt erstellt und von leitender Ebene bestätigt wurden, sofern diese Informationen rechtmäßig an Dritte weitergegeben werden können. Sofern anhand dieser praktischen Erfahrungen der Schluss gezogen wird, dass dem Datenimporteur die Einhaltung dieser Klauseln nicht unmöglich ist, muss dies durch weitere relevante objektive Elemente untermauert werden; den Parteien obliegt die sorgfältige Prüfung, ob alle diese Elemente ausreichend zuverlässig und repräsentativ sind, um die getroffene Schlussfolgerung zu bekräftigen. Insbesondere müssen die Parteien berücksichtigen, ob ihre praktische Erfahrung durch öffentlich verfügbare oder anderweitig zugängliche zuverlässige Informationen über das Vorhandensein oder Nicht-Vorhandensein von Ersuchen innerhalb desselben Wirtschaftszweigs und/oder über die Anwendung der Rechtsvorschriften in der Praxis, wie Rechtsprechung und Berichte unabhängiger Aufsichtsgremien, erhärtet und nicht widerlegt wird.

einverstanden, dass er mit dem Datenexporteur weiterhin zusammenarbeiten wird, um die Einhaltung dieser Klauseln zu gewährleisten.

d) Die Parteien erklären sich damit einverstanden, die Beurteilung nach Buchstabe b zu dokumentieren und sie der zuständigen Aufsichtsbehörde auf Anfrage zur Verfügung zu stellen.

e) Der Datenimporteur erklärt sich damit einverstanden, während der Laufzeit des Vertrags den Datenexporteur unverzüglich zu benachrichtigen, wenn er nach Zustimmung zu diesen Klauseln Grund zu der Annahme hat, dass für ihn Rechtsvorschriften oder Gepflogenheiten gelten, die nicht mit den Anforderungen in Buchstabe a im Einklang stehen; hierunter fällt auch eine Änderung der Rechtsvorschriften des Drittlandes oder eine Maßnahme (z.B. ein Offenlegungsersuchen), die sich auf eine nicht mit den Anforderungen in Buchstabe a im Einklang stehende Anwendung dieser Rechtsvorschriften in der Praxis bezieht. [In Bezug auf Modul drei: Der Datenexporteur leitet die Benachrichtigung an den Verantwortlichen weiter.]

f) Nach einer Benachrichtigung gemäß Buchstabe e oder wenn der Datenexporteur anderweitig Grund zu der Annahme hat, dass der Datenimporteur seinen Pflichten gemäß diesen Klauseln nicht mehr nachkommen kann, ermittelt der Datenexporteur unverzüglich geeignete Maßnahmen (z.B. technische oder organisatorische Maßnahmen zur Gewährleistung der Sicherheit und Vertraulichkeit), die der Datenexporteur und/oder der Datenimporteur ergreifen müssen, um Abhilfe zu schaffen, [in Bezug auf Modul drei: gegebenenfalls in Absprache mit dem Verantwortlichen]. Der Datenexporteur setzt die Datenübermittlung aus, wenn er der Auffassung ist, dass keine geeigneten Garantien für eine derartige Übermittlung gewährleistet werden können, oder wenn er [in Bezug Modul drei: vom Verantwortlichen oder] von der dafür zuständigen Aufsichtsbehörde dazu angewiesen wird. In diesem Fall ist der Datenexporteur berechtigt, den Vertrag zu kündigen, soweit es um die Verarbeitung personenbezogener Daten gemäß diesen Klauseln geht. Sind mehr als zwei Parteien an dem Vertrag beteiligt, so kann der Datenexporteur von diesem Kündigungsrecht nur gegenüber der verantwortlichen Partei Gebrauch machen, sofern die Parteien nichts anderes vereinbart haben. Wird der Vertrag gemäß dieser Klausel gekündigt, finden Klausel 16 Buchstaben d und e Anwendung.

Klausel 15. Pflichten des Datenimporteurs im Falle des Zugangs von Behörden zu den Daten

Modul Eins: Übermittlung von Verantwortlichen an Verantwortliche

Modul Zwei: Übermittlung von Verantwortlichen an Auftragsverarbeiter

Modul Drei: Übermittlung von Auftragsverarbeitern an Auftragsverarbeiter

Modul Vier: Übermittlung von Auftragsverarbeitern an Verantwortliche *(wenn der in der EU ansässige Auftragsverarbeiter die von dem im Drittland ansässigen Verantwortlichen erhaltenen personenbezogenen Daten mit personenbezogenen Daten kombiniert, die vom Auftragsverarbeiter in der EU erhoben wurden)*

15.1. Benachrichtigung

a) Der Datenimporteur erklärt sich damit einverstanden, den Datenexporteur und, soweit möglich, die betroffene Person (gegebenenfalls mit Unterstützung des Datenexporteurs) unverzüglich zu benachrichtigen,

  i) wenn er von einer Behörde, einschließlich Justizbehörden, ein nach den Rechtsvorschriften des Bestimmungslandes rechtlich bindendes Ersuchen um Offenlegung personenbezogener Daten erhält, die gemäß diesen Klauseln übermittelt werden (diese Benachrichtigung muss Informationen über die angeforderten personenbezogenen Daten, die ersuchende Behörde, die Rechtsgrundlage des Ersuchens und die mitgeteilte Antwort enthalten), oder

  ii) wenn er Kenntnis davon erlangt, dass eine Behörde nach den Rechtsvorschriften des Bestimmungslandes direkten Zugang zu personenbezogenen Daten hat, die gemäß diesen Klauseln übermittelt wurden; diese Benachrichtigung muss alle dem Datenimporteur verfügbaren Informationen enthalten.

[In Bezug auf Modul drei: Der Datenexporteur leitet die Benachrichtigung an den Verantwortlichen weiter.]

b) Ist es dem Datenimporteur gemäß den Rechtsvorschriften des Bestimmungslandes untersagt, den Datenexporteur und/oder die betroffene Person zu benachrichtigen, so erklärt sich der Datenimporteur einverstanden, sich nach besten Kräften um eine Aufhebung des Verbots zu bemühen, damit möglichst viele Informationen so schnell wie möglich mitgeteilt werden können. Der Datenimporteur verpflichtet sich, seine Anstrengungen zu dokumentieren, um diese auf Verlangen des Datenexporteurs nachweisen zu können.

c) Soweit dies nach den Rechtsvorschriften des Bestimmungslandes zulässig ist, erklärt sich der Datenimporteur bereit, dem Datenexporteur während der Vertragslaufzeit in regelmäßigen Abständen möglichst viele sachdienliche Informationen über die eingegangenen Ersuchen zur Verfügung zu stellen (insbesondere Anzahl der Ersuchen, Art der angeforderten Daten, ersuchende Behörde(n), ob Ersuchen angefochten wurden und das Ergebnis solcher Anfechtungen usw.). [In Bezug auf Modul drei: Der Datenexporteur leitet die Informationen an den Verantwortlichen weiter.]

d) Der Datenimporteur erklärt sich damit einverstanden, die Informationen gemäß den Buchstaben a bis c während der Vertragslaufzeit aufzubewahren und der zuständigen Aufsichtsbehörde auf Anfrage zur Verfügung zu stellen.

e) Die Buchstaben a bis c gelten unbeschadet der Pflicht des Datenimporteurs gemäß Klausel 14 Buchstabe e und Klausel 16, den Datenexporteur unverzüglich zu informieren, wenn er diese Klauseln nicht einhalten kann.

15.2. Überprüfung der Rechtmäßigkeit und Datenminimierung

a) Der Datenimporteur erklärt sich damit einverstanden, die Rechtmäßigkeit des Offenlegungsersuchens zu überprüfen, insbesondere ob das Ersuchen im Rahmen der Befugnisse liegt, die der ersuchenden Behörde übertragen wurden, und das Ersuchen anzufechten, wenn er nach sorgfältiger Beurteilung zu dem Schluss kommt, dass hinreichende Gründe zu der Annahme bestehen, dass das Ersuchen nach den Rechtsvorschriften des Bestimmungslandes, gemäß geltenden völkerrechtlichen Verpflichtungen und nach den Grundsätzen der Völkercourtoisie rechtswidrig ist. Unter den genannten

Bedingungen sind vom Datenimporteur mögliche Rechtsmittel einzulegen. Bei der Anfechtung eines Ersuchens erwirkt der Datenimporteur einstweilige Maßnahmen, um die Wirkung des Ersuchens auszusetzen, bis die zuständige Justizbehörde über dessen Begründetheit entschieden hat. Er legt die angeforderten personenbezogenen Daten erst offen, wenn dies nach den geltenden Verfahrensregeln erforderlich ist. Diese Anforderungen gelten unbeschadet der Pflichten des Datenimporteurs gemäß Klausel 14 Buchstabe e.

b) Der Datenimporteur erklärt sich damit einverstanden, seine rechtliche Beurteilung und eine etwaige Anfechtung des Offenlegungsersuchens zu dokumentieren und diese Unterlagen dem Datenexporteur zur Verfügung zu stellen, soweit dies nach den Rechtsvorschriften des Bestimmungslandes zulässig ist. Auf Anfrage stellt er diese Unterlagen auch der zuständigen Aufsichtsbehörde zur Verfügung. [In Bezug auf Modul drei: Der Datenexporteur stellt die Beurteilung dem Verantwortlichen zur Verfügung.]

c) Der Datenimporteur erklärt sich damit einverstanden, bei der Beantwortung eines Offenlegungsersuchens auf der Grundlage einer vernünftigen Auslegung des Ersuchens die zulässige Mindestmenge an Informationen bereitzustellen.

Abschnitt IV. Schlussbestimmungen
Klausel 16. Verstöße gegen die Klauseln und Beendigung des Vertrags

a) Der Datenimporteur unterrichtet den Datenexporteur unverzüglich, wenn er aus welchen Gründen auch immer nicht in der Lage ist, diese Klauseln einzuhalten.

b) Verstößt der Datenimporteur gegen diese Klauseln oder kann er diese Klauseln nicht einhalten, setzt der Datenexporteur die Übermittlung personenbezogener Daten an den Datenimporteur aus, bis der Verstoß beseitigt oder der Vertrag beendet ist. Dies gilt unbeschadet von Klausel 14 Buchstabe f.

c) Der Datenexporteur ist berechtigt, den Vertrag zu kündigen, soweit er die Verarbeitung personenbezogener Daten gemäß diesen Klauseln betrifft, wenn

   i) der Datenexporteur die Übermittlung personenbezogener Daten an den Datenimporteur gemäß Buchstabe b ausgesetzt hat und die Einhaltung dieser Klauseln nicht innerhalb einer angemessenen Frist, in jedem Fall aber innerhalb einer einmonatigen Aussetzung, wiederhergestellt wurde,

   ii) der Datenimporteur in erheblichem Umfang oder fortdauernd gegen diese Klauseln verstößt oder

   iii) der Datenimporteur einer verbindlichen Entscheidung eines zuständigen Gerichts oder einer zuständigen Aufsichtsbehörde, die seine Pflichten gemäß diesen Klauseln zum Gegenstand hat, nicht nachkommt.

In diesen Fällen unterrichtet der Datenexporteur die zuständige Aufsichtsbehörde [in Bezug auf Modul drei: und den Verantwortlichen] über derartige Verstöße. Sind mehr als zwei Parteien an dem Vertrag beteiligt, so kann der Datenexporteur von diesem Kündigungsrecht nur gegenüber der verantwortlichen Partei Gebrauch machen, sofern die Parteien nichts anderes vereinbart haben.

d) [In Bezug auf die Module eins, zwei und drei: Personenbezogene Daten, die vor Beendigung des Vertrags gemäß Buchstabe c übermittelt wurden, müssen nach Wahl des Datenexporteurs unverzüglich an diesen zurückgegeben oder vollständig gelöscht werden. Dies gilt gleichermaßen für alle Kopien der Daten.] [In Bezug auf Modul vier: Von dem in der EU ansässigen Datenexporteur erhobene personenbezogene Daten, die vor Beendigung des Vertrags gemäß Buchstabe c übermittelt wurden, müssen unverzüglich vollständig gelöscht werden, einschließlich aller Kopien.] Der Datenimporteur bescheinigt dem Datenexporteur die Löschung. Bis zur Löschung oder Rückgabe der Daten stellt der Datenimporteur weiterhin die Einhaltung dieser Klauseln sicher. Falls für den Datenimporteur lokale Rechtsvorschriften gelten, die ihm die Rückgabe oder Löschung der übermittelten personenbezogenen Daten untersagen, sichert der Datenimporteur zu, dass er die Einhaltung dieser Klauseln auch weiterhin gewährleistet und diese Daten nur in dem Umfang und so lange verarbeitet, wie dies gemäß den betreffenden lokalen Rechtsvorschriften erforderlich ist.

e) Jede Partei kann ihre Zustimmung widerrufen, durch diese Klauseln gebunden zu sein, wenn i) die Europäische Kommission einen Beschluss nach Artikel 45 Absatz 3 der Verordnung (EU) 2016/679[1]) erlässt, der sich auf die Übermittlung personenbezogener Daten bezieht, für die diese Klauseln gelten, oder ii) die Verordnung (EU) 2016/679 Teil des Rechtsrahmens des Landes wird, an das die personenbezogenen Daten übermittelt werden. Dies gilt unbeschadet anderer Verpflichtungen, die für die betreffende Verarbeitung gemäß der Verordnung (EU) 2016/679 gelten.

Klausel 17. Anwendbares Recht

Modul Eins: Übermittlung von Verantwortlichen an Verantwortliche

Modul Zwei: Übermittlung von Verantwortlichen an Auftragsverarbeiter

Modul Drei: Übermittlung von Auftragsverarbeitern an Auftragsverarbeiter

[OPTION 1: Diese Klauseln unterliegen dem Recht eines der EU-Mitgliedstaaten, sofern dieses Recht Rechte als Drittbegünstigte zulässt. Die Parteien vereinbaren, dass dies das Recht von _____ *(Mitgliedstaat angeben)* ist.]

[OPTION 2 (in Bezug auf die Module zwei und drei): Diese Klauseln unterliegen dem Recht des EU-Mitgliedstaats, in dem der Datenexporteur niedergelassen ist. Wenn dieses Recht keine Rechte als Drittbegünstigte zulässt, unterliegen diese Klauseln dem Recht eines anderen EU-Mitgliedstaats, das Rechte als Drittbegünstigte zulässt. Die Parteien vereinbaren, dass dies das Recht von _____ *(Mitgliedstaat angeben)* ist.]

Modul Vier: Übermittlung von Auftragsverarbeitern an Verantwortliche

Diese Klauseln unterliegen dem Recht eines Landes, das Rechte als Drittbegünstigte zulässt. Die Parteien vereinbaren, dass dies das Recht von _____ *(Land angeben)* ist.

---

[1]) Nr. 1.

Klausel 18. Gerichtsstand und Zuständigkeit

Modul Eins: Übermittlung von Verantwortlichen an Verantwortliche

Modul Zwei: Übermittlung von Verantwortlichen an Auftragsverarbeiter

Modul Drei: Übermittlung von Auftragsverarbeitern an Auftragsverarbeiter

a) Streitigkeiten, die sich aus diesen Klauseln ergeben, werden von den Gerichten eines EU-Mitgliedstaats beigelegt.

b) Die Parteien vereinbaren, dass dies die Gerichte von _____ *(Mitgliedstaat angeben)* sind.

c) Eine betroffene Person kann Klage gegen den Datenexporteur und/oder den Datenimporteur auch vor den Gerichten des Mitgliedstaats erheben, in dem sie ihren gewöhnlichen Aufenthaltsort hat.

d) Die Parteien erklären sich damit einverstanden, sich der Zuständigkeit dieser Gerichte zu unterwerfen.

Modul Vier: Übermittlung von Auftragsverarbeitern an Verantwortliche

Streitigkeiten, die sich aus diesen Klauseln ergeben, werden von den Gerichten von _____ *(Land angeben)* beigelegt.

Anlage

ERLÄUTERUNG:

Es muss möglich sein, die für jede Datenübermittlung oder jede Kategorie von Datenübermittlungen geltenden Informationen klar voneinander zu unterscheiden und in diesem Zusammenhang die jeweilige(n) Rolle(n) der Parteien als Datenexporteur(e) und/oder Datenimporteur(e) zu bestimmen. Dies erfordert nicht zwingend, dass für jede Datenübermittlung bzw. jede Kategorie von Datenübermittlungen und/oder für jedes Vertragsverhältnis getrennte Anlagen ausgefüllt und unterzeichnet werden müssen, sofern die geforderte Transparenz bei Verwendung einer einzigen Anlage erzielt werden kann. Erforderlichenfalls sollten getrennte Anlagen verwendet werden, um ausreichende Klarheit zu gewährleisten.

Anhang I

A. **Liste der Parteien**

Modul Eins: Übermittlung von Verantwortlichen an Verantwortliche

Modul Zwei: Übermittlung von Verantwortlichen an Auftragsverarbeiter

Modul Drei: Übermittlung von Auftragsverarbeitern an Auftragsverarbeiter

Modul Vier: Übermittlung von Auftragsverarbeitern an Verantwortliche

Datenexporteur(e): [*Name und Kontaktdaten des Datenexporteurs/der Datenexporteure und gegebenenfalls seines/ihres Datenschutzbeauftragten und/oder Vertreters in der Europäischen Union*]

1. Name: ....
   Anschrift: ....
   Name, Funktion und Kontaktdaten der Kontaktperson: ....
   Tätigkeiten, die für die gemäß diesen Klauseln übermittelten Daten von Belang sind: ....
   Unterschrift und Datum: ....
   Rolle (Verantwortlicher/Auftragsverarbeiter): ....
2. ....

Datenimporteur(e): [*Name und Kontaktdaten des Datenexporteurs/der Datenimporteure, einschließlich jeder für den Datenschutz zuständigen Kontaktperson*]

1. Name: ....
   Anschrift: ....
   Name, Funktion und Kontaktdaten der Kontaktperson: ....
   Tätigkeiten, die für die gemäß diesen Klauseln übermittelten Daten von Belang sind: ....
   Unterschrift und Datum: ....
   Rolle (Verantwortlicher/Auftragsverarbeiter): ....
2. ....

B. **Beschreibung der Datenübermittlung**

Modul Eins: Übermittlung von Verantwortlichen an Verantwortliche

Modul Zwei: Übermittlung von Verantwortlichen an Auftragsverarbeiter

Modul Drei: Übermittlung von Auftragsverarbeitern an Auftragsverarbeiter

Modul Vier: Übermittlung von Auftragsverarbeitern an Verantwortliche

Kategorien betroffener Personen, deren personenbezogene Daten übermittelt werden

....

Kategorien der übermittelten personenbezogenen Daten

....

Übermittelte sensible Daten (falls zutreffend) und angewandte Beschränkungen oder Garantien, die der Art der Daten und den verbundenen Risiken in vollem Umfang Rechnung tragen, z.B. strenge Zweckbindung, Zugangsbeschränkungen (einschließlich des Zugangs nur für Mitarbeiter, die eine spezielle Schulung absolviert haben), Aufzeichnungen über den Zugang zu den Daten, Beschränkungen für Weiterübermittlungen oder zusätzliche Sicherheitsmaßnahmen

....

Häufigkeit der Übermittlung (z.B. ob die Daten einmalig oder kontinuierlich übermittelt werden)

....

Art der Verarbeitung

....

Zweck(e) der Datenübermittlung und Weiterverarbeitung

....

Dauer, für die die personenbezogenen Daten gespeichert werden, oder, falls dies nicht möglich ist, die Kriterien für die Festlegung dieser Dauer

....

Bei Datenübermittlungen an (Unter-)Auftragsverarbeiter sind auch Gegenstand, Art und Dauer der Verarbeitung anzugeben.

....

C. **Zuständige Aufsichtsbehörde**
   Modul Eins: Übermittlung von Verantwortlichen an Verantwortliche
   Modul Zwei: Übermittlung von Verantwortlichen an Auftragsverarbeiter
   Modul Drei: Übermittlung von Auftragsverarbeitern an Auftragsverarbeiter
   Angabe der zuständigen Aufsichtsbehörde(n) gemäß Klausel 13

....

Anhang II. Technische und organisatorische Maßnahmen, einschließlich zur Gewährleistung der Sicherheit der Daten

Modul Eins: Übermittlung von Verantwortlichen an Verantwortliche
Modul Zwei: Übermittlung von Verantwortlichen an Auftragsverarbeiter
Modul Drei: Übermittlung von Auftragsverarbeitern an Auftragsverarbeiter
ERLÄUTERUNG:
Die technischen und organisatorischen Maßnahmen müssen konkret (nicht allgemein) beschrieben werden. Beachten Sie hierzu bitte auch die allgemeine Erläuterung auf der ersten Seite der Anlage; insbesondere ist klar anzugeben,

welche Maßnahmen für jede Datenübermittlung bzw. jede Kategorie von Datenübermittlungen gelten.

Beschreibung der von dem/den Datenimporteur(en) ergriffenen technischen und organisatorischen Maßnahmen (einschließlich aller relevanten Zertifizierungen) zur Gewährleistung eines angemessenen Schutzniveaus unter Berücksichtigung der Art, des Umfangs, der Umstände und des Zwecks der Verarbeitung sowie der Risiken für die Rechte und Freiheiten natürlicher Personen

[[1]]*Beispiele für mögliche Maßnahmen:*

Maßnahmen der Pseudonymisierung und Verschlüsselung personenbezogener Daten

Maßnahmen zur fortdauernden Sicherstellung der Vertraulichkeit, Integrität, Verfügbarkeit und Belastbarkeit der Systeme und Dienste im Zusammenhang mit der Verarbeitung

Maßnahmen zur Sicherstellung der Fähigkeit, die Verfügbarkeit der personenbezogenen Daten und den Zugang zu ihnen bei einem physischen oder technischen Zwischenfall rasch wiederherzustellen

Verfahren zur regelmäßigen Überprüfung, Bewertung und Evaluierung der Wirksamkeit der technischen und organisatorischen Maßnahmen zur Gewährleistung der Sicherheit der Verarbeitung

Maßnahmen zur Identifizierung und Autorisierung der Nutzer

Maßnahmen zum Schutz der Daten während der Übermittlung

Maßnahmen zum Schutz der Daten während der Speicherung

Maßnahmen zur Gewährleistung der physischen Sicherheit von Orten, an denen personenbezogene Daten verarbeitet werden

Maßnahmen zur Gewährleistung der Protokollierung von Ereignissen

Maßnahmen zur Gewährleistung der Systemkonfiguration, einschließlich der Standardkonfiguration

Maßnahmen für die interne Governance und Verwaltung der IT und der IT-Sicherheit

Maßnahmen zur Zertifizierung/Qualitätssicherung von Prozessen und Produkten

Maßnahmen zur Gewährleistung der Datenminimierung

Maßnahmen zur Gewährleistung der Datenqualität

Maßnahmen zur Gewährleistung einer begrenzten Vorratsdatenspeicherung

Maßnahmen zur Gewährleistung der Rechenschaftspflicht

Maßnahmen zur Ermöglichung der Datenübertragbarkeit und zur Gewährleistung der Löschung

Bei Datenübermittlungen an (Unter-)Auftragsverarbeiter sind auch die spezifischen technischen und organisatorischen Maßnahmen zu beschreiben, die der (Unter-)Auftragsverarbeiter zur Unterstützung des Verantwortlichen und (bei Datenübermittlungen von einem Auftragsverarbeiter an einen Unterauftragsverarbeiter) zur Unterstützung des Datenexporteurs ergreifen muss.

---

[1] Zeichensetzung amtlich.

Anhang III. Liste der Unterauftragsverarbeiter

Modul Zwei: Übermittlung von Verantwortlichen an Auftragsverarbeiter

Modul Drei: Übermittlung von Auftragsverarbeitern an Auftragsverarbeiter

ERLÄUTERUNG:

Dieser Anhang muss für die Module zwei und drei im Falle einer gesonderten Genehmigung von Unterauftragsverarbeitern ausgefüllt werden (Klausel 9 Buchstabe a, Option 1).

Der Verantwortliche hat die Inanspruchnahme folgender Unterauftragsverarbeiter genehmigt:

1. Name: ....
   Anschrift:..
   Name, Funktion und Kontaktdaten der Kontaktperson:...........................
   Beschreibung der Verarbeitung (einschließlich einer klaren Abgrenzung der Verantwortlichkeiten, falls mehrere Unterauftragsverarbeiter genehmigt werden): ....
2. ....

Sachverzeichnis

Die fetten Zahlen bezeichnen die Gesetze, die mageren Zahlen
bezeichnen deren Paragraphen.
Die Buchstaben ä, ö und ü sind wie a, o und u in das
Alphabet eingeordnet.

Abhilfeverfahren, Nutzerbeschwerden **9** 10b

Abhören des außerhalb von Wohnungen gesprochenen Wortes **20** 100f; des in Wohnungen gesprochenen Wortes **20** 100c f.

Abhörverbot 8 5

Abrechnung der Apotheken und weiterer Stellen **28** 300; der Hebammen **28** 301a; von im Notfall erbrachten Leistungen **28** 295a; der sonstigen Leistungserbringer **28** 302; der von Hebammen geleiteten Einrichtungen **28** 301a

Abschiebung, Ausweisung und Auslieferung, Schutz bei **4** 19

Abwehransprüche 10 69

abweichende Vereinbarungen 10 71

Akteneinsicht, Anspruch nach BBG **22** 110; Anspruch nach BetrVG **23** 83; Anspruch nach IFG **7** 1; Anspruch nach VwVfG **19** 29; Antrag und Verfahren **7** 7 bis 9; Ausschluss des Anspruchs **7** 3 bis 6; Entscheidungsbefugnis **20** 478; zu Forschungszwecken **20** 476; Gebühren und Auslagen **7** 10; für Justizbehörden und andere öffentliche Stellen **20** 474; für Privatpersonen und sonstige Stellen **20** 475; Rechtsweg **7** 9; s. a. *Informationsfreiheit*

Allgemeine Geschäftsbedingungen, Videosharingplattform-Anbieter **9** 10c

ältere Menschen, Rechte **4** 25

Amtshilfe der Aufsichtsbehörden **1** 61; **2** 50; Begriff **19** 4; der oder des Bundesbeauftragten **6** 82; Durchführung **19** 7; Voraussetzungen und Grenzen **19** 5

Anbieter von Telemedien Begriff **8** 2

Anbieterwechsel 10 59

Anforderungskatalog für gespeicherte Daten **10** 180

Angebotspakete 10 66

Angemessenheitsbeschluss zur Datenübermittlung 1 45; **2** 36; **6** 78

Anhörung Beteiligter im Verwaltungsverfahren **19** 28

Annahmestellen 27 97

Anrufweiterschaltung, automatische **8** 16

Anspruch auf Einzelverbindungsnachweis **10** 65

Anspruch der Versicherten auf Übertragung in die elektronische Patientenakte, Behandlungsdaten durch Krankenhäuser **28** 348, durch Leistungserbringer **28** 347; bei der Krankenkasse gespeicherte Daten **28** 350; Daten aus Anwendungen der Telematikinfrastruktur **28** 349; elektronische Arztbriefe **28** 349

Arbeitgeber, Auskunftspflicht gegenüber Sozialleistungsträger **33** 98; Datenübermittlung im Lohnnachweisverfahren **27** 99 bis 103; Recht auf Kollektivverhandlungen und Kollektivmaßnahmen **4** 28; Unterrichtungspflicht gegenüber Betriebsrat **23** 80 f., 90, 92, 99

Arbeitnehmer, Anhörungsrecht **23** 82; Beschwerderecht **23** 84; Recht auf gerechte und angemessene Arbeitsbedingungen **4** 31; Recht auf Kollektivverhandlungen und Kollektivmaßnahmen **4** 28; Recht auf Unterrichtung und Anhörung **4** 27; Recht auf Zugang zu einem Arbeitsvermittlungsdienst **4** 29; Recht zur Einsicht in Personalakte **23** 83; Schutz vor ungerechtfertigter Entlassung **4** 30

Arbeitsmarkt- und Berufsforschung, Übermittlung von Daten **26** 282a; Verarbeitung und Nutzung von Daten für die Ausbildungsvermittlung **26** 282b

Arbeitsschutz, Übermittlung von Sozialdaten **33** 70

Ärzte, Anzeigepflicht bei Berufskrankheiten **30** 202; Auskunftspflicht gegenüber Sozialleistungsträgern **33** 100; Auskunftspflicht gegenüber Unfallversicherungsträgern **30** 203; Datenerhebung und -verarbeitung **30** 202; Erhebung von Einzelangaben durch Kassenärztliche Vereinigung **28** 285

ärztliche Leistungen, Abrechnung **28** 295; Übermittlungspflichten **28** 295

Asylrecht 4 18

audiovisuelle Mediendienste, Sitzbestimmung nach TMG **9** 2a

audiovisuelle Mediendiensteanbieter, Listen **9** 2b

Aufbewahrung von Aufzeichnungen und Unterlagen, Vorschriften für bestimmte Steuerpflichtige **37** 147a

Sachverzeichnis

fette Ziffern = Gesetzesnummern

Aufbewahrung von Unterlagen, Kaufleute **36** 257; Ordnungsvorschriften für Steuerpflichtige **37** 147
Aufenthaltsfreiheit, Recht auf **4** 45
Aufsichtsbehörde 1 51; **2** 41; **6** 40; Amtshilfe **1** 61; **2** 50; Aufgaben **1** 57; **2** 46; **6** 40; Ausübung von Rechten der betroffenen Person bei Weigerung des Verantwortlichen **2** 17; Befugnisse **1** 58; **2** 47; Begriff nach BDSG **6** 46; Begriff nach DS-GVO **1** 4; Begriff nach Richtlinie (EU) 2016/680 **2** 3; Dringlichkeitsverfahren **1** 66; Errichtung **1** 54; **2** 44; federführende **6** 19; Geheimhaltungspflichten **1** 90; gerichtlicher Rechtsbehelf **1** 78; **2** 53; Kohärenzverfahren **1** 63; **6** 18; Meldungen über Verstöße gegen diese Richtlinie **2** 48; Mitglieder **1** 53; **2** 43; Recht auf Beschwerde **1** 77; **2** 52; Rechtsweg **6** 20 f.; Tätigkeitsbericht **1** 59; **2** 49; Teilnahme an gemeinsamen Maßnahmen **1** 62; Unabhängigkeit **1** 52; **2** 42; Verfahren bei angenommener Rechtswidrigkeit eines Beschlusses der Europäischen Kommission **6** 21; **33** 81c; Verschwiegenheitspflicht **1** 54; **2** 44; vorherige Konsultation **1** 36; **2** 28; Zusammenarbeit mit Bundesbeauftragter oder Bundesbeauftragtem für den Datenschutz und die Informationsfreiheit **6** 18; Zusammenarbeit untereinander **1** 60 ff.; **2** 51 ff.; Zuständigkeit **1** 55; **2** 45; **6** 40; Zuständigkeit der federführenden Aufsichtsbehörde **1** 56
Auftragsverarbeiter 1 28; **2** 22; Anforderungen an die Sicherheit **6** 64; Begriff nach BDSG **6** 46; Begriff nach DS-GVO **1** 4; Begriff nach Richtlinie (EU) 2016/680 **2** 3; Datenschutz-Folgenabschätzung **1** 35; **2** 27; Geldbuße **1** 83; Handeln auf Weisung des Verantwortlichen **6** 52; Meldung von Verletzungen **1** 33; **2** 30; **6** 65; Pflichten des Verantwortlichen **6** 62; Schadensersatzpflicht **1** 82; Sicherheit der Verarbeitung **1** 32; **2** 29; Verarbeitung unter Aufsicht **1** 29; **2** 23; Verzeichnis von Verarbeitungstätigkeiten **1** 30; **2** 24; **6** 70; vorherige Konsultation der Aufsichtsbehörde **1** 36; **2** 28; Zusammenarbeit mit der Aufsichtsbehörde **1** 31; **2** 26
Auskünfte, Erteilung **10** 170; zu Forschungszwecken **20** 476; für Justizbehörden und andere öffentliche Stellen **20** 474; für Privatpersonen und sonstige Stellen **20** 475
Auskunfteien, Besonderheiten des BDSG **6** 30
Auskunftsanspruch nach GeschGehG **13** 8

Auskunftsanspruch nach UKlaG, anspruchsberechtigte Stellen **15** 13; sonstige Betroffene **15** 13
Auskunftsersuchen des Bundesnachrichtendienstes **10** 182; der Sicherheitsbehörden **10** 172
Auskunftserteilung, Anspruch nach IFG **7** 1; Antrag und Verfahren **7** 7 bis 9; Ausschluss des Anspruchs **7** 3 bis 6; Gebühren und Auslagen **7** 10; *s. a. Informationsfreiheit*
Auskunftspflicht 28 304 bis 305b; des Beschäftigten **27** 28o
Auskunftsrecht der betroffenen Person 1 15; **2** 14; **6** 57; **20** 491, 495; Abweichungen durch BDSG **6** 29, 34; Ausübung in strafrechtlichen Ermittlungen und in Strafverfahren **2** 18; Einschränkung **2** 15; **6** 57; Prüfung durch Aufsichtsbehörde bei Weigerung des Verantwortlichen **2** 17
Auskunftsverfahren bei anderen Zugangsdaten **8** 23; automatisiertes **10** 173; bei Bestandsdaten **8** 22; Entschädigung **10** 175; manuelles **10** 174; bei Nutzungsdaten **8** 23; bei Passwörtern **8** 23; Verpflichtete **10** 175
Auskunftsverlangen über nach §§ 95 und 111 TKG gespeicherte Daten **20** 100j; der zuständigen Behörde **9** 2c
außerordentliche Kündigung 10 57
Aussetzung des Verfahrens 1 81
Ausspähen von Daten **21** 202a, 205
Auswahlrichtlinien, Zustimmung des Betriebsrates **23** 95
Authentifizierung von Leistungserbringerinstitutionen, Ausgabe von Komponenten **28** 340
automatische Anrufmaschinen 3 13
automatisierte Dateien, Errichtungsanordnung **20** 490
automatisierte Einzelentscheidung 6 37; Zulässigkeit **6** 54; *s. a. Profiling*
automatisierte Verfahren, Datenübermittlung **20** 488
automatisierte Verfahren auf Abruf bei Sozialdaten **29** 148; **33** 79; bei Sozialdaten, Antragstellung **29** 151a
automatisierter Datenabgleich bei Empfang von Sozialleistungen **25** 52; **26** 397; von Fluggastdaten **18** 4; Stammdatendatei nach SGB IV **27** 101

Beamter *s. Beihilfeakte eines Beamten, Personalakte eines Beamten*
Beanstandungen 10 67
Beauftragte oder Beauftragter für den Datenschutz nach BDSG *s. Datenschutzbeauftragte oder Datenschutzbeauftragter*

magere Ziffern = Paragraphen **Sachverzeichnis**

Befugnisübertragung an Kommission, delegierte Rechtsakte **1** 92
behördliche Entscheidungsprozesse, Schutz gegenüber Informationsanspruch nach IFG **7** 4
Beihilfeakte eines Beamten, Führung **22** 108
Berichtigung von Daten **20** 489, 494
Berücksichtigung der Interessen von Endnutzern mit Behinderungen **10** 51
Berufsfreiheit 4 15
Beschäftigter, Begriff nach BDSG **6** 26
Beschäftigungskontext und Verarbeitung personenbezogener Daten **1** 88
Beschlagnahme, Anordnung durch Richter oder Staatsanwalt **20** 98; Begriff **20** 94; Gegenstände, die ihr nicht unterliegen **20** 97; Postbeschlagnahme **20** 99 f.
besondere Kategorien personenbezogener Daten 1 9; **2** 10; **6** 22; Begriff nach BDSG **6** 46; Vorschriften des BDSG **6** 48
besondere öffentliche Belange, Schutz gegenüber Informationsanspruch nach IFG **7** 3
Bestandsdaten 8 21; Auskunft nach StPO **20** 100j; Auskunftsverfahren **8** 22; Begriff **8** 2
Betriebs- und Geschäftsgeheimnisse, Anspruch auf Wahrung im Verwaltungsverfahren **19** 30; Schutz gegenüber Informationsanspruch nach IFG **7** 6; unbefugte Verwertung **21** 204; Wahrung durch Betriebsrat **23** 79
Betriebsrat, allgemeine Aufgaben **23** 80; Behandlung von Beschwerden **23** 85; Berufsbildungsmaßnahmen **23** 96 bis 98; Betriebsvereinbarungen **23** 88; Einhaltung des Datenschutzes **23** 79a; Mitbestimmung bei der Gestaltung der Arbeitsplätze und Arbeitsabläufe **23** 90 bis 91; Mitbestimmung in personellen Angelegenheiten **23** 92 bis 99; Mitbestimmung in sozialen Angelegenheiten **23** 87 bis 89; Pflicht zur Geheimhaltung personenbezogener Daten **23** 99; Pflicht zur Wahrung der Betriebs- und Geschäftsgeheimnisse **23** 79; Unterrichtung durch Arbeitgeber **23** 80, 90, 92, 99
betroffene Aufsichtsbehörde, Begriff nach DS-GVO **1** 4
betroffene Person, Begriff nach DS-GVO **1** 4; Unterscheidung verschiedener Kategorien **2** 6; **6** 72; Vertretung von betroffenen Personen **1** 80; **2** 55
Beurteilungsgrundsätze, Zustimmung des Betriebsrates **23** 94
Beweismittel im Verwaltungsverfahren **19** 26

BfDI Aufgaben bei Telekommunikationsdiensten **8** 29; Befugnisse bei Telekommunikationsdiensten **8** 29; Zuständigkeit bei Telekommunikationsdiensten **8** 29
Bildung, Recht auf **4** 14
biometrische Daten, Begriff nach BDSG **6** 46; Begriff nach DS-GVO **1** 4; Begriff nach Richtlinie (EU) 2016/680 **2** 3
Brief- und Postgeheimnis 16 10; Beschränkungen durch G 10 **17** 1; Verletzung **21** 202, 206
Brief- und Postverkehr, Auskunftspflicht der Diensteanbieter nach UKlaG **15** 13; Geheimschutzmaßnahmen **17** 2; Pflichten der Diensteanbieter nach G 10 **17** 2, 20; Postbeschlagnahme **20** 99 f.; strategische Beschränkung durch Bundesnachrichtendienst **17** 5; Überwachung durch Verfassungsschutz, Militärischer Abschirmdienst und Bundesnachrichtendienst **17** 1 bis 13; s. a. Überwachung nach G 10
Bundesagentur für Arbeit, Daten für die Ausbildungsvermittlung **25** 50a; Datenaustausch und Datenübermittlung **26** 172; Datenerhebung, -verarbeitung und -nutzung **25** 50 bis 52; **26** 394 bis 396; Datenschutz **25** 50 bis 52; **26** 394 bis 396; Datenübermittlung durch Dritte **26** 398; Kundennummer **25** 51a; Statistik und Übermittlung statistischer Daten **25** 53
Bundesbeauftragte oder Bundesbeauftragter für den Datenschutz und die Informationsfreiheit 6 8 bis 16; **7** 12; Amtshilfe **6** 82; Amtsverhältnis **6** 12; Anhörung der **6** 69; Anrufung **7** 12; **33** 81; Aufgaben **6** 14; Befugnisse **6** 16; Beschwerde über Nichtbefassung **6** 61; Ernennung und Amtszeit **6** 11; Errichtung **6** 8; Meldung von Verletzungen an **6** 65; Rechte und Pflichten **6** 13; Rechtsschutz gegen Entscheidungen **6** 61; Tätigkeitsbericht **6** 15; Unabhängigkeit **6** 10; Vertretung im Europäischen Datenschutzausschuss **6** 17; Zusammenarbeit mit Aufsichtsbehörden **6** 18; Zuständigkeit **6** 9
Bundesnachrichtendienst, Auskunftsersuchen **10** 182; Befugnis zur Überwachung der Telekommunikation und des Brief- und Postverkehrs **17** 5; strategische Beschränkung der Telekommunikation und des Brief- und Postverkehrs **17** 5; Übermittlung von Sozialdaten **33** 72; Weiterverarbeitung von Verkehrsdaten **17** 4a
Bundesnetzagentur Aufgaben bei Telekommunikationsdiensten **8** 30; Befugnisse bei Telekommunikationsdiensten **8** 30; Durchsetzung von Verpflichtungen **10**

Sachverzeichnis

fette Ziffern = Gesetzesnummern

183; Kontrolle von Verpflichtungen **10** 183; Zuständigkeit bei Telekommunikationsdiensten **8** 30
Bürgerbeauftragter 4 43
Bußgeldvorschriften, datenschutzrechtliche Bußgeldvorschriften **25** 63a; TKG **10** 228

Charta der Grundrechte der Europäischen Union 4 1 bis 54; allgemeine Bestimmungen **4** 51 bis 54; Anwendungsbereich **4** 51; Bürgerrechte **4** 39 bis 46; Freiheiten **4** 6 bis 19; Gleichheit **4** 20 bis 26; justizielle Rechte **4** 47 bis 50; Schutzniveau **4** 53; Solidarität **4** 27 bis 38; Tragweite der garantierten Rechte **4** 52; Verbot des Missbrauchs der Rechte **4** 53; Würde des Menschen **4** 1 bis 5; Zweck **4** Präambel
Datei automatisierte **5** 2; für die Verantwortlicher **5** 2
Dateisystem, Begriff nach BDSG **6** 46; Begriff nach DS-GVO **1** 4; Begriff nach Richtlinie (EU) 2016/680 **2** 3
Daten von besondere Arten **5** 6; personenbezogene **5** 2; der Qualität **5** 5; *s. Abrechnungsdaten, Bestandsdaten, Nutzungsdaten, personenbezogene Daten, Sozialdaten, Standortdaten, Verkehrsdaten*
Daten der Arbeitgeber, Verarbeitung durch die Sozialversicherungsträger **27** 96 bis 98
Daten, gespeicherte Gewährleistung der Sicherheit **10** 178; Protokollierung **10** 179; Verwendung **10** 177b
Datenabgleich zur Aufklärung einer Straftat **20** 98c; bei Empfang von Sozialleistungen **26** 397; von Fluggastdaten **18** 4; zur Überprüfung des Bezugs von Sozialleistungen **25** 52
Datenaustausch zwischen Sozialversicherungsträgern **27** 95c
Datenerhebung im Auftrag **33** 80; der Krankenkassen zum Risikostrukturabgleich **28** 267; Schleppnetzfahndung **20** 163d; Zulässigkeit **25** 51, 51b; **29** 148; **30** 199, 206 f.; **31** 62; **33** 67a; **34** 93 bis 98; Zulässigkeit bei Sozialdaten **24** 35; für Zwecke der Qualitätssicherung **28** 299
Datenerhebung und -übermittlung, Informationen an junge Menschen ohne Anschlussperspektive **26** 31a
Datengeheimnis, Verpflichtung zur Wahrung **6** 53
Datenintegrität, Maßnahmen zur Sicherheit der Verarbeitung **2** 29

Datenlöschung 28 304 bis 305b
Datenminimierung, Grundsätze für die Verarbeitung personenbezogener Daten **1** 5
Datennutzung im Auftrag **33** 80; Schleppnetzfahndung **20** 163d; Zulässigkeit **25** 51, 51b; **29** 148; **30** 199, 206 f.; **31** 64; **33** 67b; **34** 93 bis 98; Zulässigkeit bei Sozialdaten **24** 35; für Zwecke der Qualitätssicherung **28** 299
Datenqualität, Verpflichtung des Verantwortlichen nach BDSG **6** 74 f.
Datensammlung automatisierte **5** 2; für die Verantwortlicher **5** 2
Datenschutz bei automatisierten Abrufverfahren **33** 79; Bußgeldvorschriften **9** 11; Datenschutzbeauftragte oder Datenschutzbeauftragter **6** 5 f.; Einhaltung durch den Betriebsrat **23** 79a; gemeinsame Bestimmungen des BDSG **6** 1 bis 21; bei der gesetzlichen Pflegeversicherung **34** 93 bis 108; bei der gesetzlichen Rentenversicherung **30** 199 bis 208; bei der Kinder- und Jugendhilfe **31** 61 bis 68; im Sozialverwaltungsverfahren **33** 78a bis 85a; technische und organisatorische Maßnahmen **33** 78a; unternehmensinterne Datenschutzregelungen *s. Muster-Checkliste; s. a. Rechte der betroffenen Person; s. a. Straf- und Bußgeldvorschriften*
Datenschutz durch datenschutzfreundliche Voreinstellungen 1 25; **2** 20; **6** 71
Datenschutz durch Technik 1 25; **2** 20; **6** 71
Datenschutzaudit 33 78c
Datenschutzaufsicht in der Versorgungs- und Gesundheitsforschung **28** 287a
Datenschutzbeauftragte oder Datenschutzbeauftragter, Aufgaben **1** 39; **2** 34; **6** 7; Benennung **1** 37; **2** 32; **6** 5, 38; Stellung **1** 38; **2** 33; **6** 6
Datenschutz-Folgenabschätzung gemäß § 307 Abs. 1 S. 3 SGB V **28** Anl.
Datenschutzgarantien Datenminimierung **38** Klausel 8; Dokumentation **38** Klausel 8; sensible Daten **38** Klausel 8; Sicherheit der Verarbeitung **38** Klausel 8; Speicherbegrenzung **38** Klausel 8; Standardvertragsklauseln **38** Klausel 8; Transparenz **38** Klausel 8; Verarbeitung unter Aufsicht des Datenimporteurs **38** Klausel 8; Weisungen **38** Klausel 8; Weiterübermittlungen **38** Klausel 8; Zweckbindung **38** Klausel 8
datenschutzrechtlich Verantwortliche, Protokollierung **28** 309
datenschutzrechtliche Verantwortlichkeit, Telematikinfrastruktur **28** 307

magere Ziffern = Paragraphen

Sachverzeichnis

Datenschutz-Richtlinie für Strafjustiz, Anwendungsbereich **6** 45; Bestimmungen des BDSG **6** 45 bis 84; *s. JI-Richtlinie*
Datenschutzsiegel *s. Zertifizierung*
Datenschutzübereinkommen Ablehnen von Ersuchen **5** 16; Änderungen **5** 21; Ausnahmen und Einschränkungen **5** 9; Beitritt von Nichtmitgliedstaaten **5** 23; Beratender Ausschuss Aufgaben **5** 19, Verfahren **5** 20, Zusammensetzung **5** 18; Geltungsbereich **5** 3; Inkrafttreten **5** 22; Kosten **5** 17; Kündigung **5** 26; Notifikationen **5** 27; Pflichten der Vertragsparteien **5** 4; räumlicher Geltungsbereich **5** 24; Sanktionen und Rechtsmittel **5** 10; Sicherheiten bei Hilfeleistung **5** 15; Unterstützung von Ausländern **5** 14; Verfahren **5** 17; Vorbehalte **5** 25; weitergehender Schutz **5** 11; Zusammenarbeit der Vertragsparteien **5** 13; zusätzlicher Schutz für den Betroffenen **5** 8; Zweck **5** 1
Datensicherheit 10 169
Datensicherung 5 7
Datensparsamkeit, Ziel der **33** 78b
Datenspeicherung Sicherheitskonzept **10** 181
Datentransparenz, Datenübermittlung **28** 303b; Datenverarbeitung, -nutzung **28** 303e; Datenzusammenführung **28** 303b; Forschungsdatenzentrum **28** 303d; Gebührenregelung **28** 303f; Vertrauensstelle **28** 303c; Wahrnehmung der Aufgaben **28** 303a
Datenübermittlung 20 477; automatisiertes Verfahren **20** 488, 493; durch beauftragte Dritte nach SGB III **26** 398; durch Bundesnachrichtendienst **17** 7; durch Bundesnachrichtendienst an ausländische öffentliche Stellen **17** 7a; durch Fluggastdatenzentralstelle **18** 6; im Strafverfahren **20** 487; im Lohnnachweisverfahren **27** 99 bis 103; von Luftfahrtunternehmen **18** 2; an nicht-öffentliche Stellen **6** 25; an öffentliche Stellen **6** 25; von Sozialdaten nach SGB II **25** 50; im Sozialverwaltungsverfahren **33** 67d bis 78; Übermittlungsregelungen **20** 480; an die Unfallversicherung **27** 99 bis 103; Verwendungsbeschränkungen **20** 477; weitere Regelungen für Wirtschaftlichkeitsprüfungen **28** 297; für Wirtschaftlichkeitsprüfungen **28** 296; Zweckbindung und Geheimhaltungspflicht **33** 78
Datenübermittlung an Drittländer oder internationale Organisationen 1 44 ff.; **2** 35 ff.; **6** 78 ff.; allgemeine Grundsätze **1** 44; **2** 35; **6** 78; Angemessenheitsbeschluss **1** 45; **2** 36; **6** 78; Ausnahmen für bestimmte Fälle **1** 49; **2** 38; **6** 78; außerhalb der Anwendungsbereiche der VO (EU) 2016/679 und der RL (EU) 2016/680 **6** 85; internationale Zusammenarbeit **1** 50; **2** 40; nicht zulässige Übermittlung oder Offenlegung **1** 48; ohne geeignete Garantien **6** 80; sonstige Datenübermittlung an Empfänger in Drittstaaten **6** 81; verbindliche interne Datenschutzvorschriften **1** 47; Voraussetzungen bei in Drittländern niedergelassenen Empfängern **2** 39; vorbehaltlich geeigneter Garantien **1** 46; **2** 37; **6** 79
Datenübermittlung auf Datenträgern durch Krankenhäuser **28** 301
Datenübersicht der Krankenkassen und Kassenärztliche Vereinigungen **28** 286
Datenveränderung 21 303a
Datenverarbeitung, Abweichungen nach BDSG **6** 22 ff.; zu anderen Zwecken **6** 23; zu Archivzwecken **1** 89; **6** 28, 50; im Auftrag **33** 80; Beschäftigungskontext **1** 88; **6** 26; und Freiheit der Meinungsäußerung und Informationsfreiheit **1** 85; für Zwecke der Qualitätssicherung **28** 299; für Zwecke der Vorgangsverwaltung **20** 485; für Zwecke des Strafverfahrens **20** 483; für Zwecke zukünftiger Strafverfahren **20** 484; im Auftrag **20** 497; Offenlegung für Zugang der Öffentlichkeit **1** 86; im Bereich öffentlicher Gesundheit **6** 22; Recht der Versicherten **28** 337; Schleppnetzfahndung **20** 163d; für soziale Sicherheit und Sozialschutz **6** 22; zu statistischen Zwecken **1** 89; **6** 27, 50; auf Weisung des Verantwortlichen **6** 52; zu wissenschaftlichen oder historischen Forschungszwecken **1** 89; **6** 27, 50; Zulässigkeit **25** 51, 51b; **29** 148; **30** 199, 206 f.; **31** 63; **33** 67b; **34** 93 bis 98; Zulässigkeit bei Sozialdaten **24** 35; zu Zwecken der Gesundheitsvorsorge **6** 22; s. a. *Verarbeitung personenbezogener Daten*
Datenvermeidung, Ziel der **33** 78b
Datenweiterleitung durch die Einzugsstellen **27** 98
Datenzugriff, Diskriminierungsverbot **28** 335; Voraussetzung für Zugriffsberechtigte **28** 339; Zugriffsrechte der Versicherten **28** 336
delegierte Rechtsakte, Befugnisübertragung an Kommission **1** 92
Demokratie, Grundsätze der **4** Präambel
Dienst der Informationsgesellschaft, Bedingungen für die Einwilligungen eines Kindes **1** 8; Begriff nach DS-GVO **1** 4
Dienst mit Zusatznutzen Begriff **8** 2
Dienstgeheimnis, Verletzung **21** 353b

Sachverzeichnis

fette Ziffern = Gesetzesnummern

diplomatischer und konsularischer Schutz 4 46
Diskriminierung, Verbot von 4 21
DNA-Test s. *molekulargenetische Untersuchung*
Dokumentation, Datenübermittlung an Drittländer oder internationale Organisationen 1 49; 2 37, 38; 6 79; bei Übermittlung personenbezogener Daten an in Drittländern niedergelassene Empfänger 2 39; von Verletzungen 1 33; 2 30; 6 65; *s. a. Verzeichnis*
drahtloses lokales Netzwerk, Begriff nach TMG 9 2
Dringlichkeitsverfahren 1 66
Dritter, Begriff nach DS-GVO 1 4
DS-GVO, Begriffsbestimmungen 1 4; Durchführungsbestimmungen nach BDSG 6 22 bis 44; Gegenstand und Ziele 1 1; räumlicher Anwendungsbereich 1 3; sachlicher Anwendungsbereich 1 2; Vorrang von technischen Schutzmaßnahmen 28 308
Durchführungsrechtsakte zur Ausgestaltung des elektronischen Informationsaustauschs 1 67; Ausschussverfahren 1 92; 2 58

Eigentumsrecht 4 17
Einsätze zur Ermittlung von Straftaten nach § 184b StGB, besonderes Verfahren 20 110d
Einschränkung der Verarbeitung, Begriff nach BDSG 6 46; Begriff nach Richtlinie (EU) 2016/680 2 3
Einwilligung Telefonwerbung 12 7a
Einwilligung der betroffenen Person, Begriff nach BDSG 6 46; Begriff nach DS-GVO 1 4; in Verarbeitung 1 7; 6 51; Widerruf 1 7
Einwilligungsverwaltung anerkannte Dienste 8 26
Einzelverbindungsnachweis Anspruch 10 65; Zulässigkeit der Erteilung 3 7
Einzelverbindungsnachweise 8 11
elektronische Akte, Verwendung personenbezogener Daten 20 496, 498
elektronische Bescheinigung 29 196a
elektronische Datenübertragung durch Krankenhäuser 28 301
elektronische (Heil-)Berufsausweise, Ausgabe 28 340
elektronische Kommunikation 24 36a
elektronische Notfalldaten 28 358; Zugriff 28 359
elektronische Patientenakte 28 341; Angebot und Nutzung 28 342; Datenverarbeitung durch Zugriffsberechtigte 28 352; Datenverarbeitung zu Forschungszwecken 28 363; Einwilligung der Versicherten 28 344; Erteilung der Einwilligung 28 353; Festlegungen der Gesellschaft für Telematik 28 354; Festlegungen für die semantische und syntaktische Interoperabilität von Daten 28 355; Informationspflichten der Krankenkassen 28 343; Übertragung von Daten aus der elektronischen Gesundheitsakte 28 351; Unterstützung 28 346; Zulässigkeit der Datenverarbeitung 28 344
elektronische Speichermedien, Durchsicht bei Durchsuchung 20 110
elektronischer Datenaustausch mit Sozialversicherungsträgern, Ausfüllhilfe 27 95a
elektronischer Lohnnachweis 27 100
elektronischer Medikationsplan 28 358; Zugriff 28 359
elektronischer Verzeichnisdienst der Telematikinfrastruktur 28 313
Elternurlaub, Anspruch auf 4 33
Empfänger, Begriff nach BDSG 6 46; Begriff nach DS-GVO 1 4; Begriff nach Richtlinie (EU) 2016/680 2 3
Endeinrichtung Begriff 8 2
Endeinrichtungen Schutz der Privatsphäre 8 25
Endnutzer Rechte des Erben 8 4
Endnutzerdaten, Bereitstellen 8 18
Endnutzereinstellungen 8 26
Endnutzerverzeichnis 8 17
Entgeltabrechnung, Telekommunikationsdienst 8 10
Entgeltermittlung, Telekommunikationsdienst 8 10
Entstörung 10 58
Ermittlungsmaßnahmen, technische, Mitwirkung 10 171
Erstattung der entstehenden Ausstattungs- und Betriebskosten des Öffentlichen Gesundheitsdienstes 28 382
Europäischer Datenschutzausschuss 1 68 ff.; Aufgaben 1 70; 2 51; Aufgaben des Vorsitzes 1 74; Ausschussverfahren 1 93; 2 58; Berichterstattung 1 71; Sekretariat 1 75; Unabhängigkeit 1 69; Verfahrensweise 1 72; Vertraulichkeit 1 76; Vertreter 6 17; Vorsitz 1 73

Familie, Schutz der 4 33
Fernmeldegeheimnis 8 3; 16 10; Beschränkungen durch G 10 17 1; bei Gefahr für Leib oder Leben einer Person im Ausland 17 8; Verletzung 21 206; *s. a. Vertraulichkeit der Kommunikation*
Festlegungen für die semantische und syntaktische Interoperabilität von

magere Ziffern = Paragraphen

Sachverzeichnis

Daten des elektronischen Medikationsplans **28** 355; der elektronischen Notfalldaten **28** 355; in der elektronischen Patientenakte **28** 355
Finanzierung aus Mitteln der gesetzlichen Krankenversicherung, Beachtung der Festlegungen und Empfehlungen **28** 390
Finanzierung der entstehenden Ausstattungs- und Betriebskosten der an der vertragsärztlichen Versorgung teilnehmenden Leistungserbringer **28** 378; der Apotheken **28** 379; der Hebammen und Physiotherapeuten **28** 380; der Krankenhäuser **28** 377; der Vorsorge- und Rehabilitationseinrichtungen **28** 381
Fluggastdaten 18 2; Bußgeldvorschriften **18** 18; Datenschutzbeauftragter als nationale Kontrollstelle **18** 11; Depersonalisierung **18** 5; Fluggastdatenzentralstelle **18** 1; Geltung des Bundeskriminalamtgesetzes **18** 16; Löschung **18** 15; Übermittlung durch andere Unternehmen **18** 3; Übermittlung durch Fluggastdatenzentralstelle **18** 6; Übermittlung durch Luftfahrtunternehmen **18** 2; Verarbeitung durch die Fluggastdatenzentralstelle **18** 4 f.; Verfahrensbestimmungen **18** 17; Voraussetzungen für die Datenverarbeitung **18** 4; gerichtliche Zuständigkeit **18** 17; Zweckbindung der Empfangsbehörden **18** 6
Fluggastdaten-Informationssystem, Zweck **18** 1
Fluggastdatenzentralstelle 18 1; Austausch mit anderen Mitgliedstaaten **18** 7; Datenschutzbeauftragter **18** 12; Dokumentationspflicht **18** 15; Protokollierung **18** 14; Übermittlung an Drittstaaten **18** 10; Übermittlung an Europol **18** 9; Übermittlung von Abgleichdaten **18** 6; gemeinsame Verfahren für die Zusammenarbeit **18** 8; Voraussetzungen für die Datenverarbeitung **18** 4
Folgenabschätzung 1 35; **2** 27; **6** 67; vorherige Konsultation der Aufsichtsbehörde **1** 36; **2** 28
Folter, Verbot der **4** 4
Forschung der Krankenkassen und Kassenärztlichen Vereinigungen mittels Datenbeständen **28** 287; Übermittlung von Sozialdaten für die **33** 75; Verarbeitung von Daten der elektronischen Patientenakte **28** 363
Forschungszwecke, Auskünfte und Akteneinsicht **20** 475
freie Meinungsäußerung 4 11; und Verarbeitung personenbezogener Daten **1** 85

freier Personen-, Waren-, Dienstleistungs- und Kapitalverkehr 4 Präambel
Freiheit 4 Präambel
Freiheit der Medien 4 11
Freiheit von Kunst und Wissenschaft 4 13
Freizügigkeit, Recht auf 4 45
Fristen für Speicherung und Löschung **2** 5
Funkanlagen Geheimhaltungspflicht des Betreibers **8** 5

G 10-Kommission 17 15
Gebühren und Auslagen, Zugang zu amtlichen Informationen **7** 10
Gedanken-, Gewissens-, Religionsfreiheit 4 10
Gefahrenabwehr, Übermittlung von Sozialdaten **33** 68, 71
Geheimhaltung nach GeschGehG **13** 16
Geheimhaltungspflicht, Besonderheiten des BDSG **6** 29; des Betreibers von Funkanlagen **8** 5; Regelung der Befugnisse der Aufsichtsbehörden **1** 90
geistiges Eigentum, Schutz **4** 17; Schutz gegenüber Informationsanspruch nach IFG **7** 6
Geldbuße, allgemeine Bedingungen **1** 83
Geltungsbereich Kundenschutz 10 71
gemeinsame Grundsätze, Technik **27** 95
genetische Daten, Begriff nach BDSG **6** 46; Begriff nach DS-GVO **1** 4; Begriff nach Richtlinie (EU) 2016/680 **2** 3
Gerichtsverhandlungen, verbotene Mitteilung über **21** 353d
GeschGehG Abfindung **13** 11; Anspruch auf Auskunft **13** 8; Anspruch auf Beseitigung und Unterlassung **13** 6; Anspruch auf Vernichtung, Herausgabe, Rückruf **13** 7; Anspruchsausschluss bei Unverhältnismäßigkeit **13** 9; Anwendungsbereich **13** 1; Ausnahmen **13** 5; Begriffsbestimmungen **13** 2; Bekanntmachung des Urteils **13** 21; erlaubte Handlungen **13** 3; Geheimhaltung **13** 16; Geheimhaltung nach Abschluss des Verfahrens **13** 18; Haftung **13** 10; Haftung des Inhabers eines Unternehmens **13** 12; Handlungsverbote **13** 4; Herausgabeanspruch nach Eintritt der Verjährung **13** 13; Missbrauchsverbot **13** 14; Ordnungsmittel **13** 17; sachliche und örtliche Zuständigkeit **13** 15; Verletzung von Geschäftsgeheimnissen **13** 23; weitere gerichtliche Beschränkungen **13** 19
Gesellschaft für Telematik 28 310; Aufgaben **28** 311; Aufträge **28** 312; Beirat **28** 317, Aufgaben **28** 318; Beratung durch Experten **28** 386; Bericht über das Interoperabilitätsverzeichnis **28** 394; Betei-

Sachverzeichnis

fette Ziffern = Gesetzesnummern

ligung der Fachöffentlichkeit **28** 391; Festlegungen für die elektronische Patientenakte **28** 354; Finanzierung **28** 316; Gebühren und Auslagen **28** 328, Verordnungsermächtigung **28** 328; Informationspflichten **28** 314; Interoperabilitätsverzeichnis **28** 385; Schlichtungsstelle **28** 319, Beschlussfassung **28** 321, Entscheidung **28** 370, Finanzierung **28** 320, Rechtsaufsicht des BMG **28** 322, Zusammensetzung **28** 320; Überprüfung durch das BSI **28** 333; Verbindlichkeit der Beschlüsse **28** 315; Verordnungsermächtigung **28** 316

gesetzliche Krankenversicherung, Angaben über Leistungsvoraussetzungen **28** 292; Angebot und Nutzung zusätzlicher Inhalte und Anwendungen **28** 345; Aufbewahrung und Löschung von Daten **28** 304; Auskünfte an Versicherte **28** 305; Beratung der Vertragsärzte **28** 305a; Bußgeldvorschriften **28** 397; Dateien bei der Deutschen Verbindungsstelle Krankenversicherung – Ausland **28** 219c; Datenaustausch im ausländischen Recht **28** 219b; Datenerhebungen zum Risikostrukturausgleich **28** 267; Datennutzung für Forschungsvorhaben **28** 287; Datentransparenz **28** 303a bis 303f; Dienstleistungsgesellschaften **28** 77a; elektronische Gesundheitskarte **28** 15; elektronische Kommunikation **28** 67; ergänzende Regelungen **28** 303; Erhebung und Speicherung von Sozialdaten **28** 284; Hospiz- und Palliativberatung durch die Krankenkasse **28** 39b; klinische Krebsregister **28** 65c; Komponenten zur Wahrnehmung der Versichertenrechte **28** 338; Krankenhausbehandlung **28** 39; Medikationsplan **28** 31a; Mitteilungspflichten **28** 277; Rechenschaft der Krankenkasse über die Verwendung der Mittel **28** 305b; Sicherung der Datengrundlagen für den Risikostrukturabgleich **28** 273; Strafvorschriften **28** 398, 399; Veröffentlichung der Jahresrechnungsergebnisse **28** 305b; Versicherungsverzeichnis **28** 288; Zusammenarbeit zur Verfolgung und Ahndung von Ordnungswidrigkeiten **28** 396

gesetzliche Pflegeversicherung, Abrechnung pflegerischer Leistungen **34** 105; Angaben über Leistungsvoraussetzungen **34** 102; Auskünfte an Versicherte **34** 108; Begutachtung durch unabhängige Gutachter **34** 97d; Datenerhebung, -verarbeitung und -nutzung **34** 93 bis 98; Datenlöschung **34** 107; Datenschutz **34** 93 bis 108; Forschungsvorhaben **34** 98; Kennzeichen für Leistungsträger und -erbringer **34** 103; Nachweispflicht bei Familienversicherung **34** 100; Qualitätssicherung **34** 97a, 97c; Übermittlung von Leistungsdaten **34** 104 bis 106a; Versichertennummer **34** 101; Versichertenverzeichnis **34** 99

gesetzliche Rentenversicherung, Antragstellung im automatisierten Verfahren **29** 151a; Aufgaben der Datenstelle **29** 145; Auskünfte der Deutschen Post AG **29** 151; Auskunfts- und Mitteilungspflichten **29** 196; automatisiertes Abrufverfahren **29** 151b; Datenerhebung, -verarbeitung und -nutzung **29** 148; Meldung an Krankenkasse zum Risikostrukturausgleich **28** 267; Stammsatzdatei **29** 150; Versicherungskonto **29** 149; Versicherungsnummer **29** 147

gesetzliche Unfallversicherung, Anzeigepflicht von Ärzten bei Berufskrankheiten **30** 202; Auskünfte der Deutschen Post AG **30** 208; Auskunftspflicht von Ärzten gegenüber Unfallversicherungsträgern **30** 203; Datei für mehrere Träger **30** 204; Datenerhebung, -verarbeitung und -nutzung **30** 199, 201; Datenschutz **30** 199 bis 208; Datenübermittlung für die Forschung **30** 206; Einschränkung der Übermittlungsbefugnis **30** 200; Übermittlungspflicht weiterer Behörden **30** 197

Gesundheitsdaten, Begriff nach BDSG **6** 46; Begriff nach DS-GVO **1** 4; Begriff nach Richtlinie (EU) 2016/680 **2** 3; elektronische Gesundheitskarte **28** 15; elektronische Kommunikation **28** 67

Gesundheitskarte, elektronische 28 15; Angaben **28** 291; Austausch **28** 291c; Gültigkeit **28** 291; als Mittel zur Abrechnung **28** 291a; Nutzung bei Krankenbehandlung der Sozialen Entschädigung nach SGB XIV **28** 362a; Nutzung für Polizeivollzugsbeamte der Bundespolizei **28** 362; Nutzung für Soldaten der Bundeswehr **28** 362; Nutzung für Versicherte von Unternehmen der Krankenversorgung der Bundesbahnbeamten **28** 362, der Postbeamtenkrankenkasse **28** 362, der privaten Krankenversicherung **28** 362; als Versicherungsnachweis **28** 291a; Verfahren **28** 291b; Versicherungswechsel, Einzug **28** 291c; Sperrung **28** 291c; weitere Nutzung **28** 291c; Verwendung von Kennzeichen **28** 267

Gesundheitsschutz, Recht auf Zugang zur Gesundheitsvorsorge und auf ärztliche Versorgung **4** 35

Glasfaserbereitstellungsentgelt 10 72

magere Ziffern = Paragraphen   **Sachverzeichnis**

Gleichheit 4 Präambel, 20; von Männern und Frauen **4** 23
Gleichheitssatz 16 3
grenzüberschreitende Verarbeitung, Begriff nach DS-GVO **1** 4
Grundrechte 16 1 bis 13; der europäischen Union **4** 1 bis 50
Grundsätze der Gesetzmäßigkeit und Verhältnismäßigkeit im Zusammenhang mit Straftaten und Strafen **4** 49

Haftung nach GeschGehG **13** 10
Haftungsbegrenzung 10 70
Handelsplattform kriminelle im Internet **21** 127
Hauptniederlassung, Begriff nach DS-GVO **1** 4
Herkunftslandprinzip bei Telemedien **9** 3

Information der betroffenen Person **1** 13, 14; **2** 13; **6** 32, 55; *s. a. Mitteilungen*
Informationen, amtliche, Begriff **7** 2
Informationsanforderungen für Verträge **10** 55
Informationsfreiheit 4 11; Anspruch auf Akteneinsicht nach IFG **7** 1; Anspruch auf Auskunftserteilung nach IFG **7** 1; Anspruch auf Zugang zu amtlichen Informationen nach IFG **7** 1; Antrag und Verfahren **7** 7 bis 9; Ausschluss der Ansprüche **7** 3 bis 6; besondere öffentliche Belange **7** 3; Beteiligung Dritter **7** 8; Betriebs- und Geschäftsgeheimnisse **7** 6; Bundesbeauftragte oder Bundesbeauftragter für die **7** 12; Gebühren und Auslagen **7** 10; geistiges Eigentum **7** 6; personenbezogene Daten **7** 5; Rechtsweg **7** 9; Schutz behördlicher Entscheidungsprozesse **7** 4; und Verarbeitung personenbezogener Daten **1** 85
Informationsgesellschaft *s. Dienst der Informationsgesellschaft*
Informationspflicht 2 13; Abweichungen durch BDSG **6** 29, 32, 33; Ausübung in strafrechtlichen Ermittlungen und in Strafverfahren **2** 18; bei Erhebung bei der betroffenen Person **1** 13; **6** 32; **33** 82; bei Erhebung bei einer anderen als der betroffenen Person **1** 14; **6** 33; **33** 82a; bei Erhebung von Sozialdaten **33** 82f.; Prüfung durch Aufsichtsbehörde bei Weigerung des Verantwortlichen **2** 17
Informationspflichten der Gesellschaft für Telematik **28** 314
Informationssicherheit 10 169
informationstechnische Systeme, Integration offener und standardisierter Schnittstellen **28** 371

Integration von Menschen mit Behinderung **4** 26
Integrität und Vertraulichkeit, Grundsätze für die Verarbeitung personenbezogener Daten **1** 5; Maßnahmen zur Sicherheit der Verarbeitung **1** 32
internationale Organisation, Begriff nach BDSG **6** 46; Begriff nach DS-GVO **1** 4; Begriff nach Richtlinie (EU) 2016/680 **2** 3
Interoperabilität Begriff **28** 384
Interoperabilitätsverzeichnis 28 385; Aufnahme von Standards, Profilen und Leitfäden der Gesellschaft für Telematik **28** 387, für informationstechnische Systeme im Gesundheitswesen **28** 388; Bericht der Gesellschaft für Telematik **28** 394; Empfehlung von Standards, Profilen und Leitfäden als Referenz für informationstechnische Systeme im Gesundheitswesen **28** 389; Geschäfts- und Verfahrensordnung **28** 393; Informationsportal **28** 392
IT-Sicherheit in Krankenhäusern **28** 75c

JI-Richtlinie, Anwendungsbereich **2** 2; Gegenstand und Ziele **2** 1
Jugendliche, Schutz am Arbeitsplatz **4** 32
Justizbehörden, Akteneinsicht **20** 474; Auskunftsrecht **20** 474

Kassenärztliche Versorgung 28 73
Kaufleute, Aufbewahrung von Unterlagen **36** 257; Aufbewahrungsfristen **36** 257
Kennzeichen für Leistungsträger und -erbringer **28** 293
Kennzeichenerfassung automatische **20** 163g
Kinder, Rechte **4** 24; Rechte der Eltern **4** 14; Verbot der Kinderarbeit **4** 32
Kinder- und Jugendhilfe, besonderer Vertrauensschutz **31** 65; Datenschutz **31** 61 bis 68; Sozialdaten im Bereich der Beistandschaft, Amtspflegschaft und Amtsvormundschaft **31** 68
Klonen, Verbot **4** 3
Kohärenzverfahren der Aufsichtsbehörden **1** 63 ff.; **6** 18; Dringlichkeitsverfahren **1** 66; federführende Aufsichtsbehörde **6** 19; Stellungnahme des Europäischen Datenschutzausschusses **1** 64; Streitbeilegung durch den Ausschuss **1** 65
Kommunikationsserver 27 96
Krankenversichertennummer 28 290
Krankenversicherung *s. gesetzliche Krankenversicherung*
KUG, Ausnahmen **14** 23; Recht am eigenen Bilde **14** 22

Sachverzeichnis

fette Ziffern = Gesetzesnummern

Kundennummer der Bundesagentur für Arbeit 25 51a
Kundenschutz 10 51 bis 72; Geltungsbereich 10 71
Kündigung außerordentliche 10 57; nach stillschweigender Vertragsverlängerung 10 56
Kunstfreiheit 16 5

Leitfaden Begriff 28 384
Löschung elektronischer Aktenkopien 20 499; Fristen 2 5; von Daten 20 489, 494; s. a. Recht auf Löschung

maßgeblicher und begründeter Einspruch, Begriff nach DS-GVO 1 4
Medizinischer Dienst der Pflegekassen, Datenerhebung, -verarbeitung und -nutzung 34 97
Meinungsfreiheit 4 11; 16 5
Meldeverfahren, Nutzerbeschwerden 9 10a
Menschenhandel, Verbot von 4 5
Menschenwürdegarantie 16 1
Mietdatenbanken, Datenerhebung, – auswertung und – überprüfung 25 22c
Militärischer Abschirmdienst, Befugnis zur Überwachung der Telekommunikation und des Brief- und Postverkehrs 17 1; Übermittlung von Sozialdaten 33 72
Minderjährige, Verarbeitung personenbezogener Daten 8 20
Minderung 10 57
Missbrauch von Telekommunikationsanlagen 8 8; von Telekommunikationsdiensten 8 12
Mitteilen ankommender Verbindungen 8 14
Mitteilung von drittverursachten Gesundheitsschäden 28 294a; von Krankheitsursachen 28 294a
Mitteilungen von Informationen und Rechten 1 12; 2 12; 6 55 f.
Mitwirkung des Leistungsberechtigten, Angabe von Tatsachen 24 60; ärztliche Untersuchung 24 62; Aufwendungsersatz 24 65a; Durchführung einer Heilbehandlung 24 63; Folgen fehlender Mitwirkung 24 66; Grenzen der Mitwirkungspflicht 24 65; Nachholung der Mitwirkung 24 67; persönliches Erscheinen 24 61; Teilnahme an Leistungen zur Teilhabe am Arbeitsleben 24 64
Mitwirkungspflichten der Steuerpflichtigen, Aufbewahrung von Unterlagen 37 147
Mobilfundendgeräte, Mitwirkung bei technischen Ermittlungsmaßnahmen 10 171

molekulargenetische Untersuchung, Anordnung durch Richter oder Staatsanwalt 20 81f; Durchführung 20 81f; Identitätsfeststellung bei Beschuldigten und Verurteilten 20 81g; Reihengentests 20 81h
Mutterschaft, Anspruch auf bezahlten Mutterschaftsurlaub 4 33; Recht auf Zugang zu Leistungen 4 34; Schutz vor Entlassung 4 33

Nachricht Begriff 8 2
Nachrichtenübermittlung mit Zwischenspeicherung 8 6
Nachweispflicht bei Familienversicherung 28 289
nationale Kennziffer, Verarbeitung 1 87
Nationales Gesundheitsportal 28 395
ne bis in idem, Grundsatz 4 50
Nichtdiskriminierung 10 51
nicht-öffentliche Stellen, Begriff nach BDSG 6 2; Geltung des BDSG 6 1
Niederlassungsfreiheit 4 Präambel
Notruf 10 164
Nutzerbeschwerden, Abhilfeverfahren 9 10b; Meldeverfahren 9 10a
Nutzungsdaten Auskunftsverfahren 8 24; Begriff 8 2

offene und standardisierte Schnittstellen, Abstimmung zur Festlegung sektorenübergreifender einheitlicher Vorgaben 28 374; Festlegungen für informationstechnische Systeme in Krankenhäusern 28 373, in der pflegerischen Versorgung 28 374, in der vertragsärztlichen und -zahnärztlichen Versorgung 28 372; Integration in Hilfsmitteln und Implantaten 28 374a; Integration in informationstechnische Systeme 28 371; Verordnungsermächtigung 28 375
öffentliche Sicherheit 10 164 ff.
öffentliche Stellen, Begriff nach BDSG 6 2; Bestellung eines Datenschutzbeauftragten 6 5 f.; Datenübermittlung 6 25; Geltung des BDSG 6 1; Verarbeitung personenbezogener Daten 6 3; Verarbeitung zu anderen Zwecken 6 23 f.

Parlamentarisches Kontrollgremium 17 14
Parteiverrat 21 356
Passwörter Auskunftsverfahren 8 23
Patientendatenschutzgesetz 28 306 bis 383
Personalakte eines Arbeitnehmers, Einsichtsrecht 23 83
Personalakte eines Beamten, Abschluss 22 113; Aufbewahrungsfrist 22 113; Auf-

gabenübertragung **22** 111b; Auskünfte an Dritte **22** 111; Einsichtsrecht **22** 110; Entfernen ungünstiger Bewertungen **22** 112; Entfernung unbegründeter oder ungünstiger Inhalte **22** 112; Erhebung und Verwendung von Personalaktendaten **22** 111a; Führung **22** 106; Übermittlungen im Strafverfahren **22** 115; Verarbeitung, Nutzung und Übermittlung von Personalaktendaten **22** 114; Vernichtung **22** 113; Vorlage bei der Dienstaufsichtsbehörde **22** 111

Personalfragebogen, Zustimmung des Betriebsrates **23** 94

personelle Angelegenheiten, Mitbestimmung des Betriebsrates **23** 92 bis 99

personenbezogene Daten 5 5; eines Beamten *s. Beamter, Beihilfeakte eines Beamten, Personalakte eines Beamten;* Begriff nach BDSG **6** 46; Begriff nach DS-GVO **1** 4; Begriff nach Richtlinie (EU) 680 **2** 3; besondere Kategorien **1** 9; **2** 10; **6** 22, 48; Datenabgleich zur Aufklärung einer Straftat **20** 98c; Datenschutz nach BDSG **6** 1 bis 84; gefährdendes Verbreiten **21** 126a; Geheimhaltungspflicht der Integrationsämter, der Bundesagentur für Arbeit und der Rehabilitationsträger **32** 130; Geheimhaltungspflicht des Betriebsrates **24** 99; grenzüberschreitender Verkehr **5** 12; Grundsätze der Verarbeitung **1** 5 ff.; **2** 4 ff.; **6** 47; innerstaatliches Recht **5** 12; beim medizinischen Dienst **34** 97; von Minderjährigen **8** 20; bei den Pflegekassen **34** 94; Rasterfahndung **20** 98a f.; Schutz gegenüber Informationsanspruch nach IFG **7** 5; bei den Trägern der Sozialversicherung **34** 97b; Unterscheidung zwischen personenbezogenen Daten und Überprüfung der Qualität **2** 7; Unterscheidung zwischen Tatsachen und persönlichen Einschätzungen **6** 73; bei den Verbänden der Pflegekassen **34** 95; Verwendung für polizeiliche Zwecke **20** 481; *s. a. Datenerhebung, Datenverarbeitung, Datennutzung*

Persönlichkeitsrecht 16 2; strafrechtlicher Schutz **21** 201 bis 206

Petitionsrecht 4 44

Pflichten der Leistungserbringer **28** 294

Pflichten des für die Verarbeitung Verantwortlichen, allgemeine Pflichten **1** 24 ff.; **2** 19 ff.; Anforderungen an die Sicherheit **6** 64; Anhörung der oder des Bundesbeauftragten **6** 69; bei Auftragsverarbeitung **6** 62; Benachrichtigung der betroffenen Person bei Verletzung **1** 34; **2** 31; **6** 66; Benennung eines Datenschutz-

beauftragten **1** 37; **2** 32; **6** 38; Benennung eines Vertreters bei fehlender Niederlassung in der Union **1** 27; Berichtigung unrichtiger Daten **6** 75; Datenschutz durch datenschutzfreundliche Voreinstellungen **1** 25; **2** 20; **6** 71; Datenschutz durch Technik **1** 25; **2** 20; **6** 71; Datenschutz-Folgenabschätzung **1** 35; **2** 27; **6** 67; Dokumentation von Verletzungen **1** 33; **2** 30; **6** 65; Garantie vertraulicher Meldungen **6** 77; Geldbuße **1** 83; gemeinsam Verantwortliche **1** 26; **2** 21; **6** 63; Löschung **6** 75; Meldung von Verletzungen **1** 33; **2** 30; **6** 65; Schadensersatzpflicht **1** 82; **2** 56; **6** 83; Sicherheit der Verarbeitung **1** 32; **2** 29; Überprüfung der Qualität der Daten **6** 74; Unterscheidung verschiedener Kategorien betroffener Personen **6** 72; Unterscheidung zwischen Tatsachen und persönlichen Einschätzungen **6** 73; Verzeichnis von Verarbeitungstätigkeiten **1** 30; **2** 24; **6** 70; vorherige Konsultation der Aufsichtsbehörde **1** 36; **2** 28; Zusammenarbeit mit der Aufsichtsbehörde **1** 31; **2** 26; Zusammenarbeit mit der oder dem Bundesbeauftragten **6** 68

polizeiliche Zwecke, Verwendung personenbezogener Daten **20** 481

Pressefreiheit 16 5

Privacy by Default *s. Datenschutz durch datenschutzfreundliche Voreinstellungen*

Privacy by Design *s. Datenschutz durch Technik*

Privatgeheimnisse, Verletzung **21** 203

Profil Begriff **28** 384

Profiling, Abweichungen durch BDSG **6** 37; Begriff nach BDSG **6** 46; Begriff nach DS-GVO **1** 4; Begriff nach Richtlinie (EU) 2016/680 **2** 3; keine Unterwerfung unter eine ausschließlich auf einer automatischen Verarbeitung beruhenden Entscheidung **1** 22; Verbot einer ausschließlich auf einer automatischen Verarbeitung beruhenden Entscheidung **2** 11; **6** 54; Widerspruchsrecht **1** 21

Protokollierung in automatisierten Verarbeitungsvorgängen **2** 25; **6** 76; *s. a. Dokumentation*

Pseudonymisierung, Begriff nach BDSG **6** 46; Begriff nach DS-GVO **1** 4; Begriff nach Richtlinie (EU) 2016/680 **2** 3; Maßnahmen zur Sicherheit der Verarbeitung **1** 32

Rasterfahndung, Ermächtigungsgrundlage **20** 98a; Zuständigkeit, Rückgabe und Löschung der Daten **20** 98b

Sachverzeichnis

fette Ziffern = Gesetzesnummern

Rechenschaftspflicht, Grundsätze für die Verarbeitung personenbezogener Daten **1** 5

Rechnungsinhalte 10 62

Recht auf Achtung des Privat- und Familienlebens 4 7

Recht auf Auskunft, Abweichungen durch BDSG **6** 34; über personenbezogene Daten **1** 15; **2** 14; **4** 8; **6** 57

Recht auf Berichtigung 1 16; **2** 16; **4** 8; **6** 58; Ausübung in strafrechtlichen Ermittlungen und in Strafverfahren **2** 18; Mitteilungspflicht des Verantwortlichen **1** 19; Prüfung durch Aufsichtsbehörde bei Weigerung des Verantwortlichen **2** 17

Recht auf Bildung 4 14

Recht auf Datenschutz 4 8

Recht auf Datenübertragbarkeit 1 20

Recht auf Einschränkung der Verarbeitung 1 18; **2** 16; **6** 58; Ausübung in strafrechtlichen Ermittlungen und in Strafverfahren **2** 18; Mitteilungspflicht des Verantwortlichen **1** 19; Prüfung durch Aufsichtsbehörde bei Weigerung des Verantwortlichen **2** 17

Recht auf freie Meinungsäußerung 4 11; *s. a. Meinungsfreiheit*

Recht auf Freiheit und Sicherheit 4 6

Recht auf Gedanken-, Gewissens- und Religionsfreiheit 4 10

Recht auf Gehör 4 41

Recht auf gute Verwaltung 4 41

Recht auf körperliche und geistige Unversehrtheit 4 3

Recht auf Leben 4 2

Recht auf Löschung 1 17; **2** 16; **6** 58; Abweichungen durch BDSG **6** 35; Ausübung in strafrechtlichen Ermittlungen und in Strafverfahren **2** 18; Mitteilungspflicht des Verantwortlichen **1** 19; Prüfung durch Aufsichtsbehörde bei Weigerung des Verantwortlichen **2** 17

Recht auf Schutz personenbezogener Daten 4 8

Recht auf Vergessenwerden 1 17

Recht auf Wehrdienstverweigerung 4 10

Recht auf wirksamen Rechtsbehelf und unparteiisches Gericht 4 47

Recht auf Zugang zu Akten 4 41

Recht auf Zugang zu Dokumenten des Europäischen Parlaments, des Rates und der Kommission **4** 42

Recht auf Zugang zu Leistungen der sozialen Sicherheit und zu sozialen Diensten 4 34

Recht eine Ehe einzugehen und eine Familie zu gründen 4 9

Rechte älterer Menschen 4 25

Rechte der betroffenen Person, Auskunftsrecht **1** 15; **2** 14; **6** 34, 57; Berichtigung **1** 16; **2** 16; **6** 58; Beschränkungen durch Rechtsvorschriften **1** 23; Beschwerde bei Aufsichtsbehörde **1** 77; **2** 52; Datenübertragbarkeit **1** 20; Einschränkung der Verarbeitung **1** 18; **2** 16; **6** 58; gerichtlicher Rechtsbehelf gegen Aufsichtsbehörde **1** 78; **2** 53; gerichtlicher Rechtsbehelf gegen für die Verarbeitung Verantwortliche oder Auftragsverarbeiter **1** 79; **2** 54; Information, Mitteilungen und Modalitäten für die Ausübung **1** 12; **2** 12; **6** 55; Informationspflicht **1** 13; **2** 13; **6** 32; Löschung **1** 17; **2** 16; **6** 35, 58; Mitteilungspflicht gegenüber Empfängern **1** 19; Transparenz **1** 12; Verfahren für die Ausübung der Rechte **6** 59; Vergessenwerden **1** 17; Widerspruchsrecht **1** 21; **6** 36

Rechte des Betroffenen, Anrufung der Bundesbeauftragten oder des Bundesbeauftragten für den Datenschutz und die Informationsfreiheit **6** 60; **33** 81; Auskunftsrecht **33** 83; Berichtigung, Löschung, Einschränkung der Verarbeitung und Widerspruch **33** 84; gerichtlicher Rechtsschutz **33** 81a f.; Rechtsbehelfe, Haftung und Sanktionen **1** 77 bis 84; **6** 41 bis 44; nach SGB X **33** 81 bis 84a; Unabdingbarkeit **33** 84a

Rechte des Kindes 4 24

Rechte nach IFG, Anrufung des Bundesbeauftragten für den Datenschutz und die Informationsfreiheit **7** 12; Anspruch auf Zugang zu amtlichen Informationen, Auskunftserteilung, Akteneinsicht **7** 1

Rechtsbehelfe, Haftung und Sanktionen 1 77 bis 84; **6** 41 bis 44

Rechtsstaatlichkeit, Grundsätze der **4** Präambel

Rechtsverordnung 10 52

Rechtsweg bei Streitigkeiten mit Aufsichtsbehörde **6** 20; Überwachung nach G **10** 17 13; Zugang zu amtlichen Informationen nach IFG **7** 9

Richtigkeit, Grundsätze für die Verarbeitung personenbezogener Daten **1** 5; Pflicht des Verantwortlichen zur Berichtigung unrichtiger Daten **6** 75; *s. a. Datenqualität*

Richtlinie über audiovisuelle Mediendienste, Sitzbestimmung nach TMG **9** 2a

Richtlinie zur IT-Sicherheit in der vertragsärztlichen und -zahnärztlichen Versorgung **28** 75b

RL 2010/13/EU, Sitzbestimmung nach TMG **9** 2a

magere Ziffern = Paragraphen

Sachverzeichnis

Rufnummernanzeige 3 8; 8 15
Rufnummernmitnahme 10 59
Rufnummernunterdrückung 3 8; 8 15

Sanktionen bei Verstoß gegen DS-GVO 1 84; Vorgaben des BDSG 6 41 f.; *s. a. Geldbuße*
Sanktionen bei Verstoß gegen Richtlinie (EU) 2016/680 2 57; 6 83; Vorgaben des BDSG 6 83
Schadensersatz, Anspruch des Betroffenen einer unzulässigen Datenerhebung, -verarbeitung, -nutzung 6 83; bei Amtstätigkeiten 4 41; Vorschriften des BDSG 6 83
Schadensersatzansprüche 10 69
Schleppnetzfahndung, Ermächtigungsgrundlage 20 163d
Schlichtung 10 68
Schutz der Privatsphäre bei Endeinrichtungen 8 25
Schutzmaßnahmen, organisatorische 10 165; technische 10 165
Schwarzarbeit, Erhebung und Übermittlung von Sozialdaten 33 67e, 71
Scoring, Besonderheiten des BDSG 6 31
selektive Sperre zum Schutz vor Kosten 10 61
Sicherheitsanforderungen, Katalog 10 167
Sicherheitsbeauftragter 10 166
Sicherheitsbehörden, Auskunftsersuchen 10 172; Daten für Auskunftsersuchen 10 172
Sicherheitskonzept 10 166
Sicherheitsvorfall, Mitteilung 10 168
Sklaverei, Verbot von 4 5
Solidarität 4 Präambel
Sozialdaten zu anderen Zwecken 33 67c; Auskunftsrecht des Betroffenen 33 83; Begriffsbestimmungen 33 67; Benachrichtigung bei Verletzung 33 83a; Datenabgleich 25 52; Datenschutz 25 50 bis 52; 31 61 bis 68; 33 78a bis 85a; eingeschränkte Übermittlungsbefugnis bei besonders schutzwürdigen 33 76; Einwilligung nach Art. 7 DS-GVO 33 67b; Erhebung und Speicherung bei den Krankenkassen 28 284; Erhebung, Verarbeitung und Nutzung 25 50 bis 52; 26 394 bis 396; 29 148; 30 199, 206 f.; 31 61 bis 63; 33 67a bis 78; Informationspflichten 33 82 f.; Speicherung, Veränderung, Nutzung, Übermittlung, Einschränkung und Löschung 33 67b; Übermittlung für Arbeitsschutz 33 70; Übermittlung für Gefahrenabwehr 33 68; Übermittlung für Schutz der Sicherheit 33 72; Übermittlung für soziale Aufgaben 33 69; Übermittlung ins Ausland und an internationale Organisationen 33 77; Übermittlungsgrundsätze 33 67d; Verarbeitung im Auftrag 33 80; Verbot der unbefugten Erhebung, Verarbeitung und Nutzung (Sozialgeheimnis) 24 35; Zweckbindung 33 67c

soziale Sicherheit und soziale Unterstützung, Recht auf Zugang zu Leistungen 4 34
Sozialgeheimnis 24 35
Sozialhilfe, Auskunftspflicht gegenüber Sozialhilfeträger 35 117; Datenübermittlung, Veröffentlichung 35 128h; Überprüfung, Verwaltungshilfe 35 118
Sozialleistungen, Anspruch auf Auskunft nach SGB I 24 15; Mitwirkung des Leistungsberechtigten 24 60 bis 67; *s. a. Mitwirkung des Leistungsberechtigten*
Sozialversicherung, Aufbewahrung von Unterlagen 27 110a bis 110c; Datenübermittlung im Lohnnachweisverfahren 27 99 bis 103; gemeinsame Grundsätze bei Datenübermittlung im Lohnnachweisverfahren 27 103; Prüfung bei Datenübermittlung im Lohnnachweisverfahren 27 102; Inhalt des elektronischen Lohnnachweises 27 100; Stammdatendatei 27 101; Versicherungsnummer 27 18f und 18g
Sozialversicherungsträger, Datenaustausch 27 95c
Sozialverwaltungsverfahren, Datenerhebung, -verarbeitung und -nutzung 33 67a bis 78; Zusammenarbeit der Leistungsträger mit Dritten 33 97 bis 101a
Speicherbegrenzung, Grundsätze für die Verarbeitung personenbezogener Daten 1 5
Speicherungspflichten für Daten 10 176
Sperre selektive zum Schutz vor Kosten 10 61; bei Zahlungsverzug 10 61
Sperrung von Daten 20 489, 494
Stammdatendatei, nach SGB IV 27 101
Standard Begriff 28 384
Standardvertrag I, Klauseln für die Übermittlung personenbezogener Daten an Drittländer 38
Standardvertragsklauseln, anwendbares Recht 38 Klausel 17; Aufsicht 38 Klausel 13; Auslegung 38 Klausel 4; Beendigung des Vertrags 38 Klausel 16; Beschreibung der Datenübermittlung 38 Klausel 6; Datenminimierung 38 Klausel 8; Datenschutzgarantien 38 Klausel 8; Dokumentation 38 Klausel 8; Drittbegünstigte 38 Klausel 3; Einsatz von Unterauftragsverarbeitern 38 Klausel 9; Gerichtsstand 38 Klausel 18; Haftung 38 Klausel 12; Kopp-

Sachverzeichnis

fette Ziffern = Gesetzesnummern

lungsklausel **38** Klausel 7; lokale Rechtsvorschriften **38** Klausel 14; Pflichten des Datenimporteurs **38** Klausel 15; Rechte betroffener Personen **38** Klausel 10; Rechtsbehelf **38** Klausel 11; sensible Daten **38** Klausel 8; Sicherheit der Verarbeitung **38** Klausel 8; Speicherbegrenzung **38** Klausel 8; Standardvertragsklauseln **38** Klausel 8; Transparenz **38** Klausel 8; Unabänderbarkeit **38** Klausel 2; Verarbeitung unter Aufsicht des Datenimporteurs **38** Klausel 8; Verstöße gegen die Klauseln **38** Klausel 16; Vorrang **38** Klausel 5; Weisungen **38** Klausel 8; Weiterübermittlungen **38** Klausel 8; Wirkung **38** Klausel 2; Zuständigkeit **38** Klausel 18; Zweck und Anwendungsbereich **38** Klausel 1; Zweckbindung **38** Klausel 8

Standortdaten 8 13

Stellen zur Bekämpfung von Fehlverhalten im Gesundheitswesen **28** 81a

Sterbefallmitteilungen 33 101a

Steuergeheimnis, Verletzung **21** 355

Straf- und Bußgeldvorschriften, G 10 **17** 17 bis 19; SGB X **33** 85 und 85a; TMG **9** 11; Vorgaben des BDSG **6** 41

Strafantrag 21 205

Strafverfahren, Datenverarbeitung **20** 483; Datenverarbeitung für zukünftige **20** 484; gemeinsame Dateien **20** 486; Übermittlung von Sozialdaten **33** 73; Vorgaben des BDSG **6** 42, 84

Strafvorschriften des StGB betreffend Straftaten im Amt **21** 353a bis 356; betreffend die Verletzung des persönlichen Lebens- und Geheimnisbereichs **21** 201 bis 206

Systemprüfung 27 95b

technische und organisatorische Maßnahmen 33 78a; bei Auftragsverarbeitern **1** 28; **2** 20; Datenschutz durch Technik und datenschutzfreundliche Voreinstellungen **1** 25; **2** 20; **6** 71; Grundsätze bei Verarbeitung personenbezogener Daten **1** 5; **2** 4; **6** 47; Pflichten des Verantwortlichen **1** 24; **2** 19; **6** 62; bei Pseudonymisierung **1** 4; **2** 3; Sicherheit der Verarbeitung **1** 32; **2** 29

Teilnehmerverzeichnisse, öffentliche 3 12

Teilzahlungen 10 62

Telefonbuch s. *Teilnehmerverzeichnisse, öffentliche*

Telefonwerbung Einwilligung **12** 7a

Telekommunikation, Auskunftspflicht der Diensteanbieter nach UKlaG **15** 13; Geheimschutzmaßnahmen **17** 2; internationale **17** 8; Pflichten der Diensteanbieter nach G 10 **17** 2, 20; Pflichten der Diensteanbieter nach StPO **20** 100g; Pflichten von Anlagenbetreibern nach TKÜV **11** 6 bis 20, 27; strategische Beschränkung durch Bundesnachrichtendienst **17** 5; Überwachung durch Strafverfolgungsbehörden **20** 100a f.; Überwachung durch Verfassungsschutz, Militärischen Abschirmdienst und Bundesnachrichtendienst **17** 1 bis 13; *s. a. Überwachung nach G 10; s. a. Überwachung nach StPO*

Telekommunikationsanlagen Missbrauch **8** 8; Störungen **8** 12

Telekommunikationsdienste Missbrauch **8** 12

Telekommunikationsüberwachung 11 1 ff.; Übergabepunkt **11** 8

Telekommunikation-Telemedien-Datenschutz-Gesetz 8

Telematikinfrastruktur, Anforderungen **28** 306; Anforderungen an die Wartung von Diensten **28** 332; Anwendungen **28** 334; Bestätigungsverfahren **28** 327; Betriebsleistungen **28** 323; Einbindung der Medizinischen Dienste **34** 106c; elektronischer Verzeichnisdienst **28** 313; Finanzierungsvereinbarung **28** 376; Maßnahmen zur Abwehr von Gefahren für die Funktionsfähigkeit **28** 329, für die Sicherheit **28** 329; Protokollierung **28** 309; Überwachungsmaßnahmen zur Gewährleistung der Nutzbarkeit **28** 331, der Sicherheit **28** 331, der Verfügbarkeit **28** 331; Verbot der Nutzung **28** 326; Vermeidung von Störungen der informationstechnischen Systeme **28** 330, der Komponenten **28** 330, der Prozesse **28** 330; Vorrang von technischen Schutzmaßnahmen **28** 308; weitere Anwendungen **28** 327; Zugriff auf ärztliche Verordnungen **28** 361

Telemedien, Herkunftslandprinzip **9** 3; Nutzer **9** 2

Telemediendatenschutz 8 19 ff.

Telemediendiensteanbieter 9 2; Auskunftspflicht nach UKlaG **15** 13; Begriff nach TMG **9** 2; europäisches Sitzland **9** 2a; Informationspflichten nach TMG **9** 5 f.; Sitz in Deutschland **9** 2a; Verantwortlichkeit für Informationen **9** 7 bis 10

Telemediennutzer, Begriff nach TMG **9** 2

telemedizinische Angebote Unterstützung der Kassenärztlichen Vereinigungen bei der Vermittlung **28** 370a

TKÜV, Anforderungen an technische Einrichtungen **11** 6; Begriffsbestimmungen **11** 2; bereitzustellende Daten **11** 7; Entgegennahme der Anordnung **11** 12; Feld-

magere Ziffern = Paragraphen **Sachverzeichnis**

versuche **11** 22; Gegenstand der Verordnung **11** 1; Grenzen des Anwendungsbereichs **11** 4; Kreis der Verpflichteten **11** 3, 26; Pflichten von Anlagenbetreibern **11** 6 bis 20, 27; Probebetriebe **11** 22; Protokollierung **11** 16; Prüfung und Löschung von Daten **11** 17; Schutzanforderungen **11** 14; Übwerwachungskopie **11** 9; Verfahren **11** 28; Verschwiegenheit **11** 15
Transparenz 10 52; Grundsätze für die Verarbeitung personenbezogener Daten **1** 5
Transparenzstelle für Verträge über hausarztzentrierte und besondere Versorgung **28** 293a
TTDSG Anwendungsbereich **8** 1

Übermittlung von Leistungsdaten **28** 294 bis 303; von versichertenbezogenen Daten **28** 298
Übermittlung elektronischer Briefe in der vertragsärztlichen Versorgung, Erstattung der Kosten **28** 383
Übermittlung in elektronischer Form, vertragsärztliche Verordnungen **28** 360
Übermittlungspflichten bei ärztlichen Leistungen **28** 295
Überprüfung von Daten **25** 52a
Überwachung, technische und organisatorische Umsetzung von Telekommunikationsüberwachungsmaßnahmen s. *TKÜV*; der Telekommunikation durch Strafverfolgungsbehörden **20** 100a f.; der Telekommunikation und des Brief- und Postverkehrs durch Verfassungsschutz, Militärischen Abschirmdienst und Bundesnachrichtendienst **17** 1 bis 13
Überwachung der Telekommunikation, Benachrichtigung des Berechtigten **20** 100d
Überwachung nach G 10, Anordnung **17** 10; Antrag **17** 1; Brief- und Postverkehr **17** 1; Durchführung **17** 11; bei Gefahr für Leib oder Leben einer Person im Ausland **17** 8; Kontrolle **17** 14 bis 16; Mitteilung an Betroffene **17** 12; Pflichten der Telekommunikations- und Postdienstanbieter **17** 2; Prüfung, Kennzeichnung und Löschung der erhobenen Daten **17** 6; Rechtsweg **17** 13; Schutz des Kernbereichs privater Lebensgestaltung **17** 3a, 5a; Schutz zeugnisverweigerungsberechtigter Personen **17** 3b; Straf- und Bußgeldvorschriften **17** 17 bis 19; Telekommunikation **17** 1; Verfahren **17** 9 bis 13; Voraussetzungen **17** 3
Überwachung nach StPO, Abhören des außerhalb von Wohnungen nicht-öffentlich gesprochenen Wortes **20** 100f; Abhören des in Wohnungen gesprochenen Wortes **20** 100c f.; Benachrichtigung des Betroffenen **20** 101; Berichte **20** 100e; Besonderheiten bei Verkehrsdaten **20** 101a; Löschung personenbezogener Daten **20** 101; Maßnahmen bei Mobilfunkendgeräten **20** 100i; Pflichten der Telekommunikationsdiensteanbieter **20** 100g; Telekommunikation **20** 100a f.; Unterrichtung des Bundestages **20** 100e; Verfahrensregelungen **20** 101; Videoüberwachung **20** 100f; weitere Maßnahmen **20** 100h
Überwachungseinrichtung, Funktionsprüfung **11** 23
Überwachungsmaßnahmen, Umsetzung **10** 170
Überweisungen in elektronischer Form, Verwendung **28** 86a
UKlaG, Anhörung der Datenschutzbehörde **15** 12a; Anspruch bei verbraucherschutzgesetzwidrigen Praktiken **15** 2; Auskunftsanspruch der anspruchsberechtigten Stellen **15** 13; Auskunftsanspruch sonstiger Betroffener **15** 13a; Einigungsstelle **15** 12; Überleitungsvorschrift **15** 17
Umweltschutz in der Union **4** 37
Umzug 10 60
Unschuldsvermutung 4 48
Unterauftragsverarbeiter 38 Klausel 9
Unterhaltsanspruch, Unermittlung von Sozialdaten für die Geltendmachung **33** 74
Unternehmen, Begriff nach DS-GVO **1** 4
Unternehmensgruppe, Begriff nach DS-GVO **1** 4
unternehmerische Freiheit 4 16
Untersuchungsgrundsatz im Verwaltungsverfahren **19** 24
UWG, unzumutbare Belästigung **12** 7

Verantwortlicher, Begriff nach BDSG **6** 46; Begriff nach DS-GVO **1** 4; Begriff nach Richtlinie (EU) 2016/680 **2** 3; gemeinsam **1** 26; **2** 21; **6** 63
Verarbeitung automatische **5** 2; Begriff nach BDSG **6** 46; Begriff nach DS-GVO **1** 4; Begriff nach Richtlinie (EU) 2016/680 **2** 3; von Verkehrsdaten **8** 9
Verarbeitung personenbezogener Daten zu anderen Zwecken **1** 6; **2** 9; **6** 49; außerhalb der Anwendungsbereiche der VO (EU) 2016/679 und der RL (EU) 2016/680 **6** 85; Beschäftigungskontext **1** 88; **6** 26; besondere Kategorien **1** 9; **2** 10; **6** 22, 48; besondere Verarbeitungsbedingungen **2** 9; Daten eines Kindes **1** 8;

Sachverzeichnis

fette Ziffern = Gesetzesnummern

durch öffentliche Stellen **6** 3; Einwilligung **1** 6 ff.; entsprechende Anwendung des BDSG **20** 500; für Zwecke staatlicher Auszeichnungen und Ehrungen **6** 86; Grundsätze **1** 5; **2** 4; **6** 47; durch Kassenärztliche Vereinigung **28** 285; keine Bestimmbarkeit der betroffenen Person **1** 11; durch Kirchen und religiöse Vereinigungen **1** 91; Rechtmäßigkeit **1** 6; **2** 8; über strafrechtliche Verurteilungen und Straftaten **1** 10; Unterscheidung verschiedener Kategorien betroffener Personen **2** 6; **6** 72; Unterscheidung zwischen personenbezogenen Daten und Überprüfung der Qualität **2** 7; *s. a. Datenverarbeitung*
Verarbeitung unter Aufsicht 1 29; **2** 23
verbindliche interne Datenschutzvorschriften 1 47; Begriff nach DS-GVO **1** 4
Verbindungspreisberechnung 10 63
verbotene Mitteilung über Gerichtsverhandlungen **21** 353d
Verbraucherkredite 6 30
Verbraucherschutz in der Union **4** 38
verdeckte Ermittler, Befugnisse **20** 110c; Begriff **20** 100a; Ermächtigungsgrundlage **20** 110a; allgemeine Ermittlungsbefugnis **20** 161; Verwendung von Informationen **20** 100e, 161; Zustimmung der Staatsanwaltschaft **20** 110b; Zustimmung der Staatsanwaltschaft und des Richters **20** 100b
Vereinbarung über Authentifizierungsverfahren iRd Videosprechstunde 28 368; Prüfung durch das BMG **28** 369
Vereinbarung über technische Verfahren zur konsiliarischen Befundbeurteilung von Röntgenaufnahmen **28** 367; Prüfung durch das BMG **28** 369; bei telemedizinischem Monitoring **28** 367a; zu telemedizinischen Konsilien **28** 367; zur Videosprechstunde in der vertragsärztlichen Versorgung **28** 365; zur Videosprechstunde in der vertragszahnärztlichen Versorgung **28** 366
Verfahren, Zugang zu amtlichen Informationen **7** 7 bis 9
Verfahrensregister, zentrales staatsanwaltschaftliches **20** 492
Verfassungsschutz, Befugnis zur Überwachung der Telekommunikation und des Brief- und Postverkehrs **17** 1
Vergleichsinstrumente unabhängige **10** 53
Verhaltensregeln 1 40; Überwachung der Einhaltung **1** 41
Verkehrsdaten zu Besonderheiten bei Erhebung nach StPO **20** 101a; Erhebung nach StPO **20** 100g; Speicherungspflichten **10** 176; statistische Erfassung **20** 101b; Verarbeitung **8** 9; Weiterverarbeitung durch den Bundesnachrichtendienst **17** 4a; Zulässigkeit der Erhebung, Verarbeitung und Nutzung **3** 6
Verletzung des Briefgeheimnisses **21** 202, 205; des Dienstgeheimnisses **21** 353b; des höchstpersönlichen Lebensbereichs durch Bildaufnahmen **21** 201a; des Intimbereichs durch Bildaufnahmen **21** 184k; des Post- oder Fernmeldegeheimnisses **21** 206; von Privatgeheimnissen **21** 203, 205; des Steuergeheimnisses **21** 355; der Vertraulichkeit des Wortes **21** 201, 205
Verletzung des Schutzes personenbezogener Daten, Anspruch nach UKlaG **15** 2; Begriff nach BDSG **6** 46; Begriff nach DS-GVO **1** 4; Begriff nach Richtlinie (EU) 2016/680 **2** 3; Benachrichtigung der betroffenen Person **1** 34; **2** 31; **6** 66; Meldung an Aufsichtsbehörde **1** 33; **2** 30
Veröffentlichung von Informationen und Dienstemerkmalen zur Kostenkontrolle **10** 52
Versammlungs- und Vereinigungsfreiheit 4 12
versichertenbezogene Daten, Übermittlung **28** 298
Versichertenverzeichnis 34 99
Versicherungsnummer, Erhebung, Verarbeitung und Nutzung **27** 18f, 18g; bei der Pflegeversicherung **34** 101; Vergabe **29** 147
Verteidigungsrechte, Achtung der **4** 48
Verträge Informationsanforderungen **10** 55
Vertragsänderung 10 57
vertragsärztliche und -zahnärztliche Versorgung, Richtlinie zur IT-Sicherheit **28** 75b
Vertragslaufzeit 10 56
Vertragsschluss 10 54
Vertragszusammenfassung 10 54
Vertrauensbruch im Auswärtigen Dienst **21** 353a
Vertraulichkeit der Kommunikation **8** 3
Vertraulichkeit der Kommunikation, europarechtliche Vorgaben **3** 5
Vertreter, Begriff nach DS-GVO **1** 4
Verwaltung, Recht auf gute **4** 41
Verwaltungsrechtsweg bei Streitigkeiten einer Aufsichtsbehörde **6** 20 f.
Verwaltungsverfahren, Akteneinsicht durch Beteiligte **19** 29; Anhörung Beteiligter **19** 28; Anspruch der Beteiligten auf Wahrung ihrer Geheimnisse **19** 30; Begriff **19** 9; Beratung und Auskunft durch die Behörde **19** 25; Beteiligte **19** 13; Be-

magere Ziffern = Paragraphen **Sachverzeichnis**

weismittel **19** 26; Untersuchungsgrundsatz **19** 24; Vorgaben bei automatischen Verfahren **19** 24
Verzeichnis von Verarbeitungstätigkeiten **1** 30; **2** 24
Videosharingplattform-Anbieter, Allgemeine Geschäftsbedingungen **9** 10c; Listen **9** 2b
Videoüberwachung 6 4; des Beschuldigten **20** 100f
Vielfalt der Kulturen, Religionen und Sprachen, Achtung von **4** 22
Vorausbezahlung 10 64
Vorkehrungen, technische und organisatorische **8** 19
Vorlagepflicht des Beschäftigten **27** 28o

Wahlen zum Europäischen Parlament **4** 39; Grundsätze **4** 39
Wahlrecht bei den Kommunalwahlen **4** 40; bei den Wahlen zum Europäischen Parlament **4** 39
Widerruf, der Einwilligung **1** 7
Widerspruchsrecht der betroffenen Person 1 21; Abweichungen durch BDSG **6** 36
Wissenschaftsfreiheit 16 5
Wohnung, Unverletzlichkeit der **16** 13
Würde des Menschen 4 Präambel, 1

Zahlungsverzug Sperre **10** 61
Zertifizierung 1 42; Zertifizierungsstellen **1** 43; **6** 39
Zugang zu Akten 4 41
Zugang zu amtlichen Informationen, Anspruch nach IFG **7** 1; Antrag und Verfahren **7** 7 bis 9; Ausschluss des Anspruchs **7** 3 bis 6; Gebühren und Auslagen **7** 10; Rechtsweg **7** 9; *s. a. Informationsfreiheit*
Zugang zu Dienstleistungen von allgemeinem wirtschaftlichen Interesse **4** 36
Zugang zu Dokumenten 4 42
Zugangsdaten Auskunftsverfahren **8** 23
Zugriff auf ärztliche Verordnungen in der Telematikinfrastruktur **28** 361
Zugriff auf Erklärungen des Versicherten zur Organ- und Gewebespende **28** 356
Zugriff auf Hinweise des Versicherten auf Vorhandensein und Aufbewahrungsort von Erklärungen zu Organ- und Gewebespenden **28** 356, von Patientenverfügungen **28** 357, von Vorsorgevollmachten **28** 357
Zugriffsberechtigung auf Daten, Recht der Versicherten auf Erteilung **28** 337
Zulassung von Anbietern von Betriebsleistungen **28** 324; von Diensten der Telematikinfrastruktur **28** 325; von Komponenten der Telematikinfrastruktur **28** 325
Zuschlag an Entgeltpunkten für langjährige Versicherung, Auskunftsrechte zur Überprüfung von Einkünften aus Kapitalvermögen **29** 151c; automatisiertes Abrufverfahren **29** 151b
zuständige Behörde, Begriff nach Richtlinie (EU) 2016/680 **2** 3
Zwangsarbeit, Verbot von **4** 5
Zweckbindung, Grundsätze für die Verarbeitung personenbezogener Daten **1** 5
Zwecke, polizeiliche, Verwendung personenbezogener Daten **20** 481
Zwischenspeicherung bei Nachrichtenübermittlung **8** 6

Straße und Auto

StVR · Straßenverkehrsrecht
Textausgabe
60. Aufl. 2022. Rd. 730 S.
ca. € 15,90. dtv 5015

TOPTITEL
NEU

Neu im Mai 2022

StraßenverkehrsG, Straßenverkehrs-Ordnung, Straßenverkehrs-Zulassungs-Ordnung, FahrzeugzulassungsVO, Fahrerlaubnis-VO, PflichtversicherungsG, Verkehrszeichen und Bußgeldkatalog-VO.

Meine Führerscheinprüfung
Prüfungsrichtlinie und Fragenkatalog
mit Videofragen online.
Beck im dtv
36. Aufl. 2021. 507 S.
€ 13,90. dtv 51257

TOPTITEL

Dieses Buch vermittelt in anschaulicher Form alle für die Fahrpraxis bedeutsamen Regelungen auf aktueller Grundlage. Typische Verkehrssituationen sind durch einprägsame Fotos und Zeichnungen dargestellt. Die Einführung gibt zusätzliche Hinweise – von der Antragstellung bis hin zu den entstehenden Kosten, z.B. für Unterricht und Erste-Hilfe-Kurs.

Informationsrecht und Datenschutz

Nimmesgern
Cyber-Risiken
Gefahren und Lösungen aus Sicht der Geschäftsleitung.
Rechtsberater im großen Format
2023. Rund 160 S.
ca. € 21,90. dtv 51273

NEU

Neu im November 2022.

Cyber-Risiken haben sich zu einem »Dauerbrenner« entwickelt. Sie stellen eine reale Gefahr für Unternehmen dar – mit existenzbedrohenden Schäden.

Umso wichtiger ist es, die Risiken zu verstehen und Vorsorge zu treffen. Schon wegen der Haftungsrisiken ist es keine Option, die Behandlung des Themas dem Systemadministrator oder IT-Chef zu überlassen. Das Werk zeigt die Bedeutung von Cyber-Risiken auf, stellt die Pflichten der Geschäftsleitung dar und gibt Handlungsempfehlungen, auch im Zusammenhang mit dem Schutz, den eine Cyber-Versicherung bieten kann.

CompR · IT- und Computerrecht
Elektronischer Geschäftsverkehr, Zivilrecht, Urheberrecht und gewerblicher Rechtsschutz, Datenschutz und Arbeitsschutz, IT-Beschaffung.
Textausgabe **TOPTITEL**
15. Aufl. 2022. 1068 S.
€ 19,90. dtv 5562

Mit einem ausführlichen Überblick zur Entwicklung des Computerrechts.

TeleMediaR · Telekommunikations- und Multimediarecht
Telekommunikationsgesetz, Telemediengesetz, Telemedien-Teledienste-Datenschutz-Gesetz, Medienstaatsvertrag, Jugendmedienschutz-Staatsvertrag, Netzwerkdurchsetzungsgesetz, Online-Zugangsgesetz u.a.m.
Textausgabe **TOPTITEL**
12. Aufl. 2022. 1051 S.
€ 25,90. dtv 5598

Schröder
Datenschutzrecht für die Praxis
Grundlagen, Datenschutzbeauftragte, Audit, Handbuch, Haftung etc.
Beck im dtv **TOPTITEL**
4. Aufl. 2021. 276 S.
€ 21,90. dtv 51259
Auch als **ebook** erhältlich.

Der Band enthält alles Wichtige, was ein Unternehmen (und damit der Datenschutzbeauftragte) wissen muss, um datenschutzkonform arbeiten zu können. Enthalten sind viele in der Praxis hilfreiche Vertragsvorlagen/Dokumente.

DatSchR · Datenschutzrecht
Datenschutz-Grundverordnung, JI-Richtlinie, Bundesdatenschutzgesetz, Europäische Datenschutzkonvention, Telekommunikation-Telemedien-Datenschutz-Gesetz, Telemediengesetz, Telekommunikationsgesetz (Auszug).
Textausgabe **TOPTITEL**
14. Aufl. 2022. 967 S. **NEU**
€ 22,90. dtv 5772
Neu im April 2022

Aktuell mit den EU-Standardvertragsklauseln für die Übermittlung personenbezogener Daten an Drittländer.

Freizeit und Gesundheit

LMR · Lebensmittelrecht
EG-Lebensmittel-BasisVO, Lebensmittel- und Futtermittelgesetzbuch, EU-Verbraucherinformation, Los-Kennzeichnungs-VO, Health-Claim-VO.
Textausgabe
9. Aufl. 2022. 279 S.
€ 16,90. dtv 5766
TOPTITEL
NEU

GOÄ · Gebührenordnungen für Ärzte und Zahnärzte
Mit Gebührenverzeichnissen für ärztliche und zahnärztliche Leistungen.
Textausgabe
13. Aufl. 2020. 404 S.
€ 13,90. dtv 5551

Natur und Umwelt

UmwR · Umweltrecht
Wichtige Gesetze und Verordnungen zum Schutz der Umwelt.
Textausgabe
31. Aufl. 2022. 1726 S.
€ 20,90. dtv 5533
Neu im Februar 2022
TOPTITEL
NEU

NatSchR · Naturschutzrecht
BundesnaturschutzG, FFH-RL, VogelschutzRL, EG-ArtenschutzVO, BundesartenschutzVO, BundesjagdG, UmweltschadensG, NaturschutzG der Länder.
Textausgabe
13. Aufl. 2018. 594 S.
€ 16,90. dtv 5528
TOPTITEL

TierSchR · Tierschutzrecht
Tierhaltung, Tiertransport, Schlachttiere, Versuchstiere.
Textausgabe
3. Aufl. 2014. 412 S.
€ 14,90. dtv 5576

KrWG · Kreislaufwirtschaftsgesetz
mit Verordnungen, Verpackungsgesetz,
Elektro- und Elektronikgerätegesetz, Batteriegesetz, Abfallverbringungsrecht.
Textausgabe
23. Aufl. 2022. Rd. 1000 S.
ca. € 17,90. dtv 5569
TOPTITEL **NEU**
Neu im April 2022

WasserR · Wasserrecht
Wasserhaushaltsgesetz mit den wichtigsten wasserwirtschaftsrechtlichen Vorschriften.
Textausgabe
3. Aufl. 2020. 670 S.
€ 24,90. dtv 5781

AgrarR · Agrarrecht
mit Futter- und Lebensmittelrecht und dem Landwirtschaftlichen Boden- und Grundstücksrecht, Bau- und Umweltrecht, Subventionsrecht, Schadensrecht, Erbrecht und Verfahrensrecht.
Textausgabe
2011. 1031 S.
€ 27,90. dtv 5780

EnergieR · Energierecht
Textausgabe
17. Aufl. 2022. 2339 S.
€ 39,90. dtv 5753
TOPTITEL **NEU**
Neu im Februar 2022

Energiewirtschaftsgesetz, Erneuerbare-Energien-Gesetz, Gebäudeenergiegesetz, Energiestatistikgesetz, Energieleitungsausbaugesetz, Bundesbedarfsplangesetz, Netzreserveverordnung, Bundes-Klimaschutzgesetz, Kohleverstromungsbeendigungsgesetz, Energiedienstleistungsgesetz, Elektrizitätsbinnenmarktrichtlinie.

BImSchG · Bundes-Immissionsschutzgesetz
mit Durchführungsverordnungen, Emissionshandelsrecht, TA Luft und TA Lärm.
Textausgabe
17. Aufl. 2022. 1274 S.
€ 24,90. dtv 5575
TOPTITEL

Mieten

MietR · Mietrecht
BGB-Mietrecht mit wichtigen Nebengesetzen.
Textausgabe
TOPTITEL
NEU
52. Aufl. 2022. 576 S.
€ 9,90. dtv 5013
Neu im Februar 2022

BGB-MietR, EGBGB (mit Covid-19-Vorschriften), Allg. GleichbehandlungsG, WirtschaftsstrafG, WohnungsvermittlungsG, HeizkV, Gebäudeenergiegesetz, WärmelieferVO, WohnraumförderungsG, WohnungsbindungsG, NeubaumietenV, II. BV/WoFlV, BetrKV, ZPO, GVG (jeweils Auszüge), WohnungseigentumsG

Die 52. Auflage enthält neu die aktuelle Mietspiegelverordnung.

Mersson
Vermieterleitfaden
Aktuelles Mietrecht · Mustertexte · Checklisten.
Rechtsberater
TOPTITEL
7. Aufl. 2019. 546 S.
€ 24,90. dtv 51243
Auch als **ebook** erhältlich.

Vermieter finden hier einen sofort in der Praxis einsetzbaren Ratgeber, der die Materie speziell aus ihrer Sicht beleuchtet.

Blank
Mietrecht von A–Z
Mehr als 450 Stichwörter zum aktuellen Recht.
Rechtsberater
19. Aufl. 2015. 935 S.
€ 24,90. dtv 50790
Auch als **ebook** erhältlich.

Herrlein
Richtig vermieten
Rechtssicherheit für Vermieter.
Rechtsberater im großen Format **TOPTITEL** **NEU**
4. Aufl. 2022. 409 S.
€ 29,90. dtv 51261
Auch als **ebook** erhältlich
Neu im Januar 2022

ALLES WAS RECHT IST.
Zuverlässige Antworten von renommierten Autorinnen und Autoren auf alle Rechtsfragen.
Beck-Rechtsberater im dtv

Rechtssicherheit für Vermieter.

Das Buch bietet dem Nutzer alles Wichtige, um seine Wohnung(en) rechtssicher vermieten zu können. Vom Abschluss des Mietvertrages über die Durchführung von Schönheitsreparaturen, korrekte Erhöhung der Miete, Abwehr von Mietminderungen bis hin zur Durchführung von Modernisierungen.

Die Neuauflage berücksichtigt vor allem die praktischen Konsequenzen der **Mietpreisbremse** für Vermieter sowie **Änderungen zum Betriebskostenrecht.** Daneben die Änderungen durch das WEMoG, etwa im Bereich der Nebenkostenabrechnung vermieteter Eigentumswohnungen sowie der Elektromobilität.

Daneben findet sich ein Kapitel zum Datenschutz mit vielen **praktischen Tipps** und weiterführenden Links zu Mustern und Handreichungen für Vermieter.

Vorteile auf einen Blick:
- kompakte Darstellung
- praxisorientiert
- mit zahlreichen Tipps und Mustern

Der Autor Rechtsanwalt **Dr. Jürgen Herrlein** ist Fachanwalt für Miet- und Wohnungseigentumsrecht sowie für Steuerrecht in Frankfurt am Main.

Scheff/Spörl
Das neue Mietrecht
Ein Leitfaden für Vermieter, Mieter und Verwalter.
Rechtsberater im großen Format
2022. Rund 250 S.
ca. € 24,90. dtv 51274

NEU

Neu im August 2022.

ALLES WAS RECHT IST.
Zuverlässige Antworten von renommierten Autorinnen und Autoren auf alle Rechtsfragen.
Beck-Rechtsberater im dtv

Immer bestens informiert!

Nach mehreren Mietrechtsreformen in den letzten Jahren und einer in einigen Bereichen immer komplizierter werdenden Rechtsprechung ist das Mietrecht unübersichtlicher geworden (bspw. die Regelungen zur energetischen Modernisierung und zur Mietpreisbremse). Entsprechend hoch ist der Informationsbedarf von Vermietern, Mietern und Verwaltern, dem dieser Rechtsberater praxisnah und in verständlicher Sprache Rechnung trägt. Das Buch gibt anschaulich Rat zu allen maßgeblichen Streitfragen, die in der Praxis auftauchen, enthält vor allem aber viele Hinweise, wie sich ein Streit von vornherein vermeiden lässt.

Vorteile auf einen Blick:
- Umfassende Informationen über die aktuelle Rechtslage
- Alles über Rechte und Pflichten von Mietern und Vermietern
- Tipps um Auseinandersetzungen von Vornherein zu vermeiden

Autoren sind die Hamburger Rechtsanwälte **Matthias Scheff** und **Martin Spörl**. Beide verfügen über langjährige praktische Erfahrung in der Beratung von Vermietern, Mietern und Immobilienverwaltern.

Kaufen

GrdstR · Grundstücksrecht
Textausgabe
9. Aufl. 2020. 664 S.
€ 16,90. dtv 5586

Mit u.a. Bürgerlichem Gesetzbuch (Auszug), Wohnungseigentumsgesetz, Beurkundungsgesetz (Auszug), Flurbereinigungsgesetz, Grundstückverkehrsgesetz, Grundstücksverkehrsordnung, Grundbuchordnung, Zwangsversteigerungsgesetz (Auszug), Grunderwerbsteuergesetz und Grundsteuergesetz.

Grziwotz/Saller
Ratgeber Nachbarrecht
Meine Rechten und Pflichten als Nachbar.
Rechtsberater **TOPTITEL**
2. Aufl. 2019. 262 S.
€ 15,90. dtv 51226
Auch als **ebook** erhältlich.

Haase
Verwaltungsbeirat
Aufgaben, Funktion, Haftung, Pflichten, Rechte.
Rechtsberater
8. Aufl. 2018. 205 S.
€ 17,90. dtv 51212
Auch als **ebook** erhältlich.

Haus & Grund Bayern

Haus & Grund Bayern unterstützt die 105 Haus & Grund Vereine in Bayern bei ihrer täglichen Arbeit und informiert über die für Immobilieneigentümer relevante Gesetzesentwicklung und Rechtsprechung.

Fuhrländer/Füllbeck
Wohnungseigentum
Das neue Recht für Eigentümer, Beiräte und Verwalter
Rechtsberater im großen Format **TOPTITEL**
2022. Rd. 160 S. **NEU**
ca. € 21,90. dtv 51263
Auch als **ebook** erhältlich
Neu im September 2022

Cathrin Fuhrländer | Massimo Füllbeck

Wohnungseigentum

Das neue Recht für Eigentümer, Beiräte und Verwalter

Mit WEG-Reform 2020/2021

Beck-Rechtsberater im dtv

ALLES WAS RECHT IST.
Zuverlässige Antworten von renommierten Autorinnen und Autoren auf alle Rechtsfragen.
Beck-Rechtsberater im dtv

Das neue Recht für Eigentümer, Beiräte und Verwalter.

Dieser Praxisratgeber vermittelt Verwaltungsbeiräten, Wohnungseigentümern und Verwaltern alle **wichtigen Änderungen des neuen WEG-Rechts** und geht dabei auch auf typische Fragestellungen und Probleme ein:

- Änderungen bei den Rechten und Pflichten des Verwaltungsbeirats und der Wohnungseigentümer
- Änderungen bei der Entstehungsphase einer WEG
- Bauliche Maßnahmen und deren Kosten
- Änderungen bei der Kostenverteilung und Eigentümerversammlung
- Alle Änderungen rund um das Thema Eigentümerversammlung (z.B. digitale ETV)
- Neue Regeln für Verwalter und der Jahresabrechnung sowie Wirtschaftsplan
- Neu: Einführung eines Vermögensberichts
- Neu: Regeln bei der vermieteten Eigentumswohnung (Harmonisierung WEG- und Mietrecht).

Das Autorenteam: **Cathrin Fuhrländer,** Fachanwältin für Miet- und Wohnungseigentumsrecht und **Massimo Füllbeck,** Immobilien-Ökonom (VWA) und Sachverständiger für WEG-Verwaltung.

Elzer
Eigentumswohnung
Meine Rechte als Wohnungseigentümer zu Gebrauch, Sondernutzung, Verwaltung, Versammlung, Bauen, Information und vieles mehr.
Rechtsberater im großen Format **TOPTITEL**
5. Aufl. 2021. 578 S.
€ 29,90. dtv 51255
Auch als **ebook** erhältlich

ALLES WAS RECHT IST.
Zuverlässige Antworten von renommierten Autorinnen und Autoren auf alle Rechtsfragen.
Beck-Rechtsberater im dtv

Empfohlen von
Haus & Grund Bayern

Gebrauch, Sondernutzung, Verwaltung, Versammlung, Bauen und mehr.

Dieser Rechtsberater erläutert alle Fragen zu den **Rechten des Wohnungseigentümers:**
- Verhalten in der Wohnung und im Gemeinschaftseigentum
- Gebrauchsrechte eines Wohnungseigentümers
- Sondernutzungsrechte
- Verwaltungsrechte
- Rechte des Wohnungseigentümers in der Versammlung
- Das Recht des Wohnungseigentümers zu bauen
- Informationsrechte des Wohnungseigentümers
- Der Wohnungseigentümer als Verwalter und als Beirat
- Verfahrensrechte des Wohnungseigentümers
- Der Wohnungseigentümer als Mitglied des Verbandes
- Die Pflichten der anderen Wohnungseigentümer (Verhaltenspflichten, Duldungspflichten, Beitragsleistung, Verbandspflichten Pflichten als Beklagter)

Die 5. Auflage berücksichtigt die aktuelle Gesetzgebung mit den grundlegenden Änderungen des Wohnungseigentumsgesetzes ebenso wie die praktischen Auswirkungen einer großen Menge an Rechtsprechung, insbesondere zu Kinderlärm, Medizintouristen, Asylbewerbern und Geflüchteten, Nießbrauch u.v.m.

Kirchhoff
Eigentumswohnung
Praktische Antworten auf die wichtigen rechtlichen Fragen rund um die Eigentumswohnung.
Rechtsberater im großen Format **TOPTITEL**
4. Aufl. 2021. 239 S.
€ 24,90. dtv 51253
Auch als **ebook** erhältlich.

ALLES WAS RECHT IST.
Zuverlässige Antworten von renommierten Autorinnen und Autoren auf alle Rechtsfragen.
Beck-Rechtsberater im dtv

Empfohlen von Haus & Grund Bayern

Eigentümer werden – Eigentümer sein.

Dieser bewährte Rechtsberater beantwortet die wichtigen rechtlichen und praktischen Fragen rund um die Eigentumswohnung.

Leicht verständlich: Die rechtlichen Aspekte sind einfach aufbereitet und in einer verständlichen Sprache dargestellt.

Anschaulich: Zahlreiche Beispiele machen die Ausführungen anschaulich.

Übersichtlich: Jede Frage ist zusammenhängend umfassend beantwortet.

Zu diesen Themen finden Sie Antworten auf Ihre Fragen:
- Erwerb und Finanzierung der Wohnung
- Eigentümerversammlung
- Verwaltung der Anlage
- Instandhaltung, Reparatur und Modernisierung
- Gebrauch und Verwertung des Wohneigentums
- Eigentümerwechsel

Die Autorin **Dr. Ulrike Kirchhoff** ist Vorsitzende des Landesverbandes bayerischer Haus-, Wohnungs- und Grundbesitzer e.V. (Haus & Grund Bayern) und hat Beiträge zu Themen rund um Immobilien veröffentlicht.

NachbR · Nachbarrecht
Textausgabe
2. Aufl. 2011. 286 S.
€ 9,90. dtv 5771

Alheit
Nachbarrecht von A–Z
490 Stichwörter zur aktuellen Rechtslage.
Rechtsberater
12. Aufl. 2010. 413 S.
€ 12,90. dtv 5067

Bauen

BauGB · Baugesetzbuch
Textausgabe   TOPTITEL NEU
53. Aufl. 2022. 521 S.
€ 11,90. dtv 5018
Neu im März 2022

Mit Immobilienwertermittlungsverordnung, Baunutzungsverordnung, Planzeichenverordnung, Raumordnungsgesetz, Raumordnungsverordnung.

VOB/BGB/HOAI
Vergabe- und Vertragsordnung für Bauleistungen Teil A und B/BGB Bauvertrag §§ 650a-v/Verordnung über Honorare für Leistungen der Architekten und der Ingenieure
Textausgabe   TOPTITEL
36. Aufl. 2021. 430 S.
€ 12,90. dtv 5596

BaustellenVO, BGB (Auszug), Gesetz zur Regelung von Ingenieur- und Architektenleistungen, Gesetz über die Sicherung der Bauforderungen, Gewerbeordnung (§ 34c), HOAI – Honorarordnung für Architekten und Ingenieure in der Fassung 2021, Schiedsgerichtsordnungen, Makler- und BauträgerVO, VO über Abschlagszahlungen bei Bauträgerverträgen, VOB 2019 – Vergabe- und Vertragsordnung für Bauleistungen (Teile A und B).

Schwerpunkt der 36. Auflage ist die neue HOAI 2021, die am 1.1.2021 in Kraft getreten ist.